Frank Laufenbergs Rock- und Pop-Lexikon Bd. 1

## Zum Buch

Dieses Lexikon beinhaltet Informationen über die kommerziell erfolgreichen Persönlichkeiten der Rock- und Popmusik von A bis Z seit dem Beginn der 40er Jahre. Jeder Interpret und jede Gruppe, die ab 1940 in den amerikanischen, ab 1952 in den britischen, ab 1956 in den deutschen und ab 1968 in den Schweizer Charts waren, sind aufgenommen. Die Hitlisten gehen bis Mitte 1998. Bei Hits, die im Jahr 1998 erscheinen, besteht die Möglichkeit, daß sie nach Redaktionsschluß noch höhere Positionen erreicht haben. Frank Laufenberg ist einer der bekanntesten deutschen Rock- und Popmusikexperten. Seine Bücher erschienen als Lizenzen in den USA, in Großbritannien, Kanada und Australien. Mit seinem Lexikon legt er die umfassendste und aktuellste Hitauflistung vor, die es zur Zeit auf dem deutschen Markt gibt.
Am Schluß des Buches finden Sie ausführliche und für den Benutzer ausgesprochen wichtige Register. Einmalig ist dabei das Titelregister, denn es umfaßt jeden Top-10-Hit, den es von 1940 bis Mitte 1998 gegeben hat.

## Zu den Autoren

Frank Laufenberg gilt als einer der versiertesten Kenner der internationalen Rock- und Popszene. Vor nunmehr 25 Jahren gehörte er zu den »Erfindern« und Mitbegründern von SWF 3. Musiksendungen wie »Pop Shop« oder Frank Laufenbergs Reihe »Facts und Platten« leisteten sozusagen Pionierarbeit auf dem Gebiet. Von 1980 bis 1990 moderierte er für den WDR die wöchentliche Fernsehsendung »WWF-Club«. Außerdem war er für etliche Jahre Moderator des »ZDF Schülerexpreß«, der Gameshow »Supergrips« für den BR und der musikalisch herausragenden TV-Sendung »Ohne Filter« für die ARD. Sein umfangreiches Wissen über das Thema Popmusik vermittelt der Musikfan seit Jahren in zahlreichen Büchern. Er hat Monographien über Joe Cocker, Cliff Richard und Deep Purple sowie weitere umfassende Werke über die Geschichte der Popmusik veröffentlicht. Zwischen 1991 und 1996 arbeitete er für den Rundfunksender RPR 1. 1997 erhielt er einen Lehrauftrag an der Musikhochschule Karlsruhe zum Thema Popmusik. Regelmäßig sind Beiträge von ihm bei Radio Bremen und SWR 1 zu hören.
Ingrid Laufenberg studierte Anglistik, Ethnologie und Theater-, Film- und Fernsehwissenschaften und arbeitete als Journalistin und Übersetzerin. Sie hat etliche Romane aus dem Englischen und Amerikanischen ins Deutsche übersetzt. Ihr Interesse für Musik erweist sich unter anderem durch Übersetzungen der »Enzyklopädie des Jazz«, eines Buches über John Lennon und der Autobiographie von Chuck Berry. Für mehrere TV-Anstalten arbeitete sie als Rechercheurin/Redakteurin, Aufnahmeleiterin und Übersetzerin.

Frank Laufenberg/Ingrid Laufenberg

# Frank Laufenbergs Rock- und Pop-Lexikon

## Band 1

Sämtliche Top-10-Hits aus USA, GB, Deutschland, der Schweiz und ihre Interpreten

Econ & List Taschenbuch Verlag

Veröffentlicht im Econ & List Taschenbuch Verlag 1998

Der Econ & List Taschenbuch Verlag
ist ein Unternehmen der Econ & List Verlagsgesellschaft, München

Originalausgabe
4., komplett überarbeitete und erweiterte Neuausgabe 1998


Umschlagkonzept: Büro Meyer & Schmidt, München – Jorge Schmidt
Umschlagrealisation: Init GmbH, Bielefeld
Titelabbildung: Image Bank, München
Gesetzt aus der Frutiger, Linotype
Satz: Josefine Urban – KompetenzCenter, Düsseldorf
Druck und Bindearbeiten: Ebner Ulm
Printed in Germany
ISBN 3-612-26206-8

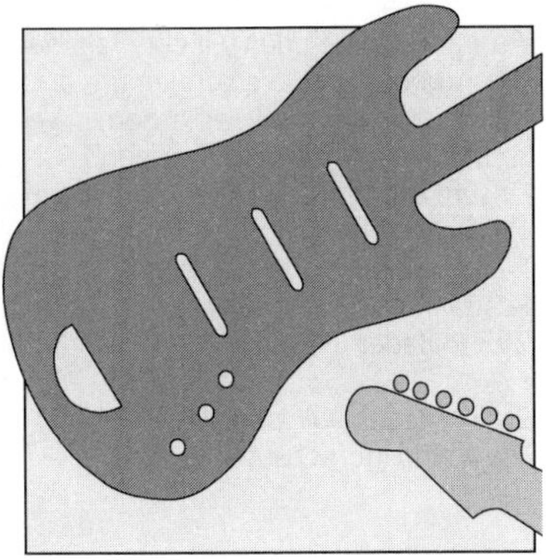

## Vorwort zur überarbeiteten Neuauflage 1998

Ob ein Pop-Interpret für ein Lexikon wichtig oder unwichtig ist, entscheidet in den meisten auf dem Markt befindlichen Publikationen der Autor. So kann die subjektive Ansicht über Künstler interessant und amüsant sein, aber stets bleibt die Frage, weshalb der eine erwähnt wird und der andere nicht. Wir haben uns bemüht, eine objektive Auswahl zu treffen, also all diejenigen aufzustöbern, die ab 1940 in den USA, ab 1952 in GB, ab 1956 in Deutschland und ab 1968 in der Schweiz eine Platte unter den ersten 10 der jeweiligen Single-Hitparade hatten. Für die vorliegende Auflage wurden die Hitparaden bis zum 1. 8. 1998 berücksichtigt.

Sollten Sie in diesem Lexikon einen Interpreten vermissen, so wird es daran liegen, daß er keinen Top-10-Hit hatte. In der Tat gibt es viele bekannte Künstler, bei denen man verwundert feststellt, daß sie dieses Kriterium nicht erfüllen. Wenn also z. B. Velvet Underground fehlt, hat das nichts mit unserem Geschmack zu tun, sondern mit der Tatsache, daß diese gerade von den Kritikern gerne als wichtig bezeichnete Band in den USA-Single-Charts keine einzige Notierung hat. Und auch in den amerikanischen LP-Charts konnte sich das erfolgreichste Album von Velvet Underground »VU« im Jahre 1985 gerade mal bis auf Platz 85 hochhangeln. Lou Reed hingegen, der als Solist Hits hatte, ist im Lexikon selbstverständlich zu finden.

Auch wurde nach den ersten Auflagen gerade von Lesern aus den fünf neuen Bundesländern bemängelt, daß die großen Interpreten aus der ehemaligen DDR fehlen. Subjektiv betrachtet mag das richtig und auch bedauernswert sein. Objektiv kann nur festgestellt werden, daß kaum einer der in der DDR bekannten Künstler in der Bundesrepublik in den Charts war, geschweige denn unter den ersten 10.

Nach jedem aufgeführten Interpreten finden Sie eine Liste all seiner Top-10-Hits. Hinter den jeweiligen Titeln steht in Klammern zuerst der Monat und dann das Jahr, in dem die Nummer in die Charts kam, danach, in welchem Land, und schließlich die höchste Plazierung. War der Hit in mehreren Ländern in den Charts, lesen Sie z. B.: (4/68 US 2, GB 3, 6/68 D 10). Die Platte ist also im April 1968 in die amerikanische Hitparade eingestiegen. Entweder im selben oder im darauffolgenden Monat kam sie in die britische Hitparade. In Deutschland hingegen wurde sie erst im Juni in den Charts notiert, deshalb ist dieses Datum gesondert aufgeführt.

Was die Neuaufnahme der Schweizer Hitparade betrifft, möchte ich mich bei meinem alten Freund und Kollegen Gusty Hufschmid bedanken, der die Ergebnisse zusammengetragen hat. Die erste Schweizer Hitparade gab es am 2. 1. 1968. Gerade bei Schweizer Interpreten fehlt in etlichen Fällen Text zu den Künstlern. Das liegt daran, daß niemand Unterlagen über sie hatte. Bei einigen schwierigen Fällen konnten Gusty Hufschmid, Stefan Züger und Dani Richiger von Radio 24 helfen – aber alles war nicht mehr zu eruieren.

Besonders bedanken möchten wir uns noch bei Frank Ehrlacher aus Bergisch-Gladbach, der mit der Fortführung der Top-10-Listen und bei kniffligen Fragen sehr hilfreich war. Ansonsten: Wenn kein Text zum Interpreten vorhanden ist, lagen bis zum Redaktionsschluß keine weiteren Informationen über den/die Künstler vor.
Sollte ein Leser über speziell diese Interpreten Informationen haben, wären wir für Auskünfte dankbar. Weitere Anregungen nehmen wir ebenfalls gerne entgegen, und Sie können uns auch gerne auf etwaige Fehler oder Versäumnisse aufmerksam machen.
Unsere Anschrift:

Frank und Ingrid Laufenberg
Postfach
76504 Baden-Baden

Baden-Baden, Oktober 1998
Frank und Ingrid Laufenberg

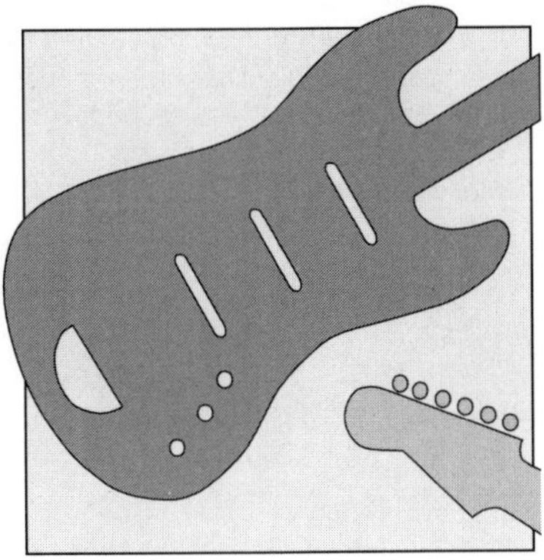

## Abkürzungen

Hinter den aufgeführten Interpreten, soweit es sich nicht um Solisten handelt, steht vermerkt, welches Instrument sie spielen. Wir sind sicher, daß die meisten Leser die entsprechenden Kürzel kennen. Trotzdem hier einige Erklärungen der am häufigsten vorkommenden Abkürzungen:

| | |
|---|---|
| v | vocals/Gesang |
| g | Gitarre |
| b | Baß |
| d | drums/Schlagzeug |
| key | Keyboards/Tasteninstrumente |
| p | Piano/Klavier |
| sax | Saxophon |
| tr | Trompete |
| vln | Violine |
| pos | Posaune |
| flh | Flügelhorn |
| per | Percussion |
| harm | Mundharmonika |
| mand | Mandoline |
| fa | Fagott |
| fl | Flöte |
| bl | Blasinstrumente |
| hb | Holzbläser |
| kl | Klarinette |
| ko | Kornett |
| org | Orgel |
| c | Cello |
| tamb | Tambourin |
| sou | Sousaphon |
| vib | Vibraphon |
| syn | Synthesizer |
| wbd | washboard/Waschbrett |
| arr | Arrangement |
| acc | Akkordeon |
| prod | Producer |

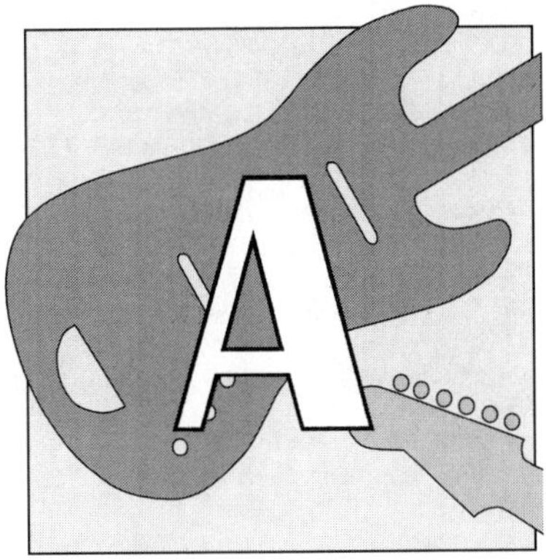

## Aaliyah

Aaliyah, v (USA, * 16. 1. 1979 als Haughton in Brooklyn/New York City).

Aaliyah gehört zu denen, die vom Talent des Produzenten Robert Kelly profitierten. Damit man ihren Namen auch richtig ausspricht, wurde auf den Plattenhüllen immer in Klammern ›Ah-lee-yah‹ vermerkt. 1994 galt sie als eine der großen US-Entdeckungen – ihr Debütalbum »Age Ain't Nothing But A Number« wurde alleine im Vorverkauf 450.000 mal abgesetzt. Ende 1994 erreichte diese Platte Platinstatus. Zwei Auskopplungen aus diesem Album wurden internationale Erfolge und erreichten in den USA die Top 10. Einer dieser Hits, »At Your Best (You Are Love)«, stammte im Original von den Isley Brothers und ist auf der 1976er LP »Harvest For The World« zu finden. Bemerkenswert ihre Verschmelzung aus R&B und Dance-Groove. Ihre Plattenfirma kündigte sie folgendermaßen an: ›Welcome to the next level of soul‹. 1994 heiratete sie am 31. August ihren Produzenten Robert Kelly – zu diesem Zeitpunkt war sie 15 Jahre alt. 1996 erschien ihr zweites Album »One In A Million«, das mehr als 2 Millionen Exemplare verkaufte. Die erste ausgekoppelte Single daraus war »If Your Girl Only Knew« (8/96 US 11, GB 21). Ebenfalls von diesem Album stammte »The One I Gave My Heart To«, im Herbst 1997 ein Top-10-Hit für Aaliya.

*Back And Forth (4/94 US 5)*
*At Your Best (You Are Love) (9/94 US 6)*
*The One I Gave My Heart To (10/97 US 9)*
***Rhythm & Blues, Soft Soul, Soul***

**CD-Tip:** *Age Ain't Nothing But A Number* Jive 74321 21914 2

## ABBA

Benny Andersson, key (Schweden, * 16. 12. 1946 in Stockholm); Agnetha Fältskog, v/g (Schweden, * 5. 4. 1950 in Jonkoping); Frida Lyngstad, v (Norwegen, * 15. 11. 1945 in Bjorkasen/Narvik); Björn Ulvaeus, v/g (Schweden, * 25. 4. 1945 in Göteborg).

Zehn Jahre lang war die Band Schwedens musikalischer Exportartikel Nummer 1. Für viele gelten Abba als die legitimen Nachfolger der Beatles. Was die Verkäufe angeht, könnte das stimmen. Für den Bereich Innovationen waren Abba jedoch nicht zuständig.

Acht Jahre nach ihrem ersten Zusammentreffen feierten Björn und Benny mit dem Sieg beim Grand Prix Eurovision 1974 ihren internationalen Durchbruch als Interpreten und Songschreiber. 1966 war Björn Mitglied der Folkgruppe Hootenany Singers und Benny bei der Rockgruppe Hep Stars. Aus einer erst lockeren Autorenbeziehung wurde ab 1971 ein ernsthaftes Songschreiberteam, das von dem Musikmanager und Exlehrer Stig Anderson verstärkt wurde. 1969 hatte Björn Agnetha Fältskog kennengelernt, die schon von klein auf erst in Tanzkapellen, später Schnulzen gesungen hatte. Ebenfalls 1969 traf Benny auf die in Norwegen geborene Anni-Frid Lyngstad, die sich jahrelang mit mäßigem Erfolg als Jazzsängerin versucht hatte. Björn und Agnetha waren von 1971 bis 1978, Benny und Anni-

Frid von 1978 bis 1981 verheiratet. 1972 erschien mit »People Need Love« die erste Platte, die als Gemeinschaftswerk der vier Musiker gewertet werden kann. Auf der Plattenhülle standen als Interpreten Björn & Benny, Agnetha & Frida. 1973 nahmen sie als Abba mit »Ring Ring« an der Vorausscheidung für den schwedischen Europatitel für den Grand Prix teil – und siegten nicht. Ein Jahr später brachte »Waterloo« die Wende – und das, obwohl dieser kleine Ort in Belgien als Synonym für Niederlagen steht. Der Song gewann nicht nur die Vorausscheidung in Schweden, sondern gleich den ganzen Wettbewerb. Daß ein Sieger beim Grand Prix Spitzenreiter in der britischen und deutschen Hitparade wird, ist nicht selten – daß er aber auch ein Top-10-Erfolg in den USA wird, ist die absolute Ausnahme. 1982 strich das Quartett nach einer unglaublichen Serie von Hits die Segel. Im Windschatten des Abba-Erfolges hatten Agnetha und Frida als Solistinnen einige Hits. Björn und Benny erarbeiteten zusammen mit Tim Rice das Musical »Chess«. 1992, wohl weil viele das Synthetikgedudel dieser Zeit satt waren, erlebten die Platten von Abba ein Comeback. Neben den Beatles zählen Abba zu den erfolgreichsten Formationen aller Zeiten. Kommerziell scheint das richtig – vom Stellenwert der Musik her sind die beiden Bands nicht zu vergleichen. Daß Erasure hingingen und im Tuntenlook einige Songs der vier Schweden neu aufnahmen, darf man Abba nicht vorwerfen. Im Herbst 1994 erschien eine CD-Box mit dem Titel »Thank You For The Music«. Insgesamt waren vier CDs in dieser Box, auf denen sich auch sechs bisher unveröffentlichte Stücke der Formation befanden. Im April 1996 erreichte ihr Album »Gold – Greatest Hits« in den USA Doppelplatin.

*Waterloo (4/74 CH 1, D 1, GB 1; 6/74 US 6)*
*Honey Honey (7/74 D 2; 8/74 CH 4)*
*I Do, I Do, I Do, I Do, I Do (4/75 D 6; 5/75 CH 1)*
*S.O.S. (8/75 D 1, CH 3; 9/75 GB 6)*
*Mamma Mia (12/75 CH 1, D 1, GB 1)*
*Fernando (3/76 CH 1, D 1, GB 1)*
*Dancing Queen (8/76 D 1, GB 1, CH 3; 12/76 US 1)*
*Money Money Money (11/76 D 1, CH 2, GB 3)*
*Knowing Me Knowing You (2/77 D 1, GB 1, 3/77 CH 3)*
*The Name Of The Game (10/77 GB 1, D 7; 11/77 CH 6)*
*Take A Chance On Me (1/78 D 3; 2/78 GB 1, CH 3; 4/78 US 3)*
*Eagle (5/78 D 6; 6/78 CH 7)*
*Summer Night City (9/78 GB 5, D 6; 10/78 CH 5)*
*Chiquitita (1/79 D 3; 2/79 CH 1, GB 2)*
*Does Your Mother Know (5/79 GB 4, D 10; 6/79 CH 6)*
*Angeleyes/Voulez-Vous (7/79 GB 3)*
*Voulez-Vous (9/79 CH 9)*
*Gimme Gimme Gimme (A Man After Midnight) (10/79 D 3, GB 3; 11/79 CH 1)*
*I Have A Dream (12/79 GB 2, D 4; 1/80 CH 1)*
*The Winner Takes It All (8/80 GB 1, CH 3, D 4; 11/80 US 8)*
*Super Trouper (11/80 D 1, GB 1, CH 3)*
*Lay All Your Love On Me (7/81 GB 7)*
*One Of Us (12/81 D 1, CH 3, GB 3)*
*The Day Before You Came (11/82 CH 4, D 5)*
***Grand Prix, Pop***

**CD-Tip:** *Thank You For The Music* Polydor 523 472–2

## Abbot, Russ

v (Großbritannien, * 16. 9. 1947).
Russ begann seine Karriere als Schlagzeuger gündete dann seine Gruppe Black Abbots, die 1977 einen Plattenvertrag erhielt. Richtigen Erfolg hatte er schließlich als Komiker – fünfmal gewann er in GB einen Award als ›Funniest Man On Television‹. 1980 hatte Russ einen Plattenvertrag als Solist. Zwischen 1982 bis 1984 wurde er mit drei Platten in den GB-Charts verzeichnet: »A Day In The Life of Vince Prince« (2/82 GB 61), der Top-10-Hit »Atmosphere« und »All Night Holiday« (7/85 GB 20). Später spielte er auch in TV-Serien mit – so z. B. den Ted Fenwick in »September Song«.

*Atmosphere (12/84 GB 7)*
***Pop***

## Abbott, Gregory

v/key/d (USA, * 2. 4. 1956 in New York City).
Hier paart sich Intelligenz mit Soulmusik. Bevor Gregory Abbott mit »Shake You Down« 1986 einen Spitzenreiter in den USA hatte, studierte er Psychologie und lehrte Englisch an der Berkeley-Universität. Verheiratet ist er mit der Soulsängerin Freda Payne. Abbott schrieb sich alle seine Songs selbst, spielt auf seinen Platten Schlagzeug und Keyboards und, wie man in der US-Presse lesen konnte, ›vereinigt den Soul von Marvin Gaye, die Anziehungskraft von Lionel Richie und die Ausstrahlung von Miami-Vice-Star Philip Michael Thomas in sich‹. Na ja, das scheint mir eine schwere Bürde zu sein.

*Shake You Down (10/86 US 1, GB 6)*
***Soul***

## ABC

GRAHAM BROAD, d (Großbritannien); DAVID CLAYTON, key (Großbritannien); MARTIN DAVID FRY, v (Großbritannien, * 9. 3. 1958 in Manchester); BRAD LANG, b (Großbritannien); MARK LICKLEY, b (Großbritannien); DAVID PALMER, d (Großbritannien, * 29. 5. 1961 in Chesterfield); DAVID ROBINSON, d (Großbritannien, * 2. 4. 1953); STEPHEN SINGLETON, syn/sax (Großbritannien, * 17. 4. 1959 in Sheffield); MARK WHITE, g/syn (Großbritannien, * 1. 4. 1961 in Sheffield).
Warum immer nur über Musik schreiben? Warum nicht selbst machen? Das mag sich 1980 Martin Fry, der Herausgeber des Sheffielder Magazins ›Modern Drugs‹ gesagt haben, nachdem er mit Mark White und Stephen Singleton, zwei Mitgliedern der Gruppe Vice Versa, ein Interview gemacht hatte. Die drei taten sich zusammen, und man wählte den Gruppennamen ABC, ›weil diese Buchstabenkombination weltweit bekannt ist‹, wie Martin richtig bemerkte. Nachdem sie eine eigene Plattenfirma Neutron gegründet hatten, machten sie 1981 einen Vertrag mit Phonogram Records, die ihre Platten vertrieben. Mit »Tears Are Not Enough« hatten sie noch im selben Jahr ihren ersten Top-20-Hit. Was folgte, war ein Achterbahnkurs durch Glamour und Brit-Funk, Violinen und Schmalz. Das Debütalbum »Lexicon Of Love« wurde 1982 der Soundtrack dieser Zeit. ›Die LP wurde‹, so konnte man Jahre später lesen, ›zum Manna für Hedonisten, wirkte wie eine Fairlight-Sounds-getränkte Frank-Sinatra-Revue, eine Mischung aus London Allnighter, Las Vegas Sensation und L'amour 2000‹. Die Liste der Erfolge geht bis in das Jahr 1987 – dann erkrankte Martin Fry ernsthaft und konnte erst nach einer längeren Pause mit ABC weiterarbeiten. 1991 erschien mit »Abracadabra« wieder eine neue, bemerkenswerte CD. Als Mitglieder werden nur noch Martin Fry und Mark White aufgeführt. Danach tritt eine lange Pause ein, zu der Fry sagt: ›Ich habe nicht fünf Jahre Urlaub gemacht oder war im Gefängnis, ich mußte nur meine Leidenschaft für die Musik zurückfinden.‹ Im März 1997 erschienen die Single »Stranger Things« und das Album »Skyscraping«. Neben ihm waren an dieser Produktion der Gitarrist Keith Lowndess und Glenn Gregory von Heaven 17 beteiligt.

*Poison Arrow (2/82 GB 6)*
*The Look Of Love (3/82 GB 4)*
*All Of My Heart (9/82 GB 5)*
*Be Near Me (8/85 US 9)*
*When Smokey Sings (7/87 US 5)*
***Elektro-Pop, New Romantic***

**CD-Tip:** *Absoluteley* Phonogram 842 967–2

## Abdul, Paula

v (USA, * 19. 6. 1962 in Los Angeles/Kalifornien).
Die Vorfahren von Paula Abdul stammen aus Syrien, Brasilien und Franko-Kanada – warum daraus nun eine begnadete Tanzmaus werden sollte, läßt sich wohl nur darauf zurückführen, daß sie bereits mit sieben ihre ersten öffentlichen Auftritte hatte und somit der Drill früh begann. Mit 17 brachte sie den Cheerleadern des bekannten Basketballteams der L.A. Lakers die Tanzschritte bei. Wenig später entscheidet sie sich für eine Karriere als Choreographin und bringt Interpreten wie Janet Jackson und Mick Jagger Bewegungsabläufe näher. 1988 erscheint ihre erste eigene Single mit dem Titel »Straight Up« – und das macht sie seitdem. 1992 erklärt eine Backgroundsängerin, nicht Paula, sondern sie habe die Leadstimme bei diversen Plattenaufnahmen gesungen. Paula kann die Vorwürfe entkräften. Im Zeitalter von MTV ist ja in der Tat nicht nur die Stimme, sondern auch die Präsentation wichtig – das Auge ißt ja mit. Ihr Video zur Platte »Opposites Attract« ist ein wahrer Augenschmaus. Sie tritt darin zusammen mit der Zeichentrickfigur MC Skat Cat auf – sehr gut. Am 29. 9. 1992 heiratete sie den Schauspieler Emilio Estevez, von dem sie sich am 10. 5. 1994 wieder trennte. Mit »My Love Is For Real« erreichte Paula Mitte 1995 sowohl in den USA als auch in GB einen Platz 28 in den Charts. Das war in den letzten fünf Jahren ihr größter Erfolg.

*Straight Up (12/88 US 1; 3/89 D 3, GB 3; 4/89 CH 3)*
*Forever Your Girl (3/89 US 1)*
*Cold Hearted (6/89 US 1)*
*(It's Just) The Way That You Love Me (9/89 US 3)*
*Opposites Attract (12/89 US 1; 4/90 GB 2)*
*Rush, Rush (5/91 US 1, GB 6)*
*The Promise Of A New Day (7/91 US 1)*
*Blowing Kisses In The Wind (10/91 US 6)*
***Pop***

**CD-Tip:** *Shut Up And Dance – Mixes* Virgin CDV US 17

## Abrams, Colonel

v (USA, geb. in Detroit/Michigan).
1976 war Colonel Abrams Leadsänger in der Band 94 East – Gitarrist war Prince. Die nächste Station war die New-Jersey-Gruppe Surprise Package. Überraschend für Colonel (er heißt wirklich so!) war dann sein erster Solo-Hit »Trapped«, der 1985 in die britische und deutsche Hitparade, nicht aber in die US-Top-100 kam. Auch in der Folgezeit erzielte er zwar gute Ergebnisse in den amerikanischen R&B-Charts – für die Top 100 reichte es nicht. Lediglich die britischen Popfans blieben ihm, der sich die meisten seiner Nummern selbst geschrieben hat, treu.

*Trapped (8/85 GB 3)*
***Rhythm & Blues***

**CD-Tip:** *You And Me Equals Us* MCA 254 923–2

## Absolutely Fabulous

CHRIS LOWE, key (Großbritannien, * 4. 10. 1959 in Blackpool); JOANNA LUMLEY, v (Großbritannien); JENNIFER SAUNDER, v (Großbritannien); NEIL TENNANT, v (Großbritannien, * 10. 7. 1954 in North Shields/Northumberland).
Die Platte dieser Formation mußte in GB einfach ein Hit werden! Es gab etliche Gründe dafür:
1. Die Pet Shop Boys Tennant und Lowe haben den Song geschrieben, spielen mit und sind die Produzenten.
2. Jennifer Saunder und Joanna Lumley spielen in GB die Hauptrollen in der recht erfolgreichen BBC-Comedy-Sendung ›Absolutely Fabulous‹ zwei Frauen, die

absolut kein Blatt vor den Mund nehmen.
3. Es handelt sich bei der Platte um die offizielle Comic-Relief-Platte – also eine Benefiz-Veröffentlichung. Der Erlös geht voll als Entwicklungshilfe in die Dritte Welt. Die Platte enthielt neben dem Gesang der beiden Schauspielerinnen Dialoge aus der TV-Sendung. Zumindest für Jennifer Saunders waren die Top 10 keine neue Erfahrung. Sie sang mit Bananarama als Teil von La Na Nee Nee Noo Noo die Nummer »Help«, die ebenfalls aus der Serie Comic-Relief stammte und es im Februar 1989 bis auf Platz 3 in GB brachte.

*Absolutely Fabulous (6/94 GB 6)*
***Comic Relief, Pop***

## AC/DC

MARK EVANS, b (Australien, * 2. 3. 1956 in Melbourne); BRIAN JOHNSON, v (Großbritannien, * 5. 10. 1947 in Dunston/Newcastle); PHIL RUDD, d (Australien, * 19. 5. 1954 in Melbourne); BON SCOTT, v (Großbritannien, * 9. 7. 1946 als Ronald Belford in Kirriemuir/Schottland, † 19. 2. 1980); CHRIS SLADE, key (Großbritannien, * 30. 10. 1946); CLIFF WILLIAMS, b (Großbritannien, * 14. 12. 1949 in Romford/Essex); SIMON WRIGHT, d (Großbritannien, * 19. 6. 1963); ANGUS YOUNG, g (Großbritannien, * 31. 3. 1956 in Glasgow); MALCOLM YOUNG, g (Großbritannien, * 6. 1. 1953 in Glasgow).
Malcolm und Angus Young wurden wie ihr älterer Bruder George Young (Mitbegründer der Easybeats, Motor bei Flash & The Pan und mit Kumpel Harry Vanda als Autorenteam überaus erfolgreich) in Glasgow geboren. 1963 wanderte die Familie nach Australien aus. Am 31. Dezember 1973 gaben AC/DC ihr Debüt im Chequers Club in Sydney. Im Juli 1974 erschien ihre erste Single »Can I Sit Next To You«, die erfolglos war. Daraufhin trennte sich die erste Besetzung von AC/DC. Wenig später kam mit den beiden Brüdern Young und Scott, Rudd und Evans die erste erfolgreiche Formation von AC/DC zustande. Trotzdem sollte es noch etliche Jahre dauern, bis sie international erfolgreich wurden. Mit »Highway To Hell« gelang ihnen das schließlich im Jahre 1979. Die Mixtur aus eingängigen Melodien und hartem Rock, dazu eine sehr einprägsame Bühnenshow, in der z. B. Angus Young einen bösartigen kurzbehosten Schuljungen gibt, lassen sie zu Heavy-Metal-Stars werden. Nachdem sich der Leadsänger Bon Scott im Februar 1980 im wahrsten Sinne des Wortes zu Tode gesoffen hatte, wurde er durch Brian Johnson, bis zu diesem Zeitpunkt Leadsänger der britischen Band Geordie, ersetzt. Johnson paßte sich nahtlos in das Konzept ein. Nummern wie »Back In Black« und LPs wie »Blow Up Your Video« und »The Razor's Edge« setzten den Erfolg der Band fort. Ende 1992 erschien »AC/DC Live« aufgenommen in Castle Donnington und Glasgow während der Welttournee 1991. Bei dieser Tournee, die 70 Auftritte beinhaltete, setzte die Gruppe 17 Millionen Dollar um. Auch ihre Verkäufe der älteren Platten waren weiterhin enorm. So verkaufte sich das 1980 erschienene Album »Back In Black« inzwischen alleine in den USA mehr als 12 millionenmal. »Highway To Hell« brachte es dort auf mehr als vier Millionen Käufer. Die Singles der Gruppe waren nie sonderlich erfolgreich. Lediglich in der Schweiz gelang ihnen ein einziges Mal ein Top-10-Hit: »Big Gun«, erschienen Mitte 1993 und aus dem Schwarzenegger-Film »Last Action Hero«. In Deutschland wurde die Nummer ein Top-20-Hit. AC/DC live zu erleben, ist nach wie vor ein Erlebnis. Im Januar 1996 startete ihre Ballbreaker-Tournee im Colisseum in Greensboro/Nordkarolina vor knapp 16.000 Zuschauern. Mitte desselben Jahres erschien über die

Band eine Biographie mit dem Titel »The World's Heaviest Rock«.

*Big Gun (8/93 CH 5)*
***Hard Rock, Heavy Metal***

**CD-Tip:** *Back In Black* Atlantic 250 735

## Ace

FRAN BYRNE, d (Irland, * 17. 3. 1948 in Dublin); PAUL CARRACK, v/key (Großbritannien, * 22. 4. 1951 in Sheffield/Yorkshire); TERRY COMER, b (Großbritannien, * 23. 2. 1949 in Burnley/Lancashire); PHIL HARRIS, v/g (Großbritannien, * 18. 7. 1948 in London); ALAN KING, v/g (Großbritannien, * 18. 9. 1946 in London); STEVE WITHERINGTON, d (Großbritannien, * 26. 12. 1953 in Enfield/Middlesex).

Kurz nachdem die Band Ace im Dezember 1972 erstmals zusammen spielte und sich Ace Flash & The Dynamos nannte, merkten sie, daß ihnen dieser Name etwas zu lang geraten war, und kürzten ihn dankenswerterweise auf Ace. Alle Mitglieder hatten vorher in anderen britischen Bands gespielt. Carrack, Witherington und Comer kamen von Warm Dust. King und Harris waren vorher bei Action und Mighty Baby. Mit »Five-A-Side« erschien 1974 die Debüt-LP von Ace, auf der sich das ausgezeichnete Stück »How Long« befand. 1977 trennte sich die Gruppe nach nur drei LPs. Paul Carrack machte als Solist weiter, sang mit Squeeze und wurde schließlich Mitglied bei Mike & The Mechanics. Die übrigen Mitglieder von Ace gingen fast geschlossen zu Frankie Miller.

*How Long (3/75 US 3)*
***AOR (Adult Orientated Rock), Pop***

**CD-Tip:** *The Best of Ace* See For Miles SEE CD 214

## Ace Of Base

JENNY BERGGREN (Schweden, * 19. 5. 1972 in Göteborg); JONAS PETTER ›JOKER‹ BERGGREN (Schweden, * 21. 3. 1967 in Göteborg); LINN BERGGREN (Schweden, * 31. 10. 1970 in Göteborg); ULF ›BUDDAH‹ EKBERG (Schweden, * 6. 12. 1970 in Göteborg).

Optisch und akustisch schließt Ace Of Base die Lücke, die Abba hinterlassen hat. Die drei Geschwister Jenny, Malin und Jonas und ihr Freund Ulf stammen aus der schwedischen Stadt Göteborg. Sie schickten erste Demobänder an verschiedene Plattenfirmen, von denen eine das kommerzielle Potential von Ace Of Base erkannte. Ihre erste Single »Wheel Of Fortune« stand erst in der schwedischen, dann in der dänischen Hitparade. International erfolgreich wurde »All That She Wants«. Hier war als zusätzlicher Produzent Denniz Pop zum Team gekommen. Denniz hatte vorher vor allen Dingen mit den Erfolgen von Dr. Alban auf sich aufmerksam gemacht.

›Ihr unverwechselbarer Sound – mit federleichten Ohrwurmmelodien, tanzbaren Beats und fröhlich poppigen Arrangements‹, wie ihre Plattenfirma sagt, verhalf ihnen zum Durchbruch. An der optischen Darstellung in ihren Videos kann es nicht gelegen haben. Hier sah es eher so aus, als wären sie der Erfinder der Zeichensprache in der Popmusik. 1995 waren sie mit »Living In Danger«, »Lucky Love« und »Beautiful Life« international meist um die Position 20 in den Singlecharts zu finden. 1996 machte die Formation Pause – oder war sie fertig? Nein! Im März 1998 erschien die Single »Life Is A Flower« – damit wurde das Album »Flowers« (6/98 D-LP 3) und die Beendigung einer dreijährigen Kreativpause angekündigt.

*All That She Wants (1/93 D 1; 3/93 CH 1; 5/93 GB 1; 9/93 US 2)*
*Wheel Of Fortune (4/93 D 4; 5/93 CH 5)*
*Happy Nation (8/93 D 7)*

*The Sign (11/93 D 1; 12/93 CH 4; 1/94 US 1, GB 2)*
*Don't Turn Around (3/94 D 6; 5/94 US 4, GB 5)*
*Life Is A Flower (7/98 GB 5)*
***Pop***

**CD-Tip:** *Happy Nation – U.S. Version* Metronome 521 472–2

## Ad Libs

DANNY AUSTIN, v (USA); NORMAN DONEGAN, v (USA); HUGH HARRIS, v (USA); MARY ANN THOMAS, v (USA); DAVE WATT, v (USA).

Das Vocal-Quintett aus Newark/New Jersey, das sich 1962 unter dem Gruppennamen Creators formierte, schaffte eine gelungene Kombination aus Rhythm & Blues und Doo-Wop. 1965, nach Umbenennung in Ad Libs, schafften sie mit dem Titel »The Boy From New York City« einen Top-10-Hit in den USA. Produzenten waren die erfolgreichen Songschreiber Jerry Leiber und Mike Stoller. Diesen Erfolg konnten sie nie wiederholen; er war wohl auch mehr auf den Titel als auf die Interpreten zurückzuführen. 1981 gelang es Manhattan Transfer, diese Nummer erneut in die Top 10 zu bringen.

*The Boy From New York City (1/65 US 8)*
***Doo Wop, Rhythm & Blues***

## Adam & Eve

ADAM, v (Deutschland, * 23. 2. 1943 als Hartmut Schairer in Stuttgart); EVE, v (Tschechische Republik, * 26. 3. 1938 als Eva Partowa in Pilsen, † 17. 9. 1989).

Zuerst waren es die aus der Tschechoslowakei nach Deutschland übersiedelte Eva Partowa und der Engländer Johnnie Christian Dee, die das Duo Adam & Eve ab 1966 bildeten. Mitte der 60er Jahre hatte Eva in Paris den in einer Gruppe spielenden Stuttgarter Hartmut Schairer kennengelernt, der sie für seine Gruppe engagierte. Als die Idee eines Duos geboren wurde, wollte Hartmut nicht und schlug statt dessen den Briten Dee vor. Der galt jedoch als unzuverlässig und großmäulig – herrlich die Zeiten, in denen die beiden als Paradiesvögel in einem mit Rasen überzogenen Cadillac durch die Gegend fuhren. Nach den ersten Plattenaufnahmen wurde Dee dann doch gegen Hartmut Schairer eingetauscht. 1970 erschien die Single »Hey, Neandertalman« – noch im selben Jahr wurden sie von den Lesern der Zeitschrift Schallplatte zum beliebtesten deutschsprachigen Duo gewählt. »Wenn die Sonne erwacht in den Bergen« war 1972 ihre erste Platte unter den Top 30 – der TV-Regisseur Truck Branss zu diesem Zeitpunkt zu den beiden: ›Keiner schnulzt so gottbegnadet wie ihr.‹ Im selben Jahr heirateten die beiden in Wiesbaden – TV und Yellowpress hatten ihre helle Freude. Ihre Version von »Tu T'en Vas«, im Original ein Titel von Alain Barrière und Noëlle Cordier, brachte dem Duo 1975 den einzigen Top-10-Hit. Bis 1978 folgten noch einige kleinere Hits. 1982 ließen sie sich wieder scheiden. Trotzdem zogen die beiden regelmäßig von 1984 bis 1989 in Frühling und Herbst durch die USA und tourten dort. Das Sands in Las Vegas war an den beiden interessiert und bot täglich 6.000 Dollar – Adam/Hartmut wollte nicht in den USA bleiben. Adam wurde ein erfolgreicher Produzent und Songschreiber – so entdeckte er die Sängerin Ute Krummenast, der er den Künstlernamen Claudia Jung verpaßte. Auch Andy Borg, die Gruppe Fernando Express, Isabell Varell oder Maria Bonelli gehörten zu seinen Klienten. Eve starb 1989 in Chicago an Unterleibskrebs.

*Du gehst fort (8/75 D 10)*
***Deutscher Schlager***

## Adam & The Ants

ADAM ANT, v (Großbritannien, * 3. 11. 1954 als Stuart Leslie Goddard in London); MERRICK, d (Großbritannien, * 3. 3. 1954 als Chris Hughes in London); TERRY LEE MIALL, d (Großbritannien, * 8. 11. 1958 in London); KEVIN MOONEY, b (Großbritannien); MARCO PIRRONI, v/g/ per (Großbritannien, * 27. 4. 1959 in London); GARY TIBBS, b (Großbritannien, * 25. 1. 1958 in London).

Diese Gruppe wurde im April 1977 gegründet. In den Anfangstagen von Adam & The Ants fiel auf, daß sich Adam Ant offensichtlich mehr um sein Outfit als um die Musik kümmerte. Er wirkte wie eine Mixtur aus dem Roten Korsar und dem Letzten Mohikaner oder wie ein selbstinszeniertes Gesamtkunstwerk. Mag ja sein, daß er zu Zeiten von »Kings Of The Wild Frontiers« wirklich nach neuen Grenzen suchte und dabei half, den New Romantic Style mitzukreieren. Für die Ewigkeit konnte das jedoch nicht gedacht sein. Mit Nummern wie »Stand And Deliver« und »Prince Charming« belegten Adam & The Ants den Spitzenplatz in der britischen Hitparade. Außerdem gelangen ihnen noch fünf weitere Top-10-Hits. Ab Mai 1982 erschienen seine Platten nur noch als Adam Ant. »Goody Two Shoes« war wenig später seine erste Nummer 1 in GB ohne die Ants. Zwischen 1980 und 1982 war die große Zeit von Adam & The Ants. Wie es weiterging, siehe unter Adam Ant als Solist.

*Dog Eat Dog (10/80 GB 4)*
*Antmusic (12/80 GB 2)*
*Kings Of The Wild Frontier (2/81 GB 2)*
*Stand And Deliver (5/81 GB 1, D 8)*
*Prince Charming (9/81 GB 1, D 10)*
*Ant Rap (12/81 GB 3)*
***Glitter-(Glam)-Rock, New Romantic***

**CD-Tip:** *Hits* Columbia 450074 2

## Adamo, Salvatore

v (Italien, * 31. 10. 1943 in Cosimo/Sizilien).

Sicher hätte es niemanden gewundert, wenn der auf Sizilien geborene und in Belgien aufgewachsene Sänger Salvatore Adamo – der Vater war wohl einer der vielen italienischen Bergleute im belgischen Kohlerevier – irgendwann einmal in einem Werbesong für Heiserkeitstropfen aufgetaucht wäre. 1960 gewann er mit dem selbstgeschriebenen Chanson »Si j'osais« einen Nachwuchswettbewerb von Radio Luxemburg. 1962 machte er seine ersten Plattenaufnahmen und entwickelte sich schnell zum Star in Frankreich, Belgien und auch der Bundesrepublik. Zwischen 1964 und 1973 konnte er jede Menge Hits landen, so z. B. »Vous Permettez Monsieur«, »Es geht eine Träne auf Reisen«, seine Deutlichmachung des Spruchs, daß es nicht auf die Größe ankommt: »Ein kleines Glück« und »Inch' Allah«. Dieses Chanson entstand während einer Tournee im Nahen Osten. Nachdem er in Beirut und Teheran gespielt hatte, kam er nach Jerusalem. Die Situation dort entsetzte ihn, und ihn Tel Aviv schließlich schrieb er »Inch' Allah«. Als im Juni 1967 der Sechstagekrieg ausbrach, wurde diese Nummer von den arabischen Truppen benutzt, um das Nahen israelischer Truppen anzukündigen. Das Lied wurde immer als Kriegslied mißverstanden, die versöhnliche Botschaft nicht erkannt. Erst als 1978 Richard Anthony eine ägyptische Version des Titels aufnahm, war Adamo ›rehabilitiert‹. Seine sympathische und zurückhaltende Art sicherte ihm auch nach seiner Zeit in den Hitparaden eine stattliche Anzahl von treuen Fans.

*Es geht eine Träne auf Reisen (11/68 D 2)*
*Petit Bonheur (3/70 CH 9)*
*Ein kleines Glück (3/70 D 6)*
***Chanson, Deutscher Schlager***

**CD-Tip:** *Les Filles Du Bord De Mer* Pathé EMI 251 649 2

## Adams, Bryan

v (Kanada, * 5. 11. 1959 in Kingston/Ontario).

Nachdem Bryan Adams 1976 der Leadsänger der Gruppe Sweeney Todd gewesen war, traf der 18jährige 1977 auf Jim Vallance, mit dem er eine Partnerschaft als Songschreiber einging. Interpreten wie Loverboy, BTO, Kiss oder Bonnie Tyler übernahmen Lieder der beiden. 1981 boten sie einige Songs der Plattenfirma A&M an, die vorschlug, gegen die symbolische Zahlung von einem Dollar vier der Lieder mit Bryan Adams zu produzieren. Jim Vallance wurde der Drummer der Band, die Bryan Adams begleitete. Schon ab 1982 war Adams auch in den USA ein Star. Eine seiner schönsten Nummern aus dieser Zeit war vom Album »Reckless« der Titel »Summer Of '69«. Die Liste seiner Hits geht bis in das Jahr 1987, und für viele schien damit das Kapitel Bryan Adams beendet. 1991 landete er mit »(Everything I Do) I Do It For You« aus dem Film »Robin Hood« den Hit des Jahres. Filmmusiken scheinen ihm Glück zu bringen. Zusammen mit Rod Stewart und Sting sang er 1993 in der wer weiß wievielten Neufassung von »Die drei Musketiere« den Titel »All For Love«. Für den Streifen »Don Juan DeMarco« mit Johnny Depp, Marlon Brando und Faye Dunaway sang er »Have You Ever Really Loved A Woman«. Und das Jahr 1996 endete für Bryan mit einem weiteren Hit aus einem Film: ›Liebe hat zwei Gesichter‹ hieß der Streifen, für den er zusammen mit Barbra Streisand »I Finally Found Someone« sang. Auch wenn Bryan gerne ein richtiger Rocker wäre – seine Erfolge hat er mit Balladen. Weitere Singleerfolge: »Back To You« (12/97 GB 18) und »I'm Ready« (3/98 GB 20).

*Straight From The Heart (3/83 US 10)*
*Run To You (11/84 US 6)*
*Heaven (4/85 US 1)*
*Summer Of '69 (6/85 US 5)*
*Heat Of The Night (3/87 US 6)*
*(Everything I Do) I Do It For You (6/91 D 1, GB 1, US 1; 7/91 CH 1)*
*Can't Stop This Thing We Started (9/91 US 2; 11/91 CH 8)*
*Thought I'd Died And Gone To Heaven (2/92 GB 8)*
*Please Forgive Me (10/93 GB 2, D 3, US 7; 11/93 CH 2)*
*All For Love (11/93 US 1; 1/94 CH 1, D 1, GB 2)*
*Have You Ever Really Loved A Woman (4/95 CH 1, US 1, D 3, GB 4)*
*The Only Thing That Looks Good On Me Is You (6/96 CH 5, GB 6)*
*I Finally Found Someone (11/96 US 8; 2/97 GB 10)*

***AOR (Adult Orientated Rock), Soft Rock***

**CD-Tip:** *So Far So Good* A&M 540 157–2

## Adams, Oleta

v (USA, geb. in Yakima/Washington).

Oleta nahm mit ihrem eigenen Trio Anfang der 80er Jahre zwei selbstfinanzierte Alben auf, die sich jedoch nur schlecht verkauften. 1985 wurde sie in einer Hotelbar in Kansas City durch Roland Orzabal und Curt Smith von Tears For Fears entdeckt. Die beiden Briten baten Oleta, sie bei den Aufnahmen zu ihrem dritten Album »The Seeds Of Love« zu unterstützen. Ihre Mitwirkung beim Stück »Woman In Chains« machte dieses zu einem bemerkenswerten Popsong und führte zu einem eigenen Plattenvertrag bei der Tears-For-Fears-Firma Phonogram. Mit »Circle Of One« erschien 1990 die erste Solo-CD von Oleta, 1993 veröffentlichte sie mit »Evolution« ein weiteres sehr gut gemachtes Album.

*Get Here (12/90 US 5; 1/91 GB 4)*

***Pop***

**CD-Tip:** *Evolution* Fontana 514 965–2

## Adamski

ADAMSKI, key/d/mix (Großbritannien, * 4. 12. 1967 als Adam Tinley in New Forst).

Die Plattenfirma des ›Soundtüftlers‹, wie die kleinen Mixer gerne genannt werden, spricht auch gerne vom ›Hexenmeister des Acid House Rock, der in seiner Giftküche neue Grooves zaubert‹. Ende der 80er Jahre trat Adamski bei Warehouse-Partys mit Keyboard, Samplers und Drum Machines auf und brachte die Tanzfläche zum Kochen. Die erste erfolgreiche Platte von ihm, es ist der Titel »N-R-G«, wurde dann auch nicht von Adamski geschrieben, sondern ›created‹. Auf seiner zweiten Single, die sogar die Spitze der britischen Hitparade erreichte, sang Seal mit, der wenig später zum eigenständigen Solokünstler avancierte. Im New Musical Express erklärte Adamski in einem Interview: ›Die Zukunft liegt in der Vergangenheit.‹ Wie wahr, aber da konnten die Musiker auch noch selbst Instrumente spielen.

*Killer (4/90 GB 1, D 2)*
*The Space Jungle (9/90 GB 7)*
***Acid-House***

**CD-Tip:** *Naughty* MCA 10361

## Adiemus

KARL JENKINS, sax/p (Großbritannien); MIKE RATLEDGE, key (Großbritannien); MIRIAM STOCKLEY, v (Großbritannien).

Mike Ratledge und Karl Jenkins hatten sich in der Gruppe Soft Machine kennengelernt. Soft Machine gehörte zu den wichtigsten und progressivsten britischen Bands der späten 60er Jahre. Ausgerechnet zwei ehemaligen Mitgliedern dieser Formation gelang es, mit einer Werbemelodie, die sie für die US-Fluggesellschaft Delta Airlines geschrieben hatte, in die Hitparaden zu kommen. Im Hintergrund spielte das London Philharmonic Orchestra und die Sängerin Miriam Stockley rödelte in einer, wie Ratledge es formulierte, inhaltslosen Phantasiesprache. Sah man den dazugehörigen TV-Spot, in dem Delphine im Formationsflug aus den Wellen hüpften und die Welt so schön war, daß man gleich wegfliegen wollte, hatte die Melodie durchaus was – ohne das Brimborium war sie eher fad. In Deutschland kam die Nummer dank der TV-Werbepower bis auf Platz 6, in GB erreichte sie gerade mal Platz 48. Die Nachfolgesingle »Kayama« kam nur noch knapp in die deutsche Hitparade. »Cantilena« war eine Single, die Anfang 1997 erschien und zu der in der TV-Werbung Boris Becker beschwor, seine starke Rückhand hätte er dank der leckeren Nutellabrote, die er schon seit Jahrhunderten essen würde – oder so ähnlich. Dazu setzte es auch ein neues Album mit dem Titel »Cantata Mundi«. Als Interpreten wurden jetzt Adiemus 2 angegeben.

*Adiemus (2/95 D 6; 4/95 CH 4)*
***Pop***

**CD-Tip:** *Songs Of Sanctuary* EMI 8 33493 2

## Adventures Of Stevie V

STEVIE V, v (Großbritannien, * 9. 8. 1963 als Steven Vincent in Bedfordshire); MICK WALSH, key; MELODIE WASHINGTON, v.

Stevie war Mitglied in der Tanztruppe Touchdown, als er zusammen mit der Sängerin Melodie Washington und Multiinstrumentalist Mick Walsh das Projekt Adventures Of Stevie V startete, in dem er als Songschreiber und Produzent fungiert. Noch nie gab es so viele erfolgreiche Menschen im Musikgeschäft, die kaum ein Instrument richtig beherrschen, wie am Anfang der 90er Jahre. In jener Zeit waren Eintänzer, Visualisten und Computertechniker in einem Maße erfolgreich, wie es ungesünder kaum noch geht. Dieses Projekt ist ein weiterer Beweis für diese These. Im Herbst 1997 wurde »Dirty

Cash (Money Talks)« als Remix wiederveröffentlicht.

*Dirty Cash (Money Talks) (4/90 GB 2)*
***Pop***

**CD-Tip:** *Adventures Of Stevie V* Mercury 846 966–2

## Aerosmith

TOM HAMILTON, b (USA, * 31. 12. 1951 in Colorado Springs); JOEY KRAMER, d (USA, * 21. 6. 1950 in New York City); JOE PERRY, g (USA, * 10. 9. 1950 in Boston/Massachusetts); STEVEN TYLER, v (USA, * 26. 3. 1948 als Steven Victor Tallarico in New York City); BRAD WHITFORD, g (USA, * 23. 2. 1952 in Winchester/Massachusetts).

Zeit seines Musikerlebens mußte sich Steven Tyler vorhalten lassen, er sei eine Schmalspurausgabe von Mick Jagger. Ähnlichkeiten sind in der Tat vorhanden – besonders im Lippenbereich. Über etliche Jahre hinweg war Aerosmith die beliebteste amerikanische Hard-Rockband. 1970 fanden die Mitglieder in Sunapee, New Hampshire, zusammen. 1973 schafften sie mit dem Titel »Dream On« ihren ersten Charteintritt in die US-Hitparade. Gerade dieser Titel sollte sich dann Anfang 1976 zum ersten Top-10-Erfolg für Aerosmith mausern, als er erneut veröffentlicht wurde. Ende der 70er Jahre wurde Aerosmith in den USA auf die gleiche Stufe gestellt mit Bands wie Led Zeppelin oder den Rolling Stones – das muß den Jungs wohl zu Kopf gestiegen sein. Joe Perry stieg 1979 aus und gründete sein eigenes Projekt. 1981 verließ auch Brad Whitford die Band. Zusammen mit Derek St. Holmes nahm er als Whitford & St. Holmes noch im selben Jahr eine Platte auf. Der Stern von Aerosmith begann zu sinken. Da das Joe Perry Project wenig auf die Beine brachte, mag Joe vielleicht sogar erfreut gewesen sein, als es im April 1984 zu einer Reunion der Erfolgsformation kam. Ab 1987 waren sie wieder in den Charts, erfolgreicher als in ihrer ersten Hochzeit. Dazu hatte wohl auch beigetragen, daß der Rapper Run DMC den 1976er Hit »Walk This Way« von Aerosmith zusammen mit Steven Tyler und Joe Perry neu aufnahm und erfolgreich in die Hitparaden brachte. Jetzt interessierten sich auch wieder die Kids für Aerosmith, die sich nun auch von Alkohol und Drogen zurückzogen, denen sie nach 1984 im besonderen Maße gefrönt hatten. In den 90er Jahren sahen Aerosmith gegen ähnlich gelagerte jüngere Bands wie z. B. Guns N' Roses jedoch schon wieder sehr alt aus. 1993 veröffentlichten sie das Album »Get A Grip«, das sich alleine in den USA mehr als 7 millionenmal verkaufen sollte. 1994 kam das Album »Big Ones«. Bei der Grammy-Verleihung 1995 erhielten Aerosmith für ihren Song »Crazy« einen Preis in der Kategorie Best Rock Performance By A Group With Vocal. Anfang 1997 erschien mit »Nine Lives« ein neues Album von Aerosmith. Inzwischen macht sich auch die Tochter von Steven Tyler einen Namen. In den Filmen »Silent Fall«, »Empire Records« und »Stealing Beauty« spielte Liv Tyler mit und erntete dafür viel Lob.

*Dream On (1/76 US 6)*
*Walk This Way (11/76 US 10)*
*Angel (1/88 US 3)*
*Love In An Elevator (9/89 US 5)*
*Janie's Got A Gun (11/89 US 4)*
*What It Takes (3/90 US 9)*
*Cryin' (11/93 D 7; 12/93 CH 4)*
***Hard Rock***

**CD-Tip:** *Big Ones* Geffen GED 24546

## A Flock Of Seagulls

FRANK MAUDSLEY, v/b (* 10. 11. 1959); PAUL REYNOLDS, g (* 4. 8. 1962); ALI SCORE, v/d (* 8. 8. 1956); MIKE SCORE, v/g/key (* 5. 11. 1957).

Bevor sich die Gruppe 1979 in Liverpool zusammenschloß, waren zwei der Mitglieder Friseure, einer Elektriker und einer Automechaniker. Die Band entnahm ihren Namen dem Buch ›Jonathan Livingston Seagull‹. Ihre erste Single hieß »Modern Love Is Automatic«. Sie veröffentlichten sie 1981. Bezeichnet wurde das, was A Flock Of Seagulls machte, als eine hypnotische Mischung aus New Romantic und Psychedelic Rock, beeinflußt durch ihre Liebe zu Kraftwerk. Danach zog es sie in die USA, wo sie drei Wochen bleiben wollten – daraus wurden sieben Monate. Dort hatten sie auch ihren größten Hit mit »I Ran«, im März 1982 ein Platz 9 in den Charts. Zu dem Song wurden Mike und Frank inspiriert, als sie ein Foto von einem Ufo sahen, das zwei Menschen jagte. »Wishing (If I Had A Photograph Of You)« war im November 1982 der einzige Top-10-Erfolg der Band in GB. 1983 erhielten sie ihre höchste Auszeichnung, einen Grammy für die Best Rock Instrumental Performance. Nach 1985 gelang ihnen kein Top-10-Erfolg mehr.

Mitte der 80er Jahre wurde aus New Wave der Schnee von gestern, und die Möwen zogen wieder ab. Mike Score arbeitet vielleicht wieder als Friseur – das war seine Profession vor seiner Karriere als Popper.

1986 erschien die LP »Dream Come True«, auf der sich die Band als Trio zeigte – Paul Reynolds hatte die Gruppe verlassen. Seinen Part übernahmen auf der LP diverse Gitarristen.

*I Ran (So Far Away) (7/82 US 9)*
*Wishing (If I Had A Photograph Of You) (11/82 GB 10)*
***New Romantic***

## After 7

KEVON EDMONDS, v (USA); MELVIN EDMONDS, v (USA); KEITH MITCHELL, v (USA).

Kevon und Melvin sind Brüder von Kenneth Edmonds, der zusammen mit L.A. Reid gegen Ende der 80er Jahre in den USA ein überaus erfolgreiches Songschreiber- und Produzentenduo bildete. Außerdem ist Kenneth Edmonds alias Babyface auch als Interpret erfolgreich gewesen. Keith Mitchell – um diesen Klüngel zu vervollständigen – ist ein Cousin von L.A. Reid. Das Team L.A. und Babyface verschaffte den Verwandten aus Indianapolis einen netten Plattenvertrag und sorgte mit »Ready Or Not« und »Can't Stop« 1990 für zwei Millionseller in den USA und dafür, daß das Geld von After 7 in der Familie blieb. »Nights Like This« (1991) und «'Til You Do Me Right« (1995) kamen in den Popcharts auf die Plätze 24 bzw. 31 – ansonsten war das Trio regelmäßig in den R&B-Charts zu finden.

*Ready Or Not (3/90 US 7)*
*Can't Stop (7/90 US 6)*
***Pop, Rhythm & Blues***

## After The Fire

PETER BANKS, v/g (Großbritannien); PETE KING, d (Großbritannien); ANDY PIERCY, v/b (Großbritannien); JOHN RUSSELL, g (Großbritannien).

Die Ursprünge von After The Fire gehen zurück bis ins Jahr 1972. Die Besetzung und die Musikrichtungen wechselten bis zum Übertritt in das Profilager 1977 sehr oft. Der ehemalige Physiklehrer Peter Banks ist der einzige, der aus den Anfangstagen übriggeblieben ist. Im Laufe der Geschichte der Gruppe wurde diese produziert von Mack, Muff Winwood, Rupert Hine und anderen Cracks. Trotzdem blieb der Erfolg hinter den Erwartungen zurück. Nur ein einziges Mal sollte die Gruppe international Erfolg haben: Nachdem sie von Falco den Song »Der Kommissar« übernommen hatten, schafften sie in den USA einen Top-10-Hit. Die Nummer »1980 – F« von

After The Fire wurde die Titelmusik zur TV-Sendung ›Na Sowas!‹

*Der Kommissar (2/83 US 5)*
***Pop, Rock***

## A-Ha

MAGS FURUHOLMEN, v/key (Norwegen, * 1. 11. 1962 in Oslo); MORTEN HARKET, v (Norwegen, * 14. 9. 1959 in Kongsberg); PAL WAAKTAAR, v/g (Norwegen, * 6. 9. 1961 in Oslo).
Bereits Ende der 70er Jahre machten Magne und Pal in ihrer Heimat Norwegen zusammen Musik mit diversen Bands wie z. B. Spider Empire, aus denen später Bridges werden sollte. 1981 trafen die beiden auf Morten, der seinerseits in verschiedenen Bands gesungen hatte, als letztes in der Soulgruppe Souldier Blue. Die drei realisierten, daß sie mit ihren bisherigen musikalischen Aktivitäten auf keinen grünen Zweig kommen würden. Auch war ihnen bewußt, daß der norwegische Plattenmarkt keine großen Einkünfte erlaubte. Die drei orientierten sich nach Großbritannien. Magne kam auf den Namen A-Ha, weil er mit Recht der Meinung war, daß dieser Begriff in vielen Sprachen ein Aha-Erlebnis auslöst. Getreu dem Motto, daß der Teeniemarkt regelmäßig nach neuen frischen Gesichtern verlangt, griffen die Briten zu. Ende 1983 erhalten sie einen Plattenvertrag bei WEA Records, und im Januar 1984 produzierten sie in London »Take On Me«.
Die Platte wird zwar in Norwegen ein Erfolg, in Großbritannien jedoch fällt sie erst einmal durch. Im Mai 1985 wird der Titel erneut produziert, diesmal unter der Leitung von Alan Tarney. Wieder fällt der Titel durch. Im Juli 1985 wird die Platte in den USA veröffentlicht, und der dortige Ableger von WEA entschließt sich, 100.000 Dollar in ein Video zu investieren, damit MTV das Stück spielen kann. Im Oktober 1985 erreicht die Platte Platz 1 in den USA und wenig später Platz 2 in Großbritannien. In den folgenden Jahren kann sich die Gruppe vor allen Dingen in Großbritannien und in der Bundesrepublik behaupten. Ihren anfänglichen Ruch einer Teenieband können sie im Laufe der Jahre ablegen. Allerdings legten sie damit auch den Erfolg ab. »Dark In The Night« war Mitte 1993 ihr letzter Top-20-Hit in GB. Im August 1995 erschien mit »A Kind Of Christmas Card« eine Soloplatte von Morten Harket. Es folgte kurz darauf das Album »Wild Seed«.

*Take On Me (7/85 US 1; 9/85 D 1, GB 2; 11/85 CH 1)*
*The Sun Always Shines On TV (12/85 GB 1, D 5; 2/86 CH 7)*
*Train Of Thoughts (4/86 GB 8)*
*Hunting High And Low (6/86 GB 5)*
*I've Been Losing You (10/86 GB 8)*
*Cry Wolf (12/86 GB 5)*
*The Living Daylights (7/87 GB 5, CH 8, D 8)*
*Stay On These Roads (3/88 GB 5, D 7; 5/88 CH 10)*
*Crying In The Rain (10/90 D 6)*
***AOR (Adult Orientated Rock), Elektro-Pop***

**CD-Tip:** *Headlines And Deadlines* WEA 7599–26773–2

## Air Project

*In The Air Tonight (1/89 CH 6)*

## Air Supply

RUSSELL HITCHCOCK, v (Australien, * 15. 6. 1949 in Melbourne); GRAHAM RUSSELL, v/g (Großbritannien, * 1. 6. 1950 in Nottingham).

Russell und Graham lernten sich 1976 in Sydney kennen, als sie zusammen in einer Produktion des Musicals »Jesus Christ Superstar« auftraten. Noch im selben Jahr erschien ihre Debüt-Single »Love And Other Bruises«, die in Australien überaus erfolgreich war und sie veranlaßte, aus der Produktion von »Jesus Christ Superstar« auszusteigen, um sich voll auf Air Supply zu konzentrieren. 1977 spielten sie im Vorprogramm von Rod Stewart. Rod war von den Softrockern so begeistert, daß er sie spontan einlud, auch bei seiner anschließend geplanten USA-Tournee den Supporting Act zu übernehmen. Das weitete den Kreis der Plattenkäufer erheblich aus. Ab 1980 bis 1986 brachten sie es in den USA auf über zehn Hits, darunter die drei Millionseller »All Out Of Love«, »The One That You Love« und – produziert und geschrieben von Jim Steinman – »Making Love Out Of Nothing At All«. 1988 trennten sie sich und versuchten sich beide ohne größeren Erfolg als Solisten. 1991 kamen sie wieder zusammen – ohne allerdings in den Charts Spuren zu hinterlassen.

*Lost In Love (2/80 US 3)*
*All Out Of Love (6/80 US 2)*
*Every Woman In The World (10/80 US 5)*
*The One That You Love (5/81 US 1)*
*Here I Am (Just When I Thought I Was Over You) (9/81 US 5)*
*Sweet Dreams (12/81 US 5)*
*Even The Nights Are Better (6/82 US 5)*
*Making Love Out Of Nothing At All (7/83 US 2)*
***AOR (Adult Orientated Rock), Soft Pop***

**CD-Tip:** *Greatest Hits* Arista 610 100

## Akens, Jewel

v (USA, * 12. 9. 1940 in Houston/Texas).
Da sich die Eltern eine Tochter gewünscht hatten, hatte man sich bereits auf den Vornamen Jewel festgelegt. So wurde ein Junge ihr Juwel. In den 50er Jahren zog Jewel Akens von Texas nach L.A. Er arbeitete mit Eddie Daniels und war Mitglied bei Eddie & The Four Tunes, Jewel & Eddie, The Four Dots und Astro-Jets. Mit dem Novelty-Song »The Birds And The Bees«, in dem uns anhand von Vögeln und Bienen der große Zusammenhang des Lebens erklärt wird, hatte Akens als Solist 1965 einen Top-10-Hit in den USA. Da unsere Schöpfungsgeschichte keine Variationen zuläßt, fiel ihm kein weiterer Hit ein. Jewel arbeitete später als Produzent.

*The Birds And The Bees (1/65 US 3)*
***Rhythm & Blues***

**CD-Tip:** *The Best Of Jewel Akens* Era Records 5020–2

## Al B. Sure!

AL B. SURE!, v (USA als Albert Brown, geb. in Boston/Massachusetts).
In seinem Künstlernamen Al B. Sure! will er sich offensichtlich Selbstsicherheit suggerieren und garniert das ganze vorsichtshalber noch mit einem charakteristischen Ausrufezeichen. Seine erste Platte wurde 1988 gleich ein Knüller und sein bisher größter Hit: »Nite And Day« erreichte die US-Top-10. Kurz vorher hatte er den Sony Innovator Award gewonnen. Der erfolgreiche Produzent und Interpret Quincy Jones hatte seine Songs aus über fünfzig Bewerbungen ausgewählt und ihm damit zum Sieg verholfen. Mit seinem Cousin Kyle West hatte Al vor seiner Karriere an Songs gebastelt – jetzt wurde West Als Produzent und Mitautor.

*Nite And Day (4/88 US 7)*
***Rhythm & Blues***

**CD-Tip:** *Sexy Versus* WB 7599–26973–2

## Albert, Morris

v (Brasilien als Morris Albert Kaisermann, geb. in Rio de Janeiro).
Morris Albert wurde 1951 als Sohn einer französischen Mutter und eines palästinensischen Vaters geboren. Mit dem Titel »Feelings« gelang ihm im Jahre 1975 ein weltweiter Hit. In den USA war es sogar ein Millionseller. Möglich, daß das Herrn Kaisermann gar nicht so recht war, denn wäre die Nummer ein Hit nur in Brasilien geblieben, wäre möglicherweise nie aufgefallen, daß es sich um eine ziemlich dreiste Kopie des Titels »Pour Toi« handelt, der im Jahre 1957 von dem Franzosen Louis Gasté geschrieben wurde. Aber erst 1985 wurde ein Verfahren gegen Morris Albert angestrengt – der verlor nicht nur das, sondern auch noch 250000 englische Pfund, die er als Strafe zahlen mußte. In Brasilien tritt er noch heute auf.

*Feelings (6/75 US 6; 9/75 GB 4)*
***Soft Pop***

**CD-Tip:** *After We've Left Each Other* Boulevard BLD 511 CD

## Alessi

BILLY ALESSI, v (USA, geb. in West Hempstead/New York); BOBBY ALESSI, v (USA, geb. in West Hempstead/New York).
Die eineiigen 1954 geborenen Zwillinge begannen ihre musikalische Karriere in der Band Barnaby Bye, in der der ehemalige Blues-Magoos-Sänger Peppy Castro das Sagen hatte. 1977 gelang den beiden songschreibenden Brüdern als eigenständiges Duo Alessi mit der Nummer »Oh, Lori« ein Top-10-Hit in England – die Amerikaner waren von dem Titel nicht begeistert. 1982 nahm Quincy Jones die beiden für sein Plattenlabel Qwest unter Vertrag – es blieb bei unter ferner sangen. Ihre Lieder wurden von Olivia Newton-John, Richie Havens oder Frankie Valli nachgesungen – als Hintergrundsänger hört man sie auf Platten von Barbra Streisand, Art Garfunkel, Samantha Sang, John Lennon oder Rick Springfield.

*Oh, Lori (7/77 GB 8)*
***Soft Pop***

## Alex Party

SHANIE CAMPBELL, v (Großbritannien); ALEX NATALE, v/dj (Italien); GIANNI VISNALDI, g (Italien); PAOLO VISNALDI, key (Italien).
Zwei Produzenten und ein DJ steckten hinter diesem Projekt. Dazu gesellte sich Shanie. Die drei Jungs schrieben die Musik, Shanie die Texte. Ihre erste Hitnotierung hatten Alex Party im Dezember 1993 mit »Saturday Night Party« – in GB Platz 49. Als die Platte im Mai 1994 erneut in die Charts kam, erreichte sie Platz 29 – diesmal hieß sie »Saturday Night Party (Read My Lips)«. Die nächste Notierung »Don't Give Me Your Life« schlug in GB groß ein und erreichte im Frühjahr 1995 Platz 2. In Deutschland kam die Nummer bis auf Platz 24. »Wrap Me Up« stand Ende 1995 unter den ersten 20 in GB – und als »Read My Lips (Saturday Night Party)« im November 1996 noch einmal in GB veröffentlicht wurde, erreichte sie diesmal Platz 28. Mal sehen, wie oft sich dieses Spiel noch wiederholen läßt.

*Don't Give Me Your Live (2/95 GB 2)*
***Dance, Pop***

**CD-Tip:** *Alex Party* ZYX 20 419–2

## Alexander, Peter

v (Österreich, * 30. 6. 1926 als Peter Neumayer in Wien).
»Das machen nur die Beine von Dolores« war die erste Platte, die Peter Alexander

am 27. 9. 1951 in Wien aufgenommen hat. Dort hatte er unter seinem richtigen Namen vorher als Schauspieler am Bürgertheater gearbeitet, bis der Laden dichtmachte. Seine Lebensgeschichte bis zu diesem Zeitpunkt schwankt zwischen oben und unten: Sein Elternhaus ist gutsituiert, seine Jugend unbeschwert – aber dann kommt der Krieg, und 1943 wird er als Flakhelfer eingezogen. Nach Kriegsende gerät er in britische Gefangenschaft. Erst langsam kristallisiert sich das schauspielerische Talent des Peter Neumayer heraus. Silvester 1945 ist er Musiker im englischen Offiziersclub in Wilhelmshaven, 1946 erfolgt sein erster Auftritt als Schauspieler im Gefangenenlager in Jever. Auch nach seiner ersten Platte im September 1951 ging es für Peter Alexander nicht Schlag auf Schlag. Erst langsam findet sich richtiges Repertoire für ihn. In den ersten Jahren sang er meist Nachzieher von Schlagern, die in der Bundesrepublik bereits Hits waren – bestimmt waren sie für den österreichischen Markt.

Und dann kam der Herbst 1953. Im Deutschen Theater in München gewann Peter Alexander einen Schlagerwettbewerb mit der Nummer »La Bella Musica« – er landete vor dem damaligen Publikumsliebling Vico Torriani und vor der kleinen Conny Froboess. Danach gelang ihm Hit auf Hit – die große und bis heute anhaltende Karriere von Peter Alexander nahm ihren Lauf. Im Juli 1952 hatte er den Titel »Die süßesten Früchte fressen nur die großen Tiere« aufgenommen, der sich nicht zu einem Hit entwickelte. Als er die gleiche Nummer im November 1953 noch einmal aufnahm – diesmal im Duett mit Laila Negra –, wurde der Titel ein Hit für Peter, der sich inzwischen auch als Schauspieler etabliert hatte. Er spielte meist in typischen Nachkriegsschmonzetten à la »Verliebte Leute« – keine große Kunst, sondern Spaß war gefragt.

Kaum ein deutschsprachiger Künstler kann auf eine Karriere wie die von Peter Alexander zurückschauen. Die Spanne seiner Top-10-Hits in der deutschen Hitparade reicht von 1954 bis 1981. Und trotz dieser langen Erfolgsserie – schon fast sprichwörtlich ist sein Lampenfieber.

*Das süße Mädi (10/55 D 10)*
*Der Mond hält seine Wacht (10/55 D 1)*
*Eventuell (11/55 D 1)*
*Schon wieder mal (10/56 D 6)*
*Auf der Piazza von Milano (10/56 D 3)*
*Im Hafen unserer Träume (11/56 D 10)*
*Ich weiß, was dir fehlt (12/56 D 1)*
*Ein bißchen mehr (8/57 D 4)*
*Das tu' ich alles aus Liebe (9/57 D 3)*
*Das ist alles längst vorbei (2/58 D 9)*
*Bambina (6/58 D 2)*
*O Josefin (6/58 D 6)*
*Mandolinen und Mondschein (3/59 D 3)*
*Ich zähle täglich meine Sorgen (2/60 D 2)*
*Bist du einsam heut' nacht (1/61 D 4)*
*Missouri Cowboy (3/61 D 10)*
*Wenn erst der Abend kommt (3/63 D 6)*
*Verliebt, verlobt, verheiratet (6/63 D 7)*
*Nachts hör' ich immer alle Uhren schlagen (9/63 D 8)*
*Seide und Samt (10/64 D 7)*
*Schenk mir ein Bild von dir (3/65 D 2)*
*Fräulein Wunderbar (8/65 D 7)*
*Aba Heidschi Bum Beidschi (12/65 D 10)*
*Moderne Romanzen (11/66 D 4)*
*Spanisch war die Nacht (3/67 D 9)*
*Verbotene Träume (8/67 D 1)*
*Der letzte Walzer (10/67 D 1)*
*Delilah (4/68 D 1)*
*Komm und bedien' dich (9/68 D 9)*
*Liebesleid (2/69 D 1)*
*Oh Lady Mary (2/70 D 5)*
*Hier ist ein Mensch (11/70 D 2; 1/71 CH 3)*
*Unser täglich Brot ist die Liebe (11/72 D 8)*
*Irgendwo brennt für jeden ein Licht (10/73 D 9)*
*Die kleine Kneipe (5/76 D 2; 6/76 CH 1)*
*Und manchmal weinst du sicher ein paar Tränen (4/79 CH 2, D 9)*
*Der Papa wird's schon richten (11/81 D 3)*
***Deutscher Schlager***

**CD-Tip:** *Sag es mit Musik* Bear Family BCD 15455

## Alexia

ALEXIA, v (Italien als Aquilani, geb. in La Spezia).
Tra-La-La-Pop aus Italien, den die Plattenfirma freundlich als ›ultimativen Sommerhit‹ ankündigte. »Uh La La La« (9/97 D 30) war 1997 zuerst in Italien, Spanien, Finnland und Deutschland in den Charts. Zum Frühlingsanfang 1998 kam die Platte in GB auf den Markt und erreichte sofort die Top-10. Alexia hatte bereits Hiterfahrung: Sie war die Sängerin auf der Nummer »Think About The Way (Bom Digi Bom)« (5/94 D 14, 8/94 GB 42, 9/96 RE-GB 38) von Ice MC. In Italien hatte sie als Solistin 1995 die Nummer 1 in den Charts mit dem Titel »Me & You«. Gleiches gelang ihr ein Jahr später mit »Summer Is Crazy« und »Number 1«. Eine weitere internationale Notierung war »Gimme Love« (6/98 GB 17).

*Uh La La La (3/98 GB 10)*
***Pop***

## Alford, John

v (Großbritannien).
Mike Stock und Matt Aitken konnten sich Mitte der 90er Jahre zurücklehnen – sie waren satt. Als zwei Drittel des Produzenten- und Songschreiberteams Stock/Aitken/Watermann hatten sie mehrere Schäfchen im Trockenen. Aber genau zu diesem Zeitpunkt erkannten sie auch, daß viele Plattenkäufer mit der Musik jener Tage wenig anfangen konnten und sich nach den alten Songs sehnten. Den Wunsch konnten sie ihnen erfüllen. Interpreten wie Robson & Jerome und eben jener John Alford wurden durch Stock/Aitken produziert – heraus kamen Coverversionen alter Hits. Alford hatte seinen ersten Erfolg mit »Smoke Gets In Your Eyes«, Anfang 1996 für ihn Platz 13 in GB. Nachfolger »Blue Moon« wurde sein erster Top-10-Hit – und Ende 1996 erschien noch die Doppel-Single »If/Keep On Running« und erreichte Platz 24. John war 1996 gerade mal 24 Jahre alt und konnte trotzdem auf eine langjährige Karriere als TV-Schauspieler zurückblicken. Schon mit 6 spielte er seine ersten Rollen. In den 90er Jahren wurde er populär, als er in der TV-Serie ›London's Burning‹ den Feuerwehrmann Billy Ray spielte. Genau in dieser Serie sah ihn Mike Stock und machte mit ihm einen Plattenvertrag. Mike wußte, daß Aussehen über dünne Stimmchen geht – Technik macht es möglich. Mit diesem Prinzip hatten er und seine beiden Kumpels doch über Jahre gearbeitet und viel Geld verdient.

*Blue Moon (5/96 GB 9)*
***Soft Pop***

## Alias

FREDDY CURCI, v (Kanada); STEVE DEMARCHI, v/g (Kanada); MIKE DROSIER, d; ROGER FISHER, g (USA, * 14. 2. 1950); STEVE FOSSEN, b (USA, * 15. 11. 1949).
Die beiden erstgenannten Musiker waren Mitglieder in der kanadischen Band Sheriff, die mit dem Titel »When I'm With You« im Mai 1983 als größten Erfolg einen Platz 61 in der amerikanischen Hitparade erreichten. Wenig später trennte sich die Gruppe. Platte und Gruppe waren für die meisten lange vergessen, als 1988 eine amerikanische Radiostation begann, den Titel verstärkt einzusetzen.
Andere zogen nach, worauf sich die Plattenfirma Capitol entschloß, die Platte erneut zu veröffentlichen. Im November 1988 kam die Platte in die US-Hot-100, am 4. 2. 1989 wurde sie Nummer 1 und ein Millionseller. Freddy Curci arbeitete zu diesem Zeitpunkt in Toronto als Kurier. Während er ein Paket ablieferte, hörte er im Hintergrund seine alte Platte. Er mußte lachen, woraufhin er von der Empfangs-

dame gefragt wurde, worüber er lache. Erst wollte er es nicht sagen, als dann insistiert wurde, bemerkte er, daß er der Sänger dieser Platte sei. Daraufhin wurde die Frau sauer und wollte den Sicherheitsdienst rufen. Capitol versuchte verzweifelt, die Musiker von Sheriff wieder zu versammeln. Da jedoch einige anderweitig in festen Vertragsverhältnissen waren, kamen nur Curci und DeMarchi. Zu diesen beiden gesellte man Roger Fisher, ehemaliges Mitglied bei Heart, und zwei in der Musikerszene von L.A. bekannte Cracks. Zuerst wollte man sich wieder Sheriff nennen, doch dann einigte man sich schließlich auf Alias. Mit »More Than Words Can Say« gelang Alias im Herbst 1990 ein erneuter Hit – und tschüs!

*More Than Words Can Say (9/90 US 2)*
***Rock***

**CD-Tip:** *Alias* EMI CDP 7 93908–2

## Alice

ALICE, v (Italien, * 26. 2. 1954 als Carla Bissi in Forli/Rimini).
Im persönlichen Gespräch mit diesem italienischen Star stellt man schnell fest, daß sie aus dem Land stammt, in dem die Mimosen blühen. Vielleicht ist sie aber auch nur ein wenig introvertiert. ›Ich habe immer gemacht, was ich für richtig hielt. Ich erforsche mich, versuche mich zu entdekken, zu entwickeln. Eine Zeitlang sah jeder in mir nur eine attraktive Frau, die am besten mit seichten Popsongs zu vermarkten ist. Niemand betrachtete mich als ernstzunehmende Sängerin und Komponistin‹. Ende der 60er Jahre trat Alice bereits beim Festival in San Remo auf – sie war gerade 15. Hierzulande begann ihre Karriere mit dem Titel »Per Elisa« 1981 und hatte ihren Höhepunkt mit »Una Notte Speciale« 1982. 1984 versuchte man sie auch dem deutschen Publikum näherzubringen und ließ sie zusammen mit Stefan Waggershausen den Song »Zu nah am Feuer« singen. In Deutschland erreichte die Platte Platz 13, in der Schweiz wurde es ein Top-10-Hit. Die alten Hits will sie inzwischen nicht mehr singen. 1992 veröffentlichte sie in ihrer mittlerweile über 20jährigen Karriere das zwölfte Soloalbum.

*Per Elisa (4/81 CH 5)*
*Una Notte Speciale (3/82 D 7)*
*Zu nah am Feuer (4/84 CH 1)*
***Pop***

**CD-Tip:** *Il Vento Caldo Dell'estate* EMI 8 29162 2

## Alive & Kicking

VITO ALBANO, d (USA); PEPE CORDONA, v (USA); JOHN PARISIO, g (USA); BRUCE SUDANO, v/org (USA); SANDY TODER, v (USA); THOMAS WILSON, b (USA).
Dieses Pop und Rock-Sextett stammte aus New York und hatte das Glück, daß im Frühjahr 1970 Tommy James & The Shondells auseinandergefallen waren. Tommy James strebte nun eine Solokarriere an und hatte sich als ersten Titel, den er singen wollte, die Nummer »Tighter, Tighter« geschrieben. Während der Produktion befiel Tommy die Angst, er könne die Nummer nicht richtig hinkriegen. Deshalb war er damit einverstanden, sie mit Alive & Kicking zu produzieren. Im Juni 1970 kam der Titel in die US-Hitparade und unter die Top 10. Es erschienen noch zwei weitere Singles und eine LP, aber es blieb bei diesem einzigen Erfolg. Pepe Cardona sagte später, er habe Tommy James' Bubblegum-Touch nicht gemocht – Heavy Rock hätte ihren Vorstellungen mehr entsprochen. Das war wohl auch der Grund, weshalb Tommy James die Band fallenließ. Bruce Sudano wurde später Mitglied von Brooklyn Dreams und der Ehemann von Donna Summer.

*Tighter, Tighter (6/70 US 7)*
***Pop, Rock***

## All About Eve

TIM BRICHENO, g (Großbritannien, * 6. 7. 1963 in Huddersfield/Yorkshire); ANDY COUSIN, b (Großbritannien, * 28. 6. 1963 in Huddersfield/Yorkshire); MARK PRICE, d (Großbritannien, * 10. 8. 1959 in Nelson/Lancashire); JULIANNE REGAN, v/p (Großbritannien, * 30. 6. 1962 in Coventry/Warkshire); MARTY WILLSON-PIPER, g (Großbritannien).

In den späten 80er Jahren setzte sich diese Band mit einer Mixtur aus Rock-, Blues- und Folk-Elementen durch. Vor allem die klare und charismatische Stimme von Julianne Regan bestimmt den Sound der Platten. Julianne hatte vorher als Musikjournalistin gearbeitet. Die Band nannte sich zuerst Swarm, dann setzten sich Juliannes Vorstellungen von Hexenzauber, Tarotkarten und Hippiemystik durch, und es entstand 1985 All About Eve. Songs auf ihrer ersten CD wie »Flowers In Our Hair« oder »Gypsy Dance« belegen Juliannes Vorlieben. Ab Ende 1987 konnte sich All About Eve zumindest in der britischen Hitparade regelmäßig plazieren. Es gelang ihnen jedoch nur ein einziger Top-10-Erfolg. Mitte 1990 verließ Bricheno die Band und ging zu Sisters Of Mercy. Für ihn kam von The Church Marty Willson-Piper. Im Frühjahr 1993 war es dann ganz aus – Julianne gründete erst Harmony Ambulance, schrieb ab 1994 zusammen mit Bernard Butler, vorher Suede, einige Songs, bevor sie schließlich im Frühjahr 1995 einen Solovertrag unterzeichnete.

*Martha's Harbour (7/88 GB 10)*
***Blues, Folk, Rock***

**CD-Tip:** *All About Eve* Mercury 834 260–2

## All Saints

NATALIE APPLETON, v (Kanada); NICOLE APPLETON, v (Kanada); MELANIE BLATT, v (Großbritannien); SHAZNAY T. LEWIS, v (Großbritannien).

Die Ursprünge dieser Mädchengruppe gehen zurück in das Jahr 1993. Blatt und Lewis hatten ein Duo gegründet, das es immerhin zu einer Singleveröffentlichung brachte. Nachdem die kein Hit wurde, baten sie 1995 die beiden kanadischen Schwestern Appleton, sich ihnen anzuschließen. »I Know Where It's At« wurde im Herbst 1997 ihr erster Hit und zeigte das Quartett selbstbewußt: ›Mit den Spice Girls möchten wir nicht verglichen werden. Wir sehen besser aus als die Spice Girls und haben mehr im Kopf‹. Wenn das kein Qualitätsnachweis ist. Am 24. 11. 1997 erschien das Album »All Saints« (12/97 GB-LP 2) – daraus ausgekoppelt wurde der Hit »Never Ever«. Anfang 2. 2. 1998 stieg die Platte auf Platz 34 in die deutsche Hitparade ein. Mit einer Cover-Version des Red Hot Chilli Peppers Songs »Under The Bridge« stieg All Saints am 9. 5. 1998 auf Platz 1 in die GB-Charts ein. Die B-Seite war ebenfalls eine Coverversion: »Lady Marmalade, einst ein Hit für LaBelle.

*I Know Where It's At (9/97 GB 4)*
*Never Ever (11/97 GB 1; 2/98 CH 4; 7/98 US 8)*
*Under The Bridge/Lady Marmalade (5/98 GB 1)*
***Pop***

## All-4-One

TONY BOROWIAK, v (USA, * 12. 10. 1972 in Lancaster/Kalifornien); JAMIE JONES, v/key/sax (USA, * 6. 11. 1974 in Lancaster/Kalifornien); DELIOUS KENNEDY, v (USA, * 21. 12. 1970 in New York City); ALFRED NEVAREZ, v (USA, * 18. 5. 1973 in Lancaster/Kalifornien).

Dieses aus drei Schwarzen und einem Weißen bestehende Quartett aus Los Angeles gehörte zu den großen Gewinnern des Jahres 1994, ihre Single »I Swear« war die meistverkaufte Platte. Vorher war noch »So Much In Love«, die Coverversion eines Spitzenreiters der US-Charts der Gruppe Tymes aus dem Jahre 1963, erschienen. Auch »I Swear« war keine Originalnummer von All-4-One: Der Countrysänger John Michael Montgomery hatte den Song einige Monate vorher veröffentlicht, konnte sich aber in den Popcharts nicht in der oberen Region etablieren. Jamie Jones, die Leadstimme, zeigte jedoch auf der Debüt-CD, daß er auch ein Talent als Songschreiber hat. Der Name der Band soll, so das Credo der gemischtrassigen Formation, eine Pro-Unity-Botschaft formulieren. Musikalisch fusionieren sie Doo-Wop, Rhythm and Blues, Pop und Jazz – und machen daraus ein Gemisch, das speziell in den 50er und 60er Jahren in den USA sehr beliebt war. Ihr A-cappella-Gesang ist allerdings nicht von schlechten Eltern. Das meinte auch das Grammy-Gremium, das der Gruppe 1995 einen Preis für die Best Pop Performance By A Group With Vocal verlieh. Ihr Debütalbum schaffte bis Ende 1996 Doppelplatin.

*So Much In Love (1/94 US 5)*
*I Swear (4/94 US 1; 6/94 D 1, GB 2; 7/94 CH 1)*
*I Can Love You Like That (6/95 US 5)*
***Soft Soul***

**CD-Tip:** *All-4-One* Atlantic 7567–82588–2

## Allen, Donna

v (USA, geb. in Key West/Florida).
Nachdem sie, in Tampa/Florida aufgewachsen, als Cheerleader der Tampa Bay Buccaneers gelernt hatte, die Beine in die Luft zu werfen, war sie für das Showgeschäft prädestiniert. In den frühen 80er Jahren sang sie erst mit Bands wie Hi-Octane und Trama, dann mit ihrer eigenen Band Donna Allen & Company. 1986 erschien ihr Debütalbum »Perfect Timing« – und mit ihrer tanzorientierten Musik lag sie da auch genau richtig. Von ihrer Plattenfirma wurde sie als ›The Black Madonna‹ angepriesen. Nach zwei Top-10-Hits in Großbritannien war sie mit dem Ausklang der 80er Jahre selbst verklungen. Ihre letzte Hitnotierung gelang ihr im Frühjahr 1995 mit »Real«, ein Platz 34 in GB.

*Serious (4/87 GB 8)*
*Joy And Pain (6/89 GB 10)*
***Dance***

## Allen, Keith

siehe Black Grape

## Allen, Rex

v (USA, * 31. 12. 1920 in Wilcox/Arizona).
Die Amerikaner kennen Rex Allen nicht nur als Sänger und Filmschauspieler – auch seine Sprechstimme ist ihnen wohlvertraut. In den 60er und 70er Jahren war er in über achtzig Walt-Disney-Filmen als Erzähler zu hören. Vorher hatte er sich in den 50er Jahren als ›The Arizona Cowboy‹ in 35 Westernfilmen die Sporen verdient. Außerdem hat er auch noch ab 1946 gesungen. Seine Version von »Crying In The Chapel« war 1953 in den USA ein Top-10-Hit und ein Millionseller. Nach ihm sollten noch viele andere dieses Lied singen – darunter 1965 erfolgreich Elvis Presley. Bei uns hieß die deutsche Version »Du hast ja Tränen in den Augen«. 1962 kam Rex mit dem Titel »Don't Go Near The Indians« ein letztes Mal in die US-Top-20.

*Crying In The Chapel (8/53 US 8)*
***Pop***

**CD-Tip:** *Voice Of The West* Bear Family BCD 15284

## Allisons

John Brian Alford, v (Großbritannien, * 31. 12. 1939 in London); Bob Colin Day, v (Großbritannien, * 21. 2. 1942 in Trowbridge/Wiltshire).

Dieses Duo vertrat Großbritannien beim Grand Prix Eurovision im Jahre 1961 mit dem Titel »Are You Sure«, der den zweiten Platz erreichte. Sie klangen und sahen aus wie eine Kopie der Everly Brothers – und als die Briten feststellten, daß es die ja 1961/62 noch gab, haben sie auf die Allisons wieder verzichtet. Sie wurden ein One-Hit-Wonder. 1978 versuchten sie mit einer Weihnachts-LP ein Comeback und arbeiteten außerdem mit P. J. Proby bei einem seiner unendlichen Comebackversuche mit.

*Are You Sure (2/61 GB 2)*
***Grand Prix, Pop***

## Allman Brothers Band

DUANE ALLMAN, g (USA, * 20. 11. 1946 in Nashville/Tennessee, † 29. 10. 1971); GREGG ALLMAN, v/key (USA, * 8. 12. 1947 in Nashville/Tennessee); DICKEY BETTS, g (USA, * 12. 12. 1943 in Palm Beach); JAI JAI JOHANSON, d (USA, * 8. 7. 1944 als John Lee Johnson in Ocean Springs); CHUCK LEAVELL, key (USA); BERRY OAKLEY, b (USA, * 4. 4. 1948 in Chicago/Illinois, † 11. 11. 1972); BUTCH TRUCKS, d (USA, * 11. 5. 1947 in Jacksonville/Florida); LAMAR WILLIAMS, b (USA, † 25. 1. 1983).

Die Ursprünge der Allman Brothers Band gehen zurück in das Jahr 1959. Zusammen mit seinem Bruder Gregg gründete der Ausnahmegitarrist Duane Allman 1959 die Kings. Bis 1965 spielten sie in diversen Bands, gründeten Allman Joys, Hourglass und schließlich die Allman Brothers Band. Nebenher war Duane der Top-Sessiongitarrist in den Muscle Shoals Studios in Memphis. Von seinen vielen Arbeiten sind zwei ganz besonders bemerkenswert: Er spielte zusammen mit Eric Clapton auf »Layla« von Derek & The Dominos und »Loan Me A Dime« mit Boz Scaggs. Auf der LP »Eat A Peach«, die im März 1972 bis auf Platz 4 der US-LP-Hitparade kletterte, sind die letzten drei Studioaufnahmen von ihm zu finden. Am 29. Oktober 1971 versuchte er mit seinem Motorrad einem LKW auszuweichen und verunglückte. Nach einer dreistündigen Operation erlag er seinen Verletzungen.

Während sich sein Bruder Duane auf das Gitarrenspiel konzentrierte, spielte Gregory Lenoir, so seine vollständigen Vornamen, Keyboards und sang auch hin und wieder. Nach dem Tod seines Bruders machte Gregg 1975 mehr durch seine immerhin neun Tage dauernde Heirat mit Cher auf sich aufmerksam als durch seine Musik.

Das, was die Allman Brothers machten, nennt man Southern Rock. Sie formierten sich 1969 in Macon, Georgia. Dank der außerordentlichen spielerischen Leistung von Duane Allman konnte sich die Band schnell eine große Anhängerschaft erspielen. Vor allen Dingen ihre Live-Auftritte müssen gigantisch gewesen sein. So verwundert es nicht, daß die Mitte 1971 erschienene Liveplatte »At Fillmore East« ihr erster und die im Frühjahr 1972 veröffentlichte LP »Eat A Peach« ihr zweiter Millionseller wurde. Außer den letzten drei Studioaufnahmen von Duane Allman handelte es sich bei »Eat A Peach« ebenfalls um eine Liveplatte. Nach dem Tod von Duane war es nicht sein Bruder Gregg, der die Band weiter leitete, sondern Dickey Betts. Er war es auch, der den größten Singlehit der Gruppe gesungen und geschrieben hat: »Ramblin' Man«. Nachdem sich die Gruppe 1972 nach dem Tod von Duane gerade wieder konsolidiert hatte, verunglückte am 11. 11. 1972 unter beängstigend ähnlichen Umständen wie Duane Allman der Bassist Berry Oakley. Er wurde ersetzt durch Lamar Williams, ein weiteres neues Mitglied wurde der Keyboarder Chuck Leavell. 1976 fiel die Band auseinander, weil Gregg in einem Drogenprozeß gegen einen früheren Roadmanager aussagte. Die anderen Musiker wollten deshalb nicht weiter mit ihm zusammenarbeiten. Dickey Betts gründete Great Southern; Leavell, Williams und Johansen Sea Level. 1978 kamen Betts und Gregg Allman wieder mit einer neuen Allman-Brothers-Line-up. Anfang der 80er Jahre fiel die Band erneut auseinander, um sich 1989 wieder zu reformieren. 1991 und 1992 erschienen jeweils neue LPs der Allman Brothers Band. Von der alten Garde waren Gregg, Dickey Betts und Butch Trucks mit dabei, neu waren Haynes, Woody und Neel. Neel verließ die Band 1990 wieder und wurde durch Quinones ersetzt. 1994 veröffentlichten sie die CD »Where It All Begins«. Am 12. Januar 1995 wurden die Allman Brothers in die Rock 'n' Roll Hall of Fame aufgenommen. Im Frühjahr 1996 spielten sie im Shrine Auditorium in Los Angeles/Kalifornien das Stück »Jessica«. Anlaß: Mit dieser Nummer hatten sie einen Grammy gewonnen, und zwar als bestes Rock-Instrumental.

*Ramblin' Man (8/73 US 2)*
***Southern Rock***

**CD-Tip:** *Dreams* Polydor 819 417–2

## Allure

Linnie Belcher, v (USA); Alia Davis, v (USA); Lalisha McLean, v (USA); Akissa Mendez, v (USA).

Mariah Carey hatte 1996 ihr eigenes Plattenlable ›Crave‹ gegründet, für das sie neue Künstler suchte und auch fand. Allure wurde von Mariah noch im gleichen Jahr unter Vertrag genommen. Die vier Mädchen hatten sich an der New Yorker Talentschmiede ›La Guardia School of Performing Arts‹ kennengelernt und etliche Jahre geprobt, bis sie den Plattenvertrag erhielten. Als erstes Album erschien »Allure«, aus dem die Single »Head Over Heals« (3/97 US 35, GB 18) ausgekoppelt wurde – die Mädchen wurden auf der Platte vom Star-Rapper Nas unterstützt. Die zweite Single »All Cried Out« (1/98 GB 12), wie die erste mitgeschrieben und mitproduziert von Mariah Carey, brachte Allure den ersten Top-10-Hit in den USA. Hier half gesanglich bei der Aufnahme das Quartett 112. Der Song war im Original mit Lisa Lisa & Cult Jam bereits 1986 schon einmal in den US-Top-10.

*All Cried Out (8/97 US 4)*
***Pop, Rhythm & Blues***

**CD-Tip:** *Allure* Sony CRA 487 524 2

## Almond, Marc

v (Großbritannien, * 9. 7. 1957 als Peter Marc Almond in Southport/Liverpool).

Für viele Briten ist Peter Marc Almond ein ›Torch Singer‹, was man freundlich als ›einen Sänger von sentimentalen Liebesliedern‹ bezeichnen kann oder unfreundlich als einen ›Schnulzenheini‹. 1979 gründete er zusammen mit Dave Ball das Duo Soft Cell. Dieses Weichtier hatte mit »Tainted Love« im Herbst 1981 einen weltweiten Hit. Anfang 1984 fiel das Duo auseinander, und Marc machte als Solist weiter. Zusammen mit Bronski Beat hatte er 1985 den Hit »I Feel Love (Medley)«. Sein größter Hit als Solist war 1992 »The Days Of Pearly Spencer«, außerdem stand er zusammen mit Pop-Legende Gene Pitney und dessen 1967er Hit »Something's Gotten Hold Of My Heart« auf Platz 1 in Großbritannien und der Bundesrepublik. Ende 1996 verhalf er einem weiteren US-Altmeister zu neuen Plattenehren. Zusammen mit P. J. Proby sang er den alten Cupid's-Inspiration-Hit »Yesterday Has Gone« aus dem Jahre 1968.

*Something's Gotten Hold Of My Heart (2/81 CH 1; 1/89 D 1, GB 1)*
*I Feel Love (Medley) (4/85 GB 3)*
*Tainted Love (5/91 GB 5)*
*The Days Of Pearly Spencer (4/92 GB 4)*
***Elektro-Pop***

**CD-Tip:** *Memorabilia – The Singles* Mercury 848 512–2

## Alpert, Herb

v/tr/bl (USA, * 31. 3. 1935 in Los Angeles/ Kalifornien).

Nachdem der Sohn eines russischen Emigranten und einer ungarischen Mutter für zwei Jahre in der 6. Army Band gespielt hatte, begann er 1958 zusammen mit dem Versicherungsvertreter Lou Adler, Songs zu schreiben. Vier ihrer Lieder werden von der kleinen Plattenfirma Keen angenommen, und gleichzeitig werden sie als festangestellte Songschreiber engagiert. Zu diesem Zeitpunkt ist Sam Cooke Star der Plattenfirma Keen. Zusammen mit ihm schreiben Herb und Lou die vier Hits »Love You Most Of All«, »Everybody Likes To Cha Cha Cha«, »Only Sixteen« und »Wonderful World«.

Als Autor wird das Pseudonym Barbara Campbell angegeben – dies ist in Wirklichkeit der Mädchenname von Sam Cookes Frau. 1959 lehnt Keen den Alpert/Adler-Song »Baby Talk« ab. Sie bieten ihn der Plattenfirma Dore Records an, die ihn annimmt und mit Jan & Dean aufnimmt. Es wird ein Platz 10 in der amerikanischen Hitparade. Herb Alpert drängt es, selbst Platten aufzunehmen. Für die Plattenfirma RCA singt er als Dore Alpert. Nebenher spielt er kleine Rollen in Hollywood-Produktionen. Bewundern konnte man ihn in einer Szene im Film »Die Zehn Gebote«. Moses kommt von der Entgegennahme ebenjener vom Berg. Unten steht einer und spielt Trommel – das ist Herb Alpert. 1962 trennen sich Lou Adler und Herb Alpert. Herb tut sich mit Jerry Moss, einem Produzenten von RCA, zusammen, und aus den Initialen ihrer Nachnamen gründen die beiden die Plattenfirma A&M. Ihre ersten Unternehmungen werden aus Herb Alperts Garage getätigt. Im Oktober 1962 nimmt Herb den Titel »The Lonely Bull« auf. Er spielt im Multi-Track-Verfahren den Trompetenpart und kreiert damit sein Markenzeichen. Für die Produktion der Platte hat er 65 Dollar bezahlt. A&M veröffentlicht die Platte als The Tijuana Brass. Schon im Dezember sind 700.000 Platten verkauft, und die Aufnahme erreicht Platz 6 in der amerikanischen Hitparade. Damit beginnt eine lange Karriere sowohl als Interpret wie auch als Plattenboß. So nahm er für seine Firma Künstler wie Flying Burrito Brothers, Joe Cocker, Carole King und vor allen Dingen die Carpenters unter Vertrag und wurde damit zu einem der größten Plattenmogule seiner Zeit. Im Oktober 1989 verkauften Alpert und Moss ihre Plattenfirma an die Polygram für 460 Millionen Dollar. Für eine Firma, die in der Garage begann, ein netter Schnitt. Und weil das einmal gut geklappt hatte, versuchte Herb es zusammen mit seinem Geschäftspartner Moss und einer neu gegründeten Plattenfirma, die die beiden ALMO Records nannten.

*The Lonely Bull (10/62 US 6)*
*Taste Of Honey (9/65 US 7)*
*Spanish Flea (12/65 GB 3)*
*This Guy's In Love With You (5/68 US 1; 7/68 GB 3)*
*Rise (7/79 US 1)*
*Diamonds (4/87 US 5)*
***Instrumental, Pop***

**CD-Tip:** *The Very Best* A&M 396 906–2

## Alphaville

RICKY ECHOLETTE, g/key/b (Deutschland, * 6. 8. 1960 als Wolfgang Neuhaus); MARIAN GOLD, v (Deutschland, * 26. 5. 1958 als Hartwig Schierbaum); BERNHARD LLOYD, key (Deutschland, * 2. 6. 1960 als Bernd Gössling); FRANK MERTENS, key (Deutschland, * 26. 10. 1961).

Die Ursprünge dieser Gruppe liegen im Jahr 1982. Die Jungs zogen, weil ihre finanziellen Möglichkeiten sehr beschränkt und ihre elektronischen Musikinstrumente und Übungsräume teuer waren, von Berlin in das billigere Münster um. Zuerst arbeiteten sie in einem Multi-

Media-Projekt namens Nelson – daraus wurde dann Alphaville. Zur ersten Single »Big In Japan«, die am 5. 1. 1984 erschien, Sänger Gold: ›Wir sind Autodidakten und Fans, wir mögen Kino und Filmmusik, Roxy Music, Throbbing Gristle und Beethoven. Atmosphäre. Überschneidungen, Assoziationen, neue Harmonien. Das alles passiert in ALPHAVILLE, unserer Traumstadt. ALPHAVILLE kann überall sein. ALPHAVILLE ist der Drehort für unsere Musik.‹ Der Erfolg dieser ersten Platte ist enorm. Mitte 1984 spricht man von der erfolgreichsten Neuentdeckung der deutschen Rockszene. Kritiker jedoch sind der Meinung, daß hier ein Einheitssound der computergesteuerten Keyboards regiert und daß es Alphaville mit aalglattem Styling und dem eingängigen Refrain der Nummer »Big In Japan« geschafft hat. 1985 geht Frank Mertens, für ihn kommt Ricky Echolette. Da inzwischen genug Geld vorhanden ist, ziehen sie wieder nach Berlin und nehmen als Produktionsort für ihre zweite LP die ›Billigstadt‹ New York. Vielleicht ist es in der Tat eine zu große Belastung, wenn gleich die erste Platte ein solcher Erfolg wird wie »Big In Japan«. Diesen Singlehit konnten sie nicht mehr wiederholen, obwohl noch eine ganze Reihe interessanter Aufnahmen erschienen ist. Zu einer im Februar 1992 erschienenen Compilation mit den Hits von Alphaville sagte Bernhard Lloyd: ›Popmusik ist eigentlich ein reiner Konsumartikel. Aber alle Leute, die ernsthaft in diesem Medium arbeiten, versuchen genau das Gegenteil: Sie versuchen, etwas Unvergängliches zu machen.‹ Im September 1992 veröffentlichte Marian Gold eine Solo-LP, was allerdings nicht das Ende der Band bedeutete. Für 1993 war die vierte LP von Alphaville angekündigt, die schließlich unter dem Titel »Prostitute« im August 1994 erschien. Längere Zeit hörte man nichts mehr von der Band. Dann erschien mit »Wishful Thinking« im April 1997 eine neue Single, auf der ein neues Album für den Herbst angekündigt wurde. Zwischenzeitlich war aus Alphaville ein Duo geworden: Marian Gold und Bernard Lloyd machten unter dem Namen weiter.

*Big In Japan (2/84 D 1; 4/84 CH 1; 8/84 GB 8)*
*Sounds Like A Melody (6/84 D 3; 7/84 CH 4)*
*Forever Young (10/84 D 4; 11/84 CH 3)*
*Dance With Me (6/86 CH 9)*
***Elektro-Pop***

**CD-Tip:** *First Harvest 1984–92* WEA 9031–76454–2

## Altered Images

MICHAEL »TICH« ANDERSON, d (Großbritannien); CEASAR, g (Großbritannien); CLARE GROGAN, v (Großbritannien, * 17. 3. 1962); STEPHEN LIRONI, g/d (Großbritannien); TONY MCDAID, b (Großbritannien); JOHN MCELHONE, b (Großbritannien, * 21. 4. 1963 in Schottland); JIM MCKINVEN, g (Großbritannien).

Diese Formation aus Glasgow kam 1979 zusammen und erhielt nach einigen Radiosessions bei der BBC einen Plattenvertrag. Vielleicht spielte dabei auch die Tatsache mit, daß Sängerin Clare Star in den Kultfilmen »Gregory's Girl« und »Comfort & Joy« mitgewirkt hatte. Im selben Jahr noch gingen sie mit Siouxsie And The Banshees auf Tournee. Ihr erster kleinerer Hit war Anfang 1981 die Single »Dead Pop Stars«. Mit »Happy Birthday« hatten sie im Herbst 1981 ihren größten Erfolg. 1984 trennten sich die Mitglieder von Altered Images. Clare verfolgte weiter ihre Schauspielkarriere, machte Soloplatten und kam 1989 mit der Gruppe Universal Love School. McElhone ging zu Hipsway und später zu Texas.

*Happy Birthday (9/81 GB 2)*
*I Could Be Happy (12/81 GB 7)*
*Don't Talk To Me About Love (3/83 GB 7)*
***Pop***

**CD-Tip:** *Happy Birthday* Epic 982 944 2

## Altern 8

MARK ARCHER, computer (Großbritannien); CHRIS PEAT, computer (Großbritannien).

Das UFO-Instrumental-Produktions-Duo Altern 8 aus Stafford, England, gehörte zu den Tanz-Techno-Gruppen, die 1991 in die Charts kamen und von denen keiner wußte, wer dahinter steckte. Wenn man sich die Musik anhört, scheint das auch unerheblich zu sein. Selbst die Presseveröffentlichungen zur jeweiligen Platte ließen die Adressaten im Dunkeln tappen: ›Sie nahmen die Platte in ihrem eigenen 48-Spur-La-Song-Studio auf. »Activ-8« ist ein Liebeslied an einen S-100 Sampler‹. Warum sie es ablehnten, die Mitglieder der Band zu nennen, wurde folgendermaßen erklärt: ›Identität ist eine Geißel des 20. Jahrhunderts. Anonymität ist ein viel interessanteres Konzept‹. Eine aktivierte Alternative? Oder war ihnen einfach nur die Musik peinlich?! Auf dem Album »Full On . . .Mask Hysteria« ließen sich Mark Archer und Chris Peat als Altern 8 feiern. Als Gastsängerin wurde bei »Evapor 8« P. P. Arnold genannt.

*Activ 8 (Come With Me) (11/91 GB 3)*
*Evapor 8 (4/92 GB 6)*
***Dance, Techno***

**CD-Tip:** *Full On..Mask Hysteria* Rough Trade RTD 127.1376.2

## Althea & Donna

ALTHEA FORREST, v (Jamaika); DONNA REID, v (Jamaika).

Die beiden Schulmädchen waren 17 bzw. 18 Jahre alt, als sie mit ihrem selbstgeschriebenen Novelty-Song »Uptown Top Ranking« in ihrer Heimat eine Nummer 1 hatten. Als Musiker waren unter anderem der Schlagzeuger Sly Dunbar und der Bassist Robbie Shakespeare zu hören. Ende 1977 wurden auch die Briten auf die eingängige Melodie mit dem jamaikanischen Mundarttext aufmerksam – die Platte schaffte es in GB an die Spitze. Das lag wohl auch daran, daß »Uptown Top Ranking« wochenlang ein Gesprächsthema der Briten war. Alle wollten den Text interpretieren – keiner verstand ihn. Die Schreibweise von Althea Forrest wurde von den Briten umgeändert in Althia Forest. Ein Nachfolgehit gelang Althea & Donna nicht, und so gehören sie zu dem Club der One-Hit-Wonder.

*Uptown Top Ranking (12/77 GB 1)*
***Reggae***

## Ama, Shola

v (Großbritannien).

Die junge Britin wartete in der Hammersmith-U-Bahn-Station auf einen Zug, als ein Mann sie ansprach und bat, ihm etwas vorzusingen. Sie tat es, und der Mann stellte sich als Kwame von der Formation D-Influence heraus, der Shola für sein Plattenlabel Freakstreet unter Vertrag nahm. Ihre Debüt-Single »Celebrate« erschien 1995 und wurde ein Flop. Im März 1996 unterschrieb sie an ihrem 17. Geburtstag einen Plattenvertrag mit der WEA. »You Might Need Somebody« wurde schließlich im Frühjahr 1997 ihre erste Hitnotierung und gleichzeitig ihr erster Top-10-Hit. Der Song war 1980 mit Turley Richards Platz 54 in den USA und mit Randy Crawford 1981 Platz 11 in GB. Nachfolger »You're The One I Love« stieg am 30. 8. 1997 auf Platz 3 der GB-Charts ein. »Who's Loving My Baby« (11/97 GB 13), »Much Love« (2/98 GB 17) und »Someday I'll Find You« (4/98 GB 28) blieben außerhalb der Top-10 hängen. Ihr bisher erfolgreichstes Album war »Much Love« (9/97 GB-LP 6).

*You Might Need Somebody (4/97 GB 4)*
*You're The One I Love (8/97 GB 3)*
***Pop***

## Amazulu

NARDO BAILEY, d; SHARON BAILEY, per (Großbritannien, * 22. 11. 1957); LESLEY BEACH, sax (* 30. 9. 1954); CLAIRE KENNY, b; ANN-MARIE TERESA ANTOINETTE RUDDOCK, v (* 2. 7. 1961); MARGO SAGOV, g.

Britischer Versuch, eine Ska-Band auf die Beine zu stellen. Auf der ersten Singleveröffentlichung »Cairo« stand zu lesen: ›Die Bandmitglieder oder deren Eltern stammen zum größten Teil aus Honduras, Brasilien und der Karibik. So ist es nicht verwunderlich, daß Reggae, Blues und Calypso Hauptbestandteile der Musik von Amazulu sind. In den Texten beschäftigen sich die Mädchen auch mit gesellschaftlichen Problemen wie sozialer Ungerechtigkeit und Unterdrückung von Minderheiten. Ihr Hauptanliegen aber ist, das Publikum zu unterhalten und einfach gute Musik zu machen.‹ Ihren ersten Erfolg hatten sie Mitte 1985 mit »Excitable«. Danach scheint es zu Schwierigkeiten in der Formation gekommen zu sein. Übrig blieben die Sängerin Ann-Marie, Sharon und Lesley. Ihr letzter Hit war 1987 die Coverversion des alten Tommy-James-&-The-Shondells-Hits »Mony Mony« – sehr kritischer Text.

*Too Good To Be Forgotten (5/86 GB 5)*
***Pop, Ska***

## Ambassadors Of Funk

EINSTEIN, rap; SIMON HARRIS, dj/mix.

Hinter dieser Kunstgruppe steht Simon Harris, der als Meistermixer bezeichnet wird. Unter ein simples kleines Melodiechen des Computerspiels Supermarioland legte er einen ebenso einfachen House-Track und darüber die Stimme eines M.C. Mario. Auf diese Art und Weise wurde, wie die Plattenfirma schrieb, ›der knuffige Schnauzbartträger im Hausmeisterlook für Millionen junger und alter Gameboy-Freaks mindestens so groß wie Michael Jackson und der Terminator zusammen. Als Held des gleichnamigen Gameboy-Spiels Supermarioland erlebt er tagtäglich millionenfach Abenteuer. Untermalt vom Supermarioland-Theme, mit dem Kids in aller Welt Schulhöfe, Straßenbahnen und Spielplätze beschallen‹. Das könnte man allerdings auch als akustischen Terror bezeichnen. Wie dem auch sei – für die Hersteller der Gameboyspiele eine gelungene Promotionmaßnahme. Die Platte zum Spiel wurde im Winter 1992 ein britischer Top-10-Hit und ein deutlicher Beweis, wer für die Singlehits der 90er Jahre verantwortlich ist: die Kids. Da kam Katzenjammer auf!

*Supermarioland (10/92 GB 8)*
***Funk***

## Ambrosia

BURLEIGH DRUMMOND, d (USA, * 25. 9. 1951); CHRISTOPHER NORTH, key (USA); DAVID PACK, v/g (USA, * 15. 7. 1952); JOE PUERTA, v/b (USA, * 2. 7. 1951).

Ambrosia formierte sich 1970, sie spielten typischen West Coast Sound. Fünf Jahre sollte es dauern, bis sie mit »Holdin' On To Yesterday« ihren ersten Erfolg hatten. Ihre Hochzeit erlebten sie zwischen 1978 und 1980. North hatte bereits 1977 die Band verlassen. Nach 1982 fiel zwar die Band auseinander, für einzelne Produktionen kamen die Musiker jedoch wieder zusammen. Schon vorher hatten sie auch als Studiomusiker gearbeitet. So waren Dave, Joe, Burleigh und Christopher auf der hervorragenden Platte »Tales Of Mystery And Imaginations« von Alan Parsons Project zu hören. David selbst hatte als Solist für den Film »White Nights« gearbeitet und Plattenaufnahmen mit Quincy Jones und Patti Austin gemacht. Joe Puerta spielte auf Veröffentlichungen von Chi Coltrane, Al Stewart und Chris Rea. In der zweiten Hälfte der 80er Jahre tauchte er als Musiker bei Bruce Hornsby wieder auf. 1996 kam es kurzfristig zu einer Neuauflage der Band. Auf einem Album erschienen noch einmal die größten Hits von Ambrosia und drei neue Titel.

*How Much I Feel (9/78 US 3)*
*Biggest Part Of Me (4/80 US 3)*
***Soft Pop, West Coast***

## Amen Corner

Dennis Bryon, d (Großbritannien, * 14. 4. 1949 in Cardiff/Wales); Andy Fairweather-Low, v/g (Großbritannien, * 2. 8. 1948 in Cardiff/Wales); Allen Jones, sax (Großbritannien, * 6. 2. 1947 in Swansea/Wales); Neil Jones, g (Großbritannien, * 25. 3. 1949 in Llanbradach/Wales); Mike Smith, sax (Großbritannien, * 4. 11. 1947 in Neath/Wales); Clive Taylor, b (Großbritannien, * 27. 4. 1949 in Cardiff/Wales); Blue Weaver, org (Großbritannien, * 11. 3. 1947 in Cardiff/Wales).

Amen Corner kam 1966 in Cardiff, Wales, zusammen. Alle sieben Mitglieder waren vorher in diversen anderen, lokal bekannten Gruppen gewesen. 1967 erhielten sie einen Plattenvertrag, und gleich ihre erste Singleplatte, der »Gin House Blues«, wurde ein Top-20-Erfolg. 1968/69 hatte die Gruppe hintereinander vier Top-10-Hits in Großbritannien – und das muß ihnen zu Kopf gestiegen sein, denn 1970 lösten sie sich auf. Fairweather-Low, Weaver, Bryon, Taylor und Neil Jones machten weiter als Fair Weather und hatten Mitte 1970 mit »Natural Sinner« einen weiteren Top-10-Hit. Allen Jones und Mike Smith machten zusammen mit Andy Bowen die Band Judas Jump. Ende 1970 trennten sich die Musiker endgültig, Andy Fairweather-Low hatte jeweils 1974 und 1975 Solo-Top-10-Erfolge, Derek ›Blue‹ Weaver wurde ein erfolgreicher Studiomusiker – so ist er z. B. auf etlichen Produktionen der Bee Gees zu hören und spielte auch mit Keef Hartley und den Strawbs. Weaver versuchte sich auch als Solist – er nannte sich Wynder K. Frog. »(If Paradise Is) Half As Nice« wurde 1993 für eine Eiswerbung verwendet.

*Bend Me, Shape Me (1/68 GB 3)*
*High In The Sky (7/68 GB 6)*
*(If Paradise Is) Half As Nice (1/69 GB 1)*
*Hello Suzie (6/69 GB 4; 8/69 CH 7)*
***Beat, Pop***

**CD-Tip:** *The National West Coast Life Explosion Company* Repertoire REP 4227-WY

## America

Gerry Beckley, v/g (USA, * 12. 9. 1952 in Fort Worth/Texas); Dewey Bunnell, v/g (Großbritannien, * 19. 1. 1951 in Yorkshire); Dan Peek, v/g (USA, * 1. 11. 1950 in Panama City/Florida).

Die drei Amerikaner trafen sich 1967 auf der Central High School in Bushey Park in London. Alle drei waren Söhne von US-Air-Force-Offizieren, die in Großbritannien stationiert waren. 1970, gerade war die Schule beendet, gründeten sie ein Folk-Rock-Quintett, das sich Daze nannte und bald zum Trio wurde. Sie spielten im Roundhouse vor, um sich dort für Auftritte zu bewerben. Man nahm sie, und in der Folgezeit spielten sie dort als Vorgruppe für verschiedene etablierte Bands.

Wenig später erhielten sie einen Plattenvertrag. Jetzt nannten sie sich America und begannen mit den Arbeiten an ihrer ersten LP. Mit »A Horse With No Name« erschien Ende 1971 ihre erste Single, die ein weltweiter Hit wurde. Im Februar 1972 gingen sie zurück in die USA und spielten dort während einer Nordamerikatour im Vorprogramm der Everly Brothers. In der Folgezeit erschienen einige sehr schöne Platten, etliche davon produziert von George Martin, der auch die Verantwortung für die Hits der Beatles trug. Im Mai 1976 verließ Dan Peek die Band und wurde als Solist erfolgreich mit christlich angehauchtem Material. Die beiden anderen machten als Duo weiter. Mit der Nummer »The Last Unicorn« aus dem gleichnamigen Film erreichten sie 1984 noch einmal mit einer sehr schönen Singleplatte zumindest die Top-40 der deutschen Charts. Zehn Jahre dauerte es, bis mit »Hour Glass« 1994 wieder eine neue CD von America erschien. Im August 1998 kam mit »Human Nature« ein weiteres Album. Bei der Produktion hatten dem Duo Interpreten wie Tom Petty, Robert Lamm, Jasan Scheff, Carl Wilson oder Timothy B. Schmit geholfen. Erste Singleauskopplung war »From A Moving Train«.

*A Horse With No Name (1/72 US 1, GB 3)*
*I Need You (5/72 US 9)*
*Ventura Highway (10/72 US 8)*
*Tin Man (8/74 US 4)*
*Lonely People (12/74 US 5)*
*Sister Golden Hair (4/75 US 1)*
*You Can Do Magic (7/82 US 8)*
***Rock, West Coast***

**CD-Tip:** *Greatest Hits/History* WB 256 169

## American Breed

AL CINER, v/g (USA, * 14. 5. 1947 in Chicago/Illinois); CHARLES CHUCK COLBERT, v/b (USA, * 30. 8. 1944 in Chicago/Illinois); LEE ANTHONY GRAZIANO, d (USA, * 9. 11. 1943 in Chicago/Illinois); GARY LOIZZO, v/g (USA, * 16. 8. 1945 in Chicago/Illinois).

Das aus Chicago stammende Quartett nannte sich ursprünglich Gary And The Nite Lites. Nach der Namensänderung in American Breed hatten sie mit »Step Out Of Your Mind« einen Top-30-Hit in den USA, bevor es dann Ende 1967 für »Bend Me Shape Me« eine goldene Schallplatte setzte. In Großbritannien hatten sie mit dieser Nummer keinen Erfolg – er wurde ihnen durch die Version der britischen Formation Amen Corner streitig gemacht. Mit »Green Light« hatten sie noch einmal einen Top-40-Hit, dann war die Hochzeit ihrer Mischung aus Pop, Bubblegum und Soul vorbei. Ciner, Colbert und Graziano gründeten eine neue Formation: Ask Rufus, aus denen dann Rufus wurde.

*Bend Me Shape Me (12/67 US 5; 2/68 D 9)*
***Bubblegum, Pop, Soul***

## Ames Brothers

ED AMES, v (USA, * 9. 7. 1927 als Ed Urick in Malden/Massachusetts); GENE AMES, v (USA, * 13. 2. 1925 als Gene Urick in Malden/Massachusetts); JOE AMES, v (USA, * 3. 5. 1924 als Joseph Urick in Malden/Massachusetts); VIC AMES, v (USA, * 20. 5. 1926 als Vic Urick in Malden/Massachusetts, † 23. 1. 1978).

Die Brüder aus Malden, Massachusetts, starteten Ende der 40er Jahre in Boston. Mit der Aufnahme »Rag Mop« hatten sie 1950 ihren ersten Millionseller. Weitere folgten mit »Undecided« und »You You You«. Der Erfolg der Brüder geht bis in das Jahr 1960. Danach lösten die Ames Brothers sich auf. Vic starb 1978 bei einem Autounfall in Nashville. Ed war als Solist und auch als Schauspieler erfolgreich.

*Rag Mop (1/50 US 1)*
*Sentimental Me (1/50 US 1)*
*Can Anyone Explain? (No, No, No!) (8/50 US 5)*
*Undecided (9/51 US 2)*
*You You You (6/53 US 1)*
*The Man With The Banjo (3/54 US 6)*
*The Naughty Lady Of Shady Lane (11/54 US 3)*
*Tammy (7/57 US 5)*
*Melodie D'Amour (10/57 US 5)*
***Pop***

**CD-Tip:** *The Best Of Ames Brothers* RCA PDC2–1215

## Ames, Ed

v (USA, * 9. 7. 1927 als Ed Urick in Malden/Massachusetts).

Das jüngste Mitglied des Familienquartetts Ames Brothers ging einige Zeit nach Auflösung der Band 1960 nach New York, um dort Schauspielunterricht zu nehmen. Nach einigen Bühnenproduktionen übernahm Ed Ames die Rolle des Indianers Mingo in der US-Fernsehserie ›Daniel Boone‹. Die Singerei ließ ihn aber nie ganz los. Mit dem Titel »Try To Remember« aus dem Musical »The Fantasticks« hatte Ed 1964 den ersten von insgesamt sieben Soloerfolgen. Daraus konnte er gutes Kapital schlagen: Bis Ende der 70er Jahre war er mit Club- und TV-Auftritten gut im Geschäft.

*My Cup Runneth Over (1/67 US 8)*
***Pop***

## Amos, Tori

v/p (USA, * 22. 8. 1963 in Newton/North Carolina).

1991 erschien Toris Debütalbum »Little Earth Quakes«. Ihr Vater, ein Methodistenpredigers, hatte ihr bereits in jüngsten Jahren das Pianospielen beigebracht. Das führte dazu, daß sie bereits mit fünf Jahren ein Stipendium für das Peabody Conservatory in Baltimore gewann. Mit 13 gab sie in einer Homosexuellenbar in Washington D.C., ihr Debüt vor Publikum. Es folgten die Ochsentour durch Clubs und die obligaten Demobänder an Plattenfirmen. 1980 wurde mit »Baltimore/Walking With You« ihre erste Platte veröffentlicht – sie ließ sie auf eigene Rechnung pressen und nannte sich Ellen Amos. Als sich nichts tat, zog sie enttäuscht nach London. 1988 war sie wieder auf Platte zu hören: diesmal als Mitglied der Gruppe Y Kant Tori Read. Mitte der 80er Jahre hatte sie begonnen, eigene Songs zu komponieren. 1991 erschien ihre erste Soloplatte als Tori Amos: »Me And A Gun«/»Silent All These Years«/»Upside Down«/Thoughts« waren auf einer EP zu hören, die zuerst in GB erschien. Schnell war über sie zu lesen: ›Tori Amos ist ein amerikanisches Mädchen, das über wilden Sex, Unterdrückung, Kreuzigung und Schwangerschaft in einer beängstigend ausdrucksstarken Weise singt. Ihre Intensität macht es unmöglich, von diesen Songs nur leicht gestreift zu werden. Mit aufgerichtetem Rücken und einer roten Haarmähne bearbeitet sie das Klavier, zieht die Zuhörer in ihren Bann.‹ Anfang der 90er Jahre gab es eine ganze Flut neuer weiblicher Singer/Songwriter, die von den Medien mit Freude aufgenommen wurden. Ihren ersten Top-20-Erfolg hatte Tori Mitte 1992 in GB mit »Crucify«. 1994 wurde zumindest in GB, denn nur dort konnte sie sich bisher richtig durchsetzen, zum Erfolgsjahr. Mit »Cornflake Girl« und »Pretty Good Year« erreichte sie die Top 10. Das ist eigentlich unverständlich, da die Briten ja schon Kate Bush haben. Mit »Caught A Little Sneeze« gelang ihr im Januar 1996 erstmals eine Hitnotierung in den USA: Platz 60. Das gleiche Stück erreichte in GB Platz 20. Anfang 1997 machte der Mixer Armand van Helden aus dem Stück »Professional Widow (It's Got To Be Big)«, im Original zu finden auf dem Album »Boys For Pele«, einen ›Star Trunk Funkin' Mix‹ – was immer das sein soll! So bis zur Unkenntlichkeit von der Originalvorlage verändert, stieg diese Single am 18. 1. 1997 auf Platz 1 der britischen Hitparade ein.

*Cornflake Girl (1/94 GB 4)*
*Pretty Good Year (3/94 GB 7)*
*Professional Widow (It's Got To Be Big) (1/97 GB 1)*
***Folk, Rock***

**CD-Tip:** *Boys For Pele* East West 7567–82862–2

## Anders, Christian

v (Österreich, * 15. 1. 1945 als Antonio Schinzel in Bruck an der Mur).

Mit der knapp sechs Minuten dauernden Single »Geh nicht vorbei« hatte Christian Anders seinen ersten großen Erfolg. Obwohl seine Plattenfirma damals darauf bestand, daß diese Aufnahme gekürzt werden sollte, setzte er sich dagegen zur Wehr und behielt recht. Zu diesem Zeitpunkt waren normale Schlager in der Bundesrepublik nicht über eine Laufzeit von fünf Minuten hinausgekommen. Die Plattenfirmen befürchteten, die Rundfunksender würden so lange Stücke nicht spielen. Zumindest in dem Fall eine Fehleinschätzung.

Anders gehörte schon früh zu den wenigen deutschsprachigen Interpreten, die die Regeln des Schlagergeschäftes richtig verstanden haben: Nur wer selbst komponiert, textet, arrangiert, produziert, verlegt und dann auch noch selbst singt, kann das Optimum an einer Platte verdienen. Wenn er dann auch noch eine eigene Plattenfirma hat, stimmt alles hundertprozentig. Die von Anders hieß Chranders Records. Mit »Es fährt ein Zug nach Nirgendwo« hatte er 1972 einen weiteren Platz 1 in der deutschen Hitparade. Die Liste seiner Hits reicht bis ins Jahr 1979. Dann hörte man längere Zeit nichts mehr von ihm. Inzwischen wurde bekannt, daß er in den USA als Fernsehprediger mit dem Namen Lanoo noch mehr und noch einfacher Geld verdient. In den frühen 90er Jahren kehrte er für diverse peinliche Fernsehauftritte nach Deutschland zurück. Als nix mehr ging, kettete er sich am 18. 6. 1994 nackt an das Tor der JVA Aschaffenburg, um die Freilassung seines Bruders Dieter Schinzel zu erkämpfen. Der SPD-Politiker und Europa-Abgeordnete saß dort ein, weil er in eine Falschgeldaffäre verstrickt war. Anders zeigte bei dieser Ankettungsnummer lediglich, daß auch Lanoo nur einen kurzen Draht zum lieben Gott hat.

*Geh nicht vorbei (7/69 D 1; 11/69 CH 3)*
*Es fährt ein Zug nach Nirgendwo (3/72 D 1; 5/72 CH 3)*
*In den Augen der andern (4/73 CH 4)*
*Einsamkeit hat viele Namen (5/74 CH 5)*
***Deutscher Schlager***

**CD-Tip:** *Gold Collection* EMI CDP 538–7 90058 2

## Andersen, Lale

v (Deutschland, * 23. 3. 1910 als Lieselotte Helene Berta Bunnenberg in Bremerhaven, † 29. 8. 1972).

Als Lale auf ein bald einlaufendes Schiff hoffte, schien für sie der Zug lange abgefahren zu sein. Lale Andersen war die Frau, die die erste goldene Schallplatte erhielt, die je in Deutschland verliehen wurde. Am 2. 8. 1939 nahm sie das Lied vom Mädchen Lili auf, das unter der Laterne auf ihren Freund warten wollte, was auch immer komme. Zu diesem Zeitpunkt war die Geschichte von Fräulein Marleen bereits ein alter Hut. Der junge Soldat Hans Leip, 1915 auf dem Weg zur Ostfront, schrieb dieses Lied für seine Freundin und die seines Kumpels. Die Vornamen der beiden waren Lili und Marleen. Bei ihm hieß das Werk »Lied eines jungen Wachtposten«. Als die Platte 1939 durch Lale Andersen gesungen wurde, übernahm der Soldatensender Radio Belgrad das Stück als abendliche Schlußmelodie vor 22.00 Uhr. Schnell wurde der Song nicht nur bei den deutschen Soldaten ein Knüller. Auch Sir Winston Churchill und John Steinbeck sagten damals, dieses Lied sei ihre Lieblingsmelodie. Nach dem Krieg wurde es stiller um Lale, und ihre Zeit schien vorbei, bis sie im Oktober 1960 mit einer deutschen Version von »Never On Sunday«, »Ein Schiff wird kommen«, in der Hitparade erschien und bis auf Platz 1 vorrückte. Die Nummer erreichte in den US-Charts immerhin Platz 88. Danach war sie erst einmal wieder voll im Geschäft – aber auch festgelegt auf Seemannslieder, auf Matrosen aus Piräus, blaue Nacht am Hafen und rote Lichter in der Hafenbar. Nach 1962 war ihr Ruhm wieder verblaßt. Zehn Jahre später starb sie in Wien.

*Ein Schiff wird kommen (9/60 D 1)*
***Deutscher Schlager***

**CD-Tip:** *Idole* Polyphon 816 877 2

## Anderson, Angry

v (Australien als Gary Anderson).
Zusammen mit der Heavy-Metal-Band Rose Tattoo startete Angry Anderson in seiner Heimat Australien in den späten 70er Jahren. Dem Image dieser Band tat er sicher keinen Gefallen, als er 1988 in der Seifenoper-TV-Serie ›Nachbarn‹ den Titel »Suddenly« sang. Er untermalte die Szene, in der Kylie Minogue Jason Donovan heiratete. Das ging den Briten so sehr zu Herzen, daß die Platte Ende 1988 unter die ersten 10 in der Hitparade kam und Angry Anderson damit zum ›Lovely Anderson‹ machte.

*Suddenly (11/88 GB 3)*
***Pop***

## Anderson, Bill

v (USA, * 1. 11. 1937 als James William III Anderson in Columbia/South Carolina).
James William Anderson III. galt bereits ab 1958 als erfolgreicher Countrysänger, Songschreiber und Schauspieler. Sein Spitzname ist Whispering Bill. 1961 wurde er Mitglied der Grand Ole Opry. Anfang der 60er Jahre gelangen Bill Anderson einige Crossover-Hits in die Popcharts, darunter der Top-10-Erfolg »Still«. Der Song wurde 1963 der US-Country-Song des Jahres. In den Country-Hitparaden ist er bis in die 90er Jahre erfolgreich.

*Still (4/63 US 8)*
***Country***

## Anderson, Carl

v (USA, * 27. 2. 1945 in Lynchburg/Virginia).
Siehe Gloria Loring

## Anderson, G. G.

(Deutschland, * 4. 12. 1949 als Gerd Grabowski in Eschwege).
Nachdem er unter den Pseudonymen Alexander Marco und Tony Bell aufgetreten war, wurde er Schlagzeuger in Begleitbands von Christian Anders und Michael Holm. Nebenher komponierte er für Interpreten wie Heino, Roland Kaiser, Juliane Werding, Rex Gildo, Audrey Landers, Engelbert oder Laura Branigan. Ab Ende der 70er Jahre versuchte er sich selbst als Platteninterpret. Mit »Mama Lorraine« hatte er seinen ersten und gleichzeitig auch größten Erfolg. In den Hitparaden wird er zwar nicht mehr unter den ersten 10, aber bis in die 90er Jahre regelmäßig verzeichnet. Aus zwei Musikern seiner Begleitband wurden die Wildecker Herzbuben, die er wiederum produzierte.

*Mama Lorraine (8/81 D 10)*
***Deutscher Schlager***

## Anderson, Laurie

v (USA, * 5. 6. 1947 in Chicago/Illinois).
1981 nahm die New Yorker Multi-Media-Künstlerin den Titel »O Superman« auf, der sich bis auf Platz 2 in der britischen Hitparade hocharbeiten konnte. Wie Laurie Anderson später zugab, hatte sie damit am wenigsten gerechnet. Die Single, eine fast acht Minuten dauernde Platte, auf der recht wenig passiert, paßte auch in der Tat nicht in das gängige Hitparadenkonzept. Jedenfalls verschaffte es ihr einen langen Plattenvertrag, der etliche normale Alben und 1984 eine 5-LP-Box ermöglichte. Mit ihren Arbeiten auf dem

Popmusiksektor bewegt sie sich meist in Randgebieten und nicht auf dem kommerziellen Weg – trotzdem beeinflußt ihre Arbeit die Popmusik bis in die 90er Jahre. Vergleiche zwischen »O Superman« und »Army Of Lovers« zeigen dies auf. Nach längerer Pause veröffentlichte Laurie Ende 1994 das Album »Bright Red«.

*O Superman (10/81 GB 2)*
***Pop***

## Anderson, Leroy

bl (USA, * 29. 6. 1908 in Cambridge/Massachusetts, † 18. 5. 1975).
Leroy begann schon Mitte der 30er Jahre als Komponist und Arrangeur für das Boston Pops Orchestra. Ab Ende der 40er Jahre schrieb er eine Reihe erfolgreicher Songs. Sein Titel »Syncopated Clock« erreichte im Frühjahr 1951 nur Platz 12 in den US-Charts, wurde aber trotzdem ein Millionseller. Von »Blue Tango« verkaufte er Anfang 1952 über 2 Millionen Platten. Hierzulande wurde er vor allem durch seine 1953 entstandene Komposition »The Typewriter« bekannt, zu der Jerry Lewis in einem seiner Filme Schreibmaschine schrieb und die später in der Serie ›Büro Büro‹ als Titelmusik verwandt wurde.

*Blue Tango (12/51 US 1)*
***Instrumental***

## Anderson, Lynn

v (USA, * 26. 9. 1947 in Grand Forks/ North Dakota).
Ihre – im wahrsten Sinne des Wortes – ersten Sporen verdiente sich Lynn Anderson als ausgezeichnete Reiterin. So war sie im Jahre 1966 die ›California Horse Show Queen‹. Ihre Mutter ist die Songschreiberin Liz Anderson, die auch als Country-Interpretin erfolgreich war. Ihr Vater war der Country-Music-Autor Casey Anderson. Kein Wunder also, daß Lynn dieselbe Richtung einschlug. Schon 1967 hatte sie ihren ersten Country-Top-10-Hit. Mit dem von Joe South geschriebenen Millionseller »Rose Garden« hatte sie ihren größten Crossover-Erfolg in den Pophitparaden. Die Liste ihrer Erfolge auf dem Country-Sektor geht bis zum Ende der 80er Jahre.

*Rose Garden (11/70 US 3; 2/71 D 1, GB 3; 3/71 CH 1)*
***Country***

## Andre, Peter

v (Großbritannien, * 27. 3. 1973 in Harrow-London).
1995 war der in GB geborene und im Alter von 10 Jahren mit seinen Eltern nach Australien ausgewanderte Andre zusammen mit East 17 und später mit Boyzone auf Tour durch Deutschland – damals mehr oder weniger unbeachtet. Erst der Charterfolg »Mysterious Girl« brachte ihm Mitte 1996 europaweit Beachtung. Es war weniger der Song, der die Mädchenherzen höher schlagen ließ, sondern das dazugehörende Video, das Peter mit offenem Hemd zeigte. Das ist noch nichts besonderes, das machen all die kleinen Jungs von den Boy-Groups – aber Peter hatte unter dem Hemd das, was schnell zu seinem Markenzeichen wurde und immer dann zur Sprache kam, wenn von ihm die Rede war: den Waschbrett-Bauch. Körperlich also fit für den Tanz auf der Bühne, war er schnell in Bravo und allen angeschlossenen Teenieblättern ein Star. Erste Erfolge hatte Peter in Neuseeland. Dort stand er 1995/6 mit der Nummer »Get Down On It« auf Platz 1 der Charts. In Australien veröffentlichte Platten waren ebenfalls sehr erfolgreich. Seine erste Hitnotierung in GB war die Nummer »Turn It Up«, die es Mitte 1995 auf Platz 64 brachte. Nachfolger »Mysterious Girl« erschien im Herbst und erreichte erst

einmal lediglich Platz 53. Sein erster Top-20-Erfolg war im März 1996 die Nummer »Only One«, Platz 16 in GB. Dann kam das Video mit dem Waschbrett-Bauch und damit der Erfolg. »Mysterious Girl« erreichte erneut die GB-Charts und wurde diesmal Platz 2. Jetzt war auch Deutschland reif für das Waschbrett. Ihn als reinen Teenieschwarm zu bezeichnen, scheint mir falsch. Immerhin schreibt er an allen seinen Hits mit. »Flava« schaffte im Herbst 1996 den Sprung aus dem Nichts auf Platz 1 in GB. In Deutschland reichte es diesmal nur für Platz 25. Im Dezember 1996 gelang ihm der Sprung von Null an die Spitze in GB noch einmal: »I Feel You«. »All About Us« stieg im August 1997 auf Platz 3 in GB ein. Der US-Interpret Montell Jordan hatte die Nummer geschrieben und auch produziert. Außer ihm war auf der Platte auch noch die Rapperin Lil' Bo Poop zu hören. Die Nummer war eine Vorabauskoppelung aus dem Album »Time«, das im November 1997 erschien. Peter hatte es in den USA aufgenommen und Musiker wie Coolio, Montell Jordan oder die Fugees standen ihm zur Seite. Die nächsten Singles vom Album waren »Lonely«. und »All Night All Right« (1/98 GB 16). »Kiss The Girl«, sein nächster Top-10-Hit, war aus dem Film »The Little Mermaid«.

*Mysterious Girl (6/96 GB 2; 7/96 D 7; 9/96 CH 7)*
*Flava (9/96 GB 1)*
*I Feel You (12/96 GB 1)*
*Natural (3/97 GB 6)*
*All About Us (8/97 GB 3)*
*Lonely (11/97 GB 6)*
*Kiss The Girl (7/98 GB 9)*
***Boy Group, Pop***

**CD-Tip:** *Natural* BMG 74321 35671 2

## Andrews Sisters

LAVERNE ANDREWS, v (USA, * 6. 7. 1913 in Minneapolis/Minnesota, † 8. 5. 1967); MAXENE ANDREWS, v (USA, * 3. 1. 1916 in Minneapolis/Minnesota, † 21. 10. 1995); PATTI ANDREWS, v (USA, * 16. 2. 1920 in Minneapolis/Minnesota).

Die jüngste der drei Andrews-Schwestern war gerade 17 Jahre alt, als es für die Formation den ersten Millionseller gab – 1937 für den Titel »Bei mir bist du schön«. Es war die erste goldene Schallplatte für eine Gruppe, die nur aus Mädchen bestand.

Schon als Kinder traten sie vor Publikum auf – und Patti, die jüngste, war erst 10, als sie mit einer Revue auf eine Tour durch die Staaten gingen. Sieben Jahre machten sie das – dann landeten sie wieder zu Hause in Minneapolis. Ein Mann namens Dave Kapp, der für eine Plattenfirma arbeitete, hörte sie dort im Radio singen, knüpfte Kontakte und nahm die Platte »Bei mir bist du schön« auf – die Andrews Sisters erhielten dafür 50 Dollar und keinen Cent mehr. Auch als die Platte sich dann über eine Million Mal verkaufte, waren sie daran nicht beteiligt. Dafür hatten sie aber nun in den ganzen Staaten einen großen Namen – und bei den nächsten Platten haben sie sicher besser aufgepaßt. Und wenn man weiß, wieviel Platten sie in der Zeit von 1937 bis 1950 verkauft haben, kann man gut verstehen, daß sie dieser ersten Goldenen keine Träne nachweinten: 50 Millionen Platten wurden umgesetzt – ein unglaublicher Erfolg. Bis 1953 hielt die Gruppe. Schon ab Ende der 40er Jahre hatte Patti, die auch bei den Andrews Sisters die Soloparts gesungen hatte, als Solistin Erfolg. Einer der größten Hits der Gruppe war sicher »Rum And Coca-Cola«, Anfang 1945 eine Nummer 1 in der amerikanischen Hitparade – der erste Calypso, der weltweit Beachtung fand. Für Großbritannien wurde der Text leicht verändert – dort wollte man für das amerikanische Nationalgetränk Coca-Cola keine Werbung machen. Also mußten die Schwestern die Titelzeile neu singen –

dort hieß es dann »Rum & Limonada«. In die Hitparade kam die Platte in England trotzdem nicht: Es gab dort noch keine! Neben den Erfolgen im Trio hatten die Andrews Sisters Hits mit Bing Crosby, Carmen Miranda, Burl Ives, Danny Kaye, Les Paul oder Dick Haymes. 1973 sang Bette Midler den Titel »Boogie Woogie Buggle Boy«, so wie er auch von den Andrews Sisters aufgenommen worden war. Danach kam es in den USA zu einer Renaissance der Titel des Trios. 1974 traten Patti und Maxene im Musical »Over Here« auf, das zur Zeit des Zweiten Weltkriegs spielte. Maxene Andrews ist im Oktober 1995 nach einem Herzinfarkt gestorben.

*Say ›Si, Si‹ (Para Vigo Me Voy) (3/40 US 4)*
*The Woodpecker Song (4/40 US 6)*
*Ferryboat Serenade (10/40 US 1)*
*Beat Me, Daddy, Eight To The Bar (11/40 US 2)*
*Boogie Woogie Bugle Boy (3/41 US 6)*
*(I'll Be With You) In Apple Blossom Time (4/41 US 5)*
*Aurora (5/41 US 10)*
*The Shrine Of St. Cecilia (1/42 US 3)*
*Three Little Sisters (5/42 US 8)*
*Strip Polka (10/42 US 6)*
*Shoo-Shoo Baby (12/43 US 1)*
*Straighten Up And Fly Right (6/44 US 8)*
*Rum And Coca-Cola (1/45 US 1)*
*The Blond Sailor (9/45 US 8)*
*Money Is The Root Of All Evil (2/46 US 9)*
*Rumors Are Flying (10/46 US 4)*
*Christmas Island (12/46 US 7)*
*Near You (9/47 US 2)*
*The Lady From 29 Palms (10/47 US 7)*
*Civilization (Bongo, Bongo, Bongo) (11/47 US 3)*
*Toolie Oolie Doolie (The Yodel Polka) (4/48 US 3)*
*You Call Everybody Darling (9/48 US 8)*
*Underneath The Arches (9/48 US 5)*
*I Can Dream, Can't I? (9/49 US 1)*
*I Wanna Be Loved (5/50 US 1)*
***Pop***

**CD-Tip:** *Sing Sing Sing* EMI CD MFP 6044

## Andrews, Chris

v (Großbritannien, * 15. 10. 1942 in Romford/Essex).

Er war knapp 20 Jahre alt, als er begann, Musik zu schreiben und zu interpretieren. Das machte er wie viele andere britische Musiker jener Tage vorwiegend und gerne in Hamburg. Auf der Reeperbahn nachts nach halb eins waren die jungen Musikspunde von der Insel bekanntlich gut im Geschäft. Eine eigene Gruppe nannte sich Chris Ravel & The Ravers. Ravel war Chris Andrews. Adam Faith hatte 1963 seinen letzten Top-10-Hit in Großbritannien mit »The First Time« – geschrieben von Chris Andrews. Danach ging es voll los: Sandie Shaw, die lange Dürre mit den Barfüßen, hatte mit den Titeln »Girl Don't Come« und »Long Live Love«, wieder geschrieben durch Chris, Top-10-Hits. Immer nur für andere schreiben wollte er dann auch nicht. Mit dem Bekenntnis, daß er ein Mann von gestern sei, hatte er schließlich im Herbst 1965 einen eigenen Top-10-Erfolg. Danach sank sein Stern als Interpret langsam, aber stetig. Nachdem in England nichts mehr für ihn zu holen war, siedelte er in die Bundesrepublik über. Auch hier versuchte er sich als Songschreiber und Interpret und kam mit »Pretty Belinda« 1969 noch einmal unter die ersten 10. Seither tritt er vorwiegend als »Yesterday Man« auf.

*Yesterday Man (10/65 D 1, GB 3)*
*To Whom It Concerns (2/66 D 3)*
*Pretty Belinda (6/69 D 5)*
***Beat, Pop***

**CD-Tip:** *Swinging Sixties Hit Man* Repertoire 4504–W0/1/2

## Andrigo, Addy

bl (Deutschland, * 31. 10. 1925 als Arno Flor in Berlin).

Mit dem Titel »Nick Nack Song« kamen er und sein Orchester 1959 unter die ersten 10 der deutschen Hitparade. Anfänglich hatte Addy Arrangements für Werner Müller und sein Orchester geschrieben. Er spezialisierte sich darauf, Hits der Zeit in

Potpourriformat – so nannte man früher Medleys! – als EPs zu veröffentlichen. Der »Nick Nack Song« stammte aus dem Film »Die Herberge zur 6. Glückseligkeit«, der 1958 mit Curd Jürgens und Ingrid Bergman in den Hauptrollen gedreht wurde. Ingrid Bergman spielt darin eine englische Missionarin in China, die eine Gruppe von Kindern in einem gefährlichen Treck durch feindliches Gebiet in Sicherheit bringt. Dabei wird ihr von Curd Jürgens, der einen Offizier chinesisch-englischer Abstammung spielt, geholfen. In einer Szene bringt Ingrid Bergman den Kindern das Lied »This Old Man« bei. Das ist die Vorlage für den »Nick Nack Song«. Ansonsten begleitete Addy mit seinem Orchester viele Schlagerinterpreten wie z. B. Gitta Lind, Christa Williams, die Sunnies, Vera Lynn oder die Vagabunden, sowohl im Studio als auch auf der Bühne. Mitte der 60er Jahre arbeitete er hauptsächlich für die Plattenfirma Philips und begleitete dort den Gesang von Heidi Brühl, Gerhard Wendland, Nana Mouskouri oder Dorthe. Als Addy Flor betreute er die Musik zum Schlagerfilm »Wir wollen niemals auseinandergehn«.

*Nick Nack Song (3/59 D 8)*
***Instrumental***

## Aneka

ANEKA, v (Großbritannien als Mary Sandeman, geb. in Schottland).
Diesen Namen fand Mary Sandeman im Telefonbuch von Edinburgh, und offensichtlich kam er ihr japanisch genug vor. Die schottische Sängerin, die normalerweise traditionelle Lieder in gälisch sang, wollte auch einmal einen Pophit haben und machte dafür auf japanisch. Mit Kimono und Perücke sang Aneka vom »Japanese Boy« und schaffte es mit diesem Novelty-Song immerhin an die Spitze der britischen Hitparade. Weitere Singles und ein Album folgten, waren aber zum Scheitern verurteilt. Jetzt singt Mary wieder gälische Lieder beim Festival in Edinburgh.

*Japanese Boy (8/81 GB 1, D 3; 10/81 CH 1)*
***Pop***

## Angels

BARBARA ALLBUT, v (USA, * 24. 9. 1940 in Orange/New Jersey); PHYLLIS »JIGGS« ALLBUT, v (USA, * 24. 9. 1942 in Orange/New Jersey); LINDA JANSEN, v (USA, geb. in Hillside/New Jersey); PEGGY SANTIGLIA, v (USA, * 4. 5. 1944 in Bellview/New Jersey).
Das Trio aus Orange, New Jersey, begann Ende der 50er Jahre als Starlets. 1960 machten sie ihre ersten Plattenaufnahmen, jetzt schon als Angels. Nach zwei Hits verließ 1962 Linda Jansen das Trio und wurde durch Peggy Santiglia ersetzt. Jetzt kam im August 1963 mit dem Spitzenreiter der amerikanischen Hitparade »My Boyfriend's Back« der größte Erfolg der Angels – eine simple Nummer, aber ein unwiderstehlich typisches Beispiel für die Musik der damaligen Girl Groups wie auch Shirelles, Marvelettes, Crystals oder Chiffons. Nach 1964 blieben die Hits aus, 1967 trennte man sich. Jiggs und Peggy traten später zusammen mit dem Sänger und Gitarristen Stan Sirico wieder als Angels auf.

*My Boyfriend's Back (8/63 US 1)*
***Pop***

## Animals

ERIC BURDON, v (Großbritannien, * 11. 5. 1941 in Walker/Newcastle-On-Tyne); CHAS CHANDLER, b (Großbritannien, * 18. 12. 1938 in Heaton, † 17. 7. 1996); BARRY JENKINS, d (Großbritannien, * 22. 12. 1944 in Leicester); ALAN PRICE, v/key/p (Großbritannien, * 19. 4. 1941 in

Fairfield/County Durham); DAVE ROWBERRY, key (Großbritannien, *27.12. 1943 in Newcastle); JOHN STEEL, d (Großbritannien, *4.2. 1941 in Gateshead/Durham); HILTON VALENTINE, g (Großbritannien, *21.5. 1943 in North Shields).

1962 formierten sich die Animals in Newcastle, als Eric Burdon zur Alan Price Combo kam. Alle Mitglieder hatten vorher in diversen Gruppen Erfahrungen gesammelt. Auf den Namen Animals kamen sie, weil sie zu diesem Zeitpunkt eine ausgesprochen tierische Bühnenshow hinlegten. Ab Mai 1963 spielten sie für zwei Monate im Hamburger Star-Club, im Dezember nahmen sie eine Demo-EP auf. Es wurden 50 Kopien gepreßt und an die Fans verkauft. Exemplare der Platte drangen bis nach London, und die Gruppe erhielt Angebote, dort aufzutreten. Im Januar 1964 zogen sie nach London und unterschrieben einen Plattenvertrag mit dem aufstrebenden Produzenten Mickie Most. Im Mai 1964 erschien mit »Baby Let Me Take You Home« die erste Single der Animals, die bis auf Platz 21 der Charts vordrang. Im Juli desselben Jahres wollte die Plattenfirma das Stück »House Of The Rising Sun« nicht veröffentlichen, weil es ihnen mit viereinhalb Minuten Laufzeit zu lang erschien. Man hatte Angst, daß die Platte im Radio nicht eingesetzt würde. Mickie Most und die Gruppe bestanden auf der Veröffentlichung, und es wurde eine Nummer 1 in der Hitparade auf beiden Seiten des Atlantiks und ein Millionseller. Danach sind sie erfolgreich mit Titeln wie »I'm Crying«, Nina Simones »Don't Let Me Be Misunderstood« (Frau Simone hat die Version der Animals überhaupt nicht gefallen), »Bring It On Home To Me« oder »We've Gotta Get Out Of This Place«. Im Mai 1965 kündigt Alan Price an, daß er die Gruppe verlassen werde: einmal wegen musikalischer Differenzen, zum anderen wegen seiner unerträglichen Flugangst, die jede Tour für ihn zu einer Tortur machte. Er läßt die alte Alan Price Combo wiederaufleben und ist damit erst einmal recht erfolgreich. Für Price kommt Dave Rowberry zu den Animals. 1966 will Mickie Most mit der Gruppe einen neuen Vertrag machen. Eric Burdon lehnt das ab, weil ihm die angebotenen Musiktitel nicht gefallen. Die Animals wechseln zur Decca. Die Band schafft noch zwei weitere Hits, aber dennoch beginnt es zu kriseln. Steel verläßt die Band, geht nach Newcastle zurück und wird dort ein erfolgreicher Geschäftsmann. Für ihn kommt Barry Jenkins. Im Herbst 1966 werden die Zerwürfnisse in der Gruppe immer größer. Während die einen die legale Droge Alkohol vorziehen, schmeißt Burdon LSD-Trips ein. Im September fällt die Gruppe auseinander, im Oktober stehen als Animals auf der Bühne: Eric Burdon, Barry Jenkins, John Weider, Danny McCullough und Tom Parker. Im selben Monat erscheint mit »See See Rider« die letzte Single der Originalbesetzung, allerdings nur in den USA. Ironischerweise wird das dort der zweiterfolgreichste Song der Band. Als Interpreten werden jedoch schon Eric Burdon & The Animals genannt. Anfang 1967 siedelt Burdon nach Kalifornien über und nimmt die Animals mit Ausnahme von Tom Parker mit. Neumitglied wird Vic Briggs. Mit »San Franciscan Nights« erscheint wieder einmal eine Aufnahme, die sowohl in den USA als auch in Großbritannien unter die ersten 10 kommt. Inzwischen war auch im Frühjahr die erste Solo-LP von Burdon erschienen, die »Eric Is Here« hieß. Mitte 1968 verlassen mit Briggs und McCullough wieder zwei Mitglieder Burdon, für sie kommen Zoot Money und Andy Summers. Zu diesem Zeitpunkt erfolgt auch die Umbenennung in Eric Burdon & The New Animals. Ende 1968 gibt Burdon bekannt, daß die Band auseinandergehen wird. Als letzte Hiteintragung erscheint im

Januar 1969 die alte Johnny-Cash-Aufnahme »Ring Of Fire«. Während die meisten Musiker zurückgehen nach Großbritannien, bleibt Burdon in den USA und tut sich zusammen mit der Formation Night Shift, die ihren Namen in War ändert und als Eric Burdon & War Anfang 1971 auf Europatournee geht. Von den Animals wird der Klassiker »House Of The Rising Sun« im Oktober 1972 in Großbritannien wiederveröffentlicht und erreicht Platz 25, im September 1982 das gleiche Spiel – diesmal Platz 11. 1977 und 1983 kam die Originalbesetzung der Animals noch einmal zusammen, um jeweils ein Album zu veröffentlichen – das Publikum blieb gleichgültig, obwohl die Platten sicher nicht schlecht waren. 1994 wurden die Animals in die Rock 'n' Roll Hall of Fame aufgenommen.

*House Of The Rising Sun (6/64 GB 1; 8/64 US 1, D 10)*
*I'm Crying (9/64 GB 8)*
*Don't Let Me Be Misunderstood (2/65 GB 3)*
*Bring It On Home To Me (4/65 GB 7)*
*We Gotta Get Out Of This Place (7/65 GB 2)*
*It's My Life (10/65 GB 7)*
*Don't Bring Me Down (7/66 GB 6)*
***Beat, Rock***

**CD-Tip:** *The Complete Animals* EMI 7 94613 2

## Animotion

PAUL ANTONELLI, key; PAUL ENGEMANN, v; DON KIRKPATRICK, g; FRENCHY O'BRIEN, d; CHARLES OTTAVIO, b; ASTRID PLANE, v; CYNTHIA RHODES, v; BILL WADHAMS, v/g.

Mit dem Titel »Obsession« gelang diesem Techno-Pop-Quintett im Januar 1985 ein erster Top-10-Hit. Diesem Erfolg lief die Gruppe mehrere Jahre hinterher, zumindest in der Bundesrepublik erreichten sie mit »I Engineer« 1986 noch einmal einen Platz 2. 1988 wurden vier der fünf Mitglieder ausgewechselt. Neuer Sänger war Paul Engemann und weibliches Aushängeschild der Band Cynthia Rhodes, die in »Dirty Dancing« und »Staying Alive« mitgespielt hatte und am 8. 1. 1989 Richard Marx heiratete. 1989 wurde mit »Room To Move« aus dem Film »My Stepmother Is An Alien« ein weiterer Top-10-Hit erreicht. Danach hörte man nichts mehr von der Band Animotion.

*Obsession (1/85 US 6; 4/85 GB 5, D 8)*
*I Engineer (4/86 D 2; 6/86 CH 6)*
*Room To Move (2/89 US 9)*
***Pop, Techno***

**CD-Tip:** *Animotion* Mercury 837 314–2

## Anka, Paul

v (Kanada, * 30. 7. 1941 in Ottawa/Ontario).

Obwohl Anka bis in die 90er Jahre dem Plattengeschäft treu geblieben ist, hat er in einem Interview folgendes erzählt: ›Ich hatte meine große Zeit in den Jahren von 1957 bis 1962, nachdem die erste Rock-'n'-Roll-Welle abgeebbt war. Kurz vor meinem 16. Geburtstag im Frühjahr 1957 lieh ich mir von meinem Vater 100 Dollar und machte mich auf den Weg nach New York. Ich wollte die fünf Songs, die ich geschrieben hatte, an den Mann bringen. Eins der Lieder beschrieb meine Liebe zu dem drei Jahre älteren Babysitter Diana. Und genau dieses Lied machte mich quasi über Nacht zum Teenagerstar, und ich wußte, wie es weitergehen müßte. Ich reihte in diesen Jahren Hit an Hit, wie »Lonely Boy«, »Put Your Head On My Shoulder«, »You Are My Destiny« oder »Puppy Love«. Mit 19 Jahren war ich Millionär.‹ Hätte er zu diesem Zeitpunkt aufgehört – von den Tantiemen könnte er heute noch zehren. Aber im Gegensatz zu seinen Erfolgspendants Elvis Presley oder Cliff Richard, die zeit ihres Erfolges bei den Plattenfirmen RCA oder EMI blieben, verkaufte sich Paul Anka an die Firmen, die die meisten Dollars auf den Tisch legten. Und auch ansonsten wußte er, wie man den schnellen Dollar machen konnte: Er schrieb so viele Stücke, daß er sie alle gar nicht aufnehmen konnte. An »My Way« für Frank Sinatra war er ebenso beteiligt wie an »She's A Lady« für Tom Jones. Für den Film »Der längste Tag«, in dem er auch selbst mitspielt, schrieb er die Musik, ebenso für die Johnny-Carson-Show ›Tonight‹. 1963 – er hatte Geld wie Heu – heiratete er in Paris, und er hätte spätestens jetzt zum jüngsten und reichsten Frührentner im US-Business werden können. Ende der 60er Jahre packte ihn wieder die Lust, selbst im Studio zu stehen, selbst Platten zu produzieren. Der erneut große Wurf gelang ihm 1974, als er mit einer erst einmal auf der Plattenhülle nicht genannten Sängerin das Stück »(You're Having) My Baby« sang. Dagegen ist ja auch nichts zu sagen, aber dann stellte sich heraus, daß der weiße Paul Anka in diesem Lied ein Baby mit der Farbigen Odia Coates hat. Das war etlichen puritanischen US-Bürgern zuviel. Ihr Idol aus den Jugendjahren jetzt zusammen mit einer Farbigen? Das Gerangel um die Platte erwies sich als ausgezeichneter Promotiongag. Im August 1974 hatte Anka nach 15 Jahren wieder den ersten Platz in der US-Hitparade. Auch seine nächsten beiden Top-10-Hits sang er mit Odia Coates (gestorben am 19. 5. 1991 im Alter von 49 Jahren an Brustkrebs). Einer davon war, um es den Spießern auch schön zu zeigen, »I Don't Like To Sleep Alone«. Nach 1978 legte er die nächste Pause ein, und inzwischen sind seine Plattenveröffentlichungen nur noch sporadisch und bei immer wechselnden Firmen. 1993 wurde Paul Anka in die Songwriters Hall of Fame aufgenommen.

*Diana (7/57 GB 1, US 1; 12/57 D 2)*
*I Love You Baby (11/57 GB 3)*
*You Are My Destiny (1/58 GB 6, US 7)*
*(All Of A Sudden) My Heart Sings (1/59 GB 10; 5/59 D 7)*
*Lonely Boy (6/59 US 1, GB 3, D 8)*
*Put Your Head On My Shoulder (8/59 US 2; 10/59 GB 7)*
*It's Time To Cry (11/59 US 4)*
*Puppy Love (2/60 US 2)*
*My Home Town (5/60 US 8)*
*Dance On Little Girl (5/61 US 10)*
*Zwei Mädchen aus Germany (4/64 D 4)*
*Kiddy Kiddy Kiss Me (12/64 D 7)*
*(You're) Having My Baby (7/74 US 1; 9/74 GB 6)*
*One Man Woman/One Woman Man (11/74 US 7)*
*I Don't Like To Sleep Alone (3/75 US 8)*
*Times Of Your Life (11/75 US 7)*
***Pop***

**CD-Tip:** *Face In The Mirror* Polydor 519 095–2

## Annette

ANNETTE, v (USA, * 22. 10. 1942 als Annette Funicello in Utica/New York).
1955 wurde die kleine Annette Mitglied im Mickey-Mouse-Fanclub, und war somit ein Mousketeer. Das Schallplattenlabel Disneyland war es, das Anfang 1959 die erste Platte von Annette, »Tall Paul«, veröffentlichte. Sie kam unter die ersten 10. Es folgten noch einige weitere Hits, aber nach 1961 war sie wohl zu alt, um weiterhin mit Mickey-Mouse-Ohren durch die Gegend zu laufen. Dafür tauchte sie jetzt an der Seite von Frankie Avalon in einer Reihe von ›Beach Movies‹ wieder auf. 1976 hatte sie eine regelmäßige Fernsehsendung, die sich ›Easy Does It‹ nannte. 1987 stand sie dann im Film »Back To The Beach« wieder da, wo sie in den 60er Jahren aufgehört hatte. Auch Frankie Avalon war wieder mit dabei, aber ansonsten war alles anders. Annette ist ein schönes Beispiel für die Vermarktung eines netten US-Teenagers auf Platte und nichtssagendem Zelluloid. Ernsthafteres aus dem Jahre 1987: Man diagnostizierte bei ihr Multiple Sklerose.

*Tall Paul (1/59 US 7)*
*O Dio Mio (2/60 US 10)*
***Pop, Surf-Music***

**CD-Tip:** *The Best Of* Buenavista Records PCCD-00071

## Another Bad Creation

ROMELL CHAPMAN, v (USA, * 15. 6. 1978 in Atlanta/Georgia); DEMETRIUS PUGH, v (USA, * 23. 9. 1979 in Atlanta/Georgia); MARLISS PUGH, v (USA, * 15. 4. 1982 in Atlanta/Georgia); CHRIS SELLER, v (USA, * 19. 10. 1978 in Atlanta/Georgia); DAVE SHELTON, v (USA, * 11. 11. 1982 in Atlanta/Georgia).

Michael Bivins von der Gruppe Bell Biv DeVoe managte und produzierte diese Gruppe aus Atlanta, die 1990 mit Sieben- bis Zwölfjährigen gegründet wurde. Bell selbst war in seinen Kindertagen Mitglied einer ähnlich gelagerten Formation gewesen, der New Edition. Schon aus diesem Grunde wußte er, wie man Kinder ranzieht, um schließlich daraus wieder neue Formationen und Einzelsänger zu kreieren. Die erste Platte der Kids, »Iesha«, wurde ein Millionseller. Bivins rapte im Hintergrund zur Unterstützung der dünnen Stimmchen. Beim zweiten Hit »Playground« ließ er zwei Mitglieder von Boyz II Men mitsingen. Er wurde ebenfalls ein Top-10-Hit. So sorgte sich also Michael Bivins schon früh um die Zukunft der Kinder – und um seine!

*Iesha (1/91 US 9)*
*Playground (4/91 US 10)*
***Rap, Rhythm & Blues***

**CD-Tip:** *Coolin' At The Playground Ya Know*
Motown ZD 72737

## Another Level

MARK BARON, v (Großbritannien); DANE BOWERS, v (Großbritannien); BOBAK KIANOUSH, v (Großbritannien); WAYNE WILLIAMS, v (Großbritannien).

Diese R&B-Gruppe wurde vom amerikanischen Rapper Jay-Z unter Vertrag genommen. Der hatte mit Northwestside ein eigenes Label gegründet. Bekannte und erfolgreiche Produzenten wie Gordon Chambers (Mary J. Blige), Andrea Martin (En Vogue) oder Cutfather & Joe (Mark Morrison) kümmerten sich um die Debütplatte des Quartetts. Dafür ist Platz 6 für »Be Alone No More« fast schon schwach. Die nächste Single »Freak Me« stieg dafür am 18. 7. 1998 gleich auf Platz in GB ein. Es handelte sich dabei um eine Coverversion eines Hits der Formationen Shai und Silk aus dem Jahre 1993. Silk hatte damals mit ihrer Version von »Freak Me« die Spitzenpostion in den USA belegt.

*Be Alone No More (2/98 GB 6)*
*Freak Me (7/98 GB 1)*
***Pop, Rhythm & Blues***

## Ant & Dec

DECLAN DONNELLY, v (Großbritannien, * 25. 9. 1975 in Newcastle); ANTHONY MCPARTLIN, v (Großbritannien, * 18. 11. 1975 in Newcastle).

Bis Mitte 1996 hatten Ant & Dec ihre Platten als PJ & Duncan veröffentlicht. Dann waren sie die Pseudonyme ihrer TV-Arbeit in der Serie ›Byker Grove‹ satt und wollten nun unter ihren richtigen Namen erfolgreich sein. Ihre erste Single als Ant & Dec war »Better Watch Out«, die sich zumindest in GB auch gleich in die Top 10 mogeln konnte. Nachfolger »When I Fall In Love« schaffte Platz 12 und die Nummer »Shout«, erschienen im Frühjahr 1997, kam wieder knapp in die britischen Top 10. Im Hintergrund sang Andy Bell von Erasure mit, »Walk On The Wild Side« von Lou Reed ließ grüßen. Die Erfolge des Duos beschränkten sich mehr oder weniger auf GB und da auch immer knapp um die Position 10 herum. Mit der TV-Show ›Ant & Dec Unzipped‹ waren sie auf Channel 4 in GB wieder auf dem Bildschirm. Im Frühjahr 1997 erschien das Album »The Cult Of Ant & Dec« (5/97 GB-LP 15).

*Better Watch Out (8/96 GB 10)*
*Shout (3/97 GB 10)*
***Boy Group, Pop***

## Ant, Adam

v (Großbritannien, * 3. 11. 1954 als Stuart Leslie Goddard in London).

Seine ersten elf Hits erschienen als Adam & The Ants. Im Frühjahr 1982 entschloß er sich, die nachfolgenden Platten unter seinem Pseudonym Adam Ant zu veröffentlichen. Mit »Goody Two Shoes« und »Friend Or Foe« gelangen ihm auch im Alleingang zwei Hits. Danach schien seine Karriere vorbei zu sein. Als Retter in der Not holte er sich Phil Collins als Produzenten für »Puss 'N Boots«. Der Erfolg gab dieser Entscheidung recht, er hatte noch einmal einen Platz 5. Dann bröckelte der Lack immer mehr ab, und die Figur schillerte immer weniger. 1985 durfte er den britischen Teil des Live-Aid-Konzertes im Wembley Stadium in London eröffnen. Rückblickend sah er das als einen Höhepunkt seiner Karriere an und bemerkte: ›Ich hatte einen Punkt erreicht, an dem ich das Gefühl hatte, es jetzt nicht mehr besser machen zu können. Ein idealer Zeitpunkt also, um auszusteigen und einmal etwas anderes zu machen.‹ Adam wandte sich wieder seiner alten Liebe, der Schauspielerei, zu. 1990 versuchte er – inzwischen lebte er fest in den USA – mit der CD »Manners And Physique« ein Comeback, das als nicht sonderlich gelungen bezeichnet werden kann. Zumindest der Song »Room At The Top« brachte ihm in GB und in den USA nach langer Zeit mal wieder einen überraschenden Top-20-Hit. Im April 1995 erschien mit »Wonderful« wieder ein neues Album von Adam. Die Auskopplung des Titelsongs brachte ihm einen Top-40-Hit in GB und in den USA.

*Goody Two Shoes (5/82 GB 1, D 5)*
*Friend Or Foe (9/82 GB 9)*
*Puss 'N Boots (10/83 GB 5)*
***Glitter(-Glam)-Rock***

## Anthony, Billie

v (Großbritannien).

In der Zeit, als in England in den Rundfunkanstalten noch die Anweisung bestand, vorwiegend britische Produktionen zu spielen, wurden von den meisten amerikanischen Hits Coverversionen mit britischen Interpreten aufgenommen. Billie Anthony machte im Oktober 1954 einen Nachzieher des US-Hits »This Ole House« – jenseits des Atlantiks erfolgreich mit Rosemary Clooney und Stuart Hamblin – und schaffte damit einen Top-10-Hit in der Hitparade. Dabei blieb es.

*This Ole House (10/54 GB 4)*
***Pop***

## Anthony, Ray

tr/bl (USA, * 20. 1. 1922 als Raymond Antonini in Bentleyville/Pennsylvania).

1939 wurde Anthony Mitglied in der Band von Al Donahue. Danach ging er erst zu Glenn Miller, von 1940 bis 1942 zu Jimmy Dorsey und wurde dann Leiter einer US-Army-Band. 1946, zurück in der Heimat, gründete er eine eigene Band, die ab dem Jahre 1949 in den Charts notiert wurde. Mit den Stücken »At Last«, gesungen von Tommy Mercer, und »Dragnet«, Thema einer TV-Serie in den USA und bei uns als Erkennungsmelodie der Kriminal-TV-Serie ›Stahlnetz‹ bekannt, hatte er seine größten Erfolge. Diese wurden durch die Tatsache begünstigt, daß Ray Anthony bereits in den frühen 50er Jahren eine eigene TV-Serie in den Staaten hatte. 1955 trat er neben Fred Astaire im Film »Daddy Long Legs« auf. 1959 kam seine Version von »Peter Gunn« unter die ersten 10 der US-Charts. Nach 1962 war seine Hitparadenzeit vorüber. Ray Anthony war längere Zeit mit der Schauspielerin Mamie Van Doren verheiratet, die man in den USA als ›Poor Man's Marilyn Monroe‹ oder als

›Platinium Blonde Sexpot Of Hollywood B-Features‹ bezeichnete.

*Sentimental Me (4/50 US 7)*
*Count Every Star (5/50 US 4)*
*Harbor Lights (9/50 US 4)*
*Can Anyone Explain (9/50 US 5)*
*Nevertheless (I'm In Love With You) (10/50 US 9)*
*Undecided (11/51 US 10)*
*At Last (2/52 US 2)*
*As Time Goes By (6/52 US 10)*
*Dragnet (8/53 US 2; 12/53 GB 7)*
*Peter Gunn (1/59 US 8)*
***Big Band***

**CD-Tip:** *The Hits Of Ray Anthony* Capitol CDP 7 91219 2

## Apache Indian

APACHE INDIAN, v (Großbritannien).
Hinter dem Pseudonym Apache Indian verbirgt sich ein in GB geborener und in Birmingham ansässiger Sänger mit asiatischen Eltern. 1993 erschien sein auf Jamaika produziertes Debütalbum »No Reservations«, das für den Mercury Music Prize nominiert wurde. Sein Stil wurde als ›original British Bhangra-Muffin-Sound‹ bezeichnet. Im Januar 1993 kam er erstmals in die britischen Top 20 mit der Nummer »Arranged Marriage«. Nachfolger »Chok There« kam nur noch unter die ersten 30. Dann erschien die EP »Nuff Vibes«, von der sich besonders die Nummer »Boom Shack-A-Lack« in die Ohren bohrte. Seine Verbindung von indianischen und asiatischen Einflüssen klang durchaus melodiös. Im Frühjahr 1995 gelangen ihm mit »Make Way For The Indian« und »Ragamuffin Girl« in GB zwei Hits um die Position 30.

*Nuff Vibes (EP) (8/93 GB 5)*
***Ragamuffin***

## Aphrodite's Child

DEMIS ROUSSOS, v (Ägypten, * 15. 6. 1946 als Artemios Roussos in Alexandria); LUCAS SIDERAS, d (Griechenland, * 5. 12. 1944 in Athen); VANGELIS, key (Griechenland, * 29. 3. 1943 als Evangelos Papathanassiou in Valos).
Das Trio formierte sich Mitte der 60er Jahre in Griechenland. 1968 gelang ihnen mit »Rain And Tears« ein erster internationaler Erfolg. Sowohl in GB als auch in Deutschland wurde die Platte ein Top-30-Hit, in der Schweiz gar ein Top-10-Hit. Vor allem Roussos nasale, schluchzende Falsettstimme machte den Erfolg dieses Stückes aus. »It's Five O'Clock« und »I Want To Live« waren ebenfalls international erfolgreich, vor allem wieder in der Schweiz. Das 1972 veröffentlichte Album »666« markierte ihren Höhepunkt und gleichzeitig ihr Ende. Im nachhinein wurde ob der »666« viel über den eventuell dahinterstecken könnenden Teufelskult spekuliert. Demis Roussos wurde als Solist recht erfolgreich, Papathanassiou wurde unter seinem Vornamen Vangelis mit vielen Instrumentalaufnahmen überaus erfolgreich und erhielt für seinen Soundtrack »Chariots Of Fire« einen Oscar.

*Rain And Tears (6/68 CH 2)*
*I Want To Live (7/69 CH 8)*
*It's Five O'Clock (2/70 CH 6)*
***Soft Pop***

**CD-Tip:** *666* Vertigo 838 430–2

## Apollo 100

CLEM CATTINI, d (Großbritannien, * 28. 8. 1938 in London); VIC FLICK (Großbritannien); TOM PARKER, key (Großbritannien).
Diese Formation ist eine der typischen britischen Studiobands, die nach Ablauf einer richtigen Produktion noch schnell eine Nachtschicht anhängen. Der Keyboarder Tom Parker gilt als der Kopf von

Apollo 100. Außer ihm spielten noch Vic Flick und Clem Cattini. Mit einer Adaption von Johann Sebastian Bachs »Jesu, meine Freude«, die bei Klassikfans zu Brechreiz führen würde, hatte die Band Anfang 1972 einen Top-10-Hit in den USA. Das war's!

*Joy (1/72 US 6)*
***Instrumental***

## Apollo Four Forty

HOWARD GRAY, b (Großbritannien); TREVOR GRAY, key (Großbritannien); NOKO, g/key (Großbritannien).

Als ›Rave-Jazz‹ wurde die Musik des Trios aus Liverpool von der britischen Musikpresse bezeichnet. Erfolg sollten sie haben, nachdem sie von Liverpool nach London umgezogen waren und ihr eigenes Plattenlabel Stealth Sonic gegründet hatten. Ihre erste Hitnotierung hatte die Gruppe mit »Astral America« (1/94 GB 36). Nachfolger »Liquid Cool« (11/94 GB 35) und »(Don't Fear) The Reaper« (3/95 GB 35) blieben ebenfalls im Mittelfeld der britischen Charts hängen. Inzwischen hatten sich die Musiker auch als Remixer für Interpreten wie U2, Shabba Ranks, EMF, Pop Will Eat Itself, Deep Forest oder Scritti Politti einen Namen gemacht. »Krupa« (7/96 GB 23, 9/96 RE-GB 24, 10/96 D 38) war eine Hommage an den legendären Jazz-Drummer Gene Krupa und hatte schon ein wenig mehr Erfolg als die ersten Singles – das lag allerdings daran, daß in GB damit die Sunkist-Werbung untermalt wurde und die Fußball-Show ›Ran‹ dies Stück als Themenmelodie einsetzte. Im Frühjahr 1997 erschien schließlich mit »Ain't Talkin' 'Bout Dub« der erste Top-10-Hit. In Deutschland und in der Schweiz kam die Platte in die Top 20. Als Sängerin war auf der Nummer Mary Mary zu hören. Gesampelt wurde »Ain't Talkin' 'Bout Love« der Gruppe Van Halen aus dem Jahre 1978. Die Plattenhülle zeigte Jimi Hendrix, wie er am 25. 9. 1967 in der Royal Festival Hall in London versucht, dem britischen Politiker Jeremy Thorpe das Gitarrenspiel beizubringen. Als Gäste von Jean-Michel Jarre war Apollo Four Forty beim Titel »Rende-Vous 98« (7/98 GB 12) zu hören. Die Platte war anläßlich der Fußball-WM 1998 erschienen.

*Ain't Talkin' 'Bout Dub (2/97 GB 7)*

## Appleby, Kim

v (Großbritannien, * 28. 8. 1961 in London).

Kim Appleby zählte zusammen mit ihrer Schwester Mel vor ihrer gemeinsamen Gesangskarriere als Mel & Kim zur Crème de la crème der Londoner Fotomodellszene. Getreu dem Motto des Produzententeams Stock/Aitken/Waterman, daß, wer gut aussieht, auch gut singen kann, nahmen die drei die zwei unter Vertrag und schneiderten ihnen ein paar Nümmerchen auf den dünnen Leib (oder umgekehrt). Mit »Showing Out« hatten Mel & Kim im Herbst 1986 ihren ersten Hit in Großbritannien, der in Deutschland gar ein Spitzenreiter wurde. »Respectable« wurde im Frühjahr 1987 in diesen beiden Ländern ein Platz 1. 1989 wurde bekannt, daß Mel an Krebs litt. In der Yellow-Press und Teeniepresse wurde diese Tatsache ausgewalzt. Mel starb am 18. 1. 1990. Kim sang als Solistin weiter und hatte noch im selben Jahr mit »Don't Worry« einen Top-10-Hit in Großbritannien und in Deutschland. Ende 1991 ließ ihr Erfolg deutlich nach.

*Don't Worry (11/90 GB 2, D 8; 1/91 CH 6)*
*G.L.A.D. (2/91 GB 10)*
***Pop***

**CD-Tip:** *Kim Appleby* Parlophone CD PCS 7348

## Applejacks (GB)

MARTIN BAGGOT, g (Großbritannien); PHILIP CASH, g (Großbritannien); MEGAN DAVIES, b (Großbritannien); DON GOULD, org (Großbritannien); AL JACKSON, v (Großbritannien).

Nachdem die Plattenfirma Decca 1962 die Beatles abgelehnt hatte, machten sie sich aus Angst vor weiteren Flops zum Geschäftsprinzip, daß jeder, der bei ihnen vorspielte, einen Plattenvertrag bekam. Dazu gehörten auch die Applejacks aus Solihull, West Midlands, die mit ihrer ersten Plattenveröffentlichung »Tell Me When« im März 1964 auch in der Tat einen Top-10-Hit landeten. Ihre zweite Veröffentlichung war die Nummer »Like Dreamers Do«, eine Komposition von Lennon/McCartney, die sie bei ihrer damaligen Decca-Audition vorgetragen hatten. Die Applejacks erreichten mit ihrer Version eine mageren Platz 20, hatten danach noch einen kleineren Hit und waren 1965 wieder verschwunden.

*Tell Me When (3/64 GB 7)*
***Pop***

## Aqua

RENÉ DIF, v (Dänemark, * 17. 10. 1969 in Frederiksberg); CLAUS NORREEN (Dänemark, * 5. 6. 1970 in Charlottenlund); LENE GRAWFORD NYSTROM, v (Norwegen, * 2. 10. 1973 in Tonsberg/Oslo); SOREN RASTED (Dänemark, * 13. 6. 1969 in Blovstrad).

Drei Dänen und die norwegische Sängerin Lene waren Mitte 1997 die Sensation in den USA. Mit dem Song »Barbie Girl« schossen sie am 6. 9. 1997 auf Platz 7 in die dortigen Singlecharts. Bis zu diesem Zeitpunkt hatten sie in Dänemark mit »Roses Are Red« und »My Oh My« zwei Platinsingles und mit dem Album »Aquarium« eine Nummer 1 in den dortigen LP-Charts. »Barbie Girl« war erst in ganz Skandinavien ein Hit, bevor das Lied auch in Japan, den USA und Europa überzeugen konnte. Nachdem die Platte in GB auf Platz 2 eingestiegen war, verdrängten sie eine Woche später, am 1. 11. 1997, die Spice Girls von Platz 1. Und auch in Deutschland und der Schweiz erreichten sie die Spitze der Charts. Eine vierte Single aus dem ersten Album erreichte mühelos und aus Anhieb Platz 1 in GB: »Turn Back Time«. Mitte 1998 gewannen Aqua und deren Plattenfirma MCA ein Rechtsstreit gegen die Spielzeugfirma Mattel Inc. Die hatten wegen Copyrightverletzung des Begriffs ›Barbie‹ geklagt.

*Barbie Girl (9/97 D 1, US 7; 10/97 CH 1, GB 1)*
*Doctor Jones (12/97 D 7; 2/98 GB 1)*
*Turn Back Time (5/98 GB 1)*
*My Oh My (8/98 GB 6)*
***Pop***

## Arabesque

SANDRA LAUER, v (Deutschland, * 18. 5. 1962 in Saarbrücken); MICHAELA ROSE; JASMIN VETTER.

Das Trio nahm im Oktober 1978 eine erste Langspielplatte auf, darauf war mit »Hello Mr. Monkey« auch die erste Single der drei zu finden. Die Platte wurde in der Bundesrepublik ein Flop. Die Japaner jedoch sorgten dafür, daß sie 38 Wochen in ihrer Hitparade war, sich über 500.000 mal verkaufte und Arabesque ihre erste goldene Schallplatte bescherte. In Deutschland sollte sich Arabesque erst nach einem Wechsel der Plattenfirma und des Images langsam durchsetzen. Mit der Aufnahme »Marigot Bay« hatten sie schließlich im Frühjahr 1981 ihren ersten Top-10-Hit. 1982 folgten einige weitere kleine Hits. Im selben Jahr lernte Sandra Michael Cretu kennen – sie heiratete ihn später –, der mit ihr eine Solokarriere anpeilte. Mit »Maria Magdalena« gelang Sandra im Juli 1985 ein Riesenhit, und damit war Arabesque erledigt.

*Marigot Bay (2/81 D 8)*
***Disco***

## Arcadia

SIMON LE BON, v (Großbritannien, * 27. 10. 1958 in Bushey/Hertfordshire); NICK RHODES, key (Großbritannien, * 8. 6. 1962 als Nicholas Bates in Birmingham); ROGER TAYLOR, d (Großbritannien, * 26. 4. 1960 in Birmingham).
Nachdem im Jahre 1985 Andy und John Taylor von Duran Duran neben ihrer Tätigkeit bei dieser Gruppe ein anderes Projekt namens Powerstation gegründet hatten, wollte der Rest nicht nachstehen und gründete im August Arcadia. Mit dem Titel »Election Day« – auf dieser Produktion ist auch Grace Jones zu hören – gelang ihnen im Herbst ein weltweiter Top-10-Hit. Die Fans von Duran Duran ließen ihre Idole nicht hängen und kauften sie auch in einer anderen Verpackung. Aus der produzierten Langspielplatte wurden noch zwei weitere Stücke ausgekoppelt, die allerdings nicht mehr so viel Beachtung fanden, denn im Juni 1986 hatte Duran Duran, jetzt als Quartett und ohne Andy Taylor, wieder mit einer Neuproduktion begonnen.

*Election Day (10/85 US 6, GB 7)*
***Pop***

## Archer, Tasmin

v (Großbritannien, * 13. 8. 1963 in Bradford/Yorkshire).
1992 gehörte sie zu den großen Entdekkungen des Jahres. Ihr Titel »Sleeping Satellite« schoß hoch bis auf den 1. Platz. Bereits einige Jahre zuvor hatte die in England geborene Tochter jamaikanischer Eltern mit dem Gitarristen John Hughes und dem Pianisten John Beck gearbeitet. Die drei lernten sich in den Bradford's Flexible Response Studios kennen, wo Tasmin Archer als Backgroundsängerin und Toilettenfrau arbeitete. Als sie dann endlich einen Plattenvertrag bei der EMI unterschrieben, hatten sie ihr gesamtes Material für die erste CD bereits fertig. Für die Produktion wurden mit Elliot Randal, Robbie McIntosh und Paul Wickens drei profilierte Produzenten verpflichtet. »Great Expectations« erfüllt die Erwartungen, die man in Tasmin setzt.

*Sleeping Satellite (9/92 GB 1; 11/92 CH 5)*
***AOR (Adult Orientated Rock), Pop***

**CD-Tip:** *Great Expectations* EMI CD EMC 3624

## Archies

RON DANTE, v (USA, * 22. 8. 1945 als Carmine Granito in Staten Island/New York); ANDY KIM, v (Kanada, * 5. 12. 1946 als Andrew Joachim in Montreal); DON KIRSHNER (USA); TONI WINE (USA).
Zu den ganz großen Machern hinter der Bubblegum- und Teeniemusik Ende der 60er Jahre gehört Don Kirshner. Er war es z. B., der die Monkees erfand. Die Monkees setzte er zusammen, um damit im Fernsehen kleine Geschichtchen zu zeigen, die mit Musik durchsetzt waren, die nach den jeweiligen Episoden zu Hits wurden. Bei der Suche nach geeigneten Mitgliedern für die Monkees tat er sich schwer – und Menschen haben hin und wieder auch eigene Meinungen, die sie vertreten. Drum scheint es nur folgerichtig, daß sein nächstes Projekt Zeichentrickfiguren waren, die er aus der Comicserie ›The Archies‹ übernahm. Studiomusiker und Leadsänger Ron Dante plus Andy Kim und Sängerin Toni Wine nahmen die Stücke zu den jeweiligen Episoden auf. ›Watch for the Archies in color every Saturday morning on the CBS-TV network‹ wurde auf die Plattenhülle gedruckt, und somit machte die Hülle Wer-

bung für die Sendung und die Sendung Werbung für die Platte. Nachdem die Archies einige kleinere Hits hatten, erschien mit dem Titel »Sugar Sugar« eine der meistverkauften Singles in der Geschichte von RCA Records – und die hatten immerhin auch Elvis Presley unter Vertrag. Nach diesem weltweiten Hit erschien mit »Jingle Jangle« ein weiterer Erfolg, bevor sie wieder in der Versenkung verschwanden. Ron Dante sollte noch bei anderen Projekten, z. B. den Cuff Links, die Leadstimme singen und damit Erfolg haben.

*Sugar Sugar (7/69 US 1; 10/69 D 1, GB 1, CH 2)*
*Jingle Jangle (11/69 US 10; 1/70 D 7)*
***Bubblegum***

**CD-Tip:** *Greatest Hits* Bellaphon 288 07 011

## Arden, Toni

v (USA als Antoinette Aroizzone, geb. in New York City).

In den 50er Jahren gehörte Toni zu den wichtigsten Plattenkünstlern der Firma Columbia. 1945 hatte sie mit Al Trace, 1946 mit Joe Reichman gesungen. Ihre erste Chartnotierung war der Top-10-Hit »I Can Dream, Can't I?«, begleitet vom Orchester Hugo Winterhalter. Es folgten die Top-40-Hits »Too Young« (6/51 US 15), »Kiss Of Fire« (5/52 US 14), »I'm Yours« (6/52 US 24) und »Padre« (5/58 US 13). Ihre drei Hits aus den Jahren 1951/2 wurden von Percy Faith und seinem Orchester begleitet, der von 1958 vom Orchester Jack Pleis. Nach 1958 tauchte Toni Arden nicht mehr in den Charts auf. Bis Mitte der 70er Jahre sang sie regelmäßig in Clubs.

*I Can Dream, Can't I? (11/49 US 7)*
***Pop***

## Arena, Tina

v (Australien, geb. in Melbourne).

1995 schaffte es die zu diesem Zeitpunkt 27jährige, sich international durchzusetzen. Zuerst war sie in GB erfolgreich, danach folgten die USA – dort schaffte ihr erster Hit »Chains« im Frühjahr 1996 Platz 38. Einer der Nachfolgehits war eine Coverversion von »Show Me Heaven«, im Original ein Titel von Maria McKee. Hier konnte Tina zeigen, daß sie über eine großartige Stimme verfügt. Zumindest in GB erreichte die Platte Ende 1995 die Top-30. Tina hatte breits mit 8 Jahren regelmäßige TV-Auftritte und wurde in Australien schnell als ›Tiny Tina‹ zu einem Kinderstar. 1989 war ihre Debütplatte »Strong As Steel« erschienen – darauf lauter Fremdkompositionen. 1991 ging sie nach Los Angeles und traf dort auf den Produzenten David Tyson. Unter seiner Regie entstand das Album »Don't Ask«, auf dem eine ganze Reihe von Kompositionen zu finden sind, an denen Tina mitgeschrieben hat. 1995 heiratete sie ihren Manager Ralph Carr.

*Chains (4/95 GB 6)*
***Pop***

**CD-Tip:** *Don't Ask* Columbia 477 886 2

## Argent

ROD ARGENT, v/key (Großbritannien, * 14. 6. 1945 in St. Albans/Hertfordshire); RUSS BALLARD, v/g (Großbritannien, * 31. 10. 1947 in Waltham Cross/Hertfordshire); JOHN GRIMALDI, vln/c/mand (Großbritannien, * 25. 5. 1955 in St. Albans/Hertfordshire); BOB HENRIT, d (Großbritannien, * 2. 5. 1944 in Broxbourne/Hertfordshire); JIM RODFORD, b (Großbritannien, * 7. 7. 1945 in St. Albans/Hertfordshire); JOHN VERITY, v/g/b (Großbritannien, * 3. 7. 1949 in Bradford/Yorkshire).

Im Frühjahr 1969 war, obwohl sich die britische Band bereits im Dezember 1967 aufgelöst hatte, plötzlich der Titel »Time Of The Seasons« von den Zombies bis auf den 3. Platz der amerikanischen Hitparade gelangt. Aus den USA flatterten Angebote ein, und man wollte bis zu 20000 Dollar für ein einziges Konzert der Zombies bezahlen. Rod Argent, dessen eigenes Projekt nur schwer in die Gänge kam, war der einzige der Original-Zombies, der sich breitschlagen ließ, wieder unter diesem Gruppennamen aufzutreten und erneut Platten zu produzieren. Mit einigen Studiomusikern nahm er das Stück »Imagine The Swan« auf, das in den USA veröffentlicht und kein Hit wurde. Im Juli 1969 versuchte man es erneut als Zombies, dieses Mal mit »If It Don't Work Out« – so war's dann auch. Zu diesem Zeitpunkt tourten durch die USA etliche Bands, die sich Zombies nannten, und jetzt schmiß auch Rod Argent das Handtuch und gründete seine eigene Gruppe unter seinem Namen. Aus den Trümmern dieser Nach-Zombies-Zeit ist lediglich der Bassist Jim Rodford übriggeblieben, der Rods Cousin ist. Den größten Erfolg hatte die Band im Frühjahr 1972 mit dem Top-10-Hit in den USA und in Großbritannien »Hold Your Head Up«. Mit »God Gave Rock 'n' Roll To You« – 1992 ein Hit für die Gruppe Kiss – hatte Argent im März 1973 den letzten Erfolg. 1974 verließ Russ Ballard die Band. Für ihn kamen mit John Verity und John Grimaldi zwei neue Mitglieder. 1976 fiel die Band auseinander.

*Hold Your Head Up (3/72 GB 5; 6/72 US 5)*
***Rock***

**CD-Tip:** *An Anthology* Epic 465 444 2

## Armatrading, Joan

v/g (* 9. 12. 1950 in Basseterre/St. Kitts/ West Indies).
1958 zog die Familie von den Westindischen Inseln nach Birmingham. 1964 schrieb Joan Armatrading ihren ersten Song, 1969 traf sie auf Pam Nestor, mit der sie eine Songschreiber- und Bühnenpartnerschaft einging. 1974 veröffentlichten die beiden ein von Gus Dudgeon produziertes Album mit dem Titel »Whatever's For Us«. Pam war mit dem Ergebnis nicht zufrieden und verabschiedete sich. Joan unterschrieb einen Solovertrag bei A&M Records. Mit dem Titel »Love And Affection« hatte sie 1976 ihren ersten Top-10-Hit. In der Folgezeit veröffentlichte sie mit Titeln wie »Me Myself I« oder »Drop The Pilot« weitere erfolgreiche Singles. In der Hauptsache waren es jedoch ihre Langspielplatten, die zu Erfolgen werden. Joan gilt als erste britische schwarze Songschreiberin und Sängerin, die es mit weißen Kolleginnen aufnehmen konnte.

*Love And Affection (10/76 GB 10)*
***Pop, Soul***

**CD-Tip:** *The Very Best* A&M 397 122 2

## Armen, Kay

v (USA, geb. in Chicago/Illinois).
Ihre Karriere begann die ausgezeichnete Sängerin in Clubs in ihrer Heimatstadt Chicago und bei Radiostationen in Nashville. Das größte Jahr für Kay Armen war 1943. Aus dem Film »Thank Your Lucky Stars« stammten ihre beiden Top-10-Hits »The Dreamer« und »How Sweet You Are«. Noch im selben Jahr hatte sie zwei weitere Hits als Solistin. Danach konzentrierte sich ihre Arbeit wieder mehr auf Livekonzerte und Radiosendungen. Im Filmmusical »Hit The Deck«, das 1955 in die Kinos kam, spielte sie mit. In den 50er und 60er Jahren nahm sie hin und wieder eine Platte auf, war in TV-Sendungen zu sehen, und man kann sagen, daß sie nie die Beachtung fand, die sie eigentlich verdient hatte.

*How Sweet You Are (11/43 US 10)*
*The Dreamer (11/43 US 7)*
***Pop***

## Armstrong, Louis »Satchmo«

v/tr (USA, *4. 8. 1901 in New Orleans, †6. 7. 1971).

Duke Ellington, einer der ganz Großen des Jazz, hat über Louis Armstrong gesagt: ›Er ist die Inhaltsangabe des Jazz‹. Man kann mit fast allen Jazzmusikern sprechen und sie dann fragen, wer sie musikalisch beeinflußt hat – immer ist von Louis Armstrong die Rede. Der Mann war ein Vollblutmusiker, der es liebte, Menschen mit Musik zu unterhalten, sie zu erfreuen. Das machte er schon im Jahre 1907, also, als er gerade sieben Jahre alt war. Er sang auf den Straßen seiner Heimatstadt New Orleans, und Passanten schmissen ihm Pennys zu. Dann lernte er Kornett zu spielen. Später wechselte er zur Trompete, und das hat er ein Leben lang mit dem für ihn typischen Gesang kombiniert. In den frühen 20er Jahren trat er in die Band seines Idols ein – die von Joe ›King‹ Oliver. Wenig später spielte er mit Fletcher Henderson, und schon ab 1923 hatte er eine eigene Band, die er Louis Armstrong & His Hot Fives nannte. 1932 spielte er zum erstenmal im Londoner Palladium und danach in allen Ländern dieser Erde. Immer wenn er auftrat, kamen die Jazzmusiker der entsprechenden Region, um Louis zu sehen und vielleicht mit ihm zu spielen. Genau das machte er oft und gerne. Später sagte er einmal, daß er zwar nie verstanden habe, was die anderen Mitspieler dann sagten, aber das machte nichts – er liebe auch »Rigoletto« und würde nichts verstehen. Und wenn Musiker miteinander musizieren, dann brauchen sie keine Worte. Voraussetzung ist, daß sie sich gegenseitig akzeptieren. Und Louis zu akzeptieren war kein Problem. Er selbst muß auch als Mensch ein solcher Pfundskerl gewesen sein, daß er seinerseits mit allen konnte. Auch als Filmschauspieler – er stellte sich meist selbst dar – war er erfolgreich. Erinnert sei an »High Society« neben Bing Crosby, Frank Sinatra und Grace Kelly. Louis brauchte nur mit den großen braunen Augen zu rollen, sein blütenweißes Taschentuch aus der Tasche zu zaubern, sein breites Grinsen aufzusetzen und zur Trompete zu greifen – schon hatte er gewonnen. Harry James, ein weiterer populärer amerikanischer Jazztrompeter, gewann einst einen Jazz-Poll und wurde von Journalisten bestürmt, sich dazu zu äußern. Er sagte: ›Wie kann ich nur diesen Preis erhalten, wo es doch Louis Armstrong gibt?‹ Ob Jazz oder fast schon seichter Pop wie bei »What A Wonderful World«, Louis Armstrong nahm man alles ab. Und auch als er 1959 zusammen mit der kleinen Gabriele »Uncle Satchmo's Lullaby« in englisch/deutsch sang, war er glaubwürdig. Zu den bahnbrechenden Neuerungen, die er in der Jazzmusik einführte, gehörte, daß er den Jazz zu einem Podium für Solisten machte, nachdem er vorher eine Bandangelegenheit gewesen war. Außerdem war er einer der treibenden Kräfte in der Entwicklung des Scat-Gesangs. Vor allen Dingen war er es aber, der die Jazzmusik auch bei dem weißen Publikum salonfähig machte. Wenn man bedenkt, aus welchen beschränkten Verhältnissen Louis Armstrong stammt, grenzt sein weltweiter Erfolg schon fast an ein Wunder – erreicht hat er ihn durch seine einzigartige Persönlichkeit. Nachdem man lange nichts mehr von Louis in den Hitparaden gehört hatte, verwandte die Bierfirma Guinness seinen Song aus dem 1969 erschienenen James-Bond-Film »Im Geheimdienst Ihrer Majestät«, »We Have All The Time In The World«, für ihre Fernsehwerbung. Daraufhin riefen Hunderte Briten die EMI an und baten um eine Wiederveröffentlichung der Aufnahme, die daraufhin im November 1994 prompt in die britischen Top 10 kam. 1990 wurde Armstrong in die Rock 'n' Roll Hall of Fame aufgenommen. Louis und seinem Scat-Gesang setzte 1996 der US-Sänger Scatman John ein Denkmal. Im Video zum Song »Everybody Jam« strahlt Louis mit John um die Wette!

*You Won't Be Satisfied (Until You Break My Heart) (4/46 US 10)*
*(When We Are Dancing) I Get Ideas (9/51 US 10)*
*Takes Two To Tango (12/52 GB 6)*
*Theme From The Threepenny Opera (4/56 GB 8)*
*Uncle Satchmo's Lullaby (7/59 D 9)*
*Hello, Dolly! (2/64 US 1; 6/64 GB 4, D 8)*
*What A Wonderful World (2/68 GB 1; 5/68 D 8; 6/86 CH 7; 7/89 D 6)*
*We Have All The Time In The World (11/94 GB 3)*
***Jazz, Pop***

**CD-Tip:** *The Great Entertainer* EMI Music For Pleasure CD-MFP 6056

## Army Of Lovers

ALEXANDER BARD, v (Südafrika, * 17. 3. 1961); JEAN-PIERRE BARDA, v (Frankreich, * 7. 3. 1967 in Paris); MICHAELA DE LA COUR, v (Schweden, * 16. 8. 1966 in Helsingborg); LA CAMILLA, v (* 23. 10. 1964 als Camilla Maria Skogreenemark); DOMINIKA PECZYNSKI, v.
Als besonderes Kennzeichen dieses in Schweden gegründeten Trios wurde schrilles Styling angegeben, als musikalische Richtung: Sie mixen Hip-Hop, Latino und Ethno zu kommerziellem Dance-Pop. Den Namen »Army Of Lovers« fanden sie im gleichnamigen, 1979 entstandenen Film von Rosa von Praunheim, der über die Arbeit der Homosexuellen-Bewegung erzählt. Als erste Single erschien im April 1990 »Ride The Bullet«. Ihren ersten großen Erfolg hatten sie mit »Crucified« Ende 1991. Danach stieg La Camilla aus und wurde durch de la Cour und Dominika ersetzt. 1997 kam Bard mit einem neuen Projekt: Vacuum nannte sich ein von ihm zusammengestelltes Trio, dessen erste Single »I Breathe« zumindest in Skandinavien und in Italien ein Hits war. Im Frühjahr 1998 kam als nächste Platte »Tonnes Of Attraction«.

*Crucified (11/91 D 5)*
*Cruzified (12/91 CH 6)*
*Obsession (1/92 D 7; 2/92 CH 7)*
***Dance***

**CD-Tip:** *Massive Luxury Overdose* Ton Son Ton ULT 9502–2

## Arnee & The Terminators

RICHARD EASTER, syn (Großbritannien); MIKE WOODMANS, syn (Großbritannien).
Inspiriert durch den Film »Terminator 2«, fummelten im August 1991 die beiden BBC-Mitarbeiter Richard Easter und Mike Woodmans mit ihren Synthesizern eine Novelty-Platte mit dem Titel »I'll Be Back« hin. ›Arnee‹ Arnold Schwarzenegger wird darauf parodiert und hat, wie auch im Film, wenig zu sagen – und das ist auch gut so. Easter und Woodmans drohten für 1992 eine weitere Platte an. In den Hitparaden tauchte sie nicht auf. Wahrscheinlich warten sie auf »Terminator 3«.

*I'll Be Back (8/91 GB 5)*
***Pop***

## Arnold, David, & Propellerheads

DAVID ARNOLD (Großbritannien); ALEX GIFFORD, key/b/sax (Großbritannien); WILL WHITE, d (Großbritannien).
Für seine Musik zum Film »Independence Day« gewann David Arnold einen Grammy. Auch James Bond und »Tomorrow Never Dies« profitierten von Arnold. Erstmals tauchte sein Name im Zusammenhang mit einem Hit von Björk auf: »Play Dead« (10/93 GB 12) wurde in den Charts

als ›Björk & David Arnold‹ geführt. Mitte 1997 erhielt David den Auftrag, alte James-Bond-Melodien aufzumöbeln. Es erschien das Album »Shaken & Stirred – The David Arnold James Bond Project« (11/97 GB-LP 11). Darauf befanden sich Zusammenarbeiten mit Pulp, Iggy Pop, Chrissie Hynde, ABC oder McAlmong. Eine erfolgreiche Singleauskopplung war »On Her Majesty's Secret Service« mit dem Duo Propellerheads. Das Duo war 1996 gestartet. Der zu diesem Zeitpunkt 33jährige Gifford hatte seit 1991 als Tontechniker gearbeitet, so auch für die Gruppe Grid. Er lernte Will White kennen, der in ihrer gemeinsamen Heimatstadt Bath mit der HipHop-Band Junkwaffel in einem Club spielte. Die beiden entschlossen sich zu einer Zusammenarbeit und mixten als erste erfolgreiche Arbeit Titel der Gruppe 808 State. Propellerheads ist ein amerikanischer Slangausdruck für abgedrehte Computerfreaks. Ihre erste Hitnotierung hatten sie mit »Take California« (12/96 GB 69). Es folgte »Spybreak!« (5/97 GB 40) und dann mit »On Her Majesty's Secret Service« in Zusammenarbeit mit Arnold der erste Top-10-Hit. Sehr schön ihre Zusammenarbeit mit Shirley Bassey bei dem Titel »History Repeating« (12/97 GB 19). Ihr Debütalbum war »Decksandrumsandrockandroll« (2/98 GB-LP 6).

*On Her Majesty's Secret Service (10/97 GB 7)*
***Pop***

## Arnold, Eddy

v (USA, * 15. 5. 1918 als Richard Edward Arnold in Henderson/Tennessee).
Dieser ›Tennessee-Plow-Boy‹, so sein Spitzname, wurde populär an Nashvilles Grand Ole Opry Anfang der 40er Jahre, als er der Sänger in der Band Pee Wee King & His Golden West Cowboys war. Bis 1943 blieb er bei dieser Gruppe. Ab 1945 übernahm Colonel Tom Parker sein Management und machte ihn zum Star, wie er es ein Jahrzehnt später auch mit Elvis Presley tat. Eddy Arnold ist einer der erfolgreichsten Country-Interpreten aller Zeiten und gilt als der erste, der in Country- und Pophitparaden gleichermaßen erfolgreich war. Seine große Zeit war zwischen 1947 und 1966. Obwohl viele seiner Platten in den Pophitparaden teilweise nur knapp unter die ersten 20 kamen, schaffte er doch etliche Millionseller. Seinen ersten hatte er 1947 mit »I'll Hold You In My Heart (Till I Can Hold You In My Arms)«. Sein letzter großer Erfolg datiert aus dem Jahre 1965 mit »Make The World Go Away«. Bis Anfang der 70er Jahre hat Arnold weit über 60 Millionen Platten verkauft.

*Make The World Go Away (10/65 US 6; 2/66 GB 8)*
***Country***

**CD-Tip:** *Cattle Call Thereby Hangs A Tail* Bear Family BCD 15441

## Arrested Development

RASA DON, v/d (USA, * 22. 11. 1968 als Donald Jones in New Jersey); MONTSHO ESHE (USA, * 23. 12. 1974 als Temelca Garther in Georgia); DIONNE FARRIS, v (USA, geb. in Bordentown/New Jersey); HEADLINER, dj (USA, * 26. 7. 1967 als Timothy Barnwell in Savannah/Georgia); KWESI, dj (USA); NADIRAH, v (USA); BABA OJE (USA, * 15. 5. 1932 in Laurie); SPEECH, v/rap (USA, * 25. 10. 1968 als Todd Thomas in Milwaukee/Wisconsin); AERLE TAREE, v (USA, * 10. 1. 1973 als Taree Jones in Milwaukee/Wisconsin).
Ganz ohne Zweifel haben sie was von Sly & The Family Stone. Um diesen Eindruck auch noch zu verstärken, nahmen sie als Vorlage für ihren zweiten Hit »People Everyday« die Nummer »Everyday People« von Sly. Ihre Musik selbst bezeichnen sie als ›cultural-southern-hiphop-folk-

ethnic-funk‹ oder schlicht als ›life music‹. Die aus zwei Frauen und vier Männern bestehende Kommune hat sich in der Nähe von Atlanta angesiedelt. Der geistige Kopf von Arrested Development erklärt den Gruppennamen – Arrested Development = Entwicklungshemmung – folgendermaßen: ›Zu viele schwarze Jugendliche haben sich eine destruktive Mentalität zu eigen gemacht. Reiner Materialismus, geringe Selbstachtung, Individualismus, Mangel an Respekt für Ältere und das Leben im allgemeinen haben die Afrikaner des 20. Jahrhunderts in ihren Kommunen heimgesucht.‹ »3 Years, 5 Months And 2 Days In The Life Of . . .«, das Debütalbum der Band, versuchte, entsprechende Anstöße in puncto Freiheit und spiritueller Evolution zu vermitteln. Der Titel bezog sich im übrigen auf die Zeitspanne zwischen der Gründung der Formation und der Unterzeichnung ihres Plattenvertrages. Bis Ende 1996 verkaufte sich diese Platte 4 millionenmal. Ihre erste Single »Tennessee« wurde gleich ein Top-10-Hit in den USA und ein Millionseller. Im Gegensatz zu vielen anderen eintönigen Rap- und Hip-Hop-Platten war sie sehr melodisch. Mit der Nummer »Revolution« aus dem Film »Malcolm X« hatten sie Anfang 1993 einen weiteren Hit.

*Tennessee (4/92 US 6)*
*People Everyday (8/92 US 8; 10/92 GB 2)*
*Mr. Wendal (12/92 US 6)*
*Mr. Wendal/Revolution (1/93 GB 1)*
***Funk, HipHop, Rap***

**CD-Tip:** *Three Years, Five Months And Two Days In The Life of . . .«* Cool Tempo CCD 1929.3219292

## Arrington, Steve

v/d (USA, geb. in Dayton/Ohio).
Bevor Arrington 1978 als Schlagzeuger und Sänger bei der Funkband Slave einstieg, hatte er bereits mit etlichen anderen Formationen, so z. B. mit Pete & Sheila Escovedo, auch bekannt als Sheila E. mitgespielt. 1982 gründete er seine eigene Band Hall Of Fame. Ab 1985 veröffentlichte er seine Platten als Solist, und mit dem Titel »Feels So Real« traf er 1985 den Geschmack der Briten und der Deutschen. Bei einer anschließenden Tour durch Großbritannien predigte er in erster Linie über seine Hinwendung zum Christentum und den neugefundenen Glauben. Nach einem kurzen Zwischenspiel bei einer anderen Plattenfirma verschwand er aus der Musikszene.

*Feels So Real (4/85 GB 5)*
***Rhythm & Blues***

**CD-Tip:** *Jam Packed* Manhattan CDP 7 46903 2

## Arrival

DYAN BIRCH, v (Großbritannien, * 25. 1. 1948 in Liverpool); CARROLL CARTER, v (Großbritannien, * 10. 6. 1948 in Liverpool); FRANK COLLINS (Großbritannien, * 25. 10. 1947 in Liverpool); LLOYD COURTNEY (Großbritannien, * 20. 12. 1947 in Cheshire); DON HUME (Großbritannien, * 31. 3. 1950 in Watford/Hertfordshire); PADDY MCHUGH (Großbritannien, * 28. 8. 1946 in Liverpool); TONY O'MALLEY (Großbritannien, * 15. 7. 1948 in Liverpool).
Das Septett kam Ende der 60er Jahre in Liverpool zusammen. Dyan Birch, ein Angestellter der Firma NEMS, hatte sie gegründet. Nachdem sie Tony Hall von der Plattenfirma Decca ein Demoband geschickt hatten, übernahm der sofort ihr Management. Im Januar 1970 erschien der britische Top-10-Hit »Friends« und Mitte desselben Jahres »I Will Survive« – und genau das schafften sie nicht. Birch, Collins und McHugh tauchten später in der Formation Kokomo wieder auf.

*Friends (1/70 GB 8)*
***Pop***

## Arrows

JAKE HOOKER, v/g/sax (USA, * 3. 5. 1952 in New York City); ALAN MERRILL, v/b (USA, * 19. 2. 1951 in New York City); PAUL VARLEY, d (Großbritannien, * 24. 5. 1952 in Preston/Lancashire).

1973 entdeckte Mickie Most die drei und versuchte, mit ihnen eine seiner üblichen Teeniebands zu gründen, indem er ihnen ein paar Nümmerchen auf den Leib schneiderte, sie produzierte, in die Hitparaden bugsierte und an ihnen das Interesse verlor, nachdem sie bei den Teenies nicht mehr ankamen. Das war schon im Sommer 1975 der Fall. Es erschienen zwar noch weitere Platten der Arrows, diesmal produziert von Phil Coulter, aber die Luft war raus. Hooker und Merrill schrieben die Nummer »I Love Rock 'n' Roll«, die 1982 ein weltweiter Hit und Platin für Joan Jett & The Blackhearts wurde.

*A Touch Too Much (5/74 GB 8)*
***Pop***

## Arsenal FC

Beim Hit dieses Londoner Fußballvereins handelte es sich um eine Coverversion des Donna-Summer-Titels mit einem veränderten Text. Es war die dritte Hitnotierung des Clubs – die beiden anderen waren »Good Old Arsenal« (5/71 GB 16) und »Shouting For The Gunners« (5/93 GB 34). Beim zweiten Hit wurden Tippa Irie und Peter Hunnigale als ›featuring‹ hervorgehoben. Die meisten Platten dieser Fußballclubs von der Insel hatten für das restliche Europa keinerlei Bedeutung. Die erfolgreichste Clubmannschaft war, was die Hitparadenpositionen in GB anging, Manchester United.

*Hot Stuff (5/98 GB 9)*
***Pop***

## Art Company

FRANS BAUDOIN, key (Niederlande); FRED BERGER, g (Niederlande); NOEL HAVENS, v (Niederlande); ROEL JONGENELEN, b (Niederlande); FERDI LANCEE, g/key (Niederlande); JOS V.D. DRIES, d (Niederlande).

Diese Formation, die sich auch V.O.F. de Kunst nannte, schaffte es ein einziges Mal, über die Grenzen ihres Heimatlandes hinaus erfolgreich zu sein. Mit dem Stück »Susanna« kamen sie im Frühjahr 1984 in die britische Hitparade und erreichten Platz 12. In der Schweiz kamen sie gar unter die ersten 10. Warum diese Nummer in Deutschland kein Erfolg wurde, läßt sich unter Umständen nur dadurch erklären, daß die Platte einmal als V.O.F. de Kunst und einmal als Art Company veröffentlicht wurde, was sehr irritierte. Ein Nachfolgehit gelang nicht.

*Susanna (9/84 CH 6)*
***Pop***

## Art Of Noise

ANNE DUDLEY, key (Großbritannien, * 7. 5. 1956 in London); J. J. JECZALIK, key (Großbritannien, * 11. 5. 1955); GARY LANGAN (Großbritannien).

Die drei Mitglieder trafen sich in den frühen 80er Jahren und gehörten zum Produktionsteam um Trevor Horn, das verantwortlich war für Hits von z. B. ABC, Dollar, Frankie Goes To Hollywood und Malcolm McLaren. Der Ausgangspunkt für ihre Gruppe war, in erster Linie einen Sound zu produzieren, der zeitlos und anonym sein sollte. Gleich ihre erste Platte »Close (To The Edit)« – im übrigen die erste Veröffentlichung auf dem ZTT-Label von Trevor Horn mit der Nummer ZTPS 01 – wurde Ende 1984 ein Top-10-Hit in Großbritannien. Für eine Neuaufbereitung des 1959er Hits »Peter Gunn« nahmen sie den damaligen Originalgitarristen

Duane Eddy und dessen typischen Twanging-Sound. Es wurde im Frühjahr 1986 ein weiterer Top-10-Hit. Die erfolgreichste Single von Art Of Noise war 1988 eine Neubearbeitung der Prince-Nummer »Kiss«, gesungen von Tom Jones. Mitte des Jahres 1990 trennte sich das Trio. In der Folgezeit erschienen drei CDs, die alle von sich behaupteten, sie würden »The Best« bringen. Anne Dudley wurde eine erfolgreiche Arrangeurin, z. B. für die Pet Shop Boys.

*Close (To The Edit) (11/84 GB 8)*
*Peter Gunn (3/86 GB 8)*
*Kiss (10/88 GB 5)*
***Pop, Techno***

**CD-Tip:** *The Best Of Art Of Noise* China Records 837 367–2

## Artists United Against Apartheid

Little Steven war der Initiator dieses Projektes, das für die ›Unterdrückten dieser Welt‹ Spenden sammeln sollte. Das Geld floß einem in New York ansässigen Afrika-Fonds zu und wurde dann für politische Gefangene, ihre Familien, erzieherische und kulturelle Institutionen sowie Anti-Apartheid-Gruppen verwendet. Little Steven erhielt dafür von den Vereinten Nationen eine Auszeichnung. Er produzierte Single und Album mit dem New Yorker Mixer Arthur Baker. Mehr als 40 illustre Musiker unterschiedlichster Musikgattungen waren darauf zu hören. Um ein paar zu nennen: Pat Benatar, Kurtis Blow, Bono, Jackson Browne, Jimmy Cliff, Bob Geldof, Bob Dylan, Bruce Springsteen, Ringo Starr oder Pete Townshend. In den USA erreichte die Platte die Top 40, in GB Platz 21, in Deutschland 17 und in der Schweiz die Top 10.

*Sun City (1/86 CH 7)*
***Pop***

## Artists United For Nature

Artists United For Nature ist eine Vereinigung internationaler Künstler, die sich zusammengeschlossen haben, um zu helfen, die Tropenwälder weltweit zu erhalten. Einige der Mitglieder nahmen die Single »Yes We Can« auf, die es in Deutschland auf Platz 15, in der Schweiz unter die ersten 10 brachte. Produziert wurde das ganze von Harold Faltermeyer, Chris Thompson und Curtis Briggs. Zu den Künstlern, die darauf zu hören waren, gehörten Joe Cocker, Brian May, Michael McDonald, Sandra, Herbie Hancock, Ian Anderson oder auch Chaka Khan.

*Yes We Can (1/90 CH 4)*
***Pop***

## Ärzte

BELA B., v/d (Deutschland, * 14. 12. 1964 als Dirk Felsenheimer in Berlin); RODRIGO GONZALES, v/g/key/d/b/tr (* 19. 5. 1968 in Valpariso/Chile); SAHNIE, b (Deutschland, * 12. 6. 1964 als Hans Ruge); THE INCEDIBLE HAGEN, b (Deutschland, * 18. 2. 1961 als Hagen Liebing); FARIN URLAUB, v/g (Deutschland, * 27. 10. 1964 als Jan Vetter-Marciniak in Berlin).

Diese deutschsprachige Fun-Punkband wurde 1982 in Berlin von Farin und Bela gegründet. Wer neben den beiden den Baß spielte, war ziemlich wurscht. Schnell wurden die Ärzte zu Stammkunden bei der Bundesprüfstelle und der Schrecken aller besorgter Eltern. 1983 gewannen sie den Berliner Senats-Rock-Wettbewerb und veröffentlichten im selben Jahr ihre Debüt-LP »Uns geht's prima«. Berliner Mutterwitz, Szenejargon und Pubertätshumor brachten der Gruppe schnell eine große Fangemeinde, und sie wurde die Idolband der 12- bis 18jährigen. 1989 löste sich die Band nach sechs LPs auf, weil ihnen angeblich die Sache zu groß geworden war. Farin machte die Gruppe King Kong, Bela gründete Depp Jones. 1993 kamen sie erneut zusammen und hatten diesmal mit dem Song »Schrei nach Liebe«, der sich gegen den Rechtsextremismus wendet, einen ersten Top-10-Hit in Deutschland. Die Tatsache, daß in diesem Lied die Nazis deutlich als Arschlöcher tituliert wurden, half dabei. Solch klare Aussagen sind in Hitparadensendungen sonst nicht zu hören und durchaus wünschenswert. Zwei Jahre später gelang ihnen der nächste Top-10-Erfolg: »Ein Song namens Schunder«. Auch hier war es eine eher provokative Sprache, die die Kids aufhorchen ließ – aber, wie die Ärzte im Song selbst vermuten, wurde wahrscheinlich ›einfach nicht genau zugehört‹ und lediglich die Tatsache, daß hier einer den anderen in die ›Fresse‹ schlägt, blieb hängen. Trotzdem sollten die Ärzte weiter versuchen, in ihren Texten Tatsachen zu vermitteln. Auch weitere Singles der Ärzte wie »Hurra« (12/95 D 25), »3-Tage-Bart« (6/96 D 30) oder »Mein Baby war beim Frisör« (9/96 D 43) erreichten passable Hitparadennotierungen. Die Alben verkauften sich ebenfalls erfolgreich: »Das ist nicht die ganze Wahrheit« (5/88 D-LP 6), »Nach uns die Sintflut – live« (11/88 D-LP 1), »Die Ärzte früher!« (2/89 D-LP 4), »Bestie in Menschengestalt« (10/93 D-LP 2), »Das Beste von früher bis jetzt« (10/94 D-LP 6), »Planet Punk« (10/95 D-LP 2) und »Le Frisur« (6/96 D-LP 4). 1998 kamen sie mit einem der Hits des Jahres in die Charts: »Ein Schwein namens Männer (Männer sind Schweine)«. Der Song stammte vom Album »13«, das am 8. 6. 1998 gleich auf Platz 1 in den deutschen LP-Charts einstieg.

*Schrei nach Liebe (9/93 D 9)*
*Ein Song namens Schunder (9/95 D 4)*
*Ein Schwein namens Männer (Männer sind Schweine) (4/98 CH 1, D 1)*
***Punk***

**CD-Tip:** *Das Beste von kurz nach früher bis jetze* Sony COL 477 637 2

## Ash

Mark Hamilton, b (Großbritannien); Charlotte Hatherly, g (Großbritannien, * 20. 6. 1979 in Hammersmith/London); Rick McMurray, d (Großbritannien); Tim Wheeler, v/g (Großbritannien).

Für das aus Downpatrick/Nordirland stammende Trio schien der Punk weiterzuleben. Sie klangen wie eine unbekümmerte Mischung aus den Ramones und den Undertones. 1992 gegründet, machten sie ihre erste Bekanntschaft mit der britischen Hitparade 1995 mit der Nummer »Kung Fu« (4/95 GB 57), kurz danach erschienen »Girl From Mars« (8/95 GB 11), »Angel Interceptor« (10/95 GB 14) und dann die beiden Top-10-Hits »Goldfinger« und »Oh Yeah«. Im Herbst 1997 nahm die Band als viertes Mitglied die Gitarristin Charlotte Hatherley auf und veröffentlichten die Single »A Life Less Ordinary« aus dem gleichnamigen Film.

*Goldfinger (4/96 GB 5)*
*Oh Yeah (7/96 GB 6)*
*A Life Less Ordinary (10/97 GB 10)*
***Punk***

**CD-Tip:** *1977* Edel 0089552FAC

## Ashford & Simpson

Nickolas Ashford, v (USA, * 4. 5. 1942 in Fairfield/South Carolina); Valerie Simpson, v (USA, * 26. 8. 1946 in Bronx/New York City).

1963 kam Nick nach New York, um einen Job als Musiker zu finden. Dort lernte er Valerie kennen. Die beiden taten sich zu einem Texter-Komponisten-Team zusammen, das für einen Verlag schrieb. Mit dem Ray-Charles-Titel »Let's Go Get Stoned« gelang den beiden 1966 ihr erster Top-40-Hit in den USA. Daraufhin wurde Tamla Motown auf sie aufmerksam, und die beiden unterschrieben einen Exklusivvertrag für dieses Label. Bereits innerhalb des ersten Vertragsjahres hatten Marvin Gaye, Tammi Terrell und Diana Ross Hits mit Songs, geschrieben von Ashford & Simpson. Neben ihrer Arbeit als Songschreiberin betätigte sich Valerie auch als Sängerin und Sessionmusikerin, Nick als Produzent. Ab 1972 erschienen Soloplatten von Valerie. 1974 heirateten die beiden. Der nächste Schritt: Platten im Duett. Mit »Solid« gelang dem Duo 1984 ihr bisher größter Singlerfolg.

*Solid (1/85 D 2, GB 3; 3/85 CH 3)*
***Soul***

**CD-Tip:** *Das Beste* Capitol 7 80515 2

## Ashton, Gardner & Dyke

TONY ASHTON, v/key (Großbritannien, * 1. 3. 1944 in Blackburn/Lancashire); ROY DYKE, d (Großbritannien, * 13. 2. 1945 in Liverpool); KIM GARDNER, b (Großbritannien, * 27. 1. 1946 in Dulwich/London).

Als Anfang der 60er Jahre jede Band aus Liverpool einen Plattenvertrag bekam, war auch die Band von Tony Ashton und Roy Dyke, The Remo Four, mit dabei. 1968 gründeten sie mit Gardner, der von Creation kam, das Trio Ashton, Gardner & Dyke, das mit dem »Resurrection Shuffle« im Januar 1971 einen Hit schaffte. Nachdem sich kein weiterer Erfolg einstellte, fiel das Trio 1972 auseinander. Tony Ashton wurde Mitglied bei Family, dann beim Deep-Purple-Ableger Paice, Ashton & Lord und Studiomusiker bei unendlich vielen Plattenaufnahmen. In den frühen 80er Jahren moderierte er in Großbritannien auf dem TV Channel 4 eine Musiksendung. Dyke wurde Gründungsmitglied bei Badger, zu denen später auch Gardner kam.

*Resurrection Shuffle (1/71 GB 3)*
***Pop, Rock***

**CD-Tip:** *Ashton, Gardner & Dyke* Repertoire REP 4565-WY

## Asia

GEOFF DOWNES, v/key (Großbritannien); STEVE HOWE, v/g (Großbritannien, * 8. 4. 1947 in London); GREG LAKE, v/b (Großbritannien, * 10. 11. 1947 in Poole/Dorset); MANDY MEYER, g (Schweiz); CARL PALMER, d (Großbritannien, * 20. 3. 1947 in Birmingham); PAT THRALL, g; JOHN WETTON, v/b (Großbritannien, * 12. 7. 1949 in Derby).

Als sich diese Band im Frühjahr 1981 zusammenfand, war wieder einmal von einer Supergruppe die Rede. In der Tat hatten alle vier Musiker auch schon etliche Erfolge aufzuweisen. So war John Wetton vorher Mitglied bei UK, Roxy Music, Uriah Heep und King Crimson; Steve Howe ehemaliges Yes-Mitglied; Carl Palmer hatte Emerson und Lake hinter sich gelassen; Downes kam von Yes und den Buggles. Fast ein Jahr lang brauchte man, bis das Debütalbum der Band erschien, das weltweit Beachtung fand und mit »Heat Of The Moment« gleich den größten Singlerfolg der Band beinhaltete. Obwohl auch das im August 1983 erschienene zweite Album »Alpha« wieder recht erfolgreich war, verließ John Wetton die Band und wurde durch Greg Lake, Palmers ehemaligen Mitspieler von EL&P, ersetzt. 1985 stieg Steve Howe aus, um später GTR zu gründen, und wurde durch den Krokus-Gitarristen Mandy Meyer ersetzt. Dann kehrte John Wetton zurück; trotzdem fiel 1986 die Band auseinander, weil alle Mitglieder an anderen Projekten interessiert waren. 1990 kamen Carl Palmer, John Wetton und Geoff Downes noch einmal als Asia zusammen. Als Gitarrist spielte nun Pat Thrall von Go, Automatic Man und der Pat Travers Band mit.

*Heat Of The Moment (4/82 US 4; 7/82 D 7; 8/82 CH 2)*
*Don't Cry (7/83 US 10)*
***Rock***

**CD-Tip:** *Then And Now* Geffen 7599–24298–2

## Assembly

VINCE CLARKE, key/syn (Großbritannien, * 3. 7. 1960 in Basildon/Essex); FEARGAL SHARKEY, v (Großbritannien, * 13. 8. 1958 in Londonderry/Nord Irland).
Nachdem Vince Clarke bereits mit Depeche Mode und Yazoo erfolgreich gewesen war, bildete er zusammen mit Feargal Sharkey, vorher Leadsänger der Undertones, das Duo Assembly, das es auf genau einen Hit brachte: »Never Never«, im November 1983 ein Top-10-Hit in Großbritannien. 1985 gründete Vince Clarke Erasure, Feargal begann eine Solokarriere.

*Never Never (11/83 GB 4; 2/84 CH 5)*
***Elektro-Pop***

## Assia, Lys

v (Schweiz, * 3. 3. 1926 als Rosel Schärer in Hürlikon).
Wenn dieses Geburtsjahr stimmt, ist die Schweizerin mit 16 Jahren 1942 Miß Frankreich geworden. 1944 begann ihre Karriere als Sängerin – sie trat in Basel bei einer Rundfunkanstalt auf. Ihre Gesangskarriere hielt bis 1962 an. Schon 1950 hatte sie mit »O mein Papa« einen der Hits des Jahres. 1956 siegte sie in Lugano beim ersten Grand Prix Eurovision mit dem Titel »Refrain«. Allein in der Bundesrepublik holte sich Lys Assia sechs goldene Schallplatten. Viele Texte ihrer Hits hat sie selbst geschrieben. Von ihrem Songschreibertalent profitierten auch Roberto Blanco oder Freddy Quinn. Lys ist ein echtes Sprachtalent: neben Schwizzerdütsch spricht sie fließend neun Sprachen. 1962 heiratete sie einen dänischen Hotelier und Generalkonsul von Paraguay, zog sich aus dem Showgeschäft zurück und wurde Mitbetreiberin mehrerer Hotels. Ein Comebackversuch in den 70er Jahren schlug fehl. 1995 kam ihr Mann bei einem Unfall ums Leben. Lys betrieb die Hotels und Weingüter weiter und pendelte stetig zwischen ihren drei Wohnsitzen in der Schweiz, Frankreich und Dänemark.

*Arrivederci Roma (2/56 D 4)*
*Was kann schöner sein (12/56 D 3)*
*Deine Liebe (4/57 D 5)*
*Mi Casa Su Casa (9/57 D 10)*
*Wenn die Glocken hell erklingen (11/59 D 7)*
***Deutscher Schlager, Grand Prix***

## Associates

BILLY MACKENZIE, v (Großbritannien, * 27. 3. 1957 in Dundee/Schottland, † 23. 1. 1997); ALAN RANKINE.
›In ihrer Heimat England gehören die Associates mit ihrer intelligenten Collage aus Pop, Pomp und New Wave zu den interessantesten Vertretern des Neo-Pop, der das Erbe des Punk-Aufbruchs verwaltet‹, charakterisierte die Plattenfirma 1985 die Musik der Associates. Billy und Alan hatten sich 1976 zur Kabarett-Combo Absorbic Ones zusammengeschlossen und 1979 in Associates umbenannt. Sie gründeten ihr eigenes Label und hatten bald darauf einen Top-10-Hit mit »Party Fears Two«. Nach einigen weniger erfolgreichen Platten kümmerte sich Billy um andere Projekte, und erst 1984 erschienen wieder neue Titel der Gruppe. Da sie auch nicht von Erfolg gekrönt waren, trennten sich die beiden Musiker im Februar 1985. Billy MacKenzie behielt den Namen Associates und den musikalischen Stil bei. Ende 1996 – er hatte gerade einen neuen Plattenvertrag erhalten – starb seine Mutter. Er litt danach an starken Depressionen und wurde am 23. 1. 1997 tot im Hause seines Vaters aufgefunden.

*Party Fears Two (2/82 GB 9)*
***New Wave, Pop***

## Association

GARY ALEXANDER, v/g (USA, * 25. 9. 1943 in Chattanooga/Tennessee); TED BLUECHEL JR., v/d (USA, * 2. 12. 1942 in San Pedro/Kalifornien); BRIAN COLE, v/b (USA, * 8. 9. 1942 in Tacoma/Washington, † 2. 8. 1972); RUSS GIGUERE, v/g (USA, * 18. 10. 1943 in Portsmouth/New Hampshire); TERRY KIRKHAM, v/key (USA, * 12. 12. 1941 in Salina/Kalifornien); LARRY RAMOS JR., v/g (USA, * 19. 4. 1942 in Kauai/Hawaii); JIM YESTER, v/g (USA, * 24. 11. 1939 in Birmingham/Alabama).

Diese Formation, die sich aus Mitgliedern diverser Folkbands aus Kalifornien zusammensetzte, kam Ende 1965 zusammen. 1966 erhielten sie einen Plattenvertrag, und mit »Along Comes Mary« – es wurde immer behauptet, es handle sich hier um einen Drogensong – hatten sie wenig später ihren ersten Top-10-Hit in den USA. Mit »Cherish«, »Windy« und »Never My Love« veröffentlichte die Gruppe noch 1966 und schon 1967 drei Millionseller. 1968 kam als weiteres Mitglied der Hawaiianer Larry Ramos zur Band. Ende 1969 ließ der Erfolg der Formation nach. Es kam zu weiteren Umbesetzungen in der Gruppe. 1980 kamen noch einmal die überlebenden Originalmitglieder mit einigen weiteren Musikern zusammen. Die dabei entstandene Produktion blieb bedeutungslos. Im September 1990 wurde aufgelistet, welche Lieder der letzten fünfzig Jahre am häufigsten im Radio gespielt wurden. Auf Platz 1 landete Paul McCartneys »Yesterday«, auf Platz 2 »Never My Love«.

*Along Comes Mary (6/66 US 7)*
*Cherish (8/66 US 1)*
*Windy (5/67 US 1)*
*Never My Love (8/67 US 2)*
*Everything That Touches You (2/68 US 10)*
***Soft Pop***

**CD-Tip:** *Greatest Hits* WB TIS 1767–2

## Astley, Rick

v/d (Großbritannien, * 6. 2. 1966 in Newton-Le-Willow/Warrington).

16jährig begann Rick als Drummer bei Give Way. 1984 wurde er Leadsänger der Soulformation FBI. Dort wurde er vom Erfolgsproduzententeam Stock/Aitken/Waterman entdeckt, die ihn – wenn man der Plattenfirma glauben darf – ›zunächst als guten Geist in den S/A/W-Studios beschäftigten. Er mußte Besorgungen machen, Kaffee kochen und Essen bereiten. Hier und dort sang er die Back Vocals mit, bis S/A/W endlich mit »Never Gonna Give You Up« das richtige Material für ihn gefunden hatten‹. Die Platte wurde Platz 1 in insgesamt 15 Staaten der Erde, so z. B. in der britischen, amerikanischen, australischen und deutschen Hitparade. Damit schien Rick festgelegt als scheuer Teeniesänger mit Pubertätsimage. In schneller Folge erschien Hit auf Hit, die sich alle unter die ersten 10 plazieren konnten, mit »Together Forever« erzielte er einen weiteren Platz 1 in den USA. Als die 80er Jahre ausklangen, verabschiedete sich Astley vom Produzententeam S/A/W, und man vermutete, damit sei seine Karriere auch beendet. Mit »Cry For Help« erschien jedoch Anfang 1991 eine Platte, die aufzeigte, daß Rick wirklich ein exzellenter Soulsänger ist. Wieder stand er in den USA und in Großbritannien unter den ersten 10. Nachdem er sich von den Erfolgsproduzenten Stock/Aitken/Waterman getrennt hatte, verschwand Astley zusehends in der Versenkung. Das lag auch daran, daß Ende 1993 sein Vertrag mit RCA zu Ende ging. Überhaupt schien Rick mit seinem Leben ausgesprochen unglücklich zu sein. Über diese Zeit erzählte er später: ›Es klingt wie ein Klischee. Aber in der Welt herumzujetten und ständig jemanden zu haben, der alles für einen erledigt, hat mit wirklichem Leben nichts zu tun. Es hat mich krank gemacht. Ich wollte mein eigenes Leben.‹ In seinem Haus in

Richmond baute er sich ein eigenes Studio, in dem er regelmäßig neue Kompositionen einspielt, die er als Musik der Kategorie Adult Contemporary Singer/Songwriter beschreibt. Anfang 1998 sagte er: ›Sollte ich nie wieder eine Chance im Musikgeschäft erhalten, ist es auch gut.‹

*Never Gonna Give You Up (8/87 D 1, GB 1; 10/87 CH 2; 12/87 US 1)*
*Whenever You Need Somebody (10/87 D 1, GB 3; 11/87 CH 1)*
*When I Fall In Love/My Arms Keep Missing You (12/87 GB 2, D 6)*
*Together Forever (2/88 GB 2, D 5; 4/88 US 1)*
*It Would Take A Strong Strong Man (7/88 US 10)*
*She Wants To Dance With Me (9/88 GB 6, D 10; 12/88 US 6)*
*Take Me To Your Heart (11/88 GB 8, D 10)*
*Hold Me In Your Arms (2/89 GB 10)*
*Cry For Help (1/91 GB 7, US 7)*
***Pop, Soul***

**CD-Tip:** *Free* RCA PD 74896

## Aswad

DONALD BENJAMIN, g; BRINSLEY FORDE, v/g (* 16. 10. 1953); TONY GAD, v/g; COURTNEY HEMMINGS, key; RAS GEORGE LEVI, b; ANGUS ZEB (* 24. 9. 1959 als Gaye).

In den Anfangstagen dieser Gruppe, die sich 1975 in London formierte, spielten neben den obengenannten Musikern noch Donald Benjamin, git; Courtney Hemmings, key; Ras George Levi, bass. 1976 erhielten sie als die erste britische Reggae-Band einen Vertrag bei Island Records. Die ersten Veröffentlichungen plazierten sich meist nur in den Reggae-Charts, und es folgte ein ständiges Auf und Ab, diverse Wechsel zwischen großen und kleinen Plattenlabels. 1986 wechselte die Band ihr Management und schrumpfte zum Trio. 1988 hatte sie mit dem von Diane Warren und Albert Hammond geschriebenen Song »Don't Turn Around« eine Nummer 1 in den britischen Charts. Der Song wird im Original von Tina Turner gesungen. Fiel Aswad – arabisch für ›schwarz‹ – in den Nichthitparadentagen dadurch auf, daß sie kritische Texte und keine Coverversionen sangen, so nahmen sie nach dem Nummer-1-Hit von 1988 immer häufiger eben genau die auf.

*Don't Turn Around (2/88 GB 1)*
*Shine (6/94 GB 5)*
***Reggae***

**CD-Tip:** *Rise And Shine* Blow Up INT 845.575

## Atlanta Rhythm Section

BARRY BAILEY, g (USA, * 12. 6. 1948 in Decatur/Georgia); JAMES R. COBB, g (USA, * 5. 2. 1944 in Birmingham/Alabama); DEAN DAUGHTRY, key/b (USA, * 8. 9. 1946 in Kinston/Alabama); PAUL GODDARD, b (USA, * 23. 6. 1945 in Rome/Georgia); RONNIE HAMMOND, v (USA, * 10. 11. 1950 in Macon/Georgia); RODNEY JUSTO, v; ROBERT NIX, d (USA, * 8. 11. 1944); ROY YEAGER, d (USA, * 4. 2. 1946 in Greenwood/Mississippi).

1970 trafen sich einige Studiomusiker bei der Aufnahme einer Roy-Orbison-Platte in Georgia und beschlossen, eine eigene Band zu formieren. So entstand aus den Trümmern der Classic IV und ehemaligen Begleitmusikern von Roy Orbison die Atlanta Rhythm Section. Schon nach der ersten Langspielplatte verließ Sänger Rodney Justo die Band und wurde durch Ronnie Hammond, einen ehemaligen Aufnahme-Ingenieur, ersetzt. 1977 schaffte die Band mit »So In To You« einen ersten Top-10-Hit in den USA. Gleiches gelang ein Jahr später mit »Imaginary Lover«. Dann verließ Nix die Band und wurde durch Roy Yeager ersetzt. 1981 erschien mit »Quinella« das letzte Album. Danach hörte man nichts mehr von ihnen. Auf einer 1991 erschienenen Hitcompilation stand zu lesen: ›As the 80s dawned, MTV became the dominant form of pop-music expression; the boys from Doraville, Georgia, were like a country town where the railroad didn't stop anymore.‹

*So In To You (1/77 US 7)*
*Imaginary Lover (3/78 US 7)*
***AOR (Adult Orientated Rock), Rhythm & Blues, Soul***

**CD-Tip:** *The Best Of* Polydor 849 375–2

## Atlantic Starr

CLIFFORD ARCHER, b (USA, * 25. 5. 1951); SHARON BRYANT, v (USA, * 14. 8. 1956 in Westchester County/New York); PORTER CARROLL, v/d (USA, * 24. 4. 1953); KORAN DANIELS, sax (USA, * 18. 6. 1958); DAVID LEWIS, v/g (USA, * 8. 9. 1958 in White Plains/New York); JONATHAN LEWIS, pos (USA, * 5. 12. 1953 in White Plains/New York); WAYNE LEWIS, v/key (USA, * 13. 4. 1957 in White Plains/New York); PORSCHA MARTIN (USA); JOSEPH PHILLIPS, per (USA, * 2. 5. 1949); DAMON RENTIE (USA); WILLIAM SUDDERTH, tr (USA, * 18. 4. 1950); AISHA TANNER, v (USA, * 27. 7. 1973 in Oakland/Kalifornien); BARBARA WEATHERS, v (USA, * 7. 12. 1963 in Greensboro/North Carolina).

Atlantic Starr wurde 1976 in White Plains, New York, mit acht Männern und einer Frau gegründet. Ab 1978 waren sie zuerst in der R&B-Hitparade erfolgreich. 1979 kam für Damon Rentie Koran Daniels. Nachdem sie sich 1984 zu einem Quintett verkleinerten – es blieben die drei Brüder Wayne, David und Jonathan Lewis und Joseph Phillips; Sharon Bryant wurde gegen Barbara Weathers ausgetauscht – erreichten sie auch die Pophitparaden. Mit »Secret Lovers« hatten sie 1985 ihren ersten Top-10-Hit in den USA, mit »Always« im Frühjahr 1987 ihre erste Nummer 1. 1989 stieg Barbara Weathers aus und wurde nun ihrerseits durch Porscha Martin ersetzt. Das Jahr 1992 begann mit einem weiteren großen Erfolg: »Masterpiece«.

*Secret Lovers (12/85 US 3; 3/86 GB 10)*
*Always (3/87 US 1; 6/87 GB 3)*
*Masterpiece (2/92 US 3)*
***Rhythm & Blues, Soul***

## Atomic Rooster

JOHN CANN, v/g (Großbritannien); VINCENT CRANE, org (Großbritannien, * 21. 5. 1943 in Reading/Berkshire, † 1. 2. 1989); JOHN DU CANN, v/g (Großbritannien); CHRIS FARLOWE, v (Großbritannien, * 13. 10. 1940 als John Henry Deighton in London); NICK GRAHAM, b (Großbritannien); PAUL HAMMOND, d (Großbritannien); PRESTON HYMAN, d (Großbritannien); CARL PALMER, d (Großbritannien, * 20. 3. 1947 in Birmingham).

Vincent Crane und Carl Palmer waren es 1969 leid, immer wieder »Fire« mit Crazy World of Arthur Brown zu spielen. Crane hatte diesen Hit geschrieben und war nun der Meinung, er könne sich eine eigene Band leisten. Aber schon 1970 verließ Carl Palmer die Band und wurde Mitbegründer von Emerson, Lake & Palmer. In der Folgezeit wechselten die Musiker in schneller Folge. Einer der Sänger war 1972/73 einer der besten R&B-Sänger Europas, Chris Farlowe. Ihren größten Hit hatten Atomic Rooster mit »The Devil's Answer« Mitte des Jahres 1971. Zu diesem Zeitpunkt war John Cann Gitarrist und Sänger und Paul Hammond der Schlagzeuger. 1974 löste Crane die Gruppe auf. 1979 ließ er sie wiederaufleben, dieses Mal spielten neben ihm John Cann und der Schlagzeuger Preston Hyman. Nach zwei erfolglosen Alben gab Crane sein Projekt endgültig auf. 1983 spielte er mit Dexy's Midnight Runners auf Tour und auf der LP »Don't Stand Me Down«. Nachdem er schon lange an Depressionen litt, nahm er sich im Februar 1989 das Leben.

*The Devil's Answer (7/71 GB 4)*
***Rock***

**CD-Tip:** *Home To Roost* Castle RAWCD 027

## Atwell, Winifred

p (Trinidad, geb. in Tunapuna).
Als Vierjährige bekam die im Jahre 1914 geborene Winifred in ihrer Heimat Trinidad Klavierstunden, mit sechs Jahren spielte sie zum erstenmal öffentlich. Um ihre Musikausbildung zu vervollständigen, ging sie zuerst nach New York, dann nach London. Dort begann sie, ihr Einkommen mit Boogie-Woogie aufzubessern, was ihr einen Plattenvertrag einbrachte. Nach der Einführung der britischen Hitparade im Jahre 1952 gelangen ihr 11 Top-10-Hits. Spitzenreiter wurde sie mit »Let's Have Another Party« im November 1954 und »Poor People Of Paris« im März 1956. Zu ihren Hits gehörte auch Rachmaninovs 18. Variation über ein Thema von Paganini. Das veranlaßte sie, Klassik und Pop in ihrer Musik stärker zu kombinieren. In den 60er Jahren ließ ihr Erfolg nach, und in den 70ern schließlich zog sie nach Australien, wo sie im Februar 1983 in Sydney starb.

*Britannia Rag (1/53 GB 5)*
*Coronation Rag (5/53 GB 5)*
*Flotation Waltz (10/53 GB 10)*
*Let's Have A Party (12/53 GB 2)*
*Rachmaninov's 18th Variation On A Theme By Paganini (The Story Of Three Lovers) (7/54 GB 9)*
*Let's Have Another Party (11/54 GB 1)*
*Let's Have A Ding Dong (11/55 GB 3)*
*Poor People Of Paris (3/56 GB 1)*
*Make It A Party (10/56 GB 7)*
*Let's Have A Ball (12/57 GB 4)*
*Piano Party (11/59 GB 10)*
***Pop***

## Auger, Brian

p/org (Indien, * 18. 7. 1939 in Bihar).
Musikalisch wurde Brian Auger Mitte der 50er Jahre beeinflußt durch Jazzmusiker wie Herbie Hancock und Horace Silver. Anfang der 60er Jahre – bis zu diesem Zeitpunkt hatte er mehr akustisches Piano gespielt – wechselte er zu einer Hammond-B3-Orgel. Damit entwickelte er sein für ihn typisches Spiel, das später als kreativ und improvisationsreich bezeichnet wurde. Mit Steampacket, bei denen Rod Stewart, Long John Baldry oder Julie Driscoll sangen, kam er dem Rhythm & Blues und später dem Rock näher. Nachdem Steampacket auseinandergefallen war, gründete Brian zusammen mit Julie Driscoll, voc, Gary Boyle, g, David Ambrose, b, und Clive Thacker, d, die Formation Trinity. Wie die musikalische Richtung der Band aussehen sollte, wußte man offensichtlich selbst nicht, denn sie spielten abwechselnd in Jazz- und Rock-Clubs. Das änderte sich, als sie im März 1968 mit dem Bob-Dylan-Titel »This Wheel's On Fire« in die Hitparaden kamen. Damit waren sie, ob gewollt oder nicht, in Richtung Flower-power und Hippiekultur festgelegt. Danach erschien »Road To Cairo« des amerikanischen Folksängers David Ackles und schließlich mit »Indian Rope Man« eine Richie-Havens-Komposition. 1969 stieg Julie Driscoll aus und versuchte sich zuerst einmal als Solistin und später bei weiteren Bands. Brian Auger konzentrierte sich wieder mehr auf Rhythm & Blues und gründete dann als seine Begleitband Oblivion Express. Mit dieser Formation erschienen etliche hervorragende Langspielplatten, die jedoch nichts für die Hitparaden waren. Bemerkenswert auch seine neuerliche Zusammenarbeit mit Julie, die inzwischen Keith Tippetts geheiratet hatte, auf der 1978 erschienenen LP »Encore«.

*This Wheel's On Fire (4/68 GB 5)*
***Jazz, Rock***

## Austin, Patti

v (USA, * 10. 8. 1948 in New York City).
Das Patenkind von Quincy Jones trat bereits mit vier Jahren in Harlems Apollo Theater auf. Zu den großen Förderern von Patti zählen Sammy Davis jr. und Dinah Washington. Mit 16 ging sie zusammen mit Harry Belafonte auf Tournee, mit 19 nahm sie unzählige Werbejingles auf. Später sollte sie in New York als eine der meistbeschäftigten Sessionsängerinnen arbeiten, so ist sie auf Platten von Michael Jackson, Billy Joel, Frankie Valli, Roberta Flack, George Benson, Joe Cocker, Steely Dan, Paul Simon und vielen anderen CTI- und CBS-Künstlern zu hören. 1981 sang sie dann auf der LP »The Dude« von Quincy Jones und erhielt nun von ihrem Patenonkel einen Plattenvertrag. Im Duett mit James Ingram hatte sie mit dem Titel »Baby Come To Me« einen Platz 1 in der US-Hitparade und einen Millionseller. Dazu trug sicher bei, daß es sich hierbei um die Titelmelodie der TV-Serie ›General Hospital‹ handelte. In den folgenden Jahren hatte Patti Austin immer mal wieder kleinere Hits. 1988 spielte sie mit in dem Film »Tucker«.

*Baby Come To Me (4/82 US 1)*
***Rhythm & Blues***

**CD-Tip:** *Every Home Should Have One* Qwest 3591–2

## Autry, Gene

v/g/sax (USA, * 29. 9. 1907 in Tioga/Texas).
Dieser auch in den Pophitparaden erfolgreiche Countrystar begann, wie es sich für einen solchen Musiker gehört: als Cowboy. Danach war er Morser für die Frisco Railroad in Oklahoma. In der Fields Brothers Medicine Show spielte er Saxophon, stieg jedoch schnell auf die Gitarre um, weil er sonst nicht singen konnte. In Tulsa sang er 1929 regelmäßig über den ortsansässigen Radiosender. Wenig später nahm Gene Autry seine ersten Platten auf und war mit dem Titel »That Silver Haired Daddy Of Mine« 1931 zum erstenmal erfolgreich. Als dieser Titel 1935 erneut veröffentlicht wurde, mauserte er sich zum Millionseller. Das lag auch sicher daran, daß er ab 1934 regelmäßig in Filmen zu sehen war und schnell zu Hollywoods erstem ›Singing Cowboy‹ wurde. Im Laufe seiner Karriere sollte er in mehr als hundert Filmen mitspielen, hatte eigene Radio- und Fernsehshows, wurde ein erfolgreicher Geschäftsmann mit seiner eigenen Plattenfirma Challenger, kaufte schließlich eigene Radio- und Fernsehstationen und die Baseballmannschaft California Angels. 1947 hatte er mit »Here Comes Santa Claus (Down Santa Claus Lane)« den Weihnachtshit des Jahres und einen weiteren Millionseller. Zwei Jahre später sollte er mit »Rudolph, The Red-Nosed Reindeer« einen US-Weihnachtsklassiker landen, der hinter »White Christmas« die erfolgreichste Platte dieses Genres ist. 1969 wurde er in die Country Music Hall of Fame aufgenommen.

*Here Comes Santa Claus (Down Santa Claus Lane) (12/47 US 9; 12/48 US 8)*
*Rudolph, The Red-Nosed Reindeer (12/49 US 1; 12/50 US 3)*
*Peter Cottontail (4/50 US 5)*
*Frosty The Snowman (12/50 US 7)*
*The Night Before Christmas Song (12/52 US 9)*
***Country***

## Avalon, Frankie

v (USA, * 18. 9. 1939 als Francis Avallone in Philadelphia/Pennsylvania).
Frankie begann seine Karriere 1953 in Atlantic City/New Jersey. Er spielte mit verschiedenen Bands, so z. B. bei Paul Whiteman, und war 1956 Sänger und Trompeter mit Rocco & His Saints. In derselben Band war auch Bobby Rydell zu hören. 1957 spielte Frankie in einem Film mit, der

»Discjockey Jamboree« hieß. Wenig später erschien sein erster Hit »Dede Dinah«. In schneller Folge kamen bis 1962 Hit auf Hit, darunter die US-Spitzenreiter »Venus« und »Why«. Nachdem Frankie Avalon neben Annette in einigen nichtssagenden Filmchen mitgespielt hatte, war er nach 1962 ganz verschwunden. 1978 sang und spielte er neben John Travolta und Olivia Newton-John im Film »Grease« mit. 1987 ging's zusammen mit Annette im Kino wieder »Back To The Beach«.

*Dede Dinah (1/58 US 7)*
*Ginger Bread (7/58 US 9)*
*Just Ask Your Heart (8/58 US 7)*
*Venus (2/59 US 1)*
*Bobby Socks To Stockings (5/59 US 8)*
*A Boy Without A Girl (5/59 US 10)*
*Why (11/59 US 1)*
***Pop***

**CD-Tip:** *Frankie Avalon* Repertoire 4158

## Average White Band

PETE ABBOTT, d; ROGER BALL, key/sax (Großbritannien, * 4. 6. 1944 in Broughty Ferry/Schottland); MALCOLM DUNCAN, sax (Großbritannien, * 24. 8. 1945 in Montrose/Schottland); STEVE FERRONE, d (Großbritannien, * 25. 4. 1950 in Brighton/Sussex); ALAN GORRIE, v/g/key/b (Großbritannien, * 19. 7. 1946 in Perth/Schottland); ELIOT LEWIS, v/g/key/b; ROBBIE MCINTOSH, d (Großbritannien, * 6. 5. 1950 in Dundee/Schottland, † 23. 9. 1974); ONNIE MCINTYRE, v/g (Großbritannien, * 25. 9. 1945 in Lennonxtown/Schottland); HAMISH STUART, v/g (Großbritannien, * 8. 10. 1949 in Glasgow).

Als sich die Gruppe 1972 in Schottland formierte, hatten alle Mitglieder bereits in anderen Bands gespielt. Erste Aufmerksamkeit erzielte die Gruppe, als sie im Januar 1973 Eric Claptons Comeback-Konzert im Rainbow Theatre in London eröffneten. Danach erschien ihre erste LP, die jedoch wenig beeindruckte. Jetzt kürzten sie ihren Namen von Average White Band auf AWB ab. Mit »Pick Up The Pieces« hatten sie Ende des Jahres 1974 eine Nummer 1 in den USA und einen Millionseller. »Cut The Cake«, ihre nächste Single, war ebenfalls ein Top-10-Hit. Im Herbst 1974 starb Robbie McIntosh an einer Drogenvergiftung und wurde durch Steve Ferrone ersetzt. Nach 1975 haben sie weitere Platten veröffentlicht. 1977 erschien die LP »Benny And Us« mit Soulsänger Ben E. King, 1978 bildeten sie die Backup-Band für Chaka Khan, 1982 trennten sie sich, weil sich nach eigener Aussage ihre musikalischen Vorstellungen zu weit auseinanderentwickelt hatten, sofern sie überhaupt noch Ideen hatten. Hamisch Stuah Stuart arbeitete für George Benson, Jeffrey Osborne, die Temptations, Diana Ross und schließlich für Paul McCartney. Duncan spielte mit Eurythmics, wurde dann Sessionmusiker und gründete eine Bläserformation namens Out Of Order, die z. B. bei »Deeply Dippy« von Right Said Fred zu hören ist. Nächste Station war seine Contraband. Gorrie versuchte sich als Solist, arbeitete als Song- und Werbejingleschreiber und startete schließlich mit Ball und McIntyre einen Comebackversuch als AWB. Bevor es dazu kam, war Ball zur Architektur zurückgekehrt und konzentrierte sich da vor allem auf Hochhäuser. Vor der AWB-Reunion hatte McIntyre vor allem für Werbejingles gearbeitet. Steve Ferrone konzentrierte sich auf die Arbeit als Sessionmusiker, u. a. für Eric Clapton. Ende 1996 kam dann mit »Every Beat Of My Heart« eine neue Single und mit »Soul Tattoo« ein neues Album von der AWB. Die Besetzung war Gorrie, Lewis, McIntyre, Ball und Abbott.

*Pick Up The Pieces (12/74 US 1; 2/75 GB 6)*
*Cut The Cake (4/75 US 10)*
***AOR (Adult Orientated Rock), Rhythm & Blues, Soul***

**CD-Tip:** *Pick Up The Pieces – Best Of* Rhino R2 71054

## Avons

ROY ADAMS, v (Großbritannien, geb. in Jersey/Channel Islands); ELAINE MURTAGH, v (Irland, geb. in Country Cork); VALERIE MURTAGH, v (Großbritannien, geb. in Willesden/London).

Die beiden Schwägerinnen Valerie und Elaine sangen Ende der 50er Jahre als Avon Sisters und erhielten 1958 nach einem Auftritt in der BBC Radio Exhibition einen Plattenvertrag. Ihre ersten Veröffentlichungen blieben erfolglos. Dann nahmen sie als männliche Stimme Roy Adams hinzu, nannten sich nun Avons und erzielten mit »Seven Little Girls Sitting In The Back Seat« im November 1959 ihren einzigen Top-10-Erfolg in Großbritannien.

*Seven Little Girls Sitting In The Back Seat (11/59 GB 3)*
***Pop***

## Ayres, Mitchell

vln/bl (USA, * 24. 12. 1910 als Mitchell Agress in Milwaukee/Wisconsin, † 5. 9. 1969).

Mitchell spielte in den 30er Jahren in diversen Bands, bevor er 1940 mit Mitchell Ayres & His Fashions In Music erfolgreich war. Seine ersten Hitnotierungen waren »Row, Row, Row« (3/40 US 15), »Little Girl« (4/40 US 20) und »How High The Moon« (5/40 US 18). Dann folgte der US-Spitzenreiter »Make-Believe Island«. Gesungen wurde er von Mary Ann Mercer. Bis Ende 1942 gelangen ihm weitere Hits. Ende der 40er Jahre begann eine lang anhaltende Zusammenarbeit zwischen ihm und Perry Como. So begleitete Mitchell ihn z. B. auf den Millionsellern »Some Enchanted Evening« und »If« 1951. Als 1955 Perry Comos wöchentliche TV-Show begann, war Mitchell bis Mitte der 60er Jahre dabei. Danach trat er mit seinem Orchester in der Fernsehsendung ›The Hollywood Palace‹ bis zu seinem Tode auf. In Las Vegas wurde er von einem Auto überfahren.

*Make-Believe Island (5/40 US 1)*
*Two Dreams Met (11/40 US 9)*
*I Give You My Word (11/40 US 7)*
***Pop***

## Az Yet

DION ALLEN, v (USA); DARRYL ANTHONY HAWES, v (USA); MARC NELSON, v (USA); SHAWN RIVERA, v (USA); KENNY TERRY, v (USA).

Zusammen mit ihrem Schwiegersohn Kenny Edmonds veranstaltete Jacqueline McQuarn einen Nachwuchswettbewerb. Dabei entdeckten sie Az Yet und Edmonds alias Babyface nahm sie mit auf eine Solotournee durch die USA, um sie dem Publikum vorzustellen. Ursprünglich bestand die Gruppe aus vier Mitgliedern. Marc Nelson, der in den Anfangstagen von Boyz II Men mitmischte, kam als fünfter hinzu. Er ist der Sohn von Phyllis Nelson, die 1985 in GB mit »Move Closer« einen Platz 1 hatte. Edmonds alias Babyface verpaßte den Jungs aus Philadelphia eine Mischung aus Gospel, R & B, HipHop, Jazz und Blues – eben alle Elemente, die in der Regel auch in der schwarzen Musik der 90er Jahre zu finden sind. Das Stück »Last Night« wurde ihr erster Top-10-Hit in den USA, in GB erreichte die Platte Platz 21 im Frühjahr 1997. Geholfen hat da sicher nicht nur Babyface, sondern auch die Tatsache, daß er aus dem Film ›Der verrückte Professor‹ mit Eddie Murphy stammt. Im Februar 1997 erreichten sie die US-Charts mit einer neuen Version des alten Chicago-Hits »Hard To Say I'm Sorry« die Top 10. Peter Cetera sang auf dieser Coverversion ebenfalls mit, was zum Erfolg sicher beigetragen hat.

*Last Night (8/96 US 9)*
*Hard To Say I'm Sorry (2/97 US 8; 6/97 GB 7)*
***HipHop, Rhythm & Blues***

## Aznavour, Charles

v (Frankreich, * 22. 5. 1924 als Shahnour Varenagh Aznavourian in Paris).

Charles zählt zum Kreise derer, die durch Edith Piaf gefördert wurden. Zu seinen großen Hits in Frankreich gehören »Viens Au Creux De Mon Epaule« (1954), »Sur Ma Vie« (1955), »On Ne Sait Jamais« (1956), »Sa Jeunesse (Hier Encore)« (1957), »Je Ne Peux Pas Rentrer Chez Moi« (1959), »Tu Te Laisse Aller« (1960), »Je M'Voyais Déjà« (1961), »La Mama« (1963), »La Bohème« (1966), »Désormais« (1969), »Mourir D'Aimer« (1971) und »Comme Ils Disent« (1973). Außerhalb von Frankreich war er vor allem mit »Du läßt dich gehn« und »She« erfolgreich. »She« war im Juni 1974 sogar eine Nummer 1 in GB. Als Filmschauspieler beeindruckte er mit der Hauptrolle in »Schießen Sie auf den Pianisten« (1959). Seinen Erfolg kommentiert Aznavour, der sich nach wie vor als Armenier und nicht als Franzose betrachtet (seine Eltern waren vor seiner Geburt nach Frankreich geflohen), so: ›Ich war klein und bedeutungslos, also mußte ich reich und berühmt werden.‹

*She (6/74 GB 1)*
***Chanson***

**CD-Tip:** *Sur Ma Vie* EMI 251 560 2

## Aztec Camera

Roddy Frame, v/g (Großbritannien, * 29. 1. 1964 in East Kilbride/Schottland).

Obwohl Aztec Camera als eine Gruppe bezeichnet werden muß, war es doch immer der kreative Kopf, Songschreiber, Sänger und Gitarrist Roddy Frame, der für diese Formation stand. 1980 gegründet, spielte der Schotte Roddy, der sich als Fan von Neil Young bezeichnet, mit immer wechselnden Musikern. Auf Plattenhüllen ist meist er alleine abgebildet. Anfang der 80er machte Roddy eine Musik, die heute in den 90ern und ›Unplugged‹-Jahren hochaktuell ist: akustische Musik ohne aufwendige Produktionen. In der Hochzeit der Synthesizer handelte er sich mit diesem Stil jedoch den Vorwurf ein, nur die 60er Jahre aufleben zu lassen. Für sein zweites Album »Knife« gewann er als Produzenten Dire-Straits-Chef Mark Knopfler. Unter die Top 10 kam er im April 1988 mit seinem bisher größten Erfolg »Somewhere In My Heart«.

*Somewhere In My Heart (4/88 GB 3)*
***Pop, Rock***

**CD-Tip:** *Love* WEA 242 202 2

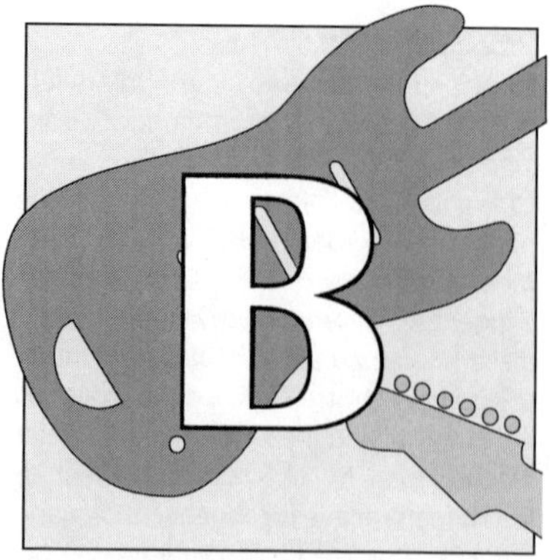


## B'witched

LINDSAY ARMAOU, v/g (Irland); EDELE LYNCH, v (Irland); KEAVY LYNCH, v/g (Irland); SINEAD O'CAROLL, v/key (Irland).

Der Titel »C'est La Vie« stieg am 6. 6. 1998 gleich auf Platz 1 in die britischen Charts ein. Es handelte sich bei B'witched um ein Mädchenquartett, das als die »jüngste Girlgroup aller Zeiten« gehandelt wurde, die den Spitzenplatz in GB auf Anhieb belegte. Lindsay war zum Zeitpunkt des Hits 17 Jahre alt, die Zwillinge Edele und Keavy 18 und Sinead 20. Der Bruder der Zwillinge, Shane Lynch, ist Mitglied der Gruppe Boyzone. Edele und Keavy versuchten einen ersten Sturm auf die Hitparaden im Jahre 1997 mit der Gruppe Sassy.

*C'est La Vie (6/98 GB 1)*
***Pop***

## B-52's

KATE PIERSON, v/org (USA, * 27. 4. 1948 in Weehawken/New Jersey); FRED SCHNEIDER, v/key (USA, * 1. 7. 1951 in Newark/Georgia); KEITH STRICKLAND, d (USA, * 26. 10. 1953 in Athens/Georgia); CINDY WILSON, v/g (USA, * 28. 2. 1957 in Athens/Georgia); RICKY WILSON, g (USA, * 19. 3. 1953 in Athens/Georgia, † 12. 10. 1985).

Der Gruppenname dieser im Oktober 1976 in Athens/Georgia zusammengekommenen Band leitet sich ab von einem Südstaatenspitznamen für die hochtoupierten und dann mittels Haarspray in Form gehaltenen Bienenkorbfrisuren. Cindy und Kate, die beiden weiblichen Mitglieder der Band, demonstrierten das anschaulich. Mitte 1979 erschien die erste LP, und darauf war auch der erste Erfolg »Rock Lobster«. Dieses Stück war vorher als Privatpressung in einer Auflage von 2000 Stück gepreßt worden. Chris Blackwell von Island Records hörte es und nahm die Gruppe daraufhin unter Vertrag. B-52's brachten eine gelungene Mischung aus frühem Rock 'n' Roll, Punk und Funk, die speziell bei den amerikanischen Studenten und den New-Wave-Fans ankam. Nach dem Tode von Cindys Bruder Ricky 1985 wurde es eine Zeitlang still um die Band. Im September 1989 hatten sie mit »Love Shack« wieder einen Top-10-Hit in den USA und in GB. 1991 stieg Cindy Wilson aus. Der Rest machte als Trio – für eine Tournee stieg Julee Cruise ein – weiter und veröffentlichte im Juni 1992 »Good Stuff«. 1994 machten sie als BC-52's den Song »(Meet) The Flintstones« aus dem Film über die wohl prominenteste Steinzeitfamilie. Da diese ja bekanntlich vor Christus lebten, mußte ja aus B auch BC (Before Christ) werden. Mitte 1998 erschien das Album »Time Capsule: Songs For A Future Generation«. Darauf eine Ansammlung ihrer größten Hits – aber auch zwei neue Songs, bei denen neben Kate auch wieder Cindy Wilson sang.

*Love Shack (9/89 US 3; 3/90 GB 2)*
*Roam (12/89 US 3)*
*(Meet) The Flintstones (7/94 GB 3, D 9)*
***New Wave, Rock***

**CD-Tip:** *The Best Of – Dance This Mess Around*
Island 260 803

## B-Rock & The Bizz

LEVIRT AGGE, rap (USA); B-ROCK, rap (USA als Baron Agee); T.BIRD, rap (USA als Thaddeus Maye).

Das Trio aus Atlanta hatte mit »My Baby Daddy« seinen ersten Hit – Chef B-Rock war angeblich als Produzent von »Whoomp! There It Is« schon erfolgreich. Der Text von »My Baby Daddy« handelt von unverheirateten Eltern und den Vätern, die sich wenig um ihre Kinder kümmern. Im Song zu hören ein Sample von »Best Of My Love« von der Gruppe Emotions. Als Unterstützung für das Trio singt Kitty Thomas mit. B-Rock & The Bizz wurden in den USA des Jahres 1997 als Trendsetter gehandelt: BASS wird die Musik bezeichnet, die sie fabrizieren.

*My Baby Daddy (4/97 US 10)*
***Rap, Rhythm & Blues***

## B. Bumble & The Stingers

ERNIE FREEMAN, p/bl (USA, * 16. 8. 1922 in Cleveland/Ohio, † 16. 5. 1981); RENE HALL (USA); AL HASSAN (USA); PLAS JOHNSON (USA); EARL PALMER (USA).

Sessionmusiker aus Los Angeles – dazu gehörten Plas Johnson, Rene Hall, Earl Palmer und Al Hassan – nahmen zusammen mit dem Pianisten Ernie Freeman Anfang 1961 eine Adaption von Rimski-Korsakows »Hummelflug« als »Bumble Boogie« auf. Die Platte erreichte Platz 21 in den USA. Einen richtigen Knüller landeten sie mit einem anderen Pianisten, als sie ein Jahr später Tschaikowskis »Nußknacker« zum »Nut Rocker« verknackten. Die Platte gefiel speziell den Briten so sehr, daß sie dort im Sommer 1962 Spitzenreiter in der Hitparade wurde. Eine Wiederveröffentlichung zehn Jahre später brachte es immerhin noch unter die ersten 20. Auf Tournee als B. Bumble ging ein gewisser R. C. Gamble mit ganz anderen Musikern.

*Nut Rocker (4/62 GB 1)*
***Instrumental, Rock***

## B., Jon

v (USA als Jonathan Buck, geb. in Rhode Island).

Erstmals tauchte Jon mit dem Top-10-Hit »Someone To Love«, auf dem Babyface als Gast zu hören war, in den Charts auf. Zu jenem Zeitpunkt war der Sohn eines Musikprofessors und einer Konzertpianistin gerade 19 Jahre alt. Jon wurde zwar in Rhode Island geboren, wuchs jedoch in Kalifornien auf. Er erhielt eine solide musikalische Ausbildung an Keyboards, Gitarre, Baß und Schlagzeug. Auch als Songschreiber war er schon recht früh erfolgreich und schrieb Hits für Toni Braxton, Az Yet, After Seven oder Color Me Badd. Das Stück »Someone To Love« stammte aus dem Film »Bad Boys«. Nachfolgehit wurde »Pretty Girl« (9/95 US 25). Im Januar 1998 stieg er mit »Are U Still Down« auf Platz 29 der amerikanischen Hitparade ein. Der Titel konnte jedoch keine Plätze mehr gut machen und stieg langsam, aber sicher ab. Nachdem der Titel sechzehn Wochen in der US-Hitparade war und immer um die Position 50 gestanden hatte, wurde ab dem 23. Mai nicht mehr »Are U Still Down«, sondern »They Don't Know« als A-Seite genannt. Daraufhin kletterte das Stück kontinuierlich wieder nach oben, bis es schließlich nach 21 Wochen die Top 10 erreicht hatte.

Das erste Album von Jon hieß »Bonafide« (6/95 US-LP 79). Es folgte »Cool Relax« (10/97 US-LP 33).

*Someone To Love (4/95 US 10)*
*They Don't Know (1/98 US 7)*
***Pop***

## B., Stevie

v (USA als Steven Bernard Hill, geb. in Miami).

Stevie begann seine Karriere in der High-School-Band L.U.V. – Love, Unity, Virtue. Ab Mitte der 70er Jahre kümmert er sich mehr um Produktionen und schreibt für andere Songs, die er auf seinem eigenen Plattenlabel Midtown veröffentlicht. Darauf erscheint auch seine erste Platte »Standing Out For Love«, die sich mäßig verkauft. Nebenher eröffnet er den Nachtclub ›Bump‹, promotet Shows und Konzerte in ganz Florida. 1986 baut er sich ein eigenes Tonstudio und holt sich Künstler von der Straße. Darunter sind auch die Jungs, die als B.V.S.M.P. Hits haben sollten. 1987 nimmt die New Yorker Plattenfirma LMR Stevie unter Vertrag, nachdem sie seinen Titel »Party Your Body« gehört haben. Ein Jahr später taucht die erste Platte von Stevie B. in der US-Hitparade auf. Ende 1990 gelingt ihm mit der Nummer »Because I Love You (The Postman Song)« ein Platz 1 in den USA, in GB und in Deutschland wird die Platte Top 10. 1992 erschien die LP »Healing« – mit Singlehits wurde es für Stevie B. schon schwieriger.

*Because I Love You (The Postman Song) (10/90 US 1; 1/91 GB 6, D 9)*
***Disco, Rhythm & Blues***

**CD-Tip:** *Healing* Epic 472 132 2

## B.B.E.

BRUNO QUARTIER; BRUNO SANCHIONO; EMMANUEL TOP (Frankreich, geb. in Lille).

Das Kürzel B.B.E. steht für die drei Vornamen der Tüftler, die in der zweiten Hälfte des Jahres 1996 das Verlangen der Plattenkäufer nach Instrumentalmusik befriedigten. Musikalisch ähnlich gelagert wie Robert Miles, schafften es Bruno, Bruno und Emmanuel mit der Nummer »Seven Days And One Week« sowohl in Deutschland als auch in GB in die Charts. Emmanuel wurde 1971 in Lille, Frankreich, geboren. Ende der 80er Jahre ging er nach Belgien und traf dort auf Bruno Sanchioni, mit dem er 1991 das in der Technoszene bekannte Label Attak Records gründete. Künstler wie Brainwave, Plexus oder Age Of Love waren dort unter Vertrag. Zu den beiden stieß Bruno Quartier, der ihnen 20 selbstgeschriebene Demos vorspielte. Darunter die Nummer »Seven Days And One Week«, die schließlich zum ersten Hit der drei wurde. Zuerst war der Titel die Hymne aller Ibiza-Fans, dann in ganz Spanien und in Frankreich und schließlich in Deutschland und GB. Der Titel des Stückes soll sich angeblich auf die Zeit beziehen, die sie gebraucht haben, um die Nummer fertigzustellen – das scheint mir ein wenig lang zu sein für solch ein dürftiges Nümmerchen. Nachfolger »Flash« brachte es im März 1997 zum nächsten Top-10-Hit. Diese Platte machte dann aber auch deutlicher, daß Emmanuel Top der musikalische Kopf der Formation war. Ihr Video zum Hit wurde in GB von einigen TV-Stationen nicht gesendet, weil darin eine Szene enthalten ist, die den Handel mit Drogen zeigt. MTV war das wurscht und sendete. Nicht in die Top 10 kamen »Desire« (2/98 GB 19) und »Deeper Love (Symphonic Paradise)« (5/98 GB 19).

*Seven Days And One Week (7/96 D 3; 8/96 CH 8; 10/96 GB 3)*
*Flash (3/97 GB 5)*
***House, Trance***

## B.T. Express

MICHAEL JONES, org (USA, * 26. 12. 1950); BARBARA JOYCE LOMAS, v (USA, * 19. 5. 1952); LESLIE MING, d (USA, * 17. 11. 1951); LOUIS RISBROOK, b (USA, * 27. 6. 1953); WILLIAM RISBROOK, sax/fl (USA, * 14. 1. 1951); DENNIS ROWE, per (USA, * 23. 10. 1949); RICHARD THOMPSON, g (USA, * 6. 1. 1951); CARLOS WARD, sax (USA, * 1. 5. 1947); OLANDO »TERRELL« WOODS, d (USA).

1972 nannte sich die New Yorker Formation zunächst King Davis House Rockers, dann Madison Street Express und schließlich B.T. Express – B.T. steht für Brooklyn Trucking. Als in der ersten Hälfte der 70er Jahre Discomusik eine schöne Portion Funk benötigte, um beim Publikum anzukommen, war die Hochzeit von B.T. Express. Mit »Do It ('Til You're Satisfied)« im September 1974 und »Express« im Januar 1975 hatten sie zwei Top-10-Hits und Millionseller. Nach 1976 war der Express wieder abgefahren.

*Do It ('Til You're Satasfied) (9/74 US 2)*
*Express (1/75 US 4)*
***Disco, Rhythm & Blues***

## B.V.S.M.P.

FREDERICK EUGENE BYRD, v (USA, * 15. 9. 1971); PERCY NATHAN RODGERS, v (USA, * 9. 2. 1970); CALVIN WILLIAMS, v (USA, * 7. 9. 1966).

B.V.S.M.P. ist die Abkürzung für ›Baby Virgo And The Simple Mind Persuaders‹. Die drei Discointerpreten gehörten zum Stamm der Musiker, die Stevie B. 1987 in Florida von der Straße in sein Tonstudio holte. In ihrer Heimat USA konnten sie in den Pophitparaden keinen Fuß fassen. Ein amerikanischer Discjockey, der einige Wochen bei Freunden in Kassel zu Besuch war, brachte eine US-Pressung von »I Need You« mit. Aus Spaß legte er an einigen Abenden in der Woche in einer großen Discothek Platten auf, darunter auch die von B.V.S.M.P. Der Titel kam so gut an, daß schon am nächsten Tag eine große Nachfrage in den Kasseler Plattengeschäften entstand. Zuerst wurde die Platte über Import besorgt, dann erschien sie offiziell, kam im Januar 1988 in die deutsche Hitparade und erreichte Platz 3. Ein halbes Jahr später wurde dieselbe Position in GB erreicht. Mit »Be Gentle« und »Anytime« erreichten sie zwei weitere Hits in Deutschland. Danach waren sie wieder vergessen. Alle drei Hits hatten sie sich selbst geschrieben.

*I Need You (1/88 D 3; 7/88 GB 3)*
***Disco***

## Babs, Alice

v (Schweden, * 26. 1. 1924 als Alice Sjöblom geb. Nilsson in Stockholm).

Schon in den 40er Jahren war Alice in ihrer Heimat Schweden eine erfolgreiche Sängerin. International wurde sie 1949 bekannt, als sie bei der Paris Jazz Fair auftrat. In den folgenden Jahren sang sie mal Jazz, mal Klassik, mal Pop – meist mit Ulrik Neumann und Svend Assmussen. In Deutschland wurde sie als Schlagersängerin gehandelt, hier hatte sie Erfolg mit »Ein Mann muß nicht immer schön sein«, »Twiedle Die«, im November 1955 ein Platz 6, und »Nur du, du, du allein«. Zu ihren großen persönlichen Erfolgen wird sie wohl die Platte »Serenade To Sweden« zählen, die sie 1963 mit Duke Ellington aufgenommen hat. Er sagte über sie: ›Alice Babs ist der Traum eines jeden Komponisten, denn bei ihr kann er alle Grenzen vergessen und auf Teufel komm raus schreiben.‹ In den 80er Jahren setzte sie sich in Spanien zur Ruhe.

*Twiedle Die (11/55 D 6)*
***Deutscher Schlager***

## Baby Bird

HUW CHADBOURN, key (Großbritannien); ROB GREGORY, d (Großbritannien); STEPHEN JONES, v (Großbritannien); JOHN PEDDER, b (Großbritannien); LUKE SCOTT, g (Großbritannien).

Der erste Hit von Baby Bird gelang 1996 mit der Nummer »Goodnight« (8/96 GB 28). Mastermind dieses Projekts ist Stephen Jones, der zu Hause in seinem Schlafzimmer ab Mitte 1995 unzählige Stücke produzierte. Er gründete sein eigenes Plattenlabel und veröffentlichte hintereinander innerhalb von sechs Monaten vier Alben, auf denen nur seine Kompositionen zu hören waren, die er im Alleingang produziert hatte. Aus diesen Platten stellte er schließlich im Oktober 1996 das Album »Ugly Beautiful« (11/96 GB-LP 9) zusammen. Im August desselben Jahres war seine erste Single »Goodnight« bis auf Platz 28 in den GB-Charts gesprungen. »You're Gorgeous« wurde schließlich sein erster Top-10-Hit. Ab 1997 schrieb er den Gruppennamen in einem Wort. Die weiteren Hits von Babybird: »Candy Girl« (2/97 GB 14), »Cornershop« (5/97 GB 37) und »Bad Old Man« (5/98 GB 31). Für den August 1998 wurde mit »There's Something Going On« ein neues Album angekündigt.

*You're Gorgeous (10/96 GB 3)*
***Pop***

## Baby D

BABY D, v (Großbritannien als Dorothy Fearon); DICE, key (Großbritannien als Claudio Galdez); MC NINO, key (Großbritannien).
Bereits 1992 erschien die Nummer »Let Me Be Your Fantasy« des Londoner Trios in GB. Damals stand sie auf Platz 1 der Dance-Charts. Als sie Ende 1994 erneut veröffentlicht wurde, stieg sie direkt auf Platz 3 ein und erreichte eine Woche später die Spitze. Mitbesitzer der Plattenfirma, bei der Baby D ihre Aufnahmen veröffentlichen, ist Phil Fearon, einst mit der Gruppe Galaxy erfolgreich und inzwischen der Ehemann von Sängerin Dee Galdez alias Dorothy. Ihr Bruder Claudio Galdez spielt im Trio als Dice die Keyboards. Die ersten Hits von Baby D in den Charts waren 1993 »Destiny« und 1994 »Casanova«. Von den Hörern des britischen Senders Kiss 100FM wurde »Let Me Be Your Fantasy« zur beliebtesten Dance-Platte aller Zeiten gewählt. Mitte 1995 erschien als nächster Top-10-Hit die Nummer »(Everybody's Got To Learn Sometimes) I Need Your Loving«. Es handelte sich dabei um eine Coverversion des Hits »Everybody's Got To Learn Sometimes« des Duos Korgis, das mit seiner Version 1980 erfolgreich war. Das Jahr 1996 begann für Baby D wieder ausgesprochen gut. »So Pure« stieg in die GB-Charts auf Platz 3 ein. Der Nachfolger »Take Me To Heaven« erreichte im April Platz 15.

*Let Me Be Your Fantasy (11/94 GB 1)*
*(Everybody's Got To Learn Sometime) I Need Your Loving (6/95 GB 3)*
*So Pure (1/96 GB 3)*
***House***

## Baby Jail

Die Gruppe formierte sich Mitte der 80er Jahre. In der Hauptsache waren es die Sängerin Bice Aeberli und der Sänger Boni Koller, die Baby Jail vorantrieben. Neben ihnen spielte eine Reihe von Musikern, die die Formation teilweise zum Quintett, meist jedoch zum Quartett aufstockten. Ihre erste EP erschien im Februar 1987. Im Winter 1988 entstand die Mini-LP »Oma kochte Enkelkinder – denn sie wollten Sex«. Die Songs von Baby Jail brachten Attacken gegen Nationalismus, aber auch Alltagsliebesdramen. 1994 trennte sich die Gruppe wieder, was in der Schweiz allgemein bedauert wurde.

*Tubel Trophy (8/92 CH 7)*
***Pop***

## Babyface

BABYFACE, v/g/syn (USA, * 10. 4. 1959 als Kenneth Edmonds in Indianapolis).
Babyface begann seine Karriere 1977 bei Manchild. Danach war er als Gitarrist und Keyboarder für den Sound der Gruppe

Deele erfolgreich verantwortlich. Mit »Two Occasions« hatte diese Band 1988 einen Top-10-Hit in den USA. In derselben Formation spielte auch L.A. Reid. 1989 heiratete Reid die Sängerin Pebbles, Deele fiel auseinander, und Babyface begann eine Solokarriere. Reid und Babyface bildeten nun in der R&B-Szene ein sehr erfolgreiches Songschreiber- und Produktionsteam. Singles der Jacksons, von Karyn White, Bobby Brown, Paula Abdul, Sheena Easton, Whitney Houston, Boyz II Men, Mariah Carey, Madonna, Eric Clapton, Tony Braxton, Celine Dion und vielen anderen mehr wurden von diesen beiden betreut. Mit »It's No Crime« hatte Babyface im Herbst 1989 seinen ersten Top-10-Hit in den USA, 1990 einen weiteren mit »Whip Appeal«. 1992 erhielt er einen Grammy als Produzent des Jahres, einen weiteren für den besten R&B-Song des Jahres: »End Of The Road«. 1994 wurde er wieder mit zwei Grammys bedacht: Produzent des Jahres und Album des Jahres: »Bodyguard«. 1995 erhielt er für sein Lied »I'll Make Love To You« einen Grammy als Best R&B Song und für »When Can I See You« einen in der Kategorie Best Male Rhythm & Blues Vocal Performance. 1996 rechnete seine Plattenfirma zusammen: 16 Nummer-1-Hits in den USA hatte er inzwischen geschrieben – dazu kommen 32 Top-10-Hits. Als Autor bzw. Produzent verkaufte er mehr als 26 Millionen Singles sowie 72 Millionen Alben. Aber auch als Interpret war Babyface weiter erfolgreich. 1995 war er als Gast auf dem Titel »Someone To Love« von Jon B. zu hören. 1996 erschien das Album »The Day«, auf der als Gastsänger L.L.Cool J und Jody Watley mitwirkten. Die erste Singleauskopplung »This Is For The Lover In You«, im Original ein Stück der Gruppe Shalamar aus dem Jahre 1981, erreichte Ende 1996 in den USA die Top 10, in GB Platz 12. Nachfolger »Every Time I Close My Eyes« war wieder Top 10 in den USA und Platz 13 in GB. Die ganze Familie scheint musikalisch zu sein: Seine Brüder Kevon und Edmonds waren mit der Gruppe After 7 erfolgreich. Eine weitere Bestätigung für Babyface als Produzent erlebte er bei der Grammy-Verleihung 1997. Er erhielt einen Preis als bester Produzent für »Change The World« mit Eric Clapton und als bester Songschreiber einer R&B-Komposition, nämlich für »Exhale (Shoop Shoop)«. Zusammen mit Stevie Wonder gelang Babyface Mitte 1997 der Hit »How Come, How Long« (7/97 GB 10, D 17) und mit Jay-Z und Foxy Brown »Sunshine« (10/97 GB 25, D 18). Und als hätte er nicht genug zu tun: Zusammen mit seinen Brüdern und Jodeci firmierte er im Projekt Milestone und hatte den Hit »I Care 'Bout You« (8/97 US 23). Der Song stammte aus dem Film »Soul Food«.

*It's No Crime (8/89 US 7)*
*Whip Appeal (2/90 US 6)*
*When Can I See You (6/94 US 4)*
*This Is For The Lover In You (10/96 US 6)*
*Everytime I Close My Eyes (2/97 US 6)*
*How Come, How Long (7/97 GB 10; 8/97 CH 10)*
***Rhythm & Blues, Soft Soul***

**CD-Tip:** *Tender Lover* Solar Int. 846.020

## Babylon Zoo

JAS MANN, v/g (Großbritannien, geb. in Wolverhampton).

Mitte 1994 kam die Nummer »Inside« von Stiltskin bis auf Platz 1 der britischen Charts – geholfen hatte die Werbung für die Jeansmarke Levis. Danach hörte man von dieser Gruppe nichts mehr. Knapp zwei Jahre später wurde erneut ein Hosenhit Nummer 1 in GB – und sogar in Deutschland: Babylon Zoo mit »Spaceman«. Der TV-Spot war futuristisch angelegt und die Musik paßte gut dazu – ob es für weitere Hits reicht? Jedenfalls erntet Jas Mann, der hinter diesem Projekt steht, reichlich Lob für seine Musik. Die britische

Presse feiert ihn als neuen kommenden Star. »Animal Army« erreicht als Nachfolgesingle Platz 17 in GB, dann erscheint im Oktober »The Boy With The X-Ray Eyes«, ein Platz 32. Jas Mann, 1996 24 Jahre alt, mangelt es nicht an Einschätzung seiner Person: ›Babylon Zoo wird die erfolgreichste Gruppe in der Geschichte der Musik werden, das glaube ich ehrlich.‹ Time will tell!

*Spaceman (1/96 D 1, GB 1; 2/96 CH 2)*
***Rock***

**CD-Tip:** *The Boy With The X-Ray Eyes* EMI 7243 8 37204 2

## Baccara

MAYTE MATHEOS, v (Spanien, * 7. 3. 1951); MARIA MENDIOLA, v (Spanien, * 4. 5. 1952).

Im Januar 1977 traten diese beiden Tänzerinnen in der Ferienhochburg Tres Islas auf der Insel Fuerteventura auf. Sie hatten vorher beim Fernsehballett in Madrid die Beine geschwungen. Zwei Mitarbeiter der RCA aus Hamburg – da sieht man mal wieder, was Urlaubsstimmung und spanischer Wein anrichten können – versprachen den beiden Mädchen eine Plattenkarriere in Deutschland und wollten sie für Probeaufnahmen verpflichten. In diesem Fall wurde wirklich was draus. Im März 1977 kamen die beiden nach Hamburg und nahmen einen vom ehemaligen Rattles-Musiker Frank Dostal geschriebenen Text auf, der glaubwürdig versicherte: »Yes Sir, I Can Boogie«. Die Platte wurde ein Spitzenreiter in Deutschland und England und ein Millionseller. Zwei Monate später hatten sie erneut einen Platz 1 in Deutschland und einen Top-10-Hit in GB mit »Sorry, I'm A Lady«. Ende 1978 erreichten sie mit »The Devil Sent You To Lorado« ein letztes Mal die Top 10. Im selben Jahr vertraten sie Luxemburg beim Grand Prix Eurovision mit der Nummer »Parlez-Vous Français« und wurden Siebte. Mit dem Ausklang der 70er Jahre waren sie wieder verschwunden. Maria Mendiola versuchte es 1989 mit einer neuen Partnerin, Marissa Perez, als New Baccara – ohne Erfolg.

*Yes Sir, I Can Boogie (6/77 CH 1, D 1; 9/77 GB 1)*
*Sorry, I'm A Lady (8/77 D 1; 9/77 CH 2; 1/78 GB 8)*
*Darling (1/78 D 6; 2/78 CH 9)*
*The Devil Sent You To Lorado (11/78 D 4; 12/78 CH 5)*
***Disco, Grand Prix***

## Bacharach, Burt

p (USA, * 12. 5. 1928 in Kansas City/Missouri).

Dieser Songschreiber der Extraklasse begann seine Karriere als Pianist auf US-Basen während des Koreakrieges. Danach begleitete er US-Künstler auf deren Tourneen durch die USA – darunter war u. a. Vic Damone, der ihn feuerte. Ab Ende der 50er Jahre bildete er zusammen mit Hal David ein Songschreiberduo, das die meisten frühen Hits für Dionne Warwick schrieb. Bereits 1958 hatte Marty Robbins einen Hit mit der Bacharach/David-Nummer »The Story Of My Life«. Auch Perry Como (»Magic Moments«), Gene McDaniels und Frankie Vaughan (»Tower Of Strength«), Gene Pitney (»The Man Who Shot Liberty Valance« und »Twenty Four Hours From Tulsa«), Tom Jones (»What's New Pussycat?«), B.J. Thomas (»Raindrops Keep Fallin' On My Head«) oder Herb Alpert (»This Guy's In Love With You«) und viele andere profitierten vom Songschreibertalent der beiden. Im Mai 1965 stand Burt selbst einmal unter den ersten 10 einer internationalen Hitparade. In GB schaffte es seine Version von »Trains And Boats And Planes« bis auf Platz 4 in den Charts. Zum selben Zeitpunkt erreichte auch eine Version von Billy J. Kramer die britische Hitparade – aber lediglich Platz 12. In den USA galt Burt auch als Sex-Symbol. Nach einer dreijährigen Ehe mit der Sägerin Paula Stewart heiratete er die Schauspielerin Angie Dickinson. 1977 wurde er von ihr geschieden und heiratete fünf Jahre später Carole Bayer Sager. Mit ihr schrieb er in den 80er Jahren etliche Hits, darunter die Nummer »On My Own« und die Musik für den Film ›Arthur‹, für die sie einen Oscar erhielten. 1991 wurden sie wieder geschieden.

*Trains And Boats And Planes (5/65 GB 4)*
***Instrumental, Pop***

## Bachelors

CONLETH CLUSKY, v/mo (Irland, * 18. 11. 1941 in Dublin); DECLANE CLUSKY, v/mo (Irland, * 12. 12. 1942 in Dublin); SEAN JAMES STOKES, v/mo (Irland, * 13. 8. 1940 in Dublin).

Das aus Dublin stammende Trio nannte sich Ende der 50er Jahre Harmony Chords und spielte vorwiegend Folkmusik. Die drei begleiteten sich selbst auf Mundharmonikas. 1961 traten sie in Schottland auf und wurden dort von einem Unternehmer entdeckt, der sie dem Decca-A&R-Mann Dick Rowe vorstellte. Rowe zögerte zunächst, machte dann aber doch einen Vertrag mit den Jungs und benannte sie in Bachelors um. Rowe war es auch, der sie davon überzeugte, Oldies wie »Charmaine«, »Diane« oder »Ramona« wieder aus der Versenkung zu holen und neu aufzunehmen. Ab 1963 bis Mitte 1967 lief es gut für die Bachelors, dann machten sie ihre eigenen Konkurrenten groß. Ihr letzter Top-10-Erfolg war eine Version des Simon-&-Garfunkel-Hits »The Sound Of Silence«. Er kam am 17. 3. 1966 in die GB-Charts – und Simon & Garfunkel dadurch zu unverhoffter Promotion. Eine Woche später, am 24. 3. 1966, hatten sie »Homeward Bound« in den Charts und ab diesem Zeitpunkt Erfolg. So verhalfen die Bachelors Simon & Garfunkel zum Erfolg – und manövrierten sich selbst ins Aus.

*Charmaine (1/63 GB 6)*
*Diane (1/64 GB 1; 4/64 US 10)*
*I Believe (3/64 GB 2)*
*Ramona (6/64 GB 4)*
*I Wouldn't Trade You For The World (8/64 GB 4)*
*No Arms Can Ever Hold You (12/64 GB 7)*
*Marie (6/65 GB 9)*
*The Sound Of Silence (3/66 GB 3)*
***Soft Pop***

## Bachman-Turner Overdrive

CHAD ALLAN, v/g (Kanada als Allan Kobel); RANDY BACHMAN, v/g (Kanada, * 27. 9. 1943 in Winnipeg/Manitoba); ROBBIE BACHMAN, d (Kanada, * 18. 2. 1953 in Winnipeg/Manitoba); TIM BACHMAN, g (Kanada, geb. in Winnipeg/Manitoba); BLAIR THORNTON, g (Kanada, * 23. 7. 1950 in Vancouver); C.F. »FRED« TURNER, v/b (Kanada, * 16. 10. 1943 in Winnipeg).

Randy war in den 60er Jahren Mitglied der sehr erfolgreichen kanadischen Formation Guess Who. 1969 stieg er aus, machte erst eine Solo-LP und gründete dann zusammen mit seinem Bruder Robbie und den anderen obengenannten Musikern Brave Belt. Diese Band nahm 1971/72 zwei erfolglose Alben auf, woraufhin sich Chad Allan verabschiedete. Für ihn kam mit Tim Bachman ein weiterer Bruder hinzu, und jetzt erfolgte die Namensänderung in Bachman-Turner Overdrive – den ›Overdrive‹ entlieh man einem Truckermagazin. Musikalisch bewegte sich die Band auf Hard-Rock-Pfaden – 24 Plattenfirmen lehnten Demobänder ab, bis endlich eine Zusage kam. 1973 erscheint die erste LP als B.T.O. und hinterläßt wieder wenig Eindruck. Jetzt geht Tim Bachman, für ihn kommt Blair Thornton zu B.T.O. – und damit der Erfolg. Die Single »Takin'

Care Of Business« geht in die Hitparaden, dann erscheint mit »You Ain't Seen Nothing Yet« ein Millionseller, der Nummer 1 in den US-Charts wird. Von nun an geht's bergab. Nach ein paar weiteren Hits trennt sich Randy 1977 von B.T.O., die jetzt endgültig in die Bedeutungslosigkeit fallen. 1984 wollen Randy, Tim und C.F. erneut auf die Überholspur – der Overdrive stotterte nur müde und soff ab.

*You Ain't Seen Nothing Yet (9/74 US 1; 11/74 D 1, GB 2; 2/75 CH 5)*
*Hey You (6/75 D 9)*
***Hard Rock***

**CD-Tip:** *Greatest* Mercury 830 039–2

## Backstreet Boys

NICHOLAS GENE CARTER, v (USA, * 28. 1. 1980 in Jamestown/New York); HOWARD DWAINE DOROUGH, v (USA, * 22. 8. 1973 in Orlando/Florida); BRIAN THOMAS LITTRELL, v (USA, * 20. 2. 1975 in Lexington/Kentucky); ALEXANDER JAMES MCLEAN, v (USA, * 9. 1. 1978 in West Palm Beach/Florida); KEVIN SCOTT RICHARDSON, v (USA, * 3. 10. 1971 in Lexington/Kentucky).

Wöchentliche Berichterstattung darüber, wie es den Jungs gerade geht, fand man in der Teeniepresse des Jahres 1997 zuhauf. Wenn nach den legitimen Nachfolgern von Take That gesucht wurde, dann sind das die Backstreet Boys. Clever zusammengestellt und mit ihrem Liedmaterial so ausgerichtet und weichgespült, daß sie auch der Oma nicht weh tun. Diese Musik ist genau das, was das Radio am Ende der 90er Jahre braucht. Andere Boy-Groups vor den Backstreet Boys haben gezeigt, wie es weitergehen wird. Aber zuerst sammeln sie jede Menge Hits. Nachdem sie mit ihren Songs vorwiegend in Europa erfolgreich waren, stieg ihre Single »Quit Playing Games (With My Heart)« in der letzten Juniwoche 1997 auf Platz 24 in den USA ein und erreichte schließlich die Top 10. Wenig später kam »Everybody (Backstreet's Back)«, ihr nächster Hit, in Deutschland, der Schweiz und in GB gleich in die Top 10, gefolgt von »As Long As You Love Me«.

*We've Got It Goin' On (11/95 D 4; 1/96 CH 3; 8/96 GB 3)*
*I'll Never Break Your Heart (2/96 D 5; 3/96 CH 2; 11/96 GB 8)*
*Get Down (You're The One For Me) (6/96 D 5; 7/96 CH 7)*
*Quit Playing Games (With My Heart) (10/96 CH 1, D 1; 1/97 GB 2; 6/97 US 2)*
*Anywhere For You (3/97 CH 3, D 3, GB 4)*
*Everybody (Backstreet's Back) (7/97 CH 2, D 2; 8/97 GB 3; 4/98 US 4)*
*As Long As You Love Me (10/97 D 3, GB 3, CH 4)*
*All I Have To Give (2/98 GB 2, CH 8, D 8)*
***Boy Group, Soft Pop***

**CD-Tip:** *Backstreet Boys* Jive CHIP 169

## Backus, Gus

v (USA, * 12. 9. 1937 als Donald Edward Backus in Southampton/New York).

Nachdem er in die US Air Force einberufen worden war, gründete er 1955 mit ein paar Kumpels die Dell-Vikings. Die Formation, bestehend aus drei Schwarzen und zwei Weißen, sang R&B und hatte 1957 zwei Top-10-Hits in den USA. Kurz danach trennte sich das Quintett – ein Teil machte als Del Vikings Platten, und dazu gehörte Gus. Ende der 50er Jahre wurde er in die Bundesrepublik versetzt. Nach Beendigung seines Militärdienstes blieb er in Deutschland – mittlerweile hatte Gus eine Deutsche geheiratet – und begann eine Karriere als Schlagersänger. Mitte 1959 nimmt Gus in Wien für die Polydor eine deutschsprachige Version des Elvis-Hits »A Fool Such As I« als »Ab und zu« auf. Es folgen weitere deutschsprachige Coverversionen der Hits von Lloyd Price oder Paul Anka, Paul Evans und Slim Dusty. Aus dessen »A Pub With No Beer« macht Gus »Ich steh' an der Bar und habe kein Geld«. Die Zeit von Gus kam mit »Brauner Bär und weiße Taube« im Herbst 1960. Auch das war eine Coverversion eines US-Hits. Im Original hieß das Werk »Running Bear« und wurde von Johnny Preston gesungen. Nun ging es Schlag auf Schlag, Hit auf Hit. Bis 1962 schaffte er alleine acht Top-10-Hits. Nach 1967 tauchte er nicht mehr in den Charts auf, und in den 70er Jahren schien er wie vom Erdboden verschluckt. Selbst Schlagerkollegen von einst erzählten, er sei in die USA zurückgegangen und dort verstorben. Seine deutsche Frau, die immer noch in München lebte, klärte den Irrtum auf und erzählte, er lebe als Vorarbeiter auf den Ölfeldern von Texas. 1986 kam er wieder für kurze Zeit in die Bundesrepublik und versuchte ein Comeback, das kläglich scheiterte.

*Muß i denn (12/60 D 4)*
*Da sprach der alte Häuptling (1/61 D 3)*
*Der Mann im Mond (9/61 D 1)*
*Sauerkraut-Polka (1/62 D 2)*
*No Bier, no Wein, no Schnaps (4/62 D 7)*
*Das Lied vom Angeln (7/62 D 4)*
*Linda (8/62 D 4)*
*Er macht mich krank, der Mondschein an der Donau (4/63 D 8)*
***Deutscher Schlager***

**CD-Tip:** *Die Singles 1959 – 1961* Bear Family BCD 15 482

## Bad Boys Blue

TREVOR BANNISTER, v (Großbritannien, geb. in Grimsby); JOHN MCINERNEY, v (Großbritannien, * 17. 9. 1958 in Liverpool); MO RUSSEL, v; TREVOR TAYLOR, v (Jamaika, * 11. 1. 1958); ANDREW THOMAS, v (USA, * 20. 5. 1952 in Los Angeles/ Kalifornien).

Von ihrer Plattenfirma wird die Musik der Bad Boys Blue als ›Pop Dance mit souligem Einschlag‹ bezeichnet. 1984 erschien die erste Single, 1985 hatten sie ihren größten Erfolg mit »You're A Woman«. Danach, wieder Zitat der Plattenfirma im Februar 1991: ›. . . erschienen 7 LPs, 17 Singles. Bis auf zwei Ausnahmen erreichten alle Kurzrillen Top 20.‹ Irgendwann 1989 ging der Jamaikaner Trevor Taylor verloren, und für ihn kam Trevor Bannister, was für die Musik völlig unerheblich ist. Wenig später machten sie als Duo weiter. 1993 wunderten sie sich wohl selbst: Ihr Titel »Save Your Love« tauchte in den amerikanischen Hot 100 auf. 1998 war die Gruppe plötzlich wieder in den Charts: »You're A Woman '98« (6/98 D 52). Gleichzeitig erschien mit »Back« ein neues Album. Als Besetzung wurde nun McInerney, Thomas und Russel genannt.

*You're A Woman (5/85 D 8; 8/85 CH 2)*
***Dance***

**CD-Tip:** *Bad Boys Best* Coconut 259 547

## Bad Boys Inc.

ALLY BEGG, v (Großbritannien); TONY DOWDING, v (Großbritannien); MATTHEW PATEMAN, v (Großbritannien); DAVID ROSS, v (Großbritannien).

Im August 1993 erschien mit »Don't Talk About Love« die erste Single und auch gleich ein Top-20-Erfolg der vier Briten, die nach der Vorlage aller Teeniegruppen mehr nach Aussehen und weniger nach musikalischen Gesichtspunkten ausgesucht war. Die Teenmagazine berichteten demzufolge über ›schmachtende Seufzer aus Teenagerkehlen‹ und von ›kollektivem Aufschrei, wenn die vier Traumboys ihre Hüften im Takt mit dem Rhythmus vor- und zurückzucken lassen‹. Hinter den 19bis 21jährigen Mitgliedern von Bad Boys Inc. stand der Produzent Ian Levine, der bereits Take That, die Pasadenas, Junior oder KWS musikalisch betreut hat. Mit »More To This World« hatte die Gruppe im Frühjahr 1994 ihren ersten Top-10-Hit in GB. Der Titel stieg auf Anhieb auf Platz

10 ein. Bis Ende 1994 hatte Bad Boys Inc. die deutschen Teenies noch nicht erreicht, aber ob New Kids On The Block, Take That oder Bad Boys Inc., die Fluktuation wird immer schneller.

*More To This World (5/94 GB 8)*
***Boy Group***

## Bad Company

BOZ BURRELL, b (Großbritannien, * 1. 8. 1946 in Lincoln/Lincolnshire); ROBERT HARD, v; BRIAN HOWE, v (Großbritannien); SIMON KIRKE, v/d (Großbritannien, * 28. 7. 1949 in Shrewsbury/Shropshire); MICK RALPHS, v/g (Großbritannien, * 31. 3. 1944 in Hereford); PAUL RODGERS, v (Großbritannien, * 17. 12. 1949 in Middlesborough).
Als Paul Rodgers 1973 die Formation Bad Company gründete, sah er in ihnen die legitimen Nachfolger von Free. Er und Kirke kamen daher, Mick hatte vorher bei Mott The Hoople gespielt und Boz mit King Crimson. 1974 erschien ihre Debüt-LP, die ein weltweiter Erfolg wurde. Darauf war auch »Can't Get Enough Of Your Love«. Ihre Single »Rock 'n' Roll Fantasy« erschien im Frühjahr 1979 und wurde ein Millionseller, kam jedoch nicht unter die ersten 10. Bis zur offiziellen Auflösung der Gruppe 1983 erschienen etliche gute und erfolgreiche LPs. Dann gründete Paul Rodgers die Band Firm. 1986 reformierte sich Bad Company mit Mick Ralphs, Simon Kirke, Boz Burrell und dem neuen Sänger Brian Howe, der von Ted Nugent kam. 1992 erschien mit »Here Comes Trouble« in der Besetzung Brian, Simon und Mick eine weitere ausgezeichnete Platte der Band. Im Frühjahr 1995 verließ Howe die Gruppe, und für ihn kam Robert Hard. Im selben Jahr erschien mit »Company Of Strangers« ein neues Album.

*Can't Get Enough (8/74 US 5)*
*Feel Like Makin' Love (7/75 US 10)*
***Rock***

**CD-Tip:** *10 From 6* Atlantic 781 625–2

## Bad English

JONATHAN CAIN, key (USA, * 26. 2. 1950); DENE CASTRONOVO, d; RICKY PHILLIPS, key; NEAL SCHON, g (USA, * 27. 2. 1954 in San Mateo/Kalifornien); JOHN WAITE, v/b/mundh (Großbritannien, * 4. 7. 1954 in Lancaster/Lancashire).
1989 – John Waite war nun schon sechs Jahre als Solist unterwegs – gründete er mit Bad English eine Band, bei der man wieder einmal von Rock Supergroup sprach. Das lag sicher daran, daß auch Neal Schon schon etliche Erfolge mit anderen Bands zu verbuchen hatte. So hatte er z. B. mit Journey gespielt. Mit »When I See You Smile« hatten sie noch im Gründungsjahr eine Nummer 1 in den USA. »Backlash«, die zweite LP der Band, die im August 1991 erschien, konnte den Anfangserfolg nicht wiederholen. Geradeaus-Rock mit ein paar prominenten Musikern alleine macht eben noch keine Supergruppe. 1992 tauchten Schon und Castronovo bei Hardline auf.

*When I See You Smile (9/89 US 1)*
*Price Of Love (12/89 US 5)*
***Rock***

**CD-Tip:** *Bad English* Epic 463447 2

## Bad Manners

WINSTON BAZOOMIES, harm (Großbritannien); BUSTER BLOODVESSEL, v (Großbritannien, * 6. 9. 1958 als Douglas Trendle); LOUIS COOK, g (Großbritannien); DAVID FARREN, b (Großbritannien); GUS HERMAN, tr (Großbritannien); PAUL HYMAN, tr (Großbritannien); CHRIS KANE, sax (Großbritannien); ANDREW MARSON, sax (Großbritannien); ALAN SAYANG, mo (Großbritannien); JIM SCOTT, per (Großbritanni-

en); STEVE SMITH, mo (Großbritannien); MARTIN STEWART, key (Großbritannien); BRIAN TUITTI, d (Großbritannien).
Als Ende der 70er Jahre in GB das Ska-Fieber tobte, fand sich diese chaotische Truppe um Buster Bloodvessel, den glatzköpfigen Fettsack mit der 50-cm-Zunge, zusammen. Sie stöberten im Programm der gesamten Popmusik der letzten 100 Jahre immer wieder Titel auf, denen sie ein sehr eigenes neues Leben einhauchten. Ob Offenbachs »Can Can«, Primas »Buona Sera« oder Millies »My Boy Lollipop«, nichts war vor Bad Manners sicher. Nachdem einige Mitglieder wechselten, hatten sich die Briten 1983 an der Band satt gesehen und gehört und bestanden wieder auf besseren Manieren.

*Special Brew (9/80 GB 3)*
*Can Can (6/81 GB 3)*
*Walking In The Sunshine (9/81 GB 10)*
*My Girl Lollipop (My Boy Lollipop) (7/82 GB 9)*
***Ska***

## Baddiel & Skinner

DAVID BADDIEL, v (Großbritannien); IAN BROUDIE, v/g/key (Großbritannien, * 4. 8. 1958 in Liverpool); FRANK SKINNER, v (Großbritannien).
Baddiel & Skinner sind zwei britische Komödianten, die z. B. die TV-Serie ›Fantasy Football League‹ präsentieren, aber auch im Radio und im gesamten journalistischen Bereich recht erfolgreich sind. Offensichtlich traute man den beiden aber nicht zu, den offiziellen Fußballsong für die Europameisterschaft 1996 im eigenen Land alleine zu singen. Die Gruppe Lightning Seeds alias der Solist Ian Broudie machte beim Titel »Three Lions« mit – und mit diesen vereinten Kräften kam die Platte am 1. 6. 1996 in die GB-Charts und erreichte auf Anhieb Platz 1. Während der EM verließ die Nummer die Spitze und kehrte dahin wieder zurück am 6. 7. 1996. In Deutschland erreichte die Platte in den Charts gerade mal Platz 49 – wohl weil die zurückkehrende deutsche Mannschaft das Lied während etlicher Ehrungen und TV-Termine auf den Lippen hatte: ›Football's coming home‹ grölten Kliensmann und die anderen Buben eines gewissen Berties mit Fahnen den eben diese schwenkenden Fans entgegen. So hatten sich die Engländer das sicher nicht gedacht: sie hatten den besseren Song zur EM – Deutschland hat sie gewonnen. Zur Weltmeisterschaft 1998 gab es eine Neuauflage der »Three Lions«. Auch Lightning Seeds war wieder mit von der Partie. Zum Titel gab es ein Video, das die Engländer auf der Reise nach Frankreich zeigte. Auf einer französischen Autobahnraststätte trafen sie auf deutsche Fans, die durch Geoff Hurst, Chris Evans und Robbie Williams dargestellt wurden. Schlimmer wäre es gewesen, sie wären auf britische Hooligans getroffen. In Deutschland erreichte der Titel immerhin Platz 17.

*Three Lions (6/96 GB 1)*
*Three Lions '98 (6/98 GB 1)*
***Pop***

**CD-Tip:** *Pure* Virgin 7243 8 41579 2

## Badfinger

TOM EVANS, v/b (Großbritannien, * 5. 6. 1947 in Liverpool, † 18. 11. 1983); MIKE GIBBINS, d (Großbritannien, * 12. 3. 1949 in Swansea/Wales); RON GRIFFITHS, b (Großbritannien); PETE HAM, v/g/p (Großbritannien, * 27. 4. 1947 in Swansea/Wales, † 23. 4. 1975); DAVID JENKINS, g (Großbritannien); JOEY MOLLAND, v/g/key (Großbritannien, * 21. 6. 1947 in Liverpool).
In Wales waren Ham, Gibbins, Jenkins und Griffiths dem Semi-Professional Bill Collins aufgefallen, der ihr Manager wurde. Als man für David Garrick eine Begleit-

gruppe für den Titel »Dear Mrs. Appleby« suchte, fiel die Wahl auf die Iveys, wie sich die Jungs zu diesem Zeitpunkt nannten. Über Mel Evans kam ein Demoband zu Paul McCartney, der sie im Juli 1968 für die neue Beatles-Firma Apple Records unter Vertrag nahm. Als neuer Mann kam jetzt für Jenkins Tom Evans zur Band, der vorher bei der Liverpooler Band Calderstones gespielt hatte. Im November 1968 erschien mit »Maybe Tomorrow« die Debüt-Single der Iveys. Einen Monat später gibt es Streit zwischen Griffiths und Evans, was dazu führt, daß Griffiths aus der Band gegangen wird. Für ihn kommt nun Joey Molland, und Tom Evans übernimmt den Baß. Molland hatte vorher mit etlichen Bands, z. B. den Merseys, gespielt. Nachdem sich die ersten Platten der Gruppe als wenig verkäuflich erweisen, entschließt sich Apple im September 1969, die Gruppe in Badfinger umzubenennen. Paul McCartney produziert mit ihnen für den Filmsoundtrack »The Magic Christian« seine Komposition »Come And Get It«, die ein Hit wird. »No Matter What« und »Day After Day« – letzterer ein Millionseller und produziert von George Harrison – werden weitere internationale Hits. Badfinger sind voll in der Beatles-Maschinerie integriert, und als die auseinanderfallen, spielen sie mit Harrison bei dessen Benefizkonzert für Bangladesch im Madison Square Garden in New York am 1. 8. 1971. Im Frühjahr 1972 nahm Nilsson die Ham-Evans-Komposition »Without You« auf und hatte damit einen Riesenhit. Im Dezember 1973 erscheint die letzte Platte von Badfinger auf dem Apple-Label. Drei Monate später beginnt der Abstieg der Gruppe. Schwierigkeiten mit der neuen Plattenfirma, dem Management und finanzielle Probleme veranlassen Molland noch im selben Jahr, die Band zu verlassen. Ham bekommt tiefe Depressionen, die dazu führen, daß er sich am 23. 4. 1975 in der Garage seines Londoner Hauses erhängt. Danach fällt die Gruppe endgültig auseinander. Molland gründet Blue Goose und dann Natural Gas, Evans spielt mit Dodgers, Gibbins verschwindet erst in der Versenkung und taucht Jahre später als Schlagzeuger auf »It's A Heartache« von Bonnie Tyler wieder auf. 1978 kommt es zu einer Neubildung von Badfinger. Von den alten Musikern sind Molland und Evans mit dabei. Ohne nennenswerte Hits zu haben, besteht Badfinger bis Anfang November 1983. Nach einer USA-Tour trennt man sich wieder. Tom Evans hatte jahrelang dafür gekämpft, einen gerechten Anteil an den Tantiemen zu bekommen, speziell für seine Komposition »Without You«. Unter sehr ähnlichen Umständen wie Peter Ham begeht er am 18. 11. 1983 ebenfalls Selbstmord. 1989 zieht immer noch eine Band durch die USA, die sich Badfinger nennt. Mit dabei Molland und Gibbins.

*Come And Get It (1/70 GB 4, US 7)*
*No Matter What (10/70 US 8; 1/71 GB 5)*
*Day After Day (12/71 US 4, GB 10)*
***Pop***

**CD-Tip:** *Magic Christian Music* Apple CDP 7 97579 2

## Baez, Joan

v (USA, * 9. 1. 1941 in Staten Island/New York).

Das Durchhaltevermögen dieser ›Königin des Protestes‹ seit 1959 bis in die 90er Jahre ist schon enorm. Ihre Mutter war eine irische Lehrerin, der Vater ein mexikanischer Physiker. In ihrer Kindheit wurde Joan mit den Rassenproblemen ihres Landes konfrontiert. Wegen ihrer dunklen mexikanischen Hautfarbe wurde sie nicht selten als ›Nigger‹ beschimpft. Diese Jugendjahre waren wohl prägend und nährten in ihr eine Abneigung gegen jeglichen Konformismus. 1959 sang sie zum erstenmal bei Newport Festival. Im Oktober 1960 erschien ihre erste LP, auf der allerdings noch wenig von Protest, dafür mehr von Folk wie »All My Trials« die Rede ist. Nach demselben Strickmuster, fast ausschließlich Traditionals und schottische Balladen, wurde auch ihre zweite LP aufgenommen, die im September 1961 erschien. Vorher, im April 1961, hatte sie in Gerde's Folk City in Greenwich Village, New York, Bob Dylan kennengelernt, der zu diesem Zeitpunkt ein noch kleineres Licht als sie selbst war. 1962 erscheint eine Live-LP von ihr, die sich in der amerikanischen LP-Hitparade bis auf Platz 10 hocharbeiten kann. Im Mai 1963 ist sie der Topstar beim Monterey Folk Festival in Kalifornien. Mit dabei der von ihr protegierte Bob Dylan. Im Juli 1963 tritt sie wieder beim Newport Folk Festival auf und stellt dem Publikum Bob Dylan vor. Was die beiden miteinander hatten und ob überhaupt, überlasse ich gerne der Yellowpress. Fest steht, daß Joan Baez Anfang der 60er Jahre die erfolgreichere Künstlerin war und somit Bob Dylan auf die Sprünge geholfen hat. Es scheint, daß sie auf Plattenproduktionen recht wenig Wert legte und statt dessen ihre Energie lieber in humanitäre Aktionen und Aktivitäten steckte. Joan Baez schaffte es, zum Synonym des sozialen Engagements für eine ganze Generation zu werden. Sie nutzte die Popularität, die sie durch ihre Platten erhielt, um für die Menschenrechte zu kämpfen. Sie war präsent bei Live Aid, ging mit auf die Amnesty-International-Tour, marschierte mit Martin Luther King in Mississippi, sang für Sacharow in Moskau und arbeitete mit und für diverse Bürgerrechtsbewegungen. In mehr als dreißig Jahren sind über fünfzig Langspielplatten erschienen, und musikalisch orientiert sie sich inzwischen an der aktuellen Musikentwicklung. Auf der 1988 erschienenen LP »Recently« nimmt sie Coverversionen von Titeln, die Peter Gabriel, U2 oder Dire Straits geschrieben haben, auf. Ihr 1989er Album »Speaking Of Dreams« ist durchaus autobiographisch zu sehen. Im Song »China« setzt sie sich mit den blutig niedergeschlagenen Studentenrevolutionen auf dem Platz des Himmlischen Friedens auseinander. Für das Duett »El Salvador« konnte sie Jackson Browne gewinnen. Auf dieser CD ist auch eine Version des Klassikers »My Way« zusammen mit den Gypsy Kings. Der ›Stern‹ schrieb unter der Überschrift ›Die unbeirrbare Johanna‹: ›Joan Baez wird oft die Mutter der Popmusik genannt, doch die kleine Frau mit der großen Stimme sieht sich selbst als Politikerin.‹ 1992 veröffentlichte sie ihre hervorragende CD »Play Me Backwards«.

*There But For Fortune (7/65 GB 8)*
*The Night They Drove Old Dixie Down (8/71 US 3; 10/71 GB 6)*
***Folk***

**CD-Tip:** *Play Me Backwards* Virgin 786 458 2

## Baglioni, Claudio

v/g/key (Italien).
Der 1951 geborene Baglioni gehörte in Italien lange Jahre neben Eros Ramazzotti zu den erfolgreichsten Singer/Songwritern. Mit 14 gewann er einen Wettbewerb als bester neuer Sänger, und ein Jahr später gab er sein erstes Konzert in Rom. Schon 1969 veröffentlichte er sein erstes Album, auf dem sich sein erster Hit »Questo Piccolo Grande Amore« befand. Dieses Lied hatte er beim San Remo Festival vorgestellt. Es entwickelte sich zum damaligen Zeitpunkt zur Hymne der italienischen Jugend. Während er in Italien ein Superstar wurde, schaffte der vielseitig Begabte – er schreibt selbst, spielt Gitarre, Keyboard und singt – nicht wie Ramazzotti den Sprung nach Deutschland. Zumindest in der Schweiz wurde »Strada Facendo« 1981 ein Top-10-Hit.

*Strada Facendo (11/81 CH 7)*
***Pop***

## Bailey, Pearl

v (USA, * 29. 3. 1918 in Newport News/Virginia, † 17. 8. 1990).
Die große Zeit dieser singenden Komikerin auf Platte und im Fernsehen war in den 50er und 60er Jahren. Sie galt als eine exzellente Entertainerin. Zwischen 1933 und 1945 war sie Sängerin in verschiedenen Bands. 1946 hatte sie mit »15 Years (And I'm Still Serving Time)« einen Platz 4 in der amerikanischen R&B-Hitparade. 1947 erregt sie Aufmerksamkeit im Film »Variety Girl«. Auch in den späteren Jahren ist Pearl Bailey in Filmen erfolgreich, so z. B. in »Carmen Jones« (1954), »St. Louis Blues« (1958), »Porgy & Bess« (1959), »All The Fine Young Cannibals« (1960) und »The Landlord« (1969). 1950 spielt sie am Broadway und beginnt mit Plattenaufnahmen, 1952 hat sie den Top-10-Hit »Takes Two To Tango«. Ein Höhepunkt ihrer Popularität ist eine eigene Fernsehshow durch das Jahr 1971, in der ihr Ehemann, der Schlagzeuger Louis Bellson, eine exzellente Big Band dirigiert.

*Takes Two To Tango (9/52 US 7)*
***Pop, Rhythm & Blues***

## Bailey, Philip

v/per (USA, * 8. 5. 1951 in Denver/Colorado).
Die Karriere von Philip begann als Zwanzigjähriger in der Band Earth, Wind & Fire. Er spielte darin Percussion und war Co-Leadsänger. Ab 1983 machte Philip auch Soloplatten. Seinen größten Erfolg hatte er mit dem Millionseller »Easy Lover«, den er zusammen mit Phil Collins sang. Phil hatte den Titel mitgeschrieben, die dazugehörige LP »Chinese Wall« produziert und darauf Percussion gespielt. Neben seinen reinen Pop-Produktionen veröffentlicht Philip Bailey regelmäßig Alben, die sich mit christlichen Themen beschäftigen.

*Easy Lover (11/84 US 2; 1/85 D 5; 3/85 GB 1, CH 8)*
***Rhythm & Blues***

**CD-Tip:** *Chinese Wall* CBS 261 61

## Bainbridge, Merril

v (Australien, * 2. 6. 1968 in Melbourne).
1995 wurde das Jahr für Merril. In Australien lag ihre Debüt-Single »Mouth« sechs Wochen lang auf Platz 1. Von dort aus eroberte sie zunächst die USA und kam dann später auch in die britische Hitparade. Ihre ersten Erfahrungen sammelte sie in Melbourner Bands. Dort lernte sie den aus Malaysia stammenden Produzenten Siew kennen, der mit ihr drei Demosongs aufnahm und an die Plattenfirma Gotham Multimedia schickte, die John Farnham gehört. Der erkannte offensichtlich das Potential und so erschien noch 1995 das Album »The Garden.« Bis auf den Pet-Shop-Boys-Titel »Being Bored« hat Merril alle Titel selbst geschrieben bzw. mitgeschrieben.

*Mouth (9/96 US 4)*
***AOR (Adult Orientated Rock)***

**CD-Tip:** *The Garden* RCA 74321 31608 2

## Baker, Adrian

v (Großbritannien).
Die Briten bezeichneten den Sänger, Songschreiber, Produzenten und Multiinstrumentalisten Adrian Baker als Brian Wilson für Arme. Der Engländer begann in den späten 60er Jahren mit den Pebbles, die es 1971 auf zwei Singleveröffentlichungen brachten. Es folgte Play-

ground und später Gidea Park. Diese Formation war keine – es war Adrian Baker unter einem Pseudonym. Gidea Park hatte 1981 zwei Singlehits, einer davon, »Beach Boy Gold«, zeugt von seiner Affinität zu Brian Wilson. Als Solist hatte er mit einer Coverversion des alten Four-Seasons-Hits »Sherry« im Juli 1975 seinen einzigen Top-10-Hit. Die Erfüllung aller Träume erlebte er, als er Anfang der 80er Jahre die Chance hatte, für kurze Zeit in der Touring Band der Beach Boys mitzuspielen.

*Sherry (7/75 GB 10)*
***Pop***

## Baker, Anita

v (USA, * 20. 12. 1957 in Toledo/Ohio).
Anita Baker, die über eine begnadete Stimme verfügt, begann 1976 in der Soulformation Chapter 8. 1984 – die Band hat es auf keinen Top-100-Hit in den USA gebracht – versuchte sich Anita als Solistin. Mit »Sweet Love« gelang ihr 1986 ein erster, mit »Giving You The Best That I Got« (an diesem Titel hat sie mitgeschrieben) 1988 ihr größter Top-10-Erfolg. Ihre Debüt-LP »The Songstress« aus dem Jahre 1983 wurde nach ihren Erfolgen 1991 noch einmal wiederveröffentlicht. Die Rückseiten des Covers sind ein schönes Beispiel dafür, wie man einen Künstler stylen kann. Anita, die inzwischen sieben Grammys gewonnen hat, machte eine längere Pause und veröffentlichte im Herbst 1994 die CD »Rhythm Of Love«. Die Singleauskopplung »Body And Soul« brachte es in den USA jedoch nur knapp in die Top 40, und das, obwohl mit George Duke, Nathan East, Joe Sample oder Steve Ferrone eine ganze Latte hochklassiger Musiker mitspielt. Das darf sie allerdings auch nicht stören, denn ihr Album »Rapture« aus dem Jahr 1986 verkaufte sich in den USA innerhalb von 10 Jahren 5 millionenmal. »Giving You The Best That I Got« brachte es auf 3 Millionen verkaufte Exemplare und »Rhythm Of Love« auf mehr als zwei Millionen. 1996 erhielt Anita einen Grammy als beste R&B-Sängerin.

*Sweet Love (8/86 US 8)*
*Giving You The Best That I Got (9/88 US 3)*
***Rhythm & Blues, Soul***

**CD-Tip:** *Rapture* Elektra 960 444–2

## Baker, Arthur & The Blackbeat Disciples

ARTHUR BAKER, mix (USA, * 22. 4. 1955 in Boston/Massachusetts).
Baker erntete seine ersten Lorbeeren als Produzent, Mixer und Remixer. Hits von Freeze, New Edition, Cyndi Lauper, Bruce Springsteen, Bob Dylan, Fine Young Cannibals, U2, Rolling Stones, Paul McCartney oder Hall & Oates wurden von ihm neu abgemischt. Wer so gut mixen kann, kann auch sicher selbst Platten aufnehmen. Zur Veröffentlichung von »The Message Is Love« – lediglich in der Bundesrepublik ein Top-10-Erfolg – schrieb seine Plattenfirma: ›Arthur Baker veröffentlichte jetzt die erste LP unter seinem Namen. Allerdings läßt er, was er nicht kann: singen. Dazu lud er sich eine handverlesene Schar bekannter Gäste ins Studio. Einer dieser Gäste ist die Soul-Legende Al Green.‹ Somit dürfte wohl Al der Erfolg dieser Platte zuzuschreiben sein.

*The Message Is Love (12/89 D 6)*
***Pop***

**CD-Tip:** *Give In To The Rhythm* Arista 262 097

## Baker, George

v (Niederlande, * 8. 12. 1944 als Johannes Bouwens).
George Baker Selection – so nannte er seine Formation, in der er selbst sang, Gitarre und Tasteninstrumente spielte – ist ein

weiteres hübsches Beispiel dafür, daß aus den Niederlanden durchaus kommerzielle Popmusik und nicht nur Käse kommen kann – oder umgekehrt. Seine ersten internationalen Erfolge feierte er 1970 in den USA mit »Little Green Bag«. 1975 kletterte seine Komposition »Paloma Blanca« auf Platz 1 in der deutschen Hitparade und auf 10 in Großbritannien. In den USA reichte es immer noch für einen Platz 26. Während die Amis und die Angelsachsen danach genug von George hatten, konnten die Deutschen die Ohren wieder nicht voll kriegen. Mit »Morning Sky« und »Wild Bird« setzte es zwei weitere Top-10-Hits. Mit dem Ende der 70er Jahre ließ dann auch bei uns sein Erfolg nach, und gerade als man dachte, die Radiowellen wären wieder sauber und man könne ungestört hineintauchen, kam er mit »Santa Lucia By Night« 1985 wie ein Hai aus der Tiefe.

*Paloma Blanca (5/75 D 1; 6/75 CH 1; 9/75 GB 10)*
*Morning Sky (11/75 D 2, CH 3)*
*Wild Bird (8/76 D 7)*
*Beautiful Rose (7/77 CH 8)*
***Pop***

**CD-Tip:** *Single Hit Collection* EMI 8 28569–2

## Baker, LaVern

v (USA, * 11. 11. 1929 als Delores Williams in Chicago/Illinois, † 10. 3. 1997).
Bereits mit 17 sang sie als Little Miss Share Cropper in einem Nachtclub ihrer Heimatstadt. Unter diesem Namen und später als Bea Baker machte sie auch ihre ersten Platten. 1952/53 sang sie im Orchester von Todd Rhodes. Danach tourte sie als Solistin durch Europa und war ab 1955 eine der erfolgreichsten R&B-Sängerinnen der Rock-'n'-Roll-Ära. Zu ihren großen Hits gehören »Tweedle Dee« und »Play It Fair« 1955, »Jim Dandy« 1956 und »I Cried A Tear« 1958. Mit dem Ablauf der 50er Jahre versank der Rock 'n' Roll und mit ihm auch der Rhythm & Blues und LaVern Baker. 1991 wurde sie in die Rock 'n' Roll Hall of Fame aufgenommen. 1996 wurden ihr wegen Diabetes beide Beine amputiert. Im März 1997 starb sie.

*I Cried A Tear (12/58 US 6)*
***Rhythm & Blues***

## Baldry, Long John

v (Großbritannien, * 12. 1. 1941 in East Maddon/London).
Die erste Liebe des großen John galt Ende der 50er Jahre dem Folk und der Jazzmusik. Nachdem er mit Ramblin' Jack Elliott getourt war, widmete er sich mehr dem Rhythm & Blues. Über die Stationen Blues Incorporated, Hoochy Coochy Men und Steampacket kam er zu Bluesology. Alle diese Gruppen haben teilweise hervorragende Platten aufgenommen, die sich jedoch nicht sonderlich verkauften. Mag sein, daß Long John Baldry sich aus diesem Grunde entschloß, eine Solokarriere zu beginnen. Mit »Let The Heartaches Begin« erreichte er Ende des Jahres 1967 einen Platz 1 in GB. Damit war er auf Pop festgelegt, und es folgten einige weitere Stücke, die in diese Kerbe schlugen. Glücklich gemacht hat es ihn wohl nicht, denn viele spätere Platten belegen, daß seine Liebe zum Rhythm & Blues ungebrochen blieb. 1971 war er in den USA zumindest in den Hot 100 mit einer von Rod Stewart produzierten Single: »Don't Try To Lay No Boogie-Woogie On The King Of Rock And Roll«. Ende der 70er Jahre zog John nach Vancouver, Kanada, und dort scheint er noch heute seinen festen Wohnsitz zu haben. Eine 1992 erschienene LP mit dem Titel »It Still Ain't Easy« – damit spielt er auf die 1971 erschienene LP »It Ain't Easy« an – wurde jedenfalls in Vancouver produziert.

*Let The Heartaches Begin (11/67 GB 1)*
***Pop, Rhythm & Blues***

**CD-Tip:** *The Best Of Long John Baldry* PRT PYC 4008 TIS

## Balin, Marty

v/g (USA, * 30. 1. 1942 als Martin Jerel Buchwald in Cincinnati/Ohio).
Marty arbeitete sich erst einmal durch verschiedene künstlerische Berufe – Maler, Bildhauer, Tänzer –, bis er in den frühen 60er Jahren eine Plattenkarriere begann. 1965 gründete er zusammen mit Paul Kantner Jefferson Airplane, die 1967 mit »Somebody To Love« ihren ersten internationalen Erfolg hatten. 1971 verließ er die Band, um 1974 aus dem Torso Jefferson Starship zu formieren. 1975 veröffentlichten sie den wunderschönen Titel »Miracles«. Im September 1978 hatte er wieder genug vom Gruppendasein, präsentierte ein Jahr später die Rockoper »Rock Justice«, und im Frühjahr 1981 erschien seine erste Soloplatte, der Hit »Hearts«. 1985 bildeten Paul Kantner, Marty und Jack Casady, drei Urmitglieder von Jefferson Airplane, die KBC Band. 1989 schloß sich dann der Kreis: Die fünf Urmitglieder aus den ersten Erfolgstagen von Jefferson Airplane, Grace Slick, Paul Kantner, Marty Balin, Jack Casady und Jorma Kaukonen kamen wieder zusammen und veröffentlichten erneut unter ihrem alten Namen Platten. Die Kritiker des ›Rolling Stone‹ verehrten der Band dafür einen Award für das ›unwillkommenste Comeback‹.

*Hearts (5/81 US 8)*
***AOR (Adult Orientated Rock)***

**CD-Tip:** *Balin* EMI TOCP-6386

## Ball, Kenny

tr/bl (Großbritannien, * 22. 5. 1930 in Ilford/Essex).
Nachdem Kenny in diversen Dixielandbands gespielt hatte, gründete er 1958 Kenny Ball & His Jazzmen. Im Sommer 1959 veröffentlichten sie ihre erste Single, »Waterloo«. Ende der 50er, Anfang der 60er Jahre war die große Zeit von Chris Barber, Mr. Acker Bilk und anderen Traditional-Jazz-Bands. In diese Zeit paßte der Stil von Kenny Ball exakt. Das dokumentiert sich in der 1962 erschienenen LP »The Best Of Ball, Barber And Bilk«, die Spitzenreiter der britischen LP-Hitparade wurde. Mit »Samantha« erreichte er 1961 seinen ersten und noch im selben Jahr mit »Midnight In Moscow« seinen größten Hit. 1963, in der Hochphase des Mersey-Beats, war seine Art von Musik bei den Plattenkäufern nicht mehr gefragt. 1968 spielte er mit Louis Armstrong auf dessen letzter Europatour. Und mögen auch die Plattenverkäufe von Kenny zurückgegangen sein, seine Tourneen führten ihn in den 70er und 80er Jahren durch die Welt.

*Midnight In Moscow (11/61 GB 2; 2/62 US 2)*
*March Of The Siamese Children (2/62 GB 4)*
*The Green Leaves Of Summer (5/62 GB 7)*
*Sukiyaki (1/63 GB 10)*
***Jazz***

## Ball, Michael

v (Großbritannien).
Alex Dillingham ist ein junger Engländer in dem Musical »Aspects Of Love« von Andrew Lloyd Webber. Diese Rolle wurde gespielt von Michael Ball. Der hatte schon einmal in einem Musical mitgewirkt, nämlich »Les Misérables«, geschrieben von Alain Boublil und Claude-Michel Schönberg. Die vergangenen Jahre zeigen, daß in den Musicals von Webber immer wieder kommerzielle Titel steckten,

die als Single ausgekoppelt hoch in die Hitparaden kamen. Dies geschah auch Anfang 1989 mit »Love Changes Everything«, die sich bis auf Platz 2 in den GB-Charts hocharbeiten konnte. 1992 hatte Michael Ball mit »One Step Out Of Time« einen weiteren Top-20-Hit. Mit diesem Song hat er beim Grand Prix Eurovision in Malmö den zweiten Platz belegt. Ansonsten wird er sich wohl mehr der Bühnenarbeit widmen. Trotzdem brachte er zwischen 1993 und 1996 immer mal wieder eine Platte in die britische Hitparade, meist um die Position 40 herum.

*Love Changes Everything (1/89 GB 2)*
***Grand Prix, Pop***

**CD-Tip:** *Michael Ball* Polydor 511 330 2

## Ballard, Hank

v (USA, * 18. 11. 1936 in Detroit/Michigan).
Wie viele Talente Johnny Otis am Ende der 40er und Anfang der 50er Jahre entdeckt hat, wird man wohl nie wieder ermitteln können. Hank Ballard gehörte auf jeden Fall 1951 zu dieser Riege. Der Cousin von Florence Ballard von den Supremes wurde 1953 Leadsänger der Royals, die 1954 ihren Namen in Midnighters umänderten und nun nicht mehr nur in den R&B-Hitparaden erfolgreich waren. Bekannt wurde vor allen Dingen ihre ›Annie‹-Trilogie »Work With Me, Annie«, »Annie Had A Baby« und »Annie's Aunt Fanny«. 1958 – inzwischen nannte sich die Gruppe Hank Ballard & The Midnighters – nahmen sie den Titel »Teardrops On Your Letter« auf. Weil noch eine B-Seite fehlte, schrieb Hank schnell die Nummer »The Twist«. Dieser Titel sollte 1960 mit Chubby Checker zu einem Welthit werden. Fairerweise sollte man dazu sagen, daß er sehr stark an die Nummer »What'cha Gonna Do« von den Drifters aus dem Jahr 1953 angelehnt ist. Nachdem Chubby Checker so erfolgreich war, wurde auch Hanks Version von »The Twist« wiederveröffentlicht und zum Top-30-Hit. Im Winter 1960 kam mit »Let's Go, Let's Go, Let's Go« ein Titel von Hank unter die Top 10 und wurde Millionseller. 1962 passierte, was nur ganz selten vorkommt: Ein Interpret wird mit derselben Platte zum zweitenmal Nummer 1 in den USA – Chubby Checker mit »The Twist«. Im März 1962 trennte sich Hank von den Midnighters, die – inzwischen zum Islam übergetreten – sich als schwarze Moslems weigerten, vor weißem Publikum aufzutreten. Als Solist hatte Hank wenig Erfolg. Er arbeitete in der Band von James Brown, und über viele Jahre hörte man nichts mehr von ihm, bis er im Januar 1990 in die Rock 'n' Roll Hall of Fame aufgenommen wurde. Während er sich in seiner Rede bei allen möglichen Menschen bedankte, erlitt er einen Zusammenbruch. Es war die Reaktion auf einen Autounfall, der drei Monate zurücklag. Man hatte ihn angefahren und danach Fahrerflucht begangen.

*Finger Poppin' Time (5/60 US 7)*
*Let's Go, Let's Go, Let's Go (9/60 US 6)*
***Rhythm & Blues***

**CD-Tip:** *Sexy Ways* Rhino R2 71512

## Baltimora

BALTIMORA, v (Großbritannien, * 23. 5. 1957 als Jimmy McShane in Londonderry).
Als Sänger und Tänzer machte Baltimora in Italien sein Glück. Seine Karriere begann er als Backgroundsänger, so z. B. bei »Automatic Lover« von Dee D. Jackson. Mit dem Titel »Tarzan Boy« hatte er 1985 einen weltweiten Hit. In den USA erreichte die Platte im Herbst 1985 Platz 13. Als das Stück 1993 in dem Film »Teenage Mutant Ninja Turtles Teil 3« verwandt wurde, kam es erneut in die US-Hitparade und erreichte Platz 51. Diese kommerziel-

le Nummer hätte aber auch Rumpelstilzchen singen können und wäre ein Erfolg geworden. Als Nachfolgesong erschien »Woody Boogie«, der zumindest in Deutschland noch ein Top-20-Hit wurde. Danach verschwand der Tarzan Boy wieder im Discodschungel. Er starb im März 1995 an AIDS.

*Tarzan Boy (5/85 D 3; 6/85 CH 4; 8/85 GB 3)*
***Disco***

## Bamboo

ANDREW LIVINGSTONE, dj (Großbritannien).
Der Londoner DJ Andrew ›Doc‹ Livingston hatte sich vor diesem Hit bereits einen Namen als Remixer und Produzent gemacht. Als Grundlage für die Nummer »Bamboogie« nahm er den Titel »Get Down Tonight« von KC & The Sunshine Band. Zum Hit wurde dieses Recyclewerk allerdings erst, als die Bierfirma Bud Ice es als Hintergrundmusik für ihre Werbung benutzte und es damit in die Ohren der Hörer paukte. Perez Prado hatte mit »Guaglione« für Guinness, die Hollies mit »He Ain't Heavy He's My Brother« für Miller Lite geworben – und damit wurden die Songs wieder zu Hits – Prost. Die Nachfolgesingle »The Strutt« (7/98 GB 36) tat sich etwas schwerer mit den Charts.

*Bamboogie (1/98 GB 2)*
***Disco, House, Pop***

## Bananarama

SARAH DALLIN, v (Großbritannien, * 17. 12. 1961 in Bristol); SIOBHAN FAHEY, v (Großbritannien, * 10. 9. 1957 in London); JACQUIE O'SULLIVAN, v (Großbritannien, * 7. 8. 1960 in London); KEREN JANE WOODWARD, v (Großbritannien, * 2. 4. 1961 in Bristol).
Angeblich lernten sich die drei Mädels in London kennen. Sarah und Siobhan studierten Journalismus, Keren arbeitete bei der BBC. Zunächst sangen sie auf Privatveranstaltungen und in Pubs, bis dann der Sex-Pistols-Schlagzeuger Paul Cook ihre erste Single produzierte: »Aie A Mwana«. Im April 1982 erschien mit »Really Saying Something«, der Coverversion eines Velvelettes-Titels aus dem Jahre 1965, ihr erster Top-10-Erfolg. Inzwischen spricht ihre Plattenfirma davon, daß Bananarama die erfolgreichste britische Mädchentruppe aller Zeiten ist. Auffällig ist, daß die meisten ihrer großen Hits wie »Na Na Hey Hey Kiss Him Goodbye«, »Venus« oder »I Want You Back« Coverversionen sind. Im August 1987 heiratete Siobhan Fahey Dave Stewart von den Eurythmics und gründete später Shakespeare's Sister. Sie wurde durch Jacquie O'Sullivan ersetzt, die aber ihrerseits 1991 ausstieg. 1989 hatte Bananarama zusammen mit LaNaNeeNeeNooNoo die Comic-Relief-Platte »Help«- einst ein Hit der Beatles – der wie die meisten Benefiz-Songs aus dieser Ecke auch ein Top-10-Hit wurde. Kennzeichen von Comic Relief ist eine knallrote Clownsnase, mit der die jeweiligen Künstler auf den Plattenhüllen abgebildet werden. Comic Relief ist eine britische Wohlfahrtsorganisation, die mit dem Einnahmen der Platten zu einem Drittel britische und den beiden anderen Dritteln afrikanische Hilfsprojekte unterstützt. LaNaNeeNeeNooNoo waren die drei TV-Komikerinnen Dawn French, Jennifer Saunders und Kathy Burke, die im Fernsehen als witzige Bananarama-Kopie aufgetreten waren. Nach 1991 machten Sarah und Keren machten als Duo weiter. »More, More, More« wurde im Frühjahr 1993 Platz 24 in GB und bisher der größte Hit des Duos.

*It Ain't What You Do It's The Way You Do It (2/82 GB 4)*
*Really Saying Something (4/82 GB 5)*
*Shy Boy (7/82 GB 4)*
*Na Na Hey Hey Kiss Him Goodbye (2/83 GB 5)*

*Cruel Summer (7/83 GB 8; 7/84 US 9)*
*Robert de Niro's Waiting (3/84 GB 3, D 7; 6/84 CH 8)*
*Venus (5/86 US 1, D 2, GB 8; 7/86 CH 1)*
*I Heard A Rumour (7/87 US 4; 8/87 CH 10)*
*Love In The First Degree (10/87 GB 3)*
*I Want You Back (4/88 GB 5)*
*Help! (2/89 GB 3, D 8; 4/89 CH 8)*
***Pop***

**CD-Tip:** *Greatest Hits Collection* London 828 106–2

## Band Aid

BOB GELDOF, v (Irland, * 5. 10. 1954 in Dun Laoghaire).

Im November 1984 sieht Bob Geldof in der BBC einen Bericht über den Hunger in Äthiopien. Er entschließt sich, mit Hilfe seiner Musikerfreunde eine Platte zu produzieren, von der jeglicher Gewinn zugunsten der Hungerhilfe in Äthiopien abgeführt wird. Am 25. 11. 1984 treten sich 36 Künstler in den SARM Studios in Nottinghill, London, gegenseitig auf die Füße und bringen unter dem Namen Band Aid eine All-Star-Besetzung zusammen, die es bis dato nicht gab. Neben Bob Geldof und Midge Ure, die das Stück »Do They Know It's Christmas« geschrieben haben, stehen Bananarama, Phil Collins, Duran Duran, George Michael, Spandau Ballet, Sting, Jody Watley, Paul Weller, Paul Young und einzelne Mitglieder der Formationen Culture Club, Heaven 17, Kool & The Gang, Status Quo und U2. Der ›Save The Children Fund‹ organisiert die Vorstellung des Werkes am 17. Dezember in der Royal Albert Hall während eines Ethiopia Benefit Concert. Die Platte steigt in die britische Hitparade auf Platz 1 ein, bleibt dort fünf Wochen, verkauft mehr als drei Millionen Exemplare und wird die meistverkaufte Single aller Zeiten. Ein Jahr später kommt die Platte erneut in die britische Hitparade und wird Platz 3. Sie unterscheidet sich vom Vorgänger dadurch, daß auf der B-Seite Künstler wie David Bowie oder Paul McCartney spezielle Weihnachtsgrüße loslassen. 1989 produzieren Stock/Aitken/Waterman eine neue Version von »Do They Know It's Christmas«. Jetzt singen Cliff Richard, Lisa Stansfield, Chris Rea, Kylie Minogue, Jason Donovan, Matt Goss und Marti Pellow. Auch diese Produktion steigt in der britischen Hitparade auf Platz 1 ein.

*Do They Know It's Christmas (12/84 D 1, GB 1; 1/85 CH 1; 12/85 GB 3; 12/89 GB 1)*
***Pop***

## Band für Afrika

Die deutsche Ausgabe von Band Aid. Nachdem die deutschsprachigen Interpreten vor Ohren geführt bekamen, wie ihre britischen Kollegen Geld für Afrika sammelten, zogen sie nach. Alphaville, BAP, Ina Deter, Extrabreit, Geier Sturzflug, Herbert Grönemeyer, Gitte Haenning, Hans Hartz, Heinz Rudolf Kunze, George Kranz, Klaus Lage, Udo Lindenberg, Wolf Maahn, Peter Maffay, Ulla Meinecke, Marius Müller-Westernhagen, Münchener Freiheit, Nena, Rheingold, Rodgau Monotones, Spider Murphy Gang, Spliff, Trio und Juliane Werding machten mit. Vom Verkaufserlös jeder Single wurde ein Mindestspendenanteil von 2,– DM festgelegt. Auf der Plattenhülle stand zu lesen: ›Die Künstler legen Wert auf die Feststellung, daß wirklich niemand außer den Spendenempfängern an dieser Schallplatte profitiert. Komponist, Texter, Musiker, Produzent, Schallplattenfirma und Verlag verzichten auf jeglichen Verdienst.‹ Dieser Vermerk war notwendig, denn daß mit Benefizplatten Geschäfte gemacht wurden und werden, ist so selten nicht. Die Platte der Band für Afrika mit dem Titel »Nackt im Wind« kam im Februar 1985 in die deutsche Hitparade Platz 3.

*Nackt im Wind (2/85 D 3)*
***Pop***

## Bandolero

DJILL BOUREZAK, d/syn (Spanien); CARLOS PEREZ, v/g (Spanien); JOSÉ PEREZ, v (Spanien).

Dieses Trio kam über die fanzösischen Diskotheken in das restliche Europa und hatte Erfolg. Die eingängige Mixtur aus spanisch angehauchten Klängen und Kastagnetten, spanisch/französischem Gesang und Discomiezen im Hintergrund machten die Platte stark diskothekentauglich, die in sämtlichen Ferienclubs rund ums Mittelmeer gelaufen sein dürfte. Jedenfalls verbreitete die Platte gute Laune. José und Carlos Perez waren die Songschreiber – für einen weiteren Hit außerhalb von Frankreich reichte es jedoch nicht.

*Paris Latino (12/83 CH 2)*
***Disco***

## Bangles

SUSANNA HOFFS, v/g (USA, * 17. 1. 1957 in Newport Beach/Kalifornien); DEBBI PETERSON, v/d (USA, * 22. 8. 1961 in Los Angeles/Kalifornien); VICKI PETERSON, v/g (USA, * 11. 1. 1958 in Los Angeles/Kalifornien); MICHAEL STEELE, v/b (USA, * 2. 6. 1954); ANNETTE ZILINSKAS, v/b (USA, * 6. 11. 1964 in Van Nuys/Kalifornien).

The Fans, The Colours, The Supersonic Bangs, The Bangs – alles Vorläufer der in L.A. gegründeten Bangles, die im Juni 1982 ein Minialbum mit fünf Songs veröffentlichten. Vorher hatten sie schon unbemerkt als Bangs »Getting Out Of Hand« auf den Markt gebracht. Auch dieses Minialbum brachte zwar keine Verkaufserfolge, aber 1983 einen Vertrag mit der CBS. Zu diesem Zeitpunkt verließ Annette Zilinskas die Bangles und wurde Mitglied bei Blood On The Saddle. Für sie kam die Original-Leadsängerin der Runaways, Michael Steele. Das im August 1984 erschienene Album »All Over The Place« erreichte einen Platz 80 in der US-LP-Hitparade. Aber erst im Januar 1986 sollte der große Erfolg kommen. »Manic Monday«, geschrieben von Prince unter dem Pseudonym Christopher, wurde ein Knüller in den USA und in GB. Die Platte erreichte nur deshalb nicht Platz 1, weil zu diesem Zeitpunkt Meister Prince mit »Kiss« diesen besetzt hielt. »Walk Like An Egyptian«, ebenfalls 1986, erreichte Platz 1 in den USA, und »Eternal Flame« wurde 1989 Spitzenreiter in GB und den USA. Damit war der Höhepunkt der Band erreicht. Im September 1989 sprach man von ›unüberwindbaren Schwierigkeiten‹ und leitete damit die Trennung ein. Susanna Hoffs, die in der Band mehr und mehr im Mittelpunkt gestanden hatte, kündigte an, sie werde als Solistin weiterarbeiten, was sie dann auch 1991 tat. Schon 1986 hatte sie sich ein zweites Standbein als Schauspielerin aufgebaut.

*Manic Monday (1/86 GB 2, US 2; 3/86 D 2; 4/86 CH 4)*
*Walk Like An Egyptian (9/86 US 1, GB 3; 11/86 D 1; 1/87 CH 8)*
*Hazy Shade Of Winter (11/87 US 2)*
*In Your Room (10/88 US 5)*
*Eternal Flame (2/89 GB 1, US 1; 5/89 D 4; 6/89 CH 2)*
***AOR (Adult Orientated Rock)***

**CD-Tip:** *Greatest Hits* CBS 466 769 2

## Bano, Al & Romina Power

AL BANO, v (Italien, * 20. 5. 1943 als Albano Carrisi); ROMINA POWER, v (USA, * 2. 10. 1951).

1967 wählten die Italiener Al Bano zum beliebtesten Newcomer des Jahres. Mit »Nel Sole« hatte er im selben Jahr einen

Millionseller in Italien und konnte sich als Star etablieren. Romina Power ist die Tocher von Tyrone Power, dem bekannten US-Mantel-und-Degen-Schauspieler. Ende der 60er Jahre müssen sich die beiden kennengelernt haben, denn schon 1970 hatten sie im Duett mit »Storia Di Due Inamorati« einen Top-10-Hit in Italien. Dort erschienen auch weiter Soloplatten von Al, und auch Romina machte sich als Solistin einen Namen, so z. B. bereits 1969 mit »Aqua Di Mare«. In unseren Breiten waren es vor allen Dingen »Sharazan« 1981 und »Felicità« 1983, die bis in die Top 10 vordringen konnten. In den 90er Jahren gab es immer wieder Gerüchte um eine Trennung der beiden. 1996 erschien das Album »Ancora« mit der Ankündigung, dies sei für die nächsten drei oder vier Jahre das letzte gemeinsame Werk. Romina spielte mit Erfolg in der italienischen TV-Serie ›Rückkehr des Sandokan‹.

*Sharazan (11/81 D 7; 12/81 CH 1)*
*Felicità (2/82 CH 3; 3/82 D 6)*
*Tu Soltanto Tu (12/82 CH 5)*
*Ci Sera (3/84 CH 7)*
***Schlager***

**CD-Tip:** *Ieri E Oggi* EMI CDPM 748 727 2

## Banton, Pato

v (Großbritannien als Patrick Murray, geb. in Birmingham).

Nachdem er kurze Zeit Mitglied bei Crucial Music war, begann er eine Solokarriere als Pato Banton. Pato ist der Name einer jamaikanischen Eule, die als besonders weise und als echte Nachteule gilt. In DJ-Kreisen bezeichnet man einen besonders schwergewichtigen Discjockey als Banton. Aus diesen beiden Begriffen setzt sich also der Künstlername von Patrick zusammen. Nachdem er mit Ranking Roger von The English Beat einige Platten aufgenommen hatte, veröffentlichte er sein erstes Soloalbum mit dem Titel »Never Give In«. Zwischendurch machte er aber auch immer wieder mit Roger im Duett Aufnahmen. Sein 1989 erschienenes Album »Visions Of The World« machte ihn in Reggae-Kreisen zum Star. Ziggy Marley nahm ihn mit im Vorprogramm seiner Amerikatour. Nachdem Titel von ihm schon an der Spitze der Hitparade in Puerto Rico standen und sich in Brasilien plazieren konnten, gelang ihm mit einer Neuversion von »Baby Come Back«, im Original ein Titel der Equals, Ende 1994 ein erster Top-10-Hit, der es sogar bis an die Spitze der GB-Charts brachte. Zum Erfolg dürfte beigetragen haben, daß Ali und Robin Campbell von UB40 mitgesungen haben. Im Frühjahr 1995 hatte Pato mit »Bubbling Hot« einen Platz 15 in GB, Mitte 1996 kam »Groovin'« bis auf Platz 14.

*Baby Come Back (10/94 GB 1)*
***Reggae***

**CD-Tip:** *Pato Banton Collections* Virgin CDV 839 940 2

## BAP

MANFRED »SCHMAL« BOECKER, sax/per (Deutschland, * 22. 4. 1952 in Köln); WOLFGANG BOECKER, d (Deutschland); STEVE BORG, b (Deutschland, * 5. 10. 1953 als Stefan Kriegeskorte in Heidenheim); ALEXANDER »EFFENDI« BÜCHEL, key (Deutschland, * 29. 1. 1957 in Leverkusen); JAN DIX, d (Deutschland, * 19. 11. 1956 in Hannover); HANS HERES, g (Deutschland); KLAUS »MAJOR« HEUSER, g (Deutschland, * 27. 1. 1957 in Leverkusen); WOLFGANG KLEVER, b (Deutschland); WOLFGANG NIEDECKEN, v/g (Deutschland, * 30. 3. 1951 in Köln); BERND ODENTHAL, v/key (Deutschland); JÜRGEN ZÖLLER, d (Deutschland, * 27. 9. 1947 in Köln).

Als im November 1979 im Anno-Saal des

Kölner Stollwercks die erste LP von BAP »... rockt andere kölsche Leeder« vorgestellt wurde, merkte man der Platte die liebenswerte Unprofessionalität noch an. Auf der Plattenhülle war eine Postkarte mit dem Kölner Dom aufgeklebt. Wolfgang Niedecken machte keinen Hehl daraus, daß die Bandmitglieder in mühevoller Kleinarbeit die Postkarten selbst auf die Hüllen geklebt hatten. Daß daraus das Multiunternehmen BAP werden konnte, war zu diesem Zeitpunkt noch nicht zu ahnen. Auch ihre zweite LP »Affjetaut« (1980) brachten sie noch bei der relativ kleinen Plattenfirma Eigelstein heraus. Von der ersten zur zweiten LP hatte es bereits etliche Umbesetzungen in der Band gegeben. Hans Heres, Wolfgang Klever und Bernd Odenthal hatten wohl nicht geglaubt, daß BAP einmal über die Grenzen von Köln hinaus bekannt werden könnte. Es steigen neu ein: Steve Borg und der ›Major‹. Man stellt fest, daß der Vertrieb der LPs bei Eigelstein miserabel läuft. BAP schmort im eigenen Saft, weil sich die meisten Auftritte im Kölner Raum bewegen, wo sich allerdings beim Publikum so langsam Übersättigungssymptome bemerkbar machen. Der Wechsel zu einer Plattenfirma mit funktionierendem Vertrieb wird unumgänglich. Es liegen mehrere Angebote vor. Man unterschreibt bei der EMI Electrola, wohl auch, weil diese Firma in Köln ansässig ist. 1981 erscheint dann »Für usszeschnigge« mit Titeln wie »Verdamp lang her«, »Jraaduss« oder »Jupp«. Zwei Auftritte vor dem Rolling-Stones-Konzert im Müngersdorfer Stadion finden statt. Die Band macht eine Tournee durch ganz Deutschland. 1982 kommt »Vun drinne noh drusse« auf den Markt und verdrängt auf Platz 1 der deutschen LP-Charts »Für usszeschnigge«. Somit belegt BAP die ersten beiden Plätze. Obwohl die im unverfälschten kölschen Dialekt gesungenen Songs lediglich im Dunstkreis des Kölner Domes verstanden werden, entwickelt sich die Band zu einem gesamtdeutschen Phänomen. Das mag auch an der klaren politischen Aussage von Wolfgang Niedecken liegen, der aus seinen Einstellungen keinen Hehl macht. Für viele Bayern oder Nordlichter ist der Unterschied zwischen BAP und Bruce Springsteen – den verstehen sie auch kaum – unerheblich. Was den Vertrieb von Merchandise-Ikonen für die Fans angeht, gibt es wenig Unterschiede zwischen BAP und, sagen wir, den Bay City Rollers. Man kann sich natürlich aber auch auf den Standpunkt stellen, daß der Fan danach verlangt. Als Wolfgang Niedecken mit einigen Freunden, die er Komplizen nennt, 1987 die LP »Schlagzeiten« veröffentlicht, wird viel darüber gemunkelt, daß die Band nun auseinanderfällt. Bis jetzt spielen sie immer noch zusammen. Ende 1992 gehören BAP zu den Mitinitiatoren der Aktion »Arsch huh, Zäng ussenander«, die die Mitbürger dazu auffordert, nicht tatenlos dem aufkommenden Ausländerhaß zuzuschauen, sondern ›sich aufzurappeln und dagegen anzureden‹. 1993 erschien das Album »Pik sibbe«. Als Single ausgekoppelt kamen »Widderlich« und »Wie die Sichel vum Mohnd« in die Hitparade. Ende 1994 kündigte Wolfgang Niedecken für Februar 1995 sein Soloalbum »Leopardefell« an. Darauf befanden sich 17 deutsche Versionen von Bob-Dylan-Kompositionen, die Niedecken mit kölschem Text versehen hat. Als Produzent fungierte BAP-Kollege Alexander Büchel. 1995 erschien »Wahnsinn/Die Hits 79–95«, auf der zwei neue Titel der Gruppe zu finden waren, z. B. »Ich danz met dir«. Als Single ausgekoppelt kam diese Nummer auch in die deutsche Hitparade. Mit enormem Werbeaufwand und einer Zugfahrt durch Deutschland wurde 1996 die BAP-CD »Amerika« vorgestellt.

*Fortsetzung folgt... (9/88 D 10)*

***Rock***

**CD-Tip:** *Wahnsinn/die Hits 79–95* EMI 7243 8 36080 2

## Baptiste, Mona

v (Trinidad, * 21. 6. 1928, † 26. 6. 1993). Mona entwickelte sich vom Kinderstar zum Unterhaltungskünstler Nummer 1 auf ihrer heimischen Insel. 1948 ging sie nach London und mußte sich erst mit Gelegenheitsjobs über Wasser halten. Sie arbeitete als Verkäuferin in einem Juweliergeschäft, als in genau dem Laden die Gattin des Orchesterleiters Ted Heath einkaufte und ihr einen Vorstellungstermin bei ihrem Mann organisierte. Der engagierte sie. 1949 ging sie mit Stephane Grapelli auf Tournee, kam nach Paris, trat dort mit Yves Montand auf und wurde in Belgien vom deutschen Impresario Oskar Liebermann für eine Reihe von Galaauftritten in Deutschland verpflichtet. 1953 erhielt sie hier einen Plattenvertrag, 1954 spielte sie in ihrem ersten deutschen Film mit, aber mit dem, was man ihr an Rollen anbot und an Liedermaterial vorsetzte, war sie unzufrieden. Davon drang jedoch nichts an die breite Öffentlichkeit. Mitte der 50er Jahre war Mona Baptiste in Deutschland ein vielbeschäftigter und beliebter Unterhaltungsstar. Bis 1971 nahm sie für die unterschiedlichsten Firmen Platten auf. Ernster nahm man ihr Talent und ihre Fähigkeiten in der ehemaligen DDR. Hier sang sie Jazzgalas und nicht »Es liegt was in der Luft« oder »Oh, Jackie-Joe«.

*Oh, Jackie-Joe (1/56 D 6)*
***Deutscher Schlager***

## Barber, Chris

pos/bl (Großbritannien, * 17. 4. 1930 in Welwyn Garden City/Herfordshire). Barber spielte bereits kurz nach dem Krieg in den verschiedensten Bands rund um London. 1949 – er war gerade bei Cy Laurie – versuchte er sich mit einer Bandkooperative, in der neben ihm Monty Sunshine, Ron Bowden und Lonnie Donegan spielten. Nachdem sich herausstellte, daß das Unternehmen so nicht funktionierte, bat man als Frontmann und Boß Ken Colyer hinzu und nannte sich Ken Colyer's Jazzmen. 1954 verließ Ken diese Formation, die Chris Barber nun übernahm. Als Ersatz für Ken kam nun Pat Halcox. 1955 wurde »Icecream« aufgenommen, ein Titel, der Chris Barber's Jazzband, wie sie sich jetzt nannte, bis in die 90er Jahre nachlief. Kein Konzert von Chris Barber, bei dem nicht dieser Titel, den damals im Original Pat Halcox gesungen hatte, aufgeführt werden muß. In der zweiten Hälfte der 50er Jahre hatte die Band durchgängig Erfolg. Trad-Bands wie Barber, Humphrey Lyttleton, Dick Charlesworth oder Kenny Ball waren gefragt. Den größten Erfolg hatte Chris Barber mit einem Titel, auf dem er nicht mitspielt: »Petite Fleur«, 1952 von Sidney Bechet geschrieben, kam im Februar 1959 sowohl in GB als auch in den USA unter die ersten 10 und wurde ein Millionseller. Die Klarinette wurde von Monty Sunshine gespielt, und der Titel würde wohl auch sicher ihm zugerechnet, hätte er eine eigene Band gehabt.

*Petite Fleur (1/59 GB 3, US 5; 3/59 D 2)*
***Jazz***

**CD-Tip:** *Barber/Bue Bestsellers* Storyville STCD-200

## Barclay James Harvest

LES HOLROYD, v/key/b (Großbritannien, * 12. 3. 1948 in Bolton/Lancashire); JOHN LEES, v/g (Großbritannien, * 13. 1. 1947 in Oldham/Lancashire); MEL PRITCHARD, d (Großbritannien, * 20. 1. 1948 in Old-

ham/Lancashire); WOOLLY WOLSTENHOLME, v/key (Großbritannien, * 15. 4. 1947 in Oldham/Lancashire).
Im britischen Städtchen Oldham wurde Barclay James Harvest 1966 aus zwei aus dem Ort stammenden Formationen gegründet: den Blues Keepers und den Hearts & Souls & The Wickeds. Ab 1967 arbeiteten sie als Profis – ein ortsansässiger Geschäftsmann hatte ihnen ein Bauernhaus zum Üben und Wohnen zur Verfügung gestellt. 1968 erschien die erste Single von BJH, »Early Morning«. In den folgenden Jahren werden etliche Singles und LPs veröffentlicht. Der große Erfolg will jedoch nicht gelingen. Hochschulen und Universitäten beherbergen den Großteil der BJH-Fans. 1974 unterschreiben sie bei einer anderen Plattenfirma einen Vertrag, und mit einer Live-LP kommt das erste Album auf den Markt, das sich in der englischen Hitparade plazieren kann. 1977 gelingt es ihnen, auf dem Kontinent Fuß zu fassen und speziell in Deutschland die Fans zu begeistern. Im Juni 1979 verläßt Wolstenhome die Gruppe, um eine Solokarriere anzustreben. Als Trio nehmen John, Les und Mel »Eyes Of The Universe« auf, das sich allein in der Bundesrepublik innerhalb weniger Tage über 500.000 mal verkauft und Platinstatus erreicht. Der Erfolg der Formation auf dem Kontinent ist inzwischen so groß, daß viele Briten der Meinung sind, Barclay James Harvest sei eine deutsche Formation. Und in der Tat, während sie in GB nie über einen Platz 49 in der Singlehitparade hinauskommen, haben sie 1980 in Deutschland mit »Life Is For Living« gar einen Platz 2 in den Charts. Die Musik von Barclay James Harvest wird von den einen als Art Rock bezeichnet, von anderen als klampfenschwangere Lagerfeuermusik mit Pfadfinderromantik. Mit »River Of Dreams« erschien im Frühjahr 1997 ein neues Album der Band.

*Life Is For Living (12/80 D 2; 2/81 CH 1)*
*Just A Day Away (6/83 CH 5)*
***Pop, Rock***

**CD-Tip:** *Best Of* Polystar 511 439–2

## Bardo

STEPHEN FISCHER, v (Großbritannien); SALLY ANN TRIPLETT, v (Großbritannien).
Dieses aus einem Mann und einer Frau bestehende Duo ist eine der vielen unsäglichen Konstruktionen, die speziell für den Grand Prix Eurovision zusammengeschmiedet werden. Die beiden, die so bedeutend sind, daß ihre Plattenfirma es nicht einmal für notwendig hielt, ihre Namen auf die Plattenhülle zu drucken, hatten mit »One Step Further« den Titel, der GB 1982 in Harrogate, GB, vertrat. Bardo erreichte nur Platz 7, gewonnen hatte Nicole mit »Ein bißchen Frieden«. In der britischen Hitparade erreichten sie einen Platz 2, und einen weiteren Schritt gab's dann nicht mehr. Stephen Fischer hatte vorher mit Red Hot gesungen und es abgelehnt, Mitglied bei Bucks Fizz zu werden. Sally Ann hatte bereits mit der Gruppe Prima Donna 1980 beim Grand Prix teilgenommen.

*One Step Further (4/82 GB 2)*
***Grand Prix, Pop***

## Bare, Bobby

v (USA, * 7. 4. 1935 als Robert Joseph Bare in Ironton/Ohio).
Die Geschichte erzählt, daß Bobby, kurz bevor er zum Militärdienst eingezogen wurde, den Titel »All American Boy« aufgenommen hatte. Er verkaufte die Aufnahme mit allen Rechten für 50 Dollar an eine Plattenfirma. Der Titel war eine Persiflage auf die Einziehung Elvis Presleys zum Militär. Im Dezember 1958 kam »All American Boy« in die amerikanischen

Charts und kletterte hoch bis auf Platz 2. Bobby Bare wird sich sicher gewundert haben, denn als Interpret stand unter dem Titel Bill Parsons. Die Plattenfirma argumentierte, man habe einen anderen Namen nehmen müssen, weil Bobby ja noch bei Capitol unter Vertrag sei. In der Tat hat er für Capitol 1956 seine ersten Platten aufgenommen. Während Bobby als Soldat Griffe klopfte, zog dieser Billy Parsons durch die USA und bewegte zu Bobbys Aufnahme die Lippen. Ein früher Fall von Milli-Vanilli-Money-Making-Manie. Zurück von Uncle Sam, versuchte sich Bobby Bare als eigenständiger Interpret. Mit »500 Miles Away From Home« erreichte er im Oktober 1963 einen Top-10-Hit in den USA. Für den Film »Teenage Millionaire« schrieb er Twistsongs für Chubby Checker. Im Film »A Distant Trumpet« spielte er selbst mit. Während seine Zeit in den Pophitparaden, mit einer Ausnahme 1974, 1964 beendet war, konnte er in den Country-Hitparaden bis Ende der 80er Jahre Erfolge verzeichnen.

*All American Boy (12/58 US 2)*
*500 Miles Away From Home (10/63 US 10)*
***Country***

**CD-Tip:** *All American Boy* Bear Family BCD 15663 DI

## Barker, »Blue Lu« Louis

»Blue Lu« Louisa Barker, v (USA, * 13. 11. 1913 in New Orleans).

Ihre Karriere begann sie in ihrer Heimatstadt als Tänzerin und Sängerin. Aber erst nachdem sie nach New York gezogen war, machte sie von 1938 bis 1939 Plattenaufnahmen, so z. B. als Lu Blue mit Erskine Hawkins. Ihre nächsten Aufnahmen stammen aus den Jahren 1946 bis 1949. Billie Holiday und Eartha Kitt nannten sie als Vorbild, was verständlich wird, wenn man Blu Lus Gefühl für den Blues hört. Ihre oft ironischen Texte sang sie vor allem mit der Band ihres Mannes, dem Gitarristen Danny Barker, aber auch mit anderen großen Namen des Jazz. Mit »A Little Bird Told Me« hatte sie im Dezember 1948 einen Platz 4 in der amerikanischen Pophitparade.

*A Little Bird Told Me (12/48 US 4)*
***Rhythm & Blues***

## Barlow, Gary

v (Großbritannien, * 20. 1. 1971 in Frodsham/Cheshire).

Der 13. Februar 1996 wurde zum Trauertag der weiblichen Minderjährigen auf dem halben Globus. Die Gruppe Take That hielt in Manchester eine Pressekonferenz ab, und sie erklärte, sie würde auseinandergehen. Klar war zu diesem Zeitpunkt, daß die einzelnen Mitglieder von Take That aus einem Teenager-Ruhm für sich selbst Kapital schlagen wollten. Gerade Gary Barlow traute man dabei am meisten zu. Seine erste Singleveröffentlichung »Forever Love« erschien und stieg am 20. Juli 1996 gleich als Nummer 1 in die britische Hitparade ein. Gleiches gelang am 10. 5. 1997 »Love Won't Wait«. Mitautor des Titels war ›CC‹ – dahinter verbirgt sich Madonna. Es folgten die Single »So Help Me Girl« (7/97 GB 11, 10/97 US 44) – die Top 10 wurden nur knapp verfehlt und »Open Road«. Auch in den USA interessierten sich die Fans jetzt wieder mehr für Gary. Die Nummer »Forever Love« fand Verwendung im Film »The Leading Man« von Jon Bon Jovi – das könnte der Nummer auch in den USA auf die Beine helfen.

*Forever Love (7/96 GB 1, D 5; 8/96 CH 5)*
*Love Won't Wait (5/97 GB 1)*
*Open Road (11/97 GB 7)*
***Pop***

**CD-Tip:** *Open Road* RCA 74321 41720 2

## Barnet, Charlie & His Orchestra

CHARLIE BARNET, p/bl (USA, *26. 10. 1913 in New York City, † 4. 9. 1991).
Während viele Musikerkarrieren in armen Verhältnissen beginnen, wurde Charlie Barnet in eine reiche Familie geboren. Als Kind lernte er Piano und Holzblasinstrumente und entdeckte schon recht früh seine Liebe zum Jazz. Nachdem er einige Jahre auf Kreuzfahrtschiffen gespielt hatte, gründete er 1933 seine erste Big Band. Bemerkenswert an ihm ist, daß er als einer der ersten auch schwarze Musiker engagierte und so eine gemischtrassige Gruppe führte – für damalige Zeiten eine Sensation. Charlie war trotz seines wilden Lebensstils ein Perfektionist, aber an sein Idol Duke Ellington kam er nie heran. Ende der 40er Jahre hatte er das Gefühl, in der Musik alles erreicht zu haben, und wurde Hotelier. Später spielte er zu besonderen Gelegenheiten immer mal wieder mit erstklassigen Musikern zusammen. Zu seinen größten Hits gehören »Where Was I?«, im Mai 1940 eine Nummer 1 in den USA, und »I Hear A Rhapsody« 1941. Er starb 1991 an Alzheimer und Lungenentzündung.

*Where Was I? (5/40 US 1)*
*It's A Wonderful World (5/40 US 8)*
*Pompton Turnpike (10/40 US 3)*
*I Hear A Rhapsody (1/41 US 2)*
***Big Band***

## Barrabas

TITO DUARTE, per (Spanien); JOSÉ MARIA MOLL, d (Spanien); ENRIQUE MORALES, g (Philippinen); MIGUEL MORALES, g (Philippinen); JOSÉ LUIS TEJADE, v (Spanien); JUAN VIDAL, key/p/org (Spanien).
Die Formation wurde 1971 in Madrid gegründet. 1973 spielten sie im Vorprogramm von Santana auf einer ausgedehnten Tournee durch Südamerika und die USA. Nummern wie »Woman«, »Wild Safari« oder »Mr. Money« waren erfolgreich in Brasilien und Kanada. Von ihrer zweiten LP »Barrabas Power« wurden angeblich in Lateinamerika über 1 Million Exemplare verkauft. Ihre erfolgreichste Nummer in Europa war »On The Road Again«, in Deutschland Platz 14, in der Schweiz gar ein Top-10-Hit.

*On The Road Again (3/82 CH 9)*
***Latin Rock***

## Barrie, J. J.

v (Kanada, * 7. 7. 1933 als Barrie Authors in Ottawa).
Erst war er Manager von Blue Mink und Ocean, dann wurde aus ihm ein Songschreiber. Zusammen mit Terry Britten schrieb er im Frühjahr 1976 die Nummer »Where's The Reason«, die Barrie als Demo aufnahm. Ein Produzent war der Meinung, Barrie solle auch auf Platte das Stück singen, was er schließlich tat. Die Veröffentlichung wurde ein Flop. Barrie hatte jetzt aber Blut geleckt und nahm für sein eigenes Plattenlabel Power Exchange »No Charge« auf. Dieser Titel stand im Januar 1976 mit der amerikanischen Sängerin Melba Montgomery in den US-Country-Charts und erreichte Platz 1. Im Titel will ein kleiner Junge Geld für eine Gefälligkeit, die er für die Mutter erledigt hat. Statt Bargeld setzt es Belehrung: Was habe sie nicht alles für das kleine Balg bis zum heutigen Zeitpunkt getan, ohne dafür je eine Bezahlung zu verlangen. Bei Barrie singt die inzwischen verstorbene Vicki Brown, Frau des britischen Popstars Joe Brown, Mutter der erfolgreichen Sängerin Sam Brown und als Mitglied der Vernons Girls Anfang der 60er Jahre selbst in den Hitparaden, ohne auf der Plattenhülle genannt zu werden, mit. Der Tränendrüsensong klettert in der britischen Hitparade ab April 1976 hoch und erreicht

sogar Platz 1. Danach laufen für Barrie die Geschäfte als Interpret und auch als Plattenfirmenbesitzer schlecht. Er geht zurück nach Kanada und arbeitet dort wieder im Management. 1980 versucht er sich erneut als Songschreiber und Sänger in GB – ohne Erfolg.

*No Charge (4/76 GB 1)*
***Pop***

## Barrière, Alain

v (Frankreich als Bellec, geb. in La Trinité-sur-Mer/Bretagne).
1964 lieferte der 1935 geborene Barrière mit den Titeln »Elle était si jolie« und »Ma Vie« zwei große Hits. Zehn Jahre lang hörte man kaum etwas von ihm, bevor er dann 1974 zusammen mit der Sängerin Noëlle Cordier und der selbstgeschriebenen Nummer »Tu T'en Vas« wieder an der Spitze der französischen Hitparade stand. In der Schweiz und auch hier in der Bundesrepublik erreichte der Titel immerhin einen Platz 2 – für eine französisch gesungene Aufnahme in Deutschland ein großer Erfolg.

*Tu T'en Vas (7/75 CH 2, D 2)*
***Pop***

## Barron Knights

BARRON ANTHONY, v/b (Großbritannien, * 15. 6. 1940 als Anthony Michael John Osmond in Abingdon/Berkshire); BUTCH BAKER, v/g/bj (Großbritannien, * 16. 7. 1941 als Leslie John Baker in Amersham/Buckinghamshire); DAVE BALLINGER, d (Großbritannien, * 17. 1. 1941 in Slough/Buckinghamshire); DUKE D'MOND, v/g (Großbritannien, * 25. 2. 1945 als Richard Palmer in Dunstable/Bedfordshire); PETER LANGFORD, v/g (Großbritannien, * 10. 4. 1943 in Durham).
Medleys waren und sind bei den Briten sehr beliebt. Barron Knights machten Medleys, aber nicht auf die herkömmliche Art und Weise, sondern als Parodie. Sie versuchten zwar, die Originale der entsprechenden Gruppen zu treffen, brachten dabei aber einen völlig anderen Text dar. 1963 traten sie nach den Beatles in der Christmas Show auf und eroberten GB im Sturm. Ihr erster Hit, »Call Up The Groups«, wurde Mitte 1964 ein Platz 3 in GB. Beatles oder Stones, Searchers oder Dave Clark 5 wurden hier auf den Arm genommen. Es folgten mit »Pop! Go The Workers« und »Merrie Gentle Pops«, die beide nach demselben Strickmuster wie die erste gemacht waren und beide ebenfalls unter die ersten 10 der britischen Hitparade kamen. Versuche, eigenes Material in die Charts zu bringen, schlugen fehl. Nach 1968 standen sie für fast zehn Jahre zwar nicht mehr in den Hitparaden, waren aber als Livekünstler in ganz GB gefragt. 1977/78 gelangen ihnen wieder zwei Top-10-Hits, und in den 80er Jahren waren die Barron Knights ein gefragter Show-Act in GB.

*Call Up The Groups (7/64 GB 3)*
*Pop Go The Workers (3/65 GB 5)*
*Merry Gentle Pops (12/65 GB 9)*
*Live In Trouble (10/77 GB 7)*
*A Taste Of Aggro (12/78 GB 3)*
***Pop***

## Barron, Blue & His Orchestra

BLUE BARRON, bl (USA, * 22. 3. 1911 als Harry Friedland in Cleveland/Ohio).
Barron war der Chef einer der erfolgreichsten ›Sweet Dance Bands‹, die wohl in allen vornehmen Hotels Amerikas zu Hause war. Mitte der 30er Jahre hatte er damit begonnen, im Umkreis von Cleveland für die Hotels Bands zu buchen – dann merkte er, daß es noch günstiger sei, eine eigene Band zu gründen, die er musikalisch an Kay Kyser und Sammy Kaye anlehnte.

Schon bald war er im Mittleren Westen sehr populär. Gegen Ende der 30er Jahre begann seine Plattenkarriere, die bis in die 50er Jahre dauerte. Sein größter Hit war 1949 der Millionseller »Cruising Down The River«, der auch Platz 1 in den USA wurde. 1950 belebte er »Are You Lonesome Tonight«, einen Oldie aus dem Jahre 1926, und hatte damit einen Top-20-Hit. 1960 nahm Elvis Presley, der als Knabe diese Nummer in der Version von Blue Barron sicher oft gehört hat, das Stück neu auf und machte daraus einen Millionseller.

*You Walk By (1/41 US 7)*
*You Were Only Fooling (7/48 US 9)*
*Cruising Down The River (1/49 US 1)*
***Big Band***

## Barry, John

tr/bl (Großbritannien, * 3. 11. 1933 als Jonathan Barry Prendergast in York/Yorkshire).

Barry gilt als einer der erfolgreichsten Komponisten von TV- und Filmmusiken. Seine Militärzeit verbrachte er als Trompeter, und als er 1955 entlassen wurde, schrieb er bereits eigene Arrangements für die Bandleader jener Tage. Er verschickte sie per Post, und einige wurden auch wirklich genommen. Dann gründete er 1957 eine eigene Band, die er John Barry Seven nannte. Noch im selben Jahr erschienen die ersten Singles. Mit »Hit and Miss« hatte diese Formation im März 1960 einen Top-10-Erfolg in GB – es war die Titelmelodie der bei der BBC-TV wöchentlich über viele Jahre laufenden Sendung ›Juke Box Jury‹, in der Neuerscheinungen auf dem Plattenmarkt vorgestellt wurden. Sein internationaler Durchbruch kam, als er 1962 unter dem Pseudonym Monty Norman für den ersten James-Bond-Film die Musik schrieb und produzierte. Das »James Bond Theme« hat er übrigens bei sich selbst geklaut: »Bee's Knees« aus dem Jahre 1958 klingt wie Bond im Kommunionsanzug. Bond sollte nun in den folgenden Jahren sein Dauerarbeitgeber werden – es blieb jedoch noch viel Zeit für andere Projekte. 1966 erhielt er einen Oscar für die Musik zum Film »Born Free«, zwei Jahre später für »The Lion In Winter«. Die Vielseitigkeit von Barry verhinderte, daß er bei wechselnden Musikrichtungen aus dem Geschäft war – er konnte sich stets anpassen. Ob »Midnight Cowboy« (1966), »Out Of Africa« (1985) oder »The Living Daylights« (1987), Barry kann alles. 1990 erhielt er erneut einen Oscar, diesmal für seine Musik zu »Der mit dem Wolf tanzt«.

*Hit And Miss (3/60 GB 10)*
***Instrumental, Pop***

## Barry, Len

v (USA, * 12. 6. 1942 als Leonard Borrisoff in Philadelphia/Pennsylvania).

Die ersten Spuren von Len Barry in den Hitparaden findet man 1961 als Mitglied der Dovells. Hier sang er die Nummer »Bristol Stomp«, die im Herbst 1961 bis auf Platz 2 der US-Charts kam. Nach einem weiteren Top-10-Hit im April 1963, »You Can't Sit Down«, stieg er aus und versuchte eine Solokarriere, die zuerst einmal gut anlief. Mit »1–2–3« und »Like A Baby« hatte er 1965/66 zwei große Hits – 1967 war wieder alles vorbei. Jahre später wurde er als Kellner in einer Bar in Philadelphia gesichtet.

*1–2–3 (9/65 US 2; 11/65 GB 3)*
*Like A Baby (1/66 GB 10)*
***Pop***

## Barton, Eileen

v (USA).

Die Eltern von Eileen waren Variétékünstler – kein Wunder, daß die Kleine schon früh in ihre Fußstapfen trat. Als Kinderstar machte sie mit in Radioprogrammen von Rudy Vallee oder Eddie Cantor oder aber speziellen Sendungen für Kinder. Erst neun Jahre alt, trat sie zusammen mit Milton Berle in dessen Shows auf und ging mit ihm auf Tournee durch die USA. Es folgte der Broadway und schließlich 1944 eine Tournee mit Frank Sinatra. In den späten 40er Jahren sang sie vorwiegend in Clubs und hatte etliche Hochs und Tiefs – dann kam im März 1950 der Nummer-1-Hit und Millionseller »If I Knew You Were Comin' I'd've Baked A Cake«. 1955 war mit dem aufkommenden Rock 'n' Roll der nichtgebackene Kuchen gegessen.

*If I Knew You Were Comin' I'd've Baked A Cake (3/50 US 1)*
*Cry (12/51 US 10)*
***Pop***

## Basie, Count

p/bl (USA, * 21. 8. 1904 als William Basie in Red Bank/New Jersey, † 26. 4. 1984).

Hinter Duke Ellington gilt er als einer der erfolgreichsten Big-Band-Leader aller Zeiten. Er spielte mit fast allen Großen des Jazz zusammen und begann ganz klein: Er begleitete Varietékünstler bei ihren Auftritten, spielte dann mit Walter Page's Blue Devils und schließlich von 1929 bis 1935 mit Bennie Moten. Nach dessen Tod nahm er die besten Musiker dieser Band und gründete eine eigene Formation, die nur zwei Jahre brauchte, um sich nach oben zu spielen. Durch seine außergewöhnlichen Solisten – vor allem Tenorsaxophonist Lester Young –, den Sänger Jimmy Rushing und durch das einfache, aber swingende Pianospiel des Count selbst konnte er sich einen internationalen Ruf verschaffen. Mehr als vier Jahrzehnte galt seine Band als ein Synonym für das Beste aus dem Bereich Big-Band-Music. Seinen größten kommerziellen Erfolg hatte Count Basie im Frühjahr 1947 mit der für ihn eher untypischen Novelty-Nummer »Open The Door, Richard!«, die bis auf Platz 1 der Popcharts kam und ein Millionseller wurde. Harry Edison und Bill Johnson waren die Sänger dieses Titels.

*Jimmy's Blues (10/45 US 10)*
*The Mad Boogie (6/46 US 10)*
*Blue Skies (9/46 US 8)*
*Open The Door, Richard! (2/47 US 1)*
*Free Eats (4/47 US 7)*
*One O'Clock Boogie (6/47 US 8)*
*I Ain't Mad At You (You Ain't Mad At Me) (8/47 US 7)*
***Big Band, Jazz***

**CD-Tip:** *Best Of Basie* Roulette 600040

## Basil, Toni

v (USA als Antonia Basilotta, geb. in Philadelphia/Pennsylvania).

›Hier ist sie!‹ schrieb die deutsche Plattenfirma 1981 zur Veröffentlichung der ersten LP von Toni Basil. ›Die Vereinigung von Rock and Roll mit dem Hollywood-Sex-Appeal einer Jane Russell.‹ – Na ja. Die amerikanische Tänzerin und Sängerin, geboren im Jahre 1950, war schon in den 60er Jahren für die Choreographie von US-Pop-Shows wie ›Hullabaloo‹ oder ›Shindig‹ verantwortlich. Ende der 60er Jahre half sie den Monkees im Film »Head« auf die Sprünge, spielte mit in »Easy Rider« und war 1974 in »American Graffiti« involviert. David Bowie, Bette Midler, Tina Turner, die Pointer Sisters, Devo, Manhattan Transfer oder Melissa Manchester bedienten sich ihrer Fähigkeiten, Bewegungsabläufe so zu koordinieren, daß sie schick aussehen. Als das Medium Video aufkam, brach Tonis große Zeit an. Selbst Talking Heads konnten auf sie bei ihren Videoproduktionen nicht verzichten. 1981 nahm sie zusammen mit ihrer Tanztruppe Lockers im Hintergrund die LP »Word Of Mouth« auf – darauf war die Chinn-Chapman-Komposition »Mickey«, die ihr im Februar 1982 einen überraschenden Top-10-Hit in den GB-Charts einbrachte. Im September 1982 kam die Platte auch in die US-Hitparade, wurde Spitzenreiter und erntete Platin. Der Song war im Original durch die Gruppe Racey gesungen worden und hieß bei ihnen »Kitty«. Mitte 1984 war ihr Hitparadentanz wieder vorbei. Nix mit ›Waren Disco und New Wave die Phänomene der 70er, hier ist das musikalische Heroin der 80er Jahre!‹, wie die Firma die Künstlerin anpries.

*Mickey (2/82 GB 2; 9/82 US 1)*
***Pop***

## Bass, Fontella

v/key (USA, * 3. 7. 1940 in St. Louis).
In den frühen 60er Jahren tourte sie als Keyboarderin und Sängerin mit der Little Milton Band durch die USA. Nebenher machte Fontella Bass auch einige Platten, die ab 1965 auch erfolgreich waren. Mit dem Titel »Rescue Me« hatte Fontella Ende 1965 einen Top-10-Hit in den USA. Es folgten 1966 noch ein paar kleinere Hits, und dann war sie wieder verschwunden. Fontella heiratete Ende der 60er Jahre den Trompeter Lester Bowie, dem sie nach Paris folgte. Zurück in den USA, nahm sie später einige schöne, aber nicht erfolgreiche Platten auf.

*Rescue Me (10/65 US 4)*
***Soul***

## Bass-O-Matic

MC Inna One Step, rap; Musgrave, v; William Orbit, mix.
Bass-O-Matic ist eine weitere Gruppe, deren einziges Interesse zu sein scheint, den Discos die Tanzflächen zu füllen. Sphärische Keyboardklänge, dazu die soulige Stimme von Musgrave und der Rap vom MC – das zusammen ergibt einen »Fascinating Rhythm«, wie der erste und einzige Hit dieser Formation hieß, der im September 1990 in die GB-Charts kam und Platz 9 erreichte. Nachfolgenummern waren schon unter ›ferner rappten‹.

*Fascinating Rhythm (9/90 GB 9)*
***Disco, Rap***

## Bassey, Shirley

v (Großbritannien, * 8. 1. 1937 in Cardiff/Wales).
Zwischen 1957 und 1973 war die Waliserin regelmäßig in den GB-Charts vertreten – dabei brachte sie es auf zwölf Top-10-Erfolge. In der ›Christmas Show‹ des Komikers Al Read trat sie 1955 erstmals in London auf. Read hatte über ein Jahr lang eine Show laufen, die sich ›Such Is Life‹ nannte – Shirley blieb in London und machte mit. Ihre kraftvolle Stimme – sie hatte den Spitznamen ›Shirley The Belter‹ – wurde beim Publikum immer beliebter. 1957 wurde sie erstmals in den Charts verzeichnet, 1959 hatte sie mit »As I Love You« ihren ersten Spitzenreiter in GB. 1961 folgte »Reach For The Stars/Climb Ev'ry Mountain«. Ihr größter Hit in den USA sollte »Goldfinger« werden – eine von insgesamt drei Titelmelodien, die sie für James-Bond-Filme sang.
Diese Hitsträhne ging bis 1973 – dann sollte sie erst 1987 wieder mal in den Charts auftauchen. Zusammen mit dem Schweizer Duo Yello erreichten sie und der Titel »The Rhythm Divine« die Hitparade. Aber auch wenn sie nicht in den Charts steht, geht es Shirley Bassey sicher nicht schlecht. Als Livekünstlerin ist sie für jede Gala eine Bereicherung – auch noch

in den 90er Jahren. Ende 1996 war sie auf einer Singleplatte von Chris Rea zu hören: »Disco La Passione«. Und im Dezember desselben Jahres erschien mit »He Kills Everything You Love« die Titelmelodie der TV-Serie ›Die Gang‹, die mit Uwe Ochsenknecht in der Hauptrolle ab 1997 in der ARD lief. Als Gast der Propellerheads sang sie auf »History Repeating« (12/97 GB 19).

*Banana Boat Song (2/57 GB 8)*
*Kiss Me Honey Honey Kiss Me (12/58 GB 3)*
*As I Love You (1/59 GB 1)*
*As Long As He Needs Me (8/60 GB 2)*
*You'll Never Know (5/61 GB 6)*
*Reach For The Stars/Climb Ev'ry Mountain (7/61 GB 1)*
*I'll Get By (11/61 GB 10)*
*What Now My Love (8/62 GB 5)*
*I (Who Have Nothing) (9/63 GB 6)*
*Goldfinger (1/65 US 8; 4/65 D 8)*
*Something (6/70 GB 4)*
*For All We Know (8/71 GB 6)*
*Never Never Never (3/73 GB 8)*
***Pop***

**CD-Tip:** *Diamonds* EMI CDP 790 469 2

## Bassheads

Was diese britische Band (?) veranstaltete, beschrieb die Plattenfirma so: ›Eines der Phänomene der englischen Clubszene ist der unglaubliche Erfolg von White Label Produkten. Dies sind Bootlegs von Advance-Tapes, die ohne Einverständnis der Plattenfirmen gepreßt werden, und die Künstler gehen ebenfalls leer aus.‹ So ist die erste Single von Bassheads angeblich in GB zu Spitzenpreisen von bis zu 25 Pfund gehandelt worden, bis sie offiziell erschien – das wäre nicht nötig gewesen. Als sie dann auf den Markt kam, war die Nachfrage so groß, daß sie im November 1991 auf Platz 8 der GB-Charts einstieg und dann sogar Platz 5 erreichte. Die Nachfolgesingle »Back To The Old School« wurde Mitte 1992 Platz 12 – und dann schien das Interesse an dieser Kunstformation langsam nachzulassen. Mitglieder der Band werden auf den Singles nicht genannt – wie auch, wenn alles nur zusammengesampelt ist? Im März 1993 erschien ihr Debütalbum »C.O.D.E.S.«.

*Is There Anybody Out There? (11/91 GB 5)*
***Techno***

**CD-Tip:** *C.O.D.E.S.* Parlophone 7 89911 2

## Bates

KLUBE, v/d (Deutschland, * 17. 8. 1962); POGO, v/g (Deutschland, * 24. 12. 1964); REB, v/g (Deutschland, * 10. 8. 1967); ZIMBL, v/b (Deutschland, * 7. 10. 1964).

Mitte der 80er Jahre lernten sich die Musiker dieser Band aus Eschwege bei Kassel kennen. Sie benannten sich nach der Figur Norman Bates aus dem Hitchcock-Klassiker ›Psycho‹. Am einfachsten läßt sich die Musik der Jungs beschreiben, wenn man die Plattenfirma zitiert: ›Ehrlich, kompromißlos und in bester Drei-Akkorde-Tradition ... Melodiöser Gitarrenpop und rauher Heavy Metal.‹ Lediglich in der Schweiz gelang ihnen mit einer Coverversion des Michael-Jackson-Hits »Billy Jean« ein Top-10-Hit. In Deutschland erreichte die Platte Platz 21, in GB immerhin 67. Dadurch wird das Zitat von Zimbl verständlich: ›Die Welt ist Scheiße. Nee, doch nicht. Na ja, ein bißchen.‹

*Billy Jean (10/95 CH 10)*
***Punk***

**CD-Tip:** *Pleasure + Pain* Virgin 7243 8 40197 2

## Batt, Mike

v/key/bl (Großbritannien, * 6. 2. 1950 in Southampton).

Batt begann seine Karriere als Songschreiber und Produzent. 1973 schrieb und sang er für eine Kinder-TV-Sendung in GB Songs als The Wombles. Die brachten es bis Ende 1975 immerhin auf vier Top-10-Hits, der größte war »Wombling Merry Christmas«, Weihnachten 1974 auf Platz 2. Aber auch als Produzent und Songschreiber arbeitete er weiter und betreute Steeleye Span, Troggs, Family, Kursaal Flyers oder Linda Lewis. Im August 1975 gelang ihm schließlich unter seinem Namen mit »Summertime City« ein Platz 4 in den GB-Charts. Für Art Garfunkel schrieb er 1979 die Nummer »Bright Eyes«, die ein Spitzenreiter in GB wurde und aus dem Zeichentrickfilm »Watership Down« stammte. In Deutschland hatte Mike etliche Songs in den Hitparaden – seine erfolgreichste Platte bei uns war »Lady Of The Dawn« im März 1980. Gelungen auch seine weiteren Filmmusiken und Musicals, z. B. »Caravans« oder »The Hunting Of The Snark«. Bemerkenswert sein Album »Schizophonia« – das Londoner Symphony Orchestra mit der Gitarre von Chris Spedding, einem Berbergebet, dem Gesang von Mike Batt, Bachs »Bourrée« und »Don't Let Me Be Misunderstood« von den Animals zu kreuzen grenzt schon an musikalische Schizophrenie.

*Summertime City (8/75 GB 4)*
*Lady Od The Dawn (3/80 CH 3)*
***Instrumental, Soft Pop***

**CD-Tip:** *The Winds Of Change* Connoisseur VSOP CD 169

## Bäumler, Hans-Jürgen

v (Deutschland, * 28. 1. 1942 in Dachau).

In den 90er Jahren verdingte sich der ehemalige Kufenläufer Hans-Jürgen Bäumler als riskanter TV-Moderator. 1964, nachdem er zusammen mit seiner Schlittschuhpartnerin Marika Kilius fünfmal die Deutsche Paarlaufmeisterschaft gewonnen hatte, Europameister und Olympiasieger geworden war, versuchten sich die zwei getrennt und zusammen als Sänger. Singende Sportler waren in den 60er Jahren in Deutschland keine Ausnahmeerscheinung. Ob Bubi Scholz, Franz Beckenbauer, Martin Lauer, Toni Sailer, Willy Kuhweide, Gerd Müller, Carl Kaufmann, Manfred Schnelldorfer, Hermann Schridde, Alwin Schockemöhle, Charly Dörfel, Erwin und Helmut Kremers oder Petar Radi Radenkovic (»Bin i Radi – bin i König«) – alle durften sie mal. Neben Martin Lauer waren vor allem Hans-Jürgen und Marika erfolgreich. Die beiden genossen in ihrer Zeit eine Popularität, wie sie später das Nichtpaar Steffi Graf und Boris Becker erreichten. Hans-Jürgen und Marika drehten einige nichtssagende Filmchen und hatten mit »Honeymoon in St. Tropez« einen gemeinsamen Hit. Beide brachten es auch auf Solo-Top-10-Erfolge – sein größter war »Wunderschönes fremdes Mädchen«. 1969 spielte er den Trapezartisten Viggo Dorian in der TV-Serie ›Salto Mortale‹. Mit ›Riskant‹ begann er Ende der 80er Jahre als Quizmaster bei RTL.

*Wunderschönes fremdes Mädchen (6/64 D 3)*
*Sorry Little Baby (3/65 D 7)*
***Deutscher Schlager***

**CD-Tip:** *Honeymoon in St. Tropez* Bear Family BCD 15 589

## Baxter, Les

p/bl (USA, * 14. 3. 1922 in Mexia/Texas, 15. 1. 1996).

Bereits als Teenager war Les Baxter Konzertpianist. Seine Ausbildung genoß er am Detroit Conservatorium of Music und am Pepperdine College in Los Angeles. Mitte der 40er Jahre wurde er Mitglied von Mel Tormé und den Mel-Tones. In den späten 40ern leitete er dann die Radioshows von Bob Hope, Abbott & Costello und anderen. Er begann, Arrangements für z. B. Nat King Cole und Margaret Whiting zu schreiben. Anfang der 50er Jahre ging er als Interpret und Produzent zu Capitol Records. Mit »Because Of You« hatte er Mitte 1951 seinen ersten Top-10-Hit in den USA. 1955/56 gelangen ihm zwei Nr. 1-Hits: »Unchained Melody« und »The Poor People Of Paris«. In den Jahren danach schrieb er Musik für Filme, mit Vorliebe für Horrorfilme, und mehrere Orchestersuiten. Im Januar 1996 starb er an Nierenversagen.

*Because Of You (7/51 US 4)*
*Blue Tango (3/52 US 10)*
*April In Portugal (4/53 US 2)*
*Ruby (5/53 US 7)*
*The High And The Mighty (7/54 US 4)*
*Unchained Melody (4/55 US 1, GB 10)*
*Wake The Town And Tell The People (8/55 US 5)*
*The Poor People Of Paris (2/56 US 1)*
***Big Band***

**CD-Tip:** *Baxter's Best* Capitol CDP 7 91218 2

## Bay City Rollers

ERIC FAULKNER, g (Großbritannien, * 21. 10. 1954 in Edinburgh); ALAN LONGMUIR, b (Großbritannien, * 20. 6. 1949 in Edinburgh); DEREK LONGMUIR, d (Großbritannien, * 19. 3. 1955 in Edinburgh); PAT MCGLYNN, g (Großbritannien, * 31. 3. 1958 in Edinburgh); LESLIE MCKEOWN, v (Großbritannien, * 12. 11. 1955 in Edinburgh); IAN MITCHELL, g (Großbritannien, * 22. 8. 1958 in Schottland); STUART WOOD, g (Großbritannien, * 25. 2. 1957 in Edinburgh).

Schon 1967 gründeten die beiden Brüder Longmuir in ihrer Heimatstadt Edinburgh die Bay City Rollers. Tam Paton war zu diesem Zeitpunkt Bandleader im ›Edinburgh Palais‹. Er sah die Kinder spielen und erkannte darin ihr Potential als Teenstars. Also schmiß er seinen Job hin und wurde ihr Manager. Den Namen Bay City Rollers soll er gefunden haben, indem er eine Nadel wahllos irgendwo auf eine amerikanische Landkarte steckte. Sie steckte in Bay City, Utah. Man stelle sich vor, die Nadel hätte den Ort Harts in West Virginia getroffen: dann wären aus den Jungs die Harts Rollers geworden. Was sie gefährlich in die Nähe dessen gebracht hätte, was sie musikalisch machten. Bis 1971 wechseln die Mitglieder innerhalb der Gruppe noch häufig. Dann erhalten sie einen Plattenvertrag, und Jonathan King produziert mit ihnen eine Neuaufnahme des 1965er-Hits »Keep On Dancing« von den Gentrys. Die Platte wird ein Top-10-Hit in GB. Die nächste Single wird ein Flop, dann kommt als neuer Gitarrist Eric Faulkner. »Manana« wird veröffentlicht, und damit hat die Band ihren ersten Erfolg in Deutschland. Aber erst nachdem Stuart Wood und Leslie McKeown im Januar 1973 zur Band stoßen, beginnt die ›Rollermania‹. Inzwischen legen sich die Jungs als Bühnenkleidung den sogenannten Tartan-Look zu, der schnell von den Fans übernommen wird. Die Jahre 1975/76 bringen Hit auf Hit. Dann verläßt Alan Longmuir die Band und wird ersetzt durch Ian Mitchell. Stuart Wood übernimmt den Baß. Mit dem Verlassen von Alan gibt es auch den ersten Bruch im Teenieimage der Gruppe. Faulkner wäre im April 1976 in Tam Patons Haus fast an einer Überdosis Drogen gestorben, und das, obwohl die Jungs nach außen hin nicht rauchten, nicht tranken und auch sonst nichts vom Leben hatten. Ian Mitchell bleibt nicht lange bei der Band. Er verläßt sie im August 1977, um eine eigene Gruppe zu gründen. Später sieht man ihn in einem Pornostreifen als Hauptdarsteller. Für ihn kommt Pat McGlynn. Im Herbst 1978 steht fest, daß die Zeit der Bay City Rollers vorbei ist. Eric Faulkner geht und versucht eine Solokarriere mit einigem Erfolg in Japan. Der Rest spielt bis in die 80er Jahre in GB und in den USA bei kleineren Veranstaltungen und in Clubs. 1982 wird Tam Paton wegen Unzucht mit Minderjährigen für drei Jahre ins Gefängnis geschickt.

1989 – die Gruppe ist jetzt nur noch in Japan populär, dort sind die Fans noch treuer als in Deutschland – erscheint für den dortigen Markt die CD »Collection Memorial«. Jährlich touren die unterschiedlichsten Exmitglieder der Bay City Rollers über die Insel. Billy Lyall, der in den Anfangstagen der Gruppe mitgespielt hatte, formiert 1973 die Gruppe Pilot. Er stirbt 1989 an Aids.

*Keep On Dancing (9/71 GB 9)*
*Remember (Sha-La-La) (2/74 GB 6)*
*Shang-A-Lang (4/74 GB 2)*
*Summer Love Sensation (7/74 GB 3)*
*All Of Me Loves All Of You (10/74 GB 4)*
*Bye Bye Baby (3/75 GB 1, D 10)*
*Give A Little Love (7/75 GB 1)*
*Saturday Night (10/75 US 1; 3/76 D 10)*
*Money Honey (11/75 GB 3; 2/76 US 9)*
*Love Me Like I Love You (4/76 GB 4; 7/76 CH 8)*
*I Only Wanna Be With You (9/76 GB 4, D 9)*
*It's A Game (5/77 D 4; 6/77 CH 6)*
*You Made Me Believe In Magic (6/77 US 10)*
***Boy Group***

**CD-Tip:** *Starke Zeiten* Arista 258 850

## Bazuka

TONY CAMILLO (USA).
Der amerikanische Produzent Tony Camillo nahm mit einer Crew von Studiomusikern, mit denen er auch ansonsten arbeitete, im Frühjahr 1975 die Instrumentalaufnahme »Dynomite – Part I« auf, die als Tony Camillo's Bazuka erschien und zur Überraschung aller Beteiligten im April 1975 ein Top-10-Hit in den USA wurde.

*Dynomite – Part I (4/75 US 10)*
***Instrumental***

## Beach Boys

GLEN CAMPBELL, v/g (USA, * 22. 4. 1936 in Billstown/Arkansas); AL JARDINE, v/g (USA, * 3. 9. 1942 in Lima/Ohio); BRUCE JOHNSTON, v/g/key/b (USA, * 27. 6. 1944 in Peoria/Illinois); MIKE LOVE, v (USA, * 15. 3. 1941 in Baldwin Hills/Kalifornien); DAVID MARKS (USA); BRIAN WILSON, v/key/b (USA, * 20. 6. 1942 in Hawthorne/Kalifornien); CARL WILSON, v/g (USA, * 21. 12. 1946 in Hawthorne/Kalifornien, † 8. 2. 1998); DENNIS WILSON, v/d (USA, * 4. 12. 1944 in Hawthorne/Kalifornien, † 28. 12. 1983).
Als am 8. 12. 1961 die erste Platte der Beach Boys, »Surfin'«, erschien, konnte niemand ahnen, daß sich diese Gruppe bis in die 90er Jahre behaupten würde. Das Auf und Ab in der Band war gewaltig. Zwischen 1963 und 1967 war die erste große Phase dieser Gruppe. 1976 und 1988 sollten sie jeweils wieder einen Top-10-Hit in den USA haben, nachdem man lange der Meinung war, sie seien wieder ganz weg vom Fenster. Drogenprobleme am Anfang der 70er Jahre drohten die Band zu sprengen. Während die Konstante in der Band Mike Love war, versuchte Brian Wilson, seine Ideen durchzusetzen. Während den Beatles mit »Sgt. Pepper« ein Multimillionseller-Album gelang, konnte sich das wenig vorher entstandene Werk »Pet Sounds« der Beach Boys nicht einmal zum einfachen Millionseller mausern. Daran hatte Brian Wilson schwer zu knabbern. Dem ohnehin introvertierten, von Beruhigungsmitteln abhängigen Brian fiel es immer schwerer, sich auf neue Kompositionen zu konzentrieren. Um sich herum baute er eine eigene Scheinwelt auf, die darin gipfelte, daß in seinem Wohnzimmer das Piano in einem Sandkasten zu stehen hatte. Während er komponierte, wollte er mit den Zehen im Sand spielen. Auf der anderen Seite: Die Tatsache, daß Brian nur auf einem Ohr hören konnte, machte in den Anfangstagen den Erfolg der Gruppe aus. Da er keine Single-Abmischung in Stereo machen konnte, schaffte er den typischen knalligen Beach-Boys-Sound, der sich speziell in den kleinen Autoradios als überaus präsent darstellte. Alle nachträglichen Stereo-Abmischungen

der frühen Beach-Boys-Hits sind bei weitem nicht so gut wie die Mono-Originale. Bevor sie als Beach Boys ab 1962 Erfolg haben sollten, firmierten sie als Kenny & The Cadets, Carl & The Passions und Pendletones. Schon vor 1961 hatten sie als Mitglieder einer Folkgruppe bei dem Verleger Hite Morgan vorgespielt. Nachdem die drei Brüder Wilson aus Hawthorne, Kalifornien, und Cousin Mike Love – dessen Mutter Emily ist Vater Murray Wilsons jüngere Schwester – Anfang der 60er Jahre die Begeisterung der Kalifornier fürs Surfen bemerkt hatten und ihren musikalischen Stil in diese Richtung veränderten, lud Morgan die Pendletones zu sich nach Hause ein, um mit ihnen den Song »Surfin'« einzuspielen. Morgan veröffentlichte die Platte am 8. 12. 1961 – es wurde ein Flop. Die Jungs nahmen den Titel neu auf, und nun fanden sie in Candix eine Plattenfirma, die ihn veröffentlichen wollte. Die jedoch wollten nicht den Namen Pendletones und schlugen Surfers vor. Das gefiel den Jungs wieder nicht, und so einigte man sich auf Beach Boys. Auch dieses Mal kam die Platte nicht in die Hitparaden. Al Jardine verließ die Gruppe und wurde ab März 1962 durch David Marks ersetzt, der schräg gegenüber von den Wilsons wohnte. Ein Jahr später kam Jardine wieder zurück. Vater Murray Wilson wollte es nun wissen und lief sich mit »Surfin'« bei diversen Plattenfirmen einen Wolf. Bei Capitol Records fand er Interesse, und man machte mit den Beach Boys »Surfin' Safari«. Candix hatte inzwischen noch einmal »Surfin'« veröffentlicht. Dieses Mal wurde es ein Platz 75 in den US-Charts. Nebenbei: Die Originalpressung dieser Single mit der Nummer Candix 331 ist in den USA nicht unter 200 Mark zu haben. »Surfin' Safari« wurde im August 1962 der erste Top-20-Hit für die Beach Boys. Im Frühjahr 1963 gelang ihnen mit »Surfin' U.S.A.« der erste Top-10-Hit. Erst 1974, als »Surfin' U.S.A.« wiederveröffentlicht wurde, stand der richtige Autor unter dem Titel – es war eine Adaption der Chuck-Berry-Nummer »Sweet Little Sixteen«. Die ersten persönlichen und gesundheitlichen Schwierigkeiten stellten sich bei Brian Wilson im Dezember 1964 ein. Er wollte nicht weiterhin mit der Gruppe auf Tournee gehen und wurde kurzfristig durch Glen Campbell ersetzt, der seinerseits im April durch Bruce Johnston Ersatz fand. Bruce hatte vorher zusammen mit Terry Melcher, dem Sohn von Doris Day, zwei Top-100-Hits als Bruce & Terry. Zur Bühnenband gehörte eine Zeitlang Daryl Dragon, der später zusammen mit Tennille als Captain & Tennille erfolgreich war. Der erste Millionseller gelang den Beach Boys dann Mitte 1964 mit »I Get Around«, der zweite Ende 1966 mit »Good Vibrations«. Dieser Titel zeigte schon an, daß sich die Beach Boys musikalisch von ihrem ›Fun-Fun-Fun‹-Image lösten. Ende der 60er Jahre dann die Krise und 1988 der Platinhit »Kokomo« aus dem Film »Cocktail«. Dennis Wilson, von dem man wußte, daß er als einziger der Beach Boys ein wirklicher Surfer war, ertrank am 28. 12. 1983. Dieser tragische Unfall brachte Brian, der 1982 aus der Gruppe geworfen worden war, um mit einem Kampfgewicht von 320 Pfund eine Entziehungskur anzutreten, wieder zur Räson, und im Juli 1988 erschien die erste Soloplatte von Brian Wilson. Im selben Jahr wurden die Beach Boys in die Rock 'n' Roll Hall of Fame aufgenommen. Musikalisch wird der Name Wilson inzwischen durch Brians Töchter Wendy und Carnie fortgeführt, die zwei Drittel des Trios Wilson Phillips bildeten. Im September 1991 erscheint ›Wouldn't It Be Nice', eine Biographie von Brian Wilson, an der Greil Marcus mitgeschrieben hat. Auch in den weiteren 90er Jahren verkaufen sich die Alben der Beach Boys gut. Verschiedene ältere Platten bringen es als CD-Version zu Platin. Ende

1992 erscheint mit »Summer In Paradise« das erste Studioalbum der Band seit sieben Jahren. 1993 kommt eine Box mit fünf CDs unter dem Titel »Good Vibrations: 30 Years Of The Beach Boys« auf den Markt, die noch im selben Jahr vergoldet wird. Auch in den nächsten Jahren erscheinen immer wieder Greatest-Hits-Zusammenstellungen, die dann auch regelmäßig in den britischen und amerikanischen Albumcharts auftauchen. Wie schon bei den Beatles versucht nun Capitol Records, älteres und bisher unveröffentlichtes Material der Beach Boys zu verkaufen. So kommen im Herbst 1997 »The Pet Sounds Sessions (Produced By Brian Wilson)« mit vier CDs auf den Markt. Den Erfolg wie die Beatles-Anthologien haben die Beach Boys damit nicht. Ihr bisher letzter Auftritt in den Singlecharts: Zusammen mit Status Quo machten sie eine Neuaufnahme von »Fun Fun Fun«, die es im Frühjahr 1996 auf Platz 24 in GB brachte. Carl Wilson starb Anfang 1998 an Lungenkrebs. Mitte 1998 erschien mit »Your Imagination« wieder eine neue Single von Brian Wilson. Wenig später kam ein gleichnamiges Album.

*Surfin' U.S.A. (3/63 US 3)*
*Surfer Girl (8/63 US 7)*
*Be True To Your School (11/63 US 6)*
*Fun, Fun, Fun (2/64 US 5)*
*I Get Around (5/64 US 1; 7/64 GB 7)*
*When I Grow Up (To Be A Man) (9/64 US 9)*
*Dance, Dance, Dance (11/64 US 8)*
*Help Me Rhonda (4/65 US 1; 7/65 D 10)*
*California Girls (7/65 US 3)*
*Barbara Ann (1/66 D 2, US 2, GB 3)*
*Sloop John B. (4/66 D 1, GB 2, US 3)*
*God Only Knows (7/66 GB 2)*
*Wouldn't It Be Nice (7/66 US 8)*
*Good Vibrations (10/66 GB 1, US 1, D 8)*
*Then I Kissed Her (5/67 GB 4)*
*Heroes And Villains (8/67 GB 8)*
*Do It Again (9/67 D 4; 7/68 GB 1; 10/68 CH 7)*
*I Can Hear Music (2/69 GB 10)*
*Break Away (6/69 GB 6)*
*Cottonfields (5/70 GB 5)*
*Rock And Roll Music (6/76 US 5)*
*Lady Lynda (6/79 GB 6)*
*Wipeout (8/87 GB 2)*
*Kokomo (9/88 US 1; 1/89 D 7; 3/89 CH 8)*
***Pop, Surf-Music***

**CD-Tip:** *Good Vibrations* Capitol 7 89936 2

## Beagle Music Ltd.

HOLGER JULIAN KOPP (Deutschland).
›Ice In The Sunshine – was paßt besser in die Jahreszeit als dieser poppige Sommertitel? Positive Frische, eine Supermelodie und poppige Discorhythmen lassen die Assoziation von Urlaub, Strand und guter Laune entstehen. Ein Sommerhit, wie er besser nicht sein kann.‹ Das war die Information, die die Plattenfirma der Veröffentlichung von »Ice In The Sunshine« beilegte. Trotz dieser Informationsflut wurde die Platte im August 1986 ein Top-10-Hit in Deutschland. Dann war der Sommer vorbei, und alles schmolz wie das Eis in der Sonne. Der Kopf dieser Gruppe war Holger Julian Kopp, der die kleine Melodie eigentlich für einen Werbespot von Langnese geschrieben hatte. Daß sich Werbemelodiechen zu veritablen Hits aufblasen lassen, gibt es schon seit vielen Jahrzehnten – und immer noch. Anfang 1995 kam mit »The Kiss (Gammon)« mal wieder eine neue Platte von Beagle Music Ltd. Diesmal handelte es sich um eine Melodie zu einem TV-Spot für eine Herrenduftserie.

*Ice In The Sunshine (8/86 D 10)*
***Pop***

## Beastie Boys

KING AD-ROCK, v (USA, * 31. 10. 1966 als Adam Horovitz in Manhattan/New York City); MIKE D, v (USA, * 20. 11. 1965 als Michael Diamond in New York City); MCA, v (USA, * 15. 8. 1967 als Adam Yauch in Brooklyn/New York City/New York).
Adam Yauch und Mike Diamond hatten

die Gruppe zusammen mit Kate Schellenbach und John Berry 1981 als The Young & The Useless gegründet. Die vier nannten sich schließlich Beastie Boys – dann gingen Kate (sie wurde später Mitglied bei Luscious Jackson) und John Berry (tauchte später bei Thwig auf) – dafür kam 1982 Adam Horovitz. 1983 machten die drei weißen New Yorker Rap zum Bestandteil ihrer Bühnenshow. Mitte 1984 begleitete das Trio Madonna auf einer US-Tournee. Wenig später erschien die erste Single, »Rock Hard«, im März 1987 die Debüt-LP »Licenced To Ill« – bis Ende 1996 sollte sich diese Platte 5 millionenmal verkaufen. Es wurde das erste Rap-Album, das einen Platz 1 in der amerikanischen Pophitparade belegte – und gilt als das kommerziell erfolgreichste. Die Singleauskopplung »(You Gotta) Fight For Your Right (To Party!)« wurde ein Top-10-Hit in den USA und erreichte Platz 11 in der britischen Hitparade. Die Nachfolger »No Sleep Till Brooklyn« und »She's On It« wurden zumindest in GB Hits. Gerade dort hatte sie inzwischen die britische Presse gefressen und regte sich regelmäßig über ihre Bühnenauftritte und ihr Benehmen in der Öffentlichkeit auf. Das schien allerdings nicht zu schaden. Und als 1992 die dritte LP der Beastie Boys, »Check Your Head«, erschien, konnte man lesen: ›Aus den Lümmeln des Jahres 1987 sind Leute geworden.‹ Ihre Musik, anfänglich rüder Rap, hatte sich inzwischen in der Tat zu einer Mixtur aus HipHop, Jazz und Rock 'n' Roll entwickelt. Mitte 1994 kam »Ill Communication« auf den Markt. Dieses Album setzte bis Ende 1996 mehr als 2 Millionen Exemplare um. Die Singleauskopplung »Get It Together/ Sabotage« erreichte in GB Platz 19. Wer es schon immer wissen wollte, was denn ›Beastie‹ bedeutet, hier die Lösung: Boys entering anarchistic states towards internal excellence. Unter diesem Eindruck heiratete Adam Horovitz die Schauspielerin Ione Skye. Es handelt sich dabei um die Tochter des britischen Protestsängers Donovan. Am 14. 7. 1998 erschien mit »Hello Nasty« wieder ein neues Album, das am 18.7. bzw. 20.7. bzw. 1.8. 1998 gleich auf Platz 1 der englischen/deutschen/amerikanischen LP-Charts einstieg. Daraus ausgekoppelt wurde die Single »Intergalactic«, auf Anhieb ein Top-10-Hit in GB.

*(You Gotta) Fight For Your Right (To Party!) (12/86 US 7)*
*She's On It (7/87 GB 10)*
*Intergalactic (7/98 GB 5)*
***HipHop, Jazz, Pop, Rap, Rock***

**CD-Tip:** *Licenced To Ill* Def Jam 450 062 2

## Beat

ANDY COX, g (Großbritannien, * 25. 1. 1956 in Birmingham); EVERETT MORTON, d (* 5. 4. 1951 in St. Kitts/West Indies); RANKING ROGER, v (Großbritannien, * 21. 2. 1961 als Roger Charlery in Birmingham); SAXA, sax; DAVID STEELE, key/b (Großbritannien, * 8. 9. 1960 in Isle of Wight); DAVE WAKELING, v/g (Großbritannien, * 19. 2. 1956 in Birmingham).

Ende der 70er Jahre. Gruppen wie Selecter, Bodysnatchers, Specials, Fun Boy Three, Madness oder Bad Manners werden als Two-Tone-Bands bezeichnet. Im September 1978 – in GB besteht ein großes Interesse an dieser Mischung aus Reggae, Ska und Bluebeatmusik – findet sich die weitere Two-Tone-Band Beat zusammen. Kopf ist Dave Wakeling, der als Sänger, Gitarrist und Songschreiber fungiert. Um ihre erste Single zu produzieren, müssen sie sich 500 Pfund leihen. Es ist eine Coverversion des Smokey-Robinson-Titels »Tears Of A Clown«, der Top 10 wird und sich alleine in England über 300.000 mal verkauft. Die Jungs von Beat sind clever und etablieren ihr eigenes Plattenlabel, das sie von Arista vertreiben lassen.

Bis Mitte 1983 haben sie vier weitere Top-10-Hits in GB. Was sie in ihren Anfangstagen machten, war Drei-Minuten-Pop der einfachen Art. Schon auf der zweiten LP, im Mai 1981 veröffentlicht, verlor das multirassische Ensemble aus Birmingham genau diese Leichtigkeit. Die Intention der Band: Sie wollten sich von einem Image befreien, das sie als leichtgewichtige, oberflächliche Tanz- und Spaßcombo abtat. Sie drehten die Schraube zu weit und manövrierten sich selbst in eine Sackgasse. Während der Vorbereitungen zum dritten Album im April 1982 erkrankte der 53jährige Jamaikaner Saxa schwer an der Lunge, die Ärzte verordneten Auftrittsverbot. Als Verkaufshemmer für ihre Platten attestierte die deutsche Vertragsfirma der Band deren wachsendes politisches Engagement. Benefizkonzerte, meist zugunsten von Kampagnen der Anti-Atomwaffenund -Kernkraft-Bewegung und gegen Arbeitslosigkeit, fanden beinahe häufiger statt als kommerzielle Konzerte. Mitte 1983 trennte man sich. Sinnigerweise standen sie zu diesem Zeitpunkt auf Platz 3 der britischen Hitparade mit einem Remix von »Can't Get Used To Losing You«, aufgenommen 1980. Dave Wakeling gründete mit Ranking Roger die Formation General Public, die sich nach zwei Alben wieder trennte. Nach einigen Querelen arbeiteten die beiden zumindest als Songschreiber wieder zusammen. Wakeling ließ sich schließlich in L.A. nieder, versuchte eine Solokarriere und engagierte sich verstärkt für Greenpeace. David Steele und Andy Cox holten sich den Sänger Roland Gift und bilden mit ihm zusammen die Fine Young Cannibals.

*Tears Of A Clown/Ranking Full Stop (12/79 GB 6)*
*Hands Off – She's Mine (2/80 GB 9)*
*Mirror In The Bathroom (5/80 GB 4)*
*Too Nice To Talk To (12/80 GB 7)*
*Can't Get Used To Losing You (4/83 GB 3)*
***Beat***

## Beatles

PETE BEST, d (Indien, * 24. 11. 1941 in Madras); GEORGE HARRISON, v/g (Großbritannien, * 25. 2. 1943 in Liverpool); JOHN LENNON, v/g (Großbritannien, * 9. 10. 1940 in Liverpool, † 8. 12. 1980); PAUL MCCARTNEY, v/g/b (Großbritannien, * 18. 6. 1942 in Liverpool); RINGO STARR, v/d (Großbritannien, * 7. 7. 1940 als Richard Starkey in Liverpool); STU SUTCLIFFE, b (Großbritannien, * 23. 6. 1940 in Edinburgh, † 10. 4. 1962).

Bei dieser Band wird in den meisten Fällen mit Superlativen nicht gegeizt. Die Literatur ist mannigfaltig und umfangreich. Wann die Beatles was und warum gemacht haben, läßt sich fast auf den Tag genau nachvollziehen. Drum hier am Anfang zwei Zahlen, die verblüffend für diejenigen sind, die die Zeit der Beatles nicht erlebt haben, auf der anderen Seite von ihren Eltern vom Stellenwert dieser Formation gehört haben. Zwischen Oktober 1962 und März 1970 veröffentlichten die Beatles 22 Singles. In einem ähnlich kurzen Zeitraum sind 13 LPs und 14 EPs erschienen. Auf den EPs ist in der Regel schon wieder Material, das auf Single oder LP vorliegt. Das war es. Mehr haben sie offiziell nicht herausgebracht. Und wer diese Platten hat, hat das Beste der Beatles zu Hause stehen. Sogenannte ›Rare‹ oder ›Ultra Rare Tracks‹ sind völlig überflüssig und geben in den meisten Fällen auch nicht das wieder, was die Gruppe für veröffentlichungswürdig befand. Man kann gegen Bootlegs rechtliche Bedenken haben, aber Schwarzpressungen kommen auf den Markt gegen die ausdrücklichen Interessen und Wünsche der Interpreten und sind somit vom moralischen Standpunkt her ein Schlag ins Gesicht der Künstler. Als am 5. 10. 1962 mit »Love Me Do/P.S. I Love You« die erste Single der Beatles erschien, waren sie keinesfalls mehr Frischlinge in der Szene. Wie viele britische Musiker hatten sie die

Ochsentour durch ›Top Ten‹, ›Star-Club‹ und andere Etablissements hinter sich; hatten in Löchern gehaust; hatten sich mit ›Hallo Wach‹ im Stundenrhythmus durch die Tage gequält, hatten mit Stu Sutcliffe in Hamburg einen Mitspieler aus den Anfangstagen verloren. Als die Beatles nach einem Gastspiel im Star-Club nach Liverpool zurückkehrten, blieb Stu in Hamburg, um Malerei zu studieren. Bei ihrer Rückkehr nach Hamburg am 11.4. 1962 mußten sie erfahren, daß Stu einen Tag zuvor an einem Gehirntumor gestorben war. Zwei Tage später, am 13. April, wurde der legendäre Star-Club mit dem Plakat eröffnet: ›Die Not hat ein Ende! Die Zeit der Dorfmusik ist vorbei!‹. Am 22./ 23.6.1961 hatten die Beatles in der Hamburg-Harburger Friedrich-Ebert-Halle unter dem Produzenten Bert Kaempfert als Begleitmusiker von Tony Sheridan und auch ohne ihn einige Stücke aufgenommen. Darunter war die Nummer »My Bonnie«, die Ende 1961 immerhin bis auf Platz 32 in der deutschen Hitparade kam. Allerdings – auf der Plattenhülle werden die Beatles nicht einmal erwähnt, und auf der Platte selbst steht Tony Sheridan & The Beat Brothers. Bert Kaempfert, der ja in den Jahren danach bewies, daß er einen guten Riecher für erfolgreiche Musik besaß, hat das musikalische Potential der Beatles nicht erkannt. So sollte es der Band auch gehen, als sie am 1.1. 1962 bei der Plattenfirma Decca ein Probeband aufnahm. Die Zeit der Gitarrenbands sei vorbei, wurde ihnen gesagt, und damit waren sie abgelehnt. Ende Oktober 1961 soll ein potentieller Plattenkäufer in dem Schallplattengeschäft NEMS im Liverpooler Stadtteil Whitechapel nach der Platte »My Bonnie« von den Beatles gefragt haben. Der Geschäftsführer hieß Brian Epstein. Er besorgte dieses merkwürdige Stück und verkaufte innerhalb kürzester Zeit 200 Exemplare. Anfang Dezember 1961 traf er sich mit der Gruppe und schlug vor, ihr Manager zu werden gegen eine Beteiligung von 25 Prozent an all ihren Einkünften. Er besorgte den Beatles die Probeaufnahme im Decca-Studio. Er war es auch, der am Ball blieb und ihnen am 6.6.1962 einen Vorspieltermin bei Parlophone besorgte. Die Beatles spielten also in ihren Anfangstagen zu fünft. Und selbst eingefleischte Fans von John, Paul, George und Ringo sind der Meinung, daß Stu Sutcliffe und Pete Best in den Anfangstagen der Band die Publikumslieblinge der Gruppe waren. Stu hatte was von James Dean, Pete von Eddie Cochran. Stu blieb in Hamburg, verlobte sich mit Astrid Kirchherr und starb. Pete Best wurde im wahrsten Sinne des Wortes aus der Gruppe hinausgeekelt, bevor die erste offizielle Single erschien. Bei den Probeaufnahmen für Parlophone im Juni 1962 war er noch dabei. Als die Beatles zur ersten regulären Aufnahme erschienen, hatten sie den Nachfolger Ringo Starr am Schlagzeug sitzen. Der wiederum überzeugte den Produzenten George Martin nicht. Wohl aus diesem Grund hatte er bereits einen Ersatzdrummer mitgebracht. Daß sich Ringo im Laufe der Jahre zum Knuddel-Beatle entwickeln würde, konnte man nicht ahnen. Die erste Single der Beatles war auch noch nicht der absolute Renner, aber schon »Please Please Me«, veröffentlicht am 11.1.1963, wurde ein Platz 2 und »From Me To You«, genau vier Monate später auf den Markt gebracht, ein Platz 1 in der britischen Hitparade. Von diesem Zeitpunkt an bis Mitte 1970 dominierten die Beatles weltweit die Hitparaden. Bemerkenswert ist der musikalische Wandel der Gruppe – zwischen »Love Me Do« und »Let It Be« liegen Welten. Als sich die Gruppe im April 1970 trennte, war sich niemand bewußt, daß damit ein Katalysator für die Entwicklung der Pop-Musik verlorengegangen war. Wer auch immer in den 60er Jahren versucht hat, im Popgeschäft Fuß zu fassen, lehnte sich an die Entwicklung an, die die Beatles vorgaben. Viele amerikanische Gruppen versuchten, britischer als die Beatles zu klingen, und schafften es nicht. Viele britische Bands inklusive der Rolling Stones beobachteten genau, was von den vier aus Liverpool als Marschrichtung vorgegeben wurde. Bis in die 70er und 80er Jahre reicht der Einfluß der Beatles, und wer immer mal einen Spitzenreiter in GB hatte, wurde schon mit ihnen verglichen, und alles sprach von einer neuen ›Beatlemania‹. Bei manchen Interpreten, wie z. B. den Bay City Rollers oder der Gruppe Knack, eine absolute Frechheit. Wie viele Platten die Beatles inzwischen verkauft haben, dürfte nur sehr schwer nachzuvollziehen sein. Gerade mit der aufkommenden CD wurde der Gesamtkatalog noch einmal neu veröffentlicht, und bei einer solchen Gelegenheit wird festgestellt, daß allein Paul McCartney in der Nach-Beatles-Zeit doppelt soviel Platten herausbrachte wie die Beatles. 1988 wurden die Fab Four in die Rock 'n' Roll Hall of Fame aufgenommen.

Am 30. 11. 1994 veröffentlichte die EMI weltweit ein angeblich neues Album. Darauf zu hören 56 Songs, die die Beatles in den frühen 60er Jahren für die BBC aufgenommen hatten. George Martin bearbeitete die Nummern, die sicher nur für den harten Kern der alten Beatles-Fans gedacht waren. Der jedoch hatte die meisten Nummern schon als Schwarzpressungen in der Sammlung. Als Single erschien die alte Bacharach-David-Nummer »Baby It's You«, die sich am 1. 4. 1995 auf Anhieb unter den ersten 10 der britischen Charts plazierte. 1995 kam eine TV-Serie über die Geschichte der Fab Four in die Glotze, zu der eine Soundtrack-CD-Box mit dem Titel »Beatles Anthology« erschien. Hierzu gingen die drei überlebenden Beatles ins Studio und nahmen neue Songs auf. Grundlage waren alte Bänder, die John Lennon einst als Demos aufgenommen hatte. Als erste Veröffentlichung kam im Herbst 1995 die Single »Free As A Bird« in die Plattenläden und in die Charts. Schließlich erschien pünktlich zum Weihnachtsfest 1995 die Doppel-CD »Anthology 1«, die in etlichen internationalen Albumcharts auf Platz 1 einstieg. Allein in den USA wurde bereits nach wenigen Wochen Platin vergeben – insgesamt wurden bisher über 6 Millionen Exemplare verkauft. Im Frühjahr 1996 kam dann »Anthology 2« – auch diese Doppel-CD erreichte wieder Spitzenpositionen. Diesmal war als Appetithäppchen die Single »Real Love« auf den Markt gekommen, die insgesamt gesehen schlechter abschloß als »Free As A Bird« und auch langweiliger war. Und auch »Anthology 3« wurde wieder ein internationaler Verkaufserfolg – obwohl nun langsam die Luft raus war. Allen drei Anthologien war gemein, daß sie bisher unveröffentlichtes Material beinhalteten, das aber trotzdem auf der einen oder anderen Bootleg-CD schon einmal zu hören war. Meist waren es die Versionen von bekannten Nummern, die die Beatles damals als nicht so gut wie die empfanden, die dann veröffentlicht wurde. In manchen Fällen muß allerdings heute eingeräumt werden, daß die Beatles auch mal danebenlagen. Alles in allem wurde durch die sechs Anthology-CDs erneut der hohe Stellenwert der Beatles in der Popgeschichte dokumentiert. Und ehrlich: So manche verworfene Version eines Titels von damals ist unglaublich viel besser als das, was Ende der 90er Jahre manchmal auf Platz 1 in irgendwelchen Charts stand! Die Grammy-Verleihung 1997 brachte den Beatles drei Preise: »Free As A Bird« wurde als bester Popgesang einer Gruppe ausgezeichnet. Zwei Preise erhielten sie für die besten Musikvideos. Als Ende April 1997 nachgerechnet wurde, welche Popstars im Jahre 1996 das meiste Geld verdient hatten, lagen die Beatles mit einer Einnahme von 48 Millionen Pfund 27 Jahre nach ihrer Auflösung auf Platz 1! Auf den nachfolgeden Rängen: Oasis mit 25 Millionen Pfund, Queen mit 20, Pink Floyd mit 15, George Michael und die Rolling Stones mit jeweils 13, Sting mit 12, Rod Stewart mit 11 und Bush und Simply Red mit jeweils 9,5 Millionen Pfund.

*Please Please Me (1/63 GB 2; 2/64 US 3)*
*From Me To You (4/63 GB 1)*
*She Loves You (8/63 GB 1; 1/64 US 1, D 7)*
*Twist And Shout (10/63 D 10; 3/64 US 2)*
*I Want To Hold Your Hand (12/63 D 1, GB 1, US 1)*
*Can't Buy Me Love (3/64 GB 1, US 1)*
*Do You Want To Know A Secret (3/64 US 2)*
*Love Me Do (4/64 US 1; 10/82 GB 4)*
*Komm, gib mir deine Hand (4/64 D 5)*
*Sie liebt dich (4/64 D 7)*
*P.S. I Love You (5/64 US 10)*
*A Hard Day's Night (7/64 GB 1, US 1; 9/64 D 2)*
*Long Tall Sally (8/64 D 7)*
*I Should Have Known Better (11/64 D 6)*
*I Feel Fine (12/64 GB 1, US 1, D 3)*
*She's A Woman (12/64 US 4)*
*Eight Days A Week (2/65 US 1, D 5)*
*Rock And Roll Music (4/65 D 2)*
*Ticket To Ride (4/65 GB 1, US 1, D 2)*
*Help! (7/65 GB 1, US 1, D 2)*
*Yesterday (9/65 US 1; 11/65 D 6; 3/76 GB 8)*
*We Can Work It Out (12/65 US 1, D 2)*
*Day Tripper/We Can Work It Out (12/65 GB 1)*
*Day Tripper (12/65 US 5)*
*Michelle (2/66 D 6)*
*Nowhere Man (3/66 D 3, US 3)*
*Paperback Writer (6/66 D 1, GB 1, US 1)*
*Yellow Submarine/Eleanor Rigby (8/66 D 1, GB 1, US 2)*
*Penny Lane/Strawberry Fields Forever (2/67 GB 2)*
*Strawberry Fields Forever (2/67 US 8)*
*Penny Lane (2/67 D 1, US 1)*
*All You Need Is Love (7/67 D 1, GB 1, US 1)*
*Hello Goodbye (11/67 D 1, GB 1, US 1)*
*Magical Mystery Tour (Doppel-EP) (12/67 GB 2)*
*Magical Mystery Tour (1/68 CH 6)*
*Hello, Goodbye (1/68 CH 2)*
*Lady Madonna (3/68 CH 1, GB 1, D 2, US 4)*
*Hey Jude (9/68 CH 1, D 1, GB 1, US 1)*
*Ob-La-Di, Ob-La-Da (2/69 CH 1, D 1)*
*Get Back/Don't Let Me Down (4/69 CH 1)*
*Get Back (4/69 D 1, GB 1, US 1)*
*Ballad Of John And Yoko (6/69 CH 1, D 1, GB 1, US 8)*
*Come Together (10/69 US 1)*
*Something/Come Together (10/69 CH 2; 11/69 D 1, GB 4)*
*Something (10/69 US 3)*
*Let It Be (3/70 CH 1, D 1, US 1, GB 2)*
*The Long And Winding Road (5/70 US 1; 6/70 CH 8)*
*Got To Get You Into My Life (6/76 US 7)*
*Beatles Movie Medley (6/82 GB 10)*
*Baby It's You (4/95 GB 7)*
*Free As A Bird (12/95 GB 2, US 6)*
*Real Love (3/96 GB 4)*

***AOR (Adult Orientated Rock), Beat, Boy Group, Merseybeat, Pop, Psychedelic, Rock***

**CD-Tip:** *Past Masters Vol. 1 & 2* Parlophone CDP 7 90043/4
**CD-Tip:** *The Beatles/1962 – 1966* Apple 7 97036 2
**CD-Tip:** *The Beatles/1967 – 1970* Apple 7 97039 2

## Beatmasters

P. P. Arnold, v (USA, geb. in Los Angeles/ Kalifornien); Betty Boo, v (Großbritannien, * 6. 3. 1970 als Alison Moira Clarkson in London); Paul Carter, rap; Claudia Fontaine, v (Großbritannien); Manda Glanfield, rap (Großbritannien); Richard Walmsley, rap (Großbritannien, * 18. 9. 1962).

Die Beatmasters tauchten 1987 in der englischen House- und HipHop-Szene auf. Alle drei Mitglieder begannen ihre Karriere als Komponisten von Werbejingles. Als Abwechslung von diesen Auftragsarbeiten und zu ihrem eigenen Vergnügen produzierten sie »Rok Da House« und überredeten ihre Freunde, die Cookie Crew, dazu zu rappen. Das Demo dieser Aufnahme verteilten sie an Discjockeys, die diese Nummer auch tatsächlich spielten. Ein Musiker brachte das Demo zu einer Plattenfirma, und zur allgemeinen Überraschung wurde das Stück im Januar 1988 ein Top-10-Hit in GB. Damit etablierten sich die Beatmasters als bestes britisches Discoproduktionsteam. Sie fummelten an Stücken von Cookie Crew, Hot

Line, MC Merlin, Yazz oder Viola Wills. Sich selbst verschafften sie mit »Who's In The House« und »Hey DJ/I Can't Dance (To That Music You're Playing)/Ska Train« zwei weitere Top-10-Hits. Da sie offensichtlich auf vokale Hilfe angewiesen sind, haben Claudia Fontaine, P. P. Arnold oder auch Betty Boo bei den Aufnahmen mit ihren Stimmen herhalten müssen.

*Rok Da House (1/88 GB 5)*
*Who's In The House (4/89 GB 8)*
*Hey DJ/I Can't Dance (To That Music You're Playing)/Ska Train (8/89 GB 7)*
***HipHop, House***

**CD-Tip:** *Life And Soul* Epic 468 993 2

## Beats International

DAVID BARBAROSSA, d (Großbritannien, * 6. 12. 1957 als Barbe); ANDY BOUCHER, key (Großbritannien, * 1. 7. 1966); NORMAN COOK, v/g/b (Großbritannien, * 31. 7. 1963 in Brighton/Sussex); LINDY LAYTON, v (Großbritannien, * 7. 12. 1970); LITZER NOEL, v (* 3. 9. 1962); MC WILSKI, rap.

Nachdem sich die Housemartins 1988 aufgelöst hatten, versuchte sich Norman Cook zuerst als Solist. 1990 war er dann Mitbegründer von Beats International. Mit »Dub Be Good To Me« hatte diese Formation im März 1990 einen Spitzenreiter in der britischen Hitparade. Nebenher versuchte sich Norman mit Erfolg als Remixer für Aufnahmen von James Brown, Coldcut, Fine Young Cannibals oder Sisters of Mercy. Cook dürfte zu denjenigen gehören, die der teilweise stumpfsinnigen Dance-Floor-Szene ein bißchen Leben eingehaucht haben. 1994 erschien von seiner neuen Formation Freakpower die CD »Drive-Thru Booty«. Die Singleauskopplung »Turn On, Tune In, Cop Out« stieg im März 1995 auf Platz 3 der britischen Hitparade ein.

*Dub Be Good To Me (2/90 GB 1; 3/90 D 4; 5/90 CH 6)*
*Won't Talk About It (5/90 GB 9)*
***Dance***

**CD-Tip:** *Excursion On The Version* Go Beat 828 290–2

## Beau Brummels

RON ELLIOTT, v/g (USA, * 21. 10. 1943 in Haddsburg/Kalifornien); RONALD MEAGHER, g/b (USA, * 2. 10. 1941 in Oakland/Kalifornien); DECLAN MULLIGAN, b (Irland, geb. in Tipperary); JOHN PETERSEN, d (USA, * 8. 1. 1942 in Rudyard/Michigan); SAL VALENTINO, v (USA, * 8. 9. 1942 als Salvatore Williard Spampinato in San Francisco).

Die Beau Brummels sollten die amerikanische Antwort auf die britische Beat-Invasion sein. 1964 fanden die Musiker in San Francisco zusammen. Obwohl die anderen Musiker alle irischer Abstammung waren, schien das einzige in Irland geborene Mitglied der Gruppe, Declan Mulligan, nicht zum amerikanischen Image dieser Band zu passen. Nach der ersten Langspielplatte verließ er die Gruppe. Was diese ›amerikanische Antwort‹ heute im Rückblick zustande gebracht hat, ist mehr als kläglich. Mit »Just A Little« hatten sie im April 1965 ihren einzigen Top-10-Erfolg in den USA. Querelen innerhalb der Band, Umbesetzungen und Richtungslosigkeit führten dazu, daß 1967 nur noch Elliott und Valentino übrigblieben. Ende 1968 war das Kapitel Beau Brummels erst einmal erledigt. Valentino machte einige Solosingles, bevor er die Band Stone Ground gründete. Elliott veröffentlichte ein Soloalbum und kam in den frühen 70er Jahren mit Pan wieder zu Potte. 1974 kam die Originalband erneut zusammen, veröffentlichte im April 1975 eine schlaffe Platte und verschwand dann endgültig von der Bildfläche.

*Just A Little (4/65 US 8)*
***Beat***

**CD-Tip:** *Collection* Line IMCD 9.00604 0

## Beautiful South

JACQUELINE ABBOTT, v (Großbritannien); BRIANA CORRIGAN, v (Großbritannien, geb. in Antrim/Nord Irland); PAUL HEATON, v/g (Großbritannien, * 9. 5. 1962 in Birkenhead); DAVID HEMINGWAY, v/d (Großbritannien, * 20. 9. 1960 in Hull); DAVID ROTHERAY, g (Großbritannien, * 9. 2. 1961 in Hull); DAVID STEAD, d (Großbritannien, * 15. 10. 1962 in Huddersfield); SEAN WELCH, b (Großbritannien, * 12. 4. 1960 in Enfield).

Im Mai 1989 wurde Beautiful South aus den Trümmern der Housemartins gegründet. Mitglieder dieser Band waren Paul Heaton, Dave Hemingway und der ehemalige Housemartins-Roadie David Stead. Gleich mit ihrer ersten Platte, »Song For Whoever«, einer sanften Ballade über die unbedachte Frauendiskriminierung in Popsongs, landete die Gruppe einen Top-10-Hit im Juni 1989. Sarkasmus, Ironie, feine Beobachtungsgabe zeichnen die Texte dieser Gruppe aus. Die Songs erzählen kleine Alltagsgeschichten, verpackt in originelle Arrangements und differenzierte Rhythmen. Paul Heaton: ›Wir wollen Stellung beziehen, aber wir verarbeiten ernste Themen lieber etwas sarkastisch. Wir wollen die Leute zwar nicht auf den Arm nehmen, uns aber deutlich von diesen Stock/Aitken/Waterman-Produktionen absetzen.‹ Als ›Ironie der Ironie‹ bezeichnet er den Umstand, daß Beautiful South in den Charts neben Jason Donovan, Kylie Minogue und Rick Astley standen. ›Schön, wenn Leute neben Schrott auch anspruchsvolle Popsongs mögen.‹ Im Oktober 1990 erschien das hervorragende Stück »A Little Time«, das in GB Platz 1 in der Hitparade wurde. Amerika konnte diese Band bisher nicht erobern, was unverständlich ist. Im Januar 1994 gab es einen heftigen Streit zwischen Heaton und Corrigan – Briana trennte sich darauf sofort von der Band und wurde durch Jacqueline Abbott ersetzt. Ende 1994 erschien die CD »Carry On Up The Charts – The Best Of Beautiful South«, die wochenlang Platz 1 in der britischen Album-Hitparade hielt und sich innerhalb von nur zwei Monaten alleine in GB über 1,2 millionenmal verkaufte. Im Herbst 1996 erschien dann mit »Blue Is The Colour« wieder ein Album mit neuem Material. Davon ausgekoppelt die beiden Top-10-Hits »Rotterdam« und »Don't Marry Her«.

*Song For Whoever (6/89 GB 2)*
*You Keep It All In (9/89 GB 8)*
*A Little Time (10/90 GB 1)*
*Rotterdam (10/96 GB 5)*
*Don't Marry Her (12/96 GB 8)*
***Pop***

**CD-Tip:** *Carry On Up The Charts – The Best Of The Beautiful South* Go! Discs 828 572–2

## Bécaud, Gilbert

v (Frankreich, * 24. 10. 1927 als Francois Silly in Toulon).

Seine weltweite Karriere begann 1963. Aber schon vorher hatte der erfolgreiche Student des Konservatoriums von Nizza in Bars am Piano sein Geld verdient. Dort traf er auf Jacques Pills, dessen Begleiter er wurde und der ihn durch die ganze Welt mitnahm. Dann schrieb Bécaud »Je T'ai Dans La Peau«. Die beiden beschlossen, das Chanson Edith Piaf vorzustellen. Pills heiratete die Piaf, und sie machte aus dem Song den ersten großen Erfolg für den Komponisten Bécaud. 1953 trat Bécaud erstmals im Olympia auf. 1954 sorgte er an gleicher Stelle für Aufruhr: 4000 Jugendliche prügelten sich um 2000 Plätze. Wer einmal einen Auftritt von Bécaud gesehen hat, weiß, warum er sich schon zu diesem Zeitpunkt den Spitznamen ›Monsieur 100.000 Volt‹ einheimste. 1956 übernahm er die Hauptrolle im Film »Le Pays D'où Je Viens«. Die Filmmusik schrieb er selbst. Dann kam der internationale Bécaud mit Erfolgen in Japan, der Bundesrepublik, der UdSSR und den USA. Die englischen Versionen von »Je T'appartient«/»Let It Be Me«, »Et Maintenant«/ »What Now My Love« oder »Seul Sur Son Etoile«/»It Must Be Him« erreichen Spitzenpositionen in der britischen und amerikanischen Hitparade. Schon 1973 erschien eine Kassette mit 6 LPs unter dem Titel »20 Jahre Chansons von Gilbert«. Über 200 Titel sind darauf enthalten. 1974 wurde er Ritter der Ehrenlegion und in der Bundesrepublik Träger des Bundesverdienstkreuzes. Mit »A Little Love And Understanding« erreichte er im März 1975 Platz 10 in GB. Anfang 1997 bereitete man sich auf den 70. Geburtstag von Gilbert Bécaud vor. Die Plattenfirma stellte folgendes fest: ›Dabei steht der Name Gilbert Bécaud für eine Kontinuität, die ihresgleichen sucht. Er begeisterte immer wieder durch hervorragende Kompositionen, eine fantastische Stimme und ein künstlerisches Charisma, das ihm in seiner mehr als vierzigjährigen Karriere zu Weltruhm verhalf. Es lohnt sich auch 1997, in die erfrischende Musikwelt des Gilbert Bécaud einzutauchen. Der Charme dieser französischen Institution ist zeitlos.‹

*A Little Love And Understanding (3/75 GB 10)*
***Chanson***

**CD-Tip:** *Bécaulogie I – 9* EMI 790475/83–2

## Beck

BECK, v/g (USA, * 8. 7. 1970 als Beck Hansen in Los Angeles/Kalifornien).
In den späten 80er Jahren zog es Beck nach New York. Bei der kleinen unabhängigen Plattenfirma erhielt er einen Plattenvertrag. 1993 unterschrieb er bei David Geffen und dessen Plattenfirma. Als er 1994 mit seinem Debütalbum »Mellow Gold« erschien, traf er genau den Geschmack der sogenannten ›Slacker‹ – das sind Leute, die an sich und der heutigen Gesellschaft zweifeln und am liebsten den ganzen Tag rumhängen. Manchmal werden sie auch als Generation X oder No-Future-Generation bezeichnet. Beck selbst sieht das anders – in einem Interview äußerte er: ›Ich war nie einer von diesen Durchhängern. Ich habe immer versucht, genug Geld zu verdienen. Diese ganze Slacker-Scheiße ist für Leute, die es sich leisten können, deprimiert zu sein.‹ Beck legte eine Mischung aus Folk, Hip-Hop, Punk, Blues und Rock vor, die 1994 die begeisterte, die mit Techno und Disco nichts am Hut hatten. Nachdem er Ende der 80er, Anfang der 90er Jahre ein Jahr lang als Obdachloser in der Lower East Side von New York herumgelungert hatte, tat er sich, zurück in L.A., mit Karl Stephenson zusammen. Die beiden schrieben den Song »Loser« und nahmen ihn in einer vierstündigen Session auf. Im Song wurden Sampler von »I Walk On Guilded Splinter« von Dr. John verbraten. Nachdem der Titel erst auf einem kleinen unabhängigen Label veröffentlicht wurde, erhielten sie einen Plattenvertrag mit einer der großen Plattenfirmen. Nun wurde »Loser« vergoldet – in den USA wurde es ein Top-10-, in GB und D zumindest ein Top-20-Hit. Als musikalisches Vorbild gibt Beck den Folksänger Woody Guthrie an, dessen Songs er bereits bei seinen Eltern immer wieder und gerne gehört hat. Mitte 1996 veröffentlichte er das Album »Odelay«. Daraus ausgekoppelte Singles wie »Where It's At« und »Devil's Haircut« kamen in GB auf die Positionen 35 respektive 22. Für seinen Gesang auf »Where It's At« erhielt er 1997 einen Grammy in der Kategorie bester männlicher Rockgesang. Außerdem bekam er einen weiteren Preis

in der Kategorie alternative Musik für sein Album »Odelay«.

*Loser (1/94 US 10)*
***Grunge***

**CD-Tip:** *Mellow Gold* Geffen GED 24634

## Beck, Robin

v (USA, * 7. 9. 1956 in New York City).
Als Geburtsjahr von Robin wird von der Plattenfirma 1961 angegeben, 1956 dürfte realistischer sein. Als sie mit »First Time« im Herbst 1988 an die Spitze der britischen und deutschen Hitparade kam, war sie laut eigener Aussage schon über 30, also kann 1961 nicht stimmen. In ihrer Heimat hatte Robin viele Jahre als Backgroundsängerin gearbeitet. So soll sie für Chaka Khan, David Bowie, Irene Cara oder Michael McDonald gesungen haben. Mit letzterem Namen dürfte sie auf jeden Fall vertraut sein – in Florida hat sie als Bedienung in einem Fast-Food-Restaurant gearbeitet. Da man einer über Dreißigjährigen nicht zumuten wollte, vom ersten Mal zu singen, machte man sie jünger. Und da sie klein und zierlich ist, war das aus der Ferne durchaus glaubhaft. Das Lied war ursprünglich lediglich ein Werbejingle für Coca-Cola und wurde dann zum Popsong aufgeblasen. Mit »Save Up All Your Tears« hatte sie bei uns noch einen Nachfolgehit in den Top 10. Nach längerer Zeit hörte man Mitte 1994 wieder von Robin Beck. Zusammen mit Dan Lucas veröffentlichte sie die Single »If You Need Me Tonight«. Ihre Solosingle »Close To You« kam Ende 1994 knapp in die deutschen Hot 100.

*First Time (10/88 GB 1; 12/88 CH 1, D 1)*
*Save Up All Your Tears (3/89 D 10; 4/89 CH 5)*
***Pop***

**CD-Tip:** *Can't Get Off* East West 4509–98172–2

## Bee Gees

DENNIS BRYON, d (Großbritannien, * 14. 4. 1949 in Cardiff/Wales); BARRY GIBB, v (Großbritannien, * 1. 9. 1946 in Douglas/Isle of Man); MAURICE GIBB (Großbritannien, * 22. 12. 1949 in Douglas/Isle of Man); ROBIN GIBB, v (Großbritannien, * 22. 12. 1949 in Douglas/Isle of Man); VINCE MELOUNEY, g (Australien, * 18. 8. 1945 in Sydney); COLIN PETERSON, d (Australien, * 24. 3. 1946 in Kinearoy); ALAN RELF, g; BLUE WEAVER, org (Großbritannien, * 11. 3. 1947 in Cardiff/Wales).
Musikalisch war das, was die Bee Gees in ihrer ersten Erfolgsphase brachten, eintönig und sehr gleichförmig. Auf einen Sound eingeschworen, werden viele Musiker erst wach, wenn es schon zu spät ist. In der Karriere der Bee Gees gab es mehrere Einbrüche – und die waren immer darauf zurückzuführen, daß sie sich zuwenig von der Stelle rührten. Ehe es bemerkt wurde, hatten sich das Publikum und der Geschmack in andere Richtungen bewegt. Dazu kommt, daß eine Schicht von Fans gestern vielleicht noch treu zu ihren Idolen stand, heute aber schon ganz andere Interessen hat. Die Bee Gees hatten zwischen 1967 und 1970 einen enormen Erfolg. Was dann kam, war, wie ›Die Welt‹ schrieb, ›ein Witz, über den sie selbst nicht mehr lachen mochten‹. Zugegeben, mit den Kritikern hatten es die teilweise simplen und dabei doch sehr erfolgeichen Melodien der drei Brüder nie einfach. Dazu kamen einfältige Texte, mit denen die Gruppe sich stets als gerade gut genug für den Teeniemarkt qualifizierte. Aber nicht die Kritiker entscheiden über den Verkaufserfolg einer Platte, sondern die Käufer. Und die haben sich in den ersten drei Erfolgsjahren der Band so häufig für deren Produkte entschieden, daß die drei danach ausgesorgt hatten. Barry und die Zwillinge Maurice und Robin wurden auf der Isle of Man geboren. Sie wuchsen

in Manchester auf und absolvierten dort noch als Vor-Teens im Dezember 1955 ihre ersten Auftritte. 1958 emigrierte die Familie nach Australien. In ihrer neuen Heimatstadt Brisbane machten die Brüder genau da weiter, wo sie in Manchester aufgehört hatten. Einem Mann namens Bill Goode gehörte in der Nähe von Brisbane der Speedway Circus – zwischen den einzelnen Autorennen traten die Jungs auf. Bill Goode brachte die drei mit dem lokalen Discjockey Bill Gates zusammen. Und ab jetzt – man betrachte die Initialen BG bei Rennpistenbesitzer, Plattenaufleger und den Brothers Gibb – gab es die Bee Gees. 1963 erschien mit »Three Kisses Of Love« die erste Platte der Bee Gees. 1966 wurden sie in Australien zur beliebtesten Gruppe gewählt. Aber dieser riesige Kontinent mit seinen nur knapp 16 Millionen Einwohnern war der Band für ihre ehrgeizigen Pläne zu dünn besiedelt. Zu diesem Zeitpunkt war die Welt der Beatles-Fans noch in Ordnung. Platte nach Platte erschien und kam in die Hitparaden. Aber hinter den Kulissen wußte das Managment um die Querelen innerhalb der Band. Und sollten die Beatles vielleicht nicht in den nächsten Monaten auseinanderdriften, für den Teeniemarkt waren sie mit LPs wie »Sgt. Pepper« auf jeden Fall verloren. Der Sergeant erschien bekanntlich am 26. 5. 1967. Es galt, Nachfolger für die zu erwartende Lücke zu finden. Die Beatles wurden durch NEMS Enterprises vertreten, die der Gruppe selbst und ihrem Manager Brian Epstein gehörten. Ein Direktor der Firma war Robert Stigwood – und der hatte die Bee Gees, nachdem sie in Australien mit der Nummer »Spicks And Specks« souverän die Hitparade anführten, nach London zum Vorspielen eingeladen. Sie überzeugten, erhielten einen lukrativen Plattenvertrag, und die Weltkarriere begann. Während dieser Anfangsjahre in England bestanden die Bee Gees aus fünf Musikern. Neben den Brüdern spielten noch Vince Melouney, g, und Colin Peterson, d. Der erste Erfolg der Band war Mitte 1967 »New York Mining Desaster 1941«, im Herbst desselben Jahres kam »Massachusetts« und wurde Nummer 1 in GB und Deutschland. Jetzt ging es Schlag auf Schlag, Hit auf Hit. Zu ersten Schwierigkeiten innerhalb der Band kam es schon Ende 1968. Maurice verkündete, es sei durchaus möglich, daß sich die Gruppe innerhalb der nächsten zwei Jahre auflösen würde. Melouney ging im März 1969 und schrieb und produzierte für Ashton, Gardner & Dyke. Peterson wurde im September desselben Jahres rausgeschmissen. Robin hatte sich mit seinen Brüdern zerstritten und versuchte sich als Solist. Barry und Maurice zogen nach, waren aber recht erfolglos. Im Dezember 1970 kamen die drei wieder zusammen. Robin erzählte dem Time Magazine: ›Wären wir nicht miteinander verwandt, wir wären nie wieder zusammengekommen‹. In den USA sind die drei weiter erfolgreich. In Europa bröckelt der Erfolg, und 1974 sind sie mitten in ihrem Karrieretief. Dann stellen sie im April 1975 eine neue Begleitband mit dem Gitarristen Alan Kendall, dem Drummer Dennis Bryon und dem Tastenspieler Blue Weaver zusammen und erleben den zweiten Aufwind. »Jive Talkin'« wird im August 1975 Spitzenreiter in den USA. Vom weichen Sound der ersten Phase haben sie sich zu Discokönigen entwickelt. »You Should Be Dancing« führt geradewegs zum Film »Saturday Night Fever« und Songs wie »Stayin' Alive« oder »Night Fever«. Die Bee Gees sind Top. Das Auf und Ab geht weiter: 1981 sind sie wieder auf dem Boden angelangt, und in den 80er Jahren kam manch gute, aber auch manch miese Platte der Brüder. 1989 haben sie mit »One« nach zehn Jahren mal wieder einen Top-10-Hit in den USA. Als Songschreiber und Produzent hat sich vor allem Barry Gibb etabliert –

und was die Brüder bis in die 90er Jahre an Umsätzen gemacht haben, dürfte für mehrere Leben reichen, denn alleine ihrer LPs wurden über 100 millionenmal verkauft, aber Größe ist nicht alles: »Size Isn't Everything« hieß eine weitere Albumveröffentlichung des Trios Ende 1993. Darauf befand sich die Single »For Whom The Bell Tolls«, die ihnen zumindest in GB wieder einen Top-10-Hit bescherte. 1996 hielten zwei Kompositionen der Bee Gees die Spitze der britischen Charts: Take That und Boyzone hatten mit »How Deep Is Your Love« und »Words« Hits des Trios nachgesungen. Im März 1997 kam ihr neues Album »Still Waters«, mit dem eine Welttournee eingeläutet wurde. Die Singleauskopplung »Alone« brachte den Bee Gees einen weiteren Top-10-Hit in Europa. Im Januar desselben Jahres erhielten sie den American Music Award für ihr Lebenswerk, im Februar den Brit Award für ihren außergewöhnlichen Beitrag zur Musik. Im Mai wurden sie in die Rock 'n' Roll Hall of Fame aufgenommen. Neben Elvis Presley, den Beatles, Michael Jackson und Paul McCartney gehören sie zu den fünf erfolgreichsten Schallplattenkünstlern aller Zeiten.

*New York Mining Desaster 1941 (6/67 D 10)*
*Massachusetts (9/67 D 1, GB 1; 1/68 CH 2)*
*World (11/67 D 1, GB 9; 1/68 CH 2)*
*Words (1/68 GB 8; 2/68 CH 1, D 1)*
*The Sing Sang His Song (3/68 CH 4)*
*Jumbo (4/68 CH 5, D 5)*
*I've Got To Get A Message To You (8/68 GB 1, D 3, US 8)*
*I've Gotta Get A Message To You (9/68 CH 6)*
*I Started A Joke (12/68 US 6; 1/69 CH 5)*
*First Of May (2/69 D 3, GB 6; 3/69 CH 4)*
*Tomorrow, Tomorrow (6/69 CH 6)*
*Tomorrow Tomorrow (7/69 D 6)*
*Don't Forget To Remember (8/69 CH 2, GB 2, D 9)*
*I.O.I.O. (4/70 D 6)*
*Lonely Days (12/70 US 3)*
*How Can You Mend A Broken Heart (6/71 US 1)*
*Run To Me (7/72 GB 9)*
*Jive Talkin' (5/75 US 1, GB 5)*
*Nights On Broadway (10/75 US 7)*
*You Should Be Dancing (7/76 US 1, GB 5)*
*Love So Right (9/76 US 3)*
*How Deep Is Your Love (9/77 US 1, GB 3)*
*Stayin' Alive (12/77 US 1; 2/78 D 2, GB 4; 4/78 CH 2)*
*Night Fever (2/78 US 1; 4/78 GB 1, D 2; 5/78 CH 3)*
*Too Much Heaven (11/78 US 1, GB 3; 12/78 D 10; 2/79 CH 5)*
*Tragedy (2/79 GB 1, US 1, D 2; 3/79 CH 2)*
*Love You Inside Out (4/79 US 1)*
*You Win Again (9/87 D 1, GB 1; 10/87 CH 1)*
*E.S.P. (1/88 CH 9)*
*Ordinary Lives (4/89 D 8; 5/89 CH 9)*
*One (7/89 US 7)*
*Secret Love (3/91 D 2, GB 5)*
*For Whom The Bell Tolls (12/93 GB 4)*
*Alone (3/97 GB 5, D 6, CH 8)*
***Beat, Disco, Pop***

**CD-Tip:** *Tales From The Brothers Gibb* Polydor 843 911–2

## Beenie Man

BEENIE MAN, v (Jamaika als Moses David).

Gerade acht Jahre war Beenie, was ein jamakanisches Slangwort für klein bedeutet, als er seine erste Nummer eins in den Charts hatte – allerdings nur auf Jamaika. Während und nach dem Stimmbruch war erst einmal Pause – dann wurde er erneut ein Star in der Dancehall-Scene der Insel. 1997 erhielt er in GB einen Presi als der beste Internationale Reggaekünstler. Mit »Who Am I« hatte der ›Kleine Mann‹ seine erste Hitnotierung in GB und gleich einen Top-10-Hit.

*Who Am I (3/98 GB 10)*
***Reggae***

## Beil, Peter

v/tr (Deutschland, * 9. 7. 1937 als Tom Karrasch in Hamburg).

Für viele ist Peter Beil ein ganz normaler Schlagersänger, der zwischen 1961 und

1970 ein paar Titel in den Hitparaden hatte. Daß er von Leonard Bernstein für seine Version des Titels »Maria« aus der »West Side Story« eine Auszeichnung erhielt, ist weniger bekannt. Peter absolvierte in seiner Heimatstadt Hamburg ein Trompeterstudium am Konservatorium und an der Musikhochschule. Seine Schlagerkarriere begann mit einer deutschsprachigen Version des Titels »Corinna, Corinna«, der ihm im Mai 1961 einen Top-10-Hit bescherte. Noch im selben Jahr war er als Ricky-Boys – seine Stimme wurde vervielfältigt, und so kam der Sound einer mehrstimmigen Gruppe heraus – mit einer deutschen Version von »Hello, Mary-Lou« ebenfalls unter den ersten 10. Im Frühjahr 1963 brachte er »Und ein Zug fährt durch die Nacht«, im Original »500 Miles Away From Home« – Peters Text ist jedoch stärker an die französische Version »Et J'Entends Siffler Le Train« von Richard Anthony angelehnt – und »Kleine Nervensäge Monika« in die Charts. Danach wechselte er mehrfach die Plattenfirmen, und sein Erfolg ließ nach. 1984 wurde Peter Mitglied im wiedergegründeten Hazy Osterwald Orchester. Danach spielte er häufig im Duo mit dem Organisten Franz Lambert.

*Corinna, Corinna (5/61 D 6)*
***Deutscher Schlager***

## Belafonte, Harry

v (USA, * 1. 3. 1927 in New York City). Daß Unterhaltungskünstler nicht zwangsläufig Einfaltspinsel sein müssen, beweist Harry Belafonte seit vielen Jahren. Er setzt sich ein für den Frieden auf der Welt, für Schwarze und Indianer und gegen Apartheid. Harry war einer der Initiatoren des Schallplattenprojektes »We Are The World«, das Millionen Dollar an Spenden für die Hungernden in Afrika einbrachte. Er ist mehrfacher Ehrendoktor und Träger des Martin-Luther-King-Friedenspreises. Und er ist König – König des Calypso. Harold George Belafonte wurde in New York geboren. Sein Vater war ein Matrose aus Martinique, seine Mutter eine Hilfsarbeiterin aus Jamaika. Die ersten acht Jahre seines Lebens verbrachte er in einer Gegend, die in einem Menschen das soziale Bewußtsein schärfen kann: im Schwarzenghetto Harlem. Danach lebt er für fünf Jahre auf Jamaika und kehrt wieder nach New York zurück. Nach der High-School folgen drei Jahre US Navy und erste Schauspielversuche. Wie wir alle wissen, genügt es ja nicht, Talent zu haben, dazu muß noch eine gehörige Portion Glück und Zufall kommen. Mitte der 50er Jahre war in den USA, neben dem aufkommenden Rock 'n' Roll für die Jugendlichen, für die Älteren als neuester Tanzstil Calypso angesagt. Dieser Tanz hatte sich in der Karibik, insbesondere auf Trinidad und Tobago, auf der Basis afrikanischer Musik entwickelt. Viele, denen Rumba und Cha-Cha zu schnell und Tango zu obszön war, konnten jetzt wieder mithalten. Die ersten, die in den USA einen Riesenhit mit einem Calypso hatten, waren schon 1945 die kreuzbraven Andrews Sisters mit »Rum And Coca-Cola«. Harry Belafonte hatte seine erste Hitnotierung Ende 1952 mit dem Titel »Scarlet Ribbons (For Her Hair)«. Mit zwei Freunden schrieb er auf der Basis von Folksongs Stücke wie »Banana Boat (Day-O)«, »Jamaica Farwell«, »Star-O« oder »Come Back Liza«. Und alle diese Lieder waren auf der LP »Calypso« zu finden, die 1956 zum absoluten Knüller des Jahres wurde, trotz der Hochzeit des Rock 'n' Roll. Die LP stand 31 Wochen auf Platz 1 der US-LP-Charts. Zum Vergleich: Die erste LP von Elvis, fast zur selben Zeit erschienen, hielt sich mal eben zehn Wochen an der Spitze. Zum Erfolg der Platte hatte sicher beigetragen, daß der Film »Carmen Jones«, in dem Belafonte eine Hauptrolle spielte, ein Kassenknüller war. Ein Pilot heiratet eine Fabrikarbeiterin und erwürgt sie, als sie ihm untreu wird – war wohl ein ganz anderer Offizier und Gentleman. Harry Belafonte spielte den Piloten, Dorothy Dandridge die Fabrikarbeiterin. 1957 kam mit »Island In The Sun« ein zweiter erfolgreicher Film mit Harry in der Hauptrolle in die Kinos. Belafonte wurde in den 80er Jahren öfters mit politischen Ämtern in Verbindung gebracht. Dem widerspricht seine Aussage, er wolle sich nicht von einer Partei einspannen lassen. Inzwischen gibt es mit seiner Tochter Shari die nächste Generation Belafonte im Showgeschäft. Über Titelseiten von Hochglanzgazetten, auf denen sie als schmucker Kleiderständer posiert, und die Rezeption eines Hotels in San Francisco kam sie zu LP-Ehren. Das Aussehen des Vaters hat sie, mit der Stimme hapert es. Allerdings sagte Harry auch: ›Ich bin kein großartiger Sänger. Ich bin ein Interpretierer von Liedern, mehr eine Art Schauspieler. Und da bin ich eigentlich sehr glücklich, daß man meine Stimme auch als Sänger akzeptiert‹.

*Banana Boat (Day-O) (1/57 US 5; 3/57 D 1, GB 2)*
*Island In The Sun (6/57 GB 3; 9/57 D 5)*
*Jamaica Farewell (8/57 D 8)*
*Mary's Boy Child (11/57 GB 1; 11/58 GB 10)*
***Pop***

**CD-Tip:** *24 × Harry Belafonte* RCA PD 89205–2

## Bell Biv DeVoe

RICKY BELL, v (USA, * 18. 9. 1967 in Boston); MICHAEL BIVINS, v (USA, * 10. 10. 1968 in Boston); RONNIE DEVOE, v (USA, * 17. 11. 1967 in Boston).

Maurice Starr hatte genau den richtigen Riecher, als er sich Anfang der 80er Jahre sagte, daß eine Kindertruppe wie die Osmonds oder die Jackson 5 in den USA fehlte. Um den schwarzen und weißen Markt zu bedienen, suchte er sich Kinder, die er zu Bands zusammenschließen konnte. In Boston fand er fünf Jungs, die zwischen 13 und 15 Jahre alt waren, und machte mit ihnen 1983 New Edition. Diese Formation war vom Gründungsjahr bis 1989 recht erfolgreich. Drei ehemalige Mitglieder von New Edition gründeten 1990 ihre eigene Band, die sie nach ihren Nachnamen benannten. Die erste Single, »Poison«, die im April 1990 in die Hitparade kam, erreichte Platz 3 in den US-Charts und Platinstatus. Ihre Musik: Hip-Hop-Beats, gemischt mit Rap und Gesang. Ihre zweite Platte »Do Me!«, die nur zwei Monate später erschien, erreichte wieder Platz 3 in der Hitparade. Das Trio ließ auf die Hülle drucken: ›Our music is mentally hip-hop, smoothed out on the R&B tip with a pop feel appeal to it.‹ Von Maurice Starr hat Michael Bivins gelernt, wie man Kindertruppen aufbaut. Er förderte Another Bad Creation. Die Band, die nach Ansicht von Maurice Starr den weißen Markt bedienen sollte, war übrigens New Kids On The Block. Als Gäste von Luther Vandross und Janet Jackson waren Bell Biv DeVoe auf »The Best Things In Life Are Free« zu hören. Was immer sie geritten haben mag: 1996 kam New Edition wieder zusammen. Nicht nur daß die fünf Urmitglieder dabei waren, als sechster machte auch noch Johnny Gill mit. Weitere Informationen unter New Edition.

*Poison (4/90 US 3)*
*Do Me! (6/90 US 3)*
*The Best Things In Life Are Free (5/92 US 10; 8/92 GB 2, D 8)*
***HipHop, Rhythm & Blues***

**CD-Tip:** *WBBD Boot City* MCA 10345

## Bell Book & Candle

ANDY BIRR, v/g (Deutschland); JANA GROSS, v (Deutschland); HENDRIK RÖDER, b (Deutschland).

Im Mai 1997 wurde die Single »Rescue

Me« veröffentlicht – und jeder war der Meinung, das sei eine neue Single der Cranberries oder von Sheryl Crow. Falsch: Bell Book & Candle sind aus Berlin und wurden dort vom Team ›turbo beat‹ betreut. Langsam kletterte die Platte in die deutsche Hitparade und erreichte im Oktober die Top 10. Andy Birr ist der Sohn des Puhdys-Gitarristen und -Sänger Dieter Birr. Auch Hendrik Röder stammt aus einer musikalischen Familie. Jana kellnerte in der Stammkneipe der beiden. Irgendwann entstand die Idee, eine Trio zu gründen. Mit einem so schnellen Erfolg hatten die drei allerdings nicht gerechnet. Am 26. 1. 1998 erschien ihr Debütalbum »Read My Sign«. Darauf mit drei Ausnahmen Eigenkompositionen. Ein Titel stammt von Sheryl Crow: »Destiny« –.

*Rescue Me (8/97 D 3; 10/97 CH 6)*
***Pop***

**CD-Tip:** *Read My Sign* Hansa 74321 54745–2

## Bell Notes

CARL BONURA, v/sax (USA); JOHN CASEY, d (USA); RAY CERONI, v/g (USA); LENNY GIAMBLAVO, b (USA); PETER KANE, p (USA).

Dieses Quintett aus Long Island, New York, ist ein typisches One-Hit-Wonder. Mit »I've Had It« schafften sie im Januar 1959 einen Top-10-Hit in der amerikanischen Pophitparade. Die Plattenfirma veröffentlichte vier weitere Singles und eine EP – ohne jeden Erfolg. Als auch ein Wechsel des Labels 1960 keine Hits brachte, trennten sich die fünf. Sollten mit Bell Notes schöne Scheine gemeint sein, so war's damit nun aus.

*I've Had It (1/59 US 6)*
***Pop***

## Bell, Archie & The Drells

ARCHIE BELL, v (USA, * 1. 9. 1944 in Henderson/Texas); LEE BELL; CORNELIUS FULLER; WILLIE PARNELL (USA, * 12. 4. 1945); L.C. WATTS; JAMES WISE (USA, * 1. 5. 1948).

Diese Gruppe fand sich 1965 in Henderson, Texas, der Heimatstadt von Bell, noch während der gemeinsamen Schulzeit zusammen. Ihre erste Platte machten sie 1967. Im Frühjahr 1968, die Soulmusik war gerade auf ihrem Höhepunkt, hatten sie mit dem Titel »Tighten Up« einen Spitzenreiter und Millionseller in den USA. Ursprünglich war es die B-Seite einer Single der Formation. Ein Discjockey hatte die Platte umgedreht und begonnen, die andere Seite zu spielen. Der Nachzieher »I Can't Stop Dancing« war ebenfalls ein Top-10-Hit – danach ging es langsam, aber sicher wieder bergab. Das lag u. a. daran, daß Archie Bell zum Zeitpunkt der Hits in der Armee war, sich in Vietnam verletzte und davon erholen mußte, so daß er nicht öffentlich auftreten konnte. Für Livekonzerte hatte man einen Musiker engagiert, der den Part von Bell spielte – vom Band kam Archie. Nach 1970 war der Erfolg dahin, später gestartete Neuversuche scheiterten. 1972 gelang ihnen zumindest in GB mit »Here I Go Again« noch einmal ein Platz 11 in den Charts. An der Ostküste der USA war er auch Anfang der 90er Jahre immer noch als Sänger unterwegs.

*Tighten Up (3/68 US 1)*
*I Can't Stop Dancing (7/68 US 9)*
***Rhythm & Blues***

## Bell, Freddie & The Bellboys

FREDDIE BELL, v (USA, * 29. 9. 1931 als Freddie Bello in Philadelphia/Pennsylvania).

Als 1956 mit »Rock Around The Clock« einer der ersten Rock-'n'-Roll-Filme in die

Kinos kam, war Freddie Bell mit seinen Bellboys dabei. Die aus sechs Musikern bestehende Formation versuchte, R 'n' R mit leichtem Big-Band-Stil zu produzieren. Das gelang nur schwer und wurde vom Plattenkäufer dieses Genres nicht akzeptiert. Als 1956 Freddie Bell und seine Musiker als die erste amerikanische Rock-'n'-Roll-Gruppe durch GB tourten, hatten sie dort mit »Giddy Up A Ding Dong« einen Top-10-Hit – aber eben nur in GB. In ihrer Heimat USA haben sie in den Charts keine Spuren hinterlassen.

*Giddy Up A Ding Dong (9/56 GB 4)*
***Rhythm & Blues***

**CD-Tip: Rockin' Is Our Business Bear Family BCD 15901 AH**

## Bell, William

v (USA, * 16. 7. 1939 als William Yarborough in Memphis/Tennessee).
1953 schon soll er, 14jährig, in der Band von Rufus Thomas mitgespielt haben. 1957 gehörte er zu den Gründern der Band Del Rios. Später sang er im Orchester von Phineas Newborn. Zwischen 1962 und Mitte 1965 war er in der US-Army und setzte danach seine Solokarriere, mit der er bereits 1961 mal kurz begonnen hatte, weiter fort. Im Duett mit Judy Clay gelang William Bell mit »Private Number« im Winter 1968 ein Top-10-Hit in GB. Als Solist hatte er im Frühjahr 1977 den Millionseller »Tryin' To Love Two«. Inzwischen war er Besitzer der von ihm gegründeten Plattenfirmen Peach Tree und Wilbe. Bei letzterer erschienen ab Mitte der 80er Jahre seine Platten.

*Private Number (11/68 GB 8)*
*Tryin' To Love Two (2/77 US 10)*
***Soul***

## Bellamy Brothers

David Bellamy, v (USA, * 16. 9. 1950 in Darby/Florida); Howard Bellamy (USA, * 2. 2. 1946 in Darby/Florida).
Die Bellamy Brothers absolvierten bereits 1958 ihre ersten professionellen Auftritte. Bis sie richtig Erfolg haben sollten, dauerte es noch eine geraume Zeit. Als Songschreiber hatte David 1973 den Millionseller »Spiders & Snakes«, gesungen von Jim Stafford. 1976 gelang ihnen mit »Let Your Love Flow« eine Nummer 1 in den USA und ein weltweiter Hit. Es folgte »If I Said You Had A Beautiful Body Would You Hold It Against Me« 1979, und danach tauchten sie fast ausschließlich in den US-Country-Charts auf. Mit »Too Much Is Not Enough« (1986) und »Kids Of The Baby Boom« (1987) belegten sie dort Platz 1. In den 90er Jahren wurden sie durch den Deutschen Ralph Siegel produziert.

*Let Your Love Flow (1/76 US 1; 4/76 D 1, GB 7; 6/76 CH 1)*
*If I Said You Have A Beautiful Body Would You Hold It Against Me (8/79 GB 3)*
*Beautiful Body (10/79 CH 2)*
***Country, Schlager***

**CD-Tip:** *The Bellamy Brothers Best* Curb INT 847.714

## Belle Epoque

Marcia Briscue, v; Evelyne Lenton, v; Jusy Fortes Lisboa, v.
Als sich die Discoszene Ende der 70er Jahre ihrem Ende zuneigte, schaffte es das weibliche Discotrio Belle Epoque, das angeblich aus Paris stammte, mit einer verhunzten Version des Los-Bravos-Hits »Black Is Black« im Herbst 1977 bis auf Platz 2 der britischen und der deutschen Hitparade. Gemanagt wurden die drei durch eine Firma, die in Italien ansässig war. Das Stück, angelehnt an die Erfolge von Silver Convention, war eine Beleidi-

gung für die Ohren und war wohl nur in Discotheken mit voller Lautstärke und im Colarausch zu genießen.

*Black Is Black (9/77 D 2, GB 2; 11/77 CH 6)*
*Miss Broadway (12/77 D 8)*
***Disco***

## Belle Stars

STELLA BARKER, g (Großbritannien, * 6. 9. 1954); CLARE HIRST, key/sax (Großbritannien); MIRANDA JOYCE, sax (Großbritannien, * 26. 7. 1962); JENNIE MCKEOWN, v (Großbritannien); SARAH-JANE OWEN, g (Großbritannien); JUDY PARSONS, d (Großbritannien); LESLEY SHONE, b (Großbritannien).
Diese Frauenband kam mit dem Beginn der 80er Jahre und auf dem Höhepunkt der Two-Tone-Music à la Specials und Madness als Bodysnatchers zusammen. Mit »Let's Do Rock Steady« gelang ihnen im Frühjahr 1980 immerhin ein Platz 22. Nachdem Two Tone abflaute, war es an der Zeit, die musikalische Richtung zu ändern. Sowohl bei den Bodysnatchers als auch bei den Belle Stars, die man als Nachfolgegruppe ansehen kann, waren jeweils sieben Mädchen. Trotzdem erfolgten zwischen Bodysnatchers und Belle Stars einige personelle Veränderungen. Ab 1982 waren sie international erfolgreich. Ihr Song »Iko Iko« erreichte im Juni 1982 Platz 35 in GB, wurde später für den Film »Rain Man« wieder neu aufgelegt und im Frühjahr 1989 ein Top-20-Hit in den USA und ein Platz 30 in Deutschland. »Sign Of The Times« war im Januar 1983 der größte Erfolg der Belle Stars. 1986 schrumpfte die Gruppe auf nur noch drei Mitglieder – Sarah-Jane, Miranda und Lesley.

*Sign Of The Times (1/83 GB 3)*
*Iko Iko (4/89 CH 6)*
***Pop***

**CD-Tip:** *Very Best Of Belle Stars* Repertoire 4437-WY

## Bellini

Hinter dem Gruppennamen dieses Kölner Projektes verstecken sich die Bellini Brothers, zu denen Gottfried Engels und Ramon Zenker gehören. Engels hatte Erfolge als Produzent hinter Zhi-Vago, Zenker war der Lenker hinter Celvin Rootane, Interactive, Perplexer oder auch Hardfloor. Der Song ist eine Mischung aus Samba-Elementen, brasilianischen Vocals und House-Beat. Dargestellt wurde die Nummer von fünf Tänzern und Tänzerinnen: der Marokkaner Mustafa Makhoufi, der 1994 die ›Bravo Girl & Boy-Wahl‹ gewann, der Brasilianerin Dandare Santos-Silva, der Deutschen Tanja Niethen, der Indonesierin Dewi Sulaeman und der Thailänderin Khoei-Arsa-On-Uma – alle Figuren sind jedoch jederzeit austauschbar, da sie für den Sound der Aufnahmen nicht notwendig sind. Die Vorlage zu »Samba De Janeiro« wurde durch den brasilianischen Spitzenmusiker Airto Moreira und dessen »Celebration Suite« geliefert.

*Samba De Janeiro (6/97 CH 2, D 2; 9/97 GB 8)*
***Dance***

## Bells

CHARLES CLARKE, g (Kanada); CLIFF EDWARDS, v (Kanada); DOUG GRAVELLE, d (Kanada); JACKI RALPH, v (Kanada); MICHAEL WAYE, b (Kanada); DENNIS WILL, key (Kanada).
Die Gruppe wurde 1965 gegründet, als Jacki Ralph Cliff Edwards auf einer Skipiste in der Nähe ihrer Heimatstadt Montreal traf. Sie sang in einer Folkgruppe, während er Rock 'n' Roll spielte. Sie entschieden sich, einiges zusammenzuschmeißen, so z. B. ihre musikalischen Talente.

Ab 1968 waren sie in Kanada erfolgreich, und mit »Stay Awhile« hatten sie bereits einen Millionseller, bevor auch nur eine US-Radiostation den Titel gespielt hatte. Dort kam die Platte im März 1971 in die Charts und wurde ein Top-10-Erfolg. Im Gegensatz zu dem in Kanada zu dieser Zeit vorherrschenden wilden Rock war die Musik der Bells zart und einfühlsam – aber schlußendlich auch ein weiteres One-Hit-Wonder.

*Stay Awhile (3/71 US 7)*
***Pop***

## Beloved

GUY GOUSDEN, d (Großbritannien); TIM HARVARD, b (Großbritannien); HELENA MARSH, v (Großbritannien); JON MARSH, v/g (Großbritannien, * 3. 3. 1965); STEVE WADDINGTON, g/key (Großbritannien).

1983 starteten Jon, Guy und Tim als Journey Through. Ein Jahr später kam der Cambridgestudent Steve als vierter Mann hinzu, und man benannte sich um in Beloved. Aus der ursprünglichen Psychedelicband wurde nun eine mehr pop-orientierte Gruppe. Nachdem sie von John Peel in dessen BBC-Sendung eingeladen worden waren, veröffentlichten sie vier Singles auf einem britischen Independent Label. 1988 trennten sich Guy und Tim von Beloved. Das verbleibende Duo aus Jon Marsh und Steve Waddington wiederum erhielt einen Vertrag bei einer der großen britischen Firmen. »The Sun Rising«, im Herbst 1989 Platz 26 in GB, war ihre erste Bekanntschaft mit den Charts. Nachfolger »Hello« kam im Frühjahr 1990 gar in die Top 20. Nach einigen weiteren, nicht sonderlich erfolgreichen Singles schien Beloved in eine Sackgasse geraten zu sein. Steve trennte sich 1991 von Jon und wurde durch dessen Frau Helena ersetzt. Der Versuch des Ehepaares Marsh, eine Synthese aus Pop und House zu finden, wurde von den beiden perfektioniert. Sie schrieben und produzierten »Sweet Harmony« und erreichten damit sowohl in Deutschland als auch in GB die ersten 10. Der Nachfolger »Outer Space Girl« erreichte im Herbst 1993 nur noch die britischen Top 40. Nachdem man längere Zeit nichts mehr von ihnen gehört hatte, kam Anfang 1996 das Album »X«, aus dem die Single »Satellite« ausgekoppelt und in GB ein Top-20-Hit wurde.

*Sweet Harmony (1/93 GB 8; 3/93 D 6; 5/93 CH 6)*
***Pop***

**CD-Tip:** *Conscience* East West 4509–91483–2

## Benatar, Pat

v (USA, * 10. 1. 1953 als Patricia Andrzejewski in Lindenhurst/Long Island/New York).

Als sie 1979 ihre erste Platte veröffentlichte, wurde Pat Benatar von ihrer Plattenfirma als ›die neue Rocksängerin‹ bezeichnet. Als ihre Idole gab sie die englischen Rocksänger Robert Plant, Roger Daltrey und Paul Rogers an. Denen versuchte sie auch ansonsten nachzueifern: ›Ich versuche, mich so maskulin wie sie zu geben, doch im Endeffekt wirkt auch das bei mir sehr feminin.‹ Zu ihren Rockerrequisiten zählten ab sofort Lederjacke und Stilettos.

Eine weitere Aussage der ›Kleinen mit der großen Stimme‹: ›Ich mag keinen Unsinn singen oder Reimchenlieder trällern. Mein Grundsatz lautet: Jeder Song muß meiner Philosophie entsprechen, sonst kann ich nichts mit ihm anfangen!‹ Für ihr Debütalbum schrieben Nicky Chinn und Mike Chapman Songs, die schon hochphilosophische Nummern für Smokie und Sweet verfaßten. »Crimes Of Passion« bringt ihr einen ersten Grammy für das beste Album des Jahres 1980, und in den drei darauffolgenden Jahren wird sie jeweils mit dem Grammy für die ›Best Female Rock

Vocal Performance‹ ausgezeichnet. Mit Titeln wie »Hit Me With Your Best Shot« 1980 und »Love Is A Battlefield« 1983 hatte sie zwei Millionseller in den USA.
Im Film »Union City« sah man sie auch als Schauspielerin. 1989 spielte sie in der ABC-TV-Serie ›Torn Between Two Fathers‹. 1990 zog man Bilanz: mehr als 30 Millionen verkaufte Platten, alle neun LPs vergoldet, sieben davon mit Platin ausgezeichnet. 1991 erschien das hochgelobte Album »True Love«.

*Hit Me With Your Best Shot (10/80 US 9)*
*Love Is A Battlefield (9/83 US 5; 2/84 D 3)*
*We Belong (10/84 US 5, D 9; 12/84 CH 5)*
*Invincible (7/85 US 10)*
***Rock***

**CD-Tip:** *All Fired Up – Very Best Of Pat Benatar* Chrysalis 8 31094 2

## Bendix, Ralf

v (Deutschland, * 16.8. 1924 als Karl-Heinz Schwab in Dortmund).
Am Düsseldorfer Flughafen war der studierte Jurist und Volkswirt Direktor der deutschen Niederlassung der US-Fluggesellschaft TWA. Mitte der 50er Jahre sammelte er in einer regionalen Fernsehsendung in Pittsburgh Erfahrungen als Sänger. Hier in Deutschland machte er sich einen Spaß daraus, bei Nachwuchswettbewerben gegen vollgesoffene Witzbolde anzutreten, die besser ihren Gesang in der Badewanne abgelassen hätten. Dagegen wirkte Bendix wie ein professioneller Entertainer. Nachdem er mal wieder einen Nachwuchswettbewerb gewonnen hatte, erhielt er einen Schallplattenvertrag. Mit einer deutschen Version von »16 Tons«, »Sie hieß Mary-Anne«, hatte er Mitte 1956 einen Platz 2 in der deutschen Hitparade. Bis 1967 tauchte er regelmäßig in den Verkaufscharts auf, darunter 1961 mit der Nummer 1 »Babysitter Boogie«. Auch als Produzent, Songschreiber und Entdecker weiterer Talente war Bendix recht erfolgreich. So kann der Erfolg von Heino auf ihn zurückgeführt werden.

*Sie hieß Mary-Anne (5/56 D 2)*
*Minne Minne Haha (6/56 D 8)*
*Wo meine Sonne scheint (11/57 D 8)*
*Buona Sera (1/58 D 5)*
*Bambina (6/58 D 8)*
*Come Prima (11/58 D 5)*
*Babysitter-Boogie (3/61 D 1)*
*Striptease-Susi (1/62 D 9)*
*Mama, hol den Hammer (3/62 D 10)*
***Deutscher Schlager***

**CD-Tip:** *Durch die Jahre* Bear Family BCD 15 795 AH

## Beneke, Tex

v/sax/bl (USA, * 12.2. 1914 als Gordon Beneke in Fort Worth).
Am erfolgreichsten war der Tenorsaxophonist und Manchmal-Sänger zwischen 1939 und 1942, als er in der Band von Glenn Miller wirkte. Bei den Millionsellern »Fools Rush In«, »Chattanooga Choo Choo«, »Moonlight Cocktail« oder »(I' ve Got A Gal In) Kalamazoo« spielte oder sang Tex mit. Nach Millers Tod führte Tex mit der Formation Tex Beneke & The Glenn Miller Orchestra dessen Sound fort. Ab 1948 hieß es nur noch Tex Beneke & His Orchestra. Mit beiden Formationen gelangen Tex zwischen 1946 und 1948 acht Top-10-Hits in den USA.

*Hey! Ba-Ba-Re-Bop (5/46 US 4)*
*I Know (8/46 US 9)*
*Give Me Five Minutes More (8/46 US 4)*
*Passé (10/46 US 9)*
*The Woodchuck Song (10/46 US 4)*
*A Gal In Calico (12/46 US 6)*
*Anniversary Song (2/47 US 3)*
*St. Louis Blues March (4/48 US 5)*
***Big Band***

## Benicarlos

Mit dem Titel »Blauer Himmel, weiße Wolken, grüne Wälder« standen die Benicarlos im Mai 1958 auf Platz 6 in der deutschen Hitparade. Sie veröffentlichten in den 50er Jahren Titel wie »Giddy Giddy Hop«, »Die Nina, die Pinta, die Santa Maria«, »Der weiße Mond von Maratonga« oder »Ein Schiff fährt in die Ferne«. Musikalisch wurden sie meist begleitet von Willy Berking und seinem Orchester.

*Blauer Himmel, weiße Wolken, grüne Wälder (5/58 D 6)*
***Deutscher Schlager***

## Bennato, Edoardo

v (Italien, geb. in Neapel).
Als Edoardo Bennato zusammen mit Gianna Nannini und dem Titel »Un Estate Italiana« 1990 einen Platz 2 in der deutschen Hitparade erreichte, mag er für unsere Ohren ein neuer Name gewesen sein. In Italien aber erschien 1974 seine erste LP, und er wurde dort im Laufe der nächsten Jahre ein Superstar. Seine Karriere hatte der Ex-Architekturstudent in den ausklingenden 60er Jahren als Straßenmusiker in London begonnen. Erst 1973 kehrte er nach Italien zurück. »Un Estate Italiana« wurde wohl auch nur bei uns so ein großer Erfolg, weil es die Hymne zur Fußballweltmeisterschaft 1990 in Italien war. Seine Musik, so hat die ›Münchner Abendzeitung‹ geschrieben, ›macht klar, wo er wirklich steht: ganz nah bei internationalen Größen wie Huey Lewis oder Bruce Springsteen‹. Ende 1991 erschien mit »Il Paese Dei Balocchi« auch bei uns eine LP, die zeigte, was Edoardo alles draufhat. Wunderschön das Stück »Here Comes Bo Diddley«, bei dem er mit dem amerikanischen Altmeister zusammen spielt und singt. Im Titelstück zu ›Spielzeugland‹ beleuchtet er ironisch die italienischen Verhältnisse und setzt sich mit dem zeitgemäßen Problem der Asylantenfrage auseinander. In einem anderen Song geht es um das Ende des Kommunismus oder um Musiker, die sich selbst zu Märtyrern ernennen und hintenrum Stargagen kassieren. Edoardo Bennato ist ohne Zweifel in die Reihe der intelligenten Rock 'n' Roller zu stellen. Einsichten zu vermitteln, Verständnis zu wecken – das sind zentrale Anliegen von Edoardo. Deshalb auch seine Forderung, daß seinen im Ausland erscheinenden Platten Übersetzungen der Songtexte beiliegen müssen. Zu Zeiten der LPs wurde das meist eingehalten, mit dem Aufkommen der CDs wurde es jedoch wohl vergessen. 1995 veröffentlichte er mit »Le Ragazze Fanno Grandi Sogni« ein weiteres gelungenes Album. Die Songs für dieses Album hatte er nach einem schweren Autounfall geschrieben und betrachtete sie als eine Art Wiedergeburt in künstlerischer und persönlicher Hinsicht.

*Un Estate Italiana (2/90 CH 1; 6/90 D 2)*
***Rock***

**CD-Tip:** *Il Paese Dei Balocchi* Virgin VDICD 136

## Bennett, Boyd

BOYD BENNETT, v (USA, * 7. 12. 1924 in Muscle Shoals/Alabama); BIG MOE, v.
Boyd wuchs in Muscle Shoals/Alabama auf und ging später in Tennessee zur Schule. Dort gründete er seine erste Band, mit der er durch die Lande zog. Nachdem er eine Zeitlang als Discjockey bei einer Radiostation in Kentucky gearbeitet hatte, erhielt er Mitte der 50er Jahre einen Plattenvertrag. Seine Band nannte er nun Boyd Bennett & His Rockets. 1955 gelang ihnen mit »Seventeen« ein Top-10-Hit in den US-Charts, Sänger der Aufnahme war Big Moe. Der Titel gilt als eine Bestätigung, daß man mit einer Platte von geringer musikalischer Qualität und mit bana-

lem Text das Country-Rock-Publikum durchaus zufriedenstellen konnte. Big Moe intonierte die Worte monoton, während die Band einen ungeschliffenen Beat dahintersetzte. Im großen und ganzen wirkte Bennett mit seiner Band wie eine schlechte Kopie von Bill Haley & His Comets. In den nächsten vier Jahren veröffentlichte Boyd immer mal wieder eine Single – nie mit Erfolg. 1959 zog er nach Indianapolis und kaufte einen Nachtclub. Heute lebt er in Texas und ist Vertreter für Mullbinden. Zumindest sehr vielseitig.

*Seventeen (7/55 US 5)*
***Rock 'n' Roll***

## Bennett, Cliff

v (Großbritannien, * 4. 6. 1940 in Slough).

Eine Mixtur aus Rock 'n' Roll und R&B – das schwebte dem Briten Cliff Bennett vor, als er 1959 seine Band Rebel Rousers, benannt nach einem Hit von Duane Eddy, gründete. Zur Gruppe gehörten zeitweilig Musiker wie Frank Allen – später Leadsänger der Searchers –, Roy Young, Nicky Hopkins oder Chas Hodges. 1961 verändert Cliff den Sound seiner Band, indem er zwei Bläser aufnimmt. Das hört Joe Meek, der sie daraufhin produziert. Die Aufnahmen werden keine Hits, weil sich zu diesem Zeitpunkt Beat mit Bläsersätzen nicht durchsetzen kann. Nachdem die erste Liverpoolwelle abgeebbt ist, kommt mit »One Way Love« 1964 und dem Beatles-Cover »Got To Get You Into My Life« 1966 der Erfolg. 1968 trennt sich die Gruppe. Cliff gründet zunächst Toe Fat, 1971 Cliff Bennett's Rebellion und 1974 Shanghai. Dann war Cliff es leid, als Musiker durch die Lande zu ziehen. Heute ist er erfolgreich in der Werbebranche und tritt nur noch ab und zu auf.

*One Way Love (10/64 GB 9)*
*Got To Get You Into My Life (8/66 GB 6)*
***Rhythm & Blues, Rock 'n' Roll***

**CD-Tip:** *The Best Of The EMI Years* EMI 0777 7 99436 2 3

## Bennett, Tony

v (USA, * 13. 8. 1926 als Anthony Dominick Benedetto in Queens/New York City).

Schon während seiner High-School-Zeit trat er als Sänger auf. In der US-Army sang er in verschiedenen Bands. Bob Hope gab dem jungen Tony Bennett 1950 die erste Möglichkeit zu einem Auftritt vor großem Publikum. Noch im selben Jahr erhielt er einen Plattenvertrag mit CBS. Dort war auch Percy Faith mit seinem Orchester und als Produzent unter Vertrag, der in den folgenden Jahren alle Aufnahmen von Tony begleiten sollte. Zwischen 1951 und 1953 hatte er die vier Millionseller »Because Of You« – der Erfolg dieses Songs aus dem Jahre 1940 ist wohl darauf zurückzuführen, daß er 1951 im Film »I Was An American Spy« zu hören war –, »Cold, Cold Heart«, »Rags To Riches« und »Stranger In Paradise«. Bis in die 90er Jahre hinein erschienen Aufnahmen von Tony. 1995 erhielt sein Album »MTV Unplugged« einen Grammy als Album of the Year. Einen weiteren Grammy überreichte man ihm in der Kategorie Best Traditional Pop Vocal Performance. Ende 1995 erschien Bennetts Album »Here's To The Ladies«. Darauf sang er Titel, die im Original nur von Sängerinnen gesungen wurden.

*Because Of You (6/51 US 1)*
*Cold, Cold Heart (7/51 US 1)*
*Rags To Riches (9/53 US 1)*
*Stranger In Paradise (11/53 US 2; 4/55 GB 1)*
*There'll Be No Teardrops Tonight (3/54 US 7)*
*Cinnamon Sinner (8/54 US 8)*
*In The Middle Of An Island (8/57 US 9)*
***Middle Of The Road (MOR), Pop***

**CD-Tip:** *All Time Greatest Hits* Columbia 468 843 2

## Benson, George

v/g (USA, * 22. 3. 1943 in Pittsburgh/Pennsylvania).

Ob Pop oder Jazz, Rock oder Funk, George Benson dürfte alles können. Dabei wird jedoch deutlich, daß sein Gitarrenstil sehr von Wes Montgomery beeinflußt wurde. In seinen Jugendjahren machte er Rhythm & Blues und nahm schon 1954 seine erste Platte auf. Als 19jähriger war er Begleiter von Brother Jack McDuff, und in den frühen 70er Jahren war er Hausmusiker der Plattenfirma CTI Records. Für etliche Jahre gehörte George nun der Sparte Jazz an. Das wird jedoch in den USA nicht so eng gesehen. 1976 taucht er in den Pophitparaden auf. Inzwischen sang er auch und hatte mit Nummern wie »On Broadway«, »Give Me The Night«, »Turn Your Love Around« und »In Your Eyes« Top-10-Hits in den USA und GB.

*This Masquerade (6/76 US 10)*
*On Broadway (3/78 US 7)*
*Give Me The Night (7/80 US 4, GB 7; 11/80 CH 7)*
*Love X Love (10/80 GB 10)*
*Turn Your Love Around (10/81 US 5)*
*In Your Eyes (9/83 GB 7)*
***Jazz, Pop, Rhythm & Blues***

**CD-Tip:** *Give Me The Night* WB 256 823

## Benton, Brook

v (USA, * 19. 9. 1931 als Benjamin Franklin Peay in Camden/South Carolina, † 9. 4. 1988).

1953 machte Brook Benton seine erste Soloplatte. Vorher hatte er mit den Camden Jubilee Singers, Bill Langford's Langfordairs, den Jerusalem Stars und The Sandmen gesungen. Die ersten fünf Jahre als Solist waren recht erfolglos. Mit dem selbstgeschriebenen Song »It's Just A Matter Of Time« erreichte er 1959 erstmals die Top 10. Die Zeitspanne seiner Hitparadeneintragungen reicht für den ausgezeichneten Soft-Soul- und R&B-Sänger bis in das Jahr 1970. Besonders schön sind seine Duette mit Dinah Washington: »Baby (You've Got What It Takes)« und »A Rockin' Good Way (To Mess Around And Fall In Love)«, beide 1960. Anhörenswert sein »Hotel Happiness« 1962 und der Millionseller »Rainy Night In Georgia« aus dem Jahr 1970, geschrieben von Tony Joe White. In »The Boll Weevil Song« setzte er 1961 dem Baumwollkapselkäfer ein musikalisches Denkmal. Durch die 70er Jahre machte er weiter Plattenaufnahmen und trat auch bis in die 80er Jahre live auf. Mit 56 Jahren erkrankte er an Rückenmarksmeningitis und starb an einer daraus resultierenden Lungenentzündung.

*It's Just A Matter Of Time (1/59 US 3)*
*So Many Ways (10/59 US 6)*
*Baby (You've Got What It Takes) (1/60 US 5)*
*A Rockin' Good Way (To Mess Around And Fall In Love) (5/60 US 7)*
*Kiddio (8/60 US 7)*
*The Boll Weevil Song (5/61 US 2)*
*Hotel Happiness (11/62 US 3)*
*Rainy Night In Georgia (1/70 US 4)*
***Rhythm & Blues, Soft Soul***

**CD-Tip:** *Best Of* Mercury 830 772–2

## Berg, Jörg Maria

v (Österreich, * 24. 9. 1930 in Schönbühel/Donau).

Dieser Sänger und Schauspieler hatte ab 1955 sowohl als Solist wie auch zusammen mit seiner österreichischen Sangeskollegin Ernie Bieler, als eine Hälfte der James Brothers und mit drei weiteren Sängern als die Blauen Jungs bzw. die Montecarlos Erfolg. Mit dem Song »Zwei weiße Möwen (Lolita)« hatte er 1955 seinen ersten Hit in Deutschland. Die zweite Hälfte der 50er Jahre war Bergs erfolgreiche Zeit. Seine Version von »Patricia« war Ende 1958 sein größter Solohit in den deutschen Hitparaden. Sein Hit zusammen mit Ernie Bieler war »Sieben Berge, sieben Täler« aus dem Jahre 1957. Die James

Brothers waren er und Peter Kraus. Der deutsche Nachzieher des Kalin-Twins-Hits »When« – bei uns hieß er korrekt übersetzt »Wenn« – war Ende 1958 ein Platz 5 für die beiden.

*Zwei weiße Möwen (Lolita) (9/55 D 9)*
*Es leuchtet das Kreuz des Südens (3/57 D 10)*
*Sieben Berge, sieben Täler (10/57 D 9)*
*Baby, ich schieß' dir einen Teddybär (9/58 D 9)*
*Patricia (12/58 D 3)*
***Deutscher Schlager***

## Berg, Melitta

v (Deutschland).
Melitta brachte es gerade mal auf einen einzigen Hit. Mit »Nur du, du, du allein« erreichte sie Mitte 1959 einen 3. Platz in der deutschen Hitparade. Danach war die singende Filtertüte über den gleichnamigen.

*Nur du, du, du allein (5/59 D 3)*
***Deutscher Schlager***

## Berghagen, Lars

v (Schweden, * 13. 5. 1945 in Stockholm).
In seinem Heimatland war Lars Berghagen ab Mitte der 60er Jahre ein erfolgreicher Sänger, der die meisten seiner Songs selbst komponiert und getextet hat. Er hatte dort eine eigene TV-Show und wurde bei uns durch seine Zusammenarbeit mit Wencke Myhre bekannt. Mitte der 70er Jahre glaubte man, ihn auch als Schlagerstar in Deutschland starten zu können. Zumindest einmal gelang ihm mit »Es war einmal eine Gitarre« im April 1975 ein Top-10-Erfolg. Und zurück in die Fjorde.

*Es war einmal eine Gitarre (4/75 D 9)*
***Deutscher Schlager***

## Berlin

ROB BRILL, d (USA, * 21. 1. 1956); JOHN CRAWFORD, b (USA, * 17. 1. 1960); DAVID DIAMOND, syn (USA); TERRI NUNN, v (USA, * 26. 6. 1961); RICK OLSEN, g (USA, * 20. 8. 1956); MATT REID, key (USA, * 15. 4. 1958).
John Crawford gründete diese Formation im Sommer 1979 in Los Angeles. In den folgenden zwei Jahren sollte die Besetzung ständig wechseln, bis man Mitte 1981 zu einer einigermaßen permanenten Besetzung kam. Obige Besetzung hatte 1983 die ersten Erfolge. 1986 – wohl weil es das Liebesthema aus dem Film »Top Gun« war – hatte der Titel »Take My Breath Away« weltweit Erfolg. Wer aber nun glaubte, Berlin könne diesen wiederholen, irrte sich. Die Sängerin Terri Nunn verließ 1987 die Gruppe und versuchte sich als Solistin. Damit fielen alle Beteiligten in die Bedeutungslosigkeit zurück.

*Take My Breath Away (6/86 US 1; 9/86 GB 1, D 3; 10/86 CH 2; 10/90 GB 3)*
***Elektro-Pop***

## Bernstein, Elmer

bl (USA, * 4. 4. 1922 in New York City).
Elmer Bernstein ist einer der wichtigsten amerikanischen Komponisten für Film- und TV-Musiken. Schon als Zwölfjähriger hielt man ihn für ein musikalisches Genie – aber nebenher sollte sich im Laufe der Jahre herausstellen, daß er auch ein sehr talentierter Schauspieler, Maler und Tänzer ist. Seine Ausbildung an der New York University wurde durch den Zweiten Weltkrieg unterbrochen. Er mußte in die Armee und komponierte dort für Propagandafilme. Nach dem Krieg ging er Ende der 40er Jahre nach Hollywood und begann mit seiner Arbeit für die Filmindustrie. 1952 erregte er erstmals Aufmerksamkeit mit der Filmmusik zu »Sudden Fear«, 1955 er-

hielt er einen Oscar für die von ihm geschriebene Jazzmusik in »The Man With The Golden Arm«. Es folgte Musik in »Die 10 Gebote«, »Die glorreichen 7« und ein weiterer Oscar für »Thoroughly Modern Millie«. Mit einem Thema in der TV-Serie »Staccato« hatte Bernstein Ende 1959 in GB gar einen Top-10-Erfolg. In den USA war sein größter Charterfolg 1956 seine Version von »Main Title Theme From The Man With The Golden Arm«.

*Staccato's Theme (12/59 GB 4)*
***Instrumental***

## Berri

BERRI, v (Großbritannien als Rebecca Sleight, geb. in Beverly/Hull).
Berri wurde in einem Club in Leeds von C. Saunders und R. Llyod, zwei Produzenten des Labels Three Beat Music, entdeckt. Die beiden waren bereits als New Atlantic in den Charts und hatten mit »I Know« Platz 12 in den GB-Charts. »Into The Future« und »Take Off Some Time« waren die Nachfolgepositionen, die es jedoch lediglich bis unter die ersten 60 brachten. Die drei zusammen machten eine Coverversion des Titels »Sunshine After The Rain«, der im August 1977 ein Top-10-Hit mit Elkie Brooks in GB war, und nannten sich New Atlantic/U4EA featuring Berri. Die Platte erschien im Herbst 1994 und erreichte schließlich Platz 26. Im Sommer 1995 nahmen sich die beiden Produzenten den Titel noch einmal vor, machten einen Remix und veröffentlichten das Stück erneut. Diesmal wurde als Interpret nur Berri genannt und diesmal erreichte die Platte Platz 4. Die Nachfolgesingle »Shine Like A Star« erreichte Ende 1995 Platz 20 in GB. Immerhin hatte Berri zu diesem Zeitpunkt mit http:/www.connect.org.uk/3/beat/berri ihre eigene Seite im Internet – was hat es ihr genutzt?

*The Sunshine After The Rain (9/95 GB 4)*
***Pop***

## Berry, Chuck

v/g (USA, * 18. 10. 1926 als Charles Edward Anderson Berry in St. Louis).
Als 1986 in St. Louis sein 60. Geburtstag gefeiert wurde, kamen u. a. Eric Clapton, Keith Richards, Robert Cray, Etta James und Linda Ronstadt zu einem Konzert zu seinen Ehren. Chuck Berry ist zeit seines Lebens ein Geschäftsmann gewesen. Aus diesem Grunde wurde dieses Ereignis als »Hail Hail Rock 'n' Roll« verfilmt. Berry gilt als der Mann, der dem Rock 'n' Roll auf die Beine geholfen hat. Als er 1955 seine ersten Platten aufnahm und mit »Maybellene« einen Hit in den USA hatte, schuf er etwas, was nicht nur die Rock-, sondern auch die Country-Fans mochten. Und gerade die Country-Music-Freunde wußten nicht, daß der Sänger des Liedes ein Farbiger war. Er wurde noch lange nach diesem Erfolg von Clubs im Süden der USA gebucht und dann nicht zum Auftritt zugelassen, weil die Besitzer erst an der Tür feststellten, daß Chuck Berry ja ein Schwarzer war. Über die Schwierigkeiten, die er am Anfang seiner Karriere und in seiner Jugendzeit hatte, hat er in seiner Autobiographie geschrieben. Darin erfährt man, daß er sein Leben und seinen Erfolg voll ausgekostet hat. Das brachte ihn mehrfach ins Gefängnis. In diesem Buch schreibt er auch, welche Begebenheit ihn auf welchen Song gebracht hat. Und da ist natürlich auch von »Johnny B. Goode« die Rede. Man hatte es vorher schon immer vermutet, aber jetzt wurde es Gewißheit: Johnny B. Goode, der Junge vom Lande, trägt autobiographische Züge. Chuck wollte schon in frühester Jugend ein geachteter Gitarrenspieler werden und übte sich die Finger wund. Es ist die Geschichte eines Jungen, der es schließlich zu ›Fame and Fortune‹ brachte. Zuerst sollte die Zeile heißen ›a colored boy named Johnny B. Goode‹, aber dann hatte er doch Angst, die weißen Fans würden das nicht mögen, und machte aus

›colored‹ ›country‹. Als »Johnny B. Goode« auf den Markt kam, war Chuck Berry bereits ein gemachter Mann und hatte Titel wie »Roll Over Beethoven« oder »Sweet Little Sixteen« in die Hitparaden gebracht. Kaum einer der großen Rock- und Beatmusiker Anfang der 60er Jahre nannte nicht Chuck Berry als sein großes Vorbild. Ob Beatles oder Rolling Stones – sie spielten in ihren Anfangstagen Titel von ihm auch auf Platte nach. Was irgendwann ob seiner vielen erfolgreichen Songs in Vergessenheit geraten ist: Chuck Berry war ein einflußreicher Gitarrist. So spielen wie er, das wollten John Lennon, Keith Richards oder Eric Clapton. Im Februar 1985 bekam er einen Grammy für sein Lebenswerk. In der Laudatio hieß es, er sei einer der einflußreichsten und kreativsten Köpfe in der Geschichte der amerikanischen Populärmusik, ein Komponist und Künstler, dessen Talent wesentlich zur Entwicklung des Rock 'n' Roll zu einer der wichtigsten Musikrichtungen beigetragen hat. Als 1986 die Rock 'n' Roll Hall of Fame eröffnet wurde, gehörte Chuck Berry zu den ersten, die aufgenommen wurden. Mitte 1989 wurde in St. Louis – ähnlich wie in Hollywood – ein Walk of Fame eingerichtet, und Chuck befand sich unter den ersten 10, die dort gewürdigt wurden. Auch in den 90er Jahren spielt Chuck Berry regelmäßig und ist weltweit auf Tournee. Im September 1995 spielt er bei einem Benefizkonzert für die Rock 'n' Roll Hall of Fame in Cleveland. Er wird begleitet von Bruce Springsteen und der E-Street Band.

*Maybellene (8/55 US 5)*
*School Days (4/57 US 3)*
*Rock And Roll Music (11/57 US 8)*
*Sweet Little Sixteen (2/58 US 2)*
*Johnny B. Goode (4/58 US 8)*
*Let It Rock/Memphis Tennessee (10/63 GB 6)*
*No Particular Place To Go (5/64 GB 3, US 10)*
*My Ding-A-Ling (8/72 US 1; 10/72 GB 1)*
***Rock 'n' Roll***

**CD-Tip:** *Chuck Berry* Chess MCA CHD 3-80.001

## Berry, Dave

v (Großbritannien, * 6. 2. 1941 als David Holgate Grundy in Woodhouse).
Weil David ein glühender Verehrer von Chuck Berry war, gab er sich den Künstlernamen Berry. Ab 1961 hatte er als Backing Group die Cruisers, mit denen er fast ausschließlich Hits von Chuck nachspielte. Im Laufe der Jahre sollten in Daves Band u. a. Jimmy Page, John Paul Jones, Eric Stewart oder Graham Goldman spielen. Sein erster Hit im Herbst 1963 war eine britische Version von Chuck Berrys »Memphis Tennessee«. Daß man mit Nachziehern auf Dauer keine eigene Karriere aufbauen kann, wurde ihm irgendwann auch klar. Mit »The Crying Game« 1964, »Little Things« 1965 und »Mama« 1966 hatte er jeweils einen Platz 5 in der britischen Hitparade. Danach war seine Karriere beendet. Versuche, in den 70er Jahren noch einmal Plattenerfolge zu erzielen, schlugen fehl. 1992 kam ein Film namens »The Crying Game« in die Kinos. Darin ist selbstverständlich auch Dave Berrys Version des Songs zu hören, allerdings auch eine Neuauflage von Boy George.

*Crying Game (8/64 GB 5)*
*Little Things (3/65 GB 5)*
*Mama (6/66 GB 5)*
***Pop, Rock 'n' Roll***

**CD-Tip:** *Best Of Dave Berry* See For Miles SEE CD 384

## Berry, Mike

v (Großbritannien, geb. in Hackney/London).
Wie der bekannte Plattenproduzent Joe Meek war Mike Berry ein Fan von Buddy Holly. Bei Joe Meek ging das Faible für Buddy Holly so weit, daß er sich am 3. 2.

1967, Buddys Todestag, erschoß. Mike Berry beließ es bei einer Nummer, die »Tribute To Buddy Holly« hieß und mit der er Ende 1961 seinen ersten Erfolg in der britischen Hitparade hatte. Begleitet wurde er von den Outlaws, zu deren Mitgliedern Richie Blackmore und Chas Hodges gehörten. »Don't You Think It's Time?« war 1963 ein Top-10-Hit in GB. Kurz danach schien seine Gesangskarriere beendet. In den 70er Jahren arbeitete er vorwiegend und mit Erfolg als Schauspieler für das britische Fernsehen. Dann stand er im August 1980 plötzlich erneut unter den ersten 10 in GB mit »The Sunshine Of Your Smile«, produziert von seinem alten Kollegen Chas Hodges.

*Don't You Think It's Time? (1/63 GB 6)*
*The Sunshine Of Your Smile (8/80 GB 9)*
***Pop, Rock 'n' Roll***

**CD-Tip:** *Sounds Of The Sixties* Castle CHC 7056

## Berry, Nick

v (Großbritannien, * 16. 4. 1961 in Woodford/Essex).

Der junge Schauspieler hatte seine erste Hauptrolle in der britischen Seifenoper ›East Enders‹ als Darsteller eines ehrgeizigen Jugendlichen, der Entertainer werden möchte. Im wirklichen Leben ging dieser Traum in Erfüllung: Im Oktober 1986 stand Nick Berry mit »Every Loser Wins« an der Spitze der britischen Hitparade. Danach konzentrierte er sich zunächst weiter auf die Schauspielerei. 1992 spielte er in der Serie ›Heartbeat‹ einen Polizisten und sang dafür auch den Titelsong – die alte Nummer von Buddy Holly – er landete auf Platz 2 in GB.

*Every Loser Wins (10/86 GB 1)*
*Heartbeat (6/92 GB 2)*
***Pop***

## Bertelmann, Fred

v (Deutschland, * 7. 10. 1925 in Duisburg).

Obwohl er bereits vor 1957 mit einigen Platten in den deutschen Top 10 war, wird man den Namen Fred Bertelmann immer mit dem Song »Der lachende Vagabund« in Verbindung bringen, der 1957 der Hit des Jahres war. Es war die deutsche Version des 1953er Hits »Gambler's Guitar« von Rusty Draper. Bis 1963 war Bertelmann, verheiratet mit der Filmschauspielerin Ruth Kappelsberger, regelmäßig in den Hitparaden: »In Hamburg sind die Nächte lang« (1955), »Tina Marie« (10/55 D 5), »Meine kleine süße Susi« (8/56 D 3), »Marie mit dem frechen Blick« (5/57 D 15) und »Bene bene tanto« (10/57 D 13). Dann kam »Der lachende Vagabund«, der sein größter Erfolg wurde, und es folgten »Ich bin ja nur ein Troubadour« (3/58 D 6), »Aber du heißt Pia« (10/58 D 7), »Ihr zartes Lächeln« (4/59 D 6), »Ti amo Marina« (3/60 D 30), »Einmal High, High, High« (6/60 D 34), »Mary-Rose« (11/62 D 36) und »Ein Caballero« (11/63 D 39). Auf seinen Platten sang er manchmal auch im Duett mit Chris Howland oder Bibi Johns. Seine Ausbildung zum Schauspieler und Sänger erhielt Bertelmann am Konservatorium in Nürnberg und an der Ufa-Schauspielschule. Nutzen konnte er sie dann in der zweiten Hälfte der 50er Jahre in unzähligen deutschen Filmklamotten.

*Tina Marie (10/55 D 5)*
*Meine kleine süße Susi (8/56 D 3)*
*Der lachende Vagabund (10/57 D 1)*
*Ich bin ja nur ein Troubadour (3/58 D 6)*
*Aber du heißt Pia (10/58 D 7)*
*Ihr zartes Lächeln (4/59 D 6)*
***Deutscher Schlager***

**CD-Tip:** *Der lachende Vagabund* Bear Family BCD 15 753 AH

## Beverley Sisters

BABS BEVERLEY, v (Großbritannien, geb. in London); JOY BEVERLEY, v (Großbritannien, geb. in London); TEDDIE BEVERLEY, v (Großbritannien, geb. in London).
Die drei Schwestern machten in den frühen 50er Jahren ihre ersten Platten. Mit dem Weihnachtssong »I Saw Mommy Kissing Santa Claus« hatten die Beverley Sisters pünktlich zum Fest 1953 ihren ersten Platz 6 in GB. Gleiches sollte ihnen im Februar 1959 mit »Little Drummer Boy« gelingen. 1956 versuchten sie auch ihr Glück in den USA, über einen Platz 41 mit dem Traditional »Greensleeves« kamen sie jedoch nicht hinaus. 1967 trennten sie sich nach durchaus erfolgreichen Jahren. Anfang der 80er Jahre gründeten ihre Töchter die Formation Little Foxes. Als die stolzen Mütter 1985 einem Auftritt zusahen, wurden sie selbst auch wieder engagiert. Sie produzierten eine neue LP und gingen auf Tour.

*I Saw Mommy Kissing Santa Claus (12/53 GB 6)*
*Little Drummer Boy (2/59 GB 6)*
***Pop***

## Bianco, Bonnie

v (USA, * 19. 8. 1963 als Lory Lynn Bianco).
Bonnie Bianco sang zusammen mit dem Franzosen Pierre Cosso das von einem italienischen Autorenteam geschriebene Stück »Stay«, das dann im Fernsehrockmärchen »Cinderella« zu hören war. Die beiden spielten in dieser Kurzserie auch die Hauptrollen. Die Platte wurde ein Spitzenreiter der deutschen Hitparade im Frühjahr 1987. Mit »Miss You So« gelang Bonnie ein Nachfolgehit, und danach ging Aschenputtel die Erbsen zählen. Eine begnadete Sängerin ist sie nicht.

*Stay (4/87 CH 2; 3/89 D 1)*
*Miss You So (5/87 D 9)*
***Pop***

**CD-Tip:** *Stay – The Very Best Of Bonnie Bianco*
Edel 2598–2

## Bieler, Ernie

v (Österreich, * 18. 5. 1925 als Ernestine Geisbigler in Wien).
Ernie studierte vier Jahre lang Operngesang und legte 1945 die Staatsprüfung ab. Nach dem Kriege begann sie jedoch als Jazzsängerin. 1948 verpflichtete sie Hans Koller, der Leiter der Hot-Club-Vienna-Band, für ihre ersten Schallplattenaufnahmen. In den darauffolgenden acht Jahren spielte sie als Solo-, Duo-, Trio- und Chorsängerin nahezu hundert Platten ein. Besonders populär wurde sie im Duett mit Rudi Hofstätter. Mitte der 50er Jahre wechselte Ernie Bieler zur deutschen Plattenfirma Polydor. Dort nahm sie einmal unter ihrem Künstlernamen und unter dem Pseudonym Kitty Sisters Platten auf. Bei den Kitty Sisters wurde ihre Stimme doppelt oder mehrfach kopiert und dadurch der Eindruck eines Duos oder Trios erweckt. Neben ihrer Plattenkarriere spielte sie in etlichen Filmen mit. Das erstemal 1953 in »Die Junggesellenfalle«. Nach 1960 zog sie sich, von gelegentlichen Fernsehauftritten in Nostalgieshows abgesehen, aus dem Showgeschäft zurück. Mit dem Titel »Mauerblümchen« hatte sie im Frühjahr 1957 einen Top-10-Hit in Deutschland. Wenig später gelang ihr im Duett mit Jörg Maria Berg ein weiterer Erfolg mit »Sieben Berge, sieben Täler«. Das war's.

*Mauerblümchen (3/57 D 8)*
*Sieben Berge, sieben Täler (10/57 D 9)*
***Deutscher Schlager***

## Big Ben Banjo Band

NORRIE PARAMOR, bl (Großbritannien).
Hinter diesem Projekt stand der Produzent und Orchesterchef Norrie Paramor,

der für viele Hits von Michael Holliday und Cliff Richard verantwortlich zeichnete. Die Big Ben Banjo Band ist wieder mal eine der vielen britischen Instrumentalformationen, die aus bekannten Melodien Medleys formten und sie als Single veröffentlichten. Im Dezember 1954 kam mit »Let's Get Together No. 1« ein Medley mit »Yes Sir, That's My Baby«, »Swanee«, »I'm Just Wild About Harry« und anderen populären Melodien bis unter die ersten 10 der britischen Hitparade. Mit »Let's Get Together Again« versuchte man das gleiche ein Jahr später noch einmal. Es wurde nur ein Top-20-Hit, und danach ließ Paramor das Projekt fallen.

*Let's Get Together No. 1 (12/54 GB 6)*
***Instrumental***

## Big Bopper

BIG BOPPER, v (USA, * 24. 10. 1930 als Jiles Perry Richardson in Sabine Pass/Texas, † 3. 2. 1959).

Big Bopper wurde in den gesamten USA bekannt, nachdem er über seinen Sender 122 Stunden hintereinander Programm gemacht hatte. Das war 1954. 1957 schickt der Nebenher-Songschreiber seine Kompositionen an die Plattenfirma Mercury, die mit ihm einen Vertrag macht. Er veröffentlicht als Jape Richardson »Beggar To A King« und »Teenage Moon«, zwei Country-Platten im Hillbilly-Stil. Mitte 1958 schreibt er eine Parodie auf Hits von Sheb Wooley und David Seville, »The Purple People Eater Meets The Witch Doctor«. Aber nicht die A-Seite findet Erfolg, sondern die B-Seite »Chantilly Lace«, die sich bis auf Platz 6 in der amerikanischen Hitparade hocharbeiten kann und ein Millionseller wird. Im Januar 1959 geht er mit anderen Künstlern auf die Winter Dance Party. Mit dabei sind Ritchie Valens und Buddy Holly. Valens und Big Bopper saßen zusammen mit Buddy Holly in dem Flugzeug, das am 3. 2. 1959 in der Nähe von Mason City abstürzte, wobei alle Insassen getötet wurden. Einen postumen Erfolg als Songschreiber hatte er noch, als seine Komposition »Running Bear« mit Johnny Preston Nummer 1 in den USA und in GB wurde. Einer der beiden Indianer im Hintergrund der Platte war Big Bopper, der andere war George Jones.

*Chantilly Lace (8/58 US 6)*
***Pop, Rock 'n' Roll***

**CD-Tip:** *Hellooo Baby* Rhino R2 70164

## Big Country

STUART ADAMSON, v/g/syn (Großbritannien, * 11. 4. 1958 in Manchester); MARK BRZEZICKI, d (Großbritannien, * 21. 6. 1957 in Slough); TONY BUTLER, b (Großbritannien, * 13. 2. 1957 in Ealing/London); CLIVE PARKER (Großbritannien); BRUCE WATSON, g (Kanada, * 11. 3. 1961 in Timmins/Ontario); ALAN WISHART (Großbritannien); PETER WISHART (Großbritannien).

Adamson hatte Mitte 1981 frustriert die britische Punkband Skids verlassen. Zusammen mit seinem alten kanadischen Freund Watson wollte er etwas Neues probieren. Im September kam es zur Gründung von Big Country. Es spielten zuerst Peter Wishart – er sollte später zu Runrig gehen –, dessen Bruder Alan und Clive Parker mit. Nachdem sie im Frühjahr 1982 Alice Cooper auf dessen GB-Tournee begleitet und der sie rausgeschmissen hatte, schmiß Adamson seinerseits mit Ausnahme von Watson alle raus. Im April 1982 kam es zu der Besetzung, wie sie oben steht. Ab Februar 1983 war die Band regelmäßig in der britischen Singlehitparade vertreten. Ihr erster Hit war »Fields Of Fire (400 Miles)«. Die Band ist bis in die 90er Jahre erfolgreich. Auf der 1991 erschienenen LP »No Place Like Home« werden nur noch Adamson, Butler und Watson als feste Mitglieder genannt und auch im Bild gezeigt. Brzezicki spielt aber trotzdem noch mit. Obwohl keines der Mitglieder in Schottland geboren wurde, wird Big Country immer als schottische Band bezeichnet. Das liegt wohl auch am ›Dudelsack‹-Gitarrensound, den die Band häufig anklingen läßt. Mitte 1995 erscheint das Album »Why The Long Face?«. Auskopplungen daraus kommen über Platz 60 nicht hinaus.

*Fields Of Fire (400 Miles) (2/83 GB 10)*
*Chance (9/83 GB 9)*
*Wonderland (1/84 GB 8)*
*Look Away (4/86 GB 7)*
***Pop, Rock***

**CD-Tip:** *Through A Big Country* Mercury 846 022–2

## Big Fun

PHILIP CRESWICK, v (Großbritannien, * 12. 10. 1965 in Charlwood/Surrey); MARK GILLESPIE, v (Großbritannien, * 28. 11. 1966 in Elgin/Schottland); JASON JOHN, v (Großbritannien, * 18. 3. 1967 in Coventry/Warwickshire).

Drei Jungs, die aussehen, als wären sie frisch dem Neckermann-Katalog entsprungen und hätten erfolgreich einen Haarstylistenkurs absolviert, müßten doch wohl zu Hitparadenehren kommen. Big Fun galt in den Anfangstagen als Schottlands Antwort auf Bros. Sie waren ein typisches Wegwerfprodukt aus der Produktion Stock/Aitken/Waterman. Ex: »Blame It On The Boogie«, im Herbst 1989 ein Top-10-Erfolg in GB mit dem Nachfolgehit »Can't Shake The Feeling«. Zwei weitere Plättchen, eine davon mit einem weiteren S/A/W-Star, Sonia – und hopp: zurück an die Kleiderständer.

*Can't Shake The Feeling (11/89 GB 8)*
*Blame It On The Boogie (12/89 GB 4)*
***Boy Group***

**CD-Tip:** *A Pocketful Of Dreams* Jive ZD 71991

## Big Mountain

GREGORY T BLAKNEY, key/d; TONY CHIN, g (Jamaika); LYNN COPELAND, b; JEROME CRUZ, v/g; SANTA DAVIS, d (USA); SHANI HARRIOTT, v; MICHAEL HYDE, key (USA); MIKE LUALLIN, b; JAMES MCWHINNEY, v/per; QUINO MCWHINNEY, v/g/per; MANFRED REINKE, v/p/org; LANCE RHODES, d; WILLIAM SHIVELY, b (USA); BILLY STOLL, key.

Die Reggae-Gruppe stammt ausnahmsweise nicht aus der Karibik oder GB, sondern aus San Diego, USA. Lediglich Tony Chin ist Jamaikaner. Kopf und Konstante in der Band ist der Sänger und Songschreiber Quino, dessen Eltern aus Mexiko bzw. Irland stammen. Wer neben ihm in der Gruppe spielt, ist recht uninteressant. 1986 begann er als Sänger bei der Gruppe Shiloh. Anfang der 90er benannte sich die Band dann in Big Mountain um. Als Vorlage für den Namen nahm man das indianische Big-Mountain-Hopi-Reservat, um den Kampf der Ureinwohner Amerikas zu unterstützen. 1992 wurde die Debüt-CD »Wake Up« veröffentlicht, auf der neben ihm Cruz, Reinke, Blakney und Luallin als feste Mitglieder genannt wurden. Ausgekoppelt wurde aus dieser CD die Single »Touch My Light«, die die erste Eintragung der Gruppe in den Charts war, es aber nur auf Platz 51 in den USA schaffte. Schon ein Jahr später war von den genannten außer Quino keiner mehr dabei. Die restlichen obengenannten Musiker waren auf der 94er CD »Unity« zu hören – daneben spielte eine ganze Reihe fähiger und bekannter Studiomusiker mit. Die Nummer »Baby, I Love Your Way«, im Original ein Titel von Peter Frampton, wurde einer der Sommerhits des Jahres 1994. Er stammte aus dem Film »Reality Bites«, was sicher zum Erfolg der Nummer beigetragen hat. Die Nachfolgesingle »Sweet Sensual Love« schaffte schon nicht mehr den Sprung unter die ersten 50, und auch die Singles, die bis Ende 1996 erschienen, kamen nie über einen Platz 44 hinaus. Mitte 1997 spielte die Band bei einigen deutschen Reggae-Festivals in der aktuellen Besetzung Quino und James McWhinney, Chin, Stoll, Davis, Hyde und Shively. Gleichzeitig erschien ein neues Album mit dem Titel »Free Up«.

*Baby I Love Your Way (2/94 US 6; 5/94 GB 2, D 9; 7/94 CH 2)*
***Reggae***

**CD-Tip:** *Unity* Giant 74321 2 1964 2

## Biggs, Barry

v (Jamaika).
Barry Biggs war einer der vielen Jamaikaner, die mit ihrem Soft-Reggae auch in GB erfolgreich waren. Zwischen 1976 und 1981 gelangen ihm sechs Hits, darunter der Top-30-Hit »Three Ring Circus« (1977) und der Top-10-Erfolg »Side Show«.

*Side Show (12/76 GB 3)*
***Reggae***

## Bilgeri

REINHOLD BILGERI, v/g (Österreich, geb. in Feldkirch).
Bereits mit 15 Jahren gründete er seine erste eigene Band. Als Pay & Mick zog er im typischen Langhaar-Look jener Tage durch Österreich. 1968 gründete er Wanted, 1974 Clockwork. An die Musik scheint er hauptberuflich nicht geglaubt zu haben. Der 1950 geborene Bilgeri unterrichtete nebenher als Germanistik- und Philosophielehrer am Bundesgymnasium in Feldkirch. Danach verfaßte er – immer noch nebenher – für den Österreichischen Rundfunk Kurzgeschichten und Hörspiele. Anfang der 80er Jahre begann seine Karriere unter seinem Nachnamen. Sechsmal hintereinander plazierte er sich unter den ersten 10 in Österreich. In den USA hat er bei Produktionen von Earth, Wind & Fire und Lou Gramm mitgewirkt. So singt er z. B. auf der CD »Long Hard Look« von Gramm bei dem Titel »Hangin' On My Hip« mit. Das deutsche Publikum lernte den netten Lehrer nicht als Specht, sondern neben seiner Frau Beatrice in einigen Folgen vom ›Schloß am Wörthersee‹ kennen. Ist halt vielseitig, unser Lehrer.

*Video Life (6/81 CH 8)*
***Pop***

## Bilk, Acker Mr.

MR. ACKER BILK, clarinet (Großbritannien, * 28. 1. 1929 in Pensford/Somerset).
Mr. Acker Bilk war stets ein richtiger Kumpel. Acker ist ein britisches Slangwort für Kumpel. Noch während seiner Militärzeit 1947 in Ägypten – es muß dort wohl ziemlich langweilig gewesen sein – lernte er das Klarinettespielen. 1954 wurde er Mitglied bei Ken Colyer, 1958 war er soweit, eine eigene Band zu gründen. Zusammen mit der Paramount Jazz Band führte Bilk den britischen Boom des Traditional Jazz Anfang der 60er Jahre an. Zwischen 1960 und 1963 und dann noch einmal 1976 hatte er seine erfolgreichste Zeit. 1976 war er mit »Aria« plötzlich wieder in den britischen Top 10. Wie Chris Barber und Kenny Ball ist Mr. Acker Bilk noch heute eine feste Größe im britischen Musikgeschäft.

*Summer Set (1/60 GB 5)*
*Buona Sera (12/60 GB 7)*
*That's My Home (7/61 GB 7)*
*Stranger On The Shore (11/61 GB 2; 3/62 US 1)*
*Aria (8/76 GB 5)*
***Instrumental, Jazz***

## Billie

BILLIE, v (Großbritannien als Piper).
Teenie-Pop in Reinkultur – jetzt wurde es mal wieder Zeit für ein 15jähriges Mäd-

chen, das auf die Frage, warum die Musik so laut sein muß, antwortet: ›Weil wir es wollen‹. Da kann man sicher sein, daß die kleine Göre genau den Nerv ihrer Altersgenossinnen traf – und die sind halt die Käufer der Singles. Billie besuchte die Sylvia Young State School, an der auch Emma Burton, Denise Van Outen und Samantha Janus gewesen waren. Ihre Karriere startete sie in einigen kleinen Werbespots, war dann in einem Extra der TV-Serie »Eastenders« zu sehen und wurde schließlich über mehrere Wochen in GB als das neues Teen-Idol gefeaturet, bis es die Kids glaubten. Die Single »Because We Want To«, musikalisch eher von der schlichten Art und aus der Serie ›tausenmal gehört‹, stieg am 11. 7. 1998 auf Platz 1 der britischen Charts ein.

*Because We Want To (7/98 GB 1)*
***Pop***

## Billy & Lillie

LILLIE BRYANT, v (USA, * 14. 2. 1940 in Newburg/New York); BILLY FORD, v (USA, * 9. 3. 1925 in Bloomfield/New Jersey).
Das Duo brachte es Anfang 1958 auf einen Top-10-Hit: »La Dee Dah«. Begleitet wurden sie von den Thunderbirds. Ende desselben Jahres gelang dem Duo mit »Lucky Ladybug« noch ein Platz 14 in den USA. Als die 60er Jahre kamen, waren sie, nachdem sie noch drei weitere Platten in den Charts hatten, wieder verschwunden.

*La Dee Dah (1/58 US 9)*
***Pop***

## Billy Joe & The Checkmates

BILLY JOE (USA, * 21. 3. 1919 als Louis Bideu in El Paso/Texas).
Billy Joe arbeitete in den 50er Jahren als Komiker und hatte seine ersten Erfolge in der New Yorker ›Lew Bedell Show‹. In den frühen 60er Jahren nannte er sich Billy Joe Hunter, und mit der Instrumentalnummer »Percolator« hatte er im Januar 1962 einen Top-10-Hit in den USA. Der Titel klang, als ob Kaffee durch einen Filter tropft. Diese Wirkung wurde mit Hilfe eines Xylophons erzielt. Um der damaligen Twistmode gerecht zu werden, setzten Billy und Ernie Freeman – mit dem er den Titel zusammen geschrieben hatte – noch in Klammern ›Twist‹ hinter »Percolator«.

*Percolator (Twist) (1/62 US 10)*
***Instrumental***

## Bimbo Jet

Diese aus Männern und Frauen bestehende Band schaffte einmal einen internationalen Hit: »El Bimbo«. Anfang 1975 erreichte die Platte Platz 26 in Deutschland und Top 10 in der Schweiz und Mitte desselben Jahres Platz 12 in GB.

*El Bimbo (1/75 CH 3)*
***Pop***

## Bino

BINO, v (Italien, * 24. 4. 1953 als Benedetto Arico in Palermo).
Bino war als Gastarbeiter nach Deutschland gekommen und in Oldenburg heimisch geworden. Dort sang er in Eisdielen oder bei Festen und in Discotheken. Sein einziger Hit »Mama Leone« wurde von Renate Vaplus und einem gewissen Benedetto Arico geschrieben. Renate Vaplus ist ein Pseudonym von Drafi Deutscher, und Arico ist Bino selbst. Auf der Plattenhülle zur LP »Mama Leone« schleimt sich die Plattenfirma einen Text, wie er überflüssiger nicht sein kann. Auszug: ›Übrigens war Bino vor einigen Tagen in seiner italienischen Heimatstadt Palermo, Sizi-

lien. Mit viel Wein und noch mehr Gesang wollte ich den Erfolg mit meiner Familie teilen, erzählt Bino weiter. Und bei einer Prozession während seines Besuches opferte seine Mama ihre goldenen Ohrringe der heiligen Jungfrau Maria mit der innigen Bitte, daß ihr Sohn Bino für seine Mama Leone eine goldene Schallplatte in Deutschland und Italien erhalten möge.‹ Das sind Informationen!

*Mama Leone (7/78 D 4; 9/78 CH 1)*
*Mama Leone (deutsche Version) (9/78 D 5)*
***Schlager***

**CD-Tip:** *Mama Leone* Carrere 2934 107

## Birkin, Jane & Serge Gainsbourg

JANE BIRKIN, v (Großbritannien, * 14. 12. 1946 in Chelsea/London); SERGE GAINSBOURG, v (Frankreich, * 2. 4. 1928, † 2. 3. 1991).

Die britische Schauspielerin wurde bekannt durch den Film »Blow Up« 1966, in dem sie sich recht offenherzig dem Fotografen David Hemmings zeigte. Zusammen mit Serge Gainsbourg, mit dem sie erst sehr befreundet und später verheiratet war, nahm sie den Titel »Je T'Aime ... Moi Non Plus« auf, den Serge zuvor schon mit Brigitte Bardot produziert hatte. Nach Abhören des fertigen Bandes distanzierte sich Brigitte davon, und Serge war gezwungen, es neu aufzunehmen. Den Stöhnakt übernahm nun Jane. Die Platte wurde in ganz Europa ein Erfolg. In Frankreich hatte Jane Birkin mit »Ex-Fan Des Sixties« 1978, wieder geschrieben durch Serge, noch einmal einen Hit. Serge starb am 2. 3. 1991 eines natürlichen Todes, wie die Presse erstaunt vermerkte – sie hatte wohl anderes erwartet. Janes und Serges gemeinsame Tochter Charlotte, geboren 1972, wurde ab 1984 als Schauspielerin bekannt. Zu ihren wichtigsten Rollen gehörte u. a. »Das freche Mädchen« 1985, wofür sie den César bekam.

*Je T'Aime ... Moi Non Plus (7/69 GB 2, D 3; 8/69 CH 1; 10/69 GB 1)*
***Pop***

**CD-Tip:** *Gainsbourg 1958–25 Ans – 1983* Philips 812 877–2

## Bishop, Elvin

g (USA, * 21. 10. 1942 in Tulsa/Oklahoma).

Elvin war zwischen 1965 und 1968 Leadgitarrist in der Paul Butterfield Blues Band. Im Frühjahr 1976 erschien die Soloplatte »Fooled Around And Fell In Love« von Elvin Bishop, die zum Top-10-Hit und Millionseller wurde. Auf der Plattenhülle wurde nicht erwähnt, daß der Sänger des Titels Mickey Thomas, der spätere Leadsänger von Starship, war. Und dem dürfte Bishop diesen Erfolg zu verdanken haben. Ansonsten waren die Platten von Elvin Bishop nicht für Singlehitparaden geeignet.

*Fooled Around And Fell In Love (3/76 US 3)*
***Blues, Rock***

## Biz Markie

BIZ MARKIE, rap (USA, * 8. 4. 1964 als Marcel Hall in Harlem/New York).

Biz Markie schaffte im Frühjahr 1990 mit der Platinplatte »Just A Friend« einen gewaltigen Einstieg in die Szene. Es handelte sich bei dem Song um eine Rap-Version des Freddie-Scott-Hits »(You) Got What I Need« aus dem Jahre 1968. Kurz darauf hat er einen gewaltigen Ausstieg: Man hörte von ihm im Herbst 1991 lediglich in den R&B-Charts. Dort sang er »What Comes Around Goes Around«. Wie wahr!

*Just A Friend (1/90 US 9)*
***Rap***

## Bizarre Inc.

ANGIE BROWN, v (Großbritannien); ANDREW MEECHAM (Großbritannien); DEAN MEREDITH (Großbritannien); CARL TURNER (Großbritannien).

Die drei von Bizarre Inc. sollten die britische Antwort auf American Garage und Deep House Sound sein. Ende 1991 erschien ihre erste Single mit dem Titel »Playing With Knives«. Dazu schrieb ›Network Press‹: ›Das ist es. Hier sind die Techno-Sub-Sechzehntel, und da kommt der deepe Break, klassischer House läßt grüßen. Diese Idee ist neu und funktioniert überall. Bravo.‹ Jetzt weiß jeder Bescheid. Ende 1992, verstärkt durch die Sängerin Angie Brown, gelang ihnen ein weiterer Top-10-Erfolg mit »I'm Gonna Get You«. Mitte 1996 gelang ihnen in GB ein Platz 21 mit »Surprise«.

*Playing With Knifes (11/91 GB 4)*
*I'm Gonna Get You (10/92 GB 3)*
***Dance, Techno***

## Bizz Nizz

JEAN – PAUL DECOSTER; PETER NEEFS.

Eine Truppe, die speziell für Discotheken Musik produzierte. Eintönige, fast stumpfsinnige Titel, deren Laufzeit selten unter 6 Minuten liegt, kommen dabei heraus. Mit der Aufforderung »Don't Miss The Partyline« hatten Peter Neefs und Jean-Paul De Coster, die beiden Köpfe der Band, im Frühjahr 1990 einen Top-10-Hit in GB und in Deutschland. Die Partyline war zu diesem Zeitpunkt unter Discofreaks der absolute Knüller. Es galt, geheime Treffpunkte von Discoereignissen kurzfristig unter einer Telefonnummer zu erfragen. Dabei fanden diese Partys in Lagerhallen, Bunkern und an Orten statt, an denen es eigentlich nicht gestattet war. Was verboten ist, macht's halt noch interessanter. Da während der Partys häufig Drogen wie Speed, Crack oder andere Designerdrogen verputzt wurden, bot sich als Nachfolger für den ersten Hit von Bizz Nizz geradezu der Titel »Get Into Trance« an.

*Don't Miss The Partyline (3/90 GB 7; 5/90 D 10)*
***Disco***

## Björk

BJÖRK, v/p/fl (Island, * 21. 10. 1965 als Björk Gudmundsdóttir in Reykjavik).

Ein Lehrer hatte von der 11jährigen Björk eine Amateuraufnahme des Titels »I Love To Love« von Tina Charles gemacht und das Band an den isländischen Sender Radio 1 geschickt. Die sendeten das Band und prompt erhielt die Kleine einen Plattenvertrag. Jetzt sang sie Coverversionen großer Hits und war recht erfolgreich. Irgendwie war das aber nicht die Musik, die Björk wirklich mochte. 1979 gründete sie die New-Wave-Combo Exodus, ein Jahr später Jam 80. 1981 gab es erneut eine Neugründung: Tappi Tikarrass, die das Minialbum »Bitid Fast I Vitid« veröffentlichten. Dann folgte die Punkband Kukl, in der auch ihr Freund Thor Eldon Jonson mitspielte, den sie 1986 heiratete und von dem sie sich 1988 wieder scheiden ließ. 1986 kam dann die Formation Skyurmolarnin (was soviel wie Zuckerwürfel auf isländisch heißt), die erst auf Island und dann als Sugarcubes auch in GB erfolgreich wurde. »Hit« erreichte im Januar 1992 die britischen Charts und kletterte auf Platz 17 – ansonsten waren die Singles der Band mehr im Bereich unter Platz 50 zu finden. Die Alben »Life's Too Good« (1988 Platz 14), »Here Today, Tomorrow, Next Week« (1989 Platz 15) und »Stick Around For Joy« (1992 Platz 16) waren da schon erfolgreicher. Von den Kritikern wurde die Band hoch gelobt – trotzdem war es wohl immer noch nicht die Erfüllung für Björk. 1990 erschien, obwohl offiziell immer noch Mitglied der Sugarcubes, ihr Soloalbum »Gling-Glo«, auf dem sie vorwiegend Jazz-Standards sang. Im Herbst löste Björk die Band endgültig auf und konzentrierte sich nur noch auf ihre Solosachen. In der Folge veröffenlichte sie etliche sehr gute Platten, die sich vor allem durch ihre Unterschiedlichkeit auszeichneten. Multi-Culti, Experimental-HipHop, Mainstream, Schmalz, Techno – alles ist auf Platten von Björk enthalten. Im Juli 1993 erschien das Album »Debut«, das auf Anhieb Platz 3 der britischen Charts erreichte. Im Laufe der nächsten Monate sollte sich die Platte mehr als 2,5 millionenmal verkaufen. Ihr Album »Post« stieg 1995 in GB auf Platz 2 ein, in den USA erreichte es Platz 32. Die Nummer »It's Oh So Quiet«, aufgenommen mit einem 20köpfigen Orchester, wurde Ende 1995 ihr bisher größter Singlerfolg in GB – es handelte sich dabei um eine Coverversion eines Stückes, das Betty Hutton 1948 aufgenommen hatte. Im September 1996 schickte ihr ein verrückter amerikanischer Fan eine Briefbombe – das Attentat mißlang. Björk war schokkiert – vor allem hatte sie das Video des ›Fans‹ geschockt, der sich vor laufender Kamera nach dem Basteln der Bombe erschossen hatte. Sie flog nach Spanien und wollte dort eigentlich nur ein Wochenende bei ihrem Schlagzeuger Trevor Moroy verbringen – dann blieb sie länger als ein halbes Jahr. Dort nahm sie nach einiger Zeit in einem Studio in El Madronal das Album »Homogenic« auf das im Herbst 1997 erschien.

*Army Of Me (5/95 GB 10)*
*It's Oh So Quiet (11/95 GB 4)*
*Hyperballad (2/96 GB 8)*
***Pop***

**CD-Tip:** *Post* Mother Records 527733–2

## Black

COLIN VEARNCOMBE, v (Großbritannien, * 26. 5. 1962 in Roby/Liverpool).
Im Januar 1981 gründete Colin mit dem Keyboarder Dave Dickie und dem Bassisten Jimmy Sangster das Trio Black. Von da an bis 1985 erschienen einige Singles, die jedoch alle erfolglos waren. Dann trennte sich Colin von seinen Mitspielern und machte alleine weiter, allerdings immer noch unter dem Namen Black. Mit »Sweetest Smile« hatte er Mitte 1987 seinen ersten Top-10-Hit. Der zweite folgte wenig später mit dem ironischen Titel »Wonderful Life«. Mitte 1991 erschien die LP »Black«. Anläßlich dieser Veröffentlichung äußerte er sich zu seiner Arbeit als Solist: ›Black wird niemals eine Band sein. Es bedeutet mir sehr viel, mich damit allein identifizieren zu können. Es genügt, wenn die daran beteiligten Musiker das tun, was ich von ihnen erwarte.‹ Immerhin taten Robert Palmer und Sam Brown, was Colin von ihnen erwartete. 1993 kam er mit der CD »Are We Having Fun Yet« auf den Markt. Seine letzte Hitnotierung war eine neue Version von »Wonderful Life« (3/94 GB 42).

*Sweetest Smile (6/87 GB 8)*
*Wonderful Life (8/87 GB 8; 10/87 CH 2, D 2)*
***Soft Pop***

**CD-Tip:** *Comedy* A&M 395 222–2

## Black Box

DANIELE DAVOLI, dj (Italien); MIRKO MILONI; CATHERINE QUINOL, v (Frankreich, * 15. 1. 1967); VALERIO SIMPLICI.
Black Box ist ein Projekt, hinter dem der Discjockey Daniele Davoli steht, der nach zehnjähriger Berufserfahrung so viele Platten gehört hat, daß er mit Recht der Meinung war, das könne er auch. Dazu holte er sich Mirko Miloni und Valerio Simplici. Die Italo-House-Musik hatte Ende der 80er Jahre mehrere weltweite Hits

erreicht, und mit der Nummer »Ride On Time« hatte Black Box im August 1989 einen Platz 1 in der britischen Hitparade. Für die Nummer wurden Teile aus »Love Sensation«, einer Nummer von Loleatta Holloway, gesamplet. Präsentiert wurde das Lied vom französischen Model Cathérine Quinol. Sie soll angeblich den zweiten Hit von Black Box, »Everybody Everybody«, gesungen haben, der im August 1990 ein Top-10-Hit in den USA wurde. Die Amerikaner wußten es besser: Sängerin war Martha Wash von den Weather Girls. Während es die meisten Italo-House-Interpreten mal gerade auf einen Hit brachten, konnte sich Black Box mehrere Jahre behaupten. Mit »Not Anyone« (6/95 GB 31) und »I Got The Vibration/A Positive Vibration« (4/96 GB 21) tauchten sie nach längerer Pause wieder auf.

*Ride On Time (8/89 GB 1, D 5; 10/89 CH 5)*
*I Don't Know Anybody Else (2/90 GB 4; 3/90 CH 3)*
*Everybody Everybody (8/90 US 8)*
*Fantasy (11/90 GB 5)*
*Strike It Up (4/91 US 8)*
***Disco***

**CD-Tip:** *Remix Land* Polydor 847 861–2

## Bläck Fööss

KARL FRIEDRICH BIERMANN, v (Deutschland, * 6. 6. 1946); TOMMY ENGEL, v/d (Deutschland, * 28. 11. 1949 in Köln); FRED HOOCK, key (Deutschland); JOKO JAENISCH, key (Deutschland); ROLF LAMMERS, p/acc/org (Deutschland); GÜNTHER »BÖMMEL« LÜCKERATH, v/g/bj (Deutschland, * 20. 6. 1948); HARTMUT PRIESS, g/b (Deutschland, * 19. 8. 1942 in Berlin); WILLY SCHNITZLER, syn/p/acc (Deutschland, * 4. 8. 1951); PETER SCHÜTTEN, v/g (Deutschland, * 4. 8. 1943); ERRY STOCKLOSA, v/g/per (Deutschland, * 25. 10. 1947).

Aus Kölner Beatbands wie Blizzards, Rolling Beats, Beat Stones oder Black Beats kamen die einzelnen Musiker, aus denen sich schließlich die Stowaways formierten. Sie spielten im Vorprogramm von Howard Carpendale oder Peter Maffay und begleiteten diverse Künstler, darunter Graham Bonney, auf der Bühne. Nebenher spielte diese Beatband auch noch Stimmungsmusik – da die Mitglieder jedoch eine Trennung zwischen Beat und Stimmung haben wollten, firmierten sie dann unter anderen Namen, z. B. Sandwich. 1970 spielten sie ihre erste Platte ein – es war statt des erhofften Beatsongs eine Stimmungsnummer: »Rievkooche-Walzer«. Hier nannten sie sich erstmals Bläck Fööss. Die Besetzung hat sich seit jenen Tagen lediglich am Keyboard verändert. Nach einigen Wechseln sitzt nun seit etlichen Jahren Willy Schnitzler an den Tasten. Songs wie »Drink doch eine met« oder »Mer losse d'r Dom en Kölle« machten die Bläck Fööss in Köln und Umgebung zu Stars. Ihre Mischung aus Milieuschilderung, Appellen an menschliche Solidarität, Protestliedern und Rocknummern ist einzigartig. Ihre Musikalität und ihr Satzgesang suchen in Deutschland ihresgleichen. Daß die Bläck Fööss der Beatmusik und da speziell den Beatles musikalisch immer noch sehr verbunden sind, läßt sich aus ihren ausgezeichneten Langspielplatten deutlich heraushören. Zu den schönsten und erfolgreichsten Nummern gehören »Mannen« (eine verniederländischte A-cappella-Witzversion von Herbert Grönemeyers »Männer«), »Katrin« und ihr einziger Top-10-Erfolg »Frankreich, Frankreich«. »Links eröm, rächs eröm«, 1977 erschienen, erhielt eine Auszeichnung als goldene LP. »Mer han 'nen Deckel« stand im Frühjahr 1979 auf Platz 3, »De Bläck Fööss – Live« 1981 auf Platz 4 in der LP-Hitparade. Für eine 1990 erschienene Doppel-CD schrieb der Produzent Klaus Voormann, der mit den Beatles, Manfred Mann und vielen anderen

gespielt hat, ins Coverheft: ›Gute, stabile Bühnen-Acts sind in Deutschland schon immer eine Rarität gewesen! Und unter diesen Raritäten kenne ich nur eine Band, die vom Rap zum Bauerntanz, vom Reggae zum Rock, von der Ballade zum astreinen A-cappella-Song alles professionell und glaubwürdig beherrscht: die Bläck Fööss.‹ Mit »Nix es ömesöns« (1991), »A Capella« (1993) und »Rheinhotel« (1994) erschienen weitere schöne CDs der Band. 1994 wurde bekannt, daß sich Sänger Tommy Engel nun endgültig von der Gruppe trennen werde, um eigene Projekte – darunter L.S.E. – voranzutreiben. Ob das endgültig ›dat Eng vum Leed‹ ist, ›weil keiner vun uns zwei üvver singe Schatte springe kann‹, wird die Zeit zeigen. Oder ist es doch so, wie er im letzten, von ihm auf »Rheinhotel« gesungenen Lied »Eng Vum Leed« singt und gedichtet hat: ›Die einzije Sucht, die mir noch kenne, is die, vörenander wegzerenne‹?
Im Frühjahr 1995 kam als Ersatz für Engel Karl Friedrich Biermann, der vorher als Solist aufgetreten war. Hauptberuflich arbeitete er als Dozent an der Kölner Sporthochschule und war fünf Jahre lang Konditionstrainer der Kölner Haie.

*Frankreich, Frankreich (5/85 D 9)*
***Pop***

**CD-Tip:** *Et es 20 Johr jenau jetz her* EMI CDP 686–794287 2

## Black Grape

MARK »BEZ« BERRY, per (Großbritannien, * 18. 4. 1964 in Manchester); PAUL ›KERMIT‹ LEVERIDGE, v; STEPHEN LIRONI, key; GED LYNCH, g/d; SHAUN WILLIAM RYDER, v (Großbritannien, * 23. 8. 1960 in Little Hulton); DANNY SABER, b; PAUL ›WAGS‹ WAGSTAFF, g.
Nachdem Happy Mondays sich drogenbedingt getrennt hatte, versuchte sich deren Kopf Shaun Ryder erst als Monday und schließlich als Black Grape. Von Happy Monday blieb noch Mark Berry. Die anderen Musiker spielten vorher bei Ruthless Rap Assassins – Leveridge und Lynch – und bei Paris Angels – Wagstaff. Ihr Debütalbum »It's Great When You're Straight... Yeah« erschien Mitte 1995 und sprang am 19.8.95 von Null auf Eins in den Albumcharts. Diverse Auskoppelungen erreichten mühelos die britischen Top-10. Beim Hit »England's Irie« kamen zur Stammbesetzung der Gruppe als Gäste noch Joe Strummer und Keith Allen als Sänger hinzu.

*Reverend Black Grape (6/95 GB 9)*
*In The Name Of The Father (8/95 GB 8)*
*Fat Neck (5/96 GB 10)*
*England's Irie (6/96 GB 6)*
***Dance, Rap, Rock***

## Black Lace

ALAN BARTON, v (Großbritannien, † 23. 3. 1995); COLIN ROUTH, v (Großbritannien).
Die Gruppe formierte sich 1977 und vertrat mit dem Titel »Mary Ann« England 1979 beim Grand Prix Eurovision. Zu diesem Zeitpunkt bestand die Band aus vier Musikern. Nachdem »Mary Ann« den 7. Platz belegt hatte, trennte sich die Band, und 1983 kamen zwei der Musiker, Colin und Alan, wieder zusammen, um mit Titeln wie »Superman«, »Agadoo« oder »Do The Conga« den Briten einen Hauch von Urlaubsfreude zu vermitteln. Colin verließ 1985 das Duo und wurde durch Dean Michael ersetzt. 1987 schloß sich Alan Barton als Ersatz für Chris Norman der Formation Smokie an. Daraufhin kehrte Colin zu Black Lace zurück und machte erst mit Dean, dann mit dessen Ersatz Rob Hapcroft weiter. Rob sah aus wie Alan und sang wie Alan. Alan wiederum sah aus wie Chris Norman und sang wie Chris Norman. Ende 1994 machte Black

Lace eine eigene Version von »Cotton Eye Joe«, die sich jedoch gegen das Original von Rednex nicht durchsetzen konnte. Im März 1995 verunglückte Barton mit Smokie nach der Rückkehr von einem Auftritt in der Nähe von Köln auf vereister Fahrbahn. Einige Tage später erlag er in einem Kölner Krankenhaus seinen Verletzungen.

*Superman (Gioca Jouer) (9/83 GB 9)*
*Agadoo (6/84 GB 2)*
*Do The Conga (11/84 GB 10)*
***Grand Prix, Pop***

## Black Sabbath

VINNIE APPICE (USA, geb. in Staten Island/New York City); GEEZER BUTLER, b (Großbritannien, * 17. 7. 1949 in Birmingham); RONNIE JAMES DIO (USA, * 10. 7. 1948 als Ronald Padavona in Cortland/New York); DAVE DONATO; IAN GILLAN, v (Großbritannien, * 19. 8. 1945 in Hounslow/Middlesex); TONY IOMMI, g (Großbritannien, * 19. 2. 1948 in Birmingham); OZZY OSBOURNE, v (Großbritannien, * 3. 12. 1948 in Birmingham); BILL WARD, d (Großbritannien, * 5. 5. 1948 in Birmingham).

Die Ursprünge der Band gehen zurück in das Jahr 1967. Die vier gründeten in Birmingham die Bluesband Polka Tulk, die sich schnell in Earth umbenannte. Mit ihrer Jazz-Blues-Fusion kamen sie speziell beim Livepublikum in ganz Europa an. Ab Februar 1969 nannte man sich schließlich Black Sabbath und legte sich ein dazu passendes makabres Image zu. Im Januar 1970 erscheint ihre erste Platte, wenig später ihre erste LP, die unter die ersten 10 der GB-Charts kommt. Mit »Paranoid« schaffen sie im August 1970 in GB ihren ersten Top-10-Erfolg. In Deutschland wird die Platte sogar Spitzenreiter in der Hitparade. Der Titel gilt heute als Klassiker unter den frühen Heavy-Metal-Platten. 1974 entwickelt sich Osbourne zum Alkoholiker. Mit der musikalischen Richtung der Band ist er immer weniger einverstanden. Es zieht sich noch bis 1979 hin, dann verläßt er Black Sabbath endgültig, gründet Blizzard Of Oz und startet danach eine erfolgreiche Solokarriere. Für ihn steigt von Rainbow Ronnie James Dio ein. Im November 1980 verläßt Billy Ward die Gruppe und wird durch Vinnie Appice, den jüngeren Bruder von Carmine, ersetzt. 1981 kommt es erneut zu Schwierigkeiten zwischen Iommi und seinem Sänger. Ein Jahr später schmeißt auch Dio das Handtuch und wird durch Dave Donato ersetzt. 1983 ist kurzzeitig auch mal Ian Gillan der Sänger der Band. Der geht aber dann wieder im Frühjahr 1984, weil sich Deep Purple reformiert. 1986 nennt sich die Gruppe Black Sabbath with Tony Iommi, denn er ist der einzige, der von der alten Garde noch übriggeblieben ist. Zu den bekannteren Musikern, die danach noch mit ihm zusammenspielen, gehören Glenn Hughes oder auf der 1990er LP »Tyr« Cozy Powell und Neil Murray. 1991 kehrte Ronnie Dio erneut zu Black Sabbath zurück. Mit »Dehumanizer« erschien 1992 ein Album in der Besetzung Dio, Iommi, Butler und Vinnie Appice. Daraus ausgekoppelt wurde die Single »TV Crimes«, mit der die Gruppe nach längerer Abwesenheit aus der britischen Hitparade Mitte 1992 mal wieder in den Top 40 stand. Mitte 1995 erschien mit »Forbidden« ein neues Studioalbum von Black Sabbath in der Besetzung Martin, Iommi, Powell und Murray.

*Paranoid (8/70 GB 4; 10/70 D 1, CH 2)*
***Heavy Metal***

**CD-Tip:** *The Best Of Black Sabbath* Edel RAD 8602–2

## Black Slate

ELROY BAILEY, b; KEITH DRUMMOND, v; CHRIS HANSON, g; DESMOND MAHONEY, d; ANTHONY RIGHTLY, key; CLEDWYN ROGERS, g.

Die sechsköpfige Reggaegruppe setzte sich zusammen aus Musikern, die teilweise aus GB, teilweise von Jamaika kamen. Mit dem selbstgeschriebenen Stück »Amigo« hatte die Formation im September 1980 ihren einzigen Top-10-Hit in GB.

*Amigo (9/80 GB 9)*
***Reggae***

**CD-Tip:** *Amigo – The Best Of Black Slate* Ensign 3 21971 2

## Black Watch, Band Of The

Es gibt mehrere Beispiele dafür, daß sich Militärkapellen durchaus zwischen Popsongs in GB behaupten können. Dies hier ist eins. Mag sein, daß sie der Erfolg der Royal Scots Dragoon Guards im Jahre 1972 beflügelt hat – die erreichten mit ihren Pipes and Drums und dem Titel »Amazing Grace« gar einen Platz 1 in GB. Im August 1975 hatte Band Of The Black Watch mit der Nummer »Scotch On The Rocks« zumindest einen Top-10-Hit. Dabei blieb es.

*Scotch On The Rocks (8/75 GB 8)*
***Instrumental***

## Black, Bill

b (USA, * 17. 9. 1926 als William Patton Black in Memphis/Tennessee, † 21. 10. 1965).

Als Elvis Presley im Januar 1956 seine ersten Platten für RCA produzierte, war als Bassist Bill Black mit dabei. 1954 lebte Bill mit seinen beiden Brüdern und seiner Mutter in Memphis in demselben Wohnblock wie Elvis. Er spielte mit einer Band, die sich Starlight Wranglers nannte und in der auch ein gewisser Scotty Moore spielte. Elvis und Bill machten oft aus Spaß zusammen Musik. 1955 versuchten sich Bill, Scotty und Elvis kurz als die Blue Moon Boys. Zur Show gehörte es, daß Black – zu diesem Zeitpunkt noch mit einem Kontrabaß – auf seinem Instrument über die Bühne ritt. Auf allen frühen Platten von Elvis spielen Bill und Scotty mit. Black tritt 1957 im Elvis-Film »Loving You« auf und spielt Eddy, den Baßspieler. Am 21. 9. 1957 verlassen beide Elvis. Es geht ums Geld. Elvis scheffelt Millionen, während Moore und Black eine wöchentliche Gage von 100 Dollar erhalten. Bill wurde durch Bob Moore ersetzt und gründete die Bill Black Combo. Ab 1959 stand er in den Hitparaden, und mit dem Titel »White Silver Sands« hatte er seinen einzigen Top-10-Hit. 1961 trat die ganze Combo im Film »Teenage Millionaire« auf. 1965 kam Bill wegen eines Gehirntumors in ein Krankenhaus, fiel in ein Koma und starb während einer Operation. Den Baß, den Bill bei seinen Aufnahmen für Elvis spielte, hat sich Paul McCartney gekauft.

*White Silver Sands (3/60 US 9)*
***Instrumental, Rock 'n' Roll***

## Black, Cilla

v (Großbritannien, * 27. 5. 1943 als Priscilla Maria Veronica White in Liverpool).

In ihren Anfangstagen las man in der Presse immer die Geschichte vom Garderobenmädchen, das zum Superstar wurde. Ein Kern Wahrheit ist darin – sie war wirklich das Garderobenmädchen im Liverpooler Cavern Club, in dem die Größen des Mersey-Beats auftraten. Im Gegensatz zu so vielen Stars, die 1963/64 in die Charts gespült wurden, nur weil sie aus Liverpool kamen und eine Gitarre halten konnten, hatte Cilla wirklich Talent und Stimme. Die wurde nicht erst von Brian

Epstein, der sie schließlich managte, erkannt. Schon im Juli 1961 stand bereits ein längerer Artikel über ›Swinging Cilla‹ in der Zeitschrift ›Mersey-Beat‹. Darin stand zu lesen, daß ihr der Jazzer Kenny Ball angeboten hatte, mit ihm zu singen. Cilla bekam, so steht es wirklich in diesem Artikel, ›cool feet‹, also kalte Füße, und sagte den Auftritt ab. Auch weitere Angebote lehnte sie ab – so sollte sie z. B. mit in den Hamburger Star-Club. Stimme war vorhanden – aber vor Publikum war alles aus. Die Bands aus Liverpool wußten auch um ihre tolle Stimme. Immer wenn abends das Publikum den Laden verlassen hatte, sangen sie zusammen mit Cilla ein paar Lieder. Dann kam plötzlich der Liverpool-Boom. Alle machten Platten, und nun überwand auch Cilla ihre Scheu. »Love Of The Loved«, eine Komposition von Lennon/McCartney, war ihre erste Platte und erschien im September 1963. Aber noch war der Beatles-Boom nicht so groß, daß alles, was den Jungs aus der Feder floß, auch ein Hit wurde. Dann sang Cilla ein Stück von Dionne Warwick nach: »Anyone Who Had A Heart« schaffte Platz 1 in GB. Als 1965 der Liverpool-Boom wieder vorbei war und viele Interpreten wieder in den Gully gespült wurden, hielt sich Cilla Black tapfer. Bis 1971 tauchte sie regelmäßig in den Charts auf.

*Anyone Who Had A Heart (2/64 GB 1)*
*You're My World (5/64 GB 1)*
*It's For You (8/64 GB 7)*
*You've Lost That Lovin' Feelin' (1/65 GB 2)*
*Love's Just A Broken Heart (1/66 GB 5)*
*Alfie (3/66 GB 9)*
*Don't Answer Me (6/66 GB 6)*
*Step Inside Love (3/68 GB 8)*
*Surround Yourself With Sorrow (2/69 GB 3)*
*Conversations (7/69 GB 7)*
*Something Tells Me (Something Is Gonna Happen Tonight) (11/71 GB 3)*
***Merseybeat, Pop***

## Black, Jeanne

v (USA, * 25. 10. 1937 in Mount Baldy/Kalifornien).

Jeanne Black hatte Erfolg mit einer amerikanischen Spezialität: Wenn jemand mit einem Song Erfolg hatte, gab es direkt eine Antwort darauf, den sogenannten Answer-Song. In Jeannes Fall war es der Jim-Reeves-Hit »He'll Have To Go«. Im Song sagt Jim seiner Liebsten am Telefon, daß der Mann, mit dem sie jetzt zusammen ist, gefälligst gehen soll. Und jetzt kam der Antwortsong von Jeanne, in dem es hieß: ›Er bleibt!‹. Es wurde der einzige Top-10-Erfolg für sie.

*He'll Have To Stay (5/60 US 4)*
***Country***

## Black, Roy

v (Deutschland, * 25. 1. 1943 als Gerd Höllerich in Straßberg/Augsburg, † 9. 10. 1991).

Bevor er mit »Du bist nicht allein« Mitte 1965 seinen ersten Top-10-Hit hatte, wollte Roy Black ein Rocker sein. Wie sehr er sich das wünschte, sollten viele seiner Fans erst nach seinem Tod erfahren. Titel wie »Ganz in Weiß«, »Dein schönstes Geschenk« oder »Schön ist es, auf der Welt zu sein« – mit Anita Hegerland, der späteren Frau von Mike Oldfield – brachten ihn zwar in die Hitparaden, waren ihm aber gleichzeitig auch zuwider. In der zweiten Hälfte der 60er Jahre war Roy in Deutschland der Superstar und spielte in etlichen Schulbank- und Heimatfilmen mit. Bis 1973 hatte er Hit auf Hit, dann ließ sein Erfolg nach. In den 80er Jahren knüpfte er langsam, aber sicher an seine Erfolge wieder an und war gerade auf dem Höhepunkt einer neuen Sympathiewelle in der Fernsehserie ›Ein Schloß am Wörthersee‹, als er für alle Beteiligten überraschend starb. Schon vorher hatte man über seine Herzkrankheit viel in der einschlägigen

Boulevardpresse lesen können. Das dürfte wohl auch die Todesursache gewesen sein.

*Du bist nicht allein (7/65 D 4)*
*Ganz in Weiß (1/66 D 1)*
*Leg dein Herz in meine Hände (7/66 D 3)*
*Goodnight My Love (12/66 D 1)*
*Frag nur dein Herz (3/67 D 4)*
*Meine Liebe zu dir (6/67 D 1)*
*Bleib bei mir (2/68 D 1)*
*Wunderbar ist die Welt (6/68 D 9)*
*Ich denk' an dich (11/68 D 2)*
*Das Mädchen Carina (5/69 D 1)*
*Dein schönstes Geschenk (11/69 D 1; 2/70 CH 3)*
*Für dich allein (12/70 D 2)*
*Schön ist es, auf der Welt zu sein (8/71 D 2; 10/71 CH 5)*
***Deutscher Schlager***

**CD-Tip:** *Roy Black – Die Singles 1964 – 1968/1969 – 1972* Bear Family BCD 15 816/15 822

## Blackbyrds

DONALD BYRD, tr (USA, * 9. 12. 1932 in Detroit/Michigan).
Der Doktor der Musikethnologie, der sowohl von den Rockals auch den Jazzmusikern als ausgezeichneter Trompeter anerkannt wird, gründete die Blackbyrds 1973, als er an der Howard University in Washington/D.C., lehrte. Aus dem Spaß wurde Ernst, und mit »Walking In Rhythm« hatte diese Formation im Frühjahr 1975 sogar einen Top-10-Hit in den USA. Ansonsten sind die Künste von Donald auf etlichen Soloplatten zu hören, oder er spielt als Begleitmusiker von John David Souther, Herbie Hancock, Art Blakey oder Cannonball Adderley.

*Walking In Rhythm (2/75 US 6)*
***Instrumental, Jazz, Rock, Soul***

## Blackfoot Sue

DAVE FARMER, d (Großbritannien, * 2. 3. 1952 in Birmingham); TOM FARMER, v/key/b (Großbritannien, * 2. 3. 1952 in Birmingham); EDDIE GOLGA, g/key (Großbritannien, * 4. 9. 1951 in Birmingham); ALAN JONES, v/g (Großbritannien, * 5. 1. 1950 in Birmingham).
Tom und Dave Farmer und Eddie Golga kamen zusammen, als sie zwölf Jahre alt waren. Sie gründeten die Gruppe Virus. 1970 kam Alan Jones zu diesen dreien, und es entstand Gift. Ab Januar 1972 nannten sie sich Blackfoot Sue. Im selben Jahr wechselten sie ihre Plattenfirma und hatten mit der selbstgeschriebenen Nummer »Standing In The Road« im August einen Top-10-Hit in GB. Mit »Sing Don't Speak« folgte noch im selben Jahr ein weiterer Top-40-Hit. Nach 1977 fiel die Gruppe auseinander.

*Standing In The Road (8/72 GB 4)*
***Pop, Rock***

## BLACKstreet

CHAUNCEY ›BLACK‹ HANNIBLE, v (USA); DAVID HOLLISTER, v (USA); LEVON LITTLE, v (USA); MARK MIDDLETON, v (USA); TEDDY RILEY, v (USA, * 8. 10. 1966 in Harlem/New York City); JOE STONESTREET, v (USA); ERIC WILLIAMS, v (USA).
Diese Formation kam 1993 zusammen. Entdeckt wurden die drei restlichen Musiker von Teddy Riley. Dessen erste Karrierestation war zwischen 1980 und 1983 die Gruppe Fame. Dann folgte Kids At Work, die mit »Sugar Baby« (8/84 R&B 50) ihren größten Erfolg hatten. 1985 gründte Teddy mit Aaron Hall und Timmy Gatlin das Trio Guy. Das Debütalbum »Guy« (7/88 US-LP 27) wurde mehr als zweimillionenmal verkauft. Nachfolger »The Futur« (12/90 US-LP 16) schaffte Platin. 1991 löste er Guy auf und kam zwei Jahre später mit BLACKstreet. Das Debütalbum »BLACKstreet« erhielt auch wieder Platin. Die Singles »Baby Be Mine« (6/93 GB 37), »Booti Call« (6/94 US 34), »Before I Let

You Go« (10/94 US 7), »U Blow My Mind« (2/95 GB 39), »No Diggity« (10/96 US 1, GB 9, D 14), »Get Me Home« (3/97 GB 11), »Don't Leave Me Now« (4/97 GB 6, D 23), »Fix« (9/97 GB 7) und »(Money Can't) Buy Me Love« (12/97 GB 18) waren die größten Hits dieser Formation. Teddy hat sich einen großen Namen als Produzent gemacht. Michael Jackson, Keith Sweat, New Kids On The Block, Kool Moe Dee, SWV, Wrecks-N-Effect, Bobby Brown und viele andere profitierten davon.

*Before I Let You Go (10/94 US 7)*
*No Diggity (10/96 US 1, GB 9)*
*Don't Leave Me Now (4/97 GB 6)*
*Fix (9/97 GB 7)*
***HipHop, Rap, Rhythm & Blues, Soul***

## Blancmange

NEIL ARTHUR, v/g (Großbritannien, * 15. 6. 1958 in Lancashire); STEVEN LUSCOMBE, key (Großbritannien, * 29. 10. 1954).

Neil Arthur begann seine musikalische Karriere 1978 bei den Viewfinders. Als er auf Steven Luscombe traf, gründeten sie gemeinsam L 360. Nachdem dieses Projekt nicht funktionierte, trennten sie sich, kamen erneut zusammen und gründeten nun das New-Wave-Synthie-Duo Blancmange – den Namen hatten sie von einem britischen Pudding übernommen, wie auf zwei Singlehüllen zu sehen ist. Zwischen 1982 und 1984 gelangen ihnen drei Top-10-Hits. Nach der Produktion ihrer dritten LP 1985 trennten sie sich. Bereits ab 1984 hatte Luscombe mit seiner Formation India Company begonnen, Platten zu veröffentlichen, später auch als Blue World On Anagram. Neil Arthur beteiligte sich zunächst an einem Studio und konzentrierte sich dann aufs Songschreiben, u. a. für russische und kanadische Künstler.

*Living On The Ceiling (10/82 GB 7)*
*Blind Vision (5/83 GB 10)*
*Don't Tell Me (4/84 GB 8)*
***Disco, Elektro-Pop, New Wave***

## Blanco, Roberto

v (Tunesien, * 7. 6. 1937 als Roberto Zerquera in Tunis).

Roberto wurde in Tunis als Sohn kubanischer Eltern geboren. Nachdem Billy Mo seinen Tirolerhut genommen hatte, wurde Roberto Blanco zum Vorzeigeschwarzen im deutschen Fernsehen. Er ist ständiger Gast in den typischen Unterhaltungsshows. Und wenn nicht da, sitzt er bei Tennisübertragungen in der ersten Reihe. Der Verlauf seiner Schlagerkarriere drückt sich am besten in seinem einzigen Top-10-Hit aus: »Heute so, morgen so«. Seit 1971 ist er deutscher Staatsangehöriger.

*Heute so, morgen so (7/69 D 10)*
***Deutscher Schlager***

## Bland, Billy

v (USA, * 5. 4. 1932 in Wilmington/North Carolina).

Nachdem er seit 1947 in New York in den Bands von Lionel Hampton und Buddy Johnson gespielt hatte, gründete Billy Bland 1954 seine eigene Gruppe, die Four Bees. Ab 1955 nahm er als Solist Platten auf. Mit »Let The Little Girl Dance« hatte er 1960 seinen einzigen Top-10-Erfolg. Es folgten drei weitere Singles, zu einem Album reichte es nicht.

*Let The Little Girl Dance (2/60 US 7)*
***Rhythm & Blues***

## Blane, Marcie

v (USA, * 21. 5. 1944 in Brooklyn/New York City).

Marcie Blane gehört in die lange Reihe der

Künstler, denen ein einziger Hit gelang und die danach wieder in der Versenkung verschwanden. Mit »Bobby's Girl« erreichte sie im Winter 1962 einen Platz 3 in der amerikanischen Singlehitparade. Nach einigen weiteren Platten, die versuchten, sich an diesen Erfolg anzulehnen, stieg sie aus dem Musikgeschäft aus.

*Bobby's Girl (10/62 US 3)*
***Pop***

## Blaue Jungs

JÖRG MARIA BERG, v (Österreich, * 24. 9. 1930 in Schönbühel/Donau); LEO HOPPE, v (Österreich); RUDI KREUZBERGER, v (Österreich); RUDI RESCH, v (Österreich).

Das Vokalquartett wurde 1955 gegründet und bestand aus Jörg Maria Berg, Leo Hoppe, Rudi Kreuzberger und Rudi Resch. Die gleiche Besetzung trat auch als die Montecarlos auf. Zwischen 1957 und 1961 hatten die Blauen Jungs zehn Eintragungen in den deutschen Singlecharts, darunter drei Top-10-Hits: »Zu Hause, zu Hause« 1957 und »Auch für mich kommt einmal die Zeit« und »Einmal die Ferne sehen« 1958.

*Zu Hause, zu Hause (10/57 D 2)*
*Auch für mich kommt einmal die Zeit (3/58 D 4)*
*Einmal die Ferne sehen (10/58 D 5)*
***Deutscher Schlager***

## Blessid Union Of Souls

EDDIE HEDGES, d (USA); JEFF PENCE, g (USA); C.P. ROTH, key (USA); ELIOT SLOAN, v (USA).

US-Quartett aus Cincinnati, das mit einem Lied über Obdachlosigkeit, Rassismus und Drogenmißbrauch im Frühjahr 1995 bis unter die ersten 10 der US-Charts kam. Der schöne Satzgesang und das seichte Piano hat da wohl für viele Ohren den Inhalt in den Hintergrund gerückt. In GB kam die Platte knapp unter die ersten 30, in Deutschland unter die ersten 60. Nachfolgesingle »Let Me Be The One« schaffte in den USA gerade noch den Sprung unter die Top-30. Im Juli 1996 kam dann noch »All Along« in die US-Charts – es wurde nur ein Platz 70. Lag es doch nur an der schönen Melodie von »I Believe«? Mag man fast glauben!

*I Believe (2/95 US 8)*
***Rhythm & Blues, Soul***

**CD-Tip:** *Home* EMI 7243 8 33849 2

## Bleyer, Archie

p/bl (USA, * 12. 6. 1909 in Corona/New York, † 20. 3. 1989).

Archie trat schon 1934 mit einer eigenen Band auf. 1952 gründete er die Plattenfirma Cadence und gab darauf jungen Nachwuchskünstlern, z. B. den Everly Brothers und den Chordettes, eine Plattform. Auch Julius LaRosa schaffte auf diesem Label seine ersten Hits. Archie selbst veröffentlichte natürlich auf Cadence seine Titel. Im Mai 1954 gelang ihm mit »Hernando's Hideaway« aus dem Broadwaymusical »The Pajama Game« ein Platz 2 in der US-Hitparade. 1964 zog sich Bleyer aus dem Plattengeschäft zurück. 1989 starb er an der Parkinsonschen Krankheit.

*Hernando's Hideaway (5/54 US 2)*
***Pop***

## Blige, Mary J.

v/rap (USA, * 11. 1. 1971 in Atlanta/Georgia).

In den USA wurde 1992 die zu diesem Zeitpunkt 21jährige als ›Queen Of Hip-Hop Soul‹ gefeiert. Mit den Titeln »You

Remind Me« (6/92 US 29) und »Real Love« (8/92 US 7) hatte sie Millionseller in den US-Charts. Ihr Debütalbum »What's The 411?« (8/92 US-LP 6) verkaufte sich alleine in den USA dreimillionenmal. Nachfolger »My Life« (12/94 US-LP 7) brachte es zu Doppelplatin. Darauf zu hören: ein weiteres Familienmitglied. Schwester LaTonya J. Blige steuerte die Backing Vocals bei. »Share My World« (4/97 GB-LP 8, US-LP 1) stieg sogar gleich auf dem Spitzenplatz in den USA ein. Marys Markenzeichen: coole Rapper-Attitüden und eine Fanclubadresse in der Bronx. Als Gast des Rappers Method Man stand sie Mitte 1995 auf Platz 3 in den USA und Platz 10 in GB in den Popcharts mit einem Medley aus zwei Titeln, die das Duo Ashford & Simpson geschrieben hatten: »I'll Be There For You/You're All I Need To Get By«. Der Film »Waiting To Exhale« brachte Mary J. Anfang 1996 nach mehr als drei Jahren Wartezeit den zweiten Solo-Top-10-Hit: »Not Gon' Cry«. »Everything« (9/97 US 24) aus dem Album »Share My World« wurde Mitte 1997 der nächste Top-10-Hit in GB für Mary J. Der Song basierte auf der Nummer »You Are Everything«, 1974 ein Hit für Diana Ross und Marvin Gaye.

*Real Love (8/92 US 7)*
*Not Gon' Cry (1/96 US 2)*
*Everything (8/97 GB 6)*
***HipHop, Soul***

**CD-Tip:** *My Life* MCA 11 156

## Blondie

CLEMENT BURKE, d (USA, * 24. 11. 1955 in New York City); JIMMY DESTRI, key (USA, * 13. 4. 1954 in Brooklyn/New York City); DEBBIE HARRY, v (USA, * 1. 7. 1945 in Miami/Florida); CHRIS STEIN, g (USA, * 5. 1. 1950 in Brooklyn/New York); GARY VALENTINE, b.

Blondie formierte sich in New York im August 1974. Deborah Harry hatte bis zu diesem Zeitpunkt als ›Playboy‹-Bunny, mit den Stilettos und Wind In The Willows gearbeitet. Ihre Musik wurde sowohl vom Punk als auch von den Girl-Groups der 60er Jahre beeinflußt. Nach einigen Umbesetzungen fand sich obige Besetzung zusammen, die 1976 ihre Debüt-Single »X-Offender« veröffentlichte. Ab 1978 – es hatte inzwischen weitere Personalwechsel gegeben – war Blondie erfolgreich. Speziell mit der alten Randy-&-The-Rainbows-Nummer »Denise« – bei Blondie wurde aus der Frau ein Mann und damit »Denis« – erreichten sie einen internationalen Durchbruch. Der Erfolg hielt bis in das Jahr 1982 an. Dann trennte sich die Band. Chris Stein wollte gerade sein eigenes Plattenlabel gründen, da wurde er ernsthaft krank. Deborah kümmerte sich um die schwere Hautkrankheit von Chris, pflegte ihn wieder gesund und startete danach eine Karriere als Solistin und als Filmschauspielerin. Remixe von »Atomic«, »Heart Of Glass« und »Union City Blues« kamen 1994/95 in die britische Hitparade. »Heart Of Glass« erreichte dabei Mitte 1995 Platz 15. Im Frühjahr 1998 wurde gemeldet, daß sich Blondie wiedervereinigt. Deborah, Chris Stein, Jimmy Destri und Clem Burke nahmen das Album »No Exit« auf und kündigten eine Welttournee an.

*Denis (2/78 GB 2; 4/78 D 9)*
*(I'm Always Touched By Your) Presence Dear (5/78 GB 10)*
*Hanging On The Telephone (11/78 GB 5)*
*Heart Of Glass (1/79 GB 1, US 1; 3/79 CH 1, D 1)*
*Sunday Girl (5/79 GB 1, D 6; 7/79 CH 5)*
*Dreaming (9/79 GB 2)*
*Call Me (2/80 US 1; 4/80 GB 1; 5/80 CH 3)*
*Atomic (2/80 GB 1)*
*The Tide Is High (11/80 GB 1, US 1; 12/80 CH 5)*
*Rapture (1/81 US 1, GB 5)*
***New Wave, Pop***

**CD-Tip:** *Blondie – Platinum Collection* Chrysalis 8 31100 2

## Blood, Sweat & Tears

DAVE BARGERON, v/pos (USA, * 6. 9. 1942 in Athol/Massachusetts); RANDY BRECKER, tr (USA, * 27. 11. 1945 in Philadelphia/Pennsylvania); DAVID CLAYTON-THOMAS, v (Großbritannien, * 13. 9. 1941 als David Thomsett in Surrey); BOBBY COLOMBY, v/d/per (USA, * 20. 12. 1944 in New York City); JIM FIELDER, b (USA, * 4. 10. 1947 in Denton/Texas); JERRY FISHER (USA, * 1. 3. 1942 in De Kalb/Texas); DICK HALLIGAN, v/key/pos/fl (USA, * 29. 8. 1943 in Troy/New York); JERRY HYMAN, pos (USA, * 19. 5. 1947 in Brooklyn/New York); STEVE KATZ, v/g/harm (USA, * 9. 5. 1945 in New York); AL KOOPER (USA, * 5. 2. 1944 in Bronx/New York); JERRY LACROIX (USA, * 10. 10. 1943 in Alexandria/Louisiana); FRED LIPSIUS, sax/p (USA, * 19. 11. 1943 in New York City); LEW SOLOFF, tr (USA, * 20. 2. 1944 in Brooklyn/New York); JERRY WEISS, tr (USA, * 1. 5. 1946 in New York City); CHUCK WINFIELD, tr (USA, * 5. 2. 1943 in Monessen/Pennsylvania).

Al Kooper gelang 1967 bei der Gründung von Blood, Sweat & Tears eine zu diesem Zeitpunkt einzigartige Mischung aus Jazz und Rock. Er und Steve Katz hatten vorher im Blues Project gespielt, dessen Instrumentierung ihnen jedoch noch zu dünn war. Kooper hatte als Al Cassidy in Folk-Clubs gespielt, ist auf Platten von Bob Dylan als Keyboarder zu hören, war als 13jähriger bei den Royal Teens und deren Hit »Short Shorts«, zählte zu seinen Freunden Paul Simon und schrieb für Gary Lewis 1965 »This Diamond Ring«. Bereits nach der ersten LP von Blood, Sweat & Tears verließ er diese Band wieder, machte Soloplatten und war als Sessionmusiker auf vielen hochkarätigen Platten zu hören, so z. B. »Electric Ladyland« von Jimi Hendrix oder »Let It Bleed« von den Rolling Stones. Als Produzent hatte er Erfolg mit Lynyrd Skynyrd. Nach der ersten LP »Child Is Father To The Man« im Jahre 1968 veränderte sich die Besetzung. Von den acht Musikern der ersten LP waren auf den beiden nachfolgenden noch fünf zu hören. Neben Al hatten Randy Brecker und Jerry Weiss die Gruppe verlassen. Neu hinzu kam der in England geborene und in Kanada aufgewachsene David Clayton-Thomas als Leadsänger. Neu waren auch Chuck Winfield, Lew Soloff und Jerry Hyman. Damit war die Band auf neun Mitglieder angewachsen. Aus der zweiten LP wurden drei Stücke ausgekoppelt, die jeweils 1969 einen Platz 2 in der amerikanischen Singlehitparade erreichten: »You've Made Me So Very Happy«, »Spinning Wheel« und »And When I Die«. Alle drei Singles wurden im übrigen Millionseller. Diese zweite LP kann man heute im Rückblick als die stärkste von Blood, Sweat & Tears bezeichnen. Alles, was danach kam, versuchte sich immer daran zu orientieren, schaffte jedoch meist nur einen Abklatsch. Auf der vierten LP 1971 kam für Jerry Hyman Dave Bargeron, und ab 1972 kam neues Blut, »New Blood« ins Spiel. David Clayton-Thomas hatte die Band verlassen, für ihn kam Jerry Fisher und damit ein völlig neuer Sound. Der wiederum wurde durch Jerry LaCroix ersetzt, was die Sache nur noch schlimmer machte. 1976 kam Clayton-Thomas wieder zurück. Es erschien die gut gemachte Live-LP »In Concert«, aber die Ideen waren verbraucht. Auch spätere Versuche von David Clayton-Thomas, mit völlig unbekannten Musikern als Blood, Sweat & Tears zu spielen, trieben den Fans nur noch die Tränen in die Augen. ›What goes up, must come down‹.

*You've Made Me So Very Happy (3/69 US 2)*
*Spinning Wheel (5/69 US 2)*
*And When I Die (10/69 US 2)*
***Jazz Rock***

**CD-Tip:** *Spinning Wheel* Zounds CD 272 00200 B

## Bloodstone

WILLIS DRAFFEN, g (USA); ROGER DURHAM, v/per (USA); CHARLES LOVE, g/sax (USA); CHARLES MCCORMICK, v/b (USA); EDDIE SUMMERS, v/d (USA); HENRY WILLIAMS, v/per (USA).

Diese aus Kansas City stammende Soulband wurde 1962 als Sinceres gegründet. Anfang der 70er Jahre gingen sie für längere Zeit nach England. Schicksalsjahr für die Band war 1973. Roger Durham starb, und es gelang ihnen ihr einziger Top-10-Hit mit der Nummer »Natural High«, die auch ein Millionseller wurde. 1976 waren sie im Film »Train Ride To Hollywood« als Sinceros zu sehen. Musikalisch wurde Bloodstone immer mit Sly & The Family Stone verglichen. Bis 1984 hatten sie regelmäßig Hits in den amerikanischen R&B-Charts. Dann war ihre Zeit vorüber.

*Natural High (4/73 US 10)*
***Soul***

## Bloom, Bobby

v (USA, geb. in New York City, † 28. 2. 1974).

In den 60er Jahren arbeitete der Sänger und Songschreiber vorwiegend für andere, so war er z. B. Mitautor des Tommy-James-Hits »Mony Mony«. Er galt als gesuchter Studiomusiker und wurde dann Mitglied in der Gruppe Imaginations. Im Herbst 1970 gelang ihm mit »Montego Bay« ein weltweiter Hit. Danach wollte Bobby Bloom kein weiterer Knüller mehr gelingen, und es wird vermutet, daß das der Grund für seinen Selbstmord war. Man kann allerdings auch lesen, daß der Pistolenschuß ein Unfall war.

*Montego Bay (8/70 GB 3, US 8)*
***Pop***

## Blow Monkeys

MICK ANKER, b (Großbritannien, * 2. 7. 1957); DR. ROBERT, v/g (Großbritannien, * 2. 5. 1961 als Bruce Robert Howard in Norfolk); NEVILLE HENRY, sax (Großbritannien, * 28. 10. 1959); TONY KILEY, d (Großbritannien, * 16. 2. 1962).

Der Gruppenname ist ein Slangausdruck von Jazzmusikern für Saxophonisten. Der musikalische Kopf dieser Formation ist ganz ohne Zweifel Dr. Robert. Der Schotte wanderte 1976 mit seiner Familie nach Australien aus und erlernte dort das Gitarrenspiel. In Sydney gründete er 1980 seine erste Band, kehrte aber 1981 nach GB zurück und formierte noch im selben Jahr die Blow Monkeys. Im Januar 1982 wurde auf einem Independent Label die erste Single »In Cold Blood« veröffentlicht. In den Hitparaden tauchten die Blow Monkeys, die sich durch sehr engagierte Texte auszeichnen, erstmals im Jahre 1986 auf. Mit »It Doesn't Have To Be This Way« gelang der Gruppe im Januar 1987 ihr einziger Top-10-Erfolg. Ohne seine Band und mit der Sängerin Kym Mazelle hatte Dr. Robert im Frühjahr 1989 mit »Wait!« einen weiteren Top-10-Hit. Anfang der 90er Jahre ließ der Erfolg nach.

*It Doesn't Have To Be This Way (1/87 GB 5)*
***Pop***

**CD-Tip:** *Choices* RCA PD 74191

## Blue Boy

LEX BLACKMORE, key/computer (Großbritannien, geb. in Brighton); MARLENA SHAW, v (USA als Burgess, geb. in New Rochelle/New York).

Wie Mishra von White Town hatte auch Blue Boy seine Platte im Schlafzimmer und völlig alleine aufgenommen. Er versuchte anonym zu bleiben, wurde aber schließlich als der rund 25jährige Discjockey Lex Blackmore aus Brighton identifiziert. Lex lebte in Glasgow, als er seinen

Hit »Remember Me« hinfummelte. Ob das allerdings sein richtiger Name ist und so stimmt, werden wir sehen. Der Gesangspart war ein Sample aus einer Nummer der amerikanischen Sängerin Marlena Shaw, die daran einst selbst mitgeschrieben hatte. 1944 geboren hatte sie ihr Debüt als 10jährige im Apollo Theater in Harlem. Zwischen 1967 und 1972 sang sie in der Band von Count Basie. Marlena war die erste Sängerin, die beim sonst nur von Männern dominierten Plattenlabel Blue Note unter Vertrag kam. Ihr größter Poperfolg war ihre Version des Titels »Mercy, Mercy, Mercy« (3/67 US 58).

*Remember Me (2/97 GB 8; 5/97 CH 4)*
***Pop***

## Blue Diamonds

RIEM DE WOLFF, v (* 15. 4. 1943 in Indonesien); RUDY DE WOLFF, v (* 12. 5. 1941 in Indonesien).
Die Brüder Rudy und Riem de Wolff wurden in Indonesien geboren und kamen 1949 nach Holland. Die beiden versuchten sich als Kopie der Everly Brothers und hatten demzufolge 1959 auch ihren ersten Hit mit einer Coverversion von »('Til) I Kissed You«. Mit dem 1927 geschriebenen Stück »Ramona« gelang den Blue Diamonds 1960 ein großer Hit, den sie in fünf Sprachen aufgenommen haben. Ihre Bilanz Ende 1992: über 25 Millionen verkaufte Platten, regelmäßige Auftritte der beiden bei Galas in Holland.

*Ramona (11/60 D 1)*
*Wie damals in Paris (5/61 D 3)*
*Sukiyaki (8/63 D 2)*
***Pop***

## Blue Magic

KEITH »TED« BEATONS, v; THEODORE MILLS, v; RICHARD PRATT, v; VERNON SAWYER, v; WENDELL SAWYER, v.
Diese fünf Soulsänger aus Philadelphia brachten in die Musik der 70er Jahre das Doo-Wop-Feeling der 50er. 1974 hatten sie mit dem Millionseller »Sideshow« ihren einzigen Top-10-Erfolg. 1981 verließ Richard Pratt die Band. Auf der 1974 erschienenen LP »It's Only Rock 'n' Roll« der Rolling Stones sind Blue Magic bei dem Song »If You Really Want To Be My Friend« zu hören.

*Sideshow (5/74 US 8)*
***Soul***

## Blue Mink

MADELINE BELL, v (Großbritannien, * 23. 7. 1942); ROGER COULAM, org; HERBIE FLOWERS, b (Großbritannien); JONATHAN, v (Großbritannien, * 19. 8. 1940 als Roger James Cook in Bristol); BARRY MORGAN, d (Großbritannien).
Madeline Bell und Roger Cook konnten bereits auf eine langjährige Karriere zurückblicken, als sie 1969 mit einigen Studiomusikern in England Blue Mink gründeten. Ihr erster Hit schien wie ein Programm: »Melting Pot«. »Good Morning Freedom«, »Banner Man« und »Randy« waren bis 1973 weitere Top-10-Erfolge für Blue Mink. Danach fiel die Formation wieder auseinander. Grund dafür mag auch die Tatsache gewesen sein, daß so talentierte und erfahrene Musiker ihre eigenen Wege suchen wollten.

*Melting Pot (11/69 GB 3)*
*Good Morning Freedom (3/70 GB 10)*
*Banner Man (5/71 GB 3)*
*Randy (6/73 GB 9)*
***Pop***

## Blue Pearl

DURGA MCBROOM, v (USA, * 16. 10. 1962 in Los Angeles/Kalifornien); YOUTH, key/d/b (Großbritannien, * 27. 12. 1960 als Martin Glover).

1989 ging Durga mit Pink Floyd auf Welttournee. Hier lernte sie ihren neuen musikalischen Partner kennen: den Produzenten Youth, der vorher mit Killing Joke und Brilliant gearbeitet hatte. Diese beiden zusammen gründeten das Bandprojekt Blue Pearl, das mit der afrokaribisch angehauchten Single »Naked In The Rain« einen ersten Top-10-Hit hatte. Im Studio wurden die beiden von zwei prominenten Gastmusikern unterstützt: David Gilmour und Rick Wright von Pink Floyd. Blue Pearl blieb auch danach weiter im Geschäft und hatte mit »Little Brother« (11/90 GB 31) und »Can You) Feel The Passion« (1/92 GB 14) weitere Top-40-Hits. Eine überarbeitete Version des einzigen Top-10-Hits kam als »Naked In The Rain '98« (7/98 GB 22) erneut in die GB-Charts.

*Naked In The Rain (7/90 GB 4)*
***Dance***

**CD-Tip:** *Naked* 4 Big Life 405–2

## Blue Swede

MICHAEL AREKLEW, g (Schweden); LADISLAV BALAZ, key (Schweden); TOM BERGER, tr/flh (Schweden); ANDERS BERGLUND, key (Schweden); HINKE EKESTUBBE, sax (Schweden); JAN GULDBÄCK, d (Schweden); BO LILJEDAHL, b (Schweden); BJÖRN SKIFS, v (Schweden).

Diese 1972 durch Skifs gegründete Band bestand aus Musikern, die vorher alle in für dieses Land typischen Tanzbands gespielt hatten. Skifs war zu diesem Zeitpunkt in seiner Heimat kein Unbekannter mehr. 1966 wurde er Mitglied bei den Slamcreepers; der Vortragsstil dieser Band erinnerte an Slade. Ab 1970 versuchte er sich als Solist, trat in Nightclubs, TV-Shows und in Musicals auf, z. B. in »Godspell«. Zusammen mit dem Produzenten Bengst Palmer wollte er 1972 versuchen, den internationalen Markt zu knacken und gründete Blue Swede. Man nahm sich die Nummer »Hooked On A Feeling« vor, die 1968 ein Millionseller für B. J. Thomas und 1971 ein Hit für Jonathan King gewesen war. Zum Erstaunen aller Beteiligter erreichte Blue Swede im Frühjahr 1974 Platz 1 in der US-Hitparade und wurde ebenfalls ein Millionseller. Noch im selben Jahr hatte die Band mit »Never My Love« einen weiteren Top-10-Erfolg in den USA. Nach 1975 zogen sie sich wieder in ihr Stammland zurück. Dort hießen sie übrigens nie Blue Swede, sondern Björn Skifs & The Blablus.

*Hooked On A Feeling (2/74 US 1)*
*Never My Love (8/74 US 7)*
***Pop, Rock***

## Blue System

DIETER BOHLEN, v/g (Deutschland, * 7. 2. 1954 in Oldenburg).

Nach einigem Ärger mit seinem Kollegen Thomas Anders – die beiden waren Modern Talking – machte Dieter ab Ende 1987 als Solist unter dem Namen Blue System weiter. Mit »My Bed Is Too Big« gelang ihm 1988 der erste Top-10-Hit, und das setzte sich bis in die 90er Jahre fort. ›Hörzu‹ schrieb über Bohlen: ›Applaus für Dieter Bohlen, den erfolgreichsten deutschen Musikproduzenten aller Zeiten, Erfinder von Modern Talking, Sänger und Produzent bei Blue System, weltweit rund 80 Millionen verkaufte LPs, 300 goldene, 50 Platinplatten!‹ 1998 kamen Anders und Bohlen wieder als Modern Talking zusammen – und hatten erneut Erfolg!

*My Bed Is Too Big (5/88 D 10)*
*Under My Skin (10/88 D 6)*
*Magic Symphony (9/89 D 10)*
***Disco***

**CD-Tip:** *Déjà Vu* Hansa 262 084–2

## Blue, Barry

v (Großbritannien, * 12. 12. 1950 als Ronald Roker).

Mit dem Titel »Storm In A Teacup«, 1972 von ihm und Lynsey de Paul geschrieben, gelang Barry Blue ein Hit für die Fortunes. Schon vorher hatten andere Interpreten Kompositionen des Briten übernommen. Mit und für Lynsey de Paul schrieb er in der ersten Hälfte der 70er Jahre weitere erfolgreiche Nummern. Barry selbst war 1973 mit zwei Stücken unter den ersten 10 in GB. Nach 1974 verschwand er wieder als Interpret. Aus seiner Begleitgruppe wurden die Rubettes.

*(Dancing) On A Saturday Night (7/73 GB 2, 9/73 D 9)*
*Do You Wanna Dance (11/73 GB 7)*
***Pop***

## Bluebells

NEAL BALDWYN, b (Großbritannien); LAURENCE DONEGAN, b (Großbritannien); CRAIG GANNON, g (Großbritannien, * 30. 7. 1966); ROBERT HODGENS, v/g (Großbritannien, * 6. 6. 1959); RUSSEL IRVINE, g (Großbritannien); DAVID MCCLUSKEY, v/d (Großbritannien, * 13. 1. 1964); KENNETH MCCLUSKEY, v/flageolett (Großbritannien, * 8. 2. 1962).

Die schottische Band Bluebells hatte im März 1983 ihren ersten Erfolg in den Hitparaden. Genau ein Jahr später gelang ihnen mit »I'm Falling« ein Platz 11 in GB. Danach wurden Donegan und Irvine ausgetauscht gegen Baldwyn und Gannon, und mit »Young At Heart« hatten sie Mitte 1984 einen Platz 8. Nach zwei weiteren Notierungen verschwand die Band 1985 und löste sich 1987 auf. Die Brüder McCluskey veröffentlichten später ein Album mit Folksongs. Anfang 1993 verwandte ein TV-Spot für VW in GB als musikalische Untermalung »Young At Heart«. Danach setzte eine enorme Nachfrage nach dem Song ein – und als die Platte im März 1993 wieder erschien, erreichte sie in nur zwei Wochen Platz 1 in GB.

*Young At Heart (6/84 GB 8; 3/93 GB 1)*
***Pop***

## Blues Image

MANUEL BERTEMATTI, per (USA); MALCOLM JONES, b (USA); FRANK »SKIP« KONTE, syn/p/org (USA); JOE LALA, d (USA); MIKE PINERA, v/g (USA, * 29. 9. 1948 in Tampa/Florida).

Die Band wurde Mitte der 60er Jahre gegründet und nannte sich ab 1966 Blues Image. 1968 kam mit Frank Konte ein weiteres Mitglied hinzu. Die Band ließ sich in New York nieder und eröffnete mit ›The Image‹ einen eigenen Club. 1969 erhielten sie einen Plattenvertrag und veröffentlichten ihr erstes Album. 1970 erreichten sie mit »Ride Captain Ride« einen Platz 4 in den US-Charts und einen Millionseller. Danach ging die Band auseinander. Pinera wurde kurz Mitglied bei Iron Butterfly. Konte spielte mit Three Dog Night, Lala wurde Sessionmusiker und machte sich einen Namen durch seine Mitarbeit bei Crosby, Stills, Nash & Young. Die restlichen Mitglieder gründeten eine neue Band namens Manna. Pinera spielte noch mit Cactus, Ramatam, Thee Image, Alice Cooper und als Solist.

*Ride Captain Ride (5/70 US 4)*
***Rock***

## Blues Magoos

PEPPY CASTRO, v/g (USA, * 16. 6. 1949 als Emil Thielhelm); GEOFF DAKING, d (USA); MIKE ESPOSITO, g (USA); JOHN FINNEGAN, d (USA); RONNIE GILBERT, b (USA, * 25. 4. 1946 in Bronx/New York City); DENNIS LAPORE, g (USA); RALPH SCA-

LA, v/org (USA, * 12. 12. 1947 in Bronx/ New York City).
Die Formation Blues Magoos fand sich 1964 in der New Yorker Bronx zusammen. 1966 begannen sie mit Plattenaufnahmen und konnten noch im selben Jahr mit ihrem Psychedelic Rock einen Hit verbuchen: »(We Ain't Got) Nothin' Yet« erreichte einen Platz 5. Nach der Veröffentlichung ihres dritten Albums trennte sich die Gruppe. Thielhelm machte mit anderen Musikern unter demselben Namen weitere Platten. 1970 übernahm Peppy eine Rolle im Musical »Hair«, danach spielte er in verschiedenen Bands, so z. B. Balance. Als Songschreiber liefert er Material für Kiss oder Cher.

*(We Ain't Got) Nothin' Yet (12/66 US 5)*
***Psychedelic, Rock***

## Blues Traveler

BRENDAN HILL, d (Großbritannien, * 27. 3. 1970 in London); CHAN KINCHLA, g (USA, * 29. 5. 1969 in Hailton/Oregon); JOHN POPPER, v/mundh (USA, * 29. 3. 1967 in Cleveland/Ohio); BOBBY SHEEHAN, b (USA, * 12. 6. 1968 in Summit/ New Jersey).
Diese Band formierte sich 1988. 1989 erschien ihr Debütalbum, das allerdings erst 1991 erste Spuren in der amerikanischen LP-Hitparade hinterließ. 1992 – die Gruppe ist gerade dabei, ihr drittes Album zu produzieren – fährt Popper mit seinem Motorrad in einen Plymouth und verbringt das folgende Jahr in einem Rollstuhl. Das hindert ihn allerdings nicht daran, trotzdem aufzutreten. Der große Erfolg stellt sich mit dem vierten Album der Band ein, das bezeichnenderweise »four« heißt. Es erscheint Ende 1994, erreicht Platz 8 in den USA und verkauft sich innerhalb eines Jahres fünfmillionenmal. Daraus ausgekoppelt wird die Single »Run-Around«, ihr erster und bisher einziger Top-10-Hit. Ebenfalls von »four«: »Hook«, Ende 1995 Platz 23 in den USA. Mitte 1996 erscheint mit »Live From The Fall« eine Live-Doppel-CD. Das Album klang gut, denn Blues Traveler gehören zu jenen amerikanischen Bands, die sich ihren Erfolg durch unermüdliches Touren von einer US-Küste zur anderen hart erarbeitet haben.

*Run-Around (3/95 GB 8)*
***Blues, Rock***

**CD-Tip:** *four* A&M 540 265–2

## Bluetones

ED CHESTER, d (Großbritannien); ADAM DEVLIN, g (Großbritannien); MARK MORRIS, v/g (Großbritannien); SCOTT MORRIS, b (Großbritannien).
Die Bluetones gehörten zu den Bands, die Mitte der 90er Jahre dem BritPop zugerechnet wurden. Ähnlich wie hierzulande die Boy-Groups lösten sich in GB die Brit-Pop-Bands schnell hintereinander ab. Die beiden Brüder Mark und Scott Morris aus London waren erklärte Buffalo-Springfield-Fans. 1991 kamen die Bluetones zusammen, 1993 gab es die ersten öffentlichen Auftritte, meist in Pubs in der Nähe von London. 1994 waren erste Demoaufnahmen fertig, und sie erhielten einen Plattenvertrag. Ende des Jahres erschien mit »Return To Spender« die erste EP. Ihre erste Hitnotierung in den Singlecharts war »Are You Blue Or Are You Blind« (6/95 GB 31). Es folgten »Bluetonic« (10/95 GB 29) und die unten erwähnten Top-10-Hits. Am 24. Februar 1996 erschien ihr Debütalbum »Expecting To Fly« (2/96 GB-LP 1), das in die britische Albumhitparade gleich auf Platz 1 einstieg. Nach einer längeren Pause kam die Band im Februar 1998 wieder in die Charts zurück mit »If« (2/98 GB 13) und einem weiteren Top-10-Hit »Solomon Bites The Worm«. Mit

»Return To The Last Chance Saloon« (3/98 GB-LP 10) erschien ihr zweites Album.

*Slight Return (2/96 GB 2)*
*Cut Some Rug/Castle Rock (5/96 GB 7)*
*Marblehead Johnson (9/96 GB 7)*
*Solomon Bites The Worm (2/98 GB 10)*
***Pop***

**CD-Tip:** *Expecting To Fly* Superior Quality Recordings 540 475–2

## Blum, Hans

v (Deutschland, * 23. 5. 1928 in Hannover).

Blum begann als Chorleiter und Arrangeur für die EMI und gründete 1951 das Hansen Quartett. Mit einer deutschen Version des Coasters-Hits »Charlie Brown« erreichte er 1959 Platz 5 in der deutschen Hitparade. Danach war er als Songschreiber erfolgreich, bis er – sozusagen zum Spaß – ab 1974 als Henry Valentino Platten aufnahm. Mit »Ich hab' dein Knie gesehn« hatte er 1974 einen ersten Achtungserfolg, mit »Im Wagen vor mir«, hier sang Uschi mit ihm, 1977 einen Top-10-Hit in Deutschland. Von Blum stammen so erfolgreiche Titel wie »Beiß nicht gleich in jeden Apfel«, »El Lute«, »Harlekin«, »Das schöne Mädchen von Seite 1«, »Zigeunerjunge« oder »Zucker im Kaffee«.

*Charlie Brown (7/59 D 5)*
*Im Wagen vor mir (10/77 D 8)*
***Deutscher Schlager***

## Blümchen

BLÜMCHEN, v (Deutschland, * 20. 4. 1980 als Jasmin Wagner in Hamburg).

Niedlich und so singend wie die Teenies, die sie lieben und verehren – das ist Blümchen. Der alte Hase Ulf Krüger – auch ›Dr. No‹ genannt –, der die goldenen Tage des Hamburger Beats erlebte und irgendwann einsehen mußte, daß Anspruch und Kommerz selten Hand in Hand gehen, war bei der Produktion und beim Schreiben der Songs hilfreich. »Herz an Herz« und »Kleiner Satelllit« hätten auch gut Anfang der 80er Jahre in der NDW, der Neuen Deutschen Welle, laufen können. Mitte 1996 erschien ihr erstes Album »Herzfrequenz«, auf dem sie schrieb: ›Ich danke meiner Mama, meinem Papi und meinem Bruder für ihre Liebe und ihr Vertrauen.‹ Auf diesem Album war als Superbonus noch ein CD-ROM-Teil. Da waren dann ›eine ausführliche Biographie sowie reizende Kinderfotos zu sehen‹. Blümchens Stimme war so dünn, daß sie bei Plattenproduktionen durch eine Studiosängerin namens Alex ›verstärkt‹ wurde. Die beiden Stimmen verschmolzen beim endgültigen Produkt zu einer und wurden dann auch noch schneller abgespielt, was die Höhe der Stimmlage verändert – welche Sängerin weiter vorne lag, weiß wohl nur Ulf Krüger. Im April 1997 schoß Blümchen mit einer neuen Version des alten Nena Hits »Nur geträumt ...« in die deutschen Top 10. Damit lag die erste Auskopplung ihres zweiten Albums »Verliebt ...« vor, das im Mai erschien. Und als die Sesamstraße 25. Geburtstag feierte, sang Blümchen das Lied »Seasam-Jam (Der, Die, Das)« (12/97 D 26). Mitte 1998 übernahm sie die Moderation der ›Mini-Playback-Show‹. Eine Coverversion der Ideal-Nummer »Blaue Augen« (6/98 D 19) brachte Blümchen einen weiteren Hit.

*Herz an Herz (1/96 D 4; 3/96 CH 7)*
*Kleiner Satellit (Piep, Piep) (4/96 D 9; 5/96 CH 10)*
*Boomerang (8/96 CH 9)*
*Nur geträumt ... (4/97 D 6)*
*Gib mir noch Zeit (9/97 D 9)*
***Deutscher Schlager, Rave***

**CD-Tip:** *Herzfrequenz* Edel 004 1912 CON

## Blur

DAMON ALBARN, v (Großbritannien, * 23. 3. 1968 in London); GRAHAM COXON, g (Deutschland, * 12. 3. 1969 in Rinteln/Hannover); ALEX JAMES, v/b (Großbritannien, * 21. 11. 1968 in Dorset); DAVE ROWNTREE, d (Großbritannien, * 8. 4. 1963 in Colchester/Essex).

Im Frühjahr 1990 veröffentlichte dieses 1989 in London gegründete Quartett, das sich zuerst Seymour nannte, seine Debüt-Single »She's So High«. Ihre Musik gilt als Rave, den man zu jenem Zeitpunkt als die Pop-Musik der 90er Jahre anpries. Im Frühjahr 1991 erschien »There's No Other Way«, der erste Top-10-Erfolg für Blur. Im selben Jahr erreichte ihre erste LP, »Leisure«, den 2. Platz in der britischen LP-Hitparade. Im Frühjahr 1993 erschien mit »Modern Life Is Rubbish« ihre zweite CD, und damit zeigte sich Blur musikalisch wie ausgetauscht. Sie lehnten sich musikalisch an die typische britische Pop-Musik der 60er und 70er Jahre an. Manchmal klangen sie wie Pink Floyd, dann wie Kinks, Teardrop Explodes oder auch wie Sex Pistols. Die Singleauskopplung »For Tomorrow« war eine Hommage an den jungen David Bowie. »Parklife«, die dritte CD, erschien im April 1994 und stieg in den britischen Albumcharts auf Platz 1 ein und verdrängte damit Pink Floyd und »Division Bell« von der Spitze. Nun wurde die Musik von Blur als Electro-Disco bezeichnet. Die beiden Auskopplungen »Girls And Boys« und der Titelsong erreichten im selben Jahr Top-10-Positionen in GB. 1995 entsteht ein Kampf in den Medien zwischen Blur und der Gruppe Oasis. In der Presse beschimpfen sich die Gruppen gegenseitig und bezeichnen sich jeweils als die wahren Britpop-Champs. Am 26. August 1995 erscheint die Single »Country House«, die in der ersten Woche knapp 300.000 Exemplare verkauft und sofort auf Platz 1 einsteigt. Wenig später kommt mit »The Great Escape« ein neues Album der Gruppe, das ebenfalls sofort auf Platz 1 springt. Weitere Auskopplungen aus dieser CD erreichen Ende 1995 und 1996 die britischen Top 10. Im Frühjahr 1997 erschien das Album »Blur«, das die Gruppe in Island aufgenommen hatte. Damon hatte sich dort ein Haus gekauft. Die Auskopplung »Beetlebum« kam am 1. 2. 1997 gleich auf Platz 1 in die Charts und zeigte einmal mehr, wer Blur auch inspiriert hat. Weitere Singlehits waren »Song 2«, »On Your Own« und »M.O.R.« (9/97 GB 15).

*There's No Other Way (4/91 GB 8)*
*Girls And Boys (3/94 GB 5)*
*Parklife (9/94 GB 10)*
*Country House (8/95 GB 1)*
*The Universal (11/95 GB 5)*
*Stereotypes (2/96 GB 7)*
*Charmless Man (5/96 GB 5)*
*Beetlebum (2/97 GB 1)*
*Song 2 (4/97 GB 2)*
*On Your Own (6/97 GB 5)*
***Britpop, Pop***

**CD-Tip:** *The Great Escape* EMI 7243 8 35235 2

## Bob & Earl

BOBBY DAY, v (USA, * 1. 7. 1930 als Robert Byrd in Fort Worth, Texas, † 15. 7. 1990); BOBBY GARRETT, v (USA); EARL LEE NELSON, v (USA, * 8. 9. 1928 in Lake Charles/Louisiana); BOB RELF, v (USA).

1950 gründete Bobby Day die Hollywood Flames, bei denen Earl Nelson Leadsänger war. 1960 gründeten die beiden Soulsänger Bob & Earl. Bobby Day wurde jedoch bald durch Bob Relf ersetzt, weil er seine Solokarriere fortsetzen wollte. Mit »Harlem Shuffle« gelang Bob & Earl 1963 ein Platz 44 in der amerikanischen Singlehitparade. Die gleiche Platte wurde 1969 ein Top-10-Hit in GB. Die zwischenzeitlich aufgenommenen Singles kamen an diesen Erfolg nicht heran. Earl nahm als Jay Dee und Jackie Lee Soloplatten auf. Jackie Lee hatte in den USA 1965 mit »The

Duck« einen Platz 14. Der Name setzte sich aus dem zweiten Vornamen seiner Frau und seinem eigenen zweiten Vornamen zusammen. Im Duo wurde Relf durch Bobby Garrett ersetzt. Die neue Formation Bob & Earl nahm in den 70ern gemeinsam und auch alleine weitere Platten auf.

*Harlem Shuffle (3/69 GB 7)*
***Soul***

## Bob & Marcia

BOB ANDY, v (Jamaika als Keith Andersen); MARCIA GRIFFITHS, v (Jamaika).
Das Duo hatte mit der Reggae-Nummer »Young, Gifted And Black« im Frühjahr 1970 den Nerv der britischen Jugendlichen getroffen. Der Song stammte ursprünglich von Nina Simone. Mit »Pied Piper« (6/71 GB 11) schafften sie noch einen Nachfolgehit. Danach waren sie auf Jamaika in der Reggae-Szene als Solisten weiterhin erfolgreich.

*Young, Gifted And Black (3/70 GB 5)*
***Reggae***

## Bob B. Soxx & The Blue Jeans

FANITA JAMES, v (USA); DARLENE LOVE, v (USA, * 26. 7. 1938 als Darlene Wright in Los Angeles/Kalifornien); BOBBY SHEEN (USA).
Anfang der 60er Jahre produzierte Phil Spector eine Reihe von Formationen, die mit wechselnden Musikern und Sängern operierten. Darlene Love und Fanita James hatten mit den Blossoms gesungen, die im Hintergrund auf Hits von Elvis Presley, Paul Anka, Bobby Darin, den Mamas & Papas, Beach Boys, Dionne Warwick und vielen anderen zu hören waren. Den Blossoms selbst gelang Mitte des Jahres 1961 nur ein Platz 79 mit einem Antwortsong auf Ernie K-Does »Mother-In-Law«, »Son-In-Law«. Im Herbst 1962 kamen sie unter die Fittiche von Phil Spector. Der nahm mit Darlene Love & The Blossoms die Titel »He's A Rebel« und »He's Sure The Boy I Love« auf und veröffentlichte sie unter dem Namen der Crystals. Da Phil die Rechte an diesem Namen hatte, konnte er darunter singen lassen, wen immer er wollte. »He's A Rebel« wurde Spitzenreiter in den USA. Im Winter 1962 nahmen Darlene und Fanita zusammen mit Soxx eine neue Version von »Zip-A-Dee-Doo-Dah« aus dem Film »Song Of The South« aus dem Jahre 1947 auf. Es wurde ein Top-10-Erfolg. Das Trio hatte zwei weitere Hits und fiel dann auseinander. Nachdem man über viele Jahre nichts mehr von Darlene Love gehört hatte, stand sie im Dezember 1992 wieder in der britischen Hitparade mit dem Song »All Alone On Christmas« aus dem Film »Kevin allein in New York«.

*Zip-A-Dee-Doo-Dah (11/62 US 8)*
***Pop***

## Bobbejaan

BOBBY JAN SCHOEPEN, v (Belgien).
Bobby Jan Schoepen gründete 1962 in der Nähe zur deutschen Grenze den Freizeitpark Bobbejaan Land. Ähnliches muß er während seiner weltweiten Tourneen in den USA entdeckt haben. Auf Tour absolvierte er mit seiner Gruppe eine bis zu zweistündige Show. Im Frühjahr 1960 hatte er bei uns mit einer deutschsprachigen Version des australischen Hits »Pub With No Beer«, »Ich steh' an der Bar«, einen Top-10-Hit. Mit Songs wie »Ich weine in mein Bier« oder »Wie 'ne Kneipe ohne Bier« versuchte er das Image eines harten Trinkers aufrechtzuerhalten. Das klappte bis 1962, dann kam der Park, den er immer noch führt.

*Ich steh' an der Bar (3/60 D 6)*
***Deutscher Schlager***

## Bobbettes

HEATHER DIXON (USA); HELEN GATHERS (USA); EMMA POUGHT (USA); JANICE POUGHT (USA); LAURA WEBB (USA).

Das Kleinmädchen-Doo-Wop-Quintett aus New York, das 1955 als Harlem Queens begann, hatte im August 1957 mit dem Titel »Mr. Lee« einen Top-10-Hit in den USA. Die Mädchen waren zu diesem Zeitpunkt um die 13 Jahre alt, und zu dem Song »Mr. Lee« wurden sie angeblich durch ihren Klassenlehrer im fünften Schuljahr inspiriert. Es dauerte drei Jahre, bis sie mit »I Shot Mr. Lee« einen Nachfolgehit hatten. Doch kam das Exekutionskommando beim Publikum schon nicht mehr sonderlich gut an. Nach 1961 hörte man nichts mehr von ihnen in den Charts. Allerdings traten vier der ursprünglichen Mitglieder noch bis in die 80er Jahre auf.

*Mr. Lee (8/57 US 6)*
***Doo Wop***

## Bocelli, Andrea

v (Italien, * 22. 9. 1958 in Lajatico/Toskana).

Zum Hit »Time To Say Goodbye« siehe alles unter Sarah Brightman, denn hier wurde sie zuerst und dann Andrea genannt. Bei »Vivo Per Lei – Ich lebe für sie« kam zuerst sein Name, dann der seiner diesmaligen Gesangspartnerin Judy Weiss. Zumindest in der Schweiz war der Titel auf Anhieb ein Knüller: Er stieg auf Platz 6 in den Charts ein und erreichte schließlich die Spitze. In Deutschland war der Zuspruch zurückhaltender. Hier kam die Platte erst einmal bis auf Platz 45 und fiel dann wieder runter. Andrea konnte das egal sein, denn seine Alben waren in Deutschland wie in der Schweiz überaus erfolgreich. Das Album »Bocelli« belegte in Deutschland lange Platz 1 und verkaufte mehr als 1,5 Millionen Exemplare. Nachfolger »Romance« kam ebenfalls mühelos unter die erste 10. In der Schweiz standen diese beiden Alben wechselweise auf Platz 1 oder 2 hintereinander an der Spitze. Und auch das Album »Viaggio Italiano« wurde in Deutschland vergoldet. Judy Weiss war in den Popcharts lediglich mit dem Titel »Cinderella« (1/93 D 73) aufgefallen. Andrea war als Kind durch eine schleichende Augenkrankheit erblindet. Mit sieben begann er Klavier zu lernen, während seines Jurastudiums jobbte er als Pianospieler in Bars, lernte Flöte, Klarinette und Saxophon und entdeckte schließlich seine Stimme. Diese und er wurden wiederum von Zucchero entdeckt und gefördert. Andrea trat mehrmals beim San-Remo-Festival auf, gewann etliche internationale Preise und debütierte mit dem Album »Il Mare Calmo Della Sera«. Dem folgte das mehr poporientierte »Bocelli« (12/96 D-LP 1), auf dem auch das Duett mit Sarah Brightman zu hören war, dann das Klassik-Album »Viaggio Italiano«, »Romanza« (2/97 D-LP 2, 5/97 GB-LP 6) und »Aria – The Opera Album« (2/98 GB-LP 33, 4/98 D-LP 6). Seine große Stärke ist zweifellos seine Vielseitigkeit. Er singt italienische Balladen, Popsongs oder Opernarien.

*Time To Say Goodbye (12/96 D 1; 1/97 CH 1)*
*Vivo Per Lei – Ich lebe für sie (4/97 CH 1)*
***Soft Pop***

## Bohannon, Hamilton

v/d (USA, * 7. 3. 1942 in Newman/Georgia).

Hamilton Bohannon begann als Schlagzeuger in der Band von Stevie Wonder, in der er von 1965 bis 1967 spielte. Danach wurde er, der auf ein abgeschlossenes Studium als Musiklehrer zurückblicken konnte, Bandleader und Arrangeur für die Künstler der Plattenfirma Motown. Ab 1974 machte er eigene Platten, und mit dem Titel »Disco Stomp« war er Mitte 1975 in GB und Deutschland unter den ersten 10.

*Disco Stomp (5/75 GB 6; 8/75 D 3)*
***Dance, Soul***

**CD-Tip:** *Essential Dance Floor Vol. 4* Sequel DGP CD 699

## Bolton, Michael

v (USA, * 26. 2. 1953 als Michael Bolotin in New Haven/Connecticut).

Michaels Erfolg begann als Songschreiber für Kenny Rogers, Jefferson Starship oder Jennifer Rush. Angeblich hat er seine erste Rockband bereits mit 13 Jahren gegründet. Mit 15, seine Mutter mußte für ihn unterschreiben, bekam er einen ersten Plattenvertrag. Nach zwei erfolglosen Soloalben als Michael Bolotin, 1975/76 mit Hilfe von David Sanborn und Andy Newmark aufgenommen, gründete er 1979 Blackjack, mit denen er ebenfalls zwei Flop-LPs aufnahm. 1981 trennte sich die Gruppe wieder. 1983 tauchte er erstmals als Solist in der US-Singlehitparade auf. Seine erste Nummer 1 war 1989 »How Am I Supposed To Live Without You«. Mit dieser Nummer stand Laura Branigan Mitte 1983 auf Platz 12 der US-Singlecharts. Michael Boltons Art, Rockballaden zu singen, wird in den USA als ›blue-eyed soul‹ bezeichnet, und er hatte bis in die 90er Jahre damit Erfolg. Im Frühjahr 1994 stand Michael Bolton in einen Prozeß, den die Isley Brothers gegen ihn angestrengt hatten, vor Gericht, weil er wesentliche Elemente aus deren Titel »Love Is A Wonderful Thing« für seinen gleichnamigen Hit verwandt hatte. Der Richter gab den Isley-Brüdern recht, und Michael mußte zahlen. Das war für ihn sicher kein Problem. Das Album »Soul Provider« verkaufte mehr als 6 Millionen Exemplare, »Time, Love & Tenderness« 8 Millionen, »Timeless (The Classics)« 4 Millionen und »The One Thing« 3 Millionen alleine in den USA. Ende 1995 wurden die alten Sachen von ihm noch einmal ausgeschlachtet. Es kam die CD »Greatest Hits 1985 – 1995«, die ebenfalls innerhalb kürzester Zeit 2 Millionen Käufer fand. Auf diesem Album mit den größten Hits befanden sich dann – wie so oft auch bei anderen Künstlern in den letzten Jahren auf ihren Best-Of-Zusammenstellungen – auch Titel, die noch keine Hits waren, damit die Fans überhaupt einen Anreiz haben, die Platte zu kaufen. In diesem Fall wurde dann schließlich »Can I Touch You... There?« ein neuer Top-10-Hit in GB im Jahr 1995.

*How Am I Supposed To Live Without You (10/89 US 1; 2/90 GB 3)*
*How Can We Be Lovers (3/90 US 3, GB 10)*
*When I'm Back On My Feet Again (5/90 US 7)*
*Love Is A Wonderful Thing (4/91 US 4)*
*Time, Love And Tenderness (7/91 US 7)*
*When A Man Loves A Woman (10/91 US 1, GB 8)*
*Said I Loved You... But I Lied (11/93 US 6)*
*Can I Touch You... There? (9/95 GB 6)*
***Pop, Rhythm & Blues, Soul***

**CD-Tip:** *Greatest Hits 1985 – 1995* Columbia 481002–2

## Bomb The Bass

TIM SIMENON, computer (Großbritannien, * 21. 6. 1967 in Brixton/London).

Hinter dem Techno-Dance-Projekt verbirgt sich Tim Simenon mit wechselnden Musikern. Von seiner Plattenfirma wird er als Talentförderer, Studiofreak und einer der jüngsten, aber auch innovativsten Produzenten Europas bezeichnet. So war er z. B. mitverantwortlich für Neneh Cherrys »Buffalo Stance« und »Manchild«, Adamskis »Killer« und Seals »Crazy«. Mit »Beat Dis« hatte Tim im Februar 1988 einen Platz 2 in den britischen Charts. Unter die Top 10 kam er auch mit »Megablast/Don't Make Me Wait«, »Say A Little

Prayer« und Mitte 1991 mit seiner wohl schönsten Platte »Winter In July«. Bis Ende 1995 kamen noch vier weitere Titel in die britische Hitparade, keine jedoch unter die Top 20.

*Beat Dis (2/88 GB 2, D 6; 4/88 CH 4)*
*Megablast/Don't Make Me Wait (8/88 GB 6)*
*Say A Little Prayer (11/88 GB 10)*
*Winter In July (7/91 GB 7)*
***Dance, Techno***

**CD-Tip:** *Unknown Territory* Epic 468 774 2

## Bombalurina

TIMOTHY MALLETT, dj (Großbritannien, * 18. 10. 1956).

Alte, angestaubte Hits aufzupolieren und sie für die heutigen Kids tanzbar zu machen, war die Spezialität dieser britischen Studiotruppe, hinter der sich der Discjockey Timothy Mallett verbarg. Koproduzent seiner Titel war Musical-Tycoon Andrew Lloyd Webber. So machten sie aus dem alten Brian-Hyland-Titel »Itsy Bitsy Teenie Weenie Yellow Polka-Dot Bikini« eine House-Version. Die Platte stand im Sommer 1990 auf Platz 1 der britischen Hitparade. Der Nachfolgehit »Seven Little Girls Sitting In The Backseat« (11/90 GB 18), einst ein Hit der Avons, kam noch unter die ersten 20 in GB, und dann war diese Formation ausgestanden.

*Itsy Bitsy Teenie Weenie Yellow Polka-Dot Bikini (7/90 GB 1; 9/90 D 9)*
***Disco***

## Bon Jovi

JON BON JOVI, v/g (USA, * 2. 3. 1962 als Jonathan Francis Bongiovi in Perth Sayreville/New Jersey); DAVID BRYAN, key (USA, * 7. 2. 1962 als Rashbaum in Edison/New Jersey); RICHIE SAMBORA, g (USA, * 11. 7. 1959 in Perth Amboy/Woodbridge/New Jersey); ALEC JOHN SUCH, b (USA, * 14. 11. 1955 in Yonkers/New York); TICO TORRES, d (USA, * 7. 10. 1953 in New York City).

Die Band, die sich an der Grenze zwischen Rock und Heavy Metal bewegt, wurde in New Jersey von Bongiovi und Rashbaum gegründet. Nachdem sich diese beiden bereits auf der High-School kennengelernt und in einer R&B-Coverband namens Atlantic City Expressway gespielt hatten, kam es jedoch erst 1983 zu einem Plattenvertrag. 1987 war die LP »Slippery When Wet« in den USA das bestverkaufte Rockalbum des Jahres. Es folgte Hit auf Hit, Tour auf Tour, bis Ende der 80er Jahre Bongiovi keine Lust mehr an der Band hatte. Er spielte im Film »Young Gun II« mit und nahm als Jon Bon Jovi »Blaze Of Glory« auf, die Mitte 1990 eine Nummer 1 in den USA wurde. Als Mitspieler waren darauf Jeff Beck, Aldo Nova und Randy Jackson zu hören. Es mag allerding auch an Streitigkeiten mit Richie Sambora gelegen haben, daß die Band zerbrach – jedenfalls stand 1992 in den Zeitungen, die beiden hätten sich wieder vertragen, und es würden nun weitere Platten der Band Bon Jovi folgen, was mit »Keep The Faith« auch der Fall war. 1994 erschien die CD »Cross Road«, die mit Ausnahme von zwei Titeln die Hits der vergangenen Jahre brachte. Besonders die Nummer »Always« von »Cross Road« konnte sich in den internationalen Charts durchsetzen. Mitte 1995 kam als nächstes Album »These Days«, auf dem sich wieder eine Reihe von potentiellen Hits befand. Auch als Schauspieler hat sich Jon inzwischen einen Namen gemacht. Seine letzte Hitnotierung im Jahr 1996 hieß »Hey God« und erreichte in GB Platz 13. Im Mai 1997 erschien mit »Midnight In Chelsea« ein Vorbote zum kommenden Soloalbum »Destination Anywhere«. Die Single war während seines dreimonatigen Aufenthalts in London entstanden – Jon hatte sich dort für die Dreharbeiten zum Film »The

Leading Man« aufgehalten. Weitere Singlehits: »Queen Of New Orleans« und »Janie, Don't Take Your Love To Town« (11/97 GB 13, D 38).

*You Give Love A Bad Name (9/86 US 1)*
*Livin' On A Prayer (10/86 GB 4; 12/86 US 1)*
*Wanted Dead Or Alive (4/87 US 7)*
*Bad Medicine (9/88 US 1)*
*Born To Be My Baby (11/88 US 3)*
*I'll Be There For You (3/89 US 1)*
*Lay Your Hands On Me (6/89 US 7)*
*Living In Sin (10/89 US 9)*
*Blaze Of Glory (7/90 US 1; 8/90 CH 5)*
*Keep The Faith (10/92 GB 5, D 8; 11/92 CH 3)*
*Bed Of Roses (1/93 US 10; 3/93 D 10; 5/93 CH 9)*
*In These Arms (5/93 GB 9)*
*Dry County (3/94 GB 9; 4/94 CH 10)*
*Always (9/94 GB 2, D 4, US 4; 10/94 CH 1)*
*Please Come Home For Christmas (12/94 GB 7)*
*Someday I'll Be Saturday Night (2/95 GB 7)*
*This Ain't A Love Song (6/95 CH 4, GB 6, D 9)*
*Something For The Pain (9/95 GB 8; 10/95 CH 10)*
*Lie To Me (11/95 GB 10)*
*These Days (3/96 GB 7)*
*Midnight In Chelsea (6/97 GB 4, CH 5, D 9)*
*Queen Of New Orleans (8/97 GB 10)*
***AOR (Adult Orientated Rock)***

**CD-Tip:** *Cross Road* Mercury 522 936–2

## Bonds, Gary »U.S.«

v (USA, * 6. 6. 1939 als Gary Anderson in Jacksonville/Florida).

Nachdem er in etlichen Gospelgruppen gesungen hatte, kam Gary »U.S.« Bonds Anfang 1960 nach Norfolk, Virginia, und traf dort auf den Produzenten Frank Gauida. Der hatte eine sehr eigene Produktionstechnik – alles von ihm klang immer so, als habe er es in seiner Garage mit billigsten Mitteln aufgenommen. Damit traf er jedoch den Nerv der damaligen Jugendlichen genau. Mit Gary nahm er die Nummer »New Orleans« auf, die im Herbst 1960 unter die ersten 10 der US-Charts kam. Der Nachfolgehit hieß »Quarter To Three« und wurde im Frühjahr 1961 sogar eine Nummer 1. Wenig später kam mit »School Is Out« eine weitere Top-10-Platte – dann schien die Zeit des Garagensounds vorüber. Lange hörte man nichts mehr von Gary, bis 1981 Bruce Springsteen mit ihm die Platte »This Little Girl« produzierte, die immerhin bis auf Platz 11 der Charts kam. Dieser Erfolg mag weniger Garys Qualitäten, sondern vielmehr Springsteens Popularität zu verdanken sein.

*New Orleans (10/60 US 6)*
*Quarter To Three (5/61 US 1; 7/61 GB 7)*
*School Is Out (7/61 US 5)*
*Dear Lady Twist (12/61 US 9)*
*Twist, Twist, Senora (3/62 US 9)*
***Rock***

**CD-Tip:** *Collection* Line IMCD 9.00715 0

## Bone Thugs 'n Harmony

Bizzy Bone, rap (USA); Flesh-N Bone, rap (USA); Krayzie Bone, rap (USA); Layzie Bone, rap (USA); Wish Bone, rap (USA).

Rapper, Produzent und Plattenfirmenbesitzer Eazy-E alias Eric Wright (* 7. 9. 1963 in Campton/Kalifornien, † an Aids am 26. 3. 1995) entdeckte dieses aus Cleveland stammende Quintett. In ihren Anfangstagen nannten sie sich noch Bone Enterprise. Mit der Nummer »thuggish-ruggish-Bone« hatten die Jungs im August 1994 ihren ersten Hit, der es bis auf Platz 22 in den US-Charts und zum Millionseller brachte. »1st Of Tha Month« wurde genau ein Jahr später ein weiterer Millionseller und ein Platz 14 in der US-Hitparade, Platz 15 in GB – im Song wurde die Nummer »I Just Wanna Be Your Girl« von Chapter 8 gesampelt. Der Titel »Tha Crossroads«, in dem »Make Me Say It Again Girl« der Isley Brothers aus dem Jahre 1975 verarbeitet wurde, brachte ihnen Mitte 1996 die Spitzenposition in den USA, Doppelplatin und ihren ersten Top-10-Hit in GB. In Deutschland erreichte diese Nummer immerhin noch Platz 15. Das Debütalbum »Creepin On Ah Come Up« aus dem Jahr 1994 verkaufte mehr als 2 Millionen Exemplare. Im August 1995 kam die CD »E. 1999 Eternal« in die Charts, erreichte Platz 1 und setzte bis Ende 1996 4 Millionen Exemplare ab. »Look Into My Eyes« (7/97 GB 16), ihr nächster Top-10-Hit in den USA, stammte aus dem Film »Batman & Robin«. »If I Could Teach The World« (10/97 US 27) war die nächste Chartsingle.

*Tha Crossroads (5/96 US 1; 8/96 GB 8)*
*Look Into My Eyes (6/97 US 4)*
***HipHop, Rap***

**CD-Tip:** *E. 1999 Eternal* Epic REL 481 038 6

## Boney M.

MARCIA BARRETT, v (Jamaika, * 14. 10. 1945 in Catherine's); BOBBY FARRELL (* 6. 10. 1949 in Aruba); LIZ MITCHELL, v (Jamaika, * 12. 7. 1952 in Clarendon); PATTY ONYEWENJO; SHARON STEVENS; REGGIE TSIBOE; MAIZIE WILLIAMS, v (* 25. 3. 1951 in Montserrat/West Indien).

Als 1975 »Baby Do You Wanna Bump« erschien, hat wohl keiner damit gerechnet, daß sich die Spur dieser Formation bis in die 90er Jahre ziehen sollte. Ohne Zweifel war es die Stimme von Liz Mitchell, die die meisten Songs trug. Liz war auf Jamaika geboren und kam Ende der 60er Jahre nach Deutschland. Hier spielte sie 1969 in der Berliner Version von »Hair« mit. Anfang der 70er Jahre wurde sie Mitglied bei den Les Humphries Singers, und mit Malcolm Magaron, einem weiteren Mitglied dieser Truppe, machte sie Malcolm Locks. Von ihrer Freundin Marcia Barrett, die in Hamburg wohnte, kam der Vorschlag, gemeinsam zu einer Gruppe zu gehen, die Frank Farian gegründet hatte – Boney M. Der Produzent Frank Farian sagte später einmal, daß alle Mitglieder dieser Band austauschbar seien, ohne daß die Gruppe darunter leiden würde – nur nicht Liz. 1976 kam mit »Daddy Cool« der erste Platz 1 in Deutschland und ein Top-10-Hit in GB. Als nach zehn Jahren Boney M. Bilanz gezogen wurde, zählte Farian 18 Platin- und 15 Gold-LPs, über 200 Gold- und Platin-Singles und rund 150 Millionen verkaufte Tonträger in aller Welt. Wessen Stimmen neben der von Liz auf den Platten sonst noch zu hören sind, bleibt das kleine Geheimnis von Farian. Ende der 80er Jahre schmiß Farian eine neue Ausgabe von Boney M. auf den Markt. Neben Liz sangen und standen nur dekorativ herum: Reggie Tsiboe, Patti Onyewenjo und Sharon Stevens. Aber nicht diese Kombination kam beim Publikum an, sondern die alte. Ende 1992 hatte die mit einem Megamix alter Nummern wieder einen Top-10-Hit in GB.

*Daddy Cool (7/76 D 1; 10/76 CH 1; 12/76 GB 6)*
*Sunny (12/76 D 1; 1/77 CH 2; 3/77 GB 3)*
*Ma Baker (5/77 D 1, GB 2; 6/77 CH 1)*
*Belfast (10/77 CH 1, D 1, GB 8)*
*Rivers Of Babylon/Brown Girl In The Ring (4/78 GB 1)*
*Rivers Of Babylon (4/78 CH 1, D 1)*
*Rasputin (9/78 D 1, CH 2, GB 2)*
*Mary's Boy Child – Oh My Lord (12/78 D 1, D 1, GB 1, GB 1, CH 1)*
*Painter Man (3/79 GB 10)*
*Hooray! Hooray! It's A Holi-Holiday (4/79 GB 3, CH 4, D 4)*
*El Lute (8/79 D 1, CH 2)*
*I'm Born Again (12/79 D 7; 1/80 CH 6)*
*I See A Boat (On The River) (4/80 D 5; 6/80 CH 9)*
*Felicidad (Margherita) (12/80 D 6; 1/81 CH 3)*
*Malaika (7/81 CH 4)*
*We Kill The World (11/81 CH 3)*
*Happy Song (12/84 D 7)*
*Boney M. Megamix (12/92 GB 7)*
***Disco***

**CD-Tip:** *Gold* BMG 74321 12577 2

## Bonnet, Graham

v/g (Großbritannien, * 12. 12. 1947 in Skegness/Lincolnshire).

Als eine Hälfte des Duos Marbles hatte Graham im September 1968 den Top-10-Hit »Only One Woman«, geschrieben und betreut durch die Bee Gees. Nachdem das Duo auseinandergefallen war, versuchte sich Bonnet als Solist. Aber erst im März 1981 sollte er seinen nächsten Top-10-Hit in GB haben: »Night Games«. Als Studiomusiker spielten Cozy Powell, Micky Moody, Gary Twigg und Jon Lord auf diesem Hit. Dazwischen lag eine Zeit als Filmschauspieler – Bonnet hatte immer was von einem James-Dean-Image – und eine Jahr als Mitglied in Ritchie Blackmore's Rainbow. Dort hatte er den scheidenden Ronnie James Dio abgelöst und auf dem Album »Down To Earth« gesungen, das zu den meistverkauften LPs der Gruppe gehört.

*Night Games (3/81 GB 6)*
***Pop***

## Bonney, Graham

v (Großbritannien, * 2. 6. 1945 als Bradley in Stratford/London).

Nachdem Bonney in den britischen Bands Expresso Five und Riot Squad gesungen hatte, entschloß er sich im November 1965 zu einer Solokarriere. Mit »My Little World Is All Blue« erschien seine erste Single, die ein Flop war. Danach kam »Super Girl« auf den Markt, die in GB ein Top-20-, in Deutschland jedoch ein Top-10-Hit wurde. Überhaupt wurde ihm schnell klar, daß er bei uns mehr Erfolg als in GB haben würde. Er sang vorwiegend in deutscher Sprache und blieb irgendwann einmal gleich ganz hier wohnen. »Das Girl mit dem La-La-La« oder »Siebenmeilenstiefel« waren weitere Top-10-Erfolge von Graham in Deutschland. Seinen letzten Verkaufshit hatte er 1973.

*Super Girl (7/66 D 8)*
*Das Girl mit dem La-La-La (11/66 D 8)*
*Siebenmeilenstiefel (10/67 D 6; 1/68 CH 7)*
***Deutscher Schlager, Pop***

**CD-Tip:** *Best Of Graham Bonney – Hey! Supergirl* Electrola 8 28069 2

## Bonnie Lou

BONNIE LOU, v (USA, * 27. 10. 1924 als Bonnie Lou Kath in Talawanda/Illinois).

In Kansas City arbeitete Bonnie Lou an einer örtlichen Radiostation, als sie 1944 von einem Agenten für die aus Cincinnati gesendete Radio-Country-Show ›Midwestern Hayride‹ entdeckt wurde. Diese Sendung betreute sie über zwanzig Jahre. Hin und wieder nahm sie auch selbst Platten auf. Mit »Seven Lonely Days« und »Tennessee Wig Walk« gelangen ihr 1953 zwei Top-10-Erfolge in den Country-Charts. Letztgenannte Platte kam im Februar 1954 in die britischen Popcharts und wurde Platz 4. In der amerikanischen Hitparade war der Titel »Daddy-O« Ende 1955 Platz 14. In den Kinos war vorher der Film »Blackboard Jungle« mit Glenn Ford ein großer Erfolg. Er spielte darin einen Lehrer, der von seinen Schülern spöttisch Daddy-O genannt wurde. Danach kam kein weiterer Hit, und Bonnie Lou war wohl weiterhin im Radiogeschäft tätig.

*Tennessee Wig Walk (2/54 GB 4)*
***Country***

## Bono, Sonny

v (USA, * 16. 2. 1935 in Detroit/Michigan, † 5. 1. 1998).

Bevor er mit Cher als Sonny & Cher Erfolge haben sollte, hatte Bono bereits eine lange Karriere hinter sich. Erst arbeitete er für Specialty Records als A&R-Direktor, schrieb mit am Hit »She Said Yeah« von Larry Williams, später gecovert von den

Rolling Stones, und nahm unter zahlreichen Pseudonymen – z. B. Don Christy, Sonny Christy oder Ronny Sommers – Platten auf. Dann wurde er Sessionmusiker für den Produzenten Phil Spector und schrieb dort zusammen mit Jack Nitzsche die Nummer »Needles And Pins«, später ein Hit für Jackie DeShannon und die Searchers. 1963 traf Bono auf Cher – die beiden heirateten und nahmen Platten als Caesar & Cleo auf. 1965, nun als Sonny & Cher, hatten sie mit »I Got You Babe« ihren ersten Erfolg. Bono hatte die Nummer geschrieben, sie produziert und arrangiert. Noch im selben Jahr hatte Sonny als Solist den US- und GB-Top-10 Hit »Laugh At Me«. Der Erfolg des Duos überwog und hielt bis 1973. 1974 ließen sich die beiden scheiden, Cher wurde ein Solostar, Sonny Restaurantbesitzer und Bürgermeister in Palm Springs von 1988 bis 1992. Er kündigte an, bald für den Senat zu kandidieren, und 1994 schaffte er es dann auch. Er starb am 5. 1. 1998 nach einem Skiunfall. In der Presse las man nach seinem Tode, er habe stets im Schatten von Cher gestanden – sieht man sich an, daß er es war, der die meisten Hits der beiden im Alleingang geschrieben hat, kann das so nicht richtig sein.

*Laugh At Me (8/65 GB 9, US 10)*
***Pop***

**CD-Tip:** *The Beat Goes On* Atco 7567 91796 2

## Bonzo Dog Doo-Dah Band

NEIL INNES, v/g/p (Großbritannien, * 9. 12. 1944 in Danbury/Essex); RODNEY SLATER, sax (Großbritannien, * 8. 11. 1941 in Crowland/Lincolnshire); LARRY SMITH, d (Großbritannien, * 18. 1. 1944 in Oxford); ROGER RUSKIN SPEAR, sax (Großbritannien, * 29. 6. 1943 in Hammersmith/London); VIVIAN STANSHALL, v/tr (Großbritannien, * 21. 3. 1943 in Shillingford/Oxfordshire, † 5. 3. 1995).

Von zwei Kunststudenten wurde diese Band, die auf den ersten Blick wie eine britische Revivalband aus den 20er Jahren aussah, 1965 gegründet. Zuerst nannten sie sich Bonzo Dog Dada Band und machten satirische Trad-Jazz-Nummern, später dann Bonzo Dog Doo-Dah Band. 1966 erschien mit »My Brother Makes The Noise For The Talkies« die erste Single. Nach ihrem Auftritt im Beatles-Film »Magical Mystery Tour« – sie sangen »Death Cab For Cutie« – produzierte Paul McCartney als Apollo C. Vermouth mit der Band den Titel »I'm The Urban Spaceman«, der im November 1968 ein Top-10-Hit in GB wurde. Weitere Hits hatten sie nicht, aber eine Latte von Platten, auf denen der typisch britische Flachs blühte. Im Januar 1970 fiel die Band auseinander.

Neil Innes wurde kurzzeitig Mitglied bei McGuinnes-Flint, initiierte 1972 ein Revival der alten Gruppe als Bonzo Dog Band und arbeitete ab 1973 als Solist. Danach wurde er Sänger von Werbejingles, spielte TV-Rollen und arbeitete als Komponist, so z. B. für Monty Python. Eric Idle von Python und Neil machten 1977 die Rutles, eine Persiflage auf die Beatles. Neil spielte Ron Nasty, den John Lennon der Rutles. Stanshall kam 1995 bei einem Feuer in seiner Londoner Wohnung ums Leben.

*I'm The Urban Spaceman (11/68 GB 5)*
***Pop***

**CD-Tip:** *Bestiality Of Bonzo Dog Band* EMI CDP 7 92675 2

## Boo Radleys

TIMOTHY BROWN, b (Großbritannien, * 26. 2. 1969 in Wallasey); MARTIN CARR, g (Großbritannien, * 29. 11. 1968 in Thurso/Schottland); ROBERT CIEKA, d (Großbritannien, * 4. 8. 1968 in Birmingham); STEVE HEWITT, d (Großbritannien, geb. in Northwich); SICE, v/g (Großbritannien, * 18. 6. 1969 als Simon Rowbottom in Wallasey).

Die Gruppe formierte sich 1988 in Liverpool. 1990 erschien ihr Debütalbum »Ichabod And I«, das wenig Eindruck machte. Danach verließ Drewitt die Band und wurde durch Cieka ersetzt. Aber erst ein Wechsel der Plattenfirma 1992 sollte den Erfolg bringen. Ihr Album »Everything's Alright Forever« bescherte ihnen einen Platz 55 in den LP-Charts. Mitte 1993 erschien das Album »Giant Step«, das sie einen großen Schritt nach vorne brachte: Platz 17. Ab 1995 klappte es dann auch in den Singlecharts. Nach dem ersten Top-10-Hit »Wake Up Boo!« erschien die CD »Wake Up!«, die es bis auf Platz 1 der LP-Charts schaffte. Unverkennbar sind die Einflüsse der Byrds auf die Boo Radleys. Ihre letzte Hitnotierung im Jahr 1996 war der Top-20-Hit »C'mon Kids«.

*Wake Up Boo! (3/95 GB 9)*
***Pop, Psychedelic***

**CD-Tip:** *C'mon Kids* Sony 485 149 2

## Boo, Betty

v (Großbritannien, * 6. 3. 1970 als Alison Moira Clarkson in London).
Betty ist die Tochter einer Schottin und eines Malaien. Zuerst war sie Mitglied im Rap-Trio She-Rockers, dann im Duo Hit 'N' Run. Im August sang sie erstmals als Betty Boo auf der Hitsingle »Hey DJ I Can't Dance To That Music You're Playing« der Beatmasters. Ihr Künstlername war einer Comicfigur der 30er Jahre entliehen. Danach machte sie Soloplatten und hatte mit »Doin' The Do« im Mai 1990 ihren ersten eigenen Top-10-Hit. Ihre Debüt-CD »Boomania« verkaufte sich in GB über 400.000 mal. Für ihre zweite CD »Grrr! It's Betty Boo« schrieb sie alle Songs selbst. Vergleiche mit anderen Interpreten wehrte sie ab mit den Worten: ›Ich möchte lieber eine erste Betty Boo anstatt eine zweite Madonna sein.‹ Besonders ihre witzigen Videos heben sie aus dem Wust von Dance-Acts heraus.

*Doin' The Do (5/90 GB 7)*
*Where Are You Baby (8/90 GB 3)*
*24 Hours (3/91 CH 10)*
***Dance***

**CD-Tip:** *Grrr! It's Betty Boo* WEA 4509–90908–2

## Boogie Box High

ANDROS GEORGIOU (Großbritannien).
Hinter dieser Formation stecken ein paar britische Studiomusiker und Andros Georgiou, ein Vetter von George Michael. Mit einer aufgewärmten Dance-Version des Bee-Gees-Titels »Jive Talkin'« schaffte Andros Mitte 1987 einen einzigen Top-10-Erfolg – und das war alles. Danach war die hochgekochte Verwandtschaft zu George Michael wohl ausgereizt.

*Jive Talkin' (7/87 GB 7)*
***Dance***

## Booker T. & The M.G.'s

STEVE CROPPER, g (USA, * 21. 10. 1941 in Willow Spring/Missouri); DONALD »DUCK« DUNN, b (USA, * 24. 11. 1941 in Memphis/Tennessee); AL JACKSON, d (USA, * 27. 11. 1935 in Memphis/Tennessee, † 1. 10. 1975); BOOKER T. JONES, org (USA, * 12. 11. 1944 in Memphis/Tennessee); LEWIS STEINBERG, b (USA).
Die Band wurde 1962 in Memphis als ein Ableger der Mar-Keys gegründet. Speziell auf vielen Aufnahmen der Plattenfirma Stax sind die Musiker von Booker T. zu hören. M.G.'s ist eine Abkürzung von Memphis Group. Ob auf »In The Midnight Hour« von Wilson Pickett, »Hold On I'm Coming« von Sam & Dave oder »Walkin' The Dog« von Rufus Thomas – immer spielen Booker T. & The M.G.'s. Sie selbst hatten mit dem Titel »Green Onions«

1962 ihren ersten Top-10-Erfolg und Millionseller. Im März 1964 wurde Steinberg gebeten, die Band zu verlassen, und für ihn kam Donald Dunn. 1968 trennte sich die Band und kam 1973 noch einmal kurzfristig zusammen. Cropper und Dunn spielten mit den Blues Brothers, Jones wurde erfolgreicher Produzent – so betreute er Aufnahmen von Earl Klugh, Bill Withers und Rita Coolidge, mit deren Schwester Priscilla er verheiratet ist. Auch als Soulsänger genießt Jones einen guten Namen. Al Jackson wurde von einem Einbrecher, der in sein Haus in Memphis eindrang und den er dabei überraschte, erschossen. 1992 wurde die Formation Booker T. & The M.G.'s in die Rock 'n' Roll Hall of Fame aufgenommen. Bei der Grammy-Verleihung 1995 erhielt Booker T. für den Titel »Cruisin'« einen Preis in der Kategorie Best Pop Instrumental.

*Green Onions (8/62 US 3; 12/79 GB 7)*
*Hang 'Em High (11/68 US 9)*
*Time Is Tight (3/69 US 6; 5/69 GB 4)*
***Instrumental, Jazz, Soul***

**CD-Tip:** *The Best Of* Stax FCD 60–004

## Boomtown Rats

PETER BRIQUETTE, b (Irland, * 2. 7. 1954 als Patrick Cusack); GERRY COTT, g; SIMON CROWE, d; JOHNNY FINGERS, key (Irland, * 10. 9. 1956 als John Moylett); BOB GELDOF, v (Irland, * 5. 10. 1954 in Dun Laoghaire); GERRY ROBERTS, v/g (* 16. 6. 1954).

Für den ›New Musical Express‹ hatte Bob Geldof als Musikjournalist Interviews mit Elton John oder Little Richard geführt. 1975 war er der Meinung, er könne selbst Musik machen. Er gründete in Dun Laoghaire/Irland die Nightlife Thugs, aus denen schließlich die Boomtown Rats wurden. Die Band spielte in ihren Anfangstagen eine Mixtur aus New Wave und Punk. Im August 1977 erschien mit »Looking After No. 1« die erste Platte in den britischen Charts. Mit »Rat Trap« im Oktober 1978 und »I Don't Like Mondays« im Juli 1979, jeweils eine Nummer 1 in GB, hatte die irische Band ihren Höhepunkt. 1984 verschwand sie, und dafür tauchte der Solist Bob Geldof auf. Der hatte bereits 1982 ohne seine Bandkollegen gearbeitet, als er die Hauptrolle im Film »The Wall« spielte, der auf der 1979 erschienenen Pink-Floyd-LP basierte. Bob schrieb und organisierte zusammen mit Midge Ure das Band-Aid-Projekt »Do They Know It's Christmas«, das pünktlich zu Weihnachten 1984 auf Platz 1 in GB und Deutschland stand. Dann organisierte er das Live-Aid-Konzert am 13. 7. 1985 für die Hungerhilfe Äthiopien. Für seine Verdienste wurde er von der Queen geadelt, und man brachte ihn sogar als Anwärter für den Friedensnobelpreis ins Gespräch. Am 11. 5. 1996 konnte man in der Presse lesen, daß Geldof von seiner Ehefrau Paula Yates geschieden wurde. Die beiden hatten immer als das ›Goldene Paar‹ des Rock 'n' Roll gegolten.

*Like Clockwork (6/78 GB 6)*
*Rat Trap (10/78 GB 1)*
*I Don't Like Mondays (7/79 GB 1; 9/79 CH 6, D 6)*
*Someone's Looking At You (1/80 GB 4)*
*Banana Republic (11/80 D 3, GB 3; 2/81 CH 10)*
***New Wave, Punk, Rock***

**CD-Tip:** *Loudmouth* Vertigo 522 283–2

## Boone, Daniel

v (Großbritannien, * 31. 7. 1942 als Peter Lee Sterling in Birmingham).

Boone gründete 1958 die Beachcombers und ging 1959 nach London. Er wurde Mitglied einer Band namens Bruisers, die im August 1963 mit »Blue Girl« einen Platz 31 in der britischen Hitparade hatte. Jetzt schrieb er Songs für Tom Jones und Kathy Kirby, arbeitete als Studiomusiker und hatte mit »Daddy Don't You Walk So Fast« im August 1971 einen Top-20-Hit in GB. Ein Jahr später erschien »Beautiful Sunday«, womit er in Deutschland einen Platz 1 in der Hitparade erreichte. Nachfolgeplatten, teilweise auch in deutscher Sprache gesungen, waren nicht mehr erfolgreich. Nach 1973 war er aus den Hitparaden verschwunden.

*Beautiful Sunday (4/72 D 1; 5/72 CH 2)*
***Pop***

## Boone, Debby

v (USA, * 22. 9. 1956 in Hackensack/New Jersey).
Debby ist die Tochter von Pat Boone und die Enkelin von Red Foley. Ab 1969 sang sie in dem Familienprojekt Boone Family und nebenher noch mit ihren Schwestern in einem Gospelquartett. 1977 schaffte sie den Song des Jahres in den USA. Ihre Version von »You Light Up My Life« aus dem gleichnamigen Film stand zehn Wochen lang auf Platz 1 der amerikanischen Singlehitparade. Mit diesem Song gewann sie drei Grammys, so z. B. den für den besten Newcomer des Jahres 1977. Nach 1978 war sie wieder aus den Pophitparaden verschwunden, gilt allerdings als populäre Sängerin zeitgenössischer christlicher Lieder. 1982 heiratete sie Gabriel Ferrer, den Sohn von Rosemary Clooney und José Ferrer.

*You Light Up My Life (9/77 US 1)*
***Soft Pop***

## Boone, Pat

v (USA, * 1. 6. 1934 in Jacksonville/Florida).
Zwischen all den Rockern, die sich in den Hitparaden durchgesetzt hatten, tauchte immer wieder ein Name auf, der für ein sauberes, ehrliches Amerika stand: Pat Boone, der ein weitläufiger Verwandter des alten Waldläufers Daniel Boone ist. Daniel hatte sich für ein großes und starkes Amerika die Füße plattgelaufen – sein Ur-Ur-Urenkel wollte es mit allen Mitteln erhalten. 1955, als Elvis noch in Memphis auf Dorffesten spielte, hatte Pat Boone seinen ersten großen Hit: »Ain't That A Shame« – ein Titel, den der Farbige Fats Domino geschrieben und ebenfalls aufgenommen hatte. Das saubere Amerika setzte sich durch, und die Version vom Clean-Cut-Boy Pat wurde der größere Erfolg, obwohl die Nummer von Fats stärker war. Boone spielte seine größte Stärke bei allen folgenden Titeln immer wieder aus: sanfte, zarte Stimme, die von Friede, Freude, Eierkuchen sang und sich deutlich vom Rock 'n' Roll zu unterscheiden suchte. Anfang 1956 wollte er dann doch mal kurz auf den Rock-'n'-Roll-Zug springen und nahm die Titel »Tutti Frutti« und »Long Tall Sally« auf. Nicht, daß das nun keine Hits wurden, aber mit der zarten Masche lag er besser. Und die verfolgte er konsequent. Bis ins Jahr 1963 tauchte er regelmäßig mit Titeln wie »I Almost Lost My Mind«, »Don't Forbid Me«, »Love Letters In The Sand«, »April Love« oder »Moody River« – alles Nr.-1-Hits in den USA – in den internationalen Hitparaden auf. Auch seine deutschen Fans kamen mit Songs wie »Speedy Gonzales« oder »Memphis Tennessee« auf ihre Kosten. Dann wurde auch er ein Opfer der Beatles, die in GB wie in den USA Wegbereiter für den britischen Beat waren. Und jetzt war Boone nun wirklich zu alt, um darauf einzuschwenken. Außerdem war er nun mal kein Brite. Über viele Jahre tourte er mit seiner Frau und seinen Töchtern, darunter auch Debby Boone, und irgendwann hörte man nichts mehr von ihm. Plötzlich im Frühjahr 1997 veröffentlichte er eine neue CD mit dem Titel »No More Mr. Nice Guy«. Der Titelsong war im Original ein Stück von Alice Cooper und

damit wurde auch der Untertitel der CD – ›In A Metal Mood‹ – erklärt. Pat Boone sang Jazz- und Big-Band-Coverversionen!!! von Heavy-Metal-Nummern wie »Smoke On The Water« von Deep Purple, »Enter Sandman« von Metallica oder »Stairway To Heaven« von Led Zeppelin. Begleitet wurde er auf dieser Platte von Jazzmusikern, aber auch von Richie Blackmore, Dweezil Zappa, dem Sohn von Frank, oder Ronnie James Dio. Das ist ungefähr so, als würde Peter Alexander eine CD mit den größten Hits der Toten Hosen, der Doofen, der Bates und der Ärzte aufnehmen, ohne dabei ganz auf seine kleine Kneipe zu verzichten. 1998 kam Pat wieder mit einer neuen Idee. Er hatte eine Million Dollar gesammelt, mit dem er jetzt sein ›Gold Label‹ gründen wollte. Boone wollte damit ehemals erfolgeichen Künstlern wie Al Martino oder Perry Como unter Vertrag nehmen, die wegen mangelndem kommerziellen Potential keinen Plattenvertrag mehr hatten oder bekamen – wie Pat wohl selbst auch.

*Ain't That A Shame (7/55 US 1; 11/55 GB 7)*
*At My Front Door (Crazy Little Mama) (10/55 US 7)*
*I'll Be Home (2/56 US 4; 4/56 GB 1)*
*Long Tall Sally (4/56 US 8)*
*I Almost Lost My Mind (6/56 US 1)*
*Friendly Persuasion (Thee I Love) (9/56 US 5; 12/56 GB 3)*
*Chains Of Love (9/56 US 10)*
*Don't Forbid Me (12/56 US 1; 2/57 GB 2)*
*Tutti Frutti (2/57 D 5)*
*Why Baby Why (3/57 US 5)*
*Love Letters In The Sand (5/57 US 1; 7/57 GB 2)*
*Remember You're Mine (8/57 US 6)*
*Remember You're Mine/There's A Gold Mine In The Sky (9/57 GB 5)*
*April Love (10/57 US 1; 12/57 GB 7)*
*A Wonderful Time Up There (2/58 US 4; 4/58 GB 2)*
*It's Too Soon To Know (2/58 US 4; 4/58 GB 7)*
*Sugar Moon (5/58 US 5, GB 6)*
*If Dreams Came True (7/58 US 7)*
*Moody River (5/61 US 1)*
*Johnny Will (12/61 GB 4)*
*Speedy Gonzales (6/62 GB 2, US 6; 8/62 D 1)*
*Rosmarie (11/63 D 7)*
***Pop, Schlager***

**CD-Tip:** *16 Original World Hits* MCA 256 134–2

**CD-Tip:** *The Fifties Complete* Bear Family BCD 15 884 LK

## Boothe, Ken

v (Jamaika, geb. in Kingston).
Mit einem Reggae-Nachzieher des Bread-Hits »Everything I Own« erreichte Boothe im September 1974 einen Platz 1 in der britischen Hitparade. Sein Nachfolgehit war »Crying Over You«, immerhin noch ein Platz 11 in GB, und danach war er auf dem internationalen Markt wieder vergessen. In seiner Heimat hatte er vor seinem Soloerfolg in diversen Reggaegruppen gesungen und war danach in dieser Szene weiterhin erfolgreich.

*Everything I Own (9/74 GB 1)*
***Reggae***

## Borelly, Jean-Claude

tr/bl (* 2. 7. 1953).
Zusammen mit seinem Orchester stand der Name diese Trompeters als Interpret auf der »Dolannes Melodie«, die 1974 in dem französischem Film »Ein Totenhemd hat keine Taschen« zu hören war. Neben Jean-Claude spielen auf diesem Hit die beiden Autoren des Songs mit: Die Gitarre zupft Paul de Senneville, die Panflöte bläst Olivier Toussaint. Alleine in Frankreich wurden 1,35 Millionen Platten abgesetzt, in Deutschland erreichte die Aufnahme im September 1975 Platz 1 in der Hitparade und wurde ebenfalls vergoldet. Teile des Stückes erinnern übrigens sehr an die Nummer »Summer (The First Time)« von Bobby Goldsboro, der 1973 ein weltweiter Hit war – Zufall? Es blieb bei diesem einen internationalen Erfolg für den Franzosen Borelly.

*Dolannes Melodie (9/75 CH 1, D 1)*
***Instrumental, Pop***

## Borg, Andy

v (Österreich, *2.11. 1960 als Andreas Meier in Wien).

Beim ORF-Wettbewerb ›Die große Chance‹ wurde Andy entdeckt – und griff zu. Zuerst produzierte ihn der alte Fuchs Kurt Feltz, dann Adam Schairer, der sich einst als Adam beim Duo Adam & Eve engagierte. Borgs erste Platte war gleich ein Millionseller und eine Nummer 1 in Deutschland: »Adios Amor« Mitte 1982. Seit dieser Zeit ist er durchgängig erfolgreich.

*Adios Amor (6/82 D 1; 9/82 CH 2)*
*Arrivederci Claire (11/82 D 8; 12/82 CH 6)*
***Deutscher Schlager***

**CD-Tip:** *Portrait* Imperial EMI CDP 2 CD 620–1 59 576 2

## Bostisch, Billy, Bänd

*Palmeschtrand (2/83 CH 10)*

## Boston

Brad Delp, v/g (USA, * 12. 6. 1951 in Boston/Massachusetts); Barry Goudreau, g (USA, * 29. 11. 1951 in Boston/Massachusetts); Sib Hashian, d (USA, * 17. 8. 1949 in Boston/Massachusetts); Jim Masdea, d (USA); Gary Phil, g (USA); Tom Scholz, g/key (USA, * 10. 3. 1947 in Toledo/Ohio); Fran Sheehan, b (USA, * 26. 3. 1949 in Boston/Massachusetts).

Tom Scholz ist der Kopf dieser Formation, die 1975 im Keller seines Hauses entstand. Er hatte so lange an einigen Demobändern herumgebastelt, bis er einen Plattenvertrag erhielt. Dann erst suchte er sich die Musiker für seine Gruppe zusammen. Sie nannten die Band nach ihrer gemeinsamen Heimatstadt Boston. »More Than A Feeling« wurde für die Gruppe der erste Hit im September 1976. In schneller Folge erschienen bis Ende 1979 weitere Singles und LPs. Dann veröffentlichte Barry Goudreau 1980 eine Solo-LP und verließ Boston 1982 ganz, um die Formation Orion The Hunter zu gründen. Lange Zeit hörte man nichts mehr von der Band, bis sie 1986 mit Scholz, Delp, dem Gitarristen Gary Phil und dem Drummer Jim Masdea mit der LP »Third Stage« wiederauftauchte. Die Singleauskopplung »Amanda« wurde im Herbst 1986 Spitzenreiter in den USA. Boston veröffentlichte jetzt seine Platten nicht mehr bei der CBS, sondern bei MCA. Das führte zu einem Rechtsstreit zwischen Scholz und der CBS. Scholz behauptete, die CBS würde ihm noch Tantiemen schulden – CBS klagte, Boston habe einen Fünfjahresvertrag mit zehn zugesagten LPs nicht eingehalten. Die Gerichte brauchten sieben Jahre für eine Entscheidung: CBS verlor in allen Punkten und mußte Scholz insgesamt 20 Millionen Dollar nachzahlen. Nach einer Pause von acht Jahren erscheint 1994 mit »Walk On« eine neue CD von Boston. »I Need Your Love«, aus diesem Album ausgekoppelt, kam Mitte 1994 auf Platz 51 in den USA. Im Mai 1995 startete Boston eine Welttour. Während dieser Tournee kündigte ihre Plattenfirma MCA an, den Vertrag mit ihnen zu kündigen. Die erfolgreichste LP von Boston war gleich ihre erste aus dem Jahr 1976, die sich insgesamt 15 millionenmal verkaufte.

*More Than A Feeling (9/76 US 5; 4/77 CH 9)*
*Don't Look Back (8/78 US 4)*
*Amanda (9/86 US 1)*
*We're Ready (12/86 US 9)*
***Rock***

**CD-Tip:** *Boston* Epic 34188

## Boswell, Connee

v (USA, * 3. 12. 1907 in Kansas City/Missouri, † 11. 10. 1976).
Zusammen mit ihren Schwestern Martha (* 1908, † 1958) und Helvetia (* 1909, + 12. 11. 1988) war sie als Boswell Sisters ab 1931 in den USA erfolgreich. Alle drei Schwestern wuchsen in New Orleans auf. Sie galten als das erfolgreichste amerikanische Mädchentrio aller Zeiten – bis die Andrews Sisters kamen. Nachdem Connie, später Connee, im Alter von 3 Jahren an Kinderlähmung erkrankte, saß sie für den Rest ihres Lebens im Rollstuhl. 1925 gewannen die drei Mädchen, die alle nicht nur gut singen, sondern auch diverse Instrumente spielen konnten, einen Nachwuchswettbewerb. Schnell kam es zu ersten Plattenproduktionen, dann zu Hits: »When I Take My Sugar To Tea« war 1931 der erste Top-10-Hit in den USA und gleichzeitig ihre erste Hitnotierung. Bis 1938 hatten sie 20 Hits, davon 12 Top-10-Hits und mit »The Objekt Of My Affection« 1935 einmal einen Platz 1. Neben der Karriere mit ihren Schwestern war Connee ab 1932 auch als Solistin erfolgreich. Als dann nach 1938 das Trio auseinanderfiel, machte sie alleine weiter. Zu ihren großen Hits ohne ihre Schwestern gehörten die US-Spitzenreiter »Bob White (Whatcha Gonna Swing Tonight?)« 1937 und »Alexander's Ragtime Band« 1938, beide im Duett mit Bing Crosby. Weitere Top-10-Hits waren »An Apple For The Teacher« 1939, »On The Isle Of May« 1940 und »Let It Snow! Let It Snow! Let It Snow!« 1946. Die Liste ihrer Erfolge geht bis in das Jahr 1954. Connee sagte, die Bluessängerin Mamie Smith habe sie beeinflußt – sie selbst war, ohne daß viel davon gesprochen wurde, für ganze Generationen von amerikanischen Sängerinnen ein Vorbild. Auch Ella Fitzgerald gehört zu denen, die von der Weißen Connee Boswell lernte. Sie arbeitete bis in die 60er Jahre und lebte in ihren letzten Lebensjahren in New York City in einem großen Appartement, aus dem man über den Central Park schauen konnte. Sie starb 1976 an Krebs.

*On The Isle Of May (2/40 US 3)*
*Let It Snow! Let It Snow! Let It Snow! (2/46 US 9)*
*If I Give My Heart To You (9/54 US 10)*
***Pop***

## Boswell, Eve

v (Ungarn, * 11. 5. 1924 als Eve Keleti in Budapest).
Geboren in Budapest, aufgewachsen in der Schweiz und schließlich ein Gesangsstar in GB. Sie kam aus einer Artistenfamilie, die in diversen Ländern im Zirkus auftrat. Ende der 40er Jahre war die Familie in Südafrika und dort im Boswell-Zirkus engagiert. Eve heiratete den Besitzer und ging nun nach GB. Dort löste sie im bekannten Orchester von Geraldo die Sängerin Doreen Lundy ab – und damit begann ihre große Karriere. Zuerst nahm sie diverse Titel mit dem Geraldo-Orchester auf, dann machte sie ab 1951 Soloplatten. Ihr größter Singlerfolg war »Pickin' A Chicken«, mit dem sie im Dezember 1955 die Top 10 erreichte. Durch die 50er Jahre war sie eine der populärsten Sängerinnen in GB, trat in Radio- und Fernsehsendungen auf und wurde zu mehreren Royal Variety Shows eingeladen. Später ging sie wieder nach Südafrika zurück und eröff-

nete eine Gesangsschule in Johannesburg. Als sie 1988 eine Konzerttournee durch GB machte, wurde sie wie früher gefeiert.

*Pickin' A Chicken (12/55 GB 9)*
***Pop***

**CD-Tip:** *The Best Of Eve Boswell* EMI CDP 7 92259 2

## Böttcher, Gerd

v (Deutschland, * 18. 7. 1936 in Berlin, † 26. 2. 1985).
Nach einer Lehre als Gärtner – der Junge sollte was Anständiges lernen – wurde er Vokalist bei einem Berliner Tanzorchester und nahm Gesangsunterricht. 1960 sang er bei Werner Müller vor, der von Böttcher überzeugt war. Müller legte nun die musikalische Richtung fest, und ab Mitte 1960 stand Gerd bis 1967 regelmäßig in der deutschen Hitparade. Sein erster Top-10-Hit war eine deutsche Version von der Barcarole aus »Hoffmanns Erzählungen«, die bei ihm »Adieu – Lebe wohl – Goodbye« hieß. Seinen größten Hit hatte er im Frühjahr 1962 mit einer Coverversion des Pat-Boone-Hits »Johnny Will«, »Geld wie Heu«. Unter dem Pseudonym Buchholz schrieb Müller den Titel »Für Gabi tu' ich alles«, der zum bekanntesten Stück von Gerd Böttcher wurde. Zwischen 1961 und 1962 sang Böttcher neben seiner Solokarriere zusammen mit Detlef Engel im Duett. Es sollte der Versuch sein, den Erfolg der Blue Diamonds zu kopieren. Nach 1968 war er aus dem Geschäft. Böttcher tingelte auf Kaffeefahrten und vor Supermärkten. Er war schwer alkoholkrank, und das führte auch zu seinem frühen Tode.

*Adieu – Lebe wohl – Goodbye (2/61 D 8)*
*Weil du meine große Liebe bist (7/61 D 8)*
*Geld wie Heu (2/62 D 2)*
*Ein Dutzend andre Männer (7/62 D 5)*
*Für Gabi tu' ich alles (11/62 D 4)*
*Meine Braut, die kann das besser (4/63 D 8)*
***Deutscher Schlager***

**CD-Tip:** *Für Gabi tu' ich alles* Bear Family BCD 15402

## Boucher, Judy

v (Großbritannien).
Mit dem Titel »Can't Be With You Tonight« hatte die farbige Sängerin, die auf St. Vincent geboren wurde und mit 15 nach England kam, im Frühjahr 1987 eine erste Hitnotierung in den GB-Charts. Dem Titel tut man sicher nicht unrecht, wenn man ihn als Superschnulze bezeichnet, die sowohl inhaltlich wie auch musikalisch für die Serie ›Fast food für Klammerblues-Tänzer‹ geeignet war. Der Song wurde bekannt, nachdem er im britischen Frühstücksfernsehen die Aerobic-Künste von Mad Lizzy untermalte. Judy schaffte mit »You Caught My Eyes« (7/87 GB 18) drei Monate später einen typischen Nachfolgehit. Danach war sie wieder verschwunden.

*Can't Be With You Tonight (4/87 GB 2)*
***Pop***

## Bourke, Toby

Toby war der erste Interpret, der 1996 auf dem Label Aegean unterschrieb, das George Michael gehört. Als er die Nummer »Waltz Away Dreaming« aufnahm, bat ihn George, eine Zeile mitsingen zu dürfen. Der Titel stieg gleich auf Platz 10 in die britische Hitparade ein – was Toby wohl George zu verdanken hatte. Die eine Zeile, die er mitsang, widmete er seiner Mutter Lesley, die kurz zuvor gestorben war.

*Waltz Away Dreaming (6/97 GB 10)*
***Pop***

## Bow Wow Wow

MATTHEW ASHMAN, g/p (Großbritannien, † 21. 11. 1995); LEIGH GORMAN, b (Großbritannien); ANNABELLA LWIN, v (* 31. 10. 1965 als Myant Myant Aye in Rangoon/Burma).

Im Oktober 1979 wurde Malcolm McLaren Manager von Adam & The Ants. Die Erfolge dieser Band waren zu diesem Zeitpunkt gerade auf dem Nullpunkt. McLaren drängte die Ants, sich von Adam zu trennen, und brachte die drei zu diesem Zeitpunkt aktuellen Mitglieder mit der vierzehnjährigen Annabella zusammen. Mitte 1980 erschien mit »C30, C60, C90, Go« die erste Platte von Bow Wow Wow. Als Promotiongag für die nächste, »Your Cassette Pet«, hatte sich McLaren ausgedacht, daß dieser Song nur als Kassette zu haben war. Im Januar 1982 kam mit »Go Wild In The Country« der erste und ein halbes Jahr später mit »I Want Candy« der zweite Top-10-Hit in die Charts. Nach 1983 war die Zeit von Bow Wow Wow wieder vorbei. Die drei Jungs versuchten sich kurze Zeit als Chiefs Of Relief, und Annabella versuchte nach einer längeren Pause, eine Solokarriere zu starten – ohne Erfolg. Ende 1995 starb Gitarrist Ashman im Alter von 35 Jahren. Dave Barbarossa tauchte später als Schlagzeuger der Gruppe Republica auf.

*Go Wild In The Country (1/82 GB 7)*
*I Want Candy (6/82 GB 9)*
***Punk***

**CD-Tip:** *The Best Of Bow Wow Wow* Receiver RRCD 116

## Bowie, David

v/sax (Großbritannien, * 8. 1. 1947 als David Robert Jones in London).

1963 spielte er erstmals in der Öffentlichkeit: In der Band von Altjazzer Ronnie Scott blies er das Saxophon. Immerhin war David zu diesem Zeitpunkt gerade 15 Jahre alt. 1964 gründete David mit Schulfreunden die King Bees, die Mitte desselben Jahres »Liza Jane« veröffentlichten. Ende 1964 wurde er Mitglied bei der Londoner Band Manish Boys, die Anfang 1965 die Single »I Pity The Fool« veröffentlichte. Da auch dieses Projekt wenig Erfolg hatte, löste es sich Mitte des Jahres auf, und David gründete Lower Third. Auch diese Band veröffentlichte eine erfolglose Single unter dem Namen David Jones. 1966 änderte David Jones seinen Nachnamen in Bowie. Er war es satt, immer darauf angesprochen zu werden, ob er Mitglied bei der US-Gruppe Monkees sei. Im Februar 1966 löste sich Lower Third wieder auf, und David machte als Solist weiter. Mit »Do Anything You Say« erschien seine erste Solosingle. Bis Anfang 1968 erschienen weitere erfolglose Singles. Er bewarb sich bei Apple Records, die ihn ablehnten, und gründete für sieben Monate das Trio Feathers. 1969 erschien erstmals »Space Oddity«, eine Platte, die den Erfolg von Bowie begründete und der erste Top-10-Erfolg für ihn wurde. Danach trat wieder eine fast dreijährige Pause ein, doch ab Mitte 1972 bis in die 90er Jahre verstand er es, sich gängigen Trends anzupassen und erfolgreich zu sein. »Fame« 1975 und »Let's Dance« 1983 waren Spitzenreiter in der amerikanischen Hitparade und Millionseller. Eine Wiederveröffentlichung von »Space Oddity« im Jahre 1975, »Ashes To Ashes« 1980 und ebenfalls »Let's Dance« waren die Nummer-1-Hits in GB. Zwischendurch war der vielseitige Bowie als Filmschauspieler in »Labyrinth« und »Absolute Beginners« zu sehen, spielte am Broadway den »Elephant Man« und gründete 1988 eine Spielwiese namens Tin Machine. 1993 veröffentlichte Bowie mit der CD »Buddah Of Suburbia« die Musik zu dem BBC-Fernsehspiel ›Buddah‹. Im selben Jahr kamen auf einer Doppel-CD 37 seiner großen Hits erneut auf den Markt.

Anfang 1997 erschien mit enormem Werbeaufwand »Earthling«. Zum selben Zeitpunkt ging er an die Börse und verkaufte Anteile einer 50-Millionen-Dollar-Anleihe an Lizenzen seiner älteren Platten mit viel Erfolg. Ein cleverer Schachzug: Die Lizenzen, die er so im Laufe der nächsten Jahre eingestrichen hätte, bekam er auf diese Art und Weise sofort.

*Space Oddity (9/69 GB 5; 10/75 GB 1)*
*Starman (6/72 GB 10)*
*The Jean Genie (12/72 GB 2)*
*Drive-In Saturday (4/73 GB 3)*
*Life On Mars (6/73 GB 3)*
*The Laughing Gnome (9/73 GB 6)*
*Sorrow (10/73 GB 3)*
*Rebel Rebel (2/74 GB 5)*
*Knock On Wood (9/74 GB 10)*
*Fame (6/75 US 1)*
*Golden Years (11/75 GB 8, US 10)*
*Sound And Vision (2/77 GB 3; 5/77 D 6)*
*Boys Keep Swinging (5/79 GB 7)*
*Ashes To Ashes (8/80 GB 1, D 9)*
*Fashion (11/80 GB 5)*
*Under Pressure (11/81 GB 1)*
*Cat People (6/82 CH 8)*
*Peace On Earth – Little Drummer Boy (11/82 GB 3)*
*Let's Dance (3/83 GB 1, US 1, D 2; 4/83 CH 1)*
*China Girl (6/83 GB 2, D 6, US 10; 7/83 CH 8)*
*Modern Love (9/83 GB 2)*
*Blue Jean (9/84 GB 6, US 8)*
*This Is Not America (3/85 D 5; 5/85 CH 6)*
*Dancing In The Street (8/85 GB 1, D 5, US 7; 10/85 CH 9)*
*Absolute Beginners (3/86 GB 2, D 7; 4/86 CH 3)*
*Jump They Say (3/93 GB 9)*

***AOR (Adult Orientated Rock), Glitter (-Glam)-Rock, Pop, Rock***

**CD-Tip:** *Bowie – The Single Collection* EMI 8 28099 2

## Box Tops

RICK ALLEN, org (USA, * 28. 1. 1946 in Little Rock/Arkansas); TOM BOGGS, d (USA, * 16. 7. 1947 in Wynn/Arkansas); ALEX CHILTON, v/g/harm (USA, * 28. 12. 1950 in Memphis/Tennessee); BILLY CUNNINGHAM, b/p (USA, * 23. 1. 1950 in Memphis/Tennessee); JOHN EVANS, org (USA); DANNY SMYTHE, d (USA); GARY TALLEY, g (USA, * 17. 8. 1947 in Memphis/Tennessee).

»The Letter« war der erste und letzte Titel, der wirklich von den Box Tops eingespielt wurde. Die Mitglieder dieser Band aus Memphis hatten sich als weiße Soulgruppe formiert, den Titel aufgenommen – und wurden vom Erfolg überrascht. Nachdem sie damit einen weltweiten Hit gelandet hatten, wurden alle Musiker bei weiteren Produktionen durch Sessionprofis ersetzt. Alex Chilton beklagte später, er habe sich ständig vorschreiben lassen müssen, wie er was zu singen habe. Aber er war zu jung, um sich darüber zu beschweren. Zur Zeit des großen Erfolges von »The Letter« war Alex gerade mal 16. Schlagzeuger Tom Boggs stellte fest: ›Es ist schon seltsam, daß man die Gruppe nach »The Letter« nicht weiterspielen ließ. Wenn sie doch gut genug ist, um einen Vier-Millionen-Seller aufzunehmen, müßte man ihr doch noch eine Chance geben.‹ Mit »Cry Like A Baby« hatten die Box Tops 1968 einen weiteren Millionseller. 1970, völlig erschöpft von vielen Tourneen und fest davon überzeugt, daß sie nicht das Geld bekamen, das sie eigentlich verdienten, löste sich die Band auf. Chilton kam zu der Kultband Big Star, deren Alben Vorläufer des New Wave Pop waren. Sowohl mit Big Star wie auch als Solist in der New Yorker Clubszene hatte er Einfluß auf die Musikentwicklung, kam aber selbst nie in die Hitparaden. Die Replacements nannten einen Song »Alex Chilton«. Zu diesem Zeitpunkt war der Besungene gerade Tellerwäscher in New Orleans. Inzwischen sind von Alex etliche neue, zum Teil recht bemerkenswerte LPs erschienen. Mitte 1997 kündigten Box Tops an, in der Besetzung Chilton, Talley, Smythe, Cunningham und Evans ein neues Album aufzunehmen, auf dem die persönlichen R&B-Favoriten der Musiker zu hören sein würden.

*The Letter (8/67 US 1, GB 5; 11/67 D 5)*
*Cry Like A Baby (3/68 US 2)*
*Choo Choo Train (7/68 CH 6)*
*I Met Her In Church (11/68 CH 6)*
***Rock***

**CD-Tip:** *The Ultimate Box Tops* WB 9–27611–2

## Boy George

BOY GEORGE, v (Großbritannien, * 14. 6. 1961 als George O'Dowd in Eltham/ Kent).

Anfang der 80er Jahre tauchte George in der Londoner Clubszene auf, die gerade die neue Romantik entdeckte. Immer in Begleitung von Marilyn und in auffallende Kostüme gehüllt, erregte er bald auch die Aufmerksamkeit von Malcolm McLaren. Der ließ ihn unter dem Namen Lieutenant Lush für ein Konzert mit Bow Wow Wow singen. Mit dem früheren Discjockey und Bassisten Mikey Craig gründete George die Band In Praise Of Lemmings. Dann kamen Schlagzeuger Jon Moss und der Gitarrist/Keyboarder Roy Hay dazu, und man nannte sich Culture Club. Zwischen 1982 und 1986 war diese Formation sehr erfolgreich. Mit »Do You Really Want To Hurt Me« und »Karma Chameleon« erreichten sie die Spitze der GB-Charts. In der Öffentlichkeit wurde die Formation immer mit Boy George gleichgesetzt, was sicher an seinem unstillbaren Drang lag, sich zu produzieren. Diesem Drang gab er ab 1987 verstärkt nach und veröffentlichte seine Platten als Boy George. Mit »Everything I Own«, einst ein Hit von Bread und Ken Boothe, hatte er im Frühjahr eine weitere Nummer 1 in GB. Danach ließ sein Erfolg allerdings nach, und er schien ganz verschwunden zu sein, als im Frühjahr 1991 die Formation Jesus Loves You auftauchte, hinter der sich wieder Boy George verbarg. Gemeinsam mit seinem alten Freund Jeremy Healy hatte er 1988 das innovative Dance-Floor-Label More Protein gegründet. Es sollte ein Forum für zeitgenössische und phantasievolle Tanzmusik schaffen. Anfang der 90er Jahre war George dann dem Hare-Krishna-Tempel beigetreten und widmete dieser Sekte den Song »Bow Down Mister«, mit dem er zumindest in Deutschland unter die ersten 10 kam. Mit der Nummer »The Crying Game« aus dem gleichnamigen Film hatte er, nun wieder als Boy George, Ende 1992 einen weiteren Hit, der sich Anfang 1993 in den USA durchsetzte. Im Frühjahr 1995 kam mit »Cheapness & Beauty« ein Album, von dem Kritiker behaupteten, es höre sich an ›wie das Gegenteil von Culture-Club-Songs und simpler Pop-Musik‹. »Fun Time« und »Il Adore« brachten es 1995 in GB in den Charts auf Positionen um Platz 50.

*Everything I Own (3/87 GB 1, D 8; 4/87 CH 8)*
*Bow Down Mister (5/91 D 6)*
***Dance, New Romantic, Pop***

**CD-Tip:** *At Worst... The Best Of Boy George And Culture Club* Virgin 7243 8 39014 2

## Boy Meets Girl

GEORGE MERRILL, key (USA, geb. in Seattle); SHANNON RUBICAM, v (USA, geb. in Seattle).

Begonnen hatten Shannon und George, zusammen mit David Lindquist als Trio. Betreut wurden sie zu diesem Zeitpunkt von Thom Bell, der Shannon und George auch bei vielen Studioproduktionen einsetzte. Nebenher begannen diese beiden, zusammen Songs zu schreiben. Eine erste LP des Duos Shannon und George, die sich jetzt Boy Meets Girl nannten, erschien im Frühjahr 1985. Darauf der Top-40-Hit »Oh Girl«. Nachdem Whitney Houston Ende 1985 mit »How Will I Know« einen Platz 1 in den USA und Mitte 1987 einen weiteren Spitzenreiter und Platin mit »I Wanna Dance With Somebody (Who Loves Me)« geschafft hatte und bekannt wurde, daß beide Songs von Shannon und George geschrieben worden waren, bekamen sie mit Kußhand einen neuen Plattenvertrag bei RCA. Auf der Ende 1988 erschienenen LP »Reel Life« war der US- und GB-Top-10-Hit »Waiting For A Star To Fall«. Ebenfalls 1988 heirateten Shannon und George.

*Waiting For A Star To Fall (9/88 US 5; 12/88 GB 9)*
***Soft Pop***

**CD-Tip:** *Reel Life* RCA PD 88414

## Boyce, Tommy

v (USA, * 29. 9. 1944 in Charlottesville/ Virginia, † 23. 11. 1994).

Zusammen mit seinem Kollegen Bobby Hart (* 1944 in Phoenix) hat Tommy jede Menge Hits für andere geschrieben. Vor allem die Monkees profitierten vom Talent der beiden Autoren. Seinen ersten Erfolg als Songschreiber hatte Tommy 1961 mit dem Titel »Pretty Little Angel Eyes«, den Curtis Lee zum Hit machte. Aber auch Jay & The Americans, Little Anthony & The Imperials oder Tommy Sands hatten Hits mit Songs von Boyce und Hart. Tommy selbst hatte als Solointerpret schon im Jahre 1962 sein Glück versucht. Als er es ab 1967 im Duo mit Bobby Hart versuchte, klappte es zumindest einmal richtig: »I Wonder What She's Doing Tonight« war im Winter 1967 ein US-Top-10-Erfolg. 1975 zogen die beiden zusammen mit den ehemaligen Monkees Davy Jones und Mickey Dolenz durch die Lande und machten auch eine gemeinsame LP. In den späten 70er Jahren zog Tommy nach England und arbeitete mit Künstlern wie Iggy Pop oder Meat Loaf. Schließlich zog er wieder in die USA, ließ sich in Nashville nieder und trat dort auch auf. Im Herbst 1994 beging er Selbstmord.

*I Wonder What She's Doing Tonight (12/67 US 8)*
***Pop***

## Boyd, Jimmy

v (USA, * 9. 1. 1940 in McComb/Mississippi).

Aus der Tatsache, daß es wohl immer noch Zwölfjährige gibt, die den Mann, der zu Weihnachten als Nikolaus erscheint, für eine real existierende Person halten und nicht für den verkleideten Vater, haben die Amerikaner etliche Weihnachtslieder gezimmert. Zum Fest 1952 sang Jimmy »I Saw Mommy Kissing Santa Claus« und hatte damit eine Nummer 1. Zum selben Ereignis ein Jahr später war der Titel ein Platz 3 in der britischen Hitparade. Anfang 1953 hatte der Kleine zusammen mit dem damaligen Superstar Frankie Laine in der amerikanischen und britischen Hitparade den Top-10-Hit »Tell Me A Story«. Wahrscheinlich hatte Laine ihm erzählt, daß es den Weihnachtsmann gar nicht gibt, und damit war die Gesangskarriere von Boyd wieder beendet. Zwischen 1958 und 1961 spielte er in der US-TV-Serie ›Bachelor Father‹ die Figur des Howard Meechim.

*I Saw Mommy Kissing Santa Claus (12/52 US 1; 11/53 GB 3)*
*Tell Me A Story (3/53 US 4; 5/53 GB 5)*
***Pop***

## Boyer, Jacqueline

v (Frankreich, * 23. 4. 1941 als Ducos in Paris).

Jacqueline wurde in eine musikalische Familie geboren. Die Mutter Lucienne hatte 1934 mit der englischen Version von »Parlez Moi D'Amour« einen Top-10-Erfolg in den USA als »Speak To Me Of Love«. Aufgenommen hatte sie die Nummer 1930 und war damit in Frankreich erfolgreich. Außerdem war sie eine bekannte Kabarettkünstlerin und leitete ihr eigenes Kabarett auf dem Montmartre. Dort trat auch Jacquelines Vater Jacques Pills, zeitweise Ehemann von Edith Piaf, auf. Mit ihm sammelte Jacqueline ihre ersten Bühnenerfahrungen. 1960 gewann sie mit »Tom Pillibi« den Grand Prix Eurovision, ein Jahr später hatte Jacqueline Boyer in Frankreich mäßigen Erfolg mit »Coucouche Papier, Pappettes En Rond«. Sie trat mit internationalen Größen wie Marlene Dietrich, Charles Trenet, Jerry Lewis, Charles Aznavour, Zarah Leander auf. In Deutschland war sie bis 1969 in der Hitparade vertreten, darunter mit den beiden Top-10-Hits »Mitsou« 1963 und »Mucho Amore« 1969.

*Mitsou (6/63 D 8)*
*Mucho Amore (3/69 D 10)*
***Grand Prix, Schlager***

## Boys Club

GENE HUNT, v (USA, * 24. 9. 1967 als Eugene Wolfgramm in Samoa/South Pacific); JOE PASQUALE, v (USA).
Das Duo Boys Club formierte sich in Minneapolis 1988. Hunt war vorher Mitglied in der Familientruppe Jets, Pasquale Mitglied bei King's English. Mit ihrer Debütplatte »I Remember Holding You«, geschrieben von Joe Pasquale, hatte die Band gleich einen Top-10-Hit in den USA. Ein Nachfolgehit wollte ihnen nicht mehr gelingen.

*I Remember Holding You (10/88 US 8)*
***Pop***

## Boys Town Gang

Die Formation Boys Town Gang, bestehend aus austauschbaren Interpreten, hatte in der Hochzeit der Discomusik Anfang der 80er Jahre mit einer Neuauflage des alten Frankie-Valli-Hits »Can't Take My Eyes Off Of You« Mitte 1982 einen Top-10-Hit in Großbritannien. Auch ihre anderen Titel waren lediglich schlappe Aufgüsse von ehemaligen Hits. Mit Vorliebe knöpfte sich die Formation Soulnummern wie »Ain't No Mountain High Enough« oder »Signed, Sealed, Delivered (I'm Yours)« vor.

*Can't Take My Eyes Off You (7/82 GB 4)*
***Dance, Disco***

## Boytronic

BRYLLYANT BERGER, v (Deutschland, * 3. 9. 1960 als Holger Wobker in München); CLAUS DUKAYE (Deutschland, * 16. 1. 1961 als Klaus Dufke in Hamburg); BELA LAGONDA, key; RALF MARTENS; HAYO PANARINFO, per/computer; CLAUDETTE STOCKHAUSEN; MARK WADE, v; CHRISTIAN WINKLER (* 1. 8. 1962).
Die Musik dieser 1983 gegründeten Synthieformation zielte auf das jüngere Dance-Publikum. Der Kopf der Band war wohl Holger Wobker – wer neben ihm in der Gruppe spielte, war ziemlich egal. Wie austauschbar Mitglieder sind, zeigen die vielen Wechsel innerhalb der Band. Boytronic hatte im ›Melody Maker‹ eine Anzeige geschaltet und einen neuen Sänger gesucht. Aus über hundert Bewerbern wurde Mark Wade ausgesucht, der ein gefragtes Model der englischen Mode- und Videoszene war. Wie heißt es in der Biographie der Plattenfirma richtig: Namen sind und bleiben Schall und Rauch. Mit »You« gelang der Band in den Anfangstagen in der Besetzung Wobker, Dufke und Winkler im September 1983 ein Top-10-Erfolg in Deutschland, den sie nicht wiederholen konnte.

*You (9/83 D 10)*
***Dance, Elektro-Pop***

**CD-Tip:** *Boyzclub – Remixes* Mercury 510 291–2

## Boyz

FLOW, v (Deutschland, * 13. 10. 1976 als Florian Fischer in Berlin); KANE, v (Deutschland, * 15. 8. 1978 als Adel Salah Mahmoud Eid el Tawil in Berlin); SALVATORE, v (Deutschland, * 27. 10. 1980 als Di Blasi in Berlin); STEPHANE, v (Italien, * 8. 3. 1979 als Kroll-Marongi in Genua); T-SOUL, v (Deutschland, * 3. 7. 1978 als Tarek Hussein in Berlin).

Zusammengewürfelte Boy Group aus Berlin, die dank Bravo, PopRocky und Popcorn in die Mädchenherzen traf und deren Verfallsdatum schon feststeht: bis fünf neue Jungs bei den Mädels gefragt sind! Also schnell ein paar Platten und ein Album auf den Markt und die Halbwertzeit ist überschritten. »Round And Round« (5/97 D 27) und »Let Me Show You The Way« (9/97 D 44) waren die ersten Hitnotierungen, »One Minute« der erste Top-10-Hit. Es folgte noch »Shame« (4/98 D 28).

*One Minute (11/97 D 9; 1/98 CH 8)*
***Boy Group***

**CD-Tip:** *Boyz In Da House* East West 3984–21277–2

## Boyz II Men

MICHAEL »BASS« MCCARY, v (USA, * 16. 12. 1971 in Philadelphia/Pennsylvania); NATHAN »ALEX VANDERPOOL« MORRIS, v (USA, * 18. 6. 1971 in Philadelphia/Pennsylvania); WANYA »SQUIRT« MORRIS, v (USA, * 19. 7. 1973 in Philadelphia/Pennsylvania); SHAWN »SLIM« STOCKMAN, v (USA, * 26. 9. 1972 in Philadelphia/Pennsylvania).

Die vier trafen sich an der Kunsthochschule in Philadelphia und gründeten 1988 die Formation Boyz II Men. Michael Bivins von Bell Biv DeVoe nahm die Sänger unter seine Fittiche und brachte sie zur Plattenfirma Motown. Unter anderem arbeiteten sie als Backgroundsänger für Stevie Wonder und Another Bad Creation. Die Musik von Boyz II Men lehnt sich an die Soulmusik der 60er Jahre an. Ihre erste LP hieß »Cooleyhighharmony« und wurde in den USA über viermillionenmal verkauft. Mitte 1992 sang das Quartett auf dem Soundtrack zum Film »Boomerang« die Nummer »End Of The Road«. Als Single ausgekoppelt, hielt sie sich länger auf Platz 1 der US-Charts als alle anderen Stücke nach 1955. Bis zu diesem Zeitpunkt hatte Elvis Presley mit »Don't Be Cruel/Hound Dog« – 11 Wochen auf Platz 1 – diesen Rekord gehalten. »End Of The Road« schaffte es 13 Wochen und wurde damit natürlich auch die Platte des Jahres 1992 in den USA. Diese Nummer wurde außerdem noch Spitzenreiter in GB und Top-10-Hit in Deutschland. Lange hielt der Rekord jedoch nicht. Am 28. 11. 1992 kam Whitney Houston mit »I Will Always Love You« in die US-Charts und blieb 14 Wochen auf Platz 1. Im gesamten Jahr 1992 hat es in den USA nur zwölf Spitzenreiter gegeben. 1994 erschien ihre zweite CD, die Platz 1 in den Albumcharts erreichte und sich bis zum Frühjahr 1995 alleine in den USA über siebenmillionenmal verkaufte. »I'll Make Love To You« und »On Bended Knee« wurden daraus ausgekoppelt und schafften es ebenfalls, Spitzenreiter in den USA zu werden. 1995 erhielten sie zwei Grammys: einmal für »II« als Best Rhythm & Blues Album und einmal für »I'll Make Love To You« als Best R&B Performance By A Group With Vocal. Als Gesangsgäste von L.L.Cool J gelang ihnen mit »Hey Lover« im November 1995 ein Platz 3 in den USA, Platz 17 in GB. »One Sweet Day«, eine Nummer, die sie zusammen mit Mariah Carey aufnahmen, brachte ihnen einen Platz 1 in den USA, den sie insgesamt 16 Wochen hielten. Damit war wieder ein neuer Rekord aufgestellt, was die Verweildauer einer Platte auf Platz 1 der US-Charts angeht. Ende des Jahres 1996 wurde noch einmal zusammengerechnet: Ihr Album »Cooleyhighharmony« überschritt allein in den USA die Verkaufsmarke von 9 Millionen Exemplaren. Im Oktober 1997 erschien mit »Evolution« ein weiteres Album. Darauf die Nummern »4 Seasons Of Loneliness« und »A Song For Mama« (12/97 34), die gleich wieder ein Top-10-Hits in den USA wurden.

*Motownphilly (6/91 US 3)*
*It's So Hard To Say Goodbye To Yesterday (9/91 US 2)*
*End Of The Road (7/92 US 1; 9/92 GB 1, D 6; 11/92 CH 7)*
*In The Still Of The Nite (I'll Remember) (11/92 US 3)*
*I'll Make Love To You (8/94 US 1, GB 5; 10/94 CH 9)*
*On Bended Knee (11/94 US 1)*
*Water Runs Dry (4/95 US 3)*
*One Sweet Day (12/95 US 1, GB 6)*
*4 Seasons Of Loneliness (9/97 US 1, GB 10)*
*A Song For Mama (12/97 US 7)*
***Rhythm & Blues***

**CD-Tip:** *Cooleyhighharmony* Motown 530 089–2

## Boyzone

KEITH DUFFY, v (Irland, * 1. 10. 1974); STEPHEN GATELY, v (Irland, * 17. 3. 1976 in Dublin); MICHAEL GRAHAM, v (Irland, * 15. 8. 1972); RONAN KEATING, v (Irland, * 3. 3. 1977 in Dublin); SHANE LYNCH, v (Irland, * 3. 7. 1976).

Bei der Gruppe Boyzone handelte es sich um die irische Ausgabe von Take That. Die Mitglieder der Gruppe waren zwischen 17 und 22 Jahre alt, als sie 1994 aus dem Nichts nach oben kamen. Ihr erster Hit war wohlkalkuliert. »Love Me For A Reason« war die Coverversion eines Osmonds-Hits aus dem Jahre 1974, auf der B-Seite befand sich mit »Daydream Believer« ein Hit der Monkees von 1967. Sah es erst so aus, als würden sie so schnell in der Versenkung verschwinden, wie sie daraus aufgetaucht waren, so konnten sie sich 1995/96 speziell bei den weiblichen Fans durchsetzen. Ende 1996 war es dann soweit, daß Singles der Gruppe direkt auf Platz 1 in den GB-Charts einstiegen. Auch in Deutschland konnte sich die Formation inzwischen ein Stammpublikum sichern – Take That war weg, also mußte was Neues her. Alle Beteiligten – außer den Fans – sind sich darüber im klaren, daß das Verfallsdatum schon irgendwo lauert. Entweder sind sie irgendwann zu alt für die 14jährigen Fans – oder sie haben Soloambitionen und trennen sich, um dann ähnlich wie Take That einzeln die Hitparaden zu bevölkern. In der Regel ist das jedoch auch nur von kurzem Erfolg gekrönt. 1995 erschien ihr Debüt-Album »Said And Done«, das es bis auf Platz 1 der GB-Album Charts brachte. Darauf eine Coverversion der Cat-Stevens-Nummer »Father And Son«, die der Gruppe den ersten Top-20-Erfolg in Deutschland bescherte. Auch ihr zweites Album, »A Different Beat«, wurde Ende 1996 Nummer 1 in GB – die gleichnamige Single-Auskoppelung schaffte das auch. Ebenfalls auf diesem Album: »Words«, im Original ein Hit der Bee Gees aus dem Jahre 1968. Ob Cat Stevens oder Bee Gees, die heutigen Fans von Boyzone kennen die Original nicht – deshalb wissen sie nicht, wie die Songs auch klingen können. Und auch »Isn't It A Wonder« war eine weitere Auskopplung aus »A Different Beat«. »Picture Of You«, ihr nächster Top-10-Hit, war die Titelmelodie zu einem Film von Mr. Bean. »Baby Can I Hold You« war der 10. Top-5-Hits in Folge in GB – damit stellte die Gruppe den Rekord von Kylie Minogue ein, die ebenfalls ihre ersten 10 Hits in die Top 5 brachte. »Baby Can I Hold You« war eine Cover-Version eines Hits von Tracy Chapman aus dem Jahre 1988. Mit »All That I Need« schaffte die Gruppe aus dem Stand Platz 1 in GB. Es war eine Auskopplung aus dem dritten Album »Where We Belong«. Gleichzeitig wurde für den Herbst 1998 ein Greatest-Hits-Album angekündigt. Shane Lynch hat noch Zwillingsschwestern – Edele und Keavy – die bei der Gruppe B'witched mitmachten.

*Love Me For A Reason (12/94 GB 2)*
*Key To My Life (4/95 GB 3)*
*So Good (8/95 GB 3)*
*Father And Son (11/95 GB 2)*
*Coming Home Now (3/96 GB 4)*
*Words (10/96 GB 1, D 7; 11/96 CH 2)*
*A Different Beat (12/96 GB 1)*
*Isn't It A Wonder (3/97 GB 2)*
*Picture Of You (8/97 GB 2)*
*Baby Can I Hold You/Shooting Star (12/97 GB 2)*
*All That I Need (5/98 GB 1)*
***Boy Group***

**CD-Tip:** *A Different Beat* Polydor 533 742 2

## Bradley, Will & His Orchestra

WILL BRADLEY, pos/bl (USA, * 12. 7. 1912 als Wilbur Schwichtenberg in Newton/New Jersey).
Will Bradley war in den späten 30er Jahren der Leiter seiner eigenen Swingband, die sich nicht scheute, hin und wieder Boogie Woogie zu spielen. Mitglied seiner Band war der ausgezeichnete Boogie-Woogie-Pianist Freddie Slack. Ab 1940 bis 1944 hatte Will acht Hits in der amerikanischen Hitparade, darunter vier Top-10-Erfolge. Ab 1944 nannte er sich auch Will Bradley & His Boogie Woogie Boys. Sänger seiner Hits war meist Ray McKinley, der auch Schlagzeuger der Band war. Will arbeitete auch zusammen mit Bing Crosby und war später Chef der NBC Tonight Show Band. Will war bis in die 70er Jahre im Musikgeschäft aktiv.

*Beat Me, Daddy, Eight To The Bar (8/40 US 2)*
*Scrub Me, Mama, With A Boogie Beat (11/40 US 2)*
*Down The Road A Piece (12/40 US 10)*
*There I Go (12/40 US 5)*
*High On Windy Hill (2/41 US 9)*
***Big Band***

## Bragg, Billy

v (Großbritannien, * 20. 12. 1957 als Steven William Bregg in Barking/Essex).
Billy gründete 1977 die Punk-R&B-Gruppe Riff Raff, die bis 1981 bestand. Danach arbeitete er eine Zeitlang als Straßenmusikant und erhielt 1983 einen Plattenvertrag als Solist. 1985 hatte er mit der EP »Between The War« seinen ersten Top-20-Erfolg in GB. Seine Version des Beatles-Titels »She's Leaving Home« erreichte Mitte 1988 Platz 1 in GB. Das Stück dürfte nur deshalb Nr. 1 geworden sein, weil es Teil eines Kinderhilfsprojektes Child Helpline war, für das Künstler Lennon-McCartney-Songs aufgenommen hatten. Gesanglich unterstützt wurde er von Cara Tivey.
Besonders durch sein politisches Engagement hat Billy Bragg mehrfach Aufsehen erregt: Im Oktober 1984 wurde er mit anderen vor dem South Africa House in London wegen eines Sit-ins gegen die Apartheidpolitik festgenommen. Im November 1986 wurde er wegen mutwilliger Zerstörung verurteilt – er hatte während einer Anti-Atom-Demonstration den Flughafenzaun in Norfolk durchgeschnitten. Zu seinem Top-30-Hit »Sexuality«, Mitte 1991 erschienen, schrieb seine Plattenfirma: ›Er gilt als eine der wichtigsten Stimmen im britischen Rockgeschäft, und seine Kritik an sozialen oder politischen Mißständen hat Gewicht im Land.‹ Seine bisher letzte Hitnotierung war »Upfield«, im Herbst 1996 unter den ersten 50 in GB.

*She's Leaving Home (5/88 GB 1)*
***Pop***

**CD-Tip:** *Talking With The Taxman About Poetry* Line 9.00237

## Brand New Heavies

SIMON BARTHOLOMEW, g (Großbritannien); N'DEA DAVENPORT, v (USA, geb. in Atlanta); SIEDAH GARRETT, v (USA, geb.

in Hollywood/Kalifornien); LASCELLES GORDON, g/per (Großbritannien); JAN KINCAID, d (Großbritannien); ANDREW LEVY, b (Großbritannien); JIM WELLMAN, sax (Großbritannien).

Mitte der 80er Jahre machten Levy, Bartholomew und Kincaid als Trio erstmals unter dem Namen Brand New Heavies von sich Reden. Sie spielten eine Kombination aus Funk und Jazz und hatten mit ihren Liveauftritten viel Erfolg – trotzdem zogen sie sich nach einer ausverkauften England-Tournee mit dem James Taylor Quartet zurück. Erst im Herbst kamen sie wieder zurück. Sie hatten sich mit Gordon, Wellman und der Sängerin Davenport verstärkt und erreichten mit dem Titel »Never Stop« (10/91 GB 43) erstmal die britischen Charts. Es folgten »Dream Come True« (2/92 GB 24), »Ultimate Trunk Funk EP« (4/92 GB 19), »Don't Let It Go To Your Head« (8/92 GB 24) und »Stay This Way« (12/92 GB 40). Danach trat eine kleine Pause ein, in der sich Gordon und Wellman wieder verabschiedeten. Dann folgten die Hits »Dream On Dreamer« (3/94 GB 15), »Back To Love« (6/94 GB 23), »Midnight At The Oasis« (8/94 GB 13), »Spend Some Time« (11/94 GB 26) und »Close To You« (3/95 GB 38). Im Herbst 1997 kam mit einer Cover-Version der Carole-King-Nummer »You've Got A Friend« der erste Top-10-Hit. Als neue Sängerin wurde mit Siedah Garrett wiederum eine Amerikanerin verpflichtet. Siedah hatte ab 1983 in den USA mit Quincy Jones gearbeitet und mit Michael Jackson die Nummer »Man In The Mirror« geschrieben und auch mitgesungen. Es gelangen ihr auch einige R&B-Hits, darunter die Nummer »K.I.S.S.I.N.G.« (6/88 R&B 16). Auch bei »I Just Can't Stop Loving You« von Michael Jackson sang Siedah im Hintergrund. Zusammen mit Dennis Edwards war sie auf dem Hit »Don't Look Any Further« aus dem Jahre 1984 zu hören.

*You've Got A Friend (10/97 GB 9)*
***Funk, Pop, Soul***

**CD-Tip:** *Brother Sister* FFRR 828 490.2

## Brandes, Will

v (Deutschland, * 11. 1. 1928 in Peine, † 8. 4. 1990).

Im Januar 1959 sang Brandes zusammen mit Conny Froboess den Titel »Teenager Melody«. Die Platte wurde ein Top-10-Hit. Im November sang er als Solist eine deutsche Version des Rocco-Granata-Hits »Marina« und hatte damit einen weiteren Top-10-Erfolg. Seinen größten Hit hatte er im November 1962 mit »Baby Twist«, einem Titel, der an den Erfolg des Ralf-Bendix-Hits »Babysitter Boogie« anknüpfen sollte – es klappte. Ein Jahr später schlug man noch einmal in die gleiche Kerbe: »Baby-Babbel-Bossa-Nova«. Danach war das Thema ausgereizt, und Will Brandes tauchte nicht wieder in den Hitparaden auf.

*Teenager Melodie (1/59 D 7)*
*Marina (11/59 D 7)*
*Baby Twist (11/62 D 2)*
*Baby-Babble-Bossa-Nova (12/63 D 9)*
***Deutscher Schlager***

## Brandon, Johnny

v (Großbritannien).

Johnny Brandon brachte es im Jahre 1955 zu zwei Titeln in den Charts. »Tomorrow« – zusammen mit der Gruppe The Phantoms – erschien im März und war ein Top-10-Hit, »Don't Worry« im Juli kam noch unter die ersten 20. Danach gab es kein Tomorrow mehr – don't worry.

*Tomorrow (3/55 GB 8)*
***Pop***

## Brandy

BRANDY, v (USA, * 11. 2. 1979 als Brandy Rayana Norwood in McComb/Mississippi).

Als Brandy Ende 1994 in den amerikanischen Hitparaden auftauchte, war sie gerade mal 15 Jahre alt. Sie hatte aber bereits Erfahrungen im Kirchenchor und auch durch Auftritte in TV-Sendungen gesammelt. Daß sie zudem eine vielseitige Künstlerin ist, zeigte sie, als sie eine Hauptrolle in der amerikanischen TV-Serie ›Thea‹ übernahm. Mit ihrer Debüt-Single »I Wanna Be Down« erreichte sie im Oktober 1994 die Spitze der amerikanischen R&B-Singlecharts und schließlich auch die Top 10 der Popcharts. Der Nachfolger »Baby« kam in der ersten Februarwoche 1995 in die US-Charts und schoß schon in der zweiten Woche unter die ersten 10. Zwei weitere Top-10-Hits noch im Jahr 1995 waren »Brokenhearted« und der aus dem Film »Waiting To Exhale« stammende Song »Sittin' Up In My Room«.

*I Wanna Be Down (10/94 US 6)*
*Baby (2/95 US 4)*
*Brokenhearted (9/95 US 9)*
*Sittin' Up In My Room (12/95 US 2)*
***Rhythm & Blues***

## Brandy & Monica

BRANDY, v (USA, * 11. 2. 1979 als Brandy Rayana Norwood in McComb/Mississippi); MONICA, v (USA, * 24. 10. 1980 als Arnold in Atlanta/Georgia).

Der gemeinsame Hit der beiden auch als Solistinnen erfolgreichen Damen kam nach nur zwei Wochen auf Platz 1 der US-Charts. In GB stieg die Platte gleich auf Platz 2 ein.

*The Boy Is Mine (5/98 US 1; 6/98 GB 2, D 6; 7/98 CH 4)*
***Pop, Rhythm & Blues***

## Branigan, Laura

v (USA, * 3. 7. 1957 in Brewster/New York).

Laura sang zuerst in der Gruppe hinter Leonard Cohen. Ab 1982 war sie dann selbst als Solistin erfolgreich. Mit einem Nachzieher des italienischen Hits »Gloria«, geschrieben von Umberto Tozzi, hatte sie im Sommer 1982 einen Platz 2 in den USA und einen Millionseller. Weitere Top-10-Erfolge waren »Solitaire« und »Self Control«. Im Juli 1983 schaffte sie mit »How Am I Supposed To Live Without You« einen Platz 12 in den US-Charts und damit einen ersten großen Erfolg für den Songschreiber Michael Bolton. Produzent von Laura war der Deutsche Jack White. Laura Branigan betätigte sich auch als Schauspielerin. Sie war zu sehen in der TV-Show ›Chips‹, 1984 im Film »Mugsy's Girl« und 1989 in »Backstage – Hinter der Bühne«.

*Gloria (7/82 US 3; 12/82 GB 6)*
*Solitaire (3/83 US 7)*
*Self Control (4/84 D 1, US 4; 7/84 CH 1, GB 5)*
***Pop***

**CD-Tip:** *The Very Best Of...* Atlantic 9548–31561–2

## Brant, Mike

v (* 2. 2. 1947 in Nikosia/Zypern, 27. 4. 1975).

Der Sohn eines russischen Vaters und einer polnischen Mutter stieß 1963 zu einer Gruppe von Musikern, die einen Sänger suchten. Ohne irgendeine Fremdsprache zu beherrschen, lernte er ein Repertoire von mehr als 300 Liedern. 1965 wurde er mit einem staatlichen israelischen Varieté auf Welttournee geschickt. 1969 hörte ihn Sylvie Vartan bei einem Auftritt in Teheran und riet ihm, mit nach Paris zu kommen. Mitte 1970 erschien seine erste Platte in Frankreich: »Laisse-Moi T'aimer«. Seine folgenden Singles verkauften je mehr als eine Million Exemplare und brachten ihm 6 goldene Schallplatten ein. 1973 wählte man ihn in Frankreich zum Sänger des Jahres. Seinen einzigen Top-10-Hit außerhalb von Frankreich hatte er in der Schweiz. In Deutschland wurden er vor allem durch »Mais Dans La Lumière« und »Dis Lui«, der französischen Version von »Feelings«, bekannt. 1975 nahm er sich aus ungeklärten Gründen in Paris das Leben.

*C'est Ma Prière (12/72 CH 2)*
***Schlager***

**CD-Tip:** *Mike Brant* EMI 1597512

## Brasseur, André

org (Belgien).
André Brasseur hatte in den 60er Jahren mit seiner Hammondorgel einen eigenen Sound geschaffen. Angepriesen wurde er von seiner Plattenfirma auch als André Brasseur & His Multi-Sound Organ. Die meisten seiner Titel schrieb er selbst, so auch »Early Bird«, der Mitte 1966 seine einzige Hitnotierung in den deutschen Charts wurde.

*Early Bird (6/66 D 5)*
***Instrumental***

## Bravo All Stars

Der Erlös dieses Hits ging an die Nordoff/Robbins Musiktherapie-Stiftung, die es sich zur Aufgabe gemacht hat, ein menschenwürdiges Leben für Behinderte und Kranke zu ermöglichen. Ohne Gage stellten sich folgende Interpreten in den Dienst der Sache: Backstreet Boys, Caught In The Act, Touché, Scooter, Aaron Carter, The Moffats, Gil, Blümchen, Squeezer, 'N Sync, The Boyz, Mr. President und R'n'G – alles Interpreten, die auch in der wöchentliche erscheinenden Jugendzeitschrift Bravo gefördert wurden und die bei den Kids des Jahres 1998 angesagt waren. Produzenten der Platte waren Alex Christensen (U96) und Frank Petersen, der auch schon für Andrea Bocelli und Sarah Brightman gearbeitete hatte. Alex und Frank hatten »Let The Music Heal Your Soul« auch geschrieben.

*Let The Music Heal Your Soul (5/98 CH 5; 6/98 D 6)*
***Pop***

## Braxton, Toni

v (USA, * 7. 10. 1968 in Severn/Maryland).
Toni, nicht nur Sängerin sondern auch Songschreiberin, erregte die Aufmerksamkeit der Produzenten Babyface und L.A. Reid, als sie zusammen mit ihren vier Schwestern Tamar, Trina, Towanda und Traci als Braxtons die Single »The Good Life« veröffentlicht hatte. Das führte dazu, daß sie zusammen mit Babyface den Titel »Give U My Heart« für den Soundtrack zum Film »Boomerang« lieferte. Nachfolger »Love Shoulda Brought You Home« – hier wurde sie als alleinige Interpretin genannt – stammte ebenfalls aus »Boomerang« und war ebenso wie der oben erwähnte Titel 1992 erfolgreich. Danach verfolgte sie ihre Solokarriere weiter, bei der sie von Babyface und L. A. Reid unterstützt wurde. 1993 gewann sie einen Grammy als beste neue Künstlerin. Als Single erschien im selben Jahr die Nummer »Another Sad Love Song«, wurde Top 10 in den USA und Top 20 in GB. Kurz darauf wurde ihr erstes Album veröffentlicht. Daraus waren als weitere Singleauskopplungen »Breathe Again« und »You Mean The World To Me« ebenfalls sehr erfolgreich. Anfang 1997 hatte sich ihr Debütalbum in den USA bereits mehr als 7 millionenmal verkauft. 1995 erhielt sie einen Grammy für ihren Song »Breathe Again« in der Kategorie Best Female

Rhythm & Blues Vocal. Mitte 1996 erschien das Album »Secrets«, auf dem wieder etliche Singlehits zu finden waren. Der anhaltende Erfolg von Toni Braxton brachte auch ihren Schwestern Glück, die weiterhin als Braxtons Platten veröffentlichten. »So Many Ways« kam im Herbst 1996 in die amerikanische und im Frühjahr 1997 in die britische Hitparade. Sie traten inzwischen als Trio auf. Traci war 1995 ausgestiegen und machte ebenfalls Soloplatten. Für ihren 1996er Hit »Un-Break My Heart« erhielt Toni Braxton bei der Grammy-Verleihung 1997 eine Auszeichnung für den besten weiblichen Popgesang. Außerdem wurde sie als beste R&B-Sängerin ausgezeichnet. »I Don't Want To« (3/97 US 19, 5/97 GB 9) war 1997 einer ihrer Hits.

*Another Sad Love Song (7/93 US 7)*
*Breathe Again (10/93 US 3; 1/94 GB 2)*
*You Mean The World To Me (4/94 US 7)*
*You're Makin' Me High/Let It Flow (6/96 US 1; 7/96 GB 7)*
*Un-Break My Heart (10/96 US 1; 11/96 D 2, GB 2; 12/96 CH 1)*
*I Don't Want To (5/97 GB 9)*
***Pop, Rhythm & Blues***

**CD-Tip:** *Toni Braxton* Arista 74321 16268 2

## Bread

MIKE BOTTS, d (USA, geb. in Sacramento/Kalifornien); DAVID GATES, v/key (USA, * 11. 12. 1940 in Tulsa/Oklahoma); JIM GORDON, d (Großbritannien); JAMES GRIFFIN, v/g; LARRY KNECHTEL, v/g (USA); ROBB ROYER, v/g.

Diese Band formierte sich 1968 in L. A. als Pleasure Faire und hatte 1970, nun als Bread, mit dem Millionseller und Nr.-1-Hit »Make It With You« ihren Durchbruch. Nach der ersten LP schied Jim Gordon aus und wurde durch Mike Botts ersetzt. 1971 erhielten James Griffin und Robb Royer einen Oscar für den besten Filmsong des Jahres 1970. Es war »For All We Know« aus »Lovers And Other Strangers«. Kurz danach verließ Royer Bread, und für ihn kam der Multiinstrumentalist Larry Knechtel. Die Hitserie der Band hielt an bis Ende 1972. »If« wurde im März 1971 ein Platz 4 in den USA und im Februar 1975 ein Platz 1 in GB für den entzückenden Telly Savalas. »Baby I'm-A Want You« wurde Ende 1971 ein weiterer Millionseller. »Everything I Own«, mit Bread Anfang 1972 ein Top-10-Hit, wurde später ein Erfolg mit Ken Boothe und Boy George. 1973 löste sich die Gruppe auf. David Gates machte als Solist einige sehr schöne Platten. 1976 kam die Gruppe noch einmal kurz zusammen, und mit »Lost Without Your Love« hatte sie auch wieder einen Top-10-Erfolg in den USA. Alle Hits von Bread wurden von David Gates geschrieben und produziert.

*Make It With You (6/70 US 1; 8/70 GB 5)*
*It Don't Matter To Me (9/70 US 10)*
*If (3/71 US 4)*
*Baby I'm-A Want You (10/71 US 3)*
*Everything I Own (1/72 US 5)*
*Lost Without Your Love (11/76 US 9)*
***Soft Pop, West Coast***

**CD-Tip:** *Anthology* Elektra 960 414–2

## Break Machine

LINDELL BLAKE (USA); LINDSAY BLAKE (USA); CORTEZ JORDAN (USA).

Zu den Förderern des Happy-Disco-Sounds in den USA gehörte der französische Produzent Jacques Morali. Er war es, der der Formation Village People auf die Sprünge half. 1984 versuchte er Ähnliches mit dem Trio Break Machine. Zumindest die Briten waren vom Disco-Tanz-Sound der drei begeistert. 1984 hatten sie zwei Top-10-Hits mit »Street Dance« und »Breakdance Party«, 1985 wurden schon wieder andere Interpreten durch die Discotheken getrieben.

*Street Dance (2/84 GB 3; 3/84 CH 7)*
*Breakdance Party (5/84 GB 9)*
***Disco***

## Breakfast Club

STEPHEN BRAY; GARY BURKE; DAN GILROY; EDDIE GILROY; MADONNA, v/d (USA, * 16. 8. 1958 als Madonna Louise Ciccone in Bay City/Michigan).
In diesem in New York beheimateten Dance-Pop-Quartett war einst Madonna in den frühen 80er Jahren für eine kurze Zeit Mitglied. Möglicherweise hat sie sich deshalb später bei dem Kopf der Band, Stephen Bray, bedankt und ihn ihre LP »True Blue« coproduzieren lassen. Den Song »True Blue« hat Bray auch mitgeschrieben. Im Zuge des Erfolges von Madonna kam der Breakfast Club ins Gespräch und hatte im März 1987 mit »Right On Track« einen Top-10-Erfolg in den USA. Zu mehr reichte es nicht.

*Right On Track (3/87 US 7)*
***Dance, Pop***

**CD-Tip:** *Breakfast Club* MCA 754 387–2

## Breathe

MICHAEL DELAHUNTY, b (Großbritannien); DAVID GLASPER, v (Großbritannien, * 4. 1. 1965); MARCUS LILLINGTON, g (Großbritannien, * 28. 2. 1967); IAN »SPIKE« SPICE, d (Großbritannien, * 18. 9. 1966).
Breathe kam 1988 mit einer außergewöhnlich guten Debüt-LP auf den Markt. Sie spielten eine gelungene Mischung aus Philly-Sound und Soul-Pop. Vor allen Dingen die Ballade »Hands To Heaven«, die Mitte 1988 ein Top-10-Hit in den USA und auch in GB war, ließ viel erwarten. Noch im selben Jahr stieg der Bassist Delahunty aus. Mit »How Can I Fall« und »Don't Tell Me Lies« hatte die Band in den USA zwei weitere Top-10-Hits.

*Hands To Heaven (4/88 US 2; 7/88 GB 4)*
*How Can I Fall? (9/88 US 3)*
*Don't Tell Me Lies (1/89 US 10)*
***Phillysound, Pop, Soul***

**CD-Tip:** *All That Jazz* Siren CD SRN 12

## Breck, Freddy

v (Deutschland, * 21. 1. 1942 als Gerhard Breker in Sonnenberg).
Seinen ersten Erfolg hatte Freddy Breck im Juli 1972 mit einer aufgemotzten Version von Verdis »Gefangenenchor« aus der Oper »Nabucco«: »Überall auf der Welt«. Es folgten 1973 zwei 2. Plätze in der deutschen Hitparade: »Bianca« und »Rote Rosen«. Seine Verkaufserfolge hielten bis ins Jahr 1976 an. Mit »So In Love With You« erreichte er im April 1974 einen Platz 44 in der britischen Hitparade.

*Überall auf der Welt (7/72 D 7)*
*Bianca (1/73 D 2; 4/73 CH 4)*
*Rote Rosen (7/73 D 2; 9/73 CH 9)*
***Deutscher Schlager***

## Brennan, Walter

v (USA, * 25. 7. 1894 in Swampscott/Massachusetts, † 21. 9. 1974).
Der Schauspieler Walter Brennan hatte seine erste Filmrolle im Jahre 1924. Im Laufe der Jahre sollte er drei Oscars für die beste Nebenrolle in den Filmen »Come And Get It« 1936, »Kentucky« 1938 und »The Westerner« 1940 gewinnen. Zwischen 1957 und 1963 spielte er in der TV-Serie ›The Real McCoys‹ den Großvater. Seinen größten Plattenhit hatte er mit »Old Rivers« im April 1962.

*Old Rivers (4/62 US 5)*
***Pop***

## Brent, Tony

v (Indien, * 26. 8. 1927 in Bombay).

Von Indien aus zog der Brite Tony Brent erst einmal in die USA und sang in der Band von Tex Beneke. Als er 1950 nach Großbritannien ging, gewann er dort einen Talentwettbewerb, was ihm Jobs bei Ambrose und Cyril Stapleton's BBC Showband einbrachte. Seinen ersten Solohit hatte er 1952 mit »Walkin' To Missouri«, ein Platz 7 in GB. Sein zweiter Top-10-Hit wurde ein Jahr später »Make It Soon«. Bis 1959 war er in den Charts vertreten, aber mit den aufkommenden Beatgruppen der 60er Jahre konnte er nicht konkurrieren. Er zog sich in die Clubszene zurück und zog schließlich nach Australien, wo er bis heute lebt und arbeitet.

*Walkin' To Missouri (12/52 GB 9; 1/53 GB 7)*
*Make It Soon (1/53 GB 9; 3/53 GB 9)*
***Pop***

## Bresslaw, Bernard

v (Großbritannien).

1957 startete Granada-TV in GB eine Serie mit dem Titel ›The Army Game‹, die schnell zu einem absoluten Renner wurde. Bernard Bresslaw spielte darin den Doofkopp, dessen ewiger Spruch ›Well, I only asked‹ bald jedes britische Familienoberhaupt nervte. Daß TV-Popularität auch für ein Schallplättchen herhalten kann, ist seit der Erfindung des Fernsehens bekannt. Also nahmen Schauspieler der Serie, neben Bresslaw Michael Medwin, Alfie Bass und Leslie Fyson, die Themamusik der Serie auf und hatten mit »The Signature Tune Of The Army Game« im Mai 1958 einen Platz 5 in GB. Doofmann Bresslaw sang als Solist die unsägliche Novelty-Nummer »Mad Passionate Love«, die im September 1958 bis auf Platz 6 in den britischen Charts kam. Später spielte Bresslaw in der ebenfalls erfolgreichen Serie ›Carry On‹, und alle Schauspieler von ›The Army Game‹ wurden bekannte Persönlichkeiten im britischen Showgeschäft. Bresslaw starb 1993 nach einem Herzinfarkt.

*Mad Passionate Love (9/59 GB 6)*
***Pop***

## Brewer & Shipley

MIKE BREWER, v (USA, geb. in Oklahoma City); TOM SHIPLEY, v (USA, geb. in Mineral Ridge/Ohio).

Das Folk-Rock-Duo Brewer & Shipley aus Los Angeles hatte mit »One Toke Over The Line« im Februar 1971 einen Platz 10 in der amerikanischen Hitparade. Ansonsten war ihre Musik wohl für die Pophitparaden wenig geeignet. Danach tauschten die beiden das sonnige Los Angeles gegen Missouri ein und veröffentlichten weitere Platten – jedoch ohne Erfolg. Ende der 70er Jahre trennten sie sich. Shipley tauchte später als Studiotechniker auf, vor allem bei Produktionen von Joni Mitchell.

*One Toke Over The Line (2/71 US 10)*
***Folk, Rock***

**CD-Tip:** *The Best* Kamasutra 87.004–2

## Brewer, Teresa

v (USA, * 7. 5. 1931 als Theresa Breuer in Toledo/Ohio).

Bereits im Alter von zwei Jahren hat das Wunderkind in der lokalen Rundfunkstation ihrer Heimatstadt gesungen. Zwischen 1938 und 1943 war Teresa Brewer ständiger Gast in der ›Major Bowes Amateur Hour‹, 1949 erhielt sie ihren ersten Plattenvertrag. Sie war der Teenagerstar der frühen 50er Jahre in den USA, zu vergleichen mit der deutschen Kleinen Cornelia alias Conny Froboess. Mit dem Millionseller und Nummer-1-Hit »Music! Music! Music!« hatte sie im Februar 1950 einen glänzenden Einstieg ins Plattengeschäft. »Till I Waltz Again« 1952 und »Ricochet (Rick-O-Shay)« 1953 waren ihre weiteren Millionseller. Die Plattenkarriere von Teresa dauerte bis in das Jahr 1961, in Nightclubs und Las Vegas hatte sie auch danach noch Erfolg.

*Music! Music! Music! (2/50 US 1)*
*Till I Waltz Again With You (12/52 US 1)*
*Ricochet (Rick-O-Shay) (10/53 US 2)*
*Jilted (4/54 US 6)*
*Let Me Go, Lover! (12/54 US 6; 2/55 GB 9)*
*A Tear Fell (2/56 US 5; 4/56 GB 2)*
*A Sweet Old Fashioned Girl (7/56 GB 3; 9/56 US 7)*
*You Send Me (11/57 US 8)*
***Pop***

**CD-Tip:** *Teenage Dance Party* Bear Family BCD 15440

## Brian & Michael

MICHAEL COLEMAN, v (Großbritannien); KEVIN PARROTT, v (Großbritannien).
Colemans elegischer Abgesang auf den Maler L. S. Lowry, der am 23. 2. 1976 gestorben war, beeindruckte seinen Produzenten Kevin Parrott so sehr, daß die beiden den Titel kurzerhand als Duo Brian & Michael aufnahmen: »Matchstalk Men And Matchstalk Cats And Dogs«. Parrott war der Meinung, daß Brian & Michael entschieden besser klang als Kevin & Michael. Ein Nachfolgehit gelang ihnen nicht. Im Hintergrund auf ihrem einzigen Hit ist der St. Winifred's School Choir zu hören – der 1980 mit »There's No-One Quite Like Grandma« selbst einen Platz 1 erreichen sollte.

*Matchstalk Men And Matchstalk Cats And Dogs (2/78 GB 1)*
***Pop***

## Brice, Pierre

v (Frankreich, * 6. 2. 1929 als Pierre Louis de Bris in Brest).
Der Besuch der Schauspielschule in Paris war für seinen größten Erfolg als Schauspieler, die Rolle des Winnetou in zahlreichen Karl-May-Verfilmungen, sicher nicht notwendig. Auch seine vielen Fernsehrollen bis hin zum ›Schloß am Wörthersee‹ hätte Pierre Brice sicher aus dem Handgelenk spielen können. Statt dessen hätte ihm eine kleine Gesangsausbildung bei seinem einzigen Hit »Ich steh' allein« nicht geschadet.

*Ich steh' allein (4/65 D 9)*
***Deutscher Schlager***

## Brick

JIMMY BROWN, v/sax (USA); REGGIE HARGIS, v/g (USA); EDDIE IRONS, v/d (USA); DONALD NEVINS, v/key (USA); RAY RANSOM, v/b (USA).
Die Musiker dieser 1972 in Atlanta gegründeten Disco-Jazz-Formation hatten ab Anfang der 70er Jahre als Studiomusiker begonnen. Ihr Titel »Dazz« war im Oktober 1976 ein Platz 3 in der amerikanischen Hitparade. Mit »Dusic« gelang ihnen ein Jahr später noch ein Top-20-Hit, und danach waren sie nur noch ›another brick in the wall‹.

*Dazz (10/76 US 3)*
***Disco, Funk***

## Brickell, Edie

v (USA, * 10. 3. 1966 in Oak Cliff/Texas).
Während ihrer Studienzeit in Dallas hörte sich Edie Brickell öfter in Clubs die Band New Bohemians an. Nach einiger Zeit stand sie mit ihnen auf der Bühne. Nachdem sie sich in Dallas profiliert hatten, bot ihnen die Plattenfirma Geffen im November 1986 einen Vertrag an. Von den ursprünglichen New Bohemians war nur noch Bassist Brad Houser dabei, dazu kamen Gitarrist Kenny Withrow, Percus-

sionist John Bush, Gitarrist Wes Martin und Drummer Matt Chamberlain. Als erste LP erschien »Shooting Rubberbands At The Stars«, als Single wurde »What I Am« ausgekoppelt und erreichte Platz 7 in den US-Charts. Edie sicherte sich damit einen Ruf als gute Songschreiberin und Sängerin. Am 30. 5. 1992 heiratete sie Paul Simon. 1994 veröffentlichte sie mit dem Album »Picture Perfect Morning« ihr Solodebüt. Alle Songs für diese CD hat sie selbst geschrieben, produziert wurde sie von Paul Simon und Roy Halee. Als Gastmusiker sind Dr. John, Paul Simon, Art und Cyril Neville oder Michael Brecker zu hören. Bei dem Song »Good Times« wird sie gesanglich von Barry White unterstützt. Trotzdem reichte es bei diesem hervorragend gemachten Song lediglich in GB für einen Top-40-Hit.

*What I Am (11/88 US 7)*
***Folk, Rock***

**CD-Tip:** *Shooting Rubberbands At The Stars*
Geffen 924 192–2

## Bridges, Alicia

v (USA, * 15. 7. 1953 in Lawndale/North Carolina).

Die Sängerin und Songschreiberin hatte mit »I Love The Night Life (Disco 'Round)« (11/78 GB 32, 3/79 D 35) ihren einzigen Top-10-Hit in der amerikanischen Hitparade. Damit war Alicia Bridges auf das Thema Disco festgelegt, und als das Fieber nachließ, wurde sie wieder vergessen. 1994 kam »I Love The Night Life (Disco 'Round)« im Film »The Adventures Of Priscilla Queen Of The Desert« vor. Daraufhin wurde die Single erneut veröffentlicht, kam aber im Oktober 1994 gerade mal knapp in die britischen Top 75.

*I Love The Night Life (Disco 'Round) (7/78 US 5)*
***Disco***

## Brighouse & Rastrick Brass Band

Immer zu Weihnachten haben die Briten merkwürdige Platten unter den ersten 10 der Hitparade stehen. So auch Weihnachten 1977: Die Brighouse & Rastrick Brass Band, eine in Nordengland sehr bekannte und beliebte Blaskapelle, hatte mit dem ein Jahr zuvor aufgenommenen Stück »Floral Dance« einen Platz 2 in den britischen Charts. Diese mit viel Bläsern und Blech gespielte Nummer hatte eine durchaus eingängige Melodie. Für einen weiteren Hit hatten die Jungs keine Luft mehr.

*Floral Dance (11/77 GB 2)*
***Instrumental***

## Brightman, Sarah

v (Großbritannien, * 14. 8. 1961).

Sarah war 18 Jahre alt, als Jeff Calvert – der mit »Barbados« als Interpret und Autor eine Nr. 1 in GB hatte – den Song »I Lost My Heart To A Starship Trooper« schrieb. Sarah arbeitete zu diesem Zeitpunkt in einer Tanzgruppe namens Hot Gossip und war regelmäßig in der Kenny Everett Video-Show zu sehen. Der »Starship Trooper« wurde Ende 1978 ein Platz 6 in der britischen Hitparade für Sarah Brightman & Hot Gossip. Ein Nachfolgehit kam nicht einmal mehr unter die ersten 50, und somit schien der Name Sarah Brightman erledigt. 1983 kam sie mit der Nummer »Him« auf den Markt, produziert durch Andrew Lloyd Webber. Zwischen »Starship Trooper« und »Him« lagen Welten, und bei dem nächsten Hit ging es noch einmal in eine andere Dimension. Zusammen mit Diskantsänger Paul Miles-Kingston sang sie »Pie Jesu«. Es handelte sich dabei um eine Benefizplatte zugunsten der Aktion ›Save The Children‹. Im März 1985 wurde sie ein Platz 3 in GB. Im Januar 1986 hatte sie einen weiteren Top-10-Hit, dieses Mal mit Steve Harley, einst der Kopf von Cockney Rebel: »The Phantom Of The Opera«. Und wiederum genau ein Jahr später, im Januar 1987, hatte sie einen Platz 7 in der britischen Hitparade mit »Wishing You Were Somehow Here Again«. Die letzten vier erwähnten Titel wurden alle zusammen mit Andrew Lloyd Webber erarbeitet, mit dem sie zu diesem Zeitpunkt verheiratet war. Als Sarah in »Aspects Of Love« sang, war sie bereits die Exfrau. Mitte 1992 stand sie zusammen mit José Carreras und dem Song »Amigos Para Siempre (Friends For Life)« unter den ersten 20 in GB. Zusammen mit dem seit seiner Geburt blinden italienischen Tenor Andrea Bocelli gelang ihr Ende 1996 ein Spitzenplatz in Deutschland. Hintergrund: Henry Maske hatte groß angekündigt, seinen letzten Boxkampf zu liefern und sich dann schöneren Dingen des Lebens zuzuwenden. Er verlor zwar, aber Gewinner war die Melodie, die anläßlich dieses Kampfes aufgenommen und gesungen wurde: »Time To Say Goodbye«. Die Platte entwickelte sich zur meistverkauften Single aller Zeiten in Deutschland. Mehr als 2,8 Millionen Platten wurden abgesetzt. Sarah hatte bereits schon einmal von Maske profitiert. Im Herbst 1995 kam ihr Song »A Question Of Honour«, auch ein Titel für einen Maske-Boxkampf, bis auf Platz 15 in Deutschland. Gewinner von Maskes Abschiedsvorstellung war auch Andrea, dessen Album »Bocelli« ebenfalls Ende 1996 Platz 1 in den LP-Charts in Deutschland erreichte. Zwei weitere Alben von ihm, »Viaggio Italiano« und »Il Mare Calmo Della Sera« kletterten zum selben Zeitpunkt in den deutschen Charts hoch. Auch den Briten gefiel »Time To Say Goodbye«, dort als ›classical crossover‹ bezeichnet. Am 24. 5. 1997 stieg die Platte dort auf Platz 2 in die Charts.

*I Lost My Heart To A Starship Trooper (11/78 GB 6)*
*Pie Jesu (3/85 GB 3)*
*The Phantom Of The Opera (1/86 GB 7)*
*All I Ask Of You (10/86 GB 3)*
*Wishing You Were Somehow Here Again (1/87 GB 7)*
*Time To Say Goodbye (12/96 D 1; 1/97 CH 1; 5/97 GB 2)*
***Pop***

**CD-Tip:** *Timeless* East West 0630 19066 2

## Bristol, Johnny

v (USA, * 3. 2. 1939 in Morganton/North Carolina).

Johnny begann seine Karriere 1960, als er zusammen mit Jackey Beaver als Johnny & Jackey Platten aufnahm. 1961 nahmen diese beiden »Someday We'll Be Together« auf, das 1969 in der Version der Supremes ein Hit werden sollte. Nachdem das Duo keinen Erfolg hatte, wurde Bristol Songschreiber und Produzent für Motown. Er arbeitete mit Edwin Starr, David Ruffin, Stevie Wonder oder den Detroit Spinners. 1973 verließ er Motown und wurde Hausproduzent bei CBS. Dort wollte er nun seine selbstgeschriebene und selbstgesungene Nummer unterbringen – man ließ ihn nicht, und so verkaufte er sie an MGM. Die veröffentlichten »Hang On In There Baby« – es wurde Mitte 1974 ein Top-10-Hit in den USA und GB. Obwohl er bis in die 90er Jahre weitere gute Platten veröffentlichte, wollte ihm eine Wiederholung dieses ersten Hits nicht gelingen.

*Hang On In There Baby (6/74 US 8; 8/74 GB 3)*
***Soul***

## Britt, Elton

v (USA, * 7. 7. 1917 als James Britt Baker in Marshall/Arkansas, † 23. 6. 1972).

Der Schauspieler und Countrysänger Elton Britt machte bereits in den 30er Jahren seine ersten Schallplatten. Mit dem patriotischen »There's A Star-Spangled Banner Waving Somewhere« gelang ihm im September 1942 – in der Tat wehte an den verschiedensten Kriegsfronten die amerikanische Flagge – sein einziger Top-10-Erfolg, Millionseller und einer der bis zu diesem Zeitpunkt meistverkauften Country-Songs aller Zeiten.

*There's A Star-Spangled Banner Waving Somewhere (9/42 US 7)*
***Country***

## Brokken, Corry

v (Niederlande, * 3. 12. 1932 in Breda).
Corry war nach ihrem Jurastudium zunächst als Richterin tätig. Als Sängerin erregte sie erstmals internationale Aufmerksamkeit, als sie 1957 beim Grand Prix Eurovision mit dem Lied »Net Als Toen« gewann. Im darauffolgenden Jahr belegte sie bei derselben Veranstaltung mit »Heel De Wereld« nur noch Platz 8. 1960 sang sie eine deutsche Version des Edith-Piaf-Hits »Milord«, der sie auch in Deutschland bekannt machte. Ihren größten Hit bei uns hatte sie fünf Jahre später: Mit der deutschen Coverversion von »La Mamma«, im Original ein Hit von Charles Aznavour, gelang ihr der Erfolg hierzulande.

*La Mamma (1/65 D 9)*
***Grand Prix, Schlager***

## Bronski Beat

STEVE BRONSKI, key/per (Großbritannien, * 7. 2. 1960 als Forrest in Glasgow); JONATHAN HELLYER, v (Großbritannien); JOHN-JON, v (Großbritannien, * 26. 2. 1961 als John Andrew Foster); JIMMY SOMERVILLE, v (Großbritannien, * 22. 6. 1961 in Glasgow); LARRY STEINBACHEK, key/per (Großbritannien, * 6. 5. 1960 in London).

Das Trio Bronski Beat wurde im Jahre 1983 gegründet. Nachdem sie einmal im Vorprogramm von Tina Turner gespielt hatten, erhielten sie prompt einen Plattenvertrag. Die keyboardlastige Computermusik dieser Formation traf in der ersten Hälfte der 80er Jahre genau den Nerv der Dance-Floor-Generation, ihre Texte den Nerv bestimmter Randgruppen. Im Song »Smalltown Boy«, im Mai 1984 ein Platz 3 in GB für Bronski Beat, sangen sie über die Probleme eines schwulen Jungen. »Why« drehte sich um einen pädophilen Freund, der durch seine sexuellen Vorlieben in größte Schwierigkeiten geriet. Im April 1985 hatten Bronski Beat zusammen mit Marc Almond den Hit »I Feel Love«. Danach trennte sich Somerville von Bronski Beat und ging zu den Communards. Für ihn kam John-Jon Foster. Mit ihm sollte der Formation im November 1985 ein letzter Top-10-Hit gelingen mit »Hit That Perfect Beat«. 1988 wurde Foster seinerseits durch Jonathan Hellyer ersetzt. Die letzte interessante Aufnahme von Bronski Beat, jetzt nur noch bestehend aus Larry und Steve, war »Cha Cha Heels« im Juli 1989. Den Vokalpart übernahm Eartha Kitt.

*Smalltown Boy (6/84 D 3, GB 3; 8/84 CH 2)*
*Why? (9/84 D 5, GB 6; 11/84 CH 7)*
*I Feel Love (Medley) (4/85 GB 3)*
*Hit That Perfect Beat (11/85 GB 3; 1/86 D 4; 2/86 CH 3)*
***Disco, Pop***

**CD-Tip:** *The Age Of Consent* Metronome 820 171–2

## Brook Brothers

GEOFFREY BROOK, v (Großbritannien, * 12. 4. 1943 in Winchester); RICKY BROOK, v (Großbritannien, * 24. 10. 1940 in Winchester).
Dieses aus Winchester, Hampshire, stammende Duo begann 1956 in einer Skiffle-

gruppe und gewann den Talentwettbewerb eines Fernsehsenders. Ihre erste Platte machten sie 1960, eine Coverversion des Brothers-Four-Hits »Greenfields«. Nachdem sie die Plattenfirma gewechselt hatten, kam im März 1961 mit »Warpaint« ihr größter Erfolg. Bis 1963 wurden sie noch in der britischen Hitparade verzeichnet. Dann kam die große Zeit des Mersey-Beats, und die Brook Brothers waren wieder verschwunden.

*Warpaint (3/61 GB 5)*
***Folk***

## Brooklyn Bounce

STEPHAN BEHRENS, v (Deutschland).
Hinter dieser Hamburger Formation steckten die beiden Produzenten Dennis Bohn und Matthias Menck. Auf der Bühne stellten Damon alias Stephan Behrens, Ulrikka Bohn und Maeva Ehoulan die Gruppe dar. Ihr Erstlingswerk »Theme (Of Progressiv Attack)« war zuerst ein echter Clubhit in Deutschland, bevor sich der Hitparade bis in die Top 10 hochhangelte. Nachfolger »Get Ready To Bounce« kam schon Mitte April 1997 auf den Markt – eindeutig zu schnell, denn die erste Single stand immer noch unter den ersten 10. Anfang Mai stieg »Get Ready To Bounce« auf Platz 6 in Deutschland ein. Die nächsten Singles: »The Real Bass« (11/97 D 23) – Behrens machte jetzt auf Dr. Frankenstein, seine beiden Eintänzerinnen auf Salombo – und »The Music's Got Me« (2/98 D 39).

*Theme (Of Progressiv Attack) (2/97 D 9; 4/97 CH 9)*
*Get Ready To Bounce (5/97 D 6)*
***Rave***

**CD-Tip:** *The Beginning* Edel Club Tools 0063652

## Brooklyn Bridge

LES CAUCHI, v (USA, * 18. 12. 1942); FRED FERRARA, v (USA, * 6. 10. 1940); JOHNNY MAESTRO, v (USA, * 7. 5. 1939 als John Mastrangelo in Brooklyn/New York); JIM ROSICA, g (USA, * 22. 4. 1947).
1960 verließ Johnny Maestro die Erfolgsformation Crests, um eine Solokarriere zu starten. Das ließ sich erst einmal ganz gut an, dann kam der große Knick. Er versuchte, die Crests zu reformieren. Das schlug fehl. Schließlich wurde er Mitglied im Vokalquartett Del-Satins. Aus dieser Formation und den Rhythm Method, einer Sieben-Mann-Band, entstand 1967 Brooklyn Bridge. Dies war nicht das »Worst That Could Happen«, denn so hieß der Millionseller und Top-10-Hit der Neugründung Ende 1968. Danach allerdings flachte der Erfolg wieder ab, und nach 1970 hörte man nichts mehr von Brooklyn Bridge in den Hitparaden. Als Live-Act war Brooklyn Bridge – inzwischen immer wechselnde Musiker mit Johnny Maestro – bis in die 90er Jahre erfolgreich.

*Worst That Could Happen (12/68 US 3)*
***Pop***

## Brooklyn Dreams

JOE »BEAN« ESPOSITO, v (USA); EDDIE HOKENSON, v (USA); BRUCE SUDANO, v/org (USA).
Dieses aus New York stammende Gesangstrio hatte Ende 1977 seinen ersten Eintrag in die amerikanische Singlehitparade. Sie lieferten typische amerikanische Fahrstuhlmusik, die keinem weh tut und bei der man nicht zuhören muß. Speziell Bruce Sudano hatte bereits Erfahrungen als erfolgreicher Musiker hinter sich. Er war Mitglied bei Alive & Kicking. Bruce war verheiratet mit Donna Summer. Um Brooklyn Dreams und damit ihrem Ehemann auf die Sprünge zu helfen, sang

Donna mit dem Trio 1977 den Millionseller »Heaven Knows«. Anfang der 80er Jahre fiel Brooklyn Dreams auseinander. 1983 hatte Joe Esposito einen Titel unter den Top 100, 1988 sang er mit Brenda Russell den Top-10-Hit »Piano In The Dark«.

*Heaven Knows (1/79 US 4)*
***Pop***

## Brooks, Donnie

v (USA als John Faircloth, geb. in Dallas/Texas).
Donnie wuchs in Ventura/California auf. So erklärt sich auch seine Liebe zur Surfmusik, die er als Johnny Faire aufnahm. Nachdem das nichts wurde, machte er Rockabilly als Johnny Jordan und Dick Bush. 1959 nahm er seine erste Platte als Donnie Brooks auf, und mit »Mission Bell« hatte er Mitte 1960 seinen größten Erfolg in den US-Charts. Nach zwei kleinen Folgehits verschwand er wieder aus den Hitparaden, machte jedoch noch bis in die 70er Jahre weitere Plattenaufnahmen.

*Mission Bell (6/60 US 7)*
***Rockabilly***

## Brooks, Elkie

v (Großbritannien, * 25. 2. 1945 als Elaine Bookbinder in Salford/Manchester).
Sie begann mit 15 ihre Karriere als ›Manchesters Brenda Lee‹, sang dann in der Eric Delaney Band und ab 1970 mit der zwölfköpfigen Jazz-Rock-Gruppe Dada, in der auch ihr Mann Peter Gage und Robert Palmer Mitglieder waren. Mit diesen beiden gründete sie 1972 Vinegar Joe. Nach einigen guten, aber nicht sonderlich erfolgreichen Platten versuchte sie sich ab 1974 als Solistin. Mit »Pearl's A Singer« hatte sie im April 1977 ihren ersten Top-10-Hit in GB. Im November 1986 war sie erneut unter den ersten 10 mit »No More The Fool«. Neben Maggie Bell ist Elkie Brooks sicher eine der besten britischen Sängerinnen. Ihr Bruder Anthony Bookbinder war unter dem Pseudonym Tony Mansfield einst der Schlagzeuger in der Erfolgsformation von Billy J. Kramer & The Dakotas.

*Pearl's A Singer (4/77 GB 8)*
*Sunshine After The Rain (8/77 GB 10)*
*No More The Fool (11/86 GB 5)*
***AOR (Adult Orientated Rock), Pop, Rock***

**CD-Tip:** *Pearls* A&M CDA 20116

## Brooks, Meredith

v/g (USA, * 12. 6. 1966 in Corvalis/Oregon).
In den 80er Jahren kam Brooks nach L. A. und wurde dort Leadgitarristin bei den Graces, die von der ehemaligen Go-Go-Gitarristin Charlotte Caffey gegründet worden war. Brooks spielte auf einem Album dieser Gruppe mit. Danach nahm sie für ihre letzten 140 Dollar ein Demo der Nummer »Bitch« auf, das schließlich zu einem Plattenvertrag mit Capitol Records führte. Im Frühjahr 1997 erschien ihr erstes Album »Blurring The Edges« (5/97 US-LP 22, 8/97 GB-LP 5, D-LP 7). Darauf befand sich auch ihr erster Top-10-Hit »Bitch«. Zwei der großen US-Handelsketten weigerten sich, die Single wegen des Titels (Bitch = Nutte) ihren Kunden anzubieten – erst nachdem die Platte sich trotzdem in die Top 10 gekämpft hatte, nahmen auch sie die Single in ihr Sortiment. Allerdings wurde sie in einer Hülle angeboten, die den Titel nicht erkennen ließ. USA – Land der begrenzten Unmöglichkeiten und viel Lister!

*Bitch (4/97 US 2; 8/97 GB 6, CH 10)*
***Pop***

**CD-Tip:** *Blurring The Edges* Capitol 7243 8 36919 2

## Bros

LUKE GOSS, d (Großbritannien, * 29. 9. 1968 in London); MATTHEW GOSS, v/key (Großbritannien, * 29. 9. 1968 in London); CRAIG LOGAN, g (Großbritannien, * 22. 4. 1969 in Kirkcaldy/Fife/Schottland).

Die Zwillinge Goss und ihr alter Schulfreund Logan begannen ihre gemeinsame Arbeit 1984 als Cavier, änderten jedoch den Bandnamen in Gloss und schließlich in Bros um. Das Trio erhielt im April 1987 einen Plattenvertrag und veröffentlichte vier Monate später seine erste Single »I Owe You Nothing«. Diese Platte wurde jedoch erst ein Hit und Spitzenreiter, nachdem »When Will I Be Famous« im Januar 1988 ein Top-10-Hit in GB und in Deutschland geworden war. Danach wurden sie zu erklärten Teenagerlieblingen, bis die Zwillinge im Januar 1989 Craig Logan aus der Band warfen. Der Erfolg der beiden Brüder ging zwar nicht rapide zurück, ließ aber nach. Schließlich trennten sich die Brüder. Die Behauptung einer deutschen Jugendzeitschrift, ›Bros stellen die Beatles-Erfolge in den Schatten!‹, halte ich für übertrieben. Es mag so aussehen, als hätten die Brüder in den vier Jahren Hitzeit viel Geld verdient – aber nach 1991 standen sie ohne Geld da. Angeblich hat sie das Management über den Tisch gezogen. Luke versuchte sich mit einer eigenen Band, die keinerlei Hits hatte. Später spielte er kleine Rollen in kleinen Theatern. Dann erhielt er eine Rolle in »Grease« und tourte schließlich mit anderen Stars der 80er Jahre wie Sonia oder Sinetta über die Dörfer. Matt versuchte sich weiterhin als Sänger – hinterließ aber auch keine Spuren in den Charts. Craig Logan sollte in den 90er Jahren Vizepräsident der International Pop Marketing der EMI werden.

*When Will I Be Famous? (1/88 GB 2; 3/88 CH 2, D 4)*
*Drop The Boy (3/88 GB 2, D 9; 4/88 CH 5)*
*I Owe You Nothing (6/88 GB 1; 7/88 CH 9)*
*I Quit (9/88 GB 4)*
*Cat Among The Pigeons/Silent Night (12/88 GB 2)*
*Too Much (7/89 GB 2)*
*Chocolate Box (10/89 GB 9)*
*Sister (12/89 GB 10)*
***Boy Group***

**CD-Tip:** *Push* CBS 460 629

## Brother Beyond

STEVE ALEXANDER, d (Großbritannien, * 20. 11. 1962 in Ystredoynlais/Wales); CARL FYSH, key (Großbritannien, * 25. 1. 1963 in Oxfordshire); NATHAN MOORE, v (Großbritannien, * 10. 1. 1965 in Stamford Hill); DAVID WHITE, g (Großbritannien, * 2. 6. 1965 in London).

Zur Veröffentlichung ihrer Debüt-LP »Get Even« im November 1988 schrieb die Plattenfirma des Quartetts: ›Zum Leben erweckt vor rund zwei Jahren von vier gutaussehenden Burschen, die ihre ersten musikalischen Erfahrungen wie üblich in diversen Kellerbands sammelten, begann die Band mit frisch-melodiösem, soul-influenced Pop, der auch die Tanzböden in Schwingungen versetzte‹ – kann man es schöner sagen? Hinter der Band stand das Produzententeam Stock/Aitken/Waterman, das in der zweiten Hälfte der 80er Jahre den richtigen Riecher hatte, was die Teenager wollten. Mit »The Harder I Try« und »He Ain't No Competition« hatte Brother Beyond in der zweiten Hälfte 1988 zwei Top-10-Hits in GB – danach suchten sich die Teenies langsam aber sicher wieder andere Idole. Nathan Moore wurde später Mitglied bei Worlds Apart – um ihn den anderen Mitgliedern dieser Teenieband anzugleichen, wurde er einfach ein paar Jährchen jünger gemacht.

*The Harder I Try (7/88 GB 2)*
*He Ain't No Competition (11/88 GB 6)*
***Boy Group***

**CD-Tip:** *Get Even* Parlophone CDP 7 91069 2

## Brother Bones & His Shadows

BROTHER BONES (USA); JOE DARENSBOURG, clarinet (USA).

Die Gagformation Brother Bones & His Shadows hatte mit einem Titel, »Sweet Georgia Brown«, Ende 1948 einen Platz 10 in den US-Charts. Brother Bones pfiff die Melodie, und Joe Darensbourg spielte Klarinette. Die Harlem Globetrotters spielten die Nummer immer während ihrer Aufwärmphase – und alle Spieler und das Publikum pfiffen mit. Was dem Radrennen der Sportpalastwalzer, ist dem Basketball »Sweet Georgia Brown«. Brother Bones machte auch Platten als Mr. Goon Bones.

*Sweet Georgia Brown (11/48 US 10)*
***Pop***

## Brotherhood Of Man

TONY BURROWS, v (Großbritannien, * 14. 4. 1942); MARTIN LEE, v (Großbritannien, * 26. 11. 1949 in Surrey); LEE SHERIDAN, v (Großbritannien, * 11. 4. 1949 in Bristol); NICKY STEVENS, v (Großbritannien, * 3. 12. 1951 in Carmarthen/Wales); SANDRA STEVENS, v (Großbritannien, * 23. 11. 1949 in Leeds).

Erstmals wurde die Formation Ende 1969 von Songschreiber Tony Hiller gegründet. Er nahm den Sessionsänger Tony Burrows und gruppierte um ihn herum Studiomusiker. Burrows hat auch den Leadgesang für Ivy League, Flower Pot Men, Edison Lighthouse, Pipkins, White Plains und viele andere Pseudo-Bands übernommen. Mit »United We Stand« hatte die Band im Februar 1970 einen Top-10-Hit in GB. Es folgte noch ein kleiner Hit, und dann war alles vorbei. Als Tony Hiller 1976 eine Gruppe suchte, die mit seiner Komposition GB beim Grand Prix Eurovision vertreten sollte, erinnerte er sich wieder an den Gruppennamen Brotherhood Of Man. Völlig andere Sänger wurden nun nach dem Vorbild Abba zusammengestellt: zwei Jungs, zwei Mädchen. Die Rechnung ging auf. Sieger wurde »Save Your Kisses For Me« – wenig später auch Spitzenreiter in GB. Die beiden Jungs in der Band, Martin Lee und Lee Sheridan, hatten den Song übrigens mit Tony Hiller zusammen geschrieben. Ebenso »Angelo« und »Figaro«, immer schön haarscharf am Abba-Sound angelehnt, die zwei weitere Nummer-1-Hits wurden. Nach 1978 verschwand die Band in der Bedeutungslosigkeit.

*United We Stand (2/70 GB 10)*
*Save Your Kisses For Me (3/76 GB 1, D 2; 4/76 CH 2)*
*Oh Boy (The Mood I'm In) (2/77 GB 8)*
*Angelo (7/77 GB 1)*
*Figaro (1/78 GB 1)*
***Grand Prix, Pop***

**CD-Tip:** *Best Of Brotherhood Of Man* Repertoire REP 4298-WG

## Brothers

CLAREL BAYOU, v; DANIEL BAYOU, v/g; GLARY BAYOU, d; LINDSEY BAYOU, v/g.

Eine Chance, sich auf dem britischen Musikmarkt zu etablieren, war die TV-Sendung ›Opportunity Knocks‹. Wer diesen TV-Nachwuchswettbewerb gewann, hatte gute Karten bei den Plattenfirmen. Die Brothers gehörten mit der Nummer »Sing Me« zu den Gewinnern dieses Wettbewerbs. Auf der Plattenhülle zu »Sing Me«, Anfang 1977 der einzige Hit dieser Gruppe Brothers, stehen die angegebenen Namen. Es ist aber auch zu lesen, daß es fünf Brüder waren, die 1963 von der Insel Mauritius nach GB kamen und 1975 diese Formation gründeten. Auf dem Cover waren auch fünf Musiker abgebildet – der letzte Name war verlorengegangen. Und da es eine weitere wahre One-Hit-Wonder-Gruppe war, wurde der Fehler auch nie korrigiert

*Sing Me (1/77 GB 8)*
***Pop***

## Brothers Four

BOB FLICK, v/vln (USA); RICHARD FOLEY, v/bongos/cymbals (USA); MIKE KIRKLAND, v/bj (USA); JOHN PAINE, v/g (USA).

Dieses US-Quartett gründete sich 1958 an der University Of Washington und sang Lieder aus dem Folk- und Popbereich. Ihre zweite Single war die Nummer »Greenfields«, die im Februar 1960 bis auf Platz 2 in den US-Charts kam. Danach gelang ihnen zwar kein weiterer Top-10-Hit, aber es erschienen recht erfolgreiche LPs. Sehr schön ihr Titel »The Green Leaves Of Summer«, der auch im Film »The Alamo« zu hören war. Dann kam der britische Pop in die USA, die Brothers Four verschwanden von der Bildfläche, veröffentlichten 1969 noch einmal eine LP und waren danach ganz aus dem Geschäft.

*Greenfields (2/60 US 2)*
***Folk, Pop***

## Brothers Johnson

GEORGE JOHNSON, v/g (USA, * 17. 5. 1953 in Los Angeles/Kalifornien); LOUIS JOHNSON, b (USA, * 13. 4. 1955 in Los Angeles/Kalifornien).

Die beiden Brüder Johnson, lange als Wunderkinder bezeichnet, wurden durch Quincy Jones entdeckt, protegiert und produziert. 1971 schlossen sie sich Billy Preston an. Mitte der 70er Jahre spielten sie auf Platten von Quincy Jones. 1976 erschien ihr Debütalbum »Look Out For Number One«. Zwischen 1976 und 1980 gelangen ihnen drei Top-10-Hits. Beide Brüder sind gesuchte Studiomusiker.

*I'll Be Good To You (5/76 US 3)*
*Strawberry Letter 23 (7/77 US 5)*
*Stomp! (2/80 GB 6, US 7)*
***Funk, Pop***

**CD-Tip:** *Classics* A&M CD 2509

## Brothers Return

*Jericho (Street Heat/1204) (5/87 CH 7)*

## Brow, Roy Chubby

siehe Smokie

## Brown, Arthur

ARTHUR BROWN, v (Großbritannien, * 24. 6. 1942 als Wilton in Whitby/Yorkshire); VINCENT CRANE, org (Großbritannien, * 21. 5. 1943 in Reading/Berkshire, † 1. 2. 1989).

Bevor er mit dem Welthit »Fire« als Crazy World Of Arthur Brown seinen einzigen großen kommerziellen Erfolg hatte, sang er in Bands wie Blues And Brown, Southwest Five, Arthur Brown Union und Arthur Brown Set. 1966 ging er nach Paris, schaute sich in der Theaterszene um und lernte offensichtlich viel. 1967 kehrte er nach London zurück und gründete mit Vincent Crane Crazy World Of Arthur Brown, die speziell beim Underground-Publikum schnell Fans fand. Dann gelang der schon erwähnte Superhit, und alles ging wieder abwärts. 1969 trennte sich die Band, Crane gründete Atomic Rooster, Brown machte als Solist Platten, die alle durchweg interessant, aber schlecht verkäuflich waren. Anfang der 80er Jahre machte er einen erneuten Versuch mit Crane – gut produziert, aber wieder kein Hit. Brown ist auch auf der ersten LP von Alan Parsons als Sänger zu hören.

*Fire (6/68 GB 1; 8/68 US 2, D 3; 9/68 CH 3)*
***Pop, Rock***

## Brown, Bobby

v (USA, * 5. 2. 1969 in Roxbury/Boston/Massachusetts).

Bobby Brown begann seine Karriere in der US-Kindertruppe New Edition, die sich 1982 formierte. 1986 löste sich Bobby von dieser Band und machte als Solist weiter. Mit »Don't Be Cruel« hatte er im Juli 1988 seinen ersten Top-10-Hit, mit »My Prerogative« drei Monate später seine erste Nummer 1. Mitte 1988 erschien sein zweites Album mit dem Titel »Don't Be Cruel«. Es erreichte mühelos Platz 1 der US-Albumcharts und verkaufte bis Ende 1996 allein in den USA 7 Millionen Exemplare. 1991 gründete Bobby in Atlanta sein eigenes Aufnahmestudio und sein Plattenlabel Bosstown. Am 18. 7. 1992 heiratete er Whitney Houston – ob viele seiner weiblichen Fans abspringen? Vielleicht nicht, weil er mit ihr verheiratet ist, sondern wegen der Art, wie er mit ihr umspringt. Die Liste seiner Hits ging trotzdem weiter. Verschiedene Remixe von älteren Aufnahmen kamen erneut speziell in die britische Hitparade. »My Prerogative (Remix 1995)« erreichte Ende des entsprechenden Jahres die Top 20 in GB, »Every Little Step« als Remix im Frühjahr 1996 Platz 25. Als sich New Edition Mitte 1996 wieder zusammenschloß, war Bobby Brown wieder mit von der Partie.

*Don't Be Cruel (7/88 US 8)*
*My Prerogative (10/88 US 1; 12/88 GB 6)*
*Roni (1/89 US 3)*
*Every Little Step (3/89 US 3; 5/89 GB 6)*
*On Our Own (6/89 US 2, GB 4)*
*Rock Wit'cha (8/89 US 7)*
*She Ain't Worth It (5/90 US 1)*
*Humpin' Around (8/92 US 3, D 10)*
*Good Enough (10/92 US 7)*
*Two Can Play That Game (Remix 1995) (4/95 GB 3)*
*Humpin' Around (Remix 1995) (7/95 GB 8)*
***Rhythm & Blues***

**CD-Tip:** *Hits Remixed* MCA 10874

## Brown, Foxy

v (USA als Inga Merchant, geb. in New York City).

»Foxy Brown« hieß ein Film, der 1974 gedreht wurde und in dem Pamela Grier die Hauptrolle spielte. Grier galt in den 70er Jahren als die in jeder Beziehung üppige (voluptuous!) Heroin in schwarzen Filmen und in allen Lagen – und wenn man sich die laut Plattenfirma 17jährige Marchant (* 1979) betrachtet, ist auch sie voluptuous gebaut. Und auch ansonsten sieht sie nicht aus, als wäre sie eine Kostverächterin. In den US-R&B-Charts tauchte der Name Foxy Brown erstmals 1990 mit dem Tracy-Chapman-Titel »Sorry (Baby Can I Hold You)« auf. Immerhin wäre, wenn es sich denn damals um Frl. Marchant aus Brooklyn gehandelt hat, die Sängerin zum damaligen Zeitpunkt noch nicht einmal 10 Jahre alt gewesen. Ein frühreifes Früchtchen! 1995 war sie zusammen mit L.L. Cool J. in einem Studio und rappte mit ihm auf der Nummer »I Shot«. Auch andere Interpreten wie Total, Jay-Z, Case, Toni Braxton oder Dr. Dre nutzten die stimmgewaltige Foxy bei Plattenproduktionen. Im Januar 1997 erschien schließlich mit »Ill Na Na« das erste Soloalbum von Foxy Brown. Als Gäste waren darauf Method Man, Blackstreet und andere zu hören. Auf dem Album mit »I'll Be« auch ihr erster Top-10-Hit in den USA und »Get Me Home« (3/97 GB 11), ihr erster Erfolg in GB. »I'll Be«, Mitte des Jahres auch Top 10 in GB, beinhaltete

Samples von »I'll Be Good« von Rene & Angela und »Rapture« von Blondie. Und noch ein Hit aus dem Jahre 1997: »Big Bad Mamma« (9/97 D 30, GB 12).

*I'll Be (2/97 US 7; 6/97 GB 9)*
***HipHop, Rap***

**CD-Tip:** *Ill Na Na* Def Jam 533 684–2

## Brown, Ian

v (Großbritannien, * 20. 2. 1963 als Ian George Brown in Ancoats/Lancashire).
Ian begann seine Profikarriere mit den Stone Roses, die sich 1984 formierten. Speziell bei der alternativen Pop-Presse wurde die Band schnell beliebt und konnte in den Independent Charts erste Erfolge erzielen. Ihr erste Plazierung in den Pophitparaden war »She Bangs The Drums« (7/89 GB 36, 3/90 RE-GB 34). Ihre Top-40-Hits: »What The World Is Waiting For/Fool's Gold« (11/89 GB 8, 9/90 RE-GB 22), »Elephant Stone« (3/90 GB 8), »Made Of Stone« (3/90 GB 20), »One Love« (7/90 GB 4), »I Wanna Be Adored« (9/91 GB 20), »Waterfall« (1/92 GB 27), »I Am The Resurrection« (4/92 GB 33), »Love Spreads« (12/94 GB 2), »Ten Storey Love Song« (3/95 GB 11), »Fool's Gold (Second Remix)« (4/95 GB 25) und »Begging You« (11/95 GB 15). Ihre Chart-Alben waren »The Stone Roses« (5/89 GB-LP 19), »Turns Into Stone« (8/92 GB-LP 32), »Second Coming« (12/94 GB-LP 4) und »The Complete Stone Roses« (5/95 GB-LP 4). 1996 trennte sich die Gruppe. Mit »My Star« erschien Ians Debüt als Solist. Es folgten die Top-40-Hits »Corpses« (4/98 GB 14) und »Can't See Me« (6/98 GB 21). Im Februar 1998 kam das Album »Unfinished Monkey Business« (2/98 GB-LP 4) auf den Markt.

*My Star (1/98 GB 5)*
***Pop***

## Brown, James

v (USA, * 3. 5. 1928 in Macon/Georgia).
Den Spitznamen ›Godfather of Soul‹ hat er sich mit Recht verdient. Wer ihn je auf der Bühne gesehen hat, weiß, warum er als der ›hardest working man in show business‹ gilt. In den R&B-Charts belegt er 1996 in der Auflistung der erfolgreichsten Interpreten aller Zeiten vor Aretha Franklin Platz 1. 1954 wurde er Mitglied bei den Gospel Starlighters in Atlanta, wenig später gründete er die Famous Flames in Macon, Georgia. Er kombinierte Gospel mit Rhythm & Blues und schaffte damit das, was man später als Soul Music bezeichnen sollte. Im Januar 1956 erhielt er mit seiner Truppe einen Plattenvertrag, wenig später erschien mit »Please, Please, Please« die erste Platte von James Brown & The Famous Flames. Die Platte kam zwar nicht in die Hot 100, aber überall, wo Brown auftrat, wurde sie in den nächsten Jahren gut verkauft. Schon zu diesem Zeitpunkt war es vor allem der Livekünstler, der das Publikum in den Bann zog. Ende 1958 hatten sie mit »Try Me« ihren ersten Charterfolg – bis Ende 1986 kamen noch 93 weitere hinzu. Seine beiden Millionseller kamen nicht in die Top 10. Das dürfte ein Beweis dafür sein, daß die Käufer von James-Brown-Platten eher bei den R&B- und nicht bei den Popfans zu suchen sind. »Get On The Good Foot – Part 1« und »The Payback – Part 1« waren diese Millionseller. Nach 1977 schien die Karriere von Brown beendet, da stand er plötzlich mit »Living In America« aus dem Film »Rocky IV« Ende 1985 auf Platz 4 in den USA. 1986 gehörte James Brown zu den ersten Künstlern, die in die neu gegründete Rock 'n' Roll Hall of Fame aufgenommen wurden. Ende 1988 erhielt er sechs Jahre Gefängnis, weil er sich auf einer Interstate mit der Polizei ein Rennen lieferte und weil er mit seinem Revolver herumfuchtelte. Im Februar 1991 wurde er wieder entlassen. Für viele schwarze Künstler

ist James Brown das ganz große Idol und ein Vorbild – trotz Knast. 1992 erhielt er einen Grammy für sein Lebenswerk. Mitte 1998 wurde mit »Back Again« eine neues Platte von James Brown angekündigt.

*Papa's Got A Brand New Bag Part I (7/65 US 8)*
*I Got You (I Feel Good) (11/65 US 3)*
*It's A Man's Man's Man's World (4/66 US 8)*
*Cold Sweat – Part 1 (7/67 US 7)*
*I Got The Feelin' (3/68 US 6)*
*Say It Loud – I'm Black And I'm Proud (Part 1) (9/68 US 10)*
*Living In America (12/85 US 4, GB 5; 3/86 CH 9)*
***Rhythm & Blues, Soul***

**CD-Tip:** *Cold Sweat* Phono Music CD 272 00576 B

## Brown, Jocelyn

v (USA, geb. in North Carolina).
Jocelyn hatte ihren ersten Erfolg mit der Nummer »Somebody Else's Guy« (4/84 GB 13, 6/84 US 75). Luther Vandross, George Benson oder auch John Lennon griffen gerne auf sie zurück, wenn sie eine gute Backgroundsängerin benötigten. Jocelyn hat im Laufe der Jahre etliche Soloplatten besungen – erfolgreich war sie aber immer nur mit anderen: »Always There« mit Incognito, »Don't Talk Just Kiss« mit Right Said Fred, »No More Tears (Enough Is Enough)« und »Gimme All Your Lovin'« im Duett mit Kym Mazelle oder mit Todd Terry und Martha Wash auf »Keep On Jumpin'«. Zwischendurch war sie Sängerin in den Discoformationen Inner Life und Salsoul Orchestra.
***Pop***

## Brown, Joe

v (Großbritannien, * 13. 5. 1941 in Swarby/Lincolnshire).
Ende der 50er Jahre sang er in der Skifflegruppe Spacemen. Ab 1959 traten dieselben Musiker als Joe Brown & The Bruvvers auf. Meist sangen sie amerikanische Hits nach – und das machten sie auch vorwiegend auf ihren Platten. Mit der Nummer »A Picture Of You« hatten die Musiker Mitte 1962 ihren ersten Top-10-Erfolg. Es folgten »It Only Took A Minute« und »That's What Love Will Do«, und dann kamen die Musiker aus Liverpool und räumten die meisten anderen britischen Konkurrenten aus dem Weg. In den frühen 70er Jahren gründete Joe mit seiner Frau Vicki, die Anfang der 60er Jahre als eines der Vernons Girls selbst in der britischen Hitparade gestanden hatte, die auf Country getrimmte Truppe Brown's Home Brew. Das Gebräu wollte keiner. Joe versuchte sich nebenher auch noch als Schauspieler. Seine Tochter Sam Brown wurde Ende der 80er Jahre eine erfolgreiche Sängerin.

*A Picture Of You (5/62 GB 2)*
*It Only Took A Minute (11/62 GB 6)*
*That's What Love Will Do (2/63 GB 3)*
***Beat, Pop***

**CD-Tip:** *The Joe Brown Story* Sequel NED CD 235

## Brown, Les

clarinet/bl (USA, * 14. 3. 1912 in Reinerton/Pennnsylvania).
Der Orchesterchef und Klarinettist begann als Arrangeur für Jimmy Dorsey und Larry Clinton, bevor er Ende der 30er Jahre seine eigene Band gründete. Seit 1939 hatte er auf Platten Erfolg. Seine größten Hits waren »Sentimental Journey«, »My Dreams Are Getting Better All The Time«, beide im März 1945 und gesungen von Doris Day, und »I've Got My Love To Keep Me Warm« im Dezember 1948. Alle drei genannten Platten waren Spitzenreiter in den USA. Les Brown spielte auch auf Hits der Ames Brothers oder von Teresa Brewer. Ab 1947 begann er eine langjährige Zusammenarbeit mit Bob Hope in Radio, Fernsehen und auf Tournee. Auch in den

TV-Shows von Steve Allen oder Dean Martin trat er mit seinem Orchester regelmäßig auf. 1987 gab es eine Reihe erfolgreicher Konzerte zu Ehren seiner fünfzigjährigen Arbeit als Bandleader.

*My Dreams Are Getting Better All The Time (3/45 US 1)*
*Sentimental Journey (3/45 US 1)*
*'T Ain't Me (6/45 US 10)*
*Till The End Of Time (8/45 US 3)*
*You Won't Be Satisfied (Until You Break My Heart) (1/46 US 4)*
*Doctor, Lawyer, Indian Chief (3/46 US 6)*
*I Got The Sun In The Morning (6/46 US 10)*
*The Whole World Is Singing My Song (10/46 US 6)*
*I've Got My Love To Keep Me Warm (12/48 US 1)*
***Big Band***

## Brown, Peggy

v/vibraphon (Deutschland als Birgit Schumann).

Peggy war unter ihrem Mädchennamen Margit Schumann bereits ein Teenagerstar auf dem Billig-Schallplattenlabel Tempo, auf dem sie ab 1952 zu hören war. Zuerst sang sie in Tanzcombos und spielte in einem Trio Vibraphon. Schließlich wechselte sie Anfang der 60er Jahre als Peggy Brown zu Telefunken und nahm den letzten Rest der steifen Brise mit, die in den 50er Jahren jede Menge Seemannslieder in die Hitparaden blies. Mit der Nummer »Denn sie fahren hinaus auf das Meer« erreichte sie im März 1961 einen Platz 7 in der deutschen Hitparade. Nach zwei weiteren kleinen Nümmerchen im selben Jahr war sie wieder weg.

*Denn sie fahren hinaus auf das Meer (3/61 D 7)*
***Deutscher Schlager***

## Brown, Peter

v (USA, * 11. 7. 1953 in Blue Island/Illinois).

Der Multiinstrumentalist, der sich auch noch als Songschreiber, Maler und Bildhauer betätigte, gilt als der erste in der Popgeschichte, der eine goldene Platte für eine Disco-Maxi-Single bekommen hat. Es handelt sich dabei um die Nummer »Do You Wanna Get Funky With Me«, im September 1977 ein Top-20-Hit in den USA. Mit »Dance With Me«, hier sang Peter Brown zusammen mit Betty Wright, die auf der Plattenhülle nicht genannt wurde, erreichte er im März 1978 die US-Top-10. Nach 1979 war er wieder aus den Hitparaden verschwunden.

*Dance With Me (3/78 US 8)*
***Funk***

## Brown, Sam

v (Großbritannien, * 7. 10. 1964 in Stratford/London).

Sam war durch ihre Eltern musikalisch sehr vorbelastet: Vater Joe Brown war in den 50er/60er Jahren ein erfolgreicher Interpret, ihre Mutter Vicki eins der Vernons Girls. Sam begann schon recht früh als Backgroundsängerin für Platten der Small Faces, von Adam & The Ants, Phil Collins, Barclay James Harvest, Hue & Cry, Steve Marriott oder Spandau Ballett. Ihre erste Solo-LP veröffentlichte sie 1988. Im selben Jahr hatte sie mit »Stop!« ihren ersten Top-10-Hit in der Schweiz und in Deutschland, der drei Monate später, im Februar 1989, auch unter die ersten 10 der britischen Hitparade kam. Von der Musikbranche enttäuscht, zog sie sich aus dem Geschäft zurück und widmete sich ihrer neugegründeten Familie. 1995 lud David Gilmour sie ein, bei der Pink-Floyd-Tournee »Division Bell« mitzuwirken – sie willigte ein. Nach längerer Abwesenheit aus den Charts kam sie im August 1995 zusammen mit Fish und dem Titel »Just Good Friends« in die unteren Ränge der britischen Hitparade. Im April 1997 erschien mit »Box« wieder ein neues Album von Sam.

*Stop! (9/88 CH 5; 11/88 D 7; 2/89 GB 4)*
***Pop***

**CD-Tip:** *Stop* A&M 3951 95–2

## Browne, Jackson

v/g/p (Deutschland, * 9. 10. 1948 in Heidelberg).
Jackson wurde in Heidelberg geboren und kam 1951 nach Los Angeles. Schon früh begann der ausgezeichnete Gitarrist, Pianist und Songschreiber mit der Nitty Gritty Dirt Band. 1967/68 spielte er mit Tim Buckley und Nico, ab 1969 hatte er Erfolg als Songschreiber für Tom Rush, die Byrds, Bonnie Raitt oder Linda Ronstadt. 1972 hatte er seinen ersten Erfolg als Solist: »Doctor My Eyes« wurde im Frühjahr ein Top-10-Hit für ihn. Er ist auch Mitautor vom ersten Hit der Eagles, »Take It Easy«. Die Liste seiner Erfolge reicht bis zum Ende der 80er Jahre. Zusammen mit Clarence Clemons und der Schauspielerin Darryl Hannah, zum damaligen Zeitpunkt Jacksons Freundin, hatte er Ende 1985 einen Top-20-Hit in den USA: »You're A Friend Of Mind«. Wie um zu beweisen, daß er noch lebt, kam Ende 1993 das Album »I'm Alive«. Es erreichte ebenso wie das Anfang 1996 erschienene Album »Looking East« einen Platz unter den ersten 40 der US-Charts.

*Doctor My Eyes (3/72 US 8)*
*Somebody's Baby (7/82 US 7)*
***AOR (Adult Orientated Rock), West Coast***

**CD-Tip:** *Lawyers In Love* Asylum 9 60268–2

## Browne, Tom

tr/p (USA, geb. in New York).
Im Alter von elf Jahren begann der Jazztrompeter mit Klavierunterricht. Sein Interesse am Jazz erwachte, als er ein Album von Ornette Coleman hörte. 1975 spielte er seine ersten Gigs mit der Weldon Irvine Group, danach mit ›Sony‹ Fortune und der Fatback Band. Sein Debüt als Solist gab er 1979 mit »Browne Sugar« – der 14jährige Marcus Miller spielte hier den Baß. Das Stück »Funkin' For Jamaica (N.Y.)« war im Juli 1980 ein Platz 10 in der britischen Hitparade. Tom spielte Trompete, der Gesang kam von Toni Smith. Möglich, daß viele Briten das N.Y. dieser Funk-Nummer nicht richtig zu deuten wußten. Jamaica (N.Y.) gehört zu New York City. So befindet sich dort z. B. der Kennedy Airport.

*Funkin' For Jamaica (N.Y.) (7/80 GB 10)*
***Funk***

## Browns

BONNIE BROWN, v (USA, * 31. 7. 1937 in Sparkman/Arkansas); JIM EDWARD BROWN, v (USA, * 1. 4. 1934 in Sparkman/Arkansas); MAXINE BROWN, v (USA, * 27. 4. 1932 in Sampti/Lousiana).
Zuerst trat Jim mit seiner Schwester Maxine als Duo auf. Als 1955 die jüngste Schwester Bonnie dazustieß, nannte man sich Browns. Mit einer englischsprachigen Version des aus dem Jahre 1945 stammenden Titels »Les Trois Cloches«, im Original gesungen von Edith Piaf, hatten die Browns im August 1959 einen Platz 1 in der US-Hitparade. Mit »The Old Lamplighter« folgte im Frühjahr 1960 ein weiterer Top-10-Erfolg. Danach war die Popkarriere der Geschwister vorüber. Jim Brown wurde ein Country-Star, der bis in die 80er Jahre erfolgreich war. Die beiden Schwestern machten ein Tonstudio auf.

*The Three Bells (7/59 US 1; 9/59 GB 6)*
*The Old Lamplighter (3/60 US 5)*
***Folk, Pop***

**CD-Tip:** *Three Bells – Complete Browns Recordings From 1954 – 1967* Bear Family BCD 15 665 HI

## Brownstone

KINA COSPER, v (USA); MAXEE, v (USA); MIMI, v (USA); NICCI, v (USA).

Dieses Mädchentrio wurde von Michael Jackson entdeckt und auch produziert. Nicci, Maxee und Mimi stammten angeblich aus New Orleans, Detroit und Guyana. Ihr erstes Album »From The Bottom Up« erschien 1994 – darauf auch ihr bisher größter Hit »If You Love Me«. Der Song beinhaltet Samples von »Spellbound« mit K-Solo. Nachfolger »Grapevyne« brachte es in GB noch einmal unter die ersten 20. 1995 wurde Mimi aus gesundheitlichen Gründen gegen Kina Cosper ausgewechselt. Mimi galt weiterhin als ›stilles‹ Mitglied, was wohl heißt, daß sie im Studio mitsingt, aber nicht mehr öffentlich aufritt.

*If You Love Me (12/94 US 8; 4/95 GB 8)*
***Soul***

**CD-Tip:** *From The Bottom Up* MJJ Music 477 362 2

## Brownsville Station

T.J. CRONLEY, d (USA); ANTHONY DRIGGINS, b (USA); CUB KODA, v/g/harm (USA, * 1. 10. 1948); MICHAEL LUTZ, v/g/b (USA, * 15. 6. 1949); BRUCE NAZARIAN, v/key/b (USA); HENRY WECK, v/d (USA, * 27. 7. 1949).

Gegründet wurde die Band Brownsville Station, die frühen Punk-Rock spielte, 1969 als Station in Ann Arbor, Michigan. Wenig später setzte man noch Brownsville davor. 1971 ging Drummer Cronley, und für ihn kam Henry Weck. Mit »The Red Back Spider« hatten sie im Dezember 1972 ihren ersten Singlerfolg. 1973 verließ der Bassist Anthony Driggins die Band und wurde nicht ersetzt. Mit »Smokin' In The Boys Room« erreichte die Gruppe im Oktober 1973 einen Platz 3 in der Hitparade und einen Millionseller. Diesen Erfolg konnten sie nicht wiederholen. Ab Sommer 1975 spielten sie wieder als Quartett. Neu zur Band kam der Gitarrist Bruce Nazarian. 1979 trennte sich die Band, Koda machte als Solist weiter und tauchte außerdem noch im selben Jahr auf einer LP von Blackfoot auf.

*Smokin' In The Boys Room (10/73 US 3)*
***Rock***

## Brubeck, Dave

p (USA, * 6. 12. 1920 in Concord/Kalifornien).

Im Dave Brubeck Quartet spielten neben Dave der Altsaxophonist Paul Desmond, der Schlagzeuger Joe Morello und der Bassist Eugene Wright. 1959 nahmen sie die LP »Time Out« auf, auf der die Nummer »Take Five« zu finden war. Komponiert hatte das Stück Paul Desmond. 1961 erschien der Titel als Single, und es wurde die erste Jazzplatte aller Zeiten, die sich über eine Million Male verkaufen konnte, und die erste Jazznummer, die im Fünfvierteltakt aufgenommen wurde. In den USA gehört Dave Brubeck zu den populärsten Jazzinterpreten aller Zeiten. Mitte der 70er Jahre brachte er eine Platte auf den Markt, die sich »Two Generations Of Brubeck« nannte – er spielte zusammen mit seinen Söhnen Chris, Danny und Darius. Das Familienunternehmen spielte in wechselnden Besetzungen bis in die 90er Jahre.

*Take Five (10/61 GB 6)*
***Jazz***

**CD-Tip:** *Time Out* CBS CD 62 068

## Bruce & Bongo

BONGO, v (Großbritannien, * 19. 3. 1955 als Douglas Wilgrove); BRUCE, v (Großbritannien, * 13. 1. 1955 als Bruce Hammond Earlam).

Bruce Hammond Earlam und Douglas

Wilgrove machten den Ausdruck »Geil« salonfähig. Es handelte sich um zwei britische Soldaten, die ihren Dienst in Deutschland hinter sich gebracht hatten und nun hängengeblieben waren. »Geil« hieß der einzige große Erfolg von Bruce & Bongo und erreichte im März 1986 die Nummer 1 in der deutschen Hitparade. Die Nachfolgeplatte hieß »Hi-Ho – Heigh Ho – Whistle While You Work« und stammte ursprünglich aus dem Walt-Disney-Film »Schneewitchen«- die Deutschen pfiffen drauf und fanden das gar nicht mehr so geil.

*Geil (3/86 D 1; 5/86 CH 7)*
***Schlager***

## Bruce, Tommy

v (Großbritannien, geb. in London).
Einer der vielen britischen Versuche, einen eigenen großen Rock-'n'-Roll-Star zu kreieren. Dabei war die Stimme von Tommy Bruce wirklich gut. Seine Spezialität war das Nachsingen von Standards auf eine Weise, die dem Stil Big Boppers ähnelte. 1960 schickte er ein Demoband an Norrie Paramor – und der nahm ihn unter Vertrag. Mit einem Remake eines alten Fats-Waller-Titels, »Ain't Misbehavin'«, hatte Tommy zusammen mit seiner Band, den Bruisers, im Mai 1960 einen Platz 3 in GB – das blieb sein einziger Top-10-Erfolg. Nach ein paar weiteren Platten verschwand er 1963 wieder von der Bildfläche.

*Ain't Misbehavin' (5/60 GB 3)*
***Beat, Rock 'n' Roll***

## Brück, Inge

v (Deutschland, * 12. 11. 1936 in Mannheim).
Die deutsche Schauspielerin und Sängerin hatte es mit Regisseuren. Zuerst war sie mit Michael Pfleghar, dann mit Klaus Überall verheiratet. Mit der Nummer »Peter, komm heut abend zum Hafen« hatte sie im März 1957 ihren einzigen Eintrag in der deutschen Hitparade und ihre einzige Top-10-Nummer. 1966 siegte Inge Brück beim Internationalen Schlager-Festival in Rio de Janeiro. Als Pop nicht mehr klappte, stieg sie in den 70er Jahren auf religiöse Lieder um – die schlagen sich nicht in Hitparaden nieder.

*Peter, komm heut abend zum Hafen (3/57 D 7)*
***Deutscher Schlager***

## Brühl, Heidi

v (Deutschland, * 30. 1. 1942 in München, † 8. 6. 1991).
Ihre Karriere begann bereits mit zwölf Jahren beim Film. Mit einer Hauptrolle in »Die Mädels vom Immenhof« gelang ihr 1955 der Durchbruch. 1959 gelang ihr Gleiches auf Platte – sie sang »Chico Chico Charlie« und erreichte damit im August die Top 10. Mit »Wir wollen niemals auseinandergehn« vertrat sie 1960 beim Grand Prix Eurovision Deutschland und belegte den zweiten Platz. In der deutschen Hitparade wurde der Titel eine Nummer 1 und ein Millionenhit – damit hatte sie sich endgültig etabliert. In den 60er Jahren machte sie sich auch international einen Namen. 1962 spielte sie in dem MGM-Film »Captain Sindbad« eine Hauptrolle. Heidi Brühl sang in Musicals wie »Annie Get Your Gun« oder »My Fair Lady« und ging 1970 für einige Jahre in die USA. Dort trat sie z. B. neben Sammy Davis jr. in Las Vegas auf. Ihre Schlagerkarriere dauerte bis 1967. Danach hatte sie noch eine Eintragung in die deutsche Hitparade aus dem Jahre 1981: »You Are A Part Of My Heart«. Ansonsten arbeitete sie hauptsächlich als Musikverlegerin, Managerin und Produzentin.
Aus der Narkose während einer Brust-

krebsoperation wachte sie nicht mehr auf.

*Chico Chico Charlie (8/59 D 5)*
*Wir wollen niemals auseinandergehn (4/60 D 1)*
*Hundert Mann und ein Befehl (4/66 D 8)*
***Deutscher Schlager***

**CD-Tip:** *Wir wollen niemals auseinandergeh'n* Bear Family BCD 15 584

## Bryant, Anita

v (USA, * 25. 3. 1940 in Barnsdale/Oklahoma).
Schon als sechsjährige gewann sie ihre erste Talentshow. Als ›Oklahoma's Red Feather Girl' trat sie im lokalen TV und Radio auf und erregte die Aufmerksamkeit von Arthur Godfrey, dem Gott der US-Nachwuchsshows. Hier gewann sie einen ersten Preis und machte mit »Sinful To Flirt« 1956 ihre erste Platte. 1958 wurde die Amerikanerin ›Miss Oklahoma‹. Im selben Jahr belegte sie bei der Wahl zur ›Miss America‹ Platz 2. Ab dem Beginn der 60er Jahre hatte sie Erfolg. Mit »Paper Roses« und »In My Little Corner Of The World« hatte sie 1960 zwei Top-10-Hits in den USA. Eine Gesangsversion vom Bert-Kaempfert-Hit »Woderland By Night« brachte ebenfalls 1960 einen letzten Top-20-Erfolg. Nach 1964 war sie aus den Hitparaden verschwunden und verlegte sich auf Platten mit religiösem Inhalt. Später zog sie nach Kalifornien und machte Front gegen die Homosexuellen.

*Paper Roses (4/60 US 5)*
*In My Little Corner Of The World (7/60 US 10)*
***Pop***

## Bryson, Peabo

v (USA, * 13. 4. 1951 in Greensville/South Carolina).
Seine ersten Erfolge feierte er als Sänger der Gruppe Al Freeman & The Upsetters ab 1965. Zwischen 1968 und 1973 war er Mitglied bei Moses Dillard & The Tex-Town Display. Trotzdem machte er 1970 seine ersten Soloplatten – seine erste Chartnotierung hat er jedoch Anfang 1976 unter Michael Zager's Moon Band feat. Peabo Bryson: »Do It With Feeling«. Seine große Zeit kam in den 80er Jahren. Zusammen mit Roberta Flack hatte er 1983 den Hit »Tonight, I Celebrate My Love«. In den USA ist sein erster Top-10-Erfolg die Nummer »If Ever You're In My Arms Again« im Mai 1984. Peabo Bryson gilt auch als erfolgreicher Produzent. 1991 sang er zusammen mit Celine Dion den Titelsong zum Disney-Film »Beauty And The Beast«, für den sie einen Oscar erhielten. Gleiches gelang ihm zusammen mit Regina Belle (* 15. 7. 1963) und dem Song »A Whole New World« aus dem Disney-Zeichentrickfilm »Aladdin«. 1992 heiratete er Juanita Leonard, die vorher mit dem Boxer Sugar Ray Leonard verheiratet gewesen war.

*Tonight, I Celebrate My Love (8/83 GB 2)*
*If Ever You're In My Arms Again (5/84 US 10)*
*Beauty And The Beast (1/92 US 9; 5/92 GB 9)*
*A Whole New World (12/92 US 1)*
***Pop, Rhythm & Blues, Soul***

**CD-Tip:** *Collection* Capitol CDP 7 46071–2

## Buchanan & Goodman

BILL BUCHANAN, v (USA, † 1. 8. 1996); DICKIE GOODMAN, v (USA, * 19. 4. 1934 in Hewlett/New York, † 6. 11. 1989).
Dickie Goodman und Bill Buchanan hatten sich Mitte der 50er Jahre einen besonderen Gag ausgedacht, den man heute als frühe Form des Samplen bezeichnen kann: Sie stellten Fragen, die sie aus Schnipsel von populären Songs beantworten ließen. Mit »The Flying Saucer (Parts 1 & 2)« hatten Buchanan & Goodman im August 1956 ihren größten ge-

meinsamen Erfolg. Zuerst war die Plattenindustrie der Meinung, das sei rechtlich nicht zulässig, und wollte es schon verbieten lassen. Da stellte sich heraus, daß nach vielen der kurz angespielten Songs durch diese Wiederverwendung plötzlich eine Nachfrage entstand. 1959 trennten sich die beiden, Goodman machte alleine weiter und hatte mit demselben Prinzip wie 1956 im September 1975 einen Platz 4 in den USA und einen Millionenhit mit »Mr. Jaws«. Der Film »Der weiße Hai« war gerade ein Kinoknüller – Dickie lieferte das Interview mit dem Hai. Goodman starb im November 1989 an einer Schußverletzung, die er sich selbst beigebracht hatte. Bill Buchanan starb am 1. 8. 1996 an Krebs.

*The Flying Saucer (Parts 1 & 2) (8/56 US 3)*
***Pop***

## Buck, John

(USA, * 31. 7. 1934 als Barry Devorzon in New York City).
Bevor er unter seinem richtigen Namen 1976 mit »Nadia's Theme (The Young And The Restless)« einen Millionseller in den USA hatte, versuchte sich Barry unter etlichen Pseudonymen. Eins davon war John Buck & His Blazers, und mit dieser Formation brachte er »Chi Chi« im September 1959 in die deutschen Top 10. In seiner Heimat USA und in GB schaffte er nicht einmal eine Notierung – hier einen Top-10-Erfolg. Eine gesungene deutschsprachige Version dieses von DeVorzon geschriebenen Stückes wurde als »Tränen in deinen Augen« im Oktober 1959 ein Top-10-Erfolg für Ralf Paulsen. Mit drei weiteren Stücken, darunter 1962 die Top-20-Hits »Last Dance« und »Jalisco«, wurde er bei uns noch verzeichnet, dann war für ihn dieses Pseudonym erledigt. Alles andere siehe unter seinem richtigen Namen.

*Chi Chi (9/59 D 7)*
***Instrumental, Pop***

## Bucketheads

KENNY GONZALEZ (USA).
Der Disk-Jockey und Produzent Kenny ›Dope‹ Gonzalez fummelte aus der 1979 erschienenen Nummer »Streetplayer« der Gruppe Chicago den Titel »The Bomb! (These Sounds Fall Into My Mind)«, der sich Ende 1994 in den britischen Clubs zu einem Knüller mauserte. Es dauerte jedoch noch einige Monate, bis die Platte in die GB-Charts kam und innerhalb von zwei Wochen Platz 5 erreichte. In Deutschland kam der Titel bis auf Platz 19, in den USA nur auf 49 – dort hatte man das Original von Chicago wohl noch zu gut in den Ohren und konnte mit der Disco-Verhunzung wenig anfangen. Die beiden, die einst den Titel für Chicago geschrieben hatten, waren inzwischen keine Mitglieder der Band mehr. Man mußte sie in Colorado, wo sie sich angesiedelt hatten, suchen, um sie um Erlaubnis für die Bearbeitung zu bitten. Anfang 1996 kam »Got Myself Together« in die britische Hitparade und wurde ein Top-20-Hit.

*The Bomb! (These Sounds Fall Into My Mind) (3/95 GB 5; 8/95 CH 7)*
***Techno***

## Buckingham, Lindsey

v/g (USA, * 3. 10. 1947 in Palo Alto/Kalifornien).
Seine Karriere begann Lindsey als Folksänger, bevor er Mitglied in der Rockband Fritz wurde. In dieser Gruppe sang Stevie Nicks, und als 1971 die Formation zerbrach, machten die beiden als Buckingham-Nicks ein Duo und veröffentlichten eine gemeinsame LP. 1974 gingen beide gemeinsam zu Fleetwood Mac, die diese Blutauffrischung auch dringend nötig

hatten – sie lieferten dieser Band neuen Schwung. Für viele gilt Lindsey als die Triebfeder des großen Erfolges von Fleetwood Mac ab 1975. Ab Anfang der 80er Jahre veröffentlichte er nebenher Soloplatten, und mit »Trouble« hatte er im Oktober 1981 seinen ersten Top-10-Hit in den USA. Im Juni 1988 gab er bekannt, daß er Fleetwood Mac verlassen wolle – für ihn kamen Billy Burnett und Rick Vito. 1992 veröffentlichte er die CD »Out Of The Cradle«, auf die die Plattenfirma einen Sticker klebte, auf dem ›The Architect of Fleetwood Mac‹ stand. Das dürfte leicht übertrieben sein, denn als Fleetwood Mac gebaut wurde, sollte es noch gut sieben Jahre dauern, ehe Lindsey zur Band stieß. Den bisher letzten Auftritt in einer Hitparade hatte Lindsey im Frühjahr 1993 mit der Nummer »Soul Drifter« in Deutschland. Die Platte erreichte Platz 53. 1997 kehrte Lindsey zu Fleetwood Mac zurück.

*Trouble (10/81 US 9)*
***AOR (Adult Orientated Rock), Rock, West Coast***

**CD-Tip:** *Out Of The Cradle* Mercury 512 658

## Buckinghams

Bob Abrams, g (USA, * 24. 2. 1955 in Ohio); Nick Fortune, b (USA, * 1. 5. 1946 als Nicholas Fortuna in Chicago/Illinois); Carl Giammarese, g (USA, * 21. 8. 1947 in Chicago/Illinois); Marty Grebb, org (USA, * 2. 9. 1946 in Chicago/Illinois); Dennis Miccoli, org (USA); Jon Jon Poulos, d (USA, * 31. 3. 1947 in Chicago/Illinois, † 26. 3. 1980); Tom Schekkel, d (USA, * 19. 11. 1954 in Chicago/Illinois); Bruce Soboroff, key (USA, * 31. 8. 1952 in Chicago/Illinois); Dennis Tufano, v/g (USA, * 11. 9. 1946 in Chicago/Illinois).

Mit Buckinghams probierte der Produzent James William Guercio den Chicago-Rock-Sound aus, den er schließlich mit Chicago perfektionierte. Die Buckinghams, alle geboren in Chicago, wurden 1966 gegründet. Im Dezember desselben Jahres hatten sie mit »Kind Of A Drag« einen Platz 1 in den USA. Es folgten weitere Top-10-Hits mit »Don't You Care« und »Mercy, Mercy, Mercy« 1967. Nun tauschte die Band Miccoli gegen Marty Grebb aus – der Erfolg ließ nach und ging 1968 gegen Null, als bekannt wurde, die Band würde sich mit Drogen aufputschen. 1970 trennte man sich, Poulos wurde Manager einiger lokaler Bands und starb 1980 an einer Überdosis Drogen. Tufano und Giammarese machten als Duo weiter und hatten 1973 mit »Music Everywhere« eine Platte unter den ersten 100 in den USA. Marty Grebb spielte mit Chicago und gründete die Fabulous Rhinestones.

*Kind Of A Drag (12/66 US 1)*
*Don't You Care (3/67 US 6)*
*Mercy, Mercy, Mercy (6/67 US 5)*
***Rock***

## Buckner & Garcia

Jerry Buckner, key (USA); Gary Garcia, v (USA).

Das aus Atlanta/Georgia stammende Duo Buckner & Garcia hatte mit der Novelty-Nummer »Pac-Man Fever« im Januar 1982 einen Top-10-Hit in den USA und einen Millionseller. Hier wurde über das entsprechende Video-Spiel gesungen – eine Masche, die sich in den nächsten Jahren ausbreiten sollte. Ob in den USA oder in GB: Die beliebten Video-Games der Kids wurden mit Liedlein bedacht, deren Tiefgang gleich Null war. Fast food für die McDonald's-Generation. So schnell, wie das Duo hochgekommen war, fiel es auch wieder hinten runter.

*Pac-Man Fever (1/82 US 9)*
***Pop, Techno***

## Bucks Fizz

Jay Aston, v (Großbritannien, * 4. 5. 1961 in London); Cheryl Baker, v (Großbritannien, * 8. 3. 1954 als Rita Crudgigton in Bethnal Green/London); Bobby G, v (Großbritannien, * 23. 8. 1953 als Robert Gubby in London); Karen Logan, v (Großbritannien); Mike Nolan, v (Irland, * 7. 12. 1954 in Dublin); Shelley Preston, v (Großbritannien, * 16. 5. 1964 in Salisbury/Wiltshire); David van Day, v (Großbritannien, * 28. 11. 1956 in Brighton).

Cheryl Baker gehörte der Formation Co-Co an, die 1978 zusammengestellt worden war, um GB beim Grand Prix Eurovision zu vertreten. Als die beiden Songschreiber Nichola Martin und Andy Hill wieder etwas wie Abba, zwei Jungs, zwei Mädels, für den Grand Prix 1981 suchten, schauten und hörten sie sich Hunderte von Sängern und Sängerinnen an, kamen auf die oben erstgenannten vier und nannten sie Bucks Fizz. Mit der Nummer »Making Your Mind Up« siegten sie, wurden Spitzenreiter in GB und Top 10 in Deutschland. Erst dananch entschloß man sich, die Band weiterbestehen zu lassen. Im Gegensatz zu etlichen anderen Interpreten konnte sie ihren Gewinn konservieren und für etliche Jahre erhalten. »The Land Of Make Believe«, ebenfalls 1981, und »My Camera Never Lies« 1982 waren weitere Nummer-1-Hits in GB. Im Dezember 1984 verletzte sich Mike Nolan bei einem Unfall mit dem Bandbus schwer – die Karriere schien beendet. Nun wurde auch das Verhältnis zwischen Andy Hill und Sängerin Jay Aston bekannt – Hill war inzwischen jedoch mit seiner Songschreiberpartnerin Martin verheiratet, und es gab Zoff. Für Aston wurde als Ersatz die bis zu diesem Zeitpunkt völlig unbekannte Shelley Preston in die Gruppe genommen. Mitte 1986 schaffte die Neuformierung mit »New Beginning (Mamba Seyra)« wieder einen Top-10-Hit. Nach 1988 war die Luft raus. Trotzdem machte die Gruppe weiter. In der zweiten Hälfte der 90er Jahre ersetzte David Van Day, einst Guys & Dolls und Dollar, Mike Nolan.

*Making Your Mind Up (3/81 GB 1, D 5; 4/81 CH 3)*
*The Land Of Make Believe (11/81 GB 1; 2/82 D 3)*
*My Camera Never Lies (3/82 GB 1)*
*Now Those Days Are Gone (6/82 GB 8)*
*If You Can't Stand The Heat (11/82 GB 10)*
*When We Were Young (6/83 GB 10)*
*New Beginning (Mamba Seyra) (6/86 GB 8)*
***Grand Prix, Pop***

**CD-Tip:** *Greatest Hits Of Bucks Fizz* BMG Camden 74321 37252 2

## Buffalo Springfield

Richie Furay, g (USA, * 9. 5. 1944 als Richard in Dayton/Ohio); Ken Koblun, b (USA); Dewey Martin, d (Kanada, * 30. 9. 1942 als Dewayne Midkiff in Chesterville/Ontario); Jim Messina, v/g (USA, * 5. 12. 1947 in Maywood/Kalifornien); Bruce Palmer, b (Kanada, geb. in Liverpool); Stephen Stills, v/g/key/b (USA, * 3. 1. 1945 in Dallas/Texas); Neil Young, v/g (Kanada, * 12. 11. 1945 in Toronto).

Im Frühjahr 1966 kam diese ausgezeichnete Gruppe in L.A. zusammen. Die Geschichte erzählt, daß in einem der typischen L.A.-Verkehrsstaus Stephen Stills und Richard Furay vor sich ein Auto mit einem Kennzeichen aus Ontario/Kanada sahen. Dann entdeckte Stills, daß darin ein Kumpel von ihm saß, nämlich Neil Young. Der hatte noch einen weiteren Kanadier im Wagen, Bruce Palmer – und die vier entschlossen sich, eine Band zu gründen. Nachdem Dewey Martin als fünfter Mann dazugekommen war, begannen sie als Herd, änderten dann aber ziemlich schnell den Namen in Buffalo Springfield um. Im Januar 1967 kam »For What It's Worth (Stop, Hey What's That Sound)« der Band in die US-Charts und erreichte Platz 7 – es sollte ihr größter Singlehit werden. Bruce Palmer bekam Schwierigkeiten, weil er kein gültiges Visum und keine Arbeitserlaubnis für die USA hatte und zudem noch mit Drogen erwischt wurde. Für ihn kam Ken Koblun und schließlich Jim Messina. Zwischenzeitlich war Neil Young auch mal kurz ausgestiegen und durch Doug Hastings ersetzt worden. Im Mai 1968 fiel die Gruppe auseinander. Stills und Young waren später bei Crosby, Stills, Nash & Young wieder zusammen. Furay und Messina gründeten Poco. 1997 wurde die Gruppe in die Rock 'n' Roll Hall of Fame aufgenommen.

*For What It's Worth (Stop, Hey What's That Sound) (1/67 US 7)*
***Rock, West Coast***

**CD-Tip:** *Retrospective* Atco 790 417–2

## Buffett, Jimmy

v (USA, * 25. 12. 1946 in Pascagoula/Mississippi).
Nachdem Jimmy Buffett Journalismus studiert und für einige Zeit als Korrespondent für das Magazin ›Billboard‹ in Nashville gearbeitet hatte, erhielt er im Sommer 1970 einen Plattenvertrag. Seine Lieder, so sagte er einmal, sind zu 90 Prozent autobiographisch. Sie handeln von Frauen und Saufen, Faulenzen und Segeln. Von seiner Debüt-LP »Down To Earth« wurden angeblich glatt 324 Exemplare verkauft. Ab 1973 sollte sich das ändern, im Mai 1974 erreichte er mit »Come Monday« zum erstenmal die Top 30, »Margaritaville« wurde ein Jahr später sein erster und einziger Top-10-Hit. Seit dieser Zeit erscheinen regelmäßig schöne, relaxte Platten von ihm – und sie erzählen noch immer von seinen Lieblingsbeschäftigungen. Anfang der 90er gründete er mit Margaritaville eine eigene Plattenfirma, und er kreierte eine eigene Kollektion von Tropenbekleidung. 1994 brachte er das Album »Fruitcakes«, das mit Platin bedacht wurde, heraus. 1995 kam »Barometer Soup« und erreichte Gold. Ein Jahr später erreichte »Banana Wind« das gleiche Ergebnis.

*Margaritaville (4/77 US 8)*
***Pop***

**CD-Tip:** *Boats, Beaches, Bars & Ballads* MCA D4–10631

## Buggles

GEOFF DOWNES, v/key (Großbritannien); TREVOR HORN, v/g (Großbritannien, * 15. 7. 1949 in Hertfordshire).
Nachdem der Trevor Horn in der Band von Tina Charles gespielt hatte, mit der er auch befreundet war, gründete er 1979 zusammen mit Geoff das Duo Buggles. Gleich die erste Veröffentlichung wurde im September 1979 eine Nummer 1 in GB: »Video Killed The Radio Star«. Am 1. 8. 1981 eröffnete MTV seine Sendungen mit genau diesem Video. Die Buggles wußten gar nicht, wie recht sie hatten. 1980 wurden beide Buggles Mitglieder bei Yes. Trevor ersetzte Jon Anderson, Geoff an den Tasten Rick Wakeman. Aber schon nach einer LP und einer US-Tournee fiel Yes wieder auseinander. Die Buggles kamen noch einmal kurz zusammen und veröffentlichten eine zweite LP mit dem beziehungsreichen Titel »Adventures In Modern Recording«. Dann gründete Downes mit Steve Howe Asia, und Trevor Horn wurde ein einflußreicher Produzent, der speziell mit den Bands ABC, Dollar und Frankie Goes To Hollywood erfolgreich ist. Letztgenannte Gruppe veröffentlicht ihre Hits auf dem Horn-eigenen Label ZTT. Trevor schreibt man auch den Erfolg von »Do They Know It's Christmas« der Band Aid zu.

*Video Killed The Radio Star (9/79 GB 1; 11/79 CH 1, D 2)*
***Elektro-Pop***

## Buhlan, Bully

v/p (Deutschland, * 3. 2. 1924 als Hans-Joachim Dr. Buhland in Berlin, † 7. 11. 1982).

Bully sang viele Lieder, die sich mit seiner Heimatstadt beschäftigten: »Ich hab' noch einen Koffer in Berlin« oder »Heimweh nach dem Kurfürstendamm«. Ansonsten war er unüberhörbar Fan von Bing Crosby. Er begann als Pianist in der Band von Michael Jary, dann kam der Gesang hinzu. Mit Songs wie »Würstchen und Salat«, der die Hungerjahre besang, traf er die Mägen der Nachkriegszeit richtig. Deutsche Versionen von US-Hits waren eine weitere Spezialität von Bully. Aus dem 1949er-Hit »Baby, It's Cold Outside« machte er »Baby, es regnet doch«, aus dem »Chattanooga-Cho-Cho« wurde der »Kötschenbroda Express«. Mit seinem spitzbübischen Gesicht war er der richtige Typ für den deutschen Nachkriegsfilm, und auch im aufkommenden Fernsehen war er sehr gefragt. Seine großen Hits als Sänger und Komponist beschränken sich auf die 50er und 60er Jahre. Als dann Anfang der 80er Jahre in einer Nostalgiewelle die Hits der Nachkriegszeit wieder gefragt waren, wollte er gerade mit auf eine ausgedehnte Tournee gehen, als er nach einem Herzinfarkt im November 1982 starb.

*Ich möcht' auf deiner Hochzeit tanzen (9/55 D 3)*
***Deutscher Schlager***

**CD-Tip:** *Ein Musikus, ein Musikus* Bear Family BCD 15 678 AH

## Burdon, Eric

v (Großbritannien, * 11. 5. 1941 in Walker/Newcastle-On-Tyne).

Zwischen 1964 und 1966 war Eric Burdon der Sänger der Animals. Ab 1966 nannte sich diese Formation, nachdem Alan Price die Band verlassen hatte, Eric Burdon & The Animals. Mit »See See Rider« hatten sie im September 1966 ihren ersten Top-10-Hit in den USA, mit »San Franciscan Nights« im Herbst 1967 auf beiden Seiten des Atlantiks einen Top-10-Hit. Nach 1969 hatte Burdon schwere Drogenprobleme, die er erst im Laufe der Jahre wieder in den Griff bekam. Als Eric Burdon & War gelang ihm Mitte 1970 ein großer Erfolg in den USA mit »Spill The Wine«. Die gesamte LP »Eric Burdon Declares War« ist noch heute empfehlenswert. Danach schien er wie vom Erdboden verschluckt. Udo Lindenberg buddelte ihn Ende der 70er Jahre wieder aus und nahm ihn mit auf Tournee. Es erschienen nun auch wieder neue Platten, und 1977 und 1983 kam es jeweils für eine LP-Produktion zu einer Reunion der alten Animals. Wer über diesen außergewöhnlich guten Sänger – ohne Zweifel hat er eine der besten weißen Bluesstimmen – mehr wissen will, sollte seine Autobiographie lesen: ›I Used To Be An Animal, But I'm All Right Now‹.

*See See Rider (9/66 US 10)*
*San Franciscan Nights (8/67 US 9; 10/67 US 7)*
*Spill The Wine (5/70 US 3)*
***Rock***

**CD-Tip:** *Eric Burdon Declares War* Metronome 827 735–2

## Burnette, Johnny

v (USA, * 25. 3. 1934 in Memphis/Tennessee, † 14. 8. 1964).

Johnny Burnette arbeitete in seiner Heimatstadt 1953 zusammen mit Elvis Presley in derselben Firma. Johnny wollte zunächst in die Fußstapfen seines älteren Bruders Dorsey Burnette (* 28. 12. 1932 in Memphis, + 19. 8. 1979) treten, der sich Geld als Boxer verdiente. Dafür war er jedoch nicht der richtige Typ. Zusammen mit Dorsey und einem weiteren, zu diesem Zeitpunkt schon lokal bekannten Musiker aus Memphis, Paul Burlison

(* 4. 2. 1929), gründete er Ende 1952 das Johnny Burnette Trio. Sie nahmen einige erfolglose Platten auf und trennten sich im September 1957. Die beiden Brüder schrieben »Waitin' In School«, Dorsey alleine »It's Late«, beides Hits für Ricky Nelson. 1960 hatte Dorsey noch einmal einen Hit unter den ersten 30 der US-Charts, danach war er in den Country-Hitparaden erfolgreich. Er starb nach einem Herzinfarkt. Johnny änderte ab 1960 seine musikalische Richtung vom Rockabilly hin zum Schlager, und mit der Nummer »You're Sixteen« erreichte er im Oktober jenes Jahres einen Top-10-Hit auf beiden Seiten des Atlantiks. Zwei Jahre lang galt Johnny als Teenager-Idol. Nach einigen Firmenwechseln gründete er 1964 seine eigene Company, Magic Lamp. Er sollte damit keinen Erfolg mehr haben. Am 14. August 1964 kam er während einer Angeltour bei einem Bootsunfall ums Leben. Die Musiktradition der Familie Burnette wird in der nächsten Generation weitergeführt: Johnnys Sohn Rocky Burnette war als Solist erfolgreich, Dorseys Sohn Billy Burnette wurde ein erfolgreicher Country-Interpret und 1987 Mitglied von Fleetwood Mac.

*Dreamin' (9/60 GB 5)*
*You're Sixteen (10/60 US 8; 1/61 GB 3)*
***Rockabilly***

**CD-Tip:** *Johnny Burnette* Liberty CDP 7 98122 2

## Burnette, Rocky

v (USA, * 12. 6. 1953 in Memphis/Tennessee).
Der Sohn von Johnny Burnette schrieb bereits ab 1967 Songs, die später von den Osmonds und David Cassidy aufgenommen wurden. In den frühen 70er Jahren veröffentlichte er seine erste Solo-LP, und mit »Tired Of Toein' The Line«, geschrieben in weniger als 20 Minuten, hatte er im Juni 1980 einen Platz 8 in der amerikanischen Pophitparade. 1980/82 erschien jeweils eine LP von ihm, 1983 formierte er dann sein New Rock 'n' Roll Trio zusammen mit Paul Burlison (dem einzigen Überlebenden des Johnny Burnette Trios) und Johnny Black, dem Bruder des Presley-Bassisten Bill Black. So schließt sich der Kreis.

*Tired Of Toein' The Line (5/80 US 8)*
***Rock 'n' Roll***

## Burns, Ray

v (Großbritannien).
In seiner Heimat Großbritannien war der Sänger Burns Mitte der 50er Jahren recht populär. Er brachte zwei Platten in die britische Hitparade, zuerst die Nummer »Mobile«, mit der er im Februar 1955 in die Top 10 kam. Den Nachfolger »That's How A Love Song Was Born« spielte er mit der Gruppe Coronets ein – er wurde lediglich Platz 14 in GB.

*Mobile (2/55 GB 4)*
***Pop***

## Burri, Angy & The Apaches

ANGELO BURRI, v (Schweiz, * 4. 4. 1939 in Zug).
Die bekannteste Eigenkomposition dieses Schweizer Interpreten ist laut Angabe der ›Schweizerischen Gesellschaft für die Rechte der Urheber musikalischer Werke‹ die Nummer »Wolfer Song«. Angy sang in seiner Jugend im Kichenchor. 1955 hörte er erstmals auf dem AFN die Sendung ›Stickbuddy Jamboree‹, die seinen Musikgeschmack prägen sollte. 1961 gründete er die Apaches, die zu diesem Zeitpunkt vorwiegend Rock'n'Roll spielten. Angy und seine Band traten immer in Indianer-Kostümen auf.

*School Days (4/83 CH 6)*

## Bus Stop

MARK HALL, dj (Großbritannien); GRAHAM SAMPSON, rap (Großbritannien); GRAHAM TURNER, dj (Großbritannien).

Mitte 1998 fiel vielen Musikschaffenden nichts anderes mehr ein, als auf die Popmusikgeschichte zurückzugreifen. Es wurde kurzerhand ein Revival der 70er Jahre angekündigt. Damit motivierten sie die Neuaufnahmen alter Platten, die meist im Original besser klangen als die Nachzieher. Bei »Kung Fu Fighting« konnten sich die drei jungen Briten als Sänger nur Carl Douglas vorstellen – der hatte auch schon das Original gesungen. In den letzten Jahren hatten viele Interpreten angefragt, ob sie die Originalstimme von Douglas sampeln dürften – er hatte immer abgelehnt. Diesmal sagte er zu und deshalb standen auch auf der Platte als Interpreten ›Bus Stop featuring Carl Douglas‹.

*Kung Fu Fighting (5/98 GB 8)*
***Disco, Pop***

## Busch, Lou

p (USA, * 18. 7. 1910 in Louisville/Kentucky, † 19. 9. 1979).

Der Pianist und Songschreiber arbeitete ab den späten 40er Jahren als Arrangeur für Kay Starr und Dean Martin. Unter dem Pseudonym Joe Fingers Carr veröffentlichte er rund 15 Soloalben als Honky-Tonk-Pianist. Daraus wurden etliche Singles ausgekoppelt. Der größte Erfolg als Carr war »Sam's Song«, als Lou Busch »Zambesi«.

*Sam's Song (6/50 US 7)*
*Zambesi (1/56 GB 2)*
***Instrumental***

## Bush

ROBIN GOODRIDGE, d (Großbritannien); DAVE PARSONS, b (Großbritannien); NIGEL PULSFORD, g (Großbritannien); GAVIN ROSSDALE, v/g (Großbritannien).

Anfang 1995 brachte das Quartett aus London das Album »Sixteen Stone« in die US-LP-Charts. Nach rund einem Jahr hatte sich das Album alleine in den USA mehr als sechs millionenmal verkauft – damit war es die meistverkaufte Debütplatte einer britischen Band in den USA – noch vor den Beatles! In den britischen Medien galt das besondere Interesse an der Band Sänger Gavin Rossdale, der der aktuelle Freund der Sängerin Gwen Stefani von No Doubt war. Die erste Hitnotierung hatten Bush in den USA: »Comedown« (9/95 US 30). Auch Nachfolger »Glycerine« (1/96 US 28) schaffte nur die US-Charts. »Machinehead« (4/96 US 43, 6/96 GB 48) aus dem Film »Fear« war dann die erste Platte auch in den britischen Charts. Ihr zweites Album »Razorblade Suitcase« war wieder ein großer Erfolg in den USA. Daraus ausgekoppelt wurde »Swallowed«, ihr erster Top-10-Hit in GB.

*Swallowed (3/97 GB 7)*
***Pop***

## Bush, Kate

v (Großbritannien, * 30. 7. 1958 in Bexleyheath/Kent).

Dave Gilmour von Pink Floyd hörte die zu diesem Zeitpunkt 16jährige Kate Bush eigene Lieder singen und war begeistert. Er bezahlte ihr ein Studio für Demo-Aufnahmen und verschaffte ihr einen Vertrag bei der EMI. Die entschied weise, mit Kate als Sängerin noch zu warten, und ermutigte sie, weitere Lieder zu schreiben, ihre Stimme auszubilden und Tanzund Schauspielunterricht zu nehmen. Das machte sie auch und sammelte nebenher Live-Erfahrung in Londoner Pubs mit der K. T. Bush Band. Im Januar 1978 wurde dann ihre erste Platte veröffentlicht: »Wuthering Heights«, nach dem gleichnamigen Roman von Emily Brontë. Es wurde im Februar 1978 ein Platz 1 in GB. Mit »The Man With The Child In His Eyes«, »Babooshka« und »Running Up That Hill« hatte sie weitere Top-10-Erfolge. Im Duett mit Peter Gabriel sang sie 1986 »Don't Give Up«. Ihre Liebe zur Literatur zeigte sich 1989 wieder auf »Sensual World«: Sie übernahm den Monolog der Molly Bloom aus James Joyce' ›Ulysses‹. 1990 ehrte die EMI die inzwischen seit 16 Jahren zur Firma gehörende Sängerin durch die Veröffentlichung der Box »A Woman's Work«. Kates außergewöhnliche Sensibilität zeigt sich nicht nur in ihren Songs, sondern auch in der Umsetzung als Video. 1993 veröffentlichte sie die CD »The Red Shoes«, aus der z. B. die Single »Rubberband Girl« ausgekoppelt wurde, die im Herbst 1993 Platz 12 in GB erreichte. Zusammen mit Larry Adler kam Kate Mitte 1994 mit der Single »The Man I Love«. Wie »Moments Of Pleasure«, »The Red Shoes« und »And So Is Love« kam auch diese Platte nicht über die Position 20 hinaus.

*Wuthering Heights (2/78 GB 1; 7/78 CH 8)*
*Man With The Child In His Eyes (6/78 GB 6)*
*Kate Bush On Stage EP (9/79 GB 10)*
*Babooshka (7/80 GB 5)*
*Running Up That Hill (8/85 GB 3; 9/85 D 3; 11/85 CH 10)*
*Don't Give Up (11/88 GB 9)*
***Pop***

**CD-Tip:** *Whole Story* EMI CDP 7 46414 2

## Busta Rhymes

BUSTA RHYMES, rap (USA als Trevor jr. Smith, geb. in Brooklyn/New York).
Die Karriere von Busta (* 1973) begann als Mitglied des HipHop-Quartetts Leaders Of The New School aus Uniondale im Staate New York. Zusammen mit MC Charlie Brown, genannt ›The Freestyle Wizzar‹, MC Dinco D, ›The Rhyme Scientist‹ und Cut Monitor Milo gelang ihnen im Herbst 1993 ein kleiner Hit in den R&B-Charts: »What Next?«. Nicht nur die Kollegen hatten Spitznamen, auch Busta hatte: ›The Mighty Infamous‹. Einige Monate vor ihrem eigenen Chart-Entry hatten sie als Gäste von James Brown auf dessen Platte »Can't Get Any Harder« gerappt – allerdings auch nur in den R&B-Charts. Als Gastrapper war Busta im Herbst 1994 ohne seine Kumpels bei Craig Mack und der Nummer »Flava In Ya Ear« zu hören – und die brachte es zu Platinruhm in den USA und wurde ein Top-10-Hit. Wahrscheinlich war nun auch die Zeit reif für Busta als Solist. Mit »WOO-HAH!! Got You All In Check« kam er im März 1996 in die US-Charts. Nach 5 Wochen – die Platte hatte sich inzwischen auf Platz 13 hochgearbeitet – wurde in den Charts zusätzlich noch die Nummer »Everything Remains Raw« genannt. Damit war es zumindest in den USA ein Double-A-Side-Hit. Top-40-Nachfolgesingles waren »It's A Party« (9/96 GB 23), »Do My Thing« (5/97 GB 39), »Put Your Hands Where My Eyes Could See« (10/97 GB 16), »Dangerous« (12/97 GB 32), mit »Turn It Up/Fire It Up (Remix)« eine weiterer Top-10-Hit und »One« (7/98 GB 23) mit Erykah Badu als Gast. Sein Album »The Coming« (4/96 US-LP 6) brachte ihm Gold, Nachfolger »When Disaster Strikes ...« (10/97 US-LP 3) Platin.

*WOO-HAH!! Got You All In Check (3/96 US 8; 5/96 GB 8)*
*Dangerous (1/98 US 9)*
*Turn It Up/Fire It Up (Remix) (4/98 GB 2; 5/98 D 7; 6/98 CH 6)*
*Turn It Up (Remix) (5/98 US 10)*
***HipHop, Rap***

**CD-Tip:** *The Coming* East West 7559 61742 2

## Butler, Jerry

v (USA, * 8. 12. 1939 in Sunflower/Mississippi).
Jerry Butler begann wie so viele seiner amerikanischen Soulsängerkollegen in einer Gospelgruppe. Zusammen mit Curtis

Mayfield war er Mitglied bei den Northern Jubilee Gospel Singers. Danach entdeckte er seine Liebe zum Rhythm & Blues und wurde Mitglied bei den Quails, um schließlich 1957 wieder mit Mayfield zu den Roosters zu gehen, aus denen wenig später die Impressions wurden. Mit »For Your Precious Love« hatte diese Formation Mitte 1958 einen Platz 11 in der amerikanischen Hitparade. Ab Herbst 1958 machte Jerry als Solist weiter, »He Will Break Your Heart« war im Oktober 1960 sein erster Top-10-Erfolg. 1964 sang er zusammen mit Betty Everett eine sehr schöne und erfolgreiche Version von »Let It Be Me«. 1969 hatte er den Millionseller »Only The Strong Survive«, der ebenfalls ein Top-10-Hit war. 1971 ein weiterer Millionseller, aber kein Top-10-Hit mit »Ain't Understanding Mellow«. Diesen Titel sang er im Duett mit Brenda Lee Eager. Bis in die 80er Jahre erschienen Platten von Jerry. Danach ließ er sich in den Stadtrat seiner Heimatstadt Chicago wählen.

*He Will Break Your Heart (10/60 US 7)*
*Let It Be Me (9/64 US 5)*
*Only The Strong Survive (3/69 US 4)*
***Soul***

**CD-Tip:** *The Best Of* Rhino R2 75881 TIS

## Butterfly, Simon

v (Deutschland, * 24. 8. 1946 als Bernd Simon in Hamburg).
Simon begann seine Karriere Anfang der 60er Jahre in der Hamburger Schülerband Lions. 1962 spielten sie im legendären Hamburger Star-Club. Nachdem sich herausgestellt hatte, daß er mit der Musik seinen Lebensunterhalt nicht verdienen konnte, ging Simon nach München und wurde Werbekaufmann. Anschließend arbeitete er in Köln bei einem Musikverlag und danach als Manager für einen Frankfurter Musikverlag. 1972 schrieb er den Titel »Rain Rain Rain«, den in Deutschland niemand aufnehmen wollte. In Paris fand er schließlich eine Plattenfirma, die mit der Sängerin Marie Laforêt das Stück als »Viens Viens« aufnahm und sehr erfolgreich wurde. Nun machte auch Simon eine eigene Version und hatte im April 1973 seinen einzigen Erfolg. Die Platte stand zuerst in der deutschen Hitparade – sie erreichte hier Platz 21 – und dann in den Schweizer Charts.

*Rain Rain Rain (7/73 CH 4)*
***Middle Of The Road (MOR), Schlager***

## Buttons, Red

v (USA, * 5. 2. 1919 als Aaron Chwatt in Bronx/New York City).
Der Filmschauspieler und Komiker begann seine Karriere als Page und Sänger in der ›Dinty Moore's Tavern‹ in der Bronx. Von der Phantasie-Uniform, die er bei seiner Arbeit trug und auf der rote Knöpfe angenäht waren, leitete er seinen Künstlernamen ab. In den 40er Jahren spielte er am Broadway in mehreren Revuen mit. Dann wurde er mit dem Aufkommen des Fernsehens in den USA in den frühen 50er Jahren als Komiker entdeckt. Schon ab 1952 hatte er seine eigene Show im TV – und wie bei uns darf derjenige, der seinen Kopf regelmäßig in die Glotze hält, auch ein Plättchen machen: »The Ho Ho Song« (5/53 US 9) mit der B-Seite »Strange Things Are Happening (Ho Ho, Hee Hee, Ha Ha)« (5/53 US 15) wurde sein erster, größter und einziger Erfolg. 1957 erhielt er für seine Darstellung des Sergeant Joe Kelly in »Sayonara« einen Oscar für die beste Nebenrolle. In den nächsten Jahren spielte er in etlichen, auch hochkarätigen Filmen mit. Darunter »Hatari!«, »Der längste Tag«, »Nur Pferden gibt man den Gnadenschuß« oder »Höllenfahrt der Poseidon«. Ende der 70er Jahre sah man ihn als

Schauspieler in TV-Serien wie »The Love Boat« oder »Fantasy Island«.

*The Ho Ho Song (5/53 US 9)*
***Pop***

## Bygraves, Max

v (Großbritannien, * 16. 10. 1922 in London).
Den Spitznamen Max erhielt der Sänger und Entertainer, weil er in seinen Anfangstagen mit Vorliebe den Komiker Max Miller imitierte. Nach dem Kriege spielte Bygraves in Nachtclubs, Music Halls und nahm ein Medley von Al-Jolson-Songs auf. 1949 spielte er eine kleine Rolle beim Film. In den frühen 50er Jahren war er häufig im Londoner Palladium zu sehen, eine Saison lang zusammen mit Judy Garland. Gleich im ersten Jahr, in dem es eine britische Hitparade gab, war er mit dabei: »Cowpuncher's Cantata« wurde ein Platz 6 in GB. Bis Ende 1960 schaffte Max sechs Top-10-Hits, dann schien seine Plattenkarriere beendet. Mit »Deck Of Cards« hatte er im Winter 1973 dann zumindest noch einmal einen Top-20-Hit. Das Original stammte von Tex Tyler, der das Lied 1948 geschrieben hatte. Die Nummer war auch ein Hit für Tex Ritter und Wink Martindale. In Deutsch wurde das Lied durch Bruce Low populär. Max erhielt insgesamt dreißig goldene Schallplatten, wurde später Musikverleger und 1982 von der Queen mit dem Order of the British Empire geehrt.

*Cowpuncher's Cantata (1/53 GB 6, GB 8; 3/53 GB 10)*
*Heart Of My Heart (5/54 GB 7)*
*Gilly Gilly Ossenfeffer Katzenellen Bogen By The Sea (9/54 GB 7)*
*Meet Me On The Corner (11/55 GB 2)*
*You Need Hands/Tulips From Amsterdam (5/58 GB 3)*
*Jingle Bell Rock (12/59 GB 7)*
*Things Ain't Wot They Used T' Be (3/60 GB 5)*
***Pop***

## Byrd, Gary

rap/dj (USA, geb. in Buffalo/New York).
Mit 15 Jahren wurde Gary der jüngste Discjockey seiner Heimat, des US-Staates New York. Er versuchte sich schon früh als Rapper, bezeichnete das jedoch als ›Plattenjournalismus‹. Mitte der 70er Jahre lernte er Stevie Wonder kennen und schrieb für dessen LP »Songs In The Key Of Life« zu zwei Titeln den Text. Zehn Jahre später revanchierte sich Wonder und schrieb mit Byrd »The Crown«, die Geschichte der Schwarzen von der Antike bis zu Malcolm X. Als Gary Byrd & The G.B. Experience wurde die Nummer Mitte 1983 ein Platz 6 in GB und ein Top-20-Hit in Deutschland. Stevie Wonder hatte die Platte produziert, arrangiert und wirkte auch als Interpret darauf mit. Das lag wohl auch daran, daß die Nummer die erste Veröffentlichung auf seinem eigenen Label Wondirection war. Weitere Erfolge blieben aus. Gary wurde Moderator der unterschiedlichsten Fernsehsendungen und wandte sich der Gospelmusik zu.

*The Crown (7/83 GB 6; 9/83 CH 7)*
***Pop, Rap***

## Byrds

SKIP BATTIN, v/b (* 2. 2. 1934); GENE CLARK, v/g (USA, * 17. 11. 1941 in Tipton/Missouri, † 24. 5. 1991); MICHAEL CLARKE, d (USA, * 3. 6. 1944 als Dick in New York City, † 19. 12. 1993); DAVID CROSBY, v/g (USA, * 14. 8. 1941 als van Cortland in Los Angeles/Kalifornien); CHRIS HILLMAN, b (USA, * 4. 12. 1942 in Los Angeles/Kalifornien); KEVIN KELLEY, d; JIM ROGER MCGUINN, v/g (USA, * 13. 7. 1942 in Chicago/Illinois); GENE PARSONS, v/d (USA, * 9. 4. 1944); GRAM PARSONS, v/g/key (* 5. 11. 1946 als Cecil Ingram Connor, † 19. 9. 1973); CLARENCE WHITE, v/g (* 7. 6. 1944, † 14. 6. 1973); JOHN YORK, v/b.

Die Byrds wurden 1964 in L.A. gegründet. McGuinn, Clark und Crosby bildeten zuerst das Trio Jet Set. Noch im selben Jahr nahmen sie als Beefeaters die Single »Please Let Me Love You« auf – ein Flop. Ende desselben Jahres kamen dann Hillman und Clarke dazu. Im November 1964 bekamen sie als Byrds einen Plattenvertrag bei der CBS. Als Debüt-Single erschien »Mr. Tambourine Man«, ein Spitzenreiter in den USA und in GB. Damit gelang ihnen, das Songschreibertalent Bob Dylans mit der von ihnen so bewunderten musikalischen Auffassung der Beatles zu verknüpfen. Allerdings: Von den Byrds ist auf dieser Platte nur McGuinn an der Gitarre zu hören. Ansonsten spielen Hal Blaine Schlagzeug, Larry Knechtel Baß oder Leon Russell Keyboards. Der Gesang stammte von McGuinn, Crosby und Gene Clark. Auf der Debüt-LP spielten die Byrds alle Instrumente selbst. Diese Urbesetzung der Byrds hielt nur ein Jahr. Gene Clark war der erste, der die Band verließ. Die restlichen vier machten als Quartett weiter, bis im Oktober 1967 David Crosby wegging, um mit Stephen Stills und Graham Nash Crosby, Stills & Nash zu gründen. Für drei Wochen kehrte Gene Clark zurück. Ab Dezember 1967 bis zum Oktober 1968 kamen als neue Mitglieder der Schlagzeuger Kevin Kelley und der Keyboarder und Gitarrist Gram Parsons. Während der Welttournee der Gruppe 1968 verließ Gram die Band, weil er nicht damit einverstanden war, daß die Byrds in Südafrika spielen sollten. Für ihn kam Clarence White. Gram Parsons gründete Ende 1968 die Flying Burrito Brothers und nahm von den Byrds dann auch noch gleich Chris Hillman mit. Auch Kevin Kelley verließ die Byrds, und somit blieben Ende 1968 nur Roger McGuinn und Neuzugang Clarence White übrig. Die holten sich John York als Bassisten und Gene Parsons als Schlagzeuger. Diese Formation hielt bis September 1969. Dann verließ John York die Byrds, um Mitglied im Sir Douglas Quintet zu werden. Skip Battin, ein Veteran des 50er-Jahre-Duos Skip & Flip, ersetzte ihn, und damit begann die längste Laufzeit einer Besetzung der Byrds. 1973 versuchten die Urmitglieder ein Comeback. Sie nahmen das Album »Byrds« auf, das kein Erfolg wurde. Dann wurde im Juli 1973 Clarence White von einer betrunkenen Frau überfahren, während er nach einem Konzert das Equipment in einen Lkw räumte. In den 70er Jahren spielten diverse Musiker der Byrds als Duo oder Trio zusammen. Im Januar 1989 spielten McGuinn, Crosby und Hillman wieder als Byrds zusammen, um die Rechte an diesem Namen zu sichern. Gene Clark und Michael Clarke wollten als Byrds auf Tournee gehen – das galt es zu verhindern. Im August 1990 nahmen McGuinn, Crosby und Hillman vier neue Lieder auf, die schließlich in einer Box mit neunzig Nummern der Byrds veröffentlicht wurden. Im Januar 1991 wurde die Band in die Rock 'n' Roll Hall of Fame aufgenommen. Mike Clarke starb im Dezember 1993 an Leberversagen.

*Mr. Tambourine Man (5/65 GB 1, US 1; 8/65 D 2)*
*All I Really Want To Do (8/65 GB 4)*
*Turn! Turn! Turn! (To Everything There's A Season) (10/65 US 1; 12/65 D 8)*
***Folk, Rock***

**CD-Tip:** *The Byrds* Columbia Legacy C4K 46773

## Byrnes, Edd

v (USA, * 30. 7. 1933 als Edward Breitenberger in New York City).
Der Schauspieler besprach einmal eine Platte, auf der Connie Stevens sang: »Kookie, Kookie (Lend Me Your Comb)«. Im April 1959 war das ein Platz 4 in der amerikanischen Hitparade. ›Kookie‹ Edd Byrnes war einer der Hauptdarsteller in der TV-Serie ›77 Sunset Strip‹, die zwi-

schen 1958 und 1963 gedreht wurde. Als Running Gag fuhr sich Gerald Lloyd Kookson III., genannt Kookie, ewig mit einem Kamm durch die Haarpracht. An diesen Riesengag lehnte sich der Song an. Nachdem Edd in den USA weder im Fernsehen noch im Film weitere Angebote erhalten hatte, spielte er in Europa in etlichen Spaghettiwestern mit. In den 70er Jahren war er wieder in den USA und in endlosen Episoden von zahllosen Actionserien zu sehen.

*Kookie, Kookie (Lend Me Your Comb) (4/59 US 4)*
***Pop***

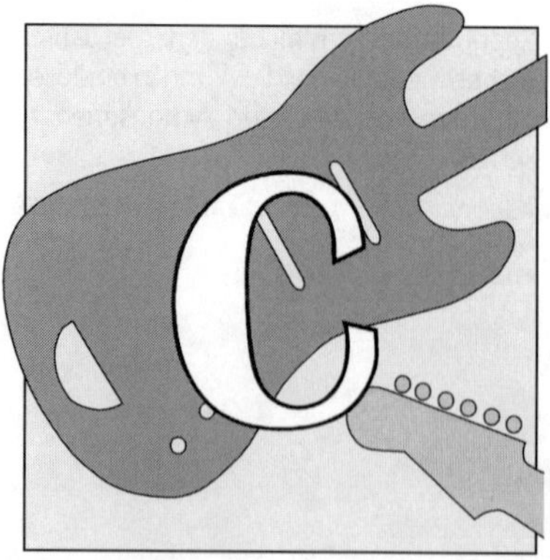

## C & C Music Factory

ROBERT CLIVILLÉS, dj (USA, * 30. 8. 1964 in New York City); DAVID COLE, key (USA, * 3. 6. 1962 in Johnson City/Tennesse, † 24. 1. 1995).

Robert und David lernten sich in einer Disco in Manhatten kennen. Robert legte Platten auf, David spielte dazu mit seinen Keyboards. Was das Publikum besonders gut fand, hatten sie schnell heraus – es bot sich also an, diese Erfahrungen für musikalische Projekte umzusetzen. Sie suchten nach einer Mischung aus Hip-Hop, Rock, Soul und Techno. Erstmals hatten sie Erfolg, als sie 1988 Natalie Cole bei der Produktion von »Pink Cadillac« halfen und sich die Platte zu einem internationalen Top-10-Hit mauserte. Zusammen mit dem Rapper Freedom Williams produzierten sie ihre erste eigene Platte, für die es im November 1990 Platin gab: »Gonna Make You Sweat (Everybody Dance Now)«. Als Interpreten standen auf der Platte C & C Music Factory Featuring Freedom Williams, im Video bewegte die aus Liberia stammende Zelma Davis zum Text die Lippen. Es dürfte jedoch Martha Wash sein, die hier in der Hauptsache neben Freedom William zu hören ist. Martha Wash sang mit Two Tons O' Fun, später bekannt als Weather Girls, und als Solistin. Die beiden Nachfolgehits »Here We Go« und »Things That Make You Go Hmmm...« erhielten 1991 Gold und waren ebenfalls Top 10. Im Februar 1992 erschien eine CD, auf der die beiden ihre »Greatest Remixes« vorstellten. Titeln von Lisa Lisa And Cult Jam, Seduction und eigenen Stücken wurde noch einmal neues Leben eingehaucht. Clivillés und Cole dürften zu den weltweit erfolgreichsten Remixern gehören, von deren Talent Whitney Houston, Mariah Carey, Aretha Franklin und viele andere profitierten. Insgesamt gewannen sie in den USA 28 Grammys, davon fünf American Music Awards, fünf Billboard Awards und zwei MTV Video Awards. Ihre CD »Gonna Make You Sweat«, die Anfang 1991 in den US-LP-Charts Platz 2 erreichte, verkaufte über 5 Millionen Exemplare alleine in den USA. David Cole starb am 25. 1. 1995 an Komplikationen, die eine spinale Meningitis, also eine Hirnhautentzündung mit Auswirkungen auf das Rückenmark, nach sich zog. Er war 32 Jahre alt.

*Gonna Make You Sweat (Everybody Dance Now) (11/90 US 1; 12/90 D 1, GB 3)*
*Gonna Make You Sweat (2/91 CH 1)*
*Here We Go (3/91 US 3)*
*Things That Make You Go Hmmm... (7/91 GB 4, US 4)*
***HipHop, Techno***

**CD-Tip:** *Gonna Make You Sweat* CBS 467814 2

## C-Block

THERESA BALTIMORE, v; PRESTON ›GOLDIE‹ HOLLOWAY, rap; MR. P. P.O.P., rap (USA, * 2. 2. 1967 als James Richard White in Pittsburgh/Pennsylvania); RED DOGG, rap (USA, * 24. 12. 1969 als Georgio Joseph in South Central – L.A.).

Mr. P. und Red Dogg, so ihre Künstlernamen, lernten sich in der US-Army in Deutschland kennen. Wie so viele G.I.'s vor ihnen sahen sie ihre Chance als Popstars in der Bundesrepublik. 1994 wurden sie aus dem Militärdienst entlassen und ließen sich in Fulda nieder. Die beiden machten auf harte Gangsta-Rapper – Fotos zeigten sie jedoch freundlich grinsend, was dazu kaum paßt. Vor allem der stämmige Pop ist eher aus der Serie freundlicher Nachbar. Ihre Single »So Strung Out« erschien Ende 1996 und erreichte die Top 10 in Deutschland und in der Schweiz. Der Song handelt vom Elend, das die Droge Crack anrichtet. Zu dem Duo gesellte sich bei der Aufnahme die Sängerin Gomez, die allerdings angeblich nur für dieses Projekt eingekauft wurde. Der Gruppenname C-Block bezieht sich auf den Zellenblock in US-Gefängnissen, in dem die Psychofälle sitzen. Im Herbst 1997 erschien die Single »Eternal Grace« – gleichzeitig wurde bekannt, daß neben Red Dogg jetzt Preston Holloway rappte, daß die Sängerin Theresa Baltimore fest in das Team aufgenommen sei und daß Mr. P. alias P.O.P. gefeuert wurde. Der nächste Hit war »Broken Wings« (3/98 D 27).

*So Strung Out (12/96 D 4; 1/97 CH 7)*
*Time Is Ticking Away (5/97 D 5; 6/97 CH 9)*
*Eternal Grace (12/97 D 8)*
***HipHop, Rap***

## C., Roy

(USA als Roy Charles Hammond, geb. in New York City).

Roy C. begann in den frühen 60er Jahren als Mitglied der Genies, die R&B sangen. Aber erst als Solist unter dem Namen Roy C. sollte er Erfolg haben: Mit »Shotgun Wedding« stand er im April 1966 auf Platz 6 in GB, wenig später zumindest unter den ersten 20 in Deutschland. Als die Platte im November 1972 in GB erneut veröffentlicht wurde, kam die Nummer wieder unter die ersten 10. Alle weiteren Anstrengungen von Roy auf diversen Plattenlabeln und bei seiner eigenen Firma Alaga blieben ohne Erfolg. Er betätigte sich später als Manager von Mark IV. Sein Hit »Shotgun Wedding« wurde von Rod Stewart 1993 aufgenommen und sowohl als Single wie auch auf der CD »Lead Vocalist« veröffentlicht.

*Shotgun Wedding (4/66 GB 6; 11/72 GB 8)*
***Pop***

## C.C.S.

Harry Beckett, tr (Großbritannien, * 30. 5. 1935); Jon Cameron, p (Großbritannien); Tony Carr, d (Großbritannien); Les Condon, tr (Großbritannien); Herbie Flowers, b (Großbritannien); Spike Heatley, b (Großbritannien); Alexis Korner, v/g (Frankreich, * 19. 4. 1928 als Körner in Paris, † 1. 1. 1984); Jim Lawless, per (Großbritannien); Bill Le Sage, per (Großbritannien, * 20. 1. 1927); Henry Lowther, tr (Großbritannien, * 11. 7. 1941); Don Lusher, pos (Großbritannien, * 6. 11. 1923); Barry Morgan, d (Großbritannien); Danny Moss, sax (Großbritannien, * 16. 8. 1927); Ronnie Ross, sax (Großbritannien, * 2. 10. 1933); Peter Thorup, v; Ray Warleigh, fl (Großbritannien); Johnnie Watson, pos (Großbritannien); Kenny Wheeler, tr (Großbritannien, * 14. 1. 1930).

C.C.S. war eine lose Verbindung von Musikern, die bevorzugt eine Kombination Rhythm & Blues und Big-Band-Jazz machten. Verwunderlich erscheint, daß in den ersten drei der 70er Jahre diese Musik tatsächlich erfolgreich war und mit »Walkin'« und »Tap Turns On The Water« 1971 zwei Top-10-Hits in GB brachte. Chef des Ganzen war Alexis Korner, der sich in der Vergangenheit als Boß diverser Gruppen hervorgetan hatte, die alle nicht sonderlich erfolgreich waren. Der in Paris geborene Österreicher – sein richtiger Nachname ist Körner – hatte schon in den 50er Jahren seine Vorliebe für den Blues entdeckt. 1961 gründete er Blues Incorporated, in der viele junge englische Musiker ihr Handwerk lernten. Zu den ersten Mitgliedern gehörten Cyril Davies, Charlie Watts und Dick Heckstall-Smith. Bis die Band 1967 auseinanderfiel, waren dabei Mick Jagger, Jack Bruce, Ginger Baker, Eric Burdon, Paul Jones, Lee Jackson, Danny Thompson, Hughie Flint, Graham Bond, Long John Baldry und Terry Cox. Alexis half bei der Gründung von Led Zeppelin und der Gruppe Free. C.C.S. ist eine Abkürzung für ›Collective Consciousness Society‹. Diese Gemeinschaft des kollektiven Bewußtseins brachte Alexis Korner zum erstenmal finanzielle Erfolge. Zweiter Sänger der Band war der Däne Peter Thorup, mit dem Korner bereits seit 1968 als Duo aufgetreten war. Daß die Band 1973 wieder auseinanderfiel, lag in der Hauptsache daran, daß die meisten der vielen Mitglieder C.C.S. nicht als ihre Haupteinnahmequelle betrachteten. Für sie war es ein Spaß, eine Art Nebenbeschäftigung. Die meisten der ausgezeichneten Musiker dieser Gruppe verdienten ihre Brötchen als vielbeschäftigte Studio-Cracks. Projekte von Korner nach dieser Zeit waren wie die davor: musikalisch nicht schlecht, kommerziell daneben. Alexis wurde zu Recht als der Vater des britischen Rhythm & Blues bezeichnet.

*Walkin' (2/71 GB 7)*
*Tap Turns On The Water (9/71 GB 5)*
***AOR (Adult Orientated Rock), Jazz, Rock***

**CD-Tip:** *Whole Lotta Love* EMI CDP 7 97553 2

## Cadogan, Susan

v (Jamaika).

Mit dem seichten Reggae »Hurt So Good« hatte sie im April 1975 einen Platz 4 in GB, danach noch einen weiteren Eintrag in den Charts, und dann war sie wieder vergessen. Während »Hurt So Good« hoch in den Charts stand, war sie selbstverständlich in GB, um Promotion zu machen. Dabei äußerte Susan Cadogan in einem Interview, sie habe Heimweh nach Jamaika – vielleicht ist sie aus diesem Grunde nicht mehr nach GB gekommen und hatte deshalb keine weiteren Hits.

*Hurt So Good (4/75 GB 4)*
***Reggae***

## Cafferty, John & The Beaver Brown Band

Michael Antunes, sax (USA); John Cafferty, v/g (USA); Robert Cotoia, key (USA); Gary Gramolini, g (USA); Pat Lupo, b (USA); Kenny Jo Silva, d (USA).

Die US-Band John Cafferty & The Beaver Brown Band aus Narrangansett, Rhode Island, schwamm musikalisch im Fahrwasser von Bruce Springsteen. Besonders an der Ostküste hatte sie sich ab 1977 eine eigene Fangemeinde aufbauen können. Mit »Tender Years« veröffentlichte die Band 1980 ihre erste Single, die zumindest ein lokaler Erfolg wurde. Danach erhielten sie das Angebot, die Musik für den Film »Eddie & The Cruisers« zu schreiben und aufzunehmen. Sie nahmen an, und der Film wurde 1983 zwar kein großer Kassenknüller, war aber 1984 ein Knaller im Kabel-TV. Die LP kam hoch in die US-Charts. Eine Single-Auskoppelung, »On The Dark Side«, erreichte im August 1984 Platz 7 in den USA. Der Film handelt von Eddie Wilson, einem Rockstar der späten 50er, frühen 60er Jahre, der zusammen mit seiner Band, den Cruisers, sehr erfolgreich ist. Eine neue Platte von ihm ist bereits aufgenommen, da verunglückt er tödlich bei einem Autounfall. Seine Leiche wird jedoch nicht gefunden, und eine Reporterin geht der mysteriösen Story nach. Sie findet heraus, daß die Bänder von der neu aufgenommenen LP ebenfalls nicht zu finden sind. Vermutungen kommen auf: Waren die neuen Nummern so progressiv, daß sie nicht mehr in das Konzept der Plattenfirma paßten? Fürchtete die Industrie, Eddie würde sich sein eigenes Image zerstören und es wäre besser, ihn zu beseitigen, damit er als Legende in die Plattengeschichte eingehen könne? An wen sollte diese Story erinnern? An Otis Redding vielleicht, dessen Flugzeug aus nie geklärten Umständen abstürzte? Es wurde oft der Verdacht geäußert, daß die weiße Plattenindustrie Reddings Maschine manipulierte, um diesen unbequemen und immer mehr Macht gewinnenden Mann zu beseitigen. Oder sollte an Sam Cooke erinnert werden, der in einem Motel unter sehr dubiosen Umständen erschossen wurde? Oder an James Dean, der seine besten Filme schon gedreht hatte, an Buddy Holly oder Eddie Cochran – in diesem Fall gibt es zumindest eine Namens- und Unfallgleichheit! In die deutschen Kinos ist der Film nicht gekommen, obwohl die zu diesem Zeitpunkt recht populäre Helen Schneider darin eine Hauptrolle spielte. In der Folge schrieb die Band für »Rocky IV«, »Cobra« und »Eddie & The Cruisers II« weiter Filmsongs, konnte den Erfolg jedoch nicht wiederholen.

*On The Dark Side (8/84 US 7)*
***AOR (Adult Orientated Rock), Rock***

**CD-Tip:** *Tough All Over* Scotti Brothers 290.14.033

## Caldwell, Bobby

v/per (USA, * 15. 8. 1951 in New York City).

Der Sänger und Multiinstrumentalist begann in den frühen 70er Jahren seine Karriere als Perkussionist bei Johnny Winter. Mit der selbstgeschriebenen Nummer »What You Won't Do For Love«, einer jazzangehauchten Ballade, hatte Bobby Caldwell seinen größten Soloerfolg. Dazu hat sicher beigetragen, daß die Single, die in Herzform und rotem Vinyl erschien, zum Valentinstag 1979 ein passendes Geschenk war. Nebenher verdiente er sich seine Dollars als Jingle- und Songschreiber für Werbung, TV-Serien und Filme. Sängerinnen wie Dionne Warwick, Natalie Cole oder Roberta Flack profitierten von seinem Songschreibertalent.

*What You Won't Do For Love (12/78 US 9)*
***Pop***

## Cale, J.J.

v/g (USA, * 5. 12. 1938 in Oklahoma City).

Öffentliche Auftritte und Interviews sind nicht die Sache des ›großen Schweigers aus Oklahoma‹. Während seiner High School Days spielte er zusammen mit Leon Russell in einer gemeinsamen Band. Er arbeitete mit Phil Spector und Delaney & Bonnie und ist als Sessionmusiker auf Platten von Bob Seger, Art Garfunkel, Maria Muldaur, Lee Clayton oder Neil Young zu hören. Erstmals wurde er unter seinem eigenen Namen bekannt, als Anfang 1972 die Platte »Crazy Mama« in den US-Charts bis auf Platz 22 kam. »After Midnight«, »Lies« und »Hey Baby« waren dort seine weiteren Notierungen, die aber nie über Position 40 hinauskamen. Cale ist ein Musiker für andere Musiker – besonders sein britischer Kollege Eric Clapton schätzt ihn sehr. Er übernahm Cale's Titel »After Midnight« und machte daraus einen Hit. Auch »Cocaine«, eine weitere Komposition von Cale, ist im Repertoire von Clapton. Cale selbst schaffte damit den Sprung in die deutschen Charts – Platz 22. Aber lediglich die Schweizer bewiesen genügend Geschmack, eine Platte von Cale in die Top 10 zu hieven: eben jenes »Cocaine« schaffte dort einen Platz 2. Die deutschen Rundfunkprogrammgestalter (welch ein Wort!) spielten die Nummer »Carry On« von Cale so oft, daß sie im Frühjahr 1981 bis auf Platz 6 der Airplay-Charts kam – der Käufer versagte und lief einfach nicht in die Läden, um diese schöne Platte zu kaufen. Cales erfolgreichste LP ist »Naturally«, die es in den USA bis auf Platz 51 brachte – es ist auch seine schönste. Seine bisher letzte Notierung in den LP-Charts hatte er ebenfalls in den USA: »Travel-Log« im Jahre 1990. Ohne Zweifel ist Cale ein guter Songschreiber und Gitarrist. Als Sänger ist er ähnlich wie Clapton kein Hochgenuß – aber als darbietender Künstler ist Cale im Gegensatz zu Clapton einfach langweilig und ohne Charisma.

*Cocaine (12/77 CH 2)*
***AOR (Adult Orientated Rock), Laid Back, Rock***

**CD-Tip:** *Anyway The Wind Blows – The Anthology* Mercury 534 754–2

## Calloway

REGGIE CALLOWAY, v/tr (USA, geb. in Cincinnati/Ohio); VINCENT CALLOWAY, v/pos (USA, geb. in Cincinnati/Ohio).
Die beiden Brüder Reggie und Cino-Vincent Calloway aus Cincinnati waren Mitglieder der R&B-und-Funk-Gruppe Midnight Star, die sich 1978 formierte und bis 1988 etliche Hits hatte. Ab Mitte der 80er Jahre begannen die Brüder erfolgreich, andere Künstler zu produzieren. 1988 gründeten sie ihr eigenes Duo Calloway. Mit dem frommen Wunsch »I Wanna Be Rich« hatten sie im Februar 1990 einen Platz 2 in den US-Charts und einen Millionseller – Wunsch erfüllt. Ein Nachfolgehit gelang bisher nicht.

*I Wanna Be Rich (2/90 US 2)*
***Funk, Rhythm & Blues***

**CD-Tip:** *Let's Get Smooth* Epic 468 731 2

## Calloway, Cab

v/d/sax/bl (USA, * 25. 12. 1907 in Rochester/New York, † 18. 11. 1994).
Cab galt viele Jahre als der charismatischste Showman im gesamten US-Musikgeschäft. Seine Kleidung, speziell sein Hut, war außergewöhnlich, die Art seines Vortrags mitreißend. Cab konnte singen, Schlagzeug und Tenorsaxophon spielen, Lieder schreiben und war außerdem noch ein ausgezeichneter Bandleader. Anfang der 30er Jahre, in der großen Zeit des Cotton Club, wurde er als der ›King Of Hi-De-Ho‹ oder ›His Hi-De-Ho Highness Of Jive‹ bekannt. In seinen diversen Jazzbands spielten zeitweise Musiker wie Ben Webster, Dizzy Gillespie oder Cozy Cole. Mit »Minnie The Moocher« hatte er schon im Jahre 1931 seine erste Nummer 1 in den US-Charts. Der Song basierte auf der Folk-Nummer »Willy The Weeper«. Die Reihe seiner Erfolge geht bis Mitte der 40er Jahre. Sein »Blues In The Night«, Trompete spielte Dizzy Gillespie, war im Januar 1943 sein letzter Top-10-Hit. Auch als Schauspieler war Cab ab Anfang der 30er Jahre erfolgreich gewesen. Als George Gershwin »Porgy & Bess« schrieb, dachte er an Cab Calloway als Darsteller des Sportin' Life. In der Originalshow des Jahres 1935 spielte er zum Leidwesen von Gershwin nicht mit. Als 1952 »Porgy & Bess« für fast drei Jahre auf Tournee durch die Welt ging, war Cab in der ihm zugedachten Rolle mit dabei. Er spielte auch in »Hello, Dolly« und 1980 im Film »Blues Brothers« mit. Daß die Musik von Cab unsterblich ist, zeigte Joe Jackson, als er die Nummer »Jumpin' Jive« erneut aufnahm. Cab hatte damit Mitte 1939 als »(Hep-Hep) The Jumpin' Jive« einen Platz 2 in den USA und seinen einzigen Millionseller. Seine letzte Hitnotierung hatte Cab in den USA 1966 mit dem Titel »History Repeats Itself«. Anfang 1990 spielte er im Video zu »Alright« von Janet Jackson mit. Mitte 1994 erlitt er einen schweren

Schlaganfall, wenige Monate später starb er an einer Lungenentzündung.

*Blues In The Night (1/42 US 8)*
***Big Band, Jazz, Pop***

**CD-Tip:** *Hi De Ho Man – Classics* CBS 462 958 2

## Calvert, Eddie

tr (Großbritannien, * 15. 3. 1922 in Preston/Lancashire, † 7. 8. 1978).

Calvert spielte bereits in den 40er Jahren Trompete in diversen Bands, bevor er seine eigene Gruppe gründete. In den frühen 50er Jahren wurde er sehr populär in GB, sein Spitzname war ›Man With The Golden Trumpet‹. 1953 nahm er eine Melodie aus dem Filmmusical »Feuerwerk« auf: »Oh, mein Papa«, begleitet von Norrie Paramor und seinem Orchester, wurde ein Millionseller in den USA, ein Platz 6 in den US-Charts und ein Spitzenreiter in GB. Im April 1955 war er erneut Nummer 1 in GB mit seiner Version von »Cherry Pink And Apple Blossom White«. Bis Ende der 50er Jahre gelangen ihm weitere Top-10-Hits. In Theatern und Clubs blieb er bis 1968 sehr erfolgreich, dann ging er nach Südafrika. Dort starb er nach einem Herzinfarkt.

*Oh, mein Papa (12/53 GB 1, US 6)*
*Cherry Pink And Apple Blossom White (4/55 GB 1)*
*John And Julie (7/55 GB 6)*
*Mandy (2/58 GB 9)*
***Instrumental, Pop***

**CD-Tip:** *The Best Of* EMI CDPM 7920 102

## Cameo

LARRY BLACKMON, v/d (USA, * 29. 5. 1956 in New York City); WAYNE COOPER, v (USA); THOMAS JENKINS, v (USA); GREGORY JOHNSON, key (USA); NATHAN LEFTENANT, v (USA).

Die Gruppe wurde 1974 als New York City Players gegründet. Ab 1976 nannten sie sich Cameo, und nachdem 1984 mit »She's Strange« zum erstenmal eine Notierung in den US-Popcharts aufgetaucht war, wurde aus der Band ein Trio. Es blieben Blackmon, Jenkins und Leftenant. Diesen dreien gelang mit »Word Up!« im August 1986 ein weltweiter Top-10-Hit. Nach 1988 machte das Trio eine Pause, und ab 1990 erschienen neue Platten von Cameo, auf denen deutlich gemacht wurde, daß nur Larry Blackmon das Sagen in der Band hatte. Als Besitzer von Atlanta Records kümmerte er sich außerdem um die Förderung junger Künstler.

*Word Up! (8/86 GB 3, US 6; 10/86 D 3)*
***Funk, Soul***

**CD-Tip:** *Best Of Cameo* Mercury 514 929–2

## Cameron, Andy

v (Großbritannien).

Cameron nutzte gegen Ende der 70er Jahre die Vorliebe von Fußball- und Popfans für das Schottenmuster. So waren es z. B. die Gruppe Bay City Rollers und der Sänger Rod Stewart, die keine Gelegenheit ausließen zu zeigen, wie kleinkariert sie sich geben können. Mit »Ally's Tartan Army« hatte Cameron im März 1978 einen Platz 6 in der britischen Hitparade. Dabei blieb es.

*Ally's Tartan Army (3/78 GB 6)*
***Pop***

## Camisra

PAUL NEWMAN (Großbritannien).

Tall Paul heißt nicht nur so, sondern ist es auch – er ist knapp zwei Meter groß. Als Tall Paul hatte er mit »Rok Da House« (3/97 GB 12) einen ersten Hit – es war seine Erkennungsmelodie als DJ. Auch hinter Camisra steckte lediglich Paul Newman. Ein Nachfolgehit war »Feel The Beat« (7/98 GB 32).

*Let Me Show You (2/98 GB 5)*
***Disco, House***

## Camouflage

Oliver Kreyssig, d (Deutschland, * 4. 9. 1965 in Bönnigheim); Heiko Maile (Australien, * 12. 1. 1966 in Sydney); Marcus Meyn, v (Deutschland, * 2. 5. 1966 in Pforzheim).
Dieses Trio aus dem süddeutschen Bietigheim behauptete am Anfang seiner Karriere: ›Wir sind kein Depeche-Mode-Abklatsch‹. Zumindest lehnte sich das Synthie-Trio an diese Formation an. Mit »The Great Commandment« hatte Camouflage im Herbst 1987 einen ersten Top-20-Hit in Deutschland, der im Dezember 1988 sogar in der amerikanischen Singlehitparade notiert wurde. Das Stück »Love Is A Shield« wurde im Mai 1989 zum größten Erfolg von Camouflage. Im April 1991 erschien die dritte LP der Band, die inzwischen zum Duo geschrumpft war. Oliver Kreyssig war gegangen.

*Love Is A Shield (5/89 D 9)*
***Elektro-Pop***

**CD-Tip:** *Bodega Bohemian* Metronome 517 819–2

## Campbell, Ali

v (Großbritannien, * 15. 2. 1959 als Alistair Campbell in Birmingham).
Anfang des Jahres 1995 gründete Ali Campbell sein eigenes Label Kuff. Auf diesem Label veröffentlichte er seine Debüt-Single als Solist »That Look In Your Eyes«, die gleich ein Top-10-Hit in GB wurde. Wenig später erschien sein Soloalbum »Big Love«. Auch das brachte es unter die ersten 10 in den entsprechenden Charts. Im selben Jahr traten auch UB40 gemeinsam auf, z. B. in der Late Show mit David Letterman. Gleichzeitig erschienen aber auch weitere Singles von Ali, z. B. »Let Your Yeah Be Yeah«, im August 1995 ein Platz 25 in GB, und im Duett mit seiner Frau Kibibi eine Neuauflage von »Somethin' Stupid«, Ende 1995 immerhin noch Platz 30 in GB. Wie dem auch sei, für die Fans besteht zwischen Platten von UB40 und Soloplatten von Ali kaum ein Unterschied – dafür ist Alis Stimme auf den UB40-Platten zu prägnant.

*That Look In Your Eyes (5/95 GB 5)*
***Pop, Reggae***

**CD-Tip:** *Big Love* Virgin 7243 8 40458 2

## Campbell, Glen

v/g (USA, * 22. 4. 1936 in Billstown/Arkansas).
Der Sänger und Ausnahmegitarrist schaffte es, sowohl in den Pop- als auch in den Country-Charts erfolgreich zu sein. Er begann 1954 in der Band seines Onkels Dick Bill und blieb bis 1958. 1960 war er Mitglied bei den Champs. 1961 hat er seine erste Notierung in der US-Singlehitparade. Nebenher profilierte er sich als Studiomusiker und begleitete 1965 die Beach Boys. Ab 1967 begann mit »By The Time I Get To Phoenix« seine erfolgreiche Zeit. Zwischen 1968 und 1972 hatte er seine eigene TV-Show, ›The Glen Campbell Goodtime Hour‹. Und ›Goodtime‹ war auch meist seine Musik. Schöne Songs, die nicht weh taten. Mit »Wichita Lineman« 1968, »Galveston« 1969, »Rhinestone Cowboy« 1975 und »Southern Nights« 1977 gelangen ihm vier Millionseller. Erfolgreich war er auch im Duett mit Bobbie Gentry, Anne Murray und Rita Coolidge. Die Liste seiner Pophits reicht bis in die 80er Jahre, die der C&W-Erfolge bis in die 90er. Neben seinen vielen Talenten schaffte es Glen auch noch, im Filmgeschäft erfolgreich zu sein. So spielte er z. B. 1969 neben John Wayne die Hauptrolle in »True Grit«; ein weiterer Filmerfolg war 1970 »Norwood«.

*Wichita Lineman (11/68 US 3; 1/69 GB 7)*
*Galveston (3/69 US 4)*
*All I Have To Do Is Dream (12/69 GB 3)*
*Honey Come Back (5/70 GB 4)*
*It's Only Make Believe (9/70 US 10; 11/70 GB 4)*
*Rhinestone Cowboy (5/75 US 1; 10/75 GB 4)*
*Southern Nights (2/77 US 1)*
***Country, Pop***

**CD-Tip:** *The Very Best Of Glen Campbell* Capitol CDP 7 46483 2

## Campbell, Junior

v (Großbritannien, * 31. 5. 1947 als William Campbell, Jr. in Glasgow/Schottland).
Junior begann seine Karriere als Mitglied von Dean Ford & The Gaylords. 1966 änderte die Band ihren Namen in Marmalade um und hatte eine stattliche Latte von Hits. Ab 1972 startete Campbell ein Soloprojekt, das musikalisch sehr an Marmalade angelehnt war und deutlich zeigte, daß er es auch gewesen war, der in der Band die Richtung angegeben hatte. Mit »Hallelujah Freedom« gelang ihm im Oktober 1972 ein Top-10-Hit in GB. Mit »Sweet Illusion« gelang ihm im Juni 1973 ein Platz 15 in den GB-Charts, danach lief seine Solokarriere schon wieder aus. Campbell zog sich aus der ersten Reihe zurück, um als Songschreiber für das Fernsehen erfolgreich zu sein.

*Hallelujah Freedom (10/72 GB 10)*
***Pop***

## Campbell, Tevin

v (USA, * 12. 11. 1978 in Waxahachie/Texas).
Als Zehnjähriger erhielt er eine Rolle in der TV-Show ›Wally & The Valentines‹. Quincy Jones sah ihn, erkannte sein Talent und wurde zum Förderer des Jungen. Erstmals stand Tevin im April 1990 in den Hitparaden mit »Tomorrow (A Better You, A Better Me)« (5/90 US 75) – unter der Aufnahme war Quincy Jones Featuring Tevin Campbell zu lesen. Ende desselben Jahres hatte er seinen ersten Top-20-Hit in den USA – Prince produzierte und schrieb »Round And Round« (12/90 US 12) für den Film »Graffiti Bridge«, in dem Tevin auch zu sehen war. Der Titel entwickelte sich zum Millionseller. Die weiteren Top-10-Hits siehe unten. Auch noch hoch in den Charts: »Always In My Heart« (6/94 US 20). Die erfolgreichsten Alben »T.E.-V.I.N.« (12/91 US-LP 38) und »I'm Ready« (11/93 US-LP 18).

*Tell Me What You Want Me To Do (11/91 US 6)*
*Can We Talk (10/93 US 9)*
*I'm Ready (3/94 US 9)*
***Rhythm & Blues***

**CD-Tip:** *I'm Ready* Qwest/WB 9362–45388–2

## Campi, Fausto & Die Leonards

FAUSTO CAMPI.
Im November 1955 hatte die Formation Fausto Campi & Die Leonards mit dem Titel »Hey Mr. Banjo« einen Top-10-Hit in der deutschen Hitparade. Mit der überaus merkwürdigen Feststellung »In Peru sind die Mädchen gefährlich« hatten sie vier Monate später noch einmal einen Top-20-Hit. Dann tauchten sie mit ihrem Banjo in Peru unter – oder so!

*Hey Mr. Banjo (11/56 D 9)*
***Deutscher Schlager***

## Can

HOLGER CZUKAY, b (Deutschland, * 24. 3. 1938 in Danzig); DAVID JOHNSON, fl; MICHAEL KAROLI, g (Deutschland, * 29. 4. 1948 in Straubing); JAKI LIEBEZEIT, d (Deutschland, * 26. 5. 1938 in Dresden); MALCOLM MOONEY, v; IRMIN SCHMIDT, key (Deutschland, * 29. 5. 1937 in Berlin); KENJI DAMO SUZUKI, v (Japan, * 16. 1. 1950).

Bevor die Gruppe im Dezember 1968 mit ihrer Debüt-LP begann, hatten sie ohne den amerikanischen Sänger Malcolm Mooney und mit dem Flötisten David Johnson gespielt. Schmidt und Czukay hatten beide von Karl-Heinz Stockhausen gelernt, hatten Neue Musik auf ihre Fahne geschrieben. Das, was sie spielten, war ohne Zweifel sehr experimentell und unkommerziell. Mit Liebezeit und Karoli gelang es, eine Brücke zwischen Pop-Musik und Avantgarde zu bauen. Kritiker verglichen Can in ihrer frühen Phase mit Velvet Underground. Ihre erste LP »Monster Movie« aus dem Jahre 1969 brachte als Highlight die zwanzigminütige Nummer »Yoo Doo Right«, die ein Extrakt aus einer zwölfstündigen Improvisationssession war. Mooney verließ Ende 1969 die Band und wurde durch den Japaner Suzuki ersetzt, der seinerseits 1973 wieder ging. Danach arbeitete Can mit wechselnden Sängern und fiel 1978 auseinander. Offiziell hat sich Can nie aufgelöst, die Musiker blieben sich untereinander mehr oder weniger freundschaftlich verbunden. Ende 1986 kamen die fünf Musiker der ersten Besetzung noch einmal zusammen und nahmen mit »Rite Time« ein Album auf, das erst 1989 erschien. Für Singlehitparaden war die Musik von Can sicher nie geeignet. Trotzdem gelang der Band mit »Spoon«, einer Melodie aus einem Krimi, der ›Das Messer‹ (!) hieß, im Februar 1972 ein Platz 6 in den deutschen Charts. Can dürfte zu den wenigen deutschen Bands gehören, die einflußreich für die internationale Musik waren. Mit ihrer Mischung aus improvisierter und ethnischer Musik waren sie ihrer Zeit weit voraus. Anfang 1997 Holger Czukay: ›Vielleicht sind wir lebendiger denn je. Das liegt daran, daß unsere Musik heute ihrer Zeit nicht mehr voraus ist, sondern endlich von einer Menge Menschen verstanden wird.‹ Geplant war für 1997 ein Tribute-Album, auf dem Beck, Sonic Garden oder That Dog Can-Material neu aufnehmen. Und dazu gibt es noch ein Can-Remix-Album, auf dem DJs bzw. Musiker wie Westbam, The Orb oder Brian Eno ihre eigenen Can-Versionen präsentieren.

*Spoon (12/71 D 6)*
***Elektro-Pop, Rock***

**CD-Tip:** *Cannibalism* / Spoon CD 001/2

## Candy Flip

DIZZIE DEE (Großbritannien als Daniel Spencer); RIC PEET (Großbritannien als Richard Anderson-Peet).
Die beiden Musiker von Candy Flip waren zuerst Mitglied in der House-Band This Ain't Chicago, bevor sie sich entschlossen, die alten Hippietage wieder neu zu beleben. Sie liefen in Klamotten herum, als wären sie direkt aus dem Katalog für den schicken Teenager der 60er Jahre entsprungen. Zuerst veröffentlichte das Duo »Love Is Life«, dann verwurschtelten sie den alten Beatles-Klassiker »Strawberry Fields Forever« zu einem Top-Dance-Titel, der im März 1990 in die britische Hitparade kam und Platz 3 erreichte. Mehr wollte den beiden nicht gelingen.

*Strawberry Fields Forever (3/90 GB 3)*
***Dance, House***

## Candyman

CANDYMAN, rap (USA, * 25. 6. 1968 in Los Angeles/Kalifornien).
Candyman arbeitete ab 1983 als Tänzer und Rapper – z. B. mit Tone-Loc –, bevor ihm im August 1990 mit »Knockin' Boots« eine Platinplatte und ein Top-10-Hit gelang. Die Nummer war zusammengesamplet aus »Tonight Is The Night« von Betty Wright und »Ooh Boy« von Rose Royce – das Ganze dann noch mit einem »Groovin'«-Feeling von den Young Rascals gemixt. Nachfolger »Melt In Your

Mouth« – hier wurde zur Melodie »Could It Be I'm Falling In Love« der Spinners gerappt – brachte es lediglich in den US-R&B-Charts unter die ersten 50.

*Knockin' Boots (9/90 US 9)*
***Pop, Rhythm & Blues***

**CD-Tip:** *Ain't No Shame In My Game* Epic 467472 2

## Canned Heat

MARK ANDES, b (USA, * 19. 2. 1948 in Philadelphia/Pennsylvania); STUART BROTMAN, b; FRANK COOK, d; ADOLPHO ›FITO‹ DE LA PARRA, d (Mexico, * 8. 2. 1946 in Mexico City); BOB HITE, v (USA, * 26. 2. 1945 in Torrance/Kalifornien, † 5. 4. 1981); HARVEY MANDEL, g (USA, * 11. 3. 1945); LARRY TAYLOR, b (USA, * 26. 6. 1942 in Brooklyn/New York); HENRY VESTINE, g (USA, * 25. 12. 1944 in Washington/D.C., † 20. 10. 1997); ALAN WILSON, v/g/harm (USA, * 4. 7. 1943 in Boston/Massachusetts, † 3. 9. 1970).

Der Bluesmusiker Tommy Johnson nahm im Jahre 1928 eine Nummer auf, die »Canned Heat Blues« hieß. Auf dieses Stück geht angeblich der Gruppenname der 1965 in L.A. gegründeten Band zurück. Er spiegelt die Vorliebe der Musiker wider, die sich in ihren Anfangstagen vor allem auf den musikalischen Geschmack von Alan Wilson verließ. Der trug den Spitznamen ›Blind Owl‹, was wohl eine Anspielung auf seine dicken Brillengläser war. Der zweite wichtige Mann in der Band war Bob Hite, der seinerseits den Spitznamen ›The Bear‹ trug. Hier war es wohl die körperliche Konstitution, die diesen Namen förmlich anbot. In den Anfangstagen der Band kam es zu etlichen Umbesetzungen: Stuart Brotman verließ die Band, um Mitglied bei Kaleidoscope zu werden, und wurde durch Mark Andes ersetzt, der aber auch nicht lange bei der Band blieb. Er ging zu Spirit, und für ihn kam Larry Taylor, ein erfahrener Studiomusiker, der bereits mit Jerry Lee Lewis getourt und auf Platten der Monkees mitgespielt hatte. Der Jazzdrummer Frank Cook wurde 1968 durch den Mexikaner Adolfo De La Parra ersetzt. Der erste große Erfolg der Band war ihr Auftritt beim Monterey Pop-Festival am 16. 6. 1967. Die Band traf genau den Nerv der amerikanischen Jugendlichen jener Tage. Sie wurden von den Hippies, Freaks, Blues-, Rock- und Psychedelic-Fans akzeptiert. Im Oktober 1967 erschien ihr Debütalbum, und mit »On The Road Again« hatte die Gruppe im Juni 1968 einen Platz 8 in GB. In den USA und in Deutschland erreichte die Platte zumindest die ersten 20 in den Charts. Auch der Nachfolgehit »Going Up The Country« wurde noch im selben Jahr ein Erfolg. Der größte Hit von Canned Heat wurde eine Komposition von Wilbert Harrison: »Let's Work Together«, im Frühjahr 1970 ein Top-10-Hit in GB und bei uns. Damit war der Höhepunkt der Gruppe erreicht – der Abstieg begann, und er dokumentierte sich im Tode von Vordenker Alan Wilson. Im »Canned Heat Blues« von Tommy Johnson wird die stimulierende Wirkung eines Produktes namens Sterno, eines Rohrreinigungsmittels, besungen. An den Dosen zu schnüffeln machte high – Klebstoffschnüffler der 80er Jahre wissen, wovon die Rede ist. Es gab in den USA nicht wenige, die behaupteten, die Band habe sich den Gruppennamen wegen ihrer Vorliebe für stimulierende Mittelchen ausgesucht. Von den Mitgliedern wurde auf die Liebe zum Blues verwiesen. Wie dem auch sei: Am 3. 9. 1970 wurde Al Wilson tot aufgefunden. Er starb an einer Überdosis Drogen. Ob es ein Unfall oder Selbstmord war, werden wir wohl nie erfahren. Ohne Wilson, den John Lee Hooker einmal als den besten Harmonikaspieler aller Zeiten bezeichnete, ließ der Biß von Canned Heat nach. Es kam zu weiteren Wechseln in der Band – und als am 5. 4. 1981 Bob Hite nach einem Herzschlag starb, war von den Originalmitgliedern niemand mehr mit dabei. Was Anfang der 90er Jahre dann immer noch als Canned Heat durch die Lande zog, wäre besser in der Dose geblieben.

*On The Road Again (7/68 GB 8; 9/68 CH 3)*
*Let's Work Together (1/70 GB 2; 3/70 D 6, CH 8)*
***AOR (Adult Orientated Rock), Rock, West Coast***

**CD-Tip:** *The Big Heat* EMI 0777 78027 5 2 2

## Cannon, Freddy

v/g (USA, * 4. 12. 1939 als Frederick Anthony Picariello in Lynn/Massachusetts).
Cannon wurde als ›der letzte Rock-'n'-Roll-Star‹ bezeichnet. In der Tat war er einer der letzten Vertreter des wilden, lauten Rock. Als Freddy Karmon war er Mitte der 50er Jahre Chef von Freddy Karmon & The Hurricanes, 1956 spielte er die Leadgitarre beim Hit »Ka Ding Dong« der G-Clefs. Danach machte er ein Demo eines Titels, den er zusammen mit seiner Mutter geschrieben hatte und der als »Tallahassee Lassie« im Mai 1959 ein Platz 6 in den USA wurde. Sechs Monate später folgte mit »Way Down Yonder In New Orleans« ein Platz 3 in den USA und in GB. »Palisades Park« war im Mai 1962 sein letzter großer Hit, 1965 beendete er seine Karriere und wurde Promotionmann für die Plattenfirma Buddah-Records. Bei Oldie-Revivals trat er noch manchmal auf, und mit den Belmonts, der alten Band von Dion, hatte er 1981 mit »Let's Put The Fun Back in Rock 'n' Roll« mal wieder einen Charterfolg.

*Tallahassee Lassie (5/59 US 6)*
*Way Down Yonder in New Orleans (11/59 US 3; 1/60 GB 3)*
*Palisades Park (5/62 US 3)*
***Pop, Rock 'n' Roll***

## Capaldi, Jim

v/d (Großbritannien, * 24. 8. 1944 in Evesham/Worcestershire).
Dieser Schlagzeuger, Sänger und Songschreiber spielte bereits mit 17 Jahren zusammen mit Luther Grosvenor und Dave Mason in einer Band, die sich Hellions nannte. Daraus wurde später Deep Feeling und im April 1967 Traffic. Obwohl er bis zum Ende dieser Band im Dezember 1974 dabeiblieb, machte er nebenher ab 1972 auch Soloplatten. Sein größter Erfolg war im Oktober 1975 ein Platz 4 in GB mit »Love Hurts«. Schon seit den Tagen vor Traffic ist Capaldi mit Steve Winwood befreundet. Die gelegentliche Zusammenarbeit der beiden geht bis in die 90er Jahre. 1994 veröffentlichten sie als Traffic die CD »Far From Home«.

*Love Hurts (10/75 GB 4)*
***AOR (Adult Orientated Rock)***

**CD-Tip:** *Some Come Running* Island 259 439

## Capitols

Samuel George, v/d (USA, † 17. 3. 1982); Richard Mitchell McDougall, v/p (USA); Donald Norman Storball, v/g (USA).
Dieses R&B-Trio aus Detroit begann als 3 Caps. Als Capitols hatten sie mit »Cool Jerk« im April 1966 einen Platz 7 in den US-Charts. Es folgten zwei kleinere Hits, und dann war ihre Erfolgsphase wieder vorüber. 1969 trennten sie sich, Storball, der die Nummer »Cool Jerk« geschrieben hat, wurde Polizist. Samuel George wurde 1982 erstochen. Ein Wiederhören mit »Cool Jerk« gab es 1992/93 gleich zweimal. In den Filmen »Kevin allein in New York« mit Macaulay Culkin und »Night And The City« mit Robert De Niro und Jessica Lange fand er erneut Verwendung.

*Cool Jerk (4/66 US 7)*
***Rhythm & Blues***

## Cappella

RODNEY BISHOP, v (Großbritannien, * 19. 12. 1967 in Lambeth/London); ETTORE FORESTI, v; KELLY OVERETT, v (Großbritannien, * 19. 3. 1972 in Ipswich).

Cappella tauchte erstmals 1988 mit »Push The Beat/Bauhaus« (4/88 GB 60) in der britischen Hitparade auf. Dieser aus Italien stammende Interpret wurde produziert von P. Feroldi und Gianfranco Bortolotti. Die zweite Single »Helyom Halib« (5/89 GB 11) war schon erfolgreicher. Nach einer weiteren Hitnotierung Ende 1989 war das Kapitel Cappella anscheinend ausgestanden. Im Frühjahr 1992 kam mit »Take Me Away« (1/92 GB 25) Cappella zurück. »U Got 2 Know« (5/93 D 21) brachte den ersten Top-10-Hit in GB. Immer noch wurde als Interpret Ettore Foresti genannt. Seine Plattenfirma bezeichnet den in Brescia geborenen Ettore als ›professionellen Tänzer und Choreographen‹. Auch die Nachfolger »U Got 2 Let The Music« und »Move On Baby« wurden wieder Top-10-Hits, dieses Mal auch in Deutschland. 1994 waren auf den von Cappella veröffentlichten Aufnahmen als Interpreten die beiden Briten Kelly Overett und Rodney Bishop abgebildet. Ob sie nun wirklich singen oder ob Foresti jemals gesungen hat, wird das Geheimnis von Bortolotti bleiben, der mit einem weiteren Disco-Act, The 49ers, ebenfalls erfolgreich war. »U And Me« (6/94 D 14) war wieder Top 10 in GB, »Move It Up/Big Beat« (10/94 GB 16, D 33) und »Tell Me The Way« (9/95 GB 17) waren Top-20-Hits in GB. Im Herbst 1997 erschien mit »U Tore My World Apart« eine neue Single von Cappella – diesmal war auf der Plattenhülle eine Frau abgebildet, ohne daß erklärt wurde, wer sie ist.

*U Got 2 Know (4/93 GB 6)*
*U Got 2 Let The Music (10/93 GB 2, D 3; 12/93 CH 1)*
*Move On Baby (2/94 CH 1, D 4, GB 7)*
*U And Me (6/94 GB 10)*
***Disco***

## Cappuccino

CAPPUCCINO, rap (Deutschland, * 11. 1. 1974 als Karsten Löwe in Braunschweig).

Seine Wurzeln stammen aus der 84er Breakdancezeit. 1992 begann er zu rappen und gründete 1993 in seiner Heimatstadt Braunschweig die Band Licence To Rime. Dann erste Erfolge mit der Formation Jazzkantine. Bei diesem Projekt machte auch Ole Sander mit, der das erste Album von Cappuccino, das Mitte 1997 erschien, betreute. Dieses Debütalbum hieß »Lautsprecher«. Daraus ausgekoppelt wurde als erste Single die Nummer »Männer«, die sich nicht behaupten konnte. Die zweite Single »Du fehlst mir« brachte es bereits nach nur drei Wochen in die deutschen und Schweizer Top 10.

*Du fehlst mir (10/97 CH 4, D 5)*
***HipHop, Rap***

**CD-Tip:** *Lautsprecher* Mercury 534 760–2

## Capris

JOHN CASSESE, v (USA); MIKE MINCELLI, v (USA); VINNY NARCARDO, v (USA); FRANK REINA, v (USA); NICK SANTAMARIA, v (USA).

Dieses aus Queens, New York, stammende Quintett kam 1958 zusammen und nahm einige Titel auf. Nachdem nichts Außergewöhnliches mit den Doo-Wop-Stücken passiert war, trennten sich die Jungs 1959 wieder. Dann wurde 1960 die Nummer »There's A Moon Out Tonight« wiederveröffentlicht und kam im Dezember bis auf Platz 3 in den US-Charts. Daraufhin formierte sich die Band erneut, es folgten noch ein paar kleinere Hits, und die Jungs verschwanden wieder in der

Versenkung. Der Leadsänger Santamaria verließ die Capris erneut, die über die Jahre hinweg bestanden und auftraten. 1982 kehrte Sanatamaria wieder zurück – neue Hits brachte es nicht mehr.

*There's A Moon Out Tonight (12/60 US 3)*
***Doo Wop, Rhythm & Blues***

## Capstick, Tony

b (Großbritannien, geb. in Sheffield).
Der Folksänger und Komiker hatte seine ersten Erfolge in den 70er Jahren, als Folk-Comedians wie Billy Connolly, Jasper Carrott, Fred Wedlock oder Mike Harding erfolgreich waren. Capstick machte zusammen mit der Gruppe Hedghog Pie eine Mixtur aus Skiffle, Folk, Traditionals und Bob Dylan. Nachdem er auf einen populären TV-Werbespot der Firma Hovis Bread eine Parodie aufgenommen hatte, kam er zur Überraschung aller in die GB-Charts. Die Nummer »The Sheffield Grinder/Capstick Comes Home« erreichte im März 1981 einen Platz 3 in GB. Als Interpreten dieses Titels wurden Tony Capstick & The Carlton Maine/Frickley Colliery Band angegeben. Das war der einzige Pop-Erfolg für Capstick.

*The Sheffield Grinder/Capstick Comes Home (3/81 GB 3)*
***Folk, Pop***

## Captain & Tennille

DARYL DRAGON, key (USA, * 27. 8. 1942 in Los Angeles/Kalifornien); TONI TENNILLE, v (USA, * 8. 5. 1943 in Montgomery/Alabama).
Toni und Daryl lernten sich bei der Produktion des Rockmusicals »Mother Earth« kennen. Toni sang darin und war eine der Autoren – Daryl, der Sohn des bekannten amerikanischen Orchersterchefs Carmen Dragon, spielte Keyboards in der Hausband des Marines-Memorial-Theaters in Los Angeles, das das Ganze aufführte. Die beiden taten sich zusammen und gingen mit den Beach Boys auf Tournee. Mike Love von den Beach Boys war es, der Daryl den Spitznamen Captain gab. Im Frühjahr 1974 nahmen Captain & Tennille mit »The Way I Want To Touch You« ihre erste gemeinsame Platte auf und heirateten am 14. 2. 1974, am Valentinstag. Im April 1975 gelang ihnen mit der Neil-Sedaka-Nummer »Love Will Keep Us Together« ein Platz 1 in den USA und ein Millionseller. Im September desselben Jahres wurde nun ihre erste Platte, »The Way I Want To Touch You«, erneut veröffentlicht und erreichte ebenfalls Goldstatus. Gleiches gelang 1976 »Lonely Night (Angel Face)«, »Shop Around« und »Muskrat Love«. Mit »Do That To Me One More Time« hatte das Duo im Oktober 1979 noch einmal einen Platz 1 in den USA und einen Millionseller. Nach 1980 wurde es ruhiger um die beiden. Inzwischen waren sie im Fernsehen so etabliert, daß sie eine eigene Show hatten, in der Toni die Moderatorin und Daryl der musikalische Leiter war. Ab 1984 veröffentlichte Toni Soloalben.

*Love Will Keep Us Together (4/75 US 1)*
*The Way I Want To Touch You (9/75 US 4)*
*Lonely Night (Angel Face) (1/76 US 3)*
*Shop Around (5/76 US 4)*
*Muskrat Love (9/76 US 4)*
*You Never Done It Like That (8/78 US 10)*
*Do That To Me One More Time (10/79 US 1; 2/80 GB 7; 6/80 CH 5)*
***AOR (Adult Orientated Rock), Pop***

## Captain Hollywood Project

TONY DAWSON-HARRISON, v/rap (USA, * 9. 8. 1962 in Newark/New Jersey).
Dahinter verbirgt sich in der Hauptsache der Amerikaner Tony Dawson-Harrison, der 1980 mit der US-Army nach Deutschland kam. Er war ehemaliger Weltmeister im Breakdance und Elektroboogie und ob

dieser Talente nach Beendigung seiner Militärzeit des öfteren in der TV-Sendung ›Formel 1‹ zu sehen. Nachdem er während der IFA 1987 gleich in etlichen TV-Shows aufgetreten war, gab man ihm die Möglichkeit, eine eigene Band zu gründen, die er Captain Hollywood Project nannte. 1988 erschien »Deborah«, 1989 »Soul Sister«. Beide Platten floppten. Erfolg hatte er hingegen als Rapper bei der Formation Twenty 4 Seven, die mit dem Titel »I Can't Stand It!« im Mai 1990 einen Platz 3 in Deutschland schafften – im September 1990 erreichte die Nummer einen Platz 7 in GB. Im Sommer 1991 versuchte sich Tony erneut als Captain Hollywood. Es erschien »Rock Me« und schließlich mit »More And More« im Winter 1992 seine erste Nummer 1 in Deutschland. Dieser Titel wurde Mitte 1993 sein erster Top-20-Hit in den USA. Auch 1995 kamen weitere Platten von Captain Hollywood in die Charts: »Flying High« und »Find Another Way« schafften dabei Plätze um die Position 20 herum.

*More And More (10/92 D 1; 1/93 CH 3)*
*Only With You (2/93 D 4; 3/93 CH 5)*
***Dance***

**CD-Tip:** *Love Is Not Sex* Blow Up INT 879.000

## Captain Jack

LIZA DA COSTA, v (Deutschland, * 26. 3. 1968 in Flörsheim); FRANKY GEE, v/rap (Kuba, * 19. 2. 1962 als Francisco Gutierrez in Havanna).
Um notfalls die Interpreten austauschen zu können, sind auf den Platten von Captain Jack lediglich Zeichnungen zu finden. Chef des Unternehmens ist Udo Niebergall, der 1992 die Nummer »Vamos A La Playa« remixte. Gleiches tat er 1994 mit »Major Tom«. Im Sommer 1995 startete er Captain Jack. Wenig später hatte er mit dem gleichnamigen Titel einen ersten Top-10-Hit in Deutschland. Ob die, die da als Captain Jack auf Bühnen stehen, auch die sind, die auf den Platten singen, weiß nur Udo. »Drill Instructor« war Anfang 1996 der zweite Top-10-Hit, »Soldier Soldier« kam Mitte desselben Jahres bis auf Platz 11 in Deutschland, »Little Boy« im Herbst nur noch auf Platz 27. Im März 1997 erschien das Album »Operation Dance«.

*Captain Jack (11/95 D 3; 1/96 CH 6)*
*Drill Instructor (3/96 D 4)*
***Dance, Rap***

**CD-Tip:** *The Mission* EMI 7243 8 38049 2

## Captain Sensible

CAPTAIN SENSIBLE, b (Großbritannien, * 23. 4. 1954 als Raymond Burns in Balham/London).
Zusammen mit der britischen Punkgruppe Damned hatte Captain Sensible seine ersten Erfolge. 1982 unterschrieb er nebenher einen Solovertrag und veröffentlichte den alten Richard-Rodgers-Oscar-Hammerstein-Titel »Happy Talk« aus dem Musical »South Pacific«, der im Juni Nummer 1 in GB wurde. »Wot« und »Glad It's All Over/Damned On 45« wurden weitere Top-10-Erfolge für Burns in Deutschland bzw. GB. 1984 stieg er bei Damned aus, spielte für einige spezielle Auftritte, aber auch immer wieder mal mit seinen alten Kumpels. Seine 1991 veröffentlichte LP »Revolution Now« hinterließ wenig Spuren.

*Wot (2/82 D 4; 12/82 CH 3)*
*Happy Talk (6/82 GB 1)*
*Glad It's All Over/Damned On 45 (3/84 GB 6)*
***Pop***

## Cara, Irene

v/p (USA, * 18. 3. 1959 in New York City).
Irene Cara trat bereits als Kind im spanischsprechenden Radio und TV in ihrer

Heimatstadt auf. Mit acht spielte sie im Broadway-Musical »Maggie Flynn«, mit zehn sang sie zusammen mit Roberta Flack und Sammy Davis jr. zu Ehren von Duke Ellington im Madison Square Garden. Ab 16 war sie verstärkt in Fernsehserien zu sehen, so z. B. in ›Roots‹. 1980 bewarb sie sich um eine Rolle in »Fame«, die sie auch erhielt. Schließlich durfte sie den Titelsong singen und hatte damit ihren ersten großen Hit. Es folgten weitere Filme, z. B. »Cotton Club«, und weitere Hits, z. B. »Out Here On My Own« (8/80 US 19), »Flashdance... What A Feeling«, »Why Me?« (10/83 US 13, D 17) und »Breakdance«. Dann gab es vertragliche Schwierigkeiten mit ihrer Plattenfirma, und es sollte einige Zeit dauern, bis sie schließlich 1987 ihre Gesangskarriere fortsetzen konnte.

*Fame (6/80 US 4; 7/82 GB 1)*
*Flashdance... What A Feeling (4/83 US 1; 6/83 CH 1, GB 2, D 3)*
*Why Me? (12/83 CH 4)*
*Breakdance (3/84 US 8)*
***Dance, Pop***

## Caravelles

ANDREA SIMPSON, v (Großbritannien); LOIS ANN WILKINSON, v (Großbritannien, * 3. 4. 1944 in Sleaford/Lincolnshire).

Lois Wilkinson und Andrea Simpson (* 1946) sangen 1963, als sie mit dem Titel »You Don't Have To Be A Baby To Cry« sowohl in ihrer Heimat GB als auch in den USA einen Top-10-Erfolg hatten, total gegen den Trend. Während der britische Beat aus Liverpool alles an die Wand drückte, was nicht mit drei Gitarren und Schlagzeug gespielt wurde, sangen diese beiden Britinnen eine leichte Ballade. Allerdings: Bei diesem einen Hit sollte es bleiben. Lois Wilkinson machte als Lois Lane (nicht zu verwechseln mit der holländischen Formation) Soloplatten und sang bei der BBC aktuelle Hits, als während der Beschränkung der Needle-Time weniger Platten gespielt werden durften. Andrea behielt den Gruppennamen Caravelles und trat bis Ende der 80er Jahre mit immer wechselnden Partnerinnen auf.

*You Don't Have To Be A Baby To Cry (8/63 GB 6; 11/63 US 3)*
***Soft Pop***

## Cardigans

BENGT LAGERBERG, d (Schweden); NINA PERRSON, v (Schweden); MAGNE SVENINGSSON, b (Schweden); PETER SVENSSON, g (Schweden); LARS ULF-JOHANSSON, key (Schweden).

»Carnival« (6/95 GB 72, 12/95 RE-GB 35), »Sick And Tired« (9/95 GB 34), »Rise And Shine« (2/96 GB 29), »Lovefool« (9/96 GB 21, 5/97 RE-GB 4) und »Been It« (12/96 GB 56) – das ist die Ausbeute dieser schwedischen Formation aus Jönköping, die 1992 zusammenfand. Sängerin Nina hauchte mit ihrer Lolita-Stimme gleich auf dem 1994 erschienenem Debüt-Album »Emmerdale« in einer Art und Weise, daß ihr und der Gruppe das Etikett ›Kitsch-Pop‹ angehängt wurde. ›Der Sound der Cardigans hat seine Wurzeln in der jazzy Nightclub-Atmosphäre der Sixties. Zu ihren Vorbildern zählt die Band Nancy Sinatra und Lee Hazlewood‹, schreibt ihre Plattenfirma über die Band. Aber auch die Easy-Listening-Welle, die von vielen technogenervten Rundfunkredakteuren und Radiohörern Mitte der 90er Jahre geradezu herbeigewünscht wurde, half der neuen Band, sich zu etablieren. Als »Carnival« in GB die Charts erreichte, in Japan die Gruppe frenetisch gefeiert wurde und einen Spitzenplatz in der Hitparade errang, wurde man auch hierzulande auf sie aufmerksam. Eine Tournee durch Deutschland, die zweite LP »Life« und »Rise And Shine«, ein Top-30-Hit in GB, brachten der Gruppe auch hierzulande viel Presse – aber keinen Hit. Der Rundfunk spielte die Nummern – die Käufer blieben aus. Als drittes Album erschien 1996 »First Band On The Moon«. Die Auskopplung »Lovefool« kam im Herbst 1996 fast in die britischen Top 20 – und dann kam für die Nummer ein glücklicher Umstand: Die Platte fand Verwendung in einer Neuverfilmung von Shakespeares »Romeo & Julia«, die speziell beim jugendlichen Publikum gut ankam. Sowohl in GB als auch in Deutschland kam die Platte wieder bzw. erstmals hoch in die Charts. Vom Easy-Listening-Sound hatte sich die Gruppe inzwischen weitestgehend entfernt – der Ruf einer ›Cocktail-Lounge-Band‹ haftete ihr ob ihres cremigen Sounds immer noch an.

*Lovefool (4/97 D 6; 5/97 GB 2)*
***Pop***

## Carey, Mariah

v (USA, * 27. 3. 1970 in Long Island/New York).

1988 suchte die Plattenfirma der Sängerin Brenda Kaplan, die als Brenda K. Starr Platten aufnahm, eine geeignete Backgroundsängerin. Mariah Carey, die in New York als Kellnerin arbeitete, hatte seit ihrem vierten Lebensjahr von ihrer Mutter, die einst an der New Yorker Oper gesungen hatte, Gesangsunterricht erhalten. Mariah bewarb sich für den Job als Backgroundsängerin – mit Erfolg. Brenda K. war von Mariahs Stimme – die sieben Oktaven umfaßt! – so angetan, daß sie das Demoband weiterreichte. Daraufhin erhielt Mariah einen Solovertrag. 1989 verbrachte sie mit den Aufnahmen für ihre erste Platte, und im April 1990 stellte die CBS sie in New York dem Publikum vor. Sie sang, nur von Richard Tee am Piano begleitet, drei Titel. Das Publikum war begeistert. Es folgten Auftritte in ›NBC Tonight‹ und bei Arsenio Hall, und im August erreichte ihre Debüt-Single »Vision Of Love« Platz 1 in den USA und wurde ein Millionseller. »Love Takes Time«, »Someday«, »Emotions« und »I'll Be There« wurden ebenfalls Spitzenreiter in der amerikanischen Hitparade. Ihre Debüt-LP »Mariah Carey« hielt sich 22 Wochen auf dem Spitzenplatz der amerikanischen LP-Charts. Kein Wunder also, daß sie 1991 zwei Grammys erhielt: als beste Sängerin und als beste neue Künstlerin. Am 5. 6. 1993 heiratete sie Tommy Mottola, Präsident der Plattenfirma Sony Music, bei der sie unter Vertrag ist. Bemerkenswert auch die Verkäufe der Alben von Mariah Carey. Ihr Debütalbum, erschienen Mitte 1990, verkaufte inzwischen 8 Millionen Exemplare, »Emotions« (1991) 4 Millionen, »MTV Unplugged EP« (1992) 3 Millionen, »Music Box« (1993) 9 Millionen, »Merry Christmas« (1994) 3 Millionen und »Daydream« (1995) 8 Millionen. Da könnte man eigentlich schon auf Singlehits verzichten, aber mühelos schaffte sie auch 1995 und 1996 Spitzenreiter in den Singlecharts. Mitte 1997 wurden Gerüchte laut, daß sich Mariah von Ehemann Mottola trennen werde – diese Gerüchte bewahrheiteten sich später. Am 13. 9. 1997 erschien mit »Honey« ihre nächste Single in den USA-Charts sofort auf Platz 1. Auch noch erfolgreich: »Butterfly« (12/97 GB 22) und »My All« (6/98 D 30).

*Vision Of Love (6/90 US 1; 8/90 GB 9)*
*Love Takes Time (9/90 US 1)*
*Someday (1/91 US 1)*
*I Don't Wanna Cry (4/91 US 1)*
*Emotions (8/91 US 1)*
*Can't Let Go (11/91 US 2)*
*Make It Happen (2/92 US 5)*
*I'll Be There (5/92 US 1, GB 2)*
*Dreamlover (8/93 US 1, GB 9)*
*Hero (10/93 US 1, GB 7)*
*Without You/Never Forget You (1/94 GB 1, US 3; 3/94 D 1)*
*Without You (4/94 CH 1)*
*Anytime You Need A Friend (6/94 GB 8)*

*Endless Love (9/94 US 2, GB 3; 10/94 CH 6)*
*All I Want For Christmas Is You (12/94 GB 2)*
*Fantasy (9/95 US 1, GB 4; 11/95 CH 10)*
*One Sweet Day (12/95 US 1, GB 6)*
*Open Arms (2/96 GB 4)*
*Always My Baby (4/96 US 1; 6/96 GB 3)*
*Honey (9/97 US 1, GB 3)*
*My All (5/98 US 1; 6/98 GB 4, CH 7)*
***Pop***

**CD-Tip:** *Daydream* Columbia 481 367 2

## Carey, Tony

v/g/key (USA, * 16. 10. 1952 in Fresno/Kalifornien).
Der Sänger, Gitarrist, Keyboarder und Songschreiber begann seine Karriere in der US-Gruppe Blessings. Im September 1975 wurde er bis zum Mai 1977 Mitglied in Ritchie Blackmores Rainbow. 1978 kam er für einen Sessionjob für zwei Wochen nach Frankfurt – er blieb in Deutschland hängen und arbeitete in den folgenden Jahren als Solist, als Kopf vom Planet P Projekt, das es 1983 zumindest zu einem Eintrag in die US-Charts mit »Why Me?« brachte, oder als Studiomusiker. Mit der Nummer »A Room With A View«, die in der TV-Serie ›Wilder Westen inklusive‹ zu hören war, erreichte Tony im Januar 1989 Platz 3 in den deutschen Charts. TV-Melodien haben sich zwischenzeitlich zu einer seiner Spezialitäten entwickelt. Daß sich Tony Carey geschickt zwischen Rock- und Softmusiker bewegen kann, zeigt seine langanhaltende und vielseitige Karriere.

*A Room With A View (1/89 D 3; 3/89 CH 9)*
***Pop, Rock***

**CD-Tip:** *The Long Road* East West 9031–77029–2 ZP

## Carle, Frankie

p/bl (USA, * 25. 3. 1903 als Francis Nunzio Carlone in Providence/Rhode Island).
Schon als Teenager spielte Carle, der auch Songschreiber war, in Tanzkapellen. Über einige andere Stationen gründete er 1945 seine eigene Band, die mit den Titeln »Oh! What It Seemed To Be« und »Rumors Are Flying« 1946 jeweils den ersten Platz in der amerikanischen Hitparade belegte. In beiden Fällen war die Sängerin Marjorie Hughes, Frankies Tochter. Mit dem Beginn der 50er Jahre ließ der Erfolg von Carle nach, Mitte der 50er Jahre löste er seine Band auf.

*A Little On The Lonely Side (2/45 US 4)*
*Saturday Night (Is The Loneliest Night In The Week) (2/45 US 8)*
*Oh! What It Seemed To Be (1/46 US 1)*
*One More Tomorrow (6/46 US 10)*
*Rumors Are Flying (9/46 US 1)*
*It's All Over Now (11/46 US 6)*
*Roses In The Rain (4/47 US 9)*
*Beg Your Pardon (2/48 US 5)*
*Twelfth Street Rag (12/48 US 10)*
*Crusing Down The River (On A Sunday After-Noon) (3/49 US 8)*
***Big Band***

## Carlisle, Belinda

v (USA, * 17. 8. 1958 in Hollywood/Kalifornien).
Im Mai 1985 gaben die 1978 gegründeten Go-Go's bekannt, daß sie sich trennen würden. Belinda mußte sich von dem langjährigen Streß mit dieser Band erst einmal erholen – trotzdem war klar, daß sie schon aufgrund ihres Äußeren auch weiterhin im Geschäft bleiben würde. Ziemlich genau ein Jahr später gab sie ihr erstes Solokonzert, und die Single »Mad About You« wurde im selben Monat ihr erster Top-10-Hit. Mit dem Titel »Heaven Is A Place On Earth« etablierte sie sich im Winter 1987 in den internationalen Hitparaden: Platz 1 in den USA und in GB, Platz 3 in Deutschland. In der Folgezeit erschienen in regelmäßigen Abständen sehr schöne und meist auch erfolgreiche Platten von Belinda, z. B. »Bigscyryanimal«, im Herbst 1993 Platz

12 in GB. Wie ihre Go-Go-Kollegin Jane Wiedlin setzte Belinda ihre Popularität verstärkt für Umwelt- und Tierschutzmaßnahmen ein. Inzwischen hatte sie Morgan Mason, Sohn des Schauspielers James Mason, geheiratet. Als die Go-Go's 1994 wieder ins Studio gingen, um einige neue Titel aufzunehmen, war Belinda Carlisle auch mit dabei. Die Platte erschien und hinterließ wenig Eindrücke. Belinda veröffentlicht weiter Soloproduktionen, mit denen sie speziell in England erfolgreich ist.

*Mad About You (5/86 US 3)*
*Heaven Is A Place On Earth (9/87 US 1; 12/87 GB 1, D 3; 1/88 CH 1)*
*I Get Weak (1/88 US 2, GB 10)*
*Circle In The Sand (4/88 GB 4, US 7; 6/88 D 9)*
*Leave A Light On (10/89 GB 4; 12/89 CH 8)*
*La Luna (3/90 CH 10)*
*(We Want) The Same Thing (10/90 GB 6)*
*In Too Deep (7/96 GB 6)*
*Always Breaking My Heart (9/96 GB 8)*
***Pop***

**CD-Tip:** *Best Of Belinda Vol. 1* Virgin 0777 7 86319 2 7

## Carlton, Carl

(USA, geb. in Detroit/Michigan).
Carl Carlton war gerade zwölf Jahre alt, als er einen Plattenvertrag erhielt. Die Firma Golden World war der Meinung, in ihm sei der neue Little Stevie Wonder zu sehen. Schon nach seiner Debüt-Single »Nothin' No Sweeter Than Love« war der Firma klar, daß sie falsch lag, und sie entließ ihn wieder aus dem Vertrag. Es sollte noch vier Jahre dauern, bis er zu seiner ersten Hitparadennotierung kam. Mit »Everlasting Love«, in GB 1968 eine Nummer 1 in der Hitparade mit Love Affair, hatte Carl im September 1974 seinen ersten und einzigen Top-10-Erfolg in den USA. Die Aufnahme »She's A Bad Mama Jama (She's Built, She's Stacked)« erreichte im August 1981 zwar nur Platz 22 in den Popcharts, trotzdem wurde es ein Millionseller. In den R&B-Hitparaden hielt sein Erfolg bis 1986 an.

*Everlasting Love (9/74 US 6)*
***Rhythm & Blues, Soul***

## Carmen, Eric

(USA, * 11. 8. 1949 in Cleveland/Ohio).
Nachdem die US-Band Raspberries, die zwischen 1970 und 1975 erfolgreich war, auseinandergebrochen war, machte Eric Carmen als Solist weiter. Der Titel »All By Myself«, bei dem Rachmaninow mit dem zweiten Satz aus seinem zweiten Klavierkonzert grüßen ließ, war im Dezember 1975 ein Platz 2 in der amerikanischen Hitparade. Ende 1976 produzierte er in London mit Gus Dudgeon eine neue LP. Bis zum Jahr 1980 hatte Eric noch ein paar kleinere Hits, dann verschwand er für fünf Jahre. Richtig erfolgreich wurde er Ende 1987. Der Titel »Hungry Eyes« aus dem Film »Dirty Dancing« erreichte Platz 4 in den US-Charts. Der Nachfolgehit »Make Me Lose Control« wurde ein Platz 3. Bei diesem Titel ließ Phil Spector grüßen. Er hätte auch heißen können ›You've Lost That Lovin‹ Tears Of A Clown To Save The Last Dance Under The Boardwalk For Me'.

*All By Myself (12/75 US 2)*
*Hungry Eyes (11/87 US 4)*
*Make Me Lose Control (5/88 US 3)*
***AOR (Adult Orientated Rock), Pop***

**CD-Tip:** *The Best Of* Arista 258 916

## Carmen, Phil

v/g (Kanada, * 14. 2. 1953).
Seine Musik klang so, als habe er den größten Teil seines Lebens an der Westküste der USA verbracht. Viele seiner Fans waren beim persönlichen Zusammentreffen mit ihm sehr überrascht, daß Phil Carmen Deutsch mit starkem Schweizer Akzent sprach. So ist er zwar in Kanada

geboren, aber in der Schweiz aufgewachsen. 1982 begann seine Karriere mit dem Debütalbum »Backfire«, 1985 hatte er seinen ersten Top-10-Hit in der Schweiz. Obwohl diese Platte in Deutschland im Radio sehr häufig gespielt wurde und Platz 3 in den Airplay-Charts belegte, kam sie in den Hot 100 nur auf Platz 18. Gleiches geschah knapp ein Jahr später mit »Moonshine Still«: Platz 3 in den Airplay-Charts, Platz 33 im Verkauf. In die amerikanische und britische Hitparade kam die Platte überhaupt nicht, obwohl sie es verdient hätte. Seine ›Laid Back‹-Arrangements zielten auf diesen amerikanischen Markt, trafen ihn aber nicht.

*On My Way In L.A. (9/85 CH 9)*
*Moonshine Still (5/86 CH 10)*
***AOR (Adult Orientated Rock), Laid Back***

**CD-Tip:** *back from L.A . . . live!* Ariola 876 898

## Carmichael, Hoagy

v/p (USA, * 22. 11. 1899 in Bloomington/Indiana, † 27. 12. 1981).

Hoagy gilt als einer der erfolgreichsten amerikanischen Songschreiber. Seinen ersten eigenen Song nahm er 1923 mit den Hitch Happy Harmonists auf. 1924 gründete er eine eigene Band. Das alles schien er nebenher zu machen, denn 1926 ließ er sich nach einem erfolgreichen Jurastudium als Rechtsanwalt nieder. Wahrscheinlich wäre er das geblieben, hätte nicht Frankie Trumbauer 1927 den Carmichael-Titel »Riverboat Shuffle« aufgenommen, der unter die ersten 20 der amerikanischen Hitparade kam. Dieser erste Erfolg ließ Hoagy die Band Carmichael's Collegians gründen und wenig später Hoagy Carmichael And His Pals. Zu diesen Pals gehörten unter anderem Tommy Dorsey und Jimmy Dorsey. Mit »Lazy River« hatte er 1932 seinen ersten Top-20-Hit. Neben den Dorsey-Brüdern waren Joe Venuti und Eddie Lang zu hören. Sein größter Erfolg war »Huggin' And Chalkin'«, im November 1946 ein Platz 1 in der amerikanischen Hitparade. Nebenher spielte er zwischen 1937 und 1955 in elf Filmen mit, so z. B. »Johnny Angel« 1945 oder »Young Man With A Horn« 1950. Das von ihm 1929 geschriebene Stück »Stardust« gilt als das meistaufgenommene Liebeslied aller Zeiten.

*Hong Kong Blues (8/45 US 6)*
*Ole Buttermilk Sky (10/46 US 2)*
*Huggin' And Chalkin' (11/46 US 1)*
***Pop***

**CD-Tip:** *Hoagy Sings Carmichael* Capitol CDP 7 46862 2

## Carnes, Kim

v/p (USA, * 20. 7. 1945 in Los Angeles/Kalifornien).

Die Sängerin, Pianistin und Songschreiberin war zusammen mit ihrem Mann Dave Ellington und Kenny Rogers in den späten 60er Jahren Mitglied der New Christy Minstrels. 1971 verließen Kim und Dave die Gruppe und nahmen für den Film »Vanishing Point« (»Fluchtpunkt San Francisco«) den Titel »Nobody Knows« auf. Ihre Solo-LP »Kim Carnes« 1975 brachte ihr zwar wohlwollende Kritiken ein, größeren Erfolg hatte sie jedoch zusammen mit ihrem Mann als Songschreiber für Größen wie Frank Sinatra, Barbra Streisand und Kenny Rogers. Außerdem sang und schrieb sie zahlreiche Werbejingles. In den Charts ist die Sängerin mit der Reibeisenstimme seit 1978 vertreten. Ihren ersten großen Hit hatte sie im März 1980 im Duett mit Kenny Rogers: »Don't Fall In Love With A Dreamer«. Als Solistin gelang ihr der erste Knüller ein Jahr später mit »Bette Davis Eyes«. Als Songschreiberin hat sie sich sowohl auf dem Pop- als auch auf dem Rock- und Country-Sektor profiliert. Bei dem Projekt USA For Africa mit dem Hit »We Are The World« war Kim auch dabei.

*Don't Fall In Love With A Dreamer (3/80 US 4)*
*More Love (5/80 US 10)*
*Bette Davis Eyes (3/81 US 1; 5/81 D 1, GB 10; 6/81 CH 1)*
***AOR (Adult Orientated Rock), Pop***

**CD-Tip:** *Gypsy Honeymoon* EMI 7 98223 2

## Carol, René

v (Deutschland, * 11. 4. 1920 als Gerhard Tschierschnitz in Berlin, † 9. 4. 1978).
Seine ersten Erfolge feierte René noch während seiner Wehrmachtszeit als Parodist. Seine Spezialität waren Theo Lingen, Zarah Leander und Hans Moser. Nach dem Krieg kam er in französische Gefangenschaft, aus der er im April 1946 floh. In Paris trat er in Bars und Kneipen am Montmartre auf. Die Franzosen hielten ihn für einen Italiener, da er vorwiegend in italiensicher Sprache Titel wie »Mama«, »Santa Lucia« oder »O Sole Mio« sang. Ein belgischer Zuhälter beschaffte ihm einen falschen Paß auf den Namen René Carol. Ende 1946 war er zurück in Hamburg und hatte hier erste Auftritte. Als ›Karol, die Stimme mit den 30 Variationen‹ trat er in ganz Deutschland auf. 1949 hatte er mit »Am Zuckerhut« seinen ersten Hit. Mit ihm sangen Danielle Mac und Willy Schneider. Als Solist hatte er 1952 den Erfolg »Rote Rosen, rote Lippen, roter Wein« – für mehr als 500000 verkaufte Schellackplatten erhält er die erste goldene Schallplatte im Nachkriegsdeutschland –, 1953 »Bella Bella Donna«, 1954 »Wenn es noch Märchen gibt«. Im März 1960 erreichte er mit »Kein Land kann schöner sein« die deutschen Top 10. Seine Hitnotierungen reichen bis in das Jahr 1964.

*Kein Land kann schöner sein (3/60 D 3)*
***Deutscher Schlager***

**CD-Tip:** *Rote Rose, rote Lippen, roter Wein* Bear Family BCD 15 750 AH

## Carpendale, Howard

v (Südafrika, * 14. 1. 1946 in Durban).
Bevor er 1966 in die Bundesrepublik kam, war er in Südafrika schon als bester Elvis-Imitator bekannt. 1963 schloß er sich der Beatgruppe The Kinsmen an und gewann mit ihnen den Wettbewerb ›Battle of the Beat‹ von Radio Springbock. Seine erste Plattenaufnahme »Endless Sleep« wurde ein Achtungserfolg. 1965 ging er nach England, um dort als Profi-Kricketspieler Karriere zu machen. Nachdem das nicht gelungen war, schlug er sich mit dem Schreiben von Artikeln für eine südafrikanische Zeitung durch und nahm zur Überbrückung einen Job als Sänger bei einer Beatband an, die in Deutschland gastierte. Nach einem Gastspiel in Wuppertal fuhr er nach Köln und sprach dort bei der Schallplattenfirma EMI Electrola vor. Zu seiner eigenen Überraschung erhielt er einen Vertrag für eine Platte. Im November 1966 erschien mit »Lebenslänglich« seine erste Single. Da sich die Platte über 60.000 mal verkaufte, wurde Carpendales Vertrag verlängert, und er beschloß, vorerst in Deutschland zu bleiben. Seit 1969 ist er regelmäßig in der deutschen Hitparade vertreten. Seinen ersten Hit hatte er mit »Das schöne Mädchen von Seite 1«, 1970 ein Platz 6. »Du fängst den Wind niemals ein« 1974, »Deine Spuren im Sand« 1975, »Tür an Tür mit Alice« und »Ti Amo« 1977, »Nachts, wenn alles schläft« 1979, »Wie frei willst du sein?« 1980, »Wem« 1981 und »Hello Again« 1984 sind seine erfolgreichsten Top-10-Hits. 1989 veröffentlichte er seine Autobiographie ›Von oben sieht alles anders aus‹. In den letzten Jahren tritt er außerdem als Golfspieler und -kommentator hervor.

*Das schöne Mädchen von Seite 1 (6/70 D 6)*
*Du fängst den Wind niemals ein (9/74 D 8)*
*Deine Spuren im Sand (3/75 D 3; 6/75 CH 2)*
*Tür an Tür mit Alice (2/77 D 8; 3/77 CH 8)*
*Ti Amo (11/77 D 2)*

*... dann geh doch (11/78 CH 6)*
*Nachts, wenn alles schläft (10/79 D 3)*
*Wie frei willst du sein? (1/80 D 6; 3/80 CH 8)*
*Wem (8/81 D 9)*
*Hello Again (2/84 D 5; 4/84 CH 3)*
***Deutscher Schlager, Pop***

**CD-Tip:** *Bilder meines Lebens*
Electrola 8 29216 2

## Carpenter, Carleton

v (USA, * 10. 7. 1926).
Seine Karriere begann Carleton als Zauberer in Nachtclubs. Dann wurde er Schauspieler am Broadway und schließlich Anfang der 50er Jahre als Sänger und Tänzer für Musicals von MGM verpflichtet. Seine bekannteste Aufnahme ist »Aba Daba Honeymoon«, im Februar 1951 ein Platz 3 in der amerikanischen Hitparade und ein Millionseller. Er sang den Titel im Duett mit Debbie Reynolds in dem Film »Two Weeks With Love«. Bis 1959 spielte Carleton noch in einigen nichtmusikalischen Filmen mit, dann schrieb er Kriminalromane und war nur noch gelegentlich auf der Leinwand zu sehen.

*Aba Daba Honeymoon (2/51 US 3)*
***Pop***

## Carpenters

KAREN CARPENTER, v/d (USA, * 2. 3. 1950 in New Haven/Connecticut, † 4. 2. 1983); RICHARD CARPENTER, key/p (USA, * 15. 10. 1946 in New Haven/Connecticut).
Richard und Karen begannen 1967 zusammen mit dem Bassisten Wes Jacobs als Jazz-Instrumentaltrio. Richard spielte Tasteninstrumente, seine Schwester Karen Schlagzeug. Sie nahmen zwei Singles auf und gewannen dann den Battle of the Bands Contest in der Hollywood Bowl in Los Angeles. Danach erhielt das Richard Carpenter Trio einen Vertrag bei der RCA, es wurden jedoch keine Platten veröffentlicht. 1968 verließ Jacobs das Trio, um Musik zu studieren. Mit ihrem Freund John Bettis bildeten die Geschwister für kurze Zeit die Gruppe Spectrum. 1969 hörte Herb Alpert Demobänder der Carpenters, wie sich Richard und Karen jetzt nannten, und war von der kristallklaren Stimme Karens so begeistert, daß er ihnen einen Plattenvertrag anbot. Noch im selben Jahr erschien ihre erste LP. Ihre Debüt-Single war eine Coverversion der Beatles-Nummer »Ticket To Ride«. Als nächstes erschien eine recht unbekannte Komposition von Bacharach/David, die Dionne Warwick sieben Jahre vorher aufgenommen hatte: »(They Long To Be) Close To You«. Es wurde eine Nummer 1 und ein Millionseller. Insgesamt hatten die Carpenters bis 1974 neun weitere Millionseller, zwei davon, »Top Of The World« 1973 und »Please Mr. Postman« 1974, wurden auch Spitzenreiter in der US-Hitparade. Ende der 70er Jahre ließ ihr Erfolg nach, und es tauchten ernste gesundheitliche Probleme auf. Richard war tablettensüchtig und kam 1978 in eine Entziehungsklinik, Karen litt immer stärker an Magersucht. An deren Folgen starb sie 1983. 1985 nahm Richard das Soloalbum »Time« auf, das, 1987 veröffentlicht, ein Flop wurde. Am 1. 1. 1989 brachte CBS TV ›The Karen Carpenter Story‹ mit Cynthia Gibb in der Titelrolle. Sie erzielte Top-Einschaltquoten. Im April 1990 wurde die Hitzusammenstellung »Only Yesterday« für zwei Wochen Nummer 1 in der britischen LP-Hitparade.

*(They Long To Be) Close To You (6/70 US 1; 9/70 GB 6)*
*We've Only Just Begun (9/70 US 2)*
*For All We Know (2/71 US 3)*
*Rainy Days And Mondays (5/71 US 2)*
*Superstar (9/71 US 2)*
*Hurting Each Other (1/72 US 2)*
*Goodbye To Love (7/72 US 7)*

*I Won't Last A Day Without You/Goodbye To Love (9/72 GB 9)*
*Sing (2/73 US 3)*
*Yesterday Once More (6/73 GB 2, US 2)*
*Top Of The World (10/73 US 1, GB 5)*
*Please Mr. Postman (11/74 US 1; 1/75 GB 2, D 10; 2/75 CH 5)*
*Only Yesterday (3/75 US 4, GB 7)*
*Calling Occupants Of Interplanetary Craft (10/77 GB 9)*
***Soft Pop***

**CD-Tip:** *The Compact Disc Collection* A&M CARCD 12

## Carr, Cathy

v (USA, * 28. 6. 1936 als Angela Helen Catherine Cordavo in Bronx/New York City).
Cathy Carr hatte mit ihrem ersten auch gleich ihren größten Erfolg: »Ivory Tower«, im März 1956 in der amerikanischen Hitparade. Bereits als Kind war sie in Radioshows aufgetreten, später als Sängerin und Tänzerin in der amerikanischen Truppenbetreuung. Vor ihrer Solokarriere war sie dann für kurze Zeit Sängerin in den Bands von Sammy Kaye, Johnny Dee und Larry Fontine. 1959 wurde sie letztmalig in der Hitparade verzeichnet. Danach wechselte sie mehrfach die Plattenfirma, trotzdem hörte man nichts mehr von ihr. Sie starb im November 1988.

*Ivory Tower (3/56 US 2)*
***Pop***

## Carr, Vikki

v (USA, * 19. 7. 1938 als Florencia Bisenta De Casillas Martinez Cardona in El Paso/Texas).
In Los Angeles studierte Vikki Carr Musik, danach trat sie in einem Nachtclub auf. Mit dessen Orchester ging sie nach Las Vegas, Hawaii und Reno, wo sie sich einer anderen Band anschloß, bevor sie eine Solokarriere startete. 1962 trat sie regelmäßig in der Ray Anthony Show auf. 1967 war der englische Nachzieher des Gilbert-Bécaud-Hits »Seul Sur Son Etoile« als »It Must Be Him« ein internationaler Hit. 1971 hatte sie ihre letzte Hitnotierung. Danach kümmerte sie sich vor allen Dingen um eine Stiftung für Chicano-Kinder. Ihre Plattenveröffentlichungen gehen bis in die 90er Jahre. 1995 erhielt sie einen Grammy für ihre LP »Recuerdo A Javier Solis« in der Kategorie Best Mexican/American Album. Als Geburtsjahr liest man auch 1941 oder 42.

*It Must Be Him (6/67 GB 2; 9/67 US 3)*
***Pop***

**CD-Tip:** *The Best Of* Liberty CDP 7 92071 2

## Carra, Raffaella

v (Italien, * 18. 6. 1942 als Raffaella Pallone in Bologna).
Raffaella studierte klassisches Ballett in Rom, nahm Schauspielunterricht und bekam angeblich schon als 17jährige eine Rolle als Opernsängerin. 1965 spielte sie eine Nebenrolle in »Colonel von Ryan's Express«, in dem Frank Sinatra und Trevor Howard die Hauptdarsteller waren. Der Film spielte zwischen Mittelitalien und der Schweizer Grenze im Jahre 1943 – Heimspiel für Raffaella Carra. Anfang der 70er Jahren begann ihre Karriere als Sängerin. Mit »Ma Che Musica Maestro« hatte sie 1970 ihren ersten Top-10-Hit in Italien – bis 1982 gelangen ihr sechs weitere Erfolge unter den ersten zehn. 1972 nahm sie ein Angebot für eine eigene TV-Show an, in der sie ihrer Leidenschaft Singen frönen konnte. Auch außerhalb von Italien war Raffaella sehr erfolgreich. TV-Shows in Frankreich und Spanien – und auch Hits in Deutschland, der Schweiz und GB: »A Far L'Amore Cominicia Tu (Liebelei)« war im

September 1977 ein Platz 4 in der deutschen Hitparade und in der Schweiz Platz 3, im April 1978 Platz 9 in der britischen Hitparade mit »Do It Do It Again«. Ihr GB-Hit war in Italien lediglich als B-Seite veröffentlicht worden, erreichte aber in Frankreich Platz 1. Vielseitig und ›Pronto, Raffaella‹.

*A Far L'Amore Cominicia Tu (Liebelei) (9/77 D 4)*
*A Far L'Amore Cominicia Tu (10/77 CH 3)*
*Do It Do It Again (4/78 GB 9)*
***Schlager***

## Carrack, Paul

v/key (Großbritannien, * 22. 4. 1951 in Sheffield/Yorkshire).
Carrack gilt als eine der bekanntesten Stimmen in der Popmusik, zu der einem jedoch kein Gesicht einfällt. Kein Wunder, wenn man seine vielen Stationen sieht. Erste Erfolge als Leadsänger der Gruppe Ace, danach 1977 Frankie Miller, 1978 Roxy Music, dann 1980 eine Soloplatte und schließlich 1981 Mitglied von Squeeze. 1982 erreichte er als Solist mit »I Need You« zum erstenmal die US-Top-40. Danach ging er zu Eric Clapton, bis er 1985 Leadsänger bei Mike & The Mechanics wurde. 1987 nahm er nebenher wieder als Solist Platten auf und hatte mit »Don't Shed A Tear« im November desselben Jahres einen Platz 9 in den US-Charts. Die Qualitäten von Paul wurden 1994 auf der CD »Paul Carrack Collection« gewürdigt. Hier schaffte man es, auch plattenfirmenübergreifend Titel, die Paul für Ace, Squeeze, mit Carlene Carter, Mike & The Mechanics und als Solist gesungen hatte, zusammenzufassen. Im Beiheft kann man mit Staunen nachlesen, auf wie vielen Platten und in wie vielen weiteren Formationen er noch mitgesungen hat. Die Nummern »Eyes Of Blue« und eine Neuaufnahme des Ace-Titels »How Long« brachten Paul 1996 zwei Top-40-Hits in GB.

*Don't Shed A Tear (11/87 US 9)*
***AOR (Adult Orientated Rock), Pop***

**CD-Tip:** *Twenty-One Good Reasons* Chrysalis 258 356–222

## Carrell, Rudi

v (Niederlande, * 19. 12. 1934 als Rudolf Wybrand Kesselaar in Allamaar).
Ihm kann man nicht nachsagen, daß er an mangelndem Selbstbewußtsein leidet. Er begann in seiner Heimat als Schlagersänger und gewann dort 1960 beim holländischen Songfestival. Im selben Jahr hatte er mit »Wat een geluck« seinen größten Hit in den Niederlanden. Danach moderierte er im Land der Tulpen über vierzig Shows und wurde 1964 mit der Silbernen Rose von Montreux für die Sendung ›Allein auf der Insel‹ ausgezeichnet. Nun wurde er auch im Deutschen Fernsehen beschäftigt und hatte Sendungen wie ›Am laufenden Band‹, ›Rudi Carrell Show‹, ›Rudi's Tages-Show‹, ›Herzblatt‹ oder ›Rudis Tiershow‹. Auch bei uns sang er einige Liedchen, so z. B. fragte er im verregneten Jahr 1975: »Wann wird's mal wieder richtig Sommer?« und kam damit unter die ersten 20. Sein größter Hit ist »Goethe war gut«.

*Goethe war gut (10/78 D 9)*
***Deutscher Schlager***

## Carroll, David

(USA, * 15. 10. 1913 als Nook Schrier in Chicago/Illinois).
David wurde 1951 Arrangeur und Orchesterchef bei der Plattenfirma Mercury Records und war zuständig für Plattenaufnahmen der Crew-Cuts, von Rusty Draper oder Vic Damone. Mit »In A Little Spanish Town« hatte David Carroll & His Orchestra im Oktober 1954 einen ersten eigenen Erfolg, mit »Melody Of Love« im Januar

1955 einen Platz 8 in den USA und somit seinen größten Hit. In den Charts wurde er bis 1962 verzeichnet, dann tauchte er nicht mehr auf.

*Melody Of Love (1/55 US 8)*
***Instrumental, Pop***

## Carroll, Dina

v (Großbritannien).
Zusammen mit dem britischen Soul-Pop-Duo Quartz hatte Dina Carroll, Tochter eines African-American und einer Schottin, Anfang 1991 ihren ersten Top-10-Hit in GB: »It's Too Late«. Nachdem Quartz nichts mehr gelungen war, versuchte sich Dina ab 1992 als Solistin. »Ain't No Man« und »Special Kind Of Love« erreichten im selben Jahr jeweils Platz 16 in GB. Im Januar 1993 erschien ihr Debütalbum »So Close« und errang in GB innerhalb weniger Wochen den Status einer Doppelplatinplatte. Inzwischen wurde sie von der britischen Presse als ›neue Hoffnung für den Soul‹ oder ›britische Soul-Entdeckung des Jahres‹ gefeiert. Ende 1993 sang sie »The Perfect Year« und beschrieb damit treffend den Ablauf des gesamten Jahres, was sie betraf. Die Musik zu diesem Song stammte von Andrew Lloyd Webber. Danach trat eine Pause ein. Fast drei Jahre nach ihrem Hit »Perfect Year« war sie wieder hoch in den Charts mit einer Nummer, die Barry Blue 1992 mit der von ihm protegierten Mädchengruppe Asia Blue 1992 veröffentlicht hatte: »Escaping«. Dina machte mehr aus dem Titel: Sie erreichte Platz 3, Asia Blue 50. Im Oktober 1996 erschien als nächstes Album von Dina »Only Human«, das auf Platz 2 in den Charts einstieg und Gold erreichte.

*Don't Be A Stranger (10/93 GB 3)*
*The Perfect Year (12/93 GB 5)*
*Escaping (9/96 GB 3)*
***Pop, Soul***

**CD-Tip:** *So Close* A&M 540 034 2

## Carroll, Helen

v (USA).
Mit der Hoagy-Carmichael-Nummer »Ole Buttermilk Sky« aus dem Film »Canyon Passage« stand sie im November 1946 auf Platz 7 der US-Charts. Im April 1949 war Helen Carroll noch einmal unter den ersten 30 mit »Cruising Down The River«, dann war sie als Sängerin verschwunden.

*Ole Buttermilk Sky (11/46 US 7)*
***Pop***

## Carroll, Ronnie

v (Großbritannien, * 18. 8. 1934 als Ronald Cleghorn in Belfast).
Über die verschiedensten Berufe – Milchmann, Automechaniker, Bäcker oder Klempner – kam er zur ›Hollywood Doubles Show‹, in der er Nat King Cole darstellte. Cole, der ihn angeblich einmal in Liverpool gesehen hat, fragte ihn danach: ›Was machst du da? Willst du mich kaputtmachen?‹ Ronnie Carroll sang in Clubs und Varietés, bis er Mitte der 50er Jahre im Fernsehen auftrat. Danach erhielt er einen Plattenvertrag und war ab 1956 in den britischen Charts. Seine beiden Songs »Roses Are Red« im August 1962 und »Say Wonderful Things« im März 1963 erreichten die Top 10. Bis in die 80er Jahre war Ronnie in GB in Clubs zu hören.

*Roses Are Red (8/62 GB 3)*
*Say Wonderful Things (3/63 GB 6)*
***Pop***

## Carrott, Jasper

v (Großbritannien, * 14. 3. 1945 in Birmingham).
Carrott gehört zu jenem Typus Entertainer, wie er nur in GB zu finden ist. Allroundtalente, die in Folk-Clubs, Colleges

oder Universitäten auftreten und das Publikum mit den unterschiedlichsten Dingen unterhalten – eben mit dem, was früher das Varieté anbot. Das machte Jasper Carrott ab 1969, 1972 bekam er bei der BBC eine eigene Radioshow, die ›Folk-Club‹ hieß, und ab 1975 hatte er auch Fernsehsendungen. Darin sang er Songs wie »Aston Villa Skinhead Song« oder »Viva El Moscow«, hielt Monologe wie z. B. ›For Eric, My Idol‹, eine Hommage an Eric Idle. Im August 1975 kam sein erster und einziger Hit in die britischen Charts: »Funky Moped/Magic Roundabout«. Auf »Funky Moped« spielten mit Jeff Lynn, Bev Bevan und Richard Tandy gleich drei Mitglieder von ELO mit.

*Funky Moped/Magic Roundabout (8/75 GB 5)*
***Pop***

## Cars

ELLIOT EASTON, g (USA, * 18. 12. 1953 als Elliot Shapiro in Brooklyn/New York); GREG HAWKES, key; RIC OCASEK, v/g (USA, * 23. 3. 1949 in Baltimore/Maryland); BENJAMIN ORR, v/b (USA, * 9. 8. 1955 als Benjamin Orzechowski in Cleveland/Ohio); DAVID ROBINSON, d (Großbritannien, * 2. 4. 1953).

Aus der Bostoner Gruppe Cap'n Swing wurde 1976 Cars. Ab 1977 begann eine ungewöhnlich erfolgreiche Karriere, die bis zum Auseinanderbruch der Gruppe im Jahre 1988 anhielt. In dieser Zeit erschienen sechs Alben, die alle jeweils über 1 millionmal verkauft wurden. Ihr Debütalbum »The Cars« ragte dabei heraus: Sie verkauften es 6 millionenmal. Dabei muß festgestellt werden, daß dies lediglich dem Songschreibertalent Ric Ocasek zu verdanken ist, der alle Songs im Alleingang schrieb und der Leadsänger der Gruppe war. Mitte 1978 tauchte die erste Single der Cars, »Just What I Needed«, unter den ersten 30 der US-Charts auf, in GB wurde es ein Platz 17. »Shake It Up« war im November 1981 ein Platz 4, das stimmungsvolle Stück »Drive« im August 1984 ein Platz 3, später in GB und in Deutschland ein Platz 4. »Drive« wird übrigens nicht von Ric, sondern von Benjamin Orr gesungen. Obwohl Ric Ocasek sicher nicht zu den schönsten Popstars der Geschichte gehört, wußte er doch das Medium Video für sich einzusetzen. Speziell das Video zu »You Might Think« wurde 1984 als ›Best Video Of The Year‹ von MTV ausgezeichnet. Schon ab 1983 tauchte Ric auch als Solist in den US-Charts auf – die Nummer »Emotion In Motion« wurde im September 1986 ein Platz 15. Und, ob schön oder nicht schön: Ric heiratete 1989 das Supermodel Paulina Porizkowa.

*My Best Friend's Girl (11/78 GB 3)*
*Shake It Up (11/81 US 4)*
*You Might Think (3/84 US 7)*
*Drive (8/84 US 3, GB 5; 10/84 D 4; 12/84 CH 3; 8/85 GB 4)*
*Tonight She Comes (11/85 US 7)*
***AOR (Adult Orientated Rock)***

**CD-Tip:** *Heartbeat City* Elektra 60296–2

## Carson, Mindy

(USA, * 16. 7. 1927 in New York City).
Schon am Anfang der 40er Jahre war Mindy Carson in den USA eine populäre Sängerin in Nachtclubs. In der Radiosendung ›Stairway To The Stars‹ von Paul Whiteman hatte sie ihre ersten großen überregionalen Erfolge, 1946 wurde sie zusammen mit Harry Cool und dem Titel »Rumors Are Flying« in den US-Charts notiert. Mit »My Foolish Heart« erreichte sie im April 1950 Platz 6 in den USA. In der Folge sang sie als Solistin oder im Duett mit Guy Mitchell, hatte ihre eigene Radio- und TV-Show. Bis 1956 tauchte sie in den Charts auf, 1958 spielte sie in der Broadway-Show »The Body Beautiful«.

*My Foolish Heart (4/50 US 6)*
***Pop***

## Carter U.S.M.

FRUITBAT, v/g/d (Großbritannien, * 12. 2. 1958 als Leslie Carter in London); JIM BOB, v/g/d (Großbritannien, * 22. 11. 1960 als James Morrison in London).
Jim Bob und Fruitbat, beide aus dem Süden Londons, hatten schon ab Anfang der 80er Jahre in Bands wie Ballpoint, End, Dead Clergy, Peter Pan's Playground oder Jamie Wednesday zusammen oder auch alleine gespielt, bevor sie sich 1988 entschlossen, sich eine Drum-Machine zu kaufen und das Duo Carter U.S.M. zu gründen. Was nun kam, war wie eine Mixtur aus Glam-Rock, Punk, Techno und Pop. Sie begannen, für eine kleine britische Plattenfirma aus Samples die Single »Sheltered Life« zu produzieren, die wenig Eindruck hinterließ. Als nächste Platte erschien »Sheriff Fatman«, die ebenfalls floppte. Ihre Live-Auftritte wurden jedoch zu ›Manic Pop-Rock At It's Best‹, wie der britische ›Record Mirror‹ im Januar 1991 schrieb. Sie standen auf der Bühne, umzingelt von Tapemaschinen und Drum-Computern, sangen und sprachen und spielten dazu Gitarren. Das Duo wurde in GB zu absoluten Kultband – jetzt fehlten nur noch die Hits. Nachdem die LP »30 Something« im Frühjahr 1991 ein Top-10-Hit in den GB-LP-Charts geworden war, wechselten sie zu einer größeren Plattenfirma. Eine Wiederveröffentlichung von »Sheriff Fatman« stand Mitte 1991 unter den ersten 30 in GB, »The Only Living Boy In New Cross« erreichte im April 1992 Platz 7. U.S.M. steht für Unstoppable Sex Machine. Weitere Singleveröffentlichungen wie »Lean On Me I Won't Fall Over« – 1993 Platz 16 – und »Glam Rock Cops« – 1994 Platz 24 – blieben die größten Erfolge dieser lediglich in GB in den Charts verzeichneten Gruppe.

*The Only Living Boy In New Cross (4/92 GB 7)*
***Techno***

**CD-Tip:** *1992 The Love Album* Chrysalis CCD 1946 321946 2

## Carter, Aaron

v (USA, * 7. 12. 1987 in Jamestown/New York).
Aaron ist der kleine Bruder von Nick, und Nick ist einer der Backstreet Boys. Das schien schon zu genügen, um auch eine Plattenkarriere zu starten. Aaron hatte bereits mit sieben Jahren die Gruppe Dead End gegründet – und als er (und besonders seine Mutte Jane) befürchtete, mit denen in einer Sackgasse zu landen, löste er die Band wieder auf und versuchte sich als Solist. Da die deutschen Teenieplattenkäufer immer jünger wurden, kauften sie auch die Platte des gleichaltrigen Aaron, der mit »Crush On You« am 1. 9. 1997 gleich in die deutschen Top 10 einstieg. Im Original war die Nummer einst ein Hit für die Jets. Als Vorprogramm der Backstreet Boys stellte Aaron seine Platte im August/September 1997 den deutschen Fans vor. In GB gelang Aaron am 29.11. ebenfalls der Sprung unter die ersten 10. Der nächste Hit »I'm Gonna Miss You Forever« (3/98 D 13, GB 24) kam nicht so gut an wie die Vorgänger – als Aussage eines 10jährigen einfach auch zu unglaubwürdig. Seine Version des Beach-Boys-Klassikers »Surfin' U.S.A.« (6/98 D & GB 18) konnte auch nur noch Minderjährige begeistern.

*Crush On You (9/97 CH 5, D 5; 11/97 GB 9)*
*Crazy Little Party Girl (2/98 GB 7)*
***Pop***

**CD-Tip:** *Aaron Carter* Edel 0099572ULT

## Carter, Clarence

v/g (USA, * 14. 1. 1936 in Montgomery/Alabama).
Clarence Carter, seit seinem ersten Lebensjahr blind, machte seine ersten Platten als eine Hälfte des Duos Clarence & Calvin, auch bekannt als C & C Boys. Clarence sang und spielte Gitarre, Calvin sang ebenfalls und spielte Piano. Nach-

dem sein Partner Calvin Thomas (auch unter dem Namen Calvin Scott bekannt) sich nach einem schweren Autounfall 1966 aus dem Musikgeschäft hatte zurückziehen müssen, versuchte sich Clarence alleine. Seine erste Hitnotierung hatte er mit »Thread A Needle« Mitte 1967. Seine größten Hits waren die Millionseller »Slip Away« im Juli 1968 und »Patches« im Juli 1970. Beide Platten waren auch Top-10-Hits in den USA, »Patches« erreichte in GB im Oktober 1970 Platz 2. Nicht unter die ersten 10 kam »Too Weak To Fight«, die aber trotzdem ein Millionseller wurde. Nach 1973 war die Hitzeit für Clarence beendet.

*Slip Away (7/68 US 6)*
*Patches (7/70 US 4; 10/70 GB 2)*
***Rhythm & Blues, Soul***

**CD-Tip:** *The Best Of Clarence Carter* Sequel RSR CD 801

## Carter, Mel

v (USA, * 22. 4. 1939 in Cincinnati/Ohio). Dieser Soulsänger und Schauspieler begann seine Karriere bereits als Neunjähriger in einer Show von Lionel Hampton. Schon als Vierjähriger hatte Mel Carter in Radiosendungen seiner Heimatstadt gesungen. Über mehrere Stationen und Gospelgruppen, z. B. die Carvetts, die durch seine Mutter geleitet wurde, kam es Ende der 50er Jahre zu seinen ersten Soloplatten. 1957 hatte man ihn in den USA zum Top-Gospeltenor des Jahres gewählt. Erfolgreich wurde er ab 1963. Mit »Hold Me, Thrill Me, Kiss Me« hatte Mel im Juni 1965 seinen einzigen Top-10-Hit in den USA. Seine Plattenkarriere war nach 1966 beendet – dafür wurde er jetzt immer häufiger als Schauspieler beschäftigt. Mel spielte mit in Serien wie ›Quincy‹, ›Sanford & Son‹, ›Dr. med. Marcus Welby‹ oder ›Magnum‹.

*Hold Me, Thrill Me, Kiss Me (6/65 US 8)*
***Soul***

## Cascades

JOHN GUMMOE, v/g (USA); EDDIE SNYDER, p (USA); DAVID STEVENS, b (USA); DAVID WILSON, sax (USA); DAVID ZABO, d (USA). Die Cascades formierten sich Ende der 50er Jahre in San Diego, Kalifornien. Nachdem sie 1962 in einem Club entdeckt worden waren, erhielten sie einen Plattenvertrag. Ihre erste Single »Second Chance« war ein Flop, aber ihre zweite Chance konnten sie nutzen: Mit »Rhythm Of The Rain« erreichten sie im Januar 1963 einen Platz 3 in der amerikanischen Hitparade. Das Stück entwickelte sich zum Softrock-Klassiker, der bis heute in Oldie-Sendungen gefragt ist. Sie nahmen insgesamt drei Alben auf und waren bis 1969 noch unter ›ferner liefen‹ in den Charts notiert, dann trennten sie sich.

*Rhythm Of The Rain (1/63 US 3, GB 5)*
***Soft Pop***

## Cash And Carry

*Tchip Tchip (2/74 CH 1)*

## Cash, Johnny

v (USA, * 26. 2. 1932 in Kingsland/Arkansas).

Für viele US-Bürger ist Johnny Cash die Inkarnation des amerikanischen Traums: von 0 auf 100 in einem Leben, Rags to Riches, von der Armut zum Wohlstand aus eigener Kraft! Johnny Cash ist eins von sieben Kindern, die Ray und Carrie Cash geboren wurden. In seinem Roman ›Früchte des Zorns‹ schreibt John Steinbeck über das harte Leben wandernder Farmarbeiter in Kalifornien – die Familie Cash hätte darin eine Hauptrolle spielen können. So und nicht anders erging es der Familie in der Zeit der Depression. Herumziehen, wo es Baumwolle zu pflücken gab – und im harten Winter von 1935, Johnny war gerade drei Jahre alt, mußte die Familie wie so viele andere mit all ihren Habseligkeiten auf der Ladefläche eines Lastwagens 250 Meilen nach Dyess/Arkansas fahren, weil die Regierung dort ein Lager für die Wanderarbeiter eingerichtet hatte, die keine Bleibe mehr fanden. Diese Zeit hat der junge Johnny Cash nie vergessen und auch nie überwunden. Eine eigene kleine Farm der Familie wurde 1937 durch Hochwasser des Mississippi überflutet. Diese Geschichte hat Johnny im Lied »5 Feet High And Rising« beschrieben. 1950 kam er zur US Air Force und war für etliche Zeit in der Bundesrepublik stationiert. Nach seiner Entlassung 1954 ließ er sich in Memphis nieder, gründete eine Familie und eine eigene Band und erhielt schließlich bei der Plattenfirma, die auch dem jungen Elvis Presley seine erste Chance gab, einen Plattenvertrag. In diesen Jahren schrieb und sang er seine besten Stücke. Sein erster Hit war 1956 der Titel »I Walk The Line«, seine erfolgreichste LP war ganz ohne Zweifel »Johnny Cash At San Quentin«. Mitte des Jahres 1969 belegte er damit Platz 1 in den US-LP-Charts. Die LP war – wie der Titel vermuten läßt – live aufgenommen worden. Nun ist San Quentin keine todschicke Disco in L.A., keine In-Kneipe in New York und auch kein Open-air-Gelände mit einem atemberaubenden Blick auf den Pazifischen Ozean – es ist ein Gefängnis in Kalifornien. Das hat für einen auftretenden Künstler natürlich auch seine Vorteile: Die Zuhörer sind dankbar und lassen sich die Chance einer Abwechslung nicht entgehen. Viele haben immer wieder behauptet, er habe selbst längere Zeit in Gefängnissen verbracht und könne sich somit in die Psyche der Insassen versetzen. In der Tat war Johnny ehemaliger Drogenkonsument, aber für einen längeren Gefängnisaufenthalt reichte es nie. Vielleicht kommt diese alte Geschichte auch nur von einer Story in dem Magazin ›Life‹, die einmal schrieb, der Mann habe ein Gesicht wie von einem Steckbrief. Irgendwie verdächtig ist für einen sogenannten aufrechten Amerikaner natürlich auch jemand, der sich in seinen Liedern für langhaarige Hippies, rechtlose Indianer und eingesperrte Kriminelle einsetzt – und dann auch noch für lau im Knast auftritt. Na – so ganz umsonst war's ja auch nicht. Immerhin wurde davon und vom Auftritt im Folsom Prison eine LP gemacht. Besonders die Nummer vom Jungen, dessen Vater ihm den Vornamen Sue, also einen Mädchennamen, gegeben hatte, kam bei den Gefangenen gut an. Diese Geschichte wurde ein Millionseller und sein größter Erfolg. 1992 wurde Cash in die Rock 'n' Roll Hall of Fame aufgenommen. 1993 war er auf der CD »Zooropa« von U2 als Gast bei dem Song »The Wanderer« zu hören. 1994 veröffentlichte Cash die von Kritikern hochgelobte Platte »American Recordings«. Er kehrte darauf wieder zu seinen Wurzeln zurück: Cash begleitete seinen Gesang alleine auf der Gitarre. Die Fans zeigten sich weniger begeistert als die Kritiker. 1995 erhielt Cash für »American Recordings« bei der Grammy-Verleihung eine Auszeichnung in der Kategorie Best Contemporary Folk Album. Die rührige Plattenfirma Bear Family Records hat mit einigen CD-Boxen das umfangreiche Werk von Johnny Cash dokumentiert. Besonders »The Man In Black 1954–1958«

bzw. »The Man In Black 1959 – 1962« zeigen die Qualitäten von Cash. 1996 erschien mit »Unchained« wieder ein zu Recht hochgelobtes Album von Cash. An den Mitspielern – Tom Petty, Steve Ferone, Mick Fleetwood oder Lindsey Buckingham – merkt man, daß auch viele Rockmusiker Hochachtung vor diesem Plattenkünstler haben. Die CD-Hülle zeigt im übrigen deutlich: Johnny Cash hat aufgehört, sich die Haare zu färben.

*A Boy Named Sue (7/69 US 2; 9/69 GB 4)*
*A Thing Called Love (4/72 GB 4)*
***Country***

**CD-Tip:** *The Greatest Years 1958 – 1986* CBS 450 466 2

## Casinos

Bob Armstrong (USA); Pete Boulton (USA); Mickey Denton (USA); Bill Hawkins (USA); Gene Hughes (USA); Glen Hughes (USA); Tom Matthews (USA); Joe Patterson (USA); Ray White (USA).
Nachdem Gene, Glen, Pete, Joe und Ray mit ihrer 1958 gegründeten Band in ihrer Heimatstadt Cincinnati recht erfolgreich geworden waren, unterzeichneten sie einen Vertrag bei einer kleinen Plattenfirma. Erfolg hatten sie nicht, und das änderte sich auch nicht nach einem Labelwechsel. Mitte der 60er Jahre vergrößerte sich die Doo-Wop-Gruppe auf neun Mitglieder. Im Januar 1967 kamen die Casinos dann endlich mit einer Coverversion des John-D.-Loudermilk-Titels »Then You Can Tell Me Goodbye« auf Platz 6 der US-Charts. Ihre zweite und letzte Notierung hieß »It's All Over Now« – und das stimmte. Aus Gene Hughes, der sich nach dem Auseinanderbruch der Band erfolglos als Solist versuchte, wurde später eine bekannte Persönlichkeit des Musikgeschäftes in Nashville.

*Then You Can Tell Me Goodbye (1/67 US 6)*
***Doo Wop, Pop***

## Cassidy, David

v (USA, * 12. 4. 1950 in New York City).
Er ist der Sohn des Schauspielers Jack Cassidy, seine Stiefmutter ist die Oscar-Preisträgerin Shirley Jones. David absolvierte seine musikalische und schauspielerische Ausbildung an der David Craig School of Musical Comedy und spielte zunächst kleinere Rollen in Broadway-Musicals. Es folgten Rollen in TV-Serien wie ›Ironside‹ oder ›Bonanza‹. Im Herbst 1970 startete die Fernsehserie The Partridge Family, zu deren Mitgliedern David und seine Stiefmutter gehörten. In jeder Folge wurde ein Liedlein geträllert, und einige wurden zu Hits. Ab 1971 betätigte sich David nebenher auch als Solist und hatte mit »Cherish« im November 1971 einen Platz 9 in den USA, mit »How Can I Be Sure« im September 1972 und mit »Daydreamer« im Oktober 1973 jeweils einen Platz 1 in GB. 1978 erklärte er: ›Ich muß einfach aufhören zu arbeiten. Ich habe 18 Stunden am Tag sieben Tage die Woche gearbeitet. Jetzt ist es genug.‹ Nach etlichen Jahren Abwesenheit aus den Hitparaden hatte er sich im Februar 1985 offensichtlich erholt. Mit »The Last Kiss« hatte er zumindest in GB und Deutschland mal wieder einen Top-10-Erfolg. Im September 1990 gelang ihm mit »Lyin' To Myself« ein Top-30-Hit in den USA. 1993 war er in der deutschen Fernsehserie ›Ein Schloß am Wörthersee‹ zu sehen – er spielte einen Sänger.

*Cherish (11/71 US 9)*
*Could It Be Forever/Cherish (4/72 GB 2)*
*How Can I Be Sure (9/72 GB 1)*
*Rock Me Baby (1/73 D 9)*
*I'm A Clown/Some Kind Of A Summer (3/73 GB 3)*
*Daydreamer/The Puppy Song (10/73 GB 1)*
*If I Didn't Care (5/74 GB 9)*
*The Last Kiss (2/85 GB 6; 4/85 D 10)*
***Pop***

**CD-Tip:** *David Cassidy* Enigma CDP 7 73554 2

## Cassidy, Shaun

v (USA, * 27. 9. 1958 in Los Angeles/Kalifornien).

Shaun, Sänger und Schauspieler, ist der Sohn des Schauspieler-Ehepaares Jack Cassidy und Shirley Jones und damit Halbbruder von David Cassidy. Ähnlich wie David wurde auch Shaun durch eine TV-Serie, die sich vorwiegend an ein jugendliches Publikum richtete, bekannt. In ›The Hardy Boys‹ spielte er zwischen 1977 und 1979 Joe Hardy. Während dieser Zeit hatte er auch seine größten Erfolge als Sänger: »That's Rock 'n' Roll« und »Hey Deanie« kamen 1977 in den USA unter die ersten 10, »Da Doo Ron Ron« wurde Platz 1. Danach spielte er für zwei Jahre in der TV-Comedy-Serie ›Breaking Away‹ und war nach deren Ende 1981 mit 23 Jahren für die kleinen amerikanischen Teeniemädels schon zu alt. Ab 1987 spielte er in der amerikanischen Seifenoper ›General Hospital‹, 1989 versuchte er ein Comeback als Sänger.

*Da Doo Ron Ron (5/77 US 1)*
*That's Rock 'n' Roll (7/77 US 3)*
*Hey Deanie (11/77 US 7)*
***Pop***

## Cast

KEITH O'NEILL, d (Großbritannien); JOHN POWER, v/g (Großbritannien, * 14. 9. 1967); LIAM TYSON, g (Großbritannien); PETER WILKINSON, g (Großbritannien).

1994 wurde diese Gruppe in Liverpool gegründet. Sänger und Gitarrist John Power war vorher kurz bei den La's gewesen. Die Musikrichtung, die er und seine Kollegen zu spielen versuchten, lehnte sich an die Byrds, R.E.M. oder Psychedelic Rock der 60er/70er Jahre an. Ihre erste Single erschien Mitte 1995 und hieß »Finetime«. Sie erreichte Platz 17 in GB. Der Nachfolger »Alright« erreichte Platz 13. Im Oktober desselben Jahres erschien das Album »All Change« und kam unter die ersten 10 der britischen LP-Charts. Das Jahr 1996 brachte der Band drei Top-10-Hits hintereinander. Schon sprach man davon, Cast seien die Nachfolger von Oasis. Im April 1997 erschien mit »Mother Nature Calls« – darauf »Free Me«, ihr nächster Top-10-Hit in GB.

*Sandstorm (1/96 GB 8)*
*Walkaway (3/96 GB 9)*
*Flying (10/96 GB 4)*
*Free Me (4/97 GB 7)*
*Guiding Star (6/97 GB 9)*
*Live The Dream (9/97 GB 7)*
***Folk, Psychedelic, Rock***

**CD-Tip:** *All Change* Polydor 529 312–2

## Cast From Casualty

Casualty ist eine BBC-Serie, die in einem Krankenhaus spielt – endlich mal was Neues. Diejenigen, die da mitspielen, sind angeblich die Interpreten einer neuen Version von »Everlasting Love«. Von diesem Titel wurden im Laufe der Jahre immer wieder neue Versionen aufgenommen. Die Originalversion stammte von dem Amerikaner Robert Knight, der damit im September 1967 Platz 13 in den US-Charts erreichte. Die britische Gruppe Love Affair hatte im Januar 1968 einen Spitzenreiter in GB und Platz 12 in Deutschland mit »Everlasting Love«. Es folgten Carl Carlton, Rex Smith zusammen mit Rachel Sweet, Gloria Estefan, Worlds Apart und Sandra, die alle mit diesem Titel in diversen internationalen Hitparaden erfolgreich waren. Damit entwickelte sich dieses Stück nach »White Christmas« und »Unchained Melody« zu der Nummer, die im Laufe der Jahre am erfolgreichsten gecovert wurde. Wer aus Casualty wirklich mitgesungen hat oder wer einfach nur zum Gruppenbild am Operationstisch den Mund aufmachte, wird wohl nur der Produzent wissen.

*Everlasting Love (3/98 GB 5)*
***Pop***

## Castor, Jimmy

v/sax (USA, * 2. 6. 1943 in New York City).

Jimmy war bereits in seinen Jugendtagen mit Frankie Lymon zusammen, den er 1957 bei den Teenagers ersetzte. Ein Jahr zuvor hatte er bereits den selbstgeschriebenen Titel »I Promise To Remember« mit seiner eigenen Formation Jimmy Castor & The Juniors aufgenommen – ohne Erfolg. Frankie Lymon coverte die Nummer und kam zumindest in die Hitparade. Bei »Rinky Dink« von Dave ›Baby‹ Cortez aus dem Jahr 1962 und »The Loco-Motion« von Little Eva spielte Jimmy Saxophon. Sein erster Soloerfolg wurde 1966 verzeichnet: »Hey, Leroy, Your Mama's Calling You«. 1972 gründete er The Jimmy Castor Bunch – und mit diesem Haufen hatte er seine größten Erfolge: »Troglodyte (Cave Man)« erreichte im Mai desselben Jahres Platz 6 in den USA, »The Bertha Butt Boogie (Part 1)« fast drei Jahre später Platz 16. In beiden Songs ging es um zwischenmenschliche Beziehungen nach dem Motto »In der Steinzeit war alles besser«. Später schwenkte er zu sehr auf die Discomasche um.

*Troglodyte (Cave Man) (5/72 US 6)*
***Disco, Funk, Soul***

## Casuals

HOWARD NEWCOMBE, v/g/tr (Großbritannien, geb. in Lincoln); ROBERT O'BRIEN, v/d (Großbritannien, geb. in Bridge of Allen/Schottland); ALAN TAYLOR, v/g/b (Großbritannien, geb. in Halifax/Yorkshire); JOHNNY TEBB, v/org (Großbritannien, * 1. 10. 1945 in Lincoln).

Ende der 60er Jahre gewannen die Casuals dreimal in der britischen Talentshow ›Opportunity Knocks‹. Dann verließen sie GB und gingen nach Italien. In Mailand wurden sie zur Attraktion und kehrten erst 1968 in ihre Heimat GB zurück, als ihre Single »Jesamine« in die Charts kam. Danach gelang ihnen mit »Toy« noch ein Platz 30, aber Ende der 60er Jahre waren sie von der Bildfläche verschwunden.

*Jesamine (8/68 GB 2; 11/68 D 9)*
***Pop***

## Catatonia

PAUL JONES, b (Großbritannien); CERYS MATTHEWS, v (Großbritannien); OWEN POWELL, g (Großbritannien); ALEX RICHARDS, d (Großbritannien); MARK ROBERTS, g (Großbritannien).

1996 erschien mit »Way Beyond Blues« (10/96 GB-LP 40) das Debütalbum dieser aus Cardiff/Wales stammenden Gruppe. Mit »Sweet Catatonia« (2/96 GB 61) hatten sie ihre erste Hitnotierung. Es folgten »Lost Cat« (5/96 GB 41), »You've Got A Lot To Answer For« (9/96 GB 35), »Bleed« (11/96 GB 46) und »I Am The Mob« (10/97 GB 40). Die Plattenfirma über die Gruppe: ›Eine eingängige Gesangsmelodie mit der rotzfrechen Stimme von Cerys Matthews auf einer ohrwurmartigen und souverän gespielten instrumentalen Grundlage zeigt: Diese Band hat gelernt und sich enorm weiterentwickelt.‹ Das war zu der Single »Mulder And Scully« zu lesen, die es Anfang 1998 in die britischen Top 10 schaffte. Mit dieser Single wurde angedroht, ›in nächster Zeit alle Vorstellungen über Gitarrenpop über den Haufen zu werfen‹. Außerdem erfuhr man: Die Gruppe ›verzichtet auf jedes moralische Feigenblatt und ignoriert jeden Trend.‹ Ihr zweites Album »International Velvet« (2/98 GB-LP 1) wurde ebenfalls ein Erfolg.

*Mulder And Scully (1/98 GB 3)*
*Road Rage (5/98 GB 5)*
***Pop***

## Catch

ANDY DUNCAN, d/per (Großbritannien); DON SNOW, v/key (* 13. 1. 1957 in Nairobi/Kenia); CHRIS WHITTEN, d/per (Großbritannien, * 26. 3. 1959).
Don hatte musikalische Erfahrungen als Sänger, Keyboarder oder Songschreiber mit den Sinceros, Lene Lovich und der Formation Squeeze gesammelt, bevor er im Frühjahr 1983 bei einer Studioproduktion auf Andy Duncan traf. Der hatte als Schlagzeuger für David Bowie, Toyah, Wham!, Madness oder John Martyn gearbeitet. Die beiden hatten dieselbe Affinität zu Dance Music und stellten ihre Soloaktivitäten zurück, um gemeinsam die Nummer »25 Years« aufzunehmen, die von einem Farmer handelt, der nach arbeitsreichem Leben wegen eines kleinen Diebstahls 25 Jahre Gefängnis kriegt. Dieser Titel war zumindest in Deutschland so erfolgreich, daß er im Oktober 1983 Platz 3 in der Hitparade erreichte. Zum selben Zeitpunkt trennten sich Snow und Duncan. Für Andy kam Chris Whitten als Ersatz. Der alte Schwung jedoch war weg, und die Nachfolgeplatten der Catch waren nicht mehr erfolgreich.

*25 Years (10/83 D 3; 2/84 CH 8)*
***AOR (Adult Orientated Rock), Pop***

**CD-Tip:** *25 Years – The Album* Hansa 262 309 2

## Catch, C.C.

v (Niederlande, * 31. 7. 1964 als Caroline Müller).
Der Erfolgsproduzent Dieter Bohlen entdeckte die Niederländerin mit dem Künstlernamen Caro in einer Discothek in der Nähe von Hamburg. Dort war sie als Leadsängerin des Osnabrücker Mädchenquartetts Optimal aufgetreten. Da sie bereits seit sieben Jahren in Deutschland wohnte, hatte sie kaum noch einen holländischen Akzent. Caro hatte sich in harter Kleinarbeit autodidaktisch eine Bühnenausbildung erworben, die sie durch Auftritte bei über hundert Talentwettbewerben, von denen sie über die Hälfte gewann, perfektionierte.
Auf der Internationalen Funkausstellung 1985 in Berlin hatte sie ihren ersten Erfolg mit »I Can Lose My Heart Tonight«. Mit «'Cause You Are Young«, »Strangers By Night« und »Heartbreak Hotel« stand sie 1986 gleich dreimal unter den ersten 10 in der deutschen Hitparade. 1988 erreichte sie noch einmal einen Platz 10 mit »Backseat Of Your Cadillac«. 1989 trennte sich C.C. Catch von ihrem Entdecker und Produzenten Bohlen und zeigte, wie es ihre neue Plattenfirma schrieb, ›daß sie anspruchsvolle und internationale Pop-Musik machen kann und endgültig die alten Klischees abgeworfen hat‹. Produzent war jetzt u. a. Andy Taylor von Duran Duran, was aber nicht mehr half.

*'Cause You're Young (2/86 D 9; 3/86 CH 8)*
*Strangers By Night (4/86 D 9)*
*Heartbreak Hotel (9/86 D 8)*
*Backseat Of Your Cadillac (10/88 D 10)*
***Disco, Pop***

**CD-Tip:** *Classics* Hansa 260 212–2

## Cates, George

bl (USA, * 19. 10. 1911 in New York City).
Die Qualitäten von Cates lagen in erster Linie auf der Ebene Komposition, Arrangement und Produktion. 25 Jahre lang leitete er die ›Lawrence Welk TV-Show‹. Viele Titel von Bing Crosby, Teresa Brewer und den Andrews Sisters wurden durch ihn betreut. Mit seinem Studioorchester hatte George Cates im April 1956 mit seiner Version von »Moonglow And The Theme From Picnic« einen Platz 4 in der amerikanischen Hitparade. Bei diesem einen Hit blieb es.

*Moonglow And The Theme From Picnic (4/56 US 4)*
***Instrumental***

## Catrins Madison Club

SILVIO FRANCESCO, v/Klarinette (Frankreich, * 13. 7. 1927 in Paris); CATERINA VALENTE, v (Frankreich, * 14. 1. 1931 in Paris).

Einer der vielen Clubs, hinter denen sich Caterina Valente und ihr Bruder Silvio Francesco verbargen. Dieser hier war im Jahre 1962 geöffnet und brachte ihnen im November jenes Jahres mit »Madison in Mexico« einen Platz 4 in den deutschen Charts ein. Weitere Lokalitäten finden sich unter ›Club . . .‹.

*Madison in Mexico (11/62 D 4)*
***Deutscher Schlager***

## Cats

THEO KLOUWER, d (Niederlande, * 30. 6. 1947); ARNOLD MÜHREN, b (Niederlande, * 28. 1. 1944); JAAP SCHILDER, g (Niederlande, * 9. 3. 1943); CEES VEERMAN, v (Niederlande, * 6. 10. 1943); PIET VEERMAN, v/g (Niederlande, * 1. 3. 1943).

Die Glanzzeit der Cats in ihrer Heimat Holland läßt sich nur mit der Beatlemania in GB vergleichen. 1964 traten sie zum erstenmal gemeinsam auf und versuchten sich danach bei mehreren Nachwuchswettbewerben. Ihren großen Durchbruch in Deutschland hatten sie mit dem Stück »One Way Wind«, das im Januar 1971 auf Platz 4 in der deutschen Hitparade stand und im November 1972 vergoldet wurde. »Let's Dance« erreichte im Juni 1972 Platz 3, »Be My Day« im April 1974 Platz 4 in der deutschen Hitparade. Danach war ihr Erfolg zumindest in Deutschland beendet. Eine in den USA veröffentlichte LP der Cats brachte gute Kritiken in den Fachzeitschriften ›Billboard‹, ›Record World‹ und ›Cash Box‹, kam aber trotzdem nicht unter die ersten 200.

*One Way Wind (11/71 D 4; 5/72 CH 1)*
*Let's Dance (6/72 D 3; 7/72 CH 2)*
*Be My Day (4/74 D 4)*
***Pop, Soft Pop***

**CD-Tip:** *Cats Single Hit-Collection* Electrola 8 28564 2

## Caught In The Act

LEE BAXTER, v (Großbritannien, * 16. 7. 1972 in Liverpool); BENJAMIN BOYCE, v (Großbritannien, * 23. 8. 1971 in London); ELOY DE JONG, v (Niederlande, * 13. 3. 1973 in Den Haag); BASTIAAN RAGAS, v/p (Niederlande, * 30. 6. 1972 in Lisse).

Eine weitere geschickt zusammengestellte Boy-Group, die einzig und alleine auf die Geldbörsen der Teenies ausgerichtet war. Nett und freundlich kamen die vier Jungs daher wie alle Boy-Groups jener Tage und auch die der Vergangenheit. Gleich ihre erste Hitnotierung »Love Is Everywhere« war Anfang 1995 ein Top-10-Erfolg. »My Arms Keep Missing You«, »Let This Love Begin« und »You Know« – weitere Veröffentlichungen aus dem Jahr 1995 – erreichten in Deutschland Positionen um Platz 20 herum. Anfang 1996 kam mit »Don't Walk Away« der nächste Top-10-Hit. »Ain't Just Another Story« und »Bring Back The Love« waren die weiteren Singleveröffentlichungen des Jahres 1996 und brachten ihnen Notierungen knapp über 30. Bisher beschränkten sich die Erfolge von CITA, wie die Fans die Gruppe abkürzen, auf den deutschen Markt.

*Love Is Everywhere (1/95 D 10; 4/95 CH 8)*
*Don't Walk Away (4/96 D 9, CH 10)*
*Bring Back The Love (11/96 CH 10)*
*Baby Come Back (4/98 D 10)*
***Boy Group***

**CD-Tip:** *Forever Friends* ZYX 20 288–2

## Cavallaro, Carmen

p/bl (USA, * 6. 5. 1913 in New York City).

Carmen Cavallaro spielte mit Rudy Vallee und anderen Formationen, bevor er eine eigene Dance Band gründete. In Hotels und Ball Rooms wurde er Anfang der 40er

Jahre mit seiner Musik recht populär. Seine Plattenaufnahmen machte er in erster Linie mit Studiomusikern und nicht mit seinen eigenen. Seiner Popularität verdankte er viele Radio- und Filmauftritte, z. B. im Streifen »Hollywood Canteen« 1944. Der größte Hit, basierend auf einem Thema von Chopin, war »Chopin's Polonaise«, im Juni 1945 auf Platz 3 in den USA. Im Film »The Eddy Duchin Story« (1956) spielte Carmen die Musik. Er blieb bis in die 60er Jahre aktiv, gab weiterhin Konzerte und schrieb weiterhin Songs.

*Chopin's Polonaise (6/45 US 3)*
*Music! Music! Music! (3/50 US 5)*
***Instrumental, Pop***

## Cecchetto, Claudio

*Gioca Jouer (6/81 CH 8)*

## Celentano, Adriano

v/g (Italien, * 6. 1. 1938 in Mailand).
Was dieser Mann schon alles hinter sich hat, ist abenteuerlich. Und dabei sollte man ruhig davon ausgehen, daß er alles, was er heute erfolgreich macht, nie gelernt hat – in dem Sinne, daß er Unterricht nahm. Celentano wurde in Mailand geboren, und seine Familie war bettelarm. Adriano machte eine Lehre als Scherenschleifer und dann als Uhrmacher, aber das war alles nicht das, was er wollte. Er sah und hörte Elvis Presley – das war es, was er wollte. Also her mit einer Gitarre und so spielen wie Elvis. Und da der ja bekanntlich ebenfalls nur einige Griffe auf der Gitarre klopfen konnte, hatte Celentano das schnell raus. Beim San Remo Festival 1959 gewann er den Schlagerwettbewerb. Seine ersten Platten zeigen den rockigen Celentano, aber nachdem Elvis auf die seichte Welle umgestiegen war, machte ihm Adriano das nach. Im Gegensatz zu Elvis, der die Platten besingt und sich ansonsten nicht um das Geschäft kümmert, ist der Junge aus den armen italienischen Verhältnissen cleverer. Er gründet einen eigenen Musikverlag, eine eigene Konzertagentur und schließlich seine eigene Plattenfirma. Was er will, ist Kontrolle über das Gesamtprodukt und damit Kohle aus dem Gesamtverdienst. Seine Firma nennt er Clan Records, und mit einem Clan zieht er auch ständig durch die Lande. Dazu gehören die gesamte Verwandtschaft, Angestellte, angeblich ein paar Freundinnen und natürlich seine Frau Claudia Mori – selbst eine in Italien und Spanien erfolgreiche Sängerin – und ein Priester. Wieviel davon wahr ist, weiß niemand. Erfolge feiert Celentano auch mit seinen Filmen. Seinen größten Hit hatte er im Oktober 1968 mit »Azzurro«. Auch in den 90er Jahren brachte Celentano weitere Veröffentlichungen auf den Markt, z.B. 1991 »Il Re Degli Ignoranti« und 1996 »Arrivano Gli Uomini«

*Una Festa Sui Prati (6/67 D 10)*
*Azzurro (10/68 D 6)*
*Svalutation (10/76 CH 4)*
*Don't Play That Song (11/77 CH 10)*

*Il Tempo Se Ne Va (5/80 CH 2)*
*Innamorato Incavoltata A Vita (3/81 CH 10)*
***Rock, Schlager***

**CD-Tip:** *Super Best* East West 4509–91827–2

## Cerrone

CERRONE (Frankreich, geb. in Paris).
Zusammen mit Giorgio Moroder gilt er als Europas wichtigster Beitrag zum Disco-Sound. Mit achtzehn war er Orchesterleiter beim Club Méditerranée. Mit zwanzig hatte er einen lukrativen Vertrag mit dem französischen Produzenten Barclay. Daß seine Platten immer so klangen, daß sie den jeweiligen Trend der Zeit trafen, erklärt sich durch folgende Aussage von Cerrone: ›Ich produziere nicht Schallplatten, um irgendwelchen Minderheiten meine persönlichen musikalischen Vorstellungen aufzuzwingen. Musikgelüste dieser Art sollte man besser zu Hause im eigenen Keller austoben. Mir ist es wichtiger, Musik zu machen, die breite Bevölkerungsschichten anspricht – ich möchte also bewußt kommerziell arbeiten. Warum das heute bei vielen Leuten verpönt ist, will nicht in meinen Kopf.‹ Mit dieser Einstellung hatte er bis 1979 mehr als zehn Millionen Platten verkauft. Seinen größten Erfolg in den internationalen Singlecharts hatte er im Juli 1978 in GB mit »Super Nature«.

*Super Nature (7/78 GB 8)*
***Disco***

## Cetera, Peter

v/b (USA, * 13. 9. 1944 in Chicago/Illinois).
Cetera gehörte zu dem Team, das 1966 Chicago Transit Authority gründete, die sich ab Juli 1969 nur noch Chicago nannten. Neben seinen Erfolgen mit dieser ersten Jazz-Rock-Formation hat er ab 1981 auch Soloplatten veröffentlicht. 1985 trennte Peter Cetera sich endgültig von Chicago, und ab 1986 begann seine Hitzeit. »Glory Of Love« und »The Next Time I Fall« – hier mit Amy Grant – waren noch 1986 Nummer-1-Hits in den USA. Mit »One Good Woman« im Juni 1988 und »After All« – diesmal mit Cher – im März 1989 hatte er weitere Top-10-Erfolge. Im Herbst 1992 veröffentlichte er das Album »World Falling Down«. Als Gast der Gruppe Az Yet gelang ihm der Hit »Hard To Say I'm Sorry« (2/97 US 8, 6/97 GB 7).

*Glory Of Love (6/86 US 1; 8/86 GB 3; 10/86 CH 5)*
*The Next Time I Fall (9/86 US 1)*
*One Good Woman (7/88 US 4)*
*After All (3/89 US 6)*
***AOR (Adult Orientated Rock), Pop***

**CD-Tip:** *Solitude/Solitaire* WB 925 474–2

## Chacksfield, Frank

p/org/bl (Großbritannien, * 9. 5. 1914 in Battle/Sussex, † 9. 6. 1995).
Nachdem Chacksfield in seinen Kindertagen Tastenspielen erlernte hatte, wurde er in den späten 30er Jahren Arrangeur. Nach dem Krieg spielte er im Radio und machte seine ersten Plattenaufnahmen als Begleiter von Frederick Ferrari, der in den Shows des Komikers Charlie Chester auftrat. 1953 gründete er mit Tunesmith eine eigene Band, und schon im April desselben Jahres hatte er seinen ersten Top-10-Erfolg in GB mit der Novelty-Nummer »Little Red Monkey«. Seine nächsten beiden Platten wurden seine größten Hits: »Limelight (Terry's Theme)« erreichte in GB Platz 2, in den USA Platz 5, »Ebb Tide« wurde in den USA ein Millionseller und Platz 2, in GB Platz 9. Bis 1960 werden Hits von Frank notiert, danach verlegte er sich mehr auf LPs, spielte viel in Radiosendungen und arbeitete an Filmmusiken.

*Little Red Monkey (4/53 GB 10)*
*Limelight (Terry's Theme) (5/53 GB 2, US 5)*
*Ebb Tide (8/53 US 2; 2/54 GB 9)*
***Instrumental***

## Chad & Jeremy

JEREMY CLYDE, v/g (Großbritannien, * 22. 3. 1941); CHAD STUART, v/g/org (Großbritannien, * 10. 12. 1941).

Chad und Jeremy, beide Schauspielschüler, versuchten sich ab 1964 als musikalisches Duo Chad & Jeremy. Sie klangen wie Peter & Gordon oder David & Jonathan, und davon waren die Briten wenig begeistert. Ganz anders die Amerikaner, denen besonders der typisch britische Stil der beiden gefiel. »Yesterday's Gone« war im Mai 1964 der erste Hiterfolg der beiden, »A Summer Song« erreichte im August 1964 gar Platz 7 in den USA. Bis Ende 1966 hatten sie noch etliche Hitnotierungen, 1969 trennten sie sich und versuchten sich wieder als Schauspieler. Jeremy Clyde sah man 1976 in der TV-Serie ›Sexton Blake‹ in einer Hauptrolle. Stuart beschäftigte sich mit weiter mit Musik und schrieb Musicals, von denen man jedoch wenig hörte.

*A Summer Song (8/64 US 7)*

***Folk, Pop***

**CD-Tip:** *Sing For You/Second Album* Repertoire REP 4286-WY

## Chairmen Of The Board

EDDIE CUSTIS, v (USA); GENERAL NORMAN JOHNSON, v (USA, * 23. 5. 1943 in Norfolk/Virginia); HARRISON KENNEDY, v (Kanada, geb. in Ontario); DANNY WOODS, v (USA, * 10. 4. 1944 in Atlanta/Georgia).

Nachdem General Norman Johnson 1968 die Gruppe Showmen verlassen hatte, scharte er drei weitere Sänger um sich und sang Soulmusik, als wäre er eine Mischung aus Levi Stubbs von den Four Tops und Billy Stewart. Zuerst nannte sich die in Detroit beheimatete Gruppe Gentlemen, dann schnell Chairmen Of The Board. Gleich ihre Debüt-Single wurde ein Millionseller und Platz 3 in den USA und in GB: »Give Me Just A Little More Time«. Die Nachfolgeplatte »(You've Got Me) Dangling On A String« wurde in GB Platz 5 – danach erschienen bis 1973 weitere Singles, die sich sowohl in den USA als auch in GB plazieren konnten. Dabei hatte die Band schon 1971 aufgehört, neue Platten aufzunehmen. Die Plattenfirma veröffentlichte trotzdem bis 1976 weitere Singles und auch LPs. Alle Mitglieder arbeiteten danach als Solisten. Speziell Johnson hatte auch als Songschreiber – von ihm stammt der Clarence-Carter-Hit »Patches« – und als Produzent Erfolg. Er betreute z. B. Honey Cone und 100 Proof. Johnson behielt auch die Rechte am Gruppennamen – und wenn die ehemaligen Mitglieder Lust hatten, arbeiteten sie auch mal wieder als Aufsichtsratsvorsitzende zusammen.

*Give Me Just A Little More Time (1/70 US 3; 8/70 GB 3)*
*You've Got Me Dangling On A String (11/70 GB 5)*

***Soul***

## Chakachas

GASTON BOOGAERTS, b (Belgien, * 31. 7. 1921).

Das belgische Sextett leitete Gaston Boogaerts. Mit der für Discotheken und Schlafzimmer sehr geeigneten Nummer »Jungle Fever« hatte die Band im Januar 1972 einen Platz 8 in den USA und einen Millionseller. Die erste Hitnotierung dieser Formation stammt aus dem Jahre 1962 – da hatten sie in GB Erfolg mit »Twist Twist«. Aber schon 1958 war die Band in einigen europäischen Hitparaden mit der Nummer »Eso Es El Amor«. Eine Wiederholung des Erfolges von »Jungle Fever« gelang der Gruppe nicht.

*Jungle Fever (1/72 US 8)*

***Disco, Pop***

## Chamberlain, Richard

v (USA, * 31. 3. 1935 in Los Angeles/Kalifornien).

Erfinder der Doktorspiele im Fernsehen war er zwar nicht, aber er hatte damit ab 1961 als Dr. Kildare im US-TV großen Erfolg. Ben Casey oder Marcus Welby M.D. waren seine direkten Konkurrenten im Medical Center – Dr. Kildare war der smarteste. Als die Serie mit ihm in eine Phase trat, in der jeder dem Hauptdarsteller jedes gebrauchte Auto mit noch soviel gefahrenen Kilometern abkaufen würde, sahen seine Manager die Zeit gekommen, ihn auch stimmlich auszubeuten. Seine erste Platte war dann auch zweckmäßigerweise nach seiner Erfolgsserie benannt: »Theme From Dr. Kildare«. Sie erschien Mitte 1962 und wurde ein Top-10-Hit in den USA.

Danach wurden in schneller Folge – man weiß ja nie, wie lange eine Serie mit Erfolg läuft – sieben weitere Singles auf den Markt geworfen. Und da die Stimme von Richard Chamberlain nicht so gewaltig war, daß man ihr zuviel zumuten wollte, ließ man ihn kleine, bekannte Melodien trällern. Auch in GB war man vom Doktor und den lieben Platten so angetan, daß er dort vier Hitnotierungen aufweisen kann. Aber dann kamen die bösen Beatles. Mit so etwas wollte man unseren braven Doktor nicht antreten lassen – er warf die Mullbinden und widmete sich wieder der Schauspielerei. Inzwischen kennen wir ihn als verliebten Kardinal oder als japanischen Haudegen. Speziell die ›Dornenvögel‹ haben ihn hierzulande so hochstilisiert, daß seine Seligsprechung sicher vom überwiegenden Teil der Bevölkerung nicht ungern gesehen worden wäre. Ob Lila der Kurie oder Kimono des ›Shogun‹, dem Mann steht einfach alles.

*Theme From Dr. Kildare (Three Stars Will Shine Tonight) (6/62 US 10)*
***Soft Pop***

**CD-Tip:** *Greatest Hits* Edel Company EDL 2519–2

## Champaign

PAULI CARMAN, v (USA, * 5. 9. 1953); MICHAEL DAY, g/key (USA); RENA JONES, v (USA, * 17. 3. 1954); ROCKY MAFFIT, d (USA); MICHAEL REED, b (USA); LEON REEDER, g (USA); DANA WALDEN, key (USA).

Die Band benannte sich bei ihrer Gründung 1981 nach ihrer Heimatstadt in Illinois. Sie war ein Zusammenschluß von Musikern, die bereits in einigen Bands gespielt hatten. Die Instrumentalisten waren weiß, die beiden Sänger Carman und Jones schwarz. In Großbritannien hatten sie mit »How 'Bout Us« 1981 einen Platz 5, in ihrer Heimat USA waren sie in den Rhythm-&-Blues-Charts erfolgreich. Bis zu ihrer Trennung 1985 nahmen sie drei LPs auf, die nicht sonderlich erfolgreich waren. 1990 kamen sie noch einmal kurz zusammen, um eine vierte LP zu produzieren. Ansonsten versuchte sich Pauli Carman als Solist.

*How 'Bout Us (5/81 GB 5)*
***Pop***

## Champs

GENE ALDEN, d (USA, geb. in Cisco/Texas); DEAN BEARD, p (USA); BUDDY BRUCE, g (USA); DAVE BURGESS, g (USA, geb. in Lancaster/Kalifornia); JOE BURNAS, b (USA); GLEN CAMPBELL, v/g (USA, * 22. 4. 1936 in Billstown/Arkansas); DASH CROFTS, v/g/key/d/mand (USA, * 14. 8. 1940 in Cisco/Texas); DANNY FLORES, sax/p (USA, geb. in Rankin/Texas); CLIFF HILLS, b (USA); DALE NORRIS, g (USA, geb. in Springfield/Massachusetts); JIM SEALS, v/g/sax/vln (USA, * 17. 10. 1941 in Sidney/Texas).

1957 kamen die fünf erstgenannten Musiker in Los Angeles zusammen. Sie sollten die Backup-Gruppe für die Vokalisten Kuf-Linx bilden. Nach dieser Session hatten sie noch Zeit genug, einen von

Burgess geschriebenen Instrumentaltitel aufzunehmen. Für die Musiker war es ein reines Wegwerfprodukt, sie hörten sich nicht einmal das letzte Playback an. Im Januar 1958 erschien »Tequila« als B-Seite unter dem Gruppennamen Champs (eine Verbeugung vor Champion, einem Pferd von Gene Autry, dem Gründer ihres Plattenlabels Challenge). Die Radiostationen spielten jedoch lieber die B-Seite, und so wurde der Titel Nummer 1 in den US-Charts. Danach sollten die Champs auf Tour gehen, und dazu mußten weitere Musiker her (s. o.). Sieben weitere Singles wurden produziert, die alle nicht an den ersten Erfolg anschließen konnten. Bemerkenswert an den nicht wenigen personellen Veränderungen ist vor allem die Hinzunahme des jungen Gitarristen Glen Campbell als Ersatz für Burgess 1960. Seals and Crofts waren zwischen 1972 und 1978 als Duo in den USA sehr erfolgreich. Glen Campbell machte als Mitglied der Beach Boys und als Solist von sich reden.

*Tequila (2/58 US 1; 4/58 GB 5)*
***Pop, Rock 'n' Roll***

**CD-Tip:** *Collection* Line IMCD 9.00597

## Chandler, Gene

v (USA, * 6. 7. 1937 als Eugene Dixon in Chicago/Illinois).

1955 gründete er die Gaytones, 1957 ging Gene zu den Dukays und für drei Jahre zur US-Army. Die meiste Zeit seiner Zugehörigkeit zur Armee verbrachte er in Deutschland. Dann kehrte er zu den Dukays zurück und hatte mit denen 1961/62 zwei kleinere Hits. Nun nahm die Band den Titel »Duke Of Earl« auf, den sie jedoch auf einem neuen Plattenlabel veröffentlichen wollte. Ihre alte Plattenfirma verbot ihnen, den Namen Dukays zu verwenden. Bis zu diesem Zeitpunkt hieß Gene Chandler noch Eugene Dixon – Eugene verließ die Band, nannte sich Gene Chandler und wurde mit dem Titel im Januar 1962 Spitzenreiter in der US-Hitparade. Um die Verwirrung komplett zu machen: Als Interpret wurde auf der Platte The Duke Of Earl angegeben. Erst seine dritte Hitnotierung erschien dann wirklich unter seinem Künstlernamen. Die Reihe seiner Hits reicht bis an den Anfang der 80er Jahre. Etliche seiner größeren Erfolge nach »Duke Of Earl« wurden von Curtis Mayfield geschrieben, so z. B. »Just Be True« 1964 oder »Nothing Can Stop Me« 1965, beide in den US-Top-20. Seinen einzigen Millionseller hatte Gene Mitte 1970 mit »Groovy Situation«. Mit »Does She Have A Friend« stand Gene Mitte 1980 in den britischen Charts.

*Duke Of Earl (1/62 US 1)*
***Rhythm & Blues***

**CD-Tip:** *Stand By Me* Charly CD 55 TIS

## Chandler, Karen

v (USA als Eva Nadauld, geb. in Rexburg/Idaho).

Bekannt wurde sie zuerst als Eve Young – unter diesem Namen sang sie 1946 in der Band von Benny Goodman. Mit dem Titel »A Gal in Calico« hatte sie als Sängerin dieses ausgezeichneten Orchesters im Januar 1947 einen Platz 6 in den US-Charts. Ab 1948 machte sie auch Soloplatten als Eve Young und hatte 1948/49 mit »Cuanto La Gusta« und »My Darling, My Darling« zwei Top-30-Hits in den USA. Ihr größter Hit gelang ihr jedoch als Karen Chandler im Oktober 1952 mit dem Millionseller »Hold Me, Thrill Me, Kiss Me« – es wurde ein Platz 5 in den USA. Sie hatte Hits bis 1956, bevor sie Ende der 50er Jahre ganz aus dem Showgeschäft verschwand.

*Hold Me, Thrill Me, Kiss Me (10/52 US 5)*
***Pop***

## Changing Faces

CASSANDRA LUCAS, v (USA, geb. in New York City); CHARISSE ROSE, v (USA, geb. in New York City).

Die beiden Sängerinnen aus New York wurden von dem aus Chicago stammenden Rhythm-&-Blues-Künstler R. Kelly unter die Fittiche genommen. Er betreute sie als Songschreiber und Produzent und verhalf ihnen so zu ihrem ersten Hit »Stroke You Up«, der die amerikanischen Top 10 erreichte und sich mehr als 500.000 mal verkaufte. Kelly selbst ist auf der Aufnahme der Changing Faces auch zu hören, allerdings klingt er so wie Oskar aus der Mülltonne. Der Anspruch der beiden Sängerinnen: ›Ein dezidiert femininer Blick auf den ewigen Kampf der Geschlechter. Unsere Songs könnten helfen, die Unsicherheiten zwischen Mann und Frau aus dem Weg zu räumen.‹ Nachfolgehit »Foolin' Around« (11/94 US 38) brachte es gerade mal zum Top-40-Hit. Dann dauerte es einige Zeit, bis »G.H.E.T.T.O.U.T«, wieder besorgt durch R. Kelly, zum nächsten Top-10-Hit wurde. Diese Nummer konnte sich schließlich auch in GB durchsetzen.

*Stroke You Up (7/94 US 3)*
*G.H.E.T.T.O.U.T. (5/97 US 8; 7/97 GB 10)*
***Rhythm & Blues***

## Channel, Bruce

(USA, * 28. 11. 1940 in Jacksonville/Texas).

Schon während seiner Schulzeit begann die musikalische Karriere von Bruce Channel. Anfang der 60er Jahre erhielt er für sechs Monate ein Engagement in der Louisiana Hayride Show, was ihm zu einem Plattenvertrag verhalf. Gleich der erste war dann auch wieder einmal der größte Hit: »Hey! Baby« erreichte im Januar 1962 Platz 1 in der amerikanischen Hitparade und Platz 2 in GB. Mundharmonikaspieler auf dieser Platte war übrigens Delbert McClinton. In den USA sollte Bruce kein weiterer Hit mehr gelingen, in GB hingegen hatte er mit dem Stück »Keep On« im Juni 1968 noch einmal einen Platz 12.

*Hey! Baby (1/62 US 1; 3/62 GB 2)*
***Pop***

## Chantays

BRIAN CARMAN, g/sax (USA); BOB MARSHALL, p (USA); BOB SPICKARD, g (USA); WARREN WATERS, b (USA); BOB WELSH, d (USA).

Diese kalifornische Formation fand sich während ihrer High-School-Zeit 1962 zusammen. Bereits ein Jahr später landete sie ihren größten Hit mit dem Instrumental »Pipeline« – ursprünglich war dieser Titel als B-Seite vorgesehen. Nach einigen weiteren Singleveröffentlichungen und einer Umbesetzung löste sich die Formation auf. Im Zuge des Revivals der Surf Music tauchten in den 80er Jahren wieder einige Musiker unter dem Namen Chantays auf.

*Pipeline (3/63 US 4)*
***Pop, Surf-Music***

## Chapin, Harry

v/g (USA, * 7. 12. 1942 in New York City, † 16. 7. 1981).

Der vielseitig begabte Sohn eines Big-Band-Drummers gründete seine erste Gruppe mit seinen Brüdern Tom und Stephen. 1968 führte er bei dem für den Oscar nominierten Film »Legendary Champions« Regie. 1971 gründete er eine neue Formation mit John Wallace, Ron Palmer und Tim Scott, mit der er in New Yorker Clubs spielte. 1972 erhielt er einen Plattenvertrag und veröffentlichte die LP »Heads and Tails« mit der Singleauskopplung »W-O-L-D«. 1974 gelang ihm zu Weihnachten mit »Cat's In The Cradle« eine Nummer 1 in den USA. Der Song handelt von der Gefahr, die Karriere über die Familie zu stellen und damit alles zu zerstören. Die Zeitschrift ›L.A. Free Press‹ bezeichnete ihn einmal als ›Jacques Brel der Arbeiterklasse‹. Chapin hatte ein Auge für die kleinen und großen Sorgen des täglichen Lebens. Er beobachtete seine Umwelt genau, diagnostizierte die Fehler und Schwächen seiner Mitmenschen und verarbeitete seine Beobachtungen und Erfahrungen in seinen Liedern. In seinen Songs erzählt er Geschichten, die ›voller Zynismus, Frustration und sehnsüchtigem Verlangen‹ sind, wie die Zeitschrift ›Crawdaddy‹ schrieb. Der ehemalige Philosophie- und Architekturstudent, der mehr als 300 Dokumentarfilme gedreht hat (einige davon preisgekrönt), einen Lyrikband veröffentlichte und seine Konzerte als Multimediashow betrachtete, gehörte zur Clique der politisch und sozial engagierten Stars in Amerika. Jahr für Jahr gab er Dutzende von Konzerten für die Welthungerhilfe. Von den Einnahmen seiner Konzerte gab er außerdem immer einen Teil an diese Organisation ab, der meist 50 Prozent überschritt. Während Harry mit seinem Auto auf dem Weg zu einem solchen Benefizkonzert war, verunglückte er tödlich auf dem Long Island Expressway. Sein Hit »Cat's In The Cradle« wurde im Frühjahr 1993 ein Erfolg für die Formation Ugly Kid Joe.

*Cat's In The Cradle (10/74 US 1)*
***AOR (Adult Orientated Rock), Folk, Rock***

**CD-Tip:** *Gold Medal Collection* Elektra 960 773–2

## Chapman, Tracy

v (USA, * 20. 3. 1964 in Cleveland/Ohio). Ohne Zweifel dürfte sie die Entdeckung des Jahres 1988 gewesen sein. Die Amerikaner zeichneten sie dafür mit dem Grammy Award für den besten neuen Künstler aus. Bis 1986 studierte sie Ethnologie an der Tufts University in Massachusetts. Nachdem ihre erste LP erschienen war, las man zuerst, sie würde sich zu sehr auf den Spuren von Joan Armatrading bewegen. Es wurde ihr zwar attestiert, daß sie singen kann, aber ihre Arrangements würden doch sehr konventionell wirken, hübsch verpackt, aber letztlich doch zu versöhnlich. Immerhin verkaufte sich das Album weltweit neunmillionenmal. Die Singleauskopplung »Fast Car« war im Juni 1988 ein Top-10-Hit in den USA und in GB. Nach dem Debüterfolg erschienen mit »Crossroads« und »Matters Of The Heart« zwei weitere gelungene LPs, die jedoch an den Erfolg des ersten Albums nicht anschließen konnten. Mag sein, daß die sehr introvertierte Art der Bühnenpräsentation von Tracy Chapman einige anfängliche Fans wieder vergraulte. Ende 1995 startete sie einen neuen Beginn. »New Beginnings« hieß ein Album, das sich innerhalb eines jahres drei millionenmal verkaufte. Die daraus ausgekoppelte Single »Give Me One Reason« entwickelte sich Anfang 1996 zu einem großen Erfolg in den USA. 1997 erhielt sie dafür als besten Rocksong einen Grammy. Ihr Debütalbum aus dem Jahr 1988 brachte es auf vier Millionen verkaufte Exemplare. Als Geburtstag liest man auch den 30.3. oder 25. 3. 1964 – einig ist man sich nur über Monat und Jahr.

*Fast Car (6/88 GB 5, US 6)*
*Give Me One Reason (4/96 US 3)*
***AOR (Adult Orientated Rock), Folk***

**CD-Tip:** *Tracy Chapman* Elektra 960 774–2

## Charioteers

HOWARD B. DANIEL, v (USA); EDWARD JACKSON, v (USA); JIMMY SHERMAN, p (USA); IRA WILLIAMS, v (USA); WILLIAM B. WILLIAMS, v (USA).

Die Gesangsgruppe aus Cincinnati wurde geleitet von William B. Williams und formierte sich Mitte der 30er Jahre am Wilberforce College in Ohio. In Cincinnati arbeiteten sie dann für zwei Jahre im Radio und 1938 in der erfolgreichen Show Hellza-Poppin. In den 40er Jahren kam dann ihre große Zeit in den Hitparaden. Mit der Nummer »Open The Door, Richard« hatten sie im März 1947 einen Platz 6 in den US-Charts und ihren größten Erfolg. Auch auf Platten anderer Interpreten sangen sie mit. So hatten sie z. B. Top-10-Hits mit Frank Sinatra, »Don't Forget Tonight Tomorrow«, und Buddy Clark, »Now Is The Hour (Maori Farewell Song)«, im März 1948.

*Open The Door, Richard (3/47 US 6)*
***Pop***

## Charlatans

JON BAKER, g; MARTIN BLUNT, b; JON BROOKES, d; TIM BURGESS, v (Großbritannien, * 30. 5. 1968 in Salford/Manchester); MARK COLLINS, g; ROB COLLINS, key († 23. 7. 1996).

Im Sommer 1988 kam die Formation im Zuge der Manchester-Mode zusammen. Sie verarbeiteten Melodien der 60er Jahre, Hammondorgel-Riffs und ein lockeres Lebensgefühl. Ihre Debüt-Single »Indian Rope«, die 1990 nur als Maxi erschien, verkaufte sich gut genug, um einen neuen Plattenvertrag einzubringen. Einen Top-10-Hit in GB hatten sie mit »The Only One I Know«, einem an die Byrds angelehnten Popsong. Mit ihrer 1990 erschienenen LP »Some Friendly« (10/90 GB-LP 1) konnten sie den Spitzenplatz der britischen LP-Charts erobern. Die danach erschienenen Singles und LPs erregten weit weniger Aufsehen. Es folgten die Alben »Between 10th And 11th« (4/92 GB-LP 21) und »Up To Our Hips« (4/94 GB-LP 8). 1991 verließ Jon Baker die Band und wurde durch Marc Collins ersetzt. 1993 schienen die Charlatan am Ende: Ihr Keyboarder Collins wurde zu acht Monaten Gefängnis verurteilt, weil er bei einem bewaffneten Raubüberfall als Fahrer des Fluchtfahrzeuges agiert hatte. Aber im August 1995 war die Band wieder da und veröffentlichte ein Album, das am 9. 9. 1995 auf Platz 1 der GB-LP-Charts einstieg: »The Charlatans«. Autofahren war wohl die Leidenschaft von Collins. Am 23. 7. 1996 verunglückte er bei einem Verkehrsunfall in seinem BMW tödlich. Er wurde nur 32 Jahre alt. »One To Another« kam nach dem Tode von Collins auf den Markt und stieg gleich auf Platz 3 der GB-Charts ein und wurde somit der größte Singleerfolg der Band. Auch der Nachfolgehit »North Country Boy« war noch vor dem Tode von Collins eingespielt worden. Im April 1997 erschien mit »Tellin' Stories« (5/97 GB-LP 1) ein neues Album der Charlatans. Darauf zum Angedenken an Collins die Nummer »Rob's Theme«. Der ausgekoppelte Titelsong »Tellin' Stories« (11/97 GB 16) erreichte nicht die Top 10. Burgess, Mark Collins, Blunt und Brookes waren jetzt die aktuellen Mitglieder der Band. Ihr nächstes Album hieß »Melting Pot« (3/98 GB-LP 4).

*The Only One I Know (6/90 GB 9)*
*One To Another (9/96 GB 3)*
*North Country Boy (4/97 GB 4)*
*How High (6/97 GB 6)*
***Rave, Rock***

**CD-Tip:** *Some Friendly* Rebel Records SPV 084–30912

## Charlene

CHARLENE D'ANGELO, v (USA, * 1. 6. 1950 als Duncan in Hollywood/Kalifornien).

Die aus Hollywood stammende Charlene D'Angelo, verheiratete Duncan, verheiratete Oliver unterschrieb 1974 einen Vertrag bei Tamla Motown. Damit gehörte sie neben der Gruppe Rare Earth, Teena Marie und Bobby Darin zu den wenigen weißen Interpreten dieser Firma. 1977 nahm sie die Platte »I've Never Been To Me« auf, die sich jedoch erst im Frühjahr 1982 zu einem Hit mausern sollte – sie erreichte Platz 3 in den USA und gar Platz 1 in GB. Zu diesem Zeitpunkt hatte Charlene Tamla bereits seit zwei Jahren verlassen – und die USA auch. Die deutsche Vertretung ihrer Plattenfirma schrieb 1982 nach dem Hit über Charlene: ›Charlene, deren persönliche Biographie sich wie ein dickes Kapitel eines Charles-Dickens-Roman liest (als Kind kränkelnd, allzufrüh unglücklich verheiratet, Scheidung, Alkohol- und Drogenabhängigkeit, Selbstfindung und soziales Engagement, Bekehrung zum aktiven Christentum), hatte sich nach ihren nicht sonderlich erfolgreichen Aufnahmen ins Privatleben zurückgezogen und betrieb mit ihrem Mann einen Tante-Emma-Laden mit Poststation in einem englischen Kleinstädtchen.‹ Nachdem sie einen solchen Erfolg gehabt hatte, nahm sie ihre alte Plattenfirma erneut unter Vertrag und stellte ihr für den Titelsong einer neuen LP als Mitsänger Stevie Wonder zur Seite. Trotzdem erreichte sie als Singleauskopplung nicht einmal die Top 40. 1985 verließ Charlene Tamla wieder und ist seitdem nicht wiederaufgetaucht.

*I've Never Been To Me (3/82 US 3; 5/82 GB 1)*
***Pop***

## Charles & Eddie

EDDIE CHACON, v (USA, * 22. 8. 1963 in Oakland/Kalifornien); CHARLES PETTIGREW, v (USA, * 5. 12. 1963 in Philadelphia/Pennsylvania).

Charles und Eddie veröffentlichten im Oktober 1992 ihre Debüt-LP »Duophonic«. Dazu schrieb die Plattenfirma: ›Charles Pettigrew und Eddie Chacon sind beide 28 Jahre alt. Sie trafen sich eines Tages zufällig in der New Yorker U-Bahn. Über das seltene Exemplar der Vinylscheibe »Trouble Man« von Marvin Gaye, die Charles gerade in einem Second-Hand-Laden gekauft hatte, kamen sie ins Gespräch und entdeckten Gemeinsamkeiten: die Liebe zur Soulmusik und die Tatsache, daß sie zu dieser Zeit im selben Studio Probeaufnahmen machten. Also versuchten sie, gemeinsam etwas auf die Beine zu stellen. Wer bei Charles & Eddie an Duos wie Sam and Dave, Hall and Oates und Marvin and Tammi denkt, liegt durchaus richtig... Dies ist Soul-Food für die 90er, macht aber auch klar, weshalb Charles Pettigrew, der aus Philadelphia stammt und Jazzgesang in Boston studierte, und Eddie Chacon, der in Oakland aufwuchs, einhellig eine Platte wie »What's Going On« von Marvin Gaye zur ›Bibel ihrer Generation‹ erklären.‹ Schöner kann man es nicht sagen. Ihre Debüt-Single »Would I Lie To You?« erschien im August 1992 in der US-Hitparade und erreichte Platz 13. Zwei Monate später kam die Platte in die britische und deutsche Hitparade und wurde Spitzenreiter. Die nachfolgenden Singles »N.Y.C.«, »A House Is Not A Home« und »I'm Gonna Love You« erreichten 1993 bzw. 1995 nur noch mittlere Positionen in GB und in Deutschland, in den USA kamen sie überhaupt nicht mehr in die Charts.

*Would I Lie To You? (10/92 D 1, GB 1; 1/93 CH 2)*
***Soft Soul***

**CD-Tip:** *Duophonic* Capitol 0777 797 1502 2

## Charles, Jimmy

(USA, geb. in Paterson/New Jersey).

Als 16jähriger gewann der aus New Jersey stammende Jimmy Charles (* 1942) im Apollo Theater in Harlem einen Nachwuchswettbewerb, der zu einem Plattenvertrag führte. Im August 1960 erschien er erstmals in den Charts und hatte mit »A Million To One« einen Platz 5. Im Hintergrund wurde Jimmy von der Gesangsgruppe Revelletts begleitet. Noch im selben Jahr hatte er mit »The Age For Love« eine Platz 47 in den USA – dann war seine Zeit in den Popcharts schon wieder vorbei.

*A Million To One (8/80 US 5)*
***Rhythm & Blues***

## Charles, Ray

v/p (USA, * 23. 9. 1930 als Ray Charles Robinson in Albany/Georgia).

Er ist ganz ohne Zweifel einer der vielseitigsten und beständigsten amerikanischen Musiker – was er alles draufhat, ist schon erstaunlich. Charles gehört zu den Pionieren des R&B, kann sich als Jazz-, Pop-, Soul- oder gar Countrysänger und Pianist hören lassen, schrieb eine ganze Latte von großen Hits. Seine Karriere beginnt schon im Jahre 1949. Mit sieben Jahren hatte der Junge, der in sehr ärmlichen Verhältnissen aufwuchs, wegen eines grünen Stars sein Augenlicht ganz verloren. Er lernte Brailleschrift und konnte schon mehrere Instrumente spielen, als er die Schule verließ. Mit 15 war er Vollwaise und tingelte durch Clubs in Florida. Eine Reise quer durch die USA führte ihn nach Seattle. Hier fand er als Pianist – er spielte im Stil von Nat ›King‹ Cole – in diversen Nachtclubs Arbeit. Er nannte das von ihm gegründete Trio McSon Trio. 1949 hatte er mit dem »Confession Blues« seinen ersten Hit. Es war ein Platz 2 in der Rhythm-&-Blues-Hitparade. In den folgenden Jahren, speziell ab 1954 für die Plattenfirma Atlantic, sollte er bis 1957 Hit auf Hit in der R&B-Hitparade landen, darunter die Nummer »I've Got A Woman«, die mit zum Besten gehört, was 1955 an Rhythm & Blues auf dem Markt war. 1959 nahm er den Titel »What'd I Say« auf. Es wurde sein erster Top-10-Hit in den Popcharts. Das Stück »Georgia On My Mind« war 1960 die erste Nummer 1 für Ray Charles und zeigte erstmals seine Vielseitigkeit. Es war sicher kein Rhythm & Blues – Frankie Trumbauer hatte damit 1931 einen Top-10-Hit –, sondern eine Mixtur aus Soul und Country. Nun war Country Music Ray Charles nicht fremd. In seinen Jugendjahren hatte er in Florida in der weißen Hillbilly-Band Florida Playboys gespielt. »One Mint Julep«, »Hit The Road Jack«, »Unchain My Heart«, »I Can't Stop Loving You«, »You Don't Know Me«, »You Are My Sunshine«, »Take These Chains From My Heart«, »Busted« und »Crying Time« waren bis 1965 weitere Top-10-Erfolge für Ray. Vor allem das Stück »I Can't Stop Loving You«, im Mai 1962 ein Platz 1 und Millionseller, war beim Erscheinen sehr umstritten. Als er diesen 1958 von Don Gibson geschriebenen Titel aufnahm, geschah das für eine LP mit dem Titel »Modern Sounds In Country And Western Music«. Der Produzent spielte ihm unter vielen anderen zur Auswahl stehenden Titeln auch das Original von »I Can't Stop Loving You« vor. Ray hörte nur die ersten beiden Zeilen des Songs und entschloß sich sofort, diesen Titel auf die neue LP zu nehmen. Die Mitarbeiter der Plattenfirma, bei der Charles unter Vertrag war, zeigten sich von dem ganzen Projekt wenig begeistert. Sie gingen so weit, Ray von dem Plan abzubringen, eine Country-LP aufzunehmen. Warum, kann man leicht erraten: Sie befürchteten, Ray würde alle seine in den letzten Jahren mit seinen R&B-Platten gewonnenen Fans vor den Kopf stoßen und verlieren. Ray setzte sich durch – wie wir heute wissen, mit Recht. Die Reihe seiner insgesamt 74 Hits geht bis in das Jahr 1975. 1986 war Ray Charles einer der ersten, die in die Rock 'n' Roll Hall of Fame aufgenommen wurden. 1987 sang er auf einer Platte mit Billy Joel den Titel »Baby Grand«. Anfang der 90er Jahre hatte er zusammen mit Chaka Khan und Quincy Jones den US-Top-20-Hit »I'll Be Good To You«. Daß er bei jung und alt gleichermaßen ankommt, zeigt sich daran, daß die Initiatoren von USA For Africa ihn für den Titel »We Are The World« 1985 gewinnen konnten. Und als es darum ging, die Jugendlichen vom Genuß einer klebrigen braunen Brause zu überzeugen, nahm man 1992 ebenjenen Ray Charles als Protagonisten.

*What'd I Say (Part 1) (7/59 US 6)*
*Georgia On My Mind (9/60 US 1)*
*One Mint Julep (3/61 US 8)*
*Hit The Road Jack (9/61 US 1, GB 6)*
*Unchain My Heart (11/61 US 9)*
*I Can't Stop Loving You (5/62 GB 1, US 1; 8/62 D 8)*
*You Don't Know Me (7/62 US 2; 9/62 GB 9)*
*You Are My Sunshine (11/62 US 7)*
*Take These Chains From My Heart (4/63 GB 5, US 8)*
*Busted (9/63 US 4)*
*Crying Time (12/65 US 6)*
***Country, Pop, Rhythm & Blues, Soul***

**CD-Tip:** *The Birth Of Soul* Atlantic 7567–82310–2

## Charles, Ray

bl (USA, * 13. 9. 1918 als Charley Raymond Offenberg in Chicago/Illinois).
Dieser Ray Charles war Arrangeur und Orchesterleiter für viele amerikanische Fernsehshows und Gewinner von zwei Emmys. Ob ›Perry Como Show‹, ›Glen Campbell Good Time Hour‹ oder ›Sha-Na-Na‹, den Ton gab Ray an. Ab 1955 hatte er als Ray Charles Singers auch Erfolge in der amerikanischen Pophitparade. Mit »Love Me With All Your Heart (Cuando Calienta El Sol)« hatte er im April 1964 einen Platz 3 in der US-Hitparade und tummelte sich somit zwischen all den Beatles-Titeln, die zu diesem Zeitpunkt scharenweise die amerikanische Hitparade bevölkerten. Die letzte Hitnotierung von Ray stammt aus dem Jahre 1970.

*Love Me With All Your Heart (Cuando Calienta El Sol) (4/64 US 3)*
***Pop***

## Charles, Tina

v (Großbritannien, * 10. 3. 1955 als Tina Hoskins).
Sie begann ihre Karriere als Sängerin der Studioformation 5000 Volts. Ab 1976 sang sie dann als Solistin und hatte in jenem Jahr mit »I Love To Love«, »Dance Little Lady Dance« und »Dr. Love« drei Top-10-Erfolge in GB. Die beiden erstgenannten Titel waren auch in Deutschland unter den ersten 10. Nachdem man lange nichts mehr von Tina Charles gehört hatte, wurde die Platte »I Love To Love« als Wiederveröffentlichung im Juli 1987 ein Platz 5 in Deutschland. Befreundet war sie zum Zeitpunkt ihrer großen Hits mit einem Bassisten der Formation Northern Lights, einem gewissen Trevor Horn.

*I Love To Love (But My Baby Loves To Dance) (2/76 GB 1, D 6; 7/87 D 5; 8/87 CH 5)*
*Dance Little Lady Dance (8/76 GB 6; 10/76 D 8)*
*Dr. Love (12/76 GB 4)*
***Disco***

## Chas & Dave

Mick Burt, d (Großbritannien, * 23. 8. 1943); Chas Hodges, v/p (Großbritannien, * 28. 12. 1943 in London); Dave Peacock, v/g (Großbritannien, * 24. 5. 1945 in London).
Als die drei Musiker 1977 einen Vertrag bei der EMI erhielten, hatten sie schon ei-

ne ganze Latte von Bands durchlebt. So war z. B. Chas Mitglied bei den Stormers, den Outlaws, Cliff Bennett & The Rebel Rousers, Roy Young Band, Black Claw und 1969 Gründungsmitglied von Heads, Hands & Feet, die 1973 nach drei sehr schönen LPs wieder auseinanderfielen. Dave traf 1970 erstmals auf Chas bei Black Claw. 1975 waren beide gemeinsam in der Albert Lee Band. Die Musik von Chas & Dave ist eine Mischung aus Rock 'n' Roll mit Cockney-Texten, ›Rockney‹. Das war außerdem der Spitzname von Mick Burt und der Name ihrer Plattenfirma. Mit den Titeln »Rabbit« 1980, »Ain't No Pleasing You« 1982 und »Snooker Loopy« 1986 hatten sie drei Top-10-Hits in GB. In den 80er Jahren waren sie in GB häufig in TV-Shows zu sehen und nahmen noch einige Platten auf, die sich jedoch nicht in den Charts durchsetzen konnten.

*Rabbit (11/80 GB 8)*
*Ain't No Pleasing You (3/82 GB 2)*
*Snooker Loopy (5/86 GB 6)*
***Pop, Rock 'n' Roll***

**CD-Tip:** *Chas & Dave* EMI CDB 7 90655 2

## Cheap Trick

Jon Brant, b (USA, * 20. 2. 1954); Bun E. Carlos, d (USA, * 12. 6. 1951 als Brad Carlson in Rockford/Illinois); Rick Nielsen, v/g (USA, * 22. 12. 1946 in Rockford/Illinois); Tom Petersson, v/b (USA, * 9. 5. 1950 als Peterson in Rockford/Illinois); Robin Zander, v/g (USA, * 23. 1. 1952 in Loves Park/Illinois).

Die Ursprünge dieser ›Hard-Rockband mit Witz‹ gehen zurück in das Jahr 1969. Rick Nielsen hatte bereits seit 1961 in diversen Bands seiner Heimatstadt Rockford, Illinois, gespielt. Jetzt gründete er mit Petersson und Carlos die Gruppe Fuse, die ein erfolgloses Album veröffentlichte. 1971 benannte sich die Gruppe in Sick Men Of Europe um. 1973 – jetzt war als vierter Mann Robin Zander mit dabei – schließlich kamen sie als Cheap Trick. 1977 erschien die erste LP dieser Formation, und mit dem Stück »I Want You To Want Me« hatten sie im April 1979 ihren ersten Top-10-Hit, mit »The Flame« genau neun Jahre später ihre erste Nummer 1. Inzwischen hatte Petersson 1980 die Band verlassen und war durch Jon Brant ersetzt worden. 1988 kehrte Petersson zurück – und mit ihm der Erfolg. Mit dem Stück »Don't Be Cruel«, im Juli 1988 ein Platz 4 in den USA, erreichte zum erstenmal nach dem Tode von Elvis Presley eine Coverversion eines seiner Hits die amerikanischen Top 10. Robin Zander veröffentlichte im Duett mit Ann Wilson von der Gruppe Heart im Frühjahr 1990 das Stück »Surrender To Me« aus dem Film »Tequila Sunrise«. Es wurde ein Platz 6 in den USA, hat den Zusammenhalt der Band aber nicht gefährdet. 1993 veröffentlichte Zander ein Soloalbum, auf dem neben ihm Cracks wie Mike Campbell von Tom Petty's Heartbreakers mitspielten, J.D. Souther oder Maria McKee mitsangen. 1994 veröffentlichte Cheap Trick die CD »Woke Up With A Monster«, auf der u. a. die gut gemachte Nummer »Ride The Pony« zu finden war. Das erfolgreichste Album von Cheap Trick bleibt das im April 1978 in Japan live aufgenommene »Cheap Trick At Budokan«. Es fand immerhin 3 Millionen Käufer. Im Juni 1997 erschien das Album »Cheap Trick«, auf dem von Balladen bis rockigen Nummern alles zu hören war. Besonders auffällig die Nummer »Say Goodbye«, die unüberhörbar von den Beatles beeinflußt war.

*I Want You To Want Me (4/79 US 7)*
*The Flame (4/88 US 1)*
*Don't Be Cruel (7/88 US 4)*
***Rock***

**CD-Tip:** *Greatest Hits* Epic 469 086 2

## Checker, Chubby

v (USA, * 3. 10. 1941 als Ernest Evans in Andrews/South Carolina).

Die musikalische Karriere des Hühnchenrupfers, der sich zum Twistkönig mauserte, begann 1958, als er dem Songschreiber Karl Mann vorgestellt wurde, der gleich seine Debüt-Single »The Class« schrieb. Der Künstlername war eine Anlehnung an Fats Domino und wurde ihm von der Frau des Discjockeys Dick Clark verliehen, in dessen Fernsehsendung ›American Bandstand‹ er mehrfach Gast war. Ihr war die Ähnlichkeit von Ernest Evans mit dem jungen Fats Domino aufgefallen: Fats = Chubby, Domino = Chekker. Diese erste Single »The Class« verschickte Familie Clark 1958 als Weihnachtskarte. Bekannt wurde Chubby 1960 mit dem Nachzieher eines Songs von Hank Ballard & The Midnighters: »The Twist«. Der Titel wurde zum Markenzeichen der Twistmanie. Zwischen »The Twist«, erstmals im August 1960 ein Platz 1 in der Hitparade und dann im November 1961 erneut auf Platz 1, schaffte es Chubby, schnell noch einen anderen Tanz populär zu machen: Im Januar 1961 erreichte er Platz 1 in den USA mit »Pony Time«. »The Twist« gilt übrigens als der einzige Titel in der Geschichte der amerikanischen Hitparade – mit Ausnahme von Bing Crosbys Weihnachtslied »White Christmas« –, der ganz aus der Hitparade rausgefallen war und es dann wieder schaffte, auf Platz 1 zu kommen. Eine weitere erfolgreiche Twistaufnahme machte Checker mit »Let's Twist Again«, im Dezember 1961 Top-10-Hit in den USA und GB und bei einer Wiederveröffentlichung erneut ein Platz 5 in GB. Es folgten noch Twisthits wie »Twistin' USA« und »Slow Twistin'«, dann zeigte sich im Frühjahr 1962 mit dem »La Paloma Twist«, daß die Masche ausgelutscht war. Chekker kreierte den Limbo und erreichte mit dem »Limbo Rock« im September 1962 einen Platz 2. Seine Top-40-Zeit war Mitte 1964 beendet. Zwischendurch erschienen immer mal wieder Platten von Chubby Checker, so 1983 die LP »The Change Has Come«, aber für die Hitparaden schien er endgültig verloren. Dann nahmen im Frühjahr 1988 die Fat Boys zusammen mit Chubby Checker eine neue Version von »The Twist« auf und standen damit im Juni 1988 auf Platz 16 in den US-Charts. Viele rechneten nun mit einem Twist-Revival. Es kam nicht. Zumindest in GB und in Deutschland reichte es für Top-10-Positionen.

*The Twist (8/60 US 1; 11/61 US 1)*
*Pony Time (1/61 US 1)*
*Let's Twist Again (6/61 US 8; 12/61 GB 2)*
*The Fly (9/61 US 7)*
*Slow Twistin' (3/62 US 3)*
*Popeye The Hitchhiker (9/62 US 10)*
*Limbo Rock (9/62 US 2)*
*Let's Twist Again/The Twist (11/75 GB 5)*
*The Twist (Yo, Twist) (6/88 GB 2; 7/88 D 1)*
***Twist***

**CD-Tip:** *All The Hits* Eclipse 034 7199 2

## Cheech & Chong

TOMMY CHONG (Kanada, * 24. 5. 1938 in Edmonton/Alberta); RICHARD »CHEECH« MARIN (USA, * 13. 7. 1946 in Watts/Kalifornien).

Cheech und Chong trafen sich in der Band City Lights in Kanada, die aus vier Oben-ohne-Tänzerinnen, einem Mimen und eben Cheech & Chong bestand. Tommy Chong hatte vorher mit Bobby Taylor & The Vancouvers gespielt, die mit »Does Your Mama Know About Me« im April 1968 Platz 29 in den USA belegten. Dann entdeckte der Chef der Truppe, Bobby Taylor, Jackson 5 und löste die Band auf. City Lights hielten sich auch nicht lange, Cheech & Chong spielten bei diversen anderen kanadischen Bands und gingen schließlich nach Los Angeles, in die Heimatstadt von Cheech. Im berühmten

Club Troubadour war der Montag der spezielle Tag für Spaßvögel. Comedy wurde nun die Sache von Cheech & Chong. Lou Adler von A&M Records sah sie und nahm sie gleich unter Vertrag. Zwischen 1971 und 1974 hatte das Duo vier Millionseller in der US-LP-Hitparade. Die beiden nahmen die Szene auf die Schippe – und eben genau diese Szene konnte sich darüber totlachen. In der Hauptsache beobachteten sie ihre eigenen Angewohnheiten und die ihrer Freunde – schon hatten sie eine neue Platte zusammen. Cheech & Chong waren ausschließlich in Amerika erfolgreich. Nicht einmal die Engländer konnten sich mit dem Humor der beiden anfreunden. Einmal hatten sie auch einen Singlehit: »Earache My Eye Featuring Alice Bowie« stand im August 1974 auf Platz 9 in den US-Charts – ansonsten verkauften sie lieber LPs. Ab 1980 waren sie auch in Filmen zu sehen.

*Earache My Eye Featuring Alice Bowie (8/74 US 9)*
***Rock***

## Cheers

SUE ALLEN, v (USA); BERT CONVY, v (USA, * 23. 7. 1933); GIL GARFIELD, v (USA).
Mitte der 50er Jahre hatten das Vokaltrio aus Los Angeles zwei Hits in den USA, der größere war 1955 »Black Denim Trousers«. Bei dieser Nummer wurden sie vom Orchester Les Baxter begleitet. Ansonsten gelang dem Trio nichts mehr. Bert Convy wurde ab 1973 ein erfolgreicher Schauspieler in TV-Dramen und Comedys. 1977 erhielt er einen Emmy Award als bester Moderator einer Game-Show.

*Black Denim Trousers (9/55 US 6)*
***Pop***

## Chelsea F.C.

Hierbei handelt es sich ganz ohne Zweifel um eine Ansammlung von Nichtsängern. Die Briten lieben es, wenn ihre besten Fußballmannschaften vor ein Mikrofon treten und belanglose Liedchen trällern. Manchmal ist es die Hymne auf den Verein, dann die auf die Fans und mal die auf den Fußball allgemein. Für den Chelsea F.C. schrieb Daniel Boone, der Anfang der 70er Jahre mit Titeln wie »Daddy, Don't You Walk So Fast« oder »Beautiful Sunday« erfolgreich war, das Lied »Blue Is The Colour«. Es wurde im Februar 1972 ein Platz 5 in der britischen Hitparade. Danach widmeten sich die Spieler glücklicherweise wieder dem Fußball.

*Blue Is The Colour (2/72 GB 5)*
***Schlager***

## Chemical Brothers

TOM ROWLANDS, key (Großbritannien, geb. in Henley-On-Thames); ED SIMONS, key (Großbritannien, geb. in London).
»Leave Home« (6/95 GB 17) war die erste Hitnotierung des britischen Duos. »Life Is Sweet« (9/95 GB 25) und »Loops Of Fury EP« (1/96 GB 13) folgten. Der große Wurf sollte ihnen erstmals mit »Setting Sun« gelingen – die Platte stieg am 12. 10. 1996 gleich auf Platz 1 in GB ein. Den Gesang auf diesem Stück übernahm Noel Gallagher von Oasis, der auch den Text für die Nummer geschrieben hatte. Mit »Block Rockin' Beats« gelang den Chemical Brothers eine Wiederholung dieses Erfolges. Die Platte stieg am 5. 4. 1997 auf Platz 1 in GB ein. Den Gesang lieferte diesmal Schooly D. Ihr erstes Album »Exit Planet Dust« brachte es 1995 unter die ersten 10 der GB-LP-Charts. Nachfolger »Dig Your Own Hole« stieg am 19. 4. 1997 auf Platz 1 der Albumcharts in GB ein. Auch in den USA wußten die ›rockenden DJs‹ zu ge-

fallen. Ihr Album stieg dort am 26. 4. 1997 auf Platz 14 ein.

*Setting Sun (10/96 GB 1)*
*Block Rockin' Beats (4/97 GB 1)*
***Dance, HipHop, Rock***

## Cher

CHER, v (USA, * 20. 5. 1946 als Cherilyn Sarkisian LaPierre in El Centro/Kalifornien).
Sie begann als Sessionsängerin bei Phil Spector. Zu diesem Zeitpunkt arbeitete bei Spector auch Sonny Bono, mit dem sie 1963 als Caesar & Cleo eine Platte veröffentlichte. 1964 heirateten die beiden, und Cher sang unter dem Pseudonym Bonnie Jo Mason »Ringo, I Love You«, eine Hommage an Ringo Starr. Das Jahr 1964 endete damit, daß Cher einen Plattenvertrag als Solistin hatte und Sonny & Cher einen Vertrag als Duo. Ab 1965 waren Sonny & Cher erfolgreich. Gleichzeitig funktionierte aber auch Chers Solokarriere. »All I Really Want To Do« erreichte im Juli 1965 einen Platz 9 in der britischen Hitparade, 15 in den USA. »Bang Bang (My Baby Shot Me Down)« wurde 1966 ihr erster Top-10-Hit in den USA und in GB. »Gypsys, Tramps And Thieves« 1971, »Half Breed« 1973 und »Dark Lady« 1974 waren für Cher sowohl Millionseller als auch Spitzenreiter in der amerikanischen Hitparade. Nachdem sie 1974 von Sonny Bono geschieden worden war, erwarteten viele das Ende der Karriere von Cher. Sie war kurzfristig mit Gregg Allman verheiratet, der ihr wenig positive Impulse gab. Zumindest für GB klafft zwischen 1974 und 1987 eine Hitlücke, aber zumindest im Duett mit Meat Loaf hatte sie dort Ende 1981 einen Top-10-Hit mit dem Titel »Dead Ringer For Love«. 1987 wurde sie dort wieder mit einem Top-10-Hit verzeichnet: »I Found Somebody«. In den USA gelang ihr mit »Take Me Home« 1979 noch einmal ein Millionseller und Top-10-Hit, aber mit dem Ende der 70er Jahre schien sie auch dort vergessen. In gewisser Hinsicht lassen sich da Parallelen ziehen zwischen Ike & Tina Turner und Sonny & Cher. In beiden Fällen stellte sich heraus, daß die Frauen, von der Last ihrer Partner befreit, nach einer Erholungspause richtig Dampf geben konnten. Die Jahre ohne Hits ließ Cher jedoch nicht nutzlos verstreichen. Sie baute sich eine in den Anfängen belächelte Karriere als Schauspielerin auf. 1982 spielte sie ihre erste Hauptrolle in »Come Back To The Five And Dime, Jimmy Dean, Jimmy Dean«. Ein Jahr später war sie neben Meryl Streep in »Silkwood« zu sehen, was ihr eine Oscar-Nominierung einbrachte. Es folgten weitere Hauptrollen in »Mask« 1985, »Die Hexen von Eastwick«, »Suspect« und »Mondsüchtig« 1987. Spätestens 1988, nachdem sie für »Mondsüchtig« den Oscar als beste Schauspielerin erhalten hatte, verging den Kritikern das abfällige Lächeln. Man mußte anerkennen, daß Cher sowohl ernste Rollen wie z. B. in »Mask« oder »Silkwood« spielen konnte, als auch komische wie in »Mondsüchtig« oder ihrem 1990 entstandenen Streifen »Meerjungfrauen küssen besser«. »I Found Somebody« war im November 1987 auch der Anschluß an die Top-10-Zeit für Cher in den USA. Als Ende 1992 nach vielen weiteren Soloerfolgen ihre Plattenfirma eine Greatest-Hits-Kopplung veröffentlichte, schrieb sie über Cher: ›Nur wenige Frauen werden mit den Jahren attraktiver. Noch seltener werden sie beliebter und erfolgreicher.‹ Zumindest gibt es wenige Frauen, die auf dreißig Jahre Erfolg im Showgeschäft zurückblicken können. Auch in den 90ern schaffte sie den Sprung auf Platz 1, z. B. erreichte ihn »The Shoop Shoop Song (It's In His Kiss)« im April 1991 in GB. 1995 sang sie zusammen mit Chrissie Hynde und Neneh Cherry den Comic-Relief-Song des Jahres:

»Love Can Build A Bridge«. Die Platte stieg gleich auf Platz 1 ein. Gitarrist bei diesem Werk war Eric Clapton. 1996 schaffte sie zumindest in GB mit »One By One« einen weiteren Top-10-Hit. Überhaupt fällt auf, daß sie mit ihren Platten vorwiegend in England und in geringerem Maße in Resteuropa erfolgreich ist, weniger in den USA. Neben den schon erwähnten Hits in GB sollte man noch »Walking In Memphis« hervorheben, die Coverversion des Marc-Cohn-Hits, die Cher 1995 einen Platz 11 bescherte.

*All I Really Want To Do (8/65 GB 9)*
*Bang Bang (My Baby Shot Me Down) (3/66 US 2, GB 3)*
*You Better Sit Down Kids (10/67 US 9)*
*Gypsys, Tramps & Thieves (9/71 US 1; 11/71 GB 4)*
*The Way Of Love (1/72 US 7)*
*Half Breed (8/73 US 1)*
*Dark Lady (1/74 US 1)*
*Take Me Home (2/79 US 8)*
*Dead Ringer For Love (11/81 GB 5)*
*I Found Someone (11/87 GB 5, US 10)*
*After All (3/89 US 6)*
*If I Could Turn Back Time (7/89 US 3; 9/89 GB 6)*
*Just Like Jesse James (10/89 US 8)*
*The Shoop Shoop Song (It's In His Kiss) (4/91 GB 1, D 3; 6/91 CH 4)*
*Love And Understanding (7/91 GB 10)*
*Love Can Build A Bridge (3/95 GB 1)*
*One By One (1/96 GB 7)*
***AOR (Adult Orientated Rock), Folk, Pop, Rock***

**CD-Tip:** *Greatest Hits 1965 – 1992* Geffen GED 24439

## Cherrelle

CHERRELLE, v (USA, * 13. 10. 1965 als Cheryl Norton in Los Angeles/Kalifornien).

Nachdem sie ab 1978 vorwiegend als Studio- und Backgroundsängerin gearbeitet hatte, veröffentlichte Cherrelle 1984 ihre erste Solo-LP. In Soulkreisen waren ihre Platten erfolgreich, für die Pophitparaden reichte es nicht. 1985 nahm Cherrelle im Duett mit Alexander O'Neal den Titel »Saturday Love« auf, der im Dezember 1985 Platz 6 in GB erreichte. Im Februar 1986 kletterte die Platte in den USA bis auf Platz 26. Es blieb der einzige große Erfolg für Cherrelle, die eine Cousine der Sängerin Pebbles ist. Bei ihrer 1991 erschienenen CD »The Woman I Am« fungierte Cherrelle erstmals auch als Co-Produzentin.

*Saturday Love (12/85 GB 6)*
***Soul***

**CD-Tip:** *The Woman I Am* A&M 364 005 2

## Cherry, Don

v (USA, * 11. 1. 1924 in Wichita Falls/Texas).

Für Don schien der Gesang eine Art Nebenbeschäftigung zu sein. In den 50er Jahren betreute er eine eigene Radioshow, nebenher bestritt er Golfturniere. Noch in den 40er Jahren war er Sänger in den Orchestern von Jan Garber, Victor Young oder Tommy Dorsey. Seinen ersten Soloerfolg hatte er mit »Thinking Of You« im September 1950 – es wurde ein Platz 4 in den USA. Im Dezember 1955 sollte ihm mit »Band Of Gold« ein weiterer Platz 4 in den USA und ein Platz 6 in GB gelingen. 1956 hatte er einige weitere Hits, und danach kümmerte er sich offensichtlich mehr um das Golfspiel.

*Thinking Of You (9/50 US 4)*
*Band Of Gold (12/55 US 4; 2/56 GB 6)*
***Pop***

## Cherry, Eagle-Eye

v (Schweden).

Der Vater die Jazz-Legende Don Cherry (18. 11. 1936–19. 10. 1995) – die Schwestern Neneh und Titiyo Cherry. Was blieb dem armen Jungen übrig, als auch in die Musik zu gehen. Seine Jugend verbrachte er in Brooklyn, wo er Schauspielunterricht nahm. Nach dem Tode seines Vaters kehrte er nach Schweden zurück. Seine Debüt-Single »Save Tonight« (4/98 D 18???), für die er den Text und die Musik geschrieben hat, kam im Frühjahr in die deutschen Charts und kletterte sehr langsam in den mittleren Bereich. In GB erschien die Platte gleich unter den ersten 10 der Charts. Eagle-Eye bringt eine Mischung aus Blues, Südstaatenrock und Hip Hop – interessant. Sein erstes Album erschien im April 1998 und hieß »Desireless«. In GB steig das Album am 1. 8. 1988 auf Platz 3 der Charts ein.

*Save Tonight (7/98 GB 6, CH 7)*
***Pop***

## Cherry, Neneh

v (Schweden, * 10. 3. 1964 als Neneh Mariann Karlsson in Stockholm).
Die in Schweden geborene und in New York aufgewachsene Neneh ist die Stieftochter des US-Jazztrompeters Don Cherry. Von New York zog sie nach London und wurde dort 1981 Sängerin der britischen Punkgruppe Rip, Rig & Panic. Nachdem diese auseinandergefallen war, machte sie mit einigen Exmitgliedern als Float Up CP weiter, sang im Hintergrund bei den Slits und auf dem The-The-Titel »Slow Train To Dawn«, 1988 nahm sie mit »Buffalo Stance« ihren ersten Erfolg auf – es wurde im Dezember 1988 ein Platz 3 in GB, im Januar 1989 ein Platz 2 in Deutschland und im April 1989 ein Platz 3 in den USA. Die britischen Discospezialisten Bomb The Bass hatten die Platte produziert, und die Mischung aus HipHop, Rap und Soul traf genau den Nerv jener Tage. Nach einigen weiteren Hits, »Manchild«, Kisses On The Wind« und »Cherry Kisses«, wurde es wieder still um sie. Nach einer Pause von rund zwei Jahren und der Geburt eines Kindes machte sie ab 1992 weitere Platten. Zusammen mit dem Senegalesen Youssou N'Dour gelang ihr der sehr schöne Hit »Seven Seconds«. Sie sang englisch, er sang in Wolof, einem senegalesischen Dialekt. Zusammen mit Cher und Chrissie Hynde sang sie 1995 den Comic-Relief-Song »Love Can Build A Bridge«, der am 25.3. auf Platz 1 einstieg. Mit »Woman« gelang ihr 1996 ein weiterer Solo-Top-10-Hit.

*Buffalo Stance (12/88 GB 3; 1/89 D 2; 2/89 CH 2; 4/89 US 3)*
*Manchild (5/89 D 2, GB 5; 6/89 CH 4)*
*Kisses On The Wind (7/89 US 8; 9/89 CH 9)*
*Seven Seconds (6/94 D 3, GB 3)*
*Love Can Build A Bridge (3/95 GB 1)*
*Woman (8/96 GB 9)*
***Pop, Rhythm & Blues, World Music***

**CD-Tip:** *Raw Like Sushi* Circa Records CIRCD 8

## Chester, Bob

sax/bl (USA, * 20. 3. 1908 in Detroit/Michigan).
Der Tenorsaxophonist spielte in diversen Bands, bevor er Ende der 30er Jahre sein eigenes Orchester gründete. In den Anfangstagen sagte man diesem nach, es würde den Sound von Glenn Miller kopieren. Nach einem Wechsel der Arrangeure – darunter war der junge David Rose – fand er seinen eigenen Sound. Mit dem Titel »Practice Makes Perfect« hatte er im September 1940 seinen einzigen Top-10-Hit in den USA. Bis 1942 schaffte er noch weitere Hits, dann wurde es still um ihn. Mitte der 40er Jahre versuchte er es für einige Jahre erneut – ohne Erfolg. 1948/49 arbeitete er als Discjockey in Detroit, dann versuchte er sich ein letztes Mal als Orchesterleiter, zog sich aber wenig später aus dem Geschäft zurück. Danach wurde er erfolgreich in der Automobilbranche, wie es sich für einen Detroiter gehört.

*Practice Makes Perfect (9/40 US 3)*
***Big Band, Pop***

## Chi-Lites

CREADLE JONES, v (USA, geb. in St. Louis/Missouri); ROBERT LESTER, v (USA); EUGENE RECORD, v (USA, * 23. 12. 1940 in Chicago/Illinois); MARSHALL THOMPSON, v (USA, geb. in Chicago/Illinois).

Die Ursprünge dieser R&B-Gruppe aus Chicago gehen zurück bis in die 50er Jahre. 1959 waren Eugene, Robert und ein Clarence Johnson in der Band Chantours, die eine Singleplatte aufnahm. Marshall und Creadle spielten zu dieser Zeit bei den Desidores. Aus den Chantours und den Desidores wurden 1960 die Hi-Lites, die nach etlichen Jahren ohne einen Hit ab 1966 als Chi-Lites erfolgreich waren. Das verdankt die Band vor allem dem Songschreibertalent des Leadsängers Eugene Record, der auch für andere Interpreten Hits geschrieben hat. Die Hitparadennotierungen der Chi-Lites reichen von 1966 bis 1984. Ihre größten Hits waren »Have You Seen Her«, »Oh Girl«, »Homely Girl«, »Too Good To Be Forgotten«, »It's Time For Love« und »You Don't Have To Go« – alle genannten Titel waren entweder in den USA, in GB oder in beiden Ländern unter den ersten 10 der Hitparaden.

*Have You Seen Her (10/71 US 3; 1/72 GB 3)*
*Oh Girl (4/72 US 1)*
*Homely Girl (3/74 GB 5)*
*Too Good To Be Forgotten (11/74 GB 10)*
*Have You Seen Her/Oh Girl (6/75 GB 5)*
*It's Time For Love (9/75 GB 5)*
*You Don't Have To Go (7/76 GB 3)*
***Rhythm & Blues, Soft Soul***

**CD-Tip:** *The Best Of* Kent CDKEN 911 TIS

## Chic

ALFA ANDERSON, v (USA, * 7. 9. 1946); BERNARD EDWARDS, b (USA, * 31. 10. 1952 in Greenville/South Carolina, † 18. 4. 1996); LUCI MARTIN, v (USA, * 10. 1. 1955); NILE RODGERS, g/b (USA, * 19. 9. 1952 in New York City); TONY THOMPSON, d (USA, * 15. 11. 1954 in Greenville/North Carolina); NORMA JEAN WRIGHT, v (USA).

Die in New York City gegründete Discotruppe um die beiden Produzenten Rodgers und Edwards war zwischen 1977 und 1979 in der entsprechenden Szene überaus erfolgreich. Mit dem Titel »Dance, Dance, Dance« hatten sie im Oktober 1977 ihren ersten Top-10-Erfolg und Millionseller. »Le Freak« war genau ein Jahr später sogar eine Platinplatte und Platz 1 in den USA. »I Want Your Love« und »Good Times« waren 1979 weitere Top-10-Hits und Millionseller. 1978 hatte Wright die Band verlassen, um als Norma Jean eine Solokarriere zu starten – sie wurde durch Alfa Anderson ersetzt. Auch die anderen Mitglieder von Chic versuchten sich immer wieder mal mit anderen Projekten: Roundtree war eine Studiogruppe um Edwards, Rodgers spielte 1984 mit den Honeydrippers, Thompson trommelte mit Power Station. Und fast nebenher produzierten Edwards und Rodgers mit Erfolg Künstler wie Diana Ross, Madonna, David Bowie, Sister Sledge, Robert Palmer, Power Station oder Sheila B. Devotion. Bernard Edwards starb im April 1996 – er wurde tot in seinem Hotelzimmer in Tokio aufgefunden. Als Todesursache wurde Lungenentzündung angegeben.

*Dance, Dance, Dance (Yowsah, Yowsah, Yowsah) (10/77 GB 6, US 6)*
*Everybody Dance (4/78 GB 9)*
*Le Freak (10/78 US 1, GB 7; 1/79 CH 2, D 5)*
*I Want Your Love (2/79 GB 4, US 7)*
*Good Times (6/79 US 1, GB 5)*
***Disco, Funk, Rhythm & Blues***

**CD-Tip:** *Dance, Dance, Dance* Atlantic 7567–82333–2

## Chicago

DAWAYNE BAILEY, g; PETER CETERA, v/b (USA, * 13. 9. 1944 in Chicago/Illinois); BILL CHAMPLIN, v/g/key; DONNY DACUS, g; LAUDIR DE OLIVEIRA, per (Brasilien);

TERRY KATH, v/g (USA, * 31. 1. 1946 in Chicago/Illinois, † 23. 1. 1987); ROBERT LAMM, v/key (USA, * 13. 10. 1944 in Brooklyn/New York); LEE LOUGHNANE, tr (USA, * 21. 10. 1946 in Chicago/Illinois); JAMES PANKOW, pos (USA, * 20. 8. 1947 in Chicago); WALTER PARAZAIDER, sax (USA, * 14. 3. 1945 in Chicago); CHRIS PINNICK, g; JASON SCHEFF, b; DANNY SERAPHINE, d (USA, * 28. 8. 1948 in Chicago/Illinois).

Der Tag, an dem diese Gruppe in ebenjener Stadt gegründet wurde, die ihr den Namen gab, steht laut Walter Parazaider fest: 15. 2. 1967. Zwei Jahre übten die Jungs, schrieben Songs und bereiteten sich auf ihre erste LP vor, die schließlich 1969 erschien. Ähnlich wie bei Blood, Sweat & Tears kam der Erfolg nicht gleich mit der ersten, sondern mit der zweiten LP. Auf »Chicago II«, die im Januar 1970 veröffentlicht wurde, war der Titel »Make Me Smile«, der es in den USA im April 1970 unter die ersten 10 schaffte. Bis 1991 veröffentlichte die Band, immer schön hintereinander numeriert, 21 LPs. Fast alle waren Millionseller. Die Anzahl der Top-10-Hits ist enorm, die populärsten Hits waren die Millionseller »Saturday In The Park« im August 1972, »Just You 'N' Me« im September 1973, »If You Leave Me Now« im August 1978, »Hard To Say I'm Sorry« im Juni 1982 und »Look Away« im September 1988. Musikalisch hat sich Chicago im Laufe der Jahre sehr weit von dem entfernt, was Parazaider in den Anfangstagen als Rock-'n'-Roll-Band mit Bläsern bezeichnet hat. Nach dem Tod von Terry Kath im Januar 1978 – er hatte mit einer geladenen Pistole gespielt, und ein Schuß hatte sich gelöst – begann sich das Mitgliederkarussell zu drehen. Für ihn kam Donnie Dacus, der nach einem Jahr die Band wieder verließ und durch Chris Pinnick ersetzt wurde. Der verließ die Gruppe, als 1981 der Keyboarder Bill Champlin kam. Peter Cetera, der schon 1981 seine erste Soloplatte veröffentlichte, ging endgültig 1985 – für ihn kam Jason Scheff, der Sohn der ausgezeichneten Bassisten Jerry Scheff. Jerry hat z. B. lange für Elvis Presley gespielt. Für Seraphine kam 1990 der Gitarrist DaWayne Bailey. Die Fans der Band aus den ersten fünf Jahren haben sich inzwischen sicher mit Grausen von dem abgewandt, was die Band veröffentlicht. Auf der anderen Seite ist spätestens mit »If You Leave Me Now« eine ganz neue Klientel hinzugekommen. Blood, Sweat & Tears und Chicago wurden in ihren Anfangstagen immer miteinander verglichen und waren auch noch bei derselben Plattenfirma. Heute im Rückblick muß festgestellt werden, daß Chicago gewonnen hat. Die beiden erfolgreichsten Alben der Gruppe Chicago, jeweils 5 millionenmal verkauft: »Chicago IX – Chicago's Greatest Hits« 1975 und »Chicago 17« 1984. Acht Jahre war von Chicago kaum noch etwas zu hören, als im Frühjahr 1997 mit »The Heart Of Chicago: 1967 – 1997« wieder eine neues Album der Band erschien. Darauf vorwiegend die schönsten Balladen der Gruppe. Mit »Here In My Heart« und »The Only One« waren allerdings auch zwei neue Stücke zu hören.

*I'm A Man (1/70 GB 8, D 10)*
*Make Me Smile (4/70 US 9)*
*25 Or 6 To 4 (7/70 US 4, GB 7)*
*Does Anybody Really Know What Time It Is? (11/70 US 7)*
*Beginnings (6/71 US 7)*
*Saturday In The Park (8/72 US 3)*
*Feelin' Stronger Every Day (6/73 US 10)*
*Just You 'N' Me (9/73 US 4)*
*(I've Been) Searchin' So Long (3/74 US 9)*
*Call On Me (6/74 US 6)*
*Old Days (4/75 US 5)*
*If You Leave Me Now (8/76 US 1; 10/76 GB 1, D 3; 1/77 CH 3)*
*Baby, What A Big Surprise (9/77 US 4)*
*Hard To Say I'm Sorry (6/82 US 1; 8/82 CH 1, GB 4, D 6)*
*Stay The Night (7/84 CH 9)*
*Hard Habit To Break (8/84 US 3; 10/84 GB 8)*
*You're The Inspiration (11/84 US 3)*

*Will You Still Love Me? (11/86 US 3)*
*I Don't Wanna Live Without Your Love (6/88 US 3)*
*Look Away (9/88 US 1)*
*You're Not Alone (1/89 US 10)*
*What Kind Of Man Would I Be? (12/89 US 5)*
***AOR (Adult Orientated Rock), Jazz, Pop, Rock***

**CD-Tip:** *Group Portrait* CBS/Legacy C4K 47416

## Chicory Tip

ROD CLOUTT, g/syn/org (Großbritannien, * 26. 1. 1949 in Gillingham/Kent); DICK FORSTER, g (Großbritannien); PETER HEWSON, v (Großbritannien, * 1. 9. 1950 in Gillingham/Kent); BARRY MAYGER, b (Großbritannien, * 1. 6. 1950 in Maidstone/Kent); BRIAN SHEARER, d (Großbritannien, * 4. 5. 1951 in Lewisham/London).
Hewson gründete die Band Chicory Tip im Jahre 1968. Mit der von Giorgio Moroder geschriebenen Nummer »Son Of My Father« – hierzulande als »Nachts scheint die Sonne« im September 1971 ein Hit für Michael Holm – hatte die Band im Januar 1972 einen Platz 1 in GB. Es gelangen mit »What's Your Name« (5/72 GB 13, D 32) und »Good Grief Christina« (3/73 GB 17) noch zwei weitere Top-20-Hits, dann war 1973 die Zeit dieser Band wieder vorbei.

*Son Of My Father (1/72 GB 1)*
***Pop***

## Chiffons

PAT BENNETT, v (USA, * 7. 4. 1947 in Bronx/New York City); JUDY CRAIG, v (USA, geb. in Bronx/New York City); BARBARA LEE JONES, v (USA, * 16. 5. 1943 in Bronx/New York City, † 15. 5. 1992); SYLVIA PETERSON, v (USA, * 30. 9. 1946 in Bronx/New York City).
Aus den vier Chormädchen und Backgroundsängerinnen, die um die 15 waren, wurden 1960 die Chiffons. In demselben Jahr gelang ihnen mit »Tonight's The Night« ihre erste Chartplazierung. Richtigen Erfolg hatten sie im Februar 1963 mit »He's So Fine«, einem Spitzenreiter in den USA. Mit »One Fine Day« im Juni 1963 und »Sweet Talkin' Guy« im Mai 1966 gelangen den Chiffons zwei weitere Top-10-Hits. Zwischendurch nahmen die Mädchen als Four Pennies für eine andere Plattenfirma weitere Platten auf, die jedoch nie in die Top 40 kamen. Stärkster Titel blieb »He's So Fine«. Die Melodie des Stückes war so eingängig, daß George Harrison sie unbewußt als Vorlage für »My Sweet Lord« genommen hat. Nachdem Ronnie Mack, dem Songschreiber von »He's So Fine«, die Ähnlichkeit der beiden Titel aufgefallen war, forderte er gerichtlich sein Recht. Harrison wurde im August 1976 für schuldig befunden und mußte zwei Drittel der Tantiemen abtreten. Den Chiffons war das egal – sie hatten davon nichts. Sie versuchten es mit einer eigenen Version von »My Sweet Lord«, die allerdings kein Hit wurde.

*He's So Fine (2/63 US 1)*
*One Fine Day (6/63 US 5)*
*Sweet Talkin' Guy (5/66 US 10; 3/72 GB 4)*
***Pop***

**CD-Tip:** *Greatest Recordings* Ace CDCH 293 TIS

## Child

KEITH ATACK, g (Großbritannien, * 5. 4. 1959 in Wakefield/Yorkshire); TIMOTHY ATACK, d (Großbritannien, * 5. 4. 1959 in Wakefield/Yorkshire); GRAHAM ROBERT BILBROUGH, v/g (Großbritannien, * 23. 3. 1958 in Fairburn/Yorkshire); MIKE MCKENZIE, b (Großbritannien, * 20. 8. 1955 in Edinburgh).
Child war eine der typischen britischen

Teenie-Gruppen, die für den schnellen Gebrauch gegründet wurden. Nicht einmal eigenes Material wollte man den Jungs zugestehen. Es erschienen drei Coverversionen älterer Hits, und eine davon, Conway Twittys »It's Only Make Believe«, erreichte im Juli 1978 die britischen Top 10. Nach 1979 waren die Jungs für Teenie-Zeitschriften zu alt und verschwanden wieder so schnell, wie sie gekommen waren.

*It's Only Make Believe (7/78 GB 10)*
***Boy Group***

## Child, Jane

v/p (Kanada, geb. in Toronto).
Jane veröffentlichte 1989 ein ausgezeichnetes Debütalbum. Daraus ausgekoppelt wurde als Single »Don't Wanna Fall In Love«, die im Februar 1990 in die US-Charts kam, bis auf Platz 2 kletterte und ein Millionseller wurde. Jane hatte bereits als Zwölfjährige im Kinderchor der Canadian Opera Company gesungen und später am Royal Conservatory Of Music Piano studiert. Auf einen Nachfolgehit wird gewartet.

*Don't Wanna Fall In Love (2/90 US 2)*
***Pop***

**CD-Tip:** *Jane Child* WB 7599–25858–2

## Childliners

Eine Gruppe aus Sängerinnen und Sängern, die aus GB bzw. Australien stammten, sangen dieses weihnachtliche Lied. Außerhalb von GB hinterließ die Platte keine Spuren in Europa.

*The Gift Of Christmas (12/95 GB 9)*
***Pop***

## Chilli Feat. Carrapicho

Kali Fields, v; Queen B, v (als Francisca Oppong); Sexy Slim, v (als Kimberly Hall).
›Boi‹ ist der Leitbulle, ›Bumba‹ das Schlagzeug. Mit anderen Worten: Rhythmus und Percussion geben den Ton an. ›Boi Bumba‹ wurde uns als ›The Dance Summer Hit 1997‹ verkauft – und viele haben es geglaubt. Sommer 1997: Das war die Hochzeit der brasilianischen Musik in Europa. Etliche Titel aus dieser Region – oder Musik, die so klang, als käme sie aus Brasilien – war zuhauf in den Charts zu finden. In Frankreich war »Tic, Tic Tac« bereits im Sommer 1996 Spitzenreiter in den Hitparaden – in Deutschland konnten sich die sieben Brasilianer, die sich Carrapicho nannten, zu diesem Zeitpunkt nicht durchsetzen. Wieder einmal war es der Produzent Frank Farian, der die Zeichen der Zeit richtig verstanden hatte und für den deutschen Markt eine Neuproduktion hinfummelte. Zusätzlich zu Carrapicho ließ er das Mädchentrio Chilli rappen und singen – und schon war ein tanzbarer Top-10-Hit für Deutschland und die Schweiz fertig.

*Tic, Tic Tac (6/97 D 5; 7/97 CH 6)*
***Pop***

## Chimes

Pauline Henry, v (Großbritannien, * 29. 1. 1961); James Locke, d (Großbritannien); Mike Penden, b (Großbritannien).
Dieses Trio überraschte im Mai 1990 die Popwelt mit einem Nachzieher des U2-Titels »I Still Havent Found What Im Looking For«, der sich in GB bis auf Platz 6 hochhangelte. In der Nachfolge dieses Hits kam »Heaven«, ein Titel der Band aus dem Jahre 1989, erneut in die britische Hitparade und erreichte zumindest einen Platz unter den ersten 30. Danach wollte

bisher kein weiterer Hit mehr gelingen. Ab 1993 war Pauline als Solistin erfolgreich. Die Nummer »Feel Like Making Love« brachte sie Ende des Jahres bis auf Platz 12 in GB. Auch in den Jahren 1995 und 1996 gelangen ihr einige Hitnotierungen in mittleren Positionen in GB.

*I Still Haven't Found What I'm Looking For (5/90 GB 6)*
***Pop, Soul***

**CD-Tip:** *The Chimes* CBS 466 481 2

## China Black

SIMON FUNG, g/key (Großbritannien); ERROL REID, v (Großbritannien).
Wie schon der Gruppenname dieses Duos deutlich macht, stammen Fungs Vorfahren aus Hongkong und Reids von den Westindischen Inseln. Die beiden veröffentlichten 1992 die Nummer »Searching«, die die Spitze der britischen Reggae-Charts für zehn Wochen hielt. Danach schien China Black in Vergessenheit zu geraten, bis der Titel Mitte 1994 erneut aufgenommen und veröffentlicht wurde. Im zweiten Anlauf klappte es, dieses Mal kam das Stück hoch in die Popcharts. Mit einem Nachfolgehit taten sie sich schwer. Mit »Stars« gelang ihnen Ende 1994 noch ein Top-20-Hit. Gleiches schafften sie mit »Swing Low, Sweet Chariot« Mitte 1995.

*Searching (7/94 GB 4)*
***Pop, Reggae***

## China Crisis

GARY DALY, v/g/key (Großbritannien, * 5. 5. 1962 in Kirkby/Merseyside); GARY JOHNSON, b (Großbritannien); STEVE LEVY, sax/oboe (Großbritannien); EDDIE LUNDON, v/g/key (Großbritannien, * 9. 6. 1962 in Kirkby/Merseyside); BRIAN MCNEIL, key (Großbritannien); KEVIN WILKINSON, d (Großbritannien).
Die Band begann 1982 mit Gary Daly und Eddie als Duo in Liverpool. Noch im selben Jahr erschien mit »African And White« die erste Single. Die restlichen Musiker kamen erst danach zur Gruppe. Mit dem Titel »Wishful Thinking« gelang der Gruppe im Januar 1984 der größte Hit. Nach 1987 trat eine Pause ein, und als nach zwei Jahren neue Platten erschienen, war die Band in einer Krise, obwohl ihr Produzent inzwischen der renommierte Walter Becker, einst Steely Dan, gewesen war. Auf dem amerikanischen Markt konnte sich China Crisis nicht etablieren.

*Wishful Thinking (1/84 GB 9)*
***Pop***

**CD-Tip:** *Diary – A Collection* Virgin VVIPD 117

## Chipmunks

ROSS BAGDASARIAN, v (USA, * 27. 1. 1919 in Fresno/Kalifornien, † 16. 1. 1972).
Diese Formation bestand aus Alvin, Simon und Theodore – oder aus Ross Bagdasarian, der sich hinter diesen drei Stimmen verbarg. Er ließ bei der Aufnahme die Bänder in drei unterschiedlichen Geschwindigkeiten laufen und erzielte so die verschiedenen Tonlagen. Die drei Chipmunks, oder Backenhörnchen, wie diese putzigen Tierchen bei uns heißen, waren nach drei Mitarbeitern der Plattenfirma Liberty benannt, bei der Ross als David Seville, seinem anderen Pseudonym, Platten veröffentlichte. Mit »The Chipmunk Song« hatte Ross alias The Chipmunks rechtzeitig zum Weihnachtsfest im Dezember 1958 die Nummer 1 der amerikanischen Hitparade. Die nächsten vier Jahre kam die Platte jeweils zum Fest wieder in die US-Charts. »Alvin's Harmonica« war im Februar 1959 ein weiterer Top-10-Hit für die Chipmunks, dann war das Thema langsam, aber sicher ausgelutscht. Ende 1992 erschien unter der Bezeichnung

Alvin & The Chipmunks featuring Billy Ray Cyrus in der britischen Hitparade eine Gagversion des Cyrus-Hits »Achy Breaky Heart«. Der Sohn von Bagdasarian, Ross jr., machte ab 1980 in den Fußstapfen seines Vaters weiter.

*The Chipmunk Song (12/58 US 1)*
*Alvin's Harmonica (2/59 US 3)*
***Pop***

**CD-Tip:** *The Very Best* EMI CDP 7 91684 2

## Chordettes

CAROL BUSHMAN, v (USA); JANET ERTEL, v (USA, † 22. 11. 1988); LYNN EVANS, v (USA); JINNY LOCKHARDT, v (USA); MARGIE NEEDHAM, v (USA); DOROTHY SCHWARTZ, v (USA).

Dieses Quartett wurde bereits im Jahre 1946 in Sheboygan, Wisconsin, gegründet und kann von sich behaupten, zu den wenigen Künstlern zu gehören, die ihre Erfolge in den 40er Jahren bis in die Zeit des Rock 'n' Roll retten konnten. Ab 1949 waren sie regelmäßig in der Radioshow von Arthur Godfrey zu hören, den man mit Recht als den Talent-Scout der USA bezeichnete. Mit Arthurs Hilfe erhielten sie auch einen Plattenvertrag. 1953 wechselten sie von der Plattenfirma Columbia zu Cadence, einem Label, das dem musikalischen Leiter der Arthur Godfrey Show, Archie Bleyer, gehörte. Archie war als Platteninterpret ebenfalls erfolgreich. 1954 heiratete Archie Janet Ertel, und noch im selben Jahr hatten die Chordettes ihren ersten Hit mit »Mr. Sandman«, im Oktober 1954 ein Platz 1 in den USA und ein Millionseller. »Born To Be With You« im Juni 1956, »Just Between You And Me« im September 1957 und »Lollipop« im März 1958 waren weitere Top-10-Erfolge. Die Hits der Gruppe, deren Mitglieder zwischenzeitlich wechselten, hielten bis in das Jahr 1961 an. 1951 war für die Leadsängerin Dorothy Schwartz Lynn Evans gekommen und 1953 für Jinny Lockardt Margie Needham. Die Tochter von Archie Bleyer und Janet Ertel heiratete später Phil Everly – die Everly Brothers hatten ihre Karriere auch auf dem Plattenlabel von Bleyer begonnen. Janet starb im November 1988 an Krebs, am 20. 3. 1989 starb Archie an der Parkinsonschen Krankheit.

*Mr. Sandman (10/54 US 1)*
*Born To Be With You (6/56 US 5; 8/56 GB 8)*
*Just Between You And Me (9/57 US 8)*
*Lollipop (3/58 US 2, GB 6)*
***Pop***

**CD-Tip:** *Mainly Rock 'n' Roll* Ace CDCHD 934
TIS

## Chords

RUPERT BRANKER, p (USA, geb. in Bronx/New York City); WILLIA EDWARDS, v (USA, geb. in Bronx/New York City); CARL FEASTER, v (USA, geb. in Bronx/New York City); CLAUDE FEASTER, v (USA, geb. in Bronx/New York City); JIMMY KEYES, v (USA, geb. in Bronx/New York City, † 22. 7. 1995); FLOYD MCRAE, v (USA, geb. in Bronx/New York City).

Die Chords setzten sich aus ehemaligen Mitgliedern der Tunetoppers, der Keynotes und der Four Notes zusammen. 1954 erschien mit »Cross Over The Bridge« die erste Platte dieser Neuformierung – es war eine Doo-Wop-Version eines Patti-Page-Hits. Auf der B-Seite war eine Nummer zu hören, die die Jungs selbst geschrieben hatten: »Sh-Boom«, heute als ein Meilenstein in der Rockgeschichte zu betrachten. »Sh-Boom« wurde im Mai 1954 eine Nummer 5 in den US-Charts – erfolgreicher war der Nachzieher einer kanadischen weißen Formation, die sich Crew-Cuts nannte, den Spitzenplatz in den USA belegte und einen Millionseller hatte. Zu diesem Zeitpunkt spielte das von den Weißen dominierte Radio in den USA lieber die schlechtere Version eines weißen Interpreten als die Originale der schwarzen Künstler. Wer Gelegenheit hat, sollte die beiden Stücke einmal hintereinander hören – dann weiß man, warum z. B. in so vielen Nachziehern von Pat Boone oder anderen Nachsängern der Biß fehlt. Einen Nachfolgehit hatten die Chords nicht mehr – die Crew-Cuts plünderten weiter die Musik der Schwarzen und fanden da noch reichlich weitere Hits.

*Sh-Boom (7/54 US 5)*
***Rhythm & Blues, Rock 'n' Roll***

## Christian, Dennie

v (Deutschland, * 22. 5. 1956 als Bernd Althoff in Bensberg).
Dennie war Anfang der 70er Jahre einer der typischen Tralalasänger, der im Januar 1975 mit einer der vielen Versionen von »Rosamunde« einen Platz 3 in der deutschen Hitparade hatte. Damit hatte er sich für den Sektor Volksmusik prädestiniert. Christian arbeitete auf diesem Gebiet als Sänger und Moderator für Funk und Fernsehen. Schon Anfang der 80er Jahre war er nach Holland gezogen, wo er auch als Sänger recht erfolgreich ist. Den Holländern serviert er auch alljährlich das dortige Deutsche Schlagerfestival.

*Rosamunde (1/75 D 3; 3/75 CH 6)*
***Deutscher Schlager***

## Christians

GARRY A. CHRISTIAN, v (Großbritannien, * 27. 2. 1955 in Liverpool); ROGER CHRISTIAN, v/g (Großbritannien, * 13. 2. 1950 in Liverpool); RUSSELL CHRISTIAN, v/sax (Großbritannien, * 8. 6. 1956 in Liverpool); HENRY PRIESTMAN, v/g/key (Großbritannien, * 21. 9. 1955 in Liverpool).
Der Erfolg dieser Band aus Liverpool ist auf ihre starke gesangliche Leistung zurückzuführen. Was die Christians machen, scheint nur auf den ersten Höreindruck an Soulmusik zu erinnern. Pop, Country, Blues, zeitgenössischer Rock und auch Soul wird von diesem Trio, das als Quartett begann, verschmolzen. Fünf Brüder Christian sangen und spielten Anfang der 80er Jahre mit Equal Temperament, die von den Temptations und den Persuasions beeinflußt wurden. 1982 sah der Manager Pete Fulwell die Christian-Brüder im Fernsehen und verpflichtete sie für Demo-Aufnahmen. Hierbei trafen sie erstmals auf das ehemalige Mitglied der Yachts und von It's Immaterial, Henry Priestman. »Forgotten Town«, die Debüt-Single der Band, lobte der ›Melody Maker‹ folgendermaßen: ›Prächtige Stimmen und verzehrende Rhythmen, ein direkter Zusammenprall der 50er mit den 80er Jahren.‹ Kurz vor Abschluß der Aufnahmen für das erste Album verließ Roger die Band, um an einer Solokarriere zu basteln. Das Debütalbum der Christians, erschienen 1987, wurde ein absoluter Verkaufserfolg und erhielt dreifaches Platin. Die meisten Songs hatte Henry Priestman im Alleingang geschrieben. Die weiteren Alben der Band, 1990 »Colour« und 1992 »Happy In Hell«, sind ebenfalls sehr anhörenswert. In den USA konnte sich die Gruppe erstaunlicherweise nicht behaupten.
Zusammen mit Holly Johnson, Paul McCartney, Gerry Marsden und anderen britischen Musikern nahmen die Christians die alte Liverpoolhymne »Ferry 'Cross The Mersey« auf, die im Mai 1989 bis auf Platz 1 der britischen Charts kletterte. Die Platte hatten diese Künstler aus Liverpool zugunsten der Opfer der bis zu diesem Zeitpunkt größten Katastrophe in der europäischen Sportgeschichte aufgenommen. 2000 Fans ohne Eintrittskarten hatten am 15. April 1989 in Sheffield im

Hillsborough-Fußballstadion die schon überfüllten Stehplätze gestürmt. 95 Menschen kamen dabei ums Leben. Der Reinerlös aus dem Verkauf dieser Schallplatte ging an den Hilfsfonds für die Opfer dieser Katastrophe.

*Harvest For The World (10/88 GB 8)*
*Ferry 'Cross The Mersey (5/89 GB 1; 6/89 D 5)*
***Pop, Soul***

**CD-Tip:** *The Christians* Island 258 601

## Christie

MICHAEL BLAKELY, v/d (Großbritannien, * 12. 1. 1947 in Bromley/Kent); JEFF CHRISTIE, v/b/p (Großbritannien, * 12. 7. 1946 in Leeds); VIC ELMES, v/g (Großbritannien, * 10. 5. 1947 in Dagenham/Essex); PAUL FENTON, v/d (Großbritannien).

Jeff Christie spielte und sang in diversen britischen Bands – z. B. Outer Limits oder Epics –, bevor er 1968 den Titel »Yellow River« schrieb. Als Interpreten stellte er sich die Tremeloes vor, die jedoch dankend ablehnten. Wohl um zu beweisen, daß die Nummer ein potentieller Hit ist, gründete Jeff zusammen mit Vic Elmes und Michael Blakely (dem Bruder von Alan Blakely, der bei den Tremeloes mitspielte!), mit denen er schon bei den Epics gespielt hatte, eine eigene Band und nahm die Nummer auf, die im Mai 1970 Platz 1 in GB und ein weltweiter Hit wurde. Mit »San Bernadino« gelang ihm fünf Monate später mit dem neuen Schlagzeuger Paul Fenton noch einmal ein Hit. Dann schien er sich ausgeschrieben zu haben. 1972 war die Zeit dieser Gruppe vorüber.

*Yellow River (5/70 GB 1, D 2; 6/70 CH 4)*
*San Bernadino (10/70 D 5, GB 7; 11/70 CH 1)*
***Pop***

## Christie, David

v (USA, * 1. 1. 1952 als James Bolden).
»Saddle Up« erreichte im Juli 1992 Platz 12 in Deutschland und einen Monat später Platz 9 in GB – das war der einzige Erfolg für den gebürtigen Amerikaner, der damals bereits seit vielen Jahren in Paris lebte. Bis zu diesem Hit hatte er sich vorwiegend als Songschreiber hervorgetan, angeblich sollen seine Kompositionen, von diversen Künstlern vorgetragen, mehr als 25 millionenmal verkauft worden sein. Zu seinen Kunden gehörten Grace Jones, Tina Charles oder Gloria Gaynor. Nach diesem Hit folgten noch einige Platten von David Christie, danach schrieb er wohl wieder mehr.

*Saddle Up (8/82 GB 9; 9/82 CH 4)*
***Pop***

## Christie, Lou

v (USA, * 19. 2. 1943 als Lugee Alfredo Giovanni Sacco in Glen Willard/Pennsylvania).
Lou begann in der Formation Classics, mit denen er 1960 seine erste Platte aufnahm – kein Hit. 1961 kam er dann als Lugee & The Lions – kein Hit. Schließlich hatte er als Lou Christie zwischen 1963 und 1969 fünf Top-40-Hits. Die erfolgreichsten Platten waren »Two Faces Have I«, ein Platz 6 in den USA im März 1963, »Lightnin' Strikes«, im Dezember 1965 Spitzenreiter in den USA und ein Platz 11 in GB, und nach einer längeren Pause »I'm Gonna Make You Mine«, im August 1969 Top-10-Hit in den USA und GB. In den frühen 70er Jahren hatte er Drogenprobleme. Nachdem er in London eine Entziehungskur hinter sich gebracht hatte, arbeitete er auf einer Bohrinsel, als Helfer auf einer Ranch und in anderen Jobs, die nicht mit Musik zu tun haben. In den späten 70er Jahren kehrte er nach New York zurück und arbeitete wieder als Backgroundsän-

ger. Außerdem ging er hin und wieder auf Tournee und trat regelmäßig in Rock-'n'-Roll-Revival-Shows auf. 1981 tauchte er in der von Meco zusammengestellten Studiogruppe Cantina Band auf, die es mit dem Beach-Boys-Medley »Summer '81« genau auf einen Platz 81 in den US-Charts brachte. Seine spezielle Art zu singen erinnerte an Platten von Frankie Valli und Del Shannon.

*Two Faces Have I (3/63 US 6)*
*Lightnin' Strikes (12/65 US 1)*
*I'm Gonna Make You Mine (8/69 GB 2, US 10)*
***Pop***

**CD-Tip:** *Glory River* Sequel NEX CD 187

## Christie, Tony

v/g (Großbritannien, * 25. 4. 1943 als Anthony Fitzgerald in Conisborough/Yorkshire).
Mit zwanzig Jahren wurde Tony, der sich das Gitarrenspiel selbst beigebracht hatte, Profi. 1967 heuerte ihn BBC Radio an, und der Brite sang in der Art seines Landsmannes Tom Jones. Sein erster Erfolg hieß dann auch 1970 »Las Vegas«. 1971 war sein Jahr: Mit »I Did What I Did For Maria« hatte er eine Nummer 2 in der britischen Hitparade, danach kam »Is This The Way To Amarillo«, geschrieben von Neil Sedaka und in Deutschland ein Spitzenreiter. Obwohl er bis in die 90er Jahre weiter Platten machte, konnte er solche Erfolge nicht wiederholen. Inzwischen wurde er von dem Deutschen Jack White produziert, und seine Plattenfirma bildete ihn auf den Hüllen so ab, als sei er der freundliche Versicherungsvertreter von nebenan. Anfang 1995 veröffentlichte Christie zusammen mit Vicky Leandros ein Duett.

*I Did What I Did For Maria (5/71 GB 2; 7/71 CH 3, D 4)*
*Is This The Way To Amarillo (11/71 D 1; 12/71 CH 3)*
*Don't Go Down To Reno (5/72 D 5; 6/72 CH 6)*
*Sweet September (2/80 CH 7)*
***Pop, Schlager***

**CD-Tip:** *Collection* MCA 8.62007 LZ

## Christophe

Der 1945 geborene Christophe, der sich die meisten seiner Hits selbst geschrieben hatte, kam 1965 mit »Aline« hoch in die französische Hitparade. Für den deutschen Markt sang damals Tony Marshall (!) eine deutsche Version. Die war recht schön gemacht, brachte ihm allerdings keinen Erfolg – aus diesem Grund verlegte er sich auf Stimmungsschlager. Auch der Titel »Les Marionettes« aus dem Jahr 1966 war erfolgreich für Christophe. Weitere Hits in Frankreich waren »Les Mots Bleus« 1975 und »Succès Fou« 1983. 1979 wurde »Aline« in Frankreich noch einmal ein Riesenhit und erreichte in diesem Jahr auch in der Schweiz die Top 10. 1982 gelang ihm in der Schweiz ein weiterer Top-10-Hit.

*Aline (11/79 CH 4)*
*Main Dans La Main (5/82 CH 7)*
***Pop, Schlager***

## Chumbawamba

JUDE ABBOTT, tr (Großbritannien); FRANK BOFF, v/g (Großbritannien); MAVIS DILLON, key (Großbritannien); BRUCE DUNSTON, v/per (Großbritannien); NEIL FERGUSON, g (Großbritannien); PAUL GRECO, b (Großbritannien); HARRY DARREN HAMMERR, d/per (Großbritannien); COMMON KNOWLEDGE, v/key/acc (Großbritannien); BILLY MCCOID, d (Großbritannien); MATTY MCFUSION, v (Großbritannien); DANBERT NOBACON, v/g (Großbritannien als Alan Whalley); ALICE NUTTER, v (Großbritannien); LOUISE MARY WATTS, key (Großbritannien).

Alice Nutter versammelt seit den frühen 80er Jahren immer wieder andere Musiker um sich, die als Chumbawamba auftreten. 1982 veröffentlichte Alice unter dem Gruppennamen Skin Disease die Single »Back On The Streets«. Ein Jahr später gingen Chumbawamba zum ersten Mal auf eine größere Tournee und brachten ohne Plattenvertrag drei Musikkassetten auf den Markt. »Revolution« war im September 1985 die erste offizielle Plattenveröffentlichung der Formation. Im nächsten Jahr erschien ihr erstes Album »Pictures Of Starving Children Sell Records«, im Juli 1987 das Album »Never Mind The Ballots: Here's The Rest Of Your Life«, im Oktober 1988 »English Rebel Songs 1381–1914«, im Juli 1990 »Slap!«. Bis 1992 brachten sie in regelmäßigen Abständen Platten heraus. Keine davon konnte sich in den Charts plazieren. Mit »Enough Is Enough« (9/93 GB 56) kam ihre erste Singlenotierung. »Anarchy« (5/94 GB-LP 29) war das erste erfolgreiche Album. Mit »Tubthumping« gelang ihnen im August 1997 der Durchbruch. Die Aufnahme brachte eine ungewöhnliche Mixtur aus Folk, Punk und Dance. In GB und den USA erreichte die Platte die Top 10 – in Deutschland blieb sie auf Platz 11 hängen. Ihr größter Albumerfolg ging Hand in Hand mit ihrem Singleerfolg: »Tubthumper« (9/97 GB-LP 19, US-LP 3, D-LP 18). Zur Fußballweltmeisterschaft 1998 wurde die Gruppe gebeten, den offiziellen Song der Briten zu singen. Darauf wollten sich Chumbawamba aber nicht einlassen, weil sie sich nicht auf eine Nation beschränken wollten. Die Nummer hieß schließlich »Top Of The World (Olé, Olé, Olé)« (6/98 GB 21).

*Tubthumping (8/97 GB 2; 9/97 US 6)*
*Amnesia (1/98 GB 10)*
***Pop***

**CD-Tip:** *Tubthumper* EMI 8 59455 2

## Churchill, Savannah

v (USA, * 21. 8. 1919 in Colfax/Louisiana, † 19. 4. 1974).
Savannah spezialisierte sich auf kommerziellen Blues. Sie wurde in Lousiana geboren, wuchs dann im New Yorker Stadtteil Brooklyn auf und sang zunächst im Kirchenchor. Nachdem ihr Mann David Churchill 1941 bei einem Autounfalls ums Leben gekommen war, begann sie eine professionelle Karriere als Sängerin, um sich und ihre beiden Kinder zu ernähren. Ihren ersten Auftritt hatte sie in Harlem. Von 1942 bis 1944 sang sie mit Benny Carter und hatte mit ihm die Hits »Hurry, Hurry«, »Poinciana (Song Of The Tree)« und »I'm Lost«. Ab 1945 trat sie als Solistin in Clubs auf und machte bis 1953 erfolgreiche Plattenaufnahmen. Ihr größter Erfolg war im Oktober 1951 ein Platz 5 in den US-Charts: »(It's No) Sin«. Mitte der 50er Jahre ließ ihre Karriere nach. Das hatte wohl auch folgenden Grund: 1956 war während eines Auftritts von Savannah im Midwood Club in Brooklyn ein Betrunkener vom Balkon auf sie gefallen. Sie brach sich dabei das Becken und mußte für längere Zeit pausieren. Sie starb schließlich 1974 in Brooklyn an Lungenentzündung, nachdem man gerade Krebs bei ihr diagnostiziert hatte.

*(It's No) Sin (10/51 US 5)*
***Jazz, Rhythm & Blues***

## Cindy & Bert

Norbert Berger, v (Deutschland, * 12. 9. 1945 in Völklingen); Jutta Gusenburger, v (Deutschland, * 26. 1. 1948 in Zweibrücken).
Jutta Gusenburger und Norbert Berger waren sich ihrer Sache nicht sicher – als sie Ende der 60er Jahre ihre ersten Platten veröffentlichten, blieben sie zunächst in ihren erlernten Berufen. Ab 1971 bildete das heute geschiedene Ehepaar auch

hauptberuflich das Duo Cindy & Bert, das zwischen 1972 und 1979 etliche Hits landen konnte. Besonders erfolgreich waren im Februar 1973 »Immer wieder sonntags«, ein Platz 3 in Deutschland, und »Aber am Abend, da spielt der Zigeuner«, im August 1974 zwar kein Top-10-Erfolg, aber eine goldene Schallplatte. Nach der Trennung des Paares arbeitete Cindy zunächst wieder als Versicherungskauffrau, um dann jedoch erneut öffentlich aufzutreten und Platten aufzunehmen. Bert ist Musikverleger, arbeitet als Texter, Komponist, macht Synchronarbeiten und besitzt ein eigenes Tonstudio. Cindy arbeitete u. a. als Rundfunkmoderatorin. Mitte der 90er Jahre, als der deutsche Schlager eine Renaissance erlebte, kamen auch Cindy & Bert wieder zusammen.

*Immer wieder sonntags (2/73 D 3; 5/73 CH 6)*
*Ich komm' bald wieder (7/73 D 10)*
***Deutscher Schlager***

**CD-Tip:** *Cindy & Bert – 20 große Erfolge* Papagayo CD 193–00263

## Cinquetti, Gigliola

v (Italien, * 20. 12. 1947 in Verona).
In Italien war Gigliola Cinquetti bereits mit elf Jahren ein Kinderstar. Mit »Non ho l'eta« gewann sie 1964 das San-Remo-Festival und den Grand Prix Eurovision. Weltweit wurden von diesem Titel mehr als drei Millionen Exemplare verkauft. Danach spielte sie in etlichen Filmen mit, erhielt Auszeichnungen und goldene Schallplatten, und nach zehn Jahren wollte sie es noch einmal wissen: 1974 beteiligte sie sich wieder am Grand Prix und belegte mit »Si« (5/74 D 13) immerhin Platz 2. In GB war die Nummer als »Go (Before You Break My Heart)« ein Top-10-Hit. 1991 moderierte sie gemeinsam mit dem Gewinner des Jahres 1990, Toto Cutugno, den Grand Prix in Rom. Die beiden waren an diesem Abend zweifellos die besten Künstler.

*Non ho l'eta (4/64 D 3)*
*Go (Before You Break My Heart) (5/74 GB 8)*
***Grand Prix, Pop***

## City Boy

Steve Broughton, g (Großbritannien, * 20. 5. 1950); Chris Dunn, b (Großbritannien); Lawrence »Lol« Mason, v (Großbritannien); Mike Slamer, g (Großbritannien); Max Thomas, g/key (Großbritannien); Roy Ward, d (Großbritannien).
Anfang der 70er Jahre begannen Lol, Steve, Mike und Max, in der Gegend um ihre Heimatstadt Birmingham als Quartett aufzutreten. 1975 wurden sie Profis und nahmen Chris und Roy in die Gruppe auf. Nach zwei erfolglosen Alben gelang ihnen im Juli 1978 mit »5–7-0–5« ein Top-10-Hit in GB. Sänger der Nummer war der Schlagzeuger Roy Ward. In den Charts waren sie bis 1979 notiert. Auch die Gründung eines eigenen Plattenlabels brachte nichts mehr. 1982 trennten sich die City Boy. Mason gründete danach die Maisonettes, denen mit »Heartache Avenue« Ende 1982 ein Top-10-Hit gelang, und schrieb später Manuskripte für TV- und Radiosendungen. Mike Slamer ging in die USA und gründete dort mit Steve Walsh, der Kansas gerade verlassen hatte, die Gruppe Street. Nach zwei Alben ging Walsh jedoch zu Kansas zurück. Chris Dunn hatte City Boy bereits 1979 verlassen und wurde Studiomanager. Steve Broughton war ebenfalls 1979 gegangen und versuchte sich als Songschreiber. Zusammen mit Cyndi Lauper erarbeitete er die Hits »She-Bop« und »The Goonies 'R' Good Enough«. Danach schrieb er Songs für Junior, Stacy Lattisaw und andere. Roy Ward blieb dem Produzenten von City Boy, Mutt Lange, treu und sang bei dessen Produktionen, so z. B. bei Def Leppard, schon mal im Hintergrund. Als Lead-

sänger der Gruppe Tight Fit hatte Roy mit der Nummer »The Lion Sleeps Tonight« 1982 einen Platz 1 in den britischen Charts.

*5-7-0-5 (7/78 GB 8)*
***Pop, Rock***

## Clail, Gary

(Großbritannien).
Gary Clail, den man auch als den ›Klaus Kinski der britischen Musikszene‹ bezeichnete, begann als Mitglied der Formation Tackhead. Danach gründete er die Gruppe On-U Sound System, die auf ihrem eigenen Label immerhin über fünfzig Alben veröffentlichte. Inzwischen steht Clails Name immer vor der Gruppenbezeichnung. Zu tanzbarer Musik machen sie engagierte Texte. Den größten Singleerfolg hatte Clail mit »Human Nature«, im März 1991 ein Platz 10 in GB. Die Amerikaner konnten mit diesem Sound wenig anfangen.

*Human Nature (3/91 GB 10)*
***Pop***

**CD-Tip:** *The Emotional Hooligan* RCA PD 74965 QB

## Clannad

CIARAN BRENNAN, v/b/syn (Irland); MÁIRE BRENNAN, v/harp (Irland, * 4. 8. 1952 in Dublin); PÓL BRENNAN, v/g/key (Irland); NOEL DUGGAN, v/g (Irland); PÁDRAIN DUGGAN, v/g/manola (Irland).
Der Gruppenname kommt aus dem Gälischen und bedeutet ›Familie‹. Wie man unschwer an den Namen der Mitglieder erkennen kann, sind hier auch etliche Verwandte vereint. Sie kamen 1970 zusammen und spielten in Leo's Taverne – sie gehörte Leo Brennan, dem Vater des Brennan-Teils der Formation. Er war vorher Musiker in einer der typischen Showbands gewesen. Ihre ersten großen Erfolge feierte Clannad in Deutschland. Erst danach wurde man in ihrer Heimat und in GB auf sie aufmerksam. 1982 kam der Hiterfolg. »Theme From Harry's Game« war die Titelmelodie für eine TV-Serie und wurde im November 1982 ein Platz 5 in GB. 1984 war es wieder eine TV-Melodie, die erfolgreich war: »Robin Of Sherwood«. Im Laufe der Jahre kamen und gingen einzelne Familienmitglieder – zu denen, die mal dabei gewesen sind, gehört Enya, die Schwester von Máire. Clannad machte auch zusammen mit Bono und Paul Young sehr schöne Aufnahmen. Máire veröffentlichte 1992 ihr erstes Soloalbum. Im Januar 1995 erschien mit »Misty Eyed Adventures« ihr zweites. Darauf eine sehr schöne Coverversion eines Hits von Joni Mitchell: »Big Yellow Taxi«.

*Theme From Harry's Game (11/82 GB 5)*
***Folk, Pop***

**CD-Tip:** *Pastpresent* RCA PD 74074

## Clanton, Jimmy

v (USA, * 2. 9. 1940 in Baton Rouge/Lousiana).
Clanton gründete eine Band, die sich Rockets nannte und 1958 bei der Plattenfirma Ace vorspielte. Von der Band wollte die Firma nichts wissen, sie nahm nur Jimmy Clanton als Solist unter Vertrag. Mit Studiomusikergrößen aus New Orleans wie Huey ›Piano‹ Smith, Lee Allen oder Earl King wurden die Top-10-Hits »Just A Dream« (1958), »Go, Jimmy, Go« (1959) oder »Venus In Blue Jeans« (1962) aufgenommen. Nach 1963 war die Karriere quasi wieder beendet. Zwischen 1972 und 1976 verdiente er seine Dollars als Discjockey.

*Just A Dream (7/58 US 4)*
*Go, Jimmy, Go (7/59 US 5)*
*Venus In Blue Jeans (8/62 US 7)*
***Pop, Rhythm & Blues***

## Clapton, Eric

v/g (Großbritannien, * 30. 3. 1945 als Eric Patrick Clapp in Ripley/Surrey).
1993 war zweifellos das Jahr für den britischen Ausnahmegitarristen. Bei der Grammy-Verleihung konnte er sechs der begehrten Trophäen entgegennehmen, eine für den Song »Tears In Heaven«, den er nach dem Tod seines Sohnes Conor geschrieben hatte, der im März 1991 mit vier Jahren aus einem Hochhaus gestürzt und gestorben war.
Die erste Gitarre bekam Clapton im Alter von 14 Jahren von seinen Großeltern geschenkt, bei denen er aufwuchs. Er spielte vor allem die Stücke der großen Bluesgitarristen nach. Zu seiner ersten Band, den Roosters, gehörte u. a. Tom McGuinness, später bei Manfred Mann und der Blues Band. Nach acht Monaten gingen Clapton und McGuinness, und nach einem kurzen Gastspiel bei Casey Jones & The Engineers ging Clapton zu den Yardbirds, die einen Ersatz für ihren Gitarristen suchten. Die Band verdankte ›Slowhand‹, wie er inzwischen hieß, zum großen Teil ihren Ruf. Als die Yardbirds auf Pop umschwenkten, ging Eric zu John Mayall's Bluesbreakers, da seine Liebe nun einmal dem Blues gehörte. In dieser Formation kam Clapton dann auch zu seinem zweiten Spitznamen: ›God‹. Clapton nahm nur eine LP mit den Bluesbreakers auf: »Bluesbreakers« aus dem Jahr 1963 wurde ein Klassiker.
Nächste Station war die Supergruppe Cream zusammen mit Jack Bruce und Ginger Baker, die zwei Jahre bestand. Danach machte er mit Baker, Steve Winwood und Rick Grech Blind Faith, eine weitere sogenannte Supergruppe, die es nur auf ein Album brachte, veröffentlicht im August 1969. Bei der US-Tour von Blind Faith lernte Eric Delaney & Bonnie kennen und wurde deren Gitarrist. Clapton behauptete: ›Delaney & Bonnie sind ganz einfach die beste Popband der Welt.‹ Musikkritiker und Discjockeys beteten ihm nach. Auch Mick Jagger war der Ansicht, einen überzeugenderen weißen Gospelklang nie gehört zu haben, und George Harrison bedauerte, daß die Gruppe nicht bei ihnen unter Vertrag stand. Als Delaney, Bonnie & Friends auf Tournee gingen, wurde klar, daß die Zuschauer nicht wegen des Ehepaares Delaney und Bonnie Bramlett gekommen waren, sondern wegen Clapton. Der hielt sich auf der Bühne zurück, was dazu führte, daß Clapton wegen der lauten und eindringlichen Rufe nach ›Eric‹ die Konzerte abbrach und die enttäuschte Menge die Geräte von der Bühne riß. Die Freundschaft bröckelte. Und noch 1970 widmete er sich einem neuen Projekt: Derek & The Dominoes. Wie man schon an diesem Gruppennamen merkt, wollte er auch hier versuchen, nicht im Vordergrund zu stehen. Der Plattenfirma verbot er sogar, seinen Namen auf die Hülle der LP »Layla And Other Assorted Lovesongs« zu drukken. Im April 1971 versuchten Derek & The Dominoes eine zweite LP zu produzieren, kam aber wegen personeller Probleme nicht weiter. Speziell die Drogen hielten Clapton und auch die anderen Musiker von der Arbeit ab. Seine Auftritte wurden spärlicher. Im Oktober 1972 veröffentlichte seine Plattenfirma »Eric Clapton At His Best«, woraus zu schließen war, daß man nichts mehr erwartete. Am 13. 1. 1973 war es dann Pete Townshend, der im Londoner Rainbow Theater ein Comeback Konzert für ihn organisierte. Trotz dieser Bemühungen seiner Freunde zog Clapton sich erst einmal zurück und machte eine Entziehungskur.
Im April 1974 ging er nach Miami, um dort eine neue LP aufzunehmen. Als erste Singleauskopplung erschien eine Coverversion des Bob-Marley-Hits »I Shot The Sheriff«, die zum bisher größten Erfolg von Clapton wurde: in GB im Juli ein Platz 9, in den USA eine Nummer 1 und ein

Millionseller – und das, obwohl die Amerikaner mit Reggae recht wenig anfangen können. Damit war Eric wieder auf der Gewinnerstraße, veröffentlichte mit »Lay Down Sally«, »Promises« (beide 1978), »I Can't Stand It« (1981) weitere Top-10-Hits in den USA. Inzwischen interessierte sich ein ganz neues Publikum für ihn, das teilweise noch nie von den Yardbirds oder Cream gehört hatte und in Clapton einen gesunden, netten Mann sah, der nichts zu verbergen hatte.

In den 80er Jahren wurde der Erfolg immer größer. Seine LPs verkauften sich in rauhen Mengen und wurden auch noch von den Kritikern gelobt. Sein Gitarrenstil hat sich im Laufe der mehr als dreißig Jahre, die er nun im Musikgeschäft ist, wenig verändert. Woran er gearbeitet hat und immer besser wurde, ist sein Gesang. Deutlich wurde das bei seiner 1992 erschienenen LP »Unplugged«, die ihm den Grammy als Album des Jahres einbrachte. Außerdem erhielt er Grammys als bester männlicher Rocksänger, Platte und Song des Jahres, bester männlicher Popsänger und als Songautor für »Layla«. Sicher ist es Geschmackssache, ob man »Layla« in der Version von Derek & The Dominoes mag oder ›unplugged‹ – gefühlvoller und zärtlicher ist ganz ohne Zweifel die neuere Version, die Ende 1992 bis auf Platz 12 der amerikanischen Singlehitparade kam. 1994 besann sich Clapton auf seine Wurzeln. Mit »From The Cradle« legte er eine CD vor, auf der Songs von Leroy Carr, Eddie Boyd, Willie Dixon, Elmore James oder McKinley Morganfield (= Muddy Waters) zu finden waren. Auf der Comic-Relief-Platte »Love Can Build A Bridge«, gesungen von Cher, Chrissie Hynde und Neneh Cherry spielte Eric die Gitarre und wurde extra auf der Plattenhülle erwähnt. Die Nummer »Change The World« aus dem Film »Phenomenon« mit John Travolta brachte ihm 1996 in den USA einen Top-10-Hit, in GB kam die Nummer unter die ersten 20, in Deutschland unter die ersten 30. Bei der Grammy-Verleihung Anfang 1997 erhielt Eric für genau diesen Titel eine Auszeichnung als bester Pop-Sänger (!). Außerdem wurde »Change The World« als Lied und als Platte des Jahres mit je einem Grammy bedacht. Produzent des Songs war Babyface, der für seine Arbeit auch noch einen Grammy kassierte. Sehr gut auch sein Album »Pilgrim« (3/98 D-LP 3, US-LP 4, GB-LP 6).

*Layla (5/72 US 10; 8/72 GB 7; 3/82 GB 4)*
*I Shot The Sheriff (7/74 US 1, GB 9; 9/74 D 4)*
*Lay Down Sally (1/78 US 3)*
*Promises (10/78 US 9)*
*I Can't Stand It (2/81 US 10)*
*Tears In Heaven (2/92 US 2, GB 5; 5/92 CH 7)*
*Love Can Build A Bridge (3/95 GB 1)*
*Change The World (5/96 US 5)*
***Blues, Pop, Rhythm & Blues, Rock***

**CD-Tip:** *Crossroads* Polydor 835 261–2

## Clark, Buddy

v (USA, *26. 7. 1912 als Samuel Goldberg in Dorchester/Massachusetts, † 1. 10. 1949).

Die Karriere von Buddy begann in den 30er Jahren in der Band von Benny Goodman und in den ›Hitparade‹-Radioshows. Ab 1938 versuchte er sich als Solist, hatte aber erst im Februar 1947 mit »Linda« einen richtigen Erfolg – die Platte erreichte Platz 1. Weitere Spitzenreiter in den USA waren noch im selben Jahr »Peg O' My Heart« und »Love Somebody« 1948. Seine Karriere hätte sicher noch lange angedauert, wäre er nicht am 1. 10. 1949 bei einem Flugzeugunglück ums Leben gekommen.

*Linda (2/47 US 1)*
*How Are Things In Glocca Mora (3/47 US 6)*
*Pet O' My Heart (6/47 US 1)*
*I'll Dance At Your Wedding (12/47 US 3)*
*Ballerina (1/48 US 5)*
*Now Is The Hour (Maori Farewell Song) (3/48 US 6)*
*Love Somebody (5/48 US 1)*

*My Darling, My Darling (11/48 US 7)*
*Baby, It's Cold Outside (5/49 US 4)*
*You're Breaking My Heart (8/49 US 4)*
***Pop***

## Clark, Claudine

v (USA, * 26. 4. 1941 in Macon/Georgia).
Claudine studierte in Philadelphia Kompositionslehre, bevor sie 1958 ihre erste Single, »Angel Of Happiness«, aufnahm. Im Hintergrund sangen die Spinners, die Platte wurde trotzdem kein Erfolg. Nach weiteren Mißerfolgen nahm sie 1962 »Disappointed« auf – ein Hit wurde jedoch die von ihr geschriebene B-Seite »Party Lights«. Diese Aufnahme konnte sich im Juni 1962 bis auf Platz 5 der US-Charts vorarbeiten. Alle weiteren Versuche, auch unter dem Pseudonym Joy Dawn, scheiterten.

*Party Lights (6/62 US 5)*
***Pop, Rhythm & Blues***

## Clark, Dave, Five

DAVE CLARK, d (Großbritannien, * 15. 12. 1942 in London); LENNY DAVIDSON, g (Großbritannien, * 30. 5. 1944 in Enfield/Middlesex); RICK HUXLEY, b (Großbritannien, * 5. 8. 1942 in Dartford/Kent); DENNIS PAYTON, sax (Großbritannien, * 8. 8. 1943 in London); MIKE SMITH, v (Großbritannien, * 12. 12. 1943 in London).
Dave Clark Five gelten als eine der ersten britischen Bands, die, ohne aus Liverpool oder vom Mersey zu stammen, den Weg an die Spitze geschafft haben. Da die Band aus Tottenham kam, nannte man es den Tottenham-Sound. Dave Clark war zwar der Leader dieser Band aus dem Norden Londons, aber nicht der Sänger. Der hieß Mike Smith, und dessen Namen hat man damals schon nicht gekannt. Dave Clark war der Schlagzeuger und zusammen mit Smith der hauptsächliche Songschreiber der Band. Zwischen 1963 und 1970 hatten Dave Clark Five acht Top-10-Hits in GB und den USA. Am 3. 9. 1970 verkündete Dave Clark, seine Gruppe würde auseinanderfallen. In den 80er Jahren kam er noch einmal als Schreiber des Musicals »Time« in die Schlagzeilen. Auch ansonsten ist er als Mentor von Musicals und als Händler von Rockvideos erfolgreich. Noch heute geht im übrigen das Gerücht um, er habe Dave Clark Five gegründet, um für sein Lieblingsfußballteam, die Tottenham Hotspurs, Geld zu sammeln. Mitte 1993 wurde »Glad All Over« in England mal wieder veröffentlicht und kam unter die ersten 40. Eine Zusammenstellung der Hits unter dem Titel »Glad All Over Again« brachte es in den Albumcharts in demselben Jahr bis auf Platz 28.

*Glad All Over (11/63 GB 1; 2/64 US 6)*
*Bits And Pieces (2/64 GB 2; 4/64 US 4)*
*Can't You See That She's Mine (5/64 US 4, GB 10)*
*Because (8/64 US 3)*
*I Like It Like That (6/65 US 7)*
*Catch Us If You Can (7/65 US 4, GB 5)*
*Over And Over (11/65 US 1)*
*You Got What It Takes (4/67 US 7)*
*Everybody Knows (11/67 GB 2)*
*Red Balloon (9/68 GB 7)*
*Good Old Rock 'n' Roll (12/69 GB 7)*
*Everybody Get Together (3/70 GB 8)*
***Beat, Pop***

**CD-Tip:** *Glad All Over Again* EMI CDP 7 89249 2

## Clark, Dee

v (USA, * 7. 11. 1938 in Blytheville/Arkansas, † 7. 12. 1990).
Schon 1941 zog Dee Clark mit seinen Eltern nach Chicago. Seine Karriere begann 1952 in der US-Band Hambone Kids, mit denen er auch seine ersten Platten machte. 1953 wechselte er zu den Goldentones, aus denen wenig später die Kool

Gents wurden. Ab 1957 machte er Soloplatten und hatte mit »Just Keep It Up« Mitte 1959 seinen ersten Top-20-Hit. »Raindrops« wurde im Mai 1962 Platz 2 in den USA. Nach 1965 schien er aus der Plattenbranche verschwunden zu sein, da tauchte er im Oktober 1975 mit »Ride The Wild Horse« zumindest in GB wieder unter den ersten 20 in den Charts auf. Er starb 1990 nach einem Herzschlag.

*Raindrops (5/61 US 2)*
***Pop, Rhythm & Blues***

## Clark, Petula

v (Großbritannien, * 15. 11. 1932 in Epsom/Surrey).

Als im November 1988 Petula Clark in der britischen TV-Sendung ›Top Of The Pops‹ aufgetreten ist, werden sich viele Kids, die die Sendung regelmäßig sehen, sicher gewundert haben. Da sang ja eine Dame! Diese Dame hatte bereits Anfang der 40er Jahre als Kinderstar ihre ersten Bühnenauftritte. Zwischen 1943 und 1951 wirkte Petula in mehr als zwanzig Filmen mit. 1950 gewann sie den Preis als die beste Fernsehkünstlerin des Jahres. Bei der BBC hatte sie Erfahrung als Entertainerin sammeln können, und noch während des Krieges war sie unter dem Spitznamen ›The Force's Girl‹ über 500 mal vor Soldaten aufgetreten. Kein Wunder also, daß sich die Plattenindustrie Ende der 40er Jahre um diese ausgebildete Künstlerin riß. 1949 wurde mit »Put Your Shoes On Lucy« ihre erste Platte veröffentlicht. 1954, auch das eher ein Kinderlied, erreichte sie mit »The Little Shoemaker« zum erstenmal die Top 10. »Suddenly There's A Valley« 1955, »With All My Heart« und »Alone« 1957 waren weitere Top-10-Erfolge. Ihre britische Version des Lolita-Hits »Seemann«, »Sailor«, wurde im Januar 1961 ein Spitzenreiter in GB, »Downtown« 1964 ein internationaler Erfolg – in den USA erhielt sie dafür, man lese und staune, einen Grammy für die beste Rock-'n'-Roll Single des Jahres. »This Is My Song«, geschrieben von Charlie Chaplin, war im Februar 1967 ihr zweiter Spitzenreiter in GB. Nach 1972 war ihre Chart-Karriere zu Ende, als Schauspielerin blieb sie jedoch weiter erfolgreich im Geschäft. 1987 trat sie für längere Zeit in Caesar's Palace in Atlantic City auf, und 1988 stand sie mit einer aufgemotzten Version von »Downtown« wieder unter den ersten 10 – und deshalb der anfangs erwähnte Auftritt in den ›Top of the Pops‹. Soviel Professionalität wie bei Petula Clark habe ich selten bei einem Interpreten erlebt. Dazu kommt eine gehörige Portion sympathische Ausstrahlung, was wohl auch auf die langen Jahre an der Spitze zurückzuführen ist. Nur die kleinen Luschen sind es immer wieder, die auf den Putz hauen.

*The Little Shoemaker (6/54 GB 7)*
*Suddenly There's A Valley (11/55 GB 7)*
*With All My Heart (7/57 GB 4)*
*Alone (11/57 GB 8)*
*Sailor (1/61 GB 1)*
*Romeo (7/61 GB 3)*
*My Friend The Sea (11/61 GB 7)*
*Monsieur (9/62 D 1)*
*Casanova Baciami (2/63 D 2)*
*Cheerio (Chariot) (5/63 D 6)*
*Mille Mille Grazie (10/63 D 9)*
*Downtown (11/64 US 1, GB 2; 1/65 D 1)*
*I Know A Place (3/65 US 3)*
*My Love (12/65 US 1; 2/66 GB 4)*
*I Couldn't Live Without Your Love (6/66 GB 6, US 9)*
*This Is My Song (2/67 GB 1, US 3)*
*Don't Sleep In The Subway (6/67 US 5)*
*Downtown '88 (11/88 GB 10)*
***Pop***

**CD-Tip:** *The Hit Single Collection* PRT PYC 7002/TIS

## Clark, Sanford

v (USA, geb. in Tulsa/Oklahoma).

Nachdem Sanford als Teenager von Oklahoma nach Phoenix, Arizona, gezogen war, lernte er dort den Gitarristen Al Casey kennen, der von ihm so angetan war, daß er ihn dem Discjockey Lee Hazlewood vorstellte. Lee teilte Caseys Begeisterung und produzierte Sanfords erste Single, »The Fool«, die im Juli 1956 ein Platz 7 in den USA wurde. Noch weitere zehn Jahre versuchte Sanford, diesen Erfolg zu wiederholen – es gelang ihm nicht. In seinen Anfangstagen versuchte seine Plattenfirma, ihn in die Rockabilly-Ecke und damit in die Nähe von Elvis Presley zu rücken. Dabei klang Sanford Clark immer eher nach Johnny Cash als nach Elvis. Wohl deshalb auch Sanfords Versuche, sich auf dem Country-Sektor zu etablieren, was allerdings mißlang.

*The Fool (7/56 US 7)*
***Country, Pop***

**CD-Tip:** *The Fool* Bear Family BCD 15 549

## Clash

TOPPER HEADON, d (Großbritannien, * 30. 5. 1955 in Bromley/Kent); PETER HOWARD, d (Großbritannien); MICK JONES, g (Großbritannien, * 26. 6. 1953 in Brixton/London); NICK SHEPPARD, g (Großbritannien); PAUL SIMONON, b (Großbritannien, * 15. 12. 1955 in Brixton/London); JOE STRUMMER, v (* 21. 8. 1952 als John Graham Mellors in Ankara/Türkei); VINCE WHITE, g (Großbritannien).

Mitte 1976 formierte sich diese Punkband, die neben den Sex Pistols zu den wichtigsten Formationen dieses Genres zu zählen ist. In GB brachte es die Gruppe zeit ihres Bestehens nicht zu einem Top-10-Hit. In den USA erreichte sie im Oktober 1982 mit »Rock The Casbah« einen Platz 8. Als sich Levi's Anfang 1991 entschloß, den Clash-Song »Should I Stay Or Should I Go« aus dem Jahre 1982 für seine Hosenwerbung einzusetzen, erreichte die Platte Platz 1 in GB und Platz 5 in Deutschland. Zu diesem Zeitpunkt bestand die Gruppe bereits seit sechs Jahren nicht mehr. Mick Jones hatte bereits 1983 die Band verlassen und Big Audio Dynamite gegründet. Strummer spielte 1986 kurze Zeit mit den Pogues und verlegte sich dann auf Schauspielerei und Produktion.

*Rock The Casbah (10/82 US 8)*
*Should I Stay Or Should I Go (3/91 GB 1, D 5; 4/91 CH 4)*
***Punk, Rock***

**CD-Tip:** *Clash – The Singles* Columbia 468 946 2

## Classics IV

JAMES R. COBB, g (USA, * 5. 2. 1944 in Birmingham/Alabama); DEAN DAUGHTRY, key/b (USA, * 8. 9. 1946 in Kinston/Alabama); WALLY EATON, g (USA); KIM VENABLE, d (USA); JOE WILSON, b (USA); DENNIS YOST, v (USA).

Die Gruppe, die man in die Reihe der Soft-Rocker stellen muß, wurde 1965 in Jacksonville, Florida, gegründet. 1967 zogen sie nach Atlanta, was sich für sie als Glücksfall erwies. Sie arbeiteten als Sessionmusiker z. B. für Tommy Roe, Billy Joe Royal und die Tams, bevor sie Ende 1967 mit »Spooky« ihren ersten Top-10-Hit in den USA hatten. »Stormy« 1968 und »Traces« 1969 kamen auch noch unter die ersten 10. Ende 1969 erfolgte die Umbenennung der Gruppe in Dennis Yost & The Classics IV, was aber auch nicht verhindern konnte, daß der Erfolg bröckelte. Produzent Buddy Buie und J. R. Cobb hatten alle Hits der Formation geschrieben, und diese beiden plus Daughtry gründeten 1974 die Atlanta Rhythm Section.

*Spooky (12/67 US 3)*

*Stormy (10/68 US 5)*
*Traces (2/69 US 2)*
***Pop***

**CD-Tip:** *The Very Best Of* EMI CDP 7 91472 2

## Claude

*Nuet (10/82 CH 8)*

## Claudio, Rik & Roger

CLAUDIO; RIK; ROGER.
An dem Titel »Memphis Tennessee«, im Original ein Stück von Chuck Berry, versuchten sich etliche Interpreten. Diese drei hier – Claudio, Rik & Roger – kamen mit ihrer Version im November 1964 auf Platz 9 in Deutschland. Vorher hatte sich bereits Bernd Spier an dem Titel versucht. Am erfolgreichsten in Deutschland – nämlich Spitzenreiter im November 1964 – wurde Johnny Rivers.

*Memphis Tennessee (11/64 D 9)*
***Deutscher Schlager***

## Clay, Judy

v (USA als Guion, geb. in North Carolina).
Judy begann ihre Karriere als Backgroundsängerin für Don Covay, Wilson Pickett und viele andere. Mit in dieser Gospelgruppe sangen übrigens Dionne Warwick und Cissy Houston. Sie nannten sich die Drinkard Sisters. 1967 nahm Judy im Duett mit Billy Vera Platten auf, aber erst ein Duett mit William Bell, »Private Number«, sollte ihr im November 1968 einen Top-10-Hit bescheren – und zwar nicht in ihrer Heimat USA, sondern in GB. Bis 1970 machte die Soulsängerin noch weitere Platten, dann zog sie sich ganz aus dem Musikgeschäft zurück.

*Private Number (11/68 GB 8)*
***Rhythm & Blues, Soul***

## Clay, Tom

v/dj (USA, geb. in Los Angeles/Kalifornien, † 22. 11. 1995).
Vorne laberte salbungsvoll der aus Los Angeles stammende Discjockey Tom Clay, im Hintergrund rödelten die Blackberries. Diese Kombination zermanschte die beiden Songs »What The World Needs Now Is Love« und »Abraham, Martin And John« zu einem bekömmlichen Brei, der nur den Amerikanern schmeckte – und sicher nur im Juli 1971, als er bis auf Platz 8 in die Charts kam und man noch nicht genau wußte, was John so alles angestellt hatte. Irgendwie war die Platte wie der Ausspruch von Kennedy im Angesicht der Mauer: zuckerig, süß und, wenn drei Tage alt, ein Fall für die Bio-Tonne. Er starb im November 1995 im Alter von 66 Jahren an Krebs.

*What The World Needs Now Is Love/Abraham, Martin And John (7/81 US 8)*
***Pop***

## Clayderman, Richard

p (Frankreich, * 28. 12. 1953 als Phillipe Pagès in Paris).
Mit zwölf Jahren begann der Sohn eines Klavierlehrers, am Pariser Konservatorium zu studieren. Nach vier Jahren gewann Richard Clayderman dort den ersten Preis

– und wollte lieber Rockmusiker werden. Daraus wurde nie etwas, wenn er auch eine Zeitlang mit Johnny Hallyday und Michel Sardou spielte. Er lernte erst einmal etwas Vernünftiges und wurde Bankkaufmann, bevor er einen Plattenvertrag unterschrieb. 1977 hatte er dann seinen ersten großen Erfolg mit »Ballade Pour Adeline«, im Dezember ein Platz 6 in Deutschland und im April 1979 wieder unter den ersten 10. Das lag daran, daß im ZDF-Krimi ›Der Alte‹ am 24. November als immer wiederkehrendes musikalisches Leitmotiv diese Nummer dem Fernsehzuschauer noch einmal um die Ohren geschlagen wurde. Das blieb zwar sein einziger Singlehit, aber dafür verkaufen sich seine LPs mit Musik, die von der Plattenfirma als ›Leckerbissen für ein akustisches Diner‹ bezeichnet wurde. Mit anderen Worten: leichtverdaulich. Zusammen mit der deutschen Sängerin Claudia Jung nahm er 1994 den Titel »Je T'aime Mon Amour (Wieviel Stunden hat die Nacht)« auf, der es immerhin in die deutschen Top 30 brachte. Produzent war Adam Schairer, einst die Hälfte von Adam & Eve.

*Ballade Pour Adeline (9/77 CH 1; 12/77 D 6)*
***Instrumental, Pop***

## Clayton, Adam & Larry Mullen

ADAM CLAYTON, b (Großbritannien, * 13. 3. 1960 in Chinnor/Oxfordshire); LARRY MULLEN JR., d (Irland, * 31. 10. 1961 als Laurence Mullen in Dublin).

Bei uns war die TV-Serie ›Cobra, übernehmen Sie‹ Ende der 60er, Anfang der 70er Jahre auch ein Renner. Die Serie, die zwischen 1966 und 1973 in den USA lief und zeitversetzt zu uns kam, galt als eine der besten aus dem Genre Spionage. Im Original hieß sie »Mission: Impossible« und handelte von Elite-Geheimpolizisten der IMF (Impossible Mission Force). Die Erledigung der Aufträge war immer so gut wie unmöglich – aber die Jungs vom IMF schafften es selbstverständlich immer. Das Tonband, auf dem die Secret Agents ihre Aufträge erhielten, zerstörte sich nach dem Abhören von selbst – man wollte selbstverständlich keine Spuren hinterlassen. Die Musik zur Original-TV-Serie schrieb Lalo Schifrin (* 21. 6. 1932 in Buenos Aires als Boris Schifrin), der 1958 von Argentinen in die USA ausgewandert war. Etliche US-TV-Serien und Filme profitierten vom Talent des Pianisten und Komponisten Schifrin. Die Single zur Serie war 1968 in den USA erschienen und hatte lediglich Platz 41 in den Popcharts erreicht. 1996 kamen die Jungs von der IMF wieder – diesmal in die Kinos. Hautdarsteller war Tom Cruise, der alleine schon ein volles Kino garantierte. Lalos Version war den Machern der 90er Jahre wohl zu antiquiert – sie baten Adam Clayton und Larry Mullen von U2, den Titel neu aufzunehmen. Die Platte wurden ein weltweiter Hit. Auch im Fernsehen der 90er Jahre tauchte schließlich ›In geheimer Mission‹ mit dem IMF wieder auf.

*Theme From Mission: Impossible (5/96 US 7; 6/96 GB 7; 7/96 D 6; 9/96 CH 9)*
***Instrumental, Rock***

## Cleopatra

CLEOPATRA HIGGINS, v (Großbritannien, * 30. 4. 1982 in Moss Side/Manchester); YONAH HIGGINS, v (Großbritannien, * 27. 4. 1984 in Moss Side/Manchester); ZAINAM HIGGINS, v (Großbritannien, * 5. 12. 1980 in Moss Side/Manchester).

Die drei schwarzen Schwestern sangen bei der Veröffentlichung ihres ersten Hits bereits seit fünf Jahren regelmäßig zusammen. Cleopatra, die Leadsängerin, war zum Zeitpunkt des Hits 14 Jahre alt. Ganz offensichtlich sollten die drei Teenies in die Kerbe hauen, die irgendwann

Eternal, En-Vogue oder SWV zwangsläufig hinterlassen würden. Entdeckt wurden sie von Popstar Mark Morrison. Ihr Debütalbum hieß »Comin' Atcha« (6/98 GB-LP 20).

*Cleopatra's Theme (2/98 GB 3)*
*Life Ain't Easy (5/98 GB 4)*
***HipHop, House, Soul***

## Cliff, Jimmy

v (Jamaika, * 1. 4. 1948 als James Chambers in St. Catherine).
Cliff gehörte zu den ersten, die in Europa mit Reggae Erfolg hatten. Allerdings, sein Reggae war nicht pur, sondern mit Streichern so unterlegt, daß er auch für europäische Ohren konsumierbar war. Seine erste Single hieß »Hurricane Hattie«, die ihn auf Jamaika zum Star machte und ihm zu einem Plattenvertrag bei Island Records in England verhalf. Seine Aufnahme »Wonderful World, Beautiful People«, im Oktober 1969 ein Platz 6 in GB, brachte ihm seinen ersten Top-10-Erfolg, »Wild World« im August 1970 seinen zweiten. Als Filmstar trat er in »The Harder They Come« 1972 auf, in dem ein junger Mann sein ländliches Zuhause verläßt, um in der Stadt sein Glück zu versuchen. Jimmy spielte sich selbst. 1986 agierte er im Film »Club Paradise«. Als Songschreiber gehören zu seinen schönsten Nummern »Many Rivers To Cross«, »You Can Get It If You Really Want« und »Sitting In Limbo«. 1992 veröffentlichte er die von der Kritik hochgelobte CD »Breakout«. Ende 1993 sang er den Johnny-Nash-Titel »I Can See Clearly Now« in dem Film »Cool Runnings«. Daraufhin wurde die Nummer in den USA Platz 18 und in GB 23. Mitte 1995 wurden auch die jüngeren Fans auf Jimmy Cliff aufmerksam. In dem Film »König der Löwen« sang er »Hakuna Matata«.

*Wonderful World, Beautiful People (10/69 GB 6)*
*Wild World (8/70 GB 8; 10/70 CH 2)*
***Reggae***

**CD-Tip:** *Best Of Jimmy Cliff* EMI 7 89949 2

## Clifford, Buzz

v (USA, * 8. 10. 1942 als Reese Francis Clifford III in Berwyn/Illinois).
Wer für den einzigen Erfolg dieses Interpreten – »Baby Sittin' Boogie«, im Januar 1961 in Platz 6 in den USA und ein Platz 3 in Deutschland – wirklich verantwortlich war, ist nicht mehr auszumachen. War es der Gesang von Buzz Clifford oder waren es die beiden Kinder des Produzenten? Wie dem auch sei, nach diesem Hit gelang Buzz kein weiterer Erfolg. Er wandte sich erst dem Folk-Rock und dann, als das auch nichts wurde, der Country Music zu.

*Baby Sittin' Boogie (1/61 US 6; 3/61 D 3)*
***Pop***

## Climax

Sonny Gerci, v (USA, geb. in Cleveland/Ohio); Robert Neilson, d (USA); Walter Nims, g (USA); Virgil Weber, key (USA); Steve York, b (Großbritannien, * 24. 4. 1948 in London).
Sonny Gerci, ehemals Leadsänger der Outsiders, gründete 1971 das Quintett Climax in Los Angeles zusammen mit seinem Bandkollegen Walter Nims. Die von Walter geschriebene Ballade »Precious And Few« wurde im Januar 1972 ein Platz 3 in den USA und ein Millionseller. Bereits die zweite Single der Gruppe markierte das Ende ihres Hitparadendaseins. Trotzdem hielt Gerci die Gruppe mehr aus Spaß an der Freude weiterhin aufrecht, während Steve York zu Vinegar Joe ging und ein gesuchter Studiomusiker wurde, der gelegentlich auch Soloplatten veröffentlichte.

*Precious And Few (1/72 US 3)*
***Pop, Rock***

## Climax Blues Band

Colin Cooper, v/sax (Großbritannien, * 7. 10. 1939 in Stafford); Peter Haycock, v/g (Großbritannien, * 4. 4. 1952 in Stafford); Derek Holt, b (Großbritannien, * 26. 1. 1949 in Stafford); Richard Jones, key (Großbritannien); George Newsome, d (Großbritannien, * 14. 8. 1947 in Stafford); Arthur Wood, key (Großbritannien).

Die Climax Blues Band wurde 1968 als Climax Chicago Blues Band gegründet. Irgendwann strich man Chicago aus dem Namen. Damit ging allerdings auch viel vom Blues verloren. Der Titel »Couldn't Get It Right« war im Oktober 1976 ein Top-10-Erfolg in GB und vier Monate später ein Platz 3 in den USA. Bis in die 90er Jahre wurden weitere, immer nach demselben Strickmuster komponierte Platten auf den Markt gebracht.

*Couldn't Get It Right (10/76 GB 10; 2/77 US 3)*
***Blues, Rock***

**CD-Tip:** *Couldn't Get It Right... Plus* See For Miles SEE CD 222 TIS

## Climie Fisher

Simon Climie, v (Großbritannien, * 7. 4. 1960 in Fulham/London); Rob Fisher, key/b/syn (Großbritannien, * 5. 11. 1959 in Cheltenham/Gloucestershire).

1981 entschloß sich Simon, Songschreiber zu werden, und unterschrieb einen Vertrag bei Chrysalis Music. Seine Lieder wurden durch Interpreten wie Pat Benatar, Smokey Robinson, Leo Sayer, Roger Daltrey oder Jeff Beck zu Hits. 1985 traf er während der Aufnahmen der Gruppe Scritti Politti auf Rob Fisher. Der hatte seinerseits 1982 nach einem Studium an der Universität in Bath zusammen mit Pete Byrne das Duo Naked Eyes gegründet. Im Dezember 1984 trennte sich dieses Duo. Rob traf auf Simon, und Mitte 1986 unterschrieben sie einen Plattenvertrag als Climie Fisher. Im August 1986 erschien ihre Debüt-Single »This Is Me«, und mit »Rise To The Occasion« hatten sie im Dezember 1987 ihren ersten, mit »Love Changes (Everything)« im März 1988 ihren größten Erfolg. Nachdem die beiden zusammen für das Duo Aretha Franklin/George Michael den Hit »I Knew You Were Waiting (For Me)« geschrieben hatten, waren sie als Songschreiber etabliert. Ende 1992 erschien mit »Soul Inspiration« eine Solo-LP von Simon Climie. Singleauskopplungen daraus konnten sich nicht unter den ersten 50 plazieren. 1997 kam Climie mit dem Projekt TDF heraus. Die Abkürzung steht für Totally Dysfunctional Family. Als Gitarrist spielte Eric Clapton ungenannt mit. Das Debütalbum hieß »Retail Therapy«.

*Love Changes (Everything) (11/87 D 7; 2/88 CH 8; 3/88 GB 2)*
*Rise To The Occasion (12/87 GB 10)*
***Elektro-Pop***

**CD-Tip:** *Twice As Much* EMI 7 99476 2

## Cline, Patsy

v (USA, * 8. 9. 1932 als Virginia Petterson Hensley in Gore/Virginia, † 5. 3. 1963).

Zunächst sang Patsy in ihrer Heimatstadt in verschiedenen Clubs, ab 1948 trat sie auch in Nashville auf. Bekannt wurde sie jedoch erst, nachdem sie im Januar 1957 in Arthur Godfreys Talent Scouts TV-Show aufgetreten war. Kurze Zeit später hatte die Countrysängerin ihre ersten Hits: »Walkin' After Midnight« und »I Fall To Pieces« wurden 1957 bzw. 1961 jeweils Platz 12, »Crazy« im Oktober 1961 ein Platz 9 in den US-Charts. Mitte 1992 veröffentlichte der ›Billboard‹ seine neueste Liste der Titel, die in den US-Musikboxen am häufigsten gedrückt wurden. Bis zu diesem Zeitpunkt war es Elvis gewesen, der mit »Hound Dog/Don't Be Cruel« diese ›Top 40 Juke Box Singles Of All Time‹

anführte. Er wurde jetzt auf Platz 3 gedrückt, und vor ihm standen auf Platz 2 Bob Seger mit »Old Time Rock 'n' Roll« und auf Platz 1 Patsy Cline mit »Crazy«. Patsy starb nach einem Flugzeugabsturz – mit in der Maschine saßen Cowboy Copas und Hawkshaw Hawkins, zwei weitere Country-Stars. 1985 wurde ein Film über ihr Leben gedreht: »Sweet Dreams«. Die Hauptrolle spielte Jessica Lange. 1990 wurde der Film im britischen Fernsehen gezeigt, und es erschien ein Soundtrack mit Patsys schönsten Songs. Daraus ausgekoppelt wurde als Single »Crazy«, die im Dezember 1990 in die GB-Charts kam und dort Patsys erster Top-20-Hit wurde. »Crazy« war übrigens der erste große Erfolg für Willie Nelson als Songschreiber. Patsy gilt als Vorreiterin eines poporientierten Nashville-Sounds und als Vorbild für Künstlerinnen wie Linda Ronstadt oder Emmylou Harris.

*Crazy (10/61 US 9)*
***Country***

**CD-Tip:** *Patsy Cline Collection* MCA D4–10421

## Clock

STUART ALLAN, key; LATANIA MITCHELL, v; ODM MC, v (als Marcus Thomas, geb. in Äthiopien); PETER PRITCHARD, mix; LORNA SAUNDERS, v (Großbritannien, geb. in Ipswich/Suffolk); ANN MARIE SMITH, v; TINKA, v.

Stuart Allan war DJ bei Piccadilly Radio in Manchester und galt als einer der 100 weltbesten seiner Zunft. Wie das festgestellt wurde, wird das kleine Geheimnis der Zeitschrift DJ bleiben, die eben jenes ermittelte. Der erste Charterfolg für Clock kam im Oktober 1993 mit »Holding On«. 1994 stand die Nummer »The Rhythm« unter den ersten 30. Harold Faltermeyers »Axel F.« aus dem Film »Beverley Hills Cop« brachte dem Trio schließlich den ersten Top-10-Hit. Wer neben Rapper ODC MC sang, schien auf den ersten Platten völlig egal zu sein. Jedenfalls wurde auf den jeweils neuen Platten immer auch eine neue Sängerin genannt. Auf dem ersten Hit »Axel F.« war Latania Mitchell mit dabei. Bei »Whoomph! (There It Is) sang Ann Marie Smith, bei »Everybody« Lorna Saunders alias Tinka. Lorna, inzwischen auch privat mit ODC MC verbandelt, konnte sich dann jedoch durchsetzen. Angeblich hat sie ihr Jura-Studium geschmissen, um bei Clock zu singen. Die wichtigen Köpfe sind auf jeden Fall Stuart Allan und Peter Pritchard – und die halten sich bei Auftritten dezent zurück. Im Herbst 1996 kam Clock mit einer Coverversion der Four-Seasons-Nummer »Oh What A Night« (9/96 GB 13) in die britische Hitparade. Damit deutete sich eine Änderung des Musikstils an: vom Euro-Dance zum Black-Dance. »It's Over«, ihr erster Top-10-Hit im Jahre 1997 in GB, bestätigte diesen Trend. Eine Cover-Version des Titels »U Sexy Thing« (10/97 GB 12) von Hot Chocolate und eine Cover-Version von »That's The Way (I Like IT)« (1/98 GB 11) von KC & The Sunshine Band brachten Clock weitere Hits in GB. Es folgte »Rock Your Body« (7/98 GB 30).

*Axel F./Keep Pushin' (3/95 GB 7)*
*Whoomph! (There It Is) (7/95 GB 4)*
*Everybody (8/95 GB 6)*
*It's Over (3/97 GB 10)*
***Rap, Techno***

**CD-Tip:** *It's Time . . .* ZYX 20371–2

## Clooney, Rosemary

v (USA, * 23. 5. 1928 in Maysville/Kentucky).

Clooney gehörte in den 50er Jahren zweifellos zu den populärsten Künstlern in den USA. Sie begann Ende der 40er Jahre in der Band von Tony Pastor. Ab Anfang der 50er arbeitete sie als Solistin, hatte ihren ersten Hit jedoch im Duett mit Guy Mitchell: »You're Just In Love«. Dann gelangen ihr auch Solo-Hits. Spitzenreiter in den USA hatte sie mit »Come On-A My House« im Juli 1951, »Half As Much« im Mai 1952, »Hey There« im Juli 1954 und »This Ole House« im August 1954. »This Ole House« war auch Nummer 1 in GB, ebenso »Mambo Italiano« zwei Monate später im Dezember 1954. Die Liste ihrer Erfolge reicht bis in das Jahr 1957. Da hatte sie mit »Mangos« ihren letzten Top-10-Erfolg in den USA. Rosemary war für einige Zeit mit dem Schauspieler José Ferrer verheiratet. Ihr gemeinsamer Sohn Gabriel wiederum heiratete Pat Boones Tochter Debby. Auch als Schauspielerin war Rosemary in mehr als fünfzig Filmen erfolgreich, darunter »White Christmas«. Nach ihrer Zeit als Popsängerin verlegte sie sich mehr auf den Jazzbereich.

*Come On-A My House (7/51 US 1)*
*Half As Much (5/52 US 1; 11/52 GB 3)*
*Botcha-A-Me (Ba-Ba-Baciame Piccina) (6/52 US 2)*
*The Night Before Christmas Song (12/52 US 9)*
*Man (2/54 GB 7)*
*Hey There (7/54 US 1; 9/55 GB 4)*
*This Ole House (8/54 US 1; 10/54 GB 1)*
*Mambo Italiano (11/54 GB 1, US 10)*
*Where Will The Baby's Dimple Be (5/55 GB 6)*
*Mangos (6/57 US 10)*
***Pop***

**CD-Tip:** *16 Most Requested Songs* Columbia CK 44403

## Clout

CINDI ALTER, v/g; BONES BRETTELL, v/key; JENNIE GARSON, v/g/p; INGI HERBST, v/d; SANDIE ROBBIE, v/g; LEE TOMLINSON, v/b/fl.

1978, während der jährlichen MIDEM in Cannes, einer Messe für Plattenrechte, wurde eine fünfköpfige Damengruppe aus Südafrika, die zu diesem Zeitpunkt auf Platz 1 der dortigen Hitparade stand, hart umkämpft. Das Rennen machte die französische Plattenfirma Carrère, die es schaffte, Clout mit dem Titel »Substitute« zu einem Top-10-Erfolg in den meisten europäischen Ländern zu führen. Im Juni 1978 erreichte die Nummer die britische Hitparade, zwei Monate später auch die deutsche. Der nächste Top-10-Erfolg, »Save Me« im April 1979, zeigte die Band in einer neuen Besetzung. Nun waren es vier Frauen und zwei Männer. 1981 löste sich die Formation dann auf.

*Substitute (6/78 GB 2; 8/78 D 1; 10/78 CH 2)*
*Save Me (4/79 D 4; 5/79 CH 4)*
*Under Fire (10/79 CH 7)*
***Pop, Schlager***

**CD-Tip:** *Save Me* Polydor 837 214–2

## Clowns & Helden

GERO, tr (Deutschland); WOLFGANG JENSEN, v (Deutschland); CARSTEN PAPE, v (Deutschland); ROBERT SCHÖN, pos (Deutschland); BERND WESTERMANN, key/d (Deutschland).

Die Titelzeile ihres einzigen Hits sangen Clowns & Helden so häufig, daß er einem förmlich aufgenötigt wurde. »Ich liebe dich« war im Januar 1987 erstmals in der deutschen Hitparade und brachte es bis auf Platz 4. Mehr Erfolge gelangen dieser Gruppe aus Hamburg nicht. Carsten Pape gründete 1993 zusammen mit Kristian Vogelsang das Duo Vopa, das mit der witzigen Nummer »Komm wir reden über Sex« auffiel.

*Ich liebe Dich (1/87 D 4)*
***Pop***

## Club Argentina/Honolulu/Indonesia/Italia/Manhattan

SILVIO FRANCESCO, v/Klarinette (Frankreich, * 13. 7. 1927 in Paris); CATERINA VALENTE, v (Frankreich, * 14. 1. 1931 in Paris).

Insgesamt sechs Clubs waren Tarngeschäfte, hinter denen sich die Geschwister Caterina Valente und Silvio Francesco verbargen. Zwischen 1956 und 1963 nahmen die beiden unter den Clubnamen und unter ihren richtigen Namen Platten auf, die dann wiederum mit den Soloplatten der beiden konkurrierten. Meist brachten diese Clubs lediglich ein paar Hits raus und verschwanden dann wieder in der Versenkung. Der Club Manhattan brachte es auf keinen Top-10-Erfolg. Catrins Madison Club finden Sie an der alphabetisch anderen Stelle.
Sinn und Zweck dieses »Namen-wechsel-dich-Spiels« kann nur gewesen sein, die Allmacht von Caterina in den deutschen Hitparaden zwischen 1955 und 1962 zumindest ein wenig zu vertuschen. So war es den Ansagern – DJs gab's ja noch nicht – möglich, erst einen Titel von Caterina, dann einen Club und schließlich die Geschwister anzukündigen – und nur der Kundige wußte gleich, daß es sich immer wieder um dieselben Personen handelte.

*Steig in das Traumboot der Liebe (Club Indonesia) (4/56 D 1)*
*Die goldenen Spangen (Club Indonesia) (8/56 D 9)*
*O Billy Boy (Club Argentina) (12/56 D 1)*
*Ich wär' so gern bei dir (Club Italia) (4/57 D 2)*
*Roter Wein (Club Italia) (9/58 D 9)*
*Itsy Bitsy Teenie Weenie Honululu-Strand-Bikini (8/60 D 1)*
***Deutscher Schlager***

## Club House featuring Carl

Club House ist das Ergebnis eines Studioprojektes der italienischen Plattenfirma Media Records. Im Laufe der Jahre waren unter dem Oberbegriff Club House viele verschiedene Discjockeys und Musiker bei Plattenproduktionen beteiligt. Erstmals erschien die Formation mit einem Medley aus »Do It Again« von Steely Dan und »Billie Jean« von Michael Jackson als »Do It Again Meets Billie Jean« Mitte 1983 auf Platz 11 der britischen Charts. Ein halbes Jahr später wurden nach demselben Muster »Superstition« von Stevie Wonder und »Good Times« von Chic zu »SUPERstition/GOOD times« verarbeitet. Diese Nummer erreichte nur noch Platz 59 in GB und wurde u. a. von La Bionda produziert. »I'm A Man – Ye Ke Ye Ke (Medley)« 1989 und »Deep In My Heart« 1991 waren weitere Hitnotierungen im unteren Bereich der britischen Charts. Nach einer langen Pause kümmerte sich der mit dem Cappella-Projekt beschäftigte Gianfranco Bortolotti um diesen eingeführten Gruppennamen und produzierte mit dem Sänger Carl Fanini, der vorher mit East Side Beat gesungen hatte, den Titel »Light My Fire«, der im übrigen nichts mit der gleichnamigen Doors-Nummer zu tun hat. Carl Fanini ist ein Italo-Amerikaner, der in New York geboren wurde.

*Light My Fire (4/94 GB 7)*
***Dance, House***

## Club Nouveau

DAVID AGENT, v (USA); DENZIL FOSTER, v/key (USA); KEVIN IRVING, v (USA); JAY KING, v/key (USA); THOMAS MCELROY, v/key (USA); SAMUELLE PRATER, v (USA); VALERIE WATSON, v (USA).
Diese Formation aus Sacramento leitete der Sänger, Produzent und Plattenfirmeneigner Jay King, der mit einem Nachzieher des Bill-Withers-Stückes »Lean On Me« im Februar 1987 einen Top-10-Hit in den USA, in GB und in Deutschland hatte. In den USA war die Nummer außerdem ein Millionseller. Vorher war er für die Produktionen des Timex Social Club zuständig. 1988 kam es zu Umbesetzungen in der Band. Prater, Foster und McElroy verließen die Gruppe und wurden durch Agent und Irving ersetzt. Agent verließ 1989 den Club wieder. Weitere Versuche,

Hits zu landen, schlugen fehl. Aus Foster und McElroy wurde ein erfolgreiches Produzententeam – zu ihren Klienten gehörten Tony! Toni! Tone!, Alexander O'Neal oder der Timex Social Club. Außerdem machten sie Platten als Fmob. Ihr erfolgreichster Titel hieß »Dr. Soul«, auf der außerdem noch der Rapper MC Lyte zu hören war und der es in den US-R&B-Charts bis auf Platz 10 brachte.

*Lean On Me (2/87 US 1; 3/87 GB 3; 4/87 D 9; 5/87 CH 7)*
***Disco***

**CD-Tip:** *Life, Love & Pain* WB 925 531–2

## Clüver, Bernd

v (Deutschland, * 10. 4. 1948 in Hildesheim).

Die TV-Sendung ›Talentschuppen‹ kam 1971 von der Funkausstellung in Berlin. Zu den Juroren, die die Leistung der Newcomer zu bewerten hatten, gehörten Peter Orloff und Peter Meisel – sie wählten als ihren Favoriten Bernd Clüver aus, und Orloff kümmerte sich anschließend um die Produktion. Seine Debüt-Single »Sie kommt wieder« wurde ein Flop. Ab Februar 1973 kam dann die große Zeit für Bernd Clüver. Er erreichte mit »Der Junge mit der Mundharmonika« Platz 1 in Deutschland und einen Millionseller. Gleiches gelang ihm mit der Peter-Orloff-Komposition »Der kleine Prinz« im August 1973. Auf seiner ersten LP war zu lesen: ›Millionen Musikfreunde fühlen, daß hier ein neuer Star ohne Allüren entdeckt wurde. Die Beliebtheit des modernen Romantikers Bernd Clüver wächst mit jedem Tag.‹ Mit »Das Tor zum Garten der Träume« und »Bevor du einschläfst« gelangen dem modernen Romantiker noch zwei weitere Top-10-Erfolge, danach hielt sich sein Wachstum an Beliebtheit in Grenzen. Nachdem er einige Zeit als Rundfunkmoderator gearbeitet hatte, startete er Anfang der 90er Jahre ein Comeback.

*Der Junge mit der Mundharmonika (2/73 D 1; 4/73 CH 1)*
*Der kleine Prinz (Ein Engel, der Sehnsucht heißt) (8/73 D 1; 9/73 CH 4)*
*Das Tor zum Garten der Träume (3/74 D 7)*
*Bevor du einschläfst (10/74 D 6)*
***Deutscher Schlager***

## Coast To Coast

Diese Studioband, bestehend aus fünf Männern und zwei Frauen, war Anfang der 80er Jahre mal wieder ein Versuch, Rockabilly-Feeling unter die Leute zu bringen. Mit der Nummer »(Do) The Hucklebuck«, die im Jahre 1948 geschrieben und mit Tommy Dorsey und seinem Orchester, Frank Sinatra und Paul Williams 1949 erfolgreich war, versuchte Coast To Coast Stimmung in die Bude zu zaubern. Im Januar 1981 erreichten sie damit immerhin Platz 5 in GB. »Let's Jump The Broomstick«, ihr zweiter Versuch, war schon weniger erfolgreich, und danach hörte man nichts mehr von ihnen.

*(Do) The Hucklebuck (1/81 GB 5)*
***Pop, Rockabilly***

## Coasters

EARL CARROLL, v (USA, * 2. 11. 1937 in New York City); CARL GARDNER, v (USA, * 29. 4. 1928 in Tyler/Texas); CORNELL GUNTHER, v (USA, * 14. 11. 1936 in Los Angeles/Kalifornien, † 26. 2. 1990); BILLY GUY, v (USA, * 20. 6. 1936 in Itasca/Texas); LEON HUGHES, v; ADOLPH JACOBS, v; WILL JONES, v (USA, geb. in Los Angeles/Kalifornien); BOBBY NUNN, v (USA, geb. in Birmingham/Alabama, † 5. 11. 1986).

Die Ursprünge der Coasters gehen zurück in das Jahr 1947: Damals wurde in Los Angeles die Rhythm-&-Blues-Gruppe Robins gegründet, die ihre ersten Platten zusammen mit Johnny Otis auf dem Savoy Label machte. 1954 kam Carl Gardner zu den Robins, und 1955 gründeten Gardner und Nunn die Coasters. Die Erfolgsserie der durch Jerry Leiber und Mike Stoller produzierten Coasters begann im Mai 1957 mit den Top-10-Hits »Searchin'« und »Youngblood«. Mitte 1958 war »Yakety Yak« Spitzenreiter in der amerikanischen Hitparade. 1959 hießen die Top-10-Erfolge »Charlie Brown«, »Along Came Jones« und »Poison Ivy«. Inzwischen war es schon zu den ersten Umbesetzungen in der Band gekommen. 1957 war von den Flairs Cornell Gunther gekommen, der 1961 die Band wieder verließ und im Frühjahr 1990 erschossen wurde. Will Jones war vorher Mitglied bei den Cadets, Earl Carroll, vorher erfolgreich bei den Cadillacs, kam 1961 zur Band. Nach 1960 ließ der Erfolg der Gruppe nach, und heute ziehen durch die USA manchmal zwei, manchmal drei verschiedene Coasters, in denen dann jeweils ein oder zwei Originalmitglieder anzutreffen sind. 1987 wurden sie in die Rock 'n' Roll Hall of Fame aufgenommen. Alle ihre großen Songs wurden durch Jerry Leiber und Mike Stoller nicht nur produziert, sondern auch geschrieben. Im Frühjahr 1994 tauchten die Coasters mit dem Stück »Sorry But I'm Gonna Have To Pass« aus dem Jahr 1958 auf Platz 41 in den britischen Charts auf.

*Searchin' (5/57 US 3)*
*Young Blood (5/57 US 8)*
*Yakety Yak (6/58 US 1)*
*Charlie Brown (2/59 US 2, GB 6)*
*Along Came Jones (5/59 US 9)*
*Poison Ivy (8/59 US 7)*
***Pop, Rhythm & Blues, Rock 'n' Roll***

**CD-Tip:** *50 Coastin' Classics* Rhino R2 71090 TIS

## Cochran, Eddie

v/g (USA, * 3. 10. 1938 als Edward Ray Cochrane in Oklahoma City, † 17. 4. 1960).

1987 nahmen ihn die Amerikaner in die Rock 'n' Roll Hall of Fame auf – 27 Jahre nach seinem Tode und möglicherweise halbherzig, denn in den USA war er nie einer der großen Rocker. Die Briten mochten ihn länger und lieber. Zusammen mit Hank Cochran, der nicht mit ihm verwandt war (schon weil der mit richtigem Namen Garland Perry heißt), bildete er 1954 das Duo Cochran Brothers, das Country- bzw. Rockabilly-Aufnahmen machte. 1956 erschien mit »Skinny Jim/ Half Love« die erste Soloplatte von Eddie, die jedoch keine Hitparadenspuren hinterließ. Sein erster Hit war die John-D.-Loudermilk-Nummer »Sittin' In The Balcony«, Platz 18 im März 1957 in den USA. Der größte Erfolg in den Staaten war der »Summertime Blues«, im August 1958 gerade mal ein Platz 8. Alle anderen Platten erreichten nicht einmal die Top 30. »C'mon Everybody« war im Mai 1959 mit einem Platz 6 der größte Hit zu seinen Lebzeiten in GB. Dort wurde sein größter Erfolg – makaber genug – kurz nach seinem Tode »Three Steps To Heaven«, Spitzenreiter im Mai 1960. Bei den Filmaufnahmen zu »The Girl Can't Help It« lernte er Gene Vincent kennen, mit dem ihn dann später eine echte Freundschaft verband. 1960 gingen beide auf Tour durch GB. Nach dem letzten Konzert der beiden in Bristol waren sie auf dem Weg zum Londoner Flugplatz, weil Eddie in die USA fliegen wollte. Das Auto verunglückte. Gene Vincent wurde schwer verletzt, Eddie Cochran starb. Als in den 80er Jahren die Hosenmätze von Levi's nach Musik für ihre Werbespots suchten, mußte »C'mon Everybody« auch herhalten. Es wurde im Frühjahr immerhin noch einmal Platz 14 in GB.

*Summertime Blues (8/58 US 8)*

*C'mon Everybody (3/59 GB 6)*
*Three Steps To Heaven (5/60 GB 1)*
***Rock 'n' Roll***

**CD-Tip:** *The Eddie Cochran Box Set* Liberty CDP 911912

## Cochrane, Tom

v/g (Kanada, * 14. 5. 1953 in Lynn Lake/ Manitoba).

Im November 1977 stieß Tom, ein Cousin des Rockers Eddie Cochran, in Toronto auf das Trio Red Rider, das sich danach schnell zu einer der erfolgreichsten Bands in Kanada entwickelte. Tom hatte vorher schon unter seinem Namen einige Singles und eine LP aufgenommen, die jedoch floppten. Ab Ende der 80er Jahre erschienen die LPs der Formation als Tom Cochrane & Red Rider, und »Mad Mad World« hieß 1991 dann eine Langspielplatte, auf der nur noch von Tom Cochrane die Rede war. Anscheinend griff er jetzt mehr auf Elemente des Rhythm & Blues zurück. Cochrane hatte seit Jahren erzählt, daß er ein Fan von Otis Redding und Ben E. King sei. Die LP wurde Platte des Jahres in Kanada, erhielt mehrfach Platin und beinhaltete den Song »Life Is A Highway«, der im Mai 1992 in die amerikanische Hitparade kam und sich bis auf Platz 6 hocharbeitete.

*Life Is A Highway (5/92 US 6)*
***AOR (Adult Orientated Rock), Rock***

**CD-Tip:** *Mad Mad World* Capitol CDP 7 97723 2

## Cock Robin

PETER KINGSBERY, v/key (USA, * 2. 12. 1952); ANNA LACAZIO, v/key (USA, * 26. 1. 1962); LOUIS MOLINO, d (USA, * 6. 9. 1954); CLIVE WRIGHT, g (USA, * 2. 8. 1953).

Für eine der angenehmsten Überraschungen des Jahres 1984 sorgte das 1982 in Los Angeles gegründete amerikanische Rockquartett Cock Robin. Mit dem Titel »When Your Heart Is Weak« kamen sie 1985 in den USA nur unter die ersten 40, in Deutschland jedoch bis auf Platz 8. Auch der Nachfolger »The Promise You Made« erreichte lediglich in Deutschland Top-10-Status. 1987 blieben in der Band nur noch Peter und Anna übrig. 1989 erschien mit »First Love/Last Rites« schon der Schwanengesang der Formation. Möglich, daß der dominierende Kingsbery – er hat fast alle Songs im Alleingang geschrieben – der Meinung war, er könne auf feste Mitspieler verzichten. 1991 erschien mit »A Different Man« die erste Solo-LP von ihm.

*When Your Heart Is Weak (11/85 D 8)*
*The Promise You Made (2/86 D 6; 5/86 CH 7)*
*Just Around The Corner (7/87 CH 6)*
***AOR (Adult Orientated Rock), Pop***

**CD-Tip:** *The Best Of* Columbia 469 206 2

## Cocker, Joe

v (Großbritannien, * 20. 5. 1944 in Sheffield).

Mag Joe auf der Bühne aussehen, als würde er im nächsten Moment einen epileptischen Anfall haben, mag er Anlaß zu der Hoffnung geben, daß er mal so alt wird, wie er heute schon aussieht, mag er volltrunken auf der Bühne stehen – seine Freunde haben ihm noch immer geholfen. Und gerade unter den Musikern hat Joe Cocker einen Stellenwert, den man nicht hoch genug einschätzen kann. Außerdem ist er ein wahres Stehaufmännchen – jedesmal, wenn er nach einer ausgedehnten Tournee von der Presse, von Funk und Fernsehen als absolut fertig beschrieben wurde, stand er wieder auf und machte eine neue LP, die ihn – zumindest was seine Stimme angeht – wieder in Hochform zeigte. Außer Freunden in der Musikbranche gab es allerdings auch ein paar Haie, die ihm im wahrsten Sinne des Wortes das Fell über die Ohren gezogen haben. Cocker müßte mit den Platten, die er in seiner nunmehr dreißig Jahre andauernden Karriere verkauft hat, zu den Millionären zählen – wird es aber wohl nicht sein. So machte er z. B. im Frühjahr 1970 eine ausgedehnte Tournee durch die USA – sie dauerte über drei Monate. Danach, so erzählte Joe Cocker über »Mad Dogs & Englishmen«, wie die Tour hieß: ›Die Sache war keinesfalls so groß, wie die Leute damals sagten. Aus dem Filmendprodukt war z. B. nicht ersichtlich, wie viele Belastungsmomente es hinter der Bühne gegeben hatte. Am Ende der Tour drehte ich fast durch. Ich sah absolut keinen Sinn mehr weiterzumachen. Ich wollte nur noch eins – in Ruhe darüber nachdenken, was ich eigentlich tun wollte. Von der ganzen Tour blieben für mich ganze 872 Dollar übrig.‹

Management und Plattenfirmen gingen nie zimperlich mit Cocker um – sie holten ihn auf die Bühne, obwohl er körperlich fertig war, sie schrieben über ihn in den Plattenbeilagen, was sie für richtig hielten. Zur Platte »With A Little Help From My Friends« schrieb die Plattenfirma über den gelernten Handwerker und Klempner aus Sheffield: ›Joe raffte sich erneut auf, um den Rohrleitungen und Bierfässern zu entkommen.‹ Dazu Joe Cocker selbst: ›Früher habe ich 100,– DM pro Woche in den Kneipen von Sheffield für mein Gekreische bekommen und jeden Abend mehr als 5 Liter Bier getrunken. Da fühlte ich mich wohl.‹ Von Aufraffen ist bei Joe Cocker keine Rede. »With A Little Help From My Friends« war ein Titel, der im Original auf der Beatles-LP »Sgt. Pepper« zu finden war. Die Beatles brachten die Platte damals nicht als Single auf den Markt – Joe Cocker machte einen Nachzieher und hatte im Oktober 1968 damit eine Nummer 1 in der britischen Hitparade. Mit ihm zusammen spielten einige der besten britischen Studiomusiker auf der Platte – z. B. Jimmy Page, der zu Led Zeppelin gehörte. Im Hintergrund sangen Madeline Bell und Rosetta Hightower, die auch als Solistinnen erfolgreich waren.

»With A Little Help From My Friends« war diesseits des Atlantiks ein großer Hit. In den USA war er in den Top 10 mit »The Letter« 1970, »You Are So Beautiful« 1975 und auf Platz 1 – dahin, wohin er auch gehört – mit »Up Where We Belong« zusammen mit Jennifer Warnes im August 1982. Inzwischen wirkt er wie ein geläuterter Alkoholiker. Er macht nicht mehr durch Spektakel oder Skandale von sich reden, sondern durch ehrliche Arbeit, gut gemachte Platten und ausverkaufte Konzerte. 1994 erschien mit »Have A Little Faith« eine weitere sehr schöne CD von Joe. Auskopplungen daraus wie »Summer In The City«, »The Simple Things« oder »Let The Healing Begin« konnten sich zwar in den Charts, aber nicht in den Top 10 plazieren. 1996 erschien das ausgezeichnete Album »Organic«. Zu der Vielzahl der Gastmusiker gehörten Randy Newman, Tony Joe White, Billy Preston, Dean Parks und Don Was. Eine weitere Bestätigung dafür, daß der Haupt-Fanclub von Joe Cocker in Deutschland sitzen muß: Im Februar 1997 verlieh ihm die Zeitschrift ›Hör Zu‹ die Goldene Kamera. Am 27. 8. 1997 startete er in Gent eine Europatournee, die bis zum 21. 12. 1997 andauerte. Anfang September 1997 erschien mit »Across From Midnight« ein neues Album von Joe. Gleichzeitig waren in Deutschland auch die ersten Kritiken zur laufenden Tournee zu lesen: ›Drei Generationen feierten den Megastar‹ schrieb ›Die Welt‹, ›Joe Cocker war wieder für zwei pure, unparfümierte Soul-Stunden gut‹ die ›Berliner Morgenpost‹.

*With A Little Help From My Friends (10/68 GB 1; 11/68 CH 1; 12/68 D 3)*
*Delta Lady (9/69 GB 10)*
*The Letter (4/70 US 7)*
*You Are So Beautiful (1/75 US 5)*

*Up Where We Belong (8/82 US 1; 12/82 D 6, GB 7; 1/83 CH 7)*
*When The Night Comes (6/89 CH 7)*
*Summer In The City (8/94 CH 5)*
***Pop, Rhythm & Blues***

**CD-Tip:** *The Best Of* Capitol 7 80512 2

## Cockney Rebel

STEVE HARLEY, v (Großbritannien, * 27.2. 1951 als Steven Nice in London).
siehe Harley, Steve

## Code 5

*Love Is Your Game (5/97 CH 9)*

## Coffey, Dennis

g (USA, geb. in Detroit/Michigan).
Bereits als 15jähriger spielte Dennis Coffey Gitarre bei einer Schallplattensession. Ab 1968 – seine erste erfolgreiche Arbeit ist auf dem Temptations-Hit »Cloud 9« zu hören – machte er sich als Studiomusiker fast unersetzlich für den sogenannten Tamla-Motown-Sound. Er spielte mit auf Veröffentlichungen der Temptations, der Supremes, der Jackson 5, der Four Tops, von Diana Ross und Stevie Wonder, aber auch mit Wilson Pickett, Gladys Knight oder Paul Anka, um nur einige zu nennen. 1970 veröffentlichte er seine erste Solo-LP, daraus ausgekoppelt die Instrumentalaufnahme »Scorpio«, die im Oktober 1971 in die US-Singlecharts kam, ein Platz 6 und ein Millionseller wurde. Die Nachfolgesingle »Taurus« wurde im Februar 1972 ein Top-20-Erfolg. Dennis arbeitete weiter als Studiomusiker und gründete später die Formation C.J. & Co., die es 1977 mit »Devil's Gun« zu einem Top-40-Hit brachte.

*Scorpio (10/71 US 6)*
***Instrumental, Rock***

## Cogan, Alma

v (Großbritannien, * 18. 5. 1932 in London, † 26. 10. 1966).
Die Briten nannten sie ›the girl with the laugh in her voice‹ – das Mädchen mit dem Lachen in der Stimme –, das stimmt. Irgendwie klangen ihre Lieder immer freundlich, positiv. Genau das wollten die Briten nach den langen Kriegsjahren auch hören. Also ist es kein Wunder, daß die kleine Alma Cogan schon 1948, im Alter von 16 Jahren, ihren stimmlichen Charme versprühte. Aber – so die Eltern – das Kind sollte erst mal was lernen und erwachsen werden, bevor sie im harten Showgeschäft ihre Fish and Chips verdienen konnte. Dann im Londoner West End die Show »High Button Shoes« – neun Pfund die Woche und das acht Monate lang. Im selben Ensemble eine junge Dame, die wie Alma ihre Karriere noch vor sich hatte: Audrey Hepburn. Mit zwanzig – also 1952 – durfte Alma dann mit Erlaubnis der Eltern die erste Plattenaufnahme machen. Die DJs bei den Sendern fanden sie nicht schlecht, kaufen wollte sie kaum einer. Anfang 1954 dann der erste große Hit mit

»Bell Bottom Blues«, also einem Lied über die Hosen, wie sie von den Matrosen getragen wurden. Und da die Briten schon immer ein Seefahrervolk waren, viele Mädchen demzufolge auch Seemänner zum Freund oder Mann hatten, wurde dieser Song ein Hit – zumindest wird es heute im nachhinein so erklärt. In GB gab es eine große und wichtige Hitparade zu dieser Zeit: ›Nations Top Twelve‹ – Alma erreichte Platz 4. Nach dem »Bell Bottom Blues« ging es Schlag auf Schlag: »Little Things Mean A Lot« kam im Jahre 1954 gleich dreimal in die britische Hitparade – immer wieder kurz rein und dann wieder raus. Mitte 1955 schließlich ihre erste Nummer 1: »Dreamboat«. Alma Cogan war der Gesangsstar Nummer 1 in GB. Bis zum Ende der 50er Jahre nahm sie etliche Platten auf – fast alle kamen in die Verkaufshitparaden. Die 60er Jahre brachten ihr zumindest in ihrer Heimat nicht viel Glück. Dafür interessierten sich plötzlich die Deutschen für Alma. Von dem Song »Tennessee Waltz« gibt es viele Versionen, aber die von Alma wurde hierzulande der größte Hit. Im November 1964 erreichte sie bei uns die Top 10. Knapp zwei Jahre später, am 26. 10. 1966, starb Alma Cogan.

*Bell Bottom Blues (3/54 GB 4)*
*I Can't Tell A Waltz From A Tango (12/54 GB 6)*
*Dreamboat (5/55 GB 1)*
*Never Do A Tango With An Eskimo (12/55 GB 6)*
*Tennessee Waltz (11/64 D 10)*
***Pop***

## Cohen, Izhar & Alphabeta

1978 fand der Grand Prix am 22. April in Paris statt. London, Den Haag, Stockholm, Brighton, Luxemburg, Edinburgh, Dublin, Amsterdam, Madrid, Wien, Neapel, Kopenhagen, Cannes, Hilversum, Frankfurt/Main und Lugano waren bereits Austragungsorte für den Grand Prix gewesen. Wenn man sich jetzt nun mal was richtig schönes Neues gönnen und neue Landschaften kennenlernen wollte, mußte der Gewinner aus einem Land kommen, das ein wenig abseits liegt. Also gewann Izhar Cohen, und am 31. 3. 1979 war der ganze Troß in Jerusalem. In Deutschland erreichte der Siegertitel Platz 22, in GB 20, in der Schweiz die Top 10. Der Song war so, wie man sich einen typischen Grand-Prix-Gewinnertitel vorstellt.

*A-Ba-Ni-Bi (5/78 CH 4)*
***Grand Prix, Pop***

## Cohen, Leonard

v (Kanada, * 21. 9. 1934 in Montreal). Sein Auftritt beim Big Sur Festival 1967 brachte Cohen seinen ersten Erfolg. Für die einen brachte er mit seinen düsteren Songs die Bestätigung, daß das Leben schwierig und finster ist, für die anderen wirkte er wie singendes Valium. Bereits 1954 hatte er in einer Country-Gruppe namens Buckskin Boys gespielt. Danach machte er sich in seiner Heimat Kanada einen Namen als Dichter und Romanautor. 1956 erschien mit »Let Us Compare Mythologies« sein erster Gedichtband, zu seinen bekanntesten Werken gehören ›The Favourite Game‹ (1963), ›Flowers For Hitler‹ (1964) und ›Beautiful Losers‹ (1966). Sein Titel »Suzanne« war auf seiner ersten LP »Songs of Leonard Cohen« aus dem Jahr 1968 zu finden. Diese LP war die beste, die er je veröffentlicht hat. Weder in England noch in den USA brachte er es auf einen Top-10-Hit. Nur in Deutschland stand er mit der Nummer »Lover Lover Lover« im Dezember 1974 auf Platz 9 in den Charts. Jennifer Warnes brachte 1987 auf ihrer LP »Famous Blue Raincoat« eine Kollektion von Leonard-Cohen-Songs, die wieder einmal zeigte, daß die Autoren eines Titels nicht unbedingt auch dessen beste Interpreten sein müssen. Jennifers Version von »First We Take Manhattan« war sehr ansprechend.

1992 erschien Cohens Album »The Future«, auf dem er sich kritisch mit dem Extremismus auseinandersetzt.

*Lover Lover Lover (12/74 D 9)*
***Folk, Rock***

**CD-Tip:** *So Long, Marianne* CBS 460 500 2

## Cola Boy

JANEY LEE GRACE (Großbritannien); ANDREW MIDGELEY (Großbritannien).
Typisches One-Hit-Wonder, das es mit einem leichten, flockigen Discosound auf einen Top-10-Hit in GB brachte: »7 Ways To Love« erreichte im Juli 1991 einen Platz 8 in GB, und damit war Cola Boy wieder vergessen. Die Nummer war ebenso unbedeutend wie überflüssig. Außer der von Janey Lee gesungenen Titelzeile handelte es sich mehr um eine Instrumentalaufnahme. Als Produzent und Mixer wurde Saint Etienne genannt, als Cheftechniker Ian Catt. Ian ist Keyboarder, Gitarrist und Bassist in der Gruppe Saint Etienne, die ihre ersten Hits ab Mai 1991 in GB verbuchte. Andrew war angeblich ein Finanzbeamter, der nebenher als Hobby Musik machte. Nicht mal seine Eltern sollen gewußt haben, daß er eine Platte aufgenommen hatte. Erst als sie in den Läden stand, gestand er ihnen seine Untat.

*7 Ways To Love (7/91 GB 8)*
***Disco***

## Coldcut

MATT BLACK, dj (Großbritannien); JONATHAN MOORE, dj (Großbritannien).
Das aus Matt Black, einem Exbiochemiker und Computerprogrammierer, und Jonathan Moore, einst Kunstlehrer und Silberschmied, bestehende Duo kam 1986 zusammen. Kennengelernt hatten sich die beiden in einem Londoner Schallplattengeschäft, und beide arbeiteten als DJs in der Clubszene. Das, was sie am besten konnten, war Sampeln, Soundtüfteln und Klänge zu Collagen zu verarbeiten. Auf ihren Plattenhüllen kann man manchmal die selbstironische Feststellung lesen: ›Sorry, but this just isn't music.‹ Sie machten das so gekonnt, daß es sogar bei engagierten Samplinggegnern Respekt und Anerkennung hervorrief. Bestes Beispiel ist da James Brown. Zuerst hatte er Coldcut verklagt, weil sie auch ein Stück von ihm gesampelt hatten, dann ließ er einen Titel von dem Team produzieren. Für etliche britische Interpreten waren Coldcut ein Karrieresprungbrett. Der größte Charterfolg der beiden, im Februar 1988 »Doctorin' The House«, ein Platz 6 in GB, featurete die Sängerin Yazz. Junior Reed, Lisa Stansfield oder Queen Latifah wurden ebenfalls nach ihren Produktionen mit Coldcut auch als Solisten erfolgreich, aber auch Titel von The Fall, Wee Papa Girl Rappers, Blondie, INXS, Eurythmics, Lindy Layton, The Orb oder They Might Be Giants profitierten vom Können der beiden Mixer. Im Herbst 1993 veröffentlichten sie die Single »Dreamer«. Dieses Mal featureten sie die Sängerin Janis Alexander.

*Doctorin' The House (2/88 GB 6; 5/88 CH 4)*
***Disco, House***

## Cole, Cozy

d (USA, * 17. 10. 1909 in East Orange/New Jersey, † 29. 1. 1981).
Bereits 1928 wurde der amerikanische Schlagzeuger Profi und gründete eine eigene Band. Zwei Jahre später nahm er seine ersten Platten mit Jelly Roll Morton auf. In den 30er Jahren spielte er dann mit Benny Carter, Cab Calloway und Benny Goodman, von 1949 bis 1953 mit Louis Armstrong. 1954 gründete Cozy Cole zusammen mit Gene Krupa eine Schlagzeugschule. Seinen größten Hit hatte er im August 1958 mit »Topsy Part II«: Platz 3 in

den USA. In den Filmen »Make Mine Music« 1944 und der »Glenn Miller Story« 1954 war Cozy als Musiker zu sehen.

*Topsy Part II (8/58 US 3)*
***Instrumental, Jazz***

## Cole, Nat King

v/p (USA, * 17. 3. 1917 als Nathaniel Adams Coles in Montgomery/Alabama, † 15. 2. 1965).

Aufgewachsen in Chicago, hatte Nat bereits 1943 seine eigene Band, die Royal Dukes. Seine ersten Plattenaufnahmen machte er 1936 in der Gruppe seines Bruders Eddie. 1939 gründete er das Nat King Cole Trio, in dem Oscar Moore elektrische Gitarre spielte, was zum damaligen Zeitpunkt sehr außergewöhnlich war. Bassist war zunächst Wesley Prince, später Johnny Miller. Nat selbst spielte Piano – bereits seit seinem vierten Lebensjahr hatte er Unterricht gehabt. Schnell wurde das Trio als Instrumentalcombo in den gesamten USA populär. Als Nat dann auch noch zu singen begann, war seine künftige Karriere klar. Sein erster Hit hieß »Straighten Up And Fly Right«, im April 1944 ein Top-10-Hit in den USA. Beim ersten Hinhören ein nettes Lied über Tiere, setzt sich Cole tatsächlich mit den Rassenproblemen in den USA auseinander. »(I Love You) For Sentimental Reasons« hieß seine erste Nummer 1 in den USA im November 1946. »Nature Boy« 1948, »Mona Lisa« 1950 und »Too Young« 1951 waren Spitzenreiter in den USA. Die Liste seiner Hits reicht bis in das Jahr 1964. Wenig später starb er an Lungenkrebs. Für seine Verdienste wurde er 1990 mit einem Lifetime Achievement Grammy ausgezeichnet. Zu seinen Verdiensten gehört, daß er Wegbereiter für viele schwarze Sänger gewesen ist, die im Stile von Frank Sinatra und anderen weißen Interpreten auftraten. Daß er als Schwarzer die Ablehnung der weißen Amerikaner zu spüren bekam, dafür sorgten z. B. Mitglieder des White Citizens Council in Birmingham, die ihn 1956 dort während eines Auftritts verprügelten. Oder die Bewohner von Beverly Hills, die verhindern wollten, daß er sich dort ein Haus kaufte. Nat King Cole gilt als der erste schwarze Fernsehmoderator in den USA, obwohl am Anfang rassistische Sponsoren ihr Geld aus einer Serie rausziehen wollten, die er betreute. Als Filmschauspieler konnte man ihn 1958 in »St. Louis Blues« – er spielte W. C. Handy – oder noch kurz vor seinem Tode in »Cat Ballou« sehen. Ähnlich wie Louis Armstrong hat Nat King Cole es geschafft, mit seiner Musik über die Grenzen aller Genres hinaus das Publikum zu begeistern. 1987 tauchte er plötzlich wieder in der britischen Hitparade auf: »When I Fall In Love« kam im Dezember bis auf Platz 4. Im Frühjahr 1994 erreichte sein Titel »Let's Face The Music And Dance« Platz 30 in GB.

*Straighten Up And Fly Right (4/44 US 9)*
*You Call It Madness (9/46 US 10)*
*The Christmas Song (11/46 US 3)*
*(I Love You) For Sentimental Reasons (11/46 US 1)*
*Nature Boy (4/48 US 1)*
*Mona Lisa (6/50 US 1)*
*Orange Colored Sky (9/50 US 5)*
*Frosty The Snowman (1/51 US 9)*
*Too Young (4/51 US 1)*
*Somewhere Along The Way (5/52 US 8; 11/52 GB 3)*
*Walkin' My Baby Back Home (7/52 US 8)*
*Because You're Mine (12/52 GB 6; 1/53 GB 10)*
*Faith Can Move Mountains (2/53 GB 10)*
*Pretend (2/53 US 2; 4/53 GB 2)*
*Can't I? (8/53 GB 9; 9/53 GB 6; 10/53 GB 7)*
*Mother Nature And Father Time (9/53 GB 7)*
*Answer Me, My Love (2/54 US 6)*
*Tenderly (4/54 GB 10)*
*Smile (9/54 GB 2, US 10)*
*A Blossom Fell (2/55 GB 3; 5/55 US 2)*
*Darling, Je Vous Aime Beaucoup (3/55 US 7)*
*If I May (5/55 US 8)*
*Dreams Can Tell A Lie (1/56 GB 10)*
*Too Young To Go Steady (5/56 GB 8)*
*When I Fall In Love (4/57 GB 2; 12/87 GB 4)*

*Send For Me (6/57 US 6)*
*Looking Back (4/58 US 5)*
*That's You (5/60 GB 10)*
*Ramblin' Rose (8/62 US 2, GB 5)*
*Those Lazy-Hazy-Crazy Days Of Summer (5/63 US 6)*
***Jazz, Rhythm & Blues, Soft Pop, Soft Soul***

**CD-Tip:** *Capitol Masters Box Set* Capitol C2 7 99777 2

## Cole, Natalie

v (USA, * 6. 2. 1950 in Los Angeles/Kalifornien).
1975 war das große Jahr für Natalie Cole. Sie gewann einen Grammy als Best New Artist. »This Will Be« war noch im selben Jahr ihr erster Top-10-Erfolg in den USA. Die Tochter des großen Nat King Cole hatte bereits mit ihrem Vater zusammen auf der Bühne gestanden. Ihr Debüt als Profi gab sie im Jahr 1961. »I've Got Love On My Mind« 1977 und »Our Love« 1978 waren zwei weitere Top-10-Erfolge für sie in den USA und jeweils Millionseller. Zwischen 1980 und 1985 verschwand sie ganz aus den Hitparaden. In Fachkreisen war davon die Rede, daß sie drogenabhängig war und eine Entziehungskur machen wollte. Ab 1987 war sie wieder erfolgreich und erreichte mit »Pink Cadillac«, einer Bruce-Springsteen-Nummer, im Frühjahr 1988 sowohl in den USA als auch in GB und Deutschland einen Platz 5 in den Charts. »Miss You Like Crazy« brachte ihr 1989 einen weiteren großen Hit ein. 1992 war sie dann wieder ganz oben. Ihr Album »Unforgettable« – es brachte Evergreens aus dem Repertoire ihres Vaters – kassierte vier Grammys. Höhepunkt bei der Grammy-Verleihung: Die Tochter sang im Duett mit ihrem toten Vater den Titelsong der LP. Die Technik macht inzwischen so etwas sowohl auf Platte als auch im Video möglich. Dieses Album wurde zum größten Erfolg für Natalie. Innerhalb der nächsten fünf Jahre verkaufte sie davon 5 Millionen Exemplare. 1993 spielte Natalie in der TV-Serie 'I'll Fly Away', 1995 trat sie in dem Film »Lily In Winter« auf.

*This Will Be (8/75 US 6)*
*I've Got Love On My Mind (1/77 US 5)*
*Our Love (1/78 US 10)*
*Pink Cadillac (3/88 GB 5, US 5; 5/88 CH 2, D 5)*
*Miss You Like Crazy (4/89 GB 2, US 7)*
***Pop, Rhythm & Blues, Soul***

**CD-Tip:** *Unforgettable* Elektra 755 961 049–2

## Cole, Paula

v/g (USA, * 5. 4. 1968 in Rockport/Massachusetts).
Paula Cole war eine weitere Singer/Songwriterin, die in der zweiten Hälfte der 90er Jahre den Sprung nach oben schaffte. Am Berkeley College of Music in Boston hatte sie Jazz-Gesang studiert. 1993 wurde sie in New York von Terry Ellis, dem Chef der Plattenfirma Imago Records entdeckt. Auf diesem Label erschien 1993 ihr Debütalbum »Harbinger«. Noch bevor es auf dem Markt war, hörte Peter Gabriel die Platte und war so begeistert, daß er Paula bat, ihn auf seiner 1993er ›Secret World Tour‹ zu begleiten. 1995 ging Imago Records bankrott, wenig später hatte Paula einen neuen Vertrag mit Warner Bros., die ihre Debüt-LP noch einmal veröffentlichten. Ihr zweites Album »This Fire« erschien Anfang 1997 und kletterte innerhalb von 10 Wochen in die Top 40. Die Single »Where Have All The Cowboys Gone?«, in dem mal wieder das hohe Lied der frustrierten Hausfrau und des vor dem Fernseher biersaufenden Ehemanns und der verlorengegangenen Jugendträume gesungen wurde, traf offensichtlich den Nerv vieler Amerikanerinnen und kam in die Single-Top-10. Die Stimme von Paula Cole wurde mit der von Kate Bush verglichen – nicht ganz falsch, aber auch nicht ganz so nervig. Prominente Kollegen grif-

fen in der Vergangenheit schon oft und gerne auf die Künste der Multi-Instrumentalistin und Sängerin zurück. Sting ließ sie während einer New-York-Show als ›Special Guest‹ auftreten, David Byrne verpflichtete sie als Gastsängerin für sein im Mai 1997 erschienenes Album. Peter Gabriel zu Paula: ›Eine einzigartige Stimme – darin, was sie sagt und wie sie es sagt‹. Paula begleitete Peter als Duettpartnerin auch während der Welttournee 1996. Im Juni 1997 stieg ihre Frage nach den Cowboys auf Platz 15 in GB ein.

*Where Have All The Cowboys Gone? (4/97 US 8)*
***AOR (Adult Orientated Rock)***

## Collage

*Due Ragazzi Nel Sol (4/77 CH 3)*
*S.O.S. (2/80 CH 2)*
*Donna Musica (7/80 CH 1)*
*I Ragazzi Che Si Amano (3/81 CH 4)*
***Pop***

## Collins, Dave & Ansil

ANSIL COLLINS (Jamaika); DAVE COLLINS (Jamaika).
Dieses Duo tauchte 1971 mehr oder weniger aus dem Nichts auf. Ihr Titel »Double Barrel« war die zweite Reggae-Platte, die es an die Spitze der britischen Hitparade brachte. Die erste war Desmond Dekkers »Israelites« gewesen. Um die beiden Interpreten Dave und Ansil Collins gab es beträchtliche Verwirrung, da niemand etwas über sie wußte und man sich selbst in GB unsicher war, wie man wohl den Namen richtig schreibt. In den USA wurde »Double Barrel« einer der ersten Reggae-Hits und erreichte immerhin Platz 22. Nach einem weiteren Top-10-Hit, »Monkey Spanner« im Juni 1971, verschwanden sie wieder in der Bedeutungslosigkeit. Beide versuchten sich als Solisten, Dave wurde schließlich Mitglied bei der Formation Cargo.

*Double Barrel (3/71 GB 1)*
*Monkey Spanner (6/71 GB 7)*
***Reggae***

## Collins, Edwyn

v/g (Großbritannien, *23.8. 1959 in Edinburgh).
Der 18jährige Collins gründete in Schottland die Gruppe Nu-Sonics. Daraus wurde 1979 Orange Juice, deren Debüt-Single »Falling And Laughing« im Februar 1980 erschien. »Rip It Up« wurde im Frühjahr 1982 der einzige Top-10-Hit von Orange Juice. 1985 löste sich die Gruppe auf, 1987 erschien die erste Soloplatte von Collins: »Don't Shilly Shally«. Wie seine nachfolgenden Produktionen, die er teilweise in Köln aufnahm, war auch diese Platte nicht erfolgreich. 1991 hatte er sich als Produzent und Arrangeur etabliert. In einem eigenen Studio nahm er das Album »Expressly« auf, das im November 1994 erschien. Darauf war die Nummer »A Girl Like You« zu finden, die sich erst zu einem Hit in Frankreich und Belgien und dann im restlichen Europa entwickelte. In den USA erreichte die Platte Ende 1995 als Höchstplazierung 32. Die Nachfolgesingles »If You

Could Love Me« und »Keep On Burning« verfügten nicht über das Hitpotential wie »A Girl Like You«. Vielleicht fehlte ihnen nur der eingängige Riff des Top-10-Hits. Mitte 1997 erschien die Single »The Magic Piper (Of Love)« (8/97 GB 32), die das Album »I'm Not Following You« ankündigte. Der Song war außerdem im Film »Austin Powers« zu hören. Edwyn hatte inzwischen seine Tantiemen am Hit »A Girl Like You« gut angelegt: er kaufte sich dafür im Londoner Stadtteil West-Hampstead das frühere Studio des Alan Parsons Projekt.

*A Girl Like You (6/95 GB 6; 7/95 D 3, CH 9)*
***AOR (Adult Orientated Rock), Pop***

## Collins, Judy

v/g/p (USA, * 1. 5. 1939 in Seattle/Washington).

Sie galt über längere Zeit nach Joan Baez als Amerikas Folksong-Interpretin Nummer 2. Die in Seattle geborene Judy Collins wuchs in Denver als Tochter eines blinden Radioansagers auf. Es war der große Wunschtraum ihres Vaters, daß Judy eines Tages eine berühmte Konzertpianistin werden sollte. Mit zwölf Jahren erkrankte sie an Kinderlähmung, mit sechzehn – nach weiteren Jahren verbissenen Klaviertrainings – fing sie noch einmal von vorne an. Sie entdeckte für sich die Gitarre. Die Platte »Both Sides Now«, im November 1968 ein Platz 8 in den USA, machte sie einem breiteren Publikum bekannt. »Amazing Grace« 1970 und »Send In The Clowns« 1975 waren jeweils Top-10-Hits in GB. Die engagierte Interpretin und Songschreiberin zog zwischen 1962 und 1965 mit Pete Seeger und Phil Ochs durch den Süden der Vereinigten Staaten, um die Schwarzen zu ermuntern, von ihrem Wahlrecht Gebrauch zu machen. Später sang die überzeugte Pazifistin gegen den Vietnamkrieg. Ende der 60er Jahre begann sie, auch als Schauspielerin zu arbeiten und stand in der Produktion »Peer Gynt« des New Yorker Shakespeare-Festivals auf der Bühne. Anfang der 70er begann sie, Filme zu drehen. 1974 stellte sie »Antonia: das Porträt einer Frau« fertig. Der Film wurde vom ›Time Magazine‹ unter die zehn besten Filme des Jahres 1974 eingereiht und gewann mehrere amerikanische Filmpreise. Stephen Stills, mit dem sie einige Zeit liiert war, widmete ihr das Lied »Suite: Judy Blue Eyes«. 1993 veröffentlichte Judy eine CD, die sie Bob Dylan widmete: »Judy Sings Dylan ... Just Like A Woman«.

*Both Sides Now (11/68 US 8)*
*Amazing Grace (12/70 GB 5)*
*Send In The Clowns (5/75 GB 6)*
***Folk, Pop, Rock***

**CD-Tip:** *Judy Collins/Judith* Elektra 111–2

## Collins, Phil

v/d (Großbritannien, * 30. 1. 1951 in Chiswick/London).

Mit fünf bekam Phil Collins seine erste Trommel geschenkt, und laut eigener Aussage wollte er nie etwas anderes als trommeln. Außer vielleicht auftreten: Er nutzte jede Chance, anderen Leuten etwas vorzuspielen, um sie zu unterhalten. So kam er auch als Kind schon zu einigen Radio- und Fernsehauftritten. Mit neun Jahren begann er, in einem Yachtclub zum Tanz aufzuspielen. Mit vierzehn Jahren übernahm er für neun Monate die Rolle des Artful Dodger in einer Theaterproduktion von ›Oliver Twist‹ und besuchte nebenher eine Schauspielschule. Gut möglich, daß er die Rolle des Dodger gerne noch länger gespielt hätte, aber der Stimmbruch machte den Part für ihn unmöglich. Nach einigen kleinen Rollen in BBC-Produktionen kam er noch einmal zu ›Oliver Twist‹ zurück, dieses Mal als Noah Claypole. Mit dreizehn machte Phil seinen ersten Ausflug zum Film. Er spielte 1964 in dem ersten Beatles-Film »A Hard Day's Night« mit. Man würde ihn jedoch beim besten Willen nicht entdecken – er ist nur in einer Publikumsszene dabei. Und bei allem Erfolg in der Musik läßt ihn die Schauspielerei bis heute nicht los. Er wirkte in einer Folge von ›Miami Vice‹ mit, spielte den legendären englischen Posträuber »Buster« in dem gleichnamigen Film und übernahm eine Nebenrolle in Steven Spielbergs »Hook«.

Mit einem Freund gründete Phil als Jugendlicher eine Band namens Real Thing. Später machte er semiprofessionelle Gigs mit der Band Charge und spielte mit Freehold. Als nächste Gruppe folgte dann Hickory. Die Songschreiber Howard und Blaikley boten ihnen ein Konzeptalbum und einen Plattenvertrag an. Die Gruppe wurde in Flaming Youth umbenannt, das Album erschien unter dem Titel »Ark II«. Sie bekamen gute Kritiken, aber keine Auftritte, und ihre Musik wurde dann immer unkommerzieller, als John Mayalls Bruder Rod zur Gruppe stieß. Zu diesem Zeitpunkt suchte die Formation Genesis einen neuen Schlagzeuger. Zusammen mit 14 anderen erschien Phil Collins zum Probespielen. Er erwies sich als Glücksgriff, denn er war nicht nur ein ausgezeichneter Schlagzeuger, sondern auch ein guter Songschreiber, Sänger und absolutes Showtalent. Außerdem muß er wohl ein Arbeitstier sein, denn neben der Bandarbeit spielte er auf sechs LPs der Formation Brand X mit, nimmt immer wieder Soloplatten auf, produziert und ist auf so vielen verschiedenen Produktionen als Studiomusiker zu hören, daß er vermutlich mit zwei Stunden Schlaf auskommt.

Seine Solokarriere startete Phil Collins 1981 mit der LP »Face Value«, die in GB gleich auf Platz 1 in den LP-Charts einstieg. Das gelang ihm 1985 mit dem Album »No Jacket Required« noch einmal. Außerdem gab es für diese LP drei Grammys. Geschichte ist inzwischen Phils Auftritt bei den Live-Aid-Konzerten in London und in Philadelphia. Zwischen diesen beiden Auftritten überquerte er den Atlantik mit einer Concorde. Ob als Solist oder im Duett mit anderen Künstlern, wie z. B. Philip Bailey (»Easy Lover«) oder Marilyn Martin (»Separate Lives«) – seine Solokarriere verläuft ebenso erfolgreich wie die mit Genesis. Er wurde mehrfach zum besten Schlagzeuger gewählt und erhielt 1991 gar einen Ehrendoktor der Universität in Boston. Besonders erwähnen sollte man, daß es ihm immer wieder gelingt, in seinen Songs aktuelle und brisante Themen populär zu verpacken. Gutes Beispiel: »Another Day In Paradise«. 1993 erschien sein Album »Both Sides«, das in der britischen LP-Hitparade gleich auf Platz 1 einstieg. 1996 kam er mit dem Album »Dance Into The Light«. Singleauskopplungen aus den beiden CDs waren ebenfalls erfolgreich. 1996 wurde bekannt, daß Walt Disney Phil Collins beauftragt hatte, einen Soundtrack für den 1998 in die Kinos kommenden Zeichentrickfilm »Tarzan« zu schreiben. Im selben Jahr gab er bekannt, daß er mit Genesis nicht mehr zusammen auftreten würde. Er wollte sich auf Filmmusiken, Jazzprojekte und natürlich seine Solokarriere konzentrieren. Zitat: ›Ich wünsche den Jungs für die Zukunft nur das Beste. Wir werden beste Freunde bleiben.‹ Mal sehen, wie lange es der ruhelose Collins ohne Genesis aushält.

*In The Air Tonight (1/81 D 1, GB 2; 4/81 CH 1)*
*You Can't Hurry Love (11/82 GB 1, US 10; 1/83 D 3; 2/83 CH 3)*
*Against All Odds (Take A Look At Me Now) (2/84 US 1; 4/84 GB 2, D 9; 6/84 CH 4)*
*Easy Lover (11/84 US 2; 1/85 D 5; 3/85 GB 1)*
*One More Night (2/85 US 1; 4/85 GB 4, D 10; 5/85 CH 6)*
*Sussudio (3/85 CH 9; 5/85 US 1)*
*Don't Lose My Number (7/85 US 4)*
*Separate Lives (10/85 US 1, GB 4)*
*Take Me Home (3/86 US 7)*
*In The Air Tonight Remix '88 (6/88 GB 4; 8/88 D 4; 2/89 CH 2, D 3)*
*A Groovy Kind Of Love (9/88 GB 1, US 1, D 3; 10/88 CH 1)*
*Two Hearts (11/88 US 1, D 3, GB 6; 12/88 CH 4)*

*Another Day In Paradise (11/89 D 1, US 1, GB 2; 12/89 CH 1)*
*I Wish It Would Rain Down (1/90 US 3, GB 7, D 8; 2/90 CH 8)*
*Do You Remember (4/90 US 4)*
*Something Happened On The Way To Heaven (8/90 US 4)*
*Both Sides Of The Story (10/93 GB 7)*
*Dance Into The Light (10/96 GB 9)*
***AOR (Adult Orientated Rock), Pop***

**CD-Tip:** *. . . But Seriously* WEA 256 984–2

## Collins, Tyler

v (USA, geb. in Harlem/New York City).
Tyler wuchs, obwohl in New York geboren, in Detroit auf. 1990 tauchte sie mit dem Dance-Floor-Hit »Girls Nite Out« auf Platz 6 in den amerikanischen Charts auf. Mit 17 war sie Leadsängerin in der Band Boys Next Door geworden. Ihre ausdrucksstarke Stimme fiel auf, und Tyler Collins erhielt einen Solovertrag bei einer Plattenfirma. Ihre erste Single hinterließ noch keinen Eindruck, aber mit »Girls Nite Out« klappte es dann.

*Girls Nite Out (4/90 US 6)*
***Dance, Rhythm & Blues***

## Colonel Bagshot's Incredible

*Oh Happy Day (6/69 CH 8)*

## Colonna, Jerry

v (USA, * 17. 10. 1903 in Boston/Massachusetts, † 21. 11. 1986).
Bei Jerry handelt es sich um einen erfolgreichen Varieté- und Rundfunk-, Fernseh- und Filmkomiker, der 1940 mit »Who's Yehoodi?« seinen ersten Plattenerfolg hatte. Im Juli 1945 gelang ihm mit einer aufgemotzten Version eines Seemannsliedes aus dem Jahre 1907 ein Platz 9 in den amerikanischen Charts: »Bell-Bottom Trousers«. Ab 1951 betreute er im Fernsehen die ›Jerry Colonna Show‹ – mit Platten hatte er danach weniger zu tun. Seine Markenzeichen waren seine bellende Stimme, ein gewaltiger Schnurrbart und seine hervorstehenden Augen. Nach einem Schlaganfall 1966 zog er sich aus dem Showgeschäft zurück.

*Bell-Bottom Trousers (7/45 US 9)*
***Pop***

## Color Me Badd

Bryan Abrams, v (USA, * 16. 11. 1969 in Oklahoma City); Mark Calderon, v (USA, * 27. 9. 1970 in Oklahoma City); Kevin Thornton, v (USA, * 17. 6. 1969 in Oklahoma City); Sam Waters, v (USA, * 23. 7. 1970 in Oklahoma City).
Die vier Sänger von Color Me Badd kamen während ihrer Schulzeit in Oklahoma City 1985 als A-cappella-Gruppe zusammen. Nachdem ihnen verboten worden war, auf dem Schulgelände zu singen, traten sie auf der Straße und in kleinen Clubs auf. Sie kassierten einige Preise bei Talentwettbewerben und konnten schließlich im Vorprogramm von Stars wie Huey Lewis, den O'Jays oder Bon Jovi auftreten. Im Laufe der Zeit änderte sich ihr Stil von Doo Wop zu Doo Hop. Bei einem ihrer Vorprogrammauftritte wurde Robert Bell von Kool & The Gang auf sie aufmerksam und verhalf ihnen zu einem Plattenvertrag. »I Wanna Sex You Up« wurde in dem

Film »New Jack City« als Untermalung für eine Stripteaseszene verwandt – und zu ihrem ersten großen Hit auf beiden Seiten des Atlantiks. Ihr Debütalbum »C.M.B.« wurde über 3 millionenmal verkauft. 1993 erschien ihre zweite CD »Time And Chance«. Auskopplungen daraus kamen international nicht mehr in die Top 10. Mitte 1996 erschien »Now & Forever«. Die erfolgreichste Auskopplung daraus schaffte in den USA Platz 21: »The Earth, The Sun, The Rain«.

*I Wanna Sex You Up (4/91 GB 1, US 2, CH 7; 6/91 D 4)*
*I Adore Mi Amor (7/91 US 1)*
*All 4 Love (8/91 GB 5; 11/91 US 1)*
***Doo Wop, Rhythm & Blues, Soul***

**CD-Tip:** *Young, Gifted And Badd/The Remixes* Giant 7599–24480–2

## Colter, Jessi

(USA, * 25. 5. 1947 als Mirriam Johnson Jennings in Phoenix/Arizona).

Ihre erste Karriere begann Anfang der 60er Jahre, als sie noch Miriam Eddy hieß. Zwischen 1962 und 1968 war sie mit dem Gitarrenstar Duane Eddy verheiratet. Als Miriam Eddy schrieb sie Songs für Country- und Popgrößen wie Dottie West, Don Gibson oder Nancy Sinatra. Nach der Scheidung von Duane ging sie im Oktober 1969 eine neue – sowohl private als auch musikalische – Ehe mit dem Country-&-Western-Sänger Waylon Jennings ein. Ihr erstes Album mit eigener Country Music wurde von Kritikern mit Lob bedacht, fiel aber beim Publikum durch. Mit »I'm Not Lisa« hatte Jessi Colter im April 1975 einen Platz 4 in den US-Popcharts. Ansonsten blieb sie zweitklassig.

*I'm Not Lisa (4/75 US 4)*
***Country***

## Colvin, Shawn

v/g (USA, * 10. 1. 1958 in Vermillion/South Dakota).

Mit 10 Jahren erhielt Shawn ihre erste Gitarre. Nach der Schulzeit entschloß sie sich, Berufsmusikerin zu werden. Mitte der 70er Jahre zog sie nach Texas und wurde dort Mitglied in der Swing Band Dixie Diesels. Die nächsten Stationen waren San Francisco und New York City. Dort wurde sie Mitglied in der Band von Buddy Miller. Beeinflußt von Joni Mitchell wollte Shawn eigene Projekte verwirklichen – aber erst einmal sang sie im Hintergrund von Produktionen von Suzanne Vega. So ist Shawn z. B. auf »Luka«, dem größten Erfolg von Vega, zu hören. 1988 veröffentlichte Shawn auf einem kleinen Plattenlabel ein Live-Album, das zumindest bei den Verantwortlichen der Plattenindustrie Aufmerksamkeit erregte. Ein Jahr später brachte sie bei Columbia-Records mit »Steady On« ihr erstes Studio-Album heraus. Als Gäste wirkten David Sanborn, Bruce Hornsby und Suzanne Vega mit. Sie erhielt für diese LP einen Grammy in der Kategorie ›Best Contemporary Folk Recording‹. Das Album »Fat City« erschien 1992, »Cover Girl« (9/94 US-LP 48) zwei Jahre später. Singles von Shawn waren vorwiegend in GB erfolgreich, kamen jedoch bis Ende 1995 nicht in die Top 40. Im Herbst 1996 erschien als nächstes Album »A Few Small Repairs« (10/96 US-LP 39). Der Album-Opener war die Nummer »Sunny Came Home«, der ihr schließlich einen ersten Top-10-Hit brachte und bei der Grammy-Verleihung 1998 für das Jahr 1997 den Preis als Record of the Year. In GB kam die Platte im Mai 1998 in die Charts und erreichte Platz 29.

*Sunny Came Home (7/97 US 7)*
***AOR (Adult Orientated Rock), Folk***

## Commander Cody & His Lost Planet Airmen

»Buffalo« Bruce Barlow, b (USA, * 3. 12. 1948 in Oxnard/Kalifornien); Don Bolton aka the West Virginia Creeper, pedal stee (USA); Commander Cody, p (USA, * 19. 7. 1944 als George Frayne in Boise City/Idaho); Lance Dickerson, d (USA, * 15. 10. 1948 in Livonia/Michigan); Billy C. Farlowe, v/harp (USA); Bill Kirchen, g (USA, * 29. 1. 1948 in Ann Arbor/Michigan); Andy Stein, sax/fiddle (USA, * 31. 8. 1948 in New York); John Tichy, g (USA).

George Frayne gründete seine Band Commander Cody & His Lost Planet Airmen im Jahre 1968. Kann sein, daß das Ganze für ihn lediglich ein Mordsspaß sein sollte, denn wenn er mit seinen verlorenen Planetenmännern auf der Bühne stand, sah man acht alkoholisierte Freaks, die mehr oder weniger diszipliniert vor sich hin grölten. Der Aufwand ihrer Shows stand in krassem Gegensatz zu den eher dürftigen Umsatzzahlen ihrer Platten. Cody alias Frayne war schon der Meinung, es sei besser, dem ganzen Rummel den Rücken zuzukehren und sich nur noch der Malerei zu widmen. Immerhin besitzt er ein Kunstdiplom und hatte schon einige erfolgreiche Ausstellungen hinter sich. Doch dann mußte er feststellen, daß ihn die Musik trotz aller früheren Fehlschläge und Frustrationen nicht losließ. Er verkündete lauthals: ›Die acht schwankenden Besoffenen gibt's nicht mehr. Jetzt gibt's nur noch einen, und das bin ich.‹ Mit »Hot Rod Lincoln«, einer Novelty-Nummer, stand Commander Cody im März 1972 auf Platz 9 in den amerikanischen Charts. Es blieb sein einziger Singlerfolg.

*Hot Rod Lincoln (3/72 US 9)*
***Rock***

## Commodores

William King, syn/tr (USA, * 30. 1. 1949 in Alabama); Ronald LaPread, b/tr (USA, * 4. 9. 1946); Thomas McClary, g (USA, * 6. 10. 1949); J.D. Nicholas, v (Großbritannien, * 12. 4. 1952 in Watford/Hertshire); Walter »Clyde« Orange, v/d (USA, * 10. 12. 1946 in Florida); Lionel Richie, v/key (USA, * 20. 6. 1949 in Tuskegee/Alabama); Milan Williams, g/key/d/pos (USA, * 28. 3. 1948 in Mississippi).

Lionel, William, Thomas, Milan, Ronald und Walter gründeten während ihrer Studienzeit 1968 die Band Jays. Die wurde zwar bald zu einer lokalen Attraktion, aber die Musiker betrachteten das vorerst nur als Hobby und machten alle ihre Abschlüsse: Walter in Musik, zwei in Elektrotechnik, die anderen in Betriebswirtschaft. Der Fankreis der Jays wurde immer größer, und bald fuhren sie zu ihrem ersten Gastspiel nach New York. Einen Monat spielten sie in einem Club in Harlem, und bald wurde die Plattenfirma Motown auf die Gruppe aufmerksam und nahm sie unter Vertrag. Erst einmal wurde dann der Name in Commodores geändert. Eine Tournee als Vorgruppe der Jackson 5 brachte die Formation erstmals vor ein großes Auditorium, im August 1974 tauchte ihre erste LP »Machine Gun« in der US-LP-Hitparade auf. »Sweet Love« war Ende 1975 der erste Top-10-Erfolg für die Gruppe, und bis 1982 sollten noch weitere acht Top-10-Hits folgen. »Three Times A Lady« 1978 und »Still« 1979 waren gar Spitzenreiter in den USA, erstgenannter Titel auch in GB. Lionel Richie war der Leadsänger dieser Formation und auch derjenige, der die meisten Hits geschrieben hatte. Jetzt trennte er sich von der Band und sollte auch als Solist Erfolg haben. Viele waren der Meinung, daß damit die Commodores erledigt seien. Die verbleibenden Musiker verstärkten sich durch den Ex-Heatwave-Sänger

J. D. Nicholas und schafften mit »Nightshift«, einer Hommage an Jackie Wilson und Marvin Gaye, erneut einen Hit.

*Sweet Love (12/75 US 5)*
*Just To Be Close To You (9/76 US 7)*
*Easy (6/77 US 4, GB 9)*
*Brick House (8/77 US 5)*
*Three Times A Lady (6/78 US 1; 8/78 GB 1)*
*Sail On (8/79 US 4, GB 8)*
*Still (9/79 US 1; 11/79 GB 4)*
*Lady (You Bring Me Up) (6/81 US 8)*
*Oh No (9/81 US 4)*
*Nightshift (1/85 GB 3, US 3; 3/85 D 4; 5/85 CH 5)*
***Pop, Rhythm & Blues, Soul***

**CD-Tip:** *Commodores – Diamond Star Collection* Arcade 88 0023 8

## Communards

RICHARD COLES, p (Großbritannien, * 23. 6. 1962 in Northampton); JIMMY SOMERVILLE, v (Großbritannien, * 22. 6. 1961 in Glasgow).
Nachdem Jimmy Somerville im Frühjahr 1985 Bronski Beat verlassen hatte, gründete er mit dem klassisch ausgebildeten Pianisten Coles die Formation Committee. Als eine andere Gruppe die Rechte an diesem Namen für sich beanspruchte, nannten sie sich Communards. Im September 1986 hatten sie einen überraschenden Spitzenreiter in GB mit einem Nachzieher von Harold Melvins Hit »Don't Leave Me This Way«. Interessant bei dieser Aufnahme war der Gegensatz zwischen Somervilles Falsettgesang und der rauhen Stimme von Sarah Jane Morris. Weitere Top-10-Erfolge waren »So Cold The Night« 1986 und »Never Can Say Goodbye« 1987, eine Coverversion des Jackson-5- und Gloria-Gaynor-Hits. Die Mischung aus Disco-Revival und Falsett-Pop war weiterhin erfolgversprechend, aber Jimmy Somerville entschloß sich, als Solist Karriere zu machen – mit Erfolg.

*Don't Leave Me This Way (8/86 GB 1, D 5; 10/86 CH 2)*
*So Cold The Night (11/86 GB 8; 2/87 CH 10)*
*Never Can Say Goodbye (12/86 D 6; 11/87 GB 4)*
***Elektro-Pop***

**CD-Tip:** *The Singles Collection 1984/1990* London 828 226–2

## Como, Perry

v (USA, * 18. 5. 1912 in Canonsburg/ Pennsylvania).
Fang dir eine Sternschnuppe, steck sie dir in die Tasche, und verwahr sie für einen verregneten Tag – womit wohl schlechte Zeiten gemeint sein sollen. Schön die Vorstellung, aber leider nicht realisierbar. Perry Como war der Sänger dieses Titels, und er gehört zu den Interpreten, die wohl in schlechten Zeiten immer eine Sternschnuppe in der Tasche hatten. Jedenfalls hat ihn das Glück über die Jahre nicht verlassen, und neben Frank Sinatra kann er sich rühmen, zu denen zu gehören, die schon seit den 30er Jahren im Showgeschäft sind. Elf Jahre war er alt, als er das ehrbare Handwerk eines Friseurs erlernte, mit vierzehn hatte er in seiner Geburtsstadt einen eigenen Laden. Das war im Jahre 1926. Sieben Jahre lang betrieb er sein Geschäft, dann bewarb er sich in Cleveland, er war dort auf Urlaub, bei der Band von Freddy Carlone. Man nahm ihn, und er blieb für drei Jahre, wurde dann Sänger in der Band von Ted Weems bis zur Auflösung dieser Formation im Jahre 1942. Zurück in Canonsburg, wollte er wieder als Friseur arbeiten, die Leute rasieren, ihnen einen Haarschnitt verpassen und dabei ein Lied vorsingen – so wie er es in seiner Jugend gemacht hatte. Aber seine Sternschnuppe in der Tasche verhalf ihm Mitte 1943 zu einem Plattenvertrag mit dem US-Medienriesen RCA. Mitte 1983 feierte dieselbe Firma im Rockefeller Center in New York ein Fest zu Ehren von Perry, der vierzig Jahre dieser Firma treu geblieben war – und ihr viel Geld gebracht hatte. Seine erste Num-

mer 1 in der US-Hitparade hatte er im Herbst 1945 mit dem Titel »Till The End Of Time«. Der Song basierte auf Chopins Polonäse in As-Dur und stammte aus dem Film »A Song To Remember«. Er sang mit den Fontane Sisters, mit Betty Hutton oder Eddie Fisher. Seine letzte Hitnotierung stammt aus dem Jahre 1974, was nicht heißt, daß er nicht immer noch LPs aufnimmt und auch verkauft. Neben seiner Karriere als Sänger war er auch auf anderen Gebieten erfolgreich. Anfang der 40er Jahre hatte er mit dem ›Chesterfield Supper Club‹ seine eigene NBC-Radioshow, aus der Ende 1948 seine erste eigene TV-Show wurde. Bis 1963 war er regelmäßig mit eigenen Programmen im Fernsehen vertreten, teilweise auch hier bei uns in Deutschland in der ›Perry Como Show‹. Und während viele seiner Sängerkollegen aus den 30er und 40er Jahren Mitte der 50er Jahre auf den Rock 'n' Roll schimpften, lud sich Perry Fats Domino, die Everly Brothers oder Brenda Lee in seine Sendungen ein. Vielleicht haben seine Kollegen auch nur auf dem Rock 'n' Roll rumgehackt, weil sie ihre eigenen Felle wegschwimmen sahen. Das konnte Perry nicht passieren – er hatte ja seine Sternschnuppe in der Tasche und einen erlernten Beruf. 1933 hatte er Roselle geheiratet, die ihm 1943, als es darum ging, ob er nun wieder als Friseur arbeiten oder Solokünstler bei der RCA werden sollte, gesagt hatte, er könne seinen Friseursalon immer noch machen, wenn's mal mit der Singerei nicht mehr klappt. Es hat immer geklappt.

*Long Ago (And Far Away) (4/44 US 8)*
*I Dream Of You (1/45 US 10)*
*I'm Gonna Love That Gal (7/45 US 4)*
*If I Loved You (7/45 US 3)*
*(Did You Ever Get) That Feeling In The Moonlight (8/45 US 9)*
*Till The End Of Time (8/45 US 1)*
*Dig You Later (A Hubba-Hubba-Hubba) (12/45 US 3)*
*They Say It's Wonderful (1/46 US 4)*
*I'm Always Chasing Rainbows (2/46 US 5)*
*You Won't Be Satisfied (Until You Break My Heart) (2/46 US 5)*
*Prisoner Of Love (3/46 US 1)*
*All Through The Day (5/46 US 8)*
*Surrender (6/46 US 1)*
*Sonata (12/46 US 9)*
*Winter Wonderland (12/46 US 10)*
*Chi-Baba, Chi-Baba (My Bambino Go To Sleep) (5/47 US 1)*
*When You Were Sweet Sixteen (7/47 US 2)*
*I Wonder Who's Kissing Her Now (8/47 US 2)*
*Because (3/48 US 4)*
*Far Away Places (1/49 US 4)*
*Forever And Ever (3/49 US 2)*
*Some Enchanted Evening (4/49 US 1)*
*Bali Ha'i (4/49 US 5)*
*A – You're Adorable (4/49 US 1)*
*A Dreamer's Holiday (10/49 US 3)*
*Hoop-Dee-Doo (4/50 US 1)*
*Patricia (9/50 US 7)*
*A Bushel And A Peck (10/50 US 3)*
*You're Just In Love (12/50 US 5)*
*If (1/51 US 1)*
*Maybe (6/52 US 3)*
*Don't Let The Stars Get In Your Eyes (12/52 GB 1, US 1)*
*Wild Horses (2/53 US 6)*
*Say You're Mine Again (4/53 US 3)*
*No Other Love (6/53 US 1)*
*You Alone (10/53 US 9)*
*Wanted (3/54 US 1; 6/54 GB 4)*
*Idle Gossip (6/54 GB 3)*
*Papa Loves Mambo (10/54 US 4)*
*Home For The Holidays (12/54 US 8)*
*Kokomo (I Love You So) (2/55 US 2)*
*Tina Marie (8/55 US 5)*
*Hot Diggity (Dog Ziggity Boom) (3/56 US 1; 5/56 GB 4, D 10)*
*Juke Box Baby (3/56 US 10)*
*More (6/56 US 4; 9/56 GB 10)*
*Glendora (9/56 US 8)*
*Round And Round (2/57 US 1; 5/57 D 9)*
*Mi Casa Su Casa (My House Is Your House) (8/57 D 9)*
*Magic Moments (1/58 GB 1, US 4)*
*Catch A Falling Star (1/58 US 1; 3/58 GB 9)*
*Kew Pie Doll (4/58 US 6, GB 9)*
*Love Makes The World Go Round (11/58 GB 6)*
*Tomboy (2/59 GB 10)*
*Delaware (2/60 GB 3)*
*It's Impossible (11/70 US 10; 1/71 GB 4)*
*And I Love You So (4/73 GB 3)*
*For The Good Times (8/73 GB 7)*
***Pop***

**CD-Tip:** Perry Como Ariola 295 038

## Congregation

BRIAN KEITH, v (Großbritannien); ALAN PARKER, g (Großbritannien).
Congregation war ein einmaliges Studioprojekt der beiden Komponisten Roger Cook und Peter Greenaway und des Produzenten John Burgess. Vor einen gemischten neunzigköpfigen Chor und ein Orchester stellten sie den erfahrenen Sänger Brian Keith. Für diese Kombination hatten Cook/Greenaway eine unglaublich eingängige Melodie geschrieben: »Softly Whispering I Love You«, die international in die Top 10 kam. Da die Formation für Live-Auftritte oder gar Tourneen viel zu groß war, wurde sie nicht wiederbelebt. Der Titel hält sich jedoch bis heute.

*Softly Whispering I Love You (11/71 GB 4; 1/72 D 10; 2/72 CH 4)*
***Soft Pop***

## Conley, Arthur

v (USA, * 4. 1. 1946 in Atlanta/Georgia).
Otis Redding entdeckte den 19jährigen Arthur Conley und verhalf ihm zu einem Plattenvertrag. Seine ersten Aufnahmen machte er noch als Arthur & The Corvets. 1967 – die Soulwelle war auf dem Höhepunkt – traf er mit dem von Redding produzierten und von Otis und Arthur gemeinsam geschriebenen Titel »Sweet Soul Music« genau den Geschmack des Publikums. Hört man sich die Nummer jedoch etwas genauer an, fällt auf, daß sie sich an die einst von Sam Cooke geschriebene Nummer »Yeah Man« anlehnt. Im Soulfieber jener Tage merkte das wohl niemand. Mit »Funky Street« hatte Arthur Mitte 1968 noch einen weiteren Top-20-Hit. Danach war seine Zeit wieder vorüber, was wohl auch daran lag, daß sein Förderer Otis Redding im Oktober 1967 bei einem Flugzeugabsturz ums Leben gekommen war. Heute zieht Conley mit 60s-Revival-Tours durch die USA.

*Sweet Soul Music (3/67 US 2, GB 7)*
***Rhythm & Blues, Soul***

## Connells

MIKE CONNELL, v/g (USA); GEORGE HUNTLEY, v/g/mand (USA); DOUG MACMILLAN, v/g (USA); STEVE POTAK, key/p/org (USA); PEELE WIMBERLEY, d (USA).
Ende der 80er Jahre kam mit »Fun & Games« ein erstes Album der Connells in die amerikanischen LP-Charts. Wie auch die nachfolgenden Platten, standen sie eher im unteren Bereich. In ihrem Heimatland hatten sie offensichtlich sehr mit der Konkurrenz von Bands wie R.E.M. zu kämpfen. Und auch ihren bisher einzigen internationalen Erfolg konnten sie überall, nur nicht in den USA, erzielen. Der Titel «'74-'75« wurde zuerst in Deutschland entdeckt. Er kam im Januar 1995 in die Hitparaden und wurde ein Top-10-Hit. Es folgte die Schweiz und schließlich im August 1995 GB. Dort allerdings kein Top-10-Hit, sondern ein Platz 14. Das muß die britische Plattenfirma gewurmt haben, drum wurde die Platte dort im März 1996 erneut veröffentlicht. Dieses Mal erreichte sie nur Platz 21. In den Anfangstagen war die Band als Quintett angetreten. 1993 war als Keyboarder Steve Potak hinzugekommen.

*'74 – '75 (1/95 D 7; 4/95 CH 3)*
***AOR (Adult Orientated Rock)***

**CD-Tip:** *Ring* TVT Records INT 845.229

## Conniff, Ray

pos/bl (USA, * 6. 11. 1916 in Attleboro/Massachusetts).
Er schrieb keine Hits – er nahm bestehende Melodien und arrangierte sie neu. Genau das konnte in den 50er und 60er Jahren keiner so gut und erfolgreich wie Ray. Conniff war mit der Musik verwachsen.

Schon in jungen Jahren spielte er ausgezeichnet Posaune. Bob Crosby nahm ihn in sein Orchester, später spielte er mit Artie Shaw oder Glenn Gray und arrangierte Titel für die Harry James Band. In den späten 40er Jahren zog sich Conniff aus dem Musikgeschäft zurück. Um seine Frau und seine drei Kinder zu ernähren, nahm er Jobs an, die mit Musik nichts zu tun hatten. Aber immer noch interessierte er sich für Musik, hörte sich genau alle Platten an, die in den Hitparaden auftauchten, analysierte, warum dies nun ein Hit geworden war, und bastelte am Schlüssel, wie ein Schlager geschrieben und arrangiert sein müsse, um ihn zum Hit zu machen. 1953 war er soweit. Mitch Miller, der mit der Nummer »Brücke am Kwai« einen Hit hatte, war neben seiner Tätigkeit als Orchesterleiter auch noch ein wichtiger Mann bei CBS Amerika. Zu ihm ging Ray Conniff und erzählte ihm von seiner ›Erfolgstheorie‹. Mitch Miller ließ ihn machen – und mit der Nummer »Band Of Gold« von Don Cherry hatte Ray als Arrangeur 1955 seinen ersten Millionseller. Danach war er ein gefragter Mann. Ob Johnnie Ray oder Johnny Mathis, Frankie Laine oder Guy Mitchell – alle wollten sie als Arrangeur Ray Conniff. Der hatte inzwischen sein eigenes Orchester und seinen eigenen Sound entwickelt. 1956 erschien die LP «'S Wonderful«, 1957 «'S Marvellous«, die ein Millionseller wurde. Nun war er nicht mehr nur im Hintergrund von Gesangsstars, sondern auch eigenständig erfolgreich. Ray Conniff stand nun im Plattenschrank eines jeden Amerikaners, der zu Hause Partys feierte. Es gehörte plötzlich zum guten Ton, Platten von Ray Conniff zu besitzen – zumindest in der Geschmacksklasse, die hierzulande Platten von James Last im Schrank stehen hatte. Das Erfolgsgeheimnis von Conniff ist recht simpel und auch herauszuhören: ein Chor, meist bestehend aus zwölf Mädchen und dreizehn Jungs, wurde mit einem Orchester so gut gemixt, daß sie miteinander verschmolzen. Die Mischung war perfekt und wurde dann noch durch einen Hallraum gejagt. Damit war der Ray-Conniff-Sound fertig. Er machte Musik für diejenigen, die den Rock 'n' Roll nicht mochten. Zwischen 1957 und 1973 hatte er knapp vierzig Alben in den Billboard-LP-Charts. Sein größter Single Erfolg war 1966 das Thema von Lara aus dem Film »Dr. Schiwago«: »Somewhere My Love«.

*Somewhere My Love (6/66 US 9)*
***Instrumental, Pop***

**CD-Tip:** *16 Most Requested Songs* CBS CD 57057

## Connolly, Billy

v (Großbritannien, * 24. 11. 1942 in Glasgow).

Den Schotten einzuordnen, ist recht schwierig. Zusammen mit Gerry Rafferty war er bei den Humblebums. Was die beiden machten, könnte man als Folkmusik bezeichnen. Ab Anfang der 70er Jahre etablierte Billy sich als Solist und hatte seinen größten Erfolg mit einer Persiflage auf den Tammy-Wynette-Hit »D.I.V.O.R.-C.E.« – die Platte erreichte im November 1975 Platz 1 in der britischen Hitparade. Bei Connolly handelt es sich um eine Scheidung der besonderen Art: Ein schottischer Hund bringt ein Ehepaar auseinander. Das deutet schon auf die zweite Profession von Billy Connolly hin: Er ist ein sehr erfolgreicher Komiker in GB. Neben Michael Caine spielte er im Film »Water« einen Partisanen, der partout nicht reden wollte, dafür sein Anliegen sang – auf grauslige Art. Mit »No Chance (No Charge)«, »In The Brownies« und »Super Gran« gelangen ihm drei weitere Hitnotierungen unter den ersten 40 in GB. In den britischen LP-Charts gelangen ihm drei Eintragungen unter den ersten 10.

*D.I.V.O.R.C.E. (11/75 GB 1)*
***Pop***

## Conny

CONNY, v (Deutschland, * 28. 10. 1943 als Cornelia Froboess in Wriezen a. d. Oder).

Ach ja, wir neigen dazu, in Kistchen zu packen – und wer einmal in einer solchen Kiste ist, kommt nur ganz schwer wieder raus. Also, ein Kinderstar kommt logischerweise in die Kiste Kinderstars. Wenn er dann wenige Jahre später, vielleicht nach Stimmbruch oder Abitur, versucht, da weiterzumachen, wo er einst aufgehört hat, klappt das nur in ganz seltenen Fällen. Die kleine Cornelia war gerade siebeneinhalb Jahre alt, als sie »Pack die Badehose ein« sang. Der Papa hat das Stück geschrieben, und auch der nächste Hit, der im Winter 1951/52 kam, stammte wieder aus der Feder des Papis: »Hei hei hei so eine Schneeballschlacht«. 1953 war ein lausiger Sommer, es regnete Bindfäden, und die inzwischen fast Zehnjährige sang: »Lieber Gott, laß die Sonne wieder scheinen – für Mama, für Papa und für mich«. Rührend und den Nerv der jungen Nation treffend. Aber dann schien es aus zu sein. Klar, einen Stimmbruch hatte sie nicht, aber ein Teenager hat auch noch andere Probleme. 1958 war sie dann wieder da. Sie hatte den Sprung vom Kinder- zum Teenie-Star geschafft: »Diana«, im Original eine Nummer von Paul Anka, der auch nicht viel älter war als Conny Froboess, wie sie sich jetzt nannte. Conny spielte in Filmen mit Peter Kraus und anderen. Und als sie auch dafür zu alt war, machte sie Platten wie »Lady Sunshine und Mister Moon« und »Zwei kleine Italiener« – mit diesem Stück gewann sie sogar das Deutsche Schlagerfestival 1961/62. Aber dann schien es endgültig aus zu sein. Aus den Teenie-Schuhen war sie raus und in der Teenie-Kiste abgelegt. Als Conny Froboess nahm sie noch weitere Platten auf und hatte im Duett mit Peter Alexander Mitte 1963 den Top-10-Erfolg »Verliebt, verlobt, verheiratet« und als Solistin im selben Jahr mit »Drei Musketiere« einen Platz 4 in Deutschland. Das war ihr letzter Top-10-Erfolg. Dann wandelte sie sich erneut. 1965 tauchte sie als Schauspielerin im Fernsehen auf und stand auf den Bühnen der Schauspielhäuser in Berlin, Wien, Hamburg und vor allem in München. Ende der 70er Jahre spielte sie an den Münchener Kammerspielen in Stücken von Wedekind und Botho Strauß. Eine vielseitige Kleine Cornelia also, die so unterschiedliche Preise wie den Großen Otto in Gold, einen Silbernen Bambi, den Goldenen Bildschirm, die Goldene Kamera und den Lubitsch-Preis gewonnen hat. Wie auch immer von uns eingruppiert: zu früh – wer weiß, was sie alles noch bringen wird.

*Diana (1/58 D 2)*
*I Love You Baby (4/58 D 2)*
*Auch du hast dein Schicksal in der Hand (7/58 D 6)*
*Blue Jean Boy (10/58 D 3)*
*Teenager Melodie (1/59 D 7)*
*Hey Boys, How Do You Do (1/59 D 4)*
*Ob 15, 16, 17 Jahre alt (4/59 D 7)*
*Kleine Lucienne (8/59 D 8)*
*Midi-Midinette (7/60 D 4)*
*Zwei kleine Italiener (2/62 D 1)*
*Lady Sunshine und Mr. Moon (8/62 D 3)*
*Verliebt, verlobt, verheiratet (6/63 D 7)*
*Drei Musketiere (12/63 D 4)*
***Deutscher Schlager***

**CD-Tip:** *Die Singles Folge 1–4* Bear Family 15410/1/52/91

## Conny & Jean

CONNY METZ, v (* 14. 10. 1947); JEAN METZ, v (* 19. 8. 1940).

Conny Metz und Jean gelang im August 1982 als Conny & Jean mit einem deutschen Nachzieher des Al-Bano-&-Romina-Power-Hits »Felicità« ein Platz 10 in der deutschen Hitparade. Das war's aber auch.

*Felicità (8/82 D 10)*
***Deutscher Schlager***

## Conquistador

Hierbei handelt es sich wohl um die Verbeugung der Schweizer vor der Fußball-WM in Argentinien.

*Argentina (7/78 CH 5)*

## Constantine, Eddie

v (USA, * 29. 10. 1917 als Edward Constantinewskie in Los Angeles/Kalifornien, † 25. 2. 1993).

Der amerikanische Schauspieler und Sänger Eddie Constantine wurde in Los Angeles als Sohn russischer Emigranten geboren. Sein Vater war Operntenor, der seinen Sohn nach Wien schickte, um dort seine Stimme ausbilden zu lassen. Nach der Rückkehr in die USA reichte es gerade für Auftritte im Chor der New York Radio City Music Hall und ein paar kleine Rollen in Filmen.

Nachdem seine Frau, die Tänzerin Helene Mussel, eine Anstellung im Ballets de Monte Carlo erhalten hatte, folgte er ihr nach Paris, wo er in Nachtclubs zu singen begann. Dort entdeckte ihn Edith Piaf, die ihn protegierte und mit der er eng befreundet war. Zu seinen größten Erfolgen in Frankreich gehören »Au Loin Dans La Plaine« 1952, »Les Amoureux Du Havre« und »Et Bâiller Et Dormir« 1953, »Ah Les Femmes« 1954, »Un Enfant De La Balle« 1955 und »Cigarettes Et Whisky« 1957. 1953 begann seine Karriere als Darsteller des Lemmy Caution in einer ganzen Serie von französischen Kriminalfilmen. Seitdem galt er bei uns als der Vorzeigefranzose, der seinen französischen Akzent 1956 und 1957 mit Erfolg einsetzte. Der ›Kerl mit dem sympathischen Galgenvogelgesicht‹ starb am 25. 2. 1993 an Herzversagen.

*Ich wünsch' dir einen schlaflosen Abend (12/56 D 6)*
*Der Vagabund und das Kind (12/56 D 10)*
*Jeder macht mal eine Pause (1/57 D 9)*

***Chanson, Deutscher Schlager, Pop***

**CD-Tip:** *Jeder macht mal eine Pause* Bear Family 15 679

## Conti, Bill

p (USA, * 13. 4. 1942 in Providence/Rhode Island).

Der Komponist und Dirigent lernte seit seinem siebten Lebensjahr Klavierspielen, später auch Fagott. Nach der High-School studierte er Komposition in Louisiana und spielte nebenher in einem Symphonieorchester und in Nachtlokalen. Dann wechselte er an die berühmte Juilliard School of Music in New York, wo er seinen Abschluß machte. 1967 zog er mit seiner Frau nach Italien und schrieb und arrangierte zum erstenmal Filmmusiken. Nach seiner Rückkehr in die USA machte er sich auf diesem Gebiet schnell einen großen Namen. Seinen größten Erfolg hatte er mit seiner Musik für den Film »Rocky« im Jahre 1976. Die Single »Gonna Fly Now« wurde im April 1977 ein Spitzenreiter in den USA. Zu den Textern der Platte gehörte im übrigen eine gewisse Carol Connors, die unter ihrem richtigen Namen Annette Kleinbard Mitglied der Teddy Bears war, die im Dezember 1958 den Hit »To Know Him Is To Love Him« hatten. Conti wurde auch für weitere »Rocky«-Filmprojekte engagiert und ist außerdem verantwortlich für die Titelmelodien zu ›Der Denver Clan‹ oder ›Falcon Crest‹. 1983 erhielt er für seine Musik zu »The Right Stuff« einen Oscar.

*Gonna Fly Now (4/77 US 1)*
***Instrumental***

## Contours

JOE BILLINGSLEA, v (USA); HUEY DAVIS, g (USA); DENNIS EDWARDS, v (USA, * 3. 2. 1943 in Birmingham/Alabama); BILLY

GORDON, v (USA); BILLY HOGGS, v (USA); HUBERT JOHNSON, v (USA, † 11. 7. 1981); SYLVESTER POTTS, v (USA).
Die Berry-Gordy-jr.-Nummer »Do You Love Me (Now That I Can Dance)« traf im August 1962 genau den Geschmack des tanzwütigen Twist-Publikums und landete auf Platz 3 der amerikanischen Charts. Möglich, daß Berry Gordy das so gar nicht gedacht hatte, aber der Zeitpunkt war richtig. Die Contours, gegründet 1959 in Detroit, hatten bis zum Jahre 1967 weitere Hitnotierungen, danach waren sie vergessen. Als im Jahre 1988 der Film »Dirty Dancing« in die Kinos kam und darin die Nummer verwendet wurde, kam sie erneut in die Hitparaden und erreichte in den USA einen Platz 11. Die Briten konnten mit der Version der Contours wenig anfangen. Bei ihnen war im September 1963 die Version von Brian Poole & The Tremeloes ein Platz 1. Zumindest ein Mitglied der Contours sollte noch von sich hören lassen: Dennis Edwards. Er machte später Platten mit den Temptations und danach weitere als Solist.

*Do You Love Me (8/62 US 3)*
***Rhythm & Blues, Twist***

## Conway, Russ

p (Großbritannien, * 2. 9. 1927 als Trevor H. Stanford in Bristol/Avon).
Nachdem er längere Zeit bei der Navy gewesen war, wurde er 1955 in GB Clubpianist. Danach begleitete er Lita Rosa, Gracie Fields und andere bei ihren Plattenaufnahmen. Das führte zu einem Solovertrag bei der EMI. Was er dann spielte, klang immer so, als habe man im Radio umgeschaltet in die Bar des zweitbesten Hotels am Platze. Russ war 32 Jahre alt, als er die Nummer »Side Saddle« schrieb, die im Frühjahr 1959 ein Platz 1 in GB wurde. Irgendwie war die Nummer nichts Besonderes. Es muß also an Russ Conway gelegen haben, daß die Käufer geradezu scharenweise in die Plattenläden gingen. Dabei war es nicht nur die ältere Generation, die für ihn schwärmte – nein, das ging durch alle Altersklassen. Russ muß zu seiner Zeit einfach der Strahlemann gewesen sein, der durch bloßes Angrinsen die Sorgen des Alltags vertrieb. Er schrieb Melodien fürs Fernsehen und für die West-End-Theater in London. Über längere Zeit hatte er Ende der 50er Jahre seine eigene TV-Sendung in GB. Da konnte er dann alle seine neuen Werke lebend vorstellen und in die britischen Heime strahlen. »Roulette« war Mitte 1959 eine weitere Nummer 1, und bis ins Jahr 1963 funktionierte das Prinzip. Dann wurde er ernsthaft krank und konnte nach einem Schlaganfall zwischen 1968 und 1971 nicht mehr auftreten. Seitdem jedoch ist er in GB mit Nostalgie-Show-Tourneen erfolgreich.

*China Tea (8/58 GB 5)*
*More Party Pops (11/58 GB 10)*
*Side Saddle (2/59 GB 1)*
*Roulette (5/59 GB 1)*
*More And More Party Pops (11/59 GB 5)*
*Snow Coach (11/59 GB 7)*
*Toy Balloons (11/61 GB 7)*
***Instrumental, Pop***

**CD-Tip:** *The Best Of The EMI Years* EMI CDP 7 92587 2

## Cooke, Sam

v (USA, * 22. 1. 1931 in Clarksdale/Mississippi, † 11. 12. 1964).
Der Soulsänger und Songschreiber begann bei den Highway Q.C.'s und stieg 1950 bei den Soul Stirrers ein. Er blieb bis 1956 als deren Leadsänger. Dann interessierte er sich mehr für Popmusik und machte seine ersten Nicht-Gospel-Aufnahmen noch unter dem Namen Dale Cook. 1957 hatte er seinen ersten Hit: »You Send Me« wurde im Oktober Spitzenreiter in den USA. Bis 1965 stand er re-

gelmäßig in den Hitparaden, meist mit Songs, die er selbst geschrieben hatte. Am 11. 12. 1964 wurde er in einem Motel in Los Angeles von Bertha Franklin, der Managerin des Motels, vermeintlich aus Notwehr erschossen. Die Umstände wurden nie richtig geklärt. Viele Interpreten sangen die Titel von Sam später nach, und viele berufen sich auf ihn als ihr Vorbild. Rod Stewart, Bobby Womack, Huey Lewis, Smokey Robinson, Marvin Gaye oder Mick Jagger – alle versuchten sie, ihm nachzueifern. Die weiteren Top-10-Hits von Sam Cooke waren »Chain Gang« 1960, »Cupid« 1961, »Twistin' The Night Away« 1962, »Another Saturday Night« 1963 und »Shake« 1965. Als 1986 die Rock 'n' Roll Hall of Fame eröffnet wurde, gehörte Sam Cooke zu den ersten, die aufgenommen wurden. In demselben Jahr war Cooke erstmals in der deutschen Hitparade vertreten. Eine US-Jeansfirma wollte bei ihren Kunden wieder das Feeling der 50er Jahre erzeugen und unterlegte einen Werbeclip mit der Musik »Wonderful World«. Obwohl hier ein Stimmenimitator auf Sam Cooke getrimmt wurde, verlangte man in den Plattenläden nach dieser Nummer und erhielt die von Sam Cooke. Mehr als zwanzig Jahre nach seinem Tode und fast dreißig Jahre nach dem Beginn seiner Karriere erreichte er somit die Hitparade in GB und Deutschland.

*You Send Me (10/57 US 1)*
*Chain Gang (8/60 US 2, GB 9)*
*Cupid (7/61 GB 7)*
*Twistin' The Night Away (2/62 GB 6, US 9)*
*Another Saturday Night (4/63 US 10)*
*Shake (1/65 US 7)*
*Wonderful World (3/86 GB 2; 5/86 D 2; 6/86 CH 7)*
***Rhythm & Blues, Soul***

**CD-Tip:** *The Man And His Music* RCA PD 87127

## Cookies

MARGORIE HENDRICKSE, v (USA); DORETTA (DOROTHY) JONES, v (USA); PAT LYLES, v (USA); ETHEL »DOLLY« MCCRAE, v (USA); MARGARET ROSS, v (USA).

Dieses Gesangstrio aus New York, das in den frühen 50er Jahren gegründet wurde, hat im Verlauf seines Bestehens eine ganze Latte von Mitgliedern verschlissen. Sie begannen als Backing Group für Joe Turner, Chuck Willis und Ray Charles. Hendrickse, die sich inzwischen Margie Hendrix nannte, trennte sich von den Cookies und gründete die Raeletts, die nun die ständigen Begleiter von Ray Charles wurden. Der Rest nahm als neues Mitglied Margaret Ross auf. Neben ihrer Studioarbeit für Plattenaufnahmen von Neil Sedaka, Carole King oder Little Eva produzierten sie auch Soloplatten, mit denen sie 1962/63 erfolgreich waren. Ihre erste Hitnotierung war Ende 1962 der Top-20-Hit »Chains«, der den Beatles so gut gefiel, daß sie ihn auf ihrer ersten LP coverten. Der Titel »Don't Say Nothin' Bad (About My Baby)« erreichte im März 1963 einen Platz 7 in der amerikanischen Hitparade. Ethel McCrae versuchte sich später als Solistin und hatte als Earl-Jean Mitte 1964 mit »I'm Into Somethin' Good« einen Top-40-Hit.

*Don't Say Nothin' Bad (About My Baby) (3/63 US 7)*
***Rhythm & Blues***

## Coolidge, Rita

v (USA, * 1. 5. 1944 in Nashville/Tennessee).

Die Tochter eines Baptisten und einer Cherokee-Indianerin sang bereits in den 60er Jahren in ihrer Band R.C. & The Moonpies. In den späten 60er Jahren heiratete ihre Schwester Priscilla den Songschreiber und Produzenten Booker T. Jones, der mit der Band Booker T. & The

MG's erfolgreich war. Das half der Karriere von Rita. Sie nahm an der Joe-Cocker-Tour »Mad Dogs & Englishmen« teil und wurde Mitglied bei Delaney & Bonnie. 1969 hatte sie dann als Solistin die erste Notierung in den amerikanischen Charts. 1977 gelangen ihr zwei Top-10-Hits: »(Your Love Has Lifted Me) Higher And Higher« und »We're All Alone«. Zwischen 1973 und 1979 war sie mit Kris Kristofferson verheiratet und nahm mit ihm zusammen einige Platten auf. Ihr Spitzname war stets ›The Delta Lady‹ – Leon Russell, mit dem sie einst auch zusammengearbeitet hatte, widmete ihr das gleichnamige Lied. Seit den 80er Jahren hört man weniger von Rita Coolidge, deren Platten in ihrer gesanglichen Qualität recht unterschiedlich sind. Nur 1983 nahm sie den Titelsong für den James-Bond-Film »Octopussy«, »All Time High«, auf.

*(Your Love Has Lifted Me) Higher And Higher (5/77 US 2)*
*We're All Alone (6/77 GB 6; 9/77 US 7)*
*All Time High (10/83 CH 7)*
***AOR (Adult Orientated Rock), Pop***

## Coolio

COOLIO, rap (USA, * 1. 8. 1967 als Artis Ivey in Compton/Kalifornien).

Coolio gilt als einer der ersten Rapper aus L.A., die eigene Platten aufnahmen. Mit Verschnitten aus »Fantastic Voyage« der Gruppe Lakeside und »I'll Take You There« der Staple Singers gelang ihm der Hit »Fantastic Voyage«. »It Takes A Thief« – Titel seiner Debüt-CD –, zumindest manchmal, um an einen Hit zu kommen. Seine ersten Erfolge sammelte er auf Tourneen mit Ice-T und Ice Cube. Zusammen mit seinem Partner Wino – alias Bryan Dobbs – gründete er eine lockere Gemeinschaft von HipHop-Musikern, Tänzern und Produzenten, die sich 40 Thevz nannte. 40 Thevz = 40 Diebe oder 40 Räuber – hätte sich Coolio da nicht besser den Künstlernamen Ali Baba zugelegt? Ende 1995 erschien sein Album »Gangsta's Paradise«, das sich innerhalb kürzester Zeit 2 millionenmal verkaufte. Der Titelsong gehörte zu den absoluten Hits des Jahres 1995. Er stammte aus dem Film »Dangerous Minds«, in dem Michelle Pfeiffer die Hauptrolle spielte. Das Original des Stükkes hieß »Pastime Paradise«, wurde gesungen von Stevie Wonder und war auf dessen 1976 erschienenem Album »Songs In The Key Of Life« zu hören. Coolios Single verkaufte sich innerhalb eines Jahres 3 millionenmal alleine in den USA. Nachfolgende Auskopplungen, »Too Hot« und »1, 2, 3, 4 (Sumpin' New)«, erreichten in einigen Ländern wieder die Top 10, und wenn nicht das, so zumindest gute Plazierungen. Für »C U When U Get There«, seinen nächsten Top-10-Hit, mußte wieder einmal der Kanon von Pachelbel herhalten. Er stammte aus dem Film »Nothing To Lose« und war von Coolio als Hommage an seine beiden erschossenen Rapper-Kollegen 2Pac und Notorious B.I.G. gedacht. Ende August 1997 erschien sein neues Album »My Soul«, auf dem auch »C U When U Get There« zu hören war.

*Fantastic Voyage (6/94 US 3)*
*Gangsta's Paradise (8/95 US 1; 10/95 D 1, GB 1; 11/95 CH 1)*
*Too Hot (1/96 GB 9)*
*1,2,3,4 (Sumpin' New) (3/96 US 5)*
*C U When U Get There (7/97 D 3, GB 3; 8/97 CH 2)*
***HipHop, Rap***

**CD-Tip:** *Gangsta's Paradise* East West 0630 12899 2

## Cooper, Alice

MICHAEL BRUCE, g/key (USA, * 16. 3. 1948); GLEN BUXTON, g (USA, * 10. 11. 1947 in Akron/Ohio, † 19. 10. 1997);

JOZEFF CHIROWSKI, key (Deutschland, * 2. 3. 1947); ALICE COOPER, v (USA, * 4. 2. 1948 als Vincent Furnier in Detroit/Michigan); DENNIS DUNAWAY, b (USA, * 9. 12. 1948 in Cottage Grove/Oregon); STEVEN HUNTER, g (USA, geb. in Decatur/Illinois); PENTTI OLAN, d (* 8. 7. 1946 in Finnland); JOHN PRAKASH, b (Indien, geb. in Bombay); NEAL SMITH, d (USA, * 23. 9. 1947 in Akron/Ohio); RICHARD WAGNER, g (USA, geb. in Oelwein/Iowa).

Seine erste Rockgruppe, die Spiders, gründete er 1965 in Phoenix. 1966 änderte er dann seinen Namen in Alice Cooper, ging 1968 nach Los Angeles und 1969 zurück in seine Heimatstadt Detroit. 1971 – inzwischen hatte er sich eine ausgesprochen bizarre Bühnenshow zugelegt – hatte er mit »Eighteen« (2/71 US 21) seinen ersten Hit. Nun folgte eine sehr erfolgreiche Zeit mit Hits wie »School's Out«, Elected (10/72 US 26), »Hello Hurray« (2/73 US 35, D 17) oder »No More Mr. Nice Guy« (4/73 US 25). In den USA standen etliche seiner Platten nicht in den Top 10, in Europa – siehe Hitauflistung – war er erfolgreicher. Kann sein, daß er den Ausstieg von Leadgitarrist Glen Buxton 1974 zum Anlaß nahm, die kompletten anderen Musiker auszutauschen. Zu den Gründungsmitgliedern und der Erfolgsbesetzung der ersten Jahre gehörten neben Buxton Bruce, Smith und Dunaway. Ab 1975 bestand die neue Mannschaft aus Chirowski, Wagner, Hunter, Olan und John. Die weiteren Hits: »Only Women« (4/75 US 12), »I Never Cry« (7/76 US 12 und Millionseller), »You And Me« und »Poison«. Zwischen 1980 und 1989 hatte er eine Pause eingelegt, und man war schon der Meinung, daß damit Guillotinen, Schlangen und anderes Getier endgültig von den Bühnen verschwunden seien. Was Alice Cooper ist bzw. sein soll, beschrieb seine Plattenfirma: ›Eine Band der dritten Rockgeneration; das Endprodukt der Wohlstandsgesellschaft; einer der bedeutendsten Vertreter des Dada Rock; Psychiatrie Rock.‹ Sein Gehabe als ›Alice im Plunderland‹ oder als ›Schreckschraube vom Dienst‹ konnte nicht überdecken, daß sein Rock eher von durchschnittlicher Qualität war. Mit »Hey Stoopid« (6/91 GB 21), »Feed My Frankenstein« (6/92 GB 27) oder »Lost In America« (5/94 GB 22) gelangen ihm in den 90er Jahren zumindest in GB noch weitere Top-30-Notierungen. Ende 1997 eröffnete Cooper seine eigene Sport-Bar in Phoenix/Arizona.

*School's Out (6/72 GB 1, D 4, US 7)*
*Elected (10/72 D 3, GB 4)*
*Hello Hurray (2/73 GB 6)*
*No More Mr. Nice Guy (4/73 D 10, GB 10)*
*You And Me (4/77 US 9)*
*Poison (7/89 GB 2; 9/89 US 7)*
***AOR (Adult Orientated Rock), Glitter-(Glam)-Rock***

**CD-Tip:** *Greatest Hits* WB 256 043

## Cordalis, Costa

v (Griechenland, * 1. 5. 1944 in Ellatia).
Cordalis kam als 16jähriger in die Bundesrepublik. Als 21jähriger nahm er seine ersten Platten auf. Mit der Nummer »Anita« hatte er im Dezember 1976 seinen größten Erfolg. Um auf der einen Seite seine Fans und damit die Liebhaber des deutschen Schlagers nicht zu verlieren und auf der anderen Seite auch mal einen englischsprachigen Titel zu singen, gründete er 1992 zusammen mit seinen Kindern Lucas und Kiki und der aus Hawaii stammenden Kaui die Gruppe Let's Make It.

*Anita (12/76 D 3; 1/77 CH 1)*
***Deutscher Schlager***

## Corina

CORINA, v (USA, geb. in New York).
1983 belegte sie den zweiten Platz beim Miss-Puerto-Rico-Schönheitswettbe-

werb. 1988 veröffentlichte Corina ihre erste Single, die speziell in den New Yorker Dance-Clubs erfolgreich war. Auch ihre nächsten Produktionen zielten mehr auf das Discopublikum. 1991 wurde sie als US-amerikanischer Shooting-Star bezeichnet, und mit der von ihr mitgeschriebenen Nummer »Temptation« gelang ihr ein erster Hit. Schon ihre nächste Single erreichte nur noch Platz 51, und obs das gewesen ist, wird die Zeit zeigen.

*Temptation (5/91 US 6)*
***Dance***

## Corley, Al

v/g (USA, * 22. 5. 1955 in Wichita/Kansas).
1981/82 spielte er in der TV-Serie ›Denver Clan‹ den Steve Carrington. Irgendwie schien ihm das allerdings keinen sonderlichen Spaß zu machen. Er fühlte sich viel mehr der Musik verbunden und kam mit einer Mixtur aus Rock und Pop und der Nummer »Square Rooms« heraus. Diese Platte erreichte im Herbst 1984 zuerst die deutsche Hitparade und Platz 13. Dann folgte die der Schweiz und schließlich im Frühjahr 1985 die amerikanische: Platz 80. In Deutschland und in der Schweiz hatte wohl sein TV-Ruhm die Ohren etwas verkleistert. Verheiratet ist er mit der deutschen Schauspielerin Jessika Cardinahl, die neben Otto in dessen Film spielte.

*Square Rooms (10/84 CH 6)*
***Pop***

**CD-Tip:** *The Big Picture* Mercury 836 637–2

## Cornelius Brothers & Sister Rose

BILLIE JO CORNELIUS, v (USA); CARTER CORNELIUS, v (USA, † 7. 11. 1991); EDWARD CORNELIUS, v (USA); ROSE CORNELIUS, v (USA).
Die Originalformation von Cornelius Brothers & Sister Rose bestand zunächst nur aus den Brüdern Edward und Carter und ihrer Schwester Rose, die aus Dania/Florida stammen. Musikalisch versuchten sie sich mit einer Mixtur aus Soft Soul und Rhythm and Blues. 1971 erreichten sie mit »Treat Her Like A Lady« einen Millionseller, 1972 mit »Too Late To Turn Back Now«. 1973 nahm man als weiteres Mitglied die Schwester Billie Jo hinzu. Seit diesem Zeitpunkt ließ der Erfolg nach. 1976 trennte sich die Gruppe, als Carter sich einer schwarzen muslimischen Sekte anschloß. Er kümmerte sich die nächsten 15 Jahre um die musikalischen Belange der Sekte und plante gerade ein Pop-Comeback, als er im November 1991 starb.

*Treat Her Like A Lady (4/71 US 3)*
*Too Late To Turn Back Now (5/72 US 2)*
***Pop, Rhythm & Blues***

## Cornelius, Peter

v (Österreich, * 29. 1. 1951 in Wien).
Seine Plattenfirma bezeichnet ihn als ›Songpoet der besonderen Sorte‹ und behauptet: In die Schublade Wiener Liedermacher hat er eigentlich nie gepaßt. Nach einer Ausbildung als Bankkaufmann spielte er einige Monate im »Hair«-Ensemble, u. a. in Berlin und Hamburg. Danach tingelte er mit den Leaves. Mit dem Lied »Ich leb' in einer Wolke« gewann er 1973 als bester Komponist, bester Autor und bester Interpret einen Talentwettbewerb des Österreichischen Rundfunks. Nachdem er auf den Produzenten Michael Cretu getroffen war, wurde die LP »Der Kaffee ist fertig …« aufgenommen, die im März 1980 zum ersten großen Erfolg für Cornelius wurde. Seine erfolgreichste Single hieß »Du entschuldige – i kenn' di«.

*Du entschuldige – i kenn' di (11/81 D 8; 10/82 CH 2)*
***Deutscher Schlager***

**CD-Tip:** *Du entschuldige – i kenn' di* Philips 01 93006

## Cornell, Don

v/g (USA, * 21. 4. 1919 in New York City).
Bereits in den 30er Jahren war er Mitglied in etlichen erfolgreichen Gruppen. Seine ersten großen Erfolge hatte er in der Band von Sammy Kaye. Das hat ihn wohl ermuntert, es auch als Solist zu versuchen, und ab Ende des Jahres 1950 werden seine ersten Singles in den US-Charts verzeichnet. »I'll Walk Alone« war im März 1952 sein erster Top-10-Erfolg, »I'm Yours« einen Monat später ein Platz 3 in den USA und ein Millionseller. Im November 1952 stand Don Cornell auf Platz 7 in den USA mit dem kürzesten Titel, der jemals in den Hitparaden verzeichnet wurde. Er hieß »I«. »Hold My Hand« war im September 1954 ein weiterer Millionseller und ein Platz 2 für ihn, in GB erreichte er damit Platz 1. »The Bible Tells Me So« war im September 1955 sein letzter Top-10-Erfolg. Nach 1957 war seine Karriere in den Hitparaden beendet, aber er singt nach wie vor in Clubs und Theatern.

*That's My Desire (5/47 US 2)*
*The Red Silk Stockings And Green Perfume (5/47 US 8)*
*An Apple Blossom Wedding (10/47 US 5)*
*Serenade Of The Bells (11/47 US 3)*
*Careless Hands (2/49 US 3)*
*Room Full Of Roses (6/49 US 2)*
*It Isn't Fair (2/50 US 2)*
*I Walk Alone (3/52 US 5)*
*I'm Yours (4/52 US 3)*
*I (11/52 US 7)*
*Heart Of My Heart (12/53 US 10)*
*Hold My Hand (9/54 GB 1, US 2)*
*The Bible Tells Me So (9/55 US 7)*
***Pop***

## Cornershop

Ben Ayres, g/key (Großbritannien); Peter Bengry, per (Großbritannien); Anthony Saffery, key (Großbritannien); Nick Simms, d (Großbritannien); Tjinder Singh, v/g (Großbritannien).
Eine Hymne auf die guten alten Singleplatten und auf Asha Bhosle, der indischen Soundtrackkönigin, brachte Cornershop mit »Brimful Of Asha« im August 1997 einen Platz 60 in der britischen Hitparade. Die Band beinaltete eine Mischung aus Punk, Brit-Pop und indischer Folklore – und weil es Ende 1997 galt, ein neues Schwein durch die Szene zu treiben, war ›Asian Culture‹ schnell der angesagte Trend, ›the next big thing‹. Die Plattenfirma stellte fest, die Band habe ›sämtliche Musikstile des Planeten angenommen‹, die Musikpresse bescheinigte ›vielseitige, intelligente und nicht langweilig werdende Musik für relaxte und fröhliche Stunden‹ und unterstellte der Gruppe, sie mache ›die Musik, die diesen Planeten retten könne‹. Ein US-Magazin wählte das Cornershop-Album »When I Was Born For The 7th Time« als die beste LP des Jahres 1997 – und John Peel machte »Brimful Of Asha« in seiner Weihnachtssendung ›Festive 50‹ zur Single des Jahres. Daraufhin wurde die Platte erneut veröffentlicht und kam diesmal am 28. 2. 1998 auf Anhieb auf Platz 1.

*Brimful Of Asha (2/98 GB 1)*
***Britpop, Pop, Punk***

## Corona

Francesco Bontempi, key (Italien, * 23. 7. 1957 in Marina Di Carrara); Olga De Souza, v (Brasilien, * 16. 7. 1968 in Rio de Janeiro).
Als Lee Marrow hatte Francesco Bontempi 1985 den Top-10-Erfolg »Shanghai« in Deutschland. 1990 zog Olga De Souza von Rio nach Italien und gründete 1993

mit Bontempi das Duo Corona. Der Titel »The Rhythm Of The Night« entwickelte sich Mitte 1994 zum Top-10-Erfolg in Deutschland, im Herbst desselben Jahres in GB. Im November 1994 kam die Platte in die amerikanische Singlehitparade und krabbelte langsam, aber stetig bis auf Platz 11.

*The Rhythm Of The Night (5/94 CH 4; 6/94 D 8; 9/94 GB 2)*
*Baby Baby (4/95 GB 5)*
*Try Me Out (7/95 GB 6)*
***Dance***

## Corren, Carmela

v (Israel, * 13. 2. 1938 in Tel Aviv).
Angeblich wurde sie vom amerikanischen TV-Schaffenden Ed Sullivan 1956 entdeckt, als sie noch Soldatin in der israelischen Armee war. Ed lud sie nach New York in seine Fernsehshow ein. Erfolg in den USA hatte sie jedoch nicht. Dafür war Carmela Corren ab 1961 bis 1965 mit zwölf Titeln in der deutschen Hitparade. Ihre beiden erfolgreichsten Songs und Top-10-Erfolge waren »Eine Rose aus Santa Monica« 1962 und »Rosen haben Dornen« 1963.

*Eine Rose aus Santa Monica (3/62 D 3)*
*Rosen haben Dornen (11/63 D 8)*
***Deutscher Schlager***

## Corrs

ANDREA CORR, v (Irland); CAROLINE CORR, v (Irland); JIM CORR, v/g/key (Irland); SHARON CORR, v/vln (Irland).
Die vier Geschwister konnten sich mit ihren ersten Platten meist nur in den unteren Rängen der Charts behaupten. Das sollte sich ändern, als sie für das Album »Legacy: A Tribute To Fleetwood Mac's Romours« den Titel »Dreams« coverten – er kam auf Anhieb unter die ersten 10 der britischen Charts. In Deutschland hatten sich die Vier seit 1996 konsequent zu den Lieblingen der Programmgestalter hochgearbeitet – nur kaufen die keine Platten. Also liefen die Platten zwar gut im Radio – kamen aber nicht unter die ersten 50 der Verkaufscharts. Speziell die Nummer »What Can I Do« (2/98 D 62, GB 53) hätte in der Tat eine bessere Platzierung verdient. Zumindest ihr Album »Talk On Corners« (11/97 GB-LP 1, D-LP 9) erreichte die Top 10. Leadsängerin der meisten Titel ist Andrea.

*Dreams (5/98 GB 6)*
***Pop***

## Cortez, Dave »Baby«

key/p/org (USA, * 13. 8. 1938 als Davis Cortez Clowney in Detroit/Michigan).
Der Organist, Pianist und Songschreiber begann in der Gruppe Pearls, von 1955 bis 1957, war dann bei den Valentines und wurde schließlich in den späten 50er Jahren Session-Keyboarder. Er ist zu hören mit Gladys Knight & The Pips, den Isley Brothers und den Chantels. Auf Tournee ging er mit Little Anthony & The Imperials. Nebenher hat er auch als David Clooney Soloplatten gemacht. Ende der 50er Jahre schrieb er einen Titel, den er »The Dog And The Cat« nannte. Es sollte ein Lied mit Pianobegleitung werden, aber ein Text wollte ihm nicht einfallen. Schließlich sah er in einer Ecke des Aufnahmestudios eine Orgel stehen und versuchte, die von ihm geschriebene Melodie darauf zu spielen. Bis zu diesem Zeitpunkt wurde die Orgel von den meisten Amerikanern als ein Instrument angesehen, das in die Kirche gehört. Es war das erste Mal, daß eine Orgel für einen Rhythm-&-Blues-Song Verwendung fand. Die Nummer wurde in »The Happy Organ« umbenannt und erreichte im März 1959 Platz 1 in den USA. »Rinky Dink« wurde im Juni 1962 noch einmal ein Top-10-Hit für Cortez. Bis 1966

ist er in den Hitparaden zu finden. 1972 nahm er noch einmal eine LP auf. Seitdem hört man nichts mehr von ihm.

*The Happy Organ (3/59 US 1)*
*Rinky Dink (7/62 US 10)*
***Instrumental, Rhythm & Blues, Rock***

## Cosby, Bill

v (USA, * 12. 7. 1937 in Philadelphia/ Pennsylvania).
Ob es inzwischen mehr geworden sind, weiß man nicht so genau. Fünf Emmys und neun Grammys hat er bis 1996 gewonnen. Der Komiker, Filmschauspieler und TV-Schaffende Bill Cosby gehört zu den höchstbezahlten Entertainern der USA. Seine ersten sieben Comedy-Alben wurden alle Millionseller. Bei uns wurde er erstmalig populär als Alexander Scott in der TV-Serie ›I Spy‹. Eine Sensation, denn bis zu diesem Zeitpunkt war noch nie ein Schwarzer Star einer Serie gewesen. Danach begann er 1969 mit der ›Bill Cosby Show‹, die 1972 in ›The New Bill Cosby Show‹ umbenannt wurde und 1976 schließlich nur noch als ›Cos‹ endete. Danach zog er sich erst einmal vom Fernsehen zurück, um sich anderen Dingen zu widmen, z. B. seinem Studium. 1977 hat er zum Dr. phil. promoviert. Als Dr. Heathcliff Huxtable begann er 1984 in der ›Cosby Show‹, die sich zu einem Dauerbrenner, auch im deutschen Fernsehen, entwickelte. Wie auch die vorherigen Cosby Shows richtete sie sich vorwiegend an Kinder. In der amerikanischen Singlehitparade tauchte Bill nur ein einziges Mal unter den ersten 10 auf.

*Little Ole Man (Uptight – Everything's Alright) (9/67 US 4)*
***Pop, Rhythm & Blues***

**CD-Tip:** *My Father Confused Me...* Capitol CDAX 701273

## Cosso, Pierre

v (Algerien, * 24. 9. 1961).
Nach der italienischen Fernsehserie ›Cinderella‹ und dem Kinofilm »La Boum – die Fête« wurde der in Algerien geborene Schauspieler zum Teenie-Star. Zusammen mit Bonnie Bianco sang er im März 1987 den Titel »Stay«, der Spitzenreiter in Deutschland wurde. Da galt es, schnell in die gleiche Kerbe zu hauen und eine weitere Platte zu veröffentlichen: »Face Your Life« erreichte nur einen Monat später einen Platz 7 in Deutschland. Der Schmusesound dieser Platten stellte nur geringe Anforderungen an die Gesangsqualitäten von Cosso, die damit auch ausgereizt waren. Ein neues Jahr, ein neuer Schwarm.

*Stay (3/87 D 1)*
*Face Your Life (4/87 D 7)*
***Soft Pop***

## Costa, Nikka

Die Tochter des erfolgreichen amerikanischen Komponisten und Musikers Don Costa wurde 1973 geboren. Schon als Kind stand sie zusammen mit ihrem Vater auf der Bühne. Als sie acht Jahre alt war, sang sie während eines Konzertes von Don Costa den Titel »(Out Here) On My Own«, der sich in Europa, Südamerika und Japan zum Hit mauserte. In der Schweiz wurde die Platte ein Top-10-Hit, in Deutschland kam sie unter der Interpretenbezeichnung Nikka & Don Costa bis auf Platz 72. Am 19. 1. 1983 starb Don Costa – seine Tochter, die bis zu diesem Zeitpunkt neben Frank Sinatra und Julio Iglesias auf der Bühne gestanden hatte und im Vorprogramm von Police aufgetreten war, unterbrach ihre gerade begonnene Karriere. Ende der 80er Jahre kam mit »Here I Am« eine neue LP, die allerdings keine Spuren in den Charts hinterließ.

*(Out Here) On My Own (11/81 CH 7)*
***Pop***

**CD-Tip:** *Here I Am* Polydor 839 531–2

## Costello, Elvis

v (Großbritannien, * 25. 8. 1954 als Declan Patrick McManus in Liverpool).
Der Sohn des Bandleaders und Sängers Ross McManus – »Patsy Girl« war sein bekanntester Hit zusammen mit dem Orchester von Joe Loss – begann schon sehr früh, eigene Songs zu schreiben. Mit 16 verließ er die Schule und wurde Computer-Operator in einer Fabrik in Liverpool. Nebenher trat er als D. P. Costello in Folk-Clubs auf – Costello ist der Mädchenname seiner Mutter. 1976 gründete er die Country-Rock-Gruppe Flip City, die ein Demo aufnahm und an die gerade gegründete Plattenfirma Stiff schickte. Die nahm Elvis unter Vertrag und veröffentlichte wenig später seine ersten Platten. Seine größten Erfolge hatte er mit »Oliver's Army« 1979, »I Can't Stand Up For Falling Down« 1980 und »A Good Year For The Roses« 1981. Die Amerikaner bezeichneten ihn als führenden eklektischen Rocksänger, konnten aber ansonsten mit ihm recht wenig anfangen. Er hatte sich dort im März 1979 sehr unbeliebt gemacht, als er sich sehr rassistisch über schwarze amerikanische Musiker äußerte. Für den kommerziellen Markt sicher nur schwer verdaulich war seine 1993 erschienene LP »The Juliet Letters«, auf der er zusammen mit dem Brodsky Quartet spielte. Dem eigenwilligen Costello war das sicher egal. 1994 erschien die CD »Brutal Youth«, aus der die Single »Sulky Girl« ausgekoppelt wurde, die es im März auf Platz 22 in GB brachte. Seine bisher letzte Hitnotierung war Mitte 1996 »It's Time«, Platz 58 in GB.

*Oliver's Army (2/79 GB 2)*
*I Can't Stand Up For Falling Down (2/80 GB 4)*
*A Good Year For The Roses (10/81 GB 6)*
***Pop, Rock***

**CD-Tip:** *The Very Best Of Elvis Costello* Demon Records Dpam 13

## Cotton, Billy

v/d (Großbritannien, * 6. 5. 1899 in London, † 25. 3. 1969).
Cotton war im Ersten Weltkrieg Drummerboy in der Army. Nach dem Krieg gründete er seine ersten eigenen Bands, darunter die London Savannah Band. Im Laufe der Jahre entwickelte er sich zu dem britischen Chamäleon, das alle amerikanischen Musikströmungen für den britischen Markt adaptierte. Das funktionierte bis in die 50er Jahre. Mit den beiden Singles »In A Golden Coach« 1953 und »Friends And Neighbours« 1954 erreichte Billy Cotton jeweils Platz 3 in den GB-Charts. Bis zu seinem Tod war er erfolgreich im britischen Fernsehen und in Radiosendungen vertreten.

*In A Golden Coach (5/53 GB 3)*
*Friends And Neighbours (5/54 GB 3)*
***Pop***

## Count Five

Craig Atkinson, d (USA); Sean Byrne, v/g (USA); Roy Chaney, b (USA); Ken Ellner, v/harm (USA); John Michalski, g (USA).
Die 1964 in Kalifornien gegründete Formation gehört zu den typischen One-Hit-Wonders. Mit ihrem Garagen-Rock hatten sie einmal Erfolg: »Psychotic Reaction« kam 1966 auf Platz 5 in den USA. Ansonsten machten sie nur durch ihre Dracula-Capes von sich reden, die sie bei Auftritten trugen. Nach einer LP und weiteren Singles – alles Flops – trennten sich die Count Five 1968 wieder. Sean ging nach

Irland zurück und tauchte ab und zu als Studiomusiker auf.

*Psychotic Reaction (9/66 US 5)*
***Psychedelic, Punk***

## Course

VINCENT HENDRIKS, key (Niederlande); DEWI LOPULALAN, v (Niederlande).
Aus zwei Titeln, die die Fugees erfolgreich veröffentlich hatten, machte Course ›Club House Remixes‹: »Ready Or Not« und »Killing Me Softly«. In Deutschland kam die Platte im November 1996 in die Charts und erreichte Platz 27, in der Schweiz wurde es ein Top-10-Hit. Im Frühjahr 1997 erreichte die Platte die britischen Top 10. »Ready Or Not« war im Ursprung aber auch keine Nummer der Fugees, sondern als »Ready Or Not Here I Come (Can't Hide From Love)« Ende 1968 ein Top-40-Hit für die Delfonics. Die beiden Holländer Dewi und Vincent hatten sich 1990 bei einem Discjokkey-Mix-Wettbewerb, den DMC = Dutch Mixing Championship, kennengelernt. Vincent hatte diesen Wettbewerb bereits 1989 und 1990 jeweils gewonnen. Dewi ist die Leadsängerin des Projektes Course, das inzwischen mit einer achtköpfigen Band durch die Lande zieht. Als Vorbilder gibt sie Gladys Knight und Patti LaBelle an. Auch »Ain't Nobody« war wieder eine Coverversion. Chaka Khan, KWS, Jaki Graham, Diana King und L. L. Cool J standen mit dem Song schon vorher in den Charts.

*Ready Or Not (12/96 CH 7; 4/97 GB 5)*
*Ain't Nobody (7/97 GB 8)*
***HipHop, House***

## Cover Girls

EVELYN ESCALERA, v (USA); CAROLINE JACKSON, v (USA); LOUISE »ANGEL« SABATER, v (USA); MARGO URBAN, v (USA); MICHELLE VALENTINE, v (USA); SUNSHINE WRIGHT, v (USA).
Das aus New York stammende Gesangs- und Tanztrio tauchte 1987 erstmals in der amerikanischen Hitparade mit dem Titel »Show Me« auf. Bis 1989 kamen weitere mittlere Plazierungen der Cover Girls zustande. Dann verließ Sunshine Wright das Trio und wurde durch Margo Urban ersetzt. Mit ihr kam der erste Top-10-Erfolg im Dezember 1989: »We Can't Go Wrong«. Ein weiterer Top-10-Erfolg gelang ihnen im Mai 1992 mit dem Rose-Royce-Hit aus dem Jahre 1978, der 1989 von den Fresh 4/Lizz E. schon einmal gecovert wurde: »Wishing On A Star«. Inzwischen war von der Ur-Formation nur noch Caroline Jackson dabei. Die beiden anderen Mädchen waren nun Evelyn Escalera und Michelle Valentine. Dieses System mit drei möglichst gut aussehenden Mädchen, die zu einem Trio zusammengestellt werden, funktioniert in den USA ja schon seit Urzeiten – siehe Andrews Sisters, McGuire Sisters oder Supremes. Die meisten der jeweils drei Cover Girls hatten vor ihrer Karriere als Interpretinnen als professionelle Models, Tänzerinnen in New Yorker Clubs oder Filmschauspielerinnen gearbeitet.

*We Can't Go Wrong (12/89 US 8)*
*Wishing On A Star (5/92 US 9)*
***Dance***

**CD-Tip:** *Here It Is* Epic EK 47381

## Covington, Julie

v (Großbritannien).
In den späten 60er Jahren besuchte die englische Sängerin und Schauspielerin die Universität. Der britische Songschreiber Pete Atkin überredete sie zu einer Gesangskarriere, die sie schließlich Anfang der 70er Jahre in eine satirische TV-Show brachte. 1975 startete sie zusammen mit Rula Lenska und Charlotte Cornwell die TV-Serie ›Rock Follies‹. Die Musik dazu kam von Roxy-Music-Mitglied Andy Mac-

kay. Mit den Rock Follies war sie auch unterwegs, als Andrew Lloyd Webber Julie sah und sie für die Titelrolle seines neuen Musicals »Evita« auswählte. Sie sang den Titel »Don't Cry For Me Argentina«, der im Dezember 1976 in die Hitparade kam und Nummer 1 wurde. Allerdings wollte Julie Covington dann nicht in dem Bühnenmusical mitspielen, weil ihr die Rolle aus politischen Gründen nicht zusagte. Nun wurden die Briten auch auf die Rock Follies aufmerksam, und die drei genannten Sängerinnen plus Sue Jones-Davies erreichten im Mai 1977 mit »O.K.?« einen Platz 10. Ende 1977 brachte Julie noch eine hervorragende Coverversion des Alice-Cooper-Hits »Only Women Bleed« auf den Markt. Die Plattenhülle zu dieser Aufnahme könnte eine Vorlage für Sinead O'Connor und ihr »Nothing Compares 2 U« gewesen sein. Heute arbeitet Julie hauptsächlich für Theater und Rundfunk.

*Don't Cry For Me Argentina (12/76 GB 1; 3/77 D 4; 4/77 CH 3)*
*O.K.? (5/77 GB 10)*
***Pop***

## Cowboy Church Sunday School

Der einzige Hit dieser Sonntagsschule für Cowboys war im Januar 1955 die Novelty-Platte »Open Up Your Heart (And Let The Sunshine In)«, die Platz 8 der amerikanischen Hitparade erreichte. Der amerikanische Songschreiber Stuart Hamblin, der z. B. für »This Ole House« verantwortlich ist, hatte den Titel geschrieben. Gesungen wurde die Nummer von seinen Töchtern Veeva Susanne und Obee Jane Lisa, seiner Frau Suzy und zwei Freundinnen seiner Töchter. Aufgenommen wurde das Stück mit 33 1/3 Umdrehungen – wenn die Platte auf einem Plattenspieler mit 45 Umdrehungen gespielt wurde, klang sie nach einem Kleinkinderchor. Nach diesem einen Hit und ein paar erfolglosen Platten kehrte wieder Friede in der Cowboy Church Sunday School ein.

*Open Up Your Heart (And Let The Sunshine In) (1/55 US 8)*
***Pop***

## Cowley, Patrick

v (USA).
Lediglich in der Schweiz hatte dieser US-Interpret einen Top-10-Hit. Ansonsten tauchte er zusammen mit Sylvester und der Frage »Do You Wanna Funk« (9/82 GB 32) einmal in der GB-Charts auf.

*Menergy (2/82 CH 5)*
***Pop***

## Cowsills

BARBARA COWSILL, v (USA, geb. in Newport/Rhode Island, † 31. 1. 1985); BARRY COWSILL, v/b (USA, * 14. 9. 1954 in Newport/Rhode Island); JOHN COWSILL, d (USA, * 2. 3. 1956 in Newport/Rhode Island); PAUL COWSILL, v/key (USA, * 11. 11. 1952 in Newport/Rhode Island); RICHARD COWSILL, v (USA, * 26. 8. 1950 in Newport/Rhode Island); ROBERT COWSILL, v/g (USA, * 26. 8. 1950 in Newport/Rhode Island); SUSAN COWSILL, v (USA, * 20. 5. 1960 in Newport/Rhode Island); WILLIAM COWSILL, v/g (USA, * 9. 1. 1948 in Newport/Rhode Island).
Die Geschwister Cowsill wurden mit gelegentlicher Unterstützung ihrer Mutter Barbara zu ›America's First Family of Music‹. Familien, die sich in Gruppen zusammenschlossen, waren Ende der 60er Jahre in den USA sehr populär. Es gab die Osmonds, die Jackson 5 und eben die Cowsills. Ab 1963 machten die sechs Söhne samt Mutter Musik. 1965 erhielten sie einen Plattenvertrag, und mit Hilfe des Produzenten und Songschreibers Artie Kornfeld, der ihren ersten Hit »The Rain, The

Park & Other Things« mitschrieb und produzierte, hatten sie ab 1967 Erfolg. Inzwischen hatte Richard Cowsill die Gruppe verlassen – statt seiner sang jetzt die Schwester Susan mit. Die fünf Brüder und ihre kleine Schwester bildeten, ob sie sich dessen bewußt waren oder nicht, die Vorlage für die Partridge Family, die ab 1970 erfolgreich war. 1969 war das letzte Erfolgsjahr für die Cowsills. Ihre drei größten Hits waren »The Rain, The Park & Other Things« 1967, »Indian Lake« 1968 und »Hair« 1969. Kurz nach dem letzten Hit verließ William die Familientruppe, um als Komponist Karriere zu machen. Die anderen versuchten sich noch bis 1972, trennten sich dann aber auch zumindest musikalisch. Im Alter von nur 56 Jahren starb Mutter Barbara im Januar 1985 an einem Emphysem. Robert, Paul, John und Susan schlossen sich 1990 noch einmal für eine Tournee zusammen.

*The Rain, The Park & Other Things (9/67 US 2)*
*Hair (3/69 US 2)*
*Indian Lake (6/86 US 10)*
***Pop***

## Cox, Michael

v (Großbritannien, geb. in Liverpool).
Die Schwestern des Engländers waren schon früh auf Karriere bedacht und besorgten für den Bruder einen Termin zum Vorsingen bei dem Produzenten Jack Good. Und schon war Cox als Popsänger ein Fernsehstar. Im Juni 1960 erreichte er dann immerhin einen Platz 7 in der britischen Hitparade: mit der von John D. Loudermilk geschriebenen Nummer »Angela Jones«, die eigentlich Marty Wilde singen wollte. Danach hatte Cox nur noch in Skandinavien Erfolg, wo er mit den Outlaws – zu denen Ritchie Blackmore gehörte – auf Tour ging. Ende der 60er Jahre verzichtete Michael James Cox auf seinen Nachnamen und nannte sich nur noch Michael James. Er tritt heute noch in Kabaretts auf und spielt gelegentlich kleinere Rollen in mehr oder weniger bedeutenden Filmen.

*Angela Jones (6/60 GB 7)*
***Pop***

**CD-Tip:** *The Best Of Michael Cox* Sequel NEX CD 243

## Craig, Francis & His Ork

FRANCIS CRAIG, p/bl (USA, * 10. 9. 1900 in Dickson/Tennessee, † 19. 11. 1966).
Der Pianist und Komponist leitete bereits ab den 20er Jahren eigene Bands. Mit dem Titel »Near You« hatte er im August 1947 einen Millionseller und eine Nummer 1 in den USA. In der ewigen Bestenliste der längsten Verweildauer auf Platz 1 in einer Hitparade dürfte er mit genau diesem Titel nur schwer zu schlagen sein: 17 Wochen hielt er hintereinander die Spitzenposition in den USA. Sein zweiter großer Erfolg war »Beg Your Pardon«, im Januar 1948 ein Platz 3. Beide Titel hatte er selbst geschrieben. Mit dem Erlös aus den Plattenverkäufen half er bei der Finanzierung des ersten Plattenpreßwerkes in Nashville – wo er vor seinem großen Erfolg zwanzig Jahre im Hermitage-Hotel eine Band geleitet hatte. Francis Craig war es, der Sängerinnen wie Kitty Kallen oder Dinah Shore bei deren Karrierestart half. Craig blieb bis zu seinem Tod 1966 aktiv.

*Near You (8/47 US 1)*
*Beg Your Pardon (1/48 US 3)*
***Instrumental, Pop***

## Cramer, Floyd

p (USA, * 27. 10. 1933 in Samti/Louisiana, † 31. 12. 1987).
Nun kann man ja wirklich nicht das Piano als Instrument bezeichnen, auf dem

schon im Wilden Westen die alten Cowboys spielten. Sicher, zu jedem Saloon gehörte der Mann am Klavier, auf den auch schon mal geschossen wurde, wenn er zu lahm klimperte. Aber ein Piano in der Prärie kann ich mir nur schwer vorstellen. Und trotzdem brauchten die Country-Musiker für ihre Plattenaufnahmen einen Klimperkasten. Einer der Besten mit diesem Instrument war Anfang der 50er Jahre ein junger Mann namens Floyd Cramer, der, obwohl erst zwanzig Jahre alt, einen eigenen Stil entwickelt hatte, der später als ›Nashville-Piano-Sound‹ bezeichnet wurde. Alle Pianisten, die in den USA Ende der 50er, Anfang der 60er Jahre bei Plattenaufnahmen mitspielten, versuchten Cramers Stil zu imitieren. So kam es, daß ganze Schübe von Platten aus dieser Zeit so klingen, als habe immer Floyd Cramer am Piano gesessen. Richtig ist, daß er zwar nicht bei allen, aber bei vielen Produktionen in die Tasten schlug. Dabei konnte er sich die besten aussuchen: Elvis Presley in seinen besten, seinen frühen Jahren war einer der Kunden von Floyd, was speziell bei »Heartbreak Hotel« sehr schön zu hören ist. Jim Reeves, die Browns, Hank Snow, Charley Pride, Paul Anka, Perry Como, Connie Francis, Brenda Lee, Chet Atkins und viele andere große Stars ließen sich auf ihren Platten von Cramer begleiten, ohne daß es auf den Hüllen vermerkt wurde. Seinen ersten Soloerfolg hatte er im Januar 1954 mit »Fancy Pants« (1/54 US 28). 1958 wollte es der inzwischen 25jährige wieder einmal wissen: »Flip, Flop & Bop« wurde jedoch ein Flop. Zwei Jahre später sollte er mehr Glück haben. »Last Date« erschien, kam bis auf Platz 2 in den US-Charts und verkaufte sich über eine millionmal. 1961 hatte er mit »On The Rebound« und »San Antonio Rose« zwei weitere Top-10-Hits in den USA – »On The Rebound« wurde außerdem Spitzenreiter in GB. Als die Nummer mit dem Klavier langsam ausgelutscht war, verlegte er sich auf Orgel-LPs, die jedoch ein Schlag ins Wasser waren. Der Name Floyd Cramer blieb unausweichlich mit dem Piano verbunden. Und er spielte genau den Sound, so schrieb es einst eine US-Musikzeitschrift, den die einsamen Cowboys in der Prärie liebten – schon weil sie eben kein Klavier dabei hatten. Floyd starb am Jahresende 1997 an Krebs.

*Last Date (10/60 US 2)*
*On The Rebound (3/61 GB 1, US 4)*
*San Antonio Rose (6/61 US 8)*
***AOR (Adult Orientated Rock), Instrumental***

**CD-Tip:** *The Best Of Floyd Cramer* RCA PCC2–1210

## Cranberries

MIKE HOGAN, b (Irland, * 29. 4. 1973 in Moycross/Limerick); NOEL HOGAN, v/g (Irland, * 25. 12. 1971 in Moycross/Limerick); FEARGAL LAWLER, d (Irland, * 4. 3. 1971 in Parteen/Limerick); DOLORES O'RIORDAN, v/g (Irland, * 6. 9. 1971 in Ballybricken/Limerick).

Diese Band begann 1990 als The Cranberry Saw Us. In den Anfangstagen war die Sängerin Dolores noch nicht mit dabei. Nachdem die drei festgestellt hatten, daß ›ihre Musik eigentlich zu weiblich war, um es mit einem männlichen Sänger zu versuchen‹ (Zitat der Plattenfirma), suchten sie über eine Anzeige eine Sängerin und fanden sie in Dolores. 1993 noch waren die Cranberries mehr ein Geheimtip. Nachdem sich ihr Song »Linger« (2/93 GB 74, 10/93 US 8, 2/94 GB 14) über das amerikanische College Radio in die US-Top-10 geschlichen hatte, wurden sie international erfolgreich. Ihr Debütalbum »Everybody Else Is Doing It, So Why Can't We« verkaufte sich allein in den USA über 4 millionenmal. Ihre zweite CD »No Need To Argue« übertraf bis Ende 1996 dieses Ergebnis noch um 1 Million. Weitere Hits:

»Dreams« (4/94 US 42, GB 27) und »Zombie« (10/94 GB 14, D 1) kam im Februar 1995 auf Platz 1 in Deutschland. Der internationale Erfolg der Cranberries ließ nun offensichtlich auch die Briten aufhorchen. Mitte 1994, sechzehn Monate nach Veröffentlichung in GB, erreichte das Album »Everybody Else Is Doing It, So Why Can't We« Platz 1 der GB-Albumcharts. Weitere Hits: »Ode To My Family« (12/94 GB 38, 2/95 D 29), »I Can't Be With You« (3/95 GB 23), »Ridiculous Thoughts« (8/95 GB 20) und »Salvation« (4/96 GB 13, D 44). Am 7. Mai 1996 erschien das dritte Album der Gruppe: »To The Faithful Departed«. Auskopplungen daraus erreichten wieder die Charts. »Free To Decide« (7/96 GB 33) und »When You're Gone« (11/96 US 22) standen Ende 1996, Anfang 1997 in den Charts. In den USA war »Free To Decide« mit der B-Seite »When You're Gone« im November 1996 eingestiegen – ab dem 21. 12. 1996 wurde die Reihenfolge umgedreht.

*Linger (10/93 US 8)*
*Zombie (11/94 D 1; 1/95 CH 2)*
***AOR (Adult Orientated Rock), Rock***

**CD-Tip:** *No Need To Argue*
Island 74321 23344 2

## Crane, Les

v (USA, geb. in San Francisco).
In den Jahren 1964/65 war er Moderator der ›ABC-Nightlife Talk Show‹. 1971 erklärte er den staunenden Amerikanern, daß auch sie ein Recht hätten, auf dieser Welt zu sein. Damit es ihnen auch klar wurde, unterlegte man »Desiderata«, so hieß das Werk, mit einer schwülstigen Musik. Im Oktober 1971 drang die Nummer in die Herzen der Amerikaner und auf Platz 8 der US-Charts. Der Text, der hier gesprochen wurde, stammte von Max Ehrmann, der das Gedicht ›Go Placidly Amid The Noise And Haste‹ 1909 verfaßt hatte. Diese Zeilen hatten schon vorher Popmusiker beeindruckt: 1970 hatten sie sowohl Every Which Way, die Band des Ex-Nice-Drummers Brian Davidson, als auch King Crimson auf ihrem »Lizard«-Album verwendet. Les Crane erhielt für seine Interpretation 1971 einen Grammy in der Sparte Best Spoken Word Recording. Danach ging er glücklich und zufrieden wieder einer geregelten Arbeit nach. Welcher, ist nicht überliefert. Um auch den Deutschen ihre Rechte zu erklären, erschien auf der B-Seite der Single eine deutschsprachige Version, auf der die Stimme des bekannten Synchronsprechers Friedrich Schütter zu hören war. Sie erreichte in Deutschland im Frühjahr 1972 immerhin Platz 32.

*Desiderata (10/71 US 8; 2/72 GB 7)*
***Pop***

## Crash Test Dummies

BENJAMIN DARVILL, harm/mand; MICHAEL DORGE, d; ELLEN REID, v/key/acc; BRAD ROBERTS, v/g; DAN ROBERTS, b.
Das Jahr 1994 brachte dieser aus Winnipeg, Manitoba, stammenden Formation internationale Erfolge. Ohne Schlagzeuger Dorge hatten sie 1991 die CD »The Ghosts That Haunt Me« aufgenommen, auf der sich mit »Superman's Song« ein potentieller Hit befand. Er brachte es in den USA jedoch nur bis auf Platz 56. Nun wurde als fünfter Mann Dorge hinzugenommen, und die Crash Test Dummies produzierten 1993 die CD »God Shuffled His Feet«. Die Single »Mmm Mmm Mmm Mmm« kam Anfang 1994 in die US-Charts und wurde danach ein internationaler Hit. Frontman Brad Roberts verfügt über eine Stimme mit einem hohen Wiedererkennungswert. Bemerkenswert auch die phantasievollen und ironischen Texte und die Mixtur aus Folk und Rock. Das alles unterlegt mit einer Instrumentie-

rung, die, wie die Plattenfirma sagt, ›traditionelle Requisiten aus der Renaissance wiederaufleben läßt‹. Der ›Stern‹ schrieb: ›Die Folk-Band eines asthmatischen Literaten brummt sich in die Charts.‹ Bei diesem Brummen blieb es vorerst mehr oder weniger. Die Nachfolgesingle »Afternoons And Coffespoons« kam Mitte 1994 lediglich in GB unter die ersten 30. 1996 erschien das Album »A Worm's Life«, aus dem mehrere Singles ausgekoppelt wurden, die wenig Eindruck hinterließen.

*Mmm Mmm Mmm Mmm (1/94 US 4; 4/94 D 1, GB 2; 6/94 CH 7)*
***AOR (Adult Orientated Rock), Folk***

**CD-Tip:** *God Shuffled His Feet* Arista 74321 16531 2

## Craven, Beverley

Beverly Craven, p (* 28. 6. 1963 in Sri Lanka).
Beverley Craven wuchs auf dem Land auf, lernte mit sieben Klavierspielen und wurde eine so gute Schwimmerin, daß sie zumindest an den englischen Meisterschaften teilnehmen konnte. Mit 19 ging sie nach London und arbeitete zunächst als Kellnerin. Daneben bewarb sie sich bei allen möglichen Bands, war aber nie mit den Musikern zufrieden. Also schrieb sie erst einmal Songs, beeinflußt von Musikern wie Joni Mitchell, Kate Bush oder Billy Joel. Ende 1990 war es dann soweit: Sie veröffentlichte ihre Debüt-LP mit selbstverfaßten Stücken, unterstützt von Simon Nicol und Dave Mattacks von Fairport Convention und produziert von Paul Samwell-Smith. Daraus ausgekoppelt wurde »Promise Me«, im April 1991 ein Platz 3 in GB. 1992 wurde sie als beste britische Newcomerin ausgezeichnet. 1993 erschien ihre CD »Love Scenes«. Der ausgekoppelte Titelsong brachte es im Herbst 1993 bis auf Platz 34 in GB.

*Promise Me (4/91 GB 3)*
***AOR (Adult Orientated Rock), Folk***

**CD-Tip:** *Beverley Craven* Epic 467 053 2

## Crawford, Johnny

v (USA, * 26. 3. 1946 in Los Angeles/Kalifornien).
Johnny wurde bekannt als Schauspieler in der Fernsehserie ›The Rifleman‹, die ab 1958 für sechs Jahre im amerikanischen Fernsehen lief, später bei uns als ›Westlich von Santa Fé‹. Er spielte darin den Sohn des Hauptdarstellers Chuck Connors. Ab 1961 machte Johnny Platten, und mit »Cindy's Birthday« hatte er im Mai 1962 seinen einzigen Top-10-Erfolg. Nach 1964 war seine Plattenkarriere zu Ende. Nachdem Johnny erwachsen geworden war, erhielt er immer weniger Rollenangebote. In »Startrek« trat er 1967 noch einmal auf, in »The Invisible Man« 1975 und in dem Kenny-Rogers-TV-Film »The Gambler – The Adventure Continues« noch einmal 1983.

*Cindy's Birthday (5/62 US 8)*
***Pop***

## Crawford, Michael

v (Großbritannien, * 19. 1. 1942 als Michael Patrick Dumbell-Smith in Salisbury/Wiltshire).
Der Schauspieler und Sänger begann seine Profikarriere als Knabensopran in Benjamin Brittens »Let's Make An Opera« und setzte sie erfolgreich in Theater, Film und Fernsehen fort. Seine erste große Filmrolle hatte er in »Soap Box Derby« 1958, 1962 seine erste Hauptrolle in der Abenteuerserie ›The Adventures of Sir Francis Drake‹ als John Drake. 1963 stand er an der Seite von Steve McQueen in »The War Lover« vor der Kamera. Seitdem spielte er in vielen Kinoproduktionen

und heimste unzählige Preise ein. So wurde er von der Queen zum Officer of the British Empire geadelt. Am bekanntesten ist er jedoch mit Maske: Er ist das Phantom der Oper. Für seine schauspielerischen Leistungen in Musicals wurde er mit dem Tony ausgezeichnet. Im Januar 1987 stand er auf Platz 7 in der britischen Hitparade mit dem Titel »The Music Of The Night« aus dem »Phantom der Oper«.

*The Music Of The Night (1/87 GB 7)*
***Pop***

**CD-Tip:** *Michael Crawford Performs Andrew Lloyd Webber* Atlantic 7567–82 347–2

## Crawford, Randy

v (USA, * 18. 2. 1952 in Macon/Georgia). Crawford hatte ihre ersten Erfolge in GB. Zwischen 1979 und 1986 hatte sie dort zehn Hits. Ihre beiden größten waren »One Day I'll Fly Away« 1980 und 1986 nach längerer Pause die selbstgeschriebene Ballade »Almaz«. Beim Titel »Street Life« der Crusaders sang sie, ohne auf der Plattenhülle genannt zu sein, die Leadstimme – im August 1979 war die Platte ein Platz 5 in GB. Vor ihrer Popkarriere hatte sie mit Jazzgrößen wie George Benson oder Cannonball Adderley gesungen. Seltsamerweise hat sie in GB immer größeren Erfolg gehabt als in ihrer Heimat USA.

*Street Life (8/79 GB 5)*
*One Day I'll Fly Away (8/80 GB 2)*
*Almaz (11/86 GB 4)*
***Rhythm & Blues, Soft Pop***

**CD-Tip:** *The Love Songs* WB 241 206 2

## Cream

GINGER BAKER, d (Großbritannien, * 19. 8. 1939 in Lewisham/London); JACK BRUCE, v/b (Großbritannien, * 14. 5. 1943 in Glasgow); ERIC CLAPTON, v/g (Großbritannien, * 30. 3. 1945 als Eric Patrick Clapp in Ripley/Surrey).
Dieses Rocktrio wurde 1966 von Robert Stigwood zusammengestellt. Sie spielten vorwiegend auf Blues basierende Stücke, einige Traditionals und ansonsten Nummern, die Jack Bruce zusammen mit Pete Brown geschrieben hatte. Der clevere Robert Stigwood, der bei Brian Epstein gelernt hatte und der auf seinem RSO-Label – Markenzeichen ein schweineähnliches Tier – später mit den Platten der Bee Gees und Eric Clapton erfolgreich sein sollte, vermarktete die drei als Supergruppe. Damit war er richtungweisend für andere Projekte, die darauf basierten, daß aus bestehenden Gruppen die Protagonisten herausgenommen und zu einer neuen Band zusammengestellt wurden. In einigen Fällen, wie bei Cream, klappte das; in den meisten Fällen ging es daneben. Besonders die Amerikaner mochten das laute, leidenschaftliche und zügellose Spiel der Band, die in Konzerten ihre Stücke, was zum damaligen Zeitpunkt noch nicht so häufig gemacht wurde, in unendliche Länge ausdehnte. In schneller Folge erschienen drei Alben und etliche Singles, von denen in GB keine unter die ersten 10 kam. In Amerika waren 1968 »Sunshine Of Your Love«, außerdem ein Millionseller, und »White Room« Top-10-Erfolge. 1969 erschien die LP »Goodbye«, und damit war dieses Kapitel abgeschlossen. 1993 wurde Cream in die Rock 'n' Roll Hall of Fame aufgenommen.

*Sunshine Of Your Love (1/68 US 5)*
*White Room (10/68 US 6)*
***Blues, Rock***

**CD-Tip:** *White Room Cream Best* Zounds CD 272 00408 B

## Creation

JOHN DALTON, b (Großbritannien, * 21. 12. 1947); ROBERT ANTHONY

GARNER, b (Großbritannien, * 15. 5. 1946 in Warrington); JACK JONES, d (Großbritannien, * 8. 11. 1944 in Northampton); EDWIN MICHAEL PHILLIPS, g (Großbritannien, * 15. 8. 1945 in Leyton); KENNY PICKETT, v (Großbritannien, * 3. 9. 1943 in Ware/Hertfordshire, † 10. 1. 1997); MICK THOMPSON, g (Großbritannien).

Ihre Wurzeln gehen zurück in das Jahr 1963. Drei der späteren Creation-Mitglieder spielten in der Band von Jimmy Virgo & The Blue Jacks. Nachdem Virgo die Band verlassen hatte, kam für ihn Kenny Lee, und ab sofort nannte man sich Kenny Lee & The Mark Four. Beheimatet war die Formation in Enfield/Middlesex. Nachdem als neuer Gitarrist Edwin Phillips dazugekommen war und sich Kenny Lee wieder seinen richtigen Namen Kenny Pickett gegeben hatte, nannten sie sich nur noch Mark Four. Im Frühjahr 1964 unterschrieben sie einen Plattenvertrag und veröffentlichen vier Singles, die alle Coverversionen amerikanischer Hits waren. Dalton ging dann zu den Kinks, Thompson hörte ganz mit der Musik auf. Als neues Mitglied kam Bob Garner zur Gruppe, die sich jetzt Creation nannte und nur noch eigenes Material spielte. Ende 1966 erschien der Titel »Painter Man«, der es in GB in die Top 40, in Deutschland im April 1967 bis auf Platz 8 brachte. Wenig später hatten sie hier noch einmal Erfolg mit dem Titel »Tom Tom«. In der Folge sollten Musiker wie Ronnie Wood oder Kim Gardner bei der Band kurze Gastspiele geben, was aber auch keinen Erfolg mehr brachte. Das endgültige Aus der Gruppe kam im Juni 1968. Kenny Pickett wurde Mitglied der Road Crew von Led Zeppelin und später erfolgreicher Songschreiber. So stammt von ihm z. B. der Titel »Grandad«, Ende 1970 mit Clive Dunn Spitzenreiter in der britischen Hitparade. Jack Jones gründete das Harmony Sextet Just Good Friends, mit dem er zwischen Dubai und der Isle of Man auftrat. Später sang er mit Charlie Barlow und seinem Orchester. Edwin Phillips veröffentlichte einige Solosingles und bildete dann mit Kenny Pickett ein Songschreiberteam. 1993 kam wieder eine Formation zusammen, die sich Creation nannte und bei der Pickett mitspielte. Sie erhielten einen Plattenvertrag bei einer Firma, die sich ebenfalls Creation nannte. Pickett starb am 10. 1. 1997 nach einem Herzinfarkt.

*Painter Man (4/67 D 8)*
***Beat, Pop***

**CD-Tip:** *Creation Collection* Line 9.00497

## Creedence Clearwater Revival

DOUG CLIFFORD, d (USA, * 24. 4. 1945 in Palo Alto/Kalifornien); STU COOK, key/b (USA, * 25. 4. 1945 in Oakland/Kalifornien); JOHN FOGERTY, v/g (USA, * 28. 5. 1945 in Berkeley/Kalifornien); TOM FOGERTY, v/g (USA, * 9. 11. 1941 in Berkeley/Kalifornien, † 6. 9. 1990).

1965 traten in San Francisco und Umgebung die, die später Creedence Clearwater Revival werden sollten, als Golliwogs, was soviel wie Vogelscheuchen bedeutet, auf. Sie hatten alberne Papierhüte auf dem Kopf, was die musikalische Qualität der Band allerdings auch nicht bereicherte. Bis zu diesem Zeitpunkt hatten sie schon gemeinsame Bands hinter sich wie Spider Web & The Insects und Blue Velvets. Die Velvets hatten einige Titel aufgenommen, die alle floppten. 1964 unterschrieb man einen Plattenvertrag bei einer kleinen Firma in San Francisco. Der Manager bestand darauf, daß sie ihren Namen in Golliwogs umändern sollten – keine gute Idee. Wer kauft schon Platten von einer Gruppe, die sich Vogelscheuchen nennt? Im Winter 1964/65 erschienen die ersten Platten, die deutlich von den Beatles beeinflußt waren. Dann mußte John Fogerty zum Militär, und die drei anderen arbeiteten angeblich als Pförtner und in anderen ähnlich aufregenden Berufen. Als Mitte 1967 John zurückkam, nahmen die vier einen erneuten Anlauf. Dieses Mal war die Zeit günstiger, denn San Francisco war, ähnlich wie Liverpool für England, das Musik-Mekka für die Staaten geworden. Die Gruppen schossen aus dem Boden, und es gehörte zum guten Ton aller großen Plattenfirmen, eine Frisco-Band unter Vertrag zu haben. Jefferson Airplane, Country Joe & The Fish, Big Brother & The Holding Co., Moby Grape oder Grateful Dead beherrschten die Musikszene. Wer auf diese Art Musik nicht stand, dem wurden in San Francisco gezüchtete Blumen um die Ohren gehauen. Was Kansas City für die 30er, war San Francisco für die 60er Jahre. Als Golliwogs wollten die vier nun nicht mehr auftreten. Ein alter Freund der Band hieß Creedence, und in einer Fernsehwerbung für Bier hatten sie von Clearwater Revival gehört. Daraus wurde CCR. Im Juni 1968 erschien die erste LP, darauf der alte Hit von Dale Hawkins »Suzie Q«. Der brachte es in den USA im September 1968 bis auf Platz 11 in den Charts, wurde aber trotzdem ein Millionseller. In schneller Folge wurden Singles und LPs auf den Markt gebracht, die alle recht erfolgreich waren und es zu Gold und Platin brachten. Die Top-10-Hits der Band waren »Proud Mary«, »Bad Moon Rising«, »Green River« und »Down On The Corner« 1969, »Travelin' Band«, »Up Around The Bend« und »Lookin' Out My Back Door« 1970, »Have You Ever Seen The Rain« und »Sweet Hitch-Hiker« 1971. 1970 war das erfolgreichste Jahr für Creedence Clearwater Revival. Sie kassierten eine riesige Latte von Preisen, zu denen Künstler des Jahres, Top Album Artists, Top International Pop Group und ähnliches gehörten. Im Februar 1971 kam der Bruch. Tom Fogerty verließ die Gruppe, um sich seiner Familie zu widmen. Er versuchte sich später als Solist, verstrickte sich in rechtliche Schwierigkeiten mit seiner Plattenfirma und konnte trotz vieler Bemühungen und trotz einiger sehr ansprechender Platten nicht mehr an die alten Erfolge anschließen. Im November 1972 veröffentlichte die Plattenfirma der Gruppe folgenden Text: ›Creedence Clearwater Revival haben sich entschlossen, nicht mehr als Gruppe Aufnahmen zu produzieren. Die drei Mitglieder der Band – John Fogerty, Stu Cook und Doug Clifford – teilten diesen Entschluß ihrer Plattenfirma, für welche CCR seit ihrem Bestehen Aufnahmen machte, mit. Doug Clifford hat bereits seine erste Solo-LP vorgelegt, Stu Cook hat konkrete Pläne für sein zukünftiges Soloalbum. John Fogerty produziert zur Zeit seine erste LP mit den Blue Ridge Rangers.‹ John Fogerty, der die Hits der Band im Alleingang geschrieben hatte, versuchte in der Tat, den Geradeaus-Rock, den er mit CCR so erfolgreich gespielt hatte, fortzuführen. Allerdings hatten sich die Kids der 70er Jahre schnell an technisch anspruchsvollere Bands gewöhnt. Tom Fogerty veröffentlichte sechs Langspielplatten, die alle weit hinter dem zurückblieben, was CCR auf den Markt gebracht hatte. Er starb am 6. September 1990 an Tuberkulose. 1993 wurde CCR in die Rock 'n' Roll Hall of Fame aufgenommen.

*Proud Mary (1/69 US 2; 4/69 CH 4, D 4, GB 8)*
*Bad Moon Rising (5/69 US 2, D 8; 7/69 CH 9; 8/69 GB 1)*
*Green River (8/69 US 2; 10/69 CH 8, D 8)*
*Down On The Corner (10/69 US 3; 1/70 D 2)*
*Travelin' Band (1/70 US 2; 3/70 CH 4, D 4, GB 8)*
*Up Around The Bend (4/70 US 4; 6/70 D 3, GB 3; 7/70 CH 6)*
*Lookin' Out My Back Door (8/70 D 2, US 2)*
*Long As I Can See The Light (9/70 CH 10)*
*Have You Ever Seen The Rain (1/71 US 8)*
*Hey Tonight (2/71 D 1, CH 3)*
*Sweet Hitch-Hiker (7/71 D 6, US 6; 8/71 CH 1)*
***Rock, Southern Rock***

**CD-Tip:** *Proud Mary – Best* Phono Music CD 272 00644 B

## Crescendos

KEN BRIGHAM (USA); TOM FORTNER (USA); JIM HALL (USA); GEORGE LANUIS, v (USA); JAMES LANUIS (USA).
Diese Gruppe aus Nashville wurde schon während der gemeinsamen High-School-Tage 1957 gegründet. Zuerst nannte man sich Spades, dann Crescendos. Für den einzigen Hit dieser Formation, die Nummer »Oh Julie« im Januar 1958, nahmen die Jungs als zusätzliche weibliche Stimme Janice Green hinzu. Nach dem ersten Erfolg ging die Gruppe auf Tour, aber alle weiteren Singles waren Flops. Nach einem Jahr trennten sie sich wieder. George wurde Grundstücksmakler, Ken Arzt, Tom Architekt, James wurde Steuerberater, und Jim arbeitete für die Ford-Werke.

*Oh Julie (1/58 US 5)*
***Pop***

## Crests

JAMES ANCRUM, v (USA); JAY T. CARTER (USA); TALMADGE GOUGH (USA); JOHNNY MASTRO, v (USA, * 7. 5. 1939 als John Mastrangelo in Brooklyn/New York); HAROLD TORRES (USA); PATRICIA VAN DROSS (USA).
Diese schwarze Quartett wurde 1955 in Manhattan gegründet. 1956 kam als Sänger und Kopf der weiße Johnny Mastrangelo hinzu. 1957 erhielten sie einen Plattenvertrag und machten ihre ersten Aufnahmen. Mit »16 Candles« schaffte die Gruppe im November 1958 ihren größten Erfolg, einen Platz 2 in den USA. 1958 verließ Patricia die Crests. 1960 ließ der Erfolg nach, und nun ging auch Johnny, versuchte sich erst als Solist und gründete dann Brooklyn Bridge. Für ihn kam James Ancrum zur Gruppe, der aber auch nichts mehr retten konnte.

*16 Candles (11/58 US 2)*
***Rhythm & Blues***

**CD-Tip:** *Best Of Crests* Ace CDCHD 297/TIS

## Cretu, Michael

v/key (Rumänien, * 18. 5. 1957 in Bukarest).
Bevor Michael mit Enigma Erfolg hatte, veröffentlichte er einige Soloplatten unter seinem Namen. 1978 war er Mitautor und Interpret des Stückes »Wild River«, das ›der Titelsong für My Melody, die Duft- und Pflegelinie für junge Mädchen‹ war. Diese Melodie wurde zwar kein Hit, hat ihm aber sicher viel Geld durch TV- und Radiowerbung eingespielt. 1981 spielte er bei Moti Special. Einige Veröffentlichungen dieser Formation kamen erst 1985 in die Charts. Ebenfalls 1985 schaffte Michael Cretu mit der Nummer »Samurai« unter seinem Namen einen Platz 12 in Deutschland und einen Top-10-Hit in der Schweiz. Ab 1990 kam er als Enigma. Alles weitere siehe dort. 1998 trat er als Trance Atlantic Air Waves in Erscheinung.

*Samurai (9/85 CH 2)*
***Pop***

## Crew-Cuts

PAT BARRETT, v (Kanada, * 15. 9. 1931 in Toronto); RUDI MAUGERI, v (Kanada, * 21. 1. 1931 in Toronto); JOHN PERKINS, v (Kanada, * 28. 8. 1931 in Toronto); RAY PERKINS, v (Kanada, * 28. 11. 1932 in Toronto).
Die Mitglieder der Crew-Cuts wurden Anfang der 50er Jahre von ihren ehemaligen Schulfreunden, der Gruppe Four Lads, ermuntert, ebenfalls eine Band zu gründen. 1952 war es soweit, und sie nannten sich Canadaires, weil sie aus Toronto, Ontario, waren. Im Frühjahr 1954 änderten sie ihren Namen in Crew-Cuts und begannen, Songs von schwarzen Rhythm-&-Blues-Künstlern zu covern. Das gelang ihnen bis 1957, denn dann begann auch das weiße Publikum, sich mehr für die Originalaufnahmen zu interessieren. 1963 löste sich

die Gruppe auf, weil Rudi Maugeri sich weigerte, mit auf Japantournee zu gehen. Zu ihren großen Hits gehören »Crazy 'Bout Ya Baby«, »Sh-Boom« 1954 und »Ko Ko Mo (I Love You So)«, »Earth Angel« und »Gum Drop« 1955. Trotzdem kam 1982 die Band noch einmal zusammen und spielte auf Oldie-Veranstaltungen. Danach wurde Barrett Autoverkäufer in New Jersey, Ray Perkins Immobilienmakler in Kalifornien, John Perkins Zeitungsjournalist in New Orleans und Maugeri Direktor eines Radiosyndikates in Kalifornien.

*Sh-Boom (7/54 US 1)*
*Ko Ko Mo (I Love You So) (1/55 US 6)*
*Earth Angel (2/55 US 3; 4/55 GB 4)*
*Gum Drop (8/55 US 10)*
***Rhythm & Blues, Rock 'n' Roll***

## Cribbins, Bernard

v (Großbritannien, * 29. 12. 1928 in Oldham/Lancashire).

Der Schauspieler und Komiker veröffentlichte Anfang des Jahres 1962 die Platte »Hole In The Ground«, die bis auf Platz 9 in der britischen Hitparade kam. Mitte 1962 stand sein Titel »Right Said Fred« – in den 90er Jahren sollte sich eine britische Band nach diesem Titel benennen – auf Platz 10. Durch die 60er Jahre machte er weitere Platten, darunter eine recht saftlose Version vom Beatles-Titel »When I'm Sixty-Four«. Cribbins sang seine Stükke im Stil der britischen Varietékünstler, der spätestens in den 70er Jahren nicht mehr gefragt war. Ähnlich erging es Val Doonican, in dessen TV-Show er 1971 regelmäßig zu sehen war.

*Hole In The Ground (2/62 GB 9)*
*Right Said Fred (7/62 GB 10)*
***Pop***

## Crickets

ANDREW ACKERS, p (USA); JERRY ALLISON, d (USA, * 31. 8. 1939 in Hillsboro/Texas); TOMMY ALLSUP, g (USA); DAVID BOX, v/g (USA); DUDLEY A. BROOKS, p (USA); SONNY CURTIS, v/g (USA, * 9. 5. 1937 in Meadow/Texas); DON GUESS, b (USA); ERNIE HALL (USA); GLEN D. HARDIN, v/p (USA, * 18. 4. 1939 in Wellington/Texas); WAYLON JENNINGS, g (USA, * 15. 6. 1937 in Littlefield/Texas); JOE B. MAULDIN, b (USA); JERRY NAYLOR, v (USA, * 6. 3. 1939 in Stephenville/Texas); GORDON PAYNE (USA); ARTHUR RYERSON, g (USA); HENRY EARL SINKS, v (USA); NIKI SULLIVAN, g (USA); LARRY WELBORN, b (USA).

Ursprünglich waren die Crickets gegründet worden, um bei den Aufnahmen von Buddy Holly im Hintergrund mitzuwirken. Der Produzent Norman Petty legte fest, daß die Aufnahmen bei der Plattenfirma Coral als Crickets erscheinen sollten und die bei Brunswick als Buddy Holly. Beide Label waren im übrigen Unterfirmen von Decca Records. Als erstes erschien im August 1957 »That'll Be The Day« als Titel der Crickets, der die Spitze der amerikanischen Hitparade erreichte. Drei Monate später veröffentlichte Buddy Holly »Peggy Sue« und erreichte Platz 3. Die Aufnahme sollte zuerst »Cindy Lou« heißen, wurde dann aber nach der Freundin von Jerry Allison in »Peggy Sue« umgeändert. Noch im selben Monat waren wieder die Crickets an der Reihe und erreichten Platz 10 mit »Oh, Boy!« Im Herbst 1958 trennte sich Buddy Holly von den Crickets, die ohne ihn erst einmal in die Bedeutungslosigkeit fielen. Nach dem Tode von Buddy Holly am 3. 2. 1959 waren es vor allem die Briten, die weiter Platten von den Crickets kauften. Ihr Titel »Don't Ever Change« erreichte im Juni 1962 Platz 5 in der britischen Hitparade. Ausgemachte Fans der Crickets waren auch die Beatles – die gleichen Ursprünge der Namen sind offensichtlich. Nach 1964 war dann allerdings die große Zeit der Crickets – schon weil die Beatles inzwischen erfolgreich waren – vorbei. Zwischen 1964 und 1968 passierte nichts mehr mit den Crickets, dann kam eine Tournee durch GB und wieder Stille. Als 1971 in den USA eine Art Rock-'n'-Roll-Revival begann, war die Band wieder da. Die Crickets waren meist ein Trio – wenn man dann sieht, wer oben alles genannt wird, kann man zu einem anderen Ergebnis kommen. Die Mitglieder der Band wechselten häufig. Der einzige, der von sich behaupten kann, er sei bei den ersten Platten mit Buddy Holly schon bei den Crickets gewesen, ist Jerry Allison. Er und Joe B. Mauldin dürften diejenigen sein, die am längsten dabei waren. Sehr erfolgreich war die Zusammenarbeit zwischen Curtis und Allison, was das Schreiben von Songs anging.

*That'll Be The Day (8/57 GB 1, US 1)*
*Oh, Boy! (11/57 GB 3, US 10)*
*Maybe Baby (3/58 GB 4)*
*Don't Ever Change (6/62 GB 5)*
***Rock 'n' Roll, Rockabilly***

**CD-Tip:** *The Best Of The Crickets* Liberty CDP 7 91757 2

## Croce, Jim

v (USA, * 10. 1. 1943 in Philadelphia/Pennsylvania, † 20. 9. 1973).

Mit 29 Jahren – für viele im Popgeschäft ein Alter, in dem sie in den Ruhestand übertreten, weil ihr Verfalldatum abgelaufen ist – hatte Jim Croce seine ersten Erfolge. Keiner konnte ihm nachsagen, er habe bis zu diesem Zeitpunkt auf der faulen Haut gelegen. Mit 23 Jahren heiratete er seine Frau Ingrid und unterrichtete mit ihr in einem Music-Camp Kinder. 1968 machten die beiden gemeinsam eine LP für Capitol Records – die Platte floppte. Als Ingrid dann ein Stipendium für traditionelle Töpferkunst in Mexiko erhielt, zog er mit ihr. 1972 erschien mit »You Don't Mess Around With Jim« eine Single, die sich bis auf Platz 8 der US-Charts hocharbeiten konnte. Jetzt machte sich bezahlt, daß er in seinen Jugendjahren in New York gelebt und sich dort als Lastwagenfahrer, Gelegenheits- oder Straßenarbeiter und Leitungsleger seinen Lebensunterhalt verdient hatte. In dieser Zeit hatte er sich die Sprache der Arbeiter angeeignet. Diese Sprache spiegelte sich jetzt in seinen Liedern wider – manchmal mit ironischem Unterton, manchmal mit Wehmut, immer mit viel Gefühl für die so wichtigen Kleinigkeiten. Als er im September 1973 wie vor ihm Buddy Holly, Ritchie Valens, Big Bopper, Patsy Cline oder Otis Redding mit einer kleinen Privatmaschine abstürzte, hatte er seine richtige Karriere noch vor sich. Seinen ersten Millionseller und Spitzenreiter in den USA im März 1973, »Bad, Bad Leroy Brown«, hat er noch erlebt – »Time In A Bottle« schaffte Gleiches erst im November 1973, da war er schon tot. »I'll Have To Say I Love You In A Song«, für mich sein schönstes Lied, wurde im März 1974 sein letzter Top-10-Erfolg. 1993 veröffentlichte Jims Sohn A.J. Croce seine sehr gelungene Debüt-CD. Unterstützt wurde er von Musikern wie Robben Ford, Ron Carter, Jim Keltner, produziert von T-Bone Burnett.

*You Don't Mess Around With Jim (7/72 US 8)*
*Bad, Bad Leroy Brown (4/73 US 1)*
*I Got A Name (10/73 US 10)*
*Time In A Bottle (11/73 US 1)*
*I'll Have To Say I Love You In A Song (3/74 US 9)*
***AOR (Adult Orientated Rock), Folk***

**CD-Tip:** *24 Carat Gold In A Bottle* DCC Compact Classics GZS 1060

## Crosby, Bing

v (USA, * 2. 5. 1901 in Tacoma/Washington, † 14. 10. 1977).

Crosby gehörte zu den ganz großen amerikanischen Unterhaltungskünstlern und muß in einem Atemzug mit Frank Sinatra, Louis Armstrong oder Glenn Miller genannt werden. In einer Auflistung der erfolgreichsten Interpreten der USA in den ersten 55 Jahren des 20. Jahrhunderts belegt er mit weitem Abstand vor Guy Lombardo und Paul Whiteman Platz 1. Im Laufe seiner Karriere hat er sich weit über 700 Millionen Dollar ersungen und in Filmen erspielt, die er gewinnbringend in Ölquellen, einer Fruchtsaftfabrik, einer Ranch mit über 5000 Stück Vieh, einer Bank, einer Trabrennbahn, einer Fernsehstation, einer Fabrik für Spielzeughunde und vielen anderen Unternehmungen anlegte. 1960 verlieh man Bing für über 200 Millionen verkaufter LPs eine Platin-Platte. 1962 gewann er den Life Time Achievement Grammy.

Der Mann sang einfach alles, was ihm unterkam: Tagesschlager, Lieder der Südsee, irische Folklore, Country-und-Western-Songs, Jazz und Schnulzen. Seine Karriere begann im Duett mit Al Rinker. Die beiden wurden 1926 von Paul Whiteman engagiert. Als dritter Mann kam Harry Barris hinzu, und sie nannten sich die Rhythm Boys. 1930 trennte sich das Trio von Whiteman, und Bing sang in der Band von Gus Arnheim. 1931 sang er den Titel »I Surrender, Dear«, der es bis auf Platz 3 der amerikanischen Hitparade brachte und Bing zu einem Vertrag mit dem CBS Radio verhalf. Im selben Jahr begann seine Solokarriere, die bis in das Jahr 1960 anhielt. In der amerikanischen Hitparade werden insgesamt 340 Hits von ihm verzeichnet, darunter 23 mit den Andrews Sisters. Vierzigmal belegte er Platz 1, und sein Titel »White Christmas« gehört zu den meistverkauften Singleplatten aller Zeiten. Angegeben werden über dreißig Millionen verkaufte Exemplare. Bing wirkte in mehr als 50 Filmen mit. Für seine Rolle in »Going My Way« erhielt er 1944 einen Oscar. In den letzten Jahren seines Lebens verbrachte er seine Zeit am liebsten auf dem Golfplatz. Und in Spanien starb er dann auch während eines Golfspiels. Sein wahres Alter verschwieg er zeit seines Lebens – als Geburtsjahr liest man 1901, 1903 oder 1904.

*The Singing Hills (3/40 US 3)*
*I'm Too Romantic (3/40 US 3)*
*April Played The Fiddle (6/40 US 10)*
*Sierra Sue (7/40 US 1)*
*That's For Me (9/40 US 9)*
*Only Forever (9/40 US 1)*
*Trade Winds (9/40 US 1)*
*Can't Get Indiana Off My Mind (9/40 US 8)*
*Along The Santa Fé Trail (2/41 US 4)*
*New San Antonio Rose (2/41 US 7)*
*Dolores (4/41 US 2)*
*'Til Reveille (8/41 US 6)*
*You And I (9/41 US 5)*
*The Whistler's Mother-In-Law (11/41 US 9)*
*Shepherd's Serenade (12/41 US 4)*
*Deep In The Heart Of Texas (2/42 US 3)*
*I Don't Want To Walk Without You (3/42 US 9)*
*Miss You (3/42 US 9)*
*Be Careful, It's My Heart (8/42 US 2)*
*White Christmas (10/42 US 1; 12/43 US 6; 12/44 US 5; 12/45 US 1; 12/46 US 1; 12/47 US 3; 12/48 US 6; 12/49 US 5; 12/55 D 6, US 7; 12/77 GB 5)*
*Moonlight Becomes You (12/42 US 1)*
*Sunday, Monday, Or Always (8/43 US 1)*
*If You Please (9/43 US 5)*
*Oh, What A Beautiful Mornin' (10/43 US 4)*
*People Will Say We're In Love (10/43 US 2)*
*Victory Polka (11/43 US 5)*
*Pistol Packin' Mama (11/43 US 2)*
*I'll Be Home For Christmas (12/43 US 3)*
*Poinciana (2/44 US 3)*
*San Fernando Valley (3/44 US 1)*
*I Love You (4/44 US 1)*
*I'll Be Seeing You (4/44 US 1)*
*Swinging On A Star (5/44 US 1)*
*Long Ago (And Far Away) (7/44 US 5)*
*Amor (7/44 US 2)*
*A Hot Time In The Town Of Berlin (9/44 US 1)*
*Is You Is Or Is You Ain't (Ma' Baby) (9/44 US 2)*
*Too-Ra-Loo-Ra-Loo-Ral (10/44 US 4)*
*Don't Fence Me In (11/44 US 1)*
*Evelina (1/45 US 9)*
*Ac-Cent-Tchu-Ate The Positive (2/45 US 2)*
*The Three Caballeros (2/45 US 8)*
*Just A Prayer Away (4/45 US 4)*
*Yah-Ta-Ta Yah-Ta-Ta (Talk, Talk, Talk) (5/45 US 5)*
*You Belong To My Heart (6/45 US 3)*
*Baia (6/45 US 6)*

*On The Atchison, Topeka And The Santa Fe (7/45 US 3)*
*If I Loved You (8/45 US 8)*
*Along The Navjo Trail (9/45 US 2)*
*It's Been A Long, Long Time (10/45 US 1)*
*I Can't Begin To Tell You (11/45 US 1)*
*Aren't You Glad You're You? (12/45 US 8)*
*Symphony (1/46 US 3)*
*McNamara's Band (3/46 US 10)*
*Personality (4/46 US 9)*
*Sioux City Sue (4/46 US 3)*
*South America, Take It Away (8/46 US 2)*
*A Gal In Calico (1/47 US 8)*
*Tallahassee (7/47 US 10)*
*Feudin' And Fightin' (9/47 US 9)*
*How Soon (Will I Be Seeing You) (11/47 US 6)*
*You Do (11/47 US 8)*
*Whiffenpoof Song (11/47 US 7)*
*Now Is The Hour (1/48 US 1)*
*Ballerina (1/48 US 10)*
*Galway Bay (1/49 US 3)*
*Some Enchanted Evening (5/49 US 3)*
*Mule Train (11/49 US 4)*
*Dear Hearts And Gentle People (12/49 US 2)*
*Quicksilver (1/50 US 6)*
*Chattanoogie Shoe Shine Boy (2/50 US 4)*
*Sam's Song (7/50 US 3)*
*Play A Simple Melody (7/50 US 2)*
*Harbor Lights (11/50 US 8)*
*Sparrow In The Tree Top (3/51 US 8)*
*When You And I Were Young, Maggie, Blues (4/51 US 8)*
*Isle Of Innisfree (11/52 GB 3)*
*Zing A Little Zong (12/52 GB 10)*
*Silent Night (12/52 GB 8)*
*Changing Partners (3/54 GB 10; 4/54 GB 9)*
*True Love (9/56 US 3; 11/56 GB 4; 2/57 D 3)*
*Around The World (5/57 GB 5)*
*Peace On Earth – Little Drummer Boy (11/82 GB 3)*
***Pop***

**CD-Tip:** *20 Golden Memories* Companion 618 715 2

## Crosby, Bob

v (USA, * 23. 8. 1913 in Spokane/Washington, 9. 3. 1993).
Der jüngere Bruder von Bing Crosby begann seine Laufbahn als Sänger, später Bandleader, im Anson Weeks Orchestra. 1934 ging er in die Band der Dorsey Brothers, übernahm die Ben-Pollack-Truppe und baute sich damit eine eigene Big Band auf. Sein Spezialgebiet wurde der Big Band Dixieland. 1935 machte er seine ersten eigenen Plattenaufnahmen. 1942 löste er die Band auf und ging in die US-Marine. Seine Schallplattenaufnahmen als Sänger zwischen 1944 und 1949 sind für den Jazz ohne Bedeutung. Ende der 40er Jahre war er eine der beliebtesten amerikanischen Radiopersönlichkeiten. Anfang 1950 gründete er eine neue Band, die bis in die 60er Jahre Aufnahmen machte. Seine größten Erfolge, Spitzenreiter in den USA, waren »In A Little Gypsy Tea Room« 1935 – gesungen übrigens von Frank Tennille, dem Vater von Toni Tennille –, »Whispers In The Dark« 1937 und »Day In, Day Out« 1939. Im Laufe seiner Karriere hat er auch Platten mit seinem Bruder Bing aufgenommen, mit Georgia Gibbs, dem Trompeter Billy Butterfield oder Patti Andrews. Sein Orchester galt als eines der mitreißendsten der 30er und 40er Jahre mit einem Rhythmus, den nur wenige erreichten. Die Band legte es nicht so sehr auf einen riesigen perfektionierten Swing-Apparat an, sondern war mehr konventionell, solide und schlicht tanzbar. Auch in den 70er und 80er Jahren trat er immer mal wieder als Bandleader in Erscheinung. Diese Bands hatten zwar wenig mit seinen früheren gemeinsam, aber die Fans mochten es trotzdem. Bob starb 1993 an Krebs.

*Leanin' On The Ole Top Rail (3/40 US 7)*
*With The Wind And The Rain In Your Hair (3/40 US 2)*
*I've Got My Eyes On You (4/40 US 8)*

*So Far, So Good (4/40 US 10)*
*Down Argentina Way (11/40 US 2)*
***Big Band***

## Crosby, Gary

v (USA).

Damit die Staffette der Crosby-Erfolge weitergehen sollte, machte Bing zusammen mit seinem Sohn Gary 1950 einige Plattenaufnahmen. »Play A Simple Melody« wurde im Juli 1950 ein Platz 2 in den USA und ein Millionseller. Der Titel war aus dem allerersten Musical, das Irving Berlin 1914 geschrieben hatte: »Watch Your Step«. Die andere Seite der Platte, »Sam's Song«, erreichte Platz 3. Auf dem Label stand als Interpret Gary Crosby & Friend. Daß dieser Friend sein Vater war, war unüberhörbar. Im April 1951 erreichte Gary mit dem Titel »When You And I Were Young, Maggie, Blues« Platz 8. Auch hier war wieder der Vater mit zugange, der aber ab 1954 einsehen mußte, daß seine Segelohren besser zu verkaufen waren als der Gesang seines Sohnes.

*Play A Simple Melody (7/50 US 2)*
*Sam's Song (7/50 US 3)*
*When You And I Were Young, Maggie, Blues (4/51 US 8)*
***Pop***

## Crosby, Stills & Nash

DAVID CROSBY, v/g (USA, * 14. 8. 1941 als van Cortland in Los Angeles/Kalifornien); GRAHAM NASH, v/g (Großbritannien, * 2. 2. 1942 in Blackpool); STEPHEN STILLS, v/g/key/b (USA, * 3. 1. 1945 in Dallas/Texas).

Das Trio gründete sich in Laurel Canyon/Kalifornien im Jahre 1968. Die Musiker kamen aus erfolgreichen Bands – Crosby hatte vorher mit den Byrds, Stills bei Buffalo Springfield und Nash bei den Hollies gespielt. Die ersten beiden Erfolge waren »Marrakesh Express« und »Suite: Judy Blue Eyes«, von Stephen Stills für Judy Collins geschrieben. Im August 1969 – das Trio trat in Woodstock auf – kam als vierter Neil Young zur Band, der vorher ebenfalls bei Buffalo Springfield mitgewirkt hatte. Der Song »Woodstock«, geschrieben von Joni Mitchell, erreichte im März 1970 Platz 11 in den USA und wurde von dem Quartett gespielt. 1974 trennte sich Neil Young wieder von den übrigen Mitspielern. 1988 kamen die vier noch einmal zusammen und veröffentlichten 1989 die ausgesprochen starke LP »American Dream«. Die Palette der Songs reichte von den finanziellen Schwierigkeiten einer mittelständischen amerikanischen Familie bis zu der Verlogenheit von Fernsehpredigern und war musikalisch ausgesprochen vielseitig. Zwischendurch betätigten sich die einzelnen Musiker als Solisten oder miteinander in unterschiedlichen Duettkombinationen. Als Trio hatten sie 1977 den Top-10-Erfolg »Just A Song Before I Go« und 1982 »Wasted On The Way«. Crosby, Stills, Nash & Young zeichneten sich aus durch starke Texte, solide musikalische Fähigkeiten und erstaunlich sauberen Satzgesang. Mit ihrer Musik beeinflußten sie eine ganze Generation amerikanischer Künstler. Die Behauptung, daß die Gruppe vom Einfluß her mit den Beatles gleichzusetzen ist, kann ich unterschreiben. Die Fans dieser Formation(en) sind wohl weniger unter den Singlekäufern zu suchen, sondern eher bei den LP-Konsumenten. So verkaufte sich das 1970 erschienene Album »Déjà Vu« 7 millionenmal, »4 Way Street« (1971) 4 millionenmal, »So Far« (1974) 6 millionenmal und »CSN« 1977 wiederum 4 millionenmal. 1992 erschien eine CD-Box mit 77 Aufnahmen, von denen 25 vorher nicht veröffentlicht worden waren. Ende 1994 kam das Album »After The Storm«, und 1997 wurde die Gruppe in die Rock 'n' Roll Hall of Fame aufgenommen.

*Just A Song Before I Go (5/77 US 7)*
*Wasted On The Way (6/82 US 9)*
***Folk, West Coast***

**CD-Tip:** *CSN* Atlantic 7567–82319–2

## Cross, Christopher

v (USA, * 3. 5. 1951 als Geppert in San Antonio/Texas).
1971 wurde er Mitglied in der Hard-Rockband Flash, die in den USA im Vorprogramm von Led Zeppelin, Jefferson Airplane und Deep Purple spielte. Wenn man ihn später sah, mochte man das kaum glauben. 1973 verließ er die Formation und konzentrierte sich mehr auf das Schreiben von Popballaden. 1975 wurde er Mitglied in einer Band, die sich auf das Nachspielen von Top-40-Hits spezialisiert hatte. 1978 erhielt er einen Plattenvertrag, und Michael Omartian produzierte seine Debüt-LP. Im Hintergrund sangen Cracks wie Michael McDonald, J.D. Souther, Don Henley und Nicolette Larson. »Ride Like The Wind«, im Februar 1980 ein Platz 2 in den USA, und »Sailing«, Mitte 1980 Spitzenreiter, stammten beide von dieser Debüt-LP, die sich im Laufe der Jahre mehr als fünf millionenmal verkaufen sollte. Ebenfalls 1980 gewann er fünf Grammys: bester neuer Künstler, Platte des Jahres, Album des Jahres, Song des Jahres und bestes Arrangement. Im August 1981 erreichte Cross erneut Platz 1 in den USA mit der Nummer »Arthur's Theme (Best That You Can Do)« aus dem Film »Arthur« mit Dudley Moore und Liza Minnelli. »Think Of Laura« war im Dezember 1983 sein letzter Top-10-Erfolg, der darauf beruhte, daß die Nummer in der TV-Serie ›General Hospital‹ zu hören war. Danach wurde es ruhiger um Christopher. Im November 1991 erreichte die britische Formation East Side Beat mit einer Dance-Version von »Ride Like The Wind« Platz 3 in Großbritannien. 1992 hörte man dann auch wieder etwas von Cross selbst. Er veröffentlichte die LP »Rendezvous«, aus der als erste Single »In The Blink Of An Eye« ausgekoppelt wurde. 1996 war er auf der CD »On Air« vom Alan Parsons Project zu hören – er sang die Nummer »So Far Away«, die auch als Single ausgekoppelt wurde.

*Ride Like The Wind (2/80 US 2)*
*Sailing (6/80 US 1)*
*Arthur's Theme (Best That You Can Do) (8/81 US 1; 1/82 GB 7; 3/82 CH 6)*
*All Right (2/83 CH 5)*
*Think Of Laura (12/83 US 9)*
***Soft Pop, West Coast***

**CD-Tip:** *The Best Of* WB 9548–30656–2

## Crow, Sheryl

(USA, * 11. 2. 1963 in Kennett/Missouri).
Als im Jahre 1993 ihr Debütalbum »Tuesday Night Music Club« erschien, war Sheryl ›schon‹ dreißig Jahre alt. Von einer Nachwuchskünstlerin konnte man in dem Fall auch nicht sprechen, denn die studierte Musiklehrerin war als Backgroundsängerin mit Eric Clapton, Stevie Wonder, Michael Jackson oder Don Henley unterwegs gewesen. Das Debütalbum wurde von der Musikpresse beiderseits des Atlantiks gefeiert, an allen Songs hat Sheryl Crow selbst mitgeschrieben. Die Auskopplung »All I Wanna Do« brachte ihr schließlich weltweite Bekanntheit und außerdem bei der Grammy-Verleihung im Frühjahr 1995 die Preise als Record of The Year, Best New Artist und Best Pop Female Performance. Anfang 1997 hatte Sheryl alleine in den USA ihr Debütalbum über 6 millionenmal verkauft. Im September 1996 erschien ihr zweites Album »Sheryl Crow«. Die Auskopplung »If It Makes You Happy« kam in GB und in den USA in die Top 10. Nachfolger »Every Day Is A Winding Road« erreichte Ende 1996 Platz 12 in GB. Bei der Grammy-Verleihung 1997

erhielt sie zwei Auszeichnungen: beste weibliche Rockstimme für den Song »If It Makes You Happy« und bestes Rockalbum für »Sheryl Crow«. Für den James-Bond-Film »Tomorrow Never Dies«, der im Dezember 1997 in die Kinos kam, sang sie den Titelsong.

*All I Wanna Do (8/94 US 2; 9/94 D 10; 11/94 GB 4)*
*Strong Enough (12/94 US 5)*
*If It Makes You Happy (9/96 GB 9, US 10)*
*A Change Would Do You Good (7/97 GB 8)*
***AOR (Adult Orientated Rock)***

**CD-Tip:** *Tuesday Night Music Club* A&M 540 126–2

## Crowd

Am 11. 5. 1985 kam es bei einem Fußballspiel im englischen Bradford-City-Stadion zu einer Katastrophe, als ein Feuer ausbrach und mehr als fünfzig Fans ums Leben kamen, darunter elf Kinder. Über 200 Menschen wurden verletzt. Inspiriert von Band Aid und ähnlichen Projekten, organisierte Graham Gouldman von 10 cc eine Supergruppe, um den Angehörigen der Opfer zu helfen. Für die Aufnahme der Fußballhymne »You'll Never Walk Alone« – ursprünglich 1945 geschrieben von Rodgers und Hammerstein für ihr Musical »Carousel« – konnte er an die fünfzig Künstler gewinnen, darunter Paul McCartney, Kiki Dee, Tony Christie, Denny Laine, Colin Blunstone, Phil Lynott, Rick Wakeman, Rolf Harris, Smokie, Johnny Logan, Jim Diamond, John Entwhistle, Zac Starkey oder Gerry Marsden. Der hatte mit seiner Formation Gerry & The Pacemakers diesen Titel im Oktober 1963 an die Spitze der britischen Hitparade gebracht. Das gelang The Crowd im Juni 1985 ebenfalls.

*You'll Never Walk Alone (6/85 GB 1)*
***Merseybeat***

## Crowded House

NEIL FINN, v/g/p (Neuseeland, * 27. 5. 1958 in Te Awamutu); TIM FINN, v/key (Neuseeland, * 25. 6. 1952 in Te Awamutu); MARK HART, g/key (USA, * 2. 7. 1953 in Fort Scott/Kansas); PAUL HESTER, d (Australien, * 8. 1. 1959 in Melbourne); CRAIG HOOPER, g; NICK SEYMOUR, b (Australien, * 9. 12. 1958 in Benalla/Victoria).

Diese Band, deren Mitglieder aus Neuseeland bzw. Australien kommen, wurde 1985 aus den Trümmern von Split Enz gegründet. Bei Split Enz hatten die Brüder Neil und Tim Finn und Paul Hester gespielt. 1985 trennte sich Tim wegen Schwierigkeiten mit seinem Bruder von der Formation und machte Soloplatten. Die Band löste sich dann ganz auf, und Neil und Paul gründeten 1986 mit Nick und Craig Crowded House. Nach Craigs Weggang machten sie als Trio weiter. 1986 veröffentlichten sie ihr Debütalbum, auf dem die Hitsingles »Don't Dream It's Over«, im Januar 1987 ein Platz 2, und »Something So Strong«, im Mai 1987 ein Platz 7, zu finden waren. 1991 vertrugen sich die Brüder Neil und Tim wieder, und Tim schloß sich Crowded House an. Gemeinsam wurde die ausgezeichnete LP »Woodface« eingespielt, die 1991 erschien und unter die ersten 10 in GB kam. Die Singleauskopplung »Weather With You« wurde im Februar 1992 ein Platz 7 in GB. Ende 1991 hatte sich Tim allerdings wieder von der Gruppe getrennt, um weitere Solopläne zu verfolgen. Für ihn kam Mark Hart zur Band. Mit »Locked Out« gelang Crowded House im Frühjahr 1994 ein Platz 12 in GB. Im April 1994 verließ Hester die Band, die sich Mitte 1996 auflöste. Sozusagen zum Schluß erschien die Doppel-CD »Recurring Dream«, auf der einmal die großen Hits zusammengefaßt waren, zum anderen Crowded House noch einmal live zu hören war. Die daraus ausgekoppelten Singles »Instinct« – Platz

12 –, »Not The Girl You Think You Are« – Platz 20 – und der Re-Release »Don't Dream It's Over« – Platz 25 – kamen in der zweiten Hälfte des Jahres 1996 in die britischen Charts. Neil Finn kam im Juni 1998 mit dem Soloalbum »Try Whistling This«.

*Don't Dream It's Over (1/87 US 2)*
*Something So Strong (5/87 US 7)*
*Weather With You (2/92 GB 7; 8/92 CH 8)*
***AOR (Adult Orientated Rock), Soft Rock***

**CD-Tip:** *Recurring Dream* Capitol 8 52248 2

## Crown Heights Affair

WILIAM ANDERSON, g (USA); JAMES AJAX BAYNARD, tr (USA); SKIP BOARDLEY, v (USA); BERT REID, sax (USA); RAYMOND ROCK, d (USA); PHIL THOMAS, v (USA); MUKE WILSON, g/b/org (USA).
Diese R&B-Disco-Formation aus Bedford-Stuyvesant in New York City wurde um den Sänger Phil Thomas als New Day Express gegründet und später in Crown Heights Affair umbenannt. In den USA konnten sie mit keiner ihrer Platten in die Top 40 kommen. In GB gelang ihnen mit »You Gave Me Love« im Mai 1980 ein Platz 10.

*You Gave Me Love (5/80 GB 10)*
***Disco, Rhythm & Blues***

## Cruise, Julee

v (USA, * 1. 12. 1956 in Creston/Iowa).
1990 wurde in den USA, 1991 dann bei uns in Deutschland ein wahrer Kult um eine Fernsehserie ausgelöst: Die Rede ist von ›Twin Peaks‹, der von David Lynch inszenierten Geschichte um einen geheimnisvollen Mord in einer amerikanischen Kleinstadt. Neben Kirschkuchen wurde auch die Musik aus der Serie beliebt: »Falling«, gesungen von Julee Cruise, die in der Serie auch auftrat, erreichte in GB im November 1990 Platz 7. Mitproduziert wurde der Titel übrigens von David Lynch. Julee stieg 1991 als Ersatz für zumindest eine Tournee bei B-52's ein.

*Falling (11/90 GB 7)*
***AOR (Adult Orientated Rock), Pop***

## Crusaders

WILTON FELDER (USA, * 31. 8. 1940 in Houston/Texas); WAYNE HENDERSON, pos (USA, * 24. 9. 1938 in Houston/Texas); STIX HOOPER, d (USA, * 15. 8. 1938 in Houston/Texas); JOE SAMPLE, key (USA, * 1. 2. 1939 in Houston/Texas).
Die Ursprünge dieser zeitgenössischen Jazz-Funk-Gruppe aus Houston, Texas, gehen bis zum Anfang der 50er Jahre zurück. Sie nannten sich zuerst Modern Jazz Sextet, dann Nite Hawks, dann Jazz Crusaders und schließlich nur noch Crusaders. Ab 1966 war die Formation erfolgreich, verkaufte jedoch vorwiegend LPs. Ein einziges Mal sollte ihnen ein Singlerfolg beschieden sein: »Street Life« wurde im August 1979 ein Platz 5 in GB und ein Platz 36 in den USA. Auf der Plattenhülle zu »Street Life« wurde nicht erwähnt, daß der Titel von Randy Crawford gesungen wurde. Trotzdem half der Hit vor allem der Karriere von Randy. 1981 machten die Crusaders zusammen mit Joe Cocker »I'm So Glad I'm Standing Here Today«, der zwar kein Hit wurde, Joe Cocker aber wieder ins Gespräch brachte.

*Street Life (8/79 GB 5)*
***Funk, Instrumental, Jazz***

**CD-Tip:** *Crusaders – Sample A Decade* Connoisseur VSOP CD 131

## Crystals

BARBARA ALSTON, v (USA, geb. in Brooklyn/New York City); LA LA BROOKS, v (USA, geb. in Brooklyn/New York City);

Frances Collins, v (USA); Dee Dee Kennibrew, v (USA als Delores Henry, geb. in Brooklyn/New York City); Clyde Kirk, v (USA); Darlene Love, v (USA, * 26. 7. 1938 als Darlene Wright in Los Angeles/Kalifornien); Mary Thomas, v (USA, geb. in Brooklyn/New York City); Patricia Wright, v (USA, geb. in Brooklyn/New York City).

Wer bei den Crystals aus Brooklyn, einer der bekanntesten und erfolgreichsten Girl Groups Anfang der 60er Jahre in den USA, mitgesungen hat, ist heute nur noch schwer nachvollziehbar. Die meisten Stücke wurden von Barbara Alston, Darlene Love oder La La Brooks als Leadvokalistinnen gesungen. Ansonsten war es eine Devise des Produzenten Phil Spector, daß er entschied, wer was singen darf. Er hat auch immer gesagt, daß er die Rechte an dem Namen Crystals habe und somit heuern und feuern könne. Der größte Erfolg der Crystals, die Nummer »He's A Rebel«, stand im September 1962 auf Platz 1 in den USA. Geschrieben hatte den Titel Gene Pitney, Leadsängerin war Darlene Love. Die Crystals hatten 1963 noch zwei weitere Top-10-Erfolge: »Da Doo Ron Ron (When He Walked Me Home)« und »Then He Kissed Me«, beide mit Leadvocals von La La Brooks. Nach 1964 war die Erfolgszeit der Formation wieder vorbei.

*He's A Rebel (9/62 US 1)*
*Da Doo Ron Ron (When He Walked Me Home) (4/63 US 3; 6/63 GB 5)*
*Then He Kissed Me (8/63 GB 2, US 6)*
***Pop, Rock 'n' Roll***

**CD-Tip:** *The Best Of* EMI 7 80317 2

## Cuff Links

Ron Dante, v (USA, * 22. 8. 1945 als Carmine Granito in Staten Island/New York).

Diese Gruppe war zunächst nichts anderes als die mehrfach überspielte Stimme des Sängers Ron Dante, der fast parallel zur Hitzeit dieser Formation auch noch als Archies in den Charts stand. Nachdem der Titel »Tracy« im September 1969 ein Hit in den US-Charts geworden war, stellte der Produzent der Nummer schnell eine Gruppe zusammen, die in TV- und Live-Auftritten die Cuff Links darstellte. Danach verlor Ron Dante das Interesse an den Cuff Links. Für ihn kam als Ersatz Rupert Holmes. Nach zwei weiteren kleineren Hits, wovon »When Julie Comes Around« zumindest in GB noch erfolgreich wurde, war das Kapitel wieder abgeschlossen. Ron Dante hielt sich als Sänger von Werbe-Jingles über Wasser. Nachdem er zusammen mit Melissa Manchester und Valerie Simpson einen Werbespot für einen neuen Soft Drink namens Tom Boy aufgenommen hatte, freundete er sich mit dem Komponisten dieses Jingles – sein Name war Barry Manilow – an. Der Soft Drink kam über die Testphase nicht hinaus. Barry Manilow und Ron Dante produzierten hingegen gemeinsam eine ganze Latte von Hits – allerdings für Barry Manilow. Mitte der 70er Jahre wollte es Ron noch einmal wissen und nahm »Sugar Sugar« erneut auf – diesmal unter seinem Namen. Die Platte kam nicht einmal unter die ersten 100 der amerikanischen Hitparade. Ron Dante als Cuff Links, Ron Dante als Archies, Ron Dante als Produzent – alles okay. Ron Dante als Solist – nein Dante. Rupert Holmes sollte später als Solist erfolgreich werden.

*Tracy (9/69 US 9; 11/69 GB 4)*
*When Julie Comes Around (3/70 GB 10)*
***Pop***

## Cugat, Xavier

v/bl (Spanien, * 1. 1. 1900 als Francisco de Asis Javier Cugat Mingall de Bru y Deluefoe in Gerona, † 27. 10. 1990).

Der in Spanien geborene Bandleader,

Sänger und Songschreiber war als Kind nach Kuba ausgewandert und von da aus über einige Umwege nach New York. In den späten 20er Jahren spezialisierte er sich auf lateinamerikanische Musik, die er ab 1932 vorwiegend im New Yorker Waldorf-Astoria-Hotel live spielte. Schnell wurde er durch die Radiosendung ›Let's Dance‹ populär, in der er sich mit dem Orchester von Benny Goodman abwechselte. Ab 1935 begann seine Hitzeit, die bis zum Ende der 40er Jahre anhielt. Seine größten Erfolge waren »Perfidia (Tonight)« 1941, »Brazil« 1943, »Amor« 1944, »Good, Good, Good (That's You – That's You)« 1945 und »South America, Take It Away« 1946. Zu den Interpreten, die seine Titel sangen, gehörte Anfang der 40er Jahre Dinah Shore. Auch Bing Crosby ließ sich von Xavier Cugat begleiten. Das Publikum akzeptierte Cugats Arrangements als die Quintessenz lateinamerikanischer Musik, obwohl sie mit dem authentischeren afro-kubanischen Sound von Tito Puente längst nicht mithalten konnten. 1971 mußte sich der ›Rumba King‹, wie Cugat genannt wurde, wegen gesundheitlicher Probleme aus dem Musikgeschäft zurückziehen. Er investierte jedoch nach wie vor ein Vermögen in brasilianische Filme und die Herstellung amerikanischen Nougats. Xavier starb an Herzversagen.

*Perfidia (Tonight) (1/41 US 3)*
*Brazil (1/43 US 2)*
*Amor (7/44 US 10)*
*Good, Good, Good (That's You – That's You) (6/45 US 6)*
*South America, Take It Away (8/46 US 6)*
***Pop***

## Culture Beat

TANIA EVANS, v (* 28. 5. 1967); JAY SUPREME, key (USA, * 20. 5. 1965 in Paterson/New Jersey).

Tania aus GB und Jay aus den USA liehen Culture Beat zwar die Stimme – Kopf des Projektes war aber ohne Zweifel der aus Darmstadt stammende Torsten Fenslau. Der hatte ab 1988 mit Tonbandgeräten, Synthesizer, Drum-Computer und Sampler diverse Gruppen wie Out Of The Ordinary, Abfahrt, Klangwerk, Force Legato, LDC, No More Ugly Germans, Ideas For Imitators, Near Dark, Public Art, Real World produziert und/oder gemixt. Seinen ersten Charterfolg hatte er mit Out Of The Ordinary und »Play It Again (Los Ninos Mix)« (10/89 D 17). Wenig später kam die Nummer »Der Erdbeermund« (11/89 D 11) mit Culture Beat – gesprochen wurde der Villon-Text von dem Frankfurter Schauspieler Jo Van Nelsen. Es folgte der Titel »I Like You« (8/90 D 30) – und hier war dann auch erstmals Jay dabei. Schon im Jahr 1989 begann Torsten als DJ in der Frankfurter Flughafendiscothek Dorian Gray und konnte dort seine Mixe gleich beim fachkundigen Publikum testen. Im Laufe der nächsten Jahre baute Torsten seine Stellung als führender Techno-Produzent mehr und mehr aus. Er gründete sein eigenes ParaDox-Tonstudio, das Plattenlabel Abfahrt und den Get-Into-Magic-Musikverlag. Seine Stärke war laut eigener Aussage: ›das Ohr des Konsumenten zu erfassen‹. Ab Mitte 1993 hatte er das Ohr der Fans voll hinter sich – es hagelte Hit auf Hit. Torsten stand gerade ganz oben in der Gunst der Käufer, als er mit seinem Auto am 6. 11. 1993 auf der Autobahn tödlich verunglückte. Er war 29 Jahre alt. Die Nachfolge als Produzent trat sein Bruder Frank an. Ab1995 gelangen weitere Top-10-Hits. Die Nummern »Inside Out« und »Crying In The Rain« kamen auch in GB in den Bereich um Position 30.

*Mr. Vain (5/93 D 1; 7/93 CH 1; 8/93 GB 1)*
*Got To Get It (9/93 D 4; 10/93 CH 7; 11/93 GB 4)*
*Mr. Vain Remix (9/93 CH 10)*
*Anything (12/93 D 4, GB 5; 1/94 CH 7)*

*Inside Out (10/95 D 5)*
*Crying In The Rain (3/96 D 8)*
***Techno***

**CD-Tip:** *The Dream – Best Of Torsten Fenslau* Sony DAN 478 214 2

## Culture Club

BOY GEORGE, v (Großbritannien, * 14. 6. 1961 als George O'Dowd in Eltham/Kent); MICHAEL CRAIG, b (Großbritannien, * 15. 2. 1960 in Hammersmith/London); ROY HAY, g/key (Großbritannien, * 12. 8. 1961 in Southend-on-Sea/Essex); JON MOSS, d (Großbritannien, * 11. 9. 1957 in Wandsworth/London).

Der Kopf dieser im Jahre 1981 in London gegründeten Formation, Boy George, begann seine Karriere als kurzfristiges Mitglied bei Bow Wow Wow und gründete dann mit dem Ex-Discjockey Mikey Craig In Praise Of Lemmings. Nachdem mit John Suede ein Gitarrist hinzugekommen war, änderten sie den Namen in Sex Gang Children. Nun kam noch der Schlagzeuger Jon Moss hinzu, und George, inzwischen sind wir im Jahre 1981, nannte die Band nun Culture Club. Suede verließ die Formation und wurde durch Roy Hay ersetzt. Noch im selben Jahr nahmen sie ihre erste Single auf, die jedoch von ihrer Plattenfirma nicht veröffentlicht wurde. 1982 unterschrieben sie einen neuen Vertrag, und ihre erste Single erschien. Sie wurde ein Flop, ebenso der Nachfolger. Im Oktober 1982 kam dann »Do You Really Want To Hurt Me« auf den Markt, wurde Spitzenreiter in GB und in Deutschland und erreichte Platz 2 in den USA. Danach erschienen mit »Time (Clock Of The Heart)« 1982, »Church Of The Poison Mind«, »Karma Chameleon« und »Victims« 1983, »It's A Miracle«, »Miss Me Blind« und »War Song« 1984 und »Move Away« 1986 weitere Top-10-Erfolge. Anfang 1987 verkündete Boy George, daß er ab sofort nur noch als Solist arbeiten wolle. Das tat er dann auch sowohl unter seinem Namen als auch unter dem Namen Jesus Loves You.

*Do You Really Want To Hurt Me (9/82 GB 1; 11/82 CH 1, D 1, US 2)*
*Time (Clock Of The Heart) (11/82 GB 3; 4/83 US 2)*
*Time (3/83 CH 9)*
*Church Of The Poison Mind (4/83 GB 2; 10/83 US 10)*
*I'll Tumble 4 Ya (7/83 US 9)*
*Karma Chameleon (9/83 GB 1, D 2; 10/83 CH 1; 12/83 US 1)*
*Victims (12/83 GB 3)*
*It's A Miracle (3/84 GB 4)*
*Miss Me Blind (3/84 US 5)*
*The War Song (10/84 GB 2; 11/84 CH 10)*
*Move Away (3/86 GB 7)*
***New Romantic, Pop***

**CD-Tip:** *Spin Dazzle* Virgin 263 007

## Cummings, Burton

v/key (Kanada, *31. 12. 1947 in Winnipeg/Manitoba).

Cummings kam im Frühjahr 1966 für Chad Allen zu der 1963 gegründeten Formation Guess Who – und mit ihm die Hits. 1975 löste Burton Cummings die Gruppe auf und machte als Solist weiter. Seinen größten Hit hatte er im Oktober 1976 mit »Stand Tall«, ein Platz 10 in den USA. Im April 1985 hörte man mal wieder etwas von Burton: Zusammen mit anderen kanadischen Musikern nahm er die Benefizplatte »Tears Are Not Enough« auf. Das Projekt sollte an USA For Africa mit »We Are The World« heranreichen, wurde aber ein internationaler Flop, obwohl neben Burton Musiker wie Neil Young, Bryan Adams, Joni Mitchell, Anne Murray oder Gordon Lightfoot mitarbeiteten.

*Stand Tall (10/76 US 10)*
***Soft Pop***

## Cupid's Inspiration

WYNDHAM GEORGE, g (Großbritannien, *20. 2. 1947); ROGER GRAY (Großbritannien, *29. 4. 1949); LAUGHTON JAMES, b (Großbritannien, *21. 12. 1946); T. (TERRY) RICE-MILTON, v (Großbritannien, *5. 6. 1946); GARFIELD TONKIN, p (Großbritannien, *28. 9. 1946).

Die britische Formation Cupid's Inspiration brachte es mit »Yesterday Has Gone«, einer Coverversion des Titels von Little Anthony & The Imperials, im Juni 1968 auf einen Platz 4 in den britischen Charts. Den Erfolg dieser Debüt-Single konnte das Quintett trotz aller Bemühungen nicht wiederholen. Ende 1968 löste sich die Gruppe auf, und kurze Zeit später tauchten Terry und Roger mit den Neuzugängen Bernie Lee (g) und Gordon Haskell (b) wieder auf, um es mit einem progressiveren Stil zu versuchen. Auch das funktionierte nicht, und man trennte sich wieder. Rice-Miltons Soloversuche scheiterten, während Haskell, der früher mit Fleur De Lys gespielt hatte, zu King Crimson ging.

*Yesterday Has Gone (6/68 GB 4)*
***Pop***

## Cure

PERRY BAMONTE, key (Großbritannien, *6. 9. 1960 in London); MICHAEL DEMPSEY, b (Großbritannien); SIMON GALLUP, b (Großbritannien, *1. 6. 1960 in Surrey); MATHIEU HARTLEY, key (Großbritannien); PETER O'TOOLE, v (Großbritannien); ROBERT SMITH, v/g (Großbritannien, *21. 4. 1959 in Blackpool); PORL THOMPSON, g (Großbritannien, *8. 11. 1957 in London); PHIL THORNALLEY, b (Großbritannien); LAURENCE TOLHURST, d (Großbritannien, *3. 2. 1959); BORIS BRANSBY WILLIAMS, d (Frankreich, *24. 4. 1958 in Versailles).

1976 begann diese Formation als Easy Cure. Die Gründungsmitglieder hatten gerade ihre Schule fertig, als sie im ›Melody Maker‹ die Anzeige der deutschen Plattenfirma Hansa Records lasen, die unter der Überschrift ›Wanna Be A Recording Star?‹ nach neuen Bands suchte. Sie bewarben sich mit einem Demo, auf dem als vierter Mann der Sänger Peter O'Toole zu hören war. Sie erhielten einen Vertrag und 1000 Pfund, für die sie sich erst einmal Instrumente zulegten. Dann verließ Peter O'Toole die Gruppe und ging nach Israel in einen Kibbuz. Robert Smith übernahm nun den Leadgesang. Hansa ließ die Gruppe fallen, weil sie nicht bereit war, das aufzunehmen, was die Firma gerne gehabt hätte. Jetzt verließ Porl Thompson die Band und ließ den Rest, der sich auf Cure abkürzte, als Trio zurück. Im September 1978 nahmen sie ihre erste Platte auf, und im Dezember erschien mit »Killing An Arab« die von Albert Camus' ›Der Fremde‹ beeinflußte Debüt-Single, die ein Flop war. Im Juni 1979 erschien ihre Debüt-LP. Im November desselben Jahres schmiß Smith Dempsey aus der Band. Für ihn kam Simon Gallup und mit Mathieu Hartley ein Keyboarder hinzu. Im April 1980 tauchten sie zum ersten Mal in der britischen Singlehitparade auf. Im Laufe der nächsten Monate und Jahre wechselten noch diverse Mitglieder, und Robert Smith beteiligte sich an anderen Projekten wie z. B. The Cult Heroes. Erst 1983 sollte der Band mit »The Love Cats« ihren ersten Top-10-Hit haben, weitere wurden im April 1989 »Lullaby«, im März 1992 »High« und zwei Monate später »Friday I'm In Love«. Im Februar 1991 wählte man sie zur besten britischen Band. Mitte 1996 erschien das Album »Wild Mood Swings«. Die erfolgreichste Auskopplung daraus war »The 13th«, ein Platz 15 in GB.

*The Love Cats (10/83 GB 7)*
*Lullaby (4/89 GB 5; 5/89 D 3)*
*Love Song (8/89 US 2)*

*High (3/92 GB 8)*
*Friday I'm In Love (5/92 GB 6)*
***Pop, Rock, Techno***

**CD-Tip:** *Show* Fiction Records 519 951–2

## Curiosity

MIGUEL JOHN DRUMMOND, d (Großbritannien, *27. 1. 1964 in Middlesex); JULIAN GODFREY-BROOKHOUSE, g (Großbritannien, *13. 5. 1963 in London); BEN VOLPELIERE-PIERROT, v (Großbritannien, *19. 5. 1964 in London).

Nachdem Bassist Nicholas Throp Curiosity Killed The Cat verlassen hatte, strich die Band ›Killed The Cat‹ und machte als Trio weiter. Mit der Johnny-Bristol-Nummer »Hang On In There Baby« schafften sie im April 1992 einen Platz 3 in der britischen Hitparade.

*Hang On In There Baby (4/92 GB 3)*
***Pop***

## Curiosity Killed The Cat

MIGUEL JOHN DRUMMOND, d (Großbritannien, *27. 1. 1964 in Middlesex); JULIAN GODFREY-BROOKHOUSE, g (Großbritannien, *13. 5. 1963 in London); NICHOLAS BERNARD THROP, b (Großbritannien, *25. 10. 1964 in London); BEN VOLPELIERE-PIERROT, v (Großbritannien, *19. 5. 1964 in London).

Die Band Curiosity Killed The Cat fand sich 1984 zusammen und erregte in ihrer Heimat GB erstmals nationales Aufsehen, als sie im November 1986 im Vorprogramm von Alison Moyet tourte. Zum selben Zeitpunkt erschien ihre Single »Down To Earth«, die es bis auf Platz 3 in GB brachte. »Misfit« wurde Mitte 1987 ein Platz 7 in GB. Lobend wurde in der britischen Presse hervorgehoben, daß die Gruppe eine Kombination aus Funk, Soul und Pop spielte. Aber auch Ausflüge in Midtempo-Pop und Jazz waren keine Seltenheit. Das könnte man vielseitig, aber auch richtungslos nennen. Im September 1989 kam die Single »Name And Number« auf den Markt, auf der bereits das Killed The Cat nur noch klein zu lesen war. 1992, nachdem Throp die Band verlassen hatte, nannte sie sich dann endgültig nur noch Curiosity.

*Down To Earth (12/86 GB 3)*
*Misfit (6/87 GB 7)*
***Pop***

**CD-Tip:** *Keep Your Distance* Mercury 832 025–2

## Curved Air

IAN ERYE, b (Großbritannien); SONJA KRISTINA, v (Großbritannien, *14. 4. 1949 in Brentwood/Essex); FRANCIS MONKMAN, key (Großbritannien, *9. 6. 1949 in Hampstead/London); FLORIAN PILKINGTON-MIKSA, d (Großbritannien, *3. 6. 1950 in Rochampton/London); DARRYL WAY, vln (Großbritannien, *17. 12. 1948 in Taunton/Somerset); MIKE WEDGEWOOD, b (Großbritannien, *19. 5. 1950 in Derby).

Diese Gruppe kam im März 1970 zusammen und hatte sich zum Ziel gesetzt, mit Elektronik neue Klangbilder in der Popmusik zu schaffen. Allein die elektrische Violine von Darryl Way brachte Verfremdungen und Kreationen, die für die Popmusik neu waren. Es gelang ihnen, diesen elektronischen Rock mit klassischen Elementen zu mischen und aus dem, was andere experimentelle Musiker wie Stockhausen, John Cage, Cornelius Cardew, Ligetti oder Terry Riley entwickelt hatten, für sich einen neuen Sound zu schaffen. Francis Monkman, ein Absolvent der Royal Academy of Music, war schon damals davon überzeugt, daß der Computer in der Rockmusik eine entscheidende Rolle spielen würde. Er sagte damals: ›Der

Computer kann zwar nichts Eigenes schaffen, ohne vorprogrammiert zu sein. Aber ich sehe nicht ein, warum ich das, was wir Emotionen nennen, nicht in eine Computersprache umsetzen kann.‹ Die Musik von Curved Air war nicht sonderlich kommerziell, brachte aber einige sehr schöne Langspielplatten hervor. Im August 1971 hatte die Band mit »Back Street Luv« einen Platz 4 in der britischen Hitparade. 1977 trennte sich die Gruppe. Kristina versuchte erfolglos, eine Solokarriere in Gang zu setzen, und Monkman formierte die Gruppe Sky, während der Schlagzeuger der letzten Tage, Stewart Copeland, der erfolgreichen Formation Police beitrat.

*Back Street Luv (8/71 GB 4)*
***Rock***

## Cutting Crew

Martin Beedle, d (Großbritannien, *18. 9. 1961 in Hull/England); Colin Farley, v/b (Großbritannien, *24. 2. 1959); Kevin Scott MacMichael, g (Kanada, *7. 11. 1951 in Halifax); Nick Van Eede, v/g (Großbritannien, *14. 6. 1958 in East Grinstead/Sussex).

1986 wurde das junge englisch-kanadische Quartett Cutting Crew mit dem Titel »(I Just) Died In Your Arms« über Nacht erfolgreich. Die Platte erreichte Platz 4 in GB und in Deutschland und im März 1987 gar Platz 1 in den USA. Die Band wurde als die Neuentdeckung des Jahres 1986 gefeiert. In der Folgezeit erschienen weitere sehr schöne Platten von Cutting Crew. Ein Top-10-Hit wollte ihnen in GB jedoch nicht mehr gelingen. Die Ballade »I've Been In Love Before« erreichte im September 1987 Platz 9 in den USA. Auf der 1992 erschienenen LP »Compus Mentus« wurden als Mitglieder der Band nur noch Van Eede und MacMichael genannt. Diese beiden spielten auf der Platte mit wechselnden Studiomusikern. 1993 wurde das Ende der Gruppe verkündet. Van Eede wurde eine Zeit lang als Nachfolger von Phil Collins bei Genesis gehandelt und war sogar bei einem Vorsingtermin – das Projekt wurde aber erst einmal aus Eis gelegt. MacMichael spielte für zwei Jahre in der Band von Robert Plant, ging dann aber zurück nach Kanada und arbeitete dort an unterschiedlichsten Projekten. Beedle spielte in seiner Zeit nach Cutting Crew Schlagzeug für Zucchero, John Wilson und dem weiblichen Bluesrock-Duo Never The Bride. Farely spielte als Sessionmusiker, half der ehemaligen Pet-Shop-Boys-Backgroundsängerin Sylvia Mason und produzierte die Brit-Pop-Band Space Babies.

*(I Just) Died In Your Arms (8/86 D 4, GB 4; 11/86 CH 4; 3/87 US 1)*
*I've Been In Love Before (9/87 US 9)*
***Pop, Rock***

**CD-Tip:** *Broadcast* Virgin 258 019 2

## Cutugno, Toto

v (Italien, *7. 7. 1944 in La Spezia).

Schon Anfang der 60er Jahre entschloß sich Toto für den Beruf des Songschreibers. Ein guter Entschluß, denn Adriano Celentano, Ricchi E Poveri, Gigliola Cinquetti, Mireille Mathieu, Johnny Hallyday oder Domenico Modugno übernahmen von ihm Songs. Seine erste eigene Band hieß Tote E I Tati. Über die Grenzen Italiens hinaus wurde er bekannt, nachdem Joe Dassin seine Komposition »L'Été Indien« zu einem internationalen Hit gemacht hatte. 1976 gründete er die Gruppe Albatros, die im selben Jahr beim San Remo Song Contest auftrat und mit dem Lied »Volo AZ 504« den dritten Platz belegte. Ab 1979 war Toto auch als Solist erfolgreich. 1990 gewann er mit »Insieme: 1992« den Grand Prix Eurovision in Zagreb. Im Jahr darauf moderierte er zusammen mit Gigliola Cinquetti die Veranstaltung in Rom – und gehörte mit seiner Partnerin zum Besten des Abends.

*Solo Noi (4/80 CH 2)*
*Innamorati (8/80 CH 6)*
*Flash (1/81 CH 6)*
*L'Italiano (3/83 CH 1)*
*Insieme: 1992 (6/90 CH 2)*
***Grand Prix, Pop, Schlager***

**CD-Tip:** *Non E Facile Essere Uomini* EMI 7 98456 2

## Cygnet

*Hypnotique (6/95 CH 10)*

## Cyrkle

DON DANNEMAN, g/p (USA, *9. 5. 1944 in Brooklyn/New York); TOM DAWES, v/g/bj (USA, *25. 7. 1944 in Albany/New York); MARTY FRIED, d (USA, geb. in Wayside/ New Jersey); EARL PICKENS, g (USA).

Dawes, Danneman und Fried gründeten während ihrer Collegetage in Lafayette, Pennsylvania, in den frühen 60er Jahren eine Gruppe, die sie Rondells nannten. 1966 spielten sie in Trude Hellers Discothek in New York City und dort sah sie der Beatles-Manager Brian Epstein. Er nahm sie als seine erste amerikanische Gruppe unter Vertrag und schlug ihnen vor, ihren Namen in Cyrkle zu ändern. Ihre erste Veröffentlichung war eine Paul-Simon-Komposition, »Red Rubber Ball«, die Mitte 1966 bis auf Platz 2 in der amerikanischen Hitparade kam. Cyrkle wurde nun von Epstein aufgefordert, die Beatles während ihrer 1966er Amerikatournee zu begleiten. Zu diesem Zeitpunkt nahm man als weiteren Gitarristen Earl Pickens in die Band, der aber schnell durch Mike Losekamp ersetzt wurde. Dann starb 1967 Brian Epstein. Die Gruppe war wie paralysiert und löste sich kurz darauf auf. Danneman und Dawes wurden in den 70er Jahren unabhängige Plattenproduzenten.

*Red Rubber Ball (5/66 US 2)*
***Pop***

## Cyrus, Billy Ray

v (USA, *25. 8. 1961 in Flatwoods/Kentucky).

Er wurde die Entdeckung des Jahres 1992 in der Country Music. Ähnlich wie Garth Brooks gehört er zur neuen Generation der Country-Musiker, die auch schon rein optisch mit den klassischen Rhinestone-Cowboys wenig gemein haben. Der Titel »Achy Breaky Heart«, der im Mai 1992 in die amerikanische Hitparade kam, Platinstatus erreichte und auch in GB bis auf Platz 3 hochschoß, dürfte allerdings keine typische Country-Nummer sein. Er erinnert in der Art und Weise, wie danach getanzt wird, an einen der alten Reihentänze der 60er Jahre. Billy, der mit Zopf und Dreitagebart auftritt, verkörpert den Typus, den die Fans in ihren Country-Kneipen bis Anfang der 90er Jahre rausgeschmissen hätten. Ob mit dem Abebben der Achy-Breaky-Heart-Tanzwelle Billy Ray Cyrus überleben würde, war nicht gewiß. Schon seine nächste Aufnahme »Could've Been Me« kam in der amerikanischen Pophitparade nur bis auf Platz 72, in GB bis auf 24. 1993 erschien mit »I Won't Be The Last« eine weitere CD. Darauf die schöne Nummer »When I'm

Gone«, die auch Elvis Presley gut gestanden hätte. Wohl aus diesem Grund ließ sich Billy von den Jordanairs begleiten, die auf vielen frühen Titeln Elvis gesanglich unterstützt hatten. Sein 1992 erschienenes Debütalbum »Some Gave All« verkaufte sich bis Ende 1996 alleine in den USA 9 millionenmal.

*Achy Breaky Heart (5/92 US 4; 7/92 GB 3)*
***AOR (Adult Orientated Rock), Country***

**CD-Tip:** *Some Gave All* Mercury 314–510 635–2

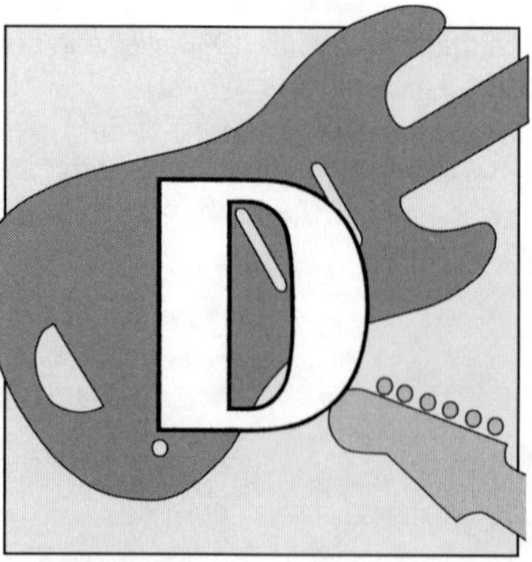

## D'Angelo

D'ANGELO, v (USA, *11. 2. 1974 als Michael D'Angelo Archer in Richmond/Virginia).

Mitte 1995 veröffentlichte D'Angelo sein Debütalbum »Brown Sugar«. Das ausgekoppelte Stück »Lady« blieb sein bisher einziger Top-10-Erfolg. Das Album wurde von der Plattenfirma folgendermaßen erklärt: ‹«Brown Sugar« ist nicht einfach nur ein Album, sondern ein aufeinander abgestimmter Songzyklus, gebildet aus zehn mit großer Sorgfalt zusammengefügten Kompositionen, die der Lust und der Leidenschaft unserer Jetzt-Zeit buchstäblich zu Leibe rücken.‹ Aha! Und für was steht dann die Nummer »Sh*t, Damn, Motherf*cker« auf dieser CD?

*Lady (3/96 US 10)*
***Soft Soul***

**CD-Tip:** *Brown Sugar* EMI 8 32629 2

## D'Angio, Pino

*Ma Quale Idea (2/81 CH 5)*

## D'Arby, Terence Trent

v (USA, *15. 3. 1962 in New York City).

Der Sänger und Songschreiber versuchte sich als Journalist, Boxer und Soldat. In letzterer Funktion schickte ihn die Army in die Bundesrepublik. Noch während seiner Militärzeit stieg er in die Frankfurter Band Touch ein. Anfang 1987 tauchte Terence dann, inzwischen in London ansässig, als Solist auf. Nach seinen ersten Hits wurde er als die ›Zukunft des Soul‹ gefeiert. »If You Let Me Stay« war im Februar 1987 sein erster Top-10-Hit in GB. Im März desselben Jahres erreichte »Wishing Well« Platz 4 in GB, und als die Platte auch in den USA erschien, kletterte sie im Frühjahr 1988 dort sogar auf Platz 1. »Sign Your Name« war in der ersten Hälfte 1988 ein Top-10-Erfolg in GB, Deutschland und in den USA. In Interviews gab sich Terence nach diesen Erfolgen recht arrogant. Das brachte ihm in Presseberichten die wenig schmückenden Beinamen ›Großmaul‹ oder ›Schönling‹, aber auch ›New Prince Of Pop‹, ›Jahrzehntereignis‹ oder ›Soulwunder‹ ein. Ende 1989 veröffentlichte er eine von seiner Plattenfirma heiß erwartete zweite LP. Die Fans hatten offensichtlich nicht darauf gewartet, denn sie floppte. 1993 erschien die dritte LP »Symphony Or Damn«. Die vier Auskopplungen »Do You Love Me Like You Say?«, »Delicate« – hier sang Terence mit Des'ree zusammen –, »She Kissed Me« und »Let Her Down Easy« standen alle im selben Jahr unter den ersten 20 der britischen Charts. Mitte 1995 erschien dann »Vibrator«. Auch hieraus wieder einige Singleauskopplungen. Die erfolgreichste war »Holding On To You«, Platz 20 in GB.

*If You Let Me Stay (3/87 GB 7)*
*Wishing Well (6/87 GB 4; 8/87 CH 5; 1/88 US 1)*
*Sign Your Name (1/88 GB 2, D 7; 2/88 CH 8; 5/88 US 4)*
***Soft Soul***

**CD-Tip:** *Introducing The Hardline According To Terence Trend D'Arby* CBS 450 911 2

## D-Mob

DANNY D., dj/mix (Großbritannien als Poku); GARY HAISMAN, v (Großbritannien).
D-Mob ist ein Projekt des Songschreibers, Mixers, Produzenten und Discjockeys Danny D. Da auf seinen Platten als Songautor immer ein D. Poku genannt wird, steht zu vermuten, daß Danny Poku sein vollständiger Name ist. Er arbeitete in verschiedenen Londoner Discotheken und für die Plattenfirma Chrysalis. Diesen Job schmiß er erst im Januar 1989 hin, nachdem er mit dem Titel »We Call It Acieed« im August 1988 einen Platz 3 in der britischen Hitparade geschafft hatte. Für seine Aufnahmen suchte sich Danny D. stets geeignete Sänger. So wurde der erste Hit von Gary Haisman gesungen, einem Clubmanager der Londoner Dance-Szene. Für seinen zweiten Hit, »It's Time To Get Funky«, verpflichtete er die britische Rap-Gruppe LRS. Sein dritter Top-10-Erfolg wurde »Put Your Hands Together«. Den Gesangspart übernahm darauf Nuff Juice, eine britische Gesangsgruppe. Vor dieser Aufnahme erschien im Oktober 1989 die Nummer »C'mon And Get My Love«, die in GB Platz 15, in den USA aber die Top 10 erreichte. Hier war als Leadsängerin Cathy Dennis zu hören, die ab 1991 mit Soloplatten sehr erfolgreich wurde. 1994 kamen D-Mob und Cathy erneut zusammen, und mit »Why« gelang ihnen im Februar des Jahres noch einmal ein Top-30-Hit in GB.

*We Call It Acieed (10/88 GB 3)*
*It Is Time To Get Funky (6/89 GB 9)*
*C'mon And Get My Love (12/89 US 10)*
*Put Your Hands Together (1/90 GB 7)*
***Dance***

**CD-Tip:** *A Little Bit Of This, A Little Bit Of That* FFRR 828159.2

## D. J. Bobo

D.J. BOBO, v/dj (Schweiz, *5. 1. 1968 als René Baumann in Kölliken).
Die Mutter ist Schweizerin, der Vater Italiener. D.J. Bobo ist Produzent, Komponist, Texter, Sänger und Tänzer. Er verstand es, mit seiner Show durch perfekte Choreographie, Akrobatik, Feuerwerke und A-cappella-Gesangseinlagen das Publikum zu begeistern und es in das Geschehen auf der Bühne mit einzubeziehen. Neben ihm stehen dabei auf der Bühne: eine Band aus acht Musikern, dazu zwei Tänzerinnen und zwei Begleitsängerinnen. Seine Platten konnten sich in fast ganz Europa unter den ersten 10 plazieren. Unter denen, die in den Charts als ›DJ Soundso‹ firmieren, ragt Bobo heraus. Diese Ausnahmestellung bestätigte er auch in den Jahren 1995 und 1996. Neben den unten erwähnten Top-10-Hits schaffte er in Deutschland mit »Take Control« (1/94 D 12), »There Is A Party« (6/95 D 17) und »Love Is The Price« (1/96 D 11) weitere Hitnotierungen. Zusammen mit VSOP gelang ihm im Herbst 1997 der Hit »Shadows Of The Night« (9/97 D 23).

*Somebody Dance With Me (2/93 CH 1; 6/93 D 4)*
*Keep On Dancing (8/93 CH 2, D 5)*
*Take Control (1/94 CH 4)*
*Everybody (6/94 D 2, CH 3)*
*Let The Dream Come True (10/94 CH 1, D 4)*
*Love Is All Around (2/95 D 10)*
*Freedom (9/95 D 8; 10/95 CH 4)*
*Pray (9/96 CH 2, D 3)*
*It's My Life (5/97 CH 7)*
*Shadows Of The Night (9/97 CH 7)*
*Where Is Your Love (4/98 CH 3)*
***Dance***

**CD-Tip:** *World In Motion* EAMS 4000–2

## D. J. Igo

Es handelt sich hierbei um eine Kunstformation. Sänger des Stückes ist Roy Lembo, ansonsten Sänger in der Schweizer Gruppe Too Shy. Der Name Igo war eine Anspielung auf den Bundesrat Ogi, der für das Ressort Sport zuständig war. Zur Fußball-WM 1994, an der die Schweiz teilnahm, kam dann D.J. Igo mit dem genannten Hit.

*Freude herrscht (ohne wenn und aber) (9/94 CH 1)*

## D.R.S.

BLUNT, v (USA); DEUCE DEUCE, v (USA); ENDO, v (USA); JAIL BAIT, v (USA); PIC, v (USA).

Die Texte dieses aus New York stammenden Quintetts waren derart frauenfeindlich, daß sich die deutsche Vertretung von Capitol Records weigerte, die Platten hier zu veröffentlichen. Offensichtlich stand hier der Name der Band für das Programm. D.R.S. steht nämlich für Dirty Rotten Scoundrels, und das sind versaute Schurken. Muß man in der Tat nicht haben.

*Gangsta Lean (10/93 US 4)*
***Rap***

## D:ream

PETER CUNNAH (Großbritannien, *30. 8. 1966 in Belfast); ALAN MACKENZIE, dj (Großbritannien).

Mit wechselnden Sängerinnen und Sängern nahmen diese Gruppe ab 1992 diskothekentaugliche Titel auf. Dabei wurden sie von Gospel ebenso beeinflußt wie von Trance-Grooves. Heraus kamen melodiöse Popsongs. Ihre erste Hitnotierung war »U R The Best Thing« (7/92 GB 72 – als Remix 4/93 GB 19). Es folgte die Nummer »Things Can Only Get Better« (1/93 GB 24 – als Remix 1/94 GB 1, D 20). In der zweiten Hälfte des Jahres 1993 standen »Unforgiven« (7/93 GB 29) und »Star/I Like It« (10/93 GB 26) unter den ersten 30 der britischen Charts. Der Ohrwurm »Things Can Only Get Better« brachte dem Duo in einer Remixversion Anfang 1994 einen ersten Spitzenreiter in GB. Es folgte mit einem erneuten Remix von »U R The Best Thing« (3/94 GB 4) wieder eine aufgewärmte Nummer von D:ream. »Take Me Away« (6/94 GB 18) und »Blame It On Me« (9/94 GB 25) waren weitere Erfolge 1994 in GB. 1995 hatte D:ream drei weitere Hitnotierungen: »Shot Me With Your Love« (7/95 GB 7), »Party Up The World« (9/95 GB 20) und »The Power (Of All The Love In The World)« (11/95 GB 40).

*Things Can Only Get Better (Remix) (1/94 GB 1)*
*U R The Best Thing (3/94 GB 4)*
*Shot Me With Your Love (7/95 GB 7)*
***Dance***

**CD-Tip:** *D:ream On Vol. 1* Magnet 4509–93371–2

## Da Brat

DA BRAT, rap (USA als Shawntae Harris).

Die junge Rapperin galt als die Neuentdeckung des Jahres 1994 im Bereich Urban Soul. Entdeckt wurde sie von dem Produzenten Jermaine Dupri, der auch schon Kris Kross gefördert hatte. Im selben Jahr erschien Da Brats Debüt-CD »Funkdafield«. Der Titelsong brachte es als Auskopplung bis in die amerikanischen Top 10 und zu Platinstatus. Gesampelt wurde bei der Nummer »Between The Sheets« von den Isley Brothers. Nachfolger »Fa All Y' All«, ebenfalls aus dem Debütalbum, kam schon nur noch in die Top 40. »Give It 2 You« schaffte es 1995 knapp unter die ersten 30 der US-Popcharts, wurde aber trotzdem vergoldet.

Im Hintergrund sang bei dieser Nummer Trey Lorenz mit.

*Funkdafield (6/94 US 6)*
***Rap***

**CD-Tip:** *Funkdafield* Columbia 476 980

## Da Hool

DA HOOL, dj (Deutschland als Frank Tomiczek).
Da Hool begann unter dem Namen D.J. Hooligan im Jahre 1990 als Produzent. Er führte Regie bei etlichen Projekten, war dann in den Diensten von East West Records und ist inzwischen Besitzer seines eigenen Plattenlabels B-Sides. Seine erste Hitnotierung hatte er als D.J. Hooligan mit der Aufnahme »Rave Nation« (11/94 D 16). Als 1997 die Love Parade in Berlin zu einem Medienspektakel wurde, erreichte sein »Meet Her At The Love Parade« die deutschen Top 10. Laut eigener Aussage ist er stolz, der ersten Techno-Generation anzugehören. Der Titel kam im Februar 1998 bis auf Platz 15 der britischen Charts. »Bora Bora« (11/97 D 21) war ein weiterer Hit in Deutschland.

*Meet Her At The Love Parade (8/97 D 4)*
***Techno***

## Dactyl, Terry

v (Großbritannien, *14. 3. 1947 als Jona Lewie).
Mit der an das musikalische Gefühl von »In The Summertime« erinnernden Nummer »Seaside Shuffle« hatten Terry Dactyl & The Dinosaurs im Sommer 1972 ihren einzigen Top-10-Erfolg. Im Januar 1973 gelang mit »On A Saturday Night« ein weiterer kleiner Hit. Danach verließ Jona die Gruppe, gründete 1976 die Jive Bombers und unterschrieb ein Jahr später einen Vertrag als Solist. Weitere Informationen siehe unter Jona Lewie.

*Seaside Shuffle (7/72 GB 2)*
***Pop***

## Daddy Dewdrop

DADDY DEWDROP, v (USA als Richard Monda, geb. in Cleveland/Ohio).
Daddy Dewdrop (*1952) hatte mit der Bubblegum-Novelty-Nummer »Chick-A-Boom (Don't Ya Jes' Love It)« im März 1971 einen Platz 9 in der amerikanischen Hitparade. Er war als Songschreiber und Produzent für eine Zeichentrickserie des Senders CBS engagiert, die »Sabrina & The Groovy Ghoulies« hieß und die immer Samstagvormittag lief. In einer dieser Folgen ließ Dewdrop die Groovy Ghoulies den Song »Chick-A-Boom (Don't Ya Jes' Love It)« singen – und das Publikum wollte das Stück als Platte haben. Ein weiterer Hit wollte ihm nicht gelingen, und damit reihte er sich in die Garde der One-Hit-Wonder ein. Eine Coverversion des Hits wurde Mitte 1975 noch einmal ein Top-40-Hit in GB. Interpreten waren 53rd And 3rd – dahinter verbarg sich mal wieder Jonathan King.

*Chick-A-Boom (Don't Ya Jes' Love It) (3/71 US 9)*
***Bubblegum***

## Daffan, Ted

g (USA, *21. 9. 1912 als Theron Eugene Daffan in Beauregarde Parish/Louisiana, †6. 10. 1996).
Ted wuchs in Houston/Texas auf und spielte zwischen 1934 und 1940 in diversen Country-Bands. Schon 1939 experimentierte er mit einer elektrischen Verstärkung für seine Gitarre und gehört damit zu den Pionieren der E-Gitarre. Und ebenfalls schon 1939 schrieb er den »Truck Driver's Blues«. Damit war er einer der ersten, der spezielle Songs für die Trucker schrieb, aufnahm und damit einen Hit

hatte. Ab 1940 bis in die späten 50er hatte er seine eigene Band The Texans. Ted war in den 40er Jahren einer der erfolgreichsten und besten Songschreiber für den C&W-Markt. Mit den Texans gelang ihm im Juli 1943 der Millionseller »No Letter Today«. 1943 schrieb er die Nummer »Born To Lose« (8/43 US 19), die 1962 ein Hit für Ray Charles wurde. 1958 gründete er zusammen mit Hank Snow einen Musikverlag, ab 1961 machte er in Houston einen eigenen Verlag. Er starb im Herbst 1996 an Krebs.

*No Letter Today (7/43 US 9)*
***Country***

## Daft Punk

THOMAS BANGALTER, key (Frankreich); GUY-MANUEL DE HOMEM-CHRISTO, key (Frankreich).

Die Mitglieder dieses Duos trafen sich erstmals 1987, als sie gerade 14 Jahre alt waren und noch zur Schule gingen. 1992 gründeten sie mit Darlin' ihre erste Gruppe und veröffentlichten unter diesem Namen eine Single. 1993 unterschrieben sie einen Vertrag bei einer kleinen schottischen Plattenfirma. Diese veröffentlichte 1994 mit »New Wave« die erste Single des Duos als Daft Punk. Ihre erste LP hieß »Homework«. Sie erschien Anfang 1997 und brachte es gleich unter die ersten 10 in GB. Von der Trendpresse wurde das Duo als ›absolute Reinkarnation von Disco‹ beschrieben. Mit Punk jedenfalls hatten sie nichts am Hut.

*Da Funk/Musique (2/97 GB 7)*
*Around The World (4/97 GB 5)*
***Dance, Disco***

## Dale & Grace

GRACE BROUSSARD, v (USA, geb. in Prairieville/Louisiana); DALE HOUSTON, v (USA, geb. in Ferriday/Louisiana).

Das aus Louisiana stammende, am Rhythm & Blues orientierte Popduo Dale & Grace (beide geboren 1944) hatte im Oktober 1963 einen Spitzenreiter in der amerikanischen Hitparade mit »I'm Leaving It Up To You«. Auch der Nachfolgesong »Stop And Think It Over« erreichte drei Monate später eine Top-10-Plazierung. Danach gelang ihnen kein weiterer Top-40-Erfolg mehr.

*I'm Leaving It Up To You (10/63 US 1)*
*Stop And Think It Over (1/64 US 8)*
***Pop, Rhythm & Blues***

## Dale, Alan

v (USA, *9. 7. 1925 als Aldo Sigiamundi in Brooklyn/New York City).

Dale hatte schon Anfang der 40er Jahre – er war gerade 16 – regelmäßig Jobs in Coney Island, dem damaligen Ausflugsziel der New Yorker. 1943 trat er in die Band von Carmen Cavallaro ein. Zwischen 1944 und 1946 sang er mit George Paxton. Ab 1946 arbeitete Alan Dale als Solist, sang hin und wieder aber auch noch auf Plattenaufnahmen anderer Interpreten, z. B. mit Ray Bloch, der mit der Single »Kate (Have I Come Too Early Too Late)« im September 1947 einen Platz 11 in der amerikanischen Hitparade hatte. Ab 1948 wird Alan mit Solo-Hits verzeichnet. Seine größten Erfolge waren »Heart Of My Heart«, im Dezember 1953 Platz 10 und aufgenommen zusammen mit Don Cornell und Johnny Desmond, und »Sweet And Gentle«, ebenfalls Platz 10 im Juli 1955. Von 1948 bis 1951 hatte er seine eigene Fernsehshow in den USA. 1950 und 1951 lief außerdem noch das Quiz »Sing It Again«, das er moderierte.

*Heart Of My Heart (12/53 US 10)*
*Sweet And Gentle (7/55 US 10)*
***Pop***

## Dale, Jim

v (Großbritannien, *15. 8. 1935 als Smith in Kettering).

Jim wollte unbedingt ein Allround-Entertainer werden und ging zwei Jahre mit einer Show auf Tournee, bevor er Solokomiker wurde. Aufs Singen verlegte er sich erst, nachdem er festgestellt hatte, daß dem Publikum sein Schlußsong besser gefiel als die gesamte Vorstellung. Ab April 1957 wirkte er in der TV-Serie ›6.5 Special‹ mit und erhielt kurz darauf einen Plattenvertrag. Im Oktober desselben Jahres gelang ihm dann sein größter Erfolg: »Be My Girl«. 1958 hatte er drei weitere Hitnotierungen, die aber nicht über einen Platz 20 hinauskamen: »Just Born«, »Crazy Dream« und »Sugartime«. Er arbeitete weiter als Schauspieler und zog dann in die USA, wo er mehrere Filme machte. 1967 schrieb Dale mit an dem Titel »Georgy Girl«, der ein Hit für die Seekers wurde.

*Be My Girl (10/57 GB 2)*
***Pop***

## Dalida

DALIDA, v (Ägypten, *17. 1. 1933 als Yolande Christina Gigliotti in Kairo, †3. 5. 1987).

Nachdem sie 1954 die Wahl zur Miss Ägypten gewonnen und in zwei Spielfilmen, »A Drink And A Cigarette« und »The Mask Of Tout Ankh Amon«, mitgewirkt hatte, zog sie 1955 nach Paris. Sie versuchte erfolglos, beim Film Fuß zu fassen, und bekam schließlich einen Job als Sängerin in einem Club. Dort wurde sie fürs Plattengeschäft entdeckt und veröffentlichte 1956 ihre Debütplatte. Ihre dritte Single, »Bambino«, wurde 1957 eine Nummer 1 in Frankreich, begleitet vom Orchester Raymond Lefèvre. »Gondolier« war 1958 ein weiterer Spitzenreiter, ebenso 1960 ihre Version vom Domenico-Modugno-Hit »Ciao, Ciao Bambina«. Ab 1959 war Dalida auch in Deutschland erfolgreich. Ihr Titel »Am Tag, als der Regen kam« war Mitte 1959 ein Platz 1 in Deutschland. Dalidas Version des Edith-Piaf-Hits »Milord« und die Nummer »Pepe« wurden weitere Top-10-Erfolge. Danach legte sie in Deutschland eine längere Pause ein, die mit »Er war gerade 18 Jahr« im September 1974 endete. Die Platte erreichte Platz 13. 1967 brachte sich ihr Freund Luigi Tenco während des Song-Festivals in San Remo um. Dalida verübte ein paar Wochen später einen Selbstmordversuch, der mißlang. 1968, daraus läßt sich schon schließen, daß ihr dieser Selbstmordversuch in der Öffentlichkeit nicht geschadet hat, überreichte ihr der damalige Präsident Charles de Gaulle das Ehrenkreuz von Vermeil. Dalida ist die erste Vertreterin der Showbranche, der diese Ehrung zuteil wurde. Auch ansonsten nahm Dalida am politischen Leben in Frankreich teil. Sie galt als militante Anhängerin der Sozialisten und war freundschaftlich mit Mitterrand verbunden, für den sie zeitweise als eine Art Wahlhelferin fungierte. Diese öffentliche Rolle, die 45 Millionen verkauften Schallplatten und viele Welterfolge boten das Bild eines erfolgreichen Glückskindes. Wie es wirklich in ihr aussah, erfuhr man aus ihrem Abschiedsbrief, nachdem sie an einer Überdosis Tabletten gestorben war. Er bestand nur aus einem Satz: ›Das Leben ist mir unerträglich geworden, vergebt mir.‹ 1995 erschien unter dem Titel »Comme Si J'étais Là« (= als wenn ich noch da wäre) eine gut gelungene CD mit Aufnahmen von Dalida, die mit neuen Arrangements versehen worden waren.

*Am Tag, als der Regen kam (5/59 D 1)*
*Milord (6/60 D 2)*
*Pepe (2/61 D 3)*
*Gigi L'Amoroso (9/74 CH 1)*
***Schlager***

**CD-Tip:** *Comme Si J'étais Là* Carrere 4509 99271–2

## Daltrey, Roger

v (Großbritannien, *1. 3. 1944 in Hammersmith/London).

Neben seinen Erfolgen als Sänger der Who versuchte sich Daltrey ab 1973 als Solist. Der in den 60er Jahren in GB sehr erfolgreiche Schlagerstar Adam Faith produzierte sein Debütalbum. Mit dem Titel »Giving It All Away«, geschrieben von Leo Sayer und David Courtney, gelang ihm im April 1973 ein Platz 5 in GB und sein einziger Top-10-Erfolg. In den folgenden Jahren sind sehr schöne rockige Nummern von Daltrey erschienen. Trotzdem wollten ihn die Fans wohl mehr als Mitglied der Who oder im Kino sehen. So übernahm er Hauptrollen in »Tommy«, »Lisztomania«, »The Legacy«, »McVicar« oder »Buddy's Song«. Im letztgenannten Film spielt er den Vater von Chesney Hawkes, dessen Solokarriere damit begann. Inzwischen ist Roger, der gelegentlich auch in Shakespeare-Stücken auftritt, Besitzer einer Forellenzucht, macht sich ein gemütliches Leben und tritt nur noch gelegentlich auf.

*Giving It All Away (4/73 GB 5)*
***AOR (Adult Orientated Rock)***

**CD-Tip:** *Best Of Rockers And Ballads* Polydor 847855 2

## Damage

ANDREZ, v (Großbritannien, *12. 2. 1979 als Harrfott); COREÉ, v (Großbritannien, *29. 3. 1978 als Coreé Leon Delaney Richards in London); JADE, v (Großbritannien, *12. 2. 1978 in London); NOEL, v (Großbritannien, *1. 1. 1978 in London); RAS, v (Großbritannien, *3. 11. 1976 in Bromfield).

Dieser aus London stammende R&B-Act schaffte mit »Anything« 1996 seine erste Chartnotierung, einen Platz 68. Nachfolger »Love II Love« erreichte Platz 12 und »Forever« wurde Ende 1996 der erste Top-10-Erfolg. Bis zu diesem Zeitpunkt hatten sich die Jungs eher den Ruf einer Vorgruppe eingehandelt. So waren sie mit Aaliya, Hi-Five und Lo-Key auf Tour und sangen vor Boyzone bei deren 1996er Weihnachtstournee. Ein erstes Album erschien im März 1997 – es hieß wie der bis dato größte Hit ebenfalls »Forever«. Damage sollte wohl bei den schwarzen Mädchen die Top Boy-Group werden. Alle Jungs waren 1996 zwischen 17 und 19 Jahre alt, sahen gut aus und konnten gut tanzen – ein bekanntes Strickmuster. Sie wurden verkauft als englische Herausforderung für Boyz II Men und All-4-One. Eine Coverversion von Eric Clapton's »Wonderful Tonight« brachte der Band im Mai 1997 den nächsten Top-10-Hit.

*Forever (12/96 GB 6)*
*Love Guaranteed (3/97 GB 7)*
*Wonderful Tonight (5/97 GB 3)*
***Boy Group, Rhythm & Blues***

**CD-Tip:** *Forever* Ultrapop 0098702ULT

## Damian

DAMIAN, v (Großbritannien, *30. 9. 1964 als Damian Davey in Manchester).

Damian gehörte zum Londoner Ensemble der »Rocky Horror Show«. Speziell der Titel »The Time Warp 2« wurde von den Besuchern gefeiert. Ende 1987 wurde der Titel erstmals als Single veröffentlicht und erreichte einen Platz 51. Im August 1988 kam sie erneut auf den Markt und erreichte Platz 64, und genau ein Jahr später erschien die Platte als Remix erneut und schaffte diesmal Platz 7 in GB. Weitere Singleveröffentlichungen brachten keine Erfolge. Damian ist inzwischen wieder hauptberuflich Schauspieler.

*The Time Warp 2 (8/89 GB 7)*
***Glitter(-Glam)-Rock***

## Damian, Michael

v (USA, *26. 4. 1962 als Weir in San Diego/Kalifornien).
Anfang der 80er Jahre machte Michael Damian als Debüt-Single eine Coverversion des Eric-Carmen-Titels »She Did It«. Show-Master Dick Clark lud den Newcomer ein, in seiner Sendung ›American Bandstand‹ aufzutreten. Der Produzent der amerikanischen Fernsehserie ›The Young And The Restless‹ sah ihn in dieser Show und verpflichtete ihn für die Rolle des Danny Romalotti. 1989 – inzwischen hatte sich diese tägliche Seifenoper zu einer der erfolgreichsten Serien im amerikanischen Fernsehen gemausert – nahm er einen erneuten Anlauf als Sänger. Seine Version des David-Essex-Hits »Rock On« kam im März 1989 in den USA in die Hitparade und wurde Platz 1. Das Ganze war auch auf dem Soundtrack zum Kinofilm »Dream A Little Dream« zu finden. Im selben Jahr gelangen ihm noch zwei weitere Charterfolge – dann war dieser Teil seiner Karriere vorerst wieder einmal beendet. Mit der Nummer »What A Price To Pay« tauchte er Mitte 1991 auf Platz 60 der US-Charts mal ganz kurz wieder auf.

*Rock On (3/89 US 1)*
***Pop***

**CD-Tip:** *Where Do We Go From Here* Teldec 246 250 2

## Damn Yankees

JACK BLADES, v/b (USA, *24. 4. 1954 in Palm/Kalifornien); MICHAEL CARTELLONE, d (USA, *7. 6. 1962 in Cleveland/Ohio); TED NUGENT, v/g (USA, *13. 12. 1948 in Detroit/Michigan); TOMMY SHAW, v/g (USA, *11. 9. 1950 in Montgomery/Alabama).
Im März 1990 erschien das Debütalbum der Damn Yankees, die als Superstar Rock Group angekündigt wurde. In der Tat hatten zumindest drei der Mitglieder bereits Erfolge vorzuweisen. Ted Nugent war sowohl als Solist wie auch mit den Amboy Dukes erfolgreich. Tommy Shaw kam von Styx, und Jack Blades war vorher Mitglied bei Night Ranger. Den Namen der Band leiteten sie von einem Stück ihrer ersten LP ab, in dem sie die Rolle der USA als selbsternannte Welt-Sheriffs anprangern. Noch im September 1990 stand die Band mit einer Singleauskopplung aus dieser ersten LP, »High Enough«, auf Platz 3 in den USA. Ende 1992 – inzwischen war ihre zweite LP »Don't Tread« erschienen – erreichten sie mit »Where You Goin' Now« Platz 20 in den USA. Im Frühjahr 1993 kam mit »Silence Is Broken« aus dem Film »Nowhere To Run« eine weitere Hitnotierung im unteren Bereich der Hot 100. Anfang 1995 versuchten sich Shaw und Blades als Duo und veröffentlichten mit »My Hallucination« ein erstes Album, aus dem die Single »I'll Always Be With You« ausgekoppelt wurde.

*High Enough (9/90 US 3)*
***Rock***

**CD-Tip:** *Damn Yankees* WB 7599–26159–2

## Damned

CAPTAIN SENSIBLE, b (Großbritannien, *23. 4. 1954 als Raymond Burns in Balham/London); LU EDMUNDS, g (Großbritannien); PAUL GRAY, b (Großbritannien, *1. 8. 1958); BRIAN JAMES, g (Großbritannien, *18. 2. 1955 als Brian Robertson); ROMAN JUGG, g (Großbritannien); BRYN MERRICK, b (Großbritannien); RAT SCABIES, d (Großbritannien, *30. 7. 1957 als Chris Miller in Kingston-upon-Thames/Surrey); DAVID VANIAN, v (Großbritannien, *12. 10. 1956 als Letts); ALISTAIR WARD, b (Großbritannien).
Punkgruppen waren im Mai 1976, als diese Band zusammenkam, gerade groß angesagt. Die Stars waren die Sex Pistols, und in deren Vorprogramm gaben The

Damned im Juli 1976 ihr Debüt. Im November desselben Jahres erschien ihre erste Single »New Rose«, produziert von Nick Lowe. Damned galten als die erste britische Punkgruppe, die in den USA spielte. Am 8.4. 1977 traten sie im CBGB's in New York City auf. Ab August 1977 kam als zweiter Gitarrist Lu Edmunds in die Band. Schwierigkeiten mit ihrem Produzenten Shel Talmy führten dazu, daß die Band ihn rausschmiß und Nick Mason von Pink Floyd engagierte. Aber auch Mason brachte keinen Erfolg. Scabies verließ die Band und wurde durch Jon Moss – später Culture Club – ersetzt. Im Februar 1978 trennte sich die Gruppe ganz. Brian James, der die Rechte an dem Namen Damned besaß, verkaufte sie noch 1978 an Vanians, Scabies und Sensible, die im Januar 1979 mit Alistair Ward am Baß einen neuen Plattenvertrag unterschrieben und jetzt erstmals Hitparadenerfolge erzielten. Eine ziemlich abgehobene Coverversion des Barry-Ryan-Titels »Eloise« brachte im Februar 1986 einen Platz 3 in der britischen Hitparade und den einzigen Top-10-Hit. Auch während dieser Hitphasen kam es zu personellen Wechseln in der Gruppe. So begann Captain Sensible ab 1982 mit einem Soloprojekt. Im Juli 1989 gab die Gruppe offiziell ihre Trennung bekannt.

*Eloise (2/86 GB 3)*
***Punk***

## Damone, Vic

v (USA, *12. 6. 1928 als Vito Farinola in Brooklyn/New York City).
Vic zählt man zu den erfolgreichsten Balladensängern der Nachkriegszeit. In den US-Hitparaden war er zwischen 1947 und 1965 mit mehr als vierzig Titeln verzeichnet. »I Have But One Heart (O Marinariello)« – hier sang er englisch und italienisch – und »You Do« erreichten beide im Jahre 1947 Platz 7 in den USA. 1949 hatte er zwei Millionseller: »Again« und, diese Platte war auch Spitzenreiter in den USA, »You're Breaking My Heart«. »Tzena, Tzena, Tzena« und »My Heart Cries For You« 1950, »My Truly, Truly Fair« 1951, »Here In My Heart« 1952, »April In Portugal« und »Ebb Tide« 1953 und »On The Street Where You Live« 1956 waren weitere Top-10-Erfolge für ihn. Vic Damone war auch als Schauspieler erfolgreich und hatte als Fernsehmoderator 1956/57, 1962/63 und 1967 eigene Sendungen. Ende der 60er Jahre ließ seine Karriere nach. 1971 mußte er wegen Steuernachzahlungen seinen Bankrott erklären. In den 80er Jahren erlebte er in GB ein überraschendes Comeback und veröffentlichte erfolgreich LPs. Ansonsten ist er mehr in Las Vegas zu Hause. Am 3. 1. 1987 heiratete er die Schauspielerin Diahann Carroll, die in Deutschland u. a. bekannt wurde durch die TV-Serien ›Julia in…‹ und ›Denver Clan‹.

*I Have But One Heart (O Marinariello) (8/47 US 7)*
*You Do (11/47 US 7)*
*Again (4/49 US 6)*
*You're Breaking My Heart (6/49 US 1)*
*My Bolero (8/49 US 10)*
*Tzena, Tzena, Tzena (7/50 US 6)*
*My Heart Cries For You (12/50 US 4)*
*My Truly, Truly Fair (6/51 US 4)*
*Here In My Heart (6/52 US 8)*
*April In Portugal (5/53 US 10)*
*Ebb Tide (10/53 US 10)*
*On The Street Where You Live (4/56 US 4; 5/58 GB 1)*
***Pop***

## Dan The Banjo Man

PHIL CORDELL (Großbritannien).
Da werden sich die Amerikaner sehr gewundert haben. In GB hatten sie einen Ableger der Plattenfirma Motown aufgebaut, der sich speziell um den britischen Markt kümmern sollte. Der Musiker Phil

Cordell, der auch als Songschreiber, Produzent und Techniker gearbeitet hatte, unterschrieb mit ihnen einen Vertrag als Dan The Banjo Man. Auf der einzigen LP, die erschienen ist, werden die beiden Gitarristen Paul Kendrick und Graham Putland erwähnt. Ansonsten wurden die Instrumente durch Phil alias Dan gespielt. Das Stück »Dan The Banjo Man« kam weder in die britische noch in die amerikanische Hitparade. In Deutschland erreichte die Platte Ende 1973 Platz 1. Unter dem Pseudonym Springwater hatte Phil Cordell 1971 schon einmal einen großen Erfolg mit dem Titel »I Will Return«.

*Dan The Banjo Man (11/73 D 1)*
***Instrumental, Pop***

## Dana

DANA, v (Großbritannien, *30. 8. 1951 als Rosemary Brown in Belfast).

Dana war gerade 19 Jahre alt, als sie am 21. 3. 1970 in Amsterdam mit »All Kinds Of Everything« den Grand Prix Eurovision für Irland gewann. Der Titel wurde in ganz Europa erfolgreich, erreichte in GB Platz 1, in Deutschland Platz 4. 1975 gelangen ihr mit »Please Tell Him That I Said Hello« und »It's Gonna Be A Cold Cold Christmas« zwei weitere Top-10-Erfolge. Dana nahm auch noch in den 80er Jahren Platten auf, war jedoch erfolgreicher in ihrer Arbeit als Schauspielerin und Pantomimin und trat in unzähligen TV-Shows als Gast auf. Wer eine so bekannte Nase hat, eignet sich für die Politik.1997 bewarb sie sich um den Posten der Präsidentin von Irland – und gewann nicht.

*All Kinds Of Everything (4/70 GB 1, D 4; 5/70 GB 3)*
*Please Tell Him That I Said Hello (1/75 GB 8)*
*It's Gonna Be A Cold Cold Christmas (12/75 GB 4)*
***Grand Prix, Schlager***

## Dana, Vic

v (USA, *26. 8. 1942 in Buffalo/New York).

1953 sah Sammy Davis jr. den jungen Vic Dana als Tänzer und war von ihm begeistert. Sammy überredete die Familie, nach Kalifornien zu gehen und dort den Jungen als Tänzer und Sänger ausbilden zu lassen. 1960 war er zusammen mit den Fleetwoods auf US-Tournee und erhielt von deren Plattenfirma einen Vertrag. Es erschienen einige mittlere Hits, bis ihm im Frühjahr 1965 mit »Red Roses For A Blue Lady« sein größter Erfolg und einziger Top-10-Hit gelang.

*Red Roses For A Blue Lady (2/65 US 10)*
***Pop***

**CD-Tip:** *Golden Greats* EMI CDP 7 91678 2

## Dance 2 Trance

JAM EL MAR, dj (Deutschland, *3. 12. 1963 als Rolf Elmer); DAG LERNER, dj (Deutschland).

Dieses deutsche Techno-Projekt ist ein Kind des Frankfurter DJs Dag Lerner. 1988 übernahm er den Sonntagmorgen in Frankfurts Flughafendiscothek ›Dorian Gray‹. Aber auch im ›XS‹, der ›Music Hall‹ oder auf Ibiza und in Rom war er als Discjockey erfolgreich. 1989 veröffentlichte er seine erste Maxi »Hantayo/The Joker«. 1990 machte er zusammen mit Jam El Mar alias Rolf Elmer das Techno-Projekt Dance 2 Trance. Ende 1992 erschien die Debüt-CD »Moon Spirits«, auf der sich mit »P.ower Of A.merican N.atives« der erste Top-10-Erfolg befand. Dag zu diesem Hit: ›Die Indianer haben sich durch monotone Rhythmen und absolute Hingabe zu den Klängen in Trance versetzt. Darin findet sich die Parallele zum Trance-Techno.‹ Der Nachfolger »Take A Free Fall« erreichte nur noch Platz 24 in Deutschland. Die beiden Singles kamen in

GB in die Top 30 bzw. Top 40. Anfang 1995 erschien als nächste CD »Revival«.

*P.ower Of A.merican N.atives (2/93 D 9)*
***Dance***

**CD-Tip:** *Moon Spirits* Blow Up INT 845.567

## Daniel

DANIEL POPOVIC, v (Jugoslawien).
Sein Heimatland Jugoslawien vertrat Daniel 1983 mit der Eigenkomposition »Julie« beim Grand Prix Eurovision in München. Er erreichte immerhin den 4. Platz. Daniel kam mit dieser Nummer in der Schweiz in die Top 10, in Deutschland auf Platz 13.

*Julie (5/83 CH 6)*
***Grand Prix, Schlager***

## Daniels, Charlie

v/g/vln (USA, *28. 10. 1936 in Wilmington/North Carolina).
Ende der 50er Jahre gründete Daniels (auch Songschreiber) seine erste eigene Band, die Jaguars, mit denen er bis 1967 zusammenspielte. Elvis hat 1963 einen Titel, den Charlie geschrieben hatte, aufgenommen: »It Hurts Me«. Charlie wurde Studiomusiker in Nashville und begleitete Plattenaufnahmen von Bob Dylan, Ringo Starr, Leonard Cohen, Pete Seeger, Marty Robbins und zahllosen Country-Stars. Außerdem arbeitete er als Produzent: Vier LPs der Youngbloods hat er betreut. 1971 schließlich startete er seine eigene Gruppe, die Charlie Daniels Band, mit der er zwei Top-10-Erfolge hatte: »Uneasy Rider« wurde im Juni 1973 Platz 9 in den USA, »The Devil Went Down To Georgia« genau sechs Jahre später Platz 3 und Platin.

*Uneasy Rider (6/73 US 9)*
*The Devil Went Down To Georgia (6/79 US 3)*
***Country, Rock***

**CD-Tip:** *The Best Of The Charlie Daniels Band Vol. 1* Epic 467 509 2

## Dankworth, Johnny

sax/bl (Großbritannien, *20. 9. 1927 in London).
Mit dem Titel »Experiments With Mice« stand Johnny im Juni 1956 erstmals unter den ersten 10 der britischen Singlehitparade auf. Im Februar 1961 gelang ihm mit »African Waltz« ein Platz 9 in GB. 1958 heiratete Johnny Dankworth die Sängerin Cleo Laine, deren Platten und Auftritte er musikalisch begleitete. Er war zwar ein guter Musiker, hat aber vor allem als Arrangeur und Förderer unglaublich viel für den Jazz getan. 1974 wurde er in Anerkennung für seine Arbeit als Companion of the British Empire ausgezeichnet.

*Experiments With Mice (6/56 GB 7)*
*African Waltz (2/61 GB 9)*

## Danleers

WILLIE EPHRAIM, v (USA); JOHNNY LEE, v (USA); ROOSEVELT MAYS, v (USA); NATHANIEL MCCUNE, v (USA); JIMMY WESTON, v (USA, † 10. 6. 1993).
Die Band aus Brooklyn startete 1958 als Quintett. In dieser Besetzung nahmen sie auch ihren größten Erfolg, »One Summer Night«, Juni 1958 ein Platz 7 in den USA, auf. Geschrieben hatte die Nummer Danny Webb, ihr Manager. Von seinem Vornamen hatten sie übrigens ihren Gruppennamen abgeleitet. Sie nahmen noch weitere Platten auf, konnten ihren Erfolg aber nicht mehr wiederholen. 1959 trennten sie sich. Jimmy Weston setzte seine Karriere bei den Webtones fort, die ebenfalls von Webb gemanagt wurden und bis 1964 bestanden.

*One Summer Night (6/58 US 6)*
***Rhythm & Blues***

**CD-Tip:** *One Summer Night* Bear Family BCD 15 503 AH

## Danny & The Juniors

FRANK MATTEI, v (USA); DANNY RAPP, v (USA, *10. 5. 1941 in Philadelphia/Pennsylvania, † 5. 4. 1983); JOE TERRANOVA, v (USA, *30. 1. 1941 in Philadelphia/Pennsylvania); DAVE WHITE, v (USA als David White Tricker, geb. in Philadelphia/Pennsylvania).

Noch als Teenager gründete Danny 1955 in Philadelphia die Juvenairs, aus denen wenig später Danny & The Juniors wurde. In der zweiten Hälfte der 50er Jahre sorgten Discjockeys wie Alan Freed und Dick Clark dafür, daß Tanzveranstaltungen, bei denen Platten vorgestellt wurden und Künstler auftraten, sehr populär wurden. Diese Veranstaltungen hießen ›Record Hop‹. Der Titel »Do The Bop« gefiel Dick Clark. Er empfahl Danny & The Juniors aber, ihn in »At The Hop« umzubenennen. Die Gruppe nahm sich Clarks Rat zu Herzen und veröffentlichte den Song 1957, zunächst ohne großen Erfolg. Der Durchbruch gelang dann nach einem Auftritt in Dick Clarks Show ›American Bandstand‹. Die Platte kam im Dezember 1957 in die amerikanische Hitparade und wurde Nummer 1. Den Spitzenplatz hielt die Band für sieben Wochen. Auch der Nachfolgehit »Rock 'n' Roll Is Here To Stay« kam immerhin unter die ersten 20. Dann versuchten Danny & The Juniors ab 1960, auf den jeweils angesagten Tanzwellen wie Twist, Pony oder Limbo mitzuschwimmen, erreichten aber nur noch mittlere Positionen. Danny war zwar der Sänger der Formation, der geistige Kopf war jedoch Dave White. Der verließ Anfang der 60er Jahre die Band, um sich aufs Songschreiben und Produzieren zu konzentrieren. »You Don't Own Me« von Lesley Gore und »1–2–3« und »Like A Baby« von Len Barry stammen z. B. aus seiner Feder. 1971 veröffentlichte er ein Soloalbum. In den 70er Jahren kam die Formation wieder zusammen, um bei Oldies-Veranstaltungen aufzutreten. Eine Wiederveröffentlichung von »At The Hop« wurde im Juli 1976 in GB, dort hatte die Platte im Januar 1958 Platz 3 erreicht, zumindest ein Top-40-Erfolg. Danny wurde leitender Angestellter in einer Spielzeugwarenfabrik und wurde 1983 in Parker, Arizona, tot aufgefunden. Er hatte sich selbst erschossen.

*At The Hop (12/57 US 1, GB 3)*
***Rock 'n' Roll***

## Danny Wilson

GARY CLARK, v/g (Großbritannien, *10. 3. 1962 in Dundee/Schottland); KIT CLARK, sax/acc (Großbritannien, *20. 5. 1967 in Dundee/Schottland); GERARD GRIMES, key/b (Großbritannien, *28. 3. 1962 in Dundee/Schottland).

Bevor es zur Gründung der schottischen Formation Danny Wilson kam, hatten Gary Clark und Gerard Grimes bereits als Clark's Commandos u. a. in GB im Vorprogramm von Chris de Burgh gespielt. Anfang 1985 kam als dritter Mann Garys jüngerer Bruder Kit dazu, und man nannte sich zunächst Scots Porridge Notes, dann Spencer Tracy. Als dann angeblich dessen alte Weggefährtin Katharine Hepburn eine millionenschwere Klage anstrengen konnte, mußte ein neuer Name her. »Meet Danny Wilson« war der Titel eines alten Frank-Sinatra-Films von 1952. Die Band nannte ihre 1987 erschienene erste LP wie den Film und sich selbst Danny Wilson. Ihr erster und einziger Top-10-Erfolg war im April 1988 »Mary's Prayer«. Diese Platte hatte sich Mitte 1987 zuerst in den USA durchsetzen können und war dort bis auf Platz 23 durchgedrungen. Im August desselben Jahres war sie in GB bis auf Platz 42 hochgeklettert und dann wieder rausgefallen. Erst die Wiederveröffentlichung brachte den Erfolg. Nach zwei weiteren mittleren Hits und einer LP fiel die Band 1990 auseinander. 1991 erschien mit »Sweet Danny Wilson« noch einmal eine Zusammenstellung der besten Titel aus den ersten beiden LPs. Die drei verfolgen seitdem Soloprojekte. Von Gary Clark erschien im April 1993 die erste Solo-LP mit dem Titel »Ten Short Songs About Love«.

*Mary's Prayer (4/88 GB 3)*
***Pop***

**CD-Tip:** *Sweet Danny Wilson* Virgin 261 958

## Darin, Bobby

v (USA, *14. 5. 1936 als Walden Robert Cassotto in Bronx/New York City, † 20. 12. 1973).
Die Amerikaner nannten ihn immer ›Frank Sinatra im Westentaschenformat‹. Ähnlichkeiten zwischen den beiden waren auch in der Tat zu erkennen. Beide italienischer Abstammung, beide arbeiteten sich von unten hoch, beide verstanden es immer wieder, allen musikalischen Trends zu folgen. Bobby Darin allerdings immer eine Nummer kleiner, obwohl er sich sehr bemühte, seinem Idol nahezukommen. Als Frank Sinatra Anfang der 60er Jahre seine alte Plattenfirma Capitol verließ, um eine eigene Firma auf die Beine zu stellen, sprang Bobby Darin in diese Lücke. Aber dann kamen die Beatles ebenfalls zu Capitol in den USA und die Karriere von Darin plätscherte dahin. Als Filmschauspieler versuchte er sich – so wie Frank Sinatra – und hatte einige Erfolge. Allerdings waren es meist Sommer-Sonne-Strand-Filmchen, die keine sonderlichen Anforderungen an seine Schauspielkunst stellten. Für seine Darstellung im Film »Captain Newman, M.D.« wurde er jedoch für einen Oscar nominiert. Rückblickend muß heute festgestellt werden, daß er in der zweiten Hälfte der 50er Jahre seine beste Zeit hatte. Hier ist übrigens ein Gegensatz zu Sinatra festzustellen: Darin hat die meisten seiner Hits selbst geschrieben – Sinatra war stets ›nur‹ der Sänger seiner Hits. »Splish Splash« wurde im Sommer 1958 ein Platz 3 in den USA, »Queen Of The Hop« im Oktober desselben Jahres Platz 9. »Dream Lover« erreichte im April 1959 die Charts und wurde 2 in den USA und Spitzenreiter in GB. »Mack The Knife« war im August desselben Jahres Platz 1 in den USA und in GB. »Beyond The Sea« und »Clementine« 1960, »You Must Have Been A Beautiful Baby«, »Lazy River« und »Multiplication« 1961, »Things« 1962, »You're The Reason I'm Living« und »18 Yellow Roses« 1963 und »If I Were A Carpenter« 1966 waren seine weiteren Top-10-Erfolge. Anfang der 70er Jahre stellten die Ärzte bei Bobby ein Herzleiden fest. Nach einer Operation am Herzen starb er. 1990 wurde er in die Rock 'n' Roll Hall of Fame aufgenommen.

*Splish Splash (6/58 US 3)*
*Queen Of The Hop (10/58 US 9)*
*Dream Lover (4/59 GB 1, US 2)*
*Mack The Knife (8/59 GB 1, US 1)*
*Beyond The Sea (La Mer) (1/60 US 6, GB 8)*
*Clementine (3/60 GB 8)*
*Lazy River (3/61 GB 2)*
*You Must Have Been A Beautiful Baby (9/61 US 5, GB 10)*
*Multiplication (12/61 GB 5)*
*Things (7/62 GB 2, US 3)*
*You're The Reason I'm Living (1/63 US 3)*
*18 Yellow Roses (5/63 US 10)*
*If I Were A Carpenter (9/66 US 8, GB 9)*
***Pop, Rhythm & Blues, Rock 'n' Roll***

**CD-Tip:** *Ultimate* Warner Brothers 9–27606–2

## Dario G

Scott Rosser, dj (Großbritannien als Rauser, geb. in South Wales); Paul Spencer, key/dj (Großbritannien); Paul Stephen Spencer, dj (Großbritannien).
Hinter Dario G verbirgt sich ein Produzententrio aus Manchester, das mit einem Hook aus der Nummer »Life In A Northern Town« von Dream Academy den Song »Sunchyme« hinfummelte und mit die-

sem Titel am 27. 9. 1997 auf Platz 2 in GB einstieg. Wahrscheinlich wären sie sogar Spitzenreiter geworden, hätte nicht zu diesem Zeitpunk gerade Elton John mit »Candle In The Wind 1997« Platz 1 belegt. Paul Spencer und Scott Rosser hatten sich im College in einem Kurs über Popmusik kennengelernt. Nach Abschluß ihres Studiums 1989 richteten sie sich ein Aufnahmestudio ein und begannen zu experimentieren. Nebenher unterrichtete Paul Musik und Rosser spielte in einer Band. Dann lernten sie Stephen Spencer kennen (die beiden Spencers sind nicht verwandt), der zum damaligen Zeitpunkt im Musikvertrieb arbeitete. Dario G's Song »Carnaval De Paris« machte das ZDF zum Titelthema seiner Fußball-WM-Übertragung 1998 und powerte die Nummer damit zum Hit.

*Sunchyme (9/97 GB 2; 10/97 D 3; 11/97 CH 2)*
*Carnaval De Paris (5/98 CH 7; 6/98 D 2, GB 5)*
***Dance, Pop***

## Darren, James

v (USA, *3. 10. 1936 als James William Ercolani in Philadelphia/Pennsylvania).
Der Sänger und Schauspieler begann seine Karriere 1955 in Hollywood, nachdem er in New York City eine Schauspielschule besucht hatte. 1956 erhielt er seine erste Filmrolle in »Rumble On The Docks«. Danach spielte er 1957 in »The Brothers Rico« und »Operation Madball«. 1959 kamen »The Gene Krupa Story« und »Gidget«. Hier sang er den Titelsong, der als Singleveröffentlichung im April 1959 bis auf Platz 41 in den USA stieg. 1960 kamen zwei weitere Filme hinzu. 1961 spielte er in »The Guns Of Navarone«. Das muß auch seiner Plattenkarriere einen Push gegeben haben, denn Ende 1961 erreichte er mit »Goodbye Cruel World« Platz 3 in den USA. Im Februar 1962 kam ein weiterer Top-10-Erfolg mit »Her Royal Majesty«, geschrieben von Carole King. In GB erreichte er zwischen 1960 und 1962 vier Plazierungen, jedoch keine unter den ersten 20. Nach 1963 schien seine Plattenkarriere auch in den USA beendet. 1967 erreichte er noch einmal die Top 40 mit »All«, 1977 sang er »You Take My Heart Away« im Film »Rocky«. Es wurde ein Platz 52. In der Science-fiction-Serie ›The Time Tunnel‹ spielte er in den Jahren 1966/67 Dr. Tony Newman. In der Krimiserie ›T. J. Hooker‹, die in den USA zwischen 1983 und 1986 lief, war er der Officer Jim Corrigan.

*Goodbye Cruel World (10/61 US 3)*
*Her Royal Majesty (2/62 US 6)*
***Pop***

**CD-Tip:** *The Best Of James Darren* Sequel NEM CD 694

## Darts

Kenny Andrews, v/b (USA, *30. 8. 1952 in Malvern/Ohio); George Currie, g (Großbritannien, geb. in Dundee); Mike Deacon, key (Großbritannien, *30. 4. 1945 in Surrey); John Dummer, d (Großbritannien, geb. in Surbiton); Griff Fender, v (Großbritannien, *3. 6. 1954 als Ian Collier in Portsmouth); Bob Fish, v (Großbritannien, geb. in Southend); Den Hegarty, v (Großbritannien, *13. 9. 1954); Horatio Hornblower, sax (Großbritannien, *15. 1. 1957 als Nigel Trubridge); Hammy Howell, key (Großbritannien); Rita Ray, v (*11. 12. 1954 als Lydia Murdoch in Ghana); Thump Thompson, b (Großbritannien).
Während in der zweiten Hälfte der 70er Jahre Punk- oder New-Wave-Bands aus dem Boden schossen, orientierte sich diese britische Gruppe nach hinten. Einige Mitglieder hatten vorher in der John Dummer Blues Band gespielt. Sie belebte die alte Doo-Wop-Musik wieder neu und hatte damit zumindest in England Erfolg.

Geschickt suchten sie sich aus dem Altrepertoire des Rock 'n' Roll und Rhythm & Blues Titel, die sie wieder neu aufnahmen. Ihr erster großer Erfolg war eine Mixtur aus »Daddy Cool« und »The Girl Can't Help It«. Die Platte kam im November 1977 in die britische Hitparade und wurde Platz 6. 1978 hatten sie dreimal hintereinander einen Platz 2 in GB: »Come Back, My Love«, »Boy From New York City« und »It's Raining«. 1979 hießen ihre Hits »Get It« und »Duke Of Earl«. Dann trennte sich Den Hegarty von den Darts, um eine Solokarriere zu starten, und wurde durch Kenny Andrews ersetzt. Mit ihm konnte die Band ihre Erfolge nicht mehr wiederholen. Es kam zu weiteren personellen Umbesetzungen, die die Gruppe allesamt nicht mehr weiterbrachten.

*Daddy Cool/The Girl Can't Help It (11/77 GB 6)*
*Come Back My Love (1/78 GB 2)*
*Boy From New York City (5/78 GB 2)*
*It's Raining (8/78 GB 2)*
*Get It (2/79 GB 10)*
*Duke Of Earl (7/79 GB 6)*
***Pop, Rockabilly***

## Dassin, Joe

v (USA, *5. 11. 1938 in New York City, † 21. 8. 1980).
Sein Vater war der berühmte amerikanische Regisseur Jules Dassin, der »Rififi« und »Sonntags nie« drehte und 1966 Melina Mercouri zur Stiefmutter von Joe machte. 1953 wurde die Familie Dassin unter McCarthy wegen unamerikanischer Umtriebe und Nähe zum Kommunismus verfolgt und zog nach Frankreich. Nach einer bewegten Jugend und einem Doktorhut in Ethnologie machte Joe ab Mitte der 60er Jahre Platten. Seine Debütveröffentlichung im Jahre 1965 hieß »Je Change Un Peu De Vent« und wurde gleich ein Hit. Seine Version von »Guantanamera« wurde 1966 ein Spitzenreiter in den französischen Charts. »Les Daltons« (1967), »Siffler Sur La Colline« (1968), »Aux Champs-Elysées« (1969) und »L'Été Indien« (1975) schafften das ebenfalls. In Deutschland rangierten seine Platten meist um die Position 30 herum. Mit »Das sind zwei linke Schuh'« und »Septemberwind« versuchte der deutsche Vertragspartner seiner Plattenfirma, die französischen Hits in deutscher Sprache zu verkaufen – »Das sind zwei linke Schuh'« erreichte Platz 21 und war sein größter Hit in Deutschland. Joe starb am 21. 8. 1980 in Papeete auf Tahiti, nachdem er tags zuvor in einem Restaurant einen Herzinfarkt erlitten hatte.

*Aux Champs-Elysées (2/70 CH 5)*
*L'Été Indien (8/75 CH 5)*
***Pop, Schlager***

**CD-Tip:** *Joe Dassin* Columbia 474 498 2

## David & Jonathan

DAVID, v (Großbritannien, *23. 8. 1942 als Roger Greenaway in Bristol); JONATHAN, v (Großbritannien, *19. 8. 1940 als Roger James Cook in Bristol).
Greenaway und Cook hatten sich 1965 von der Gruppe Kestrels getrennt und versuchten sich als Songschreiberteam. »You've Got Your Troubles« mit den Fortunes wurde im Juli 1965 ihr erster großer Erfolg als Autoren. Sie selbst hatten mit einer Lennon-McCartney-Komposition im Januar 1966 ihren ersten Erfolg. Es war »Michelle«. Mitte desselben Jahres hatten sie ihren einzigen Top-10-Erfolg und letzten Hit: »Lovers Of The World Unite«, in GB Platz 7. Möglich, daß sie in der Autorentätigkeit für sich die ruhigere Arbeit sahen. Mitte 1968 hörten sie mit David & Jonathan auf, blieben aber weiter als Songschreiberteam zusammen. Andy Williams, Hollies, New Seekers, Cilla Black, White Plains, Congregation, Gene Pitney oder Blue Mink – hier sang Roger Cook mit Madeline Bell – hatten Top-10-Hits

von Cookaway Music. 1976 ging Roger Cook nach Nashville und schrieb dort für Interpreten wie Don Williams oder Crystal Gayle Country-Hits. David blieb in GB, arbeitete weiter als Songschreiber und als Produzent. So wurden durch ihn z. B. die Drifters wieder für die 70er Jahre aufpoliert.

*Lovers Of The World Unite (7/66 GB 7)*
***Folk, Pop***

## David, Anne-Marie

v (Frankreich, *23. 5. 1952).
1973 startete Anne-Marie für Luxemburg beim Grand Prix Eurovision mit dem Titel »Tu Te Reconnaitras« – und gewann. In der Schweiz wurde die Nummer prompt ein Top-10-Hit, in Deutschland Top 40. In England kam die englischsprachige Version als »Wonderful Dream« bis auf Platz 13. Neben der französischen wurde in Deutschland mit »Du bist da« noch eine deutsche Version veröffentlicht, die aber auch nicht über Platz 36 hinauskam. Und dann war Anne-Marie David wieder weg.

*Tu Te Reconnaitras (5/73 CH 6)*
***Grand Prix, Schlager***

## David, F. R.

v/g/per (Tunesien, *1. 1. 1947 als Robert Fitoussi).
Als er zehn Jahre alt war, zog er mit seinen Eltern nach Paris. Bereits als Teenager erhielt Robert seinen ersten Plattenvertrag und veröffentlichte in den frühen 70er Jahren einige Singles, die jedoch keine Spuren hinterließen. Dann schloß er sich der französisch-marokkanischen Hard-Rock-Formation Variation an. Nachdem diese Gruppe sich getrennt hatte, spielte er mit Café de Paris und in der Band von Vangelis Gitarre und Percussion. Mitte 1982 konnten sich mit seiner Erkenntnis, daß es manchmal schwerfällt, sich vernünftig auszudrücken, so viele Käufer identifizieren, daß es ein weltweiter Hit wurde. Zuerst war es eine Nummer 1 in Frankreich, im August 1982 Spitzenreiter in Deutschland, im April 1983 ein Platz 2 in GB und in den USA immerhin noch auf Platz 62. Danach hörte man nichts mehr von F.R. David. Wie sang er schon in seinem Hit: ›Words don't come easy.‹

*Words (8/82 D 1; 9/82 CH 1; 4/83 GB 2)*
***Schlager***

## Davidson, Paul

v (Jamaika).
Mit dem Titel »Midnight Rider« schaffte Davidson Ende 1975 einen Top-10-Hit in GB. Es handelte sich dabei um eine Raggae-Version des Allman-Brothers-Songs. Paul Davidson arbeitete hauptberuflich in einem Tonstudio in Kingston und nahm den Titel an einem produktionsfreien Tag schnell mal auf. Mehr Freizeit hat er wohl nicht gehabt, denn ein weiterer Hit ist ihm nicht gelungen.

*Midnight Rider (12/75 GB 10)*
***Reggae***

## Davies, Dave

v/g (Großbritannien, *3. 2. 1947 in Muswell Hill/London).
Daß unter Brüdern die Talente nicht exakt gleich verteilt sind, ist normal. Daß sich Brüder nicht immer gut verstehen und vertragen, ebenfalls. Dabei muß es ja nicht so weit kommen wie bei unseren Urbrüdern Kain und Abel. Ray Davies und Dave Davies, die 1963 die Kinks gründeten und seither in dieser Band spielen, hatten mit der Gruppe mal mehr, mal weniger Erfolg. Ray war derjenige, der alle Hits der Kinks im Alleingang geschrieben

hat, der jüngere Dave stand immer in seinem Schatten. Mag sein, daß er deshalb versuchte, der Übermacht des großen Bruders zu entfliehen, als er einige Soloprojekte startete, die zumindest 1967 Dave in das Rampenlicht stellten. »Death Of A Clown« war im Juli 1967 ein Platz 3 in GB, »Susannah's Still Alive« ein halbes Jahr später Platz 20. Dabei ist es allerdings geblieben – Dave ordnete sich wieder der Gruppe unter. Die Beziehung der beiden Brüder Davies scheint teilweise wirklich nicht sehr gut gewesen zu sein. In einem Interview äußerte Ray einmal: ›Unser Verhältnis war niemals gut und wird es auch niemals werden. So wie sich die Kinks im Laufe der Jahre entwickelt haben, kann es gar keinen Frieden geben. Es gab sogar mal einen Punkt, da haben wir uns nur über unsere Rechtsanwälte unterhalten.‹ Vielleicht ist Ray nie auf die Idee gekommen, daß seine ewige Nörgelei, seine ewige Überlegenheit dazu beigetragen hat, Dave klein zu halten. Mochten sie sich auch noch so streiten, mal offen, meist im Verborgenen: Als 1993 mit »Phobia« nach längerer Zeit mal wieder etwas Neues von den Kinks erschien, waren beide Brüder immer noch zusammen; und noch immer schrieb Ray alles alleine.

*Death Of A Clown (7/67 D 3, GB 3)*
***Beat, Pop***

**CD-Tip:** *The Album That Never Was* PRT 8.26681 ZR

## Davies, Windsor & Don Estelle

WINDSOR DAVIES, v (Großbritannien); DON ESTELLE, v (Großbritannien).
Diese beiden britischen Komiker spielten in den 70er Jahren in der BBC-Fernsehserie ›It Ain't Half Hot Mum‹ die Hauptrollen. Windsor Davies war BSM Williams, ein bulliger Sergeant, Don Estelle der feige Schütze ›Lofty‹ Sugden. Die Serie spielte in Indien während des Krieges. Innerhalb dieser Serie sangen sie einen Titel, der über vierzig Jahre zuvor mit den Ink Spots erfolgreich gewesen war: »Whispering Grass«. Für das Duo Windsor Davies & Don Estelle wurde es Mitte 1975 ein Spitzenreiter in GB. Im Herbst des Jahres schafften sie mit »Paper Doll« noch einen Platz 41 in der Hitparade, dann war der musikalische Erfolg vorbei. Die beiden blieben jedoch zusammen und traten in Kabaretts auf. Später gründete Don seine eigene Plattenfirma, die er nach seinem Spitznamen in der BBC-TV-Serie Lofty nannte.

*Whispering Grass (5/75 GB 1)*
***Pop***

## Davis, Billie

v (Großbritannien als Carol Hedges, geb. in Woking/Surrey).
Die von Robert Stigwood entdeckte weiße Soulsängerin tauchte zum erstenmal 1962 in den Hitparaden auf: Zusammen mit Mike Sarne sang sie den Novelty-Titel »Will I What?«. Ein Jahr später hatte Billie Davis ihren ersten und größten Soloerfolg mit einer Coverversion des Exciters-Titels »Tell Him«, im März 1963 ein Platz 10 in GB. Der Nachfolgetitel »He's The One« wurde noch ein Platz 40. Dann hörte man fünf Jahre musikalisch nichts von ihr, dafür um so mehr von ihrer stürmischen Affäre mit dem Shadows-Gitarristen Jet Harris. 1968 tauchte sie dann noch einmal in GB auf Platz 33 mit »I Want You To Be My Baby« auf. Danach zog Billie Davis nach Spanien und verfolgte dort ihre Karriere weiter.

*Tell Him (2/63 GB 10)*
***Pop, Soul***

## Davis, Mac

v/g (USA, *21. 1. 1942 in Lubbock/Texas).
Obwohl sich der Sänger, Gitarrist und Songschreiber schon Anfang der 60er

Jahre als Musiker versuchte, kam für ihn erst der Erfolg, nachdem Interpreten wie Lou Rawls, Glen Campbell und vor allen anderen O.C. Smith – für den er »Daddy's Little Man« schrieb – und Elvis Presley – für den er »In The Ghetto« und »Don't Cry Daddy« verfaßte – seine Kompositionen aufgenommen hatten. 1969 erhielt Mac Davis einen Plattenvertrag als Solist. Sein erster großer Hit war Mitte 1972 in den USA der Spitzenreiter und Millionseller »Baby, Don't Get Hooked On Me«. »Stop And Smell The Roses« war im August 1974 ein weiterer Top-10-Hit für ihn. Zwischen 1974 und 1976 hatte er eine eigene TV-Show in den USA. Außerdem wirkte er in etlichen Filmen als Schauspieler mit und trat regelmäßig in Las Vegas auf.

*Baby Don't Get Hooked On Me (7/72 US 1)*
*Stop And Smell The Roses (8/74 US 9)*
***Country, Pop***

## Davis, Paul

v (USA, *21. 4. 1948 in Meridian/Mississippi).
Seinen ersten Erfolg hatte Paul Davis in der Rolle des Peter auf der 1970 erschienenen Konzept-LP »Jesus Christ Superstar«. Im selben Jahr hatte er auch seine ersten Hitparadenerfolge. »I Go Crazy« kam im August 1977 in die US-Charts und konnte sich darin vierzig Wochen behaupten. Für eine Single eine enorm lange Zeit. Als höchste Position erreichte sie Platz 7. Im Februar 1982 gelang dem Amerikaner mit «'65 Love Affair« ein weiterer Hit. Er kam bis auf Platz 6. Ansonsten war Paul auch noch als Songschreiber und Produzent erfolgreich und wandte sich der Country Music zu. Zusammen mit Marie Osmond stand er im August 1986 auf Platz 1 der Country-Charts mit »You're Still New To Me«. Vielleicht hatte es seiner Popularität geholfen, daß er am 30. 7. 1986 in Nashville eine Schießerei überlebt hatte. Noch einmal Spitzenreiter in den C&W-Charts wurde er mit Tanya Tucker und Paul Overstreet und dem Titel »I Won't Take Less Than Your Love« im November 1987.

*I Go Crazy (8/77 US 7)*
*'65 Love Affair (2/82 US 6)*
***Pop***

## Davis, Sammy Jr.

v/d/b/tr/p/vibraphon (USA, *8. 12. 1925 in Harlem/New York City, † 15. 5. 1990).
Sammy Davis jr. war die Inkarnation des US-Entertainments: Sänger, Filmschauspieler, Unterhalter und vielseitiger Musiker. So spielte er z. B. Piano, Baß, Schlagzeug, Vibraphon und Trompete. Er galt als ausgezeichneter Jazzsänger und seine One-Man-Show machte ihn weltberühmt. Als Filmschauspieler war er u. a. 1959 in »Porgy & Bess«, 1961 in »Pepe« und 1963 in der »Dreigroschenoper« zu sehen. Als Tänzer ist er kaum zu schlagen. Sein Vater und sein Onkel Will Mastin, die in den 20er und 30er Jahren in den USA auch schon einen Namen hatten, holten den Junior in ihre Show, als er gerade acht Jahre alt war. (Sein Debüt als Profi – das ist verbürgt – gab er bereits im Alter von zwei Jahren.) Das Trio bereiste die ganzen Vereinigten Staaten. Dann kam der Zweite Weltkrieg, ab 1946 traten sie wieder zu dritt auf. In Hollywood brachen sie in einem Laden, der ›Slapsie Maxie's‹ hieß, alle Rekorde, was die Anzahl der Besucher und deren Begeisterung anging. Am 19. 11. 1954 hatte Sammy einen Autounfall, verlor dabei ein Auge und brach sich die Nase so, daß sie nur schwer wieder zusammengeflickt werden konnte. Ab 1956 spielte er am Broadway, dann die ersten Filme. In den Hitparaden wird er ab 1954 erwähnt. »Something's Gotta Give« ist Mitte 1955 sein erster Top-10-Erfolg in

den USA, »Love Me Or Leave Me« im September 1955 ein Platz 8 in GB. Frank Sinatra hatte gerade seine eigene Plattenfirma aufgemacht, bei der neben Sammy Davis jr. auch Dean Martin unter Vertrag war. Die drei, die auch zusammen in Filmen auftraten, verdienten sich schnell die liebenswürdige Bezeichnung ›Rat Pack‹, was wohl am besten mit Klüngel zu übersetzen ist (Klüngel ist, wenn man einen kennt). Sammys größter Hit war im März 1972 der Millionseller und Spitzenreiter der amerikanischen Hitparade »The Candy Man« aus dem Film »Willy Wonka And The Chocolate Factory«, in dem Gene Wilder die Hauptrolle spielte. Ursprünglich hatte die Mike Curb Congregation das Stück aufgenommen, Sammys Gesang wurde erst später der fertigen Produktion hinzugefügt. Den Verlust seines Auges und die von ihm erkannte Intoleranz um ihn herum machte Sammy zum Gegenstand seines bissigen und sarkastischen Humors. So bezeichnete er sich als den ›einzigen einäugigen jüdischen Nigger der Welt‹. Von ihm stammt auch folgende Aussage: ›Als ich in das Showgeschäft kam, hieß es, für jede Art von Geschmack sei Platz. Deshalb nannte man das auch Variété. Von Vielfalt ist im heutigen Showgeschäft nichts mehr zu spüren.‹ Sammy Davis' jr. Version von »Mr. Bojangles« hat zwar nie in den Hitparaden gestanden, ist aber so ausdrucksstark wie keine andere. Sammy starb an Krebs.

*Something's Gotta Give (6/55 US 9)*
*Love Me Or Leave Me (9/55 GB 8)*
*The Candy Man (3/72 US 1)*
***Pop, Rhythm & Blues***

**CD-Tip:** *Collection* MCA 256 143–2

## Davis, Skeeter

v (USA, *30. 12. 1931 als Mary Frances Penick in Dry Ridge/Kentucky).
Skeeter war zwischen 1953 und 1976 regelmäßig in den US-Country-Charts zu finden. Auf ihren Künstlernamen Skeeter Davis war sie gekommen, als sie 1949 zusammen mit Betty Jack Davis (*3. 3. 1932) als Davis Sisters auftrat. Die beiden nahmen ab 1952 Platten auf und hatten ihren größten Erfolg im August 1953, als sie mit »I Forgot More Than You'll Ever Know« auf Platz 1 der Country- und auf Platz 18 der Popcharts standen. Am 2. 8. 1953, zwei Wochen bevor die Platte in die Hitparaden kam, war Betty Jack Davis bei einem Autounfall ums Leben gekommen. Skeeter wurde dabei so schwer verletzt, daß sie ein Jahr brauchte, um sich wieder zu erholen. Damit die Davis Sisters dann doch weitermachen konnten, nahm Georgia Davis, Bettys Schwester, deren Platz ein. Ab 1958 machte Skeeter dann Soloplatten, und zwischen 1960 und 1964 war sie auch in den Popcharts erfolgreich. Vor allem ihre Titel »The End Of The World«, im Januar 1963 in den USA Top 10, in GB Platz 18, und »I Can't Stay Mad At You«, im September desselben Jahres wieder unter den ersten 10 in den USA, machten sie auch in Popkreisen populär. In den Country-Charts wurde sie bis in das Jahr 1976 notiert.

*The End Of The World (1/63 US 2)*
*I Can't Stay Mad At You (9/63 US 7)*
***Country***

## Davis, Spencer, Group

SPENCER DAVIS, v/g (Großbritannien, *17. 7. 1939 in Swansea/Wales); MUFF WINWOOD, b (Großbritannien, *14. 6. 1943 in Birmingham); STEVE WINWOOD, v/g/key/b/org (Großbritannien, *12. 5. 1948 in Birmingham); PETE YORK, d (Großbritannien, *15. 8. 1942 in Middlesborough/Yorkshire).
Einen richtigen Grund, weshalb die Band Spencer Davis Group hieß, gab es nicht. Vielleicht weil der Gitarrist Spencer Davis

der Älteste in diesem Quartett war. Spund in dieser Gruppe war der jüngere Bruder des Bassisten Muff Winwood, Stevie Winwood. Der spielte Tasteninstrumente und Gitarre, war aber in der Hauptsache der Sänger und neun Jahre jünger als Spencer Davis. Als die Nummer »Keep On Running« im Januar des Jahres 1966 in der britischen Hitparade auf dem ersten Platz stand, war Stevie Winwood gerade 17 Jahre alt. Das läßt die Vermutung zu, daß die Gruppe gerade erst gegründet worden war – falsch: Sie bestand schon seit 1963 in dieser Besetzung. Stevie war also gerade 14 Jahre alt, als man sich formierte. Mit 16 wurde er Profimusiker mit seinen Kumpels. Spencer Davis war vorher Deutschlehrer an der Universität in Birmingham gewesen und hatte sich fest vorgenommen, gegen den aufkommenden britischen Beat anzugehen. Der orientierte sich vorwiegend an den amerikanischen Rock 'n' Rollern. Die Spencer Davis Group nahm einen gehörigen Schuß Rhythm & Blues mit in ihr Programm. Die ersten Platten der Band waren Nachzieher von alten Blues-Standards wie »Dimples« von John Lee Hooker oder Titel wie »Every Little Bit Hurts« und »I Can't Stand It«. Sie blieben einem breiten britischen Publikum jedoch meist unbekannt. Bemerkenswert und bejubelt waren jedoch die Live-Auftritte der Band. Das Publikum war jedesmal von den Socken, wenn es die Stimme des Knaben Stevie Winwood hörte. In der Tat: Da ging der Vorhang auf, und dahinter standen die vier Musiker. Drei sahen aus wie brave Studenten, der vierte wie ein Hauptschüler. Die Musik fing an – und dann begann Stevie zu singen. Zuerst ungläubiges Staunen, dann Begeisterung. Als ich die ersten Bilder der Spencer Davis Group sah, wollte ich auch nicht glauben, daß dieses kleine Lümmelchen der Sänger der Band ist und eine solche Röhre haben sollte. Er hatte aber und schrieb außerdem gute Songs. Nach »Keep On Running« erreichte die nächste Single »Somebody Help Me« auch noch im Jahre 1966 Platz 1 in GB. Aber schon Ende 1967 stand fest, daß der kleine Stevie die Spencer Davis Group verlassen würde, um mit anderen Musikern Traffic zu gründen. Eine weitere Station für ihn war Blind Faith, und seit Anfang der 80er Jahren ist Steve, der lieber auf das 'i' verzichtet, weil er sich inzwischen alt genug fühlt, ein etablierter Solo-Interpret. Die Spencer Davis Group hat sich nach dem Weggang von Stevie Winwood erst einmal getrennt, wurde wieder mit neuen Musikern ins Rennen geschickt und versickerte schließlich im Sande. Spencer Davis hat danach für einige Jahre als Talentsucher für die Plattenfirma gearbeitet, die einst seine Hits rausbrachte. Muff Winwood ist ein anerkannter Produzent in GB, und Pete York trommelt immer noch. In den Hitparaden der 90er Jahre ist allerdings nur noch der kleine große Steve Winwood zu finden.

*Keep On Running (2/65 GB 1; 2/66 D 8)*
*Somebody Help Me (3/66 GB 1; 5/66 D 3)*
*Gimme Some Lovin' (11/66 GB 2, US 7)*
*I'm A Man (1/67 GB 9; 3/67 US 10)*
***Beat, Rhythm & Blues***

**CD-Tip:** *Best Of Spencer Davis Group* Island 74321 11290 2

## Davis, Tyrone

v (USA, *4. 5. 1938 in Greenville/Mississippi).

Davis begann seine Karriere als Chauffeur für Freddie King. Ihn kutschierte er von 1959 bis 1962 durch die Gegend. Seine ersten Plattenaufnahmen machte er 1965 als Tyrone The Wonderboy mit der Gruppe Four Brothers. 1968 gelang ihm der Millionseller »Can I Change My Mind«, der es bis auf Platz 5 in den USA brachte. Im März 1970 hatte er einen weiteren Millionseller mit »Turn Back The Hands Of

Time«, Platz 3 in den USA. Nach 1976 brach seine Karriere in den Popcharts ab. Ende 1982 hatte er noch einmal einen kleineren Hit. In den R&B-Charts war er bis in die 90er Jahre weiter erfolgreich.

*Can I Change My Mind (12/68 US 5)*
*Turn Back The Hands Of Time (3/70 US 3)*
***Soul***

## Dawn

TELMA HOPKINS, v (USA, *28. 10. 1948 in Louisville/Kentucky); TONY ORLANDO, v (USA, *3. 4. 1944 als Michael Anthony Orlando Cassavitis in New York City); JOYCE VINCENT, v (USA, *14. 12. 1946 in Detroit/Michigan).

Damit hatte Tony Orlando sicher schon nicht mehr gerechnet. Mitte 1970 erschien die Single »Candida« und wurde ein Platz 3 und ein Millionseller in den USA. Bis zu diesem Zeitpunkt hatte Tony schon eine bewegte Geschichte hinter sich, war Anfang der 60er Jahre ein Plattenstar in den USA und GB gewesen und hatte sich danach als Promotionmann und Manager für einen Musikverlag über Wasser gehalten. Ende der 60er Jahre formierte sich in einem New Yorker Studio eine Gruppe namens Wind. Leadsänger war Tony Orlando. Sie veröffentlichten die Single »Make Believe«, die im September 1969 bis auf Platz 28 in den USA kam. 1970 erhielt Hank Medress, einst Mitglied der Tokens und jetzt Produzent für Bell Records, ein Demoband. Hank gefiel das Stück »Candida«, aber nicht die Stimmen. Er bat Tony, die Leadstimme zu singen, und organisierte Backgroundsänger, darunter Ellie Greenwich und ehemalige Mitglieder der Tokens. Damit begann die Karriere von Dawn. Tony Orlando hatte schon ganz vergessen, daß er den Titel aufgenommen hatte, und war sehr erstaunt, die Nummer in den ›Billboard‹-Charts zu sehen. Als Interpreten wurde Dawn genannt, womit er nichts anfangen konnte. Als er dann schließlich realisierte, daß er der Sänger dieses Hits war, befiel ihn Angst, er könne seinen Job verlieren, weil er bei einer Konkurrenzfirma eine Platte aufgenommen hatte. Hank Medress konnte ihn nur schwer für weitere Titel von Dawn gewinnen. Der Nachfolgehit »Knock Three Times« war im November 1970 ein weiterer Millionseller und ein Spitzenreiter in der amerikanischen und der britischen Hitparade. Ab Ende 1971 nannte man sich Dawn featuring Tony Orlando, und erst als es nun darum ging, live aufzutreten, wurden Telma Hopkins und Joyce Vincent in die Formation geholt. 1973 gelangen zwei weitere Millionseller: »Tie A Yellow Ribbon Round The Ole Oak Tree« und »Say, Has Anybody Seen My Sweet Gypsy Rose«. Jetzt schien für Tony der Moment gekommen zu sagen, daß er nicht mehr hinten anstehen wolle. Ab sofort erschienen die Platten als Tony Orlando & Dawn. Es gelangen noch zwei weitere Top-10-Erfolge: »Steppin' Out, Gonna Boogie Tonight« 1974 und »He Don't Love You (Like I Love You)«, im März 1975 Spitzenreiter und Millionseller. 1977 zog sich Tony Orlando aus dem Musikgeschäft zurück, um wenig später erneut als Solist sein Glück zu versuchen. Die Popularität der Formation war Mitte der 70er Jahre so groß, daß sie zwischen 1974 und 1976 eine eigene TV-Show hatten. Telma Hopkins spielte in einigen Fernsehserien mit. 1988 kamen Tony Orlando und Dawn noch einmal zu einer Reunion-Tour zusammen.

*Candida (7/70 US 3; 1/71 GB 9)*
*Knock Three Times (11/70 US 1; 2/71 D 2, CH 4; 4/71 GB 1)*
*What Are You Doing Sunday (7/71 GB 3)*
*Tie A Yellow Ribbon Round The Ole Oak Tree (2/73 GB 1, US 1; 5/73 D 9)*
*Say, Has Anybody Seen My Sweet Gypsy Rose (7/73 US 3)*
*Steppin' Out (Gonna Boogie Tonight) (8/74 US 7)*

*He Don't Love You (Like I Love You) (3/75 US 1)*
***Pop***

## Dawson, Dana

v (USA, geb. in Queens/New Yorc City).
Gerade mal 20 Jahre war sie alt, als sie mit der Nummer »3 Is Family« die Briten begeisterte. Dabei war sie zu diesem Zeitpunkt schon ein alter Hase: In ihrer Heimatstadt New York war sie bereits als achtjährige am Broadway in dem Musical »Annie« aufgetreten. Mit 10 gehörten TV-Auftritte zu ihrem täglichen Leben und mit 14 gewann sie einen Texter-Wettbewerb. Zum Preis gehörte ein persönliches Treffen mit Michael Jackson. Als sie in GB ihre ersten Erfolge feierte, war sie in einem anderen Teil Europas bereits ein Star. In Frankreich hatte sich ihre Debüt-LP mehr als 2 millionenmal verkauft.

*3 Is Family (7/95 GB 9)*
***Pop, Soul***

**CD-Tip:** *Black Butterfly* EMI 7243 8 38313 2

## Day, Bobby

v (USA, *1. 7. 1930 als Robert Byrd in Fort Worth, Texas, † 15. 7. 1990).
Day gründete 1950 die Hollywood Flames, die mit »Buzz-Buzz-Buzz«, im November 1957 ein Platz 11 in den USA, ihren größten Erfolg hatten. Die Leadstimme auf diesem Hit sang Earl Nelson. Die Fluktuation der Mitglieder war enorm, und auch über einen endgültigen Gruppennamen konnten sie sich anscheinend nicht einigen. Man kannte die Band auch als Flames, 4 Flames, Hollywood 4 Flames, Jets, Tangiers oder als Satellites. Im November 1957 erschien »Little Bitty Pretty One« in der amerikanischen Hitparade. Als Interpreten wurden Bobby Day & The Satellites genannt. Im August 1958 – diesmal nur unter seinem Namen – erreichte Bobby mit »Rockin' Robin« Platz 2 in den USA. Mit dem Beginn der 60er Jahre war seine Solokarriere wieder beendet. Zusammen mit Earl Nelson gründete er das Duo Bob & Earl, wurde dann jedoch vor dem ersten Hit durch Bob Relf ersetzt. Day machte weitere Platten, die aber nicht erfolgreich waren. Seine Kompositionen wurden jedoch durch andere Interpreten übernommen und erneut zu Hits gemacht. »Over And Over« war ein Hit für Dave Clark Five, »Rockin' Robin« ein Hit für Michael Jackson und »Little Bitty Pretty One« für Thurston Harris, Frankie Lymon, Clyde McPhatter und die Jackson 5. Bobby Day starb an Krebs.

*Rockin' Robin (8/58 US 2)*
***Rhythm & Blues***

## Day, Dennis

v (USA, *21. 5. 1917 als Eugene Patrick McNulty in New York, † 22. 5. 1988).
Der Tenor Dennis Day sang und spielte zusammen mit Jack Benny in dessen Radio- und TV-Shows von 1939 bis 1960. 1947 gelang ihm mit »Mam'selle« ein Platz 8 in den USA. Bis 1951 hatte er weitere Hitnotierungen, aber keinen Top-10-Erfolg mehr. Nachdem 1965 die ›Jack Benny Show‹ abgesetzt war, trat er in Clubs und Theatern auf und sang vorwiegend eine Mixtur seiner irischen Lieblingssongs. Außerdem wirkte er in mehreren Filmen mit. In den 80er Jahren zog sich der Vater von zehn Kindern endgültig nach Südkalifornien zurück. Sein Haus war vollgestopft mit Antiquitäten und Erinnerungen, speziell an seinen alten Boß Jack Benny. Er war ein eifriger Förderer der Muscular Dystrophy Association und zeitweise auch deren Vizepräsident. Auch Dennis selbst starb an Muskelschwund bzw., wie man in den USA sagt, ›Gehrig's Disease‹, nach dem berühmten Baseballspieler, der

dieser Krankheit ebenfalls zum Opfer fiel.

*Mam'selle (5/47 US 8)*
***Pop***

## Day, Doris

v (USA, *3. 4. 1924 als Doris von Kappelhoff in Cincinnati/Ohio).
Ursprünglich wollte die deutschstämmige Amerikanerin Tänzerin werden. Sie verletzte sich jedoch an den Beinen und entschied sich für den Gesang. Sie begann ihre Karriere Ende der 30er Jahre in der Band von Barney Rapp, der in Cincinnati, der Heimatstadt von Doris, neben einer eigenen Band auch einen eigenen Nachtclub leitete. Barney störte der Nachname Kappelhoff, und er empfahl ihr, sich Day zu nennen – nach ihrem zu diesem Zeitpunkt besten Gesangsstück »Day After Day«. Die nächsten Stationen waren die Bands von Fred Waring und Bob Crosby. Zwischen 1943 und 1946 wurde sie dann die Sängerin der Les Brown Band. Ihr erster Hit, im März 1945 für neun Wochen Nummer 1 in den USA und ein Millionseller, war mit Les Brown »Sentimental Journey«. Noch im selben Monat erreichte ein weiterer späterer Nummer-1-Hit von ihr und Les die Charts: »My Dreams Are Getting Better All The Time«. Bis Doris Les verließ, schaffte sie noch weitere vier Top-10-Erfolge mit ihm. Ab Ende 1947 erschienen dann ihre ersten Soloplatten. »Love Somebody« hieß im Mai 1948 ihr erster Millionseller und Spitzenreiter in den USA. »A Guy Is A Guy« im März 1952 und »Secret Love« im Januar 1954 brachten das gleiche Ergebnis. Ansonsten hatte sie noch etliche weitere Top-10-Erfolge und wurde am bekanntesten durch »Whatever Will Be, Will Be« aus dem Hitchcock-Film »Der Mann, der zuviel wußte«, in dem sie neben James Stewart die Hauptrolle spielte. Diese Platte wurde Mitte 1956 Platz 2 in den USA und dann auch in Deutschland und ein Spitzenreiter in GB. Von den späten 50er bis Mitte der 60er Jahre war sie die populärste und erfolgreichste amerikanische Schauspielerin. Das lag vor allem an ihrem natürlichen und nicht affektierten Wesen. Dazu kam eine gehörige Portion komisches Talent. Zu ihren großen Filmerfolgen gehören »Bettgeflüster« 1959, »Mitternachtsspitzen« 1960 und »Ein Hauch von Nerz« 1961. Es durfte im übrigen wohl in der Tat nur ein Hauch von Nerz sein, denn von ihr stammt der Ausspruch, daß es ›ein Verbrechen ist, ein Tier zu töten, um daraus einen Mantel zu machen.‹ Doris machte auch Platten zusammen mit Frankie Laine und Johnny Ray. Zwischen 1968 und 1973 war sie im Fernsehen sehr erfolgreich. In ihrer Show spielte sie die Rolle der Doris Martin. Ihre Serie gilt als eine der frühesten Shows, in der die Situation einer unabhängigen Frau dargestellt wird. 1975 erschien ›Doris Day: Her Own Story‹. Das Buch entwickelte sich zu einem Bestseller. Für Fans von Doris Day veröffentlichte Bear Family zwei CD-Boxen, in denen nun wirklich alles zu finden ist, was sie zwischen 1947 und 1955 aufgenommen hat. Dazu – wie bei dieser Firma üblich – Informationen ohne Ende. Die in den bisher erschienenen beiden Boxen beiliegenden Bücher bringen mehr an Informationen, als man je in Deutschland über Doris Day lesen konnte.

*Sentimental Journey (3/45 US 1)*
*My Dreams Are Getting Better All The Time (3/45 US 1)*
*'T Ain't Me (6/45 US 10)*
*Till The End Of Time (8/45 US 3)*
*You Won't Be Satisfied (Until You Break My Heart) (1/46 US 4)*
*I Got The Sun In The Morning (6/46 US 10)*
*The Whole World Is Singing My Song (10/46 US 6)*
*Love Somebody (5/48 US 1)*
*It's Magic (7/48 US 2)*
*My Darling, My Darling (11/48 US 7)*
*Again (5/49 US 2)*

*Bewitched (5/50 US 9)*
*Would I Love You (Love You, Love You) (3/51 US 10)*
*Shanghai (6/51 US 7)*
*A Guy Is A Guy (3/52 US 1)*
*Sugarbush (6/52 US 7; 11/52 GB 8; 12/52 GB 8)*
*My Love And Devotion (11/52 GB 10)*
*Mister Tap Toe (1/53 US 10)*
*Let's Walk Thata-Way (7/53 GB 4)*
*Secret Love (1/54 US 1; 4/54 GB 1)*
*Black Hills Of Dakota (8/54 GB 7)*
*If I Give My Heart To You (9/54 US 3, GB 4)*
*Ready, Willing And Able (4/55 GB 7)*
*Whatever Will Be, Will Be (Que Sera, Sera) (6/56 GB 1, US 2; 1/57 D 2)*
*Everybody Loves A Lover (7/58 US 6)*
*Move Over Darling (3/64 GB 8)*
***Pop***

**CD-Tip:** *Greatest Hits* CBS 462 556–2

## Dayne, Taylor

v (USA, *3. 7. 1962 als Lesley Wunderman in Long Island/New York).

Während ihrer High-School-Zeit nahm die Amerikanerin Taylor Dayne Gesangs- und Tanzunterricht und setzte das zunächst zwei Jahre in der Heavy-Metal-Band Felony um, dann in der New-Wave-Band The Next. Als Leslee nahm sie dann zwei Soloplatten für ein Independent Label auf, das kurz darauf dichtmachte. Damit waren die Platten dann auch weg. Als nächstes erschien 1988 die Single »Tell It To My Heart«, die im Januar Platz 7 in den USA erreichte, in Deutschland Spitzenreiter wurde. Im Mai gelang ihr mit »Prove Your Love« in den USA wieder ein Platz 7. Dann ging es noch weiter nach oben: »I'll Always Love You« im September 1988 und »Don't Rush Me« im Januar 1989 kamen unter die ersten 5. Die nächsten Top-10-Erfolge hatte sie dann mit »With Every Beat Of My Heart« 1989 und »Love Will Lead You Back« und »I'll Be Your Shelter« 1990. Der Nachfolger »Heart Of Stone« brachte es noch auf Platz 12, dann trat eine dreijährige Pause für sie ein. Mit der CD »Soul Dancing« meldete sie sich 1993 zurück. Als Produzent wurde jetzt Clive Davis genannt, der auch schon Whitney Houston gefördert hatte. Artig bedankte sich Taylor bei ihm, weil er ihr geholfen hatte, ›eine bessere Künstlerin und damit ein besserer Mensch zu werden‹. Auch optisch hatte Clive Taylor ein wenig gestylt. Die Nummer »Can't Get Enough Of Your Love«, 1974 ein Hit für Barry White, erreichte Mitte 1993 in den USA und GB die Top 20. Mit »I'll Wait« (1994) und einem Remix von »Tell It To My Heart« (1996) hatte Taylor zumindest in GB noch zwei weitere Top-30-Hits.

*Tell It To My Heart (10/87 US 7; 1/88 D 1, GB 3; 3/88 CH 1)*
*Prove Your Love (2/88 US 7, GB 8; 4/88 D 4; 5/88 CH 2)*
*I'll Always Love You (6/88 US 3)*
*Don't Rush Me (11/88 US 2)*
*With Every Beat Of My Heart (10/89 US 5)*
*Love Will Lead You Back (1/90 US 1)*
*I'll Be Your Shelter (5/90 US 4)*
***Dance, Pop, Rhythm & Blues***

**CD-Tip:** *Soul Dancing* Arista 74321 15421 2

## Dazz Band

PIERRE DEMUDD, v/b (USA); ERIC FEARMAN, g (USA); KEVIN FREDERICK, key (USA); BOBBY HARRIS, v/b (USA); KEITH HARRISON, key (USA); SKIP III MARTIN, v (USA, geb. in Jersey City/New Jersey); MARLON MCCLAIN, g (USA); KENNY PETTUS, per (USA); ISAAC WILEY, d (USA); MICHAEL WILEY, b (USA).

Bobby Harris formierte die Dazz Band Ende der 70er Jahre mit zwei aus Cleveland stammenden Funk-Gruppen: Bell Telefunk und Kinsman Grill House Band. Zunächst nannte er die neue Formation Kinsman Dazz, später nur noch Dazz Band. Den Ausdruck Dazz bildete er aus ›danceable Jazz‹ (= tanzbarer Jazz). Nach zwei wenig erfolgreichen Plattenveröffentlichungen als Kinsman Dazz gingen sie 1980 zu Motown und spielten ganz im Jazz-Funk-Stil von Earth, Wind & Fire. Einen Top-10-Hit schafften sie schließlich 1982 mit »Let It Whip«. Dieser Titel brachte ihnen dann auch gleich noch einen Grammy als beste R&B-Gruppe. Erfolge verzeichneten sie danach hauptsächlich in den speziellen schwarzen Hitparaden. Mit »Let It All Blow« gelang ihnen Ende 1984 noch einmal ein Platz 12 in der britischen Hitparade. 1988 verließ Martin III die Dazz Band und wurde Sänger bei Kool & The Gang.

*Let It Whip (4/82 US 5)*
***Funk, Rhythm & Blues***

## De André, Fabrizio

*Andrea (1/79 CH 6)*

## De Angelo, Nino

v (Deutschland, *18. 12. 1963 als Domenico Gerhard Gorgolione in Karlsruhe).
Drafi Deutscher soll der Entdecker dieses Interpreten sein, dessen erster Hit aus dem Jahre 1982 stammt. Mit einer deutschen Version von »Guardian Angel«, gesungen von Masquerade alias Drafi Deutscher, der den Titel auch geschrieben hatte, erreichte Nino im November 1983 die Hitparade und wurde Spitzenreiter und Platinseller. Bei Nino hieß die Nummer »Jenseits von Eden«. Über mehrere Wochen stand er mit seiner Version auf Platz 1 in Deutschland und Masquerade auf Platz 2. Nino de Angelo nahm zusätzlich noch für den englischen Markt eine Version auf, die jedoch nur bis auf Platz 57 kam. Mit den Nummern »Flieger« (4/89 D 13) und »Samuraj« (4/89 D 11) gelangte er im Jahre 1989 noch einmal in die deutschen Top 20. »Flieger«, mitgeschrieben von Dieter Bohlen, war der deutsche Grand-Prix-Beitrag jenes Jahres in Lausanne. Im Frühjahr 1986 wurde bei Nino Krebs im fortgeschrittenen Stadium diagnostiziert. Eine sofortige Strahlentherapie war unumgänglich – Nino mußte sich nicht nur für längere Zeit aus dem Showgeschäft zurückziehen, er mußte auch sein Leben völlig umkrempeln. Ende 1997 kam Nino als Platteninterpret mit dem Titel »I Can See The Light« zurück.

*Jenseits von Eden (11/83 D 1; 2/84 CH 1)*
***Deutscher Schlager, Grand Prix***

**CD-Tip:** *De Angelo* WEA 9031–73292–2

## de Burgh, Chris

v (Argentinien, *15. 10. 1948 als Christopher John Davison).
Seine irischen Eltern waren eine Zeitlang in Argentinien als Diplomaten, und die Familie seines Großvaters besaß dort eine Farm. Im Alter von vier Jahren zog die Familie für kurze Zeit nach Irland und dann zunächst für einige Zeit nach Malta. Als nächste Station folgte Nigeria. Mit siebeneinhalb schickten ihn die Eltern dann nach Irland in ein Internat. Als Chris de Burgh 1986 das Album »Into The Light« veröffentlichte, war er für viele ein Newcomer. Der Spitzenreiter der britischen Hitparade, »The Lady

In Red«, machte ihn einem breiteren Publikum bekannt. Speziell in Deutschland hatte sich Chris schon vorher einen Fanstamm erarbeitet. Nummern wie »The Getaway« 1982, »Don't Pay The Ferryman« 1983 oder »High On Emotion« 1984 waren hierzulande sehr populär. Aber auch das war nicht der Beginn der Karriere von Chris de Burgh. Die Eltern hatten 1960 Irland zum endgültigen Wohnsitz erkoren. Hier hatten sie Bargy Castle, eine Burg aus dem 12. Jahrhundert, erworben, die sie in mühevoller Renovierungsarbeit zum Hotel umbauten. In diesem Hotel unterhielt Chris, der am berühmten Trinity College in Dublin Romanistik und Anglistik studierte, die Gäste. Bevor er überhaupt an eine Profikarriere als Musiker dachte, hatte er Hunderte von Solokonzerten in diesem Hotel gegeben. Hier trug er auch erste eigene Kompositionen vor. Die besten davon faßte er 1975 für sein erstes Album »Far Beyond These Castle Walls« zusammen. Darauf schon Meisterwerke wie »Hold On«, »Windy Night«, »Sin City« oder »Satin Green Shutters«. Jeder dieser vier Titel wäre schon damals für die Hitparaden prädestiniert gewesen, schaffte es aber leider nicht. Von der musikalischen Qualität des Chris de Burgh waren zum damaligen Zeitpunkt nicht viele Käufer überzeugt, aber doch etliche seiner Musikerkollegen. Seine erste größere Tournee machte er im Vorprogramm seiner Label-Kollegen Supertramp. Barry de Souza, Phillip Goodhand-Tait oder Madeline Bell wirkten auf seiner ersten Plattenproduktion mit. Auch die Kritiker überschlugen sich damals vor Begeisterung. Es nützte nichts. Die nächsten LPs, wie »Spanish Train And Other Stories«, »At The End Of A Perfect Day«, »Crusaders« oder »Eastern Wind«, waren wieder handwerklich sehr gut gemacht, wurden aber nicht die großen Verkaufsknüller. Trotzdem wird diese fünfte LP, »Eastern Wind«, als ein Markstein in der Karriere von Chris angesehen. Zum erstenmal arbeitete er bei den Aufnahmen mit einer eigenen Band zusammen. Zum erstenmal engagierte er einen Amerikaner als Produzenten, und zum erstenmal wählte er ein Studio außerhalb Englands. ›Die Produktion hat mir so viel Spaß gemacht wie noch nie zuvor. Früher fühlte ich mich durch die klassische Tradition meiner Musik immer etwas eingeengt. Diesmal sollten jedoch die Kraft und die Spielfreude unserer Live-Auftritte im Mittelpunkt der Arbeit stehen.‹ Wohl, weil auch bisher ein Singlerfolg ausgeblieben war, faßte die Plattenfirma schon mal die besten Stücke von ihm 1981 auf der Langspielplatte »Best Moves« zusammen. Für eine Endabrechnung wohl etwas zu früh. Dazu Chris: ›Um ehrlich zu sein, hatte ich nicht gewußt, was ich tun sollte, bevor »Best Moves« herauskam. Ich hatte nie darüber nachgedacht, eine Zusammenstellung herauszubringen. Es war damals ein Vorschlag der kanadischen Plattenfirma. Obwohl ich dort niemals eine Hitsingle hatte, waren die Verkaufszahlen meiner LPs und die Zahl der Konzertbesucher hoch.‹ Der Schachzug war geschickt. »Best Moves« wurde die erste LP von Chris, die sich in der britischen LP-Hitparade niederschlug. Womit er bis zu diesem Zeitpunkt aber wirklich überzeugen konnte, waren seine Konzerte. Es muß auch mit den menschlichen Qualitäten von Chris de Burgh und seiner Liebenswürdigkeit zu tun haben, daß er über einen so langen Zeitraum Platten veröffentlichen konnte, ohne daß ihn seine Firma fallenließ. Etliche andere Künstler haben es nie auf fünf Nicht-Chart-LPs in GB gebracht. Daß man ihn nicht hat fallenlassen, erwies sich im nachhinein ebenfalls als ein guter Schachzug, denn erst jetzt ging die Karriere richtig los. Nach der LP »Getaway« 1982 erschien im Frühjahr 1984 »Man On The Line«. Diese LP kam schon bis auf Platz 11 der britischen LP-Charts. Zum Weihnachtsgeschäft 1984 faßte man noch einmal die bisherigen Nicht-Hits als »The Very Best Of Chris De Burgh« zusammen, und damit hatte er seinen ersten Top-10-Erfolg. Chris de Burgh entwickelte sich mehr und mehr zu einem generationenübergreifenden Künstler. Vom ganzen Habitus, von der Kleidung bis zum Gesangsstil ist er sowohl für Dreizehn- wie auch für Siebzigjährige akzeptabel. Chris de Burgh: ›Jedesmal, wenn wir auf Tournee sind, scheint das Publikum immer breitgefächerter zu werden. Die Mehrheit der Fans scheint bei einem Konzert so 15 bis 25 Jahre alt zu sein, aber es ist nichts Ungewöhnliches, ein etwas reiferes Paar zu entdecken, das mit all den anderen gemeinsam auf die Musik abfährt. Bei einem Konzert saßen drei Frauen nebeneinander, eine Großmutter, eine Mutter und ein Teenager. Sie hielten ein Spruchband hoch, auf dem stand: Ein Dankeschön von drei Generationen Chris-de-Burgh-Fans. Und wo wir auch spielen, es ist überall das gleiche.‹ Seine Lieder waren ebenfalls so konstruiert, daß sie sowohl in Laufbandprogrammen wie in Rocksendungen zu hören waren. Nach dem weltweiten Erfolg von »The Lady In Red« 1986 blieb Chris de Burgh der, der er auch vorher gewesen war: der bescheidene und sympathische Künstler, der auf der einen Seite sagt, er könne jetzt natürlich nicht mehr vor vierzig Leuten im Rheinterrassen-Bierkeller, wo er seine erste Deutschland-Tournee begann, spielen, schon weil die Nachfrage nach Eintrittskarten so groß sei, daß er in den größtmöglichen Hallen spielen müsse, auf der anderen Seite sich aber eben an diese kleinen Anfänge auch noch erinnert. Speziell die deutschen Fans sorgten dafür, daß seine Platten sich weiter verkauften. Die 1992 erschienene CD »Power Of Ten« setzte sich an die Spitze der deutschen Albumcharts. 1994 erschien »This Way Up«, ebenfalls in Deutschland erfolgreich. Ende 1995 erschien mit »Beautiful Dreams« ein neues Album von Chris.

*High On Emotion (6/84 CH 5)*
*The Lady In Red (7/86 GB 1; 9/86 D 5; 2/87 US 3)*
*Missing You (10/88 GB 3)*
***AOR (Adult Orientated Rock), Pop, Soft Rock***

**CD-Tip:** *Spark To A Flame* A&M 397 032–2

## De Castro Sisters

BABETTE DE CASTRO, v (Kuba); CHERIE DE CASTRO, v (USA, geb. in New York City); PEGGY DE CASTRO, v (geb. in Dominikanische Republik).
Die Schwestern Peggy, Babette und Cherie wuchsen in Kuba auf. Ihr Vater war dort Besitzer einer Zuckerrohrplantage, spielte aber keine Fiedel. Anfang der 50er Jahre zogen sie nach New York und wurden sehr populär mit ihrer Mixtur aus Balladen und Novelty-Nummern und durch ihren exaltierten Lebensstil. Im Oktober 1954 gelang den Schwestern mit »Teach Me Tonight« ein Platz 2 in der amerikanischen Pophitparade. Bis zum Ende der 50er Jahre wurden die De Castro Sisters mit weiteren Hits verzeichnet. 1988 traten sie noch einmal in Las Vegas auf.

*Teach Me Tonight (10/54 US 2)*
***Pop***

## De Gregori, Francesco

*Viva L'Italia (2/80 CH 8)*

## De La Soul

PASEMASTER MASE (USA, *24. 3. 1970 als Vincent Lamont Mason Jr. in Brooklyn/ New York City); POSDNUOS (USA, *17. 8. 1969 als Kelvin Mercer in Bronx/New York City); TRUGOY THE DOVE (USA, *21. 9. 1958 als David Jude Jolicoeur in Brooklyn/ New York City).

Wer unbedingt alles in eine Schublade stecken möchte: Das US-Trio De La Soul aus Long Island, New York, macht Psychedelic Rap. Ihre Plattenfirma behauptet stolz, daß es unglaublich schwer sei, die stilistische Vielfalt von De La Soul auch nur annähernd zu beschreiben: Doo-Wop-Einflüsse, Country à la Johnny Cash, Reggae, Sixties-Soul, Rap, französische Chansons – alles werde in ihrer Musik verarbeitet. Wenn man sieht, bei wie vielen Interpreten sich De La Soul auf ihren Platten bedanken, weil sie Stückchen aus ihren Titeln gesampelt haben, kann man in der Tat von stilistischem Vielklau sprechen. Anfang 1989 erschien mit »3 Feet High And Rising« die erste LP der Formation. Darauf der erste Hit »Me Myself And I«. »Ring Ring Ring (Ha Ha Hey)« war im April 1991 ein Platz 10 in GB und ein Platz 8 in Deutschland. In ihrer Heimat, den USA, sind sie über einen Platz 34 in den Popcharts nicht hinausgekommen – den belegte »Me Myself And I«, trotzdem ein Millionseller. 1991 erschien ihre CD »De La Soul Is Dead«, 1993 »Buhloone Mindstate«. Die Auskopplung »Breakdawn« aus der 93er CD brachte im September in GB zumindest noch einmal einen Top-40-Hit. Mitte 1996 kam mit »Stakes Is High« ein neues Album der Band.

*The Magic Number/Buddy (12/89 GB 7)*
*Ring Ring Ring (Ha Ha Hey) (4/91 D 8, GB 10; 5/ 91 CH 1)*
***Psychedelic, Rap***

**CD-Tip:** *De La Remix* East West 9031–77378–2

## De Paul, Lynsey

v (Großbritannien, *11. 6. 1950 als Lynsey Rubin in London).

Ihren ersten Kontakt mit dem Showgeschäft hatte Lynsey De Paul als Designerin für Plattenhüllen. Nachdem sie ein Cover für die Pipkins entworfen hatte, lernte sie deren Produzenten Roger Greenaway kennen und zeigte ihm einige selbstgeschriebene Songs. Der fand sie gut und sorgte dafür, daß z. B. die Fortunes im Januar 1972 »Storm In A Teacup« aufnahmen, geschrieben von Lynsey mit Ron Roker. Im August desselben Jahres hatte sie ihren ersten eigenen Top-10-Erfolg: »Sugar Me«. In den folgenden Jahren schrieb sie mit Barry Blue oder Mike Moran etliche Hits für sich und andere. »No Honestly« war im November 1974 ihr zweiter und letzter Top-10-Erfolg. 1977 beteiligte sie sich zusammen mit Mike Moran und dem Titel »Rock Bottom« am Grand Prix Eurovision. Sie kamen hinter der Siegerin Marie Myriam auf Platz 2. Nach dieser Platte trat eine längere Pause ein, die sie vorwiegend in den USA verbrachte. Es muß zu unliebsamen Querelen zwischen ihr und der Plattenfirma gekommen sein. Als sie 1981 wieder mit neuem Material auf den Markt kam, wollte man sie nicht mehr hören.

*Sugar Me (8/72 GB 5)*
*No Honestly (11/74 GB 7)*
*Rock Bottom (5/77 CH 1, D 4)*
***Grand Prix, Pop***

**CD-Tip:** *Greatest Hits* Repertoire REP 4313-WG

## De Sykes, Stephanie

v (Großbritannien als Ryton).

Stephanie begann als Studiosängerin und im Background-Chor der BBC-Talentshow ›Opportunity Knocks‹. Ihren ersten Hit hatte sie mit »Born With A Smile On My Face« Mitte 1974, als Interpreten waren Stephanie De Sykes with Rain angegeben.

Mit »We'll Find Our Day« gelang ihr knapp ein Jahr später, diesmal ohne die Gruppe Rain, ein Platz 17. Beide Stücke stammten aus der TV-Familien-Serie ›Crossroads‹. Danach war sie aus den Charts verschwunden, heiratete später Stu James, den Sänger der Formation Mojo, und versuchte sich wieder als Sängerin unter dem Namen Debbie Stanford.

*Born With A Smile On My Face (7/72 GB 2)*
***Pop***

## De'lacy

GLEN BRANCH, d (USA); DELACY DAVIS, per (USA); GARY GRIFFIN, b (USA); RAINIE LASSITER, v (USA).

Lassiter hatte die New Jersey School of Performing Arts besucht und bereits etliche Künstler, darunter Adeva, auf Tourneen begleitet. Griffin und Davis waren beide Polizisten und Branch Telefoningenieur. Ihr erster Hit »Hideaway« schaffte in GB den Sprung unter die ersten 10. Der Nachfolger »That Look« kam ziemlich genau ein Jahr später ebenfalls in GB bis auf Platz 19.

*Hideaway (9/95 GB 9)*
***House***

## Deacon Blue

GRAEME KELLING, g (Großbritannien, *4. 4. 1957 in Paisley/Strathclyde); LORRAINE MCINTOSH, v (Großbritannien, *13. 5. 1964 in Glasgow); JAMES PRIME, key (Großbritannien, *3. 11. 1960 in Kilmarnock/Schottland); RICKY ROSS, v (Großbritannien, *22. 12. 1957 in Dundee); EWEN VERNAL, b (Großbritannien, *27. 2. 1964 in Glasgow); DOUGIE VIPOND, d (Großbritannien, *15. 10. 1960 in Johnstone/Strathclyde).

Die Ursprünge der schottischen Gruppe gehen zurück bis ins Jahr 1982. Ross, ein Lehrer, wurde Mitglied in der Glasgower Gruppe Woza. 1983 schickte er ein Solo-Demotape von sich an Verleger in London. Er erhielt den Rat, eine Gruppe zusammenzustellen, mit der er sein Talent als Songschreiber unter Beweis stellen konnte. Das geschah 1985. Ross wählte den Namen Deacon Blue von einem Song der LP »Aja« von Steely Dan. 1986 erhielten sie einen Plattenvertrag von Muff Winwood, einst Mitglied der Spencer Davis Group, der jetzt für die CBS London arbeitete. Im November begannen die Arbeiten an dem ersten Album, und erst zu diesem Zeitpunkt kam die Freundin von Ricky, Lorraine McIntosh, mit in die Band. Im März 1987 erschien »Dignity« als erste Single, die jedoch vorerst nicht in die Hitparaden kam. Nach der ersten LP und einer Tournee wurde das Interesse an der Band geweckt, und »Dignity« wurde neu abgemischt und wiederveröffentlicht. Dieses Mal erreichte die Platte Platz 31. Mit »Real Gone Kid« hatte die Band im Oktober 1988 einen ersten Top-10-Erfolg. Die EP mit Songs, die Bacharach und David geschrieben hatten, brachte Deacon Blue im August 1990 auf Platz 2 in GB. Bei den vier Liedern auf dieser EP handelte es sich um »I'll Never Fall In Love Again«, »The Look Of Love«, »Are You There (With Another Girl?)« und »Message To Michael«. »Twist And Shout« war Mitte 1991 ein weiterer Top-10-Erfolg. Dieser Titel hatte nichts mit der alten Isley-Brothers-Nummer zu tun. 1994 erschien die CD »Our Town – The Greatest Hits Of Deacon Blue«. Darauf 16 ihrer größten Hits und drei Neuaufnahmen. Der Titelsong war Ende 1992 ein Top-20-Erfolg. »Dignity«, eine weitere Auskopplung aus dieser CD, stand im Frühjahr 1994 ebenfalls in den britischen Top 20 und erreichte damit ihre höchste Position. »Only Tender Love« und »Hang Your Head« 1993 und »Dignity« 1994 erreichten in GB noch Plätze um Position 20.

*Real Gone Kid (10/88 GB 8)*
*Four Bacharach & David Songs (8/90 GB 2)*
*Twist And Shout (7/91 GB 10)*
***Pop***

**CD-Tip:** *Our Town – The Greatest Hits* Columbia 476 642 2

## Dead End Kids

ROBBIE GRAY, v/harm (Großbritannien, *23. 2. 1957 in Kilmarnock/Schottland); COLIN JUNIOR IVORY, g (Großbritannien, *29. 9. 1959 in Ayr/Schottland); DAVEY JOHNSTON, key (Großbritannien, *27. 7. 1955 in Ayr/Schottland); ALISTAIR KERR, v/b (Großbritannien, *15. 3. 1956 in Bridlington/Yorkshire); RICKY SQUIRES, v/d (Großbritannien, *5. 12. 1956 in Cumnock/Ayrshire).
Johnston und Kerr gründeten in Schottland 1974 die Band Vehicle. Im Sommer 1975 wurde daraus Dead End Kids. Bekannt wurden sie, als sie im Herbst 1976 mit den Bay City Rollers auf Tournee gingen. Es war der britische Songschreiber, Interpret und Produzent Barry Blue, der in dieser Band eine etwas härtere Nachfolgegruppe für die Bay City Rollers sah. Im März 1977 tauchte die von ihm produzierte alte Honeycombs-Nummer »Have I The Right« in der britischen Hitparade auf und erreichte Platz 6. Das blieb der einzige nennenswerte Erfolg dieser schottischen Gruppe.

*Have I The Right (3/77 GB 6)*
***Boy Group, Pop***

## Dead Or Alive

RUSS BELL, g (Großbritannien); PETE BURNS, v (Großbritannien, *5. 8. 1959 in Liverpool); MARTIN HEALEY, key (Großbritannien); WAYNE HUSSEY, g (Großbritannien, *26. 5. 1958 als Jerry Lovelock in Bristol); SUE JAMES, b (Großbritannien); TIMOTHY LEVER, key (Großbritannien, *21. 5. 1960); STEVE MCCOY, d (Großbritannien, *15. 3. 1962); MITCH, g (Großbritannien als Mick Read); JOE MUSKER, d (Großbritannien); CHRIS PAGE, key (Großbritannien); MIKE PERCY, b (Großbritannien, *11. 5. 1961).
Mit seinen außergewöhnlichen Frisuren soll der Liverpooler Pete Burns, Kopf und einzige Konstante von Dead Or Alive, angeblich schon Boy George inspiriert haben. 1977 war er in einer Band namens Mystery Girls neben Pete Wylie und Julian Cope Mitglied, dann bei Nightmares In Wax. Mit dieser Formation machte er seine erste EP: »Birth Of A Nation«. Aus den Nightmares In Wax gingen nach zahllosen personellen Umbesetzungen 1981 Dead Or Alive hervor, deren erste Plattenaufnahmen in den Independent-Charts auftauchten. Es spielten neben Burns Martin Healey, Sue James, Mitch und Joe Musker. Schon ein Jahr später wurden Mitch und James gegen Wayne Hussey und Mike Percy ausgetauscht. 1983 ging zuerst Hussey – er wurde erst Mitglied bei Sisters Of Mercy und dann bei Mission – und dann Healey und Musker. Neu kamen Lever und McCoy. 1984 erschien die erste LP »Sophisticated Boom Boom«. Die Platte brachte eine abenteuerliche Mischung aus High Energy Disco Sound und Punk. Im selben Jahr kam mit »That's The Way I Like It«, einer Coverversion der KC-&-The-Sunshine-Band-Nummer, der erste Singlerfolg. Produzent der Platte war der Deutsche Zeus B. Held. Der große Erfolg sollte sich einstellen, nachdem Dead Or Alive den Produzenten gewechselt hatten. Jetzt waren Stock/Aitken/Waterman für die Platten verantwortlich, und »You Spin Me Round (Like A Record)« kam im Dezember 1984 in die britischen Charts und wurde Spitzenreiter. In den USA reichte es ein halbes Jahr später immer noch für Platz 11. 1985 tourt die Gruppe durch die USA. Die Besetzung lautet jetzt Burns, Lever, Percy, McCoy und neu: Russ

Bell und Chris Page, die beide vorher mit Gary Numan gespielt hatten. Bis 1989 erschienen weitere Singles, die jedoch nicht mehr die Top 10 erreichten. Speziell in Japan blieb Burns populär. Dort veröffentlichte er 1995 die Platte »Nukleopatra«, die sich angeblich auf Anhieb 500.000 mal verkaufte.

*You Spin Me Round (Like A Record) (12/84 GB 1; 3/85 D 2; 4/85 CH 1)*
*Lover Come Back To Me (6/85 CH 5)*
***Dance, Pop***

**CD-Tip:** *Mad, Bad And Dangerous To Know* Epic 450 257 2

## Dean, Hazell

v (Großbritannien, *27. 10. 1956 als Hazell Dean Poole in Chelmsford/Essex).
Im April 1984 kam ihre Platte »Searchin'« in die britischen Charts – im selben Jahr wurde Hazell Dean von der Zeitschrift ›Record Mirror‹ zur besten ›Hi-Energy-Künstlerin‹ des Jahres gewählt. Ihre Platte »Whatever I Do (Wherever I Go)« ist einer der ersten Titel, die die Hitfabrik Stock/Aitken/Waterman hervorbrachte – sie erreichte im Julil 1984 einen Platz 4 in GB. Danach wurde es einige Zeit stiller um Hazell, bis sie im März 1988 mit »Who's Leaving Who« einen weiteren Top-10-Erfolg verbuchen konnte. In den USA konnte sich Hazell nie behaupten. Möglich, daß sie dafür einfach zu normal war.

*Searchin' (I Gotta Find A Man) (4/84 GB 6)*
*Whatever I Do (Wherever I Go) (7/84 GB 4)*
*Who's Leaving Who (4/88 GB 4)*
***Dance, Pop***

**CD-Tip:** *Always* EMI CDP 7 90304 2

## Dean, Jimmy

v (USA, *10. 8. 1928 als Seth Ward in Plainview/Texas).
Jimmy Dean begann seine Karriere 1946, als er in der Armee war, mit den Tennessee Haymakers. Noch während er Soldat war, spielte er zusammen mit den Gitarristen Herbie Jones und Marvin Carroll in einem Trio. Nachdem er 1948 entlassen worden war, siedelte er sich in Washington, D.C., an, wo er in diversen Bands mitspielte. 1952 gründete er seine eigene Band Texas Wild Cats. Ab 1953 war der Countrysänger auch als Solist erfolgreich und schaffte zwei Crossover-Hits: »Big Bad John« wurde im Herbst 1961 ein Platz 1 in den USA, Platz 2 in GB; »P. T. 109« – dieses Lied behandelt den Einsatz von John F. Kennedy auf dem Torpedoboot P.T. 109, das 1943 versenkt wurde – erreichte im Frühjahr 1962 Platz 8. Auf beiden Titeln spielt Floyd Cramer Piano. Nach längerer Abwesenheit aus den Popcharts erreichte Jimmy mit »I O U« Mitte 1976 zwar nur einen Platz 35 in der Hitparade, aber einen Millionseller. Die Platte war ein Dank an seine Mutter.

*Big Bad John (10/61 US 1, GB 2)*
*P.T. 109 (3/62 US 8)*
***Country, Pop***

**CD-Tip:** *Big Bad John* Bear Family BCD 15 723

## DeBarge

BUNNY DEBARGE, v (USA, *15. 3. 1955 in Grand Rapids/Michigan); EL DEBARGE, v (USA, *4. 6. 1961 in Grand Rapids/Michigan); JAMES DEBARGE, key (USA, *22. 8. 1963 in Grand Rapids/ Michigan); MARTY DEBARGE, sax/tr (USA, *19. 6. 1959 in Grand Rapids/ Michigan); RANDY DEBARGE, b (USA, *6. 8. 1958 in Grand Rapids/ Michigan).
1978 gründete Bunny mit ihren vier Brüdern die Formation DeBarge. Die fünf waren nur ein Teil der kinderreichen Familie aus Grand Rapids in Michigan. 1979 erhielt die Gruppe einen Vertrag bei Motown, und 1981 wurde ihr Debütalbum

»DeBarges« veröffentlicht. Ab 1983 kamen sie in die Singlehitparade und hatten dort ihren größten Erfolg mit einem Song aus dem Berry-Gordy-Film »The Last Dragon«: »Rhythm Of The Night« wurde ein Top-10-Hit in den USA und in GB. Wenig später gelang ein weiterer Top-10-Erfolg mit »Who's Holding Donna Now«. Die nächsten Platten erschienen als El DeBarge with DeBarge, und 1986 trennte sich Eldra von seinen Geschwistern und machte Platten als El DeBarge. Die obengenannten Mitglieder hatten noch weitere Brüder. Davon waren Bobby und Tommy in der Gruppe Switch, die es 1978/79 auf einige Erfolge brachte. Die Gruppe Switch wurde von Jermaine Jackson entdeckt. Ein weiterer Bruder war Chico DeBarge, der es 1986 mit »Talk To Me« auf einen Platz 21 in den USA brachte. Private Probleme sorgten für Turbulenzen in der Familie. James war 1984 kurz mit Janet Jackson verheiratet. Bobby und Chico wurden im Oktober 1988 wegen Kokainhandels verhaftet und verurteilt. Bobby starb am 16. 8. 1995 an Aids.

*Rhythm Of The Night (2/85 US 3; 4/85 GB 4)*
*Who's Holding Donna Now (6/85 US 6)*
***Pop, Rhythm & Blues***

## DeBarge, El

v (USA, *4. 6. 1961 in Grand Rapids/Michigan).
Seit der Gründung 1978 war El Leadsänger der Geschwistertruppe DeBarge gewesen, so auch auf den Hits der Gruppe seit 1982. 1986 beschloß El, es im Alleingang mit einer Mischung aus Pop und Soul zu versuchen. Großes Vorbild für ihn war immer Michael Jackson gewesen. An dessen Erfolge kam er jedoch nicht im entferntesten heran. Er brachte es im April 1986 auf einen Platz 3 in den USA mit »Who's Johnny« aus dem Film »Nummer 5 lebt«. Hier dürfte der Erfolg des Filmes dem Titel stark geholfen haben. 1992 erschien mit »In The Storm« die letzte erwähnenswerte CD von El. Produziert hatte er den größten Teil im Team mit Maurice White von Earth, Wind & Fire. Ebenfalls behilflich: Kool Moe Dee als Rapper, außerdem noch Patti Labelle und Chanté Moore als Mitsängerinnen, Nathan East als Bassist, Bob James als Keyboarder und Lee Ritenour als Gitarrist. Mitte 1994 erschien mit »Heart, Mind & Soul« wieder eine neue CD von El, auf der jedoch keine Hits zu finden waren.

*Who's Johnny (4/86 US 3)*
***Pop, Rhythm & Blues***

**CD-Tip:** *In The Storm* WB 7599–26260–2

## Decker, Diana

v (USA).
Decker gelang ein einziger Hit und das in GB. Sie sang »Poppa Piccolino«. Die Platte erreichte im Herbst 1953 einen Platz 2 in den britischen Charts, fiel wieder raus, kam Anfang 1954 erneut unter die ersten 10 und belegte Platz 5. In Deutschland wurde aus diesem Song der Hit »Die süßesten Früchte (fressen nur die großen Tiere)«, gesungen von Peter Alexander und Leila Negra.

*Poppa Piccolina (10/53 GB 2; 1/54 GB 5)*
***Pop***

## Dee, Dave, Dozy, Beaky, Mick And Tich

BEAKY, g (Großbritannien, *10. 7. 1944 als John Dymond in Salisbury/Wiltshire); DAVE DEE, v (Großbritannien, *17. 12. 1941 als David Harman in Salisbury/Wiltshire); DOZY, b (Großbritannien, *27. 11. 1944 als Trevor Davies in Enford/Wiltshire); MICK, g (Großbritannien, *4. 3. 1944 als Michael Wilson in Amesbury/Wiltshire); TICH (Großbritannien, *15. 5. 1944 als Ian Amey in Salisbury/Wiltshire). Mitglieder dieser Band kamen 1961 zusammen und gehörten zu denen, die sich in Hamburg auf der Reeperbahn ihre Spielpraxis holten. 1963 spielten sie für zwei Monate im Top Ten und entwickelten da auch ihre Mixtur aus Rock 'n' Roll, Rhythm & Blues und witzigem Auftritt. Dave Dee hatte zu diesem Zeitpunkt bereits eine Karriere als angehender Polizist hinter sich. Er gehörte zu denjenigen, die am 17. 4. 1960 auf der A4 zum Unfall eines Ford Consul gerufen wurden. In diesem Auto saßen Eddie Cochran und Gene Vincent. Eddie Cochran starb, Gene Vincent wurde schwer verletzt. Im September 1964 traten Dave Dee And The Bostons, wie sie sich zu diesem Zeitpunkt noch nannten, im Vorprogramm der Honeycombs auf und beeindruckten deren Manager und Songschreiber Ken Howard und Alan Blaikley. Wenig später unterschrieben sie einen Vertrag mit ihnen und nannten sich nun Dave Dee, Dozy, Beaky, Mick And Tich. Im Januar 1965 erschien ihre erste Single »No Time«, die jedoch nicht beeindruckte. Auch ihre nächste Single, »All I Want«, eine Ballade, wurde ein Flop. Mit »You Make It Move« wurden sie im Dezember desselben Jahres zum erstenmal in den Charts verzeichnet, und zwischen März 1966 und Herbst 1968 brachten sie es auf acht Top-10-Hits. Ihr größter Erfolg ist im Februar 1968 »Legend Of Xanadu«, ein Platz 1 in GB. In Deutschland hieß ihr einziger Spitzenreiter »Bend It« im Herbst 1966. Im August 1969 verließ Dave Dee die Band und versuchte sich als Solist – ohne nennenswerten Erfolg. Der Rest machte als D, B, M & T weiter, brachte es aber nur auf einen Platz 33 mit der Nummer »Mr. President«. 1974 kamen sie alle noch einmal für eine Platte, »She's My Lady«, zusammen, aber ihre Hitzeit war vorbei. Zu diesem Zeitpunkt arbeitete Dave Dee hauptberuflich auch schon als A&R-Manager für WEA. In den 80er Jahren kam die Gruppe hin und wieder und mit wechselnden Besetzungen für die obligaten Revival-Veranstaltungen wieder zusammen, spielte häufig in Deutschland und trat Ende des Jahrzehnts vorwiegend in ihrem eigenen Club in Marbella in Spanien auf. Ende 1989 tat sich Dave Dee mit den Trümmern der Gruppe Marmalade zusammen und veröffentlichte die Single »Scirocco«, die nicht einmal VW-Fahrer beeindruckte. Dave Dee arbeitete nach seiner großen Zeit mit der Band in der Plattenindustrie und wurde schließlich 1980 Chef seines eigenen Plattenlabels Double D. Das hat ihm aber abgeblich nur Verluste gebracht, weshalb er immer wieder bei Revival-Shows auftrat. Im Frühjahr 1997 erschien mit »Unfinished Business« ein neues Album von Dave, auf dem mit Titeln wie »Where Did I Go Wrong«, »Change Is Gonna Come« oder »It's Over« eine gewisse Larmoyanz rauszuhören war.

*Hold Tight (3/66 GB 4; 5/66 D 4)*
*Hideaway (6/66 D 2, GB 10)*
*Bend It (9/66 D 1, GB 2)*
*Hard To Love You (11/66 D 10)*
*Save Me (12/66 D 2, GB 4)*
*Okay! (3/67 GB 4; 6/67 D 5)*
*Touch Me, Touch Me (4/67 D 8)*
*Zabadak! (10/67 GB 3, D 6)*
*The Legend Of Xanadu (2/68 GB 1, D 5)*
*Last Night In Soho (7/68 GB 8)*
***Beat, Pop***

**CD-Tip:** *The Legend Of Dave Dee, Dozy, Beaky, Mick And Tich* Mercury 834 590 2

## Dee, Joey

v (USA, *11. 6. 1940 als Joseph DiNicola in Passaic/New Jersey).

Beim Namen Joey Dee erinnert man sich an Twist oder an Peppermint Lounge. Über diese Peppermint Lounge in New York und die Musiker, die mit ihm spielten, erzählte Joey Dee später einmal in einem Interview: ›Es war dieses Ding, was einem nur einmal im Leben passiert – zur richtigen Zeit an der richtigen Stelle. Kaum ein großer Star, der damals nicht in unseren Laden kam. Ich habe mit Shirley MacLaine getanzt. Sie kam fast jeden Abend. Ebenso Judy Garland. Es kamen John Wayne, Robert Mitchum, viele Senatoren, Mitglieder des englischen Königshauses. Heute hängen bei mir zu Hause Bilder aus dieser Zeit mit all den Persönlichkeiten. Später machte ich direkt um die Ecke vom Peppermint einen eigenen Laden auf. Die Musiker, die dann mit mir spielten, waren die, die wenig später als Young Rascals Erfolge feiern sollten. Einer meiner Musiker war ein junger Mann, der sich Jimmy James nannte und aus Seattle kam. Der ging später nach London, nannte sich Jimi Hendrix und wurde ein riesiger Star. 1963 hatte ich als Background-Chor ein Trio engagiert. Es waren die beiden Schwestern Ronnie und Estelle Bennett und deren Cousine Nedra. Phil Spector hörte sie bei mir, nahm mit ihnen »Be My Baby« auf und machte sie als Ronettes zu Weltstars. Das alles begann mit diesem kleinen simplen Tanz, der damals alle Altersschichten begeisterte und Twist hieß. Danach wurde immer wieder versucht, einen Tanz in dieser Art zu kreieren. Es hat nie wieder so richtig geklappt.‹

Schon 1958 hatte Joey in New Jersey Joey Dee & The Starliters gegründet, aber erst die Twist-Welle – im Januar 1962 hatte sie ihren Höhepunkt erreicht – brachte ihn wirklich nach oben. Die Nummer »Peppermint Twist – Part I« erreichte im November 1961 die US-Charts und wurde Platz 1. Hektisch wurde danach ein Film gedreht, der den phantasievollen Titel »Hey, Let's Twist!« hatte und als Star Joey Dee. Daraus stammte auch sein zweiter Top-10-Hit, »Shout – Part I«, im März 1962 ein Platz 6. In Deutschland wurde im August 1962 die Nummer »Ya Ya« noch einmal ein Platz 4. Dann ließ Joeys Erfolg nach. Hier in Deutschland versuchte er sich als Schlagersänger in deutscher Sprache und hatte mit »Bitte, bitte, Baby« Anfang 1964 einen Platz 30. 1967 veröffentlichte er seine letzte Single. Dann trat eine längere Pause ein, bis er es wieder als Joey Dee & The New Starliters versuchte. 1972 gründete er die Gruppe Hawk. Nach seiner Zeit als Interpret und als Besitzer des Konkurrenzladens der Peppermint Lounge machte er in Florida ein Münzgeschäft auf. Als im November 1980 in New York die New Peppermint Lounge eröffnet wurde, spielte er noch einmal mit.

*Peppermint Twist – Part I (11/61 US 1)*
*Shout – Part I (3/62 US 6)*
*Ya Ya (8/62 D 4)*
***Twist***

**CD-Tip:** *Hey Let's Twist* Roulette CDP 7 94896 2

## Dee, Kiki

v (Großbritannien, *6. 3. 1947 als Pauline Matthews in Bradford/Yorkshire).

Über viele Jahre hinweg machte Kiki – auch in deutscher Sprache – Platten, ohne Erfolg zu haben. Kiki Dee gehörte zu den wenigen europäischen Künstlern, die auch beim Plattenlabel Motown bzw. deren Unterlabel Rare Earth Aufnahmen veröffentlichten. Erstmalig wird sie in den USA im Jahre 1971 verzeichnet, mit »Amoureuse« hat sie Ende 1973 einen ersten Erfolg in GB. Im September 1974 gelang ihr ein Platz 12 in den USA mit »I've Got The Music In Me«, aber ihre größten Erfolge sollte sie im Duett mit Elton John haben: »Don't Go Breaking My Heart« und »True Love«. Ihren letzten nennenswerten Soloerfolg verzeichnete sie mit dem Titel »Star«, im Februar 1981 Platz 13 in GB.

*Don't Go Breaking My Heart (7/76 GB 1, US 1, D 5)*
*True Love (11/93 GB 2)*
***Pop, Rhythm & Blues***

**CD-Tip:** *Angel Eyes* EMI CDP 7 46775 2

## Deee-Lite

ANI, b/dj/computer; SUPER DJ DMITRY, key (geb. in Kiew/Ukraine); LADY MISS KIER, v (USA, *15. 8. 1963 als Kier Kirby in Youngstown/Ohio); JUNGLE DJ TOWA TEI, computer (Japan, *7. 9. 1964 in Tokio).

Dieses in New York beheimatete Trio leitete seinen Namen von einem Song aus dem Musical »Red Hot And Blue« ab, 1936 von Cole Porter geschrieben: »It's D'Lovely«. Die drei versuchten eine Art musikalischen Rundschlag und haben Flower-power mit HipHop, Psychedelic mit Dance Floor gemixt. Ihre eigene Produktionsfirma nannten sie Sampladelic Productions. Heraus kam im September 1990 ein Millionseller und Top-10-Erfolg sowohl in der britischen als auch der amerikanischen Hitparade: »Groove Is In The Heart«. Danach erschienen weitere Singles von Deee-Lite, die an die Debütplatte nicht heranreichten. Schnellebig, wie die 90er Jahre mit Trends umgehen, wurde bald wieder ein anderer Sample durchs Dorf getrieben. 1994 erschien ihre CD »Dew Drops In The Garden«. Auskopplungen daraus waren jedoch nicht sonderlich erfolgreich. Brill und Kier sind verheiratet. Tei ging 1994 und wurde durch Ani ersetzt.

*Groove Is In The Heart (8/90 GB 2, US 4)*
***Dance, Psychedelic***

**CD-Tip:** *World Clique* Elektra 7559–60957–2

## Deele

BABYFACE, v/g/syn (USA, *10. 4. 1959 als Kenneth Edmonds in Indianapolis); DARNELL »DEE« BRISTOL, v/per (USA); CARLOS GREENE, v (USA); ANTONIO L. A. REID, d (USA, *7. 6. 1957 in Cincinnati); KEVIN »KAYO« ROBERSON, v/b/syn/per (USA).

Chef dieser 1981 gegründeten R&B-Funk-Gruppe war Darnell ›Dee‹ Bristol. Mit in der Band spielte das später erfolgreiche Produzenten- und Songwriterteam L.A. Reid und Kenneth ›Babyface‹ Edmonds. Nach einem ersten mittleren Erfolg im Jahre 1984 gelang Deele im Frühjahr 1988 ein Top-10-Hit in den USA mit dem Titel »Two Occasions«. Danach verließ Edmonds die Band und begann eine Karriere als Babyface.

*Two Occasions (2/88 US 10)*
***Funk, Rhythm & Blues***

## Deenay, Young

v (Deutschland als Fatima Napo, geb. in Göttingen).

18 Jahre war sie alt, als sie mit »Walk On By« ihre erste Hitnotierung und gleichzeitig ihren ersten Top-10-Hit hatte. Fatima Napo wurde in Mali geboren und war dort Stammesmitglied der Dogon. Aufgewachsen ist sie dort und in Oakland/Kalifornien. Sie spricht fließend Bambara, Englisch, Französisch und Deutsch. Im Alter von 10 Jahren kam sie nach Deutschland. Entdeckt wurde sie vom Produzententeam Grant Michael B. & Pomez di Lorenzo, das u. a. auch Der Wolf und Sir Prize betreute. »Walk On By« erschien im Juli 1997 und brauchte fast ein halbes Jahr, um sich bis in die Top 10 durchzurobben. Im Januar 1998 gelang es ihr – das ist erfahrungsgemäß die Zeit, in der besonders wenig Platten verkauft werden und in der man leichter unter die ersten 10 der Charts kommen kann. Ende März 1998 schaffte sie auch den Sprung unter die ersten 10 in der Schweiz. Immerhin wurde die Single mit Gold bedacht. Nachfolgehit wurde »Wannabe Your Lover«, auf dem wie schon bei »Walk On By« Sasha den Gesang beisteuerte. Sasha, vom selben Produzententeam wie Young Deenay betreut, machte dann die Soloplatte »I'm Still Waitin'« (7/98 D 15), auf der nun wieder Young Deenay rappte. Inzwischen

wird sie als ›German Queen Of HipHop‹ gefeiert.

*Walk On By (11/97 D 5; 2/98 CH 10)*
*Wannabe Your Lover (5/98 D 7)*
***HipHop***

## Deep Blue Something

CLAY BERGUS, v/g (USA); JOHN KIRTLAND, d (USA); TOBY PIPES, g/b (USA); TODD PIPES (USA).
Die Band aus Denton/Texas nannte sich zuerst Leper Messiah. Den Namen hatten sie aus einem Song von David Bowie's »Ziggy Stardust«. Erfolg sollten sie jedoch erst als Deep Blue Something haben. Dabei brauchte ihr erster Hit »Breakfast At Tiffany's« sehr lange, um sich international durchzusetzen. In den USA lief der Erfolg zögerlich an. Die Platte kam im August 1995 in die Charts und brauchte 19 Wochen, um auf Platz 5 zu klettern. Auch in Deutschland zog es sich: in die Charts im April 1996 – bis auf Platz 6 ganze 14 Wochen. Bei den Briten kam die Platte erstmals im Juli 1996 in die Hitparade. Sie stieg bei Platz 55 ein und gleich wieder nach unten. Im September kam sie erneut in die GB-Charts. Diesmal stieg sie bei Platz 3 ein und war zwei Wochen später an der Spitze. Ob es sich bei Deep Blue Something um eine Gruppe mit Substanz handelt, wird sich erst zeigen. Es scheint zumindest so, daß es in diesem Falle eher der Song war, der die Käufer überzeugte.

*Breakfast At Tiffany's (8/95 US 5; 4/96 D 6; 9/96 GB 1)*
***AOR (Adult Orientated Rock), Pop***

## Deep Forest

Die beiden Komponisten Michael Sanchez und Eric Mouquet sind die geistigen Väter dieses Projektes. Zusammen mit den beiden Musikwissenschaftlern Hugo Zempe und Shima Aron gelang es ihnen, eine universale Sprache zu schaffen. Zu hören waren Eingeborenenstämme aus Kamerun, Ghana, Burundi, Senegal und verschiedene Pygmäenstämme. Ihre Gesänge wurden gesampelt und in einem Studio in Brüssel mit tanzbarer Musik unterlegt. Das Projekt erhielt die Unterstützung der Unesco. Eine Singleauskopplung aus der CD von Deep Forest, »Sweet Lullaby«, wurde ab 1992 mehrfach auf den internationalen Markt gebracht. In Deutschland erreichte die Single im Herbst 1992 Platz 31, im Frühjahr 1994 schaffte der Titel dann den Sprung in die britischen Top 10. Auf der 1995 erschienenen Single »Undecided« von Youssou N'Dour zeichneten Mouquet und Sanchez als Produzenten für die Remixe verantwortlich.

*Sweet Lullaby (2/94 GB 10)*
***Instrumental, World Music***

**CD-Tip:** *Deep Forest* Dance Pool 471 976 2

## Deep Purple

RITCHIE BLACKMORE, g (Großbritannien, *14. 4. 1945 in Weston-Super-Mare); TOMMY BOLIN, g (USA, *1. 8. 1951 in Sioux City/Idaho, †4. 12. 1976); DAVID COVERDALE, v (Großbritannien, *22. 9. 1949 in Saltburn/Lancashire); ROD EVANS, v (Großbritannien, *19. 1. 1945 in Edinburgh); IAN GILLAN, v (Großbritannien, *19. 8. 1945 in Hounslow/Middlesex); ROGER GLOVER, b (Großbritannien, *30. 11. 1945 in Breacon/Wales); GLENN HUGHES, b (Großbritannien, *21. 8. 1952 in Penkridge); JON LORD, key (Großbritannien, *9. 6. 1941 in Leicester); STEVE MORSE, g (USA, *28. 3. 1954 in Hamilton/Ohio); IAN PAICE, d (Großbritannien, *29. 6. 1948 in Nottingham); NICK SIMPER, b (Großbritannien, *3. 11. 1945 in Southhall/Middlesex); JOE LYNN TURNER, v.

Diese Hard-Rock-Band der ersten Stunde gehört zum Besten, was in dieser Kategorie je antrat. Viele Bands der 80er Jahre versuchten, an das musikalische und technische Vermögen dieser Gruppe heranzukommen, und konnten ihnen doch nicht das Wasser reichen. Vielleicht liegt es auch daran, daß die einzelnen Musiker dieser Formation nicht von der Schulbank in ein Plattenstudio gegangen sind und auf die Gestaltung ihres Outfits – lange Locken, schwarze Lederklamotten, rasselnde Ketten – weniger Wert legten als auf ihre Musik. Deep Purples Mitglieder begannen durchweg in der ersten Hälfte der 60er Jahre in den unterschiedlichsten Gruppen und waren, als sie sich 1968 formierten, schon gestandene Musiker.
Von der Gründung 1968 bis 1990 durchliefen etliche Musiker diese Band, die mit und ohne Deep Purple erfolgreich waren. Insgesamt zählten zum Mitgliederstamm von Deep Purple elf Musiker. Die Band selbst teilt ihre eigene Geschichte in verschiedene Kapitel auf, die sie Mark I, Mark II usw. nennt. Mark II in der Besetzung Gillan, Lord, Blackmore, Glover und Paice wird von vielen Fans der Band als die beste angesehen und hat mit Veröffentlichungen wie »Deep Purple In Rock«, »Fireball« und »Machine Head« in den Jahren 1970 bis 1972 die stärksten Platten vorzuweisen. Auch als genau diese Besetzung in den 80er Jahren noch einmal zusammenkam und 1984 die LP »Perfect Strangers« veröffentlichte, waren sie wieder überaus erfolgreich.
Legendär bleiben die Zwistigkeiten, die immer wieder von der Person Ritchie Blackmore ausgingen. Wäre er ein verträglicherer Mensch, hätte die Band bis in die 90er Jahre zusammenbleiben und Triumphe feiern können.
Mark I hatte den ersten Top-10-Hit für die Band, jedoch nicht in GB, sondern in den USA: August 1968 Platz 4 mit »Hush«, der Coverversion eines Joe-South-Titels. Im August 1970 hatte Mark II »Black Night« auf Platz 2 in GB, im Februar 1971 »Strange Kind Of Woman« auf Platz 8. Ebenfalls in dieser Besetzung erschien die Platte, die für viele heute ein Markenzeichen der Band ist: »Smoke On The Water«, Mai 1973 ein Platz 4 in den USA und ein Millionseller. Das Auf und Ab und Rein und Raus bei Deep Purple ging auch in den 90er Jahren weiter. Mit dem Titel »The Battle Rages On . . .« erschien im Juli 1993 wieder eine neue CD in der Mark-II-Besetzung. Auskopplungen daraus konnten sich nicht durchsetzen. Ende 1994 kam für Ritchie Blackmore als neuer Gitarrist der Amerikaner Steve Morse in die Band, der vorher mit den Dixie Dregs, seiner eigenen Steve Morse Band, Kansas und als Solist hervorragende Platten veröffentlicht hatte. Mitte 1995 wurde das alte Album »In Rock« digital überarbeitet und mit 13 Out Takes aufgefüllt erneut veröffentlicht. Im Februar 1996 erschien mit »Purpendicular« ein neues Album der Band. Mitte 1998 kam die LP »Abandon«, zu dem der ›Stern‹ unter der Überschrift ›Vom Tresen zurück auf die Bühne‹ schrieb: Nie hip, immer erfolgreich: Deep Purple, Lieblingsband aller Musiklehrer, sind wieder da.

*Hush (8/68 US 4; 10/68 CH 7)*
*Black Night (8/70 D 2, GB 2; 10/70 CH 1)*
*Strange Kind Of Woman (2/71 GB 8; 4/71 D 8)*
*Never Before (4/72 CH 4)*
*Smoke On The Water (5/73 US 4)*
***Hard Rock***

**CD-Tip:** *Smoke On The Water* EMI 8 30268 2

## Dees, Rick

(USA, *14. 3. 1950 in Memphis/Tennessee).
Rick Dees begann als Moderator von Morgensendungen in seiner Heimatstadt. Als dann die Discowelle anschwappte und er davor auch beim Training im Fitneßcenter

nicht mehr sicher war, fand er es an der Zeit, eine Parodie auf Discotitel herauszubringen. Ein Bekannter von Rick konnte wunderbar Entenstimmen nachmachen, dazu fiel ihm der Titel »The Duck« von Jackie Lee ein – fertig war die Idee zu »Disco Duck«. Er dachte auch an einen Titel über Elvis nach dem Motto »He Ate Too Many Jelly Doughnuts«, aber die Ente machte das Rennen und wurde im Oktober 1976 ein Top-10-Erfolg in GB und den USA für Rick Dees & His Cast Of Idiots. Außer in Memphis konnte man die Platte überall hören. Die anderen Radiostationen in Memphis weigerten sich, den Hit eines Konkurrenten zu spielen; die eigene betrachtete das als Interessenkonflikt. Deshalb wurde Rick dann auch gefeuert, als er etwas über seine Platte erzählte. Die Konkurrenz zögerte nicht und stellte ihn sofort ein. Später ging er dann nach Los Angeles, wo er sowohl Radio- als auch Fernsehsendungen, z. B. 1984/85 ›Solid Gold‹, moderierte. Weitere Plattenversuche waren nicht erfolgreich. Als Moderator hatte er mehr Glück.

*Disco Duck (8/76 US 1, GB 6; 11/76 D 7)*
***Pop***

## Def Leppard

RICK ALLEN, d (Großbritannien, *1. 11. 1963); VIVIAN CAMPBELL, g (Großbritannien, *25. 8. 1962 in Belfast); STEVE CLARK, g (Großbritannien, *23. 4. 1960 in Hillsborough/Yorkshire, † 8. 1. 1991); PHIL COLLEN, g (Großbritannien, *8. 12. 1957 in Hackney/London); JOE ELLIOTT, v (Großbritannien, *1. 8. 1959 in Sheffield); TONY KENNING, d; RICK SAVAGE, b (Großbritannien, *2. 12. 1960 in Sheffield); PETE WILLIS, g (Großbritannien, *16. 2. 1960).

Vorläufer von Def Leppard kamen 1977 in Sheffield zusammen, als Joe Elliott und Rick Savage in der Heavy-Metal-Band Atomic Mass aufeinandertrafen. Noch im selben Jahr änderten sie den Namen in Def Leppard. Nach einigen Umbesetzungen kam die Formation zusammen, die Anfang Januar ihre erste Platte veröffentlichte. Es war eine EP mit drei Titeln, die in einer Auflage von 1000 Stück erschien. Noch im selben Jahr unterschrieben sie einen Plattenvertrag mit Vertigo, und im November erschien mit »Wasted« ihre erste offizielle Single, die auch in den Charts notiert wurde. In den folgenden Jahren wurden etliche LPs und Singles veröffentlicht, die sich im Mittelfeld der Charts plazieren konnten. 1982 wurden die Alkoholprobleme von Pete Willis so stark, daß der Rest der Gruppe beschloß, ihn rauszuschmeißen. Für ihn kam Phil Collen. Im Mai 1983 erreichten sie mit dem Titel »Photograph« Platz 12 in der US-Hitparade. Ihre Langspielplatte »Pyromania« wurde in den USA 1983 ein absoluter Verkaufsknüller, der dort allein 6,5 Millionen Exemplare absetzte. Im Januar 1984 wurden sie mit amerikanischen Music Awards überschüttet. Um in den Singlecharts erfolgreich zu sein, mußten sie jedoch bis 1987 warten. In GB war im August 1987 ihre Single »Animal« auf Platz 6. »Hysteria« wurde in den USA im Januar 1988 Platz 10, »Pour Some Sugar On Me« im April desselben Jahres Platz 2, und im August 1988 belegten sie mit »Love Bites« den Spitzenplatz der amerikanischen Charts. Schlußpunkt des Jahres 1988 war ein Platz 3 mit »Armageddon It«. Alle genannten Titel konnten in GB die ersten 10 nicht erreichen. Für viele Amerikaner ist diese britische Band inzwischen eine US-Formation. Zwischendurch, 1984/85, sah es so aus, als müßten sie ihren Schlagzeuger Rick Allen ersetzen. Am 31. Dezember jenes Jahres wurde er in einen schweren Autounfall verwickelt, der ihm den linken Arm abriß und den rechten schwer verletzte. Die Ärzte nähten ihm den Arm wieder an, mußten ihn jedoch nach drei

Tagen wieder abtrennen, weil er sich entzündet hatte. Als im Januar 1985 der Rest der Gruppe mit Aufnahmen zur neuen LP begann, rief Allen an und sagte, er wolle unbedingt zur Gruppe zurückkehren. Im April kam er wirklich zurück und spielt seither bei allen Plattenaufnahmen und den Livekonzerten mit. Er spielt auf einem Fairlight-Computer, den er selbst programmiert hat. Außerdem arbeitet er mit einem Simmons-Electronic-Drum-Kit, gekoppelt mit einem SD57-Computer. Die Tragik der Band setzte sich weiter fort. Am 8. 1. 1991 wurde Steve Clark nach einer durchzechten Nacht tot in seiner Wohnung in Chelsea, London, aufgefunden. Trotzdem stand die Gruppe tapfer die Arbeit an ihrem fünften Album, »Adrenalize«, durch, das im März 1992 veröffentlicht wurde und schnell die US-Charts anführte. Das Album wurde wie auch die anderen mit Verachtung der Kritiker und Begeisterung des Publikums aufgenommen. Daraus ausgekoppelt wurde »Let's Get Rocked«. Vivian Campbell kam im April 1992 als Ersatz für Steve Clark. Ende 1993 erschien das Album »Retro Active«. Es handelte sich dabei um eine Zusammenstellung von bisher unveröffentlichten Aufnahmen und sogenannten Alternativversionen. Längere Zeit wartete die Fangemeinde nun auf eine neue Platte von Def Leppard. Für den Herbst 1995 war die Veröffentlichung eines neuen Albums vorgesehen, das allerdings nicht fertig wurde. Die Plattenfirma von Def Leppard veröffentlichte schnell statt dessen eine Hitzusammenstellung unter dem Titel »Vault – Greatest Hits 1980–1995«. Das angekündigte neue Album mit dem Titel »Slang« erschien schließlich am 14. Mai 1996. Der ausgekoppelte Titelsong kam in GB bis auf Platz 17. »Work It Out« brachte der Gruppe Platz 22, und der Rest der Singles schnitt noch schlechter ab und beschränkte sich in seinen Notierungen lediglich auf GB. Die LP-Verkäufe der Gruppe waren in der Vergangenheit enorm. »Pyromania« (1983) schaffte 9 Millionen Verkäufe in den USA, »Hysteria« (1987) 11 Millionen.

*Animal (8/87 GB 6)*
*Hysteria (1/88 US 10)*
*Pour Some Sugar On Me (4/88 US 2)*
*Love Bites (8/88 US 1)*
*Armageddon It (11/88 US 3)*
*Let's Get Rocked (3/92 GB 2; 5/92 CH 3)*
*When Love And Hate Collide (10/95 GB 2)*
***Heavy Metal***

**CD-Tip:** *Hysteria* Mercury 830 675–2

## DeFranco Family

BENNY DEFRANCO (Kanada, *11. 7. 1954 in Port Colborne/Ontario); MARISA DEFRANCO (Kanada, *23. 7. 1955 in Port Colborne/Ontario); MERLINA DEFRANCO (Kanada, *20. 7. 1957 in Port Colborne/Ontario); NINO DEFRANCO (Kanada, *19. 10. 1956 in Port Colborne/Ontario); TONY DEFRANCO (Kanada, *31. 8. 1959 in Port Colborne/Ontario).
Die DeFranco Family, eine Familiengruppe aus Ontario, sollte das kanadische Pendant zu den Osmonds, Jackson 5 und der Partridge Family werden. Ein Verleger von Jugendzeitschriften förderte das saubere Image des Quartetts in seinen Publikationen. Zumindest einmal ging die Rechnung auf: »Heartbeat – It's A Lovebeat« wurde im Herbst 1973 ein Millionseller. Mit »Abra-Ca-Dabra« (12/73 US 32) und »Save The Last Dance For Me« (5/74 US 18) gelangen ihnen zwei Nachfolgehits. Nach 1975 waren sie wohl für die Jugendzeitschriften zu alt und verschwanden wieder aus den Charts.

*Heartbeat – It's A Lovebeat (9/73 US 3)*
***Pop***

## Degrees Of Motion + Biti

BITI, v (USA); BALLE LEGEND, v (USA); MARIPOSA, v (USA); KIT WEST, v (USA).
Der erste Hit dieser New Yorker Formation war 1992 die Nummer »Do You Want It Right Now«. Es handelte sich dabei um eine Coverversion einer Taylor-Dayne-Aufnahme, die sie auf dem Album »Tell It To My Heart« veröffentlicht hatte. Die Platte wurde zunächst nur in den USA veröffentlicht und war dann die erste Importsingle seit 1989, die sich unter den ersten 10 der britischen Club-Charts plazieren konnte. 1993 erschien »Soul Freedom – Free Your Soul« in den GB-Charts, und im Frühjahr 1994 kam mit »Shine On« eine Platte unter die ersten 10 in Großbritannien, die im Juni 1992 schon einmal veröffentlicht worden war. Beim zweitenmal wurde Biti gesondert ausgewiesen.

*Shine On (3/94 GB 8)*
***Dance***

## DeJohn Sisters

DUX DEJOHN, v (USA, *21. 1. 1933 als DeGiovanni in Chester/Pennsylvania); JULIE DEJOHN, v (USA, *18. 3. 1931 als DeGiovanni in Chester/Pennsylvania).
Die beiden DeJohn Sisters hatten ihren ersten Erfolg Ende des Jahres 1954 mit dem Titel »(My Baby Don't Love Me) No More«. Versuche der beiden, weitere Hits zu landen, gingen bis ins Jahr 1958. Über einen Platz 73 kamen sie nicht mehr hinaus.

*(My Baby Don't Love Me) No More (12/54 US 6)*
***Pop***

## Dekker, Desmond

v (Jamaika, *16. 7. 1941 als Dacres in Kingston).
1963 wurde Desmond Mitglied der Studiogruppe Aces. Seine erste Single hieß »Honour Your Mother And Father«. 1967 wurden die Briten auf ihn aufmerksam, und die Platte »007 Shanty Town« wurde Platz 14 in den britischen Charts. Seinen größten internationalen Erfolg hatte Dekker im April 1969, als er als erster jamaikanischer Sänger in GB die Spitze der Hitparade eroberte. »Israelites« hieß diese Aufnahme, die sich auch in den USA unter den ersten 10 plazieren konnte. Auch dort wurde er als der erste erfolgreiche Reggae-Interpret gehandelt. Als die Platte im Mai 1975 erneut in GB veröffentlicht wurde, erreichte sie Platz 10. 1970 veröffentlichte Desmond eine Version des Jimmy-Cliff-Hits »You Can Get It If You Really Want« und hatte damit einen Platz 2 in GB und einen Platz 9 in Deutschland. Nachdem 1971 sein Produzent Leslie Kong gestorben war, siedelte sich Dekker ganz in London an. Dort hatte inzwischen eine neue Generation von Reggae-Künstlern, vor allem Bob Marley, das Sagen. 1980 nahm er neue Versionen seiner alten Hits auf und veröffentlichte sie auf dem Album »Black And Dekker«. Mit ihm spielten auf dieser LP die Rumours. 1984 stand Dekker wegen Bankrotts in England vor Gericht und beschwerte sich öffentlich darüber, daß ihm sein Manager nie seine Anteile ausgezahlt habe. 1990 hörten die Briten wieder von ihm, als der TV-Werbespot von Maxwell Tapes mit »Israelites« unterlegt wurde. Statt »Israelites« hieß es allerdings jetzt »My ears are alight«.

*Israelites (3/69 GB 1; 5/69 D 1, US 9; 5/75 GB 10)*
*It Miek (6/69 GB 7)*
*Isrealites (6/69 CH 6)*
*You Can Get It If You Really Want (8/70 GB 2; 11/70 D 9)*
***Reggae***

**CD-Tip:** *The Best Of And The Rest Of Desmond Dekker* Action Replay CDAR 1002

## Del Amitri

ANDY ALSTON, key (Großbritannien); DAVID CUMMINGS, g (Großbritannien); JUSTIN CURRIE, v/b (Großbritannien, *11. 12. 1964 in Glasgow); IAIN HARVIE, g (Großbritannien, *19. 5. 1962 in Glasgow); BRIAN MCDERMOTT, d (Großbritannien); BRYAN TOLLAND, g (Großbritannien); PAUL TYAGI, d (Großbritannien).

Die Band formierte sich 1983 in Glasgow um Currie und Harvie. Im Laufe der Jahre sollten immer wieder wechselnde Musiker zu Del Amitri kommen. Diese beiden sind der Nukleus. Im Mai 1985 erschien ihre Debütplatte »Sense Sickness«. »Kiss This Thing Goodbye« brachte der Band im August 1989 eine erste Hitnotierung in GB und den USA. Das sehr gut gemachte Stück »Nothing Ever Happens« war im Januar 1990 ein Platz 11 in der britischen Hitparade. »Always The Last To Know« im Frühjahr 1992 wurde Platz 13 in GB und mit Platz 30 in den USA die zweite Hitnotierung dort. In den USA wurde schließlich »Roll To Me« Mitte 1995 die erste und bisher einzige Top-10-Notierung. Eine sehr intelligente Mischung aus Rock und Folk, dazu gute Texte machten die Qualität dieser Gruppe aus. Die erfolgreichsten Alben: »Waking Hours« (2/90 GB-LP 6), »Change Everything« (6/92 GB-LP 2), »Twisted« (3/95 GB-LP 3) und »Some Other Sucker's Paradise« (7/97 GB-LP 6). Mitte des Jahres 1995 spielten Del Amitri in Cardiff/Wales zusammen mit R.E.M. und den Cranberries – in diese Kombination passen sie ohne Zweifel. Zur Fußballweltmeisterschaft 1998 sang Del Amitri den ›Official Team Scotland Song World Cup '98‹: »Don't Come Home Too Soon« (6/98 GB 15) – eine liebenswerte Bitte.

*Roll To Me (7/95 US 10)*
***AOR (Adult Orientated Rock), Folk, Rock***

**CD-Tip:** *Waking Hours* A&M 397 010–2

## Del Tha Funkee Homosapien

DEL THA FUNKEE HOMOSAPIEN, rap (USA).

›What the fuck is a Funkee Homosapien?‹ fragt Co-Producer Ice Cube auf der Platte »Mistadobalina«. Die Antwort: ›It's a human being, fool, a funky human being.‹ Die Platte enthielt einige Samples aus der Nummer »Mind Power« von James Brown. Wie Dels vollständiger Name lautet, war bisher nicht zu erfahren. Mit dem obengenannten Titel hatte der aus Oakland stammende Rapper Mitte 1992 seinen ersten Top-10-Hit in Deutschland. Ansonsten hinterließ der Cousin von Ice Cube keine Spuren in irgendwelchen Charts.

*Mistadobalina (5/92 D 9; 6/92 CH 10)*
***Rap***

## Delegates

NICK CASEL, v (USA als Kousaleous); NICK CENCI, v (USA); BOB DECARLO, v/dj (USA, *9. 1. 1941).

Der Discjockey Bob DeCarlo spielte mit den beiden, die als Delegates im November 1972 den Hit »Convention '72« bis auf Platz 8 in der amerikanischen Hitparade brachten, vorwiegend Golf. Cenci und Casel hatten in Pittsburgh eine Plattenvertriebsfirma, die Co & Ci hieß. Während des Golfspiels hatten sie immer schon davon gesprochen, daß sie unbedingt mal eine Platte zusammen machen wollten. Das hier war die Realisierung. Sie nahmen aus Hits des Jahres 1972 Schnipsel und verarbeiteten sie in der üblichen Dickie-Goodman-Manier. Nachdem die Platte erfolgreich gewesen war, versuchten sie es mit einer LP und weiteren Singles, aber das System funktionierte nur einmal.

*Convention '72 (10/72 US 8)*
***Pop***

## Delfonics

Randy Cain (USA, *2. 5. 1945 als Herbert Randal in Philadelphia/Pennsylvania); Ritchie Daniels (USA); Major Harris, v (USA, *9. 2. 1947 in Richmond/Virginia); Wilbert Hart (USA, *19. 10. 1947 in Philadelphia/Pennsylvania); William Hart (USA, *17. 1. 1945 in Washington/ D.C.).

Die Formation aus Philadelphia wurde 1965 durch die beiden Brüder William und Wilbert Hart gegründet und nannte sich ursprünglich Four Gents. Ihre ersten Platten machten sie 1967. Danach verließ Ritchie Daniels die Gruppe, um seinen Wehrdienst abzuleisten. Der Rest machte als Trio weiter. Mit dem Stück »La La Means I Love You« erreichten sie im Februar 1968 einen Platz 4 in den amerikanischen Charts, in GB wurde es ein Top-20-Hit. Im Januar 1970 gelang ihnen mit »Didn't I (Blow Your Mind This Time)« zwar nur ein Platz 10 in den USA, aber trotzdem ein Millionseller. 1971 wurde Randy Cain durch Major Harris ersetzt, der seinerseits 1974 ging und recht erfolgreich Soloplatten machte. Mit dem Ausscheiden von Major Harris verschwand die Gruppe aus den Charts, obwohl die beiden Brüder bis Ende der 70er Jahre versuchten, den Erfolg zu wiederholen. Anfang der 90er Jahre reformierten sich die Delfonics in der Besetzung Hart, Hart, Cain und Harris wieder.

*La La Means I Love You (2/68 US 4)*
*Didn't I (Blow Your Mind This Time) (1/70 US 10)*
***Soft Soul***

**CD-Tip:** *Echoes – The Best Of* Arista 260 627

## Delgado, Roberto

bl (Deutschland, *15. 11. 1919 als Horst Wende in Zeitz/Sachsen).

Der Komponist, Arrangeur und Bandleader begleitete mit seinem Orchester unendlich viele Schlagerinterpreten auf ihren Platten und war wohl irgendwann der Meinung, daß es jetzt an der Zeit sei, mal ein eigenes Werk zu veröffentlichen. Sein einziger Singlerfolg war im Februar 1965 ein Platz 3 in den deutschen Charts mit »Letkiss«. Letkiss war ein weiterer Versuch, mit einem Simpeltanz à la Twist den Durchbruch zu schaffen. Der einzige Unterschied war, daß er nicht aus Amerika oder wie die Reihentänze aus GB kam, sondern aus Finnland. Mit den Händen in den Hüften hüpften die Tänzer wie die Osterhasen übers Parkett. Zum Abschluß gab es drei schnelle Hüpfer hintereinander, und dann wurde der Mittänzer kurz geküßt. Nach einer Saison wars wieder vorbei. Delgado hatte Anfang 1980 noch einmal Erfolg in der LP-Hitparade mit »Da Capo, Roberto«.

*Letkiss (2/65 D 3)*
***Big Band, Instrumental***

## Dell-Vikings

Gus Backus, v (USA, *12. 9. 1937 als Donald Edward Backus in Southampton/ New York); William Blakely, v (USA); Chuck Jackson, v (USA, *22. 7. 1937); Don Jackson, v (USA); Corinthian »Kripp« Johnson, v (USA, geb. in Cambridge/Massachusetts, †22. 6. 1990); David Lerchey, v (USA, geb. in New Albany/Indiana); Samuel Patterson, v (USA); Clarence Quick, v (USA, geb. in Brooklyn/New York City); Bernard Robertson, v (USA); Norman Wright, v (USA, *21. 10. 1937 in Philadelphia/ Pennsylvania).

1955, die Mitglieder waren alle bei der Air Force, kam die Band in Pittsburgh, Ohio, zusammen. Sie bestand aus den fünf farbigen Mitgliedern Johnson, Patterson, Robertson, Quick und Don Jackson. Bei einer All-Air-Force-Talentshow in New York, die sie gewannen, sangen sie den von Quick geschriebenen Titel »Come Go

With Me«. Nachdem sie bei weiteren Talentshows gewonnen hatten und kurz vor Abschluß eines Plattenvertrags standen, verließen Patterson und Robertson die Gruppe, weil sie nach Deutschland versetzt wurden. Für sie kamen Norman Wright und der erste Weiße Dave Lerchey. Im Keller des Pittsburgher Discjockeys Barry Kaye nahmen sie neun a cappella gesungene Songs auf. Im November 1956 wurden einige davon mit Instrumenten unterlegt. Zu ihnen gehörte auch der Titel »Come Go With Me«, der im Februar 1957 in die amerikanische Hitparade kam und Platz 4 erreichte. Dieser Titel gilt als die erste Rock-'n'-Roll-Aufnahme, die von einer gemischtrassigen Band unter die ersten 10 der Charts kam. Jetzt wurde Jackson ebenfalls nach Deutschland versetzt, und für ihn kam als weiteres weißes Mitglied Donald ›Gus‹ Backus zu den Dell-Vikings. In dieser Besetzung nahmen sie den Titel »Whispering Bells« auf, der im Juli 1957 ein Platz 9 in den USA wurde. Ebenfalls im Juli 1957 kam eine Band in die Charts, die sich Del Vikings nannte. Die Geschichte, wie es dazu kam, ist recht verworren. Einleuchtend ist diese: Vier der fünf Mitglieder, die »Whispering Bells« gesungen hatten, waren bei der Vertragsunterzeichnung mit der Plattenfirma noch keine 21 Jahre alt. Mercury Records wußte das und köderte Wright, Lerchey, Backus und Quick mit einem höher dotierten Vertrag. Als fünften Mann holten sie sich William Blakely zur Gruppe und nahmen ihre erste Single »Cool Shake« im Mai 1957 als Del Vikings auf. Der einzige, der bei der Vertragsunterzeichnung schon 21 war, Kripp Johnson, blieb bei der alten Company und machte als Dell-Vikings weiter Platten. »Whispering Bells« und »Cool Shake« wurden fast zum gleichen Zeitpunkt veröffentlicht und riefen bei den Fans und Plattenkäufern Konfusion hervor. Und obwohl die Bands danach noch etliche Veröffentlichungen hatten, kam kein weiterer Hit mehr zustande. In der Folgezeit kam es zu etlichen Umbesetzungen in beiden Formationen. Bei den Dell-Vikings sang für einige Zeit Chuck Jackson, der später ein erfolgreicher Soul-Interpret werden sollte. Gus Backus wurde nun Ende der 50er Jahre ebenfalls nach Deutschland versetzt, blieb hier hängen und sollte ab 1960 ein erfolgreicher Schlagerstar werden.

*Come Go With Me (2/57 US 4)*
*Whispering Bells (7/57 US 9)*
***Doo Wop, Rock 'n' Roll***

## Dells

VERNE ALLISON, v (USA, *22. 6. 1936 in Chicago/Illinois); CHUCK BARKSDALE, v (USA, *11. 1. 1935 in Chicago/Illinois); JOHNNY CARTER, v (USA, *2. 6. 1935); JOHNNY FUNCHES, v (USA); MARVIN JUNIOR, v (USA, *31. 1. 1936 in Harrell/Arkansas); LUCIUS MCGILL, v (USA, geb. in Chicago/Illinois); MICKEY MCGILL, v (USA, *17. 2. 1937 in Chicago/Illinois).

Diese Gruppe stammte aus Illinois, wurde 1953 gegründet und machte 1954 als El Rays ihre erste Plattenaufnahme »Darling I Know«, die ein Flop war. 1955 änderten sie ihren Namen in Dells um und hinterließen in den Rhythm-&-Blues-Charts mit der Nummer »Oh What A Nite« im November 1956 ihre ersten Spuren. In die Popcharts, kam die Platte zu diesem Zeitpunkt noch nicht. Anfang der 60er Jahre verließ Johnny Funches die Dells, und Marvin Junior übernahm die Leadstimme. Als neuer Mann kam Johnny Carter dazu. Ende 1962 hatten sie ihre erste Notierung in den Popcharts und von 1968 bis 1974 sind sie regelmäßig dort vertreten. »Stay In My Corner« wurde im Juni 1968 ihr erster Top-10-Hit. »Oh, What A Night« – eine neue Version des ersten Rhythm-&-Blues-Hits – erreichte im August 1969 die Top 10, und »Give Your Baby A Standing

Ovation« gelante zwar im April 1973 nur auf Platz 34, wurde aber ein Millionseller. In den R&B-Charts wurden sie bis in die 80er Jahre notiert.

*Stay In My Corner (6/68 US 10)*
*Oh, What A Night (8/69 US 10)*
***Rhythm & Blues***

## Demus, Chaka & Pliers

CHAKA DEMUS, rap (Jamaika als John Taylor, geb. in Kingston); PLIERS, v (Jamaika als Everton Bonner, geb. in Kingston).
Chaka Demus und Pliers hatten sich zunächst in den 80er Jahren einen Ruf in Dance-Hall-Kreisen erworben. Die ausgefuchsten Produzenten Sly Dunbar und Robbie Shakespeare produzierten mit ihnen 1993 die CD »Tease Me«, aus der der Titelsong ausgekoppelt wurde. Er entwikkelte sich zum ersten Top-10-Hit des Duos in GB. Nachfolger »She Don't Let Nobody« kam im Herbst 1993 ebenfalls in die britischen Top 10. Ihre dritte Single, »Twist And Shout«, erreichte gar Platz 1. Dieser Titel zog sich seit vielen Jahren durch die internationalen Hitparaden. Erstmals brachten ihn 1961 die Top Notes, ein Jahr später hatten die Isley Brothers damit einen Top-20-Hit in den USA. Speziell die Briten liebten diesen Titel. Die Beatles, Brian Poole & The Tremeloes und Salt 'N' Pepa waren damit erfolgreich. Ihre Spezialität war die Verknüpfung von klassischen Pop-Elementen mit Ragamuffin-Groove der 90er Jahre. Mit »I Wanna Be Your Man« und »Gal Wine« gelangen der Formation in der zweiten Hälfte des Jahres 1994 zwei weitere Top-20-Hits in GB. Eine Wiederveröffentlichung von »Twist And Shout« kam 1995 in die GB-Charts, und ihre Version von »Every Kinda People« war im Herbst 1996 ihr bisher letzter Chart-Eintrag.

*Tease Me (6/93 GB 3)*
*She Don't Let Nobody (9/93 GB 4)*
*Twist And Shout (12/93 GB 1)*
***Pop, Ragamuffin, Reggae***

**CD-Tip:** *All She Wrote* Mango 74321 14727 2

## Dennis, Cathy

v (Großbritannien, *25. 3. 1969 in Norwich).
Cathy begann als 14jährige in der Alan Dennis Band, die ihr Vater leitete. Schon in diesem Alter traf sie auf Danny D., der sie fragte, ob sie es denn ernst meine mit der Musik, und ihr den Ratschlag gab, nach London umzusiedeln. Hier bereitete sie sich in Tanzkursen und an Keyboard und Computern auf ihre Karriere vor. Mit 18 erhielt sie einen Vertrag bei Polydor und traf wieder auf Danny D. Auf dessen Projekt D-Mob und der Single »C'mon And Get My Love« (10/89 GB 15, 12/89 US 10) sang sie mit. Ihre Debüt-Single »Just Another Dream« (10/90 US 9, 7/91 GB 13) konnte sich zuerst in den USA hocharbeiten. Erst im Juli 1991 kam sie in die britischen Charts. Auch ihr zweiter Singlerfolg »Touch Me (All Night Long)« (3/91 US 2, 5/91 GB 5) war zuerst ein Hit in den USA. Ihr dritter Solo-Top-10-Hit hieß »Too Many Walls« (7/91 US 8, 10/91 GB 17) erreichte nur in den USA die ersten 10. Bemerkenswert an Cathy ist, daß sie nicht nur vorgefertigtes Material singt, sondern sich sowohl als Autor wie auch als Produzent beteiligt. Pressetext: »Das rothaarige Multitalent mit den grünen Augen ist schon jetzt einer der Aufsteiger des Jahres 1991«. Aber die nächsten Platte erreichten nicht mehr die erste 10: »Everybody Move« (12/91 GB 25, US 90), »You Lied To Me« (8/92 GB 34, US 32), »Irresistible« (11/92 GB 24, US 61) und »Falling« (2/93 GB 23) fielen gegen die ersten Hits ab. 1994 veröffentlichte Cathy Dennis wieder zusammen mit D-Mob die Single »Why« (2/94 GB 23). »West End Pad« (8/96 25) und eine Coverversion des

Kinks-Hits »Waterloo Sunset« (3/97 GB 11) brachten Cathy weitere Hits in GB.

*Just Another Dream (10/90 US 9)*
*Touch Me (All Night Long) (3/91 US 2; 5/91 GB 5)*
*Too Many Walls (7/91 US 8)*
***Dance, Pop***

**CD-Tip:** *Move To This* Polydor 847 267 2

## Dennis, Clark

v/p (USA, *19. 12. 1911 in Flint/Michigan).
Clark, der sich auf irische Songs spezialisierte, war Mitglied in den Bands von Raymond Paige, Orville Knapp, Ben Pollack und Paul Whiteman. Als Solist begann seine Karriere Anfang der 40er Jahre in Clubs, Theatern und im Radio. Mitte 1947 hatte Clark Dennis seinen ersten und einzigen Top-10-Hit in den amerikanischen Popcharts mit dem Titel »Peg O' My Heart«. Begleitet wurde er bei der Aufnahme vom Orchester Billy May. Es handelte sich dabei um ein Stück aus dem Broadway-Musical »Ziegfeld Follies of 1913«. 1949 und 1954 gelangen ihm mit »Galway Bay« und »Grenada« noch zwei Top-30-Hits, und dann war er vergessen.

*Peg O' My Heart (6/47 US 8)*
***Pop***

## Dennis, Jackie

v (Großbritannien, geb. in Edinburgh).
Der 1942 geborene Jackie wurde bereits Mitte der 50er Jahre von zwei amerikanischen Komikern entdeckt, als er in einer Air-Force-Basis auftrat. Sie vermittelten ihn an eine Agentin, die ihn in der Fernsehsendung und dem Film »6.5 Special« unterbrachte. Im Frühjahr 1958 hatte der stets im Kilt auftretende Jackie mit »La Dee Dah« einen Platz 4 in GB. Daraufhin wurde er in allen Fernsehsendungen herumgereicht, sogar in den USA in Perry Comos Show, der ihn als den britischen Ricky Nelson ankündigte. Trotzdem scheiterten alle weiteren Projekte, und er war ganz schnell wieder verschwunden.

*La Dee Dah (3/58 GB 4)*
***Pop***

## Denny, Martin

p/bl (USA, *10. 4. 1911 in New York City).
Der Komponist, Arrangeur und Pianist formierte in den 50er Jahren eine Band, die er The Exotic Sound Of Martin Denny nannte. Darin spielte unter anderen Julius Wechter, der später die Baja Marimba Band gründete und ebenfalls exotisch kam. Im Mai 1959 stand Denny mit seiner LP »Exotica« für fünf Wochen auf Platz 1 der US-Albumcharts. Mit der Les-Baxter-Komposition »Quiet Village« hatte Denny 1959 seinen größten Singlerfolg. Hits in den unteren Regionen werden bis 1962 notiert. Dann hörte man nichts mehr von ihm. In der LP-Hitparaden wurde er im Jahre 1965 letztmalig notiert.

*Quiet Village (4/59 US 4)*
***Instrumental***

## Denver, John

v (USA, *31. 12. 1943 als Henry John Deutschendorf jr. in Roswell/New Mexico, † 12. 10. 1997).
Mit 14 goldenen LPs, 8 Platin-LPs und unzähligen Hits, die er für sich und andere schrieb, kann dieser amerikanische Folk- und Countrysänger stolz auf fast dreißig Jahre Showgeschäft zurückblicken. 1965 suchte das damals populäre Chad Mitchell Trio einen neuen Leadsänger. Unter 250 Bewerbern setzte sich John Denver durch und tourte zwei Jahre mit diesem Trio, sammelte Erfahrungen als Profi und schrieb hin und wieder einen Song. Als

ein anderes Trio – Peter, Paul & Mary – Ende 1969 mit der Denver-Komposition »Leaving On A Jet Plane« einen Platz 1 und einen Millionseller in den USA hatte, rissen sich die Plattenfirmen um ihn. Sein erster großer Erfolg war ebenfalls ein Millionseller und im April 1971 ein Platz 2 in den USA: »Take Me Home, Country Roads«. »Rocky Mountain High« wurde im November 1972 ein Platz 9, und dann folgte 1974/75 seine ganz große Zeit. Alle jetzt genannten Platten waren Spitzenreiter und/oder Millionseller: »Sunshine On My Shoulders«, »Annie's Song« – das war übrigens Denvers einziger Hit in GB und auch dort eine Nummer 1; geschrieben hatte er ihn für seine Frau Ann Martell, mit der er zwischen 1967 und 1983 verheiratet war –, »Back Home Again«, »Thank God I'm A Country Boy« – dieser Titel wurde live aufgenommen im Universal-City-Amphitheater in Kalifornien – und »I'm Sorry«. Die B-Seite des letztgenannten Titels, dem Schiff Calypso von Jacques Cousteau gewidmet, hieß »Calypso« und erreichte Platz 2 in den USA. Die Liste seiner Erfolge reicht bis in das Jahr 1984, und alleine das 1973 erschienene Album »John Denver Greatest Hits« verkaufte sich mehr als zehnmillionenmal. Für sein TV-Special ›An Evening With John Denver‹ gewann er 1975 einen Emmy, eine Art Oscar der Fernsehschaffenden. Als Schauspieler war John 1978 im Film »Oh, God« zu sehen. 1984 spielte er in der damaligen Sowjetunion, 1987 kehrte er noch einmal zurück für ein Benefizkonzert zugunsten der Opfer von Tschernobyl. Seit den 80er Jahren macht er zwar weniger Platten, aber die mit ausgezeichneten Musikern. Seine Zeit nutzt er vor allen Dingen, um sich verstärkt für wohltätige Zwecke und den Umweltschutz zu engagieren. Im Januar 1995 erschien sein Album »The Wild Life Concert«. John starb beim Absturz seines Experimentalflugzeugs, einem Einsitzer, vor der kalifornischen Küste. Im nachhinein stellte sich heraus, daß Denver keinen gültigen Pilotenschein besaß. Die Lizenz war ihm im Juli 1996 vorläufig entzogen worden, weil er keine notwendigen medizinischen Bescheinigungen für eine Erneuerung beibringen konnte. Diese Papiere wiederum waren ihm wegen Alkoholproblemen verweigert worden. Denver war in den letzten Jahren zweimal wegen Trunkenheit am Steuer festgenommen worden. Ein Prozeß wegen dieser Delikte stand kurz bevor.

*Take Me Home, Country Roads (4/71 US 2)*
*Rocky Mountain High (11/72 US 9)*
*Sunshine On My Shoulders (1/74 US 1)*
*Annie's Song (6/74 US 1; 8/74 GB 1)*
*Back Home Again (9/74 US 5)*
*Thank God I'm A Country Boy (3/75 US 1)*
*I'm Sorry (8/75 US 1)*
*Calypso (10/75 US 2)*
***Country, Pop***

**CD-Tip:** *Seine großen Erfolge* RCA ND 90537 2

## Denver, Karl

v (Großbritannien, *16. 12. 1932 als Angus McKenzie in Glasgow).
Denver begann seine Karriere als Sänger im Alter von 23 Jahren. Vorher war er bei der Handelsmarine gewesen und hatte auf seinen Reisen die unterschiedlichsten Musikstile kennengelernt. Seine Stimme umfaßte mehrere Oktaven, und somit hatte er eine gute Ausgangsposition. 1961/62 gelangen ihm dann auch vier Top-10-Hits in GB. Am erfolgreichsten war »Wimoweh«, im Januar 1962 ein Platz 4. Bis 1964 tauchte er noch in der Hitparade auf, wandte sich aber mehr und mehr dem Kabarett zu. Mitte 1990 hatte die britische Formation Happy Mondays das Bedürfnis, mit Karl eine Single aufzunehmen. Sie hieß »Lazyitis – One Armed Boxer« und erreichte Platz 46.

*Marcheta (6/61 GB 8)*
*Mexicali Rose (10/61 GB 8)*

*Wimoweh (1/62 GB 4)*
*Never Goodbye (2/62 GB 9)*
***Pop***

## Deodato

DEODATO, g/key/b (Brasilien, *21. 6. 1942 als Eumire Deodato Almeida in Rio de Janeiro).
Deodato brachte sich selbst mehrere Musikinstrumente bei. Seine erste professionelle Arbeit war die Begleitung von Astrud Gilberto. 1967 streckte er seine Fühler in die USA aus. 1970 galt er als gesuchter Studiomusiker und hatte mit Roberta Flack, Bette Midler, Frank Sinatra oder Wes Montgomery zusammengearbeitet. 1973 stand er dann selbst im Rampenlicht. Mit seiner Instrumentalversion von Richard Strauß' »Also sprach Zarathustra« – zu diesem Zeitpunkt sehr populär als das Thema aus dem Film »2001: A Space Odyssey« – erreichte er im Februar 1973 einen Platz 2 in der amerikanischen Hitparade und einen Platz 7 in GB. Ansonsten ist er mehr als LP-Künstler erfolgreich, und man kennt ihn als Produzenten von Kool & The Gang von 1979 bis 1982. Sehr erfolgreich sind auch seine Arbeiten als Komponist und Arrangeur für Film und Fernsehen.

*Also sprach Zarathustra (2/73 US 2; 5/73 GB 7)*
***Funk, Instrumental, Pop***

## Depeche Mode

VINCE CLARKE, key/syn (Großbritannien, *3. 7. 1960 in Basildon/Essex); ANDY FLETCHER, syn (Großbritannien, *8. 7. 1960 in Nottingham); DAVE GAHAN, v (Großbritannien, *9. 5. 1962 in Epping/Essex); MARTIN LEE GORE, syn (Großbritannien, *23. 7. 1961 in Basildon/Essex); ALAN WILDER, syn (Großbritannien, *1. 6. 1959 in London).

Im Mai 1980 formierten in Basildon, Essex, Vince Clarke, Martin Gore und Andy Fletcher das Trio Composition of Sound. Schnell merkte Clarke, daß er kein begnadeter Sänger war, und holte als vierten Mann Dave Gahan hinzu. Gahan war es auch, der für die Band den neuen Namen fand. Er las ihn in einem französischen Modemagazin, in dem von ›kurzlebiger Mode‹ die Rede war. Ende des Jahres 1980 verschickten sie etliche Demobänder, erhielten jedoch keine Antwort. Das kleine unabhängige Mute-Label machte schließlich mit ihnen einen Vertrag, nachdem sie für dessen Gruppe Fad Gadget im Vorprogramm gespielt hatten. Im April 1981 erschien ihre Debüt-Single »Dreaming Of Me«, und mit »Just Can't Get Enough« hatten sie im Herbst desselben Jahres ihren ersten Top-10-Erfolg. Im Dezember 1981 kündigte Clarke an, die Band verlassen zu wollen, um mit Alison Moyet das neue Projekt Yazoo zu beginnen. Für ihn kam Alan Wilder. Sie hatten ihn durch eine Anzeige im ›Melody Maker‹ gefunden, in der sie geschrieben hatten: ›Name Band. Synthesizer. Must be under 21.‹ (Was er übrigens zu diesem Zeitpunkt nicht mehr war.) Bisher hatte Clarke die Songs der Band geschrieben, jetzt schrieb Martin Gore die Stücke. »See You« 1982, »Everything Counts« 1983, »People Are People« und »Master And Servant« 1984, »Enjoy The Silence« 1990 und »I Feel You« 1993 waren weitere Top-10-Erfolge der Band in ihrer Heimat GB. Die größte Anzahl ihrer Fans dürfte jedoch in Deutschland sitzen. Dort hatten sie noch mehr Platten unter den ersten 10 und mit »People Are People« sogar einen Platz 1 in den Charts. Und obwohl die Amerikaner nicht so sehr auf Synthesizer-Bands stehen, erreichten Depeche Mode mit »Enjoy The Silence« dort ebenfalls einen Top-10-Erfolg und Millionseller. Im März 1993 erschien mit »Songs Of Faith And Devotion« ein Album, das sowohl in

England als auch in den USA und in Deutschland gleich auf Platz 1 kam. Die nachfolgende, 14 Monate dauernde Welttournee wurde zum Desaster: Gore erlitt eine Herzattacke, Fletcher einen Nervenzusammenbruch und Gahan interessierte sich nur noch für Heroin. Im Mai 1996 setzte er sich eine Überdosis, die ihn für zwei Minuten ins klinische Jenseits brachte – und ihn zur Vernunft. Nach einer Entziehungkur war er ab August 1996 clean. Gore hatte in der Zwischenzeit an neuen Stücken gearbeitet, die nun aufgenommen wurden. Ende 1996 kam als Promosingle das Stück »Barrel Of A Gun«, das im Februar 1997 diverse Singlehitparaden erreichte. Damit wurde erfolgreich auf ein neues Album verwiesen, das »Ultra« hieß, im April desselben Jahres erschien und in GB und Deutschland auf Platz 1 der Charts einstieg. ›Kann sein, daß »Ultra« unser Erwachsenwerden dokumentiert‹, sagte Gore zum Album, das zwar immer noch düster, aber auch glaubhafter klang. Eine weitere erfolgreiche Auskopplung war »It's No Good«, er folgte »Useless« (11/97 GB 28, D 26). Für den September 1998 wurde das Album »The Single 1986 – 1998« angekündigt. Darauf neben den bekannten Hits auch neue Titel wie z. B. »Only When I Love Myself«.

*Just Can't Get Enough (9/81 GB 8)*
*See You (2/82 GB 6)*
*Everything Counts (7/83 GB 6; 10/83 CH 8)*
*People Are People (3/84 D 1, GB 4; 5/84 CH 4)*
*Master And Servant (9/84 D 2, GB 9; 10/84 CH 8)*
*Shake The Disease (5/85 D 4; 6/85 CH 6)*
*It's Called A Heart (9/85 D 8; 10/85 CH 7)*
*Stripped (3/86 D 4, CH 8)*
*A Question Of Lust (5/86 D 8)*
*A Question Of Time (8/86 D 4; 10/86 CH 9)*
*Strangelove (5/87 D 2, CH 3)*
*Never Let Me Down Again (9/87 D 2, CH 7)*
*Personal Jesus (1/88 CH 5; 9/89 D 5)*
*Behind The Wheel (1/88 CH 6, D 6)*
*Enjoy The Silence (2/90 D 2, GB 6; 3/90 CH 2; 4/90 US 8)*
*Policy Of Truth (5/90 D 7)*
*World In My Eyes (10/90 CH 5, D 7)*
*I Feel You (2/93 D 4, GB 8; 3/93 CH 4)*
*Condemnation (EP) (9/93 GB 9)*
*In Your Room (1/94 GB 8)*
*Barrel Of A Gun (2/97 D 3, GB 4)*
*It's No Good (4/97 D 5, GB 5)*
***Elektro-Pop***

**CD-Tip:** *101* Mute International 892.650

## Der Flotte Franz & seine Bierbrummer

Diese wohl mehr auf den Geschmack der Vollgesoffskis zielende Formation Der Flotte Franz & seine Bierbrummer hatte 1961 in Deutschland gleich drei Hits hintereinander. Der erste war im August »So leben wir«, ein Platz 9 in der Hitparade, dann kamen noch »Wenn das so weitergeht« und »Na, dann woll'n wir noch einmal«. Zum Glück wollten sie doch nicht mehr, und somit war dieses Hitparadenkapitel abgeschlossen, obwohl sie noch so tolle Titel wie »Der schönste Platz ist immer an der Theke«, »... denn im Wald, da sind die Räuber«, »Auf dem Baume, da hängt 'ne Pflaume« oder »Durst wird durch Bier erst schön« aufnahmen. Warum der Flotte Franz nicht Ende der 80er, Anfang der 90er Jahre, als die Volksmusik mit all ihren Spielarten in die deutschen Bierzelte schwappte, nicht wieder ausgebuddelt wurde, weiß ich nicht, stimmt mich aber dankbar.

*So leben wir (8/61 D 9)*
***Deutscher Schlager***

## Derek & The Dominos

ERIC CLAPTON, v/g (Großbritannien, *30. 3. 1945 als Eric Patrick Clapp in Ripley/Surrey); JIM GORDON, d (Großbritannien); CARL RADLE, b (Großbritannien); BOBBY WHITLOCK, v/key (Großbritannien).

Nachdem Eric Clapton die Supergruppe Blind Faith verlassen und ein kurzes Zwischenspiel bei Delaney, Bonnie & Friends gegeben hatte, gründete er Mitte 1970 mit drei weiteren Mitgliedern der letztgenannten Formation Derek & The Dominos, die nur ein Jahr bestanden. In dieser Zeit tourten sie durch GB und die USA, und es entstanden zwei Alben. Zu den Aufnahmen des ersten, »Layla And Other Assorted Love Songs«, nahm Clapton den Gitarristen Duane Allman hinzu. »Layla«, auf 2 Minuten und 43 Sekunden gekürzt, kam im März 1971 in die US-Singlehitparade und erreichte Platz 51. Im Mai 1972 erschien die Single erneut, diesmal mit 7 Minuten 10 Sekunden. Jetzt wurde es ein Top-10-Erfolg. Im August 1972 kam die Platte in GB unter die ersten 10, im März 1982 auf Platz 4. Für diese Nummer erhielt Clapton bei der Grammy-Verleihung 1993 den Preis für den besten Rocksong des Jahres – 22 Jahre nachdem er geschrieben worden war. Das lag daran, daß die Nummer in einer Akustikversion auf dem hervorragenden Album »Unplugged« zu finden war, das 1992 aufgenommen wurde.

*Layla (5/72 US 10; 8/72 GB 7; 3/82 GB 4)*
***AOR (Adult Orientated Rock), Blues***

## Derwyn, Hal

v/g/bl (USA, *7. 8. 1914).
Derwyn begann 1938 als Gitarrist und Sänger bei Sheb Fields. In den frühen 40er Jahren war er Mitglied bei Les Brown, und in den späten 40er Jahren arbeitete er als Solist. Seine größte Zeit hatte er zwischen 1947 und 1949. Mit der Nummer »The Old Lamplighter« erreichte er 1946 die Top 10 der amerikanischen Hitparade. Bis 1957 leitete er eine der typischen amerikanischen Hotel-Big-Bands. Danach stieg er aus dem aktiven Geschäft aus und arbeitete als Agent.

*The Old Lamplighter (11/46 US 5)*
***Big Band***

## Des'ree

DES'REE, v (Großbritannien, *30. 11. 1968 als Des'ree Weeks in London).
Geboren wurde die Tochter westindischer Eltern 1968 in London. Auf Barbados lebte Des'ree zwischen 1978 und 1980 – dann wieder in GB, und hier schrieb sie mit 13 ihren ersten Song: »Love Is Here«. Beeinflußt wurde sie nach eigener Aussage von Billie Holiday, Stevie Wonder, Bob Marley und Joan Armatrading – keine schlechten Vorbilder! In GB schickte sie ein erstes Demoband an eine Plattenfirma, die sie unter Vertrag nahm und gleich eine erste Platte mit ihr produzierte. Der ganze Vorgang dauerte nur drei Monate. Diese erste Platte hieß »Feel So High«, kam im August 1991 in die britischen Charts und erreichte Platz 51. Im Januar 1992 gelangte das Stück erneut in die GB-Charts und kletterte nun bis auf Platz 13. In den nächsten Jahren erreichten etliche Platten von ihr die GB-Charts, die jedoch meist in den Regionen unter 40 hängen blieben – mit Ausnahme von »Delicate«, Mitte 1993 Platz 14 in GB und »You Gotta Be«, im April 1994 Platz 20. In den USA erregte »You Gotta Be« jedoch noch mehr Interesse als in ihrer Heimat. Dort kam die Platte im Herbst 1994 bis auf Platz 5. Vorher war sie als Vorprogramm von Seal durch die Staaten getourt und hatte einige wichtige Auftritte im US-TV, besonders bei der NBC. Aber auch VH-1 hatte einen Narren an ihr gefressen. Das Stück wurde zum meistgespielten Video des Senders. Bis die Platte in den USA endlich Platz 5 erreicht hatte, brauchte sie ganze sechs Monate. Eine Wiederveröffentlichung von »You Gotta Be« erreichte in GB im Frühjahr 1995 Platz 14. Mitte 1998 erschien das Album »Supernatural«

(7/98 GB-LP 16). Daraus ausgekoppelt wurde mit »Life« ihr erster Top-10-Hit in GB.

*You Gotta Be (9/94 US 5)*
*Life (6/98 GB 8, D 8)*
***Rhythm & Blues***

**CD-Tip:** *I Ain't Movin'* Sony 475 843 2

## DeSario, Teri

v (USA, geb. in Miami).
DeSario hatte ein einziges Mal einen Millionseller und einen Platz 2 in der amerikanischen Hitparade. Diesen Erfolg hatte sie zusammen mit K. C., dem von der Sunshine Band, und dem Titel »Yes I'm Ready« im November 1979.

*Yes I'm Ready (11/79 US 2)*
***Disco***

## DeShannon, Jackie

v (USA, *21. 8. 1944 als Sharon Myers in Hazel/Kentucky).
Die Songschreiberin und Sängerin machte 1959 ihre ersten Plattenaufnahmen als Sherry Lee Myers. 1960 ging sie nach Los Angeles und begann dort, als Songschreiberin zu arbeiten. Inzwischen hat Jackie DeShannon weit über 600 Stücke geschrieben, darunter Hits für die Byrds, Brenda Lee, Rick Nelson, Bobby Vee, die Searchers oder auch Helen Shapiro. Einem breiten amerikanischen Publikum wurde sie bekannt, als sie 1964 für 26 Konzerte im Vorprogramm der Beatles auftrat. Jackie hat außerdem in mehreren Filmen mitgespielt. Ein Superwurf gelang ihr als Co-Autorin der Nummer »Bette Davis Eyes« für Kim Carnes. Jackie selbst stand 1965 mit »What The World Needs Now Is Love« und 1969 mit »Put A Little Love In Your Heart« in den amerikanischen Top 10. Jackie heiratete den Komponisten Randy Edelman, der für die Musik in »Ghostbusters II«, »Twins« oder »Kindergarten Cop« verantwortlich ist.

*What The World Needs Now Is Love (6/65 US 7)*
*Put A Little Love In Your Heart (6/69 US 4)*
***Folk, Rock***

**CD-Tip:** *The Very Best* EMI USA CDP 7 91473–2

## Desireless

DESIRELESS, v (Frankreich, *25. 12. 1952 als Claudie Fritsch-Mentrop).
Aus dem 1987er französischen Überraschungserfolg »Voyage Voyage« der Gruppe Desireless entwickelte sich ein Hit in ganz Europa, der fast drei millionenmal verkauft wurde. In Deutschland war er Mitte 1987 eine Nummer 1, in England als Remix im Mai 1988 ein Platz 5. Versuche, diesen Erfolg zu wiederholen, mißlangen.

*Voyage Voyage (7/87 D 1; 8/87 CH 4; 5/88 GB 5)*
***Disco***

## Desmond, Johnny

v (USA, *14. 11. 1920 als Giovanni Alfredo Desimons in Detroit/Michigan, † 6. 9. 1985).
Johnny war in den 40er und 50er Jahren ein erfolgreicher Sänger in den USA. Seine Karriere begann in der üblichen Manier: Auftritte in Dance Halls und im Radio. Dann gründete er das Vokal-Quartett Downbeats, das sich in Bob-O-Links umbenannte, als Bob Crosby 1940 Mitglied wurde. 1941 wurde Desmond Sänger in der Band des Schlagzeugers Gene Krupa, sang dann ab 1943 in der Band von Glenn Miller, die die US-Truppen betreute, und wurde schnell populär in GB, wo er mit ›A Soldier And A Song‹ eine eigene Radioserie hatte. Nach dem Krieg begann seine Solokarriere, die bis 1957 anhielt. »Woman« war 1953 sein erster Top-10-Hit,

»Play Me Hearts And Flowers (I Wanna Cry)« und »The Yellow Rose Of Texas«, beide 1955, waren weitere Titel unter den ersten 10 in den USA. Bis in die 70er Jahre blieb er im Showgeschäft.

*Woman (11/53 US 9)*
*Heart Of My Heart (12/53 US 10)*
*Play Me Hearts And Flowers (I Wanna Cry) (3/55 US 6)*
*The Yellow Rose Of Texas (3/55 US 3)*
***Pop***

## Destiny's Child

BEYONCÉ, v (USA); KELLY, v (USA); LA TAVIA, v (USA); LE TOYA, v (USA).
Gegründet wurde das Quartett 1990 in Houston/Texas. Produziert wurden sie 1997 von Wyclef Jean von den Fugees – und der sah in den Mädchen die neuen Supremes. Zumindest war auf der Plattenhülle ein Spruch von ihm zu lesen: ›They went from a dream to the young Supremes‹. Einen kleinen Unterschied zu den Supremes gab es schon auf den ersten Blick: die vier jungen Damen hatten sich etliche ihrer Stücke zur ersten LP selbst geschrieben. Ihr nächster Singlehit war »With Me« (7/98 GB 19).

*No, No, No (11/97 US 3; 3/98 GB 5)*
***HipHop, Rhythm & Blues, Soul***

**CD-Tip:** *Destiny's Child* Columbia 488535

## Detroit Emeralds

JOHNNY ALLEN (USA); MAURICE KING (USA); JAMES MITCHELL (USA, *27. 5. 1949 in Perry/Florida); PAUL RISER (USA); ABRAHAM TILMON (USA, *12. 1. 1949 in Little Rock/Arkansas); CLEOPHUS TILMON (USA, geb. in Little Rock/Arkansas); IVORY TILMON (USA, *14. 10. 1947 in Little Rock/Arkansas); RAYMOND TILMON (USA, geb. in Little Rock/Arkansas).
Die Brüder Abraham, Ivory Tilmon, Cleophus und Raymond Tilmon gründeten in ihrer Heimatstadt Little Rock, Arkansas, in der zweiten Hälfte der 60er Jahre die Band Detroit Emeralds. Mit »Show Time« hatten sie 1968 ihren ersten Hit. 1971 war die Gruppe zu einem Trio geschrumpft, in dem die beiden Brüder Abraham und Ivory plus James Mitchell sangen. In dieser Besetzung hatten sie ihren einzigen Top-10-Erfolg mit »Feel The Need In Me«, im Februar 1973 ein Platz 4 in GB. In ihrer Heimat USA gelang ihnen kein Top-10-Hit. 1977 kam es zu einer weiteren Umbesetzung. Von den Brüdern war nur noch Abraham Tilmon dabei. Neu waren Paul Riser, Johnny Allen und Maurice King. In dieser Besetzung schafften sie mit einer Neuaufnahme von »Feel The Need In Me« einen Platz 12 in GB. Abraham Tilmon starb 1982 an einem Herzinfarkt.

*Feel The Need In Me (2/73 GB 4)*
***Rhythm & Blues, Soul***

## Deuce

LISA MARIE ARMSTRONG, v (Großbritannien, *25. 10. 1976 in Oxford); PAUL STEPHEN HOLMES, v (Großbritannien, *25. 2. 1977 in Liverpool); KELLY O'KEEFE, v (Großbritannien, *4. 10. 1976 in Paddington); CRAIG YOUNG, v (Großbritannien, *4. 10. 1975 in Nottingham).
Tom Watkins war einst der Manager der Pet Shop Boys und Bros. Dann kümmerte er sich um East 17 und offensichtlich hatte er noch Kapazitäten frei. Er stellte die Gruppe Deuce zusammen. »Call It Love« hieß der Debüt-Hit der Gruppe, der im Januar 1995 in die GB-Charts kam und gleich Platz 11 erreichte. Die Band war in der guten alten Tradition von zwei Jungs und zwei Mädels aufgebaut, die niedlich und nett waren und die man sich als Poster an die Wand hängt. Die nächste Veröffentlichung der vier brachte den bisher einzigen Top-10-Hit: »I Need You«. »On The Bible« erreichte schließlich im August

1995 Platz 13 – und damit war das erste Jahr erfolgreich abgeschlossen. Als Produzenten und Songschreiber kümmerten sich dann Mike Stock und Matt Aitken um Deuce. Kelly O'Keefe hatte das Quartett verlassen und war durch Mandy Perkins ersetzt worden. Deuce ging auf Tournee durch GB mit Boyzone, und »No Surrender« kam Mitte 1996 bis Platz 29 in die GB-Charts.

*I Need You (4/95 GB 10)*
***Pop***

## Deutscher, Drafi

v (Deutschland, *9. 5. 1946 in Berlin).
Als 1990 eine CD von Drafi Deutscher mit dem Titel »Hits! Pseudonyme! Raritäten!« erschien, haben sich sicher nicht nur viele Rundfunkredakteure die Augen gerieben, unter welchen Pseudonymen ihnen Drafi immer wieder in die Programme geschlichen ist. Um einige zu nennen: Jack Goldbird, Kurt Gebegern, Renate Vaplus, Hektor von Udesom, Masquerade, Wir, Dave Bolan, Baby Champ, Mr. Walkie Talkie, Big Wigwam und 1986, zusammen mit seiner damaligen Freundin Sylvia Sebald, das Duo Phönix + Aphrodite.
Bereits 1957 nahm Drafi zum erstenmal an einem Talentwettbewerb in Berlin teil und landete auf Platz 1. 1962 gründete er eine erste eigene Beatband, die wiederum einen Talentwettbewerb gewann. Im November 1963 erschien Drafis erste Single »Teeny«. Im April 1964 kam »Shake Hands« auf den Markt; die Platte erreichte Platz 1 in den deutschen Charts. »Keep Smiling« und »Cinderella Baby« (1964), »Heute male ich dein Bild, Cindy Lou« und »Marmor, Stein und Eisen bricht« (1965) und »Nimm mich so, wie ich bin« (1966) waren weitere Top-10-Erfolge. Aber schon damals haben ihn viele nicht so genommen, wie er war. Drafi war Prolo, und so benahm er sich auch. Zu seinen Plattenerfolgen kamen Skandalgeschichten, wie sie die Promotionabteilungen der Plattenfirmen sicher nicht besser hätten erfinden können. Was an den Storys, die von der Regenbogenpresse immer wieder aufgekocht, neu gewürzt und dann heiß serviert wurden, wahr war, werden wir wohl nie erfahren. Was er den kleinen Mädchen am Fenster unter welchen Umständen gezeigt hat oder was dazugedichtet wurde, auch nicht. Jedenfalls war Drafi der erste deutsche Schlagersänger, von dem man auch wußte, daß er einen Unterleib besitzt. Die Presse tat ihre Wirkung: Drafi verschwand aus der Öffentlichkeit und erfand wohl aus diesem Grund auch seine Pseudonyme. Möglich, daß er sich damit auch vor dem Finanzamt verstecken wollte. Von dem vielen Geld, das er in seiner nun schon dreißig Jahre dauernden Karriere verdient hat, ist wenig übriggeblieben. 1,6 Millionen Mark mal kurz in der Spielbank in Travemünde zu verspielen, war für ihn ein Klacks. Unter den Pseudonymen, die erfolgreich waren, findet sich das Duo Mixed Emotions. »You Want Love« war im Oktober 1986 ein Top-10-Erfolg der beiden. Das meiste Geld dürfte er mit dem Titel »Guardian Angel« als Masquerade verdient haben. Wochenlang stand seine Version in Deutschland 1983 auf Platz 2. Daß er nicht an die Spitze kam, verdankte er Nino de Angelo, der eine deutsche Version dieses Titels sang.

*Shake Hands (4/64 D 1)*
*Keep Smiling (10/64 D 7)*
*Cinderella Baby (12/64 D 3)*
*Heute male ich dein Bild, Cindy Lou (5/65 D 1)*
*Marmor, Stein und Eisen bricht (10/65 D 1)*
*Nimm mich so wie ich bin (4/66 D 7)*
***Deutscher Schlager***

**CD-Tip:** *Drafi Deutscher – die Decca-Jahre* Bear Family BCD 15 416–1/2/3

## DeVaughn, William

v (USA, geb. in Washington/D.C.).
In den 70er Jahren gab es in Philadelphia eine Plattenfirma, die Talente suchte, um mit ihnen auf deren eigene Kosten Platten zu produzieren. William DeVaughn schickte Demobänder ein, wurde akzeptiert und sollte 1400 Dollar für die Session mitbringen. Er konnte nur 900 Dollar auftreiben. Dafür wurde dann alles schnell und billig gemacht. Einige Wochen später kam »Be Thankful For What You've Got« auf den Markt und verkaufte sich fast 2 millionenmal. Zu diesem Zeitpunkt hatte DeVaughn das Interesse an der Musik wieder verloren – er wurde Zeuge Jehovas. Als die Platte Spitzenreiter war, zog er bereits mit Handzetteln von Haus zu Haus. Sporadisch versuchte er es aber auch danach immer mal wieder mit Plattenaufnahmen.

*Be Thankful For What You've Got (5/74 US 4)*
***Rhythm & Blues***

**CD-Tip:** *Figures Can't Calculate/Be Thankful For What You've Got* Sequel NEM CD 700

## DeVorzon, Barry

v (USA, *31. 7. 1934 in New York City).
Barry DeVorzon verschlug es schon früh an die Westküste nach Kalifornien. Dort begann er, als Songschreiber, Produzent, Arrangeur, Plattenfirmenbesitzer und Interpret zu arbeiten. Er war der Chef von Barry & The Tamerlanes, die mit »I Wonder What She's Doing Tonight« im Oktober 1963 einen Platz 21 in den USA hatten. Veröffentlicht wurde die Platte auf dem Label Valiant, das Barry gehörte und bei dem auch die Cascades ihren Hit »Rhythm Of The Rain« hatten. Schon ab Mitte der 50er Jahre machte sich Barry einen Namen als Songschreiber. Seine Themenmusik zur Fernsehserie »S.W.A.T.« wurde im November 1975 mit Rhythm Heritage eine Nummer 1 in den USA. Seinen größten Erfolg hatte Barry zusammen mit Perry Botkin jr. mit dem Millionseller »Nadia's Theme (The Young And The Restless)«, im August 1976 ein Platz 8 in den USA. Bis es soweit war, hatte diese Komposition der beiden eine lange Geschichte hinter sich. Sie hieß ursprünglich »Cotton's Dream«, 1970 für den Film »Bless The Beasts And Children« geschrieben, der bei uns als »Denkt bloß nicht, daß wir heulen« in die Kinos kam. Danach nahm man diese Melodie als Thema für die TV-Serie ›The Young And The Restless‹. 1976, bei der Olympiade in Montreal, unterlegte das rumänische Turnwunder Nadia Comaneci ihre Bodenkür mit eben dieser Musik und gewann. Nadia war die herausragende Turnerin der Spiele.

*Nadia's Theme (8/76 US 8)*
***Instrumental, Pop, Rhythm & Blues***

## Dexter, Al

v/bl (USA, *4. 5. 1902 als Clarence Albert Poindexter in Jacksonville/Texas, † 28. 1. 1984).
Schon in den 30er Jahren begann er seine Karriere bei Radiostationen und gründete erste eigene Bands. All diese Formationen spielten Western Swing und Honky Tonk. Da sich anfangs viele weiße Musiker weigerten, diese Musik zu spielen, war Dexters erste Formation gemischtrassig – damals eine Rarität in Texas. Sein 1937 aufgenommener »Honky Tonk Blues« war der erste Country-Song mit dem Begriff Honky Tonk im Titel. Der größte Erfolg für Al Dexter wurde seine 1943 entstandene Aufnahme »Pistol Packin' Mama«: eine Nummer 1 in den Pop- und den Country-Charts und ein Millionseller. In der C&W-Hitparade war er mit sechs weiteren ersten Plätzen vertreten, und auch in der Pophitparade tauchte er noch einige Male

auf. In den 50er Jahren eröffnete er in Dallas seinen eigenen Club und sang nur noch dort. Später beschäftigte er sich mit Immobilien und kaufte sich ein Motel.

*Pistol Packin' Mama (6/43 US 1)*
***Country, Pop***

## Dexy's Midnight Runners

KEVIN ROWLAND, v (Großbritannien, *17. 8. 1953 in Wolverhampton).
Kevin Rowland gründete Ende der 70er Jahre Dexy's Midnight Runners, die mit dem Titel »Geno«, im März 1980 eine Nummer 1 in GB, ihre musikalische Richtung anzeigten. »Geno« war eine Hommage an den Soulmusiker Geno Washington. Konsequenterweise hieß ihre erste LP »Searching For The Young Soul Rebels«. Im Laufe der Jahre sollte, immer wieder mit wechselnden Musikern, die Band eine Reihe von sehr schönen Hits haben: »There There My Dear« im Juli 1980, »Come On, Eileen« – 1982 bzw. 1983 Nummer 1 in GB und in den USA – und »Jackie Wilson Said« im Oktober 1982 waren weitere Top-10-Notierungen. Nach 1983 ließ der Erfolg nach. 1986 standen sie mit »Because Of You«, dem Thema der Fernsehserie ›Brush Strokes‹, auf Platz 13 in GB. Allerdings, schon zu diesem Zeitpunkt war es mehr ein Soloprojekt von Kevin, der 1987 konsequenterweise das Ende von Dexy's Midnight Runners erklärte. Nicht konsequent war seine Plattenfirma, die 1988 eine Soloplatte von ihm als ›Kevin Rowland of Dexy's Midnight Runners‹ anpries. Erfolgreich war es trotzdem nicht.

*Geno (3/80 GB 1)*
*There There My Dear (7/80 GB 7)*
*Come On, Eileen (7/82 GB 1; 9/82 D 6; 11/82 CH 1; 1/83 US 1)*
*Jackie Wilson Said (10/82 GB 5)*
***Pop***

**CD-Tip:** *The Very Best Of Dexy's Midnight Runners* Mercury 846 460–2

## DeYoung, Dennis

v/key (USA, *18. 2. 1947 in Chicago/Illinois).
Seine ersten Erfolge feierte DeYoung als Leadsänger der Gruppe Styx. Begonnen hatte er schon ab 1963 bei den Tradewinds, aus denen 1968 TW4 und schließlich 1970 Styx wurde. 1984 sah DeYoung die Zeit gekommen, eine Solo-LP aufzunehmen, die »Desert Moon« hieß. Eine Auskopplung des Titelsongs brachte Dennis im September 1984 seinen einzigen Top-10-Erfolg. Danach veröffentlichte er zwei weitere LPs und etliche Singles, die aber an die großen Zeiten mit Styx nicht anschließen konnten.

*Desert Moon (9/84 US 10)*
***AOR (Adult Orientated Rock), Pop***

## Di Bart, Tony

TONI DI BART (Großbritannien).
›Eine Debüt-Single, die sich an die Spitze der britischen Charts setzte, hat das Leben des 25jährigen dreifachen Vaters nicht verändert‹, schrieb die Zeitschrift ›Music Week‹ im August 1994. Dabei schaute es zuerst so aus, als ob der Sohn italienischer Vorfahren, der in GB geboren wurde, ein typischer Teenieschwarm sei. Erstmals war die Nummer »The Real Thing« im September 1993 als blaue Vinylsingle erschienen und hatte wenig Eindruck hinterlassen. Als CD-Single, neu abgemixt von The Joy Brothers, klappte es – die Platte schoß innerhalb von vier Wochen auf Platz 1. Nachfolger »Do It« blieb auf Platz 21 in GB hängen. War der Song schlechter, oder hatten die Teenies jetzt erfahren, daß ihr neuer Schwarm Tony Di Bart verheiratet, Vater von drei Kindern und damit nicht mehr so richtig für sie interessant ist? Das würde ja bedeuten, daß es nicht auf die Musik, sondern den Typ ankommt, der sie präsentiert. Ob das wirklich wahr ist? Wir werden sehen!

*The Real Thing (4/94 GB 1)*
***Pop***

## Di Capri, Peppino

(Italien, *27. 7. 1939 als Giuseppe Faiella in Neapel).
Bereits als Vierjähriger versuchte er sich am Klavier. 1956 nahm er an der TV-Nachwuchssendung ›Primo Applause‹ teil und erhielt wenig später seinen ersten Plattenvertrag. 1957 erschien mit »Let Me Cry« seine erste, jedoch noch erfolglose Platte. Als er 1959 an einem Songfestival in Israel teilnahm, änderte er seinen Namen in Peppino Di Capri – im selben Jahr hatte er auch seine ersten Hits in Italien. Seine beste Zeit hatte er zwischen 1960 und 1964. Es gelangen ihm 13 Top-10-Hits in Italien. Seine Aufnahme »St. Tropez Twist« war im August 1962 ein Platz 3, »Melancholie« im Januar 1965 ein Platz 10 in der deutschen Hitparade. Im Januar 1973 gewann er das San-Remo-Festival mit der Nummer »Un Grande Amore E Niente Più«. Der Titel wurde wieder Nummer 1 in der italienischen Hitparade. Auch der Nachfolger »Champagne« war erfolgreich. Dann wurde es ruhig um ihn. 1991 startete er für Italien im Grand Prix Eurovision und belegte mit »Come E Doce O Mare« immerhin Platz 7

*St. Tropez Twist (8/62 D 3)*
*Melancholie (1/65 D 10)*
***Grand Prix, Schlager, Twist***

## Diamond, Jim

v (Großbritannien, *28. 9. 1951 in Glasgow).
Jim hatte schon in sehr jungen Jahren in diversen Bands in seiner Heimatstadt gesungen. Bereits mit 16 Jahren wurde er Clubsänger, der speziell auf den deutschen Air Bases mit Gully Foyle Anfang der 70er Jahre tourte. 1975 gründete Jim Bandit, die 1977 ihre erste LP veröffentlichten. Allerdings war der Zeitpunkt denkbar schlecht – Punk war gerade angesagt, und der hatte wenig mit Jims Stil zu tun. Bandit fiel wieder auseinander, Jim Diamond sang mit Alexis Korner und gründete dann in den späten 70er Jahren in L.A. zusammen mit Carmine Appice und Earl Slick eine neue Formation. Noch bevor es zur ersten Plattenproduktion kam, fiel die Band wegen finanzieller Probleme wieder auseinander. Jim kehrte nach Großbritannien zurück, produzierte Zoot Money und schloß sich dann mit dem ehemaligen Tastenspieler von Jeff Beck und Jack Bruce, mit Tony Hymas, zu Ph.D. zusammen. Jetzt hatte er seinen ersten großen Hit: »I Wont Let You Down« wurde im April 1982 ein Platz 3 in GB. Gerade hatte er Erfolg, da fing er sich eine Hepatitis ein und stand für die Promotion der LP »Is It Safe?« nicht mehr zur Verfügung. 1984 begann er eine Solokarriere und schaffte mit »I Should Have Known Better« im November 1984 einen Platz 1 in GB. »Hi Ho Silver«, der Titelsong der erfolgreichen britischen TV-Serie ›Boon‹, wurde im Februar 1986 die zweite Notierung unter den britischen Top 10 für Jim.

*I Should Have Known Better (11/84 GB 1; 2/85 CH 3)*
*Hi Ho Silver (2/86 GB 5)*
***Pop, Soft Pop***

## Diamond, Neil

v (USA, *24. 1. 1941 in Brooklyn/New York City).
Die meisten Lieder, die Neil Diamond gesungen und geschrieben hat, haben eine traurige Grundstimmung. In einem Interview hat er mal erklärt, woran das möglicherweise liegen könnte. Sein Vater war Berufssoldat. Kaum hatte man sich irgendwo niedergelassen, wurde er wieder

versetzt. Neil sagte: ›Woran ich mich als Wichtigstes in meiner Kindheit erinnere, ist, daß ich ständig von einer Schule zur nächsten gezogen bin. Unter diesen Umständen war es schwer, Freunde zu finden, und hatte man dann mal einen, zogen wir wieder um. Ich war damals meistens ein Außenseiter, der von niemandem akzeptiert wurde. Das ist wohl der Grund, warum ich mit dem Songschreiben begonnen habe. Als ich 16 Jahre alt war, kam ich mit meiner High-School in ein Sommerferienlager. Dort trat der berühmte Folksänger Pete Seeger auf – nur er alleine auf der Bühne. Er sang selbstgeschriebene Lieder zur Gitarre. Das hat mich tief beeindruckt.‹
In dem Titel »I Am . . . I Said« singt Neil davon, wie er zwischen den verschiedenen Landstrichen der USA hin und her schwankt. Da heißt es: ›Los Angeles ist ja ganz nett – meist scheint die Sonne, und es läßt sich gut leben. Palmen wachsen, Mieten sind niedrig, aber ich denke daran zurückzugehen. Denn ich bin in New York geboren und aufgewachsen, und irgendwie komme ich mir vor, als würden mich die Pazifik- und Atlantikküsten hin- und herreißen.‹
In den frühen 60er Jahren versuchte sich Neil erfolglos als Songschreiber. Als niemand sein Material aufnehmen wollte, machte er 1961 zusammen mit Jack Parker als Duo Neil & Jack seine ersten Platten. Ende 1965 nahm die Gruppe Jay & The Americans das Stück »Sunday And Me« auf – es kam unter die Top 20 in den USA. Der Autor hieß Neil Diamond, der damit seinen ersten Erfolg verbuchen konnte. Jetzt interessierte man sich auch für den Interpreten Neil Diamond. 1966 erhielt er einen Plattenvertrag. Sein erster Top-10-Hit kam schon im August 1966 mit »Cherry Cherry«. Nur wenige Monate später hatten die Monkees mit den Nummern »I'm A Believer« und »A Little Bit Me, A Little Bit You« Millionseller – Autor auch dieser Songs: Neil Diamond! Jetzt war er ein gemachter Mann, und auch seine eigenen Platten verkauften so viel, daß sie die Millionengrenze überschritten. »Sweet Caroline«, »Holly Holy«, »Cracklin' Rosie«, »Song Sung Blue« und, zusammen mit Barbra Streisand, »You Don't Bring Me Flowers« waren seine größten Erfolge. In »The Jazz Singer«, einem Remake des Al-Jolson-Streifens, spielte er 1979 neben Sir Lawrence Olivier eine Hauptrolle und schrieb die gesamte Musik zum Film. Das Album dazu entwickelte sich zur erfolgreichsten Veröffentlichung von Neil Diamond. Es verkaufte sich mehr als 5 millionenmal. Ab 1983 hat Neil Diamond zwar noch regelmäßig Platten veröffentlicht, aber ein Singlerfolg wollte ihm nicht mehr gelingen. Auf der anderen Seite werden seine Lieder noch immer von anderen Interpreten zu Hits gemacht. UB40 hatten mit ihrer Version von »Red Red Wine« 1983 in GB eine Nummer 1.

*Cherry, Cherry (8/66 US 6)*
*Girl, You'll Be A Woman Soon (4/67 US 10)*
*Sweet Caroline (Good Times Never Seemed So Good) (6/69 US 4; 2/71 GB 8)*
*Holly Holy (11/69 US 6)*
*Cracklin' Rosie (8/70 US 1; 11/70 GB 3, D 7)*
*I Am . . . I Said (3/71 US 4; 5/71 D 3, GB 4; 7/71 CH 2)*
*Song Sung Blue (5/72 US 1, D 6; 6/72 CH 1)*
*Longfellow Serenade (10/74 D 2, US 5; 1/75 CH 1)*
*Beautiful Noise (10/76 D 6; 12/76 CH 6)*
*You Don't Bring Me Flowers (10/78 US 1, GB 5)*
*Love On The Rocks (11/80 US 2; 3/81 CH 9)*
*Hello Again (1/81 US 6)*
*America (4/81 US 8)*
*Heartlight (9/82 US 5)*
***AOR (Adult Orientated Rock), Pop, Soft Pop***

**CD-Tip:** *The Greatest Hits 1966 – 1992* CBS 471502 2

## Diamonds

MICHAEL DOUGLAS, v (Kanada); BOB DUNCAN, v (Kanada); JOHN FELTON, v

(USA, geb. in Kalifornien, † 18. 5. 1982); EVAN FISHER, v (USA, geb. in Kalifornien); STAN FISHER, v (Kanada); TED KOWALSKI, v (Kanada); PHIL LEAVITT, v (Kanada); BILL REED, v (Kanada); DAVID SOMMERVILLE, v (Kanada).

Die Diamonds formierten sich 1953 in ihrer Heimatstadt Toronto. Wie die Crew-Cuts, ebenfalls aus Kanada stammend, hatten sich die Diamonds auf das Nachsingen von Hits schwarzer Rhythm-&-Blues-Formationen spezialisiert. 1955 machten sie ihre ersten Plattenaufnahmen, 1956 hatten sie ihre ersten Erfolge. Mit »Little Darlin'« hatten die Diamonds im März 1957 einen Platz 2 in der amerikanischen Hitparade. Noch im selben Jahr gelangen ihnen mit »Silhouettes« und »The Stroll« zwei weitere Top-10-Erfolge. Dann begann sich das Besetzungskarussell zu drehen. Im Frühjahr 1958 kam Michael Douglas für Phil Leavitt, 1959 wurden Reed und Kowalski durch Fisher und Felten ersetzt. John Felten starb 1982 bei einem Flugzeugunglück. Die Hitparadennotierungen in den Popcharts enden mit dem Jahr 1961. 1987, nach vielen weiteren Umbesetzungen, gelang der Gruppe der Einstieg in die Country-&-Western-Charts. Chef war inzwischen der 1978 zur Band gestoßende Bob Duncan.

*Little Darlin' (3/57 US 2; 5/57 GB 3)*
*Silhouettes (11/57 US 10)*
*The Stroll (12/57 US 4)*
***Pop, Rhythm & Blues***

## Dick & Deedee

DEE DEE SPERLING, v (USA, geb. in Santa Monica/Kalifornien); DICK ST. JOHN GOSTING, v (USA, geb. in Santa Monica/Kalifornien).

Dick (*1944) und Dee Dee (*1945) gründeten 1961, während sie noch in Santa Monica zur High-School gingen, das Duo Dick & Deedee. Mit »The Mountain's High« hatten sie 1961 ihren ersten und größten Erfolg. Es war ein Platz 2 in der US-Hitparade. Bis 1965 hatten sie noch weitere Hitnotierungen. Danach verschwanden sie.

*The Mountain's High (7/61 US 2)*
***Pop***

## Dickies

BILLY CLUB, b (USA); KARLOS KABALLERO, d (USA); STAN LEE, g (USA, *24. 9. 1956); LEONARD GRAVES PHILIPS, v/key (USA); CHUCK WAGON, g/key (USA).

Gegründet in Los Angeles im Jahre 1977, versuchte die amerikanische Band gegen den britischen New-Wave-Sound anzukommen. Zumindest in ihrer Heimat konnte man damit recht wenig anfangen. Der Song »Banana Splits (The Tra La La Song)« erreichte im April 1979 Platz 7 in GB. Obwohl noch etliche weitere Singles in die britischen Charts kamen, wollte ihnen ein weiterer Top-10-Erfolg nicht gelingen. Nach 1980 wurden sie nicht mehr verzeichnet, machten aber bis 1988 weitere LPs.

*Banana Splits (The Tra La La Song) (4/79 GB 7)*
***New Wave***

## Dickson, Barbara

v/p (Großbritannien, *27. 9. 1947 in Dunfermline/Fife/Schottland).

Barbara begann ihre Karriere als Folkmusikerin in einem Trio zusammen mit Rab Noakes und Archie Fisher. In den frühen 70er Jahren machte sie ihre ersten Solo-LPs. In dem Musical »John, Paul, George, Ringo And Bert« trat sie auf und begleitete sich selbst am Piano. Zuerst in Liverpool und später in London waren sich die Kritiker einig, daß ihr Part in diesem Musical der Höhepunkt war. Ab 1976 war Barbara Dickson als Solistin erfolgreich. Mit einer

Neuauflage der 1952 von Gerhard Winkler und Fred Rauch geschriebenen Nummer »Mütterlein« hatte sie ihren ersten Top-10-Erfolg. Dieses Lied hatte zuerst Leila Negra gesungen, danach war Nat King Cole mit »Answer Me« erfolgreich, und Wolfgang Sauer sang mit einem veränderten Text »Glaube mir«. Barbaras Version lehnte sich an den Song von Nat King Cole an. Im Duett mit Elaine Paige hatte sie den Hit »I Know Him So Well«, der im Januar 1985 auf Platz 1 in GB stand und aus dem Musical »Chess« stammte. Die Bandbreite ihrer Stimme läßt sich am besten durch »January February« und »Another Suitcase In Another Hall« aus »Evita« belegen.

*Answer Me (1/76 GB 9)*
*I Know Him So Well (1/85 GB 1)*
***Pop***

**CD-Tip:** *Barbara Dickson Songbook* K-Tel NCD 3287

## Die singenden Gesellen

Wieder eine deutsche Formation, die das Volkslied und alle verwandten Spielarten schon in den 50er Jahren vermarktete. Die singenden Gesellen brachten Mitte 1957 »Köhlerliesel« auf den Markt und erreichten damit Platz 6 in der deutschen Hitparade. Die Nachfolgesingle »Kleine Bimmelbahn« brachte es noch auf Platz 10, dann war der Zug wieder abgefahren. «'s Träumli«, so noch einmal eine Notierung aus dem Jahre 1960, Platz 49, war wieder vorüber. Die singenden Gesellen waren eine Formation, die der Polydor-Produzent Gerhard Mendelsohn je nach Bedarf zusammenstellte. Rudi Kreuzberger und Rudi Resch, beide Mitglieder der Blauen Jungs, Helga Schramm, Inge Buchner von den Gloria Sisters oder die als Solistin recht erfolgreiche Lolita waren mit dabei.

*Köhlerliesel (7/57 D 6)*
*Kleine Bimmelbahn (8/57 D 10)*
***Deutscher Schlager***

## Dinning Sisters

GINGER DINNING, v (USA, *29. 3. 1924 in Braman/Oklahoma); JEAN DINNING, v (USA, *29. 3. 1924 in Braman/Oklahoma); LOU DINNING, v (USA, *29. 9. 1922 in Kentucky).

Die kinderreiche Familie Dinning brachte es auf fünf Töchter und vier Söhne – zumindest Mark Dinning sollte es ebenfalls zu Hitruhm bringen. Nachdem die Schwestern in regionalen Radiosendungen aufgetreten waren, zog die Familie nach Chicago um. Hier gewannen die Dinning Sisters 1939 einen Fünfjahresvertrag mit dem Medienriesen NBC. 1947 erschien mit »My Adobe Hacienda« ihr erster Top-10-Erfolg. Ihr größter wurde der Millionseller »Buttons And Bows«, im Oktober 1948 ein Platz 5 in den USA. Mitte der 50er Jahre ließ die Karriere der Schwestern nach. Lou Dinning machte auch Platten als Solistin. Jean schrieb für ihren jüngeren Bruder den Hit »Teen Angel«.

*My Adobe Hacienda (5/47 US 9)*
*Buttons And Bows (10/48 US 5)*
***Pop***

## Dinning, Mark

v (USA, *17. 8. 1933 in Drury/Grant County/Oklahoma, † 22. 3. 1986).

Mark war der Bruder der drei Dinning Sisters. Schwester Jean schrieb für ihn die Nummer »Teen Angel«, mit der Mark im Dezember 1959 in die amerikanische Hitparade kam und Platz 1 erreichte. Der Titel war eine der sogenannten Death-Discs, die von diversen Radiostationen nicht gespielt wurden – trotzdem hat die Platte mehr als 3,5 Millionen Exemplare verkauft. Es erschienen weitere Platten von Mark, der seinen ersten Erfolg jedoch nicht wiederholen konnte. In den 60er Jahren zog er als Solist oder mit seinem Bruder Ace vorwiegend durch den Süden der USA, um Konzerte in Clubs zu geben.

Enttäuscht davon, daß er keine weiteren Hits schaffte, wurde er zum starken Trinker. Auf dem Nachhauseweg von einem Auftritt in Jefferson City, Missouri, erlitt er einen Herzanfall und starb am 22. 3. 1986.

*Teen Angel (12/59 US 1)*
***Pop***

## Dino

DINO ESPOSITO, v/key (USA, *20. 7. 1963 in Encino/Kalifornien).
Bevor er eine Karriere als Sänger begann, war er Discjockey und Programmdirektor bei der Radiostation KCEP in Las Vegas. Dino Esposito war in Kalifornien geboren und auf Hawaii und in Connecticut aufgewachsen. 1988 erschien seine erste Platte in den US-Charts. Dabei zeigte sich, daß er nicht nur singen konnte, sondern auf dieser LP auch Keyboards spielte, sie produzierte, arrangierte und alle Songs geschrieben hatte. Der Titel »I Like It« erreichte im Mai 1989 Platz 7 in den USA und wurde ein Millionseller. »Romeo« stand im August 1990 auf Platz 6 in der amerikanischen Hitparade.

*I Like It (5/89 US 7)*
*Romeo (8/90 US 6)*
***Pop***

## Dion & The Belmonts

ANGELO D'ALEO, v (USA, *3. 2. 1940 in Bronx/New York City); DION DIMUCCI, v/g (USA, *18. 7. 1939 in Bronx/New York City); CARLO MASTRANGELO, v (USA, *5. 10. 1938 in Bronx/New York City); FRED MILANO, v (USA, *22. 8. 1939 in Bronx/New York City).
Geboren wurde Dion genau dort, wo die Chancen, einmal z. B. ein erfolgreicher Geschäftsmann zu werden, denkbar gering sind. Er stammt aus der Bronx, einem der fünf Stadtteile von New York. Über seine Jugend erzählte er mal: ›Ich habe zwei Schwestern und 250 Verwandte. Ich kann mich erinnern an riesige Tische mit Verwandten. Alle sprachen gleichzeitig. Am Kopf saß der Großvater, der die ganze Familie mit milder Strenge zusammenhielt. Mein Vater, ein Puppenspieler, hat die Seele eines Künstlers und bis heute den Körper eines Athleten. Meine Mutter gab uns ihr herrliches Lächeln, ihr warmes Herz und Hühnersuppe. Ich war zehn, als ein Freund meines Vaters bei uns zu Besuch war und Gitarre spielte. Der Klang der Gitarre und seine Stimme füllten den ganzen Raum, und seine Musik war noch da, als er schon weg war. Bei einem Pfandleiher kauften mir meine Eltern für acht Dollar eine Gitarre. Ich bemalte sie mit den Namen meiner Freunde und verschenkte sie an einen Cousin weiter. Es war eine antike Gibson – heute ein gesuchtes Sammlerstück. Ich war 12, als ich den »Honky Tonk Blues« von Hank Williams im Radio hörte. Ich wurde sofort ein Fan und begann eine Plattensammlung. Es dauerte nicht lange, da konnte ich mehr als 200 Countrylieder auswendig. Dann überwand ich meine Schüchternheit und begann, in der Schule zu singen und Gitarre zu spielen. Danach traute ich mich auch in Talentwettbewerbe. Ich fand heraus, daß ich nur meine Augen zu schließen brauchte, und schon war ich in meiner eigenen Welt und konnte die Leute mitreißen.‹
Das alles muß sich so Mitte der 50er Jahre abgespielt haben. An jeder Ecke standen Jugendliche, sangen, spielten – Doo-Wop und Street Corner Serenades waren Begriffe, die jeder New Yorker kannte. Dion und ein paar Freunde sahen bessere Möglichkeiten in Manhattan. Also nahmen sie den D-Train über die 6th Avenue von der Bronx nach Manhattan, probten im Zug ihre Stücke und trugen sie vor. Sie nannten sich Dion & The Belmonts – Belmonts,

weil sie alle aus der Ecke um die Belmont Avenue in der Bronx stammten. Der Rest der Geschichte ist schnell erzählt. Eine kleine unabhängige Plattenfirma, Laurie Records, wurde auf die Jungs aufmerksam, machte mit ihnen einen Vertrag, und Ende 1958 erschien ihre erste Platte. Ein halbes Jahr später hatten sie mit dem Titel »Teenager In Love« ihren ersten Top-10-Hit. Aber irgendwie hatte Dion das Gefühl, daß der Erfolg mehr auf ihn zurückzuführen ist. Also löste er sich von den Belmonts und machte als Solist weiter. Ab 1960 – er haute immer noch in die Teenagerkerbe – hatte er Erfolg: »Runaround Sue« wurde im September 1961 Spitzenreiter in den USA. Bis 1964 hielt er das durch, dann wurde es still um ihn. Es erschienen Platten von ihm als Dion DiMucci. Er sang Lieder mit christlichen Texten. 1968 war er mit dem Titel »Abraham, Martin & John« – ein Lied, das an Abraham Lincoln, Martin Luther King und John F. Kennedy erinnern sollte – wieder in den Hitparaden. Nach 1970 war er ganz verschwunden. 1988 tauchte er wieder auf, spielte mit Bruce Springsteen und veröffentlichte 1989 die LP »Yo Frankie«, auf der so erlauchte Namen wie Bryan Adams, k. d. lang, Lou Reed, Paul Simon oder Patty Smyth zu hören waren. Mit dieser LP war er auch wieder in den Hitparaden zu finden. Ein weiterer Beweis, daß man sich auch als über Fünfzigjähriger mit dreißig Jahren Erfahrung im Popgeschäft behaupten kann. Ebenfalls 1989 wurde Dion in die Rock 'n' Roll Hall of Fame aufgenommen.

*A Teenager In Love (4/59 US 5)*
*Where Or When (12/59 US 3)*
*Runaround Sue (9/61 US 1)*
*The Wanderer (12/61 US 2; 2/62 GB 10)*
*Lovers Who Wander (4/62 US 3)*
*Little Diane (7/62 US 8)*
*Love Came To Me (11/62 US 10)*
*Ruby Baby (1/63 US 2)*
*Donna The Prima Donna (9/63 US 6)*
*Drip Drop (11/63 US 6)*
*Abraham, Martin And John (10/68 US 4)*
***Pop, Rock 'n' Roll***

**CD-Tip:** *Yo Frankie* Arista 259 766

## Dion, Celine

v (Kanada, *30. 3. 1968 in Charlemagne/Quebec).

Als die frankokanadische Sängerin 1988 in Dublin mit dem Song »Ne Partez Pas Sans Moi« den Grand Prix Eurovision de la Chanson für die Schweiz gewann, war sie musikalisch für die Europäer festgelegt. Grand-Prix-Gewinne bedeuteten meist die Interpretation eines Humptata-Songs und galten qualitativ als Abwertung. Sicher haben sich einige im Dezember 1990 gewundert, daß sie mit »Where Does My Heart Beat Now« bis auf Platz 4 der US-Hitparade hochschoß. Was man zuerst für einen Zufallstreffer hielt, wurde spätestens 1992 als dauerhafter Erfolg bestätigt. Zusammen mit Peabo Bryson sang Celine Dion den mit einem Oscar gekrönten Song »Beauty And The Beast« aus dem gleichnamigen Film. Die Platte wurde ein Platz 9 in den USA und in GB. Als Solistin hatte sie mit »If You Asked Me To«, »The Power Of Love« – eine neue Version des Hits von Jennifer Rush aus dem Jahre 1985 – und »Think Twice« weitere große Erfolge. Letztgenannter Titel wurde im Februar 1995 Spitzenreiter in GB, nachdem er sich – für britische Chartverhältnisse unendlich lange – 16 Wochen hochgekämpft hatte. Eine Woche früher, am 28. 1. 1995, wurde ihre CD »The Colour Of My Love« Nummer 1 in den Albumcharts in GB. Auch in den folgenden Jahren verkaufte Celine international enorm viele Platten. Mit »Pour Que Tu M'Aimes Encore« brachte sie sogar einen französisch gesungenen Titel unter die ersten 10 der GB-Charts. »Misled« kam erstmals im Frühjahr 1994 in die internationalen Charts, wurde Ende 1995 erneut in GB veröffentlicht und kam auf Platz 15. »It's All Coming Back To Me Now«, ein großer Erfolg für Celine im Herbst 1996 in den USA und in GB, wurde erst im Februar 1997 in Deutschland veröffentlicht. Aber nicht nur ihre Singles verkaufen sich gut, auch ihre Alben sind Renner. »Celine Dion« (1992) verkaufte 2 Millionen Exemplare, »The Colour Of My Love« (1993) 3 Millionen und »Falling Into You« (1996) 4 Millionen. Letztgenanntes Album erhielt 1997 einen Grammy als bestes Popalbum des Jahres. Zusammen mit Barbra Streisand sang sie die Nummer »Tell Him«, die im Herbst 1997 in die britischen Top 10 schoß. Celine hatte schon immer den Wunsch gehabt, im Duett mit Barbra zu singen – hier ging er in Erfüllung. Nebenbei hatten beide Sängerin dieses Stück auf den wenig später erschienenen Soloalben, für die auf diese Art und Weise schon ein wenig hingewiesen wurde. Der Song »My Heart Will Go On (Love Theme From ›Titanic‹)« wurde wie der Film »Titanic« ein Riesenknüller. In GB stiegt der Titel am 21. 2. 1998, in den USA am 28. 2. 1998 gleich auf Platz 1 ein. Am 23. März 1998 erhielt Celine Dion für diesen Titel einen Oscar. Zusammen mit den Bee Gees sang sie als nächsten Hit deren Komposition »Immortality« (6/98 D 13)

*Where Does My Heart Beat Now (12/90 US 4)*
*Beauty And The Beast (1/92 US 9; 5/92 GB 9)*
*If You Asked Me To (4/92 US 4)*
*The Power Of Love (11/93 US 1; 1/94 GB 4)*
*Think Twice (10/94 GB 1; 4/95 CH 6)*
*Only One Road (5/95 GB 8)*
*Pour Que Tu M'Aimes Encore (9/95 GB 7)*
*Falling Into You (3/96 GB 10)*
*Because You Loved Me (3/96 US 1; 6/96 GB 5; 11/96 CH 3)*
*It's All Coming Back To Me Now (8/96 US 2; 10/96 GB 3)*
*All By Myself (12/96 GB 6; 3/97 US 4)*
*Tell Him (11/97 GB 3, CH 4)*
*My Heart Will Go On (Love Theme From ›Titanic‹) (1/98 CH 1, D 1; 2/98 GB 1, US 1)*
*Immortality (6/98 CH 10; 7/98 GB 5)*

***AOR (Adult Orientated Rock), Grand Prix, Soft Pop***

**CD-Tip:** *Falling Into You* Columbia 483 792 2

## Dire Straits

ALAN CLARK, key (Großbritannien, *5. 3. 1952 in Durham); JOHN ILLSLEY, b (Großbritannien, *24. 6. 1949 in Leicester); DAVID KNOPFLER, g (Großbritannien, *27. 12. 1952 in Glasgow); MARK KNOPFLER, v/g (Großbritannien, *12. 8. 1949 in Glasgow); HAL LINDES, g (USA, *30. 6. 1953 in Monterey/Kalifornien); PICK WITHERS, d.

Im Juli 1977 kratzten Mark Knopfler, ein Teilzeitlehrer, sein Bruder David, ein Sozialarbeiter, der abgebrochene Soziologe John Illsley und der Sessionschlagzeuger Pick Withers 120 Pfund zusammen und nahmen in London ein Demoband mit fünf Liedern auf. Ein Band mit diesen Songs erreichte den BBC-Discjockey Charlie Gillet, der es in seiner wöchentlichen Sendung ›Honky Tonk‹ spielte. Ein Mitarbeiter einer Plattenfirma hörte die Sendung, war von den Stücken stark beeindruckt und nahm die Band unter Vertrag. Im Januar 1978, noch bevor die erste Platte erschien, spielten Dire Straits während einer GB-Tournee für 16 Termine im Vorprogramm von Talking Heads. Im Februar nahmen sie, produziert durch Muff Winwood, für nur 12.500 Pfund ihre erste LP auf.

Von den Mitarbeitern der Plattenfirma, die die Dire Straits 1978 den Medien anpriesen, wurde Euphorisches berichtet. Das sei eine neue Supergruppe aus England – und da man das zumindest dreimal im Monat hört, blieben auch viele Kollegen skeptisch. Dire Straits hieß diese Band. Was heißt das denn schon wieder? Also, Dire kann z. B. gräßlich, entsetzlich, schauderhaft oder schrecklich bedeuten. Die Dire Sisters sind Furien. Und Straits –

da gibt es z. B. die Straits of Gibraltar, die Straße von Gibraltar, also eine Meerenge. Es kann aber auch Engpaß, Klemme heißen. Das war es also: Die Musiker waren schrecklich knapp bei Kasse und deshalb Dire Straits. Beim Abhören der ersten LP fiel damals auf, daß der Sänger von seinem Fach nicht sonderlich viel verstand. Dann entstand der Eindruck, daß hier Musiker am Werk waren, die die Geschichte der Popmusik nicht umkrempeln oder gar neu schreiben wollten. Wenn man die Plattenhülle betrachtete, waren hier vier Musiker abgebildet, von denen auf Anhieb mit tödlicher Sicherheit zu sagen war, daß sie nicht über die Schiene Jugend-Jubel-Musikheftchen in die Hitparaden kommen würden. Trotzdem setzte sich diese erste LP durch, was besonders an der Nummer »Sultans of Swing« lag, die im Frühjahr 1979 sowohl in GB als auch in den USA unter die ersten 10 kam. Was hier wohl überzeugte, war die Einfachheit des Konzepts und das Gitarrenspiel von Mark Knopfler. Schon im Juli 1980 verließ David Knopfler, der jüngere Bruder des Protagonisten, die Band und wurde durch Lindes und Clark ersetzt. »Romeo And Juliet« 1981, »Private Investigations« 1982, »Money For Nothing« 1985, Spitzenreiter in den USA, und »Walk Of Life« 1986 waren weitere Top-10-Hits. Noch erfolgreicher waren die LPs der Band. »Brothers In Arms« wurde bis zum Ende der 80er Jahre mit sechs Platinplatten allein in den USA bedacht. Mark Knopfler versuchte sich neben Dire Straits auch noch mit anderen Projekten – hervorzuheben Notting Hillbillies, von Mark 1989 gestartet. Auch sein Zusammenspiel mit Chet Atkins auf »Neck And Neck« von 1990 ist bemerkenswert. 1991 erschien das Album »On Every Street«, 1993 die Live-CD »On The Night«. »On Every Street« kam im September 1991 von Null auf eins in den GB-Charts. Nebenher arbeitete Mark Knopfler auch immer weiter an seinen Soloprojekten. Im Frühjahr 1996 erschien die Single »Darling Pretty« und erreichte Platz 33 in GB. Damit wurde auf das kommende Album »Golden Heart« hingewiesen. Das erfolgreichste Album von Dire Straits ist »Brothers In Arms«. Bis Ende 1996 verkaufte es sich mehr als 9 millionenmal in den USA.

*Sultans Of Swing (2/79 US 4, GB 8)*
*Romeo And Juliet (1/81 GB 8)*
*Private Investigations (9/82 GB 2)*
*Private Investigation (10/82 CH 4)*
*So Far Away (6/85 CH 6)*
*Money For Nothing (7/85 US 1, GB 4)*
*Walk Of Life (11/85 US 7; 1/86 GB 2)*
*Calling Elvis (8/91 D 8; 9/91 CH 2)*
***AOR (Adult Orientated Rock)***

**CD-Tip:** *Money For Nothing* Vertigo 836 419 2

## Disco Tex & The Sex-O-Lettes

SIR MONTI ROCK III. (USA, *29. 5. 1942 als Joseph Moses Aponte Montanez jr. in Bronx/New York City).
Sir Monti stammte aus der New Yorker Bronx und war der Besitzer einer Kette von Friseurläden, die Mr. Monti's Saloons hießen. Unter der Leitung von Bob Crewe und zusammen mit einigen Studiomusikern wurde Ende 1974 die Gruppe Disco Tex & The Sex-O-Lettes und die Disconummer »Get Dancin'« zusammengeschustert, die in den USA und in GB ein Top-10-Hit wurde. »I Wanna Dance Wit' Choo« wurde im April 1975 noch einmal eine Notierung unter den ersten 10 der britischen Charts. Es erschienen noch zwei weitere kleinere Hits. 1977 spielte Sir Monti einen Discjockey im Film »Saturday Night Fever«, und danach kämmte er wieder Haare. Zum Beispiel war Sir Monti für die wunderschöne Perücke von Andy Warhol zuständig.

*Get Dancin' (11/74 GB 8, US 10)*
*I Wanna Dance Wit' Choo (4/75 GB 6)*
***Disco***

## Distel, Sacha

v/g/p (Frankreich, *29. 1. 1933 in Paris).
Bei uns kennt man Sacha Distel mehr als Haucher des Stücks »Adios Amigo«, mit dem er im Oktober 1962 auf Platz 5 der deutschen Hitparade war. Damit dürfte Sacha Distel bei weitem unterschätzt werden. Mit fünf lernte er Klavierspielen, mit 15 Gitarre. Während seines Philosophiestudiums spielte er Dixieland-Musik, dann hörte er Dizzy Gillespie und interessierte sich mehr für modernen Jazz. 1950 gewann er einen Nachwuchswettbewerb, noch im selben Jahr spielte er mit Stan Getz, dem Modern Jazz Quartet, Lionel Hampton und Gillespie. Sacha galt zu dieser Zeit als ausgezeichneter Jazzgitarrist. Ab 1958 war er dann mit meist selbstgeschriebenen Liedern erfolgreich. In Frankreich hatte er seine größten Erfolge mit »Scoubidou« 1959 und »Mon Beau Chapeau« 1960. International kam er in die Hitparaden mit »Raindrops Keep Falling On My Head«, im Januar 1970 ein Platz 10 in GB. Sacha, der Platten in fünf verschiedenen Sprachen aufnahm, wurde 1963 mit dem von ihm geschriebenen Thema zum französischen Film »The Seven Capital Sins« für einen Grammy für das beste Lied des Jahres nominiert – es wurde als »The Good Life« ein Hit für Tony Bennett.

*Adios Amigo (10/62 D 5)*
*Der Platz neben mir (2/64 D 6)*
*Raindrops Keep Falling On My Head (1/70 GB 10)*
***Jazz, Schlager***

**CD-Tip:** *Scandale Dans La Famille* EMI Pathé Marconi 251 643 2

## Diverse Interpreten

1987/88 erlebten die Disco-Nummern aus Italien europaweit einen Boom. Mit einem durchgängigen Beat versehen, sorgte bei »Italo Boot Mix Vol. 9« Axel Breitung und bei Vol. 10 Mario Aldini für den Remix. Vol. 9 brachte Titel von zum Beispiel Den Harrow, Silver Pozzoli, Ken Laszlo oder Scotch, Vol. 10 von Sandy Marton, Hypnosis, Sabrina oder Ross. Die Serie wurde weitergeführt, hatte aber nicht mehr den Erfolg. Vol. 9 war in Deutschland ein Platz 15, Vol. 10 Platz 35. In der Schweiz erreichten beide die Top 10.

*Italo Boot Mix Vol. 9 (9/87 CH 10)*
*Italo Boot Mix Vol. 10 (2/88 CH 7)*
***Disco***

## Divine

DIVINE, v (USA, *19. 10. 1945 als Glen Harris Milston, † 1. 3. 1988).
1982 konnte man in einer US-Zeitschrift lesen: ›Divine, ein 300-Pfund-Liebesgott mit überquellendem Blondhaar wie Zukkerwatte, sein Augen-Makeup könnte von einem Amok laufenden Kabuki-Dramatiker stammen, und der rote Minirock muß um seine Bauchrollen à la Michelin-Mann eingelaufen sein.‹ Schöner kann man ihn kaum beschreiben. Dennoch: Die Times sprach von ›fleischgewordener Miss-Piggy-Phantasie‹, und das trifft es noch eher. Divine wurde Anfang der 70er Jahre im Undergroundfilm »Pink Flamingos« bekannt. 1980 drehte er den Film »Polyester«. Im selben Jahr veröffentlichte er seine Soloplatte »Born To Be Cheap«. »Shoot Your Shot« kam im Januar 1983 in die deutsche Hitparade und erreichte Platz 15. 1984 kümmerten sich Stock/Aitken/Waterman um Divine, der »You Think You're A Man« veröffentlichte und in GB damit auf Platz 16 kam. Beide erwähnten Titel wurden in der Schweiz Top-10-Hits. 1985 hatte Divine in GB mit »Walk Like A Man«, der alten Four-Seasons-Nummer, Platz 23. Er starb 1987 an Herzverfettung.

*Shoot Your Shot (3/83 CH 8)*
*You Think You're A Man (9/84 CH 9)*
***Pop***

## Divinyls

CHRISTINA AMPHLETT, v (Australien, *25. 10. 1960 in Geelong/Victoria); MARK MCENTEE, v/g/key (Australien, *16. 7. 1961 in Perth).

Christina und Mark gründeten diese Band 1980 in Australien. 1983 erschien ihre Debüt-LP »Desperate«, die sie in Australien zu Stars machte. Über die Grenzen des Kontinents hinaus wurden sie erstmals in den USA mit dem Titel »Pleasure And Pain« (1/86 US 76) bekannt. Bis zu diesem Zeitpunkt waren neben den beiden Protagonisten noch weitere Musiker in der Band, die aber eine untergeordnete Rolle spielten. Nach dem Album »Desperate« (1986) schien für Christina und Mark der Zeitpunkt gekommen, sich von den anderen zu trennen und für Tourneen wechselnde Musiker anzuheuern. Die beiden zogen nach Paris und schrieben dort eine Reihe Songs. 1991 veröffentlichten sie das Album »Divinyls« (2/91 US-LP 15), auf dem auch ihr bisher größter Singlehit »I Touch Myself« zu finden war. Im selben Jahr erschien eine Zusammenfassung ihrer Hits auf der CD »Essential Divinyls«.

*I Touch Myself (3/91 US 4; 5/91 GB 10)*
***Rock***

**CD-Tip:** *Essential Divinyls* Chrysalis CDP 321 846 2

## Dixie Cups

BARBARA ANN HAWKINS, v (USA, *23. 10. 1943 in New Orleans); ROSA LEE HAWKINS, v (USA, *24. 9. 1944 in New Orleans); JOAN MARIE JOHNSON, v (USA, *15. 1. 1945 in New Orleans); DALE MICKLE, v.

Dieses schwarze Gesangstrio stammte aus New Orleans. In den ersten sechs Monaten des Jahres 1964 schaffte es nur eine einzige amerikanische Gruppe, auf Platz 1 der amerikanischen Hitparade vorzustoßen. Als der Titel »Chapel Of Love« im Juni 1964 in den USA auf den ersten Platz vordrang, löste er die Beatles mit »Love Me Do« ab. Die Dixie Cups selbst wurden nach drei Wochen durch die Lennon-McCartney-Komposition »A World Without Love«, gesungen durch Peter & Gordon, von der Spitze verdrängt. Joe Jones, ein Sänger aus New Orleans, der mit dem Titel »You Talk Too Much« 1960 einen Top-10-Hit in den USA hatte, sah die drei Sängerinnen bei einem Talentwettbewerb und vermittelte sie an Jerry Leiber und Mike Stoller, die gerade ihr neues Plattenlabel Red Bird gegründet hatten. Die Nummer »Chapel Of Love« war vorher schon von anderen Interpreten, z. B. den Ronettes, erfolglos aufgenommen worden. Diesmal sollte es klappen. Die Dixie Cups schafften bis 1965 weitere Hits. Danach wurde die Plattenfirma Red Bird dichtgemacht, und sie erhielten einen neuen Vertrag bei ABC Records, die sie jedoch nicht in die Charts brachten. Eine der schönsten Aufnahmen der Dixie Cups ist »Iko Iko«, die 1989 im Film »Rain Man« in der Version der Belle Stars zu hören war und ebenfalls ein Top-20-Hit wurde. Die Dixie Cups nehmen zwar keine Platten mehr auf, touren aber immer noch. Cousine Joan Marie ist jedoch nicht mehr dabei. Für sie kam Dale Mickle. So traten die Dixie Cups 1992 in der New Yorker Radio City Music Hall auf und feierten dort ihr 30jähriges Jubiläum.

*Chapel Of Love (5/64 US 1)*
***Pop***

**CD-Tip:** *The Dixie Cups Meet The Shangri-Las* Charly CD 38/TIS

## Dixiebelles

MARY HUNT, v (USA); MILDRED PRATCHER, v (USA); SHIRLEY THOMAS, v (USA).

Die drei schwarzen Mädchen waren erfahrene Studiosängerinnen in Memphis, bevor sie im September 1963 ihren einzigen Top-10-Erfolg mit »(Down At) Papa Joe's« hatten. Anfang 1964 erreichten sie noch einmal Platz 15 mit »South Town, U.S.A.«. Danach waren sie wieder verschwunden.

*(Down At) Papa Joe's (9/63 US 9)*
***Rhythm & Blues***

## DJ Dado

DADO, computer (Italien, *6. 1. 1967 als Flavio Daddato).
Während der Original-Interpret Mark Snow mit seiner Komposition mehr den ernsthafteren Teil der TV-Gemeinschaft abdeckte, die sich diese Serie anschaute, war DJ Dado für die Kids und die Diskotheken zuständig. Ab 1983 arbeitete er als DJ in Mailand. Ab 1984 machte er etlichte Platten, die speziell in der Dance-Szene erfolgreich waren. Produziert wurde »X-Files« in Mailand. Die Nachfolgeplatte »Metropolis – The Legend Of Babel« kam nur knapp in die deutsche Hitparade. Als Sängerin war darauf Lorene Jaycee zu hören.

*X-Files (4/96 CH 2, GB 8)*
***Dance***

## DJ Kool

DJ KOOL, rap (USA als John Bowman Jr., geb. in Washington, D.C.).
Seit 1988 ist DJ Kool im Musikgeschäft. In den USA hat er bislang wenig Spuren in den Charts hinterlassen. So ist er z. B. in den US-Albumcharts bisher lediglich mit »Let Me Clear My Throat« Mitte des Jahres 1996 auf Platz 161 verzeichnet. Die gleichnamige Singleauskopplung konnte lediglich in GB überzeugen. Als Gäste waren auf der Platte Doug E. Fresh und Biz Markie zu hören.

*Let Me Clear My Throat (2/97 GB 8)*

## DJ Miko

LOUISE ANNE GARD, v (Großbritannien, geb. in Tunbridge Wells/Kent); QUARTOBARO MANIER, key (Italien).
Das in Italien beheimatete Duo DJ Miko – Chef ist der italienische In-House-Produzent Manier, die Sängerin stammt aus der Grafschaft Kent – knöpfte sich die Nummer »What's Up« vor, die mit 4 Non Blondes Mitte 1993 erfolgreich war, und machte daraus einen Hi-Energy-Titel. Das wäre nicht nötig gewesen.

*What's Up (8/94 GB 6)*
***Disco***

## DJ Quicksilver

ORHAN TERZI, computer (*28. 6. 1964 in Türkei).
Orhan Terzi wurde in der Türkei geboren, verbrachte aber den größten Teil seines Lebens in Deutschland. Schon im Alter von 15 Jahren begann er als DJ zu arbeiten. Später wurde er Plattenverkäufer in einem Laden, der sich auf Dance-Importe verlegt hatte. Hier kam ihm wohl der Gedanke, daß das auch selbst hinzufummeln ist. Seinen Künstlernamen leitete er ab von einer Art Applausometer, mit dem in Discotheken die Reaktionen des Publikums auf die Darbietungen der DJ gemessen werden können. Die Nummer »Bingo Bongo« (11/95 D 36) war der erste Hit für ihn. Zusammen mit Tommaso De Donatis schrieb und produzierte er die Titel »I Have A Dream« und »Bellissima«, die erst auf dem kleinen Label DOS OR DIE vertrieben wurde. ›DOS‹ deutet schon ganz klar an, wer hier in Wirklichkeit geschrieben hat: der Computer. In Deutschland und in der Schweiz wurde die Platte als ›Double Hit-CD‹ angeboten und so auch in der Hitparade aufgelistet – die Briten notierten nur »Bellissima«. Die weiteren Hits von Orhan waren »Free« und »Planet Love« (12/97 D 23, 2/98 GB 12).

*I Have A Dream – Bellissima (12/96 D 4; 1/97 CH 6)*
*Bellissima (4/97 GB 4)*
*Free (5/97 D 4; 9/97 GB 7)*
***Dance***

## DNA

NICHOLAS BATT, dj (Großbritannien); NEAL SLATEFORD, dj (Großbritannien).
Hinter diesem Kürzel versteckten sich zwei DJs aus Bristol, die mit »Tom's Diner« von Suzanne Vega im Juli 1990 einen Platz 2 in GB, wenig später einen Spitzenreiter in Deutschland und im Oktober 1990 einen Millionseller und Platz 5 in den USA hatten. Was dazu führte, beschrieb ›Der Spiegel‹ 1990 folgendermaßen: ›Unverhofft kam die zuletzt nur mäßig erfolgreiche Pop-Diseuse Suzanne Vega, 31, jetzt zu einem Millionseller: Ihre schon drei Jahre alte Ballade vom romantischen Frühstücksmorgen in »Tom's Diner« füllt weltweit die Tanzflächen. Zwei unter dem Namen DNA kursierende Diskjockeys reicherten das karge Frühstück mit einem tanzbaren Computer-Beat an und ließen es ohne Genehmigung der Sängerin auf Platte pressen ... Die um ihren seriösen Ruf besorgte Liedermacherin distanzierte sich zwar umgehend von der Tanznummer, kassiert aber dennoch kräftig mit: Aus Angst vor einer Klage der Plattenfirma A&M, die über die Rechte der Vega-Songs verfügt, verzichtete das Soundtüftler-Duo großzügig auf seine Tantiemen.‹ Eine Woche später veröffentlichte die Polydor, die in Deutschland A&M Records vertreibt, eine Pressemitteilung, in der auszugsweise stand: ›Als Radio One anfing, diese Single im Tagesprogramm einzusetzen, wurde Suzuanne Vegas Plattenfirma aufmerksam. Sie schickte Suzanne Vega und ihrem Manager ein Exemplar, die auf eine Klage verzichteten und die Genehmigung zu einer regulären Veröffentlichung gaben ... Suzanne Vega hat also nicht erst von der Version erfahren, als sie in den Charts war, auch hat sie sich zu keiner Zeit davon distanziert.‹ In dieser Pressemitteilung ist allerdings keine Rede davon, ob nun sie alleine die Tantiemen einstrich oder nicht. Als Nachfolge veröffentlichte DNA »La Serenissima«, im Herbst 1990 Top 40 in GB und Top 20 in Deutschland, und »Can You Handle It«, im Februar 1992 ein Platz 17.

*Tom's Diner (7/90 D 1, GB 2; 9/90 CH 1; 10/90 US 5)*
***Disco***

**CD-Tip:** *Taste This* EMI 7 98571 2

## Dobkins, Carl Jr.

v (USA, *13. 1. 1941 in Cincinnati/Ohio).
Bereits im Alter von 16 Jahren machte Dobkins seine ersten Plattenaufnahmen. Beeinflußt wurde er durch Interpreten wie Elvis Presley und Buddy Holly. Mit dem Titel »My Heart Is An Open Book«, einer typischen Teenagernummer der 50er Jahre, erreichte er im April 1959 einen Platz 3 in den USA. Nach diesem Hit hatte er noch drei weitere Titel in den US-Charts, und nach 1960 war er wieder aus den Hitparaden verschwunden. Das Musikgeschäft hat er Mitte der 60er Jahre endgültig verlassen, um bei einer Spedition in der Verwaltung zu arbeiten. Später zog er in seine Heimat Cincinnati zurück als Angestellter einer Firma, die Düsentriebwerke herstellt.

*My Heart Is An Open Book (4/59 US 3)*
***Pop***

**CD-Tip:** *My Heart Is An Open Book* Bear Family BCD 15546

## Dobson, Anita

v (Großbritannien).
Die Schauspielerin und Sängerin erreichte, begleitet von Simon May und seinem Orchester, mit »Anyone Can Fall In Love«

im August 1986 die britische Hitparade. Der Titel erschien auf dem Label der BBC, was darauf hinweist, daß es sich dabei um eine Aufnahme aus einer Fernsehserie handelte – sie hieß ›EastEnders‹ und war eine der erfolgreichsten und beliebtesten BBC-Seifenopern der 80er Jahre. Weitere musikalische Versuche von Miss Dobson schlugen fehl. In den Schlagzeilen stand sie lange als Dauerfreundin von Brian May, dem Queen-Mitglied.

*Anyone Can Fall In Love (8/86 GB 4)*
***Pop***

## Doctor & The Medics

COLETTE ANNADIN, v (Großbritannien); WENDI ANNADIN, v (Großbritannien); DOCTOR, v (Großbritannien, *7. 7. 1962 als Clive Jackson); STEVE MAGUIRE, g (Großbritannien); MR. VOM, d (Großbritannien); RICHARD SEARLE, b (Großbritannien).

Das Sextett aus London ist wieder ein typisches One-Hit-Wonder. Mit einem Nachzieher des Norman-Greenbaum-Hits »Spirit In The Sky« – im Februar 1970 ein Platz 3 und Millionseller in den USA, Spitzenreiter in GB und Deutschland – erreichten sie Mitte 1986 Platz 1 in GB und Platz 9 in Deutschland. Ihr Nachfolgehit »Burn« kam noch bis auf Platz 29. Dann nahm sich Roy Wood der Band an. Sie machten zusammen eine neue Version vom Abba-Hit »Waterloo«, die sich dann als ihr Waterloo erwies und auf Platz 45 hängenblieb. Nach dieser letzten Schlacht waren sie aus den Charts verschwunden.

*Spirit In The Sky (5/86 GB 1; 7/86 D 9)*
***Glitter-(Glam)-Rock***

## Doctor Spin

Bei Doctor Spin feierten sich Nintendo und sein Game Boy selbst. Executive Producer dieser Aufnahme war Andrew Lloyd Webber. Executive bedeutet, daß er das Geld für die Produktion hingelegt hat. Nintendo wird sich für diese kostenlose Werbung recht herzlich bedankt haben. »Tetris« wurde im Oktober 1992 ein Platz 6 in der britischen Hitparade.

*Tetris (10/92 GB 6)*
***Techno***

## Dodd, Ken

v (Großbritannien, *8. 11. 1927 in Liverpool).

Seine ersten Auftritte hatte der Sänger und Komiker schon 1954. Für über zwanzig Jahre sollte Ken Dodd einer der populärsten Sänger romantischer Balladen in GB sein. »Love Like A Violin« war Mitte 1960 sein erster Top-10-Hit, »Tears« im September 1965 seine einzige Nummer 1. »The River« (auch noch 1965) und »Promises« (1966) waren weitere Platten unter den ersten 10. Seinen letzten Hit hatte er 1981.

*Love Is Like A Violin (7/60 GB 8)*
*Tears (9/65 GB 1)*
*The River (11/65 GB 3)*
*Promises (5/66 GB 6)*
***Pop***

**CD-Tip:** *His Greatest Hits* EMI CDB 752 029 2

## Dodgy

NIGEL CLARK, v/b (Großbritannien); ANDY MILLER, v/g (Großbritannien); MATHEW PRIEST, v/d/per (Großbritannien); CHRIS SLADE, key (Großbritannien, *30. 10. 1946).

Dodgy formierte sich in den frühen 90er Jahren in Houslow/London zuerst als Trio. Chris Slade kam Mitte 1992 – Dodge hatte bereits erste Platten veröffentlicht – als vierter Mann hinzu. Im September 1991 erschien die Debüt-Platte »Summer Fayre/

St. Lucia«. Mit Chris kam die erste Hitnotierung: »Lovebirds«, ein Platz 65 in GB. 1994 verließ Chris dann wieder die Band. Ab 1995 kamen die Singles kontinuierlich in die höheren Regionen der Charts: »Making The Most Of« erreichte Platz 22, »Staying Out For The Summer 95« Platz 19, »In A Room« 12 und schließlich »Good Enough« Top 10. Musikalisch wurde die Gruppe in der britischen Pop-Presse gerne als eine Kombination aus Beatles und Sqeeze beschrieben – und da ist sicher was dran. Ende 1996 erreichte »If You're Thinking Of Me« Platz 11 in GB.

*Good Enough (8/96 GB 4)*
***Pop, Rock***

**CD-Tip:** *Homegrown* A&M 540 282–2

## DÖF

ANNETTE HUMPE, v (Deutschland); JOESI PROKOPETZ (Österreich); MANFRED TAUCHEN (Österreich).

Manfred Deix sorgte für das Cover der erfolgreichsten LP dieser Formation, die ausgeschrieben Deutsch-Österreichisches Feingefühl heißt. Und so kam es, daß die Mitwirkenden auf der Hülle so aussahen, wie es im Hit »Codo« auch hieß: ›Ich bin so häßlich, so gräßlich häßlich‹. DÖF waren Manfred Tauchen, Joesi Prokopetz und Annette Humpe. Tauchen und Prokopetz waren zwei der bekanntesten Vertreter der Wiener Kabarett- und Musikszene Anfang der 80er Jahre. Gemeinsam mit Wolfgang Ambros hatten sie das satirisch-bissige Rock-Hörspiel »Der Watzmann ruft« aufgenommen, von dem mehr als 250.000 LPs verkauft wurden. Als im Herbst 1982 die Berliner Band Ideal in Wien eine neue LP aufnahm, kam es zu ersten Kontakten zwischen der Sängerin dieser Formation, Annette Humpe, und dem Duo Tauchen/Prokopetz. Das erste Ergebnis war besagte LP, die im Juni 1983 erschien. Ausgekoppelt daraus wurde das Stück »Codo«, das im Juli 1983 in die deutsche Hitparade kam, Nummer 1 wurde und Gold erhielt. Nach einer weiteren Auskopplung aus dieser LP ging Annette Humpe wieder ihre eigenen Wege und Tauchen/Prokopetz auch.

*Codo (7/83 D 1, CH 4)*
***Neue Deutsche Welle***

## Dog Eat Dog

JOHN CONNOR, v (USA, *13. 7. 1969); MARK DEBACKER, g (USA, *22. 7. 1970); BRANDON FINLEY, d (USA, *12. 4. 1966); SEAN KILKENNY, g (USA, *24. 6. 1967); DAVE MALTBY, d (USA); SCOTT MUELLER, key/sax (USA); DAVE NEABORE, v/b (USA, *26. 5. 1970).

Als ›Crossover-Helden aus New Jersey‹ wurden Dog Eat Dog bezeichnet. »No Fronts« war die erste Single, mit der die Band in die Charts gelangte – aber nicht in den USA, sondern in GB. Im August 1995 kam die Platte bis auf Platz 64, was kein gutes Ergebnis war. Erst als die Nummer durch den Mixer gedreht wurde, kam ein Hit heraus: Platz 9 im Frühjahr 1996 in GB, Platz 45 in Deutschland. Ein Mix wurde von Jay Master Jay genudelt, der einst bei Run-D.M.C. mitgewirkt hatte, und dieser Mix war es dann wohl auch, der die Nummer zu einem Hit in GB machte. Nachfolger »Isms« kam in GB gerade noch bis Platz 43, in Deutschland bis 71. Bei diesem Titel wurden laut Plattenfirma ›Rotzfrech sämtliche Musikstile kombiniert‹ – ein Gemischtwarenladen also. Warten wir auf den nächsten Mixer. Auf »Isms« wurde als neuer Schlagzeuger Brandon Finley genannt.

*No Fronts – The Remixes (2/96 GB 9)*
***Rock, Techno***

**CD-Tip:** *All Boro Kings* Roadrunner RR 9020 8

## Doggett, Bill

p/org/bl (USA, *16. 2. 1916 in Philadelphia/Pennsylvania, † 13. 11. 1996).

Der Tastenspieler und Songschreiber gründete bereits 1938 seine erste eigene Band. Seine ersten Plattenaufnahmen machte er 1939 in der Formation von Jimmy Munday. In den 40er Jahren spielte und arrangierte er mit Lionel Hampton, Louis Jordan, Count Basie und Louis Armstrong. Bei den Ink Spots spielte er kurz als Pianist mit. Den größten Hit unter seinem Namen hatte Bill mit »Honky Tonk (Parts 1 & 2)«, im August 1956 ein Platz 2 in den USA. Doggett gilt als »Vater der Swing-Orgel«. 1963 arrangierte und leitete er die Aufnahmen zu Ella Fitzgeralds Album »Rhythm Is Our Business«. Bis in die 90er Jahre war Bill mit einer eigenen Rhythm-&-Blues-Tourband unterwegs. Er starb am 13. 11. 1996.

*Honky Tonk (Parts 1 & 2) (8/56 US 2)*
***Instrumental, Pop, Rhythm & Blues***

**CD-Tip:** *Trading Licks* Charly CD 51

## Doh, Ken

dj (Großbritannien als Michael Devlin, geb. in Newcastle).

Hinter Ken Doh verbirgt sich nicht etwa ein japanischer DJ, sondern der zu diesem Zeitpunkt 28jährige Michael Davlin, Mitbesitzer der Plattenfirma Bass Generator Records, der auch noch ein Plattenladen angeschlossen ist. Daran sieht man doch deutlich, daß auch die britischen Plattenbosse kreativer sind als ihre deutschen Gegenpole – oder hat schon einmal jemand einen deutschen Plattenfirmenchef unter den ersten 10 der Hitparade gehört?

*Nakasaki EP (I Need A Lover Tonight) (3/96 GB 7)*
***Pop***

## Dolan, Joe

v (Irland, *16. 10. 1943 in Mullingar/West Meath).

Joe wurde schon als 19jähriger Profi. 1964 nahm er mit seiner Begleitband Drifters seine ersten Platten auf, die bis in die irischen Top 10 vordrangen. Aber erst als Solist sollte Joe Dolan über die Grenzen von Irland hinaus erfolgreich werden und auch in GB Hits haben. »Make Me An Island« war Mitte 1969 sein erster und einziger Hit unter den britischen Top 10. »You're Such A Good Looking Woman« war im Februar 1970 noch einmal ein Platz 17, danach und bis heute ist sein Erfolg wieder mehr auf Irland beschränkt.

*Make Me An Island (6/69 GB 3)*
***Pop, Schlager***

## Dolby, Thomas

v/g/p/org (Ägypten, *14. 10. 1958 als Thomas Morgan Robertson in Kairo).

Thomas wurde in Kairo als Sohn britischer Eltern geboren. Der ausgezeichnete Musiker und Songschreiber spielte zwischen 1977 und 1979 Keyboards mit Gruppen wie Members, Passions und Fall. 1979 spielte er für einige Monate mit Camera Club und begleitete Lene Lovich auf einer US-Tournee. 1981 veröffentlichte er auf seinem eigenen Independent-Label Armageddon seine erste Single. Obwohl die Platte sich nicht verkaufte, wurde die Gruppe Foreigner auf ihn aufmerksam und bat ihn, auf der LP »4« mitzuwirken. Danach spielte Thomas für Def Leppard. Im Juli 1981 gründete er ein weiteres eigenes Label und verkaufte eine weltweite Lizenz davon an die EMI. 1982 erschien seine erste LP, die besonders in den USA erfolgreich war. Darauf auch sein erster Hit »Windpower«, der in GB im August 1982 Platz 32 in GB belegte. Sein größter Erfolg war sicher »She Blinded Me With Science«, im Februar 1983 ein Platz 5 in den USA. Als weitere bemerkenswerte Chartnotierungen folgten im Januar 1984 »Hyperactive!«, ein Platz 17 in GB, und »Close But No Cigar«, im Mai 1992 Platz 22 in GB. Alle genannten Titel finden sich auf der CD »Retrospectacle«, die 1994 erschien.

*She Blinded Me With Science (2/83 US 5)*
***Elektro-Pop, Pop***

**CD-Tip:** *Premium Gold Collection*
EMI 8 57766 2

## Dolce, Joe

v (USA, geb. in Painesville/Ohio).
1966 wurde er Mitglied in der Gruppe Sugar Creek, die 1969 ein erfolgloses Album in den USA veröffentlichte. 1974 gründete er eine Poetry Music Fusion Group, die längere Zeit an der Ostküste der Vereinigten Staaten tourte. 1978 verließ er die USA und siedelte sich in Australien an. Dort gründete er die Joe Dolce Theatre Show und erfand die Figur Giuseppi. Als Giuseppi nahm er die Nummer »Shaddap Your Face« auf, die in Australien 1980 ein großer Hit wurde. Der Titel nahm freundlich die Sprachschwierigkeiten italienischer Emigranten in den USA auf den Arm. Als er in GB veröffentlicht wurde, sprang er im Februar 1981 in die britischen Charts und wurde Platz 1. Auch in Deutschland wurde die Platte ein Spitzenreiter. Aber mit diesem einen Hit war das Bedürfnis nach Englisch mit italienischen Brocken erschöpft. Ein weiterer Hit gelang ihm nicht.

*Shaddap You Face (2/81 D 1, GB 1; 3/81 CH 1)*
***Schlager***

## Dollar

THEREZA BAZAR, v (Kanada, *23. 5. 1955); DAVID VAN DAY, v (Großbritannien, *28. 11. 1956 in Brighton).
Die beiden begannen im November 1974 als Mitglieder der Guys & Dolls, die mit »There's A Whole Lot Of Loving« (3/75 GB 2) und »You Don't Have To Say You Love Me« (2/76 GB 5) zwei Top-10-Hit in der britischen Hitparade hatten. Dann trennten sie sich von dem Sextett – die Guys & Dolls machten als Quartett weiter – und starteten im Jahre 1978 mit ihrem Duo Dollar. Mit ihrer eigenen Komposition »Love's Got A Hold On Me« hatten die beiden, von denen bekannt war, daß sie sich nicht sonderlich mochten, im August 1979 einen Platz 4 in GB. »I Wanna Hold Your Hand« war drei Monate später ein Platz 9 in GB. Es handelte sich um eine Neuaufnahme des Beatles-Titels. »Mirror Mirror (Mon Amour)« 1981 und »Give Me Back My Heart« 1982 erreichten jeweils Platz 4 in GB. 1983 – inzwischen waren die menschlichen Probleme wohl so schwer geworden, daß sie nicht mehr miteinander weiterarbeiten wollten – trennten sie sich und versuchten sich als Solisten. Da es beiden nicht gelang, Hits zu landen, kamen sie 1986 wieder zusammen. Die Aufnahme »O L'Amour« erreichte im Dezember 1987 Platz 7 in GB und war ein Nachzieher einer Erasure-Aufnahme. Van Day ersetzte in der zweiten Hälfte der 90er Jahre Mike Nolan in der Formation Bucks.

*Love's Got A Hold On Me (8/79 GB 4)*
*I Wanna Hold Your Hand (11/79 GB 9)*
*Mirror Mirror (Mon Amour) (11/81 GB 4)*
*Give Me Back My Heart (3/82 GB 4)*
*O L'Amour (12/87 GB 7; 4/88 CH 10)*
***Pop, Schlager***

## Dolls United

Martin Meinschäfer, Sebastian Schoplick und Dominik Stahlschmidt betrieben im westfälischen Neheim-Hüsten gemeinsam ein Tonstudio. 1994 hatten sie sich die Verlagsrechte an sämtlichen Liedern aus der Fernsehserie der Augsburger Puppenkiste gesichert. Die Originalstimmen wurden mit Techno-Rave-Musik unterlegt und erinnerten so die Älteren an ihre Jugendtage und befriedigten bei den Jüngeren ihren Bewegungsdrang. Als erstes erschien noch 1994 der »Urmel-Lied-Mix« und dann kamen endlich Jim Knopf und Lukas, der Lokomotivführer, mit dem Song »Eine Insel mit zwei Bergen«. Die Platte erreichte im September 1995 die deutsche Hitparade und brauchte 11 Wochen, bis sie auf Platz 2 war. Zu diesem Zeitpunkt nervten sich die Deutschen schon gegenseitig mit dem Spruch ›Eine Insel, eine Insel‹. Nachfolgende Platten nach dem gleichen Strickmuster, wie z. B. »Blechbüchse roll« und »Wir bauen eine Falle« kamen nur noch auf Platz 25 bzw. überhaupt nicht mehr in die Charts. Inzwischen galt es, Dolls United durch irgend jemand darstellen zu lassen. Das übernahmen Suliman Snipes, Nicki Ganshorn und Gogo Stojanovic. Etwa zum selben Zeitpunkt wurden auf einer CD die schönsten Originallieder der Augsburger Puppenkiste veröffentlicht, die das Gefühl der alten Sendung wesentlich besser transportierte.

*Eine Insel mit zwei Bergen (9/95 D 2)*
***Rave***

## Domino

DOMINO, rap (USA als Shawn Ivy, geb. in St. Louis).
Domino ist der 1962 geborene Rapper Shawn Ivy. Aufgewachsen ist er in Long Beach, Kalifornien. Ende 1993 hatte er mit »Getto Jam« seinen ersten Hit in den USA. Wie bei so vielen anderen Rappern beschränkte sich der Erfolg vorwiegend auf die Vereinigten Staaten. Mit den gerappten Geschichten kann man anderswo auch recht wenig anfangen.

*Getto Jam (11/93 US 7)*
***Rap***

## Domino, Fats

v/p (USA, *26. 2. 1928 in New Orleans).
Wie kein anderer verkörpert Fats die Musik dieser Stadt am Mississippi. Bereits als Zehnjähriger sang er in und vor den Kneipen von New Orleans für ein paar Pennies. Dann traf er auf den Trompeter Dave Bartholomew, der der Leiter eines Tanzorchesters war. Fats erhielt die Chance, in diesem Orchester zu spielen – er nahm an und wurde Mitte der 40er Jahre Pianist von Dave. Mit ihm zusammen hat er die meisten seiner späteren Hits geschrieben. 1949 nahm Fats seine erste Soloplatte auf, die zumindest in den R&B-Charts erfolgreich war: »The Fat Man« stand im Februar 1950 auf Platz 2 und wurde ein Millionseller. »Goin Home« erreichte im April 1952 die R&B-Charts, wurde Spitzenreiter, ebenfalls Millionseller und seine erste Platte, die auch in den US-Popcharts mit Platz 30 verzeichnet wurde. Ab diesem Zeitpunkt bis 1964, dem Jahr, als die Beatles die USA überrollten, hatte er Hit auf Hit. Platz 1 in den US-Pophitparaden erreichte er nie, aber unter den ersten 10 war er häufig anzutreffen. Viele seiner Songs wurden Mitte der 50er Jahre erfolgreich von weißen Interpreten wie z. B. Pat Boone gecovert. Dessen Version von »Ain't That A Shame« ist selbst eine Schande, denn gegen das Original von Fats klingt sie lasch und lahm. »I'm In Love Again«, »Blueberry Hill«, »Blue Monday«, »I'm Walking«, »Valley Of Tears«, »It's You I Love« »Whole Lotta Loving«, »I Want To Walk You Home«, »Be My Guest« und »Walking To New Orleans« waren alles Top-10-Hits für Fats. Und wenn er auch ab 1964 nicht mehr die Spitzenplätze in den Charts belegte, die Konzerte von ihm waren bis in die 90er Jahre ausverkaufte Augen- und Ohrenweiden. Regelmäßig ist er in Las Vegas zu sehen, ansonsten hält er sich oft und gerne zu Hause in New Orleans bei seiner Frau Rosemary und seinen acht Kindern

auf. 1986 wurde er in die Rock 'n' Roll Hall of Fame aufgenommen, 1987 war er Gewinner von Grammy's Hall of Fame und dem Lifetime Achievement Awards. In GB waren die Platten von Fats mit Ausnahme von »Blueberry Hill« nie unter den ersten 10, in Deutschland hatte er seinen größten Erfolg 1992, als Aral einen TV-Spot mit der Nummer »I'm Walkin'« unterlegte. Fats erreichte im Februar 1992 damit immerhin Platz 12 in Deutschland und die Top-10 der Schweiz.

*Ain't That A Shame (7/55 US 10)*
*I'm In Love Again (4/56 US 3)*
*Blueberry Hill (10/56 US 2; 12/56 GB 6)*
*Blue Monday (1/57 US 5)*
*I'm Walkin' (3/57 US 4; 6/92 CH 8)*
*It's You I Love (5/57 US 6)*
*Valley Of Tears (5/57 US 8)*
*Whole Lotta Loving (11/58 US 6)*
*I Want To Walk You Home (8/59 US 8)*
*Be My Guest (10/59 US 8)*
*Walking To New Orleans (6/60 US 6)*
***Rhythm & Blues, Rock 'n' Roll***

**CD-Tip:** *Out Of New Orleans* Bear Family BCD 15 541 HI

## Dominoe

ANGIE BUCHZYK, v/key (Deutschland, *3.2. 1965); FRED NEUDERT, v/b (Deutschland, *17.7. 1959); ROBERT PAPST, g (Deutschland, *10.12. 1960); JOHNNY ROHDE, key (Deutschland, *2.11. 1956); MARC SCHIEGL, g (Deutschland, *9.7. 1968); RICK SHULZ, d (Deutschland, *25.8. 1961); JÖRG SIEBER, v (Deutschland, *13.7. 1961).

Als die Band 1987 gegründet wurde, kannten sich die aus dem Umland von München stammenden Musiker teilweise bereits seit zehn Jahren und hatten in verschiedenen Schülerbands den Grundstein für eine Profikarriere gelegt. Die deutsche Formation erreichte mit »Here I Am« im Januar 1988 einen Platz 4 in der deutschen Hitparade. Schuld daran war ohne Zweifel die Tatsache, daß die deutsche Renault AG den Song für ihre R5-Werbung im Fernsehen benutzt hatte. Danach ging die Keyboarderin Angie und versuchte eine Solokarriere, Robert Papst widmete sich der Studio- und Produzententätigkeit und blieb in dieser Funktion seinen Kollegen verbunden. Ein weiterer Hit wollte Dominoe jedoch nicht mehr gelingen.

*Here I Am (1/88 D 4; 4/88 CH 4)*
***Rock***

**CD-Tip:** *Keep In Touch* RCA PD 71757

## Don & Juan

CLAUDE JOHNSON (USA); ROLAND TRONE (USA).

Don und Juan gehörten ursprünglich zu dem aus Brooklyn stammenden Quartett Genies. 1959 veröffentlichten die Genies die Single »Who's That Knocking«, die es unter die Top 75 in den amerikanischen Charts brachte. Da der Gruppe kein Nachfolgehit gelang, wurde sie von ihrer Plattenfirma gefeuert. Auch weitere Plattenverträge brachten keinen Erfolg. Trone und Johnson verließen daraufhin die Formation und arbeiteten als Anstreicher, bis ein Agent namens Peter Paul sie wiederentdeckte. Als Don & Juan nahmen sie den Titel »What's Your Name« auf, der Platz 7 in den USA erreichte. Obwohl das Duo bis 1967 weitere Platten aufnahm, konnte es nur mit »Magic Wand« eine weitere Chartnotierung erzielen. Nach dem Tod von Trone im Jahre 1983 übernahm ein anderes früheres Mitglied der Genies, Alexander Faison, den Part des Don.

*What's Your Name (2/62 US 7)*
***Pop***

## Don Pablo's Animals

Bei Don Pablo's Animals handelte es sich um eine italienische Instrumentalgruppe, die mit einer Discoversion des Shocking-Blue-Titels »Venus« im Mai 1990 in die britischen Hitparade kletterte. Dann trieben sie ein anderes Animal durch die Disco.

*Venus (5/90 GB 4)*
***Disco, Instrumental***

## Donaldson, Bo & The Heywoods

SCOTT BAKER, g (USA); RICHARD ›NICKY‹ BRUNETTI, d (USA); GARY COVEYOU, sax (USA, *25. 11. 1958); ROBERT ›BO‹ DONALDSON, key/tr (USA, *13. 6. 1954); MICHAEL GIBBONS, v/tr (USA, *29. 12. 1953); RICHARD JOSWICK, v (USA, *7. 8. 1952); DAVID KROCK, v (USA, *13. 10. 1953).

Die aus Cincinnati, Ohio, stammende Band hatte 1972 ihren ersten Charterfolg in den USA. 1973 spielten sie regelmäßig in Dick Clarks TV-Show ›Action 73‹. Die beiden britischen Songschreiber Mitch Murray und Peter Callander, die schon Hits für Freddie & The Dreamers bzw. Cliff Richard, Sandy Shaw oder Tom Jones geschrieben hatten, gründeten 1974 in GB ihr eigenes Plattenlabel Bus Stop Records. Zu den ersten Künstlern, die sie unter Vertrag nahmen, gehörte die aus Nottingham stammende Band Paper Lace. Wie Mary Hopkin hatten sie in der TV-Serie ›Opportunity Knocks‹ einen Talentwettbewerb gewonnen. Für diese Band schrieben Murray und Callander den Song »Billy Don't Be A Hero«. Als der in GB veröffentlicht wurde und langsam in den Charts kletterte, schickte Bus Stop Records die Platte an mögliche Vertragspartner in Australien und Neuseeland, die sie jedoch mit der Bemerkung zurückschickten, das sei das Schlimmste, was sie jemals erhalten hätten. Auch die Verhandlungen für die USA gestalteten sich schwierig, und inzwischen hatte der amerikanische Produzent Steve Barrie die Paper-Lace-Version gehört und blitzschnell mit Bo Donaldson & The Haywoods eine Coverversion aufgenommen. So kam es, daß Paper Lace in GB Nummer 1 wurden mit »Billy Don't Be A Hero« und in den USA Bo Donaldson. Die Nachfolgeaufnahme »Who Do You Think You Are« kam im Juli 1974 auf Platz 15. Danach ließ der Erfolg recht schnell nach. Sie tourten dann mit Dick Clarks Caravan of Stars oder durften als Vorgruppe von den Rascals oder Herman's Hermits auftreten. Ihre letzte Hitnotierung hatten sie bezeichnenderweise Mitte 1975 mit der von Neil Sedaka und Howard Greenfield geschriebenen Nummer »Our Last Song Together«. 1982 gründete Bo eine Firma, die sich auf den Verkauf von Sicherheitseinrichtungen spezialisierte. Gibbons arbeitete in einer Automationsfabrik. 1993 stellte Bo eine Country-Band auf die Beine, die er River Bend nannte.

*Billy Don't Be A Hero (4/74 US 1)*
***Beat, Pop***

**CD-Tip:** *The Best Of Bo Donaldson The Heywoods* Varèse Sarabande VSD-5724

## Donatella

Ob Donatella oder Rettore, international gelang es der um 1955 geborenen Italienerin einmal, die Grenzen ihres Heimatlandes zu sprengen. Mit »Lailola« schaffte sie 1977 einen Top-10-Hit in der Schweiz. 1979 trennte sie sich von ihrem Soft-Rock-Image und wurde provozierender und direkter in ihrer Musik. Dies nannte sie als Grund, warum sie nicht mehr Donatella, sondern jetzt Rettore heißen wollte.

*Lailola (5/77 CH 2)*
***Soft Rock***

## Donegan, Lonnie

v/bj (Großbritannien, *29.4. 1931 in Glasgow).

Er gilt als der erste britische Superstar im GB der 50er Jahre. In Ken Colyer's Band spielte er Banjo und kreierte den Skiffle-Sound. 1953 kam er in die Band von Chris Barber und ist auf etlichen der besten Dixieland-Platten dieser Gruppe zu hören, so z. B. auf »Ice Cream«. 1954 nahm er als Solist die Nummer »Rock Island Line« auf, die sich erst im Januar 1956 zu einem Top-10-Erfolg in GB und in den USA entwikkelte. Bis Ende 1962 hatte Lonnie alleine in GB 26 Platten unter den ersten 20, 17 davon unter den ersten 10. Seine größten Hits waren »Cumberland Gap« und »Gamblin' Man/Putting On The Style«, beide 1957 ein Platz 1, »Does Your Chewing Gum Lose Its Flavour (On The Bedpost Over Night)?« 1959 und »My Old Man's A Dustman«, 1960 wieder ein Spitzenreiter. Der britische Beat-Boom machte auch Lonnie zu schaffen. 1964 nimmt er in Nashville mit den Jordanaires und Studiomusikern wie Floyd Cramer einige Titel auf. Zweimal ist er in der Grand Ole Opry zu sehen. 1965 nahm er den Song »World Cup Willie« auf, der als der offizielle britische Song für die Fußballweltmeisterschaft galt. Inzwischen hatte er mit Tyler einen eigenen Musikverlag gegründet. Der nahm einen jungen Songschreiber namens Justin Hayward unter Vertrag, dessen Song »Nights In White Satin« für Donegan in den nächsten Jahren ein steter Einnahmequell der Freude wurde. 1967 nahm Tom Jones den Song »I'll Never Fall In Love Again« auf, der in Lonnies Version 1962 untergegangen war. Später nahm auch Elvis den Titel auf – der Song war selbstverständlich auch wieder bei Tyler Music. In den nächsten Jahren erschienen immer wieder Platten von Lonnie, die jedoch meist unter ferner sangen liefen. 1974 interessierte man sich speziell in Deutschland für Skiffle-Musik. Zusammen mit der Gruppe Leinemann nahm Lonnie eine LP auf. Anläßlich seines 25jährigen Musikerjubiläums tourte Chris Barber 1975 mit der Originalbesetzung von einst, darunter auch Lonnie, durch die Lande. Steuerschwierigkeiten zwangen Lonnie ab 1977, seinen Aufenthalt in GB auf drei Monate im Jahr zu beschränken. Popstars wie Elton John, Ronnie Wood, Brian May oder Ringo Starr, die Lonnie als eins ihrer Vorbilder ansehen, spielten mit auf einer neuen LP mit dem Titel »Puttin' On The Style«. Produzent war Adam Faith. Auch in den 80er Jahren erschienen weitere Platten von ihm, und Lonnie trat bei Festivals auf oder ging mit anderen, z. B. Billie Jo Spears, auf Tournee. 1990 verkaufte er sein Haus in Kalifornien und siedelte nach Südspanien über. Im Februar 1992 mußte er sich einer Herzoperation unterziehen. Trotzdem trat er 1993 schon wieder auf.

*Rock Island Line (1/56 GB 8; 3/56 US 8)*
*Lost John/Stewball (4/56 GB 2)*
*Bring A Little Water Sylvie/Dead Or Alive (9/56 GB 7)*
*Don't You Rock Me Daddy-O (1/57 GB 4)*
*Cumberland Gap (4/57 GB 1)*
*Gamblin' Man/Putting On The Style (6/57 GB 1)*
*My Dixie Darling (10/57 GB 10)*
*Grand Coolee Dan (4/58 GB 6)*
*Tom Dooley (11/58 GB 3)*
*Does Your Chewing Gum Lose Its Flavour (2/59 GB 3; 8/61 US 5)*
*Battle Of New Orleans (6/59 GB 2)*
*My Old Man's A Dustman (3/60 GB 1)*
*I Wanna Go Home (5/60 GB 5)*
*Lorelei (8/60 GB 10)*
*Have A Drink On Me (5/61 GB 8)*
*Michael Row The Boat/Lumbered (8/61 GB 6)*
*The Party's Over (4/62 GB 9)*
***Pop, Rock 'n' Roll, Rockabilly***

**CD-Tip:** *More Than ›Pye In The Sky‹* Bear Family BCD 15 700 HI

## Donner, Ral

v (USA, *10. 2. 1943 in Chicago/Illinois, † 6. 4. 1984).

Donner war einer der vielen bedauernswerten Sänger, die zwar singen konnten wie Elvis, aber eben Kopien waren. So hatte Ral den Spitznamen ›Chicago Elvis‹. Immerhin gelang ihm mit der Nummer »You Don't Know What You Got (Until You Lose It)« im Juli 1961 ein Platz 4 in den US-Charts. Nachdem Elvis am 16. 8. 1977 gestorben war, schien seine große Stunde gekommen. Im Film »This Is Elvis« sprach er die Stimme des Kings – seinen Thron konnte er trotzdem nicht besteigen. Im April 1984 starb er an Krebs.

*You Dont Know What You Got (Until You Lose It) (7/61 US 4)*
***Pop***

## Donohue, Al

bl (USA, *12. 6. 1904 in Boston/Massachusetts, † 20. 2. 1983).

In den 30er und 40er Jahren war Al der Leiter seiner eigenen, sehr populären Tanzband in den USA. Er schaffte es immer wieder, gute Sänger an sein Orchester zu binden. So sangen mit ihm in den 30er Jahren vorwiegend Barry McKinley und Paula Kelly, Phil Brito in den 40er Jahren. Seine ersten Hits hatte er 1936. »Lambeth Walk« erreichte im September 1938 Platz 7 in den USA. Al Donohues Version von »Jeepers Creepers« wurde Ende 1938 für fünf Wochen Spitzenreiter in den USA. »Moon Love« 1939 und »The Wise Old Owl« 1941 waren weitere Top-10-Hits für ihn. Nach 1941 wollte ihm kein weiterer Erfolg mehr gelingen. Trotzdem spielte er weiter in den gesamten USA. 1954 hatte er an der Westküste eine eigene TV-Show, dann zog er sich mehr und mehr aus dem Geschäft zurück, war aber auch noch in den 70er Jahren als Bandleader tätig.

*The Wise Old Owl (4/41 US 3)*
***Pop***

## Donohue, Sam

sax/bl (USA, *8. 3. 1918 in Reno/Nevada, † 22. 3. 1974).

Schreibweise des Namens auch Sam Donahue. Ein weiterer Bandleader und Tenorsaxophonist, der schon in den 30er Jahren in den USA seine ersten Erfolge hatte. Er leitete in Detroit seine eigene Band. 1938 verließ er sie, um erst für zwei Jahre mit Gene Krupa, dann kurz mit Harry James und Benny Goodman zu spielen. 1941 kehrte er zu seiner Band zurück, die zwischenzeitlich durch Sonny Burke angeführt wurde. In diese Zeit fällt auch sein erster Hit in den US-Charts. Dann mußte auch Sam Donohue zum Militär – er übernahm die Band von Artie Shaw, der gerade ins Zivilleben zurückkehrte, und spielte mit dessen Navy Band bis zum Kriegsende. 1946 hatte er mit »Dinah« seinen ersten Top-10-Erfolg, auf den drei weitere noch im selben Jahr folgten. Im April 1947 stand er mit »My Melancholy Baby« auf Platz 5 in den USA, einen Monat später auf Platz 2 mit »I Never Knew«. »Red Wing/The Whistler« waren ebenfalls 1947 zwei weitere Top-10-Hits, dann ließ der Erfolg langsam nach. Nach 1948 wurde er nicht mehr in den Charts verzeichnet. Sam machte jedoch weiter Musik und spielte in den Bands von Tommy Dorsey und Ray Anthony. In den späten 50er Jahren hatte er wieder eine eigene Band, spielte in den 60er Jahren mit Stan Kenton und übernahm nach dem Tode von Tommy Dorsey dessen Orchester. Schließlich wurde er musikalischer Direktor des New Yorker Playboy Clubs und leitete in Reno, Nevada, ab 1969 wieder eine eigene Band. Dort starb er auch im März 1974 an Krebs.

*Dinah (7/46 US 9)*

*Just The Other Day (8/46 US 8)*
*Put That Kiss Back Where You Found It (10/46 US 8)*
*A Rainy Night In Rio (12/46 US 7)*
*My Melancholy Baby (4/47 US 5)*
*I Never Knew (5/47 US 2)*
*Red Wing (11/47 US 9)*
*The Whistler (11/47 US 6)*
***Pop***

## Donovan

DONOVAN, v (Großbritannien, *10. 2. 1946 als Donovan Phillip Leitch in Glasgow).
Als die Amerikaner ihren Bob Dylan hatten, wollten die Briten auch solch einen Typ Interpret. In Donovan fanden sie ihn. Und schaut man heute rückblickend auf seine Hits, stellt man fest, daß er mit Ausnahme von »Universal Soldier« alle seine Songs im Alleingang geschrieben hat – wie Bob Dylan. »Catch The Wind« hieß sein erster Erfolg, der im März 1965 bis auf Platz 4 in GB vorstieß. Auch »Colours« kam drei Monate später auf denselben Platz und brachte für viele Poesie frei Haus, aber irgendwie fehlte der Protest eines Bob Dylan. Da kam ein Lied, geschrieben von Buffy Sainte-Marie, gerade recht: »Universal Soldier«. Die Platte erreichte nicht einmal die britische Hitparade und wird doch noch bis heute mit ihm als erfolgreiche Nummer in Verbindung gebracht. Mitte 1966 – inzwischen war er zum Produzenten Mickie Most gewechselt – erschien mit »Sunshine Superman« eine Platte, die es bis auf Platz 1 in den USA brachte. In GB erreichte die Nummer im Dezember 1966 Platz 2. Allerdings, von Bob Dylan war hier wieder wenig zu verspüren. Donovan wirkte eher freundlich und naiv und konnte es nur schwer verwinden, daß er in der Carnegie Hall, in der Halle, in der Dylan Triumphe gefeiert hatte, vor fast leeren Rängen sang. Was Mickie Most nun mit Donovan machte, könnte man als Folk-Rock made in GB nennen. Es folgte »Mellow Yellow«, Ende 1966 ein Millionseller in den USA – als Flüsterstimme ist Paul McCartney zu hören. Zu dieser Zeit lebte Donovan auf einem Sommersitz, trug lange Roben, predigte die Rückkehr zu Sonne und Erde, zu den grundlegenden Einfachheiten des Lebens. »There Is A Mountain«, »Jennifer Juniper«, »Hurdy Gurdy Man« und »Atlantis« waren weitere Top-10-Hits für ihn, dann ließ sein Erfolg nach. 1973 erschien mit »Cosmic Wheels« eine Platte, die Donovan als Popsatiriker vorstellte, der Tonspielereien auf seine LP zauberte. Besonderes Interesse fand die Aufnahme »The Intergalactic Laxative«, eine Astronautenpersiflage. Möglicherweise hat die Tatsache, daß Donovan eine Spur zu introvertiert war, seinen richtig großen Durchbruch verhindert.

*Catch The Wind (3/65 GB 4)*
*Colours (6/65 GB 4)*
*Sunshine Superman (7/66 US 1; 10/66 D 7; 12/66 GB 2)*
*Mellow Yellow (11/66 US 2; 2/67 GB 8)*
*There Is A Mountain (10/67 GB 8)*
*Jennifer Juniper (2/68 GB 5)*
*Hurdy Gurdy Man (5/68 GB 4, US 5; 8/68 CH 5)*
*Atlantis (2/69 CH 1, D 1; 4/69 US 7)*
***Folk***

**CD-Tip:** *Ballad Of Geraldine* Zounds CD 272 0015

## Donovan, Jason

v (Australien, *1. 6. 1968 in Malvern/Melbourne).
Schon im Alter von elf Jahren spielte der australische Schauspieler und Sänger in einer TV-Serie mit. Seine internationale Karriere begann als Partner von Kylie Minogue in ›Neighbours‹. Als diese Serie in GB ausgestrahlt wurde, machten Stock/Aitken/Waterman die beiden Hauptakteure zu Teenie-Stars. Hits für Jason Dono-

van waren »Nothing Can Divide Us« September 1988, im Duett mit Kylie Minogue »Especially For You« Ende 1988 und »Too Many Broken Hearts«, »Sealed With A Kiss«, »Everyday (I Love You More)« und »When You Come Back To Me« 1989. 1990 standen »Hang On To Your Love« und »Rhythm Of The Rain« unter den ersten 10, 1991 erreichte er mit »Any Dream Will Do« aus dem Musical »Joseph And The Amazing Technicolor Dreamcoat« von Andrew Lloyd Webber und Tim Rice, in dem er auch live in London in der Titelrolle auf der Bühne stand, Platz 1 in GB. Mitte 1992 vermerkte ›Music Week‹ daß sich Jason Donovan vom Soap-Star zum Singing Star gewandelt habe und daß er soeben seine 15. Single veröffentlichte, von denen alle zumindest unter den ersten 30 in GB standen.

*Nothing Can Divide Us (9/88 GB 5)*
*Especially For You (12/88 GB 1, D 10)*
*Too Many Broken Hearts (3/89 GB 1)*
*Sealed With A Kiss (6/89 GB 1, D 4; 7/89 CH 7)*
*Everyday (I Love You More) (9/89 GB 2)*
*When You Come Back To Me (12/89 GB 2)*
*Hang On To Your Love (4/90 GB 8)*
*Rhythm Of The Rain (9/90 GB 9)*
*Any Dream Will Do (6/91 GB 1)*
*Happy Together (8/91 GB 10)*
***Schlager, Soft Pop***

**CD-Tip:** *Ten Good Reasons* PWL Records 244976–2

## Doobie Brothers

JEFFREY »SKUNK« BAXTER, g (USA, *13. 12. 1948 in Washington/D.C.); CORNELIUS BUMPUS, key/sax (USA, *13. 1. 1952); JOHN HARTMAN, d (USA, *18. 3. 1950 in Falls Church/Virginia); MICHAEL HOSSACK, d (USA, *18. 9. 1950 in Paterson/New York); KEITH KNUDSEN, v/d (USA, *18. 10. 1952 in Ames/Iowa); CHET MCCRACKEN, d (USA, *17. 7. 1952 in Seattle/Washington); MICHAEL MCDONALD, v/key (USA, *2. 12. 1952 in St. Louis); JOHN MCFEE, g (USA, *18. 11. 1953 in Santa Cruz/Kalifornien); TIRAN PORTER, g (USA); PATRICK SIMMONS, v/g (USA, *23. 1. 1950 in Aberdeen/Washington).

Aus diversen West-Coast-Bands wurde im September 1970 die Gruppe Doobie Brothers gegründet. Doobie ist im kalifornischen Slang eine Bezeichnung für einen Marihuana-Joint. Die Musik, die sie in ihren Anfangstagen gemacht haben, war nicht erfolgreich. Sie spielten vorwiegend in Bars für ein paar Drinks. 1971 brachte Skip Spence, einst Mitglied bei Moby Grape und jetzt Mitbegründer der Doobie Brothers, fertige Bänder zu einer Plattenfirma, die recht angetan war. Die Titel waren in der Besetzung Tom Johnston, Pat Simmons, Dave Shogren und John Hartman aufgenommen. Skip spielte schon nicht mehr mit, vermittelte aber trotzdem. Die Bänder erschienen als erste LP im April 1971, die nicht in die Charts kam. Für die zweite LP, »Toulouse Street«, änderte sich die Besetzung, und darauf war dann auch der erste Hit, »Listen To The Music«, zu finden, der im September 1972 auf Platz 11 in den USA kam. Top-10-Erfolge der Band wurden »Long Train Runnin'« 1973, »Black Water« 1974, »What A Fool Believes« 1979 – die beiden letztgenannten waren Spitzenreiter in den USA und Millionseller – und »Real Love« 1980. 1982 machte die Band noch eine Abschiedstournee durch die USA und ging dann auseinander. 1988 kamen sie wieder zusammen und nahmen eine neue LP auf, auf der die Nummer »The Doctor« war, die im Mai 1989 auf Platz 9 in den USA kletterte. Die Doobie Brothers wurden in ihrer Bedeutung immer unterschätzt, gleichwohl gehören sie sicher zu den wichtigsten Rockgruppen der 70er Jahre in den USA. 1993 nahmen sich diverse Mixer, z. B. Ben Liebrand, Wigan Express und Sure Is Pure, den 1973er Hit »Long Train Runnin'« vor und brachten ihn zumindest in GB wieder unter die ersten 10.

*Long Train Runnin' (4/73 US 8)*
*Black Water (12/74 US 1)*
*What A Fool Believes (1/79 US 1)*
*Real Love (9/80 US 5)*
*The Doctor (5/89 US 9)*
*Long Train Runnin' (Sure Is Pure Remix) (11/93 GB 7)*
***AOR (Adult Orientated Rock), West Coast***

**CD-Tip:** *Long Train Runnin'* Zounds CD 272 00439

## Doofen

WIGALD BONING, v (Deutschland, *20. 1. 1967 in Wildeshausen/Oldenburg); OLLI DITTRICH, v/g/d/p (Deutschland, *20. 11. 1956 in Offenbach/Main).

Dem steigenden Bedürfnis der Deutschen nach Blödelhits kamen die Doofen nach. Beide hatten bereits vorher Platten veröffentlicht, auf denen sie gezeigt hatten, daß sie als Musiker mehr wollten, mehr konnten – aber das war eben nicht blöd genug. Auch das Album »Lieder, die die Welt nicht braucht« brachte enorme Verkäufe. Der Nachfolger »Melodien für Melonen«, auf dem vermerkt war ›jetzt noch schlechter‹, war ebenfalls ein Renner. Es reichte zwar nicht mehr für einen weiteren Singleerfolg, aber wenn sich die Alben verkaufen, ist das ja auch ganz nett.

*Mief! (Nimm mich jetzt, auch wenn ich stinke) (5/95 D 1; 7/95 CH 9)*
***Deutscher Schlager***

**CD-Tip:** *Lieder, die die Welt nicht braucht* Sing Sing BMG 74321 27206–2

## Dooleys

ANNE DOOLEY, v (Großbritannien, geb. in Ilford/Essex); FRANK DOOLEY, v (Großbritannien, geb. in Ilford/Essex); JIM DOOLEY, v (Großbritannien, geb. in Ilford/Essex); JOHN DOOLEY, v (Großbritannien, geb. in Ilford/Essex); KATHY DOOLEY, v (Großbritannien, geb. in Ilford/Essex).

Die Familientruppe aus Ilford, Essex, bestand aus den Geschwistern Jim, Frank, John, Anne und Kathy Dooley. Zunächst sangen die Dooleys nur auf Familienfesten, aber 1973 entschlossen sie sich, Profis zu werden. 1976 schrieben sie sogar Geschichte, weil sie als erste britische Gruppe durch die Sowjetunion tourten. Ihren ersten Hit hatten sie 1977 mit »Think I'm Gonna Fall In Love With You«. Unter die Top 10 kamen sie mit »Love Of My Life«, »Wanted« und »The Chosen Few«. Anfang der 80er Jahre wechselte die Familientruppe die Plattenfirma, jedoch ohne bemerkenswerten Erfolg. Trotzdem sind sie mit ihren Auftritten bis heute erfolgreich in Clubs in ihrer Heimat GB.

*Love Of My Life (11/77 GB 9)*
*Wanted (6/79 GB 3)*
*The Chosen Few (9/79 GB 7)*
***Pop, Schlager***

## Doonican, Val

v/g/d (Irland, *3. 2. 1928 in Waterford).

Doonican mußte lange auf seinen ersten großen Erfolg warten. Schon Mitte der 40er Jahre trat er im irischen Radio auf, spielte danach Schlagzeug in einer Tourband und kam 1952 mit der Gesangsgruppe Four Ramblers nach London. 1959 riet ihm Anthony Newley, es als Solist zu versuchen, und verschaffte ihm eine eigene Radiosendung, die ›A Date With Val‹ hieß. Ab 1964 bis 1967 war dann die erfolgreiche Zeit von Val in GB, obwohl das die Hochzeit der Beatles war. »Walk Tall« im Oktober 1964 war ein Platz 3 in GB. »The Special Years« 1965, »Elusive Butterfly« und »What Would I Be« 1966 und »If The Whole World Stopped Loving« 1967 wurden weitere Top-10-Hits. Seine stark an Perry Como angelehnte Art ließ ihn auch nach seiner Zeit in den Hitparaden weiterhin im Fernsehen präsent sein. Dreimal erhielt er einen TV-Preis als Persönlichkeit des Jahres.

*Walk Tall (10/64 GB 3)*
*The Special Years (1/65 GB 7)*
*Elusive Butterfly (3/66 GB 5)*
*What Would I Be (11/66 GB 2)*
*If The Whole World Stopped Loving (10/67 GB 3)*
***Pop***

**CD-Tip:** *The Very Best Of Val Doonican* Music Club MCCD 008

## Doop

PETER GARNEFSKI, key (Niederlande); FERRY RIDDERHOF, key (Niederlande).
Im Frühjahr 1994 war die Kombination aus Ragtime/Charleston der 20er Jahre mit der House-Music der 90er, »Doop«, ein absoluter Hit in Discotheken und im Radio. Den beiden graduierten holländischen Konservatoriumsstudenten kam die Idee zu diesem Song bei Besuchen diverser House-Partys in ihrem Heimatland. Bei der Musik, die dort mit 185 bis 200 bpm gespielt wurde, kam ihnen die Inspiration für »Doop«: ›Was uns beeindruckte, war die Art, wie die Leute tanzten. Etwa so, wie man in den 20er und 30er Jahren Charleston tanzte.‹ Song- und Duoname waren identisch. In GB sprang die Platte im März 1994 auf Platz 3 und eine Woche später auf Platz 1. Vom Erfolg des Songs wollten sich die beiden ein professionelles Aufnahmestudio bauen. Im November desselben Jahres erschien mit »Huckleberry Jam« eine Nachfolgesingle, deren Richtung von der Plattenfirma als ›Louisiana Blues goes Swamp goes House goes Techno‹ umschrieben wurde. Inzwischen hatten die Discothekengänger jedoch schon die Mixtur aus Country und Techno entdeckt und hüpften zu »Cotton Eye Joe« von Rednex.

*Doop (3/94 GB 1, D 6; 5/94 CH 2)*
***House, Techno***

## Door, Daisy

v (Deutschland, *30. 1. 1944 als Evelyn van Ophuisen in Duisburg).
Die Sängerin und Schauspielerin Daisy Door verdiente sich ihre ersten Sporen im Kinderfunk des Kölner Rundfunks. Dann wurde sie Mitglied im Botho Lucas Chor und hatte ihren größten Erfolg, als sie für die TV-Serie ›Der Kommissar‹ ein Lied aufnahm, das »Du lebst in deiner Welt (Highlights of my Dreams)« hieß und sich innerhalb von drei Monaten 500.000 mal verkaufte. Die Platte erreichte Ende 1971 die deutsche Hitparade und wurde Platz 1. Ein weiterer Erfolg gelang ihr nicht.

*Du lebst in deiner Welt (Highlights of my Dreams) (12/71 D 1)*
***Deutscher Schlager***

## Doors

JOHN DENSMORE, d (USA, *1. 12. 1944 in Los Angeles/Kalifornien); ROBBY KRIEGER, g (USA, *8. 1. 1946 in Los Angeles/Kalifornien); RAY MANZAREK, key (USA, *12. 2. 1939 in Chicago/Illinois); JIM MORRISON, v (USA, *8. 12. 1943 in Melbourne/Florida, † 3. 7. 1971).
Die beiden Musikfreaks Jim Morrison und Ray Manzarek besuchten gemeinsam eine Filmklasse der Universität von Kalifornien. Ray spielte damals mit einer Band in einem Club in Santa Monica: Rick & The Ravens. Mit dieser Gruppe stand auch erstmals Jim Morrison als Sänger auf der Bühne. Gegründet wurden die Doors 1965, als zu Jim und Ray John Densmore und Robby Krieger kamen. Den Namen Doors fanden sie in einem Zitat des englischen Dichters William Blake: ›Es gibt Dinge, die sind bekannt, und es gibt Dinge, die sind unbekannt. Dazwischen sind Türen.‹ Ende 1966 erschien die erste Single, »Light My Fire«. Sie wurde Mitte 1967 eine Nummer 1 in den USA und ein Millionseller. Wie fast alle anderen Singles der

Doors war es eine verkürzte Version der LP-Aufnahme, die auf dem ersten Album der Band zu finden war, das Anfang 1967 erschien. Auf dieser Platte ist der Titel »The End« zu finden. »The End« war ein Anfang, denn dieser Titel brach mit den alten Traditionen, daß eine Rockaufnahme nach drei, vier oder spätestens fünf Minuten zu Ende sein müsse. Sie brauchten für diesen Titel 11 Minuten und 35 Sekunden. Das brachte den Doors den Ruf ein, die erste Underground-Gruppe Amerikas zu sein. Wenn sie vielleicht auch nicht die erste waren, so waren sie auf jeden Fall eine der schnellsten, die sich aus dem Underground in den Overground spielten. Der Kritiker Nik Cohen schrieb damals: ›Die Doors sind die wildesten weißen Interpreten Amerikas seit Elvis Presley.‹ »Hello, I Love You« war Mitte 1968 wieder eine Nummer 1 in den USA und ein Millionseller. »Touch Me« Ende 1968 wurde ebenfalls vergoldet. Nach den ersten Hits begann ein unglaublicher Ego-Trip von Morrison. Hitparadenplätze, Musikkritiker, Fernseh-Shows und Plattenumsätze sagten Jim jeden Tag, was für ein großartiger Kerl er doch sei – bis er daran glaubte. Er pöbelte bei Veranstaltungen und schleuderte dem Publikum seine Verachtung ins Gesicht. Seine Kollegen nahmen ihm das nicht übel, denn sie wußten, daß sie ohne ihn nicht mehr viel sein würden, und er brauchte sie als Hintergrund für seine Eskapaden und als kumpelhaften musikalischen Schutz. Jim sah sich mehr als Poet. Als er jedoch während eines Konzerts aus Prosabänden vorlesen wollte, murrte das Publikum und rief nach »Light My Fire«. Drogen- und Alkoholprobleme veranlaßten ihn, am 12. 12. 1970 die Band zu verlassen. Im März 1971 zog er nach Paris, um sich dort auf das Schreiben von Poesie zu konzentrieren. Sein erstes Buch, ›The Lords And The New Creatures‹, verkaufte innerhalb kürzester Zeit als Hardcover 15.000 Exemplare. Am 3. Juli desselben Jahres wurde er tot in seiner Badewanne aufgefunden. Als Todesursache wurde Herzversagen infolge von Atemschwierigkeiten angegeben. Ohne Jim versuchten die restlichen drei, mit dem Namen Doors weiter Geld zu verdienen. Es funktionierte nicht. 1973 löste sich die Gruppe auf. Die einzelnen Mitglieder machten Soloplatten. Robby Krieger und John Densmore gründeten Butts Band, die zwar gute, aber erfolglose Platten veröffentlichte. Danach machten sie als Solisten und Studiomusiker weiter. 1991 kam ein Film von Oliver Stone in die Kinos, der die Karriere der Gruppe noch einmal aufzeichnete. Val Kilmer spielte Jim Morrison. In der Folge dieses Films wurde »Light My Fire« neu veröffentlicht und stand Mitte 1991 auf Platz 7 in der britischen Hitparade. 1993 wurden die Doors in die Rock 'n' Roll Hall of Fame aufgenommen.

*Light My Fire (6/67 US 1; 6/91 GB 7)*
*Hello, I Love You (7/68 US 1; 9/68 CH 10)*
*Touch Me (12/68 US 3; 2/69 CH 10)*
***AOR (Adult Orientated Rock), Rock***

**CD-Tip:** *The Best Of The Doors*
Elektra 960 345–2

## Dorados

Diese Tanz- und Showkapelle wurde durch Walter Grüter und Freddy Enz 1964 gegründet. Sie trat in wechselnden Formationen auf und war in diversen TV-Sendungen, z. B. ›Am laufenden Band‹ mit Rudi Carrell oder ›Showcocktail‹ mit Gunther Philipp zu sehen. 1984 lösten sich die Dorados auf.

*Mary Ven Con Migo (10/77 CH 5)*
***Pop***

## Dore, Valerie

v (Italien, *28. 5. 1963 als Monica Stucchi in Mailand).

Als die Italiener Mitte der 80er Jahre

merkten, wie einfach der gängige Disco-Mumpf zu produzieren war, schmissen sie eine ganze Latte dieser Billigproduktionen auf den Markt. Zu den wenigen Aufnahmen, die sich auch außerhalb ihrer Landesgrenzen durchsetzen konnten, gehörten zwei Titel von Valerie Dore: »The Night« war im Dezember 1984 ein Platz 5, der Nachfolger »Get Closer« erreichte im Februar 1985 Platz 12. Danach sackten die Verkaufszahlen wieder ab.

*The Night (12/84 D 5; 2/85 CH 8)*
*It's So Easy (7/85 CH 10)*
*Lancelot (10/86 CH 10)*
***Disco***

## Dorey, Ray

v (USA).
Ray war eine zeitlang Sänger im Bostoner Orchester von Larry Green. Ein einziges Mal gelang Dorey ein Hit als Solist. 1947 sang er »Mam'selle«, einen Titel aus dem Film »The Razor's Edge«. Begleitet wurde er von Paul Baron und seinem Orchester. Das war alles.

*Mam'selle (5/47 US 7)*
***Pop***

## Dorsey, Jimmy

sax/Klarinette/bl (USA, *29. 2. 1904 in Shenandoah/Pennsylvania, † 12. 6. 1957). Die beiden Brüder Jimmy und Tommy Dorsey gründeten 1928 das Dorsey Brothers Orchestra, das es bis zum Jahr 1935 auf 25 Hits brachte. Jimmy spielte Altsaxophon und Klarinette und galt als einer der besten Techniker auf diesen Instrumenten, der viele Zeitgenossen und Nachfolger stark beeinflußte. Die beiden größten Erfolge der Brüder – beides Spitzenreiter in den USA 1935 – waren »Lullaby Of Broadway« und »Chasing Shadows«. Nachdem sich der Musikgeschmack der Amerikaner geändert hatte, gingen die Brüder getrennte Wege. Jimmy brachte es zwischen 1935 und 1950 auf exakt 100 Hits. Seine größten waren – alles Spitzenreiter in der amerikanischen Hitparade – »Is It True What They Say About Dixie?« 1936, »Change Partner« 1938, »The Breeze And I« 1940, »I Hear A Rhapsody«, »High On A Windy Hill«, »Amapola«, »My Sister And I«, »Green Eyes«, »Maria Elena« und »Blue Champagne« 1941, »Tangerine« 1942 und »Besame Mucho« 1944. Nach langer Pause kamen 1953 die Brüder wieder zusammen und hatten mit »My Friend The Ghost« noch einmal einen gemeinsamen Erfolg. Im Januar 1957 unterschrieb Jimmy einen neuen Plattenvertrag ohne seinen Bruder. Im Februar kam »So Rare« in die Hitparaden und erreichte Platz 2. Wenig später, im Juni 1957, starb Jimmy an Krebs.

*The Breeze And I (5/40 US 1)*
*Six Lessons From Madame La Zonga (6/40 US 4)*
*All This And Heaven Too (7/40 US 9)*
*I Hear A Rhapsody (1/41 US 1)*
*High On A Windy Hill (2/41 US 1)*
*Amapola (3/41 US 1)*
*Tonight (Perfidia) (3/41 US 9)*
*Maria Elena (5/41 US 1)*
*Green Eyes (5/41 US 1)*
*Yours (5/41 US 2)*
*My Sister And I (5/41 US 1)*
*The Things I Love (6/41 US 7)*
*Blue Champagne (7/41 US 1)*
*Time Was (8/41 US 10)*
*Jim (9/41 US 2)*
*I Said No! (1/42 US 10)*
*I Remember You (4/42 US 9)*
*Tangerine (4/42 US 1)*
*Jersey Bounce (5/42 US 9)*
*Take Me (7/42 US 7)*
*My Devotion (8/42 US 3)*
*Star Eyes (12/43 US 3)*
*They're Either Too Young Or Too Old (12/43 US 2)*
*Besame Mucho (1/44 US 1)*
*My Ideal (1/44 US 5)*
*When They Ask About You (2/44 US 4)*
*Can't You Read Between The Lines? (6/45 US 8)*
*There! I've Said It Again (6/45 US 8)*
*Doin' What Comes Natur'lly (6/46 US 8)*

*Ballerina (1/48 US 10)*
*So Rare (2/57 US 2)*
***Big Band, Pop***

## Dorsey, Lee

v (USA, *24. 12. 1924 in New Orleans, † 1. 12. 1986).
Seine erste Karriere machte der Sänger und Songschreiber in den frühen 50er Jahren als Kid Chocolate. Das war sein Kampfname als Preisboxer. Während einer Party in New Orleans lernte Lee Dorsey den Songschreiber Allen Toussaint kennen, der mit ihm 1961 die ersten Platten produzierte. Noch im selben Jahr gab es den ersten Top-10-Erfolg: »Ya Ya« wurde im September 1961 ein Platz 7. »Working In The Coalmine« erreichte im Juli 1966 Platz 8 in den USA und in GB, »Holy Cow« wurde im selben Jahr zumindest in GB ein weiterer Top-10-Erfolg. Seine letzte Hitnotierung stammt aus dem Jahre 1969.
1976 spielte er auf dem Debütalbum von Southside Johnny & The Asbury Jukes mit und 1980 bei der US-Tournee der Formation Clash. 1991 wurde »Working In The Coalmine« für einen Werbespot für Blaupunkt-Radios eingesetzt und wieder neu veröffentlicht. Lee starb 1986 an einem Emphysem.

*Ya Ya (9/61 US 7)*
*Working In The Coalmine (7/66 GB 8, US 8)*
*Holy Cow (10/66 GB 6)*
***Pop, Rhythm & Blues, Twist***

## Dorsey, Tommy

pos/bl (USA, *19. 11. 1905 in Shenandoah/Pennsylvania, † 26. 11. 1956).
Der jüngere der beiden Dorsey-Brüder gilt als einer der größten Posaunisten in der Jazzgeschichte. Zusammen mit seinem älteren Bruder Jimmy war er zwischen 1928 und 1935 erfolgreich, und wie sein Bruder verfolgte er danach eine Solokarriere, die ihm zwischen 1935 und 1953 186 Hits bescherte, davon alleine 17 mal Platz 1. Seine Millionseller sind »Marie« 1937, »Boogie Woogie« 1938 und 1943 (im Original hieß das Stück »Pinetop's Boogie Woogie« und wurde von Clarence Pinetop Smith im Jahre 1928 aufgenommen), »I'll Never Smile Again« 1940, »There Are Such Things« 1942 – bei den beiden letztgenannten Titeln wirkte als Sänger Frank Sinatra mit – und »I Dream Of You« 1945. Tommy starb im November 1956 völlig unerwartet, er erstickte im Schlaf. Nach seinem Tod wurde das Tommy Dorsey Orchestra von Warren Covington weitergeführt und belegte im September 1958 mit »Tea For Two Cha Cha« einen Platz 7 in den USA.

*I've Got My Eyes On You (2/40 US 6)*
*You're Lonely And I'm Lonely (5/40 US 9)*
*Imagination (6/40 US 8)*
*I'll Never Smile Again (6/40 US 1)*
*Trade Winds (9/40 US 10)*
*Only Forever (9/40 US 7)*
*We Three (My Echo, My Shadow And Me) (11/40 US 3)*
*Our Love Affair (11/40 US 5)*
*Star Dust (1/41 US 7)*
*Oh, Look At Me Now (3/41 US 2)*
*Dolores (4/41 US 1)*
*Do I Worry? (4/41 US 4)*
*Everything Happens To Me (4/41 US 9)*
*Let's Get Away From It All (5/41 US 7)*
*Yes, Indeed! (7/41 US 4)*
*This Love Of Mine (8/41 US 3)*
*Kiss The Boys Goodbye (8/41 US 8)*
*Two In Love (12/41 US 9)*
*How About You? (2/42 US 8)*
*Just As Though You Were Here (7/42 US 6)*
*Take Me (8/42 US 5)*
*Daybreak (10/42 US 10)*
*Manhattan Serenade (10/42 US 4)*
*There Are Such Things (11/42 US 1)*
*Boogie Woogie (1/43 US 5; 9/45 US 4)*
*It Started All Over Again (2/43 US 4)*
*It's Always You (7/43 US 3)*
*In The Blue Of The Evening (7/43 US 1)*
*I'll Be Seeing You (5/44 US 4)*
*I Dream Of You (1/45 US 4)*

*More And More (3/45 US 10)*
*A Friend Of Yours (7/45 US 9)*
*On The Atcheson, Topeka And The Santa Fe (8/45 US 6)*
*Hong Kong Blues (10/45 US 8)*
*How Are Things In Glocca Mora? (3/47 US 9)*
*Until (9/48 US 4)*
*The Hucklebuck (6/49 US 5)*
*Again (6/49 US 6)*
*Tea For Two Cha Cha (9/58 GB 3, US 7)*
***Big Band***

**CD-Tip:** *The Legend* RCA PD 89810

## Dorthe

DORTHE, v (Dänemark, *17. 7. 1947 als Dorthe Larsen in Kopenhagen).
Bereits als Zwölfjährige nahm Dorthe in Dänemark ihre ersten Platten auf. Als Siebzehnjährige hatte sie ihre erste Hitnotierung in Deutschland mit »Junger Mann mit roten Rosen«. 1967 heiratete sie den Opernsänger René Kollo. 1968 hatte sie die beiden Top-10-Erfolge »Sind Sie der Graf von Luxemburg« und »Wärst du doch in Düsseldorf geblieben«. Nach 1969 gelang ihr kein Verkaufserfolg mehr. 1971 wurde sie von René Kollo geschieden und machte bis in die 80er Jahre weiter Platten.

*Sind Sie der Graf von Luxemburg (2/68 D 5)*
*Wärst du doch in Düsseldorf geblieben (8/68 D 10)*
***Deutscher Schlager***

## Double

FELIX HAUG, key/d (Schweiz, *27. 3. 1952); KURT MALOO, v/g (Schweiz, *16. 4. 1953 in Zürich).
Als die beiden Schweizer mit dem Titel »The Captain Of Her Heart« im Oktober 1985 ihren einzigen Top-10-Erfolg landeten, hatten sie bereits eine bewegte Vergangenheit hinter sich. Kurt hatte gemalt, bevor er in den 70ern erstmals als Musiker Solo-Auftritte bei Galerie-Eröffnungen und Happenings absolvierte. 1976 war er Mitbegründer der neunköpfigen Experimentalband Troppo. Dann veröffentlichte er 1978 seine erste Soloplatte, die Maxisingle »Giant Lady«. Felix spielte ab 1977 für zwei Jahre mit dem Lipschitz Orchestra, einer experimentellen Big Band, wurde dann Mitglied bei Yello und traf 1981 auf Kurt. Die beiden gründeten die Formation Ping Pong, die 1983 einen gefeierten Auftritt beim Montreux Jazz Festival hatte. Kurz darauf löste sich das Trio auf, und Kurt und Felix machten als Duo Double. Noch im selben Jahr erschien ihre erste Single, 1984 der sehr schöne Titel »Rangoon Moon« und 1985 der Hit »The Captain Of Her Heart«, der im Januar 1986 ein Platz 8 in GB und im Juni 1986 Platz 16 in den USA wurde. Obwohl danach noch sehr viele schöne weitere Titel erschienen, gelang ihnen kein Top-10-Erfolg mehr. Mitte der 90er Jahre kam Kurt Maloo mit Soloplatten heraus, darunter eine von Michael Cretu neu produzierte Version von »The Captain Of Her Heart«.

*The Captain Of Her Heart (10/85 D 10; 1/86 GB 8)*
***Elektro-Pop, Pop***

**CD-Tip:** *Blue* Metronome 827 235–2

## Double Trouble

siehe Rebel MC

## Double Vision

PETRO CERVERO (Spanien); CAROL MCCLOSKEY (Irland).
Eine Irin und ein Spanier schrieben sich einen ›Dancefloorknaller‹, der aus dem Urlaubsland auch nach Deutschland schwappte: »Knockin'«. Nachfolger »All

Right« brachte es in Deutschland zu einem Top-40-Hit.

*Knockin' (11/95 D 5; 3/96 CH 7)*
***Dance***

## Double You

WILLIE MORALAS, v (Italien, *29. 12. 1965).
Hinter diesem Namen verbirgt sich der Anglo-Italiener Moralas, der im Mai 1992 mit einer Discoversion des alten KC-&-The-Sunshine-Band-Hits »Please Don't Go« in die britische Hitparade kam. Einen Monat später erreichte die Platte die deutschen Charts und kletterte hoch bis auf Platz 3. Gleichzeitig erschien eine weitere Coverversion der Nummer mit der Formation K.W.S.. Die Plattenfirma dieser Gruppe hatte um die Lizenz für die Double-You-Version gebeten, was jedoch abgelehnt worden war. Daraufhin kam K.W.S. dann ohne Genehmigung auf den Markt. »We All Need Love« wurde im August 1992 ein weiterer Top-10-Erfolg für Double You in Deutschland. Dabei blieb es bisher.

*Please Don't Go (6/92 D 3; 7/92 CH 2)*
*We All Need Love (8/92 D 5; 9/92 CH 7)*
***Disco***

**CD-Tip:** *We All Need Love* ZYX 20223–2

## Doucet, Suzanne

v (Deutschland, *27. 8. 1946 in Tübingen).
Nachdem Suzanne als technische Zeichnerin gearbeitet hatte, schaffte sie 1964 ihren ersten und größten Erfolg als Schlagersängerin: »Das geht doch keinen etwas an«. 1966, nach drei weiteren Hitnotierungen, war sie wieder aus den Charts verschwunden. Als Schauspielerin und TV-Moderatorin blieb sie uns erhalten. So moderierte sie unter anderem mit Ilja Richter ein Jahr lang die Sendung ›4–3–2–1 Hot and Sweet‹. Danach spielte Suzanne Doucet in mehreren Fernsehserien mit, z. B. neben Thomas Fritsch in ›Die Hupe‹, und ist seit Ende der 60er Jahre vorwiegend als Produzentin beschäftigt. Mit ihrem Mann zog sie in die USA und macht dort hin und wieder Country-Platten.

*Das geht doch keinen etwas an (5/64 D 10)*
***Deutscher Schlager***

## Doug E. Fresh

BARRY BEE, rap (USA); E. FRESH DOUG, rap (USA, *17. 9. 1966 als Douglas Davis in New York City); CHILL WILL, rap (USA).
Zusammen mit seiner Get Fresh Crew, bestehend aus Barry Bee und Chill Will, brachte der Amerikaner Doug Ende 1985 den Titel »The Show« auf Platz 7 in der britischen Hitparade. Vielen gilt diese Nummer als eine der cleversten Rap-Platten aller Zeiten. Bei diesem einen Hit blieb es, auch wenn sich Doug E. zu ›the world's greatest entertainer‹ kürte. Nach 1989 begegnete uns Doug mit einer New Get Fresh Crew, ab 1994 nur noch unter seinem Künstlernamen.

*The Show (11/85 GB 7)*
***Rap***

## Douglas, Carl

(Jamaika).
Biddu, ein erfolgreicher britischer Produzent, suchte einen Sänger für den Titel »I Want To Give You My Everything« und erinnerte sich an Carl, mit dem er schon zwei Jahre zuvor gearbeitet hatte. Nach der Aufnahme mußte nun noch eine B-Seite her – Carl bot ihm einige selbstgeschriebene Titel an, darunter »Kung Fu Fighting«. Für die Produktion blieben gerade mal 10 Studiominuten Zeit, dann

war sie im Kasten. Biddu brachte das fertige Band zur Plattenfirma, und die wollten auch die vorgesehene B-Seite hören. Nach Anhören beider Seiten entschloß sich die Plattenfirma gegen den ausdrücklichen Willen von Biddu, den Carl-Douglas-Titel als A-Seite herauszubringen. Die Plattenfirma hatte recht. »Kung Fu Fighting« wurde in der zweiten Hälfte des Jahres 1974 eine Nummer 1 in GB, den USA und in Deutschland. Bei uns hatte Carl mit dem Titel »Dance The Kung Fu« einen weiteren Top-10-Erfolg. International blieb er ein One-Hit-Wonder. Eine Rap-Version von »Kung Fu Fighting« (5/98 GB 8) kam 1998 mit der Gruppe Bus Stop featuring Carl Douglas in die Charts.

*Kung Fu Fighting (8/74 GB 1; 10/74 D 1, US 1; 11/74 CH 2)*
*Dance The Kung Fu (12/74 D 5)*
***Disco, Pop***

## Douglas, Craig

v (Großbritannien, *13. 8. 1941 als Terry Perkins in Newport/Isle of Wight).
Craig Douglas gehörte zu der Garde britischer Interpreten, die sich Ende der 50er, Anfang der 60er Jahre auf das Nachsingen amerikanischer Hits spezialisiert hatten. Das brachte ihm zwischen 1959 und 1962 immerhin sieben Top-10-Hits ein. Sein erster Erfolg unter den ersten 10 im August 1959 war auch sein größter: »Only Sixteen« wurde Spitzenreiter in GB. »Pretty Blue Eyes« und »The Heart Of A Teenage Girl« 1960, »A Hundred Pounds Of Clay« und »Time« 1961, »When My Little Girl Is Smiling« und »Our Favourite Melodies« 1962 waren seine weiteren Top-10-Hits. Nach 1963 war seine Hitparadenkarriere zu Ende. Dann kamen die Beatles, und das Interesse an Nachsängern schwand. Craig machte weitere Platten, die sich jedoch nicht verkauften. Trotzdem trat er weiter auf.

*Only Sixteen (8/59 GB 1)*
*Pretty Blue Eyes (1/60 GB 4)*
*The Heart Of A Teenage Girl (4/60 GB 10)*
*A Hundred Pounds Of Clay (4/61 GB 9)*
*Time (6/61 GB 9)*
*When My Little Girl Is Smiling (3/62 GB 9)*
*Our Favourite Melodies (6/62 GB 9)*
***Pop***

## Douglas, Mike

v (USA, *11. 8. 1925 als Michael jr. Dowd in Chicago/Illinois).
Douglas war über viele Jahre, von 1961 bis 1980, Moderator einer Talk-Show in den USA. Lange vorher, zwischen 1945 und 1950, sang er in der Band von Kay Kyser. So war er z. B. der Sänger von »Ole Buttermilk Sky«, eine Nummer 1 in den USA im September 1946. Zwei Monate später hatte Kay wieder mit Sänger Mike einen Platz 3 mit »The Old Lamplighter«. 1950 war er im Film »Cinderella« der Sänger der Prinzenrolle. Als Kay Kyser 1950 ziemlich abrupt aus dem Showgeschäft ausstieg, war Mike auf sich allein gestellt. In seiner Heimatstadt Chicago moderierte er eine Show mit dem Titel ›Hi Ladies‹. 1961 zog er nach Cleveland und begann dort eine lokale Talk-Show. Sie wurde so populär, daß sie zwei Jahre später in den gesamten USA ausgestrahlt wurde. Es war die erste Talk-Show, die tagsüber lief und die 1967 einen Emmy gewann. Ein einziges Mal wird Mike Douglas als Solist in den US-Charts aufgeführt: »The Men In My Little Girl's Life« war Ende 1965 ein Platz 6 in der Hitparade. 1980 entließ man Mike, er wurde gegen den jüngeren Moderator John Davidson ausgetauscht. Für weitere zwei Jahre konnte Mike zumindest noch als Produzent die Show weiter betreuen. 1982 ging auch das zu Ende.

*The Men In My Little Girl's Life (12/65 US 6)*
***Pop***

## Dovells

LEN BARRY, v (USA, *12. 6. 1942 als Leonard Borrisoff in Philadelphia/Pennsylvania); DANNY BROOKS, v (USA, *1. 4. 1942 als John Mealey); MIKE DENNIS, v (USA, *3. 6. 1943 als Michael Freda); ARNIE SATIN, v (USA, *11. 5. 1943 als Silver); MARK STEVENS, v (USA als Gordeski); JERRY SUMMERS, v (USA, *29. 12. 1949 als Gross).

1959, alle waren auf der Overbrook High School in Philadelphia, begannen sie als Brooktones. Richtig überzeugt waren sie nicht davon, als Sänger Erfolg zu haben, und um sich spätere Karrieren nicht zu verbauen, legten sie sich alle Künstlernamen zu. Im September 1961 erschien »Bristol Stomp« in den US-Charts und kletterte bis auf Platz 3. Mit »You Can't Sit Down« gelang ihnen im April 1963 ein weiterer Top-10-Erfolg. Dann verließ Len Barry die Dovells – vorher war schon Danny Brooks gegangen –, um eine für einige Jahre erfolgreiche Solokarriere zu starten. Der Rest machte als Trio weiter und nahm als Magistrates 1968 die Nummer »Here Come The Judge« auf, die es jedoch nur auf einen Platz 54 in den USA brachte.

*Bristol Stomp (9/61 US 2)*
***Pop, Rhythm & Blues***

## Dowell, Joe

v (USA, *23. 1. 1940 in Bloomington/Indiana).

Der ehemalige King of Rock 'n' Roll, Elvis Presley, wurde durch die Auswahl der Nummern, die seine Plattenfirma RCA Anfang der 60er Jahre auf den Markt brachte, richtiggehend demontiert. Man wollte jedoch wohl nicht so weit gehen, die Single »Wooden Heart«, die in Europa recht erfolgreich war, auch in den USA auf den Markt zu bringen. Das übernahm nun Joe Dowell, der damit Mitte 1961 bis auf Platz 1 in der amerikanischen Hitparade vordrang. So besehen also ein weiterer Interpret, der sich als Ersatz-Elvis fühlen durfte. Nach zwei weiteren Titeln in den Charts zog er sich 1963 wieder aus dem Plattengeschäft zurück, ging in die Werbung und schrieb für Radiostationen Commercials. Außerdem machte er eigene Radiosendungen und wurde Sprecher für ein Finanzunternehmen. 1980 begann er mit der Arbeit an einem Buch, das er 1985 fertigstellte. Es bestanden auch immer wieder Pläne, noch einmal ins Plattengeschäft zurückzukehren.

*Wooden Heart (6/61 US 1)*
***Pop, Schlager***

## Down Low

MICHAEL DALIEN, v/rap (USA, geb. in Groß-Gerau/Hessen); JOE THOMPSON, v/rap (USA, geb. in Gary/Indiana).

Mit einer Coverversion des Hooters-Hits »Johnny B.« aus dem Jahre 1987 schaffte das Duo Down Low ihren ersten Top-10-Hit in Deutschland. Die beiden tauchten mit »Vision Of Love« (6/96 D 19) erstmals in den Hitparaden auf. »Murder« (9/96 D 25), »Potion« (1/97 D 37), »Lovething/We Do It Like That« (4/97 D 82) und »Moonlight« (8/97 D 35) folgten – und dann kam der Top-10-Hit. An den meisten anderen Songs hatten die beiden mitgeschrieben – an »Johnny B.« nicht. Joe Thompson war mit der US-Army nach Deutschland gekommen. Seit 1992 lebt er in Köln. Dalien wurde als Sohn eines US-Soldaten in Deutschland geboren und wohnt inzwischen in Heidelberg.

*Johnny B. (11/97 D 4, CH 8)*
***HipHop, Rap***

## Dr. Alban

DR. ALBAN, v/dj (Nigeria, *26. 8. 1957 als Alban Nwapa).

Seit seinem fünften Lebensjahr lebt er in Stockholm. Dort studierte er Medizin und ließ sich als Zahnarzt nieder. Nebenher arbeitete er als Discjockey, besaß eine Boutique und eine eigene Discothek. 1990 nahm er mit der Sängerin Leila K. den Titel »Hello Africa« auf, der im Dezember in Deutschland Platz 2 wurde. Der Nachfolgehit hieß im Februar 1991 »No Coke«. »It's My Life« war dann die erste Platte, die sich auch in GB durchsetzen konnte. Im April 1993 sollte sie die erste Hitnotierung für Dr. Alban in den USA werden. Mit »One Love« im September 1992, »Sing Hallelujah« im März 1993 und »Look Who's Talkin'« im Frühjahr 1994 gelangen Dr. Alban weitere Top-10-Platzierungen. »This Time I'm Free« wurde im August 1995 seine bisher letzte Chartnotierung in Deutschland, ein Platz 27.

*Hello Africa (12/90 D 2)*
*No Coke (2/91 D 3; 4/91 CH 3)*
*Hallo Africa (3/91 CH 3)*
*U & Mi (6/91 CH 9)*
*It's My Life (5/92 D 1; 6/92 CH 2; 9/92 GB 2)*
*One Love (9/92 D 7)*
*Sing Hallelujah (3/93 CH 4, D 4)*
*Look Who's Talkin' (3/94 D 3, CH 6)*
***Dance, Disco***

**CD-Tip:** *One Love – The Album* Second Edition BMG 74321 135 652

## Dr. Dre

DR. DRE, rap (USA, *18. 2. 1965 als Andre Young in Compton/Kalifornien).
Dr. Dre war Mitbegründer der Formationen N.W.A. und World Class Wreckin' Cru, bevor er eine eigene Karriere begann. Als Produzent hatte er mit Easy-E, D.O.C. und Michel'le erste Erfolge. 1992 gründete er seine eigene Plattenfirma Death Row, auf der er seine Platten veröffentlichte. Ab Anfang 1993 war er mit seinen Songs, die vom Leben in Los Angeles handelten, erfolgreich. Auf seinen beiden ersten Top-10-Hits »Nuthin' But A 'G' Thang«, Platinstatus, und »Dre Day«, Goldstatus, rappte der später selbst erfolgreiche und auch wieder von Dr. Dre produzierte Snoop Doggy Dog mit. Dessen Hits erschienen natürlich auch auf dem Plattenlabel Death Row. Dr. Dre ist der Halbbruder von Warren G., dessen Nummer »Regulate« im Frühjahr 1994 ein weltweiter Top-10-Hit wurde. Mit »Keep Their Heads Ringin'« aus dem Film »Friday«, in dem Ice Cube eine Hauptrolle spielte, erreichte Dr. Dre 1995 erneut die US-Top-10 und erhielt wieder Gold. In Europa war die Platte ebenfalls erfolgreich – sowohl in GB als auch in Deutschland erreichte sie die Top 30. Auf zwei Platten, die 1996 Platz 1 in den US-Popcharts erreichten, war Dr. Dre als Gast zu hören: »California Love« von 2Pac und »No Diggity« von Blackstreet.

*Nuthin' But A 'G' Thang (1/93 US 2)*
*Dre Day (5/93 US 8)*
*Keep Their Heads Ringin' (3/95 US 10; 12/95 CH 7)*
***Rap, Rhythm & Blues***

**CD-Tip:** *Chronic* Atlantic 7567 92233 2

## Dr. Feelgood

LEE BRILLEAUX, v/harm (Südafrika als Lee Green, geb. in Durban, †7. 4. 1994); »BANDSMAN« HOWARTH, d; WILKO JOHNSON, g (als John Wilkinson); JOHN »THE BIG FIGURE« MARTIN, d; JOHN »GYPSIE« MAYO, g; JOHN POTTER, p; JOHN B. SPARKS, b.
Die Band wurde 1971 in der Tradition von Johnny Kidd & The Pirates und den frühen Yardbirds gegründet. In ihren Anfangstagen spielten sie unbekümmerten Rock 'n' Roll, gerieten dann aber in das Fahrwasser der Punk-Bewegung. Ihren ersten Singleerfolg hatten sie mit »Sneakin' Suspicion« (7/77 GB 47). »She's A Wind Up« (9/77 GB 34), »Down At The Doctor's« (9/78 GB 48) und »Milk And Alcohol« (1/79 GB 9,

4/79 D 30) folgten. Wenn ihnen ansonsten auch keine Singleerfolge gelangen, so kann Dr. Feelgood doch auf einen Stamm fester und treuer Fans zurückblikken, die die Konzerte der Band stets zu einem Ereignis werden lassen. Dies ist auch in den USA der Fall, obwohl sie dort wenig Platten verkaufen. In den britischen LP-Charts erreichte »Stupidity« Ende 1976 Platz 1. Die Fluktuation der Mitglieder in der Band war enorm. Eine 1991 erschienene Platte zeigte, daß von den Urmitgliedern lediglich noch Lee Brilleaux dabei war. Der starb am 7. 4. 1994 im Alter von 41 Jahren an Krebs.

*Milk And Alcohol (1/79 GB 9)*
***Rock 'n' Roll***

**CD-Tip:** *Stupidity* Liberty CDP 7 95934 2

## Dr. Hook

GEORGE CUMMINGS, g (USA, *28. 7. 1938 in Meridian/Mississippi); JOHN JAY DAVID, d (USA, *8. 8. 1942 in Union City/New Jersey); RIK ELSWIT, v/g (USA, *6. 7. 1945 in New York); BILL FRANCIS, v/key (USA, *16. 1. 1942 in Mobile/Alabama); JANCE GARFAT, v/b (USA, *3. 3. 1944 in Kalifornien); BOB WILLARD HENKE, g (USA, *29. 4. 1951); DENNIS LOCORRIERE, v/g (USA, *13. 6. 1949 in Union City/New Jersey); RAY SAWYER, v/g (USA, *1. 2. 1937 in Chickasaw/Alabama); JOHN C. WOLTERS, v/d (USA, *28. 4. 1945, †16. 6. 1997).

Die Gruppe formierte sich 1968 in New Jersey als Chocolate Papers. Als Dr. Hook & The Medicine Show firmierten sie ab Februar 1969. Mit Dr. Hook assoziierte man stets Ray Sawyer, der eine Augenklappe tragen mußte, weil er bei einem Autounfall sein rechtes Auge verloren hatte. 1970 traten sie in dem Film »Who Is Harry Kellerman And Why Is He Saying Those Terrible Things About Me« neben Dustin Hoffman auf. Ihren ersten Hit sollten sie mit dem Millionseller »Sylvia's Mother« haben, der im April 1972 ein Platz 5 in den USA wurde und wenig später ein Platz 2 bzw. 9 in GB und Deutschland. Noch im selben Jahr hatten sie mit »The Cover Of Rolling Stone« einen weiteren Millionseller und Platz 6 in den USA. Ab 1975 erschienen ihre Platten nur noch als Dr. Hook. »Only Sixteen« 1976, ein Cover des Sam-Cooke-Hits, »Sharing The Night Together« 1978, »When You're In Love With A Beautiful Woman« 1979 und »Sexy Eyes« 1980 wurden weitere Top-10-Platten und Millionseller für die Gruppe. 1985 versuchten sich sowohl Sawyer als auch Locorriere mit Solokarrieren, die allerdings nicht sonderlich erfolgreich wurden. 1988 zog eine Formation durch GB, die sich Dr. Hook nannte, in der aber außer Ray Sawyer kein altes Mitglied mehr vertreten ist.

*Sylvia's Mother (4/72 US 5; 6/72 GB 2, D 9; 8/72 CH 3)*
*The Cover Of Rolling Stone (12/72 US 6)*
*Only Sixteen (1/76 US 6)*
*A Little Bit More (6/76 GB 2)*
*If Not You (10/76 GB 5)*
*Sharing The Night Together (9/78 US 6)*
*When You're In Love With A Beautiful Woman (4/79 US 6; 8/79 GB 1, D 8)*
*Better Love Next Time (1/80 GB 8)*
*Sexy Eyes (2/80 GB 4, US 5; 5/80 D 2; 6/80 CH 6)*
***AOR (Adult Orientated Rock), Pop***

**CD-Tip:** *Completely Hooked* Capitol 7 99209 2

## Dr. John

DR. JOHN, v/g/d/p (USA, *21. 11. 1940 als Malcolm Rebennack in New Orleans).

Der Musiker und Songschreiber gilt als Pionier des Swamp Rock. Dr. John begann Mitte der 50er Jahre in seiner Heimatstadt New Orleans als Sessionmusiker für Professor Longhair, Frankie Ford und Joe Tex. Anfang der 60er Jahre produzierte er Lee Allen, Red Tyler und Earl Palmer. Mitte der

60er Jahre ging er nach L. A. und wurde Sessionmusiker, hauptsächlich für Phil Spector. Nebenher spielte er in Formationen wie Zu Zu Band – mit Jessie Hill – oder Morbus & The Three Ghouls. Seit dieser Zeit interessierte er sich für den Voodoo-Kult, für den ihn besonders Prinz Lala begeisterte. Ab 1968 machte er auch als Solist Platten und hatte seinen größten Erfolg mit »Right Place, Wrong Time«, im April 1973 ein Platz 9 in den USA. Interessanter als seine Singles sind seine hervorragenden Langspielplatten. So erschienen z. B. 1989 »In A Sentimental Mood«, 1992 »Goin' Back To New Orleans« oder 1994 »Television«, auf denen er bewies, wie gut er ist. Zusammen mit anderen Größen aus New Orleans, z. B. Allen Toussaint oder Lee Allen, nahm er als Crescent City Gold 1994 die CD »The Ultimate Session« auf. Mitte 1998 erschien das hochgelobte Album »Anutha Zone«.

*Right Place, Wrong Time (4/73 US 9)*
***Rhythm & Blues***

**CD-Tip:** *Gumbo & In The Right Place* Ultradisc MFSL CD 619

## Dr. Motte

DR. MOTTE, dj (Deutschland als Matthias Roeingh).

Dr. Motte gilt als der Vater der Love Parade – auch schön. Ansonsten fummelte er wie viele andere DJ's Techno- und Raveplatten, deren Halbwertzeit zwei Wochen beträgt. »Sunshine« machte er zusammen mit dem Kollegen Westbam. Zur Love Parade 1998 kam die Single »Love Parade 1998 – One World One Future« in die Charts.

*Sunshine (7/97 D 5; 8/97 CH 10)*
*Love Parade 1998 – One World One Future (7/98 D 6)*
***Rave, Techno***

## Drake, Charlie

v (Großbritannien, *19. 6. 1925 als Charles Springall in London).

Charlie Drake hatte sich vor allem dem Nonsens und Blödsinn verschrieben. Sein Nachzieher des Bobby-Darin-Hits »Splish Splash« wurde im August 1958 ein Top-10-Erfolg in GB. Mit »My Boomerang Won't Come Back«, 1961/62 ein Hit in GB und in den USA, brachte er den Unsinn auf den Punkt: Ein Boomerang kann nur dann zurückkommen, wenn man ihn vorher auch wegwirft. 1972 hatte er noch einmal eine Eintragung in den GB-Charts. Ansonsten war er den Briten mehr als TV-Komiker vertraut.

*Splish Splash (8/58 GB 7)*
***Pop***

## Dramatics

RON BANKS, v (USA, *10. 5. 1951 in Detroit/Michigan); LARRY DEMPS, v (USA, *23. 2. 1949); WILLIE FORD, v (USA); WILLIAM HOWARD, v (USA); ELBERT WILKINS, v (USA).

Die obengenannte Besetzung dieser Soulgruppe aus Detroit ist die vom Anfang der 70er Jahre, als die Band ihre größten Erfolge hatte. Die Ursprünge der Band gehen zurück bis in das Jahr 1966, als sie als Dynamics ihre ersten Plattenaufnahmen machten. Mitte 1971 – nun als Dramatics – erreichten sie mit »Whatcha See Is Whatcha Get« Platz 9 in den USA. Im Februar 1972 stand »In The Rain« auf Platz 5. Außerhalb der USA hatte die Band keine Erfolge. Die letzte Hitnotierung stammt aus dem Jahre 1977. Ron Banks, der immer der Leadsänger der Formation war, begann 1983 mit einer wenig erfolgreichen Solokarriere.

*Whatcha See Is Whatcha Get (7/71 US 9)*
*In The Rain (2/72 US 5)*
***Soft Soul, Soul***

## Draper, Rusty

v (USA, geb. in Kirksville/Missouri).

Bereits als 12jähriger spielte er Gitarre und sang über eine Radiostation in Tulsa, Oklahoma. Sein erster Hit war gleich ein Top-10-Erfolg: »No Help Wanted« im März 1953. Vier Monate später stand Rusty Draper erneut unter den ersten 10 mit »Gambler's Guitar«, Platz 6 in den USA. Die Platte, geschrieben von Jim Lowe, war bei uns in der deutschen Version ein Millionseller, gesungen von Fred Bertelmann als »Der lachende Vagabund«. Rustys größter Erfolg sollte Ende 1955 »The Shifting, Whispering Sands« werden, ein Platz 3. Sein letzter Top-10-Hit war »Freight Train« im Mai 1957. Nach 1963 wurde er in den Pophitparaden nicht mehr aufgeführt, in den Country-Charts hatte er 1980 seinen letzten Erfolg. Im Laufe seiner Karriere zeigte er sich auch als Schauspieler mit Gastauftritten in Westernserien wie ›Rawhide‹ oder ›Laramie‹ und in Bühnenmusicals wie z. B. »Oklahoma« und »Annie Get Your Gun«.

*No Help Wanted (3/53 US 10)*
*Gambler's Guitar (7/53 US 6)*
*The Shifting, Whispering Sands (10/55 US 3)*
*Freight Train (5/57 US 6)*
***Country, Pop***

## Dream Academy

GILBERT GABRIEL, key (Großbritannien, *16. 11. 1956 in Paddington/London); NICK LAIRD-CLOWES, v/g (Großbritannien, *5. 2. 1957 in London); KATE ST. JOHN, v/sax/oboe (Großbritannien, *2. 10. 1957 in London).

Die Formation kam Ende 1983 in GB zusammen. Nick und Gilbert spielten zuvor in der Band The Ect. Auf einer Party trafen sie Kate, die als Mitglied der Gruppe Ravishing Beauties schon als Opener für Teardrop Explodes gespielt hatte. Als Einflüsse gaben Dream Academy den subtilen Songschreiber Nick Drake, den West Coast Psychedelic Rock und amerikanischen Pop der 70er Jahre an. Ihre erste LP erschien im Herbst 1985, darauf auch die Nummer »Life In A Northern Town« (3/85 GB 15, 11/85 US 7). Produziert wurde die Single mit Hilfe von Pink-Floyd-Mitglied David Gilmour. Die Gruppe hielt lange an ihrem Prinzip fest, den englischen Psychedelic Rock wiederzubeleben. Kate St. John schrieb nebenher regelmäßig Themenmusiken für das britische Fernsehen. 1991, nachdem ihr Album »A Diffrent Kind Of Weather« erschienen war, trennte sich die Gruppe. Laird-Clowes arbeitete in der Folgezeit mit Gilmour zusammen und schrieb einige Texte für das Pink-Floyd-Album »The Division Bell«. Samples vom Hit »Life In A Northern Town« fanden sich 1997 wieder im Hit »Sunchyme« von Dario G.

*Life In A Northern Town (11/85 US 7)*
***Psychedelic, Rock***

## Dreamweavers

WADE BUFF, v (USA).

Dieses Quartett bestand aus zwei Sängern und zwei Sängerinnen, die in Miami beheimatet waren. Chef der Band Dreamweavers war Wade Buff. Er und Eugene Adkinson hatten die Nummer »It's Almost Tomorrow« geschrieben – aber niemand wollte sie aufnehmen. So gründeten sie ihre eigene Band und nahmen das Stück selbst auf. Auch hier sollte mal wieder der erste der größte Erfolg sein: »It's Almost Tomorrow« erreichte Ende 1955 die US-Top-10 und wurde Anfang 1956 Spitzenreiter in GB. 1956 wurden in den USA vier weitere Titel in den Charts notiert, die es aber nicht mehr bis in die Top 30 schafften.

*It's Almost Tomorrow (11/55 US 7; 2/56 GB 1)*
***Soft Pop***

## Drews, Jürgen

v (Deutschland, *2. 4. 1947 in Berlin). Seine Karriere begann in der Band Die Anderen, die in der TV-Sendung ›Show Chance‹ siegte. Seine nächste Station waren die Les Humphries Singers. Ab 1972 wurde er als Solist in den Charts verzeichnet. Mit einer deutschen Version des Bellamy-Brothers-Titels »Let Your Love Flow«, »Ein Bett im Kornfeld«, stand er Mitte 1976 auf Platz 1 der deutschen Charts. Ein Jahr später versuchte er mit »Barfuß durch den Sommer« einen weiteren Jahreszeitenhit zu landen. Es wurde ein Platz 6. Anfang der 80er Jahre, wohl auch enttäuscht davon, daß er in Deutschland stets als Schlager- und nicht als Rocksänger bezeichnet wurde, ging er in die USA und hatte als J. D. Drews mit »Don't Want No-Body« Ende 1980 einen Platz 79 in den US-Charts. Im ›Billboard‹ wurde er als ›German progressive rock singer‹ bezeichnet. Jetzt hatte er die Adjektive, die er liebte, aber keine Plattenverkäufe mehr. Nach langer hitloser Zeit erreichte er 1989 mit »Mit dir sofort und ohne Ende« zumindest mal wieder einen Top-40-Hit in Deutschland. Einige Jahren war er in die Fußstapfen von Dieter Thomas Heck getreten und moderierte die ›Deutsche Schlagerparade‹ in dessen Manier. Produzent der Sendung war Dieter Thomas Heck. Mitte 1994 erreichte er die deutschen Charts mit »Warum immer ich«, Mitte 1995 zusammen mit Stefan Raab Platz 27 mit einer Neuauflage von »Ein Bett im Kornfeld«.

*Ein Bett im Kornfeld (6/76 D 1; 7/76 CH 3)*
*Barfuß durch den Sommer (5/77 D 6)*
***Deutscher Schlager***

**CD-Tip:** *J.D.* Polydor 513 791 2

## Drexel, Simone

v (Schweiz, *13. 5. 1957 in Hemberg). Simone vertrat 1975 bei dem Grand Prix Eurovision in Stockholm die Schweiz mit dem Titel »Mikado«. Sie belegte Platz 6. In der Schweiz selbst wurde die Nummer ein Top-10-Hit.

*Mikado (4/75 CH 2)*
***Grand Prix***

## Drifters

DAVID BAUGHAN, v (USA, geb. in New York City); DOC GREEN, v (USA, *8. 10. 1934, † 10. 3. 1989); BOBBY HENDRICKS, v (USA, *22. 2. 1937 in Columbus/Ohio); BEN E. KING, v (USA, *23. 9. 1938 als Benjamin Earl Nelson in Henderson/North Carolina); RUDY LEWIS, v (USA, *23. 8. 1936); CLYDE MCPHATTER, v (USA, *15. 11. 1932 in Durham/North Carolina, † 3. 6. 1972); JOHNNY MOORE, v (USA, geb. in Selma/Alabama); BILL PINKNEY, v (USA, *15. 8. 1925 in Sumter/South Carolina); CHARLEY THOMAS, v (USA, *7. 4. 1937).

Bilder der Drifters zeigen ein Quartett. Im Laufe des langen Bestehens dieser Band wurden insgesamt 28 Mitglieder aufgelistet. Konstante in der Gruppe dürfte Johnny Moore sein, der erstmals im August 1955 zur Band kam. Zwischendurch verließ er die Gruppe mehrere Male, war aber noch bis in die 80er Jahre mit dabei. Gegründet wurden die Drifters Mitte 1953, als Ahmed Ertegun Clyde McPhatter, der gerade als Leadsänger der Dominoes gefeuert wurde, unter Vertrag nahm. Um ihn herum baute er eine neue Band, deren erste Plattenaufnahmen ausgesprochen schlecht gewesen sein müssen. Mit neuen Sängern um McPhatter nahmen sie im August desselben Jahres einen zweiten Anlauf und produzierten »Honey Love«. Im Oktober 1954 kam der Titel in die Popcharts, erreichte zwar nur Platz 21, wurde aber trotzdem ein Millionseller. Die Besetzung dieser Formation bestand neben McPhatter aus Gerhart

Thrasher, Andrew Thrasher und Bill Pinckney. Im April 1954 wurde Clyde zur Armee eingezogen und durch Dave Baughan ersetzt. Ab 1956 war Clyde als Solist erfolgreich. Die restlichen Drifters fielen in die Bedeutungslosigkeit zurück. Daran konnte auch der neue Leadsänger Johnny Moore nichts ändern. Im Juni 1957 kam mit Bobby Hendricks wieder ein neuer Leadsänger. Der Manager der Gruppe, George Treadwell, besaß Ende der 50er Jahre die Rechte an dem Namen Drifters, war aber mit dem, was aufgenommen und gesungen wurde, nicht mehr einverstanden. Mitte 1958 schmiß er alle Mitglieder raus und verpflichtete eine andere Gesangsgruppe, die Five Crowns, aus denen er die Drifters machte. Damit hatte die Gruppe in Ben E. King einen neuen Leadsänger. »There Goes My Baby« wurde Mitte 1959 Platz 2 in den USA, »Save The Last Dance For Me« im September 1960 der nächste Hit. Jetzt schien die Zeit gekommen, Ben E. King als Solisten zu vermarkten. Für ihn kam Rudy Lewis zur Gruppe. Der starb 1964 nach einem Herzanfall – für ihn kam für zwei Jahre Charley Thomas. Bis Mitte der 60er Jahre hatten die Drifters mit »Up On The Roof« 1962, »On Broadway« 1963 und »Under The Boardwalk« 1964 weitere Top-10-Erfolge. Nach 1966 wurden sie in den USA nicht mehr verzeichnet. In GB begann 1972 eine Renaissance der Drifters. Zuerst wurde im April die Doppel-A-Seite »At The Club/Saturday Night At The Movies« ein Platz 3, vier Monate später »Come On Over To My Place« Platz 9. In beiden Fällen handelte es sich um wiederveröffentlichtes Material. Nun unterschrieben die Drifters – wieder unter dem Leadsänger Johnny Moore – einen neuen Plattenvertrag mit dem britischen Ableger von Bell Records. Roger Cook, Roger Greenaway, Geoff Stephens, Barry Mason, Les Reed und Tony Macaulay, die erste Garde britischer Songschreiber und Produzenten, kümmerten sich nun um diese amerikanische Gruppe. Mit »Like Sister And Brother« 1973, »Kissin' In The Back Row Of The Movies« und »Down On The Beach Tonight« 1974, »There Goes My First Love« und »Can I Take You Home Little Girl« 1975 und »You're More Than A Number In My Little Red Book« 1976 hatten sie weitere Top-10-Erfolge in GB. Schon nach den ersten Aufnahmen mit den Drifters waren die Produzenten Cook/Greenaway der Meinung, man sollte zwar Johnny Moore und Bill Fredericks auf den Platten weitersingen lassen, auf die anderen Musiker könne man jedoch verzichten. So kommt es, daß der britische Allround-Studiosänger Tony Burrows und Roger Greenaway auf allen Hits der 70er Jahre Vokalparts übernahmen. In den 80er Jahren – inzwischen war auch Ben E. King zeitweise wieder Mitglied bei der Band – zogen die Drifters immer noch durch die Clubs. 1988 wurden sie in die Rock 'n' Roll Hall of Fame aufgenommen.

*There Goes My Baby (6/59 US 2)*
*Save The Last Dance For Me (9/60 US 1; 11/60 GB 2)*
*Up On The Roof (11/62 US 5)*
*On Broadway (3/63 US 9)*
*Under The Boardwalk (6/64 US 4)*
*At The Club/Saturday Night At The Movies (4/72 GB 3)*
*Come On Over To My Place (8/72 GB 9)*
*Like Sister And Brother (8/73 GB 7)*
*Kissin' In The Back Row Of The Movies (6/74 GB 2)*
*Down On The Beach Tonight (10/74 GB 7)*
*There Goes My First Love (9/75 GB 3)*
*Can I Take You Home Little Girl (11/75 GB 10)*
*You're More Than A Number In My Little Red Book (12/76 GB 5)*

***Rhythm & Blues, Rock 'n' Roll***

**CD-Tip:** *Save The Last Dance For Me* Atlantic 241122–2

## Driscoll, Julie

v (Großbritannien, *8. 6. 1947 in London).

Julies Karriere begann schon Anfang der 60er Jahre, als sie den Fanclub der Yardbirds leitete und vom Produzenten und Manager dieser Band, von Giorgio Gomelsky, entdeckt wurde. 1965 erschienen ihre ersten Singleplatten als Solistin, nebenher sang sie mit der Formation Steampacket, in der auch Long John Baldry, Rod Stewart und Brian Auger mitmischten.

Als Steampacket auseinanderfiel, gründete sie mit Brian Auger Trinity. Im April 1968 gelang dieser Formation ein Platz 5 in den britischen Charts mit der Bob-Dylan-Komposition »This Wheel's On Fire«. Ansonsten machte Julie Driscoll mehr mit ihren LPs auf sich aufmerksam. Nach der Zusammenarbeit mit der Band veröffentlichte sie Solo-LPs, auf denen Musiker der Gruppen Soft Machine, Nucleus oder Blossom Toes zu hören waren. Ebenfalls als Studiomusiker auf ihren Soloplatten: Keith Tippett, den sie später heiratete und auf dessen Platten sie fortan sang. Nebenher arbeitete sie noch mit dem experimentellen Gesangsquartett Voice zusammen.

*This Wheel's On Fire (4/68 GB 5)*

***Psychedelic, Rhythm & Blues, Rock***

## Driver 67

PAUL PHILLIPS, v (Großbritannien).

Hinter Driver 67, der Nummer eines Taxifahrers in London, verbarg sich Paul Phillips. Mit der mehr gesprochenen als gesungenen Aufnahme »Car 67« gelang ihm im Dezember 1978 ein Platz 7 in den britischen Charts. Der Titel beinhaltet die Aufforderung einer Taxizentrale an den Fahrer des Wagens 67, einen Fahrgast an einer bestimmten Adresse abzuholen. Das lehnt der Fahrer ab, und nachdem die Zentrale um Aufklärung bittet, warum er den Fahrgast nicht abholen wolle, erklärt er, genau dahin sei letzte Nacht seine Freundin gezogen, nachdem sie ihn verlassen habe. Hier setzt nun das große Verständnis der Zentrale ein, die einen anderen Wagen auffordert, der Beförderungpflicht nachzukommen. Da ihm kein Nachfolgehit mehr gelang, versuchte er sich erfolgreich als Verleger von Magazinen wie ›Echoes‹ oder ›Video Trade Weekly‹. An seine Kurzkarriere als Plattenstar möchte er heute nicht mehr erinnert werden.

*Car 67 (12/78 GB 7)*

***Pop***

## Dru Hill

JAZZ, v (USA als Larry Anthony Jr., geb. in Baltimore); NOKIO, v/tr/p (USA als Tamir Ruffin, geb. in Baltimore); SISQO, v/b (USA als Mark Andrews, geb. in Baltimore); WOODY, key/d (USA als James Green, geb. in Baltimore).

Das Quartett benannte sich nach dem Druid Hill Park in seiner Heimatstadt Baltimore. Erstmals tauchten sie mit dem Titel »Tell Me« (8/96 US 18, 2/97 GB 30) in einer internationalen Hitparade auf. Der Song stammte aus dem Film »Eddie« mit Whoopi Goldberg. Die Musiker der Band spielen sämtliche Instrumente selbst ein und verzichten ganz auf Studiomusiker. Der Name Nokio steht für ›Nasty On Key In Octave‹. »In My Bed« (5/97 GB 16, 1/98 D 14) wurde Anfang 1997 schließlich der erste Top-10-Hit für Dru Hill. Nachfolger »Never Make A Promise« stieg gleich auf Platz 10 in den USA ein.

*In My Bed (1/97 US 4)*
*Never Make A Promise (8/97 US 7)*

***Rap, Rhythm & Blues, Soul***

**CD-Tip:** *Dru Hill* Mercury Island 524 306–2

## Drupi

DRUPI, v (Italien als Gianpere Anelli, geb. in Pavia).

Der 1949 geborene gelernte Klempner, von dem selbst seine Plattenfirma sagte, ›er ist bestimmt kein hübscher Mann‹, bewarb sich 1973 beim San Remo Festival mit dem Lied »Vado Via«. Bei der Jury fiel das Lied durch. Das Publikum sah das anders und machte den Song zu einem Hit. Mit seiner Reibeisenstimme verkörperte er nördlich der Alpen genau das, was man von einem Italiener erwartete. Danach erschien »Rimani« – und schließlich »Piccola E Fragile«, wiederum auch außerhalb von Italien ein großer Erfolg wie auch die nächste Single »Sereno E«.

*Piccola E Fragile (9/74 CH 3)*
***Pop, Schlager***

## Dschinghis Khan

STEVE BENDER (Deutschland, geb. in Mainz); HENRIETTE HEICHEL (Niederlande, *13. 11. 1953 in Amsterdam); WOLFGANG HEICHEL (Deutschland, *4. 11. 1950 in Meissen); LESLIE MANDOKI (Ungarn, *7. 1. 1953 in Budapest); EDINA POP (Ungarn, *4. 2. 1945 als Marika Kesmarky in Budapest); LOUIS HENRIK POTGIETER (Südafrika, *4. 4. 1951 in Pretoria).

Nach dem Vorbild der britischen Kollegen, die für bereits geschriebene Titel spezielle Formationen zusammenstellten, mit denen sie dann am Grand Prix teilnahmen, machte das im Februar 1979 Ralph Siegel. Am 17. 3. 1979, nach sechs Wochen intensiver Vorbereitung auf diesen Auftritt, nahm die Gruppe in der Rudi-Sedlmayer-Halle in München mit dem Titel »Dschinghis Khan« an der deutschen Vorentscheidung für den Grand Prix teil und gewann. Am 31. März desselben Jahres, die Veranstaltung fand in Jerusalem statt, belegte die Gruppe Platz 4 beim Grand Prix. In Deutschland wurde die Platte wenig später ein Platz 1 und vergoldet. Im Juli 1979 erreichte die Nummer »Moskau« Platz 3 in den Charts, im Januar 1980 »Hadschi Halef Omar« Platz 7. »Loreley« wurde im Juni 1981 der letzte Top-10-Erfolg dieser Formation, die nach 1982 nicht mehr in den Verkaufshitparaden auftauchte. Einzelne Musiker, wie z. B. Leslie Mandoki, hatten als Solisten Erfolg. Ralph Siegel sprach auch in bezug auf die Zusammensetzung der einzelnen Mitglieder als exotische Mischung. Der Texter der Songs, Bernd Meinunger, war der Meinung, er würde mit den Inhalten der Lieder die Weltgeschichte aufarbeiten. Mandoki fühlte sich in dieser Zeit nicht nur unterfordert, wie sein bereits 1981 erschienenes Soloalbum »Back To Myself« zeigte, sondern schämte sich später sogar für diese Episode seines Musikerlebens. Mandoki arbeitete als Songschreiber, Produzent, Arrangeur und auch Schlagzeuger z. B. für Milva, Engelbert, Howard Carpendale oder Toto. Auf weiteren in den 80er und 90er Jahren erschienenen Soloplatten von Mandoki spielten exzellente Musiker wie Al Di Meola, Bobby Kimball, Larry Coryell, Bill Evans, David Clayton-Thomas oder Jack Bruce mit. 1993 rief Mandoki das ausgezeichnete Projekt People ins Leben.

*Dschinghis Khan (4/79 D 1, CH 3)*
*Moskau (6/79 D 3)*
*Hadschi Halef Omar (1/80 D 7)*
*Loreley (6/81 D 6)*
***Grand Prix, Schlager***

## Dubliners

CIARAN BOURKE; RONNIE DREW; LUKE KELLY (Irland, *16. 11. 1939); BARRY MACKENNA (Irland, *16. 12. 1939); JOHN SHEAHAN (*19. 5. 1939).

Die Gruppe formierte sich 1962 in Dublin. Erst war man ein Trio, dann stockte man auf fünf Musiker auf. Nach ersten Erfolgen in Irland brachte man die einigermaßen erfolgreiche Single »White Rover/ Rocky Road To Dublin« auf den Markt und nahm am Edinburgh Festival teil. Ihre einzigen Pophits hatten sie im März 1967 mit »Seven Drunken Nights« und zwanzig Jahre später zusammen mit den Pogues und dem Titel »The Irish Rover«. Mag sein, daß man die Dubliners zur Sauftruppe abstempelte, doch was sie ansonsten draufhaben, zeigt ihre Verwurzelung in der irischen Folklore. 1974 stieg Ronnie Drew vorübergehend aus. Bis zu seiner Rückkehr kam Jim McCann für ihn.

*Seven Drunken Nights (3/67 GB 7)*
*The Irish Rover (3/87 GB 8)*
***Folk, Pop***

**CD-Tip:** *Original 1966 – 1969* EMI 7 89065 2

## Duchin, Eddy

p/bl (Großbritannien, *10. 4. 1910 in Cambridge, † 9. 2. 1951).
Seine größte Zeit hatte Duchin in den 30er und 40er Jahren. Seine erste Hitnotierung stammt aus dem Jahre 1932, seine letzte von 1942. Dazwischen liegen 75 Hits, davon bis 1936 neunmal Platz 1: »Did You Ever See A Dream Walking?« 1933, »Let's Fall In Love« – Titelsong aus dem gleichnamigen Film – 1934, »I Won't Dance«, »Lovely To Look At« und »You're My Lucky Star« 1935, »Moon Over Miami«, »Lights Out«, »Take My Heart«, »It's De-Lovely« und »I'll Sing You A Thousand Love Songs« 1936. Sein größter Erfolg in den 40er Jahren war im Dezember 1940 »I Give You My Word«, ein Platz 2 in den USA. Die ungewöhnlich erfolgreiche Karriere dieses Interpreten, der im Alter von nur vierzig Jahren an Leukämie starb, war für Hollywood so interessant, daß sie 1956 »The Eddy Duchin Story« mit Tyrone Power in der Hauptrolle produzierten. Das Piano wurde von Carmen Cavallaro gespielt.

*I Give You My Word (12 / 40 US 2)*
*So You're The One (12/40 US 6)*
*You Walk By (1/41 US 6)*
***Pop***

## Duffy, Stephen »Tin Tin«

v (Großbritannien, *30. 5. 1960 in Birmingham).
Stephen war Mitschüler von Nick Rhodes und John Taylor. Mit diesen beiden gehörte er zu den Gründungsmitgliedern von Duran Duran – er war der Sänger dieser Formation. Angeblich scheiterte eine weitere Zusammenarbeit an künstlerischen Differenzen. 1979 verließ Duffy die Band. Als Tin Tin hatte er mit dem Titel »Kiss Me« 1982 einen Hit in den US-Dance-Charts. »Hold It« war im Juli 1983 seine erste Hitnotierung in GB. »Kiss Me«, jetzt auch in GB veröffentlicht, erreichte im März 1985 Platz 4. Nach 1985 wurde er in den Hitparaden nicht mehr verzeichnet, aber es erschienen noch weitere Soloplatten von ihm, allerdings hatte er das Tin Tin gestrichen. 1988 veröffentlichte er als The Lilac Time ein ansprechendes Album. Darauf der potentielle Hit »Return To Yesterday«, der keiner wurde. Insgesamt hat er drei Alben mit dem Projekt Lilac Time veröffentlicht. 1993 – jetzt wieder als Stephen Duffy – erschien mit »Music In Colours« ein neues Album. Auf dieser CD fand er in Nigel Kennedy einen Mitspieler. Die Popsongs auf der Platte verband Nigel mit kleinen musikalischen Themen. Die Streicherarrangements wurden komplett von Kennedy betreut.

*Kiss Me (3/85 GB 4)*
***Elektro-Pop***

**CD-Tip:** *Music In Colours* Parlophone 7 89420 2

## Duke, Patty

v (USA, *14. 12. 1946 als Anna Marie Patricia Duke in Elmhurst/New York).

Als Kinderstar tauchte Patty Duke zum erstenmal 1959 am Broadway in dem Stück »The Miracle Worker« auf. Sie spielte die Rolle der blinden und taubstummen Helen Keller, die sie dann auch in der Verfilmung drei Jahre später übernahm. Dafür erhielt sie als bis dahin jüngste Schauspielerin einen Oscar. Danach bekam sie für vier Jahre eine eigene TV-Comedy-Sendung. 1965 erhielt sie einen Plattenvertrag. Als erste Platte veröffentlichte sie »Don't Just Stand There«, die im Juli desselben Jahres Platz 8 in den USA erreichte. Es folgten noch drei weitere Notierungen. Dann wandte sie sich wieder der Schauspielerei zu. In ›Captains And The Kings‹ spielte sie 1976, in den Serien ›It Takes Two‹ 1982/83 und ›Hail To The Chief‹ 1985 – hier spielte sie den ersten weiblichen Präsidenten der USA. Patty erhielt drei Emmys, den ersten für den Fernsehfilm »My Sweet Charlie« 1970, den zweiten für die Miniserie ›Captains And The Kings‹ und den dritten für eine Fernsehversion von ›The Miracle Worker‹ 1979. Dieses Mal spielte sie Helen Kellers Lehrerin.

*Don't Just Stand There (6/65 US 8)*
***Pop***

## Dunblane

TED CHRISTOPHER, v/g (Großbritannien); PETER COBBIN, p (Großbritannien); GEORGE FUTTER, vln (Großbritannien); KEITH HUNTER, b (Großbritannien); MARK KNOPFLER, v/g (Großbritannien, *12. 8. 1949 in Glasgow); TOMMY MILLAR, key/b (Großbritannien); CARL ORR, g (Großbritannien); BILL THOM, d (Großbritannien); DAMON WILSON, d (Großbritannien).

›Charity-Hits‹ nennen die Briten Platten, die zugunsten einer Hilfsorganisation oder eines guten Zweckes erscheinen. Genau 12 Jahre, nachdem »Do They Know It's Christmas« von der Band Aid erschien, schaffte es Dunblane auf Platz 1 in GB. Zwischen 1984 und 1996 kamen insgesamt 15 Charity-Hits auf Platz 1 der britischen Hitparade. Etliche konnten sich auch im restlichen Europa durchsetzen – ganz wenige erreichten die US-Charts. Im Falle von Dunblane galt es, dem Text »Knockin' On Heaven's Door« (Autor Bob Dylan) eine Zeile hinzuzufügen. Änderungen an seinen Texten hatte Bob nie erlaubt, hier machte er eine Ausnahme. Dunblane stand für eines der schrecklichsten Ereignisse des Jahres 1996. Am 13. März war in diesem kleinen schottischen Ort der 43jährige Thomas Hamilton mit einem Gewehr in die Grundschule eingedrungen und hatte 16 Schüler, die Lehrerin und sich selbst erschossen. Zu denen, die sich als Dunblane für dieses Plattenprojekt zur Verfügung stellten, gehörten der Sänger Ted Christopher, die Gitarristen Mark Knopfler und Carl Orr, Keyboarder Peter Cobbin und Schlagzeuger Damon Wilson. Im Hintergrund sang der durch die TV-Serie EastEnders bekannte Schauspieler Paul Medford mit. Die Platte kam als Doppel-A-Seite in die GB-Charts. Als zweites Stück war mit »Throw These Guns Away« eine von Ted Christopher geschriebene Nummer zu hören. Der Erlös der Platte ging an drei britische Kinderhilfsorganisationen: Save The Children, Childline und Children's Hospice Association Of Scottland.

*Knockin' On Heaven's Door/Throw These Guns Away (12/96 GB 1)*
***Pop***

## Duncan, Johnny

v/g/bj/mand (USA, *7. 9. 1931 in Oliver Springs/Tennessee).

Nachdem er schon als Teenager in Texas in

einem Hillbilly-Trio gespielt hatte, mußte er 1952 in die US Army und wurde nach England versetzt. Dort machte er weiter Musik und heiratete eine Engländerin. Sie gingen zurück in die USA. 1955 wurde Duncans Frau bei einem Besuch in ihrer Heimat krank und mußte operiert werden. Also blieb Johnny in GB und arbeitete bei seinem Schwiegervater. Nebenher interessierte er sich immer noch für Musik und traf in London im Mai 1956 in Humphrey Lyttleton's Jazz Club den Bandleader Chris Barber, der einen Ersatz für Lonnie Donegan suchte. Duncan wurde der Ersatz, nicht nur, weil er Banjo, Mandoline und Gitarre spielen konnte, sondern auch den nasalen Ton von Donegans Gesang traf und ihm außerdem noch ähnlich sah. Im Frühjahr 1957 machte Johnny seine erste Soloplatte. Seine erste Single war Hank Williams' »Kaw-Liga«, die zweite »Last Train To San Fernando«, die im Juli 1957 seine erste Hitnotierung wurde. 1966 – zwischenzeitlich hatte er unzählige Auftritte in GB – machte er seine letzte Platte. Nach einer Pause veröffentlichte er 1970 und 1973 noch einmal eine LP. 1974 wanderte er nach Australien aus.

*Last Train To San Fernando (7/57 GB 2)*
***Folk, Rockabilly***

**CD-Tip:** *Last Train To San Fernando* Bear Family BCD 15 947 DI

## Dundas, David

(Großbritannien, *2. 4. 1945 in Oxford).
Dundas wurde als Sohn des Marquis von Zetland geboren, d. h. er gehört zur englischen Aristokratie. Seine Liebe galt zunächst der Schauspielerei und dem Theater, so war er auch kurze Zeit Mitglied der Royal Shakespeare Company. David konnte sich jedoch im Laufe der Jahre nicht verbessern, und so beschloß er, Musik zu machen. Zusammen mit Roger Greenaway schrieb er ein Werbejingle für Brutus Jeans: »Jeans On«. Die Nummer wurde im Juli 1976 ein Platz 3 in GB, im September desselben Jahres Spitzenreiter in Deutschland und im Januar 1977 Platz 17 in den USA. Danach verkündete er, daß es bei diesem einen Erfolg nicht bleiben werde. Aber außer »Another Funny Honeymoon«, im April 1977 ein Top-30-Hit in GB und ein Top-10-Hit in Deutschland, gelang ihm nichts mehr.

*Jeans On (7/76 GB 3; 9/76 D 1; 11/76 CH 3)*
*Another Funny Honeymoon (2/77 D 6)*
***Pop***

## Dune

BERND BURHOFF (Deutschland); OLIVER FRONING (Deutschland, geb. in Münster); VANESSA HÖRSTER, v (Deutschland, *22. 5. 1978 in Dorsten); JENS OETTRICH (Deutschland, geb. in Münster); VERENA VON STRENGE, v (Deutschland).
Dieses Dance-Projekt hatte gleich mit seiner ersten Chartnotierung im Frühjahr 1995 einen Top-10-Erfolg: »Hardcore Vibes«. »Are You Ready To Fly«, ihr nächster Hit, brachte es Mitte desselben Jahres auf Platz 12. Gleiches gelang mit »Rainbow To The Stars« Anfang 1996. Im August 1996 kam »Million Miles From Home« bis auf Platz 17. Wie kaum einem anderen Dance Act aus Deutschland gelang es Dune, ihre Stücke visuell umzusetzen und daraus Videoclips zu fummeln, die auf allen Musik-TV-Sendern liefen. Und im Gegensatz zu den anderen Dance Acts schaffte es Dune auch, Melodie in die Stücke zu bringen. Selbst eingeschworene Queen-Fans mußten zugeben, daß Dunes Version von »Who Wants To Live Forever« gut gemacht war. Die Sängerin der Nummer war Verena, die im November 1997 mit ihrer ersten Soloplatte kam, die »Finally Alone« hieß. Als Ersatz für sie kam Vanessa. »Keep The Secret« (5/98 D 38) wurde die erste Hitnotierung mit ihr.

*Hardcore Vibes (3/95 D 5)*
*Can't Stop Raving (10/95 D 7)*
*Hand In Hand (5/96 D 10)*
*Who Wants To Live Forever (11/96 D 2; 12/96 CH 9)*
***Dance, Rave***

## Dunn, Clive

v (Großbritannien).
In der britischen Comedy-TV-Serie ›Bootsie And Snudge‹ erntete der englische Schauspieler Anfang der 60er Jahre seine ersten Lorbeeren. 1965 stieg er in die erfolgreiche BBC-Serie ›Dad's Army‹ ein und spielte in den nächsten zehn Jahren dort mit. Ende 1970, auf dem Höhepunkt seiner Popularität, nahm er den Titel »Grandad« auf, der die kauzige Art und die mit Slang durchsetzte Sprache seiner Rolle in »Dad's Army« widerspiegelte. Die Platte kam in die Hitparade im Januar 1971 und wurde schließlich sogar Spitzenreiter in GB. Nachdem die Serie ihr Ende gefunden hatte, gab die BBC Dunn eine eigene Kindersendung, die ›Grandad‹ hieß und viel Erfolg hatte. 1978 erhielt er den OBE für seine Verdienste im Fernsehen und am Theater. Als Popstar blieb er ein One-Hit-Wonder.

*Grandad (10/70 GB 1)*
***Pop***

## Dupree, Robbie

v/g (USA, *23. 12. 1946 als Robert Dupuis in Brooklyn/New York City).
Als Jugendlicher setzte Robbie Dupree seinen Ehrgeiz daran, der schönste Pfau im Zoo – in diesem Fall New Yorks Stadtteil Brooklyn – zu sein. Ende der 50er, Anfang der 60er Jahre sang er a cappella mit anderen Jungs aus der Gegend. Später spielte er Gitarre und sang in einer Band, zu der auch Nile Rodgers – später Chic – gehörte. Schließlich zog er nach Woodstock. Im April 1980 gelang ihm mit der Eigenkomposition »Steal Away« ein Platz 6 in der amerikanischen Hitparade. Das Arrangement erinnert an »What A Fool Believes« von den Doobie Brothers. »Hot Rod Hearts« wurde drei Monate später ein Platz 15 in den USA. Danach verlief seine Plattenkarriere im Sand, Robbie wandelte seine Garage in ein Fitneßstudio um und widmete seine Zeit mit Vorliebe dem Boxen.

*Steal Away (4/80 US 6)*
***AOR (Adult Orientated Rock), West Coast***

**CD-Tip:** *Robbie Dupree* Elektra WPCP-3447

## Dupree, Simon & The Big Sound

ERIC HINE, key (Großbritannien); PETE O'FLAHERTY, b (Großbritannien); TONY RANSLEY, d (Großbritannien); DEREK VICTOR SHULMAN, v (Großbritannien, *11. 2. 1947 in Glasgow); PHIL SHULMAN, sax/tr (Großbritannien, *27. 8. 1937 in Glasgow); RAY SHULMAN, g (Großbritannien, *8. 12. 1949 in Portsmouth).
Bevor die Band ab 1966 in dieser Besetzung spielte, hatten die drei Shulman-Brüder schon verschiedene Gruppen gehabt, darunter die Howlin' Wolves und die Roadrunners. In London gehörten sie bald zu den Clubattraktionen. Ihre ersten Erfolge hatten sie im Funk mit »I See The Light«, »Reservations« und »Daytime Nighttime«. Dann schwenkten sie auf Flower-power um und hatten damit ihren größten Hit: »Kites« kam Ende 1967 in die britischen Top 10. Aufsehen erregte das Sextett noch einmal 1968 mit der Single »We Are The Moles«, die sie als Moles aufnahmen. Viele dachten, es handele sich dabei um eine Aufnahme der Beatles unter Pseudonym. 1969 löste sich die Formation auf, nachdem Derek einen Nervenzusammenbruch erlitten hatte. Er erholte sich wieder und ging zu Gentle

Giant, bei denen auch seine Brüder spielten. Mitte der 70er Jahre fiel die Band auseinander. Derek wurde Promotion/Artist Manager für Polygram in New York. 1988 verließ er diese Firma – inzwischen hatte er für sie Künstler wie Bon Jovi oder Dan Reed Network unter Vertrag genommen. Er blieb in den USA, ging erst zu Warner Bros. und schließlich zu BMG.

*Kites (11/67 GB 9)*
***Beat, Psychedelic***

**CD-Tip:** *Kites* See For Miles SEE CD 368

## Duprees

MIKE ARNONE (USA); TOM BIALAGLOW (USA); JOHN SALVATO (USA); JOE SANTOLLO (USA); JOEY VANN, v (USA, *3. 4. 1942 als Joseph Canzano in Jersey City, † 28. 2. 1984).
1956 gründeten Tom und Joey in Jersey City/New Jersey den Vorläufer zu den Duprees. Die beiden waren gerade mal 16 bzw. 13 Jahre alt. Ihre Lieder klangen damals schon so, als würde es sich um alte Standards handeln. Der Titel »You Belong To Me«, ein Nummer-1-Hit für Jo Stafford im Jahre 1952, wurde der erste und einzige Top-10-Erfolg für die Duprees. Im August 1962 erreichte die Platte Platz 7 in den USA. Es folgten weitere Hitnotierungen bis 1965. Noch ein einziges Mal sollten vier der Musiker als Italian Asphalt & Pavement Company 1970 in den Charts notiert werden: »Check Yourself« wurde allerdings nur ein Platz 97. 1980 sah Joey Vann als Leadsänger der Formation Vintage. 1982 brachte er unter seinem Namen ein Medley aus alten Duprees-Hits als »Joey Vann Medley« heraus.

*You Belong To Me (8/62 US 7)*
***Pop***

**CD-Tip:** *Best Of The Duprees* Sequel NEM CD 674

## Duran Duran

STERLING CAMPBELL, d (USA); WARREN CUCCURULLO, g (USA, *8. 12. 1956 in Brooklyn/New York City); STEVE FERRONE, d (Großbritannien, *25. 4. 1950 in Brighton/Sussex); SIMON LE BON, v (Großbritannien, *27. 10. 1958 in Bushey/Hertfordshire); NICK RHODES, key (Großbritannien, *8. 6. 1962 als Nicholas Bates in Birmingham); ANDY TAYLOR, g (Großbritannien, *16. 2. 1961 in Tynemouth/Northumberland); JOHN TAYLOR, b (Großbritannien, *20. 6. 1960 in Birmingham); ROGER TAYLOR, d (Großbritannien, *26. 4. 1960 in Birmingham).
1978 formierte sich diese Gruppe in Birmingham aus Nick, John, dem Bassisten Simon Colley und dem Sänger Stephen Duffy. Den Namen entlehnten sie einer Figur aus dem Science-fiction-Film »Barbarella«. Colley und Duffy verließen 1979 die Band und wurden durch Andy Wickett und Schlagzeuger Roger Taylor ersetzt. Die Gruppe machte ihre ersten Demo-Aufnahmen, und nach einigen anderen wurde im selben Jahr Andy Taylor der endgültige Gitarrist. Auch mit dem Sänger tat man sich schwer. Alan Curtis und Jeff Thomas hießen sie für kurze Zeit. Im April 1980 kam schließlich Simon Le Bon zu Duran Duran und mit ihm der Erfolg. Die Gruppe wurde durch ihre Musik und durch ihr Auftreten zu Vorreitern der britischen New-Romantic-Bewegung. Ihre ersten Hits wurden im Frühjahr 1981 notiert. Mit »Girls On Film« hatten sie im Juli 1981 ihren ersten Top-10-Erfolg. Bis zum Ende der 80er Jahre sollten ihnen in GB elf weitere Top-10-Hits gelingen, darunter zweimal Platz 1: »Is There Something I Should Know« 1983 und »The Reflex« 1984. »The Reflex« war auch eine Nummer 1 in den USA. Dort wurde ihr Titelsong aus dem James-Bond-Film »A View To A Kill« ebenfalls Nummer 1. Ihr einziger Spitzenreiter in Deutschland war 1984 »The Wild Boys«. Zwischendurch

hatte es personelle Veränderungen und Nebenprojekte gegeben. Als Duran Duran Anfang des Jahres 1985 gerade mal keine weiteren Projekte hatten, gründeten Andy und John Taylor – übrigens sind die Taylors nicht miteinander verwandt – mit Robert Palmer, Bernard Edwards und Tony Thompson Power Station. Im selben Jahr machten die drei verbliebenen Musiker Le Bon, Rhodes und Roger Taylor als Arcadia ein Album und hatten mit »Election Day« einen Platz 6 in der amerikanischen Singlehitparade. 1986 verließ Roger Taylor die Band, ebenso Andy, der eine Solokarriere starten wollte. 1988 – Duran Duran bestand jetzt nur noch aus Le Bon, Rhodes und John Taylor – kamen mit Warren Cuccurullo, vormals Gitarrist bei Frank Zappa und Missing Persons, und Schlagzeuger Steve Ferrone, der mit Brian Auger und der Average White Band gespielt hatte, zwei neue Mitglieder in die Band. Ferrone verließ die Gruppe jedoch nach etwa einem Jahr wieder und wurde durch Sterling Campell ersetzt. Anfang der 90er Jahre erschien mit »Decade« eine Hitzusammenstellung und mit »Liberty« ein neues Album auf dem Markt. Es sah aus, als sei damit das Kapitel Duran Duran abgeschlossen. Im Frühjahr 1993 kamen mit »Ordinary World« und »Come Undone« in der Besetzung Le Bon, Rhodes, John Taylor und Cuccurullo weitere Top-10-Erfolge auf den Markt. Die dazugehörende LP »The Wedding Album« zeigte Duran Duran in Höchstform. Anfang 1995 erschien das Album »Thank You«, auf dem sehr gut gemachte Coverversionen von Dylan-, Costello-, Doors-, Led-Zeppelin- oder Temptations-Songs zu finden waren. Als Gäste wirkten Grand Master Flash, Mark Volman, Howard Kaylan oder Lee Oscar mit. Zwei Auskopplungen aus diesem Album, »Perfect Day« und »White Lines (Don't Do It)«, kamen 1995 auf Platz 28 respektive 17 in GB. Anfang 1997 erschien ein weiteres Solowerk von John Taylor mit dem Titel »Feelings Are Good And Other Lies«. Bei der Gelegenheit wurde dann bestätigt, daß er bei Duran Duran ausgestiegen war, um sich mehr auf seine Solokarriere zu konzentrieren.

*Girls On Film (7/81 GB 5)*
*Hungry Like The Wolf (5/82 GB 5; 12/82 US 3)*
*Save A Prayer (8/82 GB 2)*
*Rio (11/82 GB 9)*
*Is There Something I Should Know (3/83 GB 1; 6/83 US 4)*
*Is There Somehting I Should Know (5/83 CH 7)*
*Union Of The Snake (10/83 GB 3, US 3)*
*New Moon On Monday (1/84 GB 9, US 10)*
*The Reflex (4/84 GB 1, US 1, D 8; 7/84 CH 10)*
*Wild Boys (11/84 D 1, GB 2, US 2; 12/84 CH 2)*
*A View To A Kill (5/85 US 1, GB 2, D 9; 7/85 CH 7)*
*Notorious (11/86 US 2, GB 7; 12/86 CH 4)*
*I Don't Want Your Love (10/88 US 4)*
*All She Wants Is (1/89 GB 9)*
*Ordinary World (1/93 US 3, GB 6)*
*Come Undone (4/93 US 7)*
***Elektro-Pop, New Romantic, Rock***

**CD-Tip:** *Decade* EMI CDP 7 93178 2

## Durand, Angèle

v (Belgien, *23. 10. 1925 als Angèle Caroline De Geest in Antwerpen).
Wenn man ihre Stimme bei den großen deutschen Schlagern der 50er Jahre hört, glaubt man, daß sie in ihren Jugendjahren für den Runkfunk in Flandern in Kindersendungen Lieder sang, die eigentlich für Jungs geschrieben waren. Nach dem Krieg sang Angèle Durand, von Radio Brüssel kommend, über den AFN in der täglichen Sendung ›What's New‹ die aktuellen amerikanischen Schlager.
1950 wurde Duke Ellington in Brüssel auf sie aufmerksam und nahm sie mit auf eine Tournee durch Westeuropa. Im Sommer 1951 nahm sie in Hamburg ihre ersten Platte auf: »Wenn Mademoiselle dich küßt«. Im Film »Unter dem Himmel von Paris« singt sie das Stück – Videoclips kamen eben viel später. Ihre flämische Her-

kunft mit dem typischen Akzent und das dunkle Timbre ihrer Stimme trugen dazu bei, daß deutsche Produzenten ihr Schlager mit einem Hauch französischen Chansons gaben. Zum damaligen Zeitpunkt war sie damit auch allein auf weiter Flur. Neben dem Showgeschäft spielte sie Brecht und machte Kabarett. In Frankreich war sie erfolgreich als Mrs. Peachum in der ›Dreigroschenoper‹. In Deutschland spielte sie die Titelrolle im Musical »Hello Dolly«. In der Zeit vor 1956, also bevor es verläßliche Aufzeichnungen über deutsche Hitparadenpositionen gab, war sie z. B. erfolgreich mit »Du – Du – Du«. Nach Einführung der Hitparade hatte sie Top-10-Erfolge mit »So ist Paris« 1956, »Melodie d'Amour« und »Hula Hoop« 1958. Ihre letzte Hitparadennotierung stammt aus dem Jahre 1962. In den 90er Jahren – inzwischen lebt sie in Düsseldorf – hatte und hat sie weiterhin Theaterengagements und Gala-Auftritte.

*So ist Paris (9/56 D 2)*
*Melodie d'Amour (1/58 D 9)*
*Hula Hoop (11/58 D 3)*
***Schlager***

**CD-Tip:** *Rendezvous mit Angèle Durand* Bear Family BCD 15 696

## Dury, Ian

v (Großbritannien, *12. 5. 1942 in Upminster/Essex).

Der Sänger und Songschreiber gründete 1970 Kilburn & The High Roads, die 1974 ihre erste LP aufnahmen – veröffentlicht wurde sie erst 1978, nachdem Ian als Solist Erfolg erzielt hatte und die Band im Juni 1976 auseinandergefallen war. Seine ersten beiden Singles sind ausgesprochen schöne Beispiele für den britischen Pub-Rock in der zweiten Hälfte der 70er Jahre: »Sex And Drugs And Rock 'n' Roll« und »Sweet Gene Vincent«. An Gene Vincent erinnerten auch die Auftritte von Ian, der als Siebenjähriger an Kinderlähmung erkrankte und deshalb teilweise verkrüppelt ist. Seine ersten Hits hatte Ian mit »What A Waste« im April 1978, »Hit Me With Your Rhythm Stick« Ende 1978 – Anfang 1979 Platz 22 in Deutschland – und »Reasons To Be Cheerful« im August 1979. Auch in den 80er Jahren machte Ian noch Platten. Manchmal mit seiner alten Band Blockheads, manchmal mit den Music Students. 1985 spielte er neben Bob Geldof in dem Film »Number One«. Ein Jahr später sah man ihn in Roman Polanskis »Pirates« und der BBC TV-Serie ›King Of The Ghetto‹. Dury stellte seine Plattenkarriere hintenan und widmete sich der Schauspielerei, dem Schreiben von Film- und Fernsehmusiken und seiner großen Liebe, der Malerei.

*What A Waste (4/78 GB 9)*
*Hit Me With Your Rhythm Stick (12/78 GB 1)*
*Reasons To Be Cheerful (Pt. 3) (8/79 GB 3)*
***Rock***

**CD-Tip:** *Sex And Drugs And Rock 'n' Roll* Demon Records FIEND CD 69/TIS

## Dusty, Slim

v (Australien, *13. 6. 1927 als David Gordon Kirkpatrick in Kempsey).

Slim gilt als der erfolgreichste Countrysänger des fünften Kontinents. Im Januar 1959 gelang ihm mit der nicht nur für Australier schrecklichen Vorstellung, daß er durstig in einer Kneipe steht, in der jedoch das Bier ausgegangen ist, ein Platz 3 in der britischen Hitparade: »Pub With No Beer«. Hierzulande wurde die Nummer in der Version des Belgiers Bobbejaan als »Ich steh' an der Bar und habe kein Geld« ein Erfolg. Ansonsten blieben die Erfolge von Slim Dusty auf das Land der Känguruhs beschränkt.

*Pub With No Beer (1/59 GB 3)*
***Country***

**CD-Tip:** *No. 50 – The Golden Anniversary Album* EMI Australien CDP 7 46191

## Duval, Frank

v (Deutschland, *22. 11. 1940 in Berlin).
Der vielseitige Frank begann bereits als 16jähriger als Regieassistent an einer Bühne in Berlin. Zusammen mit seiner Schwester Maria machte er als Maria & Franco Duval Platten, z. B. »Teddy Boy« 1959. In die Hitparaden kamen die beiden nicht, aber angeblich sollen von ihrer Aufnahme »Ich leg' mein Schicksal in deine Hand« 900.000 Platten verkauft worden sein. 1962 trennten sich die Geschwister. Maria machte als Solistin weiter, Frank zogs zum Theater, und er war in Musicals wie »My Fair Lady« oder »Irma La Douce« zu sehen und zu hören. Für eine Art Musical-Persiflage auf Goethes ›Faust‹ übertrug ihm der Bayerische Rundfunk eine Auftragsarbeit. Danach folgten weitere Angebote, für Hörspiele die Musik zu schreiben, aber auch für Interpreten wie Ivan Rebroff oder Alexandra. Seit 1977 schreibt er vorwiegend Musik für TV-Serien wie ›Tatort‹, ›Derrick‹, ›Der Alte‹ – aber auch zahllose markante Werbespots und TV-Filme. Mit »Angel Of Mine« gelang ihm Ende 1980 ein Platz 1 und eine goldene Schallplatte in Deutschland. »Give Me Your Love« war 1983 ein Platz 2 in der deutschen Hitparade.

*Todesengel (12/79 CH 1)*
*Angel Of Mine (11/80 CH 1; 12/80 D 1)*
*Cry (For Our World) (9/81 CH 4)*
*Face To Face (7/82 CH 4)*
*Give Me Your Love (9/83 D 2; 10/83 CH 5)*
*Liebe und Tod (6/86 CH 7)*
***Instrumental, Pogo***

## Dylan, Bob

v (USA, *24. 5. 1941 als Robert Allen Zimmerman in Duluth/Minnesota).
›Man nannte ihn den Shakespeare des 20. Jahrhunderts, einen Opportunisten, einen Erzengel, den ersten Poeten der Musikautomaten, einen Messias, einen Propheten, ein geborenes Genie von einem Musiker, einen Charismatiker ersten Ranges; er konnte seinen Fans Banalitäten und Unverständlichkeiten zumuten, er konnte sein eigenes Image zerstören; seine Plattenumsätze stiegen, wenn er sich von der Szene zurückzog, und sie stiegen, wenn er wieder zurückkehrte. Gesprächsthema war er immer, beeinflußt hat er eine Generation von Sängern und Textern; seine Lieder wurden tausendfach nachgesungen, und viele davon werden die Zeiten ebenso überleben wie »La Paloma«, die Neunte von Beethoven oder »Mackie Messer«. Man kann Bob Dylan mögen oder nicht – ein Jahrhundertphänomen ist er auf jeden Fall.‹ Das schrieb Bob Dylans Plattenfirma im Juni 1981 über ihren Künstler und hat damit recht.
Zu seinem Künstlernamen inspirierte ihn der Poet Dylan Thomas. Im Dezember 1960 kam Bob nach New York und begann, in den Folk-Clubs von Greenwich Village zu spielen. Im Oktober 1961 erhielt er einen Plattenvertrag von der CBS. Kaum ein Musiker setzte im Laufe seiner Karriere so viele Trends wie er. Dylan war, neben Joan Baez, Anfang der 60er Sprecher der Folk-Protest-Bewegung, dann Initiator des Folk-Rock 1965. Unendlich viele seiner Kompositionen wurden durch andere Interpreten zu Hits gemacht. Daß er nicht der zurückgezogene introvertierte Musiker ist, den man ihm immer wieder angedichtet hat, merkte man spätestens, als er mit den Traveling Wilburys locker aufspielte. Seine Top-10-Erfolge waren »Like A Rolling Stone« und »Positively Fourth Street« 1965, »Rainy Day Women' 12 & 35« 1966 und »Lay Lady Lay« 1969.
Dylan spielte auch in etlichen Filmen mit: »Don't Look Back« 1965, »Eat The Document« 1969, »Pat Garrett And Billy The Kid« 1973, »Hearts Of Fire« 1987. Er selbst drehte den Film »Renaldo & Clara« 1978. 1988 wurde er in die Rock 'n' Roll

Hall of Fame aufgenommen. 1991 gewann er den Grammy's Lifetime Achievement Award. 1992 erschien die CD »Greatest Hits Vol. II«, 1994 »Vol. III«. Um die CD für die Fans interessanter zu machen, war auf Folge 3 mit »Dignity« ein neuer Song von Dylan, der allerdings als Hit nicht bezeichnet werden kann. In GB kam eine Live-Version dieses Stückes Mitte 1995 auf Platz 33. Im März 1995 erhielt Dylan einen Grammy in der Kategorie Best Traditional Folk Album. Damit wurde sein Ende 1993 erschienenes Album »World Gone Wrong« ausgezeichnet. Ebenfalls 1995 brachte er ein Album mit dem Titel »Unplugged« auf den Markt, das in GB sofort auf Platz 10 kam. Im Herbst 1997 erschien »Time Out Of Mind«, das von den Kritikern als sein bestes Album der letzten 20 Jahre gefeiert wurde. Bei der Grammy-Verleihung des Jahres 1998 sahnte Bob Dylan ab: Auszeichnungen für »Time Out Of Mind« als Album des Jahres und das Folk-Album des Jahres. Für den Song »Cold Irons Bound« wurde Bob als Rocksänger des Jahres ausgezeichnet. Sein Sohn Jakob gewann einen Preis als Komponist des besten Rocksong des Jahres: »One Headlight«.

*Times They Are A-Changin' (3/65 GB 9)*
*Subterranean Homesick Blues (4/65 GB 9)*
*Like A Rolling Stone (7/65 US 2, GB 4)*
*Positively 4th Street (10/65 US 7, GB 8)*
*Rainy Day Women 12 & 35 (4/66 US 2, GB 7)*
*Lay Lady Lay (7/69 US 7; 9/69 GB 5)*
*Wigwam (11/70 CH 9)*
***AOR (Adult Orientated Rock), Folk, Rock***

**CD-Tip:** *Biograph* CBS CD 66509

## Dyson, Ronnie

v (USA, *5. 6. 1950 in Washington/D.C., † 10. 11. 1990).
Dyson gehörte auch zu der Garde der Musiker, die durch das Musical »Hair« in das Showgeschäft gekommen sind. Im Juni 1970 gelang ihm mit »(If You Let Me Make Love To You Then) Why Can't I Touch You?« ein Platz 8 in den US-Charts. In den Popcharts war das sein einziger Hit, in den R&B-Charts blieb er bis 1983 erfolgreich. Ronnie starb am 10. 11. 1990 an Herzversagen, verursacht durch ein chronisches Lungenleiden.

*(If You Let Me Make Love To You Then) Why Can't I Touch You? (6/70 US 8)*
***Pop, Rhythm & Blues***

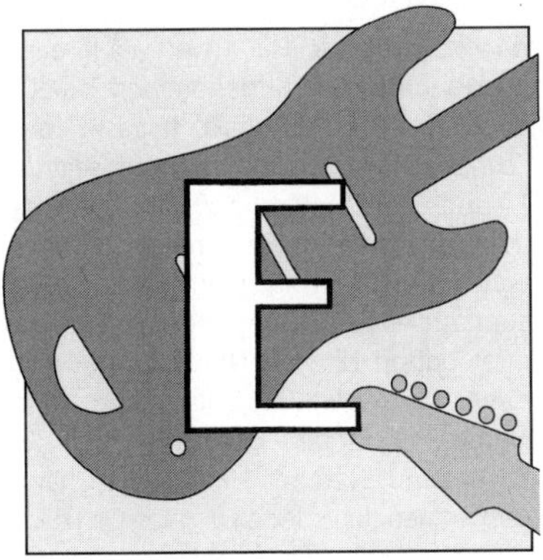

nig schlüpfrig und immer Nachhilfeunterricht für die Deutschen in amerikanischen Slang-Ausdrücken: Dick ist der Schwanz, Billy Boy = Pariser, Tits = Titten. Das war auch der Inhalt der Hits. Die erste Hitnotierung »Max Don't Have Sex With Your Ex« gefiel auch den Briten. Immerhin kam die Platte bis auf Platz 45. »Willy Use A Billy... Boy« kam Ende 1995 auf Platz 11 in Deutschland. »Help Me Dr. Dick« und »Fritz Love My Tits« brachten es 1996 auf Platz 23 bzw. 28. Auch hier wurde durch die Tatsache, daß auf den Plattenhüllen lediglich Zeichnungen zu sehen waren, die Möglichkeit eines Austauschs der Interpreten ohne Schwierigkeiten gegeben. Smith alias Ras Ma-Taz tauchte 1997 als Mitglied von Magic Affair wieder auf. Im Juli 1997 erschien mit »The Winner Takes It All«, eine Coverversion eines Abba-Hits, eine neue Singel des Duos. Inzwischen bestand das Duo aus Jouaner und der Schweizerin Jeannette Meier. Auf der Plattenhülle wurden diese beiden abgebildet – also weg von den Zeichnungen, hin zu realen Personen. Als neues Album erschien »Thank You For The Music« unter dem Motto ›E-Rotic Goes Abba‹.

*Max Don't Have Sex With Your Ex (11/94 D 7)*
*Fred Come To Bed (3/95 D 3; 4/95 CH 6)*
*Sex On The Phone (6/95 D 6)*
***Dance***

**CD-Tip:** *Sex Affairs* Blow Up INT 845.586

## E-Rotic

JEANETTE CHRISTENSEN, v; TERENCE ALLEN DARBY, v (USA, *19. 6. 1963 in New York City); CHÉ JOUNAER, v (USA, geb. in Memphis/Tennessee); LYANE LEIGH, v (Deutschland, *8. 4. 1968 als Hegemann in Hattingen); RAS MA-TAZ, v (USA, *29. 10. 1970 als Richard Michael Smith in Atlanta/Georgia).

Ab 1995 stand dieses Dance-Projekt in den deutschen Charts. Lyane hatte vorher im Mädchentrio Twenty-One, als Solo- und als Studiosängerin gewirkt. Auch bei den Projekten Missing Heart und IQ-Check war sie dabei. Der Amerikaner Smith kam mit der National Football League nach Europa, spielte dann bei den Munich Thunders und wurde danach der zweite Teil von E-Rotic. Ende 1995 kam es zwischen den beiden E-Rotic-Darstellern und den Produzenten David Brandes und John O'Flynn (dahinter versteckt sich Bernd Meinunger) zu Differenzen. Sie schmissen die beiden raus, die dann unter dem neuen Projektnamen S.E.X. Appeal weitermachten, und holten mit Christensen (*1974) und Darby zwei neue Mitglieder. Ende 1996 stieg Darby freiwillig wieder aus und für ihn kam der 1970 geborene Jounaer, Sohn eines Haitianers und einer Französin. Immer ein we-

## E., Sheila

v/g/key/b/per (USA, *12. 12. 1959 als Escovedo in San Francisco).

Die Tochter des legendären Percussionisten Pete Escovedo ist nicht nur Sängerin, sondern schreibt sich ihre Lieder meist selbst, spielt ebenfalls Percussion, aber auch noch Baß, Gitarre und Keyboards und produziert ihre Plattenaufnahmen in eigener Regie. Ihr Bruder Peto war Mitglied bei Con Funk Shun. Mitte der 70er

Jahre spielte sie zusammen mit ihrem Vater in der Gruppe Azteca. Sheila E. gilt als Entdeckung von Prince, auf dessen »Purple-Rain«-Soundtrack sie mitwirkte. Vorher hatten sich schon Musiker wie George Duke, Herbie Hancock, Spyro Gyra, Lionel Richie, Diana Ross oder Marvin Gaye ihrer Talente bedient. Ihre erste LP erschien Mitte 1984 mit dem Titel »The Glamorous Life«, ihre zweite, »Romance 1600«, ein Jahr später. Beide Platten wurden in den USA vergoldet. Der Titelsong der ersten LP war gleichzeitig ihr erster Top-10-Erfolg in den USA. Ihr einziger weiterer Hit in den oberen Regionen war »A Love Bizarre«.

*The Glamorous Life (6/84 US 7)*
*A Love Bizarre (2/86 D 4)*
***Dance, Rhythm & Blues***

## Eagles

DON FELDER, v/g (USA, *21.9. 1947 in Gainesville/Florida); GLENN FREY, v/g/key/p (USA, *6.11. 1948 in Detroit/Michigan); DON HENLEY, v/d (USA, *22.7. 1947 in Gilmer/Texas); BERNIE LEADON, v/g (USA, *19.7. 1947 in Minneapolis/Minnesota); RANDY MEISNER, v/b (USA, *8.3. 1946 in Scottsbluff/Nebraska); TIMOTHY B. SCHMIT, v/b (USA, *30.10. 1947 in Sacramento/Kalifornien); JOE WALSH, v/g (USA, *20.11. 1947 in Wichita/Kansas).

Diese Formation kam im August 1971 in Los Angeles als Quartett, bestehend aus Frey, Leadon, Meisner und Henley, zusammen. Alle hatten vorher in diversen Bands wie Hearts And Flowers, Dillard & Clark, Flying Burrito Brothers oder Longbranch Pennywhistle gespielt, ehe sie erstmals in der Backing Band von Linda Ronstadt zusammenkamen. Im April 1972, nachdem sie längere Zeit in einem Club in Aspen, Colorado, vier Sets pro Nacht gespielt hatten, um musikalisch zueinanderzufinden, erhielten sie einen Plattenvertrag. Ihre erste LP wurde in GB aufgenommen. Darauf auch ihr erster Hit »Take It Easy«, geschrieben von Glenn Frey und seinem Freund Jackson Browne. »Witchy Woman« war dann im September 1972 der erste Top-10-Erfolg der Eagles und stammte ebenfalls vom Debütalbum. Auf ihrer dritten LP »On The Boarder« war dann als Singleauskopplung ihre erste Nummer 1 in den USA, »Best Of My Love«, im November 1974 in die Charts gekommen. Ihre vierte LP »One Of These Nights« wurde, wie die nächsten drei folgenden, jeweils Spitzenreiter in der amerikanischen LP-Hitparade. Mit Don Felder hatte sich die Gruppe inzwischen zum Quintett verstärkt und lief zu Höchstform auf. Die Single »One Of These Nights« wurde im Mai 1975 Platz 1, »Lyin' Eyes« im September 1975 Platz 2, »Take It To The Limit« im Dezember 1975 Platz 4. Im Dezember 1975 verließ Bernie Leadon die Band und wurde durch den ehemaligen Leadgitarristen der James Gang, Joe Walsh, ersetzt. Bei der 18. Grammy-Verleihung im Februar 1976 gewannen die Eagles für ihren Titel »Lyin' Eyes« einen Grammy. Die nächsten drei Top-10-Erfolge waren alle Spitzenreiter und Millionseller: »New Kid In Town« 1976, »Hotel California« 1977, »Heartache Tonight« 1979. Jeweils Platz 8 belegten sie mit »The Long Run« 1979 und »I Can't Tell You Why« 1980. Im September 1977 verließ Randy Meisner, genervt von dem Streß des Tourens, die Band und wurde durch Timothy B. Schmit, mit dem Meisner schon bei Poco zusammengespielt hatte, ersetzt. Bei der 20. Grammy-Verleihung 1978 wurde »Hotel California« die Platte des Jahres. Im Februar 1981 kündigten die Mitglieder an, sich mehr um ihre Soloprojekte kümmern zu wollen, und stellten fest: ›We will never play again until the hell freezes over‹. Speziell Don Henley und Glenn Frey wurden als Solisten sehr erfolgreich. Ende des Jahres 1994 erschien dann schließlich doch eine neue CD der Eagles mit dem Titel »Hell Freezes Over«. Auf dieser CD waren lediglich vier neue Kompositionen zu hören. Daneben spielten sie Akustikversionen ihrer alten Hits, die sie anläßlich eines MTV-Specials im Frühjahr 1994 aufgenommen hatten. Die 1994er Besetzung der Eagles: Felder, Frey, Henley, Schmit und Walsh. Die Platte erreichte Platz 1 in den Albumcharts und verkaufte bis Ende 1996 trotz negativer Kritiken alleine in den USA 6 Millionen Exemplare. Da sieht man mal wieder: Kritiker kaufen keine Platten. Die Singleauskopplung »Get Over It« erreichte in den USA Ende 1994 Platz 31. Das erfolgreichste Album der Eagles ist »Eagles/Their Greatest Hits 1971 – 1975«. Davon die Verkaufszahlen bis Ende 1996: 22 Millionen.

*Witchy Woman (9/72 US 9)*
*Best Of My Love (11/74 US 1)*
*One Of These Nights (5/75 US 1)*
*Lyin' Eyes (9/75 US 2)*
*Take It To The Limit (12/75 US 4)*
*New Kid In Town (12/76 US 1)*
*Hotel California (2/77 US 1; 4/77 D 6, GB 8; 8/77 CH 2)*
*Heartache Tonight (10/79 US 1; 11/79 CH 10)*
*The Long Run (12/79 US 8)*
*I Can't Tell You Why (12/80 US 8)*
***AOR (Adult Orientated Rock), Folk, West Coast***

**CD-Tip:** *The Best Of* Asylum 960 342–2

## Earth & Fire

JERNEY KAAGMAN, v (Niederlande); GERARD KOERTS, v/key/p (Niederlande); RON MEYJES, g (Niederlande); BERT RUITER, b (Niederlande, *26. 11. 1946 in Amsterdam); AB TAMBOER, d (Niederlande).

Am Beginn ihrer Karriere hatte Golden Earring gestanden, mit denen sie gemeinsame Konzerte bestritten und deren Mitglied George Kooymans den ersten Earth-&-Fire-Hit »Season« geschrieben hatte. Bereits 1969 war diese niederländische Formation gegründet worden, und nach »Season« wurden dann auch ihre nächsten Eigenkompositionen Hits. 1971 wählten die Holländer Jerney Kaagman zur besten Sängerin, und mit »Invitation« hatten Earth & Fire wieder einen Hit. Die zweite LP, »Song Of The Marching Children«, wurde international von der Kritik gelobt und beinhaltete mit »Storm And Thunder« einen weiteren Singlehit. Die LPs »Super Starshine« und »Atlantis« wurden vergoldet, das Album »Reality Fills Fantasy« erreichte gar Platinstatus. Den größten Erfolg hatten sie zweifellos mit ihrer Single »Weekend«, die im Februar 1980 auch in Deutschland in die Hitparade kam und Spitzenreiter wurde. Danach verzeichneten sie bei uns noch einen Top-30- und einen Top-75-Hit.

*Weekend (2/80 D 1; 3/80 CH 1)*
***Pop***

**CD-Tip:** *Earth & Fire* Repertoire REP 4318-WY

## Earth, Wind & Fire

PHILIP BAILEY, v/per (USA, *8. 5. 1951 in Denver/Colorado); ROLAND BATTISTA, g (USA); MICHAEL BEALE, g (USA); JESSICA CLEAVES, v (USA, *10. 12. 1948 in Los Angeles/Kalifornien); LARRY DUNN, key (USA, *19. 6. 1953 als Lawrence Dunhill in Colorado); WADE FLEMONS, v/p (USA, *25. 9. 1940 in Coffeyville/Kansas, † 3. 10. 1993); JOHNNY GRAHAM, g (USA, *3. 8. 1951 in Kentucky); YACKOV BEN ISRAEL, per (USA); RALPH JOHNSON, v/d/per (USA, *4. 7. 1951 in California); RONNIE LAWS, g/sax (USA, *3. 10. 1950); AL MCKAY, g/per (USA, *2. 2. 1948); SHERRY SCOTT, v (USA); ALEX THOMAS, pos (USA); CHET WASHINGTON, sax (USA); FRED WHITE, d/per (USA, *13. 1. 1955); MAURICE WHITE, v/d (USA, *19. 12. 1941 in Memphis/Tennessee); VERDINE WHITE, v/b (USA, *25. 7. 1951); DON WHITE-

HEAD, key (USA); ANDREW WOOLFOLK, sax/fl (USA, *11. 10. 1950 in Texas).
Musikalischer Kopf dieser Band war Maurice White, der bereits als Elfjähriger in seiner Heimatstadt Memphis mit seinem Schulfreund Booker T. Jones Schlagzeug spielte. Nachdem er Schlagzeug und Komposition studiert und gar als Lehrer gearbeitet hatte, wurde er 1963 Session-Drummer bei Chess Records und spielte auf Platten von Billy Stewart, Chuck Berry, Jackie Wilson, den Impressions, den Dells und Etta James. 1963 wurde er Mitglied im Ramsey Lewis Trio und spielte auf zehn LPs dieser Formation mit. 1969 gründete er Salty Peppers, 1970 machte er daraus Earth, Wind & Fire und erhielt einen ersten Plattenvertrag. Ab diesem Zeitpunkt bis in die 90er Jahre sollten viele Musiker mit ihm zusammenspielen. Die obengenannten dürften bei weitem nicht alle sein. Im April 1971 erschien das Debütalbum. Mit »Shining Star« erreichte im Februar 1975 ihr erster Top-10-Erfolg die US-Charts: Die Nummer wurde Spitzenreiter und Millionseller. Weitere Hits unter den ersten 10 waren »Sing A Song« 1975, »Got To Get You Into My Life« und »September« 1978, »Boogie Wonderland« und »After The Love Has Gone« 1979 und »Let's Groove« 1981. Alle genannten Titel waren außerdem Millionseller. Zwischendurch machten einige Gruppenmitglieder wie Philip Bailey, Ronnie Laws oder auch Maurice White teils recht erfolgreiche Soloprojekte. Bis in die 90er Jahre hinein verstand es Maurice White, aktuelle Musikrichtungen in seine Titel einfließen zu lassen und die jeweiligen interessanten neuen Künstler, wie z. B. MC Hammer oder die Boys, auf seinen Platten mitspielen zu lassen. Die acht bis zehn Mitglieder, die jeweils in der Band waren, boten eine ausgezeichnete und mitreißende Bühnenshow. Ein Konzert von Earth, Wind & Fire war ein Erlebnis.

*Shining Star (2/75 US 1)*
*Sing A Song (11/75 US 5)*
*Got To Get You Into My Life (7/78 US 9)*
*September (11/78 GB 3, US 8)*
*Boogie Wonderland (5/79 GB 4, US 6)*
*After The Love Has Gone (7/79 US 2, GB 4)*
*Let's Groove (10/81 GB 3, US 3)*
***Rhythm & Blues***

**CD-Tip:** *The Eternal Dance* Columbia Legacy C3K 52439

## East 17

BRIAN, v (Großbritannien, *8. 8. 1974 als Brian Lee Harvey in London); JOHN, v/key/b (Großbritannien, *26. 3. 1971 als John Darren Hendy in Barking/Essex); TERRY, v/key (Großbritannien, *21. 7. 1974 als Terry Mark Coldwell in London); TONY, v/key (Großbritannien, *21. 10. 1970 als Anthony Michael Mortimer in Stepney/London).
Die Mitglieder der Gruppe East 17 waren durchschnittlich 18 Jahre alt, als sie mit »House Of Love« im Herbst 1992 ihren ersten Top-10-Hit in GB und Deutschland hatten. Sie benannten sich nach dem Postzustellungsbezirk in London, in dem sie alle wohnten. Ihre Musik brachte eine typische weiße Mixtur (geschrieben von Tony) aus tanzbarem Rap und Hip-Hop, die ihre Plattenfirma als ›fröhlich poppigen Dance Floor‹ bezeichnete. Auf dem amerikanischen Markt konnte sich diese Formation bisher nicht durchsetzen. Mit »Stay Another Day« zeigte die Gruppe jedoch auch schon eine Abkehr vom Teeniestil – es gelang ihnen damit der Weihnachtshit des Jahres 1994 in GB. In den folgenden Jahren sollte sich East 17 weiter in Europa, aber nicht in den USA behaupten. Für ihren letzten Hit des Jahres 1996, »If You Ever«, ließen sie sich von der Sängerin Gabrielle stimmlich unterstützen. Im Januar 1997 teilten drei Musiker von East 17 ihrem vierten Mann, dem Leadsänger Brian Harvey mit, er solle sich doch bitte von der Band lösen. Grund: Harvey hatte zur De-

signerdroge Ecstacy bemerkt, sie sei auch auf Dauer völlig ungefährlich. Mitte 1997 berichtete die Teenie-Presse, Brian habe sich wieder mit seinen Kumpels versöhnt und sei wieder zurückgekehrt – dafür sei nun Tony ausgestiegen und strebe eine Solokarriere an. Noch im gleichen Jahr löste sich die Gruppe auf – und kündigte 1998 an, sie werde als Trio ohne Tony weitermachen.

*House Of Love (8/92 GB 10; 11/92 D 6)*
*Deep (1/93 GB 5)*
*It's Alright (12/93 D 2, GB 3; 2/94 CH 1)*
*Around The World (5/94 GB 3)*
*Steam (10/94 GB 7)*
*Stay Another Day (12/94 GB 1, CH 2, D 4)*
*Let It Rain (3/95 GB 10)*
*Thunder (11/95 GB 4, CH 5, D 6)*
*Do U Still? (2/96 GB 7)*
*If You Ever (11/96 GB 2)*
*Hey Child (1/97 GB 3)*
***Boy Group***

**CD-Tip:** *Steam* London 828 542–2

## East Of Eden

DAVE ARBUS, v/sax/tr/vln/fl (Großbritannien, *8. 10. 1941); GEOFF BRITTON, d (Großbritannien, *1. 8. 1943); RON CAINES, sax/p (Großbritannien, *13. 12. 1944); GEOFF NICHOLSON, g (Großbritannien); ANDY SNEDDON, b (Großbritannien).

Dieser Band, die vorwiegend Instrumentalmusik machte, gelang mit der außergewöhnlichen Nummer »Jig A Jig« im April 1971 ein Platz 7 in der britischen Hitparade. Im Laufe des Bestehens dieser Band spielten etliche Musiker mit. Dave Arbus gründete sie 1967 in Bristol, England. Die bis zu diesem Zeitpunkt für Rockgruppen reichlich unpopulären Instrumente wie Geige und Saxophon setzte er geschickt neben Schlagzeug, Gitarre und Baß. In ihren Anfangstagen griffen East Of Eden Ideen der Jazzer John Coltrane und Charles Mingus auf, ließen sich von modernen Komponisten wie Bartók, Ravel und Debussy inspirieren und rundeten das Ganze mit Klängen indischer Raga-Musik ab. Allmählich verwandelte sich der Musikstil jedoch in einen einfacheren Rock bis hin zur Popmusik. Was heute im nachhinein in Erinnerung bleibt, ist die Tatsache, daß Dave Argus einer der besten britischen Rock-Geiger gewesen ist. So ist er z. B. auf dem Who-Album »Who's Next« zu hören. Geoff Britton ging später zu den Wings. Und was in der zweiten Hälfte der 70er Jahre als East Of Eden firmierte, hatte mit der ursprünglichen Band wenig zu tun.

*Jig A Jig (4/71 GB 7)*
***Folk, Rock***

**CD-Tip:** *Jig-A-Jig* Repertoire PMS 7073 WP

## East Side Beat

CARL FANINI, v (USA); FRANCESCO PETROCCHI, key (Italien).

Fanini, Amerikaner italienischer Abstammung, zog Mitte 1990 nach Italien, in die Heimat seiner Väter. Dort tat er sich mit dem Dance-Musiker Petrocchi, einem erfahrenen Keyboarder, zusammen. Mit ihrer Dance-Version des Christopher-Cross-Hits »Ride Like The Wind« erreichte East Side Beat im November 1991 die britischen Charts. 1994 tauchte Carl als Sänger der Formation Club House auf. Mit »Light My Fire« kamen sie als Club House featuring Carl im Frühjahr 1994 in die britischen Top 10.

*Ride Like The Wind (11/91 GB 3)*
***Dance***

## Easton, Sheena

v (Großbritannien, *27. 4. 1959 als Sheena Shirley Orr in Bellshill/Glasgow).

Einen Monat nachdem sie sich erfolgreich bei der EMI in London beworben hatte, machte sie ihren Abschluß als Lehrerin für

Sprache und Schauspiel an der Royal Scottish Academy of Music and Drama. Mit »Modern Girl« wurde sie im April 1980 zum erstenmal in der britischen Hitparade verzeichnet. Im Juli 1980 war sie in der BBC-TV-Sendung »The Big Time«, in der Menschen die Gelegenheit gegeben wird, über ihre Zukunftspläne zu sprechen. In der Sendung sah man Sheena bei ihrer Vorstellung, Sheena bei der Produktion ihrer ersten Single und der Promotionarbeit ihrer Plattenfirma – eine gute Promotion. Gleichzeitig erschien ihre neue Single »9 To 5«, die die britischen und amerikanischen Top 10 erreichte. In den USA hieß die Nummer allerdings »Morning Train (Nine To Five)«, weil kurz zuvor Dolly Parton mit dem Titelsong ihres Filmes »9 To 5« in den USA auf Platz 1 gestanden hatte. Man wollte wohl vermeiden, daß Sheena Eastons Single wie eine Coverversion des Dolly-Parton-Titels wirken würde. Überhaupt, vom Aussehen und Gehabe war Sheena Easton für den amerikanischen Markt wie geschaffen. 1981 erhielt sie einen Grammy als Best New Artist. In England hatte sie ihren nächsten Top-10-Hit mit einer Wiederveröffentlichung der Aufnahme »Modern Girl« im August 1980. »For Your Eyes Only«, Titelsong aus dem gleichnamigen James-Bond-Film, wurde Mitte 1981 ihr letzter Top-10-Erfolg in GB und ihr zweiter in den USA. Nach ihrem Umzug nach Kalifornien war sie dort weiterhin ständig in den Hitparaden und erreichte Top-10-Positionen mit »We've Got Tonight«, ein Duett mit Kenny Rogers, und »Telefone (Long Distance Love Affair)« 1983, »Strut« und »Sugar Walls«, von Prince unter dem Pseudonym Alexander Nevermind geschrieben, 1984 und »The Lover In Me« 1988. Als sie in fünf Episoden von ›Miami Vice‹ die Frau von Sonny Crockett spielte, erreichte die Sendung Traum-Einschaltquoten. Beim Prince-Hit »U Got The Look«, im August 1987 ein Platz 2 in den USA, sang Sheena mit. Ende der 80er Jahre vollzog sie endgültig die Verwandlung von einer Schlager- zur Dance-Floor-Sängerin.

*Morning Train (Nine To Five) (7/80 GB 3; 2/81 US 1; 7/81 CH 3)*
*Modern Girl (8/80 GB 8)*
*For Your Eyes Only (6/81 US 4, GB 8; 8/81 CH 1; 9/81 D 5)*
*We've Got Tonight (1/83 US 6)*
*Telephone (Long Distance Love Affair) (8/83 US 9)*
*Strut (8/84 US 7)*
*Sugar Walls (12/84 US 9)*
*The Lover In Me (11/88 US 2)*
***Dance, Pop***

**CD-Tip:** *The Single Collection* EMI 7 81491 2

## Easybeats

TONY CAHILL, d; DICK DIAMONDE, b (Niederlande, *28. 12. 1947 als Dingeman van der Sluys in Hilversum); GORDON »SNOWY« FLEET, d (Großbritannien, *16. 8. 1945 in Bootle/Lancashire); HARRY VANDA, v/g (Niederlande, *22. 3. 1947 als Johannes Vandenberg in Den Haag); STEVE WRIGHT, v (Großbritannien, *20. 12. 1948 in Leeds/Yorkshire); GEORGE YOUNG, v/g (Großbritannien, *6. 11. 1947 in Glasgow).
1963 kam die Gruppe in Sydney, Australien, zusammen. Drei ihrer Mitglieder – Wright, Young und Fleet – waren in GB, zwei – Vanda und Diamonde – in Holland geboren. Alle waren mit ihren Eltern nach Australien ausgewandert. Ab 1964 nannten sie sich Easybeats. Mitte 1965 hatten sie mit »She's So Fine« ihre erste Nummer 1 in Australien. Mitte 1966 unterschrieben sie einen weltweiten Vertrag mit United Artists und verlegten ihre Aktivitäten nach GB. Dort erschien Ende 1966 »Friday On My Mind«, im Oktober ein Top-10-Hit in GB, im Januar 1967 in Deutschland und zwei Monate später Platz 16 in den USA. Obwohl noch weitere interessante Aufnahmen der Band erschienen,

gelang ihnen nur noch mit »Hello, How Are You?« im April 1968 ein Platz 20 in GB. Ende 1969 trennte sich die Gruppe. Vanda und Young gingen zurück nach Australien und eröffneten ein Aufnahmestudio. Mit John Paul Young hatten sie ihre ersten Erfolge. Ab Mitte der 70er Jahre produzierten sie die Band AC/DC, bei denen Georges jüngere Brüder Angus und Malcolm Young spielten. Nur zu produzieren und Songs zu schreiben, war dem Team Vanda/Young zuwenig. Unter den Pseudonymen Paint Box, Marcus Hook Roll Band oder Flash & The Pan nahmen sie weitere Platten auf. Speziell Flash & The Pan war international erfolgreich.

*Friday On My Mind (10/66 GB 6; 1/67 D 10)*
***Beat, Pop***

**CD-Tip:** *Collection* Line IMCD 9.00823 O

## Ebstein, Katja

v (Deutschland, *9. 3. 1945 als Karin Witkiewicz in Königshütte).
Die Sängerin mit einer klassischen Gesangsausbildung wurde 1965 von Heino Gaze entdeckt. Da ihr der Schlager offensichtlich nicht so lag, wandte sie sich dem Chanson und der Folklore zu. So war sie z. B. bei etlichen Burg-Waldeck-Festivals der späten 60er Jahre mit von der Partie. Mit »Wunder gibt es immer wieder« 1970 und »Diese Welt« 1971 erreichte sie jeweils den 3. Platz beim Grand Prix Eurovision.
Ihre beiden größten Hits sind dann jedoch wieder Schlager oben abgelehnter Sorte: »Der Stern von Mykonos« 1973 und »Es war einmal ein Jäger« 1974. 1975 – ob es das war, was sie wirklich wollte – brachte sie mit »Wilde Rosen und andere Träume« eine LP mit Lyrik von Heinrich Heine, vertont von ihrem damaligen Mann Christian Bruhn, auf den Markt. Dazu sagte sie: ›Ich lasse mich musikalisch und textlich weder von der Schlagerbranche noch von Kritikern einengen und werde so viele Facetten aufzeigen, wie ich kann.‹ Da stellt sich jetzt nur noch die Frage: Kommt Facetten eigentlich von verzetteln?! 1980 machte sie wieder mit beim Grand Prix Eurovision und erreichte mit »Theater« Platz 2. 1981 heiratete sie den Filmregisseur Klaus Überall, Katja Ebstein wandte sich mehr der Schauspielerei zu.

*Der Stern von Mykonos (6/73 D 4; 8/73 CH 2)*
*Es war einmal ein Jäger (11/74 D 4)*
*Abschied ist ein bißchen wie sterben (3/80 CH 8, D 10)*
***Deutscher Schlager, Grand Prix***

## Echo & The Bunnymen

JAKE BROCKMAN, key (Großbritannien); NOEL BURKE, v/g/p (Großbritannien, geb. in Belfast); JULIAN COPE, v/g/b (Großbritannien, *21. 10. 1957 in Bargoed/Wales); PETE DE FREITAS, d (Trinidad, *2. 8. 1961 in Port of Spain, † 15. 6. 1989); MARK FOX, per (Großbritannien, *13. 2. 1958); MICHAEL LEE, d (Großbritannien); IAN MCCULLOCH, v (Großbritannien, *5. 5. 1959 in Liverpool); LES PATTINSON, b (Großbritannien, *18. 4. 1958 in Ormskirk/Merseyside); DAMON REECE, d (Großbritannien); WILL SERGEANT, g (Großbritannien, *12. 4. 1958 in Liverpool); PETE WYLIE, v/g (Großbritannien, *22. 3. 1958 in Liverpool).
Echo & The Bunnymen aus Liverpool brachte musikalisch Neo-Psychedelia, Folk-Elemente, New-Wave-Sounds und eingängige Popmelodien zusammen. Im Mai 1977 formten Ian, Pete und Julian die Crucial Three. Über den Status einer Probenband kam man nie hinaus. Im Juli 1978 kamen Ian und Julian als Mitglieder von A Shallow Madness erneut zusammen, aber wieder ohne sichtbaren Erfolg. Im September 1978 machte Ian mit Will und einer Drum Machine, die sie Echo nannten, ein Demo. Im November desselben Jahres kam mit Les ein dritter Mann in

die Band, und noch im selben Monat standen erstmals drei Bunnymen und eine Echo-Maschine auf der Bühne. Ein Jahr später ging Echo in Pension; statt dessen stieg Schlagzeuger Pete de Freitas ein. Vorher jedoch hatte das Trio bereits im März 1979 die Single »Pictures On My Wall« mit der B-Seite »Read It In Books« veröffentlicht. Ab 1980 wurde die Gruppe in den Hitparaden notiert. Die Aufnahmen »The Cutter« 1983 und »The Killing Moon« 1984 erreichten in GB die Top 10. Fünf LPs, die sie zwischen 1981 und 1987 veröffentlichten, kamen alle unter die ersten 10 der britischen LP-Charts. 1989 schockierte McCulloch seine Bandkollegen mit der Ankündigung, ab jetzt eine Solokarriere verfolgen zu wollen. Für ihn kam Noel Burke. Man hatte gerade mit den Proben für ein neues Album begonnen, als Pete de Freitas mit seinem Motorrad einen Unfall hatte und starb. Für ihn kam Damon Reece zur Band, außerdem nahm man den früheren Road-Manager Brockman hinzu. Mit dem Album »Reverberation« leiteten sie das nächste Kapitel der Bunnymen ein. Da eben nichts für immer ist, war 1997 auch die Pause, die sich die Gruppe auferlegt hatte, zu Ende. Als neuer Drummer wurde Michael Lee vorgestellt. Ihre Single »Nothing Lasts Forever« stieg in der letzten Juniwoche 1997 in die britischen Charts ein und erreichte Platz acht – wenig, wenn man bedenkt, daß Liam Gallagher von Oasis mitsang. Er wollte damit beweisen, daß Echo & The Bunnymen zu seinen großen Vorbildern gehörten.

*The Cutter (1/83 GB 8)*
*The Killing Moon (1/84 GB 9)*
*Nothing Lasts Forever (6/97 GB 8)*
***New Wave, Pop, Rock***

**CD-Tip:** *Sell Me A God* Fiction 838 944 2

## Echobeatz

Paul Boddy (Großbritannien); Dave De Briae (Großbritannien).
Mas Que Nada heißt ›Sag nichts mehr‹ – das sagte sich auch die Plattenfirma und ließ wenig darüber heraus, wer sich hinter Echobeatz versteckt und wer was spielt oder singt. Jedenfalls kam der Titel »Mas Que Nada« in die Charts, weil zur WM in Frankreich die Sportfirma Nike einen Spot im TV laufen ließ, der genau mit dieser Melodie unterlegt war. Daraufhin kamen gleich etliche Versionen dieser Jorge-Ben-Komposition auf den Markt. Eine sehr schöne war die Wiederveröffentlichung des Tamba Trios aus dem Jahre 1963. Natürlich erschien auch Sergie Mendes aus dem Jahre 1966 wieder – und ein paar überflüssige Disco-Versionen. Die Platte von Echobeatz jedenfalls gehörte zu den besseren Veröffentlichungen.

*Mas Que Nada (7/98 GB 10)*
***Pop***

## Eckstine, Billy

v/bl (USA, *8. 7. 1914 als William Clarence Eckstein in Pittsburgh/Pennsylvania, † 8. 3. 1993).
Billys Karriere begann bei Earl Hines. Sein Bariton war trotz gelegentlich übertriebener Phrasierung immer einschmeichelnd. In der Band von Hines sang Billy zwischen 1939 und 1943. Der »Stormy Monday Blues« stand im April 1943 in der amerikanischen Hitparade mit Earl Hines und seinem Orchester, Gesang: Billy. Danach gründete er seine eigene Jazzband, in der solche Cracks wie Charlie Parker, Dizzy Gillespie, Art Blakey, Miles Davis und als Sängerin Sarah Vaughan mitwirkten. »A Cottage For Sale« war 1945 Billys erster Top-10-Erfolg und Millionseller. »Prisoner Of Love« 1946, »My Foolish Heart« 1950 und »I Apologize« 1951 erzielten das gleiche Ergebnis. Seine letzte Hitnotie-

rung in den USA stammt aus dem Jahre 1967. In GB hatte Billy mit »No One But You« im November 1954 einen Platz 3, mit »Gigi« im Februar 1959 einen Platz 8. Noch einmal erreichte Billy zusammen mit seiner alten Sängerin Sarah Vaughan mit dem Titel »Passing Strangers« im März 1969 in GB Platz 20. Es war eine Wiederveröffentlichung. Ursprünglich war der Titel im September 1957 herausgekommen und erreichte damals Platz 22 in GB. Mr. B., so Eckstines Spitzname, starb an einem Herzleiden.

*A Cottage For Sale (10/45 US 8)*
*Prisoner Of Love (4/46 US 10)*
*My Foolish Heart (3/50 US 6)*
*I Wanna Be Loved (6/50 US 7)*
*If (2/51 US 10)*
*I Apologize (3/51 US 6)*
*No One But You (11/54 GB 3)*
*Gigi (2/59 GB 8)*
***Big Band, Pop***

## Eddie & The Hot Rods

GRAEME JOHN DOUGLAS, g (Großbritannien, *22. 1. 1950); PAUL GRAY, b (Großbritannien, *1. 8. 1958); DAVE HIGGS, g (Großbritannien, *21. 3. 1950); LEW LEWIS, harm (Großbritannien); BARRIE MASTERS, v (Großbritannien, *4. 5. 1956); STEVE NICOL, d (Großbritannien, *17. 2. 1957).

Wie etliche britische Gruppen, die sich in der Mitte der 70er Jahre formierten, versuchten auch Eddie & The Hot Rods aus Southend, Essex, eine Mixtur aus Pub, Punk, New Wave und Rhythm & Blues zu finden. Chuck Berry und die Who waren die Vorbilder dieser Band. Ihre EP »Live At The Marquee« brachte ihnen im September 1976 die erste Hitnotierung in GB, »Do Anything You Wanna Do« war im August 1977 ihr einziger Top-10-Erfolg. Über die Grenzen des britischen Königreichs hinaus war ihre Musik in Single-Format nicht erfolgreich. 1977 waren viele Kritiker der Meinung, diese Formation sei der legitime Nachfolger der Rolling Stones. Leider hatten sie übersehen, daß die Rolling Stones weitermachten und keinen Nachfolger brauchten. Nachdem Douglas die Gruppe verlassen hatte und Gray zu der Formation Damned ging, löste Masters 1981 Eddie & The Hot Rods auf und wurde Mitglied bei den Inmates, brachte aber später für Auftritte in Pubs und Aufnahmen bei kleineren Plattenlabels Eddie & The Hot Rods wieder zusammen.

*Do Anything You Wanna Do (8/77 GB 9)*
***New Wave, Rhythm & Blues, Rock***

## Eddy, Duane

g (USA, *26. 4. 1938 in Corning/New York).

1958 entdeckte der Radio-Discjockey Lee Hazlewood, der später mit Nancy Sinatra Hits haben sollte, einen jungen Mann namens Duane Eddy. Der hatte eine ganz eigene Art drauf, Gitarre zu spielen. Er schlug die Gitarre nicht da an, wo es andere Gitarristen tun, sondern ganz tief unten – wo die meisten schon gar nicht mehr hinpacken. Diese Art sollte später als ›Twangy Guitar‹ in die Musikgeschichte eingehen. Eddy und Hazlewood schrieben eine Nummer, die sie »Rebel-'Rouser« nannten und die Mitte 1958 ein Platz 6 in der amerikanischen Hitparade wurde. In den nächsten fünf Jahren sollte Duane Eddy mit seinen Instrumentaltiteln mehr als zwölf Millionen Platten verkaufen – und das, obwohl es schwer ist, Instrumentals an den Käufer zu bringen. Die Zusammenarbeit von Duane Eddy und Lee Hazlewood hielt ein paar Jahre an – lange genug, um beide zu reichen Männern zu machen. Der Gitarrenstil von Duane Eddy wurde oft kopiert – aber so, wie er das aufnahm, brachte es keiner zustande. Duane hatte weitere Top-10-Hits in den USA mit »Forty Miles Of Bad Road« 1959 und »Because They're Young« 1960. In GB brachte er es insgesamt auf neun Top-10-Erfolge. Zusammen mit den Rebelettes stand er im Frühjahr 1975 wieder in der Hitparade mit »Play Me Like You Play Your Guitar«. Zusammen mit der Gruppe Art Of Noise und seinem alten Titel »Peter Gunn« gelang ihm im März 1986 wieder ein Top-10-Hit in GB. 1987 erschien eine neue LP von ihm, die er zusammen mit Musikern, von denen man weiß, daß sie Fans von Duane Eddy waren und sind, aufnahm. Dazu gehörten Jeff Lynne, Paul McCartney, George Harrison, John Fogerty oder Ry Cooder. 1994 wurde Eddy in die Rock 'n' Roll Hall of Fame aufgenommen.

*Rebel-'Rouser (6/58 US 6)*
*Forty Miles Of Bad Road (6/59 US 9)*
*Peter Gunn Theme (6/59 GB 6)*
*Shasam! (4/60 GB 4)*
*Because They're Young (5/60 US 4; 7/60 GB 2)*
*Pepe (1/61 GB 2)*
*Theme From Dixie (4/61 GB 7)*
*Ballad Of Paladin (8/62 GB 10)*
*Dance With The Guitar Man (11/62 GB 4)*
*Play Me Like You Play Your Guitar (3/75 GB 9)*
*Peter Gunn (3/86 GB 8)*
***Instrumental, Rock 'n' Roll***

**CD-Tip:** *Twangin' From Phoenix To L.A.* Bear Family BCD 15 778 EK

## Edelweiß

Hierbei handelte es sich um eine ›Sound attack straight from the Alps‹, die sich angeblich in New York formierte. Weder die Plattenfirma noch diejenigen, die sich hinter diesem Projekt verbergen, scheinen ernsthaft ein Interesse daran zu haben, daß man möglicherweise einmal mit dem Finger auf sie zeigt. Deshalb sind keine Namen bzw. lediglich Phantasiepseudonyme der Österreicher bekannt: Wurzi alias Walter Werzowa, Martin M. Gletschermayer und Stefan Biedermann alias DJ Freibier. Die Jodeleinlagen lieferte Maria Mathis. Tatsache ist, daß auf der Basis des Titels »SOS« von Abba »Bring Me Edelweiß« gejodelt und gehiphopt wurde. Diese exotische Klangmischung kam Ende 1988 in die deutsche Hitparade und erreichte Platz 2. Im April 1989 waren sogar die Briten davon angetan und brachten die Aufnahme auf Platz 5. Nachdem man längere Zeit nichts mehr von ihnen gehört hatte, kam Ende 1992 mit »Raumschiff Edelweiß« eine weitere Platte in die Charts. In Deutschland erreichte sie Platz 7.

*Bring Me Edelweiß (11/88 D 2; 1/89 CH 1; 4/89 GB 5)*
*Raumschiff Edelweiß (10/92 D 7; 1/93 CH 8)*
***Techno***

**CD-Tip:** *Wonderful World Of Edelweiß* WEA 4509–91411–2

## Edison Lighthouse

TONY BURROWS, v (Großbritannien, *14. 4. 1942); RAY DOREY, v/b (Großbritannien, *22. 2. 1949); STUART EDWARDS, g (Großbritannien, *9. 6. 1946); DAVID TAYLOR, g (Großbritannien, *7. 10. 1950); GEORGE WEYMAN, d (Großbritannien, *18. 5. 1949).

Immer wieder werden in England und in den USA durch Studiosänger Platten aufgenommen, dann auf den Markt gebracht – und danach wird erst entschieden, ob man zu dem Hit, der sich daraus möglicherweise entwickelt, um ihn herum eine Gruppe zusammenstellt. Der erfolgreichste amerikanische Sänger dieser Gattung ist Ron Dante, sein britisches Pendant Tony Burrows. Er sang bei diversen Produktionen die Leadstimme für Kestrels, Ivy League, Flowerpot Men, Edison Lighthouse, White Plains, Brotherhood Of Man, Pipkins oder First Class. Der größte Triumph für Tony Burrows dürfte der 26. 1. 1970 gewesen sein. In der zum damaligen Zeitpunkt populärsten britischen

TV-Musiksendung, ›Top of the Pops‹, traten Brotherhood Of Man mit »United We Stand«, White Plains mit »My Baby Loves Lovin'« und Edison Lighthouse mit »Love Grows (Where My Rosemary Goes)« auf. In allen drei Fällen trat als Leadsänger jedesmal Tony Burrows nach vorn. Die Zuschauer müssen an ihrem Sehnerv gezweifelt haben. Edison Lighthouse gelang nach »Love Grows«, im Januar 1970 eine Nummer 1 in GB und ein Platz 5 in den USA, kein weiterer Top-40-Hit mehr. War ja auch nicht nötig, denn es gab ja noch andere Gruppen. Die Band, die Tony begleitete, war aus dreißig Gruppen als die beste herausgesucht worden. Sie hatten vorher unter dem Namen Greenfield Hammer gespielt.

*Love Grows (Where My Rosemary Goes) (1/70 GB 1, US 5; 3/70 D 8)*
***Pop***

## Edmunds, Dave

v/g (Großbritannien, *15. 4. 1944 in Cardiff/Wales).
Nachdem der Gitarrist, Sänger, Songschreiber und Produzent in Gruppen wie 99ers, Raiders und Image gespielt hatte, nahm er mit Human Beans die erste Platte auf. Im Frühjahr 1968 und nachdem die erste Platte ein Flop gewesen war, änderten sie ihren Namen in Love Sculpture. Jetzt gelang ihnen der erste Hit mit »Sabre Dance«, im November 1968 ein Platz 5 in GB. Im Frühjahr 1969 fiel die Band auseinander. 1970 nahm Dave Edmunds einen alten Smiley-Lewis-Titel auf: »I Hear You Knocking«. Seine Plattenfirma EMI war daran nicht interessiert. Inzwischen hatte Daves Manager Gordon Mills sein eigenes Plattenlabel gegründet, MAM. Darauf wird die Nummer veröffentlicht, verkaufte mehr als drei Millionen Exemplare und wurde im November 1970 Spitzenreiter in GB und zwei Monate später Top 10 in Deutschland. Danach war Dave im Duett mit Nick Lowe und mit der Gruppe Rockpile erfolgreich, hatte aber auch als Solist noch Top-10-Hits mit »Baby I Love You« und »Born To Be With You« 1973 und »Girls Talk« 1979. Als Produzent arbeitet Dave für Shakin' Stevens, Mason Ruffner, Nick Lowe, Elvis Costello, Dion, die Stray Cats, Fabulous Thunderbirds, Flamin' Groovies, Everly Brothers und andere.

*I Hear You Knocking (11/70 GB 1, US 4; 1/71 CH 2, D 3)*
*Baby I Love You (1/73 GB 8)*
*Born To Be With You (6/73 GB 5)*
*Girls Talk (6/79 GB 4)*
***Rock, Rock 'n' Roll***

**CD-Tip:** *The Early Edmunds* EMI CDS 7 96717 2

## Edward Bear

ROGER ELLIS, v/g (Kanada); LAWRENCE EVOY, v/d (Kanada); ROBERT KENDALL, org (Kanada); DANIEL MARKS, v/g (Kanada); PAUL WELDON, key/b (Kanada).
Diese Gruppe begann 1968 in ihrer Heimatstadt Toronto. Den Namen hatten sie von einer Figur aus dem Kinderbuchklassiker ›Pu der Bär‹ des Briten Alan Alexander Milne. In den Anfangstagen wechselten die Mitglieder schnell, dann fand man zu einem Trio zusammen, bestehend aus Paul, Daniel und Lawrence. 1970 haben sie ihren ersten Eintrag in den US-Charts, aber erst nachdem 1971 Marks gegen den Briten Ellis ausgetauscht worden war, kam der Erfolg mit dem von Lawrence geschriebenen Millionseller »Last Song« Ende 1972. Mit »Close Your Eyes« hatten sie im April 1973 noch einen weiteren Top-40-Hit. 1974 verließ Ellis die Band wieder. Weldon war inzwischen durch Kendall ersetzt worden, und die beiden verbleibenden Musiker machten ohne Hiterfolge als Duo weiter.

*Last Song (12/72 US 3)*
***AOR (Adult Orientated Rock), Folk, Rock***

## Edwards, Cliff

v (USA, *14. 6. 1895 in Hannibal/Montana, † 18. 7. 1972).

Cliff Edwards war es, der in den 20er Jahren die Ukulele in den ganzen USA populär machte. Ab 1924 waren seine Platten in der Hitparade verzeichnet. Sein Spitzname war ›Ukulele Ike‹, seine Musik war jazzorientiert, aber doch recht kommerziell. Mit »It Had To Be You« hatte er im August 1924 seinen ersten Top-10-Erfolg. Seine größten Hits waren »I Can't Give You Anything But Love« 1928 und »Singin' In The Rain« 1929, beide Spitzenreiter in den USA. Letztgenannter Titel stammt aus dem 1929 entstandenen Film »Hollywood Revue Of 1929«. Der Beginn von Cliffs Filmkarriere fiel mit dem Aufkommen des Tonfilms zusammen, und er drehte über sechzig Filme, in erster Linie Musicals und romantische Komödien. Seinen Plattenerfolg konnte er bis in die 40er Jahre retten. Mit »When You Wish Upon A Star« gelang ihm im Februar 1940 sein letzter Top-10-Erfolg. Der Titel stammte aus dem Film »Pinocchio«, in dem er die Stimme von Jiminy Cricket sang und sprach, und gewann einen Oscar als bester Song. 1941 wurde Cliff die Stimme von Jim Crow in einem weiteren Walt-Disney-Film, »Dumbo«. Danach machte er für die Disney-Studios Kinderlieder und trat regelmäßig in der Fernsehserie ›Mickey Mouse Club‹ auf, obwohl er Alkohol- und Gesundheitsprobleme hatte. Er starb im Juli 1972 nach einem Herzinfarkt.

*When You Wish Upon A Star (2/40 US 10)*
***Pop***

## Edwards, Jonathan

v/g (USA, *28. 7. 1946 in Minnesota).

Nach seiner Militärzeit spielte der Sänger, Gitarrist und Songschreiber in einer Folk-Gruppe, die sich Rivermen nannte, danach zusammen mit einem Folk-Gitarristen als St. James Doorknob. Das Duo spezialisierte sich auf elektrisch verstärkte Versionen von Byrds- und Dylan-Titeln. Sie benannten sich in Headstone Circus um und spielten mehr Blues, dann eine weitere Umbennung in Sugar Creek, die in Richtung Blue Grass tendierten. 1970 verließ Jonathan Edwards die Band und hatte als Solist einen einzigen Top-10-Erfolg und Millionseller im November 1971 mit dem Titel »Sunshine«. Obwohl er noch weitere interessante LPs veröffentlichte, schlug sich das nicht mehr in den Singlecharts nieder.

*Sunshine (11/71 US 4)*
***AOR (Adult Orientated Rock), West Coast***

## Edwards, Rupie

v (Jamaika, *4. 7. 1945).

Dieser Produzent, Inhaber von Schallplattenläden, Herausgeber der Zeitung ›Record Retailer‹ und Sänger hatte mit der Nummer »Ire Feelings (Skanga)« im November 1974 einen Platz 9 in der britischen Hitparade, obwohl die BBC den Titel wegen des schlüpfrigen Textes gesperrt hatte. Mit »Lego Skanga« gelang ihm als Nachfolgehit noch ein Platz 32 in GB, dann war seine Hitzeit außerhalb Jamaikas wieder beendet. Auf Jamaika kannte man Edwards auch als Mitglied der Virtues.

*Ire Feelings (Skanga) (11/74 GB 9)*
***Reggae, Ska***

## Edwards, Tommy

v (USA, *17. 2. 1922 in Richmond/Virginia, † 22. 10. 1969).

40er Jahre, Richmond/Virginia. Im Radio singt und spielt in seiner Heimatstadt der junge Tommy Edwards mit passablem Erfolg. Nebenher schreibt er Lieder. Eins davon, »That Chick's Too Young To Fry« (frei übersetzt: Das Mädchen ist zu jung zum zum), wird ein Hit für Louis Jordan. 1950 – Tommy Edwards geht nach New York, um seine Kompositionen den Plattenfirmen vorzustellen. Um Geld zu sparen, hat er alle Titel selbst aufgenommen. Bei MGM ist man von seinen Stücken nicht begeistert – wohl aber von seiner Stimme. 1951 nimmt er für diese Firma die Nummer »It's All In The Game« auf. Der Titel wurde 1912 von Charles Gates Dawes geschrieben, einem Rechtsanwalt und Bankier, der von 1925 bis 1929 Vizepräsident der Vereinigten Staaten war. Wenn Al Gore nicht noch eine Nummer für Fleetwood Mac schreibt, wird er wohl der einzige Vizepräsident der USA bleiben, der einen Pophit geschrieben hat. Die Aufnahme von Edwards wird 1951 ein Platz 18. Jahre ziehen ins Land. 1958 ist man bei MGM soweit, den Vertrag mit Tommy Edwards aufzulösen, da kommt Stereo als Neuheit. Die Plattenfirma macht als letzte Aktion mit Edwards Neuaufnahmen von dessen Titeln. Und gerade die Nummer »It's All In The Game« hört sich in Stereo ganz toll an – für damalige Verhältnisse. Auf einer Demonstrationsplatte, die hörbar machen sollte, wie Stereo klingt, findet sich Tommy Edwards wieder und – gegen alle Erwartungen – plötzlich erneut in den Hitparaden. Der Titel bleibt 22 Wochen in den amerikanischen Charts, wird im August Spitzenreiter, und als 1958 vorüber ist, gehört es zu den fünf erfolgreichsten Stücken des Jahres. In den Jahren danach hat Edwards immer mal wieder kleinere Hits. Sein letzter heißt ironischerweise »It's Not The End Of Everything«, es ist nicht alles zu Ende. Ist es aber doch, denn es gelingt ihm kein Hit mehr. 1964 wurde »It's All In The Game« ein Hit in GB, allerdings mit Cliff Richard. Im Oktober 1969 stirbt Edwards. Hätte er nur ein paar Monate länger gelebt, hätte er gehört, wie seine Nummer wieder in die Hitparaden kam, aber wieder nicht von ihm, sondern mit den Four Tops.

*It's All In The Game (8/58 US 1; 10/58 GB 1)*
***Schlager***

## Eels

MARK 'E' EVERETT, v/g (USA als Mark Everett); BUTCH NORTON, d (USA); TOMMY WALTER, b (USA).

Das Trio aus L.A. formierte sich 1995 im Vorort Echo Park. Sie hatten sich in einem Club namens Mint getroffen und dort zusammen gejammt. 1996 erhielten sie einen Plattenvertrag von der neuen Firma Dreamworks, die David Geffen, Gerry Katzenberg und Steven Spielberg gegründet hatten. Ihr erstes Album »Beautiful Freak« erschien Anfang 1997 und brachte es in GB unter die ersten 10. Daraus ausgekoppelt wurde »Novocaine For The Soul« ihr erster Top-10-Hit. In den USA hat die Band bisher keinen nennenswerten Erfolg verbuchen können.

*Novocaine For The Soul (2/97 GB 10)*
*Susan's House (5/97 GB 9)*
***Pop***

## Egan, Walter

v (USA, *12. 7. 1948 in Jamaica/New York).

Während seiner High-School-Zeit in New York City kam Walter im Alter von 16 Jahren zu der Formation Malibooz, die kalifornische Surf Music spielte. Nach der Auflösung dieser Band studierte er Kunst in Washington. Die meisten ehemaligen Mitglieder der Malibooz lebten ebenfalls in der Stadt, und man kam als Psychedelic-Country-Gruppe Sageworth & Drums wieder zusammen. 1974 hatte Egan von der Ostküste die Nase voll und zog nach Los Angeles. Er wohnte bei Emmylou Harris, für die er »Hearts On Fire« schrieb, und kam zu der Formation Wheels. Ein Demoband dieser Band führte zu einem Plattenvertrag – allerdings nur für Egan.

Mit Hilfe von Fleetwood Mac nahm Walter 1976 sein Debütalbum »Fundamental Roll« auf, das sich nicht sonderlich gut verkaufte. Bei seiner nächsten LP »Not Shy« war die Unterstützung von Fleetwood Mac noch fundierter, und Walter konzentrierte sich mehr auf sein eigenes Material. Auf dieser LP befand sich die Nummer »Magnet And Steel«, die als Single ausgekoppelt im Mai 1978 in die US-Charts kam, Platz 8 erreichte und ein Millionseller wurde. Danach hat Walter Egan noch sehr schöne weitere LPs produziert, Singlehits sind ihm keine mehr gelungen.

*Magnet And Steel (5/78 US 8)*
***AOR (Adult Orientated Rock), West Coast***

**CD-Tip:** *HIFI – The Last Stroll* Bear Family BTCD 979413 AH

## Eichner-Duo

ERICH STORZ, v (Deutschland, *11. 12. 1927 in Rotenburg/Fulda); WILFRIED WITTE, v.

Mit der sinnigen Nummer »Der alte Lumpensammler« erreichte dieses Duo im Oktober 1959 einen Platz 9 in der deutschen Hitparade. 1962 stieg Wilfried Witte aus. Erich Storz machte weiterhin Platten als Eichner-Duo, indem er mit sich selbst im Duett sang, war jedoch auch unter eigenem Namen erfolgreich.

*Der alte Lumpensammler (3/59 D 9)*
***Deutscher Schlager***

## 808 State

ANDY BARKER (Großbritannien, * 9. 3. 1968); GRAHAM MASSEY (Großbritannien, * 4. 8. 1960); DARREN PARTINGTON, v (Großbritannien, * 1. 11. 1969); MARTIN PRICE (Großbritannien, * 26. 3. 1955 in Farnworth/Lancaster); GERALD SIMPSON, key (Großbritannien, * 16. 2. 1964 in Manchester).

Die Firma Roland wird sich sehr gefreut haben, denn nach ihrer Drum Machine TR 808 hat sich diese britische Band aus Manchester benannt. Als sie 1989 mit »Pacific – 707« bis auf Platz 10 in die englische Hitparade kamen, wurden sie als ›Zukunftsmusik der Acid-Generation‹ gefeiert. Was sie machten, war eine Reise durch die Geschichte der synthetischen Musik von Tangerine Dream zu Kraftwerk oder Art Of Noise. Der Sänger der Band erklärte die Erfolge von 808 State dadurch, daß die Mitglieder der Formation in Tanzschuppen herumhingen, um zu beobachten, bei welcher Art von Musik das Publikum besonders ausflippt. 1987 galten sie noch als Vorreiter der Acid-Welle, um, wie es in der Presse hieß, im Jahre 1989 Ambient-House-Stil zu machen und 1990 Techno-House-Musik zu produzieren. Dafür, daß speziell diese Szene recht kurzlebig ist, bewiesen 808 State schon Stehvermögen. Ende 1990 waren sie mit »Cubik« wieder in den britischen Top 10, im Februar 1991 ebenfalls mit »In Yer Face«. Auch bis in das Jahr 1996 wurden sie noch in den britischen Charts verzeichnet, konnten jedoch mit keiner Platte über die Position 50 hinauskommen. Von der Insel sprang der Funke bis zu diesem Zeitpunkt nicht über.

*Pacific State (11/89 GB 10)*
*The Only Rhythm That Bites (6/90 GB 10)*
*Cubik/Olympic (11/90 GB 10)*
*In Yer Face (2/91 GB 9)*
***Acid-House, Techno***

**CD-Tip:** *Ex: El* ZTT 9031–73775–2

## Eighth Wonder

GEOFF BEAUCHAMP, g (Großbritannien, *30. 10. 1962); ALEX GODSON, key (Großbritannien); STEVE GRANTLEY, d (Großbritannien, *8. 3. 1962); JAMIE KENSIT, g (Großbritannien, *6. 8. 1963); PATSY KENSIT, v (Großbritannien, *4. 3. 1968 in Waterloo/London).

Aus den Resten der Gruppe Spice wurde im Frühjahr 1984 Eighth Wonder gegründet. Mit »Stay With Me« hatte die damals als Sextett auftretende Band Ende 1985 ihre erste Hitnotierung in GB. Schon zu diesem Zeitpunkt stand Patsy Kensit im Vordergrund dieser Band. Sie hatte gerade ihre Rolle als Crêpe Suzette im Film »Absolute Beginners« abgedreht. 1987 war die Gruppe auf ein Quartett geschrumpft, in dem Patsy mit ihrem Bruder Jamie, außerdem Geoff und Alex spielten. Mit Hilfe der Pet Shop Boys und der Nummer »I'm Not Scared« gelang Eighth Wonder im Frühjahr 1988 ein Platz 7 in GB und ein Platz 5 in Deutschland. 1989 heiratete Patsy Dan Donovan von Big Audio Dynamite, 1992 Jim Kerr von den Simple Minds. Auf ihre Plattenkarriere hatten beide Interpreten wenig Einfluß. Weitere Top-10-Erfolge gelangen ihr bis Anfang 1997 nicht mehr. Im Frühjahr 1995 wurde bekannt, daß Patsy in der Verfilmung des Lebens von Mia Farrow die Hauptrolle übernehmen solle. Anfang 1997 hieß es, sie würde Liam Gallagher von Oasis heiraten. Der erste Hochzeitstermin wurde abgesagt, knapp zwei Monate soäter wurden sie am 7.4. 1997 in London schließlich doch getraut. Patsy bewegt sich halt immer gerne unter Popstars.

*I'm Not Scared (2/88 GB 7; 5/88 CH 2, D 5)*
*Cross My Heart (7/88 CH 6)*
***Pop***

**CD-Tip:** *Fearless* CBS 460 628 2

## El Pasador

Die Gruppe schaffte mit dem Titel »Amada Mia, Amore Mio« im Februar 1978 Platz 10 in Deutschland. Die Platte wurde auf dem Label Philips veröffentlicht. Mehr gelang ihr nicht.

*Amada Mia, Amore Mio (2/78 D 10)*
***Schlager***

## Elbert, Donnie

v (USA, *25. 5. 1936 in New Orleans, † 26. 1. 1989).

Seine musikalische Karriere begann Donnie in den 50er Jahren bei den Vibraharps. Im Juli 1957 hatte er seine erste Hitsingle als Solist mit »What Can I Do«. Danach war mit der Musik erst einmal Pause, denn er wurde zur Army eingezogen. Nach seiner Entlassung aus der Armee 1961 nahm er einige Platten auf, bevor er 1964 sein eigenes Label gründete. Mit »A Little Piece Of Leather« wurde er in der britischen Club-Szene so erfolgreich, daß er für weitere Promotionzwecke nach GB ging. Er heiratete dort und blieb gleich da. 1970 zog er wieder in die USA zurück, dann hatte er seinen größten Hit, eine Coverversion des Supremes-Titels »Where Did Our Love Go«, die Ende 1971 ein Platz 15 in den USA und zwei Monate später ein Platz 8 in GB wurde. 1972 versuchte er mit einer weiteren Holland-Dozier-Holland-Nummer, »I Can't Help Myself (Sugar Pie, Honey Bunch)«, zu einem Remake-Hit zu kommen. Immerhin brachte er es in GB auf Platz 11 und in den USA auf Platz 22. Danach war allerdings seine Hitzeit wieder vorüber. 1977 tauchte er noch einmal in den R&B-Charts auf. Schließlich zog er nach Kanada und wurde dort bis Mitte der 80er Jahre A&R-Director für Polygram Records.

*Where Did Our Love Go? (1/72 GB 8)*
***Rhythm & Blues***

## Electric Light Orchestra

BEV BEVAN, d (Großbritannien, *25. 11. 1944 in Birmingham); ANDY CRAIG, c (Großbritannien); MICHAEL D'ALBUQUERQUE, v/b (Großbritannien, *24. 6. 1947 in Wimbledon); MICK EDWARDS, c (Großbritannien, geb. in Ealing/London); MELVYN GALE, c (Großbritannien, *15. 1. 1952 in London); WILF GIBSON, vln (Großbritannien, *28. 2. 1945 in Dilston/Northumberland); KELLY GROUCUTT, b (Großbritannien, *8. 9. 1945 in Coseley); BILL HUNT, key (Großbritannien, *23. 5. 1947 in Birmingham); MIK KAMINSKI, vln/c (Großbritannien, *2. 9. 1951 in Harrogate/Yorkshire); JEFF LYNNE, v/g/key/p (Großbritannien, *30. 12. 1947 in Birmingham); HUGH MCDOWELL, c (Großbritannien, *31. 7. 1953 in Hampstead/London); RICHARD TANDY, g/key/b (Großbritannien, *26. 3. 1948 in Birmingham); COLIN WALKER, c (Großbritannien, *8. 7. 1949 in Minchinhampton/Gloucestershire); ROY WOOD, v/g (Großbritannien, *8. 11. 1946 in Birmingham).

Auch wenn heute im Rückblick das Electric Light Orchestra immer als Projekt von Jeff Lynne dasteht, so war es doch Roy Wood, der 1971 als treibende Kraft diese britische Formation aus der Taufe hob und auf der ersten LP auch mitspielte. Roy Wood und Jeff Lynne wurden auch gemeinsam als die Produzenten genannt, wobei klar war, daß Jeff der Ansicht war, jetzt sei er mal am Zuge. In der Gruppe Move, die neben ELO noch bis 1972 bestand, hatte stets Roy Wood das Sagen gehabt. Noch vor Wood hatte Jeff Lynne in der Formation Idle Race gespielt. Nachdem sich Roy Wood ab August 1972 wiederum um ein neues Projekt, die Gruppe Wizzard, kümmerte, war Jeff alleiniger Chef bei ELO. Die Art und Weise, wie Jeff Lynne Platten produziert – mit viel Streichern und irgendwo im Hinterkopf immer den Rock 'n' Roll –, ist aus all seinen Produktionen herauszuhören. Ob ELO, Dave Edmunds, Duane Eddy, Roy Orbison, Tom Petty, Traveling Wilburys, George Harrison oder wer auch immer, als Produzent erkennt jeder Jeff Lynne.

Die obengenannten Musiker ließen sich sicher noch durch weitere ergänzen. Speziell was die Streicher anging, war die Fluktuation in der Band recht groß. Durch die Jahre hinweg waren es neben Jeff Lynne vor allem Bev Bevan und Richard Tandy, die der Band treu blieben. Speziell zwischen 1974 und 1983 waren die Langspielplatten der Band in GB und in den USA äußerst erfolgreich. Nach 1983 erschien mit »Balance Of Power« nach längerer Zeit eine neue LP von ELO, auf der dann auch wirklich nur noch Lynne, Bevan und Tandy mitspielten. Die klare, dynamische Handschrift von Jeff Lynne war die Konstante in der Band, führte aber auch dazu, daß sich viele Stücke sehr ähnlich waren. Die LPs »A New World Record« und »Discovery« dürften die Höhepunkte der Formation gewesen sein. Die Liste der Top-10-Singleerfolge in GB umfaßt dreizehn, in den USA sieben Hits. Die größten dürften »Telephone Line« 1977, »Shine A Little Love« und »Don't Bring Me Down« 1979, »Xanadu« – zusammen mit Olivia Newton-John – 1980 und »Hold On Tight« 1981 gewesen sein. Der Titel »I'm Alive« wurde 1980 ein Millionseller in den USA, kam aber nur in die Top 20. 1988 konzentrierte sich Lynne mehr und mehr auf seine Produktionen und nahm zusammen mit Roy Orbison, Bob Dylan, George Harrison und Tom Petty als Traveling Wilburys eine LP auf. 1990 erschien mit »Armchair Theatre« eine Solo-LP von Lynne. 1991 ging Bev Bevan ohne Lynne und mit einigen Musikern als ELO 2 auf Welttournee. 1994 arbeitete Jeff Lynne – erklärtermaßen zeit seines Lebens ein Beatles-Fan – als Coproduzent an den neuen Beatles-Singles »Free As A Bird« und »Real Love« mit.

*10538 Overture (7/72 GB 9)*
*Roll Over Beethoven (1/73 GB 6)*
*Can't Get It Out Of My Head (12/74 US 9)*
*Evil Woman (11/75 US 10; 1/76 GB 10)*
*Livin' Thing (11/76 GB 4; 1/77 D 5)*
*Rockaria! (2/77 GB 9)*
*Telephone Line (5/77 US 7, GB 8)*
*Mr. Blue Sky (1/78 GB 6)*
*Wild West Hero (6/78 GB 6)*
*Sweet Talkin' Woman (10/78 GB 6)*
*Shine A Little Love (5/79 GB 6, US 8)*

*Don't Bring Me Down (8/79 GB 3, US 4, D 5; 11/79 CH 2)*
*Confusion/Last Train To London (11/79 GB 8)*
*Confusion (12/79 D 6)*
*Xanadu (6/80 D 1, GB 1; 8/80 US 8)*
*Hold On Tight (7/81 GB 4, US 10; 8/81 CH 1, D 2, D 2)*
*Rock 'n' Roll Is King (8/83 CH 8)*
***AOR (Adult Orientated Rock), Elektro-Pop, Pop***

**CD-Tip:** *A Perfect World Of Music* Jet CD 24043

## Electronic

JOHNNY MARR, g (Großbritannien, *31. 10. 1963 als John Maher in Ardwick/Manchester); BARNEY SUMNER, v/g (Großbritannien, *4. 1. 1956 als Bernhard Dicken in Salford/Manchester).

Bernard Sumner war einst der Sänger und Songschreiber bei New Order. Johnny Marr spielte vorher bei Smiths. 1988 schlossen sich die beiden zu dem Projekt Electronic zusammen. Als die Pet Shop Boys von der Idee zu Electronic erfuhren, bot sich Neil Tennant an zu helfen. Tennant und sein Partner Chris Lowe kamen zu den Aufnahmesessions nach Manchester. Tennant schrieb einige Texte und sang beim Titel »Getting Away With It« mit, der sich Ende 1989 bis auf Platz 12 der britischen Charts hocharbeiten konnte. Das Duo muß mehr oder weniger als ein Hobby der beiden Protagonisten betrachtet werden. Keinesfalls hat Sumner seine Arbeit bei New Order aufgegeben, denn auf dem 1993er Album »Republic« wird er als Mitglied aufgeführt. Marr arbeitete hauptsächlich als Produzent, z. B. für K-Klass und The The. »Get The Message« erreichte im April 1991 Platz 8 in GB, »Disappointed« wurde Mitte 1992 ein Platz 6. Bei »Disappointed« war wieder Neil Tennant als Sänger zu hören. Die Platte erreichte in Deutschland Platz 20. Mit »Forbidden City« und »For You« gelangen der Formation in der zweiten Hälfte des Jahres 1996 Platz 14 bzw. 16 in GB. Es waren Auskopplungen aus dem Album »Raise The Pressure«.

*Get The Message (4/91 GB 8)*
*Disappointed (7/92 GB 6)*
***Elektro-Pop***

**CD-Tip:** *Electronic* Virgin 261 528

## Electronica's

Für schwachsinnige Betriebsfeste und nie endende Saufgelage schrieb der Schweizer Akkordeonist Werner Thomas 1958 den Titel »Dance Little Bird«. 1973 wurde die Nummer als »Dance Birdie Dance« ein großer Erfolg in den Niederlanden. Die holländische Gruppe Electronica's spielte diesen Titel 1980 als »Vogeltjedans/Tchip Tchip« in ihrer Bühnenshow, bei der sie sechs als Enten verkleidete Go-go-Girls tanzen ließen. Im März 1981 war diese Platte dann der Karnevalsschlager der Saison in Deutschland. Sie brachte es bis auf Platz 1 in der Hitparade und wurde gar vergoldet. Nachdem nach acht Wochen Platz 1 die Hoffnung berechtigt schien, wir hätten das nun endlich überlebt, schob sich eine Vocal-Version des Titels mit Frank Zander alias Fred Sonnenschein und seine Freunde für vier Wochen an die Spitze. So sieht man, daß auch Enten goldene Eier legen können.

*Dance Little Bird (3/81 D 1; 11/81 CH 7)*
***Schlager***

## Elegants

FRANK FARDOGNO, v (USA, *18. 9. 1941); JAMES MOSCHELLA, v (USA, *10. 5. 1938); VITO PICONE, v (USA, *17. 3. 1940); CARMAN ROMANO, v (USA, *17. 8. 1939); ARTHUR VENOSA, v (USA, *3. 9. 1939).

Diese weiße Gesangsgruppe gründete sich 1957 in Staten Island, New York. Alle Mitglieder hatten vorher bereits in anderen Formationen gesungen. 1958 schrieben sich Vito und Arthur mit »Little Star« ihren einzigen Hit. Die Platte erreichte im Juli 1958 die amerikanischen Charts und wurde Platz 1. Die Melodie basierte auf einer Komposition, die Mozart im Alter von fünf Jahren geschrieben hatte. Nachfolgehits gelangen ihnen nicht mehr, und die Gruppenmitglieder gingen ihre eigenen Wege. Picone leitete bis in die 90er Jahre verschiedene Versionen der Elegants. Alben nahm keine Besetzung der Elegants auf.

*Little Star (7/58 US 1)*
***Pop***

## Elgins

JOHNNY DAWSON, v (USA); SAUNDRA MALLETT EDWARDS, v (USA); ROBERT FLEMING, v (USA); NORBERT MCCLEAN, v (USA); CLEO MILLER, v (USA).

Johnny, Cleo und Robert sangen bereits in den 50er Jahren zusammen bei den Sensations, den Five Emeralds und den Downbeats. Als Downbeats nahmen sie jeweils 1959 und 1962 Platten auf, die jedoch nicht erfolgreich waren. Bei derselben Firma, Motown, sang Saundra Mallett Edwards und kam nicht in die Charts. Motown war der Meinung, man müsse die Downbeats und Saundra zusammenbringen und eine neue Formation starten – aus dieser Idee wurden die Elgins. Schon vorher hatte es bei Motown eine Gruppe gegeben, die Elgins hieß – daraus wurden die Temptations. 1966 haben diese Elgins hier ihre erste Hitnotierung in den USA. Über einen Platz 50 kamen sie dort jedoch nie hinaus. Als die Plattenfirma der Gruppe für ihr Gesamtrepertoire 1971 eine Großoffensive auf dem britischen Markt startete, veröffentlichte sie auch altes Material der Elgins. »Heaven Must Have Sent You« wurde ein Platz 3 in GB, die Nachfolgeplatte Platz 28. Nach diesem Erfolg gingen die Elgins in GB auf Tournee. Leadsängerin Saundra wurde jedoch durch die Sessionsängerin Yvonne Allen ersetzt. Pläne für eine weitere Plattenkarriere scheiterten allerdings. 1989 nahm Yvonne mit Dawson, McClean und Jimmy Charles eine neue Version von »Heaven Must Have Sent You« auf. In dieser Besetzung machten die Elgins bis in die 90er Jahre Platten für Motown, ebenso die ehemalige Leadsängerin Saundra Edwards.

*Heaven Must Have Sent You (5/71 GB 3)*
***Pop, Rhythm & Blues***

## Elias & His Zigzag Jive Flutes

Hier handelte es sich um eine südafrikanische Studioband, die in ihrem Heimatland vorwiegend Coverversionen britischer Interpreten spielte. Einmal sollte ihnen mit der Nummer »Tom Hark« im April 1958 ein internationaler Hit gelingen: Platz 2 in GB. Der Titel stammte aus dem Film »Killing Stones« und präsentierte authentische Kwela-Musik, die für europäische Ohren teilweise schwer verständlich ist. Geschrieben wurde das Stück von Elias' Bruder, Aaron Lerole, der für seine Arbeit 15 Dollar erhielt und damit die Rechte an den Produzenten Bopape abtrat, der seitdem als Autor genannt wird. Die Musiker erhielten für ihre Arbeit jeweils 10 Dollar. Das ist das Showbusineß in den 50er Jahren in Südafrika.

*Tom Hark (4/58 GB 2)*
***Pop***

## Elliman, Yvonne

v (USA, *29. 12. 1951 in Honolulu/Hawaii).

Ihre ersten musikalischen Erfolge hatte Yvonne als Maria Magdalena in »Jesus

Christ Superstar«, sowohl auf der Bühne als auch im Film. Die Auskopplung »I Don't Know How To Love Him« bescherte ihr 1971 eine erste Hitnotierung in den USA. Nachdem sie zwischen 1974 und 1977 in der Begleitgruppe von Eric Clapton gesungen hatte, der damals seine Platten auf dem RSO-Label veröffentlichte, gab man ihr 1976 die Möglichkeit, ebenfalls bei RSO Soloplatten aufzunehmen. Bei dieser Firma waren auch die Bee Gees unter Vertrag. Sie schrieben ihr den Hit »Love Me«, im Oktober 1976 in den USA Platz 14, in GB Platz 6. Für den Film »Saturday Night Fever« nahm Yvonne Elliman den Titel »If I Can't Have You« auf, Anfang 1978 Millionseller und Spitzenreiter in den USA, wenig später Top 10 in GB. Wenn sie nicht gerade Soloplatten macht, ist sie auf unendlich vielen Platten als Sessionsängerin zu hören.

*Love Me (11/76 GB 6)*
*If I Can't Have You (1/78 US 1; 5/78 GB 4)*
***Disco, Pop***

## Ellington, Duke

p/bl (USA, *29. 4. 1899 in Washington/ D.C., † 24. 5. 1974).
Bereits im Alter von sieben Jahren begann Ellington ein Klavierstudium. Ab 1918 war er als Bandleader tätig. 1923 kam er nach New York und spielte ab 1927 für fünf Jahre im New Yorker Cotton Club. Als Komponist beeinflußte er zahlreiche Musiker, auch des modernen und Free Jazz. Zweifellos ist er eine der bekanntesten Persönlichkeiten in der Jazzgeschichte. Seine Spitzenreiter in der amerikanischen Hitparade waren: »Three Little Words« 1930 (gesungen von den Rhythm Boys, zu denen Bing Crosby gehörte), »Cocktail For Two« 1934 und »I Let A Song Go Out Of My Heart« 1938. Die Liste seiner Erfolge geht bis in die 40er Jahre. »Don't Get Around Much Anymore« 1943, »Do Nothin' Til You Hear From Me« 1944 und »I'm Beginning To See The Light« 1945 waren Top-10-Erfolge. Die noch heute bekannteste Nummer von Duke Ellington dürfte »Take The A Train« sein, die der Pianist Billy Strayhorn für ihn geschrieben hatte. Im März 1954 stand der Duke mit dem Titel »Skin Deep« auf Platz 7 in der britischen Hitparade.

*Don't Get Around Much Anymore (5/43 US 8)*
*Do Nothin' Till You Hear From Me (1/44 US 10)*
*I'm Beginning To See The Light (2/45 US 6)*
*Skin Deep (3/54 GB 7)*
***Big Band, Jazz***

**CD-Tip:** *Hot From The Cotton Club* EMI CDP 7 48274 2

## Ellis, Joey

v (USA, geb. in Philadelphia/Pennsylvania).
Ellis hatte das Glück, zusammen mit Tynetta Hare (* in Charlotte/North Carolina) in dem Film »Rocky V« den Titel »Go For It! (Heart And Fire)« singen zu dürfen. Das brachte den beiden Ende 1990 einen Platz 4 in Deutschland, Platz 20 in GB ein. Produzent der Nummer war MC Hammer, in dessen Touring-Truppe Ellis mit auftrat. Von der Plattenfirma wurden weitere Veröffentlichungen angekündigt, die sich aber nicht mehr unter die ersten 50 irgendeiner Hitparade plazieren konnten.

*Go For It! (Heart And Fire) (12/90 D 4)*
***Pop, Rap***

## Ellis, Shirley

v (USA, geb. in Bronx/New York City).
Bis zum Beginn ihrer Solokarriere 1963 sang Shirley Ellis in der erfolglosen Formation Metronomes. Als Solistin hatte sie mit »The Nitty Gritty« 1963 einen Platz 8 in der amerikanischen Hitparade. Danach wechselte sie ins Novelty-Fach und sang

Liedchen, die ihr Manager und Ehemann Lincoln Chase geschrieben hatte. In den Hitparaden tauchte sie Ende 1964 mit »The Name Game« und im März 1965 mit »The Clapping Song (Clap Pat Clap Slap)«, ihrer einzigen Chartnotierung in GB, auf. 1982 nahmen die Belle Stars den »Clapping Song« auf und erreichten damit Platz 11 in GB.

*The Nitty Gritty (11/63 US 8)*
*The Name Game (12/64 US 3)*
*The Clapping Song (Clap Pat Clap Slap) (3/65 US 8; 5/65 GB 6)*
***Pop***

## Embrace

STEVEN FIRTH, b (Großbritannien); MIKE HEATON, d (Großbritannien); DANNY MCNAMARA, v/g (Großbritannien); RICHARD MCNAMARA, g (Großbritannien).

Die Brüder McNamara gaben den Ton in dieser aus dem Norden Englands stammenden Rockband an. 1997 kam Embrace mit »Fireworks EP« (5/97 GB 34) erstmals in die britischen Charts. Nachfolger »One Big Family EP« (7/97 GB 21) war schon etwas erfolgreicher und »All You Good Good People« brachte ihnen den ersten Top-10-Hit. Die Platte war schon einmal im Februar 1997 in GB erschienen, hatte aber keinen Eindruck gemacht. Embrace hatte die Nummer noch einmal neu aufgenommen und sie mit einem 40 köpfigen Orchester unterlegt – jetzt klappte es. Die Band ließ verlauten, daß der Song »I Made It Through The Rain« von Barry Manilow als Vorlage für den Hit gedient hatte. Mitte 1998 erschien das Album »The Good Will Out« (6/98 GB-LP 1), aus dem die Single »Come Back To What You Know« stammte.

*All You Good Good People (11/97 GB 8)*
*Come Back To What You Know (6/98 GB 6)*
***Pop, Rock***

## Emerson, Lake & Palmer

ROBERT BERRY, d; KEITH EMERSON, key (Großbritannien, *2. 11. 1944 in Todmorden/Lancashire); GREG LAKE, v/b (Großbritannien, *10. 11. 1947 in Poole/Dorset); CARL PALMER, d (Großbritannien, *20. 3. 1947 in Birmingham); COZY POWELL, d (Großbritannien, *29. 12. 1947 in Cirencester/Glouchester, † 5. 4. 1998).

Als sich die Gruppe im April 1970 formierte, hatten alle Mitglieder bereits einschlägige Erfahrungen in erfolgreichen anderen Bands gesammelt. Keith hatte mit den V.I.P's und mit Nice gespielt, Greg war bei King Crimson, und Carl hatte bei Crazy World Of Arthur Brown und Atomic Rooster getrommelt. Nach der Gründung zogen sich die drei Musiker für drei Monate zurück, um an einem neuen Sound zu basteln. Keith Emerson z. B. wollte sich von der Orgel, die er bei Nice stets gespielt hatte, ganz auf einen Moog-Synthesizer verlegen. Ihren ersten größeren Auftritt hatte das Trio im August beim Isle Of Wight Festival, bei dem sie neben den Doors, den Who und Joni Mitchell spielten. Ende des Jahres erschien die erste LP von EL&P, die ein durchschlagender Erfolg wurde. EL&P wurde als die neue Supergruppe gefeiert. Ihre zweite LP »Tarkus«, die Mitte 1971 erschien, wurde eine Nummer 1 in der britischen LP-Hitparade. Die nachfolgenden LPs konnten sich meist unter den ersten 5 in GB plazieren. Auch in den USA war die Formation vorwiegend mit ihren LPs erfolgreich. Die ersten neun Hitnotierungen der Band wurden in den USA alle vergoldet. Außer »Fanfare For The Common Man«, im Juni 1977 Platz 2 in GB, hat EL&P keine Single unter die ersten 10 in den USA, Deutschland und GB bringen können. Das Jahr 1971 wurde für die Band ein wahrer Triumph. Im jährlich erscheinenden Pop Poll im ›Melody Maker‹ räumten sie enorm ab. Bei der Vorjahresumfrage gehörten sie noch zu den großen Hoffnungen. In diesem Jahr belegten sie gleich vier Top-Positionen: beliebteste britische Band, LP des Jahres »Tarkus«, bester Schlagzeuger Carl Palmer, bester Tastenspieler Keith Emerson. Greg Lake wählte man hinter Jack Bruce zum zweitbesten Bassisten. Ab Mitte der 70er Jahre versuchten sich die einzelnen Musiker als Solisten. Greg Lake machte »I Believe In Father Christmas«, Keith Emerson den »Honky Tonk Train Blues«. 1978 erschien ihr für einige Jahre letztes Studioalbum. 1979 gründete Carl Palmer P. M., ein Quintett, in dem er mit vier amerikanischen Musikern spielte. Die 80er Jahre zeigten einen Keith Emerson, der vorwiegend TV- und Soundtrackmelodien schrieb. 1981 – inzwischen war P. M. auseinandergebrochen – wurde Carl Palmer Mitglied bei Asia. Im September 1983 wurde Greg Lake als Ersatz für John Wetton für einige Monate neben Palmer Mitglied bei Asia. 1985 kamen Keith Emerson und Greg Lake wieder zusammen. Carl Palmer wollte jedoch vorerst nicht zurückkommen. So nahm man, wohl schon um EL&P weiterhin benutzen zu können, Cozy Powell als neuen Schlagzeuger. 1986 erschien die erste LP dieses Trios, die jedoch nicht sonderlich erfolgreich war. Mitte 1986 zog sich Powell wieder aus dem Projekt zurück. 1987 kamen die Urmitglieder wieder zusammen, aber nach einigen Proben stand fest: so nicht! 1988 fanden Emerson und Carl Palmer wieder zusammen, die jetzt als dritten Mann den Amerikaner Robert Berry ins Boot holten. Sie nannten sich jetzt nicht mehr EL&P, sondern 3. 1992 erschien mit »Black Moon« wieder eine gemeinsame LP von EL&P. 1994 brachte die Band »In The Hot Seat« heraus.

*Fanfare For The Common Man (6/77 GB 2)*
***AOR (Adult Orientated Rock), Elektro-Pop, Rock***

**CD-Tip:** *The Atlantic Years* Atlantic 7567–82403–2

## EMF

JAMES ATKIN, v (Großbritannien, *28. 3. 1969 in Cinderford); DERRY BROWNSON, key (Großbritannien, *10. 11. 1970 als Brownstone in CinderfordGloucester); MARK DECLOEDT, d (Großbritannien, *26. 6. 1967 in Cinderford/Gloucester); IAN DENCH, g/key (Großbritannien, *7. 8. 1964 in Cinderford/Gloustershire); ZAC FOLEY, b (Großbritannien, *9. 12. 1970 in Cinderford/Gloucester).

Als Anfang der 90er Jahre die Rave-Welle durch England zog, kam die große Zeit für fünf 19jährige Teenager aus Gloucestershire. Der ›Record Mirror‹ schrieb: ›EMF sind Englands Antwort auf die New Kids und die Beastie Boys.‹ Ihre Debüt-Single »Unbelievable« wurde im November 1990 Platz 3 in GB, 9 in Deutschland und Mitte 1991 Spitzenreiter in den USA. »I Believe« hieß ihre nächste Single, die im Februar 1991 Platz 6 in GB erreichte. Die nächsten Singles kamen zwar immer noch in die Hitparaden, konnten aber an die Anfangserfolge nicht anschließen. Ende 1992 versuchten EMF ihr Glück mehr mit gespielten Instrumenten als mit Samples. Zusammen mit den Komikern Vic Reeves und Bob Mortimer gelang EMF Mitte 1995 wieder ein Top-10-Hit in GB. Es handelte sich dabei um die Nummer »I'm A Believer«, die Neil Diamond geschrieben hat und mit der die Monkees 1967 einen Welthit hatten.

*Unbelievable (11/90 GB 3; 12/90 D 9; 1/91 CH 3; 4/91 US 1)*
*I Believe (2/91 GB 6; 3/91 CH 6)*
*I'm A Believer (7/95 GB 3)*
***Pop, Rave***

**CD-Tip:** *Schubert Dip*
Parlophone CDP 7 96238 2

## Emotions

THERESA DAVIES, v (USA, *22. 8. 1950 in Chicago); JEANETTE HUTCHINSON, v (USA, geb. in Chicago/Illinois); PAMELA

HUTCHINSON, v (USA); SHEILA HUTCHINSON, v (USA, *17. 1. 1953 in Chicago/Illinois); WANDA HUTCHINSON, v (USA, *17. 12. 1951 in Chicago/Illinois).
Dieses schwarze Mädchentrio aus Chicago sorgte dafür, daß alles in der Familie blieb. Ihr Vater Joe war der Manager von Wanda, die die Lead-Stimme sang, Sheila und Jeanette, die schon als Kinder die Gospelgruppe Heavenly Sunbeams gegründet hatten. 1968 änderten sie ihre musikalische Richtung und ihren Namen. Jetzt wurden sie die Emotions. Ihre erste Hitnotierung hatten sie 1969. 1970 wurde Jeanette durch eine Cousine, Theresa Davis, ersetzt. Später kam noch Schwester Pamela zur Gruppe und Jeanette kam 1978 wieder zur Gruppe zurück. Mit dem Millionseller »Best Of My Love« hatten die Emotions Mitte 1977 einen Platz 1 in den USA und einen Platz 4 in GB. 1978 kam Jeanette wieder zurück in die Band. 1979 erreichte »Boogie Wonderland«, aufgenommen von Earth, Wind & Fire und den Emotions, Platz 6 in den USA und wieder Platz 4 in GB. Die Geschwister nahmen noch bis in die 80er Jahre Platten auf.

*Best Of My Love (6/77 US 1; 9/77 GB 4)*
*Boogie Wonderland (5/79 GB 4, US 6)*
***Soul***

## En Vogue

TERRY LYNN ELLIS, v (USA, *5. 9. 1966 in Houston/Texas); CINDY ANNE HERRON, v (USA, *26. 9. 1965 in San Francisco); MAXINE JONES, v (USA, *16. 1. 1965 in Paterson/New Jersey); DAWN CHERISE ROBINSON, v (USA, *24. 11. 1968 in New London/Connecticut).
Dieses Quartett aus der Gegend um San Francisco wurde von dem Produzententeam Denzil Foster und Thomas McElroy zusammengestellt und startete 1990 mit der Platin-Single »Hold On«. Auch ihre erste Langspielplatte, »Born To Sing«, erhielt eine Platin-Auszeichnung. En Vogue war eine Formation, die die Tradition der Supremes, Pointer Sisters und Sister Sledge fortsetzte. 1992 erschien mit »Funky Divas« eine CD, die schon vom Titel her deutlich ausdrückte, wie sich die vier von En Vogue selbst am liebsten sahen. Weitere Top-10-Erfolge waren »My Lovin' (You're Never Gonna Get It)«, »Giving Him Something He Can Feel« und »Free Your Mind«. Zusammen mit Salt-N-Pepa sangen En Vogue die Nummer »Whatta Man« (1/94 US 3, 3/94 GB 7, D 39). Terry Ellis veröffentlichte Ende 1995 das Soloalbum »Southern Gal«, das aber kein so großer Erfolg wurde, daß sie sich von En Vogue trennte. Es gab etliche Gerüchte, En Vogue würde nun endgültig auseinanderfallen. Cindy Herron und Maxine Jones legten eine Babypause ein und schließlich war die Gruppe, nun als Trio, ab 1996 wieder da. Ausgestiegen war Dawn Robinson. Zum Jahresende 1996 standen sie auf Platz 3 der US-Charts mit »Don't Let Go (Love)« aus dem Film »Set It Off« – die Platte erreichte schließlich Anfang 1997 Platz 2 und erhielt Platin. Auch in Europa wurde der Titel sehr erfolgreich. Am 13. Juni 1997 erschien ihr drittes Album »EV 3«. »Whatever« (6/97 GB 14, US 16) und »Too Gone, Too Long« (9/97 GB 20, US 33) stammten ebenfalls von »EV 3«.

*Hold On (5/90 US 2, GB 5)*
*My Lovin' (You're Never Gonna Get It) (3/92 US 2; 5/92 GB 4)*
*Giving Him Something He Can Feel (6/92 US 6)*
*Free Your Mind (9/92 US 8)*
*Whatta Man (1/94 US 3; 3/94 GB 7)*
*Don't Let Go (Love) (11/96 US 2; 1/97 CH 4, GB 5, D 7)*
***Dance, Rhythm & Blues***

**CD-Tip:** *Funky Divas* East West 7567–92121–2

## En-Rage

PIERSON GRANGE, d (Großbritannien); TONY JACKSON, v (Großbritannien); AN-

GELA LUPINO, b (Großbritannien); TOBY SADLER, key (Großbritannien); JEFFREY SAYADIAN, g (Großbritannien).
Im Herbst 1992 war diese Formation der weitere Versuch, einen Dance-Floor-Act mit einer Coverversion eines Hits erneut in die Charts zu bringen. En-Rage nahm sich »Run To You« vor, im November 1984 ein Top-10-Hit für Bryan Adams in den USA, und erreichte im Oktober 1992 Platz 3 in GB und Platz 14 in Deutschland. Tony Jackson hatte vor En-Rage schon mit Paul Young, Billy Ocean und Hot Chocolate gesungen. Diese Formation heißt nur in Deutschland En-Rage. Die Namensänderung war notwendig, weil es in Deutschland bereits eine Gruppe Rage – so nennt sich En-Rage in GB – gibt.

*Run To You (10/92 GB 3)*
***Dance***

**CD-Tip:** *Saviour* Intercord INT 847.207

## Enfield, Harry

v (Großbritannien).
Ende der 80er Jahre war Enfield einer der schrägsten britischen Komiker. Seine Hauptrolle war die des Maurers namens Loadsamoney. Diese Figur verbriet er auch in seinem einzigen Hit namens »Loadsamoney (Doin' Up The House)«, mit dem er im Frühjahr in den britischen Charts stand. Es muß sich bei Harry um ein so kurzfristiges One-Hit-Wonder gehandelt haben, daß er keinerlei weitere Spuren hinterlassen konnte.

*Loadsamoney (Doin' Up The House) (5/88 GB 4)*
***Pop***

## Engel, Detlef

v (Deutschland, *13. 1. 1940 als Detlef Hensel in Berlin).
Detlef ist der Sohn des Xylo- und Vibraphonisten Kurt Engel. Die Hauptaufgabe dieses Interpreten war es, deutsche Versionen von amerikanischen oder englischen Teen-Hits zu singen. Sein erster Erfolg war 1959 »Mr. Blue«, ein Platz 7 in Deutschland. Das Original stammte von den Fleetwoods. Dieser Titel sollte der einzige Solo-Top-10-Erfolg für Detlef Engel werden. Zusammen mit Gerd Böttcher gelang ihm Mitte 1961 noch einmal ein Top-10-Hit: »Weil du meine große Liebe bist«. Ansonsten machte er aus dem Everly-Brothers-Song »Let It Be Me« »Zeig mir bei Nacht die Sterne«, aus Johnny Burnettes »Dreamin'« wurde kongenial »Träumen (immer nur träumen)«, aus Patsy Clines »I Can See An Angel« »Ein Engel ohne Flügel«. Nach 1963 wurde Detlef Engel nicht mehr in der Hitparade notiert.

*Mr. Blue (12/59 D 7)*
*Weil du meine große Liebe bist (7/61 D 8)*
***Deutscher Schlager***

## England Dan & John Ford Coley

JOHN FORD COLEY, v (USA, *13. 10. 1948 in Austin/Texas); DAN SEALS, v (USA, *8. 2. 1948 in Austin/Texas).
Dan Seals kommt aus einer sehr musikalischen Familie. Sein Vater spielte Baß für diverse Country-Stars, z. B. Ernest Tubb oder Bob Wills. Sein Bruder Jimmy war einst Mitglied bei den Champs und später dann im Duo Seals & Crofts. Dans Karriere begann schon Ende der 60er Jahre, als er mit John Ford Coley die Band Southwest F. O. B. gründete. Das Kürzel steht für Freight On Board. Der Erfolg sollte allerdings erst kommen, als die beiden im Duo als England Dan & John Ford Coley ab Mitte der 70er Jahre Platten einspielten. Im Juni 1976 erreichte der spätere Millionseller »I'd Really Love To See You Tonight« Platz 2 in den USA. Vier Monate später waren sie mit »Nights Are Forever With-

out You« wieder unter den ersten 10. Sie spielten Popmusik mit einem leichten Country-Touch. »We'll Never Have To Say Goodbye« 1978 und »Love Is The Answer« 1979 waren die beiden letzten Top-10-Erfolge für das Duo. 1979 gingen sie dann auch auseinander. Es kam zu langwierigen Auseinandersetzungen mit dem Finanzamt, weil man vergessen hatte, in den guten Jahren die Steuern zu zahlen. 1980 machte Dan Seals Soloplatten als England Dan Seals. 1983 bot die Plattenfirma Liberty Dan einen Vertrag an. Er spielte nun vorwiegend Country Music und war in der entsprechenden Hitparade überaus erfolgreich. In den Pophitparaden stand er mit »Bop« im Januar 1986 auf Platz 42, in den Country-Charts war das ein Platz 1. Alle seine sieben darauffolgenden Singles erreichten Platz 1 in den Country Charts. John machte zusammen mit Kelly Leslie als Kelly Leslie And John Ford Coley 1981 noch ein Album, jedoch ohne Erfolg.

*I'd Really Love To See You Tonight (6/76 US 2)*
*Nights Are Forever Without You (10/76 US 10)*
*We'll Never Have To Say Goodbye Again (2/78 US 9)*
*Love Is The Answer (3/79 US 10)*
***Country, Pop, West Coast***

## England United

Wieder einmal Fuballweltmeisterschaft – wieder einmal ein Lied der Engländer zu diesem Thema. Sie ließen sich 1998 von Ian McCulloch (Echo & The Bunnymen), den Spice Girls, Simon Fowler (Ocean Colour Scene) und Tommy Scott (Space) helfen. Der Erlös dieser Platte ging an Kinderheime in Tunesien, Rumänien und Kolumbien. Das sind die drei Teams, gegen die England in Frankreich die ersten Gruppenspiele austrug.

*(How Does It Feel To Be) On Top Of The World (6/98 GB 9)*
***Pop***

## England World Cup Squad

Bei der Fußballweltmeisterschaft 1970 in Mexiko hatten die Briten wenig zu bestellen. Der Wunsch, schnell wieder nach Hause zu kommen, wurde ihnen erfüllt. Im Viertelfinale verloren sie, trotz eines 2:0-Vorsprungs, nach Verlängerung 3:2. Damit war Deutschland im Halbfinale, verlor aber dann gegen Italien und spielte gegen Uruguay um den 3. Platz und gewann. »Back Home«, das Schlachtlied der Briten zur WM, wurde im April 1970 Spitzenreiter in GB. Im selben Jahr wurde ihre LP »The World Beaters Sing The World Beaters« Platz 4 in den britischen Albumcharts. Zwölf Jahre später schworen die Engländer »This Time (We'll Get It Right)«. Wieder war Fußballweltmeisterschaft, dieses Mal in Spanien. Die Briten brachten es nur bis zur zweiten Finalrunde und mußten nach einem 0:0 gegen Deutschland und gegen Spanien ausscheiden. Gruppensieger war wieder Deutschland, das bis ins Endspiel vordrang und dann 1:3 gegen Italien verlor. Der Schwur der Britien, es dieses Mal zu schaffen, kam im April 1982 auf Platz 2 der Hitparade. Ähnliche Beteuerungen der englischen Nationalmannschaft 1986 und 1988 kamen nicht mal unter die ersten 60. Erst als sie sich 1990 noch einmal mit New Order zusammentaten, sollte es klappen.

Auch die deutsche Fußballnationalmannschaft versucht sich ja hin und wieder zu besonderen Ereignissen mit Liedlein, die das Zusammengehörigkeitsgefühl der elf unterstreichen sollen. Hilfreich machen bei solchen Plättchen Udo Jürgens oder Michael Schanze mit. Die Beteuerung der Mannschaft des Jahres 1974, »Fußball ist unser Leben«, kam im November 1973 auf Platz 27, und zusammen mit Udo Jürgens stand »Buenos Dias, Argentina« im März 1978 auf Platz 3 in Deutschland.

*Back Home (4/70 GB 1)*
*This Time (We'll Get It Right) (4/82 GB 2)*
***Pop***

## England/New Order

Dieses Mal wollte sich die englische Fußballnationalmannschaft nicht auf ihre Gesangskünste verlassen und nahm die britische Formation New Order mit an Bord. Genauer gehört, scheint es umgekehrt zu sein, denn einige Mitglieder der aktuellen Nationalmannschaft, z. B. Peter Beardsley, John Barnes, Paul Gascoigne, Chris Waddle oder Des Walker, sind lediglich im Refrain als Nachwuchsrapper zu hören. »World In Motion« wurde im Juni 1990 Spitzenreiter in GB. Spitzenreiter im Endspiel der Fußballweltmeisterschaft in Italien wurden wieder mal die Lieblingsgegner der Briten: die Deutschen, die das Endspiel gegen Argentinien 1:0 gewannen. Im Spiel um den 3. Platz siegte Italien über England mit 2:1. »World In Motion« erreichte in den deutschen Charts immerhin Platz 21 – das ist unseren Mannen in GB noch nie gelungen!

*World In Motion (6/90 GB 1)*
***Pop***

## Enigma

MICHAEL CRETU, v/key (Rumänien, *18. 5. 1957 in Bukarest).
Michael Cretu wurde als Sohn einer Österreicherin und eines Rumänen geboren. 1975 emigrierte die Familie nach Deutschland. Michael studierte Musik in Frankfurt und wurde schnell zu einem erfolgreichen und gesuchten Studiomusiker, Arrangeur und Produzent. Er realisierte Projekte mit Moti Special, Hubert Kah, Peter Cornelius und Cretu & Thiers. Als Solist veröffentlichte er die LPs »Legionäre« und »Chinesische Mauer«. Dann produzierte er Sandra, die am selben Tag, jedoch fünf Jahre später geboren wurde, und hatte mit ihr etliche große Hits. Zum Projekt Enigma sagte er: ›Der Grund, Enigma ins Leben zu rufen, bestand in dem Bedürfnis, eine Musik zu machen, die mir schon sehr lange im Kopf vorschwebte. Enigma hat mir die Möglichkeit gegeben, ohne jegliche Rücksichtnahme auf musikalische Konventionen. Außerdem wollte ich mit Enigma eine Musik schaffen, die ich nirgendwo kaufen kann. Es lag für mich ein besonderer Reiz darin, ein Konzeptalbum zu kreieren, in dem vermeintlich gegensätzliche Stilelemente wie gregorianische Kirchengesänge, schwarze Tanzrhythmen, französischer Sprechgesang und Keyboardklänge à la Art Of Noise und Vangelis miteinander verbunden werden. Die Musik von Enigma sollte eine relaxt atmosphärische Stimmung erzeugen, und zwar nicht als herkömmliche Synthiemusik, sondern auf der Basis schwarzer Rhythmen, die praktisch das Rückgrat der zeitgenössischen Musik bilden. Aus diesem Grundgedanken heraus ist das gesamte Album entstanden.‹ Das Album hieß »MCMXC A. D.« und wurde ein weltweiter Erfolg. Daraus ausgekoppelt war die Single »Sadeness part I«, die sich ebenfalls zu einem weltweiten Hit entwickelte. Im Oktober 1990 kam sie in die deutschen Charts und wurde Platz 1. Zwei Monate später stand sie auf dem Spitzenplatz in GB. Im Februar 1991 kam sie in die amerikanische Hitparade und erreichte Platz 5. Als Nachfolgesingle stieg »Mea Culpa, part II« im März 1991 in die deutschen Top 10 ein. Als Sängerin beschäftigte er bei seinem Projekt u. a. seine Frau Sandra. 1993 erschien das Album »The Cross Of Changes«, auf dem sich mit »Return To Innocence« ein weiterer weltweiter Hit befand. Ende 1996 erschien mit »Le Roi Est Mort, Vive Le Roi« ein neues Album von Enigma. Darauf die Nummer »Beyond The Invisible«, die in Deutschland in die Top 40 und Anfang 1997 in GB bis auf Platz 26 kam. Ende 1996 stellte die Plattenfirma fest: Die ersten beiden Alben von Enigma waren weltweit 17 millionenmal verkauft worden. 1998 kam er unter dem Projektnamen Trance Atlantic Air Waves.

*Sadeness part I (10/90 D 1; 11/90 CH 1; 12/90 GB 1; 2/91 US 5)*
*Mea Culpa, part II (3/91 D 7; 4/91 CH 10)*
*Return To Innocence (1/94 GB 3, D 5; 2/94 CH 5; 3/94 US 4)*
***Elektro-Pop***

**CD-Tip:** *MCMXC A. D.* Virgin 261 209-PM 527

## Enya

ENYA, v (Irland, *17. 5. 1961 als Eithne Ni Bhraonain in Gweedore/Donegal).

Enya kam 1980 zur 1976 gegründeten Familiengruppe Clannad, ein gälisches Wort für Familie. Sie sang auf zwei LPs mit und verließ die Familie 1982 wieder. Nachdem sie für die BBC mehrere Filmmusiken geschrieben hatte, kam 1988, im leicht verkleideten Pop-New-Age-Stil, »Orinoco Flow (Sail Away)«, ein Platz 1 in GB, 2 in Deutschland und 24 in den USA. Danach erschienen weitere LPs und Singles von ihr, die zwar ansprechend, meist aber nicht kommerziell genug waren, um unter die Top 10 zu kommen. Auf der anderen Seite verkauften sich ihre Alben weltweit enorm: »Watermark« (1988) setzte über 8 Millionen Exemplare ab, Nachfolger »Sheperd Moons« 8,5 Millionen. Mit ihrer Single »Caribbean Blue« erreichte sie im Oktober 1991 Platz 13 in GB. Ende 1995 erschien die Single »Anywhere Is«, die zumindest in GB ein Top-10-Hit wurde und auf das Album »The Memory Of Trees« hinwies. Nach zwei Jahren erschien mit »Paint The Sky With Stars: The Best Of Enya« mal wieder ein neues Album von Enya – darauf neben ihren Hits zwei neue Titel.

*Orinoco Flow (Sail Away) (10/88 GB 1, D 2; 12/88 CH 1)*
*Book Of Days (8/92 GB 10)*
*Anywhere Is (11/95 GB 7)*
***Folk, Pop***

**CD-Tip:** *Watermark* WEA 243 875–2

## Equals

DERV GORDON, v (Jamaika, *29. 6. 1948); LINCOLN GORDON, g (Jamaika, *29. 6. 1948); EDDY GRANT, v/g (Guyana, *5. 3. 1948 als Edmond Montague Grant in Palisance); JOHN HALL, d (Großbritannien, *25. 10. 1947 in Holloway/London); PAT LLOYD, g (Großbritannien, *17. 3. 1948 in Holloway/London).

Musikalisch versuchten sich die Equals in ihren Anfangstagen mit einer Mixtur aus Ska und Pop. Das alles wurde vermischt mit einer Fröhlichkeit, die die Auftritte der Equals zu Ereignissen machte. Die Equals waren zusammengewürfelt aus einem Guayaner, Eddy Grant, zwei Jamaikanern, den Zwilligen Derv und Lincoln Gordon, und den weißen Londonern Hall und Lloyd. Ihren ersten großen Erfolg hatten die Equals in Deutschland. Mike Leckebusch hatte sie für die TV-Sendung ›Beat Club‹ aus Bremen engagiert, und kurz darauf hatten sie mit »I Won't Be There« im Mai 1967 einen Platz 39 in Deutschland. Dann kam »Baby Come Back«, im Juli 1967 Platz 11 in Deutschland. In den britischen Charts wurden sie erstmals im Februar 1968 aufgeführt, und dort wurde im Mai 1968 »Baby Come Back« Spitzenreiter in den Charts. Nach dieser Nummer 1 erreichten sie in GB mit »Viva Bobby Joe« 1969 und »Black Skin Blue-Eyed Boys« 1970 erneut die Top 10. In Deutschland waren sie erfolgreich mit »Softly, Softly« 1968, »Green Light« und »Michael And The Slipper Tree« 1969 und »Rub A Dub Dub« 1970. 1972 verließ Eddy Grant, der die meisten Hits der Band im Alleingang geschrieben hatte, die Gruppe. Er gründete eine eigene Produktions- und Plattenfirma, auf der er seine weiteren Soloplatten veröffentlichte. Richtig erfolgreich sollte er damit seit Beginn der 80er Jahre werden. 1978 nahm er die Equals, bei denen es etliche Umbesetzungen gab, bei seiner Firma Ice unter Vertrag. Nachdem Pato Banton im Herbst

1994 mit einer Coverversion von »Baby Come Back« einen Spitzenreiter in GB gehabt hatte, wurde auch die Originalversion der Equals wiederveröffentlicht. Die brachte es jedoch nicht mehr.

*Baby Come Back (5/68 GB 1)*
*Softly, Softly (12/68 D 6)*
*Green Light (3/69 D 7)*
*Michael And The Slipper Tree (5/69 D 7)*
*Viva Bobby Joe (7/69 GB 6)*
*Rub A Dub Dub (2/70 D 4)*
*Black Skin Blue Eyed Boys (12/70 GB 9)*
***Beat, Pop***

**CD-Tip:** *First Among Equals – The Greatest Hits*
Ice Records 941 902

## Erasure

ANDY BELL, v (Großbritannien, *25. 4. 1964 in Peterborough); VINCE CLARKE, key/syn (Großbritannien, *3. 7. 1960 in Basildon/Essex).

Wenn auch Andy Bell der Sänger von Erasure ist, so muß man doch Vince Clarke als die führende Persönlichkeit dieses Duos bezeichnen. Er gilt als eine der schillerndsten Persönlichkeiten des britischen Elektro-Pop. Ehe er 1985 Erasure gründete, hatte er bereits Depeche Mode, Yazoo und Assembly erfolgreich hinter sich gebracht. Andy Bell hatte bis dato in einer Metzgerei gearbeitet. Mit »Sometimes« schaffte Erasure im Oktober 1986 einen Platz 2 in GB und in Deutschland. Schon 1991 bezeichnete man Erasure als eine der erfolgreichsten britischen Bands aller Zeiten. Bis Ende 1994 gelangen ihnen 15 Top-10-Erfolge, darunter »A Little Respect« und »Crackers International« 1988, »Drama!« 1989, »Blue Savannah« 1990, »Chorus« und »Love To Hate You« 1991 und ihr einziger Spitzenreiter, die EP »Abba-esque«. Diese EP beinhaltete vier Coverversionen von Abba-Hits: »Lay All Your Love On Me«, »S.O.S.«, »Take A Chance On Me« und »Voulez Vous«. Beide Mitglieder von Erasure machten kein Geheimnis daraus, daß sie ausgemachte Abba-Fans waren. Ihre Geschmackssicherheit drückt sich seit 1994 auch durch besonders schön bunte Cover aus. In jenem Jahr erschien das Album »I Say, I Say, I Say«, das in GB sofort auf Platz 1 kam und in den USA unter die ersten 20. Von diesem Album war schon vorher die Nummer »Always« ausgekoppelt worden, Top 10 in Deutschland und GB und Platz 20 in den USA. Auch »Run To The Sun« und der britische Top-20-Hit »I Love You Saturday« stammten von diesem Album. Im Februar 1995 übernahm die renommierte TV-Sendung ›Top of the Pops‹ als Titelmelodie ein Stück, das ihnen Vince Clarke geschrieben hatte. Im November 1995 erschien das nächste Album, das schlicht »Erasure« hieß. »Stay With Me« und »Fingers & Thumbs (Cold Summer's Day)« brachten der Band in GB lediglich Plazierungen unter den ersten 20. Im März 1997 erschien das Album »Cowboy« mit den ersten Singleauskopplungen »In My Arms« (1/97 GB 13) und »Don't Say Your Love Is Killing Me« (3/97 GB 23).

*Sometimes (10/86 GB 2; 12/86 D 2; 1/87 CH 3)*
*Victim Of Love (5/87 GB 7)*
*The Circus (10/87 GB 6)*
*Ship Of Fools (3/88 GB 6, D 9)*
*A Little Respect (10/88 GB 4)*
*Crackers International EP (12/88 GB 2)*
*Drama! (9/89 GB 4)*
*Blue Savannah (3/90 GB 3)*
*Chorus (6/91 GB 3; 8/91 CH 10)*
*Love To Hate You (9/91 GB 4)*
*Breath Of Life (3/92 GB 8)*
*Abba-esque EP (6/92 GB 1, D 2; 7/92 CH 3)*
*Who Needs Love (Like That) (11/92 GB 10)*
*Always (4/94 GB 4, D 5)*
*Run To The Sun (7/94 GB 6)*
***Dance, Elektro-Pop***

**CD-Tip:** *Pop! – The First 20 Hits*
Mute INT 879.800

## Erste Allgemeine Verunsicherung

Mario Gaettano Bottazzi, v (Großbritannien, *10. 2. 1950 in Harrington); Gerhard Breit, b (Österreich, *14. 8. 1954 in Herzogenburg); Klaus Eberhartinger, v (Österreich, *12. 6. 1950 in Gmünden); Nino Holm, key (Schweden, *22. 12. 1950 in Göteburg); Günter Schönberger, g (Österreich, *8. 2. 1952 in Graz); Tom Spitzer, g (Österreich, *6. 4. 1953 in Graz); Andreas Stenmo, d (Schweden, *14. 2. 1956 in Hässleholm).

Diese Formation fand schon 1977 zusammen. Thomas Spitzer und Nino Holm gründeten mit Wilfried die Gruppe Antipasta. Als Andreas Stenmo einstieg, entwickelten sie das Konzept für die Erste Allgemeine Verunsicherung. 1978 erschien die erste LP. Im April 1979 kam Günter Schönberger zu EAV. 1981 gründeten sie ihr eigenes Plattenlabel, 1982 wurde ihnen der Kleinkunstpreis Berliner Wecker verliehen. Mit »Tanz, tanz, tanz (den Apokalypso)« haben sie im Januar 1983 einen ersten Achtungserfolg in Österreich. Im März dieses Jahres stieg der Sänger Günther Timischl endgültig aus und gründete mit einigen Freunden STS. Im Juli 1983 wurde der »Alpenrap« ihr erster Hit in den österreichischen und deutschen Charts. Im November desselben Jahres präsentierte sich erstmals EAV als Septett. Nun war auch Klaus Eberhartinger Mitglied in der Band und gab ihr neue Impulse. Hatten sie es in ihren Anfangstagen noch mit kritischen Texten versucht, so änderte sich das ab Mitte der 80er Jahre in Richtung Blödelpop. Die Wende kommentierte Thomas Spitzer: ›Ich habe stapelweise gute Kritiken von früher zu Hause, aber davon haben wir uns nie eine Semmel kaufen können.‹ »Ba-Ba-Banküberfall« wurde im Januar 1986 ein Top-10-Erfolg für EAV in Deutschland, »Küss' die Hand, schöne Frau« im November 1987 ein Platz 2, »Ding Dong« im April 1990 ein Platz 7 und »Samurai« im August 1990 ein Platz 10. 1992 trat eine Pause bei EAV ein. Ende 1994 veröffentlichten sie mit »Nie wieder Kunst (wie immer ...)« eine neue CD. In Interviews gaben die Musiker zu, daß sie in den letzten Jahren sehr zerstritten gewesen waren. Ende 1996 erschien »The Grätest Hitz«. Gleichzeitig wurde bekannt, daß der innere Kreis von EAV – Spitzer, Eberhartinger und Töfferl – im Studio war und an einer neuen CD mit dem Titel »Im Himmel ist die Hölle los« arbeiteten. Das Album erschien dann auch und wurde im Frühjahr 1998 in Österreich mit Gold ausgezeichnet. Eberhartinger bei der Verleihung: ›Erst wurden wir jahrelang von den Medien gehätschelt. Dann hieß es, wir seien faul geworden und hätten uns in Kenia zur Ruhe gesetzt. Abgesehen davon, daß wir auch dort ein Studio haben, in dem wir arbeiten, sind solche Vorwürfe Blödsinn. Schließlich sind wir – mit einigen längeren Pausen – bis Jahresende 1998 auf Tournee‹.

*Ba-Ba-Banküberfall (1/86 D 7)*
*Küss' die Hand, schöne Frau (11/87 CH 2, D 2)*
*An der Copa Cabana (3/88 CH 8)*
*Ding Dong (4/90 CH 4, D 7)*
*Samurai (8/90 D 10)*
***Pop***

**CD-Tip:** *The Grätest Hitz* EMI 7243 8 55295 2 8

## Eruption

Eric F.C. Kingsley, v/d; Greg Dudes Perrineau, v/g; Morgan T.D. Perrineau, v/g; Gerry Spider Fingers Williams, v/g; Precious Wilson, v.

Diese Formation war ein weiteres Gebilde von Frank Farian. Ähnlich wie Boney M. oder später Milli Vanilli stellte er Eruption zusammen, ohne daß man heute noch weiß, wer was in dieser Band gespielt oder gesungen hat. In der Hauptsache dürften die vier männlichen Mitglieder der Gruppe gleich geblieben sein. Die weibliche Stimme jedoch wurde von unterschiedlichen Sängerinnen übernommen: Precious Wilson, Jane Joachim oder Kim Davis gehörten dazu. Die beiden größten Erfolge der Formation zeigen deutlich, daß Frank Farian mit diesem Projekt US-Popsongs der 60er, 70er Jahre in ein zeitgemäßes Korsett schnürte. Der erste Top-10-Erfolg war im Januar 1978 »I Can't Stand The Rain«. Im Original war der Titel 1973 ein Hit für die Amerikanerin Ann Peebles. »One Way Ticket«, im April 1979 Platz 7 in Deutschland und 9 in GB, wurde im Original von Neil Sedaka gesungen. Mit »Go Johnnie Go« hatte die Gruppe im April 1980 ihren letzten Top-10-Erfolg. Im August 1994 erschien eine Remix-Version ihres Hits »One Way Ticket«.

*I Can't Stand The Rain (1/78 GB 5, D 7; 3/78 CH 8)*
*One Way Ticket (4/79 CH 1, D 7, GB 9)*
*Go Johnnie Go (4/80 D 8; 7/80 CH 10)*
***Pop***

**CD-Tip:** *Eruption Gold* BMG 74321 21000 2

## Escape Club

JOHNNIE CHRISTO, v/b (Großbritannien); JOHN HOLLIDAY, v/g (Großbritannien); TREVOR STEEL, v/g (Großbritannien); MILAN ZEKAVICA, d (Großbritannien).
Der Escape Club wurde 1983 in London gegründet. Die Band schaffte es, sich schon wenige Monate nach der Gründung als außerordentlich gute Live-Band zu profilieren. Trotz vieler Plattenveröffentlichungen schaffte die Band keinen Hit in ihrer Heimat. Dafür erreichten sie mit »Wild, Wild West« im August 1988 die US-Charts und wurden dort Spitzenreiter. Bis zu diesem Zeitpunkt hatten sie auf Platten meist das, womit sie auf der Bühne ihr Publikum überzeugt hatten, eingespielt. Mit der LP »Wild, Wild West« lösten sie sich von diesem Konzept und nahmen Titel auf, die auch unabhängig von Konzerten Bedeutung hatten. Mit ihrem gitarrenbetonten Rock 'n' Roll lagen sie offensichtlich vom Geschmack ihrer Landsleute zu weit entfernt. »I'll Be There« erreichte im Mai 1991 Platz 8 in den USA, produziert vom gebürtigen Österreicher Peter Wolf, der unter anderem für Lou Gramm, Starship und Big Country gearbeitet hatte.

*Wild, Wild West (8/88 US 1)*
*I'll Be There (5/91 US 8)*
***Rock***

**CD-Tip:** *Dollars And Sex* WEA 9031–73501–2

## Eskens, Margot

v (Deutschland, *12. 8. 1936 in Düren).
Bevor Margot Eskens 1955 ihre erste Schallplatte aufnahm, hatte sie eine Ausbildung als Zahnarzthelferin abgeschlossen und einen Nachwuchswettbewerb gewonnen. Mit »Ich möcht' heut ausgehen« erreichte sie im Herbst 1955 erstmals die deutsche Hitparade. »Tiritomba« war im Frühjahr 1956 ihr erster Spitzenreiter. »Mamatschi« 1956 und »Mama« 1964 waren weitere Top-10-Erfolge für sie, »Cindy, oh Cindy« 1957 ein weiterer Spitzenreiter. Begleitet wurde sie von Johnny Dane, dem Comedien Quartett und dem Orchester Kurt Edelhagen. Im Duett mit Silvio Francesco, dem Bruder von Caterina Valente, hatte sie mit »Calypso Italiano« 1957, »Himmelblaue Serenade« 1958 und »Mondschein-Partie« 1959 ebenfalls Hits unter den ersten 10. Ende der 80er Jahre wandte sie sich mehr dem volkstümlichen Schlager zu, 1990 erschien ihre LP »Mein Traumland am Wörthersee«.

*Ich möcht' heut ausgehen (10/55 D 3)*
*Tiritomba (3/56 D 1)*
*Mamatschi (9/56 D 9)*
*Cindy, oh Cindy (2/57 D 1)*
*Calypso Italiano (10/57 D 9)*

*Himmelblaue Serenade (7/58 D 8)*
*Mondschein-Partie (3/59 D 5)*
*Mama (11/64 D 8)*
***Deutscher Schlager***

**CD-Tip:** *Cindy Oh Cindy* Bear Family BCD 15 732 AH

## Esposito, Tony

v (Italien).

In seinem Heimatland war Tony Esposito in den 80er Jahren ein gefeierter Star. Er vermischte typisch italienische Melodien mit Dance-Floor. Zusammen mit seinem Produzenten Mauro Malavassi schrieb er die meisten dieser Dance-Produktionen. Seinen größten internationalen Erfolg hatte er 1984 mit »Kalimba de Luna«. In der Schweiz wurde der Titel ein Top-10-Hit, in Deutschland Platz 25. Der Nachfolger »Simba de Amon« kam schon nur in die Funkhitparaden. Im Rahmen der ZDF-Shows ›Italienische Nacht‹ wurde er auch dem deutschen Publikum vorgestellt.

*Kalimba De Luna (10/84 CH 6)*
***Dance, Schlager***

## Essex

BILLIE HILL (USA); ANITA HUMES, v (USA); RUDOLPH JOHNSON (USA); RODNEY TAYLOR (USA); WALTER VICKERS (USA).

Die beiden US-Marines Vickers und Taylor waren Anfang der 60er Jahre in Japan stationiert, als sie Essex gründeten. Zurück in den USA, vervollständigten sie die Formation mit den übrigen obengenannten Musikern – ebenfalls alle Marines –, nahmen ein Demoband auf und schickten es an Roulette Records. Die zeigten sich interessiert und produzierten mit Essex »Easier Said Than Done«. Das Stück kam im Juni 1963 in die Charts und wurde Spitzenreiter. Ein Nachfolgehit war »A Walkin' Miracle«, zwei Monate später Platz 12 in den USA. Ein dritter Titel schaffte es gerade noch in die Hitparade. 1966 löste sich Essex wieder auf. Nachdem Anita sich als Solistin versucht hatte, ging sie wieder zur Army. Rudy wurde Polizist, Billie arbeitet für eine Universität. Vickers hatte Diabetes und starb, nachdem er in ein Koma gefallen war.

*Easier Said Than Done (6/63 US 1)*
***Pop, Rhythm & Blues***

**CD-Tip:** *The Best Of The Essex* Sequel NEM CD 714

## Essex, David

v/d (Großbritannien, *23. 7. 1947 als David Albert Cook in Plaistow/London).

1964 begann der Sänger, Songschreiber und Schauspieler in der Gruppe Everons zunächst als Schlagzeuger. 1965 machte er seine erste Soloplatte, die wie die sieben folgenden Singles – alle aufgenommen zwischen 1965 und 1970 – durchfiel. Bekannt wurde David dann durch das Musical »Godspell«, in dem er ab Oktober 1971 die Rolle des Jesus übernahm. 1972 spielte er mit Ringo Starr in dem Film »That'll Be The Day«. Der Film wurde ein großer Erfolg. Im September 1973 erhielt David einen Plattenvertrag, mit dem dann seine eigentliche Plattenkarriere begann. Produziert wurde er von Jeff Wayne. In der Hitparade tauchte er 1973 zum erstenmal mit »Rock On« auf. Ein Jahr darauf gelang ihm in GB sein erster Spitzenreiter mit »Gonna Make You A Star«, 1975 der zweite mit »Hold Me Close«. Mit »Oh What A Circus« 1978 und »A Winter's Tale« 1982 folgten seine beiden letzten Top-10-Notierungen. Inzwischen hat sich Essex als Schauspieler etabliert. 1974 spielte er neben Adam Faith und Larry Hagman in »Stardust«, der Fortsetzung von »That'll Be The Day«, 1978 war er Che Guevara im Londoner West-End-

Musical »Evita«, 1983 Fletcher Christian in einer Musicalversion von »Meuterei auf der Bounty«. Nebenher blieb ihm trotzdem immer noch Zeit, an Alben zu arbeiten, und er gründete mit Lamplight ein eigenes Plattenlabel. Ansonsten erscheinen in den 80er und 90er Jahren vorwiegend immer wieder Hitzusammenstellungen seiner frühen Aufnahmen. 1993 erarbeitet er ein Album mit 12 Popklassikern in Essex-Interpretationen. Das Ganze nannte er »Cover Shot« und erreichte damit Platz 3 der britischen Albumcharts. Ende 1994 erschien das Album »Back To Back«. Daraus ausgekoppelt kam die mit Catherine Zeta Jones gesungene Version des Buddy-Holly-Titels »True Love Ways« unter die ersten 40 der britischen Singlecharts.

*Rock On (8/73 GB 3; 11/73 US 5)*
*Lamplight (11/73 GB 7)*
*Gonna Make You A Star (10/74 GB 1)*
*Stardust (12/74 GB 7)*
*Rollin' Stone (7/75 GB 5)*
*Hold Me Close (9/75 GB 1)*
*Oh What A Circus (8/78 GB 3)*
*Silver Dream Machine (Part 1) (4/80 GB 4)*
*A Winter's Tale (12/82 GB 2)*
*Tahiti (8/83 GB 8)*
***Pop***

**CD-Tip:** *His Greatest Hits* Mercury 510 308–2

## Estefan, Gloria

v (Kuba, *1. 9. 1957 als Fajardo in Havanna).

Gloria wurde in Havanna geboren und wuchs in Miami auf. 1974 lernte sie auf der Hochzeit von Freunden eine Band kennen, die sich Miami Latin Boys nannte. Der Kopf der Gruppe, Emilio Estefan (* 4. 3. 1953), bot ihr an, in der Band zu singen. Ab 1975 wurde sie ständiges Mitglied, und die Gruppe nannte sich nun Miami Sound Machine. 1978 heirateten Emilio und Gloria, 1979 veröffentlichten sie ihre erste selbstfinanzierte LP in spanischer Sprache. Speziell in Mittel- und Südamerika wurden sie schnell zu Stars. Ab September 1984 produzierten sie ihre Platten ebenso in englischer Sprache und wurden damit auch für den nordamerikanischen und europäischen Markt interessant. Ab August 1987 erschienen die Platten als Gloria Estefan & Miami Sound Machine, ab 1989 nur noch als Gloria Estefan. Ihren ersten Top-10-Hit hatte die Formation mit »Dr. Beat« im August 1984. Die Platte erreichte Platz 6 in GB und 7 in Deutschland. »Conga« wurde Ende 1985 der erste Top-10-Erfolg für sie in den USA und ein Millionseller. Im März 1986 erschien mit »Bad Boy« eine Platte, die wiederum Millionseller wurde und sich sowohl in den USA als auch in Deutschland unter den ersten 10 behaupten konnte. Weitere Top-10-Erfolge waren »Words Get In The Way« 1986, »Rhythm Is Gonna Get You« und »Can't Stay Away From You« 1987, »Anything For You« und »1–2–3« 1988, »Don't Wanna Lose You« und »Here We Are« 1989, »Coming Out Of The Dark« 1991. Bei letztgenanntem Titel waren im Hintergrund Jon Secada und Betty Wright als Sänger zu hören. 1992 tobte der Hurrikan Andrew über Florida und zerbröselte etliche Häuschen. Gloria Estefan veröffentlichte den Titel »Always Tomorrow« und verzichtete auf ihre Tantiemen zugunsten der Opfer dieses Sturms. Außerdem brachte ein für diese Menschen veranstaltetes Benefizkonzert zwei Millionen Dollar ein. Dafür erhielten Gloria und ihr Mann im März 1993 in Florida eine Auszeichnung für außergewöhnliche Menschenfreundlichkeit. 1994 veröffentlichte Gloria eine Coverversion des Vicki-Sue-Robinson-Titels »Turn The Beat Around« und erreichte damit im Herbst des Jahres die US-Top-20 und die britischen Top 30. Der Titel stammte aus dem Film »The Specialist«, in dem Sharon Stone und Sylvester Stallone die Hauptrollen spielten. In den nächsten Jahren veröffentlichte sie weitere Alben und Singles. »Hold Me, Thrill Me, Kiss Me«, »Everlasting Love«, »Reach« und »You'll Be Mine (Party Time)« kamen in GB unter die ersten 20. Nach einer Pause erschien Mitte 1998 das Album »Gloria« – daraus der Singlehit »Heaven's What I Feel« (5/98 US 27, GB 17).

*Dr. Beat (8/84 GB 6; 10/84 D 7; 11/84 CH 5)*
*Conga (10/85 US 10)*
*Bad Boy (3/86 US 8; 8/86 CH 9; 9/86 D 6)*
*Words Get In The Way (6/86 US 5)*
*Rhythm Is Gonna Get You (5/87 US 5)*
*Can't Stay Away From You (11/87 US 6; 2/89 GB 7)*
*Anything For You (3/88 US 1; 7/88 GB 10)*
*1–2–3 (6/88 US 3; 10/88 GB 9)*
*Don't Wanna Lose You (7/89 US 1, GB 6)*
*Here We Are (12/89 US 6)*
*Coming Out Of The Dark (1/91 US 1)*
*Miami Hit Mix/Christmas Through Your Eyes (12/92 GB 8)*
***Dance, Pop***

**CD-Tip:** *Greatest Hits* Epic 472 332 2

## Estus, Deon

v/b (USA, geb. in Detroit/Michigan).
Der schwarze Musiker spielte, bevor er einen Hit zusammen mit George Michael hatte, mit Wham!, Marvin Gaye und Brainstorm. Wohl aus den Wham!-Tagen müssen sich George und Deon Estus gekannt haben. Darum half Deon nicht der Himmel, sondern George bei seinem Erfolg »Heaven Help Me«, im Februar 1989 wurde die Platte ein Platz 5 in den USA. Schon vorher war er im Vorprogramm von George Michaels 1988er Welttournee aufgetreten.

*Heaven Help Me (2/89 US 5)*
***Pop***

## Eternal

EASTHER BENNETT, v (Großbritannien, *11. 12. 1972 in London); VERNETTE BENNETT, v (Großbritannien, *17. 5. 1971 in London); KELLE BRYAN, v (Großbritannien, *12. 3. 1975 in London); LOUISE NURDING, v (Großbritannien, *4. 11. 1974 in London).
Die aus dem Süden Londons stammende Formation war nach dem Vorbild von En Vogue aufgebaut. Was den Männern der New-Jack-Swing-Stil, war den Frauen der New Jill Swing. Vorbilder der vier sind Interpreten wie BeBe & CeCe Winans, Boyz II Men oder Johnny Gill, aber auch Stevie Wonder oder Luther Vandross. Im Herbst 1993 erschien ihre Debüt-Single »Stay«. Die beiden Schwestern Bennett hatten im obligatorischen Kirchenchor gesungen, Kelle und Louise studierten gemeinsam Tanz und Schauspiel. Ihre Debüt-CD »Always & Forever« wurde auf Anhieb ein Knüller und verkaufte bis Anfang 1995 alleine in GB eine Million Exemplare und wurde dafür mit drei Platin-Platten ausgezeichnet. Auch 1995/1996 setzte sich der Erfolg von Eternal fort, beschränkte sich aber vorwiegend auf GB. Lediglich die beiden Singleveröffentlichungen »So Good« (8/94 GB 13) und »Crazy« (12/94 GB 15) kamen in der zweiten Hälfte des Jahres 1994 nicht unter die ersten 10. Bevor mit »Power Of A Woman« Anfang 1996 das zweite Album von Eternal erschien, war Louise Nurding aus der Formation ausgestiegen und hatte eine überaus erfolgreiche Solokarriere begonnen. Sie beschränkte sich bei Plattenveröffentlichungen auf ihren Vornamen. Mit »Someday« durften Eternal als erste britische Sängerinnen einen Walt-Disney-Song interpretieren. Es war die Titelmelodie aus dem Film »Der Glöckner von Notre Dame«. Ende Mai 1997 gelang Eternal der Sprung von Null auf Eins mit »I Wanna Be The Only One«. Mit dem Trio gemeinsam sang auf der Platte als Gast der amerikanische Gospelsänger BeBe (Benjamin) Winans.

*Stay (10/93 GB 4)*
*Save Our Love (1/94 GB 8)*

*Just A Step From Heaven (4/94 GB 8)*
*Oh Baby I . . . (11/94 GB 4)*
*Power Of A Woman (10/95 GB 5)*
*I Am Blessed (12/95 GB 7)*
*Good Thing (3/96 GB 8)*
*Someday (8/96 GB 4)*
*Secrets (12/96 GB 9)*
*Don't You Love Me (3/97 GB 3)*
*I Wanna Be The Only One (5/97 GB 1; 6/97 CH 7)*
*Angel Of Mine (10/97 GB 4)*
***Dance, Pop***

**CD-Tip:** *The Best* EMI 7243 8 23089 2

## Etheridge, Melissa

v (USA, *29. 5. 1961 in Leavenworth/ Kansas).
Die Sängerin und Songschreiberin hatte sich auf die Fahne geschrieben, wieder handgemachte Musik populär zu machen. Ihr Debütalbum, das im Jahre 1988 erschien, erhielt zweifach Platin und erreichte Platz 22 in den US-LP-Charts. Melissa studierte Gitarre am Berklee College of Art in Boston. Von Chris Blackwell, dem Gründer der Plattenfirma Island, wurde sie Ende 1986 in einem kleinen Club in Long Beach, California, entdeckt und unter Vertrag genommen. »Brave And Crazy« (1989), »Never Enough« (1992) und »Yes I Am« (1993) waren weitere hervorragende Alben von ihr. Alleine »Yes I Am« verkaufte sich in den USA mehr als 5 millionenmal. Mit Singleauskopplungen hatte sie außer mit »Come To My Window« (2/94 US 25) und »I'm The Only One« keine größeren Erfolge. Zumindest der Titel »You Can Sleep While I Drive« hätte es verdient gehabt, ein Hit zu werden. Dem deutschen Publikum wurde Melissa Etheridge erstmals Ende 1988 vorgestellt, als sie im Vorprogramm von Huey Lewis auftrat und gefeiert wurde. Auch in den nächsten Jahren sollten es vorwiegend ihre LPs sein, die sich verkauften. Ende 1995 erschien das Album »Your Little Secret«. Daraus ausgekoppelt wurde »I Want To Come Over«, Platz 22 in den USA.

*I'm The Only One (8/94 US 8)*
***Rock***

**CD-Tip:** *Yes I Am* Island 74321 16126 2

## Europe

IAN HAUGLAND, d (Schweden, *13. 8. 1964 in Nordreisa); JOHN LEVEN, b (Schweden, *25. 10. 1963 in Stockholm); KEE MARCELLO, g (Schweden, *20. 2. 1960 in Ludvika); MICHAEL MICHAELI, key (Schweden, *11. 11. 1962 in Stockholm); JOHN NORUM, g (Schweden); TONY RENO, d (Schweden); JOEY TEMPEST, v (Schweden, *19. 8. 1963 als Joakim Larsson in Stockholm).
Larsson alias Tempest, der wie Leven und John Norum in einem Vorort von Stockholm aufwuchs, gründete zusammen mit den beiden 1980 seine erste Band: Force. Zwei Jahre später nahmen sie an einem Wettbewerb teil, dessen erster Preis ein Plattenvertrag war. Sie gewannen und erhielten den erwähnten Vertrag. Die Besetzung zu diesem Zeitpunkt waren Tempest, Norum, Leven und Tony Reno. Mit ihr wurde 1983 die erste LP der Band in Schweden veröffentlicht.
Danach gab es personelle Veränderungen. Es war Keyboarder Michaeli dazugekommen und Reno gegen Schlagzeuger Haugland ausgetauscht worden. 1985 erschien »Wings Of Tomorrow«, ihre erste LP von Europe, die auch über die Landesgrenzen von Schweden hinaus veröffentlicht wurde. 1986 kam die LP »The Final Countdown«. Die Gruppenmitglieder zeigten sich im gepflegten Manta-Minipli-Hard-Rock-Look für Kinder. Die Singleauskopplung »The Final Countdown« wurde im September 1986 eine Nummer 1 in Deutschland. Zwei Monate später erreichte sie dieselbe Position in GB. Im Januar 1987 wurde es ein Platz 8 in den

USA. Zu dem Erfolg hat auch sicher beigetragen, daß die Aufnahme im Film »Rocky IV« mehrfach zu hören war.

Die Nachfolgesingle war »Carrie«, die wieder zuerst im Februar 1987 in Deutschland auf Platz 22 kam, zwei Monate später die gleiche Position in GB erreichte und im August 1987 ein Platz 3 in den USA wurde. Auch diese Aufnahme war aus der LP »The Final Countdown« ausgekoppelt. 1988 erschien die LP »Out Of This World«. Danach veröffentlichte die Gruppe für drei Jahre keine weitere LP, dann erschien »Prisoners In Paradise«. Daraus wurden einige Singles ausgekoppelt, die sich jedoch nicht unter den ersten 10 plazieren konnten. Im März 1995 erschien die Single »A Place To Call Home« als Vorabauskopplung aus dem gleichnamigen Solodebütalbum von Joey Tempest.

*The Final Countdown (9/86 CH 1, D 1; 11/86 GB 1; 1/87 US 8)*
*Rock The Night (12/86 CH 6)*
*Carrie (3/87 CH 10; 8/87 US 3)*
*Superstitious (8/88 CH 9)*
***Hard Rock, Rock***

**CD-Tip:** *The Final Countdown* Epic CD EPC 26808

## Eurythmics

ANNIE LENNOX, v/key/fl (Großbritannien, *25. 12. 1954 in Aberdeen); DAVE A. STEWART, g/key/syn (Großbritannien, *9. 9. 1952 in Sunderland/Tyne&Wear).

Dieses Synthie-Pop-Duo nahm 1981 in Köln sein erstes Album auf. Beide waren vorher zwischen 1977 und 1980 mit der Gruppe Tourists erfolgreich. Auf der obenerwähnten LP »In The Garden«, produziert von Conny Plank, spielten die deutschen Musiker Robert Goerl, Holger Czukay und Jaki Liebezeit mit. Eine Auskopplung aus dieser Platte, »Never Gonna Cry Again«, ist auch die erste Hitnotierung in GB. Richtig erfolgreich wurden sie 1983 mit der LP »Sweet Dreams (Are Made Of This)«. Die Auskopplung des Titelsongs als Single brachte dem Duo im Februar 1983 einen Platz 2 in GB und danach Platz 4 in Deutschland und 1 in den USA. Von derselben LP stammte die Nummer »Love Is A Stranger«, die erstmals 1982 in die GB-Charts kam, aber nur Platz 54 erreichte. Nachdem »Sweet Dreams« ein so großer Erfolg geworden war, kam »Love Is A Stranger« im April 1983 in die Charts und wurde Platz 6. Weitere Top-10-Erfolge waren »Who's That Girl?« und »Right By Your Side« 1983, »Here Comes The Rain Again« und »Sex Crime (Nineteen Eighty Four)« 1984, »Would I Lie To You?« und »There Must Be An Angel (Playing With My Heart)« 1985 und »Thorn In My Side« 1986. Zusammen mit Aretha Franklin hatte Eurythmics im November 1985 den Top-10-Erfolg »Sisters Are Doin' It For Themselves«. 1989 erschien die letzte offizielle LP der beiden, »We Too Are One«. Der umtriebige Dave Stewart gründete mit Spiritual Cowboys und Vegas eigene Formationen, machte aber auch noch Soloplatten, so z. B. das Stück »Lily Was Here« mit der holländischen Saxophonistin Candy Dulfer. Annie machte Baby-Urlaub und veröffentlichte 1992 mit »Diva« ihre erste Solo-LP.

*Sweet Dreams (Are Made Of This) (2/83 GB 2; 4/83 US 1, D 4)*
*Love Is A Stranger (4/83 GB 6)*
*Sweet Dreams (5/83 CH 8)*
*Who's That Girl? (7/83 GB 3)*
*Right By Your Side (11/83 GB 10)*
*Here Comes The Rain Again (1/84 US 4, GB 8)*
*Sexcrime (Nineteen Eighty Four) (11/84 D 3, GB 4; 1/85 CH 6)*
*Would I Lie To You? (4/85 US 5)*
*There Must Be An Angel (Playing With My Heart) (7/85 GB 1, D 4)*
*Sisters Are Doin' It For Themselves (11/85 GB 9)*
*Thorn In My Side (9/86 GB 5)*
*Revival (9/89 CH 8)*
***AOR (Adult Orientated Rock), Pop***

**CD-Tip:** *Greatest Hits* RCA PD 74856

## Evans, Maureen

v (Großbritannien, geb. in Cardiff/Wales).
Ihre Gesangskarriere begann Maureen Evans als Angestellte des Embassy Labels, das für die britische Woolworth-Kette preiswerte Coverversionen bekannter Hits aufnahm. In ihrer Heimat Wales war sie bereits seit Ende der 50er Jahre erfolgreich. Ihre nationale Karriere begann Maureen 1960 mit »The Big Hurt«. Zwei Jahre später stand sie auf Platz 3 der britischen Hitparade mit »Like I Do«. Die nachfolgenden Veröffentlichungen reichten an diese Erfolge nicht heran, und Maureen gründete eine Familie. Ende der 60er Jahre versuchte sie ein Comeback, aber selbst für die Briten klang sie zu altmodisch.

*Like I Do (11/62 GB 3)*
***Pop***

## Evans, Paul

v (USA, *5. 3. 1938 in New York City).
Seine ersten Erfolge feierte Paul Evans als Songschreiber. Mitte 1958 hatten die Brüder Herbert und Harold Kalin als Kalin Twins den Top-10-Erfolg »When«, geschrieben von Paul. Das hat ihm zu einem eigenen Plattenvertrag verholfen. Zusammen mit Sue Singleton und Sue Terry, die aus dem Umfeld von Perry Como kamen und sich Curls nannten, nahm er die Nummer »Seven Little Girls Sitting In The Back Seat« auf. Sie wurde im September 1959 ein Platz 9 in den USA. »Happy-Go-Lucky-Me« wurde im Mai 1960 ein weiterer Top-10-Erfolg für ihn. Danach schien seine Interpretenkarriere beendet. 1962 schrieb er die Nummer »Roses Are Red (My Love)«, die für Bobby Vinton ein Millionseller und eine Nummer 1 in der amerikanischen Hitparade wurde. Für Elvis schrieb er die Titel »I Gotta Know« und »The Next Step Is Love«. Dann verfaßte er für die Broadway-Show »Loot« und für den Film »Live Young« die Musik. Nachdem lange niemand mehr an Paul Evans gedacht hatte, veröffentlichte er 18 Jahre nach seinem letzten Hit in England die Platte »Hello, This Is Joannie«, die sich in GB bis auf Platz 6 hochschaukelte.

*Seven Little Girls Sitting In The Back Seat (9/59 US 9)*
*Happy-Go-Lucky-Me (5/60 US 10)*
*Hello, This Joannie (The Telephone Answering Machine Song) (12/78 GB 6)*
***Pop***

**CD-Tip:** *The Fabulous Teens... And Beyond*
Ace CDCHD 551

## Everett, Betty

v/p (USA, *23. 11. 1939 in Greenwood/ Mississippi).
1958 machte Betty ihre ersten Platten. Die erste Hitnotierung für sie war »You're No Good« im Januar 1964. Der Titel sollte später ein Hit für die Swinging Blue Jeans und für Linda Ronstadt werden. Bettys größter Soloerfolg war »The Shoop Shoop Song (It's In His Kiss)«. Der Titel kam im Februar 1964 in die amerikanische Hitparade und erreichte Platz 6. Mit derselben Nummer hatte Cher im Frühjahr 1991 einen Platz 1 in GB, einen Platz 3 in Deutschland. Im Duett mit Jerry Butler gelang Betty Everett im Herbst 1964 mit »Let It Be Me« noch ein Platz 5 in den USA. In den R&B-Hitparaden wird sie bis 1978 aufgeführt.

*The Shoop Shoop Song (It's In His Kiss) (2/64 US 6)*
*Let It Be Me (9/64 US 5)*
***Rhythm & Blues***

## Everett, Kenny

v (Großbritannien).
Der britische TV-Moderator und Sänger taucht erstmals zusammen mit dem ehemaligen Manfred-Mann-Mitglied Mike Vickers im November 1977 in den Charts

mit der Nummer »Captain Kemmen (Retribution)« auf. Im Alleingang schaffte er mit dem »Snot Rap« im März 1983 einen Platz 9 in GB. Kenny leitete schon in den 60er Jahren eine TV-Show, die sich ›Nice Time‹ nannte. Danach machte er die ›Kenny Everett Video Show‹. Bereits Ende der 60er Jahre nahm Kenny zusammen mit Mike Vickers seine erste Platte »Nice Time« – wie die TV-Sendung – auf. Alle seine Plattenprojekte waren mehr oder weniger Abfallprodukte aus seinen Fernsehsendungen.

*Snot Rap (3/83 GB 9)*
***Pop***

## Everly Brothers

DON EVERLY, v (USA, *1. 2. 1937 in Brownie/Kentucky); PHIL EVERLY, v (USA, *19. 1. 1939 in Chicago/Illinois).

Der Harmoniegesang von Simon & Garfunkel, den Beach Boys, den Mamas & Papas und sogar den Beatles führt zurück zu diesen beiden Brüdern. Sie schafften die perfekte Symbiose aus Rock 'n' Roll, Country, Rhythm & Blues und Folk. Der größte Erfolg der beiden Brüder schaffte, was wenige erreichten: »All I Have To Do Is Dream« war Nummer 1 in den Pop-, den Countryund den Rhythm-&-Blues-Charts. Sie nahmen 1957/58 dem Rock 'n' Roll die Schärfe und machten ihn dadurch auch für die ältere Generation gesellschaftsfähig.

Sie waren noch nicht einmal zehn Jahre alt, als sie im Showgeschäft begannen. Bereits als Siebenjähriger hatte Don Everly jeden Samstag seine eigene 15minütige Radiosendung, die ›Little Donnie Show‹. Immerhin lief diese Sendung sechs Jahre lang. Gerade mal 17 Jahre alt, hat er einen Song geschrieben, den er an die damalige Königin der Country Music, Kitty Wells, verkaufte. Inzwischen war auch sein jüngerer Bruder Phil in seine Fußstapfen getreten, hatte Radiosendungen gemacht und zusammen mit Don Lieder geschrieben. In Nashville, der Welthauptstadt der Country Music, versuchten sie ihr Glück, aber niemand wollte weitere Songs von den beiden.

Am 9. 11. 1955 nahmen sie innerhalb von 22 Minuten ein Demoband mit vier Stükken auf. Im Hintergrund spielte die Band von Carl Smith. Am 6. 2. 1956 veröffentlichte CBS zwei dieser Lieder: »Keep A-Lovin' Me« mit der B-Seite »The Sun Keeps Shining«. Sie verkauften sich nicht, und die anderen beiden Titel wurden erst gar nicht veröffentlicht. CBS nahm ihre Option nicht wahr, und die beiden Brüder standen wieder ohne Vertrag da. Schließlich war es der berühmte Gitarrist und Talentsucher Chet Atkins, der ihnen auf die Beine half. Dreißig Künstler hatten den Song »Bye Bye Love« abgelehnt und wollten ihn nicht aufnehmen. Den Everly Brothers blieb nichts anderes übrig. Als die Platte im Mai 1957 in die US-Charts kam, werden sich diejenigen, die den Titel abgelehnt hatten, geärgert haben: Sie wurde ein Platz 2 und in GB ein Platz 6. Vier Monate später erschien »Wake Up Little Susie«, in den USA Nummer 1, in GB Platz 2. Ihre dritte Veröffentlichung, »All I Have To Do Is Dream«, wurde im Frühjahr 1958 Spitzenreiter in den USA und in GB.

Der Erfolg der beiden hielt an bis in das Jahr 1965. Sie schafften in den USA zwölf weitere Top-10-Hits, in GB zehn. Spitzenreiter wurden »Bird Dog« 1958 (USA), »Cathy's Clown« 1960 (GB und USA), »Walk Right Back/Ebony Eyes« und »Temptation« 1961 (GB). Ende 1961 wurden die Brüder zur Marine eingezogen, jedoch nur für sechs Monate. Danach gingen sie auf eine Europatournee. Don machte der Druck durch Tourneen und Plattenaufnahmen immer mehr zu schaffen, und er wurde drogenabhängig. Bei einem Konzert in London mußte Phil allein auftreten, Don wurde mit Lebensmit-

telvergiftung und Erschöpfung entschuldigt. Tatsächlich hatte er innerhalb von 48 Stunden zweimal versucht, sich mit einer Überdosis das Leben zu nehmen. Obwohl Don drei weitere Jahre abhängig blieb, konnten die Brüder zeitweise weiterarbeiten.
Offensichtlich haben sie sich jedoch nur mit Mühe zusammengerauft. Auf Bildern der Everly Brothers jener Tage ist ihr Lachen gequält, fast schon unnatürlich und abstoßend. Am 14. 7. 1973 spielten sie im John-Wayne-Theater in der Knott's Berry Farm in Hollywood. Es kam zum Eklat auf der Bühne. Phil zertrümmerte seine Gitarre und lief wütend von der Bühne, Don sagte dem staunenden Publikum: ›The Everly Brothers died ten years ago.‹ In den nächsten Jahren versuchten sie sich als Solisten, veröffentlichten Singles und LPs, die jedoch alle untergingen. Im Juni 1983 verkündeten die Everly Brothers, sie würden wieder zusammenspielen, ihre Schwierigkeiten seien beseitigt. Im Oktober 1984 unterschrieben sie einen gemeinsamen neuen Plattenvertrag bei Mercury Records. Paul McCartney schrieb für sie den Titel »On The Wings Of A Nightingale«, der in den USA lediglich ein Platz 50, in GB ein Platz 41 wurde. Produzent der Nummer war ein weiterer Everly-Brothers-Verehrer: Dave Edmunds. 1986 wurden sie in die Rock 'n' Roll Hall Of Fame aufgenommen. 1989 nahmen sie zusammen mit den Beach Boys den Titel »Don't Worry Baby« auf, der im Mel-Gibson-Michelle-Pfeiffer-Film »Tequila Sunrise« zu hören war. In die Charts kam er nicht. Der Friede zwischen den beiden schien Bestand zu haben. Auch in den 90er Jahren traten sie noch gemeinsam auf. Ende 1994 kam mit Jason Everly, Sohn von Phil, die nächste Sangesgeneration auf den Markt. Er veröffentlichte die CD »No Ordinary Music«, aus der im Februar 1995 die Single »Cecilia« ausgekoppelt wurde. Es handelte sich dabei um eine Coverversion des Simon-&-Garfunkel-Klassikers – Vater Phil sang im Hintergrund mit.

*Bye Bye Love (5/57 US 2; 7/57 GB 6)*
*Wake Up Little Susie (9/57 US 1; 11/57 GB 2)*
*All I Have To Do Is Dream (4/58 GB 1, US 1)*
*Devoted To You (8/58 US 10)*
*Bird Dog (8/58 US 1, GB 2)*
*Problems (11/58 US 2; 1/59 GB 6)*
*('Til) I Kissed You (8/59 GB 2, US 4)*
*Let It Be Me (1/60 US 7)*
*Cathy's Clown (4/60 GB 1, US 1)*
*When Will I Be Loved (5/60 US 8; 7/60 GB 4)*
*So Sad (To Watch Good Love Go Bad) (9/60 US 7)*
*Lucille/So Sad (To Watch Good Love Go Bad) (9/60 GB 4)*
*Ebony Eyes (1/61 US 8)*
*Walk Right Back/Ebony Eyes (2/61 GB 1)*
*Walk Right Back (2/61 US 7)*
*Temptation (6/61 GB 1)*
*Crying In The Rain (1/62 GB 6, US 6)*
*That's Old Fashioned (That's The Way Love Should Be) (5/62 US 9)*
*The Price Of Love (5/65 GB 2)*
***Pop, Rock 'n' Roll***

**CD-Tip:** *Classic Every Brothers* Bear Family BCD 15 618 CI

## Everly, Phil

v (USA, *19. 1. 1939 in Chicago/Illinois).
Der jüngere der beiden Everly Brothers hatte ohne seinen Bruder Don zumindest einmal eine Platte unter den ersten 10: »She Means Nothing To Me« erreichte im Februar 1983 die britischen Charts und kletterte hoch bis auf Platz 9. Allerdings war er auch in diesem Falle nicht alleine – Cliff Richard sang die Nummer mit ihm im Duett. Wenige Monate vorher, im November 1982, hatte Phil mit der Nummer »Louise« auf Platz 47 in GB gestanden, ansonsten gelang ihm weder in den USA noch in GB ein großer Hit. Für den Stellenwert, den die beiden Brüder in der Popmusik haben, ein sehr schlappes Ergebnis. Dabei hatte Phil 1973 mit der Nummer

»God Bless Older Ladies (For They Made Rock & Roll)« einen von Duane Eddy produzierten und von Warren Zevon arrangierten potentiellen Hit, der nicht schlecht war.

*She Means Nothing To Me (2/83 GB 9)*
***Pop***

**CD-Tip:** *Phil Everly* BGO Records CD 199

## Every Mother's Son

CHRISTOPHER AUGUSTINE, d (USA, *25. 8. 1941 in New York City); DONALD KERR, b (USA, geb. in New York City); DENNIS LARDEN, g (USA, *22. 11. 1948 in New York City); LARRY LARDEN, g (USA, *10. 8. 1945 in New York City); SCHUYLER LARSEN, b (USA, *19. 2. 1947 in New York City); BRUCE MILNER, p (USA, *9. 5. 1943 in New York City).

Every Mother's Son stammt aus dem Greenwich Village in New York City und formierte sich um die beiden Brüder Larry und Dennis Larden, die zuvor als Folk-Duo aufgetreten waren. Nachdem sie 1966 auf Bruce Milner getroffen waren, entschlossen sie sich, eine Rockgruppe zu gründen. Der Produzent Wes Farrell nahm sie unter Vertrag, produzierte ihre erste LP und verkaufte die Bänder an MGM Records. Sie erschien Anfang 1967, und die daraus ausgekoppelte Single »Come On Down To My Boat« erreichte Platz 6 in den USA und blieb ihr einziger Top-10-Erfolg. Die Gruppe selbst verschwand nach 1968 aus dem Showgeschäft, was wohl auch daran lag, daß sie für die härter werdende Rockmusik zu weich war. Dennis Larden ging später zu Rick Nelsons Stone Canyon Band.

*Come On Down To My Boat (5/67 US 6)*
***Rock***

## Everything But The Girl

TRACEY THORNE, v (Großbritannien, *26. 9. 1962 in Brookman's Park/Hertfordshire); BEN WATT, v/g/key (Großbritannien, *6. 12. 1962 in Barnes/London).

1980 unterschrieben die beiden unabhängig voneinander als Solisten einen Plattenvertrag bei Cherry Red Records. Tracey hatte außerdem mit dem Trio Marine Girls zwei Alben eingespielt, davon das zweite auf dem Cherry-Red-Label. Ihr akustisches Soloalbum »A Distant Shore« verkaufte sich mehr als 60.000 mal in GB. 1982 studierten sowohl Tracey als auch Ben an der Hull University, und sie kamen sich persönlich und beruflich näher. Im Januar 1983 traten sie zum erstenmal als Everything But The Girl auf, im Juli desselben Jahres erschien mit »Night And Day«, dem Klassiker von Cole Porter, ihre erste Single. Ihren ersten Hit hatten sie im Mai 1984 mit »Each And Everyone«. Als sie eingeladen wurden, den Titel in der BBC-TV-Sendung »Top Of The Pops« vorzustellen, mußten beide abwinken. Sie arbeiteten gerade an ihren Examina. Im Juli 1984 erschien ihre erste LP, und es sollte noch bis zum Juli 1988 dauern, bis sie mit »I Don't Want To Talk About It« ihren ersten Top-10-Erfolg hatten: Platz 3 in GB. Mit dem verträumten Jazz ihres Debütalbums »Eden« aus dem Jahr 1984 waren Tracey und Ben musikalische Wegbereiter für Acts wie Matt Bianco oder Sade. Auf der LP »The Language Of Life« ist die wunderschöne Aufnahme »The Road« zu finden, bei der Stan Getz Tenorsaxophon und Jerry Hey Flügelhorn spielt. 1994 erschien das Album »Amplified Heart«, auf dem sich die Nummer »Missing« befand, die als Single ein weltweiter Erfolg wurde, nachdem einige Mixer an ihr gearbeitet hatten. Die ursprüngliche Version von »Missing« war im August 1994 ausschließlich in die britische Hitparade und dort lediglich auf Platz 69 gekommen.

»Walking Wounded« brachte als Nachzieher zu »Missing« der Band einen weiteren Top-10-Hit in GB. Diese Nummer kam bereits von dem Mitte 1996 erschienenen gleichnamigen Album der Band. Ebenso das Stück »Single«, das wieder nur in GB ein Top-20-Hit wurde.

*I Don't Want To Talk About It (7/88 GB 3)*
*Missing (Remix 1995) (8/95 US 2; 10/95 GB 3; 12/95 D 1; 1/96 CH 2)*
*Walking Wounded (4/96 GB 6)*
*Wrong (6/96 GB 8)*
***AOR (Adult Orientated Rock), Pop***

**CD-Tip:** *Amplified Heart* Blanco Y Negro 0630 10453–2

## Exciters

CAROL JOHNSON, v (USA); BRENDA REID, v (USA); HERB ROONEY, v (USA, geb. in New York City); LILLIAN WALKER, v (USA).

Dieses schwarze Gesangsquartett stammte aus Jamaica in New York City. Brenda, Carol und Lillian hatten zunächst mit ihrer Klassenkameradin Sylvia Wilbur das Quartett Masterettes gegründet, Herb sang mit den Masters, die gelegentlich zusammen mit den Masterettes auftraten. Begonnen hatte er seine Karriere bei den Beltones. Sowohl die Masters als auch die Masterettes nahmen 1961 eine Single auf. Bald wurden Jerry Leiber und Mike Stoller auf die Mädchen aufmerksam und benannten sie in Exciters um. Sie nahmen Herb Rooney zur Abrundung des Sounds hinzu, und da Sylvia ging, blieb es bei einem Quartett. Die Gruppe erhielt 1962 einen Plattenvertrag bei United Artists und kam im Dezember mit »Tell Him« in die amerikanische Hitparade. Im Januar 1963 erreichten sie Platz 4. Mit dieser Nummer schlugen sie eine völlig neue Richtung des Girl Group Rock 'n' Roll ein. Ihre nächste Aufnahme, »He's Got The Power«, wurde von Ellie Greenwich mitgeschrieben, die einmal gesagt hatte, Brenda habe eine der besten Stimmen, die sie je gehört habe. Unter die Top 10 kamen die Exciters trotz guten Materials und eines Wechsels der Plattenfirma nicht mehr, wurden aber bis 1966 in den Hitparaden verzeichnet. Im November 1963 nahmen sie eine weitere Nummer von Ellie Greenwich, die sie mit Jeff Barry geschrieben hatte, auf: »Do Wah Diddy Diddy« – ohne bemerkenswerten Erfolg. 1964 wurde genau dieser Titel in der Version mit Manfred Mann ein internationaler Spitzenreiter. Ende der 60er Jahre heirateten Brenda und Herb. Als Anfang der 70er Carol und Lillian die Gruppe verließen, wurden sie durch Skip McPhee und Ronnie Pace ersetzt. Die Exciters tourten durch die USA und Europa und schrumpften in den 80er Jahren auf das Duo Brenda und Herb zusammen. Nach seiner Scheidung von Brenda legte sich Herb eine Kosmetikfirma zu, während Brenda die Exciters mit Hilfe ihrer Kinder weiterführte. Einer ihrer Söhne, Mark, wurde ein bekannter Produzent, der z. B. Erik B. And Rakim unter seine Fittiche nahm: Er nennt sich L. A. Reid.

*Tell Him (12/62 US 4)*
***Pop, Rhythm & Blues***

## Exile

BUZZ CORNELISON, key (USA); STEVE GOETZMAN, d (USA, *1. 9. 1950); MARLON HARGIS, v/key (USA, *13. 5. 1949); SONNY LEMAIRE, v/b (USA, *16. 9. 1947); PAUL MARTIN, v/g (USA); J.P. PENNINGTON, v/g (USA, *22. 1. 1949 in Berea/Kentucky); LES TAYLOR, v/g (USA).

Exile kam als Fascinations in Lexington/Kentucky 1963 erstmals zusammen. Ab 1965 nannten sie sich Exiles, ab 1973 dann nur noch Exile. Nachdem sie sich über örtliche Discos und Schulfeste zu größeren Veranstaltungen hingearbeitet hatten, verschaffte ihnen ein Musikagent die Möglichkeit, zusammen mit der Dick Clarke Caravan Show eine USA-Tournee zu machen. Danach spielten sie bei Sessions von Brian Hyland oder Tommy Roe mit. Zu diesem Zeitpunkt waren die Produzenten und Songschreiber Mike Chapman und Nicky Chinn auf der Suche nach neuen amerikanischen Bands. Mud, Sweet, Smokie und Suzi Quatro hatten sie bereits mit Erfolg in die Hitparaden gepowert. Sie hörten ein Demoband von Exile, das Mike Chapman auf Anhieb gefiel. Er setzte sich ins Flugzeug, hörte sich Exile live an, und drei Wochen später war der Vertrag unterschrieben. Ihre erste Single hieß »Try It On«, konnte sich aber in GB nicht plazieren und in den USA nur ganz knapp. Mitte 1978 gelang mit »Kiss You All Over« ein Top-10-Hit in GB und ein Spitzenreiter und Millionseller in den USA. Nicht nur für Exile war dies die erste amerikanische Spitzenposition in den Charts, sondern auch für das Team Chinn/Chapman. In GB wie in den USA hatten Exile noch zwei kleinere Nachfolgehits, danach waren sie aus den Popcharts wieder verschwunden. 1983 tauchten sie erstmals in den amerikanischen Country-Charts auf und standen dort zwischen 1983 und 1993 zehnmal auf Platz 1. Pennington hatte die Band 1989 verlassen und war durch Martin ersetzt worden. Im selben Jahr begann Les Taylor seine Solokarriere.

*Kiss You All Over (8/78 US 1, GB 6; 10/78 D 3; 11/78 CH 3)*
***Country, Pop***

**CD-Tip:** *Exile Greatest Hits* Epic EK 40401

## Exposé

GIOIA CARMEN BRUNO, v (Italien, *11. 6. 1965); ANN CURLESS, v (USA, *7. 10. 1965 in New York City); JEANETTE JURADO, v (USA, *14. 11. 1966 in Los Angeles/Kalifornien); KELLY MONEYMAKER, v (USA, *4. 6. 1965 in Fairbanks/Alaska).

Der Songschreiber und Produzent Lewis A. Martinez suchte Mitte der 80er Jahre drei Mädchen, die die von ihm geschriebenen Dance-Songs vortragen konnten. Zwei Jahre lang hat er herumexperimentiert und mit wechselnden Besetzungen Produktionen aufgenommen. Ab Januar 1987 setzte dann der Erfolg ein. Die Besetzung zu diesem Zeitpunkt: Jurado, Curless und Bruno. Den Titel »Point Of No Return« hatte Martinez 1985 schon einmal aufgenommen, allerdings in einer anderen Besetzung. Die neue Version erreichte die Charts. Es folgten bis zum Ende der 80er Jahre etliche Hits. Zwischen 1990 und 1992 legte das Trio eine kleine Pause ein. Bruno verließ Exposé und wurde durch Moneymaker ersetzt. Dann startete Exposé mit dem von Roy Orbison mitgeschriebenen Titel »I'll Never Get Over You (Getting Over Me)« wieder durch. Nach 1993 schafften sie bisher keine weitere Hitnotierung.

*Come Go With Me (1/87 US 5)*
*Point Of No Return (5/87 US 5)*
*Let Me Be The One (8/87 US 7)*
*Seasons Change (11/87 US 1)*
*What You Don't Know (5/89 US 8)*
*When I Looked At Him (8/89 US 10)*
*Tell Me Why (12/89 US 9)*
*I'll Never Get Over You (Getting Over Me) (3/93 US 8)*
***Dance***

**CD-Tip:** *What You Don't Know* Arista 260 062

## Extreme

PAT BADGER, b (USA, *22. 7. 1967 in Boston/Massachusetts); NUNO BETTENCOURT, g (*20. 9. 1966 in Azoren/Portugal); GARY CHERONE, v (USA, *26. 7. 1961 in Malden/Massachusetts); PAUL GEARY, d (USA, *24. 7. 1961 in Medford/Massachusetts).

Extreme entstand in Boston im Jahre 1985 aus den Resten zweier Bands. Zuerst nannten sie sich Dream, dann erhielten sie einen Plattenvertrag und firmierten als Extreme. Ihre Mixtur aus Pop, Metal, Funk und Blues machte sie schnell bei den US-Teenagern zu einer Live-Attraktion. 1989 erschien ihre erste LP, im März 1991 ihr erster Hit: »More Than Words«, eine eher zarte Nummer, die die Band nur mit einer Gitarre begleitete. Sie wurde ein Millionseller und erreichte Platz 1 in den USA. Im Juli desselben Jahres kam die Platte auch in die europäischen Charts und kletterte in GB auf Platz 2, in Deutschland auf 8. Extreme kann sich speziell mit diesem Titel auf die Fahne schreiben, daß sie das, was wenig später als ›Unplugged‹ mit Künstlern wie Paul McCartney und Eric Clapton erfolgreich auf Platten veröffentlicht wurde, mit initiiert haben. »Hole Hearted« hieß der Nachfolgehit, der jedoch lediglich in den USA ein Top-10-Hit wurde. Mit »Song For Love« und »Rest In Peace« gelangen Extreme noch zwei Top-20-Hits in GB, ansonsten wurde ihre zweite LP »Pornograffitti« in den USA ein Knüller. Im Frühjahr 1995 veröffentlichte Extreme das Album »Waiting For The Punchline«. Von Balladen à la »More Than Words« war darauf wenig zu hören. Dafür rockte man wieder richtig los. Erfolgreich war das nicht – so verwundert es nicht, daß Bettencourt 1997 ein Soloalbum veröffentlichte und Gary Cherone neuer Leadsänger bei Van Halen wurde.

*More Than Words (3/91 US 1; 7/91 GB 2, D 8; 8/91 CH 3)*
*Hole Hearted (8/91 US 4)*
***AOR (Adult Orientated Rock), Rock***

**CD-Tip:** *Pornograffitti* A&M 395 313–2

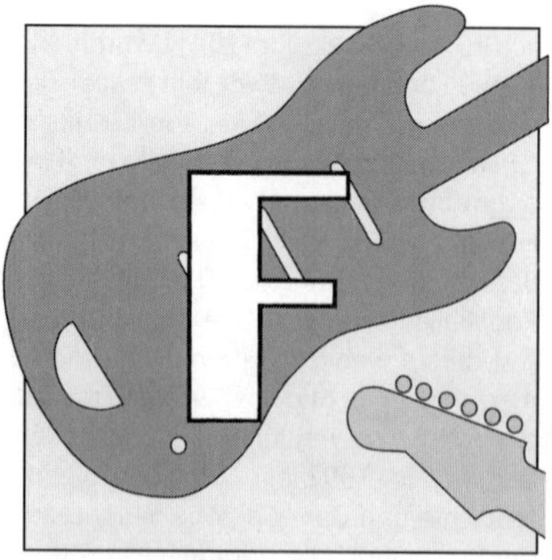


## F. P. I. Project

MARCO FRATTY, dj (Italien); ROBERTO INTRALLAZZI, dj (Italien); CORRADO PRESTI, dj (Italien).

Das Kürzel F. P. I. Project steht für die drei professionellen Discjockeys Marco Fratty, Corrrado Presti und Roberto Intrallazzi. Mit der Dance-Floor-Nummer »Going Back To My Roots/Rich In Paradise« kamen sie im Dezember 1989 in die britischen Charts und erreichten Platz 9. Der Titel »Going Back To My Roots« wurde in zwei verschiedenen Gesangsversionen angeboten. Einmal sang Paolo Dini, zum anderen Sharon D. Clarke. Mit »Risky« gelang ihnen Mitte 1990 noch ein Platz 25. Danach erschienen weitere Platten vom F.P.I. Project, die an die ersten Erfolge nicht anschließen konnten. Sharon tauchte später bei der Formation Nomad auf und sang 1991 deren Top-10-Hit »(I Wanna Give You) Devotion«.

*Going Back To My Roots/Rich In Paradise (12/89 GB 9)*
*Rich In Paradise (1/90 D 5; 3/90 CH 10)*
***Dance***

## Fab

FAB (Großbritannien).

Ende der 80er Jahre machten immer mehr Interpreten Platten, die eher dem technischen als dem stimmlichen Bereich zuzurechnen waren. Fab war ein britischer Produzent, der mit dem Titel »Thunderbirds Are Go« im Juli 1990 einen Platz 5 in der britischen Hitparade hatte. Er schloß sich bei diesem und bei den folgenden Projekten mit anderen Produzenten zusammen, die sich hinter so wohlklingenden Namen wie MC Parker, MC Number 6 oder Aquamarina versteckten. Das Ganze erschien auf dem eigenen Plattenlabel Brothers Organisation – und so rollten die Pfunde geballt in die eigenen Kassen.

*Thunderbirds Are Go (7/90 GB 5)*
***Dance***

## Fabares, Shelley

v (USA, * 19. 1. 1944 in Santa Monica/Kalifornien).

Shelley Fabares ist die Nichte der Schauspielerin Nanette Fabray. Ihre Karriere begann als Mary Stone 1958 in der Comedy-TV-Sendung ›Donna Reed Show‹. Schon mit sieben Jahren hatte sie ihre erste kleine Rolle in einem Film, mit neun stand sie neben Frank Sinatra in einer Fernsehshow. In der zweiten Hälfte der 50er Jahre spielte sie dann Kinderrollen in diversen TV-Sendungen wie ›Captain Midnight‹ oder ›Mickey Mouse Club‹. Richtigen Erfolg hatte sie dann als Tochter von Donna Reed in deren Show. Diese Sendung, in der Shelley bis 1973 mitspielte, war so populär, daß es nur konsequent war, sie als eine der Protagonistinnen auch eine Platte aufnehmen zu lassen. Das Stück hieß »Johnny Angel« und erreichte im März 1962 Platz 1 in den USA. 1964 heiratete sie den erfolgreichen Plattenproduzenten Lou Adler und spielte nun auch in Teenagerfilmen wie »Ride The Wild Surf« neben Fabian. Mit Elvis Presley spielte sie 1965 in »Girl Happy«, 1966 in »Spinout«, 1967 in »Clambake«. Elvis hat später einmal gesagt, Shelley sei die

Schauspielerin gewesen, mit der er am liebsten zusammenspiele. Nachdem sich Shelley etwas aus dem Geschäft zurückgezogen hatte, stand sie 1971 wieder im Rampenlicht. In dem TV-Film »Brian's Song« spielte sie die Frau eines sterbenden Athleten. Die Sendung wurde ein großer Erfolg. Danach war sie in weiteren Fernsehshows und wieder regelmäßig in TV-Serien zu sehen, so z. B. in der ›Brian Keith Show‹ von 1972 bis 1974, ›Practice‹ 1976/77, ›Mary Hartman Mary Hartman‹ 1977/78, ›High Cliffe Manner‹ 1979 und ›One Day At A Time‹ 1981 bis 1984. All diese Sendungen waren Comedy-Shows. In der letzten Serie, ›One Day At A Time‹, spielte im übrigen ihre Tante Nanette als Grandma Romano mit.

*Johnny Angel (3/62 US 1)*
***Pop***

**CD-Tip:** *The Best Of Shelley Fabares* Sequel NEM CD 695

## Fabian

FABIAN, v (USA, * 6. 2. 1943 als Fabiano Forte Bonaparte in Philadelphia/Pennsylvania).

Bereits mit 14 Jahren wurde Fabian vom Besitzer der Plattenfirma Chancellor Records entdeckt. Dem war aufgefallen, daß der junge Fabian aussah wie eine Mixtur aus Elvis Presley und Ricky Nelson. Als dann Elvis auch noch zum Militär ging und sich die Teenager neue Idole suchten, kam Fabian gerade recht. »Turn Me Loose« war im März 1959 ein Platz 9 in den USA. Drei Monate später erreichte er Platz 3 mit »Tiger«, bei uns in Deutschland gecovert von Peter Kraus. Fabian war als Tiger genauso großartig wie Peter Kraus. Noch im November desselben Jahres erreichte sein »Hound Dog Man« wieder Platz 9 in den USA. Sein erster Film, ebenfalls 1959, hieß dann auch »Hound Dog Man«. Es folgten in den nächsten zwei Jahrzehnten mehr oder weniger seichte Filme. Herausragend waren »North To Alaska« mit John Wayne und »The Longest Day« neben allen zur Verfügung stehenden amerikanischen Schauspielern. Als Anfang der 60er Jahre die Machenschaften der Discjockeys Alan Freed und Dick Clarke in den sogenannten Payola-Prozessen bekannt wurden, geriet auch Fabian in diesen Strudel. Außerdem wurde bekannt, daß es einiger Nachhilfe bedurfte, um seine Stimme auf Platte genießbar zu machen.

*Turn Me Loose (3/59 US 9)*
*Tiger (6/59 US 3)*
*Hound Dog Man (11/59 US 9)*
***Pop***

**CD-Tip:** *This Is Fabian* Ace CD CHD 321 TIS

## Fabric, Bente

p (Dänemark, * 7. 12. 1924 als Fabricius-Bjerre in Kopenhagen).

Schon als Teenager gründete Bent Fabric, der Piano spielte, in seiner Heimat Dänemark eine Jazzband. Mit dieser Formation nahm er die ersten Jazzplatten Dänemarks auf. 1950 wurde er Chef von Metronome Records in Dänemark. Außerdem war er regelmäßig in Fernsehsendungen zu sehen. Mit dem selbstgeschriebenen Instrumentaltitel »Alley Cat« erreichte er im Juli 1962 einen Platz 7 in der amerikanischen Hitparade. Als Songschreiber legte er sich das Pseudonym Frank Björn zu. Die schwedische Sängerin Siw Malmkvist, die ebenfalls ihre Platten bei Metronome veröffentlichte, hatte mit dieser Melodie und dem sinnigen Text »Schwarzer Kater Stanislaus« Ende 1962 in Deutschland Erfolg. Eine Zeitlang hatte Bent eine eigene Samstagabend-Show, ansonsten dürfte er sich mehr um die geschäftlichen Angelegenheiten von Metronome gekümmert haben.

*Alley Cat (7/62 US 7)*
***Instrumental, Pop***

## Fabulous Thunderbirds

KID BANGHAM, g (USA); MIKE BUCK, d (USA, * 17. 6. 1952); FRAN CHRISTINA, d (USA, * 1. 2. 1951 in Westerly/Rhode Island); KEITH FERGUSON, b (USA, * 23. 7. 1946 in Houston/Texas, † 29. 4. 1997); PRESTON HUBBARD, b (USA, * 15. 3. 1953 in Providence/Rhode Island); DUKE ROBILLARD, g (USA); JIMMY VAUGHAN, g (USA, * 20. 3. 1951 in Dallas/Texas); KIM WILSON, v/mundh (USA, * 6. 1. 1951 in Detroit/Michigan).

1977 gründete Jimmy, der ältere Bruder von Stevie Ray Vaughan, zusammen mit Kim, Keith und Mike diese texanische Rock-'n'-Roll-und-Rhythm-&-Blues-Gruppe. Zwei Jahre später erschien mit »Girls Go Wild« ihre Debüt-LP. 1980 erschien »What's The Word«. Neu bei der Band war als zweiter Schlagzeuger Fran Christina zu hören. 1981 war Mike Buck nicht mehr mit dabei, und als 1986 »Tuff Enuff« erschien, war als neuer Bassist Preston Hubbard als Ersatz für Keith Ferguson zur Band gekommen. »Tuff Enuff« brachte auch den ersten großen Singlerfolg der Band, einen Platz 10 im Mai 1986 in den USA. 1990 stieg Jimmy aus der Band aus und wurde durch Kid und Duke an der Gitarre ersetzt. Jimmy schloß sich mit seinem Bruder zusammen. Die beiden machten als Vaughan Brothers 1990 die LP »Family Style«. Nach einem Hubschrauberunfall am 27. 8. 1990 starb Stevie Ray. Die Fabulous Thunderbirds veröffentlichten Ende 1991 die LP »Walk That Walk, Talk That Talk«.

*Tuff Enuff (4/86 US 10)*
***Rock***

**CD-Tip:** *Walk That Walk, Talk That Talk* Epic 468 524 2

## Faces

KENNEY JONES, d (Großbritannien, * 16. 9. 1948 in Stepney/London); RONNIE LANE, b (Großbritannien, * 1. 4. 1946 in Plaistow/London, † 4. 6. 1997); IAN MCLAGAN, key (Großbritannien, * 12. 5. 1945 in London); ROD STEWART, v (Großbritannien, * 10. 1. 1945 in Highgate/London); RON WOOD, g (Großbritannien, * 1. 6. 1947 in Hillingdon/Middlesex); TETSU YAMAUCHI, b (Japan, * 21. 10. 1947 in Fukuoka).

Im Juni 1969 kam aus den Trümmern der Small Faces und der Jeff Beck Group diese Formation zusammen. Im April 1970 erschien ihre erste LP, »First Step«. »Stay With Me« kam im Dezember 1971 in die britischen Charts und wurde ein Platz 6. »Cindy Incidentally« und »Pool Hall Richard/I Wish It Would Rain« waren 1973 in GB zwei weitere Top-10-Erfolge. Inzwischen war allerdings Rod Stewart mit seinen Soloprojekten sehr viel erfolgreicher als die Faces. »Maggie May« war ein weltweiter Hit geworden, und bei Fernsehauftritten spielten hinter ihm die Jungs aus der Gruppe. Angekündigt wurden sie als Rod Stewart & The Faces. Im Mai 1973 verließ Ronnie Lane die Band und wurde durch den japanischen Bassisten Tetsu Yamauchi ersetzt. Tetsu hatte vorher mit Free gespielt und galt in GB als gesuchter Studiomusiker. Im Dezember 1975 kündigte Rod Stewart an, er werde die Faces verlassen. Zum selben Zeitpunkt wurde die Single »Itchycoo Park« als Wiederveröffentlichung ein Platz 9 in der britischen Hitparade. Wohl auch aus diesem Grunde versuchten Jones und McLagan, die Small Faces zu reformieren. Für dieses Unternehmen gewannen sie gar den ursprünglichen Sänger dieser Formation, Steve Marriott. Im Oktober 1977 spielt Lane mit Pete Townshend auf dessen LP »Rough Mix«. Später erkrankte er an multipler Sklerose und brachte seine Rockkollegen dazu, ihm zu helfen, Geld für die Erforschung dieser Krankheit aufzutreiben. 1979 wurde Kenny Jones Schlagzeuger bei den Who.

*Stay With Me (12/71 GB 6)*
*Cindy Incidentally (2/73 GB 2)*
*Pool Hall Richard/I Wish It Would Rain (12/73 GB 8)*
***AOR (Adult Orientated Rock), Rock***

## Fagin, Joe

v/b (Großbritannien, geb. in Liverpool).
1983 schrieb die Plattenfirma von Joe Fagin zur Veröffentlichung einer Singleplatte: ›Nahezu 25 Jahre ist er bereits im Showbiz tätig, in den Bands von Bill Haley, Little Richard und Stevie Wonder lernte er sein Handwerk, und erst vor knapp sechs Monaten startete er seine Solokarriere. Jetzt gelang dem Liverpooler Sänger und Bassisten erstmals ein Top-Hit.‹ Das dürfte bedeuten, daß Joe Fagin zu diesem Zeitpunkt um die vierzig Jahre alt war. 1958 gründete er seine erste Band, die Strangers, mit denen er im legendären Cavern Club spielte. 1960 ging er, wie so viele andere britische Musiker auch, nach Hamburg und spielte dort in den angesagten Clubs. Bei dieser Gelegenheit begleitete er im Star-Club so bekannte Musiker wie Bill Haley, Jerry Lee Lewis oder Little Richard. 1962 wurde er in Paris Mitglied der dortigen Gruppe Playboys, mit denen er seine erste Platte aufnahm. 1965 schloß Joe dieses Kapitel ab und verdingte sich als Backing-Sänger in verschiedenen Bands. Er tourte mit Stevie Wonder, den Exciters und Ben E. King und war zwischendurch Mitglied in der Band Big 6. Der Titel »That's Livin' Alright«, der im Januar 1984 in die britische Hitparade kam und Platz 3 erreichte, wurde wohl deshalb so erfolgreich, weil es die Titelmelodie der englischen TV-Serie ›Auf Wiedersehen Pet‹ war. In dieser Serie mimte Jimmy Nail, später selbst ein erfolgreicher Pop-Interpret, einen rauflustigen deutschen Maurer. Joe Fagins nächster und letzter Hit-Eintrag, im April 1986 ein Platz 53 in GB, sagt wohl auch, was er nach seiner Hitzeit machte: »Back With The Boys«.

*That's Livin' Alright (1/84 GB 3)*
***Pop***

## Fair Weather

Dennis Bryon, d (Großbritannien, * 14. 4. 1949 in Cardiff/Wales); Andy Fairweather-Low, v/g (Großbritannien, * 2. 8. 1948 in Cardiff/Wales); Neil Jones, g (Großbritannien, * 25. 3. 1949 in Llanbradach/Wales); Clive Taylor, b (Großbritannien, * 27. 4. 1949 in Cardiff/Wales); Blue Weaver, org (Großbritannien, * 11. 3. 1947 in Cardiff/Wales).
Im Jahre 1970 gründete Andy Fairweather-Low diese Formation. Alle Musiker hatten vorher bei Amen Corner gespielt. Fair Weather erreichte mit »Natural Sinner« im Juli 1970 Platz 6 in der britischen Hitparade. Noch Ende des Jahres trennten sich die Musiker endgültig. Besonders Andy Fairweather-Low, der zu Zeiten von Amen Corner zum Teenager-Star wurde, konnte es nicht verwinden, daß die Band immer noch wie eine Teeniebopper-Gruppe behandelt wurde. Andy hatte ab 1974 Erfolge als Solist.

*Natural Sinner (7/70 GB 6)*
***AOR (Adult Orientated Rock)***

**CD-Tip:** *Beginning From An End* Repertoire REP 4389-WP

## Fair, Yvonnee

v (USA, geb. in Virginia).
Yvonne verdiente sich fünf Jahre lang in der Revue von James Brown ihre ersten Sporen. Dann veröffentlichte sie 1970 erfolglos eine Solosingle und wurde für drei Jahre Sängerin in der Band von Chuck Jackson. Als Solistin gelang Yvonne Fair dann doch ein großer Erfolg: »It Should

Have Been Me« kam Anfang 1976 in die britische Hitparade und kletterte in die Top 10. Gladys Knight & The Pips hatten diesen Titel im Jahre 1968 in den USA unter die Top 40 gebracht. Yvonne konnte aus ihrem Erfolg kein weiteres Kapital schlagen.

*It Should Have Been Me (1/76 GB 5)*
***Pop***

## Fairground Attraction

ROY DODDS, d (Großbritannien); SIMON EDWARDS, b (Großbritannien, * 29. 4. 1958); MARK NEVIN, g (Großbritannien, * 13. 8. 1959); EDDI READER, v (Großbritannien, * 28. 8. 1959 in Glasgow).

Ihre ersten musikalischen Erfahrungen machte die Sängerin Eddi Reader nach Abschluß der Kunstschule als Backgroundsängerin der Gang Of Four. Nachdem die Schottin 1983 nach London gezogen war, arbeitete sie als Sessionsängerin für die Eurythmics, Waterboys und Alison Moyet. Mark Nevin lernte sie kennen, als sie bei der Erstellung eines Samplers auf zwei seiner Songs mitsang. Zu den beiden kamen Edwards und Dodds, der unter anderem mit Working Week und Terence Trent d'Arby gespielt hatte. Diese vier gründeten Fairground Attraction, deren Debüt-Single »Perfect« im April 1988 in die britischen Charts kam und Platz 1 belegte. In Deutschland erreichte sie Platz 5. Die Nachfolgesingle war »Find My Love«, in demselben Jahr Platz 7 in GB. Aber schon zu diesem Zeitpunkt kriselte es in der Band. Offensichtlich war man sich nicht einig, ob man mit dem melancholisch-folkloristischen Mix aus Country Rock und Traditional weitermachen wollte oder nicht. Ihre erste LP, »The First Of A Million Kisses«, erschien und ließ die Transparenz und Klarheit von Eddis Stimme in den Vordergrund treten. Für eine zweite LP reichte es nicht mehr. Sie wurde zusammengestellt aus älterem Material und Titeln, die wahrscheinlich nicht einmal zur Veröffentlichung vorgesehen waren. Schon 1989 löste sich die Band wieder auf. Eddi legte eine Babypause ein, arbeitete dann als Schauspielerin und veröffentlichte mit »Mirmama« 1992 ihre erste und mit »Eddi Reader« 1994 ihre zweite Solo-CD.

*Perfect (4/88 GB 1; 6/88 D 5; 7/88 CH 5)*
*Find My Love (7/88 GB 7)*
***AOR (Adult Orientated Rock), Pop***

**CD-Tip:** *First Of A Million Kisses* RCA PD 71696

## Fairweather-Low, Andy

v/g (Großbritannien, * 2. 8. 1948 in Cardiff/Wales).

Nachdem Andy mit Fair Weather nicht den gewünschten Erfolg erreicht hatte, zog er sich zurück in seine Heimat Wales und wollte nichts mehr vom Plattengeschäft hören. 1974 tauchte er wieder auf, dieses Mal als Solist. Die Nummer »Reggae Tune« erreichte im September 1974 die britischen Charts und wurde Platz 10. Im Dezember 1975 kam »Wide Eyed And Legless« in die Hitparade und drang bis Platz 6 vor. Zu Zeiten von Amen Corner und auch Fair Weather war Andy Fairweather-Low ein witziger, spaßiger Zeitgenosse. »Wide Eyed And Legless« deutet vielleicht darauf hin, weshalb er 1975 die Wandlung zu einem sehr ernsthaften, nachdenklichen Mann durchgemacht hatte. Im Song ist davon die Rede, daß sich jemand immer und immer wieder bemüht, keinen Alkohol zu trinken – und sich dafür schämt, doch jeden Abend wieder volltrunken zu sein. Von Andy erschienen mit wechselnden Studiomusikern vier ausgezeichnete Solo-LPs: »Spider Jiving« 1974, »La Booga Rooga« 1975, »Be Bop 'N' Holla« 1976 und »Mega-Shebang« 1980. Danach arbeitete er vor allen Dingen erfolgreich als Studiomusiker und hatte als solcher seinen größten Erfolg als Gitarrist neben Eric Clapton bei der Produktion der 1993 grammygekrönten Platte »Unplugged«.

*Reggae Tune (9/74 GB 10)*
*Wide Eyed And Legless (12/75 GB 6)*
***AOR (Adult Orientated Rock), Pop***

## Faith No More

MIKE BORDIN, d (USA, * 27. 11. 1962 in San Francisco); RODDY BOTTUM, key (USA, * 1. 7. 1963 in Los Angeles/Kalifornien); BILL GOULD, b (USA, * 24. 4. 1963 in Los Angeles/Kalifornien); JOHN HUDSON, g (USA); JIM MARTIN, g (USA, * 21. 7. 1961 in Oakland/Kalifornien); CHUCK MOSELY, v (USA); MIKE PATTON, v (USA, * 27. 1. 1968 in Eureka/Kalifornien).
Dieses Hard-Rock-Quintett aus San Francisco kam Mitte des Jahres 1990 in die amerikanische Hitparade und kletterte mit »Epic« bis auf Platz 9 und wurde ein Millionseller. Gegründet wurde die Band bereits im Jahre 1980. 1983 kam als Sänger Chuck Mosely, ein Freund von Bill Gould, in die Band. 1984 erhielten sie einen Plattenvertrag, 1985 erschien die erste LP von Faith No More. Nach einer weiteren LP, »Introduce Yourself«, die Rap und Heavy Rock mixte, kam man zu der Erkenntnis, daß Mosely wohl nicht der richtige Sänger sei. Die Gruppe warf ihn raus und fand im November 1988 Mike Patton. Die dritte LP der Band hieß »The Real Thing«, und darauf war der erste Singlehit »Epic« zu finden. Weitere Singleerfolge in den britischen Top 10 waren »Midlife Crisis« und ein Nachzieher des Commodores-Hits»Easy«: »I'm Easy«. Im Frühjahr 1995 erschien das Album »King For A Day/Fool For A Lifetime«. Auskopplungen daraus, wie z. B. »Digging The Grave«, »Ricochet« und »Evidence«, brachten der Gruppe mittlere Chartplazierungen vorwiegend in GB. Als neuer Gitarrist tauchte 1997 John Hudson auf. Im Juni desselben Jahres erschien das Album »Album Of The Year«. Mitte 1998 löste sich die Gruppe auf.

*Epic (6/90 US 9)*
*Midlife Crisis (6/92 GB 10)*
*I'm Easy/Be Aggressive (1/93 GB 3)*
*I'm Easy (3/93 CH 9)*
***Hard Rock, Rock***

**CD-Tip:** *The Real Thing* London 828 154–2

## Faith, Adam

v (Großbritannien, * 23. 6. 1940 als Terence Nelhams in Acton/London).
1956 war Adam Mitbegründer einer Skifflegruppe, die sich The Worried Men nannte. Im Januar 1958 erschien mit »(Got A) Heartsick Feeling« seine erste Soloplatte. Weitere Singles folgten, die jedoch alle nicht in die Charts kamen. Adam war zu dieser Zeit einer der vielen britischen Versuche, Elvis zu kopieren. 1959 nahm er einen erneuten Anlauf. Dieses Mal sollte es klappen. Seine ersten beiden Chartnotierungen waren auch Spitzenreiter in GB: »What Do You Want?« 1959, »Poor Me« 1960. Bis zum Jahre 1966 sollten neun weitere Top-10-Erfolge folgen, dann zog er sich aus dem aktiven Musikgeschäft zurück. Schon Anfang der 60er Jahre hatte er nebenher auch als Schauspieler gearbeitet. 1967 spielte er Theater, 1971 war er Star der TV-Serie ›Budgie‹. 1972 entdeckte er den Sänger und Songschreiber Leo Sayer und wurde dessen Manager. Im April 1973 produzierte er Roger Daltreys erstes Soloalbum, das etliche Kompositionen von Leo Sayer beinhaltet. 1974 drehte er mit David Essex den Film »Stardust«, eine Fortsetzung des Essex-Erfolges »That'll Be The Day«. Adam spielte in diesem Film die Rolle eines Starmanagers, die in dem ersten Film Ringo Starr gespielt hatte. 1976

ging er wieder zum Theater. 1978 produzierte er Lonnie Donegans Album »Puttin' On The Style«, mit dem Donegan ein Comeback versuchte. 1979 sah man Adam in »Yesterday's Hero« – jetzt stellte er einen Fußballmanager dar. 1980 war er neben Roger Daltrey in dem Film »McVicar« zu sehen, der auf der wahren Geschichte des Ausbrecherkönigs John McVicar beruhte. Seit 1991 ist Faith auch als Finanzberater bekannt, hat eine eigene Firma, sitzt in einem Aufsichtsrat und hat eine wöchentliche Kolumne mit Tips für Geldanleger in der britischen Zeitung ›The Mail On Sunday‹.

*What Do You Want? (11/59 GB 1)*
*Poor Me (1/60 GB 1)*
*Someone Else's Baby (4/60 GB 2)*
*When Johnny Comes Marching Home/Mad You (6/60 GB 5)*
*How About That (9/60 GB 4)*
*Lonely Pup (In A Christmas Shop) (11/60 GB 4)*
*Who Am I/This Is It! (2/61 GB 5)*
*The Time Has Come (10/61 GB 4)*
*As You Like It (5/62 GB 5)*
*Don't That Beat All (8/62 GB 8)*
*The First Time (9/63 GB 5)*
***Pop***

**CD-Tip:** *Best Of Adam Faith* EMI CD MFP 6048

## Faith, Percy

p/bl (Kanada, * 7. 4. 1908 in Toronto, † 9. 2. 1976).

In den 20er Jahren spielte Faith die Klavierbegleitung zu Stummfilmen in den Kinos. In den 30er Jahren arbeitete er vor allem für verschiedene Radiostationen. 1940 zog er in die USA, wo er einen Job bei dem Sender NBC annahm. 1950 wurde er bei der Plattenfirma CBS als A&R-Mann angestellt, arbeitete aber auch als Arrangeur und Dirigent. In demselben Jahr schrieb er für Guy Mitchell den Hit »My Heart Cries For You«. Auf vielen Platten von Tony Bennett, Rosemary Clooney, Sarah Vaughan, Doris Day, Johnny Mathis ist Percy Faith mit seinem Orchester zu hören. Er selbst war für viele Jahre auf dem Instrumentalsektor in den USA unschlagbar. Er brachte es auf insgesamt 85 LPs für die CBS und hatte seinen größten Singleerfolge mit »Delicado« – hier spielte Stan Freeman Spinett –, »Song From Moulin Rouge« – der Gesang stammte von Felicia Sanders – und »The Theme From A Summer Place«. Alle genannten Platten waren Spitzenreiter in den USA. Bei dem Titel »On Top Of Old Smoky«, basierend auf dem Volkslied »Little Mohee«, stammte der Gesang von Burl Ives. In den 50er und 60er Jahren war Faith auch für viele Soundtracks von Hollywoodfilmen verantwortlich.

*All My Love (9/50 US 7)*
*On Top Of Old Smoky (5/51 US 10)*
*Delicado (4/52 US 1)*
*Song From Moulin Rouge (Where Is Your Heart) (4/53 US 1)*
*The Theme From A Summer Place (1/60 US 1; 3/60 GB 2)*
***Instrumental, Pop***

**CD-Tip:** *Greatest Hits* CBS CK 8637

## Faithfull, Marianne

v (Großbritannien, * 29. 12. 1946 in Hamstead/London).

Ihre Karriere begann, nachdem die ehemalige Klosterschülerin den Produzenten Andrew Loog Oldham kennengelernt hatte. Der machte sie mit den Rolling Stones bekannt. Deren Titel »As Tears Go By« wurde 1964 Mariannes erste Single und erreichte Platz 9 in den britischen Charts. 1965 hatte sie mit »Come And Stay With Me«, »This Little Bird« und »Summer Nights« drei weitere Top-10-Erfolge. Ihre Alben zeigten eine ausgewogene Mischung aus Folk und Rockmusik, mit Material von z. B. Tim Hardin, Jacques Brel oder Donovan. Ihre ungesunde Beziehung zu Mick Jagger dämpfte jedoch stark ihren künstlerischen Ehrgeiz. Ab 1966 war sie für fast vier Jahre fest mit Mick Jagger liiert und verlegte sich mehr und mehr auf die Schauspielerei. So spielte sie 1968 neben Alain Delon in dem Film »Girl On A Motorcycle«. Im Mai 1969 wurden Faithfull und Jagger in ihrem Haus in London festgenommen. Ursache: Drogenvergehen. Mitte 1969 waren die beiden in Australien, um den Film »Ned Kelly« zu drehen. Marianne war Co-Star neben Mick Jagger. Zwischen ihr und ihm schien es jedoch etliche Schwierigkeiten gegeben zu haben. Noch während der Dreharbeiten unternahm sie einen Selbstmordversuch und wurde rausgeworfen. 1975 erschien nach einer langen Pause »Dreaming My Dreams«, eine Komposition von Waylong Jennings. Die Platte wurde zwar Nummer 1 in Irland, jedoch kein Hit in GB. Erst im März 1978 erschien eine neue LP von ihr, die nicht erfolgreich war. 1979 heiratete sie den Bassisten Ben Brierly, Mitglied in der Punkgruppe Vibrators. Im Dezember 1979 erschien mit »Broken English« nach langer Zeit wieder eine hervorragende LP von ihr. Ihre klare Stimme von einst war rauh und heiser klingend geworden. Auf der Platte die Aufnahme »The Ballad Of Lucy Jordan«, die im Februar 1980 in die deutsche Hitparade kam und Platz 5 wurde. In den 80er Jahren kümmerte sie sich zunehmend um ihre Theaterengagements. Am 25./26. November 1989 nahm sie in der St. Ann's Cathedral in Brooklyn das Live-Album »Blazing Away« auf. Bei der Wiederaufnahme ihrer alten Songs wird der Gegensatz zwischen ihrer müden Intonation – die künstlerisch ausgesprochen interessant ist – und dem früheren Optimismus besonders deutlich, quasi eine Spiegelung ihres Lebens. Anfang 1994 nahm das London Symphony Orchestra einige große Erfolge der Rolling Stones auf. Neben Mick Jagger sang auch Marianne Faithfull mit. Im selben Jahr schaffte sie mit dem Film »When Pigs Fly« im Sommer den Durchbruch als ernsthafte Schauspielerin und veröffentlichte im Herbst ihre Autobiographie. Anfang 1995 war sie mit der Nummer »Love Is Teasin'« auf dem Album »The Long Black Veil« der Gruppe Chieftains zu hören – es ist eine der besten Nummern auf dieser Platte, auf der neben ihr Gastmusiker wie Sting, Mick Jagger, Van Morrison, die Rolling Stones oder Tom Jones zu hören sind. Ebenfalls Anfang 1995 erschien mit »The Secret Life« wieder ein neues Album von Marianne. Besonders herausragend war die Nummer »Flaming September«. Ende März widmete das ›Zeit-Magazin‹ Marianne die Titelgeschichte unter der Überschrift ›Wie Phönix aus der Asche‹. 1996 – inzwischen wurde sie schon als die Grande Dame des Rock 'n' Roll bezeichnet – kam wieder ein neues Album von ihr mit dem Titel »20th Century Blues«. Darauf Lieder von Kurt Weill, Noel Coward und Friedrich Holländer. Und auch hier wieder viel Lob von der Kritik, aber keine Spuren in den Charts. Das gelang ihr als Gast der Gruppe Metallica: Die hatten mit dem Album »Reload« im Herbst 1997 einen Knüller. Das Album schoß am 1. 12. 1997 von 0 auf 1 in der deutschen LP-Hitparade. Auf der Singleauskopplung »The Memory Remains« war als Gastsängerin Marianne Faithfull zu hören.

*As Tears Go By (8/64 GB 9)*
*Come And Stay With Me (2/65 GB 4)*
*This Little Bird (5/65 GB 6)*
*Summer Nights (7/65 GB 10)*
*The Ballad Of Lucy Jordan (2/80 D 5; 3/80 CH 5)*
***Pop***

**CD-Tip:** *Broken English* Island 251 018

## Faithless

SISTER BLISS, key (Großbritannien); JAMIE CATTO, v (Großbritannien, * 14. 8.

1968 in London); MAXI JAZZ, rap (Großbritannien, * 14. 6. 1957 als Maxwell Fraser); ROLLO, key (Großbritannien, * 8. 5. 1969 als Armstrong).

1995 schloß sich diese Formation zusammen. Mit Ausnahme von Jamie Catto hatten sie bereits eine mehr oder weniger große Hitparadenerfahrung. Sister Bliss stand im Herbst 1994 mit »Cantgetaman Cantgetajob (Life's A Bitch)« auf Platz 31 in GB. Sie sang diesen Titel zusammen mit der Amerikanerin Colette. Rollo hatte zu Hause in seinem Schlafzimmer mit zwei Freunden den Titel »Don't You Want Me« aufgenommen, der unter dem Interpretennamen Felix erschien und im August 1992 bis auf Platz 6 in den britischen Charts kam. Seine Produktions- und Mixfähigkeiten stehen außer Frage. So wurden »Fairground« von Simply Red, »Dreamer« von Livin' Joy oder »Dreams« von Gabrielle erst durch seine Mixarbeit zu Nummer-1-Hits. Er gilt als einer der gefragtesten Produzenten und Remixer der Welt. Maxi Jazz hatte bereits 1984 das Soul Food Café Sound System entwickelt, mit dem er durch die Lande zog. Daraus entwickelte sich die Soul Food Café Band, die zusammen mit Jamiroquai, Soul II Soul oder Galliano auftrat. 1992 hatte Maxi sein eigenes Label Namu Records gegründet. Dazwischen dann also Jamie Catto, für den »Across The Universe« von den Beatles der perfekteste Song ist, ›den je ein Ohr vernommen hat‹. Die erste Hitnotierung von Faithless war im August 1995 »Salva Mea (Save Me)«. Die Platte kam in GB bis auf Platz 30 und wurde einen Monat später auch in den deutschen und Schweizer Charts notiert. Auch der Nachfolger »Insomnia« brachte in GB im Dezember 1995 lediglich Platz 27, sechs Monate später in Deutschland Platz 2, Spitzenreiter in der Schweiz. Erst nachdem »Insomnia« ein solcher Hit in Deutschland geworden war, kam die Platte als Remix im Oktober 1996 in die britischen Charts und wurde dann Top 10. Auch auf »Salva Mea (Save Me)« wurden die Briten erst aufmerksam, nachdem die Platte sich in Deutschland zum Hit entwickelt hatte. Alle Platten erscheinen auf dem Label Cheeky, dessen Besitzer Rollo ist. Die Musik von Faithless einzusortieren, ist schwer. Dazu Jamie Catto: ›Die Leute tun sich scheinbar ungeheuer schwer damit, uns in eine Schublade zu stecken, dabei ist doch nichts einengender als die Reduzierung auf nur einen Stil, den man bis zum Gehtnichtmehr aussaugt. Wir landen immer wieder beim guten, alten Popsong – ganz egal, in welchem Sound der sich auch präsentiert.‹ Als Ende April 1997 auch noch der Titelsong des Albums als Single erschien, kam auch »Reverence« in die britischen Top 10.

*Insomnia (5/96 D 2; 6/96 CH 1)*
*Salva Mea (Save Me) (9/96 CH 1, D 5; 12/96 GB 9)*
*Insomnia (Remix) (10/96 GB 3)*
*Reverence (4/97 GB 10)*
***Pop***

**CD-Tip:** *Reverence* Cheeky INT 7243 4 84329 2

## Falco

FALCO, v/b (Österreich, * 19. 2. 1957 als Johann Hölzel in Wien, † 6. 2. 1998).

Falco begann als Bassist bei der österreichischen Gruppe Drahdiwaberl. Mit ihr nahm er den Song »Ganz Wien« auf, der für einige Aufregung sorgte. Die Behauptung, ganz Wien stände unter Kokain, scheint auch ein wenig übertrieben. Ab 1980 machte Falco Soloplatten, und mit dem Titel »Der Kommissar« hatte er im Frühjahr 1982 eine Nummer 1 in Deutschland. Die britische Gruppe After The Fire erreichte mit dem Song Platz 5 in den USA. Seinen größten Knüller landete Falco mit »Rock Me Amadeus«, einer Komposition von ihm und den beiden Bolland-Brüdern, die im Juli 1985 Nummer 1 in

Deutschland, im Frühjahr 1986 Spitzenreiter in den USA und in GB wurde. Diese seltsame Mixtur aus englischen und deutschen Brocken gefiel den Amerikanern über alle Maßen. »Vienna Calling« erschien als nächste Single und kam in Deutschland im Oktober 1985 in der Hitparade bis auf Platz 4. Im April 1986 erreichte sie in den amerikanischen Charts Platz 18, in GB Platz 10. Nachfolgehit in Deutschland war der Titel »Jeanny, Part I«. Auf der Hülle war zu lesen: ›Jeanny ist ein Liebeslied. So ist es konzipiert und durchgeführt. Der erste Teil auf der LP FALCO 3 endet mit Absicht an einem Punkt, der beim Zuhörer Spekulationen auslöst und die Fortsetzung offenläßt. Das ist beabsichtigt und erwünscht.‹ Nicht nur die Zuhörer spekulierten, auch die Rundfunkredakteure. Und weil sie keine vernünftigen Antworten fanden, spielten sie die Platte vorsichtshalber nicht. Trotzdem wurde es eine Nummer 1 in Deutschland. Journalisten zu verblüffen und zu provozieren muß zu den heimlichen Lieben von Falco gehören. Und wenn die nicht dran sind, dann die Politiker. In »The Sound Of Music«, Mitte 1986 Platz 4 in Deutschland, haut er seinen Landsmann Waldheim in die Pfanne. Und als die Diskussionen über Jeanny abebbten, schob er »Coming Home (Jeanny, Part 2, ein Jahr danach)« nach. Auch diese Platte erreichte Ende 1986 Platz 1 in Deutschland. »Wiener Blut« war im August 1988 die vorerst letzte Platte von ihm, die unter die ersten 10 kam. Längere Zeit hörte man nichts mehr von Falco, dann tauchte im Frühjahr 1996 in der deutschen Hitparade der Titel »Mutter, der Mann mit dem Koks ist da« auf. Auf der ursprünglichen Platte war als Interpret TMA aufgeführt. Erst nachdem sie dann in den Charts bis auf Platz 11 geklettert war, kamen Remixe, auf denen als Interpret TMA a.k.a. Falco genannt wurde. Ein Nachzieher dieses Projektes hinterließ keine Spuren. Wieder als Falco kam »Naked« im August 1996 in die deutschen Charts und erreichte Platz 50. Ende des Jahres siedelte er in die Dominikanische Republik über, um dort ein Aufnahmestudio einzurichten. Am 6. Februar 1998 stieß sein Wagen dort in Puerto Plata mit einem entgegenkommenden Fahrzeug zusammen, und Falco wurde bei diesem Unfall getötet.

*Der Kommissar (2/82 D 1, CH 2)*
*Rock Me Amadeus (6/85 D 1, CH 2; 2/86 GB 1, US 1)*
*Vienna Calling (9/85 D 4; 11/85 CH 7; 3/86 GB 10)*
*Jeanny, Part 1 (12/85 D 1; 1/86 CH 1)*
*The Sound Of Musik (7/86 D 4)*
*Coming Home (Jeanny, Part 2) (10/86 D 1; 11/86 CH 3)*
*Wiener Blut (8/88 D 9)*
*Out Of The Dark (Into The Light) (3/98 D 2; 4/98 CH 3)*
***Neue Deutsche Welle, Pop, Schlager***

**CD-Tip:** *The Remix Hit Collection* East West 9031–75332–2

## Faltermeyer, Harold

key (Deutschland, * 5. 10. 1952 in München).

Der Münchener arbeitete über viele Jahre als Studiomusiker, Songschreiber, Arrangeur und Produzent. Er war Tastenspieler bei Konstantin Wecker, Amanda Lear, Giorgio Moroder, Donna Summer oder Laura Branigan. 1978 war es der inzwischen in den USA ansässige und erfolgreich arbeitende Giorgio Moroder, der ihn nach Los Angeles holte, wo die beiden an so erfolgreichen Soundtracks wie »Midnight Express« und »American Gigolo« arbeiteten. Einmal in den USA, baten nun Künstler wie Barbra Streisand, Blondie, Cheap Trick oder Patti LaBelle um Harolds Mitarbeit, bevor ihm mit »Axel F« im Frühjahr 1985 ein Platz 3 in den USA und Platz 2 in Deutschland und GB gelang. Das Stück stammte aus dem Erfolgsfilm »Beverly Hills Cop« mit Eddie Murphy, der darin Axel Foley spielte. Harold Faltermeyer wurde mit diesem Titel 1985 für einen Grammy nominiert, der dann aber schließlich an Jan Hammer und sein »Miami Vice Theme« ging. Ein Jahr später erhielt Harold dann einen Grammy für »Top Gun Anthem« aus dem Film »Top Gun«. Harold gilt als einer der profiliertesten Produzenten.

*Axel F (3/85 US 3; 5/85 D 2, GB 2; 7/85 CH 2)*
***Dance, Instrumental***

**CD-Tip:** *Harold F* MCA 255 951–2

## Fame, Georgie

v/p (Großbritannien, * 26. 6. 1943 als Clive Powell in Leigh/Lancashire).
Fame gilt als einer der besten Rhythm-&-Blues-Interpreten in GB. Sein Plattendebüt gab er als Pianist auf »Pistol Packin' Mama« von Gene Vincent. 1961 wurde er Mitglied in Billy Furys Begleitgruppe, den Blue Flames. 1962, mittlerweile ohne Fury, expandierten die Blue Flames von vier auf sieben Musiker und spielten Jazz-Rock mit Bläsern, Georgie versuchte sich nun als einer der ersten in ganz London auf der Hammondorgel. Er hatte Booker T. und Jimmy McGriff auf diesem Instrument gehört. 1963 erhielten die Blue Flames einen Plattenvertrag, und als Debütalbum erschien »Rhythm And Blues At The Flamingo«. 1964 erschien das zweite Album, »Fame At Last«, und jetzt zeigte sich, daß die Gruppe eine geschickte Mixtur aus afro-kubanischer Musik, Blue Beat und frühem Ska machte. Die Single »Yeh Yeh« kam im Dezember 1964 in die britischen Charts und wurde Spitzenreiter. Als Interpreten waren auf der Plattenhülle Georgie Fame & The Blue Flames angegeben. Ihr nächster Top-10-Erfolg war Mitte 1966 wieder eine Nummer 1: der Titel »Get Away«. 1967, nun ohne Blue Flames, machte Georgie, wie die Plattenfirma sinnigerweise auf der Hülle vermerkte, die ›lyrische Gangsterballade zum gleichnamigen Warner-Brothers-Film‹, »The Ballad Of Bonnie And Clyde«. Diese Platte erreichte wieder die Spitzenposition in GB, wurde ein Platz 9 in Deutschland und 7 in den USA. 1971 tat sich Georgie mit einem anderen Veteranen der britischen R&B-Musik, mit Alan Price, zusammen und veröffentlichte die LP »Fame And Price, Price And Fame Together«. Die gemeinsame Single »Rosetta« kam im Frühjahr 1971 auf Platz 11 in GB. In den folgenden Jahren trat er immer wieder mit großen Orchestern oder Big Bands auf, war in zahllosen Fernsehsendungen zu sehen, machte TV-Werbung und stellte immer wieder Bands zusammen, die er Blue Flames nannte. 1989 spielte er auf Van Morrisons Album »Avalon Sunset« und ging mit ihm auf Tournee. 1991 erschien die LP »Cool Cat Blues«, auf der Van Morrison, Boz Scaggs, Steve Gadd, Richard Tee und Robben Ford mitspielen. 1992 kam er mit »The Blues And Me«, dieses Mal machten unter anderem Dr. John, Ben Sidran, Hugh McCracken und Stanley Turrentine mit.

*Yeh Yeh (12/64 GB 1)*
*Get Away (6/66 GB 1)*
*The Ballad Of Bonnie And Clyde (12/67 GB 1; 2/68 CH 2, US 7, D 9)*
***Beat, Bluebeat, Rhythm & Blues***

**CD-Tip:** *20 Beat Classics* Polydor 847 810

## Family

TONY ASHTON, v/key (Großbritannien, * 1. 3. 1944 in Blackburn/Lancashire); ROGER CHAPMAN, v (Großbritannien, * 8. 4. 1942 in Leicester); JIM CREGAN, g/b (Großbritannien, * 9. 3. 1946); RIC GRECH, b/vln (Frankreich, * 1. 11. 1946 in Bordeaux, † 17. 3. 1990); JIM KING, sax/fl (Großbritannien, * 5. 5. 1942 in Kettering/Northamptonshire); POLI PALMER, key (Großbritannien, * 25. 5. 1943); ROB TOWNSEND, d (Großbritannien, * 7. 7. 1947 in Leicester); JOHN WEIDER, b (Großbritannien, * 21. 4. 1947); JOHN WETTON, v/b (Großbritannien, * 12. 7. 1949 in Derby); CHARLIE WHITNEY, g (Großbritannien, * 24. 6. 1944 in Leicester).

1962 gründete Charlie Whitney die Gruppe Farinas. 1964 machten sie ihre ersten Plattenaufnahmen, 1967 änderten sie ihren Namen in Family, und jetzt war Roger Chapman der Sänger dieser Formation. Ihre erste Single hieß »Scene Through The Eye Of A Lens«, die im September 1967 erschien und sich nicht verkaufte. Im Juli 1968 kam »Music In A Doll's House« und damit ein erster Erfolg. Produzent der Platte war Dave Mason von Traffic. Im Vorprogramm von Tim Hardin traten sie erstmals in der Royal Albert Hall auf. Im April 1969 ging Rick Grech zu Blind Faith. Für ihn kam John Weider. Im Oktober desselben Jahres verließ Jim King die Band, für ihn kam John Palmer. Im Juni 1971 ging Weider, um Stud zu gründen. Sein Ersatz wurde John Wetton. Ende 1972 verließen Palmer und Wetton Family, um als Studiomusiker bzw. als Mitglied von King Crimson weiterzuspielen. Für die beiden kamen Tony Ashton und Jim Cregan. Im Laufe der Jahre sollten etliche sehr gute LPs von Family erscheinen, die zumindest in GB auch recht erfolgreich waren. »Family Entertainment« 1969 und »A Song For Me« und »Anyway« 1970 waren unter den ersten 10 in den britischen LP-Charts. Einziger Singlehit wurde »In My Own Time«, Mitte 1971 ein Platz 4 in GB. Im Oktober 1973 fiel Family auseinander. Chapman und Whitney gründeten Streetwalkers, bevor sie Solokarrieren starteten. Als Sänger für Mike Oldfield hatte Chapman den Hit »Shadow On The Wall«, im Herbst 1983 Platz 4 in Deutschland. Cregan ging zu Cockney Rebel und dann zur Band von Rod Stewart. Ashton und Townsend spielten zusammen mit Medicine Head. Die schönste Nummer der Band, »The Weaver's Answer«, kam leider nie in die Hitparaden.

*In My Own Time (7/71 GB 4)*
***Rock***

**CD-Tip:** *Family Entertainment* See For Miles SEE CD 200

## Family Dogg

ALBERT HAMMOND, v/g (Großbritannien, * 18. 5. 1942 in London); MIKE HAZELWOOD (Großbritannien); STEVE ROWLAND (Großbritannien).

Diese eher als Studioformation zu bezeichnende Gruppe kam 1969 zusammen. Rowland hatte bereits eine Karriere als Filmemacher, Schauspieler und Plattenkünstler hinter sich und dann eine Produktionsfirma gegründet, die sich um Künstler wie Dave Dee, Dozy, Beaky, Mick And Tich, Herd, P. J. Proby oder die Magic Lanterns kümmerte. Obwohl Hammond und Hazelwood ein ausgezeichnetes Songschreiberteam bildeten, hatte Family Dogg ihren einzigen Hit mit einer Nummer von Cook und Greenaway: »Way Of Life« erreichte im Mai 1969 die britischen Charts und kam bis auf Platz 6. Alle weiteren Single-Versuche scheiterten. Danach zeichnete sich die Formation vor allem durch den schnellen Wechsel der Musiker um Hammond, Hazelwood und Rowland aus, und auch die drei waren vorrangig mit anderen Projekten beschäftigt. So fiel diese Gelegenheitsformation dann auch Anfang der 70er Jahre wieder auseinander.

*Way Of Life (5/69 GB 6)*
***Soft Pop***

## Family Stand

PETER LORD, v/key (USA); VERRON JEFFREY SMITH, sax (USA); SANDRA ST. VICTOR, v (USA).

Das Trio aus New York verschmolz auf seinen Platten Rhythm & Blues bis HipHop, Rock bis Jazz. Alle drei Künstler hatten bereits als Studiomusiker gearbeitet. Smith spielte in den 80er Jahren als Saxophonist für Carly Simon, James Ingram, Freddie Jackson, Melba Moore oder Jellybean. Lord ist auf Alben von Miki Howard und Donna Allen zu finden, Sandra war als Backgroundsängerin für Chaka Khan und andere Künstler unterwegs. »Ghetto Heaven« stand im März 1990 in der britischen Hitparade und erreichte Platz 10. Das blieb bisher der einzige Erfolg der Family Stand.

*Ghetto Heaven (3/90 GB 10)*
***HipHop, Rhythm & Blues***

**CD-Tip:** *Chain* Atlantic 7567–82036 2

## Fancy

FANCY, v (Deutschland, * 7. 7. 1946 als Manfred Alois Segieth in München).

Zwei verschiedene Interpreten bzw. Gruppen firmierten unter diesem Namen. Einmal ein britisches Quartett, das sich Anfang der 70er Jahre darauf spezialisierte, Oldies neu aufzupolieren. So gelang dieser Gruppe ein Achtungserfolg mit »Wild Thing«, dem Troggs-Hit, der von Fancy Mitte 1974 einen Platz 14 in den USA erreichte. In der Hauptsache war es die Sängerin Anne Kavanagh, um die sich wechselnde Musiker scharten. Dazu gehörte eine Zeitlang Ray Fenwick, einst Mitglied bei der Spencer Davis Group.

Der Fancy, der hier in dieses Buch gehört, weil er einen Hit unter den ersten 10 einer Hitparade hatte, sang als Tess Teigis deutsches Schlagergut, war damit aber nicht erfolgreich. Ab 1984 nannte er sich Fancy. Er orientierte sich, auch was sein Outfit betraf, stark an Steven Strange bzw. dessen Formation Visage. Mit »Chinese Eyes« erreichte Fancy im September 1984 Platz 9 in Deutschland. Über die Grenzen kam er mit seinen Disco-Billigproduktionen nie hinaus. 1998 wurden seine Nummer neu gemixt – als »Mega Mix '98« (7/98 D 20) erreichte er wieder die Charts.

*Chinese Eyes (9/84 D 9; 11/84 CH 9)*
*Slice Me Nice (10/84 CH 9)*
***Disco***

## Fantastic Johnny C

FANTASTIC JOHNNY C, v (USA, * 28. 4. 1943 als Johnny Corley in Greenwood/South Carolina).

1967 – die Soulwelle war auf dem Höhepunkt, und Interpreten wie Arthur Conley, Wilson Pickett und Otis Redding hatten ihre große Zeit – entdeckte der Produzent, Songschreiber und Manager Jesse James, dessen richtiger Name James McClelland ist und der in den 60er Jahren selbst als Bluessänger Platten aufnahm, Johnny Corley, dessen Stimme sehr an Pickett erinnerte. In der Tat hätte der einzige Top-10-Erfolg von Fantastic Johnny C sehr wohl auch ein Hit für Pickett werden können: »Boogaloo Down Broadway«. 1968 hatte Johnny C noch drei weitere Eintragungen in den US-Charts, dann ließ die Soulwelle nach, und er war schnell wieder vergessen.

*Boogaloo Down Broadway (10/67 US 7)*
***Soul***

## Fantastics

JOHN CHEATDOM, v (USA); DON HAYWOODE, v (USA); RICHIE PITTS, v (USA); JEROME RAMOS, v (USA).

Don, Jerome und John waren Mitglieder bei der aus Brooklyn, New York City, stammenden Gruppe Velours, die es Ende der 50er Jahre zu zwei kleineren Hits in den USA brachten. Als Fantastics tauchten sie Anfang der 70er Jahre wieder auf und hatten mit »Something Old, Something New« im März 1971 einen Platz 9 in GB. Das aus Brooklyn stammende Quartett war, ähnlich wie die Drifters, eine der vielen amerikanischen Rhythm-&-Blues-Bands, die von jungen britischen Songschreibern und Produzenten Anfang der 70er Jahre aus der Versenkung geholt wurden. Wie die Drifters fanden sich auch die Fantastics auf dem Bell Label wieder, und auch hier waren es Cook, Greenaway und Macauley, die die Songs schrieben und produzierten. Die Zusammenarbeit der drei Briten mit den Drifters begann 1972. Möglich, daß sie aus diesem Grunde auf weitere Produktionen mit den Fantastics verzichteten.

*Something Old, Something New (3/71 GB 9)*
***Rhythm & Blues***

## Fantastischen Vier

THOMAS D., v (Deutschland, * 30. 12. 1968 als Thomas Dürr in Ditzingen); DEE JOT, mix (Deutschland, * 11. 12. 1967 als Michael Beck in Stuttgart); SMUDO, v (Deutschland, * 6. 3. 1968 als Michael B. Schmidt in Offenbach); ANDY Y., syn (Deutschland, * 17. 11. 1967 als Andreas Rieke in Ludwigsburg).

Das erste Album des HipHop-Quartetts aus Stuttgart erschien 1991 und hieß »Jetzt geht's ab«. Richtig ab ging es dann ein Jahr später. Die Fantastischen Vier überraschten im Herbst 1992 die Deutschen mit »Die da!?!«. Innerhalb von zwei Monaten kamen sie aus dem Nichts und kletterten bis auf Platz 2 der Singlehitparade. Der Text war witzig, und die dazugehörige LP »Vier gewinnt« zeigte, daß Hip-Hop in deutscher Sprache durchaus möglich ist. Neben den witzigen Sachen schafften Die Fantastischen Vier es, in ihren Songs durchaus kritische Überlegungen anzustellen. Auch musikalisch zeigten sie ihrem dritten Album »Die 4. Dimension«, was sie drauf hatten. Allerdings: Titel wie »Tag am Meer« waren für die »Die-da!?!«-Fans musikalisch schon wieder zu kompliziert und »Zu geil für diese Welt«. 1994 nahm Smudo mit der Jazzkantine eine ausgesprochen gute Produktion auf. 1995 kamen sie wieder mit einem gemeinsamen Album. »Lauschgift« transportierte mit »Sie ist weg« wieder eine Nummer 1 in den deutschen Charts. »Populär«, »Nur in deinem Kopf« und »Raus«, ebenfalls auf dem Album und als Singles ausgekoppelt, brachten es in den deutschen Charts wieder nur auf mittlere Positionen. Unter den vielen Rappern und Hiphoppern, die sich in den letzten Jahren in Deutschland und in deutscher Sprache versuchten, sind die Fantastischen Vier mit Abstand die Besten und Beständigsten. Ab Herbst 1997 kam Thomas D. auch als Solist in die deutsche Hitparade: »Rückenwind« (11/97 D 37). Es folgte »Solo« (3/98 D 15) zusammen mit Nina Hagen.

*Die da!?! (9/92 D 2; 12/92 CH 1)*
*Sie ist weg (9/95 D 1; 10/95 CH 2)*
***HipHop, Rap***

**CD-Tip:** *Lauschgiftt* Columbia 481 240 2

## Far Corporation

PETER BISCHOF, v (Deutschland); CURT CRESS, d (Deutschland, * 11. 8. 1952 in Schlierbach); JOHAN DAANSEN, g; FRANK FARIAN, v (Deutschland, * 18. 7. 1941 als Franz Reuther in Kirn/Nahe); BOBBY KIMBALL, v (USA, * 29. 3. 1947 als Robert Toteaux); STEVE LUKATHER, g (USA, * 21. 10. 1957 in Los Angeles/Kalifornien); ROBIN MCAULEY, v; DAVID PAICH, key (USA, * 25. 6. 1954 in Los Angeles/Kalifornien).

Mitte der 80er Jahre versuchte Frank Farian, verantwortlich für Erfolge von Boney M., Eruption oder Milli Vanilli, der Welt zu zeigen, daß er auch ein hervorragender Rockmusiker ist. Zusammen mit den obengenannten Musikern produzierte er eine LP mit Rock Classics. Eine Auskopplung daraus, Led Zeppelins »Stairway To Heaven«, erreichte im November 1985 die GB-Charts und belegte schließlich Platz 8. Obwohl Far Corporation noch weitere gute Nummern veröffentlichte, so z. B. Mitte 1987 eine neue Version von Cockney Rebels »Sebastian«, gelang kein weiterer Erfolg mehr. Die Fülle von guten Musikern führte allerdings dazu, daß das ganze Projekt sehr bombastisch klang.

*Stairway To Heaven (10/85 GB 8)*
***AOR (Adult Orientated Rock), Pop***

## Fardon, Don

v (Großbritannien, * 19. 8. 1943 als Donald Maughn in Coventry/West Midlands).
Don Fardon begann als Sänger in der Band Sorrows, die im Januar 1965 ihre erste Single veröffentlichte und die sich bis 1967 hielt. Ihr größter Erfolg wurde im August 1965 der Titel »Take A Heart«, ein Platz 21 in den britischen Charts. Im November 1967 erreichte Don mit einer Coverversion des Box-Tops-Hits »The Letter« in Deutschland einen Top-40-Hit. Mitte 1968 kam Don mit der John-D.-Loudermilk-Komposition »(The Lament Of The Cherokee) Indian Reservation« bis auf Platz 20 in der amerikanischen Hitparade. Dann sollte es wieder zwei Jahre dauern, bis er in den Charts auftauchte: »Belfast Boy« kam im Frühjahr 1970 in die britische Hitparade und wurde Platz 32. Im Oktober 1970 kam »Indian Reservation«, der Titel, der zwei Jahre zuvor in den USA ein Hit war, nun in die britischen und wenig später auch in die deutschen Charts.

*Indian Reservation (10/70 GB 3; 1/71 D 9)*
***Beat, Pop***

**CD-Tip:** *Indian Reservation – The Best Of* CS Records CSCD-540 TIS

## Fargo, Donna

v (USA, * 10. 11. 1949 als Yvonne Vaughan in Mt. Aire/North Carolina).
Yvonne war Englischlehrerin in Covina, Kalifornien, und trat nebenher in Clubs als Donna Fargo auf. 1969 machte sie ihre ersten Platten, 1972 gab sie ihr Lehramt auf, wohl auch weil ihre Platte »The Happiest Girl In The Whole U.S.A.« im Mai 1972 in die amerikanischen Popcharts kam, Platz 11 erreichte und ein Millionseller wurde. Die Nachfolgeplatte »Funny Face« wurde im September 1972 ebenfalls Millionseller in den USA. Bis 1975 hatte sie noch sechs weitere Eintragungen in den Popcharts. In der Country-Hitparade belegte sie sechsmal Platz 1 und war dort noch bis in die 90er Jahre verzeichnet. Donna gründete ihren eigenen Musikverlag. 1991 mußte sie mit ihrem Mann Bankrott erklären. Seit 1978 ist sie an multipler Sklerose erkrankt.

*Funny Face (9/72 US 5)*
***Country, Pop***

## Farian, Frank

v (Deutschland, * 18. 7. 1941 als Franz Reuther in Kirn/Nahe).
Nach einer Lehre als Koch gründete Farian 1962 seine erste Band, die er Schatten nannte. Mitte der 60er Jahre wandte er sich dann mehr der Soulmusik zu, machte mit seiner Band Coverversionen von US-Hits und nahm ab 1964 seine ersten Schallplatten auf. Anfang der 70er Jahre erfolgte der nächste Stilwechsel: Er verlegte sich auf Balladen. Sein größter Erfolg wurde »Rocky«, im Frühjahr 1976

Spitzenreiter der deutschen Hitparade. Schon damals bewies er, daß er den richtigen Riecher für jeweils angesagte Musikrichtungen hatte. Ab 1976 hatte er in Europa Erfolge mit Boney M. und der Discogruppe Eruption. Alleine von der Nummer »Rivers Of Babylon« von Boney M. wurden 20 Millionen Singles verkauft. Ende der 80er Jahre kreierte er Milli Vanilli, die Anfang der 90er Jahre zugeben mußten, daß sie es nicht selbst waren, die auf den Hitsingles sangen. Mit seiner Formation Far Corporation, einer Ansammlung von exzellenten Studiomusikern, erreichte er in der zweiten Hälfte der 80er Jahre einige Achtungserfolge. Ob diese Art von Musik mehr nach seinem Gusto ist, wissen wir nicht. Daß er mit Boney M. und Milli Vanilli mehrfacher Millionär geworden ist, das wissen wir. Eine seiner erfolgreichsten Neuentdeckungen in der zweiten Hälfte der 90er Jahre dürfte das Trio No Mercy sein.

*Rocky (2/76 D 1; 4/76 CH 3)*
***Deutscher Schlager, Pop***

**CD-Tip:** *The Hit Man* BMG 74321 19549 2

## Farlowe, Chris

v (Großbritannien, * 13. 10. 1940 als John Henry Deighton in London).
Seinen Künstlernamen leitete Chris vom Jazzgitarristen Tal Farlowe ab. Er war gerade 13 Jahre alt, als er seine erste Band machte, die John Henry Skiffle Group. 1957 gewann er mit dieser Truppe die All England Championship. 1959 – inzwischen mehr an Rhythm & Blues und Rock 'n' Roll interessiert – gründete er die Thunderbirds. Ihr Profidebüt gaben sie, als sie für einen Monat in der Frankfurter Astoria Bar engagiert waren. Danach wurde Chris neben Musikern wie Eric Burdon, Zoot Money und Georgie Fame in Londons Rhythm-&-Blues-Zentrale, dem Flamingo Club in der Wardour Street, einer der Stars. An der Bar des Flamingos arbeitete ein gewisser Andrew Loog Oldham, der nebenberuflich Manager einer R&B-Gruppe aus Richmond war, die sich Rolling Stones nannte. Er ließ Farlowe einen Vertrag unterschreiben und organisierte einen Plattenvertrag für ihn. 1962 veröffentlichte Farlowe für Decca die Single »Air Travel«. 1963/64/65 erschienen bei Columbia fünf Singles von ihm, die jedoch keinen Eindruck hinterließen. Im August 1965 erschien mit dem »Stormy Monday Blues« eine Single von ihm als Little Joe Cook. Viele, die diese Platte hörten, waren der Meinung, daß es sich hier um einen schwarzen amerikanischen Bluessänger handeln müsse. Im Oktober 1965 erhielt Chris einen Plattenvertrag bei Immediate Records, aber »The Fool«, produziert von Eric Burdon, wurde wieder ein Flop. Im Februar 1966 produzierte Mick Jagger Chris Farlowe und den Titel »Think«. Die Nummer war eine Komposition von Jagger/Richard und erreichte im Februar 1966 Platz 37 in GB. Eine weitere Jagger-Richard-Komposition war »Out Of Time«, Mitte 1966 für Farlowe Platz 1 in der britischen Hitparade. Im Mai 1968 lösten sich die Thunderbirds auf, Chris zog sich aus dem Musikgeschäft zurück und kümmerte sich um sein kleines Londoner Antiquitätengeschäft, das sich auf Memorabilia aus dem Zweiten Weltkrieg spezialisiert hatte. Im September 1970 kam er mit der Band Hill zurück. Danach wurde er Mitglied bei Colosseum. Im November 1971 sang er mit Atomic Rooster, danach tauchte er nur noch sporadisch – mal als Solist, mal mit einer Band – auf. 1988 war er der Sänger auf »Outrider«, einer Solo-LP von Jimmy Page. 1992 erschien die bemerkenswerte CD »Waiting In The Wings« mit neuem Material von Chris. Eine ganze Reihe von bekannten britischen Musikern half bei der Produktion, z. B. die Gitarristen Mickey Moody, Alvin Lee, Albert Lee oder Clem Clempson, die Bassi-

sten Boz Burrell oder Leo Lyons und die Backgroundsängerinnen Vicky Brown und Sam Brown. Im Herbst 1997 erschien mit »Bread & Circuses« nach vielen Jahren wieder ein neues Studioalbum der Gruppe Colosseum. »Daughter Of Time« war 1970 die letzte LP dieser Gruppe. Leadsänger war damals wie 1997 Chris Farlow. Neben ihm spielten Jon Hiseman, Dick Heckstall-Smith, Clem Clempson, Dave Greenslade, Mark Clarke, Chris Davis und Dave O'Higgins.

*Out Of Time (6/66 GB 1)*
***Pop, Rhythm & Blues, Rock***

**CD-Tip:** *The Art Of Chris Farlowe* Repertoire REP 4292-WY

## Farm

ROY BOULTER, d (Großbritannien, * 2. 7. 1964 in Liverpool); STEVE GRIMES, g (Großbritannien, * 4. 6. 1962 in Liverpool); PETER HOOTON, v (Großbritannien, * 28. 9. 1962 in Liverpool); CARL HUNTER, b (Großbritannien, * 14. 4. 1965 in Bootle); BEN LEACH, key (Großbritannien, * 2. 5. 1969 in Liverpool); ANDY MCVANN, d (Großbritannien); KEITH MULLEN, g (Großbritannien); PHILLIP STRONGMAN, b (Großbritannien).

Die Karriere von The Farm begann 1984 in Liverpool. Nach 22 personellen Umbesetzungen in fünf Jahren stand 1989 folgende Line-up fest: Hooton, Grimes, Leach, Mullen, Hunter. Die musikalische Richtung der Band brachte Gitarrenmusik in der Tradition englischer Gruppen wie Jam, Clash oder XTC, das Ganze unterlegt mit einem modernen treibenden Groove. Peter Hooton über die Anfangsjahre: ›Damals bezeichneten die Leute unsere Musik als Ska meets Dexy's Midnight Runners.‹ 1985 schon hatte Farm mit »Hearts And Minds« einen ersten Erfolg in der britischen Indie-Hitparade. Der große Erfolg sollte im Herbst 1990 kommen. »Groovy Train« erreichte Platz 6 in GB, »All Together Now« erreichte die britischen und deutschen Top 10. Danach kam es zu Umbesetzungen in der Band. Von der Urbesetzung blieben nur Hooton und Grimes. Gut bekommen ist es der Band nicht, denn die Erfolge ließen nach. Zusammen mit Pete Wylie hatten sie im Frühjahr 1991 noch den Top-30-Hit »Sinful!«, und wieder als Gruppe gelang ihnen Ende 1992 der Top-20-Hit »Don't You Want Me«. Mit »Hullabaloo« erschien 1994 eine neue CD von The Farm.

*Groovy Train (9/90 GB 6)*
*All Together Now (12/90 GB 4; 2/91 D 5)*
***Pop, Rock***

**CD-Tip:** *Spartacus* Produce Records Int 845.160

## Farnham, John

v (Großbritannien, * 1. 7. 1949 in Dagenham/Essex).

Mit sechs Jahren sang John bei Benefizveranstaltungen, mit zehn zog er mit seinen Eltern nach Melbourne, Australien. Mit sechzehn begann er dort eine Klempnerlehre. Die ganzen Jahre über sang er nebenher bei Schulbzw. später bei Tanzveranstaltungen. 1965 wurde John für zwei Jahre der Leadsänger der Strings. Nächste Station seiner Karriere waren Auftritte in einer täglichen Fernsehsendung – und dort fiel er David McKay, einem Produzenten der Plattenfirma EMI, auf. Zuerst sang John nun für eine Werbekampagne, nach einer Privatvorstellung vor McKay bekam er dann einen Plattenvertrag. McKay wollte nun unbedingt, daß John einen Titel aufnahm, der in England kein Hit geworden war: »Sadie The Cleaning Lady«. John erinnerte sich später, daß er den Song auf keinen Fall machen wollte, er mochte ihn nicht und hielt ihn für dumm. Trotzdem vertraute er auf McKays Riecher und nahm den Titel im Oktober 1967 gehorsam auf – er wurde in Australien eine

Nummer 1 und die bis dahin meistverkaufte australische Platte. John Farnham wurde über Nacht populär, und zwar nicht nur bei den Teenies, sondern auch bei deren Eltern. Er war der Typ, der der ganzen Familie gefiel. Dieser Hit war kein Zufallstreffer. Zwischen 1967 und 1972 folgten weitere zwölf Singles und sechs LPs mit Goldstatus. Darüber hinaus strich er sämtliche australischen Musikpreise ein, die ein Sänger gewinnen kann. Nebenher spielte er in diversen Fernsehproduktionen als Schauspieler und auch in verschiedenen Musicals mit. Im Februar 1982 kam John als Ersatz für den ausscheidenden Leadsänger Glen Shorrock zur australischen Formation Little River Band, bei der er bis 1987 blieb. »The Other Guy« 1982 und »We Two« 1983 waren auch in den USA erfolgreiche Singles. Ab 1987 machte John wieder Soloplatten und hatte Erfolg mit »You're The Voice«. Speziell in Deutschland scheint er über einen großen Stamm von Fans zu verfügen. »Age Of Reason« wurde im September 1988 ein Platz 20 in der Hitparade. 1993 veröffentlichte er die CD »Then Again...«, die in Australien 230.000 mal verkauft wurde und damit dreifachen Platinstatus erhielt. Es war zugleich das meistverkaufte Album des Jahres 1993 in Australien. Die Auskopplung »Seemed Like A Good Idea (At The Time)« kam in Deutschland nur knapp unter die ersten 60.

*You're The Voice (3/87 D 1, GB 6; 4/87 CH 3)*
***AOR (Adult Orientated Rock)***

**CD-Tip:** *Whispering Jack* RCA PD 71224

## Farris, Dionne

v (USA, geb. in Bordentown/New Jersey).
Zusammen mit Arrested Development hatte Dionne ihre ersten Erfolge – sie sang den Titel »Tennessee«, für den die Band einen Grammy gewann. Kein Wunder, daß Dionne diesen Erfolg zum Anlaß nahm, sich als Solistin zu etablieren. Die Nummer »I Know« kam Anfang 1995 in die US-Charts und wurde gleich ein Top-10-Hit. Kurz danach erschien ihr Debüt-Album »Wild Seed – Wild Flower« – für einen weiteren Singlehit reichte es nicht. In GB kam die Platte bis auf Platz 41, in Deutschland auf 59.

*I Know (1/95 US 4)*
***Pop, Rhythm & Blues***

## Fat Boy Slim

NORMAN COOK, v/g/b (Großbritannien, * 31. 7. 1963 in Brighton/Sussex).
Hinter Fatboy Slim verbirgt sich ein weiteres Mal Norman Cook. Für ihn als Interpret war das sein größter Erfolg seit »Turn On, Tune In, Cop Out« unter dem Namen Freakpower im Jahr 1995. Zwischenzeitlich hatte er sich einen Namen als erfolgreicher Remixer gemacht. So war es ihm zu verdanken, daß die Formation Cornershop mit »Brimful Of Asha« erfolgreich war. Für Fatboy Slim war es die dritte Hitnotierung in den Charts. Die erste war »Going Out Of My Head« (5/97 GB 57). Danach folgte »Everybody Needs A 303« (11/97 GB 34).

*The Rockafeller Skank (6/98 GB 6)*
***Pop***

## Fat Boys

MARK »PRINCE MARKIE DEE« MORALES, rap (USA, * 19. 2. 1960 in Brooklyn/New York City); DARREN »THE HUMAN BEAT BOX« ROBINSON, rap (USA, * 10. 6. 1967 in Brooklyn/New York City, † 10. 12. 1995); DAMON »KOOL ROCKSKI« WIMBLEY, rap (USA, * 4. 11. 1966 in Brooklyn/New York City).
Diese drei Amerikaner aus der Bronx wur-

den ihrem Namen sehr gerecht. Zusammengenommen wogen die drei Jungs 750 Pfund. 1983 gewannen sie einen Rap Contest, der von der Produktionsfirma Tin Pan Apple ausgerichtet wurde. Noch im selben Jahr erschien als Debütplatte die EP »Reality«. Bis zu diesem Zeitpunkt nannten sie sich noch Disco 3. Als Mitte 1984 ihre Single »Fat Boys« in die amerikanischen Rhythm-&-Blues-Charts einstieg, benannten sie sich nach diesem ersten Erfolg. 1987 spielten sie mit in dem Film »Disorderlies«. Im selben Jahr erreichten sie mit der alten Surfnummer »Wipeout«, auf der die Beach Boys mitspielten, Platz 12 in den USA und Platz 2 in GB. Mitte 1988 nahmen sie sich den größten Hit von Chubby Checker, »The Twist«, vor und erreichten Platz 16 in den USA, wieder Platz 2 in GB und gar Platz 1 in Deutschland. Leadsänger des Stückes war Chubby Checker himself. Zur Feier des 70. Geburtstages von Nelson Mandela im Londoner Wembley-Stadion traten die Fat Boys zusammen mit Checker auf. Darren Robinson starb am 10. 12. 1995. Todesursache: Herzstillstand.

*Wipeout (8/87 GB 2)*
*The Twist (Yo, Twist) (6/88 D 1, GB 2; 7/88 CH 1)*
***Disco, Rap, Twist***

**CD-Tip:** *Crushin'* Polydor 831 948–2

## Fat Larry's Band

ART CAPEHART, tr/fl (USA); TED COHEN, g (USA); DARRYL GRANT, per (USA); FAT LARRY JAMES, d (USA, * 2. 8. 1949 in Philadelphia/Pennsylvania, † 5. 12. 1987); DOUG JONES, sax (USA); LARRY LABES, b (USA); JIMMY LEE, sax/pos (USA); ERSKINE WILLIAMS, key (USA).

Auch in diesem Fall ist der Name Fat Larry's Band Programm. Der Sänger und Schlagzeuger der nach ihm benannten Band brachte ein gutes Schlachtgewicht auf die Waage. Seit Anfang der 70er Jahre machte dieser Musiker aus Philadelphia richtungweisende Disomusik. 1976 erschien die Debüt-LP »Feel It«, auf der sich »Center City« befand, ihr erster Singleerfolg in GB. 1982 erreichte »Zoom« Platz 2 in der britischen Hitparade. Dies wurde ihr größter Erfolg.

*Zoom (9/82 GB 2)*
***Disco, Rhythm & Blues***

## Fat Les

KEITH ALLEN, v (Großbritannien); DAMIEN HIRST, v (Großbritannien); ALEX JAMES, v/b (Großbritannien, * 21. 11. 1968 in Dorset); ROLAND RIVRON, d (Großbritannien).

Kopf dieser Formation ist der Sänger Keith Allen. Er hatte in der Vergangenheit unter anderem für England den Song zur Fußballweltmeisterschaft 1990, »World In Motion« mit England/New Order, geschrieben. Auch für die Europameisterschaft 1996 war er als Autor an dem Titel »England's Irie« der Formation Black Grape beteiligt. »Vindaloo« kam also pünktlich zur Fußballweltmeisterschaft 1998 in die Charts.

*Vindaloo (6/98 GB 2)*
***Pop***

## Fatback Band

GEORGE ADAM, fl (USA); BILL CURTIS, d (USA); JOHNNY FLIPPIN, b (USA); JOHNNY KING, g (USA); EARL SHELTON, sax (USA); GEORGE WILLIAMS, tr (USA).

Diese Formation, deren Mastermind der Schlagzeuger Bill Curtis war, wurde in GB ab 1975 erfolgreich. Ihr Titel »(Do The) Spanish Hustle« erreichte im Februar 1976 Platz 10 in GB. In zeitlichen Abständen gelang es der Fatback Band immer mal wieder, einen Titel in die britischen

Charts zu bringen. Über eine Position 30 kamen sie jedoch bis 1987 nicht mehr hinaus. Die Nummer »I Found Lovin'«, die erstmals 1984 in den britischen Charts auftauchte, dann als Remix im September 1986 und schließlich als Re-Entry im September 1987 wiederum die Charts erreichte, war ihr letztes Aufbäumen.

*(Do The) Spanish Hustle (2/76 GB 10)*
*I Found Lovin' (9/87 GB 7)*
***Rhythm & Blues***

## Fearon, Phil

v (Jamaika, * 30. 7. 1956).
Phil zog 1962 nach GB. Die erste musikalische Station dort für den Multi-Instrumentalisten, Sänger und Songschreiber war die Gruppe Hott Wax. In der zweiten Hälfte der 70er Jahre gehörte er zu der Formation Kandidate. Anfang 1982 eröffnete Phil ein eigenes Tonstudio in London und startete diverse musikalische Projekte. Eins davon trug den Namen Galaxy. »Dancing Tight« kam im April 1983 in die britische Hitparade und erreichte Platz 4. Als Interpret wurde nur Galaxy angegeben. Ein Jahr später kam »What Do I Do« in die Charts und erreichte Platz 5. Dieses Mal wurden als Interpreten Phil Fearon & Galaxy genannt. »Everybody's Laughing« 1984 und »I Can Prove It« 1986 waren weitere Top-10-Erfolge für Phil. Letztgenannte Platte erschien nur noch unter Phil Fearon. Nach 1986 ist ihm kein Erfolg mehr gelungen. Er konzentriert sich inzwischen ganz auf die Produktion kommerzieller Dance-Platten in seinem Heimstudio. Von seiner Plattenfirma wurde Phil als führender Vertreter des ›Happy-Go-Lucky-Souls‹ bezeichnet.

*Dancing Tight (4/83 GB 4)*
*What Do I Do (3/84 GB 5)*
*Everybody's Laughing (7/84 GB 10)*
*I Can Prove It (8/86 GB 8)*
***Dance***

**CD-Tip:** *Dancing Tight – The Best Of Phil Fearon & Galaxy* Ensign 321 972 2

## Feddersen, Helga

v (Deutschland, * 14. 3. 1930 in Hamburg, † 24. 11. 1990).
Mit einem Nachzieher von »You're The One That I Want«, im Original ein Duett zwischen Olivia Newton-John und John Travolta, hatte Helga Ende 1978 einen Platz 4 in der deutschen Hitparade: »Du, die Wanne ist voll«. Ihr Partner, der John Travolta sehr ähnlich sieht, war Dieter Hallervorden (* 5. 9. 1935). Den deutschen Text schrieb Frank Dostal, einst Mitglied bei den Rattles. Helga Feddersen begann ihre Karriere als Schauspielerin und hatte Engagements an den Hamburger Kammerspielen und in Gelsenkirchen. Sie spielte in mehreren Filmen mit und hatte etliche Fernsehrollen. Ihre schauspielerische Karriere wurde 1955 unterbrochen, als ihr Gesicht nach einer Tumoroperation entstellt wurde. 1957 wagte sie einen Neuanfang als Souffleuse und Regie-Assistentin beim NDR. Schließlich übernahm sie auch wieder Rollen, vor allem beim Fernsehen. 1969 schrieb sie ihr erstes TV-Spiel, ›4 Stunden vor Elbe Eins‹. Es folgten weitere Drehbücher für Fernsehspiele wie ›Gezeiten‹, ›Im Fahrwasser‹ und schließlich ›Sparks in Grönland‹, womit sie ihrem Vater ein Denkmal setzte. Als Schauspielerin kam mehr und mehr ihre komische Begabung zum Durchbruch. Mit Dieter Hallervorden spielte sie satirische Sketche in der TV-Reihe ›Abramakabra‹. Ende der 70er, Anfang der 80er Jahre war sie neben Frank Zander als Moderatorin in der genialen ›Plattenküche‹ zu sehen. Wieder gab es eine krankheitsbedingte Pause. 1989 spielte sie in der Fernsehkrimiserie ›Großstadtrevier‹. Sie konnte jedoch nur kurze Zeit arbeiten, dann machte ihr der Krebs wieder stark zu schaffen. Außerdem hatte sie

mehrere Wochen in einer Nervenklinik verbringen müssen, um von Magersucht geheilt zu werden. Dieter Hallervorden machte bis weit in die 90er Jahre erfolgreich in eigenen TV-Serien von sich reden. Als Platteninterpret war er mit »Punker Maria« und »Tierischer Tango« 1981 unter den ersten 20 in der deutschen Hitparade.

*Du, die Wanne ist voll (11/84 D 4)*
***Deutscher Schlager***

## Feliciano, José

v/g (Puerto Rico, * 10. 9. 1945 in Lares).
José Feliciano wurde blind geboren, 1950 zog er mit seinen Eltern nach New York. Schon früh spielte er sehr gut Gitarre und hatte bereits 1954 seine ersten Auftritte in Spanish Harlem in New York. Anfang der 60er Jahre wurde er in Greenwich Village in den Folk-Kreisen bekannt und machte 1963 seine ersten Platten, die vorwiegend für den amerikanischen Latin-Markt bestimmt waren. 1968 gewann er einen Grammy als bester neuer Künstler. Seine Version des Doors-Hits »Light My Fire« wurde Mitte 1968 ein Platz 3 in den USA, ein Platz 6 in GB. Danach gelang ihm weder in den USA noch in GB ein weiterer Top-20-Erfolg. Lediglich in Deutschland sollte er mit »Que Sera« Mitte 1971 Platz 7 erreichen. Bemerkenswerte weitere Aufnahmen von ihm waren z. B. seine Version von »Suzie Q« oder seine Eigenkomposition »Rain«. José macht bis in die 90er Jahre Platten. Seit 1987 hat er einen dreiteiligen Vertrag mit der EMI, um klassische Gitarrenmusik, englischen Pop und auch spanische Aufnahmen zu machen. Außerdem machte er für eine andere Firma Jazz-Aufnahmen. Vielseitig! Mitte 1996, inzwischen hatte er einen Plattenvertrag bei PolyGram Latino unterschrieben, veröffentlichte er das Album »El Americano«.

*Light My Fire (7/68 US 3; 9/68 GB 6)*
*Que Sera (7/71 D 7)*
***Instrumental, Pop***

**CD-Tip:** *Collection 1986 – 1988* Eva Imperial 791014 2

## Felix

FELIX, mix (Großbritannien).
Außer der Tatsache, daß er 19 Jahre alt war und aus Essex stammte, konnte man über Felix 1992 nichts in Erfahrung bringen. Zu lesen war, er sei ein Angestellter beim Finanzamt und wolle deshalb anonym bleiben. Wie dem auch sei, der kleine Mixer Felix benötigte für seine Aufnahmen wechselnde Stimmen, so arbeiteten mit ihm Kenny Kee, Donna Gardia oder Steele. »Don't You Want Me« kam im August 1992 in die britischen Charts und wurde Platz 6, in Deutschland Platz 2. »It Will Make Me Crazy« wurde zwei Monate später Platz 11 in GB, Platz 5 in Deutschland. Mit »Stars« erschien Mitte 1993 ein weiterer Top-30-Hit in GB. Hier erfuhr man zumindest, daß die Stimme auf der Platte einem gewissen Ronald Clarke gehörte. Hierbei dürfte es sich um Rollo gehandelt haben, und der wiederum bildete ein Viertel von Faithless und wurde einer der erfolgreichsten Mixer der zweiten Hälfte der 90er Jahre. Fazit: Felix = Ronald Clarke = Rollo.

*Don't You Want Me (8/92 D 2, GB 6; 11/92 CH 1)*
*It Will Make Me Crazy (11/92 CH 3, D 5)*
*Don't You Want Me (Remix) (8/95 GB 10)*
***Dance, Techno***

**CD-Tip:** *# 1* Deconstruction 74321 13700 2

## Fender, Freddy

v (USA, * 4. 6. 1937 als Baldemar Huerta in San Benito/Texas).
Der Sänger und Songschreiber mexikanischer Abstammung machte zwischen 1956 und 1959 unter seinem richtigen

Namen für ein kleines Plattenlabel Songs in spanischer Sprache mit Rockabilly-Touch. 1960 bis 1963 verbrachte er im Staatsgefängnis von Louisiana wegen eines Drogenvergehens. Dann änderte er seinen Namen, damit er, wie er selbst sagte, ›den Gringos besser seine Platten unterjubeln‹ konnte. Zwischen 1963 und 1968 veröffentlichte er Platten auf einem kleinen Label in New Orleans. Der Erfolg kam erst, als Freddy ein Lied teilweise in Englisch, teilweise in Spanisch sang: »Before The Next Teardrop Falls« erreichte im Februar 1975 die amerikanische Hitparade, wurde Platz 1 und ein Millionseller. Der Nachfolgehit wurde Mitte 1975 Top 10 in den USA und auch ein Millionseller: »Wasted Days And Wasted Nights«. Diesen Titel hatte Freddy Fender im Jahre 1959 schon einmal aufgenommen – damals ohne Erfolg. In den nächsten beiden Jahren erschienen weitere Singles von ihm. Danach war er aus den Charts verschwunden. 1985 mußte er wegen schwerer Alkoholprobleme in eine Klinik. 1987 spielte er unter der Regie von Robert Redford in dem Film »The Milagro Beanfield«, und 1990 wurde er Mitglied bei den Texas Tornados.

*Before The Next Teardrop Falls (2/75 US 1)*
*Wasted Days And Wasted Nights (6/75 US 8)*
***Country, Pop, Texmex***

## Fendermen

PHIL HUMPHREY, g (USA, * 26. 11. 1937 in Wisconsin); JIM SUNDQUIST, g (USA, * 26. 11. 1937 in Wisconsin).
Beide Mitglieder wurden am selben Tag geboren. Beide spielten Gitarren – und zwar der Marke Fender, was zu ihrem Namen führte. Beide hatten in eigenen Bands gespielt, bevor sie sich 1959 als Duo zusammenschlossen. Ihr einziger Hit war ein schönes Beispiel für Garagenrock und Pre-Punk-Music: Der »Mule Skinner Blues« erreichte Mitte 1960 Platz 9 in der amerikanischen Hitparade. Das Original dieses Liedes hatte 1931 der große Country-Star Jimmie Rodgers geschrieben. Die Fendermen nahmen noch bis 1966 Platten auf, jedoch ohne Erfolg.

*Mule Skinner Blues (5/60 US 5)*
***Instrumental, Punk, Rock***

**CD-Tip:** *Mule Skinner Blues* DJ Jamboree DJ – CD 55020

## Fendrich, Rainhard

v (Österreich, * 27. 2. 1955 in Wien).
1980 begann die Karriere des Sängers, Liedermachers und Schauspielers. In Wien spielte er eine Rolle bei »Jesus Christ Superstar«. Schon ein Jahr später, 1981, gelang Rainhard Fendrich mit »Strada Del Sole« ein erster großer Erfolg in Österreich. In Titeln wie »Schickeria« 1982 und »Es lebe der Sport« 1983 fanden sich nicht nur die Öster-, sondern auch die Westerreicher wieder. »Macho Macho« kam Mitte 1988 in die deutsche Hitparade und erreichte Platz 2. 1991 erschien das Album »Nix is fix«, und auf dieser Erkenntnis baute später eine Fernsehshow von diesem Herzblatt auf.

*Macho Macho (7/88 D 2; 9/88 CH 3)*
***Schlager***

**CD-Tip:** *Nix is fix* Ariola 262 149–2

## Ferguson, Jay

v/g/p (USA, * 10. 5. 1947 in Burbank/Kalifornien).
1967 war Jay Mitbegründer der West-Coast-Rockgruppe Spirit. Auf den ersten vier LPs war er als Gitarrist und Leadsänger zu hören. Dann ging er und wurde durch J. Christian Staehely ersetzt. 1984 war er noch einmal mit Spirit auf dem Album »The Thirteenth Dream« zu hören. Der größte Singlerfolg von Spirit war im Früh-

jahr 1969 »I Got A Line On You«, Platz 25 in den USA. 1971 gründete er zusammen mit Mark Andes, der wie er von Spirit kam, Jo Jo Gunne, benannt nach einer Nummer von Chuck Berry. Es erschienen vier LPs dieser Formation. Als größter Singlerfolg wird »Run Run Run«, März 1972 Platz 27 in den USA und Platz 6 in GB, genannt. Mark Andes ging vor der Produktion der vierten LP wieder zurück zu Spirit, Ferguson machte danach als Solist weiter. Im Sommer 1976 erschien seine erste Solo-LP, »All Alone In The Endzone«. Mit »Thunder Island« gelang ihm Ende 1977 sein einziger Top-10-Erfolg in den USA. Er veröffentlicht weiter Soloalben und ist vor allen Dingen als Sessionsänger bei Produktionen anderer Künstler zu hören.

*Thunder Island (12/77 US 9)*
***AOR (Adult Orientated Rock), West Coast***

## Fernandez, Luisa

v (Spanien, * 14. 8. 1961 in Vigo).
Die Sängerin lebt seit 1973 in Hamburg. Mit 15 Jahren begann sie eine Lehre als Friseuse und nahm im selben Jahr an einem Nachwuchswettbewerb in einer kleinen Discothek ihres Ortes teil. Sie gewann und bekam tatsächlich den versprochenen Plattenvertrag. In der Jury saß David Parker, der sie fortan betreute und für sie die Nummer »Lay Love On You« schrieb, die im Februar 1978 in die deutsche Hitparade kam und Platz 7 erreichte. Neun Monate später kam der Titel in die britische Hitparade und erreichte Platz 31. Es folgten Auszeichnungen à la der goldene Hammer von der Zeitschrift ›Pop‹, der goldene Gürtel von ›Pop Photo‹ und das goldene Label der Branchenzeitschrift ›Musikinformationen‹ als Nachwuchsneuentdeckung des Jahres 1978. Es folgten weitere Veröffentlichungen im Disco-Stil. »Give Love A Second Chance« wurde Mitte 1978 Platz 11 in Deutschland. In den 80er Jahren tat Luisa Fernandez sich mit Peter Kent zusammen und erreichte mit »Solo Por Ti« im September 1986 Platz 18 in Deutschland.

*Lay Love On You (2/78 D 7)*
***Disco, Schlager***

## Ferrante & Teicher

ARTHUR FERRANTE, p (USA, * 7. 9. 1921 in New York City); LOUIS TEICHER, p (USA, * 24. 8. 1924 in Wilkes-Barre/Pennsylvania).
Ab 1947 spielten die beiden Pianisten zusammen. Sie hatten sich bereits im zarten Kindesalter kennengelernt, da beide auf die Juilliard School of Music in New York gingen. Nach ihrem Abschluß arbeiteten sie sowohl als Lehrer wie auch als Konzertpianisten. 1948 entschieden sie sich endgültig für ihre Karriere als Piano-Duo Ferrante & Teicher und gingen mit klassischen Orchestern auf Tournee.
Im Laufe der nächsten Jahre wechselten sie von der Klassik langsam zu Standards von Richard Rodgers, Jerome Kern oder Cole Porter über und versahen sie mit eigenen Arrangements für zwei Pianos. Mit »Theme From The Apartment« aus dem bezaubernden Film mit Shirley MacLaine und Jack Lemmon hatte das Duo Mitte 1960 seinen ersten Top-10-Erfolg in den USA. Ende 1960 war es wieder eine Musik aus einem Film, die den größten Erfolg brachte: »Exodus«, Platz 2 in den USA, Platz 6 in GB. Weitere Top-10-Erfolge wurden »Tonight« aus Bernsteins »West Side Story« 1961 und die Themenmusik aus »Midnight Cowboy« Ende 1969.

*Theme From The Apartment (7/60 US 10)*
*Exodus (11/60 US 2; 3/61 GB 6)*
*Tonight (10/61 US 8)*
*Midnight Cowboy (11/69 US 10)*
***Instrumental, Pop***

**CD-Tip:** *Ferrante & Teicher & Orchestre* EMI CP 32–9043

## Ferrer, José

v (Puerto Rico, * 8. 1. 1912 als José Vincente Ferrer de Otero y Cintron, † 26. 1. 1992).

Der Schauspieler wuchs in den USA auf und gab 1935, nachdem er sein Architekturstudium in Princeton aufgegeben hatte, am Broadway sein Debüt als Schauspieler. José Ferrer erarbeitete sich schnell einen Ruf als vielseitiger Künstler, der sowohl komische als auch tragische Rollen spielen konnte. Ab 1942 führte er am Broadway auch Regie und spielte 1948 zum erstenmal in einem Film: die Rolle des Dauphin in »Joan Of Arc«. 1950 gewann er für die Titelrolle in »Cyrano de Bergerac« einen Oscar. Bis 1979 blieb er im Filmgeschäft, mal als Schauspieler, mal als Regisseur. In der britischen Pophitparade tauchte José im Februar 1954 mit »Woman« auf und erreichte Platz 7. Auf der anderen Seite der Platte war Rosemary Clooney mit »Man« zu hören. Daß die beiden gegenseitig über das andere Geschlecht urteilen konnten, lag daran, daß die beiden miteinander verheiratet waren. Ferrer starb am 26. 1. 1992.

*Woman (2/54 GB 7)*
***Pop***

## Ferry Aid

Am 6. 3. 1987 lief die britische Autofähre ›Herold Of Free Enterprise‹ aus dem belgischen Hafen Zeebrugge und kenterte wenig später. 188 Menschen kamen dabei ums Leben. Diesem ›Ferry Disaster‹ widmete – unterstützt vom britischen Massenblatt ›The Sun‹ und dem Produktionsteam Stock/Aitken/Waterman – eine Ansammlung von britischen Künstlern als Ferry Aid eine Coverversion des Beatles-Titels »Let It Be«, um die Hinterbliebenen der Opfer dieser Katastrophe finanziell zu unterstützen. Michael Jackson war zwar an der Produktion nicht beteiligt, da er aber die Rechte an allen Beatles-Titeln besitzt, stellte er diese Nummer lizenzfrei zur Verfügung. Am 14., 15. und 16. März drängelten sich in den PWL Studios in London die Künstler, die in GB Rang und Namen haben. Um einige zu nennen: Paul McCartney, Mark Knopfler, Kate Bush, die Drifters, Gary Moore, Suzi Quatro, Alvin Stardust oder Boy George. Die Liste der mitwirkenden Künstler, die von A wie Alarm bis W wie Working Week ging, umfaßt mehr als achtzig Namen. Die Platte erschien am 4. 4., landete gleich auf Platz 1 der englischen Hitparade und hielt diese Position für drei Wochen. In Deutschland wurde es ein Platz 3.

*Let It Be (4/87 CH 1, GB 1, D 3)*
***Pop***

## Ferry, Bryan

v/key (Großbritannien, * 26. 9. 1945 in Washington/Tyne&Wear/Durham).

Der Sänger, Keyboarder und Songschreiber begann mit der 1971 gegründeten Band Roxy Music. Die musikalischen Vorlieben von Ferry galten seit seinem zwölften Lebensjahr Charlie Parker. Mit sechzehn begann er, selbst Gedichte zu verfassen, inspiriert durch die Entdeckung, daß er an demselben Tag Geburtstag hat wie T. S. Eliot. Er studierte an der Universität von Newcastle und formierte hier seine erste Amateurband, Gas Board. Nach Beendigung seines Kunststudiums bei Richard Hamilton, Englands führendem Exponenten auf dem Gebiet der Pop-art, wurde Ferry Kunsterzieher und quittierte den Job, als er Roxy Music gründete. Neben seinen Platten mit Roxy Music begann 1973 mit dem Album »These Foolish Things« eine parallele Karriere als Solist. Mit der Coverversion der Bob-Dylan-Nummer »A Hard Rain's Gonna Fall« stand er im September 1973 in den britischen Charts und erreichte Platz 10. Seine weiteren Top-10-Erfolge waren »Let's Stick Together« und »Extended Play« (eine EP, auf der »Price Of Love«, »Shame Shame Shame«, »Heart On My Sleeve« und »It's Only Love« zu hören waren) 1976, »This Is Tomorrow« 1977 und »Slave To Love« 1985. Sein britischer, introvertierter Gesangsstil war nichts für den amerikanischen Markt. Dort kam keine seiner Platten unter die ersten 30. Seine bisher letzte Hitnotierung hatte Bryan mit dem Song »Dance With Life« aus dem Film Phenomenon, der Ende 1996 knapp in die deutsche Hitparade kam.

*A Hard Rain's Gonna Fall (9/73 GB 10)*
*Let's Stick Together (6/76 GB 4)*
*Extended Play EP (8/76 GB 7)*
*This Is Tomorrow (2/77 GB 9)*
*Slave To Love (5/85 GB 10)*
***AOR (Adult Orientated Rock), Glitter-(Glam)-Rock***

**CD-Tip:** *Ultimate Collection* EGCTV 2

## Ferry, Catherine

Catherine vertrat 1976 Frankreich beim Grand Prix Eurovision in Den Haag Frankreich. Ihr Song »1,2,3« belegte hinter Brotherhood Of Man und »Save Your Kisses For Me« Platz 2. In der Schweiz erreichte die Platte die Top 10, in Deutschland Platz 17. Sie hatte eine Karriere als Ballettänzerin begonnen und wurde später professionelle Geigerin in einem klassischen Orchester.

*1, 2, 3 (5/76 CH 9)*
***Grand Prix***

## Fettes Brot

DOKTOR RENZ, rap (Deutschland als Martin Schrader); KÖNIG BORIS, rap (Deutschland als Boris Lauterbach); SCHIFFMEISTER, rap (Deutschland als Björn Warns).
Das Trio aus Pinneberg versuchte sich seit Mitte der 90er Jahre mit Rap. Zuerst mehr auf die norddeutsche Tiefebene bezogen, dann auch in ganz Deutschland akzeptiert. Ihr Song »Nordisch By Nature« schaffte es im Herbst 1995 auf Platz 17 in Deutschland. »Jein« wurde dann im Frühjahr 1996 ihr erster Top-10-Hit. Und wie es weitergeht: »Mal sehen«, im Herbst 1996 ein Platz 68.

*Jein (4/96 D 10; 6/96 CH 7)*
***HipHop, Rap***

**CD-Tip:** *Außen Top Hits, innen Geschmack* Intercord 845.284

## Fialka, Karel

v (Indien, geb. in Bengal).
Der Sohn einer Schottin und eines Tschechen wurde in Indien geboren. 1980 erschien eine erste LP von ihm, darauf seine erste Singlenotierung »The Eyes Have It«. Seinen einzigen Top-10-Erfolg hatte Karel im September 1987 mit »Hey Matthew«, ein Platz 9 in GB. Der Inhalt des Hits: Ein Vater im Gespräch mit seinem sechs Jahre alten Sohn Matthew, und sie unterhalten sich darüber, was tagein, tagaus über das Fernsehen auf Matthew einwirkt. Die Sendungen, die Matthew dann aufführt, sind die, die in den 90er Jahren über das Privatfernsehen auf unsere Kinder einhämmern. ›He-Man‹, ›The A-Team‹, ›Airwolf‹, ›Rambo‹, ›Dukes of Hazzard‹. Der besorgte Vater fragt ihn schließlich, was er denn mal werden möchte. Und da kommt dann raus, wie das Kind diese Serien umsetzt: Er möchte ein Soldat sein, ein Straßenkämpfer, ein Captain, ein Zauberer, ein Cowboy, ein Feuerwehrmann, ein Pilot und schließlich: Er möchte gerne sein Freund sein. Matthew sagt am Schluß, er hofft, daß alles nur ein Spiel ist. Das hoffen Millionen besorgte Eltern inzwischen bei uns auch.

*Hey Matthew (9/87 GB 9)*
***Pop***

## Fiction Factory

EDDIE JORDAN, key (Großbritannien); GRAHAM MCGREGOR, b (Großbritannien); CHIC MEDLEY, g (Großbritannien); MIKE OGLETREE, d (Großbritannien); KEVIN PATTERSON, v (Großbritannien).
Musikalisch orientierte sich Fiction Factory, deren Köpfe Kevin und Chic sind, an Synthie-Pop à la Heaven 17 und Tears For Fears. 1984 gelang dieser Formation ein einziger Top-10-Erfolg mit »(Feels Like) Heaven«. Es wurde ein Platz 6 in GB. 1984 ist auch die erste LP von Fiction Factory erschienen: »Throw The Warped Wheel Out«. Nach diesem ersten Erfolg muß es interne Schwierigkeiten in der Gruppe gegeben haben. Als mit »Another Story« Mitte 1985 eine zweite LP erschien, waren nur noch Kevin und Chic mit an Bord, alle anderen Musiker wurden als Gäste bezeichnet. Ein Hit gelang nicht.

*(Feels Like) Heaven (1/84 GB 6; 3/84 D 10; 4/84 CH 2)*
***Elektro-Pop***

## Fiddler's Dram

Immer zu Weihnachten verfallen die Briten in eine ganz merkwürdige Stimmung. Jedenfalls kaufen sie Platten, die sie den Rest des Jahres nur als Schnittmuster für Pancakes benutzen würden. Im Dezember 1979 war es wieder einmal soweit. Die musikalisch etwas nach rückwärts orientierte Platte »Day Trip To Bangor (Didn't We Have A Lovely Time)« erinnerte an die 20er, 30er Jahre, als man mit dem Bus, der möglichst noch offen sein mußte, an die Seaside nach Bangor, einen Ferienpark in Wales, fuhr und sich dort flaschenweise den Cidre hinter den Binder kippte. Mann, was haben wir gelacht. Außerhalb von GB wurde die Aufnahme der Fiddler's Dram aus völlig unerklärlichen Gründen kein Erfolg.

*Day Trip To Bangor (Didn't We Have A Lovely Time) (12/79 GB 3)*
***Pop***

## Fields, Ernie

p/pos/bl (USA, * 26. 8. 1905 in Nacogdoches/Texas, † 11. 5. 1997).
Fields hatte bereits in den 30er Jahren seine erste eigene Band. Mit einem Remake des Glenn-Miller-Hits aus dem Jahre 1940 »In The Mood« gelang ihm im September 1959 ein Platz 4 in der amerikanischen Hitparade, wenig später ein Platz 13 in GB. Er versuchte, noch einmal in die gleiche Kerbe zu hauen, und veröffentlichte wenig später den »Chattanooga Choo Choo«, hatte damit allerdings den Zug verpaßt.

*In The Mood (9/59 US 4)*
***Big Band, Instrumental, Pop***

## Fields, Gracie

v (USA, * 9. 1. 1898 als Grace Stansfield in Rochdale/Lancashire, † 27. 9. 1979).
Die Sängerin und Filmschauspielerin war ab 1930 auch in den USA erfolgreich. Mit »Now Is The Hour« hatte sie im Januar 1948 einen Platz 3 in den USA. »Around The World« wurde Mitte 1957 ein Platz 8 in GB. Ihr Filmdebüt gab die Schauspielerin 1931 in »Sally In Our Alley«. In den 30er Jahren gehörte Gracie Fields zu den bestbezahlten britischen Künstlerinnen, und die war sowohl als Komödiantin auf der Bühne als auch im Film erfolgreich. Ihre Popularität in den 30er Jahren war so groß, daß das Parlament eine Sitzung früher beendete, damit die Abgeordneten nach Hause gehen konnten, um eine Radiosendung von ihr zu hören. Nachdem ihr zweiter Mann, der Schauspieler und Regisseur Monte Banks, 1940 aus GB emigrieren mußte, weil er wegen seiner

italienischen Abstammung Persona non grata war, ging sie mit ihm in die USA. In den frühen 50er Jahren zog sie mit ihrem dritten Mann auf die Insel Capri. 1979 wurde sie Dame Commander of the Order of the British Empire.

*Now Is The Hour (1/48 US 3)*
*Around The World (5/57 GB 8)*
***Pop***

## Fifth Dimension

BILLY DAVIS JR., v (USA, * 26. 6. 1939 in St. Louis); FLORENCE LARUE, v (USA, * 4. 2. 1944 in Philadelphia/Pennsylvania); MARILYN MCCOO, v (USA, * 30. 9. 1943 in Jersey City/New Jersey); LAMONTE MCLEMORE, v (USA, * 17. 9. 1939 in St. Louis); RONALD TOWNSON, v (USA, * 20. 1. 1941 in St. Louis).

Diese in Los Angeles beheimatete Gruppe kam 1966 zusammen. McCoo und McLemore hatten 1963 mit drei anderen Musikern das Quintett Hi-Fi's gegründet. Nachdem sie mit Ray Charles auf Tournee gegangen waren, trennten sich zwei Mitglieder, Harry Elston und Floyd Butler, um die Friends Of Distinction zu gründen. Marilyn arbeitete als Verkäuferin, und Lamonte nahm seinen früheren Job als Fotograf wieder auf. 1966 kamen McCoo, LaRue, McLemore, Davis jr. und Townson zunächst als Versatiles zusammen, benannten sich dann in Vocals um und schließlich in Fifth Dimension. Ihre erste Hitparadennotierung stammt aus dem Januar 1967 und hieß »Go Where You Wanna Go«. Mitte desselben Jahres wurde »Up-Up And Away« der erste Top-10-Erfolg der Formation. Diese ersten Hits wurden von Johnny Rivers produziert, der sie bei seinem eigenen Label Soul City unter Vertrag genommen hatte. 1968 wurde ihr Jahr. »Stone Soul Picnic«, geschrieben von Laura Nyro, erreichte Platz 3 in den Charts und wurde Millionseller. Bei der Grammy-Verleihung sahnten sie ab. »Up, Up And Away«, geschrieben von Jim Webb, wurde als bester Song des Jahres ausgezeichnet. Außerdem erhielten sie in diesem Jahr folgende Grammys: die beste Platte, die beste zeitgenössische Platte, beste Vokal- und beste zeitgenössische Gruppe. »Aquarius/Let The Sunshine In« aus dem Musical »Hair« kam im März 1969 in die amerikanischen Charts, wurde Spitzenreiter und Millionseller, erreichte in GB Platz 11, in Deutschland Platz 2. Der »Wedding Bell Blues« (geschrieben wieder von Laura Nyro) wurde im Herbst 1969 ebenfalls Millionseller und Platz 1 in den USA. Genau diese Glocken schlugen auch für Billy Davis und Marilyn McCoo, die sich ab 1976 von der Gruppe trennten und als Duo erfolgreich waren. Mit »One Less Bell To Answer« 1970 und »(Last Night) I Didn't Get To Sleep At All« 1972 hatten Fifth Dimension zwei weitere Millionseller und Top-10-Erfolge. Nach Davis und McCoo schied auch Townson aus, und die Formation präsentierte sich im Frühjahr 1978 in der Besetzung LaRue, McLemore, Terri Bryant, Mic Bell und Danny Miller Beard. Schon auf der nächsten LP war Danny gegen Lou Courtney ausgetauscht worden. Nach 1976 ist der Band allerdings auch kein Hit mehr gelungen.

*Up, Up And Away (6/67 US 7)*
*Stoned Soul Picnic (6/68 US 3)*
*Aquarius/Let The Sunshine In (3/69 US 1; 5/69 D 2, CH 4)*
*Wedding Bell Blues (9/69 US 1)*
*One Less Bell To Answer (10/70 US 2)*
*(Last Night) I Didn't Get To Sleep At All (4/72 US 8)*
*If I Could Reach You (9/72 US 10)*
***Flower-power, Soul***

**CD-Tip:** *Greatest Hits On Earth* Arista 259 046

## Fine Young Cannibals

ANDY COX, g (Großbritannien, * 25. 1. 1956 in Birmingham); ROLAND GIFT, v (Großbritannien, * 28. 5. 1962 in Bir-

mingham); DAVID STEELE, key/b (Großbritannien, * 8. 9. 1960 in Isle of Wight).
Im Juni 1985 landete ein völlig unbekanntes Trio gleich mit seiner ersten Single »Johnny Come Home« einen Platz 8 in GB. Ihren Namen hatte die Formation von dem Robert-Wagner-Film »All The Fine Young Cannibals« übernommen. Prägnant für den Gruppensound und sofort herauszuhören war Roland Gifts soulig angehauchte, klare Kopfstimme. Mit »Suspicious Minds« 1986, »Ever Fallen In Love« 1987 und »She Drives Me Crazy« und »Good Thing« 1989 hatten sie weitere Top-10-Erfolge in GB. Die beiden letztgenannten Titel standen ebenfalls 1989 beide auf Platz 1 in den USA. Speziell Roland Gift entwickelte sich schon Ende der 80er Jahre mehr und mehr zum Schauspieler. Die gesamte Gruppe war 1987 im Film »Tin Man« zu sehen, aus dem auch das Stück »Good Thing« stammte. In den beiden Streifen »Sammy & Rosie tun es« und »Scandal« zeigte Roland Gift, was er als Schauspieler draufhat. Während Roland seiner Schauspielerei nachging, schrieben Andy und David die Musik zum Steve-Martin-Film »Ein Ticket für zwei« und hatten unter dem Pseudonym Two Men, A Drum Machine & A Trumpet im Januar 1988 den britischen Top-20-Erfolg »I'm Tired Of Getting Pushed Around«. Darüber hinaus produzierten sie mit den Wee Papa Girl Rappers einige Tracks. Die Schauspielerei gefiel Roland Gift dermaßen gut, daß er mit einer Theatertruppe als Romeo in ›Romeo und Julia‹ auf Tournee ging. Ende 1996 erschien nach längerer Zeit wieder ein neues Album der Fine Young Cannibals. Allerdings handelte es sich vorwiegend um Remixe der alten Titel. »Flame«, eine neue Nummer von diesem Album, brachte es in GB bis auf Platz 17. Am 27. 1. 1997 erschien »Crazy«, ein Titel aus dem Jahr 1988, als Remix und mit der Aussage der Plattenfirma: ›Alle schönen Geschichten gehen einmal zu Ende, und so ist dies die letzte Singleveröffentlichung der Fine Young Cannibals‹. Die Platte schaffte es in GB gerade mal auf Platz 36.

*Johnny Come Home (6/85 GB 8)*
*Suspicious Minds (1/86 GB 8)*
*Ever Fallen In Love (3/87 GB 9)*
*She Drives Me Crazy (1/89 US 1, D 2, GB 5; 2/89 CH 3)*
*Good Thing (4/89 US 1, GB 7, D 8)*
***AOR (Adult Orientated Rock), Pop***

**CD-Tip:** *The Raw And The Cooked* London 828 069.2

## Fireballs

ERIC BUDD, d (USA, * 23. 10. 1938); JIMMY GILMER, v/p (USA, * 15. 9. 1940); STAN LARK, b (USA, * 27. 7. 1940); DOUG ROBERTS, d (USA, † 18. 11. 1981); CHUCK THARP, v (USA, * 3. 2. 1941); GEORGE TOMSCO, g (USA, * 24. 4. 1940 in Raton/New Mexico); DAN TRAMMELL, g (USA, * 14. 7. 1940).
Diese Band gründete sich, als die Mitglieder noch in Raton, New Mexico, zur Schule gingen. 1958 machten sie ihre ersten Plattenaufnahmen. 1959 hatten sie ihre erste Hitnotierung mit »Torquay«. Die ersten vier Hits der Band waren Instrumentals. Wohl auch aus diesem Grund ging 1960 Chuck Tharp, der Sänger, und in Jimmy Gilmer fand man Ersatz. Die Fireballs produzierten die meisten ihrer Platten in dem Studio, in dem auch Buddy Holly und Buddy Knox schon in den 50er Jahren ihre Hits aufgenommen hatten. Besitzer war Norman Petty, das Studio stand in Clovis, New Mexico. Mit »Sugar Shack« gelang der Gruppe, die jetzt als Jimmy Gilmer & The Fireballs firmierte, im Herbst des Jahres 1963 ein Millionseller und Platz 1 in den USA. Auch die nächsten beiden Hitnotierungen führen Jimmy Gilmer im Bandnamen auf. 1967 war Gilmer häufiger Gast in den Clubs im Greenwich Village in New York. Dort traf er öfter

den Songschreiber Tom Paxton. Dessen Titel »Bottle Of Wine« gefiel Jimmy so gut, daß er ihn aufnahm. Die Plattenfirma, bei der die Fireballs inzwischen unter Vertrag waren, mochten die Aufnahme jedoch nicht. Sie wechselten zu einer anderen Firma, die »Bottle Of Wine« jetzt wieder nur als Fireballs veröffentlichte. Sie wurde Ende 1967, Anfang 1968 Platz 9 in den USA. 1969 ging Gilmer nach Los Angeles und gründete dort eine neue Band. Als das nicht funktionierte, wurde er Mitarbeiter von United Artists Music in Nashville und später Vizepräsident von CBS Songs.

Viele Fans von Buddy Holly stehen den Fireballs mit sehr gemischten Gefühlen gegenüber. Durch den gemeinsamen Produzenten Norman Petty besteht eine Verbindung zwischen dieser Band und Holly. Der hinterließ nach seinem Tod eine ganze Latte unfertiger Aufnahmen, die er in seiner New Yorker Wohnung alleine mit seiner Gitarre aufgenommen hatte. Um daraus nun fertige Platten zu machen, unterlegte Norman Petty mit den Fireballs den Gesang von Holly völlig neu. Unter diesen Produktionen befinden sich bekannte Titel wie »Maybe Baby«, »Love Is Strange« oder »Good Rockin' Tonight«.

*Sugar Shack (9/63 US 1)*
*Bottle Of Wine (12/67 US 9)*
***Instrumental, Rock 'n' Roll***

## Firefall

MARK ANDES, b (USA, * 19. 2. 1948 in Philadelphia/Pennsylvania); JOCK BARTLEY, v/g (USA, * 16. 5. 1959); LARRY BURNETT, v/g (USA); MICHAEL CLARKE, d (USA, * 3. 6. 1944 als Dick in New York City, 19. 12. 1993); DAVID MUSE, key/sax/fl (USA); RICK ROBERTS, v/g (USA, * 31. 8. 1949 in Florida).

Diese Formation brachte einen sensiblen Country-Soft-Rock, angelehnt an die Songs von Poco und den Eagles. Bei der illustren musikalischen Vorgeschichte der einzelnen Musiker kein Wunder. Ihre erste Hitnotierung hatten sie mit »Livin' Ain't Livin'« Mitte 1976. Danach erschien zwei Monate später »You Are The Woman«, der einzige Top-10-Erfolg der Band. David Muse kam erst 1977 zu Firefall. Mark Andes, der vorher bei Spirit und Jo Jo Gunne war, ging 1980 zu Heart. Der Sänger Rick Roberts, der auch die meisten Hits der Band im Alleingang geschrieben hatte, war vorher Mitglied bei den Flying Burrito Brothers gewesen. Dort hatte er schon mit Mike Clarke gespielt, der außerdem zu der Urbesetzung der Byrds gehörte. Nach 1980 drehte sich das Besetzungskarussell. Am längsten blieb noch Jock Bartley bei Firefall.

*You Are The Woman (8/76 US 9)*
***Soft Rock***

**CD-Tip:** *Firefall* Rhino R2 70379 TIS

## Firehouse

MICHAEL FOSTER, d (USA); BILL LEVERTY, g (USA); PERRY RICHARDSON, b (USA); C.J. SNARE, v (USA).

Leadsänger C. J.: ›Wir sind bloß vier Jungs, die versuchen, ein bißchen gute Musik zu machen, die den Leuten Spaß macht.‹ Auch der Plattenfirma CBS fiel 1990 auf: ›An der hart umkämpften Hard-Rock-Front braucht man schon etwas mehr als nur eine laute Bühnenanlage, um aus der Masse herauszuragen.‹ 1990 erschien die Debütplatte der Firehouse, einer aus North Carolina stammenden Formation. Bon Jovi hatte die Jungs bei einem Club-Gig mit Begeisterung gesehen und den entscheidenden Push für den ersten Plattenvertrag gegeben. Ihre erste Hitnotierung war im März 1991 »Don't Treat Me Bad«, Platz 19 in den USA. »Love Of A Lifetime« stand Mitte 1991 auf Platz

5 in der amerikanischen Hitparade, im August 1992 erreichte die Band Platz 8 in den USA mit »When I Look Into Your Eyes«. Ob sie ansonsten noch was draufhaben, um aus der Masse herauszuragen, wird sich zeigen. Im Frühjahr 1995 erschien das dritte Album von Firehouse. Darauf der bisher letzte Singlehit »I Live My Life For You«, Platz 26 in den USA.

*Love Of A Lifetime (6/91 US 5)*
*When I Look Into Your Eyes (8/92 US 8)*
***Hard Rock***

**CD-Tip:** *Firehouse* Epic 467 441–2

## Firm

GRAHAM LISTER (Großbritannien); JOHN O'CONNOR (Großbritannien).

Diese Formation hier ist nicht zu verwechseln mit der gleichnamigen Gruppe um Jimmy Page und Paul Rodgers. Die hier gemeinte Firma bestand u. a. aus John O'Connor und Graham Lister und hatte sich mehr dem Jux verschrieben. Zum erstenmal tauchten sie 1982 in der britischen Hitparade mit einem Titel über eine Figur der britischen Fernsehserie ›Minder, Arthur Daley‹ auf. Da jeder das Gefühl hatte, hier handele es sich um ein typisches One-Hit-Wonder, wunderte es niemanden, daß man von Firm nichts mehr hörte. Mit einer weiteren Nummer aus einer TV-Serie erreichten sie 1987 ganz knapp noch einmal die britischen Charts. Und dann geschah, was niemand für möglich gehalten hätte: »Star Trekkin'«, dieser Song über Klingonen, Beamen und Captain Kirk, erreichte innerhalb von nur drei Wochen den Spitzenplatz der britischen Hitparade. Die Musik basierte auf einem alten deutschen Volkslied.

*Star Trekkin' (6/87 GB 1)*
***Pop***

## First Choice

LAWRENCE COTTREL, v (USA); LACONYA FLEMING, v (USA); ROCHELLE FLEMING, v (USA, * 11. 2. 1950 in Philadelphia/Pennsylvania); ANNETTE GUEST, v (USA, * 19. 11. 1954 in Chester/Pennsylvania); URSULA HERRING, v (USA); JOYCE JONES, v (USA, * 30. 7. 1949); DEBBIE MARTIN, v (USA).

Das schwarze Damentrio startete 1971 unter dem Namen Debronettes. 1973 – nun als First Choice – erreichten sie mit dem Titel »Armed And Extremely Dangerous« in den USA Platz 28, in GB gar Platz 16. Die Nachfolgeplatte »Smarty Pants« wurde im August 1973 ein Platz 9 in GB. Es folgten weitere Hitnotierungen bis 1977. Im selben Jahr verließ Joyce das Trio und wurde durchUrsula Herring ersetzt. Die wiederum ging zwei Jahre später wieder, und für sie kam Debbie Martin. 1984 trennte sich die Formation. Drei Jahre später stellte Rochelle Fleming First Choice zusammen mit ihrer Cousine Laconya Fleming und Lawrence Cottrel wieder auf die Beine. Ein Erfolg in den Hitparaden gelang ihnen nicht mehr. Mitte 1997 erschien »Armed And Extremely Dangerous« in mehreren Remixen erneut in Deutschland.

*Smarty Pants (8/73 GB 9)*
***Soul***

## First Class

TONY BURROWS, v (Großbritannien, * 14. 4. 1942); JOHN CARTER, v/g/b (Großbritannien, * 20. 10. 1942 als Shakespeare in Birmingham); DEL JOHN (Großbritannien); CHAS MILLS (Großbritannien).

Wieder ein Studioprojekt, das sehr wahrscheinlich erst zusammengestellt wurde, nachdem sich »Beach Baby« im Juni 1974 zu einem Hit mauserte. Tony Burrows war wieder einmal der Sänger, um den sich unbekannte Studiomusiker scharten. Als die Platte Platz 13 wurde, mußte sie dargestellt werden können, und da kam es wohl zu der Zusammenkunft einiger Musiker für TV-Sendungen. Besonders erfolgreich war die Platte in den USA. Dort wurde sie im Juli 1974 ein Platz 4. In GB reichte es nur für den einen Hit, in den USA kamen mit »Dreams Are Ten A Penny« und »Funny How Love Can Be« noch zwei weitere Nummern mit First Class in die Charts. Beide Titel wurden durch andere Interpreten allerdings erfolgreicher. Produzent der Platte war John Carter, der offensichtlich auch Rechte an diesem Gruppennamen hatte und ihn immer mal wieder verwandte.

*Beach Baby (7/74 US 4)*
***Pop***

## Fischer, Horst

tr (Deutschland).
Dieser Ausnahmetrompeter erreichte mit seiner Version des »Mitternachts-Blues« im Februar 1958 Platz 8 in der deutschen Singlehitparade. Das Stück stammte aus dem Film »Immer, wenn der Tag beginnt« und wurde von Franz Grothe geschrieben. Erfolgreicher als Fischer war mit der Nummer Bert Kaempfert, der fast zur selben Zeit in die deutschen Charts kam und Platz 6 erreichte. Eine weitere Hitnotierung hatte Horst Fischer nicht.

*Mitternachts-Blues (2/58 D 8)*
***Instrumental***

## Fisher, Eddie

v (USA, * 10. 8. 1928 in Philadelphia/Pennsylvania).
Eddie hat es in den frühen 50er Jahren zumindest in den USA geschafft, Frank Sinatra als Idol der weiblichen Teenies zu verdrängen. Und wenn man heute den Namen Eddie Fisher hört, denkt man zuerst einmal daran, daß er einer der Ehemänner von Liz Taylor war, die ihn dann aber wegen Richard Burton sitzenließ. Eddie seinerseits hatte wegen Liz Taylor Debbie Reynolds sitzenlassen, und nach all den Geschichten, die Eddie in der Regenbogenpresse einen sicheren Platz bescherten, heiratete er Connie Stevens – und die ließ ihn sitzen, ebenso wie seine vierte Ehefrau, die dann aber auch schon eine ganze Latte von Jahren jünger war als er. Als 13jähriger hatte Klein Eddie in der Radiosendung ›Children's Hour‹ einen Gesangs-Nachwuchswettbewerb gewonnen – die nächsten acht Jahre sang er in Clubs rund um seine Heimatstadt Philadelphia. 1949 kam für Eddie der Erfolg. Der Komiker Eddie Cantor entdeckte ihn, nahm ihn mit auf eine Tournee und verhalf ihm zu einem Plattenvertrag. Ende des Jahres 1950 hatte er seinen ersten Top-10-Hit und wenig später seinen ersten Millionseller. Und obwohl er 1951 zum Militär mußte und für zwei Jahre fast aus dem Rennen war, nahm er weitere Platten auf und sollte 1953 endlich auch wieder für die ihn liebenden Teenies dasein. Eine Getränkefirma sponserte eine TV-Sendung, die von Küste zu Küste ausgestrahlt wurde und den Absatz von Eddies Platten sicherte. Mit seiner Frau Debbie Reynolds trat er dann auch als Schauspieler in Erscheinung. Er hinterließ keinen bleibenden Eindruck. Am bekanntesten dürften seine Nebenrolle in dem Film »All About Eve« 1950 und, neben Liz Taylor, eine Hauptrolle in »Butterfield 8« 1960 sein. Als sich 1956 mehr und mehr der Rock 'n' Roll durchsetzte, verschwand Eddie aus den Charts. Seine letzter Top-10-Hit war »Cindy, Oh Cindy«, der im Dezember 1956 erschien und auf beiden Seiten des Atlantiks beeindruckte. Bei uns in Deutschland kam die Platte nicht einmal in die Hitparade, dafür traten zwei deutschsprachige Interpreten mit Cover-

versionen an: Margot Eskens und Wolfgang Sauer lagen schon bald in der Gunst der Käufer ganz oben. Zuerst Wolfgang Sauer, für drei Wochen Platz 1, dann Margot Eskens für zehn Wochen. In der Folgezeit erschienen immer mal wieder Titel von Fisher unter den ersten 100 in den USA. Ansonsten besagte Schlagzeilen in der Regenbogenpresse. Wer mehr über dieses Thema wissen will, sollte seine Biographie lesen: ›Eddie – My Life, My Loves‹, 1981 erschienen. Inzwischen ist seine Tochter Carrie Fisher, die er gemeinsam mit Debbie Reynolds hat, eine erfolgreiche Schauspielerin und Autorin. Von ihr stammt das autobiographische Buch ›Pictures From The Edge‹, das in den 90er Jahren erfolgreich verfilmt wurde.

*Thinking Of You (10/50 US 5)*
*Turn Back The Hands Of Time (9/51 US 8)*
*Any Time (12/51 US 2)*
*Tell Me Why (1/52 US 4)*
*Forgive Me (3/52 US 7)*
*That's The Chance You Take (4/52 US 10)*
*I'm Yours (5/52 US 3)*
*Maybe (6/52 US 3)*
*Wish You Were Here (7/52 US 1; 11/53 GB 8)*
*Lady Of Spain (9/52 US 6)*
*Outside Of Heaven (10/52 US 8; 1/53 GB 1)*
*Even Now (1/53 US 7)*
*Everything I Have Is Yours (2/53 GB 8)*
*Downhearted (2/53 GB 3, US 5)*
*I'm Walking Behind You (5/53 GB 1, US 1)*
*With These Hands (7/53 US 7)*
*Many Times (10/53 US 4)*
*Oh! My Pa-Pa (12/53 US 1, GB 9; 2/54 GB 10)*
*A Girl, A Girl (Zoom-Ba-Di-Alli-Nella) (3/54 US 6)*
*Green Years (6/54 US 8)*
*I Need You Now (9/54 US 1)*
*Count Your Blessings (10/54 US 5)*
*Wedding Bells (3/55 GB 5)*
*Dungaree Doll (12/55 US 7)*
*Cindy, Oh Cindy (10/56 GB 5, US 10)*
***Pop***

## Fisher, Miss Toni

v (USA, geb. in Los Angeles/Kalifornien).

Toni war bekannt als Kabarettkünstlerin in Las Vegas, bevor sie einen Plattenvertrag bei dem kleinen Label Signet bekam. Dort nahm sie ihren einzigen Hit mit Hilfe von Heine Beau und seinem Orchester auf. »The Big Hurt« kam im November 1959 in die amerikanische Hitparade und wurde ein Platz 3. Auf dieser Single sind zum erstenmal Gitarreneffekte zu hören, die später typisch für Psychedelic-Aufnahmen werden sollten. An ihrem ersten und einzigen Album ist besonders bemerkenswert, daß es zu den ersten Stereoaufnahmen gehört. Miss Toni tauchte noch zweimal in der Hitparade auf, einmal mit einer neuen Version von Irving Berlins »How Deep Is The Ocean« und mit »West Of The Wall«. Der letztgenannte Titel bezog sich auf die Berliner Mauer, im Erscheinungsjahr 1962 ein brisantes Thema. In den 60er Jahren nahm Toni Fisher für verschiedene Firmen weitere Platten auf und zog sich dann aus der Musikszene zurück.

*The Big Hurt (11/59 US 3)*
***Pop***

## Fitzgerald, Ella

v (USA, * 25. 4. 1917 in Newport News/Virginia, † 15. 6. 1996).

Ella Fitzgerald gilt als die erfolgreichste, beliebteste und beste Jazzsängerin aller Zeiten. Entdeckt wurde sie 1934 bei einem Amateurwettbewerb im Harlem Opera House und im Apollo Theatre. 1935 wurde sie Mitglied bei Chick Webb & His Orchestra. 1938 hatte sie mit der von ihr mitverfaßten Nummer »A-Tisket A-Tasket« ihren ersten Spitzenreiter in der amerikanischen Pophitparade. Die Platte stand zehn Wochen an der Spitze und wurde ein Millionseller. Nach dem Tod von Chick 1939 leitete Ella die Band bis 1942 weiter. Neben ihrer Arbeit mit Chick Webb und dessen Orchester erschienen ab 1936 auch Soloplatten von ihr. Außerdem machte sie erfolgreich Platten mit den Mills Brothers, Ink Spots, Louis Armstrong, Benny Goodman und Louis Jordan. Mit »I'm Making Believe« und »Into Each Life Some Rain Must Fall« stand sie im November 1944 wieder auf Platz 1 in der amerikanischen Pophitparade. Ihre letzte erwähnenswerte Hitnotierung hatte sie mit »Mack The Knife« Mitte 1960 in den USA. Dieser Titel war am 13. 2. 1960 live in der Deutschlandhalle in Berlin aufgenommen worden. Den Down Beat Poll, ein begehrter Preis der gleichnamigen amerikanischen Jazz-Zeitschrift, gewann sie mehr als zwanzigmal, den Grammy gewann sie zwölfmal. Ella starb am 15. 6. 1996.

*Five O' Clock Whistle (11/40 US 9)*
*Cow-Cow Boogie (3/44 US 10)*
*I'm Making Believe (11/44 US 1)*
*Into Each Life Some Rain Must Fall (11/44 US 1)*
*And Her Tears Flowed Like Wine (1/45 US 10)*
*I'm Beginning To See The Light (4/45 US 5)*
*It's Only A Paper Moon (8/45 US 9)*
*You Won't Be Satisfied (Until You Break My Heart) (4/46 US 10)*
*Stone Cold Dead In The Market (He Had It Coming) (7/46 US 7)*
*(I Love You) For Sentimental Reasons (12/46 US 8)*
*My Happiness (6/48 US 6)*
*Baby, It's Cold Outside (6/49 US 9)*
***Jazz, Rhythm & Blues***

**CD-Tip:** *Ella Fitzgerald – 75th Birthday Celebration* GRP 26192

## Fitzgerald, Scott

v (Großbritannien, geb. in Schottland).
Fitzgerald ist wieder einmal einer der vielen, der aus der Kaderschmiede der »Hair«-Aufführungen hervorging. Es folgten Filmaufnahmen, Club- und Theaterauftritte und schließlich eine eigene Tournee mit der Scott Fitzgerald Show. 1977 traf er den Produzenten Jonathan Hodge, der mit ihm und der Sängerin Yvonne Keeley aus einem alten Titel von Saint-Saens, mit Reggae-Rhythmen unterlegt, »If I Had Words« machte. Die Platte wurde im Januar 1978 ein Hit in GB und erreichte Platz 3. Zehn Jahre sollte es dauern, bis man wieder etwas von Scott hörte. 1988 sang er für Großbritannien beim Grand Prix den Titel »Go«, der den 2. Platz belegte. In der britischen Hitparade kam Scott damit nur bis auf Platz 52.

*If I Had Words (1/78 GB 3)*
***Grand Prix, Pop, Reggae***

## Five

Richard Abidin Breen, v (Großbritannien); Jason Paul Brown, v (Großbritannien); Sean Kieran Conlon, v (Großbritannien); Richard Neville, v (Großbritannien); Scott Robinson, v (Großbritannien).
Bob und Chris Herbert – Vater und Sohn und Entdecker der Spice Girls – hatten die fünf Jungs aus 3.000 Bewerbern ausgewählt. System klar und deutlich: neue Gesichter für die Teenies! Denniz Pop, der auch schon 3T, Ace Of Base oder die Backstreet Boys produzierte, besorgte die Akustik. In den Anfangstagen schrieb sich der Gruppenname 5ive – das zog einen Rechtsstreit nach sich, den die Band verlor. Es bestehe eine Verwechslungsgefahr – mit was oder wem, wurde von der Plattenfirma leider nicht berichtet. Die erste Single »Slam Dunk (Da Funk)« erreichte gerade die Top 10. Nachfolger »When The Lights Go Out« steig am 14. 3. 1998 auf Platz 4 in GB ein. Im Juni 1998 kam dieser Titel auch in die US-Charts und erreichte schließlich die Top 10. Der Titel war von Eliot Kennedy, der auch schon Songs für die Spice Girls gebastelt hat. Bei der Veröffentlichung dieser Platte legte die Band noch einmal Wert auf die Feststellung, daß sie keine Boy Group sind, sondern eine ›Lad-Band‹.

Lad ist ein Slangwort für Kumpel. Welch ein Unterschied! Ihr Debütalbum »Five« (7/98 GB-LP 1) stieg am 4. 7. 1998 gleich auf Platz 1 der GB-LP-Charts ein.

*Slam Dunk (Da Funk) (12/97 GB 10)*
*When The Lights Go Out (3/98 GB 4; 6/98 US 10)*
*Got The Feeling (6/98 GB 3)*
***Boy Group***

**CD-Tip:** *Five* RCA 74321 58976 2

## Five Americans

JOHN DURRILL, key (USA, * 20. 8. 1941 in Houston/Texas); NORMAN EZELL, g (USA); JIM GRANT, b (USA); MIKE RABON, v/g (USA); JIMMY WRIGHT, d (USA).

Die ursprünglich aus Durant, Oklahoma, stammende Band formierte sich 1964 in Dallas, Texas. Im selben Jahr wurden ihre ersten Platten produziert. Nach zwei kleineren Erfolgen wechselten sie die Plattenfirma und erhielten als neuen Produzenten Dale Hawkins, der in den 50er Jahren durch seinen Hit »Suzie Q« bekannt wurde. Im März 1967 tauchte »Western Union« in der amerikanischen Hitparade auf und erreichte Platz 5. Diesen Erfolg konnte die Gruppe nicht mehr wiederholen. Nach 1968 war sie aus den Charts verschwunden, 1969 löste sie sich auf. Mike Rabon tauchte in den 70er Jahren bei der Gruppe Gladstone auf. John Durill wurde ein erfolgreicher Songschreiber. Den Hit »Dark Lady« von Cher schrieb John.

*Western Union (3/67 US 5)*
***Beat, Pop***

## Five Man Electrical Band

MICHAEL BELANGER, per (Kanada); RICHARD BELANGER, d (Kanada); LES EMMERSON, v/g (Kanada); THEODORE GOROW, key/sax (Kanada); BRIAN RADING, b (Kanada).

Diese Formation gründete sich in den frühen 60er Jahren und nannte sich zuerst Staccatos. Mitte der 60er Jahre erhielten sie einen Plattenvertrag und hatten in Kanada mehr als zwölf kleinere Hits. Der größte davon hieß »Half Past Midnight«. 1969 traten sie im Whisky A Go-Go und im Troubador in Los Angeles auf. Während sie dort waren, nahmen sie in den Studios von Capitol eine neue LP auf. Einer der Titel dieser neuen LP hieß »The Five Man Electrical Band«, nach dem sich die Gruppe nun benannte. Im Mai 1971 kam »Signs«, eine Komposition von Les Emmerson, in die US-Charts, wurde ein Millionseller und erreichte Platz 3. Es folgten weitere Singleveröffentlichungen der Band, die allerdings nicht mehr unter die ersten 20 kommen konnten. Nach 1974 verschwanden sie ganz aus den Hitparaden. Der Titel »Signs« wurde 1991 mit der Gruppe Tesla erneut ein Top-10-Erfolg in den USA. Das dazugehörende Album nannte Tesla »Five Man Acoustical Jam«.

*Signs (5/71 US 3)*
***AOR (Adult Orientated Rock), Rock***

## Five Stairsteps

ALOHA BURKE (USA); CLARENCE BURKE (USA); CUBIE BURKE (USA); DENNIS BURKE (USA); JAMES BURKE (USA); KENNETH BURKE (USA).

Diese Gruppe aus Chicago wurde aus den vier Brüdern und einer Schwester Burke gegründet. Ab 1967 kam noch ihr fünfjähriger Bruder Cubie hinzu, und die Formation nannte sich Five Stairsteps & Cubie. Ab 1966 hatten sie regelmäßige Eintragungen in den Popcharts, kamen da jedoch bis 1970 nicht unter die ersten 40. Anders in den Rhythm-&-Blues-Charts: dort wurden die meisten ihrer Platten unter den ersten 20 aufgelistet. Anfang 1970 nannten sie sich wieder nur Five

Stairsteps. »O-o-h Child« kam im Mai 1970 in die US-Charts und erreichte Platz 8. Es war die B-Seite der aktuellen Single der Band, die A-Seite war »Dear Prudence«, eine Komposition von Lennon/ McCartney. Bis 1971 werden Platten der Gruppe, die sich jetzt nur noch Stairsteps nannte, in den US-Charts aufgeführt, dann sind sie verschwunden. 1972 trennten sie sich musikalisch. Bis auf Clarence und Kenneth, die Sessionmusiker wurden, begannen alle eine Ausbildung. 1976 nahmen Clarence und Kenneth mit den Brüdern Denis und James wieder eine Platte auf und standen mit »From Us To You« unter den ersten 10 der R&B-Charts. Diese Nummer erschien auf dem Dark Horse Label von George Harrison und wurde produziert durch Billy Preston. Dazu erschien eine bemerkenswerte LP mit dem Titel »2nd Resurrection«. Trotzdem wurde die Platte kein großer Erfolg, sie trennten sich wieder, und Clarence gründete die Invisible Man's Band, während Kenneth als Keni Burke eine Karriere als Solokünstler und Produzent verfolgte.

*O-o-h Child (5/70 US 8)*
***Soul***

**CD-Tip:** *Step By Step By Stairstep* Sequel NEM CD 696

## Five Star

DELROY PEARSON, v (Großbritannien, * 11. 4. 1970 in Romford/Essex); DENIECE PEARSON, v (Großbritannien, * 13. 6. 1968 in Romford/Essex); DORIS MAY PEARSON, v (Großbritannien, * 8. 6. 1966 in Romford/Essex); LORRAINE SAMANTHA JEAN PEARSON, v (Großbritannien, * 10. 8. 1967 in Romford/Essex); STEDMAN PEARSON, v (Großbritannien, * 29. 6. 1964 in Romford/Essex).

1983 baten die drei britischen Schwestern Lorraine, Doris und Deniece ihren Vater, einen ehemaligen Profigitarristen und Songschreiber, ein gerade selbst geschriebenes Stück aufnehmen zu dürfen. Vater Buster Pearson hatte während der 60er Jahre als Mitglied einer Tourband Interpreten wie Wilson Pickett, Lee Dorsey, Desmond Dekker oder Jimmy Cliff durch GB begleitet. Außerdem hatte er für ein unabhängiges Reggae-Label als Songschreiber und Produzent gearbeitet. Nach dieser ersten Aufnahme der Töchter, von der der Vater begeistert war, machte er ein Demo von einem Stück, das Lorraine geschrieben hatte, und mit dieser Nummer hatten sie dann im September 1983 ihren ersten Fernsehauftritt. Inzwischen hatten sich noch die beiden Brüder Stedman und Delroy zu den Schwestern gesellt, und man trat als Five Star auf. Ab 1985 waren sie regelmäßig in der britischen Hitparade. Ihre größten Hits sind »System Addict«, »Can't Wait Another Minute«, »Find The Time« und »Rain Or Shine« 1986, »Stay Out Of My Life« und »The Slightest Touch« 1987. Der Wunsch, einigen bestimmten Mitgliedern der Jackson Family ähnlich zu sehen, steht den Five Star ins Gesicht geschrieben. Ende der 80er Jahre – die Familie war inzwischen auf ein großes Anwesen gezogen und hatte sich dort ein großes Studio gebaut – ließ der Erfolg der Gruppe nach. Vater Buster verplemperte das Geld für unnütze Dinge, und die Zeitungen schlachteten die finanziellen Schwierigkeiten der Familie aus. 1990 mußten sie ihr Fünfsterneanwesen räumen, weil sie finanziell am Ende waren. Im Oktober 1991 mußte sich Stedman vor Gericht wegen Unzucht verantworten und wurde verurteilt.

*System Addict (1/86 GB 3; 5/86 CH 7)*
*Can't Wait Another Minute (4/86 GB 7)*
*Find The Time (7/86 GB 7)*
*Rain Or Shine (9/86 GB 2)*
*Stay Out Of My Life (2/87 GB 9)*
*The Slightest Touch (4/87 GB 4)*
***Middle Of The Road (MOR)***

**CD-Tip:** *Five Star – Between The Lines* RCA PD 71505

## Five Tops

LEO LEANDROS, v (Griechenland, * 23. 8. 1926 als Leo Papathanassiou in Astakos).
Hinter dieser Gruppe versteckte sich Leo Leandros, der in den 50er Jahren ein recht erfolgreicher Schlagerinterpret in Griechenland war. Dann ging er nach Deutschland und arbeitete hier außerdem noch als Produzent. 1957 hatte er seinen ersten Erfolg in Deutschland. »Mustafa« war Mitte 1960 gar Spitzenreiter in der deutschen Hitparade. Mit einer deutschsprachigen Coverversion des Four-Seasons-Hits »Rag Doll« gelang Leo als Five Tops sein größter Knüller. Die Nachfolgenummern »Warte auf das Glück« 1965 und »Frag doch nur dein Herz« 1966 kamen noch unter die ersten 30 in der deutschen Hitparade. Danach kümmerte sich Leo mehr um die Karriere seiner Tochter Vicky.

*Rag Doll (1/65 D 4)*
***Schlager***

## 5000 Volts

TINA CHARLES, v (Großbritannien, * 10. 3. 1955 als Tina Hoskins); TONY EYERS, g (Dänemark, * 29. 8. 1947 in Kopenhagen); MARTIN JAY, g (Großbritannien, * 27. 7. 1953 in London); LUAN PETERS, v (Großbritannien, geb. in London).
Der in der zweiten Hälfte der 70er Jahre recht erfolgreiche Komponist und Studiomusiker Tony Eyers ließ 1975 von einer Studioformation das von ihm geschriebene Stück »I'm On Fire« aufnehmen. Er hatte vor, falls daraus ein Hit werden würde, eine dazugehörende Gruppe zusammenzustellen. Er veröffentlichte den Titel in Deutschland unter dem Gruppennamen Airbus. Aus rechtlichen Gründen hieß die Gruppe bei uns so, in GB nannte sie sich 5000 Volts. Die Platte erreichte Platz 4 in GB, in Deutschland die Spitze und in den USA die Top 30. Nachdem der Titel in die britische Hitparade gekommen war, erschien er in Deutschland ebenfalls als 5000 Volts mit dem Zusatz Airbus. Allerdings stimmte das Cover der Platte insofern nicht mehr, als darauf das Fotomodell Luan Peters abgebildet wurde, gesungen wurde das Stück jedoch von Tina Charles. Die wiederum hatte einen Exklusivvertrag bei der CBS. 5000 Volts erschien in England bei der Phonogram, und nun mußte Tina die Gruppe aus rechtlichen Gründen verlassen. Luan Peters blieb nur kurz, und Tina durfte – warum auch immer – jetzt plötzlich doch wieder Platten mit 5000 Volts produzieren. »Dr. Kiss Kiss« wurde 1976 ein Hit in GB. Tina Charles war als Solistin bis zum Ende der 70er Jahre erfolgreich.

*I'm On Fire (9/75 D 1, GB 4; 12/75 CH 3)*
*Dr. Kiss Kiss (7/76 GB 8)*
***Disco***

## Fixx

CHARLIE BARRET, b (Großbritannien); DAN K. BROWN, b (Großbritannien); CY CURNIN, v/g (Großbritannien, * 12. 12. 1957); RUPERT GREENALL, key (Großbritannien, * 30. 3. 1950); JAMIE WEST-ORAM, g (Großbritannien, * 19. 2. 1954); ADAM WOODS, d (Großbritannien, * 8. 4. 1952).
Fixx, musikalisch durch Formationen wie Talking Heads oder Television beeinflußt, kam 1979 als letzte Besetzung der Band Portrait zusammen. Ihre Single »Lost Planes« brachte erste Achtungserfolge. 1982 werden sie erstmals in den britischen Charts notiert. »Shuttered Room« hieß ihre Debüt-LP 1982. Die Briten konnten mit den Platten von Fixx wenig anfangen – ihre größten Hits wurden in den USA aufgelistet. Produzent der Band war Rupert Hine. »One Thing Leads To An-

other« war im August 1983 Platz 4 in den USA und der einzige Top-10-Erfolg dieser Formation. Eine ihrer schönsten Aufnahmen kam nie in die Charts: »Less Cities, More Moving People«. Die Gruppe machte bis in die 90er Jahre vorwiegend ausgezeichnete Langspielplatten.

*One Thing Leads To Another (8/83 US 4)*
***Elektro-Pop, Techno***

**CD-Tip:** *React* MCA 254 784–2

## Flack, Roberta

v/p (USA, * 10. 2. 1939 in Asheville/North Carolina).
Da Roberta Flack in eine sehr musikalische Familie geboren wurde, studierte sie konsequenterweise Musik. Für Plattenaufnahmen wurde sie Ende der 60er Jahre von dem Pianisten Les McCann entdeckt, der sie in einem Nachtclub in Washington gehört hatte, wo sie Jazz sang und Piano spielte. 1969 erhielt sie einen Plattenvertrag. Zunächst erschienen zwei Alben, ohne daß sie daraus einen Singlehit erzielen konnte. Im Duett mit Donny Hathaway stand sie Mitte 1971 erstmals in den US-Top-30 mit »You've Got A Friend«. Im März 1972 gelang ihr der Millionseller und Nummer-1-Hit »The First Time Ever I Saw Your Face«. Das Stück hatte sie gleich für ihre Debüt-LP im Jahr 1969 aufgenommen. Drei Jahre später drehte Clint Eastwood den Thriller »Play Misty For Me«, in dem er einen Discjockey darstellt, der von einem neurotischen weiblichen Fan verfolgt und bedroht wird. In dem Film wurde auch der Titel »The First Time Ever I Saw Your Face« gespielt und erlangte dadurch genügend Popularität, um zu einem Hit zu werden und den Grammy für den Song und die Platte des Jahres zu gewinnen. 1973 gewann Roberta, die sich auf Balladen spezialisiert hatte, den Grammy als beste Sängerin des Jahres und hatte mit »Killing Me Softly With His Song« wieder den Song des Jahres. Dieser Titel wurde auch wieder Spitzenreiter und Millionseller in den USA. Über eine millionmal verkauften sich zudem die Titel »Where Is The Love« 1972 und »The Closer I Get To You« 1978 zusammen mit Donny Hathaway und »Feel Like Makin' Love« 1974 als Solistin. Nachdem ihr Gesangspartner Donny Hathaway 1979 Selbstmord begangen hatte, zog sich Roberta zunächst vom Plattengeschäft zurück. 1983 – jetzt im Duett mit Peabo Bryson – war sie erfolgreich mit »Tonight, I Celebrate My Love«. 1991 gelang ihr mit Gastsänger Maxi Priest der Top-10-Hit »Set The Night To Music«. 1996 hatte die US-Formation Fugees mit einer angerapten Version von »Killing Me Softly With His Song« einen europaweiten Hit. Daraufhin veröffentlichte man auch wieder Robertas Version, die zumindest in Deutschland unter die ersten 40 kam.

*The First Time Ever I Saw Your Face (3/72 US 1)*
*Where Is The Love (6/72 US 5)*
*Killing Me Softly With His Song (1/73 US 1, GB 6)*
*Feel Like Makin' Love (6/74 US 1)*
*The Closer I Get To You (2/78 US 2)*
*Back Together Again (5/80 GB 3)*
*Tonight, I Celebrate My Love (8/83 GB 2)*
*Set The Night To The Music (9/91 US 6)*
***Soft Soul***

**CD-Tip:** *Softly With These Songs* Atlantic 7567 82498 2

## Flanagan, Ralph

p/bl (USA, * 7. 4. 1919 in Lorani/Ohio).
Bereits als Teenager spielte er in lokalen Bands Piano. 1940 wurde er Pianist und Arrangeur für Sammy Kaye, 1942 ging er zur Marine. Nach dem Krieg arrangierte er für diverse Bands, darunter wieder Sammy Kaye, aber auch Gene Krupa oder Alvino Ray. Dann arbeitete er für die Perry Como Supper Club Radio Show und für die Sänger Tony Martin und Mindy Carson. 1949

gründete Ralph seine eigene Band mit vorwiegend unbekannten Musikern. Mit »Don't Cry, Joe (Let Her Go, Let Her Go, Let Her Go)« gelang ihm Ende 1949 sein erster Top-10-Erfolg. Bis 1954 hatte er mehr als 20 Hits in den amerikanischen Charts, darunter eine Version von »Rag Mop«, »Nevertheless (I'm In Love With You)« und »Harbor Lights« 1950, »Slow Poke« 1951, »I Should Care« 1952 und »Hot Toddy« 1953. Alle genannten Titel waren Top-10-Erfolge. Bis in die 60er Jahre blieb Flanagan mit seiner Band aktiv.

*Don't Cry, Joe (Let Her Go, Let Her Go, Let Her Go) (11/49 US 9)*
*Rag Mop (2/50 US 3)*
*Nevertheless (I'm In Love With You) (9/50 US 10)*
*Harbor Lights (10/50 US 5)*
*Slow Poke (12/51 US 6)*
*I Should Care (9/52 US 4)*
*Hot Toddy (1/53 US 7)*
***Pop***

## Flash & The Pan

HARRY VANDA, v/g (Niederlande, * 22. 3. 1947 als Johannes Vandenberg in Den Haag); GEORGE YOUNG, v/g (Großbritannien, * 6. 11. 1947 in Glasgow).

Nachdem 1969 die Easybeats auseinandergefallen waren, bildeten die beiden Bandkollegen George und Harry ein sehr erfolgreiches Autorenduo. Außerdem versuchten sie sich immer wieder mal als Duo und versteckten sich hinter Namen wie Band Of Hope, Marcus Hook, Paintbox und eben Flash & The Pan. Flash & The Pan schaffte mit »Waiting For A Train« Mitte 1983 in der britischen Hitparade und mit »Midnight Man« im April in Deutschland jeweils einen Top-10-Hit. Von ihren gesanglichen Qualitäten scheinen sie nicht sonderlich überzeugt zu sein. Eingebettet in ein üppiges Arrangement, klangen sie immer so, als würden sie durch ein Megaphon oder hinter einem Vorhang singen.

*Waiting For A Train (5/83 GB 7)*
*Midnight Man (4/85 D 7)*
***Elektro-Pop***

**CD-Tip:** *Collection* Epic EPC 466 950 2

## Fleetwood Mac

BEKKA BRAMLETT, v (USA, * 19. 4. 1968 in Westwood/Kalifornien); LINDSEY BUCKINGHAM, v/g (USA, * 3. 10. 1947 in Palo Alto/Kalifornien); BILLY BURNETTE, g (USA, * 8. 5. 1953 in Memphis/Tennessee); MICK FLEETWOOD, d (Großbritannien, * 24. 6. 1942 in Redruth/Cornwall); PETER GREEN, g (Großbritannien, * 29. 10. 1946 als Peter Greenbaum in Bethnel Green/London); DANNY KIRWAN, g (Großbritannien, * 13. 5. 1950 in London); DAVE MASON, v/g (Großbritannien, * 10. 5. 1946 in Worcester); CHRISTINE MCVIE, v/key (Großbritannien, * 12. 7. 1943 als Perfect in Birmingham); JOHN MCVIE, b (Großbritannien, * 26. 11. 1945 in London); STEVIE NICKS, v (USA, * 26. 5. 1948 als Stephanie Nicks in Phoenix/Arizona); JEREMY SPENCER, g (Großbritannien, * 4. 7. 1948 in Hartlepool); RICK VITO, v (USA, * 13. 10. 1949 in Darby/Pennsylvania); BOB WELCH, v/g (USA, * 31. 7. 1946 in Los Angeles/Kalifornien).

Im Juli 1967 spielten die Musiker, die als Bluesbreakers die aktuelle Begleitband von John Mayall bildeten, als Backing-Band für den amerikanischen Bluesmusiker Eddie Boyd. Der nahm für Mike Vernon und dessen Label Blue Horizon eine Langspielplatte auf. Mike Vernon war von den Musikern, die Boyd begleiteten, sehr angetan. Von John Mayall weiß man, daß er innerhalb der Band sehr autoritär wirkte. Also nahmen die Bluesbreakers das Angebot von Vernon an, für sein Label eine neue Gruppe zu gründen und ohne John Mayall zu spielen. Ihr Debüt gaben sie am 12. 8. 1967 beim Windsor Jazz

And Blues Festival. Am 3. November erschien mit »I Believe My Time Ain't Long« ihre erste Single, auf der als Interpreten Peter Green's Fleetwood Mac genannt wurden. Vernon wollte sicher die Popularität von Peter Green ausnutzen, denn immerhin hatte der Eric Clapton bei John Mayall ersetzt. Als Fleetwood Mac begannen, orientierten sie sich stark an den großen amerikanischen Bluesvorbildern, wie z. B. Elmore James. Zeitweise waren sie die beste Bluesgruppe Großbritanniens. Ihre erste Hitnotierung hatten sie im April 1968 in GB mit dem von Peter Green geschriebenen Titel »Black Magic Woman«, 1971 ein Erfolg für Santana. Als nächste Single erschien »Need Your Love So Bad«, und dann kam, immer noch 1968, »Albatross«, die erste Nummer 1 der Band in GB. Schon in jenen Anfangstagen änderte sich die Besetzung regelmäßig. Im September 1968 hatte erstmals Christine Perfect, später McVie, auf der LP »Mr. Wonderful« gespielt, obwohl sie noch Mitglied bei Chicken Shack war. Im selben Monat kam als dritter Gitarrist Danny Kirwan zur Band. Im April 1969 erreichte »Man Of The World« Platz 2 in GB, im Oktober »Oh Well« das gleiche Ergebnis. Im Mai 1970 war »The Green Manalishi (With The Two-Prong Crown)« ein weiterer Top-10-Erfolg in GB. Ende Mai 1970 verließ Peter Green die Gruppe. Wenig später wurde Christine Perfect, inzwischen John McVies Ehefrau, festes Mitglied. Im Februar 1971 verließ auch Jeremy Spencer die Band, die nun in die Bedeutungslosigkeit zu versinken schien. Im April desselben Jahres kam der amerikanische Musiker Bob Welch als festes Mitglied zur Band. Die anderen versprachen sich von ihm einen Push auf dem amerikanischen Markt. Bob Welch hatte vorher im Trio Paris gespielt, die Shows von James Brown und Aretha Franklin begleitet und noch davor in der Showband Seven Souls in Las Vegas gespielt. Im August 1972 wurde Kirwan aus der Band geworfen, weil er sich weigerte, öffentlich aufzutreten. Für ihn kam Bob Weston, der vorher zusammen mit Long John Baldry gespielt hatte. Außerdem kam als weiterer Sänger von der Gruppe Savoy Brown Dave Walker. Mitte 1973 war Fleetwood Mac wieder auf Platz 2 der britischen Singlehitparade, aber nicht etwa mit einer neuen Nummer, sondern mit dem wiederveröffentlichten »Albatross«. Zu diesem Zeitpunkt verließ Walker die Gruppe bereits wieder und ließ sie als Quintett zurück. Ende des Jahres begann Weston eine Affäre mit Jenny Fleetwood. Mick schmiß Weston daraufhin aus der Band. Im Dezember 1974 ging Bob Welch. Nun schien die Band am Ende. Da kam in Form der beiden Amerikaner Lindsey Buckingham und Stevie Nicks der erhoffte frische Wind. »Over My Head« wurde Ende 1975 der erste Top-20-Hit der Band in den USA. Das Ganze klang viel amerikanischer als alles, was die Gruppe vorher gemacht hatte. Es war so amerikanisch, daß jetzt die Briten damit nichts mehr anfangen konnten. Im Frühjahr 1977 erschien die LP »Rumours«, die sich zu einem weltweiten Erfolg entwickelte und mehr als 25 Millionen Exemplare verkaufte. Die Auskopplung »Go Your Own Way« war im Januar 1977 die erste Top-10-Platte der Band in den USA. Danach folgten der Spitzenreiter und Millionseller »Dreams«, »Don't Stop« und »Make Loving Fun« 1977. »Tusk« (aufgenommen live im Dodger Stadium mit der U.S.C. Trojan Marching Band) und »Sara« 1979, »Hold Me« 1982 und »Big Love« und »Little Lies« 1987 waren weitere Top-10-Erfolge der Band in den USA. In GB erreichten »Tusk« 1979, »Oh Diane« 1982, »Big Love« und »Little Lies« 1987 und »Everywhere« die ersten 10. Anfang der 80er Jahre begannen die Soloaktivitäten der einzelnen Mitglieder, und teilweise wußte man schon nicht mehr, wer denn nun noch Mitglied oder wer schon gegangen ist. Im Juli 1987 verließ Lindsey Buckingham die Band. Für ihn kamen Billy Burnette und Rick Vito. 1993 verließen Burnette und Vito Fleetwood Mac wieder, ebenso kündigte Stevie Nicks an, sie wollte nicht mehr mit Fleetwood Mac spielen. Trotzdem kam die Erfolgsbesetzung der 70er, 80er Jahre im Januar 1993 noch einmal zusammen, um bei der Inauguration des neuen amerikanischen Präsidenten Bill Clinton zu spielen. Der hatte den Fleetwood-Mac-Song »Don't Stop« während seiner Wahlkampagne als sein Motto genommen. Zu den verbleibenden drei Musikern John McVie, Mick Fleetwood und Christine McVie gesellten sich Ende 1993 Bekka Bramlett, Chefin der Gruppe Zoo und Tochter von Delaney und Bonnie Bramlett, und Dave Mason. Von Peter Green erschien im Frühjahr 1997 ein neues Album mit dem Titel »Splinter Group« angekündigt. Neben ihm spielten z. B. Cozy Powell und Neil Murray. Mitte 1997 kündigten Nicks, Buckingham, Christine und John McVie sowie Mick Fleetwood eine Reunion-CD an, auf der sie ihre großen Hits noch einmal unplugged aufnehmen wollten. Am 22. und 23. 5. 1997 hatten die fünf Musiker in den Warner-Brothers-Studios eine exklusive Live-Show für ein MTV-Special aufgenommen, das weltweit am 12. 8. 1997 gezeigt wurde. Der Mitschnitt dieser Show erschien am 18. 8. unter dem Titel »The Dance« als Album. Neben den großen Hits waren darauf auch drei neue Stücke zu hören. Anschließend war eine Welttournee der Gruppe geplant.

*Albatross (12/68 GB 1; 2/69 CH 4; 5/73 GB 2)*
*Man Of The World (4/69 GB 2)*
*Oh Well (10/69 GB 2, D 5; 11/69 CH 6)*
*The Green Manalishi (With The Two-Prong Crown) (5/70 GB 10)*
*Go Your Own Way (1/77 US 10)*
*Dreams (4/77 US 1)*
*Don't Stop (7/77 US 3)*
*You Make Loving Fun (10/77 US 9)*
*Tusk (10/79 GB 6, D 7, US 8)*
*Sara (12/79 US 7)*
*Hold Me (6/82 US 4)*
*Oh Diane (12/82 GB 9)*
*Big Love (3/87 US 5, GB 9)*
*Little Lies (8/87 US 4, GB 5; 10/87 D 3; 12/87 CH 3)*
*Everywhere (4/88 GB 4)*
***AOR (Adult Orientated Rock), Blues, Rock, West Coast***

**CD-Tip:** *25 Years – The Chain* WB 9362–45129–2

## Fleetwoods

Gretchen Christopher, v (USA, * 29. 2. 1940 in Olympia/Washington); Barbara Laine Ellis, v (USA, * 20. 2. 1940 in Olympia/Washington); Gary Troxel, v (USA, * 28. 11. 1939 in Centralia/Washington).

Die Mitglieder der Fleetwoods waren gerade 19 Jahre alt, hatten die Schule hinter sich und schrieben Songs, die sie selbst vortrugen. Es waren kleine Liedchen über Sorgen der Teenager, die Sehnsucht nach Liebe. Sie sahen aus wie die typischen Teenies der damaligen Zeit: Die beiden Mädchen hatten die Haare sorgsam hochtoupiert und mit Haarspray zementiert, der Knabe trug eine Kurzhaarfrisur, die er links und rechts nach hinten und oben zur Mitte hin föhnte. Überhaupt – heute würde man sie sicher auf dreißig und nicht auf knapp zwanzig Jahre schätzen. Ihre Zusammenarbeit kam zufällig zustande: Die beiden Mädchen wollten ein Gesangsduo machen, und um den Gesang abzurunden, suchten sie einen Trompeter. Sie fanden ihn in Gary, der aber keine Trompete hatte. Also sang er die Trompetenparts. Damit war dann ein Trio entstanden. Sie nannten sich Two Girls And A Guy. Ein Plattenproduzent wurde auf sie aufmerksam und machte Probebänder, die er einer Plattenfirma anbot. Die fanden die Songs gut, aber den Namen des Trios konnten sie nicht akzeptieren. Also nannte man sie

Fleetwoods. Ihre erste Platte war gleich eine Nummer 1 in der amerikanischen Hitparade, und auch die Briten waren von dem zarten Lied der US-Teenager beeindruckt: »Come Softly To Me« kam in die Top 10. Noch im selben Jahr hatten sie eine weitere Nummer 1 in Amerika mit der Nummer »Mr. Blue«. Mitten in ihrer Erfolgszeit wurde Gary Troxel zur Navy eingezogen und bei Bedarf durch den späteren Solostar Vic Dana ersetzt. Zwischen 1959 und 1963 konnten sie insgesamt neun Titel unter den Top 40 plazieren, darunter noch einen Platz 10 mit »Tragedy«. 1973 unterzeichneten sie erneut einen Plattenvertrag und nahmen Titel auf, die die Hits der damaligen Zeit im Sound der Fleetwoods zeigten, aber das verkaufte sich nicht. Nachdem die Fleetwoods auseinandergegangen waren, arbeitete Gary Troxel in einer Sperrholzfabrik, Gretchen Christopher lehrte Jazztanz, und Barbara Ellis wurde Hausfrau im sonnigen Kalifornien.

*Come Softly To Me (3/59 US 1, GB 6)*
*Mr. Blue (9/59 US 1)*
*Tragedy (4/61 US 10)*
***Soft Pop***

## Fletcher, Dusty

v (USA).
Dusty ist ein amerikanischer Komiker, der seit den frühen 30er Jahren in den USA auftrat. Der Titel »Open The Door, Richard« gehörte 1947 zu den populärsten Aufnahmen in den USA. Nicht weniger als sieben Interpreten schafften mit ihren Versionen dieses Novelty-Titels in den amerikanischen Charts einen Top-10-Hit. Dusty Fletcher war einer davon. Einen anderen Hit oder auch nur eine weitere Hitnotierung hat er nie gehabt.

*Open The Door, Richard (2/47 US 3)*
***Pop***

## Flint, Berni

v (Großbritannien, * 26. 5. 1952).
Mit 22, nachdem er erfolglos in zwei verschiedenen Bands gespielt hatte, sang und spielte er als Solist in Pubs, Clubs, Bingo Halls und anderen aufregenden Orten. Der Manager eines Clubs in Liverpool gab ihm den Rat, sich bei der Fernsehsendung ›Opportunity Knocks‹ vorzustellen. Diese damals wöchentlich ausgestrahlte TV-Sendung, in der sich Nachwuchskünstler präsentieren konnten, brachte etlichen Künstlern den Durchbruch, z. B. Mary Hopkin. Berni Flint trat im Herbst 1976 dort zum erstenmal auf, gewann zwölf Wochen lang hintereinander diesen Wettbewerb, wurde in ganz GB bekannt und erhielt einen Plattenvertrag. Mit »I Don't Want To Put A Hold On You« kam er im Frühjahr 1977 in die britische Hitparade und erreichte die Top 10. Geschrieben hatte er den Titel im Alleingang. Nachfolger »Southern Comfort« (7/77 GB 48) kam noch in die Charts – danach war verschwunden.

*I Don't Want To Put A Hold On You (3/77 GB 3)*
***Pop***

## Flippers

Klaus Backhaus, b/sax (Deutschland, * 30. 5. 1943); Roland Bausert, v/g (Deutschland, * 17. 1. 1944); Manfred Durban, d/tr (Deutschland, * 28. 9. 1942); Franz Halmich, key/sax (Deutschland, * 10. 1. 1944); Bernd Hengst, v/g/d (Deutschland, * 18. 4. 1947); Olaf Malolepski, v/g (Deutschland, * 27. 3. 1946).
Diese Gruppe wurde 1965 unter den Namen Dancing Show Band gegründet. 1969 benannten sie sich in Flippers um. Im Oktober desselben Jahres gelang ihnen mit »Weine nicht, kleine Eva« ein Top-10-Erfolg in Deutschland. Der Nachfolgehit »Sha La La, I Love You« kam sechs

Monate später unter die ersten 10. Bis 1975 wurden weitere Hits der Gruppe notiert. Dann trat bis 1986 eine Hitpause ein. Inzwischen hat sich die Gruppe auf ein Trio reduziert, in dem Bernd, Olaf und Manfred spielen. Mitte 1994 wurde das Album »Unsere Lieder« veröffentlicht, die drei Wochen nach Erscheinen auf Platz 3 der deutschen LP-Hitparade stand.

*Weine nicht, kleine Eva (10/69 CH 4, D 8)*
*Sha La La, I Love You (4/70 D 9; 5/70 CH 2)*
***Deutscher Schlager***

**CD-Tip:** *Liebe ist...* Dino CD 2003

## Flirts

CHRISTINA CRISCIONE, v; ANDREA DEL CONTE, v; DEBRA GAYNOR, v; CHRISTIE ANGELICA MUHAW, v; HOPE RAYMAN, v; REBECCA SULLIVAN, v.
Dieses Trio war lediglich in Deutschland erfolgreich. Der Titel »Passion« wurde im Februar 1983 ihr einziger Top-10-Hit. Zwei Jahre später hatten sie mit »Helpless (You Took My Love)« noch einmal einen Platz 13 in Deutschland. Wer von den obengenannten Damen bei welcher Platte zu hören ist oder ob es sich möglicherweise um Künstlernamen handelt, unter denen sie dann aufgetreten sind, ist nicht mehr zu ermitteln. Wahrscheinlich wird nicht einmal Bobby Orlando, der die Titel für das Trio schrieb, wissen, wer was auf den Platten der Flirts gemacht hat.

*Passion (2/83 CH 4, D 4)*
***Disco***

## Floaters

CHARLES CLARK (USA); LARRY CUNNINGHAM (USA); JONATHAN MIGHTY (USA); PAUL MITCHELL (USA); RALPH MITCHELL (USA); MIDGET MURRAY (USA).
Die Floaters wurden 1964 in Detroit gegründet. 1976 sahen drei Mitglieder der Detroit Emeralds die Band und waren davon so angetan, daß sie sie baten, für ihre anstehende US-Tour das Vorprogramm zu bestreiten. Sie brachten sie mit einer Plattenfirma zusammen, und nachdem der Vertrag unterzeichnet war, schrieben die drei Detroit Emeralds Titel für das Debütalbum der Formation, das sie auch produzierten. »Float On«, ein Schnitt von dieser Debüt-LP, schoß Mitte 1977 in die amerikanische Hitparade und erreichte Platz 2, in GB wurde er gar Spitzenreiter. Ein weiterer Hit ist den Floaters nie gelungen, was sie, wie sie später einmal erzählten, auf der einen Seite als Belastung empfunden haben, sie auf der anderen Seite aber auch glücklich machte, überhaupt einen gehabt zu haben. Larry Cunningham erzählte später in einem Interview: ›Ohne diesen einen Hit wären wir gar nichts. Heute treten wir immer noch auf der Bühne auf, und solange unsere Show stimmt, machen wir weiter. Es gibt Hunderte von Gruppen, die würden ihr Leben dafür hergeben, könnten sie auf einen solchen Hit verweisen.‹

*Float On (7/77 GB 1, US 2)*
***Soft Soul***

## A Flock Of Seagulls

Siehe unter A auf Seite 19

## Flowerpot Men

TONY BURROWS, v (Großbritannien, * 14. 4. 1942); JOHN CARTER, v/g/b (Großbritannien, * 20. 10. 1942 als Shakespeare in Birmingham); NEIL LANDON, v (Großbritannien, * 26. 7. 1941); KEN LEWIS, v/key (Großbritannien, * 3. 12. 1942 als Kenneth James Hawker in Birmingham); CARLO LITTLE, d (Großbritannien); JON LORD, key (Großbritannien, * 9. 6. 1941 in Leicester); PETE NELSON, v

(Großbritannien, * 10. 3. 1945); GED PECK, g (Großbritannien); ROBIN SHAW, v (Großbritannien, * 6. 10. 1945); NICK SIMPER, b (Großbritannien, * 3. 11. 1945 in Southhall/Middlesex).

Flowerpot Men ist wieder einmal eine Gruppe, die erst entstanden ist, nachdem das Produkt bereits fertig war. Carter und Lewis waren vorher Mitglied bei Carter-Lewis & The Southerners. 1964 bildeten sie, zusammen mit Perry Ford (* als Brian Pugh), Ivy League. Sie hatten im Zuge der Flower-power-Welle den Titel »Let's Go To San Francisco« geschrieben und aufgenommen. Wenige Monate zuvor hatte Scott McKenzie mit »San Francisco (Be Sure To Wear Flowers In Your Hair)« einen weltweiten Hit. Es gab etliche, die auf dem ausgerollten Blumenteppich wandeln wollten. Carter und Lewis sind die Stimmen, die auf dem Hit zu hören sind, der im August 1967 in die britische Hitparade kam und Platz 4 erreichte. Da beide jedoch keine Lust mehr hatten, für TV- oder andere öffentliche Auftritte ihre Stimmen bzw. ihre Köpfe hinzuhalten, engagierten sie vier Studiosänger, darunter der schon häufig erwähnte und vielbenutzte Tony Burrows. Zu denen, die im TV Mimikri zum fertigen Band machten, gehörten auch die späteren Deep-Purple-Mitglieder Jon Lord und Nick Simper.

*Let's Go To San Francisco (8/67 GB 4)*
***Flower-power, Pop***

**CD-Tip:** *Let's Go To San Francisco* Repertoire REP 4344-WZ TIS

## Flowers, Mike Pops

MIKE FLOWERS, bl (Großbritannien).

Was Guildo Horn und Dieter Thomas Kuhn für den deutschen Schlager, ist Mike Flowers für die britische Popmusik. Sein Markenzeichen: eine blonde Perücke, die sicher nicht mehr als 1 Pfund gekostet hat. Er selbst: ›Ich glaube, mein Erfolg liegt an meinen Dreimarksperücken. Die Frauen sind total heiß darauf. Sie wollen sie streicheln und sagen, es sei eine tolle Farbe.‹ Vor seinem Starruhm war Mike Flowers Lehrer in Liverpool. Er nahm sich alles, was es an guten und teuren Popsongs gab, und machte daraus weichgespülte Easy Listening Music. Die erste Aufnahme, mit der er in den britischen Charts auftauchte, war eine Fahrstuhlversion des Oasis-Titels »Wonderwall«. 1996 kam er mit »Light My Fire/Please Release Me« und »Don't Cry For Me Argentina« unter die ersten 40 der britischen Charts. Daß er die ganze Sache nicht so ernst nimmt, wie es vielleicht scheinen mag, sieht man an folgender Antwort. Auf die Frage, wer denn die höhere Chart-Position in GB erhalten würde, er oder Madonna, sagte er: ›Möge die bessere Blondine gewinnen.‹ In diesem Projekt involviert: Mike Stock und Matt Aitken, die bekanntlich einen guten Riecher für Hits haben.

*Wonderwall (12/95 GB 2)*
***Soft Pop***

## Floyd, King

v (USA, * 13. 2. 1945 in New Orleans).

Der Sänger und Songschreiber stammt aus New Orleans. Mit zwanzig Jahren machte King Floyd seine ersten Schallplatten. Ende 1970 wurde der Titel »Groove Me« ein Millionseller und Platz 6 in der amerikanischen Hitparade. Nach zwei weiteren kleinen Hits war er wieder aus den Charts verschwunden.

*Groove Me (10/70 US 6)*
***Funk, Soul***

## Flying Lizards

DAVID CUNNINGHAM, p (Großbritannien); DEBORAH EVANS, v (Großbritannien).

Der Oberlurch dieser Formation, der mit

wechselnden Studiomusikern arbeitete, hat offensichtlich eigene Vorstellungen von Coverversionen. Mit Vorliebe ermordete er Oldies und ließ Titel wie »Tutti Frutti«, »Then He Kissed Me« oder »What's New Pussycat?« so erklingen, daß man bedauerte, daß sie je geschrieben wurden. Es ist nicht bekannt, ob einer der Autoren oder Originalinterpreten eine Unterlassungsklage gegen Cunningham gestartet hat. Sein erster und einziger Top-10-Hit war im August 1979 »Money«, einst von Berry Gordy zur Geldbeschaffung geschrieben. Und da zumindest er welches damit gemacht hat, wird er ruhig geblieben sein. Ansonsten ist die Musik, zu der eine Dame namens Sally monoton und ohne große Gesangsausbildung spricht, elektronisch, kalt und gefühllos. Wenn Cunningham damit Zeitgefühl vermitteln wollte, so ist ihm das gelungen. Wollte er vermitteln, daß jeder auf einer Platte als Sänger auftauchen kann, so gelang ihm auch das. Während »Sex Machine« von James Brown pure Lust ist, vermittelt Flying Lizards' Version mechanische Pflichterfüllung. Als weibliche Stimme wird auch Deborah Evans erwähnt – was die Sache auch nicht besser macht. Cunningham arbeitete auch mit Gruppen wie The Pop Group, Modettes, Electric Chair oder This Heat.

*Money (8/79 GB 5)*
***Elektro-Pop***

## Flying Machine

STUART COLMAN, b (Großbritannien); STEVE JONES, g (Großbritannien); TONY MACAULEY (Großbritannien); ANTHONY NEWMAN, v/g (Großbritannien); GEOFF STEVENS (Großbritannien); PAUL WILKINSON, d (Großbritannien).

Ein weiteres britisches Studioprojekt um die Songschreiber Tony Macauley und Geoff Stevens. Sie schrieben und produzierten Titel aus der Serie locker und flokkig, tausendmal gehört und nicht weh tuend. In GB hatten sie damit keinen Erfolg, in den USA hingegen wurde die Aufnahme »Smile A Little Smile For Me« Ende 1969 ein Millionseller und Platz 5. Mit »Baby Make It Soon« hatten sie eine weitere Hitnotierung. Danach wandten sich Tony und Geoff anderen Projekten zu. So waren sie z. B. maßgeblich am Erfolg der Drifters in den 70er Jahren in GB beteiligt. Nachdem sich der erste Erfolg der Flying Machine einstellte, wurde in bewährter Manier eine Band zusammengestellt, in der Tony Newman der Leadsänger war. Es ist schon erstaunlich, bei wie vielen Projekten speziell in GB und in Deutschland die Fans und Käufer an der Nase herumgeführt wurden.

*Smile A Little Smile For Me (10/69 US 5)*
***Middle Of The Road (MOR), Pop***

## Flying Pickets

DAVID BRETT, v (Großbritannien); KEN GREGSON, v (Großbritannien); RICK LLOYD, v (Großbritannien); RED STRIPE, v (Großbritannien, * 4. 3. 1946 in Manchester); GARETH WILLIAMS, v (Großbritannien).

Wenn die Mitglieder der Flying Pickets so locker nebeneinander standen, wirkten sie wie fünf des schweren Bankraubs Verdächtigte, die die Polizei gerade den Zeugen des Verbrechens zur Identifizierung vorführte. Die sechs nebeneinander, und man glaubte, 150 Jahre Zuchthaus zu sehen. 1980 hatten sie sich bei der Produktion eines Musicals kennengelernt. Sie spielten und sangen in der Theaterkompanie 7:84, so benannt nach der Berechnung, daß 7 Prozent der Bevölkerung über 84 Prozent des Gesamtvermögens verfügen. Alle Mitglieder hatten außerdem bereits etliche Jahre Erfahrung in der Kleinkunstszene und speziell mit dem politischen Theater auf dem Buckel. Bei »One Big Blow«, einem Politmusical über Bergarbeiterprobleme, spielten und sangen sie zur Musik von Rick Lloyd. Dieses Musical führte sie auf ausgedehnte Tourneen durch England und Skandinavien. Bei den zwangsläufig langen Autobahnfahrten vertrieben sich die sechs die Zeit, indem sie ihre Lieblingssongs intonierten. Musikinstrumente standen nicht zur Verfügung. Es wurde die Tradition des A-cappella-Gesangs gefördert, d. h. der rein vokalistische, nicht von Instrumenten unterstützte Gesang. 1983 feierten sie mit ebendiesem Gesang beim Edinburgh Festival Triumphe, und man ging auf Tournee durch GB. Anfangs sangen sie noch alte Stones-, Phil-Spector- und Motown-Nummern, dann kamen Stücke von Bruce Springsteen, David Bowie und Bob Marley hinzu. Als sie dann im Herbst 1983 den Vince-Clarke-Titel »Only You« aufnahmen, der ein Jahr zuvor mit Yazoo bis auf Platz 2 der britischen Hitparade gekommen war, staunte die Fachwelt. Ihre A-cappella-Version kam im November 1983 in die Charts und erreichte Platz 1 in GB und in Deutschland. Der Nachfolgehit war im April 1984 »When You're Young And In Love«. Obwohl noch viele schöne Platten erschienen, gelang ihnen kein weiterer Erfolg mehr. Glatzkopf Red Stripe verließ die Flying Pickets im Jahre 1986 und ließ den Rest als Quintett zurück. Erst 1992 erschien mit der Crowded-House-Nummer »Don't Dream It's Over« eine neue Produktion, die sehr ansprechend, aber auch sehr erfolglos war.

*Only You (11/83 D 1, GB 1; 2/84 CH 2)*
*When You're Young And In Love (4/84 GB 7)*
***Doo Wop, Soft Pop***

**CD-Tip:** *Original Flying Pickets Volume One* East West 4509 98245 2

## Flynn, Jerome

siehe Robson & Jerome

## Focus

JAN AKKERMAN, g (Niederlande, * 24. 12. 1946 in Amsterdam); COLIN ALLEN, d; HANS CLEUVER, d; MARTIJN DRESDEN, b; CYRIEL HAVERMANNS, b; DAVID KEMPER, d; BERT RUITER, b (Niederlande, * 26. 11. 1946 in Amsterdam); PIERRE VAN DER LINDEN, d (Niederlande, * 19. 2. 1946 in Amsterdam); THIJS VAN LEER, key/fl (Niederlande, * 31. 3. 1948 in Amsterdam).

Mit der niederländischen Formation Brainbox beginnt die Geschichte von Focus. Jan Akkerman und Pierre van der Linden hatten in dieser Gruppe gespielt. Danach waren beide bei Johnny & The Cellar Rockers, dann trennten sich ihre Wege. 1969 gehörte Jan Akkerman zur Gründungsmannschaft von Focus. Mit »In And Out Of Focus« erschien 1970 die erste LP dieser ›New Rock Group from Holland‹. Mitglieder waren Jan, Thijs, Hans und Martijn. Auf dieser ersten LP befanden sich schon Titel wie »Focus« oder »House Of The King«. Mit »Moving Waves« erschien 1971, produziert von dem britischen Bluesspezialisten Mike Vernon, die zweite LP von Focus. Als Bassist war Havermanns zu hören. Auf der Platte die Nummer »Hocus Pocus«, die im Januar 1973 in die britische Hitparade kam und Platz 20 wurde. Im selben Monat kam »Sylvia« ebenfalls in die britischen Charts und wurde ein Platz 4. Beide Titel kamen auch in die amerikanische Hitparade. »Hocus Pocus« wurde im März 1973 dort ein Top-10-Erfolg. Die Gruppe wurde mit Preisen überhäuft, sie galten als die besten Newcomer, und immer noch 1973 wurde Jan Akkerman im ›Melody Maker‹ zum weltbesten Gitarristen erkoren. Die Musik von Focus lebte von der Konfrontation Rock und Klassik. Thijs van Leer hatte am Konservatorium in Amsterdam Musik studiert. Seine Vorliebe galt Kompositionen von Bach und Händel, und er beschäftigte sich mit der Musik aus der Renaissance und dem Barock. Der musikalische Background von Jan Akkerman war mehr die Rockmusik. Daß diese Synthese aus Rock, Jazz und Improvisationen auch in den USA erfolgreich war, ist erstaunlich. Auf der anderen Seite war es wohl auch nur eine vorübergehende Begeisterung. Die nachfolgenden Projekte von Focus fanden zwar ihr spezielles Publikum, waren aber für Singlehitparaden nicht sonderlich geeignet. Alle Mitglieder der Band versuchten sich auch als Solisten, und das Musikerkarussell drehte sich recht schnell. Jan Akkerman machte eine ganze Reihe von für Gitarrenfreaks interessanten Platten. Nachdem Akkerman 1975 die Band verlassen hatte, wurde es stiller um Focus. 1978 kam »Focus con Proby«. Hier spielten bis auf Bert Ruiter völlig neue Musiker mit: Als neue Gitarristen Philip Catherine und Eef Albers, Schlagzeuger Steve Smith, und der Gesang wurde durch den Amerikaner P. J. Proby übernommen. Eine witzige, aber nicht erfolgreiche Mischung. Für ein Special des niederländischen Fernsehens kam die Urbesetzung von Focus 1990 noch einmal zusammen.

*Sylvia (1/73 GB 4)*
*Hocus Pocus (3/73 US 9)*
***AOR (Adult Orientated Rock), Jazz Rock***

**CD-Tip:** *The Best Of Focus* EMI 828162 2

## Fogelberg, Dan

v/g/key/p (USA, * 13. 8. 1951 in Peoria/Illinois).

Der Musiker und Songschreiber machte seine erste LP 1971. Seine sensiblen Kompositionen kamen besonders bei der Generation der Eagles- und Crosby-Stills-Nash-&-Young-Fans an. Genau diese Clique spielte auf Platten von Dan Fogelberg mit und umgekehrt. Anfang der 70er Jahre arbeitete er als Folksänger in Los Angeles, spielte mit Van Morrison und war als begehrter Studiomusiker auf Platten von Jackson Browne oder Randy Newman zu hören. Seinen ersten Hit hatte Dan im Februar 1975 mit »Part Of The Plan«. Zusammen mit dem Flötisten Tim Weisberg nahm er 1978 die sehr schöne LP »Twin Sons Of Different Mothers« auf. Darauf der Titel »The Power Of Gold«, Ende 1978 ein Platz 24 in den amerikanischen Charts. Ein Jahr später kam mit »Longer« eine Single von Dan auf Platz 2 in den USA. »Same Old Lang Syne«, »Hard To Say« und »Leader Of The Band« waren weitere Top-10-Erfolge. Fogelberg beherrscht die Musikstile von Balladen bis Rock und veröffentlicht nach wie vor gute Platten. Dazu gehörte z. B. die CD »River Of Souls« aus dem Jahre 1993, auf der sich die tolle Nummer »Magic Every Moment« befindet. Dieses Stück kommt im Frühjahr 1994 lediglich in die deutsche Hitparade und erreicht Platz 55.

*Longer (12/79 US 2)*
*Same Old Lang Syne (12/80 US 9)*
*Hard To Say (8/81 US 7)*
*Leader Of The Band (11/81 US 9)*
***AOR (Adult Orientated Rock), West Coast***

**CD-Tip:** *Greatest Hits* Epic CDEPC 25 023

## Fogerty, John

v/g (USA, * 28. 5. 1945 in Berkeley/Kalifornien).

Das hat es ja schon oft gegeben: Eine Platte erscheint, wird zum Hit, und jemand tritt auf den Plan und sagt: Hey, das ist doch meine Nummer, die ist geklaut. Genau dieses ist George Harrison passiert, dessen Nummer »My Sweet Lord« verteufelt »He's So Fine« von den Chiffons gleicht. Kommentar von George: ›99 Prozent der neueren Popmusik ähneln irgendwelchen anderen Popsongs.‹ 1988 stand in San Francisco ein Musiker vor Gericht, der bezichtigt wurde, bei sich selbst geklaut zu haben. John Fogerty, einst Kopf von Creedence Clearwater Revival, wurde von der Plattenfirma Fantasy, bei der die Gruppe alle ihre Hits veröffentlichte, angeklagt, seine Nummer »Run Through The Jungle« aus dem Jahre 1970 als »Old Man Down The Road« 1984 noch einmal veröffentlicht zu haben. Mit anderem Text, versteht sich, aber mit derselben Melodie. In der Tat gibt es da Übereinstimmungen. Warum auch nicht? Weshalb sollte ein Künstler nicht eine von ihm geschriebene Melodie noch einmal verwenden dürfen? Das Problem scheint mir ein amerikanisches zu sein. Bei uns hat der Urheber – also der Autor eines Titels – sehr wohl die Möglichkeit, ein eigenes Stück irgendwann mal wieder neu aufzunehmen. In den USA kann man eine Nummer mit Haut und Haaren und allen Nutzungsrechten an einen anderen abtreten. Und damit verliert man auf immer und ewig das Recht an seinem eigenen Stück. Zu eben einer solchen Nutzungsrechtsabgabe wird sich John Fogerty in den Anfangstagen von CCR vertraglich verpflichtet haben, und da hatte er 1988 schlechte Karten, nachdem er ein Stück aufgenommen hatte, das einem alten gleicht. Fogerty bestritt, wie damals auch George Harrison, wissentlich ein anderes Stück kopiert zu haben. ›Wenn ich eine neue Nummer schreibe, setze ich mich hin und versuche, den besten Rock 'n' Roll zu schreiben, der mir einfällt‹, sagte John. Seine Rechtsanwälte behaupteten vor Gericht, diese beiden Titel von Fogerty wären sogenannte Swamp-Musik, und deshalb seien sich die Nummern zwar ähnlich, aber keinesfalls gleich. Weshalb sich seine alte Firma Fantasy auf einen Rechtsstreit mit ihrem alten Goldesel Fogerty einließ, ist nur schwer zu verstehen. Die Gründe dürften eher privater Natur gewesen sein. Neu war der Zwist zwischen den beiden allerdings nicht. Immerhin war die kreative Fähigkeit von Fogerty jahrelang durch Verträge mit Fantasy lahmgelegt. Der Besitzer dieser Plattenfirma, Saul Zaentz, wurde von Fogerty auf dem Album »Centerfield« mit den Titeln »Zanz Kant Dance« und »Mr. Greed«, also Herr Habgier, bedacht. Saul Zaentz verklagte Fogerty und dessen neue Plattenfirma WEA auf 142 Millionen Dollar Schadenersatz wegen übler Nachrede. Vielleicht konnte Herr Habgier doch tanzen. Das Gericht entschied jedoch in allen Fällen zu Fogertys Gunsten.

1972, in demselben Jahr, als Creedence Clearwater Revival auseinandergegangen waren, veröffentlichte Fogerty als Blue Ridge Rangers vier Singles und eine LP. Die erfolgreichste wurde »Jambalaya«. Ab Ende 1973 erschienen Singles unter seinem Namen, darunter »Rockin' All Over The World«, im Herbst 1975 ein Top-30-Hit in den USA und im Oktober 1977 ein Erfolg für Status Quo. Nach 1976 erschienen keine weiteren Neuaufnahmen von John Fogerty bis zu eben »The Old Man Down The Road«, Ende 1984 ein Top-10-Erfolg für John in den USA und zu finden auf seiner LP »Centerfield«. In der Zwischenzeit sind Plattenveröffentlichungen von ihm selten geworden. 1997 erschien nach langer Zeit mit »Blue Moon Swamp« mal wieder ein neues Album, für das er Anfang 1998 mit einem Grammy für das beste Rockalbum des Jahres ausgezeichnet wurde. Am 9. Juni 1998 veröffentlichte er mit »Premonition« ein neues Live-Album, auf dem nun auch wieder alte Songs von CCR zu hören waren.

*The Old Man Down The Road (12/84 US 10)*

***AOR (Adult Orientated Rock), Rock 'n' Roll***

**CD-Tip:** *Eye Of The Zombie* Bellaphon 290.07.090

## Fogli, Riccardo

v/b (Italien, * 21. 10. 1950 in Pontedera/ Toscana).

Bereits Mitte der 60er Jahre wurde Fogli Mitglied der Pop-Rock-Formation I Pooh, bei der er Sänger und Bassist war. Obwohl er mit I Pooh sehr erfolgreich war, verließ er die Gruppe, um es als Solist zu versuchen. Der Solostart mißlang. In der Zeitung las man mehr über seine Eskapaden. So verließ er seine Frau wegen der Sängerin Patty Pravo. Schließlich klappte es ab 1976 doch als Solist. Mit »Mondo« hatte er einen ersten Spitzenreiter in Italien. »Ti Voglio Dire« und das Erfolgsalbum »Riccardo Fogli« folgten. 1982 gewann er beim Festival in San Remo mit dem Titel »Storie Di Tutti Giorni«. 1983 repräsentierte er Italien beim Grand Prix Eurovision mit dem Lied »Per Lucia«.

*Storie Di Tutti Giorni (3/82 CH 7)*
***Grand Prix, Pop***

## Foley, Red

v (USA, * 17. 6. 1910 in Blue Lick/Kentukky, † 18. 9. 1968).

Seine Karriere begann Foley Anfang der 40er Jahre in den US-Country-Charts. Vorher hatte er als 17jähriger einen Nachwuchswettbewerb gewonnen, war ab 1930 Mitglied bei den Cumberland Ridge Runners und gründete mit John Lair die Renfro Valley Show. Seinen ersten Spitzenreiter in den C&W-Charts hatte er 1944 mit »Smoke On The Water«, der auch in die Pophitparade kam. »Chattanoogie Shoe Shine Boy« war im Januar 1950 ein Spitzenreiter in den US-Popcharts. Weitere Top-10-Erfolge wurden noch im selben Jahr »Good Night, Irene« – Interpreten waren Red Foley und Ernest Tubb mit dem Sunshine Trio – und »Cincinnati Dancing Pig«. Wer in den 40er Jahren im amerikanischen Radio erfolgreich war, kam Anfang der 50er Jahre fast zwangsläufig auch in das neu aufkommende Medium Fernsehen – so auch Red. Auch als Schauspieler konnten ihn die Amerikaner bewundern. In der TV-Serie ›Mr. Smith Goes To Washington‹ spielte er neben Fess Parker eine Hauptrolle. 1967 wurde er in die Country Music Hall of Fame aufgenommen. Nebenher war Foley auch als Interpret zahl- und erfolgreicher Gospel-LPs bekannt. Red Foley war im übrigen der Schwiegervater von Pat Boone. Er starb nach einem Herzanfall.

*Smoke On The Water (9/44 US 7)*
*Goodnight, Irene (8/50 US 10)*
*Cincinnati Dancing Pig (9/50 US 7)*
*Chattanoogie Shoe Shine Boy (11/50 US 1)*
***Country***

## Fonell, Franky

v (Schweiz).

John Bakerman, der unter anderem mit D.J. Bobo zusammenarbeitete, produzierte diesen Schweizer Act. Auch die deutsche Plattenfirma war der Meinung, daß diese Euro-Dance-Nummer außerhalb der Schweiz erfolgreich sein könnte. Es kam anders, und es blieb ein rein Schweizer Hit.

*Never Forever (4/95 CH 6)*
***Dance***

## Fontana, Wayne & The Mindbenders

WAYNE FONTANA, v (Großbritannien, * 28. 10. 1945 als Glyn Ellis in Manchester); ROBERT F. LANG, b (Großbritannien, * 10. 1. 1946 in Manchester); RIC ROTHWELL, d (Großbritannien, * 11. 3. 1944 in Stockport/Cheshire); ERIC STEWART, v/g (Großbritannien, * 20. 1. 1945 in Manchester).

Wayne begann bereits als Fünfjähriger in einer lokalen Skifflegruppe in Manchester. Mit acht Jahren hatte er seine erste eigene Gruppe, mit fünfzehn verließ er die Schule und begann eine Lehre als Fernmeldetechniker bei Tag, nachts spielte er mit seiner Gruppe The Jets. Im Sommer 1963 suchte die Plattenfirma Fontana Records in ganz GB nach neuen Talenten. Auch Wayne und seine Band sollten sich vorstellen, aber nur der Bassist Robert Lang kam zum vereinbarten Termin. Zufälligerweise waren Eric Stewart und Ric Rothwell, die sich mit einer anderen Gruppe vorstellen wollten, gerade anwesend. Die vier taten sich zusammen, spielten und wurden zu ihrer eigenen Überraschung mit einem Plattenvertrag bedacht. Glyn Ellis änderte nun seinen Namen nach dem Label in Wayne Fontana. Die erste Single war eine Coverversion von Fats Dominos »My Girl Josephine«, die immerhin unter die ersten 50 in GB kam. Mit »Um, Um, Um, Um, Um, Um«, im Original ein Hit für Major Lance in den USA, hatte die Gruppe im Oktober 1964 ihren ersten Top-10-Erfolg. »Game Of Love« war vier Monate später ein Platz 2 in GB und ein Platz 1 in den USA. Im Oktober 1965 verließ Wayne die Band, um eine Solokarriere zu beginnen. Es erschienen von ihm vier Singles in den Charts, wovon »Pamela Pamela«, im Dezember 1966 ein Platz 11 in GB, die schönste und erfolgreichste war. Die Mindbenders, inzwischen hatte Eric Stewart den Leadgesang übernommen, erreichten mit »A Groovy Kind Of Love« im Januar 1966 in GB und im April 1966 in den USA jeweils Platz 2. Ihre letzte Hitnotierung stammt vom September 1967. 1968 verließ Rothwell die Band und eröffnete ein Antiquitätengeschäft, Lang zog sich aus dem Musikgeschäft zurück, kam dann aber Mitte der 70er Jahre wieder mit der Gruppe Racing Cars. Die letzte Besetzung der Mindbenders bestand aus Eric Stewart, James O'Neil, Paul Hancox und Graham Gouldman. Stewart und Gouldman machten nach der endgültigen Auflösung der Gruppe als Hotlegs weiter, aus denen sich dann 10 cc entwickelte.

*Um, Um, Um, Um, Um, Um (10/64 GB 5)*
*Game Of Love (2/65 US 1, GB 2)*
*A Groovy Kind Of Love (1/66 GB 2; 4/66 US 2)*
***Beat***

**CD-Tip:** *Game Of Love* Star Club Records 832 260–2

## Fontane Sisters

Bea Fontane, v (USA, geb. in New Milford/New Jersey); Geri Rosse Fontane, v (USA, geb. in New Milford/New Jersey); Marge Fontane, v (USA, geb. in New Milford/New Jersey).

Als die Fontane Sisters 1950 in der Perry Como Show auftraten, hatten sie bereits eine bewegte musikalische Vergangenheit hinter sich. Zusammen mit ihrem Bruder Frank, der sie auf der Gitarre begleitete, ware sie ab Anfang der 40er Jahre aufgetreten. Dann wurde Frank eingezogen und fiel. Die Schwestern machten als Trio weiter und hatten ihren ersten großen Erfolg als Chor für Perry Como auf «'A' – You're Adorable«, im April 1949 eine Nummer 1 in der amerikanischen Hitparade. 1950, nachdem sie Perry auf weiteren Stücken begleitet hatten, stand die inzwischen bewährte Kombination mit »Hoop-Dee-Doo« wieder auf Platz 1 in den USA. Perry Como begann 1948 im Fernsehen mit dem ›Chesterfield Supper Club‹. Diese Sendung lief bis 1950, daran schloß sich bis 1961 die ›Perry Como Show‹ an. Klar, daß die Fontane Sisters darin nun häufiger auftraten. 1950 erhielten sie einen eigenen Plattenvertrag. Im Januar 1951 wurden sie erstmals in den Popcharts aufgeführt mit ihrer Version des »Tennessee Waltz«. Als 1954 die Rhythm-&-Blues-Musik in den USA immer erfolgreicher wurde, entschloß sich der Besitzer der Plattenfirma DOT Records, für den weißen Markt Titel schwarzer Künstler durch weiße Interpreten neu aufnehmen zu lassen. Er bot den Fontane Sisters einen Vertrag an, den sie unterschrieben. Die Rechnung sollte aufgehen. »Hearts Of Stone« kam im Januar 1955 in die amerikanische Hitparade und wurde Platz 1. Der Titel war einige Monate zuvor mit den Originalinterpreten Otis Williams & The Charms Platz 1 in der R&B- und Platz 15 in der Pophitparade gewesen. Alle Titel der Fontane Sisters wurden fortan durch die Hauskapelle von DOT Records, das Billy Vaughn Orchestra, begleitet. Die Liste der Erfolge des Trios geht bis in das Jahr 1958. »Seventeen« war im August 1955 ein Platz 3 in den USA und ihr letzter Top-10-Erfolg. Ab Ende der 50er Jahre konnten sich die schwarzen Interpreten mit ihren Originalversionen auch in den Pophitparaden nach und nach durchsetzen, so daß keine Notwendigkeit mehr bestand, die Titel durch weiße Künstler nachsingen zu lassen.

*Hearts Of Stone (12/54 US 1)*
*Seventeen (8/55 US 3)*
***Pop***

## Foo Fighters

WILLIAM GOLDSMITH, d (USA); DAVE GROHL, d (USA, * 14. 1. 1969 in Warren/Ohio); NATE MENDEL, b (USA); PAT SMEAR, g (USA).

Dave Grohl hatte mit Nirvana gespielt. Ein halbes Jahr nach dem Tod von Kurt Cobain nahm er ein eigenes Album auf, das er »Foo Fighters« nannte. Die Musiker, die danach in der gleichnamigen Gruppe spielten, waren bei der Produktion als Studiomusiker zugegen. Erst danach wurde das Ganze zu einer richtigen Gruppe. Den Gruppennamen übernahmen sie von kugelförmigen Lichtgebilden, die amerikanische Piloten während des Zweiten Weltkrieges erstmals über dem deutschen Luftraum gesehen hatten. Manche hielten diese Kugeln für Geheimwaffen, andere für Ufos. Foo Fighters ist eine Band, die musikalisch nicht in die Fußstapfen von Nirvana trat. Dave, der bei Nirvana das Schlagzeug bediente, wechselte nun zur Gitarre und übernahm den Leadgesang. Sein zweiter Gitarrist Pat Smear hatte vorher bei den Germs, Mendel und Goldsmith bei Sunny Day Real Estate gespielt. Die nur in GB erfolgreichen Foo Fighters schafften mit ihrer ersten Hitnotierung »This Is A Call« auch ihren bisher größten Erfolg. »I'll Stick Around« im Herbst 1995 und »Big Me« im Frühjahr 1996 kamen dort unter die ersten 20. Für Mitte 1997 wurde ein zweites Album der Foo Fighters angekündigt. Grohl hatte inzwischen den Soundtrack für den Film »Touch« geschrieben.

*This Is A Call (7/95 GB 5)*
***Rock***

**CD-Tip:** *Foo Fighters* Capitol 7243 8 34027 2

## Fool's Garden

PETER FREUDENTHALER, v/p (Deutschland, * 19. 2. 1963 in Pforzheim); VOLKER HINKEL, v/g (Deutschland, * 21. 6. 1965 in Calw); THOMAS MANGOLD, b (Deutschland, * 25. 9. 1965 in Calw); ROLAND RÖHL, key (Deutschland, * 6. 4. 1971 in Calw); RALF WOCHELE, d (Deutschland, * 23. 2. 1968 in Pforzheim).

Eine der großen Überraschungen des Jahres 1996 aus Deutschland war ganz ohne Zweifel die Formation Fool's Garden aus Pforzheim. Die Erfolgsbesetzung des Jahres 1996 war bereits 1991 zusammengekommen. 1993 erschien das Album »Once In A Blue Moon«, 1994 setzte sich Fool's Garden gegen 700 Mitbewerber durch: Mit dem Song »Wild Days« wurde ein Musikvideo für die Firma C&A erstellt. Dann erschien 1995 »Dish Of The Day« und darauf befand sich »Lemon Tree«. Der Song wurde nicht nur in Deutschland ein Erfolg, sondern europaweit. In GB erreichte die Platte Platz 26. Spezialität der Gruppe ist melodiebetonter, harmonischer Pop. Besonders die Hook Line von »Lemon Tree« machte bisher den Erfolg der Formation aus. Die nachfolgenden Singles, die ebenfalls aus demselben Album ausgekoppelt waren, kamen an diesen Erfolg nicht heran.

*Lemon Tree (12/95 D 1; 2/96 CH 2)*
***Pop***

**CD-Tip:** *Dish Of The Day* Intercord 845.263

## Force M.D.'s

JESSIE LEE DANIELS, v (USA); ANTOINE MAURICE »T. C. D.« LUNDY, v (USA); STEVIE LUNDY, v (USA); CHARLES RICHARD NELSON, v (USA, † 10. 3. 1995); TRISCO PEARSON, v (USA).
Dieses New Yorker Quintett begann, als die Mitglieder auf der Fähre von Staten Island nach Manhattan mit Doo-Wop-Songs die Passagiere unterhielten, um sich ihr Taschengeld zu verdienen. Als der Rap Anfang der 80er Jahre aufkam, waren die fünf Jungs gleich mit von der Partie. Zuerst nannten sie sich Dr. Rock & The M.C.'s, dann Force M.D.'s. M.D. ist in diesem Fall die Abkürzung für Musical Diversity. 1984 erschien ihre Debütplatte »Let Me Love You« in den R&B-Charts, noch im selben Jahr hatten sie darin mit »Tears« ihren ersten Top-10-Hit. »Tender Love« war schließlich im Februar 1982 ein Platz 10 in den USA und wenig später 23 in GB. Das Stück stammte aus dem Film »Krush Groove«, was wohl zum Erfolg beigetragen hat. Danach erreichten sie mit »Love Is A House« 1987 zwar noch einmal den Spitzenplatz in den R&B-Charts – für eine Position oberhalb der ersten 70 in den Pophitparaden reichte es jedoch nicht mehr. Daniels verließ die Band 1987, Nelson starb am 10. 3. 1995 im Alter von nur 30 Jahren nach einem Herzanfall.

*Tender Love (2/86 US 10)*
***Doo Wop, Rap, Rhythm & Blues***

## Force, Ricardo da

siehe N-Trance

## Ford, Emile & The Checkmates

PETER CARTER, g; JOHN CUFFLEY, d; EMILE FORD, v (* 16. 10. 1937 als Sweetman in Castries/St. Lucia/West Indies); LES HART, sax; ALAN HAWKSHAW, key (Großbritannien); KEN STREET, g; DAVE SWEETMAN, sax; GEORGE SWEETMAN, b.
Schon als Kind kam Emile mit seinen Eltern nach GB. Emile gilt als der erste Schwarze, der in GB lebte und dort einen großen Hit landen konnte. Als Sängerinnen schafften das Winifried Atwell und Shirley Bassey noch vor ihm. Noch eine Besonderheit: Sein Titel »What Do You Want To Make Those Eyes At Me For?« war die längste Frage, die jemals auf einem Platz 1 einer Hitparade gefragt wurde – das war im November 1959. »What Do You Want?« mit Adam Faith belegte mit Emile Ford gleichzeitig Platz 1 in GB. Die häufigste Frage, die in jenen Tagen in Plattenläden in GB von Verkäuferinnen gestellt wurde, war ›Was wünschen Sie? Ford oder Faith?‹
Die Band hatte einen Nachwuchswettbewerb gewonnen, der ihnen einen Plattenvertrag bescherte. Gleich ihre erste Single war dieses »What Do You Want To Make Those Eyes At Me For?«, eine Nummer, die 1916 geschrieben worden war und die in den USA 1917 mit Ada Jones und Bill Murray ein Platz 3 und 1945 mit Betty Hutton ein Platz 15 gewesen war. Mit »Slow Boat To China« und »Counting Teardrops« gelangen Ford 1960 zwei weitere Top-10-Erfolge, nach 1962 stand er

nicht mehr in den GB-Charts. 1963 trennten sich die Musiker von Emile und versuchten es erst ohne ihn – schließlich begleiteten sie andere Sänger, z. B. P. J. Proby. Dann ging auch der Rest auseinander, George wurde Sessionmusiker und spielte z. B. mit Doris Troy, Medicine Head, Peter Skellern oder Al Stewart, dann wurde er 1976 Mitglied bei Steve Harley & Cockney Rebel; Alan spielte mit den Shadows, Donovan, Chris Spedding, David Essex, Cliff Richard oder Donna Summer, um nur einige zu nennen. John Cuffley wurde Mitglied in der sehr guten britischen Gruppe Climax Blues Band. Ken wurde Manager und betreute z. B. die Formation Love Affair. Emile ging nach Schweden und kehrte später nach GB zurück. In Clubs sang er noch für viele Jahre, arbeitete als Studiotechniker und leitete schließlich seinen eigenen Elektrobetrieb. Als die Revival-Shows wieder durch GB tourten, war

*What Do You Want To Make Those Eyes At Me For? (10/59 GB 1)*
*On A Slow Boat To China (2/60 GB 3)*
*Counting Teardrops (12/60 GB 4)*
***Pop***

**CD-Tip:** *Emile Ford & The Checkmates* PYE RR 4097 TIS

## Ford, Lita

v/g (USA, * 19. 9. 1958 in London/Großbritannien).
Lita spielte bereits als 15jährige in der in Los Angeles beheimateten Mädchen-Hard-Rockband Runaways Leadgitarre. Im April 1979 löste sich die Gruppe wieder auf, und die einzelnen Mitglieder versuchten sich alle mit mehr oder weniger Glück als Solistinnen. Im März 1984 erschien eine Solo-LP von Lita, ab 1988 ist sie erfolgreich: »Kiss Me Deadly« wird im März 1988 Platz 12 in den USA. Im Duett mit dem Hard-Rock-Kollegen Ozzy Osbourne gelingt ihr ein Jahr später mit dem Titel »Close My Eyes Forever (Remix)« ein Hit in den USA. Das blieb ihr einziger Top-10-Erfolg, obwohl sie bis in die 90er Jahre weitere LPs veröffentlichte.

*Close My Eyes Forever (Remix) (3/89 US 8)*
***Hard Rock***

**CD-Tip:** *The Best Of* RCA 07863 66037 2

## Ford, Tennessee Ernie

v (USA, * 13. 2. 1919 in Bristol/Tennesse, † 17. 10. 1991).
1948 machte er seine ersten Platten, 1949 erreichte »Mule Train« Platz 9 in den USA. Ab 1955 wurde er richtig erfolgreich. »Give Me Your Word« stand im Januar 1955 auf Platz 1 in GB, »Ballad of Davy Crockett« kam im März 1955 in die amerikanischen, im Januar 1956 in die britischen Top 10. Ende 1955 erschien die Platte »Sixteen Tons«, die ihn zu einem Weltstar machen sollte. »Sixteen Tons« ist ein Lied über Bergleute, Kohlenhauer, Zechenarbeiter. 16 Tonnen Kohle müssen pro Tag gehauen und aufgeladen sein – das ist das Soll. Das Lied wurde 1947 vom Country-Star Merle Travis geschrieben, der darin die Geschichte seines Vaters verarbeitete. Der war in der Tat Bergarbeiter in Kentucky und brachte den Spruch, der im Refrain des Liedes vorkommt: ›Another day older and deeper in debt‹ (wieder einen Tag älter und tiefer verschuldet). Sein Vater soll auf die Frage ›Howya getting along‹ (Wie geht's?) immer geantwortet haben: ›I can't afford to die 'cause I owe my soul to the company store‹ (Ich kann mir nicht leisten zu sterben, weil meine Seele der Firma gehört). Als einem bekannten US-Bandleader das fertige Band vorgespielt wurde, hat der abgewinkt und gesagt: ›Das klappt nie, der Song ist zu kommunistisch.‹ Tennessee Ernie Ford wurde ein Star, als er im Herbst 1955 das Lied aufnahm.
Schon in jungen Jahren war der in Tennes-

see geborene Ernie Radiosprecher. 1942 wurde er in die Air Force eingezogen und flog in Bombern über Europa. Nach 1945 arbeitete er wieder für Radiostationen und wurde schließlich als ›Hillbilly-DJ‹ populär. Und als das Fernsehen aufkam, war er gleich mit dabei. Nach seinem Hit »Sixteen Tons«, zum damaligen Zeitpunkt die Platte in der gesamten Geschichte des Musikgeschäftes, die sich innerhalb von drei Wochen am besten verkauft hatte, nämlich einemillionmal, erhielt Ford seine eigene TV-Show: ›The Ford Show‹. Wer jetzt glaubt, der Name würde sich auf Tennessee Ernie beziehen, der kennt die Amerikaner schlecht. Ein namhafter Automobilkonzern trat als Sponsor auf. So ließen sich zwei Dinge sehr angenehm miteinander verknüpfen. Leider wäre das bei uns schon sehr viel schwieriger. Wer heißt schon mit Nachnamen Volkswagen? Jedenfalls lief diese Prime-Time-Serie, also eine Serie zur besten Sendezeit, vom 4. 10. 1956 bis zum 29. 6. 1961 jeden Donnerstag von 21.30 bis 22.00 Uhr über die Kette von NBC. Für US-Verhältnisse eine ganz tolle Sache. Nachdem die Sendung ausgelaufen war, widmete sich Ford der religiösen Musik. Anfang der 70er Jahre erschien noch einmal eine LP von ihm zusammen mit Glenn Campbell. Ford starb an Leberversagen.

*Mule Train (11/49 US 9)*
*Give Me Your Word (1/55 GB 1)*
*Ballad Of Davy Crockett (3/55 US 5; 1/56 GB 3)*
*Sixteen Tons (11/55 US 1; 1/56 GB 1)*
*In The Middle Of An Island (11/57 D 8)*
***Country, Pop***

**CD-Tip:** *Sixteen Tons* Bear Family BCD 15 487

## Foreigner

JOHN EDWARDS, v; DENNIS ELLIOTT, d (Großbritannien, * 18. 8. 1950 in London); ED GAGLIARDI, b (USA, * 13. 2. 1952 in New York City); LOU GRAMM, v (USA, * 2. 5. 1950 als Grammatico in Rochester/New York); AL GREENWOOD, key (USA, geb. in New York City); MICK JONES, g (Großbritannien, * 27. 12. 1944 in London); IAN MCDONALD, g/key (Großbritannien, * 25. 6. 1946 in London); RICK WILLS, b (Großbritannien).

1976 wurde diese aus Amerikanern und Briten bestehende Gruppe gegründet. Als sie zusammenkamen, schrieb die Presse wieder mal von einer neuen Supergruppe. Wenn damit gemeint sein sollte, daß alle Bandmitglieder bereits mit anderen Formationen erfolgreich waren, so stimmt das zumindest für die drei Briten. Mick Jones hatte bereits mit Spooky Tooth und Ian Lloyd gespielt, Ian McDonald arbeitete bei King Crimson, T. Rex, Herbie Mann und ebenfalls Ian Lloyd, und Dennis Elliott war Schlagzeuger bei If und Ian Hunter. Die drei Amerikaner hatten weniger bekannte Stationen durchlaufen. Lou Gramm war zwischen 1971 und 1976 auf zwei LPs der Gruppe Black Sheep zu hören. Im April 1977 erschien die Debüt-LP des Sextetts, auf der gleich der erste große Singlehit »Feels Like The First Time« zu hören war, der in den USA bis auf Platz 6 in den Charts kam. Die LP wurde ein absoluter Verkaufsknüller, und es wurden mehr als drei Millionen Exemplare verkauft. Ebenfalls auf dieser ersten LP: »Cold As Ice«, im Juli 1977 Platz 6 in den USA. »Hot Blooded« und »Double Vision« stammten von der zweiten LP der Band und wurden 1978 Top-10-Hits. Weitere Erfolgsplatten: »Urgent« und »Waiting For A Girl Like You« 1981, »I Want To Know What Love Is« 1984, »Say You Will« 1987 und »I Don't Want To Live Without You« 1988. Auf dem dritten Album der Band, »Head Games«, kam es zur ersten Umbesetzung. Rick Wills war für Ed Gagliardi zur Band gekommen. Fast zwei Jahre vergingen bis zu dem vierten Album, das schlicht »4« hieß. Inzwischen spielten auch nur noch vier Musiker, nämlich Jones, Gramm, Elliott und Wills in der Gruppe. Ab 1987 erschienen auch Soloplatten von Lou Gramm. Viele vermuteten schon damals, daß das nun das Ende von Foreigner sei. Die Gruppe veröffentlichte aber mit »Inside Information« 1988 und »Unusual Heat« 1991 noch zwei weitere Alben. Allerdings, auf »Unusual Heat« ist als neuer Leadsänger John Edwards zu hören. Inzwischen hatte auch schon Mick Jones eine Soloplatte auf dem Markt, und er kündigte an, er wolle sich nun mehr um Produktionen kümmern, z. B. geht Billy Joels »Stormfront« auf sein Konto. Auch als Songschreiber konzentrierte er sich jetzt mehr auf Arbeit für andere. So schrieb er mit Eric Clapton »Bad Love«. Trotzdem hielt er Foreigner die Treue. Lou Gramm gründete noch 1991 eine Band, die er Shadow King nannte. Mitte des Jahres 1992 kehrte er zu Foreigner zurück. Rick Wills verließ Foreigner und ging zu Bad Company. Dennis Elliott verließ die Gruppe ebenfalls und eröffnete ein Holzgeschäft. Ende 1994 erschien mit »Mr. Moonlight« eine neue CD von Foreigner, aus der die Single »White Lie« ausgekoppelt wurde. Neben Gramm und Jones waren nun Bruce Turgon, Jeff Jacobs und Mark Schulman zu hören. Insgesamt kann Foreigner auf mehr als 22 Millionen verkaufte Alben in den letzten 20 Jahren alleine in den USA zurückblikken.

*Feels Like The First Time (3/77 US 4)*
*Cold As Ice (7/77 US 6)*
*Hot Blooded (7/78 US 3)*
*Double Vision (9/78 US 2)*
*Urgent (7/81 US 4)*
*Waiting For A Girl Like You (10/81 US 2; 12/81 GB 8)*
*I Want To Know What Love Is (12/84 GB 1, US 1, D 3; 2/85 CH 2)*
*Say You Will (12/87 US 6)*
*I Don't Want To Live Without You (3/88 US 5)*
***AOR (Adult Orientated Rock), Rock***

**CD-Tip:** *The Very Best And Beyond* Atlantic 7567 89999–2

## Forrest

FORREST THOMAS, v (Niederlande).

Der Sänger, dessen Eltern farbige Einwanderer aus den ehemaligen niederländischen Kolonien waren, hatte im Februar 1983 mit »Rock The Boat« einen Platz 4 in der britischen Hitparade. Das Stück war neun Jahre zuvor mit Hues Corporation ein Millionseller und Platz 1 in der amerikanischen Hitparade. Coproduziert wurde Forrest von dem zum damaligen Zeitpunkt noch recht unbekannten Ben Liebrand, der sich später zu einem erfolgreichen Mixer entwickeln sollte. Aufgenommen wurde das Ganze in Hilversum. Für die Briten muß der Eindruck entstanden sein, daß es sich bei Forrest um einen amerikanischen Interpreten handelt. Jedenfalls wird er in den entsprechenden Publikationen immer noch als ›US male vocalist‹ bezeichnet. »Feel The Need In Me« war drei Monate nach dem ersten Erfolg ein Platz 17 in GB, und nach einer weiteren niedrigen Hitplazierung hörte man nichts mehr von ihm.

*Rock The Boat (2/83 GB 4)*
***Disco***

## Forrest, Helen

v (USA, * 12. 4. 1918 in Atlantic City/New Jersey).

Zwischen 1938 und 1943 war Helen Sängerin bei Artie Shaw, Benny Goodman und Harry James. Mit all diesen Orchestern hatte sie große Erfolge. Mit Artie Shaw hatte sie im Dezember 1938 einen Platz 1 in den USA: »They Say«; wenig später erreichte »Thanks For Ev'rything« dasselbe Ergebnis. Ihre Aufnahme mit Harry James »I've Heard That Song Before« war im Januar 1943 für 13 Wochen Platz 1 in den USA. Für Benny Goodman sang sie z. B. »Taking A Chance On Love«, im April 1943 Platz 1 in den USA. Ab 1944 sang sie als Solistin oder als Duettpartnerin von Dick Haymes. Solo hieß ihr größter Erfolg »Time Waits For No One«. Das Stück stammte aus dem Film »Shine On, Harvest Moon« und basierte auf einem Thema von Strauß aus »Geschichten aus dem Wienerwald«. Mit Dick waren ihre beiden größten Erfolge »Long Ago (And Far Away)« 1944 und »I'll Buy That Dream« 1945. Helen Forrest gilt als eine der erfolgreichsten Sängerinnen, die jemals mit Bands zusammengearbeitet haben. Mitte der 50er Jahre reduzierte sie ihre Aktivitäten im Showgeschäft. Anfang der 60er Jahre tourte sie wieder mit Sam Donahue und dem Tommy Dorsey Orchestra. In den späten 60er Jahren trat sie regelmäßig in Nostalgieshows im Fernsehen auf und in den 70er Jahren in amerikanischen Clubs.

*Long Ago (And Far Away) (4/44 US 2)*
*Time Waits For No One (7/44 US 2)*
*It Had To Be You (9/44 US 4)*
*Together (10/44 US 3)*
*Some Sunday Morning (9/45 US 9)*
*I'll Buy That Dream (9/45 US 2)*
*I'm Always Chasing Rainbows (1/46 US 7)*
*Oh! What It Seemed To Be (3/46 US 4)*
***Pop***

## Fortune, Lance

v/g (Großbritannien als Chris Morris, geb. in Birkenhead/Cheshire).

Anstatt nach der Schule zur Universität zu gehen, nahm Lance lieber einen Job als Mädchen für alles in dem berühmten Londoner Club 2 I's an. Ab und zu sang er dort auch und lernte so 1959 den Musikmanager Larry Parnes kennen. Der war von dem Gesang sehr angetan und taufte Chris in Lance Fortune um. Diesen Namen hatte er vorher bereits schon einmal vergeben: an den Sänger und Pianisten Clive Powell, den er später wiederum in Georgie Fame umbenannte. Mit Hilfe von John Barrys Musikern nahm Lance seine erste Single auf: »Be Mine«, die Anfang 1960 in die britische Hitparade kam. Während dieser Zeit tourte Fortune mit seinem großen Idol Gene Vincent durch GB. Eine zweite Single, »This Love I Have For You«, schaffte es noch bis in die Top 30, dann war Fortuna ihm nicht mehr hold.

*Be Mine (2/60 GB 4)*
***Pop***

## Fortunes

ROD ALLEN, b (Großbritannien, * 31. 3. 1944 als Rodney Bainbridge in Leicester); ANDY BROWN, d (Großbritannien, * 7. 1. 1946 in Birmingham); DAVID CARR, key (Großbritannien, * 4. 8. 1943 in Leyton/Essex); GLEN DALE, v/g (Großbritannien, * 2. 4. 1943 als Richard Garforth in Deal/Kent); SHEL MACRAE, v/g (Großbritannien, * 8. 3. 1943 als Andrew Semple); BARRY PRITCHARD, v/g (Großbritannien, * 3. 4. 1944 in Birmingham).

1963 erhielten die Fortunes einen Plattenvertrag und galten als eine der ersten Bands aus der britischen Provinz, denen das gelang. Kurz darauf erschien als ihre erste Single »Summertime Summertime«, eine Coverversion des Titels der amerikanischen Gruppe Jamies. Im Januar 1964 erschien der Titel »Caroline«, der zwar nicht in die britische Hitparade kam, sich aber trotzdem in die Ohren der Briten bohrte, nachdem der britische Piratensender Radio Caroline dieses Stück als Erkennungsmelodie einsetzte. Mitte 1965 erschien der größte Hit der Fortunes: »You've Got Your Troubles«. Die Platte erreichte in GB Platz 2, in den USA 7, in Deutschland Platz 28. »Here It Comes« war im Oktober 1965 ein weiterer Top-10-Erfolg der Fortunes in GB. Im Juni 1966 verließ Dale die Band und wurde durch MacRae ersetzt. Es sollte sechs Jahre dauern, bis die Band mit »Freedom Come Freedom Go« im September 1971 ihren nächsten Top-10-Erfolg hatte. Inzwischen hatte 1968 David Carr die Band verlassen, die damit auf ein Quartett reduziert wurde. In den USA waren sie Mitte 1971 recht erfolgreich mit »Here Comes That Rainy Day Feeling Again«: Platz 15. Ihr letzter Top-10-Erfolg war im Januar 1972 »Storm In A Teacup«, Platz 7. Obwohl sie danach noch etliche Platten veröffentlichten, schafften sie keinen Erfolg mehr.

*You've Got Your Troubles (7/65 GB 2, US 7)*
*Here It Comes Again (10/65 GB 4)*
*Freedom Come Freedom Go (9/71 GB 6)*
*Storm In A Teacup (1/72 GB 7)*
***Middle Of The Road (MOR), Pop***

## 49ers

DAWN MITCHELL, v.
Dawn Mitchell, auf Grenada geboren und in England lebend, begann ihre Karriere in Bands wie Eruption und Cool Notes. 1978 war sie mit einem britischen Musical auf Tournee in Italien, als sie für die Gruppe Le Streghe ein Angebot erhielt. Sie mauserte sich in Italien zu einer populären Sängerin und arbeitete mit Stars wie Mina oder Adriano Celentano. 1983 trat sie in New York auf und wurde während dieser Zeit stark durch die Musik von Billie Holiday beeinflußt. Später ging sie nach Italien zurück und veröffentlichte 1985 den Titel »When You Want It«. Es folgten Werbespots bekannter Firmen, und Ende der 80er Jahre, als das House-Music-Fieber durch Italien zog, wurde unter dem Namen 49ers mit ihr der Titel »Touch Me« aufgenommen. »Don't You Love Me« und »Girl To Girl« waren noch zwei Nachfolgehits. Optisch wurden ihre Auftritte durch die Tänzerin Josy aufgepeppt.

*Touch Me (12/89 GB 3; 2/90 D 7; 3/90 CH 6)*
*Don't You Love Me (4/90 CH 10)*
***House***

## Foundations

ERIC ALLENDALE, pos (* 4. 3. 1936 in Dominikanische Republik); PAT BURKE, sax/fl (Jamaika, * 9. 10. 1937); CLEM CURTIS, v (Trinidad, * 28. 11. 1940); MIKE ELLIOTT, sax (Jamaika, * 6. 8. 1929); TONY GOMEZ, org (* 13. 12. 1948 in Colombo/Sri Lanka); TIM HARRIS, d (Großbritannien, * 14. 1. 1948 in London); PETER MACBETH, b (Großbritannien, * 2. 2. 1943 in London); ALAN WARNER, g (Großbritannien, * 21. 4. 1947 in London); COLIN YOUNG, v (* 12. 9. 1944 in Barbados).
Diese Gruppe kam Mitte der 60er Jahre in GB zusammen und versuchte, den amerikanischen Motown-Sound zu kopieren. 1967 erhielten sie einen Plattenvertrag und hatten ab diesem Zeitpunkt bis zum Ende der 60er Jahre etliche Hits. Ihr größter war auch ihr erster: »Baby Now That I Found You« 1967 Platz 1 in GB, in den USA wenig später Platz 11. »Build Me Up Buttercup« kam im November 1968 in die GB-Charts und kletterte dort bis auf Platz 2, in den USA wurde die Nummer ein Millionseller und erreichte Platz 3. »In The Bad Bad Old Days (Before You Loved Me)« war im März 1969 der letzte Top-10-Erfolg für die Foundations. 1968 war der Leadsänger Clem Curtis gegen Colin Young ausgewechselt worden, und auch Mike Elliott hatte die Gruppe verlassen. 1970 trennte sich die Formation. Später versuchten sich andere Musiker unter dem Namen Foundations, jedoch ohne Erfolg.

*Baby Now That I've Found You (9/67 GB 1)*
*Build Me Up Buttercup (11/68 GB 2; 1/69 US 3)*
*In The Bad Bad Old Days (3/69 GB 8)*
***Pop, Rhythm & Blues***

**CD-Tip:** *The Best Of* PRT 8.26701 ZR

## Four Aces

AL ALBERTS, v (USA, geb. in Chester/Pennsylvania); DAVE MAHONEY, v (USA);

Lou Silvestri, v/d (USA); Sol Vocarro, v/tr (USA).

Das Quartett kam Ende der 40er Jahre in seinem Heimatstaat Pennsylvania zusammen. 1951 nahmen sie auf eigene Kosten den Titel »Sin (Not A Sin)« auf, der nach Veröffentlichung auf einem lokalen Label erst zu einem regionalen Erfolg, dann zu einem Millionseller und schließlich im September 1951 Platz 4 in den nationalen Popcharts wurde. Danach erhielten sie einen Schallplattenvertrag bei einer der großen amerikanischen Firmen. Der Nachfolgehit hieß »Tell Me Why«, wurde Platz 2 in den USA und ebenfalls Millionseller. Bis zum Ende der 50er Jahre schafften die Four Aces über vierzig Hits in den US-Charts – die größten waren: »Three Coins In The Fountain«, Mitte 1954 Millionseller, »Melody Of Love«, »Mr. Sandman«, »Stranger In Paradise« und »Love Is A Many-Splendored Thing« standen 1955 in den Charts. 1956 traf es die Four Aces gleich doppelt hart: Leadsänger Al Alberts ging, obwohl ab »Melody Of Love« die Platten der Gruppen als Four Aces featuring Al Alberts erschienen, und der Rock 'n' Roll kam. Anfang der 60er Jahre waren die Four Aces von der Bildfläche verschwunden, und Alberts hatte mit seiner Solokarriere auch keinen Erfolg.

*Sin (9/51 US 4)*
*Tell Me Why (12/51 US 2)*
*Perfidia (2/52 US 7)*
*Should I (8/52 US 9)*
*Stranger In Paradise (12/53 US 3)*
*The Gang That Sang ›Heart Of My Heart‹ (12/53 US 7)*
*Three Coins In The Fountain (5/54 US 1)*
*Mister Sandman (11/54 US 5)*
*Melody Of Love (1/55 US 3)*
*Love Is A Many-Splendored Thing (8/55 US 1)*
***Pop***

## Four Knights

Gene Alford, v (USA, geb. in Charlotte/North Carolina); Oscar Broadway, v (USA, geb. in Charlotte/North Carolina); Clarence Dixon, v (USA, geb. in Charlotte/North Carolina); John Wallace, v (USA, geb. in Charlotte/North Carolina).

Diese Formation aus Charlotte, North Carolina, wurde 1943 als Southland Jubilee Singers gegründet. 1945 gingen sie nach New York und nannten sich Four Knights. 1951 wurden sie zum erstenmal in der amerikanischen Hitparade notiert, »Oh, Happy Day« war im Frühjahr 1953 ihr erster Top-10-Erfolg. »Gently Down The Stream«, im 19. Jahrhundert geschrieben, lieferte die Vorlage zum größten Hit der Four Knights: »I Get So Lonely (When I Dream About You)«. Die Platte kam im Januar 1954 in die US-Charts, wurde ein Millionseller und erreichte Platz 2 und in GB Mitte des Jahres Platz 5. Der Titel ist auch als »Oh Baby Mine« bekannt. Ihre letzte Hitnotierung stammt aus dem Jahr 1959. Die Four Knights begleiteten Nat King Cole bei einigen seiner Aufnahmen, so z. B. bei dem Top-10-Erfolg »If I May« aus dem Jahr 1955.

*Oh, Happy Day (1/53 US 8)*
*I Get So Lonely (When I Dream About You) (1/54 US 2; 6/54 GB 5; 7/54 GB 10)*
***Pop***

## Four Lads

James Arnold, v (Kanada, geb. in Toronto); Frank Busseri, v (Kanada, geb. in Toronto); Connie Codarini, v (Kanada, geb. in Toronto); Bernard Toorish, v (Kanada, geb. in Toronto).

Ende 1951 erschien mit »Cry« der erste Hit von Johnnie Ray. Dieses Lied wurde Johnnies Markenzeichen, ein Millionseller und für elf Wochen Platz 1 in den USA. Außerdem machte es die aus Toronto, Kanada, stammenden Four Lads auf einen Schlag in den gesamten USA bekannt, denn sie sangen im Hintergrund auf dieser Nummer. Ab 1952 hatten sie eigene Hits, deren größte »Skokiaan« 1954, »Moments To Remember«, »No, Not Much!« und »Standing On The Corner« 1956, »Who Needs You« und »Put A Light In The Window« 1957 und »There's Only One Of You« 1958 waren. Wie bei etlichen dieser ›Four‹-Formationen war mit dem Beginn der 60er Jahre auch die Karriere der Four Lads zu Ende. James und Frank traten bis in die 80er Jahre mit zwei anderen Sängern als Four Lads auf.

*Faith Can Move Mountains (12/52 GB 7; 1/53 GB 9)*
*Istanbul (Not Constantinople) (10/53 US 10)*
*Skokiaan (9/54 US 7)*
*Rain Rain Rain (10/54 GB 8)*
*Moments To Remember (9/55 US 2)*
*No, Not Much! (1/56 US 2)*
*Standing On The Corner (4/56 US 3)*
*Who Needs You (1/57 US 9)*
*Put A Light In The Window (12/57 US 8)*
*There's Only One Of You (4/58 US 10)*
***Pop***

## Four Pennies

ALAN BUCK, d (Großbritannien, * 7. 4. 1943); FRITZ FRYER, g (Großbritannien, * 6. 12. 1944 als David Roderick Carnie); LIONEL MORTON, v/g (Großbritannien, * 14. 8. 1942); MIKE WILSH, b (Großbritannien, * 21. 7. 1945).

Diese Viererformation stammte aus Blackburn in England. Leadsänger Morton hatte dort sieben Jahre im Kirchenchor gesungen – sicher eine gute Voraussetzung für seine spätere Hauptrolle im Musical »Jesus Christ Superstar«. Alan Buck hatte bei Johnny Kidds Pirates und Joe Browns Bruvvers getrommelt, bevor er zu den Four Pennies kam, die sich anfangs Lionel Morton Four nannten. Im Oktober 1963 bekamen die Four Pennies ihren Plattenvertrag und machten ihre erste Aufnahmesession. »Do You Want Me To?« war im Januar 1964 ihre erste Hitnotierung in GB. Die zweite Single, »Juliet«, wurde dann gleich ihr größter Erfolg. Diese selbstgeschriebene, recht schnulzige Nummer kam drei Monate später in die Charts und erreichte den Spitzenplatz. Bis 1966 wurden sie noch mit drei Top-20-Hits verzeichnet. Eine lang anhaltende Karriere konnten sie nicht verfolgen. Fryer wurde erfolgreicher Plattenproduzent, Morton Schauspieler.

*Juliet (4/64 GB 1)*
***Pop***

## Four Preps

BRUCE BELLAND, v (USA); ED COBB, v (USA); MARVIN INABNETT, v (USA); GLEN LARSON, v (USA); JIM PIKE, v (USA, * 6. 11. 1938 in St. Louis); DAVID SOMMERVILLE, v (Kanada).

Ende des Jahres 1956 tauchte die erste Platte der Four Preps, die aus Los Angeles stammen, in den amerikanischen Charts auf. Ihre zweite Hitnotierung wurde ihr größter Erfolg: »26 Miles (Santa Catalina)« kam im Frühjahr 1958 in die Charts und erreichte die amerikanischen Top 10 und Platz 15 in Deutschland. Nachfolgehit war Mitte 1958 »Big Man«. Die Four Preps hatten sich Anfang der 50er Jahre während ihrer High-School-Zeit zusammengetan. Beeinflußt wurden sie in ihrer Anfangszeit von Formationen wie den Mills Brothers, Four Aces oder Four Freshmen. Bis 1964 veröffentlichten sie Titel, die in die US-Charts kamen. Ab 1960 waren es vorwiegend Novelty-Nummern, mit denen sie sich plazieren konnten. Ihre letzte Chartnotierung war »A Letter To The Beatles«, mit dem sie sich dann endgültig die Sympathien der Teens verscherzten. Auf Drängen der Beatles mußte die Plattenfirma Capitol diese Aufnahme dann auch wieder vom Markt nehmen. 1966 verließ Cobb die Four Preps und wurde durch David Sommerville, den ehemaligen Leadsänger der Diamonds, ersetzt. Sein Debüt gab er mit dem Titel »Love Of The Common People«, später erfolgreich mit Nicky Thomas und Paul Young. Cobb ging zunächst zu den Piltdown Men, wurde dann Produzent und schrieb Titel für andere Interpreten, so z. B. den Hit »Tainted Love« für Soft Cell. 1968 trennten sich die Four Preps. Belland und Sommerville machten als Duo weiter. Belland ist im übrigen der Vater von Tracey und Melissa Belland, beide Mitglieder von Voice Of The Beehive. Larson gründete eine TV-Produktionsfirma, die hinter zahllosen erfolgreichen TV-Serien der 70er Jahre stand, z. B. ›Kampfstern Galactica‹, ›McCloud‹ und ›Quincy‹. Ende der 80er Jahre traten die Four Preps in der Besetzung Belland, Sommerville, Cobb und Pike (ehemals Leadsänger der Lettermen) wieder zusammen auf.

*26 Miles (Santa Catalina) (1/58 US 2)*
*Big Man (5/58 GB 2, US 3)*
***Pop***

**CD-Tip:** *Four Preps Collector's Series* Capitol CDP 7 91626 2

## Four Seasons

CHARLIE CALLELO, v/b (USA); DON CICCONE, v (USA, * 28. 2. 1946 in New York City); JERRY CORBETTA, v/key (USA, * 23. 9. 1947 in Denver/Colorado); BOB CREWE (USA, * 12. 11. 1931 in Belleville/New Jersey); NICK DEVITO, v (USA, * 12. 9. 1924 in Montclair/New Jersey); TOMMY DEVITO, v/g (USA, * 19. 6. 1928 in Montclair/New Jersey); BOB GAUDIO, v/g/org (USA, * 17. 11. 1942 in Bronx/New York City); LARRY LINGLE, g (USA, * 4. 4. 1949 in Kansas/Missouri); JOE LONG, v/b (USA); HANK MAJEWSKI, v (USA); NICK MASSI, v/b (USA, * 19. 9. 1927 als Nicholas Macioci in Newark/New Jersey); GERRY POLCI, v/d (USA, geb. in Passiac/New Jersey); LEE SHAPIRO, key (USA); FRANKIE VALLI, v (USA, * 3. 5. 1934 als Francis Castelluccio in Newark/New Jersey).

Von Jersey City aus sieht man die berühmte Skyline von Manhattan – Jersey City gehört schon zum Bundesstaat New Jersey, und Jersey City hat absolut nichts vom Glanz und Glimmer, den New York ausstrahlt – oder zumindest auszustrahlen scheint, wenn man auf der falschen Seite des Hudson Rivers wohnt. Dort liegen vergammelte Industriestädte wie Newark, Union City oder Hoboken. Jeder, der sich ein bißchen für Popmusik interessiert, weiß, daß Frank Sinatra aus Hoboken kommt. Jeden Abend muß er als Kind die Lichter von New York gesehen haben – und jeden Abend hat er sicher davon geträumt, diese Stadt einmal zu erobern. In seinem Hit »New York, New York« singt er ja auch davon, daß er diese Stadt erobern will, denn schafft man es in New York, schafft man es auf dem Rest der Erde. Die Anzahl der Träumer italienischer Abstammung, die sich selbst als Gesangsstars sehen und hören und die auf der Westseite des Hudson, also in New Jersey, leben und in den dort zuhauf ansässigen Zementfabriken arbeiten, ist im Laufe der letzten fünfzig Jahre sicher nicht kleiner geworden. Schätzungen behaupten, auf der New-Jersey-Seite würden jederzeit mehr Gesangsquartette und Musiker italienischer Herkunft zu finden sein, als es in Napoli je zusammen gegeben hat. Überhaupt haben die Italiener die amerikanische Popmusik beeinflußt wie kein anderes Volk: Frank Sinatra wurde bereits genannt, Perry Como, Vic Damone, Dion, Dean Martin, Al Martino und viele mehr hatten italienische Eltern oder Großeltern – und so auch die Four Seasons.

Bereits 1955 kamen Frankie Valli, die beiden Brüder DeVito und Majewski als Variatones. 1956 nannten sie sich Four Lovers und hatten unter diesem Namen im selben Jahr »You're The Apple Of My Eye« in den US-Charts. 1959 kam von den Royal Teens Bob Gaudio und ersetzte Nick DeVito. Nick Massi ersetzte Majewski, und

1961 spielten sie in der Besetzung Valli, Gaudio, Massi und Tommy DeVito. Zu diesem Zeitpunkt arbeiteten sie als Studiomusiker für den Produzenten Bob Crewe. Die Gruppenbezeichnung Four Seasons übernahmen sie von einer Bowlingbahn in New Jersey, die eben so hieß. Crewe und Gaudio schrieben einige Nummern, die diese vier nun aufnahmen. »Sherry« erschien im Herbst 1962, wurde eine Nummer 1 in den USA und 8 in GB. »Big Girls Don't Cry« und »Walk Like A Man« wurden innerhalb eines halben Jahres weitere Spitzenreiter in den USA. Ihr größter Erfolg kam Mitte 1964 mit dem Millionseller »Rag Doll«, der Nummer 1 in den USA, Platz 2 in GB und Platz 6 in Deutschland wurde. 1965 ging Nick Massi, der durch Charlie Callelo und später durch Joe Long ersetzt wurde. Im selben Jahr versuchten sich die Four Seasons unter dem Pseudonym Wonder Who? und hatten mit der Bob-Dylan-Nummer »Don't Think Twice« einen Platz 12 in den USA. Es erschienen noch weitere Singles unter diesem Namen, die diesen Erfolg jedoch nicht wiederholen konnten. 1971 verließ Tommy DeVito die Band und setzte sich zur Ruhe. 1972 hatte auch Bob Gaudio keine Lust mehr, öffentlich aufzutreten. Ab diesem Zeitpunkt gab es zahllose Umbesetzungen in der Gruppe. Auch Frankie Valli verließ die Gruppe hin und wieder, um erfolgreich Soloplatten zu veröffentlichen. Dieses Spiel wiederholte sich mehrfach. Um seine Stellung als Leadsänger zu unterstreichen, erschienen Ende der 60er Jahre die Platten als Four Seasons featuring Frankie Valli und ab 1975 als Frankie Valli & The Four Seasons. Anfang der 70er Jahre hatte man die Gruppe schon endgültig abgeschrieben, als ihr 1975 mit »Who Loves You« ein Platz 3 und mit »December, 1963 (Oh, What A Night)« gar ein Platz 1 und ein Millionseller gelang. Bei letztgenanntem Titel wurde der Leadgesang von Gerry Polci übernommen. Ende 1980 wurden sie letztmalig in den Charts notiert.

Man kann die Four Seasons heute zweifellos als Institution in der Musik bezeichnen schon wegen ihres brillanten Falsett-Pops. 1990 wurden sie in die Rock 'n' Roll Hall of Fame aufgenommen. Im August 1994 kam »December, 1963 (Oh, What A Night)« erneut in die amerikanische Hitparade und erreichte immerhin Platz 14. Als die Platte am 11. 2. 1995 letztmalig in der US-Hitparade verzeichnet wurde, hatte sie sich insgesamt 54 Wochen darin halten können.

*Sherry (8/62 US 1; 10/62 GB 8)*
*Big Girls Don't Cry (10/62 US 1)*
*Walk Like A Man (1/63 US 1)*
*Candy Girl (7/63 US 3)*
*Dawn (Go Away) (2/64 US 3)*
*Ronnie (4/64 US 6)*
*Rag Doll (6/64 US 1; 8/64 GB 2; 11/64 D 6)*
*Save It For Me (8/64 US 10)*
*Let's Hang On! (10/65 US 3, GB 4)*
*Working My Way Back To You (1/66 US 9)*
*I've Got You Under My Skin (9/66 US 9)*
*Tell It To The Rain (12/66 US 10)*
*C'mon Marianne (6/67 US 9)*
*Night (4/75 GB 7)*
*Who Loves You (8/75 US 3, GB 6)*
*December, 1963 (Oh, What A Night) (12/75 GB 1, US 1)*
*Silver Star (4/76 GB 3)*
***Pop, Rock 'n' Roll***

**CD-Tip:** *25th Anniversary Collection* Rhino RD 72998–2

## 4 The Cause

BJ, v (USA, * 13. 8. 1982 als Bennie Edwards in Chicago); J-MAN, v (USA, * 2. 7. 1982 als Jason Edwards in Chocago); MISS LADY, v (USA, * 10. 5. 1981 als Shonna Edwards in Chicago); SHORTY, v (USA, * 26. 9. 1984 als Reshona Edwards in Chicago).

Die Kindertruppe aus Oak Park in der Nähe von Chicago hatte mit einer Neuaufnahme des Ben E. King-Hits »Stand By Me« im HipHop-Stil in Frühjahr 1998 einen Hit in Deutschland – die Kids kannten die Originalversion wohl nicht mehr. Die Väter der Gruppe, die beiden Brüder Leroy und Bennie, waren selbst Musiker und konnten so den Cousins und Cousinen helfen. 1993 gründeten sie ihre erste Gruppe, die sie Yound Warriors 4 The Cause nannten. Ihre erste Platte »Up On It« soll angeblich in den USA eine Achtungserfolg gewesen sein – in den Charts schlug sich das jedoch nicht nieder. 1997 wurden sie von dem Management unter Vertrag genommen, das auch die Kindertruppe Moffats betreute. Die entschlossen sich, die Kids erst einmal in Deutschland zu starten. Es war ihnen wohl bewußt, daß Tenniebands hierzulande gut an die Kinder zu bringen sind.

*Stand By Me (4/98 D 2; 5/98 CH 1)*
***Pop, Soul***

**CD-Tip:** *Stand By Me* RCA 74321 59030 2

## Four Tops

RENALDO »OBIE« BENSON, v (USA, geb. in Detroit/Michigan); ABDUL »DUKE« FAKIR, v (USA, * 26. 12. 1935 in Detroit/Michigan); LAWRENCE PAYTON, v (USA, geb. in Detroit/Michigan, † 20. 6. 1997); LEVI STUBBS, v (USA, * 6. 6. 1936 als Levi Stubbles in Detroit/Michigan).

Die Four Tops wurden 1953 als Four Aims in ihrer Heimatstadt Detroit gegründet. Um nicht mit den Ames Brothers verwechselt zu werden, änderten sie ihren Namen schnell in Four Tops. Schon damals waren die vier Mitglieder, die bis in die 90er Jahre als Four Tops auftreten sollten, dabei. 1956 machten sie ihre ersten Plattenaufnahmen für Chess Records, dann für die Plattenfirmen Red Top, Riverside und Columbia Records. Bevor sie 1963 einen Vertrag mit Motown unterschrieben, waren sie mit Billy Eckstine auf Tournee. Die erste LP, »Breakin' Through«, war kein Durch-, sondern ein Einbruch. Dann kam Mitte 1964 die Single »Baby, I Need Your Loving«, die sich bis auf Platz 11 in den USA hocharbeitete. Im Mai 1965 dann der ganz große Erfolg, Platz 1 in den USA, mit »I Can't Help Myself«. »It's The Same Old Song« 1965, »Reach Out I'll Be There« und »Standing In The Shadows Of Love« 1966 und »Bernadette« 1967 waren weitere Top-10-Erfolge für die Band in den USA. »Walk Away Renee« 1967 und »If I Were A Carpenter« 1968 erreichten noch die britischen Top 10. Es folgten weitere Hitplazierungen, doch erst 1972 sollte mit »Keeper Of The Castle« in den USA wieder ein Top-10-Erfolg gelingen. Ihren einzigen ausgewiesenen Millionseller hatten die Four Tops im Frühjahr 1973 mit »Ain't No Woman (Like The One I've Got)«. Ihr letzter Top-10-Hit in GB war im Dezember 1988 »Loco In Acapulco« aus dem Film »Buster«. 1990 wurden sie in die Rock 'n' Roll Hall of Fame aufgenommen. 1995 waren die Four Tops mit den Temptations, den Spinners, den Supremes und Jr. Walker in der ›Legend Of Motown‹-Tour unterwegs. Bei den anderen Formationen hatte sich viel verändert; teilweise waren von der Originaltruppe keiner bzw. nur noch wenige Mitglieder dabei. Die Four Tops traten mit den vier Mitgliedern an, mit denen sie 43 Jahre zuvor begonnen hatten. Am 20. 6. 1997 starb im Alter von 59 Jahren Lawrence Payton an Leberkrebs.

*I Can't Help Myself (5/65 US 1; 3/70 GB 10)*
*It's The Same Old Song (7/65 US 5)*
*Reach Out I'll Be There (9/66 GB 1, US 1)*
*Standing In The Shadows Of Love (12/66 GB 6, US 6)*
*Bernadette (3/67 US 4, GB 8)*
*Walk Away Renee (12/67 GB 3)*
*If I Were A Carpenter (3/68 GB 7)*
*It's All In The Game (5/70 GB 5)*
*Still Water (Love) (10/70 GB 10)*
*Simple Game (9/71 GB 3)*
*Keeper Of The Castle (11/72 US 10)*
*Ain't No Woman (Like The One I've Got) (2/73 US 4)*
*When She Was My Girl (10/81 GB 3)*

*Loco In Acapulco (12/88 GB 7)*
***Motown Sound, Rhythm & Blues, Soul***

**CD-Tip:** *Anthology* Tamla Motown WD 75528 2

## Four Tunes

WILLIAM BEST, v (USA); JAMES GORDON, v (USA); JAMES NABBIE, v (USA); DANNY OWENS, v (USA).

Wie die meisten der ›Four‹-Gruppen waren auch die Four Tunes in der ersten Hälfte der 50er Jahre populär. Ob Four Aces, Four Coins, Four Freshmen, Four Knights, Four Lads, Four Voices, Four Esquires, Four Preps, Four Dates, alle drängelten sich in den 50er Jahren. Ausnahmen sind die Four Seasons und die Four Tops, die ihren Erfolg in die nächsten Jahrzehnte retten konnten. Diese vier hier hatten mit »I Understand Just How You Feel« Mitte 1954 einen Millionseller und einen Platz 6 in den USA. Neben zwei weiteren Hitnotierungen blieb das der einzige Erfolg dieser Rhythm-&-Blues-Gruppe.

*I Understand Just How You Feel (5/54 US 6)*
***Rhythm & Blues***

**CD-Tip:** *The Complete Jubilee Session* Sequel NED CD 229

## 4-You

*I Was Made For Loving You (7/96 CH 7)*

## Fourmost

BILLY HATTON, b (Großbritannien, * 9. 6. 1941 in Liverpool); DAVE LOVELADY, d (Großbritannien, * 16. 10. 1942 in Liverpool); MIKE MILLWARD, v/g (Großbritannien, * 9. 5. 1942 in Bromborough/Cheshire); BRIAN O'HARA, v/g (Großbritannien, * 12. 3. 1942 in Liverpool).

Am 1. 3. 1961 spielten die Fourmost im legendären Cavern Club in Liverpool. Die Beatles gaben ihr erstes Konzert erst zwanzig Tage später in diesem Club. O'Hara und Hatton hatten als Teenager 1958 die Four Jays gegründet, und unter diesem Namen spielten sie jetzt auch erstmals im Cavern Club. Die oben angegebene Besetzung kam im September 1962 zustande, und erst jetzt wurden sie Profimusiker. Nachdem er schon Gerry & The Pacemakers, Billy J. Kramer With The Dakotas, The Big Three und Tommy Quickly unter Vertrag hatte, nahm Brian Epstein Mitte 1963 die Fourmost unter seine Fittiche. Ende August erschien ihre erste Single, »Hello Little Girl«, die es, wohl auch, weil es sich um eine Lennon-McCartney-Komposition handelte, bis auf Platz 9 der britischen Charts brachte. »A Little Loving« kam im April 1964 in die GB-Hitparade, und nach einigen weiteren kleinen Hitnotierungen – alle Titel der Fourmost wurden übrigens von George Martin produziert – verschwand die Gruppe 1966. Mike starb in jenem Jahr an Leukämie. Die anderen traten später weiter in Clubs auf.

*Hello Little Girl (12/63 GB 9)*
*A Little Loving (4/64 GB 6)*
***Beat***

## 4 Non Blondes

CHRISTA HILLHOUSE, v/b (USA, * 28. 11. 1961 in Fort Bliss/Arkansas); LOUIS METOYER, g; LINDA PERRY, v/g (USA, * 15. 4. 1965 in Massachusetts); DAWN RICHARD-

SON, d (USA, * 19. 4. 1964 in Pasadena/Kalifornien); ROGER ROCHA, g.
Das Debütalbum dieser aus San Francisco stammenden Band, erschienen im Frühjahr 1993, war eine der Überraschungen des Jahres. Die Band spielte Rock, beeinflußt durch Blues, Funk und Country. Diese Mischung brachte es – sogar bei den deutschen Käufern. Besonders die Nummer »What's Up« tat ihre Wirkung: Platz 1 in den deutschen Charts. Die Stimme und das Songschreibertalent von Linda Perry war das größte Kapital von 4 Non Blondes – sie sang die Leadstimme und schrieb die meisten Songs im Alleingang. Die Titel, die auf der Debüt-CD »Bigger, Better, Faster, More!« zu hören waren, stammten allerdings nicht aus dem Jahre 1993. Die meisten Stücke hatte die Band schon in den Jahren zuvor aufgenommen, und somit stellte die CD eine Art Sammlung ihrer schönsten Titel dar. »Dear Mr. President«, neben »What's Up« eine der stärksten Nummern auf der CD, war gar aus dem Jahre 1989. Auf »Bigger, Better, Faster, More!« wurden bis auf »Drifting« noch alle Stücke vom Gitarristen Metoyer gespielt. Kurz vor Erscheinen der Platte verließ er die Band und wurde durch Roger Rocha ersetzt. Mitte 1996 erschien mit »In Flight« die erste Solo-LP von Linda Perry.

*What's Up (6/93 D 1, GB 2; 8/93 CH 1)*
***Rock***

**CD-Tip:** *Bigger, Better, Faster, More!* Atlantic 7567–92112–2

## 4 P.M.

LARRY MCFARLAND, v (USA); RENE PENA, v (USA); ROBERTO PENA, v (USA); MARTY WARE, v (USA).
4 P.M. steht für ›For Positive Music‹ – was immer das ist. Der Song »Sukiyaki« jedenfalls ist ein ausgesprochener Dauerbrenner. Alle Jahre wieder gibt es eine neue Version dieser Melodie, die dann auch erfolgreich wird. Die Originalversion stammt aus dem Jahre 1963 und war mit dem Japaner Kyu Sakamoto Spitzenreiter in den USA. Dort war 1981 die Gruppe Taste Of Honey mit ihrer Version auf Platz 3 der Charts. Mit einem Nachfolgehit tat sich 4 P.M. schwer. Und im Frühjahr 1995 veröffentlichten die vier Jungs aus Baltimore/Maryland das Album »Now's The Time«, das es aber nicht unter die ersten 100 der US-Albumcharts brachte.

*Sukiyaki (9/94 US 8)*
***Soft Soul***

## Fox

HERBIE ARMSTRONG, v/g (Irland); NOOSHA FOX, v (Australien, * 8. 12. 1944); JIM FRANK, d (Großbritannien); JIM GANNON, v/g (Großbritannien); PETE SOLLEY, v/key (Großbritannien, * 19. 10. 1948); GARY TAYLOR, b (Großbritannien); KENNY YOUNG, v/g (USA).
Die Musiker kann man getrost als eine Ansammlung von Studiocracks bezeichnen, die den Gesang von Noosha Fox begleiteten und für Auftritte zusammenkamen. Noosha, die in Australien geboren wurde, kam mit zwei Freundinnen nach England und gründete dort die Gruppe Wooden Horse. Sie tourten zusammen mit Georgie Fame und Alan Price durch GB. 1974 lernte Noosha Kenny Young kennen, der bereits Titel für Nancy Sinatra, die Seekers, die Drifters, Status Quo und andere geschrieben hatte. Er schrieb für sie die Nummer »Only You Can«, die in Los Angeles aufgenommen wurde, im Februar 1975 in die britischen Charts kam und Platz 3 erreichte. Der Nachfolgehit war »Imagine Me, Imagine You«, der es bis auf Platz 15 in GB brachte. »S-S-S-Single Bed« erschien im April 1976 in den britischen Charts, erreichte Platz 4 und markierte das Ende der Erfolgsserie von Fox.

Ab 1977 versuchte sich Noosha als Solistin und erreichte mit dem Titel »Georgina Bailey« Ende des Jahres in GB die Top 40. Trotzdem kam die Band in demselben Jahr noch einmal zur Produktion eines Albums zusammen. Herbie Armstrong und Kenny Young gründeten ebenfalls noch in jenem Jahr die Formation Yellow Dog. Später wurde Armstrong Solist und arbeitete von 1978 bis 1982 mit Van Morrison.

*Only You Can (2/75 D 2, GB 3; 6/75 CH 2)*
*Imagine Me, Imagine You (6/75 D 7)*
*S-S-S-Single Bed (4/76 GB 4)*
***Disco, Middle Of The Road (MOR)***

## Fox The Fox

GINO JANSEN, b (Niederlande); ROY KUSHEL, key (Niederlande); HAN LANGKAMP, d (Niederlande); SILHOUETTE MUSMIN, v/key (Niederlande); BERTH TAMAELA, v/g (Niederlande); KIER VON DE WERF, g (Niederlande).

Köpfe dieser Formation waren Berth Tamaela und Silhouette Musmin. Berth hatte sich vor Gründung der niederländischen Formation Fox The Fox in Holland bereits einen Namen gemacht durch seine Arbeit mit Boozy und mit Alides Hidding, der später die Time Bandits gründete. Für die Texte der einzelnen Titel war Silhouette verantwortlich. Die Band tauchte im Jahr 1984 zweimal in der deutschen Hitparade auf, und ihr erster Eintrag war auch gleich ihr größter Erfolg: »Precious Little Diamonds«. Ende des Jahres gelang ihnen mit »Flirting And Showing« noch eine Notierung auf Position 40.

*Precious Little Diamonds (7/84 D 5)*
***Pop***

## Fox, Samantha

v (Großbritannien, * 15. 4. 1966 in London).

Ihre Karriere begann sie in GB als Mädchen von Seite 3 mit den Maßen 92–59–84. Bei so viel Brustumfang vermuteten Plattenproduzenten offensichtlich auch Stimme. Für die zweite Hälfte der 80er Jahre und die piepsigen Disconummern, die zu diesem Zeitpunkt angesagt waren, genügte sie in der Tat. Mit der Aufforderung »Touch Me (I Want Your Body)« kam sie 1986 in GB, in Deutschland und in den USA unter die ersten 4. »Do Ya Do Ya (Wanna Please Me)« wurde im selben Jahr ein Platz 10 in GB und 5 in Deutschland. »Nothing's Gonna Stop Me Now« im Mai 1987, »Naughty Girls (Need Love Too)« im März 1988 und der Millionseller »I Wanna Have Some Fun« im November 1988 waren die letzten drei Hits für Samantha Fox. Als ihr die Behandlung durch die englische Presse zuviel wurde, zog sie nach Amerika. 1991 beendete sie dort ihren ersten Film als Schauspielerin: »The Final Embrace«. 1996 erschien nach langer Zeit mit »Let Me Be Free« mal wieder eine neue Single von Samantha, die jedoch nicht weiter auffiel.

*Touch Me (I Want Your Body) (3/86 GB 3, D 4; 5/86 CH 1; 11/86 US 4)*
*Do Ya Do Ya (Wanna Please Me) (6/86 D 5, GB 10; 8/86 CH 4)*
*Nothing's Gonna Stop Me Now (3/87 GB 8; 6/87 CH 2, D 6)*
*I Surrender (9/87 CH 10)*
*Naughty Girls (Need Love Too) (2/88 US 3)*
*I Wanna Have Some Fun (11/88 US 8)*
***Middle Of The Road (MOR)***

**CD-Tip:** *Greatest Hits* Jive ZD 75278

## Foxx, Inez & Charlie

CHARLIE FOXX, v (USA, * 23. 10. 1939 in Greensboro/North Carolina); INEZ FOXX, v (USA, * 9. 9. 1942 in Greensboro/North Carolina).

Zuerst machte Inez Foxx 1960 als Solistin unter dem Künstlernamen Inez Johnston mit »A Feeling« ihre erste Platte. Vorher hatte sie in der Gospelgruppe Tide Chorus gesungen. Bruder Charlie arbeitete zu diesem Zeitpunkt schon als Songschreiber, und seine Bearbeitung eines alten Kinderliedes brachte den beiden zusammen den Hit »Mockingbird«, Platz 7 in den USA Mitte 1963. Fast sechs Jahre später kam die Nummer auch in die GB-Charts, erreichte allerdings nur Platz 34. Die beiden arbeiteten bis zum Ende der 60er Jahre zusammen, brachten es aber zu keinem weiteren großen Hit. In den 70er Jahren machte Inez wieder Soloplatten, die alle gut, aber wenig erfolgreich waren.

*Mockingbird (6/63 US 7)*
***Pop***

## Foxy

CARL DRIGGS, v (USA); JOE GALDO, v/d (Kuba, * 7. 2. 1951); ISH LEDESMA, v (Kuba, * 2. 10. 1952); CHARLIE MURCIANO, v/key (Kuba, * 20. 2. 1953); ARNOLD PASEIRO, b (Kuba, * 30. 10. 1950); RICHIE PUENTE, per (Kuba, * 15. 6. 1953).

Mit dem Aufkommen der Discomusik hatte die aus Miami stammende Band Mitte der 70er Jahre die ersten Erfolge. Die Gruppe verstand es ausgezeichnet, Rhythm & Blues, Reggae, Jazz, Salsa und Disco miteinander zu verbinden. Salsa wohl auch schon deshalb, weil mit Richie Puente der Sohn des Salsa-Königs Tito Puente in der Band spielte. 1976 erschien die LP »Foxy«. Darauf ein Titel, den sich die in den ganzen USA zu sehende TV-Sendung ›Disco '76‹ als Erkennungsmelodie nahm. Damit hatte sich die Band selbst zu sehr auf die Disco-Schiene gebracht. »Get Off« wurde im Juli 1978 ein Platz 9 in den USA, »Hot Number« im März 1979 Platz 21. Damit war ihre Hitzeit schon wieder vorüber. Zwischen dem ersten und dem zweiten Hit verließ Carl Driggs die Band, und Ish übernahm nun ganz den Leadgesang. Nach dem Auseinanderbruch der Gruppe gründete Ish zuerst Oxo, dann Company B.

*Get Off (7/78 US 9)*
***Disco***

## Frampton, Peter

v/g (Großbritannien, * 22. 4. 1950 in Bekkenham/Kent).

Peter war gerade mal 16 Jahre alt, als er Mitglied der britischen Band Herd wurde. Die Formation brachte es auf zwei Hits, dann ging Peter und gründete 1969 zusammen mit Steve Marriott von den Small Faces, Greg Ridley von Spooky Tooth und Jerry Shirley Humble Pie, die es auf einen einzigen Hit brachten. Im Juni 1972 gründete er mit Peter Frampton's Camel seine eigene Band, ab 1974 veröffentlichte er Platten nur noch unter seinem Namen. Nachdem ihm kein Hit gelingen wollte, kündigte er an, er werde sich ganz aus dem Musikgeschäft zurückziehen und zum Abschluß noch ein letztes Konzert geben. Dieses Konzert im Winterland in San Francisco wurde mitgeschnitten und unter dem Titel »Frampton Comes Alive!« als Doppel-LP veröffentlicht. Der Erfolg war überwältigend, mehr als zehn Millionen Platten wurden verkauft. Ausgekoppelte Singlehits: »Show Me The Way«, im Frühjahr 1976 Top 10 in den USA und in GB, und »Do You Feel Like We Do«, Top 10 in den USA. »I'm In You« war Mitte 1977 noch einmal ein Platz 2 in den USA, dann merkten die Käufer, daß Peter doch nicht ausstieg, und fühlten sich betrogen – aus mit den Hits. 1978 spielte Peter im Film »Sgt. Pepper's Lonely Hearts Club Band« die Rolle des Billy Shears, im selben Jahr verunglückte er mit einem Auto auf den Bahamas und mußte für einige Monate pausieren. In den folgenden Jahren erschienen immer wieder Platten von Peter, von denen sich keine nur annähernd so gut verkaufte wie »Frampton Comes Alive!«. Im Jahre 1995 rechnete man hoch. Alleine in den USA wurden 6 Millionen Exemplare verkauft, weltweit 15 Millionen. Damit galt diese Platte in den USA als das bestverkaufte Live-Album aller Zeiten.

*Show Me The Way (2/76 US 6; 5/76 GB 10)*
*Do You Feel Like We Do (9/76 US 10)*
*I'm In You (5/77 US 2)*
***AOR (Adult Orientated Rock), Rock***

**CD-Tip:** *Classics Vol. 12* A&M Records CD 2510

## Francis, Connie

v (USA, * 12. 12. 1938 als Concetta Rosa Maria Franconero in Newark/New Jersey).

Als die kleine Connie Francis vier Jahre alt war, begann sie Akkordeon zu spielen. Ihren ersten Auftritt als Gesangsprofi hatte sie mit elf. Mit zwölf sang sie bereits in der ›Startime Show‹ des NBC-Fernsehens, und es dauerte nicht lange, bis sie ihren ersten Schallplattenvertrag in der Tasche hatte. Zunächst sang sie für zwei Jahre Liedchen, die keiner hören wollte. Dann hatte sie Ende 1957 zusammen mit Marvin Rainwater den Titel »The Majesty Of Love«, der zwar nur Platz 93 in den US-Charts erreichte, angeblich aber trotzdem ein Millionseller wurde. Jetzt merkte auch die Plattenfirma, daß mehr hinter dieser kleinen Connie stecken mußte und daß vielleicht das Material, das man sie hatte singen lassen, nicht richtig war. Der Vater von Connie machte den Vorschlag, seine Tochter solle doch das Lied singen, das er schon seit vielen, vielen Jahren zu seinem Lieblingsstück erkoren hatte: »Who's Sorry Now«, geschrieben im Jahre 1923, damals ein Riesenerfolg und mit sechs verschiedenen Interpreten in den Hitparaden. Nach einigem Zögern willigte die Firma im November 1957 ein. Ein junges Mädchen sollte eine Nummer aus den 20er Jahren singen – so richtig überzeugt waren die Herren von der Record Company nicht. Im Februar 1958 kam der Titel in die US-Charts und kletterte hoch bis auf Platz 4. Über Nacht war Connie ein Star in den USA. Zwei Monate später kam die Platte auch in die britische Hitparade und erreichte gar Platz 1. Über viele Jahre hinweg war Connie nun eine der erfolgreichsten amerikanischen Sängerinnen. Zwischen 1958 und 1964 war sie regelmäßig in den Hitparaden zu finden, ihre größten Hits waren »Carolina Moon/Stupid Cupid« und »My Happiness« 1958, »Lipstick On Your Collar« 1959, »Everybody's Somebody's Fool« und »My Heart Has A Mind Of Its Own« 1960 und »Don't Break The Heart That Loves You« 1962. 1964 war dann ihre Hochzeit in den USA und in GB vorüber. Die Fans in Deutschland sind, ähnlich wie die japanischen, über viel Jahre treu. Hierzulande stand sie bis Ende 1967 immer wieder in der Hitparade. Wohl für ihre deutschen Fans sang sie ihr Spätwerk »Es ist so schön, daß es dich gibt«. Schon vorher hatte sie etliche ihrer englischsprachigen Hits auch in Deutsch gesungen – so wurde aus »Everybody's Somebody's Fool« »Die Liebe ist ein seltsames Spiel«. Weitere Hits in deutscher Sprache waren »Schöner fremder Mann« 1961, »Tu mir nicht weh/Paradiso« 1962 und »Barcarole in der Nacht« 1963.

Sie war in Vergessenheit geraten, als sie im November 1974 wieder auf die Titelseiten geriet. Sie war nach längerer Abwesenheit von der Bühne bei der Westbury Music Fair in New York aufgetreten, als ihr auf dem Weg zurück in ihr Motel von einem Triebtäter aufgelauert wurde, der sie vergewaltigte. Für längere Zeit war Connie nicht mehr in der Lage zu singen. Im Herbst 1978 versuchte sie ein Comeback in einer Sendung von Dick Clark, dem bekannten TV-Moderator, der sich schon seit den Tagen des Rock 'n' Roll mit

Musiksendungen beschäftigt. Sie sang ein Medley ihrer großen Erfolge und kam gut beim Publikum an. Im März 1981 ereilte sie ein weiterer Schicksalsschlag: In seinem Zuhause in New Jersey wurde ihr Bruder ermordet. In ihrer Autobiographie, die im September 1984 erschien, schreibt sie, daß sie sieben Jahre nach der Vergewaltigung gerade wieder neu beginnen wollte, als das geschah. 1989 nahm sie zusammen mit Boy George den Titel »Something Stupid« auf. 1992, als in Deutschland aus vielen alten Titeln Medleys zusammengeschustert wurden, nahm man sich auch die Hits von Connie vor und machte aus »Schöner fremder Mann«, »Die Liebe ist ein seltsames Spiel«, »Barcarole in der Nacht«, »Paradiso« und »Napoli« den Titel »Jive Connie«, der es immerhin bis auf Platz 2 in den deutschen Charts brachte. Diesen Erfolg wollte die Plattenfirma von Connie wiederholen und brachte »Go, Connie, Go« auf den Markt. Hier wurden jetzt die englischsprachigen Titel von Connie verwurschtelt: »Lipstick On Your Collar«, »Someone Else's Boy«, »Everybody's Somebody's Fool«, »Oh, Lonesome Me« und »Bye Bye Love«. Das Medley erreichte im August 1992 immerhin Platz 23 in Deutschland.

*Who's Sorry Now (2/58 US 4; 4/58 GB 1)*
*Carolina Moon/Stupid Cupid (8/58 GB 1)*
*My Happiness (12/58 US 2; 2/59 GB 4; 5/59 D 6)*
*Lipstick On Your Collar (5/59 US 5; 7/59 GB 3)*
*Frankie (5/59 US 9)*
*Among My Souvenirs (11/59 US 7)*
*Mama (2/60 US 8)*
*Everybody's Somebody's Fool (5/60 US 1; 8/60 GB 5)*
*Mama/Robot Man (5/60 GB 2)*
*My Heart Has A Mind Of Its Own (8/60 US 1; 11/60 GB 3)*
*Die Liebe ist ein seltsames Spiel (8/60 D 1)*
*Many Tears Ago (11/60 US 7)*
*Where The Boys Are (1/61 US 4)*
*Where The Boys Are/Baby Roo (3/61 GB 5)*
*Breakin' In A Brand New Broken Heart (4/61 US 7)*
*Together (6/61 US 6; 9/61 GB 6)*
*Schöner fremder Mann (6/61 D 2)*
*When The Boy In Your Arms (Is The Boy In Your Heart) (11/61 US 10)*
*Eine Insel für zwei (12/61 D 7)*
*Lili Marleen (2/62 D 9)*
*Don't Break The Heart That Loves You (2/62 US 1)*
*Second Hand Love (5/62 US 7)*
*Tu mir nicht weh/Paradiso (6/62 D 1)*
*Vacation (7/62 US 9, GB 10)*
*Wenn du gehst (12/62 D 2)*
*Barcarole in der Nacht (6/63 D 1)*
*Die Nacht ist mein (10/63 D 3)*
*Du mußt bleiben, Angelino (4/65 D 10)*
*Jive Connie (3/92 D 2)*
***Pop, Rock 'n' Roll***

**CD-Tip:** *White Socks, Pink Lipstick... And Stupid Cupid* Bear Family BCD 15 616 EI

## Franke & The Knockouts

TOMMY AYERS, key (USA); BILLY ELWORTHY, g (USA); LEIGH FOXX, b (USA); CLAUDE LEHENAFF, d (USA); BLAKE LEVINSON, key (USA); BOBBY MESSANO, g (USA); FRANKE PREVITE, v (USA); TICO TORRES, d (USA, * 7. 10. 1953 in New York City).

Das amerikanische Quintett wurde 1980 in New Brunswick/New Jersey gegründet. Previte hatte vorher mit Freunden in der Halle des Hauptbahnhofs von New Brunswick gesungen, weil dort so ein schönes Echo ist. Danach machte er Platten mit der Oxford Watch Band und einer Heavy-Metal-Gruppe namens Bull Angus. Mit den Knockouts und dem Titel »Sweetheart« hatte er Anfang 1981 seinen ersten und einzigen Top-10-Erfolg in den USA. Nach zwei weiteren Hitnotierungen, die nicht über die Position 20 hinauskamen, verschwand die Gruppe Mitte 1982 wieder. Elworthy verließ die Band im selben Jahr, für ihn kam Messano. 1984 gingen Levinson und LeHenaff und wurden durch Ayers und Torres ersetzt, was der Band jedoch auch keinen Erfolg mehr brachte. Als Songschreiber war Previte an dem Superhit »(I've Had) The Time Of My Life« aus dem Film »Dirty Dancing« beteiligt.

*Sweetheart (3/81 US 10)*
***Soft Rock***

## Franke, Christian

v (Deutschland, * 15. 2. 1956 in Nürnberg).
Franke schaffte mit der Nummer »Ich wünsch' dir die Hölle auf Erden« Ende 1981 seinen einzigen Top-10-Erfolg in Deutschland. »Was wäre, wenn ...« und »Wenn du gehst, stürzt nicht der Himmel ein«, beide 1982, waren weitere Notierungen in den Verkaufs-Charts, dann war er wieder verschwunden. Ende der 80er Jahre veröffentlichte Christian Franke unter dem Pseudonym Phantom Of The Blue englischsprachige Platten – seine unverwechselbare Falsettstimme fiel trotzdem auf.

*Ich wünsch' dir die Hölle auf Erden (12/81 D 7)*
***Deutscher Schlager***

## Frankie Goes To Hollywood

PETER GILL, d (Großbritannien, * 8. 3. 1964 in Liverpool); HOLLY JOHNSON, v (* 9. 2. 1960 in Khartum/Sudan); BRIAN »NASHER« NASH, g (Großbritannien, * 20. 5. 1963); MARK O'TOOLE, b (Großbritannien, * 6. 1. 1964 in Liverpool); PAUL RUTHERFORD, v (Großbritannien, * 8. 12. 1959 in Liverpool).
Frankie Goes To Hollywood kam Ende 1980 zusammen. Es sollte zwei Jahre dauern, bis die Band ihren ersten Auftritt im britischen Radio und Fernsehen hatte. Und wieder ein Jahr später, im Herbst 1983, erscheint mit »Relax« ihre erste Single auf dem Plattenlabel Zang Tumb Tumm, das dem cleveren Musiker und Produzenten Trevor Horn gehört. Nachdem die Platte von der BBC als obszön abgelehnt und nicht gespielt wird, entwickelt sie sich zum Renner. Innerhalb von nur drei Monaten überschreitet die Verkaufsmarke die Millionengrenze. Die Platte erreicht Platz 1 in GB und wird trotzdem nicht von der BBC in der Sendung ›Top of The Pops‹ gespielt, was dem Verkauf nur noch weitere Impulse gibt. Nachdem »Relax« Ende 1983 in die britischen Charts gekommen ist und Platz 1 erreicht hat, fällt sie wieder raus und kommt im März 1984 erneut in die Hitparade und erreicht Platz 2. Bis auf Platz 1 kann sie nicht kommen, weil da schon die Nachfolgesingle »Two Tribes« steht. Auch in Deutschland klettert »Relax« bis auf Platz 1. Anfang 1985, nachdem die Nummer im Film »Police Academy« zu hören war, kommt sie auch in den USA unter die ersten 10. »Two Tribes« erreicht Mitte 1984 auch in Deutschland Platz 1, »The Power Of Love« steht Ende 1984 an der Spitze in GB und auf Platz 4 in Deutschland. 1985 wird ein mageres Hitjahr für die Band, 1986 kommt »Rage Hard« zumindest in Deutschland wieder an die Spitze, in GB bis auf 4. Zwischenzeitlich hatte es in der Presse immer wieder Gerüchte gegeben, nicht die Mitglieder der Band, sondern Studiomusiker würden auf den Platten spielen. 1987 wird die Band offiziell aufgelöst, Johnson und Rutherford machen weiter als Solisten. Johnson strebt außerdem einen Prozeß gegen ZTT-Records an. Seiner Meinung nach hat er zu wenig Tantiemen erhalten. Das Gericht gibt ihm recht.

*Relax (11/83 GB 1; 1/84 D 1; 3/84 CH 1; 1/85 US 10; 10/93 GB 5)*
*Two Tribes (6/84 D 1, GB 1; 7/84 CH 4)*
*The Power Of Love (12/84 GB 1, D 4; 1/85 CH 2; 12/93 GB 10)*
*Welcome To The Pleasure Dome (3/85 GB 2; 4/85 D 9)*
*Rage Hard (9/86 D 1, GB 4, CH 5)*
*Warriors (Of The Wasteland) (12/86 D 7)*
*Relax '93 (11/93 CH 6)*
***Elektro-Pop, Glitter(-Glam)-Rock***

**CD-Tip:** *Bang! ... The Greatest Hits Of Frankie Goes To Hollywood* ZTT 4509 9391 2

## Franklin, Aretha

v (USA, * 25. 3. 1942 in Memphis/Tennessee).

Die Karriere von Aretha begann 1961 und geht bis in die 90er Jahre. Bereits mit 14 Jahren nahm sie ihre ersten Platten auf. 1960 erhielt sie einen Plattenvertrag von Columbia Records, die sie jedoch noch sehr in Richtung Jazz und Gospel trimmten. Erst als sie ab 1967 mit ihren Platten auf Atlantic Records erschien und Soul sang, kam der Erfolg. Ihre größten Hits waren »I Never Loved A Man (The Way I Love You)«, »Respect«, »Baby I Love You« und »Chain Of Fools«, alle 1967, »(Sweet Sweet Baby) Since You've Been Gone«, »Think«, »I Say A Little Prayer« und »See Saw« 1968, »Don't Play That Song« 1970, »Bridge Over Troubled Water«, »Spanish Harlem« und »Rock Steady« 1971, »Day Dreamin'« 1972 und »Until You Come Back To Me (That's What I'm Gonna Do)« 1973. Allen genannten Platten ist gemeinsam, daß sie Millionseller waren. In der ewigen Bestenliste der Rhythm-&-Blues-Künstler belegt Aretha Franklin hinter James Brown den 2. Platz. Nach 1976 wurde sie von vielen abgeschrieben. Dann meldete sie sich 1985 mit zwei Top-10-Erfolgen zurück: »Freeway Of Love« und »Who's Zoomin' Who«. Sie machte in den 80ern einige interessante Duettplatten, z. B. mit Annie Lennox, Whitney Houston, George Benson, Keith Richards und, 1987 Spitzenreiter in GB und in den USA, zusammen mit George Michael »I Knew You Were Waiting For Me«. Ebenfalls 1987 wurde Aretha als erste Frau in die Rock 'n' Roll Hall of Fame aufgenommen. 1994 hatte sie mit »A Deeper Love« aus dem Film »Sister Act 2« einen Top-10-Hit in GB. Im Frühjahr desselben Jahres erschien ihr Album »Greatest Hits (1980 – 1994)«. Es wurde ein Platinseller in den USA. Nachdem sie längere Zeit nicht mehr in den Charts aufgetaucht war, kam sie im Frühjahr 1998 mit der Platte »A Rose Is Still A Rose« (3/98 US 26, GB 22). Hier machte sich wieder bezahlt, daß sie keine Berührungsängste mit jüngeren Kollegen hat. Der Titel war produziert von Lauryn Hill, die wiederum die Sängerin der Fugees ist. Für ihr Album, das wenig später erschien, hatte sie sich als Produzenten außerdem Puff Daddy oder Narada Michael Walden ausgesucht.

*I Never Loved A Man (The Way I Love You) (3/67 US 9)*
*Respect (4/67 US 1; 6/67 GB 10)*
*Baby I Love You (7/67 US 4)*
*A Natural Woman (You Make Me Feel Like) (9/67 US 8)*
*Chain Of Fools (12/67 US 2)*
*(Sweet Sweet Baby) Since You've Been Gone (3/68 US 5)*
*Think (5/68 US 7)*
*The House That Jack Built (8/68 US 6)*
*I Say A Little Prayer (8/68 GB 4, US 10)*
*Bridge Over Troubled Water (4/71 US 6)*
*Spanish Harlem (7/71 US 2; 9/71 D 6)*
*Rock Steady (10/71 US 9)*
*Day Dreaming (3/72 US 5)*
*Until You Come Back To Me (That's What I'm Gonna Do) (11/73 US 3)*
*Freeway Of Love (6/85 US 3)*
*Who's Zoomin' Who (9/85 US 7)*
*Sisters Are Doin' It For Themselves (11/85 GB 9)*
*I Knew You Were Waiting (For Me) (1/87 GB 1, US 1, D 5; 2/87 CH 5)*
*A Deeper Love (2/94 GB 5)*
***Memphis Sound, Pop, Rhythm & Blues, Soul***

**CD-Tip:** *Queen Of Soul* Rhino R2 71063

## Franklin, Erma

v (USA, geb. in Memphis/Tennessee).

Die jüngere Schwester von Aretha schaffte Ende 1967 mit »(Take A Little) Piece Of My Heart« gerade mal einen Platz 62 in der amerikanischen Hitparade. Der Titel wurde später von Janis Joplin gesungen und sehr erfolgreich. Jahrelang hatte man nichts mehr von Erma Franklin gehört, bis Ende 1992 Levi's hinging und für einen Werbespot eben jene Nummer »Piece Of

My Heart« verwendete, die es in GB daraufhin in die Top 10 brachte.

*(Take A Little) Piece Of My Heart (10/92 GB 9)*
***Pop, Soul***

## Franklin, Rodney

v/p (USA).
Franklin schaffte in GB mit dem Instrumental »The Groove« im Frühjahr 1980 einen Platz 7. Für einen Discotitel war das Stück recht ansprechend. Ein Nachfolger ist nicht gelungen. Franklin spielte auch auf Platten von Freddie Hubbard, Marlena Shaw oder Bill Summers. Soloplatten machte er ab 1978.

*The Groove (4/80 GB 7)*
***Disco, Jazz***

**CD-Tip:** *Diamond Inside Of You* RCA PD 83038

## Frantique

VIVIENNE SAVOIE, v (USA).
Das aus Philadelphia stammende Mädchen-Tanz-Discotrio wurde 1979 zusammengestellt. Leadsängerin war Vivienne Savoie. Sie nahmen ein Album auf, das mit »Strut Your Funky Stuff« einen Top-10-Erfolg im Herbst desselben Jahres in GB enthielt. Es blieb bei diesem einen Hit, geschrieben und produziert vom Team Jack Robinson und James Bolden, das auch für den Tina-Charles-Hit »I Love To Love« verantwortlich war.

*Strut Your Funky Stuff (8/79 GB 10)*
***Dance, Disco***

## Freak Power

JAMES CARMICHAEL JR., d (Großbritannien); NORMAN COOK, v/g/b (Großbritannien, * 31. 7. 1963 in Brighton/Sussex); DALE DAVIES, b (Großbritannien); PETE ECKFORD, per (Großbritannien); JESSE GRAHAM, b (Großbritannien); CYRIL MCCAMMON, v/key (Großbritannien); ASHLEY SLATER, v/pos (Großbritannien); EDDIE STEVENS, key (Großbritannien); LUCY VANDI, v (Großbritannien).
Mastermind hinter diesem Projekt ist Norman Cook, der mit so unterschiedlichen musikalischen Richtungen wie Pizzaman oder Mighty Dub Kats in der zweiten Hälfte der 90er Jahre Erfolge hatte. Während die beiden genannten Gruppen mehr für den schnellen Verzehr gedacht waren, wollte er mit Freak Power (manchmal wird der Gruppennamen auf den Platten zusammen geschrieben – manchmal auseinander!) etwas Erdiges aufziehen. All die, die mit Techno und Disco nichts anfangen können, sollten angesprochen werden. Der erste und bisher größte Erfolg von Freak Power war »Turn On, Tune In, Cop Out«. Daß dieses Lied so erfolgreich wurde, hat es wohl auch der Levi's- und später der Peugeot-106-Werbung zu verdanken. In England ein Top-10-Hit, erreichte die Platte in Deutschland Position 21. Die Nachfolgehitnotierung »New Direction« brachte der Formation Mitte 1996 einen glatten Platz 60 in GB. Spätestens zu diesem Zeitpunkt hat Mastermind Norman Cook gemerkt, daß die Zeiten für Mighty Dub Kats und ähnliche Projekte lukrativer sind. 1997 kam Cook wieder mit einem neuen Projekt, das er »Fat Boy Slim« nannte. Die erfolreichste Single: »Everybody Needs A 303« (11/97 GB 34).

*Turn On, Tune In, Cop Out (3/95 GB 3)*
***AOR (Adult Orientated Rock)***

**CD-Tip:** *Drive-Thru Booty* Fourth & Broadway 524 063 2

## Freberg, Stan

v (USA, * 7. 8. 1926 in Pasadena/Kalifornien).
Freberg begann als Radio-DJ und sprach

schon vor dem Zweiten Weltkrieg die Stimme diverser Zeichentrickfiguren. Ab 1951 war er auch Platteninterpret. Sein erster Erfolg war im Frühjahr 1951 »John And Marsha«, eine Parodie auf die schon damals unsäglichen Seifenopern. »St. George And The Dragonet« war Ende 1953 Millionseller und Spitzenreiter für ihn in den USA. Seine Hitnotierungen gehen bis 1960. Da hatte er mit »The Old Payola Roll Blues (Side 1)«, eine Anspielung auf die zu jenem Zeitpunkt laufenden Bestechungsvorwürfe gegen Dick Clark und Alan Freed, seine letzte Eintragung. In den 60er Jahren veröffentlichte er weiter Platten. Heute arbeitet er als Werbetexter und Sprecher für Werbespots. In seiner 1989 erschienenen Biographie ›It Only Hurts When I Laugh‹ ist über dieses Comic-Allroundtalent Genaueres nachzulesen.

*St. George And The Dragonet (10/53 US 1)*
***Pop***

**CD-Tip:** *Collector's Series* Capitol CDP 7 91627 2

## Fred & Rolf

FRED, v (Deutschland); ROLF, v (Deutschland).
Diesem Duo gelang mit dem Seemannslied »Wir lagen vor Madagaskar« Mitte 1961 ein Platz 10 in der deutschen Hitparade. Just Scheu hatte dieses Lied 1934 geschrieben, seither ist diese Insel belagert. Im Laufe der Jahre gab es über 370 verschiedene Versionen dieses Songs. Ob Heino oder Freddy – alle lagen sie vor Madagaskar. Es muß dort eng geworden sein.

*Wir lagen vor Madagaskar (6/61 D 10)*
***Deutscher Schlager***

## Fred, John & His Playboy Band

ANDREW BERNARD, sax (USA, * 11. 4. 1945 in New Orleans); HAROLD COWART, b (USA, * 4. 6. 1944 in Baton Rouge/Louisiana); TOMMY DE GENERES, key (USA, * 3. 11. 1946 in Baton Rouge/Louisiana); JOHN FRED, v (USA, * 8. 5. 1941 als John Fred Gourrier in Baton Rouge/Louisiana); RONNIE GOODSON, tr (USA, * 2. 2. 1945 in Miami Beach); JOE MICELI, d (USA, * 9. 4. 1946 in Baton Rouge/Louisiana); JIMMY O'ROURKE, g (USA, * 14. 3. 1947 in Fall River); CHARLIE SPINOSA, tr (USA, * 29. 12. 1948 in Baton Rouge/Louisiana).
Fred stellte schon 1956 seine erste Band zusammen. Mit der Nummer »Shirley« wurde er im Frühjahr 1959 erstmals in den US-Charts notiert. Der große Wurf sollte ihm und seiner Band Ende 1967 mit »Judy In Disguise (With Glasses)« gelingen. Der Song wurde Spitzenreiter und Millionseller in den USA, Platz 3 in GB und wieder 1 in Deutschland und war als eine Parodie auf das Beatles-Stück »Lucy In The Sky With Diamonds« gedacht. Im Frühjahr 1968 stand »Hey Hey Bunny« unter den Top 60 der US-Charts. Danach wurde Fred nie mehr notiert und statt dessen Produzent.

*Judy In Disguise (With Glasses) (11/67 US 1; 1/68 D 1, GB 3; 2/68 CH 1)*
***Beat, Pop***

**CD-Tip:** *Judy In Disguise With Glasses* Repertoire 4153-WZ TIS

## Freddie & The Dreamers

PETE BIRRELL, b (Großbritannien, * 9. 5. 1941 in Manchester); ROY CREWDSON, g (Großbritannien, * 29. 5. 1941 in Manchester); BERNIE DWYER, d (Großbritannien, * 11. 9. 1940); FREDDIE GARRITY, v (Großbritannien, * 14. 11. 1936 in Manchester); DEREK QUINN, g (Großbritannien, * 24. 5. 1942 in Manchester).
Garrity, Kopf dieser Formation aus Man-

chester und Umgebung, arbeitete hauptberuflich als Milchmann und spielte nebenher erst in der Skiffle-Gruppe Red Sox, danach mit John Norman Four und den Kingfishers, aus denen 1961 Freddie & The Dreamers wurden. 1963 erhalten sie, nachdem sie u. a. auch im Hamburger Top Ten Club aufgetreten waren, einen Plattenvertrag. Im Sog der Beatles wurden auch Freddie & The Dreamers nach oben geschwemmt. Schon im Mai 1963 erschien ihre erste Platte in den GB-Charts und wurde Platz 3: »If You Gotta Make A Fool Of Somebody«. »I'm Telling You Now« und »You Were Made For Me«, ebenfalls 1963, und »I Understand« 1964 waren weitere Top-10-Erfolge in GB. »I'm Telling You Now« kam im Frühjahr 1965 in die US-Charts und wurde dort Spitzenreiter. Im Oktober 1968 löste sich die Gruppe auf. Freddie startete zusammen mit Pete Birrell die populäre britische Kinder-TV-Sendung ›Little Big Time‹. 1976 legte er mit anderen Musikern Freddie & The Dreamers neu auf, um bei einer Reihe von Revival-Konzerten auftreten zu können. 1988 gab er sein Bühnendebüt als Schauspieler in dem Shakespeare-Stück ›The Tempest‹.

*If You Gotta Make A Fool Of Somebody (5/63 GB 3)*
*I'm Telling You Now (8/63 GB 2; 3/65 US 1)*
*You Were Made For Me (11/63 GB 3)*
*I Understand (11/64 GB 5)*
***Beat***

**CD-Tip:** *The Best Of Freddie & The Dreamers*
EMI 7 99715 2

## Freddy

FREDDY QUINN, v (Österreich, * 27. 9. 1931 als Franz Eugen Helmuth Manfred Nidl-Petz in Niederfladnitz).
Freddy selbst sagt, daß sein richtiger Name Manfred Quinn sei. Er erklärt die Irritation seines Namens so: Petz sei der Nachname seines Stiefvaters, den er nie akzeptierte; sein Taufpate war ein gewisser Franz Eugen Helmuth Nidl. Irgend jemand habe seine Taufurkunde mal in die Hände bekommen und daraus falsche Schlüsse gezogen.
Seit Mitte der 50er Jahre gehört er zu den erfolgreichsten Platteninterpreten in Deutschland. Seine erste Hitnotierung war im Frühjahr 1956 der Titel »Heimweh«, der Platz 1 erreichte und sich insgesamt mehr als achtmillionenmal verkaufte. Die Liste seiner Verkaufserfolge in den Hitparaden reicht bis in die 80er Jahre. Seine größten Hits waren »Heimatlos« 1957, »Der Legionär« und »Ich bin bald wieder hier« 1958, »Die Gitarre und das Meer« und »Unter fremden Sternen« 1959, »La Paloma« 1961, »Junge, komm bald wieder« 1962 und »Hundert Mann und ein Befehl« 1966. Alle genannten Platten waren Spitzenreiter in Deutschland. Auch in den englischsprachigen Ländern waren seine Aufnahmen erfolgreich. Freddy spielte in etlichen Filmen mit, die inhaltlich jedoch seichterer Natur waren. Außerdem war er in Musicalproduktionen zu sehen, trat wie in seinen Anfangsjahren auch im Zirkus auf und moderierte zahlreiche Fernsehsendungen.

*Heimweh (5/56 D 1)*
*Sie hieß Mary Anne (6/56 D 6)*
*Rosalie (8/56 D 1)*
*So geht das jede Nacht (9/56 D 10)*
*Bel Sante (10/56 D 6)*
*Heimatlos (4/57 D 1)*
*Wer das vergißt (5/57 D 3)*
*Einmal in Tampico (11/57 D 5)*
*Der Legionär (7/58 D 1)*
*Ich bin bald wieder hier (10/58 D 1)*
*Die Gitarre und das Meer (3/59 D 1)*
*Unter fremden Sternen (10/59 D 1)*
*Irgendwann gibt's ein Wiedersehn (4/60 D 7)*
*Melodie der Nacht (4/60 D 4)*
*Weit ist der Weg (11/60 D 4)*
*La Paloma (8/61 D 1)*
*Alo-Ahe (5/62 D 5)*
*Keine Bange, Lieselotte (11/62 D 9)*
*Junge, komm bald wieder (12/62 D 1)*
*Laßt mich noch einmal in die Ferne (8/63 D 3)*
*Allein wie du (9/63 D 9)*

*Gib mir dein Wort (4/64 D 5)*
*Vergangen, vergessen, vorüber/So ein Tag so wunderschön wie heute (11/64 D 4)*
*5000 Meilen von zu Haus (7/65 D 5)*
*Abschied vom Meer (11/65 D 5)*
*Hundert Mann und ein Befehl (4/66 D 1)*
*Eine Handvoll Reis (11/66 D 6)*
*Morgen beginnt die Welt (5/67 D 7)*
*Seemann, weit bist du gefahren (12/67 D 6)*
***Deutscher Schlager***

**CD-Tip:** *Freddy Quinn – Fernweh und Sehnsucht* Bear Family BCD 15 586 HI

## Free

JOHN »RABBIT« BUNDRICK, key (Großbritannien, * 21. 10. 1948); ANDY FRASER, b (Großbritannien, * 7. 8. 1952 in London); SIMON KIRKE, v/d (Großbritannien, * 28. 7. 1949 in Shrewsbury/Shropshire); PAUL KOSSOFF, g (Großbritannien, * 14. 9. 1950 in London, † 19. 3. 1976); PAUL RODGERS, v (Großbritannien, * 17. 12. 1949 in Middlesborough); TETSU YAMAUCHI, b (Japan, * 21. 10. 1947 in Fukuoka).

Diese Formation kam im Frühjahr 1968 zusammen. Mitte 1969 erschien die Debüt-Single »Broad Daylight«, die sich nicht in den Charts plazieren konnte. Auf der anderen Seite machte sich die Band schnell einen Namen als ausgezeichneter Live-Act. Ein Jahr später erschien »All Right Now«, in GB die erste Chartnotierung und unter den ersten 10 wie auch in den USA und in Deutschland. »My Brother Jake« 1971 und »Wishing Well« 1973 waren weitere Top-10-Erfolge. Schon im Mai 1971 hatte sich die Gruppe wegen des mangelnden Verkaufserfolges getrennt. Einzelne Mitglieder hatten Soloprojekte angestrengt, aber nachdem die auch nicht sonderlich erfolgreich waren, kam man im Januar 1972 erneut zusammen. Mitte desselben Jahres ging Fraser wieder und gründete die Sharks. Kossoff hatte schwere Drogenprobleme, und mit Tetsu und Rabbit, die mit Kossoff und Kirke bereits in der zweiten Hälfte des Jahres 1971 eine Band gebildet hatten, kamen zwei neue Mitglieder zu Free. Mitte 1973 ging Free endgültig auseinander. Rodgers erhielt das Angebot, bei Deep Purple zu singen, machte jedoch mit Kirke Bad Company. Tetsu ersetzte Ronnie Lane bei den Faces, Rabbit ging zu den Who. Am 19. 3. 1976 starb Kossoff auf einem Flug nach New York an Herzversagen. Rodgers machte später mit Jimmy Page The Firm und danach mit Kenny Jones The Law.

*All Right Now (6/70 GB 2; 8/70 CH 4, US 4, D 5; 2/91 GB 8)*
*My Brother Jake (5/71 GB 4)*
*Wishing Well (1/73 GB 7)*
***Rock***

**CD-Tip:** *All Right Now -The Best Of Free* Island 261 378

## Free Movement

JOSEPHINE BROWN, v (USA); GODOY COLBERT, v (USA); CHERYL CONLEY, v (USA); JENNIFER GATES, v (USA); ADRIAN JEFFERSON, v (USA); CLAUDE JEFFERSON, v (USA).

Einige Mitglieder dieser aus Los Angeles stammenden Gesangsgruppe hatten vorher Erfahrung in Gospelchören gesammelt. »I've Found Someone Of My Own« war im Frühjahr 1971 die erste Hitnotierung der Band, ein Platz 5 in den USA. Noch im selben Jahr kam »The Harder I Try (The Bluer I Get)« in die Top 50. Danach wurden Free Movement nicht mehr notiert.

*I've Found Someone Of My Own (5/71 US 5)*
***Soul***

## Freeez

PETER MAAS, b (Großbritannien); PAUL MORGAN, d (Großbritannien); JOHN ROCCA, v (Großbritannien, * 23. 9. 1960 in London); ANDY STENNET, key (Großbritannien).
Diese Band stand Mitte 1980 erstmals in den GB-Charts mit »Keep In Touch«. »Southern Freeez« 1981 und »I.O.U.« 1983 waren die Top-10-Erfolge der Formation. 1987 kamen Remix-Versionen dieser beiden Titel erneut in die britische Hitparade, jedoch nicht unter die ersten 20.

*Southern Freeez (2/81 GB 8)*
*I.O.U. (6/83 GB 2; 8/83 D 8; 9/83 CH 5)*
***Funk***

## Freeman, Bobby

v (USA, * 13. 6. 1940 in San Francisco).
Der Sänger und Songschreiber gründete im Alter von 14 Jahren seine erste Gruppe, die Romancers. Daraus wurden später die Vocaliers. Erfolgreich sollte Bobby Freeman jedoch nur als Solist sein. Seine erste Hitnotierung war im Frühjahr 1958 der US-Top-10-Erfolg »Do You Want To Dance«. Dieser Titel wurde außerdem ein Hit für Del Shannon, die Beach Boys, Mamas & Papas, Bette Midler und die Ramones. »C'mon And Swim« war sechs Jahre später ein weiterer Hit unter den ersten 10. Nach 1964 wird er nicht mehr notiert.

*Do You Want To Dance (5/58 US 5)*
*C'mon And Swim (7/64 US 5)*
***Rhythm & Blues***

**CD-Tip:** *The Best Of Bobby Freeman* Sequel NEM CD 621

## Freeman, Ernie

p/bl (USA, * 16. 8. 1922 in Cleveland/ Ohio, † 16. 5. 1981).
Dieser Pianist, Komponist und Orchesterchef leitete Aufnahmen vieler Künstler, z. B. Frank Sinatra, Sammy Davis jr., Dean Martin oder Connie Francis, und wirkte auch darauf mit. Zwischen 1957 und 1962 veröffentlichte er selbst Instrumentaltitel. »Raunchy«, Ende 1957, wurde sein einziger Top-10-Erfolg. Ernie Freeman nahm auch Platten als Sir Chauncey auf und spielte bei den meisten Aufnahmen von B. Bumble & The Stingers Piano, mit Ausnahme von »Nut Rocker«.

*Raunchy (11/57 US 4)*
***Instrumental, Pop***

## French, Nicki

v (Großbritannien, geb. in Carlisle).
Ein weiteres Produkt aus dem Hause Mike Stock und Matt Aitken. Jim Steinmans Nummer »Total Eclipse Of The Heart« wurde durch die beiden auf Hi-NRG-Level gebracht, und Nicki durfte singen. Angeblich startete sie ihre Karriere als Sängerin in diversen Londoner Bands, als sie gerade mal 12 Jahre alt war. John Springgate, ehemaliges Mitglied der Glitter Band, hörte Nicki bei einem Auftritt singen. Er war es, der die Idee hatte, sie eine Dance-Version von »Total Eclipse Of The Heart« singen zu lassen. Das Ganze geschah im Club State 52 in Middlesborough. Der Besitzer dieses Ladens hatte gleichzeitig auch ein eigenes Plattenlabel, und auf diesem wurde Springgates Produktion veröffentlicht. Stock und Aitken hörten diese Platte und waren so begeistert, daß sie im Herbst 1994 Nicki eine neue Version aufnehmen ließen, die dann auf Platz 54 in GB einstieg und wieder weg war. Eine Wiederveröffentlichung der Platte Anfang 1995 brachte dann den Top-10-Hit. Dieses Mal waren auch die Amerikaner so davon begeistert, daß sie bis auf Platz 2 vorstieß. In Deutschland reichte es nur bis Platz 65. Der Nachfolger »For All We Know« brachte Nicki lediglich

einen Platz 42 in GB. Die Carpenters hatten mit diesem Titel Anfang 1971 einen Top-10-Hit in den USA. Immer noch 1995 erschien von Nicki eine dritte Single, »Do You Ever Really Love Me«, die es nur noch bis Platz 55 in GB brachte. Ein weiteres der vielen One-Hit-Wonder?

*Total Eclipse Of The Heart (1/95 GB 5; 4/95 US 2)*
***Dance***

## Fresh 4

FLYNN, rap (Großbritannien); JUDGE, dj (Großbritannien); KRUST, dj (Großbritannien); LIZZ E., v (Großbritannien); SUV D, dj (Großbritannien).

Das aus Bristol stammende Discjockey-Team Judge, Krust, Suv D, der Rapper Flynn und die Gastsängerin Lizz E. nahmen Ende 1989 eine neue Version des Rose-Royce-Hits »Wishing On A Star« auf. Das Stück der Fresh 4 erreichte knapp die Top 10 in GB. Zu einem Nachfolgehit reichte es offensichtlich nicht mehr.

*Wishing On A Star (10/89 GB 10)*
***Dance***

## Freundeskreis

DJ FRICTION, rap (Deutschland, * 22. 5. 1970 als Martin Welzer in Leonberg); MAX HERRE, rap (Deutschland, * 22. 4. 1973 in Stuttgart); PHILIPPE KAYSER, key/rap (Deutschland, * 21. 12. 1959 in Stuttgart); AHMED SÉKOU NEBLETT, rap (USA, * 16. 7. 1971 in Boston).

Noch eine Rap/HipHop-Formation aus dem Suttgarter Raum. Neben den Fantastischen Vier versuchten sie sich als zweite Macht in den deutschen HipHop-Charts aufzubauen – so richtig sollte es nicht gelingen. Außer der Nummer »A-N-N-A« kam nur noch »Wenn der Vorhang fällt« (11/97 D 77) in die Charts. »A-N-N-A« war erstmals im Februar 1996 als »Immer wenn es regnet (A.N.N.A)« veröffentlicht worden. Als Interpreten wurden Maximilian und sein Freundeskreis genannt. Nachdem die Platte sich nicht verkaufte, hatten die Fantastischen Vier die Rechte an der Nummer gekauft und sie auf ihrem eigenen Plattenlabel ›Four Music‹ im Juni 1997 erneut veröffentlicht. Das wiederum wurde von Columbia/Sony-Music vertrieben – und die sorgten für den notwendigen Promotionaufwand, um die Platte zu einem Hit zu machen.

*A-N-N-A (7/97 D 6)*
***HipHop, Rap***

## Frey, Glenn

v/g/key/p (USA, * 6. 11. 1948 in Detroit/Michigan).

Der Gitarrist, Tastenspieler, Sänger und Songschreiber war in seinen Jugendtagen mit Bob Seger in der gemeinsamen Heimatstadt Detroit in einer Band. Mit John David Souther gründete Glenn 1968 das Duo Longbranch Pennywhistle, das eine LP aufnahm und drei Jahre bestand. Schließlich gehörte er 1971 zu den Gründungsmitgliedern der Eagles, die bis 1980 bestanden. Viele der größten Hits dieser Formation schrieb Glenn Frey mit. Nach dem Auseinanderbruch der Eagles bildete Frey ein Team mit dem Songschreiber Jack Tempchin und veröffentlichte ab 1982 Soloplatten. Mit dem Thema aus dem Erfolgsfilm »Beverly Hills Cop«, »The Heat Is On«, gelang ihm Ende 1984, Anfang 1985 ein Hit: Platz 2 in den USA, 4 in Deutschland und 12 in GB. Seine nächste Top-10-Notierung stammte wieder aus einem Film: »You Belong To The City« war 1985 in ›Miami Vice‹ zu hören und erreichte wieder Platz 2 in den USA. Danach übernahm Frey auch eine Rolle in dieser Serie. 1992 veröffentlichte er die wunderschöne CD »Strange Weather«. Als 1994 nach 14 Jahren mit »Hell Freezes Over« wieder eine neue CD der Eagles erschien, war Glenn mit von der Partie.

*The Heat Is On (12/84 US 2; 4/85 D 4; 5/85 CH 5)*
*You Belong To The City (9/85 US 2)*
***AOR (Adult Orientated Rock), West Coast***

**CD-Tip:** *Glenn Frey Solo Collection* MCA 11227

## Frida

FRIDA LYNGSTAD, v (Norwegen, * 15. 11. 1945 in Bjorkasen/Narvik).
Frida feierte Triumphe als Teil der Formation Abba. Ihre Versuche als Solistin waren nicht sonderlich erfolgreich. Einzig ihre Aufnahme »I Know There's Something Going On«, produziert von Phil Collins, kam im Herbst 1982 auf Platz 5 in Deutschland, 13 in den USA. Geschrieben hatte diesen Hit Russ Ballard. Inzwischen hat Frida in den schwedischen Hochadel eingeheiratet.

*I Know There's Something Going On (9/82 CH 1, D 5)*
***Middle Of The Road (MOR), Pop***

## Friedman, Dean

v (USA, geb. in New Jersey).
Der Sänger und Songschreiber hatte bereits im zarten Alter von neun Jahren seinen ersten Plattenvertrag. Seine erste Hitnotierung schaffte er im Frühjahr 1977 mit dem amerikanischen Top-30-Hit »Ariel«. »Lucky Stars« stand im Herbst 1978 auf Platz 3 der britischen Charts und war sein größter Erfolg. Seine Plattenveröffentlichungen reichen zwar bis weit in die 80er Jahre, ein Hit gelang ihm jedoch nicht mehr. Wie Jim Croce war Dean mit seinen größten Erfolgen auf dem Plattenlabel Lifesong zu hören – und wie Jims Musik hatte auch Deans einen rockigen Folk-Touch. Friedman gründete später seine eigene Firma, die Videospiele produzierte, und schrieb vor allem weiter Musik für Film und Fernsehen.

*Lucky Stars (9/78 GB 3)*
***Pop, Soft Pop***

**CD-Tip:** *Well, Well, Said The Rocking Chair* Lifesong CDWIKD 98 TIS

## Friend & Lover

CATHY POST, v (USA als Conn, geb. in Chicago/Illinois); JAMES POST, v (USA, * 28. 10. 1939 in Houston/Texas).
James hatte als Leadsänger in der Band Rum Runners fungiert, Cathy war Sängerin und Chorus-Line-Tänzerin. Nach ihrer Heirat 1964 machten sie als Duo Friend & Lover gemeinsam Platten. »Reach Out Of The Darkness« kam Mitte 1968 in die US-Charts und erreichte Platz 10. Der Nachfolger »If Love Is In Your Heart« kam schon nur noch knapp unter die ersten 90. Danach erreichten sie nichts mehr und trennten sich sowohl privat als auch beruflich. James veröffentlichte als Solist Platten.

*Reach Out Of The Darkness (5/68 US 10)*
***Pop***

## Friends Of Distinction

FLOYD BUTLER, v (USA, * 5. 6. 1941 in San Diego/Kalifornien); JESSICA CLEAVES, v (USA, * 10. 12. 1948 in Los Angeles/Kalifornien); HARRY JAMES ELSTON, v (USA, * 4. 11. 1938 in Dallas/Texas); BARBARA JEAN LOVE, v (USA, * 24. 7. 1941 in Los Angeles/Kalifornien).
Die aus Los Angeles stammende Gruppe schaffte im Frühjahr 1969 mit »Grazing In The Grass« Platz 3 in den USA und einen Millionseller. »Going In Circles« kam im Herbst desselben Jahres bis auf Platz 15, wurde aber ebenfalls ein Millionseller. »Love Or Let Me Be Lonely« im Frühjahr 1970 erreichte Platz 6. Danach ließ der Erfolg nach, und nach 1971 waren sie ganz

aus den Hitparaden verschwunden. Zwei der vier Mitglieder – Butler und Elston – hatten vorher bei den Hi Fi's gesungen, bei denen auch Marilyn McCoo und LaMonte McLemure Mitglieder waren, die später zu Fifth Dimension gingen. Nach 1971 war Barbara Love ausgestiegen. Der Rest versuchte sich weiter als Trio, mußte jedoch bald aufgeben. Cleaves wurde Mitglied bei Earth, Wind & Fire.

*Grazing In The Grass (4/69 US 3)*
*Love Or Let Me Be Lonely (3/70 US 6)*
***Middle Of The Road (MOR), Soul***

## Frijid Pink

THOMAS BEAUDRY, b (USA); KELLY GREEN, v (USA); RICK STEVENS, d (USA); GARY RAY THOMPSON, g (USA); JON WEARING, b (USA); CRAIG WEBB, g (USA); LARRY ZELANKA, key (USA).
Die Gruppe aus Detroit kam im Frühjahr 1967 zusammen. Die Urmitglieder waren Green, Thompson, Harris, Stevens und Zelanka. Schon 1968 wurde Harris gegen Beaudry ausgewechselt. Sie brachten 1970 eine Musik, wie sie von Mitch Ryder, MC 5, Bob Seger oder Terry Knight gemacht wurde: ein Mittelding aus Rock 'n' Roll, Garagen-Punk und Underground. Ihre Version von »House Of The Rising Sun« kam Anfang 1970 in die US-Charts, wurde Millionseller und Platz 7. Wenig später erreichte die Platte Platz 4 in GB und wurde Spitzenreiter in Deutschland. Noch im selben Jahr kamen zwei weitere Hitnotierungen in die US-Charts, von denen jedoch keine über eine Position 50 hinauskam. Daran änderten auch Umbesetzungen in der Gruppe nichts.

*House Of The Rising Sun (2/70 D 1, GB 4, US 7; 3/70 CH 2)*
***Rock***

**CD-Tip:** *Frijid Pink* Repertoire 4156-WZ TIS

## Frl. Menke

FRL. MENKE, v/key (Deutschland, * 4. 11. 1960 als Franziska Menke in Hamburg).
Die Sängerin, Keyboarderin, Komponistin und Produzentin kam im Zuge der neuen deutschen Welle 1982 in die deutschen Hitparaden. Ihr Titel »Hohe Berge« erreichte im Frühjahr 1982 Platz 10. »Traumboy«, ebenfalls 1982, und »Tretboot in Seenot« 1983 waren weitere Hitnotierungen. In den 90er Jahren kam Franziska Menke als Schlagersängerin.

*Hohe Berge (5/82 D 10)*
***Neue Deutsche Welle***

## Froboess, Conny

CONNY, v (Deutschland, * 28. 10. 1943 als Cornelia Froboess in Wriezen a. d. Oder).
siehe Conny

## Fugees

LAURYN HILL, v (USA, * 25. 5. 1975 in East Orange/New Jersey); CLEF JEAN, g/rap (* 17. 10. 1972 in Haiti); PRAS MICHEL, rap (* 19. 10. 1972 in Haiti).
1996 war das Jahr für die Fugees. Der Gruppenname dieser 1989 in South Orange/New Jersey gegründeten Formation ist eine Abkürzung von Refugee Camp – damit wurde auf die Herkunft der beiden Cousins Praz und Clef. Beide stammen aus Haiti und sind von dort in die USA geflüchtet. ›Refugee Camp‹ = Flüchlingslager! Ihr erstes Album war 1993 »Blunted On Reality«. Es folgte 1996 das Album »The Score«, das im Februar 1996 in die US-Charts kam und bis zum Jahresende 4 Millionen Exemplare verkaufte. Die Singles der Fugees waren in den USA – im Gegensatz zu den Albumverkäufen – deutlich weniger erfolgreich. Die erste Hitnotierung der Gruppe gab es in den USA mit der Nummer »Nappy

Heads« (7/94 US 49). Es folgte der Titel »Fu-Gee-La« (12/95 US 29, 4/96 GB 21), für den es Gold gab. Dieses Stück war auch die erste Single, die sich international durchsetzen konnte. Die nachfolgenden Singles »Killing Me Softly« und »Ready Or Not« wurden in der zweiten Hälfte des Jahres 1996 in Europa große Erfolge, in den USA kamen sie nicht einmal in die Hot 100. Auch eine neue Version des Bob-Marley-Hits »No Woman, No Cry« brachte den Fugees Ende 1996 in GB Top 10 und in Deutschland Platz 33, aber keine Notierung in den USA. Aber 4 Millionen verkaufte Alben in den USA sind doch ein schöner Trost. Außerdem setzte es 1997 zwei Grammys: als beste R&B-Gruppe sowie für das Album »The Score«. »Rumble In The Jungle«, ihr erster Hit des Jahres 1997, stammte aus dem Film »When We Were King«, der die Geschichte des Boxkampfes Muhammad Ali gegen George Foreman 1974 in Zaire beinhaltete und mit einem Oscar für den besten Dokumentarfilm ausgezeichnet wurde. Wyclef Jean, von seiner Plattenfirma als ›HipHop-Amadeus‹ bezeichnet, veröffentlichte Mitte 1997 das Soloalbum »The Carnival«. Die daraus ausgekoppelte Single »We Trying To Stay Alive« wurde international erfolgreich. Hier wurde die Bee-Gees-Nummer »Stayin' Alive« verwurschtelt. Ebenfalls ein Hit wurde »Gone Till November« (2/98 US 7, 4/98 D 31, GB 3). Und schließlich hatte auch Praz als Solist Top-10-Platten. Sein erster Hit war »Ghetto Supastar That Is What You Are« (6/98 US 17, D 3, GB 2).

*Fu-Gee-La (5/96 D 6; 7/96 CH 9)*
*Killing Me Softly (6/96 CH 1, GB 1; 7/96 D 1)*
*Ready Or Not (9/96 GB 1, D 8)*
*No Woman, No Cry (11/96 GB 2)*
*Rumble In The Jungle (3/97 GB 3)*
***Dance, Rap, Soul***

**CD-Tip:** *The Score* Columbia 483 549 2

## Fuldner, Phil

DJ MOGUAI, dj (Deutschland); PHIL FULDNER, dj (Deutschland).
Für die Zeichentrick-Serie »Captain Future« hatte einst Christian Bruhn die Titelmelodie geschrieben, ohne daß diese viel Eindruck hinterließ. 1998 wurde die Serie vom Wiederholungstäter Sat1 ins Programm genommen – und viele der Kids von einst, inzwischen älter, aber nicht erwachsener geworden, schauten sich die Weltraumabenteuer des Captain Future erneut an. Die beiden Ruhrgebiets-DJs Fuldner und Moguai fummelten aus der Titelmelodie zur Serie unter dem Titel »The Final« einen Danceknüller, der es auf Anhieb unter die ersten 10 der deutschen Charts brachte. Einen Nachfolger haben sie bisher nicht geschafft.

*The Final (3/98 D 7)*
***Dance, Rave***

## Full Force

CURT BEDEAU, v/g (USA); GERRY C CHARLES, v/key (USA); JUNIOR SHY SHY CLARKE, b (USA); B-FINE GEORGE, v/per (USA); BOWLEGGED LOU GEORGE, v (USA); PAUL-ANTHONY GEORGE, v (USA).
Diese aus Brooklyn stammende Truppe gilt als konsequentester Vertreter der Urban Dance Music. Bereits 1970 hatten die Brüder B-Fine, Paul-Anthony und Bowlegged Lou als Amplifiers begonnen. Neun Jahre später kamen ihre Cousins Gerry C, Shy Shy und Curt dazu – und fertig war Full Force. Für Lisa Lisa, James Brown oder Samantha Fox schrieben oder produzierten sie Songs. Ein einziges Mal brachten sie es auf einen Pophit, und das nicht etwa in den USA, sondern in GB: »Alice I Want You Just For Me« erreichte Ende 1985 Platz 9. Ende 1992 veröffentlichte die Gruppe die CD »Don't Sleep«. Darauf befand sich ein Gemisch aus Funk, Blues, Soul, Jazz und Hip-Hop, aber auch

Schleicher wie »Making Love On The Dance Floor«.

*Alice I Want You Just For Me (12/85 GB 9)*
***Dance, Rap***

**CD-Tip:** *Don't Sleep* Capitol 7 96292 2

## Fuller, Bobby Four

BOBBY FULLER, v/g (USA, * 22. 10. 1942 in Baytown/Texas, † 18. 7. 1966); RANDY FULLER, b (USA); DALTON POWELL, d (USA); DEWAYNE QUIRICO, d (USA); JAMES REESE, g (USA).

Rock 'n' Roll in den 60er Jahren – Elvis hatte schon kurz nach seinen ersten Hits auf seicht umgeschwenkt, Buddy Holly war tot, Chuck Berry und Bill Haley waren weg vom Fenster. Mitte der 60er Jahre dann die Hinwendung zu Psychedelic-Sound, Folk-Rock, »California Dreaming«, Acid, Protest – aber Rock 'n' Roll? In US-Garagen wurde eine Art Punk-Rock vorgelegt, wurde der Weg bereitet für die Punkbewegung in GB in den 70er Jahren. Das klang zumindest noch so urwüchsig wie der Rock 'n' Roll in den 50er Jahren, aber ansonsten hatte er nichts zu melden. Die Fans waren immer noch da, aber die neue Musikergeneration lernte mehr und mehr, mit Verstärkern, Mehrspuraufnahmen, Klangverzögerung usw. umzugehen. Rock 'n' Roll war zu gradlinig, zu einfach. Natürlich gab es auch hier Ausnahmen – und dazu gehörte Bobby Fuller mit drei weiteren Musikern. Sie nannten sich Bobby Fuller Four und waren wie Relikte aus einer längst vergangenen Zeit anzuhören. In El Paso, Texas, hatten sie Ende der 50er Jahre begonnen, Musik zu machen. Für kleine texanische Plattenfirmen wurden einige Aufnahmen gemacht, die heute kein Mensch mehr kennt. Erst nachdem sie in Texas alles erreicht hatten, was es zu erreichen gab, gingen sie in das ›Promised Land‹ der Musiker. Chuck Berry hatte schon davon gesungen, und der mußte es ja schließlich wissen. In L.A. spielten sie in einem Hotel, es folgte ein Plattenvertrag mit einem Label aus Kalifornien und schließlich der erste größere Hit, »Let Her Dance«. Daß die Bobby-Fuller-Four-Musiker Fans von Buddy Holly waren, ließ sich leicht heraushören. So hörte das auch Sonny Curtis, einst Mitglied bei den Crickets, der Band von Buddy Holly. Sonny hatte eine Nummer geschrieben, die er Bobby Fuller gab: »I Fought The Law«. Anfang 1966 kam er in die amerikanische Hitparade und erreichte Platz 9. Damit schien der Weg für die Band klar, denn auch die nächste Platte der Bobby Fuller Four kam in die Charts – aber dann war schnell alles vorbei. Am 18. 7. 1966 starb Bobby Fuller, die Umstände sind nie genau geklärt worden. Mal heißt es, er habe Selbstmord begangen, mal ist er bei einem Autorennen tödlich verunglückt und mal haben ihn Gangster einfach umgelegt. Wie dem auch sei, er wurde tot in seinem Auto aufgefunden, und die Band war am Ende, bevor es richtig losgegangen war. Der Bruder von Bobby, Randy, wollte die Formation weiterführen. Sie nannten sich Randy Fuller Four, aber das hatte alles keinen Zweck, die Luft war aus der Sache raus. Schade, vielleicht wäre die Geschichte des Rock 'n' Roll mit Bobby Fuller anders weitergegangen.

*I Fought The Law (1/66 US 9)*
***Rock 'n' Roll***

**CD-Tip:** *I Fought The Law* Repertoire REP 4279-WY TIS

## Fun Boy Three

LYNVAL GOLDING, g (Großbritannien, * 24. 7. 1951 in Coventry); TERRY HALL, v (Großbritannien, * 19. 3. 1959 in Coventry); NEVILLE STAPLES, v/d/per (Jamaika, * 11. 4. 1956 in Christiana).

Die ›Fun Boy Three‹ Staples, Hall und

Golding kamen von der Gruppe Specials, die als Begründer der New-Ska-Bluebeat-Bewegung in GB galt. Mitte 1981 hatten sie sich von der Band getrennt, und noch im selben Jahr wurde »The Lunatics (Have Taken Over The Asylum)« ihr erster Charterfolg in GB. Erstmals unter die ersten 10 kamen sie, als sie sich mit Bananarama zusammentaten und mit »It Ain't What You Do It's The Way That You Do It« Platz 4 in GB erreichten. »Tunnel Of Love« und »Our Lips Are Sealed« waren im Frühjahr 1983 zwei eigene Top-10-Erfolge für die drei Jungs. Danach fiel die Band wieder auseinander. Hall kam später mit Colourfield, als Solist und zusammen mit Dave A. Stewart 1992 als Vegas. 1994 veröffentlichte er die hochgelobte Soloplatte »Home«.

*It Ain't What You Do It's The Way That You Do It (2/82 GB 4)*
*Really Saying Something (4/82 GB 5)*
*Tunnel Of Love (2/83 GB 10)*
*Our Lips Are Sealed (4/83 GB 7)*
***Pop, Ska***

**CD-Tip:** *The Best Of Fun Boy Three* Chrysalis 254 513

## Fun Factory

STEPHAN BROWAREZYK, rap (Deutschland, * 15. 1. 1972 in Hamburg); TONI COTTURA, key/rap/dj (Deutschland, * 7. 6. 1971 in Hamburg); RODNEY HARDISON, rap (USA, * 24. 5. 1969 in Durham); MARIE-ANETT MEY, v (Frankreich, * 3. 6. 1971 in Paris).

Gedacht war Fun Factory als multikulturelles Bandprojekt und die perfekte Umsetzung der europäischen Dance Music. Die Sängerin Marie-Anett ist französischer Abstammung, Toni und Steve kommen aus Deutschland und Rapper Rod D. aus den USA. Die erste Hitnotierung von Fun Factory war die dritte Singleveröffentlichung der Fabrik. »Fun Factory's Theme« und »Groove Me« schafften nicht den Sprung in die Hitparade, »Close To You« wurde in Deutschland ein Top-20-Hit und kam knapp ein Jahr später, im März 1995, unter die ersten 50 der US-Charts. »Take Your Chance«, noch 1994, »Pain« Anfang 1995, »I Wanna Be With U« und »Celebration« (Mitte und Herbst 1995) kamen alle mehr oder weniger knapp an die Top-10-Marke heran. Erstaunlicherweise war es dann die Nummer »Doh Wah Diddy«, die im Januar 1996 den ersten Top-10-Hit für die Gruppe brachte. Im Original war das Stück von den Exciters und schrieb sich »Do-Wah-Diddy«. Dann kam die britische Formation Manfred Mann und schrieb den Titel »Do Wah Diddy Diddy« und hatte einen Welthit. Fun Factory machte »Doh Wah Diddy« daraus und hatte zumindest in Deutschland einen Top-10-Hit. »Don't Go Away« brachte Fun Factory die bisher letzte Hitparadennotierung in Deutschland und in den USA. Inzwischen hat Toni Cottura mit »Da Partyboom« Anfang 1997 eine erste Soloplatte auf den Markt gebracht. Mitte des Jahres wurde bekannt, daß sich die Band aufgelöst hat. Browarezyk und Mey machten zusammen mit dem Rapper Ray Horton als Fun Affairs weiter. Hardison versuchte sich wie Cottura als Solist.

*Doh Wah Diddy (1/96 D 6)*
***Dance***

**CD-Tip:** *Non Stop!* Marlboro Music reg 4106–2

## Fun Fun

*Give Me Your Love (5/85 CH 10)*

## Funk Masters

BO KOOL, rap (Großbritannien); JULIET ROBERTS, v (Großbritannien, * 11. 1. 1962); TONY WILLIAMS, dj (Großbritannien).

Der aus London stammende Radio-DJ Tony Williams steckte hinter diesem Projekt. Mit ihm zusammen trat der Rapper Bo Kool auf. Für den einzigen Hit der Funk Masters, »It's Over« Mitte 1983, verpflichteten sie die Sängerin Juliet Roberts. Dann war es over. Roberts war 1984 Mitbegründerin von Working Week und war ab 1993 als Solistin erfolgreich.

*It's Over (6/83 GB 8)*
***Disco, Funk***

## Funk, Farley »Jackmaster«

dj (USA).

»Love Can't Turn Around« gilt als eine der ersten in der Pophitparade erfolgreichen House-Sound-Platten. Farley »Jackmaster« Funk war DJ in einem Club in Chicago. Seine ersten Platten nahm er als Rude Boy Farley Keith auf. Am Hit »House Nation« der House Master Boyz & The Rude Boy Of House aus dem Jahre 1987 war er beteiligt. Seine erste Soloplatte erreichte im Herbst 1986 Platz 10 in den GB-Charts und wurde die Top-Tanzplatte des Jahres. Die Stimme auf der Platte stammte von Darryl Pandy und umfaßt angeblich sechseinhalb Oktaven. Pandy trat später als Nightmare auf und gehörte zu einem DJ-Team, das sich zuerst Hot Mix 5 und dann Jackmaster 5 nannte.

*Love Can't Turn Around (8/86 GB 10)*
***House***

## Funkadelic

GEORGE CLINTON, v/g (USA, * 22. 7. 1940 in Kannapolis/North Carolina); RAY DAVIS, v (USA, * 29. 3. 1940 in Sumter/South Carolina); RAMON »TIKI« FULWOOD, d (USA, * 23. 5. 1944 in Philadelphia/Pennsylvania); CLARENCE »FUZZY« HASKINS, v (USA, * 8. 6. 1941 in Elkhorn/West Virginia); EDDIE HAZEL, g (USA, * 10. 4. 1950 in Brooklyn/New York); WILLIAM JR. NELSON, b (USA, * 28. 1. 1951 in Plainfield/New Jersey); MACEO PARKER, sax (USA, * 14. 2. 1943 in Kinston/North Carolina); LUCIUS ROSS, g (USA, * 5. 10. 1948 in Wagram/North Carolina); CALVIN SIMON, v (USA, * 22. 5. 1942 in Beckley/West Virginia); GRADY THOMAS, v (USA, * 5. 1. 1941 in Newark/New Jersey); BERNARD WORRELL, key (USA, * 19. 4. 1944 in Long Beach/New Jersey).

Der Kopf dieser Formation, George Clinton, gründete schon 1955 die Doo-Wop-Gruppe Parliaments. Später strich er das 's', und als Parliament hatte Clinton die beiden Millionseller »Tear The Roof Off The Sucker (Give Up The Funk)« 1976 und »Flash Light« 1978. In dieser Gruppe spielten zeitweise 40 Mitglieder, die auch Platten machten als P. Funk All Stars, Parlet oder eben Funkadelic. Clinton versuchte in der letztgenannten Band, psychedelische Musik mit Funk und Rock zu mixen. Funkadelic hatte die erste Hitnotierung bereits Ende 1969 mit »I'll Bet You«. »One Nation Under A Groove – Part I« kam Ende 1978 in die US-Popcharts, erreichte Platz 28 und wurde ein Millionseller. In GB kam diese Platte bis auf Platz 9 und wurde der einzige Top-10-Erfolg dieser Formation. Ab 1981 veröffentlichte Clinton, der als musikalischer Trendsetter gilt, Soloplatten. Bernard Worrell aus seiner Truppe tauchte später als Gastmusiker bei den Talking Heads auf.

*One Nation Under A Groove – Part I (12/78 GB 9)*
***Funk, Rhythm & Blues, Soul***

**CD-Tip:** *America Eats Its Young* Westbound CD SEWD 029 TIS

## Fury, Billy

v (Großbritannien, * 17. 4. 1941 als Ronald Wycherley in Dingle/Liverpool, † 28. 1. 1983).

Auch Billy klang Ende der 50er Jahre so, als wolle er amerikanischer als die Amerikaner sein. Er sang Titel aus den USA für den britischen Markt – und dieses System funktionierte bekanntlich bis zu dem Zeitpunkt, als die Beatles 1964 den amerikanischen Markt beherrschten und die Briten sich nun nicht mehr selbst kopieren konnten. Billy schaffte es, zwischen 1959 und 1966 elf Titel unter die ersten 10 der britischen Charts zu bringen. Seine größten Erfolge waren »Halfway To Paradise« und »Jealousy« 1961, »Like I've Never Been Gone« und »When Will You Say I Love You« 1963 – alle genannten Titel kamen unter die ersten 3, einen Platz 1 belegte er nie. Nach 1966 schaffte er keine Hits mehr. 1971 mußte er sich einer Operation am offenen Herzen unterziehen, machte aber weiterhin Platten, die er auf seinem eigenen Fury Label veröffentlichte. 1973 spielte er neben Ringo Starr und David Essex im Film »That'll Be The Day« den Part des Stormy Tempest. 1982, gerade hatte er mit einer großen Plattenfirma einen neuen Vertrag unterschrieben, verschlechterte sich sein Gesundheitszustand, und die Produktion einer neuen LP wurde immer wieder hinausgeschoben. 1983 starb er nach einem Herzanfall.

*Colette (3/60 GB 9)*
*Halfway To Paradise (5/61 GB 3)*
*Jealousy (9/61 GB 2)*
*I'd Never Find Another You (12/61 GB 5)*
*Last Night Was Made For Love (5/62 GB 4)*
*Once Upon A Dream (7/62 GB 7)*
*Like I've Never Been Gone (2/63 GB 3)*
*When Will You Say I Love You (5/63 GB 3)*
*In Summer (7/63 GB 5)*
*It's Only Make Believe (7/64 GB 10)*
*In Thoughts Of You (7/65 GB 9)*
***Pop***

**CD-Tip:** *Hit Parade* London MCPS 820 530–2

## Fyne, Sylk-E.

v/rap (USA, geb. in South Central/Los Angeles).

Entdeckt wurde sie von der verstorbenen Rock-Legende Eazy E. Bei ihrem ersten Top-10-Hit »Romeo And Juliet« wurde sie von Chill unterstützt.

*Romeo And Juliet (2/98 US 6)*
***Rap, Rhythm & Blues***

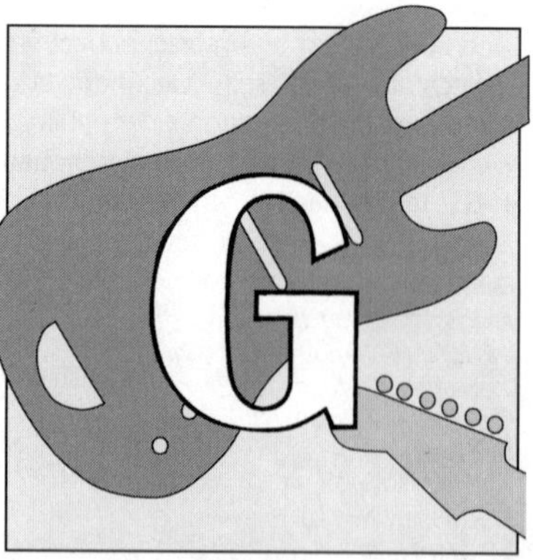

## G-Clefs

RAY GIBSON, v (USA, geb. in Roxbury/Massachusetts); ARNOLD SCOTT, v (USA, geb. in Roxbury/Massachusetts); CHRIS SCOTT, v (USA, geb. in Roxbury/Massachusetts); TEDDY SCOTT, v (USA, geb. in Roxbury/Massachusetts); TIMMY SCOTT, v (USA, geb. in Roxbury/Massachusetts).

Das Quintett aus Massachusetts begann mit Gospel, bevor es Mitte der 50er Jahre für den Popsektor entdeckt wurde. Mit ihrer ersten Single »Ka Ding Dong« erreichten sie 1956 die amerikanischen Top 30. Zur selben Zeit waren Versionen dieses Titels von den bekannteren Gruppen Diamonds und Hilltoppers auf dem Markt, was einen größeren Erfolg für die G-Clefs verhinderte. Nach einigen weiteren Plattenveröffentlichungen legten sie ihre Gesangskarriere erst einmal auf Eis und beschlossen, die Schule abzuschließen. 1960 war der jüngste, Arnold, dann auch soweit, und man formierte sich wieder als G-Clefs. Ihre erste neue Veröffentlichung war eine Coverversion des Four-Tunes-Titels »I Understand Just How You Feel«. Im Arrangement der G-Clefs war der Refrain von »Auld Lang Syne« eingebaut. Damit gelang ihnen ihr einziger Top-10-Hit in den USA, und in GB kamen sie immerhin unter die ersten 20. Ihr Arrangement lieferte die Vorlage für den gleichnamigen Hit von Freddie & The Dreamers, die Ende 1964 mit »I Understand« Erfolg hatten. Die nächste Veröffentlichung der G-Clefs, »A Girl Has To Know«, erreichte zwar noch die Charts, wurde aber ebensowenig ein Erfolg wie die weiteren Platten.

*I Understand Just How You Feel (9/61 US 9)*
***Doo Wop, Pop***

## G., Gina

G., GINA, v (Australien als Cooper).

Gina zog 1987 nach Melbourne, um sich dort der Gruppe Bass Culture anzuschließen. Ihr erster Singleerfolg in Australien war 1992 die Nummer »Love The Life«, ein Top-40-Hit. Die TV-Serie »Neighbours« verhalf der Platte zum Erfolg. Wie viele Australier zog es auch Gina nach GB. Dort legte sie zuerst in einem angesagten Londoner Club Platten auf und war Mitglied im Dance Act Bass Culture. 1996 sollte sie mit einem von Steve Rodway von Motiv 8 geschriebenen Lied GB beim Grand Prix Eurovision in Oslo vertreten. Ihr Song »Ooh Aah . . . Just A Little Bit« erreichte einen schlappen Platz 7. Ganz anders in GB: Die Platte stieg gleich auf Platz 6 ein, kletterte schließlich bis auf die Spitzenposition, war die Platte, die sich 1996 am längsten in den britischen Charts hielt und verkaufte alleine in GB knapp eine Million Exemplare. In Deutschland reichte es gerade mal für Platz 88. Der Song schien schon wieder vergessen, als ihn im November 1996 die Amerikaner entdeckten. Im Verlauf der nächsten Wochen sollte die Platte bis auf Platz 12 kommen. An ihrem zweiten Hit in GB, »I Belong To You«, hatte Gina schon mitgeschrieben. Er stieg auf Platz 6 ein und kletterte wieder nach unten. Damit war sie der erste Künstler aller Zeiten, der mit einem Titel eines Grand-Prix-Wettbewerbs in den Top

10 debütierte und danach gleich einen weiteren Top-10-Hit hatte. Anfang 1997 wurde ihr Debütalbum »Fresh!« veröffentlicht. Darauf die Nummer »Ti Amo« (6/97 GB 11), die es nicht in die britischen Top 10 schaffte und klang wie »La Isla Bonita« von Madonna.

*Ooh Aah . . . Just A Little Bit (4/96 GB 1)*
*I Belong To You (11/96 GB 6)*
*Fresh! (3/97 GB 6)*
***Disco, Grand Prix, Pop***

## G., Kenny

sax (USA, * 6. 7. 1956 als Kenneth Gorelick in Seattle/Washington).

Das Saxophonspielen lernte Kenny bereits als Kind, nachdem er als Zehnjähriger im Fernsehen einen Auftritt eines Saxophonisten sah. 1974 tourte er mit der Franklin-High-School-Band durch Europa. Zwei Jahre später spielte er mit dem Love Unlimited Orchestra von Barry White. Dann beschloß er, erst einmal etwas Vernünftiges zu lernen, und studierte Rechnungswesen in Seattle. Sein Studium an der University of Washington schloß er Magna cum laude ab. Während dieser Zeit machte er allerdings auch schon seine ersten Platten mit einer lokalen Funkband und spielte bei vielen Auftritten angesehener Künstler mit.

Nächste Station war Jeff Lorber Fusion, eine Jazzrockband, die für Arista Platten aufnahm. 1981 machte diese Plattenfirma einen Solovertrag mit Kenny. Seine erste Hitnotierung stammt aus dem April 1984. In GB kam »Hi! How Ya Doin'?« in die Charts. Sein erster großer Erfolg war im April 1987 »Songbird«. Diese Platte erreichte Platz 4 in den US-Charts. Später war der Titel, wenn auch nur kurz, in dem Film »Pretty Woman« zu hören. 1987 war Kenny G. inzwischen auch ein gesuchter Studiomusiker, der zu Aufnahmen von Whitney Houston, Natalie Cole oder Aretha Franklin gebeten wurde. Umgekehrt sang z. B. Smokey Robinson auf Kennys Album »Silhouette« mit. Ende 1992 gelang ihm in den USA der Top-20-Hit »Forever In Love«. Zusammen mit Michael Bolton hatte er ebenfalls 1992 den Top-20-Erfolg »Missing You Now«. Eines der bekanntesten Duette von Kenny dürfte im Januar 1993 das mit dem amerikanischen Saxophonisten und Präsidenten Bill Clinton gewesen sein, der Kennys Musik favorisiert. »By The Time This Night Is Over« wurde im Frühjahr 1993 Platz 25 in den USA. Als Sänger war auf der Platte Peabo Bryson zu hören. Kenny gilt als der amerikanische Nummer-1-Instrumentalist der 90er Jahre, die LP »Breathless« als das bestverkaufte Instrumentalbum aller Zeiten – mehr als 10 Millionen Exemplare hat er davon alleine in den USA verkauft. 1996 erschien als weiteres erfolgreiches Album »The Moment«.

*Songbird (4/87 US 4)*
***Instrumental, Jazz, Pop***

**CD-Tip:** *Breathless* Arista 07822 18646 2

## G., Warren

G., WARREN, rap (USA, * 10. 6. 1970 als Warren Griffin III. in Long Beach/Kalifornien).

Auf dem Plattenlabel Death Row, gegründet von seinem Halbbruder Dr. Dre, veröffentlichte Warren G. zusammen mit dem Rapper Nate Dogg im Frühjahr 1994 die Nummer »Regulate«. Die Platte konnte sich innerhalb weniger Monate sowohl in den USA als auch in England und Deutschland unter die ersten 10 setzen. Dazu hatten zwei Dinge beigetragen: ein Motiv aus dem Stück »I Keep Forgettin' (Everytime You're Near)« von Michael McDonald, das in den Hit eingearbeitet wurde, und die Tatsache, daß »Regulate« in dem erfolgreichen Film »Above The Rim« zu hören war. Der Film, ein Basketball-Street-Movie, war zumindest in den

USA ein Renner, und der Soundtrack verkaufte sich innerhalb weniger Monate mehr als zweimillionenmal. Nate Dogg ist Mitglied in Snoopy Doggy Dogg's Tha Dogg Pound. Für die Produktion des Titels war selbstverständlich Dr. Dre verantwortlich. »Regulate« zeigte, daß fließende Beats, Vokalharmonien und HipHop durchaus zu verbinden sind. Die Nachfolgesingle »This D.J.« erreichte nur noch in den USA eine Top-10-Position. Das Debütalbum »Regulate... G Funk Era« wurde bis Ende 1996 dreimal mit Platin ausgezeichnet. Im Frühjahr 1997 erschien das zweite Album von Warren G., »Take A Look Over Your Shoulder (Reality)«. Ausgekoppelt wurden daraus vorab »What's Love Got To Do With It« und später »I Shot The Sheriff«, im Original ein Stück von Bob Marley.

*Regulate (4/94 US 2; 7/94 GB 5, D 7; 9/94 CH 5)*
*This D.J. (7/94 US 9)*
*What's Love Got To Do With It (10/96 D 3; 11/96 GB 2, CH 6)*
*I Shot The Sheriff (2/97 GB 2)*
***Rap, Rhythm & Blues***

**CD-Tip:** *Regulate... G Funk Era* Violator/RAL 314 523 335–2

## Gabriel, Gunter

v (Deutschland, * 11. 6. 1942 als Günther Caspelherr in Bielefeld).

Musikalisch orientierte sich Gunter Gabriel an Interpreten wie Johnny Cash. 1974 wurde er als bester Nachwuchssänger mit der Goldenen Europa ausgezeichnet. Titel wie »Er ist ein Kerl (der 30-Tonner-Diesel)« oder »Hey Boß, ich brauch' mehr Geld«, im Mai 1974 Platz 6 in Deutschland, hoben ihn aus der Masse der üblichen Schlagerklischees heraus. Immer noch 1974 hatte er in Deutschland Platz 5 mit »Hey, Yvonne (warum weint die Mami?)« und Ende 1975 Platz 7 mit »Komm unter meine Decke«. Danach ließ sein Erfolg nach, und er verlegte sich nun mehr auf das CB-Funker- und Trucker-Image. Als Komponist, Texter oder Produzent arbeitete er für Juliane Werding, Frank Zander, Wencke Myhre oder Peter Alexander. So schrieb er z. B. für Juliane Werding »Wenn du denkst, du denkst, dann denkst du nur, du denkst« 1975, für Frank Zander schrieb er den Text zu »Ich trink' auf dein Wohl, Marie« 1974. Nachdem sein Erfolg nachließ, merkte er, daß jetzt »Ohne Moos nichts los« ist, und: »Man muß das Leben eben nehmen, wie das Leben eben ist«. Wie er später erzählte, haben falsche Freunde dafür gesorgt.

*Hey Boß, ich brauch' mehr Geld (5/74 D 6)*
*Hey, Yvonne (warum weint die Mami?) (10/74 D 5)*
*Komm unter meine Decke (12/75 D 7)*
***Country, Deutscher Schlager***

## Gabriel, Peter

v/d (Großbritannien, * 13. 2. 1950 in Cobham/Surrey).

Peter erzählte einmal, daß er eine sehr glückliche und freie Kindheit hatte. Mit 13 ging er zu einer privaten Grundschule, und als er in das Internat Charterhouse kam (auch Mike Rutherford und Tony Banks von Genesis besuchten diese Schule), wurde er nach eigener Aussage fett und picklig. Er war der Ansicht, daß er nicht das hätte, was man braucht, um Mädchen zu bekommen. Popmusiker wie die Beatles oder die Rolling Stones hätten es da einfacher, und außerdem wollte er auch das Geld. Das war vielleicht auch der Grund, weshalb er zusammen mit Tony Banks 1965 die Band Garden Wall gründete. Als Kind hatte er einige Jahre Klavierstunden, hörte aber mit neun Jahren damit auf. Schon mit zwölf begann er, Songs zu schreiben. Das erste Lied hieß »Sammy The Slug«, also ›Sammy, die Wegschnecke‹. ›Jeder andere schrieb über Mädchen, und ich schrieb über Schnecken. Das zeigt, woran ich zu diesem Zeitpunkt interessiert war‹, sagte

Peter Gabriel später. Mit 13 bekam er ein Schlagzeug, und zwei Jahre später hatte er seinen ersten Gig. Als Sänger tat er sich zu diesem Zeitpunkt überhaupt noch nicht hervor. Allerdings entdeckte er schon bald seine Vorliebe fürs Verkleiden und für Hüte. Er stellte sie selbst her und verkaufte sie in der Carnaby Street und auf dem Antikmarkt in Chelsea. Seine Kostümierungen und Ideen ließen später die Genesis-Auftritte zu Theaterspektakeln und ersten Multimedia-Ereignissen werden. Er stand für die Zuschauer immer im Mittelpunkt und wurde als Kopf der Gruppe angesehen. Daher war das Entsetzen groß, als Gabriel im Mai 1975 die Gruppe nach einem Konzert in Frankreich verließ. Er hatte ganz persönliche Gründe dafür. Seine Frau erwartete ihr erstes Baby, und es gab große Komplikationen. Die Ärzte befürchteten, daß das Kind nicht überleben werde, und Peter Gabriel war die Familie zu diesem Zeitpunkt wichtiger als die Karriere.

Nach seinem Weggang von Genesis begann für Peter Gabriel eine außerordentlich erfolgreiche Solokarriere. Es dauerte jedoch zwei Jahre, bis er seine erste Platte veröffentlichte oder wieder auftrat. 1977 erschien »Peter Gabriel«, und Gabriel startete seine erste Solotournee durch die Vereinigten Staaten und Kanada. Es folgten drei weitere Alben mit dem Titel »Peter Gabriel«. Aus dieser Serie erreichte das dritte Album, das Mitte 1980 erschien, Platz 1 der britischen LP-Hitparade, und in den USA wurde die LP vergoldet, d. h., über eine halbe Million Exemplare wurden abgesetzt. Alle anderen kamen zumindest unter die ersten 10. Sein erster Top-10-Hit als Solist wurde »Games Without Frontiers«, im Februar 1980 Platz 4 in GB. 1980 erschien sein drittes Album auch in Deutsch, die Textübersetzungen kamen von dem deutschen Filmregisseur und Autor Horst Königstein, der in Deutschland mit Rockmusikern wie Udo Lindenberg zusammenarbeitet. Als 1982 Peters viertes Album erschien, wurde es wieder zusätzlich in einer deutschen Fassung herausgegeben. Als Solist oder im Duett mit Kate Bush gelangen Peter Gabriel immer wieder Hits: »Big Time«, im November 1986 ein Top-10-Hit in den USA, und mit Kate »Don't Give Up«, zum selben Zeitpunkt unter den ersten 10 in GB. Die Tradition der teilweise surrealistischen Texte von Genesis setzt sich in Songs wie »Solsbury Hill« z. B. fort. Das im Frühjahr 1986 erschienene Album »So« wurde wieder ein absoluter Knüller für Peter: Platz 1 in den britischen LP-Charts, Platz 2 in der US-LP-Hitparade und vierfacher Platinstatus, also über vier Millionen verkaufte Exemplare allein in den USA. Spitze sind auch die Videos zu seinen Songs. Hier ist vor allem der preisgekrönte Clip zu seinem Hit »Sledgehammer«, im Mai 1986 Nummer 1 in den USA und Top 10 in GB und Deutschland, hervorzuheben. Auch als Komponist von Soundtracks macht er Furore. 1990 konnte er einen Grammy für seine Musik »Passion – Music For The Last Temptation Of Christ« einheimsen. 1992 erschien die LP »Us«, daraus ausgekoppelt wurde der Titel »Steam«, der im Januar 1993 ein Top-10-Hit in GB wurde und sich wieder durch ein gut realisiertes Video auszeichnete. Neben alldem setzt sich Peter Gabriel unermüdlich bei Benefizkonzerten und durch persönliches Engagement für aktuelle Probleme ein. Seine bisher letzte Hitnotierung war der Song »Lovetown« aus dem Film Philadelphia/Pennsylvania. Er kam damit im Juli 1994 knapp in die deutschen Top 100.

*Games Without Frontiers (2/80 GB 4)*
*Sledgehammer (4/86 US 1, GB 4, D 7; 7/86 CH 4)*
*Don't Give Up (11/86 GB 9)*
*Big Time (11/86 US 8)*
*Steam (2/93 GB 10)*
***AOR (Adult Orientated Rock)***

**CD-Tip:** *So* Virgin 257 587–2

## Gabriele

GABRIELE, v (Deutschland).

Im August 1958 hatte die kleine Gabriele mit dem »Hirten-Blues« einen Platz 14 in Deutschland. Es folgte ihr einziger Top-10-Erfolg und noch ein Platz 12, »Schokoladeneis«. Im Juli 1958 sang sie zusammen mit Louis Armstrong die Nummer »Uncle Satchmo's Lullaby« und stand auf Platz 9 in der deutschen Hitparade – danach hat man nichts mehr von ihr gehört.

*Vielleicht in drei, vier, fünf, sechs Jahren (9/58 D 7)*
***Deutscher Schlager***

## Gabrielle

GABRIELLE, v (Großbritannien, * 16. 4. 1970 als Louise Gabrielle Bobb in London).

Das Markenzeichen von Gabrielle ist die Augenklappe. 1991 veröffentlichte sie auf einem kleinen Independent Label den Titel »Dreams«, der als Sample das Gitarren-Intro von Tracy Chapmans »Fast Car« beinhaltete. Tracy verweigerte die Einwilligung. 1993 unterschrieb Gabrielle einen Vertrag bei einer größeren Plattenfirma, und »Dreams« wurde neu eingespielt. »Fast Car« war allerdings immer noch deutlich herauszuhören. Der Titel stieg Mitte 1993 auf Platz 2 der britischen Hitparade ein und war eine Woche später Spitzenreiter. In Deutschland kam die Platte bis auf Platz 14, in den USA bis auf 26. Der Nachfolger »Going Nowhere« erreichte nur noch die britischen Top 10. 1993 wurde Gabrielle bei den Brit Awards als Best Newcomer ausgezeichnet. »Give Me A Little More Time« brachte Gabrielle 1996 zurück in die Top 10. Als Gast der Gruppe East 17 gelang Gabrielle Ende 1996 der Hit »If You Ever«, der es in GB bis auf Platz 2 brachte. Es handelte sich dabei um eine Coverversion des Debüthits »If You Ever Fall In Love« der US-Gruppe Shai. Die standen damit Ende 1992 auf Platz 2 der US-Charts und kassierten dafür Platin. Ihr erster Hit des Jahres 1997 war »Walk On By«, ein Titel, der alle Jahre wieder in einer neuen Version erscheint: Dionne Warwick, Isaac Hayes, Gloria Gaynor, Strangles, Average White Band, D Train und Sybil hatten damit seit 1964 Hits. Geschrieben wurde der Song von Burt Bacharach und Hal David.

*Dreams (6/93 GB 1; 8/93 CH 10)*
*Going Nowhere (10/93 GB 9)*
*Give Me A Little More Time (2/96 GB 5)*
*Walk On By (2/97 GB 7)*
***Pop***

**CD-Tip:** *Find Your Way* Go! Discs 828 411–2

## Gaines, Rosie

v/key (USA).

Anfang der 90er Jahre begann Rosies Karriere. Zusammen mit Prince war sie auf dessen Platte »Diamonds And Pearls« zu hören. Rosie wurde Sängerin, Keyboarderin und Star in der New Power Generation von Prince – und erhielt einen Soloplattenvertrag von Motown-Records. 1995 erschien ihr Debütalbum »Closer Than Close«, auf dem als Gast nun seinerseits Prince mitwirkte. Rosie und Prince schrieben z. B. die Nummer »I Want U« (11/95 GB 70) zusammen. Aber weder das Album noch die Singles konnten in den USA gefallen. »Closer Than Close« kam nicht einmal in die LP-Charts. Und dann im Mai 1997: Der Titelsong des Albums aus dem Jahre 1995 stieg Ende Mai 1997 von Null auf 4 in die britische Hitparade ein.

*Closer Than Close (5/97 GB 4)*
***Funk, Jazz, Soul***

## Gala

GALA RIZZATTO, v (Italien).

Gala zog mit dem Song »Freed From Desire« quer durch den europäischen Kontinent. Von Italien über Franreich, die Beneluxländer und Deutschland kam das Lied schließlich Mitte 1997 in GB an und erreichte hier prompt die Top 10. Viele Deutsche erkannten nicht, daß der Titel »Freed From Desire« hieß und fragten nach ›More And More‹ oder ›Nanananananana‹ – vielleicht ein Grund dafür, daß die Nummer hierzulande auf Platz 14 hängenblieb, weil sie beim Plattenhändler unter diesem Titel aus verständlichen Gründen nichts fanden. Gala, zum Zeitpunkt des Hits angeblich 22 Jahre alt, hatte ihren Wohnsitz zwischenzeitlich nach New York verlegt, um sich dort ihrem Psychologie-Studium zu widmen. Nachfolger »Let The Boy Cry« (12/97 GB 11) hatte nicht die gleiche Ohrwurmqualität wie der Vorgänger »Freed From Desire«.

*Freed From Desire (7/97 GB 2)*
***Dance***

## Gall, France

v (Frankreich, * 9. 10. 1947 in Paris).
France war in ihrer Heimat das Teenageridol der 60er Jahre. 1965 gewann sie für Luxemburg den Grand Prix mit »Poupée De Cire, Poupée De Son«. In Deutschland wurde der Titel im Mai des Jahres Platz 2. Vorher hatte sie in Frankreich bereits 1964 den Spitzenreiter »Sacré Charlemagne« gehabt. Nach dem Grand-Prix-Sieg folgten weitere Erfolge mit »Les Sucettes« 1966, »Musique« 1977, »Il Jouait Piano Debout« 1980 und »Tout Pour La Musique« 1982. In Deutschland hatte sie mit »A Banda« 1968 und »Ein bißchen Goethe, ein bißchen Bonaparte« 1969 noch zwei Top-20-Eintragungen. Nachdem sie für unseren Markt über Jahre hinweg verschwunden war, tauchte sie plötzlich wieder auf mit »Ella Elle L'a«, einem Titel über Ella Fitzgerald, der bei uns Mitte 1988 Platz 1 erreichte, und »Babacar«, ebenfalls 1988 Platz 14. Die meisten ihrer Hits schrieb ihr Produzent und Ehemann Michael Berger, der im August 1992 im Alter von 44 Jahren nach einem Herzinfarkt starb. France Gall engagiert sich in letzter Zeit verstärkt in der Politik und soll angeblich von der französischen Partei Génération Écologie als Kandidatin aufgestellt werden.

*Poupée De Cire, Poupée De Son (5/65 D 2)*
*Ella Elle L'a (2/88 CH 5; 4/88 D 1)*
***Grand Prix, Pop, Schlager***

**CD-Tip:** *Babacar* WEA 229 242 096 2

## Gallagher & Lyle

BENNY GALLAGHER, v/g (Großbritannien, geb. in Lagrs/Ayrshire/Schottland); GRAHAM LYLE, v/g (Großbritannien, geb. in Lagrs/Ayrshire/Schottland).
Begonnen haben die beiden Schotten bei verschiedenen Beatgruppen, um schließlich ihre ersten gemeinsamen Erfolge als Songschreiber zu haben. Für Dean Ford & The Gaylords schrieben sie den Titel »Mr. Heartbreak's Here Instead«. Nachdem sie 1968 nach London gezogen waren, wurden Gallagher & Lyle Haus- und Hofkomponisten für das Apple Label. So schrieben sie z. B. für Mary Hopkin die Titel »Sparrow« und »International«. Ab 1969 gehörten sie zu der Formation McGuinness Flint, für die sie die Hits »When I'm Dead And Gone« und »Malt And Barley Blues« schrieben. Anfang der 70er Jahre verließen sie diese Formation, um als Duo Karriere zu machen, was ihnen in kommerzieller Hinsicht aber erst ab 1976 gelang. In GB brachten sie in diesem Jahr zwei Titel auf Platz 6 in der Singlehitparade: »I Wanna Stay With You« und »Heart On My Sleeve«. Bei letztgenanntem Titel sang Andy Fairweather-Low mit. Auch als Songschreiber waren ihre Talente immer stärker gefragt. So übernahm z. B. Art Garfunkel ihre Komposition »Breakaway«. Trotzdem trennte sich das Duo

1979, um Soloprojekte zu verfolgen. Als Songschreiber tat sich Lyle später mit Terry Britten zusammen. Von den beiden stammt z. B. »What's Love Got To Do With It« für Tina Turner oder »Just Good Friends« für Michael Jackson. Auch an Songs wie »I Should Have Known Better« von Jim Diamond und einem weiteren Tina-Turner-Hit, »We Don't Need Another Hero«, schrieb Lyle mit.

*I Wanna Stay With You (2/76 GB 6)*
*Heart On My Sleeve (5/76 GB 6)*
***Pop***

**CD-Tip:** *Breakaway* A&M PCCY-10049

## Gallant, Patsy

v (Kanada, geb. in Campbelton/New Brunswick).
Patsy wurde 1950 in Kanada als eins von zehn Kindern geboren. Mit fünf Jahren begann sie mit drei Schwestern zu singen. Ein Talentsucher überredete die Familie, nach Montreal überzusiedeln, wo die vier für je 100 Dollar die Woche auftraten. Sieben Jahre sangen sie in Clubs und Kaffeehäusern. 1967 trennten sie sich, und Patsy Gallant trat fortan alleine auf. Da sie zweisprachig aufwuchs, machte sie französische und englische Fernsehshows. 1970 unterzeichnete sie einen Schallplattenvertrag. Mehr Geld verdiente sie jedoch mit Werbespots. Da sie ihre Platten sowohl in Englisch als auch in Französisch sang, hatte sie erste Erfolge in Europa, besonders in Frankreich. 1976 sang sie »Mon Pays« und hatte damit ihren ersten größeren Erfolg in Kanada und Frankreich. »From New York To L.A.« war schließlich im September 1977 ihr einziger Top-10-Hit.

*From New York To L.A. (9/77 GB 6)*
***Dance, Disco***

## Gallery

BRENT ANDERSON, g (USA); DANNY BRUCATO, d (USA); DENNIS COVARICK, b (USA); FRED DICENSO, v/g (USA); CARL FREEMAN, g (USA); JIM GOLD, v/g (USA, * 12. 1. 1947); BILL NOVA, v/g/per (USA).
In den frühen 70er Jahren arbeitete Jim Gold in Detroit tagsüber als Schweißer. Abends sang er mit einem Trio in einer Cocktail-Lounge. Eines Abends kam Dennis Coffey in diese Bar und hörte Jim Gold singen. Dennis fand die Stimme überzeugend und bot ihm einen Vertrag an. Schnell wurde »Nice To Be With You« in einem Detroiter Studio aufgenommen. Kein Mitglied seines Trios spielte bei der Platte mit, sondern nur Studiomusiker. Erst als sich die Nummer zum Hit entwikkelte, wurde Gallery zusammengestellt. Der unbeschwerte Sommersong erfreute sich schnell großer Beliebtheit bei den Radiostationen. In Deutschland erreichte die Platte Mitte 1972 Platz 28.

*Nice To Be With You (2/72 US 4)*
***Middle Of The Road (MOR)***

## Galway, James

fl (Großbritannien, * 8. 12. 1939 in Belfast).
Der Konzertflötist begann ab 1975 eine Solokarriere. Vorher war er Mitglied und erster Flötist in diversen Orchestern, darunter die Berliner Philharmoniker, das Royal Philharmonic Orchestra und das London Symphony Orchestra. Mit einer Instrumentalversion des John-Denver-Hits »Annie's Song« aus dem Jahre 1974 hatte Galway vier Jahre später, im Mai 1978, Platz 3 in den britischen Popcharts. Dabei blieb es. Seine LP-Veröffentlichungen reichen bis in die 80er Jahre. Anfang der 90er Jahre lebte er mit seiner Familie in der Schweiz.

*Annie's Song (5/78 GB 3)*
***Instrumental***

## Gap Band

CHARLES WILSON, v (USA, geb. in Tulsa/Oklahoma); ROBERT WILSON, b (USA, geb. in Tulsa/Oklahoma); RONNIE WILSON, key/tr (USA, geb. in Tulsa/Oklahoma).

Die drei aus Tulsa/Oklahoma stammenden Brüder machten aus drei Straßennamen ihrer Heimatstadt – Greenwood, Archer und Pine – die Abkürzung Gap als ihren Gruppennamen. Anfang bis Mitte der 70er Jahre spielten sie, bekannt als Wilson Brothers, in diversen Clubs und Gemeindesälen von Tulsa. Dann nahm sie der ortsansässige Rock 'n' Roller Leon Russell in sein Vorprogramm, und als sie schließlich gebeten wurden, als Support Act für die Rolling Stones zu spielen, nannten sie sich Gap Band. Was sie schafften, war, Soul, Pop, Disco und Funk zu verschmelzen. Mitte 1980 hatte die Gap Band in GB mit »Oops Up Side Your Head« ihren ersten Top-10-Hit. Ein Remix dieser Platte kam Mitte 1987 wieder in die britischen Top 20. Die Discoformation Snap sollte 1990 mit demselben Titel, jetzt als »Ooops Up«, erfolgreich sein. Es folgten durch die 80er Jahre tanzbare Titel, die sich jedoch von den stupiden, sonst üblichen Disconummern wohltuend abhoben. »Big Fun« war Ende 1986 auf Platz 4 in GB und ihr letzter Top-10-Hit. In den USA war »Early In The Morning«, Mitte 1982 ein Platz 24, ihr größter Erfolg.

*Oops Up Side Your Head (7/80 GB 6)*
*Big Fun (12/86 GB 4)*
***Funk, Rhythm & Blues***

**CD-Tip:** *Gap Gold* Mercury 824 343–2

## Garbage

DUKE ERIKSON, g/key/b (USA); SHIRLEY MANSON, v/g (Großbritannien, geb. in Edinburgh); STEVE MARKER, g (USA); BUTCH VIG, d (USA).

1994 kam diese Grunge-Band mit melodischem Touch in Wisconsin/USA als Trio zusammen. Bei einer MTV-Produktion lernten die drei Shirley Manson kennen, die lange Zeit mit der schottischen Formation Goodbye Mr. Mackenzie gesungen hatte. Im Herbst 1995 erschien ihr Debütalbum, das förmlich zu Singles zerpflückt wurde. »Only Happy When It Rains« brachte der Gruppe den ersten Top-30-Hit. »Queer« kam Ende 1995 auf Platz 13 in GB, und der Nachfolger »Stupid Girl« war schließlich der erste Top-10-Hit. »Milk«, gemixt von Tricky, wurde ein weiterer Top-10-Erfolg für Garbage und ihre erste Hitnotierung in Deutschland, wo die Platte knapp in die Top 100 kam. Schlagzeuger Butch Vig hatte sich vorher als Produzent von Nirvana, Soul Asylum, den Smashing Pumpkins und Sonic Youth bereits einen Namen gemacht. Der Melody Maker schrieb über Garbage: ›Die Band hört sich an wie die Go-Go's, gemixt mit Nine Inch Nails und Curve.‹ Im Frühjahr 1998 erschien mit »Version 2.0« (5/98 GB-LP 1, D-LP 4) das zweite Album der Band. Darauf auch der nächste Top-10-Hit »Push It«.

*Stupid Girl (3/96 GB 4)*
*Milk (11/96 GB 10)*
*Push It (5/98 GB 9)*
*I Think I'm Paranoid (7/98 GB 9)*
***Grunge***

**CD-Tip:** *Garbage* Mushroom Records 74321–29597–2

## Garcia

GARCIA, g/d/tr (Deutschland als Antonio Berardi).

1996 kamen einige südamerikanisch und mexikanisch angehauchte Nummern in die deutsche Hitparade, darunter auch der Titel »Vamonos (Hey Chico Are You Ready)«. Interpretiert wurde die Nummer durch einen gewissen Garcia – das sollte wohl Latinocharme versprühen. Hinter dem Projekt steckte laut Plattenfirma der in Deutschland mit italienischen Eltern geborene Antonio Berardi. Der hatte angeblich schon mit der Muttermilch Musik aufgesogen, beschäftige saich von klein auf mit Trommeln und Trompeten, Gitarren und Bandgründungen. Als Kopf einer Funkband gewinnt er einen Nachwuchswettbewerb. Schließlich kauft er sich ein Home-Recording-Studio und produziert eigene Stücke, auf denen er rapt. Bei einem Studiojob kommt es zur Gründung des Projektes Garcia und zur Aufnahme des Hits. Nachfolger »Te Quiero, Latina« liebten die Deutschen schon nicht mehr so – er erreichte lediglich Platz 85. Mitte 1997 erschien die Nummer »Bamboleo« (7/97 D 14), die den Nerv der zu diesem Zeitpunkt nach Rhythmus gierenden Deutschen und Schweizer traf.

*Vamonos (Hey Chico Are You Ready) (7/96 D 8)*
*Bamboleo (7/97 CH 8)*
***Dance***

## Gardiner, Boris

v (Jamaika, * 13. 1. 1949).
Boris begann seine Karriere in der Carl Malcolm Band. Als Solist tauchte er 1970 erstmals in der britischen Hitparade auf. Der Instrumentaltitel »Elizabethan Reggae« stand eine Woche unter den Top 50, dann war er wieder verschwunden. Als Interpret war damals nicht Boris Gardiner angegeben, sondern irrtümlicherweise Byron Lee. Eine Woche später tauchte sie wieder in den Charts auf, immer noch unter dem Interpreten Lee. Erst in der sechsten Woche wurde dem wirklichen Interpreten die ihm gebührende Ehre zuteil. Jedoch wurde sein Name falsch geschrieben, nämlich Gardner. Danach hörte man 16 Jahre lang nichts mehr von ihm, bis er mit »I Want To Wake Up With You« offensichtlich die Geschenkplatte des Jahres 1986 lieferte, die im Juli in die britischen Charts kam. Der Nachfolgehit »You're Everything To Me« erreichte Platz 11, und jetzt werden wir wohl bis 2002 warten müssen, bis sein nächster Hit erscheint.

*I Want To Wake Up With You (7/86 GB 1; 10/86 CH 6)*
***Reggae***

**CD-Tip:** *This Is Boris Gardiner* Rhino RNCD 2006

## Garfunkel, Art

v (USA, * 5. 11. 1941 als Arthur Garfunkel in Forest Hills/New York).
Sein Geburtstag wird in vielen Publikationen mit dem von Paul Simon verwechselt. In den Anfangstagen ihrer Karriere hießen sie Tom & Jerry – wobei Tom Graph das Pseudonym von Art Garfunkel und Jerry Landis das von Paul Simon war. Wenn also nun die Geburtstage der beiden geschrieben wurden, kam zuerst der von Art und dann der von Paul. Nachdem sie dann aber als Simon & Garfunkel bekannt wurden, hatten sie die Reihenfolge der beiden Namen umgedreht – und viele Journalisten behielten die Reihenfolge der Geburtstage bei und lagen damit also genau verkehrt. Jedenfalls: Im Buch ›Old Friends Simon And Garfunkel, A Dual Biography‹ ist Paul Simon am 13. 10. 1941 geboren und Art Garfunkel am 5. 11. 1941 – und so ist es richtig.
1953 trafen sich an der Forest Hill High School Paul und Art. Beide spielten mit in einer Schulaufführung von ›Alice in Wonderland‹. Der eine spielte den White Rabbit, der andere Cashier Cat. 1955 sangen sie zusammen den Titel »Sh-Boom« bei einer High-School-Aufführung und entschlossen sich, gemeinsam Stücke zu schreiben. Für vier Dollar ließen sie noch im selben Jahr das Copyright für ihren Titel »The Girl For Me« eintragen. 1957 hatten sie als Tom & Jerry mit »Hey, Schoolgirl« einen Platz 49 in den USA.

Nachdem weitere Hits nicht gelangen und auch ihre High-School-Zeit 1959 zu Ende ging, trennten sie sich. Art ging zur Columbia University und studierte dort Mathematik und Architektur. Als Artie Garr nahm er zwei erfolglose Singleplatten auf, und schließlich tat er sich wieder mit Paul zusammen, und sie spielten folkorientiertes Material, erstmals als Simon & Garfunkel. 1964 erhielten sie einen Plattenvertrag, Ende 1965 erreichte der Titel »The Sounds Of Silence« Platz 1 in den USA und wurde ein Millionseller. Die Erfolge von Simon & Garfunkel gingen bis in das Jahr 1970. Dann trennten sie sich, weil Art lieber in die Schauspielerei wechseln wollte. Schon im Mai 1969 hatte er im Film »Catch 22« mitgespielt. Der Film war in Italien gedreht worden und war eine schwarze Kriegskomödie. Jetzt hatte Art erneut ein Angebot, in einem Film mitzuspielen. Es ging um den Streifen »Carnal Knowledge«, in dem er neben Jack Nicholson, Candice Bergen und Ann-Margret agierte. Paul war das alles ganz recht, denn es ärgerte ihn schon lange, daß Garfunkel den Ruhm einheimste, weil er die Stimme hatte, während Simon aber die Songs schrieb. Im Herbst 1973 erschien dann nach längerer Pause wieder eine Single von Garfunkel. Jimmy Webb hatte den Titel »All I Know« geschrieben, der es bis auf Platz 9 in den USA brachte. Im September 1975 gelang Art mit »I Only Have Eyes For You« ein Platz 1 in GB. Im selben Jahr nahmen Simon & Garfunkel auch wieder einen gemeinsamen Titel auf, der »My Little Town« hieß und es Ende 1975 bis auf Platz 9 in den USA brachte. Ansonsten gingen sie weiter getrennte Wege. Bis Art 1979 die Mike-Batt-Komposition »Bright Eyes« in dem Zeichentrickfilm »Watership Down« sang, war wenig von ihm zu hören. Diese Platte wurde Spitzenreiter in GB, stand 19 Wochen in den Charts und ist einer der seltenen Millionseller in GB. In Deutschland wurde die Aufnahme Platz 3, in den USA kam sie nicht einmal in die Hot 100. Danach widmete sich Art wieder mehr der Schauspielerei. Alleine 1979 dreht er zwei Filme: eine Hauptrolle im Film »Bad Timing« und »Illusions«. Hin und wieder arbeitete er auch wieder mit Paul Simon für einige Konzerte zusammen, darunter eine Veranstaltung im Oktober 1981 im New Yorker Central Park, die gefilmt wurde und als Platte erschien. Im Anschluß daran gingen sie auf eine 12monatige Welttournee. Im Verlauf dieser Tour kam es jedoch zu erneuten Spannungen zwischen den beiden. Trotzdem kommt es immer wieder zu Reunion-Konzerten, meist zu wohltätigen Zwecken, so auch im Jahre 1993. Weitere Hits brachte Art nicht mehr zustande. Seine letzte Single-Hitnotierung war »A Heart In New York City«, in den USA ein Platz 66 im Herbst 1981. 1996 erschien mit »The Very Best Of Art Garfunkel« ein Album, das er am 12./13. April desselben Jahres live in der Halle auf Ellis Island vor New York City aufgenommen hatte, in der über viele Jahrzehnte die US-Einwanderer registriert worden waren. Neben ihm waren auf der Platte Eric Weissberg, Michael Brecker und James Taylor zu hören.

*All I Know (9/73 US 9)*
*I Only Have Eyes For You (9/75 GB 1)*
*Bright Eyes (3/79 GB 1; 6/79 D 3; 7/79 CH 2)*
***Soft Pop***

**CD-Tip:** *The Art Garfunkel Album* CBS CD 10046

## Garland, Judy

v (USA, * 10. 6. 1922 als Frances Gumm in Grand Rapids/Minnesota, † 22. 6. 1969). Sie war gerade drei Jahre alt, als sie erstmals mit ihren Eltern und ihren zwei älteren Schwestern in einer Musikshow auf der Bühne stand. Mit 13 wurde sie, getrieben von ihrer ehrgeizigen Mutter, vom MGM-Bass Louis B. Mayer getestet. Der fand die Gesangsstimmer von Judy gut und nahm sie unter Vertrag. Ihr erster Film hieß »Pigskin Parade« und kam 1936 in die Kinos. Ein Jahr später spielte sie in »Broadway Melody Of 1938« (1937). Sie sang darin einen Geburtstagsgruß für Clark Gable. Im Film »The Wizard Of Oz« (1939), der sie weltberühmt machte, sang sie »Somewhere Over The Rainbow« und kam mit dieser Nummer erstmals in die US-Charts, und das bis auf Platz 5. Für ihr Schauspiel in »Das zauberhafte Land« (so der deutsche Titel von »The Wizard Of Oz«) erhielt sie einen Spezial-Oscar. Nach diesem Film stand sie bis Mitte der 50er Jahre regelmäßig in der amerikanischen Hitparade. Ihre größten Erfolge und Top-10-Hits waren »I'm Nobody's Baby« 1940, zusammen mit Gene Kelly »For Me And My Gal« 1942, »The Trolley Song« 1944 und – zusammen mit Bing Crosby – »Yah-Ta-Ta Yah-Ta-Ta (Talk, Talk, Talk)« 1945. Ihre letzte Hitnotierung stammt aus dem Juni 1955: »The Man That Got Away« erreichte Platz 18 in GB. 1950 wurde Judy von der MGM wegen notorischer Unpünktlichkeit gefeuert. Am 23. 4. 1961 trat Judy in New York in der Carnegie Hall auf. Dieses Konzert wurde mitgeschnitten und als LP veröffentlicht. Mitte 1961 erreichte diese Platte Platz 1 in der amerikanischen LP-Hitparade, hielt die Position dreizehn Wochen und wurde ein Millionseller. Als am 29. 5. 1962 die Grammys für 1961 vergeben wurden, erhielt Judy Garland für diese LP den Preis für das Album des Jahres, und man wählte sie zur besten Sängerin des Jahres.

1945 heiratete sie den Regisseur Vincente Minnelli, und 1946 kam ihre Tochter Liza Minnelli zur Welt. 1951 war die Ehe gescheitert, sie verübte einen Selbstmordversuch. Einige Jahre arbeitete sie kaum, da sie unter Depressionen litt und starke Alkohol- und Tablettenprobleme hatte. 1954 kehrte sie mit dem Film »A Star Is Born« wieder ins Filmgeschäft zurück, in dem sie bis 1963 blieb. Ihre letzten Filme waren »Judgment At Nuremberg« 1961, »A Child Is Waiting« und »I Could Go On Singing« 1963. 1963/64 hatte sie im Fernsehen die ›Judy Garland Show‹. 1968 versuchte sie ein Comeback in einem Club in London, das sich aber als großer Flop erwies. Am 22. 6. 1966 wurde sie in einem Londoner Hotelzimmer tot aufgefunden. Offensichtlich hatte sie eine Überdosis Schlaftabletten genommen.

*I'm Nobody's Baby (7/40 US 3)*
*For Me And My Gal (1/42 US 3)*
*The Trolley Song (11/44 US 4)*
*Yah-Ta-Ta Yah-Ta-Ta (Talk, Talk, Talk) (5/45 US 5)*
*On The Atchison, Topeka And The Sante Fe (9/45 US 10)*
***Pop***

**CD-Tip:** *Judy At Carnegie Hall* Capitol CDP 7 46470 2

## Garnett, Gale

v (Neuseeland, * 17. 7. 1942 in Auckland).

1951 kam sie in die USA und machte ab 1960 Platten. Nebenher arbeitete sie ab ihrem 15. Lebensjahr als Schauspielerin und war in vielen Fernsehsendungen zu sehen, z. B. ›Hawaiian Eye‹, ›Bonanza‹ oder ›77 Sunset Strip‹. »We'll Sing In The Sunshine« war im August 1964 ihr einziger Plattenerfolg – ein Platz 4 in den US-Charts. 1964 gewann sie mit diesem Titel einen Grammy für die beste Folkplatte. Sie setzte sich damit gegen die nominierten Konkurrenten Harry Belafonte, Peter, Paul & Mary, Bob Dylan, New Christy Minstrels, Miriam Makeba und Woody Guthrie durch. Ende der 60er Jahre sang sie, beeinflußt von der Hippie-Bewegung, über Regenbogen und andere zauberhafte Dinge, konnte aber keine Platten verkaufen. Anfang der 70er Jahre zog sich Gale Garnett aus dem Musikgeschäft zurück.

*We'll Sing In The Sunshine (8/64 US 4)*
***Folk, Pop***

## Garrett, Betty

v (USA, * 23. 5. 1919 in St. Joseph/Missouri).
Betty Garrett war der Star in vielen Broadway-Musicals, darunter 1946 »Call Me Mister«. Sie war nicht nur eine gute Sängerin und Schauspielerin, sondern auch Tänzerin. So gehörte sie eine Zeitlang zur Truppe von Martha Graham. Von 1947 bis 1957 war sie erfolgreich als Schauspielerin, vor allem in »Big City« 1948, »Neptun's Daughter« 1949 und »The Shadow On The Window« 1957. Anfang der 50er Jahre trat eine längere Pause für sie ein. Nach der Geburt von zwei Söhnen wollte sie weiterhin für MGM Filme drehen. Sie wurde jedoch abgelehnt, weil ihr Mann Larry Parks einst Mitglied der kommunistischen Partei war und das Komitee für unamerikanische Umtriebe Sippenhaft verhängte. Zwischen 1973 und 1975 spielte sie die Rolle der Irene Lorenzo in der TV-Comedy-Serie ›All In The Family‹. Von 1976 bis 1981 sah man sie als Mrs. Edna Babish de Fazio in ›Laverne & Shirley‹, einer weiteren Comedy-Serie. Als Sängerin hatte sie Ende 1948 in den US-Charts den Titel »Buttons And Bows« aus dem Film »Pale Face«.

*Buttons And Bows (11/48 US 8)*
***Pop***

## Garrett, Leif

v (USA, * 8. 11. 1961 in Hollywood/Kalifornien).
Bereits als Teenager trat Leif Garrett in Fernsehserien wie ›Cade's County‹, ›Gunsmoke‹, ›Odd Couple‹ oder ›Family‹ auf. 1975 spielte er in der Abenteuer-TV-Serie ›Three For The Road‹ den Endy Karras. Ab 1977 machte Leif auch Platten. Seine erste Hitnotierung war eine Neuaufnahme des alten Beach-Boys-Hits »Surfin' U.S.A.« (bzw. des alten Chuck-Berry-Hits »Sweet Little Sixteen«), Ende 1977 Platz 6 in Deutschland. Wahrscheinlich waren sich die Produzenten von Leif einig, daß der US-Teenie-Markt neben Shaun Cassidy, dessen Plattenkarriere drei Monate vorher begonnen hatte, ein weiteres Teenageridol vertragen könnte. Leif kam an die Erfolge von Shaun nie heran. Sein größter Hit war »I Was Made For Dancin'«. Nach 1981 war er wieder aus den Charts verschwunden.

*Surfin' U.S.A. (12/77 D 6; 1/78 CH 4)*
*I Was Made For Dancin' (11/78 US 10; 1/79 GB 4; 3/79 D 10)*
***Middle Of The Road (MOR), Surf-Music***

## Garrick, David

v (Großbritannien als Philip Darryl Core, geb. in Liverpool).
Davids Gesangskarriere begann in einem Liverpooler Kirchenchor. Vier Jahre lang machte er eine Ausbildung zum Opernsänger und trat während dieser Zeit schon auf, um sich die Stunden zu finanzieren. Er schwärmte für Mario Lanza, Mozart und Beethoven. Dann änderte er seine Meinung und wollte Popmusik machen. Zunächst managte er eine Beatgruppe. Dann ging er mit Freunden eine Wette ein: Er wollte im Cavern Club auf die Bühne gehen, eine Opernarie singen – und die Leute würden ihm zuhören. Er gewann. Es dauerte nicht mehr lange, bis der ›Poppera‹-Sänger einen Plattenvertrag bekam. Einen ersten Erfolg hatte David Garrick mit der Jagger-Richards-Komposition »Lady Jane« im Juni 1966 in der britischen Hitparade. Der Nachfolgehit »Dear Mrs. Appleby« wurde im Herbst 1966 Platz 22 in GB und Spitzenreiter in Deutschland. 1967 hatte er mit »Please Mr. Moving Man« und »Don't Go Out Into The Rain« noch zwei Top-30-Hits in Deutschland.

*Dear Mrs. Appleby (12/66 D 1)*
***Beat, Pop***

**CD-Tip:** *A Boy Called David* Repertoire 4091 WZ TIS

## Gary's Gang

BILL CATLONO, per (USA); BOB FORMAN, sax (USA); AL LAURICELLA, key (USA); JAY LEON, pos (USA); ERIC MATTHEW, g (USA); RINO MINETTI, key (USA); GARY TURNIER, g (USA).

Die New Yorker Eric und Gary spielten bereits als Teenager in verschiedenen Gruppen und brachten sich das Gitarrespielen selbst bei. Sie arbeiteten als Barmusiker, bis sie genug Geld verdient hatten, um ein eigenes Studio einzurichten. Sie nahmen mit den obenerwähnten Musikern das Album »Keep On Dancin'« auf, das in den USA recht erfolgreich war. Ihren größten Singlerfolg hatte Gary's Gang mit der Auskopplung »Keep On Dancin'« in Großbritannien.

*Keep On Dancin' (2/79 GB 8)*
***Pop***

## Gat Decor

»Passion« war erstmals 1992 in GB veröffentlicht worden und hatte dabei einen Platz 29 erreicht. Wer hinter dem Projekt steckte, wurde damals nicht verraten: ›Its perpetrators are extremly publicity-shy at present‹. Nachdem die House-Nummer knapp vier Jahre später erneut veröffentlicht wurde und diesmal die Top 10 erreichte, konnte man ebenfalls nichts über die Interpreten lesen. Nachfolgehit 1996 war auch keiner in Sicht – also scheint das Kapitel auch vorüber.

*Passion (3/96 GB 6)*
***House***

## Gaye, Marvin

v (USA, * 2. 4. 1939 als Marvin Pentz Gay jr. in Washington/D.C., † 1. 4. 1984).

Der Soulsänger und Songschreiber begann im Kirchenchor seines Vaters. Nächste Station waren die Rainbows, bei denen er mit Don Covay und Billy Stewart spielte. 1957 ging er zu den Marquees, die später Harvey Fuqua unter seine Fittiche nahm und aus ihnen eine Neuauflage seiner Moonglows als Harvey & The Moonglows machte. 1958 hatten sie in den USA den Top-10-Hit »Ten Commandments of Love«. Als Fuqua 1960 mit seiner Frau Gwendoline Gordy nach Detroit ging, kam Marvin Gaye mit und wurde Sessiondrummer bei Tamla Motown. 1961 heiratete er Anna Gordy, die Schwester des Tamla-Motown-Chefs Berry Gordy jr. Damit wurde er Mitglied im Motown-Clan. Zuerst spielte er Schlagzeug bei den frühen Hits von Smokey Robinson & The Miracles und Stevie Wonder. So spielt Marvin z. B. auf »Fingertips«, dem ersten Spitzenreiter von Wonder in den USA, mit. Dann brachte er Soloplatten auf den Markt. Seine erste Veröffentlichung hieß »Let Your Conscience Be Your Guide«. Seine vierte Single wurde der erste Erfolg: »Stubborn Kind Of Feeling« im Oktober 1962; im Hintergrund sangen die Vandellas, deren Hit »Dancing In The Street« Gaye mitgeschrieben hat. »Pride And Joy«, ebenfalls mit den Vandellas im Hintergrund, wurde Mitte 1963 der erste Top-10-Erfolg für Gaye. Zwischen 1977 und 1982 gelang ihm recht wenig. Probleme mit Drogen und der Steuerbehörde zwangen ihn, seinen Wohnsitz für drei Jahre nach Europa zu verlegen. 1975 hatte er sich von Anna getrennt, und als er mit »Sexual Healing« Ende 1982 einen Millionseller, Platz 3 in den USA, Platz 4 in GB und Platz 23 in Deutschland hatte, war er inzwischen bei CBS unter Vertrag. Bei Tamla Motown hatte er neben seinen Soloplatten auch etliche Top-10-Erfolge zusammen mit Tammi Terrell. Nachdem sie auf der Bühne in seinen Armen zusammengebrochen war, entdeckte man bei ihr einen Gehirntumor, an dem sie 1970 starb. Weitere Partnerinnen für ihn waren Diana Ross, Mary Wells und Kim Weston.

In Zeitungsberichten über Marvin wurde stets betont, daß er jemand war, der der Popmusik und dem Rhythm & Blues eine neue Richtung gegeben hat. Ebenso wird konstatiert, daß er durch engagierte Textinhalte glänzte und daß es ihm gelang, unterschiedlichste musikalische Stilmittel wie Blues, Rock, Soul, Jazz, Bossa Nova usw. zu verschmelzen. Auf der anderen Seite konnte man auch stets lesen, daß er höchst introvertiert, schweigsam und unberechenbar war. Zwischen den Vorstellungen seines Vaters, einem Geistlichen der apostolischen Kirche, und Marvins Vorstellungen und Auffassungen müssen höllenweite Unterschiede gewesen sein. Das mag zu den Streitigkeiten geführt haben, die darin gipfelten, daß der Vater seinen Sohn einen Tag vor dessen 45. Geburtstag erschoß.
1987 wurde Marvin Gaye in die Rock 'n' Roll Hall of Fame aufgenommen. Ende 1991 wurde mit der im Sommer 1983 aufgenommenen »The Last Concert Tour« noch einmal eine neue CD von Marvin veröffentlicht. Im Frühjahr 1994 kam mit »Lucky Lucky Me«, aufgenommen im Januar 1965, eine bisher unveröffentlichte Single von ihm auf den Markt, die es knapp in die britischen Top 75 schaffte.

*Pride And Joy (5/63 US 10)*
*How Sweet It Is To Be Loved By You (11/64 US 6)*
*I'll Be Doggone (3/65 US 8)*
*Ain't That Peculiar (10/65 US 8)*
*Your Precious Love (9/67 US 5)*
*If I Could Build My Whole World Around You (12/67 US 10)*
*Ain't Nothing Like The Real Thing (4/68 US 8)*
*You're All I Need To Get By (7/68 US 7)*
*I Heard It Through The Grapevine (11/68 US 1; 2/69 GB 1; 4/86 GB 8)*
*Too Busy Thinking About My Baby (4/69 US 4; 7/69 GB 5)*
*That's The Way Love Is (8/69 US 7)*
*Onion Song (11/69 GB 9)*
*Abraham, Martin And John (5/70 GB 9)*
*What's Going On (2/71 US 2)*
*Mercy Mercy Me (The Apology) (7/71 US 4)*
*Inner City Blues (Make Me Wanna Holler) (10/71 US 9)*
*Trouble Man (12/72 US 7)*
*Let's Get It On (7/73 US 1)*
*You Are Everything (3/74 GB 5)*
*Got To Give It Up (Pt. I) (4/77 US 1, GB 7)*
*Sexual Healing (10/82 US 3, GB 4)*
***Motown Sound, Rhythm & Blues, Soft Soul, Soul***

**CD-Tip:** *The Very Best Of Marvin Gaye* Motown 530 292–2/4/1

## Gayle, Crystal

v (USA, * 9. 1. 1951 als Brenda Gail Webb in Paintsville/Kentucky).
Sie ist die jüngere Schwester von Loretta Lynn, die ab 1960 in den Country-Charts jede Menge Hits hatte. Mit ihr und einer weiteren Schwester, Peggy Sue, trat sie ab 1967 als Loretta Lynn Sisters auf. 1970 unterzeichnete sie einen eigenen Plattenvertrag und stand ab diesem Zeitpunkt wie ihre Schwester regelmäßig in den Country-Charts. Loretta ist insgesamt gesehen erfolgreicher in den Country-Hitparaden als Schwester Crystal Gayle – allerdings hatte sie auch bereits zehn Jahre früher ihre ersten Erfolge. Aber im Gegensatz zu Loretta schaffte Crystal einige Crossover-Hits: »Don't It Make My Brown Eyes Blue« war im Herbst 1977 ein Platz 2 in den USA und Platz 5 in GB. Zusammen mit Eddie Rabbitt hatte sie einen weiteren Top-10-Erfolg mit »You And I« im Oktober 1982. 1979 war sie die erste Country-Interpretin, die eine Tour durch China machen durfte.

*Don't It Make My Brown Eyes Blue (8/77 US 2; 11/77 GB 5)*
*You And I (10/82 US 7)*
***Country, Pop***

**CD-Tip:** *Single Album* Capitol CDP 7 92612 2

## Gayle, Michelle

(Großbritannien, geb. in London).
Als die erste Platte von Michelle erschien, staunten die Briten. Sie kannten das Gesicht aus der TV-Serie ›EastEnders‹. Und dort hieß sie Hattie Tavernier. Michelle wurde im Londoner Norden geboren und wuchs mit der Soul-und-Reggae-Plattensammlung ihrer Großeltern in deren Haus auf. Steve Jervier, der schon für Boyz II Men, Jade und Take That gearbeitet hatte, half ihr bei »Looking Up«, ihrem ersten Hit, der im August 1993 bis auf Platz 11 in GB kam. Narada Michael Walden war es, der ihre zweite Single »Sweetness« produzierte, die im Herbst 1994 ihr erster Top-10-Hit wurde. Es scheint mehr der Bekanntheitsgrad der Schauspielerin Gayle zu sein, der »Sweetness« zum Erfolg verhalf, denn die Platte klingt eher nach Kleinmädchenpop. Mit »Freedom« und »Happy Just To Be With You« schaffte sie Mitte 1995 noch zwei Top-20-Hits in GB. Anfang 1997 gelang ihr mit »Do You Know« ein weiterer Top-10-Hit in GB. Wenig später erschien das neue Album »Sensational«.

*Sweetness (9/94 GB 4)*
*Do You Know (2/97 GB 6)*
***Dance, Pop***

**CD-Tip:** *Michelle Gayle* RCA 74321 23412 2

## Gaylords

RONNIE GAYLORD, v (USA als Ronald Fredianelli); BURT HOLIDAY, v (USA als Burt Bonaldi); DON REA, p (USA).
Ronnie Gaylord, Burt Holiday und der Pianist Don Rea waren Studenten an der Universität in Detroit, als sie Anfang der 50er Jahre begannen, Lieder ihrer italienischen Vorfahren für den US-Markt zu bearbeiten. Im Dezember 1952 erreichte die Aufnahme »Tell Me You're Mine« die US-Charts, wurde ein Millionseller und kletterte bis auf Platz 2. Es handelte sich dabei um das im Jahre 1939 geschriebene italienische Lied »Per un Bacio d'amor«. In den folgenden Jahren bis 1958 hatten die Gaylords 14 Hits in den USA, davon kamen mit »From The Vine Came The Grape« und »The Little Shoemaker« 1954 noch zwei weitere Titel unter die ersten 10. Nach 1959 kamen sie erst wieder 1976, jetzt als Duo Gaylord & Holiday, in die US-Charts – allerdings nicht mehr über Position 70 hinaus.

*Tell Me You're Mine (12/52 US 2)*
*From The Wine Came The Grape (2/54 US 7)*
*The Little Shoemaker (7/54 US 2)*
***Pop***

## Gaynor, Gloria

v (USA, * 7. 9. 1949 in Newark/New Jersey).
Gloria Gaynor ist eine der Sängerinnen, die ihren ersten Erfolg nicht dem Radio, sondern den Discotheken verdankt. 1965 nahm sie eine erfolglose Single auf. 1970 wurde sie, nachdem sie in einer Discothek ein Stück gesungen hatte, von den Soul Satisfiers gebeten, sie auf einer Tournee zu begleiten. Nach einem Jahr gab sie auf und ging zurück in ihre Heimatstadt Newark. Im Dezember 1973 nahm sie den Titel »Honey Bee« auf, der zwar in die Rhythm-&-Blues-Charts, nicht aber in die Hot 100 kam. Ende 1974 kam sie mit einer Neuauflage des Jackson-5-Hits »Never Can Say Goodbye« aus dem Jahre 1971. Er kam in die US-Charts und erreichte Platz 9, in GB Platz 2.
Es folgten weitere Titel, die in diese Kerbe schlugen – schon bekannte Soulnummern auf Disco zu trimmen. Nach 1975 schien ihre Karriere zu Ende zu sein, da brachte sie mit »I Will Survive« einen weiteren Discothekenhit auf den Markt. Im Dezember 1978 kam er in die amerikanischen Charts und wurde Platz 1. Wenige Monate später war er Spitzenreiter in GB

und erreichte Platz 7 in Deutschland. Die Platte wurde Platin, was bedeutet, daß mehr als zwei Millionen Exemplare verkauft wurden. Wieder trat eine Pause ein, bevor sie Ende 1983 mit einem Titel aus »Ein Käfig voller Narren«, »I Am What I Am«, noch einmal auf Position 13 in GB landete. Es sind weitere Platten von ihr erschienen, und bei dieser Art von Musik ist es durchaus möglich, daß die ›Queen Of The Discotheques‹ plötzlich wieder einen Hit hat. Das trotzige »I Will Survive« hat sich im Laufe der Jahre zur Hymne der Homosexuellen entwickelt und taucht immer wieder in den Charts auf. 1998 nahm Gloria das Stück erneut auf – diesmal mit einem ›latin-spanish touch‹. Bei der Gelegenheit wurde vermerkt, daß sich die Nummer inzwischen weltweit mehr als 20 Millionen mal verkauft hatte.

*Never Can Say Goodbye (11/74 GB 2, US 9)*
*Reach Out I'll Be There (4/75 D 5)*
*I Will Survive (12/78 US 1; 2/79 GB 1; 4/79 D 7; 5/79 CH 7; 6/93 GB 5)*
***Disco***

**CD-Tip:** *Greatest Hits* Polydor 833 433 2

## Gazebo

GAZEBO, v (* 18. 2. 1960 als Paul Mazzolini in Beirut/Libanon).
Sein Vater, ein italienischer Diplomat, wurde in regelmäßigen Abständen immer wieder in andere Länder versetzt. Bei Gazebos Geburt war eben gerade Beirut an der Reihe. Seine Mutter Stephanie war vor ihrer Ehe in Amerika Sängerin. 1974 – inzwischen war Gazebo in L. A. – gründete er eine Schülerband, die Skunk Tussle hieß. In dieser Zeit sammelte er auch erste Erfahrungen in einer Theatergruppe in Los Angeles. 1983 schloß er in Rom ein Studium in französischer Literatur erfolgreich ab. Mit der von ihm mitverfaßten Nummer »I Like Chopin« hatte er über die Landesgrenzen Italiens hinaus im August 1983 eine Nummer 1 und eine goldene Schallplatte erreicht. Der Nachfolgehit »Lunatic« war Ende 1983 ein Platz 4 in den deutschen Charts. Im selben Jahr schrieb er für Ryan Paris den Hit »Dolce Vita« mit. Danach tauchte er unter. Ob er vielleicht in einer anderen Verkleidung als Plazebo für italienische Disco-Hits sorgt, ist nicht bekannt, wäre aber gut möglich.

*Masterpiece (11/82 CH 5)*
*I Like Chopin (8/83 CH 1, D 1)*
*Lunatic (12/83 D 4; 1/84 CH 6)*
***Disco***

## Gazza & Lindisfarne

GAZZA, v (Großbritannien, * 27. 5. 1967 als Paul Gascoigne in Newcastle).
Die Briten liebten den trinkfesten Fußballer von den Tottenham Hotspurs, die von einer deutschen Brauerei gesponsert wurden, wie kaum einen anderen Anfang der 90er Jahre. Den Deutschen wurde er bekannt, nachdem er nach dem verlorenen WM-Spiel gegen Deutschland 1990 in Turin seinen Tränen freien Lauf ließ. Daß Fußballer nicht unbedingt gute Sänger sind, trotzdem aber erfolgreich Platten machen, kommt nicht nur in England vor. Zusammen mit der in den 70er Jahren auf gesellige Folk-Trinklieder festgelegten Formation Lindisfarne, die wie Gazza aus Newcastle kommt, nahm er die Nummer »Fog On Tyne (Revisited)« auf, die Ende 1990 bis auf Platz 2 in der britischen Hitparade kam. »Fog On Tyne (Revisited)« war der Titelsong des gleichnamigen 1971 erschienenen Albums von Lindisfarne. Die Nachfolgesingle »Geordie Boys (Gazza Rap)« kam zumindest noch in die Top 40. Fußball spielen konnte Gazza besser.

*Fog On Tyne (Revisited) (11/90 GB 2)*
***Pop***

## Gebrüder Blattschuß

HARALD »WURZEL« GRIBKOWSKY, v (Deutschland); HANS MARQUARDT, v (Deutschland, * 3. 1. 1950); BEPPO POHLMANN, v (Deutschland, * 24. 12. 1951); JÜRGEN VON DER LIPPE, v/g (Deutschland, * 8. 6. 1948 als Jürgen Dohrenkamp in Bad Salzuflen); HARALD WOLFF, v (Deutschland, * 4. 1. 1957).
Diese Formation der ›Spaßvögel der Berliner Kneipenszene‹ wurde im Frühjahr 1976 gegründet. Im April 1977 erschien mit »Dümmer, als du denkst« die erste LP der Gebrüder. Die zweite LP hieß »bla-bla blattschuß«, aus der der Titel »Kreuzberger Nächte« ausgekoppelt wurde. Die Platte wurde zum Sauf- und Schunkellied des Jahres 1978, stand Ende jenes Jahres auf Platz 2 der deutschen Hitparade und erhielt eine goldene Schallplatte. Nach dieser zweiten LP verließ Jürgen von der Lippe die Gruppe, um sich seiner Karriere als Solist und TV-Moderator zu widmen. Nach der ersten LP hatte sich bereits Wurzel verabschiedet. Die restlichen drei brachten weitere Platten auf den Markt, z. B. im September 1979 »Gebrüder Blattschuß GmbH & Chor KG – Gesänge mit beschränkter Hoffnung«. Der Erfolg der »Kreuzberger Nächte« ließ sich nicht wiederholen. Nach 1982 werden sie in keinen Hitlisten mehr notiert. 1992 brachte Beppo Pohlmann zusammen mit Kalle Ricken als Blattschuss & Die Blaue Geige neue Platten auf den Markt.

*Kreuzberger Nächte (10/78 D 2; 1/79 CH 7)*
***Deutscher Schlager***

## Geddes, David

v/d (USA, * 1. 7. 1950 in Michigan).
David stellte als 16jähriger die Band Rock Garden zusammen, die es jedoch zu keinem Hit brachte. Für fünf Jahre war er der Schlagzeuger dieser Formation, die zwar einige Veröffentlichungen für Capitol Records machte, dann aber aufgab. David Geddes ging zurück aufs College, und nach einiger Zeit versuchte er sich als Solist. Wiederum blieb der Erfolg aus. 1975 nahm er einen erneuten Anlauf und schaffte mit »Run Joey Run« im August einen Platz 4 in den USA. Der Nachfolgehit war »The Last Game Of The Season (A Blind Man In The Bleachers)« (11/75 US 18). Mehr gelang ihm nicht.

*Run Joey Run (8/75 US 4)*
***AOR (Adult Orientated Rock)***

## Geier Sturzflug

DEFF BALLIN, key (* 26. 7. 1954); WERNER BOROWSKI, v/b (Deutschland, * 24. 10. 1948); JOHN FIEHE, v/sax (* 24. 1. 1957); FRIEDEL GERATSCH, v/g (Deutschland, * 30. 9. 1951); UWE KELLERHOFF, v/d (Deutschland, * 6. 11. 1956); MICHAEL VOLKMANN, v/g (Deutschland, * 20. 11. 1959).
Entdeckt wurde die Band von Peter Kent, der sie zeitweise auch produzierte. Ihre Plattenfirma bot sie an als ›Spezialisten für ausgelassene Zugabenstimmung mit ganzer, unübertrefflicher Individualität‹. Anfang 1983 kam diese Ruhrpott-Formation im Zuge der Neuen Deutschen Welle mit ihrem Song »Bruttosozialprodukt« bis auf Platz 1 der deutschen Hitparade. Die Platte verkaufte sich über 500.000 mal und wurde mit Gold ausgezeichnet. Der Nachfolgetitel »Besuchen Sie Europa (solange es noch steht)« erreichte vier Monate später Platz 11 in den deutschen Charts und ist den Mitgliedern angeblich als ein ›flotter Werbespruch eines amerikanischen Touristikunternehmens‹ aufgefallen. Während der Titel »Bruttosozialprodukt« allzuoft als Aufschwungshymne mißverstanden wurde, hielt man ihnen den Europabesucher-Song als destruktiv vor. Dabei sah ihre Plattenfirma das alles viel simpler: ›Geier Sturzflug stehen stell-

vertretend für eine Losgeh-Musik, die Reggae, Ska und Rockklänge in sich vereint. Das musikalische Nest der Geier liegt zweifellos zwischen Bochum und der Karibik. Die Texte der Gruppe sind ironisch, realistisch und geradeaus.‹ Nach »Pure Lust am Leben« und »Einsamkeit«, beide 1984, verschwanden sie aus der Hitparade, was sicher auch mit dem Ende der Neuen Deutschen Welle zu tun hatte. Zur LP »Heiße Zeiten« von 1983 schrieb dann die Plattenfirma: ›Die Texte haben es in sich. Ungeschminkte Alltagsbeschreibungen, harte Ruhrpottwirklichkeit, Kulturkritik und Zukunftsangst bilden die Inhalte.‹ Dazu kann man nur noch schwer tanzen und grölen, und das war ein weiterer Grund, weshalb sie aufgaben. Ab Mitte der 80er Jahre versuchte sich Geratsch als Solist.

*Bruttosozialprodukt (3/83 D 1; 5/83 CH 1)*
***Neue Deutsche Welle***

## Geils, J., Band

STEPHEN JO BLADD, v/d (USA, * 13. 7. 1942 in Boston/Massachusetts); MAGIC DICK, harm (USA, * 13. 5. 1945 als Richard Salwitz in New London/Connecticut); JEROME GEILS, g (USA, * 20. 2. 1946 in New York); SETH JUSTMAN, v/key (USA, * 27. 1. 1951 in Washington/D.C.); DANNY KLEIN, b (USA, * 13. 5. 1946 in New York); PETER WOLF, v (USA, * 7. 3. 1946 als Blankfield in Bronx/New York City).

1967 wurde diese Formation in Boston, Massachusetts, gegründet. Zuerst nannten sie sich J. Geils Blues Band, was auf den ersten beiden Alben der Band auch musikalisch zum Ausdruck kommt. Hier wurde noch fast urwüchsiger Rhythm & Blues gespielt. Schnell wurde die Gruppe als besonders guter Live-Act bekannt. Ab 1971 wurden sie in den Singlecharts verzeichnet, aber erst die beiden Millionseller »Centerfold«, im November 1981 in der US-Hitparade Spitzenreiter, und »Freeze-Frame«, im Frühjahr 1982 Platz 4, waren Top-10-Erfolge. Im Herbst 1983 verließ mit Peter Wolf der absolute Frontman der Band die Gruppe, die ohne ihn wieder in die Bedeutungslosigkeit fiel.

*Centerfold (11/81 US 1; 2/82 GB 3; 3/82 CH 4)*
*Freeze-Frame (2/82 US 4)*
***AOR (Adult Orientated Rock), Rock***

**CD-Tip:** *Freeze Frame* EMI CDP 7 46014 2

## Genesis

TONY BANKS, key (Großbritannien, * 27. 3. 1950 in East Heathley/Sussex); PHIL COLLINS, v/d (Großbritannien, * 30. 1. 1951 in Chiswick/London); PETER GABRIEL, v/d (Großbritannien, * 13. 2. 1950 in Cobham/Surrey); STEVE HACKETT, g (Großbritannien, * 12. 2. 1950 in London); JOHN MAYHEW, d (Großbritannien); ANTHONY PHILLIPS, v/g (Großbritannien, * 14. 12. 1951 in Putney/London); MIKE RUTHERFORD, v/g/b (Großbritannien, * 2. 10. 1950 in Guildford/Surrey); JOHN SILVER, d (Großbritannien); CHRIS STEWART, d (Großbritannien); RAY WILSON, v (Großbritannien, geb. in Schottland).

Die Ursprünge von Genesis gehen zurück bis ins Jahr 1965. Die Schüler Anthony Phillips, Mike Rutherford, Tony Banks und Peter Gabriel des exklusiven Charterhouse blickten noch Jahre später mit recht skeptischen Erinnerungen auf dieses Internat zurück. Möglich, daß sie das Musikmachen als Ventil für die Eintönigkeit des Schulbetriebes sahen. Im Mai 1965 gründeten Anthony Phillips und Mike Rutherford die Band Anon, Tony Banks und Peter Gabriel wurden Mitglieder bei Garden Wall. Verständlich, daß nach jedem abgelaufenen Schuljahr die Karten in diesen Schülerbands neu gemischt werden mußten. Schon im nächsten Schuljahr mußte aus diesen beiden bestehenden Gruppen eine neue formiert werden, die sich New Anon nannte. Als Schlagzeuger kam Chris Stewart hinzu. Mit ihm und Anthony Phillips, Tony Banks, Mike Rutherford und Peter Gabriel stand damit die Urbesetzung von Genesis, die im September 1966 ein Demoband mit einem selbstgeschriebenen Song aufnahm. Im Januar 1967 schickten sie das Band an den ehemaligen Charterhouse-Schüler Jonathan King, der jetzt für Decca Records arbeitete. Er war so begeistert, daß er weitere Demos finanzierte. Und er verpaßte der Gruppe ihren Namen: Genesis.

Dezember 1967: Die Schüler unterschreiben in London einen Jahresvertrag mit Decca, und es findet die erste offizielle Aufnahmesession statt. Am 22.2. 1968 veröffentlicht die große Plattenfirma Decca die erste Single von Genesis: »The Silent Sun« mit der B-Seite »That's Me«. Das Ereignis bleibt unbemerkt. Im Mai geht Schlagzeuger Chris Stewart, als neuer Mann kommt John Silver. Im selben Monat erscheint die zweite Single »A Winter's Tale« – auch ein Flop. In den Sommerferien nimmt die Band ihre erste LP auf, die im März 1969 erscheint. Die Enttäuschung der Jungs ist groß. Was sie aufgenommen haben, wird durch Jonathan King mit Streichern zugezuckert – die Stücke sollten nach der Gruppe Moody Blues klingen. Die Rechnung ging nicht auf: Die LP verkaufte sich nur 650mal und gilt heute bei den Sammlern unter den Genesis-Fans als ›Blaue Mauritius‹. Im Juni 1969 erschien als letzte Genesis-Platte bei Decca »Where The Sour Turns To Sweet« – ein Flop. Im Juni sind alle Bandmitglieder endlich mit der Schule fertig. Drummer John Silver verläßt die Band, für ihn kommt John Mayhew, der seinerseits 1970 durch Phil Collins ersetzt wird. Jetzt geht auch Urmitglied Anthony Phillips. Für ihn steigt wenig später Steve Hackett ein. Für viele Fans ist diese Besetzung die eigentliche Urformation.

Möglich, daß das Lampenfieber von Peter Gabriel dazu beigetragen hat, der Band ihren ersten Erfolg zu bescheren. Mit wunderlichen Verkleidungen, mit Masken und zahlreichen Requisiten, die sich Peter überstülpte, um seine Nervosität zu beruhigen, erregte die Band großes Aufsehen. Es bildete sich schon 1971 eine Fangemeinde, die sich speziell für dieses ›Rock And Role‹, ›Musik im Kopf – Abenteuer im Gehirn‹, begeisterte. Die Gruppe war ständig unterwegs, bis Peter sich den Knöchel brach. Statt weiter auf Tour ging man ins Studio und nahm die Langspielplatte »Nursery Cryme« auf. Diese LP tauchte wenig später in den italienischen LP-Charts auf und war der erste Hit für Genesis.

Im Januar 1972 trat Genesis zum erstenmal außerhalb von GB auf. Sie spielten in Brüssel, und auch hier kamen die theatralischen Elemente von Peter Gabriel gut an. Im Mai erschien die Single »Happy The Man«, blieb aber unbeachtet. Im Oktober folgte das nächste Album der Gruppe unter dem Titel »Foxtrot« – und endlich stellte sich der kommerzielle Erfolg ein. »Foxtrot« landete auf Platz 12 in der britischen LP-Hitparade. Der 24 Minuten lange Titel »Supper's Ready« von dieser LP wurde zu einer Art Hymne bei Live-Auftritten der Gruppe. Im Dezember gaben Genesis ihr Debüt in den USA. Am 12. Dezember spielten sie bei er Benefizshow des Senders WNEW-FM in der Philharmonic Hall in New York. Einen Tag vorher traten sie in einem College in der Nähe von Boston auf.

Das Jahr 1973 begann für Genesis mit einer ausgedehnten Tour durch GB – zum erstenmal war die Band Headliner. Im Februar wurden in Lancashire und Manchester Live-Mitschnitte für das amerikanische Radioprogramm ›The King Biscuit Flower Hour‹ gemacht. Daraus wurde dann die LP »Genesis Live«. Im März starteten sie ihre erste US-Tournee. Im Juni wurde »Genesis Live« veröffentlicht, im August stand die LP auf Platz 9 der britischen LP-Hitparade. Ein noch größerer Erfolg wurde die nächste LP, »Selling England By The Pound«. Sie erreichte im Oktober Platz 3. Im selben Monat löste Tony Smith den bisherigen Manager der Formation, Tony Stratton-Smith, ab – die beiden sind übrigens nicht miteinander verwandt. Das Jahr endete, wie es begann: Auf eine ausgedehnte Tour durch GB folgte eine ebensolche durch die USA.

Im Januar 1974 spielte Genesis an fünf Abenden im ausverkauften Drury Lane Theater in London. Mit »Selling England By The Pound« stiegen sie im Februar zum erstenmal in die US-Charts ein, die LP kam auf Platz 70. Den ersten Singlehit konnte Genesis im April verzeichnen. »I Know What I Like (In Your Wardrobe)«, eine überarbeitete Version des Titels, der auf der letzten LP zu finden war, erreichte in GB Platz 21. Am 11. Mai tauchte mit 18monatiger Verspätung das Album »Nursery Cryme« auf Platz 39 in der britischen LP-Hitparade auf, im Juni blieb »Genesis Live« in den USA auf Platz 105 hängen. Im Oktober veröffentlichte London Records in den USA die 1969 erschienene erste LP von Genesis, »From Genesis To Revelation«. Für die Amerikaner offenbar keine Offenbarung – die Platte schaffte nur Platz 170. Die Gruppe hatte mittlerweile das Doppelalbum »The Lamb Lies Down On Broadway« fertiggestellt und begann im November eine Welttournee mit einer gleichnamigen Show. Die Singleauskopplung »Counting Out Time« kam zwar nicht in die Hitparaden, das Doppelalbum aber erreichte in GB Platz 10 der LP-Charts.

In den USA erreichte »The Lamb Lies Down On Broadway« im Januar 1975 Platz 41. Im April wurde »The Carpet Crawlers« ausgekoppelt – kein Hitparadenerfolg. Im Mai wurde in St. Etienne in Frankreich zum letztenmal »The Lamb Lies Down On Broadway« aufgeführt, damit hatte Genesis dieses Programm 102 mal absolviert. Traurig für alle Fans: Peter Gabriel beendete damit seine Genesis-Zeit. Er verließ die Gruppe. Mike Rutherford, Tony Banks, Steve Hackett und Phil Collins begannen mit der Arbeit an der nächsten LP. Collins wurde der neue Leadsänger. Für die vielen Fans, die sich die Band bis zu diesem Zeitpunkt erobert hatte, schien damit das Kapitel Genesis abgeschlossen. Sie konnten sich einfach nicht vorstellen, daß dieser vielseitig begabte Peter Gabriel durch den zwar spaßigen, aber bis zu diesem Zeitpunkt fast ausschließlich als Schlagzeuger in Erscheinung getretenen Phil Collins zu ersetzen sei. Das, was heute Phil Collins bei Genesis darstellt, war zum damaligen Zeitpunkt ganz ohne Zweifel Peter Gabriel.

Die Sorgen der Fans, daß Genesis nach dem Weggang von Peter Gabriel in die Bedeutungslosigkeit versinken würde, waren unbegründet. Im März 1976 erschien »A Trick Of The Tail« und wurde das bis dahin erfolgreichste Album von Genesis. In den britischen Charts landete es auf Platz 3, in den USA auf Platz 31. Erstmals stand unter den Songs nicht der Gruppenname, sondern nur die Namen des jeweiligen Autoren bzw. Komponisten waren angegeben. Im November 1976 begannen die Arbeiten an der nächsten LP, »Wind And Wuthering«, auf der die Single »Your Own Special Way« ist, die zum ersten Singlerfolg der Band in den USA wurde. Allerdings kriselte es in der Gruppe. Steve Hackett war mit seiner Arbeit bei Genesis nicht mehr zufrieden. Im Juni 1977 warf er das Handtuch und ließ den Rest als Trio stehen. Collins, Banks und Rutherford gingen in Holland in ein Studio, um eine neue LP aufzunehmen, die schließlich im März 1978 erschien und den bezeichnenden Titel »And Then There Were Three« – dann waren's nur noch drei – trug.

Sicher, mit Phil Collins, Tony Banks und Mike Rutherford waren es nur noch drei der ersten Erfolgsformation von Genesis, die weiterhin das Aushängeschild blieben. Aber es gab immer noch weitere Gastmusiker, die speziell bei Live-Auftritten die Band unterstützten. Hier ist vor allem der amerikanische Session-Schlagzeuger Chester Thompson zu nennen, der bei Konzerten dafür sorgt, daß Phil Collins, der selbstverständlich den Drum-Part bei den Plattenaufnahmen spielt, sich als Sänger auf der Bühne frei bewegen kann. Auch der ehemalige Yes- und King-Crimson-Schlagzeuger Bill Bruford hat einige Zeit mit Genesis gespielt. Bei den Plattenaufnahmen übernahm Mike Rutherford den Part von Steve Hackett. Für Live-Auftritte engagierte die Band den amerikanischen Ausnahme-Gitarristen Daryl Stuermer, der vorher mit Musikern wie George Duke oder Jean-Luc Ponti zusammen Platten aufgenommen hatte und später auch auf den Soloplatten von Collins, Banks und Rutherford mitspielte.

Schon von Anfang an war Genesis eine Gruppe, die sich mehr durch LP-Verkäufe auszeichnete. Ihre erste Singlehitnotierung hatten sie 1974 mit »I Know What I Like (In Your Wardrobe)«. »Follow You Follow Me« war im Frühjahr 1978 ein Platz 7 in GB, Platz 8 in Deutschland. »That's All« brachte Ende 1983 den ersten Top-10-Erfolg der Band in den USA. »Invisible Touch«, »Throwing It All Away« und »Land Of Confusion« 1986 und »Tonight, Tonight, Tonight« und »In Too Deep« 1987 waren weitere Top-10-Hits in den USA. In GB standen sie unter den ersten 10 noch mit »Turn It On Again« 1980, »Abacab« 1981, »3 × 3« 1982 und »Mama«. Auch in den 90er Jahren waren sie mit einer weltweiten Tournee erfolgreich. Am 28. März 1996 verkündete Phil Collins, daß er sich auf seine eigenen Projekte – Film-, Jazz- und Soloplatten – konzentrieren werde. Für ihn wurde Mitte 1997 als neuer Sänger der 28jährige Schotte Ray Wilson, vorher Sänger bei Stiltskin, vorgestellt, und mit »Calling All Stations« (9/97 GB-LP & D-LP 2) erschien dann auch ein neues Album. Die erfolgreichste Singleauskopplung daraus war »Congo« (8/97 D 31, GB 29). Die Albumverkäufe in Europa waren noch einigermaßen, in den USA erreichte die Platte schon nicht einmal mehr die ersten 50 der entsprechenden Charts. Ohne Zweifel waren die Fans durch den Weggang von Phil Collins verunsichert. Eine US-Tour wurde mangels Interesse abgesagt, und ein Auftritt im 17.000 Besucher fassenden Londoner Earl's Court wurde in eine kleinere Halle verlegt.

*Follow You Follow Me (3/78 GB 7, D 8)*
*Follow You Follow Me (6/78 CH 6)*
*Turn It On Again (3/80 GB 8)*
*Abacab (8/81 GB 9)*
*3 × 3 EP (5/82 GB 10)*
*Mama (9/83 D 4, GB 4; 10/83 CH 2)*
*That's All! (11/83 US 6)*
*Invisible Touch (5/86 US 1)*
*Throwing It All Away (8/86 US 4)*
*Land Of Confusion (11/86 US 4, D 7; 2/87 CH 8)*
*Tonight, Tonight, Tonight (2/87 US 3)*
*In Too Deep (4/87 US 3)*
*No Son Of Mine (11/91 D 3, GB 6; 12/91 CH 8)*
*I Can't Dance (1/92 D 4, GB 7, US 7; 3/92 CH 8)*
*Invisible Touch Live (11/92 GB 7)*
***AOR (Adult Orientated Rock), Pop, Rock***

**CD-Tip:** *The Lamb Lies Down On Broadway* Virgin CG SCD 1, mit Gabriel als Leadsänger

**CD-Tip:** *We Can't Dance* Virgin GEN CD 3, mit Collins als Leadsänger

## Gentry, Bobbie

v (USA, * 27. 7. 1944 als Roberta Lee Streeter in Chickasaw/Mississippi).

Für unsere Ohren klingt Bobbie ja eher wie ein Männervorname, aber in den USA ist das eine gebräuchliche Abkürzung für

Roberta und für Robert. Bobbie wurde da geboren, wo sich die Rednecks am tiefsten bücken und deshalb der Sonnenbrand im Nacken am intensivsten ist. Sie stammt aus Chickasaw, Mississippi. Dort interessiert die Menschen am meisten, wie die nächste Ernte ausfallen wird, wie hoch der Mississippi steht und ob denn Abraham Lincoln wirklich gelebt hat – er hat, und deshalb ist die Sklaverei dort auch abgeschafft.

Diese Menschen, diese Gegend und dieses Lebensgefühl werden auch im größten Hit von Bobbie Gentry beschrieben. Die Familie sitzt am Tisch, ißt und unterhält sich über Belanglosigkeiten – so z. B., daß der Vater noch soundso viel Land pflügen muß, daß man die Erbsen doch mal bitte rüberreichen soll und ähnlich Weltbewegendes. Und dazwischen sagt dann irgend jemand: ›Übrigens, habt ihr gehört? Heute ist Billie Joe McAllister von der Tallahatchi-Brücke gesprungen.‹ Warum, welche Beweggründe er gehabt haben mag, wird nicht erörtert. Es wird lediglich festgestellt, daß er sowieso nicht alle Tassen im Schrank hatte und von ihm nicht allzuviel zu erwarten war. Mit am Tisch sitzt die Tochter des Hauses. Ihr Bruder sagt, sie sei doch mit diesem Typen schon mal ins Kino gegangen. Außerdem – gestern hätte er beobachtet, wie dieser Billie Joe auf der Brücke gestanden und zusammen mit einem Mädchen etwas in den Fluß geworfen hätte. Das Mädchen habe ihr sehr ähnlich gesehen. Niemand in der Familie weiß, daß die Tochter Billie Joes Freundin war. Es interessierte auch keinen. Und was die beiden in den Fluß geworfen haben? War es eine Puppe, ein Ring oder ein anderes Geschenk? Im Lied wird es nicht gesagt. Vielleicht waren es die ungeklärten Fragen, das Mysteriöse, was das Lied so erfolgreich und populär machte. Im Herbst 1967 kam Bobbie Gentry damit in die US-Charts und erreichte Platz 1. Mit einem Schlag war Bobbie als Sängerin und Autorin dieser Geschichte aus dem Süden der USA berühmt. Die Story war so faszinierend, daß 1976 aus diesem 4 Minuten und 13 Sekunden langen Song ein Spielfilm gedreht wurde. Robby Benson und Glynnis O'Connor spielten die Hauptrollen. Und jetzt erfuhr man, was passiert war: Billie Joe hatte die Puppe seiner Freundin runtergeschmissen und sich dann später selbst umgebracht, weil er sich seiner homosexuellen Neigungen bewußt wurde – ja, ja, der Süden.

Bobbie Gentry hatte noch weitere Hits, so z. B. im August 1968 eine Nummer 1 in GB mit »I'll Never Fall In Love Again« und, im Duett mit Glen Campbell, »All I Have To Do Is Dream«, Platz 3 in GB im Dezember 1969. In GB war sie so erfolgreich, weil man ihr dort wegen ihrer großen Ähnlichkeit mit Priscilla Presley eine eigene TV-Show gegeben hatte. Nach 1971 verlief ihre Karriere im Sand, 1978 heiratete sie den Sänger Jim Stafford. Sie zog sich aus dem aktiven Showbusiness zurück und kümmerte sich nur noch um ihre Geschäfte, z. B. ihre eigene Produktionsfirma.

*Ode To Billie Joe (8/67 US 1)*
*I'll Never Fall In Love Again (8/69 GB 1)*
*All I Have To Do Is Dream (12/69 GB 3)*
***Country, Pop***

**CD-Tip:** *Country Classics* Capitol CDP 798039 2

## Gentrys

Bruce Bowles, v (USA); Bobby Fisher, g/sax/p (USA); Jimmy Hart, v (USA); Jimmy Johnson, tr/org (USA); Pat Neal, b (USA); Larry Raspberry, v/g (USA); Larry Wall, d (USA).

Die in Memphis stationierten Gentrys kamen 1963 zusammen. Mit der Nummer »Keep On Dancing« erreichten sie im Herbst 1965 in der amerikanischen Hitparade Platz 4. Nach 1966 gelang ihnen kein

Erfolg mehr, und die Gruppe fiel auseinander. 1969 hatte Jimmy als einziges Originalmitglied die Formation wieder neu belebt und für Sun Records einige Aufnahmen gemacht, die sich jedoch nicht verkauften. 1975 wurde ein erneuter Comeback-Versuch gestartet, der ebenfalls danebenging.

*Keep On Dancing (9/65 US 4)*
***Pop, Rock***

## Geordie

BRIAN GIBSON, d (Großbritannien, * 6. 3. 1951 in Gateshead); TOM HILL, b (Großbritannien, * 11. 4. 1950 in Sheriff Hill/ Gateshead); BRIAN JOHNSON, v (Großbritannien, * 5. 10. 1947 in Dunston/Newcastle); VIC MALCOLM, g (Großbritannien, * 3. 12. 1946 in South Shields/Durham).
Von der Anlage her war diese Formation wie Slade zu sehen. Rauher, ungeschliffener Rock, möglichst rotzig und laut vorgetragen. Als Vic Malcolm die Band im Februar 1972 gründete, nannte er sie USA. Dann stellte er fest, wo er lebte, und nannte seine Band ein halbes Jahr später Geordie. Geordie ist ein umgangssprachlicher englischer Ausdruck für die Northumberländer, d. h. die Bewohner des Gebiets um Newcastle in Nordengland. Ende 1972 hatten sie mit »Don't Do That« ihre erste Hitnotierung. Ihr einziger Top-10-Hit war vier Monate später »All Because Of You«, ein Platz 6 in GB, Platz 30 in Deutschland. 1973 gelangen der Band noch zwei weitere Hits, dann verschwand sie aus den Charts. Von Geordie sprach man erstmals wieder, als der Sänger Brian Johnson im April 1980 als Ersatz für den verstorbenen Bon Scott zu AC/DC ging. Nachdem 1976 die letzte LP von Geordie erschienen war, arbeitete Johnson als Staubsaugervertreter.

*All Because Of You (3/73 GB 6)*
***Hard Rock, Rock***

**CD-Tip:** *A Band From Geordie Land* Repertoire 4515-WY

## George, Barbara

v (USA, * 16. 8. 1942 in New Orleans).
Entdeckt wurde Barbara von Jessie Hill, der ebenfalls aus New Orleans stammte. Er besorgte Barbara einen Plattenvertrag, obwohl der Chef der Plattenfirma so seine Zweifel über Barbaras Können hatte. Trotzdem wurde der Titel »I Know« aufgenommen, der im November 1961 in die amerikanische Hitparade kam und Platz 3 erreichte. In der R&B-Hitparade wurde die Nummer Spitzenreiter. Ein Nachfolgehit gelang Barbara George nicht mehr, und Ende der 60er Jahre zog sie sich aus dem Musikgeschäft zurück.

*I Know (11/61 US 3)*
***Rhythm & Blues***

## George, Sophia

v (Jamaika).
Sophia erreichte Ende 1985 mit dem Pop-Reggae »Girlie ... Girlie« Platz 7 in den britischen Charts. Wie viele ihrer Landsleute hatte sie diesen einen Hit in GB und ward dann nicht mehr gesehen. In Deutschland erreichte dieser Titel im Frühjahr 1986 Platz 20.

*Girlie ... Girlie (12/85 GB 7)*
***Pop, Reggae***

## Georgia Satellites

DAN BAIRD, v/g (USA, * 12. 12. 1953 in San Diego/Kalifornien); MAURO MAGELLAN, d (Brasilien, geb. in Rio de Janeiro); RICK PRICE, v/b (USA, * 15. 8. 1951 in Atlanta/Georgia); RICK RICHARDS, v/g (USA, * 30. 3. 1954 in Jasper/Georgia).

Baird und Richards spielten 1980 in der Formation Keith & The Satellites. Wenig später verließ Bassist Keith Christopher die Gruppe, der Rest nannte sich nur noch Satellites. 1983 nahmen Baird, Richards und ihre damaligen Mitstreiter Dave Hewitt und Randy Delay ein Demoband mit sechs Songs auf, das sie an alle erreichbaren Plattenfirmen schickten. Als keine Antworten kamen, ging Dave Hewitt und wurde durch Magellan ersetzt. 1984 stieg Dan Baird aus, wurde Mitglied in einer Band in North Carolina, die sich Woodpeckers, später The Woods, nannte. Richards und Magellan spielten derweil mit einer Rock-'n'-Roll-Band, während einzig Kevin Jennings, der Roadmanager der Satellites, mit den alten Demos der Band weiter hausieren ging. Erfolg hatte er schließlich in England, wo im Frühling 1985 unter dem Titel »Keep The Faith« bei einer Independent-Plattenfirma eine EP der Satellites erschien. Baird, Richards und Magellan ließen sich überreden, für ein paar Gigs in GB wieder zusammenzukommen. Dazu brachten sie den Bassisten Rick Price mit, der in letzter Zeit mit ihnen gespielt hatte. Zurück in den USA und jetzt unter dem Namen Georgia Satellites, packten sie es auch in der Heimat neu an. Im Frühjahr 1986 wurde ein Vertrag unterschrieben, und im September erschien das erste Album der Gruppe. Es brachte rohen, draufgängerischen Rock 'n' Roll in durchaus klassischer Tradition. Unüberhörbar jedoch auch Einflüsse aus der Country-Ecke. Im November 1986 erreichten sie die US-Charts mit »Keep Your Hands To Yourself« und kamen bis auf Platz 2. Weitere Singlehits gelangen ihnen nicht. Ihre erste LP erreichte Platinstatus, die nachfolgenden waren weniger erfolgreich. 1992 verließ Baird die Georgia Satellites.

*Keep Your Hands To Yourself (11/86 US 2)*
***Rock***

**CD-Tip:** *Georgia Satellites* Elektra 960 496–2

## Gérard, Danyel

v (Frankreich, * 7. 3. 1939 als Gérard Daniel Kherlakian in Paris).
Der Sohn eines Armeniers und einer Italienerin wuchs in Rio de Janeiro auf. Mit zwölf Jahren kam er nach Paris. 1954 wurde er Mitglied in der Rockband The Dangers. Er ist Komponist vieler französischer Hits, die auch von deutschen Interpreten wie Udo Jürgens oder Caterina Valente gesungen wurden. Seinen größten Erfolg hatte Danyel Gérard – der zu diesem Zeitpunkt stets mit einem Hut auftrat, was wohl seine Glatzenbildung verbergen sollte – im Frühjahr 1971 mit »Butterfly«. In Deutschland erreichte die Platte Platz 1, eine englischsprachige Version kam in GB auf Platz 11, in den USA auf Platz 78. Im Frühjahr 1972 hatte Danyel mit dem Titel »Harlekin« einen Platz 12 in Deutschland. Nach drei weiteren Hitnotierungen wurde er nach 1974 nicht mehr erwähnt. Inzwischen besitzt er eine gutgehende Produktionsfirma.

*Butterfly (2/71 CH 1; 4/71 D 1)*
***Middle Of The Road (MOR), Schlager***

## Gerardo

GERARDO, rap (* 16. 4. 1965 als Gerardo Mejia in Guayaquil/Ecuador).
Im Alter von zwölf Jahren zog Gerardo mit seinen Eltern nach Glendale, Kalifornien. 1990 machte er seine ersten Plattenaufnahmen und rappte in ›Spanglisch‹, halb Spanisch, halb Englisch. Zu diesem Zeitpunkt wurde er als Sexsymbol für Teenies aufgebaut. Er spielte in Filmen wie »Can't Buy Me Love« und »Colors« mit. Im Februar 1991 erreichte »Rico Suave« die US-Top-10 und wurde ein Millionseller. Der Nachfolgehit »We Want The Funk« kam noch unter die ersten 20.

*Rico Suave (2/71 US 7)*
***Rap, Rhythm & Blues***

**CD-Tip:** *Mo' Ritmo* Interscope 7567–91619–2

## Gerry & The Pacemakers

LES CHADWICK, b (Großbritannien, * 11. 5. 1943 in Liverpool); LESLIE MAGUIRE, key (Großbritannien, * 27. 12. 1941 in Wallasey/Cheshire); FREDDIE MARSDEN, d (Großbritannien, * 23. 10. 1940 in Liverpool); GERRY MARSDEN, v/g (Großbritannien, * 24. 9. 1942 in Liverpool).

Gerry spielte in verschiedenen Liverpooler Skiffle-Bands, bevor er 1958 seine eigene Gruppe, die Mars Bars, und 1959 mit seinem Bruder Freddie die Gerry & The Pacemakers gründete. 1962 nahm sie Brian Epstein unter Vertrag – in jenen Tagen lief alles, was aus Liverpool kam und dann auch mit Epstein arbeitete, wie verrückt. Gleich ihre erste Platte wurde Platz 1 in GB: »How Do You Do It?« Anderthalb Jahre später erreichte der Titel die Top 10 in den USA. »I Like It« und »You'll Never Walk Alone« wurden 1963 weitere Spitzenreiter in GB. »I'm The One«, »Don't Let The Sun Catch You Crying« und »Ferry Cross The Mersey« waren 1964 weitere Top-10-Erfolge für die Band. Mit Ausnahme von »I'm The One« standen sie auch in den USA unter den ersten 10. »Ferry Cross The Mersey« hieß auch ein Film mit und über die Liverpooler Szene. Kurze Gastspiele darin gaben die Fourmost oder Cilla Black. Nach 1965 flaute der Merseybeat ab und somit auch der Erfolg für Gerry. 1968 löste sich die Gruppe auf. Gerry versuchte es weiter als Solosänger. Nach zwei Singles, die nicht in die Hitparaden kamen, erhielt er das Angebot, im überaus erfolgreichen West-End-Musical »Charlie Girl« die männliche Hauptrolle zu übernehmen, die bis zu diesem Zeitpunkt Joe Brown innehatte. Für fünf Jahre spielte Gerry in diesem Musical mit, dann wurde er für eine kommerzielle britische TV-Gesellschaft Moderator einer Kindersendung – auch das erfolgreich. Im britischen Fernsehen war er außerdem häufig als Zeitzeuge der Merseybeat-Ära zu sehen. Das führte dazu, daß er 1975 die Pacemakers neu formierte und eine Tournee startete, die speziell in den USA ein großer finanzieller Erfolg wurde. 1979 – zwischendurch hatte er wieder als Solist gearbeitet – brach er erneut mit den Pacemakers zu einer ›Sound Of The 60s Tour‹ auf. Der Titel »You'll Never Walk Alone« wurde im Laufe der Jahre zur Hymne des FC Liverpool und des gesamten englischen Fußballs. Als es im Mai 1985 in der rund 80 km östlich von Liverpool gelegenen Stadt Bradford zu einem verheerenden Brand während eines Fußballspiels kam, bei dem 53 Menschen verbrannten und viele schlimme Verletzungen davontrugen, wurde der Bradford Disaster Fund gegründet. Um ihn finanziell zu unterstützen, nahm eine Formation, die sich The Crowd nannte, den Titel »You'll Never Walk Alone« neu auf und stellte die Tantiemen zur Verfügung. Das dürfte nicht wenig gewesen sein, denn die Platte wurde Mitte 1985 Spitzenreiter in GB. Zu den vielen, die in The Crowd zu hören waren, gehörten Paul McCartney, Graham Gouldman, John Entwhistle, Kiki Dee, Tony Christie und Gerry Marsden. Eine weitere Benefizplatte wurde für die Opfer der Fußballkatastrophe von Sheffield im Frühjahr 1989 veröffentlicht: »Ferry Cross The Mersey« wurde Spitzenreiter in GB, Platz 5 in Deutschland. Wieder war Gerry einer der Initiatoren und Mitsänger.

*How Do You Do It? (3/63 GB 1; 7/64 US 9)*
*I Like It (5/63 GB 1)*
*You'll Never Walk Alone (10/63 GB 1)*
*I'm The One (1/64 GB 2)*
*Don't Let The Sun Catch You Crying (4/64 US 4, GB 6)*
*Ferry Cross The Mersey (12/64 GB 8; 2/65 US 6)*

***Merseybeat***

**CD-Tip:** *The Best Of Gerry & The Pacemakers*
EMI CDP 7 99030 2

## Geschwister Fahrenberger

ANNI FAHRENBERGER, v (Deutschland, geb. in München); ROSA FAHRENBERGER, v (Deutschland, geb. in München).
Die Geschwister Fahrenberger bestätigten mal wieder die Liebe der Deutschen zu ganz bestimmten geographischen Ekken. In diesem Fall ging es um den Wendelstein und den Königssee. Täler und Berge wurden besungen und zeigen deutlich, daß die Invasion der Volksmusik in den 80er Jahren seit den 50er Jahren langsam, aber sicher vorbereitet wurde. »Das Echo vom Königssee« 1956, »Das Edelweiß vom Wendelstein« und »Es läuten die Glocken am Königssee« 1957 waren drei Top-10-Erfolge der Geschwister. 1959 war man »Zwei Täler weiter«, um sich schließlich 1960 »Zwischen den Bergen« wiederzufinden. Danach gelang kein weiterer Erfolg mehr.
Rosa und Anni Fahrenberger wurden in München geboren und traten schon im Alter von acht und elf Jahren dort in den großen Sälen auf. Zwischen 1941 und 1945 sangen sie in der Soldatenbetreuung. Nach dem Krieg machten sie ihre ersten Funkaufnahmen für den Bayerischen Rundfunk. 1953 kamen die ersten Platten, auch unter dem Namen Jodel-Duo. Im Laufe der Jahre nahmen sie mehr als dreißig Singles und etliche LPs auf. Außerdem wirkten sie in sieben Heimat- und Schlagerfilmen in kleineren Rollen mit.

*Das Echo vom Königssee (8/56 D 4)*
*Das Edelweiß vom Wendelstein (4/57 D 8)*
*Es läuten die Glocken am Königssee (7/57 D 4)*
***Deutscher Schlager***

## Geschwister Hofmann & Das Golgowsky Quartett

ELISABETH DEURINGER, v (Deutschland); GRETEL WÜNSCH, v (Deutschland).
Mit der schlichten Frage »Seemann, wo ist deine Heimat?« erreichte diese Ansammlung von Volksmusikanten im Herbst 1956 Platz 4 in der deutschen Hitparade. Die Geschwister Hofmann wurden 1954 von Hubert Deuringer ins Leben gerufen. Zusammen mit seiner damaligen Frau Elisabeth, geborene Hofmann, sang Gretel Wünsch. 1955 erhielten die beiden einen Plattenvertrag, im Herbst 1956 kam es dann zum Hit. Die Stimmen der beiden Sängerinnen sind auch in anderen Gesangsgruppen eingebaut, z. B. beim Fröhlichen Quartett, den Vagabunden und den Heimatsängern. Beim Fröhlichen Quartett machten außer den beiden noch Karl Golgowsky und Rudi Stemmler mit.

*Seemann, wo ist deine Heimat? (9/56 D 4)*
***Deutscher Schlager***

## Getz, Stan

sax/pos (USA, * 2. 2. 1927 als Stanley Gayetzsky in Philadelphia/Pennsylvania, † 6. 6. 1991).
Er begann seine Karriere 1943 bei Jack Teagarden. Obwohl erst 15 Jahre alt, wurde Stan Profiposaunist in dessen Band. In den beiden nächsten Jahren spielte er mit Stan Kenton, dann mit Benny Goodman und Jimmy Dorsey. Goodman bezeichnete ihn schon damals als den besten Tenorsaxophonisten aller Zeiten. 1947 trat er erst mit einem eigenen Trio auf und schloß sich noch im selben Jahr Woody Herman an. Mit ihm spielte er bis 1949 und ist zu hören auf dessen Titel »Early Autumn«, der ihm frühen Ruhm einbrachte. In den 50er Jahren hatte er eigene kleine Gruppen und stand regelmäßig in den Jazz Polls an der Spitze. Schwierigkeiten mit Drogen und Alkohol führten zu einem Einbruch seiner Karriere. Nach dem Ausrauben eines Drugstores kam er ins Gefängnis. Wieder in Freiheit, setzte er sich nach Dänemark ab. Dort spielte er bis zum Ende der 50er Jahre mit dänischen

und amerikanischen Musikern. 1961 kehrte er in die USA zurück und nahm mit »Focus« eine LP auf, die sein Spiel mit Geigen unterlegte. Dadurch erneuerte er seinen Ruf als führender Jazzmusiker. Im folgenden Jahr nahm er »Jazz Samba« zusammen mit dem Gitarristen Charlie Byrd auf. Auf diesem Album befand sich der Hit »Desafinado«, der im September 1962 weltweit in die Top 20 kam. Getz erhielt dafür einen Grammy, den ersten von insgesamt elf, die er gewann. Zu behaupten, daß damit die Bossa-Nova-Welle ausgelöst wurde, ist richtig. Danach erschien die LP »Getz/Gilberto«, auf der »The Girl From Ipanema« zu finden war. Die Single kam Mitte 1964 bis auf Platz 5 der amerikanischen Popcharts. Gesungen wurde sie von Astrud Gilberto und ihrem Mann, dem brasilianischen Sänger und Gitarristen Joao Gilberto, der die eine Hälfte des obenerwähnten LP-Titels bildete. Für diese Platte ernteten sie den Grammy als das Album des Jahres. Mit den vorherrschenden Stilrichtungen Ende der 60er Jahre, Free Jazz und Rock-Jazz, konnte Getz wenig anfangen. Er zog wieder nach Europa, dann zurück in die USA und leitete eigene Bands. Getz beeinflußte die Karriere solcher Musiker wie Chick Corea, Tony Williams oder Gary Burton. In den 80er Jahren änderte sich Getz mehr zum gefühlvolleren Balladenstil. Vermutlich auch, weil er wußte, daß er Leberkrebs hatte und sich dadurch seine Einstellungen zu vielen Dingen veränderten. Trotzdem klangen seine Aufnahmen nicht etwa traurig, sondern eher gelassen-heiter.

*The Girl From Ipanema (6/64 US 5)*
***Jazz***

**CD-Tip:** *Getz/Gilberto* Verve 810 048–2

## Ghetto People feat. L-Viz

L-VIZ, v (Deutschland als Detlef Malinkewitz).

Daß es offensichtlich nicht so schwer ist, wie Elvis zu singen, merkt man an der Vielzahl der Imitatoren. Hier machte sich der deutsche Produzent Ralf Pisch mal wieder die Tatsache zunutze, daß altbekannte Nummern den Hörern und Plattenkäufern schneller ins Ohr gehen. Die Ghetto People versteckten sich hinter Namen wie Daddy Dee, Apples und Face. L-Viz gab Detlef Malinkewitz. »In The Ghetto« – 1969 ein Welthit für Elvis Presley – wurde mit Rap unterlegt und brachte einen Top-10-Hit für Ghetto People. Danach nahmen sie sich den Song »Fever« vor und verhunzten ihn nach demselben Prinzip.

*In The Ghetto (10/96 D 6)*
***Dance, Rap***

## Gibb, Andy

v (Großbritannien, * 5. 3. 1958 in Manchester, † 10. 3. 1988).

Was seine drei älteren Brüder konnten, traute sich Andy auch zu. Im Alter von sechs Monaten zog er mit den Eltern und den Brüdern Barry, Robin und Maurice nach Australien. Im Alter von neun Jahren kehrte er wieder nach GB zurück. Zwischen 1977 und 1980 verlief seine Karriere vor allen Dingen in den USA recht erfolgreich. Seine ersten drei Hits waren Spitzenreiter in den USA und Millionseller: »I Just Want To Be Your Everything« und »(Love Is) Thicker Than Water« 1977 und »Shadow Dancing« 1978. Es folgten weitere Top-10-Hits wie »An Everlasting Love« und »(Our Love) Don't Throw It All Away« 1978 und »Desire« 1980. Ab 1981 wollte Andy kein Superhit mehr gelingen. Für zwei Jahre mimte er den Moderator in der amerikanischen TV-Sendung ›Solid Gold‹. 1983 spielte er am Broadway die Hauptrolle in »Joseph And The Amazing Technicolour Dreamcoat«. Danach brachte man ihn schließlich mehr mit Drogen und Frauengeschichten in Verbindung. Im Frühjahr 1988 war er in GB und hatte gerade einen neuen Plattenvertrag mit Island unterschrieben. Dann starb er überraschend in einem Krankenhaus in Oxford. Als offizielle Todesursache wurde Herzversagen genannt. Hinter vorgehaltener Hand wurde von erneuten Drogenproblemen gesprochen.

*I Just Want To Be Your Everything (4/77 US 1)*
*(Love Is) Thicker Than Water (11/77 US 1)*
*Shadow Dancing (4/78 US 1)*
*An Everlasting Love (7/78 US 5, GB 10)*
*(Our Love) Don't Throw It All Away (10/78 US 9)*
*Desire (1/80 US 4)*
***Pop***

**CD-Tip:** *Andy Gibb* Polydor 511 585–2

## Gibb, Barry

v (Großbritannien, * 1. 9. 1946 in Douglas/Isle of Man).
Der älteste der drei Brüder Gibb war mit seinen Soloaktivitäten nicht sonderlich erfolgreich. Als Duettpartner konnte man ihn allerdings gut gebrauchen. So hatte er zusammen mit der Australierin Samantha Sang Ende 1977 einen Platz 3 in den USA mit dem Titel »Emotion«. Ende 1980, Anfang 1981 war er erfolgreich unter den ersten 10 in den USA mit Barbra Streisand und den Titeln »Guilty« und »What Kind Of Fool«. Daß er ansonsten keine Soloerfolge aufweisen kann, dürfte ihn bei dem enormen Erfolg der Bee Gees nicht weiter schmerzen.

*Guilty (11/80 US 3)*
*What Kind Of Fool (1/81 US 10)*
***Pop***

## Gibb, Robin

v (Großbritannien, * 22. 12. 1949 in Douglas/Isle of Man).
Nachdem den Bee Gees schon Ende der 60er Jahre die Erfolge zu Kopf gestiegen waren und es zu Streitigkeiten innerhalb der Band kam, war es Robin Gibb, der als erster aus dem Trio ausbrach und Soloplatten machte. Sein Titel »Saved By The Bell« war Mitte 1969 ein Platz 2 in GB, ein Platz 5 in Deutschland. Er kann auf einige weitere Top-20-Erfolge zurückblicken, aber seinen größten Hit hatte er im Mai 1983 mit »Juliet«.

*Saved By The Bell (7/69 GB 2, D 5; 8/69 CH 3)*
*One Million Years (1/70 CH 5)*
*August October (3/70 CH 10)*
*Juliet (5/83 D 1; 6/83 CH 1)*
***Pop***

## Gibbs, Georgia

v (USA, * 17. 8. 1920 als Fredda Gibbons in Worcester/Massachusetts).
Noch unter ihrem richtigen Namen trat sie 1937/38 regelmäßig in der ›Lucky Strike Radio Show‹ auf. Anfang der 40er Jahre änderte sie ihren Namen in Georgia Gibbs. Ein Glücksgriff, wie sich später herausstellte, denn zu ihrem Markenzeichen wurde die Ansage: ›Her Nibs, Miss Gibbs‹ – was soviel wie ›Ihre Lipplichkeit, Fräulein Gibbs‹ bedeutet. Wie viele andere später als Solisten bekannt und berühmt gewordene Sänger und Sängerinnen – man denke an Frank Sinatra oder Doris Day – begann auch sie ihren Aufstieg als unbekannte Sängerin bekannter Bands. Hudson DeLange, Frankie Trumbauer und Artie Shaw waren ihre Steighilfen. Ab 1950 hatte sie als Solistin Erfolg – und bis zum Ende der 50er Jahre brachte sie es auf rund dreißig Pophits. Ihr erster war »If I Knew You Were Comin‹ I'd've Baked A Cake«, im März 1950 Platz 5 in den USA. Ihre erfolgreichsten waren der Millionseller »Kiss Of Fire« 1952 und »Dance With Me Henry (Wallflower)« 1955, beide Spitzenreiter in den USA. Ihren letzten Top-10-Erfolg hatte Georgia mit der Nummer

»Hula Hoop« im Oktober 1958, die Platte wurde Platz 6 in Deutschland. Seit den 60er Jahren ist sie zwar aus den Charts verschwunden, tritt aber regelmäßig an jenen Orten auf, an denen sich die Pop-Rentner ihre Pension aufbessern: vorzugsweise in Las Vegas. Ansonsten ist sie nach ihrer Heirat mit Frank Gervasi in dessen Heimatland Italien ansässig.

*If I Knew You Were Comin' I'd've Baked A Cake (3/50 US 5)*
*While You Danced, Danced, Danced (I Walked In With A Smile) (8/51 US 6)*
*Kiss Of Fire (4/52 US 1)*
*Seven Lonely Days (3/53 US 5)*
*Tweedle Dee (1/55 US 2)*
*Dance With Me Henry (Wallflower) (3/55 US 1)*
*Hula Hoop (1/59 D 6)*
***Pop***

## Gibson Brothers

ALEX GIBSON, v/key (geb. in Martinique); CHRIS GIBSON, g/per (* 20. 6. 1960 in Martinique); PATRICK GIBSON, v/d (geb. in Martinique).

In den 70er Jahren kamen die drei Brüder Gibson nach Paris und wurden dort durch das Management, das auch Discoformationen wie Ottawan betreute, produziert. Das Ganze klang nun wie eine Mixtur aus karibischen Klängen und Discosound. Ihr erster Hit war Anfang 1979 der Titel »Cuba«. »Ooh! What A Life« war im Juli 1979 ein Platz 10 in GB, »Que Sera Mi Vida (If You Should Go)« brachte es im November 1979 auf Platz 5 in GB, im Februar 1980 auf Platz 4 in Deutschland. Nach 1980 war der Erfolg der Gibson Brothers wieder vorbei.

*Ooh! What A Life (7/79 GB 10)*
*Que Sera Mi Vida (If You Should Go) (11/79 GB 5; 2/80 D 4; 3/80 CH 5)*
*Mariana (9/80 CH 10)*
***Disco***

## Gibson, Debbie

v (USA, * 31. 8. 1970 in Long Island/New York).

Debbie richtete sich bereits als 13jährige zu Hause ein kleines Studio ein, in dem sie selbstgeschriebene Titel aufnahm. Ihr erstes Geld verdiente sie sich mit Werbespots, in denen sie sang oder schauspielerte. Mit der LP »Out Of The Blue« kam 1987 der Erfolg. Das Album wurde mehr als dreimillionenmal verkauft, und Auskopplungen daraus wurden ihre ersten Top-10-Erfolge: »Only In My Dreams«, »Shake Your Love«, »Out Of The Blue« und »Foolish Beat«. »Lost In Your Eyes« war im Frühjahr 1989 Nummer 1 in den USA. Danach wurde Debbie Gibson für die Teenie-Hitparaden wohl zu alt. Ihre LP »Electric Youth« stand im Frühjahr 1989 für fünf Wochen auf Platz 1 der US-LP-Charts. Die Singleauskopplung des Titelsongs erreichte zwar nur Platz 11 in den US-Charts, war aber trotzdem ein Millionseller. 1990 gelang ihr das Millionseller-Album »Anything Is Possible«. Das stimmt. 1993 stand sie zusammen mit Craig McLachlan, der in London die Hauptrolle im Musical »Grease« spielte, mit einer Nummer daraus auf Platz 13 in GB: »You're The One That I Want«.

*Only In My Dreams (5/87 US 4)*
*Shake Your Love (10/87 US 4; 1/88 GB 7)*
*Out Of The Blue (1/88 US 3)*
*Foolish Beat (4/88 US 1; 7/88 GB 9; 10/88 CH 10)*
*Lost In Your Eyes (1/89 US 1)*
***Pop***

**CD-Tip:** *Electric Youth* Atlantic 781 932–2

## Gibson, Don

v (USA, * 3. 4. 1928 in Shelby/North Carolina).

Von 1956 bis in die 80er Jahre war Don regelmäßig in den Country-Charts zu finden. In der Liste der erfolgreichsten Country-Interpreten steht er unter den ersten 30. Noch während er zur High-School ging, sang er in Clubs und im Radio. Bereits 1949 machte er seine ersten Plattenaufnahmen. 1953 ging er nach Knoxville und arbeitete dort für einen Radiosender. 1956 hatte er mit dem Titel »Sweet Dreams« seinen ersten Country-Hit. In den amerikanischen Popcharts hatte Don mit der Nummer »Oh Lonesome Me« 1958 seinen einzigen Top-10-Erfolg. Sehr schöne, aber nicht so erfolgreiche Aufnahmen waren »Blue Blue Day«, »Lonesome Number One« und »Sea Of Heartbreak«. Seinen größten Erfolg als Songschreiber hatte Don, dessen Spitzname ›Mr. Country Soul‹ ist, mit seiner Nummer »I Can't Stop Loving You«, die Ray Charles Mitte 1962 zur Nummer 1 der US-Charts und zum Millionseller machte. Alle seine Aufnahmen wurden durch Chet Atkins, der bei den Aufnahmen meist auch Gitarre spielte, produziert. Als Pianist ist häufig Floyd Cramer zu hören. Im Laufe seiner Karriere hatte Gibson immer wieder Schwierigkeiten durch seine Alkohol- und Drogenprobleme.

*Oh Lonesome Me (3/58 US 7)*
***Country, Pop***

**CD-Tip:** *The Singer, The Songwriter 1961 – 1966* Bear Family BCD 15664 DI

## Gilder, Nick

v (Großbritannien, * 7. 11. 1951 in London).
Gilder wanderte mit seiner Familie im Alter von zehn Jahren aus. 1971 gründete er mit Jimmy McCulloch die Formation Sweeney Todd, die 1976 mit ihm als Leadsänger den Titel »Roxy Roller« bis auf Platz 90 in die US-Charts brachte. Nachdem er die Gruppe verlassen hatte, wurde Bryan Adams der Sänger dieser Band, und »Roxy Roller« wurde erneut veröffentlicht: Mit Bryan Adams als Leadsänger wurde es ein Platz 99. Ab 1977 veröffentlichte Nick Soloplatten. Sein Titel »Hot Child In The City« wurde Mitte 1978 Spitzenreiter in den USA und erhielt Platinstatus. Weitere Top-40-Hits gelangen ihm nicht mehr.

*Hot Child In The City (6/78 US 1)*
***AOR (Adult Orientated Rock)***

## Gildo, Rex

(Deutschland, * 2. 7. 1939 als Ludwig Alexander Hirtreiter in München).
Rex Gildo dürfte zu den beständigsten deutschen Schlagerinterpreten gehören. Seinen ersten Hit hatte er mit »Sieben Wochen nach Bombay« im Februar 1960. Da das Bedürfnis nach Duos Anfang der 60er Jahre in Deutschland groß war, steckte man Rex mal mit Conny, mal mit Gitte unter eine Schlagerdecke. Heraus kamen mit Conny »Yes, My Darling« 1960 und mit Gitte »Vom Stadtpark die Laternen«, im September 1963 Platz 1 in Deutschland, oder »Jetzt dreht die Welt sich nur um dich«. Der erste Top-10-Erfolg für Rex war »Das Ende der Liebe« im Dezember 1960. Es handelte sich dabei um eine deutsche Version von »Tell Laura I Love Her«, im Original von Ray Peterson. Mitte 1962 stand er mit »Kleiner Gonzales« auf Platz 1 zusammen mit der englischsprachigen Version von Pat Boone. Weitere Top-10-Hits in Deutschland waren »Maddalena« und »Zwei blaue Vergißmeinnicht« 1963, »Dondolo« 1969, »Fiesta Mexicana« 1972, »Marie, der letzte Tanz ist nur für dich« 1974 und »Der letzte Sirtaki« 1975. Außerdem wirkte er in mehr als dreißig Filmen mit. Die Liste seiner Plattenveröffentlichungen reicht bis in die 90er Jahre, und auch im Fernsehen ist er in regelmäßigen Abständen zu sehen, wenn er auch manchmal, wie ein Gericht bestätigte, beim ›Hossa‹ etwas danebenliegt.

*Das Ende der Liebe (12/60 D 8)*
*Kleiner Gonzales (8/62 D 1)*
*Maddalena (3/63 D 4)*
*Zwei blaue Vergißmeinnicht (6/63 D 4)*
*Vom Stadtpark die Laternen (9/63 D 1)*
*Jetzt dreht die Welt sich nur um dich (6/64 D 8)*
*Dondolo (1/69 D 10)*
*Fiesta Mexicana (10/72 D 5)*
*Marie, der letzte Tanz ist nur für dich (10/74 D 6)*
*Der letzte Sirtaki (9/75 D 9)*
***Deutscher Schlager***

**CD-Tip:** *Rex Gildo Single-Hit-Collection* EMI 8 28777 2

## Gilkyson, Terry

v (USA, * 17. 6. 1916 in Phoenix/Arizona).
Terry Gilkyson studierte zwischen 1938 und 1940 Komposition und Harmonielehre an der Universität von Pennsylvania. Von 1941 bis 1946 sang er über AFN amerikanische Folk-Songs. Danach betätigte er sich als Songschreiber. Seine Karriere begann Terry in der legendären Folkgruppe Weavers in den frühen 50er Jahren. Die Aufnahme »On Top Of Old Smoky« wurde Mitte 1951 ein Platz 2 in den USA und ein Millionseller. Die Gruppe firmierte zu diesem Zeitpunkt als Weavers & Terry Gilkyson. Terry schrieb für Frankie Laine den Hit »Cry Of The Wild Goose«. 1955 gründete er Terry Gilkyson & The Easy Riders. Die Easy Riders waren Richard Dehr und Frank Miller. Mit der Nummer »Marianne«, der Adaption eines Folk-Songs von den Bahamas, hatten sie im Frühjahr 1957 einen Millionseller. Schon vorher hatte die Band im Hintergrund der Nummer »Memories Are Made Of This« (12/55 US 1, 2/56 GB 1) von Dean Martin gesungen. Zusammen mit Frankie Laine standen sie dann wieder in den Charts mit »Love Is A Golden Ring« (3/57 US 10).

*Marianne (2/57 US 4)*
***Folk, Pop***

**CD-Tip:** *Marianne – The Easy Riders* Bear Family BCD 15 780 FI

## Gill, Johnny

v (USA, * 22. 5. 1966 in Washington/ D.C.).
Der kleine Johnny Gill wurde durch die Sängerin Stacey Lattisaw entdeckt. Er sang zu diesem Zeitpunkt in der Familienband Wings Of Faith. Das hatte er bereits im Alter von fünf Jahren begonnen. Seine ersten Soloplatten machte er im Jahre 1983. Sein erster Hit war ein Duett mit Stacey 1984: »Perfect Combination«. Nachdem Bobby Brown 1986 New Edition verlassen hatte, kam Gill als dessen Ersatz 1987 dazu. Mit ihm hatten sie Mitte 1988 den Top-10-Erfolg »If It Isn't Love«. 1990 löste sich New Edition auf. Drei Mitglieder machten als Bell Biv DeVoe, Ralph Tresvant und Johnny Gill als Solisten weiter. Mit »Rub You The Right Way« hatte Gill Mitte 1990 Platz 3 in den USA und einen Millionseller. Nachfolgehits waren »My My My« (8/90 US 10), »Fairweather Friend« (10/90 US 28), »Silent Prayer« (4/92 US 31) und der Millionseller »Slow And Sexy« (10/92 US 33, GB 17) mit Shabba Ranks. 1996 gelangen ihm mit »Let's Get The Mood Right« und »It's Your Body« zwei Hitnotierungen in den amerikanischen Charts, jedoch nur in den mittleren Bereichen. Als sich dann im selben Jahr New Edition entschloß, eine Neuauflage ihrer Band zu starten, waren sowohl er als auch der von ihm ersetzte Bobby Brown mit von der Partie. Hits: »Hit Me Off« (8/96 US 3, GB 20), »I'm Still In Love With You« (11/96 US 9) und »Something About You« (6/97 GB 16).

*Rub You The Right Way (5/90 US 3)*
*My, My, My (8/90 US 10)*
***Rhythm & Blues***

**CD-Tip:** *Johnny Gill* Motown ZD 72698

## Gilla

GILLA, v (Österreich, * 7. 2. 1950 als Gisela Wuchinger in Linz).
Gilla studierte in Salzburg Musik – nebenher gründete sie eine Rockband, die Seventy Five Music hieß und sich wohl auf 1975 bezog. In jenem Jahr machte sie auch Bekanntschaft mit Frank Farian, der mit ihr eine Soloplatte produzierte: »Willst Du mit mir schlafen geh'n« war eine deutsche Version von »Lady Marmalade« von LaBelle. Obwohl sich einige Rundfunkanstalten weigerten, den Titel zu spielen, kam er bis auf Platz 24 in den deutschen Charts. Nachfolger »Tu es!« brachte es gar unter die ersten 10. Mitte 1976 kam noch die Nummer »Ich brenne« bis auf Platz 44 in Deutschland, dann war Gilla wieder verschwunden. Vielleicht hat sie ja ihr Musikstudium beendet?

*Tu es! (12/75 D 10)*
***Deutscher Schlager***

## Gillette

GILLETTE, v (USA, * 16. 9. 1973 in Chicago).
siehe 20 Fingers

## Gilstrap, Jim

v (USA, geb. in Pittsburg/Texas).
Jim Gilstrap ließ sich in Los Angeles nieder und wurde dort ein gesuchter Studiosänger. Seinen ersten großen Erfolg hatte er 1972 als Sänger auf »Talking Book« mit Stevie Wonder, hinter dem er auch auf weiteren LPs sang. Auch Quincy Jones, Paul Williams, Peggy Lee, Martha Reeves, Ringo Starr, Elkie Brooks, Thelma Houston, Bill Withers, Neil Diamond, Barbra Streisand, Michael Jackson, Elton John und viele andere bedienen sich seiner gesanglichen Qualitäten. Anfang 1975 hatte er als Solist mit »Swing Your Daddy« einen Platz 10 in der amerikanischen Rhythm-&-Blues-Hitparade, der sich im März desselben Jahres zu einem Platz 4 in den britischen Popcharts mauserte. Ansonsten sang er in der zweiten Reihe.

*Swing Your Daddy (3/75 GB 4)*
***Pop, Rhythm & Blues***

**CD-Tip:** *Swing Your Daddy/Love Talk* Sequel NEM CD 702

## Gin Blossoms

DOUG HOPKINS, g (USA, † 5. 12. 1993); SCOTT JOHNSON, g (USA); BILL LEEN, b (USA); PHILLIP RHODES, d (USA); JESSE VALENZUELA, v/g (USA); ROBIN WILSON, v (USA).
In Tempe/Arizona formierte sich diese durch die Byrds und andere Country-Rokker beeinflußte Band im Jahre 1987. 1990 veröffentlichten sie auf ihrem eigenen Independent Label ihr selbstfinanziertes Debütalbum »Dusted«. Das brachte ihnen einen Vertrag mit der Plattenfirma A&M ein. 1993 erschien das von Ex-Replacement-Mitglied John Hampton produzierte Album »New Miserable Experience«. Als Single wurde die von Hopkins geschriebene Nummer »Hey Jealousy« ausgekoppelt, die es bis auf Platz 25 in den USA brachte. Auch der Nachfolger »Found Out About You«, erstmals in den Charts notiert im November 1993, erreichte dieselbe Position. Am 5. Dezember 1993 erschoß sich Doug Hopkins im Alter von 32 Jahren. Anfang 1994 kam als Ersatz Scott Johnson zu den Gin Blossoms. Wie in vielen anderen Fällen war wohl auch hier der Tod eines Bandmitglieds mit dafür verantwortlich, daß der Verkauf eines Albums – hier »New Miserable Experience« – anzog. Insgesamt wurden 4 Millionen Exemplare abgesetzt. Im Frühjahr 1996 erschien als nächstes Album »Congratulations I'm Sorry«. Die daraus ausgekoppelte Single »Follow You

Down/Til I Hear It From You« brachte der Gruppe den ersten Top-10-Hit.

*Follow You Down/Til I Hear It From You (2/96 US 9)*
***Rock***

**CD-Tip:** *New Miserable Experience* A&M 395 403 2

## Ginuwine

GINUWINE, v (USA als Elgin Lumpkin, geb. in Washington/D.C.).
Der 1975 geborene Elgin Lumpkin sang als Kind mit der Teenie-Gruppe Finesse Five, die die Formation Jackson 5 als ihr Vorbild ansah. Lumpkin war stets ein großer Fan von Michael Jackson gewesen, seit er ihn 1983 im TV-Special ›25 Years Of Motown‹ gesehen hatte. Sein Stück »Pony«, an dem er selbst mitgeschrieben hat, kam im September 1996 in die US-Charts, erreichte Platz 6 und erhielt Platin. Sein Album »The Bachelor« hatte erst einige Anlaufschwierigkeiten in den USA – ab 1997 ging es dann aber los. In GB und in Deutschland lief es ebenso. Im Mai 1997 erschien die Nachfolgesingle »When Doves Cry«, eine Coverversion eines Titels von Prince. Es dauerte jedoch Monate, bis sich die Platte durchsetzen konnte. Das Stück »Holler« (3/98 GB 13) verfehlte die Top 10.

*Pony (9/96 US 6)*
*When Doves Cry (9/97 GB 10)*
***Rap, Rhythm & Blues***

## Gitte

GITTE, v (Dänemark, * 29. 6. 1946 als Gitte Haenning-Johansson in Kopenhagen).
Schon als Kind wurde die Dänin durch ihren Vater, der Musiker und Volkssänger war, in Richtung Showgeschäft gelenkt. Als Achtjährige sang sie mit ihm zusammen den Titel »Ich heirate Papi«. Die Platte wurde in Dänemark ein Erfolg. Mit elf Jahren sang sie, auf einem Stuhl stehend und begleitet von der Jazzcombo des Vaters, »Stormy Weather«. In der Folgezeit sollte sie noch viele Jazznummern singen, darunter zusammen mit dem Bassisten und Cellisten Oscar Pettiford und dem Saxophonisten Stan Getz. In Deutschland lernten wir Gitte unter Umständen von der falschen Seite kennen. 1963 sang sie beim Deutschen Schlagerfestival in Baden-Baden mit und belegte mit dem Titel »Ich will 'nen Cowboy als Mann« den 1. Platz. Die Platte erreichte Platz 1 in der deutschen Hitparade, und zwei Monate später, im September 1963, kam sie zusammen mit Rex Gildo und dem Titel »Vom Stadtpark die Laternen« ebenfalls auf Platz 1. Damit hatte sie zumindest für den deutschen Markt ihr Image weg. Das wiederum war daran schuld, daß Jazz-LPs, die sie z. B. zusammen mit der Big Band von Kenny Clarke und Francy Boland aufgenommen hatte, völlig untergegangen sind. Gitte war Schlagersängerin und damit basta. »Jetzt dreht die Welt sich nur um dich«, Mitte 1964 wieder ein Top-10-Hit zusammen mit Rex Gildo, »Ich hab' die Liebe verspielt in Monte Carlo« und »Freu dich bloß nicht zu früh« waren ihre einzigen weiteren Top-10-Erfolge in Deutschland. Trotzdem war sie regelmäßig in allen nur möglichen Fernsehsendungen mit ihren Schlagern, die mal mehr, mal weniger anspruchsvoll waren, vertreten. Gitte ist sicher eine der unterbewertetsten Sängerinnen in Deutschland. Hätte sie sich mehr an ihren Titel »Man muß schließlich auch mal nein sagen können« aus dem Jahre 1966 gehalten, als sie Seichtes wie »So schön kann doch kein Mann sein« sang, wäre sie auch als Jazzsängerin akzeptiert worden.

*Ich will 'nen Cowboy als Mann (7/63 D 1)*
*Vom Stadtpark die Laternen (9/63 D 1)*
*Jetzt dreht die Welt sich nur um dich (6/64 D 8)*

*Ich hab' die Liebe verspielt in Monte Carlo (8/74 D 10)*
*Freu dich bloß nicht zu früh (7/80 D 10)*
***Deutscher Schlager***

**CD-Tip:** *Gold Collection* EMI CDP 538–790060 2

## Gitti & Erica

ERICA BRUHN, v (Deutschland, * 17. 7. 1956 als Bruhn, geb. Goetz in Obernburg); GITTI GOETZ, v (Deutschland, * 17. 1. 1959 in Obernburg); JANINE KAREN OLSEN, v (Deutschland, * 21. 6. 1958 in Berlin).

1972 siegten Gitti & Erica bei einem Talentwettbewerb, 1973 wurden sie von Christian Bruhn produziert, der 1976 Erica heiratete. Das mehr für Kinder gedachte Lied »Heidi« kam im Januar 1978 in die deutsche Hitparade und erreichte Platz 4. Dieser Titel kann ohne weiteres als ein Vorläufer des volkstümlichen Schlagers angesehen werden. Es war der Titelsong der gleichnamigen ZDF-Zeichentrickserie nach dem Roman von Johanna Spyri. Zeitweilig wurde Erica Bruhn, die auch als Lady Lily englischsprachige Soloplatten aufgenommen hat, durch die Sängerin Janine Karen Olsen, die sich Erika nannte, ersetzt.

*Heidi (1/78 D 4)*
***Deutscher Schlager***

## Glass Tiger

AL CONNELLY, g (Kanada, * 10. 10. 1960); ALAN FREW, v (Kanada, * 8. 11. 1959); MICHAEL HANSON, d (Kanada, * 1. 1. 1963); WAYNE PARKER, b (Kanada, * 13. 11. 1960); SAM REID, key (Kanada, * 1. 12. 1963).

Die Band begann unter dem Gruppennamen Tokyo. Alle Mitglieder spielten vorher in anderen Gruppen, die aus der Nähe von Toronto kamen: ein Teil in Heavy-Metal-, ein anderer in mehr wave-orientierten Popbands. Mitte 1986 erschien mit »Don't Forget Me (When I'm Gone)« eine Singleauskopplung, die es in den USA bis auf Platz 2 in den Charts brachte. Im November 1986 kam der Nachfolgehit »Someday« bis auf Platz 7 in den USA. Produziert wurde Glass Tiger von Jim Vallance, der durch seine Zusammenarbeit mit Bryan Adams bekannt wurde. Vallance schrieb auch an den ersten großen Hits der Band mit. Die erste LP überschritt zwei Wochen nach Erscheinen die Goldmarke und erreichte nur kurze Zeit später Platin-Status. Auch ihre zweite LP, »Diamond Sun«, die im April 1988 erschien, wurde wieder durch Vallance betreut. Als Gastsänger wirkten auf der Platte die Chieftains, Irlands älteste Folkgruppe, und Lisa Dalbello mit. Trotzdem war der Erfolg schon nicht mehr so groß wie bei der ersten LP. 1990 erschien mit »Simple Mission« das bisher letzte Album von Glass Tiger.

*Someday (11/86 US 7)*
*Don't Forget Me (When I'm Gone) (12/86 US 2)*
***AOR (Adult Orientated Rock), Rock***

**CD-Tip:** *The Best Of Glass Tiger – Air Time* EMI 8 27022 2

## Glenn, Darrell

v (USA, geb. in Waco/Taco, † 9. 4. 1990).

Der Countrysänger gehörte eher zur zweiten Garnitur. Er sang, seit er sechs Jahre alt war. Sein Vater war Artie Glenn, der den Song »Crying In The Chapel« geschrieben hat. Er gab dieses Lied seinem Sohn, der damit als erster 1953 auf den Markt kam. Glenn erreichte Mitte des Jahres Platz 4 in den Country-Charts, Platz 6 in den Popcharts. Ein weiterer Hit sollte ihm nicht gelingen. Dafür sollten andere mit dem Song Erfolge haben, darunter June Valli, Rex Allen, die Orioles, Ella Fitzgerald, Art Lund – alle 1953 in den amerikanischen Charts. 1965 hatte Elvis Presley damit einen Platz 3 in den USA. Glenn wurde Aufnahmeingenieur und Produzent. 1981 machte er seine eigene Firma auf und spezialisierte sich auf das Produzieren von Gospelsängern. Er starb am 9. 4. 1990 im Alter von 54 Jahren an Krebs.

*Crying In The Chapel (7/53 US 6)*
***Country, Pop***

## Glitter Band

HARVEY ELLISON (Großbritannien); TONY LEONARD (Großbritannien); PETE PHIPPS (Großbritannien); GERRY SHEPHARD (Großbritannien); JOHN SPRINGATE (Großbritannien).

Ursprünglich bildeten diese Musiker die Backing Group für den Sänger Gary Glitter. Nebenher machten sie ab 1974 auch ohne Gary Karriere. Ihre große Besonderheit war, daß sie zwei Schlagzeuger beschäftigten. Zur Hochzeit der Beliebtheit von Gary Glitter gelangen auch der Glitter Band eine Reihe von Top-10-Hits in GB, darunter »Angel Face«, »Just For You« und »Let's Get Together Again« 1974, »Goodbye My Love« und »The Tears I Cried« 1975 und »People Like You And People Like Me« 1976. Im Februar 1977 trennten sich die Musiker, kamen aber 1981 noch einmal zusammen, um mit ihrem früheren Mentor auf Tournee zu gehen.

*Angel Face (3/74 GB 4; 5/74 D 6)*
*Just For You (10/74 GB 10)*
*Let's Get Together Again (10/74 GB 8)*
*Goodbye My Love (1/75 GB 2)*
*The Tears I Cried (4/75 GB 8)*
*People Like You And People Like Me (2/76 GB 5)*
***Glitter(-Glam)-Rock***

**CD-Tip:** *Starke Zeiten* Ariola 259 170–2

## Glitter, Gary

v (Großbritannien, * 8. 5. 1940 als Paul Francis Gadd in Banbury/Oxfordshire).

Als Paul Russell & His Rebels kam er 1958 zum erstenmal ins Musikgeschäft. Als Künstlernamen hatte er sich den Nachnamen seines Stiefvaters zugelegt. Sie spielten öfter im Safari Club am Trafalgar Square in London, in dem Robert Hartford Davis, ein Filmproduzent, die Band sah und der Manager von Paul Gadd wurde. Er verschaffte ihm einen Plattenvertrag mit Decca Records, und im Januar 1960 erschien die Ballade »Alone In The Night«. Dieses Mal nannte sich Gadd Paul Raven (weil sein Stief- ein Rabenvater war?). 1961 spielte er eine kleine Rolle in dem Film »Stranger In The City«, produziert von Davis. Im August 1961 erschien seine zweite Single, »Walk On Boy«. Auch diese Platte floppte. Im November 1961 gründete er Paul Raven & Boston International. Die nächsten fünf Jahre verbrachte diese Formation die meiste Zeit in Deutschland, wo sie ein beliebter Live-Act wurde. 1968 erhielt Gadd seinen nächsten Plattenvertrag als Solist und veröffentlichte die Single »Music Man«, dieses Mal als Paul Monday. Auch das ein Flop. Noch im selben Jahr erschien »Soul Thing«, jetzt wieder als Paul Raven, aber auch wieder ein Flop. Im Oktober 1969 kam die Single »We Are All Living In One Place«, auf der dreitausend Menschen zu hören waren, die alle vor dem Büro von MCA Records mitsingen durften. Leadstimme sang Rubber Bucket alias Paul Gadd. Ein weiterer Versuch als Paul Monday 1969, wieder als Paul Raven 1970, und jetzt nach mehr als zehn Jahren unter diversen Namen schien er die Lust verloren zu haben. Da erschien er neben Murray Head, Ian Gillan, Yvonne Elliman oder Mike D'Abo als Sänger im Rice-Webber-Musical »Jesus Christ Superstar«. Die Platte wurde ein weltweiter Erfolg. Er veränderte sein Image und machte 1971 unter dem Namen Gary Glitter – der Name wurde ausgewählt aus weiteren Vorschlägen wie z. B. Terry Tinsel, Stanley Sparkle und Vicky Vomit – die Nummer »Rock 'n' Roll (Parts 1 & 2)«. Womit niemand gerechnet hatte: Die Platte stand Mitte 1972 auf Platz 2 in GB, 7 in den USA und 4 in Deutschland. In den nächsten drei Jahren sollte er hintereinander zehn Top-10-Hits haben. Dreimal, mit »I'm The Leader Of The Gang (I Am)« und »I Love You Love Me Love« 1973 und »Always Yours« 1974, konnte er in GB die Spitze belegen. Die Musiker, die ihn begleiteten, starteten ab 1974 im übrigen eine eigenständige Karriere. Nachdem er zwischen 1976 und 1984 nur noch in den unteren Positionen der Hitparade aufgetaucht war, stand er im Dezember 1984 mit »Another Rock 'n' Roll Christmas« wieder unter den ersten 10 in GB. 1988 setzte ihm die britische Band Timelords in dem Lied »Doctorin' The Tardis«, Mitte des Jahres Spitzenreiter in GB, ein musikalisches Denkmal. Sie sangen »Everybody loves Gary Glitter«. Zwischenzeitlich schien seine Karriere durch eine Überdosis Drogen und später durch einen Bankrott endgültig beendet, aber Gadd überlebte auch das, tourt heute noch als Gary Glitter durch GB und erfreut sich als kleine Musiklegende seiner Beliebtheit in der Presse. Ende 1992 hatte er nach längerer Pause mal wieder zwei Hitnotierungen im unteren Bereich der britischen Charts. Mit Fug und Recht kann er von sich behaupten, heute der älteste Pfau im Paillettenzoo zu sein.

*Rock 'n' Roll (Parts 1 & 2) (6/72 GB 2, US 7; 8/72 D 4; 10/72 CH 4)*
*I Didn't Know I Loved You (Till I Saw Rock 'n' Roll) (9/72 GB 4)*
*Do You Wanna Touch Me? (Oh Yeah) (1/73 GB 2)*
*Hello Hello I'm Back Again (4/73 GB 2, D 10)*
*I'm The Leader Of The Gang (I Am) (7/73 GB 1, D 6)*
*I Love You Love Me Love (11/73 GB 1, D 8)*
*Remember Me This Way (3/74 GB 3)*
*Always Yours (6/74 GB 1)*
*Oh Yes! You're Beautiful (11/74 GB 2)*
*Love Like You And Me (5/75 GB 10)*
*Doing Alright With The Boys (6/75 GB 6)*
*Another Rock And Roll Christmas (12/84 GB 7)*
***Glitter(-Glam)-Rock***

**CD-Tip:** *The Gary Glitter Party Album* Telstar TCD 2310

## Go West

PETER COX, v (Großbritannien, * 17. 11. 1955); RICHARD DRUMMIE, v/g/key (Großbritannien, * 20. 3. 1959).
Bevor Peter und Richard 1982 die Formation Go West gründeten, hatten sie schon längere Zeit als Songschreiber zusammengearbeitet, u. a. für Peter Frampton oder David Grant. Nachdem sie einen Plattenvertrag erhalten hatten, waren sie ab 1985 erfolgreich mit Titeln, die sich durch hohe Musikalität, gutes Arrangement und die markante Stimme von Cox auszeichneten. Der legendäre Produzent Arif Mardin bezeichnete ihre Musik als ›Modern Motown‹. »We Close Our Eyes« war im Februar 1985 der einzige Top-10-Hit für die beiden in GB. Ihre Aufnahme »Don't Look Down« gefiel Sylvester Stallone so gut, daß er Cox und Drummie für den Soundtrack seines Films »Rocky IV« die Nummer »One Way Street« schreiben ließ. In den USA erreichten sie mit »King Of Wishful Thinking« Mitte 1990 Platz 8. Geholfen hat wohl in diesem Fall, daß das Stück im Film »Pretty Woman« vorkam. Für das Video zu »We Close Our Eyes« engagierte Go West übrigens das zu jener Zeit wohl beste Videoteam: Godley und Creme. Ende 1993 standen sie mit einer gut gemachten Coverversion von »Tracks Of My Tears«, einst ein Hit für Smokey Robinson, unter den ersten 20 der britischen Charts.

*We Close Our Eyes (2/85 GB 5)*
*King Of Wishful Thinking (5/90 US 8)*
***Elektro-Pop***

**CD-Tip:** *Aces And Kings – The Best Of Go West* Chrysalis 8 27196 2

## Go-Go's

ELISSA BELLO, d (USA); CHARLOTTE CAFFEY, g/key (USA, * 21. 10. 1953 in Santa Monica/Kalifornien); BELINDA CARLISLE, v (USA, * 17. 8. 1958 in Hollywood/Kalifornien); MARGOT OLAVERRA, b (USA); GINA SCHOCK, d (USA, * 31. 8. 1957); KATHY VALENTINE, b (USA, * 7. 1. 1959); JANE WIEDLIN, v/g (USA, * 20. 5. 1958 in Oconomowoc/Wisconsin).

Die Urformation der Go-Go's startete im Mai 1978 in Hollywood. Zu diesem Zeitpunkt wußten sie wenig über Musikinstrumente und Gesang, aber nachdem sie im Keller des Punk-Clubs ›Masque‹ ihren ersten erfolgreichen Auftritt hatten, entschlossen sie sich, es zu lernen. Nach einigen Umbesetzungen in der Gruppe spielten sie erst vorwiegend im Süden Kaliforniens, dann in GB als Vorprogramm von Madness und den Specials. Ihre erste Hitparadennotierung hatten sie im August 1981 mit »Our Lips Are Sealed«. Es wurde ein Platz 20 in den USA. Aus ihrer ersten LP »Beauty And The Beat« wurde als zweite Single »We Got The Beat« ausgekoppelt, die im Frühjahr 1982 Platz 2 in den USA und ein Millionseller wurde. Auch der Nachfolgehit »Vacation« kam unter die ersten 10. »Head Over Heels« war im Frühjahr 1984 noch einmal Platz 11 in den USA, danach ließ der Erfolg nach. Jane Wiedlin verließ die Gruppe als erste, um sich einer Solokarriere zu widmen. Am 10. 5. 1985 geben die Go-Go's auf einer Pressekonferenz bekannt, daß sie sich trennen werden. Belinda Carlisle bereitet sich mit Hilfe ihrer Kollegin Charlotte Caffey auf eine Solokarriere vor, die auch recht erfolgreich wird. Caffey gründete 1989 die Gruppe The Graces. Am 28. 3. 1990 kamen die Go-Go's für ein Benefizkonzert im Universal-Amphitheater zusammen. Das führte zu einer Reunion-Tour im selben Jahr. Anfang 1995 wurde eine Doppel-CD veröffentlicht, auf der sich außer den großen Hits der Band auch einige Neuaufnahmen befanden, die 1994 in der Besetzung Carlisle, Wiedlin, Valentine, Caffey und Schock aufgenommen wurden. Im Rahmen der Promotion zu dieser CD waren sie auch in Deutschland unterwegs, und man erfuhr, daß sich die Mädchen immer noch nicht grün sind. Während der Tour wurde die hochschwangere Charlotte Caffey durch Vicki Peterson von den Bangles ersetzt. Die Auskopplung »The Whole World Lost Its Head« brachte es im Frühjahr 1995 zumindest auf Platz 29 in GB. Da es ansonsten kein Verkaufserfolg war, fiel diese Reunion auch kurz aus.

*We Got The Beat (1/82 US 2)*
*Vacation (7/82 US 8)*

***AOR (Adult Orientated Rock), Punk, Rock***

**CD-Tip:** *Return To The Valley Of The Go-Go's*
I.R.S. 8 29694 2

## Godfrey, Arthur

v (USA, * 31. 8. 1903 in New York City, † 16. 3. 1983).

Arthur gilt als einer der bekanntesten und erfolgreichsten Stars in der Geschichte des amerikanischen Radios und Fernsehens und steht auf einer Stufe mit Jackie Gleason und Lucille Ball. Sein Spitzname war ›The Old Redhead‹. Seine Radiokarriere begann im Jahre 1929. Sie fand ihren Höhepunkt, als er im April 1945 als Special-Reporter die Beerdigung von Franklin D. Roosevelt übertrug und dabei in Tränen ausbrach. Dieser menschliche Zug charakterisierte seine gesamte Arbeit. Als CBS, für die er in der Hauptsache Radio gemacht hatte, 1948 ihr Fernsehprogramm aufbauten, war es nur natürlich, daß sie ihn auch da einsetzten. Von 1948 bis 1959 moderierte er ›Arthur Godfrey's Talent Scouts‹. Neben dieser Sendung, in der viele amerikanische Künstler ihre ersten TV-Auftritte hatten, lief von 1949 bis 1959 ›Arthur Godfrey & His Friends‹. In dieser Variety Show trat auch Arthur Godfrey als Sänger auf. Zwischen 1947 und 1952 brachte er es auf 12 Eintragungen in die US-Popcharts, darunter vier Notierungen unter den Top 10. Sein größter Erfolg war der Novelty-Song »Too Fat Polka (I Don't Want Her – You Can Have Her – She's Too Fat For Me)«. Im November 1947 erreichte die Platte die Charts und kletterte hoch bis auf Platz 2. 1959 wurde bei ihm Lungenkrebs diagnostiziert. Nach einer erfolgreichen Operation versuchte er sich mit einem Comeback, aber mit wenig Erfolg. Bis 1972 arbeitete er weiter im Radio. Alle weiteren Versuche, im Fernsehen noch einmal Fuß zu fassen, verliefen im Sande. Er starb 1983.

*Too Fat Polka (I Don't Want Her – You Can Have Her – She's Too Fat For Me) (11/47 US 2)*
*Slap 'er Down Again, Paw (2/48 US 7)*
*Go To Sleep, Go To Sleep, Go To Sleep (3/50 US 8)*
*Dance Me Loose (12/51 US 6)*
***Pop***

## Godley & Creme

LOL CREME, v/g/key (Großbritannien, * 19. 9. 1947 als Lawrence Creme in Manchester); KEVIN GODLEY, v/d (Großbritannien, * 7. 10. 1945 in Manchester).

1963 spielten beide in der in Manchester bekannten Band Sabres. Eine weitere Gruppe aus dieser Stadt, die Whirlwinds – in dieser Band spielte zu diesem Zeitpunkt Graham Gouldman –, nahm als B-Seite einer Single ein Lied auf, das Lol Creme geschrieben hatte. Gouldmans nächste Gruppe, die Mockingbirds, hatte Kevin Godley als Schlagzeuger. Die Arbeit dieser drei miteinander wurde intensiver. So nahmen sie z. B. als Frabjoy & Runcible Spoon eine Single auf. Im August 1970 kam es zur Gründung von Hotlegs, die mit »Neanderthal Man« einen Platz 2 in den GB-Charts haben sollten. Mitglied bei den Hotlegs war außerdem Eric Stewart, vorher bei den Mindbenders. 1972 produzierten die vier ein Demo des Titels »Donna« für die Beatles-Firma Apple. Nachdem die den Titel nicht wollten, erhielten sie einen Plattenvertrag von Jonathan Kings Firma UK Records. King gab ihnen den Namen 10 cc, und in den nächsten vier Jahren hatten sie acht Top-10-Erfolge, darunter zweimal Platz 1. Im November 1976 trennten sich Godley und Creme von 10 cc und begannen mit den Arbeiten an einem Dreiminutenstück, aus dem dann das Dreifachalbum »Consequences« wurde. »Under Your Thumb« und »Wedding Bells« waren 1981 zwei Top-10-Erfolge des Duos in GB. Ihre Aufnahme »Cry« wurde Mitte 1985 ein Top-10-Hit in Deutschland. Zu dem Titel gab es ein hervorragend gemachtes Video, in dem eine Folge von Gesichtern gezeigt wird, die sich nach und nach verändern, indem sie ineinander übergehen. Das Video wurde mehrfach preisgekrönt und begründete ihre Karriere als Videokünstler. In dieser Eigenschaft nahmen z. B. Visage, La Toyah, Herbie Hancock, Duran Duran, Police oder Frankie Goes To Hollywood ihre Dienste in Anspruch. Godley & Creme galten lange Zeit auf diesem Gebiet als die Besten.

*Under Your Thumb (9/81 GB 3)*
*Wedding Bells (11/81 GB 7)*
*Cry (5/85 D 8)*
***AOR (Adult Orientated Rock), Elektro-Pop***

**CD-Tip:** *The History Mix Vol. I* Polydor 825 981–2

## Goggi, Loretta

v (Italien).

Bereits mit elf Jahren stand Loretta zum erstenmal vor einer Kamera. Nach diversen Theater- und Fernsehauftritten war sie bald Italiens bekanntester Kinderstar. 1970 nahm sie ihre erste Platte auf. Danach tourte sie gemeinsam mit ihrer

Schwester Daniela als Duo Go & Go durch Italien. 1979 hatte sie mit »L'Aria Del Sabato Sera« und »Cicciottella« ihre ersten Hits. Im Frühjahr 1981 wurde »Maledetta Primavera« ein europäischer Erfolg. Der Nachfolgesong »Il Mio Prossimo Amore« erreichte gerade noch Platz 50 in Deutschland, aber wie der Vorgänger die Top 10 der Schweiz. Danach zog sie sich wieder nach Italien zurück.

*Maledetta Primavera (5/81 CH 2; 7/81 D 8)*
*Il Mio Prossimo Amore (11/81 CH 4)*
***Schlager***

## Gold, Andrew

v (USA, * 2. 8. 1951 in Burbank/Kalifornien).

Der Sänger, Multi-Instrumentalist und Songschreiber ist der Sohn des Komponisten Ernest Gold und der Sängerin Marni Nixon. Schon Mitte der 60er Jahre gründete er zusammen mit Peter Bernstein, dem Sohn von Elmer Bernstein, verschiedene Gruppen, die sich Doberman, Herd oder Wails nannten. 1969, wieder mit Peter, Carla Bonoff und anderen gründete er Bryndle. Die Gruppe erhielt einen Plattenvertrag und arbeitete sechs Monate an einer LP, die dann jedoch nicht veröffentlicht wurde. 1971 ging Bryndle auseinander. Mit Peter Bernstein gründete Andrew jetzt die Rangers. 1974 tourte er für neun Monate mit Linda Ronstadt und spielte auf ihrer LP »Heart Like A Wheel«. So ist er z. B. auf der Singleauskopplung »You're No Good« als Leadgitarrist, Pianist, Schlagzeuger und Percussionspieler zu hören. 1975 wurde seine erste Solo-LP veröffentlicht. Nebenher spielte er als Studiomusiker auf unzähligen Platten von Kollegen mit. Auch hier ein Beispiel: Auf Art Garfunkels »I Only Have Eyes For You« spielte Andrew Gitarre, Piano und Schlagzeug. Ab 1977 war er als Solist dann auch erfolgreich. Im März des Jahres kam »Lonely Boy« in die amerikanische Hitparade und erreichte schließlich Platz 7. Ein Jahr später wurde »Thank You For Being A Friend« in den USA Platz 25 – die Melodie wurde in den nächsten Jahren in den USA sehr populär, weil sie als Erkennungsmelodie der TV-Serie ›Golden Girls‹ benutzt wurde. »Never Let Her Slip Away« war sein letzter Top-10-Erfolg, ein Platz 5 in GB. Ende 1992 stand der Titel erneut auf Platz 5, dieses Mal in einer Coverversion von Undercover. 1985 bildete er zusammen mit dem Briten Graham Gouldman die Formation Wax, die mit dem Titel »Building A Bridge To Your Heart« im Sommer 1987 in GB Platz 12 erreichte, in Deutschland Platz 19.

*Lonely Boy (3/77 US 7)*
*Never Let Her Slip Away (3/78 GB 5)*
***AOR (Adult Orientated Rock), West Coast***

**CD-Tip:** *Never Let Her Slip Away* Elektra 9548 31615 2

## Goldbug

ADIL (Großbritannien); RICHARD WARMSLEY (Großbritannien).

Zwei illustre Gestalten des Londoner Nachtlebens standen hinter diesem Projekt. Walmsley gehörte einst zum Kern der britischen Gruppe Beatmasters, Adil war für die Promotion des ›Magick-Clubs‹ zuständig. Was Adil innerhalb von Goldbug gemacht hat, bleibt unklar – vielleicht einfach nur die Promotion für das Produkt, und die war nicht schlecht. Immerhin kam die Platte in GB auf Anhieb in die Top 10. Auf der anderen Seite hatte er es auch nicht allzu schwer. Der Riff aus dem Rock-Klassiker »Whole Lotta Love« dürfte jeder irgendwann einmal gehört haben. Das gekoppelt mit einem Häppchen aus einer bekannten Kinowerbung der 70er Jahre – ›Pa pa, pa pa, pa pa, pa pa‹ – mußte zumindest kurzfristig zu einem Hit werden. Und genau so kam es auch: Die Platte stieg auf Platz 3 in GB ein und fiel dann langsam, aber sicher wieder nach unten. Dabei blieb es bisher.

*Whole Lotta Love (1/96 GB 3)*
***Dance***

## Golden Earring

PETER DE RONDE, g; JAAP EGGERMONT, d (Niederlande); RINUS GERRITSEN, v/b (Niederlande, * 9. 8. 1946 in Den Haag); BARRY HAY, v/g/sax/fl (Indien, * 16. 8. 1948 in Fyzabad); GEORGE KOOYMANS, v/g (Niederlande, * 11. 3. 1948 in Den Haag); FRANS KRASSENBURG, v; FRED VAN DER HILST, d; HANS VAN HERWERDEN, g; CESAR ZUIDERWIJK, d (Niederlande, * 18. 7. 1948 in Den Haag).
Die Ursprünge dieser Gruppe gehen zurück bis in das Jahr 1961. Gerritsen und Kooymans spielten gemeinsam in einer Schulband. Ab 1962 nannten sie sich Golden Earring, und bis zum ersten Erfolg sollte es noch viele Umbesetzungen innerhalb der Band geben. 1968 hatten sie ihre ersten großen Verkaufserfolge in den Niederlanden. Es folgte eine Tour durch Europa und die USA. 1969 kam von der Gruppe Living Blues der Schlagzeuger Cesar Zuiderwijk, und mit ihm stand die Erfolgsbesetzung Kooymans, Gerritsen, Hay und Zuiderwijk. Ihre erste Hitnotierung in Deutschland hatten sie Ende 1970 mit »Back Home«. 1971 hieß ihr Hit »Holy Holy Life«, 1972 »Buddy Joe«. Im Herbst 1973 sollte ihr größter Erfolg erscheinen: »Radar Love«. Zuerst stand die Platte auf Platz 5 in Deutschland, dann im Dezember auf Platz 7 in GB und schließlich im Mai 1974 auf 13 in den USA. Danach gab es eine längere Hitpause für die Band. 1982 hatte Golden Earring mit »Twilight Zone« in den USA wieder einen Platz 10. Nach 1984 wurden keine Hits der Band mehr notiert. 1992 erschien mit »The Naked Truth« ein Album, das Unplugged-Versionen ihrer großen Hits brachte. 1995 veröffentlichten sie ihr neues Studioalbum »Face It«. Daraus ausgekoppelt als Single wurde »Hold Me Now«.

*Back Home (11/70 CH 6)*
*Radar Love (10/73 D 5; 12/73 GB 7)*
*Twilight Zone (11/82 US 10)*
***Rock***

**CD-Tip:** *Radar Love* Zounds CD 272 00385 B

## Goldie

Goldie brachte es mit »Making Up Again« im Mai 1978 auf einen Platz 7. Ansonsten gab es für diese Formation unter diesem Namen kein ›Making up again‹!

*Making Up Again (5/78 GB 7)*
***Pop***

## Goldsboro, Bobby

v (USA, * 18. 1. 1941 in Marianna/Florida).
Nur so nebenher machte Bobby während seines Studiums in der kleinen Stadt Dothan, Alabama, mit einer Gruppe namens Webbs Musik, und der Höhepunkt ihrer Karriere war erreicht, als eines Tages Roy Orbison in ihre Stadt kam, um dort aufzutreten. Nun darf man solche Tourneen nicht mit heutigen vergleichen. Die Künstler kamen nicht mit einem ganzen Trupp in die Auftrittsorte, sondern suchten sich meist erst vor der Veranstaltung eine geeignete Begleitformation. Die fand Roy Orbison in den Webbs. Roy fand aber gleich noch etwas: Gefallen an der Band und besonders an dem Gesang von Bobby Goldsboro. Als er wenige Monate später wieder in der Gegend auftrat, heuerte er die Band erneut an und fragte sie bei dieser Gelegenheit, ob sie nicht mit ihm auf eine Tournee durch die ganzen Staaten gehen wollten. Bobby Goldsboro fragte seine Eltern um Rat. Die reagierten

– wie wohl alle Eltern rund um den Erdball – mit der Bemerkung, daß sie es lieber sähen, wenn er sein Studium beendete. Bobby war jedoch von der Welt der Musik und den Möglichkeiten, vor Publikum zu spielen, so infiziert, daß er alles hinschmiß und mit Roy Orbison auftrat.

Für zweieinhalb Jahre war er im Team von Orbison. Er schrieb mit ihm zusammen einige Nummern und versuchte nun auch langsam, aber sicher, als eigenständiger Autor und Gesangssolist zu Erfolgen zu kommen. Im Herbst des Jahres 1963 war es dann soweit: Die selbstgeschriebene Nummer »See The Funny Little Clown« kam in die amerikanische Hitparade und kletterte bis auf Platz 9. Und noch immer stand Bobby Goldsboro Abend für Abend neben und/oder hinter Roy Orbison auf der Bühne. Daß das Gerede vom ausgesprochen kollegialen Roy Orbison, das man nach seinem Tod häufig lesen konnte, wirklich stimmte, bewies sich Anfang 1964. Bobbys Nummer erreichte die Top 10 in den USA, und damit waren die Weichen für eine Solokarriere gestellt. Orbison riet Goldsboro, sich doch von ihm zu trennen und es als Solist zu versuchen. Gleichzeitig bot er ihm aber auch noch an, sofort zu ihm zurückkehren zu können, falls es nicht so funktionieren würde, wie er sich das vorstelle. Eine noble Geste in einem Busineß, das immer wieder nicht ganz zu Unrecht als ›Haifischbranche‹ bezeichnet wird. Bobby Goldsboro kehrte nicht zu Roy Orbison zurück. Er machte seinen Weg und hatte schließlich 1968 mit dem Titel »Honey« einen weltweiten Hit. Die Platte wurde im Frühjahr Platz 1 in den USA, 2 in GB und 8 in Deutschland. Als sie 1975 in GB wiederveröffentlicht wurde, kam sie erneut auf Platz 2. »Honey« brachte Goldsboro Auftritte in den wichtigsten amerikanischen Fernsehsendungen und zwischen 1972 und 1975 eine eigene TV-Show. Bobby hatte mit »Summer (The First Time)« im Herbst 1973 noch einen weiteren Top-10-Hit in GB.

*See The Funny Little Clown (1/64 US 9)*
*Honey (3/68 US 1, GB 2; 6/68 D 8; 3/75 GB 2)*
*Summer (The First Time) (8/73 GB 9)*
***Soft Pop***

**CD-Tip:** *The Best Of* EMI CDP 7 96094–2

## Gompie

PETER KOELEWIJN, v (Niederlande).
Peter Koelewijn steckte hinter diesem Projekt. Er hatte in seiner Heimat bereits für viel Furore gesorgt und galt als der holländische Ralph Siegel. Seine Platte »Kom Van dat dak af/De Hele Stad Is Gek En Dol« kam 1968 in die holländische Hitparade und gilt da bis heute als Super-Rock-'n'-Roll-Oldie. Insgesamt gehen 30 Hitsingles in den Niederlanden auf sein Konto. Angeblich sollen in einem holländischen Pub namens Gompie jedesmal, wenn der Inhaber den Titel »Living Next Door To Alice« von Smokie spielte, die Besucher die Zeile »Alice, Who The X Is Alice« gegrölt haben. Die Platte wurde in den Beneluxländern schnell ein Erfolg und einer der Partyhits des Jahres. In GB kam die Nummer im Mai 1995 in die Charts und erreichte Platz 34. Eine Wiederveröffentlichung vier Monate später bescherte Platz 17. Hätte die Gruppe Smokie nicht so lange geschlafen und ihre Version schneller veröffentlicht, würde heute keiner mehr von Gompie sprechen. Zumindest die Briten liebten die Version ihrer Landsleute mehr.

*Alice, Who The X Is Alice (6/95 CH 2, D 2)*
***Pop***

## Goo Goo Dolls

MIKE MALININ, d (USA); JOHNNY RZEZNIK, v/g (USA); ROBBY TAKAC, v/b (USA); GEORGE TUTUSKA, v/d (USA).

Das Trio aus Buffalo – Schlagzeuger Tutuska wurde 1995 durch Malinin ersetzt – brachte Power Punk. Ihr Album »A Boy Named Goo« sollte ›Partyspaß mit Garantie‹ bringen und verkaufte sich immerhin 2 millionenmal. Produziert wurde es von Hüsker-Dü-Soundmann Lou Giordano. Die Auskopplung »Name« aus diesem Album brachte für die Gruppe den bisher einzigen Top-10-Erfolg. Vor allen Dingen MTV und die alternativen Radiostationen der USA sorgten dafür. Ihre Singleveröffentlichung »Long Way Down« 1996 stammte aus dem Soundtrack zum Film »Twister«.

*Name (10/95 US 5)*
***Punk, Rock***

**CD-Tip:** *A Boy Named Goo* Warner Brothers 9362 45750 2

## Good Men

DJ ZKI, dj (Niederlande); DOBRE, dj (Niederlande).
DJ Zki und Dobre veröffentlichten die Nummer »Give It Up« auf dem neu gegründeten Plattenlabel ›Fresh Fruit‹. Im Großraum Amsterdam hatten sich die beiden bereits einen Namen als Discjockeys und Produzenten von Interpreten wie SIL, World Series Of Life, Trancesetters oder Virtual Reality gemacht, als sie 1992 ihre ersten gemeinsamen Projekte unter den Pseudonymen Rene & Gaston, No. 1 und Klatsch starteten. Als Good Men sollte ihnen 1993 der erste große Wurf gelingen: »Give It Up« erschien im August 1993 erstmals in den GB-Charts und erreichte Platz 23. Nachdem sie schon wieder aus den Hitparaden gefallen war, kam sie im Oktober desselben Jahres erneut in die Charts und wurde diesmal ein Top-10-Hit. In Deutschland kam die Platte bis auf Platz 17, in den USA auf 71.

*Give It Up (10/93 GB 5)*
***Dance***

## Goodies

TIM BROOKE-TAYLOR, v (Großbritannien, * 17. 7. 1940 in Buxton/Derbyshire); GRAEME GARDEN, v (Großbritannien, * 18. 2. 1943 in Aberdeen/Schottland); BILL ODDIE, v (Großbritannien, * 7. 7. 1941 in Rochdale/Lancashire).
1974 wurden diese drei in GB mit dem Comedy Award als die besten Kabarettisten Englands ausgezeichnet. Ihre Plattenfirma fand damals: ›Bei den Goodies bezieht sich das Wort Kabarettist jedoch lediglich auf den guten und humorvollen textlichen Inhalt ihrer Titel. Im Vordergrund steht aber ihre fantastisch tanzbare und mitreißende Musik, die man am besten als Crazy Rock bezeichnet.‹ Ihr erster Hit war Ende 1974 die doppelte A-Seite »The Inbetweenies/ Father Christmas Do Not Touch Me«. Die Weihnachts-A/B-Seite dürfte dafür gesorgt haben, daß sie pünktlich zum Fest bis auf Platz 7 in GB kamen. Der Nachfolgehit war »The Funky Gibbon«, der im März 1975 in die GB-Charts kam und es bis auf Platz 4 brachte. Die Mitglieder dieser Formation kannten sich bereits seit Anfang der 60er Jahre. Gemeinsam absolvierten sie ihre Ausbildung in Cambridge und wurden Mitglieder verschiedener Shows. Oddie und Brooke-Taylor waren z. B. mit John Cleese bei der Cambridge Circus Show. Brooke-Taylor arbeitete für Theater und Film, Oddie für Fernsehsendungen, Garden hatte inzwischen seine Approbation als Arzt. 1970 begannen die drei mit ihrer Fernsehserie ›The Goodies‹. 1980 trennten sie sich. Oddie, begeisterter Ornithologe, schrieb mehrere Bücher über dieses Thema und ist Moderator einer Jazzsendung im Rundfunk. Garden moderiert Game-Shows und Gesundheitssendungen. Brooke-Taylor ist in Comedy-Serien zu sehen.

*The In Betweenies/Father Christmas Do Not Touch Me (12/74 GB 7)*
*The Funky Gibbon/Sick Man Blues (3/75 GB 4)*
***Pop***

## Goodman, Benny

clarinet/bl (USA, * 30. 5. 1909 in Chicago/Illinois, † 13. 6. 1986).

Benny wurde als Sohn jüdischer Einwanderer aus Rußland geboren. Mit neun machte der spätere King of Swing seine ersten Übungen auf der Klarinette, danach spielte er auf den Ausflugsdampfern des Michigansees. Mit 16 kam er zu der Band von Art Kassel. Zwischen 1925 und 1929 machte er sich einen Namen bei Ben Pollack, spielte dann mit Arnold Johnson, Red Nichols und wurde in New York ein gesuchter Studiomusiker. 1934 gründete er seine erste, 13 Mann starke dauerhafte Big Band. Vorher hatte er schon als Benny Goodman & His Orchestra Platten veröffentlicht. Seine erste Hitnotierung findet man in den US-Charts im Januar 1931 mit »He's Not Worth Your Tears«. In seiner Band spielten Tommy Dorsey und Eddie Lang. Im Laufe seiner Karriere sollte er es auf über 160 Hiteintragungen in den amerikanischen Charts bringen, darunter 16 mal Platz 1. »Moon Glow« war Mitte 1934 der erste Spitzenreiter in den USA. Den ersten Höhepunkt seiner Karriere erlebte er am 16. 1. 1938 in New York. In der Carnegie Hall, die bis zu diesem Zeitpunkt nur klassischer Musik vorbehalten war, traten erstmals Jazzmusiker auf. Die New Yorker waren zuerst skeptisch. Immerhin war die Carnegie Hall am 5. 5. 1891 eröffnet worden, und Tschaikowski hatte an diesem Abend eigene Werke dirigiert. Auch Arturo Toscanini hatte am Dirigentenpult gestanden. Und jetzt Jazzmusik?

Die Carnegie Hall war vor allem wegen ihrer guten Akustik gelobt worden. Und das hatte sich auch unter den Jazzmusikern herumgesprochen. Dieses Konzert am 16. 1. 1938 wurde über ein einziges Mikrofon, das über den Köpfen der Musiker plaziert worden war, mitgeschnitten. Wäre das nicht geschehen, die Musikgeschichte wäre um eine Sensation ärmer, denn neben Goodman, Klarinette, spielten z. B. Count Basie, Piano, Teddy Wilson, Piano, Lionel Hampton, Vibraphon, Bobby Hackett, Kornett, oder Gene Krupa, Schlagzeug. Alle Genannten hatten auch als Solisten und/oder als Bandleader Erfolge aufzuweisen. In dieser Band – und das gehört sicher auch zu den Pioniertaten von Benny Goodman – waren weiße und schwarze Musiker vereint. Damit brach Benny ein musikalisches und gesellschaftliches Tabu. dieselben Leute, die zuerst skeptisch gewesen waren, feierten das Konzert enthusiastisch. In der Folgezeit spielte Goodman immer mit wechselnden Musikern, die er mal als Combo, mal als Trio oder Sextett einsetzte. Diese wechselnden Besetzungen waren ebenso wichtig wie seine Big-Band-Zeit. In seinen Formationen tauchten viele Talente auf, die durch ihre Zusammenarbeit mit Goodman bekannt wurden. Hier sei der allzufrüh verstorbene Gitarrist Charlie Christian genannt, der die elektrische Gitarre im Jazz einführte und den Übergang vom Swing zum Bebop einleitete. Im Gegensatz zu Glenn Miller vollzog Goodman nie den letzten Schritt zu reiner Tanz- oder Schlagermusik. Seine unnachahmliche Art, mit virtuoser Technik schwierigste Läufe zu zelebrieren, blieb unerreicht. Gespaltener Meinung waren die Kritiker über Goodmans Aufnahmen von Werken von Mozart, Bartók oder Hindemith. Benny Goodman trat bis in die 80er Jahre live auf und starb am 13. 6. 1986. 1956 hatte man über ihn einen Film mit dem Titel »The Benny Goodman Story« gedreht. Die Hauptrolle übernahm der Schauspieler Steve Allen, die Musik spielte Goodman selbst. Bei der jährlichen Grammy-Verleihung werden seit 1973 mit den sogenannten ›Hall of Fame Awards‹-Aufnahmen und Plattenveröffentlichungen geehrt, die vor 1958, dem Jahr der ersten Grammy-Verleihung, erschienen sind. Benny Goodman erhielt diesen Preis 1975 für sein »Carnegie Hall Jazz Concert«, 1982 für seinen Titel »Sing Sing Sing« und 1987 für »And The Angels Sing«.

*Darn That Dream (1/40 US 1)*
*How High The Moon (3/40 US 6)*
*I Can't Love You Any More (Any More That I Do) (5/40 US 5)*
*There'll Be Some Changes Made (3/41 US 1)*
*Intermezzo (A Love Story) (5/41 US 10)*
*Somebody Else Is Taking My Place (3/42 US 1)*
*Jersey Bounce (3/42 US 1)*
*Take Me (8/42 US 10)*
*Idaho (8/42 US 4)*
*Why Don't You Do Right (1/43 US 4)*
*Taking A Chance On Love (4/43 US 1)*
*Gotta Be This Or That (6/45 US 2)*
*It's Only A Paper Moon (9/45 US 10)*
*I'm Gonna Love That Guy (10/45 US 9)*
*Symphony (12/45 US 2)*
*Blue Skies (8/46 US 9)*
*A Gal In Calico (1/47 US 6)*
*On A Slow Boat To China (11/48 US 7)*
***Big Band, Jazz***

**CD-Tip:** *Benny Goodman Live At Carnegie Hall* CBS G2K 40244

## Goodman, Dickie

v (USA, * 19. 4. 1934 in Hewlett/New York, † 6. 11. 1989).
Zusammen mit seinem Partner Bill Buchanan machte er das, was man später als ›Break-in‹-Platten bezeichnete. Aus Hits wurden kurze Schnipsel verwendet, die dann mit einem Kommentar dazwischen zu einer mehr oder weniger dusseligen Geschichte und einem neuen Hit verarbeitet wurden. Anfangs sträubten sich noch die Plattenfirmen der Originalinterpreten, dann merkten sie, daß dieses Verfahren einen neuen Push für den alten Hit und den jeweiligen Künstler brachte, und waren mit der Wiederverwertung einverstanden – eine frühe Form von Schlagermüllrecycling. Buchanan & Goodman hatten ihren ersten Hit mit »The Flying Saucer (Parts 1 & 2)«, der es im August 1956 in den USA bis auf Platz 3 schaffte. Noch dreimal wurden sie mehr oder weniger erfolgreich in den US-Hitparaden notiert, bevor sich Buchanan 1959 aus dem Musikgeschäft zurückzog. Danach machte Dickie kurz mit Mickey Shorr das Duo Spencer & Spencer. Seit 1961 war Goodman zwar als Solist mit Novelty-Songs in der amerikanischen Hitparade verzeichnet, hatte aber erst Ende 1975 mit »Mr. Jaws«, einer Veralberung des Films »Jaws«, der bei uns »Der Weiße Hai« hieß, einen einzigen weiteren Top-10-Hit, Platz 4 in den USA.

*Mr. Jaws (9/75 US 4)*
***Pop***

## Goodwin, Ron

tr/bl (Großbritannien, * 17. 2. 1925 in Plymouth/Devon).
Seine musikalische Karriere als Profi begann Ron als Trompeter bei Harry Gold und als Arrangeur der Bands von Ted Heath und Geraldo. Danach schrieb er Arrangements für Popinterpreten wie z. B. Petula Clark und komponierte in klassischer Tradition Werke wie »Drake 400 Concert Suite« oder die »New Zealand Suite«. Richtig erfolgreich wurde er aber erst, als er 1960 mit dem Schreiben von Filmmusiken begann. So stammt von ihm die Musik zu »Die tollkühnen Männer in ihren fliegenden Kisten« 1965, »Battle Of Britain« 1969, »Frenzy« 1972 oder auch die Themenmusik für die »Miss-Marple«-Filme. Seit den 70er Jahren ist der Brite regelmäßig in GB auf Tour, arbeitet aber auch weiterhin für das Radio. Seine einzige Top-10-Notierung hatte er 1953 mit der Charlie-Chaplin-Komposition »Limelight«.

*Terry's Theme From Limelight (5/53 GB 3)*
***Instrumental, Pop***

**CD-Tip:** *Fire And Romance* EMI CDP 7 91799 2

## Goombay Dance Band

Oliver Bendt, v (Deutschland, * 29. 10. 1946 als Jürgen Knoch in Potsdam).

Oliver Bendt war der Chef dieses Familienunternehmens. Nachdem er vier Jahre lang Mitglied der Regensburger Domspatzen war, wurde er durch Filme wie »Königswalzer« und »Weil du arm bist, mußt du früher sterben« zum Kinderstar. Von Synchronarbeiten über Abitur, Lehre als Reprofotograf bis zur Musikhochschule in Hamburg verliefen die nächsten Stationen. Er wurde Mitglied der Beatgruppe The Ventures (nicht zu verwechseln mit der amerikanischen Formation) und spielte dann in Hamburg in Musicals wie »Hello, Dolly« oder »Hair« mit. Von Win Hoop wurde er als Schlagerstar entdeckt. Ab Anfang der 70er Jahre veröffentlichte er in Deutschland Platten. Sein größter Erfolg war »Was ich tat, tat ich nur für Maria«, im August 1971 Platz 33 in den deutschen Charts. Seine letzte Hitnotierung aus dem Jahr 1976, die sich zumindest in den Rundfunk-Hitparaden plazieren konnte, hieß »Martinique«. Nach 1976 schien er wie verschwunden. Genau in diese besungene Gegend, auf die Westindischen Inseln, hatte es ihn verschlagen. So war auch die B-Seite seines größten Erfolges schon ein Hinweis auf sein Traumziel: »Mein Girl in Kingstontown«. Dort bastelte er an einer ganz neuen Karriere, der Goombay Dance Band. Diese Formation bestand aus seiner Frau Alicia, den Kindern Danny und Yasmin und den nicht zur Familie gehörenden Mitgliedern Dorothy Hellings, Wendy Doorsen und Mario Slijngaard. 1979 kam »Sun Of Jamaica« in die deutsche Hitparade und wurde Spitzenreiter. »Aloha-Oe, Until We Meet Again«, »El Dorado« und »Rain« waren 1980/81 weitere Top-10-Erfolge. Ihren größten Knüller landete die Goombay Dance Band mit dem Stück »Seven Tears«, das Mitte 1981 Platz 13 in Deutschland und im Frühjahr 1982 Nummer 1 in England wurde. Nach 1983 wurden keine Hits mehr notiert. Zu ihrer Show gehörte immer die Vermittlung der Illusion, sich in der Karibik zu befinden. Um das authentisch zu gestalten, lernte Oliver Bendt auch noch das Feuerschlucken. Auch in den 90er Jahren tourte die Goombay Dance Band durch die Lande.

*Sun Of Jamaica (12/79 D 1; 2/80 CH 3)*
*Aloha-Oe, Until We Meet Again (5/80 D 5)*
*El Dorado (10/80 D 4)*
*Rain (3/81 D 9)*
*Seven Tears (2/82 GB 1)*
***Pop***

**CD-Tip:** *Sun Of Jamaica* Imperial CDP 520 7 94972 2

## Goons

Michael Bentine, v (Großbritannien); Terence Spike Milligan, v (Indien, * 16. 4. 1918 in Admadnagar); Harry Secombe, v (Großbritannien, * 8. 9. 1921 als Harold Donald Secombe in Swansea/ Wales); Peter Sellers, v (Großbritannien, * 8. 9. 1925 als Richard Henry Sellers in Southsea, † 24. 7. 1980).

Diese vier starteten 1951 eine BBC-Radio-Comedy-Show, die ›Crazy People‹ hieß. Bevor sich das ganze ›The Goons‹ nannte, stieg Michael Bentine aus. Satirische, witzige und surreale Comics waren die Inhalte der Goons-Sendungen, die als Vorläufer zu Monty Pythons Flying Circus zu sehen sind und die die Beatles in der Ausführung ihrer ersten beiden Filme beeinflußten. Einer der bekanntesten Sprüche aus dieser Sendung wurde die stehende Redensart von Bluebottle, gespielt von Sellers: ›You dirty rotten swine – you deaded me.‹ Bei der Beerdigung von Sellers soll Secombe bemerkt haben: ›Bluebottle is deaded now.‹ Musikalisch wirkten sich ihre Sendungen auf Gruppen wie Scaffold oder die Bonzo Dog Doo-Dah Band aus. Mitte 1956 erschien die Weihnachtsplatte »I'm Walking Backwards For Christmas«, die es bis auf Platz 4 in den GB-Charts brachte. Im September desselben Jahres wurde »Bloodnok's Rock 'n' Roll Call« mit der B-Seite »Ying Tong Song« veröffentlicht, ein Platz 3 in GB. Als der »Ying Tong Song« Mitte 1973 erneut erschien, schafften die Goons Platz 9. Peter Sellers wurde später zum gefeierten Filmstar und hatte auch als Solist Plattenerfolge, ebenso Harry Secombe.

*I'm Walking Backwards For Christmas/Bluebottle Blues (6/56 GB 4)*
*Bloodnok's Rock 'n' Roll Call/Ying Tong Song (9/56 GB 3)*
*Ying Tong Song (7/73 GB 9)*
***Pop***

## Gordon, Barry

v (USA, * 21. 12. 1948 in Brookline/Massachusetts).
Der Sohn eines Discjockeys gewann mit dreieinhalb Jahren einen Nachwuchswettbewerb, der ihm sein Fernsehdebüt in der ›Original Amateur Hour‹ einbrachte. Während der frühen 50er Jahre trat dieses besonders klein geratene Kind in vielen Shows auf. 1955 nahm er mit seinem piepsigen Kindersopran den Song »Nuttin' For Christmas« auf, der es bis auf Platz 6 in den US-Charts brachte. Es war seine einzige Hitplatte, die ihm aber die Tür für viele weitere TV-, Film- und Theaterarbeiten öffnete, z. B. in ›Alfred Hitchcock Presents‹ oder der ›Jack Benny Show‹. Barry Gordon spielte mit in etlichen Fernsehserien und konnte seine Kinderrollen bis weit in die 60er Jahre konservieren.
1963 wurde er für seine Rolle in »A Thousand Clowns« für einen Tony nominiert. Schließlich studierte er an der University of California Los Angeles Schauspiel. Trotzdem ging es ihm wie vielen Kinderstars, und er war als Erwachsener weniger gefragt. In TV-Comedy-Shows sah man ihn bis 1983, aber mehr in der zweiten Reihe.

*Nuttin' For Christmas (12/55 US 6)*
***Pop***

## Gordon, Gray

bl (USA).
Gordon leitete in den späten 30er Jahren eine der für diese Zeit typischen amerikanischen Schieber-Tanzbands. Am Anfang seiner Karriere spielte er zusammen mit Elmo Mack & His Purple Derbies. Seinen ersten Job als Big-Band-Leader hatte er 1933 während der Weltausstellung in Chicago. 1938 entwickelte er den Tic-Toc-Rhythm, der dem Klang einer Uhr nachempfunden war. Dementsprechend hieß die Themamusik der Band auch »One Minute To Go«. Zwischen 1938 und 1940 gelangen ihm sechs Hits, davon war »Blue In The Black Of Night« Ende 1938 ein Platz 5 und »Ferry Boat Serenade« im Herbst 1940 ein Platz 7. Im Zweiten Weltkrieg löste sich die Band auf, danach stieg Gray ins Musikverlagsgeschäft ein und übernahm das Management für diverse Künstler, darunter etliche Jahre Les Paul & Mary Ford.

*Ferry Boat Serenade (9/40 US 7)*
***Big Band, Pop***

## Gordon, Lonnie

v (USA, geb. in Bronx/New York City).
Die ehemalige Chorsängerin von Chaka Khan hatte in Bands wie Strykers, Nytjar und als Backgroundsängerin bei Melissa Morgan und Alyson Williams begonnen. Lonnie Gordon zog nach London und wurde dort von Phil Manzanera, dem früheren Gitarristen von Roxy Music, produziert. Doch dann nahmen sich Stock/Aitken/Waterman der Amerikanerin an und machten mit ihr den Titel »Happenin' All Over Again«, der im Januar 1990 in die britischen Charts kam und Platz 4 erreich-

te. Es folgten weitere Singles, die sich jedoch nicht mehr unter den Top 30 plazieren konnten. Da nützte auch kein Wechsel in Studios nach Bologna zu einem italienischen Produzententeam.

*Happenin' All Over Again (1/90 GB 4)*
***Dance***

**CD-Tip:** *If I Have To Stand Alone* Metronome 847 697 2

## Gore, Lesley

v (USA, * 2. 5. 1946 in New York City).
Lesley gehört zu den Sängerinnen, die mit ihrem ersten Hit auch gleich ihren größten haben: Ihre erste Plattenaufnahme überhaupt, »It's My Party«, kam im Mai 1963 in die Hitparaden, wurde Spitzenreiter in den USA und erreichte Platz 9 in GB. Dabei war dieser Erfolg recht zufällig. Sie sang in einer siebenköpfigen Studentenband, die ihren ersten bezahlten Job im Prince George Hotel in Manhattan hatte. Zuerst wollten die Jungs für diesen besonderen Anlaß keine Sängerin, doch Lesley war an jenem Abend anwesend, weil sie sich den Auftritt ansehen wollte. Da sie nun schon mal da war, durfte sie auch zwei Nummern mitsingen, und ausgerechnet an dem Abend saß in der Cocktail-Lounge Quincy Jones, der zu diesem Zeitpunkt festangestellter Produzent bei Mercury Records war. Es kam zu einem Vertrag und zum ersten Erfolg. Es folgten bis 1967 knapp zwanzig weitere Hits. Die größten waren »Judy's Turn To Cry«, »She's A Fool« und »You Don't Own Me«, alle 1963. Letztgenannte Platte wäre sicher Nummer 1 geworden, hätten nicht die Beatles mit »I Want To Hold Your Hand« genau in der Woche, als Lesley Platz 2 wurde, ihren ersten Spitzenreiter in den USA gehabt. Zwangsläufig spielte Lesley auch in verschiedenen Teenie-Filmen und Fernsehshows und -serien mit. Dann war eine Zeitlang Pause, bis sie 1972 wieder mit einer LP auf den Markt kam. Wiederum drei Jahre später erschien das wieder von Quincy Jones produzierte Album »Immortality«. Ansonsten hatte sie Erfolge als Songschreiberin. Zusammen mit ihrem Bruder, dem Oscar-Gewinner Michael Gore, schrieb sie z. B. Titel für den Film »Fame«. Im September 1981 standen Dave Stewart und Barbara Gaskin mit einer Neuauflage von »It's My Party« auf Platz 1 in GB und 3 in Deutschland.

*It's My Party (5/63 US 1, GB 9)*
*Judy's Turn To Cry (7/63 US 5)*
*She's A Fool (9/63 US 5)*
*You Don't Own Me (12/63 US 2)*
***Pop***

**CD-Tip:** *It's My Party* Bear Family BCD 15 742 EI

## Gorme, Eydie

v (USA, * 16. 8. 1931 in New York).
Die Amerikanerin türkisch-spanischer Abstammung begann als Sängerin in den Big Bands von Tommy Tucker und Tex Beneke. Ab 1953 sah man sie regelmäßig bis 1957 in der ›Tonight Show‹ von Steve Allen. Am 29. 12. 1957 heiratete sie den Sänger Steve Lawrence. Ab 1956 war Eydie in den US-Charts zu finden. Der Titel »Blame It On The Bossa Nova« war im Frühjahr 1963 ihr einziger Top-10-Erfolg in den USA. In GB war nur Mitte 1962 »Yes, My Darling Daughter« ein Top-10-Hit. Zusammen mit ihrem Mann sang sie als Steve & Eydie. 1960 gewannen die beiden für ihr Album »We Got Us« einen Grammy. 1966 gewann Eydie einen Grammy als beste Sängerin für ihren Titel »If He Walked Into My Life« aus dem Musical »Mame« und schlug dabei immerhin die Mitbewerberinnen Ella Fitzgerald, Sandy Posey, Nancy Sinatra und Barbra Streisand. In GB gelang dem Duo Steve & Eydie mit dem Titel »I Want To Stay Here« im

August 1963 ein Platz 3, in den USA Top 30. 1979 nahmen die beiden als Parker & Penny Platten auf, die jedoch erfolglos waren. Steve und Eydie Gorme hatten 1958 eine eigene TV-Show. Mit ihrer gemeinsamen Sendung ›Steve And Eydie Celebrate Irving Berlin‹ im Jahre 1979 sahnten sie bei der Emmy-Verleihung ab. Steve und Eydie standen zwar nicht mehr in den Hitparaden, aber ansonsten waren sie recht erfolgreich, so z. B. bei Auftritten in der Carnegie Hall und bei der 1991er Diamond Jubilee Tour von Frank Sinatra anläßlich seines 75. Geburtstages.

*Yes, My Darling Daughter (6/62 GB 10)*
*Blame It On The Bossa Nova (1/63 US 7)*
*I Want To Stay Here (8/63 GB 3)*
***Pop***

## Gott, Karel

v (Tschechische Republik, * 14. 7. 1939 als Gottar in Pilsen).

Karel arbeitete zunächst als Elektriker und erhielt danach eine Gesangsausbildung am Konservatorium in Prag. Ab 1958 spielte er Theater, 1964 gründete er sein eigenes Theater in Prag. 1963 wurde seine erste Schallplatte veröffentlicht, und seit dieser Zeit zählt Karel zu den beliebtesten Sängern in der ehemaligen ČSSR. In Deutschland ist er ab 1967 erfolgreich. Sein erster Hit »Weißt du wohin« erreichte im Mai 1967 Platz 33 und anderthalb Jahre später Platz 9. »Lady Carneval« und »Was damals war« 1969 und »Einmal um die ganze Welt« 1970 waren seine weiteren Top-10-Erfolge. Aber auch ohne Hitparaden brachte er regelmäßig Singles auf den Markt und dürfte inzwischen bei mehr als hundert LP-Veröffentlichungen sein. Die Jüngeren kennen seine Stimme von der Einleitungsmelodie zur TV-Serie ›Die Biene Maja‹. In den 90er Jahren stellte Karel Gott noch ein anderes Talent unter Beweis: Er outete sich als Maler.

*Weißt du wohin (12/68 D 9)*
*Lady Carneval (2/69 D 10)*
*Was damals war (8/69 D 8)*
*Einmal um die ganze Welt (10/70 D 10)*
***Deutscher Schlager***

## Gotthard

HENA HABEGGER, d (Schweiz); STEVE LEE, v (Schweiz); LEO LEONIE, v/g (Schweiz); MARC LYNN, b (Schweiz).

Das Quartett spielt gradlinige Rockmusik, und wie bei den meisten Hardrockern gilt: Wenn sie sich mal eine Ballade vornehmen, haben sie damit Erfolg. Sie machten eine neue Version des Stückes »He Ain't Heavy, He's My Brother«. Dabei soll die Gruppe vor allen Dingen die Legende, die sich um diesen Song rankt, inspiriert haben. In der amerikanischen Depressions-Zeit gründete Pater Flanagan die berühmte Boys Town. Dort nahm der Kirchenmann verwahrloste Jungen auf, um sie vor dem Gefängnis zu bewahren und um sie später in ein geordnetes Leben zurückzuführen. Für viele arbeitslose Jungen war Pater Flanagans Boys Town der letzte Ausweg. Eines Tages sah der Pater einen Jungen herankommen, der seinen total erschöpften kleinen Bruder auf dem Rücken trug. Auf die Frage des Priesters, ob er ihm denn nicht viel zu schwer sei, antwortete der große Bruder: »He Ain't Heavy, He's My Brother.« Das weltberühmte Zitat wurde zu einem Riesenhit für die Hollies. Produziert wird Gotthard von Chris von Rohr, der bereits einer anderen Schweizer Hardrock-Formation zum Erfolg verhalf: Krokus.

*He Ain't Heavy, He's My Brother (11/96 CH 10)*
***Hard Rock***

**CD-Tip:** G BMG Ariola 74321 43036 2

## Grable, Betty

v (USA, * 18. 12. 1916 in St. Louis, † 2. 7. 1973).

Bereits mit zwölf Jahren ging Betty in Hollywood auf eine Schauspielschule, und schon bevor sie vierzehn wurde, sang und tanzte sie in der Stadt der Stars in Musicalfilmen und Revuen. 1931 erhielt sie einen Filmvertrag. Man änderte ihren Namen in Frances Dean. Ein Jahr später kam sie bei RKO unter Vertrag und durfte sich wieder Grable nennen. Zuerst spielte sie vorwiegend in B-Movies. 1937 – sie war immer noch mehr oder weniger ein Starlet – kam sie zu Paramount. 1938 heiratete sie den ehemaligen Kinderstar Jackie Cogan. Finanzielle Schwierigkeiten führten zu ihrer Scheidung 1940. Mit dem Aufkommen des Farbfilms, der ihren schönen Teint und ihre wohlgeformten Beine besonders gut zur Geltung brachte, wurde sie zum Star. Im Zweiten Weltkrieg wählten die GIs sie zum Pin-up-Girl Nummer 1. Die Filmfirma Fox versicherte ihre Beine bei Lloyd's für eine Million Dollar, und sie wurde zum höchstbezahlten Star ihrer Zeit. 1943 heiratete sie den Trompeter und Bandleader Harry James, von dem sie 1965 wieder geschieden wurde. Anfang der 50er Jahre sank ihr Stern, und gegen Mitte der Dekade war ihre Filmkarriere ganz vorbei. Sie trat nun regelmäßig in Nachtclubs auf und war einer der Stars am Broadway in »Hello, Dolly«. Ihren einzigen Eintrag in die Poplisten hatte sie Ende 1945 mit dem Titel »I Can't Begin To Tell You«. Er wurde ein Platz 5 in den USA. Begleitet wurde sie von Harry James und seinem Orchester. Betty starb an Lungenkrebs.

*I Can't Begin To Tell You (12/45 US 5)*
***Pop***

## Grace

JOY (Großbritannien); PATTI (Großbritannien).

Patti und Joy, die es in der britischen Clubszene zu einiger Popularität gebracht hatten, verkörpern Grace. Hinter ihnen steht der britische Dance-Mastermind Paul Oakenfold und sein Plattenlabel Perfecto. Ihre erste Single »Not Over Yet« war im Frühjahr 1995 ihr bisher einziger Top-10-Erfolg. »I Want To Live« 1995 und »Skin On Skin«, »Down To Earth« und »If I Could Fly« 1996 waren weitere Hitnotierungen zwischen den Positionen 20 und 30 in GB.

*Not Over Yet (4/95 GB 6)*
***Dance***

**CD-Tip:** *If I Could Fly* East West 0630–14947

## Gracie, Charlie

v/g (USA, * 14. 5. 1936 als Charles Anthony Graci in Philadelphia/Pennsylvania).

Charlie begann als Zehnjähriger mit dem Gitarrespielen. 1950 trat er in der ›Paul Whiteman Teen Show‹ auf. Ein Jahr später hatte er seine erste Platte auf dem Markt. Sein Titel »Butterfly« kam im Frühjahr 1957 in die US-Charts und wurde Spitzenreiter. Mit »Fabulous« gelang ihm noch ein Top-20-Hit in den USA, in GB erreichte die Platte Platz 8. Dort schaffte er auch im September desselben Jahres mit »Wandrin' Eyes« Platz 6. Nach einer weiteren Eintragung verschwand er aus den Charts. Charlie Gracie wechselte unglaublich oft die Plattenfirma und tritt heute noch in GB und in den USA auf.

*Butterfly (2/57 US 1)*
*Fabulous (6/57 GB 8)*
*Wandrin' Eyes (9/57 GB 6)*
***Pop***

## Graham, Jaki

v (Großbritannien, * 15. 9. 1956 in Birmingham).

Jaki – Tochter jamaikanischer Eltern – sang mit Dee Harris in der Band Ferrari.

Danach ging sie zur Medium Wave Band, bevor sie sich mit dem Sänger, Songschreiber und Produzenten Derek Bramble zusammentat und eine Solokarriere startete. Als erste Platte wurde 1984 »What's The Name Of Your Game« veröffentlicht. Zusammen mit dem Sänger David Grant hatte sie im März 1985 ihren ersten Top-10-Erfolg: »Could It Be I'm Falling In Love«. Das gab Jaki einen Push, und sie brachte im Juni 1985 »Round And Round« und im Mai 1986 »Set Me Free« in GB unter die ersten 10. Jaki war bis zum Ende der 80er Jahre regelmäßig mit Titeln in GB vertreten. 1992 gründete sie zusammen mit Paul Hardcastle das Duo Kiss The Sky. Einzig erwähnenswerte Veröffentlichung: im selben Jahr »Living For You«. Auf dem Titel waren Samples von Minnie Ripertons »Loving You« zu hören. Jakis Songschreiber Derek Bramble hatte zwischenzeitlich die Aufmerksamkeit von David Bowie erregt, der mit ihm Bowies Langspielplatte »Tonight« produzierte. Später ging Derek in die USA und produzierte dort unter anderem Vanessa Williams. 1990 schrieb er zusammen mit Whitney Houston »I Belong To You«. Mitte 1994 stand Jaki Graham mit »Ain't Nobody«, im Original ein Hit von Rufus & Chaka Khan, noch einmal in den britischen Top 50.

*Could It Be I'm Falling In Love (3/85 GB 5)*
*Round And Round (6/85 GB 9)*
*Set Me Free (5/86 GB 7)*
***Pop***

**CD-Tip:** *Breaking Away* EMI CDP 746367 2

## Graham, Larry

v/b (USA, * 14. 8. 1946 in Beaumont/Texas).

Der schwarze Texaner spielte schon als Jugendlicher im Familientrio mit. 1966 wurde er Bassist bei Sly & The Family Stone. Bis 1972 blieb er, danach gründete er Graham Central Station, die einen ähnlichen Funk-Rock spielten wie Sly & The Family Stone. Zwischen 1974 und 1976 brachte es die Band auf vier Hitnotierungen, aber keine Platte kam in die Top 30. Ab 1980 begann Larry eine Solokarriere, und mit dem Titel »One In A Million You« hatte er Mitte jenes Jahres Platz 9 in den USA und einen Millionseller. Nach zwei weiteren Hitnotierungen wurde er nicht mehr genannt. 1985 sang er mit Firefox, 1986 nahm er ein Duett mit Aretha Franklin auf.

*One In A Million You (6/80 US 9)*
***Rhythm & Blues***

## Gramm, Lou

v (USA, * 2. 5. 1950 als Grammatico in Rochester/New York).

Die Karriere des Sängers und Songschreibers begann mit der Gruppe Black Sheep. Ab 1976 wurde er Mitglied bei Foreigner, deren erste LP im Jahre 1977 mehr als dreimillionenmal verkauft wurde. Ab 1987 erschienen Soloplatten von Lou. »Midnight Blue« 1987 und »Just Between Me And You« 1989 waren seine beiden Top-10-Hits in den USA. Hatte Lou bis 1991 immer auch noch mit Foreigner gearbeitet, so wurde er jetzt durch Johnny Edwards ersetzt, und Gramm machte nur noch Soloplatten. Noch 1991 gründete er eine Band, die er Shadow King nannte. Mitte des Jahres 1992 kehrte er zu Foreigner zurück.

*Midnight Blue (1/87 US 5)*
*Just Between You And Me (10/89 US 6)*
***AOR (Adult Orientated Rock)***

**CD-Tip:** *Long Hard Look* Atlantic 781 915–2

## Grammer, Billy

v/g (USA, * 28. 8. 1925 in Benton/Illinois).
Grammer machte seine ersten Platten 1949. In den frühen 50er Jahren tourte er

zusammen mit T. Texas Tyler und Hawkshaw Hawkins. Ab 1955 trat er regelmäßig in der ›Jimmy Dean TV-Show‹ auf. Der gesuchte Sessiongitarrist Billy spielte auf vielen großen Hits anderer Künstler mit, speziell wenn sie in Nashville produzierten. Er entwickelte die Grammer Flat-Top Guitar. Das erste Modell wurde 1969 in die Country Music Hall of Fame aufgenommen. Als Solist hatte Billy mit der Bearbeitung eines britischen Volksliedes aus dem 19. Jahrhundert Ende 1958 einen Platz 4 in den US-Popcharts: »Gotta Travel On«. 1959 gelangen ihm noch zwei weitere Eintragungen in die Pophitparade, in den Country-Charts hielt er sich bis 1969.

*Gotta Travel On (11/58 US 4)*
***Country***

## Granata, Rocco

v (Italien, * 16. 8. 1938 in Figline Vigliaturo).

Das werden Rocco Granata und Salvatore Adamo gemeinsam haben: Als die Eltern der beiden in Italien keine Arbeit mehr fanden, sind sie nach Belgien ausgewandert. Dort in den Kohlegruben im Norden des Landes gab es genug zu arbeiten. Rocco Granata entdeckte früh die Liebe zur Musik. Er wollte nicht nur die Rocknummern der Endfünfziger nachsingen, sondern sich auch selbst etwas schreiben. Heraus kam das Lied »Marina«, das dann jedoch niemand haben wollte. Der knapp Zwanzigjährige lief mit diesem Titel von Plattenfirma zu Plattenfirma, von Verlag zu Verlag. Keiner biß an. Rocco ließ sich nicht davon abbringen, diesen Song zu veröffentlichen, mietete sich kurz entschlossen mit seiner Band ein Studio und nahm den Titel in eigener Regie auf. Rocco und seine Freunde verteilten die Single in einigen Musikläden in ihrer Nachbarschaft. Es begann ein Run auf diese Aufnahme, es kamen Angebote für Plattenverträge, und angeblich sollen insgesamt zehn Millionen Singles dieser Platte verkauft worden sein, was durchaus möglich ist. Das alles war im Jahre 1959. Die Platte wurde Platz 1 in der deutschen Hitparade, fast in ganz Europa ein Hit, und selbst in den USA kam der Titel unter die Top 40. Bis 1963 sollten etliche weitere Erfolge kommen, bis ihm Mitte 1963 mit »Buona Notte« ein Platz 5 gelang. Nebenbei schrieb er noch Aufnahmen für andere, wie z. B. Dean Martin, Dalida, Caterina Valente oder die Four Aces. Schließlich hatte Rocco keine Lust mehr am Vagabundenleben, ging zurück nach Belgien und gründete eine eigene Schallplattenfirma samt Vertrieb. Auch komponierte er u. a. für Rainer Werner Fassbinder. 1989, als man versuchte, Oldies der 50er und 60er Jahre in Remix-Versionen und Medley-Format in die Top 10 zu pushen, gelang das zumindest mit Rocco Granata nicht.

*Marina (10/59 D 1)*
*Buona Notte (6/63 D 5)*
***Schlager***

## Grand Funk Railroad

DON BREWER, d (USA, * 3. 9. 1948 in Flint/Michigan); MARK FARNER, g (USA, * 29. 9. 1948 in Flint/Michigan); CRAIG FROST, key (USA, * 20. 4. 1948 in Flint/Michigan); MEL SCHACHER, b (USA, * 3. 4. 1951 in Owosso/Michigan).

1967 wurden Brewer und Farner Mitglieder von Terry Knight & The Packs. Es erschien eine Single, die den Titel »I (Who Have Nothing)« trug und die 1967 bis auf Platz 46 in den US-Charts kam. 1968 kam der Bassist Mel Schacher, der vorher bei? & The Mysterians gespielt hatte, zur Band. Daraufhin verließ Knight die Gruppe, wurde ihr Manager, Produzent und änderte ihren Namen – inspiriert durch The

Great Trunk Railroad – in Grand Funk Railroad. Daß sich die Band damit keinen edlen Ritter als Manager an Land gezogen hatte, sollten sie erst drei Jahre später merken. Das Trio dümpelte bis 1972 mehr oder weniger erfolglos durch die Singlehitparaden, war allerdings in den LP-Charts mit fünf Platin-LPs und einer Gold-LP vertreten, bis 1973 mit dem Keyboarder Craig Frost ein vierter Mann zur Band kam. Inzwischen hatte man den Manager Terry Knight, dessen richtiger Name Richard Terrance Knapp ist, gefeuert. John Eastman, Paul McCartneys Schwiegervater, übernahm das Management. Der Ritter war mehr Knappe gewesen und hatte die Band knapp bei Kasse gehalten. Es setzte eine Serie von Multimillionen-Dollar-Prozessen. Im September 1973 produzierte Todd Rundgren mit der Band, die sich jetzt nur noch Grand Funk nannte, die LP »We're An American Band«. Der Titelsong wird Mitte 1973 Nummer 1 in den USA. Nachfolger wurde Ende 1973 »Walk Like A Man«, ein Top-20-Hit, und schließlich waren sie 1974 wieder Nummer 1 mit einer Neuaufnahme von »Loco-Motion«, im Original ein Hit von Little Eva. »Some Kind Of Wonderful« 1974 und »Bad Time« 1975 waren weitere Top-10-Erfolge. Ab 1976 nannte man sich wieder Grand Funk Railroad, schaffte aber keinen Hit mehr und trennte sich. Farner versuchte sich als Solist, die anderen machten die Gruppe Flint mit dem Gitarristen Billy Elworthy. Im Januar 1981 kamen Farner, Brewer und der Bassist Dennis Bellinger wieder als Grand Funk zusammen. Frost war inzwischen in der Band von Bob Seger. Sie nahmen ein Live-Album auf, das allerdings nicht sonderlich beeindrukken konnte. Inzwischen hatte Farner ein Reformhaus eröffnet und wurde streng religiös, nachdem ihn seine Frau mit zwei Kindern verlassen hatte. Sie kamen aber später zurück, und ein drittes Kind wurde 1983 geboren. 1983 erschien mit »What's Funk?« das zweite und letzte Album der reformierten Gruppe. Danach fiel die Band endgültig auseinander. Es wird geschätzt, daß sie zwanzig Millionen LPs verkauft haben. Brewer ging zu seinem alten Kumpel Frost in die Silver Bullet Band von Bob Seger. 1988 nahm Farner für ein christliches Plattenlabel eine LP auf, die allerdings nur in Bibelbüchereien verkauft wird.

*We're An American Band (7/73 US 1)*
*The Loco-Motion (3/74 US 1; 6/74 D 10)*
*Some Kind Of Wonderful (12/74 US 3)*
*Bad Time (4/75 US 4)*
***Hard Rock, Rock***

**CD-Tip:** *Grand Funk Hits* Capitol CDP 7 46623 2

## Grandmaster Flash

KURTIS BLOW, rap (USA, * 9. 8. 1959 in New York City); DUKE BOOTEE, rap (USA als Ed Fletcher); COWBOY, rap (USA, * 20. 9. 1960 als Keith Wiggins, † 8. 9. 1989); KIDD CREOLE, rap (USA als Nathaniel Glover); GRANDMASTER FLASH, rap (* 1. 1. 1958 als Joseph Saddler in Barbados); LAVON (USA); MELLE MEL, rap (USA als Melvin Glover); RAHEIM, rap (USA als Guy Todd Williams); SCORPIO (USA).

1977 begann Flash, der schon geraume Zeit als Discjockey mit einer mobilen Discothek in der Bronx gearbeitet hatte, die Mix- und Scratch-Technik des Bronxer DJs Jamaican Kool Herc zu vervollständigen. Er bezog Cowboy, Kidd Creole und Melle Mel in seine Auftritte mit ein und nannte sich nun Grandmaster Flash & The 3 MCs. Schließlich nahm er noch zwei weitere Rapper hinzu, Duke Bootee und Kurtis Blow, der später durch Raheim ersetzt wurde, und man nannte sich Grandmaster Flash & The Furious Five. Ende 1979 hatte die Sugarhill Gang mit »Rapper's Delight« einen großen Erfolg, und sämtliche New Yorker Plattenfirmen rafften alle Rapper zusammen, um mit ihnen weitere

Platten aufzunehmen. Flash veröffentlichte mit »Superrappin'« seine Debütplatte, die kein Erfolg wurde. Es folgten weitere Flops, und erst im Jahre 1982 sollte Flash Erfolg haben. »The Message« wurde im August 82 Platz 8 in der britischen Hitparade. Erstmals wurde hier die Rap Music als Vehikel für politische und soziale Probleme eingesetzt. 1984 waren sie wieder unter den ersten 10 in GB mit »White Lines (Don't Don't Do It)«. Dieser Titel entwickelte sich zur Antikokain-Hymne. Ende desselben Jahres kam »Step Off (Part 1)« wieder nur in GB in die Top 10. In den USA schaffte Flash als höchste Position mit »The Message« Platz 62 in den Popcharts. Die von ihm besungenen Themen wurden wohl von vielen Amerikanern als New-York-spezifisch erachtet. Unter der Leitung von Flash machten Grandmaster Melle Mel & The Furious Five ebenfalls Platten, die jedoch auch nicht den Crossover in die Popcharts schafften. Überhaupt war die unterschiedliche Bezeichnung für immer dieselbe Musikart und fast immer dieselbe Formation sehr irreführend.

*The Message (8/82 GB 8)*
*New York, New York (8/83 CH 9)*
*White Lines (Don't Don't Do It) (2/84 GB 7)*
*Step Off (Part 1) (12/84 GB 8)*
***Rap***

**CD-Tip:** *Grandmaster Flash Greatest Hits* Sequel NEM CD 622

## Grange Hill Cast

Die jugendlichen Schauspieler der britischen BBC-TV-Serie ›Grange Hill School‹ setzten sich 1986 an die Spitze der Antidrogen-Kampagne ›Just Say No – To Drugs‹. Nachdem dieser Song als Single von der BBC-eigenen Plattenfirma veröffentlicht wurde, kam das Stück unter die britischen Top 10. Der Nachfolgesong der Grange Hill Cast, »You Know The Teacher«, brachte nichts mehr.

*Just Say No (4/86 GB 5)*
***Pop***

## Grant, Amy

v (USA, * 25. 11. 1960 in Augusta/Georgia).

Als Amy Grant 1985 zum erstenmal in den US-Popcharts auftauchte, hatte sie als Sängerin christlich angehauchter Songs in den USA schon lange Erfolg. Lieder mit christlichen Inhalten werden in den USA durchaus rockiger und poppiger angeboten als anderswo. Schon aus diesem Grunde ist der Sprung von Gospel Music zur Popmusik relativ klein und wird auch von vielen Interpreten mit Erfolg geschafft. Fünfmal konnte Amy bisher den Grammy in Empfang nehmen, davon 1982, 1983, 1984 und 1988 als beste Gospelsängerin. Der Spitzname von Amy Grant war über viele Jahre ›The First Lady of Contemporary Christian Music‹. Im Duett mit Peter Cetera hatte Amy im Herbst 1986 eine Nummer 1 in der amerikanischen Pophitparade: »The Next Time I Fall«. Ab 1991 war sie dann auch als Solistin überaus erfolgreich. »Baby Baby« wurde Anfang 1991 ein Platz 1 in den USA, 2 in GB, 8 in Deutschland. Noch im selben Jahr gelangen ihr mit »Every Heartbeat« und »That's What Love Is For« in den USA zwei weitere Top-10-Erfolge. 1992 war sie mit »Good For Me« unter den ersten 10. Danach legte sie eine Babypause ein – sie ist verheiratet mit dem Sänger und Songschreiber Gary Chapman und hat mit ihm die Kinder Matt, Millie und Sarah – und veröffentlichte Mitte 1994 ein neues Album mit dem Titel »House Of Love«. Die erste Singleauskopplung daraus, »Lucky One«, brachte es im Herbst 1994 auf Platz 18 in den USA. Der Titelsong von »House Of Love«, den sie zusammen mit Vince Gill im Duett sang, kam Ende des Jahres in die US-Top-40.

Trotz der Poperfolge macht sie auch weiterhin christliche Musik.

*The Next Time I Fall (9/86 US 1)*
*Baby Baby (2/91 US 1; 5/91 GB 2, D 8)*
*Every Heartbeat (6/91 US 2)*
*That's What Love Is For (9/91 US 7)*
*Good For Me (1/92 US 8)*
***AOR (Adult Orientated Rock), Soft Rock***

**CD-Tip:** *Heart In Motion* A&M 395 321 2

## Grant, David

v (Jamaika, * 8. 8. 1956 in Kingston).
David Grant begann in dem Duo Linx, das im Frühjahr 1981 mit »Intuition« einen Platz 7 in den britischen Charts hatte. Nachdem das Duo 1982 auseinandergefallen war, machte David als Solist weiter. Seine erste Hitnotierung war »Stop And Go« (4/83 GB 19). Mitte 1983 hieß sein erster Top-10-Erfolg »Watching You, Watching Me«. Im Duett mit Jaki Graham gelang ihm im Frühjahr 1985 Platz 5 mit »Could It Be I'm Falling In Love«. Längere Zeit war er als Englands Antwort auf Michael Jackson bezeichnet worden. Jetzt stellte sich heraus, daß er, zumindest was den Erfolg anging, nicht mithalten konnte. »Mated« (11/85 GB 20) war seine letzte nennenswerte Hitnotierung. Zusammen mit seiner Frau Carrie versuchte er sich ohne viel Erfolg als Sugar Shack. Als Sessionsänger war David dann auf Platten von N-Trance oder der Lighthouse Family zu hören. Außerdem präsentiert er im britischen TV Musiksendungen. Auch als Schauspieler versuchte er sich im Fernsehen und auf der Bühne. 1997 war er dabei, das alte Material mit Linx neu zu mischen und wieder auf den Markt zu bringen. Zusammen mit seiner Frau machte er ein Gospelalbum und plante eine R&B-Platte.

*Watching You, Watching Me (7/83 GB 10)*
*Could It Be I'm Falling In Love (3/85 GB 5)*
***Disco***

## Grant, Earl

v/p/org (USA, * 20. 1. 1931 in Oklahoma City, † 10. 6. 1970).
In erster Linie war Earl Grant Organist und Pianist. Ab 1957 nahm er Platten auf und spielte mit in den Filmen »Tender Is The Night«, »Imitation Of Life« und »Tokyo Night«. Mit der von ihm gesungenen Superschnulze »The End« hatte er im Herbst 1958 einen Platz 7 in den USA und Platz 12 in Deutschland. Earl starb bei einem Autounfall.

*The End (9/58 US 7)*
***Instrumental, Soft Pop***

## Grant, Eddy

v/g (Guyana, * 5. 3. 1948 als Edmond Montague Grant in Palisance).
Eddy kam 1960 nach London. Dort gründete er 1965 mit Schulfreunden seine erste Gruppe, aus der später die Equals wurden. Ab 1967 bis Ende 1970 war diese Band sehr erfolgreich. Dann löste sich Eddy von den Equals und gründete eine eigene Produktions- und Plattenfirma, auf der auch seine Soloplatten veröffentlicht werden. Im November 1980 hatte er seinen ersten Top-10-Erfolg in GB. »I Don't Wanna Dance« kam im Oktober 1982 in die britischen Charts und wurde Spitzenreiter. Seinen größten Hit hatte er mit »Electric Avenue«, im Frühjahr 1983 Platz 2 in GB und in den USA, 9 in Deutschland. »Gimme Hope Jo'anna«, ein Antiapartheid-Song, kam im Januar 1988 in die britischen Charts und wurde Platz 7, vier Monate später Platz 4 in Deutschland.

*Do You Feel My Love (11/80 GB 8; 3/81 CH 3)*
*I Don't Wanna Dance (10/82 GB 1, D 7; 1/83 CH 1)*
*Electric Avenue (1/83 GB 2, D 9; 3/83 CH 6; 4/83 US 2)*
*Gimme Hope Jo'anna (1/88 GB 7; 5/88 CH 2, D 4)*
***Pop, Reggae***

**CD-Tip:** *All The Hits* Ice Int. 846.106

## Grant, Gogi

v (USA, * 20. 9. 1924 als Myrtle Audrey Arinsberg in Philadelphia/Pennsylvania).

Als Audrey Brown nahm sie ihre ersten Platten auf. Dann änderte ihr Manager ihren Namen in Audrey Grant. Aber erst als Gogi Grant sollte sie Ende 1955 ihren ersten Top-10-Hit mit »Suddenly There's A Valley« haben. »The Wayward Wind« kam im April 1956 in die US-Charts und wurde Spitzenreiter, in GB erreichte die Platte Platz 9. 1957 sang sie für die Schauspielerin Ann Blyth, die die in den 20er Jahren erfolgreiche Sängerin Helen Morgan spielte, die im Film vorkommenden Titel.

*Suddenly There's A Valley (10/55 US 9)*
*The Wayward Wind (4/56 US 1; 6/56 GB 9)*
***Pop***

## Grass Roots

STEVE BARRI, v (USA); CREED BRATTON, g (USA, * 8. 2. 1943 in Sacramento/Kalifornien); RICK COONCE, d (USA, * 1. 8. 1947 in Los Angeles/Kalifornien); WARREN ENTNER, v/g (USA, * 7. 7. 1944 in Boston/Massachusetts); ROB GRILL, v/b (USA, * 30. 11. 1944 in Los Angeles/Kalifornien); DENNIS PROVISOR, org (USA, * 5. 11. 1950 in Los Angeles/Kalifornien); P.F. SLOAN, v (USA, geb. in Los Angeles/Kalifornien).

Bevor diese Band mit der Nummer »Where Were You When I Needed You« 1966 ihren ersten Hit hatte, spielten diverse Musiker in dieser Formation. Die Ursprünge gehen zurück bis in das Jahr 1964. Dann nahmen die beiden Songschreiber Steve Barri und P. F. Sloan diesen ersten Hit mit Studiomusikern auf, und als der dann in die Charts kam, wurde Grass Roots mit den oben angegebenen Musikern erneut zusammengestellt. »Let's Live For Today« kam im Mai 1967 in die US-Charts und wurde Platz 8. Leadsänger des Stückes war in dem Fall Rob Grill. »Midnight Confessions« kam im August 1968 in die US-Charts, wurde Platz 5 und ein Millionseller. Ihren letzten Top-10-Erfolg hatten Grass Roots Mitte 1971 mit »Sooner Or Later«. Bis 1975 wurde die Gruppe in den Charts notiert. Zwischendurch wechselten die Musiker. Rob Grill versuchte später eine Solokarriere. 1980 erschien eine Solo-LP, die er mit Hilfe von John McVie, Lindsey Buckingham und Mick Fleetwood von Fleetwood Mac aufgenommen hatte. 1981 machte er eine Tournee als Rob Grill & Grass Roots.

*Let's Live For Today (5/67 US 8)*
*Midnight Confessions (8/68 US 5)*
*Sooner Or Later (6/71 US 9)*
***Beat, Pop***

**CD-Tip:** *Greatest Hits, Volume One/Two* MCA D 31132/3

## Grateful Dead

TOM CONSTANTEN, key (USA); JERRY GARCIA, g (USA, * 1. 8. 1942 in San Francisco, † 9. 8. 1995); DONNA GODCHAUX, v (USA, * 22. 8. 1947 in San Francisco); KEITH GODCHAUX, key (USA, * 19. 7. 1948 in San Francisco, † 23. 7. 1980); MICKEY HART, d (USA, geb. in Long Island/New York); BILL KREUTZMANN, d (USA, * 7. 4. 1946 in Palo Alto/Kalifornien); PHIL LESH, b (USA, * 15. 3. 1940 als Philip Chapman in Berkeley/Kalifornien); RON »PIGPEN« MCKERNAN, key (USA, * 8. 9. 1945 in San Bruno/Kalifornien, † 8. 3. 1973); BRENT MYDLAND, key (Deutschland, * 21. 10. 1952 in München, † 26. 7. 1990); BOB ›ACE‹ WEIR, g (USA, * 16. 10. 1947 als Robert Hall in San Francisco); VINCE WELNICK, key (USA, * 21. 2. 1951 in Phoenix/Arizona).

Diese legendäre Band wurde 1966 in San Francisco gegründet. In den frühen 60er Jahren hatten sich Jerry Garcia und Bob

Weir, Ron McKernan und Bill Kreutzmann schon in diversen Gruppen der Bay Area getroffen. McKernan und Kreutzmann spielten bei den Zodiacs, Garcia in einer Folk-Blues-Band namens Wildwood Boys. Später trafen sich Garcia, McKernan und Kreutzmann in Mother McCree's Uptown Jug Champions. Mitte der 60er Jahre war Acid eine in Kalifornien legale Droge. Die meisten Mitglieder der dann schließlich 1966 gegründeten Formation Grateful Dead hatten damit regelmäßige Erfahrungen. 1967 erhielten sie einen Plattenvertrag, und schon nach ihrer ersten LP galten sie als eine der einflußreichsten Gruppen der Flower-power-Periode. Ihre Debütplatte »The Grateful Dead« erreichte in den USA zwar nur Platz 73 in der LP-Hitparade, wurde aber trotzdem vergoldet. In den nächsten Jahren bis 1981 erschienen immer wieder mehr oder weniger erfolgreiche LPs, auf denen sich allerdings keine Singlehits befanden. Innerhalb der Band kam es zu Umbesetzungen. Mickey Hart und Tom Constanten kamen 1968 zur Gruppe. Constanten verließ sie wieder 1970, Hart 1971. 1972 kam das Ehepaar Godchaux in die Gruppe, 1973 starb McKernan an den Folgen eines Leberleidens, das sicher auf den langjährigen Drogenkonsum zurückzuführen war. 1975 kam Hart wieder zurück. Mydland wurde 1979 in die Band genommen, nachdem das Ehepaar Godchaux wieder gegangen war. Keith Godchaux starb Mitte 1980 an den Folgen eines Motorradunfalls. Mydland starb 1990 an einer Überdosis Drogen. Bevor von der Formation Tubes als Ersatz für ihn Vince Welnick kam, sprang kurzfristig Bruce Hornsby ein. 1982 erkrankte Garcia, der heroinabhängig war, an Diabetes und fiel in ein lebensbedrohendes Koma. Erst Ende der 80er Jahre erholte er sich und mit ihm die Band. Mit »In The Dark« erschien Mitte 1987 das kommerziellste und erfolgreichste Album von Grateful Dead. Darauf war mit »Touch Of Grey« der erste Top-10-Erfolg der Band in den USA, ein Platz 9. 1994 wurde Grateful Dead in die Rock 'n' Roll Hall of Fame aufgenommen. Ein endgültiges Ende der ›Deadheads‹ – wie sie von ihren Fans genannt wurden – kam, nachdem im August 1995 Jerry Garcia nach einem Herzinfarkt gestorben war.

*Touch Of Grey (7/87 US 9)*
***AOR (Adult Orientated Rock), Psychedelic, Rock, West Coast***

**CD-Tip:** *In The Dark* Arista 258 564

## Gray, Dobie

v (USA, * 26. 7. 1940 als Lawrence Darrow Brown in Brookshire/Texas).
1960 ging er nach Los Angeles und nahm Platten unter den Pseudonymen Leonard Victor Ainsworth, Larry Curtis und Larry Dennis auf. Seinen ersten Hit hatte er als Dobie Gray Anfang 1965 mit »The In Crowd«, Platz 13 in den USA, 25 in GB. Nachdem er danach jahrelang versuchte, eine weitere Platte hoch in den Charts zu plazieren, gab er 1971 auf und wurde Mitglied in der Hard-Rock-Gruppe Pollution. Zwei Jahre später überraschte er wieder mit einem Solohit: »Drift Away« erreichte im Frühjahr 1973 Platz 5 in den USA. Zwischen den beiden Solokarrieren war er als Schauspieler und Sänger am Broadway und in L.A. in »Hair« zu sehen.

*Drift Away (2/73 US 5)*
***Soft Pop***

## Gray, Glen

sax/bl (USA, * 7. 6. 1906 als Glen Gray Knoblaugh in Roanoke/Illinois, † 23. 8. 1963).
In den 30er und 40er Jahren war Glen Leiter des legendären Casa Loma Orchestra. Vorher hatte der Saxophonist mit Jean

Goldkette und der Orange Blossom Band gespielt. 1928 trat diese Orange Blossom Band im Casa Loma in Toronto auf. Das Casa-Loma-Haus war ursprünglich gebaut worden, um dem englischen Königspaar bei einem Besuch in Kanada als Domizil zu dienen. Danach wurde es in ein Hotel umfunktioniert. Bei den folgenden Auftritten in Detroit und anderen amerikanischen Großstädten nannte die Band sich nun Casa Loma Orchestra. Ab 1929 war Glen Gray der Leiter der Formation, ab 1933 werden sie in den amerikanischen Charts notiert. Ihr erster Hit war »Casa Loma Stomp«. Die Liste der Erfolge, es werden über sechzig Hits notiert, reichte bis in das Jahr 1945. »Blue Moon« und »When I Grow Too Old To Dream« waren 1935 die ersten Spitzenreiter des Orchesters in den USA. »Heaven Can Wait« und »Sunrise Serenade« schafften Gleiches im Jahre 1939. »My Heart Tells Me« war Ende 1943 eine Nummer 1. Mitte der 50er Jahre begann Gray mit Aufnahmen für Capitol Records, um den Swing-Sound des Casa Loma Orchestra und anderer Bands wiederzubeleben. 1963 starb er an Krebs.

*No Name Jive (5/40 US 9)*
*One Dozen Roses (5/42 US 8)*
*Don't Get Around Much Anymore (1/43 US 7)*
*My Heart Tells Me (11/43 US 1)*
*My Shining Hour (12/43 US 4)*
*Gotta Be This Or That (9/45 US 9)*
***Big Band***

## Great White

LORNE BLACK, b (USA); AUDIE DESBROW, d (USA, * 17. 5. 1957); GARY HOLLAND, d (USA); MARK KENDALL, g (USA, * 29. 4. 1957); MICHAEL LARDIE, key (USA, * 8. 9. 1958); TONY MONTANA, b (USA); JACK RUSSELL, v (USA, * 5. 12. 1960).

Diese aus L.A. stammende Band formierte sich 1981. Ein Jahr später veröffentlichten sie die auf eigene Kosten produzierte Mini-LP »Out Of The Night«, die ihnen einen Plattenvertrag einbrachte. Die dann 1984 veröffentlichte LP »Stick It« erfüllte jedoch nicht das, was sich die Plattenfirma versprochen hatte – und Great White wurde wieder aus dem Vertrag entlassen. 1986 produzierten sie erneut auf eigene Kosten eine LP: »Shot In The Dark«, die der Band zu einem neuen Vertrag verhalf. Black und Holland stiegen zu diesem Zeitpunkt aus und wurden durch Montana und Desbrow ersetzt. Außerdem nahm Great White als fünften Mann den Keyboarder Michael Lardie in die Gruppe. Jetzt stellte sich auch der Erfolg ein: »Once Bitten, Twice Shy«, 1975 ein Hit für Ian Hunter, erreichte im Frühjahr 1989 die US-Top 10 und wurde Platz 5. Anfang 1992 stieg Montana kurz vor Beginn der Aufnahmen zur LP »Psycho City« aus. Dave ›The Beast‹ Spitz spielte für ihn auf der Platte. Mitte 1994 erschien das Album »Sail Away«, das eine Bonus-CD eines Live-Auftritts in Anaheim in Kalifornien beinhaltete.

*Once Bitten, Twice Shy (5/89 US 5)*
***Hard Rock***

**CD-Tip:** ... *Twice Shy* Capitol CDP 7 93636 2

## Greaves, R.B.

v (Guyana, * 28. 11. 1944 in Georgetown).

R.B. Greaves, angeblich ein Neffe von Sam Cooke, wurde auf einer US Air Force Base in Guyana, geboren. Aufgewachsen ist er im Seminole-Reservat in Kalifornien – Greaves ist Halbindianer. 1963 ging er als Sonny Childe & The TNT's nach GB, war allerdings dort nicht erfolgreich. Zurück in den USA, hatte R.B. schließlich mit der Mixtur aus Reggae, Ska und Soul, »Take A Letter Maria«, Ende 1969 einen Platz 2 in der amerikanischen Hitparade. In den 70er Jahren wandte sich Greaves der Country Music zu, jedoch ohne kommerziellen Erfolg.

*Take A Letter Maria (10/69 US 2)*
***Pop, Rhythm & Blues***

## Green Day

BILLIE JOE, v/g (USA, * 17. 2. 1972 als Billie Joe Armstrong in San Pablo/Kalifornia); TRÉ COOL, d (Deutschland, * 9. 12. 1972 als Frank Edwin Wright III.); MIKE DIRNT, v/b (USA, * 4. 5. 1972 als Michael Pritchard in Kalifornien); JOHN KIFTMEYER, d (USA); AL SOBRANTE, d (USA).
Wunderbar wurde der Stil der Gruppe durch die britische Presse charakterisiert: ›Retro Punk-Rock für Amerikaner – und jetzt auch für Briten, die Buzzcocks, Dikkies, Ramones oder vielleicht sogar aus den 60er Jahren die Monkees vermissen‹. Billy Joe und Mike spielten Ende der 80er Jahre in Rodeo in der Nähe von Berkeley/Kalifornien in der Gruppe Sweet Children. Billy Joes Schwester Ana spielte Schlagzeug – und die galt es auszuwechseln. Für sie kam Al Sobrante – und ab sofort nannten sich die drei Green Day. Schon ein Jahr später – 1990 – kam für ihn Kiftmeyer und der wurde noch im selben Jahr durch Tré Cool ersetzt. Anfang 1994 erschien das Album »Dookie« (2/94 US-LP 2 10/94 D-LP 4, GB 13). Innerhalb der nächsten drei Jahre wurden davon neun Millionen Exemplare verkauft. Die Singleauskopplung »Basket Case« (8/94 GB 55, 1/95 RE-GB 7, 3/95 D 18) brachte der Band einen ersten Top-10-Hit. »Welcome To Paradise« (10/94 GB 20), »Longview« (3/95 GB 30), »When I Come Around« (5/95 GB 27), »Geek Stink Breath« (10/95 GB 16), »Stuck With Me« (1/96 GB 26) und »Brain Stew/Jaded« (6/86 GB 28) folgten. In den USA hat die Band bisher noch keinen Singlehit. Dafür erhielten sie 1994 einen Grammy als ›Best Alternative Music Performance‹. Die nächsten Alben waren »Insomniac« (10/95 US-LP 2), das inzwischen auch mehr als 2 millionenmal verkauft wurde, und »Nimrod« (10/97 GB-LP 11, US-LP 10). Mit »Time Of Your Life (Good Riddance)« (1/98 GB 11) hatte sie einen weiteren Hit – Grund dafür war eine Preiskampagne der Plattenfirma Warner in GB, die die Alben diverser Bands sehr günstig anbot, die dann und gleich in den Singlecharts besser notiert wurden.

*Basket Case (1/95 GB 7)*
***Punk, Rock***

**CD-Tip:** *Dookie* Reprise 9362 45529 2

## Green Jelly

COWGOD (USA); PINATA HEAD (USA); ROCK 'N' ROLL PUMPKIHN (USA); MARSHAL DUH STAXX, v (USA als Bill Manspeaker); JOE SUBPOPPY (USA).
Als im Mai 1993 die CD »Cereal Killer Soundtrack« veröffentlicht wurde, legte die Plattenfirma als Information einen Waschzettel bei, auf dem unter anderem zu lesen stand: ›Überlegen Sie sich genau, ob Sie sich wirklich diese Platte anhören sollten! Sie könnten ziemliche Kopfschmerzen bekommen, Ihnen könnte übel werden, oder Sie könnten wie die Bandmitglieder enden! Lesen Sie lieber ein Buch! Wir haben Sie gewarnt! Green Jelly hatten von Anfang an ein klares Ziel vor Augen: Sie wollten der Welt schlechteste Band werden.‹ Das MTV-Zeitalter half ihnen, trotz dieser Vorgaben erfolgreich zu werden. Green Jelly befinden sich auf MTV in guter Gesellschaft mit Beavis und Butthead. Zuerst nannten sie sich Green Jello. Dann kam der Lebensmittelkonzern Kraft und verbot den Namen, weil ein Produkt mit diesem Namen auf dem Markt war. Eine Art Grunge-Comedy-Märchen von drei kleinen Schweinchen und dem großen Harley Wolf brachte ihnen einen ersten internationalen Hit: »Three Little Pigs« kam im Frühjahr 1993 in die US-Charts und wurde Platz 18, in GB 5, in Deutschland 12. Wie die Mitglie-

der richtig heißen, wollen sie, möglicherweise, um sich nicht die Zukunft zu verderben, bisher nicht rauslassen.

*Three Little Pigs (6/93 GB 5)*
***Grunge***

**CD-Tip:** *333* Zoo 74321 23536 2

## Green, Al

v (USA, * 13. 4. 1946 als Greene in Forest City/Arkansas).
Ende der 50er Jahre trat der Sänger und Songschreiber mit der Gospelgruppe Greene Brothers auf. Seine ersten Platten machte er 1960. Von 1964 bis 1967 war er Mitglied der Gruppe Creations. Mit seinem Bruder Robert Greene und Lee Virgins sang er 1967/68 in der Band Soul Mates. Als Al Greene & The Soul Mates hatte er Ende 1967 seinen ersten Hit. Ab 1969 sang er als Solist. Die meisten seiner Hits hat er selbst geschrieben. »Tired Of Being Alone« wurde Mitte 1971 ein Millionseller in den USA und erreichte Platz 11. Der Nachfolgehit war »Let's Stay Together«, ebenfalls Millionseller und Ende 1971 Spitzenreiter in den USA. Weitere Millionseller und Top-10-Erfolge waren »Look What You Done For Me«, »I'm Still In Love With You« und »You Ought To Be With Me« 1972, »Call Me (Come Back Home)« und »Here I Am (Come And Take Me)« 1973 und »Sha-La-La (Make Me Happy)« 1974. 1980 wandte sich Al Green wieder der Gospelmusik zu. 1988 sang er im Duett mit Annie Lennox den Titel »Put A Little Love In Your Heart«, der in den USA zum Top-10-Erfolg wurde. Mit Arthur Baker & The Backbeat Disciples gelang ihm Ende 1989 in Deutschland ein Top-10-Hit. Auch U2, Elton John oder Lenny Kravitz ließen Al auf ihren Platten mitsingen. 1993 erschien die gutgemachte CD »Don't Look Back«, auf der mit »Love Is A Beautiful Thing« ein potentieller Hit war. Er brachte es jedoch in GB und Deutschland nur unter die ersten 60. 1995 wurde er in die Rock 'n' Roll Hall of Fame aufgenommen.

*Tired Of Being Alone (10/71 GB 4)*
*Let's Stay Together (12/71 US 1, GB 7)*
*Look What You Done For Me (4/72 US 4)*
*I'm Still In Love With You (7/72 US 3)*
*You Ought To Be With Me (10/72 US 3)*
*Call Me (Come Back Home) (2/73 US 10)*
*Here I Am (Come And Take Me) (7/73 US 10)*
*Sha-La-La (Make Me Happy) (9/74 US 7)*
*Put A Little Love In Your Heart (11/88 US 9)*
*The Message Is Love (12/89 D 6)*
***Soul***

**CD-Tip:** *Greatest Hits Vol. I & II* Motown WD 72634/5

## Green, Larry

p/bl (USA, geb. in Boston/Massachusetts).
Larry stand in der zweiten Hälfte der 40er Jahre mit einigen Titeln in den US-Charts. »Near You« 1947 und »Beg Your Pardon« 1948 waren seine beiden Top-10-Erfolge. Ansonsten hat er keine Spuren in Charts hinterlassen.

*Near You (10/47 US 3)*
*Beg Your Pardon (3/48 US 8)*
***Pop***

## Green, Robson

siehe Robson & Jerome

## Greenbaum, Norman

v/g (USA, * 20. 11. 1942 in Malden/Massachusetts).
1965 gründete er die Psychedelic-Formation Dr. West's Medicine Show & Junk Band. Die Gruppe brachte es Ende 1966 auf eine Hitnotierung: »The Eggplant That Ate Chicago«. 1967 trennte sich die Gruppe wieder, und Norman machte Platten als Solist. Die Aufnahme »Spirit In The Sky«, geschrieben von ihm selbst, wurde

im Frühjahr 1970 zu einem weltweiten Hit. In den USA belegte sie Platz 3, in GB und Deutschland Platz 1. Der Erfolg dieser Aufnahme dürfte zum Großteil auf den außergewöhnlichen Gitarrenriff zurückzuführen sein. Ein weiterer Hit gelang ihm nicht. 1972 erschien seine dritte und letzte LP. Danach zog er sich aus dem Musikgeschäft zurück und wurde Ziegenzüchter auf einer Farm in Petaluma/Kalifornien. 1986 stand der von Greenbaum selbst geschriebene Hit mit der Formation Doctor & The Medics in GB wieder an der Spitze.

*Spirit In The Sky (2/70 GB 1, US 3; 5/70 D 1, CH 4)*
***AOR (Adult Orientated Rock), Flower-power, Psychedelic, West Coast***

**CD-Tip:** *The Best Of Norman Greenbaum* Repertoire REP 4677 WY

## Greene, Lorne

v (Kanada, * 12. 2. 1914 in Ottawa, † 11. 9. 1987).
Der Schauspieler begann seine Karriere 1940 als Chefsprecher beim CBS Radio und blieb drei Jahre. Sein weltweiter Erfolg begann 1959, als er die Rolle des Ben Cartwright in ›Bonanza‹ übernahm. Die Serie lief bis 1973 in den USA und wird mit schöner Regelmäßigkeit auch bei uns wiederholt. In der Rolle des Commander Adams verlegte er von 1978 bis 1980 in der Fernsehserie ›Battlestar Galactica‹ seinen Wirkungskreis in den Weltraum. Als Plattenstar hat Lorne einen Hit gesprochen: »Ringo« kam im November 1964 in die amerikanische Hitparade und wurde Spitzenreiter, in GB kam die Platte auf Platz 22. Greene starb 1987 an Herzversagen.

*Ringo (10/64 US 1)*
***Pop***

**CD-Tip:** *Bonanza* Bear Family 15 684 DI

## Greger, Max

sax/bl (Deutschland, * 2. 4. 1926 in München).
Der Saxophonist, Bandleader und Komponist war nach dem Krieg zunächst als Jazzmusiker vorwiegend in Clubs für amerikanische GIs in Deutschland tätig. 1948 gründete er das Enzian Sextett, später ein eigenes Orchester. Mit der LP »Weltmeisterschafts-Tanzturnier« hatte Max Greger Mitte 1962 eine erste Notierung in den deutschen Charts. Bis 1980 wurde er dort immer wieder erwähnt, meistens im Zusammenhang mit Tanzturnieren. Sein Titel »Bongo Rock« war im Frühjahr 1957 ein Platz 7 in den deutschen Charts. Ansonsten brachte er keine weitere Single in die deutschen Top 20. Musikalisch ist er einzuordnen in die Garde Hugo Strasser und Günther Noris. James Last, der ebenfalls Tanzplatten veröffentlicht, war damit wesentlich erfolgreicher.

*Bongo Rock (2/57 D 7)*
***Instrumental, Pop***

## Greyhound

SONNY BINS, key (Jamaika); CARL DOUGLAS (Jamaika); FREDDIE NOTES (Jamaika); GLENROY OAKLEY, v (Jamaika, * 12. 2. 1949); DANNY SMITH, d (Jamaika); TREVOR WHITE (Jamaika).
Glenroy kam 1960 von Jamaika nach London. Er sang erst in einigen lokalen Bands und wurde dann Profimusiker mit heute unbekannten Gruppen. Seine letzte Formation hieß Glenroy & The Oracles. Diese Band unternahm eine Tournee durch Italien, während deren sie ihren Lkw zu Bruch fuhren. Danny Smith, der Kopf der Rudies, bot ihm an, in seiner Band zu singen. Das war 1970, und man beschloß, den Gruppennamen in Greyhound zu ändern. Schnell spezialisierten sie sich darauf, großen Hits und Standards Reggae einzuhau-

chen. Greyhound machte vorwiegend Coverversionen von Titeln wie »Moon River«, »Dream Lover« oder »Love Is Blue«. »Black And White« wurde Mitte 1971 ein Platz 6 in den britischen Charts. Die Gruppe Three Dog Night war ein Jahr später damit auf Platz 1 in den US-Charts. »Moon River« und »I Am What I Am« waren 1972 zwei weitere Top-20-Hits.

*Black And White (6/71 GB 6)*
***Reggae***

## Grid

DAVID BALL, key/syn (Großbritannien, * 3. 5. 1959 in Blackpool); RICHARD NORRIS, key (Großbritannien).

Richard Norris schrieb im ›New Musical Express‹ die House-Kolumne ›Space Cadet‹ und war außerdem für andere britische Musikzeitschriften tätig. 1988 produzierte er gemeinsam mit Genesis P. Orridge von Psychic TV die Acid-House-Compilation »Jack The Tab«. Bei der Gelegenheit lernte er Dave Ball, Exkeyboarder und Mastermind von Soft Cell, kennen. Gemeinsam gründeten sie noch im selben Jahr The Grid. Seinen ersten Auftritt in den britischen Charts hatte das Duo im Herbst 1990 mit »A Beat Called Love«. Als Produzenten waren sie danach tätig für Happy Mondays, Marc Almond, Pet Shop Boys und Erasure. Im Herbst 1993 stand ihr Titel »Texas Cowboys« auf Platz 21 in GB. Ende 1994 erreichte die Platte die britischen Top 20. Das lag wohl daran, daß sie zwischenzeitlich mit der Nummer »Swamp Thing« einen Top-10-Hit in GB hatten, der es in Deutschland immerhin bis auf Platz 13 brachte. Dieser Titel dürfte als Vorreiter von »Cotton Eye Joe« der Formation Rednex gelten.

*Swamp Thing (6/94 GB 3; 9/94 CH 6)*
***House***

## Griffin, Ken

org (USA).

Griffin begann in den 20er Jahren seine Karriere als Begleiter von Stummfilmen. Durch den Zweiten Weltkrieg wurde seine Karriere unterbrochen. Danach nahm er hauptsächlich romantische Titel, meist im Walzertakt, auf, die Schlittschuhläufern als musikalische Untermalung dienten. Einer dieser Titel fiel einem Musikverleger auf: »Du kannst nicht treu sein«. 1948 nahm der Schauspieler und Sänger Jerry Wayne einen englischen Text über Kens Instrumentalversion auf: »You Can't Be True, Dear«. Das Ergebnis gehörte zu den ersten erfolgreichen Overdubbing-Aufnahmen: 1948 ein Millionseller und eine der erfolgreichsten Platten des Jahres und für sieben Wochen Spitzenreiter in den USA. Das Original hatten 1934 die beiden Deutschen Hans Otten und Gerhard Ebeler für den gleichnamigen Film geschrieben. 1948 wurden davon rund drei Millionen Platten verkauft. Die Original-Instrumentalfassung von Ken Griffin wurde zwei Monate nach der Gesangsversion noch einmal in den Charts notiert und erreichte Platz 2 in den USA. Bis 1950 brachte Ken noch vier weitere Platten in die amerikanische Hitparade, darunter wieder ein deutscher Walzer: »You You You Are The One«. Ken veröffentlichte bis in die 60er Jahre weiter Platten.

*You Can't Be True, Dear (4/48 US 1)*
*You Can't Be True, Dear (Instrumental) (7/48 US 2)*
***Pop***

## Griffith, Andy

v (USA, * 1. 6. 1926 in Mount Airy/North Carolina).

Die Platte »What It Was, Was Football« machte Andy Griffith Anfang 1954 über Nacht zu einem Comedy-Star. Die Platte erreichte Platz 9 in den amerikanischen

Charts und führte zu einer langen und erfolgreichen Karriere als Film- und TV-Star. In dem jährlichen Historienspiel ›Lost Colony‹ hatte er in den späten 40er und frühen 50er Jahren mit britischem Akzent Sir Walter Raleigh gespielt. 1955 feierte er Triumphe am Broadway in »No Time For Sergeants«. 1957 übernahm er seine erste Filmrolle in »A Face In The Crowd«, die ihm viel Lob einbrachte. Ein Jahr später kam die Filmversion von »No Time For Sergeants« in die Kinos. Ab 1960 mischte er auch im Fernsehen mit. In der ›Andy Griffith Show‹ war er von 1960 bis 1968 zu sehen. In der Serie ›Headmasters‹ spielte er Andy Thompson 1970/71, und nach etlichen weiteren Serien war er ab 1986 reihenweise als Rechtsanwalt Benjamin Matlock zu sehen. Als Platteninterpret gelangen ihm noch zwei weitere Top-30-Erfolge mit Comedy-Singles.

*What It Was, Was Football (1/54 US 9)*
***Pop***

## Griffith, Roni

Mit »Desire« hatte Roni nicht nur in der Schweiz, sondern auch in Deutschland einen Hit. Hier kam der Titel ebenfalls im August 1982 in die Hitparade und erreichte Platz 17.

*Desire (8/82 CH 2)*

## Groce, Larry

v (USA, * 22. 4. 1948 in Dallas/Texas).
Groce begann seine Karriere als Verfasser von Kinderliedern für die Plattenproduktionen von Walt Disney. Mit einem Novelty-Song, der live in McCabe's in Santa Monica aufgenommen wurde, hatte er Anfang 1976 einen Platz 9 in den US-Charts: »Junk Food Junkie«.

*Junk Food Junkie (1/76 US 9)*
***Folk, Pop***

## Grönemeyer, Herbert

v (Deutschland, * 12. 4. 1956 als Herbert Arthur Wiglev Clamor Grönemeyer in Göttingen).
Herbert war ab Mitte der 70er Jahre auf Theaterbühnen, später auch in Filmen zu sehen. Seinen Durchbruch als Schauspieler hatte er 1981, als er eine der Hauptrollen in dem Film »Das Boot« spielte. Zu behaupten, daß er nach diesem Erfolg eine Karriere als Sänger begann, ist falsch. Er hatte bereits ab 1977 als Leadsänger der Kölner Jazzrock-Gruppe Ocean Platten aufgenommen. 1978 erschien seine erste Solo-LP, 1981 seine LP »Total egal«, die er zusammen mit Edo Zanki und seiner Band aufnahm. Hier ist schon ansatzweise das zu hören, was ihn dann bei seinen späteren Produktionen auszeichnete. 1982 spielte er neben Nastassja Kinski in dem Film »Frühlingssinfonie«. 1984 erschien »Bochum«, mit 1,4 Millionen verkaufter Exemplare die erfolgreichste LP des Jahres. Die Platte sollte die bis zu diesem Zeitpunkt meistverkaufte LP der deutschen Rockgeschichte sein. 1985 drehte er »Väter und Söhne«, Grönemeyer ist als Filmpartner und Enkel von Burt Lancaster zu sehen. Im März 1986, genau zwei Jahre nach dem Album »Bochum«, erschien »Sprünge«. Grönemeyer verteilte in den Texten bissige Rundumschläge zur Lage der Nation. Seinen ersten Singleerfolg hatte er mit der Nummer »Männer«, Mitte 1984 ein Platz 7 in Deutschland. Aus der 1988 erschienenen LP »Ö« wurde als Single »Was soll das?« ausgekoppelt, die im April bis auf Platz 3 kam. Zu diesem Zeitpunkt versuchte Capitol, Herbert Grönemeyer auf dem amerikanischen Markt zu etablieren, und veröffentlichte die LP »What's All This«. Trotz massiver Werbung hatte die Platte keinen Erfolg. Darauf kann er auch verzichten, denn inzwischen ist er in Deutschland einer der erfolgreichsten LP-Verkäufer. Aus der 1990 erschienenen LP »Luxus« wurde sein drit-

ter Top-10-Hit »Deine Liebe klebt« ausgekoppelt. 1993 erschien die CD »Chaos«. In demselben Jahr kassierte er für diese CD Platin, vierfach Platin für »Bochum«, dreifach Platin für »Ö« und zweifach Platin für »Sprünge«. 1994 wollte Grönemeyer wohl noch beweisen, daß er immer noch auf der Höhe der Kids ist, und veröffentlichte eine Technoversion von »Chaos«, die im Innencover ein 3-D-Illusionsbild enthält, das dem geneigten Betrachter die Buchstaben des Wortes Chaos um die Augen fliegen läßt. Als Mitte der 90er Jahre die Anzahl der Zuschauer von Viva zunahm, mußte auch MTV mehr für den deutschen Markt tun. Sie luden Herbert Grönemeyer als den ersten deutschsprachigen Künstler in die Sendung ›MTV Unplugged‹ ein. Zeitgleich erschienen »Unplugged Herbert« aus dieser Sendung und »Grönemeyer Live«. Bei dem zweiten Album handelte es sich um Mitschnitte der »Chaos«-Tour 1993/94. Beide Platten wurden Verkaufserfolge. 1998 erschien sein nächstes Album, aus dem der Titelsong »Bleibt alles anders« (3/98 D 25) in die Singlecharts kam.

*Männer (6/84 D 7)*
*Was soll das? (4/88 D 3)*
*Deine Liebe klebt (8/90 D 8)*
***AOR (Adult Orientated Rock), Pop, Rock***

**CD-Tip:** *Ö* EMI CDP 566–790070 2

## Groove Theory

AMEL LARRIEUX, v (USA, geb. in New York City); TREY LORENZ, v (USA, * 19. 1. 1969 in Florence/South Carolina); BRYCE WILSON (USA, geb. in New York City).
Bryce Wilson hatte bereits auf Platten in den Top 10 mitgewirkt – als Bryce Luvah kam er 1990 zweimal unter die ersten 10 der britischen Hitparade. Er war zu diesem Zeitpunkt Mitglied der Gruppe Mantronix. Gleich die erste Single des Duos Groove Theory aus New York wurde vergoldet und ihr bisher einziger Top-10-Erfolg. Im Hintergrund von »Tell Me« singt Trey Lorenz, der mit »Someone Hold Me« 1992 in den USA einen Top-20-Hit hatte und der Mariah Carey im selben Jahr auf ihrem Hit »I'll Be There« begleitete.

*Tell Me (8/95 US 5)*
***Rhythm & Blues***

**CD-Tip:** *Groove Theory* Epic 478 382 2

## Gross, Henry

v/g (USA, * 1. 4. 1951 in Brooklyn/New York City/New York City).
Bevor Henry eine Solokarriere begann, war er Leadgitarrist in der Gruppe Sha Na Na. Nachdem er mit den Doobie Brothers, den Beach Boys und Aerosmith getourt war, hatte er sich als Rocker etabliert. Sein einziger großer Erfolg, Millionseller und im Frühjahr 1976 Platz 6 in den USA, ist jedoch eher seichter Natur: »Shannon«. Nachdem er 1976 diesen großen Erfolg gehabt hatte, war er Star im New Yorker Club Bottom Line. Mit »Springtime Mama« (7/76 US 32) gelang ihm noch ein Nachfolgehit – dann war aus den oberen Regionen der Charts wieder verschwunden.

*Shannon (2/76 US 6)*
***AOR (Adult Orientated Rock), Pop***

## Gualdi, Nana

v (Schweiz, * 29. 4. 1932 in Basel).
Mit der Feststellung »Junge Leute brauchen Liebe« hatte Nana Gualdi Anfang des Jahres 1958 einen Platz 5 in der deutschen Hitparade. Ihr erster Hit war Ende 1957 im Duett mit Werner Overheidt »Wo ist der Mann?«. 1960 hatte sie ihre letzte Hitnotierung mit »Ein Ring mit zwei blutroten Steinen«. Ansonsten hat man von ihr nichts mehr gehört. Nana hat auch als Filmschauspielerin gearbeitet.

*Wo ist der Mann? (11/57 D 10)*
*Junge Leute brauchen Liebe (11/58 D 5)*
***Deutscher Schlager***

## Guano Apes

SANDRA NASIC, v (Deutschland); DENNIS POSCHWATTA, d (Deutschland); HENNING RÜMENAPP, g (Deutschland); STEFAN UDE, b (Deutschland).

1994 in Göttingen gegründet, gewannen sie ein Jahr später einen Nachwuchswettbewerb und erhielten einen Plattenvertrag. Ihr Debütalbum »Proud Like A God« erschien 1997. Schnell wurde die Band zur ›Kultgruppe des Crossover‹, was immer das bedeuten soll. Jedenfalls nahm die Formation alle Zutaten, aus denen sie das Rezept für einen Erfolgscocktail vermutete: Stagediving, eine Frontfrau, die wie ein wildgewordener Derwisch über die Bühne fegte, Power-Drums, ultraharte Gitarrensoli. Mit »Lords Of The Boards« legten sie die offizielle Snowboarder-Hymne vor.

*Open Your Eyes (2/98 D 5)*
***Heavy Metal***

## Guess Who

CHAD ALLAN, v/g (Kanada als Allan Kobel); BOB ASHLEY, p; RANDY BACHMAN, v/g (Kanada, * 27. 9. 1943 in Winnipeg/Manitoba); BURTON CUMMINGS, v/key (Kanada, * 31. 12. 1947 in Winnipeg/Manitoba); JIM KALE, b (Kanada, * 11. 8. 1943); GREG LESKIW, g (Kanada, * 5. 8. 1947); DON MCDOUGALL, g (* 5. 11. 1947); GARRY PETERSON, d (Kanada, * 26. 5. 1945); DOMINIC TROIANO, g; BILL WALLACE, g (* 18. 5. 1949); KURT WINTER, g (Kanada, * 2. 4. 1946, † 14. 12. 1997).

Diese Gruppe wurde 1963 in Winnipeg gegründet. Allan, Bachman, Peterson, Ashley und Kale machten erst Platten als Reflections, dann als Chad Allan & The Expressions. 1966 ging Bob Ashley, der durch Burton Cummings ersetzt wurde. Burton übernahm auch den Leadgesang. Wenig später ging auch Chad Allan. Im Juni 1970 verließ Randy Bachman die Gruppe, um Bachman-Turner Overdrive zu gründen. In der Folgezeit kam es zu etlichen Umbesetzungen. 1975 löste sich die Band auf. Mit »These Eyes« gelang Guess Who im Frühjahr 1969 ein Millionseller und ein Platz 6 in den USA. Noch im selben Jahr folgten »Laughing« und »No Time«. Im Frühjahr 1970 hatte die Gruppe mit »American Woman« einen Platz 1 in den USA. »Share The Land« 1970 und »Clap For The Wolfman« 1974 waren zwei weitere Top-10-Erfolge. Auf letztgenannter Platte war derjenige, dem der Applaus galt, auch selbst zu hören: der populäre amerikanische Discjockey Wolfman Jack. Burton Cummings hat auch als Solist mit »Stand Tall« 1976 einen Millionseller und Top-10-Erfolg gehabt. 1979 versuchten sich Allan, Kale und McDougall mit drei weiteren Musikern noch einmal als Guess Who – vergebens. 1983 kamen Guess Who mit Bachman und Cummings noch einmal zusammen, nahmen ein Album auf und gaben einige Konzerte. Große Resonanz beim Publikum fand das ebensowenig wie die Tour von Bachman und Cummings 1987.

*These Eyes (4/69 US 6)*
*Laughing (7/69 US 10)*
*No Time (12/69 US 5)*
*American Woman (3/70 US 1; 5/70 D 6; 6/70 CH 4)*
*Share The Land (10/70 US 10)*
*Clap For The Wolfman (7/74 US 6)*
***AOR (Adult Orientated Rock), Rock***

**CD-Tip:** *Guess Who Collection* BMG KCD2 7115

## Guitar, Bonnie

g (USA, * 25. 3. 1923 als Bonnie Buckingham in Seattle/Washington).

In den frühen 50er Jahren hatte Bonnie Guitar eine eigene Gruppe, Mitte der 50er arbeitete sie als Sessiongitarristin in Los Angeles. Ihr Titel »Dark Moon« kam im April 1957 in die amerikanische Hitparade und wurde ein Platz 6. 1958 gründete sie ihre eigene Plattenfirma Dalton Records, auf der z. B. die Erfolge der Fleetwoods erschienen. Später wurde sie Director of Country Music für die Plattenfirmen DOT und ABC Paramount. Von den Country-Spezialisten wurde sie jedoch nie richtig anerkannt. Dafür hatte sie eine zu starke Neigung zur Popmusik. 1966 kam sie nach siebenjähriger Abwesenheit noch einmal unter die ersten 100 der Popcharts, in der Country Music hat sie mit großen zeitlichen Lücken Hitnennungen bis in das Jahr 1980.

*Dark Moon (4/57 US 6)*
***Country, Pop***

**CD-Tip:** *Dark Moon* Bear Family BCD 15 531

## Gun

ADRIAN CURTIS, g (Großbritannien, * 26. 6. 1949 als Gurvitz); PAUL CURTIS, b (Großbritannien, * 6. 7. 1947 als Gurvitz); LOUIE FARRELL, d (Großbritannien, * 12. 12. 1947).

Gun, nicht zu verwechseln mit der gleichnamigen schottischen Band, die Ende der 80er Jahre ihre ersten Erfolge hatte, war in den Singlecharts nur einmal erfolgreich: Ende 1968 mit der Nummer »Race With The Devil«. Das Trio nahm noch eine gleichnamige LP auf, die allerdings erfolglos blieb. Mit einem neuen Schlagzeuger, Tony Newman, gründeten Adrian und Paul Three Men Army. Auch dieses Projekt war unkommerziell. 1974 formierten sie mit Ginger Baker die Baker Gurvitz Army. Ab Ende der 70er Jahre machte Adrian auch Soloplatten.

*Race With The Devil (11/68 GB 8)*
***Hard Rock***

## Gun (Schottland)

GUILIANO GIZZI, g (Großbritannien); MARK KERR, d (Großbritannien); MARK RANKIN, v (Großbritannien, * 5. 4. 1967 in Glasgow); SCOTT SHIELD, d (Großbritannien); BABY STAFFORD, g (Großbritannien).

Diese aus Glasgow stammende Gruppe veröffentlichte 1989 ihr vielbeachtetes Debütalbum »Taking On The World«. »Better Days«, eine Auskopplung daraus, erreichte Platz 33 in den britischen Charts. Der Kern der Band, Rankin und die beiden Brüder Gizzi, war noch nicht einmal zwanzig Jahre alt, als dieses Debütalbum erschien. Vor allem ihre Live-Auftritte brachten Gun Anfang der 90er Jahre eine Reihe Fans. 1990 spielten sie mit der ebenfalls aus Glasgow kommenden Formation Simple Minds als deren Support Act im Londoner Wembley Stadium vor 72.000 Fans. Mick Jagger und Keith Richards wählten Gun aus über siebzig Bands als Vorgruppe für ihre ›Urban Jungle World Tour‹ aus, die insgesamt von 2,5 Millionen Zuschauern gesehen wurde. Ihr zweites Album »Gallus« erschien im Frühjahr 1992. Gallus bedeutet im Glasgower Dialekt ›das Beste‹. Auf dieser Platte war statt Stafford Alex Dickson zu hören. Mitte 1994 erschien ihr drittes Album »Swagger«. Shields war inzwischen durch Kerr ersetzt worden, Dickson ersatzlos gestrichen. Aus »Swagger« wurde die Single »Word Up« ausgekoppelt, die sich zum ersten Top-10-Erfolg der Band in GB mauserte. Nachfolger »Don't Say It's Over« kam im September 1994 in die britischen Top 20.

*Word Up (7/94 GB 8)*
***Hard Rock***

**CD-Tip:** *Swagger* A&M 540 254 2

## Guns n' Roses

STEVEN ADLER, d (USA, * 22. 1. 1965 in Cleveland/Ohio); GILBY CLARKE, g (USA, * 17. 8. 1962 in Cleveland/Ohio); ROB GARDNER, d (USA); TRACII GUNS, g (USA); PAUL HUGE, g (USA); DUFF ROSE MC-KAGAN, b (USA, * 5. 2. 1965 in Seattle); DIZZY REED, key (USA, * 19. 6. 1963 in Hinsdale/New York); AXL ROSE, v/g (USA, * 6. 2. 1962 als William Bailey in Lafayette/Indiana); SLASH, g (Großbritannien, * 23. 7. 1965 als Saul Hudson in Stoke-on-Trent); MATT SORUM, d (USA, * 19. 11. 1960 in Mission Viejo/Kalifornien); IZZY STRADLIN, g (USA, * 8. 4. 1962 als Jeffrey Isabell in Lafayette/Indiana).

Diese Band wurde nach dem Vorbild der Rolling Stones aufgebaut: Das Böse-Buben-Image sollte Schlagzeilen bringen. Das tat es auch. So schrieb z. B. der ›Stern‹ unter der Überschrift ›Krawall für die Kids‹: ›Guns n' Roses, die wildeste Rock-'n'-Roll-Band der Welt, schockiert mit Skandalen und Exzessen die Eltern der Fans.‹ Gegen Mitte der 80er Jahre wurde die Mixtur aus Punk und traditionellem Heavy-Metal-Rock zuerst in Los Angeles populär. In den Anfängen spielten Axl Rose, Izzy Stradlin, McKagan, Tracii Guns und Rob Gardner als Rose, dann als Hollywood Rose und schließlich als Guns n' Roses. Im Mai 1985 verließen Guns und Gardner die Gruppe und wurden durch Slash und Adler ersetzt. Im Mai 1986 veröffentlichten sie mit »Live?! Like A Suicide« ihre erste EP auf ihrem eigenen unabhängigen Plattenlabel UZI Suicide Records, die sich überraschend gut verkaufte und die großen Plattenfirmen auf sie aufmerksam machte. Im Juli 1986 erhielten sie einen Plattenvertrag bei Geffen Records. Im August 1987 erschien ihr Debütalbum »Appetite For Destruction«. Eine erste Singleauskopplung, »Welcome To The Jungle«, kam in den USA überhaupt nicht in die Hitparade, in GB wurde es Platz 67. Erst eine spätere Wiederveröffentlichung und Verwendung im Soundtrack des Clint-Eastwood-Films »Dead Pool« sollte einen Erfolg bringen. Zwischenzeitlich ging die Band auf England-Tournee und begann im Mai 1988 eine US-Tour, erst an zweiter Stelle hinter Aerosmith genannt, dann jedoch schnell als die Hauptattraktion. Die Pressearbeit und die rotzig-freche Art von Axl Rose machten den Namen der Band schnell populär. 57 Wochen, nachdem ihr Debütalbum in die amerikanische LP-Hitparade gekommen war, erreichte es Platz 1. Insgesamt wurden 13 Millionen Exemplare verkauft. Die zweite Singleauskopplung »Sweet Child O'Mine«, die schon sehr viel gemäßigter ist, wurde Mitte 1988 Platz 1 in den amerikanischen Singlecharts. Diesen Song hatte Axl Rose für seine damalige Freundin Erin Everly geschrieben, die er im April 1990 heiratete. Erin ist die Tochter von Don Everly von den Everly Brothers. Drei Wochen später wurden sie wieder geschieden. »Welcome To The Jungle« 1988, »Paradise City« und »Patience« 1989, »Don't Cry« 1991 und »November Rain« 1992 waren weitere Top-10-Erfolge der Band in den USA. In GB bzw. in Deutschland kamen »You Could Be Mine« und »Live And Let Die« 1991, »Knockin' On Heaven's Door« und »Yesterdays« 1992 noch unter die ersten 10. Die weiteren LPs der Band, »G N' R Lies« (5 Millionen) und »Use Your Illusion I & II« (jeweils 6 Millionen), wurden ebenfalls alleine in den USA Multimillionseller. Im Oktober 1990 verließ Steven Adler die Band, von der Gruppe Cult kam Matt Sorum. Stradlin verließ im Herbst 1991 die Gruppe, für ihn kam von Kills For Thrills Gilby Clarke. 1992 erschien eine Soloplatte von Izzy Stradlin, begleitet von den Ju Ju Hounds. 1993 kam »The Spaghetti Incident?« als neue CD auf den Markt – sie brachte Coverversionen alter Hits, die die Mitglieder der Gruppe angeblich an ihre Jugendtage erinnerten. Die Band riet im

Covertext: ›Tu dir einen Gefallen und besorge dir die Originale.‹ – Ein guter Vorschlag. Als dreizehnter, auf der Plattenhülle nicht erwähnter Track war die Nummer »Look At Your Game Girl« zu hören, geschrieben von dem Massenmörder Charles Manson. Als Single wurde »Since I Don't Have You« ausgekoppelt; der Song war im Frühjahr 1958 ein Hit für die Skyliners. Ende 1994 kam dann nach längerer Pause eine neue Single von den ›Gunners‹, wie sie von ihren Fans genannt werden. Aber auch diesmal war es keine neue Komposition der Band, sondern eine Coverversion eines Rolling-Stones-Titels: »Sympathy For The Devil« aus dem Film »Interview With A Vampire« mit Tom Cruise und Keanu Reeves. Zum selben Zeitpunkt schmiß Axl Rose Clarke aus der Band und ersetzte ihn durch seinen alten Weggenossen Paul Huge. »Sympathy For The Devil« kam im Januar 1995 lediglich in der britischen Hitparade unter die ersten 10. In Deutschland erreichte das Stück Platz 20, in den USA 55. Überhaupt schienen interne Schwierigkeiten in der Gruppe den Fortbestand von Guns n' Roses zu gefährden. Als Slash im Februar 1995 die Solo-LP »Slash's Snakepit« veröffentlichte, spielten fast alle Mitglieder von Guns n' Roses mit Ausnahme von Axl Rose mit. Dessen Gesangspart übernahm bei Slash der Exleadsänger der Gruppe Jellyfish, Eric Dover. Auf die Frage an Slash, ob es denn bald ein neues Album von Guns n' Roses geben würde, antwortete er Anfang 1995, daß Axl mehr Balladen singen und er mehr rockiger sein wolle. Anfang 1997 liest man, daß Axl Rose als Ersatz für Slash Steve Jones in die Band nimmt. Steve hatte vorher bei Sex Pistols und Neurotic Outsiders gespielt.

*Sweet Child O'Mine (6/88 US 1; 6/89 GB 6)*
*Welcome To The Jungle (10/88 US 7)*
*Paradise City (1/89 US 5; 3/89 GB 6; 5/89 CH 7)*
*Patience (1/89 US 4; 7/89 GB 10)*
*You Could Be Mine (7/91 CH 2, GB 3, D 5)*
*Don't Cry (9/91 GB 8, US 10; 10/91 CH 3)*
*Live And Let Die (12/91 GB 5)*
*November Rain (3/92 GB 4, D 9; 6/92 US 3; 12/92 CH 8)*
*Knockin' On Heaven's Door (5/92 GB 2, D 5; 7/92 CH 5)*
*Yesterdays/November Rain (11/92 GB 8)*
*Ain't It Fun (11/93 GB 9)*
*Since I Don't Have You (6/94 GB 10)*
*Sympathy For The Devil (1/95 GB 9)*
***Hard Rock***

**CD-Tip:** *Use Your Illusion I & II* Geffen 24420/24415

## Guru Josh

GURU JOSH, key (Großbritannien als Paul Walden); MAD MICK, sax (Großbritannien).

Guru Josh wurde von seiner Plattenfirma als ›Raver‹ bezeichnet. Sie schrieb im Februar 1990 weiter: ›Raver sind die Leute, die seit ungefähr einem Jahr die englischen Clubs beherrschen. Sie ziehen durch vier, fünf Diskotheken pro Nacht und ziehen ihre kurze Show ab. Guru Josh an seinem Keyboard und sein Partner Mad Mick am Saxophon sind im Moment die größten in der Clubszene.‹ Alle Titel wurden von Paul Walden im Alleingang oder von ihm mit Mick Weston geschrieben. Es steht zu vermuten, daß Mad Mick gleich Mick Weston ist. »Infinity« war im Frühjahr 1990 ein Platz 5 in GB und ein Platz 2 in Deutschland. Im selben Jahr stand »Whose Law (Is It Anyway)?« als Nachfolgehit in den Charts.

*Infinity (2/90 GB 5; 4/90 D 2; 6/90 CH 4)*
***Rave***

**CD-Tip:** *Infinity* BMG PD 74701

## Gurvitz, Adrian

g (Großbritannien, * 26. 6. 1949 in London).

Nachdem er als Musiker für Billie Davis,

Screaming Lord Sutch und The Savages gespielt hatte, gründete Adrian zusammen mit seinem Bruder Paul die Rockgruppe Gun. »Race With The Devil« wurde der einzige nennenswerte Hit dieser Formation. Mit seinem Bruder machte er weiter auf der Hard-Rock-Schiene Three Men Army und schließlich mit Ginger Baker die Formation Baker Gurvitz Army. Zwischendurch arbeitete Adrian mal mit Buddy Miles, mal mit Graeme Edge von Moody Blues. Sonderlich erfolgreich war das alles nicht, und wohl auch deshalb zog er sich nach Kalifornien zurück, wo in Zusammenarbeit mit vier Toto-Musikern und den Bläsern von Earth, Wind & Fire 1979 das Album »Sweet Vendetta« entstand. 1982 erschien sein Album »Classic«, auf dem er wieder mit seinem Bruder Paul zusammenspielte. Die Auskopplung des Titelsongs brachte Adrian im Januar 1982 einen Platz 8 in den britischen Singlecharts. Musikalisch war er damit allerdings meilenweit von dem entfernt, was er über viele Jahre gemacht hatte.

*Classic (1/82 GB 8)*
***Pop***

## Gusto

GUSTO, key/dj (USA als Edward Greene, geb. in Trenton/New Jersey).
24 Jahre alt war Gusto, als ihm mit dem Titel »Disco's Revenge« ein Top-10-Hit in GB gelang. Die Platte war in GB erst als Import ein Knüller, bis sich eine britische Firma fand, die sie offiziell veröffentlichte. Die Bassline des Stückes war gesampelt aus der Disconummer »Groovin' You«, in den 70er Jahren mit Harvey Manson aufgenommen. Die Platte war der in Philadelphia geborenen Disco-Diva Phyllis Hyman gewidmet, die sich am 1. 7. 1995 im Alter von 45 Jahren das Leben genommen hatte. Als Nachfolgehit versuchte sich Gusto an der Nummer »Let's All Chant«, die es in GB jedoch nur bis auf Platz 21 brachte. Originalinterpret Michael Zager brachte es damit in GB 1978 auf Platz 8, Pat & Mick zehn jahre später bis auf Platz 11.

*Disco's Revenge (3/96 GB 9)*
***Disco***

## Guthrie, Gwen

v (USA, geb. in Newark/New Jersey).
Gwen stieg 1974 als Profi ins Musikgeschäft ein. Sie arbeitete als Sessionsängerin für Quincy Jones, Aretha Franklin, Roberta Flack, Stevie Wonder und Kenny Loggins. Daß sie nicht nur singen konnte, bewies sie 1975. Zusammen mit Ben E. King schrieb sie dessen Hit »Supernatural Thing«. Im selben Jahr schrieb sie sechs Titel für das Sister-Sledge-Album »Circle Of Love«. Während einer Studiosession mit Peter Tosh auf Jamaika lernte sie Sly Dunbar und Robbie Shakespeare kennen, die 1982 ihr Debütalbum produzierten. Mit dem Titel »Ain't Nothin' Goin' On But The Rent« hatte Gwen Guthrie Mitte 1986 einen Platz 5 in GB und ihren einzigen Top-10-Erfolg.

*Ain't Nothin' Goin' On But The Rent (7/86 GB 5)*
***Pop, Reggae***

## Guys 'n' Dolls

THEREZA BAZAR, v (Kanada, *23. 5. 1955); JULIE FORSYTH (Großbritannien, * 4. 4. 1958 in Watford); DOMINIC GRANT (Großbritannien, *21. 8. 1949 in London); PAUL GRIGGS (Großbritannien, *20. 11. 1948 in Hatfield); MARTINE HOWARD (Großbritannien, *14. 4. 1956 in Cardiff); DAVID VAN DAY, v (Großbritannien, *28. 11. 1956 in Brighton).
Im November 1974 kamen die Guys 'n' Dolls zusammen. Zwei Monate arbeitete man an der ersten Single »There's A Whole Lot Of Loving«, die im März 1975

in die britischen Charts kam und Platz 2 wurde. Knapp ein Jahr später erreichte eine Neuaufnahme des Dusty-Springfield-Erfolges »You Don't Have To Say You Love Me« Platz 5 in GB. Überhaupt hatte sich die Band darauf spezialisiert, Remakes alter Hits von Roberta Flack, den Beach Boys oder den Righteous Brothers zu veröffentlichen. Nach 1978 gelang der Gruppe kein Erfolg mehr. Thereza Bazar und David van Day verließen die Formation und machten unter der Anleitung des Produzenten Trevor Horn als Duo Dollar weiter. Sie brachten es auf etliche Top-10-Erfolge in GB. Thereza Bazar versuchte sich später außerdem als Solistin. Der Rest machte als Quartett weiter. Der Erfolg ließ jedoch nach.

*There's A Whole Lot Of Loving (3/75 GB 2)*
*You Don't Have To Say You Love Me (2/76 GB 5)*
***Pop***

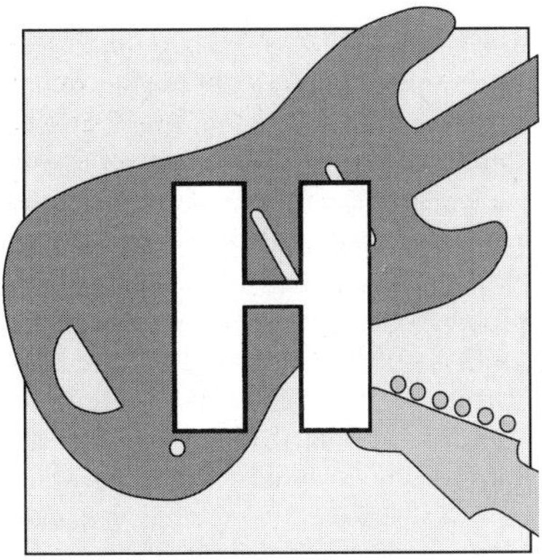

## H-Town

JOHN ›DINO‹ CONNOR, v (USA, geb. in Houston/Texas); SHAZAM CONNOR, v (USA, geb. in Houston/Texas); DARRYL ›GI‹ JACKSON, v (USA, geb. in Houston/Texas).

Das ›H‹ in H-Town steht für ›Heavy Hitter‹. Das Trio stammte aus Houston und brachte typischen Soft Rhythm & Blues, wie er Anfang der 90er Jahre in den USA von Tausenden Gruppen aufgenommen wurde. Ihr erster Hit war der Platinseller »Knockin' Da Boots«, den sich die Jungs selbst geschrieben hatten. Die Nachfolgesingle »Lick U Up« kam schon nur noch knapp unter die ersten 70. Für den Film »Above The Rim« mit 2Pac sangen sie die Nummer »Part Time Love«, die H-Town Im Frühjahr 1994 zumindest in den R&B-Charts einen Top-10-Hit brachte. Ihre bisher letzte Hitnotierung, »A Thin Line Between Love Hate«, wurde Anfang 1996 ein Top-40-Hit in den USA.

*Knockin' Da Boots (4/93 US 3)*
***Rhythm & Blues, Soft Soul***

## Haak, Nico

v (Niederlande, * 19. 10. 1939 in Delft, † 13. 11. 1990).

Der Sänger und Entertainer kam im Frühjahr 1976 mit der deutschsprachigen Novelty-Nummer »Schmidtchen Schleicher« bis auf Platz 4 in der deutschen Hitparade. Mit der Feststellung »Unter dem Schottenrock ist gar nichts« erreichte er knapp ein Jahr später noch einmal die deutschen Top 20. Dann war sein Gastspiel bei uns wieder vorbei.

*Schmidtchen Schleicher (3/76 D 4; 8/76 CH 4)*
***Deutscher Schlager***

## Haddaway

HADDAWAY, v (Trinidad, * 9. 1. 1965 als Nestor Alexander Haddaway).

Seine Eltern wanderten mit Haddaway in die USA aus, als er acht Jahre alt war. Dort studierte er später Marketing, machte aber auch eine Ausbildung als Sänger und Tänzer. Beides kombinierte er, als er 1987 in Deutschland als Tänzer, Choreograph und PR-Manager arbeitete. Auf Fashionshows führte er mit seiner Truppe Nestor & Crew Mode vor. Dann sang er in der Kölner Gruppe Elegato, ab 1993 veröffentlichte er Soloplatten, und mit »What Is Love« hatte er seinen ersten internationalen Hit, Top 10 in Deutschland und GB und in den USA Platz 11. Noch in demselben Jahr hatte er weitere Erfolge mit »Life« und »I Miss You«. Zumindest »I Miss You« schaffte es in Deutschland noch unter die ersten 20. 1994 gelang ihm mit »Rock My Heart« ein weiterer Top-10-Hit. »Fly Away« (5/95 D 25, GB 20) war Mitte 1995 lediglich in der Schweiz ein Top-10-Hit. »Catch A Fire« (8/95 D 38, GB 39) und »Lover Be Thy Name« (11/95 D 65) zeigten an, daß die Erfolgskurve nach unten ging. Mit der Single »What About Me« und dem Album »Let's Do It Now« meldete er sich Mitte 1997 wieder zurück.

*What Is Love (2/93 D 2; 4/93 CH 1; 6/93 GB 2)*
*Life (8/93 CH 2, D 2, GB 6)*
*I Miss You (12/93 GB 9)*

*Rock My Heart (3/94 GB 9, D 10; 4/94 CH 10)*
*Fly Away (5/95 CH 9)*
***Disco***

**CD-Tip:** *Haddaway – The Album Second Edition* Coconut 74321 18275 2

## Hagara, Willy

v (Österreich, * 4. 6. 1927 in Wien).
Der Postbeamte Hagara wurde 1946 während eines Nachwuchswettbewerbs entdeckt. Danach nahm er Gesangs- und Schauspielunterricht und sang schließlich über die Bedürfnisse und Träume der Nachkriegszeit: »Grüß das Haus am Missouri«, »Nur in Portofino«, »Karneval in Portugal«, »Champagner für alle«, »Mandolinen und Mondschein«. Der Titel »Eine Kutsche voller Mädels« war 1956 sein erster Top-10-Erfolg. »Casetta in Canada« brachte es im Frühjahr 1958 bis auf Platz 3 in Deutschland. »Freunde fürs Leben« 1960, »Pepe« 1961 und »Caterina« 1962 waren seine weiteren Top-10-Hits. Danach wurde es still um ihn.

*Eine Kutsche voller Mädels (6/56 D 10)*
*Casetta in Canada (2/58 D 3)*
*Freunde fürs Leben (10/60 D 8)*
*Pepe (2/61 D 9)*
*Caterina (7/62 D 7)*
***Deutscher Schlager***

## Haircut 100

BLAIR CUNNINGHAM, d (USA, * 11. 10. 1957 in Harlem/New York City); MARK FOX, per (Großbritannien, * 13. 2. 1958); NICK HEYWARD, v (Großbritannien, * 20. 5. 1961 in Beckenham/Kent); GRAHAM JONES, g (Großbritannien, * 8. 7. 1961 in Bridlington/North Yorkshire); LES NEMES, b (Großbritannien, * 5. 12. 1960 in Croydon/Surrey); PHIL SMITH, sax (Großbritannien, * 1. 5. 1959 in Redbridge/Ilford).
Die Teenie-Pop-Formation wurde 1980 zunächst als Trio gegründet. Ab März 1981 kam als fester Schlagzeuger Blair Cunningham in die Band, wenig später dann der Saxophonist Phil Smith. Im Oktober 1981 hatten sie ihre Debütsingle »Favourite Shirts (Boy Meets Girl)« in den britischen Charts, sie erreichte Platz 4. Mark Fox, der bisher lediglich bei Studioproben mitspielte, wurde im Dezember 1981 ebenfalls festes Mitglied. 1982 erreichten »Love Plus One«, »Fantastic Day« und »Nobody's Fool« die britischen Top 10. Im November wurde bekannt, daß Nick Heyward die Gruppe verlassen werde. Mark Fox, der die Band schon vorher verlassen hatte, weil er Schwierigkeiten mit Nick hatte, kehrte jetzt zurück und übernahm den Leadgesang. Im Januar 1983 erschien die erste Solosingle von Nick Heyward, der es bis 1988 in GB auf neun Hits, aber auf keinen Top-10-Hit brachte. Ohne Nick Heyward brachten Haircut 100 aber auch keine Single mehr unter die ersten 10. Mitte 1984 trennte sich die Formation. Schlagzeuger Cunningham tauchte später bei den Pretenders auf. Mark Fox wurde 1987 A&R-Manager bei der Plattenfirma East West. Er war es, der für diese Company Beloved und Jimmy Nail unter Vertrag nahm. Als Studiomusiker waren auch die anderen Mitglieder von Haircut 100 bei diversen Produktionen von Paul McCartney, Rick Astley oder Echo & The Bunnymen zu hören.

*Favourite Shirts (Boy Meets Girl) (10/81 GB 4)*
*Love Plus One (1/82 GB 3)*
*Fantastic Day (4/82 GB 9)*
*Nobody's Fool (8/82 GB 9)*
***Elektro-Pop***

## Hale & Pace & Stonkers

GARETH HALE, v (Großbritannien); NORMAN PACE, v (Großbritannien).
Die in GB bekannten Komiker Hale und Pace, in einer britischen TV-Werbung auch bekannt als die Two Rons, luden die

Creme der britischen Musiker ins Studio ein, um mit ihnen zusammen eine Benefizplatte aufzunehmen. Der Erlös kam der Organisation Comic Relief zugute, die Projekte für Behinderte, Obdachlose, arbeitslose Jugendliche, Drogen- und Alkoholabhängige in England und lang- und kurzfristige Entwicklungshilfe in Afrika unterstützt. Im Rahmen dieses Projektes sind schon häufiger Platten veröffentlicht worden, die zu Hits wurden, so z. B. Cliff Richard & The Young Ones mit dem Titel »Living Doll«, der im Frühjahr 1986 ein Platz 1 in GB wurde. Zu den Musikern, die als Stonkers spielten, gehörten Brian May von Queen, Tony Iommi von Black Sabbath und Dave Gilmour von Pink Floyd als Gitarristen, Neil Murray als Bassist, Roger Taylor und Cozy Powell als Schlagzeuger. Produziert wurde das Projekt von Brian May. Der Titel »The Stonk« wurde im Frühjahr 1991 Spitzenreiter in GB.

*The Stonk (3/91 GB 1)*
***Comic Relief, Pop***

## Haley, Bill

v/g (USA, * 6. 7. 1925 in Highland Park/ Michigan, † 9. 2. 1981).
Geackert hat er, um einen Fuß auf die Erde bzw. eine Platte in die Hitparaden zu bekommen. 1954 war Bill Haley fast dreißig Jahre alt und für einen Popstar zu schwabbelig und zu unerotisch – zumindest an den gängigen Vorstellungen von einem Rockstar gemessen. Trotzdem sollte jenes Jahr für ihn das erste Erfolgsjahr werden. Er begann seine Karriere 1944 in der aus New England stammenden Country Band Downhomers – die hatten gerade ihren Star-Yodeller Kenny Roberts an das Militär verloren. Mit dieser Band machte Haley noch im gleichen Jahr seine erste Plattenaufnahme. 1946 kam Roberts wieder zurück, und Haley machte mit zwei weiteren Mitgliedern der Downhomers ein eigenes Trio. Das klappte ebensowenig wie seine Versuche, als Solist zu Erfolg zu kommen. Desillusioniert kehrte er nach Pennsylvania zurück, arbeitete als Disk-Jockey und gründete dann im November 1947 die Four Aces Of Western Swing. 1948 machte Bill mit dieser Band die ersten Plattenaufnahmen unter seinem Namen: »Too Many Parties, Too Many Pals« und die Haley Komposition »Four Leaf Clover Blues«. 1949 änderte er den Namen der Band Saddlemen, um Ärger mit der bekannten US-Gruppe Four Aces zu vermeiden. Nach einigen erfolglosen Hillbilly- und Westernplatten stieg die Gruppe 1951 auf Rockabilly um und brachte mit »Rockett 88« eine Cover-Version des Jackie-Brenston-Hits auf den Markt, die er im Juni 1951 aufgenommen hat. Es folgte 1952 »Rock The Joint« (2/57! GB 20), im Original eine Nummer von Jimmy Preston – und hier hört man schon sehr deutlich den kommenden weißen Rock 'n' Roll. Ende 1952 ließ er sein Cowboy-Image ganz fallen und benannte die Gruppe um in »Bill Haley & His Comets«. Eine der ersten Platten unter diesem neuen Namen war dann auch die erste Rock-'n'-Roll-Platte in den Charts: »Crazy Man Crazy« (5/53 US 12). Es folgten »Fractured« (8/53 US 24) und »Live It Up« (10/53 US 25). Sicher keine schlechten Plazierungen in jenen Tagen -aber eben auch keine Knüller. Am 12. 4. 1954 sollte sich die Musik für viele Jahre verändern: Bill Haley ging in ein New Yorker Studio und nahm zwischen 14.15 und 17.40 Uhr zwei Titel auf. »Thirteen Women«, eine bizarre Geschichte, in der der arme Bill träumt, er sein nach einem Atomkrieg in der Stadt der einzige Mann in der Stadt – und eben 13 Frauen. Die andere Nummer war »Rock Around The Clock« (5/54 US 23, 1/55 GB 17, 5/55 RE-US 1, 10/55 RE-GB 1, 4/56 D 1, 9/56 RE-GB 5, 12/56 RE-GB 24, 1/57 RE-GB 22, 4/68 RE-GB 20, 3/74 RE-GB 12, RE-US 39). Diese Platte dürf-

te der Auslöser für die Rock-'n'-Roll-Welle gewesen sein und verkaufte sich im Laufe der Jahre mehr als 20 Millionen mal. Sie wurde zum weltweiten Hit, nachdem der Titel am Anfang des Films »Blackboard Jungle« (Saat der Gewalt) zu hören gewesen war. 1982 gab es für diese Platte den Grammy Hall of Fame Award. Weitere Hits für Bill: »Shake, Rattle & Roll« (8/54 US 7, 12/54 GB 4), »Dim, Dim The Lights (I Want Some Atmosphere)« (11/54 US 11), »Birth Of The Boogie« (3/55 US 17), »Mambo Rock« (3/55 US 18, GB 14), »Razzle-Dazzle/Two Hound Dogs« (7/55 US 15), »Burn That Candle»(11/55 US 9), »Rock-A-Beatin' Boogie« (11/55 US 23, GB 4), »See You Later, Alligator« (1/56 US 6, 3/56 GB 7, 9/56 RE-GB 12, 2/57 D 14), »R-O-C-K« (4/56 US 16), »The Saints Rock 'N' Roll« (4/56 US 18, GB 5), »Rockin' Through The Rye« (8/56 GB 3, 1/57 RE-GB 19), »Razzle-Dazzle« (9/56 GB 13), »Rip It Up« (8/56 US 25, 11/56 GB 4), »Rudy's Rock« (11/56 US 34, GB 30, RE-GB 26), »Don't Knock The Rock« (2/57 GB 7) und »Skinny Minnie« (4/58 US 22). Haley spielte auch in einige Musikfilmen samt Band mit: »Rock Around The Clock«, »Don't Knock The Rock« – in Deutschland hießen die Filme »Außer Rand und Band – Teil 1 und 2« – und, neben Caterina Valente, in dem deutschen Film »Hier bin ich – hier bleib ich«. Nach 1958 war seine Hit-Zeit vorbei. Lange Jahre lebte er in Mexico, dann zog er nach Texas. Verbittert und derangiert zeigte er wildfremden Menschen auf der Straße seinen Führerschein, damit die nachlesen konnten, wen sie vor sich hatten. Haley starb am 9. 2. 1981. In die Rock 'n' Roll Hall Of Fame wurde er im Jahre 1987 aufgenommen.

*Shake, Rattle And Roll (8/54 US 7; 12/54 GB 4)*
*(We're Gonna) Rock Around The Clock (5/55 US 1; 10/55 GB 1; 4/56 D 1; 9/56 GB 5)*
*Burn That Candle (11/55 US 9)*
*Rock-A-Beatin' Boogie (12/55 GB 4)*
*See You Later, Alligator (1/56 US 6; 3/56 GB 7)*
*The Saints Rock 'n' Roll (5/56 GB 5)*
*Rockin' Through The Rye (8/56 GB 3)*
*Rip It Up (11/56 GB 4)*
*Don't Knock The Rock (2/57 GB 7)*
***Country, Rock 'n' Roll***

**CD-Tip:** *Bill Haley – The Decca Years* Bear Family BCD 15 506

## Hall & Oates

DARYL HALL, v (USA, * 11. 10. 1948 als Daryl Franklin Hohl in Pottstown/Philadelphia); JOHN OATES, v/g (USA, * 7. 4. 1949 in New York City).

Hall & Oates studierten beide in Philadelphia an der Temple University. Damals spielten sie bereits in Bands: Hall war Mitglied bei den Temptones, Oates bei den Masters. Zusätzliches Studiengeld verdienten sie sich als Backgroundsänger, und so lernten sie sich 1967 auch kennen. Sie entdeckten ihr gemeinsames Interesse an Rhythm-&-Blues- und Soulmusik, gingen vorerst jedoch noch getrennte Wege. Ab 1969 arbeiteten sie enger zusammen. 1972 unterschrieben sie einen gemeinsamen Plattenvertrag als Hall & Oates. Der Soulproduzent Arif Mardin war für die erste Veröffentlichung dieses Duos noch im Jahre 1972 verantwortlich. Die Platte wurde ein Flop. 1974 erschien die LP »Abandoned Luncheonette«, die sich bis auf Platz 33 in der LP-Hitparade hocharbeitete und Goldstatus erreichte. 1975 wechselten sie die Plattenfirma, ab 1976 belegten sie Spitzenplätze in den Hitparaden. »Sara Smile« kam im Januar 1976 in die US-Charts, wurde Platz 4 und Millionseller. »She's Gone« kam im selben Jahr ebenfalls unter die ersten 10. »Rich Girl« war im Januar 1977 der erste Spitzenreiter des Duos in den USA. Bis 1984 sollten Hall & Oates zwölf weitere Top-10-Hits gelingen, darunter die Spitzenreiter »Kiss On My List«, »Private Eyes« und »I Can't Go For That (No Can Do)« 1981, »Maneater« 1982 und »Out Of Touch« 1984.

Nach 1985 trat eine Pause ein. Daryl Hall machte eine erfolgreiche Solo-LP. 1988 kam »Everything Your Heart Desires« wieder unter die ersten 10 in den USA. Die Musik der beiden wurde als Blue Eyed Soul bezeichnet. Ihre Vorläufer waren die Righteous Brothers, nach ihnen kam mit diesem Musikstil erfolgreich Michael Bolton. Hall & Oates gelten als das erfolgreichste Duo der Rockära und haben die Everly Brothers von Platz 1 verdrängt. 1990 erschien das Album »Change Of Seasons«, teilweise produziert durch Jon Bon Jovi und Danny Kortchmar. Die daraus ausgekoppelte Single »So Close« erreichte in den USA Platz 11. Im Hebrst des Jahres 1997 kamen Hall & Oates dann wieder mit einem gemeinsamen Projekt – sie veröffentlichten das Album »Marigold Sky« und die Single »Promise Ain't Enough«. Gleichzeitig wurde eine Tour durch die USA angekündigt.

*Sara Smile (1/76 US 4)*
*She's Gone (7/76 US 7)*
*Rich Girl (1/77 US 1)*
*Kiss On My List (1/81 US 1)*
*You Make My Dreams (5/81 US 5)*
*Private Eyes (8/81 US 1)*
*I Can't Go For That (No Can Do) (11/81 US 1; 1/82 GB 8)*
*Did It In A Minute (3/82 US 9)*
*Maneater (10/82 US 1, GB 6; 1/83 CH 2)*
*One On One (1/83 US 7)*
*Family Man (4/83 US 6)*
*Say It Isn't So (10/83 US 2)*
*Adult Education (2/84 US 8)*
*Out Of Touch (9/84 US 1)*
*Method Of Modern Love (12/84 US 5)*
*Everything Your Heart Desires (4/88 US 3)*
***AOR (Adult Orientated Rock), Rhythm & Blues***

**CD-Tip:** *Change Of Seasons* Arista 260 548

## Hall, Daryl

v (USA, * 11. 10. 1948 als Daryl Franklin Hohl in Pottstown/Philadelphia).
Mit dem Titel »Dreamtime« hatte Daryl im Herbst 1986 Platz 5 in der amerikanischen Hitparade. Schien es erst, als sei das das Ende des Duos Hall & Oates, so stellte sich später heraus, daß die beiden nach einer längeren Pause doch wieder gemeinsam Platten aufnahmen. Nach zwei weiteren Hitnotierungen schien die Soloerfolgszeit für Daryl zu Ende zu sein. 1993 veröffentlichte er »I'm In A Philly Mood«. Der Titel stammte von dem Album »So Alone« und schaffte es in die Charts. 1995 sang er im Duett mit Dusty Springfield »Wherever Would I Be«.

*Dreamtime (8/86 US 5)*
***AOR (Adult Orientated Rock)***

**CD-Tip:** *Three Hearts In The Happy Ending Machine* RCA PD 87196

## Halo James

CHRISTIAN JAMES, v (Großbritannien, * 21. 12. 1964); NEIL PALMER, key (Großbritannien, * 25. 3. 1966); RAY ST. JOHN, g (Großbritannien).
Anfang 1990 wurde Halo James als der heißeste Hoffnungsträger der Britischen Insel bezeichnet. Ray St. John hatte vorher in der ersten Band von Sade gespielt und deren Hit »Smooth Operator« mitgeschrieben. Ende 1989 veröffentlichte das Trio die Single »Could Have Told You So«, die in GB Platz 6 erreichte. Damit hatten sie bisher ihren einzigen Erfolg – recht wenig für den heißesten Hoffnungsträger.

*Could Have Told You So (12/89 GB 6)*
***Pop***

**CD-Tip:** *Witness* Epic 466 676

## Hamilton, George IV

v/g (USA, * 19. 7. 1937 in Winston-Salem/North Carolina).
Der vielseitige Amerikaner war sowohl als Pop-, Country- und Folksänger erfolgreich, gilt als guter Gitarrist und Songschreiber und war auch ein erfolgreicher

TV-Moderator. 1956 schaffte er mit »A Rose And A Baby Ruth« seinen ersten, 1957 mit »Why Don't They Understand« seinen zweiten und letzten Top-10-Erfolg. Er ging auf Tournee mit Buddy Holly, Gene Vincent und den Everly Brothers. Und nachdem diese Popzeit vorüber war, zog es George IV Hamilton 1960 nach Nashville. Ab diesem Jahr bis 1978 gelangen ihm vierzig Erfolge in den Country-Charts. Der größte davon war der Titel »Abilene« 1963, im selben Jahr noch ein Platz 15 in den US-Popcharts. Ende der 70er Jahre hatte er in Kanada seine eigene Fernsehsendung.

*A Rose And A Baby Ruth (11/56 US 6)*
*Why Don't They Understand (12/57 US 10)*
***Country, Folk, Pop***

**CD-Tip:** *To You And Yours, From Me And Mine*
Bear Family BCD 15 773 FK

## Hamilton, Joe Frank & Reynolds

JOE FRANK CAROLLO, v/b (USA, geb. in Leland/Mississippi); ALAN DENNISON, v (USA, geb. in Ohio); DAN HAMILTON, v (USA, geb. in Los Angeles/Kalifornien, † 23. 12. 1994); TOMMY CLARK REYNOLDS, v/d (USA, geb. in New York City).

Dan Hamilton war bereits mit 15 Jahren in L. A. ein gesuchter Studiomusiker und spielte auf Platten von Jerry Lee Lewis, Johnny Rivers, Chad & Jeremy oder den Ventures. Danach wurde er Sänger in der TV-Show ›Shindig‹ und gründete später mit anderen Musikern das lockere Konglomerat T-Bones. Carollo und Reynolds waren zwei der Musiker, die da mitspielten. Die drei blieben zusammen, bis die T-Bones in den späten 60er Jahren auseinanderfielen. 1971 kamen die drei wieder zusammen, dieses Mal als Hamilton, Joe Frank & Reynolds. »Don't Pull Your Love« wurde Mitte desselben Jahres in den USA ein Millionseller und Platz 4 in den Charts. »Fallin' In Love« war Mitte 1975 Platz 1 in den USA und ein weiterer Millionseller. Die Platte erschien auf dem damals gerade neu gegründeten Playboy Label. Reynolds hatte die Gruppe schon 1972 verlassen und war durch Dennison ersetzt worden. Trotzdem hatten die drei unter dem alten Gruppennamen bis 1976 weitergemacht. Dann nannten sie sich Hamilton, Joe Frank & Dennison. Ein Hit gelang ihnen jedoch nicht mehr. Hamilton starb am 23. 12. 1994 im Alter von 48 Jahren während einer Operation.

*Don't Pull Your Love (5/71 US 4)*
*Fallin' In Love (6/75 US 1)*
***Soft Rock***

## Hamilton, Lesley

v (Deutschland als Scheuermann, geb. in Saarbrücken).

Die in Deutschland produzierte Lesley Hamilton hatte laut ihrer Plattenfirma ›franko-amerikanische Vorfahren, einen internationalen Paß und gilt als Inkarnation eines weiblichen Weltbürgers‹. Der deutsche Produzent Rolf Soja nahm mit ihr 1978 die LP »No Hollywood Movie« auf. Die Singleauskopplung des Titelsongs erreichte Mitte 1978 Platz 8 in Deutschland und war Lesleys einzige Hitnotierung. 1981 folgte wieder mit Rolf Soja die LP »Give An' Take«.

*No Hollywood Movie (6/78 D 8; 8/78 CH 3)*
***Middle Of The Road (MOR)***

## Hamilton, Lynne

v (Großbritannien, geb. in Chorley).

Lynne Hamilton kam Mitte der 60er Jahre in das Duo Caravelles, das vor ihrer Zeit mit »You Don't Have To Be A Baby To Cry« im August 1963 einen Top-10-Hit in GB hatte. Sie wanderte später nach Australien aus und nahm dort 1979 »On The Inside«, das Titellied zur TV-Serie ›Prisoner Cell Block H‹, auf. Erst zehn Jahre später – wahrscheinlich lief nun diese Serie auch in GB – wurde es die einzige Hitnotierung dieser Sängerin.

*On The Inside (Theme From ›Prisoner Cell Block H‹) (4/89 GB 3)*
***Pop***

## Hamilton, Marc

*Comme J'ai Toujours Envie D'aimer (11/70 CH 2)*

## Hamilton, Roy

v (USA, * 16. 4. 1929 in Leesburg/Georgia, † 20. 7. 1969).
Die Karriere dieses Rhythm-&-Blues- und Balladen-Sängers begann im Boxring. Er kämpfte in der Schwergewichtsklasse um die Golden Gloves. 1947 gewann er den ersten Preis in einem Amateurwettbewerb im Apollo Theater. 1948 sang er mit den Searchlight Gospel Singers. 1954 erreichte er mit »You'll Never Walk Alone«, einem Titel aus dem Broadway-Musical »Carousel«, Platz 21 in den USA und hatte damit seine erste Hitnotierung. Seine Version von »Unchained Melody« brachte Roy im Frühjahr 1955 Platz 6 in den USA. Nach 1961 gelang ihm kein Pophit mehr. Roy Hamilton starb an einem Schlaganfall.

*Unchained Melody (4/55 US 6)*
***Pop, Rhythm & Blues***

## Hamilton, Russ

v (Großbritannien als Ronald Hulme, geb. in Liverpool).
Russ hatte nur in einem Jahr Erfolg: 1957. Im Mai jenes Jahres kam »We Will Make Love« bis auf Platz 2 in GB, im Juni »Rainbow« bis auf Platz 4 in den USA und im September »Wedding Ring« auf Platz 20 wieder in GB. Russ Hamilton gilt als der erste Künstler aus Liverpool, der es in die amerikanischen Top 10 schaffte.

*We Will Make Love (5/57 GB 2)*
*Rainbow (6/57 US 4)*
***Pop***

## Hamlisch, Marvin

p (USA, * 2. 6. 1944 in New York City).
Marvin ist Komponist zahlreicher Soundtracks. Für den von ihm mitverfaßten Titel »The Way We Were« erhielt er 1974 zwei Grammys. Außerdem erhielt er im selben Jahr einen Grammy als bester neuer Künstler und einen für den Titel »The Entertainer« als beste Instrumentalnummer. Für »The Way We Were« kassierte er außerdem noch zwei Oscars und für »The Entertainer« aus dem Film »Der Clou« einen. Neben vielen Erfolgstiteln, die er schrieb, sticht sein Broadway-Musical »A Chorus Line« heraus, für das er wieder mit Preisen überschüttet wurde, darunter auch der Pulitzer-Preis für Drama. »The Entertainer«, geschrieben 1902 von Scott Joplin, war im Frühjahr 1974 ein Millionseller und Platz 3 in den USA.

*The Entertainer (3/74 US 3; 7/74 CH 2)*
***Instrumental, Pop***

## Hammer, Jan

key (Tschechische Republik, * 17. 4. 1948 in Prag).
Jan kam 1968 aus der Tschechischen Republik in die USA. Er begann als Barpianist

in Boston, dann begleitete er Sarah Vaughan ein Jahr durch die USA, Kanada und Japan. Danach spielte er mit Jeremy Steig, von 1970 bis 1974 in John McLaughlins Mahavishnu Orchestra und schließlich mit Jerry Goodman. Es folgten weitere Plattenproduktionen mit David Earle Johnson und mit Neil Schon als Schon & Hammer. Ab 1977 war er auch auf etlichen Produktionen von Al Di Meola zu hören. Auch Jeff Beck griff immer wieder auf Jan Hammer zurück. Dann kam für Jan der große Erfolg mit einer Musik, mit der er bis zu diesem Zeitpunkt wenig zu tun gehabt hatte: Der TV-Renner ›Miami Vice‹ wurde von ihm musikalisch betreut. »Miami Vice Theme« wurde im Herbst 1985 ein Platz 1 in den USA, Platz 5 in GB und im Januar 1987 Platz 5 in Deutschland. »Crockett's Theme« war 1987 Platz 4 in Deutschland, 2 in GB. Damit hatte er sich einen Namen als Schreiber von TV-Melodien gemacht. So stammt von ihm das Thema zu der europäischen Krimiserie ›Eurocops‹.

*Miami Vice Theme (9/85 US 1, GB 5; 1/87 D 5; 3/87 CH 8)*
*Crockett's Theme (4/87 D 4; 6/87 CH 9; 9/87 GB 2)*
***Instrumental, Jazz, Rock***

**CD-Tip:** *Beyond The Mind's Eye* MCA MCD 10752

## Hammond, Albert

v/g (Großbritannien, * 18. 5. 1942 in London).

Albert verbrachte seine ersten Lebensjahre in Gibraltar. Noch viele Jahre später sprach er mit einem unverwechselbar spanischen Akzent in seinem Englisch. Mit 15 machte er seine erste Platte, »New Orleans«, die er selbst im Stil von Buddy Holly komponiert hatte. Jetzt gründete er mit seinem Bruder die Gruppe Diamond Boys, die in Spanien recht erfolgreich war. Sie brachten es zu einem Plattenvertrag mit RCA in Spanien. Mit 18 ging Albert zurück nach England und gründete dort mit einem anderen Mitglied der Diamond Boys, Richard Cartwright, das Duo Albert & Richard. Die beiden tourten durch Europa, nahmen einige Platten auf und spielten in verschiedenen, an die Beatles-Filme angelehnten Streifen mit. 1966 traf er auf Mike Hazelwood, mit dem er ein Produktions- und Songschreiberteam gründete. In der Folgezeit schrieben sie unendlich viele Hits für Leapy Lee, die Pipkins, Hollies, Blue Mink usw. Hammond und Hazelwood versuchten sich dann auch als Interpreten unter den Pseudonymen Family Dogg und Magic Lanterns. In den frühen 70er Jahren ging Albert nach Los Angeles und startete dort eine Solokarriere. Sein Titel »It Never Rains In Southern California« wurde Ende 1972 ein Millionseller in den USA und ein Platz 5, in Deutschland vier Monate später ein Platz 9. »Free Electric Band« war Mitte 1973 ein Platz 4 in Deutschland. In den USA war er bis 1975 in den Charts, in Deutschland erreichte er mit »I'm A Train« und »Everything I Want To Do« 1974 und »Down By The River« 1975 erneut die Top 10. Dann wurde es still um Albert. Mitte der 80er Jahre tat er sich mit dem Holländer Albert West zusammen. Außer »Give A Little Love«, Anfang 1987 ein Platz 40 in den deutschen Charts, war davon nichts erfolgreich.

*It Never Rains In Southern California (10/72 US 5; 2/73 D 9; 3/73 CH 5)*
*The Free Electric Band (6/73 D 4; 8/73 CH 4)*
*I'm A Train (3/74 D 2; 4/74 CH 3)*
*Everything I Want To Do (9/74 D 7)*
*Down By The River (9/75 CH 4, D 8)*
***Pop, Soft Pop***

**CD-Tip:** *The Very Best Of Albert Hammond* CBS 463 185 2

## Hampton, Lionel

d/p/vibraphon/bl (USA, * 12. 4. 1909 in Louisville/Kentucky).

Hampton ist seit Ende der 20er Jahre im Showgeschäft. 1929 machte er als Drummer und Pianist mit Paul Howard seine ersten Platten. Wenig später spielte Lionel Hampton mit Louis Armstrong, und im Laufe der nächsten Jahrzehnte sollte er mit allen spielen, die im Swing und Jazz Rang und Namen hatten, so z. B. beim legendären Carnegie-Hall-Konzert am 16. 1. 1938 in New York im Orchester von Benny Goodman. Mit seinem eigenen Orchester wurde Lionel ab 1937 in den US-Charts aufgeführt. »After You've Gone« 1937, »Wizzin' The Wiz« 1939, »Hey! Ba-Ba-Re-Bop« 1946 und »Rag Mop« 1950 waren seine Top-10-Erfolge. Lionel gilt als einer der größten Vibraphonisten aller Zeiten. In seiner Band spielten spätere Größen wie der Bassist Charles Mingus, der Trompeter, Arrangeur und Produzent Quincy Jones und die Sängerin Dinah Washington.

*Hey! Ba-Ba-Re-Bop (3/46 US 9)*
*Rag Mop (2/50 US 7)*
***Instrumental, Jazz, Pop***

## Hancock, Herbie

key (USA, * 12. 4. 1940 in Chicago/Illinois).
Herbie wandelte erst auf klassischen Pfaden. Seit seinem siebten Lebensjahr hatte er Klavierunterricht, und bereits zwei Jahre später trat er öffentlich auf. Ab 1961 arbeitete er in New York mit Donald Byrd zusammen, danach mit Oliver Nelson, Eric Dolphy, Dexter Gordon und von 1963 bis 1968 mit Miles Davis. Herbie schaffte es, sowohl im Jazz- als auch im Poplager erfolgreich zu sein. 1974 veröffentlichte er die Platte »Head Hunters«, die Platinstatus erreichte. Darauf zu finden seine Eigenkomposition »Watermelon Man«. 1983 erschien »Future Shock«, eine Synthese aus Jazz, Rock und Scratching. Daraus ausgekoppelt wurde die Single »Rockit«, die Mitte des Jahres Top 10 in GB und Deutschland wurde. In die amerikanische Hitparade kam die Nummer im September 1983, erreichte nur Platz 71 und wurde trotzdem ein Millionseller und mit einem Grammy belohnt. Eine weitere Grammy-Auszeichnung erhielt er 1984 für die Platte »Sound-System«. 1987 erhielt er für seine Musik zu dem Film »Round Midnight« einen Oscar. 1993 hatte die Formation US3 einen Hit mit dem Titel »Cantaloop«, der ursprünglich von Hancock stammte.

*Rockit (7/83 GB 8; 9/83 D 6; 10/83 CH 4)*
***Jazz Rock***

**CD-Tip:** *Headhunters* CBS CD 65928

## Hand In Hand For The Children

Unter diesem Namen kamen 1996 bekannte Dance- und Teenie-Acts für eine Benefiz-Produktion zusammen. Am 7. 4. 1996 fand, unterstützt vom Privat-TV-Sender RTL2, in der Frankfurter Festhalle ein Konzert zugunsten krebskranker Kinder statt. Die Benefiz-Platte »Children« kam unter der Mitwirkung von Boyzone, Backstreet Boys, Captain Jack, Culture Beat, D.J. Bobo, Fun Factory, Keksi und die falschen Freunde, Masterboy, Mr. President, Noble Savages, Rednex, Sashka und Worlds Apart zustande. Nicht vermerkt wurde auf der Platte, daß auch der deutsche Komponist Johann Pachelbel sein Schärflein zur Platte beitrug. Die Melodie des Titel war stark an einen Kanon von Pachelbel angelehnt – es war ihm sicher egal, er starb 1706. In Deutschland erreichte die Platte Platz 19, in der Schweiz die Top 10. Am 31. 5. 1997 fand in der Arena in Oberhausen eine weitere Benefizveranstaltung zugunsten krebskranker Kinder statt – und auch diesmal gab es die Platte zum Ereignis: »Children Need A Helping Hand«. Für die gute Sache stellten sich diesmal die Backstreet Boys,

Captain Jack, N'Sync, D.J. Bobo, Mr. President und Masterboy zur Verfügung. Zumindest in der Schweiz wurde es wieder ein Top-10-Hit.

*Children (6/96 CH 9)*
*Children Need A Helping Hand (7/97 CH 8)*
***Pop***

## Hank The Knife & The Jets

PIERRE J. BEEK, v (Niederlande, * 26. 12. 1945); HENK BRUYSTEN, b (Niederlande, * 30. 5. 1946); ROBERT MIJNHART, d (Niederlande, * 4. 3. 1948); HANS VAN GEFFEN, g (Niederlande, * 3. 12. 1948); JAN VAN HAAFTEN, b (Niederlande, * 8. 12. 1946).

Die Rockgruppe Hank The Knife & The Jets formierte sich im April 1975. Wenig später erreichte ihr Titel »Guitar King« Platz 4 in den deutschen Charts. Der Nachfolgehit »Stan The Gunman« war ein Platz 9. Nach einer weiteren Hitnotierung 1976 war die Band wieder aus den Charts verschwunden. Der Kopf der Formation, Henk Bruysten, hatte 1965 seine erste Band gegründet, wurde 1973 Bassist bei der holländischen Rock-'n'-Roll-Gruppe Long Tall Ernie & The Shakers, und als er dort nicht komponieren durfte, gründete er seine eigene Formation.

*Guitar King (7/75 D 4)*
*Stan The Gunman (11/75 D 9)*
***Rock 'n' Roll, Rockabilly***

## Hanselmann, David

v (Deutschland, * 6. 4. 1952 in Stuttgart).
Der Sänger und Songschreiber versuchte sich mit Gruppen wie Message, Triumvirat, Overdrive, Fire Horse und mit dem Duo Evans & Hanselmann. Er sang mit Anne Haigis und Paul Vincent und versuchte sich als Solist mal unter seinem Namen, mal unter dem Pseudonym O'Hara. Zur Fußball-WM 1990 veröffentlichte er den Schlachtruf »Go Get The Cup«, der ihm im Juli 1990 einen Platz 4 in den deutschen Charts einbrachte. Deutschland holte den Cup und ließ David sicher verwirrt zurück. Jahrelang hatte er Rockmusik gesungen, und jetzt hatte er Erfolg mit so etwas.

*Go Get The Cup (7/90 D 4)*
***Pop***

## Hansen Quartett

HANS BLUM, v (Deutschland, * 23. 5. 1928 in Hannover); INGETRAUT BLUM, v (Deutschland); NANA GUALDI, v (Schweiz, * 29. 4. 1932 in Basel); JOE MENKE, v (Deutschland, * 1. 4. 1925 in Greven); URSULA OLDEN, v (Deutschland).

Mit wem auch immer es in den 50er und 60er Jahren was zu singen gab, das Hansen Quartett war dabei. Lale Andersen, Ralf Bendix, Fred Bertelmann, Eve Boswell, Angele Durand, Bibi Johns, Barbara Kist, Bruce Low, Wolfgang Sauer und viele andere nahmen mit dem Hansen Quartett Platten auf. Hans Blum war die treibende Kraft hinter diesem 1951 gegründeten Projekt, das auch als Hansen Boys & Girls, Hansen Chor oder Hansen Sänger firmierte. Insgesamt arbeitete es unter knapp dreißig Pseudonymen. Neben Hans Blum waren es vor allem dessen Frau Ingetraut Blum, deren Schwester Ursula Olden, Joe Menke und Nana Gualdi, die in diesem Quartett und in anderen Formationen zusammengefaßt waren. Seit dem Beginn des deutschen Fernsehens machten sie mit. Sie begleiteten Peter Frankenfeld auf seinen Tourneen und sangen in den englischen Clubs. Als Hansen Quartett hatten sie mit dem Titel »Ich hab' dich so lieb« Ende 1956 einen Platz 3 in den deutschen Charts. Es blieb ihr einziger Top-10-Erfolg.

*Ich hab' dich so lieb (12/56 D 3)*
***Deutscher Schlager***

## Hanson

ISAAC HANSON, g/b (USA, * 17. 11. 1980 in Tulsa/Oklahoma); TAYLOR HANSON, v/key (USA, * 14. 3. 1983 in Tulsa/Oklahoma); ZAC HANSON, d (USA, * 22. 10. 1985 in Arlington/Virginia).

Die drei minderjährigen Brüder machten im Frühjahr 1997 auf sich aufmerksam. Sie waren zu diesem Zeitpunkt 16 (Isaac), 13 (Taylor) und 11 (Zac) Jahre alt. Angeblich hatten die drei bereits seit 1992 mehr als 100 Songs geschrieben und etliche davon auf zwei Alben (1994 und 1996) veröffentlicht, die sie in Eigenregie herausbrachten und vorwiegend bei Konzerten und in Plattenläden in ihrer Heimatstadt Tulsa verkauften. Ihr Debütalbum bei einer Major Company hieß »Middle Of Nowhere« und erschien im Frühjahr 1997 – in GB erreichte es am 21. 6. gleich Platz 1 in den LP-Charts. Als ihre Lieblingskünstler gaben die drei Otis Redding, Chuck Berry und Aretha Franklin an. Ihre Single »Mmmbop« stieg am 3. 5. 1997 auf Platz 16 in die US-Charts ein und war bereits nach vier Wochen an der Spitze. Auch ihr Album »Middle Of Nowhere« stieg gleich in die Top 10 der Albumcharts ein. Auch in Deutschland, GB und der Schweiz konnte die Single die Kids begeistern und erreichte die Spitze. »Where's The Love« und »I Will Come To You« waren die Nachfolgehit – jetzt allerdings schon mehr nur noch in Europa. »I Will Come To You« stammte vom Weihnachtsalbum »Snowed In«.

*Mmmbop (5/97 US 1; 6/97 CH 1, D 1, GB 1)*
*Where's The Love (9/97 GB 4)*
*I Will Come To You (11/97 GB 5, US 9; 12/97 CH 9)*
***Boy Group, Pop, Rock***

**CD-Tip:** *Middle Of Nowhere* Mercury 534 615–2

## Happenings

RALPH DEVITO, v (USA); THOMAS GIULIANO, v (USA); BERNIE LAPORTA, v (USA); DAVID LIBERT, v (USA); BOB MIRANDA, v (USA).

Die vier Mitglieder dieser Formation stammten alle aus New Jersey. Während ihres gemeinsamen Militärdienstes in Fort Dix sangen sie erstmals zusammen. Zurück vom Militär, gründeten sie die Four Graduates. Ihre ersten Gesangsaufnahmen machten sie Anfang der 60er Jahre als Backgroundsänger. So sind diese vier immerhin auch im Hintergrund bei den Four Seasons zu hören. Schließlich machten sie mit »What A Lovely Way To Spend An Evening« und »Candy Cream« ihre ersten Platten. 1965 gründeten die Tokens ihr eigenes Plattenlabel B. T. Puppy Records, und die Four Graduates unterzeichneten dort einen Vertrag. Sie änderten ihren Namen in Happenings und hatten mit »See You In September« Mitte 1966 einen Platz 3 in den USA. »I Got Rhythm«, 1930 von George und Ira Gershwin für das Musical »Girl Crazy« geschrieben, wurde Mitte 1967 ebenfalls ein Platz 3 in den USA für die Happenings. Nach einigen weiteren Hits war es mit der Karriere der Gruppe Ende 1969 vorbei. In den 80er Jahren traten Miranda und Giuiliano mit zwei anderen Sängern bei Oldie-Shows wieder als Happenings auf.

*See You In September (7/66 US 3)*
*I Got Rhythm (4/67 US 3)*
***Pop***

**CD-Tip:** *Best Of Happenings* Sequel NEM CD 690

## Happy Clappers

SANDRA EDWARDS, v (Großbritannien); MARTIN KNOTTS; GREAME RIPLEY; CHRIS SCOTT, key.

Die Happy Clappers kamen Anfang der 90er Jahre in Newcastle zusammen. Ihren ersten Hit sollten sie 1995 mit dem Titel »I Believe« haben. Er wurde Mitte des Jahres Platz 21. Kurz darauf erschien »Hold On«, Platz 27, und dann kam »I Believe« erneut in die britische Hitparade und erreichte dieses Mal die Top 10. Danach verließen Ripley und Knotts die Band, und Scott holte als Sängerin Sandra Edwards hinzu, die vorher bei der Formation Abbacadabra gesungen hatte. »Can't Help It« mit Sandra erreichte Mitte 1996 Platz 18 in GB.

*I Believe (11/95 GB 7)*
***House***

## Happy Mondays

MARK »BEZ« BERRY, per (Großbritannien, * 18. 4. 1964 in Manchester); PAUL DAVIS, key (Großbritannien, * 7. 3. 1966); MARK »COW« DAY, g (Großbritannien, * 29. 12. 1961 in Manchester); PAUL RYDER, b (Großbritannien, * 24. 4. 1964 in Manchester); SHAUN WILLIAM RYDER, v (Großbritannien, * 23. 8. 1960 in Little Hulton); GARY »GAZ« WHELAN, d (Großbritannien, * 12. 2. 1966 in Manchester).

Die Ursprünge dieser britischen Band aus Manchester gehen zurück bis in das Jahr 1980. Zuerst waren die Jungs lediglich ein loser Zusammenschluß, der sich für Musik und Alkohol interessierte. 1983 nannten sich die Jungs, inspiriert durch den New-Order-Hit »Blue Monday«, Happy Mondays. 1984 wurden sie bei einem der unzähligen Battle-of-the-Bands-Wettbewerbe auf den letzten Platz verschlagen. 1985 erschien mit »Delightful« eine EP mit drei Nummern. Wenig später kam mit Mark Berry das letzte Mitglied zu der Band. Ende 1986 kamen sie mit dem ehemaligen Velvet-Underground-Mitglied John Cale zusammen, der mit ihnen zehn Tage produzierte. Das Resultat erreicht die Independent Charts in GB. Ihren ersten Hiteintrag hatte die Gruppe im September 1989 mit »W.F.L.«, dem Remix einer früheren Single der Band, die »Wrote For Luck« hieß. Neu gemixt wurde sie von Vince Clarke von Erasure. Anfang 1990 wurden sie in verschiedenen britischen Musikmagazinen zu den besten Newcomern gewählt. »Step On« – eine Coverversion des John-Kongo-Hits »He's Gonna Step On You Again« aus dem Jahr 1971 – und »Kinky Afro« wurden 1990 jeweils Platz 5 in GB. Wer die Nummer »Lady Marmalade« von LaBelle kennt, kennt auch »Kinky Afro«. Inzwischen galten die Happy Mondays mit den Stone Roses als führende Band des Rave-Booms. Anfang 1993 gab es einige Drogenprobleme in der Band, die schließlich dazu führten, daß sich die Gruppe trennte. Zuerst nannte sich der Rest Mondays – dann wurde daraus die Gruppe Black Grape.

*Step On (4/90 GB 5)*
*Kinky Afro (10/90 GB 5)*
***Rave, Rock***

**CD-Tip:** *Pills 'N' Thrills And Bellyaches* London 828 223–2

## Hardcastle, Paul

computer (Großbritannien, * 10. 12. 1957 in London).

Der Soundtüfftler begann Anfang der 80er Jahre bei Direct Drive und wurde 1982 Mitglied bei First Light. 1984 gründete Paul eine eigene Plattenfirma und hatte darauf 1985 mit der durchschnittlichen Altersangabe der US-Soldaten im Vietnamkrieg einen Welterfolg: »Nineteen«. Die Platte erreichte Platz 1 in GB und in Deutschland, Platz 15 in den USA. Bei der nächsten Chartnotierung, »Just For The Money« Ende 1985, wirkten Bob Hoskins und Sir Laurence Olivier mit. Einen Top-10-Hit in GB hatte er 1986 noch mit »Don't Waste My Time«. Mit der von ihm geschriebenen Themenmusik zu der englischen TV-Sendung ›Top Of The Pops‹, »The Wizard«, kam er unter die ersten 20. Seitdem schreibt er in erster Linie Musik für Fernsehserien, produziert und mixt und nimmt ab und zu unter Pseudonymen Platten auf. 1992 bildete er mit Jaki Graham das Duo Kiss The Sky. 1993 brachte Paul als Jazzmasters eine CD auf den Markt. Wer außer ihm daran beteiligt war, ist dem Plattencover nicht zu entnehmen. Als Erklärung stand lediglich darauf: ›Jazzmasters is a new style of dance music presented by Paul Hardcastle.‹

*Nineteen (5/85 D 1, GB 1; 6/85 CH 1)*
*Don't Waste My Time (2/86 GB 8; 4/86 CH 9)*
***Elektro-Pop***

**CD-Tip:** *The Very Best* EMI 8 52958 2

## Hardy, Françoise

v (Frankreich, * 17. 1. 1944 in Paris).
Françoise Hardy war für uns, die wir mit ihr fast gleichaltrig waren, der Typ Bohnenstange. Aber sie war ja auch erst 18 Jahre alt, als sie mit ihren ersten selbstgeschriebenen Liedern die französischen Altstars wie Aznavour, Brassens, Bécaud, Brel usw. in den Hitparaden hinter sich ließ. Die älteren Franzosen waren erstaunt über dieses junge Mädchen, das da fast nichtssagende, monoton vorgetragene Liedchen trällerte. Aber die Jugendlichen sahen sich und ihre Interessen eher durch die junge Françoise vertreten. Sie wirkte schüchtern und linkisch – egal, die jugendlichen Käufer machten sie auf Anhieb zum Star. Ihren ersten Hit konnte sie 1962 mit dem selbstgeschriebenen Titel »Tous Les Garçons Et Les Filles« verbuchen. Es folgten »Le Temps De L'Amour« 1963, »Mon Amie La Rose« 1965 und »Message Personnel« 1973. Wunderschön, wenn auch nicht erfolgreich, war ihre Nummer »Star«. In Deutschland hatte sie ihren größten Erfolg im Sommer 1965 mit »Frag den Abendwind«, ein Platz 7 und ihr einziger Top-10-Hit bei uns. Franzosen hatten es bei uns immer schwer, mit ihren Liedern in die Hitparaden zu kommen – auch die großen Stars. Françoise' Lieder wurden dann meist auch nur hierzulande Hits, wenn sie ins Deutsche übertragen waren. In GB wurde sie dreimal in den Charts notiert, ihr größter Erfolg dort war »All Over The World«, 1965 Platz 16. In Frankreich machte sie sich nicht nur als Sängerin, sondern auch als Schauspielerin und Model einen Namen. Daß ihre internationale Karriere bereits Ende der 60er Jahre abflaute, lag sicher auch an ihrer immer stärker werdenden Bühnenangst. In Frankreich zog sie sich Anfang der 70er Jahre aus dem Showgeschäft zurück und zu ihrem Kollegen Jacques Dutronc. Als das erste gemeinsame Kind geboren wurde, gab die zarte Französin kernige Interviews vor allem zum Thema Emanzipation. Es erschienen immer wieder Platten von ihr, die jedoch die alten Erfolge nicht wiederholen konnten. Inzwischen war sie mit Dutronc verheiratet, hatte ein zweites Kind und blickte zeitweise in die Zukunft – im wahrsten Sinne des Wortes: Für eine französische Radiostation betätigte sie sich hin und wieder als Astrologin. 1995 erschien als Auskopplung der CD »Paris« von Malcolm McLaren die Single »Revenge Of The Flowers« – als Sängerin für diesen Titel hatte er sich Françoise Hardy geholt, die auch den französischen Text beisteuerte.

*Frag den Abendwind (7/65 D 7)*
***Schlager***

**CD-Tip:** *Les Grands Succès* Vogue 670010

## Harley, Steve & Cockney Rebel

JIM CREGAN, g/b (Großbritannien, * 9. 3. 1946); JEAN-PAUL CROCKER, g/vln (als Paul Avron Jeffreys); STUART ELLIOTT, d; GEORGE FORD, b; STEVE HARLEY, v

(Großbritannien, * 27. 2. 1951 als Steven Nice in London); PAUL AVRON JEFFREYS, b (* 13. 2. 1952, † 21. 12. 1988); DUNCAN MACKAY, v/key (Großbritannien, * 26. 7. 1950); MILTON REAME-JAMES, key.
1973 gründete der ehemalige Zeitungsjournalist und Folksänger Steve Harley die Formation Cockney Rebel. Noch im selben Jahr erhielten sie einen Plattenvertrag und veröffentlichten ihr Debütalbum »Human Menagerie«. »Judy Teen«, eine Auskopplung aus dieser LP, kam im Mai 1974 in die britischen Charts und erreichte Platz 5. Im August 1974 hatten sie mit »Mr. Soft« ihren zweiten Top-10-Erfolg. Zu diesem Zeitpunkt war die Gruppe schon wieder auseinandergefallen. Das lag vor allen Dingen an Harleys Besessenheit, sich selbst ständig in den Vordergrund zu stellen, und an seiner negativen Haltung der britischen Musikpresse gegenüber. Um 1974 beim Reading-Festival und im Rainbow Theater in London auftreten zu können, stellte Harley eine neue Gruppe zusammen. Von der ersten Besetzung blieb lediglich der Schlagzeuger Stuart Elliott übrig. Neu kamen Jim Cregan, Duncan Mackay und George Ford. In dieser Besetzung begann man Ende des Jahres mit einer neuen LP, die in den Abbey-Road-Studios in London aufgenommen wurde. Im Februar 1975 kam »Make Me Smile (Come Up And See Me)« in die britischen Charts und wurde Platz 1. Als Interpreten wurden jetzt Steve Harley & Cockney Rebel genannt. Nachdem ihm mit »Here Comes The Sun«, der George-Harrison-Komposition, im Juli 1976 ein weiterer Top-10-Hit gelang, löste Harley erneut die Band auf und zog in die USA. Es folgten einige Singles, die nur auf untere Hitparadenplätze kamen. Nach 1983 geriet Harley in Vergessenheit. Zusammen mit Sarah Brightman und dem Titelsong aus dem Musical »The Phantom Of The Opera« stand er im Januar 1986 wieder in den britischen Charts und erreichte Platz 7. Trotzdem folgten keine weiteren Hits. 1989 machte er eine Reunion-Tour durch GB. Von den Originalmitgliedern war wieder nur noch Stuart Elliott mit dabei. Hin und wieder kommen einige der Mitglieder bis in die 90er Jahre zusammen, um wieder als Cockney Rebel aufzutreten. Der schönste Titel der Formation, als sie sich noch Cockney Rebel nannte, war die Nummer »Sebastian«, die allerdings lediglich im März 1974 in die deutschen Charts kam, und da auch nur bis auf Platz 30. Urbassist Paul Avron Jeffreys gehörte zu den 259 Insassen des PanAm-Jumbo-Jets, der am 21. 12. 1988 nach einem Sprengstoffanschlag auf die schottische Ortschaft Lockerbie abstürzte. Ende 1995 kam der Titel »Make Me Smile (Come Up And See Me)« erneut in die britische Hitparade und erreichte Platz 33. Schuld daran war die Tatsache, daß das Lied in der Carlsberg-Bierwerbung im Fernsehen lief.

*Judy Teen (5/74 GB 5)*
*Mr. Soft (8/74 GB 8)*
*Make Me Smile (Come Up And See Me) (2/75 GB 1)*
*Here Comes The Sun (7/76 GB 10)*
*The Phantom Of The Opera (1/86 GB 7)*
***Glitter(-Glam)-Rock, Pop***

**CD-Tip:** *The Best Of Steve Harley & Cockney Rebel* EMI CDP 7 99062 2

## Harmonicats

AL FIORE, harm (USA); DON LES, harm (USA, † 25. 8. 1994); JERRY MURAD, harm (geb. in Türkei).
1944 verließen Al und Jerry die Borrah Minevitch Harmonica Group, um in Chicago ein eigenes Trio zusammen mit Don zu gründen. Der in der Türkei geborene Jerry spielte Leadharmonika, Al die Akkorde und Les Baßharmonika. Ab 1947 war das Trio in den USA erfolgreich. Ihr erster Hit war gleich ihr größter. »Peg O' My Heart« kam im April 1947 in die US-

Charts, wurde für acht Wochen Platz 1 und ein Millionseller. Mit »Bewitched« gelang ihnen zusammen mit Jan August Mitte 1950 ein weiterer Top-10-Erfolg. 1960 hatten sie ihre letzte Hiteintragung. Murad schrieb mit ›Jerry Murad's‹ Harmonica Technique For The Super-Chronomic‹ die Bibel dieses Instruments. Die Harmonicats hatten auch noch Erfolge mit dem Country-Steel-Gitarristen Jerry Byrd, mit Richard Hayman und seinem Orchester und der Sängerin Roberta Quinlan, die zwischen 1949 und 1951 in den USA bei NBC eine eigene TV-Serie betreute. Don Les starb im Alter von 79 Jahren am 25. 8. 1994 nach einem Herzanfall.

*Peg O' My Heart (4/47 US 1)*
*Bewitched (5/50 US 8)*
***Instrumental, Pop***

## Harpo

HARPO, v (Schweden, * 5. 4. 1950 als Jan Svensson).
Nachdem er in Stockholm eine Theaterschule besucht hatte, führte er selbst Regie, schrieb Bücher und versuchte sich an Theaterstücken. Seine ersten Erfolge als Sänger, dessen Markenzeichen ähnlich wie bei Sandie Shaw barfüßige Auftritte waren, hatte er 1974 in seiner Heimat Schweden mit »Baby Boomerang« und »Teddy Girl«. Mit dem Titel »Moviestar«, den er selbst geschrieben hatte, kam Harpo im September 1975 in die deutschen Charts und erreichte Platz 1. »Motorcycle Mama« und »Horoscope« waren 1976 zwei weitere Top-10-Erfolge für ihn. Nach 1977 zog er sich aus dem Showgeschäft zurück, um für fünf Jahre Pause zu machen. 1982 versuchte er sich mit einer neuen LP mit dem Titel »The Fool Of Yesterday Will Be The Fool Of Tomorrow«. Danach erlitt er einen schweren Unfall, von dem er sich nur langsam erholte. Ab Anfang der 90er Jahre wurde er wieder aktiv und veröffentlichte Mitte 1994 die Single »Sounds Like Love« und ein neues Album mit dem Titel »Harpo«. Im August desselben Jahres war er auf einer ausgedehnten Tournee durch Deutschland. Als Markenzeichen trat er immer noch barfuß auf, dazu jetzt allerdings mit Augenklappe. In der Folgezeit entwickelte sich Harpo zu einem bildenden Künstler mit eigenen Ausstellungen. Zu Weihnachten 1997 veröffentlichte er den treffenden Titel »Christmas«.

*Moviestar (9/75 D 1; 2/76 CH 1)*
*Motorcycle Mama (2/76 D 9)*
*Horoscope (7/76 D 3)*
***Middle Of The Road (MOR), Pop***

## Harris, Anita

v (Großbritannien, * 3. 6. 1942 in Midsomer Norton/Somerset).
Bevor sie ihre Gesangskarriere begann, nahm Anita Harris Schauspiel- und Tanzunterricht und ging im zarten Alter von 16 Jahren in die USA nach Las Vegas, um dort in einer Show zu tanzen. Ende der 50er Jahre kehrte sie in ihre Heimat zurück und wurde Mitglied bei den Cliff Adams Singers. Nächste Station waren die Grandiers, in denen auch Gerry Dorsey Mitglied war, bevor er sich in Engelbert Humperdinck verwandelte. Mitte der 60er Jahre startete sie dann ihre Solokarriere. Ihr erster war auch gleich ihr größter Erfolg: Mitte 1967 erreichte sie mit »Just Loving You«, geschrieben von Tom Springfield, dem Bruder von Dusty, Platz 6 in den britischen Charts. Es folgten noch drei weitere Hitnotierungen, die jedoch nicht mehr unter die ersten 20 kamen. Nach 1968 war ihre Hitzeit wieder vorüber. Sie war danach vor allem als Schauspielerin tätig.

*Just Loving You (6/76 GB 6)*
***Pop***

## Harris, Emmylou

v/g/sax (USA, * 2. 4. 1947 in Birmingham/ Alabama).

In der ersten Hälfte der 70er Jahre lernte Emmylou Harris den renommierten Country-Rock-Pionier Gram Parsons kennen, der auf der Suche nach einer Gesangspartnerin war. Es wurde daraus eine Lebens- und Arbeitsgemeinschaft für die nächsten zwei Jahre. Während dieser Zeit entstanden die beiden Alben »G.P.« 1973 und »Grievous Angel« 1974. Das zweite Album erschien bereits nach dem Tod von Parsons, und bis zu diesem Zeitpunkt hatte Emmylou nie an eine Solokarriere gedacht. 1975 verschaffte ihr Ed Tickner, Grams Manager, einen Plattenvertrag, und es erschien ihre erste Soloplatte »Pieces Of The Sky«, die Gold einspielte. Im Laufe der nächsten Jahre sollten im jährlichen Rhythmus neue Alben erscheinen, die sich gut in den Pop-LP-Charts behaupteten. In den amerikanischen und deutschen Pop-Singlecharts war ihr größter Erfolg die Nummer »Mr. Sandman«, ein Platz 37 in den USA, 14 in Deutschland, und das im Jahr 1981. Diese Nummer ist – besehen auf die amerikanische, britische, deutsche und Schweizer Hitparade – die einzige, die es je unter die ersten 10 schaffte, und zwar in der Schweiz. Im Original stammte das Stück von den Chordettes und war 1954 ein Spitzenreiter in den USA. In England war ihr größter Singlerfolg »Here There And Everywhere«, eine sehr schön gemachte Coverversion des Beatles-Stücks, die es im März 1976 auf Platz 30 brachte. Ganz anders sah es für Emmylou in den amerikanischen Country-Singlecharts aus. Dort gelangen ihr sieben Nummer-1-Hits. Der erfolgreichste war »Sweet Dreams« 1976. 1980 wurde sie in der Kategorie Country zur besten Sängerin des Jahres gewählt.

*Mr. Sandman (6/81 CH 5)*

***AOR (Adult Orientated Rock), Country, Folk***

**CD-Tip:** *Profile II – The Best Of Emmylou Harris*
Warner Brothers 7599 25161–2

## Harris, Jet & Tony Meehan

TERENCE »JET« HARRIS, g (Großbritannien, * 6. 7. 1939 in Kingsbury/Middlesex); TONY MEEHAN, d (Großbritannien, * 2. 3. 1942 als Daniel Joseph Anthony Meehan in Hampstead/London).

1958 formierten sich die Shadows. Zu Hank Marvin und Bruce Welch stießen im Laufe des Jahres Jet Harris und als letzter im Dezember Tony Meehan. Auf Titeln wie »Apache«, »F.B.I.« oder »Kon-Tiki« waren die beiden zu hören. Tony Meehan verließ die Shadows im Oktober 1961 und wurde durch Brian Bennett ersetzt. Im April 1962 verließ Jet Harris die Shadows, für ihn kam Brian Locking. Meehan wollte sich um Produktionen für die Plattenfirma Decca kümmern und unterschrieb außerdem einen Solovertrag bei dieser Firma. Harris unterzeichnete ebenfalls einen Plattenvertrag bei Decca als Solist. Mit »Besame Mucho« und »Main Title Theme From The Man With The Golden Arm« hatte er noch im selben Jahr zwei Hits in GB. Ende des Jahres bildeten Jet und Tony ein Duo und nahmen den Titel »Diamonds« auf, der im Januar 1963 in die britische Hitparade kam und Platz 1 erreichte. Vier Monate später standen sie auf Platz 2 mit »Scarlett O'Hara«. Im September immer noch desselben Jahres kam »Applejack« auf Platz 4. Danach war ihre gemeinsame Hitzeit wieder vorüber. Tony Meehan gründete eine eigene Combo und hatte im Januar 1964 mit »Song Of Mexico« einen letzten Top-40-Hit in GB. Danach baute er seine Position als Produzent und Arrangeur aus. Harris hatte starke berufliche und private Probleme und konnte keine weitere Karriere machen.

*Diamonds (1/63 GB 1)*
*Scarlett O'Hara (4/63 GB 2)*
*Applejack (9/63 GB 4)*

***Instrumental, Rock***

## Harris, Keith & Orville

KEITH HARRIS, v (Großbritannien).
Der britische Bauchredner Keith Harris trat regelmäßig in Fernsehsendungen der BBC auf und wurde stets von einer vogelähnlichen Figur begleitet, die herrlich lustig war. Diese ulkige Figur trug den Namen Orville. »Orville's Song« erreichte Weihnachten 1982 Platz 4. Hätte Keith Harris einen Esel singen lassen, wäre es vielleicht eine Nummer 1 geworden. Ein Jahr später versuchte er sich wieder an einem Weihnachtslied. Dieses Mal wurde Keith Harris von Dippy begleitet, der mehr aus der Steinzeit stammte. Nicht einmal die Briten wollten Weihnachten ein prähistorisches Tier in der Wohnung haben. Zwei Jahre später – wieder zu Weihnachten – sang Keith Harris mit Orville »White Christmas«. Die Briten bestraften diesen Verrat an Bing Crosby mit einem Platz 40.

*Orville's Song (12/82 GB 4)*
***Pop***

## Harris, Major

v (USA, * 9. 2. 1947 in Richmond/Virginia).
Major begann seine Karriere mit den Jarmels. Von 1971 bis 1974 war er Mitglied bei den Delfonics, und danach machte er Soloplatten. Sein größter Erfolg war die Nummer »Love Won't Let Me Wait«, die im März 1975 in die Hitparade kam, Platz 5 erreichte und Millionseller wurde. Noch im selben Jahr hatte Major Harris zwei weitere Hitnotierungen, dann war seine Popkarriere zunächst beendet. 1983 tauchte er in den USA noch einmal in der Rhythm-&-Blues-Hitparade mit »All My Life« auf. In GB kam die Platte unter die Top 75. Ende der 80er Jahre ging er zu den wiederbelebten Delfonics.

*Love Won't Let Me Wait (3/75 US 5)*
***Rhythm & Blues***

## Harris, Phil

v/d (USA, * 16. 1. 1904 in Linton/Indiana, † 11. 8. 1995).
Der Sohn eines Musikers wuchs in Nashville, Tennessee, auf. Er begann eine Karriere als Schlagzeuger, bis er 1931 seine erste eigene Band gründete. Wenig später trat er erstmals in Filmen auf, zuerst mit seiner Band, dann als Komiker und schließlich auch in ernsten Rollen. 1941 heiratete er den Filmstar Alice Faye und machte mit ihr zusammen durch die 40er Jahre sehr populäre Radiosendungen. Schon 1933 hatte Phil Harris mit dem Titel »What Have We Got To Lose? (Heigh-Ho-Lackaway)« seinen ersten Top-10-Erfolg. »One-Zy, Two-Zy (I Love You-Zy)« erreichte im Frühjahr 1946 Platz 2 in den amerikanischen Popcharts. Sein größter Erfolg wurde Ende 1950 der Millionseller und Spitzenreiter in den USA »The Thing«. Seine letzte Hitnotierung hatte er 1952. Alle Titel wurden von Phil selbst gesungen. Im Film »The Jungle Book« aus dem Jahre 1967 sang und sprach er Baloo den Bären. Der Song »The Bare Necessities«, geschrieben von Terry Gilkyson, machte ihn laut eigener Aussage ›immortal‹. Drei Jahre später sprach und sang er den Kater O'Malley bei den »Aristocats«. Wunderbar das Lied »Ev'rybody Wants To Be A Cat«. Phil starb am 11. 8. 1995.

*One-Zy, Two-Zy (I Love You-Zy) (3/46 US 2)*
*The Darktown Poker Club (3/46 US 10)*
*Smoke! Smoke! Smoke! That Cigarette (8/47 US 8)*
*The Old Master Painter (12/49 US 10)*
*Chattanoogie Shoe Shine Boy (3/50 US 8)*
*The Thing (11/50 US 1)*
***Pop***

## Harris, Richard

v (Irland, * 1. 10. 1930 in Limerick).
Richard studierte in London an der Academy of Music and Dramatic Art. 1956 gab

er sein Bühnendebüt, 1958 hatte er in »Alive And Kicking« seine erste Filmrolle. Zu seinen erfolgreichen Filmen gehören »Kanonen von Navarone« 1961, »Meuterei auf der Bounty« neben Marlon Brando 1962, »Lockender Lorbeer« 1963 – diese Rolle brachte ihm eine Oscar-Nominierung ein –, »Die Bibel« 1966 – hier spielte er Kain –, »Camelot« als König Arthur 1967 oder »Die Wildgänse kommen« neben Richard Burton 1978. Als Platteninterpret schlug er nur einmal richtig zu: Die Jimmy-Webb-Komposition »MacArthur Park« wurde Mitte 1968 ein Platz 2 in den USA, Platz 4 in GB. Es folgten in den nächsten Jahren drei weitere Hitnotierungen. Dann beschränkte er sich wieder aufs Filmen.

*MacArthur Park (5/68 US 2, GB 4)*
***Pop***

## Harris, Rolf

v/p (Australien, * 30. 3. 1930 in Perth).
Der Sänger, Pianist und Songschreiber wurde mit dem Titel »Tie Me Kangaroo Down Sport« Mitte 1960 über die Grenzen des fünften Kontinents hinaus bekannt. Die Platte erreichte Platz 9 der britischen Charts. Drei Jahre später war es ein Platz 3 in der amerikanischen Hitparade. »Sun Arise« war Ende 1962 ein weiterer Top-10-Erfolg für ihn in GB. Dann war er für etliche Jahre aus den britischen Charts verschwunden, bis er dann Weihnachten 1969 mit »Two Little Boys« Spitzenreiter in GB wurde. Danach trat eine noch längere Hitpause für Harris ein, der sich inzwischen jedoch im britischen Fernsehen mit regelmäßigen Kindersendungen in der BBC einen Namen gemacht hatte. Nach 23 Jahren – Anfang 1993 – brachte er eine australische Känguruh-Version des Led-Zeppelin-Hits »Stairway To Heaven« auf den Markt, die bis auf Platz 7 in GB kam. Diese Version von Rolf Harris entstand, weil ein australischer Fernsehsender an 22 verschiedene Künstler den Auftrag gegeben hatte, jeweils ihre persönliche Fassung des Songs einzuspielen. Rolfs skurrile, mit akustischer Gitarre und traditionellen australischen Instrumenten wie einem Didgeridoo, dem Blasrohr der Aborigines, sowie rhythmisch schwingenden Metallblechen eingespielte Version war die erfolgreichste. Nachdem es mit »Stairway To Heaven« so gut geklappt hatte, versuchte er es drei Jahre später mit »Bohemian Rhapsody«. Das brachte ihm Mitte 1996 einen Platz 50 in GB.

*Tie Me Kangaroo Down Sport (7/60 GB 9; 6/63 US 3)*
*Sun Arise (10/62 GB 3)*
*Two Little Boys (11/69 GB 1)*
*Stairway To Heaven (2/93 GB 7)*
***Country, Pop***

## Harris, Thurston

v/sax (USA, * 11. 7. 1931 in Indianapolis, † 14. 4. 1990).
Harris machte 1953 mit den Lamplighters seine ersten Platten. Als Solist hatte Harris mit »Little Bitty Pretty One« Ende 1957 seinen ersten und einzigen Top-10-Erfolg in den USA. Nach zwei weiteren Hitnotierungen 1958 tauchte er nicht wieder in den Popcharts auf. »Over And Over« – für ihn Ende 1958 lediglich ein Platz 96 in den USA – wurde 1965 für Dave Clark Five ein Platz 1 in den US-Charts. Harris wechselte ständig seine Plattenfirma, was ihm aber auch keinen Erfolg brachte, und hatte große persönliche Probleme, zeitweise war er drogenabhängig. Er starb 1990 nach einem Herzinfarkt.

*Little Bitty Pretty One (10/57 US 6)*
***Rhythm & Blues***

## Harrison, George

v/g (Großbritannien, * 25. 2. 1943 in Liverpool).

Mitte der 50er Jahre wurde George Mitglied in der Gruppe seines Bruders Pete, den Rebels. 1958 kam er zu den Quarrymen, aus denen sich Johnny & The Moondogs, Johnny & The Silver Beatles, Silver Beatles und schließlich 1960 die Beatles entwickelten, die zwischen 1962 und 1970 neue Maßstäbe in der Popmusik setzten. Mit »Here Comes The Sun« und »Something« schrieb George Harrison zwei der schönsten Beatles-Nummern. Aber auch »Taxman« oder »While My Guitar Gently Weeps« wurden von ihm alleine verfaßt. Im November 1968 veröffentlichte George als erster Beatle ohne die Gruppe eine eigene Platte. Es war der Soundtrack zu dem Film »Wonderwall«. Nachdem Ende 1970 die Beatles auseinandergefallen waren, war George der erste, der weltweiten Erfolg als Solist haben sollte. »My Sweet Lord« kam im November 1970 in die US-Charts und wurde Platz 1. Zwei Monate später erreichte die Nummer auch die Spitze in GB und in Deutschland. Wie sich später herausstellte, war der Titel stark an den Hit »He's So Fine« von den Chiffons angelehnt, der Anfang 1963 ein Spitzenreiter in den USA war. George Harrison hat immer behauptet, der Edwin-Hawkins-Singers-Hit »Oh Happy Day« habe ihn zu »My Sweet Lord« inspiriert. Nach einem Rechtsstreit mußte Harrison sich jedenfalls die Tantiemen mit den Verfassern des Chiffons-Titels teilen. Im August 1971 spielte Harrison, auf Bitte seines Freundes Ravi Shankar, mit beim »Concert For Bangladesh«. Neben ihm spielten im New Yorker Madison Square Garden Musiker wie Bob Dylan, Ringo Starr, Leon Russell oder Eric Clapton. Nachdem es wegen einer Plattenveröffentlichung zwischen den einzelnen Firmen, bei denen die jeweiligen Künstler unter Vertrag waren, zu rechtlichen Schwierigkeiten kam, stellte Harrison einen eigenen Scheck aus, um den Hilfsfonds für Bangladesh zu unterstützen. Sein Titel »Bangla Desh« erreichte Platz 10 in den britischen Charts. »Give Me Love (Give Me Peace On Earth)« war Mitte 1973 in GB ein Platz 8, in den USA Platz 1. Danach trat eine längere Top-10-Pause ein, die erst im Frühjahr 1981 durch »All Those Years Ago«, Platz 2 in den USA, unterbrochen wurde. Die nächste Pause dauerte sechs Jahre, bis im Herbst 1987 »Got My Mind Set On You« Spitzenreiter in den USA, Platz 2 in GB wurde. Diese Nummer war keine Komposition von Harrison, sondern wurde im Original 1962 erfolglos von James Ray aufgenommen. Obwohl George Harrison einer der ersten der Fab Four war, der erkannte, daß es im Leben mehr gibt, als ein Beatle zu sein, erinnerte er sich in »When We Was Fab«, im Frühjahr 1988 sein bisher letzter nennenswerter Hiterfolg, an diese Zeit. Ähnliches war ja schon bei »All Those Years Ago« der Fall. Neben seinen gesanglichen Aktivitäten hatte George Harrison schon Mitte 1974 seine eigene Plattenfirma Dark Horse und seine eigene Filmproduktionsfirma Handmade Films gegründet. Diese sorgte dafür, daß Monty Python, nachdem sich die EMI aus dem Projekt »Das Leben des Brian« zurückgezogen hatte, den Film fertigstellen konnte. Handmade Films war in den 80er Jahren verantwortlich für Filme wie »Time Bandits«, »Mona Lisa« oder »Water«. 1988 erschien eine Platte der Traveling Wilburys, auf der neben Jeff Lynne, Roy Orbison, Tom Petty und Bob Dylan auch George Harrison mitwirkte. 1992 unterstützte der schon immer grün angehauchte Harrison in GB den Wahlkampf einer neuen ökologischen Partei, der Natural Law Party. Er trat in der Londoner Royal Albert Hall auf und wurde unterstützt von Ringo Starr, Gary Moore und Joe Walsh. Die Presse sprach von einem triumphalen Comeback. Im Dezember 1991 hatte sich Harrison, unterstützt u. a. von Eric Clapton, Andy Fairweather-Low und Nathan East, auf eine Japan-Tournee begeben. Der Mitschnitt »Live In Japan« war erstaunlich gut. Im Dezember 1992 erhielt Harrison von der amerikanischen Musikzeitschrift ›Billboard‹ den ersten Century Award, der für außergewöhnliche, zeitlose künstlerische Arbeit und Verdienste verliehen wird.

*My Sweet Lord (11/70 US 1; 1/71 CH 1, D 1, GB 1)*
*What Is Life (2/71 D 3, US 10; 3/71 CH 1)*
*Bangla Desh (8/71 GB 10; 9/71 CH 2)*
*Give Me Love (Give Me Peace On Earth) (5/73 US 1, GB 8)*
*All Those Years Ago (5/81 US 2; 8/81 CH 8)*
*Got My Mind Set On You (10/87 US 1, GB 2; 12/87 D 7)*
***AOR (Adult Orientated Rock), Beat***

**CD-Tip:** *The Best Of George Harrison* EMI CDP 7 46682 2

## Harrison, Noel

v (Großbritannien, * 29. 1. 1934 in London).
Der Sohn des großen englischen Schauspielers Rex Harrison gab 1962 sein Bühnendebüt. 1965 wurde eine erste Platte in der britischen Hitparade notiert. Mit »Windmills Of Your Mind« aus dem Film »Thomas Crown ist nicht zu fassen« erreichte Noel Anfang 1969 die britischen Popcharts. Das war seine einzige Begegnung mit den Niederungen des Top-10-Geschäfts. Danach wandte er sich dem Theater zu.

*Windmills Of Your Mind (2/69 GB 8)*
***Pop***

## Harrison, Wilbert

v (USA, * 6. 1. 1929 in Charlotte/North Carolina, † 26. 10. 1994).
Wilbert gewann 1953 bei einem Amateurwettbewerb in Miami den ersten Preis. Seine erste Plattenveröffentlichung datiert aus dem Jahre 1952. 1958, inzwischen in Newark, New Jersey, bemühte sich Wilbert um den Titel »K. C. Lovin'«, den 1952 Little Willie Littlefield aufgenommen hatte. Diese Nummer hatten Mike Stoller und Jerry Leiber als »Kansas City« geschrieben. Daß Littlefield »K. C. Lovin'« daraus gemacht hatte, war ohne die Einwilligung von Leiber und Stoller geschehen. Die beiden waren erfreut, daß sich nun ein neuer Interpret um diesen Titel bemühte. Sie halfen Wilbert bei der Suche nach einer geeigneten Plattenfirma. Als die Nummer im Frühjahr 1959 erschien, erreichte sie Platz 1 in den US-Charts und zog weitere Veröffentlichungen von Hank Ballard & The Midnighters, Little Richard und anderen nach sich. Danach wollten Wilbert keine Hits mehr gelingen. Er spielte als One-man-Band Gitarre, Schlagzeug, Mundharmonika und Piano. Zehn Jahre sollte es dauern, bis er mit »Let's Work Together Part I« Ende 1969 erneut in den amerikanischen Top 40 auftauchte. Diese von ihm geschriebene Nummer wurde Anfang 1970 mit Canned Heat ein Platz 2 in GB und noch später als »Let's Stick Together« ein Erfolg für Bryan Ferry. Danach hatte Harrison keinen Hitparadenerfolg mehr, trat aber noch bis in die 80er Jahre auf. Er starb nach einem Schlaganfall.

*Kansas City (4/59 US 1)*
***Rhythm & Blues***

## Harrow, Den

v (USA, * 4. 6. 1962 als Manuel Stefano Zandri in Boston/Massachusetts).
Den Harrow wurde zwar in Boston geboren, hat aber seit dem vierten Lebensjahr seinen Wohnsitz in Mailand. Was er musikalisch brachte, war der typische italieni-

sche Discosound aus der zweiten Hälfte der 80er Jahre. Wenn man seinen Künstlernamen schnell hintereinander ausspricht, kommt man auf Denaro, in Oberitalien bedeutet das schlicht und ergreifend Geld. Das machte er mit »Bad Boy« und »Charleston«, 1986 Top-20-Hits in Deutschland, und »Don't Break My Heart«, im April 1987 Platz 4. Den hatte das Gesicht, zu dem man bravo sagte. 1986 bekam er den Silbernen Otto, 1987 den Goldenen Otto, 1988 war er wieder Otto Normalverbraucher. Ein Top-30-Hit gelang ihm nicht mehr.

*Future Brain (9/85 CH 6)*
*Catch The Fox (12/86 CH 8)*
*Don't Break My Heart (4/87 D 4; 5/87 CH 6)*
***Disco, Pop***

## Harry J. All Stars

HARRY JOHNSON, key (Jamaika).
Diese jamaikanische Gruppe, benannt nach dem Tastenspieler des Quintetts Harry Johnson, kam Ende 1969 mit der Nummer »Liquidator« in die britische Hitparade und erreichte Platz 9. Wie so viele Interpreten des Trojan-Labels brachten sie es lediglich auf einen Hit. Als »Liquidator« rund zehn Jahre später wieder veröffentlicht wurde, kam der Titel bis auf Platz 42. Ansonsten gelang Harry J. All Stars unter diesem Namen nichts.

*Liquidator (10/69 GB 9)*
***Ska***

## Harry, Deborah

DEBBIE HARRY, v (USA, * 1. 7. 1945 in Miami/Florida).
Die amerikanische Sängerin und Filmschauspielerin begann in der zweiten Hälfte der 60er Jahre in der Folk-Rockband Wind In The Willows, die 1968 eine LP veröffentlichte. Danach arbeitete sie als Playboy-Bunny und Barfrau. Anfang der 70er Jahre stieg sie als Sängerin in die Glitter-Rockband Stilettoes ein. Mitglied in dieser Formation wurde später der Gitarrist Chris Stein. 1974 trennten sich Harry und Stein von den Stilettoes und gründeten Angel & The Snakes, aus denen dann 1975 Blondie wurde. Bis 1982 hatte diese Band jede Menge Hits. Dann trennte sich Debbie von der Gruppe und machte als Solistin weiter. »French Kissin' In The USA« war Ende 1986 ein Platz 8 in der britischen Hitparade. Die Amerikaner, die damit angesprochen wurden, brachten die Platte immerhin bis auf Platz 57. In der Folgezeit erschienen weitere Singles von ihr, die jedoch nicht mehr in die Top 10 kamen. Zwischenzeitlich hatte sie sich auch um ihre Filmkarriere gekümmert: In »Videodrome«, »Hairspray«, »Roadie«, »Union City« oder »Tales From The Dark Side – The Movie« spielte sie mit. Außerdem wirkte sie auch in Fernsehserien mit. 1989 veröffentlichte sie das Album »Def, Dumb And Blonde«. Nach vierjähriger Pause erschien Mitte 1993 die Single »I Can See Clearly«, die es in GB bis auf Platz 23 brachte. Produzent war Arthur Baker. Der Titel war ausgekoppelt aus ihrem vierten Soloalbum »Debravation«

*French Kissin' In The USA (11/86 GB 8)*
***AOR (Adult Orientated Rock), Pop***

**CD-Tip:** *The Complete Picture* Chrysalis CDP 321 817 2

## Hart, Corey

v (Kanada, * 31. 5. 1962 in Montreal).
Corey wuchs in Spanien und Mexiko auf. Mit 14 Jahren veröffentlichte er mit seinem Landsmann Paul Anka seine erste Single. Knapp 18jährig vertrat er neben Dan Hill Kanada bei dem World Song Festival im Budakan in Tokio. Mit 21 hatte er seinen ersten großen Erfolg: »Sun Glasses At Night«, im Frühjahr 1984 ein Platz

7 in den USA. Dieser Titel stammte von seiner ersten LP »First Offense«, die er in GB aufgenommen hatte. Die Reihe der Mitspieler konnte sich sehen lassen. Paul Burgess von Jethro Tull und 10 cc, Gary Tibbs, der mit Roxy Music und Adam & The Ants gespielt hatte, und Eric Clapton wirkten mit. Mitte 1985 stand »Never Surrender« auf Platz 3 in den USA. Bis in die 90er Jahre erschienen weitere rockige und gut gemachte Platten, die sich jedoch nicht mehr unter den ersten 10 plazieren ließen. Mitte 1992 kam Corey Hart auf einem neuen Plattenlabel mit der LP »Attitude And Virtue«, die eine Mixtur aus Rhythm & Blues, Rock 'n' Roll und Reggae brachte.

*Sun Glasses At Night (5/84 US 7)*
*Never Surrender (6/85 US 3)*
***AOR (Adult Orientated Rock), Pop***

**CD-Tip:** *Corey Hart – The Singles* EMI CDP 7 94974 2

## Hartley, Richard & Michael Reed Orchestra

RICHARD HARTLEY (Großbritannien); MICHAEL REED, bl (Großbritannien).
Für das britische Eistanzpaar Jayne Torvill und Christopher Dean produzierten Richard Hartley und Michael Reed für die durch Tuborg Lager gesponserte Eistanzmeisterschaft von Großbritannien, die am 18. 11. 1983 im Nottingham Ice Rink stattfand, die Musik. Es war eine Mixtur aus »Bolero« von Ravel und »Capriccio Espagnole« von Rimski-Korsakow. Auf der zweiten Seite dieser dazu erschienenen EP waren »Barnum On Ice« und »Discoskate« zu hören. Zwischen dem 7. und dem 19. 2. 1984 wurden in Sarajevo die Olympischen Winterspiele ausgetragen. Torvill und Dean gewannen mit weitem Vorsprung eine Goldmedaille im Eistanzen. Am 25. 2. 1984 kam die Platte als »The Music Of Torvill & Dean EP« in die britischen Charts und erreichte Platz 9. Es war also weniger die Qualität der Musik, sondern eher die Schönheit des Eistanzes, die die Werke von Ravel und Rimski-Korsakow in die Pophitparade brachte.

*The Music Of Torvill & Dean EP (2/84 GB 9)*
***Instrumental, Pop***

## Hartman, Dan

v (USA, * 4. 11. 1950 in Harrisburg/Pennsylvania, † 22. 3. 1994).
1973 wurde der amerikanische Multi-Instrumentalist und Sänger Mitglied in der Gruppe von Edgar Winter. 1976 stieg er aus und machte als Solist Platten. Sein Titel »Instant Replay« kam im Herbst 1978 in die US-Charts, erreichte nur Platz 29, wurde aber ein Millionseller. In GB kam sie dagegen bis auf Platz 8. 1984 stand »I Can Dream About You« aus dem Film »Streets On Fire« auf Platz 6 der US-Charts. Dan Hartman hatte sich auf Filmsongs spezialisiert und machte sich einen Namen als Produzent. In Westport, Connecticut, hatte er sich inzwischen ein eigenes Studio gebaut. Zu seinen Klienten gehörten die Average White Band, Neil Sedaka oder auch James Brown. Für Brown produzierte er »Living In America«, zu hören in »Rocky IV«. Dan starb am 22. 3. 1994 an einem Gehirntumor.

*Instant Replay (10/78 GB 8)*
*I Can Dream About You (5/84 US 6)*
***Rock***

**CD-Tip:** *Keep The Fire Burnin'* Columbia 477 759 2

## Harvey, Alex

v (Großbritannien, * 5. 2. 1935 in Glasgow, † 4. 2. 1982).
Alex Harvey machte seit der Mitte der 50er Jahre mit wechselndem Erfolg und wechselnden Musikern die unterschied-

lichste Musik. Seine Karriere begann in Skiffle-Bands. Danach spielte Alex in der Big Soul Band, mit der er zwischen 1958 und 1966 durch ganz Europa zog, inklusive des legendären Hamburger Star-Clubs. Zwischendurch trat er als Balladensänger oder als Entertainer und Clown in Kabaretts und Clubs auf. Fünf Jahre lang war er Mitglied im Londoner »Hair«-Ensemble. Mit der 1973 von ihm gegründeten Sensational Alex Harvey Band gelang ihm mit einer Coverversion von »Delilah« Mitte 1975 ein Platz 7 in GB. Ein Jahr später stand seine Sicht der »Boston Tea Party« auf Platz 13 in GB. Nach 1978 löste er seine Band auf und machte als Solist weiter. Einen Tag vor seinem Geburtstag starb er nach einem Herzschlag während einer Tournee durch Belgien.

*Delilah (7/75 GB 7)*
***Rock***

**CD-Tip:** *All Sensations* Vertigo 512 201–2

## Hasler, Harry

v (Schweiz als Viktor Giacobbo).
Harry Hasler ist ein Pseudonym des Schweizer Rundfunkmoderators Viktor Giacobbo. Er moderiert für DRS die Sendungen ›Viktors Spätprogramm‹ und ›Benissimo‹. Harry Hasler ist dabei der ›supercoole Megagei aus Schwammendingen‹. In ›Viktors Spätprogramm‹ wurde diese Kunst- zu einer Kultfigur. Er stellt eine Art Vorstadt-Casanova dar, der nach dem Vorbild amerikanischer Rapper die Nummer »Saletti« präsentierte und damit gleich in die Schweizer Hitparade kam.

*Saletti (6/96 CH 2)*
***Rap***

## Hasselhoff, David

v (USA, * 17. 7. 1952 in Baltimore/Maryland).
Für den heimischen amerikanischen Markt war der Gesang des Amerikaners nicht geeignet. Deutsche Kinder, die David Hasselhoff als ›Knight Rider‹ kannten, liebten ihn. Ende 1978 hatte Mark Seaberg den Titel »Looking For Freedom« aufgenommen, der bis auf Platz 16 der deutschen Charts kam. Jack White hatte die Nummer damals mitgeschrieben und produzierte das Stück Anfang 1989 mit David neu. Im April erreichte die Platte Platz 1 der deutschen Hitparade. Der Nachfolgehit war »Is Everybody Happy«, Platz 8. Davids gesangliche und schauspielerische Fähigkeiten sind sehr umstritten, werden aber von den jugendlichen Konsumenten von ›K.I.T.T.‹ oder ›Baywatch‹ akzeptiert. Zusammen mit der minderjährigen Gwen nahm er die herzzerreißende Schmonzette »Wir zwei allein« auf, die zu Weihnachten 1993 genau richtig kam.

*Looking For Freedom (3/89 D 1; 4/89 CH 1)*
*Is Everybody Happy (6/89 D 8; 7/89 CH 8)*
*Wir zwei allein (12/93 D 9; 1/94 CH 10)*
***Schlager***

## Hathaway, Donny

v/key (USA, * 1. 10. 1945 in Chicago/Illinois, † 13. 1. 1979).
1964 traf Donny, während er in Washington Musik studierte, auf Roberta Flack. Er spielte Keyboards im Ric Powell Jazz Trio. 1968 lernte er in Chicago Curtis Mayfield kennen, der ihn bat, mit der Sängerin June Conquest einige Platten im Duett aufzunehmen. Außerdem arbeitete er für Chess Records mit Woody Herman und als freier Produzent für Stax mit Carla Thomas und den Staple Singers. Ein Jahr später freundete sich Donny mit dem Saxophonisten King Curtis an, der ihn der Plattenfirma Atlantic empfahl. Die machte einen Vertrag mit Hathaway als Produzent, Songschreiber und Sänger. Im Fe-

bruar 1970 erschien seine erste eigene Platte, aber richtig Erfolg sollte er im Duett mit seiner alten Studienkollegin Roberta Flack haben. Die erste gemeinsame Platte erschien im März 1971, hieß »You've Got A Friend« und wurde ein Top-30-Hit in den USA. »Where Is The Love« 1972 und »The Closer I Get To You« 1978 waren Millionseller und Top-10-Hits für Donny und Roberta. Am 13. 1. 1979 fiel Donny aus dem 15. Stock des Essex-House-Hotels in New York. Von der Polizei wurde das als Selbstmord hingestellt. Freunde von Donny sind da anderer Meinung.

*Where Is The Love (6/72 US 5)*
*The Closer I Get To You (2/78 US 2)*
*Back Together Again (5/80 GB 3)*
***Rhythm & Blues, Soul***

## Hawkes, Chesney

v (Großbritannien, * 22. 9. 1971 in Windsor/Berkshire).
Chesney ist der Sohn von Chip Hawkes, der einer der Leadsänger der Tremeloes war. Als Roger Daltrey, Sänger der Who, für den Film »Buddy's Song« einen Filmsohn suchte, fiel seine Wahl auf Chesney Hawkes. Der spielt darin einen jungen Musiker, dessen Vater total über den Erfolg seines Sohnes ausrastet und damit dessen Karriere in Gefahr bringt. Zum Soundtrack von »Buddy's Song« steuerte Chesney auch eigene Songs bei. Der Titel »The One And Only«, geschrieben von Nik Kershaw, kam im Februar 1991 in die britischen Charts und wurde Platz 1. Zwei Monate später war es ein Top-10-Hit in Deutschland, im August 1991 einer in den USA. Der Titel war nicht nur in »Buddy's Song« zu hören, sondern wurde auch für den Soundtrack von »Doc Holiday« mit Michael J. Fox übernommen. Mitte 1993 erschien die CD »Get The Picture«, auf der jedoch kein potentieller Hit zu finden war. Ab 1994 versuchte sich auch Chesneys Schwester Keeley Hawkes als Interpretin. Von beiden sah man jedoch in den nächsten beiden Jahren nichts mehr in den Charts. Als die Hits ausblieben, spielte er Theater und gründete die Gruppe Ebb, in dem auch seine Brüder Jodie (Drums) und Paul (Gitarre) spielten.

*The One And Only (2/91 GB 1; 4/91 D 8; 6/91 CH 4; 8/91 US 10)*
***AOR (Adult Orientated Rock), Pop***

**CD-Tip:** *Buddy's Song* Chrysalis CCD 1812

## Hawkins, Edwin

v (USA, geb. in Oakland/Kalifornien).
1967 startete Edwin Hawkins seine erste eigene Gospelgruppe als den Northern California State Youth Choir. Mit seinen Edwin Hawkins Singers veröffentlichte er den Titel »Oh Happy Day«, der im April 1969 in die amerikanischen Charts kam, Platz 4 und ein Millionseller wurde. In GB erreichte der Titel Platz 2, in Deutschland gar Platz 1. Zusammen mit Melanie kamen die Edwin Hawkins Singers ein Jahr später wieder unter die ersten 10 der US-Charts: »Lay Down (Candles In The Rain)«. Die Sängerin Dorothy Morrison, die die Leadstimme bei »Oh Happy Day« gesungen hat, trennte sich von der Gruppe und begann eine Solokarriere, die 1969 und 1970 zu zwei Top-100-Hits führte. Die Edwin Hawkins Singers touren nach wie vor und nehmen gelegentlich auch mal eine Platte auf.

*Oh Happy Day (4/69 GB 2, US 4; 6/69 CH 1, D 1)*
*Lay Down (Candles In The Rain) (4/70 US 6)*
***Soul***

**CD-Tip:** *Oh Happy Day – The Best Of Edwin Hawkins* Sequel NEM CD 636

## Hawkins, Erskine

tr/bl (USA, * 26. 7. 1914 in Birmingham/ Alabama, † 11. 11. 1993).
Erskine war zwischen 1936 und 1948 mit seinem Orchester regelmäßig in den US-Charts vertreten. Seine ersten Erfolge hatte er vorwiegend in New Yorks Stadtteil Harlem. Seinen größten Erfolg hatte Erskine mit der von ihm geschriebenen Nummer »Tuxedo Junction«, Ende 1939 ein Platz 7 in den USA. Glenn Miller hatte mit demselben Titel eine Nummer 1. »Dolomite« 1940 und »Tippin' In« 1945 waren zwei weitere Top-10-Erfolge für Hawkins. In den späten 50er Jahren leitete Erskine eine eigene Combo, die bis in die 70er Jahre spielte. Noch 1986 trat er bei dem fünften Floating Jazz Festival an Bord der SS Norway auf. Erskine starb am 11. 11. 1993.

*Dolomite (8/40 US 10)*
*Tippin' In (4/45 US 9)*
***Pop***

## Hawkins, Sophie B.

v/g (USA, * 1. 11. 1967 in Manhattan/ New York City).
Sophies Musik ist nur schwer einzuordnen, als Einfluß gibt sie David Bowie, Ludwig van Beethoven, Barbra Streisand, Thelonius Monk und John Coltrane an. Sie interessierte sich schon früh für Jazz und absolvierte ihre ersten öffentlichen Auftritte als Schlagzeugerin einer New Yorker Punkband. In den frühen 80er Jahren spielte sie Percussion in Bryan Ferrys Backing Band. Ihre Debüthit war »Damn I Wish I Was Your Lover« (4/92 US 5, 7/92 GB 14, D 15). Mit einer Nachfolgesingle tat sie sich lange schwer, obwohl »California, Here I Come« (9/92 GB 53, 11/92 D 77) zumindest genauso schön war wie ihr erster Hit. Sophie gehört zu der Riege der neuen Interpretinnen der 90er Jahre, die sich ihr Material ohne fremde Hilfe selbst schreiben können. Im Herbst 1994 stand ihr Titel »Right Beside You« (8/94 GB 13, D 17) sowohl in GB als auch in Deutschland unter den ersten 20. Mitte 1995 erschien ihr Album »Whaler«. Darauf mit »As I Lay Me Down« ein Top-10-Hit in den USA und schon im März 1995 ein Platz 24 in GB.

*Damn I Wish I Was Your Lover (4/92 US 5)*
*Right Beside You (12/94 CH 8)*
*As I Lay Me Down (6/95 US 6)*
***AOR (Adult Orientated Rock), Rock***

**CD-Tip:** *Tongues And Tails* Columbia 468 823 2

## Hawkwind

DAVE BROCK, v/g (Großbritannien, geb. in Isleworth/Middlesex); BOB CALVERT, v/fl (Südafrika, geb. in Pretoria, † 14. 8. 1988); DIK MIK DAVIES (Großbritannien, geb. in Richmond/Surrey); DEL DETTMAR (Großbritannien, geb. in Thornton Heath/ Crydon); JOHN HARRISON, b; SIMON KING, d; HUW LLOYD LANGTON, g; LEMMY, b (Großbritannien, * 24. 12. 1945 als Ian Frazer Kilminster in Stoke-on-Trent); TERRY OLLIS, d; MICK SLATTERY, g; DICK TAYLOR, g (Großbritannien, * 28. 1. 1943 in Dartford/Kent); NIK TURNER, v/sax/fl (Großbritannien, geb. in Oxford).
Hawkwind war das letzte Relikt der Hippie-Psychedelic-Mode. Manchmal hatte man das Gefühl, daß die Gruppe sich nie ernsthaft bemühte, etwas Kommerzielles zu produzieren. Auf der anderen Seite waren sie auch mit ihrer audiovisuellen Mixed-Media-Show allen anderen Gruppen um Jahre voraus. Diese Londoner Band, die sich wohl wie eine Art Experimentier-Club empfand, wurde 1969 gegründet. In der Besetzung Brock, Turner, Dik Mik, Harrison, Ollis und Slattery kam es zu den ersten Auftritten. Ende 1969 verließ Slattery die Gruppe und wurde durch die Gitarristen Huw Lloyd Langton und Dick Taylor ersetzt. In dieser Beset-

zung wurde nun die erste LP eingespielt, die von dem Space Rock, den die Gruppe zu jeder Zeit und an jedem Ort bei Free-Concerts spielte, wenig hören ließen. Sicher hatte die Gruppe mit allem gerechnet, nur nicht damit, daß sie es einmal zu einem Hit bringen würde. Ihre Nummer »Silver Machine« kam Mitte 1972 in die britischen Charts und erreichte Platz 3. Im Laufe der nächsten Jahre änderte sich die Besetzung immer wieder. Mitglieder gingen, kamen wieder oder wurden ersetzt. Zeitweise nannte man sich Hawklords, um rechtliche und vertragliche Komplikationen zu vermeiden. Ab 1979 firmierten die Musiker wieder als Hawkwind. In den 80er Jahren war Ginger Baker kurzfristig Mitglied der Formation, die bis in die 90er Jahre Platten veröffentlicht. Sänger Bob Calvert, der 1974 als Captain Lockheed & The Starfighters Platten veröffentlicht hatte, starb am 14. 8. 1988 nach einem Herzanfall. Lemmy stieg 1975 aus und gründete Motorhead.

*Silver Machine (7/72 GB 3, D 6; 9/72 CH 1)*
***Psychedelic, Rock***

**CD-Tip:** *Stasis The U.A. Years 1971 – 1975* EMI CDP 7 46694 2

## Hayes, Bill

v (USA, * 5. 6. 1926 in Harvey/Illinois).

In seiner Heimat USA wurde Bill in den 50er Jahren als Schauspieler in der Serie ›Your Show Of Shows‹ bekannt. Schon seit seiner Schulzeit hatte er gesungen und geschauspielert und sein offizielles Bühnendebüt Ende der 40er Jahre in einer kleinen Rolle in »Carousel« gegeben. Mit dem Titel »The Ballad Of Davy Crockett« aus der Walt-Disney-TV-Serie ›Davy Crockett‹, in der das Leben dieses Trappers und Waldläufers beschrieben wurde, hatte Bill Hayes im Frühjahr 1955 einen Platz 1 in der amerikanischen Hitparade. Knapp ein Jahr später erreichte die Nummer Platz 2 in GB. In der Serie wurde das Stück von Fess Parker gesungen. Bevor jedoch sein Original auf dem Markt war, hatte Bill Hayes bereits den Hit. Tennessee Ernie Ford und Fess Parker erreichten Platz 5 in den USA, ebenfalls 1955. »Wringle, Wrangle« aus dem Film »Westward Ho, The Wagons« war für Bill im Frühjahr 1957 noch einmal ein Top-40-Hit in den USA. Mehr ist ihm auf diesem Sektor nicht gelungen. In den 70er und 80er Jahren war Bill in der TV-Seifenoper ›Days Of Our Lives‹ zu sehen.

*The Ballad Of Davy Crockett (2/55 US 1; 1/56 GB 2)*
***Country, Pop***

## Hayes, Isaac

v/p (USA, * 20. 8. 1938 in Covington/Tennesse).

Der amerikanische Sänger, Pianist, Songschreiber, Schauspieler und Produzent begann als Sessionmusiker für Aufnahmen von Otis Redding und andere Künstler des Stax-Labels. Zusammen mit dem Songschreiber David Porter komponierte er eine Reihe bekannter Soulhits wie »Soul Man« oder »Hold On! I'm A Comin'«. Ende der 60er Jahre veröffentlichte er seine ersten eigenen Platten. Das Thema aus dem Film »Shaft«, »Theme From Shaft« (10/71 US 1, 12/71 GB 4, 2/72 D 35) machte aus ihm einen Superstar. Isaac erhielt für die Nummer einen Oscar und einen Grammy. Er hatte auch weitere Erfolge mit Filmmusiken, z. B. »Tough Guys« und »Truck Turner«. 1972 galt Isaac Hayes in der internationalen Presse als der führende Interpret des New Soul. Seine Plattenproduktionen gehen bis weit in die 90er Jahren. Für viele ist er der ›Original Rapper‹ – sein Einfluß ist speziell bei Barry White oder Marvin Gaye und deren ›Bedroom Rap‹ zu hören.

*Theme From Shaft (10/71 US 1; 12/71 GB 4)*
*Disco Connection (4/76 GB 10)*
***Instrumental, Rhythm & Blues, Soul***

**CD-Tip:** *Isaac's Moods* Stax CDSX 011 TIS

## Hayes, Richard

v (USA).
Richard war zwischen 1949 und 1953 in den USA erfolgreich. Der Titel »The Old Master Painter« kam Ende 1949 in die US-Charts und erreichte Platz 2. »Our Lady Of Fatima« 1950 und »The Aba Daba Honeymoon« 1951, beide Titel im Duett mit Kitty Kallen, und »Out In The Cold Again«, ebenfalls 1951, waren seine weiteren Top-10-Erfolge.

*The Old Master Painter (12/49 US 2)*
*Our Lady Of Fatima (9/50 US 10)*
*The Aba Daba Honeymoon (3/51 US 9)*
*Out In The Cold Again (10/51 US 9)*
***Pop***

## Hayman, Richard

harm (USA, * 27. 3. 1920 in Cambridge/ Massachusetts).
In den 50er Jahren war Hayman ein bekannter Harmonikasolist. Mit 18 begann er mit Borrah Minevitch's Harmonica Rascals, danach spielte er mit Leo Diamond in Hollywood. In den 40er Jahren arrangierte er Musik für Filme, darunter »Meet Me In St. Louis«, »Girl Crazy« und »State Fair«. Außerdem arrangierte er Musik für Vaughan Monroe. Nebenher spielte er in der Band von Hoarce Heidt. 1953 hatte er mit »Ruby«, dem Thema aus dem Film »Ruby Gentry«, seine höchste Notierung in den US-Charts. Seine letzte Hitnotierung in den Top 20 war im Februar 1956 »A Theme From The Threepenny Opera (Moritat)«. Er nahm bis in die 60er Jahre Platten auf. In den 80er Jahren spielte er in den USA in Nachtclubs.

*Ruby (4/53 US 3)*
***Pop***

## Haymes, Dick

v (Argentinien, * 13. 9. 1916 in Buenos Aires, † 28. 3. 1980).
Der in Buenos Aires geborene Sänger wuchs in Europa auf. 1936 kam er in die USA, schrieb Songs, sang im Radio und spielte kleinere Rollen in Filmen. Dann versuchte er, Harry James seine selbstgeschriebenen Lieder zu verkaufen, der ihn 1939 als Ersatz für Frank Sinatra als Sänger engagierte. Mit ihm hatte er Ende 1941 den Top-20-Hit »A Sinner Kissed An Angel« und 1944 den Spitzenreiter »I'll Get By (As Long As I Have You)« – der Titel kam zwar erst 1944 in die Hitparaden, wurde aber im April 1941 aufgenommen. Dick Haymes sang auch bei Benny Goodman, z. B. »Idaho«, im Sommer 1942 ein Platz 4, und bei Tommy Dorsey. Ab 1943 war er auch als Solist erfolgreich. In jenem Jahr hatte er in den USA die beiden Spitzenreiter »It Can't Be Wrong« und »You'll Never Know«. Fünf Jahre später gelang ihm mit »Little White Lies« ein Millionseller und Platz 2. Zwischen 1944 und 1946 sang Dick zusammen mit Helen Forrest etliche Titel, von denen sich zehn in den US-Charts plazieren konnten. Seine größten Hits im Duett mit Helen waren »Long Ago (And Far Away)« im Frühjahr 1944 und »I'll Buy That Dream« Ende 1945. Ab 1948 bis 1953 wirkte er in mehr als zehn Filmen mit. Da er offensichtlich nie amerikanischer Staatsbürger wurde und sich im Zweiten Weltkrieg mit dieser Begründung vor der Armee drückte, hatte er 1953 nach einem Auslandsaufenthalt mit seiner vierten Frau Rita Hayworth Schwierigkeiten, wieder in die USA einzureisen. Er wurde zwar nicht abgeschoben, aber seine Karriere litt darunter. 1960 und 1971 machte Dick Bankrott, ab Mitte der 60er Jahre lebte er in Irland und trat nur noch hin und wieder in amerikanischen Nachtclubs und Fernsehsendungen auf.

*I Can't Be Wrong (6/43 US 1)*
*In My Arms (7/43 US 3)*

*You'll Never Know (7/43 US 1)*
*Wait For Me, Mary (7/43 US 6)*
*Put Your Arms Around Me, Honey (10/43 US 5)*
*Long Ago (And Far Away) (4/44 US 2)*
*It Had To Be You (9/44 US 4)*
*Together (10/44 US 3)*
*Laura (5/45 US 9)*
*The More I See You (6/45 US 7)*
*I Wish I Knew (7/45 US 6)*
*I'll Buy That Dream (9/45 US 2)*
*Till The End Of Time (9/45 US 3)*
*Some Sunday Morning (9/45 US 9)*
*That's For Me (10/45 US 6)*
*It Might As Well Be Spring (11/45 US 5)*
*I'm Always Chasing Rainbows (1/46 US 7)*
*Oh! What It Seemed To Be (3/46 US 4)*
*How Are Things In Glocca Mora? (3/47 US 9)*
*Mam'selle (5/47 US 3)*
*I Wish I Didn't Love You So (10/47 US 9)*
*Little White Lies (4/48 US 2)*
*You Can't Be True, Dear (6/48 US 9)*
*It's Magic (7/48 US 9)*
*Room Full Of Roses (6/49 US 6)*
*Maybe It's Because (7/49 US 5)*
*The Old Master Painter (12/49 US 4)*
*Count Every Star (7/50 US 10)*
***Pop***

## Haysi Fantayzee

PAUL CAPLIN, key (Großbritannien); KATE GARNER (Großbritannien, * 9. 7. 1953 in Wigan/Lancashire); JEREMIAH HEALY, dj (Großbritannien, * 18. 1. 1962).

Den größten Erfolg hatte dieses Londoner Discotrio zweifellos 1982 in Deutschland. Musikalisch vorbelastet war nur Caplin, der vorher Keyboarder bei einer britischen Formation gewesen war. Kate war Modefotografin, Jeremiah Discjockey. Die Nummer »John Wayne Is Big Leggy« kam vor allem über die Discotheken und Clubs in die Hitparaden. In GB erreichte sie Platz 11, in Deutschland Platz 3. Es folgten noch drei weitere Singleveröffentlichungen, die aber nur mäßig erfolgreich waren. 1983 trennten sie sich wieder. Healy schrieb Musik für TV-Werbung, bevor er eine Solosingle veröffentlichte und später zu E-Zee Posse ging. Was von Haysi Fantayzee in Erinnerung blieb, war der von ihnen kreierte Lumpen-Look.

*John Wayne Is Big Leggy (11/82 D 3; 1/83 CH 4)*
***Disco, Pop***

## Hayward, Justin

v/g/p (Großbritannien, * 14. 10. 1946 in Swindon/Wiltshire).

Bevor Justin Ende 1966 Mitglied bei Moody Blues wurde, hatte er bereits etliche Stationen durchlaufen. Zusammen mit Marty Wilde und dessen Frau hatte er ein Trio gegründet, hatte Theater gespielt und einige erfolglose Singles veröffentlicht. Er löste bei Moody Blues Danny Laine ab. Mit Justin kam es zum größten Erfolg der Formation: »Nights In White Satin«. Moody Blues machten Platten bis in die 90er Jahre. Zwischendurch fanden einzelne Mitglieder der Gruppe immer wieder Gelegenheit, alleine oder im Duo andere Projekte zu verfolgen. 1970 hatte die Band ihre eigene Plattenfirma Threshold gegründet, auf der die meisten dieser Projekte erschienen. Justin Hayward und sein Bandkollege John Lodge erreichten mit »Blue Guitar« im Oktober 1975 die britische Hitparade und kamen bis auf Platz 8. 1978 erschien das Konzeptalbum »War Of The Worlds«. Es handelte sich dabei um eine von Jeff Wayne musikalisch aufbereitete Version von »Krieg der Welten«. Justin Hayward sang unter anderem den Titel »Forever Autumn«. Als Single ausgekoppelt, erreichte die Platte Mitte 1978 Platz 5 in GB.

*Blue Guitar (10/75 GB 8)*
*Forever Autumn (7/78 GB 5)*
***AOR (Adult Orientated Rock), Soft Pop***

**CD-Tip:** *War Of The Worlds* CBS 96000

## Haza, Ofra

v (Israel, * 19. 11. 1957 in Tel Aviv).

Die israelische Sängerin jemenitischer Abstammung erhielt in ihrem Heimatland bereits im Alter von 14 Jahren einen Grammy als beste Live-Interpretin. Nach einigen anderen Auszeichnungen wurde sie 1980/81 durch Israels Top-Radiostationen zur besten Sängerin gewählt. 1983 vertrat sie Israel beim Grand Prix Eurovision und belegte Platz 2 mit »Hi«. Spätestens seit diesem Zeitpunkt gehörte sie in Israel zu den populärsten und erfolgreichsten Sängerinnen. Was Ofra Haza 1988 auf den Markt brachte, war eine Fusion aus jemenitischer Volksmusik und zeitgemäßem tanzbaren Funk. Möglich, daß dieser Titel auch deshalb so bekannt wurde, weil Eric B. And Rakim auf ihrer Hitsingle »Paid In Full« vom November 1987 Stücke aus der Nummer gesampelt hatten. »Im Nin'Alu« kam im April 1988 in die britischen Charts und wurde Platz 15. Mitte 1988 wurde es Spitzenreiter in Deutschland. Mit »Galbi« versuchte Ofra Haza zwei Monate später, den Erfolg zu wiederholen. Es wurde ein Platz 20. Ein weiterer Hit gelang ihr bisher nicht mehr. Auch auf Produktionen anderer Künstler wirkte sie mit, so z. B. bei den Sisters Of Mercy und »Temple Of Love« oder aber zusammen mit Stefan Waggershausen bei dessen Titel »Jenseits von Liebe«, der es im Frühjahr 1993 auf Platz 71 in den deutschen Charts brachte. Als Solistin veröffentlichte sie Anfang 1995 die Single »Mata Hari«, die aus dem im April 1995 erschienenen Album »Queen In Exile« stammte.

*Im Nin'Alu (6/88 CH 1, D 1)*
***Grand Prix, Pop, World Music***

**CD-Tip:** *Yemenite Songs* Ofra CD 1

## Head, Murray

v (Großbritannien, * 5. 3. 1946 in London).

Der britische Sänger, Songschreiber und Schauspieler wurde bekannt, als er in der Plattenproduktion von »Jesus Christ Superstar« als Judas mitmachte. Seine erste Hitnotierung in den USA hatte er im Januar 1970 mit dem Titel »Superstar« aus ebendiesem Musical. Ein Titel aus dem Musical »Chess«, geschrieben von Tim Rice und Benny Andersson und Björn Ulvaeus von Abba, brachte Murray den größten Erfolg: »One Night In Bangkok«. Die Platte kam Ende 1984 in die deutsche Hitparade und wurde Platz 1, Platz 12 in England und in den USA Platz 3. Obwohl Murray Head sehr viele andere schöne Platten aufgenommen hat, z. B. »Say It Ain't So« 1975, blieb das sein größter Erfolg.

*One Night In Bangkok (12/84 D 1; 1/85 CH 1; 2/85 US 3)*
***Pop***

**CD-Tip:** *Say It Ain't So* Island 251 219

## Head, Roy

v (USA, * 9. 1. 1943 in Three Rivers/Texas).

Der Amerikaner begann Mitte der 60er Jahre mit seiner eigenen Band Traits. Nachdem sie 1965 einen Plattenvertrag erhielten, nannten sie sich Roy Head & The Traits. Ihr erster sollte auch ihr größter Erfolg werden: »Treat Her Right«, im Herbst 1965 Platz 2 in den USA. Danach versuchte er sich als Solist, und als es mit Rock- und Popmusik nicht mehr klappte, machte er wie so viele vor und nach ihm auf Countrysänger. Auf diesem Sektor hatte er mit »Come To Me« 1977 seinen größten Erfolg.

*Treat Her Right (9/65 US 2)*
***Country, Rock***

## Healey, Jeff

JEFF HEALEY, v/g (Kanada, * 25. 3. 1966 in Toronto); JOE ROCKMAN, v/b (Kanada, * 1. 1. 1957 in Toronto); TOM STEPHEN, d (Kanada, * 2. 2. 1955 in St. John/New Brunswick).

Das kanadische Blues-Rock-Trio hatte Mitte 1989 einen Platz 5 in den US-Charts mit »Angel Eyes«. Makaber, wenn man bedenkt, daß Gitarrist und Sänger Jeff Healey seit dem ersten Lebensjahr blind ist. Die Debüt-LP dieser Band hieß »See The Light«. Die drei Musiker waren 1985 zusammengekommen. Jeff, der seit seinem dritten Lebensjahr Gitarre spielt, hatte bereits mit 15 seine erste Band gegründet, die Blue Direction hieß. 1985 spielte er mit dem Bluesgitarristen Albert Collins zusammen, der vom Spiel des jungen Jeff stark beeindruckt war. Noch im selben Jahr gründete er seine Jeff Healey Band, und sie nahmen auf ihrem eigenen Label einige Singles auf. 1988 erhielten sie einen Plattenvertrag bei Arista, 1989 erschien ihre erste LP. Die Platte verkaufte sich über zweimillionenmal, und die Band ging auf eine Welttournee. 1989 spielte die Band im Film »Roadhouse« mit, in der Hauptrolle Patrick Swayze. Jeff spielte einen blinden Bluesgitarristen. Auf der zweiten LP der Band, »Hell To Pay«, waren als Sessionmusiker Jeff Lynne, Mark Knopfler, Bobby Whitlock, Paul Shaffer oder George Harrison zu hören. George sang Backing Vocals und spielte akustische Gitarre mit Jeff Lynne bei »While My Guitar Gently Weeps«. 1992 erschien mit »Feel This« eine weitere ausgezeichnete LP der Jeff Healey Band, Anfang 1995 kam »Cover To Cover« – wie der Titel schon sagt, spielten Jeff und seine Band auf diesem Album Coverversionen bekannter Stücke vorwiegend aus dem Bereich Rhythm & Blues. Eine Besonderheit am Gitarrenspiel von Healey ist, daß er sich die Gitarre quer auf den Schoß legt und wie eine Zither spielt.

*Angel Eyes (6/89 US 5)*
***AOR (Adult Orientated Rock), Blues, Rock***

**CD-Tip:** *Feel This* Arista 74321 12087 2

## Heart

MARK ANDES, b (USA, * 19. 2. 1948 in Philadelphia/Pennsylvania); DANNY CARMASSI, d; SCHUYLER DEALE, b; MIKE DEROSIER, d (Kanada, * 24. 8. 1951); ROGER FISHER, g (USA, * 14. 2. 1950); STEVE FOSSEN, b (USA, * 15. 11. 1949); HOWARD LEESE, g/key (Kanada, * 13. 6. 1951); JOHN PURDELL, v/key; ANN WILSON, v (USA, * 19. 6. 1950 in San Diego/Kalifornien); NANCY WILSON, v/g/key (USA, * 16. 3. 1954 in San Francisco).

1970 wurde Ann Wilson in Seattle Mitglied der Band Army. Fossen und Fisher hatten die Band bereits 1963 gegründet. Ann und ihre Schwester Nancy hatten vorher mit Ann Wilson & The Daybreaks und Bordersong gesungen und gespielt. 1972 legte man den militärischen Namen ab und nannte sich White Heart. 1974, nachdem sie das College beendet und sich als Solo-Folksängerin versucht hatte, kam auch Nancy Wilson zur Band, die sich jetzt nur noch Heart nannte. 1975 ließ sich die Gruppe in Vancouver, Kanada, nieder, und sie erhielten ihren ersten Plattenvertrag. »Dreamboat Annie«, eine Mixtur aus Folkballaden und Hard Rock, war noch im selben Jahr ihre erste LP-Veröffentlichung. Als diese LP im Juni 1976 in den USA erschien, erreichte sie Platz 35 in den LP-Charts. Eine Auskopplung aus dieser Platte, »Magic Man«, war der erste Top-10-Erfolg von Heart in den USA. Im Dezember 1976 ging die Gruppe zurück nach Seattle und unterschrieb einen neuen Plattenvertrag bei CBS. »Tell It Like It Is« 1980, »What About Love?« und »Never« 1985 waren weitere Top-10-Erfolge. Im Januar 1986 kam »These Dreams« in die US-Charts und wurde

Spitzenreiter. Gleiches gelang anderthalb Jahre später ihrer Single »Alone«. »Who Will You Run To« war ein weiterer Top-10-Erfolg 1987. 1990 erschien ihr Millionseller »All I Wanna Do Is Make Love To You«, im März 1990 ein Platz 2 in den USA. Zwischenzeitlich hatte es wieder einen Wechsel der Plattenfirma gegeben, und auch innerhalb der Band gab es Umbesetzungen. 1982 waren Mark Andes, der vorher mit Spirit, Jo Jo Gunne und Firefall gespielt hatte, als neuer Bassist und Danny Carmassi von Montrose als Schlagzeuger hinzugekommen. Anfang der 90er Jahre kamen drei frühere Mitglieder der Band, Fossen, Derosier und Roger Fisher, mit einigen Exmitgliedern von Sheriff als Hard-Rock-Act Alias zusammen. Im Duett mit Mike Reno und Robin Zander hatte Ann Wilson 1984 bzw. 1988 weitere Top-10-Erfolge. Die Schwestern Wilson veröffentlichten 1992 in den USA eine EP als Lovemongers. Ende 1993 erschien mit »Desire Walks On« auch wieder eine neue CD von Heart. Andes hatte 1993 Heart wieder verlassen. Für ihn ist Schuyler Deale in die Band gekommen. Als zweiter Keyboarder kam noch John Purdell hinzu. Die kanadische Sängerin Dalbello sang Backing Vocals. Eine Auskopplung aus »Desire Walks On«, »Will You Be There In The Morning«, wurde Ende 1993 zumindest in GB ein Top-20-Erfolg.

*Magic Man (7/76 US 9)*
*Barracuda (8/77 D 8)*
*Tell It Like It Is (11/80 US 8)*
*What About Love? (6/85 US 10)*
*Never (9/85 US 4)*
*These Dreams (1/86 US 1)*
*Nothin' At All (4/86 US 10)*
*Alone (5/87 US 1, GB 3; 7/87 CH 4)*
*Who Will You Run To (8/87 US 7)*
*Never/These Dreams (3/88 GB 8)*
*All I Wanna Do Is Make Love To You (3/90 US 2, GB 8)*
***AOR (Adult Orientated Rock), Rock***

**CD-Tip:** *Heart* Capitol CDP 7 46157 2

## Heath, Ted

pos/bl (Großbritannien, * 30. 3. 1900 in Wandsworth/London, † 18. 11. 1969).
Ted begann in den frühen 20er Jahren als Posaunist in den Orchestern von Jack Hylton, Bert Firmen oder Al Starita. Von 1927 bis 1935 spielte er mit Ambrose. Nach weiteren Stationen gründete er 1945 seine erste eigene Band, mit der er durch England tourte und in Radiosendungen spielte. Sein Orchester hatte viele Auftritte im berühmten Hammersmith Palais de Danse. Konzerte im Londoner Palladium stabilisierten den Ruf dieser Formation. Inzwischen waren auch ihre Platten in GB recht erfolgreich. Ab Mitte der 50er Jahre wurde das Orchester auch in den USA bekannt. In der Band spielten Musiker wie Kenny Baker oder Ronnie Scott. Gesungen wurde von Beryl Davis und Lita Roza. 1956 unternahmen sie eine sehr erfolgreiche Tournee durch die USA. In GB spielten sie bis weit in die 60er Jahre. Ab 1953, kurz nachdem in GB eine Singlehitparade eingeführt wurde, wurden auch Platten von Heath in den Charts notiert. »Hot Toddy« und »Dragnet« 1953, »Skin Deep« 1954 und »Swingin' Shepherd Blues« waren seine Top-10-Erfolge in GB. Bis in die 90er Jahre spielten viele der Originalmusiker unter der Leitung von Don Lusher oder Jack Parnell noch zusammen.

*Hot Toddy (7/53 GB 6)*
*Dragnet (11/53 GB 9)*
*Skin Deep (2/54 GB 9)*
*Swingin' Shepherd Blues (3/58 GB 3)*
***Big Band, Pop***

## Heatwave

ERNEST BERGER, d (Tschechische Republik); ERIC JOHNS, g (USA, geb. in Loa Los Angeles/Kalifornien); BILLY JONES, v; MARIO MANTESE, b (Spanien); J.D. NICHOLAS, v (Großbritannien, * 12. 4. 1952 in Watford/Hertshire); ROD TEMPERTON, key (Großbritannien); JESSIE WHITTEN (USA); JOHNNIE WILDER, v (USA, * 3. 7. 1949 in Dayton/Ohio); KEITH WILDER, v (USA, geb. in Dayton/Ohio).

Johnnie Wilder gründete 1972 während seiner Militärzeit zusammen mit seinem Bruder Keith in Kaiserslautern Johnnie Wilder's Chicago Heatwave. Nach der Militärzeit tourte die multinationale Truppe – Mantese ist Spanier, Berger Tscheche –, die auch keine Rücksicht auf die Hautfarbe ihrer Mitglieder nahm, durch die amerikanischen Clubs in der Bundesrepublik und ging dann nach GB und zog dort jahrelang durch die englische Show-Provinz. 1976 sollte der Band der erste große Erfolg gelingen. Sie veröffentlichte die LP »Too Hot To Handle«, auf der sich die Nummer »Boogie Nights« befand. Dieser Titel kam im Januar 1977 in die britische Hitparade und erreichte Platz 2. Ein halbes Jahr später erreichte die Nummer die US-Charts und kam auch dort bis auf Platz 2. Außerdem setzte es eine Platinplatte. »Always And Forever«, auch von dieser ersten LP, war im Januar 1978 ein Millionseller in den USA und ein Platz 9 in GB. »The Groove Line« war Mitte 1978 wieder ein Millionseller in den USA und ein Platz 7. Es folgten einige tragische Ereignisse. Nach einem schweren Autounfall verließ Mantese die Band. Whitten wurde erstochen. 1979 hatte Johnnie einen schweren Autounfall und sitzt seitdem im Rollstuhl. Auf der LP »Current« aus dem Jahr 1982 war außer den beiden Brüdern Wilder nur noch Ernest Berger von der alten Besetzung übriggeblieben. Rod Temperton, der die großen Hits der Band im Alleingang geschrieben hat, ist inzwischen ein gesuchter Produzent und Songschreiber. 1990 erschien »Gangsters Of The Groove«. Für Johnnie Wilder war mit Billy Jones ein neuer Sänger in die Band gekommen. Außer Keith Wilder war von der Hitformation der 70er Jahre nun keiner mehr bei Heatwave.

*Boogie Nights (1/77 GB 2; 7/77 US 2)*
*The Groove Line (5/78 US 7)*
*Always And Forever/Mind Blowing Decision (11/78 GB 9)*
***Disco, Rhythm & Blues***

**CD-Tip:** *Gangsters Of The Groove* Blow Up INT 845.550

## Heaven 17

GLENN GREGORY, v (Großbritannien, * 16. 5. 1958 in Sheffield); IAN CRAIG MARSH, syn (Großbritannien, * 11. 11. 1956 in Sheffield); MARTYN WARE, syn (Großbritannien, * 19. 5. 1956 in Sheffield).

Bis zum Jahre 1977, als sie Mitbegründer von Human League waren, arbeiteten Ware und Marsh als Computerprogrammierer. Im Oktober 1980 trennten sie sich von Human League und gründeten die British Electric Foundation, abgekürzt B.E.F., eine Produktionsfirma für verschiedene Projekte. Das erste Projekt wurde Heaven 17, benannt nach einer Gruppe in Anthony Burgess' Buch ›Clockwork Orange‹. Als dritten Mann holten sie sich den ehemaligen Fotografen Gregory. Im März 1981 erschien ihre erste Single. Zwei Jahre später erreichte »Temptation« als erste Platte die britischen Top 10. Die Nachfolgesingle »Come Live With Me« kam ebenfalls unter die ersten 10. Bis 1987 folgten weitere Veröffentlichungen. Im September 1988 wurde bekannt, daß sich Ware und Gregory nur noch um Produktionen kümmern wollten. Ware und Marsh ließen die B.E.F. wiederaufleben, die es jedoch nie zu einem nennenswerten Erfolg brachte. Ende 1992 wurde »Temptation« wiederveröffentlicht und erreichte in GB Platz 4.

*Temptation (4/83 GB 2)*
*Come Live With Me (6/83 GB 5)*
*Temptation (Remix) (11/92 GB 4)*
***Elektro-Pop***

**CD-Tip:** *Higher And Higher* Virgin CDV 2717

## Heavy D. & The Boyz

DJ EDDIE F, dj (USA, * 25. 3. 1968 als Edward Ferrell); G. WHIZ, rap (USA, * 20. 10. 1968 als Glen Parrish in New Rochelle/New York); HEAVY D., rap (Jamaika, * 24. 5. 1967 als Dwight Myers); TROUBLE T-ROY, rap (USA, * 19. 10. 1967 als Troy Dixon, † 15. 7. 1990).

Das Rap-Quartett Heavy D. & The Boyz aus Mont Vernon, New York, brachte Ende 1986 mit einer Coverversion des Jean-Knight-Titels »Mr. Big Stuff« aus dem Jahre 1971 seine erste Platte in die amerikanischen Rhythm-&-Blues-Charts. Laut Aussage der Musiker begann das Ganze, nachdem Heavy D. in Atlantic City 15.000 Dollar gewonnen hatte, dieses Geld Eddie F lieh, der sich damit einen Drum-Computer kaufte. Danach begannen sie mit Demo-Aufnahmen, und schließlich kam G. Whiz hinzu, der allerdings vornehmlich als Tänzer fungierte. 1987 erschien das Debütalbum »Living Large«. 1989 kam die LP »Big Tyme«, die es bis unter die ersten 20 der US-LP-Charts brachte und Platinstatus erreichte. Ihre erste Hitsingle war wieder eine Coverversion: »Now That We Found Love« (6/91 US 11, GB 2, 8/91 D 4), der Song war 1978 bereits ein Top-10-Erfolg für Third World gewesen und noch davor ein Titel der O'Jays. Weitere Singlehits waren »Is It Good To You« (11/91 US 32), »Got Me Waiting« (3/94 US 20), »Nuttin' But Love« (7/94 US 40) und »This Is Your Night« (10/94 GB 30). Heavy D., der seinem Namen alle Ehre macht, beschäftigt sich in seinen Texten vornehmlich mit dem, was die Menschheit am Aussterben hindert, allerdings geht er damit etwas freundlicher und mit weniger Machogehabe um als viele Rap-Kollegen. Er selbst bezeichnet sich als übergewichtigen Liebhaber des Rap und Geldverdienens. Trouble T-Roy kam am 15. 7. 1990 im Alter von 22 Jahren bei einem Unfall während eines Auftritts in Indianapolis ums Leben. Folgende Alben der Band waren erfolgreich: »Big Tyme« (7/89 US-LP 19) brachte es zu Platin, ebenso »Peaceful Journey« (7/91 US-LP 21). Gold setzte es für »Blue Funk« (1/93 US-LP 40) und »Nuttin' But Love« (6/94 US-LP 11). Heavy D. spielte auch im Film »Who's That Man?« mit und wurde 1995 Präsident der Plattenfirma, die seine Hits veröffentlicht hatten: Uptown Records.

*Now That We Found Love (7/91 GB 2; 8/91 D 4; 9/91 CH 4)*

***Rap***

**CD-Tip:** *Peaceful Journey* MCA 10 289

## Heavy's

*Metal Marathon (5/89 CH 4)*

## Hebb, Bobby

v/g (USA, * 26. 7. 1941 in Nashville/Tennessee).

Anfang der 50er Jahre war er im Alter von zwölf Jahren einer der ersten schwarzen Künstler, die an Nashvilles Grand Ole Opry auftraten. Nachdem er bei Chet Atkins weiter das Gitarrenspiel gelernt hatte, ging er nach New York und spielte mit dem Duo Mickey & Sylvia. Als diese beiden sich trennten, kam es zu der kurzlebigen Formation Bobby & Sylvia. Danach veröffentlichte er Soloplatten. Im November 1963 waren es zwei tragische Ereignisse, die ihn den Song »Sunny« schreiben ließen: Am 22. November wurde der amerikanische Präsident John F. Kennedy in Dallas ermordet, einen Tag später wurde Bobbys Bruder bei einem Raubüberfall getötet. Bobby versuchte, diesen Song an einen Verleger zu verkaufen, doch niemand akzeptierte. Erst fast drei Jahre später – man mag gar nicht glauben, wie viele Hits angeblich auf diese Art und Weise zustande gekommen sind – war am Ende einer Aufnahmesession Zeit übrig, die Bobby für die Produktion dieses Titels nutzte. Nach der Veröffentlichung erreichte die Platte Mitte 1966 Platz 2 in den USA und wurde ein Millionseller, wenig später Platz 12 in GB. In den Jahren danach konzentrierte sich Hebb mehr auf das Songschreiben, so z. B. »A Natural Man« für Lou Rawls 1971. 1976 wurde eine Neuauflage von »Sunny« als »Sunny '76« veröffentlicht.

*Sunny (6/66 US 2)*
***Country, Pop***

## Hedgehoppers Anonymous

LESLIE DASH (Großbritannien, * 3. 4. 1943); RAY HONEYBALL (Großbritannien, * 6. 6. 1941); ALAN LAUD (Großbritannien, * 13. 3. 1946); JOHN STEWART (Großbritannien, * 18. 3. 1941); MICK TINSLEY (Großbritannien, * 16. 12. 1940).
Alle Mitglieder waren in der britischen Royal Air Force, als sie 1963 die Gruppe Trendsetter gründeten. Wenig später nannten sie sich Hedgehoppers, und als 1965 Jonathan King ihr Manager wurde, kam es zu Hedgehoppers Anonymous. Ihre erste Single war der von Jonathan King geschriebene Titel »It's Good News Week«, der es im September 1965 in GB bis auf Platz 5 brachte, in den USA immerhin bis auf Platz 48. Es folgten weitere Singleveröffentlichungen, von denen aber keine in die Charts kam. Der Höhenflug der anonymen Tiefflieger war damit vorbei.

*It's Good News Week (9/65 GB 5)*
***Pop***

## Heidt, Hoarce

p/bl (USA, * 21. 5. 1901 in Alemeda/Kalifornien, † 1. 12. 1986).
Die Band von Hoarce, die ab 1937 bis 1945 in den USA sehr populär war, zeichnete sich aus durch mehrere Sänger, hohe Professionalität und einen kommerziellen Stil. In seinem Orchester spielten als Pianist Frankie Carle und an der elektrischen Gitarre Alvino Rey. Als Kind hatte Hoarce bereits das Klavierspielen gelernt, ab 1923 begann seine Laufbahn als Profi in verschiedenen Orchestern in Oakland. Ende der 20er Jahre gründete er seine erste Band und machte sich schnell einen Namen als glänzender Unterhalter. Angekündigt wurden sie als Hoarce Heidt & His Californians. 1930 war er für längere Zeit im New York Palace Theatre zu sehen. 1936 wurde er durch etliche Radiosendungen bekannt und machte seine ersten Platten. »Gone With The Wind« war Mitte 1937 seine erste Notierung in den Charts und gleich eine Nummer 1. Sein zweiter Spitzenreiter war im Frühjahr 1938 »Ti-Pi-Pin«. Auch in den 40er Jahren hatte Heidt zwanzig Titel in den US-Charts. Sein größter Erfolg war im Herbst 1941 »I Don't Want To Set The World On Fire«, wieder ein Spitzenreiter in den USA. Nachdem er einige Radioshows gehabt hatte, moderierte er in den 50er Jahren seine eigene TV-Sendung. Ende der 50er Jahre zog sich Heidt aus dem Musikgeschäft zurück und kümmerte sich um sein Immobiliengeschäft. Er starb im Dezember 1986 an Lungenentzündung.

*Friendly Tavern Polka (4/41 US 8)*
*G'bye Now (4/41 US 2)*

*The Hut-Hut Song (A Swedish Serenade) (5/41 US 3)*
*Goodbye Dear, I'll Be Back In A Year (6/41 US 3)*
*I Don't Want To Set The World On Fire (9/41 US 1)*
*Bi-I-Bi (10/41 US 10)*
*Shepherd Serenade (11/41 US 7)*
*Deep In The Heart Of Texas (3/42 US 7)*
*Don't Fence Me In (2/45 US 10)*
***Pop***

## Heights

ALEX DESERT, v (USA); KEN GARITO, v/g/d (USA); CHERYL POLLAK, v/sax (USA); CHARLOTTE ROSS, v (USA); SEAN THOMPSON, v (USA); ZACHARY THRONE, v/g/key/b (USA); JAMES WALTERS, v/g (USA).
›The Heights‹ ist der Titel einer amerikanischen Fernsehserie, in deren Mittelpunkt die Geschichte der gleichnamigen Band steht. Die Serie beschreibt die Herausforderungen des Alltags, mit denen sich die Mitglieder der Formation, die aus dem Arbeiterviertel The Heights kommen, konfrontiert werden. ›The Heights‹ beruht auf den Erfahrungen des Skriptschreibers Tony Spiridakis, der in seiner Jugend in Garagenbands spielte. Auf der einen Seite war es also das Nachspielen des Films »Commitments«, auf der anderen Seite geht es zu wie in der amerikanischen ›Lindenstreet‹. Da ist J. T. Banks, der als Mechaniker in einer Autowerkstatt arbeitet und in der Band den attraktiven Leadsänger mimt; Rita, die Saxophonistin, die in einem Bierhandel arbeitet; Hope Linden (!!!), eine schöne Gitarristin und einziges Mitglied aus wohlhabendem Hause; Stan Lee, der Bassist, der mit seinem Vater eine Billardhalle betreibt; Lenny Wieckowski, der Keyboarder, der Straßenklänge in seine Musik mixt; Dizzy Mazelli, der Schlagzeuger, der sich Sorgen um seine schwangere Freundin macht; oder Alex O'Brien, der Songschreiber der Band, der in Rita verliebt ist. Viel Stoff für viel Luft. Zur TV-Serie erschien ein Soundtrack. Daraus wurde als Single »How Do You Talk To An Angel« ausgekoppelt, die im Herbst 1992 in die US-Charts kam. Der Soundtrack zeigte zumindest, daß – soweit sie es wirklich selbst gespielt haben – die Schauspieler keine schlechten Musiker sind. Als Gastmusiker waren u. a. Billy Preston, Michael Landau, Dean Parks oder Leland Sklar zu hören.

*How Do You Talk To An Angel (10/92 US 1)*
***AOR (Adult Orientated Rock), Pop***

**CD-Tip:** *The Heights* Capitol CDP 7 80328 2

## Heimatsänger

Diese deutschen Volksmusikanten besangen das, was ihnen am liebsten war: »Köhlerliesl«. Der Titel wurde Mitte 1957 ein Platz 1 in der deutschen Hitparade. Drei Jahre später gelang den Heimatsängern mit »Hohe Tannen« noch einmal ein Platz 23.

*Köhlerliesl (6/57 D 1)*
***Deutscher Schlager***

## Heino

HEINO, v (Deutschland, * 13. 12. 1938 als Heinz Georg Kramm in Düsseldorf).
Nachdem er eine Bäckerlehre beendet hatte, betätigte er sich ab 1957 als Versicherungsvertreter. Schon während seiner Lehrzeit war er mit zwei Freunden als Düsselperten aufgetreten. Danach trat er bei Betriebsfesten und zum Karneval als Alleinunterhalter auf und gründete schließlich das Trio OK Singers. Heino sang zu diesem Zeitpunkt vorwiegend Lieder von Freddy Quinn und René Carol nach, die seiner Stimmlage entgegenkamen. 1965 trat Heino bei einer Modenschau in Quakenbrück an der Hase auf und beeindruckte den dort als Stargast anwesen-

den Dr. Karl-Heinz Schwab alias Ralf Bendix. Der wurde Heinos Produzent und verschrieb ihm Lieder aus der Volkslied-, Seefahrts- und Kameradschaftsecke. 1966 erschien mit »Jenseits des Tales« die erste Single, ab 1967 begann für ihn der Erfolg. »Wir lieben die Stürme« (7/67 D 16) war seine erste Platte in der deutschen Hitparade. Es folgten »Wir wollen zu Land ausfahren« (11/67 D 29), »Die Sonne von Mexiko« (3/68 D 16), »Zu der Ponderosa reiten wir« (9/68 D 26), »Treue Bergvagabunden« (1/69 D 26), »Wenn die Kraniche zieh'n« (5/69 D 36), »Karamba, Karacho, ein Whisky« (9/69 D 27), »Hey Capello« (5/70 D 23) und »In einer Bar in Mexiko« (12/70 D 14). »Mohikana Shalali« war schließlich 1971 sein erster Top-10-Hit. Es folgten »Blau blüht der Enzian« 1972, »Edelweiß« und »La Montanara« 1973 und »Die schwarze Barbara« 1975. Nach 1981 ließ der Erfolg von Heino nach, dann kam er mit der Acid-Mixversion von »Enzian« (7/89 D 18) wieder in die Hitparade und wurde nun auch von den Jugendlichen gefeiert. Zwischendurch hatte er zusammen mit seiner Frau, von der er sagt, daß sie ihm die Probleme abnimmt, die er ohne sie nicht hätte, eine TV-Sendung mit Volksmusik.

*Mohikana Shalali (8/71 D 7)*
*Blau blüht der Enzian (10/72 D 2; 12/72 CH 3)*
*Edelweiß (11/73 D 5)*
*La Montanara (12/73 D 3)*
*Die schwarze Barbara (6/75 D 5)*
***Deutscher Schlager***

**CD-Tip:** *Portrait* EMI CDP 620–791059 2

## Heintje

HEINTJE, v (Niederlande, * 12. 8. 1955 als Hendrik Nikolaus Simons in Bleijerheide). Heintjes Vater war Bergmann und Kneipenbesitzer. Als Kind sang er in der väterlichen Gaststätte gerne und oft zur Musikbox. Gerade mal zehn Jahre alt, wurde er 1965 bei einem Talentwettbewerb von dem holländischen Manager Addy Kleyngeld entdeckt. Der brachte Heintje zu dem deutschen Produzenten Wolfgang Roloff, der gerade als Ronny selbst ein erfolgreicher Interpret war. 1966 machte Heintje seine ersten Platten, als Zwölfjähriger hatte er seinen ersten Hit: »Mama« kam im Januar 1968 in die deutsche Hitparade und wurde gleich Spitzenreiter. 1960 war diese im Ursprung italienische Nummer ein Top-10-Erfolg für Connie Francis in den USA. Weitere Nummer-1-Hits für ihn waren noch im selben Jahr »Du sollst nicht weinen« und »Heidschi Bumbeidschi« und 1969 »Ich sing' ein Lied für dich«. »Deine Tränen sind auch meine« (4/70 D14) und »Es kann nicht immer nur die Sonne scheinen« (10/70 D 12) kamen nicht in die Top 10. »Schneeglöckchen im Februar, Goldregen in Mai« war Anfang 1971 der letzte Top-10-Hit. Nach dem Stimmbruch – 1971 – ließ der Erfolg für den Kinderstar nach. »Ich denk' an dich« (11/73 D 18), jetzt als Heintje Simon, war seine letzte Notierung unter den ersten 20. Ein hoher Anteil des Plattenumsatzes in Deutschland Ende der 60er Jahre – man spricht von 20 Prozent – ging auf Heintjes Konto. Bis Mitte 1971 hatte er es auf 28 goldene Schallplatten gebracht. Nebenher spielte er noch in einigen Filmen mit – angeblich erhielt er für sein Mimenspiel in »Zum Teufel mit der Penne« 6.000 DM, für »Heintje – einmal wird die Sonne scheinen« bereits 100.000 DM. Jeweils 1968 und 1969 sackte er den Goldenen Löwen von Radio Luxemburg ein. Ab 1991 versuchte er sich mit volkstümlichen Schlagern als Hein Simon.

*Mama (1/68 D 1)*
*Du sollst nicht weinen (6/68 D 1; 8/68 CH 3)*
*Heidschi Bumbeidschi (10/68 D 1, CH 5)*
*Ich sing ein Lied für dich (4/69 CH 4)*
*Ich sing' ein Lied für dich (4/69 D 1)*
*Scheiden tut so weh (9/69 D 4, CH 8)*
*Schneeglöckchen im Februar, Goldregen im Mai (3/71 D 4)*
***Deutscher Schlager***

**CD-Tip:** *Heintje – Diamond Star Collection* Arcade 880 024 4

## Heinz

HEINZ, v/b (Deutschland, * 24. 7. 1942 als Heinz Burt in Hagen).

Heinz begann 1960 bei den Tornados, die zuerst die Begleitgruppe von Billy Fury waren, dann aber mit dem durch Joe Meek produzierten Instrumentaltitel »Telstar« 1962 einen Spitzenreiter in GB und in den USA hatten. Heinz, der erste männliche Wasserstoffblondie der britischen Popszene und Sexprotz der Gruppe, versuchte sich ab Mitte 1963 als Solist. Sein größter Erfolg wurde eine Hommage an Eddie Cochran, mit der er im August 1963 in die GB-Charts kam und Platz 5 erreichte: »Just Like Eddie«. Zu der Begleitgruppe von Heinz, den Outlaws, gehörten Richie Blackmore, Chas Hodges und Mike Underwood. In den folgenden zwei Jahren stand Heinz mit vier weiteren Titeln in den Charts. Ende der 60er Jahre zog sich Burt, nachdem er in einigen Popfilmen gespielt hatte, zurück. 1976 tauchte er als Schauspieler im Fernsehen auf.

*Just Like Eddie (8/63 GB 5)*
***Instrumental, Pop, Rock***

## Hellberg-Duo

ÄNNE HELLBERGER, v (Deutschland, * 10. 8. 1932 in Weingarten/Baden); KURT HELLBERGER, v (Deutschland, * 11. 2. 1922 in Weingarten/Baden).

Das Hellberg-Duo ist eine der Peter-Frankenfeld-Entdeckungen aus der Show »Wer will, der kann«. Der vielseitige und umtriebige Produzent Horst Heinz Henning produzierte ihre ersten Platten. Während die Heimatsänger im Frühjahr 1963 mit ihrer Version von »Hohe Tannen« bei Telefunken erschienen, kam das Hellberg-Duo zur selben Zeit mit seiner erfolgreicheren Version auf dem Electrola-Label auf den Markt. Hellberg schlug Heimat 6:23. Im Bereich der volkstümlichen Musik war das Hellberg-Duo bis zum Ende der 70er Jahre erfolgreich.

*Hohe Tannen (3/60 D 6)*
***Deutscher Schlager***

## Hello

JEFF ALLEN, d (Großbritannien, geb. in London); BOB BRADBURY, v/g (Großbritannien, * 14. 1. 1956 in London); VIC FAULKNER, b (Großbritannien, * 27. 2. 1956 in London); KEITH MARSHALL, v/g (Großbritannien, * 5. 6. 1956 in London).

Die britische Formation Hello aus dem Londoner Norden gehörte zu den typischen Teenie-Bands Mitte der 70er Jahre. 1974 erhielten sie einen Plattenvertrag und nahmen als erste Single eine Coverversion des Chuck-Berry-Hits »Carol« auf. Mit ihrer zweiten Veröffentlichung, wieder eine Coverversion, erreichten sie dann die britischen Top 10. »Tell Him« – vorher ein Hit für die Exciters und Billie Davis – kam im November 1974 in die britischen Charts und wurde Platz 6. Der durch Russ Ballard geschriebene Titel »New York Groove« kam knapp ein Jahr später in die Hitparade und erreichte Platz 9 in GB, Platz 7 in Deutschland. Damit hatte die Band, die hoch gelobt wurde, ihr Pulver wieder verschossen.

*Tell Him (11/74 GB 6)*
*New York Groove (10/75 D 7, GB 9)*
***Boy Group, Pop***

## Helloween

ROLAND GRAPOW, g (Deutschland, * 30. 8. 1959); MARKUS GROSSKOPF, b (Deutschland, * 21. 9. 1965); KAI HANSEN, g (Deutschland); MICHAEL KISKE, v (Deutschland, * 24. 1. 1968); INGO SCHWICHTENBERG, d (Deutschland, * 18. 5. 1965); MICHAEL WEIKATH, g (Deutschland, * 7. 8. 1962).

Kai Hansen gründete diese Band 1983 in Hamburg. 1984 erschien ihre erste Platte. Ihr einziger Singlehit war die Nummer »Dr. Stein«, die im Herbst 1988 in die deutsche Hitparade kam. Mit den beiden LPs »Keeper Of The Seven Keys Part I« und »Keeper Of The Seven Keys Part II« waren sie auch international erfolgreich und verfehlten nur knapp einen Platz unter den ersten 100 der amerikanischen LP-Charts. In Deutschland wurden sie jeweils mit Gold ausgezeichnet. 1989 verließ Hansen die Band, veröffentlichte Soloplatten und gründete seine neue Formation Gamma Ray. Helloween gelten neben den Scorpions als die erfolgreichste Heavy-Band aus Deutschland. 1991 erschien die CD »Pink Bubbles Go Ape«, Mitte 1993 veröffentlichte Helloween die CD »Chameleon«.

*Dr. Stein (9/88 D 10)*
***Hard Rock***

**CD-Tip:** *Keeper Of The Seven Keys Part II* Noise NO 117 3

## Helms, Bobby

v/g (USA, * 15. 8. 1933 als Robert Lee Helms in Bloomington/Indiana, † 19. 6. 1997).

Bobby, auch ein guter Songschreiber, erreichte Anfang 1957 mit dem Titel »Fraulein« Platz 1 der US-Country-Charts. Die Nummer wurde schließlich auch ein Top-40-Erfolg und somit sein erster Crossover-Hit. Drei Monate später gelang ihm mit »My Special Angel« ein Platz 7 in den Popcharts – im Hintergrund singen die Anita Kerr Singers. Weihnachten 1957 war er erfolgreich mit dem »Jingle Bell Rock« Platz 6. Danach gelang ihm zwar kein Pophit mehr, aber auf dem Country-Sektor war Bobby Helms bis in die 70er Jahre erfolgreich. In den 70er und 80er Jahren ging er dann vor allen Dingen auf Tour, oft zusammen mit seiner Frau Dori. Bobby starb im Juni 1997.

*My Special Angel (10/57 US 7)*
*Jingle Bell Rock (12/57 US 6)*
***Country, Pop***

**CD-Tip:** *Fraulein* Bear Family BCD 15 594

## Helms, Jimmy

JIMMY »HELMSY« HELMS, v/g (USA, geb. in Florida).

Nachdem Jimmy während seiner Militärzeit in der Fort Jackson Army Band gespielt hatte, versuchte er sich später als Sänger. Er trat regelmäßig in der ›Merv Griffin‹ TV-Show auf und war Ensemblemitglied bei dem Musical »Hair«. Sein einziger Top-10-Hit gelang ihm nicht in seiner Heimat USA, sondern in GB. Dort erreichte 1973 seine Soulballade »Gonna Make You An Offer You Can't Refuse« Platz 8. Danach war er zunächst verschwunden. Erst Ende der 80er Jahre tauchte Jimmy Helms als Mitglied der Gruppe Londonbeat auf, die mit der Nummer »I've Been Thinking About You« 1990/91 einen weltweiten Top-10-Hit hatte.

*Gonna Make You An Offer You Can't Refuse (2/73 GB 8)*
***Pop, Rhythm & Blues, Soft Soul***

## Henderson, Joe

v (USA, geb. in Como/Mississippi, † 7. 11. 1964).

Joe begann in der Fairfield Four Gospel

Group. Mit dem Titel »Snap Your Fingers« gelang ihm im Frühjahr 1962 sein einziger Top-10-Erfolg in den USA. Es folgten noch zwei weitere Hitnotierungen. Danach war Joe Henderson wieder vergessen. Möglich, daß sich keine weiteren Erfolge einstellten, weil seine Stimme sehr stark an Brook Benton erinnerte, der zum selben Zeitpunkt recht erfolgreich war. Joe starb in einem Hotel in Nashville.

*Snap Your Fingers (5/62 US 8)*
***Rhythm & Blues***

## Henderson, Lyle »Skitch«

p/bl (Großbritannien, * 27. 1. 1918 in Birmingham).
Der in den USA aufgewachsene Pianist begleitete in den frühen 40er Jahren Künstler wie Judy Garland, Frank Sinatra oder Bing Crosby. Mit seinem eigenen Orchester gelang ihm Ende 1946 ein Platz 9 in den US-Popcharts: »Five Minutes More«. Nach einer weiteren Hitnotierung war dieses Kapitel für ihn wieder beendet. Ab 1953 trat Lyle »Skitch« Henderson regelmäßig im Fernsehen als Orchesterleiter oder eigenständiger Pianist auf. Nachdem er zwischen 1954 und 1957 in der Talk-Show ›Tonight‹, zwischen 1956 und 1959 in der ›Steve Allen Show‹ aufgetreten war, übernahm er ab 1962 die ›Tonight Show starring Johnny Carson‹ als Orchesterleiter bis 1966.

*Five Minutes More (10/46 US 9)*
***Pop***

## Hendrix, Jimi

BILLY COX, b (USA); JIMI HENDRIX, v/g (USA, * 27. 11. 1942 in Seattle/Washington, † 18. 9. 1970); BUDDY MILES, d (USA, * 5. 9. 1946); MITCH MITCHELL, d (Großbritannien, * 9. 6. 1947 in Ealing/London); NOEL REDDING, b (Großbritannien, * 25. 12. 1945 in Folkstone/Kent).
Die meisten LPs von Hendrix erschienen nach seinem Tode, die meisten davon sind schlecht. Manche so schlecht, daß man sie nur veröffentlichen konnte, weil der Interpret zu einem Veto nicht mehr fähig war. Bis zu seinem Tod war Hendrix ein guter Gitarrist. Nach seinem Tod wurde er als der große Magier bezeichnet. Plattenhüllentext: ›Jimi Hendrix, dieser amulettgeschmückte und kettenbehangene Hexenmeister, hat seinen Zauberstab, die Gitarre, für immer aus der Hand gelegt, und mit ihm stirbt nicht nur ein genialischer, ein stilbildender Musiker. Wer ihn verstanden hat, betrauert mit ihm ein Idol, das zur Identifizierung einlädt, in dem man sich selbst wie in einem Spiegel wiederfindet. Alles, was Hendrix in seiner Musik mitgeteilt hat, Leidenschaft und Unrast, knapper Humor und eine unsentimentale Sehnsucht nach Schönheit, das war nicht seine, das war jedermanns Sache. Und wo er akustisches Neuland betreten hatte, ob er nun ins Blues-Land der Mütter herabgestiegen war, ob er die elektronisch sirrende Galaxis erforschte, da hatte er seine ihm treu und begeistert ergebenen Gefolgsleute. Millionen und aber Millionen von Anhängern begleiteten seinen Weg. Nur ins Reich der dunklen Schatten, dahin sollte ihm niemand folgen.‹
So weit ein Plattentext, zu finden auf einer LP, auf der Jimi mit Curtis Knight spielt – nein, man sollte besser sagen: hinter Curtis Knight spielt. Wäre Jimi nicht ins Reich der Schatten gegangen, wohin wir ihm – das sollte auch der Schreiber der Plattenzeilen wissen – alle mit ungeheurer Sicherheit folgen werden, hätte die Plattenfirma auch nicht diese LP veröffentlicht. Es war haarsträubend, was nach seinem Tod für LPs auf den Markt kamen, bei denen Hendrix mitgespielt hat oder haben soll. Teilweise ist die Qualität der Platten so schlecht, daß man vermuten muß,

irgendein Tonbandamateur hat in irgendeinem Laden zufällig den Kassettenrecorder laufen lassen, als Jimi spielte. Der Amateur saß dabei in der letzten Reihe. Lediglich das 1994 veröffentlichte Album »Blues« fällt aus der Reihe ›nicht anhörenswert‹ heraus.

Hendrix brachte sich als Teenager das Gitarrespielen selbst bei und war Mitglied in diversen High-School-Bands. 1959 ging er zur Armee und wurde 1961 nach einem Unfall beim Fallschirmspringen wieder entlassen. Zwischenzeitlich hatte er unter dem Pseudonym Jimmy James Auftritte von Sam Cooke, B. B. King, Chuck Jackson, Jackie Wilson, Solomon Burke und Hank Ballard begleitet. Das lag auch an der Eigenart der US-Musiker jener Zeit, die nicht mit einer festen Band durch die Gegend zogen, sondern sich bei Veranstaltungen immer neue Begleitgruppen in den jeweiligen Städten zusammensuchten. Weltmeister in dieser Beziehung war Chuck Berry, von dem man weiß, daß er häufig auf der Bühne stand mit Musikern, die nicht einmal seine Titel kannten. Auch nach seiner Entlassung aus der Armee begleitete Jimi im Süden der USA tourende Musiker und versuchte sich nun auch erstmals mit einer eigenen Band. Little Richard, Ike & Tina Turner, Wilson Pickett gehörten zu denen, die sein Gitarrenspiel für ihre Auftritte nutzten. 1964 zog Hendrix nach New York, spielte dort vorwiegend mit den Isley Brothers und ist auf all ihren im Jahre 1964 aufgenommenen Platten dabei. In jener Zeit lernte er auch Curtis Knight kennen, mit dem er häufig zusammen auftrat und Songs schrieb. 1965 schrieb Knight, nachdem ihm Jimi gesagt hatte, er werde nur noch fünf Jahre leben, den prophetischen Song »Ballad Of Jimi«. 1965 gründete Hendrix Jimmy James & The Blue Flames, die eine Mixtur aus Rhythm-&-Blues-Standards und selbstgeschriebenem Material spielten. Diese Gruppe trat häufig im Greenwich Village in New York auf. Im Oktober 1965 unterschrieb Jimi einen Plattenvertrag, der ihm einen Dollar und ein Prozent von allen Einnahmen durch Platten von Curtis Knight garantierte. 1966 sah der ehemalige Animals-Bassist Chas Chandler Hendrix im Café ›Wha?‹, überredete ihn, mit ihm nach London zu gehen, um für ihn dort eine Band zusammenzustellen. Im September 1966 flogen sie nach London, und Chas stellte Jimi Mitch Mitchell und Noel Redding zur Seite. Die Formation nannte sich Jimi Hendrix Experience. Noch im selben Jahr erschien die erste Single, »Hey Joe«, die im Januar 1967 in die britische Hitparade kam und Platz 6 erreichte. »Purple Haze« und »The Wind Cries Mary« 1967, »All Along The Watchtower« 1968 und kurz nach seinem Tode »Voodoo Chile« im November 1970 waren seine weiteren Top-10-Erfolge. »Voodoo Chile« war sein einziger Spitzenreiter, in den USA kam er nie über eine Position 20 hinaus. Jimi Hendrix Experience war offiziell im November 1969 auseinandergefallen. Als 1970 eine neue LP von Jimi erschien, spielte er mit Musikern, die er schon in seinen Jugendtagen in den USA kennengelernt hatte: Bill Cox am Baß und Buddy Miles am Schlagzeug. Jimi nannte das Ganze eine Gruppe von Zigeunern, Band Of Gypsys. Die LP mit der Band Of Gypsys war die vierte, die Jimi aufgenommen hatte. »Are You Experienced« 1967, »Axis: Bold As Love« und »Electric Ladyland« waren die drei anderen. In der amerikanischen LP-Hitparade wurden unter dem Namen Jimi Hendrix bis 1991 24 Platten aufgeführt. 1992 wurde er in die Rock 'n' Roll Hall of Fame aufgenommen. Im selben Jahr wurde ihm für sein Lebenswerk ein Grammy verliehen.

Als Jimi Hendrix am Freitag, dem 18.9. 1970 starb, wurden Vermutungen über seinen Tod angestellt. Die einen sprachen von einer Überdosis Drogen, andere behaupteten, er habe sich selbst das Leben genommen. Jimi starb nach einem Zusammenbruch in der Wohnung seiner deutschen Freundin Monika Dannemann. Als sie in ihr Appartement kam, fand sie Jimi in einem komaähnlichen Zustand. Sie rief Eric Burdon an, der ihr empfahl, einen Notarzt zu benachrichtigen. Als nach zwanzig Minuten der Notarztwagen kam, lebte Jimi noch. Als er im St. Mary's Abbott Hospital in Kensington ankam, war er bereits tot. Die offizielle Todesursache lautete: Ersticken an Erbrochenem.

*Hey Joe (1/67 GB 6)*
*Purple Haze (3/67 GB 3)*
*The Wind Cries Mary (5/67 GB 6)*
*All Along The Watchtower (10/68 GB 5)*
*Voodoo Chile (11/70 GB 1)*
***Blues, Psychedelic, Rock***

**CD-Tip:** *The Jimi Hendrix Story* Reprise 9 26435–2

## Henley, Don

v/d (USA, * 22. 7. 1947 in Gilmer/Texas).

Don begann seine musikalische Karriere im Sommer 1963 in der Gruppe Four Speeds, ging dann zu Felicity, die 1969 ihren Namen in Shiloh umänderten und 1970 unter der Regie von Kenny Rogers eine Platte produzierten, die laut Don grauenhaft war. Im April 1971 wurde er Mitglied in der Begleitband von Linda Ronstadt, um schließlich im August 1971 bei der Gründung der Eagles dabeizusein. 1981, nach vielen sehr großen Erfolgen der Eagles, verkündeten die übriggebliebenen Mitglieder, nun Soloprojekte verfolgen zu wollen. So auch Don, der mit »Leather And Lace«, im Duett mit Stevie Nicks, Ende 1981 seinen ersten Top-10-Hit hatte. Ende 1982 gelang ihm der Millionseller »Dirty Laundry«, der bis auf Platz 3 in den USA kam. »The Boys Of Summer« 1984, »All She Wants To Do Is Dance« 1985 und »The End Of The Innocence« 1989 waren weitere Top-10-Erfolge für ihn. Ende 1992 gelang ihm zusammen mit Patty Smyth wieder ein Hit unter den ersten 10. In GB kam der Titel in die Top 30. Als die Eagles 1994 eine neue CD mit dem Titel »Hell Freezes Over« veröffentlichten, war auch Don Henley wieder mit dabei. Ende 1995 erschien »Actual Miles – Henley's Greatest Hits«, die es gleich zu Gold brachte. Seine erfolgreichste LP bleibt »The End Of The Innocence« mit mehr als 5 Millionen Verkäufen alleine in den USA. Viele Stücke der Eagles und natürlich seine Solohits wurden von Don alleine oder im Team geschrieben. Im miesen Sommer 1998 veröffentlichten die Briten die Single »Boys Of Summer« neu – und Don hatte wieder einen Platz 12 in den Charts.

*Leather And Lace (10/81 US 6)*
*Dirty Laundry (10/82 US 3)*
*The Boys Of Summer (11/84 US 5)*
*All She Wants To Do Is Dance (2/85 US 9)*
*The End Of The Innocence (6/89 US 8)*
*Sometimes Love Just Ain't Enough (8/92 US 2)*
***AOR (Adult Orientated Rock), West Coast***

**CD-Tip:** *The End Of The Innocence* Geffen 924 217–2

## Henry, Clarence »Frogman«

v/p/pos (USA, * 19. 3. 1937 in Algiers/Louisiana).

Clarence spielte zwischen 1953 und 1955 in der Rhythm-&-Blues-Band von Bobby Mitchell. Der vielseitige Henry war ein ausgezeichneter Pianist, Posaunist und auch noch ein guter Sänger. Ab Mitte der 50er Jahre machte er dann Soloplatten und hatte mit »Ain't Got No Home« Ende 1956 einen Platz 20 in den USA. Mit dieser Nummer handelte er sich den Spitznamen ›Frogman‹ ein. Wenn man sie hört, weiß man, weshalb. Seine größten Hits wurden »But I Do«, im Frühjahr 1961 Platz 4 in den USA, Platz 3 in GB, und zwei Monate später »You Always Hurt The One

You Love«, 12 in den USA und 6 in GB. Sporadisch kann man ihn immer noch in seiner Wahlheimat New Orleans bei Live-Auftritten erleben.

*But I Do (2/61 US 4; 5/61 GB 3)*
*You Always Hurt The One You Love (7/61 GB 6)*
***Rhythm & Blues***

## Hensch, Friedel & Die Cyprys

WERNER CYPRIS, p (Deutschland, * 19. 4. 1923 in Hindenburg/Oberschlesien); FRIEDEL HENSCH, v (Deutschland, * 7. 7. 1906 in Landsberg a.d. Warthe, † 31. 12. 1990).

Schon 1946 gründete Friedel zusammen mit ihrem Mann Werner Cypris die Formation Friedel Hensch & Die Cyprys. Ab 1949 waren sie erfolgreich. »Mein Kaugummi« 1949, »Holdrioh, liebes Echo« 1950, »Bei mir zu Haus«, »Die Fischerin vom Bodensee«, »Oh, wie bist du schön« und »Übers Jahr, wenn die Kornblumen blühen« 1951, »Egon« 1952, »Oh, Heideröslein« 1953, »Das alte Försterhaus« 1954 waren ihre Hits, bevor es ab 1956 verläßliche Hitnotierungen in Deutschland gab. »Oh, Jägersmann« war Mitte 1956 ein Platz 5 in den deutschen Charts, »Solang die Sterne glühen« ein Jahr später ein Platz 4. Ihre letzte Hitnotierung stammt aus dem Jahr 1962. Es ist eine Antwortplatte auf den Charles-Aznavour-Titel »Du läßt dich gehn«. Friedel Hensch sang »Mein Ideal« und hatte damit Platz 14 in Deutschland.

*Oh, Jägersmann (7/56 D 5)*
*Solang die Sterne glühen (9/57 D 4)*
***Deutscher Schlager***

## Herd

ANDY BOWN, g/key (Großbritannien, * 27. 3. 1947); TONY CHAPMAN, d (Großbritannien); TERRY CLARK, v (Großbritannien); PETER FRAMPTON, v/g (Großbritannien, * 22. 4. 1950 in Beckenham/Kent); ANDREW STEELE, d (Großbritannien); GARY TAYLOR, g/b (Großbritannien).

Die beiden Songschreiber Ken Howard und Alan Blaikley hatten sich 1964 zu einem Songschreiber-und-Management-Team zusammengeschlossen. Ihre erste Entdeckung war die Formation Honeycombs, für die sie unter dem Pseudonym Howard Blaikley den Titel »Have I The Right« schrieben. Dann gelang ihnen eine ganze Reihe Hits mit Dave Dee, Dozy, Beaky, Mick And Tich. Mitte 1967 suchten sie eine Band, die die klassisch beeinflußten Stücke »From The Underworld« und »Paradise Lost«, die sie geschrieben hatten, aufnehmen konnte. Sie fanden sie in der 1965 gegründeten Formation Herd. »From The Underworld« erschien im September 1967 in der britischen Hitparade und wurde Platz 6, »Paradise Lost« vier Monate später Platz 15. Im April 1968 erschien »I Don't Want Our Loving To Die«, ebenfalls eine Howard-Blaikley-Komposition, die bis auf Platz 5 in GB kam. Innerhalb der Gruppe mehrten sich jetzt jedoch die Stimmen, die selbstgeschriebenes Material spielen wollten. Besonders Peter Frampton, den man 1968 als ›The Face Of The Year‹ gewählt hatte, wollte mehr in den Vordergrund. Als ihm das nicht gelang, verließ er Ende 1968 Herd und gründete mit Steve Marriott Humble Pie. Andy Bown spielte wenig später mit Andy Fairweather-Low, dann mit Status Quo.

*From The Underworld (9/67 GB 6)*
*I Don't Want Our Loving To Die (4/68 GB 5)*
***Pop, Psychedelic***

**CD-Tip:** *Paradise & Underworld* Repertoire 4257-WG

## Herman's Hermits

KARL GREEN, b (Großbritannien, * 31. 7. 1947 in Salford/Manchester); KEITH HOPWOOD, g (Großbritannien, * 26. 10. 1946 in Manchester); DEREK LECKENBY, g (Großbritannien, * 14. 5. 1943 in Leeds, † 4. 6. 1994); PETER NOONE, v (Großbritannien, * 5. 11. 1947 in Manchester); BARRY BEAN WHITWAM, d (Großbritannien, * 21. 7. 1946 in Manchester).

Obwohl Herman's Hermits zwischen 1964 und 1970 mehr als zwanzig Platten in die britische und neunzehn in die amerikanische Hitparade brachten, fällt einem zu der Band höchstens das Gesicht von Peter Noone ein. Seine recht hohe Stimme und sein breites, fröhliches Grinsen waren unverwechselbar. Ohne die Band war Peter nichts, dafür war die Band nichts ohne ihn. Noone spielte Anfang der 60er Jahre in der TV-Seifenoper ›Coronation Street‹, dem Vorbild der ›Lindenstraße‹. 1961 erhielt er das Angebot, neben Judy Garland in einem Film zu spielen. Seine Eltern legten ein Veto ein. 1963 gründeten die obengenannten Mitglieder die Band Heartbeats, in der Peter Noone mit dem Nachnamen Novak auftrat. 1964 machten sie als Herman's Hermits ihre ersten Platten. Den Managern der Band war aufgefallen, daß zwischen Peter Noone und einer Figur aus dem Fernseh-Cartoon ›The Rocky And Bullwinkle Show‹, die Sherman hieß, eine enorme Ähnlichkeit bestand. Deshalb war man auf Herman & His Hermits, später auf Herman's Hermits abgekürzt, gekommen. Der Produzent Mickie Most hingegen entdeckte eher eine Ähnlichkeit zwischen Noone und dem jungen John F. Kennedy und schlug vor, die Gruppe als die netten Jungs von nebenan zu verkaufen und dementsprechende Lieder zu produzieren. Im August 1964 erschien ihre Debüt-Single in der britischen Hitparade und erreichte Platz 1: »I'm Into Something Good«. Nun ging es bis Ende der 60er Jahre Schlag auf Schlag. In GB gelangen ihnen noch neun weitere Top-10-Erfolge, in den USA 10. Darunter die Spitzenreiter »Mrs. Brown You've Got A Lovely Daughter« und »I'm Henry VIII I Am«. Ihr größter Erfolg in Deutschland war Ende 1966 ein Platz 2 mit »No Milk Today«. Von Peter Noone erschien im Mai 1971 der Titel »Oh You Pretty Thing« in den GB-Charts und erreichte Platz 12. In Los Angeles gründete er Ende der 70er Jahre die Formation Tremblers, die keine Spuren hinterließ. Für den Soundtrack zum Film »Naked Gun« nahm er noch einmal die Nummer »I'm Into Something Good« auf. Ansonsten zog er mit der Oldies-But-Goldies-TV-Show ›My Generation‹ durch die Lande. 1991 wurde sein erstes Album seit zehn Jahren angekündigt. Die Gruppe Herman's Hermits zog bis in die 90er Jahre durch die Lande. Von den Originalmitgliedern waren nur noch Leckenby und Whitwam mit dabei. Leckenby hatte gerade mit der Band eine dreiwöchige Tournee beendet, als er in Manchester in ein Krankenhaus eingeliefert wurde. Er starb an Lymphknotenkrebs.

*I'm Into Something Good (8/64 GB 1)*
*Can't You Hear My Heartbeat (1/65 US 2)*
*Silhouettes (2/65 GB 3, US 5)*
*Wonderful World (4/65 US 4, GB 7)*
*Mrs. Brown You've Got A Lovely Daughter (4/65 US 1)*
*I'm Henry VIII I Am (7/65 US 1)*
*Just A Little Bit Better (9/65 US 7)*
*A Must To Avoid (12/65 GB 6, US 8)*
*Listen People (2/66 US 3)*
*Leaning On The Lamp Post (4/66 US 9)*
*No Milk Today (10/66 D 2, GB 7)*
*Dandy (10/66 US 5)*
*There's A Kind Of Hush (2/67 US 4, GB 7)*
*Sunshine Girl (7/68 GB 8)*
*Something's Happening (12/68 GB 6; 2/69 D 6; 3/69 CH 6)*
*My Sentimental Friend (4/69 GB 2)*
*Years May Come, Years May Go (2/70 GB 7)*
***Beat, Middle Of The Road (MOR), Pop***

**CD-Tip:** *The Best Of Herman's Hermits Vol. 1 & 2* EMI CDP 7 97042/3–2

## Herman, Woody

sax/clarinet/bl (USA, * 16. 5. 1913 in Milwaukee/Wisconsin, † 29. 10. 1987).
Woody Herman spielte als Klarinettist und Saxophonist in verschiedenen Bands, bevor er 1936 Leiter seiner eigenen Band wurde. Er spielte zunächst Blues, dann in den 40er Jahren Swing und Bebop. Berühmt wurde der auf vier Saxophonen gespielte ›Four Brothers Sound‹. Igor Strawinski widmete Woody Herman sein »Ebony Concerto«. 1939 hatte Woody mit »At The Woodchopper's Ball« seinen ersten Top-10-Erfolg. Bis Ende 1956 sollten über fünfzig weitere Hits folgen. Sein größter war Ende 1941 »Blues In The Night«, Spitzenreiter in den USA für vier Wochen. Sein letzter Top-10-Erfolg, eine Überarbeitung von Chatschaturjans »Gayne Ballett Suite«, »Sabre Dance«, wurde im Frühjahr 1948 ein Platz 3. Bei dieser Aufnahme spielten Stan Getz und Zoot Sims Tenorsaxophon. Woody Herman sang auch auf seinen Platten. Im Duett mit Dinah Shore hatte er Mitte 1947 den Hit »Tallahassee«. Vor allem bei seinen Musikerkollegen erfreute sich Woody Herman außerordentlich großer Beliebtheit.

*Blue Flame (3/41 US 5)*
*G'bye Now (6/41 US 10)*
*This Time The Dream's On Me (11/41 US 8)*
*Blues In The Night (12/41 US 1)*
*By-U, By-O (The Lou'siana Lullaby) (12/41 US 7)*
*'Tis Autumn (1/42 US 8)*
*Amen (6/42 US 5)*
*Do Nothin' Till You Hear From Me (2/44 US 7)*
*The Music Stopped (3/44 US 10)*
*Milkman, Keep Those Bottles Quiet (6/44 US 10)*
*Laura (4/45 US 4)*
*Caldonia (5/45 US 2)*
*A Kiss Goodnight (7/45 US 9)*
*Let It Snow! Let It Snow! Let It Snow! (2/46 US 7)*
*Surrender (6/46 US 8)*
*Sabre Dance (3/48 US 3)*
***Big Band, Instrumental, Pop***

## Hermanos Rigual, Los

Einer der größten Sommerhits des Jahres 1962 war »Quando Calienta El Sol«. Der Deutsche Joe Menke schrieb die deutsche Version »Liebe, die nie vergeht«, mit der Ende 1962 gleich zwei Interpreten auf Platz 10 der deutschen Hitparade standen. Zum einen Vittorio, zum anderen Los Hermanos Rigual.

*Liebe, die nie vergeht (11/62 D 10)*
***Deutscher Schlager***

## Hernandez, Patrick

v/g (Frankreich, * 6. 4. 1949 in Paris).
Der Sohn einer österreichisch-italienischen Mutter und eines andalusischen Vaters, ein erfolgreicher Flamenco-Gitarrist, wurde in Paris geboren. Nachdem er jahrelang mit einem Sextett durch Europa gezogen war, wurde er von einem flämischen Produzenten für die Schallplatte entdeckt. Im belgischen Waterloo wurde 1978 seine Debüt-LP produziert. Darauf »Born To Be Alive«, als Singleauskopplung im Frühjahr 1979 ein Platz 1 in Deutschland, ein Platz 16 und Millionseller in den USA und Platz 10 in GB. Trotz erheblicher Anstrengungen, auch Anfang der 80er Jahre seinen Erfolg fortzusetzen, gelang ihm kein Hit mehr. Heute spricht man von ihm höchstens noch einmal im Zusammenhang mit Madonna, die 1979 mit der Patrick Hernandez Revue in Frankreich durch die Discotheken tingelte.

*Born To Be Alive (3/79 D 1, CH 5; 6/79 GB 10)*
***Disco***

## Herold, Ted

v (Deutschland, * 9. 9. 1942 als Harald Schubring in Berlin).
Obwohl Ende der 50er Jahre etliche versuchten, uns Deutschen in der Landessprache den Rock 'n' Roll näherzubrin-

gen, z. B. Peter Alexander und Peter Kraus, so war Ted Herold doch der einzige, der es einigermaßen schaffte. Mit der Nummer »Hula Rock« kam er im Februar 1959 in die deutsche Hitparade und erreichte Platz 3. Der Schleicher »Moonlight« kam Mitte 1960 bis auf Platz 1 der deutschen Charts. Nach 1963 verschwand Ted aus den Hitparaden. Bis 1966 machte er weiter Platten, um dann wieder in seinem erlernten Beruf als Fernsehmechaniker zu arbeiten. Für viele Jahre hörte man nichts mehr von Ted, bis Udo Lindenberg ihn Ende der 70er Jahre wieder mit auf eine Deutschlandtournee nahm. Danach erhielt er wieder einen Plattenvertrag und veröffentlichte ab 1980 Neuaufnahmen. »Gib dein Ziel niemals auf« brachte Ted Ende 1981 einen Platz 25. 1997 veröffentlichte Ted auf seinem eigenen Plattenlabel ›Ted Records‹ das Album »Rock 'n' Roll, 'ne Gitarre und 'ne Flasche Bier«. Produziert wurde er von Ulf Krüger, der einst als Mitglied von Leinemann, als Solist und als Produzent von Blümchen Erfolge feierte.

*Hula Rock (2/59 D 3)*
*Moonlight (5/60 D 1)*
***Deutscher Schlager, Rock 'n' Roll***

**CD-Tip:** *Die Singles 1958–60* Bear Family BCD 15 404

## Herrey's

Louis Herrey, v (Schweden); Per Herrey, v (Schweden); Richard Herrey, v (Schweden).

Die drei Brüder machten 1981 ihre erste Singleplatte. Danach gingen sie nach Amerika, um ihn Los Angeles/Kalifornien Tanz- und Schauspielunterricht zu nehmen. 1984 traten sie mit dem Song »Diggi-Loo – Diggi-Ley«, von Per mitgeschrieben, für Schweden beim Grand Prix an und gewannen. Wie von so vielen anderen Grand-Prix-Gewinnern hörte man danach nichts mehr von Herrey's. In der Schweiz wurde es ein Top-10-Hit, in Deutschland Platz 18 und in GB Platz 46.

*Diggi-Loo – Diggi-Ley (7/84 CH 10)*
***Grand Prix, Schlager***

## Hewett, Howard

siehe Babyface

## Heywood, Eddie

p (USA, * 4. 12. 1915 in Atlanta/Georgia, † 2. 1. 1989).

Der schwarze Jazzpianist begann seine Karriere als Profi im Alter von 14 Jahren. Ab 1943 hatte er in New York seine eigene Band. Die Aufnahme »Begin The Beguine« aus dem Hollywood-Musical »Jubilee« war im April 1945 als Platz 16 in den USA seine erste Hitnotierung. 1946 spielte er in den Filmen »The Dark Corner« und »High School Kids«. Ende der 40er Jahre zog er sich aus dem Musikgeschäft zurück, weil seine Hände zeitweise gelähmt waren. Er übte trotzdem so lange, bis er 1950 wieder auftreten konnte. Der Titel »Canadian Sunset«, bei dem Eddie im Orchester von Hugo Winterhalter Piano spielte, erreichte Mitte 1956 die US-Charts und wurde Platz 2. Danach kam mit »Soft Summer Breeze« ein Soloerfolg, Platz 11 in den USA und schließlich nichts mehr. Ab den 60er Jahren verschlimmerten sich seine Lähmungserscheinungen, trotzdem trat Heywood bis in die 80er Jahre gelegentlich auf.

*Canadian Sunset (6/56 US 2)*
***Instrumental, Pop***

## Hi-Five

Roderick Pooh Clark, v (USA, * 27. 2. 1973); Toriano Easley, v (USA, * 10. 12.

1973); TRESTON IRBY, v (USA); RUSSELL NEAL, v (USA, * 28. 5. 1974); MARCUS SANDERS, v (USA, * 17. 9. 1973); LITTLE TONY THOMPSON, v (USA, * 2. 9. 1975 in Waco/Texas).

Die fünf schwarzen Musiker waren ein weiterer Versuch, den Erfolg der Jackson 5 zu wiederholen. Ihr erster Hit war Anfang 1991 »I Like The Way (The Kissing Game)«, Spitzenreiter in den USA und Millionseller. Zu diesem Zeitpunkt hatte Easley die Gruppe verlassen und war durch Treston Irby ersetzt worden. Die Nachfolgehits wurden »I Can't Wait Another Minute« und »She's Playing Hard To Get«. 1993 verließen Clark und Neal Hi-Five. Als neue Mitglieder wurden Shannon und Terrance genannt. 1995 tauchten die ersten Solo-Hits von Tony Thompson in den R&B-Charts auf. »I Wanna Love Like That«, geschrieben von Babyface, brachte es auch in die Popcharts.

*I Like The Way (The Kissing Game) (2/91 US 1)*
*I Can't Wait Another Minute (6/91 US 8)*
*She's Playing Hard To Get (8/92 US 5)*
***Pop, Rhythm & Blues***

**CD-Tip:** *Keep It Goin' On* Jive 01241 41474 2

## Hi-Tension

JEFFREY GUISHARD, v/per; DAVID JOSEPH, key (Großbritannien, * 30. 7. 1957); KENNETH JOSEPH, v/b; PATRICK MCLEAN, sax; PAUL MCLEAN, v/g; PAAPA MENSAH, d; PAUL PHILLIPS, v/g; DAVID REID, d; LEROY WILLIAMS, per.

Hi-Tension war eine in GB beheimatete schwarze Funkband. Die erste Platte dieser Formation erschien im März 1978. Sie hieß wie die Gruppe »Hi-Tension«, kam im Mai in GB in die Hitparade und wurde Platz 13. Die Nachfolgesingle »British Hustle/Peace On Earth« kam im August 1978 in die Charts und erreichte Platz 8. Nachdem ihre erste LP erschienen war, sagte Kenneth Joseph: ›Soul ist eine amerikanische Musik, und wir hatten bisher in Großbritannien keine schwarze Funkband. Unser einziges Ziel ist es im Moment, so gut zu werden wie die amerikanischen Bands.‹ Es folgte kein weiterer Hit mehr.

*British Hustle/Peace On Earth (8/78 GB 8)*
***Funk, Rhythm & Blues***

## Hibbler, Al

v (USA, * 16. 8. 1915 in Little Rock/Arkansas).

Die Karriere des blind geborenen Al Hibbler begann 1943 im Orchester von Duke Ellington. 1951 verließ er Ellington, um eine Solokarriere zu starten. Mit den Aufnahmen »Unchained Melody« und »He«, beide 1955, hatte er seine ersten Top-10-Erfolge. Im Herbst 1956 gelang ihm mit »After The Lights Go Down Low« eine weitere Notierung unter den ersten 10. Danach stand er zwar nicht mehr in den Hitparaden, trat aber regelmäßig in Fernsehshows bis in die 70er Jahre auf. Hibbler machte auch Aufnahmen mit Billy Strayhorn, Tab Smith oder Harry Carney.

*Unchained Melody (4/55 GB 2, US 3)*
*He (10/55 US 4)*
*After The Lights Go Down Low (8/56 US 10)*
***Pop***

## Higgins, Bertie

v/d (USA, * 8. 12. 1944 in Tarpon Springs/Florida).

Inspiriert durch den alten Humphrey-Bogart-Lauren-Bacall-Film »Key Largo«, schrieb sich Bertie Higgins 1981 den gleichnamigen Song, der Ende des Jahres bis auf Platz 8 der amerikanischen Hitparade kam. Es blieb der einzige Erfolg für diesen vielseitigen Interpreten. 1964 hatte er seine ersten Platten aufgenommen. Von 1964 bis 1966 spielte er Schlagzeug in der Backing Group von Tommy Roe, den Roemans. Daß ihm außer dieser wunderschönen Ballade »Key Largo« nichts gelungen ist, ist außergewöhnlich und schade.

*Key Largo (11/81 US 8)*
***AOR (Adult Orientated Rock), Soft Pop, West Coast***

## Hightower, Donna

v (USA, geb. in Los Angeles/Kalifornien).
Die 1945 geborene Donna schlug sich in den Anfangstagen in New Yorker Clubs durch. Schon zu diesem Zeitpunkt hatte Donna einige eigene Songs geschrieben. Einer davon hieß »Out Of My Mind«, und der wurde von den zu diesem Zeitpunkt schon nicht mehr sonderlich erfolgreichen Platters aufgenommen. Danach ging Donna nach London und traf hier auf Jazz-Größen wie John Coltrane oder Johnny Hartman. Es folgten einige Jazz-LPs, die Berliner Jazztage, Tourneen durch Belgien und die Schweiz und Auftritte im Pariser Olympia. Schließlich verlegte sie ihren Wohnsitz nach Spanien. 1970 beteiligte sie sich dort an den Ausscheidungswettbewerben für den Grand Prix Eurovision. Sie wurde nur zweite, aber ihr Song »Soy Feltz« kam hoch in die spanische Hitparade. Ihre beste Zeit als Popinterpretin hatte sie in der ersten Hälfte der 70er Jahre. 1973 trat sie während der Berliner Funkausstellung mit ihrem Titel »This World Today Is A Mess« auf, der ihr hierzulande einen Platz 24 und in der Schweiz einen Top-10-Hit bescherte. Den Text zu diesem Song hat sie selbst geschrieben, und er erklärt, warum die überaus sympathische und freundliche Donna Hightower es nie zum ganz großen Star brachte. Da heißt es im Text: Versuch mal, einem anderen Menschen zu helfen, und er wird dir deine Güte als Schwäche auslegen.

*This World Today Is A Mess (9/73 CH 4)*
***Disco, Pop***

## Highwaymen

Bob Burnett (USA, geb. in Mystic/Connecticut); Steve Butts (USA, geb. in New York City); Chan Daniels (Argentinien, geb. in Buenos Aires, † 2. 8. 1975); Dave Fisher (USA, geb. in New Haven/Connecticut); Steve Trott, g (Mexico, geb. in Mexico City).
1961 war Stephen Trotts letztes Jahr an der Wesleyan-Universität. Er hatte Französisch als Hauptfach und war Vorsitzender der Studentenverbindung. Aber auch außerhalb des Campus war Trott zusammen mit vier Kommilitonen recht erfolgreich. Als Highwaymen gelang ihnen der Millionseller »Michael«, Mitte 1961 Platz 1 in den USA und in GB, Platz 4 in Deutschland. Erwähnenswert noch ihre Single »The Bird Man«, inspiriert von dem Film »The Bird Man Of Alcatraz«, in dem Burt Lancaster die Hauptrolle spielte. Und Lancaster konnten die Highwaymen auch dafür gewinnen, den Text auf ebendieser Single zu sprechen.
1988 war Trott als Jurist die Nummer 3 im amerikanischen Justizministerium. Eine überraschende Wende in der Karriere eines Ex-Folkies, aber trotz des Erfolges der Gruppe und seines eigenen sechsstelligen Gewinns hatte Trott nie nur an eine musikalische Karriere gedacht. ›Ich hätte es furchtbar gerne gemacht‹, sagte er später, ›aber ich konnte meine eigenen Fähigkeiten ganz gut einschätzen. Und ich spürte, daß ich von der Folkmusik – obwohl ich Talent dafür hatte – auf Dauer nicht würde leben können.‹
Trott wuchs in Mexiko auf. Sein Vater war dort leitender Angestellter bei einem Chemiekonzern. Er lernte das Gitarrespielen bei einem Müllmann des Ortes, zeigte aber nie großen musikalischen Ehrgeiz. So

entstanden auch die Highwaymen mehr durch Zufall. Im ersten Semester mußte Trott sich wie alle Neulinge etwas einfallen lassen, um seine Verbindungsbrüder zu unterhalten. Mit Hilfe von Chan Daniels, Robert Burnett, Dave Fisher und Stephen Butts gelang es ihm.
Nach Abschluß ihres Studiums trennten sich die Highwaymen: Trott und Burnett studierten Jura in Harvard, Daniels Betriebswirtschaft, und Butts machte in Columbia seinen Doktor der Philosophie. Nur Dave Fisher blieb im Musikgeschäft und wurde Songschreiber und Produzent in Los Angeles. Burnett wurde Geschäftsführer einer Bank in Rhode Island, und Butts ging an die Universität von Wisconsin. Daniels starb 1975. Mag Stephen Trott heute das Aushängeschild für die Entwicklung der Highwaymen sein, der – zumindest in den Augen der amerikanischen Öffentlichkeit – den größten Sprung nach vorne gemacht hat, Dave Fisher dürfte derjenige sein, der vom damaligen Erfolg der Gruppe die meiste Kohle einstrich: Er hatte das Traditional aus dem 19. Jahrhundert bearbeitet, gilt damit als der Songschreiber und kassierte die Tantiemen alleine!

*Michael (7/61 US 1; 9/61 GB 1, D 4)*
***Country, Folk, Pop***

## Hildegarde

HILDEGARDE, v (USA als Hildegarde Loretta Sell, geb. in Adell/Wisconsin).
Hildegarde wurde zuerst in England populär, ging dann zurück in die USA und wurde dort eine der erfolgreichsten Sängerinnen der 40er Jahre im amerikanischen Radio. Dort erreichte sie in ihrer Popularität 1944 Platz 2 hinter Bing Crosby. 1936 wurde »Pennies From Heaven« ihr erster Hit, Mitte 1946 »The Gypsy« ihr einziger Top-10-Erfolg. Begleitet wurde sie bei der Aufnahme von Guy Lombardo & His Royal Canadians, zu diesem Zeitpunkt eines der erfolgreichsten amerikanischen Orchester. In den 50er Jahren ließ ihr Erfolg nach.

*The Gypsy (5/46 US 7)*
***Pop***

## Hill, Benny

v (Großbritannien, * 25. 1. 1925 als Alfred Hawthorne Hill in Southampton, † 20. 4. 1992).
Der Slapstick-Komödiant Benny Hill wurde den britischen Fernsehzuschauern ab 1969 bekannt. Zehn Jahre später wurde er zur Überraschung der Amerikaner auch in den USA erfolgreich, allerdings wurden die Folgen von ihm für den US-Markt editiert. Den schwachsinnigen Humor und die vielen Oben-ohne-Mädchen konnten die Amerikaner erst nachts ab 23.00 Uhr bewundern. Für Filmplotten wie »Die tollkühnen Männer in ihren fliegenden Kisten« und »Chitty Chitty Bang Bang« war er wie geschaffen. Auch als Platteninterpret versuchte er sich. Seine erste Hitnotierung stammt aus dem Februar 1961, erreichte Platz 12 und hieß »Gather In The Mushrooms«. Zum Weihnachtsfest 1971 gelang ihm der Spitzenreiter in GB mit der Geschichte von »Ernie (The Fastest Milkman In The West)«. Nach seinem Tod kam die Platte erneut in die britischen Charts und erreichte die Top 30.

*Ernie (The Fastest Milkman In The West) (11/71 GB 1)*
***Pop***

## Hill, Chris

(Großbritannien).
Der Brite Chris Hill schnippelte in der Tradition der Amerikaner Buchanan und Goodman aus Hits Teilchen heraus und bastelte daraus neue Platten. Jeweils zum

Weihnachtsfest 1975 und 1976 konnte er mit »Renta Santa« und »Bionic Santa« Platz 10 in GB erreichen. Dann hatte sich die Masche glücklicherweise totgelaufen.

*Renta Santa (12/75 GB 10)*
*Bionic Santa (12/76 GB 10)*
***Pop***

## Hill, Dan

v (Kanada, * 3. 6. 1954 in Toronto).
Dan gelang Ende 1977 mit dem Titel »Sometimes When We Touch« ein Platz 3 in der amerikanischen Hitparade. Sosehr er sich auch bemühte, er schaffte in den Jahren danach keinen weiteren Erfolg. Hill schrieb Songs für andere, z. B. Jeffrey Osborne, George Benson, Tina Turner oder Celine Dion. Rund zehn Jahre nach seinem ersten Erfolg erschien »Can't We Try«, und diese Platte kam bis auf Platz 6 in den USA. Mit ihm zusammen sang Vonda Sheppard. Eine Begründung für seine Abwesenheit aus den Hitparaden lieferte er selbst: ›Als ich anfing, waren die Songs das Wichtigste und nicht das Aussehen. Ich werde nie ein Videostar sein, deshalb müssen meine Songs es bringen. Heute mehr denn je.‹

*Sometimes When We Touch (11/77 US 3)*
*Can't We Try (6/87 US 6)*
***Soft Pop***

**CD-Tip:** *Dan Hill Collection* Sony SRCS 6694

## Hill, Jonny

v (Österreich, * 27. 7. 1940 als Fery Gillming in Graz).
Die Lieder von Jonny schwankten zwischen Schlager und Country. Entdeckt wurde er von Lothar Olias, der viele Hits für Freddy geschrieben hat. In diese Richtung wollte er auch Jonny Hill aufbauen, was nicht glückte. Mit dem Truckersong »Ruf Teddybär eins-vier«, einer deutschen Version des Red-Sovine-Hits »Teddy Bear« aus dem Jahre 1976, gelang ihm sein einziger Top-10-Hit in Deutschland. Im Fernsehen war er der Moderator einer Sendung, die sich an die Freunde des Country-Schlagers richtete: ›Kilometer 330‹.

*Ruf Teddybär eins-vier (3/79 D 8)*
***Country, Deutscher Schlager***

**CD-Tip:** *Country Songs* Sonia 77228

## Hill, Vince

v (Großbritannien, * 16. 4. 1939 in Coventry).
Vince stand erstmals Mitte 1962 in den britischen Charts mit dem Titel »The River's Run Dry« (6/62 GB 41). Mitte 1966 sang er eine englische Version des Udo-Jürgens-Titels »Merci Cheri« (6/66 GB 36), die es in die Top 40 brachte, und 1967 kam er mit dem Titel »Edelweiss« aus dem Musical »Sound Of Music« bis auf Platz 2 in GB. Bis 1971 hatte er noch einige weitere Hits, dann war seine Zeit vorbei. Der englische Crooner unterhielt 1984 die Gäste des Kreuzfahrtschiffs QE2 bei ihrer Weltreise.

*Edelweiss (2/67 GB 2)*
***Pop, Schlager***

**CD-Tip:** *His Greatest Hits* EMI CDB 7 52028 2

## Hilltoppers

DON MCGUIRE, v (USA); JIMMY SACCA, v (USA, geb. in Hazard/Kentucky); SEYMOUR SPIEGELMAN, v (USA); BILLY VAUGHN, v/bl (USA, * 12. 4. 1919 als Richard Vaughn in Glasgow/Kentucky, † 26. 9. 1991).
Ab 1952 war dieses an einem College in Kentucky gegründete amerikanische Gesangsquartett in den USA erfolgreich. »Trying« war im August 1952 ihr erster Top-10-Erfolg. »P. S. I Love You« war Mit-

te 1953 in den USA ein Millionseller. 1955 sangen sie eine weiße Version von »Only You«, die es in den USA und in England unter die Top 10 brachte. »Marianne« war 1957, in dem letzten Jahr ihrer Erfolge, ein Erfolg in den USA und in Deutschland. Billy Vaughn hatte bereits 1955 die Gruppe verlassen und wurde ein erfolgreicher Orchesterleiter und Platteninterpret. Nach 1963 trat Sacca regelmäßig mit wechselnden Besetzungen der Hilltoppers auf.

*Trying (8/52 US 7)*
*I'd Rather Die Young (6/53 US 8)*
*P. S. I Love You (6/53 US 4)*
*To Be Alone (10/53 US 8)*
*Love Walked In (10/53 US 8)*
*Till Then (1/54 US 10)*
*From The Vine Came The Grape (2/54 US 8)*
*Only You (And You Alone) (11/55 US 8; 1/56 GB 3)*
*Marianne (2/57 US 3; 6/57 D 8)*
***Folk, Pop***

## Hilton, Ronnie

v (Großbritannien, * 26. 1. 1926 als Adrian Hill in Hull).
Bevor Ronnie seine musikalische Karriere begann, arbeitete er seit Anfang der 40er Jahre in einer Flugzeugfabrik, nachdem er bereits mit 14 die Schule verlassen hatte. 1950 sang er in Leeds mit der Band von Johnny Adlestone und wurde dort für die Plattenfirma HMV entdeckt. Hill änderte seinen Namen in Ronnie Hilton und hatte 1954 seinen ersten Hit. »I Still Believe« wurde im November jenes Jahres Platz 3 in GB. »A Blossom Fell« 1955 war der nächste Hit. Im April 1956 erreichte er den Spitzenplatz in GB mit »No Other Love«. Der Nachfolgehit »Who Are We« und »Around The World« im Mai 1957 waren zwei weitere Top-10-Erfolge. Die Liste seiner Hitnotierungen reicht bis in das Jahr 1965. In England war er danach ein gefragter Künstler für Live-Auftritte.

*I Still Believe (11/54 GB 3)*
*A Blossom Fell (3/55 GB 10)*
*No Other Love (4/56 GB 1)*
*Who Are We (6/56 GB 6)*
*Around The World (5/57 GB 4)*
***Pop***

**CD-Tip:** *The Best Of Ronnie Hilton* EMI CDP 7 92220–2

## Hinnen, Peter

v (Schweiz, * 19. 9. 1941 in Zürich).
Peter war bereits Mitte der 50er Jahre als niedlicher Kinderstar erfolgreich. Auch in unseren Breiten sollte er mit Liedchen wie »Rosmarie«, noch als Peterli Hinnen, Ende 1956 seinen ersten Top-10-Erfolg haben. Dann folgte eine stimmbruchbedingte Pause. Im Frühjahr 1962 erreichte er Platz 5 in der deutschen Hitparade mit »Auf meiner Ranch bin ich König«. Seinen größten Erfolg hatte er Mitte 1963 mit »Siebentausend Rinder«. Bis Ende 1964 gelangen ihm mit »Im Tal der blauen Berge« und »Die Rose von Mexiko« weitere Top-10-Erfolge. Nach 1965 verschwand er aus den Hitparaden.

*Rosmarie (10/56 D 9)*
*Auf meiner Ranch bin ich König (3/62 D 5)*
*Siebentausend Rinder (5/63 D 2)*
*Im Tal der blauen Berge (11/63 D 10)*
*Die Rose von Mexiko (8/64 D 7)*
***Deutscher Schlager***

## Hirt, Al

tr/bl (USA, * 7. 11. 1922 in New Orleans).
Al, der den Spitznamen ›New Orleans Trumpet King‹ hatte, war Mitte der 60er Jahre mit einigen jazzorientierten Instrumentals erfolgreich. Bevor er unter seinem eigenen Namen Platten aufnahm, spielte er mit den Dorsey Brothers und Hoarce Heidt und leitete in den späten 50er Jahren eine eigene Dixieland-Combo. Mit der

Nummer »Java« kam er im Januar 1964 in die amerikanische Hitparade und erreichte Platz 4. In Deutschland wurde sie einige Monate später Platz 6. Nach 1965 war seine Hitzeit wieder vorüber.

*Java (1/64 US 4; 6/64 D 6)*
***Instrumental, Jazz, Pop***

## Hithouse

PETER SLAGHUIS, v/dj/mix (Niederlande, * 21. 8. 1963).
Hinter dem Projekt Hithouse steht der Discjockey Peter Slaghuis, der sich vor allem als Mixer und Sampler betätigte. Am 11. 3. 1985 wurde er bei der Weltmeisterschaft im Discomixen im Londoner Hippodrom vierter. Zur selben Zeit erschien von ihm ein Projekt, das er Video Kids nannte und das mit »Woodpeckers From Space« 1985 Platz 4 in den deutschen Charts belegte. Ein Jahr später verschaffte er der Formation Nu Shooz mit einem Remix ihres Titels »I Can't Wait« einen Top-10-Hit in den US-Charts. Auch Maria Vidals »Body Rock«, Abbas »Lay All Your Love On Me« und eine 1988er Version des Petula-Clark-Klassikers »Downtown« wurden von ihm aufpoliert. Im November 1988 kam unter der Überschrift ›This is the sound of house music‹ »Jack To The Sound Of Underground« in die britischen Charts und erreichte Platz 14. Zwei Monate später wurde es ein Top-10-Hit in Deutschland und in der Schweiz.

*Jack To The Sound Of Underground (1/89 CH 3, D 6)*
***Disco, House***

**CD-Tip:** *Hithouse* CBS 465 102 2

## Hockridge, Edmund

v (Kanada, * 9. 8. 1923 in Vancouver).
Edmund kam Anfang der 40er Jahre mit der Air Force nach GB. Dort half er dann auch beim Aufbau eines Radiosenders für die in Europa stationierten Truppen und sang in vielen Sendungen mit. Nach dem Krieg sang er im Radio vor allem Hauptrollen in Opern und Operetten. Nach einem Besuch in New York wechselte er zum Musical, da er in diesem Fach eine größere Zukunft für sich sah. Er spielte in London z. B. in »Guys And Dolls«, »Carousel« oder »Can-Can«. Im Jahre 1956 gelangen ihm in England vier Eintragungen in die Popcharts. Die erste, »Young And Foolish«, kam im Februar in die Charts und erreichte Platz 10. Alle anderen kamen nicht so hoch. Hockridge blieb bis in die 90er Jahre aktiv, zuletzt mit seiner Familienshow The Edmund Hockridge Family.

*Young And Foolish (2/56 GB 10)*
***Pop***

## Hofer, Polo

v/d/per (Schweiz, * 16. 3. 1949 in Interlaken).
Ob The Jetmen, The Pop Tails, Rumpelstilz, SchmetterDing, SchmetterBand – all diese Gruppen verbindet ein Name: Polo Hofer. Er schaffte es zeitweise, mehrere Generationen in seine Konzerte zu bringen. Die, die ihn aus den Joint-Tagen von Rumpelstilz kannten, und die, die ihn gerade mit der SchmetterBand gehört hatten. 1990 wurde er in der Schweiz zum Rockstar des Jahres gekürt. 1991 trat die SchmetterBand beim Montreux-Festival auf. Zu dieser Zeit verkündete Hofer etwas übermütig, man müsse den über Siebzigjährigen das Stimmrecht entziehen. Es folgte eine dreivierteljährige Pause. Während dieser Zeit bereiste er mit einigen Bandmitgliedern den Süden der USA. Die Auswirkungen sind auf dem Album »Travailler C'est Trop Dur« zu hören. Es verkaufte sich bis Ende 1992 in der Schweiz 70.000 mal, was hier Platin bedeutet. Im Juli 1994 wurde in Frankreich

das Album »Welcome I Dr SonderBar« eingespielt. Dann gab es einen Sampler, der da heißt »15 starke Songs« und wegen der großen Nachfrage 1995 »Weitere 15 starke Songs«. In Deutschland war Rumpelstilz mit der Nummer »Kiosk« sehr erfolgreich und trug dazu bei, daß viele, die versuchten, sie nachzusingen, unter Halsschmerzen litten. In den Airplay-Charts erreichte die Platte 1977 Platz 15, im Verkauf Platz 46. Bemerkenswert auch der Einsatz von Polo Hofer für den Privatsender Radio 24, den er mit dem gleichnamigen Song unterstützte.

*Teddybaer (6/76 CH 10)*
*Kiosk (9/76 CH 2)*
*Nadisna (4/77 CH 10)*
*Radio 24 (1/80 CH 3)*
*Stop Aids (3/87 CH 7)*
***Pop***

## Hoffmann & Hoffmann

GÜNTHER HOFFMANN, v (Deutschland, * 4. 10. 1951 in Karlsruhe, 15. 3. 1984); MICHAEL HOFFMANN, v (Deutschland, * 3. 12. 1950 in Karlsruhe).
Die beiden Brüder Hoffmann erzielten ihre ersten Erfolge mit deutschen Versionen englischer oder amerikanischer Hits. »Himbeereis zum Frühstück« war Mitte 1977 ihr erster Hiterfolg. Es handelte sich um eine deutsche Version des Bellamy-Brothers-Titels »Crossfire«. Mit dem Lied »Rücksicht« belegte das Duo bei der deutschen Vorentscheidung zum Grand Prix Eurovision 1983 den 1. Platz. Beim Grand Prix selbst, der in München stattfand, kamen sie auf Platz 5. Danach gelang den beiden kein weiterer Erfolg. Günter verübte in Rio de Janeiro Selbstmord. Michael machte nach einer kurzen Pause als Solist weiter, allerdings ohne Erfolg.

*Rücksicht (4/83 D 8; 5/83 CH 6)*
***Schlager***

## Holden, Ron

v (USA, * 7. 8. 1939 in Seattle/Washington, † 22. 1. 1997).
Bereits als 18jähriger sang Ron Holden mit der Gruppe Playboys R&B. Im Frühjahr 1960 bot sich ihm die Chance, eine Soloplatte aufzunehmen. Der Titel »Love You So«, den er mit seiner aktuellen Begleitband Thunderbirds einspielte, kam im Frühjahr 1960 in die US-Charts. Er machte noch für etliche Plattenfirmen Aufnahmen, so auch zusammen mit Rosalie Hamlin von Rosie & The Originals als Rosie & Ron, aber alle Versuche schlugen fehl. Von 1972 bis 1977 arbeitete er als Moderator in Oldie-Shows.

*Love You So (4/60 US 7)*
***Pop***

## Holiday, Tony

v (Deutschland, * 24. 12. 1951 als Peter Knigge in Hamburg, † 14. 2. 1990).
Der Erfolg von Tony begann 1977. Mit dem Titel »Tanze Samba mit mir« hatte er Ende des Jahres Platz 4 in den deutschen Charts. Es handelte sich dabei um eine deutsche Version von »A Far L'Amore Cominica Tu (Liebelei)« von Raffaella Carra. Bis 1980 gab es noch weitere Hitnotierungen von Tony Holiday.

*Tanze Samba mit mir (10/77 D 4)*
***Deutscher Schlager***

## Holliday, Michael

v (Großbritannien, * 26. 11. 1928 als Miller in Liverpool, † 29. 10. 1963).
Michael Holliday begann seine Karriere als Mitglied in Liverpooler Tanzbands. Er trat dann der Handelsmarine bei, mit der er auch in die USA kam. In New York gewann er einen Nachwuchswettbewerb. Nachdem er wieder in England war, schloß er sich dem Eric Winstone Orches-

tra als Sänger an. Norrie Paramor machte 1955 einen Vertrag mit ihm als Solointerpret. Sein erster Singlehit war »Nothin' To Do«, im Frühjahr 1956 Platz 20 in GB. Michael sang vorwiegend britische Versionen amerikanischer Hits. Seine Interpretation von »The Story Of My Life«, in den USA ein Hit für Marty Robbins, brachte Michael Anfang 1958 einen Spitzenreiter in GB. Mit »Stairway Of Love« gelang ihm Mitte desselben Jahres ein Platz 3, mit »Starry Eyed« stand er im Januar 1960 in den GB-Charts und wurde wieder Spitzenreiter. Danach gelang ihm kein Top-30-Hit mehr. In GB hatte er seine eigene Fernsehserie ›Relax With Mike‹. Im Oktober 1963 kam er unter tragischen Umständen ums Leben. Mal heißt es, er habe sich erschossen, mal, er sei an einer Überdosis Drogen gestorben.

*The Story Of My Life (1/58 GB 1)*
*Stairway Of Love (5/58 GB 3)*
*Starry Eyed (1/60 GB 1)*
***Pop***

**CD-Tip:** *The Best Of Michael Holliday* EMI CDP 7 92260 2

## Hollies

BERNIE CALVERT, key/b (Großbritannien, * 16. 9. 1944); ALLAN CLARKE, v (Großbritannien, * 5. 4. 1942 in Salford/Lancashire); ALAN COATES, v/g (Großbritannien); BOBBY ELLIOTT, d (Großbritannien, * 8. 12. 1942 in Brierfield); ERIC HAYDOCK, b (Großbritannien, * 3. 2. 1943 in Burnley/Lancashire); TONY HICKS, v/g (Großbritannien, * 16. 12. 1943 in Nelson/Lancashire); GRAHAM NASH, v/g (Großbritannien, * 2. 2. 1942 in Blackpool); ALAN PARKER, key (Großbritannien); MIKAEL RICKFORS, v (Schweden); RAY STILES, v/g/b (Großbritannien, * 20. 11. 1946 in Carshalton/Surrey); TERRY SYLVESTER, v/g (Großbritannien, * 8. 1. 1945 in Liverpool).

Die Ursprünge der Hollies gehen zurück bis in das Jahr 1961. Die Schulfreunde Clarke und Nash traten als Two Teens auf. Als Haydock und ein Schlagzeuger namens Don Rathbone dazukamen, nannten sie sich Fourtones, dann Deltas und schließlich, als noch ein weiterer Gitarrist dazukam, Hollies. Anfang 1963 suchten alle britischen Produzenten und Plattenfirmen in ganz GB nach weiteren Beatles. Der EMI-Produzent Ron Richards sah die Hollies im Cavern Club in Liverpool spielen und lud sie nach London ein. Von den Dolphins kam nun noch Hicks zur Band, die im April 1963 ihre erste Single aufnahm, ein Revival der Coasters-Nummer »Just Like Me«. Im November erreichte ihre Single »Stay« Platz 8 in GB, und in den nun folgenden Jahren bis 1970 sollten 15 weitere Top-10-Erfolge hinzukommen. Der größte war ihr einziger Spitzenreiter während dieser Zeit: »I'm Alive« Mitte 1965. Im April 1966 verließ Haydock die Band und wurde durch Bernie Calvert ersetzt, der früher mit Hicks bei den Dolphins gespielt hatte. Mitte 1968 wurde bekannt, daß Graham Nash die Band verlassen werde. Nash ging in die USA und wurde Teil von Crosby, Stills & Nash. Für ihn kam Terry Sylvester, der vorher mit den Escorts und den Swinging Blue Jeans gespielt hatte. Während der Erfolg für die Hollies in GB nachließ, wurde er in den USA immer größer. Dort hatten sie mit »Bus Stop« und »Stop Stop Stop« 1966, »Carrie-Anne« 1967 und »He Ain't Heavy, He's My Brother« Ende 1969 ihre einzigen Top-10-Erfolge. »Long Cool Woman (In A Black Dress)« erreichte Mitte 1972 Platz 2 in den USA und wurde ein Millionseller. »The Air That I Breathe«, geschrieben von Mike Hazelwood und Albert Hammond, war im Frühjahr 1974 ein Platz 2 in GB, ein Platz 6 in den USA und dort ebenfalls ein Millionseller. Zwischenzeitlich hatte sich Ende 1971 Allan Clarke von den Hollies verabschiedet und war durch Mikael Rickfors ersetzt worden. Mit ihm hatten die Hollies nur einen Hit: »The Baby«, im Frühjahr 1972 Platz 26 in GB. Im Juli 1973, nach zwei erfolglosen Soloalben, kam Clarke wieder zurück, und Rickfors verschwand Richtung Schweden. Die Band hatte gemerkt, daß sie ohne Clarke nur die Hälfte wert war. Ihr großer Hit »Long Cool Woman (In A Black Dress)«, der von einem älteren Album ausgekoppelt war und Allan Clarke als Leadsänger hatte, zeigte deutlich, wie notwendig er für die Band war. Wahrscheinlich waren sie deshalb auch bereit, Clarkes Bedingung, neben seiner Gruppenarbeit auch Soloplatten veröffentlichen zu dürfen, zu akzeptierten. »The Air That I Breathe« zeigte, daß die Entscheidung richtig war. Durch die 80er Jahre hörte man wenig von den Hollies. Im Mai 1981 verließen Sylvester und Calvert die Gruppe. Clarke, Elliott und Hicks blieben als Trio zurück. 1982 nahm Graham Nash noch einmal mit den verbleibenden Hollies Platten auf, darunter ein Revival des Supremes-Hits »Stop In The Name Of Love«, der Mitte 1983 Top-30-Hit in den USA wurde. Nash kehrte jedoch wieder in die USA zurück und arbeitete dort mit David Crosby. Ende 1988 kamen die Hollies mit »He Ain't Heavy, He's My Brother« wieder in die britische Hitparade und erreichten Platz 1. Der britische Ableger von Miller Light Bier hatte diesen Titel für eine TV-Werbekampagne eingesetzt. 1993 erschien zum dreißigjährigen Jubiläum der Gruppe eine CD mit 25 ihrer größten Hits. Als 26. Aufnahme war »The Woman I Love« zu hören, eine Komposition von Nik Kershaw. Es war ihre 56. Singleveröffentlichung. Die Besetzung bestand jetzt aus Clarke, Hicks und Elliott, dazu Ray Stiles, einst Mitglied bei Mud, Alan Coates und Alan Parker.

*Stay (11/63 GB 8)*
*Just One Look (2/64 GB 2)*
*Here I Go Again (5/64 GB 4)*
*We're Through (9/64 GB 7)*
*Yes I Will (1/65 GB 9)*
*I'm Alive (5/65 GB 1)*
*Look Through Any Window (9/65 GB 4)*
*I Can't Let Go (2/66 GB 2)*
*Bus Stop (6/66 GB 5, US 5, D 9)*
*Stop Stop Stop (10/66 GB 2, D 4, US 7)*
*On A Carousel (2/67 GB 4, D 8)*
*Carrie-Anne (6/67 GB 3, D 8, US 9)*
*Dear Eloise (1/68 D 8)*
*Jennifer Eccles (3/68 GB 7; 5/68 D 8)*
*Sorry Suzanne (3/69 GB 3, D 7; 4/69 CH 1)*
*He Ain't Heavy, He's My Brother (10/69 GB 3, D 9; 11/69 CH 5; 12/69 US 7; 9/88 GB 1)*
*I Can't Tell The Bottom From The Top (4/70 GB 7)*
*Long Cool Woman (In A Black Dress) (6/72 US 2)*
*The Air That I Breathe (2/74 GB 2, D 4; 4/74 US 6)*

***AOR (Adult Orientated Rock), Beat, Pop***

**CD-Tip:** *The Air That I Breathe* EMI 7 89069 2

## Holly, Buddy

v (USA, * 7. 9. 1936 in Lubbock/Texas, † 3. 2. 1959).

Der 3. 2. 1959 war der Tag, an dem die Musik gestorben ist – zumindest wird das von Don McLean in seinem Hit »American Pie« behauptet. Alle, die danach kamen, waren Schmarotzer, die vom Erbe eines Mannes gelebt haben, der 1959 mit einem kleinen Flugzeug abstürzte. Mit ihm saßen in der Maschine der Pilot und zwei weitere Popstars jener Zeit: Big Bopper und Ritchie Valens – wobei zumindest Ritchie Valens auch das Zeug zum Superstar hatte. In den Hitparaden war er gerade mit der Doppel-A-Seiten-Single »La Bamba/Donna« sehr erfolgreich – beide Stücke hatte der nicht mal 18jährige selbst geschrieben. Ritchie war ein Chicano – so bezeichnete man damals wie heute US-Bürger mexikanischer Abstammung. Big Bopper, der richtig J. P. Richardson hieß, hatte sich als Songschreiber einen Namen gemacht. So ist z. B. die Nummer »Running Bear« eine Komposition von ihm. Hier bei uns wurde sie als »Brauner Bär und weiße Taube« durch Gus Bakkus ein Hit.

Diese drei Stars plus Dion & The Belmonts waren mit der »Winter Dance Party« durch die Lande unterwegs. Buddy Holly hatte sich mehrfach darüber beklagt, daß der Tourneebus zu kalt und unfreundlich sei – überhaupt waren die Umstände nicht gerade angenehm für die Künstler. Die Jahreszeit in einer Gegend, die als besonders kalt gilt, war absolut unglücklich gewählt. Nach einem Auftritt fuhr der Bus teilweise bis zu 600 Meilen durch die Nacht zum nächsten Auftrittsort, und nicht selten blieb er wegen einer Panne dann auch noch irgendwo liegen. An jenem 2. Februar befand sich die Tour-Karawane in Clear Lake, einem kleinen Ort 10 Meilen westlich von Mason City. Am nächsten Tag sollten sie in Moorhead, Minnesota, spielen, 430 Meilen entfernt. Wohl auch aus diesem Grund hatte sich Buddy am Montag, dem 2. 2. 1959, entschlossen, mit der kleinen Mietmaschine nach Fargo, North Dakota, zu fliegen. Von da aus mußte er nur noch den Red River überqueren, und schon war er in Moorhead. Nachdem die Party gegen Mitternacht beendet war, fuhren die drei zum nahe gelegenen Flugplatz. Kurz vor ein Uhr startete die Maschine, eine kleine rote Beechcraft Bonanza. 36 Dollar pro Nase hatten die Musiker hingelegt. Der Flug sollte nicht lange dauern. Nur ungefähr acht Meilen von Mason City entfernt stürzte die Maschine auf ein Feld – alle Insassen waren sofort tot. Und damit auch der Rock 'n' Roll? War Buddy Holly zu diesem Zeitpunkt überhaupt noch ein Rock-'n'-Roll-Interpret? Seine letzten Plattenaufnahmen belegen, daß er sich wie alle anderen Interpreten jener Tage mehr und mehr vom Rock 'n' Roll zurückgezogen hatte. Ob Elvis Presley oder Little Richard, alle waren seichter geworden. Schluchzende Geigen umschmeichelten auch die, die einst geschworen hatten, eine andere Musik zu machen. Was Buddy Holly in seinen frühen Tagen mit Songs wie »Peggy Sue« oder »That'll Be The Day« geschaffen hat, ist unsterblich. Aber so manches Lied, das er dann geschrieben hat, war schon recht lau – lag dafür allerdings auch voll im Trend.

Begonnen hatte Buddy in einem Duo mit Bob Montgomery im Jahre 1954. Die beiden nahmen Demos im Western-Bop-Stil auf. Im Januar 1956 erhielt Buddy einen Plattenvertrag und nahm in Nashville als Buddy Holly & The Three Tunes erste Platten auf. Die Three Tunes waren der Gitarrist Sonny Curtis, der Bassist Don Guess und der Schlagzeuger Jerry Allison. Jerry sollte später als Ivan einige Plattenaufnahmen machen. Im Februar 1957 machte Buddy in Clovis, New Mexico, in den Studios von Norman Petty erste Platten als The Crickets. Diese Gruppe bestand nun aus dem Gitarristen Niki Sullivan, dem Bassisten Joe B. Mauldin und wieder Jerry Allison. Ob nun Platten von Buddy Holly & The Crickets oder nur von den Crickets erschienen, es handelte sich immer um dieselben Musiker. Der Grund für diese Konfusion ist darin zu sehen, daß sie zwei Plattenverträge hatten: Alles, was bei Brunswick erschien, firmierte unter The Crickets; alles, was bei Coral erschien, lediglich unter Buddy Hollys Namen. Spätere Wiederveröffentlichungen berücksichtigten diese Unterteilung meist nicht mehr. Offiziell trennten sich Buddy Holly und die Crickets im Herbst 1958.

Buddys größte Erfolge als Crickets waren »That'll Be The Day« im Herbst 1957, »Oh Boy« drei Monate später und »Maybe Baby«, im Frühjahr 1958 Platz 17 in den USA. Als Buddy Holly hatte er die Hits »Peggy Sue« im November 1957, »Rave On« Mitte 1958, »It Doesn't Matter Anymore« kurz nach seinem Tod im Februar 1959 und »Brown-Eyed Handsome Man«, »Bo Diddley« und »Wishing«, alle drei 1963 Top 10 in GB. 1986 wurde Buddy Holly in die Rock 'n' Roll Hall of Fame aufgenommen.

*That'll Be The Day (8/57 US 1)*
*Oh Boy (11/57 US 10)*
*Peggy Sue (11/57 US 3, GB 6)*
*Rave On (6/58 GB 5)*
*It Doesn't Matter Anymore (2/59 GB 1)*
*Brown-Eyed Handsome Man (3/63 GB 3)*
*Bo Diddley (6/63 GB 4)*
*Wishing (9/63 GB 10)*
***Pop, Rock 'n' Roll***

**CD-Tip:** *Anthology – The Complete Recordings – 4 CD-Set* Repertoire Records REP 4656-CX

## Hollywood Argyles

GARY »FLIP« PAXTON, v (USA).

Gary ›Flip‹ Paxton und Clyde ›Skip‹ Battin traten 1958 als die Rockabillies auf. Mitte 1959 hatten die beiden als Skip & Flip die Nummer »It Was I« auf Platz 11 in den US-Charts. »Cherry Pie« erreichte im April 1960 das gleiche Ergebnis. Danach gingen die beiden auseinander. Clyde ›Skip‹ Battin tauchte in den 70er Jahren bei den Byrds, den New Riders Of The Purple Sage und den Flying Burrito Brothers auf. Im Frühjahr 1960 – der Vertrag von Paxton mit seiner Plattenfirma lief noch – nahm er den von Dallas Frazier geschriebenen Song »Alley-Oop« auf. Produzent war Kim Foley. Wegen des erwähnten Vertrages konnte er die Nummer nicht unter seinem Namen aufnehmen, deshalb nannte er sich Hollywood Argyles. Die Platte stieg in die US-Hitparade im März 1960 ein und kletterte bis auf Platz 1. Erst nachdem sich die Platte zu einem Erfolg gemausert hatte, stellte man um Gary Paxton eine Gruppe zusammen. Aber schon nach einer LP verließ er seine Plattenfirma und den Rest der Musiker und gründete sein eigenes Label Garpax. Darauf erschien Ende 1962, durch Paxton produziert, »Monster Mash« mit Bobby ›Boris‹ Pickett. Später wandte sich Gary der Gospelmusik zu und machte in den 80er Jahren zusammen mit seiner Frau eine tägliche christliche Radio-Talk-Show in Nashville.

*Alley-Oop (5/60 US 1)*
***Pop***

## Hollywood Beyond

MARK ROGERS, v/g/p (Großbritannien, * 3. 3. 1960).

Mark Rogers gelang als Hollywood Beyond Mitte 1986 ein Top-10-Hit in GB mit »What's The Colour Of Money?«. Er selbst definierte seine Musik als ›ein wenig östlich orientierter Swamp Rock mit einem Schuß Heavy Metal‹. »What's The Colour Of Money?« wurde von der Plattenfirma als ›abenteuerlicher, aber extrem tanzbarer Stilmix‹ dargestellt. Angeblich lernte Mark Rogers klassisches Piano, sah dann drei Konzerte von Black Sabbath und wurde dadurch in Richtung Hard Rock umgelenkt. Er stieg vom Piano auf Gitarre um, schwärmte für Hendrix und sammelte Live-Erfahrung in diversen Latin-Jazz-Bands. Produzent war der durch seine Arbeit mit den Pet Shop Boys bekannte Stephen Hague. Der Nachfolgehit »No More Tears« kam knapp unter die ersten 50. Danach hatte er keinen Erfolg mehr.

*What's The Colour Of Money? (7/86 GB 7)*
***Pop***

## Holm, Michael

v (Deutschland, * 29. 7. 1943 als Lothar Walter in Stettin).

Im Duett mit Bert Berger, sie nannten sich die Missouris, kam Michael Holm 1961 bei den Deutschen Schlagerfestspielen auf Platz 2 mit »Texas Jimmy«. Die Platte wurde kein Erfolg, und die beiden trennten sich. Hinter Bert Berger verbarg sich der aus Österreich stammende Albert Schützenberger, der schon als Boy Berger ab 1959 Platten aufgenommen hatte. Produzent der Missouris war Mal Sondock. Michael Holm veröffentlichte als Solist »Lauter schöne Worte«, kam damit im August 1962 bis auf Platz 46 und gab erst einmal die Musik auf. Er studierte fünf Semester Jura in Berlin, und dann merkte er: »Alle Wünsche kann man nicht erfüllen«, im April 1965 kam er damit in die deutsche Hitparade und erreichte Platz 16. Richtig erfolgreich wurde er Ende der 60er Jahre, als er mit »Mendocino« Mitte 1969 eine goldene Schallplatte erhielt und Platz 3 in Deutschland erreichte. »Barfuß im Regen« und »Wie der Sonnenschein« 1970, »Ein verrückter Tag« 1971, »Tränen lügen nicht« – 1974 Platz 1 in Deutschland und wieder Gold –, »Wart auf mich« 1975 und »Mußt du jetzt gerade gehen, Lucille« 1977 waren seine weiteren Top-10-Erfolge. Mit Beginn der 80er Jahre war seine Hitzeit vorüber. Ende der 80er Jahre war er international erfolgreich mit seiner New-Age-Gruppe Cusco. Michael Holm ist sicherlich einer der fleißigsten Songschreiber und Produzenten. Von ihm stammen Titel wie »Nur ein Kuß, Maddalena«, »Fiesta Mexicana« oder »Ein Lied kann eine Brükke sein«. Sein alter Hit »Tränen lügen nicht« feierte in einer Technoversion mit Mark' Oh als »Tears Don't Lie« eine Auferstehung. Er kam im Dezember 1994 in die deutsche Hitparade und war Mitte Januar 1995 gar Spitzenreiter. Daraufhin veröffentlichte Michael Holm seine Version ebenfalls noch einmal, zeitgemäß aufpoliert.

*Mendocino (7/69 D 3)*
*Barfuß im Regen (2/70 D 6)*
*Wie der Sonnenschein (10/70 D 9)*
*Ein verrückter Tag (5/71 D 6)*
*Tränen lügen nicht (10/74 D 1; 12/74 CH 4)*
*Wart auf mich (9/75 D 4; 10/75 CH 7)*
*Mußt du jetzt gerade gehen, Lucille (7/77 D 4; 10/77 CH 8)*

***Deutscher Schlager***

**CD-Tip:** *Michael Holm – Die Singles 1961 – 1965* Bear Family BCD 15 821 AH

## Holman, Eddie

v (USA, * 3. 6. 1946 in Norfolk/Virginia).

Eddie nahm in den frühen 60er Jahren seine ersten Platten auf. Sein Titel »Hey There Lonely Girl« war Ende 1969 ein Platz 2 in den USA und ein Millionseller und fünf Jahre später Platz 4 in GB. Das Original dieses Stückes war 1963 mit Ruby & The Romantics als »Hey There Lonely Boy« erschienen und hatte damals Platz 27 erreicht. Eddie Holman hatte 1966 seine erste Hitnotierung, 1969 den Hit, 1970 und 1977 zwei weitere Eintragungen, die aber nie über Platz 40 hinauskamen. In den Rhythm-&-Blues-Charts war er erfolgreicher. Seit Anfang der 90er Jahre veröffentlicht er auf seinem eigenen Label Agape christliche Lieder.

*Hey There Lonely Girl (12/69 US 2; 10/74 GB 4)*

***Pop, Soul***

## Holmes, Clint

v (Großbritannien, * 9. 5. 1946 in Bournemouth/Dorset).

Als Kind kam er nach Buffalo, New York. Mit der Nummer »Playground In My Mind« hatte der Softsänger Anfang 1973 einen Platz 2 in den USA und einen Millionseller. Seine musikalische Karriere hatte er 1964 begonnen. Erst bevorzugte er einen weichen, an Johnny Mathis und Andy Williams erinnernden Gesangsstil, dann wurde er dynamischer. Die Single »Playground In My Mind« war Mitte 1972 erschienen, und neun Monate lang lag sie wie Blei in den Regalen. Alle glaubten bereits an einen totalen Flop, dann kam die

Nummer doch noch in die Charts. Allerdings gelang Clint kein weiterer Hit, und somit reiht er sich ein in die Garde der One-Hit-Wonders. In diesem Fall machte nicht der Sänger den Hit, sondern der Song. Holmes mußte später zugeben: ›Die meisten Leute erinnern sich an das Lied, aber nicht an den Typen, der es gesungen hat.‹

*Playground In My Mind (3/73 US 2)*
***Soft Pop***

## Holmes, Leroy

bl (USA, * 22. 9. 1913 als Alvin Holmes in Pittsburgh/Pennsylvania, † 27. 7. 1986).
Leroy begann seine Karriere als Arrangeur für Vincent Lopez und Harry James. Bei der Plattenfirma MGM war er verantwortlich für Aufnahmen von Tommy Edwards oder Connie Francis. Er leitete außerdem das Studio-Orchester der Filmfirmen MGM und United Artists und schrieb etliche Filmmusiken. Sein größter Erfolg war der Titel »The High And The Mighty« aus dem gleichnamigen Film, Mitte 1954 Platz 9 in den USA.

*The High And The Mighty (7/54 US 9)*
***Instrumental, Pop***

## Holmes, Rupert

v (Großbritannien, * 24. 2. 1947 in Northwitch/Cheshire).
Der in GB geborene Sänger zog im Alter von sechs Jahren mit seinen Eltern in den US-Staat New York. Sein Vater war amerikanischer GI, seine Mutter Britin. Noch während der Schulzeit gründete er seine erste Gruppe, die Nomades. Sein Hauptmusikinstrument war die Klarinette. Ende der 60er Jahre nahm er zusammen mit der Studioband Street People einige Platten auf. Die Nummer »Jennifer Tomkins« brachte es im Frühjahr 1970 in die US-Top-40.Danach schrieb und arrangierte er z. B. für die Drifters, Platters, Barbra Streisand, Dolly Parton, Mac Davies, Manhattan Transfer und Gene Pitney. Einer seiner größten Erfolge als Songschreiber war der Titel »Timothy«, im Januar 1971 ein Top-20-Hit in den USA für die Gruppe Buoys. Holmes ist bei dieser Aufnahme am Piano zu hören. Zwischendurch wurde er Mitglied der Cuff Links, als Ron Dante nach deren erstem Hit das Handtuch schmiß. Als Produzent betätigte er sich für Sailor, Strawbs, Sparks oder auch John Miles. Sein Erfolg als Interpret kam mit der Nummer »Escape (The Pina Colada Song)«, der Ende 1979 in die amerikanische Hitparade kam und Spitzenreiter und Millionseller wurde. Mit »Him« kam er im Januar 1980 erneut unter die ersten 10. Nach 1981 wird er, obwohl er noch sehr viele schöne Titel veröffentlicht hat, nicht mehr in den Charts notiert. 1986 gewann er für das von ihm geschriebene Musical »The Mystery Of Edwin Drood« – als Vorlage diente das Buch von Charles Dickens – einen Tony Award.

*Escape (The Pina Colada Song) (10/79 US 1)*
*Him (1/80 US 6)*
***AOR (Adult Orientated Rock), Pop***

**CD-Tip:** *Partners In Crime* MCA MVCM-303

## Holt, John

v (Jamaika, geb. in Kingston).
John hatte seit seinem zwölften Lebensjahr an verschiedenen Talentwettbewerben teilgenommen und schließlich einen Plattenvertrag erhalten. Seine erste Single veröffentlichte er 1963. Ab 1965 war er für drei Jahre Sänger bei der Formation Paragons. Danach startete er seine Solokarriere, die zumindest in seiner Heimat sehr erfolgreich verlief. In GB war er einer der jamaikanischen Musiker, die als Reggae-Superstar angekündigt wurden und

dann nach einem einzigen Top-10-Erfolg wieder in der Versenkung verschwanden. Holt machte eine Reggaeversion von Kris Kristoffersons »Help Me Make It Through The Night«, die es im Dezember 1974 auf Platz 6 in GB brachte. Danach war er weiterhin in seiner Heimat erfolgreich.

*Help Me Make It Through The Night (12/74 GB 6)*
***Pop, Reggae***

## Hondells

RITCHIE BURNS, v (USA, * 4. 5. 1941); GARY USHER (USA, † 25. 5. 1990).
Diese Formation war ein Studioprojekt des Produzenten Gary Usher, der damit auf der Surf-Music-Welle mitschwamm. Usher gilt als der ungekrönte König der Surf/Hot Rod Music. Zusammen mit Brian Wilson, dem gekrönten König, schrieb er einige der erfolgreichen Beach-Boys-Titel, z. B. die Nummer »In My Room«. Eine ganze Reihe selbstgeschriebener Titel ließ er von Studiomusikern und -sängern aufnehmen, darunter waren Jan Berry von Jan & Dean, Glen Campbell, Bruce Johnston, Terry Melcher oder Dennis Wilson von den Beach Boys. Diese Ansammlung von Musikern verkaufte er dann als Four Speeds, Super Stocks, Wheelmen, The Revells, Knights, Ghouls, Silly Surfers oder eben Hondells. Als »Little Honda« im September 1964 ein Hit wurde, Platz 9 in den USA, existierte keine Gruppe. Geschrieben wurde die Nummer von Brian Wilson. Ritchie Burns, der auf der Single im Hintergrund mitgesungen hatte, arbeitete zu diesem Zeitpunkt als Kassierer in einer Bank. Um für eine LP der Hondells, die schnell zusammengeschustert wurde, ein Coverfoto von den Hondells zu machen, nahm man ihn und ein paar weitere Bankangestellte, fotografierte sie und hatte die Plattenhülle. Die dann zusammengestellten Hondells waren erfolgreicher, als alle erwartet hatten. Sie machten eine Tour, traten in der ›Dick Clark Show‹ und in ›Shindig‹ auf und spielten 1965 in drei Strandfilmen mit. Ein Nachfolgehit wollte ihnen jedoch nicht mehr gelingen, und nach 1970 war der Name Hondells aus den Medien ganz verschwunden. Gary Usher starb am 25. 5. 1990.

*Little Honda (9/64 US 9)*
***Pop, Surf-Music***

## Honesty '69

MARC INNOCENT, v (Deutschland, * 25. 8. 1968 in Lank-Latum); RAMON ZENKER (Deutschland, * 11. 11. 1968 in Willich).
Die beiden Gruppenmitglieder von Honesty '69 waren zusammen mit den Produzenten Thomas Gesell und Willi Grossmann im Sommer 1989 in New York und hörten dort in Discotheken den Titel »French Kiss« von Lil Louis. Zurück in Deutschland, versuchten sie, den Titel zu kaufen, konnten ihn aber nicht bekommen. Also beschlossen sie kurzerhand, eine Coverversion aufzunehmen, und hatten damit auch Erfolg. Noch größeren Erfolg hatte jedoch die Originalversion von Lil Louis – er erreichte Platz 2.

*French Kiss (9/89 D 7, CH 9)*
***Dance, Techno***

## Honey Cone

SHELLIE CLARK, v (USA, geb. in Brooklyn/New York City); DENISE MILLS, v; CAROLYN WILLIS, v (USA, geb. in Los Angeles/Kalifornien); EDNA WRIGHT, v (USA, geb. in Los Angeles/Kalifornien).
In den späten 60er Jahren wurde das typische Mädchentrio Honey Cone aus gestandenen Backgroundsängerinnen zusammengestellt. Edna war vorher bei den Raelettes und ist die Schwester von Darlene Love, Carolyn war bei den Girlfriends

und Bob B. Soxx & The Blue Jeans und Shellie bei Ike & Tina Turner und Little Richard gewesen. 1969 sangen die drei im Hintergrund von Burt Bacharach in einem Andy-Williams-TV-Special. Edna, die mit Eddie Holland aus dem Team Holland/Dozier/Holland bekannt war, wußte, daß er zuschauen würde. Eddie war von dem Auftritt so angetan, daß er sie bei seinem neuen Plattenlabel Hot Wax unter Vertrag nahm. Mitte 1969 erschien die erste Single »While You're Out Looking For Sugar« in den US-Charts. Im Frühjahr 1971 hatten sie den Millionseller und Spitzenreiter in den USA »Want Ads«. Vier Monate später ein weiterer Millionseller »Stick-Up«, Platz 11 in den USA. Nach einigen weiteren Singles war 1973 die Zeit von Honey Cone wieder vorbei, und die Mädchen kümmerten sich wieder um Studioarbeiten. Zwischenzeitlich war Carolyn durch Denise ersetzt worden. Carolyn hatte im Frühjahr 1976 zusammen mit Seals & Crofts und dem Titel »Get Closer« einen Platz 6 in den US-Charts.

*Want Ads (4/71 US 1)*
***Beat, Pop***

**CD-Tip:** *The Best Of The Honey Cone* PRT PYC 4009

## Honeybus

Ray Cane, b (Großbritannien als Raymond Byart, geb. in London); Pete Dello, v/g (Großbritannien als Peter Blumson, geb. in London); Colin Hare, v/g (Großbritannien als Nicholls, geb. in London); Jim Kelly, v/g (Großbritannien, geb. in Schottland); Pete Kircher, d (Großbritannien, * 21. 1. 1948 in Folkstone/Kent).

Honeybus wurde 1967 in GB gegründet. Obwohl die meisten Stücke von Honeybus durch Cane geschrieben wurden, stammt der einzige Hit der Band von Dello. Alle Mitglieder hatten vorher in anderen Bands oder als Sessionmusiker gespielt. Im Juni 1967 erschien ihre Debüt-Single »Delighted To See You«. Sie setzte sich ebensowenig durch wie »Do I Figure In Your Life«, veröffentlicht im Oktober desselben Jahres. Ihre dritte Single war »I Can't Let Maggie Go«, die im März 1968 in die britischen Charts kam und Platz 8 erreichte. Genau zu diesem Zeitpunkt wollte Pete Dello nicht mehr weitermachen und verließ die Gruppe im Sommer des Jahres. Für ihn kam Jim Kelly. Trotz drei weiterer Singleveröffentlichungen, darunter »Girl Of Independent Means«, konnte die Formation dem One-Hit-Wonder-Status nicht entgehen. 1969 trennten sich die Musiker auf Anraten ihres Managers. Ihre einzige LP, »Story«, erschien erst nach der Trennung. Ihr Hit wurde später in einer Brotwerbung eingesetzt. In den 70er Jahren veröffentlichte Dello Platten als Pete Dello & Friends.

*I Can't Let Maggie Go (3/68 GB 8)*
***Soft Pop***

**CD-Tip:** *Honeybus At Their Best* See For Miles SEE CD 264 TIS

## Honeycombs

Dennis D'Ell, v (Großbritannien, * 10. 10. 1943 als Denis Dalziel in London); Anne »Honey« Lantree, d (Großbritannien, * 28. 8. 1943 in Hayes/Middlesex); John Lantree, b (Großbritannien, * 20. 8. 1940 in Newbury/Berkshire); Martin Murray, g (Großbritannien); Peter Pye, g (Großbritannien, * 12. 7. 1946 in London); Alan Ward, g (Großbritannien, * 12. 12. 1945 in Nottingham).

Die Honeycombs kamen in Nordlondon 1963 als Sherabons zusammen. Es handelte sich dabei um eine ausgesprochen durchschnittliche Band, die nur dadurch auffiel, daß sie mit der Exfriseuse Honey Lantree einen weiblichen Schlagzeuger hatte. Just zu jener Zeit begann das Songschreiber-Team Ken Howard und Alan Blaikley, erfolgreich zu werden. Joe Meek übernahm die Produktion dieser Gruppe, und Howard/Blaikley schrieben die Nummer »Have I The Right«, die Mitte 1964 in die Hitparade kam und bis auf Platz 1 kletterte. Im Herbst 1964 entwickelte sich die Platte zu einem Top-10-Hit in den USA. Es folgten zwei weitere Eintragungen im unteren Chartbereich, dann kam im August 1965 mit »That's The Way« ein letztes Aufbäumen: Die Platte erreichte Platz 12 in GB. Nach dem ersten großen Erfolg ging die Gruppe auf eine ausgedehnte Tour in Australien, was sich im nachhinein als Fehler herausstellte. Nach ihrer Rückkehr wurde Murray gegen Pye ausgetauscht. 1966 war die Gruppe wieder in die Bedeutungslosigkeit zurückgefallen. Ein weiterer Grund dürfte sein, daß sich das Songschreiber-Team Howard/Blaikley inzwischen mehr um Dave Dee, Dozy, Beaky, Mick And Tich kümmerte. D'ells Versuche, in den 70er Jahren eine Solokarriere zu starten, schlugen fehl.

*Have I The Right (7/64 GB 1; 9/64 US 5)*
***Rhythm & Blues***

## Honeydrippers

JEFF BECK, g (Großbritannien, * 24. 6. 1944 in Wallington/Surrey); JIMMY PAGE, g (Großbritannien, * 9. 1. 1944 in Heston/London); ROBERT PLANT, v (Großbritannien, * 20. 8. 1947 in Birmingham); NILE RODGERS, g/b (USA, * 19. 9. 1952 in New York City).

Das Projekt dieser vier Superstars kann man getrost als Spaß an der Freude betrachten. Ähnlich wie die Traveling Wilburys, Little Village oder die Notting Hillbillies kamen hier prominente Musiker zusammen, die gemeinschaftlich ihren musikalischen Vorlieben frönten. Robert Plant war vorher bei Led Zeppelin, Jimmy Page bei den Yardbirds und Led Zeppelin, Jeff Beck bei den Yardbirds und als Solist erfolgreich und Nile Rodgers bei Chic. Wenn man diese Namen hört, denkt man eher, daß ein gemeinsames Projekt dieser vier in Richtung Heavy Metal geht. Statt dessen kam Blues, Rock 'n' Roll und Doo Wop, kamen Songs, die Standards in den 40er, 50er und 60er Jahren waren. Eine Singleauskopplung aus dem Album, das jedoch nur fünf Titel enthielt und deshalb mehr als EP bezeichnet werden muß, war »Sea Of Love«. Dieses Stück war 1959 mit Phil Phillips ein Platz 2 in den USA. Die Honeydrippers erreichten mit dem Titel Ende 1984 einen Platz 3 in der amerikanischen Hitparade. Das Mini-Album war angekündigt worden als Volume One, bedauerlicherweise ist es zu einer zweiten Folge nicht gekommen.

*Sea Of Love (10/84 US 3)*
***AOR (Adult Orientated Rock), Rhythm & Blues***

## Hooters

ERIC BAZILIAN, v (USA, * 21. 7. 1953); RICK CHERTOFF (USA); ROB HYMAN, v/key (USA, * 24. 4. 1950); MINDY JOSTYN, vln (USA); ANDY KING, v/b (USA); JOHN LILLEY, g/per (USA); FRAN SMITH JUNIOR, b (USA); DAVID UOSIKKINEN, d (USA, * 11. 2. 1954).

Im jamaikanischen Slang heißt eine Melodika ›Hooter‹. 1985 wurde diese Gruppe aus Philadelphia von der Zeitschrift ›Rolling Stone‹ zur besten neuen amerikanischen Band gekürt. 1972 lernten sich Hyman, Bazilian und Rick Chertoff, der inzwischen ihr Produzent wurde, auf der Uni kennen. Sie gründeten Baby Grant, aus denen 1980 die Hooters wurden. Ihre erste erfolgreiche Single hatten sie Mitte 1985 mit dem Titel »All You Zombies«, die es in Deutschland bis auf Platz 17 brachte. Überhaupt ist diese Gruppe in Europa, und da speziell in Deutschland, erfolgreicher als in den USA. Vorher hatten sich Hyman und Eric Bazilian als Koautoren und Arrangeure bei Cyndi Laupers Millionseller-Album »She's So Unusual« einen Namen gemacht. »Day By Day« der Hooters kam Ende 1985 unter die Top 20 in den USA. Ihren bisher größten Singlerfolg erreichten sie 1987 in Deutschland: »Johnny B« wurde Ende des Jahres Platz 7 in der Hitparade. Bei den Hooters ist man nie sicher, ob es sich bei ihnen um eine Rock- oder um eine Folkband handelt. Sehr schön ihre Version von Hedy Wests »500 Miles« aus dem Jahre 1989. Als spezielle Gäste singen Peter, Paul & Mary mit. Zu diesem Zeitpunkt stieg der Bassist King aus und wurde durch Fran Smith Junior ersetzt. 1993 erschien die CD »Out Of Body«, 1994 »Hooters Live«, aufgenommen am 2. und 3. 12. 1993 bei Konzerten in Bonn und Osnabrück. Sehr schön auf den Sound der Hooters wirkte sich die Hinzunahme der Geigerin Mindy Jostyn aus, die jedoch leider nicht lange in der Band blieb. Im August 1994 veröffentlichten sie mit »Heimliche Sehnsucht« eine deutschsprachige Single. Den deutschen Text hatte Heinz-Rudolf Kunze geschrieben. Inzwischen hat Bazilian weitere schöne Stücke geschrieben, die durch andere zu Hits wurden, so z. B. »One Of Us« von Joan Osbourne, produziert von Rick Chertoff, dem Kumpel aus altern Philadelphia-Tagen.

*Johnny B (10/87 D 7)*
***AOR (Adult Orientated Rock), Folk, Pop***

**CD-Tip:** *Hooters Best* Zounds 272200712 B

## Hootie & The Blowfish

MARK BRYAN, g (USA, * 6. 5. 1967 in Gaithersburg/Maryland); DEAN FELBER, b (USA, * 9. 6. 1967 in Bethesda/Maryland); DARIUS RUCKER, v/g (USA, * 13. 5. 1966 in Charleston/South Carolina); SONI SONEFELD, d (USA, * 20. 10. 1964 in Grand Rapids/Michigan).

Die Gruppe formierte sich an der Universität von South Carolina. Ihr erstes Album, das Mitte 1994 in die US-Charts kam, war ein absoluter Knüller. Innerhalb von zweieinhalb Jahren verkaufte es mehr als 14 Millionen Exemplare. 1986 hatten Rucker und Bryan die Formation Wolf Brothers gegründet. Als nächster kam ein Jahr später Felber zu dem Duo, und man gründete Hootie & The Blowfish. Der Name ist eine Mixtur aus den Spitznamen zweier Jungen, mit denen Rucker befreundet war. Sonefeld war der letzte, der zu der Gruppe kam. Er hatte vorher bei Tootie & The Jones gespielt. 1990 wurden erste Demoaufnahmen gemacht. Mitte 1993 erschien die selbstfinanzierte EP »Kootchypop«. Aufgrund dieser EP erhielten sie am 31. 10. 1993 einen Plattenvertrag bei Columbia. Am 5. Juli 1994 erschien ihr Debütalbum »Cracked Rear View«, das zu dem obenerwähnten Hit wurde. Die erste Auskopplung daraus wurde auch gleich ihr erster Top-10-Hit: »Hold My Hand«. Auch »Let Her Cry« und »Only Wanna Be With You« stammen von diesem Album und wurden ebenfalls Top-10-Hits. Im April 1996 erschien das zweite Album der Band »Fairweather Johnson«. Die Singleauskopplung »Old Man & Me (When I Get To Heaven)« schaffte in den USA Platz 13. Es handelt sich bei dieser Nummer um ein Lied, das schon auf dieser erwähnten ersten selbstfinanzierten EP aus dem Jahr 1993 zu finden war.

*Hold My Hand (10/94 US 10)*
*Let Her Cry (3/95 US 9)*
*Only Wanna Be With You (8/95 US 6)*
***Pop, Rock***

**CD-Tip:** *Cracked Rear View* Atlantic 7567 82613 2

## Hopkin, Mary

v (Großbritannien, * 3. 5. 1950 in Pontardawe/Wales).

Im Mai 1968 gewann Mary in der Nachwuchs-TV-Show ›Opportunity Knocks‹ den ersten Preis. 1967 hatte sie bereits ihre erste EP in walisischer Sprache aufgenommen: »Llais Swynol Mary Hopkin«. In ›Opportunity Knocks‹ hatte Twiggy Mary Hopkin gesehen, daraufhin ihren Kumpel Paul McCartney angerufen und ihm diese Sängerin empfohlen. Den Reiz von Mary machte sicher die niedliche Kleinmädchenstimme aus, die so zerbrechlich und verletzlich klang. Im August erschien »Those Were The Days«, produziert von McCartney und geschrieben von Gene Raskin. Die Melodie basierte auf dem russischen Volkslied »Darogui Dlimmoyo«. Die Platte kletterte in der britischen Hitparade hoch und verdrängte »Hey Jude« von Platz 1. Auch in Deutschland wurde die Platte Spitzenreiter, in den USA Platz 2. »Those Were The Days« verkaufte insgesamt mehr als acht Millionen Exemplare. Als Nachfolgesingle kam im April 1969 der von McCartney geschriebene Titel »Goodbye« in die GB-Charts und erreichte Platz 2. In den USA und in Deutschland wurde er Top 20. 1970 erreichte Mary mit »Temma Harbour« und »Knock Knock Who's There« in GB erneut die Top 10. Mit letztgenanntem Titel nahm sie im März 1970 am Grand Prix Eurovision teil, der in Amsterdam stattfand. Mary belegte Platz 2, überholt wurde sie nur noch von einer, die offensichtlich noch zerbrechlicher klang: Dana gewann für Irland mit »All Kinds Of Everything«, ein Lied, das Mary auch gut hätte singen können. Danach ließ ihr Erfolg nach. Im Dezember 1971 heiratete sie den bekannten britischen Produzenten Tony Visconti und sang nur noch ab und zu im Hintergrund auf Platten von Ralph McTell, David Bowie oder Thin Lizzy. 1981 war sie neben Mike Hurst (früher mit den Springfields) und Mike D'Albuquerque (ehemals ELO) im Trio Sundance, das die Single »What's Love« veröffentlichte. Sie war ganz niedlich, kam aber nicht in die Charts. Im selben Jahr trennte sie sich von Visconti und kam mit Dennis Locorriere von Dr. Hook zusammen. Im Mai 1984, wieder zurück aus den USA, wurde sie Leadsängerin der Gruppe Oasis. In dieser Band spielte Peter Skellern Piano und Julian Lloyd Webber Cello. Ihre Single »Hold Me« kam nicht in die Charts, eine LP erreichte Platz 23 in der LP-Hitparade. Nachdem Mary krank wurde, stieg sie kurz vor einer geplanten Tournee aus der Band aus. 1988 war sie mit anderen Künstlern der EMI bei George Martins Projekt »Under Milk Wood« mit dabei. 1994 war sie als Songschreiberin so etabliert, daß sie den Auftrag erhielt, für TV-Dokumentationen und Filme die Musik zu schreiben. Anfang 1997 sagte sie in einem Interview, daß sie genug Material für ein weiteres Album hätte, das rockiger würde als alles, was sie bisher gemacht hatte. Außerdem fügte sie hinzu: ›Wenn ich einen Vertrag nach meinen Vorstellungen bekommen könnte und nicht auf Tour gehen müßte, dann wäre ich glücklich.‹

*Those Were The Days (9/68 D 1, GB 1, US 2; 10/68 CH 1)*
*Goodbye (4/69 GB 2; 5/69 CH 3)*
*Temma Harbour (1/70 GB 6)*
*Knock Knock Who's There (3/70 GB 2)*
***Folk, Grand Prix, Pop***

**CD-Tip:** *Those Were The Days* Apple 8 30197 2

## Horn, Guildo

v (Deutschland, * 14. 3. 1953 als Horst Chabbi, geborener Köhler in Trier).

›Für Guildo Horn ist der Schlager weder eine schrille Lachnummer noch ein Heiligtum. Im Gegensatz zu vielen Combos, die sich darauf beschränken, alte Evergreens immer wieder aufzuwärmen, hat Guildo dem Schlager neues Leben eingehaucht, ihn versöhnt mit der heutigen Zeit‹ – das schrieb seine Plattenfirma zum Album »Danke«, das am 18. 8. 1997 erschien. 1998 betrieb Guildo mit Vehemenz seine Beteiligung für Deutschland am Grand Prix Eurovision. Für ihn hatte ein gewisser Alf Igel den Song »Guildo hat euch lieb!« geschrieben und damit dann auch am 26. 2. 1998 die Vorentscheidung zur Teilnahme am Grand Prix gewonnen. Hinter Alf Igel versteckte sich Stefan Raab, TV-Moderator und selbst Platteninterpret. Bis zu diesem Zeitpunkt waren Guildo Horn & Die Orthopädischen Strümpfe mit Titeln wie »Ich find' Schlager toll«, »Ich mag Steffi Graf« oder »Tanz den Horn« in den Hitparaden nicht sonderlich angekommen – jetzt stützte ihn und seine Strümpfe plötzlich die Nation. Alle großen Blätter brachten nach dem 26. 2. Lobreden über den ›Meister‹, wie er von seinen Fans genannt wird. Der ›Spiegel‹ berichtete über ihn genau in der Ausgabe, auf deren Titelblatt gefragt wurde »Welches Ziel hat die Evolution?«. Der Artikel war überschrieben mit »Triumphgeheul in Ironesien« – hoffentlich hat auch Ralph Siegel die Ironie verstanden. Interessant die Antwort von Horn auf die Frage, woher seine Liebe zum Schlager komme: »Ich habe jahrelang als Musikpädagoge in einer Werkstatt mit geistig-behinderten Erwachsenen gearbeitet. Das Schlager-Ding löst bei denen, die es hören, direkt tiefste Emotionen aus. Selbst die schwächsten Fälle konnten die Texte auswendig. Das blanke Gefühl vereint unheimlich – egal welchen Intellekt, welche Sozialisation du hast. Daraus habe ich meine Diplomarbeit gemacht. Sie heißt ›Befreiung von der Vernunft‹.« So muß man den deutschen Schlager angehen – dann klappt es auch in der Nachtbar!

*Guildo hat euch lieb! (3/98 D 4)*
***Schlager***

**CD-Tip:** *Danke!* EMI 7243 8 59988 2

## Hornsby, Bruce

v/p (USA, * 23. 11. 1954 in Williamsburg/ Virginia).

Bruce, der sich später viele seiner Nummer selbst schreiben sollte, lernte auf der High-School das Pianospielen und studierte dieses Instrument später. 1978 begann er in den Südstaaten der USA mit einer selbst gegründeten Band eine endlose Tour durch Bars und Cocktail-Lounges. 1980 zog er mit seinem Bruder nach Los Angeles, wo die beiden einen Dreijahresvertrag bei der 20th Century Publishing Company unterschrieben, der ihnen ein regelmäßiges Einkommen als Songschreiber sicherte. Ein Jahr später trafen sie Huey Lewis, der besonders von Bruce' Pianospiel beeindruckt war. 1983 spielte Bruce während einer langen US-Tournee in der Gruppe von Sheena Easton. 1985, nachdem er acht Jahre lang Songs geschrieben hatte, die keiner haben wollte, gründete er seine eigene Band Range und erhielt einen Plattenvertrag bei der RCA. Im Jahr darauf erschienen die ersten Platten von Bruce Hornsby & The Range. Sein erster Hit war im Sommer 1986 »The Way It Is«, Spitzenreiter in den USA. Es folgten »Mandolin Rain«, Anfang 1987 Platz 4 in den USA, und »The Valley Road«, Mitte 1988 Platz 5. Nach der ersten erfolgreichen LP, »The Way It Is«, die in den US-LP-Charts bis auf Platz 3 kam und sich dreimillionenmal verkaufte, erschien 1988 mit »Scenes From The Southside« wieder ein Millionseller. 1990 kam »A Night On The Town«. Zwischenzeitlich spielte Bruce auch auf Platten von Huey Lewis, Clannad, Brenda Russell, Patti Austin, Kim Carnes, Don Henley, den Cowboy Junkies und vielen anderen. Nach der dritten LP trennte sich Hornsby von seiner Gruppe The Range, und nach drei Jahren Pause erschien im Frühjahr 1993 mit »Harbor Lights« ein neues Album. Wer so viel auf Alben von anderen spielt, kann mit der Hilfe von Freunden rechnen, wenn er mal etwas Neues macht: Auf seiner 93er Platte spielten z. B. Jerry Garcia, Bonnie Raitt, Pat Metheny und Phil Collins mit. Im August 1995 veröffentlichte er das Album »Hot House«. »Walk In the Sun«, eine Auskopplung daraus, war im Herbst 1995 seine bisher letzte Hitnotierung in den USA und Deutschland.

*The Way It Is (9/86 US 1)*
*Mandolin Rain (1/87 US 4)*
*The Valley Road (4/88 US 5)*
***AOR (Adult Orientated Rock), Soft Rock***

**CD-Tip:** *The Way It Is* RCA PD 89901

## Horton, Johnny

v (USA, * 30. 4. 1925 als John LaGale Horton in Los Angeles/Kalifornien, † 5. 11. 1960).
Johnny, der in Tyler, Texas, aufwuchs, schaffte schon früh den Crossover von der Country- zur Popmusik. 1951 machte er seine ersten Platten. Ab 1956 war er in den Countryund ab 1959 in den Popcharts erfolgreich. Sein erster Nummer-1-Hit in den C&W-Charts war 1959 »When It's Springtime In Alaska (It's Forty Below)«. Drei Monate später stand er erneut auf Platz 1 in den C&W-, aber auch in den Popcharts: »The Battle Of New Orleans«. In dem Millionseller-Song ging es um den Krieg 1812. »Sink The Bismarck« und »North To Alaska« aus dem gleichnamigen Film mit John Wayne waren seine beiden weiteren Top-10-Erfolge 1960. Im November starb Johnny Horton nach einem Autounfall. Damit wurde seine Frau Billie Jean zum zweitenmal Witwe eines Country-Stars. In erster Ehe war sie mit Hank Williams verheiratet gewesen, der 1953 gestorben war.

*The Battle Of New Orleans (4/59 US 1)*
*Sink The Bismarck (3/60 US 3)*
*North To Alaska (9/60 US 4)*
***Country, Pop***

**CD-Tip:** *Johnny Horton 1956 – 1960* Bear Family 15470

## Hot

CATHY CARSON, v (USA, * 7. 10. 1953); JUANITA CURIEL, v (USA, * 25. 2. 1953); GWEN OWENS, v (USA, * 19. 6. 1953).
Cathy und Gwen trafen sich, als sie sich um einen Job in Wolfman Jacks ›Shock And Rock Review Show‹ bewarben. Sie nannten sich Sugar & Spice. 1976 hatten sie einige Auftritte, so z. B. in der ›Bill Cosby Show‹. Dann kam als drittes Mitglied Juanita hinzu, und das Trio nannte sich Hot. Nachdem sie einen Plattenvertrag hatten, erschien Anfang 1977 ihre erste LP. Daraus wurde die Single »Angel In Your Arms« ausgekoppelt, die ein Millionseller und ein Platz 6 in der Hitparade wurde. Danach folgten zwei weitere Hitnotierungen, die aber nicht über einen Platz 60 hinauskamen. Das Bemerkenswerte an diesem Trio war die Tatsache, daß Juanita eine Latina, Gwen eine Schwarze und Cathy eine Weiße war. Gemischtrassige Trios sind in den USA recht selten.

*Angel In Your Arms (2/70 US 6)*
***Disco, Pop***

## Hot Butter

STAN FREE, syn (USA).
Hinter Hot Butter verbirgt sich der US-Synthesizer-Spieler Stan Free, der auf Platten von John Denver, Arlo Guthrie oder auch dem Boston Pops Orchestra mitwirkte. Mit dem Titel »Popcorn«, der sich anhörte, wie er heißt, hatte Stan Mitte 1972 einen weltweiten Hit. In den USA war es ein Platz 9, in GB 5 und in Deutschland Spitzenreiter. Der Versuch, diesen Erfolg mit Instrumentals wie »Apache«, »Pipeline« oder »Tequila« zu wiederholen, schlug fehl. Der Titel »Popcorn« wurde 1970 von Gershon Kingsley geschrieben und dem Moog-Synthesizer gewidmet. In sehr deutlicher Weise zeigt »Popcorn«, daß der Moog-Synthesizer als Musikin-

strument zu jenem Zeitpunkt noch sehr entwicklungsfähig war.

*Popcorn (7/72 D 1, GB 5, US 9; 8/72 CH 1)*
***Elektro-Pop, Instrumental***

## Hot Chocolate

Errol Brown, v (Jamaika, * 12. 11. 1948 in Kingston); Tony Connor, d (Großbritannien, * 6. 4. 1947 in Romford/Essex); Franklyn De Allie, g; Larry Ferguson, key (USA, * 14. 4. 1948 in Nassau/Bahamas); Harvey Hinsley, g (Großbritannien, * 19. 1. 1948 in Northampton); Ian King, d; Patrick Olive, per (* 22. 3. 1947 in Grenada); Tony Wilson, v/b (Trinidad, * 8. 10. 1947).

1969 formierte sich diese britische Gruppe, die als erste Single auf dem Apple-Label mit der Erlaubnis von John Lennon eine Reggaeversion von »Give Peace A Chance« veröffentlichte. Ein Apple-Mitarbeiter war es, der die Formation The Hot Chocolate Band nannte. Für die Label-Kollegin Mary Hopkin schrieben sie den Titel »Think About The Children«. 1970 unterschrieben sie einen Vertrag mit Mickey Most von RAK Records. Errol Brown und Tony Wilson hatten Most drei Songs angeboten, die ihm gefielen. »Bet Yer Life I Do« nahm er für Herman's Hermits, »Think About Your Children« für Mary Hopkin und »Love Is Life« für die inzwischen auf Hot Chocolate abgekürzte Formation. Im August desselben Jahres kam »Love Is Life« in die britische Hitparade und erreichte Platz 6. Zu diesem Zeitpunkt schor sich Errol eine Glatze und wurde so zum optischen Mittelpunkt der Band. In den Anfangsjahren kam es noch zu etlichen Umbesetzungen. »I Believe In Love« 1971, »Brother Louie« 1973, »Emma« 1974, »A Child's Prayer« und »You Sexy Thing« 1975, »So You Win Again« – Spitzenreiter – und »Put Your Love In Me« 1977, »No Doubt About It« 1980, »Girl Crazy« und »It Started With A Kiss« 1982 und »What Kinda Boy You're Lookin' For (Girl)« 1983 waren alles Top-10-Erfolge für diese Band. In den USA waren es vor allem »Emma« und »You Sexy Thing« 1975 und »Every 1's A Winner« 1978, die erfolgreich waren. Ihr Titel »Brother Louie« wurde in den USA kein Erfolg. Aber als die amerikanische Gruppe Stories Mitte 1973 diese Platte als Coverversion veröffentlichte, wurde sie Spitzenreiter und Millionseller. 1984 erschien die letzte Neuaufnahme von Hot Chocolate. 1987 ging der holländische Discjockey Ben Liebrand hin und mixte »You Sexy Thing« neu ab und fügte eine Rhythmusgruppe hinzu. Die Platte erreichte Platz 10 in GB. In demselben Jahr löste sich Hot Chocolate auf. Browns erste Soloplatte »Personal Touch« erreichte noch im selben Jahr Platz 25 in GB. Ende 1990 unterschrieb er einen Plattenvertrag mit PWL, dem Label von Stock/Aitken/Waterman. 1993 knüpfte er mit »Emmalene (That's No Lie)« inhaltlich an »Emma« an. Produziert hatte Dieter Bohlen. Als der Song »You Sexy Thing« 1997 im Film »The Full Monty« (der deutsche Verleihtitel war »Ganz oder gar nicht«) eingesetzt wurde, kam er am 22. 11. 1997 gleich auf Platz 6 der britischen Charts.

*Love Is Life (8/70 GB 6)*
*I Believe (In Love) (8/71 GB 8)*
*Brother Louie (4/73 GB 7)*
*Emma (3/74 GB 3; 2/75 US 8)*
*A Child's Prayer (8/75 GB 7)*
*You Sexy Thing (11/75 GB 2, US 3; 1/76 D 8; 11/97 GB 6)*
*So You Win Again (6/77 GB 1, D 6)*
*Put Your Love In Me (11/77 D 7, GB 10)*
*Every 1's A Winner (6/78 CH 9; 11/78 US 6)*
*I'll Put You Together Again (5/79 CH 10)*
*No Doubt About It (5/80 GB 2, D 3; 8/80 CH 5)*
*Girl Crazy (4/82 GB 7)*
*It Started With A Kiss (7/82 GB 5; 9/82 CH 6)*
*What Kinda Boy You're Lookin' For (Girl) (5/83 GB 10)*

*You Sexy Thing (Remix) (1/87 GB 10; 3/87 D 5; 5/87 CH 10)*
***Rhythm & Blues, Soft Soul***

**CD-Tip:** *Hot Chocolate – Their Greatest Hits* EMI 7 89068 2

## Hotlegs

LOL CREME, v/g/key (Großbritannien, * 19. 9. 1947 als Lawrence Creme in Manchester); KEVIN GODLEY, v/d (Großbritannien, * 7. 10. 1945 in Manchester); ERIC STEWART, v/g (Großbritannien, * 20. 1. 1945 in Manchester).
Angeblich wurde der Titel »Neanderthal Man« von der obengenannten Formation lediglich aufgenommen, um das neue Equipment ihres Strawberry-Studios zu testen. Alle Musiker hatten bereits vorher in anderen Gruppen gespielt und sollten nach Beendigung des Testes als 10cc in den 70er Jahren sehr erfolgreich werden. Ein Mitarbeiter von Philips Records hörte dieses Band und bot 500 Pfund Vorschuß an, um es als Platte zu veröffentlichen. Die Nummer wurde weltweit über zweimillionenmal verkauft. Das Geld war also gut angelegt. »Neanderthal Man« wurde Mitte 1970 Platz 2 in GB, Platz 4 in Deutschland und 22 in den USA. Danach veröffentlichten die Hotlegs noch zwei weitere Singles und eine LP mit dem Titel »Thinks: School Stinks«. Nichts davon war erfolgreich. Wenig später kam es zur Gründung von 10cc.

*Neanderthal Man (7/70 GB 2, D 4; 8/70 CH 3)*
***AOR (Adult Orientated Rock), Pop***

## Hotshots

BRAIN BENNETT (Großbritannien); CLIVE CRAWLEY (Großbritannien).
Clive Crawley war Anfang der 70er Jahre mit der Popmusik recht unzufrieden und auf der Suche nach einer Band, die ihm gefallen könnte. Zusammen mit einem Freund – Brian Bennett, der im Gegensatz zu Crawley Musiker war und auch gerade eine Sessionband zusammenstellen wollte – ging Crawley ins Studio, um die Nummer »Snoopy Versus The Red Baron« als sämigen Pop-Reggae aufzunehmen. Das Original stammte von der amerikanischen Formation Royal Guardsmen und war 1966/67 ein Top-10-Hit in den USA und in GB und ist dem Nachzieher vorzuziehen. Dieser Nachzieher erreichte unter dem Gruppennamen Hotshots Mitte 1973 Platz 4 in den britischen Charts. Überzeugt, daß das kein One-Hit-Wonder sei, machte Crawley sich auf die Suche nach Musikern, die mit dem Hit live auftreten und weitere Erfolge liefern könnten. Es wurde nichts draus.

*Snoopy Versus The Red Baron (6/73 GB 4)*
***Pop, Reggae***

## Houghton, Steven

v (Großbritannien, geb. in Sheffield).
Steven hatte mit dieser Nummer seinen ersten Hit in GB. Der Titel war in der Vergangenheit mehrfach in den Hitparaden. Im Original stammte der Titel von der LP »Madness Money & Music«, 1982 aufgenommen von Sheena Easton. Lou Rawls (1983), Lee Greenwood (1984), Bette Midler (1989) und Bill Tarney (1994) standen damit bereits in den Charts. Steven Houghton, zum Zeitpunkt des Hits 26 Jahre alt, spielte in der ITV-Fernsehserie »London's Burning« die Rolle des Feuerwehrmannes Gregg Blake. Vorher hatte er sieben Jahre lang im Londoner West End auf der Bühne gestanden. Unter anderem spielte er den Munkustrap in Cats. Gleichzeitig mit der Single erschien auch sein Debütalbum. Darauf Cover-Versionen von »Ain't No Sunshine« (Bill Withers), »Truly« (Lionel Richie) oder »The First Time Ever I Saw Your Face« (Roberta Flack).

*Wind Beneath My Wings (11/97 GB 3)*
***Pop***

## House Of Pain

DANNY BOY, v (USA, * 12. 12. 1968 als Daniel O'Connor in Los Angeles/Kalifornien); DJ LETHAL, dj (* 18. 12. 1972 als Leor DiMant in Lettland); EVERLAST, v (USA, * 18. 8. 1969 als Erik Schrody in Valley Stream/New York).

Die drei Mitglieder trafen sich an der Taft High School in Woodland Hills/Kalifornien. Die Eltern von Schrody und O'Connor waren eingewanderte Iren, die von DiMont Letten. House Of Pain machte sich schnell in der amerikanischen HipHop-Szene in Los Angeles einen Namen und schafften mit der Nummer »Jump Around« Mitte 1992 in den USA einen Platz 3 und einen Platinseller. Gleich zwei Hits anderer Künstler wurden für diese Nummer geplündert: »Harlem Shuffle« von Bob & Earl und »Jump« von Kris Kross. Neben HipHop nennen die drei scheinbar unvereinbare Musikrichtungen wie Punk, Jimi Hendrix, Led Zeppelin und Soul als Ideenlieferanten für ihre Titel. Herausgekommen ist, wie die Plattenfirma der Band schreibt, ›ein Album voller roher, ungeschliffener Musik, ungewöhnlich und gut‹. Mit einem knappen Jahr Verspätung erreichte »Jump Around« mit dem zusätzlichen Titel »Top O' The Morning To Ya« auch die britischen Top 10. Mitte 1994 erschien ihre zweite CD, »Same As It Ever Was«. Kritiker stellten fest, daß sie jazziger und cooler als die Debütplatte klingt.

*Jump Around (6/92 US 3)*
*Jump Around/Top O' The Morning To Ya (5/93 GB 8)*
***HipHop, Pop, Rap***

**CD-Tip:** *Fine Malt Lyrics* East West 4509–90557–2

## Housemartins

NORMAN COOK, v/g/b (Großbritannien, * 31. 7. 1963 in Brighton/Sussex); STAN CULLIMORE, g (Großbritannien, * 6. 4. 1962 in Hull/Humberside); PAUL HEATON, v/g (Großbritannien, * 9. 5. 1962 in Birkenhead); DAVID HEMINGWAY, v/d (Großbritannien, * 20. 9. 1960 in Hull); TED KEY, v/g; HUGH WHITAKER, d.

Diese Band formierte sich 1984. Die Mitglieder zu diesem Zeitpunkt waren Cullimore, Key, Heaton und Whitaker. 1985 erhielten sie einen Plattenvertrag, und ihre erste Single war »Flag Day«. Nachdem diese Platte sich nicht in den Charts behaupten konnte, ging Ted Key und eröffnete ein vegetarisches Restaurant. Für ihn kam im November 1985 Norman Cook. Ihre erste Single mit dem neuen Sänger, »Sheep«, erreichte im März 1986 als erste Platte der Housemartins die britischen Charts. Vier Monate später standen sie mit »Happy Hour« zum erstenmal unter den Top 10. Wiederum sechs Monate später hatten sie mit einer Coverversion des Hits des Trios Isley Jasper Isley, »Caravan Of Love«, Platz 1 in GB. Im Juni 1987 wurde Schlagzeuger Whitaker durch Hemingway ersetzt. Im Laufe des Jahres 1987 folgten drei weitere Top-20-Hits. Im Februar 1988 gab die Gruppe bekannt, daß Housemartins als Projekt von vornherein nur auf drei Jahre angelegt war und sich jetzt trennen werde. Norman Cook erklärte das Ende auch damit, daß er der Ansicht sei, die Gruppe habe »den Leuten nur als Soul getarnten Müll verkauft«. Er veröffentlichte 1989 seine erste Soloplatte: »Won't Talk About It« (7/89 GB 29), begann eine sehr erfolgreiche Karriere als Remixer und gründete dann Beats International, die mit »Dub Be Good To Me« Anfang 1990 einen Spitzenreiter in GB hatten. 1993 gründete er die Formation Freak Power, deren tolle Nummer »Turn On, Tune In, Cop Out« Anfang 1995 für die Levi's-Werbung ausgewählt wurde. Norman stand auch hinter den Erfolgen von Pizzaman und den Mighty Dub Katz. 1998 wurde er als der Übervater des ›Big

Beat‹ gefeiert – hier wurde getarntem Müll nur ein neuer Name gegeben. Auch ein Spruch von Norman Cook: »Guter Geschmack ist der Feind jeden Fortschritts«. Paul Heaton und Dave Hemingway gründeten Beautiful South, die mit Liedern wie »Song For Whoever« oder »A Little Time« sehr erfolgreich wurden. Mitte 1993 wurde Hugh Whitaker von einem englischen Gericht zu sechs Jahren Gefängnis verurteilt, weil er auf einen früheren Geschäftspartner mit einer Axt losgegangen war und versucht hatte, dessen Haus anzuzünden.

*Happy Hour (6/86 GB 3)*
*Caravan Of Love (12/86 GB 1, D 2; 2/87 CH 2)*
***Pop, Soft Rock***

**CD-Tip:** *Now That's What I Call Quite Good*
Chrysalis 353 275

## Housemaster Boyz & The Rude Boy Of House

Die Formation Housemaster Boyz & The Rude Boy Of House schwamm auf der House-Music-Welle mit und erreichte im September 1987 die britische Hitparade mit »House Nation«. Das Original des Songs entstand in Chicago im Zuge der House-Bewegung. Rude Boy Farley Keith, der sich später Farley ›Jackmaster‹ Funk nennen sollte, coverte dieses Lied. Ein Duo namens House Engineers machte aus dieser Coverversion dann noch einmal einen Remix. Auf der Bühne erschien mit den Housemaster Boyz ein Trio, das nie mit ihnen im Studio gestanden hatte.

*House Nation (9/87 GB 8)*
***House***

## Houston, Thelma

v (USA, * 7. 5. 1946 in Leland/Mississippi). Die Karriere von Thelma begann in der gospelorientierten Gruppe Art Reynolds Singers. Diese Formation machte bereits Gospel-Rock, bevor das Mode wurde. »Tell It Like It Is« war eine LP der Band, die im Jahre 1966 bei Capitol Records erschien. Thelmas Stimme fiel der Plattenfirma auf, und sie machte einen Solovertrag mit ihr. Jimmy Webb produzierte mit ihr das Debütalbum »Sunshower«. 1970 hatte Thelma Houston ihre erste Hitnotierung: »Save The Country«. Aber erst nachdem sie einen Plattenvertrag mit Tamla Motown gemacht hatte, kam der Erfolg. »Don't Leave Me This Way«, ursprünglich aufgenommen von Harold Melvin & The Bluenotes, brachte ihr Ende 1976 eine Nummer 1 in den USA, 13 in GB und 5 in Deutschland. Obwohl danach sehr viele weitere Platten erschienen, konnte sie diesen Erfolg nicht wiederholen. Thelma war auch als Schauspielerin in Filmen wie »Norman... Is That You?«, »Death Scream« und »The Seventh Dwarf« zu sehen.

*Don't Leave Me This Way (12/76 US 1; 3/77 D 5)*
***Motown Sound, Soul***

## Houston, Whitney

v (USA, * 9. 8. 1963 in Newark/New Jersey).
Whitney ist musikalisch sehr stark vorbelastet. Ihre Mutter ist Emily ›Cissy‹ Houston, Leadsängerin der Sweet Inspirations, die als Gruppe Platten auf dem Markt hatten und außerdem zu den besten Backing Groups gehörten. Sie waren z. B. auf etlichen Hits von Elvis Presley und Aretha Franklin zu hören. Zur Familie gehört auch Dionne Warwick, die Whitneys Cousine ist. Mit elf begann Whitney ihre Gesangskarriere in einer Gospelgruppe. Als Teenager war sie Backgroundsängerin für Chaka Khan und Lou Rawls. 1981 startete sie eine Karriere als Model und war in Zeitschriften wie ›Glamour‹ oder ›Seventeen‹ zu sehen. Ihre erste Hitnotierung hatte sie

zusammen mit Teddy Pendergrass und dem Titel »Hold Me« Mitte 1984. Ab 1985 begann eine einzigartige Karriere. »You Give Good Love« kam im Mai 1985 in die US-Charts und wurde Platz 3. Sieben darauffolgende Singles erreichten in Reihe Platz 1 in den amerikanischen Charts: »Saving All My Love For You« und »How Will I Know« 1985, »Greatest Love Of All« – erstmalig erschienen als die B-Seite von »You Give Good Love« – 1986, »I Wanna Dance With Somebody (Who Loves Me)«, »Didn't We Almost Have It All« und »So Emotional« 1987 und »Where Do Broken Hearts Go« 1988. 1990 stand »I'm Your Baby Tonight« auf Platz 1 in den USA. 1992 war »I Will Always Love You« aus dem Film »Bodyguard«, in dem sie neben Kevin Costner eine Hauptrolle spielte, weltweit eine Nummer 1. Der Soundtrack zum Film war monatelang Platz 1 in der amerikanischen LP-Hitparade und verkaufte sich alleine dort bis zum Ende 1996 mehr als 15 millionenmal. »I Will Always Love You« war im Original eine Aufnahme von Dolly Parton, die diese u. a. 1982 in dem Film »The Best Little Whorehouse In Texas« gesungen und damit bereits 1974 auf Platz 1 der Country-Charts gestanden hatte. Auch in GB war Whitney überaus erfolgreich. »Saving All My Love For You« 1985, »I Wanna Dance With Somebody (Who Loves Me)« 1987, »One Moment In Time« 1988 waren dort ihre ersten Spitzenreiter. 1992 heiratete sie den Sänger Bobby Brown, mit dem sie zusammen einiges gemeinsam hatte: eine Tochter und das Duett »Something In Common«, das es im Frühjahr 1994 immerhin in die britischen Top 20 brachte. Für 1995 plante Whitney nach dem Erfolg von »Bodyguard« weitere Filme: »Waiting To Exhale«, in dem sie nicht singt, und eine Neuverfilmung von »Cinderella«, in dem sie wieder Gelegenheiten hat, ihre Stimme hören zu lassen. Als Ende 1996 die Albumverkäufe von Whitney in den USA zusammengerechnet wurden, stellte man fest, daß ihre vier Alben sich insgesamt 40 millionenmal verkauft hatten. Nicht eingerechnet in diese 40 Millionen wurden die 6 Millionen verkauften Alben »Waiting To Exhale«, auf dem Whitney auch mit etlichen Titeln vertreten ist. Etliche Auskopplungen daraus waren 1996 in den internationalen Charts zu finden. Brandy mit »Sittin' Up In My Room«, Mary J. Blige mit »Not Gon' Cry«, Whitney Houston mit »Exhale (Shoop Shoop)« und Whitney zusammen mit Ce-Ce (Pricilla) Winans und »Count On Me« waren alles Top-10-Erfolge. 1996 hatte sie die Hauptrolle neben Denzel Washington in dem Film »The Preacher's Wife« gespielt. Auch in diesem Film sang Whitney wieder, und es gab das obligate Soundtrack-Album. Erfolgreiche Auskopplungen waren »I Believe In You And Me« (3/97 GB 16) »Step By Step« (12/96 GB 13, 3/97 US 15).

*You Give Good Love (5/85 US 3)*
*Saving All My Love For You (8/85 US 1; 11/85 GB 1; 1/86 CH 5)*
*How Will I Know (12/85 US 1, GB 5)*
*Greatest Love Of All (3/86 US 1, GB 8)*
*I Wanna Dance With Somebody (Who Loves Me) (5/87 CH 1, D 1, GB 1, US 1)*
*Didn't We Almost Have It All (8/87 US 1)*
*So Emotional (10/87 US 1, GB 5)*
*Where Do Broken Hearts Go (2/88 US 1)*
*Love Will Save The Day (5/88 GB 10; 7/88 US 9)*
*One Moment In Time (9/88 D 1, GB 1, US 5; 10/88 CH 4)*
*I'm Your Baby Tonight (10/90 US 1, D 5, GB 5; 11/90 CH 4)*
*All The Man That I Need (12/90 US 1)*
*Miracle (4/91 US 9)*
*I Will Always Love You (11/92 D 1, GB 1, US 1; 1/93 CH 1)*
*I'm Every Woman (1/93 GB 4, US 4)*
*I Have Nothing (2/93 US 4; 4/93 GB 3)*
*Exhale (Shoop Shoop) (11/95 US 1)*
*Count On Me (3/96 US 8)*
*Step By Step (12/96 D 8)*
*I Believe In You And Me (12/96 US 4)*
***Pop, Soft Soul***

**CD-Tip:** *Soundtrack Bodyguard* Arista 9782218699 2

## Howard, Adina

v (USA, * 14. 11. 1974 in Grand Rapids/ Michigan).
»Freak Like Me« brachte Adina 1995 eine Platinplatte, Platz 2 in den R&B- und den Popcharts der USA, Platz 33 in GB. Bei diesem Titel war als Gastsänger Michael Speaks zu hören – außerdem Samples aus der Nummer »I'd Rather Be With You«, 1976 erfolgreich mit der Bootsy's Rubber Band von William ›Bootsy‹ Collins. Die Nachfolgesingle »My Up And Down« war mehr ›down‹ – nur Platz 68 in den USA. Als Gastsängerin von Warren G. bei der Nummer »What's Love Got To Do With It« stand Adina Ende 1996 unter den ersten 10 in GB und in Deutschland.

*Freak Like Me (2/95 US 2)*
***Rhythm & Blues***

**CD-Tip:** *Do You Wanna Ride?* East West 7559 61757 2

## Howard, Billy

v (Großbritannien).
Dieser Komiker tauchte ein einziges Mal in den heimatlichen Charts auf. Mit »King Of The Cops«, einer Parodie auf den Roger-Miller-Song »King Of The Road«, erreichte Billy Howard Ende 1975 die Top 10. Angeregt wurde er dazu durch diverse Fernsehpolizisten, die anscheinend enormen Eindruck auf ihn machten. Der Nachfolgeversuch hieß »The Disco Cops«.

*King Of The Cops (12/75 GB 6)*
***Pop***

## Howard, Don

v/g (USA, * 11. 5. 1935 als Donald Howard Koplow in Cleveland/Ohio).
Don hatte mit 17 Jahren seinen einzigen Hit, den Millionseller »Oh Happy Day«, der Ende 1952 in die US-Charts kam und die Top 10 erreichte. Das Lied war leicht folkorientiert und von einer ergreifenden Schlichtheit. Don begleitete sich lediglich auf einer Gitarre. Es war erstaunlich, daß eine so einfache Nummer ohne jede Planung und Promotion ein Millionseller werden konnte. Nachdem es ein großer Erfolg geworden war, meldete Nancy Binns Reed Urheberrechte an dieser Nummer an. Howard trug sie als Mitautorin ein und teilte sich mit ihr die Tantiemen.

*Oh Happy Day (12/52 US 4)*
***Pop***

## Howard, Eddy

v/bl (USA, * 12. 9. 1914 in Woodland/Kalifornien, † 23. 5. 1963).
Eddy begann 1934 als Sänger in der Band von Dick Jurgens. Danach gründete er sein eigenes Orchester, das ab 1940 in den Charts notiert wurde. »To Each His Own« war Mitte 1946 Millionseller und Spitzenreiter in den USA. Gleiches gelang mit »Sin (It's No Sin)« 1951. Seine letzte Hitnotierung war Ende 1955. Howard ist auch Autor von etlichen sehr erfolgreichen Songs, z. B. von »Careless« oder »My Last Goodbye«. Zwischen 1951 und 1952 war er so krank, daß er pausieren mußte, ebenso 1954. Danach organisierte er jeweils seine Gruppe neu. Bis kurz vor seinem Tode blieb er im Musikgeschäft aktiv.

*To Each His Own (6/46 US 1)*
*The Rickety Rickshaw Man (8/46 US 6)*
*(I Love You) For Sentimental Reasons (11/46 US 2)*
*My Adobe Hacienda (4/47 US 2)*
*I Wonder, I Wonder, I Wonder (5/47 US 2)*
*Kate (Have I Come Too Early Too Late) (9/47 US 7)*
*An Apple Blossom Wedding (10/47 US 9)*
*Now Is The Hour (2/48 US 8)*
*On A Slow Boat To China (11/48 US 6)*
*Room Full Of Roses (7/49 US 4)*
*Maybe It's Because (8/49 US 9)*
*To Think You've Chosen Me (11/50 US 9)*
*Sin (It's No Sin) (9/51 US 1)*

*Be Anything (But Be Mine) (3/52 US 7)*
*Auf Wiedersehn, Sweetheart (6/52 US 4)*
***Pop***

## Howard, Robert

DR. ROBERT, v/g (Großbritannien, * 2. 5. 1961 als Bruce Robert Howard in Norfolk).
Zusammen mit der amerikanischen Sängerin Kym Mazelle gelang Howard, der hauptberuflich als Dr. Robert der Leadsänger der Blow Monkeys war, der Hit »Wait«. Diesen Song hatte er ursprünglich im Duett mit Sam Brown aufgenommen. Die später entstandene Version mit Kym gefiel ihm aber besser und wurde dann auch veröffentlicht.

*Wait (1/89 GB 7)*
***Pop***

## Howland, Chris

v/dj (Großbritannien, * 30. 7. 1928 in London).
Der Discjockey, TV-Moderator und Sänger kam mit der britischen Armee nach Deutschland und wurde 1946 Ansager beim BFN in Hamburg. 1952 kam er zum NWDR und wurde schnell der populärste Discjockey in der Bundesrepublik – Spitzname: Mr. Pumpernickel. Ab 1954 spielte er auch in Filmen, abonniert auf spleenige Engländer. Seine TV-Sendung ›Musik aus Studio B‹ war richtungweisend, seine Fernsehserie ›Vorsicht Kamera‹ gibt es in abgewandelter Form heute noch in der ARD – Chris Howland versteht in dieser Beziehung Spaß. Auf Platte war er erstmals 1957 zu hören. Über den Titel »The Japanese Farewell Song« von Kay Cee Jones sprach er einen deutschen Text und machte daraus das »Japanische Abschiedslied«. Als Schlagersänger erfolgreich war er mit »Fraulein« 1958, »Das hab' ich in Paris gelernt« 1959 und der »Hämmerchen-Polka« 1961. Als Discjockey war er für viele hierzulande ein Vorbild – als Sänger nicht unbedingt. Wer mehr über ihn erfahren möchte, sollte sein sehr schönes Buch »Happy Days?« lesen, erschienen 1995 bei Kiepenheuer & Witsch.

*Fraulein (5/58 D 3)*
*Das hab' ich in Paris gelernt (5/59 D 3)*
*Hämmerchen-Polka (11/61 D 4)*
***Deutscher Schlager***

**CD-Tip:** *Fraulein* Bear Family BCD 15 751 AH

## Hudson, Al & The Partners

AL HUDSON, v (USA).
Mal hieß die Gruppe Al Hudson & The Soul Partners, mal Al Hudson & The Partners, mal One Way Featuring Al Hudson und schließlich nur noch One Way. Die Reise durch die verschiedenen Namen begann für diese Formation aus Detroit im Jahre 1976. Nach fünf Notierungen in den R&B-Charts kommt »You Can Do It« im Frühjahr 1979 in die Popcharts – allerdings nur bis Position 101. Die Schweizer immerhin finden die Platte so toll, daß sie dort ein Jahr später ein Top-10-Hit wird. Ab 1980 beginnt die One-Way-Phase, die sich bis 1989 zieht. »Cutie Pie« war Mitte 1982 ein Platz 4 in den R&B-Charts, Platz 61 in den Popcharts und der größte Erfolg der Formation.

*You Can Do It (2/80 CH 6)*
***Pop, Soul***

## Hudson-Ford

JOHN FORD, g/b (Großbritannien, * 1. 7. 1948 in Fulham/London); RICHARD HUDSON, g/d (Großbritannien, * 9. 5. 1948 als Richard William Stafford Hudson in London).
John und Richard lernten sich 1967 in der

britischen Gruppe Five Proud Walkers kennen. Über Velvet Opera stießen sie zu den Strawbs, für die sie etliche Songs schrieben, z. B. den Hit »Part Of The Union«. 1973 trennten sie sich von den Strawbs wegen ›musikalischer Differenzen‹ und machten als Duo Hudson-Ford weiter. Im August 1973 hatten sie ihre erste Platte in den Charts: »Pick Up The Pieces«. Es erschienen 1974 weitere schöne Stücke, die sich jedoch nicht mehr unter den ersten 10 plazieren konnten, und so lösten sie 1975 das Duo wieder auf. 1979 machten die beiden als Monks gemeinsam Platten. Ihr Titel »Nice Legs, Shame About Her Face« erreichte im April 1979 Platz 19 in GB. Ende der 80er Jahre war Richard auf einer LP der wieder neu formierten Strawbs zu hören.

*Pick Up The Pieces (8/73 GB 8)*
***AOR (Adult Orientated Rock), Folk, Pop***

## Hue & Cry

GREGORY KANE, key (Großbritannien, * 9. 9. 1966 in Glasgow); PATRICK KANE, v (Großbritannien, * 10. 3. 1964 in Glasgow).

Der größte Erfolg der beiden Brüder war der Titel »Labour Of Love«, der Mitte 1987 bis auf Platz 6 in GB kletterte und die erste Hitnotierung von Hue & Cry war. 1993 wurde das Stück erneut veröffentlicht und kam bis auf Platz 25. Neben der Musik hat Patrick noch eine Reihe anderer Beschäftigungen. Er betätigt sich als Musikjournalist und TV-Moderator und ist außerdem Rektor der Universität von Glasgow. Zusammen mit Fish gründete er die Organisation Artists For An Independent Scotland.

*Labour Of Love (6/87 GB 6)*
***Elektro-Pop***

**CD-Tip:** *Seduced And Abandoned* Circa Records CIR CD 2

## Hues Corporation

TOMMY BROWN (USA, geb. in Birmingham/Alabama); HUBERT ANN KELLEY (USA, * 24. 4. 1947 in Fairchild/Alabama); ST. CLAIR LEE (USA, * 24. 4. 1944 als Bernard St. Clair Lee Calhoun Henderson in San Francisco); KARL RUSSELL (USA, * 10. 4. 1947 in Columbus/Ohio); FLEMING WILLIAMS (USA, geb. in Flint/Michigan).

Dem schwarzen Trio aus Los Angeles, das 1969 gegründet wurde, gelang Mitte 1974 ein Welthit mit »Rock The Boat«. Diese Art von Soft Soul, deren hauptsächliche Vertreter George McCrae und eben Hues Corporation waren, erfreute sich Mitte der 70er Jahre enormer Beliebtheit. Mitte 1974 verließ Fleming Williams die Band und wurde durch Tommy Brown ersetzt, der seinerseits 1975 von Karl Russell abgelöst wurde. Nach 1977 gelang ihnen kein weiterer Hit mehr.

*Rock The Boat (5/74 US 1; 7/74 GB 6, D 7)*
***Soft Soul***

## Hula Hawaiian Quartett

HERBERT IMLAU (Deutschland).

Herbert Imlau gründete das Hula Hawaiian Quartett Anfang der 50er Jahre. Die Sehnsucht der Nachkriegsdeutschen nach Sonne, Sand und Ananas war die Triebfeder für den Erfolg. Ihre Mixtur aus Seemannsromantik, Fernweh und Urlaubsträumen war die Grundlage für Hits wie »Vaya Con Dios« 1953 oder »Jim, Johnny und Jonas« 1954. Der Titel »Die Perle auf dem Meeresgrund« schaffte es Ende 1955 bis auf Platz 7 der deutschen Charts. 1956 erreichten Nummern wie »Domingo Santo Domingo«, »Wenn der Mond scheint auf Havanna« und »Du Rose von Samoa« die deutschen Top 20. Nachdem der Erfolg des Quartetts nachgelassen hatte, besetzte Caterina Valente mit ihren ›Clubs‹ die entstandene Lücke. Valentinos Hawaiian Band mit dem Steelgitarristen Willy Berendt war auf fast allen Produktionen dieses Quartetts zu hören.

*Die Perle auf dem Meeresgrund (10/55 D 7)*
***Deutscher Schlager***

## Human Beinz

RICHARD BELLEY, g (USA); TING MARKULIN, g (USA); MEL PACHUTA, b (USA); MIKE TATMAN, d (USA).
Der Band aus Cleveland gelang mit der 1962 von den Isley Brothers geschriebenen und aufgenommenen Nummer »Nobody But Me« Ende 1967 ein Platz 8 in den USA. Sie versuchte weiter, mit psychedelisch angehauchten Rocksongs in die Charts zu kommen, was ihnen jedoch nicht gelang. Als auch das zweite Album kein Erfolg wurde, trennten sich die Musiker.

*Nobody But Me (12/67 US 8)*
***Psychedelic, Rock***

## Human League

IAN BURDEN, b (Großbritannien, * 24. 12. 1957 in Sheffield); JO CALLIS, g/syn (Großbritannien, * 2. 5. 1955 in Glasgow); JOANNE CATHERALL, v (Großbritannien, * 18. 9. 1962 in Sheffield); RUSSELL DENNETT, g (Großbritannien); IAN CRAIG MARSH, syn (Großbritannien, * 11. 11. 1956 in Sheffield); PHILIP OAKEY, v (Großbritannien, * 2. 10. 1955 in Sheffield); SUSANNE SULLEY, v (Großbritannien, * 22. 3. 1963 in Sheffield); NEIL SUTTON, key (Großbritannien); MARTYN WARE, syn (Großbritannien, * 19. 5. 1956 in Sheffield); ADRIAN WRIGHT (Großbritannien, * 30. 6. 1956 in Sheffield).
Human League bildete sich in Sheffield im Herbst 1977 aus der Gruppe Future. Noch im selben Jahr gaben sie sich den neuen Namen Human League nach dem gleichnamigen Computerspiel. Anfang 1978 verschickten sie drei Demos an diverse Independent Labels. Im März erhielten sie einen Plattenvertrag, und als erste Single erschien »Being Boiled«. Zu jenem Zeitpunkt sollte sich die Platte jedoch nicht durchsetzen können. Ihren ersten Hit hatten sie mit »Holiday 80«, bestehend aus zwei Singles. Auf einer befand sich eine neue Version von »Being Boiled«. Heute im Rückblick wird häufig gesagt, daß mit diesem Hit der Weg frei gemacht wurde für etliche synthesizerorientierte Bands in GB. Der große Erfolg stellte sich jedoch immer noch nicht ein. Ware und Marsh verließen im Oktober 1980 Human League, gründeten die British Electric Foundation und später Heaven 17. Oakey und Wright hatten weiterhin die Rechte am Namen Human League. Sie holten sich mit Ian Burden einen neuen Bassisten und mit Joanne und Susanne zwei Tänzerinnen und Sängerinnen in die Gruppe. Mit dieser neuen Besetzung wurde der Sound der Band wesentlich kommerzieller als vorher. Im Mai 1981 kam von der Gruppe Rezillos mit Jo Callis ein weiterer Synthesizerspieler. Jetzt stellte sich der Erfolg ein. »Love Action (I Believe In Love)« wurde im August 1981 der erste Top-10-Erfolg für Human League. »Open Your Heart«, die Nachfolgesingle, kam ebenfalls unter die Top 10. Im Dezember 1981 erreichte »Don't You Want Me« die britischen Charts und wurde Spitzenreiter. Im Januar 1982, in der Folge des großen Hits, wurde »Being Boiled«, so wie das Stück schon einmal Mitte 1978 veröffentlicht worden war, wieder auf den Markt gebracht. Dieses Mal wurde es ein Platz 6. »Mirror Man« 1982, »(Keep Feeling) Fascination« 1983 und »Human« 1986 waren die weiteren Top-10-Erfolge. Die erfolgreichsten Titel der Band in den USA waren die beiden Spitzenreiter »Don't You Want Me«

und »Human«. Im Oktober 1984 nahm Phil Oakey zusammen mit Giorgio Moroder den Titel »Together In Electric Dreams« auf, der Platz 3 in GB wurde. 1985 verließ Callis die Band, um mit Feargal Sharkey zu spielen. Nach 1986 ließ der Erfolg der Formation nach. Ende 1990 – jetzt in der Besetzung Oakey, Sulley, Catherall und den neuen Mitgliedern Dennett und Sutton – erschien das sechste Album der Band, »Romantic«. Danach gab es wieder eine Pause, und im Januar 1995 veröffentlichten die ›Wegbereiter und wichtigsten Protagonisten des Synthie-Pops‹ das Album »Octopus«. Human League war auf das Trio Oakey, Sulley und Catherall geschrumpft. Die Singleauskopplung »Tell Me When« kam im Januar 1995 auf Platz 6 in GB. Ebenfalls von diesem Album stammte »One Man In My Heart«, zwei Monate später ein Platz 13 in GB. Ende 1995 erschien ein Remix ihres Hits »Don't You Want Me«, der es bis auf Platz 16 brachte.

*Love Action (I Believe In Love) (8/81 GB 3)*
*Open Your Heart (10/81 GB 6)*
*Don't You Want Me (12/81 GB 1, US 1; 2/82 D 5; 4/82 CH 4)*
*Being Boiled (1/82 GB 6; 5/86 D 6)*
*Mirror Man (11/82 GB 2)*
*(Keep Feeling) Fascination (4/83 GB 2, US 8)*
*Human (8/86 US 1, D 5, GB 8)*
*Tell Me When (1/95 GB 6)*
***Elektro-Pop***

**CD-Tip:** *Human League – Greatest Hits* Virgin 259 375–2

## Humble Pie

DAVE »CLEM« CLEMPSON, g (Großbritannien, * 5. 9. 1949 in Tamworth/Staffordshire); PETER FRAMPTON, v/g (Großbritannien, * 22. 4. 1950 in Beckenham/Kent); STEVE MARRIOTT, v/g (Großbritannien, * 30. 1. 1947 in Bow/London, † 20. 4. 1991); GREG RIDLEY, b (Großbritannien, * 23. 10. 1943 in Carlisle/Cumbria); JERRY SHIRLEY, d (Großbritannien, * 4. 2. 1952).

1968 lernte Steve Marriott von den Small Faces Peter Frampton kennen, der vorhatte, sich von der Formation Herd zu trennen. Im Frühjahr 1969 brach Steve endgültig mit den Small Faces und stellte mit Peter eine neue Gruppe zusammen, die er Humble Pie nannte. Von den Spooky Tooth kam der Bassist Greg Ridley, von einer unbekannten Gruppe mit dem Namen Apostolic Intervention der Schlagzeuger und Gitarrist Jerry Shirley. Schon nach den ersten Proben der neuen Formation überschlugen sich die englischen Musikzeitschriften mit positiven Kritiken. Man sprach von einer neuen Supergruppe. Im Juni 1969 unterzeichnete Humble Pie einen Plattenvertrag, und kurz darauf erschien mit »As Safe As Yesterday Is« die erste LP der Gruppe. Wenig später wurde die erste Single veröffentlicht. Der Verkaufserfolg ließ allerdings zu wünschen übrig, wenn man von Supergruppe sprechen will. »Natural Born Bugie« kam im August 1969 in die britischen Charts und wurde Platz 4. Es blieb der einzige Top-10-Erfolg dieser Band. Steve Marriott hatte in einem Interview als Grund für den Zusammenschluß von Humble Pie die Entwicklung einer neuen Musik genannt, die aus dem Rahmen fallen sollte. Genau das tat sie aber nicht. Humble Pie klang im ersten Jahr wie Small Faces in alten Zeiten. Im Oktober 1971 verließ Frampton die Band, um eine Solokarriere zu beginnen, die recht zögernd, aber dann um so heftiger losging. Für ihn kam ›Clem‹ Clempson. 1975 fiel die Band auseinander. 1980/81 kam sie noch einmal zusammen. Marriott und Shirley waren von der Urformation dabei. Bobby Tench, Gitarre, und Anthony Jones, Baß, waren die Mitspieler.

*Natural Born Bugie (8/69 GB 4)*
***AOR (Adult Orientated Rock), Rock***

**CD-Tip:** *Humble Pie Rock On* A&M MFCD 847

## Humperdinck, Engelbert

v (Indien, * 2. 5. 1936 als Arnold George Dorsey in Madras).

Zu diesem Zeitpunkt ging im britischen Empire die Sonne nicht unter – und überall verteilten sich die Briten rund um den Globus, um für die Krone Ruhm und Reichtum zu scheffeln. Arnold hatte auch noch ein paar Geschwister – neun, um es korrekt zu sagen. Als in der Zeit des Kampfes um die indische Unabhängigkeit das Pflaster für die Briten in Indien zu heiß wurde, verließ Vater Dorsey mit seinen zehn Kindern dieses fruchtbare Land und machte sich in Richtung Heimat auf. 1946 kam er mit all seinen Kindern an. Klein Engelbert ging brav zur Schule und kam irgendwann auch mal zur Musik. Schon 1958 erschien seine erste Platte – und in den nun folgenden neun Jahren hatte er mal einen Plattenvertrag, mal hatte er keinen. Mal hatte er ein festes Engagement mit einer Tanzkapelle, mal hatte er keins. Meist sang er unter dem Namen Gerry Dorsey. Das alles änderte sich, als er auf Gordon Mills traf, der der Manager von Tom Jones war. Gordon wußte, daß Tom Jones bei den Frauen als Tiger angesagt war. Jetzt brauchte er für die anderen Damen eine Schmusekatze. Arnold George Dorsey sah aus, als habe man den Namen Engelbert nur für ihn erfunden. Er machte den Eindruck eines Softies, der gerade eine Hungersnot überlebt hatte und das Unglück dieser Welt genau kennt. Er rührte bei den Damen ganz andere Gefühlsregionen an als Tom Jones – mehr die mütterlichen. Mit hohlen Wangen, traurigen Augen und Backenbart tropfte ihm die Melancholie aus allen Knopflöchern seiner Anzüge aus der Zeit um die Jahrhundertwende. Und um das Märchenhafte, Asche-Hänsel und Grete-Wittchen, auch noch zu unterstreichen, nannte ihn sein neuer Manager Engelbert Humperdinck. Sie wissen, der Komponist der Oper »Hänsel und Gretel«. Als »Release Me« im Januar 1967 in den Hitparaden wie eine Bombe einschlug und Nummer 1 in GB wurde, waren die Erben des Opern-Humperdinck sauer. Sie strengten einen Prozeß an, den sie schließlich auch gewannen. Zumindest in Deutschland darf sich der Künstler Arnold George Dorsey jetzt nicht mehr Engelbert Humperdinck, sondern nur noch Engelbert nennen. Nach drei Jahren und etlichen Hits war die große Zeit der Plattenverkäufe wieder vorbei. Ähnlich wie sein Stallkollege Tom Jones verdiente sich Engelbert von da an sein Stroh in Las Vegas und allen angeschlossenen Spielcasinos. Hin und wieder erscheinen auch mal neue Platten von ihm, die inzwischen von Horst Nußbaum produziert werden. Auch der hat sich ein Pseudonym zugelegt: Jack White. Weitere Top-10-Erfolge in GB für Engelbert waren »There Goes My Everything« und »The Last Waltz« 1967, »Am I That Easy To Forget«, »A Man Without Love« und »Les Bicyclettes De Belsize« 1968, »The Way It Used To Be« und »Winter World Of Love« 1969. In den USA gelang ihm außer »Release Me« nur noch ein weiterer Top-10-Erfolg: »After The Lovin'«, ein Millionseller und Platz 8 im Oktober 1976.

*Release Me (1/67 GB 1; 4/67 US 4)*
*There Goes My Everything (5/67 GB 2)*
*The Last Waltz (8/67 GB 1; 1/68 CH 9)*
*Am I That Easy To Forget (1/68 GB 3)*
*A Man Without Love (4/68 GB 2, D 6; 5/68 CH 1)*
*Les Bicyclettes De Belsize (9/68 GB 5)*
*The Way It Used To Be (2/69 GB 3)*
*Winter World Of Love (11/69 GB 7)*
*After The Lovin' (10/76 US 8)*
***Middle Of The Road (MOR)***

**CD-Tip:** *Songträume mit Engelbert* London 820 763 2

## Humphries, Les

v/p (Großbritannien, * 10. 8. 1940 in London).

Les Humphries lernte schon als Kind das

Klavierspielen. Sehr jung wurde er Berufssoldat in der Armee der britischen Königin, die er nach zwölf Jahren wieder verließ. In der Armee hatte er sich als Musiker betätigt. Danach wurde er Mitglied in einer der vielen britischen Bands, die das Gefühl hatten, daß sich richtiges Geld nur in Hamburg verdienen ließ. 1968 bot sich Les die Chance, Mitglied in einer deutschen Band zu werden, die sich Wonderland nannte und in der neben ihm ehemalige Musiker der Rattles spielten: Achim Reichel, Frank Dostal, Dicky Tarrach und Helmut Franke. Wonderland wurde mit großem Werbeaufwand gestartet, der Titel »Moscow« war auch nicht schlecht, erreichte aber im Juli 1968 lediglich Platz 15 in der Hitparade. So schnell, wie die Band aus dem Boden geschossen war, verschwand sie auch wieder. Etwa zu dieser Zeit zogen die Edwin Hawkins Singers durch die Welt und hatten mit der Nummer »Oh Happy Day« einen Riesenhit. Diese Truppe brachte Les Humphries auf die Idee, ebenfalls auf die Mixtur aus Gospel und Spiritual zu setzen und einen eigenen Chor zu gründen. Das geschah, und von 1971 bis 1976 hatten die Les Humphries Singers jede Menge Hits. Ihre größten waren: »We Are Goin' Down Jordan«, 1971 Platz 3, »Mexico«, ein Jahr später Platz 2, »Mama Loo«, 1973 Spitzenreiter in der deutschen Hitparade, und »Kansas City«, 1974 Platz 2. Zu dem festen Stamm derjenigen, die im Chor von Les Humphries trällerten, gehörten Jürgen Drews und John Lawton. Letzterer lehnte angeblich das Angebot von Deep Purple ab, deren Sänger zu werden – er wolle in der Truppe von Humphries bleiben. Der hat sich im Laufe der Jahre mit den Singers eine goldene Nase verdient, denn er hat alle Hits geschrieben oder zumindest bearbeitet, was ihm das Geld brachte. Wenn es stimmt, daß Neid die aufrichtigste Form der Anerkennung ist, genoß Les Humphries nach 1976 viel Anerkennung. Er ging durch die Yellowpress mit seiner damaligen Frau Dunja Raiter und die Geschichte seiner Steuerhinterziehung machte Schlagzeilen. Unbestritten: Für Songs, die Stimmung machen, hatte er einen guten Riecher. 1992 brachte Les Humphries mit illustrer Unterstützung eine in London produzierte neue Platte auf den Markt.

*We Are Goin' Down Jordan (9/71 D 3; 10/71 CH 3)*
*Old Man Moses (3/72 CH 4)*
*Mexico (9/72 D 2; 11/72 CH 1)*
*Mama Loo (2/73 D 1; 3/73 CH 1)*
*Kansas City (1/74 CH 1, D 2)*
***Middle Of The Road (MOR)***

## Hunt, Pee Wee

v/bj/pos/bl (USA, * 10. 5. 1907 in Mt. Healthy/Ohio, † 22. 6. 1979).
Hunt begann seine Karriere als Banjospieler und Posaunist in einer Tanzband. Ende 1927 ging er für kurze Zeit zu Jean Goldkette. Dann spielte er bis 1929 in verschiedenen Bands in Detroit. Von 1929 bis 1943 war er Mitglied in der Band von Glen Gray, der das Casa Loma Orchestra leitete. Hunt war ein guter Posaunist, vor allem aber wegen seines Gesangs gefragt. Er machte viele Plattenaufnahmen und war im Radio sehr präsent. Nach seiner Zeit mit Gray ging er zunächst als Discjockey nach Los Angeles und arbeitete später mit Lew Gray und Freddie Fisher. 1945 leitete er als Mitglied der Handelsmarine eine Jazzband. Seine Ende 1946 gegründete Combo wurde erfolgreich, als Ende der 40er Jahre Dixieland sich wieder größerer Beliebtheit erfreute. Sein erster war dann auch gleich sein größter Erfolg: Das Instrumentalstück »Twelfth Street Rag« kam Mitte 1948 in die amerikanischen Charts und wurde Spitzenreiter. Es gelang ihm ein weiterer Top-10-Hit: »Oh!« erreichte fünf Jahre später Platz 3.

Nach einer weiteren Notierung war er dann ganz aus den Hitparaden verschwunden, blieb aber bis zu seinem Tod als Musiker aktiv.

*Twelfth Street Rag (6/48 US 1)*
*Oh! (7/53 US 3)*
***Instrumental, Pop***

## Hunter, Tab

v (USA, * 11. 7. 1931 als Arthur Andrew Kelm in New York City).
Als 15jähriger machte Tab sich älter, um der Küstenwache beitreten zu können. Ohne vorher Schauspielunterricht genommen zu haben, machte er mit 18 seinen ersten Film. Die Kritiker waren nicht begeistert, aber das Publikum mochte den blonden Darsteller. Nachdem er sich als Filmstar etabliert hatte, nahm er ab 1957 auch Platten auf. Gleich seine erste Veröffentlichung wurde ein Knüller und sein größter Erfolg: »Young Love« wurde Anfang 1957 Spitzenreiter in den USA und in GB. Als Nachfolgehit gelang ihm einige Monate später mit »Ninety-Nine Ways« in GB noch ein Platz 5, in den USA Platz 11. In den Hitparaden verzeichnet war er bis Ende der 50er Jahre, aber ohne großen Erfolg. 1960/61 hatte er im amerikanischen Fernsehen seine eigene Show und arbeitete vorwiegend wieder als Schauspieler. 1971 sagte Hunter: ›Das mit dem Star ist vorbei. Ich hatte in den letzten Jahren Glück. Jetzt bin ich nur einer von vielen Schauspielern, der einen Job sucht. Und Schauspielern ist immer noch das, was ich am besten kann.‹ Er tauchte dann vor allem in vielen der amerikanischen TV-Serien auf.

*Young Love (1/57 GB 1, US 1)*
*Ninety-Nine Ways (4/57 GB 5)*
***Pop***

## Huntington, Eddy

KEIN TEXT ERFASST!

*U.S.S.R. (11/86 CH 6)*

## Hurley, Steve »Silk«

(USA, geb. in Chicago/Illinois).
Steve »Silk« Hurley ist ein typischer Vertreter der House Music, die angeblich in seiner Heimatstadt Chicago ihre Wurzeln hat. Zusammen mit Keith Nunnally brachte er als JM Silk 1986/87 zwei kleinere Hits in die GB-Charts. Mit »Jack Your Body« belegte Hurley im Januar 1987 den Spitzenplatz der britischen Hitparade. Es war die erste Nummer 1, von der mehr als die Hälfte als Maxi verkauft wurde. Mit einer Laufzeit von 26 Minuten ist die Maxi allerdings kaum noch als Single zu bezeichnen. Mit diesem einzigen Erfolg kann sich Hurley zu den One-Hit-Wonders zählen.

*Jack Your Body (1/87 GB 1)*
***House***

## Husky, Ferlin

v/g (USA, * 3. 12. 1925 in Flat River/Missouri).
Ferlin war nicht nur Countrysänger und

Gitarrist, sondern auch noch Filmschauspieler und Songschreiber. Nach dem Zweiten Weltkrieg hatte er für fünf Jahre bei der Handelsmarine gedient. Ab Anfang der 50er Jahre machte er erste Platten unter den Pseudonymen Terry Preston oder Simon Crum. Als Crum hatte er seinen größten Erfolg mit der Novelty-Platte »Country Music Is Here To Stay«, Ende 1958 ein Platz 2 in der C&W-Hitparade. Er wurde durch Tennessee Ernie Ford protegiert, der ihn schon 1953 zu Capitol Records gebracht hatte. Zusammen mit Jean Shepard hatte er Mitte 1953 Platz 1 in den C&W-, Platz 4 in den Popcharts mit »A Dear John Letter«. 1957 erzielte er mit »Gone«, dieses Mal als Solist, dasselbe Ergebnis. Diesen Titel hatte Ferlin Husky bereits 1952 erfolglos als Terry Preston veröffentlicht. Die Liste seiner Songs in den Country-Hitparaden geht bis in das Jahr 1975. In den Popcharts war es nach 1962 vorbei. Ferlin war sechsmal verheiratet, hat neun Kinder und spielte nur in zwei Filmen mit: »Mr. Rock & Roll« 1957 und »Country Music Holiday« 1958. 1977 mußte er sich einer Herzoperation unterziehen.

*A Dear John Letter (9/53 US 4)*
*Gone (3/57 US 4)*
***Country***

**CD-Tip:** *Ferlin Husky's Collector's Series* Capitol CDP 7 91629 2

## Hutton, Betty

v (USA, * 26.2. 1921 als Betty June Thornburg in Battle Creek/Michigan).

Betty war in Hollywood einer der Musicalstars der 40er und 50er Jahre. Eine ihrer bekanntesten Rollen war die Annie in »Annie Get Your Gun« 1950. Bereits 1938 sang sie in der Band von Vincent Lopez, der ihren Nachnamen in Hutton änderte. Mit ihm hatte sie den Titel »Igloo« Mitte 1939 unter den ersten 20 der US-Charts. Nach Auftritten in den Broadway-Musicals »Two For The Show« und »Panama Hattie« wurde sie 1940 für den Film entdeckt. 1942 spielte sie in »The Fleet's In« ihre erste Hauptrolle. Ab 1944 veröffentlichte sie Platten als Solistin und hatte ihre größten Hits mit »Doctor, Lawyer, Indian Chief«, Ende 1945 Spitzenreiter, und dem Millionseller »I Wish I Didn't Love You So«, im September 1947 Platz 5. Bettys Spitzname war ›Blonde Bombshell‹. Wegen vertraglicher Schwierigkeiten endete ihre Karriere abrupt. 1957 tauchte sie noch einmal in einem Film auf, 1965 am Broadway. Nachdem sie zwei Jahre später pleite ging, hörte man nichts mehr von ihr. Anfang der 70er Jahre arbeitete sie als Köchin in Rhode Island. Comeback-Pläne ließ sie nach einem Nervenzusammenbruch wieder fallen.

*It Had To Be You (6/44 US 5)*
*His Rocking Horse Ran Away (7/44 US 7)*
*Stuff Like That There (4/45 US 4)*
*Doctor, Lawyer, Indian Chief (12/45 US 1)*
*I Wish I Didn't Love You So (9/47 US 5)*
*A Bushel And A Peck (10/50 US 3)*
***Pop***

## Hutton, June

v (USA, * 11.8. 1918 in Chicago/Illinois, † 2.5. 1973).

June hatte Ende der 30er Jahre in den USA in der Mädchenband ihrer Halbschwester Ina Ray Hutton gesungen. 1941 ging sie zu Charlie Spivak. 1944 ersetzte sie Jo Stafford bei den Pied Pipers. Dort blieb sie bis 1950 und begann dann eine Solokarriere, die durch ihren Mann Axel Stordahl gefördert wurde. Axel spielte mit seinem Orchester auf den Platten von June mit. 1953 hatte sie ihren ersten Hit in den USA: »Say You're Mine Again«, Platz 21. In GB wurde die Nummer im selben Jahr Platz 6. Ende der 50er Jahre verschwand sie aus dem Showgeschäft.

*Say You're Mine Again (8/53 GB 10; 9/53 GB 6)*
***Pop***

## Hyland, Brian

v (USA, * 12. 11. 1943 in Queens/New York City).

Brian gründete bereits mit zwölf Jahren seine erste Band, die Delphis. Mit sechzehn Jahren hatte er als Solist seinen ersten großen Erfolg mit »Itsy Bitsy Teenie Weenie Yellow Polka-Dot Bikini«. Sicher haben viele erwartet, daß Brian ein typisches One-Hit-Wonder sei, und in der Tat kam erst einmal nichts von ihm. Doch im Frühjahr 1962 erschien mit »Ginny Come Lately« wieder ein Hit von ihm, der zumindest in GB und Deutschland Top 10 wurde. Die Platte war im Gegensatz zu seinem ersten Hit reifer und weniger kindisch. Die Nachfolgenummer hieß »Sealed With A Kiss« und erreichte in den USA und in GB Platz 3. Danach plätscherte seine Karriere dahin. Nach 1966 kam keine seiner Platten mehr in den 60er Jahren unter die ersten 50. 1970 erschien mit »Gypsy Woman« wieder eine Single, die sich bis auf Platz 3 hocharbeiten konnte. Nach 1971 war seine Karriere beendet. 1975 veröffentlichten die Briten noch einmal »Sealed With A Kiss«. Dieses Mal erreichte der Titel Platz 7.

*Itsy Bitsy Teenie Weenie Yellow Polka-Dot Bikini (7/60 US 1, GB 8; 9/60 D 9)*
*Ginny Come Lately (5/62 GB 5; 7/62 D 10)*
*Sealed With A Kiss (6/62 US 3; 8/62 GB 3; 6/75 GB 7)*
*Gypsy Woman (9/70 US 3)*
***Pop, Soft Pop***

**CD-Tip:** *16 Original World Hits Of Brian Hyland* MCA 8.62022

## Hyman, Dick

p/org/bl (USA, * 8. 3. 1927 in New York City).

Dick begann eine Ausbildung als klassischer Musiker. 1948 spielte er in der Band von Victor Lombardo. Nach weiteren Stationen ging er 1950 mit Benny Goodman auf Europatournee. Zwischenzeitlich spielte Dick Hyman mit einer eigenen Combo, war musikalischer Leiter von Arthur Godfreys Fernseh- und Radioshow Ende der 50er, Anfang der 60er Jahre. Weitere Stationen waren Percy Faith, Mitch Miller, Johnny Desmond, Toots Thielemans. Er blieb bis in die frühen 70er Jahre im Musikgeschäft. Mit der Nummer »Moritat (A Theme From The Threepenny Opera)« stand er im Frühjahr 1956 in den Singlecharts.

*Moritat (A Theme From The Threepenny Opera) (1/56 US 8; 3/56 GB 9)*
***Instrumental, Pop***

## Hynde, Chrissie

siehe Pretenders und Cher

## Hypnosis

Der Titel »Pulstar« wurde von Vangelis geschrieben, ebenso die B-Seite »End Title (Blade Runner)«. Während hierzulande die Neue Deutsche Welle tobte, machte sich jenseits der Alpen Italo-Disco breit. Mit elektronischen Aufnahmegeräten wurden Produktionen der billigsten Art massenweise fabriziert. Einige davon blieben dann in den Ohren hängen, und die wenigsten kamen unter die ersten 10. Bei Hypnosis wird es sich wohl um A. Maiola handeln, der das Stück arrangierte. Jedenfalls versuchte Hypnosis noch einmal in die gleiche Kerbe zu hauen und nahm eine neue Version von »Oxygen« auf, die es allerdings Anfang 1984 nur knapp unter die ersten 40 in Deutschland schaffte.

*Pulstar (11/83 D 10)*
***Disco***

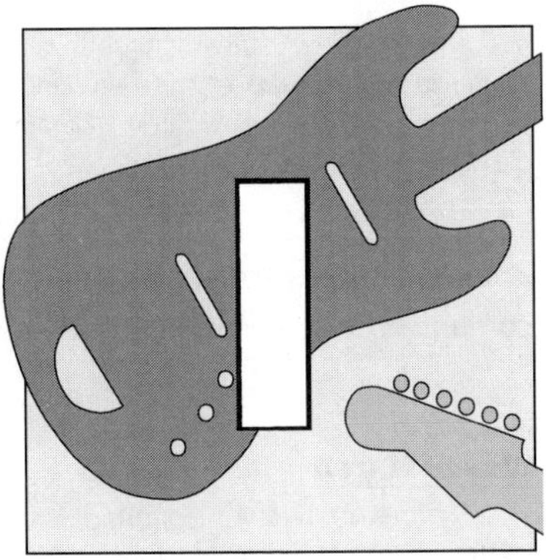

## I Santo California

DOMENICO »MIMMO« AJELLO, b (Italien, * 12. 3. 1950); PIETRO BARBELLA, v (Italien, * 18. 5. 1949); MASSIMO CASO, g (Italien, * 20. 5. 1958); DONATO FARINA, d (Italien, * 25. 1. 1957); GIANNI GALIZIA, g (Italien, * 21. 6. 1952); SIMONETTA MARINI, v (Italien, * 5. 4. 1955).

Ein typisch italienischer Urlaubshit, der 1975 Nummer 1 in der italienischen Hitparade wurde, brachte es in Deutschland auf Platz 2, als alle Touristen im Herbst wieder zu Hause waren: »Tornero«. Die Band I Santo California wurde um 1973 gegründet. Die ursprünglich aus fünf männlichen Mitgliedern bestehende Formation tingelte zunächst erfolglos durch die Discotheken. Bei einem Auftritt in Rom lernten sie die Sängerin Simonetta Marini kennen. Die ersten drei Platten wurden Flops. Dann kam der Hit »Tornero«. In Italien und in der Schweiz hatten sie bis 1977 noch weitere Erfolge.

*Tornero (7/75 CH 1; 9/75 D 2)*
*Un Angelo (5/76 CH 9)*
*Dolce Amore Mio (7/76 CH 3)*
*Monica (5/77 CH 9)*
***Middle Of The Road (MOR), Schlager***

## Ian, Janis

v/g/p (USA, * 7. 4. 1951 als Janis Eddy Fink in New York City).

Janis erhielt bereits mit drei Jahren Klavierunterricht. Mit elf spielte sie Gitarre, mit zwölf schrieb sie ihre eigenen Lieder und trat öffentlich auf. Ihre erste Platte machte sie mit sechzehn. Es wurde der Hit »Society's Child« (5/67 US 14), den zunächst keine Rundfunkstation spielen wollte. Erst nachdem sie damit in einem Leonard-Bernstein-TV-Special aufgetreten war, kam die Platte in die US-Charts. Ihr Album »Janis Ian« (6/67 US-LP 29) war ein Erfolg, dann veröffentlichte sie noch diverse LPs bei verschiedenen Firmen, aber mit 19 schien ihre Karriere beendet. 1974 kam sie dann mit der LP »Stars« (6/74 US-LP 83) auf den Markt. Im Titelsong wird vom Auf und Ab, von den Ängsten und Hoffnungen der sogenannten Stars gesungen. Dann kam das Album »Between The Lines« (3/75 US-LP 1), für das sie Platin erhielt. Auf dieser LP war auch ihr größter Single-Erfolg: »At Seventeen« (6/75 US 3), für den sie einen Grammy als ›Best Female Vocal‹ erhielt. »Aftertones« (1/76 US-LP 12) und »Miracle Row« (1/77 US-LP 45) waren noch einigermaßen erfolgreich – ein Knüller wie »Between The Lines« gelang ihr nicht wieder.

*At Seventeen (6/75 US 3)*
***AOR (Adult Orientated Rock), Folk, Soft Pop***

**CD-Tip:** *Between The Lines* Arcade 88 0049 4

## Ice MC

ALESSIA, v (Italien, * 19. 5. 1967 in Laspezia); JASMIN HEINRICH, v (Deutschland, * 30. 12. 1970 in Hamburg); ICE MC, v (Großbritannien, * 22. 3. 1965 als Ian Colin Campbell in Nottingham).

Ice MC wurde in GB geboren, lebte aber seit 1984 in Florenz. In Italien nahm er auch seine Platten auf – typischen Discoproduktionen, die für den schnellen Verbrauch bestimmt waren. Der Versuch, seinen ersten Erfolg zu wiederholen, gelang teilweise: »Scream« erreichte im März 1990 die deutsche Hitparade und schaffte immerhin Platz 14. Die gleiche Plazierung erreichte Mitte 1994 »Think About The Way« und im Herbst 1994 »It's A Rainy Day«. Als Sängerin war neben Ice MC auf den Platten Jasmin Heinrich bis 1994 zu hören. 1995 wurde sie gegen Alessia eingetauscht.

*Easy (10/89 D 3; 1/90 CH 4)*
*Think About The Way (5/94 CH 10)*
***Disco***

## Icehouse

IVA DAVIES, v/g (Australien, * 22. 5. 1955); MICHAEL HOSTE, key; BOB KRETSCHMER, g; JOHN LLOYD, d; GUY PRATT, b; ANDY QUNTA, key; KEITH WELSH, b.

1980 gründete Iva in Sydney die Gruppe Flowers, die im Mai desselben Jahres mit »Can't Help Myself« ihren ersten Top-10-Hit in Australien hatte. Ende des Jahres veröffentlichten die Flowers ihre erste LP mit dem Titel »Icehouse«, die recht erfolgreich in Australien und Neuseeland wird. Icehouse ist im australischen Slang ein Ausdruck für Irrenhaus. Im Februar 1981 änderten sie ihren Namen in Icehouse in Anlehnung an diese erste LP, um einen Konflikt mit einer schottischen Gruppe namens Flowers zu vermeiden. Ihren ersten Erfolg außerhalb Australiens hatte die Band Ende 1981 mit »We Can Get Together« in den USA. »Hey Little Girl« wurde für die Band der erste Top-10-Hit, Platz 5 in Deutschland. Die Aufnahme klang, als sei es ein Titel von Bryan Ferry. »Electric Blue« erreichte 1988 Platz 7 in den USA. Anfang 1990 erschien die LP »Great Southern Land«, die hervorragend ist, sich aber auf dem Markt nicht durchsetzen konnte. Ende 1994 versuchte man erneut, »Great Southern Land« an den Käufer zu bringen. Dazu erschien eine Doppel-CD mit dem Titel »Full Circle«. Darauf die Remixes ihrer größten Erfolge.

*Hey Little Girl (4/83 D 5; 5/83 CH 2)*
*Electric Blue (2/88 US 7)*
***AOR (Adult Orientated Rock), Rock***

**CD-Tip:** *Icehouse Masterfile* Massive 780 807 0

## Ides Of March

BOB BERGLAND, b; MIKE BORCH, d; RAY HERR, g; JOHN LARSON, tr; LARRY MILLAS, g/fl; JIM PETERIK, v/key (USA, * 11. 11. 1950); CHUCK SOUMAR, per.

Ides Of March formierte sich Mitte der 60er Jahre in Chicago. Ihren Namen fanden sie im Shakespeare-Drama ›Julius Caesar‹. Alle sieben Mitglieder der Gruppe waren Schulfreunde. Nachdem sie einen Plattenvertrag erhalten hatten, gelangen ihnen 1966 zwei kleinere Hits. Ihre Nummer »Vehicle« wurde im Frühjahr 1970 ein Platz 2 in den USA. Mit dem Bläserarrangement klang dieser Titel ein wenig nach Blood, Sweat & Tears oder Chicago. Es blieb ihr größter Erfolg, denn nach zwei weiteren kleinen Hits fiel die Band 1973 wieder auseinander. Jim Peterik überlebte die Gruppe als Mitglied von Survivor.

*Vehicle (3/70 US 2)*
***AOR (Adult Orientated Rock)***

## Idol, Billy

v (Großbritannien, * 30. 11. 1955 als William Michael Albert Broad in Stanmore/Middlesex).

Billy gründete 1976 die Punkgruppe Chelsea, aus der Generation X wurde. Der größte Hit dieser Formation war Anfang 1979 die Nummer »King Rocker«, ein Platz 11 in GB. Ab 1982 veröffentlichte Idol Soloplatten. »Eyes Without A Face« war Mitte 1984 ein Platz 4 in den USA und Platz 10 in Deutschland. »White - Wedding« und »Rebel Yell« 1985, »To Be A Lover« 1986, »Sweet Sixteen« und »Mony Mony ›Live‹« 1987 und »Cradle Of Love« 1990 waren weitere Top-10-Erfolge. Mit blond gefärbter Punkfrisur, Rotzmund, Ketten und Motorradunfällen versuchte Billy Idol über die Jahre, seinem Image gerecht zu werden. Auf der anderen Seite trat er bei zahllosen Benefizkonzerten auf und ist inzwischen weitaus erfolgreicher und weicher geworden als die meisten seiner Punkkollegen aus den Anfangstagen. 1993 erschien »Cyberpunk«, für die Computergeneration mit einer Diskette ausgestattet. Die daraus ausgekoppelte Single »Shock To The System« erreichte Mitte desselben Jahres Platz 30 in GB.

*Eyes Without A Face (5/84 US 4; 7/84 D 10)*
*White Wedding (7/85 GB 6)*
*Rebel Yell (9/85 GB 6)*
*To Be A Lover (10/86 US 6; 11/86 CH 7)*
*Sweet Sixteen (5/87 D 2)*
*Mony Mony ›Live‹ (9/87 US 1, GB 7)*
*Cradle Of Love (5/90 US 2)*
***AOR (Adult Orientated Rock), Punk, Rock***

**CD-Tip:** *Billy Idol – 11 Of The Best* Chrysalis 259 118–2

## Ifield, Frank

v (Großbritannien, * 30. 11. 1937 in Coventry).

Frank zog mit seiner Familie 1946 nach Australien. Die dortigen Radiostationen spielten viel Country Music. Er wurde ein Country-&-Western-Fan und begann, diese Lieder nachzusingen. 1950 nahm er mit »Did You See My Daddy Over There« seine erste Platte auf. Im Laufe der nächsten Jahre wurde er der größte Popstar Australiens. 1959 kehrte er nach GB zurück und gehörte dort bis zum Beginn der Beatlemania zu den absoluten Superstars. Titel wie »I Remember You« und »Lovesick Blues« 1962, »Wayward Wind« und »Confessin'« 1963 waren Spitzenreiter in GB. In den Charts wurden seine Platten bis Anfang 1967 notiert. Zusammen mit den Backroom Boys gelangten Ifield und »The Yodelling Song« Ende 1991 noch einmal in die britische Hitparade. Heute lebt er in Cornwall und tritt gelegentlich noch auf.

*I Remember You (7/62 GB 1; 9/62 US 5)*
*Lovesick Blues (10/62 GB 1)*
*Wayward Wind (1/63 GB 1)*
*Nobody's Darlin' But Mine (4/63 GB 4)*
*Confessin' (6/63 GB 1)*
*Don't Blame Me (1/64 GB 8)*
***Pop***

**CD-Tip:** *The EP Collection* See For Miles SEE CD 312 TIS

## Iglesias, Julio

v/g (Spanien, * 23. 9. 1943 als Iglesias de la Cueva in Madrid).

Julio, der in fünf verschiedenen Sprachen mehr als hundert Millionen Platten verkaufte, wurde manchmal als der spanische Frank Sinatra bezeichnet. Dabei hätte er gut der spanische Pelé werden können. Jedenfalls wurde ihm nachgesagt, daß er eine glänzende Karriere als Fußballer bei Real Madrid vor sich hätte, bis er nach einem Autounfall teilweise gelähmt war.

Während der Rekonvaleszenz lernte er Gitarrespielen und begann Songs zu schreiben. Mit dem selbstverfaßten Titel »La Vida Sigue Igual« gewann er 1968 das Song-Festival in Benidorm. Ende 1972 hatte er mit »Wenn ein Schiff vorüberfährt« seinen ersten Top-10-Hit in Deutschland. Ende 1981 erreichte er die Spitze der britischen Hitparade mit »Begin The Beguine«. 1988 sang er mit Stevie Wonder im Duett »My Love«. Zusammen mit Willie Nelson nahm er die sämige Nummer »To All The Girls I've Loved Before« auf, in der zwei ältere Herren in Stammtischmanier über ihre verflossenen Lieben balbutieren. Den amerikanischen Möchtegern-Machos gefiel die Platte so gut, daß sie im Frühjahr 1984 ein Hit wurde. Um sich auf dem amerikanischen Markt zu plazieren, sang Julio Iglesias auch im Duett mit Diana Ross und Stevie Wonder. Zumindest die LP »1100 Bel Air Place« war Ende 1984 sehr erfolgreich in den USA. Sie erreichte Platz 5 und wurde über dreimillionenmal verkauft. Mag ihm der nordamerikanische Markt nicht zu Füßen liegen, der südamerikanische tut es auf jeden Fall. 1993 trat Julio in Nashvilles Grand Ole Opry auf und nahm bei der Gelegenheit ein Duett mit Dolly Parton auf. Mitte 1994 erschien sein Album »Crazy«, das sich auf Anhieb in GB unter den ersten 10 plazieren konnte.

*Wenn ein Schiff vorüberfährt (11/72 D 6)*
*Begin The Beguine (10/81 GB 1; 1/82 CH 7)*
*Quiereme Mucho (Yours) (3/82 GB 3)*
*To All The Girls I've Loved Before (3/84 US 5)*
*My Love (8/88 GB 5)*
***Deutscher Schlager, Pop***

## Illic, Bata

v (Jugoslawien, * 30. 9. 1939 in Belgrad).

Bata studierte in seiner Heimat Jugoslawien Englisch und Italienisch und war zwei Jahre als Lehrer tätig. 1963 kam er nach Deutschland und spielte und sang hier fast ausschließlich in amerikanischen Clubs. 1967 veröffentlichte er seine erste Platte in deutscher Sprache. 1968 gelang ihm mit dem Titel »Mit verbundenen Augen« sein erster Top-20-Hit. Zwischen 1970 und 1977 war er erfolgreich. Nach 1977 wurde er in den Verkaufshitparaden nicht mehr notiert. Seine Plattenveröffentlichungen reichen bis in die 90er Jahre.

*Candida (11/70 D 4)*
*Judy, I Love You (5/71 D 9)*
*Michaela (5/72 D 1; 7/72 CH 3)*
*Schwarze Madonna (12/73 D 6; 3/74 CH 3)*
***Deutscher Schlager***

## Imagination

Ashley Ingram, v/g/key/b (Großbritannien, * 27. 11. 1960 in Northampton); Leee John, v (Großbritannien, * 23. 6. 1957 als John Lesley McGregor in Hackney/London); Errol Kennedy, v/d (Jamaika, * 9. 6. 1953 in Montego Bay).

1978 zog Ashley von Northampton nach London, um dort sein Glück zu machen. Sänger Leee (dieses dreifache e soll für ›extra exciting energy‹ stehen) war in London geboren und hatte nach der Scheidung seiner Eltern für fünf Jahre mit dem Vater in den USA gelebt und dort angeblich als Backgroundsänger für die Delfonics und Chairmen Of The Board gesungen. Nach seiner Rückkehr tingelte er in diversen Bands, wobei er auf Ashley traf. Der Dritte im Bunde war 1963 mit seinen Eltern von den Westindischen Inseln nach England eingewandert. Er hatte sich zum Zeitpunkt der Gründung von Imagination bereits einen Namen als Sessionschlagzeuger gemacht. Die Debüt-Single des Disco-Funk-Trios kam im Frühjahr 1981 in die britischen Charts: »Body Talk«. »Just An Illusion« und »Music And Lights« waren 1982 zwei weitere Top-10-Erfolge der Band. Nach Anfang 1985 wurden sie nicht mehr in den Charts notiert. 1988 erschien mit »Instinctual« wieder eine neue Single, die Imagination nach dem Fortgang von Errol Kennedy nur noch als Duo zeigte. Die Platte konnte sich lediglich auf Platz 62 in GB behaupten.

*Body Talk (5/81 GB 4)*
*Just An Illusion (3/82 GB 2; 6/82 CH 2, D 7)*
*Music And Lights (6/82 GB 5; 8/82 CH 9)*
***Disco, Funk***

**CD-Tip:** *Best Of Imagination* Versaille/Sony 478 207 2

## Imbruglia, Natalie

v (Australien, * 4. 2. 1975 in In der Nähe von Sydney).

Auch bei ihr hatte mal wieder das Fernsehen geholfen, sie zu einem Plattenstar zu machen. Wie Kylie Minogue, Jason Donovan, Stephan Dennis und Craig McLachlan hatte sie in der australischen Dauerserienseifenoper »Neighbours« so lange (1992 -1995) die Beth gespielt, bis sie für die Schallplatte reif war. Mitte 1996 zog sie nach London, um hier wie viele ihrer australischen Kollegen an ihrer Musikkarriere zu basteln. Die meisten Stücke für ihr Debütalbum »Left In The Middle« (12/97 GB-LP 5), das am 24. 11. 1997 erschien, hatte sie selbst geschrieben. Produziert wurde sie von Phil Thornalley, einst Mitglied bei Cure, und von Nigel Godrich, der gleiches auch für Radiohead tat. Thornalley hatte an dem Song auch mitgeschrieben – und als erster hatte die Gruppe Ednaswap das Stück aufgenommen. Dann war es Trine Rain, die ihn auf ihrem Album »Beneath My Skin« veröffentlichte – aber erfolgreich war er erst in der Version von Natalie. Im Februar 1998 erschien mit »Big Mistake« ihre nächste Single, der am 14. 3. auf Platz 2 der britischen Charts einstieg.

*Torn (11/97 GB 2; 12/97 D 4; 1/98 CH 2)*
*Big Mistake (3/98 GB 2)*
***Pop***

**CD-Tip:** *Left Of The Middle* RCA 74321 54441 2

## Immature

MARQUES ›BATMAN‹ HOUSTON, v (USA); JEROME ›ROMEO‹ JONES, v (USA); KELTON ›LDB‹ KESSEE, v (USA).

Der Gruppenname dieses aus Los Angeles/Kalifornien stammenden Trios ist Programm: Immature. Die drei Jungstars waren zum Zeitpunkt ihres ersten Top-10-Hits »Never Lie« im Herbst 1994 zusammen gerade mal 36 Jahre alt. Durch den US-Kinoknüller »House Party III« und die legendäre ›Arsenio Hall Show‹ wurden sie gepusht. Unterstützung fanden sie zudem in einem Video, das die drei Jungs an einem wunderschönen Strand mit glasklarem, türkisfarbenem Wasser zeigt. Die Gleichaltrigen waren auf Anhieb begeistert. Ihr erste Hitnotierung hatten sie mit »Tear It Up (On Our Worst Behavior)« im Herbst 1992 in den US-R&B-Charts. »Never Lie« dann der erste Pophit und eine Goldene Schallplatte. Nachfolger »Constantly« erreichte in den Popcharts zwar nur die Top 20, wurde aber ebenfalls vergoldet. Mögen danach keine weiteren Top-10-Hits gekommen sein – in den Charts sind sie immer noch. Ihr bisher letzter Hit: »Please Don't Go«, Mitte 1996 in den US-Top-40.

*Never Lie (7/94 US 5)*
***Rhythm & Blues***

## Impalas

TONY CARLUCCI, v (USA, geb. in New York City); JOE »SPEEDO« FRAZIER, v (USA, * 5. 9. 1943 in New York City); LENNY RENDA, v (USA, geb. in New York City); RICHARD WAGNER, v (USA, geb. in New York City).

Die Impalas gründeten sich Ende der 50er Jahre in Brooklyn/New York City. Die drei weißen Mitglieder der Band hatten sich als Doo-Wop-Trio versucht, aber erst nachdem sie den schwarzen Leadsänger Frazier hinzunahmen, kam der Erfolg. Ihre erste Veröffentlichung war das Stück »Sorry (I Ran All The Way Home)«. Es blieb ihr einziger nennenswerter Erfolg. Nach einer letzten Single 1961 fiel die Band auseinander. Lenny wurde Polizist in New York, Richard zog nach New Mexico, Tony verschwand von der Bildfläche. 1980 machte Joe eine Neuauflage der Impalas, um mit ihnen live auftreten zu können.

*Sorry (I Ran All The Way Home) (3/59 US 2)*
***Pop***

## Impressions

ARTHUR BROOKS, v (USA, geb. in Chattanooga/Tennessee); RICHARD BROOKS, v (USA, geb. in Chattanooga/Tennessee); JERRY BUTLER, v (USA, * 8. 12. 1939 in Sunflower/Mississippi); FRED CASH, v (USA, * 8. 10. 1940 in Chattanooga/Tennessee); SAM GOODEN, v (USA, * 2. 9. 1939 in Chattanooga/Tennessee); LEROY HUTSON, v (* 4. 6. 1945); RALPH JOHNSON, v; CURTIS MAYFIELD, v (USA, * 3. 6. 1942 in Chicago/Illinois); REGGIE TORIAN, v.

Mayfield, Gooden, Butler und die Brüder Arthur und Richard Brooks gründeten 1957 in Chicago die Gruppe Roosters. Ende des Jahres bekamen sie einen festen Manager, der ihren Namen in Impressions umänderte. Er verschaffte ihnen einen Plattenvertrag, und im Mai 1958 nahmen sie die Single »For Your Precious Love« auf, die wenig später bis auf Platz 11 in die US-Popcharts kam. Als Interpreten wurden Jerry Butler & The Impressions genannt, was wohl sicher auch dazu beigetragen hat, daß Jerry die Gruppe verließ, um sich als Solist zu versuchen. Er sollte ab 1960 bis Ende der 70er Jahre erfolgreich sein. Sein Leadgesang wurde nun von Curtis Mayfield übernommen. Als Ersatz für Butler kam Fred Cash. Die Brüder Brooks verließen die Formation 1962. Mayfield selbst ging 1970 und startete eine Solokarriere, für ihn kam Leroy Hutson. 1973 ging Hutson wieder, und für ihn kamen Reggie Torian und Ralph Johnson. Johnson wurde 1976 Mitglied bei Mystique. Butler, Mayfield, Gooden und Cash kamen 1983 noch einmal für eine Tour zusammen. 1991 wurden sie in die Rock 'n' Roll Hall of Fame aufgenommen. Die größte Zeit der Gruppe war, als sie nach 1962 als Trio auftrat. »It's All Right« 1963, »Keep On Pushing« und »Amen« 1964 waren Top-10-Erfolge. »Amen« war zu hören in dem Film »Lilien auf dem Feld«. Die meisten Hits der Band hatte Curtis Mayfield geschrieben. Deshalb versank die Gruppe nach seinem Abschied in der Bedeutungslosigkeit.

*It's All Right (9/63 US 4)*
*Keep On Pushing (6/64 US 10)*
*Amen (11/64 US 7)*
***Soul***

**CD-Tip:** *Definitive Impressions* Kent CD 923 TIS

## Incognito

MAYSA LEAK, v; JEAN PAUL »BLUEY« MAUNICK, v/g/key; LINDA MURIEL, v.

Kopf dieses in London beheimateten Jazz-Funk-Projektes ist der Franzose Maunick. 1980 veröffentlichte die Gruppe, die aus der Formation Light Of The World hervorgegangen war, ihre erste Single »Parisienne Girl«, die knapp in die britischen Top 75 kam. 1981 erschien ihr Debütalbum »Jazz Funk«. Nach dieser ersten Platte trennte man sich, und 1990 ließ Maunick Incognito wiederaufleben, erstmals mit einer Sängerin. In den folgenden Jahren arbeitete er mit wechselnden Musikern und Sängerinnen zusammen. Der bisher größte Hit der Formation, die Nummer »Always There«, wurde z. B. durch Jocelyne Brown gesungen. Mit einer Coverversion des Stevie-Wonder-Hits »Don't You Worry 'Bout A Thing« hatte Incognito Mitte 1992 einen Top-20-Hit in GB.

*Always There (6/91 GB 6; 11/91 CH 8)*
***Funk, Pop***

**CD-Tip:** *Inside Life* Talkin Loud 848 546–2

## Indeep

MICHAEL CLEVELAND; REGGIE MEGLIORE, v; ROSE MARIE RAMSEY, v.

Mike Cleveland stellte die Formation Indeep zusammen und ist für den Sound und die Titel verantwortlich. Mit der Nummer »Last Night A D.J. Saved My Life« hatte das Trio Anfang 1983 einen Platz 10 in der deutschen Hitparade. Möglich, daß die Soundeffekte – Telefonklingeln, Reifenquietschen, Frauenschrei, Toilettenspülung – zum Erfolg des Titels beigetragen haben. Da er damit alle Geräusche, die die Welt bietet, offensichtlich auf einmal verbraucht hat, ist ihm ein Nachfolgehit nicht gelungen, und die letzte Spülung galt ihm.

*Last Night A D.J. Saved My Life (2/83 D 10; 5/83 CH 5)*
***Disco, Pop***

**CD-Tip:** *Indeep – The Collection* Sutra SPLK 7008 UKK

## Indios Tabajaras, Los

ANTENOR MOREYRAR LIMA, g (Brasilien); NATALICIO LIMA, g (Brasilien).
Das Indianerduo Los Indios Tabajaras bestand aus den beiden Brüdern Natalicio Lima und Antenor Moreyrar Lima. Angeblich waren sie seit Anfang der 40er Jahre zunächst in Südamerika, dann auch in Mexiko und Südeuropa durch die Lande gezogen und hatten dort auf ihren Gitarren südamerikanische Folklore gespielt. Natalicio und Antenor Lima sollen ihre Künstlernamen sein, ihre richtigen sind Musiperi und Herundy. Im Herbst 1963 wurde in den USA der Titel »Maria Elena«, der 1941 eine Nummer 1 für Jimmy Dorsey und sein Orchester war, mit den Indios veröffentlicht. Die stimmungsvolle, altmodisch und ohne jegliche Overdubs oder andere Instrumente aufgenommene Platte entwickelte sich zur Überraschung aller Beteiligten zu einem weltweiten Hit, in Deutschland immerhin noch Platz 36. Das Stück hätte auch von jedem Gitarrenduo der nördlichen Hemisphäre aufgenommen werden können. Mit indianischer Folklore hat dieses Gitarreninstrumental absolut nichts zu tun. Ein Nachfolgehit gelang nicht mehr, was sie zu einem echten One-Hit-Wonder macht.

*Maria Elena (9/63 GB 5, US 6)*
***Instrumental, Soft Pop***

## Information Society

JAMES CASSIDY, b; AMANDA KRAMER, key; PAUL ROBB; KURT VALAQUEN, v.
1985 schloß sich in Minneapolis das amerikanische Techno-Dance-Quartett Information Society zusammen. Der Titel »What's On Your Mind (Pure Energy)« wurde Mitte 1988 ein Millionseller in den USA. Auch der Nachfolgehit »Walking Away« kam unter die ersten 10. 1990 verließ Amanda Kramer die Band. Seine letzte Hitnotierung hatte das Trio mit »Think«, Platz 28 in den US-Charts. Die Plattenfirma der Formation verkaufte die Gruppe als Act, der ›Tanzmusik mit Herz und Hirn‹ macht. Auf ihrer CD »Hack« warnt die Gruppe selbst auf der Plattenhülle: ›Dies ist keine Kunst!‹

*What's On Your Mind (Pure Energy) (7/88 US 3)*
*Walking Away (11/88 US 9)*
***Dance, Techno***

**CD-Tip:** *Hack* Intercord 845.546

## Ingle, Red

v/sax/bl (USA, * 30. 6. 1907 in Toledo/Ohio, † 7. 9. 1965).
Ingle war zwischen 1931 und 1940 Mitglied in der Band von Ted Weems. Mit ihm hatte Red Ende 1934 den Top-10-Erfolg »Talkin' To Myself«. Nachdem er sich als Studiomusiker etabliert hatte, gehörte er zu den Gründungsmitgliedern der berühmten Novelty-Band von Spike Jones und beschloß 1947, eine eigene ähnliche Band zu formieren: Red Ingle & The Natu-

ral Seven. Damit hatte er einige Hitnotierungen. Sein erster war gleich sein größter Erfolg: »Temptation (Tim-Tayshun)« wurde Mitte 1947 ein Spitzenreiter in der amerikanischen Hitparade. Neben Red war bei diesem Novelty-Hit Jo Stafford zu hören. Es gelangen ihm noch vier weitere Erfolge in diesem Genre. Dann war seine Hitzeit wieder vorüber. Möglich auch, daß die Spezialität der Band von Ingle, Popsongs als Hillbilly-Nummern zu verkleiden, irgendwann nicht mehr gefragt war.

*Temptation (Tim-Tayshun) (6/47 US 1)*
***Pop***

## Ingmann, Jörgen

g (Dänemark, * 26. 4. 1925 als Ingmann-Pedersen in Kopenhagen).
Ingmann nahm eine Version des Jerry-Lordan-Titels »Apache« auf, mit der er im Januar 1961 in die amerikanische Hitparade kam und Platz 2 erreichte. In Deutschland gelangte der Titel auf Platz 6. Die Shadows, die diesen Titel vor Jörgen Ingmann aufgenommen hatten, kamen überhaupt nicht in die amerikanische Hitparade und wurden in Deutschland nur Platz 10. Zusammen mit seiner Frau Grethe Ingmann gewann er 1963 in London für Dänemark den Grand Prix Eurovision mit dem Titel »Dansevise«. Seinen größten Erfolg in der Bundesrepublik sollte Jörgen mit dem »Drina-Marsch« im Frühjahr 1964 haben. Nach 1966 war seine Hitzeit wieder vorüber.

*Apache (1/61 US 2, D 6)*
*Drina-Marsch (3/64 D 5)*
***Grand Prix, Instrumental, Pop***

## Ingram, James

v (USA, * 16. 2. 1956 in Akron/Ohio).
James kam 1973 von Akron nach Los Angeles. Dort traf er den Keyboarder Leon Haywood, mit dem er die Gruppe Revelation Funk gründete. Über einige Umwege hörte Quincy Jones ein Demoband und war von Ingrams Stimme beeindruckt. Er bat ihn, auf seiner LP »The Dude« zu singen. Ausgekoppelt aus dieser Platte wurde Mitte 1981 die Single »Just Once«, die bis auf Platz 17 der US-Charts kam. Auch »One Hundred Ways« vom selben Album kam vier Monate später in die Top 20. Jetzt nahm Quincy Jones ihn unter Vertrag für sein Qwest-Label und schrieb mit ihm zusammen die Nummer »P.Y.T. (Pretty Young Thing)«, die 1982 auf Michael Jacksons Erfolgsalbum »Thriller« zu hören war. Zusammen mit Patti Austin nahm Ingram den Titel »Baby, Come To Me« auf, der Mitte 1982 Millionseller und Spitzenreiter in den USA wurde. Die Nummer war im Film »Best Friends« zu hören. Seine erste LP erschien 1983 und hieß »It's Your Night«. Daraus ausgekoppelt wurde die Single »Yah Mo B There«, die James zusammen mit Michael McDonald gesungen hatte und die bis auf Platz 19 in den USA kam. In der Folgezeit nahm James Platten auf mit Kenny Rogers und Kim Carnes, mit Linda Ronstadt und als Studiomusiker mit den Brothers Johnson, Howard Hewett oder Luther Vandross. Der Titel »I Don't Have The Heart« war im Herbst 1990 wieder ein Spitzenreiter für James Ingram in den USA.

*Baby, Come To Me (4/82 US 1)*
*Somewhere Out There (12/86 US 2, GB 8)*
*I Don't Have The Heart (8/90 US 1)*
***Rhythm & Blues***

**CD-Tip:** *The Best Of James Ingram* WB 7599–26700–2

## Ingram, Luther

v (USA, * 30. 11. 1944 in Jackson/Tennessee).
Luther Ingram sang in seiner Heimatstadt zusammen mit seinem Bruder in einer

Gospelgruppe. Dann ging er nach New York, um mit Jerry Leiber und Mike Stoller zu arbeiten. Mitte der 60er Jahre erhielt er einen Plattenvertrag. Seine ersten Singleveröffentlichungen waren Flops. Mit »My Honey And Me« gelang ihm 1970 die erste Hitnotierung. »(If Loving You Is Wrong) I Don't Want To Be Right« war Mitte 1972 sein größter Erfolg. Nach zwei weiteren Notierungen verschwand er aus den Popcharts, machte jedoch bis Ende der 80er Jahre weiter Platten, mit denen er vorwiegend in den Rhythm-&-Blues-Charts verzeichnet wurde.

*(If Loving You Is Wrong) I Don't Want To Be Right (6/72 US 3)*
***Rhythm & Blues***

## Ink Spots

BILLY BOWEN, v; JERRY DANIELS, v († 7. 11. 1995); CHARLIE FUQUA, v; ORVILLE »HOPPY« JONES, v (USA, * 17. 2. 1905 in Chicago/Illinois, † 18. 10. 1944); BILL KENNY, v († 23. 3. 1978); HERB KENNY, v († 11. 7. 1992); IVORY »DEEK« WATSON, v.

Die Ink Spots waren eine der populärsten Gesangsgruppen der 40er Jahre in den USA. Sie hatten sich in ihrer Heimatstadt Indianapolis 1931 als King, Jack & Jesters zusammengefunden. Die Gründungsmitglieder waren Ivory Watson († 1969), Charlie Fuqua († 1971), Orville Jones († 1944) und Jerry Daniels († 1995). Schon 1932 nannten sie sich Ink Spots, 1934 waren sie im Film »What A Business« zu sehen. 1935 machten sie ihrer ersten Plattenaufnahmen. Der erste, der die Band wieder verließ, war 1936 Daniels. Für ihn kam Bill Kenny († 1978). Mit dem Titel »If I Didn't Care«, Platz 2 in den US-Charts, begann im Frühjahr 1939 die Karriere dieser Formation, die ihren letzten Top-10-Erfolg im April 1955 in GB mit »Melody Of Love« hatte. »Address Unknown« war Ende 1939 ihr erster Spitzenreiter in den USA. Weitere Nummer-1-Hits waren »We Three (My Echo, My Shadow And Me)« 1940, »I'm Making Believe« und »Into Each Life Some Rain Must Fall« 1944, »The Gypsy« und »To Each His Own« 1946. 1944 war Orville Jones gestorben und durch Bills Bruder Herb († 1992) ersetzt worden. Ivory Watson stieg 1945 aus der Band aus und gründete The Brown Dots, aus denen später die Four Tunes wurden. Für ihn stieg Billy Bowen ein. 1952 verließen die beiden Kenny-Brüder die Ink Spots. Herb wurde DJ in Washington. Die Ink Spots waren auch in diversen Filmen zu sehen, z. B. »Great American Broadcast« 1941 und »Pardon My Sarong« 1942. Ab 1952 gab es unter den Fans der Gruppe leichte Verwirrungen. Es tauchten zwei Gruppen auf, die sich Ink Spots nannten. Bill Kenny und Charlie Fuqua hatten jeder zu 50 Prozent Rechte am Namen Ink Spots, und jeder durfte seine Formation Ink Spots nennen. Ink Spots fand man auch noch in den 70er Jahren bei Galas und anderen Auftritten. 1988 erhielten sie für ihren ersten Hit, »If I Didn't Care«, einen Grammy, 1989 wurde die Originalbesetzung der Ink Spots in die Rock 'n' Roll Hall of Fame aufgenommen. Charlie Fuqua ist der Onkel von Harvey Fuqua, dem Chef der Moonglows.

*When The Swallows Come Back To Capistrano (7/40 US 4)*
*Maybe (8/40 US 2)*
*Whispering Grass (Don't Tell The Trees) (8/40 US 10)*
*We Three (My Echo, My Shadow And Me) (10/40 US 1)*
*Do I Worry? (5/41 US 8)*
*I Don't Want To Set The World On Fire (10/41 US 4)*
*Don't Get Around Much Anymore (1/43 US 2)*
*Cow Cow Boogie (Cuma-Ti-Yi-Yi-Ay) (3/44 US 10)*
*I'll Get By (As Long As I Have You) (5/44 US 7)*
*I'm Making Believe (11/44 US 1)*
*Into Each Life Some Rain Must Fall (11/44 US 1)*

*I'm Beginning To See The Light (4/45 US 5)*
*The Gypsy (5/46 US 1)*
*Prisoner Of Love (6/46 US 9)*
*To Each His Own (8/46 US 1)*
*You Were Only Fooling (While I Was Falling In Love) (12/48 US 8)*
*You're Breaking My Heart (8/49 US 9)*
*Melody Of Love (4/55 GB 10)*
***Pop, Rhythm & Blues***

**CD-Tip:** *The Very Best Of Ink Spots* DGR DGC 1001

## Inner Circle

LESTER ADDERLEY, g; TREVOR BROWN, v; CARLTON COFFEY, v (* 21. 2. 1954); CHARLES FARQUHARSON, key; LANCELOT HALL, d (* 7. 2. 1960); BERNARD ›TOUTER‹ HARVEY, key (* 25. 10. 1956); IAN LEWIS, b (Jamaika, * 1. 11. 1958); ROGER LEWIS, g (Jamaika, * 29. 6. 1956); CALVIN MCKENSIE, d; JACOB MILLER, v (* 4. 5. 1956, † 23. 3. 1980).

Die beiden Brüder Roger und Ian Lewis gründeten die Gruppe Inner Circle 1968 auf Jamaika. Neben den Brüdern spielten die Musiker, die später als Third World erfolgreich werden sollten. Nachdem ein Feuer den Club in Kingston, in dem die Gruppe regelmäßig auftrat, niederbrannte, kam es zu einer Neuformierung mit McKensie, Harvey und Farquharson. Zu diesem Zeitpunkt machten sie auch ihre ersten Platten. 1974 kam als Leadsänger Jacob Miller zur Band, und damit gab es auch die ersten Hits. »Everything Is Great« war im Frühjahr 1979 die erste Hitnotierung in GB. Man war gerade auf dem Weg nach oben und beeindruckte in GB die Soul- und Dancefans, als Jacob Miller 1980 bei einem Autounfall ums Leben kam. Ersatz für ihn wurde Trevor Brown. Die Band setzte sich nun nach Miami ab, eröffnete dort ein Aufnahmestudio und machte Platten mit Joe Tex und der 2 Live Crew. 1990 kam als neuer Sänger Carlton Coffey zur Band, die einen neuen Plattenvertrag bei Warner Brothers erhielt. Sie nahmen den Titel »Bad Boys« auf, der schließlich das Thema für die TV-Sendung ›Cops‹ wurde und später die US-Top-10 erreichte. Mit der Tralala-Fun-Nummer »Sweat (A La La La La Long)« gelang ihnen im Herbst 1992 Platz 1 in Deutschland. In GB kam die Platte in die Charts, stieg bis auf Platz 43 und fiel wieder raus. Im Mai 1993 kam sie erneut in die britischen Charts, und dieses Mal wurde sie Platz 3. Im Sommer des Jahres stieg der Titel dann auch in die US-Charts als Nachfolger von »Bad Boys« ein und erreichte Platz 16. »Rock With You« wurde Ende 1992 ein Top-10-Erfolg in Deutschland. Eine Coverversion des Songs »Games People Play« von Joe South erreichte Mitte 1994 Platz 27 in den deutschen Charts. Gleichzeitig erschien mit »Reggae Dancer« eine neue CD der Gruppe. 1996 kam als neues Album »Da Bomb«.

*Sweat (A La La La La Long) (8/92 D 1; 9/92 CH 1; 5/93 GB 3)*
*Rock With You (12/92 D 8; 2/93 CH 7)*
*Bad Boys (4/93 US 8)*
*Games People Play (8/94 CH 7)*
***Dance, Pop, Reggae***

**CD-Tip:** *Reggae Dancer* WEA 4509 96116 2

## Inner City

PARIS GREY, v (USA, * 5. 11. 1965 in Glencove/Illionois); KEVIN SAUNDERSON (USA, * 5. 5. 1964 in Detroit).

Saunderson ist der Produzent, Studiozauberer, Songschreiber und Mastermind hinter Inner City. Seine Mutter soll angeblich in der Urbesetzung der Supremes mitgesungen haben. In den späten 80er Jahren tauchten Kevin und Paris in der Techno-Dance-Szene der USA auf, waren aber vorwiegend mit ihren Titeln in GB erfolgreich. Der Titel »Big Fun« kam im September 1988 in die britischen Charts und erreichte dort Platz 8, in Deutschland Platz

5. In den USA kam die Platte nicht einmal in die Top 100. »Good Life« 1988 und »Ain't Nobody Better« 1989 waren weitere Top-10-Erfolge. Kevin gilt als einer der gefragtesten Produzenten in Richtung Dance Floor. So machte er z. B. Remix-Versionen von Aufnahmen der Wee Papa Girl Rappers, von Neneh Cherry oder Paula Abdul. Nach längerer Abwesenheit aus der Hitparade gelang ihnen mit »Your Love« im Frühjahr 1996 wieder ein Top-30-Hit in GB.

*Big Fun (9/88 GB 8; 11/88 D 5; 12/88 CH 4)*
*Good Life (12/88 D 2, GB 4; 2/89 CH 5)*
*Ain't Nobody Better (4/89 GB 10; 5/89 CH 9)*
***Dance, Funk, Techno***

**CD-Tip:** *Paradise Remixed* 10 Records 608 2

## Insterburg, Ingo

v (Deutschland, * 6. 4. 1934 als Wetzker in Insterburg).

Zusammen mit Karl Dall (* 1. 2. 1941 in Emden), Peter Ehlebracht und Jürgen Barz, die alle sangen und diverse Instrumente spielten, gründete Ingo 1967 in Berlin die deutsche Musik-Kabarett-Gruppe Insterburg & Co. Es erschien eine ganze Latte von Blödel-LPs, die jedoch nur in Fachkreisen Gefallen fanden. Ihre LPs »Sketsch Up« 1972 und »Hohe Schule der Musik« 1973 kamen in die LP-Hitparade unter die ersten 40. Eine Single von Ingo, die Nummer »Ich liebte ein Mädchen«, war im Frühjahr 1974 in den deutschen Singlecharts erfolgreich. Ja, das war's – dann doch noch nicht. Nachdem in den 90er Jahren das Land größer geworden war, liebte Ingo natürlich auch in Pankow und Marzahn. Im August 1995 erschien die Single »Ich liebte ein Mädchen in Pankow«. Es war offensichtlich allen egal.

*Ich liebte ein Mädchen (3/74 D 8)*
***Deutscher Schlager***

## Interactive

TOBY LEE CONNER, v; MARC INNOCENT, v (Deutschland, * 25. 8. 1968 in Lank-Latum); JENS LISSAT, computer (Deutschland); RAMON ZENKER (Deutschland, * 11. 11. 1968 in Willich).

1990 kamen Ramon Zenker und Jens Lissat zusammen, um Interactive aus der Taufe zu heben. Interaktiv war eins der großen Modeworte der 90er Jahre. Der Begriff Interaktion kam in den 50er Jahren in der Soziologie auf und meinte damit die wechselseitige Bezugnahme von zwei oder mehreren Personen oder Gruppen. In der Diskothek Königsburg in Krefeld probierten die beiden ihren neuen Musikstil noch 1990 mit der Nummer »The Techno Wave« mit Erfolg aus. Dort hatten sich die beiden auch kennengelernt. Jens war damals Diskjockey und Ramon Produzent. Bei der zweiten Single entfernte man sich vom anonymen Techno-Projekt. Marc Innocent kam als Sänger und Texter hinzu. Zenker und Innocent hatten 1989 bei dem Projekt Honesty '69 zusammengearbeitet und mit »French Kiss« einen Top-10-Hit gehabt. Jens Lissat war in der Zeit vor Interactive mit dem Projekt Off-Shore auf dem Markt und hatte 1990 mit »I Can't Take The Power« einen Top-10-Hit in GB. 1992 gelang Interactive ein erster Erfolg mit »Who Is Elvis«. Die Platte erreichte Anfang 1992 Platz 12 in der deutschen Hitparade. Der Nachfolger »Dildo« kam Mitte 1992 auf Platz 31. 1994 kam als vierter Mann Andreas Schneider zu Interactive. Eine Coverversion der Nummer »Forever Young«, im Original ein Stück von Alphaville, brachte der Formation Ende 1994 den ersten Top-10-Hit in Deutschland. Die gleiche Platte kam im April 1996 in die britische Hitparade und erreichte immerhin Platz 28. »Living Without Your Love« erreichte im Frühjahr 1995 Platz 17 in Deutschland, »Tell Me When« im Herbst desselben Jahres Platz 28. 1996 kam Interactive mit dem neuen

Sänger Toby Lee Conner. Der hatte 1994 seine erste Platte mit dem Dance-Projekt Indie veröffentlicht. Sein Einstand bei Interactive war die Single »Sun Always Shines On TV«, im Original ein Stück der Formation A-Ha – und für Interactive kein Chart Entry.

*Forever Young (10/94 D 7)*
***Dance, Techno***

**CD-Tip:** *Touché* Blow Up INT 845.585

## Intermission

Hinter diesem Techno-Rave-Projekt steht die Frankfurter Hitfabrik Dance Music Production, der unter anderem Michael Eisele, Dietmar Stähle, Nosie Katzmann, Thomas Hübler und Helmut Apel angehören. Gut möglich, daß Helmut Apel lediglich ein Apple Computer ist. Die Firma Intercord schrieb: ›Wer genau dahintersteckt, soll nicht verraten werden.‹ Von DMP wurden bereits Acts wie Captain Hollywood oder Loft betreut. Auf »Piece Of My Heart«, erschienen im Herbst 1993 und bisher der einzige Top-10-Erfolg von Intermission, sang Valerie Scott. Auf den nächsten Produktionen war es die aus San Francisco stammende Studiosängerin Lori Glori, die den Gesangspart übernahm. »Six Days« und »Give Peace A Chance« kamen 1994 in Deutschland in die Top 20 bzw. Top 30. Anfang 1995 erschien eine Coverversion der Farm-Nummer »All Together Now«, und gleichzeitig wurde bekanntgegeben, daß sich Lori Glori von nun an ausschließlich ihrer Solokarriere widmen will. Von Intermission kam »Planet Love« Mitte 1995 auf Platz 24 in GB, und »Miracle Of Love« brachte der Formation im Frühjahr 1996 ihre letzte Top-100-Plazierung.

*Piece Of My Heart (10/93 D 8)*
***Rave, Techno***

**CD-Tip:** *Piece Of My Heart* Blow Up INT 845 578

## Intruders

SAMUEL »LITTLE SONNY« BROWN, v; EUGENE »BIRD« DAUGHTRY, v (USA, * 29. 10. 1939 in Kinston/North Carolina, † 25. 12. 1994); ROBERT »BIG SONNY« EDWARDS (USA, * 22. 2. 1942 in Philadelphia/Pennsylvania); BOBBY STARR, v (USA, * 19. 1. 1937 in Baltimore/Maryland); PHIL TERRY, v (USA, * 1. 11. 1943 in Philadelphia/Pennsylvania).

Die Intruders aus Philadelphia gründete sich 1960. Ein Jahr später machten sie ihre ersten Plattenaufnahmen. Ab 1966 waren sie unter den Fittichen von Kenny Gamble und Leon Huff auf deren Plattenlabel unter Vertrag. (Anmerkung: Gamble und Huff sind verantwortlich für Hits von Billy Paul, den O'Jays oder Harold Melvin und den Blue Notes.) Und mit der typischen Philly-Sound-Nummer »Cowboys To Girls« gelang ihnen im Frühjahr 1968 ein Millionseller in den USA. 1970 wurde Leadsänger Sam Brown durch Bobby Starr ersetzt. Nach 1973 war ihre Hitzeit wieder vorüber.

*Cowboys To Girls (3/68 US 6)*
***Pop, Soul***

## INXS

GARRY GARY BEERS, v/b (Australien, * 22. 6. 1957 in Sydney); ANDREW FARRISS, key (Australien, * 27. 3. 1959 in Perth); JON FARRISS, v/d (Australien, * 10. 8. 1961 in Perth); TIM FARRISS, g (Australien, * 16. 8. 1957 in Perth); MICHAEL HUTCHENCE, v (Australien, * 22. 1. 1960 in Honkong, † 22. 11. 1997); KIRK PENGILLY, v/g/sax (Australien, * 4. 7. 1958 in Sydney).

Die Ursprünge der Band gehen zurück in das Jahr 1977. In Sydney wurden die Farriss Brothers gegründet – Michael war schon mit dabei. Ab 1979 nannte sich die Band INXS, die erste Platte erschien im Mai 1980. Zuerst waren sie nur in Australien, dann weltweit erfolgreich. Hits: »The One Thing« (3/83 US 30) war ihre erste Hitnotierung außerhalb Australiens. Große internationale Erfolge feierten sie ab 1986: »What You Need« (1/86 US 5), »Need You Tonight« (10/87 US 1, GB 58, 12/87 D 16, 11/88 RE-GB 2), »Devil Inside« (2/88 US 2, 5/88 D 33), »New Sensation« (1/88 GB 25, 3/88 D 35, 5/88 US 3), »Never Tear Us Apart« (6/88 GB 24, 8/88 US 7), »Suicide Blonde« (9/90 US 9, GB 11, D 23) und »Disappear« (11/90 US 8, GB 21). Nebenher versuchte sich Michael 1987 als Schauspieler im Film »Dogs In Space« und gründete 1989 die Gruppe »Max Q«. Ab 1991 waren sie in den USA nicht mehr sonderlich erfolgreich – dafür aber in GB: »Good Times« (1/91 GB 18) mit Jimmy Barnes, »Bitter Tears« (7/91 GB 30), »Shining Star (EP)« (11/91 GB 27), »Heaven Sent« (7/92 GB 31), »Baby Don't Cry« (9/92 GB 20), »Taste It« (11/92 GB 21) und »Beautiful Girl« (2/93 GB 23). 1993 kam die CD »Full Moon, Dirty Hearts«. Die Auskopplung »The Gift« (10/93 GB 11) verfehlte nur knapp die Top 10. Ende 1994 erschien ein Greatest-Hits-Album, auf dem die Nummer »The Strangest Party (These Are The Times)« (10/94 GB 15) zu finden war. 1995 schien es, als sei INXS auseinandergefallen. Auf dem »Batman Forever«-Soundtrack erschien ein Solostück von Hutchence. 1996 wurde ein neuer Manager der Gruppe vorgestellt. »Elegantly Wasted« (3/97 GB 20) brachte der Band 1997 wieder einen Top-20-Hit in GB. Am 22. 11. 1997 wurde Hutchence in einem Hotel in Sydney tot aufgefunden. Er war in Australien, um dort eine Jubiläumstour zum 20jährigen Bestehen von INXS vorzubereiten.

*What You Need (1/86 US 5)*
*Need You Tonight (10/87 US 1; 11/88 GB 2)*
*Devil Inside (2/88 US 2)*
*New Sensation (5/88 US 3)*
*Never Tear Us Apart (8/88 US 7)*
*Suicide Blonde (9/90 US 9)*
*Disappear (11/90 US 8)*
***AOR (Adult Orientated Rock), Rock***

**CD-Tip:** *Kick – The Special Edition* WEA 22P2 2399

## Irish Rovers

Jimmy Ferguson, v (Irland); Wilcil McDowell, v (Irland); George Millar, v (Irland); Joe Millar, v (Irland); Will Millar, v (Irland).

Die fünf Mitglieder der Irish Rovers waren in Irland geboren und dann nach Kanada gegangen. Alle konnten singen und spielten diverse Instrumente. 1964 wurde diese Band in Alberta, Kanada, gegründet. Anfang 1968 hatten sie mit dem von Shel Silverstein geschriebenen Stück »The Unicorn« einen Hit in der amerikanischen Pophitparade. Es gelangen noch zwei weitere Hits im selben Jahr. Danach verschwanden sie aus den Charts für etliche Jahre. Erst im Frühjahr 1981, dieses Mal nur noch als Rovers, kam die Nummer »Wasn't That A Party« in die US-Charts und wurde Platz 37. In Kanada war die Band über die Jahre mit Live-Auftritten und im Fernsehen durchaus erfolgreich. 1972 war die Band für ein TV-Special in Irland und entschied sich danach, patriotische irische Volkslieder aus ihrem Repertoire zu streichen. Will Millar: ›Die alten Volkslieder sind ein Vehikel für Haß anstelle von Glück geworden. Wenn Friede ist in Nordirland, werden wir sie wieder singen.‹

*The Unicorn (3/68 US 7)*
***Folk, Pop***

## Iron Maiden

Blaze Bailey, v; Clive Burr, d (* 8. 3. 1957); Paul Di'Anno, v (Großbritannien, * 17. 5. 1959 in Chingford/London);

BRUCE DICKINSON, v (Großbritannien, * 7. 8. 1958 in Worksop); JANICK GERS, g (Großbritannien, geb. in Hartlepool); STEVE HARRIS, b (Großbritannien, * 12. 3. 1956 in Leytonstone/London); NICKO MCBRAIN, d (Großbritannien, * 5. 6. 1954); DAVE MURRAY, g (Großbritannien, * 23. 12. 1955 in London); DOUG SAMPSON, d; ADRIAN SMITH, g (Großbritannien, * 27. 2. 1957 in London); DENNIS STRATTON, g (Großbritannien, * 9. 11. 1954 in London).

Der Bassist Steve Harris hatte die Pub-Band Smiler gegründet, und nachdem er damit nicht weiterkam, suchte er sich neue Musiker, mit denen er im Mai 1976 Iron Maiden formierte. Neben ihm waren Murray, Di'anno und Doug Sampson mit dabei. Die in London ansässige Band spielte das Jahr 1977 durch in Pubs und Kneipen. Sie versuchten immer wieder, eine Plattenfirma für ihre Musik zu begeistern, was ihnen aber nicht gelang. Schließlich veröffentlichten sie auf ihrem eigenen Plattenlabel eine EP mit Demos. Ein Londoner Discjockey spielte diese EP in der Discothek Bandwaggon Soundhouse, und sie wurde dort ein Heavy-Metal-Club-Hit. Die nächsten zwölf Monate trat die Gruppe unentwegt in genau diesem Laden auf. Auch 1979 waren sie auf der Suche nach einem Plattenvertrag. Im Oktober traten sie im Londoner Marquee Club auf und luden alle Vertreter von großen Plattenfirmen ein – keiner kam. Wieder veröffentlichten sie mit »The Soundhouse Tapes« eine EP, die man nur über Mail-order beziehen konnte. Ende des Jahres kam mit Tony Parsons ein neuer Gitarrist zur Band. Und schließlich erhielten sie doch noch 1979 einen Plattenvertrag bei der EMI. Für Parsons kam Stratton, Sampson ging und wurde durch Clive Burr ersetzt. Ihre erste Single, »Running Free«, kam im Februar 1980 in den GB-Charts unter die ersten 40. Ihr Debütalbum »Iron Maiden« wurde daraufhin Platz 4 in der britischen LP-Hitparade. Im Oktober 1980 verließ Stratton die Band. Für ihn kam Adrian Smith. Im September 1981 ging auch Di'anno, und für ihn kam Dickinson. Mit ihm kam auch die erste Top-10-Platte: »Run To The Hills« im Februar 1982. »Can I Play With Madness«, »The Evil That Men Do« und »The Clairvoyant« 1988, »Infinite Dreams« 1989, »Holy Smoke« 1990, »Be Quick Or Be Dead« 1992 und »Fear Of The Dark (Live)« und »Hallowed By Thy Name« 1993 waren weitere Top-10-Erfolge dieser Gruppe. Im April 1990 erschien das erste Soloalbum von Bruce Dickinson. Adrian Smith verließ die Band und wurde durch Janick Gers ersetzt. Auffällig an den Platten der Band sind die martialischen Cover, die die Musik auch nicht freundlicher gestalten. In den USA gelang der Band kein Hit. Nach dem Ende der Europatournee 1993 verließ Leadsänger Dickinson die Gruppe, um sich zukünftig mehr seinem Privatleben, der Schriftstellerei und seiner Solokarriere zu widmen. Als neuer Sänger wurde 1994 Blaze Bailey vorgestellt, der vorher bei Wolfsbane war. Ende 1995 erschien das Iron-Maiden-Album »The X Factor«. Darauf der Top-10-Hit »Man On The Edge«. Ihre bisher letzte Hitnotierung war im Herbst 1996 die Nummer »Virus«, Platz 16 in GB.

*Run To The Hills (2/82 GB 7)*
*Can I Play With Madness (3/88 GB 3)*
*The Evil That Men Do (8/88 GB 5)*
*The Clairvoyant (11/88 GB 6)*
*Infinite Dreams (11/89 GB 6)*
*Holy Smoke (9/90 GB 3)*
*Bring Your Daughter . . . To The Slaughter (1/91 GB 1)*
*Be Quick Or Be Dead (4/92 GB 2)*
*Fear Of The Dark (Live) (3/93 GB 8)*
*Hallowed By Thy Name (9/93 GB 9)*
*Man On The Edge (10/95 GB 10)*
***Heavy Metal***

**CD-Tip:** *Somewhere In Time*
EMI CDP 7 46341 2

## Irresistibles

*My Year Is A Day (6/68 CH 10)*

## Irwin, Big Dee

v (USA, * 4. 8. 1932 als Difosco T. Ervin jr. in Brooklyn/New York City, † 27. 8. 1995).
Während seiner Militärzeit war der Amerikaner bei der Air Force auf Grönland stationiert. Ab 1954 sang er mit den Pastels. Deren Titel »Been So Long« war Anfang 1958 ein Platz 4 in den Rhythm-&-Blues-, 24 in den Popcharts. 1959 fiel diese Band auseinander, und Irwin begann eine Solokarriere. Mitte 1963 kam in den USA »Swinging On A Star« auf den Markt, eine Platte, mit der Bing Crosby 1944 schon einmal eine Nummer 1 in den USA hatte. Die Platte erreichte Platz 38, erschien Ende desselben Jahres in GB und kam dort bis auf Platz 7. Auf der Plattenhülle wurde nur Big Dee Irwin, nicht jedoch Little Eva genannt, die mit ihm im Duett sang. Ein weiterer Hit ist ihm nicht gelungen. Ab 1976 nahm er als Difosco Platten auf und hatte zumindest mit »Face To Face« einen kleineren Hit in der amerikanischen Rhythm-&-Blues-Hitparade. Im August 1995 starb er an Herzversagen.

*Swinging On A Star (11/63 GB 7)*
***Pop, Rhythm & Blues***

## Isaak, Chris

v (USA, * 26. 6. 1956 in Stockton/Kalifornien).
1985 erschienen die ersten Platten von Chris Isaak. Von der Presse wurde er als neuer, kommender Rock-'n'-Roll-König und als ›charmanter und intelligenter Rock-Entertainer‹ gefeiert. In den ersten Jahren gelangen ihm keine Hits. Dann nahm David Lynch für seinen Film »Wild At Heart« die Mitte 1989 erschienene Nummer »Wicked Game«, die sich daraufhin zum Hit entwickelte: Ende 1990 Top 10 in GB und den USA und im Frühjahr 1991 dann auch in Deutschland. Mit Rock hat der Titel wenig zu tun. Es wäre auch eine schöne Nummer für Billy Idol gewesen. Danach wurde Chris als Crooner in der Tradition von Roy Orbison bezeichnet. Im Frühjahr 1991 gelang ihm in GB und in Deutschland noch einmal ein Top-20-Erfolg: »Blue Hotel«. 1993 erschien mit »San Francisco Days« eine neue LP. Als Schauspieler war er in den Streifen »Married To The Mob«, »Das Schweigen der Lämmer« und »Little Buddha« zu sehen. 1995 erschien sein Album »Forever Blue«. Im Herbst 1996 kam »Baja Sessions«, aufgenommen in San Francisco, L.A. und Mexiko.

*Wicked Game (11/90 GB 10; 12/90 US 6; 2/91 D 9)*
***AOR (Adult Orientated Rock), Pop, Rock***

**CD-Tip:** *Wicked Game* Reprise 7599–26 513–2

## Isley Brothers

ERNIE ISLEY, v (USA, * 7. 3. 1952); MARVIN ISLEY, v; O'KELLY ISLEY, v (USA, * 25. 12. 1937 in Cincinnati/Ohio, † 31. 3. 1986); RONALD ISLEY, v (USA, * 21. 5. 1941 in Cincinnati/Ohio); RUDOLPH ISLEY, v (USA, * 1. 4. 1939 in Cincinnati/Ohio); VERNON ISLEY, v.
Die vier Brüder O'Kelly, Rudolph, Vernon und Ronald gründeten in ihrer Heimat-

stadt Cincinnati Anfang der 50er Jahre eine Gospelgruppe. Das Quartett sang vorwiegend in Kirchen in Ohio und Kentucky. Begleitet wurden sie von ihrer Mutter Sally Bernice Isley. Nachdem Vernon 1954 bei einem Autounfall ums Leben gekommen war, traten seine Brüder ein Jahr lang nicht mehr auf. Am 17. 4. 1956 zogen Ronald, Rudolph und O'Kelly nach New York und machten dort ihre erste Plattenaufnahme: »The Cow Jumped Over The Moon«. Mitte 1959 erschien der Titel »Shout«, der es zumindest unter die Top 50 brachte und den Joey Dee 1962 und Lulu 1964 und 1986 zum Hit machten. Die Brüder brachten fleißig Platten auf den Markt. Die meisten davon schafften es nicht einmal unter die ersten 100. Mitte 1962 war es die Aufnahme »Twist And Shout«, die bis auf Platz 17 in den USA kam. Brian Poole & The Tremeloes und die Beatles sangen diesen Titel nach. Im April 1966 brachten die Isley Brothers bei Tamla Motown den Titel »This Old Heart Of Mine« auf den Markt, der in GB auf Platz 47 und bei einer Wiederveröffentlichung zweieinhalb Jahre später auf Platz 3 kam. Nun gelang ihnen 1969 auch in den USA ein großer Wurf: »It's Your Thing« wurde Millionseller und Platz 2. »Behind A Painted Smile« 1969 und »Harvest For The World« 1976 waren weitere Top-10-Erfolge in GB. 1973 hatte sich das Trio erweitert. Die beiden jüngeren Brüder Ernie und Marvin und Cousin Chris Jasper kamen hinzu. 1984 lösten sie sich wieder von den Isley Brothers und machten als Isley Jasper Isley weiter. Mit dem Titel »Caravan Of Love« schrieben diese drei 1985 einen Song, der mit den Housemartins Ende 1986 eine Nummer 1 in GB werden sollte. Im März 1986 starb O'Kelly nach einem Herzanfall. Im September 1988 veröffentlichte die britische Gruppe Christians eine Neuaufnahme von »Harvest For The World«, die bis auf Platz 8 in GB kam. 1989 erschien eine neue LP der Isley Brothers featuring Ronald Isley. Mitte 1990 nahm Rod Stewart »This Old Heart Of Mine« auf. Mit ihm zusammen sang Ronald Isley – die Platte wurde Platz 10 in den USA. Im November feierte die Plattenfirma der Isley Brothers mit einer Kompilation das vierzigjährige Jubiläum dieser Gruppe. Inzwischen hatte Ernie Isley sein Soloalbum »High Wire« veröffentlicht. Mitte 1992 – inzwischen in der Besetzung Ronald, Ernie und Marvin Isley – erschien die CD »Tracks Of Life«, mit der das Bestehen der Isley Brothers auch in der fünften Dekade weiter fortgesetzt wurde. In demselben Jahr wurden sie in die Rock 'n' Roll Hall of Fame aufgenommen. Mitte 1996 erschien mit »Mission To Please« ein neues Album der Isley Brothers.

*This Old Heart Of Mine (10/68 GB 3; 3/90 US 10)*
*It's Your Thing (3/69 US 2)*
*Behind A Painted Smile (4/69 GB 5)*
*That Lady (Part 1) (7/73 US 6)*
*Fight The Power Part 1 (6/75 US 4)*
*Harvest For The World (7/76 GB 10)*
***Rhythm & Blues***

**CD-Tip:** *Isley Brothers Story* Rhino 70908/9 TIS

## It Bites

JOHN BECK, key (Großbritannien); BOB DALTON, d (Großbritannien); FRANCIS DUNNERY, v/g (Großbritannien, * 25. 12. 1962); DICK NOLAN, b (Großbritannien).

Das Quartett It Bites kam 1982 in Egremont, England, zusammen. Alle vier Mitglieder hatten vorher in den unterschiedlichsten Bands gespielt, Dunnery z. B. in einer Punkgruppe. Zuvor hatte er als Ingenieur gearbeitet. Die Berufe der anderen reichen vom Maurer zum Fabrikarbeiter. Ihre erste Plattenveröffentlichung ging vollkommen unter, aber 1986 gelang ihnen dann ein Hit mit »Calling All The Heroes« in GB. Mit der grundlegenden Stilrichtung scheint diese Formation sich etwas schwer zu tun. Die Plattenfirma vermarktete sie als Teenie-Band, sie selbst sahen sich eher als Rockmusiker. Dafür waren spätere Alben dann bluesorientiert.

*Calling All The Heroes (7/86 GB 6)*
***Pop, Rock***

## Ivan

IVAN, v (Spanien, * 17. 7. 1962 als Juan Carlos Ramos).
Ivan hatte mit dem Titel »Fotonovela« 1985 einen Platz 9 in der deutschen Hitparade. Seine erste Platte, »Sin Amor«, erschien 1979 und kam bis auf Platz 1 der spanischen Charts. Es war eine spanische Version des Titels »Dschinghis Khan«. Im Frühjahr 1981 stand er mit »Te Quiero Tanto« wieder auf Platz 1. Danach wurde es etwas ruhiger um ihn bis zur »Fotonovela«. In Spanien gelangen ihm noch etliche weitere Erfolge. Bei uns war seine Novela wieder vorüber.

*Fotonovela (2/85 D 9; 3/85 CH 4)*
***Pop***

## Ives, Burl

v (USA, * 14. 6. 1909 in Township/Illinois, 14. 4. 1995).
Ives begann seine Karriere in den späten 30er Jahren am Broadway und agierte ab Mitte der 40er Jahre in unendlich vielen Filmen und im Fernsehen. In seinem ersten Film »Smoky« war er 1945 als singender Cowboy zu sehen. Neben James Dean spielte er 1955 in »Jenseits von Eden« einen Sheriff. 1958 erhielt er den Oscar für die beste Nebenrolle in dem Film »Weites Land«. Noch im selben Jahr war er Big Daddy in »Die Katze auf dem heißen Blechdach«. 1959 spielte er neben Alec Guinness in dem britischen Film »Unser Mann in Havanna«. Wenn es darum ging, Großgrundbesitzer aus dem Süden der USA darzustellen, war Burl immer die richtige Besetzung. Für seine Arbeit auf dem Gebiet der Country- und Folkmusik erhielt er mehrfach Auszeichnungen. Von den 40er bis zu den 60er Jahren galt er als einer der populärsten Folksänger. Schon Anfang der 30er Jahre begann er, sich im verstärkten Maße für die amerikanische Volksmusik zu interessieren. Fast zwei Jahre zog er durch die USA, verdiente sich mit verschiedenen Jobs sein Geld, trat als Sänger – angekündigt als ›The Blond Tenor with His Guitar‹ – und Banjospieler auf und sammelte Folksongs, die er später, als er mehr als 500 zusammenhatte, in Büchern veröffentlichte. Ab 1940 hatte er regelmäßige Radiosendungen in den USA, gedacht für die ganze Familie. Burl erzählte Geschichten und sang dazwischen Lieder, und ganz Amerika sang an den Lautsprechern mit. Noch in den 40er Jahren hatte er seine ersten Popsongs in der Hitparade. Zusammen mit den Andrews Sisters hatte er Mitte 1948 seine erste Hitnotierung »Blue Tail Fly« auf Platz 24 in den US-Charts. »Lavender Blue (Dilly Dilly)« war Anfang 1949 ein Platz 16 in den USA, seine Version von »Riders In The Sky (A Cowboy Legend)« brachte es zwei Monate später auf Platz 21. »On Top Of Old Smokey« war Mitte 1951, begleitet von Percy Faith und seinem Orchester, sein erster Top-10-Erfolg in den USA. »A Little Bitty Tear« wurde Ende 1961 zu seinem größten Hit, Platz 9 in den USA und in GB, Platz 38 in Deutschland. Mit »Funny Way Of Laughin'« hatte er Mitte 1962 seinen letzten Top-10-Hit. Anfang der 70er Jahre spielte er in den USA in der TV-Serie ›The Bold Ones‹ mit. Das Erfolgsrezept von Burl Ives war, daß er eine so sympathische Ausstrahlung hatte, daß ihn alle Kinder gerne zum Opa gehabt hätten. Er starb 1995 an Krebs.

*On Top Of Old Smokey (5/51 US 10)*
*A Little Bitty Tear (12/61 US 9; 1/62 GB 9)*
*Funny Way Of Laughin' (4/62 US 10)*
***Folk, Pop***

**CD-Tip:** *A Little Bitty Tear* Bear Family BCD 15 667 EI

## Ivy League

JOHN CARTER, v/g/b (Großbritannien, * 20. 10. 1942 als Shakespeare in Birmingham); PERRY FORD, v/key/sax (Großbritannien als Brian Pugh); KEN LEWIS, v/key (Großbritannien, * 3. 12. 1942 als Kenneth James Hawker in Birmingham).

Das Trio gehört zu den wenigen britischen Formationen, die sich an dem durch Falsett-Stil gekennzeichneten Satzgesang typisch amerikanischer Gruppen wie Beach Boys, Four Seasons oder Four Freshmen orientierten. Als einzige der wenigen sollten sie damit Erfolg haben. Carter und Lewis hatten bei den Southerners zusammengespielt, zu denen auch Jimmy Page gehörte. Die Gruppe hatte keinen Bestand, aber Carter und Lewis machten als Songschreiberteam und Sessionsänger weiter. Perry Ford, ebenfalls Songschreiber, trafen sie häufig als Studiosänger, und Ende 1964 beschlossen die drei, als Trio Platten zu veröffentlichen. Ivy League gelangen zwei Hits: »Funny How Love Can Be«, im Februar 1965 Platz 8 in GB, »Tossing And Turning«, vier Monate später ein Platz 3. 1966 verließ Carter das Trio und wurde durch Tony Burrows (!) ersetzt. Kurz darauf ging auch Lewis. Ford hielt als Kopf ständig wechselnder Besetzungen bis Ende der 60er Jahre durch. Carter/Lewis hatten weiterhin Erfolg mit Projekten wie Flowerpot Men oder White Plains.

*Funny How Love Can Be (2/65 GB 8)*
*Tossing And Turning (6/65 GB 3)*
***Pop***

**CD-Tip:** *This Is Ivy League* Repertoire RR 4094-WZ TIS

## Ivy Three

ARTIE BERK, v (als Art Berkowitz); CHARLIE CANE, v (als Charles Koppelman); DON RUBIN, v.

Ivy Three wurde 1959 in New York gegründet. Mit dem Novelty-Song »Yogi«, angelehnt an die Zeichentrickfigur aus der Fernsehserie ›Huckleberry Hound‹, hatten die drei im Sommer 1960 ihre einzige Hitnotierung, einen Platz 8 in den USA. Als ihnen nichts Weiteres gelang, gingen sie auseinander. Koppelman und Rubin produzierten die Turtles und die Lovin' Spoonful, Art ging in das Versicherungsgeschäft. In den 70er Jahren machte Charlie seine eigene Produktionsfirma, die er The Entertainment Company nannte und die Alben für Stars wie Barbra Streisand, Diana Ross oder Dolly Parton produzierte. 1989 gründete er mit SBK eine eigene Plattenfirma, auf der Interpreten wie Wilson Phillips oder Charles & Eddie erfolgreich wurden. Don Rubin wurde der Vizepräsident dieser Firma.

*Yogi (8/60 US 8)*
***Pop***

## Ixi

IXI, v (Deutschland, * 4. 11. 1962 als Gaby Tiedemann in Elmshorn/Hamburg).

Als Anfang der 80er Jahre die Neue Deutsche Welle für einige Jahre erfolgreich war, schwamm auch Ixi mit. Ihre erste Single hieß »Detlev«. Wegen der Zeile ›Detlev, ich bitte dich, geh doch für mich auf den Strich‹ wurde die Platte in den Rundfunkanstalten nicht gespielt. Ein »Knutschfleck« hingegen ist weniger bedrohlich für die Moral. Dieser Titel brachte es im April 1983 auf Platz 8 in der deutschen Hitparade. Weitere Hits sind ihr nicht gelungen.

*Der Knutschfleck (4/83 D 8)*
***Neue Deutsche Welle***

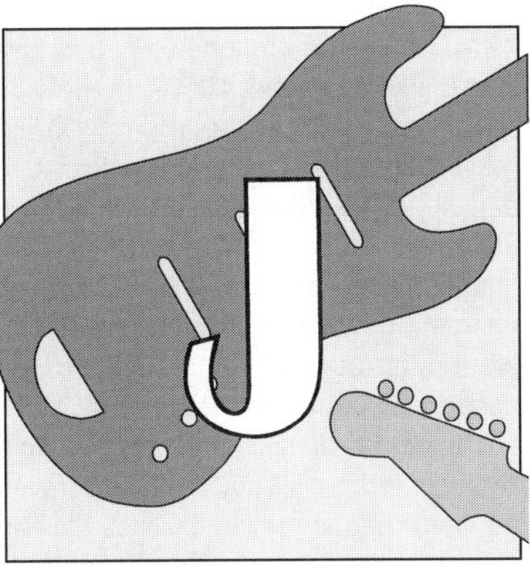


## J.T. & The Big Family

J.T. steht für Jocker's Team – und Jocker ist ein italienisches Modewort für Discjockey. Die Formation J.T. & The Big Family ist eine der vielen Truppen, die in Italien schnell und preiswert Nummern für den kurzlebigen Discomarkt produzierten. In den meisten Fällen schaffen es diese Studioformationen lediglich, einen Hit zu veröffentlichen, dann ist es wieder aus. So auch bei J.T. & The Big Family, die mit »Moments In Soul« Anfang 1990 einen Platz 7 in GB, Platz 30 in Deutschland hatten. Neun Autoren haben diesen einzigen Hit geschrieben – so viele wären nicht nötig gewesen.

*Moments In Soul (3/90 GB 7)*
***Disco***

## Jack 'n' Chill

VLAD NASLAS; ED STRATTON.
Hinter diesem Pseudonym verstecken sich Vlad Naslas und Ed Stratton. Mit einer Verballhornung des bekannten Songtitels »The House That Jack Built« – »The Jack That House Built« – hatten sie Mitte 1987 einen Platz 48 in GB. Als die Platte im Januar 1988 erneut in die britischen Charts kam, erreichte sie Platz 6. Was sie machten, beschrieb ihre Plattenfirma folgendermaßen: ›Dynamischer Synthetik-Dance-Floor-Power haben sich Jack 'n' Chill verschrieben. Dabei sind geschickt Synthesizer und akustische Klangerzeuger vermischt: Messerscharfe Bläser mit viel Biß, ein schwungvoll groovendes Piano wechseln mit Drum-Computern, die unwiderstehlich treiben und andererseits gewissermaßen gedämpft werden durch gezogen-melodische Keyboardteppiche.‹ So macht man Hits – aber eben nur einen.

*The Jack That House Built (1/88 GB 6)*
***Disco, House***

## Jacks, Terry

v/g (Kanada, * 29. 3. 1946 in Winnipeg/ Manitoba).
Jacks begann als Rhythmusgitarrist und Leadsänger bei der Formation Chessmen. Während einer TV-Show für einen kanadischen Fernsehsender lernte er Susan Pesklevits kennen, die er später heiratete und mit der er das Quartett Poppy Family gründete. Mit »Which Way You Goin' Billy?« hatten sie Mitte 1970 einen Top-10-Erfolg in den USA und in GB. 1973 zerbrach sowohl die Ehe als auch die Gruppe. Beide machten als Solisten weiter. Terry hatte seinen größten Erfolg mit »Seasons In The Sun«, im Frühjahr 1974 ein Spitzenreiter in den USA, GB und Deutschland. Ein halbes Jahr später versuchte man, in die gleiche Kerbe zu hauen, und veröffentlichte »If You Go Away«, zumindest in GB noch einmal ein Top-10-Hit. Beide Stücke waren Kompositionen von Jacques Brel mit englischen Texten von Rod McKuen. Im Original hießen sie »Le Moribond« bzw. »Ne Me Quitte Pas«. Terrys Coverversionen sind im Gegensatz zu Brels Originalen stark überzuckert. »Seasons In The Sun« hatte zehn Jahre zuvor ohne nennenswerten Erfolg das Kingston Trio aufgenommen.

*Seasons In The Sun (1/74 US 1; 3/74 D 1, GB 1; 4/74 CH 1)*
*If You Go Away (6/74 GB 8)*
***Soft Pop***

## Jackson 5 / Jacksons

JACKIE JACKSON, v (USA, * 4. 5. 1951 in Gary/Indiana); JERMAINE JACKSON, v (USA, * 11. 12. 1954 in Gary/Indiana); MARLON JACKSON, v (USA, * 12. 3. 1957 in Gary/Indiana); MICHAEL JACKSON, v (USA, * 29. 8. 1958 in Gary/Indiana); RANDY JACKSON, v (USA, * 29. 10. 1960 in Gary/Indiana); TITO JACKSON, v (USA, * 15. 10. 1953 in Gary/Indiana).

Die Gruppe wurde 1963 als Trio mit den Brüdern Jackie, Tito und Jermaine gegründet. Dazu kamen später die Cousins Johnny Jackson als Schlagzeuger und Ronnie Rancifer als Pianist. 1964 ersetzten Marlon und Michael die beiden Cousins. Im darauffolgenden Jahr gewannen sie einen lokalen Talentwettbewerb. Ihr Vater wurde ihr Manager und fuhr sie von ihrer Heimatstadt Gary, Indiana, in einem VW-Bus zu Auftritten in Chicago und anderen Städten. Noch in demselben Jahr gewannen sie in New York im Harlemer Apollo Theater einen weiteren Wettbewerb. Gladys Knight & The Pips traten 1967 in Indiana auf, im Vorprogramm die niedlichen Jackson 5. Gladys hatte zu diesem Zeitpunkt einen Plattenvertrag mit Motown Records und machte jetzt den Boß dieser Firma, Berry Gordy jr., auf die Jungs aufmerksam. Aber erst veröffentlichten die Jackson 5 bei dem lokalen Plattenlabel Steel Town ihre erste Single, »Big Boy«, die jedoch erfolglos blieb. Wieder spielten sie im Vorprogramm einer Motown-Gruppe, Bobby Taylor & The Vancouvers. Auch diese Band wurde wieder bei Motown vorstellig und sagte eine große Zukunft für die fünf voraus. 1969 nahm Berry Gordy sie schließlich unter Vertrag und schickte sie samt Familie nach Hollywood, um ihnen die Möglichkeit zur Vervollkommnung und zu Proben zu geben. Im Oktober 1969 hatten sie ihren ersten Live-Auftritt als Motown-Gruppe im Vorprogramm von Diana Ross und den Supremes. Ihre erste Platte war ein Stück, das Berry Gordy und drei weitere Songschreiber, die sich The Corporation nannten, geschrieben hatten und das eigentlich für Gladys Knight & The Pips gedacht war. Es war die Nummer »I Want You Back«, die kurz nach Erscheinen Spitzenreiter in den USA und Millionseller wurde. Damit begann eine glänzende Karriere für die Gruppe im allgemeinen und für Michael Jackson im besonderen. Die Band blieb bis 1975 bei Motown und brachte es auf 18 Hitnotierungen in den US-Charts, davon acht Top-10-Erfolge und vier Nummer-1-Hits. Der Grund für die Trennung von Motown war die Tatsache, daß sie lediglich 2,7 Prozent an Tantiemen für ihre verkauften Platten erhielten und es ihnen nicht gestattet war, eigenes Material zu schreiben. Die Jackson 5 gingen zu Epic Records, ebenso Michael Jackson als Solist. Motown strengte einen Prozeß gegen die Gruppe wegen Vertragsbruches an, es ging dabei um 20 Millionen Dollar. 1980 wurde der Rechtsstreit beendet. Die Jacksons verloren den Prozeß, mußten jedoch nur 600.000 Dollar bezahlen. Dafür behielt Motown die Rechte am Namen Jackson 5. Wohl um von Motown nicht auch namensrechtlich belangt werden zu können, hatten sie sich seit ihrem Weggang nicht mehr Jackson 5, sondern Jacksons genannt. Der einzige, der diesen Firmenwechsel nicht mitmachte, war Jermaine, der in die Gordy-Familie eingeheiratet hatte. Für ihn kam Randy Jackson, und erstmals machten jetzt auch die beiden Schwestern LaToyah und Rebbie zeitweise mit. »Enjoy Yourself« wurde Ende 1976 zwar nur Platz 6 in den USA, dafür aber ihre erste Platinplatte. »Shake Your Body (Down To The Ground)« verkaufte ebensoviel. In den Jahren danach werden immer wieder Platten von den Jacksons veröffentlicht. Bruder Michael ist manchmal hilfreich zur Stelle. Bei »State Of Shock«, 1984 Platz 3 in den USA, ist als Gastsänger Mick Jagger zu hören. Im Januar 1985 sangen Michael, Jackie, Marlon, Randy, Tito und LaToyah mit etlichen der besten amerikanischen Künstler zusammen für das Projekt USA For Africa. Ihr Titel »We Are The World« wird ein weltweiter Nummer-1-Hit und Millionseller. Ende der 80er Jahre waren die Jacksons wieder zu einem Quartett geschrumpft, in dem Jackie, Jermaine, Tito und Randy sangen. Im März 1996 beginnt ein neues Kapitel in der Musikgeschichte der Familie Jackson. Drei Söhne von Tito haben als 3T ihren ersten Plattenerfolg. Die Original-Jackson-5 wurden 1997 in die Rock 'n' Roll Hall of Fame aufgenommen.

*I Want You Back (11/69 US 1; 1/70 GB 2)*
*ABC (3/70 US 1; 5/70 GB 8)*
*The Love You Save (5/70 US 1; 8/70 GB 7)*
*I'll Be There (9/70 US 1; 11/70 GB 4)*
*Mama's Pearl (1/71 US 2)*
*Never Can Say Goodbye (4/71 US 2)*
*Sugar Daddy (12/71 US 10)*
*Lookin' Through The Windows (11/72 GB 9)*
*Doctor My Eyes (2/73 GB 9)*
*Dancing Machine (3/74 US 2)*
*Enjoy Yourself (11/76 US 6)*
*Show You The Way To Go (6/77 GB 1)*
*Blame It On The Boogie (9/78 GB 8)*
*Shake Your Body (Down To The Ground) (2/79 GB 4, US 7)*
*Can You Feel It (2/81 GB 6)*
*Walk Right Now (7/81 GB 7)*
*State Of Shock (6/84 US 3)*
*I Want You Back Remix (4/88 GB 8)*
***Motown Sound, Pop, Rhythm & Blues***

**CD-Tip:** *Michael Jackson & Jackson 5–18 Greatest Hits* Motown MCD 06070 MD

## Jackson, Chad

dj/mix (Großbritannien).
Auch Chad gehört wieder in die Reihe Meistermixer und DJs. Begonnen hat er im legendären Hacienda Club in Manchester. Sein Talent als Mixer und auch als Komponist sprach sich herum. Prince, Soul II Soul, Neneh Cherry, Public Enemy und viele andere nahmen seine Dienste in Anspruch. Mit einer eigenständigen Single, die Soul-Jazz-Einflüsse aufwies, kam Chad Jackson Mitte 1990 in die britische Hitparade: »Hear The Drummer (Get Wicked)«. Ein weiterer Hit gelang ihm bisher nicht.

*Hear The Drummer (Get Wicked) (1/90 GB 3)*
***Techno***

## Jackson, Dee D.

v (Großbritannien als Deidre Cozier).
Dee D. hatte Anfang 1978 Erfolg mit dem Titel »Automatic Lover«, den sie in München produziert hatte und bei dem im Hintergrund Jimmy McShane alias Baltimora mitsang. Das Ganze stammte aus einem Album, das sich »Cosmic Curves« nannte und im 21. Jahrhundert spielen sollte. Ein junges Mädchen, enttäuscht von ihrem Liebhaber, einem Roboter, beschließt, die Erde zu verlassen. Sie fliegt in den Weltraum auf der Suche nach der totalen Erfüllung in der Liebe, von der sie so viel gehört hat. Nach einer langen Reise erreicht sie die Galaxis der Liebe. Dort scheint es Dee D. Jackson so zu gefallen, daß sie nie wieder auf die Erde zurückkam. Deshalb gab es auch keinen Nachfolgehit.

*Automatic Lover (4/78 GB 4; 6/78 D 5; 9/78 CH 6)*
***Disco***

## Jackson, Janet

v (USA, * 16. 5. 1966 in Gary/Indiana).
Sie muß denselben Gesichtschirurgen haben wie ihr Bruder Michael. Jedenfalls geht ihre Verwandlung vom kleinen Pummelchen zur scharfen Disco-Mieze Hand in Hand mit der von Michael, nur daß der

sich vom kleinen netten schwarzen Jungen zu einem großen netten weißen Jungen verwandelte. Von all den Familienmitgliedern, die versuchten, zumindest annähernd an den Erfolg des übermächtigen Michael Jackson heranzukommen, ist es ihr noch am ehesten gelungen. Janet ist die jüngste aus dem Clan der Jackson Family. 1973 trat sie während einer Show der Brüder in einem Hotel in Las Vegas erstmals öffentlich auf. 1977 war sie in diversen Fernsehsendungen zu sehen, wenig später wirkte sie in der Serie ›Fame‹ mit. 1982 erschienen ihre ersten, nicht sonderlich erfolgreichen Platten. 1986 wurde sie über Nacht zum Superstar. »What Have You Done For Me Lately« hieß im Frühjahr 1986 ihr erster weltweiter Top-10-Erfolg. »Nasty« und »When I Think Of You« waren weitere Top-10-Hits für sie 1986, »Let's Wait Awhile« 1987. Nach einer Pause kam sie Im Herbst 1989 mit »Miss You Much« und »Rhythm Nation« wieder unter die ersten 10 der US-Charts. »Escapade«, »Alright«, »Black Cat« und »Love Will Never Do (Without You)« standen alle 1990 unter den ersten 10. Die LP »Rhythm Nation 1814« verkaufte sich mehr als 6 millionenmal. Der Albumtitel bezieht sich auf das Jahr, in dem Francis Scott Key die amerikanische Nationalhymne schrieb. Außerdem: R ist der achtzehnte Buchstabe im Alphabet, N der vierzehnte. Daraus ausgekoppelt wurden sieben Singles, die unter die Top 5 kamen, vier davon wurden gar Spitzenreiter. 1991 unterschrieb Janet Jackson einen Plattenvertrag bei Virgin Records, der ihr 32 Millionen Dollar zusicherte. Mitte 1992 brachte sie zusammen mit Luther Vandross den Titel »The Best Things In Life Are Free« aus dem Film »Mo' Money«, der wieder in den USA, GB und Deutschland Top 10 wurde. Ein Remix dieses Titels erreichte Ende 1995 erneut die Top-10 in GB. Ihre Erfolgsserie hielt auch 1993/94 an. Aus ihrer wirklich ausgezeichneten CD »Janet« kam als erste Auskopplung »That's The Way Love Goes«, im Mai 1993 Nummer 1 in den USA. Außerdem gab sie 1993 ihr Debüt als Filmschauspielerin. Sie spielte Justice, die weibliche Hauptrolle in »Poetic Justice«. Pünktlich zum Weihnachtsgeschäft 1995 faßte man Janets Hits noch einmal zusammen auf dem Album »Design Of A Decade 1986/1996«. Als Gast ihres Bruders Michael sang sie auf dessen Hit »Scream« mit und erreichte weltweit Top-10-Positionen. Im Herbst 1997 erschien mit »The Velvet Rope« wieder ein neues Album von Janet, aus dem der Hit »Got 'Til It's Gone« ausgekoppelt wurde. Als Gast war auf der Nummer der Rapper Q-Tip von der Gruppe A Tribe Called Quest zu hören. Außerdem ein Sample aus »Big Yellow Taxi« von Joni Mitchell – Joni galt immer als absolutes Idol von Janet. Den Hit »Together Again«, der am Welt-Aids-Tag auf den Markt kam, widmete Janet all ihren Freunden, die an Aids gestorben waren.

*What Have You Done For Me Lately (2/86 GB 3, US 4; 6/86 D 8, CH 9)*
*Nasty (5/86 US 3; 7/86 D 9; 8/86 CH 8)*
*When I Think Of You (8/86 US 1, GB 10)*
*Control (11/86 US 5)*
*Let's Wait Awhile (1/87 US 2; 3/87 GB 3)*
*Miss You Much (9/89 US 1)*
*Rhythm Nation (11/89 US 2)*
*Escapade (1/90 US 1)*
*Alright (4/90 US 4)*
*Come Back To Me (6/90 US 2)*
*Black Cat (9/90 US 1; 11/90 CH 10)*
*Love Will Never Do (Without You) (11/90 US 1)*
*The Best Things In Life Are Free (5/92 US 10; 8/92 GB 2, D 8)*
*That's The Way Love Goes (5/93 US 1, GB 2, D 9)*
*If (7/93 US 4)*
*Again (10/93 US 1, GB 6)*
*Because Of Love (1/94 US 10)*
*Any Time, Any Place/And On And On (5/94 US 2)*
*You Want This/70's Love Groove (10/94 US 8)*
*Whoops Now/What'll I Do (3/95 GB 9)*
*Runaway (9/95 US 3, GB 6)*
*The Best Things In Life Are Free (Remix) (12/95 GB 7)*
*Got 'Til It's Gone (10/97 GB 6)*
*Together Again (12/97 US 1, D 2, GB 4; 1/98 CH 2)*

*I Get Lonely (4/98 GB 5; 5/98 US 3)*
***Pop, Rhythm & Blues***

**CD-Tip:** *Janet* Virgin CDV 2720

## Jackson, Jermaine

v (USA, * 11. 12. 1954 in Gary/Indiana). Jermaine war Mitglied in der Familiengruppe Jackson 5 bis zum Jahre 1975, als die Band Motown verließ. Er glaubte wohl zu diesem Zeitpunkt, die angestammte Plattenfirma nicht verlassen zu können, schon weil er im Dezember 1973 Hazel Joy Gordy, die Tochter von Berry Gordy jr., geheiratet hatte. Seit 1984 veröffentlicht Jermaine Platten – bis dahin war die Trennung von Hazel Joy vollzogen. Jermaines erster Top-10-Erfolg war Ende 1972 der Titel »Daddy's Home«, 1980 waren die Single und die LP »Let's Get Serious« erfolgreich, ansonsten dümpelte er in den 80er Jahren eher in den unteren Regionen der Singlecharts. Im Herbst 1984 hatte er im Duett mit Pia Zadora und dem Titel »When The Rain Begins To Fall« in Deutschland einen Spitzenreiter. Im selben Jahr tat er sich mit seinen Brüdern noch einmal für das »Victory«-Album und eine Tournee zusammen. Ende 1991 erregte er Aufsehen, weil er in dem Titel »Word To The Badd!!« unverhohlen die kosmetischen Veränderungen seines Bruders und dessen Wechsel der Hautfarbe anklagte. Trotz dieser Promotion schaffte es die Nummer nicht, in die oberen Regionen der Hitparade vorzustoßen.

*Daddy's Home (12/72 US 9)*
*Let's Get Serious (3/80 US 9; 5/80 GB 8)*
*When The Rain Begins To Fall (10/84 D 1; 11/84 CH 1)*
*Do What You Do (2/85 GB 6)*
***Pop, Rhythm & Blues***

## Jackson, Joe

v/p (Großbritannien, * 11. 8. 1954 in Burton-upon-Trent/Staffordshire). Joe kam 1974 zur Pub-Band Edward Bear. Zwei Jahre später ging er zu Arms & Legs, mit denen er drei erfolglose Singles veröffentlichte, die er geschrieben hatte. 1977 verließ er die Gruppe und wurde im Playboy Club in Portsmouth der Hauspianist. Ein Jahr später versuchte er in London, Demos von eigenen Songs an eine Plattenfirma zu verkaufen. Schließlich erhielt er einen Vertrag bei A&M Records, und im Oktober 1978 wurde seine erste Single veröffentlicht: »Is She Really Going Out With Him«, die in GB ein Top-20-Hit wurde. »It's Different For Girls« war Anfang 1980 sein erster Top-10-Erfolg in GB, »Steppin' Out« im August 1982 Platz 6 in den USA und in GB. 1982 zog Joe Jackson nach New York und veröffentlichte bis in die 90er Jahre eine Reihe interessanter LPs, die alle von hohem musikalischem Standard und Können zeugen, kommerziell aber relativ erfolglos blieben. Gleiches gilt für die 1994 erschienene CD »Night Music«.

*It's Different For Girls (1/80 GB 5)*
*Steppin' Out (8/82 US 6; 1/83 GB 6)*
***AOR (Adult Orientated Rock), Jazz, Pop***

**CD-Tip:** *Steppin' Out – The Very Best* A&M 397 052–2

## Jackson, Michael

v (USA, * 29. 8. 1958 in Gary/Indiana). Was immer Michael Jackson gemacht hat, es ragt in jeder Hinsicht aus allem Gewöhnlichen heraus. Gerade mal ein Teen, hatte er mit seinen Brüdern 1969/70 als Jackson 5 mit »I Want You Back«, »ABC«, »The Love You Save« und »I'll Be There« vier Spitzenreiter hintereinander in den US-Popcharts. Seit seinem fünften Lebensjahr hat er mit dieser Formation gesungen. Schon ab 1971 veröffentlichte er auch Soloplatten. Seine Nummer »Ben«, der Titelsong aus dem Film über eine trainierte Ratte, wurde Nummer 1 in den

USA. Die Zeit des Stimmbruchs, wenn er ihn denn nun gehabt hat, ist spurlos an ihm vorübergegangen. 1978 spielte er neben Diana Ross im Filmmusical »The Wiz«. Ab 1979 brachte er unentwegt Solosingles und LPs auf den Markt, die ungewöhnlich erfolgreich waren. Um nur die Spitzenreiter in den US-Singlecharts zu nennen: »Don't Stop 'Til You Get Enough« und »Rock With You« 1979, »Billie Jean«, »Beat It« und – zusammen mit Paul McCartney – »Say Say Say« 1983, »I Just Can't Stop Loving You«, »Bad« und »The Way You Make Me Feel« 1987, »Man In The Mirror« und »Dirty Diana« 1988 und »Black Or White« 1991. Wenn man mal von den Singles absieht, dann ist seine LP »Thriller« alleine ein solch kommerzieller Erfolg, wie er kaum einem Künstler der 80er Jahre gelang. Die Platte, für die es 1983 den Grammy als Album des Jahres gab, war von Quincy Jones produziert worden und verkaufte sich alleine in den USA mehr als 24 millionenmal. Nach wie vor gilt diese Platte als das bestverkaufte Album in der Plattengeschichte. Auch die anderen LP-Verkäufe können sich sehen lassen: »Off The Wall« (1979) bringt es auf 7 Millionen, »Bad« (1987) auf 8 Millionen, »Dangerous« (1991) und »HIStory: Past, Present And Future – Book I« 1995 jeweils auf 6 Millionen. 1991 unterschrieb Michael Jackson einen Multi-Media-Vertrag mit Sony über eine Milliarde Dollar. Die musikalischen Qualitäten von Michael Jackson sind weitaus höher einzuschätzen, als es die meisten Kritiker tun. Alleine die Liste der Musiker, die oft und gerne mit ihm zusammenspielen bzw. gespielt haben, beweist, daß Michael keine Lusche sein kann. Außerdem, seine Qualitäten als Tänzer sind ebenfalls hoch einzuschätzen. Seine Autobiographie widmete Michael Jackson seinem Idol Fred Astaire, der wiederum selbst Michael als großen Tänzer einstufte. Lange wurde gerätselt, wer denn das ›Mystery Girl‹ beim Hit »In The Closet« war – es war Prinzessin Stéphanie von Monaco. Mag man sich über seine Naivität manchmal lustig machen, so sollte man nicht vergessen, daß Michael Jackson immer noch dabei ist, die Kindheit nachzuholen, die er nie hatte. Anfang der 90er Jahre wurden Gerüchte laut, daß Michael Jackson seine kindlichen Spielgefährten mißbraucht haben soll. Am 26. 5. 1994 heiratete er in der Dominikanischen Republik die Tochter von Elvis, Lisa Marie Presley, was von der Presse ebenso genüßlich ausgeschlachtet wurde. Im Januar 1996 reichte Lisa Marie die Scheidung ein. Ende desselben Jahres wurde bekannt, daß Michael Vater werden sollte. Mutter des Sohnes Prince Michael Jackson Jr. war Debbie Rowe, die er überraschend schnell nach Lisa Marie geheiratet hatte. Nebenher lief die Hit- und Tourneemaschine weiter. Beim Titel »Scream« sang seine Schwester Janet mit. Als Tariano, Taryll und Tito Jee Jackson, drei Söhne seines Bruder Tito, ihren Onkel Michael baten, ihre Gruppe 3T doch ein wenig anzuschieben, ließ der sich nicht lange bitten. Bei »Why«, ein Top-10-Hit in GB, sang er kräftig mit und war auch als Produzent zur Stelle.

*Got To Be There (10/71 US 4; 2/72 GB 5)*
*Rockin' Robin (3/72 US 2; 5/72 GB 3)*
*Ain't No Sunshine (8/72 GB 8)*
*Ben (8/72 US 1; 11/72 GB 7)*
*Don't Stop 'Til You Get Enough (7/79 US 1; 9/79 GB 3; 1/80 CH 4)*
*Rock With You (11/79 US 1; 2/80 GB 7)*
*Off The Wall (11/79 GB 7; 2/80 US 10)*
*She's Out Of My Life (4/80 GB 3, US 10)*
*One Day In Your Life (5/81 GB 1)*
*The Girl Is Mine (11/82 US 2, GB 8)*
*Billie Jean (1/83 GB 1, US 1, D 2)*
*Beat It (2/83 US 1; 4/83 D 2, GB 3; 6/83 CH 2)*
*Billy Jean (4/83 CH 1)*
*Wanna Be Startin' Somethin' (5/83 US 5, GB 8)*
*Human Nature (7/83 US 7)*
*P.Y.T. (Pretty Young Thing) (10/83 US 10)*
*Say Say Say (10/83 US 1, GB 2)*
*Thriller (11/83 GB 10; 2/84 US 4)*
*Farewell My Summer Love (6/84 GB 7)*
*I Just Can't Stop Loving You (8/87 GB 1, US 1, CH 2, D 2)*

*Bad (9/87 US 1, GB 3, D 4; 10/87 CH 3)*
*The Way You Make Me Feel (11/87 US 1, GB 3)*
*The Way To Make You Feel (12/87 CH 8)*
*Man In The Mirror (2/88 US 1)*
*Dirty Diana (5/88 US 1, D 3; 6/88 CH 3; 7/88 GB 4)*
*Another Part Of Me (8/88 D 10; 9/88 CH 5)*
*Smooth Criminal (11/88 CH 5, US 7, GB 8, D 9)*
*Leave Me Alone (2/89 GB 2; 4/89 CH 10)*
*Black Or White (11/91 CH 1, GB 1, US 1, D 2)*
*Remember The Time (1/92 US 3, D 8; 3/92 CH 4)*
*Remember The Time/Come Together (2/92 GB 3)*
*In The Closet (4/92 US 6, GB 8)*
*Who Is It (7/92 D 9, GB 10)*
*Heal The World (11/92 GB 2, D 3; 1/93 CH 5)*
*Give In To Me (2/93 GB 2, D 10; 4/93 CH 7)*
*Will You Be There (7/93 US 7, GB 9)*
*Scream (6/95 CH 3, GB 3, US 5, D 8)*
*You Are Not Alone (9/95 CH 1, GB 1, US 1, D 4)*
*Earth Song (11/95 CH 1, D 1; 12/95 GB 1)*
*They Don't Care About Us (4/96 D 1, CH 3, GB 4)*
*Stranger In Moscow (10/96 CH 5; 11/96 GB 4)*
*Blood On The Dance Floor (4/97 D 5; 5/97 GB 1, CH 5)*
*History/Ghost (7/97 GB 5)*
***Pop, Rhythm & Blues***

**CD-Tip:** *Thriller* Epic 38112

## Jackson, Stonewall

v/g (USA, * 6. 11. 1932 in Emerson/North Carolina).
Der amerikanische Countrysänger, Gitarrist und Songschreiber war zwischen 1958 und 1973 regelmäßig in der US-Country-Hitparade zu finden. Mit dem Titel »Waterloo« gelang ihm im Frühjahr 1959 ein Crossover-Erfolg. Sein Name ist übrigens kein Pseudonym: Seine Eltern benannten ihn nach dem Konföderierten-General Stonewall Jackson, mit dem sie verwandt sind.

*Waterloo (5/59 US 4)*
***Country***

## Jackson, Wanda

v/g/p (USA, * 20. 10. 1937 in Maud/Oklahoma).
Wanda war auf den Gebieten Rockabilly und Country erfolgreich. Schon mit 13 hatte sie bei der lokalen Radiostation in ihrem Heimatort in Oklahoma eine tägliche Sendung. 1954 nahm sie mit Hank Thompson ihre ersten Platten auf. Im selben Jahr brachte sie zusammen mit Billy Gray »You Can't Have My Love«, im Sommer jenes Jahres ein C&W-Top-10-Hit. Nach einer Tournee mit Elvis Presley wollte sie sich auf dem Rocksektor versuchen, aber Titel wie »Let's Have A Party« 1960 oder »In The Middle Of A Heartache« 1961 kamen nur unter die Top 40. Ihren einzigen Top-10-Hit überhaupt hatte sie in Deutschland mit dem Schlager »Santo Domingo«. Ab 1961 war Wanda wieder bis 1974 regelmäßig in den Country-Charts vertreten. Dann nahm Wanda Jackson bis auf eine Rock-'n'-Roll-LP vor allem christliche Lieder auf. 1994 wurde ihr Song »Let's Have A Party« für die Werbung verwendet und damit erneut populär.

*Santo Domingo (4/65 D 5)*
***Country, Deutscher Schlager, Rockabilly***

**CD-Tip:** *Right Or Wrong* Bear Family BCD 15 629 DI
**CD-Tip:** *Santo Domingo – Ihre deutschen Aufnahmen* Bear Family BCD 15 582

## Jacques, Peter

Jacques war der Leiter der ehemaligen Fernseh-Big-Band des Schweizer TV.

*Walking On Music (6/79 CH 9)*

## Jade

Tonya Kelly, v (USA, geb. in Chicago/Illinois); Joi Marshall, v (USA, geb. in Chicago/Illinois); Di Reed, v (USA, geb. in Houston/Texas).

Jade gehört zu der neuen Generation von Gesangstrios, die mit wechselnden Leadstimmen Rhythm & Blues und Soul präsentieren. Tonya Kelly sang vorher im Morris Ellis Orchestra und als Studio- und Sessionsängerin. Di hatte im Soundtrack zum Streifen »Houseparty 2« gesungen, und Joi war ebenfalls Sessionsängerin. Mitte 1992 hörte man Jade auf dem Soundtrack zu »Class Act«, einem der zahlreichen Filme des neuen schwarzen amerikanischen Kinos. Der Titel »I Wanna Love You« kam unter die ersten 20 der USA. Im November 1992 erschien mit »Jade To The Max« ihr Debütalbum. »Don't Walk Away« kam Ende 1992 in die Singlecharts. Im September 1994 kam »Mind, Body And Song« als Album auf den Markt. Die Auskopplung »Every Day Of The Week« brachte es Ende 1994, Anfang 1995 in den USA und in GB in die Top 20. Im April 1995 wurde bekannt, daß sich das Trio getrennt hat.

*Don't Walk Away (12/92 US 4; 3/93 GB 7)*
***Pop, Rhythm & Blues, Soul***

**CD-Tip:** *Jade To The Max* Giant 7599–244662

## Jagger, Mick

v (Großbritannien, * 26. 7. 1943 in Dartford/Kent).

Seine Vorliebe für Rhythm & Blues brachte den jungen Mick schon Anfang der 60er Jahre in die entsprechenden Clubs von London und Umgebung. Mit der Gruppe Blues Incorporated um Alexis Korner sammelte er seine ersten Bühnenerfahrungen. Korner war es auch, der den sich langsam bildenden Rolling Stones die ersten Auftritte ermöglichte. Als er mit seiner Gruppe wegen einer TV-Sendung ein Gastspiel im Marquee Club in London nicht wahrnehmen konnte, sprangen die Rolling Stones ein. Das war der Beginn einer langanhaltenden Rock-'n'-Roll-, Rhythm-&-Blues- und Hitgruppe. Ab 1970 versuchte sich Jagger neben seiner Tätigkeit als Leadsänger auch als Solist. Sein Titel »Memo From Turner« aus dem Film »Performance«, in dem er auch eine Hauptrolle spielte, brachte ihm Ende 1970 einen Platz 32 in GB. 1970 hatte er auch in dem Film »Ned Kelly« die Hauptrolle übernommen. In den folgenden Jahren sang er vorwiegend mit den Rolling Stones zusammen. Erst Mitte 1984 hatte er dann ohne die Stones, dafür zusammen mit den Jacksons mit »State Of Shock« Erfolg. Ein Jahr später sang er im Duett mit David Bowie »Dancing In The Street« – es wurde sein größter Singlehit. 1985 traute sich Jagger dann auch mal wieder als Solist mit Platten auf den Markt. Seine LP »She's The Boss« kam im Frühjahr 1985 in die LP-Hitparaden und wurde in den USA ein Platinseller. Die erfolgreichste Singleauskopplung daraus war »Just Another Night«. 1993 erschien seine LP »Wandering Spirit«. Alles in allem kann festgestellt werden, daß die Soloaktivitäten von Mick Jagger ebenso wie die seines Kollegen Keith Richards bei weitem nicht so erfolgreich sind wie ihre gemeinsamen bei den Rolling Stones.

*State Of Shock (6/84 US 3)*
*Dancing In The Street (8/85 GB 1, US 7; 9/85 D 5)*
*Sweet Thing (2/93 CH 8)*
***AOR (Adult Orientated Rock), Pop***

**CD-Tip:** *Wandering Spirit* Atlantic 7567–82436–2

## Jaggerz

Thom Davis, key/tr; Benny Faiella, g/b; Donald Iris, v/g; Billy Maybray, v/d/b; Jim Pugliano, d; Jimmy Ross, b/pos.

Das Rock-Sextett Jaggerz aus Pittsburgh spielte ab Mitte der 60er Jahre vorwiegend in der Umgebung seiner Heimatstadt. Ende 1969 veröffentlichten sie die Platte »The Rapper«, die wie eine Fusion von Bayou-Rock und Bubblegum klang. Das Stück wurde geschrieben von Domenic Ierace, der sich auf Platten auch Donald/Donnie Iris oder Domenic Terrace nannte. »The Rapper« kam im Januar 1970 in die US-Charts, wurde Platz 2 und ein Millionseller. Nach zwei weiteren Chartnotierungen gelang der Gruppe kein Erfolg mehr. Iris verließ die Band, die ohne ihn mit häufigen personellen Veränderungen weiterspielte, während er eine Solokarriere versuchte, die zunächst nicht in Gang kam. 1976 wurde er Mitglied bei Wild Cherry, die gerade den Platinseller »Play That Funky Music« veröffentlicht hatte. 1979 machte er wieder eine Soloplatte. Von 1980 bis 1985 war er mit insgesamt sieben Titeln in den US-Top-100-vertreten. Der größte Erfolg war im Frühjahr 1982 »My Girl«, ein Platz 25. Er trat durch die 80er Jahre weiter auf, und ein fester Bestandteil seiner Show war die Nummer »The Rapper«. Als einen Vorläufer des Rap kann man diesen Titel nicht bezeichnen. Hier wurde das Wort vielmehr noch in seiner Bedeutung als Slangausdruck für einen hartnäckigen Schürzenjäger benutzt, der weibliche Wesen durch einen ununterbrochenen Redefluß für seine Ziele gewinnen will.

*The Rapper (1/70 US 2)*
***Rock***

## Jam

RICK BUCKLER, d (Großbritannien, * 6. 12. 1955 in Woking/Surrey); BRUCE FOXTON, g (Großbritannien, * 1. 9. 1955 in Woking/Surrey); PAUL WELLER, v/g/b (Großbritannien, * 25. 5. 1958 in Woking/Surrey).

Paul Weller war Gründungsmitglied der britischen Formation Jam, die als eine der Pionierbands des New Wave gilt. 1977 wurde als erste Single »In The City« veröffentlicht, die in GB Platz 40 der Charts erreichte. »The Eton Rifles« kam Ende 1979 unter die ersten 10 in GB. Die Nachfolgesingle »Going Underground/Dreams Of Children« erreichte im März 1980 Platz 1. Nachdem diese Single so erfolgreich war, kamen am 26. 4. 1980 sechs alte Singles von Jam auf einen Schlag als Re-Entries in die britische Hitparade. Die Nachfolgesingle »Start« wurde im August 1980 eine weitere Nummer 1 für Jam. 1981 erreichten »Funeral Pyre« und »Absolute Beginners« jeweils Platz 4 in GB. Anfang 1982 wurde »Town Called Malice/Precious« wieder Nummer 1. »Just Who Is The Five O'Clock Hero« und »The Bitterest Pill (I Ever Had To Swallow)« waren weitere Top-10-Erfolge 1982, und Ende jenes Jahres hatten sie mit »Beat Surrender« wieder eine Nummer 1. Zum zweitenmal vollzog sich das Wunder, daß dieser Spitzenreiter alte Singles von Jam in die Hitparaden zog. Am 22. 1. 1983 kamen auf einen Schlag acht alte Singles der Band wieder in die Top 75. In den darauffolgenden beiden Wochen kamen vier weitere alte Aufnahmen in die Charts, was bedeutete, daß Anfang Februar 1983 14 Titel von Jam gleichzeitig in den Top 75 waren. Die sozial- und klassenkritischen Texte der Formation zeigten deutlich den Einfluß der Kinks bzw. von deren Songschreiber Ray Davies. Bemerkenswert, daß Jam es mit keinem seiner vielen großen Hits in GB in die US-Charts schaffte. Anfang 1983 löste sich Jam auf. Im März desselben Jahres erschien die erste Single von Wellers neuem Projekt Style Council. Foxton veröffentlichte ab 1983 Soloplatten. »Freak« wurde für ihn Mitte 1983 Platz 23 in GB.

*The Eton Rifles (11/79 GB 3)*
*Going Underground/Dreams Of Children (3/80 GB 1)*
*Start (8/80 GB 1)*

*Funeral Pyre (6/81 GB 4)*
*Absolute Beginners (10/81 GB 4)*
*Town Called Malice/Precious (2/82 GB 1)*
*Just Who Is The Five O'Clock Hero (7/82 GB 8)*
*The Bitterest Pill (I Ever Had To Swallow) (9/82 GB 2)*
*Beat Surrender (12/82 GB 1)*
***New Wave***

**CD-Tip:** *Compact Snap* Polydor 821 712–2

## Jam & Spoon

JAM EL MAR, dj (Deutschland, * 3. 12. 1963 als Rolf Elmer); PLAVKA, v; MARK SPOON (Deutschland als Markus Löffel).
Jam & Spoon ist wieder ein Technoprojekt aus Frankfurt, das von Jam El Mar und Mark Spoon geleitet wurde. Der Gesang auf ihren Platten stammte von Plavka. »Right In The Night (Fall In Love With Music)« erreichte im November 1993 die deutsche Hitparade und brachte es auf Platz 6. In GB kam die Platte im Februar 1994 in die Charts und bis auf Platz 31. »Find Me (Odyssey To Anyoona)« kam Mitte 1994 in der deutschen Hitparade bis auf Platz 17. Dieses Mal hatte auch der mit anderen Projekten erfolgreiche Nosie Katzmann seine kleinen Mixgriffel im Spiel. Als »Right In The Night (Fall In Love With Music)« Mitte 1995 noch einmal in GB veröffentlicht wurde, schaffte die Platte diesmal den Sprung unter die ersten 10. Nach einer längeren Pause kam Jam & Spoon Mitte 1997 mit »Kaleidoscope Skies« wieder in die deutsche Hitparade zurück.

*Right In The Night (Fall In Love With Music) (11/93 D 6; 2/94 CH 4; 6/95 GB 10)*
***Techno***

## James

DAVID BAYNTON-POWER, d (Großbritannien, * 29. 1. 1961 in Manchester); TIMOTHY BOOTH, v (Großbritannien, * 4. 2. 1960 in Manchester); SAUL DAVIES, v/g (Großbritannien, * 28. 6. 1965 in Manchester); ANDY DIAGRAM, tr (Großbritannien, geb. in Manchester); JAMES GLENNIE, b (Großbritannien, * 10. 10. 1963 in Manchester); LARRY GOTT, g (Großbritannien, * 24. 7. 1957 in Manchester); MARK HUNTER, key (Großbritannien, * 5. 11. 1968 in Manchester); ADRIAN OXAAL (Großbritannien); GAVAN WHELAN, d (Großbritannien, geb. in Manchester).
Die Lieblingsband von Morrissey erhielt 1983 mit dessen Hilfe einen Plattenvertrag in ihrer Heimatstadt Manchester bei Factory Records. Die frühen Singles des Quartetts Booth, Glennie, Gott und Whelan, eine Mixtur aus Folk und New Wave, waren kein kommerzieller Erfolg. 1985 wechselten sie ihre Plattenfirma und veröffentlichten drei LPs. Nach einem erneuten Wechsel des Labels wurde Schlagzeuger Whelan durch Baynton-Power ersetzt. Neu hinzu kamen Davies, Hunter und Diagram. 1991 kamen die ersten Top-10-Hits. Die Band selbst sieht sich in der Tradition von Gruppen wie Cure, U2 oder auch Clash. Im Herbst 1993 – jetzt produziert von Brian Eno – schlug James eine neue Richtung ein: weg von den schrammelnden Gitarren und hin zu einem puren, von großen Arrangements befreiten Sound. Es erschien die CD »Laid«. Daraus ausgekoppelt: die Single »Sometimes« (9/93 GB 18). Anfang 1997 erschien mit »Whiplash« ein neues Album der Gruppe, darauf die Singles »She's A Star« und »Tomorrow« (5/97 GB 12). Die Plattenfirma sprach von ›vielen internen Turbulenzen‹, die der Produktion vorausgegangen waren. Als neues Mitglied wurde Adrian Oxaal genannt.

*Sit Down (3/91 GB 2)*
*Sound (11/91 GB 9)*
*She's A Star (2/97 GB 9)*

***Pop***

**CD-Tip:** *Laid* Fontana 514 943 2

## James Brothers

JÖRG MARIA BERG, v (Österreich, * 24. 9. 1930 in Schönbühel/Donau); PETER KRAUS, v (Deutschland, * 18. 3. 1939 als Krausenecker in München).

Um für den deutschen Nachzieher des Hits »When« der Kalin Twins ein Duo auf die Beine zu stellen, nahm man den Österreicher Jörg Maria Berg und den Deutschen Peter Kraus. Als James Brothers erreichten sie mit ihrer Version, »Wenn«, Ende 1958 Platz 5 in Deutschland. 1959 schafften sie drei weitere Top-10-Erfolge: »Wenn du heut ausgehst«, »Die jungen Jahre« und »Cowboy Billy«. In den folgenden beiden Jahren kam es zu drei weiteren Hitnotierungen. Danach gingen die beiden wieder getrennte Wege.

*Wenn (11/58 D 5)*
*Wenn du heut ausgehst (2/59 D 10)*
*Die jungen Jahre (3/59 D 10)*
*Cowboy Billy (8/59 D 6)*
***Deutscher Schlager***

**CD-Tip:** *Peter Kraus – Die Singles* Bear Family BCD 15453 und 15457

## James, Etta

v (USA, * 25. 1. 1938 in Los Angeles/Kalifornien).

›Miss Peaches‹ war der Spitzname von Etta, die 1955 mit »The Wallflower« (2/55 R&B 1) als Etta James & The Peaches einen Spitzenreiter in den R&B-Charts hatte. In den weißen Popcharts war Georgia Gibbs mit dem Titel erfolgreich – der von Etta war besser. Der Song war als Antwort auf den Hank-Ballard-Hit »Work With Me, Annie« gedacht, weshalb er auch als »Roll With Me Henry« bekannt wurde. Bei Georgia Gibbs hieß der Titel schließlich »Dance With Me Henry (Wallflower)«. Bis 1978 folgten insgesamt 30 Notierungen in den R&B-Charts, darunter die Nummern »Good Rockin' Daddy« (11/55 R&B 6), »All I Could Do Was Cry« (5/60 R&B 2), »If I Can't Have You« (8/60 R&B 6), »My Dearest Darling« (9/60 R&B 5), »At Last« (1/61 R&B 2), »Trust Me« (4/61 R&B 4), »Don't Cry, Baby« (8/61 R&B 6), »Something's Got A Hold On Me« (3/62 R&B 4), »Stop The Wedding« (8/62 R&B 6), »Pushover« (5/63 R&B 7) und »Tell Mama« (11/67 R&B 10), die alle die Top-10 in den R&B-Charts erreichten. In den Popcharts waren »Tell Mama« (Platz 23) und »Pushover« (Platz 25) ihre größten Hits. Lange hatte man in den Hitparden nichts mehr von ihr gehört, als sich in GB Coca-Cola des Titels »I Just Want To Make Love To You« besann und ihn für einen TV-Werbespot für Cola-Light benutzte. Etta hatte den Titel 1960 aufgenommen – nach 36 Jahren wurde er jetzt ein Hit. Veröffentlicht hatte sie gerade eine neue LP mit dem Titel »Time After Time«. 1993 war Etta in die Rock 'n' Roll Hall of Fame aufgenommen worden.

*I Just Want To Make Love To You (2/96 GB 5)*
***Rhythm & Blues, Soul***

**CD-Tip:** *The Right Time* Elektra 7559–61347–2

## James, Harry

tr/bl (USA, * 15. 3. 1916 in Albany/Georgia, † 5. 7. 1983).

Harry begann mit Ben Pollack 1935/36. In den nächsten beiden Jahren spielte er mit Benny Goodman. Ab 1938 hatte Harry dann seine eigene Band. Im Frühjahr 1938 gelang ihm mit »One O'Clock Jump« sein erster Top-10-Erfolg. »You Made Me Love You« erreichte Ende 1941 Platz 5 in den US-Charts und wurde ein Millionseller. Insgesamt gelangen Harry James bis zum Jahre 1953 mehr als 70 US-

Hits. Darunter waren fünf Millionseller und neun Spitzenreiter. Die erfolgreichsten Nummern waren »I Had The Craziest Dream« 1942, »I've Heard That Song Before« – 13 Wochen auf Platz 1 – und »All Or Nothing At All« 1943. Letztgenannter Titel wurde bereits 1939 aufgenommen und von Frank Sinatra gesungen. Die Platte kam 1943 in die Hitparade, weil zu diesem Zeitpunkt in den USA ein Streik der Musiker dafür sorgte, daß keine Neuaufnahmen gemacht werden konnten. Den Plattenfirmen blieb nichts anderes übrig, als altes Material wieder neu zu veröffentlichen. Neben Frank Sinatra sangen mit Harry James Künstler wie Helen Forrest, Dick Haymes, Kitty Kallen, Art Lund, Doris Day, Betty Grable (seine Frau) oder Buddy DiVito. Bis zu seinem Tod 1983 aufgrund einer Krebserkrankung blieb Harry James im Musikgeschäft aktiv.

*Ciribiribin (1/40 US 10)*
*Music Makers (4/41 US 9)*
*Lament To Love (8/41 US 10)*
*You Made Me Love You (11/41 US 5)*
*I Don't Want To Walk Without You (2/42 US 1)*
*Sleepy Lagoon (4/42 US 1)*
*One Dozen Roses (5/42 US 4)*
*Strictly Instrumental (7/42 US 5)*
*He's My Guy (9/42 US 7)*
*I Had The Craziest Dream (11/42 US 1)*
*Mister Five By Five (11/42 US 1)*
*Manhattan Serenade (11/42 US 9)*
*I've Heard That Song Before (1/43 US 1)*
*Velvet Moon (4/43 US 2)*
*All Or Nothing At All (6/43 US 1)*
*I Heard You Cried Last Night (7/43 US 2)*
*Cherry (1/44 US 4)*
*I'll Get By (As Long As I Have You) (4/44 US 1)*
*I'm Beginning To See The Light (1/45 US 1)*
*I Don't Care Who Knows It (4/45 US 8)*
*If I Loved You (7/45 US 8)*
*11:60 P.M. (9/45 US 8)*
*I'll Buy That Dream (9/45 US 2)*
*It's Been A Long, Long Time (10/45 US 1)*
*Waitin' For The Train To Come In (11/45 US 6)*
*I Can't Begin To Tell You (12/45 US 5)*
*I'm Always Chasing Rainbows (2/46 US 9)*
*This Is Always (9/46 US 10)*
*Heartaches (4/47 US 4)*
*Would I Love You (Love You, Love You) (3/51 US 10)*
*Castle Rock (9/51 US 8)*
***Big Band, Instrumental, Pop***

**CD-Tip:** *The Best Of Capitol Years* Capitol CDP 7 98952 2

## James, Jimmy & The Vagabonds

RUPERT BALGOBIN, d; PHILIP CHEN, b (Großbritannien, * 21. 10. 1954); RUSSELL COURTNEY, d; MATT FREDERICKS, sax; CHRIS GARFIELD, g; JIMMY JAMES, v (Jamaika, * 15. 9. 1940); MILTON JAMES, sax; ALAN KIRK, key; COUNT PRINCE MILLER, v; CARL NOEL, org; WALLACE WILSON, g; ALAN WOOD, b.

1964 kam Jimmy James nach England und gründete diese britische Soulband. Vorher hatte er in seiner Heimat bereits mit einigen Plattenveröffentlichungen lokale Erfolge. Ihren ersten Hit hatten Jimmy James & The Vagabonds mit »Red Red Wine«, eine Komposition von Neil Diamond, die im September 1968 in die britischen Charts kam und Platz 36 erreichte. Mit demselben Titel hatten Ende 1983 UB40 eine Nummer 1 in GB. 1976 hatte sich Jimmy James mit Wood, Garfield, Courtney und Kirk eine völlig neue Vagabundentruppe zusammengestellt, die jetzt von dem Produzenten Biddu betreut wurde. »Now Is The Time« blieb der einzige Top-10-Erfolg dieser Formation.

*Now Is The Time (7/76 GB 5)*
***Pop, Soul***

## James, Joni

v (USA, * 22. 9. 1930 als Joan Carmello Babbo in Chicago/Illinois).

Joni trat bereits im Alter von zwölf Jahren als Tänzerin auf. Während ihrer High-School-Zeit arbeitete sie als Model und nahm zusätzlich Tanz- und Schauspielunterricht. Das zahlte sich aus: In den späten 40er Jahren tourte sie durch Kanada als Tänzerin. Zusätzlich begann sie zu singen. Ihre ersten Plattenaufnahmen machte sie 1952. Bereits ihre zweite Single »Why Don't You Believe Me« wurde Ende 1952 ein Millionseller und Spitzenreiter in den USA. »Have You Heard« und »Your Cheatin' Heart« waren 1953 Top-10-Erfolge und Millionseller. »Almost Always« und »My Love, My Love« waren weitere Top-10-Erfolge 1953. »How Important Can It Be?« und »You Are My Love« standen unter den ersten 10 in den USA im Jahre 1955. Hits von Joni werden bis 1961 verzeichnet. Sie machte weiter Platten bis 1964, und danach zog sie sich aus dem Showgeschäft zurück.

*How Important Can It Be? (2/52 US 2)*
*Why Don't You Believe Me (10/52 US 1)*
*Have You Heard (1/53 US 4)*
*Your Cheatin' Heart (2/53 US 2)*
*Almost Always (5/53 US 9)*
*My Love, My Love (8/53 US 8)*
*You Are My Love (10/55 US 6)*
***Pop***

## James, Sonny

v (USA, * 1. 5. 1929 als James Loden in Hackleburg/Alabama).

Der Spitzname von Sonny ist ›The Southern Gentleman‹. Ab 1953 war er in den Country-&-Western-Charts erfolgreich. Bis 1983 wurde er mit mehr als siebzig Titeln verzeichnet, 23 mal belegte er Platz 1. Seinen größten Crossover-Erfolg hatte er mit »Young Love«, in den USA Spitzenreiter, Platz 11 in GB. Sonny spielte auch in etlichen Filmen mit, deren Handlungen im Country- und Hillbilly-Milieu angesiedelt waren.

*Young Love (12/56 US 1)*
***Country, Pop***

**CD-Tip:** *The Best Of Sonny James* Capitol CDP 7 91630 2

## James, Tommy & The Shondells

Eddie Gray, g (USA, * 27. 2. 1948 in Scottsdale/Pennsylvania); Tommy James, v (USA, * 29. 4. 1947 als Thomas Gregory Jackson in Dayton/Ohio); Peter Lucia, d (USA, * 2. 2. 1947 in Morriston/New Jersey); Ronald Rosman, key (USA, * 28. 2. 1945 in Dubois/Pennsylvania); Mike Vale, b (USA, * 17. 7. 1943 in Greenburg/Pennsylvania).

Als James 1959 Tommy James & The Shondells gründete, war er gerade zwölf Jahre alt. 1963 nahm er den Titel »Hanky Panky« auf, der sich jedoch nicht durchsetzen konnte. Erst als die Platte Mitte 1966 erneut veröffentlicht wurde, erreichte sie Platz 1 in den USA, Platz 3 in Deutschland. »I Think We're Alone Now« und »Mirage« 1967, »Mony Mony« und »Crimson And Clover« 1968, »Sweet Cherry Wine« und »Crystal Blue Persuasion« 1969 waren weitere Top-10-Erfolge. 1970 löste James die Shondells auf und machte als Solist weiter. »Draggin' The Line« war Mitte 1971 ein Platz 4 für ihn in den USA. Nach 1973 verschwand er aus den Hitparaden. 1980 stand er mit »Three Times In Love« wieder unter den ersten 20. 1987 hatte die US-Sängerin Tiffany mit dem Titel »I Think We're Alone Now« einen Spitzenplatz in den USA.

*Hanky Panky (6/66 US 1; 8/66 D 3)*
*I Think We're Alone Now (2/67 US 4)*
*Mirage (4/67 US 10)*
*Mony Mony (4/68 US 3; 6/68 GB 1, D 3; 9/68 CH 2)*
*Crimson And Clover (12/68 US 1; 2/69 CH 1, D 1)*
*Sweet Cherry Wine (3/69 US 7)*
*Crystal Blue Persuasion (6/69 US 2)*
*Draggin' The Line (6/71 US 4)*
***Pop***

**CD-Tip:** *Anthology Of Tommy James* EMI CDP 7 93635 2

## Jamiroquai

WALLACE BUCHANAN, per (Großbritannien); SIMON KATZ, g (Großbritannien); JASON KAY, v (Großbritannien); DERRICK MCKENZIE, g/d (Großbritannien, * 27. 2. 1964 in Ayrshire/Schottland); TOBY SMITH, key (Großbritannien); NICK VAN GELDER, d (Niederlande); STUART ZENDER, b.

Die aus Ealing, London, stammende Acid-Funk-Jazzformation leitete ihren Namen vom Stamm der Irokesen ab. Das Markenzeichen von Sänger Jason war in den Anfangstagen eine Riesenmütze mit zwei Hörnern. Ihre erste Hitnotierung hatte die Gruppe Ende 1992 in GB mit »When You Gonna Learn«. Die Nachfolgesingle »Too Young To Die« stand im Frühjahr 1993 auf Platz 10 in GB. »Blow Your Mind«, »Space Cowboy« und »Half The Man« kamen als weitere Singles in GB jeweils unter die ersten 20. 1993 erschien das Debütalbum »Emergency On Planet Earth«, im Oktober 1994 kam »The Return Of The Space Cowboy«. Musikalisch versucht Jamiroquai eine Verbindung von Jazz, Disco und Funk, die sich wohltuend vom üblichen Disco-Sound der Jahre 1993/94 abhebt. Auch die Jahre 1995 und 1996 brachten wieder Erfolge für Jamiroquai, die sich jedoch vorwiegend auf GB beschränkten. 1996 erschien das Album »Travelling Without Moving«, das mit »Virtual Insanity« und »Cosmic Girl« auch zwei Top-10-Hits beinhaltete. Für »Virtual Insanity« erhielt die Gruppe 1998 einen Grammy in der Kategorie ›Best Performance By A Duo Or Group With Vocal‹. »Deeper Underground« aus dem Film »Godzilla« stieg am 25. 7. 1998 gleich auf Platz 1 der GB-Charts ein.

*Too Young To Die (3/93 GB 10)*
*Stillness In Time (7/95 GB 9)*
*Virtual Insanity (8/96 GB 3)*
*Cosmic Girl (12/96 GB 6)*
*Alright (5/97 GB 6)*
*Deeper Underground (7/98 GB 1)*

***Disco, Funk, Jazz***

**CD-Tip:** *Travelling Without Moving* Sony Soho Square 483999 9

## Jan & Dean

JAN BERRY, v (USA, * 3. 4. 1941 in Los Angeles/Kalifornien); DEAN TORRENCE, v (USA, * 10. 3. 1940 in Los Angeles/Kalifornien).

Die beiden machten Surf-, Fun-, Car-, Girl-Music. Die Themen Surfen, Spaß, Autos und Mädchen dominierten Ende der 50er, Anfang der 60er Jahre in der West Coast Music. Zu den bekanntesten Vertretern dieser Musikgattung gehörten Jan & Dean und die Beach Boys. Jan und Dean hatten 1957 die Gruppe Barons zusammen mit vier Freunden gegründet. Zu diesen Barons gehörten Bruce Johnston am Piano, der später bei den Beach Boys auftauchte, und Sandy Nelson am Schlagzeug. 1958 fielen die Barons auseinander. Jan und Dean und Arnie Ginsburg blieben übrig. Diese drei nahmen den Titel »Jennie Lee« auf. Dean sang die Leadstimme. Das Ganze spielte sich in Jans Garage ab. Während Dean für sechs Monate zu Reserveübungen eingezogen wurde, hörte ein Mitarbeiter von Marty Melcher, dem Vater von Terry Melcher und Ehemann von Doris Day, ein Band von »Jennie Lee« und wollte es veröffentlichen. Berry und Ginsburg machten einen Vertrag mit ihm und veröffentlichten den Titel als Jan & Arnie. Mitte des Jahres 1958 kam die Platte in die US-Charts und erreichte Platz 8. Der Nachfolger »Gas Money« kam schon nicht mehr unter die ersten 80. Als Dean von seinem Militärdienst zurückkam, verließ Ginsburg die beiden, die jetzt als Jan & Dean ihre Platten veröffentlichten. Jan & Dean machten einen Plattenvertrag mit Lou Adler und Herb Alpert, die nun die Aufnahmen des Duos betreuten und auf ihrem Label Dore veröffentlichten. »Baby

Talk« wurde im Herbst 1959 der einzige Top-10-Erfolg auf diesem Label in den USA. Ab 1962 wechselte das Duo zu Liberty, und mit dem Erfolg der Beach Boys sollten nun auch Jan & Dean Hits haben: »Surf City«, geschrieben von Brian Wilson, wurde Mitte 1963 Spitzenreiter in den USA. »Drag City«, ebenfalls 1963, »Dead Man's Curve« und »The Little Old Lady (From Pasadena)« 1964 waren weitere Top-10-Erfolge für Jan & Dean. Die Liste ihrer Hits geht bis in das Jahr 1966. Die Zusammenarbeit mit den Beach Boys ging so weit, daß Jan & Dean fast immer im Vorprogramm der Band spielten und daß man sich auch bei Plattenaufnahmen gegenseitig half. So sang Dean bei dem Beach-Boys-Hit »Barbara Ann« die Leadstimme, was nicht gerade zur Verbesserung des ohnehin angespannten Verhältnisses zwischen ihm und Jan beitrug. Am 12.4. 1966 verunglückte Jan Berry schwer mit seinem Auto. Seine Corvette fuhr ungebremst auf einen parkenden Lastwagen. Berry entging nur knapp dem Tod. Nachdem er einige Zeit im Koma gelegen hatte, war er über Monate gelähmt. Außerdem trug er schwere Hirnverletzungen davon. Er mußte viele Dinge von Grund auf neu erlernen. Der Genesungsprozeß zog sich über Jahre hin. Versuche der beiden, nach der Genesung von Jan wieder ins Geschäft zu kommen, funktionierten nicht. Dean gründete später seine Graphik-Firma Kittyhawk und wurde ein ausgezeichneter Cover-Designer. 1972 unterschrieb Berry einen Solovertrag mit Lou Adler. Die Veröffentlichung einer Platte brachte jedoch keinen Erfolg. Dean seinerseits gründete die Formation Legendary Masked Surfers zusammen mit Bruce Johnston und Terry Melcher, die jedoch auch nur Flops veröffentlichte. 1978 brachte ABC-TV die Dokumentation ›Dead Man's Curve‹, in der die Geschichte von Jan & Dean noch einmal nacherzählt wird.

*Jennie Lee (5/58 US 8)*
*Baby Talk (8/59 US 10)*
*Surf City (6/63 US 1)*
*Drag City (12/63 US 10)*
*Dead Man's Curve (3/64 US 8)*
*The Little Old Lady (From Pasadena) (6/64 US 3)*
***Pop, Surf-Music***

**CD-Tip:** *Jan & Dean Story* Creole 101RNC

## Jan & Kjeld

JAN WENNICK, v (Dänemark, *27.7. 1946 in Kopenhagen); KJELD WENNICK, v (Dänemark, *3.2. 1944 in Kopenhagen).

Die beiden Brüder hatten ihren ersten Erfolg bereits im Kindesalter Ende 1959 mit dem »Tiger Rag« (12/59 D 28). Die Nachfolgesingle »Banjo-Boy« (2/60 D 1, 6/60 US 58, GB 36) wurde vergoldet und kam auch in die britische und amerikanische Hitparade. Bis 1963 folgten weitere zwölf Hits – die Top-40-Erfolge: »Mach doch nicht immer so viel Wind« (3/60 D 39), »Tingelingeling, mein Banjo singt« (6/60 D 16), »Penny-Melodie« (6/60 D 16), »Träumen kann man was man will« (11/60 D 13), »Blacky And Johnny« (12/60 D 27), »Viele bunte Lichter« (6/61 D 22), »Hello, Mary Lou« (8/61 D 2), »Zwei kleine Italiener« (2/62 D 28), »Küsse im Mondschein« (7/62 D 10) und »Piccolina« (8/63 D 31) waren noch weiter Top-40-Erfolge, dann machte der Stimmbruch dem Gesang ein Ende. Der Musik blieben die beiden Brüder jedoch erhalten – sie gründeten z. B. eine eigene Managmentfirma. Zu ihren Künstlern gehörten »Laid Back«, die dank der Wennicks zu Hitruhm kamen.

*Banjo-Boy (2/60 D 1)*
*Hello, Mary Lou (8/61 D 2)*
*Küsse im Mondschein (7/62 D 10)*
***Deutscher Schlager***

## Jankowski, Horst

p/bl (Deutschland, * 30. 1. 1936 in Berlin, † 29. 6. 1998).

Horst gewann zwischen 1955 und 1965 in der Bundesrepublik immer den ersten Preis, wenn es um den besten Jazz-Tastenspieler des Jahres ging. Da man damit allerdings kein Geld verdienen konnte, machte er nebenher Musik im Südfunk-Orchester bei Erwin Lehn. Weltweiten Erfolg sollte Jankowski mit der von ihm geschriebenen Nummer »A Walk In The Black Forest« haben. Die Platte erreichte neben einer Top-10-Plazierung in GB Platz 12 in den USA. In die deutsche Hitparade kam sie nicht. 1975 wurde er Leiter des RIAS-Tanzorchesters in Berlin, spielte mit vielen Jazzstars zusammen, u. a. Ella Fitzgerald und Miles Davis, und schrieb Film- und Fernsehmelodien. Er starb 1998 an einem Krebsleiden in Radolfzell am Bodensee.

*A Walk In The Black Forest (7/65 GB 3)*
***Instrumental, Pop***

## Japan

RICHARD BARBIERI, key (Großbritannien, * 30. 11. 1957); STEVE JANSEN, d (Großbritannien, * 1. 12. 1959 als Steven Batt in Lewisham/London); MICK KARN, sax (Großbritannien, * 24. 7. 1958 als Anthony Michaelides in London); DAVID SYLVIAN, v (Großbritannien, * 23. 2. 1958 als Batt in Lewisham/London).

Die 1977 gegründete britische Band spielte eine von Roxy Music beeinflußte Musik. Noch im selben Jahr eröffnete die deutsche Plattenfirma Hansa in London eine Dependance und suchte per Nachwuchswettbewerb neue Gruppen. Japan bewarben sich, gewannen den Wettbewerb und erhielten einen Plattenvertrag. Im März 1978 erschien ihre Debüt-Single »Don't Rain On My Parade«, eine Nummer aus dem Musical »Funny Girl«. Die Platte wurde ein Flop. Im Frühjahr 1979 erschien, produziert von Giorgio Moroder, »Life In Tokyo«. Wieder wird die Platte kein Erfolg in GB, dafür aber in Japan. Mitte 1980 unterschrieben sie einen neuen Plattenvertrag mit Virgin Records und veröffentlichten mit »Gentlemen Take Polaroids« ihre erste Chart-Single. Ein Jahr später erschien mit »Quiet Life« eine alte Hansa-Single wieder neu, die jetzt ihr erster Top-20-Erfolg wurde. Im März 1982 kam »Ghosts« bis auf Platz 5 in GB, vier Monate später »I Second That Emotion«, wieder eine alte Platte aus Hansa-Tagen, ebenfalls unter die ersten 10. Mitte 1982 fiel die Band auseinander. Die einzelnen Mitglieder versuchten sich mit Soloprojekten. Sylvian machte zusammen mit dem japanischen Musiker Ryuichi Sakamoto die Aufnahme »Bamboo Houses«, die unter dem Namen Sylvian Sakamoto veröffentlicht wurde und Platz 30 in GB erreichte. Die Nachfolgesingle »Forbidden Colours« schaffte Mitte 1983 Platz 16. Ab 1984 veröffentlichte Sylvian Soloplatten, von denen »Red Guitar« Mitte 1984 Platz 17 erreicht und seine erfolgreichste wird. Seine Solo-LP »Brilliant Trees« stand zum selben Zeitpunkt auf Platz 4. 1990 kam Japan als Quartett wieder zusammen und arbeitete an neuem Material. Mit dabei waren Jansen, Karn, Barbieri und Sylvian. Heraus kam aber kein neues Produkt von Japan, sondern eine Formation, die sich Rain Tree Crow nannte. Das gut gemachte gleichnamige Album kam im April 1991 in die britische LP-Hitparade. Jansen, Barbieri und Karn veröffentlichten im März 1994 das Album »Beginning To Melt«.

*Ghosts (3/82 GB 5)*
*I Second That Emotion (7/82 GB 9)*
***Elektro-Pop***

## Jarre, Jean-Michel

syn (Frankreich, * 24. 8. 1948 in Lyon).
1968 wurde Jean-Michel Mitglied der Music Research Group in Paris. Ein Jahr später nahm er sein erstes Album mit elektronisch-akustischer Musik, »The Cage«, auf. 1971 verließ er die Music Research Group, komponierte Ballettmusik zu »AOR« und leitete die Aufführung an der Pariser Oper. In den folgenden Jahren schrieb er Soundtracks, komponierte für Film, Bühne, Fernsehen und Werbung. »Oxygene« war sein erster internationaler Erfolg. Die gleichnamige Singleauskopplung aus diesem Album erreichte im Herbst 1977 Platz 4 in GB, Platz 16 in Deutschland. Das amerikanische Magazin ›People‹ wählte ihn daraufhin zur Personality of the Year. Sein erstes Open-air-Konzert auf der Place de la Concorde in Paris besuchten eine Million Zuschauer. Damit wurde er in das ›Guinness Buch der Rekorde‹ eingetragen. Erstmals setzte er dabei Pyrotechnik, Riesenprojektionen und Laser ein, die seine späteren Konzerte in China – hier war er 1981 der erste westliche Künstler, der von der chinesischen Regierung eingeladen wurde –, Houston, Lyon und den Londoner Docklands zu Sensationen machten. In den Singlehitparaden war Jarre nicht mehr unter den Top 10 zu finden. Er hatte noch einige internationalen Top-40-Hits: »Oxygene IV« (9/77 D 16), »Oxygene 8« (3/97 GB 17) und »Oxygene 10« (7/97 GB 21). Dafür waren die LPs dieses führenden französischen Synthesizerspielers weltweit erfolgreich: »Oxygene« (8/77 GB-LP 2, 10/77 D-LP 8), »Magnetic Fields« (6/81 GB-LP 6, D-LP 9), »The Concerts In China« (5/82 GB-LP 6, D-LP 35), »Musik aus Zeit und Raum« (2/83 D-LP 3), »Rendez-Vous« (4/86 GB-LP 9, D-LP 20) und »Revolutions« (10/88 GB-LP 2). Verheiratet ist er mit der Schauspielerin Charlotte Rampling. 1997 – nachdem etliche Technokünstler hingegangen waren und Material von Jarre gecovert hatten – veröffentlichte er eine Fortsetzung von »Oxygene«. Ein neues Album hieß demzufolge »Oxygene 7–13«. Dieses Album produzierte er wieder in seinem Haus in Paris. Zur Fußball-WM 1998 in Frankreich machte er zusammen mit Apollo Four Forty eine neue Version seiner Nummer »Rendez-Vous 98« (7/98 GB 12). Die Platte wurde in GB zu einem Hit, weil ITV die Melodie zum Titelthema für ihre WM-Fernsehübertragungen machte.

*Oxygene Part IV (8/77 GB 4)*
***Elektro-Pop, Instrumental***

**CD-Tip:** *The Essential* Polydor 817 003–2

## Jarre, Maurice

(Frankreich, * 13. 9. 1924 in Lyon).
Über vierzig Jahre lang war er einer der führenden Komponisten von Filmmusiken. 1951 schrieb er für das Theaterstück ›Der Prinz von Homburg‹ die Musik. Kurz darauf wechselte er in das Filmfach und komponierte für viele französische Produktionen den Soundtrack. Anfang der 60er Jahre erweiterte er sein Wirkungsgebiet dann auch auf englische oder amerikanische Filme, so z. B. »Der längste Tag« 1962. In demselben Jahr gewann Jarre einen Oscar für die Musik zu »Lawrence von Arabien« mit Peter O'Toole. Seinen zweiten Academy Award gewann er drei Jahre später für »Doktor Schiwago«. Zu seinen weiteren Soundtracks in den 60er Jahren gehörten u. a. »The Professionals«, »Grand Prix«, »Gambit«, »The Damned« oder »Topaz« – ein Film von Alfred Hitchcock. Auch in den nächsten Jahrzehnten war er mit seiner Filmmusik erfolgreich. Die zu »Eine Reise nach Indien« brachte ihm 1984 wieder einen Oscar, »Der einzige Zeuge« zumindest eine Nominierung. Weitere erfolgreiche Kompositionen schrieb er u. a. für »The Year Of Living Dangerously«, »Mad Max And The Thunderdome«, »Enemy Mine«, »The Mosqui-

to Coast«, »No Way Out«, »Fatal Attraction«, »Gorillas In The Mist« – hier wurde er wieder für den Oscar nominiert« –, »Der Club der toten Dichter« oder »Enemies, A Love Story«. Bis in die 90er Jahre ist er einer der erfolgreichsten Film- und TV-Komponisten.

*Schiwago-Melodie (11/66 D 4)*
***Instrumental, Pop***

## Jarreau, Al

v (USA, * 12. 3. 1940 in Milwaukee/Wisconsin).

Seine musikalische Karriere begann Al recht spät. 1966 absolvierte er ein Masters Degree in Psychologie, zog dann nach San Francisco und nahm einen Job als Rehabilitationshelfer an. Gleichzeitig begann er mit dem George Duke Trio durch die Clubs zu ziehen. Mit 28 Jahren gab er seinen Job auf und wagte den Sprung ins Profimusiklager. In Kalifornien wurde er schnell populär, obwohl er sich zu diesem Zeitpunkt mehr als Jazzsänger profilierte. Als er Ende der 60er Jahre in New York gastierte, lernte er zwei andere aufstrebende junge Künstler kennen: Bette Midler und Quincy Jones. Mitte 1975 erschien als Debütalbum »We Got By«, das kein Erfolg wurde. Der Chef des deutschen WEA-Ablegers, Sigi Loch, war nach Anhören der Platte von der Qualität des Sängers überzeugt. Er lud ihn ein, in Hamburg im Onkel Pö zu singen. Jarreau kam, und am nächsten Tag stand in der ›Süddeutschen Zeitung‹: ›Der Mann ist ein Phänomen, und wenn ihm die Zukunft gehört, können Leute, die an der Popmusik nicht nur das Poppige, sondern auch die Musik lieben und die im Augenblick zu verzagen beginnen, wieder Hoffnung fassen, ja aufatmen.‹ Zwei Wochen später las man im ›Spiegel‹: ›In Hamburgs Popkneipe Onkel Pö begann wieder einmal eine Karriere.‹ Noch im selben Jahr trat er bei den Berliner Jazztagen auf und feierte Triumphe. Inzwischen gewann er etliche Male den Grammy als bester Jazz-Vocalist. Ab 1981 war er auch in der amerikanischen Singlehitparade erfolgreich. Seinen größten Erfolg hatte er mit der Single »Moonlighting Theme«, der Titelmelodie aus der Fernsehserie ›Das Model und der Schnüffler‹. Die Platte wurde Anfang 1987 ein Platz 8 in GB. Ansonsten sind mehr die LPs von Al Jarreau erfolgreich und anhörenswert. Sein bisher letztes Album erschien Mitte 1994 und hieß »Tenderness«.

*Moonlighting Theme (3/87 GB 8)*
***Jazz, Pop, Rhythm & Blues***

**CD-Tip:** *The Best Of Al Jarreau* WEA 9362 46461–2

## Jay & The Americans

JAY BLACK, v (USA, * 2. 11. 1938 als David Blatt); SANDY DEANE (USA, * 30. 1. 1943 als Yaguda); HOWIE KANE (USA, * 6. 6. 1942 als Howard Kershenbaum); MARTY SANDERS, g (USA, * 28. 2. 1941); JOHN »JAY« TRAYNOR, v; KENNY VANCE (USA, * 9. 12. 1943 als Rosenberg).

Ende 1959 kamen Vance, Yaguda, Kane und der ehemalige Sänger der Mystics, John Traynor, in New York City als Harbor-Lites zusammen. 1961 spielten sie den Produzenten Jerry Leiber und Mike Stoller vor, die ihnen einen Plattenvertrag bei United Artists verschafften. Die Plattenfirma wollte die Formation als Binky Jones & The Americans veröffentlicht sehen, was den Hafenlichtern nicht gefiel. Der Kompromiß war dann Jay & The Americans. Im Herbst 1961 erschien mit »Tonight« aus der »West Side Story« ihre erste Single. »She Cried« kam im März 1962 in die US-Charts und erreichte Platz 5. Danach kam Marty Sanders als weiteres Mitglied in die Gruppe. Wenig später verließ John ›Jay‹ Traynor die Formation, und Sanders schlug seinen alten Freund David Blatt als Leadsänger vor. Der wurde schließlich auch genommen, änderte seinen Namen in Jay Black und sollte mit Jay & The Americans in den nächsten fünf Jahren etliche Hits haben. »Come A Little Bit Closer« 1964, »Cara, Mia« 1965 und »This Magic Moment« 1968 waren weitere Top-10-Erfolge. 1969 gehörten zur Studioband von Jay & The Americans die später als Steely Dan bekannten Musiker Donald Fagen und Walter Becker. Die letzte Hitnotierung stammt aus dem Jahre 1970. David Blatt machte als Jay Black ab 1980 Soloplatten. Ansonsten tourte er mit neuen Musikern als Jay Black & The Americans vorwiegend in und um New York.

*She Cried (3/62 US 5)*
*Come A Little Bit Closer (9/64 US 3)*
*Cara, Mia (6/65 US 4)*
*This Magic Moment (12/68 US 6)*
***Pop***

**CD-Tip:** *Greatest Hits* EMI CDP 7 48384 2

## Jay & The Techniques

CHARLES CROWL (USA); DANTE DANCHO (USA); RONALD GOOSLY (USA); KARL LANDIS; GEORGE LLOYD; JAY PROCTOR; JOHN WALSH.
Diese gemischtrassige Gruppe kam aus Allentown, Pennsylvania, und formierte sich Mitte der 60er Jahre. 1967 erhielten Jay & The Techniques einen Plattenvertrag, und ihre erste Veröffentlichung »Apples, Peaches And Pumpkin Pie« wurde Mitte desselben Jahres Platz 6 in den USA. Bis 1968 kamen noch drei weitere Hitnotierungen, danach fiel die Band wieder auseinander. In den 70er Jahren kamen sie wieder zusammen und machten einige Platten, die sich jedoch in den Hitparaden nicht mehr plazierten.

*Apples, Peaches And Pumpkin Pie (7/67 US 6)*
***Pop, Rhythm & Blues***

## Jaydee

*Plastic Dreams (9/93 CH 4)*

## Jaynetts

YVONNE BUSHNELL, v (USA, geb. in Bronx/New York City); ETHEL DAVIS, v (USA, geb. in Bronx/New York City); ADA RAY, v (USA, geb. in Bronx/New York City); JOHNNIE LOUISE RICHARDSON, v (USA, * 29. 7. 1945 in Bronx/New York City, † 25. 10. 1988); MARY SUE WELLS, v (USA, geb. in Bronx/New York City).
Mitte 1963 kam ein A&R-Mitarbeiter einer Chicagoer Plattenfirma nach New York und suchte eine weibliche Gesangsgruppe für sein Label. Zu denen, die er deswegen ansprach, gehörte die Produzentin, Komponistin und Besitzerin der Plattenfirma J&S Records Zelma Sanders. Die verwies auf zwei Mädchen, die als Solistinnen auf ihrem Label sangen, Davis und Bushnell. Dazu gesellte man Ray und als viertes Mitglied Wells, die sich auf eine Anzeige in der ›New York Post‹ gemeldet hatte, in der Sängerinnen gesucht wurden. Diese vier Mädchen nahmen den Titel »Sally, Go 'Round The Roses« auf, den Zelma geschrieben hatte. Die Nummer erschien und wurde im Herbst 1963 ein Platz 2 in den USA. Erst nach der Aufnahme wurde die Tochter von Zelma, Johnnie Louise Richardson, in die Formation aufgenommen. Johnnie war vorher eine Hälfte des Duos Johnnie & Joe gewesen,

die 1957 den Top-10-Hit »Over The Mountains 'Cross The Sea« hatten. Der Band half dieses Hinzunehmen eines fünften Mitglieds nicht, es gab keinen weiteren Hit.

*Sally, Go 'Round The Roses (8/63 US 2)*
***Pop***

## Jazzy Jeff & Fresh Prince

JAZZY JEFF, dj (USA, * 22. 1. 1965 als Jeff Townes in Philadelphia/Pennsylvania); FRESH PRINCE, rap/dj (USA, * 25. 9. 1968 als Will Smith in Philadelphia/Pennsylvania).
Hinter diesem HipHop-Duo verbargen sich die aus Philadelphia stammenden Amerikaner D.J. Jeff Townes und der Rapper Will Smith, die zunächst als D.J. Jazzy Jeff & The Fresh Prince firmierten. Die beiden hatten im Sommer 1991 einen Platinhit mit dem Titel »Summertime« (6/91 US 4, 8/91 GB 8, D 12, 8/94 RE-GB 29). Ihre erste Chartnotierung stammt aus dem Jahre 1986: »Girls Are Nothing But Trouble« (10/86 GB 21, 10/88 US 57) – zwei Jahre später kam die Platte auch in die US-Charts. 1987 erschien ihr Debütalbum »Rock The House«, das mit Gold ausgezeichnet wurde. »Parents Just Don't Understand« (5/88 US 12) wurde ein Millionseller, Nachfolger war »A Nightmare On My Street« (7/88 US 15). Das nächste Album hieß »He's The D.J., I'm The Rapper« (4/88 US-LP 4) und erhielt dreimal Platin. Auch die Nachfolgealben »And In This Corner« 1989, »Homebase« 1991 und »Code Red« 1993 erhielten Gold bzw. Platin. Für ihre Titel »Parents Just Don't Understand« 1988 und »Summertime« 1991 kassierten sie Grammys. Bei den American Music Awards erhielten sie zweimal einen Preis für das beliebteste Rap-Album und einmal als beliebteste Rap-Künstler. Nach ihrem großen Hit hatten sie mit »Ring My Bell« (10/91 US 20), einem Remake des Anita-Ward-Hits, einen weiteren Erfolg. 1993 – jetzt als Jazzy Jeff & Fresh Prince – schaffte das Duo mit »Boom! Shake The Room« (8/93 US 13, GB 1, D 8) wieder keinen Top-10-Hit in den USA, trotzdem aber wieder einen Millionseller. Gleichzeitig wurde die CD »Code Red« veröffentlicht, die eine ansprechende Verbindung von Jazz, Funk und Hip-Hop brachte. »I'm Looking For The One (To Be With Me)« (11/93 GB 24) und »Can't Wait To Be With You« (2/94 GB 29) brachten dem Duo zwei weitere Hits in GB. 1996/7 kam für Will Smith alias Fresh Prince der große Erfolge: als Schauspieler sah man ihn in den Filmen »Independence Day« und neben Tommy Lee in »Men In Black« in Hauptrollen. Der Titelsong des Film »Men In Black« brachte ihm als Solist einen ersten Top-10-Hit. In GB gelang dem Duo mit einer Coverversion der Bill-Withers-Nummer »Lovely Daze« (7/98 GB 37??) ein weiterer Hit. Bei der Gelegenheit wurde bekannt, daß die beiden weltweit mehr als 14 Millionen Platten verkauft hatten.

*Summertime (6/91 US 4; 8/91 GB 8)*
*Boom Shake The Room (9/93 GB 1, D 8; 1/94 CH 8)*
***HipHop, Rap***

**CD-Tip:** *Code Red* Jive 01241 4148489 2

## Jean, Wyclef

CLEF JEAN, g/rap (* 17. 10. 1972 in Haiti).
Nachdem die Fugees eine Pause gemacht hatten, veröffentlichte Wyclef Jean, von seiner Plattenfirma als ›HipHop-Amadeus‹ bezeichnet, Mitte 1997 das Soloalbum »The Carnival«. Die daraus ausgekoppelte Single »We Trying To Stay Alive« (6/97 GB 13) wurde besonders in GB erfolgreich. Hier wurde die Bee-Gees-Nummer »Stayin' Alive« verwurschtelt. Seine Version von »Guantanamera« (9/97 GB

25, D 29) war zumindest in Europa erfolgreich. Ebenfalls vom Album »The Carnival« stammte sein erster Top-10-Hits in den USA und in GB: »Gone Till November«.

*Gone Till November (2/98 US 7; 5/98 GB 3)*
***Pop, Rap, Rhythm & Blues***

## Jeanette

JEANETTE, v (Großbritannien, * 10. 10. 1951 in London).
Jeanette wurde in London als Kind spanischer Eltern geboren. Die Familie zog in die USA, kehrte aber nach Spanien zurück, als Jeanette 14 Jahre alt war. Ende der 60er Jahre wurde sie Sängerin in einer Gruppe namens Picknick, die in Spanien sehr populär gewesen sein soll. Anfang der 70er Jahre startete sie eine Solokarriere. Als die großen Hits ausblieben, zog sie nach Wien und heiratete den ungarischen Musiker Laszlo Kristof. Erfolg hatte sie schließlich mit dem Titel »Porque Te Vas«, der im Frühjahr 1977 die deutsche Hitparade erreichte und Spitzenreiter wurde. Das Lied stammte aus dem spanischen Film »Cria Cuervos« (»Züchte Raben«), was in diesem Fall jedoch sicher nicht dazu beigetragen hat, daß der Titel zum Erfolg wurde. Der von dem spanischen Regisseur Carlos Saura hervorragend inszenierte Film, der anhand einer Madrider Familie den innerlichen Zerfall der Gesellschaft in der Franco-Zeit beschreibt, steht im krassen Gegensatz zu dem piepsig gesungenen und eher einfach strukturierten Liedchen. In der Hauptrolle war die damalige Lebensgefährtin von Saura, Geraldine Chaplin, zu sehen. Jeanette konnte ihren Erfolg nicht mehr wiederholen. 1981 tauchte sie noch einmal in der spanischen Hitparade mit »Frente A Frente« auf.

*Porque Te Vas (1/77 D 1; 2/77 CH 4)*
***Pop***

## Jefferson Airplane/Jefferson Starship

SIGNE ANDERSON, v (USA, * 15. 9. 1941 als Signe Toly Anderson in Seattle/Washington); MARTY BALIN, v/g (USA, * 30. 1. 1942 als Martin Jerel Buchwald in Cincinnati/Ohio); JACK CASADY, b (USA, * 13. 4. 1944 in Washington/D.C.); CRAIG CHAQUICO, g (USA, * 26. 9. 1954 in Sacramento/Kalifornien); PAPA JOHN CREACH, vln (USA, * 28. 5. 1917 in Beaver Hills/Pennsylvania, † 22. 2. 1994); SPENCER DRYDEN, d (USA, * 7. 4. 1938 in New York City); AYNSLEY DUNBAR, d (Großbritannien, * 10. 1. 1946 in Liverpool); DAVID FREIBERG, g/b (USA, * 24. 8. 1938 in Boston/Massachusetts); PAUL KANTNER, v/g (USA, * 12. 3. 1941 in San Francisco); JORMA KAUKONEN, v/g (USA, * 23. 12. 1940 in Washington/D.C.); GRACE SLICK, v (USA, * 30. 10. 1939 als Grace Barnett Wing in Chicago/Illinois); SKIP SPENCE, d (Kanada, * 18. 4. 1944 in Windsor/Ontario); MICKEY THOMAS, v (USA, * 3. 12. 1948 in Cairo/Georgia).
Als nach dem Sommer der Liebe 1967 im Laufe der Jahre die Luftturbulenzen zunahmen, brach zuerst Airplane ab. Die Ziele wurden weiter gesteckt und sollten zu den Sternen reichen – also her mit einem Starship. In der Mitte der kalten 80er Jahre mußte schließlich Jefferson dran glauben – übrig blieb Starship.
Jefferson Airplane wurde 1965 gegründet. Die amerikanische Jugend war sauer auf die Regierung, sauer über das, was sie in Vietnam mitmachen mußte. Viele flüchteten sich in Drogen oder Religionen, andere proklamierten, daß es nur der Macht der Blumen bedürfe, um diesem Spuk ein Ende zu bereiten. Flower-power wurde zu einem Slogan. Man sprach von der sogenannten ›Love Generation‹, von ›Love-in‹, von ›Be-in‹. Das Zentrum dieser Bewegung war San Francisco und dort wiederum der Vorort Haight-Ashbury. Speziell dort, wo sich die beiden Straßen

Haight und Ashbury kreuzen, waren noch Jahre später durch all die vielen Anhänger der Flower-Power-Bewegung alle Straßenschilder abmontiert. Sie hängen als Souvenirs und Erinnerungen an diese Zeit in den Wohnungen amerikanischer Familien, die ihre Pfeifchen in die Ecke gelegt und sich inzwischen etabliert haben und Fans der ersten Stunde waren. Es begann die große Zeit der Poster, der bedruckten T-Shirts und der Aufkleber. 1966 hatten jede Menge Autos in San Francisco einen Sticker mit der Aufschrift ›Jefferson Airplane Loves You‹. Dabei handelte es sich bei Jefferson Airplane um eine Gruppe, die sich mehr aus unbedarften Idealisten zusammensetzte als aus handfesten Musikern. Ähnlich wie Grateful Dead, die aus derselben Stadt stammten, spielten sie auf möglichst vielen sogenannten Free Concerts vor ihren bekifften Fans. Nach der ersten LP von Jefferson Airplane wurde die Sängerin Signe Anderson ausgewechselt. Signe war bemüht, aber wenig erfahren. Für sie kam von einer anderen San-Francisco-Band, Great Society, das ehemalige Model Grace Slick, das ebenfalls bemüht und wenig erfahren war, aber bombig aussah. Ab sofort hatte Jefferson Airplane eine Frontfrau, die sich im wahrsten Sinne des Wortes sehen lassen konnte. Außerdem stellte sich schnell heraus, daß sie auch in der Lage war, Lieder zu schreiben. An nur sieben Tagen, dem 31. 10., 1., 3., 14., 15., 16. und 22. 11. 1966 nahmen sie im RCA Victor's Musiccenter of the World Studio in Hollywood »Surrealistic Pillow« auf, ihre erste LP mit Grace als Sängerin. Auf dieser LP waren gleich zwei Nummern zu finden, die die Amerikaner so beeindruckten, daß sie unter die ersten 10 der amerikanischen Singlehitparade kamen: »Somebody To Love« wurde Anfang 1967 ein Platz 5, »White Rabbit« im Sommer desselben Jahres Platz 8. Die LP wurde in den USA über 1,5 millionenmal verkauft und gilt heute als die Top-Platte des psychedelischen Acid Rock und als die LP, die mit zum Boom des San Francisco Sound und all seiner Spielarten beigetragen hat. Mit Liedern wie »San Francisco (Wear Some Flowers In Your Hair)«, gesungen von Scott McKenzie, wurde die Flowerpower-Welle schon wieder so kommerzialisiert, daß sich die, die damit begonnen hatten, mit Grausen abwandten. Beim Monterey Pop Festival 1967 war wohl der Höhepunkt der Flowerchildren erreicht: Selbst Polizisten waren von der Kraft der Blumen so beeindruckt, daß sie Grünzeugs am Helm trugen.

Nach 1972 verschwand Jefferson Airplane, um zwei Jahre später wieder als Jefferson Starship aufzusteigen. Von der alten Besetzung waren noch fünf Musiker übriggeblieben, darunter auch Grace Slick. »Miracles« 1975 und »Count On Me« 1978 waren die beiden Top-10-Hits dieser Formation. Im Laufe der nächsten zehn Jahre war die Band mit wechselnden Erfolgen und häufig wechselnden Mitgliedern in der Luft. Ein entscheidender Einschnitt war am 17. 6. 1978 der Auftritt der Band beim Loreley-Festival, bei dem Grace Slick nicht auf der Bühne erschien, weil sie sturztrunken war. Enttäuschte Fans zündeten die Bühne an, und es kam zu einem großen Sachschaden. Drei Monate später verließ Marty Balin die Band, und übrig war von den Originalmitgliedern nur noch Paul Kantner. Als neuer Leadsänger kam im April 1979 Mickey Thomas, der auf Alvin Bishops Hit »Fooled Around And Fell In Love« die Leadstimme gesungen hatte. Von Balin erschienen einige sehr gute und auch erfolgreiche Platten. Insgesamt neun LPs von Jefferson Starship wurden vergoldet. Dann kam es 1984 zu Schwierigkeiten in der Band: Urmitglied Paul Kantner stieg aus und verbot den anderen Musikern, unter dem bisherigen Gruppennamen weiterzumachen. Also ließ man Jefferson fallen, wurde zu Starship und machte mit Titeln wie »We Built This City«, Mitte 1985 Spitzenreiter in den US-Charts, noch einmal darauf aufmerksam, daß sie es waren, die an der Musikgeschichte von San Francisco entscheidend mitgebastelt hatten. »Sara«, ebenfalls 1985, »Nothing's Gonna Stop Us Now« und »It's Not Over ('Til It's Over)« 1987 waren die Top-10-Erfolge von Starship.

1989 erschien wieder ein Album von Jefferson Airplane in der Besetzung Balin, Slick, Kantner, Kaukonen und Casady. Die Platte brachte ihnen einen Preis des Musikmagazins ›Rolling Stone‹ ein: für das unwillkommenste Comeback einer Band. 1990 trennten sich die Musiker wieder. 1996 wurden sie in die Rock 'n' Roll Hall of Fame aufgenommen.

*Somebody To Love (4/67 US 5)*
*White Rabbit (6/67 US 8)*
*Miracles (8/75 US 3)*
*Count On Me (3/78 US 8)*
*We Built This City (9/85 US 1; 12/85 D 10; 2/86 CH 8)*
*Sara (12/85 US 1; 4/86 CH 9)*
*Nothing's Gonna Stop Us Now (1/87 US 1; 3/87 GB 1, D 3; 4/87 CH 4)*
*It's Not Over ('Til It's Over) (6/87 US 9)*
***AOR (Adult Orientated Rock), Psychedelic, Rock, West Coast***

**CD-Tip:** *Jefferson Airplane/Starship Best Loves You* Zounds CD 272 00750 B

## Jeffreys, Garland

v (USA, geb. in Brooklyn/New York City).
Garland ist der Sohn eines Mulatten und einer Puertoricanerin. Er studierte Kunst, war für ein Jahr an der Uni in Florenz, gab sein Studium aber dann zugunsten der Musik auf. Zuerst sang er in Clubs in New York, dann mit der Band Grinder's Switch, mit der er 1969 eine LP aufnahm. 1970 sah Garland wieder als Solist in Kaffeehäusern. In den folgenden sieben Jahren entstand eine LP und zwei Singles, die von der Kritik gelobt und von den Käufern übersehen wurden. Eine dieser Singles, »Wild In The Streets«, gilt als Klassiker in Sachen Underground. 1976 unterschrieb er einen Plattenvertrag bei A&M, und ein Jahr später erschien die LP »Ghost Writer«, die bis auf Platz 140 der amerikanischen LP-Charts kam. Diese Mixtur aus Rhythm & Blues, Rock und Reggae, die Garland präsentierte, kam beim amerikanischen Publikum nicht sonderlich gut an. Seinen ersten internationalen Erfolg hatte er demzufolge auch nicht in den USA, sondern in Deutschland. Sein Titel »Matador« kam Mitte 1980 in die deutschen Charts, erreichte Platz 2 und wurde vergoldet. Die Single »Hail Hail Rock 'n' Roll«, auf der Garland noch einmal die Helden des Rock 'n' Roll aufzählte, wurde auch wieder nur ein Hit in Deutschland. Sie kam Ende 1991 in die Charts und erreichte Platz 12. Das Video zu dieser Platte zeigte wohl die Hauptschwierigkeit, mit der sich Garland auseinanderzusetzen hat: Er ist weder weiß noch schwarz, was ihn in den USA für beide Lager bedauerlicherweise inakzeptabel macht.

*Matador (6/80 D 2; 7/80 CH 6)*
*Hail Hail Rock 'n' Roll (3/92 CH 8)*
***AOR (Adult Orientated Rock), Reggae, Rhythm & Blues***

**CD-Tip:** *Don't Call Me Buckwheat* RCA PD 90588

## Jelly Beans

ALAN BREWER, v; ELYSE HERBERT, v; MAXINE HERBERT, v; DIANE TAYLOR, v; CHARLES THOMAS, v.
Diese farbige Formation aus Jersey City, New Jersey, erhielt 1964 einen Plattenvertrag. Die Produzenten und Songschreiber Ellie Greenwich und Jeff Barry nahmen zwei Singles mit ihnen auf. Die erste, »I Wanna Love Him So Bad«, wurde gleich ihr größter Erfolg: Mitte 1964 Platz 9 in den USA. Ihre Nachfolgesingle »Baby Be

Mine« erreichte nur noch Platz 51. Während Phil Spector sehr viel Wert auf seine Wall of Sound legte, ging es bei den Musikstücken von Barry und Greenwich um typische Teenagerlyrik, viel Melodie und einen simplen Hook. Die Formation Jelly Beans verschwand nach ihren beiden Singles wieder in der Versenkung.

*I Wanna Love Him So Bad (6/64 US 9)*
***Pop***

## Jellybean

JELLYBEAN, mix (USA, * 7. 11. 1957 als John Benitez in Bronx/New York City).
Er gilt als der ›Godfather of Remixes‹ – und genau damit hatte er auch seine ersten Erfolge. Für die Musik zu »Flashdance« 1982 saß er am Mischpult. Sein Debüt als Produzent gab er 1983 mit Madonnas Titel »Holiday«. Auch Songs wie »Say Say Say« von Paul McCartney oder »Love Is A Battlefield« von Pat Benatar wurden von ihm bearbeitet. Seinen ersten eigenen Erfolg hatte Jellybean – diesen Spitznamen handelte er sich ein, weil er eine Vorliebe für eine ganz besondere Sorte Gummibärchen hat – mit »Sidewalk Talk«, geschrieben von Madonna. Sein größter Erfolg war »Who Found Who«, Ende 1987 Platz 10 in GB. Was Jellybean, außer daß er an den Reglern sitzt, noch für seine Platten tut, ist nicht ganz klar. Der Gesang jedenfalls stammt von Interpreten wie Adele Bertai, Steven Dante, Richard Darbyshire oder Elisa Fiorillo. Als Remixer jedenfalls scheint er wirklich zu den ganz Großen zu gehören. Hall & Oates, Whitney Houston, David Bowie, Elvis Costello, Debby Harry oder Billy Joel sind alles Interpreten aus der Pop-Oberliga, die mit seinen Remixen Charterfolge feierten.

*Who Found Who (11/87 GB 10)*
***Techno***

**CD-Tip:** *Just Visiting This Planet* Chrysalis 258 577 2

## Jenkins, Gordon

p/bl (USA, * 12. 5. 1910 in Webster Groves/Missouri, † 1. 5. 1984).
Jenkins begann seine Karriere in den frühen 30er Jahren mit Isham Jones. Ab 1933 schrieb er Titel, die von anderen Interpreten übernommen wurden. So nahm z. B. Benny Goodman 1935 den Titel »Good-Bye« auf, den er ab diesem Zeitpunkt stets als letzten Titel bei seinen Auftritten spielte. Er arrangierte für Paul Whiteman, Benny Goodman oder Vincent Lopez. 1937 war er der Arrangeur des Broadway-Musicals »The Show Is On«. Ein Jahr später wurde er der musikalische Direktor für NBC Radio. Ab 1942 veröffentlichte er eigene Platten. Sein Titel »Maybe You'll Be There« wurde 1948 ein Millionseller und Platz 3 in den USA. Ab diesem Zeitpunkt bis in das Jahr 1956 gelangen ihm noch über zwanzig Erfolge, darunter der Millionseller »Tzena, Tzena, Tzena« und der Spitzenreiter »Goodnight, Irene« 1950. 1980 komponierte und dirigierte Gordon Jenkins für Frank Sinatras Konzeptalbum »Trilogy« den Zukunftspart.

*Maybe You'll Be There (6/48 US 3)*
*I Don't See Me In Your Eyes Anymore (4/49 US 5)*
*Again (4/49 US 2)*
*Don't Cry, Joe (Let Her Go, Let Her Go, Let Her Go) (9/49 US 3)*
*My Foolish Heart (2/50 US 3)*
*Bewitched (4/50 US 4)*
*Goodnight, Irene (7/50 US 1)*
*Tzena, Tzena, Tzena (7/50 US 2)*
*I'm Forever Blowing Bubbles (9/50 US 10)*
*So Long (It's Been Good To Know Ya) (1/51 US 4)*
***Instrumental, Pop***

## Jérôme, C.

v (Frankreich).
»Kiss Me« kam im Herbst 1972 unter die ersten 50 in den deutschen Charts. In Frankreich und der Schweiz wurde der Titel ein Knüller. Schon in den 60er Jahren

hatte Charles im Alter von 16 Jahren einen Hit in Frankreich mit »Derniers Baisers«. Seine Erfolge konnte er mit einigen Goldenen Schallplatten, allerdings auch einigen Pausen, bis in die 80er Jahre fortsetzen. So wurde er in Frankreich 1984 wieder mit dem Hit »Et Tu Danses Avec Lui« notiert. Es folgte eine Reihe von Galas. Alleine 1986 absolvierte er 227. Und 1987 war er wieder mit seinem alten Knüller »Derniers Baisers« im Geschäft. Seinen Wunsch, als Sänger Karriere zu machen, begründete er wie folgt: ›Ich singe, weil ich gerne schöne Autos und Erfolg haben möchte.‹

*Kiss Me (9/72 CH 5)*
***Pop***

## Jersey, Jack

v (als Jack de Nijs, geb. in Tjimani/Indonesien).

Jack Jersey kam 1951 nach Holland. Hier begann er 1956 seine musikalische Karriere. Seine erste Komposition wurde im Duo Jack & Woddy veröffentlicht. Ab 1973 gab er sich den Künstlernamen Jack Jersey und begann mit englischsprachigen Titeln. In Deutschland hatte Jack seinen ersten Erfolg im Jahre 1974. »In The Still Of The Night« brachte es auf Platz 21. 1977 war er mit »On This Night A Thousand Stars« erfolgreich und 1980 brachte ihm den Hit »Sri Lanka ... My Shangri-La«. Damit war seine internationale Hitparadenzeit beendet.

*Sri Lanka ... My Shangri-La (8/80 CH 8)*
***Schlager***

## Jesus & Mary Chain

BOBBY GILLESPIE, v/d (Großbritannien, * 22. 6. 1964 in Schottland); DOUGLAS HART, b (Großbritannien, geb. in Schottland); JOHN MOORE, d (Großbritannien, * 23. 12. 1964 in Schottland); JIM REID, v/g (Großbritannien, * 29. 12. 1961 in Glasgow/Schottland); WILLIAM REID, v/g (Großbritannien, * 28. 10. 1958 in Glasgow/Schottland); RICHARD THOMAS, d (Großbritannien, geb. in Schottland).

Diese schottische Band aus East Kilbride ließ die psychedelische Experimentierfreudigkeit der 60er Jahre wiederauferstehen und gilt als Mitbegründer des Noise Pop. Der Gesang beschwört, die Gitarren leisten Minimalarbeit, dazu hämmernde Velvet-Akkorde. 1985 kam mit »Never Understand« die erste Single der Formation in die britischen Charts. Die Musiker waren 1983 zusammengekommen. Ende 1985 erschien mit »Psycho Candy« das Debütalbum der Band, das von der britischen Musikpresse als ›Post-Punk-Meisterstück‹ gefeiert wurde. Darauf die Nummer »Some Candy Talking«, die Mitte 1986 der erste Top-20-Erfolg wurde. Im Januar 1986 entschloß sich die Band, ein halbes Jahr zu pausieren. Gillespie nutzte die Zeit und gründete seine eigene Band Primal Scream, in der er als Leadsänger fungierte. Als im August 1986 wieder Live-Auftritte von Jesus & Mary Chain anstanden, saß John Moore am Schlagzeug. Wenig später setzte er sich wieder von der Band ab und gründete John Moore's Expressway. Im Mai 1987 erreichte die Single »April Skies« die GB-Charts und wurde Platz 8. Im September desselben Jahres erschien die LP »Darklands«, die William Reid als Leadsänger zeigte und auf der außer ihm nur noch sein Bruder zu hören war. Die beiden gingen auch auf Tour, und während der Auftritte wurden durch einen Roadie von Kassette die Schlagzeugparts über PA eingespielt. Die beiden Brüder Reid hatten immer wieder Probleme mit Drogen, die ihnen internationale Gefängniserfahrung verschafften. In Toronto zog Reid Fans vor der Bühne den Mikrofonständer über den Kopf. Wenig später weigerte sich das US-

Fernsehen, Titel der Band zu spielen, weil sie den Namen als Blasphemie bezeichneten. Im August 1988 kam mit Richard Thomas von der Gruppe Dif Juz ein neuer Schlagzeuger. Wer allerdings neben den beiden Brüdern Reid spielt, ist belanglos – sie geben die Richtung der Gruppe an. 1992 erschien ihr Album »Honey's Dead«, 1994 »Stoned And Dethroned«. Auskopplungen aus der letztgenannten CD, »Far Gone And Out« und »Sometimes Always«, kamen in GB nur unter die ersten 30.

*April Skies (5/87 GB 8)*
*Reverence (2/92 GB 10)*
***Pop, Rock***

**CD-Tip:** *Darklands* Blanco Y Negro 242 180–2

## Jesus Jones

BARRY D, key (Großbritannien, * 29. 9. 1965 als Richard Foxwell Baker in Carshalton/Surrey); JERRY DEBORG, g (Großbritannien, * 30. 10. 1963 in Kentish Town/ London); MIKE EDWARDS, v (Großbritannien, * 22. 6. 1964 in London); GEN, d (Großbritannien, * 23. 4. 1964 als Simon Matthews in Devizes/Wiltshire); ALAN JAWORSKI, b (Großbritannien, * 31. 1. 1966 in Plymouth/Devon).

Von der Presse wurden sie als Klaukünstler bezeichnet, und es wurde klargemacht, daß ›fünf soundstarke Londoner Jungs mit Erfolg im Grabbeltisch der Popgeschichte nach recyclingfähigen Teilen für ihr wüstes Musikpuzzle wühlen.‹ Jesus Jones schaffte 1991, was nur wenigen Bands gelingt. Sie überzeugten die Popfans, die Techno-House-Freaks und gleichzeitig die College-Rock-Radiohörer. Die Band aus London wurde 1988 von Mastermind Mike Edwards gegründet, der neben EMF das Zugpferd der sogenannten New British Invasion in den USA war. Ihr zweites Album »Doubt« kam im Frühjahr 1991 in die amerikanische LP-Hitparade, erreichte Platz 25 und Platinstatus. Den ersten Singlerfolg hatte die Band 1989 mit »Info-Freako«. Ende 1990 erschien die Single »Right Here, Right Now«, die im April 1991 in die US-Charts kam und dort Platz 2 erreichte. Seit diesem Zeitpunkt ist diese Band speziell in den USA erfolgreich. »Real, Real, Real« war im August 1991 Platz 4 in den USA. Ihren ersten Top-10-Erfolg in GB hatte die Band im Januar 1991 mit »International Bright Young Thing«.

*International Bright Young Thing (1/91 GB 7)*
*Right Here, Right Now (4/91 US 2)*
*Real, Real, Real (8/91 US 4)*
*The Devil You Know (1/93 GB 10)*
***Pop, Rock***

**CD-Tip:** *Perverse* Food 7 80847 2 EMI

## Jesus Loves You

MARK HAMILTON, b (Großbritannien); RICK MCMURRAY, d (Großbritannien); TIM WHEELER, v/g (Großbritannien).
siehe Boy George

## Jethro Tull

MICK ABRAHAMS, v/g (Großbritannien, * 7. 4. 1943 in Luton/Bedfordshire); MARTIN ALLCOCK, key; IAN ANDERSON, v/ fl (Großbritannien, * 10. 8. 1947 in Edinburgh); BARRIEMORE BARLOW, d (Großbritannien, * 10. 9. 1949); MARTIN BARRE, g (Großbritannien, * 17. 11. 1946); CLIVE BUNKER, d (Großbritannien, * 12. 12. 1946 in Blackpool); GERRY CONWAY, d (Großbritannien, * 11. 9. 1947 in Norfolk); GLENN CORNICK, b (Großbritannien, * 24. 4. 1947 in Barrow-in-Furness/ Cumbria); MARC CRANEY, d; JOHN EVANS, d (Großbritannien, * 28. 3. 1948 als Evan in Blackpool); JOHN GLASCOCK, b (Großbritannien, geb. in London, † 17. 11. 1979); JEFFREY HAMMOND-

HAMMOND, b (Großbritannien, * 30. 7. 1946); EDWIN JOBSON, key (Großbritannien, * 28. 4. 1955 in Billingham/Teeside); DAVE PEGG, b (Großbritannien, * 2. 11. 1947); DOANE PERRY, d; PETER-JOHN VITTESSE, key.

Wer auch immer neben Ian Anderson mit Jethro Tull gespielt hat, war völlig unerheblich. Den Sound bestimmte Ian, dessen Markenzeichen das einbeinige Flötenspiel war. 1963 gründete er zusammen mit Jeffrey Hammond-Hammond und John Evans die Gruppe Blades, benannt nach dem Lieblingsclub von James Bond. Mitte der 60er Jahre spielten sie vorwiegend jazzorientierten Blues und tanzbare Soulmusik, änderten ihren Namen erst in John Evan Band, dann in John Evan's Smash. John Evans Name stand hauptsächlich deshalb im Vordergrund, weil seine Mutter den Kleintransporter bezahlte, mit dem die Band durch die Gegend fuhr. 1967 verließ Hammond-Hammond die Gruppe und wurde durch Cornick ersetzt. Nach einem Trip nach London blieben nur noch Anderson und Cornick übrig, die um sich mit Mick Abrahams und Clive Bunker eine neue Formation aufbauten. Aus den Namen Navy Blue, Bag Of Blues und Jethro Tull suchten sie sich den letztgenannten, Name eines Agrarwissenschaftlers, aus. Im Frühjahr 1968 erschien ihre erste Single, die jedoch nicht erfolgreich war. Im August desselben Jahres traten sie beim Sunbury Jazz & Blues Festival auf und räumten ab. Die Plattenfirma Island Records bot ihnen einen Vertrag an. Ihre erste LP, »This Was«, erreichte in der britischen Hitparade Platz 10. Nur einen Monat später gab es Schwierigkeiten innerhalb der Band. Anderson und Abrahams stritten sich so, daß Mick die Formation verließ und Blodwyn Pig gründete. Für ihn kamen kurzfristig Tony Iommi, später Black Sabbath, und David O'List von Nice, bevor Martin Barre endgültig den Platz besetzte. »Living In The Past« erreichte im Mai 1969 die britischen Singlecharts und wurde Platz 3. »Sweet Dream«, ebenfalls 1969, und »Teacher/The Witch's Promise« 1970 waren die weiteren Top-10-Erfolge. Singleplatten der Band waren danach nicht mehr sonderlich erfolgreich. Ihre LPs bleiben Renner. Bis Ende 1992 brachten sie alleine in den USA 24 LPs in die Charts. Ihre erfolgreichste war »Aqualung«, die allein in den USA dreimillionenmal verkauft wurde. In der Folgezeit wechselten die Musiker innerhalb der Band recht schnell. Am 17. 11. 1979 starb John Glascock nach einer Herzoperation. 1989 wurde zum erstenmal ein Grammy Award für die Kategorie Best Hard Rock/Metal Performance vergeben, und den gewann ausgerechnet Jethro Tull. 1993 – zum 25jährigen Jubiläum dieser Gruppe, i. e. Ian Anderson – erschien eine CD-Kassette in der Aufmachung einer Zigarrenkiste und brachte auf drei CDs Live-Material von Jethro Tull, auf einer waren die klassischen Songs als Remixes zu finden. Dabei ein aufwendiges Beiheft, in dem alle 21 Musiker abgebildet sind, die als feste Mitglieder in der Band waren. Ende 1995 erschien das Album »Roots To Branches«.

*Living In The Past (5/69 GB 3)*
*Sweet Dream (11/69 GB 7)*
*Teacher/The Witch's Promise (1/70 GB 4)*
***AOR (Adult Orientated Rock), Pop, Rock***

**CD-Tip:** *The Best Of Jethro Tull* Chrysalis 3 26001 2

## Jets

EDDIE WOLFGRAMM (USA, * 14. 8. 1966 in Torrance/Kalifornien); ELIZABETH WOLFGRAMM (USA, * 19. 8. 1972 in Salt Lake City/Utah); EUGENE WOLFGRAMM (USA, * 24. 9. 1967 in Samoa/South Pacific); HAINI WOLFGRAMM (USA, * 25. 1. 1968 in San Francisco); KATHI WOLFGRAMM (USA, * 6. 9. 1970 in San Diego/ Kalifornien); LEROY WOLFGRAMM (USA,

* 19. 7. 1965 in Tonga/South Pacific); MOANA WOLFGRAMM (USA, * 13. 10. 1973 in Salt Lake City/Utah); RUDY WOLFGRAMM (USA, * 1. 3. 1969 in Salt Lake City/Utah).

Diese 1984 in Minneapolis gegründete achtköpfige Geschwistertruppe kam im Frühjahr 1986 mit dem Titel »Crush On You« bis auf Platz 3 in der amerikanischen und später bis auf 5 in der britischen Hitparade. Die Eltern, Mormonen, stammten von der Südpazifikinsel Tonga. Von dort zogen sie nach Kalifornien, dann nach Salt Lake City und schließlich nach Minneapolis. Leroy hatte schon 1978 mit seiner Mutter Vake und einigen Schwestern die Formation Quasar gegründet, die polynesische Songs in Clubs und Hotels vortrugen. Als sie in Minneapolis in einem Hotel auftraten, das bankrott anmelden mußte und sie kein Geld erhielten, blieben sie dort. 1984 wurde aus Quasar Jets – inzwischen waren insgesamt acht Geschwister in dieser Truppe. Alle Mitglieder können zumindest zwei Instrumente spielen. Don Powell, ein ehemaliger Manager von Motown Records, sah sie und finanzierte ein Demoband, das zu einem Vertrag mit der Plattenfirma MCA führte. Don wurde ihr Manager. Ihr erstes in den Charts notiertes Album »The Jets« (4/86 US-LP 21) wurde mit Platin ausgezeichnet, »Magic« (11/87 US-LP 35) erhielt noch Gold. »You Got It All« 1986, »Cross My Broken Heart« aus dem Film »Beverly Hills Cop II« 1987, »Rocket 2 U« und »Make It Real« 1988 waren ihre weiteren Top-10-Erfolge. Eugene hatte die Jets 1988 verlassen, um unter dem Pseudonym Gene Hunt zusammen mit Joe Pasquale das Duo Boys Club zu gründen. 1992 mußte die Jets bankrott anmelden, weil sie angeblich ihrem Manager 500.000 Dollar schuldeten. Danach spielten sie wieder wie in ihren Anfangstagen im Mittleren Westen.

*Crush On You (4/86 US 3; 1/87 GB 5)*
*You Got It All (11/86 US 3)*
*Cross My Broken Heart (6/87 US 7)*
*Rocket 2 U (1/88 US 6)*
*Make It Real (4/88 US 4)*
***Pop***

## Jett, Joan

v/g (USA, * 22. 9. 1959 als Larkin in Philadelphia/Pennsylvania).

Joan begann 1976 in der rein weiblichen Hard-Rockband Runaways, deren größter Erfolg 1977 die LP »Queens Of Noise« war, die es in den US-Charts bis auf Platz 172 brachte. 1979 fielen die Runaways wieder auseinander. Joan ging nach London und nahm dort Platten mit den ehemaligen Sex Pistols Paul Cook und Steve Jones auf. Im Juli 1980 wurde sie mit Herzklappeninfektion und Lungenentzündung in ein Krankenhaus eingeliefert. Nach der Genesung gründete sie Joan Jett & The Blackhearts, die ab Anfang 1982 erfolgreich waren. Ihr erster Hit kam im Februar 1982 in die US-Charts, wurde Platz 1 und erhielt Platin: »I Love Rock 'n' Roll«. »Crimson And Clover« 1982 und »I Hate Myself For Loving You« 1988 waren weitere Top-10-Erfolge. 1987 spielte sie in dem Film »Light Of Day« neben Michael Fox den Leader einer Rock-'n'-Roll-Band namens Barbusters.

*I Love Rock 'n' Roll (2/82 US 1; 4/82 CH 3, GB 4, D 6)*
*Crimson And Clover (5/82 US 7; 7/82 CH 8)*
*I Hate Myself For Loving You (6/88 US 8)*
***Hard Rock, Pop***

**CD-Tip:** *Joan Jett – The Original Hit Collection*
Bellaphon 993.07.004

## Jewel

JEWEL, v (USA, * 23. 5. 1974 als Kilcher in Homer/Alaska).

Jewel wuchs auf einer riesigen Farm in der Nähe der Gemeinde Homer in Alaska auf. Ihr Großvater Yule war während des Zweiten Weltkrieges aus der Schweiz nach Alaska ausgewandert. Ihre ersten internationalen Schritte tat Jewel im Troß von Bob Dylan, Neil Young und Willy DeVille. 1995 legte sie eine Nonstop-Tournee durch die gesamten USA hin. Ihr Debütalbum »Pieces Of You« erschien im Frühjahr 1996, erreichte Platz 4 und blieb über ein Jahr in den US-Albumcharts. Im Laufe dieses Jahres verkauften sich mehr als drei Millionen Exemplare. Ihr erster Singlehit war »Who Will Save Your Soul« (6/96 US 11), der nur knapp an den Top 10 vorbeischlitterte. Dann kam mit »You Were Meant For Me« ihr erster Top-10-Hit. Jewel war 1997 in zwei Kategorien für einen Grammy nominiert, kam aber nicht zum Zuge. Nachdem die Nummer »You Were Meant For Me« 42 Wochen in den Charts war und langsam nach unten fiel, wurde am 13. 9. 1997 die Platte als Doppel-A-Seite verkauft. Als A-Titel wurde nun »Foolish Games« genannt – die Platte stieg wieder nach oben und kam erneut in die Top 10. Das lag aber sicher auch daran, daß die Nummer »Foolish Games« in dem Film »Batman & Robin« zu hören war.

*You Were Meant For Me (11/96 US 2)*
*Foolish Games/You Were Meant For Me (9/97 US 7)*
***Folk, Pop***

## Jigsaw

BARRIE BERNARD, b (Großbritannien, * 27. 11. 1944 in Coventry); TONY CAMPBELL, g (Großbritannien, * 24. 6. 1944 in Rugby/Midlands); DES DYER, v/d (Großbritannien, * 22. 3. 1948 in Rugby/Midlands); CLIVE SCOTT, key (Großbritannien, * 24. 2. 1945 in Rugby/Midlands).
Bernard hatte mit Pinkerton's Assorted Colours gespielt, Campbell mit den Mighty Avengers. Scott und Dyer hatten ihr Geld als Songschreiber z. B. für Engelbert verdient. 1966 kam es zur Gründung von Jigsaw. Sie brauchten neun Jahre und dreizehn Singles, bis sie endlich mit einem Titel aus dem Film »The Man From Hong Kong« Ende 1975 ihren ersten – und größten – Erfolg hatte: »Sky High«, veröffentlicht auf ihrem eigenen Label Splash, wurde in GB Platz 9, in den USA Platz 3. In den USA gelangen der Band, die musikalisch stark an die Fortunes erinnerte, noch drei weitere Hitnotierungen, in GB noch eine. Ihre letzte hieß »If I Have To Go Away« – und schon waren sie weg. Größeren Erfolg konnten sie über einige Jahre in Japan verbuchen. 1989 gingen Scott und Dyer in London noch einmal ins Studio, um zusammen mit dem Mix-Mastermind Phil Harding, der für Erfolge von ABC, Depeche Mode oder Womack & Womack zeichnet, »Sky High« noch einmal völlig neu zu produzieren – es wurde ein Flop.

*Sky High (8/75 US 3; 11/75 GB 9)*
***Pop***

## Jilted John

GRAHAM FELLOWES, v (Großbritannien, geb. in Sheffield).
Hinter diesem Pseudonym verbarg sich der Schauspieler Graham Fellowes. Mit der selbstgeschriebenen Nummer »Jilted John«, einem Monolog über die Leiden eines jungen Liebenden, erreichte er im Herbst 1978 Platz 4 der britischen Hitparade. Nach diesem Erfolg veröffentlichte er eine LP, die dann auch eine Antwort von Jilted Johns Rivalen Gordon The Moron enthielt. Danach wandte er sich wieder ganz der Schauspielerei zu und übernahm z. B. für einige Monate die Rolle des Les Charlton in der britischen Seifenoper ›Coronation Street‹, dem Vorbild der deutschen Produktion ›Lindenstraße‹.

*Jilted John (12/78 GB 4)*
***Pop***

## Jimmy & The Rackets

JAMES »JIMMY« DUNCOMBE, v/g (* 4. 4. 1943); BARRY JEFFERS, p; LAWRENCE SPECTOR, b; REGINALD WASHINGTON, d.

Nachdem Duncombe in mehreren Amateurgruppen gespielt hatte, wurde er 1960 Gitarrist bei Sonny Stewart & The Dynamos. Ab Herbst 1961 gastierten sie für rund ein Jahr in Deutschland. So spielten sie z B. mit Tony Sheridan und den Beatles im Star-Club in Hamburg. Zurück in GB, stellte sich Duncombe eine eigene Band zusammen, die er Continentals nannte und mit denen er wieder nach Deutschland ging. Hier spielte die Gruppe, weil es mit den Auftritten nicht so recht klappen wollte, in Ludwigsburg am 25. 2. 1964 innerhalb von nur dreieinhalb Stunden zwölf Titel ein – die meisten davon waren Coverversionen bekannter Rock-'n'-Roll-Nummern. Eine Agentur sollte diese Stücke in Deutschland rumreichen, um Auftrittsmöglichkeiten zu ergattern. Derweil zogen sich die Musiker wieder nach GB zurück, stellten auch dort einer Agentur die Demobänder vor, die sofort eine Aufnahmesession organisierte. Die Band wurde Vorgruppe der Beatles und der Kinks und nahm als Hearts die erfolglose Platte »Young Woman/Black Eyes« auf. Währenddessen hatte das Tonstudio in Ludwigsburg die Bänder an die Plattenfirma Elite-Spezial verdealt, die den Titel »Skinny Minnie« veröffentlichte. Als Gruppennamen hatten sie sich Rackets ausgesucht – die Platte kam im August 1964 in die deutsche Hitparade und erreichte Platz 6. »My Soul«, die Nachfolgesingle, kam bis auf Platz 17, dann folgten noch drei weitere Platten, und nach dem Frühling 1965 waren die zwölf Titel, die die Jungs an jenem einen Tag aufgenommen hatten, aufgebraucht. Später eingespielte Titel waren nicht mehr erfolgreich, 1966 heiratete Duncombe eine Schweizerin und zog fest nach Zürich. Nach etlichen Umbesetzungen in der Band löste sie sich 1969 auf. Spätere Versuche von Duncombe, noch einmal als Platteninterpret sein Glück zu versuchen, scheiterten. Er arbeitete als Tontechniker und wurde schließlich in der Schweiz selbständiger Berater für Konzeption und Betrieb von Tonstudios. Außerdem kümmerte er sich um die Belange der Schweizer Countrysängerin Doris Ackermann und seiner Tochter Miriam.

*Skinny Minnie (8/64 D 6)*
***Rock 'n' Roll***

**CD-Tip:** *Jimmy & The Rackets* DA Music CD 77045

## Jive Bunny & The Mastermixers

LES HEMSTOCK, dj (Großbritannien); IAN MORGAN, mix (Großbritannien); ANDY PICKLES, mix (Großbritannien); JOHN PICKLES, mix (Großbritannien).

Das Konzept dieser Soundtüftler war simpel: Originalhits von den 20er bis 60er Jahren wurden gesampelt und tanzbar gemixt. Köpfe des Projektes Jive Bunny & The Mastermixers waren der Discjockey Les Hemstock und die Mixer Ian Morgan, Andy Pickles und John Pickles. Dazu kam eine John Anderson Band, die Übergänge ausglich. Heraus kamen, um es flapsig zu sagen, Mixed Pickles. Ob »Glenn Miller Medley« oder »Rock 'n' Roll Party Mix«, wüst wurde hier zusammengekoppelt, was nicht zusammengehört. Mit »Swing The Mood« hatte dieses Projekt Mitte 1989 die erste Platte auf dem Markt und den ersten Spitzenreiter in GB. In den USA wurde die Platte vergoldet und erreichte Platz 11. In Deutschland wurde sie ebenfalls ein Spitzenreiter. Zusammengekoppelt war »Let's Twist Again« mit »In The Mood«, »Tutti Frutti« mit »Rock Around The Clock« usw. Die Nachfolgesingles »That's What I Like« und »Let's Party«

wurden ebenfalls 1989 Spitzenreiter in GB. 1990 kamen mit »That Sounds Good To Me« und »Can Can You Party« zwei weitere Top-10-Erfolge. Danach war die Masche ausgereizt.

*Swing The Mood (7/89 D 1, GB 1; 9/89 CH 2)*
*That's What I Like (10/89 GB 1, CH 4, D 6)*
*Let's Party (12/89 GB 1)*
*That Sounds Good To Me (3/90 GB 4)*
*Can Can You Party (8/90 GB 8)*
***Techno***

**CD-Tip:** *Jive Bunny & The Mastermixers . . . The Best!!* Edel CON 4078–2

## Jive Five

JEROME HANNA, v (USA); RICHARD HARRIS, v; NORMAN JOHNSON, v; EUGENE PITT, v (* 6. 11. 1937); BILLY PROPHET, v.

Jive Five kam 1959 zusammen. Kopf war Eugene Pitt, der vorher mit den Genies gesungen hatte. Mitte 1961 erschien ihre selbstgeschriebene Platte »My True Story«, die bis auf Platz 3 in den US-Charts kam. Es folgten bis 1965 drei weitere Eintragungen. Danach wurden Jive Five nicht mehr verzeichnet. 1969 – Eugene Pitt war nicht mehr bei der Band – änderte der Rest der Gruppe den Namen in Jyve Fyve. 1970 starb Norman Johnson. Eugene Pitt war in und um New York noch lange mit Auftritten beschäftigt.

*My True Story (7/61 US 3)*
***Rhythm & Blues***

## Jo Boxers

CHRIS BOSTOCK, b (Großbritannien, * 23. 11. 1962 in Bristol); DAVE COLLARD, key (Großbritannien, * 17. 1. 1961 in Bristol); ROB MARCHE, g (Großbritannien, * 13. 10. 1962 in Bristol); SEAN MCLUSKY, d (Großbritannien, * 5. 5. 1961 in Bristol); DIG WAYNE, v (USA, * 20. 7. 1958).

Diese Band, die nur 1983 erfolgreich war, hatte als Leadsänger den farbigen Amerikaner Dig Wayne. Der Rest der Truppe hatte vorher in Punkbands gespielt. Die Pop-Soul-Band, die eine Mischung aus englischem Soul, Swing und Rhythm & Blues spielte, hatte mit der Single »Boxer Beat«, im Frühjahr 1983 Platz 3 in GB, ihren größten Erfolg. »Just Got Lucky« war drei Monate später ein weiterer Top-10-Erfolg. Danach kamen zwei weitere Hitnotierungen, und die Band verschwand wieder aus den Charts. 1986 trennten sich Jo Boxers. Dig Wayne machte mit Unterstützung von Dave Collard und Mike Reilly (früher bei Matt Bianco) eine Solo-LP.

*Boxer Beat (2/83 GB 3)*
*Just Got Lucky (5/83 GB 7)*
***Pop, Soul***

## Jo Jo Gunne

MARK ANDES, b (USA, * 19. 2. 1948 in Philadelphia/Pennsylvania); MATTHEW ANDES, v/g (USA, geb. in Kalifornien); STAR DONALDSON, g; JAY FERGUSON, v/g/p (USA, * 10. 5. 1947 in Burbank/Kalifornien); JAMES RANDALL, b (USA, * 14. 2. 1949 in Dallas/Texas); CURLY SMITH, d (USA, * 31. 1. 1952 in Wolf Point/Montana); CHRIS STAEHELY, g (USA, * 25. 1. 1952 in Austin/Texas).

Diese Band gilt in den USA als führender Vertreter des frühen Punk Rock. 1971 kamen verschiedene Mitglieder von erfolgreichen Bands, um Jo Jo Gunne zu gründen. Ferguson und Mark Andes waren vorher bei Spirit, Matt Andes hatte mit Canned Heat gespielt und Curly Smith mit Pumpkin. 1972 erhielten sie einen Plattenvertrag und hatten mit dem Titel »Run Run Run« im März 1972 einen Platz 27 in den USA, 6 in GB. Danach erschienen einige erfolgreiche LPs, aber kein Singlehit mehr. 1973 kam für Mark Andes James Randall. 1974 ging Matt Andes und wurde durch Star Donaldson ersetzt. Ein Jahr später trennte sich die Gruppe, und Jay Ferguson machte erfolgreich Soloplatten. Mark Andes wurde Mitglied bei Firefall und Heart.

*Run Run Run (3/72 GB 6)*
***Punk, Rock***

## Jodeci

JO JO HAILEY, v (USA, * 10. 6. 1971 in Charlotte/North Carolina); K-CI HAILEY, v (USA, * 2. 9. 1969 in Charlotte/North Carolina); MR. DALVIN, v (USA, * 23. 7. 1971 als Dalvin DeGrate in Newport News/Viginia); DE VANTE SWING, v (USA, * 29. 9. 1969 als Donald DeGrate in Newport News/Viginia).
Die beiden schwarzen Brüderpaare aus North Carolina veröffentlichten 1991 ihr Debütalbum »Forever My Lady«, das sich über dreimillionenmal verkaufte und einen Soul Train Award gewann. Daraus ausgekoppelt wurden etliche Hits, darunter »Forever My Lady« (10/91 US 25) und »Come & Talk To Me« (4/92 US 11), die es in den USA zu Goldstatus brachte. 1993 erschien ein neues Album der Jodeci mit dem Titel »Diary Of A Mad Band«. Da lagen die Verkäufe bis Ende 1996 bei 2 Millionen. Darauf auch zu finden: »Lately« (6/93 US 4), der ein Millionseller wurde, »Cry For You« (11/93 US 15, 1/95 GB 20) und »Feenin'« (3/94 US 25). Im Herbst 1995 kam dann das Album »The Show – The After-Party – The Hotel«. Erfolgreiche Singleauskopplungen daraus: »Freek'N You« (6/95 US 14, GB 17), »Love U 4 Life« (11/95 US 31, GB 23) und »Get On Up« (5/96 US 22, GB 20). K-Ci machte ab Mitte der 90er Jahre auch Soloplatten. Die Nummer »If You Think You're Lonely Now« (2/95 US 17) wurde ein erster Hit. K-Ci und sein Bruder Jo Jo kamen im Mai 1997 mit einem Soloprojekt. »You Bring Me Up« erschien als Single, gleichzeitig wurde das Album »Love Always« angekündigt. Das allerdings würde nicht den Splitt von Jodeci bedeuten, erklärte die Plattenfirma.

*Lately (6/93 US 4)*
***Rhythm & Blues***

**CD-Tip:** *Diary Of A Mad Band* MCA 11019

## Joe Public

JOE »J.R.« CARTER, v/g; JOSEPH JAKE SAYLES, v/key/d; KEVIN »KEV« SCOTT, v/d/b; DWIGHT »DEW« WYATT, v/key/d.
Das schwarze Quartett aus Buffalo brachte eine gesunde Mixtur aus Rap, gemixten Songs und neu geschriebenen melodischen Nummern. Jedes einzelne Mitglied steht sowohl als Sänger wie auch als Instrumentalist seinen Mann. Der Titel »Live And Learn«, der wie ein Gegenpol zu den destruktiven Rap-Titeln Anfang der 90er Jahre wirkte, kam im Frühjahr 1992 in die US-Charts. In Deutschland erreichte die Platte Platz 16.

*Live And Learn (3/92 US 4)*
***Pop, Rap***

**CD-Tip:** *Joe Public* CBS 469 173 2

## Joel, Billy

v/p (USA, * 9. 5. 1949 in Hicksville/Long Island N.Y.).
1964 gründete Billy seine erste Gruppe Echos, aus denen später die Lost Souls wurden. In den späten 60er Jahren spielte er mit den Hassles, die eine erfolglose LP veröffentlichten. Danach machte er zusammen mit dem Schlagzeuger Jon Small das Hard-Rock-Duo Attila. Ab 1974 war er als Solist und Songschreiber erfolgreich. Sein mehr oder weniger autobiographisches Stück »Piano Man« kam Anfang 1974 in die US-Hitparade und erreichte Platz 25. »Just The Way You Are«

war Ende 1977 sein erster Millionseller und sein erster Top-10-Erfolg, Platz 3. Gleiches Ergebnis schaffte ein Jahr später »My Life«. Im März 1980 erschien »You May Be Right« in den Charts und zwei Monate später »It's Still Rock 'n' Roll To Me«, wieder ein Millionseller und ein Spitzenreiter in den USA. Der Spitzenreiter »Tell Her About It«, der Millionseller »Uptown Girl« und »An Innocent Man« 1983, »You're Only Human (Second Wind)« 1985, »Modern Woman« und »A Matter Of Trust« 1986, »We Didn't Start The Fire«, Millionseller und Spitzenreiter 1989, »I Go To Extremes« 1990 und »The River Of Dreams« 1993 waren seine weiteren Top-10-Erfolge. 1985 heiratete er das Supermodel Christie Brinkley (von der er sich 1994 wieder trennte), 1987 war er auf Tournee in Rußland und nahm dort eine Live-LP auf. 1990 gewann er den Grammy's Legend Award. Seine ersten Grammys hatte er bereits 1978 erhalten. »Just The Way You Are« war Platte und Song des Jahres. 1979 gewann er für »52nd Street« den Grammy für das Album des Jahres und den als bester Sänger. Ein Jahr später erhielt er den Grammy als bester Sänger für die LP »Glass House«. 1991 verlieh ihm die Universität Fairfield in Connecticut einen Ehrendoktor. Das bemerkenswerteste an Billy Joel ist die Tatsache, daß er alle seine Hits alleine geschrieben hat. Lediglich »Cold Spring Harbor«, 1984 eine Wiederveröffentlichung seines ersten Albums aus dem Jahr 1971, und »Street Life Serenade« aus dem Jahre 1974 erreichten in der amerikanischen Hitparade nicht den Status einer Platinplatte. Die Alben »Piano Man« (3 Millionen), »The Stranger« (9 Millionen), »52nd Street« (7 Millionen), »Glass Houses« und »An Innocent Man« (jeweils 7 Millionen), »Greatest Hits, Vol. I & Vol. II« (8 Millionen) und »Storm Front« (4 Millionen) wurden sogar überdurchschnittlich gut verkauft. 1993 veröffentlichte er nach einer längeren Pause die CD »River Of Dreams« (4 millionenmal verkauft), deren Titelsong als Single ein weltweiter Erfolg wurde. Das Plattencover wurde von Christie Brinkley gemalt, die erstens ein Supermodel und zweitens Joels Frau war. Mitte 1997 erschien mit »To Make You Feel My Love« eine neue Single von Billy – es handelt sich dabei um eine Komposition von Bob Dylan. Gleichzeitig wurde mit »Greatest Hits III« für den 18. 8. 1997 ein neues Album angekündigt.

*Just The Way You Are (11/77 US 3)*
*My Life (11/78 US 3; 2/79 CH 4)*
*You May Be Right (3/80 US 7)*
*It's Still Rock And Roll To Me (5/80 US 1)*
*Tell Her About It (7/83 US 1; 12/83 GB 4)*
*Uptown Girl (9/83 GB 1, US 3)*
*An Innocent Man (12/83 US 10; 2/84 GB 8)*
*You're Only Human (Second Win) (7/85 US 9)*
*Modern Woman (6/86 US 10)*
*A Matter Of Trust (8/86 US 10)*
*We Didn't Start The Fire (9/89 US 1, GB 7; 11/89 D 4)*
*I Go To Extremes (1/90 US 6)*
*The River Of Dreams (6/93 GB 3, US 3; 8/93 D 4; 10/93 CH 2)*
***AOR (Adult Orientated Rock), Pop, Rock***

**CD-Tip:** *Greatest Hits* CBS 88 666

## John, Elton

v/p (Großbritannien, * 25. 3. 1947 als Reginald Kenneth Dwight in Pinner/Middlesex).

Elton, ein begnadeter Sänger, Pianist und Songschreiber, begann seine Karriere 1961 bei Bluesology, die sich nach einer Plattenserie von Django Reinhardt benannt hatten und ab 1965 professionell Musik machten. Die erste Platte dieser Formation hieß »Come Back Baby«, geschrieben von Elton. Im Dezember 1966 wurde Long John Baldry der Sänger dieser Formation, die sich kurz darauf in John Baldry Show umbenannte. Mitte 1967 verließ Elton Baldry, da er mit dessen Musikrichtung nicht einverstanden war. Im selben Jahr trifft er Bernie Taupin, mit dem er eine lang anhaltende und sehr erfolgreiche Songschreiberkarriere beginnt. Im März 1968 erscheint die erste Solosingle von Elton, »I've Been Loving You Too Long«. Die Platte wird kein Hit, ebensowenig wie seine zweite, »Lady Samantha«. Britische Interpreten wie Lulu, Roger Cook oder auch der alte Kollege Baldry nehmen zwischenzeitlich Stücke auf, die John und Taupin gemeinsam geschrieben haben. Mitte 1969 erscheint mit »Empty Sky« die erste LP von John, die auch nicht sonderlich erfolgreich wird. John spielt zu diesem Zeitpunkt als Studiomusiker bei etlichen Produktionen mit. So ist er auf den Hollies-Titeln »He Ain't Heavy, He's My Brother« und »I Can't Tell The Bottom From The Top« als Pianist zu hören. Seine erste Singlenotierung hat er mit »The Border Song«, im Herbst 1970 Platz 92 in der amerikanischen Hitparade. Danach geht es Schlag auf Schlag. Eine nach ihm benannte LP kommt in die US-Charts und wird Platz 4. »Your Song« erscheint im November 1970 in den US-Charts, wird Platz 8 und wenig später 7 in GB. Von diesem Zeitpunkt an bleibt Elton John bis in die 90er Jahre erfolgreich. In den USA steht er in der Liste der erfolgreichsten Künstler seit 1955 hinter Elvis Presley, den Beatles, Stevie Wonder und James Brown auf Platz 5. In den USA schafft er 14 Millionseller und belegt achtmal Platz 1. In seiner Heimat GB tat er sich mit dem 1. Platz der Charts sehr schwer. Erst als er Mitte 1976 zusammen mit Kiki Dee den Titel »Don't Go Breaking My Heart« sang, gelang ihm Platz 1. Um ihm als Solist auch einmal einen Spitzenplatz zu gönnen, veröffentlicht seine Plattenfirma die beiden 1989er Hits »Healing Hands« und »Sacrifice« Mitte 1990 noch einmal als Doppel-A-Seite. Diese, seine 66., Single wird vielleicht jedoch auch so erfolgreich, weil er in einer BBC-Talk-Show verkündete, daß alle Tantiemen für diese und alle zukünftigen Singles an Aids-Organisationen gehen werden. Im Duett mit George Michael, Kiki Dee und RuPaul gelingen ihm auch in den 90er Jahren weitere große Erfolge. 1994 wird Elton John in die Rock 'n' Roll Hall of Fame aufgenommen. In demselben Jahr schreibt er die Musik zu dem Walt-Disney-Film »Der König der Löwen«. Die Songs »Can You Feel The Love Tonight« und »Circle Of Life« sind musikalische Höhepunkte des Films. »Circle Of Life« wird Anfang 1995 ein Top-10-Hit für ihn in Deutschland. Im März 1995 wird »Can You Feel The Love Tonight« als bester Filmsong mit einem Oscar ausgezeichnet. Bereits im Frühjahr 1995 hat die CD zum Film »König der Löwen« alleine in den USA sieben Millionen Exemplare abgesetzt. Natürlich erreichte sie auch Platz 1 in den US-Albumcharts. Anfang 1995 erschien sein neues Album »Made In England«, das von Kritikern als eins seiner besten Werke bezeichnet wurde. Sein erfolgreichstes Album bleibt »Elton John – Greatest Hits«, erschienen im Jahre 1974 und alleine in den USA 13 millionenmal verkauft.

Als am 6. September 1997 in London die Trauerfeier für Diana stattfand, sang Elton John in der Westminster Abbey für die Prinzessin von Wales, mit der er befreundet war. Bernie Taupin hatte den Text zum Hit »Candle In The Wind« für diesen Anlaß umgeschrieben. Statt ›Goodbye, Norma Jean‹ hieß es jetzt ›Goodbye, England's Rose‹. Elton nahm diesen Titel unter der Leitung von George Martin neu auf und setzte ihn als zweite Nummer auf seine zu diesem Zeitpunkt aktuelle Single »Something About The Way You Look Tonight«. Diese Double-A-Side stieg am 20. 9. 1997 in GB und am 21. 9. 1997 in der Schweiz und am 22. 9. 1997 in Deutschland auf Platz 1 der Hitparaden ein. Bereits am 27. 9. 1997 hatte die Platte in GB mehr als 2.2 Millionen Exemplare verkauft und war mit 4fach Platin ausgezeichnet worden. In der ersten Oktoberwoche zeichnete sich ab: Die Platte wird die meistverkaufte Single aller Zeiten. Zu diesem Zeitpunkt führte die Platte die Hitparaden in 14 Ländern an und es wurden bereits 21 Millionen Stück weltweit verkauft. In den USA erreichte die Platte am 11. 10. 1997 ebenfalls auf Anhieb Platz 1 und wurde an jenem Tage mit 8fach (!) Platin ausgezeichnet. In den USA wurde die Single zuerst als »Candle In The Wind 1997/Something About The Way You Look Tonight« in den Charts notiert – so dürfte es auch realistischer sein. Später drehten sie es allerdings wieder um – hatte John interveniert? Die Spitzenverkäufer bis zu diesem Zeitpunkt: 30 Millionen Einheiten von »White Christmas« mit Bing Crosby und 25 Millionen von »Rock Around The Clock« mit Bill Haley & His Comets. Am 17. 10. 1997 kam schließlich die Meldung, daß bis zu diesem Datum innerhalb von 37 Tagen knapp 32 Millionen Singles von »Candle In The Wind 97« verkauft wurden – und damit war der Rekord von Bing Crosby überholt. Bing hatte für seine 30 Millionen Plattenverkäufe 55 Jahre gebraucht. Am 24. 2. 1998 schlug ihn die britische Königin – zum Ritter. Damit war auch er ein ›Sir‹. Zum Schluß noch ein paar Fakten, die nicht direkt mit seiner Musik zu tun haben:

Am 14. 2. 1984 heiratete Elton John die deutsche Tontechnikerin Renate Blauel – warum, weiß kein Mensch. Auf der anderen Seite: Er steckte viel Geld in den Fußballclub Watford, obwohl er nicht Fußball spielt. Inzwischen ist er von Renate wieder geschieden. 1973 hatte Elton seine eigene Plattenfirma Rocket Records gegründet. Als Schauspieler sah man ihn in der Filmversion von »Tommy«. Er spielte den Pinball Wizard. Mit der Presse hat Elton John seit Mitte der 70er Jahre einige Probleme. Ob es nun sein luxuriöses Haus, seine umfangreichen Sammlungen von Kleidung, Brillen, Hüten und Platten, seine privatesten Probleme, seine Glatzenbildung oder seine Gewichtsschwankungen sind – alles wird ausgewalzt. Elton John hat es jedoch geschafft, diese Dinge ohne Rufschädigung in den Griff zu bekommen. Er bleibt einer der erfolgreichsten und beständigsten Paradiesvögel im schnellebigen Showgeschäft.

*Your Song (11/70 US 8; 1/71 GB 7)*
*Rocket Man (4/72 GB 2, US 6)*
*Honky Cat (8/72 US 8)*
*Crocodile Rock (11/72 US 1, D 3, GB 5; 1/73 CH 1)*
*Daniel (1/73 GB 4; 3/73 CH 5; 4/73 US 2)*
*Saturday Night's Alright For Fighting (7/73 GB 7)*
*Goodbye Yellow Brick Road (9/73 US 2, GB 6)*
*Bennie And The Jets (2/74 US 1)*
*Don't Let The Sun Go Down On Me (6/74 US 2; 12/91 GB 1, US 1, D 4)*
*The Bitch Is Back (9/74 US 4)*
*Lucy In The Sky With Diamonds (11/74 US 1, GB 10)*
*Philadelphia Freedom (3/75 US 1)*
*Someone Saved My Life Tonight (7/75 US 4)*
*Island Girl (10/75 US 1)*
*Pinball Wizard (3/76 GB 7)*
*Don't Go Breaking My Heart (7/76 GB 1, US 1, D 5; 9/76 CH 4; 2/94 GB 7)*
*Sorry Seems To Be The Hardest Word (11/76 US 6)*
*Song For Guy (12/78 GB 4)*
*Mama Can't Buy You Love (6/79 US 9)*
*Little Jeannie (5/80 US 3; 8/80 CH 4)*
*Blue Eyes (3/82 GB 8; 6/82 CH 9)*
*I Guess That's Why They Call It The Blues (4/83 GB 5, GB 5)*
*I'm Still Standing (7/83 GB 4; 9/83 CH 1, D 10)*
*Sad Songs (Say So Much) (5/84 US 5, GB 7; 7/84 CH 3)*
*Passengers (8/84 GB 5)*
*Nikita (10/85 D 1, GB 3; 12/85 CH 1; 1/86 US 7)*
*That's What Friends Are For (11/85 US 1)*
*Candle In The Wind (11/87 US 6; 1/88 GB 5)*
*I Don't Wanna Go On With You Like That (6/88 US 2; 8/88 CH 10)*
*Sacrifice/Healing Hands (6/90 GB 1)*
*The One (6/92 CH 5, US 9, GB 10)*
*True Love (11/93 GB 2)*
*Can You Feel The Love Tonight (5/94 US 4; 1/95 CH 10)*
*Circle Of Life (11/94 CH 2; 12/94 D 10)*
*Live Like Horses (12/96 GB 9)*
*Something About The Way You Look Tonight/*

*Candle In The Wind 1997 (9/97 CH 1, D 1, GB 1)*
*Candle In The Wind 1997/Something About The Way You Look Tonight (10/97 US 1)*
***AOR (Adult Orientated Rock), Pop, Rock***

**CD-Tip:** *To Be Continued...* MCA 10 110

## John, Robert

v (USA als Robert John Pedrick jr., geb. in Brooklyn/New York City/New York).
Robert begann seine Karriere in einer der vielen typischen Street-Corner-Gruppen seiner Heimatstadt New York. Als Solist machte er mit zwölf Jahren seine erste Platte. Unter dem Namen Bobby Pedrick jr. stand Ende 1958 in den US-Charts der Titel »White Bucks And Saddle Shoes«. Die Platte erreichte Platz 74 in der Hitparade. Als Leadsänger der Formation Bobby & The Consoles hatte er 1963 einen regionalen Erfolg mit dem Titel »My Jelly Bean«. Ab 1968 veröffentlichte er Platten als Robert John und hatte seine erste Hitnotierung mit »If You Don't Want My Love«. Im Januar 1972 gelang ihm mit »The Lion Sleeps Tonight«, auch bekannt als »Wimoweh« und 1961 ein Spitzenreiter in den USA mit den Tokens, ein Millionseller und Platz 3 in den USA. Danach hörte man lange Jahre nichts mehr von ihm, bis er mit der selbstgeschriebenen Nummer »Sad Eyes« Mitte 1979 auf Platz 1 in den USA stand und einen Millionseller hatte. Nach vier weiteren Hitnotierungen bis zum Jahr 1983 war Robert John wieder aus den Hitparaden verschwunden. Stetiges Hindernis in der Karriere dieses ausgezeichneten Songschreibers und Sängers dürfte die Tatsache sein, daß er nicht der Typ für Titelseiten und Teenie-Postillen ist.

*The Lion Sleeps Tonight (1/72 US 3)*
*Sad Eyes (5/79 US 1)*
***AOR (Adult Orientated Rock), Pop***

## Johnnie & Joe

JOHNNIE LOUISE RICHARDSON, v (USA, * 29. 7. 1945 in Bronx/New York City, † 25. 10. 1988); JOE RIVERS, v (USA, * 20. 3. 1937 in Charleston/South Carolina).
Im Frühjahr 1957 hörte Joe Rivers, inzwischen in der Bronx in New York ansässig, einen Song, den sein Nachbar geschrieben hatte. Er schlug der Verlegerin Zelma Sanders vor, das Stück aufzunehmen. Die wiederum fand den Song ganz in Ordnung, war aber der Meinung, es müsse noch jemand mit Joe zusammen singen. Dieser Jemand war schließlich Zells Tochter Johnnie Louise Richardson. Die Platte »Over The Mountain, Across The Sea« kam im Frühjahr 1957 in die US-Charts und erreichte Platz 8. Drei Jahre später kam der gleiche Titel noch einmal in die Hot 100, aber ein weiterer Hit gelang ihnen nicht. Anfang der 60er Jahre trennte sich das Duo. Johnnie kam als fünftes Mitglied zu den Jaynetts, nachdem die bereits ihren Hit »Sally, Go 'Round The Roses« aufgenommen hatten, der im Herbst 1963 ein Top-10-Erfolg in den USA wurde. Nachdem den Jaynetts kein weiterer Erfolg mehr gelang, schloß sich Johnnie wieder mit Joe zusammen, und beide sangen in Clubs wieder als Johnnie & Joe.

*Over The Mountain, Across The Sea (5/57 US 8)*
***Pop***

## Johnny & The Hurricanes

TONY KAYE, d; LIONEL »BUTCH« MATTICE, b; JOHN »PARIS« POCISK, sax (USA, geb. in Walbridge/Ohio); BILL SAVICH, d; PAUL TESLUK, org; DAVE YORKO, g.
Die Melodien bleiben im Gedächtnis, die simpel und einfach sind. Wenn man morgens aufwacht, immer noch ein Musikstück im Kopf hat und es vor sich hin summt, stellt man fest: schön simpel. So ging es wohl Ende der 50er Jahre auch mit

dem »Red River Rock« von Johnny & The Hurricanes. Die Melodie ist ein altes Traditional: »Red River Valley«, und gerade die alten Volksweisen sind ja an Schlichtheit kaum zu übertreffen. Was selbstverständlich kein Manko ist, wenn man Platten verkaufen will. Johnnys Hurricanes bestanden aus fünf Musikern, die sich 1958 als Schüler in ihrer Heimatstadt Toledo, Ohio, zusammengeschlossen hatten. Zuerst nannten sie sich Orbits und nahmen noch im selben Jahr ihre erste Platte auf. Anfang 1959 wurde eine neue Plattenfirma gegründet, die verzweifelt nach neuen Künstlern suchte – sie kamen auf Johnny & The Hurricanes. »Red River Rock« war die zweite Platte, die die Band für diese Firma aufnahm. Im Herbst 1959 wurde es der einzige Top-10-Erfolg in den USA, außerdem Top 10 in GB und Deutschland. Vor allem der Sound der Orgel machte im Zusammenspiel mit Johnnys Saxophon den typischen Stil der Formation aus. 1960 gelangen ihnen in GB drei weitere Top-10-Erfolge: »Beatnik Fly«, »Down Yonder« und »Rocking Goose«. 1961 brach die Originalbesetzung auseinander. Ein Jahr später brachte Johnny Paris neue Musiker in die Band und ging erneut auf Tour. Die Fans merkten es kaum, denn zum damaligen Zeitpunkt wurde auf Platten nie oder nur selten vermerkt, welche Musiker an einer Produktion beteiligt waren. Hauptsache, der Sound stimmte. Verblüffend: Während die Band in ihren Glanzzeiten auf Tournee war, spielten Studiomusiker neue Platten ein. Wer also wirklich an den Instrumenten sitzt, wenn heute Johnny & The Hurricanes unter einer Platte von damals steht, weiß sicher nicht einmal mehr die Plattenfirma.

*Red River Rock (8/59 US 5; 10/59 GB 3; 11/59 D 3)*
*Beatnik Fly (3/60 GB 8)*
*Down Yonder (6/60 GB 8)*
*Rocking Goose (9/60 GB 3)*
***Instrumental, Pop, Rock 'n' Roll***

**CD-Tip:** *The Big Sound Of Johnny & The Hurricanes* Teldec 8.26592 ZP

## Johnny Hates Jazz

CLARK DATCHLER, v/key (Großbritannien, * 27. 3. 1961 in Surrey); CALVIN HAYES, key/d (Großbritannien, * 23. 11. 1962 in London); MIKE NOCITO, g/b (Deutschland, * 5. 8. 1959 in Wiesbaden); PHIL THORNALLY, v/g (Großbritannien, * 5. 1. 1964 in Worlington/Suffolk).

Der erste war in diesem Fall auch der größte Erfolg dieser britisch-amerikanischen Formation: »Shattered Dreams« kam im Frühjahr 1987 in die britischen Charts und wurde Platz 5, in Deutschland Platz 7 und im Frühjahr 1988 Platz 2 in den USA. Bis Mitte 1988 gelangen der Band vier weitere Hitnotierungen, danach verschwand sie wieder aus den Charts. Datchler hatte vorher bereits im Alter von 17 Jahren eine feste Anstellung in einem großen Musikverlag. Hayes und der in England aufgewachsene Amerikaner Nocito kamen über die Studioarbeit zur Musik. Keyboarder Calvin lernte bei einer Session Kim Wildes Bruder Ricky kennen und arbeitete mit ihm als Koproduzent. Nocito hatte als Toningenieur an Platten von Pink Floyd, Cure und Police gearbeitet. Obwohl auch ihre erste LP Spitzenreiter in den GB-Charts wurde, konnte Johnny Hates Jazz den kommerziellen Erfolg nicht wiederholen. Nachdem Datchler das Trio verlassen hatte, versuchte sich der Rest mit dem neuen Sänger Phil Thornalley – erfolglos.

*Shattered Dreams (4/87 GB 5; 6/87 D 7; 7/87 CH 5; 3/88 US 2)*
***Elektro-Pop, Pop***

**CD-Tip:** *Turn Back The Clock* Virgin CDV 2475

## Johns, Bibi

v (Schweden, * 21. 1. 1929 als Gun Birgit Johnson in Arboga).

1947 sah die Schwedin in ihrer Heimatstadt eine amerikanische Revue, die auf Skandinavien-Tour war. Nach einem Vorspieltermin nahm sie als Ensemble-Mitglied an einer Tournee durch Lappland teil. 1949 machte sie in Schweden ihre ersten Plattenaufnahmen. Sie sang vorwiegend Titel, die zwischen Jazz und Unterhaltungsmusik angesiedelt waren, z. B. »How High The Moon« oder den Doris-Day-Erfolg »Again«. 1951 versuchte Bibi, in den USA Fuß zu fassen, und veröffentlichte dort 1952 einige Platten. 1953 – sie war im Urlaub in Schweden – kam es zu einer Begegnung mit dem deutschen Produzenten Nils Nobach, der sie überredete, vor ihrer Rückreise in die USA für Plattenaufnahmen Station in Köln zu machen. Ihre erste Single »Sehnsucht« wurde immerhin so erfolgreich, daß sie ihre Reise in die USA erst einmal verschob. Ihre zweite Single, »Bella Bimba«, wurde einer der Hits des Jahres 1953 in Deutschland. Bibi Johns ließ sich fest in Deutschland nieder und gehörte etliche Jahre zu den beliebtesten Stars im hiesigen Showgeschäft. 1955 hatte sie den Hit »Die Gypsy Band«. 1957 erreichte sie mit »Mal Regen und mal Sonnenschein« die deutschen Top 10. Bibi Johns nahm auch Titel zusammen mit Peter Alexander, Paul Kuhn, Gunnar Winckler, Fred Bertelmann, Angèle Durand und Bill Ramsey auf. »Schon wieder mal« war Ende 1956 ein Top-10-Erfolg für sie und Alexander, »Nichts gegen die Weiber« Anfang 1962 ein Erfolg mit Bill Ramsey. In der zweiten Hälfte der 50er Jahre drehte sie sechs Filme, die alle leicht und flockig waren und viel Musik beinhalteten. Bis in die 60er Jahre produzierte sie Schlager, war in unendlichen Fernsehshows zu sehen und machte 1971 in der ›Rolf Harris Show‹ in GB eine gute Figur.

*Schon wieder mal (10/56 D 6)*
*Mal Regen und mal Sonnenschein (7/57 D 8)*
***Deutscher Schlager***

**CD-Tip:** *Zwei Herzen im Mai* Bear Family BCD 15 697 AH

## Johns, Sammy

v (USA, * 7. 2. 1946 in Charlotte/North Carolina).

Seit seinen Jugendtagen war Sammy Johns ein Fan von Elvis Presley. Kein Wunder also, daß er stets bemüht war, sich so wie dieser zu bewegen und so zu singen. 1963 wurde Sammy Mitglied bei den Devilles, die mit dem Titel »Makin' Tracks« zumindest einen regionalen Hit landen konnten. Nach zehn Jahren löste sich die Gruppe auf, und Sammy sang als Solist weiter. Bei einem Auftritt in seiner Heimatstadt Charlotte, North Carolina, wurde er von Talentsuchern einer Plattenfirma aus Atlanta entdeckt, die ihn unter Vertrag nahmen. Nach zwei erfolglosen Singles veröffentlichte er »Early Morning Love«, Ende 1974 unter den Top 100 in den USA. Die Nachfolgeplatte »Chevy Van« wurde im Frühjahr 1975 ein Millionseller. Diesen Erfolg konnte Sammy nicht mehr wiederholen. Nach 1975 war er aus den Charts verschwunden.

*Chevy Van (2/75 US 5)*
***Pop***

## Johnson, Betty

v (USA, * 16. 3. 1932 in Charlotte/North Carolina).

Die amerikanische Sängerin Betty Johnson trat 1957/58 regelmäßig in der US-TV-Sendung ›The Jack Parr Show‹ auf. Mit der Weihnachts-Novelty-Platte »I Want Eddie Fisher For Christmas« hatte sie Ende 1954 ihre erste Hitnotierung in den US-Charts gehabt. »I Dreamed« wurde im

Herbst 1956 ihr erster und einziger Top-10-Hit in den USA. Betty heiratete den Orchesterchef Charles Rudolph Grean, der sie ab 1957 auch auf ihren Platten begleitete. Ihren letzten Hit hatte Betty Anfang 1959.

*I Dreamed (11/56 US 9)*
***Pop***

## Johnson, Don

v (USA, * 15. 12. 1948 in Flatt Creek/Missouri).
Don ist einer der vielen Macho-Schauspieler, die Mitte der 80er Jahre im Fernsehen so beliebt wurden. Dieses ›Geh-mir-aus-dem-Weg‹-Image mit knappen T-Shirts, Sonnenbrillen und Boss-Anzügen verkörperte kaum einer so glaubwürdig wie Don. Er als Detective James ›Sonny‹ Crockett war ab 1984 für etliche Jahre unschlagbar. Fünfzehn frustrierende Jahre hatte er hinter sich, als er die Rolle in der TV-Serie ›Miami Vice‹ erhielt. Seine erste Hauptrolle hatte er 1970 in dem psychedelischen Drogenfilm »The Magic Garden Of Stanley Sweetheart« übernommen, in dem die 60er-Jahre-Generation ziemlich merkwürdig dargestellt wurde. 1973 folgte der Kultfilm »A Boy And A Dog«, in dem wir lernten, was nach einem Atomkrieg so auf der Erde los ist. Ende der 70er Jahre begann Don sich mehr und mehr für die Arbeit im Fernsehen zu interessieren. Er machte zwischen 1976 und 1981 nicht weniger als fünf Pilotfilme für TV-Serien, die nie gedreht wurden. Außerdem wirkte Don in etlichen TV-Filmen mit, darunter ›Elvis And The Beauty Queen‹. Don war selbstverständlich Elvis. Nachdem die Rollen weniger und die Aufgaben kleiner wurden, handelte sich Don Alkoholprobleme ein, die die anderen Schwierigkeiten sicher nicht verringerten. Dann kam die Chance mit ›Miami Vice‹ – und Don wurde über Nacht zum Star. Wer in einer TV-Serie eine gute Figur macht, darf auch singen – und Don machte das nicht schlecht. »Heartbeat« wurde Mitte 1986 veröffentlicht und erreichte Platz 5 in den USA, 6 in Deutschland. Ein Nachzieher des Aaron-Neville-Hits »Tell It Like It Is« aus dem Jahre 1966 brachte Don Mitte 1989 noch einen Platz 2 in der deutschen Hitparade. Don Johnson war zweimal mit seiner Kollegin Melanie Griffith verheiratet.

*Heartbeat (8/86 US 5; 12/86 D 6; 2/87 CH 6)*
*Tell It Like It Is (7/89 D 2, CH 6)*
***Pop***

**CD-Tip:** *Heartbeat* Epic 450 103

## Johnson, Holly

v (* 9. 2. 1960 in Khartum/Sudan).
Holly wurde 1978 Mitglied bei Big In Japan und machte schließlich nach einigen Plattenaufnahmen, die kein kommerzieller Erfolg wurden, als Solist weiter. Im August 1980 war er bei der Gründung von Frankie Goes To Hollywood mit dabei, die 1984 die Hitparaden beherrschten. Nachdem sich die Gruppe im April 1987 offiziell aufgelöst hatte, versuchte sich Holly erneut als Solist und sollte dieses Mal erfolgreicher werden. »Love Train« kam im Januar 1989 in die britischen Charts und erreichte Platz 4. Gleiches schaffte vier Monate später »Americanos«. Letztgenannter Titel wurde in Deutschland Platz 2. Noch im selben Jahr kam »Atomic City« in die Top 20 von GB und Deutschland. Auch als Solist hatte Holly wieder Schwierigkeiten mit seinem neuen Label. Bei FGTH war er vor allem mit den finanziellen Konditionen nicht zufrieden gewesen, jetzt störte ihn, daß er als Mensch und Künstler nicht mit seinen Eigenheiten akzeptiert wurde. Er trennte sich von seiner Plattenfirma und sucht seitdem den idealen Vertrag. Die Zeit verbringt er mit dem Schreiben von Songs und einer Autobiographie. Au-

ßerdem malt er, was er als Therapie betrachtet. 1993 gab Johnson bekannt, er leide an der Immunschwächekrankheit Aids.

*Love Train (1/89 D 4, GB 4; 3/89 CH 8)*
*Americanos (4/89 D 2, GB 4; 5/89 CH 4)*
*Atomic City (8/89 CH 10)*
***Elektro-Pop***

**CD-Tip:** *Hollelujah* MCA 2292–57240–2

## Johnson, Johnny & The Bandwagon

BILLY BRADLEY, v (USA, geb. in Rochester/New York); ARTHUR FULLILOVE, v (USA, geb. in New York City); JOHN JOHNSON, v (USA, geb. in Florida); TERRY LEWIS, v (USA, geb. in Baltimore/Maryland).

Das schwarze Soulquartett konnte seine einzigen Top-10-Hits in GB verbuchen: Im Herbst 1968 erreichte ihr Singledebüt »Breaking Down The Walls Of Heartache« dort Platz 4 in der Hitparade. Bevor die vier Sänger sich zusammenschlossen, hatten sie sich als Solisten versucht. Zwei Jahre nach ihrem ersten Erfolg hatten sie zwei weitere Hits unter den ersten 10 der britischen Charts: »Sweet Inspiration« und »Blame It On The Pony Express«. Die Gruppe war inzwischen von den USA nach GB gezogen, da sie dort im Gegensatz zu ihrer Heimat Erfolg hatten. Ursprünglich hatte das Quartett als Bandwagon firmiert, und erst als nach und nach die Originalmitglieder ausstiegen und nur noch Johnson übrigblieb, benannte er die Formation in Johnny Johnson & The Bandwagon bzw. Johnny Johnson & His Bandwagon um. Viel gebracht hat ihm das nicht. Der kommerzielle Erfolg schwand bald.

*Breaking Down The Walls Of Heartache (10/68 GB 4)*
*Sweet Inspiration (7/70 GB 10)*
*Blame It On The Pony Express (11/70 GB 7)*
***Rhythm & Blues, Soul***

## Johnson, Laurie

bl (Großbritannien, * 7. 2. 1927).

Der britische Komponist und Orchesterleiter studierte Musik am Royal College of Music in London. Seit Ende der 50er Jahre konnte er sich in der Unterhaltungsmusik etablieren. Er schrieb Musiken für Bühne, Musicals, Film und Fernsehen. Seinen einzigen Erfolg in den Hitparaden konnte er nicht mit einem selbstgeschriebenen Titel erzielen. »Sucu Sucu« stammte aus der Feder von Tarateno Rosa und war das Thema zu der TV-Serie ›Top Secret‹. Auf der B-Seite befand sich eine weitere TV-Musik: »Echo Four-Two«. Zu den Fernsehserien, für die Johnson die Musik schrieb, gehören ›Die Profis‹, ›Mit Schirm, Charme und Melone‹ oder ›Jason King‹. Außerdem unterlegte er mehr als dreißig Filme musikalisch, darunter »Dr. Seltsam oder Wie ich lernte, die Bombe zu lieben«.

*Sucu Sucu (9/61 GB 9)*
***Instrumental, Pop***

## Johnson, Marv

v/p (USA, * 15. 10. 1938 als Marvin Earl Johnson in Detroit/Michigan, † 16. 5. 1993).

Die Karriere des Farbigen Marv Johnson begann Mitte der 50er Jahre in der Gesangsgruppe Serenaders. 1958 machte er seine ersten Plattenaufnahmen, und dann war er im Januar 1959 der Sänger, der auf der neuen Plattenfirma von Berry Gordy jr. den Titel »Come To Me« mit der Plattennummer Tamla 101 herausbrachte. Die Single erreichte Platz 30 in den USA. »You Got What It Takes« war Ende 1959 ein Top-10-Hit in den USA, im Frühjahr 1960 Platz 5 in GB. »I Love The Way You Love« kam im März 1960 in die US-Charts und wurde Platz 9, »I'll Pick A Rose For My Rose« im Januar 1969 Platz 10 in GB. Nachdem seine Karriere als Interpret beendet war, arbeitete er ab Anfang der

70er Jahre als Promoter für die Firma Tamla Motown. Er trat jedoch auch noch regelmäßig auf, und während eines Konzertes am 16. 5. 1993 erlitt er einen Schlaganfall und starb.

*You Got What It Takes (11/59 US 10; 2/60 GB 7)*
*I Love The Way You Love (3/60 US 9)*
*I'll Pick A Rose For My Rose (1/69 GB 10)*
***Motown Sound, Pop, Rhythm & Blues***

## Johnston Brothers

FRANK HOLMES, v (Großbritannien); JOHNNY JOHNSTON, v (Großbritannien); MIFF KING, v (Großbritannien); EDDIE LESTER, v (Großbritannien).

Diese Gesangsformation, die sich an den Stil einer anderen erfolgreichen britischen Formation – der Stargazers – anlehnte, war in der ersten Hälfte der 50er Jahre in GB überaus erfolgreich. »Oh Happy Day« kam im April 1953 in die britischen Charts und wurde Platz 4. »Hernando's Hideaway« erreichte im Oktober 1955 die Hitparaden und belegte Platz 1. »Join In And Sing Again« war Ende 1955 ein Platz 9. Letztgenannte Platte war ein Medley, das aus US-Standards zusammengewürfelt wurde. »Sheik Of Araby«, »Yes Sir, That's My Baby«, »California Here I Come«, »Some Of These Days«, »Charleston/Margie« waren in diesem ›Join In‹ zusammengefaßt. 1956 und 1957 folgten einige weitere Hits. So versuchten die Johnston Brothers mit weiteren Folgen von »Join In And Sing« ihr Glück, aber ein Top-10-Erfolg gelang ihnen nicht mehr. Manchmal nahmen die vier Sänger Jean Campbell in die Band und nannten sich dann Keynotes.

*Oh Happy Day (4/53 GB 4)*
*Hernando's Hideaway (10/55 GB 1)*
*Join In And Sing Again (12/55 GB 9)*
***Pop***

## Johnston, Johnnie

v/g (USA, * 1. 12. 1914 in St. Louis, † 6. 1. 1996).

Der Bariton war in den 40er Jahren in etlichen Filmen und 1951 im Broadway-Musical »A Tree Grows In Brooklyn« zu hören. Vorher hatte er in Radiosendungen gesungen und dazu Gitarre gespielt. Seinen ersten Erfolg hatte Johnnie Johnston Anfang 1945 mit einem Titel aus dem Film »Anchors Aweigh«: »(All Of A Sudden) My Heart Sings«. Noch im selben Jahr gelangen ihm zwei weitere Top-10-Erfolge: »Laura« und »There Must Be A Way«. Nach 1946 wird er nicht mehr in den Charts geführt. 1955 spielte er in dem Film »Unchained« mit, 1956 in »Rock Around The Clock«. Danach zog er sich aus dem Showgeschäft zurück und gründete in Phoenix, Arizona, eine Sportartikelfabrik. Zwischen 1947 und 1951 war er mit der Schauspielerin Kartheryn Grayson verheiratet. Er starb Anfang 1996.

*(All Of A Sudden) My Heart Sings (3/45 US 7)*
*Laura (6/45 US 5)*
*There Must Be A Way (7/45 US 9)*
***Pop***

## Johnston, Sabrina

v (USA).

Sabrina kam von New Jersey nach London und sang dort bei Mick Jagger vor, der gerade Backgroundsängerinnen suchte. Sie bekam den Job nicht und versuchte eine Solokarriere. Zusammen mit ihrem Mann Ken schrieb sie etliche Songs. Ihr erster Hit war im September 1991 »Peace«, Platz 8 in GB. Es folgten zwei weitere Hitnotierungen. Danach wollte ihr vorerst nichts mehr gelingen. Mitte 1992 erschien ihre erste Solo-LP, wieder nur mit Songs des Ehepaares.

*Peace (9/91 GB 8)*
***Pop***

**CD-Tip:** *Peace* East West 9031–76353–2

## Joling, Gerard

v (Niederlande, * 29. 4. 1960 in Alkmaar).

Joling kam Ende 1989 mit »No More Boleros« in die deutsche Hitparade, blieb darin 29 Wochen und erreichte als höchste Plazierung Platz 5. Die Plattenfirma pries den Song an mit den Worten: ›Ein sanfter Schmusesong, wie geschaffen für gewisse Momente.‹ 1988 vertrat Gerard Joling seine Heimat beim Grand Prix mit der Nummer »Shangri-La« und landete auf Platz 9. Angeblich sang er bei dieser Gelegenheit erstmals in seiner Muttersprache.

*No More Boleros (12/89 D 5)*
***Grand Prix, Schlager***

**CD-Tip:** *No More Boleros* Mercury 838 626–2

## Jolson, Al

v (* 26. 3. 1886 als Asa Yoelson in St. Petersburg, † 23. 10. 1950).

Für die Amerikaner, die mit Superlativen nicht geizen, war Al der größte Künstler der Welt. Auf jeden Fall war er ein Pionier, denn als erster wirkte er in einem Spielfilm mit, in dem auch gesprochen und – was wohl für Al am wichtigsten war – gesungen wurde. Das war im Jahre 1927 in dem Film »The Jazz Singer«. Als Eltern, orthodoxe Juden, waren noch vor 1900 von Rußland in die USA nach Washington/D.C. ausgewandert. Al studierte in den USA Musik und war schon als Jugendlicher auf den Bühnen zu finden. Mit einer Minstrel Show zog er durch die Lande, auch in einem Zirkus trat er auf. 1909 entwickelte er sein Markenzeichen, an dem man ihn für die folgenden mehr als vierzig Jahre erkennen sollte: Er schminkte sich sein Gesicht schwarz. 1911 erhielt er ein festes Angebot von einer New Yorker Show, und von da an ging es bergauf. Erste kleine Filmrollen, z. B. in »Big Boy« 1924, dann der Film »The Jazz Singer«, der in den USA und in Europa ein Riesenerfolg wurde. Im Zweiten Weltkrieg zog er als Truppenbetreuer mit den US-Truppen durch die ganze Welt. Und auch als die Amerikaner in den Koreakrieg verwikkelt waren, war Al als Unterhalter mit dabei. Gerade aus Korea zurück, starb er einen Tag später. Zusammen mit zwei Freunden spielte er in einem Hotel in San Francisco Karten, als er einen Herzanfall erlitt und starb. Schon zu seinen Lebzeiten hatte man Al ein Denkmal gesetzt. 1945 entstand der Film »The Jolson Story«, der ein großer Erfolg wurde. Larry Parks spielte darin die Rolle von Al. Ein Jahr später drehte man sogar noch eine Fortsetzung davon: »Al Jolson Sings Again«. Seine erste Hitnotierung hatte er mit »Haunting Melody«, im März 1912 Platz 1 in den USA. In demselben Jahr kam sein erster Millionseller – es war der vierte Millionseller überhaupt in der Geschichte der Schallplatte: »Ragging The Baby To Sleep«. Ein Jahr später war »The Spaniard That Blighted My Life« ebenfalls ein Millionseller und Spitzenreiter. Bis 1948 brachte er es auf neunzig Hits, davon insgesamt 22 mal Platz 1. Außer den bereits genannten waren »Swanee« 1920, »Sonny Boy« – zwölf Wochen lang auf Platz 1 – 1928, »The Anniversary Song«, »My Mammy« und »April Showers« 1947 Millionseller. Nach seinem Tod hinterließ Jolson rund fünf Millionen Dollar, davon vermachte er alleine vier Millionen jüdischen, evangelischen und katholischen Wohltätigkeitseinrichtungen.

*The Anniversary Song (2/47 US 2)*
***Pop***

## Jon & Vangelis

Jon Anderson, v (Großbritannien, * 25. 10. 1944 in Accrington/Lancashire); Evangelos Papathanassiou, key (Griechenland, * 29. 3. 1943 in Valos).

Der Brite Jon und der Grieche Evangelos kamen Ende der 70er Jahre zusammen. Anderson war der Leadsänger der Gruppe Yes, Vangelis hatte einst als Tastenspieler bei Aphrodite's Child gespielt. Ihr erster Hit war »I Hear You Now« im Frühjahr 1980. Ihr Nachfolgehit war Ende 1981 ihre erfolgreichste Aufnahme: »I'll Find My Way Home«. Die Zusammenarbeit der beiden ging sporadisch weiter. Für einen Top-10-Hit reichte es jedoch nicht mehr. Beide brachten auch Soloplatten heraus.

*I Hear You Now (1/80 GB 8)*
*I'll Find My Way Home (12/81 GB 6; 2/82 D 6; 3/82 CH 1)*
***AOR (Adult Orientated Rock), Elektro-Pop, Pop***

**CD-Tip:** *The Best Of Jon & Vangelis* Polydor 821 929–2

## Jones, Aled

v (Großbritannien, geb. in Wales).
Dieser Waliser Chorknabe, dessen reine Sopranstimme die Briten begeisterte, belegte Mitte 1985 zusammen mit dem BBC Welsh Chorus und dem Titel »Memory« Platz 42 in GB. Ende desselben Jahres gelang ihm mit »Walking In The Air«, einem Song aus der BBC-Serie ›The Snowman‹, Platz 5 in der britischen Hitparade. Ein Jahr später hatte er noch eine weitere Hitnotierung.
Außerdem sang er mit Anita Hegerland und Barry Palmer auf »Pictures In The Dark« von Mike Oldfield. Die LPs »Voices From The Holyland« und »All Through The Night« standen 1985 unter den ersten 10 in der britischen Hitparade. Aled Jones hatte daraufhin eine eigene Fernsehserie in GB, und His Masters Voice veröffentlichte seine Platten unter der Nummer Aled 1, Aled 2 usw.

*Walking In The Air (11/85 GB 5)*
***Pop***

## Jones, Casey

g (Großbritannien, * 21. 3. 1939 als Brian Casser in Liverpool).
Während einer Lehre als Koch in Liverpool übte Casey in seiner Freizeit Gitarre. Mit seiner ersten Band, Casey & The Casanovas, spielte er zunächst Folk, dann Beat. In mehreren Folgen der Serie um Kommissar Maigret wirkte er mit. Schließlich gründete er Casey Jones & The Governors, tourte erst durch England, dann durch Deutschland und war einer der vielen britischen Musiker, die sich hier festsetzten, Platten aufnahmen und mehr Erfolg hatten als in ihrer Heimat. Sie spielten vorwiegend Rock-Standards wie »Lucille« oder »Dr. Feelgood«. Mit dem Huey-Piano-Smith-Titel »Don't Ha Ha« hatte die Truppe im Frühjahr 1965 einen Platz 2 in der deutschen Hitparade. Im selben Jahr erreichte ihre Version von »Jack The Ripper« Platz 9 in der Hitparade. Es folgten noch weitere Veröffentlichungen von Casey ohne die Governors. Nach 1966 war er aus den Charts verschwunden. Noch 1997 tourte er mit einer Truppe, die immer noch Governors hieß, durch die Lande – und immer noch wurde »Don't Ha Ha« als der Grund dafür gennant, daß man ihn unbedingt ansehen sollte.

*Don't Ha Ha (1/65 D 2)*
*Jack The Ripper (9/65 D 9)*
***Pop, Rock 'n' Roll***

**CD-Tip:** *Casey Jones & The Governors* Repertoire REP 4675 WY
**CD-Tip:** *Don't Ha Ha* Repertoire REP 4674 WY

## Jones, Grace

v (Jamaika, * 19. 5. 1952 in Spanishtown).
Grace wuchs in New York auf. 1976 war sie ein gesuchter Kleiderständer, der auf den Covers von Vogue und Elle erschien. 1977 veröffentlichte sie ihre erste Platte

»Sorry« – zu spät, die Platte war draußen und erreichte Platz 71 in den US-Charts. Hits: »Private Life« (7/80 GB 17), »I've Seen That Face Before« (8/81 D 16), »Slave To The Rhythm« (10/85 GB 12, D 4, als Re-Mix 5/94 GB 28), »Pull Up The Bumper/La Vie En Rose« (1/86 GB 12, D 26), »Love Is The Drug« (3/86 GB 35) und »I'm Not Perfect (But I'm Perfect For You)« (11/86 D 39). Ihre erfolgreichsten Alben waren »Nightclubbing« (5/81 GB-LP 35, US-LP 32, 8/81 D-LP 8), »Living My Life« (11/82 GB-LP 15), »Slave The The Rhythm« (11/85 GB-LP 12, D-LP 10) und »Island Life« (12/85 GB-LP 4, D-LP 22). Erstaunlicherweise wurden ihre Nummern »Libertango« und »Victor Should Have Been A Jazz Musician« kein Erfolg. Dabei waren das ihre besten Titel. Grace Jones wirkte in etlichen Filmen mit, so z. B. in »Vamp«, neben Arnold Schwarzenegger in »Conan der Barbar« und in »Im Angesicht des Todes« als Mayday, Gegenspielerin von James Bond.

*Libertango (9/81 CH 9)*
*Slave To The Rhythm (11/85 D 4; 12/85 CH 5)*
***Pop, Rhythm & Blues***

**CD-Tip:** *Inside Story* EMI CDP 7 46340 2

## Jones, Howard

v/syn/p (Großbritannien, * 23. 2. 1955 in Southampton).
Howard gehört zu den Sängern und Soundtüftlern, die Anfang der 80er Jahre mit neuen Ideen und neuen Klängen in GB auftauchten. Sein Spitzname ist ›Synth Wizard‹. 1970 spielte er zum erstenmal in einer Band. Er lebte zu diesem Zeitpunkt mit seinen Eltern in Kanada. Zurück in GB, begann er ein Studium am Music College in Manchester, gab aber auf und arbeitete in einer Fabrik. Später wurde er Klavierlehrer und spielte nebenher in Amateurbands. Ab 1979 spielte er Synthesizer und begann, in Pubs und Clubs seinen Gesang mit ebendiesem Instrument zu begleiten. 1983 erhielt er einen Plattenvertrag, nachdem er Demos von »New Song« und »What Is Love« verschickt hatte. »New Song« wurde dann auch seine Debüt-Single, die in GB auf Platz 3 kam. »What Is Love« erreichte Ende 1983 Platz 2 in GB, Platz 6 in Deutschland. »Pearl In The Shell«, »Like To Get To Know You Well«, »Things Can Only Get Better« – diese Aufnahme wurde sein erster Top-10-Erfolg in den USA – und »Look Mama« waren 1984/85 weitere Top-10-Hits in GB. »No One Is To Blame« brachte es im Frühjahr 1986 auf Platz 4 in den USA. Howards Spezialität ist die vegetarische Küche. 1987 eröffnete er in New York ein entsprechendes Restaurant, das nach wenigen Monaten abbrannte. Howard ist jedoch auch für sein soziales Engagement bekannt. Er arbeitete mit an einem Antiheroin-Projekt, einem Rehabilitationszentrum für Drogen- und Alkoholkranke und veranstaltete 1987 ein Benefizkonzert zugunsten der Opfer des Hurrikans Irene. Anfang 1989 erreichte er noch einmal Platz 12 in den USA mit »Everlasting Love«.

*New Song (9/83 GB 3)*
*What Is Love (11/83 GB 2; 2/84 D 6)*
*Pearl In The Shell (5/84 GB 7)*
*Like To Get To Know You Well (8/84 GB 4)*
*Things Can Only Get Better (2/85 US 5, GB 6)*
*Look Mama (4/85 GB 10)*
*No One Is To Blame (4/86 US 4)*
***Elektro-Pop, Pop***

**CD-Tip:** *What Is Love*
East West 4509–91887–2

## Jones, Jimmy

v (USA, * 2. 6. 1937 in Birmingham/Alabama).
Jones wurde 1955 Mitglied in der Rhythm-&-Blues-Gruppe Sparks Of Rhythm. 1956 gründete er seine eigene Band Savoys, die er später in Pretenders

umbenannte. Aber erst als Solist sollte er Erfolge haben. »Handy Man« kam Ende 1959 in die US-Charts und erreichte Platz 2, in GB 3. Der Nachfolgehit »Good Timin'« kam in den USA auf Platz 3, in GB gar auf Platz 1. Nach zwei weiteren kleinen Erfolgen war seine Karriere nach 1961 vorbei. Seine Lieder wurden später von anderen nachgesungen: »Handy Man« durch Del Shannon und James Taylor, »Good Timin'« durch Showaddywaddy.

*Handy Man (12/59 US 2; 3/60 GB 3)*
*Good Timin' (4/60 US 3; 6/60 GB 1)*
***Pop, Rhythm & Blues***

## Jones, Joe

v/p (USA, * 12. 8. 1926 in New Orleans).
Joe war in den frühen 50er Jahren als Kammerdiener und Musiker bei B. B. King beschäftigt. Nachdem er 1942 in die Navy eingezogen worden war, spielte er in deren Band Piano. Zurück im Zivilleben, gründete er die Band Atomic Rebops. 1948 kam Roy Brown nach New Orleans, um seinen Titel »Good Rockin' Tonight« aufzunehmen. Mit ihm spielte ein Großteil von Joes Band. Als nächstes kam B. B. King in die Stadt. Der suchte auch einen Pianisten, aber gleichzeitig auch einen Kammerdiener. Jones wurde dies, sein Chauffeur, zweiter Bandleader und derjenige, der B. B.s Gitarre jeden Abend neu stimmen mußte. 1954 trennten sich die beiden wieder, und Joe nahm seine erste Soloplatte auf: »Adam Bit The Apple«. Es dauerte drei Jahre, bis er zu einer neuen Platte kam. Zwischendurch spielte er mit seiner Band im Studio für Ruth Brown, Jerry Butler, Dee Clark und Shirley & Lee. Im Herbst 1960 war »You Talk Too Much« Platz 3 in den USA. Der Nachfolger »California Sun« brachte es im Frühjahr 1961 nur noch auf Platz 89, wurde aber 1964 der größte Hit der Rivieras. Joe Jones wurde später Produzent und war u. a. verantwortlich für »Something You Got« von Alvin Robinson und »Chapel Of Love« von den Dixie Cups. 1969 gründete er sein eigenes Aufnahmestudio und konzentrierte sich auf Jingleproduktionen und ähnliches. 1972 zog es ihn nach New York – um dort allerdings festzustellen, daß sich die Musikszene grundlegend verändert hatte.

*You Talk Too Much (9/60 US 3)*
***Rhythm & Blues***

**CD-Tip:** *The Best Of Joe Jones* Sequel NEM CD 672

## Jones, Oran »Juice«

v (USA, geb. in Houston/Texas).
Oran »Juice« Jones wuchs in Harlem auf und begann dort 1982 seine Laufbahn als Sänger und Komponist. Zusammen mit seinem Schulfreund Kurtis Blow schrieb er den Titel »Rockin'«. Im Gegenzug produzierte der Orans erste Single »Rock Your Body Down«. Def Jam Records aus New York wurde ab Mitte der 80er Jahre weltweites Aushängeschild für progressive schwarze Musik. Sie nahmen den Balladensänger unter Vertrag und veröffentlichten Ende 1986 mit »The Rain« dessen bisher größten Hit. Alle Nachfolgesingles schafften keinen Eintrag in die Pophitparaden.

*The Rain (9/86 US 9; 11/86 D 3, GB 4)*
***Pop, Rhythm & Blues***

## Jones, Paul

v (Großbritannien, * 24. 2. 1942 als Pond in Portsmouth/Hampshire).
Ende 1962 formierten sich in London die Mann-Hugg Blues Brothers, zu denen Paul gehörte. Im Mai 1963 änderte die Band ihren Namen in Manfred Mann. Paul

war der Sänger aller Hits von Manfred Mann von den Anfangstagen, bis er ab Mitte 1966 eine Solokarriere versuchte. Er wurde durch Mike D'Abo ersetzt. Im Oktober desselben Jahres kam mit »High Time« seine erste Single in die Charts und erreichte Platz 4. »I've Been A Bad Bad Boy« aus dem Film »Privilege«, in dem Jones neben dem Model Jean Shrimpton die Hauptrolle spielte, wurde Anfang 1967 Platz 5. Danach wurde es stiller um Paul, bis er als Mitglied der Blues Band wiederauftauchte, die zwar keine Singleerfolge aufweisen kann, dafür aber sehr stimmungsvolle LPs veröffentlichte. Bei Radio 2 der BBC moderiert Jones eine wöchentliche Blues- und Gospelsendung.

*High Time (10/66 GB 4)*
*I've Been A Bad Bad Boy (1/67 GB 5)*
***Beat, Pop***

## Jones, Rickie Lee

v (USA, * 8. 11. 1954 in Chicago/Illinois).

Rickie Lee machte ihre ersten Platten 1979, erhielt einen Grammy als bester neuer Künstler und schlug damit die Konkurrenten Blues Brothers, Dire Straits und Knack. Es sollte zehn Jahre dauern, bis sie wieder einen Grammy erhielt. Zusammen mit Dr. John sang sie »Makin' Whoopee«, was ihnen die Auszeichnung für den besten Jazzgesang eines Duos oder einer Gruppe einbrachte. Dazwischen lagen etliche Hochs und Tiefs. Ihre Nummer »Chuck E.'s In Love« war im Frühjahr 1979 ein Platz 4 in den US-Charts, Top 20 in GB. Mitte der 80er Jahre schien Rickie in der Bedeutungslosigkeit versunken zu sein. Ende der 80er Jahre tauchte sie mit der von Walter Becker produzierten LP »Flying Cowboys« wieder auf. Es stellte sich heraus, daß sie in den letzten fünf Jahren Alkoholprobleme gehabt hatte. 1985 war sie nach einer Konzerttournee durch Australien, Europa und den Ostblock nach Tahiti gegangen und hatte dort ihren späteren Mann, den französischen Musiker Pascal Nebet-Meyer, kennengelernt. Danach lebte sie für einige Zeit in Frankreich, bevor sie nach Kalifornien ging. 1991 erschien die CD »Pop Pop«. Mit Pop hatte die Platte allerdings recht wenig zu tun. Dieses voll akustische Album sollte die musikalische Bandbreite von Tin-Pan-Alley-Standards der 20er Jahre über Showthemen bis zu Jimi Hendrix abdecken. Rickie dazu: ›Ich war so weit, daß ich es Anti-Pop nennen wollte. Es ist nicht Jazz in dem Sinne, wie Leute, die Jazz mögen, Jazz verstehen. Es reflektiert meine eigene Sichtweise. Dies ist ein sehr spezielles Album.‹ Mit ihr spielten u. a. der außergewöhnliche Gitarrist Robben Ford und der Bassist Charlie Haden. 1993 erschien mit »Traffic From Paradise« wieder eine schöne CD von ihr.

*Chuck E.'s In Love (4/79 US 4)*
***AOR (Adult Orientated Rock)***

**CD-Tip:** *Traffic From Paradise* Geffen 24602

## Jones, Spike

d (USA, * 14. 12. 1911 als Lindley Armstrong Jones in Long Beach/Kalifornien, † 1. 5. 1965).

Dieser Musiker und Komiker, dessen große Zeit von 1942 bis 1953 war, veralberte jegliche Musik, die zu jener Zeit angesagt war. So wurde zwischen klassischen Titeln plötzlich geschossen, genossen, Glocken läuteten, jemand pfiff laut, oder es wurde einfach nur Lärm gemacht. Spike hatte als Studioschlagzeuger in Hollywood begonnen. Dann gründete er Anfang der 40er Jahre seine eigene Band, die Spike Jones & His City Slickers hieß. Mit »Der Fuehrer's Face« erreichte er Ende 1942 Platz 3 in den USA und einen Millionseller. Anfang 1945 kam »Cocktails For Two« in die US-Charts, erreichte Platz 4 und wurde ebenfalls ein Millionseller. Weitere Top-10-Erfolge waren »Chloe« 1945, »Hawaiian War Chant (Ta-Hu-Wa-Hu-Wai)« 1946 und »Wilhelm Tell Ouverture« 1948. In jenem Jahr zu Weihnachten gelang ihm auch sein größter Erfolg: »All I Want For Christmas (Is My Two Front Teeth)«, Millionseller und Spitzenreiter. Gesungen wurde der Titel durch George Rock, der in der Band von Jones spielte. Mit zwei weiteren weihnachtlichen Top-10-Erfolgen, »Rudolph, The Red-Nosed Reindeer« 1950 und »I Saw Mommy Kissing Santa Claus« 1952, hatte Jones seine letzten Hits.

*Der Fuehrer's Face (10/42 US 3)*
*Cocktails For Two (1/45 US 4)*
*Chloe (4/45 US 5)*
*Holiday For Strings (11/45 US 10)*
*Hawaiian War Chant (Ta-Hu-Wa-Hu-Wai) (7/46 US 8)*
*Wilhelm Tell Overture (6/48 US 6)*
*All I Want For Christmas (Is My Two Front Teeth) (11/48 US 1)*
*Rudolph, The Red-Nosed Reindeer (12/50 US 7)*
*I Saw Mommy Kissing Santa Claus (12/52 US 4)*
***Instrumental, Pop***

**CD-Tip:** *The Whacky World Of Spike Jones* RCA PD C2 1216

## Jones, Tammy

v (Großbritannien).
Tammy wurde schon früh als ›The Face of '69‹ gefeiert, gewann dann einen Talentwettbewerb und hatte ihren größten und einzigen Hit mit »Let Me Try Again«, im Frühjahr 1975 ein Platz 5 in GB. Es handelte sich bei dem Song um die englische Version des französischen Titels »Laisse Moi Le Temps«, den englischen Text hatten Paul Anka und Sammy Cahn geschrieben. 1973 hatte Frank Sinatra damit einen kleineren Hit in den USA. Dieser Wunsch, es noch einmal versuchen zu dürfen, wurde nicht erhört, und sie blieb ein One-Hit-Wonder. Später wechselte sie in die Cabaret-Szene, versuchte sich an Songs, die sonst Spezialitäten von Tom Jones oder Shirley Bassey waren, und wechselte Mitte der 80er Jahre zur Country Music – alles ohne weiteren Hit.

*Let Me Try Again (4/75 GB 5)*
***Pop***

## Jones, Tom

v (Großbritannien, * 7. 6. 1940 als Thomas Jones Woodward in Pontypridd/Wales).
Der Waliser muß Sandie Shaw sehr dankbar sein. Ihr wurde das Lied »It's Not Unusual« angeboten; sie lehnte ab, weil es ihr nicht gefiel. Damit begann der Aufstieg des Bergarbeiters Tom Jones, der seine musikalische Laufbahn 1963 als Sänger bei Tommy Scott & The Senators begonnen hatte. Das war im Frühjahr 1965, als Tom mit diesem Titel in die britische Hitparade kam und Spitzenreiter wurde. Im selben Jahr noch gewann er einen Grammy als bester neuer Künstler, und ab diesem Zeitpunkt bis in die 90er Jahre hält die Karriere von Tom mit unterschiedlichen Resultaten an. Ende 1966 erreichte »Green Green Grass Of Home« wieder den Spitzenplatz in den britischen Charts. Danach setzte es für ihn in GB zwölf weitere Top-10-Erfolge. Die Amerikaner suchten sich als zweiten Erfolg von Jones Mitte 1965 »What's New Pussycat?« aus dem gleichnamigen Film aus. »I'll Never Fall In Love Again« und »Without Love (There Is Nothing)« 1969 und »She's A Lady«, geschrieben von Paul Anka, 1971 brachten Tom Top-10-Erfolge und Millionseller in den USA. Nach 1972 schien seine Karriere zumindest für die Top 20 beendet. Danach wurde der ›Tiger‹ als Star in Las Vegas und anderen amerikanischen Spielcasinos eine Attraktion. Seine Auftritte ließen nach wie vor die Damen in Reihe 1 bis 5 schwach werden, aber die

Plattenkäufer blieben aus. Dann kam das Jahr 1987, und die Kids kannten Boy George oder George Michael – aber wer war Tom Jones? »A Boy From Nowhere« kam in die britischen Charts und erreichte Platz 2. Das Stück stammte aus dem Musical »Matador«. Ein Jahr später machte Tom zusammen mit Art Of Noise eine Neuauflage der Prince-Nummer »Kiss«. Man erreichte Platz 5 in GB, Platz 31 in den USA, 16 in Deutschland. Auch in den 90er Jahren nimmt er noch Platten auf, z. B. sehr schöne Titel zusammen mit Van Morrison. Im Februar 1993 stand Tom Jones mit einer Coverversion des Beatles-Songs »All You Need Is Love« unter den ersten 20 der britischen Charts. Es handelte sich dabei um eine Benefizplatte für die Children's Charity Childline. 1994 veröffentlichte er die CD »The Lead And How To Swing It«, produziert von so unterschiedlichen Cracks wie Trevor Horn, Jeff Lynne, Youth oder Teddy Riley.

*It's Not Unusual (2/65 GB 1; 4/65 US 10)*
*What's New Pussycat? (6/65 US 3)*
*Green Green Grass Of Home (11/66 GB 1, D 6)*
*Detroit City (2/67 GB 8)*
*Funny Familiar Forgotten Feelings (4/67 GB 7)*
*I'll Never Fall In Love Again (7/67 GB 2; 7/69 US 6)*
*I'm Coming Home (11/67 GB 2)*
*Delilah (2/68 D 1, GB 2; 4/68 CH 1)*
*Help Yourself (7/68 D 1, GB 5; 8/68 CH 3)*
*A Minute Of Your Time (12/68 D 9; 1/69 CH 9)*
*Love Me Tonight (5/69 GB 9)*
*Without Love (12/69 US 5, GB 10)*
*Daughter Of Darkness (4/70 GB 5)*
*She's A Lady (2/71 US 2, D 7)*
*Till (10/71 GB 2)*
*The Young New Mexican Pupeteer (4/72 GB 6)*
*A Boy From Nowhere (4/87 GB 2)*
*Kiss (10/88 GB 5)*
***Pop***

**CD-Tip:** *Tom Jones – The Golden Hits* London 810 192–2

## Joplin, Janis

v (USA, * 19. 1. 1943 in Port Arthur/Texas, † 4. 10. 1970).

Man sagt ihr nach, sie sei die beste Bluessängerin aller Zeiten nach Bessie Smith gewesen – zumindest war sie die beste weiße Bluessängerin. Ihre Karriere begann in Austin, Texas. In Clubs und Kneipen sang sie Lieder von Leadbelly, Odetta und auch von Bessie Smith. Aus dieser Zeit sind später nach ihrem Tode Mittschnitte erschienen, die ein Tonbandamateur aufgenommen hatte und die mehr historischen Wert haben. Kurzfristig war sie Mitglied bei den Waller Creek Boys und 1963 für einige Zeit in San Francisco, wo sie in einigen Clubs sang, manchmal alleine, manchmal mit Jorma Kaukonen. 1966 war sie wieder in Texas, schrieb sich am College ein, schmiedete Hochzeitspläne und wollte das Singen schon aufgeben. Dann wurde nichts aus der Hochzeit; sie ging wieder zurück nach San Francisco und wurde dort Leadsängerin von Big Brother & The Holding Company. Mitte 1967 spielte die Formation beim Monterey Pop Festival, und Janis galt als eine der Entdeckungen dieser Veranstaltung. Bob Dylans Manager Albert Grossman nahm die Gruppe unter Vertrag. Wenig später erschien ihr Debütalbum. Zuerst war die Band nur an der West-, dann auch an der Ostküste erfolgreich. Im September 1968 gab Manager Grossman bekannt, daß sich Janis Ende des Jahres von der Gruppe trennen werde. Zu diesem Zeitpunkt wurde die LP »Cheap Thrills« Nummer 1 der US-Charts. Die Singleauskopplung »Piece Of My Heart« kam im August 1968 in die Charts und erreichte Platz 12. Am 1. Dezember hatte Janis ihren letzten Auftritt mit Big Brother & The Holding Company, die sich daraufhin auflösten. Die nächsten Auftritte absolvierte sie mit der Kozmic Blues Band. Mitte 1969 war sie neben Joe Cocker, Jimi Hendrix, Buddy Miles und Edwin Hawkins Headliner beim Newport

Festival. Ab 1970 nannte sie ihre Begleitgruppe Full Tilt Boogie. Damit ging sie auf Tournee durch Europa und machte ihre besten Plattenaufnahmen. Aus dieser Zeit stammen auch die Bilder einer Janis Joplin, die jeder irgendwann einmal gesehen hat: das mehr oder weniger unscheinbare Mädchen mit den großen Augen, die hinter einer großen runden Brille versteckt sind; in der Hand eine Flasche Four Roses, schaut sie ängstlich, und ihre Angst scheint sie mit Alkohol zu bekämpfen. Ein Spruch von ihr aus dieser Zeit lautete: ›Wer Drogen nimmt, muß verrückt sein, wenn er sich doch mit Whiskey vollsaufen kann.‹ Der Spitzname von Janis war Pearl, und so hieß dann auch ihre letzte LP, deren Veröffentlichung sie schon nicht mehr erlebte. Auf dieser Platte eine hinreißend schöne Version des Kris-Kristofferson-Songs »Me And Bobby McGee«. Freiheit, so heißt es in diesem Lied, bedeutet, daß du nichts zu verlieren hast. Die Umkehrung davon: Besitz macht dich, ob du willst oder nicht, unfrei. Das entsprach genau der Beatnik-Philosophie der 60er und 70er Jahre, verkörpert durch Janis Joplin, die als ihr Lebensziel angab: ›Live fast, love hard, die young.‹ Es ist ihr gelungen. Janis Joplin war der Typ, der nach außen hin nichts besaß und auch nichts zu verlieren hatte. Wenn sie auf der Bühne stand, schlief sie nach eigener Aussage mit den 25.000 Menschen, die da unten standen und ihr zuhörten, um dann in Jubel auszubrechen. Nach diesem Gewaltakt ging sie alleine nach Haus – das Klischee des traurigen Clowns oder des kleinen armen, reichen Mädchens. Nach ihrem Tod wurde »Me And Bobby McGee« Spitzenreiter in der amerikanischen Hitparade, in Deutschland Platz 8. Ihr Leben war die Vorlage zum Film »The Rose« mit Bette Midler. Janis starb an einer Überdosis Heroin. 1995 wurde sie in die Rock 'n' Roll Hall of Fame aufgenommen. Mit Recht.

*Me And Bobby McGee (1/71 US 1; 4/71 D 8; 6/71 CH 3)*

***Flower-power, Pop, Rhythm & Blues, Rock, West Coast***

**CD-Tip:** *Janis Joplin Anthology* CBS 467 405 2

## Jordan, Louis

v/sax/clarinet (USA, * 8. 7. 1908 in Brinkley/Arkansas, 4. 2. 1975).

Für viele gilt er als der Vater des modernen Rhythm & Blues und des Rock 'n' Roll. Sein Gesangsstil war in der Tat innovativ und gleichzeitig überaus populär. Er begann als Profimusiker 1929 mit Louis Armstrong, spielte dann in verschiedenen Orchestern, u. a. mit Chick Webb. 1938 machte Louis seine erste eigene Band, die er Elk's Rendezvous nannte. Daraus entwickelte sich 1939 Tympany Five. Ab 1942 spielte Jordan, der ein großes komisches Potential hatte, in etlichen Filmen mit. Die lange Liste seiner Erfolge in den Popcharts beginnt 1944. Der »G.I. Jive« kam Mitte jenes Jahres auf Platz 1 der Hitparade und wurde ein Millionseller. Weitere goldene Platten waren der »Caldonia Boogie« 1945, »Choo Choo Ch'boogie« 1946 und »Saturday Night Fish Fry« 1949. In den Rhythm-&-Blues-Charts war er von 1942 bis 1951 die dominierende Persönlichkeit. Es gelangen ihm 18 Spitzenreiter, und Titel wie »Choo Choo Ch'boogie« standen 18 Wochen, »Ain't Nobody Here But Us Chickens« 17 Wochen und »Boogie Woogie Blue Plaid« 14 Wochen auf Platz 1. Bis 1973 machte er Platten. Im Februar 1975 starb er nach einem Herzanfall. 1987 wurde Jordan in die Rock 'n' Roll Hall of Fame aufgenommen.

*G.I. Jive (5/44 US 1)*
*Is You Is Or Is You Ain't (Ma' Baby) (7/44 US 2)*
*Caldonia Boogie (6/45 US 6)*
*Buzz Me (1/46 US 9)*
*Stone Cold Dead In The Market (He Had It Coming) (7/46 US 7)*
*Choo Choo Ch'boogie (8/46 US 7)*

*Ain't Nobody Here But Us Chickens (1/47 US 6)*
*Open The Door, Richard (3/47 US 6)*
*Baby, It's Cold Outside (6/49 US 9)*
***Rhythm & Blues***

**CD-Tip:** *Let The Good Times Roll* Bear Family BCD 15 557

## Jordan, Mario

v/d (Deutschland, * 1. 6. 1950 in Elkhoven/München).

Einen Tag ohne Diebels Alt wird sich Mario Jordan sicher nicht mehr vorstellen können. Jedenfalls brachte ihm die Werbemelodie für dieses Getränk, »Welch ein Tag«, im Frühjahr 1992 Platz 7 in den deutschen Charts. Mario Jordan war bis zu diesem Tag an vielen Studioproduktionen und Werbejingles als Chorsänger beteiligt. Jetzt hatte er Erfolg. Als 15jähriger begann er als Schlagzeuger in einer der zahllosen Beatbands. Da er der einzige in der Band war, der Englisch konnte, mußte er singen. Anfang der 70er Jahre war er zusammen mit Konstantin Wecker und Harold Faltermeyer in der Gruppe Zauberberg. 1975 erschien eine erste eigene, von Konstantin Wecker produzierte LP. Zusammen mit Bernie Paul als Produzent nahm er die Nummer »Bist du sauer?« auf, die ein Discotheken-Dauerbrenner wurde. Trotz dieser vielen musikalischen Aktivitäten war es dann dieser Werbesong, der den Erfolg brachte. Welch eine Karriere.

*Welch ein Tag (4/92 D 7)*
***Deutscher Schlager***

## Jordan, Montell

v (USA, geb. in Los Angeles/Kalifornien).

Runde zwei Meter ist dieser R&B-Sänger, der gleich mit seinem ersten Hit einen Knüller landete: »This Is How We Do It« kam im Frühjahr 1995 in die US-Charts und wurde Spitzenreiter. Gesampelt wurde aus der Nummer »Children's Story«, mit der es Slick Rick (* 14. 1. 1965 als Rikky Walters in Wimbledon/London, Großbritannien), britischer Rapper jamaikanischer Herkunft, 1989 bis auf Platz 5 in den US-R&B-Charts brachte. Für Montell wurde es eine Platinplatte, die in GB mit Platz 11 nur knapp die Top 10 verfehlte und in Deutschland immerhin noch die Top 40 erreichte. Die nächsten Hits waren die mit Gold bedachte Nummer »Somethin' 4 Da Honeyz« (8/95 US 21, GB 15), »I Like It« (6/96 US 28, 10/96 GB 24) aus dem Film »The Nutty Professor«, »Falling« (10/96 US 18), »What's On Tonight« (2/97 US 21) und schließlich »Let's Ride« (5/98 GB 25). Diese Nummer stieg in die US-Charts ein und machte nach drei Wochen einen Sprung von Platz 63 auf 7. Gäste von Montell waren das Rap-Schwergewicht Master P. und Silkk ›The Shocker‹ – die drei hatten den Titel auch gemeinsam geschrieben.

*This Is How We Do It (2/95 US 1)*
*Let's Ride (3/98 US 2)*
***Rhythm & Blues***

**CD-Tip:** *This Is How We Do It* PMP/RAL 527 179 2

## Journey

JONATHAN CAIN, key (USA, * 26. 2. 1950); AYNSLEY DUNBAR, d (Großbritannien, * 10. 1. 1946 in Liverpool); STEVE PERRY, v (USA, * 22. 1. 1949 in Hanford/Kalifornien); PRAIRIE PRINCE, d (USA, * 7. 5. 1950 in Charlotte/North Carolina); ROLLO, key (Großbritannien, * 8. 5. 1969 als Armstrong); NEAL SCHON, g (USA, * 27. 2. 1954 in San Mateo/Kalifornien); STEVE SMITH, d (USA, * 21. 8. 1954); GEORGE TICKNER, v/g (USA); ROSS VALORY, b (USA, * 2. 2. 1949).

Diese Gruppe wurde 1973 in San Francisco in der Besetzung Schon, Rolie, Tickner, Valory und Dunbar gegründet. Schon und Rolie hatten vorher bei Santana gespielt. Tickner verließ die Band 1975. Mitte 1977 kam als Leadsänger Robert Fleischman, der jedoch schon fünf Monate später durch Steve Perry ersetzt wurde. Damit begann der Erfolg. Die erste Hitnotierung hatte Journey 1978 mit »Wheel In The Sky«. Im November 1978 verließ Dunbar die Band und wurde durch Steve Smith ersetzt. Mitte 1981 gelang der erste Top-10-Erfolg mit »Who's Crying Now«. Im April 1981 war für Rolie von den Babys Jonathan Cain gekommen. Rolie machte erst als Solist Platten und gründete 1991 zusammen mit Valory und Smith die Gruppe Storm. Ab 1984 veröffentlichte Perry neben seiner Bandarbeit auch Soloplatten. Die Nummer »Oh Sherrie« brachte es zum Top-10-Hit. 1986 wurde aus Journey ein Trio, bestehend aus Perry, Schon und Cain. Im Frühjahr 1987 wurde bekannt, daß sich Journey trennen wolle. Cain und Valory gingen in die Band von Michael Bolton. 1989 waren Schon und Cain Mitbegründer von Bad English. 1992 waren Schon, Rolie und Smith in der Gruppe Harline zusammen. Die LP-Verkäufe von Journey waren auch in den darauffolgenden Jahren immens. Die bestverkauften Alben waren »Escape« (1981 – insgesamt 9 Millionen Exemplare) und »Greatest Hits« (1988 – insgesamt 8 Millionen). Zusammengenommen verkauften sich die Alben von Journey alleine in den USA mehr als 35 millionenmal. Ende 1992 erschien das Album »Time 3«, eine Dreifach-CD mit insgesamt 55 Titeln, von denen 11 bis zu diesem Zeitpunkt unveröffentlicht waren. Ende 1996 kam Journey in der Besetzung Perry, Schon, Cain, Valory und Smith wieder zurück. Die erste Singleauskopplung »When You Love A Woman« brachte es in den USA bis auf Platz 12.

*Who's Crying Now (7/81 US 4)*
*Don't Stop Believin' (10/81 US 9)*
*Open Arms (1/82 US 2)*
*Separate Ways (Worlds Apart) (2/83 US 8)*
*Only The Young (1/85 US 9)*
*Be Good To Yourself (4/86 US 9)*
***Rock***

**CD-Tip:** *Greatest Hits* CBS 463 149 2

## Judge Dread

ALEX HUGHES, v (Großbritannien, † 12. 3. 1998).

Seine Karriere bgeann er als Bodyguard der Rolling Stones. Dann wurde er Discjockey einer mobilen Discothek, die vorwiegend in der Grafschaft Kent im Einsatz war. Angeblich haben ihn die Mädchen immer nach ein paar schlüpfrigen Reggaeplatten gefragt. Das hat ihn auf die Idee gebracht, selbst welche aufzunehmen. »Big Six« (8/72 GB 11) hieß die erste Platte, die er im Sommer 1972 veröffentlichte und seine erste Hitparadenplazierung wurde – und das, obwohl Radio Luxemburg als auch BBC 1 diese Größe nicht spielten. Es folgten die Top-40-Hits »Big Seven« (12/72 GB 8), »Big Eight« (4/73 GB 14), »Je T'Aime (Moi Non Plus)« (7/5 GB 9), »Big Ten« (9/75 GB 14), »Christmas In Dreadland/Come Outside« (12/75 GB 14), »The Winkleman« (5/76 GB 35), »Y Viva Suspenders« (8/76 GB 27) und »5th Anniversary EP« (4/77 GB 31). Danach war das Thema durch den Verbalerotiker, der 2,02 m groß war und 280 Pfund wog, ausgereizt. Obwohl nicht mehr in den Hitparaden, war er trotzdem weiterhin mit öffentlichen Auftritten im Geschäft. Bei einem Konzert in Canterbury stand er am Donnerstag den 12. März 1998 auf der Bühne, als er einen Herzanfall erlitt und starb. Das Publikum war zunächst der Ansicht, der Zusammenbruch würde zu seiner Bühnenshow gehören. Judge Dread wurde 53 Jahre alt.

*Big Seven (12/72 GB 8)*
*Je T'aime (Moi Non Plus) (7/75 GB 9)*

***Pop, Reggae***

**CD-Tip:** *The Big Twenty Four* Trojan CDTRL 333

## Junior

JUNIOR, v (Großbritannien, * 10. 11. 1961 als Norman Giscombe).

Dem jungen Briten gelang im April 1982 ein Platz 7 in GB und 30 in den USA mit dem Titel »Mama Used To Say (American Remix)«. Er wurde als Zukunft des britischen Souls gehandelt, konnte diese Erwartungen aber bisher nicht erfüllen. Nach dem ersten Top-10-Hit kam er noch einmal unter die Top 20 in GB, dann wurde es ruhig um ihn. Er wechselte mehrmals die Plattenfirma, aber keiner gelang es, ihm zum Durchbruch zu verhelfen, obwohl seine Aufnahmen von den Kritikern gelobt wurden und sich alle über die Qualität seiner Stimme einig waren. 1986 machte er zusammen mit Jimmy Somerville, Paul Weller und Billy Bragg die Formation Red Wedge. Erst 1987 tauchte er wieder einmal in den Top 10 auf: Zusammen mit Kim Wilde sang er den Titel »Another Step Closer To You«. Bis in die 90er Jahre nimmt er weiter Platten auf, jetzt als Junior Giscombe.

*Mama Used To Say (4/82 GB 7)*
*Another Step Closer To You (4/87 GB 6)*
***Pop, Soul***

## Jürgens, Andrea

v (Deutschland, * 15. 5. 1967 in Herne/Westfalen).

Bereits als Zehnjährige hatte sie mit der Trennungsschnulze »Und dabei liebe ich euch beide« Platz 4 in den deutschen Charts. Sechs Monate später, im Juli 1978, erreichte sie mit »Ich zeige dir mein Paradies« Platz 5. Eine deutsche Version von Anekas »Japanese Boy« brachte Andrea Ende 1981 den letzten Top-10-Erfolg. In den Hitparaden ist Andrea Jürgens bis in die 90er Jahre vertreten.

*Und dabei liebe ich euch beide (1/78 D 4; 4/78 CH 6)*
*Ich zeige dir mein Paradies (7/78 D 5)*
*Japanese Boy (11/81 D 9)*
***Deutscher Schlager***

## Jürgens, Curd

v (Deutschland, * 13. 12. 1915 in München, † 18. 6. 1982).

Jürgens war der Sohn eines Vertreters und einer Lehrerin. Er arbeitete zunächst als Reporter, bevor er unter dem Einfluß seiner ersten Frau, der Schauspielerin Louise Basler, Schauspielunterricht nahm. Von Willi Forst wurde er schließlich für den Film entdeckt. 1944 wurde er nach Ungarn deportiert, weil er als politisch unzuverlässig galt, und nach dem Krieg begann dann seine steile, auch internationale Karriere mit Filmen wie z. B. »Des Teufels General«, »Teufel in Seide«, »Der längste Tag«, »Der Spion, der mich liebte« oder »Steiner – Das eiserne Kreuz«. Brigitte Bardot war es, die ihm den Spitznamen ›der normannische Kleiderschrank‹ verpaßte. Insgesamt brachte es Jürgens, der aus seinem Interesse für das weibliche Geschlecht nie einen Hehl machte, auf fünf Ehen. Sein Image als Frauenheld und Lebemann machte er 1975 zum Thema seines einzigen Hits. »60 Jahre und kein bißchen weise« wurde Ende des Jahres ein Platz 21 in Deutschland, ein Top-10-Hit in der Schweiz. Er starb an Herzversagen in Wien.

*60 Jahre und kein bißchen weise (1/76 CH 9)*
***Deutscher Schlager***

## Jurgens, Dick

tr/bl (USA, * 9. 10. 1910 in Sacramento/Kalifornien, † 5. 10. 1995).

Dick war bereits als Teenager ein ausgezeichneter Trompeter. Mit 18 gründete er seine eigene Band. In den 30er Jahren spielte er in San Francisco im St.-Francis-Hotel und wurde schließlich in Chicago im Aragon Ballroom zum Knüller. Besonders seine vielen Radioauftritte verhalfen ihm zu enormer Popularität in den gesamten USA. Nach seiner Militärzeit im Zweiten Weltkrieg gründete er eine neue Band, die bis in die 70er Jahre spielte. Seine erste Hitnotierung war Anfang 1939 »Rainbow Valley«. Die Liste seiner Erfolge zieht sich bis in das Jahr 1947. Besonders die von ihm selbstgeschriebenen Nummern »Elmer's Tune«, 1941 Platz 8, und »One Dozen Roses«, 1942 Platz 3 in den USA, werden mit seinem Namen verbunden. Seinen letzten Top-10-Erfolg hatte Dick im Januar 1943 mit »Why Don't You Fall In Love With Me?«. Er starb im Herbst 1995.

*Cecelia (4/40 US 8)*
*Our Love Affair (10/40 US 10)*
*Along The Santa Fe Trail (1/41 US 6)*
*Elmer's Tune (8/41 US 8)*
*The Bells Of San Raquel (12/41 US 7)*
*One Dozen Roses (4/42 US 3)*
*Why Don't You Fall In Love With Me? (1/43 US 4)*
***Instrumental, Pop***

## Jürgens, Udo

v/p (Österreich, * 30. 9. 1934 als Udo Jürgen Bockelmann in Ottmanach/Kärnten).

Jürgens ist einer der erfolgreichsten Interpreten und Songschreiber der Nachkriegsjahre. Als 16jähriger gewann er einen Komponistenwettbewerb in Österreich. 1951 wurde er hauptberuflich Sänger und Pianist. Seinen ersten Plattenvertrag erhielt er 1954. Ab Ende der 50er Jahre versuchte er sich als Schlagersänger und machte Titel wie »Der lachende Vagabund«, »Es zieht ein Spielmann durch das Land«, »Die Insel des Glücks« oder »Hey Stop! Das ist meine Braut«. Letztgenannter Titel war im Original »Be My Guest« von Fats Domino. 1961 kam er mit »Jenny« erstmals in die deutsche Hitparade und erreichte Platz 36. Dieses Lied zeigte zum erstenmal, in welche Richtung Jürgens gehen wollte. Mitte 1964 kam sein Titel »Warum nur, warum« bis auf Platz 21 in Deutschland. Matt Monro sang einen Nachzieher dieser von Jürgens geschriebenen Nummer als »Walk Away« und erreichte damit Platz 4 in GB. Das brachte Udo Jürgens einige Tantiemen und einen Ruf als guter Songschreiber ein. 1965 stand sein »Sag ihr, ich lass' sie grüßen« in den Charts. Im selben Jahr erreichte »Siebzehn Jahr', blondes Haar« die Top 10. Mit »Merci Cheri« gewann er 1966 den Grand Prix Eurovision in Luxemburg, die Platte kam in die deutschen Charts und erreichte Platz 4 wie auch ein halbes Jahr später »Sag mir, wie«. »Merci Cheri« erreichte im übrigen Platinstatus in Deutschland. Die Liste seiner Erfolge geht bis in die 90er Jahre. Mit »Griechischer Wein« erreichte er Ende 1974 die Spitze der deutschen Charts und vergoldete diese Platte. Udo Jürgens schrieb thematisch solch unterschiedliche Songs wie »Es wird Nacht, Señorita« oder »Ein ehrenwertes Haus«. Hatte er in seinen Anfangsjahren mehr Liebeslieder geschrieben, so waren seine Werke ab 1975 durchaus tiefer gehend. Speziell auf LPs hat er eine ganze Reihe sehr ernsthafter, kritischer und von so manchen Zeitgenossen ungeliebte Lieder gesungen. Beispielhaft dafür seine 1993 erschienene CD »Café Größenwahn«. Auch in den 90er Jahren erweisen sich Udos Tourneen als ausgesprochen erfolgreich.

*Sag ihr, ich lass' sie grüßen (5/65 D 9)*
*Siebzehn Jahr', blondes Haar (10/65 D 4)*
*Merci Cheri (3/66 D 4)*
*Sag mir, wie (10/66 D 4)*
*Cotton Fields (5/68 D 5)*
*Mathilda (10/68 D 6)*

*Es wird Nacht, Señorita (1/69 D 6)*
*Anuschka (9/69 D 6)*
*Griechischer Wein (12/74 D 1; 1/75 CH 1)*
*Ein ehrenwertes Haus (5/75 CH 2)*
*Aber bitte mit Sahne (7/76 D 5; 8/76 CH 10)*
*Boogie Woogie Baby (12/77 CH 9)*
*Buenos Dias, Argentina (3/78 D 3; 4/78 CH 3)*
***Deutscher Schlager, Grand Prix, Pop***

**CD-Tip:** *Café Größenwahn*
BMG 74321 16159 2

## Just Friends

MATTHIAS FUCHS, v (Deutschland, * 17. 10. 1975 in Berlin); FARES GABRIEL HADID, v (Deutschland, * 4. 4. 1973 in Regensburg); DANIEL HÖFERLIN, v (Deutschland, * 17. 12. 1971 in Berlin); SABINE MANKE, v (Deutschland, * 15. 2. 1970 in Strausberg); JESSICA SCHULTE, v (Deutschland, * 26. 8. 1973 in Hamburg); DENISE ZICH, v (Deutschland).
Durch die deutsche Fernsehsendung ›Gute Zeiten, schlechte Zeiten‹ wurde die Formation Caught In The Act gefördert. Als die aus dem Gröbsten raus waren, kamen Just Friends an die Reihe. Das in Berlin ansässige Quartett hatte mit »Ever And Ever« einen ersten Erfolg. »The Present That I Want« (9/95 D 23) und »Friends« (3/96 D 19) belegten noch hohe Positionen. Die nächsten Singles fielen unter die Platz-50-Marke. Inzwischen hatte man Denise gegen Jessica ausgetauscht, im Frühjahr 1997 ging Matthias Fuchs und dafür kam Fares Gabriel Hadid. Mit ihm wurde eine Coverversion des Abba-Titels »One Of Us« aufgenommen. »What Is Love« brachte Just Friends mit Fares als Leadsänger im Herbst 1997 den nächsten Top-10-Hit.

*Ever And Ever (10/95 D 5)*
*What Is Love (9/97 D 7)*
***Middle Of The Road (MOR), Pop***

**CD-Tip:** *World Of Colours* Edel 0038042ERE

## Justice, Jimmy

v (Großbritannien, * 15. 12. 1939 als James Anthony Bernard Little in Carlshalton/Sussex).
Er wurde im Alter von zwanzig Jahren von Emile Ford entdeckt, der Jimmy in einer Bar hatte singen hören. Ford verhalf ihm zu einem Plattenvertrag, aber seine ersten Veröffentlichungen 1960 als Jimmy Justice & The Jury floppten. Daraufhin zog Justice zunächst nach Schweden, wo er mehr Erfolg hatte. 1962 nahm er eine wunderschöne von Bob Leaper arrangierte Coverversion des Drifters-Hits »When My little Girl Is Smiling« auf und erreichte damit im März des Jahres Platz 9 in den britischen Charts. »Ain't That Funny« wurde der Nachfolgehit. Sein dritter und letzter Erfolg, ein Platz 20, wurde »Spanish Harlem«. »When My Little Girl Is Smiling« und »Spanish Harlem« waren Nachzieher von amerikanischen Hits, die wegen der Beschränkung der BBC auf bestimmte Zeiten, in denen ausländische Interpreten gesendet werden durften, überhaupt aufgenommen wurden. Dazu kam die sogenannte Needle Time, in der Platten gespielt werden durften. Ansonsten traten Künstler in BBC-eigenen Produktionen auf, und da waren natürlich die britischen Interpreten, weil vor Ort, im Vorteil. In den meisten Fällen waren die Coverversionen schlechter als die Originale. Jimmy Justice war da eine Ausnahme. Er nahm bis in die 70er Jahre Platten auf.

*When My Little Girl Is Smiling (3/62 GB 9)*
*Ain't That Funny (6/62 GB 8)*
***Pop***

**CD-Tip:** *The Best Of Jimmy Justice* Sequel NEX CD 241

## Justified Ancients Of Mu Mu

BILL DRUMMOND, key (Südafrika, * 29. 4. 1953 als William Butterworth); ROCKMAN ROCK, key (Großbritannien als Jim Cauty).

Jim Cauty und Bill Drummond waren die Masterminds hinter KLF und den Timelords. Mit der Nummer »It's Grim Up North« hatten sie unter dem Pseudonym The Justified Ancients Of Mu Mu Ende 1991 einen Platz 10 in GB. Im Song wurde der Norden Englands als ziemlich finster hingestellt. Einige britische Parlamentsmitglieder fühlten sich angeblich veranlaßt, im englischen Unterhaus gegen diesen Slogan »It's Grim Up North« zu wettern. Im Song selbst, unterlegt mit Techno-Music, wurden lediglich nordenglische Städte aufgeführt, in denen, so wird es am Schluß deutlich, wenn der Wind unter Rabengekrächze übers Land fegt, ›der Hund verfroren ist‹.

*It's Grim Up North (11/91 GB 10)*
***Elektro-Pop, Techno***

## Justis, Bill

sax (USA, * 14. 10. 1926 in Birmingham/Alabama, † 15. 7. 1982).
Bill arbeitete ab 1957 für die Plattenfirma Sun. So arrangierte und spielte er z. B. für Jerry Lee Lewis, Johnny Cash oder Charlie Rich. Er selbst hatte unter seinem Namen den Instrumentalhit »Raunchy«, mit dem er Ende 1957 bis auf Platz 2 der amerikanischen Pophitparade und in GB bis auf 11 kam. Der Nachfolger »College Man« kam im Frühjahr 1958 auf Platz 42. Danach war seine Karriere als Solist erledigt, und er war vorwiegend als Produzent tätig.

*Raunchy (11/57 US 2)*
***Instrumental, Pop***

## JX

JAKE WILLIAMS, key.
Jake hatte bereits im April 1994 mit dem Titel »Son Of A Gun« einen Platz 13 in den britischen Charts. Als Remix kam die Nummer mehr als ein Jahr später erneut in die Hitparade und erreichte diesmal die Top 10. Die Platte gewann schließlich den Award als beste Clubnummer des Jahres 1995. Im April 1995 hatte er mit »You Belong To Me« einen weiteren Top-20-Hit in den britischen Charts gehabt. Auf »There's Nothing I Won't Do« war als Sängerin die Stimme von Karlina zu hören – ansonsten dürfte Jake sich die Musik alleine zusammentüfteln.

*Son Of A Gun (8/95 GB 6)*
*There's Nothing I Won't Do (5/96 GB 4)*
***Dance, House***

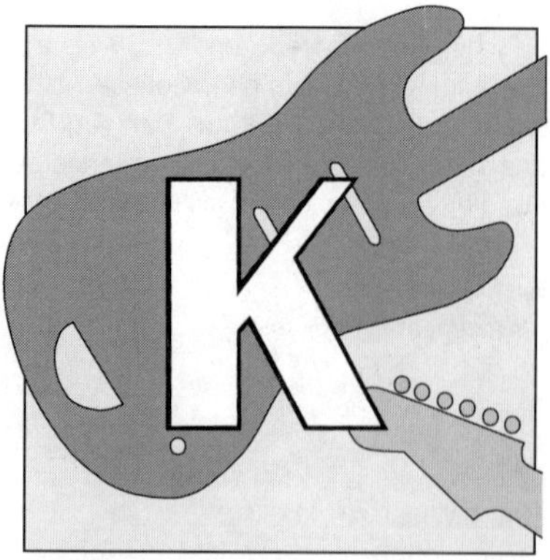

## K-Ci & JoJo

Die beiden Brüder schafften ihre ersten Hits als Teil des Quartetts Jodeci. Schon ab 1995 hatte K-Ci auch außerhalb von Jodeci Erfolg. Die Nummer »If You Think You're Lonely Now« (2/95 US 17) wurde ein erster Hit. Zusammen mit seinem Bruder JoJo war K-Ci bei dem Titel »How Do U Want It« (6/96 US 1, GB 17) Gast von 2Pac. Zum gleichen Zeitpunkt kamen auch die ersten Platten der Brüder ohne Jodeci. »You Bring Me Up« (6/97 US 26, 8/97 GB 21) erschien 1997 als Single, gleichzeitig wurde das Album »Love Always« angekündigt. Das allerdings würde nicht den Split von Jodeci bedeuten, erklärte die Plattenfirma. Eine weitere Auskopplung aus »Love Always«, »All My Life« schaffte es innerhalb von nur zwei Wochen an die Spitze der US-Charts. Sie stieg auf Platz 15 ein und sprang dann an die Spitze – das hatten bisher nur die Beatles mit »Paperback Writer« im Jahre 1966 geschafft.

*All My Life (3/98 US 1; 4/98 D 5, GB 8; 6/98 CH 4)*
***Rap, Rhythm & Blues***

## K-Doe, Ernie

v (USA, * 22. 2. 1936 als Ernest jr. Kador in New Orleans).

Ernie K-Doe ist ein typischer Vertreter des New Orleans Rhythm & Blues, wie er Anfang der 50er Jahre gespielt wurde. 1954 nahm er mit den Blue Diamonds, zu denen zu jenem Zeitpunkt auch Huey Piano Smith gehörte, seine ersten Platten auf. Ein Jahr später versuchte er sich als Solist. Im Frühjahr 1961 sollte ihm mit »Mother-In-Law« ein Spitzenreiter in den USA gelingen. Diesen Erfolg konnte er nicht annähernd wiederholen. 1967 tauchte er wieder in den Rhythm-&-Blues-Charts auf. Bis heute ist er in New Orleans ein beliebter Live-Künstler, der gelegentlich noch Platten aufnimmt und bei einem ortsansässigen Radiosender ein eigenes Rhythm-&-Blues-Programm betreut.

*Mother-In-Law (3/61 US 1)*
***Rhythm & Blues***

## K-Klass

BOBBY DEPASOIS, v (Großbritannien, geb. in Wales); RUSS MORGAN, key (Großbritannien, geb. in Wales); PAUL ROBERTS, key (Großbritannien, geb. in Wales); CARL THOMAS, key (Großbritannien, geb. in Wales); ANDY WILLIAMS, key (Großbritannien, geb. in Wales).

Diese Waliser House-Music-Band formierte sich 1989. Zwei Jahre später kam sie mit dem Titel »Rhythm Is A Mystery« erstmals in die Hitparade und gleich bis auf Platz 3. Im Vorprogramm von 808 State hatten sie sich erstmals einem größeren Publikum vorgestellt. Nach der Veröffentlichung ihrer Debüt-Single »Wild Life« nahmen sie die Sängerin Bobbi Depasois in die Band und hatten dann den obenerwähnten ersten Hit. Der Nachfolger »So Right« erreichte nur noch Platz 20. Sie selbst stellten einmal fest: ›Jeder kann lernen, mit einem Synthesizer umzugehen, und jeder kann eine Danceplatte machen. Man muß nur wissen, wie man gute macht.‹ Ende 1993 erschien mit »Universal« das Debütalbum von K-Klass. Eine Auskopplung daraus, »Let Me Show You«, stand Ende 1993 auf Platz 13 in GB.

*Rhythm Is A Mystery (11/91 GB 3)*
***House***
**CD-Tip:** *Universal* Parlophone 8 28068 2

## K., Leila

Mit ihrem Vater, einem Footballspieler, lebte sie einige Jahre in Deutschland. Als sie 15 war, hatte ihr Vater, ein marokkanischer Moslem, sie einem Mann zur Ehe versprochen – Leila machte sich dünne. Die schwedischen Produzenten Rob 'n' Raz entdeckten bei einem Talentwettbewerb in einer Stockholmer Disco die Rapperin Leila K., die zu diesem Zeitpunkt gerade 17 Jahre alt war. Als Rob 'n' Raz feat. Leila K. nahmen sie den Titel »Got To Get« auf, der sich zu einem Discothekenhit in ganz Europa entwickelte. Die Platte stieg Ende 1989 in die britischen Charts und erreichte Platz 8. Im Januar 1990 kam sie in die deutsche Hitparade und auch dort unter die ersten 10. Die Disco-Szene wurde Anfang der 90er Jahre erheblich durch schwedische Interpreten, deren Heimat in Afrika lag, beeinflußt. Neben Leila K. sind da Dr. Alban oder La Camilla zu nennen. Auch der Nachfolgehit »Rok The Nation« erreichte in Deutschland immerhin noch einen Platz 21. Danach trat eine längere Pause ein. Ende 1992 – jetzt ohne Rob 'n' Raz – brachte Leila K. unter den Produzenten Denniz Pop und Douglas Carr »Open Sesame« in die deutsche Hitparade. Eine neue Version des Plastic-Bertrand-Hits »Ça Plane Pour Moi« brachte Leila Mitte 1993 in Deutschland noch einmal Platz 13.

*Got To Get (11/89 GB 8; 1/90 D 3; 2/90 CH 3)*
*Open Sesame (12/92 D 5; 3/93 CH 4)*
***Dance, Disco***

**CD-Tip:** *Carousel* Urban 513 290 2

## K.I.D.

*I Wanna Piece Of The Action (8/82 CH 4)*

## K.P. & Envyi

ENVYI, rap (USA als Susan Hedgepeth); K.P., rap (USA als Kia Phillips).
Die erste Chartnotierung dieses weiblichen Rapduos brachte gleich eine goldene Schallplatte: »Swing My Way«.

*Swing My Way (12/97 US 6)*
***Rap***

## K.W.S.

DELROY JOSEPH, v (Großbritannien); CHRIS KING (Großbritannien); WINSTON WILLIAMS (Großbritannien).
Die aus Nottingham stammenden Produzenten Chris King und Winston Williams nahmen Anfang 1992 eine Coverversion des KC-&-The-Sunhine-Band-Hits »Please Don't Go« auf. Die Platte erreichte Platz 1 in GB, 7 in Deutschland und 6 in den USA. Nachdem die Platte in Deutschland in die Top 10 eingestiegen war, wurde sie aus rechtlichen Gründen wieder vom Markt genommen. Angeblich hatte K.W.S. Passagen derselben Nummer von Double You gesampelt. Sänger des Titels war Delroy Joseph, der vorher bei T Cut F gesungen hatte, aber kein festes Mitglied bei K.W.S. war. Auch als nächste Single erschien eine Coverversion. Dieses Mal hat-

te sich K.W.S. »Rock Your Baby«, 1974 ein weltweiter Hit für George McCrae, ausgesucht und erreichte damit Platz 8. Kann sein, daß sie noch weitere schöne Oldies ermorden.

*Please Don't Go (4/92 GB 1; 6/92 US 6, D 7)*
*Rock Your Baby (8/92 GB 8)*
***Techno***

## K2

MARTIN PELZ, rap (Deutschland, * 3. 3. 1975 in München); NINA POETHEN, v (Deutschland, * 19. 6. 1972 in München).

Daß Techno wirklich vor gar nichts mehr haltmacht, bewies dieses Projekt aus München, in dem u. a. die Sängerin Nina und der weiße Rapper Martin mitwirkten. Der Produzent Klaus Munzert hatte die beiden zusammengebracht. Mit dem Luis-Trenker-Schlachtruf »Der Berg ruft« und 138 bpm schlich sich K2 im August 1994 in die deutsche Hitparade und kraxelte langsam bis auf Platz 3. Offensichtlich kamen sie vom Berg wieder runter, und sie hörten eine Nachtigall trapsen: »Die Nachtigall singt« erreichte Anfang 1995 die deutschen Top 20. Das Album »Der Berg ruft«, aus dem die Singles ausgekoppelt wurden, bezeichnete die Plattenfirma von K2 als den ›musikalisch gewordenen Alptraum eines Luis Trenker: ein ewiger Kampf des Menschen mit den Urgewalten des Berges‹. Holdrio!

*Der Berg ruft (8/94 D 3)*
***Techno***

**CD-Tip:** *Der Berg ruft* Koch International 34199 2

## K7

LOUIS ›KAYEL‹ SHARPE (USA, * 25. 8. 1969 als Kayel Figueroa in Spanish Harlem/New York City).

Hinter diesem Hip-Hop-Projekt steckt Louis ›Kayel‹ Sharpe. Er war vorher bei der Formation TKA, die zwischen 1986 und 1992 mit sechs Titeln im unteren Bereich der amerikanischen Hitparade stand. Sharpe verließ diese Gruppe 1993 und startete sein Projekt K7. Im November 1993 erschien das Debütalbum »Swing Batta Swing«, auf dem sich die Nummer »Come Baby Come« (9/93 US 18, 12/93 GB 3, 3/94 D 24) befand, die in den USA Goldstatus erreichte. Auf der einen Seite machte K7 Rap, auf der anderen Seite zeigte sich aber auch seine Vorliebe für die schwarze Musik der 30er und 40er Jahre. Bei dem Titel »Hi De Ho« (4/94 GB 17) merkt man seine Affinität zu Cab Calloway. Aber auch Reggae und Funk versteht K7 zu kombinieren.

*Come Baby Come (12/93 GB 3)*
***Funk, HipHop, Rap, Reggae***

**CD-Tip:** *Swing Batta Swing* Tommy Boy 4509 94462 2

## Kaempfert, Bert

v (Deutschland, * 16. 10. 1923 in Hamburg, † 22. 6. 1980).

Als Arrangeur und Produzent begann Kaempfert seine Karriere. Freddy oder Ivo Robic profitierten von seinen Fähigkeiten als Songschreiber und Orchesterleiter. »Die Gitarre und das Meer« von Freddy und »Morgen« von Ivo Robic waren Millionseller. Seinen ersten Top-10-Erfolg hatte Bert im Frühjahr 1958 in Deutschland mit dem »Mitternachts-Blues«. Die Trompete bei dieser Aufnahme spielte Billy Mo. Kaempferts internationaler Durchbruch kam Ende 1960, als er mit seinem Titel »Wunderland bei Nacht« Platz 1 in der US-Singlehitparade, Platz 9 in Deutschland belegte. Die LP »Wonderland By Night« erreichte in den US-Charts für fünf Wochen Platz 1. Anfang der 60er Jahre war er der erste, der Tony Sheridan mit den Beatles produzierte. Daß er sie Mitte

1962 aus einem bestehenden Vertrag vorzeitig entließ, mag heute im Rückblick Kopfschütteln hervorrufen, aber erstens konnte man den Erfolg der Beatles nicht vorausahnen, und zweitens hatte Bert Kaempfert zu diesem Zeitpunkt schon weltweiten Erfolg. Sein Titel »Rot ist der Wein«, der auch als »Moon Over Naples« oder »Spanish Eyes« bekannt wurde, stand in vielen Versionen in den Hitparaden. Auch »Fremde in der Nacht« wurde als »Strangers In The Night« ein weltweiter Erfolg, vor allem durch die Aufnahme von Frank Sinatra. Berts Titel »Danke schön«, mit Wayne Newton ein Hit in den USA, wurde von über dreißig anderen Künstlern auch aufgenommen. »L-O-V-E« wurde in der Version von Nat King Cole ein weltweiter Erfolg. Unvergeßlich auch seine Titel »African Beat« oder »A Swingin' Safari«. Im Laufe seiner Karriere verkaufte er weltweit 150 Millionen Langspielplatten.

*Mitternachts-Blues (2/58 D 6)*
*Wonderland By Night (11/60 US 1)*
*Wunderland bei Nacht (12/60 D 9)*
***Instrumental, Pop***

**CD-Tip:** *Bert Kaempfert* Polyphon 833 409–2

## KaH, Hubert

KLAUS HIRSCHBURGER, b (Deutschland, * 4. 2. 1963 in Reutlingen); HUBERT KAH, v (Deutschland, * 21. 3. 1961 als Kemmler in Tübingen); MARCUS LÖHR, g (Deutschland, * 14. 3. 1963 in Reutlingen).

Als 1982 die Neue Deutsche Welle die Hitparaden überschwemmte, kam Hubert mit seiner Band und den Titeln »Rosemarie« und »Sternenhimmel« in die deutschen Top 10. Schon zwei Jahre später war die NDW wieder vorbei. Nach einer längeren Pause erschien 1986 die LP »Tensongs«. Hubert sang jetzt englische Texte. Die Platte war nach internationalen Maßstäben produziert, die Singleauskopplung »Limousine« erreichte Mitte des Jahres Platz 8. 1989 erschien mit »Sound Of My Heart« eine sehr gut gemachte CD von Hubert KaH, die sich jedoch am Markt nicht durchsetzen konnte. Produzent war Michael Cretu, mit dem Hubert Kemmler im Laufe der Jahre sehr eng und erfolgreich zusammenarbeitete. Als Texter und Songschreiber für Interpreten wie Sandra, Two Of Us, Cretu/Thiers oder Bonnie Bianco hatte Hubert etliche Erfolge. 1995 erschien nach siebenjähriger Pause ein Comeback-Album, auf dem er u. a. mit den Wiener Sinfonikern zu hören war. Als erste Single erschien »C'est La Vie«, die Hubert zusammen mit seiner Ehefrau Susanne Kemmler geschrieben hat.

*Rosemarie (4/82 D 3; 6/82 CH 6)*
*Sternenhimmel (9/82 D 2)*
*Limousine (6/86 D 8)*
***Neue Deutsche Welle, Pop***

## Kaiser, Roland

v (Deutschland, * 10. 5. 1950 als Keiler in Berlin).

Was ihn wohl immer am meisten geärgert hat, war die Tatsache, daß man den Wandel von »Sieben Fässer Wein« zu »Hummer ist der beste Koch« so wenig bemerkt hat. Das Publikum wollte Roland Kaiser als Interpreten sanfter Lieder und nicht als zeitkritischen Songschreiber. Nach einer Lehre als Kaufmann arbeitete er in der Werbeabteilung eines Autohauses. Der deutsche Produzent Gerd Kämpfe entdeckte ihn und nahm mit ihm Mitte der 70er Jahre die ersten Platten auf. Ende 1977 war »Sieben Fässer Wein« sein erster Top-10-Erfolg. »Santa Maria«, eine goldene Schallplatte und Spitzenreiter in Deutschland Ende 1980, legte sein Image endgültig fest. »Lieb mich ein letztes Mal« und »Dich zu lieben« 1981 und

»Manchmal möchte ich schon mit dir« 1982 waren seine weiteren Top-10-Erfolge. Inzwischen besitzt er seine eigene Produktionsfirma für TV-Sendungen und ist (war) mit der Schauspielerin Anja Schüte verheiratet, von der er sich 1994 öffentlich trennte.

*Sieben Fässer Wein (11/77 D 7)*
*Santa Maria (9/80 D 1; 11/80 CH 5)*
*Lieb mich ein letztes Mal (4/81 D 3)*
*Dich zu lieben (9/81 D 5)*
*Manchmal möchte ich schon mit dir (9/82 D 7)*
***Deutscher Schlager***

## Kajagoogoo

STEVE ASKEW, g (Großbritannien, * 9. 12. 1957 in Leighton Buzzard/Hertfordshire); NICK BEGGS, v/b (Großbritannien, * 15. 12. 1961 in Leighton Buzzard/Hertfordshire); LIMAHL, v (Großbritannien, * 19. 12. 1958 als Chris Hamill in Leighton Buzzard/Hertfordshire); STUART CROXFORD NEALE, v/syn (Großbritannien, geb. in Leighton Buzzard/Hertfordshire); JEREMY STRODE, d (Großbritannien, * 17. 1. 1958 in Leighton Buzzard/Hertfordshire).

Diese Teenie-Formation traf Anfang der 80er Jahre genau den Musiknerv der Jugendlichen. Mit Ausnahme von Limahl hatten die vier anderen Musiker 1980 erst als Art Nouveau, dann als Handstands gespielt. 1981 gab Chris Hamill alias Limahl – der Künstlername ist ein Anagramm seines Nachnamens – in einer britischen Musikzeitung eine Anzeige auf, in der stand: ›22jähriger, gutaussehender, talentierter Sänger und Songschreiber mit Phantasie und Ehrgeiz sucht vier Jungs mit den gleichen Qualifikationen.‹ Neben etlichen obszönen Anrufen meldete sich auch Nick Beggs, dessen Formation auf der Suche nach einem Leadsänger war. Die zwei Parteien tauschten Demobänder aus und waren recht zufrieden mit dem, was sie hörten. Gemeinsam suchten sie nach einem Namen, der möglichst nichts bedeuten sollte. Sie fanden ihn in den ersten Lauten, die von einem Baby zu hören sind: ›Ga-Ga-Goo-Goo‹. Daraus wurde Kajagoogoo. 1982 traf Limahl auf Nick Rhodes von Duran Duran, der der Band zu einem Plattenvertrag verhalf. Im Januar 1983 erschien ihre Single »Too Shy« in den britischen Charts und wurde Spitzenreiter. Noch 1983 hatten sie den zweiten Top-10-Hit »Ooh To Be Ah«, und in demselben Jahr verließ Limahl die Band wieder und strebte eine Solokarriere an. Nick Beggs übernahm nun den Leadgesang, und mit dem gut gemachten Stück »Big Apple« hatte die Gruppe im Herbst 1983 Platz 8 in GB. 1984 kam es noch zu zwei weiteren Hitnotierungen, dann verließ Strode die Gruppe, und die drei verbleibenden Musiker hatten 1985 als Kaja noch eine Hitnotierung. Noch im selben Jahr lösten sie sich auf. 1988 tauchte Nick in der Formation Ellis, Beggs & Howard wieder auf, die mit »Big Bubbles, No Troubles« im Herbst desselben Jahres einen Top-20-Hit in Deutschland hatte.

*Too Shy (1/83 GB 1; 3/83 D 1, CH 2, US 5)*
*Ooh To Be Ah (4/83 GB 7)*
*Big Apple (9/83 GB 8; 11/83 CH 7)*
***Boy Group, Pop***

**CD-Tip:** *Too Shy* EMI 8 27222 2

## Kalin Twins

HAROLD KALIN, v (USA, * 16. 2. 1934 in Port Jervis/New York); HERBERT KALIN, v (USA, * 16. 2. 1934 in Port Jervis/New York).

Die Zwillinge hatten ein Demoband aufgenommen, das sie dem Songschreiber Clint Ballard vorspielten. Der war begeistert und verschaffte ihnen 1958 einen Plattenvertrag. Im Mai desselben Jahres nahmen die Kalin Twins die Nummer »When« auf, geschrieben von Paul Evans, der seinerseits mit »Seven Little Girls

Sitting In The Back Seat« einen großen Erfolg hatte. Die Nachfolgesingle war »Forget Me Not«, die es noch bis auf Platz 12 in den USA brachte. Diese Bitte wurde jedoch nicht erhört, und die Zwillinge verschwanden wieder aus den Top 40.

*When (6/58 GB 1, US 5; 11/58 D 4)*
***Pop***

**CD-Tip:** *When* Bear Family BCD 15 597

## Kallen, Kitty

v (USA, * 25. 5. 1922 in Philadelphia/ Pennsylvania).
Kitty Kallen begann als Bandsängerin bei Jack Teagarden. Danach wechselte sie zu Jimmy Dorsey und hatte mit ihm Ende 1943 Platz 2 in den Popcharts: »They're Either Too Young Or Too Old«. Anfang 1944 folgte mit »Besame Mucho« gar ein Spitzenreiter in den USA. Ab 1945 sang sie in der Band von Harry James. Im selben Jahr hatte sie die Nummer-1-Hits »I'm Beginning To See The Light« und »It's Been A Long Long Time«. Ab 1949 war Kitty als Solistin erfolgreich. »Our Lady Of Fatima« war im Herbst 1950 ihr erster Top-10-Erfolg. »Little Things Mean A Lot« kam im Frühjahr 1954 in die US-Charts, belegte neun Wochen Platz 1 und wurde vergoldet. Noch im selben Jahr setzte es ebenfalls Gold für »In The Chapel In The Moonlight«. Die Liste ihrer Hits geht bis in das Jahr 1962. Mit »My Coloring Book« stand sie Ende 1962 unter den Top 20 in den USA. 1967 zog sie sich ganz aus dem Showgeschäft zurück.

*Our Lady Of Fatima (9/50 US 10)*
*The Aba Daba Honeymoon (3/51 US 9)*
*Little Things Mean A Lot (4/54 US 1; 7/54 GB 1)*
*In The Chapel In The Moonlight (7/54 US 4)*
***Pop***

## Kallmann, Günter

v (Deutschland, * 19. 11. 1927 in Berlin).
Nachdem er Musik in Berlin studiert hatte, gründete er Anfang der 60er Jahre den Günter Kallmann Chor und das Sunshine Quartett. Unter dem Bandnamen Domingos arbeitete er auch mit dem Medium Terzett zusammen. Der Titel »Elisabeth Serenade« kam Ende des Jahres 1961 in die deutschen Charts und erreichte Platz 3. In GB wurde die Nummer immerhin Platz 45. Ein weiterer internationaler Erfolg gelang dem Chor Ende 1966 mit dem Song »Wish Me A Rainbow« aus dem Film »This Property Is Condemned«, in dem Robert Redford die Hauptrolle spielte. Der sehr professionell arbeitende Chor war über viele Jahre regelmäßig in den wichtigsten Fernsehsendungen zu sehen. In den 80er Jahren hörte man Günter beim SFB in Berlin als Moderator.

*Elisabeth Serenade (12/61 D 3)*
***Schlager***

## Kamen, Nick

v (Großbritannien, * 15. 4. 1962 in Epping/London).
Nick Kamen wurde durch einen Werbespot für Jeans bekannt, in dem er in einem Waschsalon einen coolen Striptease hinlegte. Das alleine genügt natürlich noch nicht, eine Platte zu besingen. Allerdings war Madonna von diesem Spot so begeistert, daß sie dem Briten ein Lied schrieb und ihn dann auch noch produzierte. »Each Time You Break My Heart« kam Ende 1986 in die GB-Charts und belegte Platz 5, in Deutschland Platz 8. Viele vermuteten in Nick eine Eintagsfliege, doch dann erschien im Frühjahr 1990 die von ihm selbstgeschriebene Nummer »I Promised Myself« in den Charts. Es folgten weitere Veröffentlichungen. 1992 erschien das Album »Whatever, Whenever«.

*Each Time You Break My Heart (11/86 GB 5; 1/87 CH 2, D 8)*
*I Promised Myself (3/90 D 5; 5/90 CH 3)*
***Elektro-Pop***

**CD-Tip:** *Each Time You Break My Heart* WEA 4509–91888–2

## Kamoze, Ini

v (Jamaika, geb. in Kingston).
Ini gelang mit der Nummer »Here Comes The Hotstepper« im Herbst 1994 ein Spitzenreiter in der amerikanischen Hitparade. Dazu beigetragen hatte Robert Altmans Film »Prêt A Porter« aus dem Jahre 1994, in dem u. a. Sophia Loren und Julia Roberts zu sehen waren. Den Song hatte Ini bereits im Frühjahr 1992 aufgenommen. Der Film half – und außerdem hatte der Song einen hohen Wiedererkennungswert: Aus der von Chris Kenner und Fats Domino geschriebenen Nummer »Land Of 1000 Dances«, 1963 ein Hit für Kenner selbst und 1966 der größte Erfolg für Wilson Pickett, hatte Ini ein charakteristisches Element übernommen. Sein Name soll angeblich ›Berg wahren Goldes‹ bedeuten.

*Here Comes The Hotstepper (9/94 US 1; 1/95 GB 4, D 6; 2/95 CH 4)*
***Rap***

**CD-Tip:** *Soundtrack Prêt A Porter* Columbia 478 226

## Kane, Eden

v (Indien, * 29. 3. 1942 als Richard Sarstedt in Delhi).
Seinen Künstlernamen entlieh er dem Film »Citizen Kane« von Orson Welles. Seinen ersten Erfolg hatte er 1960 als Schauspieler in dem Film »Drinks All Round«. Zwischen 1961 und 1964 gelangen dem Briten fünf Top-10-Hits in GB. Sein erster war auch sein größter: »Well, I Ask You«. Es folgten »Get Lost«, »Forget Me Not«, »I Don't Know Why« und »Boys Cry«. Erst in den 70er Jahren hörte man wieder von Eden. Zusammen mit seinen Brüdern Clive Sarstedt und Peter Sarstedt trat er als Sarstedt Brothers auf – ohne Erfolg. Clive und Peter hatten sich auch als Solisten versucht. Clive mit wenig, Peter mit großem Erfolg.

*Well, I Ask You (6/61 GB 1)*
*Get Lost (9/61 GB 10)*
*Forget Me Not (1/62 GB 3)*
*I Don't Know Why (5/62 GB 7)*
*Boys Cry (1/64 GB 8)*
***Pop***

## Kano

PIERO CAIRO, computer; ROSANNA CASALE, v; LELLA ESPOSITO, v; BRUNO GERGONZI, d; LUCIANO NENZATTI, syn; STEFANO PULGA, key; GLEN WHITE, v.
Diese Discoband ist ein frühes Beispiel dafür, daß diese Art von Musik von Italien aus über Europa schwappte. Wie so viele Interpreten nach ihnen produzierten sie in Mailand. Ende 1981 hatten sie ihre erste Notierung in den amerikanischen Charts. »Can't Hold Back (Your Loving)« erreichte allerdings nur Platz 89. »Another Life« war Mitte 1983 ein Platz 10 in der deutschen Hitparade. 1991 versuchte Kano, den Hit »Another Life« noch einmal mit einem Remix '91 zu beleben. Es funktionierte nicht.

*Another Life (7/83 D 10; 8/83 CH 8)*
***Disco***

## Kansas

PHIL EHART, d (USA, * 4. 2. 1950 in Kansas); BILLY GREER, b (USA); DAVE HOPE, b (USA, * 7. 10. 1949 in Kansas); KERRY LIVGREN, g (USA, * 18. 9. 1949 in Kansas); STEVE MORSE, g (USA, * 28. 3. 1954 in Hamilton/Ohio); ROBBY STEINHARDT, vln (USA, * 25. 5. 1950 in Mississippi);

STEVE WALSH, v/key (USA, * 15. 6. 1951 in St. Joseph/Missouri); RICHARD WILLIAMS, g (USA, * 1. 2. 1950 in Kansas).

Diese Band wurde 1970 in Topeka, Kansas, als White Clover gegründet. 1972 kam Steve Walsh zur Formation, die sich wenig später in Kansas umbenannte. Auf typischen Rock abonniert, waren es meist jedoch die zarteren Aufnahmen dieser Gruppe, die Erfolg haben sollten. »Carry On, Wayward Son« erschien Ende 1976 in der amerikanischen Singlehitparade, erreichte Platz 11 und wurde vergoldet. Anfang 1978 erhielten sie eine weitere goldene Platte für die Nummer »Dust In The Wind«, die sich bis auf Platz 6 in den US-Charts hochschraubte. Das Stück stammte von der LP »Point Of Know Return«, die sich allein in den USA dreimillionenmal verkaufte und das erfolgreichste Album von Kansas wurde. Der Vorgänger »Leftoverture« verkaufte zwar die gleiche Anzahl Platten, kam aber nicht so hoch in den Charts. 1981 verließ Walsh die Band und wurde durch John Elefante ersetzt. In den 80er Jahren wurde Livgren recht bekannt mit christlicher Rockmusik, die in den USA sehr erfolgreich und populär ist. Nach 1984 schien Kansas am Ende. Im Oktober 1986 kamen Walsh, Ehart und Williams wieder als Kansas zusammen. Neu hinzu kam von den Dixie Dregs Steve Morse und außerdem Billy Greer. »All I Wanted« wurde Ende 1986 nach vier Jahren Pause wieder ein Top-20-Hit für Kansas. Die neue Besetzung war wesentlich härter als die ursprüngliche. Schnell wurde klar, daß sich Steve Morse musikalisch in die Band nicht eingliedern konnte. Er verließ die Gruppe, versuchte eine Solokarriere und wurde Ende 1994 statt Richie Blackmore Gitarrist bei Deep Purple. 1990 versöhnten sich Walsh und Livgren, und letzterer kehrte wieder zu Kansas zurück. In der Besetzung Livgren, Walsh, Williams, Ehart, Hope und Greer tourten sie Ende desselben Jahres durch Deutschland und kündigten auch an, daß sie an einer neuen LP arbeiteten. Das Ergebnis hinterließ keinerlei Spuren. Kansas machte stets die Rockmusik, mit der die Briten rein gar nichts anfangen können.

*Dust In The Wind (1/78 US 6)*
***AOR (Adult Orientated Rock), Rock***

**CD-Tip:** *Dust In The Wind* Zounds CD 272 00309 B

## Kanté, Mory

v/harp (Guinea, geb. in Kissidougou).

Während seines Studiums im Mali perfektionierte Kanté seinen Gesang und seine Beherrschung der Kora, der westafrikanischen Harfe. Später spielte er zusammen mit der Rail Band und deren Star Salif Keita sowohl lateinamerikanische als auch ihre eigene Manding-Musik. Mehr und mehr gelang es Mory, die Spielweise der Kora mit westlichen Stilen wie Jazz, Reggae, Funk und Rock zu kombinieren. Nebenher vereinfachte er den Manding-Stil und setzte moderne Studiotechnologie ein. 1987 wurde die LP »Akwaba Beach« veröffentlicht, daraus ausgekoppelt die Nummer »Ye Ke Ye Ke«, die in den Charts von sieben europäischen Ländern auf Platz 1 stieg. In Deutschland kam die Platte Mitte 1988 bis auf Platz 2. Von der Plattenfirma wurde der Song angekündigt: ›Ye Ke Ye Ke, der welterste Afro-House-Schlager vom weltersten Elektro-Griot.‹ Im März 1995 stieg die Nummer »Ye Ke Ye Ke« erneut in die britischen Top 30 ein. Ende 1996 kam ein erneuter Remix dieses Titels wieder unter die ersten 30 in GB.

*Ye Ke Ye Ke (6/88 CH 2, D 2)*
***World Music***

**CD-Tip:** *Akwaba Beach* Barclay 833 119–2

## Kaoma

MICHEL ABIHSSIRA, per (Brasilien); JACKY ARCONTE, b (Brasilien); JEAN-CLAUDE BONAVENTURE, conga (Brasilien); LOALWA BRAZ VIEIRA, v (Brasilien, * 3. 6. 1953); CHYCO ROGER DRU, syn (Brasilien); FATOU NIANG, v (Brasilien); MONICA NOGUEIRA, v (Brasilien).

Selten haben sich die Medien weltweit für einen an und für sich simplen Tanz so begeistern können wie 1989 für den Lambada. Das mag vor allem daran gelegen haben, daß die optische Darstellung, speziell der Tänzerinnnen, sehr schöne Bilder brachte. Daß sich selbst die Tagesthemen nicht zu schade waren, diesen Ohrwurm zu propagieren, ist schon erstaunlich. Die Platte fiel wie eine Seuche über Europa her, und kaum eine Stunde verging, in der man dieses Lied nicht im Radio hörte. Irgendwann wußte man nicht mehr, ob die Nummer Kaoma und die Ausführenden Lambada waren oder umgekehrt. War auch ziemlich egal. Man guckte auf die knappen Höschen der Tänzerinnen und war beruhigt. Was bei schlanken Brasilianerinnen jedoch grazil und erotisch aussah, wirkte bei den hierzulande obligaten Maßen meist mehr oder weniger plump, entbehrte aber nicht einer gewissen Komik. Die Bemühungen der europäischen, speziell der deutschen Lambada-Tänzer hatten schon was für ›Pleiten, Pech und Pannen‹. Was nach dem Song »Lambada« geschah, der im September 1989 in die deutsche Hitparade kam und alleine hier zweimillionenmal verkauft wurde, war unfaßbar. Jeder versuchte sich an einem Lied, in dem irgendwo »Lambada« zumindest vorkommen mußte. Helga Feddersen und Olli Maier machten »Lärmbada«, Peter Behrens von Trio »Der lila Lederhosenlambada«, oder Boney M.s »Malaika« wurde im Lambada-Remix wieder neu veröffentlicht. Chyco und Roberta, das blonde weiße Mädchen und der krausköpfige braune Junge, die im Video von Kaoma gezeigt hatten, wie man Lambada auch tanzen kann, machten ebenfalls Lambada-Platten. Wie so viele Tänze zuvor und so viele, die noch kommen werden, tanzte man diesen nur einen Winter.

*Lambada (8/89 CH 1; 9/89 D 1, GB 4)*
*Dancando Lambada (10/89 CH 6)*
***Pop***

**CD-Tip:** *The Best Of Lambada* CBS 467 546 2

## Karas, Anton

(Österreich, * 7. 7. 1906 in Wien, † 10. 1. 1985).

Nachkriegszeit, Wien, Stadt besetzt. In dieser Atmosphäre spielte die Geschichte vom ›Dritten Mann‹ nach einem Roman von Graham Greene. Orson Welles spielte eine Hauptrolle. Joseph Cotton, Trevor Howard, Ernst Deutsch, Erich Ponto und Paul Hörbiger waren weitere Mitspieler. Auf den ersten Blick vielleicht ein Spionagethriller, auf den zweiten ein handfester Krimi um Penicillinschmuggel. Der Regisseur Carol Reed drehte an Originalschauplätzen und suchte nun nach der passenden Musik. Es sollte kein Wiener Walzer sein; Reed suchte etwas Besonderes und fand es in einem der vielen Heurigenlokale in Wien. Dort spielte an einem Abend der zu diesem Zeitpunkt über Vierzigjährige Anton Karas Zither. Reed war begeistert und brachte Karas nach London. Dort sollte er die Musik für den Film schreiben und aufnehmen. Anton Karas spielte seit seinem 18. Lebensjahr Zither, für ihn schien die Aufgabe also erst einmal einfach. In London – so erzählt die Geschichte – fiel ihm aber partout nichts ein. Daraufhin sperrte ihn der Regisseur ein mit der Drohung, ihn erst wieder rauszulassen, wenn die Musik fertig sei. Wie wir wissen, wurde sie fertig. Der Film kam in die Kinos, die Platte wurde zu einem unglaublichen Knüller. Alleine in den USA stand die Nummer elf Wochen auf Platz 1 der Hitparade, vom 21. April bis zum 1. Juli 1950. Innerhalb eines Jahres wurden vier Millionen Exemplare verkauft, und in der Endabrechnung steht, daß bis 1963 40 millionenmal »Der dritte Mann« über die Ladentheke ging. Anton Karas kaufte sich von dem Geld ein Restaurant in Grinzing – es hieß natürlich ›Der dritte Mann‹. Jeden Abend trat der Meister für zehn Minuten selbst auf. Während dieser Zeit wurde die Beleuchtung gedimmt, die Kellner mußten ihren Service einstellen.

*Der dritte Mann (2/50 US 1)*
***Instrumental***

## Karat

HERBERT DREILICH, v/g (Deutschland, * 5. 12. 1942); THOMAS KURZHALS, key (Deutschland, * 13. 12. 1953); CHRISTIAN LIEBIG, b (Deutschland); HENNING PROTZMANN, v/b (Deutschland, * 12. 2. 1946); BERND RÖMER, g (Deutschland, * 6. 9. 1944); MICHAEL SCHWANDT, d (Deutschland, * 4. 11. 1952); ULRICH SWILLMS, key (Deutschland, * 7. 3. 1947).
Karat wurde 1973 in der damaligen DDR gegründet. Alle Musiker können auf eine profunde musikalische Ausbildung zurückblicken. Ende 1979 erschien das Debütalbum »Albatros«, auf dem die Single »Über sieben Brücken mußt du gehen« enthalten war. Peter Maffay sang diesen Titel nach und erreichte damit im Dezember 1980 Platz 4 in der Hitparade. Die Version von Karat kam im Januar 1981 in die Hitparade und wurde Platz 15. Mit »Der blaue Planet« hatte die Band noch im selben Jahr Platz 14 in Deutschland. »Jede Stunde«, erschienen Mitte 1982, wurde der erste und einzige Top-10-Erfolg dieser Formation. Auch nach dem Zusammenschluß konnte Karat mit auf hohem Niveau stehenden deutschsprachigen Songs die Fans bei der Stange halten.

*Jede Stunde (7/82 D 9)*
***Pop***

## Katrina & The Waves

ALEX COOPER, d (Großbritannien); VINCENT DE LA CRUZ, b (USA); KATRINA LESKANICH, v (USA, * 10. 4. 1959 in Topeka/Kansas); KIMBERLEY REW, g (Großbritannien).
Katrina und Vince kamen 1976 nach GB, da ihre beim Militär arbeitenden Eltern dorthin versetzt wurden. Rew und Cooper waren Absolventen der Cambridge University. Rew hatte außerdem bei der Formation Soft Boy gespielt und sich mit selbstgeschriebenen Songs als Solist versucht. 1982 kam die Rock-Pop-Formation Katrina & The Waves zusammen, und ihre ersten beiden Alben wurden nur in Kanada veröffentlicht. Im Frühjahr 1985 schließlich gelang ihnen mit »Walking On Sunshine« der erste Erfolg. Ihr Titel »That's The Way« kam Mitte 1989 in die US-Charts und wurde ein Top-20-Erfolg. In unveränderter Besetzung erschien 1993 die CD »Edge Of The Land«, aus der u. a. die Single »Honey Lamb« ausgekoppelt wurde. Im April 1995 erschien die Single »Turn Around« als Vorabauskopplung des gleichnamigen Albums. Am 3. 5. 1997 vertrat die Band GB beim Grand Prix Eurovision in Irland mit dem von Kimberley Rew geschriebenen Stück »Love Shine A Light«. Die Gruppe gewann mit 227 Punkten vor Gastgeber Irland und der Nummer »Mysterious Woman« (157 Punkte), gesungen von Marc Roberts, und der Türkin Sebnem Parker aus Istanbul mit »Dinle« (121 Punkte). Deutschland landete mit 22 Punkten abgeschlagen auf den hinteren Rängen. Auch Österreich und die Schweiz wurden weit abgeschlagen. »Love Shine A Light« bescherte Katrina & The Waves 12 Jahre

nach ihrem bisher ersten und auch letzten Top-10-Hit einen zweiten.

*Walking On Sunshine (3/85 US 9; 5/85 GB 8)*
*Love Shine A Light (5/97 GB 3)*
***AOR (Adult Orientated Rock), Grand Prix, Rock***

**CD-Tip:** *Walking On Sunshine* EMI CP 32–5099

## Kavana

KAVANA, v (Großbritannien, * 4. 11. 1977 als Anthony Kavanagh in Manchester).
Wieder eine der schönen Geschichten, wie sie nur das Schaugeschäft schreiben kann: Nigel Martin-Smith, der Manager von Take That, ließ sich in Manchester von einer Frau aus Teeblättern die Zukunft lesen. Diese Frau hatte einen 18jährigen Sohn – und der hieß Kavana. Nigel nahm ihn mit, ließ ihn sechs Monate in seinem Büro arbeiten, um dort an Titeln für sein erstes Album zu schreiben. Seine erste Hitnotierung war »Crazy Chance« (5/96 GB 35, 6/96 D 79), mitgeschrieben von Howard Donald von der Gruppe Take That. Sein nächster Hit hieß »Where Are You« (8/96 GB 26). Den hatte sich Kavana schon alleine geschrieben. Schließlich erschien seine erste Top-10-Single »I Can Make You Feel Good«, danach »MFEO«. Die Kürzel steht für ›Made For Each Other‹. Im April 1997 erschien nun auch das Album, an dem er so lange geschrieben hatte. Immerhin hatte Kavana neun Titel wirklich alleine hingefummelt. Irgendwie erinnert die Geschichte von Kavana an die von Rick Astley – allerding hatte der eine bessere Stimme, sah aber nicht so aus, wie sich die Teenies ihren Traumboy vorstellen. Wo ist Astley abgeblieben?

*I Can Make You Feel Good (1/97 GB 8)*
*MFEO (4/97 GB 8)*
***Pop***

## Kay, Janet

v (Großbritannien).
Ein mit dünnem, fast nervendem Stimmchen gesungenes Reggae-Stück war der einzige Hit dieser britischen Sängerin. Im Juni 1979 hatte sie einen Platz 2 in GB mit »Silly Games«. Die gleiche Nummer sang sie 1990 noch einmal zusammen mit der Fernsehmoderatorin Lindy Layton. Diesmal wurde es ein Platz 22. Als Interpreten wurden angegeben Lindy Layton feat. Janet Kay. Ansonsten sieht man die Britin häufig in zahllosen Sitcoms als Schauspielerin.

*Silly Games (6/79 GB 2)*
***Reggae***

## Kaye Sisters

SHEILA JONES, v (Großbritannien, * 21. 10. 1936 in Lewisham/London); SHIRLEY »SHAN« PALMER, v (Großbritannien, * 15. 8. 1938 in Hull); CAROLE YOUNG, v (Großbritannien, * 12. 4. 1930 in Oldham/Lancashire).
Als Three Kayes 1954 gegründet, hatte das Trio im Mai 1956 in GB den Top-20-Hit »Ivory Tower«. Ab 1957 sangen sie als Kaye Sisters. Mitte 1960 war »Paper Roses« ein Platz 7 in den britischen Charts. Zusammen mit Frankie Vaughan hatten sie im November 1957 den Top-10-Erfolg »Gotta Have Something In The Bank Frank«. Im Mai 1959 sangen sie mit Frankie einen Nachzieher des Fleetwoods-Hits »Come Softly To Me«, der es ebenfalls unter die Top 10 brachte. Ende der 60er Jahre zog sich Sheila Jones aus dem Musikgeschäft zurück und wurde durch eine andere Sängerin ersetzt. Sie arbeiteten u. a. zusammen mit Max Bygraves. Ende der 70er Jahre ging auch Young, um eine Karriere als Schauspielerin zu verfolgen. Sie war später in der TV-Serie ›Coronation Street‹ zu sehen. 1992 kam die Originalbesetzung noch einmal anläßlich einer Hommage an Glenn Miller zusammen.

*Gotta Have Something In The Bank Frank (11/57 GB 8)*
*Come Softly To Me (5/59 GB 9)*
*Paper Roses (7/60 GB 7)*
***Pop***

## Kaye, Danny

v (USA, * 18. 1. 1913 als David Daniel Kaminski in Brooklyn/New York City, † 3. 3. 1987).
Der vielseitige Schauspieler, Sänger, Tänzer und Entertainer, dessen Mimik unerschöpflich war, gab sein Broadwaydebüt 1939 in »The Straw Hat Revue«. 1941 sah man ihn in »Lady In The Dark«. In der Show sang er den Titel »Tchaikovsky«, der sich zu einem wahren Show Stopper entwickelte. Innerhalb von 58 Sekunden ratterte er 54 Namen von russischen Komponisten runter. Die Leute standen kopf. Überhaupt waren solche Zungenbrecher – ob auf der Bühne oder im Film – eine seiner großen Spezialitäten. Erinnert sei an den Becher mit dem Fächer. Ab 1943 machte Danny Kaye Filme, wobei tragikomische Rollen seine Spezialität waren, z. B. »Der Hofnarr« 1955, »Jakobowski und der Oberst« 1958. Seinen letzten Film drehte er 1969: »The Madwoman Of Challiot«. Danach kehrte er an den Broadway zurück und spielte mit im Musical »Two By Two«. Der talentierte Musiker dirigierte hin und wieder die New Yorker Philharmoniker oder andere große Symphonieorchester. Viele Jahre war er Mitbesitzer des Seattle Mariners Baseball Club. Zwischen 1963 und 1967 hatte er eine regelmäßige TV-Sendung: die ›Danny Kaye Show‹, für die er 1964 einen Emmy Award erhielt. Als Platteninterpret war er zusammen mit den Andrews Sisters am erfolgreichsten. »Civilization« kam Ende 1947 in die US-Charts und erreichte Platz 3. »The Woody Woodpecker« war ein Jahr später ein weiterer Top-20-Erfolg für ihn. Viele seiner Lieder und auch viel von seinen witzigen Texten schrieb nicht er, sondern seine Frau Sylvia Fine, mit der er seit 1940 verheiratet war. Danny arbeitete viele Jahre intensiv für die UNICEF. 34 Jahre lang war er Sonderbotschafter dieser Kinderhilfsorganisation. Seine humanitären Bemühungen fanden weltweit Anerkennung. Kaye wurde von den Königinnen von England und Dänemark geehrt, die französische Regierung zeichnete ihn mit einem ihrer höchsten Orden aus. Bereits 1954 erhielt er einen Ehren-Oscar. Er starb nach einem Herzinfarkt.

*Civilization (Bongo, Bongo, Bongo) (11/47 US 3)*
*Wonderful Copenhagen (2/53 GB 5)*
***Pop***

**CD-Tip:** *The Best Of Danny Kaye* MCA D 31059

## Kaye, Sammy

sax/clarinet (USA, * 13. 3. 1910 in Lakewood/Ohio, † 2. 6. 1987).
Das Motto dieses Orchesterleiters war ›Swing and sway with Sammy Kaye‹. Sammy spielte Klarinette und Altsaxophon. Bereits in den 30er Jahren gründete er seine eigene Band. Mit dem Titelsong aus dem Film »Rosalie« hatte Sammy Ende 1937 seinen ersten Spitzenreiter in den USA. Bis 1953 sollte er über hundert Eintragungen in den US-Popcharts haben. Die Spitzenreiter waren »Love Walked In« 1938, »Dream Valley« 1940, »Daddy« 1941, »Chickery Chick« 1945, »I'm A Big Girl Now« und »The Old Lamplighter« 1946 und »Harbor Lights« 1950. Im selben Jahr hatte er den Millionseller »It Isn't Fair«, der bis auf Platz 2 kam. 1942 komponierte er den Titel »Remember Pearl Harbor«, der den Amerikanern den Krieg über in die Ohren geblasen wurde. Die Band von Sammy blieb bis in die 70er Jahre aktiv und nahm weiter Platten auf. Sammy starb an Krebs.

*Let There Be Love (4/40 US 4)*

*Along The Santa Fe Trail (12/40 US 9)*
*Dream Valley (12/40 US 1)*
*Until Tomorrow (Goodnight, My Love) (4/41 US 10)*
*Daddy (5/41 US 1)*
*Remember Pearl Harbor (1/42 US 3)*
*The Shrine Of St. Cecilia (1/42 US 7)*
*Madelaine (1/42 US 9)*
*I Left My Heart At The Stage Door Canteen (8/42 US 3)*
*I Came Here To Talk For Joe (9/42 US 8)*
*There Goes That Song Again (12/44 US 8)*
*You Always Hurt The One You Love (1/45 US 10)*
*Don't Fence Me In (1/45 US 4)*
*Always (1/45 US 10)*
*Saturday Night (Is The Loneliest Night Of The Week) (2/45 US 6)*
*All Of My Life (4/45 US 10)*
*Just A Prayer Away (4/45 US 10)*
*Gotta Be This Or That (8/45 US 6)*
*Good, Good, Good (That's You – That's You) (8/45 US 10)*
*Chickery Chick (10/45 US 1)*
*Walkin' With My Honey (Soon, Soon, Soon) (10/45 US 10)*
*I Can't Begin To Tell You (12/45 US 9)*
*It Might As Well Be Spring (12/45 US 4)*
*Atlanta, G.A. (3/46 US 6)*
*I'm A Big Girl Now (3/46 US 1)*
*The Gypsy (5/46 US 3)*
*Laughing On The Outside, Crying On The Inside (5/46 US 3)*
*The Old Lamplighter (11/46 US 1)*
*Sooner Or Later (You're Gonna Be Comin' Around) (11/46 US 8)*
*That's My Desire (5/47 US 2)*
*The Red Silk Stockings And Green Perfume (5/47 US 8)*
*An Apple Blossom Wedding (10/47 US 5)*
*Serenade Of The Bells (11/47 US 3)*
*I Love You, Yes I Do (3/48 US 10)*
*Tell Me A Story (5/48 US 8)*
*Lavender Blue (Dilly Dilly) (12/48 US 4)*
*Careless Hands (2/49 US 3)*
*The Four Winds And The Seven Seas (6/49 US 3)*
*Room Full Of Roses (6/49 US 2)*
*It Isn't Fair (2/50 US 2)*
*Roses (5/50 US 5)*
*Harbor Lights (9/50 US 1)*
***Instrumental, Pop***

## KC & The Sunshine Band

HARRY WAYNE CASEY, v/key (USA, * 31. 1. 1951 in Hialeah/Florida); RICHARD FINCH, b (USA, * 25. 1. 1954 in Indianapolis).

Casey und Finch waren die Köpfe hinter KC & The Sunshine Band. Casey war 1973 noch in einem Plattenladen als Verkäufer angestellt. Nebenher arbeitete er ohne Bezahlung in einem Tonstudio und lernte so den Umgang mit Tonbändern und Aufnahmegeräten. Im selben Studio arbeitete als Bassist Richard Finch, mit dem er sich anfreundete. Sie gründeten eine eigene Band, die sie KC & The Sunshine Junkanoo nannten. KC ist ein Kürzel des Nachnamens von Harry. Mit ihnen spielten je nachdem neun bis elf Musiker. 1974 erhielten sie einen Plattenvertrag und veröffentlichten als Debüt-Single »Blow Your Whistle«. Neben Casey und Finch spielten Studiomusiker mit. Die Platte wurde kein Erfolg. Mitte 1974 schrieben und produzierten die beiden für George McCrae »Rock Your Baby«. Die Platte entwickelte sich zum Millionseller. Im Herbst immer noch desselben Jahres kam ihr Titel »Queen Of Clubs« in die britische Hitparade und wurde Platz 7. Mitte 1975 sollten sie auch in den USA erfolgreich sein. »Get Down Tonight« kam in die US-Charts und wurde Spitzenreiter. Ab diesem Zeitpunkt bis 1984 wurden sie in den Hitparaden notiert. »That's The Way (I Like It)« 1975, »(Shake, Shake, Shake) Shake Your Booty« 1976, »I'm Your Boogie Man« 1977, »Please Don't Go« 1979 und »Give It Up« 1983 waren Spitzenreiter entweder in den USA oder in GB. Zusammen mit Teri DeSario hatte KC Ende 1979 den Millionseller »Yes, I'm Ready«. Am 15. 1. 1982 wurde Harry Casey bei einem Autounfall schwer verletzt. 1983 hatte er sich jedoch wieder so weit erholt, daß er seine eigene Plattenfirma Meca gründen konnte. 1991 kam ein Remix von »That's The Way (I Like It)« in die britische Hitparade. Der Titel war zwar als Remix ausgezeichnet, basierte aber nicht auf der Original-Single-Version. Ihr Song »Please Don't Go« kam 1992 wieder zu Top-10-Ehren mit den Formationen K.W.S. und Double You. 1998 kamen Coverversionen von KC-Titeln erneut in die Charts. Aus »Get Down Tonight« machte die Kunstformation Bamboo »Bamboogie« (1/98 GB 2), und »That's The Way I Like It« kam mit der Gruppe Clock zum gleichen Zeitpunkt auf Platz 11 in GB.

*Queen Of Clubs (8/74 GB 7)*
*Get Down Tonight (7/75 US 1)*
*That's The Way (I Like It) (8/75 GB 4; 10/75 US 1)*
*(Shake, Shake, Shake) Shake Your Booty (7/76 US 1)*
*I'm Your Boogie Man (2/77 US 1)*
*Keep It Coming, Love (7/77 US 2)*
*Please Don't Go (8/79 US 1; 12/79 GB 3)*
*Yes, I'm Ready (11/79 US 2)*
*Give It Up (7/83 GB 1)*
***Disco***

**CD-Tip:** *The Best Of KC & The Sunshine Band*
EMI CDP 7 94879 2

## Keating, Johnny

(Großbritannien).
Der Arrangeur und Orchesterleiter hatte sich darauf spezialisiert, Melodien für Film, Funk und Fernsehen zu schreiben und zu spielen. Etliche seiner Aufnahmen machte er zusammen mit dem Londoner Symphonie-Orchester, so z. B. die Themenmusik zu »Onedin Line« oder »Sleepy Shores«, das Thema zur Fernsehserie ›Owen M.D.‹. Im Frühjahr 1962 hatte Keating mit dem »Theme From 'Z Cars'« einen britischen Pophit.

*Theme From ›Z Cars‹ (3/62 GB 8)*
***Instrumental, Pop***

## Keegan, Kevin

v (Großbritannien, * 14. 2. 1951 in Doncaster/York).
Radi Radenkovic sang »Bin i Radi – bin i König«, Gerd Müller »Dann macht es bum«, Franz Beckenbauer »Gute Freunde kann niemand trennen« – warum sollte also der Brite Kevin Keegan nicht auch singen dürfen? Sein Titel »Head Over Heels In Love« erschien Mitte 1979, war von den Smokie-Musikern Chris Norman und Pete Spence geschrieben und von Nicky Chinn und Mike Chapman produziert. In Deutschland erreichte er damit einen Platz 10, in GB 31. Zu diesem Zeitpunkt spielte Kevin gerade beim Hamburger SV und war als ›Mighty Mouse‹ ein allgemeiner Sympathieträger. Danach widmete er sich wieder Dingen, die er besser konnte. So ging er als 33jähriger in das Scheichtum Bahrein am Persischen Golf und erhielt als ›Demonstrationsspieler‹ 40.000 DM die Woche. Er ließ sich an der Costa del Sol nieder, um Anfang der 90er Jahre wieder nach England zurückzukehren und dort Manager von Newcastle United zu werden. Mit ihm wurde der Verein 1994 Spitzenreiter der britischen Premier League. Keegan hatte mit dem Verein einen Vertrag abgeschlossen, der ihm bis zum Jahre 2002 rund 10 Millionen Mark zusicherte. In Fachkreisen wurde Keegans Geschäftssinn stets noch höher eingeschätzt als sein fußballerisches Können.

*Head Over Heels In Love (6/79 D 10)*
***Pop***

## Keith

KEITH, v (USA, * 7. 5. 1949 als James Barry Keefer in Philadelphia/Pennsylvania).
Schon als Teenager entschloß sich der Keith, Sänger zu werden. Als Keith & The Admirations machte er 1965 seine ersten Plattenaufnahmen. Im Herbst 1966 wur-

de er erstmals in den US-Charts mit »Ain't Gonna Lie« notiert. Im Dezember desselben Jahres erreichte »98.6« Platz 7 in den US-Charts. Bei beiden Hits wurde er von den Tokens begleitet. 1967 gelangen ihm noch zwei Hitnotierungen. Dann wurde er zum Militär eingezogen und kam, nachdem er die Truppe unerlaubt verlassen hatte, ins Gefängnis. Danach war seine Karriere beendet.

*98.6 (12/66 US 7)*
***Pop***

## Kekana, Steve

*Raising My Family (3/83 CH 7)*

## Keller, Jerry

v (USA, * 20. 6. 1937 in Fort Smith/Arkansas).

1959 gelang ihm der Sommerhit des Jahres 1959. Jerry Keller war einer der vielen Jungs, die zu singen beginnen und hoffen, das große Geld zu machen. Alleine schaffte er es nicht, aber ein alter Kumpel aus Jugendtagen half ihm auf die Beine – es war Pat Boone. Er gab Jerry zumindest mal die richtigen Namen der wirklich wichtigen Leute bei den Plattenfirmen, denen Jerry seine selbstgeschriebenen Lieder schicken konnte. Der Titel »Here Comes Summer« gefiel, wurde aufgenommen, erreichte Platz 14 in den USA und 1 in GB. Damit hatte er allerdings offenhörlich sein Pulver verschossen. Ein weiterer Hit ist ihm nicht gelungen. Als Songschreiber gelang ihm zumindest mit dem Lied »Almost There« in der Version von Andy Williams 1964 noch einmal ein kleinerer Erfolg.

*Here Comes Summer (8/59 GB 1)*
***Pop***

## Kelly Family

ANGELO KELLY, v (Spanien, * 23. 12. 1981 in Pamplona); BARBY KELLY, v (Spanien, * 28. 4. 1975 in Belascoain/Gamonal); DANIEL KELLY, v/g (USA); JIMMY KELLY, v (Spanien, * 18. 2. 1971 in Gamonal/Toledo); JOEY KELLY, v (Spanien, * 20. 12. 1972 in Gamonal/Toledo); JOHN KELLY, v (Spanien, * 8. 3. 1967 in Talavera); KATHY KELLY (USA, * 6. 3. 1963 in Leominster/Massachusetts); MAITE KELLY, v (Deutschland, * 4. 12. 1979 in Berlin); PATRICIA KELLY, v (Spanien, * 25. 11. 1969 in Gamonal/Toledo); PATRICK ›PADDY‹ KELLY, v (Irland, * 5. 12. 1977 in Dublin).

Anfang der 70er Jahre war der Gymnasiallehrer Daniel Kelly zu Hause in Michigan, USA, den American Way of Life satt und zog samt Frau und Kindern nach Europa. All seinen Kindern hatte er singen, tanzen und Instrumente spielen beigebracht. Durch ganz Europa zog die Kelly Family, die hier mehr als Iren und weniger als Amerikaner angesehen wurden. Das lag zum Teil an ihrem Gesangsrepertoire, zum anderen daran, daß sie in der Tat irischer Abstammung sind. Besonders in Deutschland kam die Gruppe gut an und dürfte auf jedem Marktplatz und in jeder noch so kleinen Turnhalle irgendwann einmal aufgetreten sein. Dazu der ›Spiegel‹: ›Einfach herzig, dieser pausbackige Kinderchor. Da stehenbleiben hieß die Uhr anhalten, irgendwann zwischen Quäker- und Nachkriegszeit.‹ 1988 ließen sie sich im Kölner Rheinhafen auf einem Hausboot nieder und schafften das Unmögliche: Sie hielten sich vom kommerziellen Musikbetrieb fern und setzten trotzdem Millionen um. 1978 nahm Vladimir Cosma für die TV-Serie ›Die Abenteuer des David Balfour‹ »David's Song« auf. Dazu machte Dan Kelly einen Text, und als »Who'll Come With Me« wurde der Titel mit der Kelly Family im Frühjahr 1980 Platz 15 in der deutschen Hitparade. Der große Wurf sollte der singenden Familie 1994 gelingen. »An Angel« erreichte um Weihnachten herum Platz 2 in den deutschen Singlecharts, ihr Album »Over The Hump« die Spitze der entsprechenden Hitparade. Damit dürften sie in der Tat ›über den Berg‹ sein. Der Gesamtumsatz der Familie wurde 1994 auf weit über 50 Millionen Mark geschätzt. Die Kinder werden es nicht leicht haben, den Intentionen von Vater Kelly zu folgen: den Versuchungen wie Auswüchsen der Konsum- und Überflußgesellschaft zu widerstehen. Mutter Barbara Kelly, die sich eigentlich 15 Kinder wünschte, starb nach dem zwölften an Krebs. Zwei erwachsene Kinder sind inzwischen ausgestiegen, ein behindertes lebt in den USA. Der Erfolg der Kellys ging auch 1995/96 weiter nach oben. Anfang 1997 standen in den von Bravo-Lesern zusammengestellten Bravo-Charts nicht selten vier oder mehr Titel der Gruppe unter den ersten 10. Das Album »Over The Hump« hatte sich Anfang 1997 in Deutschland 3,1 Millionen und in Gesamteuropa 4,5 millionenmal verkauft. Das im Oktober 1996 erschienene Album »Almost Heaven« brachte es innerhalb weniger Monate auf 1,3 Millionen verkaufte Exemplare nur in Deutschland und auf 2,3 Millionen europaweit. »Growin' Up« erschien im Herbst 1997 und stieg am 17. 11. gleich auf Platz 1 der deutschen LP-Charts ein. Am 15. 7. 1998 kaufte die Kelly Family für 13,1 Millionen Mark das zwangsversteigerte Schloß Gymnich, das einst das Gästehaus der Bundesregierung war. Geschäftswert: 24,1 Millionen Mark. Böse Zungen schlugen vor, die Gruppe solle auf dem Schloßgraben ihr Hausboot wassern, damit sie sich auch richtig zu Hause fühlen.

*An Angel (10/94 D 2; 1/95 CH 2)*
*I Can't Help Myself (7/96 CH 1, D 1)*
*Every Baby (12/96 CH 5)*
*Nanana (6/97 CH 6)*
*Because It's Love (9/97 CH 2, D 3)*
***Folk, Pop***

**CD-Tip:** *Over The Hump* Edel 0028652 KEL

## Kelly, Gene

v (USA, * 23. 8. 1912 in Pittsburgh/Pennsylvania, † 2. 2. 1996).
Neben Fred Astaire galt Gene Kelly als der größte singende Tänzer der Filmgeschichte. Seine Karriere begann 1938 am Broadway in »Leave It To Me«. Speziell seine Auftritte in den Filmen »Ein Amerikaner in Paris« 1951 oder »Singin' In The Rain« 1952 sind bemerkenswert. Im Gegensatz zu Astaire brachte es Gene jedoch nur auf einen Hit in den US-Charts, und den auch nur im Duett mit Judy Garland. »For Me And My Gal«, der Titelsong seines ersten Films, erreichte im Frühjahr 1942 Platz 3 in den USA. Die B-Seite dieser Single kam drei Monate später in die Top 20. Gene starb im Februar 1996.

*For Me And My Gal (1/42 US 3)*
***Pop***

**CD-Tip:** *The Great MGM Stars* EMI CDP 7 95862 2

## Kelly, R.

v (USA, * 8. 1. 1969 in Chicago/Illinois).
Kelly begann seine Karriere Anfang der 90er Jahre als R. Kelly & Public Announcement. Um ihn herum sang und tanzte eine Ansammlung von wechselnden Menschen. Seinen ersten Auftritt in der US-Hitparade hatte er mit »She's Got That Vibe« (11/91 R&B 7, 3/92 US 59, 5/92 GB 57, 10/94 RE-GB 3). Nachdem er international bekannter geworden war, erreichte die Nummer Ende 1994 bei einer Wiederveröffentlichung Platz 3 in GB. Sein Debütalbum »Born Into The 90's« kam zwar nicht unter die ersten 40 der US-Albumcharts, erreichte aber trotzdem Platinstatus. Ab Ende 1993 firmierte er nur noch als R. Kelly. Der Song »Sex Me (Parts I & II)« (10/93 R&B 8, US 20) wurde vergoldet. Anfang 1994 war es die Slow-Beat-Nummer »Bump N' Grind« (2/94 R&B 1, US 1, 1/95 GB 8), die ihn in den USA an die Spitze der Charts führte. Im Januar 1995 erreichte der Titel in GB ebenfalls die Top 10. Am 31. 8. 1994 hatte Kelly die Sängerin Aaliyah geheiratet. 1996 wurde zu seinem bisher erfolgreichsten Jahr – er schaffte drei Top-10-Hits in den USA. Auf der Nummer »Down Low (Nobody Has To Know)« war als Gast Ronald Isley von den Isley Brothers zu hören. Ende 1996 erschien »I Believe I Can Fly«. Der Song stammte aus dem Film »Space Jam« und wurde zum bis dato größten Hit von R. Kelly. Auch »Gotham City«, sein nächster Top-10-Hit, stammte wieder aus einem Film. Diesmal waren »Batman & Robin« am Erfolg beteiligt.

*Bump N' Grind (2/94 US 1; 1/95 GB 8)*
*She's Got That Vibe (10/94 GB 3)*
*You Remind Me Of Something (11/95 US 4)*
*Down Low (Nobody Has To Know) (3/96 US 4)*
*I Can't Sleep Baby (If I) (7/96 US 5)*
*I Believe I Can Fly (12/96 US 2; 2/97 D 3; 3/97 CH 1, GB 1)*
*Gotham City (7/97 D 6, CH 9, GB 9, US 9)*
***Rap, Rhythm & Blues***
**CD-Tip:** *12 Play* Jive 01241 41527 2

## Kelly, Willie

v/bl (USA).
Zusammen mit seinem Orchester hatte Willie Kelly im Frühjahr 1943 »Comin' In On A Wing And A Prayer« auf Platz 2 in der US-Hitparade. Auch die B-Seite dieser Platte, »You'll Never Know«, kam unter die ersten 10. Ansonsten hinterließ er keine Spuren in den Top 10. Bei dem Hit handelte es sich um einen typisch amerikanischen Kriegssong aus dem Zweiten Weltkrieg. Er handelte von Fliegern, die tapfer ihre beschädigten Maschinen mit einem Gebet auf den Lippen noch heil landen. Am erfolgreichsten war die Version von »Comin' In On A Wing And A Prayer« mit den Song Spinners.

*Comin' In On A Wing And A Prayer (5/43 US 2)*
*You'll Never Know (6/43 US 6)*
***Instrumental, Pop***

## Kemp, Hal

sax/bl (USA, * 27. 3. 1905 in Marion/Alabama, † 21. 12. 1940).
Kemp begann seine Karriere Anfang der 20er Jahre als Leiter einer Tanzkapelle. Im Sommer 1924 spielte er auf einem Ozeandampfer und blieb für einige Zeit in England. Danach kehrte er in die USA zurück und begann, ab 1927 ausschließlich als Profimusiker zu arbeiten. Ab 1930 wurde er in den Hitparaden aufgeführt. Bis 1941 gelangen ihm über sechzig Hits. Seine größten Erfolge waren »There's A Small Hotel« und »When I'm With You« 1936 und »This Year's Kisses« und »Where Or When« 1937. Hal Kemp starb im Alter von nur 35 Jahren an den Folgen eines Autounfalls.

*It All Comes Back To Me Now (2/41 US 5)*
*So You're The One (2/41 US 8)*
***Instrumental, Pop***

## Kemp, Johnny

v (Bahamas, geb. in Nassau).
Der Sänger, Tänzer, Schauspieler und Songschreiber trat in den Nachtclubs seiner Heimatstadt auf, als er erst 13 Jahre alt war. 1979 zog er mit seiner Familie nach Harlem. Hier feierte man ihn schnell als hoffnungsvolles Talent in der Garde des amerikanischen Rhythm & Blues und Soul. Seinen ersten Hit hatte Johnny Kemp im Frühjahr 1986 in der US-Rhythm-&-Blues-Hitparade mit »Just Another Lover«. Zwei Jahre später stand er in ebenjenen Charts auf Platz 1 mit »Just Got Paid«. Die Platte entwickelte sich zum Millionseller und Top-10-Hit in den amerikanischen Popcharts. Im Frühjahr 1989 kam »Birthday Suit«, ein Titel aus dem Film »Sing«, in die US-Charts und erreichte Platz 36. Ansonsten gelang dem Hochgelobten bisher nichts.

*Just Got Paid (5/88 US 10)*
***Pop, Rhythm & Blues***

## Kemp, Tara

v/p (USA).
1990 entdeckten zwei amerikanische Produzenten Tara Kemp als Sängerin einer Band in der Bay Area um San Francisco. Sie bahnten der Sängerin, Songschreiberin und klassisch ausgebildeten Pianistin einen Weg als Solistin. Im Januar 1991 erschien »Hold You Tight« in den US-Charts und wurde ein Millionseller. Die Nachfolgesingle »Piece Of My Heart« plazierte sich vier Monate später ebenfalls unter den ersten 10.

*Hold You Tight (1/91 US 3)*
*Piece Of My Heart (5/91 US 7)*
***Pop***

**CD-Tip:** *Tara Kemp* Giant 9 24408 2

## Kendricks, Eddie

v (USA, * 17. 12. 1939 in Union Spring/Alabama, † 5. 10. 1992).
Schon während der Zeit auf der High-School in Birmingham, Alabama, lernte Eddie Paul Williams kennen. Die beiden sangen in diversen Doo-Wop-Gruppen. Als beide 17 waren, zogen sie nach Detroit und gründeten dort eine Band, die sie Primes nannten. 1960 wurden beide Mitglieder in der populäreren Konkurrenzgruppe Distants. Aus dieser Band wurden die Elgins und ab 1961 die Temptations. Eddie sang etliche der großen Hits dieser Formation. 1970 verließ er die Band und startete eine Solokarriere, die bis 1985 anhielt. Seine beiden größten Erfolge waren 1973 der Spitzenreiter in den USA »Keep On Truckin' (Part 1)« und im Januar 1974 Platz 2 mit »Boogie Down«. Zusammen mit seinem ehemaligen Temptations-Kollegen David Ruffin trat er beim Live-Aid-Konzert auf und gab eine bemerkenswerte Vorstellung im New Yorker Apollo Theater, zu der dann auch noch Daryl Hall und John Oates stießen. Nach diesem Erfolg erhielten die beiden einen Plattenvertrag und veröffentlichten Titel als Ruffin & Kendricks. David Ruffin starb am 1. 6. 1991 an einer Überdosis Drogen. Eddie Kendricks überlebte ihn nicht lange. Kurz nach Ruffins Tod stellten die Ärzte bei Eddie Lungenkrebs fest, der auf seinen hohen Zigarettenkonsum zurückgeführt wurde.

*Keep On Truckin' (Part 1) (8/73 US 1)*
*Boogie Down (1/74 US 2)*
***Motown Sound, Rhythm & Blues***

## Kenner, Chris

v (USA, * 25. 12. 1929 in Kenner/Louisiana, † 25. 1. 1976).
Kenner war in den 50er Jahren ein populärer Songschreiber in New Orleans. 1957 nahm er den Titel »Sick And Tired« auf,

mit dem er bis auf Platz 13 in den Rhythm-&-Blues Charts kam. Der Besitzer der Plattenfirma Instant Records schlug ihm Anfang der 60er Jahre vor, auf seinem Label zu singen. Mit der zusammen mit Allen Toussaint komponierten Nummer »I Like It Like That, Part 1« erreichte Chris Mitte 1961 die US-Charts und wurde Spitzenreiter. In den folgenden Jahren hat er noch etliche erfolgreiche Titel geschrieben, so z. B. zusammen mit Fats Domino die Nummer »Land Of 1000 Dances«, die in der Version von Wilson Pickett 1966 ein Riesenhit der Soulära wurde. Auch Fats Domino, Dave Clark Five oder die Walker Brothers übernahmen seine Kompositionen. 1968 wurde er wegen Vergewaltigung einer Minderjährigen zu einer Gefängnisstrafe verurteilt, und zeit seiner Karriere hatte er Probleme mit Alkohol. Trotzdem gehen einige der besten Rhythm-&-Blues-Aufnahmen auf sein Konto. Er starb 1976 nach einem Herzinfarkt. 1994 wurde eine Sequenz aus »Land Of 1000 Dances« in den Hit »Here Comes The Hotstepper« von Ini Kamoze eingearbeitet, der dadurch direkt einen hohen Wiedererkennungswert erlangte.

*I Like It Like That, Part 1 (5/61 US 2)*
***Rhythm & Blues***

## Kenny

Rick Driscoll, v/g (Großbritannien, * 1. 5. 1957 in Enfield/Middlesex); Christopher Lacklison, key (Großbritannien, * 15. 10. 1956 in London); Chris Redburn, b (Großbritannien, * 14. 3. 1957 in Enfield/Middlesex); Yan Style, g (Großbritannien, * 16. 1. 1957 in Enfield/Middlesex); Andy Walton, d (Großbritannien, * 1. 10. 1957 in Enfield/Middlesex).

1973 veröffentlichte auf dem RAK-Label in GB ein Kenny zwei Titel, die in die britischen Charts kamen. Die Nummer »Heart Of Stone« erreichte Platz 11, in Deutschland Platz 28. Ein Jahr später kam auf demselben Label Kenny mit »The Bump« in die GB-Charts und erreichte Platz 3. Im ersten Fall handelte es sich um den irischen Sänger Tony Kenny, im zweiten um die obenerwähnte Gruppe aus Enfield, Middlesex. »Fancy Pants« war für sie im März 1975 der Nachfolgehit. Und schließlich hatte man Ende 1975 mit »Julie Ann« einen dritten und letzten Top-10-Erfolg.

*The Bump (12/74 GB 3)*
*Fancy Pants (3/75 GB 4)*
*Julie Ann (8/75 GB 10; 1/76 CH 2)*
*Hot Lips (5/76 CH 10)*
***Boy Group, Pop***

**CD-Tip:** *The Best Of Kenny* Repertoire REP 4510-WG

## Kent, Peter

v (Deutschland, * 9. 9. 1948 als Hedrich in Herten).

Kent gründete mit 18 seine erste Band Six De Conduits. Sie spielten vorwiegend die Hitparaden rauf und runter. 1969 spielte Kent den Claude im Musical »Hair«. Es folgten Rollen in »Jesus Christ Superstar« und »Godspell«. Ab 1972 machte er in München in der Kleinkunstszene sogenannte anspruchsvolle Schlager. In der Formation Love Generation sammelte er ab 1975 Profierfahrung. 1979 lernte er den Produzenten Harald Steinhauer kennen, der ihm einen Solovertrag besorgte. »It's A Real Good Feeling« kam im Januar 1980 in die deutsche Hitparade. Den Song hatte der Sangeskollege Bernie Paul unter dem Pseudonym Vincent Promo geschrieben. Nach 1982 gelang ihm kein Erfolg mehr. Zusammen mit seiner Frau Luisa Fernandez hatte er im Herbst 1986 den Top-20-Hit »Solo Por Ti«. Inzwischen beschäftigt er sich auch mit Produktionen, so z. B. für Geier Sturzflug.

*It's A Real Good Feeling (1/80 D 1; 4/80 CH 5)*
*Stop 'n' Go (5/81 CH 8)*
***Schlager***

## Kent, Tommy

v (Deutschland als Guntram Kühbeck, geb. in München).

Kent begann Mitte der 50er Jahre, als Sänger und Unterhalter durch die Künstlerlokale Schwabings zu ziehen, um sich sein Architekturstudium zu finanzieren. Im Herbst 1958 wurde er zu Probeaufnahmen nach Hamburg eingeladen, denn er sollte einer der deutschen Interpreten werden, die Ende der 50er Jahre versuchten, den Rock 'n' Roll und die US-Teenager-Music auf den deutschen Markt zu übertragen. Tommy Kent sang deutschsprachige Nachzieher von »Sweets For My Sweet«, »I Need Your Love Tonight«, »Please Don't Tease« oder »Personality«. Auch einige neue deutsche Kompositionen, an denen Bert Kaempfert beteiligt war, nahm Tommy auf. Seinen größten Erfolg hatte er mit der Nummer »Susie Darlin'«, im Original im Herbst 1958 ein Top-10-Hit in den USA mit Robin Luke. Tommy erreichte mit seiner Version Mitte 1959 Platz 4 in Deutschland. Nach vier weiteren Hitnotierungen, die sich bis ins Jahr 1965 zogen, hörte man von ihm nichts mehr in den Charts. Danach arbeitete er als Architekt.

*Susie Darlin' (6/59 D 4)*
***Schlager***

**CD-Tip:** *Susie Darlin'* Bear Family BCD 15484

## Kenton, Stan

p/bl (USA, * 19. 2. 1912 in Wichita/Kansas, † 25. 8. 1979).

Kenton gilt als ein Pionier des progressiven Big-Band-Jazz. Seine erste Band gründete er 1941, nachdem er in verschiedenen Tanzbands Piano gespielt hatte. Ab 1943 spielte er in der ›Bob Hope Radio Show‹, ab 1944 wurde er in den Charts verzeichnet. Ende jenes Jahres hatte er mit »Artistry In Rhythm« – das Stück wurde zu seinem Erkennungsthema – einen Platz 16 in den USA und einen Millionseller. Mitte 1945 erreichte »Tampico« ebenfalls Goldstatus und Platz 3 in den USA. Dieser Titel wurde, wie etliche andere Hits von Kenton auch, von June Christy (* 20. 11. 1925 als Shirley Luster – † 21. 6 1990 an Nierenversagen) gesungen. »It's Been A Long, Long Time« 1945, »Shoo-Fly Pie And Apple Pan Dowdy« 1946 und »Orange Colored Sky« – zusammen mit Nat King Cole – 1950 waren seine weiteren Top-10-Erfolge. Die Liste seiner Hits geht bis in das Jahr 1962.

*Do Nothin' Till You Hear From Me (2/44 US 10)*
*And Her Tears Flowed Like Wine (9/44 US 4)*
*How Many Hearts Have You Broken? (11/44 US 9)*
*Tampico (7/45 US 3)*
*It's Been A Long, Long Time (11/45 US 6)*
*Shoo-Fly Pie And Apple Pan Dowdy (3/46 US 6)*
*Orange Colored Sky (9/50 US 5)*
***Instrumental, Jazz, Pop***

**CD-Tip:** *Greatest Hits* Capitol CDP 7 48437 2

## Kerkeling, Hape

v (Deutschland, * 9. 12. 1964 in Recklinghausen).

Eigentlich ist es total normal, daß sich Fernsehgrößen auch auf Platten verewigen. Als kleiner Kotzbrocken Hannilein hüpfte er als Känguruh durch die Lande und bekam zwei Pönkten für seine Moderation bei der deutschen Grand-Prix-Vorentscheidung, die er erst erträglich machte. Seine Sendungen von der IFA in Berlin gehörten zu den wenigen ansehenswerten. Unvergessen sein Auftritt als falsche Königin Beatrix (›. . . mal lecker Mittag essen gehen‹) oder als streng recherchierender Journalist bei der Bundespressekonferenz (›...warum wird hier kein Gebäck gereicht?). 1991 wurde zum Hape-Kerkeling-Jahr. Seine Feststellung »Das ganze Leben ist ein Quiz« – es klang irgendwie lustig, aber war ganz ernst gemeint – kam im Herbst des Jahres in die deutsche Hitparade. Anfang 1992 überraschte er mit seiner Betrachtung »Hurz!!!«, wobei es sicher gut war, daß man mal darüber geredet hat. Dieses ganze Leben ist ein »Hurz!!!« – und wir sind die Plattenkäufer – erreichte Platz 4 in der deutschen Hitparade. 1992 kam sein Debütfilm »Kein Pardon« in die Kinos. Es war, wie er selbst sagte, ›eine komische Tragödie aus vertrautem öffentlich-rechtlichem Anstaltsmuff‹. Sein Motto scheint zu sein ›Witzischkeit kennt keine Grenze‹. Und das macht er so lange, bis es uns gefällt. Das bedeutet, daß er eine lang anhaltende Karriere vor sich hat.

*Das ganze Leben ist ein Quiz (9/91 D 7)*
*Hurz!!! (2/92 D 4)*
***Deutscher Schlager***

**CD-Tip:** *Erwarten Se nix* Ariola 261 396

## Kern, Renate

v (Deutschland, * 23. 1. 1945 als Poggensee in Tann i.d. Rhön, † 18. 2. 1991).
Die Tochter der Pianistin Gertrud Poggensee absolvierte eine Gesangs- und Tanzausbildung. Mit Schlagerlein wie »Kiss And Shake« oder »Du bist meine Liebe« hatte sie 1965 ihre ersten Hits. »Lieber mal weinen im Glück«, im August 1968 in die Charts gekommen, blieb ihr einziger Top-10-Erfolg. Ende der 60er Jahre ging sie mit dem Orchester James Last auf internationale Tournee. Nachdem sich ab Mitte der 70er Jahre keine Hits mehr einstellten, sang sie als Nancy Wood Country-Songs. Das brachte ihr Ende 1981 mit »Imagine That« eine Hitnotierung in den US-Country-Charts. Anfang der 90er Jahre muß Renate Kern unter starken Depressionen gelitten haben. Sie verbrachte etliche Zeit im Krankenhaus und erhängte sich an einem Dachbalken im Wohnzimmer ihres Hauses in der Nähe von Oldenburg. Statt »Lieber mal weinen im Glück« sollte man vielleicht lieber mal lachen im Pech. Das könnte über manche Depressionen hinweghelfen.

*Lieber mal weinen im Glück (8/68 D 10)*
***Country, Deutscher Schlager***

## Kershaw, Nik

v (Großbritannien, * 1. 3. 1958 in Bristol/Somerset).
Meist nimmt Kershaw seine Platten im Alleingang auf. 1983 erschien seine erste Platte »I Won't Let The Sun Go Down On Me«, die erst nach der zweiten Single »Wouldn't It Be Good«, die sich Anfang 1984 in den britischen und deutschen Charts plazierte, zu Hitruhm kam. Weitere Top-10-Erfolge waren »The Riddle« 1984, »White Boy« und »Don Quixote« 1985. In den 90er Jahren gelang Nik Kershaw bisher kein Erfolg als Interpret. Dafür schreibt er für andere, z. B. für Chesney Hawkes dessen Hit »The One And Only« oder für die Hollies »The Woman I Love«.

*Wouldn't It Be Good (1/84 GB 4; 4/84 D 2; 5/84 CH 3)*
*I Won't Let The Sun Go Down On Me (6/84 GB 2; 9/84 CH 6)*
*The Riddle (11/84 GB 3, D 8)*
*White Boy (3/85 GB 9)*
*Don Quixote (8/85 GB 10)*
***Elektro-Pop***

**CD-Tip:** *Nik Kershaw Collection* MCA MCD 10452

## Khan, Chaka

v (USA, * 23. 3. 1953 als Yvette Marie Stevens in Great Lakes/Illinois).
Als Teenager arbeitete Chaka für die Black-Panther-Bewegung. Während die-

ser Zeit legte sie sich den Namen Chaka Khan zu, wobei Chaka ›Feuer‹ bedeutet. 1969 wurde sie Mitglied bei Shades Of Black, 1970 bei Look & Chain und Lyfe und 1972 als Ersatz für Paulette McWilliams Leadsängerin bei Ask Rufus, aus denen schließlich im August 1973 nur noch Rufus wurde. Diese Soulgruppe aus Chicago hatte sich vorher bereits einen Namen als Smoke gemacht. Im Laufe der nächsten Jahre sollte es sehr viele Wechsel in der Besetzung geben. Ihr Hitdebüt gaben sie mit dem von Stevie Wonder geschriebenen Millionseller »Tell Me Something Good«, mit dem sie Mitte 1974 Platz 3 in den USA erreichten. Danach nannte man sich Rufus featuring Chaka Khan. Mit »Sweet Thing«, Anfang 1976 Platz 5 in den USA, gelang ihnen wieder ein Millionseller. Ab 1978 nannte sich die Gruppe Rufus & Chaka Khan. Trotzdem unterschrieb Chaka Ende des Jahres wegen Schwierigkeiten innerhalb der Formation einen Solovertrag und veröffentlichte ihre erste LP. Mit der Singleauskopplung »I'm Every Woman« hatte sie 1978 ihre erste Hitparadennotierung. Ein Remix dieser Nummer erreichte 1989 in GB die Top 10. 1992 sang Whitney Houston den Titel in ihrem Erfolgsfilm »Bodyguard« und verhalf ihm erneut zu Hitruhm. Im August 1979 trennte sich Chaka von Rufus und veröffentlichte nur noch unter ihrem Namen Platten. »I Feel For You« belegte im Herbst 1984 Platz 3 in den USA, den Spitzenplatz in GB und Platz 4 in Deutschland. Geschrieben wurde der Hit von Prince, Stevie Wonder spielte Mundharmonika, Grandmaster Melle Mel rappte. Weitere Hits waren »Eye To Eye« 1985 und »Ain't Nobody (Remix)«, 1989 wieder ein Top-10-Hit. Ebenfalls 1989 erschien die Quincy-Jones-Nummer »I'll Be Good To You« als Duett von Chaka Khan und Ray Charles und wurde ein Top-20-Hit in den USA. Anfang der 90er Jahre lebte Chaka in Mannheim. Ihre Schwester sang als Taka Boom, ihr Bruder war Mark Stevens von den Jamaica Boys. Ihre Tochte Milini ist Mitglied der Gruppe Pretty In Pink. Im Herbst 1995 gelang Chaka zusammen mit Guru ein Platz 28 in GB. Der Hit hieß »Watch What You Say«. Ein Jahr später stand sie auf Platz 25 in den USA mit »Missing You«. Auf diesem Titel waren neben ihr Brandy, Tamia und Gladys Knight zu hören. Der Titel stammte aus dem Film »Set It Off«. Ende 1996 erschien »Epiphany – The Best Of Chaka Khan Volume One«.

*Tell Me Something Good (6/74 US 3)*
*Once You Get Started (2/75 US 10)*
*Sweet Thing (1/76 US 5)*
*Ain't Nobody (3/84 GB 8)*
*I Feel For You (9/84 GB 1, US 3; 11/84 D 4; 12/84 CH 6)*
*I'm Every Woman (Remix) (5/89 GB 8)*
*Ain't Nobody (Remix) (7/89 GB 6; 8/89 D 9)*
***Pop, Rhythm & Blues***

**CD-Tip:** *Epiphany – The Best Of Chaka Khan Volume One* Reprise 9362 45865 2

## Kicks Like A Mule

NICK HALKES (Großbritannien); RICHARD RUSSELL (Großbritannien).
Hinter diesem Projekt stecken Nick Halkes und Richard Russell, zwei Mitarbeiter einer englischen Plattenfirma. Mit dem Titel »The Bouncer« erreichten sie im Frühjahr 1992 Platz 7 in den britischen Charts. Die Nummer spiegelte die Erfahrungen wider, die viele Discogänger am Eingang zu ihren Tanztempeln machen: ›Dein Name steht nicht auf der Liste, du kannst nicht rein.‹ Diesen Satz hatten die beiden während einer Tour durch die Londoner Clubs aufgenommen und mit typischer Discomusik unterlegt. Nick und Richard hatten als Produzenten bereits für T99 und Cubic 22 gearbeitet. Kicks Like A Mule veröffentlichte den Hit auf dem Tribal Base Label, das Rebel MC gegründet hatte.

*The Bouncer (2/92 GB 7)*
***Dance***

## Kid Creole & The Coconuts

KID CREOLE, v/g/b (Kanada, * 12. 8. 1950 als Thomas Augustus Darnell Browder in Montreal); ADRIANA KAEGI, v (Schweiz, geb. in Zürich); COATI MUNDI, v (als Andy Hernandez).

Zusammen mit seinem Halbbruder Stony Browder jr. hatte August Darnell alias Kid Creole in den 70er Jahren die Gruppe Dr. Buzzard's Original Savannah Band gegründet, deren Nummer »Whispering/ Cherchez La Femme/Se Si Bon« Ende 1976 ein Top-30-Hit in den USA war – viel zu wenig für diese tolle Platte. 1980 löste sich Darnell von seinem Halbbruder und machte mit Kid Creole & The Coconuts seine eigene Band. Mit dabei waren die Schweizerin Adriana Kaegi – mit Kid verheiratet – und Coati Mundi. Außerdem im Laufe der nächsten Jahre eine wechselnde Menge von Musikern, die alles in allem eine Musik machten, die im Ritz in New York ankam wie im Rockpalast. In den USA hatte die Truppe keinen sonderlichen Erfolg – anders in GB. 1982 schlug die Band zu und hatte hintereinander drei Top-10-Hits. Nach 1983 ließ der Erfolg nach. 1990 hatten sie wieder einen Top-30-Hit in GB mit der Nummer »The Sex Of It«, den Prince geschrieben hatte. Nachdem man einige Jahre nichts von Kid Creole gehört hatte, kam er Anfang 1997 mit der Single »Why Why«. Das Stück hatte er in Hamburg aufgenommen. Mitautor der Nummer war neben Darnell Taco. Als Album wurde »Conquest Of You« angekündigt.

*I'm A Wonderful Thing, Baby (5/82 GB 4)*
*Stool Pigeon (7/82 GB 7)*
*Annie I'm Not Your Daddy (10/82 GB 2)*
***Pop***

## Kidd, Johnny & The Pirates

ALAN CADDY, g (Großbritannien, * 2. 2. 1940 in London); CLEM CATTINI, d (Großbritannien, * 28. 8. 1938 in London); BRIAN GREGG, b (Großbritannien); JOHNNY KIDD, v (Großbritannien, * 23. 12. 1939 als Frederick Heath in Willesden/London, † 7. 10. 1966).

Der Sänger und Gitarrist Johnny gründete 1959 Johnny Kidd & The Pirates, die heute im Rückblick als eine der ersten Hard-Rock-Gruppen Englands und als Vorläufer für viele Heavy-Metal-Bands gilt. Ihren ersten Erfolg hatten sie mit »Please Don't Touch« Mitte 1959. Mit der von Johnny geschriebenen Nummer »Shakin' All Over« kam die Band Mitte 1960 auf Platz 1 der britischen Charts. Dieser Titel wurde von vielen Beatgruppen der frühen 60er Jahre gecovert. Drei Jahre später gelang mit »I'll Never Get Over You« ein weiterer Top-10-Erfolg. Ab Anfang 1964 machten die Pirates auch ohne Johnny Kidd Platten. Im April 1966 trennte sich Johnny endgültig von der Gruppe, weil er wegen des fehlenden Interesses an seiner Musik in Depressionen versunken war. Einen Monat später gründete er die New Pirates, mit denen er gerade auf Tournee war, als er bei einem Autounfall in der Nähe von Manchester ums Leben kam. Nick Simper, der später Gründungsmitglied von Deep Purple werden sollte, saß mit ihm im Auto. Daß Johnny Kidd mit seiner Musik eine der treibenden Kräfte des aufkommenden britischen Beats war, wird heute weitgehend vergessen.

*Shakin' All Over (6/60 GB 1)*
*I'll Never Get Over You (7/63 GB 4)*
***Beat, Rock 'n' Roll***

**CD-Tip:** *Johnny Kidd & The Pirates Complete* EMI 7 99948 2

## Kids From »Fame«

Die Kids From »Fame« waren wieder ein Beispiel dafür, wie man durch eine Fernsehserie zu Hits kommen kann. Nachdem 1980 der Film »Fame« über eine New Yorker Schule für Tanz, Musik, Literatur usw. in die Kinos gekommen war, kaufte die amerikanische Fernsehgesellschaft NBC die Rechte daran und machte eine TV-Serie daraus, die vor allem in GB und in Deutschland erfolgreich wurde. Da zwangsläufig in dieser Serie gesungen werden mußte, wurde auch die Plattenindustrie aufmerksam, und es erschienen insgesamt fünf Alben mit Titeln aus dieser Serie, die immer von anderen Künstlern mit Unterstützung von ausgezeichneten Sessionmusikern aufgenommen wurden. Die beiden Auskopplungen »Hi-Fidelity« im August und »Starmaker« im Oktober 1982 waren zwei Top-10-Hits in GB. »Hi-Fidelity« wurde von Valerie Landsburg gesungen, »Starmaker« vom ganzen Team. Ein weiterer Top-10-Hit gelang ihnen nicht mehr. Nach 1983 war »Fame« für die Kids vorbei. Erstaunlicherweise hat keiner aus diesem Team später eine Solokarriere als Sänger aufbauen können.

*Hi-Fidelity (8/82 GB 5)*
*Starmaker (10/82 GB 3)*
***Disco***

## Kihn, Greg

v (USA, geb. in Baltimore/Maryland).
Kihn zog Mitte 1974 nach Kalifornien, um dort seine ersten Plattenaufnahmen zu machen. 1975 gründete er seine eigene Greg Kihn Band, die vor allem in Bars und Clubs in und um San Francisco auftrat. In der Gruppe, die mehrere LPs veröffentlichte, kam es immer wieder zu Umbesetzungen. Gregs erste Singlehitnotierung war »The Breakup Song (They Didn't Write 'Em)«, Mitte 1981 ein Top-20-Erfolg. Im Januar 1983 erschien »Jeopardy« in den US-Charts und wurde Platz 2 und damit zu seinem größten Hit. Ab 1985 veröffentlichte er als Solist Platten, kam aber über einen Platz 30 in den Singlecharts nicht mehr hinaus. Im September 1994 erschien das Album »Mutiny«.

*Jeopardy (1/83 US 2; 6/83 CH 4)*
***AOR (Adult Orientated Rock), Rock***

## Kilius, Marika

v (Deutschland, * 24. 3. 1943 in Frankfurt a. M.).
Daß Sportler hervorragende Sänger sein müssen, hört man ja öfter. Irgendwie hat das allerdings in den letzten Jahren nachgelassen. So sind bisher lediglich heiße Bremsscheiben von Michael Schumacher bekannt. Auch Boris Becker und Steffi Graf haben bisher nur in die Tennissaiten gegriffen. Dabei waren die vielen Sportler, die während der letzten dreißig Jahre die Hitparaden bevölkerten, auch keine begnadeten Sänger. Das Traumpaar für alle Mütter war Anfang der 60er Jahre Marika Kilius mit ihrem Partner Hans-Jürgen Bäumler. Auch nachdem sie gegen Mitte der 60er Jahre privat und geschäftlich getrennte Wege gingen, wurde immer noch bedauert, daß ausgerechnet diese beiden nicht zusammengefunden hatten. Ihren ersten ganz großen Triumph feierten Marika Kilius und Hans-Jürgen Bäumler bei den Olympischen Spielen 1960. Hinter dem kanadischen Paar Barbara Wagner/Robert Paul belegten sie den 2. Platz. 1961 sollte die Weltmeisterschaft in Prag die Vorherrschaft von Wagner/Paul, die in den vier Jahren zuvor auch die Weltmeisterschaft gewannen, beendet werden. Aber 1961 wurde die Weltmeisterschaft vom Veranstalter abgesagt. 1962, es blieb beim Austragungsort Prag, sollte nun alles klargemacht werden. Doch dann berührten sie sich während der Kür mit den Kufen ihrer Schlittschuhe, Marika stürzte,

und Weltmeister wurden die Kanadier Jelinek/Jelinek. 1963 war es dann endlich soweit: Am 28. Februar wurden Marika und Hans-Jürgen in Cortina D'Ampezzo Weltmeister im Eiskunstlauf der Paare. Im Februar 1964 konnten sie diesen Erfolg in Dortmund wiederholen. Die Chancen, bei den nächsten Olympischen Spielen 1964 in Innsbruck die Goldmedaille zu holen, standen also blendend. Sie galten als die Favoriten im Paarlauf, und die Enttäuschung war groß, als die beiden schließlich nur eine Silbermedaille gewannen. Mit einem hauchdünnen Vorsprung gewann das russische Ehepaar Ludmilla Belousowa und Oleg Protopopow. Im nachhinein sprachen manche Kritiker von einer ungerechten bzw. parteiischen Wertung der Punktrichter zugunsten der Russen. Wie dem auch sei – wovon heute so gut wie überhaupt nicht mehr gesprochen wird: Kilius und Bäumler hätten ihre Goldmedaille zurückgeben müssen, denn sie hatten bereits vor der Olympiade Profiverträge unterschrieben. So gaben sie ›nur‹ die Silbermedaille zurück. Goldmedaillengewinner wurde bei dieser Olympiade der Eiskunstläufer Manfred Schnelldorfer. Er durfte dafür im September 1964 in die deutsche Pophitparade einziehen. Mit der Nummer »Wenn du mal allein bist« erreichte er immerhin Platz 4. Marika Kilius hatte bereits im März 1964 ihren ersten großen Erfolg. Mit »Wenn die Cowboys träumen« erreichte sie Platz 2, drei Monate später mit »Honeymoon in St. Tropez« – zusammen mit Hans-Jürgen Bäumler – erneut Platz 2. Bis Ende 1965 war sie mit drei weiteren Titeln unter den deutschen Top 30 verzeichnet. Heute lebt sie als Immobilienmaklerin in Frankfurt.

*Wenn die Cowboys träumen (3/64 D 2)*
*Honeymoon in St. Tropez (6/64 D 2)*
***Deutscher Schlager***

**CD-Tip:** *Honeymoon in St.Tropez* Bear Family BCD 15 589

## Kim, Andy

v (Kanada, * 5. 12. 1946 als Andrew Joachim in Montreal).
Der als Sohn libanesischer Eltern geborene Sänger und Songschreiber schrieb in der auslaufenden Phase der Bubblegum Music Ende der 60er Jahre mit am Hit »Sugar Sugar« der Archies. Er selbst hatte als Interpret Erfolg von 1969 bis 1974. Sein erster Top-10-Hit war Mitte 1969 die Nummer »Baby I Love You«, Platz 9 in den USA. Es folgten einige weitere Notierungen, aber nur noch ein Top-10-Hit: »Rock Me Gently«, Mitte 1974 Spitzenreiter in den USA und Platz 2 in GB. Beide Hits waren in den USA außerdem Millionseller. Es folgte eine Pause, bedingt durch einschneidende familiäre Ereignisse wie den Tod des Vaters. Erst 1983 tauchte Andy Kim mit einer neuen LP auf. Jetzt nannte er sich Barron Longfellow. Ein Singlehit gelang ihm bisher nicht mehr.

*Baby, I Love You (5/69 US 9)*
*Rock Me Gently (6/74 US 1; 8/74 GB 2)*
***AOR (Adult Orientated Rock), Soft Pop***

## Kincade, John

v (Großbritannien als Knowles, geb. in Southport/Liverpool).
John zog mit 17 nach London, hielt sich mit Gelegenheitsjobs über Wasser und machte abends aus Spaß Musik. Er gründete ein Trio, das erfolglos blieb, und zog für einige Zeit nach Spanien. Nach seiner Rückkehr nach England nahm er mit verschiedenen Formationen Platten auf. Inzwischen hatte John Carter, der zusammen mit Ken Lewis viele Hits der 60er Jahre geschrieben und auch gesungen hatte, den Song »Dreams Are Ten A Penny« aufgenommen. Er hatte dafür in einem Studio an einem Tag alle Instrumente und auch den Gesang eingespielt. Die Platte wurde in GB veröffentlicht als Kincade, kam jedoch nicht in die Charts. In

Deutschland wurden die Rechte an die Firma Bellaphon verkauft, und hier wurde die Platte zum Top-10-Hit. Jetzt stellte sich für John Carter wieder die Frage, wie man den Song bei Auftritten darstellen konnte. Selbst wollte er nicht mehr auf Tournee gehen, und so verpflichtete man eine Band, in der John Knowles sang, der seinen Namen nun in John Kincade umänderte. »Dreams Are Ten A Penny« wurde Ende des Jahres in Deutschland ein Millionseller. 1973 splittete Kincade als Gruppe und John Kincade als Solointerpret. Die Gruppe hatte mit »Do You Remember Marilyn« noch einen Platz 20 in Deutschland, John Kincade als Solist erreichte mit »Shine On Me Woman«, »Til I Kissed You« und »When« 1973/74 die deutschen Top 20. Nach drei weiteren Hitnotierungen 1975/76 war es mit dem Solisten John Kincade auch zu Ende.

*Dreams Are Ten A Penny (11/72 D 2)*
*When (11/74 D 10)*
***Middle Of The Road (MOR)***

**CD-Tip:** *Best Of Kincade* Repertoire REP 4347-WG TIS

## King

PAUL KING, v (Großbritannien, * 20. 11. 1960 in Coventry); JAMES JACKEL LANTSBERY, g (Großbritannien, geb. in Coventry); ADRIAN LILLYWHITE, d (Großbritannien, geb. in Coventry); MICK ROBERTS, key (Großbritannien, geb. in Coventry); TONY WALL, b (Großbritannien, geb. in Coventry).

Dieses Quartett aus Coventry wurde 1983 gegründet. Leadsänger Paul King war vorher Mitglied bei den Reluctant Stereotypes gewesen. Nachdem sie einen Plattenvertrag erhalten hatten, gingen sie lange auf Tour und schufen sich einen Kreis von Stammfans. Trotzdem wurden ihre erste LP und die ersten Singles kein kommerzieller Erfolg. Der kam Ende 1984: King spielte im Vorprogramm von Culture Club und wurde so einem größeren Publikum bekannt. Anfang 1985 wurde daraufhin ihre Single »Love And Pride« wiederveröffentlicht und erreichte prompt Platz 2 der britischen Charts. Auch die LP »Steps In Time« konnte sich jetzt in den britischen Top 10 behaupten. In demselben Jahr gelang ihnen noch ein weiterer Erfolg mit »Alone Without You«. Nach einer zweiten LP trennte sich die Formation bereits im darauffolgenden Jahr, und Paul King versuchte sich als Solist – jedoch ohne nennenswerten Erfolg. Den hatte er später als Video- Jockey bei dem Musikkanal MTV.

*Love And Pride (1/85 GB 2; 3/85 D 8; 4/85 CH 3)*
*Alone With You (8/85 GB 8)*
***Pop***

## King Brothers

DENIS KING, p (Großbritannien, geb. in Hornchurch/Essex); MICHAEL KING, g (Großbritannien, geb. in Hornchurch/Essex); TONY KING, b (Großbritannien, geb. in Hornchurch/Essex).

In den 50er Jahren gehörten die drei Brüder zweifellos zu den Top-Gesangsgruppen in GB. Zeitweise wurde das Trio alter Schule als Britain's Rock 'n' Roll Kids bezeichnet, was den King Brothers aber überhaupt nicht behagte, weil sie mit dieser Musikrichtung nichts zu tun haben wollten. Seit 1953 traten sie regelmäßig im Fernsehen, vor allem in Kindersendungen, auf. Nachdem sie für zwei Firmen erfolglos Platten aufgenommen hatten, wechselten sie zu Parlophone. Dann kamen auch die Hits. Im Mai 1957 stand ihre erste Platte in den GB-Charts: »A White Sport Coat«, im Original von Marty Robbins, erreichte Platz 6. Nach drei weiteren Hitnotierungen standen sie im Frühjahr 1960 mit »Standing On The Corner« auf Platz 4 in GB. Nach 1961 werden sie nicht mehr verzeichnet. Ab diesem Zeitpunkt hatten sie beschlossen, ihre eigenen Kompositionen aufzunehmen und keine Coverversionen amerikanischer Hits. Nach 1966 machten sie keine Platten mehr. Denis King ist heute in GB einer der erfolgreichsten Komponisten für TV-Melodien.

*A White Sport Coat (5/57 GB 6)*
*Standing On The Corner (4/60 GB 4)*
***Pop, Rock 'n' Roll***

## King Sisters

ALYCE DRIGGS, v (USA, geb. in Salt Lake City/Utah, † 21. 8. 1996); DONNA DRIGGS, v (USA, geb. in Salt Lake City/Utah); LOUISE DRIGGS, v (USA, geb. in Salt Lake City/Utah, † 4. 8. 1997); YVONNE DRIGGS, v (USA, geb. in Salt Lake City/Utah).

Das Quartett aus Salt Lake City begann 1935 mit einer weiteren Schwester und einer Freundin als die Six King Sisters mit der Band von Hoarce Heidt. 1938 schrumpften sie zum Quartett. Louises Ehemann Alvino Rey, der ebenfalls in der Band von Heidt spielte, gründete seine eigene Formation, und die King Sisters sangen von 1939 bis 1943 mit ihm als Quartett oder als Solistinnen. Ab 1941 wurden sie auch unter ihrem Namen in der amerikanischen Hitparade verzeichnet. Mitte 1941 hatten sie »The Hut-Sut Song (A Swedish Serenade)« auf Platz 7 in den USA, im Frühjahr 1944 »It's Love-Love-Love« auf Platz 4. Nach 1945 waren sie aus den Charts verschwunden und nahmen zunächst nur noch sporadisch Platten auf. In der ersten Hälfte der 40er Jahre konnte man sie auch in etlichen Filmen sehen. In den 50er Jahren traten sie regelmäßig im Fernsehen auf, 1965/66 hatten sie ihre eigene ›King Family Show‹, die 1969 noch einmal mit großem Erfolg lief. Bis in die 70er Jahre nahmen sie weiter Platten auf, meist mit Coverversionen beliebter Standards. Alyce, inzwischen verheiratete King Clarke, starb 1996 im Alter von 80 Jahren.

*The Hut-Sut Song (A Swedish Serenade) (6/41 US 7)*
*It's Love-Love-Love (4/44 US 4)*
***Pop***

## King, B.B.

v/g (USA, * 16. 9. 1925 in Itta Bena/Mississippi).

Der Ausnahmegitarrist, Sänger und Songschreiber begann seine Karriere Ende der 40er Jahre als Discjockey einer eigenen Radioshow. Er nannte sich ›Riley King, der Blues Boy von der Beale Street‹. ›Blues Boy‹ führte zu der Abkürzung B.B. 1939 gründete er das Gospelquartett Elkhorn Singers. 1947 spielte er mit Bobby Bland und Johnny Ace als Beale Streeters. Ab 1949 nahm er regelmäßig Soloplatten auf. Ab 1951 bis in die 80er Jahre brachte er es auf weit über siebzig Hits in den R&B-Charts. »Three O'Clock Blues« 1951, »You Know I Love You« 1952, »Please Love Me« 1953 und »You Upset Me Baby« 1954 waren Spitzenreiter in den R&B-Charts. Ab 1957 wurde er auch in den Popcharts notiert. Dort war sein größter Erfolg Ende 1969 »The Thrill Is Gone«, ein Platz 15. 1987 wurde er in die Rock 'n' Roll Hall of Fame aufgenommen. Im selben Jahr erhielt er einen Grammy für sein Lebenswerk. B.B. King hat auf schwarze und weiße Bluesmusiker wesentlichen Einfluß ausgeübt, weil er die traditionellen Begriffe des Blues auch verließ und sich dem Rhythm & Blues zuwandte. Zu den großen Fans von King gehörte stets Bono von der Gruppe U2. Für die Produktion der Nummer »When Love Comes To Town« holte er sich 1989 den inzwischen 63jährigen King, der damit erstmals zu Top-10-Ehren kam. 1991 veröffentlichte King die LP »There Is Always One More Time«, auf der neben ihm mit

Joe Sample, Jim Keltner oder Michael Landau die Spitze der amerikanischen Studiomusiker spielte. 1994 veröffentlichte er zusammen mit Diane Schuur die CD »Heart To Heart«. Die weiße blinde Pianistin Diane Schuur, die mehrfache Grammy-Preisträgerin ist, erfüllte sich nach eigener Aussage damit einen lang gehegten Traum. Den Namen ›King of the Blues‹ oder ›Vaterfigur des heutigen Blues‹ hat B.B. sich redlich verdient. Der ›Rolling Stone‹ schrieb über ihn zu Recht: ›Jeder Blues- und Rockgitarrist, der ihn nicht als einen wichtigen Einfluß nennt, ist entweder ein Lügner oder ein Ignorant.‹

*When Love Comes To Town (4/89 GB 6)*
***AOR (Adult Orientated Rock), Blues***

**CD-Tip:** *There Is Always One More Time* MCA 10295

## King, Ben E.

v (USA, * 23. 9. 1938 als Benjamin Earl Nelson in Henderson/North Carolina).
Eigentlich unvorstellbar – in einer ganz normalen Popgruppe, den Drifters, spielten 28 Musiker. Nicht alle auf einen Schlag, aber im Laufe der Jahre, und die begannen immerhin 1953, setzte es so einige Sänger bei dieser Formation. Und von diesen Sängern muß immer einer der sogenannte Leadsänger sein, also derjenige, der den größten Teil eines Stückes singt, während die anderen im Hintergrund ›Schubidu‹ machen. Ein Mann namens Clyde McPhatter war der erste, der das 1953 machte. Nach zwei Jahren vertauschte er das Mikro mit einer Knarre und sang nun für Onkel Sam. Einer seiner Nachfolger bei den Drifters war der amerikanische Sänger und Songschreiber Ben E. King. Er begann seine musikalische Karriere noch während der High-School-Zeit als Mitglied in der Doo-Wop-Gruppe Four B's. Nächste Station waren die Moonglows, und ab 1956 gehörte er als richtiger Profi zu den Five Crowns, die Mitte 1958 zu den neuen Drifters wurden, nachdem der Manager der Originalformation die Mitglieder gefeuert hatte und – da er die Rechte an dem Namen Drifters besaß – kurzerhand aus den Five Crowns die neuen Drifters machte. King war Leadsänger bei »There Goes My Baby« Mitte 1959 und bei dem wohl größten Erfolg der Formation: »Save The Last Dance For Me«, im Herbst des darauffolgenden Jahres ein US-Spitzenreiter, Platz 2 in GB und 14 in Deutschland. Bereits im Mai 1960 verließ King die Drifters und begann eine Solokarriere. Er hatte Glück: Phil Spector und Jerry Leiber schneiderten ihm einen Song auf den Leib, der ihn hoch in die Hitparaden katapultierte: »Spanish Harlem«. Es folgten »Stand By Me« – von King selbst mitgeschrieben –, 1961 Top 10 in den USA und 1986/87 noch einmal ein internationaler Hit, und »Supernatural Thing«. Der wiederholte Erfolg von »Stand By Me« war darauf zurückzuführen, daß der Song in dem gleichnamigen Film aus dem Jahr 1986 und in einer Jeanswerbung zu hören war. Zusammen mit Bo Diddley und Doug Lazy nahm Ben E. King 1991 eine Version von »Book Of Love« für den gleichnamigen Film auf. Er tritt nach wie vor regelmäßig vor allem in und um New York auf und veröffentlicht Platten, tut sich jedoch mit Singlehits schwer.

*Spanish Harlem (12/60 US 10)*
*Stand By Me (5/61 US 4; 10/86 US 9; 2/87 GB 1, D 2; 3/87 CH 3)*
*Supernatural Thing – Part I (2/75 US 5)*
***Soul***

**CD-Tip:** *Ben E. King – The Ultimate Collection* Atlantic 780 213–2

## King, Carole

v (USA, * 9. 2. 1940 als Klein in Brooklyn/New York City).
Carole bildete zusammen mit ihrem damaligen Mann Gerry Goffin in den 60er

Jahren eines der erfolgreichsten Komponisten-Duos überhaupt. Mehr als hundert Hits schrieben die beiden: »Up On The Roof«, »Will You Love Me Tomorrow«, »The Loco-Motion« u.v. a. Carole sorgte in diesem Team für die Musik, Gerry schrieb die Texte. Bereits im Alter von vier lernte sie Klavierspielen und schrieb als Teenager ihre ersten Songs. Im Schlepptau ihres Nachbarn Neil Sedaka zog sie nach Manhattan, arbeitete als Sessionsängerin und arrangierte. An einem College traf sie ihren späteren Mann Gerry Goffin. Anfang der 60er Jahre gründeten sie eine eigene Plattenfirma, die aber auf Dauer nicht bestehen konnte. 1967 ging die Ehe in die Brüche, Carole King zog nach Los Angeles. Dort gründete sie zunächst ein Trio und begann dann eine Solokarriere. Ihren ersten Hit hatte Carole mit »It Might As Well Rain Until September«, im Sommer 1962 Platz 22 in den USA, Platz 3 in GB. 1971 erschien ihre LP »Tapestry«, die sich weltweit über 13 millionenmal verkaufte. Daraus ausgekoppelt wurde auch ihr größter Hit: »It's Too Late«, Im Frühjahr 1971 Spitzenreiter in den USA, Platz 6 in GB. Weitere Top-10-Erfolge in den USA für sie waren »Sweet Seasons« 1972, »Jazzman« 1974 und »Nightingale« 1975. Von ihr stammt auch der Titel »You've Got A Friend«, ein Nummer-1-Hit für James Taylor. In den 80er Jahren zog sich Carole mehr und mehr aus dem Showgeschäft zurück und trat fast nur noch bei Wohltätigkeitskonzerten auf, veröffentlichte aber bis Ende der 80er Jahre sporadisch LPs, 1989 z. B. »City Streets«. 1990 wurden sie und ihr ehemaliger Mann Gerry Goffin in die Rock 'n' Roll Hall of Fame aufgenommen. 1993 kam das Album »Colour Of Your Dreams«, im Frühjahr 1994 »In Concert«.

*It Might As Well Rain Until September (9/62 GB 3)*
*It's Too Late (5/71 US 1; 8/71 GB 6)*
*Sweet Seasons (1/72 US 9)*
*Jazzman (8/74 US 2)*
*Nightingale (1/75 US 9)*
***AOR (Adult Orientated Rock), Pop***

**CD-Tip:** *Tapestry* Epic CDEPC 82308

## King, Claude

v/g (USA, * 5. 2. 1923 in Shreveport/Louisiana).

King war bereits in jungen Jahren ein guter Gitarrist und zeigte früh Interesse am Songschreiben. Noch bevor Claude 1942 in die Navy eingezogen wurde, machte er zusammen mit den Rainbow Boys einige Aufnahmen. 1947 – inzwischen spielte Claude mit den Kentuckians – kamen erste kommerzielle Plattenaufnahmen. Seine erste Notierung in den Country-Charts hatte er jedoch erst 1961 mit der Nummer »Big River, Big Man«. In dieser Hitparade sollte er bis 1977 mit insgesamt dreißig Titeln auftauchen. Seine letzten Plattenaufnahmen machte er Mitte 1979. Mit der Nummer »Wolverton Mountain« wagte er sich ein einziges Mal in die Top 10 der Popcharts und erreichte im Frühjahr 1962 Platz 6 in den USA. In den 80er Jahren war er auch als Schauspieler zu sehen, so z. B. in dem Film »Swamp Girl« und in der TV-Serie ›The Blue And The Grey‹.

*Wolverton Mountain (5/62 US 6)*
***Country***

**CD-Tip:** *More Than Climbing That Mountain* Bear Family BCD 15 619 EI

## King, Dave

v (Großbritannien, geb. in Twickenham/Middlesex).

Bereits mit 15 Jahren war Dave Mitglied in einer Band. Dann ging er zur Royal Air Force und spielte nach seiner Rückkehr mit ebendieser Formation weiter. Nach Fernsehauftritten wurde er Star einer Londoner Show und bekam seine eigene Fernsehserie. Seine ersten Platten nahm King 1955 auf. Sein erster Hit war auch gleich sein größter: Im Februar 1956 kam seine Version des Dean-Martin-Titels »Memories Are Made Of This« in die britische Hitparade und erreichte schließlich Platz 5. Bis 1958 wurde er mit drei weiteren Titeln in den GB-Charts notiert. In den späten 50er Jahren hatte der Sänger und Komiker eine eigene TV-Sendung in den USA. Ein weiterer Hit gelang ihm nicht mehr, und auch seine Fernsehkarriere neigte sich in den 60er Jahren dem Ende zu.

*Memories Are Made Of This (2/56 GB 5)*
***Pop***

## King, Diana

v (Jamaika, geb. in Spanishtown).
Eins von 15 Kindern soll sie sein – und mit 13 ausgerissen, um Nachtclubsängerin zu werden. Na ja, aus Jamaika kommen eben nicht die, die schon mit vier im Gospelchor gesungen haben, hier braucht es andere Geschichten. Ihre Debütsingle war »Change Of Heart« – sie kam nicht in die Charts. Immerhin hatte aber Shabba Ranks diese Platte gehört und nahm Diana mit auf eine Tournee. Er half auch dabei, daß Diana für den Soundtrack des Films »Cool Runnings« den Titel »Stir It Up« singen konnte. Auch das wurde zumindest als Single kein Hit. »Shy Guy«, mitgeschrieben von Diana, war dann ihr erster Knüller. Die Platte stieg gleich in die britischen Top 10 ein, in Deutschland kam sie ebenfalls unter die ersten 10, und in den USA wurde sie vergoldet und Platz 13. »Ain't Nobody« hieß der Nachfolgehit, der es Ende 1995 zumindest in GB zu einem Top-20-Hit brachte.

*Shy Guy (6/95 D 6; 7/95 GB 2, CH 5)*
***Pop, Reggae***

**CD-Tip:** *Tougher & Live* Columbia 486 901 2

## King, Evelyn »Champagne«

v (USA, * 29. 6. 1960 in Bronx/New York City).
Es muß ja nicht immer Tellerwäscher sein, Putzfrau geht auch. Das zeigt sich an der Karriere von Evelyn King. Sie arbeitete in dem Sigma-Studio von Gamble und Huff als Putzfrau und wurde dort entdeckt. Mit der Discowelle wurde auch sie zum Erfolg hochgeschwemmt. Ihre Debüt-Single »Shame« wurde 1977 veröffentlicht, erreichte nach Umwegen über Clubs und Discos ein Jahr später die amerikanischen Charts und landete auf Platz 9. Diese Single wurde ebenso vergoldet wie der Nachfolger »I Don't Know If It's Right«, obwohl das nur ein Platz 23 wurde. Ein zweiter Top-10-Hit gelang ihr in GB mit »Love Come Down« Mitte 1982. In den USA wurde sie bis 1986, in GB bis 1988 in den Charts notiert. Dann war in den Pophitparaden auch die letzte Discowelle abgeebbt.

*Shame (6/78 US 9)*
*Love Come Down (8/82 GB 7)*
***Disco***

## King, Jonathan

v (Großbritannien, * 6. 12. 1944 als Kenneth King in London).
Der Sänger, Songschreiber, Produzent, Musikjournalist und Eigner der Plattenfirma U.K. Records schrieb, noch während er an der Cambridge University Englisch studierte, seinen ersten Hit: »Everyone's Gone To The Moon«, Mitte 1965 Platz 4 in GB, Top 20 in den USA. Im Laufe der nächsten Jahre machte er Platten unter etlichen Pseudonymen: als Sakkarin »Sugar Sugar« 1971 und als Shag »Loop Di Love« 1972. Unter dem Namen One Hundred Ton & A Feather machte er »It Only Takes A Minute«, im Sommer 1973 Platz 9 in GB. Bubblerock konnte 1974 Platz 29 mit »Satisfaction« verzeichnen,

die Weathermen mit »It's The Same Old Song« 1971 einen Platz 19. Außerdem erschienen seine Platten als 53rd & 3rd, Sound 9418 oder Father Abraphart & The Smurps.
Nebenher schrieb Jonathan King in etlichen Musikzeitschriften über Popmusik, produzierte die erste LP von Genesis, denen er den Namen gab, und förderte oder entdeckte Gruppen wie 10 cc oder Kursaal Flyers. Unter welchen Namen er sonst noch zu hören war – ohne einen Hit –, weiß wohl nur er selbst. Als Produzent zumindest steckte er hinter der Nummer »Johnny Reggae«, mit den Piglets Ende 1971 Platz 3 in GB. Leadstimme sang die Schauspielerin Adrienne Poasta in klassischem Cockney-Dialekt. Unter seinem Namen hatte Jonathan einen weiteren Top-10-Hit in GB: »Una Paloma Blanca«, Ende 1975 Platz 5. Seit Anfang der 80er Jahre ist er im britischen Fernsehen ein Superstar. Regelmäßig berichtet er aus seinem zweiten Wohnsitz New York in der BBC-Sendung ›Entertainment USA‹. Außerdem hat er eine eigene wöchentliche Kolumne in der britischen Tageszeitung ›Sun‹ – Thema: Popmusik!

*Everyone's Gone To The Moon (7/65 GB 4)*
*Loop Di Love (10/72 GB 4)*
*Una Paloma Blanca (9/75 GB 5)*
*It Only Takes A Minute (6/76 GB 9)*
***Pop***

## King, Pee Wee

acc/vln/bl (USA, * 18. 2. 1914 als Julius Frank Anthony Kuczynski in Milwaukee/Wisconsin).
Die Eltern des Akkordeonspielers, Geigers, Songschreibers und Bandleaders waren polnische Einwanderer, und Pee Wee King wuchs in einer polnischen Gemeinde auf. Der Vater ermunterte die Kinder schon früh, ein Instrument zu spielen. Seine ersten Auftritte absolvierte er dann auch mit der Band seines Vaters, aber bereits 1936 hatte er mit den Golden West Cowboys seine erste eigene Band. Zwischen 1947 und 1957 trat er in eigenen Radio- und später Fernsehshows auf. Bis in die 60er Jahre kamen noch mehrere TV-Shows hinzu. Auf Platten war er ab 1948 erfolgreich. Seine größten Erfolge waren die selbstgeschriebenen Nummern »Tennessee Waltz«, im Frühjahr 1948 Platz 30 in den US-Charts, und »Slow Poke«, Ende 1951 ein Spitzenreiter. Auf allen Platten von Pee Wee war Redd Stewart Leadsänger. Der »Tennessee Waltz« wurde in der Version von Lloyd T. ›Cowboy‹ Copas 1948 ein Millionseller. Pee Wee selbst war zwischen 1948 und 1954 mit 9 Top-10-Hits in den Country-Charts vertreten. 1962 gab er all seine Fernsehsendungen auf. Bereits 1959 hatte er seine Band aufgelöst, weil ihm der Einfluß des Rock 'n' Roll nicht paßte. Er ging dann mit anderen Musikern auf Tour, zog sich aber Ende der 60er Jahre endgültig zurück, um sich auf die geschäftliche Seite der Musikbranche zu konzentrieren. In den 70er Jahren arbeitete er hauptsächlich als Promoter. 1974 wurde er in die Country Music Hall of Fame aufgenommen.

*Slow Poke (11/51 US 1)*
***Country, Pop***

## King, Ricky

g (Deutschland, * 12. 3. 1946 als Hans Lingenfelder in Rastatt).
Bevor der Ricky ab 1975 Soloplatten machte, hatte er eine Ausbildung zum Rundfunk- und Fernsehtechniker, eine Zeit bei der Band Hit Kids und zahlreiche Studioproduktionen anderer Künstler hinter sich. Aus seiner ersten LP, die 1976 erschien, wurde die Single »Verde« ausgekoppelt, die im Sommer 1976 Platz 3 in der deutschen Hitparade erreichte. Die LP wurde vergoldet, und Ricky King ging zu-

nächst mit Costa Cordalis auf Tournee. Auch seine zweite LP wurde vergoldet und enthielt wieder einen Hit: »Le Rêve« erreichte Anfang 1977 Platz 7 in Deutschland. Es folgten weitere Gold- und auch Platinplatten, aber seit Mitte der 80er Jahre gelang Ricky keine Eintragung in die Charts mehr.

*Verde (8/76 CH 1, D 3)*
*Le Rêve (11/76 CH 5; 1/77 D 7)*
***Instrumental, Middle Of The Road (MOR)***

## King, Solomon

v (USA, geb. in Kentucky).
Solomon war bereits seit 1948 bemüht, sich im Showgeschäft durchzusetzen. Zunächst war er bei jüdischen Gottesdiensten als Vorsänger aufgefallen, dann absolvierte er eine Ausbildung als Opernsänger. In seiner Heimat gelang ihm trotzdem nie ein Erfolg. Nach zwanzig Jahren schaffte er es jedoch, seine erste in GB entstandene Aufnahme im Januar 1968 auf Platz 3 der britischen Charts zu bringen: »She Wears My Ring«. Das Stück basierte auf dem klassischen Stück »La Golandrina«. Es blieb sein einziger Erfolg, obwohl Solomon King bis in die 70er Jahre weiter Platten aufnahm.

*She Wears My Ring (1/68 GB 3)*
***Middle Of The Road (MOR)***

## King, Wayne

sax (USA, * 16. 2. 1901 in Savannah/Illinois, † 16. 7. 1985).
Der Saxophonist, Orchesterleiter und Songschreiber trug in den USA den Spitznamen ›Walzerkönig‹. Bereits während seines Studiums trat er mit dem Benson Orchestra in Chicago auf. 1921/22 arbeitete er für eine Versicherungsgesellschaft in Chicago und außerdem als Mechaniker. Seine nächste musikalische Station war die Del Lampe Band in Chicago. Dann hatte er seine eigene Band und war zwischen 1930 und 1941 mit knapp vierzig Titeln in den amerikanischen Charts vertreten. Seine größten Erfolge waren »Dream A Little Dream Of Me«, im April 1931 Platz 1, und »Goodnight, Sweetheart«, im Herbst 1931 ebenfalls Platz 1. Von 1931 bis 1938 spielte er regelmäßig in einer Radiosendung. Nach 1940 hatte Wayne King seine größten Hits mit den Instrumentals »Intermezzo (Souvenir De Vienne)« und »Maria Elena«, im Frühjahr 1941 Platz 5 bzw. 2. Noch bis Ende jenes Jahres wurde er in den amerikanischen Charts verzeichnet. Nachdem er im Zweiten Weltkrieg Soldat geworden war, gründete er Mitte 1945 eine neue Band, bekam 1946 eine Radioshow und von 1949 bis 1952 eine TV-Show. Bis in die 70er Jahre blieb er als Musiker und Orchesterleiter aktiv.

*Intermezzo (Souvenir De Vienne) (4/41 US 5)*
*Maria Elena (5/41 US 2)*
***Instrumental, Pop***

## Kings Of Mississippi

Die Kings Of Mississippi brachten mit »Delta Queen« eine Nummer, die sich stark an Pop Tops oder Les Humphries Singers anlehnte. In der Schweiz wurde es ein Top-10-Erfolg, in Deutschland ein Platz 44. Auch bei anderen Stücken der Gruppe wurde quer durch den bunten Garten der Popmusik gestöbert und daraus neue Stücke gefriemelt.

*Delta Queen (12/72 CH 7)*
***Pop***

## Kingsmen

GARY ABBOTT, d (USA); LYNN EASTON, v/sax (USA); JACK ELY, v/g (USA); DON GALLUCCI, key (USA); MIKE MITCHELL, g

(USA); BOB NORDBY, b (USA); NORM SUNDHOLM, b (USA).
Die Kingsmen waren eine der ersten amerikanischen Garagen-Rockbands. Sie formierten sich 1957 in Portland, Oregon. 1962 wurden sie die Hausband in Portlands beliebtestem Teenager-Club, ›The Chase‹. In diesem Club wurde 1963 ein Band mitgeschnitten, das auch als LP erschien. Die erste Single der Kingsmen war die Nummer »Louie Louie«, die im Herbst 1963 in den US-Charts Platz 2 erreichte und die sie angeblich in so kurzer Zeit aufgenommen haben, daß sie an Studiokosten lediglich 38 Dollar zu bezahlen hatten. Nach diesem Erfolg löste Easton Ely als Leadsänger und Chef der Band ab. Mit »The Jolly Green Giant« erreichten sie Anfang 1965 Platz 4 in den USA. Die gleiche Melodie mit einem anderen Text wurde 1960 von den Olympics als »Big Boy Pete« gesungen. In den darauffolgenden beiden Jahren standen die Kingsmen noch jeweils zweimal in den US-Charts, kamen aber über eine Position 40 nicht mehr hinaus.

*Louie Louie (11/63 US 2)*
*The Jolly Green Giant (1/65 US 4)*
***Punk, Rock***

## Kingston Trio

DAVE GUARD, v (USA, * 19. 10. 1934 in Honolulu/Hawaii, † 22. 3. 1991); NICK REYNOLDS, v (USA, * 27. 7. 1933 in San Diego/Kalifornien); BOB SHANE, v (USA, * 1. 2. 1934 als Robert Castle Schoen in Hilo/Hawaii).
Eifersuchtsdramen und Dreiecksgeschichten – in der Popmusik ein dankbares und immer wieder gerne aufgegriffenes Thema. Gerade in der Folk- und Country-Musik kommen sie immer wieder vor. Im Wilden Westen wurde ja auch nicht lange gefackelt, sondern gleich geschossen. So auch in der traurigen Geschichte von Tom Dooley, der für seine schlimme Tat am Ast einer alten Eiche büßen mußte. In den 50er Jahren wurde in den USA die Folkmusik wieder ausgesprochen populär. Das Kingston Trio war eine der Formationen, die sich dieser Musikrichtung verschrieben hatten. »Tom Dooley« wurde ihr größter Erfolg: im Herbst 1958 in den USA und Deutschland Platz 1, in GB Platz 5. In dem Jahr, als die Platte erschien, erhielten sie sogar einen Grammy für die beste Country-&-Western-Performance, obwohl der Titel nie in die Country-Hitparade kam. Dafür war er allerdings in allen Popcharts zu finden, und das ist wesentlich gewinnträchtiger als ein Auftauchen in den Country-Charts. Als die Platte in Deutschland veröffentlicht werden sollte, wußten die Plattenverantwortlichen, daß das deutschsprachige Publikum mit der Geschichte vom um sich stechenden Tom Dooley erst mal nichts anfangen konnte. Also beauftragte man das Kingston Trio, für den deutschen Markt ein anderes Intro zu sprechen. Möglich, daß diese in holprigem Deutsch gesprochene Einleitung dazu beitrug, den Titel auch hierzulande zu einem Erfolg zu machen. Das Kingston Trio befand sich in den USA von 1958 bis 1961 permanent auf Tournee. Alle wollten das Trio sehen und die grauslige Moritat hören. Dann stieg der geistige Kopf der Band, Dave Guard, 1961 aus und gründete die Whiskyhill Singers. Später ging er nach Australien und wurde dort Moderator einer TV-Show. Außerdem schrieb er verschiedene Bücher, u. a. ein Handbuch über Gitarrentechnik. Er wurde durch John Stewart ersetzt. Nachdem das Trio dann endgültig auseinandergefallen war, machte sich zumindest in den 70er Jahren noch dieser John Stewart einen Namen als Popinterpret. Die anderen waren weg vom Show-Fenster.

*Tom Dooley (9/58 US 1; 11/58 D 1, GB 5)*
*Reverend Mr. Black (4/63 US 8)*
***Country, Folk, Pop***

**CD-Tip:** *Kingston Trio Collector's Series* Capitol CDP 7 92710 2

## Kinks

MICK AVORY, d (Großbritannien, * 15. 2. 1944 in Hampton Court/London); JOHN DALTON, b (Großbritannien, * 21. 12. 1947); DAVE DAVIES, v/g (Großbritannien, * 3. 2. 1947 in Muswell Hill/London); RAY DAVIES, v/g (Großbritannien, * 21. 6. 1944 in Muswell Hill/London); GORDON EDWARDS, key (Großbritannien, * 26. 12. 1946 in Southport/Merseyside); IAN GIBBONS, key (Großbritannien); JOHN GOSLING, key (Großbritannien); MARK HAILEY, key (Großbritannien); BOB HENRIT, d (Großbritannien, * 2. 5. 1944 in Broxbourne/Hertfordshire); ANDY PYLE, b (Großbritannien); PETER QUAIFE, b (Großbritannien, * 31. 12. 1943 in Tavistock/Davon); JIM RODFORD, b (Großbritannien, * 7. 7. 1945 in St. Albans/ Hertfordshire).

Im Herbst 1963 verschaffte sich die Amateur-Rhythm-&-Blues-Combo Ravens mit der Hilfe von zwei Managern einen Plattenvertrag bei Pye Records. Im Januar 1964 kam ein dritter Manager dazu, Larry Page, der ihren Namen in Kinks änderte. Am 4. 2. 1964 erschien die Single »Long Tall Sally«, ein Nachzieher der Little-Richard-Nummer. Aber erst nachdem sie dazu übergegangen waren, eigenes Material zu schreiben, sollten sie Erfolg haben. Im Sommer 1964 erschien »You Really Got Me«. Die Platte erreichte Platz 1 in GB und dürfte zu den Hymnen der Jugendlichen der 60er Jahre gehören. Im selben Jahr wurde »All Day And All Of The Night« der Nachfolgehit. Danach kam »Tired Of Waiting For You« im Frühjahr 1965 wieder auf Platz 1. »Set Me Free«, »See My Friend«, »Till The End Of The Day« waren Top-10-Erfolge 1965, »Dedicated Follower Of Fashion« im März 1966. Danach wieder ein Spitzenreiter mit »Sunny Afternoon«. Nach »Dead End Street« 1966 und »Waterloo Sunset« und »Autumn Almanac« 1967 schienen die Kinks wie so manche andere Gruppe aus GB, deren erste Erfolge um 1963/64 lagen, langsam, aber sicher in der Versenkung zu verschwinden. Mitte 1970 standen sie mit »Lola« wieder auf Platz 2 in GB, der Nachfolger »Apeman« erreichte Platz 5. Danach trat dann allerdings wirklich eine lange Pause ein. Erst mit »Come Dancing« und »Don't Forget To Dance« 1983 gelangen der Gruppe wieder Erfolge. »Come Dancing« war in den USA die erfolgreichste Platte der Kinks überhaupt. Die Konstante in der Band waren die Brüder Davies. Ansonsten gab es um sie herum etliche Musiker, die mit ihnen spielten. Nachdem Peter Quaife schon 1966 die Gruppe für einige Zeit verlassen hatte, stieg er im April 1969 endgültig aus. Für ihn kam John Dalton. Im April 1971 nahm die Gruppe John Gosling als Keyboarder hinzu. Im November 1976 verließ Dalton die Band wieder und wurde durch Andy Pyle ersetzt. Der seinerseits ging im April 1978 und machte später zusammen mit Gosling, der im Juni 1978 die Kinks verließ, die Gruppe United. Die beiden wurden durch Edwards und Rodford ersetzt. Im Juli 1979 kam als Keyboarder Ian Gibbons. Nachdem Mitte der 80er Jahre die Band längere Zeit nicht mehr auftrat und mehr oder weniger nicht mehr bestand, mußten die beiden Brüder 1989 für eine US-Tournee wieder neue Musiker hinzunehmen. Es kamen der Keyboarder Mark Hailey und der Schlagzeuger Henrit. Die Line-up bei der Veröffentlichung von »Phobia« 1993: die beiden Brüder Davies und die ehemaligen Argent-Mitglieder Jim Rodford und Bob Henrit. Zwischendurch hatte Ray Davies immer mal wieder angekündigt, er werde die Band nun endgültig verlassen. Zum Glück hat er es sich immer wieder anders überlegt. Niedlich war Rays Auftritt im Film »Absolute Beginners«, in dem er den Vater von Patsy Kensit spielte.

1990 wurde die Band in die Rock 'n' Roll Hall of Fame aufgenommen. Anläßlich dieses Ereignisses kam die Originalbesetzung der Kinks noch einmal zusammen. Auch der inzwischen in Kanada lebende Quaife, der sich einen Namen als Airbrush-Künstler gemacht hatte, war dabei. Nach den Beatles, den Rolling Stones und den Who waren sie die vierte britische Formation, der diese Ehre zuteil wurde. 1993 erschien die LP »Phobia«, die von Kritikern als schwach abgetan wurde. Aber speziell der Titel »Did Ya« setzt durchaus die alte Kinks-Tradition fort. Ray Davies ist zweifellos einer der profiliertesten und vielseitigsten Songschreiber dieser Zeit. Seine Texte zeichnen sich durch sehr genaue Beobachtungen seiner Mitmenschen aus, die er in knappe, aussagestarke und manchmal ironische Zeilen umsetzt. Auf der anderen Seite legte er mit Songs wie »Celluloid Heroes« oder »Don't Forget To Dance« melancholische und sensible Titel vor, in denen er den Verfall von Werten bedauert, dabei aber doch tröstend bleibt. In »Come Dancing« beschreibt er den Niedergang eines Tanzpalastes, der abgerissen wurde und an dessen Stelle nun ein Supermarkt steht. Im März 1997 erschien die Doppel-CD »To The Bone«. Es waren darauf außer zwei neuen Titeln neue Interpretationen der alten Hits zu hören.

*You Really Got Me (8/64 GB 1, US 7)*
*All Day And All Of The Night (10/64 GB 2; 12/64 US 7)*
*Tired Of Waiting For You (1/65 GB 1; 3/65 US 6)*
*Set Me Free (5/65 GB 9)*
*See My Friend (8/65 GB 10)*
*Till The End Of The Day (12/65 GB 8)*
*Dedicated Follower Of Fashion (3/66 GB 4)*
*Sunny Afternoon (6/66 GB 1, D 7)*
*Dandy (10/66 D 1)*
*Dead End Street (11/66 GB 5; 1/67 D 5)*
*Waterloo Sunset (5/67 GB 2; 7/67 D 7)*
*Autumn Almanac (10/67 GB 3)*
*Lola (7/70 D 2, GB 2, US 9; 9/70 CH 4)*
*Apeman (12/70 GB 5, D 8; 1/71 CH 7)*
*Come Dancing (5/83 US 6)*
***AOR (Adult Orientated Rock), Beat, Pop, Punk, Rock***

**CD-Tip:** *You Really Got Me* Edel 0028334 EDL

## Kinney, Fern

v (USA, geb. in Jackson/Mississippi).
Fern begann ihre Karriere Ende der 60er Jahre im Mädchentrio Poppies, das 1966 einen mittleren Erfolg gehabt hatte. Sie blieb zwei Jahre und arbeitete danach hauptsächlich als Sessionsängerin. Bereits 1968 hatte sie ihre erste Solosingle aufgenommen. 1970 zog Fern Kinney sich nach ihrer Heirat aus dem Musikgeschäft zurück und nahm nur gelegentlich Studiojobs an. Erst 1980 gelang ihr mit »Together We Are Beautiful« ein Platz 1 in GB, ihr erster und einziger Top-10-Hit. Im Original war der Song vom Autor des Liedes, Ken Leray, schon drei Jahre zuvor aufgenommen worden. Da weitere Erfolge ausblieben, widmete sie sich wieder der Sessionarbeit und vor allem der Familie.

*Together We Are Beautiful (2/80 GB 1)*
***Pop, Rhythm & Blues***

## Kirby, Kathy

v (Großbritannien, * 20. 10. 1940 in Ilford/Essex).
Als Teenager wollte Kathy Kirby aufgrund ihrer Erfolge im Schulchor Opernsängerin werden. Das änderte sich 1956, als sie den Orchesterleiter Ambrose kennenlernte und drei Jahre bei ihm sang. Weitere Stationen waren die Big Bands von Danny Boyle und Nat Allen. Nach Clubauftritten in London und Madrid gewann sie schließlich einen Plattenvertrag. Erfolg hatte sie jedoch erst, nachdem sie 1963 regelmäßig im britischen Fernsehen auftrat. Ihre erste Hitnotierung war im August 1963 der Titel »Dance On«, eine Gesangsversion des Instrumentalhits der Shadows. Auch ihre beiden weiteren Erfolge waren Coverversionen: »Secret

Love«, im November 1963 Platz 4, war ursprünglich von Doris Day, und »Let Me Go Lover«, im Frühjahr 1964 Position 10, stammte im Original von Teresa Brewer. Nach zwei weiteren Hitnotierungen war sie nach 1965 nicht mehr in den Charts zu finden. Schlagzeilen machte sie nur noch durch ihr bewegtes Privatleben und ihre berufliche Unzuverlässigkeit. Gelegentlich tritt sie bei Nostalgieveranstaltungen auf.

*Secret Love (11/63 GB 4)*
*Let Me Go Lover (2/64 GB 10)*
***Pop***

## Kiss

ERIC CARR, v/d (USA, * 12. 7. 1950 in Brooklyn/New York City, † 25. 11. 1991); PETER CRISS, v/d (USA, * 20. 12. 1947 als Crisscoula in Brooklyn/New York City); ACE FREHLEY, v/g (USA, * 27. 4. 1951 in Bronx/New York City); BRUCE KULICK, v/g (USA, * 12. 12. 1953); GENE SIMMONS, v/b (Israel, * 25. 8. 1949 als Chaim Witz in Haifa); ERIC SINGER, d (USA, * 12. 5. 1958 als Johnnie Menzinger); MARK ST. JOHN, v/g (als Mark Norton); PAUL STANLEY, v/g (USA, * 20. 1. 1950 als Paul Stanley Eisen in Queens/New York City); VINNIE VINCENT, v/g (als Vincent Cusano).

Diese Band hatte im Januar 1973 ihren ersten Auftritt. Um aus dem Überangebot an Heavy-Metal-Rockbands hervorzustechen, legten sie sich Gesichtsbemalungen wie Grock in seinen besten Zeiten und Phantasiekostüme zu und kamen dadurch speziell bei den Kids besser an. Im Januar 1974 unterschrieb die Urbesetzung Simmons, Stanley, Frehley und Criss einen Plattenvertrag. Ihre erste Hitnotierung hatten sie 1974 mit »Kissin' Time«. Unter den Top 10 standen sie im Herbst 1976 mit der sehr gemäßigten Nummer »Beth«, die ein Millionseller wurde. Eins ihrer weltweit erfolgreichsten Stücke war das überhaupt nicht metallene »I Was Made For Lovin' You«, schon fast als Schlager zu bezeichnen. Diese Nummer wurde 1979 vergoldet, erreichte in den USA Platz 11, war die erste Hitnotierung der Band in GB und ihr größter Erfolg in Deutschland. Ende 1987 standen sie auf Platz 4 in GB mit »Crazy Crazy Nights«, 1990 gelang ihnen mit »Forever« ein Platz 8 in den USA. Im Frühjahr 1992 kam »God Gave Rock And Roll To You II« in die britischen und deutschen Top 10. Der Titel stammte aus dem Film »Bill And Ted's Bogus Journey«. Die obenerwähnte Gesichtsbemalung hatte zur Folge, daß innerhalb der Band Mitglieder wechseln konnten, ohne daß es jemand bemerkte. Den ersten Wechsel in der Band gab es, als im Mai 1980 Peter Criss die Gruppe verließ, um eine Solokarriere zu beginnen. Alle vier Mitglieder hatten im übrigen schon im Herbst 1978 simultan je eine Solo-LP veröffentlicht. Für Criss kam Eric Carr, der nach seinem Tod 1991 durch Eric Singer ersetzt wurde. 1982 verließ Ace Frehley die Band, gründete Frehley's Comet, und für ihn kam Vincent. Der ging zwei Jahre später wieder und gründete eine eigene Band, die er Vinnie Vincent's Invasion nannte. Ein Jahr lang wurde er durch Mark St. John ersetzt, ab 1985 durch Bruce Kulick. Am 18. 9. 1983 traten Kiss exklusiv für MTV ohne Masken auf – als sie die Bühne betraten, wußte keiner, um welche Gruppe es sich da eigentlich handelte. Nicht nur durch Phantasiekostüme und Kriegsbemalung lenkten sie von ihrer Musik ab, sondern auch durch eine perfekt inszenierte Bühnenshow, bei der es nur so donnerte, blitzte und blutete. Es gibt Gruppen, die sind ohne so etwas ausgekommen. Auf die Frage, wie lange es Kiss noch geben wird, antwortete Gene Simmons: ›Solange wir noch stehen können.‹ 1992 erschien das Album »Revenge«, 1993 »Kiss Alive III«. Eine Auskopplung aus »Revenge«, »Unholy«, stand Mitte 1992 auf Platz 26 sowohl in Deutschland als auch in GB. Ende 1996 erschien »Greatest Kiss«. Gleichzeitig ging die Gruppe auf Tournee in der Besetzung Simmons, Stanley, Criss und Frehley. Die Jungs hatten sich entschlossen, noch einmal in ihre alten Kostüme zu steigen und wieder ihr Make-up aufzulegen. Die Tournee war völlig ausverkauft. In Deutschland spielten Die Ärzte im Vorprogramm. 1998 gingen die vier ins Studio und produzierten das Album »Psycho Circus«.

*Beth (9/76 US 7)*
*I Was Made For Lovin' You (7/79 D 2; 8/79 CH 2)*
*Talk To Me (10/80 CH 10)*
*Crazy Crazy Nights (10/87 GB 4)*
*Forever (2/90 US 8)*
*God Gave Rock And Roll To You II (1/92 GB 4; 3/92 D 9; 5/92 CH 4)*
***Hard Rock***

**CD-Tip:** *Greatest Kiss* Mercury 534 299–2

## Kissoon, Mac & Katie

KATIE KISSOON, v (Trinidad, * 11. 3. 1951 als Kathleen Farthing in Port of Spain); MAC KISSOON, v (Trinidad, * 11. 11. 1943 als Gerald Farthing in Port of Spain).
Die beiden Geschwister zogen mit ihren Eltern Ende der 50er Jahre nach GB. 1965 bildeten sie die eine Hälfte des Quartetts Marionettes, das von Marty Wilde produziert wurde. Während sie später zusammen bei den Rag Dolls sangen, nahm Katie schon unter dem Namen Peanut Soloplatten auf. Mit dem eher simpel gestrickten Stück »Chirpy Chirpy Cheep Cheep« erreichte das Duo Mitte 1971 Platz 41 in GB und 20 in den USA. Erfolgreicher mit diesem Titel waren zum selben Zeitpunkt Middle Of The Road, die mit ihrer Version Spitzenreiter in GB wurden. »Sugar Candy Kisses« und »Don't Do It, Baby« waren zwei Top-10-Erfolge für die Kissoons im Frühjahr 1975. Danach gelangen ihnen noch zwei weitere Hitnotierungen, bevor sie aus den Charts verschwanden. Katie Kissoon entwickelte sich später zu einer sehr gesuchten Backgroundsängerin. So ist sie z. B. auf LPs von Van Morrison, Elkie Brooks, John Miles, Wham!, Elton John, Billy Ocean, Chris Rea und nicht zuletzt auf der überaus erfolgreichen Unplugged-CD von Eric Clapton zu hören.

*Sugar Candy Kisses (1/75 GB 3)*
*Don't Do It Baby (5/75 GB 9)*
***Pop, Rhythm & Blues***

**CD-Tip:** *The Swinging Soul Of Mac & Katie Kissoon . . . Plus* C5 Records CD-538

## Kist, Barbara

v (Deutschland).
Ein einziges Mal gelang Barbara Kist ein Eintrag in der deutschen Hitparade. Mit dem Titel »Was kann schöner sein (Que sera sera)« hatte sie ihren einzigen Top-10-Hit. Der deutsche Text dieses Liedes, mit dem Doris Day zum selben Zeitpunkt einen Platz 2 in den deutschen Charts hatte, stammte von Werner Cypris. Barbara Kist hat noch jede Menge weitere Platten aufgenommen, sowohl als Solistin wie auch zusammen mit z. B. Lou van Burg, Werner Preuss, dem Hansen Quartett, Camillo Felgen oder den Penny Pipers. In den 60er Jahren betätigte sich Barbara als Songschreiberin. So stammt von ihr z. B. der Song »Die Zeiger der Uhr«, mit dem Margot Eskens 1966 Platz 8 beim Grand Prix Eurovision für Deutschland belegte.

*Was kann schöner sein (Que sera sera) (2/57 D 8)*
***Deutscher Schlager***

## Kitt, Eartha

v (USA, * 17. 1. 1927 in Columbia/South Carolina).
Die Sängerin, Schauspielerin und Tänzerin begann ihre Karriere in Paris, bevor sie

am Broadway in »New Faces Of 1952« einschlug. Mitte 1953 hatte sie ihren ersten Top-10-Erfolg in den US-Charts mit »C'est Si Bon«. Weihnachten desselben Jahres erreichte sie die ersten 10 mit »Santa Baby«. Auch in GB hatte sie Erfolg: Dort kam die Aufnahme »Under The Bridges Of Paris« im Frühjahr 1955 auf Platz 7. In den 50er Jahren war sie neben Nat King Cole in dem Film »St. Louis Blues« und mit Sammy Davis jr. in »Anna Lucasta« zu sehen. 1969 wurde sie für einen Grammy in der Kategorie beste Kinderplatte für »Folk Tales Of The Tribes Of Africa« nominiert. 1983 meldete sie sich nach einer längeren Pause in den Hitparaden zurück. Das Stück »Where Is My Man« war zumindest in GB und in Deutschland wieder ein Top-40-Erfolg für sie, ebenso zusammen mit Bronski Beat Mitte 1989 »Cha Cha Heels«. Bis in die 90er Jahre war sie am Broadway, in Clubs, in Theater und Kabaretts erfolgreich. Eartha Kitt wirkt sicher am besten, wenn man sie nicht nur hört, sondern auch sieht. Ihre ganz eigene Betonung beim Singen und ihre geschmeidigen Bewegungen veranlaßten schon Orson Welles zu der Feststellung, sie sei eine der erotischsten Frauen der Welt.

*C'est Si Bon (7/53 US 8)*
*Santa Baby (12/53 US 4)*
*Under The Bridges Of Paris (4/55 GB 7)*
***Pop, Rhythm & Blues***

**CD-Tip:** *Earthaquake* Bear Family BCD 15 639 EI

## Kiz

KIZ, v (Deutschland, * 12. 12. 1956 als Joachim Gaiser in Reutlingen).
Im Zuge der Neuen Deutschen Welle gelang diesem Interpreten mit »Die Sennerin vom Königssee« im Januar 1983 ein Platz 3 in den deutschen Charts. Wie von so vielen anderen Künstlern, die zu diesem Zeitpunkt in die Charts kamen und dann mit einer Blödelnummer erfolgreich waren, hörte man auch von Kiz danach lange nichts mehr, obwohl noch zwei weitere Singles und eine LP erschienen. Schon vorher hatte Joachim Gaiser in verschiedenen Musikformationen gesungen. 1973 gründete er in seiner Heimatstadt Reutlingen The Barbin Rocks. Drei Jahre später die Shakin' Daddes Band – den Spitznamen Daddes hat er sich bis in die heutigen Tage bewahrt. 1980 The United Night Charlies und schließlich die Erfolge als Kiz. Den Rest der 80er Jahre verbrachte er als Rundfunkmoderator und Organisator von Live-Veranstaltungen und Oldienächten. Ab dem Beginn der 90er Jahre schrieb er neben seiner Rundfunkarbeit für diverse Zeitschriften über Musik. Ab 1995 arbeitete er an der szenischen Ausarbeitung des Musicals »Pico«, das am 10. 4. 1997 in Hamburg im Delphi, dessen künstlerische Leitung Gaiser übernommen hatte, uraufgeführt wurde. Neben den Rattles war darin Isabell Varell (* 31. 7. 1961 in Kempen) zu hören.

*Die Sennerin vom Königssee (1/83 D 3; 5/83 CH 3)*
***Neue Deutsche Welle***

## Klaus & Klaus

KLAUS BAUMGART, v (Deutschland); KLAUS BÜCHNER, v (Deutschland, * 26. 3. 1948 in Hamburg).
Das Duo veröffentlichte ab 1982 Titel, die jedes Betriebsfest zum Ballermann und jede Butter-Busfahrt, bei der Wärmedecken an den alten Mann gebracht werden, zu einem Schunkelerlebnis machten. Ihr erstes Stimmungslied war 1983 »Da steht ein Pferd auf'm Flur«. Mitte 1985 wurde »An der Nordseeküste« mit Gold und einem Platz 5 in Deutschland belohnt. Ende 1988 erreichten sie Platz 8 mit »Der Eier-

mann«. Klaus Büchner war auch als Sänger der Gruppe Torfrock tätig, die Ende 1990 mit »Beinhart« einen Spitzenreiter in Deutschland und ebenfalls eine Goldene schafften. 1997 trennte sich Büchner von Baumgart, der mit Andreas Neumann und Claas Vogt zwei Nachfolger anheuerte. Die drei nannte sich nun Trio Klaus & Klaus.

*An der Nordseeküste (8/85 D 5; 3/86 CH 8)*
*Der Eiermann (12/88 D 8)*
***Deutscher Schlager***

## KLF

BILL DRUMMOND, key (Südafrika, * 29. 4. 1953 als William Butterworth); ROCKMAN ROCK, key (Großbritannien als Jim Cauty).

Kopf dieser Formation ist Drummond. Ende der 70er Jahre gehörte er zu den Gründern des britischen Zoo-Labels und managte später Echo & The Bunnymen und Teardrop Explodes. Cauty (* 1954) war Mitte der 80er Jahre Mitglied in der Band Brilliant. Zusammen machten sie zunächst das Projekt Justified Ancients Of Mu Mu, das immer neben den anderen Projekten wie Timelords und später KLF bestand und mit dem sie Ende 1991 den Titel »It's Grim Up North« aufnahmen, der ein Top-10-Hit wurde. 1987 kamen sie zum erstenmal als KLF mit »What The Fuck Is Going On«, gesampelt aus Titeln von Abba, den Beatles, Led Zeppelin und anderen. KLF steht für Kopyright Liberation Front, d. h. für die Freigabe von Rechten an Musiktiteln. Das sah zumindest eine der ›beklauten‹ Formation nicht so: Abba klagte, und die Platte mußte vom Markt genommen werden. Die wenigen veröffentlichten Scheiben sind dafür heute um so mehr wert. KLF kann allerdings auch als Kürzel für Kybernetic Liberation Front oder Kings Of Low Frequency stehen. 1988 erreichten sie als Timelords mit Unterstützung von Gary Glitter und dem Titel »Doctorin' The Tardis« den Spitzenplatz der britischen Charts. 1990 mutierten sie wieder zu KLF und hatten im Herbst des Jahres einen Hit in GB und in Deutschland. »What Time Is Love« war bereits 1988 erstmals erfolglos veröffentlicht worden. Die nächste Single »Kylie Said To Jason« wurde ein Flop. Dann klappte es wieder: »3 A.M. Eternal« wurde Anfang 1991 Spitzenreiter in GB, 3 in Deutschland und ein halbes Jahr später 5 in den USA. Mitte 1991 hatten sie mit »Last Train To Trancentral« wieder einen Top-10-Hit in den britischen und deutschen Charts. Für ihren Titel »Justified And Ancient« holten sie sich die zu diesem Zeitpunkt schon ziemlich in Vergessenheit geratene amerikanische Countrysängerin Tammy Wynette – er kam unter die ersten 10 in Deutschland und GB und erreichte Platz 11 in den USA. Zur 500-Jahres-Feier der Entdeckung Amerikas machte KLF »America: What Time Is Love«. Auch diese Platte wurde zum Top-10-Erfolg in GB und Deutschland. Man kann gespannt sein, unter welchem Namen sie demnächst noch auftauchen werden. Fünf Jahre später waren die beiden wieder da – diesmal nannten sie sich 2K. Ihre neue Single hieß »* * * k The Millennium«. Ob es mehr als eine Single werden soll, steht noch nicht fest.

*What Time Is Love (Live At Trancentral) (8/90 GB 5; 10/90 D 6)*
*3 A.M. Eternal (1/91 GB 1, D 3; 3/91 CH 4; 6/91 US 5)*
*Last Train To Trancentral (5/91 GB 2, D 4; 6/91 CH 6)*
*Justified And Ancient (12/91 GB 2, D 3; 1/92 CH 2)*
*America: What Time Is Love (3/92 CH 3, GB 4, D 6)*
***Elektro-Pop, Techno***

**CD-Tip:** *The White Room* Blow Up INT 845.549

## Kliby

KLIBY, v (Schweiz als Urs Kliebenschädel).
Zusammen mit seiner Handpuppe Caroline war der Bauchredner Kliby Anfang der 80er Jahre im deutschsprachigen Bereich in jeder TV-Sendung zu sehen, die lief. Caroline war ein Esel – das machte es für den Zuschauer so schwer, zwischen den beiden zu unterscheiden.

*Kliby und seine Caroline (2/78 CH 2)*
***Pop***

## Klubheads

ITTY BITTY, key; GREATSKI, key; BOOZY WOOZY, key.
Aus den Niederlanden kam dieser Dance-Hit, hinter dem drei Keyboarder standen. Zwei davon hatten als Itty Bitty Boozy Woozy im November 1995 schon einmal einen Hit unter den ersten 40 in GB: »Tempo Fiesta (Party Time)«. Als Autoren wurden Van Der Zwan und Groeneveld genannt – das dürften die richtigen Namen von Bitty und Woozy sein. »Klubhopping« blieb bisher die einzige Hitnotierung des Trios.

*Klubhopping (5/96 GB 10)*
***Techno***

## Klymaxx

CHERYL COOLEY, v/g; BERNADETTE COOPER, v/d/rap; ROBBIN GRIDER, v/g/syn; JOYCE »FENDERELLA« IRBY, v/b; LYNN MALSBY, v/key/syn; LORENA PORTER SHELBY, v; JUDY TAKEUCHI, per; ANN WILLIAMS, g.
Das Debütalbum dieser reinen Mädchenband erschien 1981. Die meisten Songs hatten die Mitglieder selbst geschrieben. Bandgründerin war 1979 in Los Angeles Bernadette Cooper, die zuvor Schlagzeug in verschiedenen, von Männern geleiteten Bands gespielt hatte. Bis 1984 war Klymaxx auf ein Sextett geschrumpft, nachdem Takeuchi und Williams das Oktett verlassen hatten. »Meeting In The Ladies Room« war Mitte 1985 die erste Hitnotierung der Band in den USA. Im Herbst desselben Jahres erreichte »I Miss You« Platz 5 in den USA und wurde ihr größter Erfolg. »Man Size Love« aus dem Film »Running Scared« mit Gregory Hines und Billy Crystal war Mitte 1986 Platz 15 in den USA. »I'd Still Say Yes« war ein Jahr später Platz 18 und die bisher letzte Hitnotierung der sechs Mädchen in den Popcharts. 1989 halbierte sich die Mitgliederzahl. Das Trio bestand noch aus Cooley, Porter und Grider.

*I Miss You (9/85 US 5)*
***Dance, Rhythm & Blues***

## Knack

BERTON AVERRE, g (USA, * 13. 12. 1954 in Van Nuys/Kalifornien); DOUG FIEGER, v/g (USA, * 20. 8. 1952 in Detroit/Michigan); BRUCE GARY, d (USA, * 7. 4. 1952 in Burbank/Kalifornien); PRESCOTT NILES, b (USA, * 2. 5. 1954 in New York City); BILL WARD, d (Großbritannien, * 5. 5. 1948 in Birmingham).
Fieger, Sänger, Gitarrist und Songschreiber von Knack, spielte Anfang der 70er Jahre als Bassist in der Gruppe Sky. Mitte der 70er Jahre arbeitete er als Sessionmusiker und war bei dieser Gelegenheit auch kurzfristig mit der Kölner Band Triumvirat zusammen. Zur Gründung von Knack kam es im Mai 1978 in den USA. Mitte 1979 gelang The Knack mit »My Sharona« ein Platz 1 in den USA, Platz 6 in GB, 12 in Deutschland. Ihre Plattenfirma versuchte eine Zeitlang, sie als Beatles-Klons zu verkaufen. In ihren Titeln kombinierte die Formation Pop der 60er Jahre mit der Produktionstechnik der 70er. Mit ihren Texten eckten sie teilweise an. So wurde ihnen in »Good Girls Don't« offener Se-

xismus vorgeworfen. Auch Doug Fiegers arrogantes Verhalten der Presse gegenüber und in Interviews trug nicht gerade dazu bei, wohlwollendes Entgegenkommen zu wecken. Nachdem sich ihre dritte LP als Flop herausstellte, der einfach zu altmodisch war, trennten sich die Musiker 1982. Doug versuchte sich mit Taking Chances, die anderen mit Game – keines der Unterfangen war erfolgreich. 1986 schlossen sie sich wieder als The Knack zusammen. Mit Billy Ward kam ein neuer Schlagzeuger zur Gruppe, der neben Fieger, Averre und Niles auf der 1991 veröffentlichten LP »Serious Fun« trommelte. Nachdem der Song »My Sharona« in dem Film »Reality Bites« zu hören war, kam er im April 1994 erneut in die amerikanische Hitparade, erreichte jedoch nur Platz 91.

*My Sharona (6/79 US 1, GB 6; 9/79 CH 7)*
***Rock***

**CD-Tip:** *Retrospective* Capitol 7 80537 2

## Knight, Evelyn

v (USA, geb. in Washington/D.C.).
Evelyn wurde in den 40er Jahren in den USA populär. Sie sang zunächst in einer Radiosendung und in Clubs und war vor allem mit Novelty-Songs erfolgreich. Ihren ersten Hitparadenerfolg hatte sie mit »Dance With A Dolly (With A Hole In Her Stocking)«, 1944 Platz 6. 1948 gelangen ihr zwei Spitzenreiter in den USA: »A Little Bird Told Me«, diese Platte war auch ein Millionseller, und »Powder Your Face With Sunshine«. Ihre letzte Notierung war 1951 »My Heart Cries For You«, ein Duett mit dem Countrysänger Red Foley. Danach blieben die Hits aus, und sie trat vor allem in Nachtclubs auf.

*Dance With A Dolly (With A Hole In Her Stocking) (8/44 US 6)*
*Chicory Chick (12/45 US 10)*
*A Little Bird Told Me (11/48 US 1)*
*Brush Those Tears From Your Eyes (11/48 US 9)*
*Powder Your Face With Sunshine (12/48 US 1)*
***Pop***

## Knight, Gladys & The Pips

LANGSTON GEORGE, v (USA); ELENOR GUEST, v (USA); WILLIAM GUEST, v (USA, * 2. 6. 1941 in Atlanta/Georgia); BRENDA KNIGHT, v (USA, geb. in Atlanta/Georgia); GLADYS KNIGHT, v (USA, * 28. 5. 1944 in Atlanta/Georgia); MERALD »BUBBA« KNIGHT, v (USA, * 4. 9. 1942 in Atlanta/ Georgia); EDWARD PATTEN, v (USA, * 2. 8. 1939 in Atlanta/Georgia).
1951 gewann die kleine Gladys in der Fernsehsendung ›Ted Mack's Original Amateur Hour‹ 2000 Dollar. Zu diesem Zeitpunkt sang sie schon im Gospelchor von Morris Brown. Ein Jahr später gründete sie mit ihrem Bruder Merald, Schwester Brenda, Cousine Elenor und Cousin William Guest eine eigene Gospelgruppe. 1957 überredete sie ein weiterer Cousin, James ›Pips‹ Woods, als Profis aufzutreten, wurde ihr Manager und nannte die Band Pips. 1959 verließen Brenda Knight und Elenor Guest das Familienunternehmen und wurden durch Edward Patten und Langston George ersetzt. 1958 hatten sie die erste erfolglose Platte aufgenommen, 1960 sangen sie einen Johnny-Otis-Song aus dem Jahr 1952 nach: »Every Beat Of My Heart«. Die Platte wurde erst einmal kein Erfolg. Erst als sie das Stück anderthalb Jahre später noch einmal aufnahmen, kam es in die US-Pophitparade und erreichte Platz 6. Nun wurden die Platten unter dem Namen Gladys Knight & The Pips veröffentlicht, und diese Formation sollte bis in die 90er Jahre erfolgreich sein. In den USA gelangen ihnen sieben Top-10-Erfolge, davon ein Spitzenreiter 1973: »Midnight Train To Georgia«. Diese Platte wurde ein Millionseller, wie auch »I've Got To Use My Imagination« 1973, »Best Thing That Ever Happened To

Me« und »On And On« 1974. Zusammen mit Dionne Warwick, Elton John und Stevie Wonder nahm Gladys Ende 1985 die Nummer »That's What Friends Are For« auf, die ebenfalls ein Millionseller und Spitzenreiter in den USA wurde. In GB hatte Gladys im April 1975 ihren größten Erfolg mit einer ihrer schönsten Nummern: »The Way We Were – Try To Remember« erreichte Platz 4. Im Februar 1989 gewann die Formation einen Grammy. Danach trennte sich Gladys von den Pips und machte als Solistin weiter. Zwischen 1977 und 1980 hatte sie bereits Platten ohne die Pips aufgenommen, dies jedoch aus rechtlichen Gründen. 1989 hatte Gladys mit »Licence To Kill« aus dem gleichnamigen James-Bond-Film einen Top-10-Hit in GB und in Deutschland. Der Gruppe gelang es, sowohl mit Rhythm & Blues als auch mit Mainstream-Pop erfolgreich und gut zu sein. 1991 erschien Gladys' Solo-LP »Good Woman«. Danach konzentrierte sie sich auf TV-Auftritte und ging mit dem Musical »Madame Lilly« auf Tournee. Im Herbst 1994 erschien, produziert von Babyface, Don Was, BeBe Winans, George Duke und anderen, das Album »Just For You«. 1996 wurde die Formation in die Rock 'n' Roll Hall of Fame aufgenommen. Zusammen mit Brandy, Tamia und Chaka Khan stand Gladys im Herbst 1996 auf Platz 25 in den USA mit »Missing You«.

*Every Beat Of My Heart (5/61 US 6)*
*I Heard It Through The Grapevine (10/67 US 2)*
*If I Were Your Woman (11/70 US 9)*
*Neither One Of Us (Wants To Be The First To Say Goodbye) (1/73 US 2)*
*Midnight Train To Georgia (9/73 US 1; 5/76 GB 10)*
*I've Got To Use My Imagination (11/73 US 4)*
*Best Thing That Ever Happened To Me (2/74 US 3; 8/75 GB 7)*
*On And On (5/74 US 5)*
*The Way We Were – Try To Remember (4/75 GB 4)*
*Baby Don't Change Your Mind (5/77 GB 4)*
*That's What Friends Are For (11/85 US 1)*
*Licence To Kill (6/89 D 3, GB 6; 8/89 CH 2)*
***Pop, Rhythm & Blues***

**CD-Tip:** *The Very Best Of Gladys Knight & The Pips* Edel 2782–2

## Knight, Jean

v (USA, * 26. 6. 1943 in New Orleans).
Jean sang in den frühen 60er Jahren an Wochenenden in kleinen Clubs. 1970 wurde ein bekannter Produzent und Arrangeur aus New Orleans auf sie aufmerksam und engagierte sie als Sessionsängerin für Plattenaufnahmen. Mit der Nummer »Mr. Big Stuff«, die sie Mitte 1971 in die Hitparade brachte und die ein Platz 2 in den USA wurde, hatte Jean ihren einzigen nennenswerten Erfolg. Weitere Platten wurden Flops. 1985 nahm Jean Knight eine Coverversion der Zydeco-Platte »My Toot Toot« auf, die ihr zumindest noch einmal Platz 50 in den USA einbrachte.

*Mr. Big Stuff (5/71 US 2)*
***Rhythm & Blues, Soul***

## Knight, Robert

v (USA, * 24. 4. 1945 in Franklin/Tennessee).
Als Geburtstag liest man manchmal auch den 21. 4. Zusammen mit einigen Freunden gründete Robert Knight in den späten 50er Jahren die Gesangsgruppe Paramounts. Während eines New-York-Trips lernten sie einen Produzenten von DOT Records kennen, der mit ihnen einen Plattenvertrag machte. DOT veröffentlichte drei Singles, eine als Paramounts, zwei als Solosingles von Robert. Alle drei wurden Flops, und die Band verschwand wieder. Mitte der 60er Jahre sang Robert mit den Fairlanes, die 1967 einen Plattenvertrag erhielten. Schließlich war es dann aber doch wieder Robert, der als Solist den Ti-

tel »Everlasting Love« aufnahm, der es in den USA bis auf Platz 13 brachte. In GB wurde die Platte nur ein Top-40-Hit. Erfolgreich hingegen wurde in GB eine Coverversion dieses Titels von der Gruppe Love Affair. Die hatten mit dem Song Anfang 1968 einen Spitzenreiter. 1974 sollte Robert in GB bei einer Wiederveröffentlichung der Platte zumindest einen Top-20-Hit haben. Sein einziger Top-10-Erfolg war Ende 1973 die Nummer »Love On A Mountain Top«. Danach konzentrierte sich Robert, der Chemie studiert hatte, auf seine Forschungstätigkeit und tritt seitdem nur noch gelegentlich auf.

*Love On A Mountain Top (11/73 GB 10)*
***Pop, Soul***

## Knox, Buddy

v (USA, * 20. 7. 1933 in Happy/Texas).
Knox war Mitglied bei Jimmy Bowen & The Rhythm Orchids. Die hatten mit »I'm Stickin' With You« im Frühjahr 1957 einen Platz 14 in der amerikanischen Hitparade. Auf der B-Seite dieser Platte befand sich Buddys Solonummer »Party Doll«, die sich plötzlich zu einem Renner entwikkelte und Spitzenreiter in den USA wurde. Als Interpreten wurden Buddy Knox with The Rhythm Orchids angegeben. Sechs Monate später sollte er mit »Hula Love« auf Platz 9 in den US-Charts stehen. Ab 1959 machte er nur noch als Buddy Knox ohne die Band Platten. »Lovey Dovey« kam Ende 1960 bis auf Platz 25 in den USA und war sein größter Erfolg als Solist. Er führte als einer der ersten Popabilly, eine Mixtur aus Rockabilly, Country und Pop, zum Erfolg. Mitte der 60er Jahre wandte er sich der Country Music zu und trat auch in Filmen auf, so z. B. neben Waylon Jennings in »Travellin' Light« und neben Boots Randolph in »Sweet Country Music«. Später zog er nach Kanada und gründete dort sein eigenes Label Sunnyhill. Bis in die 80er Jahre zog er mit Revival-Shows hin und wieder durch Europa.

*Party Doll (2/57 US 1)*
*Hula Love (9/57 US 9)*
***Country, Pop, Rock 'n' Roll***

**CD-Tip:** *The Best Of Buddy Knox* Roulette CDP 7 94885 2

## Kokomo

KOKOMO, p (USA, * 8. 12. 1931 als Jimmy Wisner in Philadelphia/Pennsylvania).
Wisner adaptierte aus Griegs Klavierkonzert in a-Moll eine Melodie, die er als »Asia Minor« veröffentlichte und mit der er im Frühjahr 1961 Platz 8 in den USA und im April 1962 Platz 35 in GB hatte. Da er Angst hatte, daß sein Ruf als Jazzmusiker durch die Honky-Tonk-angehauchte Nummer leiden würde, nahm er die Platte unter dem Pseudonym Kokomo auf. Im Bereich Popmusik war er danach als Komponist für Film- und Fernsehmelodien erfolgreich. Als Sessionmusiker arbeitete er z. B. mit Judy Collins, Miriam Makeba oder Freddy Cannon. In der Hitparade blieb es bei diesem einen Erfolg 1961/2.

*Asia Minor (2/61 US 8)*
***Instrumental, Pop***

## Kon Kan

BARRY HARRIS, g/p (Kanada, geb. in Toronto); KEVIN WYNNE, v (Kanada, geb. in Toronto).
Barry Harris, Mastermind des aus Toronto stammenden Duos Kon Kan, arbeitete bei einer Versicherung. Da ihn das nicht sonderlich befriedigte, kündigte er und wurde Discjockey in einer Discothek in seiner Heimatstadt. Im Frühjahr 1988 traf er den Sänger Kevin Wynne, mit dem er den Titel »I Beg Your Pardon« aufnahm, der Ende 1988 in die amerikanischen Charts kam und dort Platz 15 wurde. Im Frühjahr

1989 stand diese Platte auf Platz 5 in GB, auf 8 in Deutschland. Auf originelle Weise wurde in diesem Song der Lynn-Anderson-Klassiker »Rose Garden« zitiert. Kon Kan strebte eine Synthese aus stilistischer/technischer Innovation und bewährten Songstrukturen an. Für den Dance-Floor-Bereich gedacht, waren die folgenden Stücke des Duos wohl zu kompliziert.

*I Beg Your Pardon (3/89 GB 5; 5/89 D 8)*
***Dance***

## Kongos, John

v (Südafrika, * 6. 9. 1945).

In seiner Heimat Südafrika machte John bereits mit 15 Jahren seine erste eigene Band, die er Dukes nannte. Musikalisch war die Gruppe von den Shadows beeinflußt, die Anfang der 60er Jahre Superstars auch in Südafrika waren. Aus den Dukes wurden die G-Men, die ab 1963 in Südafrika sehr erfolgreich waren. Ab 1966 machte er Platten in GB, als erste die Single »I Love Mary«. Auch mit seiner britischen Band Scruggs nahm er etliche Singles auf, jedoch ohne jeden Erfolg. 1969 überraschte John als Solist mit der hervorragenden LP »Confusion About A Goldfish«. Aber erst, als er von Gus Dudgeon produziert wurde, erreichte er mit »He's Gonna Step On You Again« Mitte 1971 Platz 4 in GB. Gus Dudgeon produzierte zu diesem Zeitpunkt auch Elton John. So ist es nicht verwunderlich, daß auf den Platten von John Kongos vorwiegend die Musiker mitspielten, die auch auf Elton-John-Platten zu hören waren. Als »Step On« hatten die Happy Mondays mit Johns Titel im April 1990 einen Platz 5 in den britischen Charts. Im Text setzt sich Kongos mit den sozialen und politischen Problemen seiner Heimat Südafrika auseinander, vor allem mit der Tatsache, daß die Schwarzen in ihrem eigenen Land durch die Weißen zu Fremden gemacht werden. Der zweite Erfolg für Kongos, ebenfalls ein Platz 4, war im November 1971 die Nummer »Tokoloshe Man«. Ansonsten ist John Kongos mehr als Songschreiber erfolgreich gewesen. Daliah Lavi sang eine deutsche Version des Kongos-Titels »Would You Follow Me«, »Willst du mit mir gehn«, und stand damit im Herbst 1971 in den deutschen Top 10. »He's Gonna Step On You Again« kam 1990 noch einmal neu auf den Markt. Gus Dudgeon hatte einen Remix davon angefertigt.

*He's Gonna Step On You Again (5/71 GB 4)*
*Tokoloshe Man (11/71 GB 4)*
***AOR (Adult Orientated Rock), Rock***

**CD-Tip:** *Kongos* Repertoire REP 4662 WY

## Kool & The Gang

ROBERT »KOOL« BELL, tr (USA, * 8. 10. 1950 in Jersey City/New Jersey); RONALD »THE CAPTAIN« BELL, sax (USA, * 1. 11. 1951 in Jersey City/New Jersey); »FUNKY« GEORGE BROWN, d (USA, * 5. 1. 1949 in Jersey City/New Jersey); GARY BROWN, v (USA, geb. in Jersey City/New Jersey); SKIP III MARTIN, v (USA, geb. in Jersey City/New Jersey); ODEEN MAYS, v (USA, geb. in Jersey City/New Jersey); ROBERT »SPIKE« MICKENS, tr (USA, geb. in Jersey City/New Jersey); CHARLES »CLAYDES« SMITH, g (USA, * 6. 9. 1948 in Jersey City/New Jersey); WOODY SPARROW, g (USA, geb. in Jersey City/New Jersey); JAMES »J.T.« TAYLOR, v (USA, * 16. 8. 1953 in Jersey City/New Jersey); DENNIS »DEE TEE« THOMAS, sax (USA, * 9. 2. 1951 in Jersey City/New Jersey); RICK WESTFIELD, key (USA, geb. in Jersey City/New Jersey).

Robert ›Kool‹ Bell war der Gründer von Kool & The Gang. 1964 startete man als Jazzcombo Jazziacs. 1967 begleiteten sie als Soul Music Review in ihrer Heimatstadt Jersey City, New Jersey, Soulkünstler, die dort auftraten. Danach wandten sie sich mehr und mehr dem Rhythm & Blues zu, firmierten erst als New Dimensions, dann als New Flames und schließlich als Kool & The Flames. Um jedoch Verwechslungen mit James Browns Famous Flames zu verhindern, nannten sie sich noch im selben Jahr, 1968, Kool & The Gang. 1969 erhielten sie ihren ersten Plattenvertrag und zählen seit diesem Zeitpunkt zu den festen Größen der Rhythm-&-Blues- und Soul-Szene. »Jungle Boogie« 1973 und »Hollywood Swinging« 1974 waren die ersten Top-10-Erfolge und Millionseller. Das schafften sie auch mit »Ladies Night« 1979, »Too Hot« und »Celebration« 1980, »Get Down On It« 1982, »Joanna« 1983 und »Cherish« 1985. Bis 1978 hatte die Band keinen festen Leadsänger. Ab diesem Zeitpunkt wurde es James ›J. T.‹ Taylor, der die Band 1988 wieder verließ, eine erfolgreiche Solokarriere begann und durch Gary Brown, Odeen Mays und den ehemaligen Leadsänger der Dazz Band, Skip Martin, ersetzt wurde. 1992 erschien das Album »Unite«, auf dem sich zeigte, daß die Band immer noch in der Lage war, aktuelle Strömungen aufzugreifen und zu verarbeiten. Ob Funky-Sounds, Ragamuffin oder HipHop, alles war zu hören. Produziert wurden sie jetzt von L.A. Reid und Babyface, zwei ausgebufften Dance-Spezialisten. Die Besetzung änderte sich im Laufe der Jahre. Auf der 1992er LP waren von der Urbesetzung noch die beiden Brüder Bell, Dennis Thomas und Charles Smith dabei. 1996 erschien das Album »State Of Affairs«, aus dem als erste Single »In The Hood« ausgekoppelt wurde. Als Sänger war jetzt wieder James ›J. T.‹ Taylor dabei.

*Jungle Boogie (12/73 US 4)*
*Hollywood Swinging (4/74 US 6)*
*Ladies Night (10/79 US 8, GB 9; 3/80 CH 7)*
*Too Hot (1/80 US 5)*
*Celebration (10/80 US 1, GB 7; 1/81 CH 6)*
*Get Down On It (12/81 GB 3; 12/82 US 10)*
*Ooh La La La (Let's Go Dancin') (10/82 GB 6)*
*Joanna (11/83 US 2)*
*Joanna/Tonight (2/84 GB 2)*
*(When You Say You Love Somebody) In The Heart (4/84 GB 7)*
*Misled (11/84 US 10)*
*Fresh (3/85 US 9)*
*Cherish (5/85 GB 4; 7/85 US 2, D 5; 10/85 CH 2)*
*Victory (11/86 US 10; 12/86 CH 2)*

*Stone Love (2/87 US 10)*
***Rhythm & Blues, Soft Soul, Soul***

**CD-Tip:** *Everything's Kool & The Gang: Greatest Hits & More* Metronome 834 914–2

## Koreana

MARIE HONG, v (als Hwa-Ja Hong, geb. in Korea); CATHY LEE, v (als Lee Oea-Sook, geb. in Korea); JERRY LEE, v (als Yong-Kyu Lee, geb. in Korea); TOM LEE, v (als Seung-Kyu Lee, geb. in Korea).

Diese für unsere Breiten unerhebliche Formation erreichte mit dem Titel »Hand In Hand« im Herbst 1988 einen Platz 1 in der deutschen Hitparade. Das lag weder an der Qualität des Titels noch an der gesanglichen Leistung dieser Formation, sondern an der Tatsache, daß dieser Song als der offizielle 1988er Seoul Olympic Song galt. Während der Eröffnungsfeier, die ja von Olympiade zu Olympiade gigantischer wird und die sportlichen Ereignisse, die danach folgen, in den Schatten stellt, sang Koreana dieses Lied, das weltweit übertragen wurde. Mit Korea selbst schien die Gruppe inzwischen lediglich die Abstammung gemeinsam zu haben. Marie Hong und die Brüder Tom und Jerry Lee wurden 1975 von einem Schweizer Manager nach Paris eingeladen, der ihnen den Namen Arirang Singers gab und mit ihnen Titel produzierte, die zu Disco-Hits wurden. Cathy Lee trug einen Sieg in der deutschen Fernsehsendung ›Talentschuppen‹ davon und arbeitete danach mit den Arirang Singers, ab 1978 unter dem Namen Arirang. Giorgio Moroder war es schließlich, der den Titel »Hand In Hand« schrieb und mit der Band produzierte. Koreana hat sich zu einer der erfolgreichsten asiatischen Gruppen in Europa entwickelt. Der koreanische Kulturminister zeichnete sie als ›musikalische Botschafter des Landes der Morgenstille‹ aus.

*Hand In Hand (8/88 CH 1; 9/88 D 1)*
***Middle Of The Road (MOR)***

## Korgis

ANDY DAVIS, g/d; STUART GORDON, g/vln; PHIL HARRISON, key/per; JAMES WARREN, v/g/b (Großbritannien, * 25. 8. 1951 in Bristol).

Nachdem Warren in einigen lokalen Bands gespielt hatte, wurde er 1970 Profimusiker mit der Formation Stackridge, zu der auch Andy Davis gehörte. 1974 verließ Warren die Band wieder, weil, wie er sagte, ›eine musikalische Linie nicht zu erkennen war und die Kritiker und Fans nicht wußten, was sie mit uns anfangen sollten‹. Vier Jahre zog er sich zurück. 1978 konnte er Andy Davis überreden, bei Stackridge auszuscheiden und mit ihm neu anzufangen. Weil das Geld fehlte und Manager und Plattenfirmen zunächst nicht viel mit diesen beiden im Sinn hatten, verwandelten sie ihre Wohnung in ein Plattenstudio. Den Gesang nahmen sie im Treppenhaus auf, die Gitarrenpassagen spielten sie in der Küche ein, und das Schlagzeug wurde im Wohnzimmer aufgestellt. So entstand die erste LP und die erste Singlenotierung »If I Had You«, die Mitte 1979 in die britischen Charts kam und Platz 13 erreichte. Ihr erster und einziger Top-10-Erfolg war im Frühjahr 1980 »Everybody's Got To Learn Sometime«, Platz 5 in GB, 18 in den USA. Inzwischen war Andy Davis wieder ausgestiegen, und dafür waren Harrison und Gordon hinzugekommen. Auch die hielten es nicht lange mit James Warren, dem Einzelgänger, aus. Anfang der 80er Jahre fiel die Band ganz auseinander. James konzentrierte sich mehr aufs Songschreiben und auf Studioarbeit. Ab 1984 veröffentlichte Warren im Alleingang und/oder mit wechselnden Musikern immer mal wieder Platten als Korgis.

*Everybody's Got To Learn Sometime (5/80 GB 5; 10/80 CH 6)*
***Elektro-Pop, Pop***

## Kornblumen-Quartett

Das Kornblumen-Quartett hatte im Frühjahr 1957 seinen einzigen Hit in den deutschen Charts mit »Alles ist vergänglich«. Stimmt!

*Alles ist vergänglich (4/57 D 6)*
***Deutscher Schlager***

## Kraftwerk

KARL BARTOS, d (Deutschland, * 31. 5. 1952 in Berchtesgaden); KLAUS DINGER, per (Deutschland); WOLFGANG FLÜR, per (Deutschland, * 17. 7. 1947 in Frankfurt/Main); ANDREAS HOHMANN, per (Deutschland); RALF HÜTTER, v/key/d (Deutschland, * 20. 8. 1946 in Krefeld); KLAUS ROEDER, g/vln (Deutschland); FLORIAN SCHNEIDER-ESLEBEN, v/key/d (Deutschland, * 7. 4. 1947 im Bodenseeraum).

Die musikalische Bandbreite dieser Band läßt sich am besten daran abmessen, daß sie einen Pop Music Disco Award bekommen haben, als die Antistars der deutschen Rockszene bezeichnet wurden und, wie ›Sounds‹ schrieb, ›die Raffinesse zeitgenössisch-elektronischer Musik mit der Dynamik der Rockmusik verbinden‹. Köpfe des Unternehmens Kraftwerk waren immer Ralf Hütter und Florian Schneider.

Bereits 1968 nahmen sie sich vor, zukünftig ihre Pläne in einer Organisation zu verwirklichen. Demoaufnahmen der Hütter/ Schneider Organisation wurden 1969 in England als Platte veröffentlicht. Ab 1970 spielten sie als Kraftwerk und bauten sich in ihrer Heimatstadt Düsseldorf ein eigenes Studio, das sie Kling-Klang nannten. Zur Aufnahme ihrer ersten LP nahmen sie Klaus Dinger, der später zu Neu ging, und Andreas Hohmann mit ins Studio. »Kraftwerk 2« nahmen Hütter und Schneider wieder im Alleingang auf, ebenso ihre dritte LP »Ralf & Florian«. Ende 1974 erschien die LP »Autobahn«, auf der mit Klaus Roeder und Wolfgang Flür wieder zwei Gastmusiker mitspielten. Eine Auskopplung des Titelsongs und Kürzung auf Singleformat bescherte der Band im Frühjahr 1975 einen Platz 25 in den US-Popcharts, 11 in GB und 9 in Deutschland. Von den Lesern des ›Melody Maker‹ wurde die Single unter die drei besten des Jahres gewählt. In der Folge ließ sich die Gruppe immer länger Zeit, um neue Projekte zu veröffentlichen. Die Single »Computer Love/The Model« kam Ende 1981 in die britischen Singlecharts und wurde Spitzenreiter. Die deutsche Version »Das Model« kam im Frühjahr 1982 auf Platz 7 in Deutschland. Alles in allem dürfte Kraftwerk jedoch mehr eine LP-Formation sein. Viele britische Synthie-Bands der 70er und 80er Jahre berufen sich auf Kraftwerk und geben diese deutsche Formation als ihre größte Inspiration an. In der Tat ist der Einfluß von Schneider und Hütter auf die Entwicklung der Popmusik der 80er und 90er Jahre nicht hoch genug einzuschätzen. Hütter sagte Anfang der 90er Jahre: ›Unsere Musik hat sehr viel mit Emotionen zu tun. Technologie und Emotion können durchaus Hand in Hand gehen.‹ Im Frühjahr 1997 kam mit Yamo und dem Album »Time Pie« ein neues Projekt des ehemaligen Mitgliedes Wolfgang Flür. Im selben Jahr stand plötzlich der ›Krautrock‹ und damit auch Kraftwerk in GB wieder hoch im Kurs. Die Gruppe stand dann nach sieben Jahren Abwesenheit anläßlich der Eröffnung des ZKM (Zentrums für Kunst und Medientechnologie) am 18. Oktober 1997 in Karlsruhe wieder auf einer deutschen Bühne. Beobachter fragten sich, ob das Hantieren der Musiker auf der Bühne mit ihren minimalistischen Melodien an den Reglern und Keyboards echt oder nur ein Fake war. So erklang die Nummer »Die Roboter« konsequenterweise in Abwesenheit der Musiker – und beim letzten Titel »Musik Non Stop« verließ einer nach dem anderen die Bühne und der Titel lief trotzdem weiter. Jedenfalls haben sich viele Zuschauer bei den meisten Stücken gefragt, warum überhaupt Mitglieder von Kraftwerk auf der Bühne standen.

*Autobahn (5/75 D 9)*
*Computer Love/The Model (12/81 GB 1)*
*Das Model (3/82 D 7)*
***Elektro-Pop, Techno***

**CD-Tip:** *Kraftwerk The Mix* Electrola CDP 1C569 796650 2

## Kramer, Billy J. & The Dakotas

RAY JONES, b (Großbritannien, * 20. 10. 1939 in Oldham); BILLY J. KRAMER, v (Großbritannien, * 19. 8. 1943 als William Howard Ashton in Bootle/Merseyside); ROBIN MACDONALD, g (Großbritannien, * 18. 7. 1943 in Nairn/Schottland); TONY MANSFIELD, d (Großbritannien, * 28. 5. 1943 als Anthony Bookbinder in Salford); MIKE MAXFIELD, g (Großbritannien, * 23. 2. 1944 in Manchester).

Billy begann als Mitglied der Liverpooler Band Coasters, die als Halbprofis arbeiteten. In dieser Gruppe hörte ihn Brian Epstein singen und kaufte Kramer dessen Manager für 50 Pfund ab. Im Januar 1963 unterschrieb Kramer einen Sechsjahres-Managementvertrag mit Epstein. Weil die

Coasters ihren Tagesjob nicht aufgeben wollten, stellte Brian Epstein Billy die aus Manchester stammende Gruppe The Dakotas zur Seite. Nach ein paar Proben und einer Show im Cavern Club schickte Epstein die Gruppe erst einmal für drei Wochen in den Hamburger Star-Club zum Üben. Danach besorgte er für die Jungs einen Vertrag mit Parlophone und George Martin, der auch die Beatles produzierte. Nur drei Monate nach der Vertragsunterzeichnung erschien die erste Single von Billy J. Kramer & The Dakotas in den britischen Charts. Es war »Do You Want To Know A Secret?«. Den Titel hatte Brian Epstein den Jungs besorgt. Das Original war auf der gerade aufgenommenen dritten LP der Beatles zu hören. Ihre nächste Single war fünf Monate später »Bad To Me«, von John Lennon extra für Kramer geschrieben. Es wurde eine Nummer 1 in GB und Mitte 1964 9 in den USA. »I'll Keep You Satisfied« kam im November 1963 in die Top 10, »Little Children« erreichte im Frühjahr 1964 wieder die Spitze in GB und 7 in den USA. »From A Window« war Mitte 1964 der letzte Top-10-Erfolg. Im Mai 1965 hatte die Formation den Titel »Trains And Boats And Planes« als letzte Single in den Hitparaden. Ab Mitte 1963 hatten die Dakotas auch ohne Billy J. Kramer mit »The Cruel« ihren ersten und einzigen Top-20-Erfolg in GB und machten in der Folgezeit auch weitere Gruppenplatten. Billy J. versuchte sich als Solist, spielte aber immer auch noch mit den Dakotas zusammen. 1968 löste sich die Gruppe auf, und Kramer trat erst einmal als Solist auf, machte jede Menge erfolglose Platten, teilweise auch unter seinem richtigen Namen, und tourte 1973 mit neuen Dakotas wieder durch die USA. Plattenveröffentlichungen von ihm gab es bis weit in die 80er Jahre, so z. B. 1983 die fast autobiographische Single »You Can't Live On Memories«.

*Do You Want To Know A Secret? (5/63 GB 2)*
*Bad To Me (8/63 GB 1; 5/64 US 9)*
*I'll Keep You Satisfied (11/63 GB 4)*
*Little Children (2/64 GB 1; 4/64 US 7)*
*From A Window (7/64 GB 10)*
***Merseybeat, Pop***

**CD-Tip:** *Best Of EMI Years* EMI CDP 7 96548 2

## Kraus, Peter

v (Deutschland, * 18. 3. 1939 als Krausenecker in München).

Peter begann seine Karriere als Schauspieler in Filmen wie »Das fliegende Klassenzimmer« 1954. Als die deutsche Plattenindustrie merkte, daß sich Rock 'n' Roll verkaufte, machten sie aus Peter einen Elvis-Verschnitt. Seine erste Plattenveröffentlichung war Ende des Jahres 1956 eine deutsche Version von Little Richards »Tutti Frutti«, wobei die Fassung von Presley hierzulande beliebter und erfolgreicher war als das Original von Little Richard. Mitte 1957 war der Titel »Susi Rock« seine erste Hitnotierung und mit Platz 8 gleich sein erster Top-10-Erfolg.

Von diesem Zeitpunkt stand er bis 1964 regelmäßig in den deutschen Charts, hatte 15 Top-10-Erfolge und mit »Hula Baby« 1958 und mit »Sweety« 1962 zweimal den Spitzenplatz in Deutschland. Kraus sang auch mit Conny Froboess, mit Alice und Ellen Kessler oder zusammen mit Jörg Maria Berg als James Brothers. Kraus veröffentlichte bis in die 90er Jahre Platten, war zwischenzeitlich ein gesuchter Fernseh-Entertainer – ›Bang Bang‹, ›8 × 1 in Noten‹ oder ›Hallo Peter‹ hießen seine eigenen TV-Show-Serien – und dürfte der erfolgreichste deutschsprachige Rock-'n'-Roll-Interpret sein. 1990 erschien seine Autobiographie ›Wop-babalu-ba – Mein ver-rocktes Leben‹. 1991/92 veröffentlichte er jeweils eine CD unter der Überschrift »Rock 'n' Roll Schmuseparty«. 1996 erschien unter dem Titel »Teenagerträume, Liebeleien und Sugarbabys« eine Box mit insgesamt 10 CDs, in denen die ersten 10 Jahre von ihm dokumentiert werden. Alle seine Hits zwischen 1956 und 1965 sind in dieser Box enthalten. Außerdem alle seine Hits, die er zusammen gesungen hat mit den James Brothers, Gus Backus, Lil Babs, Alice und Ellen Kessler, Dany Mann, Conny Froboess oder Mickey Main.

*Susi Rock (7/57 D 8)*
*Wenn Teenager träumen (5/58 D 7)*
*O Baby mach dich schön (5/58 D 5)*
*Hula Baby (7/58 D 1)*
*Mit siebzehn (8/58 D 2)*
*Sugar Baby (12/58 D 2)*
*Ich möcht' mit dir träumen (1/59 D 8)*
*Teenager Melodie (1/59 D 10)*
*Honey Baby (du paßt so gut zu mir) (5/59 D 3)*
*Kitty-Cat (6/59 D 3)*
*Tiger (11/59 D 8)*
*Va bene (9/60 D 6)*
*Blue Melodie (6/61 D 6)*
*Schwarze Rose, Rosemarie (11/61 D 5)*
*Sweety (8/62 D 1)*
*Silvermoon (4/64 D 6)*
***Deutscher Schlager, Rock 'n' Roll***

**CD-Tip:** *Peter Kraus – Teenagerträume, Liebeleien und Sugarbabys* Bear Family BCD 15 871 JK

## Kravitz, Lenny

v/g/d/b/p (USA, * 26. 5. 1964 in Brooklyn/ New York City).

Der Multi-Instrumentalist Kravitz wuchs in New York und Los Angeles auf und spielte schon als Kind Klavier, Gitarre, Schlagzeug und Baß. Als Mitglied des California Boys Choir trat er in den berühmtesten amerikanischen Opernhäusern auf und sang klassische Werke. Nach dem Schulabschluß mietete er sich ein Studio und nahm als Romeo Blue Demos auf, die er an diverse Plattenfirmen schickte. Erst nach etlichen Anläufen erhielt er einen Plattenvertrag. 1989 erschien mit »Let Love Rule« seine erste LP. Die Singleauskopplung des Titelsongs brachte ihm seine erste Hitnotierung in den USA. »It Ain't Over 'Til It's Over« kam Mitte 1991 in die US-Charts und wurde Platz 2, in GB Platz 11. Im Frühjahr 1993 erreichte er in GB mit »Are You Gonna Go My Way« Platz 4, es war der Titelsong des gleichnamigen Albums, das alleine in den USA mehr als 2 Millionen Exemplare absetzte. Inzwischen war Lenny ein vielbeschäftigter Mann. Auf der Bühne stand er mit Aerosmith oder Guns N' Roses, im Studio sang er mit Mick Jagger, als Produzent betreute er Vanessa Paradis. Seine psychedelicgefärbten Gitarrenriffs und seine Vorliebe für den Sound der 60er Jahre ließen viele seiner Titel so klingen, als habe man sie schon einmal gehört. Genial verknüpft er Aufnahmetechnik der 90er Jahre mit dem Sound der 60er. Seine Ehe mit Lisa Bonet hielt gerade mal drei Jahre – Lisa spielte mit in der erfolgreichen ›Bill Cosby Show‹. Im Herbst 1995 erschien das Album »Circus«. Der Titelsong und »Can't Get You Off My Mind« brachten als Auskopplungen in GB und den USA lediglich Positionen unterhalb von Platz 50.

*It Ain't Over 'Til It's Over (6/91 US 2)*
*Are You Gonna Go My Way (2/93 GB 4)*
***Funk, Rhythm & Blues, Rock***

**CD-Tip:** *Are You Gonna Go My Way* Virgin 7 86984 2

## Krebs, Diether

v (Deutschland, * 11. 8. 1947 in Essen).

Als Schauspieler hatte er seinen ersten großen Erfolg als Schwiegersohn von Ekel Alfred Tetzlaff. In unzähligen Sketchup- und ähnlich gelagerten Sendungen spielte er meist den etwas trottligen Blödmann und stellte vor allen Dingen sein komisches Talent unter Beweis. Daneben war Diether Krebs u. a. lange Zeit als Kommissar der Soko zu sehen. Wer so lange so erfolgreich Fernsehen macht, muß zwangsläufig auch irgendwann eine Platte veröffentlichen. Mit »Ich bin der Martin, ne...?!« hatte er Mitte 1991 einen Platz 3 in den deutschen Charts. Diether sprach den aus den 60er Jahren übriggebliebenen Softie Martin im selbstgestrickten Rentierpullover, der froh war, daß er mal darüber geredet hat.

*Ich bin der Martin, ne...?! (7/91 D 3)*
***Deutscher Schlager***

## Kriss Kross

MACK DADDY, rap (USA, * 11. 8. 1978 als Chris Kelly in Atlanta/Georgia); DADDY MACK, rap (USA, * 10. 1. 1979 als Chris Smith in Atlanta/Georgia).
Dieses Kinder-Rap-Duo aus Atlanta, dessen größte Tat es war, sich die Klamotten falsch herum anzuziehen, war im Frühjahr 1992 die Sensation in den USA. Ihr Titel »Jump« erhielt zwei Platinplatten, brachte es auf Platz 1 in den USA und 2 in Deutschland und GB. Damit war für alle Gleichaltrigen klar: Wer den Reißverschluß an der Hose noch da hat, wo er eigentlich gedacht und notwendig wäre, ist einer von gestern. Es folgte »Warm It Up«, dieses Mal ›nur‹ Gold und Top 20 in den USA und GB. Weitere Veröffentlichungen 1992 zeigten den Trend nach unten. 1993 kamen Kris Kross mit dem Album »Da Bomb« auf den Markt. Die daraus ausgekoppelte Single »Alright« stand Mitte des Jahres auf Platz 19 in den USA und wurde vergoldet. Ihr erstes Album »Totally Krossed Out«, erschienen im Frühjahr 1992, brachte es bisher in den USA auf 4 Millionen verkaufte Exemplare. Anfang 1996 kam als bisher letztes Album »Young, Rich & Dangerous« auf den Markt. Eine Auskopplung daraus, »Tonite's Tha Night« stand zum selben Zeitpunkt auf Platz 12 der US-Singlecharts.

*Jump (4/92 US 1, D 2, GB 2; 6/92 CH 1)*
***HipHop, Rap***

**CD-Tip:** *Totally Krossed Out* CBS 471434 2

## Kröger, Hannes

PETER HOFFMANN (Deutschland); HANNES KRÖGER, v (Deutschland als Sascha Wahlbeck); FRANZ PLASA (Deutschland).
Das Hamburger Produzententeam Hopla, bestehend aus Peter Hoffmann und Franz Plasa, hatte mit einer musikalischen Collage aus Original-Textspuren des legendären Hans-Albers-Film »Große Freiheit Nr. 7« und einem unterlegten Disco-Groove, »Der blonde Hans«, im Herbst 1988 Platz 5 in den deutschen Charts. Dazu kam ein spektakuläres Video, in dem Filmszenen aus dem Hans-Albers-Klassiker mit Hannes Kröger, dessen richtiger Name Sascha Wahlbeck ist, kunstvoll gemischt wurden. Als sie 1989 mit »Es wird Nacht auf St. Pauli – Der blonde Hans Part II« den Erfolg zu wiederholen versuchten, war für die Bar-Kasse nichts mehr zu holen, und es setzte eine Blankenese.

*Der blonde Hans (8/88 D 5)*
***Deutscher Schlager, Techno***

## Krüger, Mike

v/g (Deutschland, * 14. 12. 1951 in Ulm).
Mike Krüger kam Mitte der 70er Jahre mit Titeln, die nicht tiefgründig, sondern unterhaltend sind und die man hierzulande als Blödelsongs bezeichnet, in die Charts. »Mein Gott, Walther«, eine B-Seite, entwickelte sich im Herbst 1975 zum ersten Erfolg für Krüger und zur ersten Hitnotierung. Seine Platten nahm er mit Vorliebe live auf, so z. B. in Danny's Pan, einem Folk-Club in Hamburg. Im Frühjahr 1980 erreichte die Nummer »Der Nippel« Platz 1 in den deutschen Singlecharts, und seit diesem Zeitpunkt ist Mike Krüger in den Köpfen der Deutschen als lustig verinnerlicht. Noch im selben Jahr 1980 macht er im ZDF seine erste Personality-Show, der drei weitere folgen. 1981 beginnt er eine

Serie mit Kinofilmen, in denen er neben Thomas Gottschalk agiert: »Piratensender Powerplay«, »Die Supernasen«, »Zwei Nasen tanken Super« und »Die Einsteiger«. 1985 dreht er mit Susanne Uhlen »Seitenstechen«, 1986 »Geld oder Leber« mit Ursula Monn, 1989 »Die Senkrechtstarter« mit Tina Plate und Karl Dall. Ab 1986 moderierte er für einige Jahre die TV-Sendung ›Vier gegen Willi‹, 1990 präsentiert er die ›Superlachparade des NDR‹ und später Sendungen beim Privatfernsehen.

*Der Nippel (4/80 D 1; 7/80 CH 3)*
***Deutscher Schlager***

## Krupa, Gene

d/bl (USA, * 15. 1. 1909 in Chicago/Illinois, 16. 10. 1973).
Gene Krupa gilt als der US-Jazzschlagzeuger der Big-Band-Ära schlechthin. Lediglich Buddy Rich konnte ihm das Wasser reichen. Gene war als Mitglied vieler Bands – so z. B. bei Benny Goodman von 1934 bis 1938 und somit auch beim berühmten »Live-At-Carnegie-Hall«-Konzert am 16. 1. 1938 – oder auch als Solist erfolgreich. Seine erste Hitnotierung hatte Gene 1938. Seine größten Erfolge waren »It All Comes Back To Me Now« und »High On A Windy Hill«, 1941 jeweils Platz 2 in den USA, »Just A Little Bit South Of North Carolina«, ebenfalls 1941, und »Along The Navajo Trail« 1945. In den 50er Jahren trat er mit einer eigenen kleineren Combo auf, in den 60ern mit Benny Goodman, Teddy Wilson und Lionel Hampton als Benny Goodman Quartet. Anfang der 70er Jahre war Gene schon so schwer an Leukämie erkrankt, daß er vor jedem Konzert eine Bluttransfusion benötigte.

*High On A Windy Hill (2/41 US 2)*
*It All Comes Back To Me Now (2/41 US 2)*
*Just A Little Bit South Of North Carolina (6/41 US 4)*
*Let Me Off Uptown (7/41 US 10)*
*Along The Navajo Trail (10/45 US 7)*
*Chicory Chick (12/45 US 10)*
*Boogie Blues (7/46 US 9)*
*Bonaparte's Retreat (6/50 US 9)*
***Instrumental, Jazz***

## Krush

CASSIUS CAMPBELL (Großbritannien); MARK GAMBLE (Großbritannien); RUTH JOY, v (Großbritannien).
Diese Formation verstand sich als Antwort auf die Techno-Funk-Master aus Chicago. Im Herbst 1987 hatte die Band auf Eigeninitiative die selbstgeschriebene Nummer »House Arrest« an die englischen Clubs bemustert. Kurze Zeit später kam sie in alle Funk-, Black- und Dance-Charts. Erst dann folgte ein Vertragsabschluß mit einer Plattenfirma. Die veröffentlichte die Single offiziell im November 1987. Wenig später erreichte sie in der britischen Hitparade Platz 3. Im Februar 1988 kam sie in die deutsche Hitparade. Danach war der Hausarrest aufgehoben, und Krush durfte sich wieder frei bewegen. Ruth Joy machte als Solistin ab 1989 Platten und hatte mit »Don't Push It« und »Feel« zwei kleinere Hits in GB.

*House Arrest (12/87 GB 3; 2/88 CH 1, D 5)*
***Techno***

## Kuhn, Paul

v/p (Deutschland, * 12. 3. 1928 in Wiesbaden).
Nachdem er das musische Gymnasium in Frankfurt besucht hatte, studierte er von 1945 bis 1952 am Konservatorium in Wiesbaden Musik. Schon 1946 hatte er seine eigene Band, das Paul Kuhn Trio, gegründet und spielte nebenher Piano in diversen Jazzbands. Im Herbst 1955 hatte Paul mit dem Titel »Der Mann am Klavier« einen Platz 4 in der deutschen Hitparade.

Auf der einen Seite ein begnadeter Jazzpianist, auf der anderen Seite »Die Farbe der Liebe« 1958, »Butterfly Doll« 1959 oder die ziemlich fragwürdige Aussage »Es gibt kein Bier auf Hawaii« 1963. Zwischen 1968 und 1980 war er Leiter der SFB-Big-Band. Er erhielt etliche Auszeichnungen, so z. B. 1971 die Goldene Kamera, 1978 den Deutschen Schallplattenpreis.

*Der Mann am Klavier (8/55 D 4)*
*Die Farbe der Liebe (6/58 D 3)*
*Butterfly Doll (4/59 D 10)*
*Es gibt kein Bier auf Hawaii (10/63 D 5)*
***Deutscher Schlager***

**CD-Tip:** *Die Farbe der Liebe* Bear Family BCD 15 752 AH

## Kula Shaker

ALONZA BEVAN, b/tab (Großbritannien, * 24. 10. 1970 in London); JAY DARLINGTON, key (Großbritannien, * 3. 5. 1968 in London); CRISPIAN MILLS, v/g (Großbritannien, * 18. 1. 1973 in London); PAUL WINTERHART, d (Großbritannien, * 19. 9. 1971 in London).

1995 war das erste Jahr für Kula Shaker, in dem sie in GB Erfolg hatten. Musikalisch erinnerten sie an die zweite Hälfte der 60er Jahre: an die Beatles, an Psychedelic- und progressive Bands jener Tage. Nachdem sie an einem Band-Wettbewerb in Manchester teilgenommen hatten, durften sie als Gewinner das 4-Track-Demo »Killer« aufnehmen. Ihre erste Hitnotierung in GB war »Grateful When You're Dead – Jerry Garcia Was There« (5/96 GB 35). Zwei Monate später erschien »Tattva« und brachte den ersten Top-10-Hit. Auch die Nachfolger »Hey Dude« und »Govinda« schafften den Sprung unter die ersten 10. »Hush« hieß ihr erster Top-10-Hit des Jahres 1997. Es handelte sich bei diesem Titel um eine Komposition von Joe South, die 1968 durch die Gruppe Deep Purple zu einem Top-10-Hit in den USA wurde. »Sound Of Drums« stammte vom zweiten Album der Band, »Strange Folk«.

*Tattva (7/96 GB 4)*
*Hey Dude (9/96 GB 2)*
*Govinda (11/96 GB 7)*
*Hush (3/97 GB 2)*
*Sound Of Drums (5/98 GB 3)*
***Britpop, Pop, Rock***

**CD-Tip:** *K* Columbia Shaker 1 CD 484 180–10

## Künneke, Evelyn

v (Deutschland, * 15. 12. 1921 in Berlin).

Die Tochter des Operettenkomponisten Eduard Künneke, von dem z. B. »Der Vetter aus Dingsda« stammt, hatte Gesangsunterricht in Berlin und Schauspielunterricht in London. Später wurde sie als Revuefilmschauspielerin entdeckt. Unter dem Pseudonym Evelyn King wählte man sie in Budapest zu Europas bester Steptänzerin. 1947 hatte sie ihren ersten Erfolg mit »Drei kleine Geschichten«. »Barbara, Barbara, komm mit mir nach Afrika« und »O La, La« hießen 1949 zwei ihrer großen Erfolge. 1950 war sie erfolgreich mit »Winke, winke«. 1952 hieß ihr Hit »Egon«, 1953 »Mäcki-Boogie«. In den ab 1956 bestehenden Hitparaden in Deutschland hat sie lediglich eine Notierung: »Hernando's Hideaway« erreichte Mitte 1956 Platz 8. Mögen einige dieser angegebenen Titel auch mehr in die Schlagerrichtung gehen – Evelyn Künneke gilt als eine der besten deutschen Swingsängerinnen der Nachkriegszeit. Anfang der 80er Jahre erschien ein Buch von Evelyn mit dem Titel ›Sing, Evelyn, sing – Revue eines Lebens‹. Spontan, amüsant und ohne jede Scheu packt sie aus. Sie berichtet von frontnahen Truppenbetreuungen, Tuntenbällen und Sinatra-Nächten, von Hitler, Heino und Hans Albers, von Berlin, Wien, Paris und New York. Evelyn entwickelte sich zur ›Callas der Subkultur‹, zum ›Star und Antistar‹. Die Frankfurter Rundschau sprach von ›konsequenter Absage an die etablierten Lügen des Showbiz. Sie erhärtet durch Mut, Wahrheit und Können ihre angebliche Kaputtheit derart, daß plötzlich das ganze Show- und Schlagersystem als kaputt dastehen und die Künneke als der einzige normale Mensch.‹

*Hernando's Hideaway (7/56 D 8)*
***Deutscher Schlager***

## Kunze, Heinz Rudolf

v (Deutschland, * 30. 11. 1956 in Espelkamp).
Heinz Rudolf Kunze studierte Germanistik und Philosophie, bevor er ab Anfang der 80er Jahre deutschsprachigen Rock machte. 1980 nahm er mit Erfolg am deutschen Pop-Nachwuchsfestival in Würzburg teil. Ein Jahr später erschien seine erste LP »Reine Nervensache«. 1982 kam »Eine Form von Gewalt« auf den Markt, und erstmals ging er mit seiner Band, die er Verstärkung nannte, auf Tournee. Von der Deutschen Phonoakademie erhielt Kunze im Mai 1983 den Deutschen Schallplattenpreis für die LP »Eine Form von Gewalt«. Im selben Jahr beschäftigte er sich erstmals mit dem amerikanischen Songschreiber Randy Newman – er verfaßte für den ›Spiegel‹ ein Essay und moderierte im NDR und im RIAS eigene Newman-Sendungen –, dessen Art des Songschreibens Kunze beeinflußte. In der Singlehitparade wurde er 1985 zum erstenmal mit »Dein ist mein ganzes Herz« notiert, dem bisher einzigen Top-10-Erfolg für ihn. Bemerkenswert z. B. seine Titel »Heul mit den Wölfen«, »Alles gelogen«, »Kinderlied«, »Leg nicht auf«, »Fetter alter Hippie« oder »Einfacher Mann«. Textlich und musikalisch sind die Songs von Kunze für die Singlehitparaden viel zu komplex und hintergründig. Dafür sind seine Alben regelmäßig in den entsprechenden Charts. Empfehlenswert »Brille« 1991, »Draufgänger« 1992, »Ich brauch dich jetzt« 1993 und »Kunze: Macht Musik« 1994. Anfang 1997 erschien das Album »Alter Ego«. Die daraus im Januar ausgekoppelte Single »Du bist nicht allein« kam in die deutschen Top 100.

*Dein ist mein ganzes Herz (12/85 D 8)*
***AOR (Adult Orientated Rock), Rock***

**CD-Tip:** *Kunze: Macht Musik* WEA 4509 95015 2

## Kup, Ingrid

v (Niederlande, * 11. 4. 1954 in Westendorp).
Ingrid war gerade 19 Jahre alt, als sie mit Willem Duyn, einst eine Hälfte von Mouth & MacNeal, als Big Mouth & Little Eve sang. Zusammen mit ihm nahm sie acht Singles auf, von denen mehrere in Holland Hits wurden. Mit Duyn als Lebensgefährten immer noch zusammen, startete sie eine Karriere als Solistin. Der Deutsche Frank Duval suchte mal wieder eine Sängerin für eine Melodie, die er für einen TV-Krimi geschrieben hatte, und fand in Ingrid Kup die Richtige. In der Serie ›Der Alte‹, und dort in der Folge ›Die Unbekannte‹, sang Ingrid den Titel »Love What's Your Face«, der es in Deutschland auf Platz 18 und in der Schweiz zum Spitzenreiter brachte. Dort hatte sie mit »Feel Me« noch einen weiteren Top-10-Hit. Auch »Feel Me« stammte wieder aus ›Der Alte‹, dieses Mal aus der Folge ›Tod eines Aussteigers‹.

*Love What's Your Face (8/81 CH 1)*
*Feel Me (1/82 CH 8)*
***Pop***

## Kyser, Kay

v (USA, * 18. 6. 1906 in Rocky Mount/North Carolina, † 23. 7. 1985).

Das Orchester von Kay Kyser zählte ab 1935 zu den erfolgreichsten der sogenannten Sweet-Dance-Bands. Bis 1948 hatte Kay 78 Hits, davon sechs Millionseller und elfmal Platz 1. Die Titel, bei denen beides zusammentrifft, waren »Who Wouldn't Love You«, »Jingle, Jangle, Jingle«, »Strip Polka« und »Praise The Lord And Pass The Ammunition!« 1942, »Woody Woodpecker« 1948. Kay Kyser war den Amerikanern bekannt durch seine Radiosendung ›Kollege of Musical Knowledge‹, die in den gesamten 40er Jahren lief. Kay Kyser war mit seiner Band ab 1939 in sieben Filmen zu sehen und zu hören. 1949/50 lief seine Quizshow auch im Fernsehen. Anfang der 50er Jahre verließ Kyser das Unterhaltungsgeschäft und wurde zusammen mit seiner Frau, die vorher als Model und Sängerin erfolgreich war, in der Theologie aktiv. Kyser gehört zu den wenigen Orchesterleitern, die kein eigenes Instrument spielten, sondern vorwiegend sangen. Zu seinem Durchbruch hat ihm ein Trick verholfen, der bis zu diesem Zeitpunkt – und auch danach wieder – sehr selten angewandt wurde: Kay sagte die Titel nicht an, er sang sie an.

*Playmates (4/40 US 2)*
*With The Wind And The Rain In Your Hair (5/40 US 4)*
*Blue Love Bird (6/40 US 7)*
*Tennessee Fish Fry (7/40 US 9)*
*Ferry Boat Serenade (10/40 US 6)*
*Alexander The Swoose (Half Swan, Half Goose) (4/41 US 3)*
*(Lights Out) 'Til Reveille (7/41 US 1)*
*Why Don't We Do This More Often? (9/41 US 8)*
*(There'll Be Bluebirds Over) The White Cliffs Of Dover (12/41 US 1)*
*A Zoot Suit (For My Sunday Girl) (3/42 US 7)*
*Who Wouldn't Love You (4/42 US 1)*
*Johnny Doughboy Found A Rose In Ireland (5/42 US 2)*
*He Wears A Pair Of Silver Wings (7/42 US 1)*
*Jingle, Jangle, Jingle (7/42 US 1)*
*Praise The Lord And Pass The Ammunition! (10/42 US 1)*
*Strip Polka (10/42 US 1)*
*Can't Get Out Of This Mood (11/42 US 4)*
*Let's Get Lost (5/43 US 4)*
*There Goes That Song Again (1/45 US 7)*
*Bell-Bottom Trousers (6/45 US 3)*
*Can't You Read Between The Lines? (7/45 US 10)*
*Rosemary (8/45 US 10)*
*One-Zy, Two-Zy (I Love You-Zy) (4/46 US 5)*
*Ole Buttermilk Sky (9/46 US 1)*
*Huggin' And Chalkin' (11/46 US 8)*
*The Old Lamplighter (11/46 US 3)*
*Managua, Nicaragua (2/47 US 6)*
*Woody Woodpecker (6/48 US 1)*
*On A Slow Boat To China (10/48 US 2)*
***Instrumental, Pop***

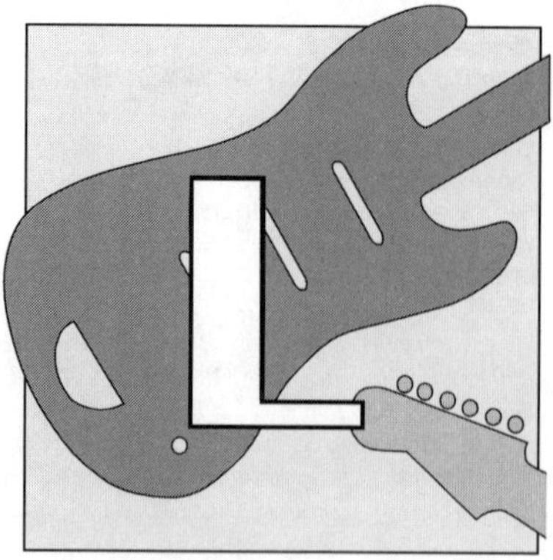

### L-Vis

siehe Ghetto People

### L., Andy

*Solo Per Te (1/83 CH 4)*
*Una Donna Per Amare (6/83 CH 10)*

### L.A. Mix

LES ADAMS, dj (Großbritannien).
Hinter dem Kürzel L.A. Mix steht der britische Radio- und Club-DJ Les Adams. Nachdem ihm mit »Don't Stop (Jammin')« die erste Hitnotierung gelungen war, kam im Frühjahr 1988 »Check This Out« bis auf Platz 6 in GB. 1989 und 1990 konnte er weitere Charterfolge für sich verzeichnen, unter die ersten 20 kam er jedoch nicht mehr.

*Check This Out (5/88 GB 6)*
***Dance***

### L.A. Style

DENZIL SLEMMING, dj (Niederlande).
Denzil Slemming, ein holländischer DJ, steckte hinter dem Dancehit »James Brown Is Dead« der L.A. Style, der Ende 1991 in die deutschen Charts kam und Platz 6 erreichte. Im April 1992 wurde der Titel erstmals in den US-Charts notiert. Dort kletterte er bis auf Platz 59, dann merkten die Amerikaner, daß James Brown noch lebt. Die ebenfalls niederländische Formation Holy Noise merkte das auch und veröffentlichte die Platte »James Brown Is Still Alive«, was wiederum die Gruppe Traumatic Stress veranlaßte, »Who The Fuck Is James Brown?« auf einer Platte zu fragen. Die Frage war zumindest so blöd wie die Aussage, James Brown sei tot. Der wird sich vielleicht sogar über die kostenlose Promotion gefreut haben – Hauptsache, der Name ist richtig geschrieben.

*James Brown Is Dead (10/91 D 6; 1/92 CH 2)*
***Techno***

### L.L. Cool J

L.L. COOL J, rap (USA, * 16. 8. 1968 als James Todd Smith in Queens/New York City).
Ladies Love Cool James, so der vollständige Bühnenname des amerikanischen Rappers LL Cool J, wurde 1985 in dem Film »Krush Groove« gesichtet. Noch im selben Jahr tauchte er erstmals in der Hitparade auf: »I Can't Live Without My Radio« brachte es auf Platz 15 in den US-R&B-Charts. Ein Jahr später veröffentlich-

te er seine erste LP. Noch im selben Jahr stand er erstmals in einer Hitparade: »I Can't Live Without My Radio« (11/85 R&B 15). Ein Jahr später veröffentlichte er seine erste LP. Mitte 1987 tauchte er mit »I'm Bad« (7/87 US 84, GB 71) erstmals in der amerikanischen und britischen Pophitparade auf. »I Need Love« (8/87 US 14, GB 8, 10/87 D 6) war im Herbst 1987 der erste internationale Hit für den coolen James. »Going Back To Cali« (2/88 US 31, GB 37), »I'm That Type Of Guy« (6/89 US 15), »Around The Way Girl« (12/90 US 9) und »Mama Said Knock You Out« (4/91 US 17) wurde alle Millionseller. Obwohl solche Texte gerade bei Rappern leider keine Seltenheit sind, wurde James speziell in den USA wegen seiner offensichtlichen Frauenfeindlichkeit nicht sonderlich geschätzt. 1993 kam die LP »14 Shots To The Dome«, auf der – wie die Plattenfirma sagte – ›Street Sound vom Feinsten‹ zu hören sei. ›Die 14 auf dem Album enthaltenen Songs weisen den Weg: Rap- und Hip-Hop-Elemente – tanzbar, gnadenlos und cool.‹ Schöner kann man's nicht sagen. Nach einer Abwesenheit aus den Charts kam er 1995 wieder: »Hey Lover« brachte es zu Platin – im Hintergrund sangen Boyz II Men. Der Song basierte auf der Nummer »The Lady In My Life« von Michael Jackson. Und immer noch 1995: »Sittin' Up In My Room« kam mit Brandy in die US-Charts und erhielt Gold. Als Gast war LL zu hören. Der Song stammte aus dem Film »Waiting To Exhale« mit Whitney Houston. »Doin It« und »Loungin« waren seine Superhits 1996. Und noch schnell zum Ende des Jahres: LL als Gast von Babyface auf der Nummer »This Is For The Lover In You«. Auch das Jahr 1997 begann gut für ihn. Sein Titel »Ain't Nobody« aus dem Film »Beavis And Butt-Head Do America« stieg am 8.2. auf Platz 1 in GB ein. Und auch »Phenomenon« enterte im Herbst 1997 die britischen Top 10. Der Song beinhaltete Samples von »Who Is He And What Is He To You« von Bill Withers und »White Lines« von Grandmaster Flash. Außerdem machte die Platte schon einmal Werbung für das gleichnamige Album, das wenig später erschien. In den USA hatte L.L. mit ›In The House‹ seine eigene TV-Show. ›I Make My Own Rule‹ war der Titel seiner Biographie, die auch noch 1997 erschienen war. Darin eine Geschichte, wie sein Vater seine Mutter und seinen Großvater erschossen hat – genau daraus machte L.L. den Song »Father«, in dem Samples vom Song »Father Figure« von George Michael verwendet wurden.

*I Need Love (9/87 D 6, GB 8; 11/87 CH 6)*
*Around The Way Girl (12/90 US 9)*
*Hey Lover (11/95 US 3)*
*Doin It (3/96 US 9)*
*Loungin (7/96 US 3; 10/96 GB 6)*
*Ain't Nobody (2/97 GB 1)*
*Phenomenon (11/97 GB 9)*
*Father (3/98 GB 10)*
***HipHop, Rap***

**CD-Tip:** *Mama Said Knock You Out* Def Jam 467315 2

## L.T.D.

ALVINO M. BENNETT, d; LORENZO CARNEGIE, sax (USA, geb. in Haines City/Florida); HENRY DAVIS, b (USA, geb. in Los Angeles/Kalifornien); JIMMIE DAVIS, syn/p/org (USA, geb. in North Carolina); JOHNNY MCGHEE, g (USA, geb. in Chicago/Illinois); ONION MILLER JR., sax (USA, geb. in North Carolina); BILLY OSBORNE, syn (USA, geb. in Providence/Rhode Island); JEFFREY OSBORNE, v/d (USA, * 9. 3. 1948 in Providence/Rhode Island); ANDRE RAY, v; JAKE RILEY, pos (USA, geb. in Miami/Florida); CARLE VICKERS, tr; MELVIN WEBB, per (USA, geb. in Kansas City/Missouri); LESLIE WILSON, v.

Die amerikanische Rhythm-&-Blues-Funk-Formation L.T.D. aus Greensboro, North Carolina, deren Gruppenname für Love, Togetherness and Devotion steht, erzielte

1976 mit »Love Ballad« ihren ersten Top-20-Erfolg in den USA, der es in den R&B-Charts bis auf Platz 1 brachte. Die Formation hatte als Love Man, Ltd. ihre Karriere begonnen. Dann kürzten sie sich auf Love, Ltd. ab und schließlich nur noch L.T.D. In ihren Anfangstagen hatten sie das Duo Sam & Dave musikalisch begleitet. Nachdem man als Sänger Jeffrey Osborne gewonnen hatte, ging die gesamte Band nach Kalifornien. 1971 waren sie die Backup-Sänger für Merry Clayton und hatten ab 1976 dann Erfolge unter eigenem Namen. Ende 1977 kam der Millionseller »(Everytime I Turn Around) Back In Love Again« auf Platz 4 in der amerikanischen Hitparade. Bis 1980 hatte die Band noch drei weitere Hitnotierungen. Dann verließ Jeffrey Osborne die Gruppe und startete eine Solokarriere, die 1982 mit dem ersten Top-40-Hit begann und bis in die 90er Jahre reichte. Als Ersatz für ihn kamen Leslie Wilson und Andre Ray.

*(Everytime I Turn Around) Back In Love Again (10/77 US 4)*
***Funk, Rhythm & Blues***

## La Bionda

CARMELO LA BIONDA, v (Italien); MICHELANGELO LA BIONDA, v (Italien).
Die Brüder Carmelo und Michelangelo hatten Mitte 1978 mit »One For You, One For Me« einen der Sommerhits des Jahres in Deutschland. Zu diesem Zeitpunkt waren die beiden Italiener keine Neulinge im Plattengeschäft mehr. Sie hatten Amanda Lear entdeckt und »Tornero« mit der Gruppe I Santo California produziert. Außerdem schrieben sie Hits für Middle Of The Road, Milva oder Ricchi E Poveri. Die meisten ihrer Aufnahmen hatten die Brüder im Münchener Country-Lane-Studio aufgenommen, in dem sie auch in der Folgezeit arbeiteten und vorwiegend mit deutschen Studiomusikern spielten, die jedoch auch nicht helfen konnten, den Hit zu wiederholen.

*One For You, One For Me (6/78 D 3; 7/78 CH 3)*
*Baby Make Love (2/79 CH 7)*
***Disco***

## La Bouche

DONALD LANE MCCRAY JR., rap (USA, * 13. 4. 1962 in Fort Bragg/North Carolina); MELANIE THORNTON, v (USA, * 13. 5. 1967 in Charleston/South Carolina).
McCray war noch in Deutschland bei der US Air Force, als er zusammen mit der ebenfalls aus den USA stammenden Melanie den Titel »Sweet Dreams« aufnahm, der über Italien und Frankreich schließlich auch in die deutsche Hitparade kam. Auf der deutschen Single wurde als Rapper ein gewisser Robert Haynes genannt. Ob Robert oder Donald, wer neben Melanie rappt, bleibt ziemlich egal. »Be My Lover« wurde in Europa der Nachfolgehit. Aber diesmal kamen La Bouche auch in die US-Charts und erreichten gar die Top 10. Danach wurde dort auch »Sweet Dreams« veröffentlicht und kletterte im Frühjahr 1996 bis auf Platz 13. Zum selben Zeitpunkt erschien »Be My Lover« noch einmal als Remix in GB und kam dieses Mal bis auf Platz 25. Ende 1996 erschien »Bolingo (Love Is In The Air)« und erreichte Platz 26. Insgesamt hat La Bouche bis Ende 1996 weltweit 5,2 Millionen Tonträger verkauft.

*Sweet Dreams (8/94 D 8; 10/94 CH 5)*
*Be My Lover (3/95 D 1; 5/95 CH 5; 11/95 US 6)*
***Dance***

**CD-Tip:** *Sweet Dreams – The Album* BMG 74321 28888 2

## LaBelle, Patti

v (USA, * 24. 5. 1944 als Patricia Louise Holt in Philadelphia/Pennsylvania).
Patti und Cindy Birdsong waren 1961 Mitglied bei den Ordettes. Ihre beiden Schul-

freundinnen Sarah Dash und Nona Hendryx sangen bei den Del Capris. Als sich diese beiden Gruppen im Herbst 1961 auflösten, machten die vier als Blue Belles weiter. Ab Mitte 1963 nannten sie sich dann Patti LaBelle & The Blue Belles. 1967 ging Cindy Birdsong zu den Supremes, 1971 kürzte das Trio den langen Namen auf LaBelle. »Lady Marmalade« wurde im Januar 1975 Spitzenreiter für das Trio in den USA und Platz 17 in Deutschland und in GB. 1977 trennten sich die Mädchen und versuchten ihr Glück als Solistinnen. Zusammen mit Michael McDonald hatte Patti im Frühjahr 1986 Platz 1 in den USA, 2 in GB und 18 in Deutschland mit »On My Own«. 1994 erschien Pattis Album »Gems«, darauf die Single »The Right Kinda Lover«, die auch in dem Film »Beverly Hills Cop III« Verwendung fand. Im Oktober desselben Jahres eröffnete sie in Philadelphia einen eigenen Club, den sie ›Chez LaBelle‹ nannte. Anfang 1996 ist LaBelle mit dem Stück »My Sweet Love« auf dem Album zum Film »Waiting To Exhale« vertreten, das an der Spitze der amerikanischen LP-Charts lag.

*Lady Marmalade (1/75 US 1)*
*On My Own (3/86 US 1; 5/86 GB 2)*
***Disco, Rhythm & Blues***

## Lady Lily

LADY LILY, v (Deutschland, * 17. 7. 1956 als Erica Bruhn, geb. Goetz in Obernburg).
Zusammen mit ihrer Schwester Gitti war Lady Lily 1978 mit dem Titellied aus der TV-Serie ›Heidi‹ in Deutschland erfolgreich. Produziert wurden sie von Christian Bruhn, mit dem Lili bzw. Erica seit 1976 verheiratet ist. Auch als Lady Lily war sie mit Melodien aus TV-Serien erfolgreich. Besonders prädestiniert, solche Erfolge nach sich zu ziehen, sind die alljährlichen Mehrteiler zum Jahresende. Damit hatte Lady Lily gleich mehrfach Glück. Zunächst erreichte sie Anfang 1985 mit der Musik aus dem Weihnachtsmehrteiler ›Patrik Pacard‹ Platz 11 der deutschen Hitparade. Genau ein Jahr später gelang ihr dann wieder mit einem TV-Song ein Top-10-Hit: »Non è Vero« aus der Serie ›Oliver Maass‹ kam bis auf Platz 7. Als sie es 1991 mit dem Thema aus ›Hans im Glück‹ wieder versuchte, tauschte sie einen Goldbatzen gegen eine Scheibe, die wie Blei in den Regalen liegenblieb.

*Non è Vero (1/86 D 7)*
***Schlager***

## Lage, Klaus

v (Deutschland, * 16. 6. 1950 in Soltau).
1968 gewann Klaus Lage einen Bandwettbewerb. Ab 1974 spielte er beim Berliner Rockensemble mit. Im Frühjahr 1980 erschien seine erste Solo-LP, die schon deutlich in Richtung deutschsprachigen Rock ging. Bemerkenswert seine kongeniale Übersetzung des Janis-Joplin-Liedes »Mercedes-Benz«. 1982 erschien als nächste LP »Positiv«, auf der er mit seiner Begleitband Druck spielte. Der Titel »1000 und 1 Nacht (Zoom!)« kam Mitte 1984 in die deutsche Hitparade und erreichte Platz 5. Von dem Reim ›Tausendmal berührt, tausendmal ist nichts passiert‹ fühlten sich offenbar viele angesprochen. Im Herbst 1985 sang er für den Schimanski-Film »Zahn um Zahn« den Titel »Faust auf Faust«, der es ebenfalls unter die ersten 10 in Deutschland brachte. Nicht in die Top 10 kam sein Lied »Monopoly«, das zwar erfolgreich im Funk lief, in den Verkaufs-Charts aber bei Platz 47 hängenblieb. Darin die Zeile ›Deinen Job macht jetzt ein Stück Silikon, wen juckt das schon‹.

*1000 und 1 Nacht (Zoom!) (6/84 D 5)*
*Faust auf Faust (Schimanski) (10/85 D 10)*
***Pop, Rock***

**CD-Tip:** *Single Hit Collection* EMI 7 99833 2

## Lai, Francis

(Frankreich, geb. in Nizza).

Der 1932 geborene Franzose hatte erste Erfolge als Komponist und Dirigent für Filmmusiken schon in den frühen 60er Jahren. Seinen ersten Oscar gewann er 1966 für die Musik zu »A Man And A Woman«, seinen zweiten 1970 für den Soundtrack zu »Love Story«. Besonders das Titelthema war ein internationaler Erfolg. In den USA und in Deutschland erreichte das Stück Anfang 1971 die Top 40, in der Schweiz die Top 10. Das Pianosolo wurde von Georges Pludermacher gespielt. Andy Williams, Henry Mancini oder Shirley Bassey hatten mit dem Titel als »Where Do I Begin« Erfolg. Auch in den 80er und 90er Jahren arbeitete Lai weiter erfolgreich für den Film.

*Theme From Love Story (4/71 CH 4)*
***Instrumental, Pop***

## Laid Back

JOHN GULDBERG, g (Dänemark, geb. in Kopenhagen); TIM STAHL, key (Dänemark, geb. in Kopenhagen).

Das Duo überraschte Mitte 1983 mit dem relaxten Sommerhit »Sunshine Reggae«, der in Deutschland bis auf Platz 1 kam und vergoldet wurde. Udo Jürgens sollte sich später mit seinem Titel »Die Sonne und du« an diesen Hit anlehnen. Als Nachfolgesingle kam die Veröffentlichung »High Society Girl« noch im selben Jahr unter die Top 10, und in den USA erreichte die B-Seite von »Sunshine Reggae«, »White Horse«, die Dance-Charts und Platz 26 in den Popcharts. Danach schien Laid Back vergessen, bis sie plötzlich Ende 1989 mit »Bakerman« wieder in den deutschen Top 10 standen. In GB kam die Platte in die Top 50. Im Hintergrund sang die ebenfalls aus Dänemark stammende Sängerin Hanne Boel mit, die auch ausgezeichnete Soloplatten veröffentlichte.

*Sunshine Reggae (8/83 D 1; 9/83 CH 9)*
*High Society Girl (12/83 D 9)*
*Bakerman (11/89 D 9; 5/90 CH 10)*
***Laid Back, Pop***

**CD-Tip:** *Hole In The Sky* Ariola 260 263

## Laine, Cleo

v (Großbritannien, * 28. 10. 1927 als Clementina Dinah Campbell in Southall/Middlesex).

Diese Sängerin und Schauspielerin gab ihr Filmdebüt 1940 in »Der Dieb von Bagdad«. Ab 1951 machte sie professionell Musik und wurde 1952 Sängerin in der Band von John Dankworth, den sie 1958 heiratete. Sie stieg dann aber aus der Band aus und arbeitete nur noch sporadisch mit ihm zusammen. Ende 1960 wurde sie erstmals in den britischen Charts verzeichnet. Ihre zweite Notierung war gleichzeitig ihr größter und letzter Hit: »You'll Answer To Me«, im September 1961 Platz 5. Bemerkenswert an Cleo Laine ist ihre Stimme, die vier Oktaven umfaßt. Ihr Scat-Gesang ist dem einer Ella Fitzgerald durchaus ebenbürtig. Für ihre Fans ist sie ganz einfach die beste Sängerin der Welt.

*You'll Answer To Me (9/61 GB 5)*
***Pop***

## Laine, Frankie

v (USA, * 30. 3. 1913 als Frank Paul Lovecchio in Chicago/Illinois).

Laine begann seine Karriere 1937 mit der Freddy Carlone Band. Er löste dort Perry Como ab, der gerade mit Erfolg seine Solokarriere startete. Vorher hatte Frankie die Jahre der Depression unter anderem dadurch überstanden, daß er bei sogenannten ›Dance Marathon Contests‹ mitmachte und jahrelang den Weltrekord mit 3510 durchtanzten Stunden hielt, aufgestellt in Atlantic City im Jahre 1932. Laine blieb nicht lange bei Freddie Carlone. Wenig später wurde er Sänger bei einem Radiosender in New York. Nach dem Zweiten Weltkrieg war er mit dem Pianisten Carl Fischer die Sensation in einem Nachtclub in Hollywood. Ab 1947 war er als Solist erfolgreich. Fischer blieb bis zu seinem Tod 1954 Musikchef bei allen Aufnahmen von Laine. Die Liste seiner Erfolge begann im Frühjahr 1947 mit dem Millionseller und Platz 4 in den USA »That's My Desire«. Sie reicht bis zum Ende der 60er Jahre und beinhaltet siebzig Hitnotierungen in den USA. Seine stärkste Zeit hatte er Ende der 40er, Anfang der 50er Jahre, als ihm mit drei Platten sowohl Spitzenreiter als auch Millionseller in den USA gelangen: »That Lucky Old Sun«, »Mule Train« und »The Cry Of The Wild Goose«. In GB hatte Frankie Laine Ende 1952 seinen ersten Hit. Seine Version von »High Noon« erreichte Platz 7. In seiner Heimat war es ein Platz 5 und ein Millionseller gewesen. »I Believe«, »Hey Joe!« und »Answer Me« waren drei Spitzenreiter für Laine 1953 in GB. Platz 1 gelang ihm noch einmal im Herbst 1956 mit »A Woman In Love«. Laine machte auch im Duett mit Jo Stafford, Jimmy Boyd, Doris Day und Johnnie Ray erfolgreiche Aufnahmen. Zusammen mit Johnnie Ray gilt Laine als einer der wichtigsten und erfolgreichsten Sänger der direkten Vor-Rock-'n'-Roll-Ära. Mitte der 80er Jahre zog er sich auf sein am Meer gelegenes Anwesen in San Diego zurück. Nachdem er viele Jahre keine Platte mehr gemacht hatte, wurde im Frühjahr 1998 das Album »Wheels Of A Dream« als ›first all new studio recording in over 20 years‹ angekündigt.

*That's My Desire (3/47 US 4)*
*Shine (1/48 US 9)*
*That Lucky Old Sun (8/49 US 1)*
*Mule Train (11/49 US 1)*
*The Cry Of The Wild Goose (2/50 US 1)*
*Rose, Rose, I Love You (5/51 US 3)*
*Jezebel (5/51 US 2)*
*Jealousy (Jalousie) (10/51 US 3)*
*Hey, Good Lookin' (10/51 US 9)*
*Hambone (3/52 US 6)*
*Sugarbush (6/52 US 7; 12/52 GB 8)*
*High Noon (Do Not Forsake Me) (7/52 US 5; 11/52 GB 7)*
*I Believe (2/53 US 2; 4/53 GB 1)*
*Tell Me A Story (3/53 US 4; 5/53 GB 5)*
*Hey Joe! (8/53 US 6; 10/53 GB 1)*
*Where The Wind Blows (9/53 GB 2)*
*Answer Me (10/53 GB 1)*
*Blowing Wind (1/54 GB 2)*
*The Kid's Last Fight (4/54 GB 3)*
*Granada (4/54 GB 9)*
*My Friend (8/54 GB 3)*
*There Must Be A Reason (10/54 GB 9)*
*Rain Rain Rain (10/54 GB 8)*
*Cool Water (6/55 GB 2)*
*Strange Lady In Town (7/55 GB 6)*
*Hawkeye (11/55 GB 7)*
*Sixteen Tons (1/56 GB 10)*
*A Woman In Love (9/56 GB 1)*
*Moonlight Gambler (12/56 US 3)*
*Love Is A Golden Ring (3/57 US 10)*
*Rawhide (11/59 GB 6)*
***Country, Pop***

**CD-Tip:** *On The Trail* Bear Family BCD 15 480

## Lake, Greg

v/b (Großbritannien, * 10. 11. 1947 in Poole/Dorset).
Greg war die Stimme von Emerson, Lake & Palmer. Im Januar 1969 wurde er Gründungsmitglied von King Crimson. Mitte 1970 kam es dann zur Formierung von Emerson, Lake & Palmer. Deren bekanntester Titel war der von Greg geschriebene Song »Lucky Man«. Mehrfach fiel die Band auseinander und kam doch wieder zusammen. Greg selbst hatte einen Soloerfolg, die Weihnachtsplatte »I Believe In Father Christmas«, die sich zum Fest 1975 auf Platz 2 festsetzte. 1992 war Lake bei der Reformierung von EL&P wieder mit dabei. 1983 hatte er für kurze Zeit John Wetton bei der Formation Asia ersetzt.

*I Believe In Father Christmas (12/75 GB 2)*
***Pop, Rock***

**CD-Tip:** *Emerson, Lake & Palmer Works Vol. I* Atlantic 7000 2

## Lambrettas

JEZ BIRD, v/g (Großbritannien); MARK ELLIS, v/b (Großbritannien); DOUG SANDERS, v/g (Großbritannien); PAUL WINTER, d (Großbritannien).

Die Lambrettas aus Brighton wurden zusammen mit einigen anderen britischen Formationen 1979/80 im Zuge des Mod-Revivals populär. Ihre erste Singleveröffentlichung auf Elton Johns Rocket-Label erregte kein Aufsehen, aber mit einem Remake des Leiber-Stoller-Hits »Poison Ivy« sicherten sie sich 1980 Platz 7 in den britischen Charts. Noch im selben Jahr gelang ihnen ein Top-20- und ein Top-50-Hit; ihre Debüt-LP erreichte noch die Top 30 – und das war's dann.

*Poison Ivy (3/80 GB 7)*
***Pop***

## Lance, Major

v (USA, *4. 4. 1941 in Chicago/Illinois, †3. 9. 1994).

Major Lance war zwischen 1963 und 1965 erfolgreich. Nachdem er sich als Amateurboxer und Tänzer bei Record-Hop-TV-Shows versucht hatte, sang er mit den Five Gospel Harmonaires und wurde Mitglied bei den Ideals. 1959 nahm er seine erste Soloplatte auf. Seine erste Hitnotierung wurde auch gleich sein erster Top-10-Erfolg: »The Monkey Time«, Mitte 1963 Platz 8 in den USA. Im Frühjahr 1964 kam »Um, Um, Um, Um, Um, Um« in die Hitparade und erreichte Platz 5. Beide Hits hatte Curtis Mayfield geschrieben. Nachdem ihm Anfang der 70er Jahre in den USA nichts mehr gelang, zog er von 1972 bis 1974 nach GB. 1975 gründete er zusammen mit Al Jackson von Booker T. & The MG's ein eigenes Plattenlabel, auf dem er nun auch seine Platten veröffentlichte. Zwischen 1978 und 1981 saß er wegen Kokainhandels im Gefängnis, danach war er weiter auf Festivals oder in Clubs zu hören. Im Juni 1994 sang er noch beim 11th Chicago Blues Festival, wenig später starb er an Herzversagen.

*The Monkey Time (7/63 US 8)*
*Um, Um, Um, Um, Um, Um (1/64 US 4)*
***Rhythm & Blues, Soul***

## Landers, Audrey

v (USA, *18. 7. 1958 in Philadelphia/Pennsylvania).

Diese Schauspielerin wurde bei uns durch die Rolle der Afton Cooper bekannt, die sie von 1981 bis 1984 in der TV-Serie ›Dallas‹ spielte. Lediglich in Deutschland wurde Audrey Landers, entdeckt von Jack White, auch als Sängerin bekannt. Ihr erster Hit war im Frühjahr 1983 »Manuel Goodbye«, der es gerade bis auf Platz 10 in den Charts brachte und der eine Komposition von Gerd Grabowski alias G.G. Anderson ist. Es blieb ihr größter Erfolg. 1985 wirkte sie in der Verfilmung des Broadway-Musicals »A Chorus Line« mit.

*Manuel Goodbye (4/83 D 10; 5/83 CH 4)*
***Schlager***

## Landscape

RICHARD JAMES BURGESS, v/d (Großbritannien); CHRISTOPHER HEATON, key (Großbritannien); ANDY PASK, b (Großbritannien); PETER THOMAS, syn/tr (Großbritannien); JOHN WALTERS, syn (Großbritannien).

Nachdem das 1975 gegründete Quintett keinen Erfolg mit seiner an Jazz-Funk orientierten Instrumentalmusik hatte, schwenkte es ab 1980 auf die Segnungen der Technik um. Sie setzten Computer und Synthesizer ein und sangen jetzt auch. Die erste Single in diesem Stil wurde gleich ein Dance-Hit, aber kein Charterfolg. Der kam 1981 mit dem Titel »Einstein A Go-Go«. Die folgende Single beschäftigte sich mit dem Hitchcock-Psychopathen »Norman Bates« und erreichte noch die britischen Top 40. Zu fünft nahmen sie noch einige Platten auf, 1983 schrumpften sie zum Trio Landscape 3. 1984 löste sich die Formation endgültig auf. Burgess machte sich einen Namen als Produzent von Spandau Ballet oder Living In A Box.

*Einstein A Go-Go (2/81 GB 5)*
***Funk, Instrumental***

## Lang, Don

v/pos (Großbritannien als Gordon Langhorn, geb. in Halifax).
Don begann seine Karriere als Posaunist in diversen Tanzkapellen. Dann übernahm er den Gesang z. B. bei Aufnahmen des Orchesters von Cyril Stapleton. Mitte der 50er Jahre wagte er sich dann auch an Soloaufnahmen. Nach einigen erfolglosen Veröffentlichungen erreichte er Ende 1955 zum erstenmal die britischen Top 20 mit »Cloudburst«, einer Scat-Nummer. Unter die Top 10 kam er ein einziges Mal: im Frühjahr 1958 mit einer Coverversion des David-Seville-Hits »Witch Doctor«, der es bis auf Platz 5 brachte. Nach 1960 war seine Gesangskarriere wieder vorüber.

*Witch Doctor (5/58 GB 5)*
***Pop***

## Lanza, Mario

v (USA, * 31. 1. 1921 als Alfredo Cocozza in Philadelphia/Pennsylvania, † 7. 10. 1959).
Möglich, daß aus ihm der größte Tenor des 20. Jahrhunderts geworden wäre – wäre nicht auch anderes an ihm groß gewesen, z. B. sein Hunger und sein Durst. Sein letzter Hit war »Trink, trink, trink« aus »Der Bettelstudent«. Als Mario am 7. 10. 1959 in Rom starb, hatte das Brüderlein entschieden zuviel getrunken. Sein Herz machte den Durst und den Hunger nicht mit, es reagierte mit einer Embolie. Von 1950 bis 1959 hatte sich das Gewicht von Mario Lanza in einem stetigen Auf und Ab befunden. Um Filmverträge zu erfüllen, verzichtete er auf seine heißgeliebten Spaghetti, bis er wieder so aussah, wie ihn die Filmleute haben wollten. Groß waren auch sein Einkommen und sein Jähzorn.
Während in seiner Kindheit die Eltern zu Hause in Philadelphia ihre Caruso-Platten hörten, trällerte der kleine Alfredo die Lieder mit. Zuerst konnte er sein Talent nicht in Dollars umsetzen. Er versuchte sich in so ehrenhaften Berufen wie Möbelpakker, Gemüseverkäufer, Lastwagenfahrer, Boxer, Baseballspieler, Gewichtheber und Semiprofi im American Football. Im Sommer 1942 wurde er eingeladen, bei einem Festival zu singen. Statt dessen zog ihn die Air Force ein. Nach dem Krieg trat er in der Hollywood Bowl in L.A. auf, und dort entdeckte ihn Louis B. Meyer – der Meyer von Metro Goldwyn – und gab ihm einen Siebenjahresvertrag. Meyer sagte voraus, er werde einen singenden Clark Gable aus ihm machen. 1949 kam mit »That Midnight Kiss« sein erster Film in die Kinos. 1950 dann »Toast Of New Orleans«, in dem er den Titel »Be My Love« sang, der Ende 1950 in die US-Charts kam, Spitzenreiter und zweimillionenmal verkauft wurde. Sein dritter Film 1951 war »Der große Caruso«. In allen Biographien Lanzas steht geschrieben, daß in diesen drei Jahren Ruhm und Gewicht von Lanza proportional zunahmen. Der Film »Der große Caruso« spielte insgesamt fünf Millionen Dollar ein, was für damalige Verhältnisse eine unglaublich hohe Summe war. Mario Lanza hatte zu diesem Zeitpunkt einen Stellenwert, wie ihn ansonsten nur Frank Sinatra erreichte. Schon 1953 begann er,

sich langsam selbst zu demontieren. Er verließ seine Frau und seine vier Kinder, ging nach Rom und machte dort weitere drei Filme. Vorher hatte er in den USA noch mit »The Loveliest Night Of The Year« 1951 und »Because You're Mine« 1952 Top-10-Erfolge und Millionseller gehabt. Überall kann man nachlesen, daß Mario Lanza am 31. 1. 1921 geboren wurde. Er selbst hat einmal erzählt, daß dieses Geburtsjahr die Idee seiner Plattenfirma MGM war. 1921 ist Caruso gestorben, deshalb mußte er in diesem Jahr geboren sein. Richtig sei 1922.

*Be My Love (12/50 US 1)*
*The Loveliest Night Of The Year (4/51 US 3)*
*Because You're Mine (9/52 US 7; 11/52 GB 3)*
***Pop***

**CD-Tip:** *The Mario Lanza Collection* RCA Victor GD 60889 [3]

## Larks

DON JULIAN, v (USA, geb. in Los Angeles/Kalifornien); CHARLES MORRISON, v (USA, geb. in Los Angeles/Kalifornien); TED WATERS, v (USA, geb. in Los Angeles/Kalifornien).

Ursprünglich nannte sich diese 1953 gegründete Gruppe aus Los Angeles Don Julian & The Meadowlarks. Ihre ersten Platten machten sie 1954. Ein Jahr später waren sie regional erfolgreich mit der Nummer »Heaven In Paradise«. Nachdem nichts Richtiges gelang und Don unter etlichen Gruppennamen – z. B. Medallions – mit immer wieder wechselnden Musikern erfolglose Platten veröffentlicht hatte, sah er 1964 die Kinder seiner Schwester vor der Tür zu »Dancin' On The Streets« von Martha & The Vandellas tanzen. Er kannte den Tanz nicht und fragte die Kids, was das für ein Tanz sei. Die Kids sagten ›Jerk‹ und boten Don an, ihm diesen Tanz beizubringen. Sie meinten ›if you don't know how to do it, come on, i'll teach you‹. Don ging nach Hause und schrieb schnell einen Text um diese Zeile und hatte den Hit »The Jerk«. Damit gelang ihm der einzige bemerkenswerte Hit. Andere Gruppen gingen hin und brachten ebenfalls ›Jerk‹-Platten auf den Markt: »Cool Jerk« mit den Capitols, »Everybody Jerk« mit Bob & Earl, »Come On And Do The Jerk« mit den Miracles und etliche andere. Nach wenigen Monaten war dieser ›Dance Craze‹ wieder vorbei und somit waren die Nachfolgehits von den Larks, »Soul Jerk« und »Mickey's East Coast Jerk« auch schon wieder der Schnee vom vergangenen Jahr. Den einzigen Hit hat er mit den beiden oben angegebenen Sängern aufgenommen.

*The Jerk (11/64 US 7)*
***Rhythm & Blues***

## Larosa, Julius

v (USA, * 2. 1. 1930 in Brooklyn/New York City).

1953 war das Glücks- und das Pechjahr dieses Sängers. Mit »Anywhere I Wander« und »Eh Cumpari« hatte Julius Larosa zwei Top-10-Erfolge in den USA. Am 19. 10. 1953 wurde er während einer Live-TV-Sendung aus dem Studio geschmissen. Trotzdem hatte er bis Ende 1958 noch neun weitere Hits in den Charts, darunter die Top-20-Erfolge »Domani (Tomorrow)« und »Suddenly There's A Valley« 1955, »Lipstick And Candy And Rubbersole Shoes« 1956.

*Anywhere I Wander (2/53 US 4)*
*Eh Cumpari (9/53 US 2)*
***Pop***

## Larson, Nicolette

v (USA, * 17. 7. 1952 in Helena/Montana, † 16. 12. 1997).

Nicolette begann ihre Karriere als Sessionsängerin bei Neil Young, Jesse Colin Young, Linda Ronstadt, Hoyt Axton, Emmylou Harris, Van Halen und vielen anderen. Ab 1978 war sie dann selbst in den Charts zu finden. Die von Neil Young geschriebene Nummer »Lotta Love« erreichte 1978 Platz 8 in den USA. »Let Me Go, Love« (1/80 US 35) sang sie im Duett mit Michael McDonald. Im selben Jahr stand Nicolette Larson mit der Nitty Gritty Dirt Band und dem Titel »Make A Little Magic« (6/80 US 25) in den US-Charts. Als Gast sang sie bei Christopher Cross und dem Stück »Say You'll Be Mine« (3/81 US 20) mit. Nach 1982 konzentrierte sie sich anscheinend wieder mehr auf ihre Studioarbeit. Zumindest gelang ihr kein Soloerfolg mehr. Sie starb im Dezember 1997.

*Lotta Love (11/78 US 8)*
***AOR (Adult Orientated Rock), Pop, Rock***

## LaSalle, Denise

DENIS LASALLE, v (USA, * 16. 7. 1939 als Denise Craig in LeFlore County/Mississippi).
Nachdem ihre Karriere als Romanautorin nicht von Erfolg gekrönt war, wandte sich Denise Ende der 60er Jahre dem Songschreiben zu und nahm erste Platten auf, die ebenfalls erfolglos waren. 1969 gründete Denise LaSalle zusammen mit ihrem Mann eine Produktionsfirma und arbeitete weiterhin als Autorin und Produzentin für andere Künstler. Anfang der 70er Jahre reichte ihr das nicht mehr, und sie nahm ihre Kompositionen auch wieder selbst auf. Ihr erster Erfolg war eine Notierung in den amerikanischen Top 20 und ein Millionseller: »Trapped By A Thing Called Love« 1971, ein Platz 1 in den Rhythm-&-Blues-Charts, in denen sie bis 1980 weiter aufgeführt wird. Ihre höchste Chartnotierung hatte sie in GB und in Deutschland mit der Novelty-Nummer »My Toot Toot« Mitte 1985. Diese mit Cajun-Feeling angelegte Platte wurde noch im selben Jahr von etlichen Interpreten, darunter auch Fats Domino, gecovert. Bis in die 90er Jahre nahm sie weiter Platten auf.

*My Toot Toot (6/85 GB 6; 9/85 CH 6)*
***Pop, Soul***

## Lattisaw, Stacy

v (USA, * 25. 11. 1966 in Washington/ D.C.).
Stacy war gerade mal zwölf Jahre alt, als sie ihre erste LP aufnahm. Ab 1979 war sie in den US-R&B-Charts, ab 1980 auch in den Popcharts erfolgreich. »Jump To The Beat« erreichte Mitte 1980 Platz 3 in GB. Obwohl Stacy Lattisaw danach durch die 80er Jahre Platten veröffentlichte, schaffte sie es weder in GB noch in den USA erneut unter die ersten 20. Stacy, die eine Jugendfreundin von Johnny Gill ist, nahm mit ihm zusammen 1984 die Nummer »Perfect Combination« auf – war es leider nicht, denn sie kam nur bis auf Platz 75. Ab 1986 veröffentlichte sie ihre Platten bei Tamla Motown und ließ Jellybean Benitez produzieren – es half auch nicht. Der Sprung vom frühreifen Kinderstar zur akzeptierten Funk-Sängerin ist nie richtig gelungen.

*Jump To The Beat (6/80 GB 3)*
***Dance, Pop, Rhythm & Blues***

## Lauch, Peter & die Regenpfeifer

PETER LAUCH, v (Deutschland).
Diese Gruppe überraschte Ende 1964 mit dem Titel »Das kommt vom Rudern, das kommt vom Segeln«. Die Platte erreichte Platz 1 in der deutschen Hitparade. Das Stück befand sich textlich auf einem Stammtischniveau, das kaum noch zu unterbieten war. Rudern und Segeln waren im Text lediglich Synonyme für Pudern

und Vögeln. Während weltweit die Beatles und der Merseybeat erfolgreich waren, wurde bei uns vom Rudern und Segeln gesungen. 1962 hatte Peter Lauch mit »Blaue Tavernen« seine erste Hiteintragung. Anfang 1965 stand »So ein Seemann macht es richtig« auf Platz 8, und ein halbes Jahr später war »Im Bett« der letzte Erfolg dieser Gruppe.

*Das kommt vom Rudern, das kommt vom Segeln (9/64 D 1)*
*So ein Seemann macht es richtig (1/65 D 8)*
***Deutscher Schlager***

## Lauer, Martin

v/g (Deutschland, * 2. 1. 1937 in Köln).
Lauer wurde in den 50er Jahren zum ersten deutschen Leichtathlet und Zehnkämpfer von Weltklasse. 1958 wurde er Europameister über 110 m Hürden. Sein 1959 in Zürich aufgestellter Weltrekord hatte über 15 Jahre Bestand. Insgesamt 16 deutsche Meistertitel konnte er einheimsen. Olympisches Gold gewann er mit der 4×100-m-Staffel in Rom. Dann fesselte ihn eine Blutvergiftung für längere Zeit ans Bett, und Martin vertrieb sich die Langeweile durch Gitarrenspiel und Gesang. Außerdem begann er, Schlager zu komponieren und zu texten. Dem angehenden Akademiker wurden jedoch durch den cleveren Produzenten Kurt Feltz Songs auf den Leib geschneidert – die wiederum zu singen, kostete Martin zunächst, wie er später zugab, reichlich Überwindung: ›Ja, ich komme morgen schon hin, Sacramento, zu meiner Marylin.‹ »Sacramento« wurde im Herbst 1962 die erste Hitnotierung für Lauer. Im November 1962 kam die Nachfolgesingle »Die letzte Rose der Prärie« in die Hitparade und erreichte die Top 10. In diese Kerbe wurde nun noch mehrfach geschlagen: »Wenn ich ein Cowboy wär'« 1963, »Sein bestes Pferd« 1964 und »Taxi nach Texas« 1965 wurden weitere Titel von Lauer, die es unter die ersten 10 schafften. 1969 zog sich Martin ganz aus dem Schlagergeschäft zurück und arbeitet seit dieser Zeit als Diplomingenieur.

*Die letzte Rose der Prärie (11/62 D 10)*
*Wenn ich ein Cowboy wär' (5/63 D 9)*
*Sein bestes Pferd (9/64 D 5)*
*Taxi nach Texas (2/65 D 7)*
***Deutscher Schlager***

**CD-Tip:** *Taxi nach Texas* Bear Family BCD 15 485

## Lauper, Cyndi

v (USA, * 20. 6. 1953 in Queens/New York).
Cyndi begann ihre Karriere 1974 bei Doc West, war danach bei Flyer und 1978 schließlich Gründungsmitglied bei Blue Angel. Diese Gruppe veröffentlichte 1980 eine LP, die nicht erfolgreich war, worauf die Band wieder auseinanderging. 1983 erhielt sie einen Soloplattenvertrag, und noch im selben Jahr erschien ihr Debütalbum »She's So Unusual«, das sich bis Ende 1996 alleine in den USA 5 millionenmal verkaufte. Darauf auch ihr erster Hit, der im Dezember 1983 in die Charts kam: »Girls Just Want To Have Fun«, Top 10 in den USA, GB und Deutschland. Seit diesem Zeitpunkt ist sie, immer durch längere Pausen unterbrochen, erfolgreich. »Time After Time« war im Frühjahr 1984 Platz 1 in den USA, 3 in GB und 6 in Deutschland, »She Bop« Mitte 1984 Platz 3 in den USA. Alle bisher genannten Platten waren zumindest Millionseller. »All Through The Night« noch 1984, »The Goonies 'R' Good Enough« 1985, »True Colors« und »Change Of Heart« 1986, »I Drove All Night« 1989 und »Hey Now (Girls Just Want To Have Fun)« 1994 waren ihre weiteren Top-10-Erfolge. Anfang der 90er Jahre hatte sie sich zunächst wieder einmal Zeit gelassen. Mitte 1992 erschien die Single »The World Is Stone«

aus dem Musical-Soundtrack »Tycoon«, das auf der französischen Produktion »Starmania« aus dem Jahr 1978 beruhte. Die Musik stammte von Michel Berger, die englischen Texte von Tim Rice. Cyndis Interpretation dieser Ballade wurde von Michel Berger so kommentiert: ›Es ist, als hätte ich diesen Song allein für Cyndi geschrieben.‹ 1993 veröffentlichte sie dann die LP »Hat Full Of Stars«. Zum Anfang ihrer Karriere hatte Cyndi das Image eines farbenprächtigen Punk-Paradiesvogels, der einerseits den Jugendlichen gefiel, die Eltern aber auf der anderen Seite nicht beunruhigte. Im Laufe der Zeit wandelte sich das, und sie zeigte, daß sie als Sängerin und Songschreiberin ernst zu nehmen ist. Sie selbst sagte dazu: ›Die Leute, die früher mit Steinen nach mir warfen, weil ich mich so unkonventionell kleidete, laufen jetzt selbst in aberwitzig bunten Klamotten herum und färben sich die Haare bunt.‹ Im Herbst 1994 veröffentlichte sie die CD »Twelve Deadly Cyns . . . And Then Some More«. Im Frühjahr 1995 kam sie mit einer neuen Version des Gene-Pitney-Hits »I'm Gonna Be Strong«, die ihr in GB einen Top-40-Hit bescherte und bewies, daß man Titel auch zerbrüllen kann. »Come On Home« brachte ihr im selben Jahr einen weiteren Top-40-Hit in GB. Im Februar 1997 stand sie unter den ersten 30 in GB mit »You Don't Know«, einer Auskopplung aus dem neuen Album »Sisters Of Avalon«.

*Girls Just Want To Have Fun (12/83 GB 2, US 2; 3/84 D 6; 4/84 CH 6)*
*Time After Time (4/84 US 1, D 6; 6/84 GB 3; 7/84 CH 7)*
*She Bop (7/84 US 3; 10/84 CH 10)*
*All Through The Night (10/84 US 5)*
*The Goonies 'R' Good Enough (5/85 US 10)*
*True Colors (8/86 US 1)*
*Change Of Heart (11/86 US 3)*
*I Drove All Night (5/89 US 6, GB 7)*
*Hey Now (Girls Just Want To Have Fun) (9/94 GB 4)*
***Pop***

**CD-Tip:** *Twelve Deadly Cyns… And Then Some More* Epic 477 363 2

## Laurel & Hardy

OLIVER HARDY, v (USA, * 18. 1. 1892 in Harlem/Georgia, † 7. 8. 1957); STAN LAUREL, v (Großbritannien, * 16. 6. 1890 als Arthur Stanley Jefferson in Ulverston/Lancashire, † 23. 2. 1965).

Bei uns waren sie Dick & Doof, in den USA schlicht Laurel & Hardy – hier wurde also erst der Dünne, dann der Dicke genannt. Doof war von den beiden sowieso keiner. Sie gelten als das cleverste und erfolgreichste Komikerduo aller Zeiten – und das mit Recht. 1917 drehten sie in den USA zusammen ihren ersten Film, »Lucky Dog«. Im Laufe der nächsten dreißig Jahre spielten sie gemeinsam in mehr als hundert Filmen. In dem Streifen »Way Out West« aus dem Jahr 1937 sangen sie den Titel »The Trail Of The Lonesome Pine«, der sich Ende 1975 in GB zu einem postumen Hit entwickelte.

*The Trail Of The Lonesome Pine (11/75 GB 2)*
***Pop***

**CD-Tip:** *Memories In Music* Nice Music Co. 0077

## Laurens, Rose

v (Frankreich, * 4. 3. 1953 in Paris).

Rose ist die Tochter eines Polen und einer Französin. Zuerst arbeitete sie als Schauspielerin, dann auch als Sängerin. Mitte 1982 erschien unter dem Titel »Déraisonnable« ihre erste LP. Ein Jahr später folgte als Single der Titel »Africa (Voodoo Master)«, der in Frankreich Spitzenreiter wurde und in Deutschland Platz 3 erreichte. Als Nachfolgesingle kam in Deutschland noch »Mamy Yoko« in die Top 40 und damit an den ersten Erfolg nicht heran.

*Africa (Voodoo Master) (6/83 D 3; 7/83 CH 2)*
***Pop***

## Laurent

*Sing Sing Barbara (7/71 CH 7)*

## Lavi, Daliah

v (Israel, * 12. 10. 1940 als Levenbuch).
Daliah wuchs in einem kleinen Dorf in Israel auf. 1952 spielte Kirk Douglas die Hauptrolle in dem Film »Der Gaukler«, der in jenem Dorf Shave Zion gedreht wurde. Die Geschichte erzählt, daß Kirk ihr zum zwölften Geburtstag ein Ballettrikot und die dazugehörenden Schuhe schenkte. Zwei Jahre später schrieb er ihr einen Brief und bot ihr an, in Schweden Ballett zu studieren. Mit 15 mußte sie auf Anraten des Arztes aufgeben, weil ihr Blutdruck zu niedrig sei. 1956 drehte sie ihren ersten Film, »Brennender Sand«. Seit diesem Zeitpunkt war sie die exotische Brünette in internationalen Filmen. Mit Christopher Lee drehte sie »Der Dämon und die Jungfrau«, mit Lex Barker »Das Stahlnetz des Dr. Mabuse« und mit Thomas Fritsch »Das schwarz-weiß-rote Himmelbett«. Die Aufzählung zeigt schon die Bandbreite der Schauspielerin Lavi, die speziell Karl-May-Fans aus »Old Shatterhand« (1964) kennen. 1965 spielte sie mit Curd Jürgens und Peter O'Toole in »Lord Jim«. Ab 1969 widmete sie sich auch dem Gesang. 1970 unterschrieb sie einen Plattenvertrag, und Mitte desselben Jahres hatte sie ihre erste Hitnotierung mit »Liebeslied jener Sommernacht«, Ende 1970 ihren ersten Top-10-Erfolg und größten Hit »Oh, wann kommst du?«. –«Willst du mit mir gehn« war im Herbst 1971 ein weiterer Top-10-Hit. Letztmalig wurde sie 1984 mit »Ich wollt' nur mal mit dir reden« verzeichnet. In vierter Ehe ist sie heute mit einem amerikanischen Industriellen verheiratet und lebt in Miami. Sporadisch tritt sie im deutschen Fernsehen bis in die 90er Jahre auf.

*Oh, wann kommst du? (10/70 D 4; 11/70 CH 2)*
*Willst du mit mir gehn (9/71 D 9)*
***Deutscher Schlager***

## Lawrence, Elliot

p/bl (USA, * 14. 2. 1925 als Elliot Lawrence Broza in Philadelphia/Pennsylvania).
Der Pianist und Bandleader Elliot Lawrence hatte 1946 mit »Who Do You Love I Hope« seinen ersten und 1947 mit »Near You« seinen letzten Top-10-Erfolg in den USA. In den 50er Jahren moderierte er eine tägliche Radiosendung bei CBS. In den 60er Jahren zeichnete er als musikalischer Leiter für einige der erfolgreichsten Broadway-Musicals verantwortlich und arrangierte 1974 z. B. das Musical »Music! Music!«

*Who Do You Love I Hope (7/46 US 9)*
*Near You (10/47 US 4)*
***Pop***

## Lawrence, Lee

v (Großbritannien).
Lee, der sein Geld auch gut als Opperntenor hätte verdienen können, gehörte zu der Garde Sänger, die in der ersten Hälfte der 50er Jahre amerikanische Hits für den britischen Markt nachsangen. Die Aufnahme »Crying In The Chapel« kam mit ihm im November 1953 in die GB-Charts. Ein Jahr später gelang ihm ein Top-20-Erfolg mit »Suddenly There's A Valley«.

1956 veröffentlichte er »Rock 'n' Roll Opera«, eine Nummer über Elvis Presley, Bill Haley, Gene Vincent und andere aufkommende Stars, die jetzt die ›Alten‹ aus den Hitparaden verdrängten.

*Crying In The Chapel (12/53 GB 7)*
***Pop***

## Lawrence, Steve

sax/p (USA, * 8. 7. 1935 als Steven Leibowitz in Brooklyn/New York City).
Steve studierte Piano, Saxophon, Komposition und Arrangement, gewann 1952 einen Talentwettbewerb und wurde im selben Jahr mit der Nummer »Poinciana« in den US-Charts auf Platz 21 verzeichnet. Großen Erfolg hatte er ab 1954 für vier Jahre in der TV-Sendung ›Tonight Show‹. Steve heiratete am 29. 12. 1957 die ebenfalls zum Team gehörende Sängerin Eydie Gorme. Ab 1959 hatten die beiden ihre eigene Fernsehsendung. Seine größten Erfolge als Solist hatte Steve mit »Party Doll« 1957, »Pretty Blue Eyes« 1959, »Footsteps« 1960, »Portrait Of My Love« 1961 und »Go Away Little Girl« Ende 1962. Steve sang auch mit seiner Frau im Duett. In der britischen Hitparade gelang den beiden als Steve & Eydie im August 1963 der Top-10-Erfolg »I Want To Stay Here«. In den USA war diese Platte auch ihr gemeinsamer größter Erfolg, Top 30. Seit den 70er Jahren sah man sie vorwiegend in Nachtclubs. 1979 nahmen sie als Parker & Penny Platten auf. Seit Mitte der 60er Jahre hatte sich Lawrence eine Karriere als Broadway- und TV-Schauspieler aufgebaut.

*Party Doll (2/57 US 5)*
*Pretty Blue Eyes (11/59 US 9)*
*Footsteps (3/60 GB 4, US 7)*
*Portrait Of My Love (3/61 US 9)*
*Go Away Little Girl (11/62 US 1)*
*I Want To Stay Here (8/63 GB 3)*
***Pop***

## Lawrence, Vicki

v (USA, * 26. 3. 1949 in Inglewood/Kalifornien).
Mit 15 Jahren wurde Vicki Lawrence Mitglied bei den Young Americans, einer Gesangstruppe, die durch die USA zog und regelmäßig in Fernsehsendungen auftrat. Eines Tages machte sie ein Reporter auf ihre verblüffende Ähnlichkeit mit dem Comedy-Star Carol Burnett aufmerksam. Vicki schickte daraufhin ein Bild und einen Brief an Carol Burnett, und zu ihrer großen Überraschung wurde sie von ihr angerufen. Sie sei auf der Suche nach einer Schauspielerin, die in einer Fernsehserie ihre jüngere Schwester spielen sollte. Obwohl gerade erst 18 Jahre alt und ohne jede schauspielerische Ausbildung, erhielt Vicki diesen Job und war bis 1979 in dieser Rolle zu sehen. 1973 schrieb Bob Russell, mit dem sie zu diesem Zeitpunkt kurzfristig verheiratet war, den Song »The Night The Lights Went Out In Georgia«. Die Platte wurde ein Millionseller und im Frühjahr 1973 Platz 1 in den USA. Im selben Jahr gelangen ihr noch zwei weitere Hitnotierungen. Über einen Platz 75 kam sie jedoch nicht hinaus. Ab 1983 hatte sie ihre eigene Comedy-Serie, ›Mama's Family‹, die über etliche Jahre lief.

*The Night The Lights Went Out In Georgia (2/73 US 1)*
***Pop***

## Leandros, Leo

v (Griechenland, * 23. 8. 1926 als Leo Papathanassiou in Astakos).
Bevor er in die Bundesrepublik kam, war Leo Leandros bereits ein erfolgreicher Sänger und Komponist in seiner Heimat Griechenland. 1957 hatte Leo mit dem »Banana Boat Song« einen Platz 11 in Deutschland. Mitte 1960 gelang ihm ein Platz 2 in der Hitparade mit »Mustafa«. Bis Mitte 1963 hatte er noch weitere vier

Titel in den Charts, von denen aber keiner unter die ersten 20 kam. Im Januar 1965 stand er dann als Five Tops mit dem Titel »Rag Doll«, im Original ein Stück der Four Seasons, auf Platz 4. Ab 1965 hatte auch seine Tochter Vicky Erfolg, um deren Belange er sich in der Folgezeit vermehrt kümmerte.

*Mustafa (6/60 D 2)*
***Deutscher Schlager***

## Leandros, Vicky

v (Griechenland, * 23. 8. 1948 als Vassiliki Papathanassiou in Korfu).
Ihre Jugend verbrachte Vicky teilweise in Athen und dann in Hamburg. Mit »Messer, Gabel, Schere, Licht« gelang ihr – damals noch nur unter ihrem Vornamen Vicky – Mitte 1965 ein Platz 16 in den deutschen Charts. Bis 1970 veröffentlichte sie weitere Singles als Vicky. 1967 vertrat sie Luxemburg beim Grand Prix Eurovision und belegte mit »L'Amour Est Bleu« den vierten Platz. Instrumentalversionen dieses Titels waren mit Paul Mauriat, der die Nummer geschrieben hatte, und mit Jeff Beck erfolgreich. 1972 – nun als Vicky Leandros – vertrat sie Luxemburg erneut beim Grand Prix. Dieses Mal sollte sie mit »Après Toi« gewinnen. Die Platte wurde Platz 11 in Deutschland und vergoldet. In England kam sie als »Come What May« bis auf den 2. Platz. »Ich hab' die Liebe gesehn« war Mitte 1972 ein weiterer Millionseller für sie und ein Platz 2. Ein Jahr später erreichte sie die deutschen Top 10 mit »Die Bouzouki klang durch die Sommernacht«, Mitte 1974 die Spitze in Deutschland mit »Theo, wir fahr'n nach Lodz«. Nachfolgesong »Du läßt mir meine Welt« wurde wieder ein Top-10-Hit, ihren letzten hatte sie 1977 mit der Feststellung »Auf dem Mond, da blühen keine Rosen«. Inzwischen ist sie mit Enno Baron von Ruffin verheiratet und Mutter dreier Kinder. Nachdem die aus dem Gröbsten raus waren, versuchte sich Vicky auch wieder als Schlagersängerin. Anfang 1997 stand sie unter den deutschen Top 100 mit der Nummer »Günther gestehe«. Dann sang sie die deutsche Version des Welthits »My Heart Will Go On« aus dem Film »Titanic«: »Weil mein Herz dich nie vergisst« (4/98 D 25)

*Come What May (4/72 GB 2)*
*Après Toi (4/72 CH 1)*
*Ich hab' die Liebe gesehn (7/72 D 2; 8/72 CH 2)*
*Die Bouzouki klang durch die Sommernacht (5/73 D 4; 6/73 CH 2)*
*Theo, wir fahr'n nach Lodz (5/74 D 1; 7/74 CH 5)*
*Du läßt mir meine Welt (11/74 D 9)*
*Ich liebe das Leben (2/76 D 10)*
*Tango d'Amour (10/76 CH 7)*
*Auf dem Mond, da blühen keine Rosen (3/77 CH 5, D 9)*
***Deutscher Schlager, Grand Prix***

## Lear, Amanda

v (* 18. 11. 1946 als Tapp in Hong Kong).
1973 sah man Amanda Lear erstmals auf der Plattenhülle einer LP. Roxy Music hatte sie für »For Your Pleasure« auf dem Cover abgelichtet. Ihre Plattenfirma stellte sie folgendermaßen vor: ›Am 18. November wurde sie als Sohn eines britischen Marineoffiziers und einer Chinesin in Hongkong – einige Jahre später ließ sie sich operativ vollständig zur Frau umwandeln – geboren. Sie wuchs in Südfrankreich und London auf, studierte in Paris mit 16 Kunst und bereiste später als gefragtes Fotomodell die ganze Welt.‹ Ab 1976 machte sie Platten, und nur die Deutschen fielen auf ›den‹ Sängerin rein. »Queen Of China-Town« erreichte im Herbst 1977 Platz 2, »Follow Me« im Frühjahr 1978 3. Ihre letzte Hitnotierung aus dem Jahr 1981 hieß »Egal« – genau! In den 70er Jahren war sie lange Modell für Dalí gewesen, in dessen Haus sie auch lebte. In den 80ern kam sie dann selbst als Malerin und in den 90ern als peepende Moderatorin.

*Queen Of China-Town (8/77 D 2; 1/78 CH 5)*
*Follow Me (4/78 D 3; 5/78 CH 7)*
***Disco***

## Led Zeppelin

JOHN BONHAM, d (Großbritannien, * 31. 5. 1947 in Birmingham, † 25. 9. 1980); JOHN PAUL JONES, key/b (Großbritannien, * 3. 1. 1946 als John Baldwin in Sidecup/Kent); JIMMY PAGE, g (Großbritannien, * 9. 1. 1944 in Heston/London); ROBERT PLANT, v (Großbritannien, * 20. 8. 1947 in Birmingham).

Nachdem die Yardbirds im Juli 1968 auseinandergefallen waren, beschlossen der britische Sänger und Songschreiber Jimmy Page und Bassist Chris Dreja, als New Yardbirds weiterzumachen. Die Gruppe wurde für eine zehntägige Tour durch Skandinavien gebucht. Als Page neue Musiker in die Gruppe aufnehmen wollte, ging Chris Dreja und wurde Fotograf. Der ehemalige Sessionmusiker und Arrangeur John Paul Jones kam als Bassist. Terry Reid und B. J. Wilson von Procol Harum lehnten das Angebot, Mitglied der Gruppe zu werden, ab. Reid schlug statt dessen den 19jährigen Rhythm-&-Bluessänger Robert Plant vor. Jimmy Page und Bandmanager Peter Grant sahen Robert Plant bei einem Auftritt mit der Band Hobbstweedle in Birmingham. Plant hatte sein Plattendebüt bereits 1966 als Mitglied der Gruppe Listen gegeben. 1967 veröffentlichte er zwei Solosingles, die beide erfolglos blieben. Im selben Jahr wurde er Mitglied von Band Of Joy (diese Band hatte damals keine Platten veröffentlicht, erst 1978 brachte die Polydor Archivmaterial heraus). Page machte Robert ein Angebot. Der nahm an und schlug John Bonham als Schlagzeuger für die New Yardbirds vor. Nachdem die Gruppe innerhalb von zwei Wochen ihre erste LP aufgenommen hatte, begann sie mit der Tournee. Zurück in GB, hörte Jimmy Page einen Spruch von Keith Moon, der ihm gefiel: ›Wenn das so weitergeht, fallen wir runter wie ein bleierner Zeppelin (... going down like a lead zeppelin).‹ Keith meinte damit immer Auftritte, die absolut in die Hose gingen. Page strich das ›a‹ aus ›lead‹, und fertig war Led Zeppelin. Ihr erster Hit war Ende 1969, Anfang 1970 »Whole Lotta Love«, Platz 4 in den USA und Spitzenreiter in Deutschland. Ein Jahr später erreichte der »Immigrant Song« Platz 6 bei uns und Mitte 1973 »The Ocean« Platz 8. Die Gruppe zählt mehr zu den LP-Verkäufern. Das schönste Stück von Led Zeppelin wurde, wohl wegen der Länge, nie als Single veröffentlicht: »Stairway To Heaven«. 1992 gab eine australische Comedy-TV-Show an 22 verschiedene Künstler den Auftrag, jeweils ihre persönliche Interpretation des Led-Zeppelin-Songs einzuspielen. Die 22 australischen Interpreten lieferten skurrile, schrille, komische und überwältigende Versionen ab. Kommerziell am erfolgreichsten war Rolf Harris, der es in GB damit zu einem Top-10-Hit brachte. Nach dem Tod von John Bonham am 25. 9. 1980 erklärten die übrigen Mitglieder, sie wollten nach dem ›Verlust eines lieben Freundes‹ nicht mehr als Gruppe weitermachen. Ab April 1981 sang Plant mit seiner immer mal wieder zusammenkommenden Band Honeydrippers und veröffentlichte im Juli 1982 seine erste Solo-LP. Daraus ausgekoppelt wurde die sehr schöne Single »Big Log«, die Platz 11 in GB und Platz 20 in den USA erreichte. Im Frühjahr 1988 kamen die drei verbleibenden Musiker von Led Zeppelin plus Jason Bonham, der in die Rolle des verstorbenen Vaters schlüpfte, zusammen und spielten im Madison Square Garden in New York zur Feier des 40jährigen Bestehens von Atlantic Records »Stairway To Heaven« und »Whole Lotta Love«. Speziell Robert Plant fand das nicht besonders komisch. Wenig später erschien Jimmy Pages erstes Soloalbum. Led Zeppelin gilt als eine der anspruchsvollsten Heavy Bands der Rockära und hat eine Reihe nachfolgender Musiker beeinflußt. 1993 kam Jimmy Page zusammen mit David Coverdale von Deep Purple mit dem Projekt Coverdale/Page. Robert Plant veröffentlichte die ausgezeichnete LP »Fate Of Nations« mit der hervorragenden Single »29 Palms«. Ende 1994 kamen Page und Plant für die gemeinsame CD »No Quarter« wieder zusammen. Die Presse sprach von ›Zeppelins Rückflug – Zwei ältere Herrn wollen den Led-Zeppelin-Mythos zu neuem Leben erwecken‹. Auf der Platte waren neben vier neuen Titeln zehn alte Led-Zeppelin-Nummern zu hören. Die Neuaufnahmen hielten den Originalen nicht stand, wohl auch deshalb, weil an der Stimme von Robert Plant der Zahn der Zeit nagte. Die Verkäufe der alten Led-Zeppelin-Alben hielten auch in den 90er Jahren weiter an. Am 26. Januar 1996 erhielt die Gruppe in den USA ihre 16. Platinplatte für »Led Zeppelin IV«. Damit waren sie in der Liste der bestverkauften Langspielplatten aller Zeit in den USA auf Platz 4. Die anderen drei: 1. »Thriller« von Michael Jackson, 2. »Eagles Greatest Hits 1971 – 1975«, 3. »Rumours« von Fleetwood Mac. Die Gesamtverkäufe der Led-Zeppelin-Alben in den USA belief sich bis Ende 1996 auf 52 Millionen. 1995 wurden Led Zeppelin in die Rock 'n' Roll Hall of Fame aufgenommen.Ende 1997 wurde bekannt, daß die Gruppe alleine in den USA mehr als 68 Millionen Alben verkaufte und in der ewigen US-Bestenliste Platz zwei belegte – Platz 1 für die Beatles mit mehr als 100 Millionen verkauften Alben. Im März 1998 erschien die Single »Most High« (4/98 GB 26), die auf das Album »Walking Into Clarksdale« (5/98 US-LP 8, GB-LP 3, D-LP 13) von Robert Plant und Jimmy Page hinweisen sollte. Zusammen mit Puff Daddy hatte Jimmy Page den Hit »Come With Me« (6/98 US 4, D 113, GB 2) aus dem Film »Godzilla« ein Hit für Puff Daddy.

*Whole Lotta Love (11/69 US 4; 2/70 D 1; 3/70 CH 5)*
*Immigrant Song (1/71 CH 4, D 6)*
*Black Dog (2/72 CH 6)*
*The Ocean (6/73 D 8)*
***Heavy Metal, Rock***

**CD-Tip:** *Led Zeppelin* Atlantic 7567 82144 2

## Lee, Brenda

v (USA, * 11. 12. 1944 als Brenda Mae Tarpley in Lithonia/Georgia).
Mit zwölf Jahren erhielt Brenda einen Plattenvertrag. Als Profi hatte sie bereits im Alter von sechs Jahren begonnen. In ihren Anfangstagen nannte man sie Little Miss Dynamite. »One Step At A Time« wurde im Frühjahr 1957 ihre erste Hitnotierung. »Sweet Nothin's« kam Ende 1959 in die US-Charts und wurde dort wie in GB Platz 4. Der Nachfolgehit war Mitte 1960 »I›m Sorry«, Spitzenreiter in den USA, ebenso wie drei Monate später »I Want To Be Wanted«. »Emotions« 1960, »You Can Depend On Me«, »Dum Dum« und »Fool ? 1« 1961, »Break It To Me Gently«, »Everybody Loves Me But You« und »All Alone Am I« 1962 und »Losing You« 1963 waren ihre weiteren Top-10-Erfolge in den USA. In GB brachte Brenda es auf insgesamt sieben Top-10-Hits. Wie auch z. B. Wanda Jackson sang Brenda Lee eine Reihe von deutschsprachigen Stücken. Dazu gehören die beiden Hitnotierungen »Wiedersehn ist wunderschön« und »Ich will immer auf dich warten« aus dem Jahr 1964. Die deutschen Produzenten waren mit fertigen, von James Last eingespielten Instrumentalbändern nach Nashville gekommen, wo Brenda nur noch die Gesangsstimme darüber aufnehmen mußte. In den Hitparaden erreichte sie bis 1966 Top-20-Positionen. In den 70er Jahren machte sie Country-Platten, die in den entsprechenden Hitparaden erfolgreich waren. 1981 sah man sie im Burt-Reynolds-Jackie-Glea-

son-Film »Smokey And The Bandit II«, 1990 war sie auf dem Soundtrack zum Film »Dick Tracy« zu hören.

*Sweet Nothin's (12/59 US 4; 4/60 GB 4)*
*I›m Sorry (5/60 US 1)*
*That's All I Gotta Do (6/60 US 6)*
*I Want To Be Wanted (9/60 US 1)*
*Emotions (12/60 US 7)*
*You Can Depend On Me (3/61 US 6)*
*Fool 1 (11/61 US 3)*
*Break It To Me Gently (1/62 US 4)*
*Speak To Me Pretty (4/62 GB 3)*
*Everybody Loves Me But You (4/62 US 6)*
*Here Comes That Feeling (6/62 GB 5)*
*All Alone Am I (9/62 US 3; 1/63 GB 7)*
*Rockin' Around The Christmas Tree (11/62 GB 6)*
*Losing You (3/63 US 6, GB 10)*
*As Usual (1/64 GB 5)*
*Dum Dum (6/91 US 4)*
***Country, Pop***

**CD-Tip:** *The Very Best Of Brenda Lee Vol. I & II*
MCA DMCL 1713/4

## Lee, Curtis

v (USA, * 28. 10. 1941 in Yuma/Arizona).
Die Plattenkarriere von Lee, der auch Songschreiber war, begann 1959. Anfang der 60er Jahre wurde er von Phil Spector produziert, was ihm zwei Eintragungen in den US-Popcharts bescherte: »Pretty Little Angel Eyes« wurde ein Top-10-Hit, »Under The Moon Of Love« drei Monate später Platz 46. Beide Titel wurden später von Rockabilly-Revival-Formationen, speziell aus GB, neu aufgelegt. Neben Spectors unbestrittenen Fähigkeiten hat zum Erfolg sicher beigetragen, daß Lees Stimme der von damaligen Teen-Idolen stark ähnelte. Obwohl Curtis bis Ende der 60er Jahre noch Platten veröffentlichte, gelang ihm kein Hit mehr.

*Pretty Little Angel Eyes (7/61 US 7)*
***Rock 'n' Roll***

## Lee, Dee C.

v (Großbritannien, * 6. 6. 1961 als Diane Sealey).
Die Sängerin und Songschreiberin Dee C. Lee begann als Chorsängerin mit Wham! und Style Council. In der Hauptsache bestritt sie ihren Lebensunterhalt jedoch als Fotomodell. Ab 1985 veröffentlichte sie auch Soloplatten und hatte mit »See The Day« Ende 1985, Anfang 1986 einen Top-10-Hit in GB. Die Nachfolgesingle kam gerade noch unter die Top 50. Im Dezember 1986 heiratete sie Paul Weller von Style Council.

*See The Day (11/85 GB 3)*
***Pop***

## Lee, Dickey

v (USA, * 21. 9. 1936 als Richard Lipscomb in Memphis/Tennessee).
Der Country- und Popsänger und Songschreiber nahm während seiner High-School-Zeit in Memphis ab 1957 erste Platten für das dort ansässige Sun-Label auf. Sein größter Hit gelang ihm 1961 mit der Ballade »Patches«, ein Millionseller und sein einziger Top-10-Erfolg in den Pophitparaden. Nach einigen erfolgloseren Veröffentlichungen wandte er sich schließlich ganz der Country Music zu und war in der entsprechenden Hitparade bis in die 80er Jahre regelmäßig vertreten. Seinen größten Erfolg hatte er dort 1975 mit »Rocky«, ein Spitzenreiter. Interpreten wie Don Williams, Brenda Lee, Anne Murray oder Glen Campbell nahmen von Lee verfaßte Titel auf.

*Patches (8/62 US 6)*
***Country, Pop***

## Lee, Jackie

v (Irland, * 29. 5. 1936 in Dublin).
Ihre musikalische Karriere begann die

Jackie Lee bereits als Kind unter dem Pseudonym Child Star. 1956 nahm sie erste Platten auf, und Ende der 50er Jahre wurde sie Mitglied in der Showband Squadronaires. Zusammen mit ihrem Mann gründete sie in den 60er Jahren Jackie & The Raindrops. 1967 nahm sie eine Solosingle als Emma Rede auf, wie alle bisherigen Projekte ohne Erfolg. Der kam 1968 mit der Titelmelodie aus einer britischen Kinderfernsehserie, »White Horses«. Die Single hatte sie als Jacky aufgenommen und erreichte damit gerade die Top 10. Im Januar 1971 veröffentlichte sie unter ihrem richtigen Namen die Single »Rupert«, die es auf Platz 14 brachte. In den USA sang sie Ende der 60er Jahre für einige Soundtracks, z. B. »Barbarella«.

*White Horses (4/68 GB 10)*
***Pop***

## Lee, Johnny

v (USA, * 3. 7. 1946 als John Lee Ham in Texas City/Texas).
In den frühen 60er Jahren spielte dieser Sänger und Songschreiber in verschiedenen Rockbands, dann gründete er seine eigene Gruppe Road Runners. Zurück aus Vietnam, war er Mitglied in der Band von Mickey Gilley und trat in dessen Club in Pasadena, Texas, auf. Später eröffnete Lee einen eigenen Club, nur wenige Meilen von Mickeys entfernt. 1975 hatte er seine erste Eintragung als Solist in den Country-Charts. 1980 kam er dort auf Platz 1, hatte einen Millionseller und erreichte Platz 5 in den amerikanischen Popcharts mit »Lookin‹ For Love«. Das Stück stammte aus dem Film »Urban Cowboy«. In den Jahren danach gelangen ihm viele weitere Country-Erfolge, darunter vier Nummer-1-Hits. Für die Top 40 des Pop reichte es nicht mehr. Von 1982 bis 1984 war er mit der Schauspielerin Charlene Tilton verheiratet, bekannt als Lucy aus ›Dallas‹.

*Lookin‹ For Love (7/80 US 5)*
***Country, Rock***

## Lee, Leapy

v (Großbritannien, * 2. 7. 1942 als Lee Graham in Eastbourne).
Die Sänger Leapy Lee, Tom Jones und Engelbert hatten denselben Manager. Dieser Gordon Mills war eingestandenermaßen ein Fan der Nashville Music. Mit Leapy Lee produzierte er zunächst den Titel »Little Arrows«, der im August 1968 ein Platz 2 in GB, 16 in den USA und 5 in Deutschland wurde. Danach spielte Lee in Nashville eine LP ein, aus der die Nummer »Good Morning« ausgekoppelt wurde, die zumindest noch unter die ersten 30 kam. Dann beschäftigte sich der sprunghafte Lee mehr mit Trinkgelagen und gelegentlichen Raufereien, bis er schließlich wegen Körperverletzung verurteilt wurde und ins Gefängnis mußte. Danach arbeitete er kurzfristig als Produzent und zog schließlich nach Mallorca, wo er in Bars auftrat.

*Little Arrows (8/68 GB 2; 10/68 CH 2, D 5)*
***Pop***

## Lee, Peggy

v (USA, * 26. 5. 1920 als Norma Deloris Egstrom in Jamestown/North Dakota).
Die Sängerin und Schauspielerin begann in Nachtclubs in Hollywood in den Bands von Jack Wardlaw und Will Osborne. 1941 sah Benny Goodman Peggy und verpflichtete sie für seine Band. »Somebody Else Is Taking My Place« wurde im Frühjahr 1942 für Benny und Peggy Nummer 1 in den USA. Ihr erster Millionseller war »Why Don't You Do Right«, im Januar 1943 Platz 4. Im März 1943 verließ Peggy Goodman zusammen mit dessen Gitarristen Dave Barbour, den sie heiratete. Als

Solistin war sie ab 1945 erfolgreich. Der Titel »Waitin‹ For The Train To Come In« war Ende des Jahres ihre erste Hitnotierung und gleich ein Top-10-Erfolg. Anfang 1948 stand sie für neun Wochen auf Platz 1 in den USA mit der Nummer »Manana (Is Soon Enough For Me)«. Die Platte wurde außerdem ein Millionseller. Ebenso die Nummer »Lover« Mitte 1952. Peggy Lees Erfolge reichen bis zum Ende der 60er Jahre. Am bekanntesten wurden sie in Deutschland mit der Nummer »Fever«, die Mitte 1958 erschien. Ihr letzter Hit war das von Leiber/Stoller geschriebene Stück »Is That All There Is«, Ende 1969 Platz 11 in den US-Charts. Ab 1950 sah man Peggy auch in etlichen Filmen. Für ihre Rolle in »Pete Kelly's Blues« 1955 war sie für einen Oscar nominiert. Daß Peggy auch ohne Hits eine akzeptierte Sängerin war, sieht man daran, daß Musiker wie Quincy Jones oder Duke Ellington mit ihr gespielt haben, als sie nicht mehr in den Charts stand.

*Waitin' For The Train To Come In (11/45 US 4)*
*I Don't Know Enough About You (5/46 US 7)*
*It's All Over Now (11/46 US 10)*
*Chi-Baba, Chi-Baba (My Bambino Go To Sleep) (6/47 US 10)*
*Golden Earrings (11/47 US 2)*
*Manana (Is Soon Enough For Me) (1/48 US 1)*
*Riders In The Sky (A Cowboy Legend) (5/49 US 2)*
*The Old Master Painter (1/50 US 9)*
*Lover (6/52 US 3)*
*Mr. Wonderful (5/57 GB 5)*
*Fever (7/58 GB 5, US 8)*
***Pop***

**CD-Tip:** *Best Of Peggy Lee* Capitol 7 80361 2

## Leeds United FC

Die aktuelle Mannschaft des Leeds United FC muß im April des Jahres 1972 sehr gut gewesen sein. Der Song »Leeds United« erreichte Platz 10 in GB, und offensichtlich müssen danach die Qualitäten der Fußballer und der Sänger nachgelassen haben. Ein weiterer Hit gelang ihnen bis jetzt nicht.

*Leeds United (4/72 GB 10)*
***Pop***

## Left Banke

MICHAEL BROWN, key (USA, * 25. 4. 1949 als Michael Lookofsky in New York City); GEORGE CAMERON, d (USA); TOM FINN, b (USA); STEVE MARTIN, v (USA); JEFF WINFIELD, g (USA).

Die aus New York stammende Gruppe formierte sich 1966. Der Vater von Mike Brown hatte ein eigenes Aufnahmestudio und verschaffte den Jungs einen Plattenvertrag. Die erste Notierung von Left Banke in den Charts war der Titel »Walk Away Renee«, der im Herbst 1966 Platz 5 in den USA erreichte. Die Nachfolgesingle »Pretty Ballerina« erreichte noch Platz 15, danach gelang ihnen kein weiterer Hit mehr. 1968 fiel die Band wieder auseinander. Mike Brown formierte eine weitere erfolgreiche Band, die Stories. Danach versuchte er sich als Solist und gründete später die Beckies.

*Walk Away Renee (9/66 US 5)*
***Soft Pop***

## Legler, Betty

v/key (Schweiz, * 18. 11. 1961 in Linthal).

Die Tochter eines Restaurantbesitzers begann bereits in frühen Jahren, Texte zu formulieren. Erstmals stellte sie ein selbstarrangiertes Repertoire im Herbst 1978 einem 400köpfigen Publikum in der Aula von Glarus vor. Ein Jahr später unternahm sie eine kleine Tournee durch die Schweiz. Im Januar 1981 hatte sie schon den Stempel ›Piano Rock Lady‹ erhalten. Zusammen mit Christian Kolonovits arbeitete sie an ihrer ersten LP. Die Songs hatte Betty alle alleine geschrieben. Von dieser ersten LP war ihr Hit »Just The Kisses« ausgekoppelt. Im Frühjahr 1982 erschien eine zweite LP mit dem Titel »Signs«. Auf dieser LP war »Rock For The Lady« zu finden. 1993 gründete Betty eine eigene Firma, die all ihre Aktivitäten – Konzerte, Aufträge für Filmsoundtracks, Werbung – koordinierte.

*Just The Kisses (5/81 CH 3)*
*Rock For The Lady (10/81 CH 3)*
***Pop, Rock***

## Leismann, Renate & Werner

RENATE LEISMANN, v (Deutschland, * 16. 4. 1942 in Schmallenberg); WERNER LEISMANN, v (Deutschland, * 31. 12. 1936 in Schmallenberg).
Die Geschwister Leismann waren ab Mitte 1962 in Deutschland bis 1974 erfolgreich. Ihr größter Hit war Ende 1962 ein Platz 3 in den deutschen Charts: »Gaucho Mexicano«. Entdeckt hatte die beiden, die vorher als Textildesigner gearbeitet hatten, Peter Frankenfeld in seiner Fernsehsendung ›toi, toi, toi‹.

*Gaucho Mexicano (12/62 D 3)*
***Deutscher Schlager***

**CD-Tip:** *Ein Schlafsack und eine Gitarre* Sonia 77 237

## Lemon Pipers

BILL ALBAUGH, d (USA); BILL BARTLETT, g (USA); IVAN BROWNE, v/g (USA); R.G. NAVE, org (USA); STEVE WALMSLEY, b (USA).
Die Band begann in ihrer Heimatstadt Cincinnati als Ivan & The Sabres. Daraus wurden 1967 die Lemon Pipers, die versuchten, eine Mixtur aus Psychedelic und Bubblegum zu produzieren. Ihre erste Hitnotierung war gleich ihr größter Erfolg, ein Spitzenreiter und Millionseller: »Green Tambourine« Ende 1967. 1968 gelangen ihnen noch zwei weitere Eintragungen, die jedoch nicht über Platz 40 hinausgingen. Das Problem der Gruppe wird wohl gewesen sein, daß sie sich auf der einen Seite nicht mit dem Bubblegum-Image von Bands wie Ohio Express oder 1910 Fruitgum Co. identifizieren konnten, auf der anderen Seite aber mit ihnen in einen Topf geschmissen wurden. Bill Bartlett tauchte 1977 mit Ram Jam in den Charts auf. Ansonsten hörte man nach 1969 von den anderen Bandmitgliedern nichts mehr.

*Green Tambourine (12/67 US 1; 2/68 GB 7; 3/68 CH 7; 12/68 D 10)*
***Bubblegum***

**CD-Tip:** *Lemon Pipers* Sequel NEX CD 131

## Lennon, John

v/g (Großbritannien, * 9. 10. 1940 in Liverpool, † 8. 12. 1980).
Eine häufig zu lesende Kurzbeschreibung von John Lennon lautete: Rebell, Genie und Idol der Beatle-Ära. Wer vom Autorenteam Lennon/McCartney was geschrieben hat, läßt sich inzwischen in der eingschlägigen Literatur nachlesen. In den meisten Fällen hört man es allerdings auch gut raus. Seichte Melodien wie »Yesterday«, »All My Loving«, »Let It Be«, »The Long And Winding Road« waren Pauls Sache, härtere Stücke wie »A Hard Day's Night«, »Come Together«, »Lucy In The Sky With Diamonds« oder »Ballad Of John And Yoko« Johns Domäne. Die Beatles waren noch zusammen, als John Lennon mit »Unfinished Music No. 1/Two Virgins« im November 1968 sein erstes Solowerk auf den Markt brachte. Von Musik kann man allerdings im Zusammenhang mit der Platte nicht sprechen. Sein erstes Studioalbum erschien im Dezember 1970 und brachte Highlights wie »Mother« oder »Working Class Hero«. Knapp ein Jahr später kam die LP »Imagine«, die reifste Platte von John Lennon,

mit Stücken wie »Jealous Guy«, »How Do You Sleep« oder dem Titelsong »Imagine«. Lennons erste Solosingle in den internationalen Charts war im Juli 1969 »Give Peace A Chance«, die in GB bis auf Platz 2, in den USA bis auf 14 und in Deutschland auf 4 kam. »Instant Karma« Anfang 1970 erreichte in GB Platz 5, in den USA wurde es ein Millionseller und Platz 3, in Deutschland 11. Als 1992 eine Sportartikelfirma unter dem Zeichen der griechischen Siegesgöttin Nike den Song »Instant Karma« in ihren Werbespots verwandte, kam er erneut in die deutsche Hitparade und erreichte dieses Mal die Top 10. Ein später Sieg des Kommerz über die Grundsätze John Lennons. Vermutlich hat man seine Witwe zur Einwilligung gezwungen – mit Geld. »Imagine« stieg Ende 1971 in die US-Charts ein und wurde Platz 3, in Deutschland Platz 18. In GB kam die Single erst 1975 in die Hitparade und stieg bis auf Platz 6. Nach dem Tod von John Lennon im Dezember 1980 wurde die Single nach ihrem Re-Entry in den britischen Charts Spitzenreiter. Neben seinen musikalischen Aktivitäten betätigte sich Lennon auch auf anderen künstlerischen Gebieten. Zusammen mit seiner Frau Yoko Ono organisierte er seit den 60er Jahren z. B. Bed-Ins für den Frieden und veranstaltete Performances – Bagism, das Pflanzen von Eicheln als Symbol der Vereinigung von Ost und West – und sorgte gemeinsam mit Yoko dafür, daß den Medien auch nicht das geringste Ereignis ihrer Beziehung entging. Bis sich John Lennon nach 1975 mehr oder weniger vollständig aus dem Musikgeschäft zurückzog, gelangen ihm noch folgende Top-10-Hits: »Power To The People« 1971 in GB, »Happy Xmas (War Is Over)« 1972 in GB, »Whatever Gets You Thru The Night« und »# 9 Dream« 1974 in den USA. Nach der Geburt seines Sohnes Sean 1975 kümmerte sich John für einige Jahre um Haushalt und Kindererziehung, während Yoko Ono die nicht unerheblichen geschäftlichen Angelegenheiten betreute. In der Presse war in zunehmendem Maße von seinen persönlichen Schwierigkeiten und seinem Kampf mit der amerikanischen Einwanderungsbehörde zu lesen. Im Juli 1976 erhielt John endlich seine Green Card. Bei der Anhörung hatten Künstler wie Gloria Swanson, Norman Mailer oder John Cage zu seinen Gunsten ausgesagt. Obwohl diese Anhörung mehr oder weniger eine Formalität war, hielt sie den Richter nicht davon ab, zu fragen, ob er dem Staat denn möglicherweise zur Last falle oder um Sozialhilfe bitten werde. Nach der Anhörung amüsierte John sich königlich darüber, daß die heißbegehrte Green Card in Wirklichkeit blau war. Nach der fünfjährigen Pause wurde im Herbst 1980 die LP »Double Fantasy« angekündigt. Auf den Yoko-Ono-Teil der Phantasie hätte man gut verzichten können. Die erste Vorabauskopplung »(Just Like) Starting Over« brachte es in den USA und in GB gleich auf Platz 1. Auch die LP kam bei ihrem Erscheinen weltweit in allen LP-Charts auf den Spitzenplatz. Auf der Platte finden sich sieben Lieder von John Lennon und sieben von Yoko Ono, und sicher nicht nur wegen des Todes von John Lennon wurde sie mit einem Grammy als Album des Jahres bedacht. Am Abend des 8. 12. 1980 kehrte John Lennon gerade von Promotionaktivitäten für diese neue LP in seine Wohnung im Dakota Building in New York City zurück, als er von Mark David Chapman vor dem Haus erschossen wurde. Die weltweite Reaktion war eminent. Die ›Frankfurter Allgemeine Zeitung‹ schrieb: ›Die Bestürzung wird wohl bei allen aus der Generation der 30jährigen ähnlich tief gewesen sein. Da ist etwas von und in uns mitgetroffen, und das geht über reine Betroffenheit hinaus. John Lennon ist Sinnbild einer poetischen Existenz, er verkörpert die friedliche Seite unseres Gefühlshaushalts.‹ Daß John Lennon ganz anders sein konnte, wurde durch viele Bücher klar, die nach seinem Tod über ihn geschrieben wurden, wenn auch manches darin in das Reich der Fabelwelt gehört. Chapman wurde zu zwanzig Jahren Gefängnis verurteilt und wird wohl danach in eine Nervenheilanstalt eingewiesen. Im Dezember 1992 sagte er in einem Fernsehinterview, er hätte niemals eine reale Person töten wollen, sondern lediglich eine Vorstellung und ein Albumcover. Ein anderer Aspekt – ähnlich wie nach dem Tod von Jimi Hendrix, Janis Joplin, Elvis Presley und vielen anderen – war die Vermarktung von Johns Tod. Plattenzusammenstellungen wurden veröffentlicht, die Single »Woman« kam im Januar 1981 in die Hitparade und wurde ein Millionseller, »Watching The Wheels« erreichte zwei Monate später auch noch die Top 10. 1994 wurde John Lennon in die Rock 'n' Roll Hall of Fame aufgenommen.

*Give Peace A Chance (7/69 GB 2, CH 4, D 4; 3/81 D 9)*
*Instant Karma (We All Shine On) (2/70 US 3, GB 5; 6/92 D 7)*
*Instant Karma (4/70 CH 9)*
*Mother (2/71 CH 3)*
*Power To The People (3/71 GB 7; 4/71 CH 5, D 7)*
*Imagine (10/71 US 3; 11/71 CH 5; 11/75 GB 6; 2/81 CH 2, D 7)*
*Happy Xmas (War Is Over) (12/72 GB 4; 12/80 GB 2)*
*Whatever Gets You Thru The Night (9/74 US 1)*
*# 9 Dream (12/74 US 9)*
*(Just Like) Starting Over (11/80 GB 1, US 1, D 4; 12/80 CH 1)*
*Woman (1/81 GB 1, US 2, D 4; 3/81 CH 2)*
*Watching The Wheels (3/81 US 10)*
*Nobody Told Me (1/84 US 5, GB 6)*
***AOR (Adult Orientated Rock), Pop, Rock, Rock 'n' Roll***

**CD-Tip:** *Lennon* Parlophone CDP 7 952212/22/32/42

## Lennon, Julian

v/d (Großbritannien, * 8. 4. 1963 in Liverpool).

Sein Plattendebüt gab Julian bei der Nummer »Ya Ya«, die auf der LP »Walls And Bridges« seines Vaters zu finden ist. Julian spielte, gerade elf Jahre alt, bei dieser Aufnahme Schlagzeug. Daß er John Lennons Sohn ist, ist unüberhör- und -sehbar. 1984 erschien seine erste Platte. Seine erste Hitnotierung war im Oktober 1984 »Too Late For Goodbyes«. Die Nummer erreichte in GB Platz 6, in den USA im Frühjahr 1985 Platz 5. Julian erspielte nur noch einen weiteren Top-10-Erfolg: »Valotte«. Nachdem die Amerikaner diesen Titel als erste Single Ende Oktober 1984 veröffentlicht hatten, stieg er bis auf Platz 9. Obwohl Julian in den folgenden Jahren weitere, durchaus auch gute Aufnahmen veröffentlichte, kam er lange nicht mehr in die Top 20. Erst im Sommer 1991 erreichte »Saltwater« Platz 6 in GB. 1994 kamen mehr und mehr Gerüchte auf, daß es unter Umständen doch zu einer Reunion der Beatles kommen könnte. Julian sollte dabei den Platz des ermordeten Vaters einnehmen. Doch statt dessen zog sich Julian frustriert aus dem Musikgeschäft zurück, schrieb jedoch hin und wieder neue Nummern, von denen z. B. »Cole's Song« im Film »Mr. Holland's Opus« auftauchte. Er selbst spielte in »Leaving Las Vegas« eine Nebenrolle. 1998 erschien dann nach sieben Jahren wieder ein neues Album von Julian: »Photograph Smile«. Er selbst zu den Jahren zwischen 1994 und 1998: ›Es gab eine Zeit, und die ist noch gar nicht so lange her, da hätte ich am liebsten alles was ich bis dahin gemacht hatte, aus meinem Leben getilgt. Ich fragte mich, wie ich je meinen eigenen Weg finden soll, wenn doch immer wieder die Vergleiche kommen. Jetzt ist mir klar geworden, daß sie nie verschwinden werden, egal, was ich tue. Aber das ist o. k. Das ist mein Karma‹.

*Too Late For Goodbyes (10/84 GB 6; 1/85 US 5)*
*Valotte (10/84 US 9)*
*Saltwater (8/91 GB 6)*
***Pop***

**CD-Tip:** *Valotte* Charisma 610 251–2

## Lennox, Annie

v/key/fl (Großbritannien, * 25. 12. 1954 in Aberdeen).
Die schottische Sängerin und Songschreiberin gründete zusammen mit Dave Stewart und dessen bestem Freund Peet Coombs das Trio Catch, das mit »Borderline« einen kleinen Hit in Holland hatte. Im Juni 1979 kamen weitere Mitglieder zu dieser Formation, die nun ihren Namen in Tourists änderte. 1979/80 gelangen ihnen zwei Top-10-Erfolge. Im Oktober 1980, noch während die Band durch Australien tourte, trennte man sich. Annie und Dave machten als Eurythmics weiter, die bis 1986 erfolgreich waren. Im Duett mit Aretha Franklin hatte Annie den Hit »Sisters Are Doin' It For Themselves«, im Duett mit Al Green »Put A Little Love In Your Heart«. Danach nahm Annie Lennox eine Babypause, um schließlich im Frühjahr 1992 mit dem hervorragenden Album »Diva« auf den Markt zu kommen. Daraus ausgekoppelt wurde als erste Single »Why«. Nachfolger wurden »Walking On Broken Glass« und »Little Bird«. Nach fast dreijähriger Pause veröffentlichte sie Anfang 1995 die CD »Medusa«, die im März in den britischen Albumcharts auf 1 einstieg. Darauf befanden sich ausschließlich Kompositionen anderer Songschreiber, die für Annie Lennox eine ganz besondere Bedeutung haben. Als Singleauskopplung erschien »No More ›I Love You's‹«, im Original ein Stück von The Lover Speaks. Sehr schön auch ihre Interpretation von Bob Marleys »Waiting In Vain«.

*Put A Little Love In Your Heart (11/88 US 9)*
*Why (3/92 GB 5; 5/92 CH 6)*
*Walking On Broken Glass (8/92 GB 8)*
*Little Bird/Love Song For A Vampire (2/93 GB 3)*
*No More ›I Love You's‹ (2/95 GB 2)*
***AOR (Adult Orientated Rock), Pop***

**CD-Tip:** *Medusa* RCA 74321 25717 2

## Leonard, Jack

v (USA).
Jack war der Starsänger in den frühen Tagen der Tommy Dorsey Band. Begonnen hatte er bei Bert Block 1935. 1936 ging er zu Dorsey bis Ende 1939. Für Dorsey sang Leonard z. B. den Millionseller und Spitzenreiter in den USA »Marie«. Ab 1940 nahm Jack als Solist Platten auf und hatte mit »I Never Mention Your Name« im September 1943 Platz 8 in den USA und seinen einzigen Top-10-Erfolg. Danach wurde er zum Militär eingezogen. Als er 1946 zurückkam, versuchte er seine Karriere fortzusetzen, was ihm mißlang. Danach wurde er Roadmanager und Radiopromoter für Tommy Dorsey, ließ sich in Los Angeles nieder und arbeitete weiter hinter den Kulissen im Plattengeschäft.

*I Never Mention Your Name (9/43 US 8)*
***Pop***

## Lester, Ketty

v (USA, * 16. 8. 1934 als Revoyda Frierson in Hope/Arkansas).
Geboren wurde die amerikanische Sängerin und Schauspielerin in dem inzwischen berühmten Ort Hope im Staate Arkansas. Ihre musikalische Karriere begann sie in San Francisco. Sie absolvierte eine Europatournee und ging dann zu Cab Calloway. Nachdem Ketty Lester nach New York gezogen war, erhielt sie einen Plattenvertrag und hatte 1962 einen Top-10-Hit auf beiden Seiten des Atlantiks mit »Love Letters«, 1945 ein Hit für Dick Haymes, 1987 einer für Alison Moyet. Es

blieb Kettys einzige Notierung unter den ersten 10. Sie wandte sich dann der Schauspielerei zu und tauchte in Fernsehserien wie ›Dr. med. Marcus Welby‹, ›Days Of Our Lives‹ oder ›Rituals‹ auf und von 1978 bis 1983 in ›Unsere kleine Farm‹ – hier spielte sie die Hester Sue Terhune. In ›Morning Star/Evening Star‹ übernahm sie 1986 die Rolle der Nora Blake.

*Love Letters (2/62 US 5; 4/62 GB 4)*
***Pop***

## Let Loose

ROBBY JEFFREY (Großbritannien, * 30. 11. 1969); LEE MURRAY, d (Großbritannien, * 14. 5. 1971); RICHIE WERMERLING, v/key (Großbritannien, * 11. 5. 1970).

›Wir wollen die Popmusik von ihrem schlechten Ruf befreien und sie wieder zu dem machen, was sie ursprünglich einmal war! Mit diesem nicht ganz unbescheidenen Credo sind die drei in London lebenden Engländer angetreten, der Welt des Pops eine Frischzellenkur zu verpassen. Ihre Ambitionen gehen dabei weder in Richtung der ausgetretenen Pfade von Teenie-Pop noch in die des Techno. Sie wollen mit ihrer Band Let Loose die große Tradition britischer Popbands der 80er fortsetzen, wie sie vertreten wurde von Bands wie Duran Duran oder Tears For Fears.‹ Mit diesen Zeilen wurde die erste Single von Let Loose, »Crazy For You«, im April 1993 angekündigt. Ob eine Tour durch englische und deutsche Schulhöfe, durch die Levi's Stores und WOMs dieser Welt der richtige Weg ist, die ausgetretenen Pfade des Teenie-Pop zu verlassen, sei dahingestellt. Jedenfalls tat diese Vorarbeit an der Basis der Singleplattenkäufer ihre Wirkung. Bei der Erstveröffentlichung erreichte »Crazy For You« Platz 44 in GB. Als sie Mitte 1994 veröffentlicht wurde, kam sie bis auf Platz 2. Nachfolger »Seventeen« erreichte im Herbst 1994 Platz 11. Die deutschen Teenies hielten sich zurück. Im Januar 1995 kam »One Night Stand« bis auf Platz 12 in GB. »Best In Me« und »Make It With You« wurden dort weitere Top-10-Erfolge. »Everybody Say Everybody Do« Ende 1995 und »Take It Easy« im Herbst 1996 wurden in GB Top-30-Hits.

*Crazy For You (6/94 GB 2)*
*Best In Me (4/95 GB 8)*
*Make It With You (6/96 GB 7)*
***Pop***

**CD-Tip:** *Rollercoaster* Mercury 532 955–2

## Lettermen

TONY BUTALA, v (USA, * 20. 11. 1940 in Sharon/Pensylvania); BOB ENGEMANN, v (USA, * 19. 2. 1936 in Highland Park/Michigan); JIM PIKE, v (USA, * 6. 11. 1938 in St. Louis).

1960 kam es in Los Angeles zur Gründung der Lettermen, die Ende 1961 mit einer Coverversion des Doris-Day-Hits aus dem Jahre 1952, »When I Fall In Love«, Platz 7 in den USA belegten. Vorher hatten Bob und Jim, die beide an der Brigham Young University in Utah studierten, gemeinsam in örtlichen Clubs gesungen. Ein weiterer Platz 7 gelang den Lettermen Ende 1967 mit einer Mixtur aus den beiden Songs »Goin' Out Of My Head/Can't Take My Eyes Off Of You«. Die Lettermen sangen vorwiegend seichtes Standardmaterial, das sich auf Langspielplatten besser verkaufte als auf Singles. So brachten sie es im Laufe der Jahre auf 32 Hitnotierungen in den amerikanischen LP-Charts, vier davon waren Millionseller. Auch als Live Act war das Trio sehr gefragt. Ihre LP »The Lettermen!!! ... And Live!« aus dem Jahre 1967 war ihre erfolgreichste. 1968 verließ Bob Engemann die Band und wurde durch Gary Pike, Jims Bruder, ersetzt, für den wiederum sechs Jahre später Donny Pike kam. Nach 1971 ließ der Erfolg nach.

*When I Fall In Love (11/61 US 7)*
*Goin‹ Out Of My Head/Can't Take My Eyes Off Of You (12/67 US 7)*
***Pop***

**CD-Tip:** *Lettermen Best 20* Capitol CP 32–5294

## Level 42

BOON GOULD, g (Großbritannien, * 4. 3. 1955 in Shanklin); PHIL GOULD, d (Großbritannien, * 28. 2. 1957 in Hongkong); GARY HUSBAND, d (Großbritannien); MARK KING, v/b (Großbritannien, * 20. 10. 1958 in Cowes); MARK LINDUP, key (Großbritannien, * 17. 3. 1959 in London); ALAN MURPHY, g (Großbritannien, † 19. 10. 1989).

Der Name stammt aus dem Kultbuch ›Per Anhalter durch die Galaxis‹, in dem ›42‹ die Antwort auf die Frage ist, worin der Sinn des Lebens liegt. Mark King war der Gründer dieser Band, die sich 1980 zusammenfand. In den Anfangstagen spielte die Gruppe rein instrumentalen Jazz-Funk. Im Mai 1980 erschien auf einem kleinen Independent-Label mit »Love Meeting Love« die erste Single der Gruppe, auf der Mark auf Drängen des Produzenten nun auch sang. Die Platte wurde zwar kein großer Hit und fiel lediglich in den Discotheken besonders auf, führte aber zu einem Plattenvertrag mit einer großen britischen Plattenfirma. Die neue Company veröffentlichte erst einmal die alte Single der Band neu, die nun auch in die Charts kam. Mitte 1983 hatte die Band »The Sun Goes Down (Living It Up)« auf Platz 10 in GB. Weitere Top-10-Erfolge waren »Something About You« 1985, »Lessons In Love« – diese Platte wurde Spitzenreiter in Deutschland – 1986 und »Running In The Family«, »To Be With You Again« und »It's Over« 1987. Ende 1987 verließen die beiden Brüder Gould die Band. 1988 waren außer King und Lindup noch Gary Husband und Alan Murphy zu hören. 1989 erkrankte Murphy schwer und starb im Oktober desselben Jahres. Auf der LP »Guaranteed«, die im Herbst 1991 erschien, spielte Level 42 in Trio-Besetzung mit Gastmusikern. 1994 erschien das Album »Forever Now«. Level 42 war inzwischen auf das Duo King und Lindup geschrumpft. Die Auskopplung des Titelsongs brachte es im Februar 1994 auf Platz 19 in GB.

*The Sun Goes Down (Living It Up) (7/83 GB 10)*
*Something About You (9/85 GB 6; 2/86 US 7)*
*Lessons In Love (4/86 GB 3; 6/86 D 1; 7/86 CH 1)*
*Running In The Family (2/87 GB 6; 3/87 CH 5)*
*To Be With You Again (4/87 GB 10)*
*It's Over (9/87 GB 10)*
***Disco, Funk, Pop***

**CD-Tip:** *Lessons In Love* Zounds CD 272 00552

## Levert

MARC GORDON, v (USA); GERALD LEVERT, v (USA, * 13. 7. 1966 in Cleveland/Ohio); SEAN LEVERT, v (USA, * 28. 9. 1968 in Cleveland/Ohio).

Vater der beiden Brüder ist Eddie Levert, der über viele Jahre hinweg der Kopf der O›Jays war. Die Gruppe Levert war von vielen Plattenfirmen abgelehnt worden, weil sie zu sehr nach den O›Jays klang. 1985 erhielten sie einen Vertrag bei einem Independent-Label, und nun wurde ihre Debütplatte »I›m Still« veröffentlicht, die es in die Rhythm-&-Blues-Hitparade brachte. Danach wechselten sie zu der großen Plattenfirma Atlantic, die der Band den Hit »(Pop, Pop, Pop, Pop) Goes My Mind« bescherte, Platz 1 in den Rhythm-&-Blues-Charts. Ihren bisher größten Erfolg sollten sie im Sommer 1987 haben, als die Platte »Casanova« Nummer 1 in den Rhythm-&-Blues-Charts, Millionseller, Platz 5 in den US-Popcharts, 9 in GB und 10 in Deutschland wurde. In den Rhythm-&-Blues-Charts gelangen dem Trio weitere Erfolge, in den Pophitparaden bisher noch nicht. Ab 1988 hatte Gerald Levert auch etliche Soloerfolge. Die größten waren »Private Line« (10/91 R&B 1), »Baby Hold On Me« (1/92 R&B 1, US 37), zusammen mit seinem Vater, und »I'd Give Anything« (8/94 US 28). In den 90er Jahren intensivierte Gerald die Zusammenarbeit mit seinem Vater. Es kam zu einigen gemeinsamen Plattenveröffentlichungen. Zusammen mit Keith Sweat und Johnny Gill nahm Gerald ab 1997 als LSG erfolgreich Platten auf.

*Casanova (8/87 US 5, GB 9; 10/87 D 10)*
***Rhythm & Blues, Soul***

**CD-Tip:** *Rope A Dope Style* Atlantic 7547 82164 2

## Lewie, Jona

v (Großbritannien, * 14. 3. 1947).
Nachdem er in etlichen britischen Bands gespielt hatte, ging Jona Lewie 1969 in die USA und veröffentlichte dort fünf Titel auf dem Yazoo-Label. Zurück in GB, wurde er Mitglied bei Brett Marvin & The Thunderbolts. Der Höhepunkt in der Karriere dieser Band, in der niemand Brett Marvin hieß, kam, als sie im Vorprogramm von Derek & The Dominos spielen durften. In der Folge davon wurde eine Single, die sie vorher schon aufgenommen hatten, wiederveröffentlicht. Dieses Mal jedoch unter dem Gruppennamen Terry Dactyl & The Dinosaurs. Das Stück hieß »Seaside Shuffle« und war Mitte 1972 ein Platz 2 in GB. Danach verließ Jona die Band, veröffentlichte einige Soloplatten und gründete 1976 die Jive Bombers. 1977 unterschrieb er einen Plattenvertrag bei der kleinen innovativen Firma Stiff Records. Im Frühjahr 1980 kam mit »You'll Always Find Me In The Kitchen At Partys« die erste Hitnotierung für ihn. Zu Weihnachten desselben Jahres rückte Jona mit »Stop The Cavalry« in die GB-Charts und wenig später auch in die deutschen und hatte damit seinen ersten und einzigen Top-10-Erfolg.

*Stop The Cavalry (10/80 GB 3; 2/81 D 2; 3/81 CH 4)*
***Pop***

**CD-Tip:** *Heart Skips Beat* Repertoire 4253 WY

## Lewis, Barbara

v (USA, * 9. 2. 1943 in South Lyon/Michigan).
Diese Sängerin, Songschreiberin und Multi-Instrumentalistin hat angeblich schon im Alter von neun Jahren begonnen, erste Lieder zu schreiben. Ihre ersten Platten nahm Barbara Lewis 1961 auf. Zwischen 1963 und 1967 gelangen ihr zehn Hitnotierungen in den US-Charts. Ihr erster war gleich ihr größter Hit: »Hello Stranger« im Frühjahr 1963. Barbara hatte die Nummer selbst geschrieben. Im Hintergrund sangen die Dells. In den frühen 70er Jahren stieg sie aus dem Plattengeschäft aus.

*Hello Stranger (5/63 US 3)*
***Rhythm & Blues***

**CD-Tip:** *Hello Stranger* Rhino 8122 71619 2

## Lewis, Bobby

v (USA, * 17. 2. 1933 in Indianapolis).
Das amerikanische Waisenkind wurde im Alter von zwölf Jahren von einer Familie aus Detroit adoptiert. 1952 machte Bobby Lewis seine ersten Plattenaufnahmen. Seine ersten beiden Hitnotierungen waren auch seine beiden größten Erfolge: »Tossin‹ And Turnin'« wurde im Frühjahr 1961 Spitzenreiter in den USA, die Nachfolgesingle »One Track Mind« erreichte vier Monate später die Top 10. Nach zwei weiteren Plazierungen im unteren Bereich wurde er in den Popcharts nicht mehr ge-

sichtet. Bis in die 90er Jahre trat er bei Oldie-Konzerten auf.

*Tossin' And Turnin' (4/61 US 1)*
*One Track Mind (8/61 US 9)*
***Pop, Rhythm & Blues***

**CD-Tip:** *Tossin' And Turnin'* Line BLCD 9.00323 L

## Lewis, C.J.

dj (Jamaika).

Der in London lebende Jamaikaner arbeitete bereits als 14jähriger als Discjockey auf Straßenfesten. Mit 16 zog er mit seinen Eltern nach Jamaika zurück und hörte hier den Reggae in seiner ursprünglichen Form. Wieder in London, veröffentlichte er auf einem Independent-Dance-&-Reggae-Label seine ersten Singles, darunter »Hypnotic Love« und »Why Do Fools Fall In Love«, die beide die Spitzenposition der UK-Reggae-Charts erreichen konnten. Als C.J. aus dem Drifters- und Searchers-Klassiker »Sweets For My Sweet« eine Reggaeversion machte, kam er im April 1994 erstmals in die GB-Charts und gleich in die Top 10. In Deutschland wurde der Titel unter den ersten 30 notiert. Die Nachfolgesingle »Everything Is Alright (Uptight)« erreichte ebenfalls die britischen Top 10 und war im Original ein Stevie-Wonder-Hit aus dem Jahr 1965. Immer noch 1994, erschien als dritte Single »Best Of My Love«, im Original mit den Emotions 1977 ein Spitzenreiter in den USA. Ob sich das Absingen von Reggaeversionen alter Hits auf Dauer lohnt, wird die Zeit zeigen. Auf seinem Debütalbum »Dollars« befanden sich neben den erwähnten Songs jede Menge Eigenkompositionen von Lewis, die aber offensichtlich von der Plattenfirma vorerst als nicht hittauglich eingestuft wurden.

*Sweets For My Sweet (4/94 GB 3; 8/94 CH 6)*
*Everything Is Alright (Uptight) (7/94 GB 10)*
***Pop, Reggae***

**CD-Tip:** *Dollars* MCA 11131

## Lewis, Charles D.

v/b (geb. in St. Vincent).

1989 war Lambada der große Tanzrenner in Film, Funk und Fernsehen. 1990 war es schon wieder vorbei, und es gab einen neuen Trend. Der von der Insel St. Vincent stammende und auf Barbados aufgewachsene Charles D. Lewis hatte den Tanzhit 1990: »Soca Dance«, eine Mischung aus Soul und Calypso, USA und Karibik, wurde eine Nummer 2 in Frankreich und 10 in Deutschland. Lewis hatte 1973 mit ein paar Schulfreunden seine erste Band Harmony gegründet, die es auf den Kariben zu einigen Hits brachte. Schließlich engagierte Eddy Grant sie als seine Begleitgruppe. Während einer Deutschlandtournee benannte sich die Band um in Caribbean Rhapsody, blieb in Deutschland und veröffentlichte hier einige Platten. 1981 verließ Lewis die Gruppe und schloß sein Baß-Studium in München ab. Im August 1989 führte er erstmals mit einem selbstgesungenen Stück die karibischen Charts an, und dann kam das Soca-Fieber – für einen Sommer.

*Soca Dance (9/90 D 10)*
***Pop***

## Lewis, Donna

v/p (Großbritannien, geb. in Wales).

Zum Hit »I Love You Always Forever« wurde Donna, die den Song alleine geschrieben hat, durch den Roman »Love For Lydia« des britischen Schriftstellers Herbert Ernest Bates (1905 – 1974) inspiriert. Der Waliserin gelang mit dem Song zuerst ein Hit in den USA – und hätten Los Del Rio mit »Macarena« nicht wochenlang die Spitze gehalten, wäre sie sicher Nummer 1 geworden. Wales rechnete nach und kam zu dem Ergebnis, daß der Erfolg von Donna in den USA der größte seit 1971 war – da hatte Landsmann Tom Jones mit »She's A Lady« ebenfalls Platz 2. Ende

1996 erschien ihre zweite Single in den US-Charts, »Without Love«, und brachte es dort und Anfang 1997 in GB jedoch nur auf einen Platz um die Position 40 herum.

*I Love You Always Forever (6/96 US 2; 9/96 GB 5, D 7; 12/96 CH 6)*
***Soft Pop***

**CD-Tip:** *Now In A Minute* Atlantic 7567–82762–2

## Lewis, Gary & The Playboys

DAVID COSTELL, b (USA, * 15. 3. 1944 in Pittsburgh/Pennsylvania); GARY LEWIS, v/d (USA, * 31. 7. 1946 als Levitch in Los Angeles/Kalifornien); ALAN RAMSEY, g (USA, * 27. 7. 1943 in Danfied/New Jersey); DAVID WALKER, key (USA, * 12. 5. 1943 in Montgomery/Alabama); JOHN WEST, g (USA, * 31. 7. 1939 in Uhrichville/Ohio).

Seinem Vater, dem Filmschauspieler Jerry Lewis, sieht er sehr ähnlich. Gary war Schlagzeuger, Sänger und Kopf der 1964 gegründeten Band Gary Lewis & The Playboys. Anfang 1965 kam »This Diamond Ring« in die US-Charts und kletterte bis auf Platz 1. Mitgeschrieben war die Nummer von Al Kooper. Es folgten immer mit wenigen Monaten Abstand mit »Count Me In«, »Save Your Heart For Me«, »Everybody Loves A Clown«, »She's Just My Style«, »Sure Gonna Miss Her« und »Green Grass« sechs weitere Top-10-Erfolge. Anfang 1967 wurde Gary zum Militär eingezogen, und 1968 fiel die Band auseinander. Zu Beginn der 90er Jahre zog er mit etlichen anderen Acts aus den 60er Jahren für vier Monate durch die USA in einer 30-Years-Of-Rock-'n'-Roll-Tour. Mitte 1992 kündigte er an, er wolle eine LP mit neuem Material veröffentlichen. Zumindest in Deutschland ist sie bisher nicht erschienen.

*This Diamond Ring (1/65 US 1)*
*Count Me In (4/65 US 2)*
*Save Your Heart For Me (7/65 US 2)*
*Everybody Loves A Clown (9/65 US 4)*
*She's Just My Style (12/65 US 3)*
*Sure Gonna Miss Her (3/66 US 9)*
*Green Grass (5/66 US 8)*
***Beat, Pop***

**CD-Tip:** *Gary Lewis Golden Greats* EMI CDP 7 91474 2

## Lewis, Huey & The News

MARIO CIPOLLINA, b (USA, * 10. 11. 1954); JOHNNY COLLA, g/sax (USA, * 2. 7. 1952); BILL GIBSON, d (USA, * 13. 11. 1951); CHRIS HAYES, g (USA, * 24. 11. 1957); SEAN HOPPER, key (USA, * 31. 3. 1953); HUEY LEWIS, v (USA, * 5. 7. 1950 als Hugh Antony Cregg III in New York City).

1967 trampte der Amerikaner Huey als Straßenmusiker durch Europa. Zurück in den USA, spielte er zuerst mit Slippery Elm und schließlich mit Clover, die 1976 ihre Debüt-Single »Chicken Funk« veröffentlichten. Der Produzent war Nick Lowe. 1977 brachte Clover vier weitere Singles und zwei LPs. Leadsänger war Huey – kein Erfolg! Außerdem begleiteten sie Elvis Costello auf dessen LP »My Aim Is True«. Im Mai 1979 trennte sich Clover, und genau ein Jahr später wurde die Gruppe The News gegründet. »Do You Believe In Love« kam im Frühjahr 1982 in die amerikanischen Charts und wurde Platz 7. Von diesem Zeitpunkt bis zum Jahre 1988 waren Huey Lewis & The News eine der führenden Mainstream-Rockbands. »I Want A New Drug« kam im Januar 1984 in die US-Charts und wurde ein Millionseller. »The Power Of Love« aus dem Film »Zurück in die Zukunft« wurde ebenfalls ein Millionseller und Mitte 1985 Spitzenreiter in den USA, Platz 9 in GB und 16 in Deutschland. »Stuck With You« 1986 und die Bruce-Hornsby-Komposition »Jacob's Ladder« 1987 waren weitere

Spitzenreiter in den US-Charts. In den 90er Jahren ist Huey Lewis bisher noch kein Top-10-Hit gelungen. Mit »Couple Days Off« stand er im Frühjahr 1991 in den USA auf Platz 11. 1994 veröffentlichte er das Album »Four Chords & Several Years Ago«, auf dem Klassiker aus der R&B-Geschichte in authentischem Sound zu hören waren. Auskopplungen daraus, z. B. »But It's Alright«, im Original ein Song von J.J. Jackson, oder »(She's) Some Kind Of Wonderful«, ein Hit für Soul Brothers Six, Fantastic Johnny C. und auch Grand Funk, hinterließen bei den Fans wenig Eindruck. Die Nummern stießen nicht bis unter die ersten 40 der US-Charts vor. Sein bisher erfolgreichstes Album ist »Sports« (1983), das sich in den USA mehr als 7 millionenmal verkaufte.

*Do You Believe In Love (2/82 US 7)*
*Heart And Soul (9/83 US 8)*
*I Want A New Drug (1/84 US 6)*
*The Heart Of Rock & Roll (4/84 US 6)*
*If This Is It (7/84 US 6)*
*The Power Of Love (6/85 US 1; 2/86 GB 9)*
*Stuck With You (8/86 US 1)*
*Hip To Be Square (10/86 US 3)*
*Jacob's Ladder (1/87 US 1)*
*I Know What I Like (4/87 US 9)*
*Doing It All For My Baby (7/87 US 6)*
*Perfect World (7/88 US 3)*
***AOR (Adult Orientated Rock), Rock, Rock 'n' Roll***

**CD-Tip:** *The Heart Of Rock 'n' Roll* Chrysalis 3 21934 2

## Lewis, Jerry

v (USA, * 16. 3. 1926 als Joseph Levitch in Newark/New Jersey).

Daß dieser ausgezeichnete Komiker hier in diesem Buch zu finden ist, verdankt er der Tatsache, Ende 1956 den alten Al-Jolson-Hit aus dem Jahre 1918 noch einmal neu aufgenommen zu haben und damit bis auf Platz 10 der US-Charts gekommen zu sein: »Rock-A-Bye Your Baby With A Dixie Melody«. In GB erreichte die Platte immerhin Platz 12. Erstmals stand er in der US-Hitparade 1948, als er zusammen mit Dean Martin das Stück »That Certain Party« sang. Als Kinder haben wir ihn geliebt, war er doch in seinen Filmen genauso verrückt, wie wir gerne gewesen wären. Er war anarchistisch. Wenn er etwas anpackte, ging es zu Bruch. Und nicht nur das: Keiner war sauer darüber. Im Gegenteil, alles grölte los und schlug sich vor Vergnügen auf die Schenkel. Meist spielte er in den frühen Tagen seiner Filmkarriere zusammen mit Dean Martin, der neben dem Flappmann den supercoolen Typ raushängen ließ. Die beiden hatten sich 1942 zum erstenmal gesehen. Sie traten im gleichen Club auf: Lewis als Pantomime, Martin als Sänger. Ab 1946 taten sie sich zusammen und waren für zehn Jahre das Top-Komikerpaar in den USA. Die Rituale waren genau festgelegt. Martin, der Siegertyp, Lewis, die taube Nuß, die nichts richtig machen konnte. Als sich die beiden trennten, sagte man ihnen nach, daß der eine ohne den anderen wertlos sei. Sicher falsch, denn Martin wurde ein erfolgreicher Sänger, Jerry Lewis auch ohne Martin ein erfolgreicher Schauspieler. Alleine spielte er immer noch den Trottel vom Dienst; nur war er am Schluß derjenige, der die Prinzessin bekam. Neben seinen Filmen ist Lewis vor allem dafür bekannt, daß er sich unermüdlich für wohltätige Zwecke einsetzt, speziell für die Belange von Kindern.

*Rock-A-Bye Your Baby With A Dixie Melody (11/56 US 10)*
***Pop***

## Lewis, Jerry Lee

v/p (USA, * 29. 9. 1935 in Ferriday/Louisiana).

Er war genau der Typ, wie er von Chuck Berry in seinem Song »Johnny B. Goode« besungen wurde. Er war der Knabe aus den Hinterwäldern, wo sich die ›rabbits and foxes goodnight‹ sagen. Jerry Lee begann Mitte der 50er Jahre mit seinen Kollegen Elvis Presley, Carl Perkins und Johnny Cash bei der kleinen Plattenfirma Sun in Memphis, Tennessee. 1957 erschien seine erste Platte »Crazy Arms«, danach »Whole Lot Of Shakin' Going On«, die Platz 3 in den USA, 8 in GB wurde. Ende 1957 war dann »Great Balls Of Fire« Platz 2 in den USA, Spitzenreiter in GB. Lewis, der sich auch gern Killer nannte, fühlte sich nun offensichtlich am Ziel seiner Träume und unschlagbar. Aber war Elvis der König des Rock und Johnny Cash der angehende King of Country, so wurde Jerry der King der Schlagzeilen. Seine Konzerte waren wüst wie die von Little Richard, der zur selben Zeit erfolgreich war. Er bearbeitete das Klavier mit Händen und Füßen, sprang auch schon mal auf den Kasten und peitschte die Meute seiner Fans an. Bei dieser Gelegenheit ging dann hin und wieder auch einmal eine Clubeinrichtung zu Bruch, oder Jerry verbrannte auf der Bühne sein Piano. Im Frühjahr 1958 erschien »Breathless«, wieder ein Top-10-Erfolg für ihn in den USA und in GB. Schon zeichnete sich ein Knick in seiner Karriere ab. Seine Vorliebe für junge Mädchen brach ihm das Genick. Er hatte seine 13jährige Cousine zweiten Grades geheiratet – die britische Presse zerriß ihn während einer Tour durch England, die er nach wenigen Auftritten entnervt beenden mußte. Zurück in den USA, hatte sich das dort inzwischen auch rumgesprochen, und die Radiostationen wollten keine Platten mehr von ihm spielen. Er wechselte mehrfach die Plattenfirma und auch seinen Stil. Für Millionenverkäufe reichte es aber nicht mehr. Einen letzten Top-10-Erfolg hatte Lewis Mitte 1961 in GB mit seiner Version von »What'd I Say«. Mitte der 70er Jahre wurde er im Zuge der Nostalgiewelle wieder ausgegraben, verdiente erneut gutes Geld mit seinen Auftritten. Nun machte er auch wieder neue Rockplatten, die sich durchaus hören lassen konnten. Für hohe Positionen in Pophitparaden reichte es jedoch nicht mehr. Ein Ausspruch von ihm: ›Man ist entweder heiß oder kalt. Wenn man lauwarm ist, wird einen der Herr ausspucken.‹ 1986 wurde Jerry Lee Lewis als einer der ersten in die Rock 'n' Roll Hall of Fame aufgenommen. 1989 erhielt er einen Stern auf Hollywoods Walk of Fame. »Great Balls Of Fire«, ein Film über seine Lebensgeschichte mit Dennis Quaid in der Hauptrolle, kam in demselben Jahr in die Kinos. Im April 1992 eröffnete er ein eigenes Lokal in der Beale Street in Memphis. Im Mai 1995 erschien nach 12 Jahren ein neues Studioalbum von Jerry Lee mit dem Titel »Young Blood«.

*Whole Lot Of Shakin' Going On (6/57 US 3; 9/57 GB 8)*
*Great Balls Of Fire (11/57 GB 1, US 2)*
*Breathless (3/58 US 7, GB 8)*
*What'd I Say (5/61 GB 10)*
***Country, Rock 'n' Roll, Rockabilly***

**CD-Tip:** *Classic Jerry Lee Lewis* Bear Family BCD 15 420

## Lewis, Linda

v (Großbritannien, geb. in London).
Die britische Sängerin mit dem außergewöhnlichen Stimmumfang von fünf Oktaven begann ihre Karriere im Showgeschäft als Statistin in Filmen wie »Help« oder »A Taste Of Honey«. Während ihrer Schulzeit spielte sie in Bands und gründete bald ihre eigene Formation White Rabbit, bevor sie zu Ferris Wheel ging. Anfang der 70er Jahre wurde sie eine gesuchte Sessionsängerin. So ist sie z. B. auf Platten von Al Kooper, Cat Stevens, Mannfred Mann's Earthband, Peter Bardens, Chris Spedding, Rod Stewart oder David Bowie zu hören.
Mitte 1973 gelang Linda Lewis ein Hit in eigener Regie: »Rock-A-Doodle-Doo«,

von ihr selbst geschrieben, brachte es in GB bis auf Platz 15. Zwei Jahre später machte sie eine Coverversion des Betty-Everett-Hits »The Shoop Shoop Song (It's In His Kiss)« – bei Linda wurde Shoop Shoop gestrichen, und die Platte hieß nur »It's In His Kiss« – und erreichte Platz 6 in GB. Cher hatte übrigens mit wieder demselben Song im Frühjahr 1991 Platz 1 in GB. Linda brachte noch zwei weitere Top-40-Hits in die britischen Charts und war dann wieder als Sessionsängerin beschäftigt.

*It's In His Kiss (7/75 GB 6)*
***Pop***

## Lewis, Ramsey

key (USA, * 27. 5. 1935 in Chicago/Illinois).

Die erste Station dieses Keyboarders und Songschreibers waren die Cleffs. Als die sich 1955 auflösten, machte Ramsey mit dem Bassisten Eldee Young und dem Schlagzeuger Isaac Red Holt das Ramsey Lewis Trio. Sie veröffentlichten eine ganze Reihe recht erfolgreicher LPs und hatten mit der Nummer »The ›In‹ Crowd« Mitte 1965 sogar einen Top-10-Hit. Danach trennte sich das Trio. Holt und Young holten sich einen neuen dritten Mann und machten als Holt-Young Trio weiter. Lewis seinerseits gründete mit dem Bassisten Cleveland Eaton und dem Drummer Maurice White – der spätere Chef von Earth, Wind & Fire – eine neue Ausgabe des Ramsey Lewis Trios. Die Nummer »Wade In The Water« wurde Mitte 1966 zumindest ein Top-20-Erfolg. 1983 kam die ursprüngliche Formation wieder zusammen.

*The ›In‹ Crowd (7/65 US 5)*
***Instrumental, Jazz, Pop***

## Leyton, John

v (Großbritannien, * 17. 2. 1939 in Frinton-on-Sea/Essex).

John, Sänger und Filmschauspieler, begann seine Karriere als Nebendarsteller in der TV-Serie ›Biggles‹. Sein gutes Aussehen verhalf ihm zu einem Plattenvertrag. Robert Stigwood übernahm sein Management, Joe Meek wurde sein Produzent. Seine erste Platte war eine Coverversion von »Tell Laura I Love Her«, die aber floppte, weil Ricky Valance ebenfalls einen Nachzieher aufgenommen hatte und mit seiner Version Spitzenreiter in GB wurde. Leytons dritte Single, »Johnny Remember Me«, kam im August 1961 in die GB-Charts und wurde Spitzenreiter. Robert Stigwood sorgte dafür, daß er das Stück in der Serie ›Harper's West One‹, in der er den Popsänger Johnny St. Cyr spielte, singen konnte, was wohl zu dem Erfolg beigetragen hat. Die Nachfolgesingle »Wild Wind« kam noch auf Platz 2, danach ließ sein Erfolg langsam, aber sicher nach. Im Film »Gesprengte Ketten« feierte er 1962 neben Steve McQueen, Charles Bronson, James Coburn, James Garner, David McCallum und Richard Attenborough – damals noch ohne Sir – seinen größten Erfolg als Schauspieler. Er spielte noch in weiteren Filmen mit und wurde schließlich ein erfolgreicher Geschäftsmann. Neben seiner Arbeit als Schauspieler, Drehbuchautor und Filmproduzent wurde John Vorstand einer Kette, der u. a. ein bekanntes Londoner Restaurant gehört.

*Johnny Remember Me (8/61 GB 1)*
*Wild Wind (10/61 GB 2)*
***Pop***

**CD-Tip:** *John Leyton The Best Of... Plus* See For Miles SEE CD 201

## Lienhard, Pepe

sax/fl/bl (Schweiz, * 23. 3. 1939 in Lenzburg).

Schon in jungen Jahren gründete Pepe in seiner Heimatstadt die Dixielandband College Stompers Lenzburg. 1969 wurde er Profimusiker, 1971 hatte er in der Schweiz seinen ersten Top-10-Hit mit »Sheila Baby«. Neben seinen eigenständigen Aufnahmen wurde Pepe Lienhard im deutschsprachigen Raum bekannt als Begleitband von Udo Jürgens. Aber auch Frank Sinatra, Sammy Davis jr. oder Paul Anka wurden von der Pepe Lienhard Band auf ihren Europatourneen begleitet. 1977 vertrat er die Schweiz beim Grand Prix Eurovision mit dem Titel »Swiss Lady«, der in London Platz 6 belegte und in der Hitparade seines Heimatlandes Spitzenreiter wurde. Was in der Bundesrepublik Max Greger, ist in der Schweiz die Pepe Lienhard Band.

*Sheila Baby (3/71 CH 2)*
*Swiss Lady (3/77 CH 1)*
*Piccolo Man (10/77 CH 8)*
***Grand Prix, Pop, Schlager***

## Lieutenant Pigeon

NIGEL FLETCHER, d (Großbritannien); STEPHEN JOHNSON, b (Großbritannien); HILDA WOODWARD, key (Großbritannien); ROBERT WOODWARD, p (Großbritannien).

»Mouldy Old Dough« heißt im Deutschen ›immer die Knete‹. Der Titel kam im September 1972 in die Hitparaden, war aber schon acht Monate zuvor veröffentlicht worden. Das Trio hatte vorher unter dem Namen Stavely Makepiece die erfolglose Single »Edna« aufgenommen. Der Wechsel zu Lieutenant Pigeon brachte dann den Erfolg. Diese Instrumentalaufnahme enthält außer der gesprochenen Wiederholung des Titels und dem ›Vo-De-O-Do‹, gesungen wie durch ein Megaphon der 20er und 30er Jahre, keinen Text. An der Produktion dieser Platte war neben Rob Woodward auch dessen Mutter Hilda beteiligt. Als Nachfolgesingle erschien »Desperate Dan«, die es noch bis auf Platz 17 brachte und dem Vorgänger sehr ähnlich war. Danach quittierte Leutnant Taube den Dienst.

*Mouldy Old Dough (9/72 GB 1, D 9; 11/72 CH 2)*
***Pop***

## Light, J.J.

v.

Lediglich in der Schweiz und in Deutschland kam diese von einem Navajo-Indianer aus Neu-Mexiko gesungene Platte in die Charts. In der Schweiz war es ein Top-10-Hit, in Deutschland im Dezember 1969 ein Platz 12. Neben der Aufnahme von J. J. Light war Ende des Jahres 1969 in Deutschland auch die Gruppe Geronimo erfolgreich. Sie brachte es mit ihrer Version auf Platz 13.

*Heya (2/70 CH 8)*
***Pop***

## Lightfoot, Gordon

v/p (Kanada, * 17. 11. 1938 in Orillia/Ontario).

Bob Dylan oder Elvis Presley, Jerry Lee Lewis oder Pete Seeger, Peter, Paul & Mary oder Johnny Cash, Barbra Streisand oder Judy Collins – sie alle haben schon mal eine Nummer von Lightfoot aufgenommen und damit einen Hit gehabt. Bevor Gordon als Solist erfolgreich wurde, arbeitete er als Pianist und Arrangeur für Werbejingles. Als nächstes begann er, beeinflußt von Tom Paxton und Bob Dylan, Songs zu schreiben. Sein erster Erfolg als Autor war »For Lovin' Me« mit Peter, Paul & Mary im Januar 1965. Im selben Jahr nahm der Kanadier dann auch selbst Platten auf. Seine erste Hitnotierung hatte er Ende 1970 mit dem wunderschönen Titel »If You Could Read My Mind«, der in den USA bis auf Platz 5 kam. Im Frühjahr 1974 gelang ihm in den USA der Millionseller und Spitzenreiter »Sundown«. Vier Monate später folgte der Top-10-Hit »Carefree Highway«, im Herbst 1976 »The Wreck Of The Edmund Fitzgerald«. Die letztgenannte Platte erzählte die Geschichte eines Schiffes, das im November 1975 im Lake Superior, einem der Großen Seen Nordamerikas, sank. Gordon Lightfoot schrieb weiterhin Songs, ohne jedoch in den Hitparaden vertreten zu sein. 1993 veröffentlichte er das Album »Waiting For You«, seine erste Studio-LP seit zehn Jahren.

*If You Could Read My Mind (12/70 US 5)*
*Sundown (4/74 US 1)*
*Carefree Highway (8/74 US 10)*
*The Wreck Of The Edmund Fitzgerald (8/76 US 2)*
***Country, Folk, Pop***

**CD-Tip:** *Gord's Gold* Reprise 2237–2

## Lighthouse Family

TUNDE BAIYEWU, v (Großbritannien, geb. in London); PAUL TUCKER, key (Großbritannien, geb. in Cambridge).
Paul und Tunde – der 15 Jahre in Nigeria gelebt hatte – lernten sich beim Studium an der Polytechnischen Universität in Newcastle kennen und gründeten dort 1993 die Formation Lighthouse Family. Als erste Single veröffentlichten die 1966 geborenen Briten den schön gemachten, melodischen Titel »Lifted«, der im Frühjahr 1995 erstmals in die britischen Charts kam, allerdings nur bis auf Platz 61. Im Februar 1996 wurde die Nummer erneut in der britischen Hitparade notiert und jetzt ein Top-10-Hit. Auch der Nachfolger »Ocean Drive« (10/95 GB 34, 6/96 RE-GB 11) wurde beim zweiten Anlauf erfolgreicher. Die nächsten Singles waren »Goodbye Heartbreak« (9/96 GB 14) und »Loving Every Minute« (12/96 GB 20) – alle vier Titel waren vom Debütalbum »Ocean Drive« (11/95 GB-LP 74, 3/96 RE-GB-LP 3), das sich im Laufe der Zeit mehr als 1,5 Millionen mal verkaufte. Im Herbst 1997 erschien das Album »Postcards From Heaven« (11/97 GB-LP 2, D-LP 5), aus dem die Singles »Raincloud« und »High« ausgekoppelt wurden.

*Lifted (2/96 GB 4)*
*Raincloud (10/97 GB 6)*
*High (1/98 GB 4; 3/98 CH 2, D 4)*
*Lost In Space (6/98 GB 6)*
***Blues, Pop, Soul***

**CD-Tip:** *Ocean Drive* Polydor 523 787–2

## Lightning Seeds

IAN BROUDIE, v/g/key (Großbritannien, * 4. 8. 1958 in Liverpool).
Ian Broudie gründete 1989 Lightning Seeds. Vorher hatte er bei Big In Japan, Secrets und den Original Mirrors gespielt. Als Produzent verhalf er Echo & The Bunnymen, Icicle Works, Wah! und The Fall zum Erfolg. 1983 gründete er die Gruppe Care. Die erste Hitnotierung als Lightning Seeds war Mitte 1989 der Titel »Pure«, ein Platz 16 in GB. »The Life Of Riley« und »Sense« waren 1992 zwei Hitnotierungen in GB um Position 30. Im August 1994 kam »Lucky You« in die GB-Charts und erreichte Platz 43. Eine Wiederveröffentlichung der Aufnahme im Oktober 1995 brachte Platz 15. Zwischendurch waren mit »Change« (Platz 13), »Marvellous« (Platz 24) und »Perfect« (Platz 18) drei recht erfolgreiche Singles von Lightning Seeds erschienen. Im März 1996 kam »Ready Or Not« in die GB-Charts und erreichte Platz 20 und Ende des Jahres 1996 noch einmal Platz 14 in GB mit »What If . . .«. Im April 1997 gelang Lightning Seeds der erste Top-10-Hit in GB

mit »You Showed Me«. Das Stück hatten zwei Mitglieder der US-Gruppe Byrds geschrieben, und es war im Frühjahr 1969 in den USA ein Top-10-Hit für die Turtles gewesen. Die Formation Salt-N-Pepa erreichte mit demselben Titel Ende 1991 Platz 15 in GB. Neben Broudie spielen bei Live-Auftritten und auf Platten wechselnde Musiker mit. Kopf und Herz des Unternehmens ist er. Zusammen mit dem britischen Komikerduo Baddiel & Skinner gelang Broudie der Hit zur Europameisterschaft 1996 in England. Die Nummer »Three Lions« entwickelte sich dort zum Spitzenreiter.

*Three Lions (6/96 GB 1)*
*You Showed Me (4/97 GB 8)*
***Pop***

**CD-Tip:** *Pure* Virgin 7243 8 41579 2

## Lil Louis

LIL LOUIS, dj (USA als Louis Burns, geb. in Chicago/Illinois).

Lil hatte einen der Dancefloor-Hits des Sommers 1989: das mit stumpfsinnigem Rhythmus unterlegte Liebesgestöhn »French Kiss« wurde ein Top-10-Hit in GB. Die Platte schien genau den Nerv der isolierten Diskothekengänger getroffen zu haben, die so zumindest den Eindruck zwischenmenschlicher Intimität akustisch »genießen« konnten, ohne sich selbst mit anderen Menschen beschäftigen zu müssen. Auch weitere Platten von Lil Louis waren musikalisch und textlich eher schlichter Natur.

*French Kiss (7/89 D 2, GB 2; 9/89 CH 2)*
***Dance***

## Lil' Kim

LIL' KIM, rap (USA als Kimberly Jones, geb. in Brooklyn/New York City).

Kim war das einzige weibliche Mitglied in der Junior M.A.F.I.A., in der außer ihr acht weitere Mitglieder rappten. Notorious B.i.g. protegierte das Projekt, das mit »Player's Anthem« (7/95 R&B 7, US 13) einen ersten Hit hatte. Immerhin erreichte die Platte Goldstatus. M.A.F.I.A. stand für Masters At Finding Intelligent Attitudes. Nachfolger »I Need You Tonight« (12/95 R&B 43, 2/96 GB 66) schaffte nicht den Sprung in die Top 100 in den USA, obwohl hier als Gast Aaliyah zu hören war. Dann erschien »Get Money« (2/96 US 17), die mit Platin bedacht wurde – hier war es Notorious selbst, der als Gast die notwendige Power lieferte. Lil' Kim stand erstmals mit der Nummer »No More Games« (4/96 US 92) in den Charts. Als Interpret wurde Skindeep featuring Lil' Kim of Junior M.A.F.I.A. angegeben. Auf dem Nachfolger »No Time« (11/96 US 20) wirkte Puff Daddy unterstützend mit. Anfang 1997 erschien ihr Album »Hard Core«, das gleich auf Platz 11 der US-Albumcharts einstieg und Platin erhielt. Daraus ausgekoppelt wurde die Nummer »Crush On You« (7/97 GB 36). »Not Tonight« wurde schließlich ihr erster Top-10-Hit – aber auch hier wurde wieder ›gefeatured‹: Da Brat, Left Eye, Missy ›Misdemeanor‹ Elliott und Angie Martinez wirkten auf der Platte mit, die aus dem Film »Nothing To Lose« stammte. In GB stieg die Platte im August 1997 auf Platz 11 ein.

*Not Tonight (7/97 US 6)*
***Rhythm & Blues***

## Limahl

LIMAHL, v (Großbritannien, * 19. 12. 1958 als Chris Hamill in Leighton Buzzard/Hertfordshire).

Sein Künstlername ist ein Anagramm seines Nachnamens. Mit der Teenie-Band Kajagoogoo hatte Limahl ab 1983 einige Hits, bevor er noch im selben Jahr die Gruppe verließ, um als Solist weiter zu singen. Speziell die deutschen Fans hielten ihm die Stange. »Only For Love« wurde Ende 1983 ein Top-10-Hit für ihn in Deutschland. International hatte er seinen einzigen nennenswerten Erfolg mit »Never Ending Story«, dem von Giorgio Moroder geschriebenen Thema aus der Verfilmung des Michael-Ende-Buches »Die unendliche Geschichte«: Die Platte kam im Herbst 1984 erst in die deutsche Hitparade, erreichte Platz 2, wenig später in GB Platz 4 und im Frühjahr 1985 in den USA Platz 17. Hiermit endete zumindest vorerst die Geschichte von Limahl, der bis in die 90er Jahre weiter erfolglose Singles veröffentlichte.

*Only For Love (11/83 D 8; 1/84 CH 5)*
*Never Ending Story (8/84 D 2; 10/84 CH 3, GB 4)*
***Pop***

## Limerick, Alison

v (Großbritannien).
Geboren im Oktober 1960, begann sie ihre Karriere auf Rollen. Sie spielte mit bei der West-End-Produktion »Starlight Express«. Ihre erste Hitnotierung hatte sie im Frühjahr 1991 mit »Where Love Lives«, ein Platz 27 in GB. Ein Jahr später kam »Make It On My Own« bis auf Platz 16. Ein Remix ihres ersten Hits brachte Alison Mitte 1996 einen ersten Top-10-Hit.

*Where Love Lives (Remix) (7/96 GB 9)*
***Dance***

**CD-Tip:** *And Still I Rise* Arista 262 365

## Limmie & The Family Cookin‹

LIMMIE SNELL, v (USA, geb. in Dalton/Alabama); MARTHA STEWART, v (USA, geb. in Ohio); JIMMY THOMAS, v (USA, geb. in Ohio).
Das Trio Limmie & The Family Cookin‹ aus Ohio kam Anfang der 70er Jahre zusammen. Die beiden Schwestern Martha Stewart und Jimmy Thomas hatten vorher schon zusammen bei der Band Sugarcakes gesungen, Bruder Limmie veröffentlichte als Lemmie B. Good Soloplatten. Ende 1972 wurde das Trio erstmals in der US-Pophitparade mit »You Can Do Magic« notiert. Mitte 1973 kam diese Aufnahme in die britische Hitparade. Knapp ein Jahr später stand »A Walkin' Miracle« wieder unter den ersten 10 der GB-Charts. Danach gelang ihnen zwar kein Hit mehr, aber in den Discotheken waren sie als Live Act noch in den nächsten zehn Jahren sehr beliebt.

*You Can Do Magic (7/73 GB 3)*
*A Walkin' Miracle (4/74 GB 6)*
***Pop, Soul***

## Lind, Bob

v (USA, * 25. 11. 1942 in Baltimore/Maryland).
Mitte der 60er Jahre erhielt Bob einen Plattenvertrag und wurde von seiner Firma als Folk-Rocker angekündigt. Seine ersten Aufnahmen, die er machte, wurden von Jack Nitzsche produziert, mit Leon Russell am Piano. Unter den aufgenommenen Titeln war auch die Nummer »Elusive Butterfly«, die im Januar 1966 in die amerikanische Hitparade kam und sowohl in den USA als auch in GB Platz 5 wurde. Alle weiteren Veröffentlichungen von Bob Lind kamen nicht über einen Platz 60 hinaus. Andere Interpreten jedoch hatten mit Songs aus seiner Feder Erfolg. Dazu gehören Cher, Adam Faith, Marianne Faithfull, Noel Harrison, Bobby Sherman, Nancy Sinatra, die Turtles und die Yardbirds. Seine letzte Single veröffentlichte Bob 1971. Danach zog er sich aus dem Plattengeschäft zurück und ging in die Wüste von New Mexiko und schrieb Romane und Kurzgeschichten.

*Elusive Butterfly (1/66 US 5; 3/66 GB 5)*
***Soft Pop***

## Lind, Espen

v (Norwegen, * 13. 5. 1971 in Oslo).
In seiner Heimat war Espen bereits ein Star, als er 1997 durch die Teenie-Presse promotet wurde. Tenor: ›Mit der traurigen, wunderschönen und herzerweichenden Ballade »When Susannah Cries« traf der 26jährige Sänger mitten ins Herz.‹ Der Song ist eine Auskopplung aus dem Album »Red«. In Norwegen kam das Stück schon Mitte 1997 in die Charts, blieb dort 20 Wochen und erreichte Platz 1.

*When Susannah Cries (12/97 D 9; 2/98 CH 5)*
***Pop***

## Lind, Gitta

v (Deutschland, * 17. 4. 1925 als Rita Maria Gracher in Trier, † 9. 11. 1974).
1954 sang sie den Titel »Peterle«, der recht erfolgreich war. Ende 1956 erhielt Gitta Lind eine goldene Schallplatte und Platz 2 in den deutschen Charts mit »Weißer Holunder«. Der Nachfolgehit war »Ich sage dir adieu«, der es ebenfalls unter die ersten 10 brachte. 1959 gelang ihr im Duett mit Christa Williams Platz 3 in Deutschland mit »My Happiness«. Nach 1962 gelang ihr kein Erfolg mehr. Sie war in zweiter Ehe mit dem Schauspieler Joachim Fuchsberger verheiratet.

*Weißer Holunder (12/56 D 2)*
*Ich sage dir adieu (4/57 D 8)*
*My Happiness (6/59 D 3)*
***Deutscher Schlager***

## Linden, Kathy

v (USA, geb. in Moorestown/New Jersey).
Kathy erreichte im Frühjahr 1958 die Top 10 der amerikanischen Charts mit der Nummer »Billy«. Im darauffolgenden Jahr stand »Goodbye, Jimmy, Goodbye« auf Platz 11. Ab 1960 gelang ihr kein weiterer Erfolg mehr.

*Billy (3/58 US 7)*
***Pop***

## Lindenberg, Udo

v/d (Deutschland, * 17. 5. 1946 in Gronau).
Als Zwölfjähriger erhielt Udo ein Schlagzeug, auf dem er in den folgenden Jahren üben und bald als Musiker in Jazzbands und Ami-Clubs spielen sollte. 1968 trommelte er in der Hamburger Folk-Truppe City Preachers. Ein Jahr später gründete er mit Orbit seine erste eigene Band. Daneben arbeitete er als Studiomusiker und hatte Auftritte mit Knut Kiesewetter. Schließlich verschlug es ihn von Hamburg nach München, wo er 1970 Mitglied bei Klaus Doldinger im Jazzquartett, bei Motherhood und bei Passport wurde. 1971 spielte er in der Jazzrock-Gruppe Emergency und veröffentlichte seine erste Soloplatte, noch in englischer Sprache. »Daumen im Wind« war ein Jahr später seine erste deutschsprachige LP, die richtungweisend für den deutschsprachigen Rock werden sollte. Vertraten viele deutsche Musiker bis zu jenem Zeitpunkt vehement die Meinung, Rockmusik und deutsche Sprache könnten nicht miteinander harmonieren, so belehrte Udo sie eines Besseren. Die LPs »Andrea Doria« 1972, »Ball Pompös« 1974, »Votan Wahnwitz« 1975 brachten eine gelungene Mixtur aus Rock und Blödelsongs. Ausgedehnte Tourneen von Udo waren stets gut besucht. Sein erster Singlerfolg war Ende 1981 ein Duett mit dem zehnjährigen Pascal – Sohn des Pianisten Jean-Jacques Kravetz –, der Antwort auf die Frage suchte: »Wozu sind Kriege da?« Im Frühjahr 1983 gelang Udo der erste Top-10-Hit mit dem »Sonderzug nach Pankow«. Eine der Promotionaktivitäten für diese Platte bestand in einem offenen Brief an den Staatsratsvorsitzenden Erich

Honecker, in dem er um eine Jodel-Lizenz für die DDR bat. Heute im Rückblick wird ihm diese Episode wahrscheinlich selbst sehr merkwürdig vorkommen. Der »Sonderzug nach Pankow« hieß im Original »Chattanooga Choo Choo«. Es erschienen noch weitere Singles von ihm in den Charts, die jedoch nicht mehr unter die ersten 10 kamen. Dafür sind die meisten seiner zahlreichen LPs absolute Verkaufserfolge geworden.

*Sonderzug nach Pankow (2/83 D 5)*
***Pop***

**CD-Tip:** *Alles unter Kontrolle* Quality Entertainment 9031–77481–2

## Lindisfarne

ROD CLEMENTS, v/b/vln (Großbritannien, * 17. 11. 1947 in North Shields/Tyne And Wear); SIMON COWE, g/mand (Großbritannien, * 1. 4. 1948 in Jesmond Dene/ Tyne And Wear); ALAN HULL, v/g/p (Großbritannien, * 14. 2. 1945 in Newcastle-upon-Tyne, † 19. 11. 1995); RAY JACKSON, g/harm/mand/mundh (Großbritannien, * 12. 12. 1948 in Wallsend/Tyne And Wear); RAY LAIDLAW, d (Großbritannien, * 28. 5. 1948 in North Shields/Tyne And Wear).

Das nordenglische Quintett nannte sich zunächst Downtown Fraction, ab 1968 Lindisfarne, nach einer Insel vor der Küste von Northumbria. Im darauffolgenden Jahr erschien die Debüt-LP der Folk-Rokker. Das nächste Album nannten sie »Fog On The Tyne«. Im Frühjahr 1972 erschien die Single »Meet Me On The Corner« in den britischen Charts und erreichte Platz 5. Die Nachfolgesingle »Lady Eleanor« übertraf den Erfolg noch und kam bis auf Platz 3. Nach einigen Umbesetzungen trennte sich die Band 1975, um dann jedoch 1976 wieder in Originalbesetzung zusammenzukommen. »Run For Home« wurde Mitte 1978 für etliche Jahre ihr letzter Top-10-Erfolg. Im November 1990 stand die Formation nach langer Pause wieder in den britischen Charts: Zusammen mit dem Fußballer ›Gazza‹ Paul Gascoigne, der ebenfalls aus Newcastle stammt, nahmen sie ihren Titel »Fog On The Tyne« noch einmal auf und erreichten diesmal Top 10. Sicher hatte das mit der Popularität des Fußballers zu tun.

*Meet Me On The Corner (2/72 GB 5)*
*Lady Eleanor (5/72 GB 3)*
*Run For Home (6/78 GB 10)*
*Fog On The Tyne (Revisited) (10/90 GB 2)*
***Folk, Pop***

**CD-Tip:** *Fog On The Tyne* Virgin CASCD 1050

## Lindsay, Mark

v/sax (USA, * 9. 3. 1942 in Cambridge/ Idaho).

Lindsay war Sänger, Saxophonist und Songschreiber mit Paul Revere & The Raiders, deren Ursprünge bis 1959 zurückgehen. Mark und Paul hatten zu diesem Zeitpunkt ein Instrumentalduo gegründet, das seinen ersten Hit mit »Like, Long Hair« hatte. Richtigen Erfolg sollten sie allerdings erst ab 1965 haben, nachdem sie drei weitere Musiker dazugenommen hatten. Inzwischen war Mark der Sänger der Band, die es auf etliche Top-10-Erfolge brachte. Ab 1969 versuchte sich Mark als Solist. Mit dem Millionseller und Top-10-Erfolg »Arizona« hatte er seinen größten Hit. Den Raiders blieb er allerdings bis 1975 verbunden: Er produzierte sie auch weiterhin. Zusammen mit Steve Alaimo nahm er auch Platten als Unknowns auf. Nach 1977 zog er sich ganz aus dem Plattengeschäft zurück, begann aber 1990 mit der Arbeit an seinem ersten Soloalbum nach 18 Jahren.

*Arizona (12/69 US 10)*
***Pop***

## Linear

WYATT »RIOT« PAULEY, v/g (USA, * 11. 11. 1968); CHARLIE PENNACHIO, v (USA, * 2. 11. 1967); JOEY »BANG« RESTIVO, v/per (USA, * 30. 4. 1967).

Das Trio Linear formierte sich Ende der 80er Jahre in Fort Lauderdale, Florida. Im Alleingang nahmen sie den Titel »Sending All My Love« auf und schafften ohne Unterstützung einer großen Plattenfirma damit einen Radiohit in Florida, Texas und Kalifornien. Nachdem bereits 50000 Exemplare verkauft worden waren, erhielten sie einen Plattenvertrag. »Sending All My Love« wurde noch einmal aufgenommen, kam im Frühjahr 1990 in die US-Charts. Mit dem Titel »T.L.C.« gelang der Gruppe Mitte 1992 ein Top-30-Hit in den USA.

*Sending All My Love (2/90 US 5)*
***Pop***

## Lingo, Laurie & The Dipsticks

PAUL BURNETT, dj (Großbritannien); DAVE LEE TRAVIS, dj (Großbritannien).

Die beiden bekannten britischen Discjockeys nahmen im Frühjahr 1976 als Laurie Lingo & The Dipsticks eine Coverversion des C.W.-McCall-Hits »Convoy« auf und machten daraus »Convoy G.B.«. Daß ein Convoy in GB anders ist als einer, der auf den Highways der Staaten fährt, ist sonnenklar. Nebel ist eine typisch britische Angelegenheit, und damit beginnt der Song, der sicher spaßig gemeint war, oder? 1985 nahm Paul Burnett als Pee Bee Squad noch mal eine Platte auf, die allerdings noch weniger spaßig war und deshalb auch weniger Erfolg hatte.

*Convoy G.B. (4/76 GB 4)*
***Country, Pop***

## Linx

BOB CARTER, key (Jamaika, geb. in Kingston); ANDY DUNCAN, d/per (Großbritannien); CANUTE EDWARDS, g (Großbritannien); DAVID GRANT, v (Jamaika, * 8. 8. 1956 in Kingston); SKETCH MARTIN, b (geb. in Antigua/West Indies).

Obwohl hier fünf Musiker genannt werden, war die britische Formation eher ein Duo. Grant und Martin waren jedenfalls diejenigen, die die Richtung bestimmten. Im Herbst 1980 wurde mit »You're Lying« (9/80 GB 15) der erste Hit von Linx notiert, danach folgte mit »Intuition« der größte Erfolg – die Platte erreichte Platz 7 in GB. Nach »Throw Away The Key« (6/81 GB 21), »So This Is Romance« (9/81 GB 15), »Can't Help Myself« (11/81 GB 55) und »Plaything« (7/82 GB 48) fiel die Gruppe auseinander. David und Sketch waren bei der Produktion ihres dritten Albums, als sie feststellten, daß ihnen die Arbeit mit Linx keinen Spaß mehr machte. Sketch wurde Mitglied der erfolglosen Gruppe 23 Skidoo und verschwand dann in der Versenkung. Nicht einmal seine Tantiemen können ihm überwiesen werden, weil niemand weiß, wo er sich aufhält. David Grant hatte als Solist einige Erfolge. Er wurde durch seine Plattenfirma als die britische Antwort auf Michael Jackson angeboten. Das war vielleicht ein bißchen zu viel des Guten und wurde David übelgenommen.

*Intuition (3/81 GB 7)*
***Funk, Pop***

## Lipps, Inc.

STEVEN GREENBERG, v/key/d/b/syn/per (USA, * 24. 10. 1950 in Minneapolis/Minnesota); CYNTHIA JOHNSON, v (USA, * 6. 4. 1956 in St. Paul/Minnesota); IVAN RAFOWITZ, key (USA); TOM RIOPELLE, g (USA); DAVID RIVKIN, g (USA).

Dieses Funkmusik-Projekt wurde 1977 in

Minneapolis gegründet und von dem Produzenten, Songschreiber und Multi-Instrumentalisten Steven Greenberg geleitet. Cynthia sang vorher bei Flyte Tyme, die später als Time Begleitgruppe von Prince werden sollte. Anfang des Jahres 1980 kam die erste Platte von Lipps, Inc. in die US-Charts, wurde über eine Million mal verkauft und erreichte Platz 1: »Funky Town«. Sängerin der Nummer war die Schwarze Miss Minnesota des Jahres 1976, Cynthia Johnson. Die Platte wurde wenig später Platz 2 in GB, 1 in Deutschland – hier gab es eine goldene Schallplatte. Mehrere Versuche, den Erfolg zu wiederholen, mißlangen. In den 90er Jahren tauchte Johnson als Leiterin der Mädchentruppe Kat Klub wieder auf.

*Funky Town (3/80 US 1; 5/80 D 1, GB 2; 6/80 CH 1)*
***Disco***

## Liquid Gold

ELLIE HOPE, v (Großbritannien).
Im Zuge der Disco Music formierte sich die GB-Band Liquid Gold um die Sängerin Ellie Hope und hatte Ende 1978 mit »Anyway You Do It« ihren ersten Hit. Treibende Kraft hinter dem Projekt war der Produzent Adrian Baker. Im Frühjahr 1980 kam »Dance Yourself Dizzy« in die britischen Charts und erreichte Platz 2. Die Nachfolgesingle war »Substitute«, ein weiterer Top-10-Erfolg. Danach gelangen der Formation noch drei weitere Hitnotierungen, bevor sie sich verflüssigte.

*Dance Yourself Dizzy (2/80 GB 2)*
*Substitute (5/80 GB 8)*
***Disco***

## Lisa Lisa & Cult Jam

MIKE HUGHES, per (USA, geb. in New York City); ALEX »SPANADOR« MOSLEY, g/key/b (USA, geb. in New York City); LISA VELEZ, v (USA, * 15. 1. 1967 in New York City).
1984 kam Lisa Lisa & Cult Jam in New York zusammen. Gleich ihre erste Platte, »I Wonder If I Take You Home«, erreichte Mitte 1985 die Top 40 in den USA und Platz 12 in GB. Im Studio begleitet und produziert wurde das Trio von der Gruppe Full Force, die 1978 als Amplifiers gegründet worden war. Full Force selbst hatte etliche Hits in der Rhythm-&-Blues-Hitparade, schaffte aber nicht den Crossover zu den Popcharts. Ein Jahr nach dem ersten Hit erreichte »All Cried Out« die amerikanischen Top 10. Wiederum knapp ein Jahr später kamen sie mit »Head To Toe« auf Platz 1 in den USA. Die Nachfolgesingle »Lost In Emotion« schaffte ebenfalls die Spitzenposition. Der letzte Hit gelang ihnen bisher Mitte 1991 mit »Let The Beat Hit 'Em«, zwar nur Platz 37 in den USA, aber trotzdem Gold. Im Januar 1994 kam das Debüt-Soloalbum von Lisa Lisa mit dem Titel »LL 77«.

*All Cried Out (7/86 US 8)*
*Head To Toe (4/87 US 1)*
*Lost In Emotion (8/87 US 1)*
***Rhythm & Blues***

**CD-Tip:** *LL 77* Pendulum 8 28172 2

## Lisa Marie Experience

NEIL HINDE, key (Großbritannien); DEAN MARRIOTT, key (Großbritannien).
Anfang 1995 hatten die beiden Keyboarder auf dem Liverpooler Label 3 Beat die Platte »Do That To Me« veröffentlicht, die keinerlei Eindrücke in den Charts, wohl aber in den Clubs hinterließ. Nachdem die Nummer nichts wurde, versuchte sich Marriott unter dem Pseudonym Cordial als Solist und hatte zwei weitere Clubhits. Hinde hingegen machte weiter als DJ im Republika in Sheffield und im Luxor in Leicester. Dann kam im Frühjahr 1996 die

Nummer »Keep On Jumpin'«, die ihnen den ersehnten Top-10-Hit bescherte. Danach wurde ihre erste Aufnahme »Do That To Me« erneut veröffentlicht, blieb aber auf Platz 33 hängen. Nebenher machten sich die beiden auch noch einen Namen als Mixer. Meltdown, Nicole, Klubbheads, Angelheart, Kelli Rich, Nootropic und andere profitierten von ihren goldenen Mixgriffeln.

*Keep On Jumpin' (4/96 GB 7)*
***Techno***

## Little Anthony & The Imperials

CLARENCE COLLINS, v (USA, * 17. 3. 1939 in Brooklyn/New York City); ANTHONY GOURDINE, v (USA, * 8. 1. 1940 in Brooklyn/New York City); TRACY LORD, v (USA); GLOUSTER ROGERS, v (USA); SAMMY STRAIN, v (USA, * 9. 12. 1940); ERNEST JNR. WRIGHT, v (USA, * 24. 8. 1939 in Brooklyn/New York City).
Seine ersten Plattenaufnahmen machte der kleine Anthony 1955 als Mitglied der Formation Duponts, bevor er zu den Chesters ging, die sich nach Abschluß eines Plattenvertrages in Imperials umbenannten. Auf die Idee, Little Anthony davorzusetzen, kam der Discjockey Alan Freed. Schon im August 1958 kam der Titel »Tears On My Pillow« in die US-Charts und wurde Platz 4. Von diesem Zeitpunkt bis 1974 wurden Hits der Gruppe verzeichnet. »Goin' Out Of My Head« Ende 1964 und »Hurt So Bad« Anfang 1965 waren zwei weitere Top-10-Erfolge. Sammy Strain, der 1964 Mitglied der Imperials wurde, verließ die Band 1975 und ging zu den O'Jays. Anthony Gourdine nahm in den 80er Jahren religiöse Platten auf. 1989 sang er im Hintergrund auf einer LP von Nancy Wilson mit. Clarence Collins tritt mit einigen Musikern immer noch in Las Vegas und ähnlichen Vergnügungsorten als Imperials auf. Ernest Wright wurde eines der vielen Platters-Mitglieder.

*Tears On My Pillow (11/58 US 4)*
*Goin' Out Of My Head (11/64 US 6)*
*Hurt So Bad (2/65 US 10)*
***Pop***

**CD-Tip:** *The Best Of Little Anthony & The Imperials* EMI CDP 7 93468 2

## Little Caesar & The Romans

CARL BURNETTE, v (USA); EARLY HARRIS, v (USA); DAVID CAESAR JOHNSON, v (USA, * 16. 6. 1934); JOHNNY O›SIMMONS, v (USA); LEROY SANDERS, v (USA).
David sang bereits als Kind im Kirchenchor. Nach der High-School ging er zur Air Force, und während er in Alaska Dienst tat, gründete er die Gospelgruppe Northern Crusaders. Zurück im Zivilleben, sang er mit den Ivory-Tones. 1958 ging er nach Los Angeles und nahm mit den Cubans einige Titel auf. Aus den Cubans wurden die Upfronts – zu diesem Zeitpunkt sang in der Band Bobby Relf, der später ein Teil von Bob & Earl werden sollte. Die Upfronts nahmen zwei Singles auf. Keine davon war erfolgreich. Der nächste Schritt war dann die Umbenennung in Little Caesar & The Romans. Man bastelte längere Zeit an der Nummer »Those Oldies But Goodies (Remind Me Of You)«, die schließlich Mitte 1961 in die US-Charts kam und Platz 9 wurde. Die Nachfolgeplatte »Hully Gully Again« kam gerade mal auf Platz 54 und ihre dritte Single »Memories Of Those Oldies But Goodies« nicht einmal mehr unter die ersten 100. Die Band fiel auseinander, Caesar sang bis in die frühen 70er Jahre als Solist, bevor er 1975 die Romans reformierte. 1978 war immerhin Rickie Lee Jones für ein halbes Jahr Mitglied in dieser Band. Die Gruppe bestand bis in die 90er Jahre. Von den alten Römern war außer Johnson niemand mehr dabei.

*Those Oldies But Goodies (Remind Me Of You) (5/61 US 9)*
**Pop**

## Little Dippers

DELORES DINNING, v (USA); EMILY GILMORE, v (USA); DARRELL MCCALL, v (USA); HURSHEL WIGINTIN, v (USA).
Die Little Dippers waren eine der vielen Gesangstruppen der Sängerin und Produzentin Anita Kerr. Im Januar 1960 gelang dem Quartett mit »Forever« ein Platz 9 in den USA, bevor sie wieder dahin verschwanden, woher sie gekommen waren: als Sessionsängerinnen in Nashville.

*Forever (1/60 US 9)*
**Pop**

## Little Eva

LITTLE EVA, v (USA, * 29. 6. 1945 als Eva Narcissus Boyd in Bellhaven/North Carolina).
Sie war Babysitter bei Carole King und deren damaligem Mann Gerry Goffin, als die beiden ihr den Vorschlag machten, eine neue Komposition für ein Demoband zu singen. Allerdings war das kein Zufall, denn Carole King hatte Little Eva für sich arbeiten lassen, weil sie wußte, daß sie gut singen konnte und es nur eine Frage der Zeit war, bis sie eine Platte machen würde. Eva sang das Demo von »The Loco-Motion«, und dieses Band sollte Dee Dee Sharp vorgespielt werden, für die das Lied eigentlich gedacht war. Dee Dee lehnte jedoch ab, und so kam es zu der Veröffentlichung von Little Eva. Mitte 1962 wurde dieser Titel Nummer 1 in den USA, 2 in GB und 23 in Deutschland. Als die Platte genau zehn Jahre später noch einmal in GB veröffentlicht wurde, erreichte sie Platz 11. Die Nachfolgesingle »Keep Your Hands Off My Baby« kam noch bis auf Platz 12, »Let's Turkey Trot« kam im Frühjahr 1963 auf den Markt und wurde in den USA und in GB ein Top-20-Erfolg. »Let's Turkey Trot« war übrigens Note für Note vom Song »Little Girl Of Mine« abgeschrieben, der 1956 mit den Cleftones in den US-Charts stand. Ihren letzten Top-10-Hit hatte sie im Duett mit Big Dee Irwin. »Swinging On A Star«, 1944 ein Spitzenreiter für Bing Crosby in den USA, erschien ebenfalls im Frühjahr 1963 und kam in GB bis auf Platz 7. Nach 1964 gelang ihr kein Erfolg mehr. »The Loco-Motion« wurde noch einmal eine Nummer 1 in den USA: 1974 mit Grand Funk. 1988 stand Kylie Minogue mit ihrer Version auf dem 2. Platz in

*The Loco-Motion (6/62 US 1; 9/62 GB 2)*
*Swinging On A Star (11/63 GB 7)*
**Pop**

**CD-Tip:** *LLLLLoco-Motion* London 820 615–2

## Little Richard

LITTLE RICHARD, v/p (USA, * 5. 12. 1932 als Richard Wayne Penniman in Macon/Georgia).
Für sogenannte normale Bürger hatten die Rock 'n' Roller um 1959 alle eine Ecke ab – die konnten doch irgendwie nicht normal sein! Elvis, der mit seinem Unterkörper zuckte, Jerry Lee Lewis, der mit den Füßen sein Piano bearbeitete, Gene Vincent in seinen speckigen Klamotten usw. Aber alle Rocker waren harmlos gegen einen Mann, der von allen ein bißchen in sich hatte: Little Richard. Wenn er loslegte, zitterten die Wände. Er kreischte, was das Zeug hielt, sang von Sachen, die die Älteren nicht verstehen konnten. Schon alleine seine Nummer »Tutti Frutti«: was war das denn? Konnte man das essen? Und dann die Zeile ›A wop bopa loo bop – a lop bam boom‹, das war die Härte. Wahrscheinlich verbarg sich dahinter irgendeine Schweinerei. Auf der Bühne strahlte der Kerl puren Sex ab. An sei-

nen Fingern steckten goldene Ringe, mit Diamanten besetzt. Protzheini sagten die einen, Rockgott die anderen. Little Richard ist wirklich eine Ausnahmeerscheinung im Rock 'n' Roll gewesen. An den meisten seiner Hits hat er selbst mitgeschrieben. Elvis konnte da nicht mithalten. Wenn Elvis lange hüftlahm war, konnte Little Richard immer noch einen Zahn zulegen. In einigen Filmen spielte Richard mit – immer nur sich selbst. Mit gefletschten Zähnen, das Piano traktierend, grinste er in die Kamera und kreischte – unglaublich. »Long Tall Sally« war Anfang 1956 sein erster Top-10-Erfolg weltweit. »Jenny, Jenny« und »Keep A Knockin‹« 1957 und »Good Golly, Miss Molly« 1958 waren weitere Top-10-Hits für ihn in den USA. In GB brachte er noch »The Girl Can't Help It« und »Lucille« 1957 und »Baby Face« 1959 unter die ersten 10. Seine allererste Plattenaufnahme machte er am 16. 10. 1951. Er sang den Titel »Get Rich Quick«. 1986, nachdem er sich lange aus dem Showgeschäft zurückgezogen hatte, spielte er mit in dem Film »Down And Out In Beverly Hills« – wieder einmal seine liebste und beste Rolle: Little Richard. Aus diesem Film stammte der Titel »Great Gosh A'Mighty! (It's A Matter Of Time)«, der sowohl in die amerikanische als auch britische Hitparade kam. Am erfolgreichsten war er jedoch in Deutschland damit. Hier erreichte er Platz 15, und damit hatte Little Richard seine erste und einzige Hitnotierung hierzulande. 1961 legte er sein Examen in Theologie ab und wurde zum Geistlichen geweiht. Von 1959 bis 1962 und wieder Mitte der 70er Jahre nahm er etliche Gospelplatten auf. 1986 wurde er in die Rock 'n' Roll Hall of Fame aufgenommen. Man kann Little Richard zweifellos als eins der wichtigsten Verbindungsglieder zwischen Rhythm & Blues und Rock 'n' Roll bezeichnen. 1993 erhielt er einen Grammy für sein Lebenswerk.

*Long Tall Sally (4/56 US 6; 2/57 GB 3)*
*The Girl Can't Help It (3/57 GB 9)*
*Lucille (6/57 GB 10)*
*Jenny, Jenny (6/57 US 10)*
*Keep A Knockin' (9/57 US 8)*
*Good Golly, Miss Molly (2/58 GB 8, US 10)*
*Baby Face (1/59 GB 2)*
***Pop, Rhythm & Blues, Rock 'n' Roll***

**CD-Tip:** *Little Richard – The Specialty Sessions* Ace ABOXCD 1

## Little River Band

PETER BECKETT, v/g (Großbritannien, geb. in Liverpool); BEEB BIRTLES, g (Niederlande, * 28. 11. 1948 als Gerard Birtlekamp in Amsterdam); DAVID BRIGGS, g (Australien, * 26. 1. 1951 in Melbourne); JOHN FARNHAM, v (Großbritannien, * 1. 7. 1949 in Dagenham/Essex); RICK FORMOSA, g; GRAHAM GOBLE, g (Australien, * 15. 5. 1947 in Adelaide); GEORGE MCARDLE, b (Australien, * 30. 11. 1954 in Melbourne); ROGER MCLACLAN, b; DEREK PELLICCI, d (Australien, * 18. 2. 1953); GLENN SHORROCK, v (Großbritannien, * 30. 6. 1944 in Rochester/Kent).

Australien ist die Heimat dieser 1975 gegründeten Pop-Rock-Gruppe. Einige Mitglieder hatten vorher in London in der Gruppe Mississippi gespielt. Glenn Shorrock hatte bereits 1965 seine ersten Plattenaufnahmen mit den Twilights gemacht. Von 1969 bis 1971 spielte er mit Axiom, danach machte er etliche Soloplatten. 1975 veröffentlichte die Little River Band ihr Debütalbum, das in Australien zum Album des Jahres gewählt wurde. Im April 1976 erhielten sie einen weltweiten Plattenvertrag, der jetzt dafür sorgte, daß man Platten der Band überall kaufen konnte. Ihre erste Hitnotierung in den USA – der Mainstream-Pop-Rock der Band war für den britischen Markt nicht geeignet – war der Top-30-Erfolg »It's A Long Way There«. Mitte 1978 gelang mit »Reminiscing« der erste und größte Top-

10-Erfolg. »Lady«, »Lonesome Loser« und »Cool Change« 1979, »The Night Owls« und »Take It Easy On Me« 1981 waren weitere Top-10-Hits in den USA. 1983 verließ Glenn Shorrock die Gruppe und wurde durch John Farnham ersetzt. Es folgten zahllose personelle Änderungen bis 1985. 1987 kehrte Shorrock zurück, und John Farnham startete eine erfolgreiche Solokarriere. 1991 erschien die CD »Worldwide Love«. Von den Urmitgliedern waren Shorrock und Goble mit dabei. 1992 kam Peter Beckett, der ehemalige Leadsänger der Gruppe Player, zur LRB.

*Reminiscing (7/78 US 3)*
*Lady (1/79 US 10)*
*Lonesome Loser (7/79 US 6)*
*Cool Change (10/79 US 10)*
*The Night Owls (8/81 US 6)*
*Take It Easy On Me (12/81 US 10)*
***AOR (Adult Orientated Rock), Pop, Rock***

**CD-Tip:** *Little River Band Greatest Hits* Capitol CDP 7 46021 2

## Liverpool FC

Manchmal hat man den Eindruck, daß Profifußballer nicht richtig ausgelastet sind, denn anders fällt es schwer zu erklären, weshalb immer wieder solche Mannschaften mit Plattenaufnahmen und sogar in den Hitparaden auftauchen. Der Liverpool FC schaffte bisher seit 1977 vier Eintragungen in den britischen Charts, davon eine unter den ersten 10. Mitte 1988 stand »Anfield Rap (Red Machine In Full Effect)« auf Platz 3 in GB, und im Mai 1996 waren die Liverpooler im Fußball und im Pop wieder ganz groß.

*Anfield Rap (Red Machine In Full Effect) (5/88 GB 3)*
*Pass And Move (The Red Time) (5/96 GB 4)*
***Pop***

## Livin' Joy

TAMEKA STAR, v (Italien); GIANNI VISNALDI, g (Italien); PAOLO VISNALDI, key (Italien).

Die Brüder Paulo und Gianni Visnaldi aus Italien zeigten den Briten nicht nur mit Livin' Joy, wo's zur Disco geht – sie waren auch involviert in der Formation Alex Party. Mit »Dreamer« hatte Livin' Joy im Januar 1995 eine erste Hitnotierung – allerdings in den USA und gerade mal ein Platz 72. Dann kam im Mai die Platte als Remix erneut auf den Markt und wurde diesmal Nummer 1 in GB. Ein Jahr später war es die Nummer »Don't Stop Movin'«, die es unter die ersten 10 der GB-Charts brachte. Und Ende 1996 schafften es die Italiener erneut in GB. »Follow The Rules« wurde ein Top-10-Hit. Und wenn sie als Livin' Joy nicht gerade in den britischen Charts waren, dann als Alex Party.

*Dreamer (Remix 1995) (5/95 GB 1)*
*Don't Stop Movin‹ (6/96 GB 5)*
*Follow The Rules (11/96 GB 9)*
***Techno***

## Living In A Box

ANTHONY CRITCHLOW, d (Großbritannien, * 1. 3. 1960); RICHARD DARBYSHIRE, v/g (Großbritannien, * 8. 3. 1960 in Stockport/Cheshire); MARCUS VERE, key (Großbritannien, * 29. 1. 1962).

1987 erschien die Debüt-LP des Pop-Trios Living In A Box. Gleich ihre erste Singlenotierung – Titel gleich Gruppenname – erreichte im Frühjahr 1987 Platz 5 in den GB-Charts, 4 in Deutschland und die ersten 20 in den USA. »Blow The House Down« und »Room In Your Heart« waren 1989 zwei weitere Top-10-Erfolge in GB. Darbyshire sang zwischenzeitlich auf Jellybeans Album »Jellybean Rocks The House« mit. 1994 erschien sein erstes Soloalbum, unterstützt von Albert Hammond und Lisa Stansfield.

*Living In A Box (4/87 D 4, GB 5; 6/87 CH 2)*
*Blow The House Down (2/89 GB 10)*
*Room In Your Heart (9/89 GB 5)*
***Pop***

**CD-Tip:** *Living In A Box* Chrysalis 258 355 2

## Lobo

LOBO, v (USA, * 31. 7. 1943 als Roland Kent Lavoie in Tallahassee/Florida).

Lobo spielte mit einigen Gruppen zusammen: Rumours, Sugar Beat, Me & The Other Guys und 1961 bei Legends – hier wirkten Jim Stafford und Gram Parsons mit. Anfang der 70er Jahre kam er als Solist. »Me And You And A Dog Named Boo« erreichte als erster Titel im Frühjahr 1971 die Charts und wurde 5 in den USA, 4 in GB. Mit dem Millionseller »I'd Love You To Want Me« gelang ihm im Herbst 1972 Platz 2 in den USA, ein Jahr später Platz 1 in Deutschland und Mitte 1974 Platz 5 in GB. Der Erfolg in Deutschland war darauf zurückzuführen, daß das Stück mehrfach in der Krimiserie ›Der Kommissar – Sonderbare Vorfälle im Hause des Professor S.‹ zu hören war. »Don't Expect Me To Be Your Friend« war Ende 1972 sein letzter Top-10-Erfolg. Bis zum Ende der 70er Jahre hatte er Pophits, darunter die Nummern »Don't Tell Me Goodnight« 1975 Platz 27 und »Where Were You When I Was Falling in Love« Mitte 1979 Platz 23 in den USA. Danach tauchte er mehr in den Country-Hitparaden auf. 1974 hatte er bereits seinen eigenen Verlag gegründet. Zusammen mit zwei anderen Musikern bildete er außerdem die Country-Gruppe Wolfpack. Ansonsten ging er, wie er selbst von sich sagte, lieber fischen, golfen und faulenzen oder verbringt die Zeit mit seiner Familie.

*Me And You And A Dog Named Boo (4/71 US 5; 6/71 GB 4)*
*I'd Love You To Want Me (9/72 US 2; 10/73 D 1; 11/73 CH 1; 6/74 GB 5)*
*Don't Expect Me To Be Your Friend (12/72 US 8)*
***Pop, Soft Pop***

**CD-Tip:** *Lobo Greatest Hits* Curb D2–77302

## Lobo

LOBO, v (Niederlande).

Dieser Lobo war ein holländischer Sänger, der mit einer karibischen Disco-Show auf Tournee war und dessen einziger Hit auch genauso hieß: »The Caribbean Disco Show« – im Juli 1981 Platz 8 in GB, 18 in Deutschland. Danach versuchte er mit Medleys wie »Lobo's Gospel Show« oder »The Soca Calypso Party« in die gleiche Kerbe zu hauen, was gründlich mißlang.

*The Caribbean Disco Show (7/81 GB 8)*
***Disco***

## Locklin, Hank

v/g (USA, * 15. 2. 1918 in McLellan/Florida).

Als Kind arbeitete Hank auf den Baumwollfeldern seiner Heimat Florida, lernte aber auch schon das Gitarrespielen und trat bald bei lokalen Radiostationen und Tanzveranstaltungen auf. Ende der 30er Jahre startete er seine Karriere als Profimusiker, schrieb erste Songs und arbeitete in den 40ern für verschiedene Radiostationen. Seinen ersten Hit in den Country-Charts hatte er 1949, 1953 seine erste Nummer 1. Sein größter Erfolg war 1960 der Titel »Please Help Me, I'm Falling«: 14 Wochen auf Platz 1 der Country-Charts, Platz 8 in der amerikanischen Pophitparade und 9 in GB. Es war sein erster und einziger Crossover-Hit in den USA. Im selben Jahr wurde Locklin Mitglied der Grand Ole Opry. In GB hatte er bis 1966 noch drei weitere Hitnotierungen. Eine seiner schönsten Kompositionen ist die Nummer »Send Me The Pillow You Dream On«, mit der Johnny Tillotson 1962 und Dean Martin 1965 erfolgreich waren. Locklin zog in den 60er Jahren wieder in seinen Heimatort McLellan zurück und wurde dort zum Bürgermeister gewählt.

*Please Help Me I'm Falling (5/60 US 8; 8/60 GB 9)*
***Country, Pop***

**CD-Tip:** *Please Help Me I'm Falling* Bear Family BCD 15 730 DI

## Loeb, Caroline

v (Frankreich, * 5. 10. 1955).
Caroline wurde Mitte 1987 zur europäischen Sommerüberraschung in allen Discotheken. »C'est La Ouate« erreichte selbst in der Bundesrepublik, in der es französische Platten im allgemeinen recht schwer haben, die Top 10. Der Nachfolgehit »A Quoi Tu Penses?« schaffte schon nicht einmal mehr den Sprung unter die ersten 60.

*C'est La Ouate (8/87 D 10)*
***Disco***

## Loeb, Lisa & Nine Stories

TIM BRIGHT, g (USA); JONATHAN FEINBERG, d (USA); DANIEL LITTLETON, g (USA, * 28. 2. 1967); LISA LOEB, v/g (USA); JOE QUIGLEY, b (USA).
Lisa Loeb, die auf den ersten Blick aussah wie die US-Antwort auf Nana Mouskouri, kam Mitte 1994 bis auf den Spitzenplatz der amerikanischen Hitparade mit dem Titel »Stay (I Missed You)«. Dazu hatte beigetragen der Erfolg des Films »Reality Bites«, in dem der Song zu hören war. Der erste Hit aus »Reality Bites« war »Baby I Love Your Way« von Big Mountain. Der Film erzählt von Leben und Liebe der heutigen Kids auf der Schwelle des Erwachsenwerdens. Die Kinobesucher fühlten sich wohl besonders von der traurigen und trotzigen Stimme Lisa Loebs angesprochen. Mit »Do I Sleep« (9/95 US 18) und »I Do« (11/97 US 17) verfehlte Lisa die Top 10.

*Stay (I Missed You) (5/94 US 1; 9/94 GB 6)*
***Pop***

## Loft

GINA MOHAMMED, v (USA, * 12. 6. 1972 in Newport News/Virginia); RICHARD RANKS, v (Jamaika, * 1. 10. 1962 als Williams in Kingston); COURTNEY WILLIAMS, v (Jamaika, * 16. 11. 1960 in Kingston).
Eine weitere Produktion aus dem Hause DMP (Dance Music Production) aus dem Frankfurter Raum. Die Nummer »Summer Summer« kam genau zur richtigen Jahreszeit 1993 auf Platz 10 in den deutschen Charts. Nachfolger »Hold On« (11/93 D 21) und »Love Is Magic« (4/94 D 25) erreichten nur noch die Top 30. Der gebürtige Jamaikaner Courtney Williams war mit der US Army nach Deutschland gekommen. 1989 folgten sein Bruder Richard und der Rest der Familie. Die aus Virginia stammende Sängerin Gina – sie war damals 14 Jahre alt – lernte bei einem Studiojob ihrer Mutter Frank Farian kennen. Der engagierte sie auf der Stelle für sein Projekt Real Milli Vanilli. Als Gina dann die Brüder Williams kennenlernte, war das die Geburtsstunde von Loft. DMP – u. a. wieder mit Nosie Katzmann – sorgten dann dafür, daß der von den Williams-Brüdern geschriebene Song »Summer Summer«, der Reggae-Einflüsse beinhaltet, für die Dance-Music-Szene aufbereitet wurde.

*Summer Summer (7/93 D 10)*
***Dance***

**CD-Tip:** *Wake The World* RCA 74321 19030 2

## Logan, Johnny

v (Australien, * 13. 5. 1955 als Sean Patrick Michael Sherrard O'Hagan in Melbourne).
Der Sohn irischer Einwanderer machte

noch in Australien mit seinem Bruder Mike und dem gemeinsamen Freund Rob die Band Rob Strong & The Gates. Nach einem erfolglosen Jahr ging Johnny Logan nach Irland, beteiligte sich an einem Talentwettbewerb und erhielt die Hauptrolle in dem Rockmusical »Adam & Eve«. Danach erneut eine Rockgruppe, dieses Mal Sean O'Hagan & The Rainbow. Die Band hielt auch nicht lange durch, machte aber einen Produzenten auf den Sänger aufmerksam, dem dann ein Solovertrag angeboten wurde. Der erste große Erfolg kam für Johnny Logan, als er für Irland beim Grand Prix Eurovision startete und 1980 mit »What's Another Year« gewann. Die Platte wurde im Frühjahr 1980 Spitzenreiter in GB, Platz 2 in Deutschland. Danach muß er etliche Probleme mit seinem Manager, seiner Ehefrau und sich selbst gehabt haben. Er verschwand für einige Zeit in die Türkei, und zur Überraschung aller tauchte er 1987 wieder beim Grand Prix mit dem selbstgeschriebenen Lied »Hold Me Now« auf, gewann ein zweites Mal und erreichte mit dieser Platte Platz 2 in GB und in Deutschland. Aber auch dieses Mal gelang es ihm nicht, seinen Ruhm über den Grand-Prix-Titel hinaus zu festigen. Als Songschreiber gelang ihm ein dritter Grand-Prix-Sieg: »Why Me« mit Linda Martin gewann 1992. Logan schrieb ihn unter seinem richtigen Namen Sean Sherrard.

*What's Another Year (5/80 GB 1, CH 2, D 2)*
*Hold Me Now (5/87 D 2, GB 2; 6/87 CH 6)*
***Grand Prix, Pop***

**CD-Tip:** *Best Of Johnny Logan* Epic 484 047 2

## Loggins & Messina

KENNY LOGGINS, v/g (USA, * 7. 1. 1947 in Everett/Washington); JIM MESSINA, v/g (USA, * 5. 12. 1947 in Maywood/Kalifornien).
Jim Messina spielte von September 1967 bis Mai 1968 bei Buffalo Springfield Baß, um dann mit Richie Furay im August 1968 Poco zu gründen. Jim blieb bis November 1970 und wurde dann Produzent für CBS. Diese Firma hatte, nachdem er den Hit »House At Pooh Corner« für die Nitty Gritty Dirt Band geschrieben hatte, den Sänger und Songschreiber Kenny Loggins als Solokünstler unter Vertrag genommen. Messina sollte die erste LP von Loggins betreuen, doch die Zusammenarbeit wurde dermaßen intensiv, daß sie dann als Kenny Loggins With Jim Messina veröffentlicht wurde. Ende 1972 gelang den beiden mit »Your Mama Don't Dance« ein Millionseller und Platz 4 in der amerikanischen Hitparade. Nach diesem Hit wurden weitere gemeinsame Projekte als Loggins & Messina veröffentlicht, ein Top-10-Erfolg gelang ihnen jedoch nicht mehr. Im November 1976 trennten sie sich und versuchten sich beide als Solisten. Messina mit weniger, Loggins mit mehr Erfolg. Als sich im Januar 1989 die Urformation von Poco wieder zusammenfand, war auch Jim Messina mit dabei.

*Your Mama Don't Dance (11/72 US 4)*
***AOR (Adult Orientated Rock), West Coast***

**CD-Tip:** *Loggins & Messina The Best Of Friends* Columbia CK 34388

## Loggins, Dave

v/g (USA, * 10. 11. 1947 in Mountain City/Tennessee).
Dave ist ein Cousin von Kenny Loggins und im Gegensatz zu ihm ein echtes One-Hit-Wonder. Mit dem zugegebenermaßen sehr schönen Titel »Please Come To Boston« gelang ihm Mitte 1974 ein Top-10-Hit in der amerikanischen Pophitparade. Der Nachfolgetitel »Someday« kam nicht einmal mehr unter die ersten 50. Als Studiomusiker ist Dave auf Platten von Anne Murray, Jimmy Buffett, Crystal Gayle oder Bobby Bare zu hören.

*Please Come To Boston (6/74 US 5)*
***Pop, Soft Pop***

## Loggins, Kenny

v/g (USA, * 7. 1. 1947 in Everett/Washington).

Der Pop- und Rocksänger, Gitarrist und Songschreiber machte mit den erfolglosen Gruppen Gator Creek und Second Helping seine ersten Plattenaufnahmen. Nachdem er 1969 mit der schon nicht mehr erfolgreichen Band Electric Prunes getourt war, wurde er festangestellter Songschreiber. Kenny Loggins erhielt hundert Dollar die Woche. 1971 schrieb er die Nummer »House At Pooh Corner«, die ein Hit für die Nitty Gritty Dirt Band wurde. Nach diesem Erfolg erhielt Kenny einen Plattenvertrag als Solist.

Das ehemalige Buffalo-Springfield- und Poco-Mitglied Jim Messina wurde als Produzent für Kenny verpflichtet. Die beiden entschlossen sich jedoch, ein Duo zu gründen, das in den folgenden vier Jahren zusammenspielte. Nach der Trennung machten beide als Solisten weiter, wobei Kenny erfolgreicher war. Sein erster Top-10-Erfolg war im Sommer 1978 »Whenever I Call You Friend«, Platz 5 in den USA. Bei dieser Nummer sang Stevie Nicks von Fleetwood Mac. Mit »I'm Alright«, dem Thema aus dem Film »Caddyshack«, hatte er Mitte 1980 einen weiteren Top-10-Hit. Im Januar 1984 brachte er »Footloose« aus dem gleichnamigen Film an die Spitze der amerikanischen Hitparade, auf Platz 6 in GB und auf 4 in Deutschland. Auch seine beiden weiteren Top-10-Hits waren Titel, die aus Filmen stammten: »Danger Zone« 1986 aus »Top Gun« und »Nobody's Fool« 1988 aus »Caddyshack II«. Stetige Nachfrage findet die Nummer »Heartlight« bei den deutschen Radiohörern. Sie ist zu finden auf der CD »High Adventure« aus dem Jahre 1982. Der Song wird in der amerikanischen Hitparade im März 1983 auf Platz 24 als »Welcome To Heartlight« aufgeführt. Anfang 1997 war Kenny wieder mit einem Titel aus einem Film auf dem Markt: »For The First Time« stammte aus dem Film »Tage wie dieser«, in dem Michelle Pfeiffer und George Clooney die Hauptrollen spielten.

*Whenever I Call You Friend (7/78 US 5)*
*I'm Alright (7/80 US 7)*
*Footloose (1/84 US 1; 4/84 D 4, GB 6; 6/84 CH 4)*
*Danger Zone (5/86 US 2; 10/86 CH 6)*
*Nobody's Fool (7/88 US 8)*
***AOR (Adult Orientated Rock), Pop, West Coast***

**CD-Tip:** *High Adventure* Columbia 474 758 2

## Lolita

LOLITA, v (Österreich, * 17. 1. 1931 als Ditta Zuser in St. Pölten).

Sie war Kindergärtnerin und kaufmännische Sachbearbeiterin, bevor Lolita in Linz erstmals im Radio sang und als Schlagersängerin entdeckt wurde. 1957 gab sie ihren bürgerlichen Beruf auf und widmete sich nur noch dem Gesang. Im selben Jahr hatte sie die Nummer »Der weiße Mond von Maratonga« auf Platz 2 in den deutschen Charts. 1958 hatte sie vier Top-10-Erfolge: »Addio Amigo«, »Mexicano«, »Eine blaue Zauberblume« und »Manakoora«. Im Frühjahr 1960 gelang ihr dann mit »Seemann (Deine Heimat ist das Meer)« ein Millionseller und Platz 2 in Deutschland, 5 in den USA. Wie ihr Landsmann Freddy Quinn wurde nun auch Lolita auf Seemannslieder festgelegt. Ihr letzter Top-10-Erfolg war Mitte 1961 »Über alle sieben Meere«. Nach 1966 gelang ihr kein Hit mehr, dafür moderierte sie ab 1967 über fünfzig Sendungen der Reihe ›Im Krug zum Grünen Kranze‹ beim SR. In Österreich blieb sie ein gefeierter Star und veröffentlichte bis in die 90er Jahre Platten.

*Der weiße Mond von Maratonga (11/57 D 2)*
*Addio Amigo (2/58 D 5)*
*Mexicano (7/58 D 7)*
*Eine blaue Zauberblume (9/58 D 5)*
*Manakoora (11/58 D 8)*
*Seemann (Deine Heimat ist das Meer) (2/60 D 2; 11/60 US 5)*
*Über alle sieben Meere (6/61 D 9)*
***Deutscher Schlager***

## Lombardo, Guy

bl (Kanada, * 19. 6. 1902 in London/Ontario, 5. 11. 1977).
Guy gründete zusammen mit seinen Brüdern Carmen und Lebert 1924 eine eigene Band, die sich Guy Lombardo & His Royal Canadians nannte. Später kam als vierter Bruder noch Victor zur Band. Guy war der Leader, Carmen Lombardo spielte Saxophon und sang. Bis 1955 hatten die Brüder über 100 Millionen Platten verkauft, brachten es auf insgesamt 218 Hitnotierungen und standen in der US-Hitparade 26 mal auf Platz 1! Der erste Hit, »Charmaine«, stand Ende 1927 sieben Wochen an der Spitze und war 1951 ein Millionseller für Mantovani. Im Laufe der Jahre wurde die Band in ganz Nordamerika fester Bestandteil des Silvesterabends: Sie spielte im Radio. Das neue Jahr war in greifbarer Nähe, wenn Guy Lombardo mit dem Titel »Auld Lang Syne« begann – in die Hitparade kam er mit diesem Titel jedoch nie. Und weil alle Amerikaner und Kanadier ihn mochten, machte er für sie ›the sweetest music this side of heaven‹. Zu seinen größten Hits nach »Charmaine« gehörten z. B. Spitzenreiter wie »You're Driving Me Crazy« 1930, »We Just Can't Say Goodbye« 1932, »Stars Fell On Alabama« 1934, »Red Sails In The Sunset« 1935, »Boo Hoo«, »September In The Rain« und »It Looks Like Rain In Cherry Blossom Lane« 1937 und »The Third Man Theme« 1950. Alle genannten Titel standen zumindest einen Monat oder auch länger auf Platz 1 in den USA. Guy starb am 5. 11. 1977, sein Bruder Carmen am 17. 4. 1971, Victor am 22. 1. 1994 im Alter von 82 Jahren an Asthma.

*Confucius Say (1/40 US 9)*
*When You Wish Upon A Star (4/40 US 5)*
*A Nightingale Sang In Berkeley Square (1/41 US 3)*
*The Band Played On (4/41 US 1)*
*Intermezzo (Souvenir De Vienne) (5/41 US 1)*
*Johnny Doughboy Found A Rose In Ireland (5/42 US 9)*
*Speak Low (When You Speak, Love) (1/44 US 5)*
*It's Love-Love-Love (3/44 US 1)*
*Together (9/44 US 7)*
*Always (1/45 US 10)*
*A Little On The Lonely Side (2/45 US 5)*
*Bell Bottom Trousers (6/45 US 2)*
*No Can Do (11/45 US 6)*
*Symphony (1/46 US 10)*
*Seems Like Old Times (3/46 US 7)*
*Shoe-Fly Pie And Apple Pan Dowdy (4/46 US 6)*
*Managua, Nicaragua (1/47 US 1)*
*Anniversary Song (2/47 US 2)*
*April Showers (5/47 US 9)*
*I Wonder, I Wonder, I Wonder (5/47 US 3)*
*I'm My Own Grandpaw (3/48 US 10)*
*Red Roses For A Blue Lady (2/49 US 8)*
*Enjoy Yourself (It's Later Than You Think) (1/50 US 1)*
*Dearie (3/50 US 5)*
*The Third Man Theme (3/50 US 1)*
*Harbor Lights (10/50 US 2)*
*All My Love (10/50 US 10)*
*Tennessee Waltz (12/50 US 6)*
*Blue Tango (3/52 US 9)*
***Instrumental, Pop***

## London Boys

EDEM EPHRAIM, v (Großbritannien, * 1. 7. 1963, † 26. 1. 1996); DENNIS FULLER, v (Großbritannien, * 19. 6. 1963, † 26. 1. 1996).
Das Duo London Boys wurde in Deutschland entdeckt und produziert. Daß die beiden in Hamburg wohnen, versuchten sie in Interviews möglichst immer zu verschweigen. Sie wollten nicht als deutsche Disco-Truppe abgetan werden. Ihre erste

Platte, »Requiem«, kam Ende 1988 in die britischen Charts und belegte Platz 59. Vier Monate später schaffte sie einen Re-Entry und belegte nun Platz 4. Die Nachfolgesingle »London Nights« kam Mitte 1989 in die GB-Charts und wurde Platz 2. Mit diesem Titel wurden sie erstmals auch in Deutschland verzeichnet: auf 24. Mit dem Anfang der 90er Jahre ließ der Erfolg des Duos nach. Edem und Dennis waren auf dem Weg zu einem Auftritt, als sie bei einem Autounfall ums Leben kamen.

*Requiem (4/89 GB 4)*
*London Nights (7/89 GB 2; 9/89 CH 9)*
***Disco***

**CD-Tip:** *The 12 Commandments Of Dance* Teldec 246 036–2ZP

## London, Julie

v (USA, * 26. 9. 1926 als Peck in Santa Rosa/Kalifornien).
Als Teenager sang Julie in verschiedenen West-Coast-Bands. Ihr Aussehen verschaffte ihr 1944 einen Filmvertrag. Im selben Jahr war sie in dem Streifen »Jungle Woman« zu sehen. Neben vielen anderen Rollen spielte sie 1956 in »The Girl Can't Help It«. 1955 hatte sie ihre erste LP, »Julie Is Her Name«, auf der sie, lediglich begleitet durch Baß und Gitarre, romantische Liebeslieder sang, veröffentlicht. Darauf befand sich auch ihr einziger Top-10-Erfolg »Cry Me A River« aus demselben Jahr, den sie dann in obengenanntem Film sang. In erster Ehe war sie von 1945 bis 1953 mit dem Schauspieler, Produzenten und Regisseur Jack Webb verheiratet. Später heiratete sie den TV-Schauspieler Bobby Troup, der ihr Co-Star in der Fernsehserie ›Emergency‹ wurde. Schon während der späten 50er und frühen 60er Jahre hatte Julie in etlichen Serien mitgespielt.

*Cry Me A River (11/55 US 9)*
***Pop***

**CD-Tip:** *Julie London Best 20* Liberty CP 32–5293

## London, Laurie

v (Großbritannien, * 19. 1. 1944 in London).
Der Kinderstar hatte mit »He's Got The Whole World In His Hands« Ende 1957 Platz 12 in GB, 1 in den USA und 5 in Deutschland. Daraufhin ging Laurie von der Schule ab, um eine Gesangskarriere zu machen, und nahm weitere Pop-Gospel-Singles auf. Um seinen Sohn richtig managen zu können, kündigte der Vater seinen Job. Trotz dieses hohen Einsatzes gelangen ihm keine weiteren Erfolge mehr. Für den deutschen Markt nahm er Titel wie »Wild und heiß«, »Mandolino Pling Plang Plong« oder »Schenk mir einen Traum« auf, die alle floppten. Heute arbeitet Laurie London in der Textilindustrie.

*He's Got The Whole World In His Hands (3/58 US 1; 8/58 D 5)*
*Bum-Ladda-Bum-Bum (12/59 D 10)*
***Schlager***

## Londonbeat

JIMMY »CHIRPY« CHAMBERS, v (Trinidad, * 20. 1. 1946); GEORGE CHANDLER, v (USA, geb. in Atlanta/Georgia); JIMMY »HELMSY« HELMS, v/g (USA, geb. in Florida); WILLIAM »WILLY« M., g (Großbritannien als Henshall, geb. in London).
Dave A. Stewart, der mit den Eurythmics und seinen vielen anderen Projekten offensichtlich zeitlich nicht ausgelastet war, gründete 1988 seine eigene Plattenfirma Anxious. Eine seiner ersten Bands, die er unter Vertrag nahm, war Londonbeat. 1987 war die Gruppe als Beat Jockeys gegründet worden, drei der Mitglieder – Chambers, Helms und Chandler – hatten

gesanglich Paul Young unterstützt. Ihren ersten Hit hatte die Band im November 1988 mit »9 A.M. (The Comfort Zone)«, im Herbst 1990 gelang ihnen der Superhit »I've Been Thinking About You«, der es in GB auf Platz 2, in Deutschland und den USA auf Platz 1 brachte. Mitte 1992 gelang ihnen mit »You Bring On The Sun« zumindest in GB ein weiterer Top-10-Erfolg. Nach gruppeninternen Schwierigkeiten stieg Mitte 1994 George Chandler aus. Der Rest machte als Trio weiter. Jimmy Helms hatte übrigens schon Hits vor seiner Zeit mit Londonbeat. 1973 war ihm in GB der Top-10-Erfolg »Gonna Make You An Offer You Can't Refuse« gelungen.

*I've Been Thinking About You (9/90 D 1, GB 2; 10/90 CH 1; 2/91 US 1)*
*You Bring On The Sun (6/92 D 6)*
***Dance, Middle Of The Road (MOR), Pop***

**CD-Tip:** *Harmony* RCA 74321 11060 2

## Long, Johnny

vln/bl (USA, geb. in Newell/North Carolina, † 31. 10. 1972).

Das außergewöhnlichste an Johnny Long war die Tatsache, daß er linkshändig Geige spielte. Ab 1937 begann seine Profikarriere mit einer eigenen Band. Ab 1941 wurde er in den US-Charts verzeichnet. Im Januar 1943 gelang ihm mit »Why Don't You Fall In Love With Me?« der erste Top-10-Erfolg. »My Dreams Are Getting Better All The Time« aus dem Film »In Society« erreichte im Frühjahr 1945 Platz 3 in den USA und wurde sein größter Hit. Johnny war bis in die 50er Jahre erfolgreich, zog sich dann langsam aus dem Musikgeschäft zurück.

*Why Don't You Fall In Love With Me? (1/43 US 10)*
*No Love, No Nothin' (2/44 US 5)*
*Time Waits For No One (7/44 US 8)*
*My Dreams Are Getting Better All The Time (4/45 US 3)*
*Candy (5/45 US 8)*
*Waitin' For The Train To Come In (11/45 US 7)*
***Instrumental, Pop***

## Long, Shorty

v/p (USA, * 20. 5. 1940 als Frederick Earl Long in Birmingham/Alabama, † 29. 6. 1969).

Der Pianist, Sänger und Songschreiber Shorty Long war in den 50er Jahren für zwei Jahre Mitglied der Ink Spots und machte 1962 seine ersten Soloplatten. Sein einziger nennenswerter Erfolg war die Novelty-Nummer »Here Comes The Judge«, die es Mitte 1968 auf Platz 8 in den USA, 30 in GB und 38 in Deutschland brachte. Möglich, daß seine Karriere noch weitergegangen wäre, aber Mitte 1969 ertrank er bei einem Bootsunglück auf dem Detroit River in Kanada.

*Here Comes The Judge (6/68 US 8)*
***Pop, Rhythm & Blues***

## Look

MICK BUSS, g (Großbritannien); JOHNNY FONTAINE, v (Großbritannien).

»I Am The Beat« war der größte Hit der britischen Formation Look um den Sänger Johnny Fontaine und den Gitarristen Mick Buss, der mit »Feeding Time« im August 1981 noch ein Platz 50 in GB gelang und dann nichts mehr. Die Band hinterließ keinerlei weitere Spuren.

*I Am The Beat (12/80 GB 6)*
***Pop***

## Looking Glass

LARRY GONSKY, key (USA, * 20. 10. 1949); JEFFREY GROB, d (USA, * 6. 12. 1950); ELLIOT LURIE, v/g (USA, * 19. 8.

1948 in Brooklyn/New York City); PIETER SWERVAL, b (USA, * 13. 4. 1948).
1969 wurde diese Band als Rockgruppe gegründet. Danach wurden sie in ihrem Stil etwas seichter. Nachdem Looking Glass bei Motown und Rolling Stones Records Plattenverträge hatten, die nichts brachten, verbuchten sie Mitte 1972 auf Epic Records ihren ersten und einzigen Erfolg: »Brandy (You're A Fine Girl)« wurde Spitzenreiter in den USA. Ein Jahr später gelang ihnen mit »Jimmy Loves Mary-Anne« noch ein Top-40-Eintrag. Als sie nach ihrem Spitzenreiter auf Tour gingen, enttäuschten sie das Publikum, da »Brandy« absolut untypisch für ihre Live-Auftritte war. Sie spielten normalerweise viel härtere Sachen, als dieser Hit ahnen ließ. Bald darauf trennte sich die Formation, und Lurie versuchte sich erfolglos als Solist. Später wurde er Produzent vor allem für Filmmusik, so z. B. für »Perfect« mit Jamie Lee Curtis und John Travolta.

*Brandy (You're A Fine Girl) (6/72 US 1)*
***AOR (Adult Orientated Rock), Soft Pop***

## Loona

CARISMA, v (Niederlande als Marie-José van der Kolk); DJ SAMMY, dj (Spanien, geb. in Mallorca).
DJ Sammy, geboren im Jahre 1970, legte bereits seit Ende der 80er Jahre in der Discothek Joy Palace auf Mallorca Platten auf. Nebenher fummelte er einige Platten zusammen, darunter Titel wie »Life Is Just A Game«, »You're My Angel«, »Price Of Love« (6/97 D 24), »Golden Child« (12/97 D 43) oder »Magic Moment« (5/98 D 67), die sich nicht nur auf der Insel zu Sommer- und Partyhits entwickelten. Auf Mallorca lernte er auch die professionelle Sängerin und Tänzerin Carsima kennen, mit der er das Projekt DJ Sammy & Carisma startete. Carsima war auf den ersten drei Hitnotierungen zu hören – Carisma machte auch bei Loona mit. Erster Top-10-Hit wurde »Bailando«. Der Song wurde in Cooperation mit dem RTL Kino Sommer gepusht. Ursprünglich war die Platte 1995 durch das spanisch/belgische Projekt Paradisio erschienen, konnte sich jedoch nicht in Deutschland durchsetzen. Die Neuinterpretation von Loona aus dem Jahre 1998 schaffte es.

*Bailando (6/98 D 1; 7/98 CH 1)*
***Disco, Pop***

## Lopez, Trini

v/g (USA, * 15. 5. 1937 als Trinidad Lopez III in Dallas/Texas).
Seine Mixtur aus Tex-Mex, Folk und Happy Time Music brachte ihm Mitte 1963 einen weltweiten Erfolg: »If I Had A Hammer« erreichte Platz 3 in den USA, 4 in GB, 2 in Deutschland. Speziell in den gerade aufkommenden Discotheken in den USA war diese Nummer, die ursprünglich ein Protest-Folksong von Pete Seeger war, erfolgreich. Der amerikanische Plattenproduzent Don Costa hatte den Sänger und Gitarristen entdeckt, als er im berühmten PJ's Nightclub in Los Angeles spielte. Er verschaffte ihm einen Plattenvertrag auf dem Frank-Sinatra-Label Reprise. Einen weiteren Top-10-Erfolg hatte Lopez nur noch in Deutschland. Hier kam seine Version von »America« Ende 1963 auf Platz 3. 1966 spielte er in »Das dreckige Dutzend« neben Lee Marvin, Ernest Borgnine, Charles Bronson, John Cassavetes und Robert Ryan die Rolle des Pedro Jiminez. Lopez gehört zu den Künstlern, die live immer am besten sind. So entstanden viele seiner LPs während Auftritten in Clubs, und auch seine beiden Top-10-Hits sind live eingespielt. Seine erfolgreichste Studio-Singleproduktion war der Titel »Lemon Tree«, der im Januar 1965 in den USA Platz 20 und in Deutschland Platz 38 wurde. Bis Ende der 70er Jahre nahm er

weitere Platten auf, während der 80er sang er hauptsächlich in Las Vegas.

*If I Had A Hammer (7/63 US 3; 9/63 GB 4; 11/63 D 2)*
*America (12/73 D 3)*
***Folk, Pop, Texmex***

**CD-Tip:** *Trini Lopez – Diamond Star Collection* Arcade 88 0029 9

## Lor, Denise

v (USA, geb. in Kalifornien).
Denise brachte es genau auf eine Hitnotierung: »If I Give My Heart To You«, begleitet von Joe Candulo und seinem Orchester, wurde im September 1954 ein Top-10-Hit in den USA. Dieser Erfolg war sicher zurückzuführen auf die Popularität, die sie durch ihre Arbeit im Fernsehen genoß. Anfang der 50er Jahre spielte sie für zwei Jahre in der ›Garry Moore Show‹ mit. 1951 gehörte sie zum Ensemble von ›Seven At Eleven‹ und 1954 zum Rateteam in der Quizshow ›Droodles‹.

*If I Give My Heart To You (9/54 US 8)*
***Pop***

## Lorain, A'Me

v (USA, geb. in Simi Valley/Kalifornien).
A'Me Lorain sang zusammen mit ihrem Verlobten Victor Indrizzo und ihrem Bruder Fred Trujillo in der Gruppe Family Affair. Im Januar 1990 erschien ihre Debüt-Solosingle »Whole Wide World« aus dem Film »True Love«. Der Film wurde ein Flop, die Platte kletterte in den US-Charts nach oben. Mit »Follow My Heartbeat« hatte sie noch eine weitere Hitnotierung.

*Whole Wide World (1/90 US 9)*
***Pop***

## Lord Tariq & Peter Gunz

PETER GUNZ, rap (USA); LORD TARIQ, rap (USA).
Aus dem Titel »Black Crow« der Gruppe Steely Dan fummelten schon 1994 die beiden Jungs aus der Bronx die Nummer »Déjà Vu (Uptown Baby)« (5/98 GB 21). Keiner wollte sie damals haben – also haben sie sie auf ihrem eigenen Plattenlabel Codeine veröffentlicht. Lange passierte nichts, dann haben New Yorker DJs den Titel im Herbst 1997 auf die Playlist gesetzt und er kam im November 1997 in die US-Charts. Zwei Monate dümpelte das Stück unterhalb der Position 40 – dann kam sie innerhalb fünf weiterer Wochen unter die ersten 10. In GB erreichte die Platte im Mai 1998 Platz 21.

*Déjà Vu (Uptown Baby) (11/97 US 9)*
***HipHop***

## Lords

PETER »MAX« DONATH, d (Deutschland, * 11. 8. 1944 in Berlin); KNUT KUNTZE, b (Deutschland, geb. in Berlin); LEO LIETZ, g (Deutschland, * 31. 12. 1943 in Hammerstein); LORD ULLI, g (Deutschland, * 24. 7. 1942 als Ulli Günther in Berlin); RAINER PETRY, g (Deutschland, * 5. 7. 1944 in Berlin); BERND ZAMULO, b (Deutschland, * 16. 8. 1944 in Cuxhaven).
Die Lords kamen 1959 als Skiffle Lords zusammen, was ein deutlicher Hinweis auf ihren damaligen Musikstil ist. Ab 1963 nannten sie sich nur noch Lords und konzentrierten sich auf an britischem Beat orientierte Musik. In der Besetzung Günther, Lietz, Petry, Kuntze und Donath gewannen sie im legendären Hamburger Star-Club im September 1964 bei einem Wettbewerb unter dem Motto ›Wer spielt so wie die Beatles?‹ den ersten Preis: einen Plattenvertrag. Ihre Debüt-Single nahmen sie noch in deutscher Sprache

auf. Nach einem schweren Autounfall mußte Knut Kuntze im Februar 1965 ersetzt werden. Für ihn kam zunächst Heinz Hegemann und ab August 1965 Bernd Zamulo. Ihre erste Hitnotierung kam ein Jahr später, nachdem sie sich auf englischsprachige Aufnahmen verlegt hatten, mit »Shakin' All Over« (8/65 D 11), im Original ein Titel von Johnny Kidd & The Pirates. Wenig später erschien »Poor Boy« (10/65 D 12), geschrieben von Peter Lietz. Hier lernten wir dann, daß er direkt nach seiner Geburt weder sprechen noch gehen konnte. Weitere Hits: »Que Sera« (1/66 D 21), »Greensleaves« (3/66 D 14), »What They Gonna Do« (9/66 D 34), »Have A Drink On Me« (12/66 D 19), »Gloryland« (9/67 D 5), »John Brown's Body« (2/68 D 11), »And At Night« (7/68 D 40), »Good Time Music« (11/68 D 35), »People World« (3/69 D 17) und »Three-Five-Zero-Zero« (8/69 D 27). Wenn sie inzwischen auch als arrivierte deutsche Beatband galten, so kann man an Aufnahmen wie »Greensleeves«, »Lost John«, »Seven Daffodils« oder »Have A Drink On Me« die Skiffle-Vergangenheit der Formation heraushören. Mit Beginn der 70er Jahre verschwanden die Lords aus den Hitparaden. Mitglieder wechselten, und die Band war zeitweise ganz aufgelöst. Regelmäßig kamen sie jedoch wieder für Oldie-Konzerte zusammen.

*Gloryland (9/67 D 5; 1/68 CH 6)*
*John Brown's Body (2/68 CH 10)*
***Beat, Pop***

**CD-Tip:** *The Lords 1964 – 1971* EMI 8 28410 2

## Loring, Gloria

v (USA, * 10. 12. 1946 in New York City).
Wieder einmal eine amerikanische TV-Größe, die es auch ins Plattengeschäft drängte. Gloria Loring spielte in der Fernsehseifenoper ›Days Of Our Lives‹ die Rolle der Liz Curtis. Carl Anderson war ebenfalls Schauspieler, der allerdings auch schon Erfolge als Sänger hatte. Am Broadway und im Film spielte er in der Rockoper »Jesus Christ Superstar« den Judas. 1984 tauchte er mit dem Titel »Magic« in der amerikanischen Rhythm-&-Blues-Hitparade auf. »Friends And Lovers« kam mit Gloria und Carl im Juli 1986 in die amerikanische Pophitparade und erreichte Platz 2. Es blieb ihr einziger Erfolg. Auch Soloaktivitäten der beiden – sollte es sie gegeben haben – zeichneten sich nicht in den Hitparaden ab.

*Friends And Lovers (7/86 US 2)*
***Pop***

## Los Bravos

MIGUEL VICENS DANUS, b (Spanien, * 21. 6. 1944 in Mallona); MANOLO FERNANDEZ, org (Spanien, * 29. 9. 1943 in Sevilla); MICHAEL KOGEL, v (Deutschland, * 25. 4. 1944 in Berlin); ANTONIO MARTINEZ, g (Spanien, * 3. 10. 1945 in Madrid); PABLO GOMEZ SAMLLEHI, d (Spanien, * 5. 11. 1943 in Barcelona).
Michael Kogel spielte Anfang der 60er Jahre mit der Gruppe Michael & The Firebirds, die den Titel »Der Knüller Mausi Müller« aufnahmen. Der deutsche Produzent Nils Nobach brachte Michael in Spanien mit der Gruppe Los Sonor zusammen. Aus Mitgliedern dieser Band und aus Musikern einer weiteren spanischen Formation, den Runaways, wurde nun Mike & The Runaways. 1966 wurden sie in Spanien zur Nr.-1-Gruppe gewählt. In London nahmen sie im April 1966 als Los Bravos den Titel »Black Is Black« auf. Die Platte wurde ein Top-10-Hit in GB, den USA und in Deutschland. Im nachhinein wurde allerdings bekannt, daß außer Michael von der Gruppe niemand im Studio anwesend war. 1969, nach dem Tode des Keyboarders Manolo, fällt die Band auseinander. Mike bekommt angeblich ein

Angebot von Jimmy Page, in dessen neuzugründender Formation einzusteigen. Er entschließt sich jedoch zu einer Solokarriere als Mike Kennedy, und so wird Robert Plant Sänger in Jimmys Band Led Zeppelin. Mit »Louisiana« steht Mike 1972 in den amerikanischen Hot 100. 1986 kommen Los Bravos wieder für eine mehrmonatige Tournee durch Spanien zusammen. Ansonsten bleibt Kennedy dort ein Star und veröffentlicht regelmäßig neue Platten.

*Black Is Black (6/66 GB 2; 8/66 D 4, US 4)*
***Beat, Pop***

## Los Del Rio

ANTONIO ROMERO MONGE, v/g (Spanien); RAFAEL RUIZ PERDIGONES, v/g (Spanien).

Wie ein warmer Regen kam über die beiden älteren Herren der Bewegungsdrang der westlichen Welt. Ganze Staaten und Stadien tanzten im Macarena-Fieber, was bei vielen Menschen sehr lustig aussah, so zum Beispiel bei der amerikanischen Außenministerin Madeleine Albright vor den Vereinten Nationen. Der Song »Macarena« war 1993 ein großer Erfolg in Spanien. Aber erst nachdem die Bayside Boys (Carlos A. de Yarza und Mike Triay) den Titel noch einmal abmixten und den Part von Monge und Perdigones zurücknahmen und statt dessen Mädels englisch dazu singen ließen, kam der internationale Erfolg. Die Platte stieg im September 1995 in die amerikanische Hitparade ein, kletterte bis auf 45 und fiel dann wieder raus. Im Mai 1996 stieg sie auf Platz 47 in den USA wieder ein und erreichte am 3. August 1996 Platz 1. Diesen Spitzenplatz gab »Macarena« erst nach 14 Wochen, und nachdem es viermal Platin gesetzt hatte, wieder ab. Aber nicht nur das: Auch die Originalversion von »Macarena« kam im Juli 1996 in die US-Charts und erreichte immerhin noch Platz 23. Zeitgleich waren also die beiden Versionen des Stükkes hoch in den amerikanischen Hot 100. Bezeichnenderweise stand der Sender, der »Macarena« erstmals mit einem Power Play in den USA gespielt hatte, in Seattle, der Heimat des Grunge. Auf jeden Fall: die beiden Spanier, die ihr 30jähriges Bühnenjubiläum bereits hinter sich haben, haben dank »Macarena« die Rente durch.

*Macarena (Bayside Boys Mix) (3/96 D 1; 4/96 CH 1; 5/96 US 1; 6/96 GB 2)*
***Dance, Pop***

**CD-Tip:** *Fiesta Macarena* RCA 74321 34663 2

## Los Lobos

STEVE BERLIN, sax (USA, * 14. 9. 1955 in Philadelphia/Pennsylvania); DAVID HIDALGO, v/g (USA, * 6. 10. 1954 in Los Angeles/Kalifornien); CONRAD LOZANO, b (USA, * 21. 3. 1951 in Los Angeles/Kalifornien); LUIS PEREZ, d (USA, * 29. 1. 1953 in Los Angeles/Kalifornien); CESAR ROSAS, v/g (USA, * 26. 9. 1954 in Los Angeles/Kalifornien).

1973 formierte sich diese Gruppe in Los Angeles. Zwei Jahre probten sie, bevor sie das erste Mal öffentlich auftraten. Ihre vorwiegend akustisch gespielte Musik ist eine Mixtur aus Rock 'n' Roll, Rockabilly und mexikanischer Folklore. Die gängige Abkürzung dafür lautet Tex-Mex-Music. 1978 nahmen sie auf eigene Kosten ihr Debütalbum »Just Another Band From L.A.« auf, das sie bei Auftritten an Zuschauer verkauften. Ein Auftritt 1980 im Vorprogramm von Public Image Ltd. in Los Angeles mußte nach zehn Minuten abgebrochen werden: das Punk-Publikum konnte mit der Musik nichts anfangen und bewarf Los Lobos mit Flaschen. Ein Gutes hatte das Ereignis dennoch: Die Musikindustrie wurde auf die Formation aufmerksam. 1983 erhielten sie einen

Plattenvertrag. Ihre erste Hitnotierung war die interessante Frage »Will The Wolf Survive?« (3/85 US 78). Zwei Jahre später stand »La Bamba« auf Platz 1 der amerikanischen und britischen Hitparade, in Deutschland auf Platz 7. Das Stück stammte aus dem gleichnamigen Film, in dem das Leben von Ritchie Valens erzählt wurde, der ebenfalls Amerikaner mexikanischer Abstammung war. Die Gruppe spielte selbst auch im Film mit. »Come On, Let's Go« (9/87 US 21, GB 18), ebenfalls aus dem Film, wurde noch ein weiterer Singleerfolg. Danach gelang ihnen erst einmal kein Hit mehr. 1992 veröffentlichten sie die CD »Kiko«. Im Frühjahr 1996 kam das Album »Colossal Head«.

*La Bamba (6/87 GB 1, US 1; 8/87 CH 1, D 7)*
***Pop, Rock 'n' Roll, Texmex***

**CD-Tip:** *La Bamba Soundtrack* Metronome 828 058 2

## Los Suissos

Moses, Hänsel und Captain nahmen die Nummer »Yo grüezi wohl!« als geplanten einmaligen Gag auf. Nachdem die Platte in die Charts kam, wurde weiter produziert und schließlich ein Album aufgenommen.

*Yo grüezi wohl! (12/90 CH 6)*
*Schnapp! (Ich schnappe über) (8/91 CH 8)*

## Los Umbrellos

AL AGAMI, v (geb. in Lado/Afrika); MAI-BRITT GRONDAHL VINGSOE, v (Dänemark); GRITH HOJFELDT, v (Dänemark).

Die Plattenfirma zur Veröffenlichung der Single im Juni 1997: ›Die Dänen sind schon ein eigenartiges Völkchen mit einem entsprechend bizarren künstlerischen Output... Los Umbrellos' Debütsingle »No Tengo Dinero« ist eine äußerst kauzige Nummer, bringt sie doch putzmunteren Italo-Pop (Hörte da jemand Lale Andersens Schiff auf der Discowelle kommen?) mit mexikanischen Trompeten und waschechtem Raggagesang unter einem Hut. Den übernahm Al Agami, Kronprinz der afrikanischen Enklave Lado, der auf der Flucht vor dem Diktator Idi Amin in Dänemarkt politisches Asyl fand. Dort ist er mittlerweile ein gefragter Rapkünstler, hatte '92 mit »Deep Undercover« bereits einen MTV-Hit und gastierte auf dem Album von Leila K.‹. Jedenfalls wurde die Platte 1997 zumindest in Deutschland kein Hit – im August 1997 kam sie in die US-Charts und kletterte bis auf Platz 42. Im Mai 1998 erreichte sie die deutsche Hitparade und kam bis auf Platz 20. In der Schweiz wurde die Nummer schließlich ein Top-10-Hit. In der Tat wurde bei der Nummer die alte Melodie von »Never On Sunday« (Sonntags nie) von Manos Hadjidakis aus dem Jahre 1960 verbraten. Der Song erhielt in jenem Jahr einen Oscar – im gleichnamigen Film wurde das Lied von Melina Mercouri gesungen. In Griechenland hieß der Song »Ta Pedia Tou Pirea«, in Frankreich »Les Enfants Du Pirée«. In Deutschland war das Stück 1960 als »Ein Schiff wird kommen« mit Lale Andersen, Caterina Valente und Melina Mercouri in den Top 10.

*No Tengo Dinero (6/98 CH 4)*
***Pop, Rap***

## Lou & The Hollywood Bananas

LOU DEPRIJK (Belgien).

Lou Deprijk war Mitglied der Formation Two Man Sound und Produzent von Plastic Bertrand. Im Herbst 1979 nahm er zusammen mit zwei nicht genannten Sängerinnen den französischen Titel »Kingston Kingston« auf, der in Deutschland erfolgreich wurde. Lou bezeichnete ihn als ersten Versuch, französischen Reggae zu machen. Ob er in Feuer- oder Neuseeland weitere Erfolge hatte, weiß man nicht. In Deutschland jedenfalls blieb es bei diesem einzigen Hit.

*Kingston Kingston (9/79 D 6)*
***Disco***

## Lou, Luchie & Michie One

LUCHIE LOU, v/dj/mix (Großbritannien, geb. in London); MICHIE ONE, dj (Großbritannien, geb. in London).
Die beiden Mädchen stammen aus dem Süden Londons. Luchie Lou arbeitete mit der HipHop-House-Crew The Blapps Posse, die mit der Single »Don't Hold Back« bei Rave-Partys sehr populär war. Michie startete als Discjockey mit der englischen Frauencombo Gold Label. Außerdem arbeitete sie mit der Band Double Trouble. Die ersten Singles des Duos hießen »Somebody Else's Guy« und »Rich Girl«. Letzteres eine Umarbeitung von »If I Were A Rich Man« aus »The Fiddler On The Roof«. Mit »Shout« – im Original ein Stück der Isley Brothers – gelang den beiden Mitte 1993 ihr bisher einziger Top-10-Erfolg. Als Gäste von Suggs sangen sie auf deren Hit »Cecilia« mit, der es im Frühjahr 1996 immerhin auf Platz 4 in GB brachte. Im Herbst 1996, sie waren erneut auf einer Suggs-Platte zu hören, brachte »No More Alcohol« Platz 24 in GB.

*Shout (5/93 GB 7)*
***Rave***

## Louise

LOUISE NURDING, v (Großbritannien, * 4. 11. 1974 in London).
Als Mitglied des Mädchenquartetts Eternal hatte Louise ihre ersten Erfolge. Ab 1995 machte sie Soloplatten, und gleich ihre erste Chartnotierung »Light Of My Life« war ein Top-10-Hit. Anfang 1996 erschien »I'm Walked Love« (3/96 GB 17). Drei weitere Singles kamen unter die ersten 10. Von den Briten wurde Louise zur Schönsten des Königreichs gewählt. Im Herbst 1997 erschien mit »Woman In Me« ein neues Album. Daraus ausgekoppelt »Arms Around The World« und »Let's Go Round Again«. Letztgenannte Platte war im Original ein Titel der Average White Band. Damit hatte Louise insgesamt sechs Titel unter den ersten 10 der britischen Hitparade und war die erfolgreichste britische Sängerin der 90er Jahre.

*Light Of My Life (10/95 GB 8)*
*Naked (6/96 GB 5)*
*Undivided Love (8/96 GB 5)*
*One Kiss From Heaven (11/96 GB 9)*
*Arms Around The World (10/97 GB 4)*
*Let's Go Round Again (11/97 GB 10)*
***Pop***

**CD-Tip:** *Naked* EMI 7243 8 52170 2

## Love & Rockets

DANIEL ASH, v/g/key (Großbritannien); KEVIN HASKINS, key/d (Großbritannien); DAVID JAY, v/key/b (Großbritannien).
1983 war die Bauhaus auseinandergefallen. Peter Murphy begann eine Solokarriere. Ash und Haskins arbeiteten als Tones On Tail, Jay spielte mit Jazz Butcher. Weihnachten 1985 kamen Jay, Ash und Haskins wieder zusammen und gründeten Love & Rockets. Den Bandnamen hatten sie vom Titel eines Underground-Comics abgekupfert. 1987 stand ihre LP »Express« auf Platz 72 in den US-Charts. Überhaupt kristallisierte sich heraus, daß Love & Rockets auf dem amerikanischen Markt sehr viel erfolgreicher werden würden als in GB. Im Frühjahr 1989 kam eine weitere LP in die US-Charts und erreichte Platz 14. Die daraus ausgekoppelte Single »So Alive« erreichte die Top 10 der amerikanischen Singlecharts. Begünstigt wurde der Hit durch ein professionell gemachtes Video, in dem sehr viel Bein gezeigt wur-

de. 1991 erschien eine Soloplatte von David Jay.

*So Alive (5/89 US 3)*
***Elektro-Pop, Pop***

**CD-Tip:** *Love And Rockets* RCA PD 90 344

## Love Affair

MAURICE BACON, d (Großbritannien, * 26. 1. 1952); REX BRAYLEY, g (Großbritannien, * 3. 1. 1949); STEVE ELLIS, v (Großbritannien, * 7. 4. 1950); MORGAN FISHER, key (Großbritannien, * 1. 1. 1950); LYNTON GUEST, key (Großbritannien, * 28. 11. 1951); MICK JACKSON, b (Großbritannien, * 27. 1. 1950).

Angeblich ließ ein Damenhandtaschen-Hersteller namens Sidney Bacon in Musikblättern Musiker suchen, die er zu einer Band zusammenstellen wollte. 10.000 Pfund wollte er an Vorschuß zahlen, 500 Pfund für die Bühnenkleidung und 30 Shilling pro Nacht, Roadie inbegriffen. Es meldeten sich die obengenannten Musiker mit Ausnahme von Lynton Guest, der Morgan Fisher für kurze Zeit ablöste. Die Gruppe nahm einen Hit des Amerikaners Robert Knight, »Everlasting Love«, auf und machte daraus ihre erste Single, die im Januar 1968 in die britische Hitparade kam und Spitzenreiter wurde. Viele Jahre später erzählte Produzent Mike Smith, außer dem Leadsänger Steve Ellis sei damals bei der Aufnahme des Titels kein Mitglied von Love Affair auch nur in der Nähe des Studios gewesen. Sie waren ihm einfach zu schlecht, und so stellte er dem Sänger Studiomusiker zur Seite. Die obenerwähnte Geschichte könnte natürlich auch so sein, daß Sidney Bacon um seinen Sohn Maurice Musiker gesucht hatte, damit aus dem ein erfolgreicher Musiker würde. »Rainbow Valley« und »A Day Without Love« 1968 und »Bringing On Back The Good Times« 1969 waren noch drei weitere Top-10-Erfolge, bevor sich die Band 1970 auflöste. Steve Ellis blieb weiter im Musikgeschäft. Er gründete die Formation Ellis, mit der er zwei LPs aufnahm, und war seit 1976 bei den Widowmakers. Fisher spielte später mit den British Lions, Mott The Hoople und machte auch Solo-LPs. Bacon wurde Musikverleger.

*Everlasting Love (1/68 GB 1)*
*Everlastung Love (3/68 CH 6)*
*Rainbow Valley (4/68 GB 5)*
*A Day Without Love (9/68 GB 6)*
*Bringing On Back The Good Times (7/69 GB 9)*
***Middle Of The Road (MOR), Pop***

## Love City Groove

BEANZ (Großbritannien als Stephen Rudden); JINGLES, v/b (Großbritannien); GREG LESTER, v/g (Großbritannien); REASON, v/rap (Großbritannien); JAY WILLIAMS, v/rap/dj (Großbritannien); JAH WOBBLE, b (Großbritannien als John Wordle).

Eine Truppe, die der Meinung war, man müsse den Grand Prix Eurovision einmal aufmischen. Obwohl sie wußten, daß Rapper eigentlich bei diesem Wettbewerb nicht gefragt sind, bewarben sie sich ›just for fun‹, um GB 1995 beim Grand Prix zu vertreten. Sie gewannen den Vorwettbewerb und waren in Dublin dabei – und belegten schließlich Platz 10. Die Franzosen und die Österreicher hatten jeweils 12 Punkte gegeben, aber 10 Länder, darunter Deutschland, hatten das Lied mit überhaupt keinen Pönkten bedacht. Die Briten kümmerte es wenig. Im eigenen Land kam die Platte in die Charts und wurde ein Top-10-Hit. Neben dem Quartett Beanz, Jay, Jingles und Reason waren auf diversen Mixen der Gitarrist Grag Lester und der Bassist Jah Wobble zu hören. Zu einem weiteren Hit langte es bisher nicht – wie bei so vielen Grand-Prix-Teilnehmern.

*Love City Groove (4/95 GB 7)*
***Grand Prix, Pop, Rap***

## Love Message

Unter dem Namen Love Message hatten sich etliche Dance- und Teenie-Acts zusammengefunden, um in Hamburg die Aids-Seelsorge zu unterstützen. Das Projekt war 1992 gegründet worden und kümmerte sich um HIV-Kranke. Love Message startete 1996 eine umfassende Aufklärungskampagne, die sich in erster Linie an die Kids richtete. Was an Überschüssen erwirtschaftet wurde, ging an ein zum damaligen Zeitpunkt in Planung befindliches Aids-Hospiz in Hamburg, das ›Hamburg Leuchtfeuer‹ hieß. Alle Künstler, die mitmachten, verzichteten auf ihre Lizenzen zugunsten der Aids-Seelsorge. U 96, Fun Factory, Scooter, Mr. President, Worlds Apart und E-Rotic waren auf dem Song zu hören, der im Februar 1996 in die Hitparade kam und sich innerhalb von knapp zwei Monaten bis auf Platz 4 hochhangelte.

*Love Message (2/96 D 4)*
***Dance***

## Love Sculpture

DAVE EDMUNDS, v/g (Großbritannien, * 15.4. 1944 in Cardiff/Wales); BOB »CONGOS« JONES, d (Großbritannien); TOMMY RILEY, d (Großbritannien); JOHN WILLIAMS, b (Großbritannien).
Zusammen mit der Gruppe Human Beans machte der Gitarrist, Sänger und Songschreiber Dave Edmunds 1967 seine erste Platte mit dem Titel »Morning Dew«. Im Frühjahr 1968, nachdem die Single ein Flop war, änderten sie ihren Namen in Love Sculpture. Ende desselben Jahres gelang ihnen mit dem »Sabre Dance« von Chatschaturjan ein Platz 5 in GB, Platz 28 in Deutschland. Im Laufe des Jahres verließ Tommy Riley die Band, für ihn kam Bob Jones. Die Band fiel bald darauf, im Frühjahr 1969, auseinander. Dave Edmunds war danach als Solist erfolgreich.

*Sabre Dance (11/68 GB 5; 3/69 CH 6)*
***Instrumental, Rock***

**CD-Tip:** *The Early Edmunds*
EMI CDS 7 96717 2

## Love Unlimited Orchestra

BARRY WHITE, v (USA, * 12. 9. 1944 in Galveston/Texas).
Das aus vierzig Personen bestehende Studioorchester wurde von Barry White dirigiert, der auch für die Arrangements verantwortlich war. Ursprünglich sollten die Musiker nur die Platten des Mädchentrios Love Unlimited begleiten, das es mit »Walkin' In The Rain With The One I Love« im Frühjahr 1972 auf einen Millionseller und Platz 14 brachte. Auf der Nummer war auch Barry Whites Stimme zu hören, allerdings nur am Telefon. Das Trio bestand aus den Schwestern Linda und Glodean James und aus Diana Taylor. Die drei Mädchen stammten aus San Pedro/Kalifornien. Barry White war ihr Manager und Produzent. Außerdem heiratete er Glodean am 4. 7. 1974. 1981 nahmen die beiden Duette auf. Zurück zu Love Unlimited Orchestra: Auch auf Singles von Barry White selbst spielte es mit. Ein eigener Hit gelang dem Orchestra Ende 1973 mit »Love's Theme«: Spitzenplatz in den USA, Platz 10 in GB, 22 in Deutschland. 1977 spielten sie das Thema zum Dino-De-Laurentiis-Film »King Kong«. Ein Mitglied des Orchesters wurde später als Solist erfolgreich: Saxophonist Kenny G.

*Love's Theme (12/73 US 1; 2/74 GB 10)*
***Instrumental, Phillysound, Soft Soul***

**CD-Tip:** *Barry's Gold* Polystar 832 142 2

## Love, Monie

v/rap (Großbritannien, * 2. 7. 1970 als Simone Johnson in London).
Monie gilt als Englands beste Rapperin.

1984 nahm sie zu Hause ihre ersten eigenen Raps auf. 1986 ging sie für ein Jahr nach New York. 1987 – zurück in GB – kam es zur Produktion von zwei Singles mit DJ Pogo. Seit diesem Zeitpunkt lebt sie mal in GB, mal in den USA. Ihre erste Hitnotierung war im Frühjahr 1989 »I Can Do This«, ein Top-40-Hit in GB. »Grandpa's Party« kam Mitte desselben Jahres bis auf Platz 16. Im September 1990 erreichte »It's A Shame (My Sister)« Platz 12 in GB und wenig später die Top 10 in der Schweiz. Im Frühjahr 1991 kam das Stück unter die ersten 30 in den USA. »Ring My Bell« brachte ihr ebenfalls im Frühjahr 1991 Platz 20 in GB, 25 in Deutschland und erneut einen Top-10-Hit in der Schweiz. Diesen Titel sang sie zusammen mit Adeva. Als Interpreten wurden angegeben Monie Love vs. Adeva. Bis Ende 1993 gelangen ihr weitere Notierungen. Seither hört man nichts mehr von ihr.

*It's A Shame (My Sister) (12/90 CH 6)*
*Ring My Bell (5/91 CH 8)*
***Pop, Rap***

**CD-Tip:** *Down To Earth* Cool Tempo CCD 1720

## Loverboy

PAUL DEAN, g (Kanada, * 19. 2. 1946); MATTHEW FRENETTE, d (Kanada); DOUG JOHNSTON, key (Kanada); MIKE RENO, v (Kanada, * 8. 1. 1955); SCOTT SMITH, b (Kanada).
Diese Band aus Toronto wurde 1978 gegründet. Im Januar 1981 erreichte »Turn Me Loose« als erste Single der Band die US-Charts. Der erste Top-10-Erfolg war Mitte 1985 »Lovin' Every Minute Of It«. Ein weiterer gelang im Januar 1986 mit »This Could Be The Night«. »Heaven In Your Eyes« aus dem Film »Top Gun« kam im Herbst 1986 in den USA auf Platz 12. Loverboy dürfte man auch eher als LP-Gruppe betrachten. Am besten verkaufte sich die LP »Get Lucky«, die Ende 1981 erschien und mehr als dreimillionenmal abgesetzt wurde. Als typische Mainstream-Rockband hatte die Gruppe keinen Erfolg in GB. Der Sänger Mike Reno nahm im Duett mit Ann Wilson von der ebenfalls aus Kanada stammenden Formation Heart das Stück »Almost Paradise . . . Love Theme From Footloose« auf und hatte damit Mitte 1984 Platz 7 in den USA. Ende der 80er Jahre löste sich die Band auf.

*Lovin' Every Minute Of It (8/85 US 9)*
*This Could Be The Night (1/86 US 10)*
***AOR (Adult Orientated Rock), Rock***

## Lovich, Lene

v (USA, * 30. 3. 1954 als Marlene Premilovich in Detroit/Michigan).
Lene wurde als Tochter einer englischen Mutter und eines jugoslawischen Vaters geboren. Im Alter von 13 kehrte sie mit ihrer Mutter nach GB zurück. 1979 erschien ihre erste Platte: »Lucky Number« wurde gleich ein Platz 3 in GB. Es blieb der größte Erfolg von Lene, die von der englischen Presse als Horrormieze, als Mischung aus Rapunzel und Rosenrot oder aber auch als erfrischender Nichtroutinier bezeichnet wurde. Zumindest gab sie vielen Mut, es doch auch einmal mit Popmusik zu versuchen und Songs zu schreiben.

*Lucky Number (2/79 GB 3)*
***New Wave, Pop***

## Lovin' Spoonful

STEVE BOONE, v/b (USA, * 23. 9. 1943 in Champ Lejeune/North Carolina); JOE BUTLER, v/d (USA, * 16. 9. 1943 in Long Island/New York); JOHN SEBASTIAN, v/g/harm/mo (USA, * 17. 3. 1944 in New York City); ZAL YANOVSKY, v/g (Kanada, * 19. 12. 1944 in Toronto); JERRY YESTER, key (USA).

Lovin' Spoonful wurde von John Sebastian 1965 gegründet. Die Gruppe spielte eine fröhliche Mischung aus Country- und Folk-Music mit einem leichten Flower-Power-Touch. Die Aufnahme »Do You Believe In Magic« war im August 1965 die erste Platte von Lovin' Spoonful, die in den USA notiert und auch gleich ein Top-10-Erfolg wurde. Es folgten immer im Dreimonatsrhythmus »You Didn't Have To Be So Nice«, »Daydream«, »Did You Ever Have To Make Up Your Mind?« und schließlich im Sommer 1966 »Summer In The City«. Diese Platte wurde Millionseller, Spitzenreiter in den USA, Platz 8 in GB und 5 in Deutschland. Mit »Rain On The Roof« und »Nashville Cats«, beide 1966, kamen die letzten beiden Top-10-Erfolge. Nach sieben weiteren Hitnotierungen in den USA löste sich die Gruppe 1968 auf. Zal Yanovsky verließ die Formation bereits 1967 und versuchte sich als Solist. Er wurde durch Jerry Yester ersetzt. Nach dem Ende von Lovin' Spoonful wurde John Sebastian erfolgreicher Songschreiber und Solokünstler. Das erfolgreichste Stück der Gruppe, »Summer In The City«, kam im Sommer des Jahres 1994 in einer Coverversion von Joe Cocker wieder zu Hit-Ehren.

*Do You Believe In Magic (8/65 US 9)*
*You Didn't Have To Be So Nice (11/65 US 10)*
*Daydream (2/66 US 2; 4/66 GB 2)*
*Did You Ever Have To Make Up Your Mind? (5/66 US 2)*
*Summer In The City (7/66 US 1, GB 8; 9/66 D 5)*
*Rain On The Roof (10/66 US 10)*
*Nashville Cats (12/66 US 8)*
***Flower-power, Folk, Rock***

**CD-Tip:** *The Lovin' Spoonful Kama Sutra Box* Kama Sutra TECP-98904–7

## Low, Bruce

v (* 26. 3. 1913 als Ernst Bjelke in Paramaribo/Surinam, † 4. 3. 1990).
Nachdem er einen Großteil seiner Jugend in Holländisch-Guayana verbracht hatte, kam er zurück in die Niederlande und nahm ein Sportstudium auf. Nach einem Sportunfall 1934 sattelte er auf Musik um. Er studierte eine Zeitlang in Berlin, und wieder in Holland, sang er im Niederländischen Kammerchor. Nach dem Krieg versuchte er sich als Unterhaltungskünstler, vornehmlich mit Hillbilly-Songs und Spirituals. Es folgten erste Radio-Auftritte und Engagements für Galas und bunte Abende in Holland. Bruce Low trat in bester Al-Jolson-Manier, als Schwarzer verkleidet, vor das Publikum. Mit diesem Programm war er 1949 in Wien engagiert und erhielt dort ein Angebot für einen Schallplattenvertrag. Noch in Wien wurden 1949 die ersten Plattenaufnahmen gemacht. Dazu gehörten »Riders In The Sky« in englischer und »Heimweh nach Virginia« in deutscher Sprache. Im November 1950 nahm er »Leise rauscht es am Missouri« auf und hatte damit seinen ersten Erfolg in Deutschland. 1953 hatte er zwei große Hits: »So viel Wind und keine Segel« und »Tabak und Rum«. Ein großer Erfolg 1955 war »Das alte Haus von Rocky Docky«. 1956 – inzwischen gab es die Hitparade – belegte er Platz 3 in Deutschland mit »Wenn die Sonne scheint in Texas« und Platz 2 mit »Es weht der Wind«. Nach 1957 schien die Karriere von Bruce Low beendet, da tauchte er 1971 mit dem Stück »Noah« auf. Es folgten noch 1974 »Das Kartenspiel« und 1978 »Die Legende von Babylon«.

*Wenn die Sonne scheint in Texas (3/56 D 3)*
*Und es weht der Wind (9/56 D 2)*
*Noah (9/71 D 5)*
*Das Kartenspiel (4/74 D 6)*
*Die Legende von Babylon (8/78 D 6)*
***Deutscher Schlager***

**CD-Tip:** *12 Uhr mittags* Bear Family BCD 15511

## Low, Gary

*You Are A Danger (12/82 CH 7)*

## Lowe, Jim

v/dj (USA, * 7. 5. 1927 in Springfield/Missouri).

Der Sänger, Songschreiber und Discjockey schrieb für Rusty Draper den Song »Gambler's Guitar«. Seine eigene Version des Songs erreichte Mitte 1953 die Top 30 in den USA. Mit der deutschen Version »Der lachende Vagabund« erreichte Fred Bertelmann 1957 einen Platz 1. Jims größter Hit war im Herbst des Jahres 1956 der Titel »The Green Door«. 1981 wurde es wieder ein Spitzenreiter mit Shakin' Stevens. 1957 hatte Jim Lowe noch vier weitere Hitnotierungen in den USA. Danach arbeitete er weiter als Discjockey.

*The Green Door (9/56 US 1, GB 8)*
***Country, Pop***

## Lowe, Nick

v/b (Großbritannien, * 25. 3. 1949 in Woodbridge/Suffolk).

Der Bassist, Sänger und Songschreiber gründete zusammen mit dem Gitarristen Brinsley Schwarz 1965 Kippington Lodge, die in den darauffolgenden Jahren fünf Singles veröffentlichten, die alle nicht in die Hitparaden kamen. Im Oktober 1969 entschlossen sich Nick und Brinsley, die Gruppe in Brinsley Schwarz umzubenennen. Es erschienen vier LPs, die ebenfalls keine kommerziellen Knüller wurden. Im März 1975 trennte sich die Gruppe. Nick wurde Produzent von Kursaal Flyers, Dr. Feelgood und Graham Parker. Unter den Pseudonymen Disco Brothers und Tartan Horde veröffentlichte er zwei Singles – ohne Erfolg. Im August 1976 erschien seine erste Solosingle – man ahnt es bereits: ohne Erfolg. In der Folge produzierte er Damned, Elvis Costello, die Clovers – zu diesem Zeitpunkt war Huey Lewis Mitglied der Gruppe – und Dave Edmunds. 1976 war er Mitbegründer von Stiff Records und gehörte zu den Pionieren des Punk. Im Juli 1977 wurde Nick Mitglied in Edmunds' Gruppe Rockpile. Nebenher versuchte er sich weiter an einer Solokarriere. Ab 1978 gelangen ihm endlich Hits: »I Love The Sound Of Breaking Glass« wurde im Frühjahr Platz 7 in GB, »Cruel To Be Kind« kam im Sommer in GB und in den USA auf Platz 12. Verheiratet ist Lowe mit Carlene Carter, der Stieftocher von Johnny Cash. Wie Mickey Jupp, den er auch produzierte, Graham Parker, Elvis Costello, Ian Dury oder Dave Edmunds gehört auch Nick Lowe zu den Fans von Chuck Berry, was man etlichen seiner Produktionen deutlich anhört. Lowe nimmt immer noch eigene Platten auf, die jedoch kommerziell nicht erfolgreich sind. Sehr schön sind z. B. seine Titel »I Knew The Bride (When She Used To Rock 'n' Roll)« oder »All Men Are Liars«. Als Produzent ist er nach wie vor anerkannt, und 1992 kam er mit Ry Cooder, Jim Keltner und John Hiatt für das Projekt Little Village zusammen, das eine hervorragende LP veröffentlichte.

*I Love The Sound Of Breaking Glass (3/78 GB 7)*
***Pop, Rock, Rock 'n' Roll***

**CD-Tip:** *Best Of Nick Lowe* Demon Fiend CD 142 TIS

## Lownoise, Charly & Mental Theo

CHARLY LOWNOISE, v (Niederlande, * 17. 6. 1968 als Ramon Roelofs in Den Haag); MENTAL THEO, v (Niederlande, * 14. 2. 1965 als Theo Nabuurs in Hertogenbosch).

Computer der ersten Generation schienen für den musikalischen Background dieses Duos zu sorgen, das mit einfachsten Mitteln in der zweiten Hälfte der 90er Platten produzieren konnte. Um beim Kindergeburtstag die richtige Stimmung in der Hüpfburg zu erzeugen, waren die Hits bestens geeignet. Überhaupt hatten die beiden immer so gute Laune, daß man als normaler Mitteleuropäer reinhauen wollte. Jedenfalls sehnte man sich nach Hot Butter und »Popcorn« zurück – da machten die Computer wenigstens noch eine Melodie. Hin und wieder waren Charly und Theo auch auf eine Stimme angewiesen. So sang zum Beispiel bei ihrem Hit »Party« (2/97 D 25) Ellen Kuiper mit. Nachfolgehit »Just Can't Get Enough« (6/97 D 28) war die Coverversion eines Depech Mode Titels.

*Wonderful Days (3/95 D 8)*
*Stars (9/95 D 10)*
***Rave***

**CD-Tip:** *On Air* Polydor Urban 533 272–2

## LSG

JOHNNY GILL, v (USA, * 22. 5. 1966 in Washington/D.C.); GERALD LEVERT, v (USA, * 13. 7. 1966 in Cleveland/Ohio); KEITH SWEAT, v (USA, * 22. 7. 1961 in Harlem/New York City).

›Three Stars Shining Together‹ schrieb der Billboard über dieses Trio. Sie verkauften bisher als Solisten, Songschreiber und Produzenten mehr als 25 Millionen Alben und hatten mehr als zwanzig Top-10-Hits. Warum sie sich zusammenschlossen, bleibt wohl ihr kleines Geheimnis – nötig hatten Gerald Levert, Keith Sweat und Johnny Gill es nicht. »LSG« hieß dann auch das erste Album, das im Herbst 1997 erschien und aus dem die Nummer »My Body« ausgekoppelt wurde, die sich gleich zum Top-10-Hit mauserte und schnell Gold erhielt. Auf dem Album Gastauftritte von Missy ›Misdemeanor‹ Elliott, MC Lyte, Busta Rhymes und anderen.

*My Body (11/97 US 4)*
***Pop, Rhythm & Blues***

## Lucilectric

RALF GOLDKIND, g/key (Deutschland, * 13. 8. 1963 als Droge); LUCIE VAN ORG, v (Deutschland, * 1. 9. 1971).

Das Duo Lucilectric war der deutschsprachige Überraschungserfolg des Jahres 1994. Dabei war der Erfolg der beiden auch einer Reihe von Zufällen zu verdanken. In der TV-Sendung ›Geld oder Liebe‹ mit Jürgen von der Lippe sagte kurzfristig die Formation Bon Jovi ab, und als Ersatz sprangen Lucilectric ein. Bei ›Verstehen Sie Spaß‹ waren es die Scorpions, die ausfielen und Lucilectric die Möglichkeit gaben, die Lücke zu füllen. So kamen sie zu zwei wichtigen Prime-Time-Sendungen. Luci hatte bereits Anfang der 80er Jahre als Elfjährige in einer Band gespielt. Danach verdiente sie sich ihre Brötchen als Backgroundsängerin für Heinz Rudolf Kunze, Juliane Werding oder Karl Dall. Ralf begann seine Karriere als Posaunist in der Berliner Band Flucht nach vorn. Im Mai 1992 trafen die beiden aufeinander. Sie schrieben gemeinsam einige Stücke, die unter der Aufsicht von Annette Humpe und Andreas Herbig, die schon den Leipziger Prinzen auf die Sprünge halfen, produziert wurden. Die Singleauskopplung »Mädchen« sprach mit ihrer kessen und selbstbewußten Aussage beim Publikum schnell an. Im Frühjahr 1994 erreichte der Titel Platz 2 in den deutschen Charts, weil Mariah Carey mit »Without You« die Spitze blockierte. Im Herbst 1994 wurden sie mit Preisen überschüttet: RTL-Löwe, Bambi und goldene Schallplatten regneten auf sie nieder. Ihre Plattenfirma veröffentlichte zu den Titeln von Lucilectric: ›Ein bißchen klingt's, als hätten Nena, die Ärzte, Drafi Deutscher und Nina Hagen am Grab von Trude Herr ein Fläschchen aufgemacht.‹ Die Nachfolgesingle »Hey Süßer« (9/94 D 33) brachte noch eine ordentliche Chartnotierung, »Liebe macht dumm« (4/96 D 89) und »Fernsehen« (9/96 D 92) erreichten nur noch die unteren Regionen der Top 100. Jetzt mußte ein Richtungswechsel her – mit dem Girlie-Image war keine Platte mehr zu verkaufen und Luci inzwischen einfach zu alt. Schnell wurde aus ihr die ›Femme Fatale der Berliner Musikszene‹ (Aussage ihrer Plattenfirma 1997) gezimmert und sie zum ›singenden Aphrodisiakum jenseits der Love Parade‹ gestempelt. Mit »Tiefer« erschien im September 1997 das dritte Album des Duos, das folgendermaßen beschrieben wurde: ›Zwischen zartem Hauchen und hartem Fauchen, mal minimal, mal brachial – angreifbar, verletztlich, unwiderstehlich. Echte Popmusik ohne doppelten Boden‹.

*Mädchen (3/94 D 2; 6/94 CH 5)*
***Neue Deutsche Welle, Pop***

**CD-Tip:** *Mädchen* BMG 74321 18889 2

## Lukas-Trio

Offensichtlich konnten sich elf Jahre nach Kriegsende schon viele mit dem, was sie hatten, nicht mehr begnügen. Sie waren unzufrieden. »Sei zufrieden«, sangen das Lukas-Trio und das Rodgers Gesangsduett. Obwohl Rodgers diesen Titel bereits 1951 aufgenommen hatte, kam »Sei zufrieden« erst Ende 1956 in die Hitparade. Das Lukas-Trio wurde Spitzenreiter in Deutschland, Rodgers kam zumindest unter die ersten 10. Kernaussage des Liedes: ›Wer keine Sorgen hat, ist tot.‹ Ein weiterer Hit gelang beiden Formationen nicht mehr.

*Sei zufrieden (11/56 D 1)*
***Deutscher Schlager***

## Luke, Robin

v/g (USA, * 19. 3. 1942 in Los Angeles/Kalifornien).
Robin hat lediglich einen Hitparadenerfolg gehabt: »Susie Darlin'«, ein Lied, das er angeblich für seine kleine Schwester schrieb. Der Vater von Robin arbeitete bei Douglas Aircraft, weshalb die Familie viel in den USA umherziehen mußte. Von L.A. zog sie nach Atlanta, von dort nach Hawaii. Hier erlernte Luke das Gitarrenspiel, hier schrieb er das Lied, und hier nahm er auch die Platte bei einer kleinen unabhängigen Plattenfirma auf. Nachdem der Titel zu einem Hit auf den Inseln geworden war, interessierte man sich auch im restlichen Amerika für diesen netten Song und diesen netten Jungen. Die Platte kam im August 1958 in die US-Charts. Über Nacht war Robin zum Teenager-Idol in den Staaten geworden. Unzählige Auftritte in TV-Shows folgten, und es wurden bis 1962 noch etliche Platten mit Luke aufgenommen, aber keine kam mehr in die Charts. 1959 war Robin nach seinem Schulabschluß nach Kalifornien gezogen, studierte dort und machte schließlich seinen Doktor. Mit Musik hatte er ab 1962 nichts mehr im Sinn.

*Susie Darlin' (8/58 US 5)*
***Middle Of The Road (MOR), Pop***

**CD-Tip:** *Susie Darlin'* Bear Family BCD 15 547

## Lulu

LULU, v (Großbritannien, * 3. 11. 1948 als Marie McDonald McLaughlin Lawrie in Lennox Castle/Glasgow).

Gerade mal 15 Jahre alt, leitete sie die Gruppe Glen Eagles, die ihren Namen in Luvvers umänderte und als eine der ersten erfolgreichen Gruppen der Beatära gilt. Mit einer Coverversion des Isley-Brothers-Titels »Shout« hatten Lulu & The Luvvers im Frühjahr 1964 ihren ersten Top-10-Hit – diese Nummer bescherte Lulu 22 Jahre später wieder einen Hit: »Shout – Brand New 1986 Re-Recording« erreichte Mitte 1986 Platz 8 in GB. Dazwischen lag eine lange Latte von sehr unterschiedlichen Hits. »Leave A Little Love« 1965 und »The Boat That I Row«, eine Neil-Diamond-Komposition, 1967 waren ihre nächsten Top-10-Hits in GB. Im selben Jahr spielte sie neben Sidney Poitier die Rolle eines frechen Cockney-Girls im Film »To Sir With Love« – sie sang auch den Titelsong des Films, der in den USA im Herbst 1967 Platz 1 wurde. »Me The Peaceful Heart« und »I'm A Tiger« waren 1968 wieder in den Top 10. 1969 sang sie für GB beim Grand Prix Eurovision und wurde Sieger mit »Boom Bang-A-Bang«. Mit der David-Bowie-Nummer »The Man Who Sold The World« erreichte sie im Frühjahr 1974 Platz 3 in GB und 13 in Deutschland – dann kam eine lange Pause. Zwischendurch war sie von 1969 bis 1973 mit Maurice Gibb von den Bee Gees verheiratet. 1993 erschien mit »Independence« wieder eine hervorragende LP von ihr, von der der Titelsong Anfang des Jahres als Single erschien und Platz 11 in GB erreichte. Im selben Jahr veröffentlichte Tina Turner die Nummer »I Don't Wanna Fight«, an der Lulu mitgeschrieben hatte. Als Gast der britischen Teenie-Band Take That hatte Lulu Ende 1993 den Hit »Relight My Fire«. Anfang 1995 ging sie mit Take That auf Tournee.

*Shout (5/64 GB 7; 7/86 GB 8)*
*Leave A Little Love (6/65 GB 8)*
*The Boat That I Row (4/67 GB 6)*
*To Sir With Love (9/67 US 1)*
*Me The Peaceful Heart (2/68 GB 9)*
*I'm A Tiger (11/68 GB 9; 1/69 D 4)*
*Boom Bang-A-Bang (3/69 GB 2; 4/69 CH 3; 5/69 D 8)*
*The Man Who Sold The World (1/74 GB 3)*
*Relight My Fire (10/93 GB 1)*
***Grand Prix, Middle Of The Road (MOR), Pop***

**CD-Tip:** *I'm A Tiger* EMI CD MFP 6050

## Luman, Bob

v/g (USA, * 15. 4. 1937 in Nacogdoches/Texas, † 27. 12. 1978).
Von seinem Vater lernte der Rockabilly-Sänger, Songschreiber und Gitarrist die Liebe zur Country Music. Mit seiner Band gewann er einen Talentwettbewerb, in dessen Jury auch Johnny Horton saß. Seine ersten Platten machte er 1955. Im Herbst 1960 gelang ihm mit dem Rockabilly-Stück »Let's Think About Living« ein Platz 7 in den US-Charts, 6 in GB. Danach mußte Bob Luman zum Militär, und als er zurückkam, waren gerade die Beatles aktuell. Schon aus diesem Grund verlegte er sich auf die Country Music. Von 1964 bis zu seinem Tod 1978 gelangen ihm 38 weitere Hits in der Country-&-Western-Hitparade. Für die Popcharts reichte es nicht mehr.

*Let's Think About Living (9/60 GB 6, US 7)*
***Country, Rockabilly***

## Lunceford, Jimmie

v/g/p/bl (USA, * 6. 6. 1902 in Fulton/Mississippi, † 13. 7. 1947).
Jimmie Lunceford spielte gleich mehrere Blasinstrumente und war außerdem Gitarrist, Pianist und Sänger. Ende der 20er Jahre hatte er seine erste eigene Band, und in den 30er und 40er Jahren galt er als einer der außergewöhnlichsten Bandleader der USA. Seine erste Hitnotierung hatte er 1934. Im Frühjahr 1935 stand er auf Platz 1 der US-Hitparade mit »Rhythm

Is Our Business«. Die Liste seiner Erfolge reicht bis zu seinem Tod im Jahre 1947. Sein größter Erfolg in den 40er Jahren war »Blues In The Night« im Frühjahr 1942. Sein letzter war Mitte 1946 der Novelty-Song »Cement Mixer (Put-Ti, Put-Ti)«.

*Blues In The Night (2/42 US 4)*
*The Honeydripper (11/45 US 10)*
***Pop***

## Lund, Art

v (USA, * 1. 4. 1915 als London in Salt Lake City/Utah, † 30. 5. 1990).
Der Bariton sang zwischen 1941 und 1942 als Art London mit Benny Goodman. Danach mußte er zum Militär, und nach dem Zweiten Weltkrieg sang er zunächst wieder mit Benny Goodman, dieses Mal als Art Lund. 1947 machte er seine ersten Singleplatten. Seine erste Hitnotierung, »Mam'selle«, wurde noch im selben Jahr ein Spitzenreiter in den USA und ein Millionseller. Zwei Monate später gelang ihm ein Top-10-Erfolg mit »Peg O' My Heart«. 1956 war er Star im Broadway-Musical »The Most Happy Fella«. Nach 1958 wurde er nicht mehr in den US-Charts verzeichnet. 1961 trat er wieder am Broadway in »Donnybrook!« auf. Er starb 1990 an Krebs.

*Mam'selle (4/47 US 1)*
*Peg O' My Heart (6/47 US 4)*
***Pop***

## Lundberg, Victor

v (USA, geb. in Grand Rapids/Michigan).
Als Victor Lundberg Ende des Jahres 1967 bis auf Platz 10 der amerikanischen Hitparade mit »An Open Letter To My Teenage Son« kam und einen Millionseller erreichte, war er der Besitzer einer Firma, die sich auf Radio- und Fernsehwerbespots spezialisiert hatte. Offensichtlich haben ihn die Hippies mit ihren langen Haaren und alles, was mit der Flower-Power-Generation zu tun hatte, schwer beschäftigt. Im offenen Brief an seinen Sohn setzte es Ratschläge zuhauf, und wohl deshalb wurde diese Platte die schnellstverkaufte gesprochene Aufnahme in der Geschichte der Schallplatte überhaupt. Er versuchte danach, eine ganze LP mit netten Ratschlägen an die Leute zu bringen. Das war ein bißchen zuviel des Guten.

*An Open Letter To My Teenage Son (11/67 US 10)*
***Pop***

## Luniz

KNUMSKULL, rap (USA, geb. in Oakland/Kalifornien); YUKMOUTH, rap (USA, geb. in Oakland/Kalifornien).
Das Rap-Duo aus Oakland/Kalifornien betrat Mitte 1995 die Szene. Der Song »I Got 5 On It« sampelte ein bißchen Material von Kool & The Gang, brachte es auf Anhieb in den USA unter die ersten 10 und zu Platinehren. Auch in GB und in Deutschland schafften das die beiden Rapper von der Westküste. »Playa Hata« wurde die Nachfolgesingle, die es lediglich in GB zu einem Top-20-Hit brachte.

*I Got 5 On It (6/95 US 8; 10/95 D 2; 11/95 CH 2; 2/96 GB 3)*
***HipHop, Rap***

**CD-Tip:** *Operation Stackola* Noo Trybe Records 7243 8 40523 2 4

## Luv

JOSÉ ANDREOLI, v (Niederlande als Wijdeven); PATTY BRARD, v (* 25. 3. 1955 in Neuguinea); MARGA SCHEIDE, v (Niederlande); RIA THIELSCH, v (Niederlande).
Das Mädchentrio kam 1977 zusammen und trat zunächst in einer heimischen TV-

Serie auf. Ab 1977 konnten sie in ihrer Heimat auch erste Hits verzeichnen. Zum Jahresende 1978 standen Luv auf Platz 1 der deutschen Hitparade mit »You're The Greatest Lover«. Es gab dafür eine goldene Schallplatte. Der Nachfolgehit war »Trojan Horse«, der im selben Jahr Platz 3 in Deutschland belegte. Mitte 1979 war »Casanova« ihr letzter Top-10-Erfolg. 1980 wurde Patty durch Ria Thielsch ersetzt, und nach 1980 wurden sie nicht mehr in den Charts notiert. Im September 1981 schrieb die Plattenfirma: ›Nun ist es also endgültig wahr. Luv, die für zwei bis drei Jahre Hit auf Hit in die Charts lieferten, dem deutschen Fernsehpublikum bestens vertraut waren, haben sich aufgelöst.‹ Man veröffentlichte noch schnell eine LP, die »Goodbye Luv« hieß, und damit war die Sache erledigt. Erstaunlich, daß auf vier Langspielplatten der Formation kein einziges Mal der Name der drei Mädchen genannt wird. Schaut man sich die Bilder auf den Hüllen genauer an, stellt man fest, daß dahinter Methode stand. Lediglich die blonde Sängerin, die mit Vornamen Marga heißt, blieb konstant bei der Formation. Wer neben ihr hüpfte, war völlig egal. 1990 kam eine neue Platte von Luv, auf der einige der größten Hits in einem Medley zu hören waren. Dazu schrieb die Plattenfirma: ›Neben dem Original-Mitglied Marga gibt es zwei neue Mitglieder: Diana und Michelle.‹ Wieder nur Vornamen, damit man sie möglichst schnell wieder austauschen kann. Ein Erfolg wurde es nicht. 1993 kam ein »Luv Dance Medley«. Wer weiß, wer darauf sang. Wen interessiert's?

*You're The Greatest Lover (10/78 CH 1, D 1)*
*Trojan Horse (12/78 D 3; 1/79 CH 2)*
*Casanova (5/79 CH 4, D 6)*
***Disco***

## Lyman, Abe

d/bl (USA, * 4. 8. 1897 als Abraham Simon in Chicago/Illinois, † 23. 10. 1957).

Der Schlagzeuger, Bandleader und Songschreiber war ab 1923 mit seinem California Orchestra in den amerikanischen Hitparaden vertreten. In den 20er Jahren begleitete er außerdem den Sänger Al Jolson bei dessen Top-10-Hits »Mandalay«, »My Mammy« und »Dirty Hands! Dirty Face!« Abes erste eigene Eintragung war gleich ein Top-10-Hit: »Midnight Rose« 1923. Bis 1945 stand er noch 14 mal unter den ersten 10. Ende der 40er Jahre zog Abe Lyman sich aus dem Musikgeschäft zurück und ging ins Restaurant-Management.

*Amen (8/42 US 4)*
*Rum And Coca-Cola (3/45 US 8)*
***Pop***

## Lyman, Arthur

g/d/p/vibraphon (USA, geb. in Kauai/Hawaii).

Arthur spielte Vibraphon, Gitarre, Piano und Schlagzeug. Am Ende der 50er Jahre spielte er mit dem Martin Denny Trio, das sich als Band mit ›Exotic Sound‹ verkaufte und mit »Quiet Village« im Frühjahr 1959 einen Platz 4 in den USA belegte. Mitte desselben Jahres kam mit »Taboo« der erste Instrumentalhit von Arthur in die US-Charts, dann gründete er die Arthur Lyman Group und erreichte mit dem Titel »Yellow Bird« im Frühjahr 1961 Platz 4 in den USA. Nach zwei weiteren Jahren schaffte er noch einmal eine Notierung in den US-Charts, dann verschwand er in der Versenkung.

*Yellow Bird (5/61 US 4)*
***Instrumental, Pop***

## Lymon, Frankie & The Teenagers

SHERMAN GARNES, v (USA, * 8. 6. 1940 in New York City, † 26. 2. 1977); FRANKIE LYMON, v (USA, * 30. 9. 1942 in Washington Heights/New York City, † 28. 2. 1968); JIMMY MERCHANT, v (USA, * 10. 2. 1940 in New York City); JOE NEGRONI, v (USA, * 9. 9. 1940 in New York City, † 5. 9. 1978); HERMAN SANTIAGO, v (USA, * 18. 2. 1941 in New York City).

Viele Biographien vergleichbarer Gruppen wie Frankie Lymon & The Teenagers ähneln sich sehr. Meist kamen vier oder fünf Freunde aus der Nachbarschaft zusammen, um wie z. B. die Spaniels, Five Keys, Moonglows und andere an Straßenecken das Repertoire ihrer Vorbilder zum besten zu geben. Einige dieser Streetcorner-Bands wurden entdeckt, die meisten brachten es nie zu einer Plattenaufnahme. Viele von denen, die es dazu brachten, ließ man nach einer erfolglosen Platte wieder fallen. Wenn sie jedoch einen Hit schafften, wurden sie in der Regel von Managern über den Tisch gezogen und um ihre Tantiemen betrogen. Frankie Lymon stammte aus New York und gründete, gerade mal 13 Jahre alt, in der Bronx die Premiers. Wenig später wurde daraus Frankie Lymon & The Teenagers. Anfang 1956 erschien »Why Do Fools Fall In Love« und wurde Platz 6 in den USA und Spitzenreiter in GB. Frankie hatte den Titel zumindest mitgeschrieben. Es folgten noch weitere Top-20-Erfolge und mit »Baby Baby« im Frühjahr 1957 noch einmal ein Platz 4 in GB. Danach verließ Frankie die Gruppe und versuchte sich ohne Erfolg als Solist. Ob er die Gruppe wirklich aus freien Stücken verlassen hat oder ob man nicht versuchen wollte, aus Frankie Lymon einen Solokünstler und aus den Teenagers eine Erfolgsband zu machen, um so den Gewinn zu verdoppeln, läßt sich nicht mehr in Erfahrung bringen. Frankie Lymon starb, gerade erst 25 Jahre alt, an einer Überdosis Heroin. Bis zu diesem Zeitpunkt hatte er bereits drei Ehen hinter sich. Lymon ist ein Beispiel dafür, daß jemand zu früh Erfolg hatte und damit nicht fertig wurde. 1993 wurden Frankie Lymon & The Teenagers in die Rock 'n' Roll Hall of Fame aufgenommen.

*Why Do Fools Fall In Love (2/56 US 6; 6/56 GB 1)*
*Baby Baby (4/57 GB 4)*
***Pop, Rock 'n' Roll***

**CD-Tip:** *Frankie Lymon & The Teenagers Complete Recordings* Bear Family BCD 15 782 EI

## Lynch, Kenny

v (Großbritannien, * 18. 3. 1939 in Stepney/London).

Seine musikalischen Erfolge begannen mit Coverversionen von US-Hits für den britischen Markt. Die erste Hitnotierung hatte Kenny Mitte 1960 mit »Mountain Of Love«, der erste Top-10-Erfolg war Ende 1962 »Up On The Roof«, im Original ein Hit der Drifters. Die nächste Single »You Can Never Stop Me Loving You«, in den USA erfolgreich mit Johnny Tillotson und in Deutschland als »Das kannst du mir nicht verbieten« mit Bernd Spier ein Spitzenreiter, kam Mitte 1963 ebenfalls unter die ersten 10. Nach 1965 wurde er für längere Zeit nicht mehr verzeichnet. Im August 1983 hatte er noch einmal einen Platz 50 in GB mit »Half The Day's Gone And We Haven't Earned A Penny«. Aber auch wenn er nicht in den Hitparaden auftauchte, hat er noch einige Pennies verdient. Sein Bühnendebüt gab er bereits im Alter von zwölf Jahren zusammen mit seiner Schwester. Einige Jahre später sammelte er erste musikalische Erfahrungen in einer Band. Seit Mitte der 60er Jahre gehört er zu den bekanntesten und meistbeschäftigten schwarzen britischen Entertainern im Fernsehen. Außerdem wirkte er in einigen Filmen mit, war als Songschreiber an dem Nummer-1-Hit der Small Faces, »Sha La La La Lee«, beteiligt, der bei Kenny Lynch Music Ltd. verlegt wurde.

*Up On The Roof (12/62 GB 10)*
*You Can Never Stop Me Loving You (6/63 GB 10)*
***Pop***

## Lynn, Barbara

v/g (USA, * 16. 1. 1942 als Barbara Lynn Ozen in Beaumont/Texas).
Entdeckt wurde die Sängerin, Gitarristin und Songschreiberin in einem Club in Texas. Mit der selbstverfaßten Nummer »You'll Lose A Good Thing« hatte sie 1962 einen Spitzenreiter in den Rhythm-&-Blues-Charts und Platz 8 in der Pophitparade. Bis 1968 gelangen Barbara Lynn noch acht weitere Hitnotierungen in den US-Charts, von denen aber keine über einen Platz 60 hinauskam. Ihren Titel »Oh! Baby (We Got A Good Thing Goin')« nahmen die Rolling Stones für ihre LP »Rolling Stones, Now« auf.

*You'll Lose A Good Thing (6/62 US 8)*
***Pop, Rhythm & Blues***

## Lynn, Tami

v (USA, geb. in New Orleans).
Tami nahm 1965 den von Bert Berns geschriebenen Titel »I'm Gonna Run Away From You« auf. Erstmals wurde die Nummer 1966 veröffentlicht, ohne in irgendeiner Hitparade registriert zu werden. Vier Jahre später wurde die Platte in GB veröffentlicht und erreichte Platz 4 in den Charts. Wiederum vier Jahre später kam sie noch einmal in GB auf den Markt und erkletterte Platz 36. Tami Lynn hatte 1962 ihre ersten Platten aufgenommen, die zumindest in New Orleans erfolgreich waren. Ansonsten betätigte sie sich mehr als Backgroundsängerin, z. B. bei Plattenaufnahmen von Dr. John. 1972 sang sie mit den Rolling Stones auf der Platte »Exile On Main Street«.

*I'm Gonna Run Away From You (5/71 GB 4)*
***Pop, Rhythm & Blues***

## Lynn, Vera

v (Großbritannien, * 20. 3. 1917 als Vera Margaret Welch in East Ham/London).
Vera begann in den Orchestern von Joe Loss, Charlie Kunz und Ambrose. Später wurde sie die erfolgreichste britische Sängerin während des Zweiten Weltkrieges und in den Jahren danach. Ihre erste Schallplatte hieß »The Rhythm Rascals«, erschienen im November 1935, und war nur in den britischen Woolworth-Läden zu kaufen. Im Zweiten Weltkrieg verdiente sie sich den Spitznamen Forces Sweetheart. 1942 machte sie ihren ersten Film mit dem Titel »We'll Meet Again«. Ab 1948 war sie auch in den USA erfolgreich. Ihre Version von »You Can't Be True, Dear« wurde dort Mitte des Jahres ihre erste Hitnotierung und ihr erster Top-10-Erfolg. Mitte 1952 wurde sie die erste britische Künstlerin, die einen Platz 1 in der amerikanischen Hitparade hatte: »Auf Wiedersehn Sweetheart« wurde außerdem ein Millionseller. Ihre nächste Single in den USA »Yours (Quierme Mucho)« wurde ebenfalls ein Top-10-Erfolg. Als die Briten am 14. November 1952 mit ihrer ersten Hitparade starteten, war Vera Lynn mit drei Aufnahmen unter den ersten 10 vertreten: »Forget Me Not« auf 7, »Homing Waltz« auf 9 und »Auf Wiedersehn« auf Platz 10. Ihr einziger Spitzenreiter in GB war im Oktober 1954 »My Son My Son«. Nach 1957 war ihre Plattenkarriere beendet. Sie trat verstärkt in Rundfunk und Fernsehen auf. 1969 begann ihre eigene TV-Serie, die sieben Jahre dauern sollte. In den 80er Jahren trat sie nur noch bei großen Ereignissen auf, nahm

aber auch immer noch Platten auf. 1975 wurde sie Dame of the British Empire. Pink Floyd setzten ihr ein ironisches Denkmal, als sie 1979 auf ihrer LP »The Wall« fragten: ›Does anybody here remember Vera Lynn, remember how she said that we would meet again some sunny day‹. Dieses angesprochene »Wel'll Meet Again« war 1964 am Ende des Films »Dr. Seltsam oder wie ich lernte, die Bombe zu lieben« zu hören. Erstaunlich ist, daß The Forces Sweetheart ihre größten Erfolge mit englischen Versionen von »Du kannst nicht treu sein«, »Der treue Husar« und »Auf Wiedersehn« hatte.

*You Can't Be True, Dear (5/48 US 9)*
*Auf Wiedersehn (6/52 US 1; 11/52 GB 10)*
*Yours (Quierme Mucho) (10/52 US 7)*
*Homing Waltz (11/52 GB 9)*
*Forget Me Not (11/52 GB 5, GB 7)*
*My Son My Son (10/54 GB 1)*
***Middle Of The Road (MOR), Pop***

## Lynyrd Skynyrd

Bob Burns, d (USA, geb. in Jacksonville/Florida); Carol Chase, v (USA); Allen Collins, g (USA, * 19. 7. 1952 in Jacksonville/Florida, † 23. 1. 1990); Kurt Custer, d (USA); Mike Estes, d (USA); Steve Gaines, g (USA, * 14. 9. 1949 in Seneca/Montana, † 20. 10. 1977); Owen Hale, d (USA); Randall Hall, g (USA); Ed King, g (USA, * 4. 9. 1949); Dale Krantz-Rossington, v (USA); Rickey Medlocke, v/g (USA, * 17. 2. 1950 in Jacksonville/Florida); Billy Powell, key (USA, * 3. 6. 1952 in Jacksonville/Florida); Artimus Pyle, d (USA, * 15. 7. 1948 in Spartansburg/South Carolina); Gary Rossington, g (USA, * 4. 12. 1951 in Jacksonville/Florida); Hughie Thomasson, v/g (USA); Johnny van Zant, v (USA); Ronnie van Zant, v (USA, * 15. 1. 1948 in Jacksonville/Florida, † 20. 10. 1977); Leon Wilkeson, b (USA, * 2. 4. 1952 in Jacksonville/Florida).

Lynyrd Skynyrd formierten sich schon 1965 während der Schulzeit der meisten Mitglieder dieser Gruppe in Jacksonville, Florida. Der Gruppenname ist die Verballhornung des Namens Leonard Skinner, der damals ihr Sportlehrer war. Mit ihrem ersten hatte die Gruppe auch gleich ihren größten Hit: »Sweet Home Alabama« kam Mitte 1974 auf Platz 8 in den USA. Der Song war eine Antwort auf Neil Youngs Titel »Southern Man« und »Alabama«, in denen er den Süden und die Südstaatler stark kritisierte. Lynyrd Skynyrd sangen nun ihrerseits, daß man Neil Young in den Südstaaten nicht bräuchte. Al Kooper war es, der diese Gruppe entdeckt hatte und sie produzierte. Die Gruppe war gerade auf dem Weg, eine der erfolgreichsten Southern-Rock-Gruppen zu werden, doch dann stürzten Ronnie van Zant, Steve Gaines, dessen Schwester Cassie und der Manager der Gruppe am 20. 10. 1977 mit einem Privatflugzeug ab. Alle kamen ums Leben. 1979 kamen Collins und die ehemaligen Skynyrd-Mitglieder Rossington, Powell und Wilkeson zur Rossington-Collins Band zusammen, die sich jedoch 1982 schon wieder auflöste. Allen Collins gründete seine eigene Band. Nach einem Autounfall 1986, bei dem seine Freundin ums Leben kam, war Allen querschnittgelähmt – er war betrunken gefahren. 1987 gingen Lynyrd Skynyrd in der Besetzung Rossington, Powell, Pyle, Wilkeson, King, Hall und Johnny van Zant auf eine Reunion-Tour. Bei einem Konzert kam Collins in seinem Rollstuhl auf die Bühne und erzählte von seinen Erfahrungen. Ein Video dieses Auftritts wurde bei allen folgenden Konzerten der Tour gezeigt. Am 23. 1. 1990 starb er an einer Lungenentzündung. 1991 erschien die LP »1991« in der Besetzung Rossington, King, Hall, Wilkeson, Powell, Pyle, Custer und Johnny van Zant. 1993 wurde die CD »The Last Rebel« veröffentlicht, 1994 »Endangered

Species«. Pyle hatte die Band 1993 verlassen und war durch Estes ersetzt worden. Custer ging 1994, und für ihn kam Hale. In der Besetzung Rossington, Wilkeson, Powell, Johnny Van Zant, Hale, Dale Krantz-Rossington, Carol Chase, Rickey Medlocke (ex-Blackfoot) und Hughie Thomasson (ex-Outlaws) erschien im Frühjahr 1997 das Album »Twenty«. Darauf auch ein Duett der Brüder Ronnie und Johnny Van Zant. Die Stimme von Ronnie war während eines Konzertes am 9. 7. 1976 in Atlanta aufgezeichnet worden.

*Sweet Home Alabama (7/74 US 8)*

***AOR (Adult Orientated Rock), Rock, West Coast***

**CD-Tip:** *Lynyrd Skynyrd Best* Zounds CD 272 200743 B